Berliner Kommentare

BNatSchG
Bundesnaturschutzgesetz

Kommentar

Herausgegeben von
Prof. Dr. jur. Walter Frenz, Maître en Droit Public
Professor für Berg-, Umwelt- und Europarecht an der
Rheinisch-Westfälischen Technischen Hochschule Aachen

und

Prof. Dr. jur. Hans-Jürgen Müggenborg
Rechtsanwalt und Fachanwalt für Verwaltungsrecht in Aachen,
Honorarprofessor der Rheinisch-Westfälischen Technischen Hochschule Aachen
und Lehrbeauftragter an der Universität Kassel

Bearbeitet von

Rechtsanwalt Dr. jur. Markus Appel, LL.M.; Rechtsanwalt Dr. jur. Alexander
Beutling; Rechtsanwalt Dr. jur. Stefan Cuypers; Rechtsanwalt Prof. Dr. jur.
Ewald Endres; Rechtsanwalt Dr. jur. Claus Esser; Prof. Dr. jur. Walter Frenz,
Maître en Droit Public; Prof. Dr. jur. Annette Guckelberger; Richter am
LG Dr. jur. Tobias Hellenbroich; Dr. jur. Oliver Hendrischke; Prof. Dr. jur.
Sebastian Heselhaus, M.A.; Rechtsanwältin Dr. jur. Petra Kauch; Richter
am VG Dr. jur. Christoph Klages; Rechtsanwalt Dr. jur. Marcus Lau;
Dr. jur. Moritz Maus; Prof. Dr.-Ing. Dr. jur. Andreas Mengel; Priv.-Doz.
Dr. rer. pol. Stephan Meyer; Rechtsanwalt Prof. Dr. jur. Hans-Jürgen
Müggenborg; Richter am OVG Hartmut Müller-Rentschler; Rechts-
anwalt Dr. jur. Martin J. Ohms; Prof. Dr. jur. Peter Reiff; Prof. Dr. rer. publ.
Thorsten Siegel; Rechtsanwalt Dr. jur. Bernd Söhnlein

2., völlig neu bearbeitete Auflage

ERICH SCHMIDT VERLAG

Bibliografische Information der Deutschen Nationalbibliothek
Die Deutsche Nationalbibliothek verzeichnet diese Publikation in der Deutschen
Nationalbibliografie; detaillierte bibliografische Daten sind im Internet über
http://dnb.d-nb.de abrufbar.

Weitere Informationen zu diesem Titel finden Sie im Internet unter
ESV.info/978 3 503 16366 3

Zitiervorschlag:
Bearbeiter, in: Frenz/Müggenborg, BKom BNatSchG, § ... Rn. ...

1. Auflage 2011
2. Auflage 2016

ISBN 978 3 503 16366 3
ISSN 1865-4177

Dieses Papier erfüllt die Frankfurter Forderungen
der Deutschen Nationalbibliothek und der Gesellschaft für das Buch
bezüglich der Alterungsbeständigkeit und entspricht sowohl den
strengen Bestimmungen der US Norm Ansi/Niso Z 39.48-1992
als auch der ISO Norm 9706.

Gesetzt aus 9/11 Punkt Candida

Satz: multitext, Berlin
Druck und Bindung: Kösel, Altusried

Vorwort

Nach gut vier Jahren ist es Zeit für eine Neuauflage. Vielfältige Änderungen erfassten auch das Naturschutzrecht. Dieses ist eingebettet in die allgemeinen Entwicklungen des Umwelt- und Energierechts: Welche Konsequenzen hat es für die Energiewende, wenn es etwa um die Genehmigung der nunmehr erforderlichen Stromleitungen geht? Wie wirkt sich die Fortentwicklung der Umweltverbandsklage in Einzelfragen aus – etwa der Einklagbarkeit bereits der FFH-Verträglichkeitsprüfung und nicht erst der Abweichungsentscheidung nach § 34 BNatSchG? Bereits berücksichtigt sind die Auswirkungen eines neuen, bislang jedoch noch nicht verabschiedeten Frackinggesetzes auf § 15 und auf § 33 BNatSchG.

Insbesondere hat sich die Rechtsprechung weiterentwickelt. Sie wurde daher in den Kommentierungen besonders deutlich herausgearbeitet. Für den Bereich des Habitatschutzes wurden unzählige Streitfragen bis hin zu grundsätzlichen Problemen entschieden. So klingt immer noch das EuGH-Urteil Briels nach, welches – gegenläufig zur vorherigen BVerwG-Rechtsprechung – durch reine Kompensationsmaßnahmen eine erhebliche Beeinträchtigung von Habitatschutzgebieten nicht ausgeschlossen sieht. Das OVG Lüneburg hat in einem – allerdings noch nicht rechtskräftigen – Urteil vom 03. 03. 2015 einen Rechtsanspruch auf vorläufige Einstellung nach § 34 Abs. 6 Satz 4 BNatSchG abgelehnt.

Diese beiden Beispiele zeigen die Bedeutung des europäischen Rechts, welches gerade das Naturschutzrecht in besonderem Maße prägt und deshalb ebenso wie umweltpolitische Hintergründe besonders berücksichtigt wurde. Der bewährte Autorenkreis, dem an dieser Stelle herzlich für sein großes Engagement zu danken ist, wurde bis auf einen einzigen Wechsel beibehalten. Dementsprechend bleibt auch die Kombination aus Praxisbezug und näherer Fundierung mit stets praktisch verwertbaren Lösungsvorschlägen und konkreten Antworten auf die vielfältigen Fragen erhalten. Der Kommentar soll Begleiter durch den beruflichen Alltag sein. Das Urteil des EuGH zur Umweltverbandsklage vom 15. 10. 2015 wurde partiell bereits berücksichtigt.

Für weitere Hinweise und Anregungen wenden Sie sich bitte an:

Prof. Dr. jur. Walter Frenz,
Berg-, Umwelt- und Europarecht der RWTH Aachen,
Wüllnerstraße 2, 52062 Aachen,
0241/8095698, frenz@bur.rwth-aachen.de

RA Prof. Dr. jur. Hans-Jürgen Müggenborg,
Kanzlei Prof. Müggenborg,
Schloss-Rahe-Straße 15, 52072 Aachen,
0241/93673300; info@rechtsanwalt-mueggenborg.de

Aachen, im Dezember 2015   Walter Frenz
                                                Hans-Jürgen Müggenborg

V

Inhaltsverzeichnis

KAPITEL 1
Allgemeine Vorschriften

KAPITEL 2
Landschaftsplanung

KAPITEL 3
Allgemeiner Schutz von Natur und Landschaft

KAPITEL 6
Meeresnaturschutz

KAPITEL 7
Erholung in Natur und Landschaft

KAPITEL 8
Mitwirkung von
anerkannten Naturschutzvereinigungen

KAPITEL 9
Eigentumsbindung, Befreiungen

KAPITEL 10
Bußgeld- und Strafvorschriften

KAPITEL 11
Übergangs- und Überleitungsvorschriften

Autorenverzeichnis

Dr. jur. Moritz Maus, LL.M., Hessisches Ministerium   *§§ 59, 74*
für Wirtschaft, Energie, Verkehr und Landes-
entwicklung, Wiesbaden

Prof. Dr.-Ing. Dr. jur. Andreas Mengel, Fachgebiet   *§ 1*
Landschaftsentwicklung/Umwelt- und Planungs-
recht, FB 06 Architektur, Stadtplanung, Landschaftsplanung, Universität Kassel

Priv.-Doz. Dr. rer. pol. Stephan Meyer, Dipl.-   *§ 4*
Staatswissenschaftler (Univ.), Staatswissenschaftliche
Fakultät, Universität Erfurt

Prof. Dr. jur. Hans-Jürgen Müggenborg, Fachanwalt   *§§ 36, 69–73*
für Verwaltungsrecht, Kanzlei Prof. Müggenborg –
Kanzlei für Umwelt- und Technikrecht, Honorarprofessor der RWTH Aachen und Lehrbeauftragter
der Universität Kassel

Hartmut Müller-Rentschler, Richter am OVG,   *§§ 52–53*
Oberverwaltungsgericht Rheinland-Pfalz, Koblenz

Dr. jur. Martin J. Ohms, Fachanwalt für Ver-   *§ 16*
waltungsrecht, Ohms Rechtsanwälte, Kanzlei für
Umwelt-, Energie- und Klimaschutzrecht, Berlin

Prof. Dr. jur. Peter Reiff, Richter am OLG Koblenz   *§ 66*
a.D., Direktor des Instituts für Umwelt- und Technikrecht (IUTR) der Universität Trier

Prof. Dr. rer. publ. Thorsten Siegel, Professur für   *§ 17*
Öffentliches Recht, Fachbereich Rechtswissenschaft,
Freie Universität Berlin

Dr. jur. Bernd Söhnlein, Fachanwalt für   *§§ 6, 42–43, 60, 62*
Verwaltungsrecht, Kanzlei Söhnlein, Neumarkt i.d.
Oberpfalz

II. Nach Bearbeitung

Abkürzungsverzeichnis

a.A.	anderer Ansicht
a.a.O.	am angegebenen Ort
AB	Anlagenbetreiber
ABl.	Amtsblatt
ABl.EG/EU	Amtsblatt der Europäischen Gemeinschaften/Amtsblatt der Europäischen Union
AbgO	Abgabenordnung
Abs.	Absatz
Abschn.	Abschnitt
AbwAG	Abwasserabgabengesetz
AbwV	Abwasserverordnung
ACCC	Aarhus Convention Compliance Committee
AcP	Archiv für die civilistische Praxis
a.E.	am Ende
AEUV	Vertrag über die Arbeitsweise der Europäischen Union
a.F.	alte Fassung
AG	Aktiengesellschaft/Amtsgericht/Ausführungsgesetz
AgrarR	Agrarrecht
AK	Aarhus-Konvention
AktG	Aktiengesetz
Alt.	Alternative
a.M.	anderer Meinung
Anh.	Anhang
Anm.	Anmerkung
AntSchV	Antarktis-Schutzgebietsverordnung
AO	Abgabenordnung
AöR	Archiv des öffentlichen Rechts (Zeitschrift)
ArbGG	Arbeitsgerichtsgesetz
Art.	Artikel
ArtSchÜbkG	Gesetz zum europäischen Artenschutz-Übereinkommen
AtG	Atomgesetz
Aufl.	Auflage
ausführl.	ausführlich
AWZ	Ausschließliche Wirtschaftszone
Az.	Aktenzeichen
Bad.-Württ.	Baden-Württemberg
BAFA	Bundesamt für Wirtschaft und Ausfuhrkontrolle
BAG	Bundesarbeitsgericht
BAnz.	Bundesanzeiger
BArtSchV	Bundesartenschutzverordnung
BauGB	Baugesetzbuch

BauR	Zeitschrift für das gesamte öffentliche und zivile Baurecht
Bay./bay.	Bayern/bayerisch
BayKSG	Bayerisches Katastrophenschutzgesetz
BayNatSchG	Bayerisches Naturschutzgesetz
BayObLG	Bayerisches Oberstes Landesgericht
BayVBl.	Zeitschrift Bayerische Verwaltungsblätter
BayVerf	Verfassung des Freistaates Bayern
BayVGH	Bayerischer Verwaltungsgerichtshof
BB	Betriebs-Berater (Zeitschrift)
BBergG	Bundesberggesetz
Bbg.	Brandenburg
BbgBKG	Brandenburgisches Brand- und Katastrophenschutzgesetz
BbgNatSchG	Brandenburgisches Naturschutzgesetz
BBodSchG	Bundes-Bodenschutzgesetz
BBodSchV	Bundes-Bodenschutz- und Altlastenverordnung
Bd.	Band
BDEW	Bundesverband der Energie- und Wasserwirtschaft
BDI	Bundesverband der Deutschen Industrie
BDSG	Bundesdatenschutzgesetz
Beil.	Beilage
ber.	berichtigt
Berl.	Berlin
Beschl.	Beschluss
BfN	Bundesamt für Naturschutz
BfNKostV	Kostenverordnung für Amtshandlungen des Bundesamtes für Naturschutz
BGB	Bürgerliches Gesetzbuch
BGBl.	Bundesgesetzblatt
BGH	Bundesgerichtshof
BGHZ	Entscheidungen des BGH in Zivilsachen
BGHSt	Entscheidungen des BGH in Strafsachen
BImSchG	Bundes-Immissionsschutzgesetz
BImSchV	Bundes-Immissionsschutzverordnung
BiomasseV	Biomasseverordnung
BJagdG	Bundesjagdgesetz
BKartA	Bundeskartellamt
BKartA TB	Tätigkeitsbericht des Bundeskartellamtes
BKom	Berliner Kommentar
Bl.	Blatt
BLG	Bundesleistungsgesetz
Bln.	Berlin
BMEL	Bundesminister(ium) für Ernährung und Landwirtschaft
BMFT	Bundesminister(ium) für Forschung und Technologie
BMUB	Bundesminister(ium) für Umwelt, Naturschutz, Bau und Reaktorsicherheit
BMWA	Bundesminister(ium) für Wirtschaft und Arbeit
BMWi	Bundesminister(ium) für Wirtschaft

BMWT	Bundesminister(ium) für Wirtschaft und Technologie
BNatSchG	Bundesnaturschutzgesetz
BNatSchG 2002	Bundesnaturschutzgesetz vom 25. 03. 2002
BNatSchG 2010	Bundesnaturschutzgesetz vom 29. 07. 2009
BNetzA	Bundesnetzagentur
B-Plan	Bebauungsplan
BR	Bundesrat
BR-Drs.	Drucksachen des Deutschen Bundesrates
BReg.	Bundesregierung
Brem./brem.	Bremen/bremisch
BremNatG	Bremisches Naturschutzgesetz
BremVerf	Verfassung der Freien Hansestadt Bremen
Bsp.	Beispiel
BT	Bundestag
BT-Drs.	Drucksachen des Deutschen Bundestages
Buchst.	Buchstabe
BVerfG	Bundesverfassungsgericht
BVerfGE	(amtliche Sammlung der) Entscheidungen des Bundesverfassungsgerichts
BVerfGG	Bundesverfassungsgerichtsgesetz
BVerwG	Bundesverwaltungsgericht
BVerwGE	(amtliche Sammlung der) Entscheidungen des Bundesverwaltungsgerichts
BVL	Bundesamt für Verbraucherschutz und Lebensmittelsicherheit
BW	Baden-Württemberg
BWaldG	Bundeswaldgesetz
BWildSchV	Bundeswildschutzverordnung
BY	Bayern
bzw.	beziehungsweise
CDU	Christlich Demokratische Union
ChemG	Gesetz zum Schutz vor gefährlichen Stoffen (Chemikaliengesetz)
CIS	Common Implementation Strategy (EU-Umsetzungsprozess WRRL)
CO_2	Kohlendioxid
CSU	Christlich-Soziale Union
Ct.	Cent
d.	der/des/durch
DAR	Deutsches Autorecht
dass.	dasselbe
DB	Der Betrieb (Zeitschrift)
dB	Dezibel
ders.	derselbe
d.h.	das heißt
dies.	dieselbe(n)
DIN	Deutsches Institut für Normung

DirektZahlVerpflG	Direktzahlungen-Verpflichtungengesetz
DirektZahlVerpflV	Direktzahlungen-Verpflichtungenverordnung
Diss. jur.	juristische Dissertation
DM	Deutsche Mark
DÖV	Die öffentliche Verwaltung (Zeitschrift)
Drs.	Drucksache
DVBl	Deutsches Verwaltungsblatt (Zeitschrift)
DVGW	Deutscher Verein des Gas- und Wasserfachs
DWW	Deutsche Wohnungswirtschaft
ebd.	ebenda
EEG 2000	Erneuerbare-Energien-Gesetz vom 29. 03. 2000
EEG 2004	Erneuerbare-Energien-Gesetz vom 31. 07. 2004
EEG 2009	Erneuerbare-Energien-Gesetz vom 25. 10. 2008
EFSA	Europäische Behörde für Lebensmittelsicherheit
EG	Vertrag zur Gründung der Europäischen Gemeinschaft (i.d.F. des Vertrages von Amsterdam vom 02. 10. 1997 = n.F.; früher: EGV)
EGBGB	Einführungsgesetz zum Bürgerlichen Gesetzbuch
EGV	Vertrag über die Europäischen Gemeinschaften (= a.F.; früher: EWGV)
Einf.	Einführung
Einl.	Einleitung
EL	Ergänzungslieferung
ELC	Europäische Landschaftskonvention
EMAS	Eco-Management and Audit Scheme
EnWG	Energiewirtschaftsgesetz
et al.	et alii (lat.: und andere)
EU	Europäische Union
EUDUR	Handbuch zum europäischen und deutschen Umweltrecht
EuGH	Europäischer Gerichtshof
EuLRaumÜbkG	Gesetz zu dem Übereinkommen vom 19. September 1979 über die Erhaltung der europäischen wildlebenden Pflanzen und Tiere und ihrer natürlichen Lebensräume
EuR	Europarecht
EurUP	Europäisches Umwelt- und Planungsrecht (Zeitschrift)
EUV	Vertrag über die Europäische Union
EuZW	Europäische Zeitschrift für Wirtschaftsrecht
EW	Einwohnerwerte
EWG	Europäische Wirtschaftsgemeinschaft
EWiR	Entscheidungen zum Wirtschaftsrecht (Zeitschrift)
EWR	(Verträge über den) Europäischen Wirtschaftsraum
EWS	Europäisches Wirtschafts- und Steuerrecht (Zeitschrift)
F+E-Vorhaben	Forschungs- und Entwicklungsvorhaben
f./ff.	folgende Seite(n)
FFH	Fauna, Flora, Habitat
FIW	Forschungsinstitut für Wirtschaft und Wettbewerb e.V.

FlurbG	Flurbereinigungsgesetz
Fn.	Fußnote
F-Plan	Flächennutzungsplan
Freis-RL	Richtlinie 2001/18/EG über die absichtliche Freisetzung gentechnisch veränderter Organismen in die Umwelt
FS	Festschrift
FStrG	Bundesfernstraßengesetz
FVP	Flächenpoolverordnung
G	Gesetz
GA	Generalanwalt am Europäischen Gerichtshof
GAKG	Gesetz über die Gemeinschaftsaufgabe „Verbesserung der Agrarstruktur und des Küstenschutzes"
GBl.	Gesetzblatt
GD	Generaldirektion (der EU-Kommission)
geänd.	geändert
gem.	gemäß
GenTG	Gesetz zur Regelung der Gentechnik (Gentechnikgesetz – GenTG)
GenTGE	Entwurf eines Gesetzes zur Änderung des Gentechnik- gesetzes
GenTVfV	Gentechnik-Verfahrensverordnung
GewArch	Gewerbearchiv (Zeitschrift)
GFU	Gesellschaft für Umweltrecht
GG	Grundgesetz
ggf.	gegebenenfalls
GIRL	Geruchsimmissions-Richtlinie
GmbH	Gesellschaft mit beschränkter Haftung
GMBl.	Gemeinsames Ministerialblatt
GRUR	Gewerblicher Rechtsschutz und Urheberrecht (Zeitschrift)
GrdstVG	Grundstückverkehrsgesetz
GuL	Garten und Landschaft (Zeitschrift)
GVBl./GVOBl.	Gesetz- und Verordnungsblatt
GV NW	Gesetz- und Verordnungsblatt für das Land Nordrhein- Westfalen
GVO	gentechnisch veränderter Organismus
GWB	Gesetz gegen Wettbewerbsbeschränkungen
h.A.	herrschende Ansicht
ha	Hektar
HAGBNatSchG	Hessisches Ausführungsgesetz zum Bundesnaturschutz- gesetz
Halbs.	Halbsatz
HB	Bremen
Hbg.	Hamburg
Hdb.	Handbuch
HdbStR	Handbuch des Staatsrechts
HDW	Handbuch des Deutschen Wasserrechts

HE/He.	Hessen
Hess.	Hessen/hessisch
HGB	Handelsgesetzbuch
HH	Hamburg
h.M.	herrschende Meinung
Hmb.	Hamburg
HmbBNatSchAG	Hamburgisches Naturschutzausführungsgesetz
HmbGVBl.	Hamburgisches Gesetz- und Verordnungsblatt
Hrsg.	Herausgeber
HufBeschlG	Hufbeschlaggesetz
i.d.F.	in der Fassung
i.d.F. d. Bek.	in der Fassung der Bekanntmachung
i.d.R.	in der Regel
i.d.S.	in diesem Sinne
i.E.	im Einzelnen/im Erscheinen
IFG	Informationsfreiheitsgesetz
IfSG	Infektionsschutzgesetz
inkl.	inklusive
InVeKoSV	Verordnung über die Durchführung von Stützungs-regelungen und des Integrierten Verwaltungs- und Kontrollsystems
IR	Infrastrukturrecht
i.R.	im Rahmen
i.S.	im Sinne
i.V.m.	in Verbindung mit
IVU-Richtlinie	EG-Richtlinie 2008/1/EG über die integrierte Vermeidung und Verminderung der Umwelt-verschmutzung
i.w.S.	im weiteren Sinne
IzR	Informationen zur Raumentwicklung (Zeitschrift)
JA	Juristische Arbeitsblätter (Zeitschrift)
JbUTR	Jahrbuch des Umwelt- und Technikrechts
JEEPL	Journal for European Environmental & Planning Law (Zeitschrift)
jew.	jeweils
JFDG	Jugendfreiwilligendienstegesetz
JuS	Juristische Schulung (Zeitschrift)
JZ	Juristenzeitung (Zeitschrift)
KA	Korrespondenz Abwasser (Zeitschrift)
Kap.	Kapitel
Kennz.	Kennziffer
KG	Kammergericht Berlin
KLIMZUG	Förderrichtlinie „Klimawandel in Regionen zukunfts-fähig gestalten"
krit.	kritisch
KrWG	Kreislaufwirtschaftsgesetz

KrW-/AbfG	Kreislaufwirtschafts- und Abfallgesetz
kW	Kilowatt
kWh	Kilowattstunde(n)
KWK-G	Kraft-Wärme-Kopplungsgesetze (2000 bzw. 2009)
Kz.	Kennziffer
lat.	lateinisch
LAWA	Bund/Länder-Arbeitsgemeinschaft Wasser
Lfg.	Lieferung
LG	Landgericht
lit.	Buchstabe
LKV	Landes- und Kommunalverwaltung (Zeitschrift)
LS	Leitsatz
LSA	Land Sachsen-Anhalt
Ltd.	Limited (eine Form der Aktiengesellschaft im Vereinigten Königreich)
LWG	Landeswassergesetz
m. Anm.	mit Anmerkung
m.a.W.	mit anderen Worten
MDR	Monatsschrift für Deutsches Recht (Zeitschrift)
Meckl.-Vorp.	Mecklenburg-Vorpommern
m.E.	meines Erachtens
MinBl.	Ministerialblatt
Mio.	Millionen
Mitt.	Mitteilung
m. Nachw.	mit Nachweisen
Mrd.	Milliarden
m.w.H.	mit weiteren Hinweisen
m.w.N.	mit weiteren Nachweisen
m.W.v.	mit Wirkung vom
NAGBNatSchG	Niedersächsisches Ausführungsgesetz zum Bundesnaturschutzgesetz
NatSchAG M-V	Naturschutzausführungsgesetz Mecklenburg-Vorpommern
NatSchGBln	Berliner Naturschutzgesetz
NatSchG LSA	Naturschutzgesetz des Landes Sachsen-Anhalt
NaWaRo	Nachwachsende Rohstoffe
NB	Netzbetreiber
Nds.	Niedersachsen
Nds. GVBl.	Niedersächsisches Gesetz- und Verordnungsblatt
Nds. MBl.	Niedersächsisches Ministerialblatt
NdsVBl.	Niedersächsische Verwaltungsblätter
n.F.	neue Fassung
NF-VO	Novel-Food-Verordnung
NJW	Neue Juristische Wochenschrift
NJW-RR	NJW-Rechtsprechungsreport Zivilrecht

NLJ	*Kolodziejcok/Endres/Krohn/Markus*, Naturschutz, Landschaftspflege und einschlägige Regelungen des Jagd- und Forstrechts (Loseblattwerk)
NNA-Berichte	Alfred Toepfer Akademie für Naturschutz (Publikationen)
NordÖR	Zeitschrift für Öffentliches Recht in Norddeutschland
Nr.	Nummer
NREAP	National Renewable Energy Action Plan
NRW	Nordrhein-Westfalen
NuL	Naturschutz und Landschaftspflege (Zeitschrift)
NuR	Natur und Recht (Zeitschrift)
n.v.	nicht veröffentlicht
NVwZ	Neue Zeitschrift für Verwaltungsrecht
NW	Nordrhein-Westfalen
NWVBl.	Nordrhein-Westfälische Verwaltungsblätter
o.a.	oben angeführt(e)
od.	oder
OLG	Oberlandesgericht
OVG	Oberverwaltungsgericht
OVGE	Entscheidungssammlung OVG Lüneburg und OVG Münster
OWiG	Gesetz über Ordnungswidrigkeiten
PHi	Produktionstechnik Hannover informiert (Zeitschrift)
rd.	rund
RG	Reichsgericht
RGBl.	Reichsgesetzblatt
RGZ	(Amtliche Sammlung der) Entscheidungen des Reichsgerichts in Zivilsachen
Rh.-Pf.	Rheinland-Pfalz
RIW	Recht der Internationalen Wirtschaft (Zeitschrift)
RL	Richtlinie
Rn.	Randnummer
RNotZ	Rheinische Notarzeitschrift
ROG	Raumordnungsgesetz
RP	Rheinland-Pfalz
Rspr.	Rechtsprechung
RTW	Schriftenreihe „Recht – Technik – Wirtschaft"
RuR	Raumforschung und Raumordnung (Zeitschrift)
s.	siehe
S.	Seite
Saarl.	Saarland
SaarlVerf	Verfassung des Saarlandes
Sachs.	Sachsen
Sachs.-Anh.	Sachsen-Anhalt
SächsNatSchG	Sächsisches Naturschutzgesetz

SächsVBl	Sächsische Verwaltungsblätter
SächsWG	Sächsisches Wassergesetz
Schl.-Holst./SH	Schleswig-Holstein
SEA-Protokoll	Protokoll über die Strategische Umweltprüfung
SL	Saarland
Slg.	Sammlung der Entscheidungen des Europäischen Gerichtshofs
SNG	Saarländisches Naturschutzgesetz
s.o.	siehe oben
sog.	so genannt(e)
Sp.	Spalte
SPD	Sozialdemokratische Partei Deutschlands
spp.	species pluralis
SRU	Rat von Sachverständigen für Umweltfragen
StAnz.	Staatsanzeiger
StGB	Strafgesetzbuch
StPO	Strafprozessordnung
str.	streitig
st.Rspr.	ständige Rechtsprechung
s.u.	siehe unten
SUP	Strategische Umweltprüfung
Tab.	Tabelle
TA Lärm	Technische Anleitung zum Schutz gegen Lärm
TA Luft	Technische Anleitung zur Reinhaltung der Luft
Th./Thür.	Thüringen
ThürNatG	Thüringer Natur- und Landschaftsgesetz
ThürVBl.	Thüringer Verwaltungsblätter
TierSchG	Tierschutzgesetz
TierSchKomV	Tierschutzkommissionsverordnung
TierSchlV	Tierschutz-Schlachtverordnung
TierSchNutztV	Tierschutz-Nutztierhaltungsverordnung
TierSchTrV	Tierschutztransportverordnung
Tz.	Textziffer
u.	und
u.a.	und andere/unter anderem
u.Ä.	und Ähnliches
u.ä.	und ähnliche
UAbs.	Unterabsatz
UBA	Umweltbundesamt
UGB	Umweltgesetzbuch
UGB-KomE	Entwurf eines Umweltgesetzbuchs der Unabhängigen Sachverständigenkommission
UIG	Umweltinformationsgesetz
umfangr.	umfangreich(e)
UmweltHG	Umwelthaftungsgesetz
UmwRG	Umweltrechtsbehelfsgesetz
UN	United Nations – Vereinte Nationen

UPR	Umwelt- und Planungsrecht (Zeitschrift)
Urt.	Urteil
u.s.w.	und so weiter
USchadG	Umweltschadensgesetz
UStatG	Umweltstatistikgesetz
UTR	Umwelt- und Technikrecht (Schriftenreihe)
UVP	Umweltverträglichkeitsprüfung
UVPG	Gesetz über die Umweltverträglichkeitsprüfung
UWG	Gesetz zur Bekämpfung des unlauteren Wettbewerbs
v.	vom/von
V	Verordnung
VA	Verwaltungsakt
VAR	Variante
v. a.	vor allem
VAwS	Verordnung über Anlagen zum Umgang mit wasser- gefährdenden Stoffen
VBlBW	Verwaltungsblätter für Baden-Württemberg
VDI	Verband Deutscher Ingenieure e.V.
VerfGH	Verfassungsgerichtshof
VerfLSA	Verfassung des Landes Sachsen-Anhalt
VerwArch	Verwaltungsarchiv (Zeitschrift)
VG	Verwaltungsgericht
VGG	Verwaltungsgerichtsgesetz
VGH	Verwaltungsgerichtshof
vgl.	vergleiche
v.H.	vom Hundert
VKU	Verband kommunaler Unternehmen e.V.
VO	Verordnung
VOB	Vergabe- und Vertragsordnung für Bauleistungen
VOL	Verdingungsordnung für Leistungen (ausgenommen Bauleistungen)
Vorb./Vorbem.	Vorbemerkung(en)
VRL	Vogelschutzrichtlinie
VVDStRL	Veröffentlichungen der Vereinigung Deutscher Staats- rechtslehrer (Zeitschrift)
VW	Versorgungswirtschaft
VwGO	Verwaltungsgerichtsordnung
VwV-BWI II	Bundeswaldinventur II
VwVfG	Verwaltungsverfahrensgesetz
WaffG	Waffengesetz
WasSG	Wassersicherstellungsgesetz
WaStrG	Bundeswasserstraßengesetz
WG	Wassergesetz
wg.	wegen
WHG	Wasserhaushaltsgesetz
WM	Wertpapier-Mitteilungen (Zeitschrift)
WRMG	Wasch- und Reinigungsmittelgesetz

XXIV

WRP	Wettbewerb in Recht und Praxis (Zeitschrift)
WRRL	Wasserrahmenrichtlinie
WuW	Wirtschaft und Wettbewerb (Zeitschrift)
WuW/E	WuW-Entscheidungssammlung zum Kartellrecht
WVG	Wasserverbandsgesetz
z.B.	zum Beispiel
ZfB	Zeitschrift für Bergrecht
ZfE	Zeitschrift für Energiewirtschaft
ZfK	Zeitschrift für kommunale Wirtschaft
ZfU	Zeitschrift für Umweltpolitik und Umweltrecht
ZfW	Zeitschrift für Wasserrecht
z.G.	zu Gunsten
ZG	Zeitschrift für Gesetzgebung
ZHR	Zeitschrift für das gesamte Handelsrecht und Wirtschaftsrecht
Ziff.	Ziffer
ZirkRegV	Zirkusregisterverordnung (Tierschutz)
ZNER	Zeitschrift für Neues Energierecht
ZPO	Zivilprozessordnung
ZRP	Zeitschrift für Rechtspolitik
ZSKG	Zivilschutz- und Katstrophenhilfegesetz
z.T.	zum Teil
zul.	zuletzt
ZUM	Zeitschrift für Urherber- und Medienrecht
ZUR	Zeitschrift für Umweltrecht
ZZP	Zeitschrift für Zivilprozessrecht
z.Zt.	zur Zeit
zzt.	zurzeit

Literaturverzeichnis

Agena, Carl-August: Der Vollzug der landwirtschaftlichen „Grundsätze der guten fachlichen Praxis" nach § 5 Abs. 2 BNatSchG, in: NuR 2012, 297 ff.

Albrecht, Juliane/Gies, Moritz: Zulässigkeit von Unterhaltungsmaßnahmen an Infrastruktureinrichtungen und Gewässern in NATURA 2000-Gebieten im Lichte der Rechtsprechung des EuGH, in: NuR 2014, 235 ff.

Albrecht, Juliane/Leibenath, Markus: Biotopverbund im Planungsrecht, in: ZUR 2008, 518 ff.

Altmoos, Michael/Durka, Walter: Prozeßschutz in Bergbaufolgelandschaften, NuL 1998, 291 ff.

Amler, Karin/Bahl, Andreas/Henle, Klaus: Populationsbiologie in der Naturschutzpraxis, 1999

Anger, Christoph: Die neue naturschutzrechtliche Eingriffsregelung gem. §§ 18 ff. BNatSchG, in: NVwZ 2003, 319 ff.

Anger, Christoph: Naturschutzrechtliche Eingriffsregelung und Kompensationspools, in: UPR 2004, 7 ff.

Apfelbach, Dieter/Adenauer, Ursula/Iven, Klaus: Das Zweite Gesetz zur Änderung des Bundesnaturschutzgesetzes, in: NuR 1998, 63 ff.

Appel, Ivo: Staatliche Zukunfts- und Entwicklungsvorsorge – Zum Wandel der Dogmatik des Öffentlichen Rechts am Beispiel des Konzepts der nachhaltigen Entwicklung im Umweltrecht, 2005

Appel, Markus: Der Eigentumsschutz von Nutzungsmöglichkeiten – ein (un-)gelöstes Problem des Eigentumsgrundrechts? in: NuR 2005, 427 ff.

Appel, Markus: Die Befugnis zur einfach-gesetzlichen Ausgestaltung der allgemeinen Grundsätze des Naturschutzes i.S.d. Art. 72 Abs. 3 Satz 1 Nr. 2 GG – zugleich ein Beitrag über Inhalt und Reichweite des abweichungsfesten Kerns der Landschaftsplanung gemäß § 8 BNatSchG 2009, in: NuR 2010, 171 ff.

Appel, Markus: Eigentumsgrundrechtlicher Bestands- oder rechtsstaatlicher Vertrauensschutz – was schützt den Eigentümer? in: DVBl 2005, 340 ff.

Appel, Markus: Entstehungsschwäche und Bestandsstärke des verfassungsrechtlichen Eigentums, 2004

Appel, Markus: Subjektivierung von UVP-Fehlern durch das Umwelt-Rechtsbehelfsgesetz?, in: NVwZ 2010, 473 ff.

Appel, Markus: Tagebaurestlochflutung im Spannungsfeld zwischen Berg- und Wasserrecht – Anmerkung zu OVG Magdeburg, Beschluss vom 26. Mai 2008 – 2 L 187/06, in: NuR 2008, 553 ff.

Armbrecht, Stefanie: Artenschutz in der Bauleitplanung, in: BayVBl. 2011, 396 ff.

Arnold, Peter: Die Arbeit mit öffentlich-rechtlichen Verträgen im Umweltschutz beim Regierungspräsidium Stuttgart – Aus der Praxis der Verwaltung und der Verwaltungsgerichtsbarkeit, in: VerwArch. 80 (1989), 125 ff.

Backes, Chris W.: Besondere Schutzgebiete in Europa – Rechtsvergleichende Bemerkungen zur Umsetzung und Anwendung des Art. 6 FFH-Richtlinie, in: EurUP 2005, 265 ff.

Balzer, Susanne/Dieterich, Martin/Kolk, Jens: Management- und Artenschutzkonzepte bei der Umsetzung der FFH-Richtlinie, in: Naturschutz und Biologische Vielfalt 69, 2008

Bartholmes, Thomas: Umweltrechtliche Verantwortlichkeit als mittelbarer Verursacher von Umwelteinwirkungen, 2006

Bartlsperger, Richard: Die öffentlichrechtliche Eigentumsbeschränkung im situationsbedingten Gemeinschaftsinteresse, in: DVBl 2003, 1473 ff.

Battefeld, Klaus-Ulrich: Nochmals – Neue Aufgaben für die Landschaftsplanung, in: NuL 2009, 54 ff.

Battis, Ulrich/Krautzberger, Michael/Löhr, Rolf-Peter (Hrsg.): BauGB, Kommentar, 12. Aufl. 2014

Bauer, Hartmut/Czybulka, Detlef/Kahl, Wolfgang/Voßkuhle, Andreas (Hrsg.): Umwelt, Wirtschaft und Recht, Geburtstagsschrift für R. Schmidt, 2002

Baumbach, Adolf/Hopt, Klaus J.: Handelsgesetzbuch mit GmbH & Co, Handelsklauseln, Bank- und Börsenrecht, Transportrecht, 34. Aufl. 2010

Baur, Fritz: Die „Nassauskiesung" – oder wohin treibt uns der Eigentumsschutz?, in: NJW 1982, 1734 ff.

Baur, Jürgen F./Salje, Peter/Schmidt-Preuß, Matthias (Hrsg.): Regulierung in der Energiewirtschaft, 2. Aufl. 2015 (zitiert: *Bearbeiter,* in: Baur/Salje/Schmidt-Preuß, Regulierung in der Energiewirtschaft)

Beaucamp, Guy: Das Konzept der zukunftsfähigen Entwicklung im Recht: Untersuchungen zur völkerrechtlichen, europarechtlichen, verfassungsrechtlichen und verwaltungsrechtlichen Relevanz eines neuen politischen Leitbildes, 2002

Beck, Lukas: Die Abweichungsgesetzgebung der Länder aus staatsrechtlicher, rechtsvergleichender und dogmatischer Sicht, 2008 (zitiert: *Beck,* Abweichungsgesetzgebung)

Becker, Bernd: Einführung in die Richtlinie über Umwelthaftung zur Vermeidung und Sanierung von Umweltschäden, in: NVwZ 2005, 371 ff.

Becker, Bernd: Bundes-Bodenschutzgesetz, Kommentar, 2006

Becker, Bernd: Das neue Umweltrecht 2010, 2010

Becker, Bernd: Das neue Umweltschadensgesetz, 2007

Beckmann, Martin/Wittmann, Antje: Umwelthaftung für Abfallentsorgungsanlagen, in: AbfallR 2007, 87

Behrens, Peter/Koch, Hans-Joachim (Hrsg.): Umweltschutz in der Europäischen Gemeinschaft: Spannungsfelder zwischen nationalem Recht und europäischem Gemeinschaftsrecht, 1991

Benz, Arthur/Suck, André: Auswirkungen der Verwaltungsmodernisierung auf den Naturschutz, in: Natur und Landschaft 2007, 353 ff.

Berchter, Dirk: Die Eingriffsregelung im Naturschutzrecht, 2007

Berendes, Konrad/Frenz, Walter/Müggenborg, Hans-Jürgen (Hrsg.): Berliner Kommentar WHG, 2011 (zitiert: *Bearbeiter,* in: BKom WHG)

Berendes, Konrad: Die neue Wasserrechtsordnung, in: ZfW 2001, 197 ff.

Berendt, Patrick: Die Bedeutung von Zweck- und Zielbestimmungen für die Verwaltung, 2001

Berghoff, Peter/Steg, Katharina: Das neue Bundesnaturschutzgesetz und seine Auswirkungen auf die Naturschutzgesetze der Länder, in: NuR 2010, 17 ff.

Berkemann, Jörg/Halama, Günter: Handbuch zum Recht der Bau- und Umweltrichtlinien der EG, 2008 (zitiert: *Bearbeiter,* in: Berkemann/Halama)

Berkemann, Jörg: Der Störfallbetrieb in der Bauleitplanung – Skizzen zur rechtlichen Problembehandlung nach Maßgabe der RL 96/82/EG (SEVESO II), in: ZfBR 2010, 18 ff.

Bernatzky, Aloys/Böhm, Otto/Meßerschmidt, Klaus (Hrsg.): Bundesnaturschutzrecht, Loseblattsammlung, Stand: 12/09

Bernshausen, Frank/Kreuziger, Josef/Uther, Dirk/Wahl, Michael: Hochspannungsfreileitungen und Vogelschutz: Minimierung des Kollisionsrisikos, in: NuL 2007, 5 ff.

Beyer, Peter: Eine neue Dimension der Umwelthaftung in Europa?, in: ZUR 2004, 257

Bickel, Christian: Bundes-Bodenschutzgesetz, Kommentar, 4. Aufl. 2004

Bielenberg, Walter/Runkel, Peter/Spannowsky, Willy: Raumordnungs- und Landesplanungsrecht des Bundes und der Länder, Loseblattsammlung, Stand: 07/15 (zitiert: *Bearbeiter,* in: Bielenberg/Runkel/Spannowsky, Raumordnung)

Blab, Josef/Klein, Manfred/Ssymank, Axel: Biodiversität und ihre Bedeutung in der Naturschutzarbeit, Natur und Landschaft 1995, 11 ff.

Blab, Josef: Grundlagen des Biotopschutzes für Tiere, 4. Aufl. 1993

Blasberg, Daniela: Inhalts- und Schrankenbestimmungen des Grundeigentums zum Schutz der natürlichen Lebensgrundlagen, 2008

Blucha, Jürgen/Körner, Stefan/Nagel, Annemarie/Wiersbinski, Norbert: Denkmalschutz und Naturschutz – voneinander lernen und Synergien nutzen, in: Naturschutz und Biologische Vielfalt 81, 2009

Blum, Peter/Agena, Carl-August/Franke, Jürgen: Niedersächsisches Naturschutzgesetz, 2000

Blumenwitz, Dieter: Typische Konflikte zwischen Verwaltungsträgern und ihre Regelung im deutschen Verwaltungsrecht, in: AöR 96 (1971), 161 ff.

Böhmer, Werner: Grundfragen der verfassungsrechtlichen Gewährleistung des Eigentums in der Rechtsprechung des Bundesverfassungsgerichts, in: NJW 1988, 2561 ff.

Bohne, Eberhard/Kloepfer, Michael: Das Projekt eines Umweltgesetzbuchs 2009, 2009

Bohne, Eberhard: Das Umweltgesetzbuch vor dem Hintergrund der Föderalismusreform, in: EurUP 2006, 276 ff.

Bohne, Eberhard: Versicherungsmodelle zur Investitionsbeschleunigung und zum Abbau von Vollzugsdefiziten im Anlagenzulassungsrecht, in: DVBl 1994, 195

Böll, Susanne: Eigenverantwortung im Amphibienschutz, in: NuL 2015, 191 ff.

Bönsel, André/Matthes, Joachim: Prozessschutz und Störungsbiologie, in: Natur und Landschaft 2007, 323 ff.

Bönsel, André: Der Landschaftsplan als vorteilhafte Parallelplanung unter europarechtlichen Anforderungen in den neuen Bundesländern, in: LKV 2002, 218 ff.

Borowski, Martin: Die materielle und formelle Polizeipflicht von Hoheits- trägern, in: VerwArch 101 (2010), 58 ff.

Bosch & Partner GmbH/Wolf, Rainer: Wiederherstellungsmöglichkeiten von Bodenfunktionen im Rahmen der Eingriffsregelung, in: Angewandte Landschaftsökologie 31, 2000

Bottin, Sabine: Die Einrichtung von Biotopverbundsystemen nach den Vorga- ben des internationalen, europäischen und bundesdeutschen Naturschutz- rechts, 2005 (zitiert: *Bottin*, Biotopverbund)

Boujong, Karlheinz: Der Umfang der Entschädigung in Geld nach dem WHG, in: ZfW 1983, 1 ff.

Brandner, Thilo u. a. (Hrsg.): Umweltgesetzbuch und Gesetzgebung im Kon- text – Liber Disciplorum für Michael Kloepfer zum 65. Geburtstag, 2008, (zitiert: *Bearbeiter*, in: Brandner, FS Kloepfer)

Brandt, Edmund/Smeddinck, Ulrich: Gute fachliche Praxis – zur Standardisie- rung von Verhalten, 2005

Breier, Siegfried: Die Bedeutung der umweltrechtlichen Querschnittsklausel des Art. 130r Abs. 2 Satz 2 EWG-Vertrag für die Verwirklichung des euro- päischen Binnenmarktes, in: NuR 1992, 174 ff.

Breuer, Rüdiger: Gewässerschutz in Europa – Eine kritische Zwischenbilanz, in: Wasser & Boden 1995, 10 ff.

Breuer, Wilhelm: Ökokonto – Chance oder Gefahr?, in: NuL 2001, 113 ff.

Breuer, Wilhelm: Stromopfer und Vogelschutz an Energiefreileitungen. § 53 Bundesnaturschutzgesetz in der Praxis, in: Naturschutz und Landschafts- planung 2007, 69 ff.

Britz, Gabriele: Abschied vom Grundsatz fehlender Polizeipflicht von Hoheitsträgern?, in: DÖV 2002, 891 ff.

Bröker, Stephan: Die Abweichungskompetenz der Länder gemäß Art. 72 Abs. 3 GG im konkreten Fall des Naturschutzes und der Landschafts- pflege. Eine Untersuchung am Beispiel der Naturschutzgesetze der Länder Brandenburg, Niedersachsen und Bayern, 2013

Brunotte, Ernst et al.: Flussauen in Deutschland, in: Naturschutz und Bio- logische Vielfalt 87, 2009

Bruns, Diedrich/Mengel, Andreas/Weingarten, Elke: Beiträge der flächen- deckenden Landschaftsplanung zur Reduzierung der Flächeninanspruch- nahme, Naturschutz und Biologische Vielfalt 25, 2005

Bruns, Elke/Kieß, Carolin/Peters, Wolfgang: Anforderungen an die Erfassung, Bewertung und Sanierung von Biodiversitätsschäden nach dem Umwelt- schadensgesetz, in: NuR 2009, 149 ff.

Bückmann, Walter: Nachhaltiges Landmanagement und Klimaschutz, in: UPR 2009, 407 ff.

Bulling, Manfred: Kooperatives Verwaltungshandeln (Vorverhandlungen, Arrangements, Agreements und Verträge) in der Verwaltungspraxis, in: DÖV 1989, 277 ff.

Bultmann, Peter Friedrich: Öffentliches Recht, 2. Aufl. 2008

Bundesamt für Naturschutz – BfN (Hrsg.): Arbeitsanleitung Geotopschutz in Deutschland, in: Angewandte Landschaftsökologie 9, 1996

Bundesamt für Naturschutz – BfN (Hrsg.): Arbeitsanleitung Geotopschutz in Deutschland, Angewandte Landschaftsökologie 9, 1996

Bundesamt für Naturschutz – BfN (Hrsg.): Daten zur Natur, 2008

Bundesamt für Naturschutz – BfN (Hrsg.): Dynamik und Konstanz, Festschrift für Herbert Sukopp, 1995

Bundesministerium für Verkehr, Bau und Stadtentwicklung (Hrsg.): Hochwasserschutzfibel 2013, abrufbar unter http://www.bmvi.de/Shared-Docs/DE/Anlage/BauenUndWohnen/hochwasserschutzfibel_2.pdf?__ blob=publicationFile (zuletzt abgerufen am 22. 07. 2015)

Bunzel, Arno: Kompensationsverpflichtung und Pflegemaßnahmen bei Eingriffen in Natur und Landschaft – Empirische Erfahrungen und rechtliche Bewertung, in: NuR 2004, 15 ff.

Burggraaff, Peter/Kleefeld, Klaus-Dieter: Historische Kulturlandschaft und Kulturlandschafts elemente, in: Angewandte Landschaftsökologie 20, 1998

Burgi, Martin: Erholung in freier Natur, 1993

Burkhardt, Irene et al.: Urbane Wälder, in: Naturschutz und Biologische Vielfalt 63, 2008

Burkhardt, Rüdiger/Baier, Hermann/Bendzko, Udo: Empfehlungen zur Umsetzung des § 3 BNatSchG „Biotopverbund", in: Naturschutz und Biologische Vielfalt 2, 2004

Burmeister, Joachim H.: Der Schutz von Natur und Landschaft vor Zerstörung, 1988

Bussche, Axel Freiherr von dem: Vertragsnaturschutz in der Verwaltungspraxis, 2001

Büttner, Thomas/Leicht, Hans: Historische Kulturlandschaften in der Regionalplanung, in: IzR 5/2008, 289 ff.

Calliess, Christian/Ruffert, Matthias (Hrsg.): EUV/AEUV, Kommentar, 5. Aufl. 2015

Carlsen, Claus/Fischer-Hüftle, Peter: Rechtsfragen und Anwendungsmöglichkeiten des Landschaftsschutzes, in: NuR 1993, 311 ff.

Carlsen, Claus: Anmerkung zu VG Berlin, Urt. v. 26. 11. 1980 – 1 A 268/79, in: NuR 1981, 179 f.

Carlsen, Claus: Zur Entstehungsgeschichte der Betretungs- und Reitregelung im Bundeswaldgesetz, in: NuR 1979, 60 ff.

Caspar, Johannes: Die EU-Wasserrahmenrichtlinie – Neue Herausforderungen an einen europäischen Gewässerschutz, in: DÖV 2001, 529 ff.

Chandna, Rajiv: Das Abweichungsrecht der Länder gemäß Art. 72 Abs. 3 GG im bundesstaatlichen Kompetenzgefüge. Eine Untersuchung seines Einflusses auf das deutsche Umweltrecht, 2011

Cholewa, Werner/Dyong, Hartmut/von der Heide, Hans-Jürgen/Arenz, Willi: Raumordnung in Bund und Ländern, Loseblattsammlung, Stand: 06/09 (zitiert: *Bearbeiter*, in: Cholewa/Dyong/von der Heide/Arenz, Raumordnung)

Cliquet, An/Backes, Chris/Harris, Jim/Howsam, Peter: Adaption to climate change – Legal challenges for protected areas, in: Utrecht Law Review 2009, 158 ff.

Cosack, Tilman/Enders, Rainald: Das Umweltschadensgesetz im System des Umweltrechts, in: DVBl 2008, 405 ff.

Cosack, Tilman: Erheblichkeitsschwelle und Ausnahmeregelungen nach § 34 BNatSchG – Garanten für eine ausgewogene FFH-Verträglichkeitsprüfung?, in: UPR 2002, 250 ff.

Czybulka, Detlef (Hrsg.): Wege zu einem wirksamen Naturschutz – Das neue BNatSchG – Analyse und Kritik, 2004

Czybulka, Detlef/Kampowski, Jens: Rechtliche Anforderungen an die Unterschutzstellung von Natura 2000-Gebieten auf „sonstige Weise" und die Umsetzung in den Bundesländern (Teil II), in: EurUP 2009, 180 ff.

Czybulka, Detlef: Ist das Erste Gesetz zur Änderung des Bundesnaturschutzgesetzes europarechtskonform?, in: EurUP 2008, 20 ff.

Czychowski, Manfred/Reinhardt, Michael: Wasserhaushaltsgesetz, 9. Aufl. 2007

Dahm, Georg/Delbrück, Jost/Wolfrum, Rüdiger: Völkerrecht Band I/2, 2. Aufl. 2002

de Witt, Siegfried: Planfeststellungsbeschluss Waldschlößchenbrücke, in: LKV 2008, 112 ff.

de Witt, Siegfried/Geismann, Maria: Artenschutzrechtliche Verbote in der Fachplanung, 2010

Degenhart, Christoph: Die Neuordnung der Gesetzgebungskompetenzen durch die Föderalismusreform, in: NVwZ 2006, 1209 ff.

Degenhart, Christoph: Verfassungsrechtliche Rahmenbedingungen der Abweichungsgesetzgebung, in: DÖV 2010, 422 ff.

Demleitner, Andreas: Die Normverwerfungskompetenz der Verwaltung bei entgegenstehendem Gemeinschaftsrecht, in: NVwZ 2009, 1525 ff.

Deutscher Bundestag/Wissenschaftliche Dienste: Aktueller Begriff – Novellen von Bundesnaturschutzgesetz und Wasserhaushaltsgesetz in Kraft, Nr. 36/10 vom 19. 05. 2010

di Fabio, Udo: Vertrag statt Gesetz? Gesetzesvertretende und gesetzesausfüllende Verwaltungsverträge im Natur- und Landschaftsschutz, in: DVBl 1990, 338 ff.

Dickertmann, Dietrich/Gelbhaar, Siegfried: Umweltnormen mit monetärer Sanktionsdrohung: Geldstrafen als Element rationaler Umweltpolitik?, in: ZfU 1995, 341 ff.

Dieckmann, Nina: Die planerischen Instrumente der Wasserrahmenrichtlinie (WRRL) – Maßnahmeprogramm und Bewirtschaftungsplan, in: EurUP 2008, 2 ff.

Diederichsen, Lars: Grundfragen zum neuen Umweltschadensgesetz, in: NJW 2007, 3377 ff.

Diedrich, Jörn: Der Biotopverbunde – mögliche Instrumente der Ausweisung und Sicherung, in: UPR 2004, 168 ff.

Dierschke, Volker/Bernotat, Dirk: Übergeordnete Kriterien zur Bewertung der Mortalität wildlebender Tiere im Rahmen von Projekten und Eingriffen – unter besonderer Berücksichtigung der deutschen Brutvogelarten, abrufbar unter https://www.bfn.de/fileadmin/MDB/documents/themen/eingriffsregelung/Skripte/Dierschke_Bernotat_MGI_2012.pdf (zuletzt abgerufen am 22. 07. 2015)

Dietrich, Björn: Der Biotopverbund – mögliche Instrumente der Ausweisung und Sicherung, in: UPR 2004, 168 ff.

Dietrich, Jan-Hendrik: Landesverteidigung in den Grenzen der Umweltpflichtigkeit, 2011

Dodd, Andrew/Hardiman, Alice/Jennings, Kate/Williams, Gwyn: Protected areas and climate change – Reflections from a practitioner's perspective, in: Utrecht Law Review 2010, 141 ff.

Doerpinghaus, Annette/Dröschmeiser, Rainer/Fritsche, Beate: Naturschutz-Monitoring in Deutschland, in: Naturschutz und Biologische Vielfalt 83, 2010

Dolde, Klaus-Peter: Artenschutz in der Planung, in: NVwZ 2008, 121 ff.

Dolde, Klaus-Peter: Europarechtlicher Artenschutz in der Planung – Die „kleine" Novelle zum Bundesnaturschutzgesetz, in: NVwZ 2008, 121 ff.

Dombert, Matthias: § 10 USchadG – Abschied vom polizeirechtlichen Entschließungsermessen?, in: ZUR 2008, 406 ff.

Donath, Tobias W./Eckstein, R. Lutz: Bedeutung genetischer Faktoren für die Wiederansiedlung seltener Pflanzengesellschaften, in: NuL 2008, 21 ff.

Doyle, Ulrike/Ristow, Michael: Biodiversitäts- und Naturschutz vor dem Hintergrund des Klimawandels, in: NuL 2006, 101 ff.

Dreier, Horst: Grundgesetz Kommentar, Band II, 2. Aufl. 2007

Drews, Bill/Wacke, Gerhard/Vogel, Klaus/Martens, Wolfgang: Gefahrenabwehr – Allgemeines Polizeirecht (Ordnungsrecht) des Bundes und der Länder, 9. Aufl. 1986

Duikers, Jan: Die Kostentragungspflicht für Vermeidungs- und Sanierungsmaßnahmen nach dem Umweltschadensgesetz, in: UPR 2008, 427 ff.

Duikers, Jan: Die Umwelthaftungsrichtlinie der EG, 2006

Duikers, Jan: EG-Umwelthaftungsrichtlinie und deutsches Recht, in: NuR 2006, 623 ff.

Durner, Wolfgang: Kompensation für Eingriffe in Natur und Landschaft nach deutschem und europäischem Recht, in: NuR 2001, 601 ff.

Durner, Wolfgang: Zehn Jahre Wasserrahmen-Richtlinie – Bilanz und Perspektiven, in: NuR 2010, 452 ff.

Dziallas, Olaf: Artenschutz in der Bauleitplanung, in: NZBau 2008, 429 ff.

Eberle, Carl-Eugen/Ibler, Martin/Lorenz, Dieter (Hrsg.): Der Wandel des Staates vor den Herausforderungen der Gegenwart, in: Festschrift für Brohm, 2002, 509 ff.

Ebersbach, Harry: Möglichkeiten und Grenzen des Vertragsnaturschutzes unter besonderer Berücksichtigung des Waldes, in: AgrarR 1991, 63 f.

Egner, Margit/Fuchs, Rudolf: Naturschutz- und Wasserrecht 2009, Schnelleinstieg für den Praktiker, 2009 (zitiert: *Bearbeiter,* in: Egner/Fuchs, Naturschutz- und Wasserrecht 2009)

Ehle, Dirk: Die Einbeziehung des Umweltschutzes in das Europäische Kartellrecht: eine Untersuchung zu Art. 85 EGV unter besonderer Berücksichtigung kooperativer abfallrechtlicher Rücknahme- und Verwertungssysteme, 1996

Ehlers, Dirk: Die Einwirkungen des Rechts der Europäischen Gemeinschaften auf das Verwaltungsrecht, in: DVBl 1991, 605 ff.

Ehlers, Dirk: Eigentumsschutz, Sozialbindung und Enteignung bei der Nutzung von Boden und Umwelt, in: VVDStRL 51 (1992), 211

Einmahl, Matthias: Gefahr im Verzug und Erreichbarkeit des Ermittlungsrichters bei Durchsuchungen und Beschlagnahmen, in: NJW 2001, 1393 ff.

Ekardt, Felix/Hennig, Bettina: Gentechnisch veränderte Organismen im Artenschutzrecht, in: NuR 2011, 95 ff.

Ekardt, Felix/Heym, Andreas/Seidel, Jan: Die Privilegierung der Landwirtschaft im Umweltrecht, in: ZUR 2008, 169 ff.

Ekardt, Felix/Schomerus, Thomas: Gentechnikrecht und Artschutzrecht, 2011

Ekardt, Felix/Valentin, Florian: Das neue Energierecht, 2015

Ekardt, Felix/Weyland, Raphael: Föderalismusreform und europäisches Verwaltungsrecht, in: NVwZ 2006, 737 ff.

Ell, Marcus: „Öffnungsklausel" in Landschaftsschutzverordnung, in: NVwZ 2004, 182 ff.

Ellenberg, Heinz: Bauernhaus und Landschaft, 1990

Ellinghoven, Gabriele/Brandenfels, Annette: Rechtliche Anforderungen an die Eingriffsbilanzierung und deren naturschutzfachliche Umsetzung am Beispiel von Abgrabungsvorhaben, in: NuR 2004, 564 ff.

Ellwanger, Götz/Ssymank, Axel/Buschmann, Axel/Ersfeld, Marion/Frederking, Wenek/Lehrke, Stefan/Neukirchen, Melanie/Raths, Ulrike/Sukopp, Ulrich/Vischer-Leopold, Mareike: Der nationale Bericht 2013 zu Lebensraumtypen und Arten der FFH-Richtlinie, in: NuL 2014, 185 ff.

Engel, Rüdiger/Ketterer, Lena: Die Auswirkungen des neuen Bundesnaturschutzgesetzes auf das Landesnaturschutzrecht, in: VBlBW 2010, 293 ff.

Engelhardt, Dieter/Brenner, Walter/Fischer-Hüftle, Peter/Egner, Marit (Hrsg.): Naturschutzrecht in Bayern, Loseblattsammlung, Stand: 10/09 (zitiert: *Bearbeiter*, in: Engelhardt/Brenner/Fischer-Hüftle/Egner, NatSchR in Bayern)

Epiney, Astrid: Föderalismusreform und Europäisches Umweltrecht, Bemerkungen zur Kompetenzverteilung Bund – Länder vor dem Hintergrund der Herausforderungen des europäischen Naturschutzrechts, in: NuR 2006, 403 ff.

Epiney, Astrid: Umweltrecht in der Europäischen Union, 2. Aufl. 2005

Epiney, Astrid: Umweltrechtliche Querschnittsklausel und freier Warenverkehr – die Einbeziehung umweltpolitischer Belange über die Beschränkung der Grundfreiheit, in: NuR 1995, 497 ff.

Epping, Volker/Hillgruber, Christian: Beck'scher Online-Kommentar GG, Edition 6, Stand: 02/10 (zitiert: *Bearbeiter*, in: Epping/Hillgruber, GG)

Erbguth, Wilfred/Stollmann, Frank: Das neue Bodenschutzrecht des Bundes (Fortsetzung von GewArch 1999, 223f.), in: GewArch 1999, 283 ff.

Erbguth, Wilfried/Schlacke, Sabine: Umweltrecht, 3. Aufl. 2010

Erbguth, Wilfried/Schubert, Mathias: Das Gesetz zur Einführung einer Strategischen Umweltprüfung und zur Umsetzung der Richtlinie 2001/42/EG (SUPG), in: ZUR 2005, 524 ff.

Erbguth, Wilfried/Stollmann, Frank: Die Bindung der Verwaltung an die FFH-Richtlinie, in: DVBl 1997, 453 ff.

Erbs, Georg/Kohlhaas, Max (Begr.): Strafrechtliche Nebengesetze, Loseblattsammlung, Stand: 11/10

Erichsen, Hans-Uwe/Ehlers, Dirk (Hrsg.): Allgemeines Verwaltungsrecht, 13. Aufl. 2006

Ernst, Werner/Zinkhahn, Willy/Bielenberg, Walter: Baugesetzbuch, Kommentar, Loseblattsammlung, Stand: 10/09 (zitiert: *Bearbeiter*, in: Erst/Zinkhahn/Bielenberg, BauGB)

Essl, Franz/Klingenstein, Frank/Nehring, Stefan/Otto, Christelle/Rabitsch, Wolfgang/Stöhr, Oliver: Schwarzen Listen invasiver Arten – ein Instrument zur Risikobewertung für die Naturschutz-Praxis, in: Natur und Landschaft 2008, 418 ff.

Falter, Hildegard/Rietzler, Andreas: Übernahmeansprüche im Naturschutz- und Fachplanungsrecht als Ausprägung ausgleichspflichtiger Inhalts- und Schrankenbestimmungen, in: DÖV 2012, 308 ff.

Fassbender, Kurt: Das neue Wasserhaushaltsgesetz, in: ZUR 2010, 181 ff.

Fehling, Michael/Kastner, Berthold: Verwaltungsrecht, Handkommentar, 2. Aufl. 2010

Fehrensen, Sebastian: Zur Anwendung zwingenden Gemeinschaftsrechts in der aktuellen Rechtsprechung des BVerwG zum Artenschutz nach der „Kleinen Novelle" des Bundenaturschutzgesetzes, in: NuR 2009, 13 ff.

Felinks, Birgit/Wiegleb, Gerhard: Welche Dynamik schützt der Prozeßschutz, in: NuL 1998, 298 ff.

Fellenberg, Frank: Neue Herausforderungen im besonderen Artenschutzrecht: Die Reaktionen der Praxis auf das BVerwG-Urteil zur Ortsumfahrung Freiberg, in: UPR 2012, 321 ff.

Fisahn, Andreas/Cremer, Wolfram: Ausweisungspflicht und Schutzregime nach Fauna-Flora-Habitat- und der Vogelschutzrichtlinie, in: NuR 1997, 268 ff.

Fisahn, Andreas/Mushoff, Tobias: Vorwirkung und unmittelbare Wirkung Europäischer Richtlinien, in: EuR 2005, 222 ff.

Fisahn, Andreas: Internationale Anforderungen an den deutschen Naturschutz. Die Konvention über die biologische Vielfalt und die Flora-Fauna-Habitat-Richtlinie der EU, in: ZUR 1996, 3 ff.

Fischer, Kristian/Fluck, Jürgen: Öffentlich-rechtliche Vermeidung und Sanierung von Umweltschäden statt privatrechtlicher Umwelthaftung, in: RIW 2002, 814

Fischer, Kristian: Produktbezogene Umweltschadenshaftung für Chemikalien und Pflanzenschutzmittel, 2008

Fischer, Lothar: Biotop- und Artenschutz in der Bauleitplanung, in: NuR 2007, 307 ff.

Fischer, Thomas: Strafgesetzbuch Kommentar, 63. Aufl. 2016

Fischer-Hüftle, Peter: Zur „absichtlichen" Beeinträchtigung europarechtlich geschützter Arten, in: NuR 2005, 768 ff.

Fischer-Hüftle, Peter: Besprechung zu OVG Koblenz, Urt. v. 18.09.2002, in: NuR 2003, 127

Fischer-Hüftle, Peter: Der Gebietsschutz im Umweltgesetzbuch III (Naturschutz und Landschaftspflege), in: NuR 2008, 213 ff.

Fischer-Hüftle, Peter: Vielfalt, Eigenart und Schönheit der Landschaft aus der Sicht eines Juristen, Natur und Landschaft 1997, 239 ff.

Fischer-Hüftle, Peter: Zur Gesetzgebungskompetenz auf dem Gebiet „Naturschutz und Landschaftspflege" nach der Föderalismusreform, in: NuR 2007, 78 ff.

Fischer-Hüftle, Peter: Zur Umsetzung der FFH-Richtlinie in das Bundes- und Landesnaturschutzrecht, in: ZUR 1999, 66 ff.

Fischer-Hüftle, Peter: Zur Zulassung eines Projekts im Verfahren nach § 34 BNatSchG und/oder durch Befreiung von Schutzvorschriften, in: NuR 2010, 34 ff.

Fischer, Thomas: Strafgesetzbuch, Kommentar, 62. Aufl. 2015

Franke, Holger: Die naturschutzrechtliche Eingriffsregelung, in: DVP 2000, 95 ff.

Franzen, Everhardt/Sendler, Horst: Bürger – Richter – Staat. Festschrift für Horst Sendler, 1991

Franzius, Claudio: Die Abweichungsgesetzgebung, in: NVwZ 2008, 492 ff.

Franzius, Claudio: Die Zukunft der naturschutzrechtlichen Eingriffsregelung – Eine Bewährungsprobe für die Abweichungsgesetzgebung nach Inkrafttreten des neuen Bundesnaturschutzgesetzes, in: ZUR 2010, 346 ff.

Frenz Walter/Schink, Alexander (Hrsg.): Die neuen abfallrechtlichen Pflichten (Tagungsband zum 2. Aachener Abfall- und Umweltforum), 2006

Frenz Walter/Unnerstall, Herwig: Nachhaltige Entwicklung im Europarecht, 1999

Frenz, Walter (Hrsg.): Das neue Wasser- und Naturschutzrecht, in: Schriftenreihe der GDMB, Heft 120 (2010), 87 ff. (zitiert: *Bearbeiter,* in: Frenz, Das neue Wasser- und Naturschutzrecht)

Frenz, Walter, Bodenschutzgesetz, Kommentar, 2000

Frenz, Walter: Bergrecht und Nachhaltige Entwicklung, 2001

Frenz, Walter: Das Verursacherprinzip im Öffentlichen Recht: Zur Verteilung von individueller und staatlicher Verantwortung, 1997

Frenz, Walter: Europäisches Umweltrecht, 1997

Frenz, Walter: Föderalismusreform im Umweltschutz, in: NVwZ 2006, 742 ff.

Frenz, Walter: Haftung beim Grundwasserwiederanstieg im Kohlenbergbau, in: WiVerw. 2007, 49 ff.

Frenz, Walter: Handbuch Europarecht, Bd. 3–6, 2007–2011

Frenz, Walter: Harmonisierung der Natura 2000-Richtlinien, in: URT 87 (2009), 7 ff.

Frenz, Walter: Konkreter Reformbedarf der Natura-2000-Richtlinien, in: UPR 2009, 5 ff.

Frenz, Walter: Menschenwürde und Dienstleistungsfreiheit, in: NVwZ 2005, 48 ff.

Frenz, Walter: Nachhaltiger Bergbau und Naturschutz – keine Gegensätze, in: Natur und Landschaft 2010, 85 ff.

Frenz, Walter: Nationalstaatlicher Umweltschutz und EG-Wettbewerbsfreiheit. Beschränkungen und ihre Rechtfertigung durch den Umweltschutz als eigenständigen Rechtfertigungsgrund im Lichte des Subsidiaritätsprinzips, 1997

Frenz, Walter: Selbstverpflichtungen der Wirtschaft, 2001

Frenz, Walter: Sustainable Development durch Raumplanung – Am Beispiel der Rohstoffgewinnung, 2000

Frenz, Walter: Unternehmerverantwortung im Bergbau – Am Beispiel der Wasserhaltung, 2003

Frenz, Walter: Verwaltungsgerichtlicher Rechtsschutz in Konkurrenzsituationen, 1999

Frenz, Walter: Habitatschutz vs. Fischerei und Landwirtschaft: Grundrechtliche Reduktion der erheblichen Beeinträchtigung, UPR 2014, 88 ff.

Frenz, Walter: Umweltklagen weiter effektuiert: Subjektive Rechte, Präklusion und Entscheidungserheblichkeit von Verfahrensfehlern, Anmerkung zu EuGH, Urt. v. 15.10.2015 – C-137/14, in: NuR 2015, 832 ff.

Freytag, Christoph/Iven, Klaus: Gemeinschaftsrechtliche Vorgaben für den nationalen Habitatschutz. Die Richtlinie 92/43/EWG des Rates vom 21.05.1992 zur Erhaltung der natürlichen Lebensräume sowie der wildlebenden Tiere und Pflanzen, in: NuR 1995, 109 ff.

Friedland, Julia/Prall, Ursula: Schutz der Biodiversität: Erhaltung und nachhaltige Nutzung in der Konvention über die Biologische Vielfalt, in: ZUR 2004, 193 ff.

Frohn, Hans-Werner/Rosebrock, Jürgen/Schmoll, Friedemann: „Wenn sich alle in der Natur erholen, wo erholt sich dann die Natur?", in: Naturschutz und Biologische Vielfalt 75, 2009

Frohn, Hans-Werner/Schmoll, Friedemann: Amtlicher Naturschutz – Von der Errichtung der „Staatlichen Stelle für Naturdenkmalpflege" bis zur „ökologischen Wende" in den 1970er Jahren, in: Natur und Landschaft 2006, 2 ff.

Fuchs, Manfred et al.: Wasserrahmenrichtlinie und Natura 2000, in: Naturschutz und Biologische Vielfalt 85, 2010

Führ, Martin/Lewin, Daniel/Roller, Gerhard: EG-Umwelthaftungs-Richtlinie und Biodiversität, in: NuR 2006, 67

Funke, Susann: Die Auswirkungen des neuen Bundesnaturschutzgesetzes auf die Eingriffsregelung des Landesrechts, in: SächsVBl. 2010, 153 ff.

Füßer, Klaus/Lau, Marcus/Nastasi, Guiseppe: Die Brücke über die Meerenge von Messina, in: EurUP 2010, 156 ff.

Füßer, Klaus/Lau, Marcus: Die Alternativenprüfung nach Art. 6 Abs. 4 FFH-RL: Rechtsdogmatik, Detailfragen und Perspektiven nach der Münster/Osnabrück Rechtsprechung, in: NuR 2012, 448 ff.

Füßer, Klaus/Lau, Marcus: Die systematische Verankerung des Artenschutzrechts im Ordnungsrecht, in: NuR 2009, 445 ff.

Füßer, Klaus: „Faktische VogelschutzgebieteF und der Übergang auf die FFH-Verträglichkeitsprüfung gem. Art. 7 FFH. Diskussionsstand nach der Rechtsprechung des EuGH und dem B 50/Hochmoselquerung-Urteil des BVerwG, in: NVwZ 2005, 144 ff.

Gaentzsch, Günter: Entwicklungslinien des Naturschutzrechts in der Rechtsprechung des Bundesverwaltungsgerichts, in: Umweltrecht im Wandel, 2001, 473 ff.

Galler, Carolin/von Haaren, Christina/Horlitz, Thomas: Landschaftsplanung – unwirksam oder unverzichtbar? Eine Einschätzung vor dem Hintergrund aktueller Herausforderungen, in: Naturschutz und Landschaftsplanung 2009, 57 ff.

Galler, Carolin: Herausforderungen für die Landschaftsplanung, GuL 2/2010, 14 ff.

Gammenthaler, Nina: Umsetzung und Auslegung des Art. 6 der Fauna-Flora-Habitatrichtlinie (RL 92/43/EWG) in Frankreich, in: EurUP 2010, 168 ff.

Gärditz, Klaus Ferdinand: Kein Bestandsschutz für rechtmäßig genehmigte Vorhaben im europäischen Naturschutzrecht? – Zu EuGH, Urt. v. 14. 01. 2010 – C-226/08 (Stadt Papenburg/Deutschland), in: DVBl 2010, 247 ff.

Gassner, Erich/Bendomir-Kahlo, Gabriele/Schmidt-Räntsch, Annette/ Schmidt-Räntsch, Jürgen: Bundesnaturschutzgesetz, Kommentar, 2. Aufl. 2003 (zitiert: *Bearbeiter,* in: Gassner/Bendomir-Kahlo/Schmidt-Räntsch, BNatschG)

Gassner, Erich/Heugel, Michael: Das neue Naturschutzrecht, 2010

Gassner, Erich/Schemel, Hans-Joachim: Umweltschadensgesetz, 2. Auf. 2012

Gassner, Erich: § 43 Abs. 8 Satz 2 BNatSchG – Ein Beispiel europarechtlichen Experimentierens, in: NuR 2009, 325 ff.

Gassner, Erich: Aktuelle Aspekte des Umweltschadensgesetzes, in: UPR 2009, 333 ff.

Gassner, Erich: Die Zulassung von Eingriffen trotz artenschutzrechtlicher Verbote, in: NuR 2004, 560 ff.

Gassner, Erich: Zum Vollzug des Art. 20a GG, in: NuR 2014, 482 ff.

Gatz, Stephan: Rechtsfragen der Windenergienutzung, in: DVBl 2009, 737 ff.

Gawlak, Christa: Unzerschnittene verkehrsarme Räume in Deutschland, in: Natur und Landschaft 2001, 481 ff.

Gellermann, Martin/Middeke Andreas: Der Vertragsnaturschutz – Tatsächliche Gestaltung und rechtliche Grenzen, in: NuR 1991, 457 ff.

Gellermann, Martin/Schreiber, Matthias: Schutz wild lebender Tiere und Pflanzen in staatlichen Planungs- und Zulassungsverfahren, 2007

Gellermann, Martin: Artenschutz auf Bahnanlagen, DVBl 2005, 73 ff.

Gellermann, Martin: Artenschutz in der Fachplanung und der kommunalen Bauleitplanung, in: NuR 2003, 385 ff.

Gellermann, Martin: Artenschutz und Straßenplanung – Neues aus Leipzig, in: NuR 2009, 85 ff.

Gellermann, Martin: Artenschutzrecht im Wandel, in: NuR 2007, 165 ff.

Gellermann, Martin: Das besondere Artenschutzrecht in der kommunalen Bauleitplanung, in: NuR 2007, 132 ff.

Gellermann, Martin: Das modernisierte Naturschutzrecht, in: NVwZ 2002, 1025 ff.

Gellermann, Martin: Die „kleine Novelle" des Bundesnaturschutzgesetzes, in: NuR 2007, 783 ff.

Gellermann, Martin: Fortentwicklung des Naturschutzrechts, in: NuR 2012, 34 ff.

Gellermann, Martin: Habitatschutz in der Perspektive des Europäischen Gerichtshofs, in: NuR 2005, 433 ff.

Gellermann, Martin: Herzmuschelfischerei im Lichte des Art. 6 FFH-Richtlinie, in: NuR 2004, 769 ff.

Gellermann, Martin: Hochmoselquerung und europäisches Naturschutzrecht, in: DVBl 2008, 283 ff.

Gellermann, Martin: Natura 2000 – Europäisches Habitatschutzrecht und seine Durchführung in der Bundesrepublik Deutschland, 2. Aufl. 2001

Gellermann, Martin: Natura 2000 – Rechtsfragen eines im Aufbau befindlichen Schutzgebietsnetzes, in: ZUR 2005, 581 ff.

Gellermann, Martin: Naturschutzrecht nach der Novelle des Bundesnaturschutzgesetzes, in: NVwZ 2010, 73 ff.

Gellermann, Martin: Rechtsfragen des europäischen Habitatschutzes, in: NuR 1996, 548 ff.

Gellermann, Martin: Umweltschaden und Biodiversität, in: NVwZ 2008, 828

Gellermann, Martin: Zugriffsverbote des Artenschutzrechts und behördliche Einschätzungsprärogative, in: NuR 2014, 597 ff.

Gerstenberg, Katrin: Zu den Gesetzgebungs- und Verwaltungskompetenzen nach der Föderalismusreform, 2009 (zitiert: *Gerstenberg*, Föderalismusreform)

Gesellschaft für Umweltrecht e. V. – GFU: Dokumentation zur 33. wissenschaftlichen Fachtagung der Gesellschaft für Umweltrecht e. V., 2010 (zitiert: *Bearbeiter*, in: GFU)

Gilcher, Susanne/Bruns, Diedrich: Renaturierung von Abbaustellen, 1999

Glaser, Andreas: Schwerpunktbereich – Grundstrukturen des Naturschutzrechts, in: JuS 2010, 209 ff.

Götze, Roman/Lau, Marcus: Naturschutzrechtliches Vermeidungsgebot und künftige naturräumliche Entwicklung – Zur Eingriffsbewertung bei ökologischen „Potenzialstörungen", in: DVBl 2006, 415 ff.

Götze, Roman: Rechtsschutz im Wirkfeld von Bewirtschaftungsplan und Maßnahmenprogramm nach der Wasserrahmenrichtlinie – Rechtsfolgen und Justitiabilität der »Pläne 2009«, in: ZUR 2008, 393 ff.

Grabitz, Eberhard/Hilf, Meinhard/Nettesheim, Martin: Das Recht der Europäischen Union: EUV/AEUV, Loseblattausgabe in drei Bänden, 57. Erg.-Lfg., August 2015

Gräber, Fritz (Hrsg.): Finanzgerichtsordnung, Kommentar, 8. Aufl. 2015 (zitiert: *Bearbeiter*, in: Gräber, FGO)

Greinacher, Dominik: Bahnbrechend Neues oder alles wie gehabt – Umsetzung der Umwelthaftungsrichtlinie in deutsches Recht, in: PHi 2007, 2

Grewing, Cornelia: Das System des exemplarbezogenen Artenschutzes im Bundesnaturschutzgesetz, 2003

Grochtmann, Ansgar: Art. 14 GG – Rechtsfragen der Eigentumsdogmatik, 2000

Groll, Michael: Hochwasserinduzierte Gewässerbettdynamik als Antrieb der eigendynamischen Gewässerentwicklung, in: NuL 2009, 197 ff.

Gröpl, Christoph/Guckelberger, Annette/Wohlfahrt, Jürgen (Hrsg.): Landesrecht Saarland – Studienbuch, 2009

Gruttke, Horst: Ermittlung der Verantwortlichkeit für die Erhaltung mitteleuropäischer Arten, in: Naturschutz und Biologische Vielfalt 8, 2004

Grzeszick, Bernd: Geistiges Eigentum und Art. 14 GG, in: ZUM 2007, 344 ff.

Grziwotz, Herbert: Städtebauliche Verträge zu Lasten Dritter? Probleme und Risiken kooperativer Entwicklung von Baugebieten, in: NJW 1995, 1927 ff.

Guckelberger, Annette: Der Referentenentwurf für ein UGB 2009 als Erster Schritt auf dem Weg zur Kodifikation des Umweltrechts, in: NVwZ 2006, 1107 ff.

Günther, Jörg-Michael: Baumschutzvorschriften im Spiegel der aktuellen Rechtsprechung und Literatur, in: NuR 2002, 587 ff.

Gurlit, Elke: Verwaltungsvertrag und Gesetz. Eine vergleichende Untersuchung zum Verhältnis von vertraglicher Bindung und staatlicher Normsetzungsautorität, 2000

Gütschow, Bernd: Der Artenschutz im Umweltstrafrecht. 1. Aufl. 1998

Güttler, Dagmar: Umweltschutz und freier Warenverkehr, in: BayVBl. 2002, 225 ff.

Hammer, W.: 20 Jahre im Irrgarten des Artenschutzrechts, in: DVBl 1997, 401 ff.

Hampicke, Ulrich: Naturschutzökonomie, 1991

Hansmann, Klaus/Sellner, Dieter (Hrsg.): Grundzüge des Umweltrechts, 4. Aufl. 2012 (zitiert: *Bearbeiter,* in: Hansmann/Sellner, Umweltrecht)

Harling, Caroline Schulze: Das materielle Abweichungsrecht der Länder. Art. 72 Abs. 3 GG, 2011

Haupt, Heiko et al.: Rote Liste gefährdeter Tiere, Pflanzen und Pilze Deutschlands – Band 1: Wirbeltiere, in: Naturschutz und Biologische Vielfalt 70, 2009

Hecht, Johannes: Das neue bundesrechtliche Naturschutzvorkaufsrecht (§ 66 BNatSchG) und seine Auswirkungen auf die notarielle Praxis, in: DNotZ 2010, 323 ff.

Heiland, Stefan et al.: Beitrag naturschutzpolitischer Instrumente zur Steuerung der Flächeninanspruchnahme, BfN-Skripten 176, 2006

Heiland, Stefan/Geiger, Bettina/Rittel, Katrin/Steinl, Christina/Wieland, Steffi: Der Klimawandel als Herausforderung für die Landschaftsplanung – Probleme, Fragen und Lösungsansätze, in: Naturschutz und Landschaftsplanung 2008, 37 ff.

Hein, Ekkehard/Heinl, Thomas: Der Belang der Kulturlandschaft in der Regionalplanung: Erfahrungen aus der Region Heilbronn-Franken, in: IzR 5/2008, 303 ff.

Heinze, Stefan: Die Neuregelung des § 66 BNatSchG und das Vorkaufsrecht nach § 36a LG NRW, in: RNotZ 2010, 388

Hellenbroich, Tobias/Frenz, Walter: Naturschutzrechtliche Vorgaben zur Verwendung gebietseigener Gehölze, in: NuR 2008, 449 ff.

Hellenbroich, Tobias: Europäisches und deutsches Artenschutzrecht, 1. Aufl. 2006

Henckel, Dietrich et al. (Hrsg.): Planen – Bauen – Umwelt, 2010

Hendler, Reinhard/Brockhoff, Sven: Die Eingriffsregelung des neuen Bundesnaturschutzgesetzes, in: NVwZ 2010, 733 ff.

Hendler, Reinhard/Hufen, Friedhelm/Jutzi, Siegfried (Hrsg.): Landesrecht Rheinland-Pfalz – Studienbuch, 5. Aufl. 2009

Hendler, Reinhard/Marburger, Peter/Reinhardt, Michael/Schröder, Meinhard (Hrsg.): Jahrbuch des Umwelt- und Technikrechts, 1999

Hendler, Reinhard: Das Gesetz zur Einführung einer Strategischen Umweltprüfung, in: NVwZ 2005, 977 ff.

Hendler, Reinhard: Der Geltungsbereich der EG-Richtlinie zur strategischen Umweltprüfung, in: NuR 2003, 2 ff.

Hendler, Reinhard: Umwelthaftung nach neuem EG-Recht, in: UTR 81, 2005, 43 ff.

Hendler, Reinhard: Zum Begriff der Pläne und Programme in der EG-Richtlinie zur strategischen Umweltprüfung, in: DVBl 2003, 227 ff.

Hendrischke, Oliver: „Allgemeine Grundsätze" als abweichungsfester Kern der Naturschutzgesetzgebung des Bundes, in: NuR 2007, 454 ff.

Henzler, Oliver: Die Griechische Landschildkröte und der Strafrichter, in: NuR 2005, 646 ff.

Herber, Rolf: Seehandelsrecht Systematische Darstellung, 1. Aufl. 1999

Herbert, Matthias/Wilke, Torsten: Stand und Perspektiven der Landschaftsplanung in Deutschland, in: Natur und Landschaft 2003, 64 ff.

Herbert, Matthias: Die Umweltbeobachtung nach § 12 BNatSchG und ihr Verhältnis zur Landschaftsplanung, in: Naturschutz und Landschaftsplanung 2003, 110 ff.

Heselhaus, Sebastian/Nowak, Carsten (Hrsg.): Handbuch der Europäischen Grundrechte, 2006

Himmelmann, Steffen/Tünnesen-Harmes, Christian: Umweltrecht in der anwaltlichen Praxis, 2008 (zitiert: *Bearbeiter,* in: Himmelmann/Tünnesen-Harmes, Umweltrecht)

Hobe, Stephan: Einführung in das Völkerrecht, 10. Aufl. 2014

Hoffmann-Riem, Wolfgang/Schneider (Hrsg.): Verfahrensprivatisierung im Umweltrecht, 1996

Hoheisel, Deborah/Schweiger, Manuel: Neue Wildnisgebiete in Deutschland?, in: NuL 2009, 101 ff.

Holländer, Heinz: A Social Exchange Approach to Voluntary Cooperation, in: American Economic Review 1990, 1157 ff.

Holtmeier, Friedrich-Karl: Tiere in der Landschaft, 2002

Holzwarth, Fritz/Radtke, Hans Jörg/Hilger, Bernd (Hrsg.): Bundes-Bodenschutzgesetz – Handkommentar, 2. Aufl. 2000

Hömig, Michael Antoni: Grundgesetz für die Bundesrepublik Deutschland, 10. Aufl. 2013 (zitiert: Bearbeiter, in: Hömig)

Hönes, Ernst-Rainer: Das Europäische Landschaftsübereinkommen vom 20. 10. 2000, in: DÖV 2007, 141 ff.

Hönes, Ernst-Rainer: Naturdenkmäler und nationale Monumente, in: NuR 2009, 741 ff.

Hönes, Ernst-Rainer: Rechtsfragen des Kulturlandschaftsschutzes, in: NuR 2013, 12 ff.

Hönes, Ernst-Rainer: Zum Recht der historischen Kulturlandschaften, in: DÖV 2010, 11 ff.

Hoppe, Werner (Hrsg.): Gesetz über die Umweltverträglichkeitsprüfung, 3. Aufl. 2007

Hoppe, Werner/Beckmann, Martin/Kauch, Petra: Umweltrecht, 2. Aufl. 2000

Hoppe, Werner/Bönker, Christian: Das Verhältnis von örtlicher Landschaftsplanung und Bauleitplanung – Unter dem Blickwinkel der Gesetzgebungszuständigkeit von Bund und Ländern, in: DVBl 1996, 585 ff.

Hoppe, Werner: Staatsaufgabe Umweltschutz, in: VVDStRL 38 (1980), 211 ff.

Hoppenberg, Michael/de Witt, Siegfried (Hrsg.): Handbuch des öffentlichen Baurechts, Loseblattsammlung, Stand: 42. Aufl. 2015 (zitiert: *Bearbeiter,* in: Hoppenberg/de Witt, Baurecht)

Hoppenstedt, Adrian/Schmidt, Catrin: Landschaftsplanung für das Kulturlandschaftserbe, in: NuL 2002, 237 ff.

Hösch, Ulrich: Die Behandlung des Artenschutzes in der Fachplanung, in: UPR 2006, 131 ff.

Hösch, Ulrich: Die FFH-Verträglichkeitsprüfung im System der Planfeststellung, in: NuR 2004, 210 ff.

Hösch, Ulrich: Zur Behandlung der zwingenden Gründe des überwiegenden öffentlichen Interesses, in: UPR 2010, 7 ff.

Huck, Sebastian: Rechtliche Grundlagen und Wirkungen der Festlegung von Kulturlandschaften, 2012

HVNL Arbeitsgruppe Artenschutz/Kreuziger, Josef/Bernshausen, Frank: Fortpflanzungs- und Ruhestätten bei artenschutzrechtlichen Betrachtungen in Theorie und Praxis (Teil 1: Vögel), in: NuL 2012, 229 ff.

HVNL Arbeitsgruppe Artenschutz/Möller, Annette/Hager, Andrea: Fortpflanzungs- und Ruhestätten bei artenschutzrechtlichen Betrachtung in Theorie und Praxis (Teil 2: Reptilien und Tagfalter), in: NuL 2012, 307 ff.

Ipsen, Jörn/Stüer, Bernhard: Europa im Wandel, Festschrift für Rengeling, 2008

Iven, Klaus: Schutz natürlicher Lebensräume und Gemeinschaftsrecht, in: NuR 1996, 373 ff.

Jacob, Thomas/Lau, Marcus: Beurteilungsspielraum und Einschätzungsprärogative, in: NVwZ 2015, 241 ff.

Jahns-Böhm, Jutta/Breier, Siegfried: Die umweltrechtliche Querschnittsklausel des Art. 130r II 2 EWGV. Eine Untersuchung am Beispiel der Güterkraftverkehrspolitik der Europäischen Gemeinschaft, in: EuZW 1992, 49 ff.

Jarass, Hans D./Pieroth, Bodo: Grundgesetz für die Bundesrepublik Deutschland, 13. Aufl. 2014 (zitiert: *Bearbeiter,* in: Jarass/Pieroth, GG)

Jarass, Hans D.: Die Zulässigkeit von Projekten nach FFH-Recht, in: NuR 2007, 371 ff.

Jarass, Hans D.: EG-rechtliche Folgen ausgewiesener und potentieller Vogelschutzgebiete; Zugleich ein Beitrag zum Rechtsregime für FFH-Gebiete, in: ZUR 2000, 183 ff.

Jarass, Hans D.: EG-rechtliche Vorgaben zur Ausweisung und Änderung von Vogelschutzgebieten, in: NuR 1999, 481 ff.

Jaschinski, Martin: Der Fortbestand des Anspruchs aus enteignendem Eingriff, 1997

Jeromin, Curt M.: Naturschutz versus Eigentumsfreiheit. Zur Neuregelung der Ausgleichs- und Entschädigungsansprüche im BNatSchG 2010, in: NuR 2010, 301 ff.

Jessel, Beate: Das Landschaftsbild erfassen und darstellen, in: NuL 1998, 356 ff.

Jessel, Beate/Fischer-Hüftle, Peter/Jenny, Daniel/Zschalich, Andrea: Erarbeitung von Ausgleichs- und Ersatzmaßnahmen für Beeinträchtigungen des Landschaftsbildes, in: Angewandte Landschaftsökologie 53, 2003

Jessel, Beate/Hasch, Bernhard: Umsetzung der europäischen Wasserrahmenrichtlinie – Welche Unterstützung kann die Landschaftsplanung bieten?, in: NuL 2006, 108 ff.

Jessel, Beate/Müller-Pfannenstiel, Klaus/Rößling, Holger: Die künftige Stellung der Landschaftsplanung zur strategischen Umweltprüfung (SUP), in: NuL 2003, 332 ff.

Jessel, Beate/Tobias, Kai: Ökologisch orientierte Planung, 2002

Jessel, Beate: Zukunftsaufgabe Klimawandel – der Beitrag der Landschaftsplanung, in: Natur und Landschaft 2008, 311 ff.

Job-Hoben, Beate/Pütsch, Michael/Erdmann, Karl-Heinz: Gesundheitsschutz – ein „neues" Themenfeld des Naturschutzes?, in: Natur und Landschaft 2010, 137 ff.

Jungkind, Vera: Verwaltungsakte zwischen Hoheitsträgern, 2008

Jungmann, Susanne: Arbeitshilfe Boden und Wasser im Landschaftsrahmenplan, in: Informationsdienst Naturschutz Niedersachsen 2/2004, 2004

Kahl, Wolfgang/Gärditz, Klaus Ferdinand: Das Grundrecht der Eigentumsfreiheit vor den Herausforderungen des europäischen Naturschutzrechts, in: ZUR 2006, 1 ff.

Kahl, Wolfgang: Umweltprinzip und Gemeinschaftsrecht, eine Untersuchung zur Rechtsidee des „bestmöglichen Umweltschutzes" im EWG-Vertrag, 1993

Kändler, Gerald: Biologische Vielfalt des Waldes im Lichte der zweiten Bundeswaldinventur (BWI²). Vortrag auf der Tagung „Waldwirtschaft und biologische Planung" in Bonn, 2005

Kästle, Brigitte: Besprechung des Normenkontrollurteils des VGH München vom 30. 3. 2010 – 8 N 09.1861–1868 – und – 8 N 09.1870-1875 –, in: NuR 2010, 711

Kästle, Cornelia: Künftige Entwicklung in der EU-Agrarpolitik mit den daraus resultierenden Konsequenzen für den Vertragsnaturschutz, in: BfN-Schriften 31, 2000, 41 ff.

Katzschner, Lutz: Bewertung des Stadtklimas vor dem Hintergrund der globalen Erwärmung, in: UVP-report 5/2008, 215 ff.

Katzschner, Lutz: Einbindung von Klima und Luft in Planungsabläufe, in: RuR 1997, 59 ff.

Kauch, Petra: Gentechnikrecht, 2009

Kaule, Giselher: Arten- und Biotopschutz, 2. Aufl. 1991

Kautz, Steffen: Artenschutz in der Fachplanung, in: NuR 2007, 234 ff.

Kautz, Steffen: Das Schutzregime nach der FFH-Richtlinie für Vorschlagsgebiete vor ihrer Aufnahme in die Gemeinschaftsliste, in: NVwZ 2007, 666 ff.

Kautz, Steffen: Vogelschutz an Energiefreileitungen gemäß § 41 BNatSchG, in: NuR 2015, 80 ff.

Keich, Thomas: Ausgewählte Probleme des Gentechnikrechts im Fokus europäischer und nationaler Rechtsprechung, in: NuR 2012, 539 ff.

Kemper, Till: Inhalt und Probleme des neuen § 1 Abs. 4 Nr. 1 BNatSchG, in: NuR 2011, 340 ff.

Kerkmann, Jochen (Hrsg.): Naturschutzrecht in der Praxis, 2. Aufl. 2010 (zitiert: *Bearbeiter*, in: Kerkmann (Hrsg.), Naturschutzrecht)

Kiemstedt, Hans/von Haaren, Christina/Mönnecke, Margit/Ott, Stefan: Landschaftsplanung – Inhalt und Verfahrensweise, 3. Aufl. 1997

Kimminich, Otto/von Lersner, Heinrich/Storm, Peter-Christoph (Hrsg.): Handwörterbuch des Umweltrechts, I. Band, 2. Aufl. 1986

Kirchhof, Paul (Hrsg.): Umweltschutz im Abgaben- und Steuerrecht, 1993

Klein, Oliver/Schneider, Karsten: Art. 72 GG n.F. im Kompetenzgefüge der Föderalismusreform – Ein Überblick zur Erfindung des „generellen Abweichungsrechts", zur Ersetzung der Rahmenvorschriften sowie zur Eröffnung einer neuen Antragsart im Verfassungsprozess, in: DVBl 2006, 1549 ff.

Klindt, Thomas: Die Zulässigkeit der dynamischen Verweisungen auf EG-Recht aus verfassungs- und europarechtlicher Sicht, in: DVBl 1998, 373 ff.

Klinge, Werner: Bauleitplanung und Artenschutz, in: NuR 2010, 538 ff.

Klinkhammer, G./König, T.: Bekämpfung der Artenschutzkriminalität durch die deutsche Zollverwaltung, in: ZfZ 1995, 194 ff.

Kloepfer, Michael/Vierhaus, Hans-Peter: Umweltstrafrecht, 2. Aufl. 2002

Kloepfer, Michael: Föderalismusreform und Umweltgesetzgebungskompetenzen, in: ZG 2006, 250 ff.

Kloepfer, Michael: Umweltrecht, 3. Aufl. 2004

Kloepfer, Michael: Umweltschutzrecht, 2008

Kment, Martin: Anpassung an den Klimawandel – Internationaler Rahmen, europäische Strategische Adaptionsprüfung und Fortentwicklung des nationalen Verwaltungsrechts, in: JZ 2010, 62 ff.

Kment, Martin: Das neue Umwelt-Rechtsbehelfsgesetz und seine Bedeutung für das UVPG – Rechtsschutz des Vorhabenträgers, anerkannter Vereinigungen und Dritter, in: NVwZ 2007, 274 ff.

Kment, Martin: Umweltprüfung bei der Aufstellung von Flächennutzungsplänen und Landschaftsplänen – Überlegungen zur Verfahrensintegration, in: UPR 2007, 85 ff.

Knack, Hans-Joachim/Henneke, Hans-Jürgen (Hrsg.): Verwaltungsverfahrensgesetz – Kommentar, 9. Aufl. 2010

Knickel, Karlheinz/Janßen, Berthold/Schramek, Jörg/Köppel, Korina: Naturschutz und Landwirtschaft: Kriterienkatalog zur „Guten fachlichen Praxis", in: Angewandte Landschaftsökologie 41, 2001

Knigge, Alexander Freiherr: Umweltschutz durch Beweislastumkehr?, 2001

Knopp, Günther-Michael: Das neue Wasserhaushaltsrecht, 2010

Knopp, Lothar (Hrsg.): Neues Europäisches Umwelthaftungsrecht und seine Auswirkungen auf die deutsche Wirtschaft, 2003

Knopp, Lothar/Wiegleb, Gerhard (Hrsg.): Biodiversitätsschäden und Umweltschadensgesetz – rechtliche und ökologische Haftungsdimension, 2008

Knopp, Lothar: Neues Umweltschadensgesetz, in: UPR 2007, 414 ff.

Kobes, Stefan: Das Bundes-Bodenschutzgesetz, in: NVwZ 1998, 786 ff.

Koch, Andreas/Tolkmitt, Dirk: Brandenburgisches Naturschutzgesetz, Lose-blattsammlung, Stand: 3. Lfg. 2014

Koch, Ellen: Die Verträglichkeitsprüfung der FFH-RL im deutschen und europäischen Umweltrecht, 2006

Koch, Hans-Joachim (Hrsg.): Umweltrecht, 2. Aufl. 2007 (zitiert: *Bearbeiter,* in: Koch, Umweltrecht, 2. Aufl. 2007)

Koch, Hans-Joachim (Hrsg.): Umweltrecht, 3. Aufl. 2010 (zitiert: *Bearbeiter,* in: Koch, Umweltrecht, 3. Aufl. 2010)

Koch, Hans-Joachim/Krohn, Susan: Das Naturschutzrecht im Umweltgesetz-buch, in: Forum Umweltgesetzbuch Heft 7, 2008

Koch, Hans-Joachim/Krohn, Susan: Umwelt in schlechter Verfassung? Der Umweltschutz in der Föderalismusreform, in: NuR 2006, 673 ff.

Koch, Hans-Joachim/Mechel, Friederike: Naturschutz und Landschaftspflege in der Reform der bundesstaatlichen Ordnung, in: NuR 2004, 277 ff.

Kochenburger, Christoph/Estler, Kerstin: Die Berücksichtigung von Vorbe-lastungen im Bereich der naturschutzrechtlichen Eingriffsregelung und der Verträglichkeitsprüfung nach der FFH-Richtlinie, in: UPR 2001, 50 ff.

Köck, Wolfgang/Bovet, Jana/Gawrow, Thomas/Hofmann, Ekkehard/Möckel, Stefan: Effektivierung des raumbezogenen Planungsrechts zur Reduzie-rung der Flächeninanspruchnahme, in: UBA Berichte 1/07, 2007

Köck, Wolfgang/Lau, Marcus: Der Biotopverbund gemäß § 3 BNatSchG und sein Verhältnis zum europäischen ökologischen Netz „Natura 2000" – Bundesrechtliche Vorgaben und Ausgestaltungsspielräume der Länder, in: UTR 83 (2005), 115 ff.

Köck, Wolfgang/Wolf, Rainer: Grenzen der Abweichungsgesetzgebung im Naturschutz – Sind Eingriffsregelung und Landschaftsplanung allgemeine Grundsätze des Naturschutzes?, in: NVwZ 2008, 353 ff.

Köck, Wolfgang: Auswirkungen des europäischen Artenschutzrechts auf die kommunale Bauleitplanung, in: ZUR 2006, 518 ff.

Köck, Wolfgang: Der Kohärenzausgleich für Eingriffe in FFH-Gebiete – Rechtliche Anforderungen und konzeptionelle Überlegungen, in: ZUR 2005, 466 ff.

Köck, Wolfgang: Die EU-Verordnung über invasive gebietsfremde Arten, in: NuR 2015, 73 ff.

Köck, Wolfgang: Die Implementation der EG-Wasserrahmenrichtlinie, in: ZuR 2009, 227 ff.

Köck, Wolfgang: Die städtebauliche Eingriffsregelung, in: NuR 2004, 1 ff.

Köck, Wolfgang: Rechtliche Handlungsrahmen und Instrumente für die Erhaltung der Biodiversität in Kulturlandschaften, in: NuR 2010, 530 ff.

Kolodziejcok, Karl-Günther/Endres, Ewald/Krohn, Susan/Markus, Till: Naturschutz, Landschaftspflege und einschlägige Regelungen des Jagd- und Forstrechts, Loseblattsammlung, Stand: 1/15 (zitiert: *Bearbeiter,* in: Kolodziejcok/Endres/Krohn/Markus, NLJ)

Konermann, Michael: Das Schutzgut Landschaftsbild in der Landschafts-rahmenplanung Rheinland-Pfalz, in: Natur und Landschaft 2001, 311 ff.

König, Ruth: Inhalts- und Schrankenbestimmung oder Enteignung?, in: JA 2001, 345 ff.

Kopp, Ferdinand O./Schenke, Wolf-Rüdiger: Verwaltungsgerichtsordnung, 16. Aufl. 2009

Kopp, Ferdinand/Ramsauer, Ulrich: Verwaltungsverfahrensgesetz, Kommentar, 16. Aufl. 2015

Korn, Norbert et al.: Flussauen und Wasserrahmenrichtlinie, in: Naturschutz und Biologische Vielfalt 27, 2005

Korn, Norbert: Die Wasserrahmenrichtlinie der EU – Absehbahre Konsequenzen für Planer und Gutachter, in: Naturschutz und Landschaftsplanung 2001, 246 ff.

Kotulla, Michael (Hrsg.): Bundesimmissionsschutzgesetz, Kommentar und Vorschriftensammlung, Loseblattsammlung, Stand: 01/2014

Kotulla, Michael: Umweltschutzgesetzgebungskompetenzen und „Föderalismusreform", in: NVwZ 2007, 489 ff.

Kotzur, Markus: Die Ziele der Union: Verfassungsidentität und Gemeinschaftsidee, in: DÖV 2005, 313 ff.

Krajewski, Markus: Grundstrukturen des Rechts öffentlicher Dienstleistungen, 2011

Kratsch, Dietrich: Europarechtlicher Artenschutz, Vorhabenszulassung und Bauleitplanung, in: NuR 2007, 100 ff.

Kratsch, Dietrich: Neue Rechtsprechung zum Artenschutz, in: NuR 2007, 27 ff.

Kratsch, Dietrich: Neuere Rechtsprechung zum Naturschutzrecht – Eingriffsregelung, Schutzgebiete, Biotopschutz, in: NuR 2009, 398 ff.

Krause, Jochen/von Nordheim, Henning: Meeresschutzgebiete – weltweit und in der deutschen Nord- und Ostsee, in: Natur und Landschaft 2008, 118 ff.

Krause, Johannes: Abweichungskompetenzen der Bundesländer am Beispiel des Umweltrechts, in: JA 2011, 768 ff.

Krebs, Walter: Verträge und Absprachen zwischen der Verwaltung und Privaten, in: VVDStRL 52 (1993), 248 ff.

Kreft, Gerhard: Bemessung der Enteignungsentschädigung nach der Rechtsprechung des BGH, in: WM 1985 (Sonderbeilage Heft 6, 3 ff.)

Krings, Petra: Neues Naturschutzrecht in Schleswig-Holstein, Niedersachsen und Mecklenburg-Vorpommern, in: NordÖR 2010, 181 ff.

Kruess, Andreas et al.: Ist der Rückgang der biologischen Vielfalt gestoppt? – Eine Bilanz des Arten- und Biotopschutzes, in: Natur und Landschaft 2010, 282 ff.

Krüsemann, Ellen: Der Biotopverbund nach § 3 BNatSchG, in: NuR 2006, 546 ff.

Küchler-Krischun, Jonna/Piechocki, Reinhard: Die nationale Biodiversitätsstrategie Deutschlands, in: Natur und Landschaft 2008, 12 ff.

Kuhn, Alexandra: Artenschutz versus Prozessschutz im Nationalpark, in: Natur und Landschaft 2007, 56 ff.

Kunig, Philip: Verträge und Absprachen zwischen Verwaltung und Privaten, in: DVBl 1992, 1193 ff.

Künkele, Siegfried/Heinrich, Eberhart: Naturschutzrecht für Baden-Württemberg, 7. Aufl. 1994

Küpper, Wilfried: Strafrecht Besonderer Teil, 4. Aufl. 2000

Kuschnerus, Ulrich: Der sachgerechte Bebauungsplan, 3. Aufl. 2004

Kuschnerus, Ulrich: Die naturschutzrechtliche Eingriffsregelung, in: NVwZ 1996, 235 ff.

Lahl, Uwe/Frank, Klaus/Zeschmar-Lahl, Barbara: Die Eingriffsregelung in der Bauleitplanung und in der Baugenehmigung, in: Natur und Landschaft 1992, 580 ff.

Landmann, Robert von/Rohmer, Gustav (Begr.): Umweltrecht, Kommentar, Loseblattsammlung, 76. Aufl. 2015, Stand: 05/15 (zitiert: *Bearbeiter*, in: Landmann/Rohmer, UmweltR)

Laskowski, Silke R.: Demokratisierung des Umweltrechts, in: ZUR 2010, 171 ff.

Lau, Marcus/Meske, Mara: Maßnahmen der Umweltbildung bzw. Bildung für nachhaltige Entwicklung und deren Nutzbarmachung bei der Eingriffs-kompensation, Kohärenzsicherung und Umweltschadenssanierung, in: NuR 2010, 475 ff.

Lau, Marcus/Steeck, Sebastian: Das erste Gesetz zur Änderung des Bundes-naturschutzgesetzes – ein Ende der Debatte um den europäischen Arten-schutz?, in: NuR 2008, 386 ff.

Lau, Marcus: Das Urteil des Bundesverwaltungsgericht zur Ortsumgehung Freiberg, in: SächsVBl. 2012, 101 ff.

Lau, Marcus: Der Naturschutz in der Bauleitplanung, 2011

Lau, Marcus: Die naturschutzrechtliche Eingriffsregelung (Teil 1), in: NuR 2011, 680 ff.

Lau, Marcus: Die Rechtsprechung des BVerwG zum Europäischen Natur-schutzrecht im Jahr zwei und drei nach seiner Entscheidung zur West-umfahrung Halle, in: NVwZ 2011, 461 ff.

Lau, Marcus: Errichtung und Unterhaltung öffentlicher Hochwasserschutz-anlagen im Freistaat Sachsen, in: SächsVBl. 2014, 1 ff.

Lau, Marcus: Fachliche Beurteilungsspielräume in der FFH-Verträglichkeits-prüfung, in: UPR 2010, 169 ff.

Lau, Marcus: Neues aus Luxemburg zum Artenschutzrecht, in: NuR 2013, 685 ff.

Leser, Hartmut/Streit, Bruno/Haas, Hans-Dieter: Diercke Wörterbuch Öko-logie und Umwelt, Band 2 N–Z, 1. Aufl. 1993

Leyer, Franziska/Werk, Klaus: Anforderungen an die Verwendung gebiets-eigener Gehölze, in: NuL 2014, 311 ff.

Lieber, Tobias: Das Artenschutzrecht im Vollzug von Planfeststellungsbe-schlüssen, in: NuR 2012, 665 ff.

Lisken, Hans/Denninger, Erhard (Hrsg.): Handbuch des Polizeirechts, 5. Aufl. 2012 (zitiert: *Bearbeiter*, in: Lisken/Denninger, Handbuch des Polizei-rechts)

Lorenz, Dieter: Der Wegfall der Geschäftsgrundlage beim verwaltungsrecht-lichen Vertrag, in: DVBl 1997, 865 ff.

Lorz, Albert/Konrad, Christian/Mühlbauer, Hermann/Müller-Walter, Markus H./Stöckel, Heinz: Naturschutzrecht, 3. Aufl. 2013

Lorz, Albert/Müller, Markus/Stöckel, Heinz: Naturschutzrecht, Kommentar, 2. Aufl. 2003

Louis, Hans Walter/Engelke, Annegret: Bundesnaturschutzgesetz, Kommentar, 2. Aufl. 2000

Louis, Hans Walter/Weihrich, Dietmar: Das Verhältnis der naturschutzrechtlichen Eingriffsregelung zu den speziellen Artenschutzregelungen der FFH- und der Vogelschutzrichtlinie, in: ZUR 2003, 385 ff.

Louis, Hans Walter: Artenschutz in der Fachplanung, in: NuR 2004, 557 ff.

Louis, Hans Walter: Das neue Bundesnaturschutzgesetz, in: NuR 2010, 77 ff.

Louis, Hans Walter: Der Biodiversitätsschaden nach § 21a des Bundesnaturschutzgesetzes, in: NuR 2009, 163

Louis, Hans Walter: Die Entwicklung der Eingriffsregelung, in: NuR 2007, 94 ff.

Louis, Hans Walter: Die Gesetzgebungszuständigkeit für Naturschutz und Landschaftspflege nach dem Gesetzesentwurf zur Föderalismusreform, in: ZUR 2006, 340 ff.

Louis, Hans Walter: Die Haftung für Umweltschäden an Arten und natürlichen Lebensräumen, in: NuR 2009, 2 ff.

Louis, Hans Walter: Die kleine Novelle zur Anpassung des BNatSchG an das Europäische Recht, in: NuR 2008, 65 ff.

Louis, Hans Walter: Die Strategische Umweltprüfung für Landschaftspläne, in: UPR 2006, 285 ff.

Louis, Hans Walter: Die Zugriffsverbote des § 42 Abs. 1 BNatSchG im Zulassungs- und Bauleitplanverfahren, in: NuR 2009, 91 ff.

Louis, Hans Walter: Perspektiven des Natur- und Artenschutzrechts, in: NuL 2007, 228 ff.

Louis, Hans Walter: Rechtliche Grenzen der räumlichen, funktionalen und zeitlichen Entkoppelung von Eingriff und Kompensation (Flächenpool und Ökokonto), in: NuR 2004, 714 ff.

Louis, Hans Walter: Wirksamkeitsvoraussetzungen und Regelungsinhalte naturschutzrechtlicher Verordnungen, in: DVBl 1990, 800 ff.

Ludwig, Gerhard/Schnittler, Martin: Ein verbessertes Verfahren zur Ermittlung der Verantwortlichkeit für die weltweite Erhaltung von Arten, in: Natur und Landschaft 2007, 536 ff.

Lütkes, Stefan/Ewers, Wolfgang: Bundenaturschutzgesetz: BNatSchG, 2. Aufl. 2016

Lütkes, Stefan: Artenschutz in Genehmigung und Planfeststellung, in: NVwZ 2008, 598 ff.

Lüttmann, Jochen/Bettendorf, Jörg/Heuser, Roland/Jahns-Lüttmann, Ute/ Klußmann, Moritz/Vaut, Lüdia/Wittenberg, Rüdiger: Leitfaden „Wirksamkeit von Artenschutzmaßnahmen" für die Berücksichtigung artenschutzrechtlich erforderlicher Maßnahmen in Nordrhein-Westfahlen, 2013, abrufbar unter: http://www.naturschutzinformationen-nrw.de/artenschutz/ web/babel/media/20130205_nrw_leitfaden_massnahmen.pdf (zuletzt abgerufen am 22. 07. 2015)

Lüttmann, Jochen: Artenschutz und Straßenplanung, in: NuL 2007, 236 ff.

Mahlburg, Stefan/Müller, Christian: Rechtsfragen bei der Ausweisung von Landschaftsschutzgebieten in Sachsen, in: SächsVBl 2000, 15 ff.

Makowiak, Jessica: Rapport national relatif à la transposition du disposition relatives au réseau Natura 2000 en droit français, 2003

Mammen, Lars: Der neue Typus der konkurrierenden Gesetzgebung mit Abweichungsrecht, in: DÖV 2007, 376 ff.

Mantel, Kurt/Schlessmann, Hein: Forstliche Rechtslehre, Bd 1, 2. Aufl. 1984

Marschall, Ernst A.: Bundesfernstraßengesetz, Kommentar, 6. Aufl. 2012

Marschall, Ilke/Lipp, Torsten/Schumacher, Jochen: Die Biodiversitätskonvention und die Landschaft – Strategien und Instrumente zur Umsetzung der Biodiversitätskonvention „in situ", in: NuR 2008, 327 ff.

Marschall, Ilke/Schröder, Rob: Landschaftspläne in Europa. Status Quo und Perspektiven konzeptioneller Landschaftspläne im europäischen Vergleich, abrufbar unter http://www.bfn.de/fileadmin/MDB/documents/themen/landschaftsplanung/zusammenfassung.pdf (zuletzt abgerufen am 22.07.2015)

Marschall, Ilke/Werk, Klaus: Die Europäische Landschaftskonvention – Ziele, Inhalt sowie ihre derzeitige landschaftspolitische Bedeutung in Deutschland, in: NuR 2007, 719 ff.

Marschall, Ilke: Wozu Kulturlandschaftsschutz? Motivationen, mögliche Ziele sowie Möglichkeiten eines lebendigen Kulturlandschaftsschutzes, in: NNA-Berichte 1/2010, 70 ff.

Marticke, Hans-Ulrich: Zur Methodik einer naturschutzrechtlichen Ausgleichsabgabe, in: NuR 1996, 387 ff.

Marzik, Ulf/Wilrich, Thomas: Bundesnaturschutzgesetz, Kommentar, 2004

Maunz, Theodor/Dürig, Günther: Grundgesetz, Band III, Art. 17–27, Loseblattsammlung, Stand: 05/15 (zitiert: *Bearbeiter*, in: Maunz/Dürig, GG)

Maurer, Hartmut: Allgemeines Verwaltungsrecht, 18. Aufl. 2011

Maurer, Hartmut: Der Verwaltungsvertrag – Probleme und Möglichkeiten, in: DVBl 1989, 798 ff.

Mayr, Elisabeth/Sanktjohanser, Lorenz: Die Reform des nationalen Artenschutzrechts mit Blick auf das Urteil des EuGH vom 10.01.2006 in der Rs. C-98/03 (in: NuR 2006, 166), in: NuR 2006, 412 ff.

Mengel, Andreas et al.: Steuerungspotenziale im Kontext naturschutzrelevanter Auswirkungen erneuerbarer Energien, in: Naturschutz und Biologische Vielfalt 97, 2010

Menger, Christian-Friedrich/Erichsen, Hans-Uwe: Höchstrichterliche Rechtsprechung zum Verwaltungsrecht, in: VerwArch 60 (1969), 89 ff.

Meßerschmidt, Klaus: Bundesnaturschutzrecht, Kommentar, Loseblattsammlung, 124. EL. 2015

Meßerschmidt, Klaus: Das künftige Naturschutzrecht – Naturschutz und Landschaftspflege im Dritten Buch des Umweltgesetzbuchs und die mögliche Abweichungsgesetzgebung der Länder, in: UPR 2008, 361 ff.

Meßerschmidt, Klaus: Deklassifizierung von Natura 2000-Gebieten, in: NuR 2015, 2 ff.

Meßerschmidt, Klaus: Wiedervorlage oder Innovation? Zum Entwurf einer Gesamtnovellierung des Bundesnaturschutzgesetzes vom 02.02.2001, in: ZUR 2001, 241 (244)

Meyer, Hans: Das neue öffentliche Vertragsrecht und die Leistungsstörungen, in: NJW 1977, 1705 ff.

Meyer, Hans: Die Föderalismusreform 2006 – Konzeption, Kommentar, Kritik, 2008

Meyer, Klaus: Das Recht auf Naturgenuß im Zusammenhang mit Landschaftsschutz, Gemeingebrauch und Sozialgebundenheit des Eigentums,
in: DVBl 1969, 269 ff.

Meyer, Stephan: Die Verfassungswidrigkeit symbolischer und ungeeigneter
Gesetze – Die Normenwahrheit – Ein neuer Verfassungsrechtsbegriff und
dessen Folgen für ein altes Problem, in: Der Staat 48 (2009), 278 ff.

Mierwald, Ulrich: Möglichkeiten und Grenzen des Einsatzes des Risikomanagements und des Monitorings in Zulassungsverfahren, Grundlagengut-
achten im Auftrag des hessischen Ministeriums für Wirtschaft, Verkehr
und Landesentwicklung, 2013 (unveröffentlicht)

Miethaner, Susanne/König, Frauke/Lehmann, Boris: Urbane Fließgewässer
bewerten – Leitbild und Methode für die Praxis, in: NuL 2008, 204 ff.

Mitschang, Stephan/Wagner, Jörg: FFH-Verträglichkeitsprüfung in der Bauleitplanung – planerische und rechtliche Belange, in: DVBl 2010, 1257 ff.

Möckel, Stefan/Köck, Wolfgang: Chancen des europäischen Umwelt-
planungsrechts für die kommunale Umweltentwicklungsplanung, in:
UPR 2007, 241 ff.

Möckel, Stefan/Köck, Wolfgang: Naturschutzrecht im Zeichen des Klimawandels – vorläufige Bewertung und weiterer Forschungsbedarf, in:
NuR 2009, 318 ff.

Möckel, Stefan: Die Novelle des Bundesnaturschutzgesetzes zum europäischen Gebiets- und Artenschutz – Darstellung und Bewertung, in: ZUR
2008, 57 ff.

Möckel, Stefan: Verbesserte Anforderungen an die gute fachliche Praxis der
Landwirtschaft, in: ZUR 2014, 14 ff.

Molder, Frank: Begrünungen mit gebietseigenem Saatgut, in: NuL 2015, 173 ff.

Möller, Wolfdietrich: Umweltrecht – Wald, Planung, Naturschutz, Jagd u. a.,
Bd. III, 3. Aufl. 2004

Möllers, Christoph: Die Unverletzlichkeit der Wohnung vor vermeintlichen
Sachzwängen der Strafverfolgung, in: NJW 2001, 1397 f.

Morkel, Dan W.: Abgrenzung zwischen vorsätzlicher und fahrlässiger Straftat, in: NStZ 1981, 176 ff.

Mosimann, Thomas et al.: Karten der klima- und immissionsökologischen
Funktionen, in: NuL 1999, 101 ff.

Müggenborg, Hans-Jürgen/Hentschel, Anja: Neues Wasser- und Naturschutzrecht, in: NJW 2010, 961 ff.

Mühlenberg, Michael/Slowik, Jolanta: Kulturlandschaft als Lebensraum, 1997

Müller, Chris: Zum Verhältnis von Naturschutz und Landwirtschaft nach dem
BNatSchG-Neuregelungsgesetz, in: NuR 2002, 530 ff.

Müller, Ulrich: Verfahrens- und Erfolgskontrolle von CEF-Maßnahmen in der
saP, in: NuL 2013, 248 ff.

Müller, Uwe/Klein, Benjamin: The new legislative competence of „divergent
state legislation" and the enactment of a Federal Environmental Code in
Germany, in: JEEPL 2007, 181 ff.

*Müller-Pfannenstiel, Klaus/Tränkle, Ulrich/Beisswenger, Thomas/Müller,
Wolf:* Empfehlungen zur naturschutzrechtlichen Eingriffsregelung bei
Rohstoffabbauvorhaben, 2003

Müller-Terpitz, Ralf: „Genraps-Bauer wider Willen", in: NVwZ 2001, 46 ff.

Müller-Terpitz, Ralf: Aus eins mach zwei – Zur Novellierung des Bundesnaturschutzgesetzes, in: NVwZ 1999, 26 ff.

Müllmann, Christoph: Altlastensanierung und Kooperationsprinzip – der
öffentlich-rechtliche Vertrag als Alternative zur Ordnungsverfügung, in:
NVwZ 1994, 876 ff.

Münchhausen, Hilmar von: Ansätze zur Weiterentwicklung der Agrarumweltmaßnahmen, in: BfN-Skript 89, 2003, 77 ff.

Murswiek, Dietrich: „Nachhaltigkeit" – Probleme der rechtlichen Umsetzung
eines umweltpolitischen Leitbildes, in: NuR 2002, 641 ff.

Neidlein, Hans-Christoph/Walser, Manfred: Natur ist Mehr-Wert – zum ökonomischen Nutzen des Naturschutzes, in: BfN-Skripten 154, 2005

Niederstadt, Frank/Krüsemann, Ellen: Die europarechtlichen Regelungen
zum Artenschutz im Lichte des „Guidance document" der Europäischen
Kommission, in: ZUR 2007, 347 ff.

Niederstadt, Frank: Die Umsetzung der Flora-Fauna-Habitatrichtlinie durch
das Zweite Gesetz zur Änderung des Bundesnaturschutzgesetzes, in:
NuR 1998, 515 ff.

Nies, Volkmar: Rechtliche Probleme des Ausgleichs von Eingriffen in Natur
und Landschaft beim Einzeleingriff, in der Planfeststellung und in der
Bauleitplanung, in: AgrarR 1999, 69 ff.

Nöthlichs, Matthias: Bio- und Gentechnik, Kommentar zur Biostoffverord-
nung und zum Gentechnikgesetz, Loseblattsammlung, Stand: 04/2015

Nottmeyer-Linden, Klaus/Pasch, Dieter: Vertragsnaturschutz in NRW –
Berichte aus der Praxis, in: BfN-Skript 89, 2003, 63 ff.

Nowak, Karsten: Die Grundfreiheiten des EG-Vertrags und der Umweltschutz
– Grundfreiheitliche Schrankensystematik im Lichte der EG-Umwelt-
verfassung, VerwArch. 93 (2002), 368 ff.

Nusser, Jens: Zweckbestimmungen in Umweltschutzgesetzen, 2007

Nutzinger, Hans G. (Hrsg.): Naturschutz – Ethik – Ökonomie, 1996

Oldiges, Martin (Hrsg.): Umwelthaftung vor der Neugestaltung, 2004

Ortner, Dorothee: Zur naturschutzrechtlichen Verpflichtung der Verwendung
autochthonen Saat- und Pflanzenguts bei der Straßenbegleitbegrünung,
in: NuR 2005, 91 ff.

Ossenbühl, Fritz/Cornils, Matthias: Staatshaftungsrecht, 6. Aufl. 2013

Ott, Konrad et al.: Vilmer Thesen zum Naturschutz im Klimawandel, in:
Natur und Landschaft 2010, 229 ff.

Ott, Konrad: Stand des umweltethischen Diskurses, in: NuL 2000, 39 ff.

Otto, Franz: Neue gesetzliche Regelung für das Betreten der freien Landschaft auf Straßen, Wegen, ungenutzten Grundflächen und im Wald –
Die Haftung für die Risiken, in: RdL 2010, 58 f.

Palandt, Otto: Bürgerliches Gesetzbuch, 74. Aufl. 2015 (zitiert: *Bearbeiter*, in:
Palandt, BGB)

Palme, Christoph/Schumacher, Jochen: Die Regelungen zur FFH Verträglichkeitsprüfung bei Freisetzung oder Inverkehrbringen von gentechnisch
veränderten Organismen in § 34a BNatSchG, in: NuR 2007, 16 ff.

Palme, Christoph: Das Honig-Urteil des EuGH, in: NVwZ 2011, 1434 ff.

Palme, Christoph: Der Schutz von Natura-2000-Gebieten vor Gen-Pflanzen, in: VBlBW 2006, 417 ff.

Palme, Christoph: Die Novelle zur Grünen Gentechnik, in: ZUR 2005, 119 ff.

Pape, Kay Artur: Die Bewältigung von Altlasten in der Praxis, in: NJW 1994, 409 ff.

Pauli, Felix: Artenschutz in der Bauleitplanung, in: BauR 2008, 759 ff.

Peine, Franz-Joseph: Das Recht des Nationalparks: Errichtung, Bestands-schutz, Nutzung, in: LKV 2002, 441 ff.

Peine, Franz-Joseph: Neue Literatur über die Probleme der Umsetzung des europäischen Naturschutzrechts in nationales Recht, in: NuR 2003, 11 ff.

Pernice Ingolf: Auswirkungen des europäischen Binnenmarktes auf das Umweltrecht – Gemeinschafts(verfassungs-)rechtliche Grundlagen, in: NVwZ 1990, 201 ff.

Peters, Heinz-Joachim/Balla, Stefan: Gesetz über die Umweltverträglich-keitsprüfung, Handkommentar, 3. Aufl. 2006

Peters, Heinz-Joachim/Surburg, Ulf: Die Strategische Umweltprüfung bei Plänen und Programmen, in: VR 2004, 9 ff.

Peters, Wolfgang/Bruns, Elke/Lambrecht, Heiner/Trautner, Jürgen/Wolf, Rainer/Klaphake, Axel/Hartje, Volkmar/Köppel, Johann: Erfassung, Be-wertung und Sanierung von Biodiversitätsschäden nach der EG-Umwelt-haftungs-Richtlinie. Ergebnisse aus dem F+E-Vorhaben 805 81 013 des Bundesamtes für Naturschutz, 2008

Petersen, Malte: Die Umsetzung der Umwelthaftungsrichtlinie im Umwelt-schadensgesetz, 2009

Petersen, Malte: Fachplanerische Auswirkungen des Umweltschadens-gesetzes, in: NuR 2014, 525ff.

Petschulat, Werner: Naturschutz nach der Föderalismusreform: Voraus-setzungen der Abweichungsgesetzgebung – Teil 1, in: NuR 2015, 241 ff.

Petschulat, Werner: Naturschutz nach der Föderalismusreform: Voraus-setzungen der Abweichungsgesetzgebung – Teil 2, in: NuR 2015, 316 ff.

Petz, Maximilian von: Umsetzungsmöglichkeiten des Vertragsnaturschutzes in der Forstwirtschaft, 2005

Pfadenhauer, Jörg: Leitlinien für die Renaturierung süddeutscher Moore, in: NuL 1999, 18 ff.

Pfeifer, Marten/Wagner, Jörg: Landschaftsplanung – Gesamtplanung – Fachplanung, Überlegungen zur Novellierung der Vorschriften über die Landschaftsplanung im Bundesnaturschutzgesetz, in: DVBl 1989, 789 ff.

Pfohl, Michael: Artenschutz-Strafrecht, in: wistra 1999, 161 ff.

Philipp, Renate: Artenschutz in Genehmigung und Planfeststellung, in: NVwZ 2008, 593 ff.

Piechocki, Reinhard et al.: Vilmer Thesen zum Natur- und Umweltschutz, in: Natur und Landschaft 2004, 529 ff.

Piechocki, Reinhard et al.: Vilmer Thesen zum Prozessschutz, in: Natur und Landschaft 2004, 53 ff.

Piechocki, Reinhard: Genese der Schutzbegriffe – 11. – Biodiversitätsschutz, in: Natur und Landschaft 2007, 514

Pitschas, Rainer/Uhle, Arnd (Hrsg.): Wege gelebter Verfassung in Recht und Politik, Festschrift für Rupert Scholz zum 70. Geburtstag, 2007 (zitiert: *Bearbeiter*, in: Pitschas/Uhle, FS Scholz)

Plachter, Harald/Stachow, Ulrich/Werner, Armin: Methoden zur naturschutz-fachlichen Konkretisierung der „Guten fachlichen Praxis" in der Landwirt-schaft, in: Naturschutz und Biologische Vielfalt 7, 2005

Pompe, Sven et al.: Mögliche Konsequenzen des Klimawandels für Pflanzen-areale in Deutschland, in: Natur und Landschaft 2009, 2 ff.

Postel, Gunnar: Das naturschutzrechtliche Vorkaufsrecht, in: NuR 2006, 555

Prall, Ursula: Die genetische Vielfalt von Kulturpflanzen, 2006

Proelß, Alexander/Blanke-Kießling, Ursula: Der Verwaltungsvertrag als Handlungsform der Naturschutzverwaltung. Bemerkungen zu § 3 III BNatSchG 2010, in: NVwZ 2010, 985 ff.

Proelß, Alexander: Die Sicherstellung der naturschutzrechtlichen Ausgleichs-pflicht, in: NVwZ 2006, 655 ff.

Ramsauer, Ulrich: Die Ausnahmeregelungen des Art. 6 Abs. 4 der FFH-Richt-linie, in: NuR 2000, 601 ff.

Ramsauer, Ulrich: Die Bedeutung der naturschutzrechtlichen Eingriffsrege-lung für die Planfeststellung am Beispiel der Transrapid-Planung, in: NuR 1997, 419 ff.

Ramsauer, Ulrich: Die naturschutzrechtliche Eingriffsregelung: die Neurege-lungen durch das Investitionserleichterungs- und Wohnbaulandgesetz, 1995

Ramsauer, Ulrich: Strukturprobleme der Landschaftsplanung – Eine kritische Bestandsaufnahme, in: NuR 1993, 108 ff.

Reck, Heinrich et al.: Lebensraumkorridore für Mensch und Natur, in: Natur-schutz und Biologische Vielfalt 17, 2005

Reck, Heinrich/Hänel, Kersten/Jeßberger, Jens/Lorenzen, Dirk: UZVR, UFR + Biologische Vielfalt, in: Naturschutz und Biologische Vielfalt 62, 2008

Regierung von Oberfranken (Hrsg.): Landschaftsentwicklungskonzept Ober-franken-West (LEK 4), 2005

Rehbinder, Eckard: Vertragsnaturschutz – Erscheinungsformen, Rechtspro-bleme, ökologische Wirkungen, in: DVBl 2000, 859 ff.

Reidt, Olaf: Europäischer Habitat- und Artenschutz in der Bauleitplanung, in: NVwZ 2010, 8 ff.

Reif, Albert et al.: Waldbewirtschaftung in Zeiten des Klimawandels, in: NuL 2010, 261 ff.

Reinhardt, Michael: Zum Verhältnis von Wasserrecht und Naturschutzrecht, in: NuR 2009, 517 ff.

Reiter, Karin/Doerpinghaus, Annette: Das Nationale Naturerbe – Definition, Bilanz, Ausblick, in: NuL 2015, 98 ff.

Reiter, Sven (Hrsg.): Neue Wege in der UVP – Novellierte UVP-Gesetz-gebung und innovative Methodik, 2001

Rengeling, Hans-Werner (Hrsg.): Handbuch zum deutschen und europä-ischen Umweltrecht; eine systematische Darstellung des europäischen Umweltrechts mit seinen Auswirkungen auf das deutsche Recht und mit rechtspolitischen, Bd 1 u. 2, 2. Aufl. 2003

Rengeling, Hans-Werner (Hrsg.): Umweltschutz und andere Politiken der Europäischen Gemeinschaft – Erste Osnabrücker Gespräche zum Deutschen und Europäischen Umweltrecht, 1993

Rengeling, Hans-Werner/Gellermann, Martin: Kooperationsrechtliche Verträge im Naturschutzrecht: Möglichkeiten und Grenzen des Vertragsnaturschutzes, in: ZG 6 (1991), 317 ff.

Rengeling, Hans-Werner/Heinz, Kersten: Die dänische Pfandflaschenregelung, EuGH, in: NVwZ 1989, 849; in: JuS 1990, 613 ff.

Rengeling, Hans-Werner: Das Kooperationsprinzip im Umweltrecht, 1988

Rengeling, Hans-Werner: Föderalismusreform und Gesetzgebungskompetenzen, in: DVBl 2006, 1537 ff.

RGRK: Das Bürgerliche Gesetzbuch mit besonderer Berücksichtigung der Rechtsprechung des Reichsgerichts und des Bundesgerichtshofs, mit Nebengesetzen, Kommentar, 12. Aufl. 1974 ff.

Riecken, Uwe/Finck, Peter/Raths, Ulrike/Schröder, Eckhard/Ssymank, Axel: Ursachen der Gefährdung von Biotoptypen in Deutschland, in: NuL 2010, 181 ff.

Riecken, Uwe/Ries, Ulrike/Ssyman, Axel: Rote Liste der gefährdeten Biotoptypen Deutschlands, 2. fortgeschriebene Fassung, in: Naturschutz und Biologische Vielfalt 34, 2006

Riecken, Uwe: Geschichte des Biotopschutzes, in: NuL 2006, 12 ff.

Riecken, Uwe: Grenzen der Machbarkeit von „Natur aus zweiter Hand", in: NuL 1992, 527 ff.

Riedel, Wolfgang/Lange, Horst (Hrsg): Landschaftsplanung, 2. Aufl. 2002 (zitiert: *Bearbeiter*, in: Riedel/Lange, Landschaftsplanung)

Riese, Kai-Uwe: Subventionen, Entschädigungen und Entgelte für Naturschutzmaßnahmen der Landwirtschaft, 1997

Riesenkampff, Alexander: Die private Abfallentsorgung und das Kartellrecht, in: BB 1995, 833 ff.

Rode, Michael/Haaren, Christina von: Multifunktionale Landnutzung am Stadtrand, in: Naturschutz und Biologische Vielfalt 15, 2005

Rozek, Jochen: Die Unterscheidung von Eigentumsbindung und Enteignung. Eine Bestandsaufnahme zur dogmatischen Struktur des Art. 14 GG nach 15 Jahren „Naßauskiesung", 1998

Ruffert, Matthias: Subjektive Rechte im Umweltrecht der EG, 1996

Ruffert, Matthias: Verantwortung und Haftung für Umweltschäden, in: NVwZ 2010, 1177 ff.

Runge, Holger/Mestermann, Bertram: Verbesserung der Renaturierungsmöglichkeiten bei Abbauvorhaben, in: Angewandte Landschaftsökologie 48, 2002

Runge, Holger/Simon, Mathias/Widdig, Thomas/Lois, Hans Walter: Rahmenbedingungen für die Wirksamkeit von Maßnahmen des Artenschutzes bei Infrastrukturvorhaben, 2010, abrufbar unter: https://www.bfn.de/fileadmin/MDB/documents/themen/eingriffsregelung/FuE_CEF_Endbericht_RUNGE_01.pdf (zuletzt abgerufen am 22. 07. 2015)

Sachs, Michael (Hrsg.): Grundgesetz, Kommentar, 7. Aufl. 2014 (zitiert: *Bearbeiter*, in: Sachs, GG)

Sachverständigenrat für Umweltfragen – SRU: Der Umweltschutz in der Föderalismusreform – Stellungnahme, 2006 (zitiert: *SRU*, Stellungnahme 2006)

Sachverständigenrat für Umweltfragen – SRU: Sondergutachten 2002 – Für eine Stärkung und Neuorientierung des Naturschutzes, 2002 (zitiert: *SRU*, Sondergutachten 2002)

Sachverständigenrat für Umweltfragen – SRU: Umweltgutachten 2004 – Umweltpolitische Handlungsfähigkeit sichern, 2004 (zitiert: *SRU*, Umweltgutachten 2004)

Sachverständigenrat für Umweltfragen – SRU: Umweltgutachten 2008 – Umweltschutz im Zeichen des Klimawandels, Band 1, 2008 (zitiert: *SRU*, Umweltgutachten 2008)

Sachverständigenrat für Umweltfragen – SRU: Umweltverwaltungen unter Reformdruck, Sondergutachten, 2007 (zitiert: *SRU*, Sondergutachten, 2007)

Säcker, Franz Jürgen/Rixecker, Roland (Hrsg.): Münchener Kommentar zum Bürgerlichen Gesetzbuch, 6. Aufl. 2012 (zitiert: Bearbeiter, in: MüKo BGB)

Sailer, Frank: Tierschutz als artenschutzrechtlich verbotene Störung?, in: ZUR 2009, 579 ff.

Salzwedel, Jürgen: Bundesbehörden und Naturschutzrecht, in: NuR 1984, 165 ff.

Sanden, Joachim/Schoeneck, Stefan: Bundes-Bodenschutzgesetz – Kurzkommentar, 1998

Sauthoff, Michael: Erweiterung der Feststellungswirkung einer Baugenehmigung über das gesetzliche Prüfprogramm hinaus, in: Baurecht 2013, 415 ff.

Schäfer, Hans Christoph: Die Staatsanwaltschaft im Rechtsschutzsystem, in: NJW 2001, 1396 f.

Schapmann, Carsten: Der Sanierungsvertrag – Altlastensanierung und Verwaltungsvertrag, 1998

Scheidler, Alfred: Die naturschutzrechtliche Eingriffsregelung im BNatSchG 2010, in: UPR 2010, 134 ff.

Scheidler, Alfred: Die naturschutzrechtlichen Voraussetzungen zur Erteilung der immissionsschutzrechtlichen Genehmigung, in: NuR 2009, 232 ff.

Scheidler, Alfred: Umweltschutz durch Umweltverantwortung – Das neue Umweltschadensgesetz, in: NVwZ 2007, 1113 ff.

Schemel, Hans-Joachim/Wilke, Torsten: Kinder und Natur in der Stadt, in: BfN-Skripten 230, 2008

Scherfose, Volker: Bundesweit bedeutsame Gebiete für den Naturschutz, in: Naturschutz und Biologische Vielfalt 43, 2007

Scherzinger, Wolfgang: Naturschutz im Wald – Qualitätsziele einer dynamischen Waldentwicklung, 1996

Schink, Alexander: Die Verträglichkeitsprüfung nach der FFH-Richtlinie, in: UPR 1999, 417 ff.

Schink, Alexander: Reformbedarf im Naturschutzrecht – eine kommunale Betrachtung, in: UPR 1996, 81 ff.

Schink, Alexander: Umweltprüfung für Pläne und Programme. Anwendungsbereich der SUP-Richtlinie und Umsetzung in deutsches Recht, in: NVwZ 2005, 615 ff.

Schink, Alexander: Vollzugsdefizite im kommunalen Umweltschutz, in: ZUR 1993, 1 ff.

Schlacke, Sabine (Hrsg.): Gemeinschaftskommentar zum Bundesnaturschutzgesetz, 2012 (zitiert: *Bearbeiter,* in: Schlacke (Hrsg.), GK-BNatSchG)

Schlette, Volker: Die Verwaltung als Vertragspartner. Empirie und Dogmatik verwaltungsrechtlicher Vereinbarungen zwischen Behörde und Bürger, 2000

Schlumprecht, Helmut et al.: Gefährdungsdisposition von FFH-Tierarten Deutschlands angesichts des Klimawandels, in: NuL 2010, 293 ff.

Schlumprecht, Helmut/Kaiser, Thomas: Nationale Naturmonumente – Naturschutzfachliche Fragen und Denkanstöße zu einer neuen Schutzgebietskategorie und zu deren Operationalisierung, in: NuL 2015, 25 ff.

Schmidt, Antje: Rückzug des Ordnungsrechts im Umweltschutz, in: DVBl 1998, 1271 ff.

Schmidt, Holger: Neue Haftungsrisiken für Organmitglieder im Umweltbereich? – Zur Umsetzung der Umwelthaftungsrichtlinie, in: NVwZ 2006, 635 ff.

Schmidt, Holger: Verschärfte Umweltverantwortlichkeit von Organmitgliedern – Das neue Umweltschadensgesetz, in: NZG 2007, 650 ff.

Schmidt, Jörg: Die Änderung des Bundesnaturschutzgesetzes – Die Artenschutznovelle, in: NVwZ 1987, 1037 ff.

Schmidt, Jörg: Die Rechtsprechung zum Naturschutzrecht 1988 und 1989, in: NVwZ 1991, 31 ff.

Schmidt, Michael/Rütz, Nicole/Bier, Sascha: Umsetzungsfragen bei der strategischen Umweltprüfung (SUP) in nationales Recht, in: DVBl 2002, 357 ff.

Schmidt, Reiner/Kahl, Wolfgang: Umweltrecht, 8. Aufl. 2010

Schmidt-Aßmann, Eberhard: Verwaltungskooperation und Verwaltungskooperationsrecht in der Europäischen Gemeinschaft, in: EuR 1996, 270 ff.

Schmidt-Bleibtreu, Bruno/Hofmann, Hans/Hopfauf, Axel: GG – Kommentar zum Grundgesetz, 11. Aufl. 2008 (zitiert: *Bearbeiter,* in: Schmidt-Bleibtreu/ Hofmann/Hopfauf, GG)

Schmidt-Eichstaedt, Gerd: Ausnahmen vom gesetzlichen Artenschutz – letzter Ausweg in der Bauleitplanung und bei der Projektgenehmigung?, in: UPR 2010, 401 ff.

Schmidt-Preuß, Matthias: Verwaltung und Verwaltungsrecht zwischen gesellschaftlicher Selbstregulierung und staatlicher Steuerung, in: VVDStRL 56 (1997), 160 ff.

Schmidt-Räntsch, Annette/Schmidt-Räntsch, Jürgen: Leitfaden zum Artenschutzrecht, 1998

Schmidt-Siegmann, Carolin: Die naturschutzrechtliche Eingriffsregelung in der baden-württembergischen Verwaltungspraxis, 2008

Schmitz, Stefan: Habitatschutz für Vögel? Zur unmittelbaren Wirkung der FFH-Richtlinie der EU, in: ZUR 1996, 12 ff.

Schneider, Hartmut: Die öffentliche Ordnung als Schranke der Grundfreiheiten im EG-Vertrag, 1998

Schneider, Jens-Peter/Theobald, Christian: Recht der Energiewirtschaft: Ein Praxishandbuch, 4. Aufl. 2013 (zitiert: *Bearbeiter,* in: Schneider/Theobald, Recht der Energiewirtschaft)

Schneider, Jens-Peter: Kooperative Verwaltungsverfahren. Problemebenen der Kooperation in multilateralen Interessenstrukturen, aufgezeigt am Beispiel von Nachvollziehender Amtsermittlung, Vorhaben- und Erschließungsplan sowie Konfliktmittlung, in: VerwArch. 87 (1996), 38 ff.

Schoch, Ferdinand/Schmidt-Aßmann, Eberhard/Pietzner, Rainer (Hrsg.): Verwaltungsgerichtsordnung, Kommentar, Loseblattsammlung, Stand: 03/2015

Schoch, Friedrich: Grundfälle zum Polizei- und Ordnungsrecht, in: JuS 1994, 849 ff.

Schoch, Friedrich: Polizeipflichtigkeit von Hoheitsträgern, in: Jura 2005, 324 ff.

Scholles, Frank/Haaren, Christina von/Myrzik, Alke/Ott, Stefan/Winkelbrandt, Arndt/Wulfert, Katrin: Strategische Umweltprüfung und Landschaftsplanung, in: UVP-report 2003, 76 ff.

Schönke, Adolf/Schröder, Horst: Strafgesetzbuch, Kommentar, 29. Aufl. 2014

Schröder, Meinhard: Die Berücksichtigung des Umweltschutzes in der gemeinsamen Agrarpolitik der Europäischen Union, in: NuR 1995, 117 ff.

Schrödter, Wolfgang: Städtebaurecht und das Recht des gesetzlichen Biotop- und Artenschutzes – dargestellt auf der Grundlage des neuen Bundesnaturschutzgesetzes, in: NdsVBl. 2003, 33 ff.

Schulze-Fielitz, Helmut: Kooperatives Recht im Spannungsfeld von Rechtsstaatsprinzip und Verfahrensökonomie, in: DVBl 1994, 657 ff.

Schulze-Fielitz, Helmuth: Umweltschutz im Föderalismus – Europa, Bund und Länder, in: NVwZ 2007, 249 ff.

Schumacher, Anke/Werk, Klaus: Die Ausbringung gebietsfremder Pflanzen nach § 40 Abs. 4 BNatSchG, in: NuR 2010, 848 ff.

Schumacher, Anke: Die Berücksichtigung des Vogelschutzes an Energiefreileitungen im novellierten Bundesnaturschutzgesetz, in: Naturschutz in Recht und Praxis – online, 2002, 2 ff.

Schumacher, Jochen/Fischer-Hüftle, Peter (Hrsg.): Bundesnaturschutzgesetz, Kommentar, 2. Aufl. 2011 (zitiert: *Bearbeiter,* in: Schumacher/Fischer-Hüftle, BNatSchG)

Schumacher, Jochen/Kratsch Dietrich: Naturschutzrecht – ein Leitfaden für die Praxis, 2005

Schumacher, Jochen/Palme, Christoph: Das Dragaggi-Urteil des EuGH und seine Auswirkungen auf das deutsche Habitatschutzrecht, in: EurUP 2005, 175 ff.

Schumacher, Jochen/Schumacher, Anke/Krüsemann, Ellen/ Rebsch, Stephanie/Becker, Regine/Niederstadt, Frank/Konold, Werner/ Wattendorf, Peter: Naturschutzrecht im Klimawandel, 2014

Schumacher, Jochen/Schumacher, Anke/Wattendorf, Peter/Konold, Werner: Nationale Naturmonumente – eine neue Schutzgebietskategorie im BNatSchG, in: NuL 2013, 315 ff.

Schumacher, Jochen/Schumacher, Anke: Die Schutzgebietskategorie „Nationales Naturmonument", in: NuR 2014, 696 ff.

Schumacher, Jochen/Schumacher, Anke: Tauglichkeit der Vogelschutz- und FFH-Richtlinie für Anpassungen an den Klimawandel, in: NuR 2013, 377 ff.

Schumacher, Jochen: Umweltrechtsbehelfsgesetz, in: UPR 2008, 13 ff.

Schuppert, Gunnar Volke (Hrsg.): Governments-Forschung, 2. Aufl. 2005 (zitiert: *Bearbeiter,* in: Schuppert, Governments-Forschung)

Schütte, Peter/Kattau, Sandra: Die Neuordnung des Naturschutzrechts in den Bundesländern, in: ZUR 2010, 353 ff.

Schütz, Peter/Kirchberg, Josef-Walter: Kompensationsfreie Eingriffe in „Bahnbiotope"?, in: DVBl 2002, 23 ff.

Schütz, Peter: Die Umsetzung der FFH-Richtlinie – Neues aus Europa, in: UPR 2005, 137 ff.

Schwarz, Kyrill-Alexander: Vertrauensschutz als Verfassungsprinzip. Eine Analyse des nationalen Rechts, des Gemeinschaftsrechts und der Beziehungen zwischen beiden Rechtskreisen, 2002

Shirvani, Foroud: Die Wirkung von Genehmigungen im Umweltschadensgesetz, in: UPR 2010, 209 ff.

Siegel, Thorsten: Die Verfahrensbeteiligung von Behörden und anderen Trägern öffentlicher Belange, 2001

Siegel, Thorsten: Entscheidungsfindung im Verwaltungsverbund, 2009

Siegel, Thorsten: Rechtliche Rahmenbedingungen und Gestaltungsspielräume bei der Aufstellung von Landschaftsplänen, in: NuR 2003, 325 ff.

Sobotta, Christoph: Artenschutz in der Rechtsprechung des Europäischen Gerichtshofs, in: NuR 2007, 642 ff.

Sodan, Helge: Grundgesetz – Beck'scher Kompakt-Kommentar, 3. Aufl. 2015 (zitiert: *Bearbeiter,* in: Sodan, GG)

Soell, Hermann: Die Bedeutung der Sozialpflichtigkeit des Grundeigentums bei der Landschaftspflege und dem Naturschutz, in: DVBl 1983, 241 ff.

Soell, Hermann: Schutzgebiete, in: NuR 1993, 301 ff.

Soergel, Hans-Theodor/Siebert, Wolfgang: Bürgerliches Gesetzbuch mit Einführungsgesetz und Nebengesetzen, 13. Aufl. 2009

Spannowsky, Willy/Hofmeister, Amdreas (Hrsg.): Die Landschaftsplanung und ihr Beitrag für die räumliche Planung, 2007 (zitiert: *Bearbeiter,* in: Spannowsky/Hofmeister, Landschaftsplanung)

Spannowsky, Willy/Hofmeister, Andreas (Hrsg.): Umweltrechtliche Einflüsse in der städtebaulichen Planung, 2009 (zitiert: *Bearbeiter,* in: Spannowsky/Hofmeister, Umweltrechtliche Einflüsse in der städtebaulichen Planung)

Sparwasser, Reinhard/Engel, Rüdiger/Voßkuhle, Andreas: Umweltrecht – Grundzüge des öffentlichen Umweltschutzes, 5. Aufl. 2003

Sparwasser, Reinhard/Wöckel, Holger: Einzelmaßnahmen der Eingriffskompensation: Möglichkeiten und Grenzen der landesrechtlichen Umsetzung, in: UPR 2004, 246 ff.

Sparwasser, Reinhard/Wöckel, Holger: Ökologische Flutungen von Rückhalteräumen zum Hochwasserschutz und naturschutzrechtliche Eingriffsregelung, in: NVwZ 2007, 764 ff.

Sparwasser, Reinhard/Wöckel, Holger: Zur Systematik der naturschutzrechtlichen Eingriffsregelung, in: NVwZ 2004, 1189 ff.

Spieth, Friedrich/Appel, Markus: Genehmigungsprojekte unter dem Damoklesschwert der FFH-Abweichungsprüfung – Praxisanforderungen an die Interessenabwägung, Alternativenprüfung und Kohärenzsicherung, in: NuR 2009, 669 ff.

Spieth, Wolf Friedrich/Appel, Markus: Die rechtliche Bewältigung von Vernässungsschäden bei Einstellung der bergbaulichen Grundwasserhaltung und Flutung von Tagebaurestlöchern, in: LKV 2007, 501 ff.

Spieth, Wolf Friedrich/Appel, Markus: Umfang und Grenzen der Einklagbarkeit von UVP-Fehlern nach Umwelt-Rechtsbehelfsgesetz, in: NuR 2009, 312 ff.

Spieth, Wolf Friedrich: Öffentlich-rechtlicher Vertrag bei Altlasten – Zur Risikominimierung bei der Wiedernutzbarmachung von kontaminierten Industriebrachen und komplexen Grundwassersanierungen, in: altlasten spektrum 1996, 163 ff.

Spreen, Holger: Ersatzzahlung verbessert den Naturschutz in Niedersachsen, in: NordÖR 2004, 375 ff.

Ssymank, Axel: Vorrangflächen, Schutzgebietssysteme und naturschutzfachliche Bewertung großer Räume in Deutschland, Schriftenreihe für Landschaftspflege und Naturschutz 63, 2000

Stackelberg, Felix Freiherr von: Die Abweichungsgesetzgebung der Länder im Naturschutzrecht, 2012

Stadler, Jürgen: Die naturschutzrechtliche Eingriffsregelung in der Bundesfernstraßenplanung, 2002

Stadler, Jutta/Korn, Horst: Das Übereinkommen über die biologische Vielfalt – Auf dem Weg zur 9. Vertragsstaatenkonferenz in Deutschland, in: Natur und Landschaft 2008, 2 ff.

Stadler, Klaus: Naturschutz und Erholung, 1996

Starick, Anja/Lipp, Torsten/Haustein, Nicole: Wasserrahmenrichtlinie und Landschaftsplanung, 2004, abrufbar unter http://www.kolleg.loel.hs-anhalt.de/professoren/hlange/Ak-Landschaftsplanung/Zufall/Unterseiten/WRRL-Dateien/Dateien/Artikel_Wrrl_13.pdf (zuletzt abgerufen am 22. 07. 2015)

Steeck, Sebastian/Lau, Marcus: Die Rechtsprechung des BVerwG zum Europäischen Naturschutzrecht im Jahr eins nach seiner Entscheidung zur Westumfahrung Halle, in: NVwZ 2009, 616 ff.

Steeck, Sebastian: Wer hat Angst vor dem Finnischen Wolf? Die artenschutzrechtliche Ausnahmegenehmigung bei Arten im ungünstigen Erhaltungszustand, in: NuR 2010, 4 ff.

Steffenhagen, Peggy et al.: Wiederherstellung von Ökosystemleistungen der Flusstalmoore in Mecklenburg-Vorpommern, in: NuL 2010, 304 ff.

Stegmann, Florian: Artenschutz-Strafrecht, 1. Aufl. 2000

Stelkens, Paul/Bonk, Heinz Joachim/Sachs, Michael (Hrsg.): Verwaltungsverfahrensgesetz – Kommentar, 8. Aufl. 2014 (zitiert: *Bearbeiter,* in: Stelkens/Bonk/Sachs, VwVfG)

Stich, Rudolf: Das neue Bundesnaturschutzgesetz – Bedeutsame Änderungen und Ergänzungen des Bundesnaturschutzrechts, in: UPR 2002, 161–168

Stich, Rudolf: Die Bedeutung des Naturschutzes, der Landschaftspflege und der Grünordnung bei der gerichtlichen Überprüfung von Bebauungsplänen, in: DVBl 1992, 257 ff.

Stock, Martin: Nationalparke in Deutschland – Den Entwicklungsgedanken gesetzlich absichern und konkretisieren, in: ZUR 2000, 198 ff.

Stockmeier, Hermann/Vogel, Joachim: Umwelthaftpflichtversicherung Umweltschadensversicherung, 2. Aufl. 2009

Storm, Peter-Christoph/Bunge, Thomas: Handbuch der Umweltverträglich-keitsprüfung, Loseblattsammlung, Stand: 03/15 (zitiert: *Bearbeiter*, in: Storm/Bunge, HdUVP)

Storm, Peter-Christoph: Nachhaltiges Deutschland – Wege zu einer dauerhaft umweltgerechten Entwicklung, 2. Aufl. 1998

Storost, Ulrich: Artenschutz in der Planfeststellung, in: DVBl 2010, 737 ff.

Storost, Ulrich: Erforderlichkeit von Fachkonventionen für die Arten – und gebietsschutzrechtliche Prüfung aus verwaltungsrichterlicher Sicht, in: UPR 2015, 47 ff.

Storost, Ulrich: FFH-Verträglichkeitsprüfung und Abweichungsentschei-dung, in: DVBl 2009, 673 ff.

Stracke, Astrid: Der lange Weg zum Opt-out von der Gentechnik, in: NuR 2014, 829 ff.

Streinz, Rudolf/Ohler, Christoph/Herrmann, Christoph: Der Vertrag von Lissabon zur Reform der EU, 3. Aufl. 2010

Streinz, Rudolf: Vertrag über die Europäische Union und Vertrag über die Arbeitsweise der Europäischen Union, Kommentar, 2. Aufl. 2012 (zitiert: *Bearbeiter*, in: Streinz)

Stüer, Bernhard/Thorand, Nadin: Abschied von salvatorischen Klauseln im Denkmal- und Naturschutzrecht, in: NJW 2000, 3737 ff.

Stüer, Bernhard: „Auf dem Weg zum Umweltgesetzbuch" und „Die Arten-schutznovelle des Ersten BNatSchG-ÄndG" – Zugleich: Bericht über die 31. Umweltrechtliche Fachtagung der Gesellschaft für Umweltrecht, in: DVBl 2007, 1544 ff.

Stüer, Bernhard: Europäischer Gebiets- und Artenschutz in ruhigeren Ge-filden – Von der Halle-Westumfahrung und Hessisch Lichtenau durch den Jagdbergtunnel und über die Hochmoselbrücke nach Bad Oeynhausen mit Schlingerkurs nach Hildesheim, in: DVBl 2009, 1 ff.

Stüer, Bernhard: Habitat- und Vogelschutz in der Fachplanung. Die nieder-ländische Herzmuschelfischerei und ihre Folgen für die Grünbrücken über deutschen Autobahnen, in: DVBl 2007, 416 ff.

Stüer, Bernhard: Handbuch des Bau- und Fachplanungsrechts, 5. Aufl. 2015

Stüer, Bernhard: Westumfahrung Halle: Rote Ampeln vor Habitat- und Vogel-schutz-Gebieten? in: NVwZ 2007, 1147 ff.

Stüer, Bernhard: Zur Frage der Bestandskraft von Zulassungsentscheidungen, in: DVBl 2010, 245 ff.

Suerbaum, Joachim: Die Schutzpflichtdimension der Gemeinschaftsgrund-rechte, EuR 2003, 390 ff.

Sukopp, Ulrich et al.: Bilanzierung der Indikatoren der Nationalen Strategie zur biologischen Vielfalt – Wo steht Deutschland beim 2010-Ziel, in: Natur und Landschaft 2010, 288 ff.

*Szczekalla, Pete*r: Die sog. grundrechtlichen Schutzpflichten im deutschen und europäischen Recht. Inhalt und Reichweite einer „gemeineuropä-ischen Grundrechtsfunktion", Berlin 2000

Tegethoff, Carsten: Die Vollzugsverantwortung für die naturschutzrechtliche Eingriffsregelung, in: NuR 2002, 654 ff.

Terhechte, Jörg Philipp: Die ungeschriebenen Tatbestandsmerkmale des Europäischen Wettbewerbsrechts, 2004

Tesmer, Günter: Der freie Zutritt zur offenen Landschaft nach BWaldG und dem BNatSchG, in: AgrarR 1981, 180 ff.

Tettinger, Peter J./Stern, Klaus (Hrsg.): Europäische Grundrechte-Charta, Kölner Gemeinschafts-Kommentar, 2006

Thomas, Henning: Declassification of protected areas under the Habitats and the Wild Birds Directive, in: Energy&EnLR 2008, 3 ff.

Thum, Cornelius: Giftspinnen, Schlangen und andere gefährliche Tiere aus tierschutz-, sicherheits- und artenschutzrechtlicher Sicht, in: NuR 2001, 558 ff.

Thum, Randi: Die Eingriffsregelung zur Verringerung des Flächenverbrauchs, in: NuR 2005, 762 ff.

Thum, Randi: Rechtsprechungs-Report – Bauplanerische Eingriffsregelung, in: ZUR 2004, 278 ff.

Thum, Randi: Wirksame Unterschutzstellung von Natura-2000-Gebieten, in: NuR 2006, 687 ff.

Thyssen, Bernd: Wann ist erheblich „erheblich"?, in: NuR 2010, 9 ff.

Tillmann, Elena: Nationale Naturmonumente als Möglichkeit der Bewahrung historisch gewachsener Kulturlandschaften, in: NuR 2014, 826 ff.

Timmermann, Tiemo et al.: Objektivierung von Naturschutzbewertungen – Das Beispiel Roter Listen von Pflanzengesellschaften, in: NuL 2006, 133 ff.

Tomerius, Stephan: Bundes-Bodenschutzgesetz und kommunales Flächenrecycling, in: ZUR 1999, 78 ff.

Trautner, Jürgen/Jooss, Rüdiger: Die Bewertung „erheblicher Störung" nach § 42 BNatSchG bei Vogelarten, in: NuL 2008, 265 ff.

Ule, Carl Hermann/Laubinger, Hans-Werner: Verwaltungsverfahrensrecht, 4. Aufl. 1995

Vallendar, Willi: Großprojekte und Anforderungen des Europäischen Naturschutzrechts, in: EurUP 2007, 275 ff.

Vallender, Willi: Europäisches Naturschutzrecht – Die Verbandsklage – Risiken und Nebenwirkungen für Infrastrukturvorhaben, in: UPR 2008, 1 ff.

Versteyl, Ludger-Anselm/Sondermann, Wolf Dieter: Bundes-Bodengesetz, Kommentar, 2. Aufl. 2005 (zitiert: *Bearbeiter*, in: Versteyl/Sondermann)

Vierhaus, Peter: Das Bundes-Bodenschutzgesetz, in: NJW 1998, 1262 ff.

Vogt, Katrin: Die Anwendung artenschutzrechtlicher Bestimmungen in der Fachplanung und der kommunalen Bauleitplanung, in: ZUR 2006, 21 ff.

Vogt, Luisa: Wandern und Trekking als Freizeitaktivität und Marktsegment im Naturtourismus, in: NuL 2009, 229 ff.

von Daniels, Gero/Appel, Markus: Gebiets- und Artenschutz bei der Wiedernutzbarmachung von Bergbaufolgelandschaften – Naturschutzrecht als Hindernis für Maßnahmen der Naturschaffung?, in: NuR 2008, 685 ff.

von Dressler, Hubertus: Das Bundesnaturschutzgesetz 2010, in: GuL 2/2010, 10 ff.

von Haaren, Christina (Hrsg.): Landschaftsplanung, 2004

von Mangoldt, Hermann/Klein, Friedrich/Starck, Christian: Kommentar zum Grundgesetz, Band 2: Artikel 20–82, 6. Aufl. 2010 (zitiert: *Bearbeiter,* in: von Mangoldt/Klein/Stark, GG)

von Münch, Ingo (Begr.)/*Kunig, Philip* (Hrsg.): Grundgesetz-Kommentar, Band 2 (Art. 20 bis Art. 69), 6. Aufl. 2012 (zitiert: *Bearbeiter,* in: Münch/Kunig, GG)

von Treuenfels, Carl-Albrecht: Aus dem Nest gefallen, FAZ v. 11. 07. 2009, Nr. 158, S. 7

Voßkuhle, Andreas: Das Kompensationsprinzip – Grundlagen einer prospektiven Ausgleichsordnung für die Folgen privater Freiheitsbetätigung – zur Flexibilisierung des Verwaltungsrechts am Beispiel des Umwelt- und Planungsrechts, 1999

Voßkuhle, Andreas: Duldung rechtswidrigen Verwaltungshandelns? Ein Beitrag zum Opportunitätsprinzip, in: Die Verwaltung 29 (1992), 511 ff.

Waggershauser, Stephan Patrick: Die geschichtliche Entwicklung und rechtliche Ausgestaltung des besonderen Flächenschutzes im Naturschutzrecht, 2005

Wagner, Gerhard: Das neue Umweltschadensgesetz, in: VersR 2008, 578

Wagner, Thomas/Emmer, Marcus: Zum Schutz gemeldeter FFH-Gebiete vor Aufnahme in die Gemeinschaftsliste – Vorgaben der so genannten Dragaggi-Entscheidung des EuGH, in: NVwZ 2006, 422 ff.

Wahmhoff, Werner: Naturschutz auf DBU-Naturerbeflächen, in: NuL 2010, 229 ff.

Wallenda, Willi: Europäisches Naturschutzrecht – Die Verbandsklage – Risiken und Nebenwirkungen für Infrastrukturvorhaben, in: UPR 2008, 1 ff.

Walter, Alexander: Vom statischen zum dynamischen Naturschutz: Möglichkeiten und Mißverständnisse der naturschutzrechtlichen Eingriffsregelung, 2000

Walz, Ulrich et al.: Ableitung und Bewertung von Kulturlandschaftsgebieten für das Landschaftsprogramm Sachsen, in: Natur und Landschaft 2010, 17 ff.

Wanja, Gregor/Brande, Arthur/Zerbe, Stefan: Erfassung und Bewertung historischer Kulturlandschaften, in: NuL 2007, 337 ff.

Wankner, Simon/Wartner, Helmut: Abschied von alten Ärgernissen – neue Aufgaben für die Landschaftsplanung, in: Naturschutz und Landschaftsplanung 2009, 53 ff.

Wardenbach, Thomas/Schroeder, Volker/Lücke, Martin: Geotopschutz in der kommunalen Landschaftsplanung, in: Natur und Landschaft 2010, 496 ff.

Wasmeier, Martin: Umweltabgaben und Europarecht. Schranken des staatlichen Handlungsspielraumes bei der Erhebung öffentlicher Abgaben im Interesse des Umweltschutzes, 1995

Weber, Bernhard/Riedel, Daniel: Brauchen wir das Umweltgesetzbuch noch? Wider die Legendenbildung über das gescheiterte UGB, in: NVwZ 2009, 998 ff.

Weber, Karl/Barbist, Johannes: Bundes-Umwelthaftungsgesetz, 2009

Wegener, Bernhard W.: Ist die Planung noch rational? Europäisches Natur-schutzrecht und nationale Infrastrukturentwicklung, in: ZUR 2010, 227 ff.

Weiger, Hubert/Mergner, Richard/Merkel, Barbara: Gewerbeflächenaus-weisung und Flächenverbrauch, in: Natur und Landschaft 2006, 408 ff.

Wende, Wolfgang et al.: Meeresnaturschutz und Raumordnung – Kriterien für die deutsche Ausschließliche Wirtschaftszone in Nord- und Ostsee, in: NuL 2007, 79 ff.

Werner, Burkhard: Die Landwirtschaftsklauseln im Naturschutzrecht; Entstehungsbedingungen, Kritik und Fortentwicklung, 2000

Werner, Peter/Zahner, Rudolf: Biologische Vielfalt und Städte, in: BfN-Skripten 245, 2009

Wetzel, Gunther: Die Berücksichtigung von Kaltluftabflüssen in der Bau-leitplanung als bedeutender Beitrag zur Sicherung der Luftqualität, in: UVP-report 5/2008, 225 ff.

Weyreuther, Felix: Die Situationsgebundenheit des Grundeigentums. Natur-schutz – Eigentumsschutz – Bestandsschutz, 1983

Wieden, Markus: Wildpflanzensaatgut im Spannungsfeld des Naturschutzes, in: NuL 2015, 181 ff.

Windstoßer, Carola: Vertragsnaturschutz. Ein Verwaltungsinstrument mit ungewisser Zukunft?, 2008

Winkel, Georg/Volz, Karl Reinhard: Naturschutz und Forstwirtschaft, Kriterienkatalog zur „Guten fachlichen Praxis", Ergebnisse aus dem F+E-Vorhaben 800 84 001 des Bundesamtes für Naturschutz, Angewandte Landschaftsökologie, Heft 52, 2003

Winter, Gerd: Anbaubeschränkungen für gentechnisch veränderte Pflanzen. Zugleich ein Beitrag über plurale Risikokulturen im europäischen und internationalen Freihandel. Teil 1, in: NuR 2015, 516 ff.

Winter, Gerd: Der Säbelschnäbler als Teil für Ganze – Bemerkungen zum Leybucht-Urteil des Europäischen Gerichtshofs vom 28. 02. 1991, in: NuR 1992, 21 ff.

Winter, Gerd: Die Dogmatik der Direktwirkung von EG-Richtlinien und ihre Bedeutung für das EG-Naturschutzrecht, in: ZUR 2002, 313 ff.

Winter, Gerd: Naturschutz bei der Ausbringung von gentechnisch veränder-ten Organismen – Teil 1, in: NuR 2007, 571 ff.

Winter, Gerd: Naturschutz bei der Freisetzungsgenehmigung für gentech-nisch verändertes Saatgut, in: ZUR 2006, 456 ff.

Winter, Gerd: Zur Nichteinhaltung von EWGRL 409/79 Art. 4 durch das Königreich Spanien, in: ZUR 1994, 308 ff.

Wirths, Volker: Gemeinschaftsrechtlicher Habitatschutz und deutsches Immissionsschutzrecht – Zu den Einwirkungen der FFH-Richtlinie auf das deutsche Recht, in: ZUR 2000, 190 ff.

Wirths, Volker: Naturschutz durch europäisches Gemeinschaftsrecht, 2001

Wittig, Rüdiger/Streit, Bruno: Ökologie, 2004

Wittrock, Elith et al.: Abstimmung länderübergreifender Kompensation, in: NuL 2006, 282 ff.

Wolf, Rainer, Entwicklungslinien der Eingriffsregelung, in: NuR 2004, 6 ff.

Wolf, Rainer: Das neue sächsische Naturschutzrecht, in: SächsVBl. 2010, 160 ff.

Wolf, Rainer: Die Berücksichtigung der wirtschaftlichen und sozialen Belange bei der Umsetzung des FFH-Rechts, in: ZUR 2005, 449 ff.

Wolf, Rainer: Zur Flexibilisierung des Kompensationsinstrumentariums der naturschutzrechtlichen Eingriffsregelung, in: NuR 2001, 481 ff.

Wolff, Hans J./Bachof, Otto/Stober, Rolf: Verwaltungsrecht, Band 2, 6. Aufl. 2000

Wulfert, Katrin/Müller-Pfannenstiel, Klaus/Lüttmann, Jochen: Ebenen der artenschutzrechtlichen Prüfung in der Bauleitplanung, in: NuL 2008, 180 ff.

Würtenberger, Thomas D.: Schutzgebietsausweisungen vs. Rechtssicherheit und Vertrauensschutz – Anmerkung zu dem Papenburg-Urteil des EuGH vom 14. 01. 2010, in: NuR 2010, 316 ff.

Zeibig, Jan: Vertragsnaturschutz als Beispiel konsensualen Verwaltungshandelns, 1998

Zerle, Adolf/Hein, Wolfgang/Brinkmann, Dietmar/Foerst, Christoph/Stöckel, Heinz: Forstrecht in Bayern, Kommentar, Loseblattsammlung, 2. Aufl. Stand 02/09

Ziekow, Jan (Hrsg.): Wasserstraßen, Handbuch des Fachplanungsrechts, 2. Aufl. 2014

Ziekow, Jan/Siegel, Thorsten: Entwicklung und Perspektiven des öffentlich-rechtlichen Vertrages – Teil 1, in: VerwArch 94 (2003), 593 (605 ff.)

Ziekow, Jan: Das Umwelt-Rechtsbehelfsgesetz im System des deutschen Rechtsschutzes, in: NVwZ 2007, 259 ff.

Ziekow, Jan: Verwaltungsverfahrensgesetz, 2. Aufl. 2010

Zils, Hans-Peter: Die Wertigkeit des Umweltschutzes in Beziehung zu anderen Aufgaben der Europäischen Gemeinschaft. Untersuchungen zur Anwendung der Querschnittsklausel Art. 130r Abs. 2 Satz 2 EWGV im Gemeinschaftsrecht, 1994

Zink, Andreas: Der Verordnungsentwurf der EU-Kommission zur Regulierung invasiver gebietsfremder Arten, in: NuR 2013, 861 ff.

Zuck, Rüdiger: Die verfassungsrechtliche Gewährleistung der Ehe im Wandel des Zeitgeistes, in: NJW 2009, 1449 ff.

Zuleeg, Manfred: Vorbehaltene Kompetenzen der Mitgliedstaaten der Europäischen Gemeinschaft auf dem Gebiete des Umweltschutzes, in: NVwZ 1987, 280 ff.

KAPITEL 1
Allgemeine Vorschriften

§ 1

Ziele des Naturschutzes und der Landschaftspflege

(1) Natur und Landschaft sind auf Grund ihres eigenen Wertes und als Grundlage für Leben und Gesundheit des Menschen auch in Verantwortung für die künftigen Generationen im besiedelten und unbesiedelten Bereich nach Maßgabe der nachfolgenden Absätze so zu schützen, dass

1. die biologische Vielfalt,
2. die Leistungs- und Funktionsfähigkeit des Naturhaushalts einschließlich der Regenerationsfähigkeit und nachhaltigen Nutzungsfähigkeit der Naturgüter sowie
3. die Vielfalt, Eigenart und Schönheit sowie der Erholungswert von Natur und Landschaft

auf Dauer gesichert sind; der Schutz umfasst auch die Pflege, die Entwicklung und, soweit erforderlich, die Wiederherstellung von Natur und Landschaft (allgemeiner Grundsatz).

(2) Zur dauerhaften Sicherung der biologischen Vielfalt sind entsprechend dem jeweiligen Gefährdungsgrad insbesondere

1. lebensfähige Populationen wild lebender Tiere und Pflanzen einschließlich ihrer Lebensstätten zu erhalten und der Austausch zwischen den Populationen sowie Wanderungen und Wiederbesiedelungen zu ermöglichen,
2. Gefährdungen von natürlich vorkommenden Ökosystemen, Biotopen und Arten entgegenzuwirken,
3. Lebensgemeinschaften und Biotope mit ihren strukturellen und geografischen Eigenheiten in einer repräsentativen Verteilung zu erhalten; bestimmte Landschaftsteile sollen der natürlichen Dynamik überlassen bleiben.

(3) Zur dauerhaften Sicherung der Leistungs- und Funktionsfähigkeit des Naturhaushalts sind insbesondere

1. die räumlich abgrenzbaren Teile seines Wirkungsgefüges im Hinblick auf die prägenden biologischen Funktionen, Stoff- und Energieflüsse sowie landschaftlichen Strukturen zu schützen; Naturgüter, die sich nicht erneuern, sind sparsam und schonend zu nutzen; sich erneuernde Naturgüter dürfen nur so genutzt werden, dass sie auf Dauer zur Verfügung stehen,
2. Böden so zu erhalten, dass sie ihre Funktion im Naturhaushalt erfüllen können; nicht mehr genutzte versiegelte Flächen sind zu renaturieren, oder, soweit eine Entsiegelung nicht möglich oder nicht zumutbar ist, der natürlichen Entwicklung zu überlassen,
3. Meeres- und Binnengewässer vor Beeinträchtigungen zu bewahren und ihre natürliche Selbstreinigungsfähigkeit und Dynamik zu erhalten; dies

gilt insbesondere für natürliche und naturnahe Gewässer einschließlich ihrer Ufer, Auen und sonstigen Rückhalteflächen; Hochwasserschutz hat auch durch natürliche oder naturnahe Maßnahmen zu erfolgen; für den vorsorgenden Grundwasserschutz sowie für einen ausgeglichenen Niederschlags-Abflusshaushalt ist auch durch Maßnahmen des Naturschutzes und der Landschaftspflege Sorge zu tragen,

4. Luft und Klima auch durch Maßnahmen des Naturschutzes und der Landschaftspflege zu schützen; dies gilt insbesondere für Flächen mit günstiger lufthygienischer oder klimatischer Wirkung wie Frisch- und Kaltluftentstehungsgebiete oder Luftaustauschbahnen; dem Aufbau einer nachhaltigen Energieversorgung insbesondere durch zunehmende Nutzung erneuerbarer Energien kommt eine besondere Bedeutung zu,

5. wild lebende Tiere und Pflanzen, ihre Lebensgemeinschaften sowie ihre Biotope und Lebensstätten auch im Hinblick auf ihre jeweiligen Funktionen im Naturhaushalt zu erhalten,

6. der Entwicklung sich selbst regulierender Ökosysteme auf hierfür geeigneten Flächen Raum und Zeit zu geben.

(4) Zur dauerhaften Sicherung der Vielfalt, Eigenart und Schönheit sowie des Erholungswertes von Natur und Landschaft sind insbesondere

1. Naturlandschaften und historisch gewachsene Kulturlandschaften, auch mit ihren Kultur-, Bau- und Bodendenkmälern, vor Verunstaltung, Zersiedelung und sonstigen Beeinträchtigungen zu bewahren,

2. zum Zweck der Erholung in der freien Landschaft nach ihrer Beschaffenheit und Lage geeignete Flächen vor allem im besiedelten und siedlungsnahen Bereich zu schützen und zugänglich zu machen.

(5) Großflächige, weitgehend unzerschnittene Landschaftsräume sind vor weiterer Zerschneidung zu bewahren. Die erneute Inanspruchnahme bereits bebauter Flächen sowie die Bebauung unbebauter Flächen im beplanten und unbeplanten Innenbereich, soweit sie nicht für Grünflächen vorgesehen sind, hat Vorrang vor der Inanspruchnahme von Freiflächen im Außenbereich. Verkehrswege, Energieleitungen und ähnliche Vorhaben sollen landschaftsgerecht geführt, gestaltet und so gebündelt werden, dass die Zerschneidung und die Inanspruchnahme der Landschaft sowie Beeinträchtigungen des Naturhaushalts vermieden oder so gering wie möglich gehalten werden. Beim Aufsuchen und bei der Gewinnung von Bodenschätzen, bei Abgrabungen und Aufschüttungen sind dauernde Schäden des Naturhaushalts und Zerstörungen wertvoller Landschaftsteile zu vermeiden; unvermeidbare Beeinträchtigungen von Natur und Landschaft sind insbesondere durch Förderung natürlicher Sukzession, Renaturierung, naturnahe Gestaltung, Wiedernutzbarmachung oder Rekultivierung auszugleichen oder zu mindern.

(6) Freiräume im besiedelten und siedlungsnahen Bereich einschließlich ihrer Bestandteile, wie Parkanlagen, großflächige Grünanlagen und Grünzüge, Wälder und Waldränder, Bäume und Gehölzstrukturen, Fluss- und Bachläufe mit ihren Uferzonen und Auenbereichen, stehende Gewässer, Naturerfahrungsräume sowie gartenbau- und landwirtschaftlich genutzte

Flächen, sind zu erhalten und dort, wo sie nicht in ausreichendem Maße vorhanden sind, neu zu schaffen.

Beachte: Bayern – Abweichung durch Art. 2 BayNatSchG vom 23. Februar 2011 (GVBl. S. 82) (vgl. BGBl. I 2011, S. 365)

Inhaltsübersicht

I. Allgemeines

1. Entstehungsgeschichte

1 In der bisherigen Gesetzesfassung waren die Inhalte des jetzigen § 1 auf zwei Vorschriften verteilt (§§ 1 und 2 BNatSchG a.F.). Diese Vorschriften unterlagen im Rahmen der Novellierungen der Ausgangsfassung des BNat-SchG aus dem Jahr 1976 mehrfachen Änderungen. Ursprünglich enthielt § 1 in der Fassung des BNatSchG vom 10. 11. 1976 in § 1 Abs. 2 ein generelles Abwägungsgebot und in Abs. 3 die sog. allgemeine Landwirtschaftsklausel, welche die gesetzliche Fiktion aufstellte, dass eine ordnungsgemäße Landwirtschaft den Zielen des Gesetzes diene. Die vielfach kritisierte Klausel wurde im Zuge des Änderungsgesetzes aus dem Jahr 1998 in § 1 BNatSchG 1998 aufgehoben und durch die Bestimmung des § 2 Abs. 3 BNatSchG 1998 ersetzt. Mit dem Neuregelungsgesetz aus dem Jahr 2002 wurde das generelle Abwägungsgebot nach § 2 Abs. 1 Satz 1 BNatSchG 2002 überführt. Die allgemeine Landwirtschaftsklausel wurde gestrichen, die besondere Bedeutung der Land-, Forst- und Fischereiwirtschaft fand allerdings in § 5 Abs. 1 BNatSchG 2002 Berücksichtigung. Neu eingeführt wurde die Passage „auf Grund ihres eigenen Wertes und als Lebensgrundlage des Menschen auch in Verantwortung für die künftigen Generationen". Damit wurde die Diskussion um den Eigenwert von Natur und Landschaft aufgegriffen. Die Bezugnahme auf künftige Generationen ist Art. 20a GG geschuldet. Die Grundsätze in § 2 BNatSchG 2002 erfuhren eine Umstrukturierung bzw. Fortentwicklung, allerdings ohne Vornahme einer näheren Systematisierung.[1]

2 Der im März 2009 von den Regierungsfraktionen CDU/CSU und SPD vorgelegte Gesetzentwurf eines Gesetzes zur Neuregelung des Rechts des Naturschutzes und der Landschaftspflege[2] entspricht weitgehend dem jetzigen § 1. Die Gesetzesberatungen führten lediglich in zwei Fällen zu Änderungen[3]: Zum einen unterbreitete der Bundesrat einen Änderungsvorschlag zum Vorrang der Innenentwicklung[4], dem die Bundesregierung in ihrer Gegenäußerung vom 03. 06. 2009 zustimmte (siehe jetzt § 1 Abs. 5 Satz 2)[5]; zum anderen wurde dem Entwurf in § 1 Abs. 3 Nr. 4 die Formulierung hinzuge-

---

1 *Sparwasser/Engel/Voßkuhle*, Umweltrecht, § 6 Rn. 64, 66; *Gellermann*, NVwZ 2002, 1025 (1027).
2 BT-Drs. 16/12274.
3 Siehe BT-Drs. 16/13430, S. 24 f.
4 Siehe Stellungnahme des Bundesrates vom 15. 05. 2009, BR-Drs. 278/09 (Beschl.).
5 Siehe BT-Drs. 16/13298.

fügt, dass dem Aufbau einer nachhaltigen Energieversorgung insbesondere durch zunehmende Nutzung erneuerbarer Energien eine besondere Bedeutung zukommt (dies entspricht der bisherigen Rechtslage in § 2 Abs. 2 Nr. 6 BNatSchG 2002).

Die jetzige Fassung des § 1 unterscheidet sich von den Vorläuferregelungen 3 der §§ 1 f. BNatSchG a.F. zunächst hinsichtlich ihrer Struktur. Neben der Zusammenführung in eine Vorschrift betrifft dies insbesondere die Bezugnahme der Zielkonkretisierungen in den Abs. 2–4 auf die Zielbereiche in § 1 Abs. 1 Nr. 1–3. Die Zielbereiche selbst wurden teilweise neu formuliert (siehe die explizite Benennung des Zielbereichs „biologische Vielfalt") und sortiert. Die bisherigen Grundsätze des § 2 Abs. 1 BNatSchG a.F. sind nun als einzelne Zielkonkretisierungen in § 1 Abs. 2–6 verankert. Auch diese Zielkonkretisierungen wurden inhaltlich weiterentwickelt und systematisch stringenter gefasst.[6] Die allgemeine Abwägungsklausel, die den Grundsätzen vorangestellt war, findet sich nun im Kontext des neuen § 2 Abs. 3 („Verwirklichung der Ziele"). Neu aufgenommen wurde die Wendung „als Grundlage für Leben und Gesundheit" in § 1 Abs. 1. Als Kern der neuen Zielbestimmung und im Hinblick auf seine Bedeutung für eine bundeseinheitliche Ausrichtung der Bemühungen auf dem Gebiet des Naturschutzes und der Landschaftspflege bildet Abs. 1 einen allgemeinen Grundsatz des Naturschutzes im Sinne des Art. 72 Abs. 3 Satz 1 Nr. 2 GG.[7]

2. Aufbau und inhaltliche Übersicht

Abs. 1 der Vorschrift benennt zunächst den Gegenstand des Aufgabenfeldes 4 „Naturschutz und Landschaftspflege", nämlich Natur und Landschaft, stellt den räumlichen Bezug (Handlungsbereich) in Form der Wendung „im besiedelten und unbesiedelten Bereich" klar, führt die einschlägigen Maßnahmen auf (wobei der Schutz auch Pflege und Entwicklung und, soweit erforderlich, ebenso die Wiederherstellung umfasst) und bestimmt als Schutzgründe den Eigenwert von Natur und Landschaft und ihre Bedeutung als Grundlage für Leben und Gesundheit des Menschen auch in Verantwortung für die künftigen Generationen. Als Ausdruck einer zielbezogenen Grundstruktur des Naturschutzrechts (Zieldimensionen) werden in Nr. 1–3 die biologische Vielfalt, die Leistungs- und Funktionsfähigkeit des Naturhaushalts (einschließlich der Regenerationsfähigkeit und nachhaltigen Nutzungsfähigkeit der Naturgüter) sowie die Vielfalt, Eigenart und Schönheit sowie der Erholungswert von Natur und Landschaft festgelegt, die auf Dauer zu sichern sind (Schutzniveau). Mit dem Klammerzusatz am Ende des Absatzes bestimmt der Gesetzgeber dessen Einordnung als allgemeinen Grundsatz.

In den Abs. 2–4 werden einzelne Zielkonkretisierungen aufgeführt, die ex- 5 plizit den Zielbereichen oder Zieldimensionen des Abs. 1 zugeordnet sind. So bezieht sich Abs. 2 auf die biologische Vielfalt, Abs. 3 auf die Leistungs-

---

6   BT-Drs. 16/12274, S. 50.
7   BT-Drs. 16/12274, S. 50.

und Funktionsfähigkeit des Naturhaushalts und Abs. 4 auf Vielfalt, Eigenart und Schönheit sowie den Erholungswert von Natur und Landschaft. Die Zielkonkretisierungen sind nicht abschließend aufgeführt, wie sich aus der jeweils verwendeten Formulierung „insbesondere" ergibt. Abs. 2 benennt verschiedene Teilaspekte des Zielbereichs „Biologische Vielfalt" und stellt diesen als maßgebliches Kriterium den Gefährdungsgrad voran. Abs. 3 beginnt mit einer Bezugnahme auf den Naturhaushalt in seiner Gesamtheit bzw. auf die Naturgüter im generellen Sinn. Dem folgen Zielbestimmungen zu den Themenfeldern Boden, Gewässer, Luft und Klima, Tiere und Pflanzen sowie Ökosysteme. Abs. 4 greift als explizit benannte Zielaspekte die Naturlandschaften und die historisch gewachsenen Kulturlandschaften sowie die Erholung in der freien Landschaft auf.

6 Bei den Absätzen 5 und 6 handelt es sich um übergreifende Zielkonkretisierungen, d.h. um solche, die sich gleichzeitig auf mehrere Zielbereiche des Abs. 1 beziehen und daher nicht einzeln zugeordnet werden können. Abs. 5 behandelt dabei Zielbestimmungen im Kontext von potenziellen Beeinträchtigungen von Natur und Landschaft. Zunächst wird der besondere Wert großflächiger, weitgehend unzerschnittener Landschaften betont. Dem schließt sich die Maßgabe eines Vorrangs der baulichen Innenentwicklung vor der Inanspruchnahme von Freiflächen im Außenbereich an. Es folgen Zielbestimmungen zu den Themenfeldern lineare Infrastrukturvorhaben sowie Gewinnung von Bodenschätzen, Abgrabungen und Aufschüttungen. Abs. 6 schließlich benennt die Zielsetzung der Erhaltung und ggf. der Neuschaffung von Freiräumen im besiedelten und siedlungsnahen Bereich.

3. Bedeutung der Vorschrift

7 § 1 ist mit dem Begriff „Ziele des Naturschutzes und der Landschaftspflege" überschrieben. **Ziel- und Zweckbestimmungen** finden sich in der modernen Gesetzgebung häufig, insbesondere im Umweltrecht.[8] Dabei betont der Begriff „Zweckbestimmung" mehr den grundlegenden Charakter der Norm als basale Begründung der fachgesetzlichen Einzelbestimmungen und als Definition der jeweiligen Fachaufgabe. In jeder Zweckbestimmung stecken aber auch „Ziele", die sich als Grund- oder Oberziele beschreiben lassen, während sich die darauf bezogenen konkretisierten Ziele (in den Fachgesetzen ggf. als Grundsätze bezeichnet)[9] als Unterziele oder Einzelmaßgaben darstellen.[10] Somit wird ein Ableitungszusammenhang aufgebaut, der von der Zweckbestimmung ausgeht, sodann eine Konkretisierung in Einzelzielen be-

---

8 *Meßerschmidt*, BNatSchG, § 1 Rn. 2; siehe auch *Berendt*, Die Bedeutung von Zweck- und Zielbestimmungen für die Verwaltung; *Nusser*, Zweckbestimmungen in Umweltschutzgesetzen.

9 Was hier schon aus Gründen der Abgrenzung zu dem in Art. 72 Abs. 3 Satz 1 Nr. 2 GG verwendeten Begriff der allgemeinen Grundsätze des Naturschutzes zu vermeiden war, siehe auch *Meßerschmidt*, BNatSchG, § 1 Rn. 21.

10 *Nusser*, Zweckbestimmungen in Umweltschutzgesetzen, S. 183; vgl. auch *Berendt*, Die Bedeutung von Zweck- und Zielbestimmungen für die Verwaltung, S. 37.

inhaltet und weiter entweder eine (umwelt-)fachplanerische, häufig raumkonkrete Ausfüllung erfährt (hier: durch die Landschaftsplanung) oder unmittelbar in eine instrumentelle Norm (ggf. ebenfalls mit zielbezogenen
Elementen versehen) mündet.[11]

§ 1 Abs. 1 stellt in diesem Sinn eine Ziel- und Zweckbestimmung dar, der   *8*
eine maßstabsbildende Rolle für die Zielausrichtung des Naturschutzes und
der Landschaftspflege in Deutschland zukommt.[12] Als Kern der neuen Zielbestimmung und im Hinblick auf seine Bedeutung für eine bundeseinheitliche Ausrichtung der Bemühungen auf dem Gebiet des Naturschutzes und
der Landschaftspflege bildet Abs. 1 einen **allgemeinen Grundsatz** des Naturschutzes im Sinne des Art. 72 Abs. 3 Satz 1 Nr. 2 GG.[13] Dieser Teil der Vorschrift, insbesondere auch die neu strukturierte Zieltrias in Abs. 1 Nr. 1–3, ist
somit abweichungsfest. Inwieweit die einzelnen Zielkonkretisierungen in
den Abs. 2–6 zu den abweichungsfesten allgemeinen Grundsätzen des Naturschutzes gehören, ist insofern bedenkenswert, als immerhin die in Abs. 1
festgelegte Aufgabe, Natur und Landschaft zu schützen, „nach Maßgabe der
nachfolgenden Absätze" erfolgen soll. Allerdings spricht schon die systematische Verortung des Klammerzusatzes am Ende von Abs. 1 (und eben nicht
nach Abs. 6) gegen eine unmittelbare Einbeziehung.[14] Zudem ist fraglich, ob
es mit dem Charakter eines allgemeinen Grundsatzes vereinbar wäre, wenn
der Bundesgesetzgeber vollständig und abschließend sämtliche Naturschutzziele abweichungsfest bestimmen könnte. Damit würde die Möglichkeit der
Berücksichtigung landesbezogener Spezifika jedenfalls im Zielkanon komplett abgeschnitten. Spricht daher vieles dafür, die Abs. 2–6 nicht als abweichungsfeste allgemeine Grundsätze aufzufassen, so bleibt der in Abs. 1 vorgenommene Verweis andererseits aber auch nicht folgenlos. Die in den
nachfolgenden Absätzen vorgenommenen Zielkonkretisierungen verdeutlichen nämlich, wie die grundlegenden Maßgaben in Abs. 1, insbesondere die
drei Zieldimensionen bzw. -bereiche, zu verstehen sind. Insofern sind die
Möglichkeiten des Landesgesetzgebers, von einzelnen Zielkonkretisierungen in Abs. 2–6 abzuweichen, dann eingeschränkt, wenn dies immanent auf
einen Verstoß gegen die abweichungsfesten Maßgaben des Abs. 1 hinauslaufen würde. Im Übrigen ist darauf hinzuweisen, dass die hier beschriebene
Regelungssituation nicht identisch mit der des § 20 Abs. 2 ist, wo der Bundesgesetzgeber ebenfalls mit der Formulierung „nach Maßgabe des (…)" auf
nachfolgende Vorschriften verweist. Im Kontext des § 20 wird nämlich mit
den Schutzgebieten nur ein Ausschnitt aus dem breiten Steuerungsinstrumentarium des Naturschutzrechts aufgegriffen und innerhalb dieses Aus-
schnitts ist die Inkorporierung von nachfolgenden Regelungen zudem auf
bestimmte Schutzgebietskategorien beschränkt. Außerdem wird erst durch
die Bezugnahme auf das konkrete Steuerungsregime der Begriff der je-

---

11 Vgl. *Meßerschmidt*, BNatSchG, § 1 Rn. 7, allerdings ohne Berücksichtigung der Landschaftsplanung.
12 Ähnlich *Lütkes*, in: Lütkes/Ewer, BNatSchG, § 1 Rn. 3.
13 BT-Drs. 16/12274, S. 50.
14 Ablehnend *Meßerschmidt*, BNatSchG, § 1 Rn. 67, 71.

weiligen Schutzgebietskategorie inhaltlich gefüllt. Ohne Einbeziehung der Einzelvorschriften würde es daher für besonders wichtige Schutzgebietskategorien an einer bundesweit gültigen Maßgabe mangeln, was für deren praktische Bedeutung erhebliche Konsequenzen nach sich ziehen könnte. Dagegen wird in § 1 Abs. 1 das Zielspektrum für das deutsche Naturschutzrecht bereits „grundsätzlich" geregelt, während die nachfolgenden Absätze dieses wie dargelegt konturieren. Landesspezifische Abweichungen bleiben damit möglich, sofern und soweit die in Abs. 1 vorgegebene Grundstruktur unangetastet bleibt.

9   Ziel- und Zweckbestimmungen dienen als wichtige methodische Stütze bei der Auslegung **unbestimmter Rechtsbegriffe** bzw. bei der Ausfüllung von Gesetzeslücken sowie bei der Ausübung von **Ermessens- und Abwägungsentscheidungen**.[15] Die Einbeziehung des Gesetzeszwecks bzw. einzelner konkretisierter Ziele bei der Gesetzesauslegung ist zunächst Ausdruck der teleologischen Auslegungsmethode[16], darüber hinaus sind aber auch die Regelungsabsicht des Gesetzgebers (subjektive Auslegung) sowie der Bedeutungszusammenhang des Gesetzes (systematische Auslegung) einschlägig. So ergibt sich der Bedeutungszusammenhang von einzelnen instrumentellen Steuerungsnormen gerade aus der vorangestellten programmatischen Aufgabendefinition des Fachgesetzes bzw. den damit verknüpften Einzelzielen. Als Ziel- und Zweckbestimmung kommen § 1 die benannten Funktionen im Rahmen der Gesetzesauslegung und -anwendung zu, wie das zuvor bereits für §§ 1 f. BNatSchG a.F. galt.[17] Als Teil des aufgezeigten Ableitungszusammenhangs dürfte die mit der Neufassung vorgenommene systematisch-stringente Verknüpfung der Zieltrias in § 1 Abs. 1[18] mit den sie konkretisierenden Einzelzielen in den Abs. 2–6 noch zur Stärkung dieser Funktionen beitragen.[19]

10   Besondere normative Kraft entfalten die Zielbestimmungen des § 1 in den Fällen, bei denen im Rahmen der instrumentellen Steuerungsnormen im Hinblick auf die betroffenen Schutzgüter keine engen materiellen Festlegungen (wie etwa in Form von enumerativ aufgeführten Biotoptypen im Falle des Gesetzlichen Biotopschutzes nach § 30 oder bei den Tier- und Pflanzenarten in Anhängen bzw. untergesetzlichen Normen im Falle des Besonderen Artenschutzes gemäß der §§ 44 ff. i.V.m. § 7 Abs. 2 Nr. 13, 14) vorgenommen wurden. Solche **ausfüllungsbedürftigen Regelungen** bzw. **Regelungskomplexe** stellen zum Beispiel die Eingriffsregelung nach den §§ 13 ff. (vgl. nur den Begriff „Leistungsfähigkeit des Naturhaushalts" in § 14

---

15   *Berendt*, Die Bedeutung von Zweck- und Zielbestimmungen für die Verwaltung, passim; *Kloepfer*, Umweltrecht, § 11 Rn. 34.

16   *Meßerschmidt*, BNatSchG, § 1 Rn. 2.

17   Siehe zur alten Rechtslage etwa *Stich*, UPR 2002, 161 (162); *Sparwasser/Engel/Voßkuhle*, Umweltrecht, § 6 Rn. 65.

18   BT-Drs. 16/12274, S. 50.

19   Zur tendenziellen Stärkung der Bedeutung der Zielbestimmung durch die Zusammenführung mit den (bisherigen) Grundsätzen siehe *Meßerschmidt*, BNatSchG, § 1 Rn. 2; eine geeignete Grundlage für „die klare Ableitung naturschutzfachlicher Aufgabenstellungen" attestiert von *Dressler*, Garten und Landschaft 2/2010, 10 (11).

Abs. 1)[20] oder die Bestimmungen zu Schutzgebieten nach den §§ 22 ff. (vgl. etwa das Schutzgut „bestimmte wild lebende Tier- und Pflanzenarten" in § 23 Abs. 1 Nr. 1) dar. Weiter zählen Normen dazu, die in genereller Weise auf Belange, Gründe oder Ziele des Naturschutzes und der Landschaftspflege verweisen (siehe etwa § 2 Abs. 4 – Bewirtschaftung von Grundflächen der öffentlichen Hand; § 59 Abs. 2 – Einschränkung des Betretungsrechts; § 62 – Bereitstellen von Grundstücken für die Erholung). Über die unmittelbare interpretatorische Funktion von § 1 hinaus sind in diesen Fällen auslegungsbedürftiger bzw. mit Abwägungs- oder Ermessensspielräumen versehener Normen die Konkretisierungsleistungen der Landschaftsplanung von spezifischem Gewicht. Dabei bezieht sich die Landschaftsplanung gemäß der §§ 8, 9 Abs. 1 und Abs. 3 Satz 1 Nr. 2 unter zielbezogener Sicht unmittelbar auf die in § 1 enthaltenen Maßgaben.

Schon für die Vorgängerregelung der §§ 1 f. BNatSchG a.F. wurde zu Recht *11* darauf hingewiesen, dass die Ziel- und Zweckbestimmungen des Naturschutzrechts über die nachfolgenden (eigenen) fachgesetzlichen Bestimmungen hinaus auch wichtige Hinweise für die Berücksichtigung von Naturschutzbelangen im **sonstigen Fachrecht** darstellen. Soweit das Fachrecht ausdrücklich oder allgemein, etwa im Rahmen ausfüllungsbedürftiger Generalklauseln wie der des Wohls der Allgemeinheit, die Berücksichtigung der Belange des Naturschutzes vorsieht, bilden die Ziele und Grundsätze (bzw. jetzt: die konkretisierten Ziele in § 1 Abs. 2–6) wesentliche Maßstäbe für die Aufbereitung und Berücksichtigung dieser Belange (siehe auch § 2 Abs. 2 – Unterstützungspflicht der Behörden des Bundes und der Länder).[21]

Wie bei jeder gesetzlichen Zielbestimmung steht auch bei § 1 die Zielverwirklichung unter einem internen und externen **Abwägungsvorbehalt** und wird durch den Grundsatz der Verhältnismäßigkeit begrenzt (vgl. § 2 Abs. 3).[22] Auch wenn mit der Herausnahme der Abwägungsklausel aus der Zielbestimmung (vgl. § 2 Abs. 1 BNatSchG a.F.) und ihrer Überführung in die Zielverwirklichungsnorm des § 2 keine wesentlichen Änderungen verbunden sein dürften[23], so ist die legistische Gestaltung des § 1 als reine Zielvorschrift doch konsequent – der Eindruck einer sofortigen Relativierung der Zielvorgaben wird so ein Stück weit vermieden.[24] Klarstellend ist darauf hinzuweisen, dass § 1 ungeachtet seiner zentralen Bedeutung als zielbezogene Grundregelung des gesamten Naturschutzrechts eine **Aufgaben- und keine Befugnisnorm** darstellt.[25] Als Rechtsgrundlage für grundrechtsrelevante Ein-

---

20 Zur Bestimmung der Relevanzschwelle im Rahmen der Feststellung des Eingriffstatbestandes („erhebliche Beeinträchtigung des Naturhaushalts") verweist etwa das VG Köln (Urt. v. 17. 12. 2013 – 14 K 1733/12 –, juris) auf Kriterien, die sich unter anderem aus den Zielen des § 1 ergeben.

21 *Stich*, UPR 2002, 161 (162); i.d.S. auch *Sparwasser/Engel/Voßkuhle*, Umweltrecht, § 6 Rn. 65.

22 BT-Drs. 16/12274, S. 50.

23 *Gellermann*, NVwZ 2010, 73 (75).

24 *Meßerschmidt*, BNatSchG, § 1 Rn. 1.

25 *Meßerschmidt*, BNatSchG, § 1 Rn. 5.

zelakte kamen schon die bisherigen § 1 f. BNatSchG a.F. nicht in Betracht.[26] Zwar ist prinzipiell eine mittelbar Kompetenz begründende Funktion für den Bereich der Verwaltungstätigkeit vorstellbar, der die Grundrechte unberührt lässt[27], allerdings existiert selbst für das in diesem Zusammenhang potenziell besonders einschlägige Handlungsfeld der Informations- und Bildungsarbeit die spezielle Norm des § 2 Abs. 6. Die praktische Bedeutung des § 1 ergibt sich somit auch hier nicht aus seiner direkten Anwendung, sondern aus der Verknüpfung mit einer spezielleren Regelung, die auf die „Ziele des Naturschutzes und der Landschaftspflege" Bezug nimmt.

II. Zielfestlegungen in Abs. 1

1. Schutzgegenstände, räumlicher Aufgabenbereich und Maßnahmen

a) Schutzgegenstände: Natur und Landschaft

13   Mit Schutzgegenständen sind die physischen Betrachtungsobjekte gemeint, auf die die Handlungen eines (umweltbezogenen) Aufgabenbereichs zentral ausgerichtet sind. Schutzgegenstände des Naturschutzrechts sind **Natur und Landschaft**. Mit den beiden Teilbegriffen sind allerdings nicht gegeneinander abgegrenzte Schutzgegenstände im Sinne eigenständiger Teilbereiche vorgegeben. Vielmehr handelt es sich, ähnlich wie bei der Benennung des Aufgabenfelds „Naturschutz und Landschaftspflege"[28], um ein einheitliches Begriffspaar.[29] Dabei steht „Natur" für die nicht vom Menschen geschaffene belebte und unbelebte Welt.[30] Als „Landschaft" wird ein als Einheit abgrenzbarer Teilraum der Erdoberfläche bezeichnet, der sich durch seine geschichtliche Entwicklung, das äußere Bild wie durch die inneren Strukturen und das (gegenwärtige) Wirkungsgefüge von anderen Teilräumen unterscheidet.[31] Prägend für den Naturbegriff ist also der begrenzte Einfluss des Menschen auf physische Erscheinungsformen und Phänomene. Das Natürliche setzt dabei nicht vollständige kulturell-zivilisatorische Ferne voraus, sondern nur, dass die betroffene Physis über einen Wesenskern verfügt, der durch Ursprünglichkeit bzw. durch fehlende menschliche Lenkung charakterisiert wird. Bei Landschaften handelt es sich um gesamthafte räumliche Ausprägungen der sinnlich wahrnehmbaren physischen Umwelt außerhalb von Gebäuden.

14   Unstreitig gehören zu dem Doppelbegriff „Natur und Landschaft" **wild lebende Tiere und Pflanzen** und die geoökologischen Naturgüter **Boden, Wasser, Luft und Klima**, ebenso die daraus zusammengesetzten **Lebensgemeinschaften** (Biozönosen), **Lebensräume** (Biotope) und **Ökosysteme** (vgl. auch

---

26 *Kloepfer*, Umweltrecht, § 11 Rn. 35.

27 *Marzik/Wilrich*, § 1 a.F. Rn. 4.

28 Vgl. die Überschrift.

29 *Kolodziejcok*, in: Kolodziejcok/Endres/Krohn/Markus, NLJ, § 1 BNatSchG Rn. 10; *Nusser*, Zweckbestimmungen, S. 193.

30 *Müller-Walter*, in: Lorz/Konrad/Mühlbauer/Müller-Walter/Stöckel, Naturschutzrecht, § 1 Rn. 2: „ohne menschliches Zutun entstanden".

31 Vgl. *A. Schumacher/J. Schumacher*, in: Schumacher/Fischer-Hüftle, BNatSchG, 2. Aufl. 2011, § 1 Rn. 9; *Sparwasser/Engel/Voßkuhle*, Umweltrecht, § 6 Rn. 8.

§ 7 Abs. 1 Nr. 2). Wasser- und Eisflächen wurden schon bisher dem Begriffsverständnis von Natur und Landschaft unterstellt.[32] Dies gilt jetzt gleichermaßen für die Bereiche, auf die der Gesetzgeber in Kapitel 6 (Meeresnaturschutz) nunmehr explizit den Geltungs- und Anwendungsbereich des
Gesetzes unter den dort genannten Maßgaben erstreckt.

Nicht ausdrücklich vom Gesetzgeber benannt wird das **Gestein** einschließ- 15
lich des jeweiligen **geomorphologischen Formenschatzes**. Das dem Naturschutzrecht unter anderem zu Grunde liegende landschaftsökologische Verständnis von Natur und Landschaft (vgl. nur den Begriff „Wirkungsgefüge"
in § 7 Abs. 1 Nr. 2), die historische Entwicklung von Naturschutz und Landschaftspflege[33] und die unter diesem Gesichtspunkt allgemein anerkannte
aktuelle Planungs- und Vollzugspraxis[34] sprechen aber eindeutig dafür, Gestein und Geländegestalt jedenfalls insoweit zu den Handlungsgegenständen zu zählen, als diese implizit Bestandteil des Naturhaushalts sind (also
beispielsweise im Kontext Bodenbildung eine Rolle spielen) oder zu den für
den Menschen insbesondere visuell wahrnehmbaren Erscheinungsformen
gehören bzw. mit diesen eine untrennbare Einheit bilden. Hiervon umfasst
sind insbesondere Geotope, also „erdgeschichtliche Bildungen der unbelebten Natur, die Kenntnisse über die Entwicklung der Erde oder des Lebens
vermitteln. Sie umfassen Aufschlüsse von Gesteinen, Böden, Mineralien und
Fossilien sowie einzelne Naturschöpfungen wie Quellen, Höhlen, Gletscherspuren und natürliche Landschaftsteile".[35] Der Geotopschutz ist dabei der
Bereich des „Natur- und Landschaftsschutzes", der sich mit der Erhaltung
und Pflege schutzwürdiger Geotope befasst.[36] Tiefer gelegene Gesteins-
schichten und Bodenschätze ohne nachvollziehbaren Bezug zum Naturhaushalt bzw. ohne dass diese dem Kontext Erleben und Wahrnehmen zuzuordnen wären, gehören danach allerdings nicht zu Natur und Landschaft im
Sinne des Gesetzes, obgleich es sich im allgemeinen Sprachgebrauch etwa
bei Bodenschätzen durchaus um (sich nicht erneuernde) Naturgüter handelt.[37]

Näherer Betrachtung bedarf auch die Frage, ob **Haus- und Nutztiere** bzw. 16
Kulturpflanzen zum Handlungsgegenstand des Naturschutzrechts zählen.
Im Rahmen der Legaldefinition des Naturhaushaltsbegriffs spricht der Ge-
setzgeber von Tieren und Pflanzen, zu denen nach § 7 Abs. 2 Nr. 1 nur wild
lebende Tierarten und nach Nr. 2 nur wild lebende Pflanzenarten gehören.
Im Schrifttum wird teilweise darauf abgestellt, dass Kulturpflanzen und
Haus- bzw. Nutztiere ungeachtet des Wortlauts des § 7 Abs. 2 Nr. 1, 2

---

32 *Kolodziejcok*, in: Kolodziejcok/Endres/Krohn/Markus, NLJ, § 1 BNatSchG Rn. 10.

33 In vielen der älteren Naturschutzgebiete stand der Schutz bedeutsamer geologischer
   Phänomene im Vordergrund, *von Haaren*, Landschaftsplanung, S. 132; vgl. etwa *Frohn/
   Schmoll*, NuL 2006, 2 (3) zum „Drachenfels", der als erstes Schutzgebiet auf deutschem
   Boden gilt.

34 Vgl. *von Haaren*, Landschaftsplanung, S. 131 ff.; siehe als Beispiel aus der Landschaftsplanung *Wardenbach/Schroeder/Lücke*, NuL 2010, 496.

35 *BfN* (Hrsg.), Arbeitsanleitung Geotopschutz, in Deutschland, S. 4.

36 *Wardenbach/Schroeder/Lücke*, NuL 2010, 496 (496 f.).

37 Vgl. *Kolodziejcok*, in: Kolodziejcok/Endres/Krohn/Markus, NLJ, § 1 BNatSchG Rn. 12.

Schutzgüter des Naturschutzrechts sein könnten, sofern sie Teil eines Biotops bzw. einer Biozönose seien. Bei Kulturpflanzen sei dies vielfach der Fall, bei Weidetieren ausnahmsweise[38] bzw. unter Umständen.[39] Nach einer weiteren Auffassung erlaubt eine systematisch-historische Betrachtung für das BNatSchG 2002 (mit einer insoweit gleich lautenden Legaldefinition von Tieren und Pflanzen) das Kriterium der Wildheit (hier: von Pflanzen) nur auf diejenigen Vorschriften zu beziehen, die dem Schutz spezieller Arten dienen, nicht aber auf diejenigen, die den flächenhaften Naturschutz regeln.[40] Tatsächlich sollen nach § 25 Abs. 1 Nr. 3 (der insoweit der Vorgängernorm entspricht) Biosphärenreservate vornehmlich der Erhaltung, Entwicklung oder Wiederherstellung einer durch hergebrachte vielfältige Nutzung geprägten Landschaft und der darin historisch gewachsenen Arten- und Biotopvielfalt, einschließlich „Wild- und früherer Kulturformen wirtschaftlich genutzter oder nutzbarer Tier- und Pflanzenarten" dienen. In diesem Fall sieht der Gesetzgeber also ausdrücklich ein Instrument vor, das hinsichtlich seiner Schutzziele auch Kulturformen von Tier- und Pflanzenarten umfasst. In Anbetracht der Tatsache, dass das BNatSchG mit der Novellierung im Jahr 2009 gerade auch in seinem Zielteil eine strukturell-inhaltliche Weiterentwicklung erfahren hat, der Gesetzgeber aber andererseits an der schon zuvor geltenden Definition von Tieren und Pflanzen festgehalten hat, kommt allerdings dem Wortlaut des § 7 Abs. 2 Nr. 1, 2 erhebliches Gewicht zu. Im Einzelnen ist zu differenzieren.[41] Eine Einbeziehung von Kulturpflanzen und Haus- bzw. Nutztieren in den Schutzgegenstandskanon des Naturschutzrechts ist zunächst angelegt, soweit der Gesetzgeber ausdrücklich auf einen entsprechenden Schutzgegenstand in einer speziellen Vorschrift abstellt (siehe § 25 Abs. 1 Nr. 3). Darüber hinaus ist eine Einbeziehung geboten, soweit Kulturformen als Funktionselement im Hinblick auf sonstige Schutzgegenstände angesprochen sind, also beispielsweise Streuobstbäume im Hinblick auf ihre Lebensraumfunktion. Eine weitere mittelbare Bezugnahme kann sich aus dem Schutzgegenstand Kulturlandschaften bzw. „gewachsene historische Kulturlandschaften" (siehe § 1 Abs. 4 Nr. 1) ergeben, z.B. bei alten Getreidesorten oder regional- und landschaftstypischen Schafrassen als immanente Bestandteile bestimmter Wirtschaftsformen. Hier ist jeweils zu prüfen, ob bzw. mit welcher Intensität die jeweiligen Kulturformen aus historischer oder aktueller Perspektive die Kulturlandschaft mitprägen und insoweit als wesentliche Teileelemente des Schutzgegenstands „Landschaft" auch selbst einschlägige Gegenstände im Sinne des Naturschutzrechts sind. Soweit in den instrumentellen Einzelbestimmungen einschließlich des Artenschutzrechts allerdings explizit auf Tiere und Pflanzen bzw. auf den Naturhaushaltsbegriff abgestellt wird, dürfte eine Einbeziehung von Kulturformen angesichts des Wortlauts des § 7 Abs. 2 Nr. 1, 2 zu verneinen sein.

---

38 *Gassner/Heugel*, Das neue Naturschutzrecht, Rn. 92.

39 *Meßerschmidt*, BNatSchG, § 1 Rn. 57.

40 *Prall*, Die genetische Vielfalt der Kulturpflanzen, 2006, S. 238.

41 So nun auch *Kolodziejcok*, in: Kolodziejcok/Endres/Krohn/Markus, NLJ, § 1 BNatSchG Rn. 13.

Unbestritten ist, dass der Landschaftsbegriff des Naturschutzrechts nicht nur   *17*
Naturlandschaften, sondern auch und gerade **Kulturlandschaften** umfasst
(siehe auch § 1 Abs. 4 Nr. 1).[42] Kulturlandschaften sind allerdings äußerst
vielgestaltig. Insbesondere sind prinzipiell auch Siedlungsräume (vgl. den
Begriff „urbane Landschaften") bzw. Baukörper und technische Anlagen
einbezogen, denn auch diese prägen als kulturell gestaltete Elemente den
Raum. Vor diesem Hintergrund stellt sich die Frage, ob auch Gebäude, technische Infrastruktur und dergleichen als Bestandteile von Landschaften zum
Schutzgegenstand von Naturschutz und Landschaftspflege werden. Die Erstreckung des Naturschutzrechts auf den besiedelten und unbesiedelten
Raum (dazu sogleich in Rn. 18) hilft an dieser Stelle jedenfalls nicht weiter,
weil es sich dort um den räumlichen Aufgaben- oder Handlungsbereich, hier
aber um den Schutzgegenstand handelt. Sachgerecht dürfte eine Einbeziehung von baulichen Anlagen oder Siedlungen in den Landschaftsbegriff des
Naturschutzrechts dann sein, wenn diese essenzielle und wertgebende Bestandteile von historischen Kulturlandschaften oder von solchen aktuellen
Kulturlandschaften sind, die gerade auch durch Freiräume geprägt werden
und mit diesen eine untrennbare Einheit bilden. Der Gesetzgeber hat diese
Situation beispielsweise im Kontext **historisch gewachsener Kulturland-
schaften** erkannt, die ausweislich des § 1 Abs. 4 Nr. 1 „mit ihren Kultur-,
Bau- und Bodendenkmälern" zu bewahren sind. In der Fortschreibung des
Fachbeitrags zum Landschaftsprogramm für den Freistaat Sachsen werden
für den Schutzgegenstand „Historische Kulturlandschaft" beispielsweise
auch Siedlungsformen wie Straßendorf, Platzdorf oder Streusiedlung bzw.
Gebäudetypen wie Umgebindehäuser und Gutshäuser sowie als technische
Anlagen Wind- und Wassermühlen berücksichtigt.[43] Die von Menschen ge-
bauten Elemente und die naturnahen Elemente bilden bei historischen Kulturlandschaften oftmals eine unzertrennliche Einheit[44] und speziell für historische Bauernhäuser wird von einer Harmonie von Bauform und Landschaft
als Folge einer „jahrhundertelangen gemeinsamen Entwicklung (Ko-Evolu-
tion)" ausgegangen.[45] Im Bereich der **freiraumgeprägten aktuellen Kulturlandschaften** kommen außerhalb des Siedlungsbereichs zahlreiche Räume in
Betracht, z.B. kleinteilige Agrarlandschaften und deren landschaftsange-
passten baulichen Kleinelemente wie etwa Feldscheunen.[46] Für den Siedlungsbereich selbst spielt dagegen das Kriterium der Freiraumprägung eine
besonders wichtige Rolle. Einschlägig können hier etwa freiraumgeprägte
Siedlungsrandbereiche sein (siehe auch § 1 Abs. 6), bei denen bauliche
Strukturen einschließlich Einfriedungen, gärtnerische Nutzungen, Obstwie-
sen, unbefestigte Wege und weitere Elemente so miteinander verknüpft
sind, dass sie das Orts- und Landschaftsbild (vgl. auch § 29 Abs. 1 Nr. 2) ge-
samthaft charakterisieren. Klarstellend ist darauf hinzuweisen, dass es an
dieser Stelle allein um die Frage der Zuordnung von baulichen und ver-

---

42 Für viele *Meßerschmidt*, BNatSchG, § 1 Rn. 28.
43 *Walz* et al., NuL 2010, 17 (17, 19).
44 *Burggraff/Kleefeld*, Historische Kulturlandschaft, S. 187.
45 *Ellenberg*, Bauernhaus und Landschaft, S. 9.
46 *Tenbergen*, Mitt. Norddeutsche Naturschutzakademie 3/1998, 67.

gleichbaren Elementen zum Schutzgegenstand „Kulturlandschaft" im Sinne des Naturschutzrechts geht. Darüber hinaus werden Siedlungsräume einschließlich Baukörper in vielfacher anderer Form für die Ziele des Naturschutzes und der Landschaftspflege relevant, etwa als Lebensraum bzw. Habitatrequisiten für Tiere und Pflanzen, die an die siedlungsökologischen Rahmenbedingungen angepasst sind.

b) Räumlicher Aufgabenbereich

18 Das Handlungsfeld des Naturschutzes und der Landschaftspflege bezieht sich sowohl auf den **besiedelten** wie den **unbesiedelten Bereich**. Abgestellt wird auf die tatsächlichen Verhältnisse, nicht auf die bauplanungsrechtliche Einordnung.[47] Eine Differenzierung zwischen den beiden Teilbegriffen ist, jedenfalls im Rahmen der Ziel- und Zweckbestimmung[48], nicht erforderlich. Vielmehr soll zum Ausdruck gebracht werden, dass sich Naturschutz und Landschaftspflege auf die gesamte Natur und Landschaft, ohne Unterschiede zwischen besiedeltem und unbesiedeltem Bereich, erstrecken[49], dass der Aufgaben- und Handlungsbereich also in räumlicher Hinsicht keine Begrenzung erfährt.[50] Gemäß § 56 Abs. 1 gelten die Vorschriften auch im Bereich der Küstengewässer sowie mit Ausnahme des Kapitel 2 (Landschaftsplanung) nach Maßgabe des Seerechtsübereinkommens der Vereinten Nationen und der §§ 56 ff. ferner im Bereich der deutschen ausschließlichen Wirtschaftszone und des Festlandsockels.

c) Maßnahmen

19 Die neue Formulierung des Maßnahmenkatalogs (die Gesetzesbegründung spricht von Handlungsformen) geht zunächst vom Schutzansatz aus, stellt aber sogleich klar, dass Pflege und Entwicklung bzw., mit der Einschränkung der Erforderlichkeit, die Wiederherstellung von Natur und Landschaft von diesem Schutzbegriff umfasst werden. Entsprechendes gilt für die Verwendung der Begriffe „Erhaltung" und „erhalten".[51] In der Sache ist es sinnvoll, zwischen echten **physischen Maßnahmen** im Sinne eines Tuns oder Unterlassens in der realen Umwelt einerseits und dem Einsatz von **Steuerungsinstrumenten** (gerichtet auf diese physischen Maßnahmen) andererseits zu differenzieren. Das Gesetz verwendet den Maßnahmenbegriff allerdings unspezifischer (vgl. z.B. § 9 Abs. 3 Satz 1 Nr. 4, wo es sowohl um physische als auch um „instrumentelle" Maßnahmen geht). Der Maßnahmenkatalog des § 1 Abs. 1 ist in seiner Systematik grundsätzlich auf physische Maßnahmentypen ausgerichtet, lässt aber auch ein instrumentelles Begriffsverständnis zu. Entscheidend ist, dass damit keine abschließenden

---

47 *Meßerschmidt*, BNatSchG, § 1 Rn. 31.

48 Vgl. aber die Anknüpfung an den besiedelten und siedlungsnahen Bereich in § 1 Abs. 6.

49 *A. Schumacher/J. Schumacher*, in: Schumacher/Fischer-Hüftle, BNatSchG, 2. Aufl. 2011, § 1 Rn. 12.

50 *Gellermann*, in: Landmann/Rohmer, Umweltrecht, BNatSchG, § 1 a.F. Rn. 11.

51 BT-Drs. 16/12274, S. 50.

instrumentellen Kategorien oder Handlungsformen im Sinne der Handlungsformen des Verwaltungsrechts vorgegeben werden sollen.

Schutz bedeutet im Kern, dass gegenwärtige oder potenzielle Beeinträchti- 20
gungen gegenüber bestimmten Schutzgegenständen des Naturschutzrechts
unterlassen bzw. aktiv abgewehrt werden sollen.[52] Schutz kann sich auf Individuen bzw. Populationen von Tieren und Pflanzen, auf bestimmte reale
Ausprägungen von Luft und Klima, Wasser, Gestein und Boden sowie auf die
entsprechenden komplexen Schutzgüter einschließlich der Landschaft in der
konkreten räumlichen Umwelt beziehen. Über die Sicherung konkreter Objekte hinaus kann es aber auch um die damit verbundene Sicherung von Typen (z.B. Arten) gehen. Der auf die reale physische Situation abzielende
Schutz muss in Abhängigkeit von den Schutzzielen definieren, wann eine
Einwirkung auf den Schutzgegenstand eine Beeinträchtigung darstellt.

Für die **Pflege** ist charakteristisch, dass es sich um aktive Tätigkeiten han- 21
delt, die für die Aufrechterhaltung oder die Erreichung von Zielzuständen
erforderlich sind. Bei den betroffenen Arten, Biozönosen, Ökosystemen und
Landschaften kann es sich sowohl um solche handeln, die durch Nutzung
und Pflege geprägt bzw. definiert sind als auch um solche, bei denen die jeweiligen Maßnahmen dauerhaft oder übergangsweise nicht mehr vorhandene ökologische Faktoren gewissermaßen ersetzen. Klassische Pflegemaßnahmen sind etwa Mahd, Beweidung, Entbuschung oder auf den Stock
setzen von Gehölzen. Unter den Pflegebegriff fallen aber auch solche punktuellen Handlungen, die gezielt die Situation für Schutzgüter i.S.v. Hilfsmaßnahmen verbessern (z.B. Anlage von Kunsthorsten für gefährdete Vögel,
Regulierung des Wasserstandes von Seen und Teichen). Je massiver dabei
allerdings grundlegende Veränderungen etwa der Standortbedingungen
vorgenommen werden, desto mehr nähert man sich dem Entwicklungs- oder
Wiederherstellungsbegriff.[53]

Ziel der **Entwicklungsmaßnahmen** ist entweder die Schaffung eines Zustan- 22
des von Natur und Landschaft, der durch dauerhafte Pflegemaßnahmen aufrechterhalten werden muss oder die Hinführung in einen Zustand, der sich
ohne solche Maßnahmen in mehr oder weniger dynamischer Form weiterentwickelt.[54] Den letztgenannten Ansatz hat der Gesetzgeber bereits bei
vorangegangenen Novellierungen, nun aber noch verstärkt auch im Rahmen
der Zielbestimmungen verankert (vgl. etwa § 1 Abs. 2 Nr. 3: „bestimmte
Landschaftsteile sollen der natürlichen Dynamik überlassen bleiben"; § 1
Abs. 3 Nr. 6: „der Entwicklung sich selbst regulierender Ökosysteme auf
hierfür geeigneten Flächen Raum und Zeit zu geben"). Typische Entwicklungsmaßnahmen sind z.B. der Abtrag von Oberboden (etwa zur Schaffung
veränderter, häufig nährstoffärmerer, Standortverhältnisse), die Anhebung
des Grundwasserstandes oder die bauliche Umgestaltung von vorhandenen

---

52 Vgl. A. *Schumacher/J. Schumacher*, in: Schumacher/Fischer-Hüftle, BNatSchG, 2. Aufl. 2011,
 § 1 Rn. 21.

53 Siehe *Gellermann*, in: Landmann/Rohmer, Umweltrecht, BNatSchG, § 1 a.F. Rn. 15.

54 A. *Schumacher/J. Schumacher*, in: Schumacher/Fischer-Hüftle, BNatSchG, 2. Aufl. 2011,
 § 1 Rn. 26.

Fließgewässern mit dem Ziel der Renaturierung (insbesondere in Form der natürlichen Eigenentwicklung nach Abschluss der baulichen Maßnahmen). Konzeptionell soll die Realisierung des Entwicklungsauftrags insbesondere von der Landschaftsplanung vorbereitet werden.

23 Mit der Novellierung des BNatSchG im Jahr 2002 wurde das **Wiederherstellen** von Natur und Landschaft neu aufgenommen. Dabei geht es um die Anknüpfung an Zustände, die gegenwärtig nicht mehr oder nur noch rudimentär existieren, die aber den Zielen von Naturschutz und Landschaftspflege entsprechen. Mit der einschränkenden Formulierung „soweit erforderlich" macht der Gesetzgeber darauf aufmerksam, dass es sich um Maßnahmen handelt, die insofern besonders aufwändig sein können, als die gegenwärtigen Bedingungen von den vormaligen gegebenenfalls deutlich abweichen. Diese „Kosten" im weitesten Sinn sollen sorgfältig bedacht werden.[55] Häufig wird es um Tätigkeiten gehen, die den verloren gegangenen Zustand an Ort und Stelle wieder etablieren sollen, möglich wäre aber auch eine Wiederherstellung im räumlichen Umfeld (z.B. in der gleichen naturräumlichen Haupteinheit). Beispiele sind die Neuanlage von stehenden Gewässern oder die Renaturierung von Fließgewässern, bei denen etwa ein zugeschütteter, ehemals bestehender alter Fluss- oder Bachlauf wieder „aktiviert" wird.

2. Schutzgründe

a) Eigenwert

24 Nach einer durch das BNatSchG 2002 eingefügten Formulierung sollen Natur und Landschaft auch auf Grund ihres eigenen Wertes geschützt werden. Der historische Gesetzgeber folgte damit wohl im Rahmen der Diskussion um eine öko- bzw. physiozentrische Begründung des Naturschutzes einerseits und einer anthropozentrischen Begründung andererseits einer „Sowohl-als-auch-Strategie".[56] I.d.S. wäre die 2002 eingefügte (und im Rahmen des BNatSchG 2010 belassene) Wendung so zu verstehen, dass Natur und Landschaft auch um ihrer selbst willen zu berücksichtigen sind. Insoweit soll der Mensch nicht mehr alleiniger Maßstab für den Umgang mit Natur und Landschaft sein.[57] Im Schrifttum wurde die Einschätzung geäußert, dass der **Eigenwert** die Legitimationsbasis des Naturschutzes verbreitere, da die sittliche Verantwortung des Menschen gegenüber seiner natürlichen Umwelt und der in ihr lebenden Tiere und Pflanzen nun als Motiv und Rechtfertigung der Aufgabe anerkannt seien.[58] Nach der Einfügung der Eigenwert-Begründung bedürfe es keines Nachweises mehr, dass die jeweils zu schützende Natur oder Landschaft zumindest auch von Nutzen für den Menschen ist.[59]

---

55 *Kolodziejcok*, in: Kolodziejcok/Endres/Krohn/Markus, NLJ, § 1 BNatSchG Rn. 25.

56 *Meßerschmidt*, BNatSchG, § 1 Rn. 33.

57 *A. Schumacher/J. Schumacher*, in: Schumacher/Fischer-Hüftle, BNatSchG, 2. Aufl. 2011, § 1 Rn. 14; *Kloepfer*, Umweltrecht, § 11 Rn. 33; *Sparwasser/Engel/Voßkuhle*, Umweltrecht, § 6 Rn. 59; *Meßerschmidt*, BNatSchG, § 1 Rn. 34.

58 *Gellermann*, in: Landmann/Rohmer, Umweltrecht, BNatSchG, § 1 a.F. Rn. 5.

59 *Marzik/Wilrich*, BNatSchG, § 1 a.F. Rn. 18; *Meßerschmidt*, BNatSchG, § 1 Rn. 34.

Zur Beantwortung der Frage, welche Bedeutung der Eigenwertklausel im Naturschutzrecht zukommt, ist zunächst auf die beiden Grundansätze abzustellen, die Gegenstand der Debatte waren: Während sich der **anthropozentrischen Position** zufolge „überzeugende Umwelt- und Naturschutzbegründungen letztlich immer auf menschliche Interessen, Bedürfnisse usw. beziehen (müssen)", vertritt die **physiozentrische Position** die Auffassung, dass einige oder alle Naturwesen um ihrer selbst willen zu schützen sind.[60] Für die physiozentrische Position bestehen Unterschiede im Wesentlichen hinsichtlich der jeweiligen „moralischen Subjekte", d.h. hinsichtlich derjenigen Subjekte, gegenüber denen eine direkte Pflichtbeziehung angenommen wird. Man unterscheidet Pathozentrismus (fühlende Tiere), Biozentrismus (alle individuellen Lebewesen), Ökozentrismus (Ökosysteme) und Holismus (alle existierenden „Wesen").[61] Soweit fühlende Tiere als Individuen angesprochen sind, spricht vieles für eine moralische Subjekteigenschaft[62], doch ist dieses Problem für die hier zu lösende Aufgabe nicht relevant, da es sich unbestritten um das Handlungsfeld des Tierschutzes und nicht des Naturschutzes handelt. Für die übrigen physiozentrischen Positionen geht es im Kern um die Frage, ob etwa die Existenz von systemisch begriffenen Einheiten (z.B. Arten) oder gar die Existenz der gesamten (in einem bestimmtem Zeitpunkt – welchem? – konkret vorhandenen) Physis moralisch relevante Eigenschaften sind. Dies zu bejahen und plausibel zu begründen, dürfte nicht leicht fallen.[63] Hinzu treten erhebliche methodische Probleme, da die konkreten Belange einzelner Bestandteile der materiell-physischen oder auch nur der belebten Welt (jenseits individueller Leidenserfahrungen einzelner Organismen) ausgesprochen schwer (möglicherweise gar nicht) in nachvollziehbare Präferenzentscheidungen zu überführen sind: Irgendeine Form von Physis wird immer gegenüber einer anderen bevorzugt – mit welcher Begründung? „Ein Gesetz wie das vorliegende kann und will sich aber nicht seiner differenzierenden Maßstäblichkeit entäußern, sich quasi die Messung und damit Einlösung des Wertes von Natur und Landschaft versagen".[64] Der Eigenwert-Ansatz im Sinne des dargelegten Verständnisses begegnet also sowohl begründungstheoretisch als auch anwendungspraktisch Bedenken. Der Begriff des Eigenwertes kann im System des BNatSchG daher nur den Sinn haben, eine kurzsichtige Bewertung von Natur und Landschaft, z.B. unter vordergründigen Nützlichkeitsaspekten, auszuschließen. „Er will Natur und Landschaft in ihrer Eigenständigkeit auch dort respektiert wissen, wo derzeit noch nicht absehbar ist, welchen Nutzen sie einmal abwerfen werden. Er will – im Ergebnis – auch künftigen Generationen Optionen offen halten".[65] Dieser „Nutzen" ist in einem sehr weiten Sinn zu verstehen (siehe etwa § 1 Abs. 1 Nr. 3), wobei in der Debatte um Eigenwerte von Natur und Landschaft auch nicht immer deutlich wurde, ob tatsächlich

---

60 *Ott*, NuLp 2000, 39 (39).
61 *Ott*, NuLp 2000, 39 (40).
62 So auch *Krebs*, in: Nutzinger (Hrsg.), Naturschutz – Ethik – Ökonomie, S. 31 (41 f.).
63 Skeptisch auch *SRU*, Sondergutachten Naturschutz, 2002, Tz. 38.
64 *Gassner*, in: Gassner/Bendomir-Kahlo/Schmidt-Räntsch, BNatSchG, § 1 a.F. Rn. 1a.
65 *Gassner*, in: Gassner/Bendomir-Kahlo/Schmidt-Räntsch, BNatSchG, § 1 a.F. Rn. 1a.

ein physiozentrischer Ansatz („Natur um ihrer selbst willen") vertreten wurde oder ob es nicht vielmehr darum ging, Natur und Landschaft im Hinblick auf ihre sog. inhärenten (immateriellen) Werte, also jenseits materieller, zweckrationaler Nützlichkeit, in den Gesetzeskontext einzubeziehen.[66] Solche Werte gehen von Erfahrungen und Praktiken aus, die sich für ein wertendes Subjekt um ihrer selbst willen lohnen (siehe dazu näher Rn. 43 ff.).[67] In diesem letztgenannten Sinn mag die Eigenwertklausel unterstützend wirken.

b) Lebensgrundlagen und Gesundheit

26   Neben dem in seinem praktischen Gehalt schwer fassbaren Eigenwert-Ansatz liegt die zentrale Begründung des Naturschutzes in der Wendung „als Grundlage für Leben und Gesundheit des Menschen". Schon vor der mit dem BNatSchG 2010 erfolgten Ergänzung um die Gesundheit war der Grundlagenbegriff weit zu verstehen. Mit umfasst waren und sind die immateriellen Bedürfnisse des Menschen bzw. die nicht materiell-zweckrationalen Nutzungsfunktionen von Natur und Landschaft für den Menschen, wie sich nicht zuletzt aus den einzelnen Zielbereichen sowohl der alten wie auch nun der neuen Fassung ergab bzw. ergibt.[68] Mit der ausdrücklichen Aufnahme des Hinweises auf die **Gesundheit** des Menschen soll nun noch die Bedeutung hervorgehoben werden, die Natur und Landschaft – nicht nur unter dem Gesichtspunkt der Erholung – für das physische, psychische und soziale Wohlbefinden des Menschen haben.[69] Darin liegt keine grundlegende Änderung der Zweckausrichtung von Naturschutz und Landschaftspflege, wohl aber eine Stärkung eines Naturschutzverständnisses, das in umfassender Form auf die verschiedenen Dimensionen menschlichen Wohlbefindens ausgerichtet ist.[70] So werden sowohl die materiell erfassbaren Leistungen von Natur und Landschaft (z.B. im Hinblick auf Luftqualität, Bioklima, Trinkwasser u.s.f.) einschließlich der Thematik „Wirkstoffe aus der Natur" als auch deren psychosoziale Wirkungen einschließlich die Bereitstellung von Räumen für Bewegung, Ruhe und Naturerlebnis im Sinne der Zielbereiche der Nr. 1–3 begrifflich etwas breiter unterlegt.[71]

c) Verantwortung für künftige Generationen

27   § 1 hebt in Übereinstimmung mit Art. 20a GG die Verantwortung gegenüber künftigen Generationen hervor und stellt damit klar, dass Naturschutz und

---

66 Zur Verwechselung des physiozentrischen Eigenwerts mit dem inhärenten Wert von Natur siehe *Krebs*, in: Nutzinger, Naturschutz-Ethik-Ökonomie, S. 31 (38); *Hampicke*, in: Bundesamt für Naturschutz (Hrsg.), Dynamik und Konstanz, S. 45 (49).

67 *Ott*, NuLp 2000, 39 (42).

68 *A. Schumacher/J. Schumacher*, in: Schumacher/Fischer-Hüftle, BNatSchG, 2. Aufl. 2011, § 1 Rn. 15 f.; *Kolodziejcok*, in: Kolodziejcok/Endres/Krohn/Markus, NLJ, § 1 BNatSchG Rn. 37; *Meßerschmidt*, BNatSchG, § 1 Rn. 35.

69 BT-Drs. 16/12274, S. 50.

70 Ähnlich *Meßerschmidt*, BNatSchG, § 1 Rn. 35.

71 Siehe näher *Job-Hoben/Pütsch/Erdmann*, NuL 2010, 137.

Landschaftspflege nicht nur im Interesse der gegenwärtigen Generation betrieben werden.[72] Das BNatSchG dient damit auch der Verwirklichung des Grundsatzes der nachhaltigen Entwicklung[73], wobei die damit gegebene Verpflichtung auf das Gebot intergenerativer Gerechtigkeit die Natur gegenüber kurzfristigen materiellen Nutzungsansprüchen stärkt.[74] Den **künftigen Generationen** sollen alle essenziellen Möglichkeiten der Nutzung der Naturgüter offengehalten werden, ihre noch nicht vorauszusehenden Präferenzen und Wertentscheidungen sollen nicht schon im Voraus beschnitten werden.[75] Auch an dieser Stelle ist mit „Nutzen" keine Verengung auf materielle Nutzungsansprüche gemeint.[76] Es geht vielmehr umfassend um Bedürfnisse von künftigen Generationen, zu denen etwa auch das Erleben und Wahrnehmen der Vielfalt, Eigenart und Schönheit von Natur und Landschaft gehören. Da aus heutiger Perspektive diese Bedürfnisse nicht vollständig ermittelbar sind, sich vielmehr in Ansehung der sich wandelnden ökologischen, technischen und gesellschaftlichen Rahmenbedingungen (vgl. nur die Thematik des Klimawandels) auch neue Erfordernisse und Prioritäten ergeben können, besteht die Aufgabe von Naturschutz und Landschaftspflege insoweit in der Aufrechterhaltung von Optionen und Potenzialen. Dies wird beispielsweise augenscheinlich bei der Zielsetzung der Erhaltung von Biodiversität, für deren Schutz es eben nicht der Rechtfertigung durch eine konkret belegte aktuelle (materielle oder immaterielle) Nützlichkeit bedarf.

3. Zielbereiche/-dimensionen

Der Gesetzgeber hat die Zielbereiche von Naturschutz und Landschaftspflege neu geordnet. In der jetzigen Fassung spiegeln sie die **drei basalen Zieldimensionen** des Naturschutzes und der Landschaftspflege wider, nämlich die Diversitätssicherung, die Sicherung der materiell-physischen Funktionen und die Sicherung der immateriellen Funktionen im Zusammenhang mit dem Wahrnehmen und Erleben von Natur und Landschaft.[77] Auch wenn die benannten Zielbereiche bzw. -dimensionen in ihrer konkreten Ausgestaltung nicht immer ganz überschneidungsfrei sind, ergibt sich daraus eine relativ klare Struktur des naturschutzrechtlichen Zielkanons. Diese Struktur wird in den Folgeabsätzen aufgegriffen, in dem die Abs. 2–4 grundsätzlich auf eine Zieldimension Bezug nehmen, während die Abs. 5 und 6 für mehrere Zielbereiche einschlägig sind und insoweit einen gesamthaften Ansatz erfolgen. Bei einem naturschutzinternen Zielkonflikt sind die Ziele untereinander abzuwägen (siehe auch § 2 Abs. 3), ohne dass einem Ziel von vornherein der Vorrang zukäme.[78]

28

---

72 *Gellermann*, in: Landmann/Rohmer, Umweltrecht, BNatSchG, § 1a.F. Rn. 7.

73 *Wolf*, in: Schlacke (Hrsg.), GK-BNatSchG, § 1 Rn. 8.

74 *Meßerschmidt*, BNatSchG, § 1 Rn. 36.

75 *Nusser*, Zweckbestimmungen in Umweltschutzgesetzen, S. 195.

76 Vgl. *A. Schumacher/J. Schumacher*, in: Schumacher/Fischer-Hüftle, BNatSchG, 2. Aufl. 2011, § 1 Rn. 18: „Nicht das aktuelle Nutzungsinteresse".

77 BT-Drs. 16/12274, S. 50.

78 *Meßerschmidt*, BNatSchG, § 1 Rn. 43; *A. Schumacher/J. Schumacher*, in: Schumacher/Fischer-Hüftle, BNatSchG, 2. Aufl. 2011, § 1 Rn. 28.

a) Biologische Vielfalt

29 § 1 Abs. 1 Nr. 1 benennt ausdrücklich den Schutz der **biologischen Vielfalt** als Zielbereich von Naturschutz und Landschaftspflege. Die Gesetzesbegründung erläutert die Aufnahme in den Zielkanon des § 1 (vgl. zuvor § 2 Abs. 1 Nr. 8 BNatSchG a.F.) mit dem Hinweis auf den Stand der fachlichen und politischen Diskussion.[79] Dies betrifft zum einen den besonderen Stellenwert, den der Schutz der Biodiversität auf internationaler, europäischer und nationaler Ebene einnimmt; zum anderen stellt sich der Schutzansatz auch unter schutzgutsystematischer Perspektive als spezifisch dar (siehe näher Rn. 31 ff.), sodass sich eine eigenständige Verankerung anbot. Ungeachtet dessen zählt die dauerhafte Sicherung biologischer Vielfalt gleichzeitig auch zu den Zielaspekten, die von dem Begriff „Leistungs- und Funktionsfähigkeit des Naturhaushalts einschließlich Regenerationsfähigkeit und nachhaltige Nutzungsfähigkeit der Naturgüter" mit umfasst werden. Soweit es um die Sicherung von Vielfalt geht, die nicht von dem Terminus „biologische Vielfalt" abgedeckt wird, kann insbesondere auch § 1 Abs. 1 Nr. 3 einschlägig sein, der explizit unter anderem auf die „Vielfalt" von Natur und Landschaft Bezug nimmt. Nicht mehr eigens hervorgehoben wird im Unterschied zur früheren Fassung der Schutz der Tier- und Pflanzenwelt einschließlich der Lebensstätten und Lebensräume. Der Gesetzgeber geht zu Recht davon aus, dass die betreffenden Schutzgüter und Zielausrichtungen über die drei Zielbereiche des § 1 Abs. 1 Nr. 1–3 vollständig abgedeckt sind.[80]

30 Die Bedeutung der dauerhaften Sicherung von Biodiversität kommt auf internationaler Ebene zunächst in dem **Übereinkommen über die biologische Vielfalt** vom 05. 06. 1992 zum Ausdruck, das auf der Konferenz der Vereinten Nationen für Umwelt und Entwicklung (UNCED) in Rio de Janeiro verabschiedet wurde und dem auch die Bundesrepublik Deutschland beigetreten ist.[81] Die drei Ziele der Biodiversitätskonvention sind die Erhaltung der biologischen Vielfalt, die nachhaltige Nutzung ihrer Bestandteile sowie die gerechte Aufteilung der Vorteile, die sich aus der Nutzung genetischer Ressourcen ergeben.[82] Unter „biologischer Vielfalt" versteht das Übereinkommen die Vielfalt an Ökosystemen, die Vielfalt der Arten und die genetische Vielfalt innerhalb von Arten, wobei sich dies sowohl auf wild lebende als auch auf domestizierte Arten bezieht.[83] Im europäischen Kontext sind auf der Umsetzungs- bzw. Konkretisierungsebene insbesondere die Vogelschutz- sowie die FFH-Richtlinie zu nennen.[84] Das Bundeskabinett hat am 07. 11. 2007 die **Nationale Strategie zur biologischen Vielfalt** beschlossen.[85] Danach soll sich im

---

79 BT-Drs. 16/12274, S. 50.

80 Vgl. BT-Drs. 16/12274, S. 50.

81 Vgl. Gesetz v. 30. 08. 1993, BGBl. II S. 1741.

82 *Stadler/Korn*, NuL 2008, 2 (2).

83 *Stadler/*Korn, NuL 2008, 2 (2).

84 Vogelschutz-RL.: Richtlinie 2009/147/EG des Rates vom 30. 11. 2009; FFH-RL.: Richtlinie 92/43/EWG des Rates vom 21. 05. 1992.

85 Siehe BT-Drs. 16/7082; vgl. dazu auch *Küchler-Krischun/Piechocki*, NuL 2008, 12; *Sukopp* et al., NuL 2010, 288.

Naturschutz beispielsweise bis zum Jahr 2010 der Anteil der vom Aussterben und stark gefährdeten Arten verringern und sich bis 2020 die Gefährdungssituation des größten Teils der sogen. Rote-Liste-Arten um eine Stufe verbessern.[86]

Biodiversität wird definiert als „die Eigenschaft von Lebewesen und der durch sie aufgebauten Lebensräume, voneinander spezifisch verschieden zu sein".[87] In Anlehnung an die Begriffsbestimmung in der Biodiversitätskonvention sind unter Biodiversität im Sinne des BNatSchG nach § 7 Abs. 1 Nr. 1 die Vielfalt der Tier- und Pflanzenarten einschließlich der innerartlichen Vielfalt sowie die Vielfalt an Formen von Lebensgemeinschaften und Biotopen zu verstehen. Dabei geht es nicht darum, für bestimmte Raumausschnitte eine möglichst hohe Zahl an Arten oder Biotoptypen anzustreben. Gemeint ist vielmehr die dauerhafte Sicherung von verschiedenartigen Ausprägungen von Natur und Landschaft sowohl in der Gegenwart als auch zukünftig im Sinne eines natürlichen bzw. kulturellen Erbes der Menschheit. Diese Ausprägungen können sich als typologische Einheiten darstellen (etwa im Falle von Tier- und Pflanzenarten) oder auch als individuelle, häufig komplexe physische Gegebenheiten (wie etwa im Falle von sehr spezifischen, „einmaligen" Ökosystemen oder Landschaften). Betrachtet man den **Zweck der Erhaltung von Diversität** i.d.S., so stößt man zunächst auf den Begriff der Information. Steht beispielsweise die Art X unmittelbar vor der endgültigen Ausrottung, so gründet ihr Wert in der Rettung von (vermutlich sonst unwiderruflich verlorenen) Informationen, die potenziell oder gar schon konkret für Zwecke der Ernährung, der Pharmazie etc. genutzt werden können.[88] Welche Informationen in welchen Ausprägungen gespeichert sind und in welchem Zusammenhang diese einmal nützlich werden könnten, lässt sich aus gegenwärtiger Perspektive nicht bestimmen. Es geht daher an dieser Stelle, auch in Ansehung der Verantwortung gegenüber künftigen Generationen, um die Aufrechterhaltung von Optionen und Potenzialen. Die Bedeutung von Diversität reicht allerdings über den Informationswert weit hinaus. § 1 Abs. 1 umfasst in Nr. 2 der Vorschrift die konkreten materiellphysischen und in Nr. 3 die immateriellen Leistungen und Funktionen von Natur und Landschaft. Um diese in ihrer ganzen Bandbreite, ihrer ganzen „Vielfalt" wirksam werden zu lassen, ist die Bewahrung von (Bio-)Diversität erforderlich: Ausgestorbene Tier- und Pflanzenarten etwa vermögen keinen Beitrag im Naturhaushalt mehr zu leisten und sie sind unwiderruflich dem Erleben und Wahrnehmen durch den Menschen entzogen. Die Erhaltung von Diversität begründet sich daher über den Informationswert hinaus in der Möglichkeit, die Leistung und Funktion von Arten, Lebensgemeinschaften,

31

---

86 Siehe auch die Gesetzesbegründung zum BNatSchG, BT-Drs. 16/12274, S. 40.

87 *Blab/Klein/Ssymank*, NuL 1995, 11 (11).

88 Zur Bedeutung der genetischen Vielfalt und der Artenvielfalt beispielsweise für die Landwirtschaft, die Pharmazie oder den Kontext „Bionik" siehe *Neidlein/Walser*, Natur ist Mehr-Wert – zum ökonomischen Nutzen des Naturschutzes, S. 16 ff.; siehe auch *Oebbecke*, in: Festschrift für Rengeling, S. 153 (163 f.): „Informationserhaltung durch Naturschutzrecht".

Ökosystemen und Landschaften im jeweiligen räumlichen Kontext konkret geltend machen zu können.

32 Eine Art setzt sich natürlicherweise aus einer Vielzahl von Populationen zusammen, die sich in Bezug auf ihr Erbgut mehr oder weniger stark unterscheiden (vgl. § 7 Abs. 1 Nr. 1: **„innerartliche Vielfalt"**). Die genetische Information einer Art besteht daher aus der Summe der Informationen, die in den jeweils existierenden Populationen gespeichert sind – mit anderen Worten: jede Einzelpopulation trägt zu dem Gesamtinformationsgehalt der Art bei. Sind bestimmte Genotypen einer Art an abgrenzbare geografische Räume gebunden, so können diese als eigene Unterarten oder Rassen benannt werden.[89] Von besonderer Bedeutung ist insofern zwar die Erhaltung mindestens einer (der letzten) Population einer Tier- oder Pflanzenart. Eine größere Zahl von Populationen aber steigert die Diversität und ist insoweit grundsätzlich darüber hinaus erstrebenswert. Da in einem begrenzten Raum jedoch nicht von jeder Art beliebig viele Populationen gesichert bzw. gefördert werden können, sind hier Prioritätensetzungen erforderlich, die unter anderem nach dem Beitrag konkreter Populationen zum Erhalt der Art und zur Auffächerung der genetischen Information bzw. generell zur Erfüllung der in § 1 Abs. 1 Nr. 1–3 manifestierten Grundziele fragen. Beispielsweise sind Vorkommen am Rande des Verbreitungsareals einer Art nicht notwendigerweise genetisch identisch mit den Vorkommen im Kerngebiet. Diese Randvorkommen können im Hinblick auf künftige Anpassungserfordernisse (Stichwort: Klimatischer Wandel), besonders schutzwürdig sein (z.B. bei Arten aus dem Mittelmeerraum, die in Mitteleuropa nur auf Wärmeinseln vorkommen).[90] Sowohl in der Biodiversitätskonvention als auch in der Fachdiskussion ist die Erhaltung des Nutzpflanzen- und Nutztierspektrums mit ihrer genetischen Vielfalt Bestandteil der Aufgabe der Biodiversitätssicherung.[91] Für das Bundesnaturschutzgesetz gilt dies aufgrund der Legaldefinition in § 7 Abs. 2 Nr. 1, 2 allerdings nur im eingeschränkten Sinn, d.h. insbesondere im kulturlandschaftlichen Kontext (siehe Rn. 16).

33 **Arten** sind definiert als eine durch Fortpflanzungsbarrieren abgeschlossene Fortpflanzungsgemeinschaft. Im Unterschied zu diesen natürlich differenten Einheiten sind typologische oder individuell-räumliche Abgrenzungen bei Pflanzengesellschaften und anderen, hierarchisch aufsteigenden Organisationsebenen wie Biotopen, Ökosystemen oder Landschaften schwieriger. Im Gegensatz zu Arten setzt etwa die Kartierung von Biotopen bzw. Biotoptypen zunächst deren Definition und Beschreibung voraus, da es sich hier um abstrakte Objekte handelt, mit denen der Mensch versucht, Ordnung in die natürliche landschaftliche Vielfalt zu bringen.[92] Da allerdings eine Beschränkung auf Arten bzw. die innerartliche Vielfalt eine nicht vertretbare Verengung des Biodiversitätsverständnisses bedeuten würde und auch die

---

89 Vgl. *Leser* et al., Wörterbuch Ökologie und Umwelt, Bd. 2, S. 78.
90 *Hampicke*, Naturschutzökonomie, S. 266; *Mühlenberg/Slowik*, Kulturlandschaft als Lebensraum, S. 183 f.
91 Siehe auch *Meßerschmidt*, BNatSchG, § 1 Rn. 46.
92 *Riecken*, NuL 2006, 12 (13).

Mengel

Biodiversitätskonvention ausdrücklich die Ökosystemebene beinhaltet, hat der Gesetzgeber diese **komplexeren Schutzgüter** in die Legaldefinition des § 7 Abs. 1 Nr. 1 und in die Zielmaßgaben des § 1 Abs. 2 (Lebensgemeinschaften, Biotope, Ökosysteme, Landschaftsteile) zu Recht einbezogen. Dabei ist zwischen diversitätsbezogenen Ansätzen zu unterscheiden, bei denen Schutzgüter typologisch betrachtet werden (häufig z.B. bei Pflanzengesellschaften[93], Biotoptypen – siehe z.B. § 30 oder Lebensraumtypen – siehe die Lebensraumtypen des Anhangs I der FFH-RL), während in anderen Fällen das „spezifisch Anderssein" als Ausdruck von Diversität an individuell-räumlichen Ausprägungen festgemacht wird (insbesondere etwa bei Ökosystemen oder Landschaften bzw. Landschaftsausschnitten). Zur Operationalisierung ist hierbei die Landschaftsplanung gefragt, räumliche Konkretisierungen finden auch über die Ausweisung von Schutzgebieten (§§ 23 ff.) statt (siehe zum Beispiel Nationalparke, Biosphärenreservate, Naturparke, Landschaftsschutzgebiete).

Bei der Operationalisierung der Aufgabe „Dauerhafte Sicherung von Diversität" stehen zwei Kriterien im Mittelpunkt, nämlich die **Gefährdung** der jeweiligen typologischen Einheit bzw. der individuell-räumlichen Ausprägung und die Bedeutung, die einem konkreten Vorkommen oder einer konkreten Ausprägung für die Gesamtverbreitung zukommt. Der letztgenannte Aspekt wird auch als Maß der **Verantwortung** bezeichnet, die ein bestimmter Raum für die weltweite Erhaltung des Schutzgutes hat.[94] Bei typologisch abgrenzbaren Schutzgütern finden sich verbreitet enumerative Auflistungen einzelner, für die Zieldimension des § 1 Abs. 1 Nr. 1 wertgebender, Arten und anderer Einheiten im Kontext bestimmter Steuerungsinstrumente (vgl. die Anhänge der FFH- und Vogelschutzrichtlinie, die Anhänge im Rahmen nationaler Artenschutzbestimmungen oder die Aufzählung in § 30 Abs. 2). Welche Bedeutung die Aufgabe der Diversitätssicherung bei den jeweiligen Instrumenten hat und welche weiteren Zielbereiche instrumentell auch oder sogar vorrangig damit bedient werden sollen, muss den entsprechenden Regelungen durch Auslegung entnommen werden. Aus fachlich-inhaltlicher Perspektive treten als Operationalisierungsansatz die „Roten Listen" hinzu, die in ihrer modernen Form häufig gezielt auf die Kriterien Gefährdung und Verantwortung ausgerichtet sind.[95] Ergänzend ist es zielführend, auf eine repräsentative Auswahl von konkreten Lebensgemeinschaften, Biotopen und Ökosystemen sowie charakteristischen Landschaftsteilen (vgl. § 1 Abs. 2 Nr. 3) bzw. Landschaften (vgl. § 1 Abs. 4 Nr. 1) abzustellen, da eine allein typisierende Vorgehensweise aufgrund der hohen Individualität der Betrachtungsgegen-

34

---

93 Vgl. *Timmermann/Dengler/Abdank/Berg*, NuLp 2006, 133.

94 Siehe beispielsweise *Gruttke* (Bearb.), Ermittlung der Verantwortlichkeit für die Erhaltung mitteleuropäischer Arten; *Ludwig/Schnittler*, NuL 2007, 536.

95 Siehe *Haupt* et al., Rote Liste gefährdeter Tiere, Pflanzen und Pilze Deutschlands, Band Wirbeltiere (2009); vgl. auch *Riecken* et al., Rote Liste der gefährdeten Biotoptypen Deutschlands (2006), mit den Gefährdungskriterien Flächenverlust und qualitative Veränderungen, ergänzt um die aktuelle Bestandsentwicklung und weiteren Aspekten wie etwa Regenerierbarkeit; vgl. auch die nationalen Berichte zu den Lebensraumtypen und Arten der FFH-Richtlinie – siehe etwa *Ellwanger* et al., NuL 2014, 185.

stände nicht sinnvoll wäre. Hierfür sind räumliche Konkretisierungen erforderlich, wie sie insbesondere die Landschaftsplanung bereitstellen soll.

35   Eine besondere Aktualität erfährt die Aufgabe der Biodiversitätssicherung durch den anstehenden **Klimawandel**. Es wird für möglich gehalten, dass sich etwa die Verbreitungsgebiete der Florenelemente (Pflanzenareale) bei fortschreitender Klimaänderung maßgeblich verändern[96], befürchtet werden auch zusätzliche Gefährdungen von FFH-Tierarten.[97] Damit würde sich unter anderem auch die Verantwortung für den Schutz mancher Arten verlagern. Der Klimawandel führt im Hinblick auf Aspekte wie Anpassungsfähigkeit von Ökosystemen an neue Umweltbedingungen oder Durchlässigkeit der Landschaft (Ausbreitungsmöglichkeiten für Arten in für sie günstigere Lebensräume)[98] zu erheblichen Herausforderungen des biodiversitätsbezogenen Naturschutzes[99] und somit auch des korrespondierenden Naturschutzrechts.[100]

b) Leistungs- und Funktionsfähigkeit des Naturhaushalts einschließlich Regenerationsfähigkeit und nachhaltige Nutzungsfähigkeit der Naturgüter

36   Der Gesetzgeber hat die beiden Zielaspekte „Leistungs- und Funktionsfähigkeit des Naturhaushalts" sowie „Regenerationsfähigkeit und nachhaltige Nutzungsfähigkeit der Naturgüter" im Unterschied zur Vorgängerregelung (vgl. § 1 Nr. 1, 2 BNatSchG a.F.) in § 1 Abs. 1 Nr. 2 zusammengeführt. Damit wird noch klarer als bisher die enge Verknüpfung dieser beiden Aspekte zum Ausdruck gebracht, wobei sich aus der Formulierung „einschließlich" (und der Legaldefinition in § 7 Abs. 1 Nr. 2) ergibt, dass Naturgüter Bestandteil des Naturhaushalts sind. Den Begriff **Naturhaushalt** definiert der Gesetzgeber in § 7 Abs. 1 Nr. 2 als die **Naturgüter** Boden, Wasser, Luft, Klima, Tiere und Pflanzen sowie das Wirkungsgefüge zwischen ihnen. Damit werden die Grundkompartimente benannt, aus denen sich der Naturhaushalt zusammensetzt. Zugleich macht die Wendung „sowie das Wirkungsgefüge zwischen ihnen" deutlich, dass davon auch komplexe Schutzgegenstände wie Biotope, Lebensgemeinschaften und Ökosysteme umfasst werden. Das Gestein bzw. die Geländegestalt werden nicht explizit genannt, sind aber jedenfalls in ihrer landschaftsökologischen Verknüpfung mit den aufgeführten Schutzgegenständen, insbesondere mit dem Boden, ein essenzieller Bestandteil des Naturhaushalts.

37   Mit der im Rahmen der Novellierung aus dem Jahr 2002 vorgenommenen Ergänzung der **Leistungsfähigkeit** um die **Funktionsfähigkeit** sollte ausweislich der Gesetzesbegründung die Orientierung des Zielkatalogs an den künf-

---

96 *Pompe* et al., NuL 2009, 2.

97 Zur Gefährdungsdisposition von FFH-Tierarten Deutschlands angesichts des Klimawandels siehe *Schlumprecht* et al., NuLp 2010, 293.

98 *Doyle/Ristow*, NuLp 2006, 101; Jessel, NuL 2008, 311 (314).

99 Vgl. *Ott* et al., Vilmer Thesen zum Naturschutz im Klimawandel, NuL 2010, 229.

100 Siehe nur *Möckel/Köck*, NuR 2009, 318; *Schumacher, J.* et al., Naturschutzrecht im Klimawandel.

tigen Generationen unterstrichen werden.[101] Gemeint sei danach insbesondere eine „langfristige ökologische Funktionsfähigkeit".[102] Letztendlich handelt es sich bei „Leistungs- und Funktionsfähigkeit" wieder um einen Doppelbegriff, bei dem möglicherweise der Terminus „Leistung" eher den Aspekt der messbaren Größe und „Funktion" eher die Zweckausrichtung betont.[103] Diese Differenzierung kann aber letztendlich dahinstehen; entscheidend ist vielmehr, dass der Sachbegriff „Naturhaushalt" mit einer normativen Zielsetzung verbunden wird, die sich in Funktionen bzw. in nachweisbaren (auch potenziellen)[104] Leistungen zur Erfüllung von Funktionen ausdrücken. Diese normativen Zielsetzungen sind dem Gesetz (§ 1 bzw. einzelnen Steuerungs- und Kontextnormen), gegebenenfalls unter Einbeziehung fachwissenschaftlicher Erkenntnisse, im Rahmen der Auslegung zu entnehmen. Auf der Basis des Gesetzes leistet darüber hinaus die Landschaftsplanung einen zentralen Beitrag zu ihrer raumbezogenen Konkretisierung. Ohne normative Ausrichtung bleibt die Leistungs- und Funktionsfähigkeit des Naturhaushalts inhaltsleer. Denn der Naturhaushalt selbst „funktioniert" immer, er funktioniert auch immer „ökologisch"[105], nämlich nach beschreibbaren und nach Möglichkeit naturwissenschaftlich erklärbaren Prinzipien. Es gibt allerdings keinen als solchen vorgegebenen „ökoidealen" Zustand der Natur bzw. des Naturhaushalts, sondern dieser muss gesellschaftlich vereinbart bzw. rechtlich-normativ verankert werden. Der Naturhaushalt des Naturschutzrechts ist dabei im Kern gebunden an konkrete, räumlich eingrenzbare Erscheinungen[106] in der Landschaft („Landschaftshaushalt"), doch zeigen etwa die Problematik des Klimawandels und die möglichen Beiträge des Naturschutzes (z.B. Speicher- bzw. Senkenfunktion von Mooren, Wäldern und Grünland)[107] dass, ausgehend von diesen räumlichen Bezügen, mittelbar auch globale Betrachtungen („CO_2- bzw. globaler Klimahaushalt") relevant werden können.

Inhaltlich geht es bei § 1 Abs. 1 Nr. 2 um den sog. **materiell-physischen Zielbereich** von Naturschutz und Landschaftspflege, also um zweckrational nachweisbare Leistungen bzw. Funktionen von geoökologischen Kompartimenten, Organismen und komplexen Schutzgegenständen wie Biotopen, Lebensgemeinschaften und Ökosystemen in einem bestimmten Raumausschnitt. Dabei informiert § 1 Abs. 3 darüber, welche Gegenstandsbereiche insbesondere heranzuziehen sind. Die Zweckbestimmung des Aufgabenfeldes des Naturschutz und Landschaftspflege ist im Rahmen dieser Zieldimension ausgerichtet auf körperlich-physische Grundbedürfnisse des Menschen bzw. *38*

---

101 BT-Drs. 14/6378, S. 34.

102 *Stich*, UPR 2002, 161 (161), unter Bezugnahme auf die Gesetzesbegründung.

103 So *A. Schumacher/J. Schumacher*, in: Schumacher/Fischer-Hüftle, BNatSchG, 2. Aufl. 2011, § 1 Rn. 46.

104 *Gellermann*, in: Landmann/Rohmer, Umweltrecht, BNatSchG, § 1 a.F. Rn. 21.

105 *Gassner*, in: Gassner/Bendomir-Kahlo/Schmidt-Räntsch, BNatSchG, § 1 a.F. Rn. 32, 40, spricht in diesem Zusammenhang zu Recht von einer Tautologie; ähnlich *Kolodziejcok*, in: Kolodziejcok/Endres/Krohn/Markus, NLJ, § 1 BNatSchG Rn. 15.

106 *Gellermann*, in: Landmann/Rohmer, Umweltrecht, BNatSchG, § 1 a.F. Rn. 20.

107 *Jessel*, NuL 2008, 311 (311, 314).

auf gesellschaftlich relevante Grundfunktionen (Reinhaltung der Atemluft, Sicherung von der Gesundheit zuträglichen Klimaverhältnissen im Siedlungsraum, Reinhaltung der Oberflächengewässer, qualitative und quantitative Sicherung der Grundwasservorräte, Produktion von gesunden Nahrungsmitteln, Schutz vor Hochwasserereignissen, Schutz vor Schäden im Umfeld von Steillagen etc.) ausgerichtet. Damit wird aber zugleich ihre Nähe zum Umweltschutz[108], zur Infrastrukturplanung und zur Land-, Forst- und Wasserwirtschaft deutlich, woraus sich Fragen sinnvoller Aufgabenzuordnung einschließlich möglicher Verknüpfungen ergeben. Bereits an dieser Stelle ist auf die begriffliche Differenzierung zwischen der „dauerhaften Sicherung der Nutzungsfähigkeit der Naturgüter" (Aufgabe von Naturschutz und Landschaftspflege) und der konkreten Nutzung einschließlich wirtschaftlicher Verwertungsinteressen hinzuweisen (siehe etwa für den Boden näher Rn. 64 ff.).

39   Für wild lebende **Tiere oder Pflanzen** bzw. die **Vegetation** sind im Rahmen des materiell-physischen Begründungskomplexes unter dem Gesichtspunkt des **konkreten Vorkommens** z.B. die Funktionen Auf- und Abbauleistungen in Böden und Gewässern durch Wirbellose, Schutzfunktionen der Vegetation bei Hochgebirgsökosystemen bzw. generell bei Steillagen oder Blütenbestäubung von Wild- und Kulturpflanzen durch Insekten[109] zu berücksichtigen. In all diesen Fällen geht es nicht darum, materiellen Nutzen aus einem bestimmten Muster, einem Typus zu ziehen; vielmehr kommt es auf die konkrete „Leistung" der einzelnen Organismen „vor Ort" an. Infolgedessen sind in diesem Fall das Vorliegen bzw. die Größe und Struktur der konkreten Population maßgebliche Determinanten für die potenzielle Leistungs- und Funktionsfähigkeit. Tiere und Pflanzen sind also nicht allein dadurch funktional, dass sie noch an irgendeinem Ort als Typus existieren. Das Erlöschen lokaler oder regionaler Populationen führt vielmehr im Kontext dieser Zieldimension, insbesondere in Verbindung mit fehlenden oder erschwerten Bedingungen der Reetablierung, unmittelbar zu einer Minderung der potenziellen oder konkreten funktionellen Beiträge. Auch für **konkret vorhandene Biotope und Ökosysteme** lassen sich Funktionen ermitteln, die eine gesellschaftliche Wertschätzung erfahren. Beispielsweise besteht die Multifunktionalität von Mooren in der Speicherung von Feststoffen bzw. der Immobilisierung von Nährstoffen während des Torfbildungsprozesses[110], der Filtration bei Überflutungs- und Quellmooren, der Retention von Überschusswasser durch vorübergehende Überflutung und langsame Abgabe[111] sowie in der Senkenfunktion für CO_2 im Kontext globaler Klimahaushalt. An dieser Stelle wird nochmals deutlich, dass der oben behandelte Typusschutz von Arten und höher aggregierter Einheiten wie Ökosystemen nicht allein in der Siche-

---

108 Vgl. die Vilmer Thesen zum Natur- und Umweltschutz von *Piechocki/Eisel/Haber/Ott*, NuL 2004, 529.

109 Siehe hierzu *Neidlein/Walser*, Natur ist Mehr-Wert – zum ökonomischen Nutzen des Naturschutzes, 2005, S. 26 f.

110 Zur Wiederherstellung der Ökosystemleistungen von Flusstalmooren siehe *Steffenhagen* et al., NuLp 2010, 304.

111 *Pfadenhauer*, NuL 1999, 18 (18).

rung ihrer Informationsfunktionen liegt, sondern insbesondere auch in der Bewahrung der Möglichkeit, den mit konkreten Vorkommen oder Ausprägungen verbundenen Wert auch zukünftig geltend machen zu können. Dies gilt vor allem dann, wenn entsprechende Reproduktionen und Ausbreitungsprozesse möglich sind. Mit dem Aussterben von Arten oder dem endgültigen Verlust eines bestimmten Biotoptyps geht diese Möglichkeit verloren.

Der Begriff der Naturgüter richtet den Blick im Unterschied zur integrativ   **40** ausgerichteten Naturhaushaltsbetrachtung stärker auf einzelne Schutzgegenstände bzw. auf die damit verbundenen Funktionen. In der raumkonkreten Herausarbeitung dieser Funktionen im Zuge der Landschaftsplanung finden sich sowohl stärker landschaftsökologisch-integrative Ansätze (unter Einschluss der Naturgüter) als auch schutzgutspezifische Ausrichtungen. Das Merkmal der **Regenerationsfähigkeit** bezieht sich auf sich erneuernde Ressourcen bzw. Schutzgegenstände und soll sicherstellen, dass der Naturverbrauch die Erneuerungsrate langfristig nicht übersteigt; zugleich sollen Einwirkungen auf den Naturhaushalt verhindert werden, welche die Erneuerungsfähigkeit der Naturgüter beeinträchtigen (siehe auch § 1 Abs. 3 Nr. 1).[112] Jenseits des realen oder potenziellen Nutzens sind insoweit die betroffenen Naturgüter schutzwürdig. **Nachhaltige Nutzungsfähigkeit** bedeutet, dass anstelle kurzfristiger Nützlichkeitserwägungen das Ziel bedacht werden muss, die „Nachhaltigkeit" im Umgang mit Naturgütern zu sichern[113], damit eine Nutzung dauerhaft überhaupt möglich ist. Es bestand und besteht Konsens, dass das BNatSchG nicht die unmittelbare (physische) Nutzung der Naturgüter bezweckt und fördert. Einschlägig kann eine solche Nutzung allerdings z.B. bei privaten Aneignungsrechten wie Blumen pflücken oder Pilze sammeln sein. Im Kern ist es vielmehr Aufgabe des Naturschutzes, ausgehend von der Notwendigkeit der Naturgüternutzung diese im Interesse der dauerhaften Nutzungsfähigkeit zu regulieren und Raubbau zu verhindern.[114] Der Begriff der Nutzung darf dabei nicht auf vordergründige Utilität verkürzt werden. Sinn und Zweck des BNatSchG gebieten ein weites Nutzungsverständnis, das sich an der breiten Skala möglicher Nutzungen orientiert.[115] Dazu gehört auch die Verwirklichung von Naturschutzzielen.[116] Mit den Begriffen Regenerationsfähigkeit, Nachhaltigkeit und dauerhafte Sicherung der Leistungs- und Funktionsfähigkeit macht der Gesetzgeber deutlich, dass er grundsätzlich von einem Verständnis des Umgangs mit Natur und Landschaft ausgeht, dass auf Stoff- und Energiekreisläufe ausgerichtet ist und bei dem der bewusste Verbrauch endlicher Ressourcen unter zielbezogener Sicht die Ausnahme sein soll. Andererseits liegt in jeder irreversiblen Veränderung von Standorten und ganzen Landschaften ein Verbrauch praktisch nicht erneuerbarer Naturgüter (vgl. allerdings im-

---

112 *Meßerschmidt*, BNatSchG, § 1 Rn. 52.

113 *Stich*, UPR 2002, 161 (161 f.).

114 *Meßerschmidt*, BNatSchG, § 1 Rn. 52.

115 *Gassner/Heugel*, Das neue Naturschutzrecht, Rn. 89.

116 *Gassner/Heugel*, Das neue Naturschutzrecht, Rn. 89; *A. Schumacher/J. Schumacher*, in: Schumacher/Fischer-Hüftle, BNatSchG, 2. Aufl. 2011, § 1 Rn. 51; *Meßerschmidt*, BNatSchG, § 1 Rn. 53.

merhin den Ansatz des Flächenrecyclings für nicht mehr genutzte versiegelte Flächen in § 1 Abs. 3 Nr. 2, 2. Halbs.), die das Gesetz nicht wirklich vollständig ausschließen will (das zeigt allein die Ausgestaltung der Eingriffsregelung). Vor diesem Hintergrund ist es nur konsequent, dass in § 1 Abs. 3 Nr. 1 für Naturgüter, die sich nicht erneuern, ihre sparsame und schonende Nutzung geboten wird.

41   Eine besondere Stellung nehmen in diesem Kontext **Tier- und Pflanzenarten** ein. Dabei sind die individuellen Tiere und Pflanzen grundsätzlich reproduktionsfähig, also erneuerbare Naturgüter, nicht aber die Tier- und Pflanzenarten.[117] Biodiversität ist als essenzieller Bestandteil des Naturkapitals aufzufassen. Dieses Naturkapital ist als Lebensgrundlage zu erhalten, d.h. der Mensch soll von „Zinsen" und nicht von der Substanz leben.[118] Tier- und Pflanzenarten zählen somit zu den Naturgütern, ihre dauerhafte Erhaltung im Sinne der Bewahrung der biologischen Vielfalt (§ 1 Abs. 1 Nr. 1) ist Bestandteil der Sicherung der Leistungs- und Funktionsfähigkeit des Naturhaushalts.[119] Soweit daher im Rahmen einzelner Steuerungsinstrumente (z.B. §§ 14 ff. – Eingriffsregelung; § 26 Abs. 1 Nr. 1 – Landschaftsschutzgebiete) der Begriff Leistungs- und Funktionsfähigkeit des Naturhaushalts Verwendung findet, sind damit Tiere und Pflanzen bzw. Vegetation in doppelter Form angesprochen: Zum einen in ihrer konkreten landschaftsökologischen Bedeutung als funktional wirksame Population bzw. Vorkommen (siehe dazu auch § 1 Abs. 3 Nr. 5), zum anderen als Teil der Individuen bzw. Populationen, die in ihrer Gesamtheit die Tier- oder Pflanzenart als sich nicht erneerndes Naturgut ausmachen.[120] Während die Bedeutung dieser Vorkommen sich im ersten Kontext aus der Abschätzung ihrer funktionalen Einordnung im Naturhaushalt bzw. als einzelne „nutzbare" Naturgüter ergibt, wird sich die Bewertung im Kontext Biodiversität an der Bedeutung der Vorkommen zur Arterhaltung ausrichten.

42   Die aufgezeigte Differenzierung gilt in ähnlicher Form für **Lebensgemeinschaften und Lebensräume** sowie für die **geoökologischen Schutzgüter**, die von der Definition des § 7 Abs. 1 Nr. 2 umfasst werden. Dies betrifft insbesondere auch den Boden, der ebenfalls sowohl in seiner typologischen Ausprägung als auch als konkreter Bestandteil des Naturhaushalts (siehe § 1 Abs. 3 Nr. 2) zu betrachten ist. Die Sicherung typologisch fassbarer Ausprägungen des Bodens bezieht sich unter zweckorientierter Perspektive im Rahmen des § 1 Abs. 1 Nr. 2 zum einen auf die Bewahrung des Informationswertes („Archivfunktion von Böden", vgl. auch § 2 Abs. 2 Nr. 2 BBodSchG) und zum anderen auf die Vorhaltung eines Naturgutes, das einen konkreten lokalen bzw. regionalen Beitrag zum Erleben und Wahrnehmen von Natur und

---

117   *A. Schumacher/J. Schumacher*, in: Schumacher/Fischer-Hüftle, BNatSchG, 2. Aufl. 2011, § 1 Rn. 94; § 1 Rn. 46; *Kolodziejcok*, in: Kolodziejcok/Endres/Krohn/Markus, NLJ, § 1 BNatSchG Rn. 52.

118   *Piechocki*, NuL 2007, 514 (515), unter Bezugnahme auf *Piechocki* et al., 2003.

119   *Gassner/Heugel*, Das neue Naturschutzrecht, Rn. 70.

120   Für eine Einbeziehung der biologischen Vielfalt in den Eingriffstatbestand des § 14 Abs. 1 (als Teil des Naturhaushalts) auch *Hendler/Brockhoff*, NVwZ 2010, 733 (733).

Landschaft für heutige und für künftige Generationen leistet. In diesem Sinn trägt der dauerhafte Schutz von Naturgütern als Teil des zweiten Zielbereichs dazu bei, dass Funktionen im Sinne des dritten Zielbereichs (siehe näher Rn. 43 ff.) erfüllt werden können.

c) Vielfalt, Eigenart und Schönheit sowie Erholungswert von Natur und Landschaft

Nach § 1 Abs. 1 Nr. 3 sind die Vielfalt, die Eigenart und Schönheit sowie der 43 Erholungswert von Natur und Landschaft auf Dauer zu sichern. Ausweislich der Gesetzesbegründung werden damit die **immateriellen Funktionen** im Zusammenhang mit dem **Erleben und Wahrnehmen** von Natur und Landschaft als Bestandteil der Zielbestimmung angesprochen.[121] Die Erlebnis- und Wahrnehmungsqualität umfasst all jene Funktionen, die nicht physisch-materiell messbar sind, sondern sich erst in Begründungszusammenhängen wie etwa Naturerlebnis oder landschaftsgebundene Erholung als wertbehaftet darstellen. Der Gesetzgeber hat die Trias Vielfalt, Eigenart und Schönheit dem Aspekt Erholungswert als eigenständigen Teilbereich vorangestellt. Erholung umfasst dabei gemäß der Legaldefinition in § 7 Abs. 1 Nr. 3 ausdrücklich auch das Naturerlebnis, bezieht sich also in einem umfassenden Sinn auf das Erleben und Wahrnehmen von Natur und Landschaft. Auch im Rahmen der Zielkonkretisierung in § 1 Abs. 4 wird der Schutz von Naturlandschaften und historisch gewachsenen Kulturlandschaften in Nr. 1 der Regelung als eigenständiger Aspekt neben den Erholungsbezug in Nr. 2 gestellt. Damit wird deutlich, dass § 1 Abs. 1 Nr. 3 nicht nur auf die sinnliche Wahrnehmbarkeit und die bewusste Wertschätzung des Wahrgenommenen in der Gegenwart abstellt, sondern darüber hinaus auch jenseits konkret fassbarer aktueller Funktionen Natur und Landschaft in all ihrer Vielfalt und Eigenart als **natürliches und kulturelles Erbe** bewahren will. Der hier verankerte Schutz der Vielfalt der Kultur- und Naturlandschaften ergänzt insofern den Schutzauftrag bezüglich der biologischen Vielfalt nach Abs. 1 Nr. 1.[122]

Schutzgegenstände sind **Natur und Landschaft**, also über die Naturgüter des 44 § 7 Abs. 1 Nr. 2 hinaus auch Gestein und Geländegestalt unabhängig von landschaftsökologischen Bezügen sowie die Landschaft. Umgekehrt darf die Vorschrift nicht auf das Schutzgut Landschaft verengt werden.[123] Vielmehr sind auch geoökologische Ausprägungen, Tiere und Pflanzen sowie komplexe Schutzgüter wie Lebensräume, Lebensgemeinschaften und Ökosysteme Teile von Natur und Landschaft. Vor diesem Hintergrund erfährt auch das Gebot der Erhaltung der biologischen Vielfalt im Sinne des Gesetzes, obgleich bereits über § 1 Abs. 1 Nr. 1 vollständig abgedeckt, über § 1 Abs. 1 Nr. 3 eine zu-

---

121 BT-Drs. 16/12274, S. 50.
122 *Lütkes*, in: Lütkes/Ewer, BNatSchG, § 1 Rn. 56.
123 Ebenso *Gassner/Heugel*, Das neue Naturschutzrecht, Rn. 97; *Kolodziejcok*, in: Kolodziejcok/Endres/Krohn/Markus, NLJ, § 1 BNatSchG Rn. 37; *A. Schumacher/J. Schumacher*, in: Schumacher/Fischer-Hüftle, BNatSchG, 2. Aufl. 2011, § 1 Rn. 54; *Wolf*, in: Schlacke (Hrsg.), GK-BNatSchG, § 1 Rn. 12; ähnlich *Meßerschmidt*, BNatSchG, § 1 Rn. 60.

sätzliche Stärkung.[124] Soweit das Gesetz im Rahmen der Eingriffsregelung (siehe § 14 Abs. 1) das Landschaftsbild als Pendant neben die Leistungs- und Funktionsfähigkeit des Naturhaushalts stellt, wird damit auf § 1 Abs. 1 Nr. 3 Bezug genommen.[125]

45 Die Trias „Vielfalt, Eigenart und Schönheit" ist als gemeinsamer Begriff mit verschiedenen Facetten oder Faktoren zu sehen.[126] **Vielfalt** stellt zunächst auf den Reichtum an Formen und Ausprägungen von Natur und Landschaft ab. Dies betrifft die geoökologischen Bestandteile, Tiere und Pflanzen, Lebensräume und Lebensgemeinschaften, Ökosysteme sowie Landschaften. Neben den Schutzgegenständen der biologischen Vielfalt sind dies etwa Felsköpfe, Steilwände und andere geologische Erscheinungen, Höhlen, Dünenzüge, Bodenformen, Wasserfälle, Quellen u.v.m., bei den Landschaften Naturlandschaften und historisch gewachsene Kulturlandschaften (siehe § 1 Abs. 4 Nr. 1), darüber hinaus aber auch weitere charakteristische, mit wertgebenden Attributen versehene Formen von Landschaft. Ähnlich wie bei den Komplex-Schutzgütern im Rahmen der biologischen Vielfalt (z.B. Pflanzengesellschaften, Biotop- oder Ökosystemtypen) sind hier allerdings Ordnungssysteme erforderlich, die Typen bzw. Einzelausprägungen voneinander abgrenzen und sortieren. Darüber hinaus erfordert gerade der Landschaftsbegriff wertgebende Kriterien und Merkmale, denn in irgendeiner Form ist jeder Landschaftsraum vielfältig (und sei es nur als Summe verschiedenster Gewerbegebiete und Infrastruktureinrichtungen). Die Bindung an die naturräumliche Eigenart, die in einer bestimmten Landschaft zum Ausdruck kommt, sind ebenso wie das Fehlen bzw. Zurücktreten von anthropogenen Einflüssen (Naturlandschaften) oder die Prägung durch eine Jahrhunderte während Nutzungsgeschichte (historisch gewachsene Kulturlandschaften) solche wertgebenden Attribute.

46 Auch die **Eigenart** setzt das Abgrenzen und Sortieren von Erscheinungsformen von Natur und Landschaft voraus. Akzentuiert wird dabei das Spezifische, das Charakteristische[127] eines ganz bestimmten Typus (z.B. die Färbung, der Ruf oder das Verhalten einer Vogelart), eines Einzelelements (z.B. markante geologische Aufschlüsse; alte, einzeln stehende Großbäume in Siedlungen oder auf Weideflächen) oder eines bestimmten Landschaftsausschnitts (z.B. konkrete natürliche Gegebenheiten in Verknüpfung mit regional spezifischen Nutzungsmustern und Kulturformen einer Landschaft bzw. eines Landschaftsteils[128]). In den Fällen, in denen Eigenart über eine be-

---

124 *Kolodziejcok*, in: Kolodziejcok/Endres/Krohn/Markus, NLJ, § 1 BNatSchG Rn. 38; *Meßerschmidt*, BNatSchG, § 1 Rn. 61.

125 Zur Frage der Entsprechung des Begriffs Landschaftsbild im Rahmen der Eingriffsregelung und § 1 Nr. 4 BNatSchG (a.F.) siehe *Jessel/Fischer-Hüftle/Jenny/Zschlich*, Erarbeitung von Ausgleichs- und Ersatzmaßnahmen für Beeinträchtigungen des Landschaftsbildes, S. 23 ff., 42 ff.

126 Ähnlich *Gassner*, in: Gassner/Bendomir-Kahlo/Schmidt-Räntsch, BNatSchG, § 1 a.F. Rn. 63.

127 *Gellermann*, in: Landmann/Rohmer, Umweltrecht, BNatSchG, § 1 a.F. Rn. 26.

128 *Hoppenstedt/Schmidt*, NuLp 2002, 237 (238); vgl. den Gegenbegriff Uniformität bei *Kolodziejcok*, in: Kolodziejcok/Endres/Krohn/Markus, NLJ, § 1 BNatSchG Rn. 38.

stimmte Konstellation natürlicher und kultureller Elemente, wie sie sich im Laufe einer ablesbaren historischen Entwicklung herausgebildet hat, entsteht, wird eine solche mit der Zeit „gewordene" Eigenart von Landschaft i.S.v. Unverwechselbarkeit als Voraussetzung (oder jedenfalls als wichtiger Faktor) für menschliche Verwurzelung und Heimatgefühl gesehen.[129] Wenn im Schrifttum darauf hingewiesen wird, dass Eigenart nicht mit Schönheit einhergehen muss[130], so bezieht sich diese Einschätzung auf ein Verständnis von Schönheit als ein von vielen Betrachtern geteiltes positives ästhetisches Urteil über Natur und Landschaft. In diesem Sinn ist es richtig, dass eigenartige Erscheinungsformen von Natur und Landschaft nicht immer mehrheitlich als schön empfunden werden; wohl aber kann in bestimmten Formen von Eigenart eine Verankerung des Schönen gefunden werden, in dem sich etwa eine Landschaft in ihrer Unberührtheit gegenüber menschlichen Einflüssen begründet anders darstellt als unzählige andere.[131] Die Begriffe Eigenart und Vielfalt sind eng miteinander verknüpft, schon weil das „Eigenartig-Sein" Voraussetzung für vielfältige Wahrnehmungsangebote ist. Vor diesem Hintergrund ist die Einschätzung zutreffend, dass dem Begriff der Eigenart eine zentrale Stellung innerhalb der Zieltrias des § 1 Abs. 1 Nr. 3 zukommt.[132] Dies gilt gleichermaßen für Arten wie für Lebensgemeinschaften, Ökosysteme oder Landschaften. Die einer Tierart, einem Biotoptyp oder einer Landschaftsausprägung zugeordnete Gefährdungskategorie spielt dabei unter funktionaler Betrachtung nur eine mittelbare Rolle: Gefährdete Erscheinungsformen von Natur und Landschaft sind häufiger als nicht gefährdete an ganz bestimmte, „eigenartige" Standortausprägungen oder an spezifische Nutzungsmuster bzw. vollständige Störungsfreiheit gebunden. Im Übrigen können ausdrücklich z.B. auch ungefährdete charakteristische Tier- und Pflanzenarten oder die eine Region prägenden Lebensräume wertgebend im Sinne des Kriteriums Eigenart sein. Soweit es allerdings um den über die funktionale Zweckbestimmung hinausreichenden Ansatz der Diversitätssicherung geht, ist die Frage des Rückgangs und der Bedrohung dieser Formen definitionsgemäß von erheblicher Bedeutung.[133]

Der Begriff der **Schönheit** ist in besonderer Weise mit sinnlicher Wahrnehmung und ästhetischen Werturteilen verknüpft. Ungeachtet der damit verbundenen methodischen Schwierigkeiten wird in der Rechtsprechung zutreffend darauf hingewiesen, dass das Naturschutzrecht auf die Verwendung derartiger unbestimmter Rechtsbegriffe nicht verzichten kann.[134] Unstrittig   47

---

129 *Jessel*, NuLp 1998, 356 (358).
130 *Meßerschmidt*, BNatSchG, § 1 Rn. 62.
131 In diesem Sinn ist Eigenart dann kein „wertneutraler Begriff", so aber *Fischer-Hüftle*, NuL 1997, 239 (243); ähnlich wie hier *Gassner/Heugel*, Das neue Naturschutzrecht, Rn. 94: Eigenart begründet – „zwar nicht ausschließlich, aber doch wesentlich" – die Schönheit von Natur und Landschaft.
132 So auch (bezogen auf den Schutzgegenstand „Landschaft/Landschaftsbild") *Konermann*, NuL 2001, 311 (312).
133 Vgl. *SRU*, Sondergutachten Naturschutz, 2002, Tab. 6-2: Forderung nach einer Roten Liste seltener und gefährdeter Landschaftstypen.
134 BVerwG, Urt. v. 11.05.1993 – 7 NB 8/92, NuR 1994, 83.

ist, dass der Schönheitsbegriff des § 1 Abs. 1 Nr. 3 sich nicht auf das visuelle Erleben von Natur und Landschaft beschränkt, sondern alle Sinneswahrnehmungen einschließt.[135] Der Verweis auf den Maßstab des „gebildeten, für die Gedanken des Natur- und Landschaftsschutzes aufgeschlossenen Durchschnittsbetrachters"[136] darf nicht darüber hinwegtäuschen, dass die das Gesetz vollziehende Verwaltung auf naturschutzfachlicher Grundlage agieren muss, was in dem vorliegenden Zusammenhang insbesondere die Befassung mit ästhetischen Aspekten umfasst.[137] Bestimmte Erscheinungsformen von Natur und Landschaft werden gemeinhin als schön empfunden, so z.B. die meisten Orchideenarten oder bunt schillernde Schmetterlinge[138] („konsensuale Schönheit"). Bereits die Einordnung von besonders naturnahen Landschaften „als Inbegriff des Schönen"[139] unterliegt allerdings Differenzierungen je nach Blickwinkel des Betrachters (vgl. z.B. Erholungssuchende einerseits und Landnutzer andererseits). Hinzu kommt, dass das Empfinden etwa von Landschaftsschönheit sich nicht als starr darstellt, sondern einem kulturellen Wandel unterliegt (vgl. etwa die erst in jüngerer Zeit sich entwickelnde Wertschätzung von alten Industrielandschaften). Berücksichtigt man schließlich, dass die Schönheit von Natur und Landschaft eine „Aufladung" durch Verknüpfungen mit Symbolträgern, etwa geschichtlich-kulturelle Symbole (z.B. Loreleyfelsen[140], Tiere und Pflanzen in Mythen, Märchen oder alten Volksliedern) erfahren kann, so wird deutlich, dass der Schönheitsbegriff neben affektiven Aspekten auch kognitive Bezüge aufweist. Dies gilt gleichermaßen ebenso im Zusammenhang mit dem biologischen Formenreichtum oder mit geomorphologischen Ausprägungen als Ausdruck der Landschaftsgenese. Auch unterschiedliche Perspektiven in Abhängigkeit von den jeweiligen Nutzungsansprüchen, kultureller Wandel sowie die Abhängigkeit ästhetischer Urteile auch von Vorwissen und kognitiver Einbindung lassen den Schönheitsbegriff aber nicht beliebig werden – sie verlangen allerdings eine gründliche Befassung und eine nachvollziehbare Ableitung von Wertmaßstäben und Präferenzentscheidungen. Ein wichtiges Instrument hierbei ist die Landschaftsplanung. Die Anforderungen fachlicher Gründlichkeit und Nachvollziehbarkeit gegenüber Dritten gelten für die gesamte Begriffstrias Vielfalt, Eigenart und Schönheit – auch und gerade vor dem Hintergrund der Tatsache, dass der Gesetzgeber diese oder verwandte Begriffe im Rahmen der Schutzzwecke für bestimmte Schutzgebietskategorien in Kapitel 4 verwendet (siehe etwa §§ 23 Abs. 1 Nr. 3, 24 Abs. 4 Nr. 2, 26 Abs. 1 Nr. 2 und 28 Abs. 1 Nr. 2).

---

135 *Kolodziejcok*, in: Kolodziejcok/Endres/Krohn/Markus, NLJ, § 1 BNatSchG Rn. 38.

136 BVerwG, Urt. v. 12. 07. 1956 – I C 91/54, BVerwGE 4, 57; BVerwG, Urt. v. 11. 05. 1993 – 7 NB 8/92, NuR 1994, 83.

137 *Meßerschmidt*, BNatSchG, § 1 Rn. 63.

138 *A. Schumacher/J. Schumacher*, in: Schumacher/Fischer-Hüftle, BNatSchG, 2. Aufl. 2011, § 1 Rn. 63.

139 *Meßerschmidt*, BNatSchG, § 1 Rn. 63.

140 *A. Schumacher/J. Schumacher*, in: Schumacher/Fischer-Hüftle, BNatSchG, 2. Aufl. 2011, § 1 Rn. 60.

Mit der Novellierung des BNatSchG im Jahr 2002 wurde die **Erholungsfunk-** 48
tion in die Zielbereiche integriert, während sie zuvor als übergreifender
Schutzgrund fungierte. Ob damit eine Verstärkung verbunden war (so die
Gesetzesbegründung)[141], mag dahinstehen.[142] In der jetzigen Fassung wird
die Erholung jedenfalls mit der 2009 eingefügten Wendung „als Grundlage
für [Leben und] Gesundheit des Menschen" in einen zentralen Begrün-
dungszusammenhang gestellt. Dabei versteht der Gesetzgeber unter Erholung gemäß § 7 Abs. 1 Nr. 3 natur- und landschaftsverträglich ausgestaltetes
Natur- und Freizeiterleben einschließlich natur- und landschaftsverträglicher
sportlicher Betätigung in der freien Landschaft, soweit dadurch die sonstigen
Ziele des Naturschutzes und der Landschaftspflege nicht beeinträchtigt werden. Der letztgenannte Halbsatz macht auf ein mögliches Konfliktpotenzial
mit anderen Naturschutzzielen aufmerksam.[143] Solche Konflikte können
auch zwischen anderen Einzelzielen bzw. Zielbereichen auftreten, im Falle
der Erholung(snutzung) statuiert der Gesetzgeber aber einen prinzipiellen
Vorbehalt[144] im Unterschied zur allgemeinen Konfliktlösungsregelung des
§ 2 Abs. 3 (Abwägung). Erholung im Sinne des Naturschutzrechts zielt auf
die durch das Natur- und Landschaftserlebnis und den Naturgenuss bewirkte Verbesserung und Wiederherstellung des physischen und psychi-
schen Leistungsvermögens.[145] Der Begriff „freie Landschaft" in der Legaldefinition ist an die Stelle der Formulierung „freie Natur" getreten. Es fragt
sich nun noch mehr als bei der Vorgängerformulierung, welcher Bereich
hiermit genau gemeint ist. Eine Ausgrenzung des Siedlungsbereichs würde
jedenfalls keinen Sinn ergeben, weder im bauplanungsrechtlichen noch im
real-physischen Sinn. Zum einen erstrecken sich Naturschutz und Landschaftspflege ausdrücklich auch auf den besiedelten Bereich, zum anderen
hat der Gesetzgeber die Bedeutung der Erholungsfunktion im besiedelten
und siedlungsnahen Bereich durch die Zielkonkretisierung in § 1 Abs. 4
Nr. 2 und der übergreifenden Regelung in § 1 Abs. 6 gerade akzentuiert.
Auch eine eigentumsrechtliche Differenzierung der betroffenen Flächen
kann schon deshalb nicht unbesehen entscheidend sein, weil etwa der
größte Teil der landwirtschaftlich genutzten Bereiche (mit ihrer unstreitigen
Relevanz für die Erholung) privaten Eigentümern oder Pächtern zugeordnet
ist. Ansatzpunkt kann daher nur die reale Ausprägung der Grundstücke,
Flächen oder Gebiete sein. Vor dem Hintergrund der Schutzgegenstände
Natur und Landschaft (siehe Rn. 13 ff.) zählt zur freien Landschaft im Sinne
des für die Erholung einschlägigen Bereichs zum einen die freie, d.h. die
durch wild lebende Tier- und Pflanzenarten und entsprechende Schutzgegenstände (z.B. Fließgewässer) geprägte Natur (vgl. auch den Begriff „Naturerlebnis" in § 7 Abs. 1 Nr. 3). Dies betrifft etwa auch die für das Erleben und

---

141 BT-Drs. 14/6378, S. 34.
142 Skeptisch *Meßerschmidt*, BNatSchG, § 1 Rn. 64.
143 Siehe zur Problematik *Frohn/Rosebrock/Schmoll* (Bearb.), „Wenn sich alle in der Natur
    erholen, wo erholt sich dann die Natur?".
144 *Meßerschmidt*, BNatSchG, § 7 Rn. 16; vgl. auch *Gellermann*, NVwZ 2002, 1025 (1027),
    „Abmilderung" einer ansonsten gegebenen Problematik durch die Legaldefinition.
145 *Gellermann*, in: Landmann/Rohmer, Umweltrecht, BNatSchG, § 1 Rn. 27.

Wahrnehmen so relevanten (Rand-)Flächen im Umfeld von Straßen, Wegen oder Böschungen („Spontanvegetation"). Zum anderen zählen als Teil des naturschutzrechtlichen Landschaftsbegriffs solche Bereiche hinzu, die durch Freiräume geprägt werden (siehe Rn. 101). Dies umfasst etwa Parkanlagen und andere Grünflächen sowie die in den Siedlungsraum hineinreichenden Freiräume im Sinne des § 1 Abs. 6. Auch Hausgärten können in Abhängigkeit von ihrer Größe, Lage und Ausgestaltung für die allgemeine Erholung relevant werden. Inwieweit solche privat zugeordneten, nicht über Betretungsrecht zugänglichen Flächen zur „freien Landschaft" im Sinne des Gesetzes zählen, dürfte insbesondere vom jeweiligen instrumentellen Kontext abhängen. In der Landschaftsplanung beispielsweise ist eine Einbeziehung der Flächen sicherlich häufig zielführend. Der Erholungswert ergibt sich nicht nur aus visuellen Qualitäten; vielmehr ist die Wahrnehmung von Natur und Landschaft durch alle Sinne eingeschlossen.[146] Für die Bestimmung des Erholungswertes gilt das schon bei der Begriffstrias Vielfalt, Eigenart und Schönheit Ausgeführte: Heranzuziehen sind fachlich gestützte Bewertungsmaßstäbe, die Naturschutzziele und Umsetzungsentscheidungen unter Einbeziehung der Landschaftsplanung nachvollziehbar machen.[147] Instrumentell wird die Erholung insbesondere in Kapitel 7 aufgegriffen, einschlägige Schutzgebietskategorien sind z.B. Naturpark (§ 27) und Landschaftsschutzgebiet (§ 26).

4. Schutzniveau

49 Natur und Landschaft sind so schützen, dass die aus den in § 1 Abs. 1 Nr. 1–3 festgelegten Grundzielen sich ergebenden Qualitätszustände dauerhaft gesichert sind. Diese Maßgabe des Naturschutzrechts manifestiert ein **anspruchsvolles Schutzniveau**, mit dem hohe Anforderungen an das darauf bezogene Steuerungsinstrumentarium einhergehen. Über die eigentlichen Steuerungsinstrumente hinaus sind aber auch ergänzende Normen („Kontextnormen") von Bedeutung. Hierzu zählt beispielsweise die Beobachtung von Natur und Landschaft (§ 6), denn nur bei hinreichender Kenntnis des jeweiligen bzw. des prognostisch abzuleitenden Zustands von Natur und Landschaft ist eine Einschätzung darüber möglich, ob dem Sicherungsgebot des § 1 Abs. 1 Genüge getan ist. Im Schrifttum wird darauf hingewiesen, dass das Gebot der dauerhaften Sicherung mit dem Nachhaltigkeitsgebot einhergehe.[148] In § 1 Abs. 1 ist allerdings nicht die Nachhaltigkeitstrias („Ökologie, Ökonomie, Soziales") als „konfliktgeladene Einheit"[149] gemeint, sondern die zeitliche Dimension von Nachhaltigkeit im Sinne der dauerhaften Erhaltung eines durch die Zielbereiche definierten Zustandes von Natur und Landschaft unter Berücksichtigung der Bedürfnisse künftiger Generationen.

---

146 *Gassner*, in: Gassner/Bendomir-Kahlo/Schmidt-Räntsch, BNatSchG, § 1 a.F. Rn. 64.
147 *Gassner/Heugel*, Das neue Naturschutzrecht, Rn. 96.
148 *Meßerschmidt*, BNatSchG, § 1 Rn. 66.
149 *Rehbinder*, in: Hansmann/Sellner (Hrsg.), Grundzüge des Umweltrechts, Rn. 82.

III. Zielkonkretisierungen in Abs. 2–6

1. Allgemeines

Im Unterschied zur Vorgängerregelung (§ 2 BNatSchG a.F.)[150] enthalten die Abs. 2–4 Konkretisierungen zu dem in Abs. 1 verankerten Kern der neuen Zielbestimmung in Form einer **systematischen Zuordnung**. Die Absätze 5 und 6 dagegen umfassen Querschnittsaspekte, bei denen diese Zuordnung aus inhaltlichen Gründen nicht sinnvoll ist.[151] Zwischen den Einzelzielen besteht keine abstrakte Rangordnung.[152] Erst die konkrete Betrachtung der einzelnen Schutzgüter im räumlichen Kontext – auf der Basis der durch zahlreiche unbestimmte Rechtsbegriffe[153] konstituierten Ziele und gegebenenfalls operationalisiert durch die Landschaftsplanung – ermöglicht eine sachgerechte Abwägung gemäß § 2 Abs. 3. Im Übrigen wird das spezifische Gewicht der Schutzgüter auch durch die jeweiligen Steuerungsinstrumente (siehe z.B. das besondere Artenschutzrecht oder das Schutzgebietsregime Natura 2000) mitbestimmt. Die Sicherung des Naturhaushalts nimmt insoweit eine besondere Stellung ein, als dieser zum einen die einzelnen Naturgüter des § 7 Abs. 1 Nr. 2 umfasst und zum anderen neben dem Zielbereich der materiell-physischen Leistungen im engeren Sinn (funktionale Natur- und Landschaftshaushaltsbetrachtung) auch die Erhaltung der Diversität (Naturgüter im typologischen Sinn bzw. als spezifische Einzelausprägungen) als Aufgabe bzw. Grundziel beinhaltet.[154] Die Kataloge der Abs. 2–6 sind, wie sich aus dem jeweils verwendeten Wort „insbesondere" ergibt, nicht abschließend. Der Gesetzgeber hat durch die Bestimmungen Akzentuierungen und inhaltliche Klarstellungen vorgenommen, gleichzeitig aber auch in verschiedenen Bereichen auf eine nähere Konkretisierung verzichtet (siehe z.B. den umfassenden Zielbereich des § 1 Abs. 1 Nr. 3, der lediglich im Hinblick auf bestimmte Landschaften sowie die siedlungsbezogene Erholung spezifiziert wird).

50

2. Biologische Vielfalt

§ 1 Abs. 2 enthält drei spezifische Maßgaben, die das Grundziel der dauerhaften Sicherung der biologischen Vielfalt konturieren. Vorangestellt ist diesen drei Maßgaben das für die Biodiversitätssicherung zentrale Kriterium des **Gefährdungsgrades** (siehe dazu bereits Rn. 34). Die Formulierung „entsprechend dem jeweiligen Gefährdungsgrad" bedeutet, dass sich auf allen Ebenen der biologischen Vielfalt das Gewicht des jeweiligen Schutzgutes maßgeblich aus der Gefährdungseinstufung ergibt, soweit der Schutzgegenstand in Beziehung zu dieser Zieldimension gesetzt wird. Klarstellend sei hinzugefügt, dass sich diese Einstufung im Hinblick auf die beiden weiteren

51

---

150 Zur fehlenden systematischen Geschlossenheit der Grundsätze des § 2 BNatSchG (a.F.) *Gellermann*, NVwZ 2002, 1025 (1027); *Sparwasser/Engel/Voßkuhle*, Umweltrecht, § 6 Rn. 66; ebenso *Kloepfer*, Umweltrecht, § 11 Rn. 35.
151 BT-Drs. 16/12274, S. 50.
152 *Meßerschmidt*, BNatSchG, § 1 Rn. 80.
153 *Meßerschmidt*, BNatSchG, § 1 Rn. 75.
154 Zur besonderen Bedeutung des Naturhaushalts siehe BT-Drs. 14/6378, S. 35.

Zieldimensionen anders darstellen kann. Beispielsweise mag das Vorkommen einer noch häufigen, ungefährdeten Tier- oder Pflanzenart unter funktionell-landschaftsökologischen Gesichtspunkten oder für den Naturerlebniswert von hoher Bedeutung sein. Das zweite besonders wichtige Kriterium im Kontext Biodiversitätssicherung, nämlich das Maß der **Verantwortung**, die ein bestimmter Bezugsraum für die weltweite Erhaltung der jeweiligen Typen bzw. Einzelausprägungen hat, wird im Normtext nicht explizit genannt. Damit soll aber nicht die Berücksichtigung dieses aus naturschutzfachlicher Sicht anerkannten Gewichtungsmaßstabs[155] ausgeschlossen werden. Zudem nimmt das Gesetz an anderer einschlägiger Stelle ausdrücklich darauf Bezug, nämlich im Rahmen des Artenschutzes (siehe die Rechtsverordnungsermächtigung in § 54 Abs. 1 und 2 mit den Schutzkriterien Gefährdung und Verantwortlichkeit Deutschlands). Eine Zuordnung des Gefährdungsgrades erlauben insbesondere die Roten Listen.[156] Dies ist derzeit beispielsweise aus bundesweiter Perspektive für Wirbeltiere[157] und für Biotoptypen[158] der Fall. Darüber hinaus können Ansätze einschlägig sein, die im Zusammenhang mit konkreten Steuerungsinstrumenten stehen, so etwa der nationale Bericht gemäß Art. 17 der FFH-RL, bei dem der Erhaltungszustand der Arten gemeinschaftlicher Bedeutung bzw. der Lebensraumtypen systematisch bewertet wird.[159] Generell ist zur Einschätzung der Gefährdungssituation und der Gefährdungsursachen der jeweiligen Schutzgüter und damit für sämtliche Maßgaben des Zielbereichs Biodiversitätssicherung ein qualitativ hochwertiges Naturschutz-Monitoring[160] geboten (vgl. auch § 6).

a) Lebensfähige Populationen wild lebender Tiere und Pflanzen;
Austausch zwischen den Populationen (Nr. 1)

52 § 1 Abs. 2 Nr. 1 zielt auf die Schutzgüter Tiere und Pflanzen einschließlich ihrer jeweiligen konkreten Lebensstätten („regelmäßige Aufenthaltsorte", vgl. § 7 Abs. 2 Nr. 5). Angesprochen werden zunächst ganz generell **lebensfähige Populationen** wild lebender Tiere und Pflanzen. Unter Population versteht das Gesetz eine biologisch oder geografisch abgegrenzte Zahl von Individuen einer Art (§ 7 Abs. 2 Nr. 6). Während der Begriff „lebensfähig" auf die quantitative (Populationsgröße) und qualitative (z.B. Geschlechter-

---

155 Siehe beispielsweise *Gruttke* (Bearb.), Ermittlung der Verantwortlichkeit für die Erhaltung mitteleuropäischer Arten; *Ludwig/Schnittler*, NuL 2007, 536; *BfN* (Hrsg.), Daten zur Natur 2008, S. 17 ff., 21 ff.

156 Zur Methodik der Gefährdungsanalyse siehe *Ludwig* et al., in: Haupt et al., Rote Liste gefährdeter Tiere, Pflanzen und Pilze Deutschlands, Band Wirbeltiere (2009), 23 ff.; siehe auch *BfN* (Hrsg.), Daten zur Natur 2008, 25 ff.

157 *Haupt* et al., Rote Liste gefährdeter Tiere, Pflanzen und Pilze Deutschlands, Band Wirbeltiere (2009).

158 *Riecken* et al., Rote Liste der gefährdeten Biotoptypen Deutschlands (2006).

159 *Kruess* et al., NuL 2010, 282 (284), mit Hinweis auf *Balzer* et al., NuL 2008, 111; *Balzer* et al., in: Balzer/Dieterich/Kolk (Bearb.): Management- und Artenschutzkonzepte bei der Umsetzung der FFH-Richtlinie, S. 13 ff.

160 Siehe *Doerpinghaus/Dröschmeiser/Fritsche*, Naturschutz-Monitoring in Deutschland.

verteilung, Alter) Struktur der Population abstellt, bezieht der zweite Halbsatz (Austausch zwischen den Populationen sowie Wanderungen und Wiederbesiedlung) den Aspekt des sich räumlich abbildenden **Zusammenhangs der Populationen** mit ein.[161] Damit wird auch ein Bezug zu den Ansätzen des Biotopverbunds (§ 21 Abs. 1–4 und 5)[162] und der Biotopvernetzung (§ 21 Abs. 6) sowie zur räumlichen Ausprägung des Kohärenzgedankens des Natura 2000-Netzes (§§ 31 ff.) hergestellt. Die Umsetzung der generellen Anforderungen des Biotopverbunds, der Biotopvernetzung und der raumstrukturellen Komponente des Natura 2000-Netzes in ein konkretes Raumkonzept ist insbesondere der Landschaftsplanung aufgegeben (§ 9 Abs. 3 Satz 1 Nr. 4 lit. d)). Der populationsbezogene Ansatz des § 1 Abs. 2 Nr. 1 erlaubt die Berücksichtigung der ersten Organisationsebene der biologischen Vielfalt im Sinne der Legaldefinition in § 7 Abs. 1 Nr. 1 („einschließlich der innerartlichen Vielfalt").[163] Insgesamt ist im Rahmen dieser biodiversitätsbezogenen Zielmaßgabe die Verknüpfung mit dem Gefährdungskriterium von besonderer Relevanz, weil es im Rahmen der Zieldimension des § 1 Abs. 1 Nr. 1 nicht darum geht, möglichst viele lebensfähige Populationen irgendwelcher Arten zu erhalten oder zu fördern, sondern vor allem jene, bei denen die entsprechenden Arten einschließlich innerartlicher Diversifizierungen bedroht sind.

Einschlägig zur Umsetzung der Zielmaßgabe sind neben den genannten 53 Instrumenten im Kontext Biotopverbund verschiedenste **Steuerungsinstrumente** des Naturschutzrechts, so unter anderem Schutzgebiete, der Gesetzliche Biotopschutz und der allgemeine wie der besondere Artenschutz, die FFH-Verträglichkeitsprüfung sowie die Eingriffsregelung. Im Hinblick auf die Durchlässigkeit der Landschaft im Sinne der Erhaltung und Förderung der Austauschmöglichkeit zwischen den Populationen (einschließlich Wanderungsbewegungen und Wiederbesiedelung) sind auch die raumbezogene Gesamtplanung (qualifiziert durch die räumlichen Konkretisierungen der Landschaftsplanung) bzw. die einschlägigen Zulassungsverfahren der Infrastrukturfachplanung (ebenfalls unter Einbeziehung der FFH-Verträglichkeitsprüfung und der Eingriffsregelung; siehe auch § 1 Abs. 5 Satz 1 und 3) von Relevanz, für den Bereich der landwirtschaftlichen Nutzung auch die Maßgaben zur Guten fachlichen Praxis, hier insbesondere § 5 Abs. 2 Nr. 3.

b) Gefährdungen von natürlich vorkommenden Ökosystemen, Biotopen, Arten (Nr. 2)

In § 1 Abs. 2 Nr. 2 sind über die **Tier- und Pflanzenarten** hinaus auch 54 **Ökosysteme und Biotope** als Schutzgegenstände einbezogen. Nach der Gesetzesbegründung sind unter dem Begriff Ökosysteme Wirkungsgefüge aus Arten und Lebensgemeinschaften und ihrer unbelebten natürlichen und an-

---

161 Siehe für Viele dazu aus fachlicher Sicht *Amler* et al. (Hrsg.), Populationsbiologie in der Naturschutzpraxis.

162 *Burkhardt* et al., Empfehlungen zur Umsetzung des § 3 BNatSchG „Biotopverbund"; *Reck* et al., Lebensraumkorridore für Mensch und Natur.

163 Zur genetischen Diversität im Naturschutzkontext siehe am Beispiel von Pflanzengesellschaften *Donath/Eckstein*, NuLp 2008, 21.

thropogenen Umwelt zu verstehen.[164] Während der Begriff Biotop gemäß der Legaldefinition in § 7 Abs. 2 Nr. 4 gewissermaßen aus der Perspektive der Arten bestimmt wird (Lebensraum einer Lebensgemeinschaft wild lebender Tiere und Pflanzen), sollen Ökosysteme als ganzheitliche Erscheinungsformen der physischen Umwelt verstanden werden, bei der ausdrücklich auch die unbelebten Bestandteile mit umfasst sind. Jedenfalls in diesem integrierten Sinne werden somit auch das Gestein und die Geländegestalt in den biodiversitätsbezogenen Schutzgutbegriff einbezogen. Häufig werden allerdings in der praktischen Anwendung und zum Teil auch im Rahmen von konkreten Steuerungsinstrumenten mit dem Biotopbegriff bereits wesentliche Teile der Zönose (insbesondere der vegetationstypologische Teil) mit abgedeckt, sodass in diesen Fällen bereits von Ökosystemschutz (Ökosystem = Biotop + Biozönose) gesprochen werden kann.[165] Auch wenn insoweit ein definitorisch präziser Umgang mit den beiden Begriffen nicht immer gegeben ist, ist die ausdrückliche gesetzliche Bezugnahme auf Ökosysteme als umfassende Komplexschutzgüter dennoch zu begrüßen. Angesichts der Vielfalt und Anpassungsfähigkeit tierischen und pflanzlichen Lebens unterfallen auch physische Umwelten größter anthropogener Überprägung dem Biotopbzw. Ökosystembegriff (z.B. intensiv genutzte Siedlungs- und Infrastrukturbereiche). Vermutlich um zu verdeutlichen, dass es im Rahmen der Sicherung biologischer Vielfalt insbesondere um Biotope und Ökosysteme geht, die nicht oder nur in geringem Umfang von menschlichen Gestaltungseingriffen abhängen, hat der Gesetzgeber das Attribut „natürlich vorkommende" eingefügt. Ein anderes Verständnis, etwa die Beschränkung auf im engeren Sinn natürliche, also gänzlich ohne menschlichen Einfluss entstandene bzw. zu erhaltende Biotope und Ökosysteme, würde den Schutzauftrag in einer Weise verengen, wie er weder dem umfassenden Ansatz des § 1 Abs. 1 Nr. 1 i.V.m. § 7 Abs. 1 Nr. 1 noch den Schutzgutkonkretisierungen im Rahmen einzelner Steuerungsinstrumente (siehe etwa § 30 Abs. 2 Nr. 2, 3 – Einbeziehung kulturlandschaftsgeprägter Biotoptypen; vgl. auch die Lebensraumtypen des Anhangs I der FFH-RL) entsprechen würde. Eventuell soll auch eine Abgrenzung gegenüber nichtheimischen bzw. invasiven Arten getroffen werden (vgl. § 40). Ganz glücklich ist diese Formulierung angesichts ihres schwer fassbaren Gehalts allerdings nicht. Soweit eine typologische Ordnung von Natur und Landschaft fachinhaltlich bzw. methodisch möglich ist (siehe etwa den Biotoptyp als abstrahierter Typus aus der Gesamtheit gleichartiger Biotope)[166], lässt sich das Gefährdungskriterium des § 1 Abs. 2 auf die definierten typologischen Einheiten anwenden. I.d.S. sind dann besonders gefährdete Biotoptypen auch von besonderer Schutzwürdigkeit. Dies gilt in ähnlicher Weise für Ökosystemtypen. Mit der Maßgabe, Gefährdungen der betroffenen Schutzgüter entgegenzuwirken, ist die Handlungsebene angesprochen. So wie sich die jeweiligen Schutzgüter bezüglich ihres Gefährdungsgrades kategorisieren lassen, ist umgekehrt in vielen Fällen

---

164 BT-Drs. 16/12274, S. 50.
165 *Riecken*, NuL 2006, 12 (12).
166 *Riecken*, NuL 2006, 12 (12), unter Bezugnahme auf *Riecken* et al., 1994.

auch eine systematische Zuordnung von Gefährdungsfaktoren möglich.[167] Diese Gefährdungsfaktoren zu minimieren oder gänzlich aufzuheben zählt zum Zielkanon des Naturschutzrechts.

Wie auch bei Nr. 1 der Vorschrift sind hier verschiedenste **Steuerungsinstrumente** des Naturschutzrechts einschlägig. Hinzuweisen ist an dieser Stelle neben den verschiedenen Schutzgebietskategorien und den Regelungen des Gesetzlichen Biotopschutzes und des besonderen Artenschutzes auch auf die Eingriffsregelung.

55

c) *Repräsentative Verteilung von Lebensgemeinschaften und Biotopen; Landschaftsteile mit natürlicher Dynamik (Nr. 3)*

§ 1 Abs. 2 Nr. 3 enthält zwei Zielkonkretisierungen, bei denen es zwar inhaltliche Bezüge gibt, die aber gleichwohl auch einen jeweils eigenständigen Ansatz darstellen. Mit der ersten Maßgabe, **Lebensgemeinschaften und Biotope** mit ihren strukturellen und geografischen Eigenheiten in einer repräsentativen Verteilung zu erhalten, nimmt der Gesetzgeber auf einen naturschutzfachlichen Aspekt der Biodiversitätssicherung Bezug. Wie in Rn. 33 ausgeführt, spielen mit steigender Komplexität der Schutzgüter individuelle – d.h. sich in einem konkreten Objekt widerspiegelnde Merkmale – eine zunehmende Rolle. Der für den Diversitätsansatz zentrale Aspekt, „spezifisch verschieden" zu sein, lässt sich hier oftmals nicht allein mit einem Typusbegriff[168] erfassen. Vielmehr wird die besondere Qualität der jeweiligen Ausprägung i.S.v. Spezifität möglicherweise gerade aufgrund zusätzlicher Attribute wie Flächengröße, Nutzungsgeschichte bzw. Alter, Höhenlage, Kontinentalität u.s.f erreicht, die der Gesetzgeber mit den Begriffen „strukturelle und geografische Eigenheiten" erfasst. Da aber jede Lebensgemeinschaft und jeder konkrete Lebensraum sich im Detail von anderen individuellen Lebensgemeinschaften und Lebensräumen des gleichen Typus unterscheidet, muss eine sinnvolle Begrenzung des Schutzauftrags gefunden werden. Anderenfalls würde mit Inkrafttreten des Gesetzes die Erhaltung der in diesem Zeitpunkt vorfindlichen diversen Ausbildung an Biozönosen und Biotopen zum Zielauftrag des Naturschutzrechts erhoben.[169] Eine solche sinnvolle Begrenzung liegt in dem Ansatz der Sicherung einer **repräsentativen Verteilung**, also in einer Bewahrung dessen, was in fachlich angemessener Weise

56

---

167 Siehe etwa zu den Ursachen der Gefährdung von Biotoptypen *Riecken* et al., NuL 2010, 181.

168 Zu beachten sind in diesem Zusammenhang auch die unterschiedlichen Konkretisierungsgrade der typologischen Zuordnung, siehe z.B. die Biotoptypen des Gesetzlichen Biotopschutzes nach § 30: seggen- und binsenreiche Nasswiesen oder Bruch-, Sumpf- und Auenwälder, die Lebensraumtypen des Anhang I FFH-RL: 6510 Magere Flachland-Mähwiesen (Alopecurus pratensis, Sanguisorba officinalis) oder 9110 Hainsimsen-Buchenwald (Luzulo-Fagetum) und die Biotoptypen der Roten Liste Deutschlands 2006 (*Riecken* et al.): 34.07.01.01 artenreiche, frische Mähwiese der planaren bis submontanen Stufe oder 43.07.04.02 bodensaurer Buchenwald der planaren bis submontanen Stufe.

169 Vgl. *Meßerschmidt*, BNatSchG, § 1 Rn. 84.

die strukturelle und geografische Vielfalt innerhalb der betrachteten typologischen Grundformen abdeckt.

57 Die zweite Zielkonkretisierung bezieht sich ebenfalls auf konkrete räumliche Ausprägungen (hier: **Landschaftsteile**), spezifiziert diese aber mit dem Merkmal der **natürlichen Dynamik**. Damit trägt der Gesetzgeber der fachlich begründeten Einschätzung Rechnung, dass zu einem ganzheitlichen und umfassenden Naturschutz neben dem Ansatz der gezielten Sicherung von typologisch definierten Arten, Biozönosen, Biotopen und Ökosystemen auch das bewusste Zulassen natürlicher Entwicklungsprozesse gehört.[170] Unter Prozessschutz versteht man das Zulassen aller selbstständig und natürlich ablaufenden Vorgänge und Veränderungen auf natürlichen, kulturell oder technogen entstandenen Standorten, die ab sofort vom Menschen nicht aktiv beeinflusst werden.[171] Im Hinblick auf die Zielsystematik des § 1 Abs. 1 ist darauf hinzuweisen, dass sich der Prozessschutzansatz für alle drei Zieldimensionen als relevant erweist. Unter dem Gesichtspunkt Diversitätssicherung geht es um die Bewahrung oder Schaffung von Landschaftsteilen, die gerade durch das Zulassen eigendynamischer Entwicklungen geprägt sind. Dies können auch Ökosystem- oder Biotoptypen sein, zu deren Charakter definitionsgemäß bestimmte Erscheinungsformen dynamischer Prozesse gehören (z.B. großflächige, natürliche bzw. naturnahe Wälder oder Fluss- und Stromauen mit ihrer Überflutungsdynamik). Die typologische Zuordnung ist aber gerade nicht zwingend, geht es doch um die dynamische Entwicklung in der Landschaft als eigenständige Zielkonkretisierung, bei der durchaus auch neue, zufällige, typologisch nicht oder noch nicht systematisierte Ausprägungen entstehen. Aus der Perspektive der materiell-physischen Funktionen sind die Selbststeuerungsleistungen (siehe auch § 1 Abs. 3 Nr. 6) der betroffenen Ausprägungen des Naturhaushalts von Bedeutung (z.B. Verringerung der Pflegeintensität durch vollständige oder teilgesteuerte Eigendynamik). Schließlich ist im Kontext des Naturerlebnis- und Wahrnehmungswertes daran zu denken, dass ergebnisoffene, „natürliche" Entwicklungen und Einzelereignisse in besonderer Weise ein Gegengewicht zu dem umfassenden Steuerungs- und Gestaltungsimpetus moderner Zivilisationsgesellschaften repräsentieren (siehe § 1 Abs. 1 Nr. 3 sowie die beiden Zielkonkretisierungen in § 1 Abs. 4).[172] Aus großräumiger Sicht sind inhaltliche

---

170 Siehe auch das in der nationalen Biodiversitätsstrategie verankerte Ziel von 2 % Wildnisflächen (gemessen an der Gesamtfläche der Bundesrepublik Deutschland) bis zum Jahr 2020, BT-Drs. 16/7082, S. 22.

171 *Altmoss/Durka*, NuLp 1998, 291 (292); zur Fachdiskussion siehe etwa *Felinks/Wiegleb*, NuLp 1998, 298; *SRU*, Sondergutachten Naturschutz, 2002, Tz. 36; *Piechocki/Wiersbinski/Potthast/Ott*, Vilmer Thesen zum Prozessschutz, NuL 2004, 53; für eine gezielte Integration von anthropogenen Störungsintervallen in die Landschaft, da die Kleinräumigkeit bzw. Grundrechte und/oder Nachbarschaftsrechte des Einzelnen nicht alle ursprünglichen Prozesse mehr zuließen plädieren *Bönsel/Matthes*, NuL 2007, 323 (325).

172 § 1 Abs. 4 Nr. 1 (Naturlandschaften) umfasst, wie in Rn. 79 ausgeführt, eine über den konkreten Erlebniswert hinausgehende Zielkomponente im Sinne der Sicherung bestimmter Landschaftstypen und Einzellandschaften.

Schwerpunkte der Erhaltung und Reetablierung dynamischer Prozesse Küsten, Wälder[173], Fließgewässer und Auen, Stillgewässer (z.B. Seespiegelschwankungen), Moore, Hochgebirge sowie Felsgebiete[174], ehemalige militärische Übungsplätze (insbesondere bei geringem Zerschneidungsgrad und Nährstoffarmut) oder Bergbaufolgelandschaften[175]. Formen der Dynamik stellen zeitlich befristete, unvorhersagbare (stochastische) bzw. episodische Ereignisse dar. Hierzu zählen beispielsweise: Extreme Hochwasser und Überflutungen, Eisschur, Sturmfluten, Bergrutsche, Erosionsvorgänge, Wind- und Eisbruch, Feuer, Einfluss von Großherbivoren, Biber usw., Massenentwicklung von Phytophagen und Parasiten. Durch diese natürlichen Prozesse werden u.a. immer wieder Pioniersituationen geschaffen, wie z.B. neue Kiesbänke und Anlandungen, Schotter-, Geröllflächen und Abbruchkanten an Fließgewässern oder Meeresküsten oder es wird die natürliche Sukzession um viele Stufen zurückgedreht (z.B. durch Waldbrand oder Windwurf).[176]

Aus räumlich-konzeptioneller Sicht ist auch hier wieder die Landschaftsplanung angesprochen, in **Schutzgebieten** sind spezielle Pflege- und Entwicklungs- bzw. Managementpläne in Verbindung mit der jeweiligen Schutzgebietsverordnung zu entwickeln bzw. heranzuziehen. Einschlägig ist hier zunächst die Schutzgebietskategorie Nationalpark (§ 24)[177], aber etwa auch Naturschutzgebiete (§ 23) oder Biosphärenreservate mit ihren Kernzonen (§ 25) kommen in Frage. Darüber hinaus ist an eigentumsrechtlich orientierte Strategien (z.B. Einbeziehung von Flächen der öffentlichen Hand, vgl. § 2 Abs. 4; naturschutzbezogene private Stiftungen[178]) sowie an die Zusammenarbeit mit anderen Fachverwaltungen (z.B. Forstwirtschaft, Wasserwirtschaft, Bergrechtsbehörden u.a., vgl. § 2 Abs. 2) zu denken. 58

3. Leistungs- und Funktionsfähigkeit des Naturhaushalts

a) Wirkungsgefüge des Naturhaushalts; Naturgüter (Nr. 1)

Gemäß § 1 Abs. 3 Nr. 1, 1. Halbs. sind die räumlich abgrenzbaren Teile des Wirkungsgefüges des **Naturhaushalts** im Hinblick auf die prägenden biologischen Funktionen, Stoff- und Energieflüsse sowie landschaftlichen Strukturen zu schützen. Die Vorschrift macht zweierlei deutlich: Zum einen den umfassenden, ganzheitlichen Ansatz des Naturschutzrechts, der die gesamte physische Umwelt umfasst, soweit sie im landschaftsökologischen Sinne von Relevanz ist, d.h. zum „Haushalt der Natur" im konkreten Raum gehört. 59

---

173 *Scherzinger*, Naturschutz im Wald – Qualitätsziele einer dynamischen Waldentwicklung, S. 118.

174 *Knapp*, in: Finck et al., Schutz und Förderung dynamischer Prozesse in der Landschaft, S. 401 (408).

175 *Haucke*, in: Finck et al., Schutz und Förderung dynamischer Prozesse in der Landschaft, S. 375 (381 ff.).

176 *Riecken* et al., in: Finck et al., Schutz und Förderung dynamischer Prozesse in der Landschaft, S. 7 (8 f.).

177 Zu möglichen Konflikten in Nationalparks zwischen Arten- und Biotopschutz auf der einen und Prozessschutz auf der anderen Seite siehe beispielsweise *Kuhn*, NuL 2007, 56 (hier: Nationalpark Eifel).

178 Vgl. *Hoheisel/Schweiger*, NuLp 2009, 101.

Zum zweiten, dass der Naturhaushalt nur durch mehrfache Konkretisierung erschlossen werden kann, wobei das Verständnis als Haushalt eines bestimmten Landschaftsraums insbesondere auf das Instrument der Landschaftsplanung verweist.[179] Der Zielmaßgabe wurde bereits in der Vorgängerfassung eine große Bedeutung auch für die Auslegung, Anwendung und Tragweite der übrigen Grundsätze bzw. jetzt: Zielkonkretisierungen, zugesprochen.[180]

60 Auch die Maßgaben bezüglich der **Nutzungsfähigkeit der Naturgüter** wirken auf die weiteren Zielmaßgaben ein, ebenso auch auf andere Vorschriften des Gesetzes, soweit diese im Rahmen der Auslegung und Anwendung (Abwägung/Ermessen) entsprechend Raum lassen bzw. auf Konkretisierung angelegt sind. So war das Gebot der umweltschonenden Flächennutzung insbesondere durch die land- und forstwirtschaftliche Nutzung (vgl. § 5) im Grundsatz des § 2 Abs. 1 Nr. 2 BNatSchG a.F. (nachhaltige Nutzung der Naturgüter) niedergelegt[181], der nun in § 1 Abs. 3 Nr. 1, 2. und 3. Halbs. aufgegangen ist.[182]

61 Sich **nicht erneuernde Naturgüter** sind sparsam und schonend zu nutzen (§ 1 Abs. 3 Nr. 1, 2. Halbs.). Nicht erneuerbare Naturgüter sind solche, die von der Natur nicht mehr oder nur in sehr langen Zeiträumen geschaffen werden.[183] Hierzu zählen Bodenschätze (soweit diese Bestandteil des Begriffs Natur und Landschaft sind, siehe Rn. 13 ff.), der Boden, Tier- und Pflanzenarten[184] sowie bestimmte Biotop- und Landschaftstypen.[185] Hinzu können bestimmte konkrete Ausprägungen von Natur und Landschaft kommen, die auf Grund von Beeinträchtigungen nicht oder nur mit erheblichem Aufwand regenerationsfähig sind, so etwa Grundwasserverhältnisse in einer spezifischen räumlichen Situation.[186] Das Gebot der Sparsamkeit bezieht sich auf eine Nutzung durch Substanzverbrauch, die Maßgabe „schonend" auf eine Minimierung der Beeinträchtigung.[187]

---

179 *Gassner*, in: Gassner/Bendomir-Kahlo/Schmidt-Räntsch, BNatSchG, § 2 a.F. Rn. 42.

180 *Marzik/Wilrich*, BNatSchG, § 2 a.F. Rn. 13.

181 *Rehbinder*, in: Czybulka (Hrsg.), Wege zu einem wirksamen Naturschutz: Das neue BNatSchG – Analyse und Kritik (2004), S. 30 (36).

182 Zur Guten fachlichen Praxis in der Landwirtschaft siehe *Knickel/Janßen/Schramek/ Käppel*, Naturschutz und Landwirtschaft: Kriterienkatalog zur „Guten fachlichen Praxis"; *Plachter/Stachow/Werner*, Methoden zur naturschutzfachlichen Konkretisierung der „Guten fachlichen Praxis" in der Landwirtschaft; Agena, NuR 2012, 297; *Möckel*, ZUR 2014, 14; Zur Guten fachlichen Praxis der Forstwirtschaft siehe *Winkel/Schaich/ Konold/Volz*, Naturschutz und Forstwirtschaft: Bausteine einer Naturschutzstrategie im Wald.

183 *Meßerschmidt*, BNatSchG, § 1 Rn. 89.

184 *A. Schumacher/J. Schumacher*, in: Schumacher/Fischer-Hüftle, BNatSchG, 2. Aufl. 2011, § 1 Rn. 94; *Meßerschmidt*, BNatSchG, § 1 Rn. 89; *Kolodziejcok*, in: Kolodziejcok/Endres/ Krohn/Markus, NLJ, § 2 BNatSchG Rn. 52.

185 *Marzik/Wilrich*, BNatSchG, § 1 a.F. Rn. 29.

186 *Marzik/Wilrich*, BNatSchG, § 1 a.F. Rn. 29.

187 Vgl. *Kolodziejcok*, in: Kolodziejcok/Endres/Krohn/Markus, NLJ, § 2 BNatSchG Rn. 52.

Sich **erneuernde Naturgüter** dürfen nur so genutzt werden, dass sie auf   62
Dauer zur Verfügung stehen (§ 1 Abs. 3 Nr. 1, 3. Halbs.). Zu den erneuerbaren Naturgütern zählen grundsätzlich das Wasser, Luft und Klima sowie die
Populationen von Tieren und Pflanzen. Die Betonung liegt auf grundsätzlich,
denn beispielsweise Wasservorräte (siehe Rn. 68 ff.) können so stark beeinträchtigt werden, dass eine Erneuerung i.S.v. Regeneration nicht oder jedenfalls nur in sehr langen Zeiträumen vorstellbar ist. Tiere und Pflanzen sind
zwar einerseits reproduktionsfähig, andererseits unterliegt die „Erneuerbar-
keit" von lokalen bzw. regionalen Populationen deutlichen Einschränkungen.
Sowohl für die Zielfindung in Bezug auf konkrete Raumausschnitte als auch
für die Bewertung kann daher als allgemein anerkannter Grundsatz gelten,
dass im Zweifelsfall die Priorität in der Erhaltung bestehender schutzwürdiger und schutzbedürftiger Lebensräume liegt, weil Regenerierung oder gar
Neuetablierung oft nicht, nur bedingt oder erst nach sehr langen Zeiträumen
möglich ist.[188] Dabei ergeben sich die Grenzen der Regenerierbarkeit insbesondere aufgrund veränderter abiotischer Rahmenbedingungen, der fehlenden Präsenz der Arten im Raum (fehlende Zuwanderungsmöglichkeit) und
der Reife- bzw. Entwicklungszeit wertbestimmender Ausprägungen (z.B. Totholz großer Mächtigkeit).[189] Vielfach gut regenerier- und ersetzbar sind beispielsweise Lebensstätten mit hoher natürlicher Dynamik („Pionierbiotope")
und auf diese Bedingungen in der Ausbreitungsökologie angepasste Tier-
und Pflanzenarten wie etwa Einjährigengesellschaften. Auf der anderen Seite
gibt es Ökosysteme, wie beispielsweise ausgereifte Hochmoore oder ursprüngliche Wälder, die in ihrer natürlichen Identität in überschaubaren Zeiträumen nicht neu geschaffen werden können. So lässt sich Wald zwar sehr
schnell neu anpflanzen – bis daraus aber eine vollständige Gesellschaft mit
allen Altholzspezialisten wird, vergehen ausgesprochen lange Zeiträume.[190]

Der Verbrauch erneuerbarer Ressourcen hat sich nach ihrer **Regenerations-**   63
und Reproduktionsfähigkeit zu richten.[191] Damit liegt immerhin ein opera-
tionalisierter Maßstab vor, der den nicht erneuerbaren Naturgütern fehlt.[192]
Ansätze, diese methodische Schwäche auszugleichen, sind fixierte Naturschutzziele, wie sie etwa in der Landschaftsplanung, aber auch in programmatischen Vereinbarungen (z.B. Nationale Biodiversitätsstrategie), verbindlichen
Konventionen (z.B. Biodiversitätskonvention) und in konkreten Steuerungsinstrumenten (z.B. Natura 2000) enthalten sind.

b) Böden; versiegelte Flächen (Nr. 2)

Gemäß § 1 Abs. 3 Nr. 2, 1. Halbs. sind Böden so zu erhalten, dass sie ihre   64
Funktion im Naturhaushalt erfüllen können. Unter **Boden** versteht man die
aus verwittertem Gestein und organischer Substanz bestehende oberste
Schicht der Erdrinde. Boden ist also ein Umwandlungs- und Vermischungs-

---

188 *Riecken*, NuL 1992, 527 (534).
189 *Riecken*, NuL 1992, 527; Kaule, Arten- und Biotopschutz, S. 264 ff.
190 *Blab*, Grundlagen des Biotopschutzes für Tiere, 1993, S. 44 f.
191 *Meßerschmidt*, BNatSchG, § 1 Rn. 89.
192 *Meßerschmidt*, BNatSchG, § 1 Rn. 89.

produkt aus mineralischen und organischen Substanzen.[193] Der Begriff des Bodens darf nicht vorschnell unter Rückgriff auf die in § 2 Abs. 1 BBodSchG enthaltene Definition bestimmt werden. So wird der dort vorgenommene Ausschluss der Gewässerbetten den spezifischen Zwecksetzungen des Naturschutzrechts nicht gerecht. Vielmehr bleibt es dabei, dass Boden im Kontext des Naturschutzes und der Landschaftspflege als die oberste, von Tieren und Pflanzen belebte Schicht der Erdoberfläche auf dem festen Land und unter der Wasserfläche in Bächen, Flüssen, Seen und im Meer anzusehen ist.[194] Überhaupt stehen BBodSchG und BNatSchG grundsätzlich nebeneinander. Soweit nicht einzelne Bestimmungen des BBodSchG als lex specialis vorgehen (was jeweils durch Auslegung zu bestimmen ist), bleibt Raum für die entsprechenden Naturschutznormen. Selbst die umfassende Definition der **Bodenfunktionen** im BBodSchG muss nicht notwendigerweise alles abdecken, was der Begriff des Naturgutes einschließt[195], umgekehrt kann der naturschutzrechtliche Funktionsbegriff insbesondere im Hinblick auf einige stark nutzungs- und verwertungsbezogenen Funktionen des BBodSchG auch enger sein. Dabei beziehen sich die Funktionen des Bodens in § 1 Abs. 3 Nr. 2 ausdrücklich auf den Naturhaushalt. Die Gesetzesbegründung stellt hinsichtlich des Schutzes der Bodenfunktionen im Sinne des § 1 Abs. 3 Nr. 2 insbesondere auf die Filter-, Puffer- und Stoffumwandlungseigenschaften sowie auf die Lebensraumfunktion und die natürliche Fruchtbarkeit ab.[196] In Verbindung mit den Maßgaben des § 1 Abs. 1 und der übergreifenden Regelung in § 1 Abs. 3 Nr. 1 lassen sich danach folgende Funktionsbereiche ausdifferenzieren[197]: die **Lebensraumfunktion** für Bodenorganismen (Edaphon), Pflanzen/Vegetation (Standort) und Tiere (Habitatfunktion); die **Regler- und Speicherfunktion** (Wasserkreislauf mit Wasserspeicherung, Wasserrückhaltung, Grundwasserneubildung; Nährstoffkreisläufe); die **Filter- und Pufferfunktion** (u.a. mechanischer Filter; Pufferung potenzieller Schadstoffe, Säurepufferung); die **biotische Ertragsfähigkeit** bzw. die natürliche Ertragsfunktion des Bodens (ergänzend zur allgemeinen Funktion als Pflanzenstandort); Boden als **spezifische Ausprägung von Natur und Landschaft** (Archivfunktion, d.h. Böden als „Dokument" der Natur- und der Kulturgeschichte; Böden als Ausdruck der Eigenart).

65 Bei den aufgeführten **Funktionsbereichen** ist der Boden einerseits selbst Schutzgut, andererseits teilweise auch schützendes Medium bzw. Lebensraumbestandteil gegenüber anderen Handlungsgegenständen. Mit der biotischen Ertragsfähigkeit bzw. der natürlichen Ertragsfunktion[198] des Bodens ist nicht die unmittelbare landwirtschaftliche Produktionsfunktion, sondern die dauerhafte Vorhaltung eines nutzungsfähigen Naturgutes angesprochen.

---

193 *Wittig/Streit*, Ökologie, S. 190.
194 *Gellermann*, in: Landmann/Rohmer, Umweltrecht, BNatSchG, § 2 a.F. Rn. 12.
195 *Gassner*, in: Gassner/Bendomir-Kahlo/Schmidt-Räntsch, BNatSchG, § 2 a.F. Rn. 48.
196 BT-Drs. 16/12274, S. 50.
197 Vgl. *Bosch & Partner/Wolf*, Wiederherstellungsmöglichkeiten von Bodenfunktionen im Rahmen der Eingriffsregelung, S. 46 ff.
198 Vgl. *von Haaren*, Landschaftsplanung, S. 141 ff. und S. 314 ff.; *Jessel/Tobias*, Ökologisch orientierte Planung, S. 160 ff.

Da auch für andere, ungenau als „ökologisch" bezeichnete, Funktionen deren potenzielle Zweckdienlichkeit für den Menschen zu Recht argumentativ ins Feld geführt wird (z.B. Grundwasserneubildung und Grundwasserschutz auch im Hinblick auf potenzielle Beiträge zur Trinkwasserversorgung) ist dieser Ansatz auch im Hinblick auf die aus § 1 Abs. 1 herausgearbeiteten Zieldimensionen und -bereiche schlüssig. Soweit der Boden als spezifische Ausprägung von Natur und Landschaft betrachtet wird, ist zugleich der Zielbereich des § 1 Abs. 1 Nr. 3 betroffen. Da es sich bei Böden aber um Bestandteile des Naturhaushalts (§ 7 Abs. 1 Nr. 2) und zugleich um sich nicht bzw. nur in sehr langen Zeiträumen erneuernde Naturgüter handelt, ergibt sich auch eine Zuordnung zum Naturhaushaltsschutz des § 1 Abs. 1 Nr. 2 i.S.d. Typusschutzes. Der durch den Naturhaushaltsschutz bewirkte Sicherungsauftrag gegenüber bestimmten Bodentypen, Bodenformen und anderen bodenbezogenen Kategorisierungen umfasst dabei also auch die geoökologische Diversitätssicherung im Hinblick auf zukünftige Generationen und kommt gleichzeitig, gewissermaßen als Reflex, den Funktionsbereichen des § 1 Abs. 1 Nr. 3 im Sinne des Naturerlebniswertes zugute. Unter dem Gesichtspunkt der geoökologischen Diversitätssicherung ist dabei herauszuarbeiten, welche typologischen Ausprägungen dauerhaft zu erhalten sind und welche Bedeutung dem konkreten Planungsraum dabei zukommt. Dies zu operationalisieren ist Aufgabe der Landschaftsplanung, die im Kontext Boden generell sowohl besondere Leistungsfähigkeiten (Eignungen) als auch Empfindlichkeiten raumbezogen dargestellt.[199]

Über die spezifischen Funktionsbereiche hinaus gehört der **generelle Bodenschutz** zum Zielkanon des Naturschutzrechts, der mit dem Freiraumschutz einhergeht, soweit Freiraum als nicht versiegelte/bebaute Fläche definiert wird. Instrumentell ist hier insoweit auf die durch die Landschaftsplanung unterstützte Vertretung der Naturschutzbelange im Rahmen der raumbezogenen Gesamtplanung und der Infrastrukturplanung zu verweisen. In der Gesamtfläche ist die landwirtschaftliche Nutzung ein entscheidendes Handlungsfeld des Bodenschutzes. Hierfür sind raumkonkrete, operationalisierbare Maßgaben im Rahmen der Guten fachlichen Praxis (siehe § 5 Abs. 2) erforderlich. Je nach spezifischer Problemlage kann Boden in seinem Bestand auch durch die Ausweisung als Schutzgebiet gesichert oder wiederhergestellt werden[200], wobei hier insbesondere qualifizierten Landschaftsschutzgebieten eine wichtige Rolle zukommen kann.   66

Nach Halbs. 2 der Regelung sind nicht mehr genutzte **versiegelte Flächen** zu renaturieren, oder, soweit eine Entsiegelung nicht möglich oder nicht zumutbar ist, der natürlichen Entwicklung zu überlassen. Renaturierung meint Aufbruch der Versiegelung und damit das Zugänglichmachen des versiegelten Bodens zunächst für den pflanzlichen Bewuchs, also nicht Herstellung des ursprünglichen Zustands, sondern Schaffung der Voraussetzungen, dass eine Besiedelung mit standortgeeigneten Lebensgemeinschaften erfolgen kann.[201]   67

---

199 Vgl. etwa *Jungmann*, Arbeitshilfe Boden und Wasser, S. 101 ff.

200 *Kloepfer*, Umweltrecht, § 12 Rn. 52.

201 *Kolodziejcok*, in: Kolodziejcok/Endres/Krohn/Markus, NLJ, § 1 BNatSchG Rn. 57.

Bei der natürlichen Entwicklung ist die Inbesitznahme durch die Natur zu dulden und zu fördern, störende menschliche Eingriffe in diesem Prozess sind zu unterlassen bzw. zu verhindern. Die Wahl zwischen den beiden genannten Alternativen erfordert die Prüfung der Verhältnismäßigkeit der gegebenenfalls mit erheblichem Aufwand verbundenen aktiven Entsiegelung. Dabei ist auch zu berücksichtigen, welche Schutzgüter des Naturschutzes in welchem Umfang von der Entsiegelungsmaßnahme profitieren würden und ob mit den erforderlichen Finanzmitteln nicht effizienter an anderer Stelle Naturschutzziele erreicht werden können. Nicht unterschieden wird bei der Vorschrift, ob die versiegelte Fläche nicht mehr für ihre frühere Nutzung oder eine neue, andersartige Nutzung benötigt wird. Daraus lässt sich auch die Forderung ableiten, dass vor einer Inanspruchnahme neuer, bisher nicht versiegelter Flächen, bereits versiegelte, aber „aufgegebene" Flächen umzuwidmen und anders neu zu nutzen sind.[202]

c) Meeres- und Binnengewässer; Hochwasserschutz; Grundwasserschutz; Niederschlags-Abflusshaushalt (Nr. 3)

68   Nach § 1 Abs. 3 Nr. 3, 1. Halbs. sind Meeres- und Binnengewässer vor Beeinträchtigungen zu bewahren und ihre natürliche Selbstreinigungsfähigkeit und Dynamik zu erhalten. Dies gilt nach Halbs. 2 insbesondere für natürliche und naturnahe Gewässer einschließlich ihrer Ufer, Auen und sonstigen Rückhalteflächen. Mit dem Begriff **Meeresgewässer** nimmt der Gesetzgeber Bezug auf Kapitel 6 bzw. § 56 Abs. 1, wonach die Vorschriften des BNatSchG auch im Bereich der Küstengewässer und, mit Ausnahme der Landschaftsplanung, auch – nach Maßgabe des Seerechtsübereinkommens und der Abs. 1 nachfolgenden Vorschriften – im Bereich der deutschen ausschließlichen Wirtschaftszone und des Festlandssockels gelten.[203] **Binnengewässer** sind stehende und fließende Gewässer des Festlands einschließlich der Quellen. Zu den Binnengewässern gehört zwar grundsätzlich auch das Grundwasser.[204] Aus dem nachfolgenden Halbsatz („einschließlich ihrer Ufer, Auen und sonstigen Rückhalteflächen") und der expliziten Bezugnahme auf das Grundwasser in Halbs. 4 dürfte sich allerdings ergeben, dass an dieser Stelle in erster Linie die oberirdischen Gewässer gemeint sind. Die Vorschrift statuiert in umfassender Form die Maßgabe, dass prinzipiell alle Gewässer vor Beeinträchtigungen zu schützen sind und akzentuiert dies durch Herausstellung der naturschutzspezifischen Gewässermerkmale der **natürlichen Selbstreinigungsfähigkeit** und **Dynamik**. Ungeachtet des für den Gewässerschutz so wichtigen Wasserrechts[205] wird damit klargestellt, dass die Gewässer auch für den Aufgabenbereich des Naturschutzes und der Landschaftspflege eine maßgebliche Rolle spielen. Angesichts der umfas-

---

202 *Kolodziejcok*, in: Kolodziejcok/Endres/Krohn/Markus, NLJ, § 1 BNatSchG Rn. 57.

203 Zum Meeresnaturschutz siehe etwa *Wende* et al., NuLp 2007, 79; *Krause/Henning von Nordheim*, NuL 2008, 118.

204 Aus dem fachlichen Schrifttum siehe etwa *Wittig/Streit*, Ökologie, S. 135.

205 Zum Verhältnis Naturschutz und Wasserrahmenrichtlinie siehe etwa: *Fuchs* et al., Wasserrahmenrichtlinie und Natura 2000; *Korn/Jessel/Hasch/Mühlinghaus*, Flussauen und Wasserrahmenrichtlinie.

senden räumlichen Zuständigkeit des Naturschutzes („besiedelter und unbesiedelter Bereich"), der zentralen Rolle von Wasser und Gewässern im Naturhaushalt und den zahlreichen an Gewässer gebundene Tier- und Pflanzenarten bzw. gewässerspezifischen Biotop-, Ökosystem- und Landschaftstypen (z.B. große Stromauen; Seenlandschaften) sowie der besonderen Bedeutung der Gewässer für Naturerlebnis und Erholung kann dies auch gar nicht anders sein. Die Betonung des Merkmals der natürlichen Dynamik fügt sich ein in die auch an weiteren Stellen der Zielmaßgaben vorgenommenen Stärkung der prozesshaften Eigenentwicklung von Natur und Landschaft (siehe auch § 1 Abs. 2 Nr. 3, 2. Halbs., Abs. 3 Nr. 6 sowie Abs. 4 Nr. 1 – Naturlandschaften).[206]

Halbs. 2 hebt die Bedeutung **natürlicher und naturnaher Gewässer** hervor   **69** und bezieht dabei ihre **Ufer, Auen und sonstigen Rückhalteflächen** mit ein. Ausdrücklich wird damit eine integrative Einheit von Gewässer und den damit unmittelbar verbundenen Landflächen zur Grundlage gemacht, wie dies für einen modernen Gewässerschutz schon lange als zielführend gilt. Flüsse und Bäche bilden mit ihren Auen und anderen mit ihnen verknüpften Rückhalteflächen eine untrennbare Einheit, was entsprechend angepasste Nutzungsformen auf diesen Flächen geboten sein lässt. Die Abwehr von Beeinträchtigungen und die Erhaltung der natürlichen Selbstreinigungsfähigkeit und Dynamik gilt als Gebot in gesteigerter Form für die natürlichen und naturnahen Gewässer, also für solche, die sich noch in einem natürlichen bzw. naturnahen Zustand befinden oder die in einen entsprechenden Zustand bereits zurückgeführt wurden. Diese aus Naturschutzsicht besonders wertvollen Gewässerökosysteme werden durch die Vorschrift somit in ihrer Bedeutung hervorgehoben. Da der Gesetzgeber aber die Formulierung „insbesondere" in Halbs. 2 verwendet und die Begriffe schützen, bewahren oder erhalten aber immer auch die Pflege und Entwicklung bzw. – soweit erforderlich – auch die Wiederherstellung umfassen (§ 1 Abs. 1, Halbs. 2), bezieht sich die Maßgabe in einem erweiterten Sinn auch auf die zukünftig erforderliche naturnahe Umgestaltung von Gewässern, soweit ein entsprechendes Entwicklungspotenzial vorhanden ist und die räumliche Gesamtsituation dies zulässt.

Hochwasserschutz hat gemäß § 1 Abs. 3 Nr. 3, 3. Halbs. auch durch natür-   **70** liche oder naturnahe Maßnahmen zu erfolgen. Damit wird zunächst der in Rn. 69 aufgezeigte Funktionszusammenhang von Fluss- und Bachlauf auf der einen und der damit verknüpften Aue auf der anderen Seite aufgegriffen: Die Erhaltung oder Rückgewinnung von Überschwemmungsflächen[207] und deren hochwasserangepasste Nutzung bzw. Ausprägung (z.B. Grünland; Sukzessionsflächen bzw. feuchte Hochstaudenfluren; (Au-)Wald) dient dem vorsorgenden Hochwasserschutz und erfüllt häufig (in Abhängigkeit von der konkreten Ausgestaltung, z.B. der Intensität der Grünlandnutzung) zugleich Naturschutzziele. Darüber hinaus können in manchen Fällen auch bei stär-

---

206 Zur eigendynamischen Gewässerentwicklung siehe etwa *Groll*, NuLp 2009, 193.
207 Zum Ausmaß des Verlustes an natürlichen Überschwemmungsgebieten siehe *BfN* (Hrsg.), Flussauen in Deutschland.

ker technisch ausgelegten Hochwasserschutzmaßnahmen, z.B. gesteuerte Polder, Naturschutzziele integriert werden. Die Vorschrift ruft dazu auf, diese Möglichkeiten zu nutzen.

71 Nach Halbs. 4 ist für einen **vorsorgenden Grundwasserschutz** sowie für einen ausgeglichenen Niederschlags-Abflusshalt auch durch Maßnahmen des Naturschutzes und der Landschaftspflege Sorgen zu tragen. Damit wird klargestellt, dass Naturschutz und Landschaftspflege auch im Bereich vorsorgender Grundwasserschutz einen umfassenden, wenn auch gegenüber dem Wasserrecht ergänzenden, Handlungsauftrag haben. Der vorsorgende Grundwasserschutz umfasst quantitative und qualitative Aspekte. In quantitativer Hinsicht geht es um die Verhinderung dauerhafter oder vorübergehender (aber dennoch schutzgutrelevanter) Grundwasserabsenkungen, qualitativ meint die Abwehr von stofflichen bzw. generell von Zustandsbeeinträchtigungen des Grundwassers. Einschlägig sind hier im Aufgabenspektrum des Naturschutzes unter anderem die Auswirkungen bodengebundener Landnutzungen, mit denen sich die Landschaftsplanung in flächendeckender und eben gerade perspektivisch-vorsorgender Form zu beschäftigen hat[208] sowie die Erarbeitung spezifischer Schutz- und Gefährdungsprofile von bestimmten Schutzgütern. Hinzu kommt die ebenfalls flächendeckend zu behandelnde Aufgabe, für einen **ausgeglichenen Niederschlags-Abflusshaushalt** Sorge zu tragen. Der Begriff „ausgeglichen" enthält eine normative Komponente, deren Sinngehalt sich aus funktionaler Perspektive ergibt. Dies überschneidet sich in Teilbereichen mit dem Gebot vorsorgenden Hochwasserschutzes und dem geforderten Beitrag zum quantitativen vorsorgenden Grundwasserschutz, reicht aber darüber hinaus. Umfasst sind auch die Abwehr von Beeinträchtigungen in der Gesamtfläche jenseits des Hochwasserschutzes, z.B. durch Starkniederschläge und ihre Auswirkungen auf Hanglagen (Erosion, Erdrutsche u.a.) und die generelle Maßgabe der Wasserrückhaltung, wo dies aus Sicht der Funktionen des Landschaftshaushalts sachdienlich erscheint.[209] Im letztgenannten Sinn erlangt die Maßgabe z.B. Relevanz im Hinblick auf die Speisung von Quellen, Fließgewässern (Stichwort: Mindestwasserführung), Tümpeln, Gräben etc., die als komplexe Schutzgüter des Naturschutzes und der Landschaftspflege von erheblicher Bedeutung sind.

d) Luft und Klima; erneuerbare Energien (Nr. 4)

72 Nach § 1 Abs. 3 Nr. 4 sind Luft und Klima auch durch Maßnahmen des Naturschutzes und der Landschaftspflege zu schützen; dies gilt insbesondere für Flächen mit günstiger lufthygienischer Wirkung wie Frisch- und Kaltluftentstehungsgebiete oder Luftaustauschbahnen. Im Unterschied zur Vorgängerregelung umfasst die Vorschrift nicht mehr sämtliche schädlichen Umwelteinwirkungen im Sinne des § 3 Abs. 1 BImSchG, sondern jetzt ausschließlich

---

208 Vgl. methodisch zum vorsorgenden (quantitativen und qualitativen) Grundwasserschutz *Jessel/Tobias*, Ökologisch orientierte Planung, 2002, S. 189 ff.; *Sander*, in: von Haaren (Hrsg.), Landschaftsplanung, S. 168 ff. und S. 328 ff.
209 Zur Retentionsfunktion *Sander*, in: von Haaren (Hrsg.), Landschaftsplanung, S. 182 ff. und S. 337 ff.

Mengel

Luft und Klima, weshalb z.B. Lärm, Licht und Erschütterungen ausscheiden.[210] Angesichts der Hervorhebung der Bedeutung von Naturschutz und Landschaftspflege auch für den Schutz der menschlichen Gesundheit in § 1 Abs. 1 ist allerdings nicht davon auszugehen, dass etwa Beeinträchtigungen durch **Lärm** oder **Licht** vom Aufgabenbereich ausgenommen sein sollen. Vielmehr sind diese Beeinträchtigungsformen im Zusammenhang mit den generellen Maßgaben der Erholungsfunktion aufzugreifen. Weiter können sie im Hinblick auf faunistische Schutzgüter (Störungen) einschlägig sein (siehe § 1 Abs. 2 und Abs. 3 Nr. 5). Auch der Hinweis auf die **besonders empfindlichen Bestandteile des Naturhaushalts** in § 2 Abs. 1 Nr. 5, 2. Halbs. BNatSchG a.F. wird in der Neufassung nicht als Formulierung übernommen, gehört aber inhaltlich über die allgemeinen Maßgaben des Naturhaushaltsschutzes in Abs. 3 Nr. 1 nach wie vor implizit zum Zielekatalog des Naturschutzes. Jede räumlich differenzierte Betrachtung der Funktionsfähigkeit des Naturhaushalts verlangt auch eine Einbeziehung der Empfindlichkeit der jeweiligen Schutzgüter, die in der Landschaftsplanung darzustellen und im Rahmen von Fachplanungen (z.B. Verkehrswegebau, Abfallplanung, wasserwirtschaftliche Planung), insbesondere aber auch im Rahmen von Lärmminderungs- und Luftreinhalteplänen, zu berücksichtigen ist.

Die Wendung „auch durch Maßnahmen des Naturschutzes" macht deutlich, 73 dass daneben Aufgabenbereiche existieren, die sich ebenfalls, im Falle des Immissionsschutzrechts sogar zentral, um die Schutzgüter Luft und Klima kümmern. Der Gesetzgeber hat aber mit § 1 Abs. 3 Nr. 4, 2. Halbs. deutlich gemacht, in welchem Handlungsfeld eine besondere Kompetenz von Naturschutz und Landschaftspflege besteht, nämlich in der flächenbezogenen Betrachtung der Landschaft unter **landschaftsökologisch-funktionalen Gesichtspunkten**.[211] Unter Kaltluft ist dabei die bei windstillen, antizyklonalen Wetterlagen autochthon gebildete, gegenüber Normallagen kühlere Luft zu verstehen.[212] Infolge der Ausstrahlung kühlt sich nachts der Erdboden und damit auch die darüber liegende Luftschicht lokal ab, sodass es zur Bildung einer bodennahen Kaltluftschicht kommt. An Hängen und Tälern mit ausreichender Neigung setzt sich die Kaltluft aufgrund der Schwerkraft dem Gefälle folgend in Bewegung.[213] Als Frischluftquellgebiete gelten beispielsweise Wälder. Sie kämmen Schadstoffe aus der Luft und produzieren dadurch vergleichsweise saubere Luft mit nur geringen Anteilen an Staub und gasförmigen Schadstoffen.[214] Zu unterscheiden sind Ausgleichsräume, Wirkungsräume und verbindende Strukturen (Luftleit- oder Luftaustauschbahnen). Ein Ausgleichsraum ist dabei ein vegetationsgeprägter, unbebauter Raum, der durch die Bildung kühlerer und frischerer Luft über funktionsfähige Austauschbeziehungen lufthygienische oder bioklimatische Belastungen in Wirkungsräumen vermindern oder abbauen kann. Ein Wirkungsraum

---

210 Kritisch dazu *Meßerschmidt*, BNatSchG, § 1 Rn. 98.
211 Siehe beispielsweise aus dem fachlichen Schrifttum *M. Makala/C. Makala*, in: von Haaren (Hrsg.), Landschaftsplanung, S. 192 ff. und S. 339 ff.
212 Siehe *Jessel/Tobias*, Ökologisch orientierte Planung, S. 196.
213 *Jessel/Tobias*, Ökologisch orientierte Planung, S. 196.
214 *Jessel/Tobias*, Ökologisch orientierte Planung, S. 196.

ist ein belasteter, bebauter oder zur Bebauung vorgesehener Raum, der über Luftaustauschprozesse an einen angrenzenden oder über eine Luftleitbahn erschlossenen Ausgleichsraum angebunden ist.[215] Wesentliche Faktoren zur Bestimmung der Leistungsfähigkeit der Ausgleichsräume i.S.v. Kalt- bzw. Frischluftentstehungsgebieten sind die Topografie (Hangneigung, Hanglänge, Horizontalwölbung) und die Realnutzung.[216] Weitere mögliche physische Maßnahmen des Naturschutzes und der Landschaftspflege im Kontext Luft und Klima sind beispielsweise die Anlage von Wällen, Hecken oder anderen Bepflanzungen als Schutz gegen lufthygienische Belastungen[217] bzw. die Pflanzung und Erhaltung von Bäumen und anderen Vegetationselementen im Siedlungsbereich[218] zur unmittelbaren Verbesserung der bioklimatischen Situation. Vor dem Hintergrund des Klimawandels werden hier zunehmend Beiträge des Naturschutzes einschließlich der Landschaftsplanung gefordert sein.[219] Instrumentell ist hier insbesondere die Qualifizierung der raumbezogenen Gesamtplanung (Raumordnung/Bauleitplanung) durch die Landschaftsplanung, unterstützt durch die Umweltprüfung, von Bedeutung.

74 In Halbs. 3 der Vorschrift hat der Gesetzgeber die Aussage untergebracht, dass dem Aufbau einer nachhaltigen Energieversorgung insbesondere durch zunehmende Nutzung **erneuerbarer Energien** eine besondere Bedeutung zukommt. Mit dieser zuvor in § 2 Abs. 1 Nr. 6 BNatSchG a.F. enthaltenen und während der Gesetzesberatungen eingeführten Klausel[220] soll offensichtlich die Bedeutung der erneuerbaren Energien auch für den Naturschutz verdeutlicht werden. Dabei ist inhaltlich offenkundig, dass die Nutzung von Windenergie, Wasserkraft, Freiflächen-Fotovoltaik oder Biomasse neben ihrem Beitrag zu einer nachhaltigen Energieversorgung für einzelne Schutzgüter des Naturschutzrechts auch beeinträchtigend wirken kann. Insofern wird ein im Grunde externer, durch Abwägung aufzulösender Zielkonflikt (Energiegewinnungsanlagen stellen klassische „sonstige Anforderungen der Allgemeinheit an Natur und Landschaft" dar) mittels eines „gesetzestechnischen Kunstgriffs" in den Katalog der Naturschutzziele internalisiert.[221] Die Erneuerbare-Energien-Klausel erscheint dort als Fremdkörper und ist daher zu Recht bereits in der Vorgängerfassung auf Kritik gestoßen.[222] Schon in der Vergangenheit war allerdings nicht davon auszugehen, dass der Gesetzgeber tatsächlich die Ziele von Naturschutz und Landschafts-

---

215 *Mosimann* et al., NuLp 1999: 101 f.; zur Berücksichtigung von Kaltluftabflüssen in der Bauleitplanung siehe etwa *Wetzel*, UVP-report 5/2008, 225.
216 *Katzschner*, RuR 1997, 59 (63).
217 *Marzik/Willrich*, BNatSchG, § 2 a.F. Rn. 22.
218 *Marzik/Willrich*, BNatSchG, § 2 a.F. Rn. 24.
219 Zum Bioklima im Siedlungsbereich vor dem Hintergrund des Klimawandels siehe *Katzschner*, UVP-report 5/2008, 215.
220 *Meßerschmidt*, BNatSchG, § 1 Rn. 102.
221 *Meßerschmidt*, BNatSchG, § 1 Rn. 102; zu möglichen Beeinträchtigungen vgl. *Mengel* et al., Steuerungspotenziale im Kontext naturschutzrelevanter Auswirkungen erneuerbarer Energien.
222 *Gellermann*, NVwZ 2002, 1025 (1027); kritisch auch *Sparwasser/Engel/Voßkuhle*, Umweltrecht, § 6 Rn. 66; Kloepfer, Umweltrecht, § 11 Rn. 36.

pflege bereits vor der eigentlichen Abwägungsentscheidung bzw. vor der Anwendung spezifischer Steuerungsinstrumente (z.B. im besonderen Artenschutzrecht) maßgeblich relativieren wollte. Entsprechend hat die Regelung, soweit ersichtlich, auch keine diesbezüglichen Auswirkungen entfaltet. Da der Gesetzgeber gerade die Zielbestimmungen des § 1 neu strukturiert hat, eine Änderung der Erneuerbare-Energien-Klausel aber nicht vorgenommen wurde, spricht wenig dafür, dass nun gerade mit der Neufassung eine essenzielle Konterkarierung des Zielkanons beabsichtigt war. Eher ist die im Laufe der Gesetzesberatungen eingefügte Formulierung als Sorge zu interpretieren, eine Herausnahme ließe sich als gezielte Schwächung der erneuerbaren Energien im Konflikt mit dem Naturschutz interpretieren, die nun tatsächlich nicht gewollt war. In der praktischen Anwendung ist die Bestimmung also nach wie vor so auszulegen, dass damit nur auf die sachgerechte Berücksichtigung eines Aspektes aufmerksam gemacht werden soll, der sich auch für den Naturschutz aus der umweltpolitischen Gesamtschau positiv auswirken kann. Klarstellend ist darauf hinzuweisen, dass es sich bei der Errichtung von Anlagen im Kontext erneuerbarer Energien bzw. bei entsprechenden Formen der Landnutzung (z.B. Maisanbau zur Biomassenutzung) nicht um Maßnahmen des Naturschutzes und der Landschaftspflege handelt. Die Tatsache, dass mittelbar bestimmte Formen der Energiegewinnung im Hinblick auf die Verlangsamung oder Minderung des Klimawandels auch positive Auswirkungen auf die Schutzgüter des Naturschutzes haben können, macht diese nicht zum Bestandteil der Aufgabe von Naturschutz und Landschaftspflege – genau so wenig wie Abwasseranlagen oder neue Eisenbahntrassen zur Unterstützung der Reduzierung des motorisierten Individualverkehrs.

e) Tiere, Pflanzen, Lebensgemeinschaften, Biotope und Lebensstätten
   als Teil des Naturhaushalts (Nr. 5)

Gemäß § 1 Abs. 3 Nr. 5 sind wild lebende Tiere und Pflanzen, ihre Lebens-   75
gemeinschaften sowie ihre Biotope und Lebensstätten auch im Hinblick auf ihre jeweiligen Funktionen im Naturhaushalt zu erhalten. Damit sind die konkreten **materiell-physischen Leistungen bzw. Funktionen von Tieren** und **Pflanzen** sowie die der genannten zusammengesetzten Schutzgüter (Biozönosen, Biotope, Aufenthaltsorte von Arten) gemeint. Bezogen auf bestimmte Funktionsräume und Ausprägungen (vgl. § 1 Abs. 3 Nr. 1: „räumlich abgrenzbare Teile seines Wirkungsgefüges") gilt es dabei herauszuarbeiten, welche Beiträge von den betroffenen Schutzgütern zu erwarten sind bzw. im konkreten Fall tatsächlich erbracht werden. Wie bereits in Rn. 39 ausgeführt, zählen hierzu z.B. die Funktionen Auf- und Abbauleistungen in Böden und Gewässern durch Wirbellose, Schutzfunktionen der Vegetation bei Hochgebirgsökosystemen bzw. generell bei Steillagen oder Blütenbestäubung von Wild- und Kulturpflanzen durch Insekten. Eine wichtige Rolle spielt dabei etwa auch die Senkenfunktion von Wäldern, Grünland und Mooren im Kontext globaler Klimahaushalt. Diese wird zukünftig verstärkt zu berücksichtigen und auch in der Landschaftsplanung zu bearbeiten sein.[223] Hinzu treten

---

223 *Galler*, Garten und Landschaft 2/2010, 14 (15).

Funktionsbezüge von Tieren und Pflanzen, die sich unmittelbar auf andere Arten auswirken, z.B. in Form der Samenverbreitung (Zoochorie)[224], der Schaffung von Habitaten (z.B. die Baumhöhlen des Schwarzspechts) oder als landschaftsgestaltende Schlüsselarten (z.B. Biber).[225] Der Schutz- und Gestaltungsauftrag des Naturschutzrechts bezieht sich in all diesen Fällen sowohl auf die Erhaltung von typologischen Ausprägungen (Biodiversitätssicherung) als auch auf die Bewahrung und Förderung von Populationen, Lebensgemeinschaften und Lebensräumen, die im jeweiligen Landschaftsraum entsprechende Funktionen erfüllen oder erfüllen können. Das konkrete Gewicht der Naturschutzziele bzw. -belange steigt dabei mit dem substanziellen Gehalt der Herleitung und Begründung der funktionellen Beiträge dieser Bestandteile des Naturhaushalts.

f) Sich selbst regulierende Ökosysteme (Nr. 6)

76   Nach § 1 Abs. 3 Nr. 6 ist der Entwicklung sich selbst regulierender Ökosysteme auf hierfür geeigneten Flächen Raum und Zeit zu geben. Die Maßgabe greift die bereits in § 1 Abs. 2 Nr. 3 angesprochene Zielstellung einer **dynamischen Eigenentwicklung** von Natur und Landschaft auf. Während sich die Vorschrift des Abs. 2 aber zentral auf die dauerhafte Sicherung von Biodiversität bezieht und als Bezugsraum Landschaftsteile benennt, geht es an dieser Stelle auch um konkrete funktionelle Aspekte. Dabei ist die Sicherung des vorhandenen Arten-, Biotoptypen- bzw. Ökosystemtypenspektrums bzw. spezifischer individueller Ausprägungen im Sinne nicht erneuerbarer Naturgüter stets Bestandteil der dauerhaften Sicherung der Leistungs- und Funktionsfähigkeit des Naturhaushalts, siehe Rn. 61). Die Vorschrift umfasst aber darüber hinaus generell Ökosysteme, die durch Selbstregulation definiert sind, und zwar unabhängig von einer festgestellten Gefährdung eines bestimmten Typus oder einer einmaligen, spezifischen räumlichen Situation. Mögliche Wohlfahrtswirkungen sind beispielsweise die Gewinnung von Informationen über Funktionsmechanismen von Ökosystemen (z.B. bei Wäldern) oder die Rückführung des Pflege- und Unterhaltungsaufwands (z.B. bei Fließgewässern). Eine erhebliche Bedeutung kommt entwicklungsoffenen, selbstregulativen Flächen auch für das Naturerlebnis bzw. den Erholungswert zu, wobei die Vorschrift in diesem Funktionszusammenhang eigentlich in Abs. 4 oder Abs. 6 zu verorten gewesen wäre. Mit dem Flächenbegriff sind prinzipiell auch kleinere räumliche Einheiten einbezogen, wogegen das Bezugsobjekt Ökosystem dann doch eher für eine großräumige Betrachtung oder jedenfalls für funktionell abgrenzbare Bereiche (z.B. stehende Gewässer) spricht. Die erforderliche Größe wie auch die notwendigen zeitlichen Entwicklungsspannen ergeben sich letztendlich aus landschaftsökologischen Gesetzmäßigkeiten, z.B. im Hinblick auf die Mindestgrößen von sich selbst regulierenden Waldökosystemen oder Überflutungsauen. Da diese Form des Naturschutzes in einem stark besiedelten und ganz überwiegend kulturlandschaftlich geprägten Land wie Deutschland nur in Teilbereichen möglich sein wird,

---

224 *Holtmeier*, Tiere in der Landschaft, 138 ff.
225 *Holtmeier*, Tiere in der Landschaft, 138 ff.

schränkt der Gesetzgeber die Zielmaßgabe auf „hierfür geeignete Flächen" ein. Geeignet sind Flächen, die aufgrund ihrer konkreten Ausprägung von Natur und Landschaft, ihrer aktuellen Nutzung, ihrer Lage im Raum (einschließlich ihres Zuschnitts), ihrer Entwicklungspotenziale und weiterer Faktoren eine ganz oder weitgehend ungesteuerte Entwicklung vor dem Hintergrund der gesamten Zielpalette des Naturschutzes und der Landschaftspflege als sachdienlich erscheinen lassen.

4. Vielfalt, Eigenart, Schönheit sowie Erholungswert von Natur und Landschaft

a) Allgemeines

Der Gesetzgeber hat in § 1 Abs. 4 zwei Zielmaßgaben eingeführt, von denen 77 sich die erste auf das Schutzgut **Landschaft** und die zweite auf die **Erholung**, insbesondere im Siedlungskontext, bezieht. Die Tatsache, dass Abs. 4 im Unterschied zu den voranstehenden Maßgaben nur zwei Teilaspekte aufgreift, ist nicht auf eine geringere naturschutzrechtliche Bedeutung der dritten Zieldimension (Erleben und Wahrnehmen von Natur und Landschaft) zurückzuführen. Ursächlich dürfte eher sein, dass der Gesetzgeber Dopplungen hinsichtlich der einzelnen Schutzgegenstände vermeiden wollte, die sich aufgrund der umfangreichen Aufzählungen in § 1 Abs. 2 und 3 sowie in Bezug auf einige Teilaspekte in Abs. 5 (z.B. Schutz von unzerschnittenen Landschaftsräumen) bzw. hinsichtlich sämtlicher Beispielflächen und -elemente in Abs. 6 ergeben hätten.

b) Naturlandschaften und historisch gewachsene Kulturlandschaften (Nr. 1)

§ 1 Abs. 4 Nr. 1 umfasst die Maßgabe, bestimmte Landschaften zum einen 78 ohne definierte Nutzungszuweisung als **natürliches und kulturelles Erbe** und zum anderen funktional für das **konkrete Natur- und Landschaftserlebnis** in einem bestimmten Raum zu sichern. Für die Zielausrichtung „Landschaften als natürliches und kulturelles Erbe" bildet der Schutzauftrag unter anderem die Grundlage für die Pflicht zur Unterstützung der Umsetzung der Weltkultur- und Weltnaturerbekonvention gemäß § 2 Abs. 5 S. 2.[226] Die in § 1 Abs. 4 Nr. 1 genannten Landschaften sind nicht in einem abschließenden Sinn (vgl. „insbesondere") zu verstehen. Einschlägig können beispielsweise auch naturnahe Kulturlandschaften mit geringer Überprägung durch technische Elemente sein, ebenso Prozessschutzlandschaften (z.B. nach militärischer oder bergbaulicher Nutzung) oder Landschaften, die in hervorgehobener Weise Symbol- bzw. Erinnerungscharakter haben (zum Beispiel das Grüne Band – über die Bedeutung als Teil des Biotopverbunds in § 21 Abs. 3 Satz 2 Nr. 4 hinaus).

§ 1 Abs. 4 Nr. 1 führt als Schutzgüter explizit Naturlandschaften und histo- 79 risch gewachsene Kulturlandschaften auf. **Naturlandschaften** sind charakteri-

---

226 *Kolodziejcok*, in: Kolodziejcok/Endres/Krohn/Markus, NLJ, § 1 BNatSchG Rn. 70; den Regelungsgehalt der Vorschrift für das Schutzgut „historisch gewachsene Kulturlandschaften" zu sehr auf „subjektive Ansätze" ausrichtend dagegen *Kemper*, NuL 2011, 340 (342).

siert durch ihre geringe bzw. fehlende menschliche Prägung.[227] Unter mittel-
europäischen Verhältnissen sind menschliche Einflüsse allerdings kaum
gänzlich auszuschließen. Gemeint sind daher Landschaften, die sich im Wesentlichen aus Ökosystemtypen zusammensetzen, die nicht durch aktuelle
oder ehemalige Nutzungen definiert werden. Hierzu dürften beispielsweise
zählen: das Wattenmeer einschließlich der Salz- und Küstendünenkomplexe;
die Ostsee und Ostseeküste mit Boddengewässern, Steilküsten u.a.; verschiedene Fließgewässersysteme, z.B. die großen Stromtäler mit Auenkomplexen,
angrenzenden Trockenhängen und Binnendünenkomplexen oder die Durch-
bruchstäler der silikatischen Mittelgebirge und Juragebirgszüge; Seen- und
naturnahe Stillgewässersysteme einschließlich Verlandungszonationen, z.B.
glaziale Seenlandschaften Norddeutschlands; Moorlandschaften, z.B. Hoch-
moorkomplexe der Alpen, der Mittelgebirge und des Flachlandes; natürliche/
naturnahe Waldlandschaften (einschließlich zahlreicher Einzelelemente wie
etwa kleinere Fließgewässer, Felsen, Schluchten), z.B. bodensaure Buchen-
waldökosysteme, Kalkbuchenwälder oder Nadelmischwaldkomplexe der Mittelgebirge sowie weitere Landschaften, z.B. natürlich waldfreie Zonations-
komplexe der Hochlagen der Kalkalpen.[228]

80 Erstrebenswert sind großflächige und möglichst beeinträchtigungsfreie, „na-
türliche" Ausprägungen. **Schutzwürdig** sind angesichts der Nutzungs- und
Bevölkerungsdichte in Mitteleuropa aber auch schon weniger optimale
Landschaftsausschnitte, insbesondere bei einer Verzahnung mit naturnahen
Kulturlandschaftsteilen. Dabei ist zwar zu berücksichtigen, dass die Vor-
schrift mit dem Begriff „bewahren" den Ansatz der Sicherung vorhandener
Qualitäten akzentuiert. Zu diesen vorgefundenen Qualitäten kann allerdings
beispielsweise auch die Zerschneidungsfreiheit gehören.

81 **Historisch gewachsene Kulturlandschaften** werden von Nutzungsformen,
Einzelelementen und sonstigen räumlichen Strukturen geprägt, die aus vorangegangenen Epochen und Zeitabschnitten stammen. Gleichwohl können
Elemente, Strukturen und Bereiche aus unterschiedlichen zeitlichen Schichten nebeneinander und in Wechselwirkung miteinander vorkommen.[229] Im
Schrifttum wird zum Teil darauf abgestellt, dass Strukturen und Elemente
einer Kulturlandschaft dann historisch seien, wenn sie in der heutigen Zeit
aus wirtschaftlichen, sozialen, politischen oder ästhetischen Gründen nicht
mehr in der vorgefundenen Weise geschaffen würden, sie also aus einer abgeschlossenen Geschichtsepoche stammen.[230] Beispielsweise seien Weinbergterrassen mit Trockenmauern deshalb als historisches Element der Kul-

---

227 Vgl. etwa *Heiland*, in: Henckel et al. (Hrsg.), Planen – Bauen – Umwelt, 278 (282): „vom
   Menschen nicht oder nur gering beeinflusste Landschaften".
228 Zusammenstellung nach *Ssymank*, in: Ssymank (Bearb.), Vorrangflächen, Schutzgebietssysteme und naturschutzfachliche Bewertung großer Räume in Deutschland, S. 11
   (Tab. 8: Naturnahe Ökosysteme und Landschaftskomplexe von besonderer Bedeutung);
   vgl. auch *Scherfose* (Bearb.), Bundesweit bedeutsame Gebiete für den Naturschutz.
229 Zu Kulturlandschaftselementen vgl. *Marschall*, NNA-Berichte, Heft 1 (2010), 70.
230 *A. Schumacher/J. Schumacher*, in: Schumacher/Fischer-Hüftle, BNatSchG, 2. Aufl. 2011,
   § 1 Rn. 139.

turlandschaft zu betrachten, da heute niemand mehr auf die Idee komme, sie bei der Neuanlage oder der Bereinigung eines Weinbergs zu errichten.[231] Soweit das Kriterium des Abgeschlossenseins allerdings als zwingend vorausgesetzt wird, ist dies sowohl angesichts des Wortlauts („historisch gewachsene Kulturlandschaften") als auch im Hinblick auf Sinn und Zweck der Regelung zu hinterfragen. Zu prüfen wäre bei einem zu engen Verständnis beispielsweise, ob Nutzungsformen als abgeschlossen gelten, wenn sie in der heutigen Zeit nicht mehr rentabel „am Markt" betrieben werden können, gleichwohl aber aus ideellen Gründen einschließlich der Eigenverwertung der gewonnenen Erzeugnisse fortgesetzt werden. Ziel der Vorschrift ist es sicher nicht, etwa Streuobstwiesen, die die Siedlungen in manchen Regionen Deutschlands traditionell umgaben[232], aus dem Begriff der historisch gewachsenen Kulturlandschaften dann auszuklammern, sofern diese aktuell noch zur Obstgewinnung dienen. Auch die Neupflanzung von Obstbäumen („Neuerrichtung") kann nicht grundsätzlich zum Ausschluss aus dem Schutzgegenstandsbegriff führen, weil anderenfalls der Schutzzweck dauerhaft gar nicht erreichbar wäre. Einschränkungen können sich allerdings bei Neugründungen aus der Bindung an die historische Lage ergeben, wobei dann jeweils der als Maßstab dienende Raum (Parzelle, Flur, Gemarkung, Region?) zu berücksichtigen bleibt. Entscheidend ist stets, ob diese Landschaften und Landschaftsteile Zeugen bestimmter geschichtlicher Ereignisse, Epochen oder Entwicklungen sind, ob sie uns also eine Vorstellung der historischen Umwelt und Kultur durch ihr physisches Gegenwärtigsein vermitteln. Dies umfasst sowohl wissenschaftlich-historische Zweckbezüge als auch immateriell-funktionsbezogene, letztere insbesondere i.S.v. Kulturlandschaft als wichtiger Bestandteil von Heimat.[233]

Die einzelnen **Kulturlandschaftselementtypen** lassen sich verschiedenen Funktionsbereichen bzw. -kategorien zuordnen.[234] Hierzu zählen etwa: Landwirtschaft (z.B. alte Weinberge mit Trockenmauern; Obstgärten und Streuobstwiesen; Streuwiesen; Wässerwiesen; Almen, Buckelwiesen; Borstgrasrasen, Trocken- und Magerrasen, Zwergstrauch- und Wacholderheiden; Ackerterrassen, Wölb- oder Hochäcker; Lesesteinwälle, -haufen, -mauern mit/ohne Heckenbestände, Wallhecken und Knicks; historische Flurformen wie Radialhufenflur), Forstwirtschaft (z.B. alte Bauernwälder; Hütewald; Niederwald, Mittelwald; Köhlerplätze), Siedlungsformen und Gebäudetypen (z.B. Angerdorf, Straßendorf, Waldhufendorf; z.B. Gutshäuser und Herrensitze einschließlich Parkanlagen, Alleen u.a.), Jagdwesen und Fischerei (z.B. herrschaftliche Jagdanlagen; z.B. historische Teichanlagen), Rohstoffabbau (z.B. Zeugen des Altbergbaus auf Erz/Steinkohle/Braunkohle; Hand-

82

---

231 *Gunzelmann*, in: Blucha/Körner/Nagel/Wiersbinski (Bearb.), Denkmalschutz und Naturschutz – voneinander lernen und Synergien nutzen, S. 47 (53).

232 Siehe *Ellenberg*, Bauernhaus und Landschaft, 368.

233 *Meßerschmidt*, BNatSchG, § 1 Rn. 112.

234 Kategorien nach *Walz* et al., NuL 2010, 17 (17) und *Burggraaff/Kleefeld*, Historische Kulturlandschaft und Kulturlandschaftselemente; Beispiele ergänzt nach *Büttner/Leicht*, IzR 2008, 289 (293).

torfstiche; ehemalige Steinbrüche), Ver- und Entsorgung (z.B. Windmühlen, Wassermühlen), Verkehr (z.B. Hohlwege; Alleen; Altstraßen/Alteisenbahnlinien vor 1900, alte Brücken; alte Kanäle und Deichanlagen), Verteidigung/Verwaltung/Repräsentation (z.B. Landwehr mit Wall/Graben; Burgen, Schlösser; historische Gartenformen wie Renaissance-, Barock-, Rokoko- oder Landschaftsgärten sowie Volksgärten), Religion (z.B. Klosteranlagen, Kapellen mit Stationsweg). Bei Baukörpern gilt die bereits unter Rn. 17 erläuterte Einbindung in den landschaftlichen Gesamtkontext als Voraussetzung für eine kompetenzielle Zuständigkeit des Naturschutzrechts. Im Schrifttum wurden Zweifel geäußert, ob die neue Formulierung „historisch gewachsene Kulturlandschaften" absichtlich vom Menschen entworfene und geschaffene Landschaften wie historische Gärten und Parks ausschließe.[235] Dies ist im Ergebnis zu verneinen, schon weil auch außerhalb von Gärten und Parks der bewusste Gestaltungswille nicht selten (siehe die soeben vorgestellten Beispiele) offenbar wird und der Begriff „gewachsen" auch in diesen Fällen eine Zugehörigkeit zum Schutzgutbereich nicht hindert. Allerdings dürfte das für Baukörper angesprochene kontextuelle Einbindungserfordernis in grundsätzlich ähnlicher, wenn auch angesichts des Freiraumcharakters dieser Objekte abgeschwächten, Form gelten.

83 Die Ermittlung der **Schutzwürdigkeit** einer historischen Kulturlandschaft[236] verlangt, wie schon bei Naturlandschaften, sowohl eine Berücksichtigung der Zielstellung, bestimmte Landschaftstypen bzw. individuelle Landschaften auch für kommende Generationen zu sichern[237] als auch die Operationalisierung der konkreten immateriellen Funktion i.S.v. Erleben und Wahrnehmen von Natur und Landschaft – hier insbesondere auch unter dem Blickwinkel „Heimat und lokale/regionale Identität". Die Landschaftsplanung hat die Aufgabe, diese Ziel- und Bewertungsmaßstäbe für den konkreten Planungsraum fassbar zu machen und daraus entsprechende Ableitungen i.S.v. Erfordernissen und Maßnahmen zu formulieren. Das Bewahrungsgebot des § 1 Abs. 4 Nr. 1 schließt solche Landschaften ausdrücklich ein, die auch von Kultur-, Bau- und Bodendenkmälern geprägt werden. Dabei ist darauf abzustellen, ob die Landschaft wegen der Ausstrahlung des Denkmals auf seine Umgebung schutzwürdig ist.[238] Ist dies der Fall bzw. erfährt eine historisch gewachsene Kulturlandschaft durch Kultur-, Bau- oder Bodendenkmäler einen weiteren Bedeutungs- und Wertzuwachs, so handelt es sich um ein eigenständiges, naturschutzrechtliches Schutzgut, dem gegenüber dem Denkmalrecht nicht etwa nur dienende Funktion zukommt.[239] In der Vollzug-

---

235 *Hönes*, DÖV 2010, 11 (16), der aber zu Recht darauf hinweist, dass § 2 Abs. 5 Satz 2 (vgl. das Übereinkommen zum Schutz des Kultur- und Naturerbes der Welt) diese mögliche Einschränkung relativiert.

236 Zu Bewertungsansätzen siehe beispielsweise *Wanja/Brande/Zerbe*, NuLp 2007, 337.

237 Hierfür sind, wie auch für Naturlandschaften, überregionale Bewertungsmaßstäbe notwendig; vgl. zur Forderung einer Roten Liste „Landschaften": *SRU*, Sondergutachten Naturschutz, 2002, dort Tabellen 2–6.

238 *Meßerschmidt*, BNatSchG, § 1 Rn. 114.

239 *Gassner*, in: Gassner/Bendomir-Kahlo/A. Schmidt-Räntsch/J. Schmidt-Räntsch, BNatSchG, § 2 a.F. Rn. 99.

spraxis ist hier eine enge Zusammenarbeit von Naturschutz und Denkmalschutz sachdienlich.[240]

Die benannten Landschaften sind vor Verunstaltung, Zersiedelung und sons- 84
tigen **Beeinträchtigungen** zu bewahren. Der Gesetzgeber nennt damit beispielhaft zwei Formen von Beeinträchtigungen, die sich auf das wahrnehmbare Erscheinungsbild des betroffenen Raums auswirken, im Falle der Zer-
siedlung in ihrer Wirkung aber auch darüber hinausgehen. Die sonstigen
möglichen Beeinträchtigungen sind ausgesprochen vielfältig und reichen
von Nähr- und Schadstoffeinträgen über Störungen des Wasserhaushalts bis
zu Belastungen durch den Tourismus, die nicht bereits über die Begriffe Verunstaltung und Zersiedelung erfasst sind. Mit dem Begriff „bewahren" akzentuiert der Gesetzgeber den erhaltenden Ansatz von Naturschutz und
Landschaftspflege (vgl. auch § 1 Abs. 5 Satz 1). Daraus lässt sich allerdings
nicht schlussfolgern, dass Entwicklungen, die die wertbehafteten Landschaftsräume weiter qualifizieren, von der Zielkonkretisierung nicht umfasst
würden.[241] Als **Steuerungsinstrumente** kommen zunächst verschiedene
Schutzgebietskategorien infrage, z.B. Nationalparks, Nationale Naturmonumente, Naturschutzgebiete oder auch Kernzonen von Biosphärenreservaten
für Naturlandschaften bzw. Biosphärenreservate, Nationale Naturmonumente, Naturschutzgebiete, Landschaftsschutzgebiete, Geschützte Landschaftsbestandteile sowie gegebenenfalls qualifizierte Naturparke für historisch gewachsene Kulturlandschaften. Hinzu treten der Schutz von Einzelobjekten durch das Instrument des Naturdenkmals und der Gesetzliche
Biotopschutz. Auch der Eingriffsregelung[242] kann im Hinblick auf das
Schutzgut Landschaft („Landschaftsbild") eine wichtige Rolle zukommen,
insbesondere dann, wenn einschlägige aktuelle Aussagen der Landschaftsplanung vorliegen. Die Landschaftsplanung erlangt darüber hinaus Bedeutung im Hinblick auf die diesbezügliche Qualifizierung der raumbezogenen
Gesamtplanung, z.B. der Regionalplanung.[243]

c) Erholung (Nr. 2)
Nach § 1 Abs. 4 Nr. 2 sind zum Zwecke der **Erholung** in der freien Landschaft 85
nach ihrer Beschaffenheit und Lage geeignete Flächen vor allem im besiedelten und siedlungsnahen Bereich zu schützen und zugänglich zu machen.
Dabei ist gemäß § 7 Abs. 1 Nr. 3 unter Erholung im Sinne des Naturschutzrechts natur- und landschaftsverträglich ausgestaltetes Natur- und Freizeit-

---

240 Vgl. hierzu etwa *Regierung von Oberfranken* (Hrsg.), Landschaftsentwicklungskonzept
   Oberfranken-West (LEK 4), Bayreuth 2005; zu Inhalt bzw. Planungsmethodik sowie zur
   Einbindung in die Regionalplanung *Büttner/Leicht*, IzR 5/2008, 289; siehe auch *Blucha/
   Körner/Nagel/Wiersbinski* (Bearb.), Denkmalschutz und Naturschutz – voneinander lernen und Synergien nutzen.
241 Zu eng *Huck*, Rechtliche Grundlagen und Wirkungen der Festlegung von Kulturlandschaften, 192-195.
242 Vgl. zum Verhältnis der historischen Kulturlandschaften zur Eingiffsregelung *Hönes*,
   NuR 2013 12 (19).
243 Siehe generell zur Integration des Schutzgutes „(Historische) Kulturlandschaft" in die
   Regionalplanung *Hein/Heinl*, IzR 2008, 303.

erleben einschließlich natur- und landschaftsverträglicher sportlicher Betätigung in der freien Landschaft zu verstehen, soweit dadurch die sonstigen Ziele des Naturschutzes und der Landschaftspflege nicht beeinträchtigt werden. Sowohl die das Wohlbefinden und die Gesundheit fördernden Vorzüge der freien Natur (reine Luft, günstiges Klima – z.B. Schneesicherheit[244], sauberes Wasser, Ruhe etc.)[245], also Erholung in der Natur, als auch das spezifische Natur- und Landschaftserlebnis im engeren Sinn – Erholung durch die Natur – bestimmen somit den Erholungswert.[246] Das Natur- und Landschaftserlebnis wird geprägt von den wertgebenden Attributen Vielfalt, Eigenart und Schönheit, wobei unter methodischen Aspekten bei der Herausarbeitung von konkreten Ziel- und Bewertungsmaßstäben die Eigenart bzw. die Charakteristik[247] von Natur und Landschaft eine zentrale Rolle spielt. Zum Naturerlebnis selbst gehören etwa das bewusste Erfassen oder auch das als Teil des Gesamtcharakters der räumlichen Umwelt eher beiläufige Wahrnehmen von Tieren (z.B. Gestalt, Bewegung und Verhaltensabfolgen), Pflanzen (z.B. Blütenformen und -farben, Geruch), geoökologischen/abiotischen Ausprägungen (z.B. gurgelndes, fließendes Wasser, Wind, stoffliche Beschaffenheit von Gestein/Boden) und zusammengesetzten Schutzgütern wie Biotopen und Ökosystemen (z.B. Physiognomien von Wiesen oder Mooren, Weite und Unberührtheit naturnaher Ökosysteme/Landschaften einschließlich Vorkommen von charakteristischen Arten wie Großsäuger und Vögel).

86   Die Aufnahme der Erholungsfunktion in den Zielkanon des Naturschutzrechts ist insofern ambivalent, als es sich hierbei um eine Nutzungsform handelt, die auch Natur und Landschaft beeinträchtigende Auswirkungen haben kann. Dies gilt erst recht für die Einbeziehung sportlicher Aktivitäten, die als konkrete Nutzungen von Natur und Landschaft auch Beeinträchtigungen hervorrufen können. Vor diesem Hintergrund hat der Gesetzgeber den Erholungsbegriff des Naturschutzrechts zu Recht unter den Vorbehalt der **Natur- und Landschaftsverträglichkeit** gestellt.[248] Im Einzelnen ist zu differenzieren: Eher sanften Formen wie dem konventionellen Wandern[249] stehen stark naturbeanspruchende Sportarten (etwa Motorsport; Sportarten, die Anlagen erforderlich machen, wie z.B. Skilifte) gegenüber.[250] Nicht vom naturschutzrechtlichen Erholungsbegriff umfasst sind etwa Massenveranstaltungen mit gewerblichem Charakter.[251] Bei vielen weiteren sportlichen Betätigungen,

---

244 *Kolodziejcok*, in: Kolodziejcok/Endres/Krohn/Markus, NLJ, § 1 BNatSchG Rn. 72.

245 *A. Schumacher/J. Schumacher*, in: Schumacher/Fischer-Hüftle, BNatSchG, 2. Aufl. 2011, § 1 Rn. 145.

246 Im Sinne dieser doppelten Ausrichtung des naturschutzrechtlichen Erholungsbegriffs auch *Meßerschmidt*, § 1 Rn. 116.

247 *Kolodziejcok*, in: Kolodziejcok/Endres/Krohn/Markus, NLJ, § 1 BNatSchG Rn. 72.

248 Zum Konfliktfeld Naturschutz und Erholung siehe *Frohn/Rosebrock/Schmoll* (Bear.), „Wenn sich alle in der Natur erholen, wo erholt sich dann die Natur?".

249 Zum Wandern und Trecking als Freizeitaktivität und mögliche landschaftsplanerische Schlussfolgerungen siehe *Vogt*, NuLp 2009, 229.

250 *Meßerschmidt*, § 1 Rn. 108.

251 *Gassner*, in: Gassner/Bendomir-Kahlo/A. Schmidt-Räntsch/J. Schmidt-Räntsch, BNatSchG, § 2 a.F. Rn. 88.

wie z.B. Joggen, Radfahren, Rudern bzw. Kanu fahren, Skilanglauf oder Klettern, kommt es unter anderem auf die konkrete Ausgestaltung, die Zahl der Sporttreibenden, die Jahres- und Tageszeit und die Sensibilität des betroffenen Raumes an.[252]

Um nach der **Beschaffenheit** für Erholungszwecke geeignet zu sein, genügt **87**
es nicht, dass die Fläche aus der Sicht der Erholungsvorsorge für den konkreten Erholungszweck verwendbar ist; sie muss die Erholungsnutzung auch verkraften können.[253] Der Lage nach geeignete Flächen sind solche, die von den Erholungssuchenden leicht erreicht werden können.[254] In Abhängigkeit von den verschiedenen Formen der Erholung unterscheiden sich auch die Anforderungen an die Beschaffenheit und Lage von Flächen.[255] Der in der Zielmaßgabe an erster Stelle stehende Schutz umfasst auch die Pflege und Entwicklung. Da das **Zugänglichmachen** von Gebieten und Flächen auch eine potenzielle Beeinträchtigung bedeuten kann, gilt die Maßgabe nur dort, wo dies tatsächlich notwendig ist, um eine Erholungsnutzung zu ermöglichen und nur soweit, als andere manifestierte Naturschutzziele keine Natur- und Landschaftsunverträglichkeit indizieren. Im Übrigen genügen für die Zugänglichkeit geeigneter Flächen bereits Wege, auf denen das Betretensrecht gilt (siehe § 59).[256] Die Vorbereitung der entsprechenden Schutz-, Pflege- und Entwicklungsmaßnahmen einschließlich der Beurteilung der Flächeneignung ist eine wichtige Aufgabe der Landschaftsplanung.

Der Zielauftrag des Schutzes bzw. des Zugänglichmachens von Erholungs- **88**
flächen „vor allem im besiedelten und siedlungsnahen Bereich" ist als gesetzlicher Hinweis zu verstehen, dass sich Naturschutz und Landschaftspflege gerade in diesem Kontext nicht allein auf den ohnehin einschlägigen Bereich siedlungsferner Erholungsräume und -gebiete beziehen. Die Bereitstellung von für die Kurz- und Naherholung geeigneten Flächen im **siedlungsnahen Bereich** soll – so auch die Begründung zur Vorgängerfassung – den Druck auf noch unberührte Landschaften begrenzen.[257]

Als einschlägige **Schutzgebietskategorien** stehen insbesondere Naturparke, **89**
Landschaftsschutzgebiete und Geschützte Landschaftsbestandteile zur Verfügung. Weiter ist an die Regelung des § 62 zu denken, wonach die öffentliche Hand **Grundstücke** in angemessenem Umfang bereitstellt, die sich nach ihrer natürlichen Beschaffenheit für die Erholung der Bevölkerung eignen oder die den Zugang zu entsprechenden Grundstücken ermöglichen. Auch diese Maßgabe steht unter anderem unter dem Vorbehalt der Vereinbarkeit mit den sonstigen Zielen von Naturschutz und Landschaftspflege, die

---

252 Siehe zur Thematik Naturschutz und Natursport auch das gleichnamige Themenheft 9–10/2010 der Zeitschrift „Natur und Landschaft".
253 *Meßerschmidt*, § 1 Rn. 119.
254 *Meßerschmidt*, § 1 Rn. 119; *A. Schumacher/J. Schumacher*, in: Schumacher/Fischer-Hüftle, BNatSchG, 2. Aufl. 2011, § 1 Rn. 146.
255 *Kolodziejcok*, in: Kolodziejcok/Endres/Krohn/Markus, NLJ, § 1 BNatSchG Rn. 72.
256 *Marzik/Wilrich*, BNatSchG, § 2 a.F. Rn. 39.
257 *Kolodziejcok*, in: Kolodziejcok/Endres/Krohn/Markus, NLJ, § 1 BNatSchG Rn. 71.

sich wiederum aus den raumbezogenen Konkretisierungen der Landschaftsplanung sowie einzelnen instrumentellen Bestimmungen ergeben.

5. Übergreifende Ziele und Schutz vor Beeinträchtigungen von Natur und Landschaft

a) Schutz unzerschnittener Landschaftsräume (Satz 1)

90   Nach Abs. 5 Satz 1 sind großflächige, weitgehend unzerschnittene Landschaftsräume vor weiterer Zerschneidung zu bewahren. Damit manifestiert
der Gesetzgeber den eigenständigen naturschutzfachlichen Wert von Landschaften, die nicht oder nur in geringem Maß von Zerschneidungseffekten
beeinträchtigt sind. Der Begriff **Landschaftsräume** macht dabei deutlich, dass
es sich nicht um einzelne Landschaften mit einer bestimmten Charakteristik
handeln muss, sondern dass es ganz generell um Räume geht, deren wertgebende Eigenschaft eben ihre **Zerschneidungsfreiheit** ist. Für die Zweck- und
Zielbestimmung des § 1 Abs. 1 Nr. 3 sind zerschneidungsfreie Landschaftsräume sowohl im Sinne der dauerhaften Bewahrung einer bestimmten räumlichen Qualität als auch im Hinblick auf die konkrete Bedeutung im Kontext
Landschaftswahrnehmung einschließlich landschaftsgebundener Erholung
von erheblicher Relevanz. Die Zerschneidung von Landschaftsräumen erfolgt
insbesondere durch verschiedene Formen technischer Infrastruktur, namentlich der Verkehrsinfrastruktur. Zur Verkehrsinfrastruktur zählen Straßen,
Bahnstrecken und gegebenenfalls Wasserstraßen bzw. Kanäle, zur weiteren
Infrastruktur beispielsweise Energieleitungen (vgl. auch § 1 Abs. 5 Satz 3). Je
nach fachlichem Ansatz können unter Umständen auch Siedlungen, insbesondere Siedlungsbänder, zu berücksichtigen sein.

91   Die Vorschrift enthält keine nähere Definition der Begriffe „großflächig"
bzw. „Zerschneidung" und ist insofern auf Auslegung unter Heranziehung
der **inhaltlich-methodischen Erkenntnisse von Forschung und Praxis** angewiesen. Umgekehrt können nicht unbesehen verwandte oder gleich lau-
tende Begriffe aus der Planungspraxis mit den gesetzlichen Bestimmungen
gleichgesetzt werden. Unter sog. „Unzerschnittenen verkehrsarmen Räumen" (UZVR) versteht man beispielsweise nach einem verbreiteten methodischen Ansatz Räume, die eine Mindestgröße von 100 km² haben, von
keiner Straße (Autobahn, Bundes-, Landes- oder Kreisstraße) mit einem Ver-
kehrsaufkommen > 1000 Kfz/Tag zerteilt und von keiner Bahnstrecke zerschnitten werden.[258] Um die Zieldimension Biodiversität, hier im Sinne der
Sicherung gefährdeter Arten, besser berücksichtigen zu können, wurde in
der Fachliteratur vorgeschlagen, mit sog. unzerschnittenen Funktionsräumen
zu arbeiten. Unzerschnittene Funktionsräume werden auf Grundlage bestimmter Anspruchstypen von Arten definiert und berücksichtigen neben
den aktuellen und potenziellen Lebensräumen sowie der entsprechenden
Mobilität der Anspruchstypen auch die Barrierewirkung der Verkehrsinfrastruktur auf den betreffenden Anspruchstyp.[259] Die Vorschrift ist insoweit
offen für entsprechende fachliche Ausdifferenzierungen, ist aber weder bei

---

258 *Gawlak*, NuL 2001, 481.
259 *Reck* et al., UZVR, UFR + Biologische Vielfalt, S. 156.

der Definition der Zerschneidungsparameter (z.B. hinsichtlich des Verkehrs-aufkommens) auf vorhandene Ansätze festgelegt, noch darf sie angesichts ihrer schutzgutintegrativen Ausrichtung auf einen artenspezifischen Ansatz reduziert werden.

Ihre räumliche Konkretisierung erfährt die Maßgabe durch die Landschafts-   92
planung, gegebenenfalls unterstützt von entsprechenden Fachkarten. Instru-mentell sind vor allem die **Raumordnung** bzw. die jeweilige **Infrastruktur-fachplanung** (unterstützt durch die Umweltprüfung bzw. die Strategische Umweltprüfung) gefordert, diese naturschutzrechtliche Zielsetzung mit dem gebotenen Gewicht zu berücksichtigen. Im Rahmen des naturschutzrechtli-chen Instrumentariums können Schutzgebiete, vor allem solche größeren Zu-schnitts, eine Rolle spielen. Weiter ist das Gebot der Bewahrung unzerschnit-tener Landschaftsräume im Rahmen der Anwendung der Eingriffsregelung und der Umweltverträglichkeitsprüfung heranzuziehen.

b) Außenbereichsschutz (Satz 2)
Die Zielmaßgabe des § 1 Abs. 5 Satz 2 statuiert im Kontext baulicher Flä-   93
cheninanspruchnahme einen **Vorrang des Innenbereichs** gegenüber dem Außenbereich. Dabei unterscheidet die Regelung zwischen der erneuten In-anspruchnahme bereits bebauter Flächen und der Bebauung unbebauter Flächen im beplanten und unbeplanten Innenbereich. Der Vorrang der Be-bauung unbeplanter Flächen wird davon abhängig gemacht, dass diese nicht für Grünflächen vorgesehen sind. Unter „vorgesehenen Grünflächen" dürften Flächen zu verstehen sein, bei denen durch Planungen oder in sons-tiger Form der Wille der zuständigen Entscheidungträger manifestiert wurde, die betroffenen Grundstücke nicht zu versiegeln. Die Begriffe Innen-und Außenbereich erlangen ihren konkreten Gehalt aus dem Bauplanungs-recht.

Die aufgrund einer Stellungnahme des Bundesrates eingefügte Vorschrift   94
greift die Diskussion um die Problematik der **baulichen Flächeninanspruch-nahme** auf. So wurde bereits in der Nationalen Nachhaltigkeitsstrategie der Bundesregierung aus dem Jahr 2002 das Ziel formuliert, die tägliche bauli-che Flächeninanspruchnahme in Deutschland bis 2020 auf maximal 30 ha/ Tag zu reduzieren. Zahlreiche Forschungsvorhaben haben sich seitdem mit der Frage auseinandergesetzt, wie dieses Ziel erreicht werden kann bzw. wie darüber hinaus eine wirkungsvolle Reduktion (gegebenenfalls bis zu einer tatsächlichen Flächenkreislaufwirtschaft mit einer Netto-Null-Versie-gelungsrate) erreicht werden kann.[260] Ein wichtiges Teilziel innerhalb dieser Aufgabenstellung ist die größtmögliche Schonung des Außenbereichs, um so immerhin das Wachsen der Siedlungsflächen nach außen bzw. das Zusam-menwachsen von bislang eigenständigen Siedlungseinheiten zu verhindern

---

260 Siehe etwa *Heiland* et al., Beitrag naturschutzpolitischer Instrumente zur Steuerung der Flächeninanspruchnahme; *Köck* et al., Effektivierung des raumbezogenen Planungs-rechts zur Reduzierung der Flächeninanspruchnahme; *Bruns/Mengel/Weingarten*, Bei-träge der flächendeckenden Landschaftsplanung zur Reduzierung der Flächeninan-spruchnahme.

und die von Baukörpern weitgehend freie Landschaft zu sichern.[261] Dabei ist offensichtlich, dass dieses berechtigte Teilziel im Einzelfall mit der Maßgabe des § 1 Abs. 6 konfligieren kann.[262] Vor diesem Hintergrund ist eine qualifizierte örtliche Landschafts- und Grünordnungsplanung erforderlich, die in Verbindung mit der städtebaulichen Planung den Bedarf und die konkrete Bedeutung einzelner Grünflächen im Innenbereich planerisch herausarbeitet.[263]

c) Schutz von Natur und Landschaft bei Infrastrukturvorhaben (Satz 3)

95   Gemäß § 1 Abs. 5 Satz 3 sollen Verkehrswege, Energieleitungen und ähnliche Vorhaben landschaftsgerecht geführt, gestaltet und so gebündelt werden, dass die Zerschneidung und die Inanspruchnahme der Landschaft sowie Beeinträchtigungen des Naturhaushalts vermieden oder so gering wie möglich gehalten werden. In dem die Vorschrift zum einen sowohl die **Streckenführung** einschließlich einer eventuellen **Bündelung** von Trassen als auch die **konkrete Gestaltung** des Vorhabens anspricht und zum anderen gleichermaßen den Naturhaushalt wie die Landschaft als Schutzgüter in den Blick nimmt, enthält sie ein umfassend angelegtes Vermeidungsgebot im Hinblick auf die negativen Auswirkungen von Eingriffen durch Infrastrukturvorhaben. Dabei sind in erster Linie wohl lineare Vorhaben gemeint. Von dieser generellen Maßgabe sind die speziellen Anforderungen der Eingriffsregelung im Sinne der §§ 14 ff. zu unterscheiden. Auch wenn im Rahmen der Eingriffsregelung der Gesetzgeber in § 15 Abs. 1 Satz 2 klargestellt hat, dass sich die Vermeidungspflichten des Verursachers nicht auf Standortalternativen beziehen sollen, wirkt sich die Zielmaßgabe des § 1 Abs. 5 Satz 3 jedenfalls im Rahmen der fachplanerischen Abwägung bzw. (je nach Ausgestaltung des sonstigen Fachrechts) im Rahmen der Prüfung der jeweils einschlägigen Zulassungstatbestände aus. Darüber hinaus ist zu bedenken, dass auch die Anforderungen an die Kompensation des Eingriffs geringer und damit für den Eingriffsverursacher „günstiger" werden, je mehr an Beeinträchtigung durch eine landschaftsgerechte Führung (bzw. durch entsprechende Gestaltung und/oder Bündelung) vermieden wurde.

96   Inhaltlich setzt eine wirkungsvolle Anwendung der Vorschrift voraus, dass für den betroffenen Raum qualifizierte und aktuelle Bestandsinformationen und Bewertungen hinsichtlich der potenziell beeinträchtigten Schutzgüter vorliegen. Damit sind vorlaufend die **Beobachtung von Natur und Landschaft** (siehe § 6) und die Landschaftsplanung bzw. im konkreten Verfahren die entsprechenden **Umweltprüf- und Umweltfolgenbewältigungsinstrumente** (Umweltverträglichkeitsprüfung, FFH-Verträglichkeitsprüfung, Eingriffsregelung, artenschutzrechtliche Prüfung) angesprochen. Im Hinblick

---

261 Vgl. etwa die Fallbeispiele zu Gewerbeflächenausweisung im Kontext Schonung des Außenbereichs mit Positiv- und Negativcharakter von *Weiger/Mergner/Merkel*, NuL 2006, 408.

262 *Meßerschmidt*, § 1 Rn. 131.

263 Siehe *Bruns/Mengel/Weingarten*, Beiträge der flächendeckenden Landschaftsplanung zur Reduzierung der Flächeninanspruchnahme.

auf faunistische Schutzgüter darf nicht übersehen werden, dass eine Vorhabenbündelung, also beispielsweise die Parallelführung von Schnellbahntrasse und Autobahn, zwar den Erhalt größerer ungestörter Flächen fördert, gleichzeitig aber die Barrierewirkung verstärkt, weil Tiere den gesamten Bereich gegebenenfalls ohne Unterbrechung überwinden müssen, um auf neue Lebensräume zu stoßen. Dies ist bei der konkreten Trassenführung und den präferierten Abständen zwischen den Trassen zu berücksichtigen, wobei Querungseinrichtungen gegebenenfalls Abhilfe schaffen können.[264]

d) Zielmaßgaben im Kontext Abbau von Bodenschätzen/Abgrabungen und Aufschüttungen (Satz 4)

§ 1 Abs. 5 Satz 4 enthält im ersten Halbsatz ein Vermeidungsgebot und im zweiten Halbsatz ein Ausgleichs- bzw. Minimierungsgebot im Hinblick auf Beeinträchtigungen von Natur und Landschaft im Kontext Abbau von Bodenschätzen bzw. generell bei Abgrabungen und Aufschüttungen. Die Vorschrift betrifft Vorhaben im Sinne des **Bundesberggesetzes** und nach den **Abgrabungsgesetzen der Länder** sowie **sonstige Abgrabungen und Aufschüttungen** (vgl. § 29 Abs. 1 BauGB).[265] Abgrabungen und Aufschüttungen müssen also nicht durch bergbauliche Tätigkeiten entstehen, sondern können auch durch bauliche Tätigkeiten geschaffen werden (z.B. Hochwasserdämme, Deiche, Lärmschutzwälle).[266] Der Klarheit wegen wird neben der eigentlichen Tätigkeit der Gewinnung auch bereits die vorbereitende Tätigkeit des Aufsuchens genannt, die als solche schon von wesentlicher Bedeutung sein kann, ohne dass es zur Gewinnung von Bodenschätzen kommen müsste.[267]

97

Vermieden werden müssen dauernde Schäden des Naturhaushalts und Zerstörungen wertvoller Landschaftsteile. Die Qualifikation eines Landschaftsteils als wertvoll setzt nicht seine förmliche Unterschutzstellung voraus.[268] Neben Schutzgebieten, Gesetzlich geschützten Biotopen nach § 30 sowie in den Biotopverbund einbezogenen Flächen[269] kommen verschiedenste weitere Ansatzpunkte infrage. Das einschlägige Instrument zur Erfassung und Bewertung ist hier insbesondere die Landschaftsplanung.[270] An erster Stelle zur Erfüllung des Vermeidungsgebots steht die **Standortwahl**[271], wobei auch hier das Instrument der Landschaftsplanung kaum ersetzbar ist. Stehen dem Abbau von Bodenschätzen überwiegende Belange des Naturschutzes und der Landschaftspflege entgegen, so kann dies im Rahmen der Abwägung zu

98

264 *A. Schumacher/J. Schumacher*, in: Schumacher/Fischer-Hüftle, BNatSchG, 2. Aufl. 2011, § 1 Rn. 163.

265 *Meßerschmidt*, § 1 Rn. 128.

266 *A. Schumacher/J. Schumacher*, in: Schumacher/Fischer-Hüftle, BNatSchG, 2. Aufl. 2011, § 1 Rn. 165.

267 *Kolodziejcok*, in: Kolodziejcok/Endres/Krohn/Markus, NLJ, § 1 BNatSchG Rn. 80.

268 *Meßerschmidt*, § 1 Rn. 128.

269 *Gellermann*, in: Landmann/Rohmer, Umweltrecht, BNatSchG, § 2 a.F. Rn. 19.

270 Ähnlich *Kolodziejcok*, in: Kolodziejcok/Endres/Krohn/Markus, NLJ, § 1 BNatSchG Rn. 83.

271 *Marzik/Wilrich*, BNatSchG, § 2 a.F. Rn. 29.

einer Versagung der für den Bodenabbau erforderlichen Genehmigung führen.[272]

99 Als **Ausgleichs- bzw. Minderungsmaßnahmen** nennt das Gesetz in einer nicht abschließenden Aufzählung die Förderung natürlicher Sukzession, die Renaturierung, die naturnahe Gestaltung (mit jeweils steigendem aktivem Gestaltungsanteil), die Wiedernutzbarmachung und die Rekultivierung. Dabei zielen die drei erstgenannten Maßnahmentypen unmittelbar auf die Verwirklichung von Naturschutzzielen, während Wiedernutzbarmachung verschiedenste Nutzungsformen einschließlich Erholung und Naturschutz umfasst.[273] Rekultivierung ist vor allem auf land- oder forstwirtschaftliche Inkulturnahme gerichtet.[274] Bei der Wiedernutzbarmachung durch Wiederherstellung des vorherigen Zustandes ist zu beachten, dass es sich dabei im Hinblick auf Biotope, die sich auf bergbaulichen Hinterlassenschaften gebildet haben, um einen Eingriff in Natur und Landschaft nach § 15 Abs. 5 handeln kann, der bei der entsprechenden Qualität der Biotope und bei Vorliegen der jeweiligen naturschutzrechtlichen Voraussetzung unzulässig sein kann.[275]

100 Aus naturschutzfachlicher Sicht ist zu berücksichtigen, dass viele Biotope, die durch den Abbau entstehen, klassische **Sekundärlebensräume** darstellen, d.h. sie bieten ein Inventar, das ursprünglich in der natürlichen Umwelt bereitgestellt wurde, mittlerweile aber nicht mehr oder nicht mehr im gleichen Umfang zur Verfügung steht. Dies betrifft im Falle der Abbaustellen insbesondere Lebensräume dynamischer Flussauen, darüber hinaus generell nährstoffarme bzw. Rohbodenverhältnisse sowie Pionier- und sonstige Sukzessionsstadien. Für den Faunenschutz sind beispielsweise die nachfolgenden Biotoptypen im Kontext Abbaustellen bedeutsam:[276] Perennierende (= dauernde, wenn auch jahreszeitlich schwankende Wasserführung) und ephemere (= nur eine bestimmte Zeit Wasser führend) Gewässer – entspricht Altwässern und Tümpeln natürlicher Auenlandschaften; trockene und wechselfeuchte Rohbodenstandorte – entspricht Sand- und Kiesbänken sowie Schlickflächen; Trocken- und Halbtrockenrasen – entspricht Trockenrasenvegetation auf Brennen/Ruderalvegetation; vertikale Erdaufschlüsse – entspricht Uferabbrüchen; Steinhaufen, Wurzelstöcke u.ä., Gebüschgruppen möglichst von Weiden dominiert – als Ersatz für Weichholzauen; Dickstämmiges Totholz – entspricht Schwemmholz der Auen; Stellen mit Hangvernässungen durch Druckwasser – entspricht Sickerquellen. Diese Aspekte, die in ähnlicher Form für die Vegetation gelten, sollten sowohl während der Abbauphase als auch im Anschluss an die entsprechenden Nutzungen bei der

---

272 *A. Schumacher/J. Schumacher*, in: Schumacher/Fischer-Hüftle, BNatSchG, 2. Aufl. 2011, § 1 Rn. 169; Marzik/Wilrich, BNatSchG, § 2 Rn. 29.
273 *Gassner*, in: Gassner/Bendomir-Kahlo/A. Schmidt-Räntsch/J. Schmidt-Räntsch, BNatSchG, § 2 a.F. Rn. 74.
274 *Kolodziejcok*, in: Kolodziejcok/Endres/Krohn/Markus, NLJ, § 1 BNatSchG Rn. 82.
275 *Frenz*, NuL 2010, 85 (89).
276 *Blab*, Biotopschutz für Tiere, S. 395.

Maßnahmenauswahl berücksichtigt werden.[277] Im fachlichen bzw. planungs-methodischen Schrifttum[278] wird diesbezüglich empfohlen, konkrete Renatu-rierungsziele als Rahmen zu formulieren, der im Zuge des Abbaubetriebes und der Maßnahmenumsetzung auszufüllen ist. Um eine Rückkoppelung an den Zielrahmen zu gewährleisten, seien Durchführungs- und Funktionskon-trollen erforderlich.[279] Generell ist darüber hinaus zu bedenken, dass speziell Bergbaufolgelandschaften die Möglichkeit bieten, abiotische Prozesse in derart großen Dimensionen zuzulassen, wie sie in der umgebenden Kultur-landschaft völlig undenkbar sind. Dazu zählen Prozesse der Bodenbildung und -umformung, verschiedene Erscheinungsformen der Wind- und Wasser-erosion sowie die Fließgewässerdynamik auf dem gesamten Kippenareal.[280] Vor dem Hintergrund der Akzentuierung des Naturschutzziels „Förderung bzw. Zulassung dynamischer Prozesse", die der Gesetzgeber in § 1 Abs. 2 Nr. 3, und Abs. 3 Nr. 6 vorgenommen hat, besteht zwar kein genereller Vor-rang für die drei in § 1 Abs. 5 Satz 4 erstgenannten Maßnahmentypen[281], wohl aber eine besondere Prüf- und Begründungspflicht, die die erheblichen naturschutzfachlichen Potenziale von Sukzessions-, Renaturierungs- und naturnahen Gestaltungsmaßnahmen berücksichtigt. Sonstige Funktionspo-tenziale des Naturhaushalts, beispielsweise solche, die mit einem bei der Re-kultivierung vorgesehenen Oberbodenauftrag verbunden sind, müssen aller-dings ebenfalls einzelfallbezogen geprüft werden.

6. Freiräume im besiedelten und siedlungsnahen Bereich

Wie § 1 Abs. 5 behandelt Abs. 6 übergreifende Zielaspekte, allerdings bezo-gen auf eine bestimmte räumliche Kategorie, nämlich Freiräume im besie-delten und siedlungsnahen Bereich. Unter **Freiräumen** sind Flächen zu ver-stehen, die weitgehend unversiegelt sind. Als Freiräume bzw. Bestandteile von Freiräumen nennt das Gesetz beispielhaft „klassische" Erholungsflächen (Parkanlagen, großflächige Grünanlagen und Grünzüge), weitere bodenge-bundene Flächen- und Nutzungskategorien (Wälder[282], gartenbaulich- oder landwirtschaftlich genutzte Flächen[283]), weitere naturschutzfachlich beson-ders relevante Bereiche und Elemente (Fluss- und Bachläufe[284] mit ihren Uferzonen und Auenbereichen, stehende Gewässer, Bäume und Gehölz-strukturen) sowie, als neue Kategorie, die Naturerfahrungsräume. Unter Na-

---

277 Zu Gestaltungs- und Entwicklungsmaßnahmen instruktiv *Gilcher/Bruns*, Renaturierung von Abbaustellen, S. 265 ff.

278 Vgl. speziell zur Abarbeitung der Eingriffsregelung *Müller-Pfannenstiel/Tränkle/Beiß-wenger/Müller*, Empfehlungen zur naturschutzrechtlichen Eingriffsregelung bei Roh-stoffabbauvorhaben.

279 *Runge/Mestermann*, Verbesserung der Renaturierungsmöglichkeiten bei Abbauvorha-ben, S. 105.

280 *Felinks/Wiegleb*, NuLp 1998, 298 (299).

281 Vgl. *Meßerschmidt*, BNatSchG, § 1 Rn. 128, der betont, dass der Vorschrift keine Rang-folge zu entnehmen ist.

282 Siehe hierzu *Burkhardt* et al., Urbane Wälder.

283 Vgl. *Rode/von Haaren* (Bearb.), Multifunktionale Landnutzung am Stadtrand.

284 Zu Fließgewässern im Siedlungsraum siehe *Miethaner/König/Lehmann*, NuLp 2008, 204.

turerfahrungsräumen sind Grünflächen mit einem hohen Erlebnispotenzial für die Erholung von Kindern und Jugendlichen zu verstehen, die diese aufgrund ihrer natürlichen Beschaffenheit haben, also nicht auf Grund ihrer Ausstattung mit besonderer Infrastruktur.[285] Aus dem Wort „wie" zu Beginn der Aufzählung von Freiräumen bzw. ihrer Bestandteile ergibt sich, dass die Benennung der Flächenkategorien und Einzelelemente dazu dient, wichtige Freiraumtypen im Siedlungskontext zu illustrieren. Es soll deutlich werden, dass damit beispielsweise nicht nur Park- und Grünanlagen gemeint sind, sondern dass gerade auch Wäldern, Fließgewässern oder ackerbaulich genutzten Bereichen eine große Bedeutung zukommen kann. Dabei ist die Vorschrift offen für weitere, nicht aufgezählte Flächenkategorien und Elemente. Freiräume bzw. Bestandteile von Freiräumen sind daher beispielsweise auch die Strukturelemente des § 2 Abs. 1 Nr. 10 BNatSchG a.F., nämlich die Wegraine und Saumbiotope (wobei letztere ohnehin teilweise dem Begriff Waldränder unterfallen). Der für die Vorschrift einschlägige **besiedelte und siedlungsnahe Bereich** ergibt sich aus der real-physischen Situation, nicht etwa aus bauplanungsrechtlichen Kategorien. Siedlungsnahe Flächen sind solche, die noch deutlich von der Siedlung selbst geprägt werden oder die Funktionen erfüllen, deren besondere Bedeutung sich gerade aus der Nähe zur Siedlung ergibt (z.B. im Hinblick auf den Klimahaushalt oder die Erholungsbedürfnisse der Bevölkerung).

102 Mit der gesetzlichen Akzentuierung des Freiraumschutzes im besiedelten und im siedlungsnahen Bereich in § 1 Abs. 6 werden grundsätzlich alle drei Zieldimensionen des § 1 Abs. 1 angesprochen. Von besonderer Bedeutung sind die materiell-physischen Funktionen sowie das Erleben und Wahrnehmen von Natur und Landschaft.[286] Dabei trägt die Vorschrift dem Gedanken Rechnung, dass Freiräumen und Freiraumsystemen im Siedlungskontext häufig eine **multifunktionale Bedeutung** zukommt. Naturnah belassene oder renaturierte Fließgewässer mit grünlandgenutzten Auenbereichen können beispielsweise je nach räumlicher Situation für die Biodiversitätssicherung (siehe § 1 Abs. 1 Nr. 1) von Relevanz werden (z.B. Herstellung der Durchgängigkeit des Gewässers unter Einbeziehung der Fließstrecken in Siedlungsräumen), Bestandteil von Kalt- und Frischluftsystemen sein (siehe § 1 Abs. 3 Nr. 4), Beiträge zum vorsorgenden Hochwasserschutz leisten (siehe § 1 Abs. 3 Nr. 3) sowie eine maßgebliche Rolle für das Naturerlebnis (siehe § 1 Abs. 1 Nr. 3 bzw. Abs. 4 Nr. 2) „vor der Haustür" spielen (z.B. Beobachtung von Fließgewässerorganismen oder von fließgewässertypischen dynamischen Prozessen wie Umlagerung von Kies- und Sandbänken, Uferabbrüchen u.v.m.).

103 § 1 Abs. 6 enthält sowohl die Maßgabe der **Erhaltung** von Freiräumen als auch die der **Neuschaffung**, soweit diese nicht ausreichend vorhanden sind.

---

285 BT-Drs. 16/12274, S. 50; siehe hierzu auch ausführlich *Schemel* et al., Naturerfahrungsräume; *Schemel/Wilke* (Bearb.), Kinder und Natur in der Stadt.

286 Die Ausrichtung der Vorschrift auf das Erleben von Natur und Landschaft betonen *Gassner/Heugel*, Das neue Naturschutzrecht, Rn. 8; zur Thematik der biologischen Vielfalt im Siedlungsraum siehe *Werner/Zahner*, Biologische Vielfalt und Städte.

Die Erfüllung der Maßgabe setzt voraus, dass die Freiraumsituation der jeweiligen Siedlung bzw. des Siedlungsumfeldes am Maßstab der Zielbereiche des § 1 Abs. 1 geprüft und daraus entsprechender Handlungsbedarf abgeleitet wird. Diesen planerisch-konzeptionellen Beitrag leistet die Landschaftsplanung (siehe unter anderem § 9 Abs. 3 Nr. 4 lit. g)). Bei der Umsetzung der Maßgabe ist auch an das Instrument der Unterschutzstellung von Landschaftsbestandteilen zu denken.[287] Die Erhaltung oder Neuschaffung von Freiräumen im Siedlungsbereich kann insofern konfliktträchtig werden, als gleichzeitig der Schutz des Außenbereichs gewährleistet werden soll. Bei einem unterstellten Bedarf für eine weitere (bauliche) Flächeninanspruchnahme ergibt sich das Dilemma, dass die Inanspruchnahme von Flächen zur baulichen Nutzung einerseits in den Innenbereich gelenkt werden soll, um den Außenbereich als zusammenhängenden Freiraum zu schonen (siehe auch § 1 Abs. 5 Satz 2). Andererseits können auch die siedlungsbezogenen Freiräume von erheblicher Bedeutung für die Ziele von Naturschutz und Landschaftspflege sein, wie § 1 Abs. 6 zu Recht deutlich macht. Die Gesetzesbegründung weist vor diesem Hintergrund allerdings darauf hin, dass die Regelung des § 1 Abs. 6 einer Inanspruchnahme von Brachflächen im Innenbereich u.a. für Bauleitpläne der Innenentwicklung nach § 13a BauGB nicht entgegenstehe.[288] Lösungsansätze ergeben sich zum einen aus generellen Strategien zur Verminderung der baulichen Flächeninanspruchnahme von bislang unversiegelten Bereichen, zum anderen ist eine fachlich begründete Herausarbeitung der Bedeutung von konkreten Räumen und Flächen erforderlich, wie sie insbesondere die Landschaftsplanung vorzunehmen hat.[289]

§ 2
Verwirklichung der Ziele

(1) Jeder soll nach seinen Möglichkeiten zur Verwirklichung der Ziele des Naturschutzes und der Landschaftspflege beitragen und sich so verhalten, dass Natur und Landschaft nicht mehr als nach den Umständen unvermeidbar beeinträchtigt werden.

(2) Die Behörden des Bundes und der Länder haben im Rahmen ihrer Zuständigkeit die Verwirklichung der Ziele des Naturschutzes und der Landschaftspflege zu unterstützen.

(3) Die Ziele des Naturschutzes und der Landschaftspflege sind zu verwirklichen, soweit es im Einzelfall möglich, erforderlich und unter Abwägung aller sich aus § 1 Absatz 1 ergebenden Anforderungen untereinander und gegen die sonstigen Anforderungen der Allgemeinheit an Natur und Landschaft angemessen ist.

---

287 *Wolf*, in: Schlacke (Hrsg.), GK-BNatSchG, § 1 Rn. 28.
288 BT-Drs. 16/12274, S. 50.
289 Vgl. dazu Bruns/Mengel/Weingarten, Beiträge der flächendeckenden Landschaftsplanung zur Reduzierung der Flächeninanspruchnahme.

(4) Bei der Bewirtschaftung von Grundflächen im Eigentum oder Besitz der öffentlichen Hand sollen die Ziele des Naturschutzes und der Landschaftspflege in besonderer Weise berücksichtigt werden.

(5) Die europäischen Bemühungen auf dem Gebiet des Naturschutzes und der Landschaftspflege werden insbesondere durch Aufbau und Schutz des Netzes „Natura 2000" unterstützt. Die internationalen Bemühungen auf dem Gebiet des Naturschutzes und der Landschaftspflege werden insbesondere durch den Schutz des Kultur- und Naturerbes im Sinne des Übereinkommens vom 16. November 1972 zum Schutz des Kultur- und Naturerbes der Welt (BGBl. 1977 II S. 213, 215) unterstützt.

(6) Das allgemeine Verständnis für die Ziele des Naturschutzes und der Landschaftspflege ist mit geeigneten Mitteln zu fördern. Erziehungs-, Bildungs- und Informationsträger klären auf allen Ebenen über die Bedeutung von Natur und Landschaft, über deren Bewirtschaftung und Nutzung sowie über die Aufgaben des Naturschutzes und der Landschaftspflege auf und wecken das Bewusstsein für einen verantwortungsvollen Umgang mit Natur und Landschaft.

Inhaltsübersicht

I. Überblick

§ 2 vereinigt im Wesentlichen bereits im geltenden Rahmenrecht vorhandene Bestimmungen, die sich auf die Verwirklichung der Ziele und vormaligen Grundsätze des Naturschutzes und der Landschaftspflege in Staat und Gesellschaft beziehen. Die bislang im Abschn. 1 auf die §§ 2, 4, 6 und 7 a.F. verstreuten Regelungen werden sinnvoll gebündelt, unmittelbar geltend formuliert und wie folgt strukturiert: Eingeleitet wird die Vorschrift durch Generalverpflichtungen, in Abs. 1 von Privaten und Abs. 2 von Behörden. Abs. 3 stellt die in den vorherigen Absätzen angesprochene Zielverwirklichung unter Abwägungsvorbehalt. Abs. 4 fordert bei der Bewirtschaftung von Grundflächen der öffentlichen Hand eine besondere Berücksichtigung der Ziele, Abs. 5 bekennt sich zur Unterstützung europäischer und internationaler Bemühungen und Abs. 6 fordert Umweltkommunikation und -bildung. 1

Anders als die Zielbestimmung des § 1 Abs. 1 ist keine der sehr abstrakten und instrumentenübergreifend geltenden Regelungen als allgemeiner Grundsatz deklariert. Es kann daher einfachgesetzlich dahin stehen, welche Absätze verfassungsrechtlich als allgemeiner Grundsatz des Naturschutzes i.S.v. Art. 72 Abs. 3 Satz 1 Nr. 2 GG zu werten sind, da angesichts der Gesetzessystematik insoweit mangels entsprechendem Klammerzusatz zumindest eine Öffnung zu Gunsten der Länder nach Art. 72 Abs. 1 GG vorliegt. In Betracht kommt eine **Abweichungsfestigkeit** demzufolge nur, soweit Ziele des Arten- oder Meeresnaturschutzes verwirklicht werden. 2

II. Allgemeine Verpflichtung zur Beachtung der Ziele (Abs. 1)

1. Entstehungsgeschichte

Die Vorschrift des Abs. 1 wurde erstmals im Jahre 2002 unter der amtlichen Überschrift „Beachtung der Ziele und Grundsätze" in das Bundesrahmenrecht aufgenommen (§ 4 BNatSchG a.F.). Sie folgt Vorbildern im Landesrecht sowie § 3 Abs. 1 UGB-KomE und § 7 Abs. 1 UGB-ProfE. 3

2. Allgemeines

Der Schutz der natürlichen Lebensgrundlagen ist eine Aufgabe, die nicht allein durch den Staat (vgl. Art. 20 a GG) zu bewältigen ist, sondern auch der Mitwirkung Privater bedarf. Insbesondere nachhaltige Verbesserungen der Situation von Natur und Landschaft, wie etwa das – nicht erreichte – 2010-Ziel, sind nur zu erreichen, wenn sich jeder naturschutzgerecht verhält. Die Verwirklichung der Ziele des Naturschutzes und der Landschaftspflege ist also nicht nur Sache von Behörden und Naturschutzverbänden, sondern eine gesamtgesellschaftliche Aufgabe. Als Ausdruck des umweltrechtlichen **Verursacherprinzips**, aber auch des Kooperationsprinzips (vgl. § 6 f. UGB-KomE; § 5 f. UGB-ProfE) betont Abs. 1 dementsprechend die Verantwortung des Einzelnen und nimmt jeden in die Pflicht, das seinerseits Mögliche zur Verwirklichung der Ziele zu tun und Natur und Landschaft möglichst zu schonen. 4

5 Die Vorschrift statuiert eine naturschutzbezogene Umweltpflicht[1], die als allgemeine Bürgerpflicht inter omnes in Form von zwei individuellen positiv und negativ formulierten Geboten als Handlungs- und Unterlassungspflicht ausgestaltet ist. Es ist zu unterscheiden zwischen dem **Beitragsgebot** im Hinblick auf die Verwirklichung der Ziele des Naturschutzes und der Landschaftspflege sowie dem **Vermeidungsgebot** im Hinblick auf Beeinträchtigungen von Natur und Landschaft.

6 Durch die allgemeine Bezugnahme auf die Ziele in § 1, die teilweise konkurrierende Intentionen verfolgen, und die nicht näher definierte Beeinträchtigung ist die Vorschrift wenig bestimmt. Zudem werden die darin enthaltenen Gebote vorsichtig-weich formuliert, insbesondere **doppelt relativiert**: Beide sind – im Gegensatz zu § 174 UGB-ProfE – als Soll-Verpflichtung ausgestaltet; der Umfang der Beitragspflicht richtet sich nach den individuellen Möglichkeiten des jeweils Verpflichteten und das Beeinträchtigungsverbot bezieht sich auf Veränderungen, die „nach den Umständen unvermeidbar" sind.

3. Adressaten

7 Abs. 1 richtet sich insbesondere an **Private**. Die öffentliche Hand bzw. Behörden des Bundes und der Länder werden in den folgenden Absätzen besonders verpflichtet. Soweit eine Person des öffentlichen Rechts (z.B. Kirchen und Religionsgemeinschaften) von diesen Spezialregelungen nicht erfasst wird, kommt Absatz 1 zum Tragen. Adressiert wird jede natürliche Person, unabhängig von der Staatsbürgerschaft, sowie **juristische Personen**, soweit die Pflicht ihrer Natur nach im Einzelfall anwendbar ist.[2]

4. Beitragsgebot

8 Der erste Halbsatz der Regelung bestimmt, dass jeder zur Verwirklichung der Ziele des Naturschutzes und der Landschaftspflege beitragen soll. Die Bezugnahme auf die Ziele dient dabei eher der Veranschaulichung der Naturschutzaufgaben[3] als dass tatsächlich jedes einzelne Ziel durch Private gefördert werden soll. Die in § 1 genannten Ziele sind überwiegend staatsgerichtet formuliert und ihrer Natur nach weitgehend nicht durch den Einzelnen, sondern vorrangig durch die Allgemeinheit bzw. den Staat im Rahmen gesetzlich determinierter Verfahren in einer Gesamtabwägung zu verwirklichen. Auch wenn Private die tatsächliche und finanzielle Möglichkeit haben, wird somit von ihnen nicht ein Engagement bis an die Grenze der Unmöglichkeit erwartet. Problematisch ist insoweit die – nicht gekennzeichnete – Abweichung in Art. 1 Satz 1 BayNatSchG, wonach Naturschutz „verpflichtende Aufgabe ... für jeden einzelnen Bürger" ist.[4]

---

1 *Meßerschmidt*, BNatSchG, § 2 Rn. 5, 13.
2 *Marzik/Wilrich*, BNatSchG, § 4 Rn. 4.
3 *Meßerschmidt*, BNatSchG, § 2 Rn. 15.
4 Kritisch hierzu auch *Fischer-Hüftle*, in: Engelhardt/Brenner/Fischer-Hüftle/Egner/Meßerschmidt, Naturschutzrecht in Bayern, BayNatSchG, Art. 1 Rn. 2.

a) Appellfunktion

Nach dem Maßstab des rechtsstaatlichen Bestimmtheitsgrundsatzes (vgl. 9
Art. 20 Abs. 3 GG) ist die allgemeine Förderpflicht **zu unbestimmt**[5], als dass
von ihr konkrete Rechtsfolgen oder verbindliche Verhaltenspflichten Privater
abgeleitet werden könnten. Mit dem Gebot verbinden sich „keine unmittelbar durchsetzbaren Handlungs- oder Unterlassungspflichten"[6], „die für sich
allein durch Verwaltungsanordnungen erzwingbar oder ordnungsrechtlich
sanktionierbar wären".[7]

Zutreffend bezeichnet die Gesetzesbegründung das Gebot zurückhaltend als 10
eine „an alle Bürgerinnen und Bürger gerichtete Aufforderung".[8] Die Vorschrift hat reinen **Appellcharakter**[9], sie formuliert eine lediglich moralische
Pflicht[10] insbesondere für den freiwilligen, **überobligatorischen Naturschutz** und hat damit eine symbolische, erzieherische Funktion[11]. Aufgrund
des fehlenden Regelungsgehalts wird die Vorschrift zu Recht kritisiert, denn
moralische Pflichten sind der gesetzgeberischen Definition per se entzogen.[12]

b) Verhaltensmaßstab für andere Vorschriften

Bedeutung kann dem „naturschutzrechtlichen Imperativ" aber als Prüfkrite- 11
rium bei der Auslegung und Anwendung anderer Vorschriften insbesondere
des BNatSchG und darauf basierender Regelungen zukommen.[13] Die Regelung ist u.a. relevant für **Abwägungen** zwischen öffentlichen Interessen und
privaten Rechten, insbesondere bei Ermessenentscheidungen wie etwa nach
§ 3 Abs. 2 oder bei Ausweisung von Schutzgebieten nach § 22 Abs. 1. Sie ist
aber auch heranzuziehen bei der **Auslegung unbestimmter Rechtsbegriffe**,
die Rechte und Interessen Privater absichern[14], vor allem hinsichtlich der
Zumutbarkeit von Belastungen, Alternativen und sonstigen Anforderungen
(z.B. § 15 Abs. 1, § 29 Abs. 2 Satz 2, § 34 Abs. 3 Nr. 2, § 42 Abs. 8 Satz 3, § 45
Abs. 7 Satz 2, § 65 Abs. 1, § 67 Abs. 1 Satz 1 Nr. 2). Im Zusammenhang mit
Einschränkungen von Grundrechten konkretisiert das Gebot auch die **Sozialbindung des Eigentums** nach Art. 14 Abs. 2 GG, etwa im Hinblick auf
Entschädigungen nach § 68 Abs. 1. Als Bestandteil der **öffentlichen Ordnung**

---

5 Vgl. *Müller-Walter*, in: Lorz/Konrad/Mühlbauer/Müller-Walter/Stöckel, BNatSchG, § 2
   Rn. 2.
6 BT-Drs. 16/12274, S. 51.
7 BT-Drs. 14/6378, S. 38; a.A. *Louis*, NuR 2002, 386.
8 BT-Drs. 16/12274, S. 40.
9 *Gellermann*, in: Landmann/Rohmer, Umweltrecht, BNatSchG, § 4 Rn. 2.
10 *Gassner*, in: Gassner/Schmidt-Räntsch/Bendomir-Kahlo, BNatSchG, § 4 Rn. 5; *Meßerschmidt*, BNatSchG, § 2 Rn. 15.
11 *Albers*, in: Rohlf/Albers, NatSchG BW, § 7 Rn. 1; *Meßerschmidt*, BNatSchG, § 2 Rn. 14 f.
12 *Gassner*, in: Gassner/Schmidt-Räntsch/Bendomir-Kahlo, BNatSchG, § 4 Rn. 1; *Meßerschmidt*, BNatSchG, § 2 Rn. 15; *Gellermann*, in: Landmann/Rohmer, Umweltrecht, BNat-
   SchG, § 4 Rn. 2.
13 Vgl. BT-Drs. 16/12274, S. 51.
14 *Tausch*, BayNatSchG, Art. 2 Rn. 11.

im Rahmen des Gefahrenabwehrrechts[15] wird das Gebot nur in Extremfällen Bedeutung erlangen.[16]

5. Vermeidungsgebot

12 Der zweite Halbsatz bestimmt in Anlehnung an das **neminem laedere-Prinzip**, dass jeder sich so verhalten soll, dass Natur und Landschaft nicht mehr als nach den Umständen unvermeidbar beeinträchtigt werden. Dieses § 5 Abs. 1 WHG und § 4 Abs. 1 BBodSchG ähnelnde Rücksichtnahmegebot[17] fordert eine Minimierung nachteiliger Veränderungen der Schutzgüter des § 1. Es beinhaltet eine allgemeine Gefahrenabwehrpflicht bzw. **Sorgfaltspflicht**, bei Maßnahmen, mit denen Einwirkungen auf Natur und Landschaft verbunden sein können, die nach den Umständen erforderliche Sorgfalt anzuwenden, um nachteilige Veränderungen zu vermeiden. Vermeidbar ist eine Beeinträchtigung, wenn für den Einzelnen eine zumutbare, die Natur schonendere Handlungsalternative besteht.[18]

13 Eine Konkretisierung des Vermeidungsgebots erfolgt in zahlreichen verhaltensbezogenen **Spezialnormen**, u.a. zu Eingriffen in Natur und Landschaft (§ 15) und Umweltschäden (§ 19 BNatSchG i.V.m. § 5 USchadG), zur FFH-Verträglichkeit (§ 34 Abs. 2 und 3), zur guten fachlichen Praxis in der Land- Forst- und Fischereiwirtschaft (§ 5 Abs. 2–4) sowie zum Biotop- und Artenschutz (z.B. § 30 Abs. 2, §§ 39, 44). Diese abschließenden Spezialregelungen gehen dem allgemeinen Gebot vor, für einen Rückgriff auf § 2 Abs. 1 ist hinsichtlich der dort geregelten Sachverhalte kein Raum, das Vermeidungsgebot hat nur **Lücken schließende Funktion**.[19] Anwendungsfälle ergeben sich z.B. bei Verunstaltungen oder Verunreinigungen von Natur und Landschaft oder verhaltensbezogenen Beeinträchtigungen der Erholungsfunktion.

14 Das Gebot istan sich hinreichend konkret gefasst, dass ihm wie bei vergleichbaren umweltrechtlichen Vorschriften eine **Rechtspflicht** entnommen werden könnte; die weitere Konkretisierung durch Regelbeispiele ist hierzu nicht zwingend erforderlich. Angesichts der Soll-Verpflichtung und der insoweit allgemein zurückhaltenden Gesetzesbegründung[20] ist aber zweifelhaft, ob diese Pflicht ordnungsrechtlich durch Anordnung nach § 3 Abs. 2 BNatSchG durchsetzbar ist.[21] Ein Verstoß ist jedenfalls – auch landesrechtlich – nicht als Ordnungswidrigkeit (§ 69) oder gar als Straftat (§ 71) sanktionierbar.[22]

---

15 Vgl. *Gassner*, in: Gassner/Schmidt-Räntsch/Bendomir-Kahlo, BNatSchG, § 4 Rn. 9; *Meßerschmidt*, BNatSchG, § 2 Rn. 16.

16 *Denninger*, in: Lisken/Denninger, Handbuch des Polizeirechts, 4. Aufl., E, Rn. 67 ff.

17 *Albers*, in: Rohlf/Albers, NatSchG BW, § 7 Rn. 1; *Tausch*, BayNatSchG, Art. 2 Rn. 11.

18 *Marzik/Wilrich*, BNatSchG, § 4 Rn. 6.

19 *Meßerschmidt*, BNatSchG, § 2 Rn. 16; *Marzik/Wilrich*, BNatSchG, § 4 Rn. 6.

20 BT-Drs. 16/12274, S. 51.

21 *Krohn*, in Schlacke (Hrsg.), GK-BNatSchG, § 3 Rn. 19; *Müller-Walter*, in: Lorz/Konrad/Mühlbauer/Müller-Walter/Stöckel, BNatSchG, § 2 Rn. 2.

22 Wohl mangels individualisierbarem Personenkreis auch nicht über Garantenstellung nach § 13 StGB, so aber *Gassner*, in: Gassner/Schmidt-Räntsch/Bendomir-Kahlo, BNatSchG, § 4 Rn. 8.

Hendrischke

Schlussendlich kann das Vermeidungsgebot auch als Maßstab für die **Anwendung und Auslegung anderer Vorschriften** fungieren.[23]

III. Unterstützungspflicht der Behörden (Abs. 2)

1. Entstehungsgeschichte

Die Vorschrift entspricht dem bisherigen § 6 Abs. 2 Satz 1 a.F. richtet sich   15
nun aber auch unmittelbar an die Behörden der Länder. Bereits § 3 Abs. 2
Satz 1 bezog sich allgemein auf „andere Behörden und öffentliche Stellen"
(als Naturschutzbehörden). Die nachfolgende Beschränkung des § 6 Abs. 2
a.F. auf Behörden des Bundes erfolgte aus Gründen der bloßen Rahmengesetzgebungskompetenz. Nicht durchzusetzen vermochte sich der Bundesrat
mit einem Vorschlag, die Behörden des Bundes ausdrücklich auf die Beachtung des Landesrechts zu verpflichten, da die dahingehende Rechtspflicht
außer Frage steht.[24]

2. Allgemeines

Die Ziele des § 1 sind nicht allein durch die Naturschutzverwaltung und die   16
Inpflichtnahme Privater zu verwirklichen. Naturschutz und Landschaftspflege erfordern als **Querschnittsaufgabe** vielmehr ein effektives und effizi-
entes Zusammenwirken aller öffentlichen Stellen zur Integration in andere
Politiken (vgl. Art. 11 AEUV). Der Gesetzgeber will mit der Vorschrift insoweit in Entsprechung zum Beitragsgebot des Abs. 1 eine **Gesamtverantwor-
tung** aller Hoheitsträger gegenüber Natur und Landschaft realisieren[25] und
spricht alle Behörden des Bundes und der Länder an.

a) Adressaten

Behörde i.S.d. Vorschrift und des Gesetzes ist jede Stelle, die im eigenen Na-   17
men nach außen eigenständig Aufgaben der öffentlichen Verwaltung wahrnimmt (vgl. § 1 Abs. 4 VwVfG). Sonstige „öffentliche Stellen" bzw. (vgl. § 9
Abs. 2 Satz 2 LG NW) sind dagegen den Zielen des Naturschutzes und der
Landschaftspflege allenfalls nach Abs. 4 als Teil der öffentlichen Hand bei
der Bewirtschaftung von Grundflächen verpflichtet.

Die Vorschrift richtet sich – wie in § 3 Abs. 2 Satz 1 a.F. noch ausdrücklich   18
geregelt – vor allem an „andere Behörden" **außerhalb der Naturschutzverwaltung**, denn die für Naturschutz und Landschaftspflege zuständigen Behörden i.S.d. § 3 Abs. 1 können sich auf eine Unterstützung der Ziele des § 1
nicht beschränken, sondern haben die Aufgabe, diese zu verwirklichen.[26]
Angesprochen sind nicht nur sonstige Behörden der Umweltverwaltung wie
die für Immissions- und Bodenschutz oder Abfall- und Wasserwirtschaft zu-

---

23 *Lütkes*, in: Lütkes/Ewer, BNatSchG, § 2 Rn. 5.
24 Vgl. BT-Drs. 14/6878, S. 8, 21.
25 Vgl. BT-Drs. 7/3879, S. 19.
26 Vgl. *Gellermann*, in: Landmann/Rohmer, Umweltrecht, BNatSchG, § 6 Rn. 6; *Meßerschmidt*, BNatSchG, § 2 Rn. 19.

ständigen Behörden, sondern insbesondere auch solche Behörden, die für in Natur und Landschaft eingreifende Maßnahmen oder deren Zulassung zuständig sind.

19 Die Vorschrift bezieht sich dem Wortlaut nach nur auf Behörden **des Bundes und der Länder.** Dennoch ist wie bei vergleichbaren Vorschriften (vgl. Art. 35 GG[27] oder § 2 BDSG) auch die mittelbare Staatsverwaltung erfasst. Hierzu zählen die Behörden sonstiger juristischer Personen des öffentlichen Rechts[28] wie bundesunmittelbare oder der Aufsicht eines Landes unterstehende Körperschaften, Anstalten und Stiftungen.

20 **Bundesbehörden** sind zunächst alle bundeseigenen Behörden, u.a. die Bundeswasserstraßen- und der Schifffahrtsverwaltung, die Eisenbahn- und Luftverkehrsverwaltung, die Bundeswehr- und Zollverwaltung sowie die Bundespolizei (vgl. Art. 87 ff. GG). Es handelt sich insbesondere um Bundesministerien, etwa das BMELV und BMVBS, sowie selbstständige Bundesoberbehörden i.S.v. Art. 87 Abs. 3 GG wie das BSH, EBA und BVL oder innerhalb der Umweltverwaltung das UBA. Teilweise sind die Verwaltungen in Mittel- und Unterbehörden gegliedert wie z.B. die Wasser- und Schifffahrtsdirektionen und -ämter. Adressaten sind aber auch bundesunmittelbare Anstalten des öffentlichen Rechts wie z.B. die BLE.

21 **Landesbehörden** sind insbesondere die Landesregierungen, alle Landesministerien sowie deren Unterbau. Besonderen Bezug zu Naturschutz und Landschaftspflege haben neben den sonstigen Umweltbehörden insbesondere die Forst- und Landwirtschaftsverwaltung sowie die Straßenbau- und Bergbehörden. Erfasst sind auch Landesbetriebe sowie Körperschaften wie Wasser- und Bodenverbände, Fischerei- und Jagdgenossenschaften. Gleiches gilt für kommunale Gebietskörperschaften (mangels Zuweisung einer eigenständigen Aufgabe (siehe § 3 Rn. 166) bedarf es zur Anwendung der Vorschrift auf Gemeinden und Gemeindeverbände keiner ausdrücklichen Übertragung im Landesrecht nach § 3 Abs. 7).

b) Unterstützungspflicht

22 Die geforderte Unterstützung geht über die bloße **Beachtung** des einschlägigen Naturschutzrechts hinaus[29], zu der alle Behörden bereits nach Art. 20 Abs. 3 GG verpflichtet sind (dies gilt auch für Bundesbehörden im Hinblick auf das Landesrecht[30]). Unterstützen bedeutet auch mehr als Amtshilfe i.S.v. § 4 VwVfG und Art. 35 Abs. 1 GG gegenüber den Naturschutzbehörden im Einzelfall. Den anderen Behörden obliegt vielmehr eine **„gesteigerte Hilfs- und Mitwirkungspflicht"**[31], die dauerhaft „im Rahmen ihrer Zuständigkeit",

---

27 Vgl. *Sannwald*, in: Schmidt-Bleibtreu/Hofmann/Hopfauf, GG, Art. 35 Rn. 17; *Meyer-Teschendorf*, DÖV 1988, 901.
28 Missverständlich insoweit die Aufzählung in § 9 Abs. 1 NatSchG BW.
29 BT-Drs. 7/3879, S. 19.
30 Vgl. BT-Drs. 14/6878, S. 8, 21.
31 *Gassner*, in: Gassner/Schmidt-Räntsch/Bendomir-Kahlo, BNatSchG, § 6 Rn. 18 in Analogie der Pflicht zu bundesfreundlichem Verhalten (Grundsatz der Bundestreue).

also bei Erfüllung ihrer Fachaufgaben unter Einsatz ihrer eigenen Sach- und Personalmittel und unter Ausnutzung ihrer rechtlichen Möglichkeiten[32], zu erfüllen ist. Die Unterstützung ist aber keine eigenständige Aufgabe, sondern **Kompetenzausübungsschranke**.[33] Dass es sich nicht um einen bloßen Appell[34] handelt, sondern um eine **Rechtspflicht** folgt bereits aus dem Wortlaut der Vorschrift[35]: „Die Behörden haben (…) zu unterstützen".

Art und Umfang der Unterstützung werden nicht näher umschrieben; lediglich Abs. 3 ist zu entnehmen, dass nur zu unterstützen ist, soweit die Verwirklichung der Ziele erforderlich, möglich und angemessen ist; bei Flächen für öffentliche Zwecke ergibt sich eine weitere Einschränkung aus der Funktionssicherung nach § 4. Unterstützungsbeiträge sind neben dem Unterlassen naturschutzschädlichen Verhaltens insbesondere auch die aktive Förderung der Ziele, etwa durch eine **naturverträgliche Planung und Durchführung eigener Maßnahmen** (z.B. bei der Gewässerunterhaltung). Zu berücksichtigen ist hierbei stets die sachliche und räumliche Zielkonkretisierung durch die Landschaftsplanung (vgl. § 9 Abs. 5) sowie die weiteren Planungen und Maßnahmen der Naturschutzbehörden. Die Unterstützung beinhaltet jedoch nicht nur eine inhaltliche Förderung der Ziele, sondern in formeller Hinsicht zunächst Informationsaustausch sowie **Kooperation** und Koordinierung mit den Naturschutzbehörden.[36] An diesen formalen Aspekt knüpft insbesondere die Verfahrensvorschrift des § 3 Abs. 5 an; den materiellen Aspekt der Unterstützung konkretisieren verschiedene Sondervorschriften wie § 2 Abs. 4, § 6 Abs. 4 oder § 40 Abs. 3 bis hin zur Ermächtigung, Aufgaben der Naturschutzbehörden auf andere Behörden zur Ausübung zu übertragen (vgl. § 58 Abs. 2).

23

IV. Abwägungsvorbehalt (Abs. 3)

1. Entstehungsgeschichte

Abs. 3 entspricht inhaltlich im Wesentlichen der einleitenden Formulierung des § 2 Abs. 1 BNatSchG a.F., ist aber nun vollständig getrennt von den Zielen in § 1. Diese **neue Systematik** ist sinnvoll, da eine allgemeine Abwägungsklausel im unmittelbaren Zusammenhang der Ziele als deren Relativierung verstanden werden kann, die Abwägung jedoch nicht die Zielsetzung betrifft, sondern lediglich die Zielverwirklichung (vgl. Rn. 33).[37] Auch der Hinweis auf die Möglichkeit ist nun in der logisch zutreffenden Reihenfolge[38] der Erforderlichkeit vorangestellt.

24

---

32 *Gellermann*, in: Landmann/Rohmer, Umweltrecht, BNatSchG, § 6 Rn. 7.

33 *Gassner*, in: Gassner/Schmidt-Räntsch/Bendomir-Kahlo, BNatSchG, § 6 Rn. 18 f.; *Marzik/Wilrich*, BNatSchG, § 6 Rn. 19.

34 So aber *Albers*, in: Rohlf/Albers, NatSchG BW, § 9 Rn. 2.

35 *Gellermann*, in: Landmann/Rohmer, Umweltrecht, BNatSchG, § 6 Rn. 6.

36 *Gassner*, in: Gassner/Schmidt-Räntsch/Bendomir-Kahlo, BNatSchG, § 6 Rn. 20 f.

37 Vgl. zur vorherigen Überführung in die Grundsatzbestimmung BT-Drs. 14/6378, S. 35.

38 A.A. wohl *Gassner*, in: Gassner/Schmidt-Räntsch/Bendomir-Kahlo, BNatSchG, § 2 Rn. 16.

2. Verwirklichung der Ziele

25 Die Vorschrift knüpft an Ziele des Naturschutzes und der Landschaftspflege an, die in der entsprechend überschriebenen Vorschrift des § 1 geregelt sind und nach § 9 überörtlich und örtlich in der Landschaftsplanung konkretisiert werden. Die Verwirklichung der Ziele erfolgt über Maßnahmen oder Erfordernisse des Naturschutzes und der Landschaftspflege (vgl. § 9 Abs. 1). **Maßnahmen** erfolgen insbesondere durch die nach § 3 Abs. 1 zuständigen Behörden in konkreter Anwendung der naturschutzrechtlichen Instrumente und Ermächtigungen (z.B. § 3 Abs. 2). Erfordernisse sind demgegenüber in anderen Aufgaben- und Verantwortungsbereichen zu verwirklichen (z.B. nach § 2 Abs. 1, 2 und 4). Insoweit bestehen aber oft auch fachgesetzliche Sondervorschriften (z.B. § 1 Abs. 6 Nr. 7, § 1 a Abs. 3 BauGB). Sie bleiben von § 2 Abs. 3 unberührt[39].

26 Gefordert wird eine möglichst weitgehende Zielverwirklichung.[40] Das „Ob" der Verwirklichung steht nicht zur Disposition[41], der Auftrag besteht dennoch nicht absolut, sondern ist situationsbezogen relativiert[42] durch gesetzliche Einschränkungen (Erforderlichkeit, Möglichkeit, Angemessenheit, Abwägung). Diese entsprechen allgemeinen Rechtsgrundsätzen und sind als einfachgesetzliche Ausprägungen des allgemeinen Verhältnismäßigkeitsprinzips[43] eher Selbstverständlichkeiten. Gleiches gilt für die Klarstellung, dass es für den Gesetzesvollzug maßgeblich auf die Besonderheiten des jeweiligen Einzelfalles ankommt.[44]

3. Möglichkeit und Erforderlichkeit

27 Die Zielverwirklichung muss objektiv und subjektiv möglich sein, d.h. ihr dürfen keine unüberwindlichen Hindernisse i.S.d. tatsächlichen oder rechtlichen Unmöglichkeit entgegenstehen.[45] Unzulässig sind also Maßnahmen, die keine Aussicht auf Erfolg haben.[46] Dies entspricht dem Kriterium der **Geeignetheit**[47] und dem – auch in anderen Vorschriften (§ 2 Abs. 1, § 5 Abs. 2 Nr. 3) ausgedrückten – allgemeinen Rechtsgrundsatz, dass über das Können

---

39 Vgl. BT-Drs. 14/6378, S. 35.

40 Siehe zur Einordnung als Optimierungsgebot *Meßerschmidt*, BNatSchG, § 2 Rn. 37 unter Verweis auf BVerwG, Urt. v. 22.03.1985, 4 C 73.82, DVBl 1985, 899 f.

41 *Blum/Agena/Franke*, NNG, § 2 Rn. 3; *Gellermann*, in: Landmann/Rohmer, Umweltrecht, BNatSchG, § 2 Rn. 4.

42 *Schmidt-Aßmann*, NuR 1979, 1 (5 f.). Anders dagegen die Beachtung von Raumordnungszielen nach § 4 Abs. 1 Satz 1 ROG.

43 *Gassner*, in: Gassner/Schmidt-Räntsch/Bendomir-Kahlo, BNatSchG, § 2 Rn. 18; vgl. hierzu *Meßerschmidt*, BNatSchG, § 2 Rn. 24.

44 BT-Drs. 14/6378, S. 35.

45 *Schmidt-Aßmann*, NuR 1979, 1 (5 f.); *Louis/Engelke*, BNatSchG, § 2 Rn. 8; *A. Schumacher/J. Schumacher*, in: Schumacher/Fischer-Hüftle, BNatSchG, 1. Aufl. 2003, § 2 Rn. 5.

46 Zur Notwendigkeit einer plausiblen fachlichen Konzeption vgl. *A. Schumacher/J. Schumacher*, in: Schumacher/Fischer-Hüftle, BNatSchG, 1. Aufl. 2003, § 2 Rn. 4.

47 *Gassner*, in: Gassner/Schmidt-Räntsch/Bendomir-Kahlo, BNatSchG, § 2 Rn. 18; vgl. *Marzik/Wilrich*, BNatSchG, § 2 Rn. 7.

hinaus niemand verpflichtet wird (ultra posse nemo obligatur). Die Verwirklichung der Ziele muss also nicht nur theoretisch machbar[48], sondern auch faktisch durchführbar sein und darf nicht gegen andere Rechtsvorschriften verstoßen. Ein Finanzierungsvorbehalt ist damit nicht verbunden.[49]

Das zweite Merkmal der Erforderlichkeit – an das auch zahlreiche Befugnis- 28 normen (z.B. § 3 Abs. 2, § 22 Abs. 1, § 66 Abs. 2) und Verordnungsermächtigungen (§ 54 Abs. 4 bis 6) anknüpfen – ist zu bejahen, wenn und soweit das Ziel ansonsten nicht zu erreichen ist.[50] Von mehreren zur Zielrealisierung gleich geeigneten ist das **mildeste Mittel** zu wählen, das gegenläufige Belange voraussichtlich am geringsten beeinträchtigt. Soweit es um Grundrechtseingriffe (z.B. in die Berufsausübungsfreiheit) oder Inhalts- und Schrankenbestimmungen des Eigentums geht, ergibt sich dies aus dem verfassungsrechtlichen Übermaßverbot.[51] Aber auch unter dem Aspekt der Wirtschaftlichkeit und Sparsamkeit ist beim Einsatz öffentlicher Mittel der geringst mögliche Aufwand zu betreiben.[52]

4. Angemessenheit

Die mögliche und erforderliche Zielverwirklichung muss schließlich ange- 29 messen sein, was durch **Abwägung** aller Anforderungen zu ermitteln ist. In Bezug auf Vorgang und Ergebnis der Abwägung gilt die in der Rechtsprechung entwickelte Fehlerlehre zu Abwägungsausfall, -defizit, -fehleinschätzung und -dispropotionalität.[53]

Das Gesetz gibt teilweise konkretisierende Hinweise, welche Belange in die 30 Abwägung einzustellen sind. So bestehen etwa **spezielle Berücksichtigungspflichten** im Hinblick auf die Land-, Forst- und Fischereiwirtschaft (§ 5 Abs. 1), agrarstrukturelle Belange (§ 15 Abs. 3) und die Produktion regionalen Saatguts (§ 39 Abs. 4 Satz 4). Die verschiedenen Belange des Gemeinwohls sind grundsätzlich untereinander gleichrangig[54], es sei denn es bestehen besondere Gewichtungsvorgaben (z.B. in § 2 Abs. 4).[55] Ihnen muss eine Bedeutung beigemessen werden, die ihnen in der tatsächlichen Situation objektiv zukommt.[56]

---

48 *Kolodziejcok*, in: Kolodziejcok/Endres/Krohn/Markus, NLJ, Kz. 1105, § 2 BNatSchG Rn. 8; *Marzik/Wilrich*, BNatSchG, § 2 Rn. 7.

49 *Meßerschmidt*, BNatSchG, § 2 Rn. 25.

50 *Marzik/Wilrich*, BNatSchG, § 2 Rn. 6.

51 *Gellermann*, in: Landmann/Rohmer, Umweltrecht, BNatSchG, § 2 Rn. 6; *Meßerschmidt*, BNatSchG, § 2 Rn. 26.

52 *Kolodziejcok*, in: Kolodziejcok/Endres/Krohn/Markus, NLJ, Kz. 1105, § 2 BNatSchG Rn. 7; vgl. *Schmidt-Aßmann*, NuR 1979, 1 (6).

53 BVerwG, Urt. v. 20.10.1972 – IV C 14.71, DVBl 1973, 42, siehe auch *Lütkes*, in: Lütkes/ Ewer, BNatSchG, § 2 Rn. 13.

54 *Kolodziejcok*, in: Kolodziejcok/Endres/Krohn/Markus, NLJ, Kz. 1105, § 2 BNatSchG Rn. 15; *A. Schumacher/J. Schumacher*, in: Schumacher/Fischer-Hüftle, BNatSchG, 1. Aufl. 2003, § 2 Rn. 10.

55 Zu den Optimierungsgeboten vgl. *Gassner*, in: Gassner/Schmidt-Räntsch/Bendomir-Kahlo, BNatSchG, § 2 Rn. 37; *Meßerschmidt*, BNatSchG, § 2 Rn. 37.

56 BVerwG, Beschl. v. 31.01.1997 – 4 NB 27/96, NuR 1997, 543 (545).

31 Eine Maßnahme darf zudem nicht zu einem Nachteil führen, der zum erstrebten Erfolg erkennbar außer Verhältnis steht. Die Angemessenheit erfordert damit eine **Proportionalität** zwischen Mittel und angestrebtem Zweck und entspricht insoweit der Verhältnismäßigkeit im engeren Sinne.[57] Auch Nutzen-/Kostenrelationen sind zu berücksichtigen[58] (ausdrücklich insoweit § 40 Abs. 3 Satz 2 und § 62). Wichtige Grundlagen für sachgerechte Entscheidungen sind insbesondere die Beobachtung von Natur und Landschaft nach § 6 Abs. 2, die Landschaftsplanung (§§ 9 ff.), Angaben und Gutachten zu Eingriffen wie z.B. landschaftspflegerische Begleitpläne (§ 17 Abs. 4) sowie Verträglichkeitsstudien nach § 34 Abs. 1 Satz 3 und § 11 UVPG.

32 Der Abwägungsvorbehalt gilt sowohl für naturschutzinterne als auch für externe Zielkonflikte:

a) Aufgabeninterne Abwägung

33 Die **Ziele des Naturschutzes und der Landschaftspflege** sind sehr heterogen und teilweise gegenläufig[59] (siehe hierzu im Einzelnen § 1 Rn. 74). Für einen effektiven und effizienten Schutz ist es daher nötig, die einzelnen Belange des Naturschutzes und der Landschaftspflege jeweils im Einzelfall untereinander optimierend abzustimmen und durch einen fachinternen Kompromiss in Ausgleich zu bringen. Die Ziele des § 1 unterliegen als solche nicht der Abwägung, sondern nur ihre Verwirklichung[60]. Daher sind die sich aus ihnen ergebenden **Anforderungen** untereinander abzuwägen.[61] Keines der Einzelziele genießt dabei einen abstrakten Vorrang[62], insbesondere ergibt sich aus der Reihenfolge der Zielkataloge keine pauschale Gewichtungsvorgabe. Die naturschutzinterne Abwägung aller Anforderungen erfolgt nicht nur im Hinblick auf die drei basalen Zieldimensionen des § 1 Abs. 1[63], sondern auch unter Einbeziehung der maßgebenden Zielkonkretisierungen in § 1 Abs. 2 bis 6 sowie der **Landschaftsplanung** (§ 9 Abs. 1) und sonstiger Programme (z.B. § 38 Abs. 1).

b) Abwägung mit externen Belangen

34 Die umfassende weit gefächerte Aufgabe des Naturschutzes und der Landschaftspflege ist im gesamtgesellschaftlichen Kontext zu erfüllen. Sie besitzt als Teil des Staatsziels in Art. 20 a GG zwar ein besonderes Gewicht, genießt aber keinen absoluten Vorrang gegenüber anderen öffentlichen Be-

---

57 *Gassner*, in: Gassner/Schmidt-Räntsch/Bendomir-Kahlo, BNatSchG, § 2 Rn. 17 f.

58 BT-Drs. 14/6378, S. 35.

59 *Gassner*, in: Gassner/Schmidt-Räntsch/Bendomir-Kahlo, BNatSchG, § 2 Rn. 20; *Kolodziejcok*, in: Kolodziejcok/Endres/Krohn/Markus, NLJ, Kz. 1105, § 2 BNatSchG Rn. 13.

60 *Marzik/Wilrich*, BNatSchG, § 2 Rn. 5; Gellermann, in: Landmann/Rohmer, Umweltrecht, BNatSchG, § 2 Rn. 5

61 Vgl. zu § 2 Abs. 1 Satz 1 a.F. den Vorschlag des Umweltausschusses BT-Drs. 14/7490, S. 13.

62 *Kolodziejcok*, in: Kolodziejcok/Endres/Krohn/Markus, NLJ, Kz. 1105, § 2 BNatSchG Rn. 15.

63 Verkürzt daher die Gesetzesbegründung BT-Drs. 16/12274, S. 51.

Hendrischke

langen.[64] Dementsprechend wurde 2002 die Abwägungsklausel klarstellend um **sonstige Anforderungen** an Natur und Landschaft erweitert.[65] Hierunter fallen vor allem wirtschaftliche und soziale Zielsetzungen der Gesellschaft in Form von Ansprüchen an die Nutzung von Naturgütern (z.B. die Erholung der Bevölkerung, Land- und Forstwirtschaft, Bergbau, Verkehrswegebau, Siedlungswesen). Die Bedeutung dieser Anforderungen ist teilweise besonders hervorgehoben (etwa der Aufbau einer nachhaltigen Energieversorgung in § 1 Abs. 3 Nr. 4). Aus Art. 20 a GG folgt, dass die Anforderungen des Naturschutzes und der Landschaftspflege nur durch gewichtige, stichhaltige und nachprüfbare Argumente überwindbar sind und nicht leichthändig und formelhaft „weggewogen" werden dürfen.[66] Die Argumentations- und Beweislast liegt bei den externen Anforderungen.[67]

Die aufgabenexterne Abwägung von Abs. 3 erstreckt sich jedoch nur auf Anforderungen der **Allgemeinheit**[68], d.h. Nutzungsansprüche, die in der Verfolgung anderer Staatsaufgaben liegen[69]. Rein private Belange, z.B. Eigentümerinteressen, sind daher nicht umfasst.[70] Das Gesetz fordert aber an zahlreichen Stellen, insbesondere in Befugnisnormen, die Zumutbarkeit von Belastungen, Alternativen und sonstigen Anforderungen (z.B. § 15 Abs. 1, § 29 Abs. 2 Satz 2, § 34 Abs. 3 Nr. 2, § 42 Abs. 8 Satz 3, § 45 Abs. 7 Satz 2, § 65 Abs. 1, § 67 Abs. 1 Satz 1 Nr. 2). Bei Grundrechtseingriffen ergibt sich ein Abwägungsgebot zudem bereits aus dem Rechtsstaatsprinzip (Art. 20 Abs. 3 GG) und dem daraus folgenden Grundsatz der Verhältnismäßigkeit.[71] **35**

5. Anwendungsbereich

Die Vorschrift ist keine Aufgaben- oder Befugnisnorm. Sie fungiert lediglich als Schranke der Zielverwirklichung. Die Regelung setzt also entsprechende Instrumente, Ermächtigungen und Entscheidungsstrukturen voraus. **36**

Der interne und externe Abwägungsvorbehalt erstreckt sich nicht auf das gesamte Naturschutzrecht.[72] Anwendung findet er nur in Bereichen, in denen die Verwaltung ein **Ermessen** hat, insbesondere bei der Normsetzung, **37**

---

64 Vgl. BVerwG, Beschl. v. 10. 10. 1988 – 7 B 37.88, NuR 1989, 85; BVerwG, Beschl. v. 13. 04. 1995 – 4 B 70/95, UPR 1995, 309.

65 Vgl. die Änderungsanträge v. 06. 11. 2001, BT-Drs. 14/7490, S. 13 f.

66 *Kolodziejcok*, in: Kolodziejcok/Endres/Krohn/Markus, NLJ, Kz. 1105, § 2 BNatSchG Rn. 19.

67 *Gassner*, in: Gassner/Schmidt-Räntsch/Bendomir-Kahlo, BNatSchG, § 2 Rn. 21 a ff.

68 Vgl. zu diesem Begriff § 23 Abs. 2 Satz 2, § 62 sowie insbesondere § 68 Abs. 3.

69 *Kolodziejcok*, in: Kolodziejcok/Endres/Krohn/Markus, NLJ, Kz. 1105, § 2 BNatSchG Rn. 12.

70 OVG Schleswig-Holstein, Urt. v. 30. 07. 2012 – 1 KN 1/12, NordÖR 2013, 433; *Paetow*, NuR 1986, 144 (147); *Gassner*, in: Gassner/Schmidt-Räntsch/Bendomir-Kahlo, BNatSchG, § 2 Rn. 25; *Kolodziejcok*, in: Kolodziejcok/Endres/Krohn/Markus, NLJ, § 2 BNatSchG Rn. 26; *A. Schumacher/J. Schumacher*, in: Schumacher/Fischer-Hüftle, BNatSchG, 1. Aufl. 2003, § 2 Rn. 12; a.A. VGH Mannheim, 16. 12. 1983 – 5 S 297/83, NuR 1984, 149; *Schmidt-Aßmann*, NuR 1979, 1 (3); *Henneke*, Landwirtschaft und Naturschutz, 1986, S. 178.

71 Vgl. BT-Drs. 16/12274, S. 50.

72 *Henneke*, Landwirtschaft und Naturschutz, 1986, S. 181.

Planung und Ermessensentscheidung im Einzelfall[73] oder soweit im konkreten Zusammenhang einzelner Bestimmungen (z.B. in § 15 Abs. 5) hierauf ausdrücklich hingewiesen wird.[74] Gebundene Entscheidungen, deren Voraussetzungen der Gesetz- oder Verordnungsgeber zur Austragung allfälliger Konflikte unter Beachtung der Verhältnismäßigkeit bereits abschließend bestimmt, bedürfen dagegen keiner erneuten Abwägung.[75] Gleiches gilt für Ge- oder Verbote, von denen aber eine Ausnahme oder Befreiung aus zwingenden (§ 34 Abs. 3 Nr. 1, § 45 Abs. 7 Satz 1 Nr. 5) oder sonstigen Gründen des überwiegenden öffentlichen Interesses (§ 61 Abs. 3 Nr. 2, § 67 Abs. 1 Nr. 1) erteilt werden kann.

V. Bewirtschaftung von Grundflächen der öffentlichen Hand (Abs. 4)

1. Allgemeines

38 Die öffentliche Hand verfügt über ausgedehntes Grundeigentum. So stehen etwa 53 % der Wälder im Eigentum von Bund, Ländern und Kommunen.[76] Für die natur- und landschaftsverträgliche Bewirtschaftung dieser Flächen trägt sie nach Art. 20 a GG eine **besondere Verantwortung**, aber auch angesichts der Jedermannpflicht Privater nach Abs. 1 kann ihr in eigenen Angelegenheiten eine besondere Sorgfalt abverlangt werden. Der Gebrauch öffentlicher Flächen hat insoweit in gesteigertem Maße dem Wohl der Allgemeinheit zu dienen, es besteht eine besondere Sozialbindung bzw. Naturschutzpflichtigkeit des Eigentums.[77] Die damit erzielte **Vorbildwirkung** gegenüber Privaten[78] ist ein geeignetes Mittel, um nach Abs. 6 das allgemeine Verständnis für die Ziele des Naturschutzes und der Landschaftspflege zu fördern und das Bewusstsein für einen verantwortungsvollen Umgang mit Natur und Landschaft zu wecken.

2. Entstehungsgeschichte

39 Nach landesrechtlichen Vorbildern (vgl. z.B. Art. 2 Abs. 1 BayNatSchG a.F.) und in Anlehnung an § 177 UGB-ProfE wurde durch das Neuregelungsgesetz 2002 mit der Rahmenvorschrift des § 7 Satz 1 a.F. ausdrücklich bestimmt, dass bei der Bewirtschaftung von Grundflächen im Eigentum oder Besitz der öffentlichen Hand die Ziele (und Grundsätze) des Naturschutzes und der Landschaftspflege in besonderer Weise berücksichtigt werden sol-

---

73 Im Einzelnen hierzu *Gassner*, in: Gassner/Schmidt-Räntsch/Bendomir-Kahlo, BNatSchG, § 2 Rn. 30 ff.

74 BT-Drs. 14/6378, S. 35.

75 *Meßerschmidt*, BNatSchG, § 2 Rn. 28; *A. Schumacher/J. Schumacher*, in: Schumacher/Fischer-Hüftle, BNatSchG, 1. Aufl. 2003, § 2 Rn. 11; *Louis/Engelke*, BNatSchG, § 1 Rn. 23. Vgl. hierzu im Gegensatz zu sog. „offenen Normen" *Jakobs*, DVBl 1985, 101.

76 Vgl. *Statistisches Jahrbuch über Ernährung*, Landwirtschaft und Forsten der Bundesrepublik Deutschland 2008, S. 379, Nr. 416.

77 *Kolodziejcok*, in: Kolodziejcok/Endres/Krohn/Markus, NLJ, Kz. 1120, § 7 BNatSchG Rn. 3.

78 *Schmidt-Aßmann*, in: Jarass u.a., UGB-BT, S. 386; *Marzik/Wilrich*, BNatSchG, § 7 Rn. 1.

len. Der nun unmittelbar geltende Abs. 4 entspricht dieser Vorgabe nahezu wortgleich, regelt aber anders als § 7 Satz 2 und 3 a.F. und Art. 1 Satz 3 und 4 BayNatSchG **kein relatives Verschlechterungsverbot** für naturschutzfachlich besonders wertvolle Flächen und **keinen Funktionsvorbehalt** für öffentliche Zweckbestimmungen. Einer ausdrücklichen Regelung bedarf es insoweit im Hinblick auf den Rechtscharakter der Ziele des § 1 nicht[79], denn maßgebend bleibt der allgemeine Abwägungsvorbehalt nach Absatz 3 sowie im Übrigen die Funktionssicherung nach § 4.

3. Verhältnis zu anderen Vorschriften

Abs. 4 enthält keine Aufgabenzuweisung, statuiert aber eine besondere **40** Rücksichtnahmepflicht, die das an Behörden des Bundes und der Länder gerichtete allgemeine Unterstützungsgebot des Abs. 2 in Bezug auf die Flächenbewirtschaftung ergänzt[80], verstärkend ausformt und den Adressatenkreis auf die gesamte öffentliche Hand erweitert. Die Vorschrift erfüllt insbesondere die Funktion einer **Gewichtungsvorgabe** für die Abwägung nach Abs. 3 und gewährleistet mit dem relativen Vorrang von Natur und Landschaft einen gesteigerten Mindestschutz öffentlicher Flächen, der auch dort zum Tragen kommt, wo speziellere Instrumente wie die Eingriffsregelung oder der Arten-, Biotop- und Gebietsschutz nicht greifen. Abs. 4 kann nicht zu einer Relativierung anderweitig begründeter Verpflichtungen führen.[81]

Zur Bereitstellung von Grundstücken für **Erholungszwecke** verpflichtet § 57 **41** gesondert. Weitere Sondervorschriften für bewaldete Flächen enthält insbesondere das Forstrecht der Länder. Hiernach soll der **Staatswald** dem Gemeinwohl in besonderem Maße dienen (§ 18 Abs. 1 Satz 1 HWaldG, § 6 Abs. 1 Satz 1 LWaldG MV, § 45 Abs. 1 Satz 1 LWaldG BW, Art. 18 Abs. 1 Satz 1 BayWaldG, § 25 Abs. 1 LWaldG RP, § 45 Abs. 1 Satz 1 und 2 SächsWaldG), was insbesondere durch anspruchsvollere Vorgaben an die Naturverträglichkeit der Bewirtschaftung zum Ausdruck kommt (vgl. § 28 Abs. 1 LWaldG M-V, § 28 Abs. 1 Satz 2 LWaldG SL). Entsprechendes gilt für den Körperschaftswald unter Berücksichtigung besonderer Bedürfnisse. Das Bundesrecht definiert zwar diese Waldeigentumsarten (§ 3 BWaldG), knüpft hieran aber selbst für Flächen des Bundes bislang keine weiteren Rechtsfolgen. Die bundesrechtliche Mindestvorgabe des Abs. 4 gilt auch im Wald.

4. Bewirtschaftung von Grundflächen der öffentlichen Hand

Als öffentliche Hand verpflichtet sind zunächst Bund, Länder, Gemeinden **42** und Gemeindeverbände sowie sonstige **juristische Personen des öffentlichen Rechts**[82] einschließlich ihrer Sondervermögen (vgl. § 37 Abs. 1 Satz 1 KrW-/AbfG). Auf Bundesebene zählen hierzu u.a. das Bundeseisenbahnvermögen (BEV) sowie die Bundesanstalt für Immobilienaufgaben (BImA), die

---

79 Vgl. BT-Drs. 16/12274, S. 51.
80 BT-Drs. 16/12274, S. 51.
81 *Gellermann*, in: Landmann/Rohmer, Umweltrecht, BNatSchG, § 7 Rn. 7.
82 Vgl. BT-Drs. 14/6378, S. 41 sowie Art. 2 Abs. 1 Satz 2 BayNatSchG a.F., § 8 Abs. 1 Satz 1 NatSchG BW.

das allgemeine Grundvermögen des Bundes verwaltet und für die forstliche Bewirtschaftung und naturschutzfachliche Betreuung des Liegenschaftsvermögens zuständig ist (§ 2 Abs. 1 BImAG). Nicht erfasst sind hingegen Kirchen und Religionsgemeinschaften i.S.v. Art. 140 GG i.V.m. Art. 137 Abs. 5 WRVerf, denn sie sind nicht in den Staat eingegliedert, sondern stehen diesem als Teil der Gesellschaft gegenüber.[83] Der weite Sammelbegriff der öffentlichen Hand erstreckt sich auf den „öffentlichen Sektor" in seiner Gesamtheit, d.h. den Staat auch als Wirtschaftssubjekt **(Fiskus)**. Wie bei der Bindung an Erfordernisse der Raumordnung (§ 4 Abs. 3 Nr. 1 ROG) sind daher auch **Personen des Privatrechts** (z.B. Eigenbetriebe) angesprochen, an denen öffentlich-rechtliche Personen mehrheitlich beteiligt sind oder rechtlich abgesichert einen bestimmenden Einfluss ausüben.[84]

43 Die Vorschrift bezieht sich auf alle im Eigentum oder Besitz der öffentlichen Hand stehenden Grundflächen, unabhängig von ihrem Verwendungszweck und ökologischen Wert. Grundflächen sind räumlich abgegrenzte Teile der Erdoberfläche, insbesondere Grundstücke. Mit **Bewirtschaftung** von Flächen ist nicht nur die land- und forstwirtschaftliche Bodennutzung (§ 5) oder sonstige erwerbswirtschaftliche Nutzung gemeint, sondern das gesamte Flächenmanagement, also auch die Nutzung zu anderen Zwecken (z.B. für öffentliche Aufgaben[85]), die bloße Pflege und Unterhaltung und die Verpachtung[86] oder Veräußerung.

5. Besondere Berücksichtigung von Zielen des Naturschutzes und der Landschaftspflege

44 Die **Berücksichtigung** der Ziele des Naturschutzes und der Landschaftspflege erzwingt keine Beachtung i.S.e. vollständigen Übereinstimmung.[87] Sie sollen aber als Belange bei allen Bewirtschaftungsentscheidungen einschließlich Planungen[88] einbezogen werden. Notwendig ist eine Abwägung im Einzelfall in Kenntnis der dort maßgeblichen Umstände, insbesondere der sich aus der Landschaftsplanung ergebenden naturschutzfachlichen Bedeutung einer Fläche einerseits und der betroffenen Nutzungsinteressen andererseits.[89] Den Naturschutzbelangen ist **in besonderer, vorbildhafter Weise** Rechnung zu tragen, ihnen ist gesteigerte Aufmerksamkeit zu widmen und ein besonderes Gewicht beizumessen.

---

83 BT-Drs. 14/6378, S. 41; vgl. BVerfG, Urt. v. 19.12.2000 – 2 BvR 1500/97, DVBl 2001, 284.

84 *Gassner*, in: Gassner/Schmidt-Räntsch/Bendomir-Kahlo, BNatSchG, § 7 Rn. 6, *Müller-Walter*, in: Lorz/Konrad/Mühlbauer/Müller-Walter/Stöckel, BNatSchG, § 2 Rn. 12; *Meßerschmidt*, BNatSchG, § 2 Rn. 52; *Lütkes*, in: Lütkes/Ewer, BNatSchG, § 2 Rn. 17; vgl. BT-Drs. 16/12274, S. 51; BVerwG, Beschl. v. 28.06.2000 – 6 P 1/00, DVBl 2001, 128.

85 *Kolodziejcok*, in: Kolodziejcok/Endres/Krohn/Markus, NLJ, Kz. 1120, § 7 BNatSchG Rn. 6; *Marzik/Wilrich*, BNatSchG, § 7 Rn. 3.

86 Hierzu *Wolf*, in: Schlacke (Hrsg.), GK-BNatSchG, § 2 Rn. 9.

87 *Gellermann*, in: Landmann/Rohmer, Umweltrecht, BNatSchG, § 7 Rn. 5.

88 Hierzu *Gassner*, in: Gassner/Schmidt-Räntsch/Bendomir-Kahlo, BNatSchG, § 7 Rn. 7a, 8; *Kolodziejcok*, in: Kolodziejcok/Endres/Krohn/Markus, NLJ, Kz. 1120, § 7 BNatSchG Rn. 14.

89 BT-Drs. 14/6378, S. 41.

Dieser relative Vorrang gegenüber anderen Interessen ist durch eine **Soll-** 45 **Vorgabe** eingeschränkt, er kommt im Regelfall zum Tragen, erlaubt aber Ausnahmen in atypischen Sonderfällen.[90] Bestehen etwa gegenläufige Gewichtungsvorgaben zu Gunsten konkurrierender Belange, insbesondere zwingende Gründe des überwiegenden öffentlichen Interesses, so sind die Ziele des Naturschutzes und der Landschaftspflege ohne besonderes Gewicht zu berücksichtigen. Gewährleistet bleibt somit insbesondere die bestimmungsgemäße Nutzung der in § 4 genannten Flächen.

In welcher **Form** dem Rücksichtnahmegebot qualitativ und quantitativ durch 46 konkrete Handlungen oder Unterlassungen zum Schutz von Natur und Landschaft nach § 1 Abs. 1 entsprochen wird, bleibt dem pflichtgemäßen Ermessen der Bewirtschaftenden überlassen. Allein die rechtstreue Einhaltung des allgemeinen gesetzlichen Mindeststandards ist jedenfalls nicht ausreichend; daher sind auch die im Vergleich zu rein privaten Flächen verminderten Einnahmen angesichts der besonderen Pflichtigkeit der öffentlichen Hand grundsätzlich in Kauf zu nehmen.[91] Zur naturschutzgerechten Optimierung des betriebs- und volkswirtschaftlichen Gesamtnutzens aller Funktionen der Grundfläche sind unter Berücksichtigung der haushaltsrechtlichen Grundsätze der Wirtschaftlichkeit und Sparsamkeit (§ 7 Abs. 1 Satz 1 BHO)[92] zahlreiche Maßnahmen vertretbar: So kommen zur naturverträglichen Flächenbewirtschaftung auf landwirtschaftlichen Domänen (z.B. Staatsgütern) über die gute fachliche Praxis des § 5 hinausgehend u.a. Extensivierungen, der eingeschränkte Pflanzenschutz- oder Düngemitteleinsatz in Betracht, im Staats- und Körperschaftswald v.a. der naturnahe Waldbau mit Einzelbaumnutzung, Naturverjüngung und erhöhtem Anteil an Bruch- und Totholz. Auf öffentlichen Grünflächen im Siedlungs- und Verkehrsbereich ist durchgängig autochthones Pflanz- und Saatgut zu verwenden (§ 40 Abs. 4 Satz 3 Nr. 4) und bei Gebäuden Vogelschlag möglichst durch Verwendung bestimmter Glasflächen zu vermeiden. Ein Umweltmanagement nach der Verordnung (EG) Nr. 1221/2009 allein wird der besonderen Verantwortung der öffentlichen Hand nicht gerecht, da hier die Biodiversität bislang nur unter dem Aspekt des Flächenverbrauchs berücksichtigt wird.

Werden Flächen der öffentlichen Hand an Private verpachtet oder Dritten 47 auf andere Weise überlassen, können vertragliche Abreden eine naturschonende Bewirtschaftung sicherstellen[93], dies ist insbesondere bei der Überlassung ökologisch wertvoller Flächen von besonderer Bedeutung (vgl. Art. 1 Satz 4 BayNatSchG). Notwendig sind klar definierte, durch Vertragsstrafe und außerordentliches Kündigungsrecht sanktionierte Vorgaben, die es zu

---

90 *Gellermann*, in: Landmann/Rohmer, Umweltrecht, BNatSchG, § 7 Rn. 5; *Müller-Walter*, in: Lorz/Konrad/Mühlbauer/Müller-Walter/Stöckel, BNatSchG, § 2 Rn. 14.

91 Vgl. *J. Schumacher/A. Schumacher*, in: Schumacher/Fischer-Hüftle, BNatSchG, 1. Aufl. 2003, § 7 Rn. 10 f.; *Kolodziejcok*, in: Kolodziejcok/Endres/Krohn/Markus, NLJ, Kz. 1120, § 7 BNatSchG Rn. 12; *Tausch,* BayNatSchG, Art. 2 Rn. 8.

92 Vgl. BVerwG, Beschl. v. 20. 12. 1988 – 4 B 211.88, UPR 1989, 273.

93 *Gassner*, in: Gassner/Schmidt-Räntsch/Bendomir-Kahlo, BNatSchG, § 7 Rn. 7 a.

überwachen und durchzusetzen gilt.[94] In dieser Hinsicht ungenügende Verträge sind ggf. zu kündigen.[95] Bei **Eigentumsübertragung** von Grundflächen an Private ist a minori ad maius der Umstand zu berücksichtigen, dass ihre besondere Naturschutzpflichtigkeit verloren geht.[96] Ökologisch besonders wertvolle Flächen sollten daher möglichst nicht bzw. vorrangig anerkannten Naturschutzvereinigungen übertragen werden oder durch eine beschränkt persönliche Dienstbarkeit[97] hinsichtlich der Naturverträglichkeit der Bewirtschaftung gegen nachteilige Veränderungen abgesichert werden. Besteht die Wahl zwischen einem intensiv und einem ökologisch/extensiv wirtschaftenden Käufer, so ist Letzterer vorzugswürdig (Entsprechendes gilt bei der Verpachtung[98]). Anderen Personen des öffentlichen Rechts oder Vereinigungen muss Grundstückseigentum nicht unentgeltlich für Zwecke des Naturschutzes übertragen werden[99] und eventuelle Entschädigungsansprüche der Träger öffentlicher Verwaltung bleiben unberührt.[100] Es besteht auch keine Verpflichtung zum Ankauf ökologisch hochwertiger Flächen privater Grundeigentümer, allenfalls kommt bei Nutzungsbeschränkungen zur Vermeidung unbilliger Härten ein Tausch in Betracht (vgl. Art. 51 BayNatSchG).

VI. Internationale und europäische Bemühungen (Abs. 5)

1. Entstehungsgeschichte

48 Abs. 5 greift den Gedanken des § 2 Abs. 2 Satz 1 und 2 a.F. auf, bezieht sich aber nicht mehr explizit auf Bund und Länder und die Verwirklichung der Rechtsakte der Europäischen Gemeinschaften. Gestrichen wurden auch die detaillierten, aber deklaratorischen und teilweise unzutreffenden[101] Feststellungen zu Natura 2000 in § 2 Abs. 2 Satz 3–5 a.F. Ergänzt wurde dagegen aus aktuellem Anlass (siehe Rn. 61) der Aspekt des Kultur- und Naturerbes. Die Vorschrift ist im Bundesrecht einzigartig; einen Vorläufer im Landesrecht bildete lediglich der Grundsatz in § 2 Nr. 15 NNatG a.F. hinsichtlich der Unterstützung internationaler Bemühungen um den Schutz von Pflanzen- und Tierarten und in § 1 Abs. 3 Nr. 5 ThürNatG hinsichtlich der Erfüllung entsprechender Verpflichtungen aus Abkommen.

---

94 *Tausch*, BayNatSchG, Art. 2 Rn. 9.

95 *Müller-Walter*, in: Lorz/Konrad/Mühlbauer/Müller-Walter/Stöckel, BNatSchG, § 2 Rn. 14.

96 *Kolodziejcok*, in: Kolodziejcok/Endres/Krohn/Markus, NLJ, Kz. 1120, § 7 BNatSchG Rn. 15.

97 *Fischer-Hüftle*, in: Engelhardt/Brenner/Fischer-Hüftle/Egner/Meßerschmidt, Naturschutzrecht in Bayern, BayNatSchG, Art. 1 Rn. 4.

98 *Fischer-Hüftle*, in: Engelhardt/Brenner/Fischer-Hüftle/Egner/Meßerschmidt, Naturschutzrecht in Bayern, BayNatSchG, Art. 1 Rn. 4.

99 Vgl. BT-Drs. 14/6878, Anlage 2 Ziffer 11 und Anlage 3; kritisch *Gellermann*, in: Landmann/Rohmer, Umweltrecht, BNatSchG, § 7 Rn. 2 und *Meßerschmidt*, BNatSchG, § 2 Rn. 45 unter Verweis auf die Bereitstellung von Erholungsflächen (§ 62).

100 BT-Drs. 14/6378, S. 41. Hierzu *Kolodziejcok*, in: Kolodziejcok/Endres/Krohn/Markus, NLJ, Kz. 1120, § 7 BNatSchG Rn. 5.

101 Vgl. zum Widerspruch von § 2 Abs. 2 Satz 5 a.F. und Art. 6 FFH-RL *Gellermann*, in: Landmann/Rohmer, Umweltrecht, BNatSchG, § 2 Rn. 30.

Hendrischke

2. Allgemeines

Naturschutz und Landschaftspflege ist ein Aufgabengebiet, bei dem weder 49 die Gegenstände des Schutzes noch deren Gefährdungen an Grenzen Halt machen. Dementsprechend ist der Schutz von Natur und Landschaft im Rahmen der Zielbestimmung des § 1 umfassend zu verstehen. Neben einem länderübergreifend und bundesweit abgestimmten Vorgehen kommt insbesondere den entsprechenden **inter- und supranationalen Bemühungen** besondere Bedeutung zu.[102]

Ausgehend von der Mitverantwortung der Bundesrepublik Deutschland für 50 die weltweite Erhaltung der natürlichen Lebensgrundlagen betont Abs. 5 die **Mitwirkung** an der Bewältigung dieser Aufgabe. Die Unterstützung der zwischen- und überstaatlichen Bemühungen ist nicht nur abrundende Zugabe, sondern eine zur Verwirklichung der Ziele des § 1 erforderliche Pflicht.[103] I.d.S. verdeutlicht Abs. 5, dass die **Aufgabe** des Naturschutzes und der Landschaftspflege nicht nur auf nationaler, sondern auch auf europäischer und internationaler Ebene wahrzunehmen ist.[104]

Abs. 5 richtet sich insbesondere an die zuständigen **Behörden des Bundes** 51 **und der Länder** (vgl. § 2 Abs. 2 a.F.) und konkretisiert insoweit die allgemeine Unterstützungspflicht der Exekutive nach Abs. 2. Die Vorschrift soll die europäischen und internationalen Bemühungen als **Optimierungsregel** in das Handeln der Naturschutzverwaltung integrieren.[105] Bei legislativen Umsetzungsdefiziten kann sie als Hinweis auf eine völker- und europarechtskonforme Auslegung verstanden werden, als pauschale Auffangvorschrift ist sie hingegen ungeeignet.

3. Rechtscharakter

Die Vorschrift stellt zunächst fest, dass die europäischen und internationalen 52 Bemühungen auf dem Gebiet des Naturschutzes und der Landschaftspflege insbesondere durch den Aufbau und Schutz des Netzes „Natura 2000" und den Schutz des Kultur- und Naturerbes unterstützt werden. Zu den genannten Maßnahmen ist die Bundesrepublik Deutschland jedoch bereits gemeinschafts- und völkerrechtlich verpflichtet (siehe Rn. 54 ff.). Dies gilt nach Maßgabe der innerstaatlichen Kompetenzverteilung auch für die Länder. Soweit die Erfüllung internationaler Verträge oder die Verwirklichung der Rechtsakte der Europäischen Gemeinschaft in Rede steht, ist die Vorschrift ist daher **deklaratorisch**[106] und wirkt insbesondere nicht relativierend.

---

102 *Kolodziejcok*, in: Kolodziejcok/Endres/Krohn/Markus, NLJ, Kz. 1105, § 2 BNatSchG Rn. 162.

103 *Kolodziejcok*, in: Kolodziejcok/Endres/Krohn/Markus, NLJ, Kz. 1105, § 2 BNatSchG Rn. 163.

104 Vgl. *Marzik/Wilrich*, BNatSchG, § 2 Rn. 52, der die Vorschrift als „konkretisierende Aufgabennorm" bezeichnet.

105 *Rohlf*, in: Rohlf/Albers, NatSchG BW, § 2 Rn. 22.

106 *Meßerschmidt*, BNatSchG, § 2 Rn. 55, der zu Recht darauf hinweist, dass die Einhaltung dieser aus dem Völker- und Unionsrecht selbst folgenden Rechtspflichten mit dem Begriff „Unterstützung" unzureichend umschrieben ist.

53   Der Regelungsgehalt des Abs. 5 geht jedoch über eine bloß informatorisch-lehrbuchhafte Erläuterung einer Selbstverständlichkeit hinaus, denn die Gegenstände der Unterstützung sind nicht abschließend aufgeführt und insbesondere nicht beschränkt auf rechtliche Bemühungen. Dies ergibt sich im Vergleich zu sonstigen Vorschriften des Gesetzes, die ansonsten ausschließlich von der Erfüllung völker- oder unionsrechtlicher Verpflichtungen sprechen (vgl. § 6 Abs. 3 Nr. 1 und § 31). Als Unterstützung kommen daher auch flankierende bzw. **proaktive Maßnahmen** zur Förderung internationaler und europäischer Zielsetzungen in Betracht[107], wie z.B. Forschungsvorhaben, Naturschutzprojekte oder Kooperationen der Umweltbeobachtung entsprechend § 6 Abs. 4. Gegen einen bloß unverbindlichen Appell[108] spricht der neue systematische Kontext der Zielverwirklichung mittels behördlicher Unterstützungs-, Berücksichtigungs- und Förderpflichten sowie der Wortlaut des nun unmittelbar geltenden § 2 („werden … unterstützt"). Unangemessene Unterstützungsleistungen werden dennoch nicht abverlangt, da insoweit der Abwägungsvorbehalt des Abs. 3 gilt.

4. Europäische Bemühungen

54   Rechtliche Verpflichtungen des europäischen Naturschutzrechts bestehen insbesondere aufgrund der FFH-Richtlinie (92/43/EWG), Vogelschutz-Richtlinie (2009/147/EG), Umwelthaftungsrichtlinie (2004/35/EG) und der EG-Artenschutzverordnung (338/97). Diese Vorgaben sind jedoch nicht nur zu unterstützen, sondern durch rechtliche Umsetzung oder Verwaltungsvollzug zu erfüllen. Zutreffend stellt die Vorschrift daher nicht mehr auf die **Verwirklichung der Unionsrechtsakte** wie Richtlinien und Verordnungen (Art. 288 AEUV) ab. Dem Aufbau und Schutz des Netzes „Natura 2000" kommt nach der Wertung des Gesetzgebers dennoch besondere Bedeutung zu. Auch insoweit ist die Bundesrepublik Deutschland als Mitgliedstaat der Europäischen Union aber bereits nach Art. 3 ff. FFH-RL und die Behörden nach §§ 31 ff. verpflichtet. Ähnlich bedeutsam ist der europäische Artenschutz nach Art. 12 ff. FFH-RL und Art. 5 ff. VRL bzw. §§ 44 f.

55   Die europäischen Bemühungen werden im Rahmen der Gesetzgebung jedoch nicht nur „eins zu eins" umgesetzt, sondern ergänzt durch weitere **nationale Instrumente** wie den gesetzlichen Biotopschutz oder die Eingriffsregelung und Landschaftsplanung. So soll etwa der nationale Biotopverbund auch zur Verbesserung des Zusammenhangs des Netzes „Natura 2000" beitragen (§ 21 Abs. 1 Satz 2). Arten, für die die Bundesrepublik Deutschland u.a. aufgrund des Anteils am Weltbestand in hohem Maße verantwortlich ist, können unter einen Schutz gestellt werden, der dem europarechtlich erfass-

---

107   Vgl. *Marzik/Wilrich*, BNatSchG, § 2 Rn. 44 f., 52; *Gassner*, in: Gassner/Schmidt-Räntsch/Bendomir-Kahlo, BNatSchG, § 2 Rn. 102 f.; *Kolodziejcok*, in: Kolodziejcok/Endres/Krohn/Markus, NLJ, Kz. 1105, § 2 BNatSchG Rn. 165; a.A. *Müller-Walter*, in: Lorz/Konrad/Mühlbauer/Müller-Walter/Stöckel, BNatSchG, § 2 Rn. 15.
108   So zum Grundsatz des § 2 Abs. 2 Satz 1 a.F. BT-Drs. 14/6378, S. 37, vgl. *Gellermann*, in: Landmann/Rohmer, Umweltrecht, BNatSchG, § 2 Rn. 30.

ter Arten entspricht (§ 54 Abs. 1 und 2). Die Unterstützung der europäischen Aktivitäten erfolgt aber auch durch Vertragsnaturschutz- und Artenschutzprogramme oder konkretisierende Verwaltungsvorschriften wie z.B. auf Bundesebene die Vollzugshinweise zum Artenschutzrecht.

5. Internationale Bemühungen

a) Allgemein

Internationale Verpflichtungen bestehen insbesondere aufgrund **völkerrechtlicher Verträge**.[109] Zu nennen sind hier zunächst globale Übereinkommen wie über die biologische Vielfalt (Biodiversitätskonvention – CBD), den internationalen Handel mit gefährdeten Arten frei lebender Tiere und Pflanzen (Washingtoner Artenschutzübereinkommen – CITES), über Feuchtgebiete, insbesondere als Lebensraum für Wat- und Wasservögel von internationaler Bedeutung (Ramsar-Konvention) sowie die Abkommen zur Erhaltung der afrikanisch-eurasischen wandernden Wasservögel (AEWA-Übereinkommen) oder wandernden wild lebenden Tierarten (Bonner Konvention – CMS). Aber auch regionale Übereinkommen sind von Bedeutung, wie über die Erhaltung der europäischen wild lebenden Pflanzen und Tiere und ihrer natürlichen Lebensräume (Berner Konvention) oder der Alpen (Alpenkonvention). — 56

Die genannten Verpflichtungen werden teilweise durch Unionsrechtsakte, aber auch durch **nationales Recht** erfüllt. Zum Washingtoner Artenschutzübereinkommen erfolgt dies z.B. durch ausdrückliche Bezugnahme in § 7 Abs. 2 Nr. 19, § 48, § 54 Abs. 3 Nr. 2 und Abs. 6 sowie § 55 Abs. 1. Der Höhlenschutz nach § 39 Abs. 6 setzt das Abkommen zur Erhaltung der europäischen Fledermauspopulationen (UNEP/EUROBATS) um, der Gebietsschutz nach § 57 die beiden Regionalabkommen zum Schutz der Meeresumwelt des Nordostatlantiks (OSPAR-Übereinkommen) und des Ostseegebiets (Helsinki-Übereinkommen), die Bekämpfung invasiver Arten nach § 40 folgt dem Übereinkommen über die biologische Vielfalt sowie der Bonner und Berner Konvention. Weitere Umsetzung erfährt das Naturschutzvölkerrecht u.a. im ArtSchÜbkG, WildTArtÜbkG, EuLRaumÜbkG, WVögelAbkG, KlWalAbkG, RobErhÜbkG. Im Landesrecht finden sich dagegen nur vereinzelt internationale Bezüge (z.B. beim marinen Naturschutz § 24 Abs. 4 NatSchAG M-V). — 57

Nicht alle internationalen Vorgaben und Vereinbarungen sind jedoch völkerrechtlich verbindlich. Daher kommt Abs. 5 insbesondere auch dort zum Tragen, wo sich die Vertragsparteien nicht ausdrücklich verpflichten, sondern lediglich Bemühensklauseln bestehen, nur politisch verbindliche bzw. völkerrechtlich als **soft law** zu qualifizierende Beschlüsse von Vertragsstaatenkonferenzen[110] existieren. So liegt etwa die Erforderlichkeit von Maßnahmen i.S.v. Abs. 3 nahe, wenn diese auf internationaler Ebene den Vertragsparteien empfohlen werden.[111] Ähnliches gilt für Empfehlungen der Weltnatur- — 58

---

109 Siehe hierzu *Heugel/Hendrischke*, NuL 2006, 456 ff.

110 Vgl. *Heugel/Hendrischke*, NuL 2006, 456 (457).

111 Vgl. zur Erstellung von Artenhilfsprogrammen nach § 38 Abs. 2 Satz 1 BT-Drs. 16/12274, S. 66.

schutzunion **(IUCN)**, der neben Regierungen bzw. Regierungsagenturen wie dem Bundesministerium für Umwelt, Naturschutz, Bau und Reaktorsicherheit (BMUB) und dem Bundesamt für Naturschutz (BfN) auch Nichtregierungsorganisationen angehören. Als internationale Bemühungen zu unterstützen sind auch nationale **Strategien**, Pläne oder Programme anderer Vertragsstaaten, etwa zur Erhaltung und nachhaltigen Nutzung der biologischen Vielfalt nach Art. 6 CBD oder paneuropäische Strategien wie z.B. gegen invasive Arten nach Art. 8 lit. h CBD unter dem Dach der Berner Konvention (Art. 3 Abs. 1).

59 Als Unterstützung kommen u.a. die Vorbereitung, der Abschluss und die Fortentwicklung von **Verwaltungsabkommen** sowie ihre Durchführung in Betracht.[112] Zu nennen sind hier insbesondere die zahlreichen Ressortabkommen über Schutzmaßnahmen im Rahmen der Bonner Konvention, aber auch die Koordinierung des grenzüberschreitenden Gebietsschutzes (z.B. zum deutsch-polnischen „Internationalpark Unteres Odertal"). Insbesondere mit den Staaten Mittel- und Osteuropas bestehen zudem zahlreiche allgemeine Regierungs- oder Ressortabkommen über die Zusammenarbeit auf dem Gebiet des Umweltschutzes. Gleichermaßen sind **einseitige Maßnahmen** der Bundes- und Landesverwaltungen zur Flankierung internationaler Naturschutzbemühungen möglich, wie der z.B. der Gemeinsame Erlass zur Beschaffung von Holzprodukten aus legaler und nachhaltiger Waldbewirtschaftung.[113]

b) Schutz des Kultur- und Naturerbes

60 Der Schutz des Kultur- und Naturerbes i.S.d. **Welterbekonvention** wird vom Gesetzgeber besonders betont. Es handelt sich hierbei um Güter mit einem außergewöhnlichen universellen Wert für die gesamte Menschheit. Als **Kulturerbe** gelten nach Art. 1 u.a. gemeinsame Werke von Natur und Mensch sowie aus ästhetischen Gründen wertvolle Gebiete. Als **Naturerbe** gelten nach Art. 2 Naturgebilde, die aus u.a. biologischen Erscheinungsformen oder -gruppen bestehen, ferner geologische und physiografische Erscheinungsformen und genau abgegrenzte Gebiete, die den Lebensraum für bedrohte Pflanzen- und Tierarten bilden, sowie als dritte Kategorie Naturstätten oder genau abgegrenzte Naturgebiete, die aus wissenschaftlichen Gründen oder wegen ihrer Erhaltung oder natürlichen Schönheit wertvoll sind. Die Durchführungsrichtlinien des Übereinkommens regeln die Details seiner Umsetzung.

61 In die Welterbeliste nach Art. 11 der Konvention sind derzeit für **Deutschland** zwei Naturerbestätten eingetragen: die Fossilienlagerstätte Grube Messel in Hessen sowie seit Juni 2009 das Wattenmeer in Niedersachsen und Schleswig-Holstein. Hinzu kommen 31 Kulturerbestätten, von denen einige Natur,

---

112 Vgl. *Kolodziejcok*, in: Kolodziejcok/Endres/Krohn/Markus, NLJ, Kz. 1105, § 2 BNatSchG Rn. 165.
113 Vom 2.12.2010, GMBl 1786.

Architektur, freie Landschaft und besiedelte Bereiche vereinen.[114] Hierzu zählte auch die seit 2006 als gefährdet gelistete Kulturlandschaft Dresdner Elbtal, die im Juni 2009 ihren Welterbe-Status aufgrund des Bauvorhabens „Waldschlösschenbrücke" verloren hat.[115]

Die Stätten sind nicht nur durch den naturschutzrechtlichen Gebietsschutz 62 (§§ 22 ff.), sondern auch sonstige Instrumente, etwa des Denkmalrechts, zu schützen. Die internationalen Bemühungen zur Erhaltung des Welterbes werden u.a. durch Vernetzung und Kooperation bei der Aufklärung nach Abs. 6 sowie einer gemeinsamen Nominierung und anschließenden Koordinierung der Verwaltung grenzüberschreitender Stätten[116] unterstützt. Besondere Bedeutung hat dies im Falle einer sog. „seriellen Naturerbestätte", die aus mehreren geografisch getrennten Komponenten besteht.[117]

VII. Naturschutzinformation, -bildung und -erziehung (Absatz 6)

1. Förderung des allgemeinen Verständnisses (Satz 1)

Abs. 6 Satz 1 entspricht nahezu wortgleich dem nach landesrechtlichem Vor- 63 bild (§ 1 Abs. 3 Nr. 20 ThürNatG, § 2 Abs. 3 SächsNatSchG a.F.) formulierten Grundsatz des § 2 Absatz 1 Nr. 15 Satz 1 a.F., stellt die Regelung nun aber zutreffender in den Kontext der Verwirklichung der Ziele des Naturschutzes und der Landschaftspflege. Das allgemeine Interesse und Verständnis der Bevölkerung für diese Ziele ist zu wecken und vertiefen, um das kollektive und individuelle Bewusstsein für einen **verantwortungsvollen Umgang** mit Natur und Landschaft zu stärken, damit jeder nach Absatz 1 zur Verwirklichung der Ziele beitragen kann. Die Vorschrift soll aber auch in der Öffentlichkeit die generelle **Akzeptanz** der Staatsaufgabe Naturschutz und Landschaftspflege erhöhen sowie die Unterstützung für Entscheidungen der dafür zuständigen Behörden verbessern. Zugleich dient sie der Umsetzung völkerrechtlicher Vorgaben zur Aufklärung und Bewusstseinsbildung in der Öffentlichkeit, etwa nach Art. 13 der CBD, Art. 27 Abs. 2 des Welterbeübereinkommens oder Art. 3 Abs. 3 der Berner Konvention.

Geeignete Mittel zur Förderung des Verständnisses und der Sensibilität sind 64 insbesondere die Unterrichtung und Aufklärung der Öffentlichkeit über

---

114 Zu nennen sind hier insbesondere die Kulturlandschaft oberes Mittelrheintal und das Gartenreich Dessau-Wörlitz sowie im Bereich der Landschaftsarchitektur die Preußischen Gärten in Potsdam http://www.unesco.de/liste-welterbe.html?&L=0.

115 Vgl. hierzu *Wolf*, NuR 2008, 311 ff.

116 Vgl. zum deutsch-niederländischen Wattenmeer das Verwaltungs-Übereinkommen über ein Sekretariat für die Zusammenarbeit beim Schutz des Wattenmeers zwischen dem Ministerium für Umwelt Dänemarks, dem Bundesministerium für Umwelt, Naturschutz und Reaktorsicherheit der Bundesrepublik Deutschland und dem Ministerium für Landwirtschaft und Fischereiwesen der Niederlande v. 14. 07. 1987.

117 So hat die Bundesrepublik Deutschland zum 31. 01. 2010 mit Zustimmung der Slowakischen Republik und der Ukraine die Aufnahme der Stätte „Alte Buchenwälder Deutschlands" als Erweiterung der slowakisch-ukrainischen Stätte „Buchenurwälder der Karpaten" bei der UNESCO beantragt.

Ziele, Rechtsgrundlagen und bedeutsame Maßnahmen des Naturschutzes und der Landschaftspflege. In Betracht kommt hierzu nicht nur der frühzeitige Austausch im Einzelfall nach § 3 Abs. 6, sondern insbesondere auch die Umweltkommunikation und -bildung, etwa durch allgemeine Öffentlichkeitsarbeit oder fachliche Information. Die Aufgabe wird u.a. wahrgenommen durch Behörden, Dienste, Beiräte, Fonds und Akademien (siehe Rn. 68ff.) sowie die sonstigen in Satz 2 ausdrücklich verpflichteten Erziehungs-, Bildungs- und Informationsträger.

65 **Flankierende Regelungen** enthält das Gesetz u.a. zu Naturerfahrungsräumen (§ 1 Abs. 6), dem Naturerlebnis in Nationalparken (§ 24 Abs. 2), der Bildung für nachhaltige Entwicklung in Biosphärenreservaten (§ 25 Abs. 2), den Informationspflichten von Zoos (§ 42 Abs. 3 Nr. 6) sowie zum Naturerleben im Rahmen der Erholung (§ 1 Abs. 4 Nr. 2, § 7 Abs. 1 Nr. 3).

2. Erziehungs-, Bildungs- und Informationsträger (Satz 2)

66 Satz 2 überführt den Regelungsauftrag des § 6 Abs. 3 Satz 3 a.F. sprachlich leicht gestrafft in eine unmittelbar geltende Bundesregelung. Anknüpfend an die in Satz 1 genannte Verpflichtung zur Förderung des allgemeinen Verständnisses für die Ziele des Naturschutzes und der Landschaftspflege enthält Satz 2 einen diesbezüglichen Auftrag an die Erziehungs-, Bildungs- und Informationsträger. Sie sind hiernach insbesondere verpflichtet, die Bevölkerung – d.h. nicht nur Kinder und Jugendliche, sondern auch Erwachsene – über die **Bedeutung von Natur und Landschaft**, insbesondere die Leistungen des Naturhaushalts aufzuklären, um die allgemeine Wertschätzung für diese Schutzgüter zu erhöhen. Hierzu sind Grundlagen der Ökologie und der ökologischen Zusammenhänge zu vermitteln und Natur und Landschaft als Lern- und Erlebnisort zu öffnen (z.B. durch Waldkindergärten, ökologische Schullandheime oder Naturlehrpfade).

67 Neu aufgenommen wurde die Aufklärung über die **Bewirtschaftung und Nutzung** von Natur und Landschaft. Diese sind zwar als solche keine Ziele i.S.v. § 1, ihre Einbeziehung kann aber gleichwohl – etwa unter dem Aspekt der dauerhaften Sicherung der Regenerationsfähigkeit und nachhaltigen Nutzungsfähigkeit der Naturgüter – dazu dienen, das Bewusstsein für einen pfleglichen und sparsamen Umgang mit Natur und Landschaft zu wecken, der sich am Leitbild der nachhaltigen Entwicklung i.S.d. Agenda 21 sowie der Biodiversitätskonvention orientiert. Dies gilt insbesondere vor dem Hintergrund, dass ein großer Teil des Rückgangs der biologischen Vielfalt nutzungsbedingt ist. Notwendig sind daher auch Angebote über die ökologischen, ökonomischen und gesellschaftlichen Auswirkungen des menschlichen Handelns auf Natur und Landschaft (vgl. § 1c Satz 3 BbgNatSchG), die Möglichkeiten zum Interessenausgleich zwischen unterschiedlichen Ansprüchen an Schutz und Nutzung sowie über ein natur- und landschaftsverträglich ausgestaltetes Natur- und Freizeiterleben (vgl. § 2d Satz 3 LG NW).

68 Die Aufklärung kann in ihrer Breite nur bewältigt werden, wenn sämtliche Akteure, auch außerhalb der Naturschutzverwaltung, eingebunden wer-

den.[118] Im Rahmen ihrer Zuständigkeiten sind daher alle **Erziehungs-, Bildungs- und Informationsträger** verpflichtet. Hierzu zählen neben den Schulen insbesondere Einrichtungen der vorschulischen Erziehung und Bildung (Kindertageseinrichtungen, Elementarbildung), der beruflichen Bildung und Weiterbildung, Hochschulbildung (wissenschaftliche Lehre) und Erwachsenenbildung (z.B. interkulturelle Bildung) bis hin zur Jugendhilfe nach § 1 Abs. 3 SGB VIII oder gar dem Maßregel-, Zuchtmittel- und Strafvollzug (vgl. § 5 JGG). Informationsträger sind alle Vermittler von Informationen[119], u.a. Museen oder Rundfunkanstalten[120], die im Rahmen allgemeiner Gesetze ihren Programmauftrag erfüllen.

Satz 2 bezieht sich **auf alle Ebenen**, also von der lokalen bis zur internationalen Ebene. Angesprochen sind z.B. nicht nur die Länder mit ihren Naturschutzzentren und -akademien, sondern nun auch der Bund, etwa das BfN mit seiner internationalen Naturschutzakademie. Soweit Gemeinden und Gemeindeverbände Träger sind, obliegen ihnen die Aufgaben nach § 3 Abs. 7 jedoch nur, wenn sie durch Landesrecht übertragen werden.   69

Verpflichtet sind nur **öffentlich-rechtlich** eingebundene Träger[121], denn wie die rahmenrechtliche Vorgängervorschrift § 6 Abs. 3 Satz 3 a.F. steht die Regelung überwiegend im Kontext von Aufgaben und Verpflichtungen, die allein Behörden treffen, was auch der Ebenenbezug im Wortlaut nahelegt. Dementsprechend nahm das nun abgelöste Landesrecht die Träger überwiegend „im Rahmen ihrer Zuständigkeit" in die Pflicht, was nur bei Behörden und öffentlichen Stellen sinnhaft ist. Nur in einem Fall wurden private Träger adressiert, dies jedoch als Soll-Vorschrift (§ 11 Abs. 1 NatSchG BW), in einem anderen Fall wurde die Regelung als bloße Aufforderung ausgestaltet (Art. 2 Abs. 3 BayNatSchG, vgl. § 2 c Abs. 1 Satz 2 NatSchGBln a.F.).   70

Private Informationsträger, wie z.B. die Presse, werden damit nicht verpflichtet. Viele Naturschutzvereinigungen nehmen aber freiwillig nach ihren Satzungen in großem Umfang Aufgaben nach Abs. 6 wahr. Andere juristische Personen des Privatrechts können zumindest über Zuwendungsbedingungen oder sonstige Beteiligungs- oder Finanzierungsvorbehalte dazu angehalten werden.[122]   71

---

118 *Gellermann*, in: Landmann/Rohmer, Umweltrecht, BNatSchG, § 6 Rn. 13.

119 *Tausch*, BayNatSchG, Art. 2 Rn. 12.

120 Vgl. *Müller-Walter*, in: Lorz/Konrad/Mühlbauer/Müller-Walter/Stöckel, BNatSchG, § 2 Rn. 18; *Gellermann*, in: Landmann/Rohmer, Umweltrecht, BNatSchG, § 6 Rn. 13.

121 *Gassner*, in: Gassner/Schmidt-Räntsch/Bendomir-Kahlo, BNatSchG, § 6 Rn. 30; *Meßerschmidt*, BNatSchG, § 2 Rn. 58; *Kolodziejcok*, in: Kolodziejcok/Endres/Krohn/Markus, NLJ, Kz. 1117, § 6 BNatSchG Rn. 46.

122 *Tausch*, BayNatSchG, Art. 2 Rn. 13.

§ 3
Zuständigkeiten, Aufgaben und Befugnisse, vertragliche Vereinbarungen, Zusammenarbeit der Behörden*)

(1) Die für Naturschutz und Landschaftspflege zuständigen Behörden im Sinne dieses Gesetzes sind

1. die nach Landesrecht für Naturschutz und Landschaftspflege zuständigen Behörden oder
2. das Bundesamt für Naturschutz, soweit ihm nach diesem Gesetz Zuständigkeiten zugewiesen werden.

(2) Die für Naturschutz und Landschaftspflege zuständigen Behörden überwachen die Einhaltung der Vorschriften dieses Gesetzes und der auf Grund dieses Gesetzes erlassenen Vorschriften und treffen nach pflichtgemäßem Ermessen die im Einzelfall erforderlichen Maßnahmen, um deren Einhaltung sicherzustellen, soweit nichts anderes bestimmt ist.

(3) Bei Maßnahmen des Naturschutzes und der Landschaftspflege soll vorrangig geprüft werden, ob der Zweck mit angemessenem Aufwand auch durch vertragliche Vereinbarungen erreicht werden kann.

(4) Mit der Ausführung landschaftspflegerischer und -gestalterischer Maßnahmen sollen die zuständigen Behörden nach Möglichkeit land- und forstwirtschaftliche Betriebe, Vereinigungen, in denen Gemeinden oder Gemeindeverbände, Landwirte und Vereinigungen, die im Schwerpunkt die Ziele des Naturschutzes und der Landschaftspflege fördern, gleichberechtigt vertreten sind (Landschaftspflegeverbände), anerkannte Naturschutzvereinigungen oder Träger von Naturparken beauftragen. Hoheitliche Befugnisse können nicht übertragen werden.

(5) Die Behörden des Bundes und der Länder haben die für Naturschutz und Landschaftspflege zuständigen Behörden bereits bei der Vorbereitung aller öffentlichen Planungen und Maßnahmen, die die Belange des Naturschutzes und der Landschaftspflege berühren können, hierüber zu unterrichten und ihnen Gelegenheit zur Stellungnahme zu geben, soweit nicht eine weiter gehende Form der Beteiligung vorgesehen ist. Die Beteiligungspflicht nach Satz 1 gilt für die für Naturschutz und Landschaftspflege zuständigen Behörden entsprechend, soweit Planungen und Maßnahmen des Naturschutzes und der Landschaftspflege den Aufgabenbereich anderer Behörden berühren können.

(6) Die für Naturschutz und Landschaftspflege zuständigen Behörden gewährleisten einen frühzeitigen Austausch mit Betroffenen und der interessierten Öffentlichkeit über ihre Planungen und Maßnahmen.

(7) Aufgaben nach diesem Gesetz obliegen einer Gemeinde oder einem Gemeindeverband nur, wenn der Gemeinde oder dem Gemeindeverband die Aufgaben durch Landesrecht übertragen worden sind.

---

*) Beachte bei § 3 Abs. 3: Schleswig-Holstein – Abweichung durch § 2 Abs. 6 LNatSchG SH v. 24.02.2010 (GVOBl. Schl.-H. S. 301) m.W.v. 01.03.2010 (vgl. BGBl. I 2010, S. 450).

Inhaltsübersicht

I. Überblick

1 § 3 regelt die **Grundlagen des Verwaltungshandelns** im Naturschutz und der Landschaftspflege. Bislang in §§ 2, 6 und 8 a.F. verstreute Regelungen werden gebündelt, unmittelbar geltend formuliert und insbesondere mit Abs. 4 und 7 durch weitere Aspekte ergänzt. In Abs. 1 werden die zuständigen Naturschutzbehörden im Sinne des Gesetzes definiert, in Abs. 2 deren allgemeine Aufgaben und ordnungsrechtliche Befugnisse. § 3 ist aber auch Ausdruck des umweltpolitischen **Kooperationsprinzips**, wonach der Staat mit den Betroffenen und interessierten gesellschaftlichen Kräften zusammenarbeitet und die Ziele des § 1 innerhalb der rechtlichen Grenzen möglichst einvernehmlich verwirklicht[1]: Abs. 3 fordert insoweit die Prüfung vertraglicher Vereinbarungen als Alternative zu hoheitlichen Maßnahmen, Abs. 4 regelt die Beauftragung verschiedener Akteure mit Maßnahmen der Landschaftspflege. Auch die frühzeitige Behördenbeteiligung (Abs. 5) und der Austausch mit Betroffenen und der interessierten Öffentlichkeit (Abs. 6) betonen den kooperativen Naturschutz. Abs. 7 stellt abschließend aus verfassungsrechtlichen Gründen klar, dass keine Aufgaben direkt an Kommunen übertragen werden.

2 Die Regelungen zum **Verwaltungsverfahren** in Abs. 3, 5 und 6 finden bei verfassungskonformer Auslegung keine Anwendung auf Maßnahmen zur Durchführung landesrechtlicher Vorschriften, unabhängig davon, ob diese als Abweichung i.S.v. Art. 72 Abs. 3 GG oder im Rahmen von Öffnungsklauseln erlassen werden. Insoweit gelten ausschließlich die Verwaltungsverfahrensgesetze der Länder (§ 1 Abs. 2 VwVfG), soweit nicht die Landesnaturschutzgesetze ergänzende Vorschriften enthalten. Zudem bestehen umfassende Abweichungsmöglichkeiten der Länder (Art. 84 Abs. 1 GG).

---

1 *Gusy*, ZUR 2001, 1; *Koch*, NuR 2001, 541.

II. Naturschutzbehörden (Abs. 1)

1. Allgemeines

Das Gesetz verwendet in den Zuständigkeits-, Verfahrens- und Befugnisnormen verschiedenste Behördenbezeichnungen. Unbestimmt als **„zuständige Behörde"** werden alle Behörden benannt, die die jeweiligen Vorschriften vollziehen (vgl. §§ 6, 15, 17, 34, 40, 42, 44). Dies können Naturschutzbehörden sein, aber auch sonstige Fachbehörden des Bundes und der Länder, die z.B. über die Zulassung eines Eingriffs oder eines Projekts entscheiden. Der bereits in der alten Fassung häufig verwendete der Begriff der **„für Naturschutz und Landschaftspflege** zuständigen Behörden" dient der Abgrenzung der „Naturschutzbehörden" (vgl. § 65 Abs. 3) gegenüber diesen sonstigen bzw. anderen „fachlich zuständigen Behörden" (vgl. § 17 Abs. 2).

3

Die mit Abs. 1 erstmals aufgenommene, teilweise tautologisch anmutende **Legaldefinition** ist insbesondere vor dem Hintergrund zu sehen, dass dem **BfN** nun weitere Aufgaben übertragen werden (§ 58 Abs. 1) und die für Landesbehörden geltenden allgemeinen Befugnisse und Verpflichtungen, wie z.B. nach § 3 Abs. 2, 5 und 6, gleichermaßen für das BfN gelten müssen, was bisher im Rahmen der Aufgaben nach § 38 sowie §§ 48 ff. a.F. nicht der Fall war.

4

2. Landesbehörden

Behörden im Sinne der Nr. 1 sind nicht bereits alle Landesbehörden, die für den Vollzug einer auf der Grundlage des Art. 74 Abs. 1 Nr. 29 GG erlassenen Vorschrift zuständig sind oder eine Vorschrift des Gesetzes oder eine auf dessen Grundlage erlassene Vorschrift durchführen. Die gesetzliche Unterscheidung zu den sonstigen „zuständigen Behörden" sowie das restriktive Begriffsverständnis auf Bundesebene – Nr. 2 nennt allein das BfN – deuten vielmehr darauf hin, dass die „nach Landesrecht für Naturschutz und Landschaftspflege zuständigen Behörden" vielmehr solche der Naturschutzverwaltung **im engeren Sinne** sind, die in der Regel bzw. überwiegend Naturschutzrecht vollziehen. Hierzu zählen die **Naturschutzbehörden**, in einem Land als Landschaftsbehörden bezeichnet (§ 8 LG NW), nicht hingegen andere Fachverwaltungen wie z.B. Forst- oder Fischereibehörden.

5

Der Bund hat von seiner Möglichkeit zur Regelung der Einrichtung von Landesbehörden für Naturschutz und Landschaftspflege nach Art. 84 Abs. 1 Satz 2 GG bislang keinen Gebrauch gemacht. Eine entsprechende Zuständigkeit ergibt sich daher nur aus landesrechtlichen Bestimmungen, wobei diese bislang nicht unmittelbar an die bundesrechtliche Terminologie des Absatzes 1 anknüpfen.

6

a) Allgemeine Naturschutzverwaltung

Die **Naturschutzverwaltung** der Flächenländer in Deutschland ist überwiegend in einer **dreistufigen** Hierarchie von sog. obersten, oberen (bzw. höheren) und unteren Behörden aufgebaut, in den Stadtstaaten, im Saarland, in Brandenburg und Niedersachsen dagegen nur zweistufig ohne Mittelinstanz[2].

7

---

2   Siehe hierzu *Krohn*, in: Schlacke (Hrsg.), GK-BNatSchG, § 3 Rn. 3.

8   Die **Landesregierungen** werden in den Naturschutzgesetzen der Länder nicht ausdrücklich als Naturschutzbehörden bezeichnet. Dennoch nehmen sie in vielen Ländern in bestimmten Fällen öffentliche Verwaltungsaufgaben des Naturschutzes und der Landschaftspflege wahr und sind damit als Behörden[3] nach § 1 Abs. 4 VwVfG zuständig i.S.v. Abs. 1. Dies gilt insbesondere bei der Auswahl von Gebieten gemeinschaftlicher Bedeutung (§ 36 Abs. 2 NatSchG BW, § 14 BbgNatSchAG, § 21 NatSchAG M-V, § 22 LNatSchG SH) aber auch beim Erlass von Rechtsverordnungen über Nationalparke (z.B. § 12HAGBNatSchG, § 18 LNatSchG RP).

9   **Oberste** Naturschutzbehörde ist das zuständige Ministerium bzw. in den Freistaaten Staatsministerium (Art. 43 Abs. 2 Nr. 1 BayNatSchG, § 46 Abs. 1 SächsNatSchG), in den Stadtstaaten als Mitglied des Senats (§ 3 Abs. 1 NatSchGBln), Senator (§ 1 BremNatG) oder schlicht Behörde (HmbBNatSchAG) bezeichnet. Die oberste Behörde übt landesweit die Fachaufsicht über die ihr nachgeordneten Naturschutzbehörden aus, erlässt Rechtsverordnungen und Verwaltungsvorschriften und ist zuständig für die Anerkennung von Vereinen, die Aufstellung von Landschaftsprogrammen und die Ausweisung unterschiedlicher Großschutzgebiete.

10   **Obere** Naturschutzbehörden sind die jeweiligen meist für einen bestimmten Teil des Landes örtlich zuständigen Mittelinstanzen: Regierungspräsidien (§ 60 NatSchG BW, § 1 Abs. 2 HAGBNatSchG), Regierungen (Art. 43 Abs. 2 Nr. 2 BayNatSchG), Bezirksregierungen (§ 8 LG NW), Landesdirektionen (§ 46 Abs. 1 SächsNatSchG) sowie Struktur- und Genehmigungsdirektionen (§ 42 LNatSchG RP) oder zentral das Landesverwaltungsamt (§ 1 Abs. 1 Nr. 2 NatSchG LSA, § 36 ThürNatG) bzw. Landesamt (§ 1 Abs. 3 Nr. 2 NatSchAG M-V, § 2 LNatSchG SH). Die obere Behörde übt die Fachaufsicht über die ihr nachgeordnete untere Naturschutzbehörde aus, stellt in der Regel den Landschaftsrahmenplan auf, erteilt bestimmte Befreiungen oder Ausnahmen und ist zuständig für die Ausweisung verschiedener Schutzgebiete sowie die Genehmigung des Ausbringens von Tieren und Pflanzen.

11   **Untere** Naturschutzbehörden sind – mit Ausnahme des saarländischen Landesamts (§ 47 SNG) – die (Land-)kreise und kreisfreien Städte (§ 30 BbgNatSchAG, § 31 NAGBNatSchG, § 8 LG NW, § 1 NatSchG LSA, § 36 ThürNatG, § 46Abs. 1 SächsNatSchG) bzw. genauer die Kreis- oder Stadtverwaltungen (§ 42 LNatSchG RP), Kreisverwaltungsbehörden (Art. 43 Abs. 2 Nr. 2 BayNatSchG), untere Verwaltungsbehörden (§ 60 NatSchG BW), Landräte und (Ober-)Bürgermeister (§ 1 NatSchAG M-V, § 2 LNatSchG SH), Kreisausschüsse und Magistrate (§ 1 Abs. 3 HAGBNatSchG, § 1 BremNatG) oder Bezirksämter (§ 3 NatSchG Bln). Soweit nichts anderes bestimmt ist, sind die unteren Naturschutzbehörden zuständig. Einige Landesgesetze beziehen diese Auffangzuständigkeit sinnvollerweise auf den Vollzug des gesamten Naturschutzrechts (§ 32 NAGBNatSchG, § 72 NatSchG BW), die meisten dagegen nur auf das BNatSchG und Landesnaturschutzgesetz.

---

3   *Kopp/Ramsauer*, VwVfG, 16. Aufl., 2015, § 1 Rn. 56a.

b) Sonstige Landeseinrichtungen

Neben den obersten, oberen und unteren Naturschutzbehörden bestehen in   *12*
den Ländern verschiedene Sonderbehörden. So nehmen z.B. in Großschutzgebieten staatliche **Nationalpark- und Biosphärenreservatsverwaltungen** die
Aufgaben der unteren, teilweise auch der oberen Naturschutzbehörde wahr
(vgl. z.B., § 1 Abs. 3 Nr. 3 NatSchAG M-V, § 50 LNatSchG S-H). Die **Fachbehörden** für Naturschutz und Landschaftspflege (Landesämter oder -anstalten)
erfüllen als zentrale Landesoberbehörden überwiegend beratende, unterstüt-
zende und wissenschaftliche, teilweise aber auch vollziehende Aufgaben
(§§ 61, 62 NatSchG BW, Art. 46 BayNatSchG, § 30, 32 BbgNatSchAG, § 14 LG
NW, § 47 LNatSchG RP, § 46 Abs. 2 SächsNatSchG, § 37 ThürNatG, § 33
NAGBNatSchG, § 2 NatSchG LSA).

Keine eigenständige Behörde ist hingegen der **Naturschutzdienst** (§ 68 f.   *13*
NatSchG BW, § 24 Abs. 4 HmbBNatSchAG, § 43 SächsNatSchG, § 45 LNat-
SchG SH) bzw. die Naturschutzwacht (Art. 49 BayNatSchG, § 49 NatSchG-
Bln, § 36 BremNatG, § 25 HAGBNatSchG), Landschaftswacht (§ 35 NAGB-
NatSchG, § 13 LG NW) oder Naturwacht (§ 46 SNG), deren haupt- oder
ehrenamtliche Hilfskräfte im Außendienst insbesondere für Überwachung
und Aufklärung der Öffentlichkeit vor Ort zuständig sind. Ebenso wenig un-
terfallen dem Abs. 1 **Beauftragte und Beiräte (**§ 31 NatSchAG M-V, § 34
NAGBNatSchG, § 37 LNatSchG RP, §§ 42, 43 SächsNatSchG, § 3 NatSchG
LSA, anders dagegen § 61 NatSchG BW), die ihren Sachverstand auf den
verschiedenen Verwaltungsebenen beratend einbringen, sowie **Fonds** (z.B.
§ 65 NatSchG BW, Art. 50 BayNatSchG, § 33 BbgNatSchAG, § 37 NatSchAG
M-V, § 41 LNatSchG RP, § 45 SächsNatSchG, § 57 NatSchG S-H, § 38 Thür-
NatG), die als rechtsfähige Stiftungen des öffentlichen Rechts u.a. aus Mit-
teln der Ersatzzahlungen die zivilrechtliche Sicherung von Grundstücken für
Naturschutzzwecke sowie Schutz-, Pflege- und Entwicklungsmaßnahmen
fördern oder selbst durchführen.

3. Bundesbehörden

Der Vollzug des Naturschutzrechts erfolgt zwar i.d.R. durch die Länder als   *14*
eigene Angelegenheit (Art. 83 GG). Ausnahmen bestehen aber insbesondere
beim **Artenschutz und Meeresnaturschutz**.

a) Bundesamt für Naturschutz (BfN)

Das BfN ist eine selbstständige Bundesoberbehörde i.S.v. Art. 87 Abs. 3   *15*
Satz 1 GG im Geschäftsbereich des BMUB, die zentral wahrzunehmende
Aufgaben auf dem Gebiet des Naturschutzes und der Landschaftspflege
ohne Mittel- und Unterbau erfüllt. Das BfN erledigt Verwaltungsaufgaben
des Bundes, unterstützt das BMUB fachlich und wissenschaftlich und betreibt Forschung. Allgemeine Rechtsgrundlage für die Arbeit des Amtes ist
das Gesetz über die Errichtung eines Bundesamtes für Naturschutz.[4]

---

4   Verkündet als Art. 1 des Gesetzes über die Errichtung eines Bundesamtes für Natur-
    schutz und zur Änderung von Vorschriften auf dem Gebiet des Artenschutzes v. 06.08.
    1993 (BGBl. I S. 1458).

16 Umfangreiche bundesgesetzliche Zuweisungen von Verwaltungsaufgaben an das BfN finden sich insbesondere zur Umsetzung des Washingtoner Artenschutzübereinkommens bei **Ein- und Ausfuhr** von Tieren und Pflanzen (§§ 45 Abs. 7, 8, 48 Abs. 1 Nr. 2 und Abs. 2, § 50 Abs. 1 Satz 1) sowie zum Vollzug des Naturschutzrechts im Bereich der **ausschließlichen Wirtschaftszone** oder des Festlandsockels (§ 57 Abs. 1 Satz 1, § 58 Abs. 1 Satz 1). Ferner nimmt das BfN Aufgaben des Bundes auf dem Gebiet der **Beobachtung von Natur und Landschaft** wahr (§ 6 Abs. 5) und genehmigt das **Ausbringen** von im Inland noch nicht vorkommenden Pflanzen gebietsfremder Arten sowie von Tieren in der freien Natur (§ 40 Abs. 5).

17 Als die „für Naturschutz und Landschaftspflege zuständige Behörde" im Sinne des BNatSchG handelt das Amt nur, soweit ihm **„nach diesem Gesetz"** Zuständigkeiten zugewiesen werden. Der Vollzug der aufgrund dieses Gesetzes erlassenen Vorschriften ist von den gesetzlichen Aufgabezuweisungen umfasst, z.B. hinsichtlich der verschiedenen Verordnungen zur Festsetzung von Naturschutzgebieten in der AWZ (§ 58 Abs. 1 Satz 1 BNatSchG). Anders verhält es sich dagegen bei Zuweisungen in anderen Gesetzen, wie bei der Erteilung von Ausnahmen von dem Verbot der **Entnahme** bestimmter Tier- und Pflanzenarten aus der Natur nach den originären Zuweisungen des Art. 3 Abs. 2 EuLRaumÜbkG, Art. 3 Abs. 2 WildTArtÜbkG, Art. 3 Abs. 2 WVögelAbkG, Art. 3 Abs. 2 RobErhÜbkG, Art. 2 KlWalAbkG.

b) Bundesministerium für Umwelt, Naturschutz, Bau und Reaktorsicherheit (BMUB)

18 Auch das BMUB nimmt innerhalb der Bundesregierung als oberste Behörde Aufgaben des Naturschutzes und der Landschaftspflege wahr. Hierzu zählen insbesondere die Erarbeitung von Gesetzesvorlagen (Art. 76 i.V. m. Art. 65 GG) sowie der Erlass von **Rechtsverordnungen** nach Art. 80 GG (vgl. z.B. § 9 Abs. 3 Satz 3, § 15 Abs. 7, §§ 54, 55), die Pflege der Beziehungen zu auswärtigen Staaten nach Art. 32 GG (vgl. § 48 Abs. 1 Nr. 1) sowie die Bundesaufsicht nach Art. 84 Abs. 3 Satz 1 GG. Daneben bestehen einfachgesetzliche Aufgaben, z.B. Unterrichtung der Kommission bei **Natura 2000** (§§ 32 Abs. 1 Satz 3 und 4, § 34 Abs. 4 Satz 2, § 34 Abs. 5 Satz 2), Mitteilungen, Bekanntmachungen und Anerkennungen bei **Ein- und Ausfuhr** von Tieren und Pflanzen (§ 7 Abs. 4, § 48 Abs. 1 Nr. 1, § 49 Abs. 3, § 51 Abs. 1 Satz 2) sowie die Erklärung von **Meeresgebieten** zu geschützten Teilen von Natur und Landschaft (§ 57 Abs. 1 Satz 2).

19 Ausgehend von der Grundregel des Art. 83 GG, dass die Ausführung der Bundesgesetze durch die Länder erfolgt, ist die Zugriffsmöglichkeit des Bundes auf Verwaltungskompetenzen im Bereich Naturschutz und Landschaftspflege durch die in Art. 87 Abs. 3 Satz 1 GG genannten Verwaltungsformen wie die Ausführung durch selbstständige Bundesoberbehörden begrenzt. Sonstige dort nicht genannte Formen, wie die bundeseigene **unmittelbare Ministerialverwaltung** (außerhalb der Regierungstätigkeit), sind damit unzulässig[5] bzw.

---

5 Vgl. hierzu *Hendrischke*, Gesetz über die Errichtung eines Bundesamtes für Naturschutz, Kommentar, in: Das Deutsche Bundesrecht, Loseblattsammlung, IL 81 m.w.N.

zumindest verfassungsrechtlich angreifbar. Dementsprechend benennt Abs. 1 das BMUB nicht als zuständige Naturschutzbehörde mit der Folge, dass bei Maßnahmen sonstiger oberster Bundesbehörden aus § 3 Abs. 5 Satz 1 keine Pflicht zur Beteiligung des BMUB resultiert. Zudem findet die Pflicht zu Gewährleistung eines frühzeitigen Austauschs mit Betroffenen und der interessierten Öffentlichkeit über Planungen und Maßnahmen nach § 3 Abs. 6 keine Anwendung. Diese Defizite werden aber teilweise durch verschiedene binnenrechtliche Sondervorschriften (z.B. §§ 19, 26, 45 ff. GGO) ausgeglichen.

c) Sonstige Bundeseinrichtungen

Dem **Umweltbundesamt** (UBA) ist auf dem Gebiet der Umwelt der mediale 20
bzw. abiotische Ressourcenschutz zugewiesen. Dies umfasst insbesondere Angelegenheiten des Immissions- und Bodenschutzes, der Abfall- und Wasserwirtschaft sowie gesundheitliche Belange (§ 2 Abs. 1 UBAG). Im BNatSchG werden dem UBA keine Zuständigkeiten zugewiesen. Soweit sich bei der Aufgabenwahrnehmung unmittelbare Bezüge zu Naturschutz und Landschaftspflege ergeben, ist in der Regel ein Einvernehmen des BfN vorgesehen (siehe Rn. 152). Beteiligungserfordernisse im Verhältnis zur dritten Bundesoberbehörde im Geschäftsbereich des BMUB, dem Bundesamt für Strahlenschutz (BfS), sind gesetzlich nicht vorgesehen.

Keine Bundesbehörde ist die durch Gesetz[6] errichtete **Deutsche Bundesstif-** 21
tung Umwelt (DBU), die als rechtsfähige Stiftung des bürgerlichen Rechts u.a. Naturschutzvorhaben mit herausragender gesamtstaatlicher Bedeutung fördert, ebenso wenig der per Erlass[7] beim BMUB eingerichtete – aber unabhängige – Sachverständigenrat für Umweltfragen (SRU) sowie weitere wissenschaftliche und fachliche **Beiräte**, die bei der Bundesregierung, dem BMUB oder BfN etwa zu globalen Umweltveränderungen, zum Themenfeld Sport oder zum Artenschutz gebildet wurden.

III. Aufgaben und Befugnisse (Abs. 2)

1. Allgemeines

Zur Durchsetzung des Naturschutzrechts reichen präventive Verbote im Rah- 22
men von Zulassungsverfahren allein nicht aus. Um Vollzugsdefizite zu vermeiden bzw. zu verringern, bestimmt Abs. 2 anknüpfend an die rahmenrechtliche **Aufgabenzuweisung** des § 6 Abs. 1 a.F. nun unmittelbar geltend zunächst in Halbs. 1 als Grundsatz die Zuständigkeit der Naturschutzbehörden für die Überwachung und Durchsetzung des BNatSchG und auf dessen Grundlage erlassener Vorschriften. Die neue als Generalklausel ausgestaltete **Befugnisnorm** des Halbs. 2 ermächtigt die Behörden zu den hierzu erforderlichen Maßnahmen. Die entsprechende Differenzierung ist geboten, da

---

6 Gesetz zur Errichtung einer Stiftung „Deutsche Bundesstiftung Umwelt" v. 18.07.1990 (BGBl. I S. 1448).

7 Erlass über die Einrichtung eines Sachverständigenrates für Umweltfragen bei dem Bundesministerium für Umwelt, Naturschutz und Reaktorsicherheit v. 01.03.2005 (GMBl. 2005, Nr. 31, S. 662 f.).

die Aufgabenzuweisung keine ausreichende Grundlage für den Bürger belastende Eingriffe bildet.

23   Die gesamte Regelung bezieht sich ausschließlich auf die für Naturschutz und Landschaftspflege zuständigen Behörden im Sinne des Abs. 1. Soweit sonstige Behörden Naturschutzrecht vollziehen, sind diese auf andere spezialgesetzliche Ermächtigungsgrundlagen angewiesen. Auch wenn nun nicht mehr umfassend wie in § 6 Abs. 1 a.F. die gesamte „Durchführung" des Gesetzes den Naturschutzbehörden übertragen wird, verdeutlicht die Vorschrift nach wie vor, dass die Wahrnehmung der im BNatSchG genannten Belange grundsätzlich eine Aufgabe der Naturschutzbehörden ist[8] und auf Bundes- und Landesebene Behörden für Naturschutz und Landschaftspflege einzurichten sind (vgl. Art. 84 Abs. 1 Satz 2 und Art. 87 Abs. 3 Satz 2 GG). Nach Landesrecht können an private Vereinigungen zwar verschiedene Aufgaben, nicht jedoch hoheitliche Befugnisse übertragen werden (siehe Rn. 126).

2. Überwachungsaufgaben

24   Abs. 2 definiert im Halbs. 1 die Überwachung des Bundesnaturschutzrechts entsprechend Art. 20a GG als Aufgabe der öffentlichen Verwaltung und bestimmt die **sachliche Zuständigkeit** der Behörden für Naturschutz und Landschaftspflege. Instanzielle Vorgaben, auf welcher Verwaltungsstufe die Aufgabe wahrgenommen wird, bleiben ebenso dem Landesrecht vorbehalten wie Vorgaben zur Verbandszuständigkeit staatlicher oder kommunaler Verwaltungsträger (vgl. Abs. 7).

a) Einhaltung der Vorschriften

25   Die Naturschutzbehörden haben die Einhaltung der Vorschriften, d.h. die Erfüllung der danach bestehenden Verpflichtungen, zu überwachen. Diese Aufgabenzuweisung bezieht sich nur auf die in diesem Gesetz enthaltenen oder auf Grund dieses Gesetzes – insbesondere in Unterschutzstellungen nach § 22 Abs. 2 (z.B. Rechtsverordnungen und Satzungen) – erlassenen Vorschriften, einschließlich konkretisierender behördlicher Anordnungen und Verfügungen. Anders als teilweise nach Landesrecht (z.B. § 9 Abs. 1 LG NW, § 2 Abs. 1 Satz 2 NAGBNatSchG) sind die in anderen Gesetzen zum Schutz von Natur und Landschaft erlassenen Vorschriften (vgl. § 5 Abs. 2, § 18 Abs. 1, § 37 Abs. 2, § 59 Abs. 2) nicht erfasst.[9] Dies gilt insbesondere auch für das teilweise fortgeltende oder künftig erlassene Landesnaturschutzrecht, dessen Ausführung der Bund nicht regeln kann (vgl. Art. 84 GG). Die Landesnaturschutzgesetze enthalten insoweit ergänzende Regelungen (siehe Rn. 46).

---

8   Vgl. BVerwG, Urt. v. 12.02.1988 – 4 NB 4/88, Buchholz 310 § 47 VwGO Nr. 22.
9   Vgl. *Gassner*, in: Gassner/Schmidt-Räntsch/Bendomir-Kahlo, BNatSchG, § 6 Rn. 4.

b) Überwachung

Die Überwachung beinhaltet die **Kontrolle und Sicherstellung** der Einhaltung der in den Vorschriften enthaltenen Gebote und Verbote, insbesondere solcher, die unmittelbar gegenüber Privaten und öffentlichen Stellen[10] gelten. Hierzu zählt z.B. die Überprüfung, ob genehmigte Nutzungen sich im zulässigen Rahmen halten, aber auch die Beratung bei Erfüllung der Verpflichtungen (vgl. Art. 2a Abs. 2 BayNatSchG a.F.). Nicht erfasst ist die sonstige Durchführung der nur an die Naturschutzbehörden gerichteten Vorschriften. Soweit andere Behörden Naturschutzrecht vollziehen, besteht kein besonderes Aufsichtsverhältnis, vielmehr gelten die allgemeinen Regeln der Fachaufsicht. Die überwachende Behörde hat Verstöße gegen Vorschriften zu verhüten und festzustellen, um präventiv Gefahren abzuwehren bzw. Störungen zu beseitigen. Teilweise schreiben Sondervorschriften dazu bestimmte oder regelmäßige Prüfungen und Besichtigungen vor (§ 17 Abs. 7, § 42 Abs. 6 Satz 1). Die Überwachungsaufgaben sind abzugrenzen von der repressiven Ermittlung und Verfolgung von Rechtsverletzungen als Ordnungswidrigkeiten und Straftaten nach §§ 69 ff. Die Naturschutzbehörden sind hier in der Regel nach § 70 zuständige Verwaltungsbehörden im Sinne des § 36 Abs. 1 OWiG.

26

Zu ihrer **Unterstützung** können die Naturschutzbehörden vieler Länder ehrenamtliche Mitarbeiter als Naturschutzwacht bestellen. Teilweise sind Ordnungs-, Bauaufsichts-, Jagd,- und Fischereibehörden sowie die Landwirtschafts- und Forstverwaltung landesrechtlich ausdrücklich verpflichtet, die Naturschutzbehörde unverzüglich über Zuwiderhandlungen zu unterrichten, die sie bei der Erfüllung ihrer Aufgaben feststellen (z.B. § 17 HAGBNatSchG). Auf Bundesebene wirken vor allem Zollbehörden mit bei der Überwachung des Verbringens von Tieren und Pflanzen sowie von Besitz- und Vermarktungsverboten (§ 49 Abs. 1 Satz 1); im Bereich des Meeresnaturschutzes können bestimmte Überwachungsaufgaben durch Rechtsverordnung der Bundespolizei oder der Bundesanstalt für Landwirtschaft und Ernährung zur Ausübung übertragen werden (§ 58 Abs. 2).

27

c) Andere Bestimmungen

Die Formulierung am Ende des Absatzes „soweit nichts anderes bestimmt ist" bezieht sich nicht allein auf die Befugnis im Halbs. 2, sondern auch auf die Aufgabenzuweisung. Damit wird bestehenden Zuständigkeiten anderer Behörden Rechnung getragen. Die Überwachungszuständigkeit der Naturschutzbehörde ist nicht gegeben, wenn durch oder auf Grund eines anderen Bundes- oder Landesgesetzes eine abweichende Zuständigkeit begründet ist (im Landesrecht ausdrücklich insoweit nur § 9 Abs. 1 Satz 1 Nr. 2 LG NW, zu rechtswidrigen Eingriffen § 10 Abs. 1 ThürNatG). Doppelzuständigkeiten von Naturschutz- und anderen Fachbehörden sind jedoch nicht grundsätzlich ausgeschlossen.[11]

28

---

10 Vgl. *Blum/Agena/Franke*, NNG, § 55 Rn. 3; *Krohn*, in: Schlacke (Hrsg.), GK-BNatSchG, § 3 Rn. 9.

11 Vgl. *Krohn*, in: Schlacke (Hrsg.), GK-BNatSchG, § 3 Rn. 11.

29   Abweichende Überwachungszuständigkeiten bestehen u.a. nach Bundesrecht bei Zulassungen von Vorhaben und Maßnahmen nach anderen Fachgesetzen (z.B. § 25 Abs. 1 GenTG, § 52 Abs. 1 Satz 1 BImSchG oder § 72
Abs. 1 Satz 1 BBergG[12]), nach Landesrecht u.a. im Bereich des Waldes (z.B.
§ 35 Abs. 2, § 69 Abs. 2 LG NW). Unberührt bleibt auch die Zuständigkeit
der Polizei- und Ordnungsbehörden zur Erstbefassung im **Eilfall**, wenn die
Gefahrenabwehr durch die an sich zuständige Naturschutzbehörde nicht
oder nicht rechtzeitig möglich ist. Gleiches gilt für die **Amtshilfe** nach §§ 4 ff.
VwVfG, z.B. die polizeiliche Vollzugshilfe zur Durchsetzung von Verwaltungsakten der ersuchenden Naturschutzbehörden in Form des unmittelbaren Zwangs nach § 9 Abs. 3 BPolG.

3. Befugnis

30   Der zweite Halbsatz bestimmt die Befugnis der Naturschutzbehörden, Maßnahmen zur Sicherstellung der Einhaltung der unter Rn. 25 genannten Vorschriften zu treffen. Die in Anlehnung an § 54 Abs. 1 BbgNatSchG a.F. formulierte Vorschrift ermächtigt im Interesse einer größeren Bestimmtheit
lediglich zur Abwehr von Zuwiderhandlungen gegen bestimmte Verpflichtungen, nicht hingegen allgemein von Gefahren für Natur und Landschaft
(so aber § 8 Abs. 2 NatSchAG M-V, § 2 Abs. 5 Satz 1 LNatSchG SH). Sie
überlässt damit die Entscheidung über Grundrechtseingriffe nicht vollends
der Verwaltung. Betont wird zudem im Sinne des Verhältnismäßigkeitsprinzips die Erforderlichkeit der Maßnahmen. Dem Vorbehalt des Gesetzes bzw.
dem Bestimmtheitsgebot ist damit Genüge getan, nicht zuletzt weil im Gesetz zahlreiche speziellere Eingriffsermächtigungen für typische Standard-
maßnahmen existieren (siehe Rn. 43), die einzuhaltenden Vorschriften hinreichend bestimmt sind und auch die Rechtsprechung die im bisherigen
Landesrecht enthaltenen Generalklauseln weiter konkretisiert hat. Der Auffangtatbestand ermöglicht in dieser Weise, auf unerwartete und neue Situationen angemessen reagieren zu können. Zu beachten ist jedoch, dass nicht
alle Vorschriften des BNatSchG durchsetzbar sind. Nicht aufgrund der Generalklausel durchsetzbar sind u.a. die Zielbestimmungen des § 1, die behördliche Beteiligungspflicht nach Absatz 5 sowie bestimmte Grundsätze der
guten fachlichen Praxis nach § 5.[13]

a) Maßnahmen zur Gefahrenabwehr

31   Die Regelung dient der Abwehr von Gefahren für die öffentliche Sicherheit
im Hinblick auf die Unversehrtheit der objektiven Rechtsordnung im Bereich
Naturschutz und Landschaftspflege und entspricht insoweit den General-
klauseln des allgemeinen Polizei- und Ordnungsrechts (z.B. § 14 Abs. 1
BPolG) sowie anderer Rechtsbereiche wie etwa dem Bauordnungsrecht der
Länder (vgl. § 58 Abs. 2 Satz 2 Musterbauordnung). Daher kann, z.B. für die
Inanspruchnahme von Verantwortlichen (vgl. §§ 17 f. BPolG), auf die ent-

---

12 Vgl. hierzu VGH Kassel, Urt. v. 02. 12. 2004 – 4 UE 2874/02, ZfB 2005, 25.
13 Siehe hierzu *Hendrischke*, W+B 2015, 80, 82.

sprechenden Grundsätze rekuriert werden.[14] Das Landesrecht erklärt diese Vorschriften teilweise ausdrücklich für anwendbar (z.B. § 2 Abs. 3 Satz 1 NAGBNatSchG, § 42 Abs. 1 LNatSchG RP).

Die Befugnis zur Abwehr von Zuwiderhandlungen gegen die o.g. natur- 32 schutzrechtlichen Vorschriften setzt nicht erst bei der eingetretenen und andauernden Störung in Form einer erfolgten oder gegenwärtigen Rechtsverletzung ein, sondern bereits bei einer konkreten **Gefahr**. Ausreichend ist eine Sachlage, die bei ungehindertem Ablauf des objektiv zu erwartenden Geschehens aus Sicht eines durchschnittlichen Amtswalters mit hinreichender Wahrscheinlichkeit zu einem Normverstoß führen würde. Je größer der zu erwartende Schaden bzw. Verstoß, desto geringere Anforderungen sind an die Wahrscheinlichkeit des Eintritts zu stellen. Bleiben trotz sorgfältiger ex-ante-Prognose Zweifel am Vorliegen einer Gefahr, sind wegen der geringen Wahrscheinlichkeit eines Verstoßes aus Gründen der Verhältnismäßigkeit zunächst vorläufige Maßnahmen der Sicherung und Erforschung des Verdachts zu treffen. Die bloße abstrakte Gefahr, d.h. ein Sachverhalt, bei dem generell ein Verstoß zu erwarten ist, genügt nicht, hier kommen allenfalls Verordnungen in Betracht.

Eine bestimmte Handlungsform wird nicht vorgegeben. Als **Maßnahmen** 33 kommen nicht nur Verwaltungsakte einschließlich Allgemeinverfügungen i.S.v. § 35 Satz 2 VwVfG[15], sondern auch vertragliche Vereinbarungen nach Abs. 3 oder Realakte und gezielte Aufklärung und Beratung in Betracht. Ermächtigt wird jedoch wie in § 42 Abs. 1 LNatSchG RP ausdrücklich nur zu konkreten Maßnahmen „im Einzelfall", d.h. abstrakt-generelle Regelungen wie Verordnungen und Satzungen bedürfen einer anderen Ermächtigungsgrundlage.

Adressat der Maßnahmen ist derjenige, der den Verstoß unmittelbar oder zu- 34 rechenbar verursacht, entweder als Handlungsstörer durch aktives Tun bzw. pflichtwidriges Unterlassen oder als Inhaber der tatsächlichen Gewalt über eine Sache (Zustandsstörer). Auch Minderjährige, gesetzliche Vertreter sowie Geschäftsherren von Verrichtungsgehilfen können in Anspruch genommen werden. Unbeteiligte Dritte können als Nichtstörer nur bei gegenwärtigen erheblichen Gefahren subsidiär und zeitlich begrenzt herangezogen werden, wenn keine Gefahrenabwehr durch die Naturschutzbehörde möglich ist. Anders als bei personenbezogenen Anordnungen gehen objektbezogene dingliche Verpflichtungen als öffentlich-rechtliche Belastung mit Erwerb der Sache auf den Rechtsnachfolger über.[16]

---

14 Vgl. VGH Mannheim, Urt. v. 01.10.1991 – 5 S 1823/90, NuR 1992, 475; siehe auch *Krohn*, in: Schlacke (Hrsg.), GK-BNatSchG, § 3 Rn. 13.

15 Vgl. VGH Mannheim, Beschl. v. 08.09.2003 – 5 S 1274/03, NuR 2004, 243

16 Vgl. zu grundstücksbezogenen Anordnungen gegenüber Eigentümern oder Nutzungsberechtigten VGH Mannheim, Beschl. v. 12.03.1991 – 5 S 618/91, UPR 1992, 31, ausdrücklich für Kompensationsmaßnahmen § 15 Abs. 4 Satz 3.

35 Bei nur formeller Illegalität genehmigungsbedürftiger Tätigkeiten kann die **Einstellung** verfügt (vgl. § 13 Abs. 6, § 21 Abs. 4 SächsNatSchG) und die Stellung eines Genehmigungsantrags verlangt werden. Bei materieller Illegalität kommt auch die **Beseitigung** von Anlagen in Betracht, soweit nicht ein Bestandsschutz nach Art. 14 Abs. 1 Satz 1 GG besteht, weil das Vorhaben zu einem früheren Zeitpunkt rechtmäßig war, oder keine andere Möglichkeit der Herstellung rechtmäßiger Zustände, insbesondere durch nachträgliche Legalisierung im Wege der Ausnahme oder Befreiung, in Betracht kommt. Die privatrechtlich erforderliche Mitwirkung dinglich oder obligatorisch Mitberechtigter begründet keine rechtliche Unmöglichkeit, sondern nur ein Vollstreckungshindernis; daher ist ggf. zusätzlich eine Duldungsanordnung sinnvoll. Sind Teile von Natur oder Landschaft rechtswidrig zerstört, beschädigt oder verändert worden, so kann die Naturschutzbehörde auch die **Wiederherstellung** des früheren Zustandes anordnen, wenn nicht auf andere Weise rechtmäßige Zustände hergestellt werden können (ausdrücklich insoweit § 2 Abs. 2 NAGBNatSchG und § 41 Abs. 1 Satz 1 SN, vgl. auch § 2 Abs. 5 Satz 2 LNatSchG SH). Bei rechtswidrigen Eingriffen ist ein entsprechend intendiertes Ermessen nach § 17 Abs. 8 vorgesehen.[17]

36 Die aufgrund von Abs. 2 erlassenen Verwaltungsakte können von der Naturschutzbehörde nach allgemeinem Verwaltungsvollstreckungsrecht des Bundes (§§ 6 ff. VwVG) oder der Länder durch Ersatzvornahme auf Kosten des Pflichtigen oder bei unvertretbaren Handlungen durch Zwangsgeld durchgesetzt werden.

37 Eigentümer und sonstige Nutzungsberechtigte von Grundstücken haben die im Rahmen des Abs. 2 getroffenen Maßnahmen nach Maßgabe des § 65 zu **dulden**. Zum Betreten von nach Art. 13 GG geschützten **Wohnungen** sind Bedienstete der Naturschutzbehörden hingegen nicht ermächtigt, da eine dem Zitiergebot nach Art. 19 Abs. 1 Satz 2 GG entsprechende Vorschrift im Gesetz nicht enthalten ist. Entsprechende Befugnisse bestehen aber teilweise nach Landesrecht (siehe § 65 Rn. 36).

b) Ermessen

38 Die auf die allgemeine Befugnisnorm gestützten erforderlichen Maßnahmen sind nach pflichtgemäßem Ermessen zu treffen. Wie auch in anderen Bereichen der Gefahrenabwehr besteht nach dem **Opportunitätsprinzip** ein Ermessen hinsichtlich der Entschließung, ob die Behörde bei einem Verstoß überhaupt einschreitet, und der Auswahl, mit welchen Mitteln und gegen wen sie vorgeht. Die Ermessensausübung hat nach dem Zweck der Ermächtigung zu erfolgen (§ 40 VwVfG). Sie ist daher insbesondere an der Effektivität der Gefahrenabwehr auszurichten.

39 Bei dringenden erheblichen Gefahren, in denen ein besonders schwerer Verstoß bzw. immenser Schaden zu erwarten ist, ist die Behörde in der Regel zum Einschreiten verpflichtet (Ermessensreduzierung auf Null). Dieser

---

17 Zum Verhältnis zwischen § 3 Abs. 2 und § 17 Abs. 8 siehe VGH München, Beschl. v. 09.08.2012 – 14 C 12.308 –, juris, Rn. 10.

Pflicht korrespondiert jedoch mangels subjektiver Ausrichtung des Naturschutzrechts kein Anspruch Einzelner. Welche Maßnahme zu ergreifen ist, richtet sich ebenfalls nach Art und Intensität des Rechtsverstoßes.

Als objektive Ermessensschranke wirken insbesondere die Grundrechte und der Grundsatz der **Verhältnismäßigkeit**. Die Erforderlichkeit der Maßnahmen wird im Gesetz daher besonders betont, um Ermessensüberschreitungen zu vermeiden. Von mehreren möglichen und geeigneten Maßnahmen ist diejenige zu treffen, die den Einzelnen und die Allgemeinheit voraussichtlich am wenigsten beeinträchtigt. Eine Maßnahme darf nicht zu einem Nachteil führen, der zu dem erstrebten Erfolg erkennbar außer Verhältnis steht. Eine Maßnahme ist nur so lange zulässig, bis ihr Zweck erreicht ist oder sich zeigt, dass er nicht erreicht werden kann. *40*

Das Ermessen ist in der Regel im Hinblick auf die negative Vorbildwirkung zu Gunsten der Einstellung des rechtswidrigen Verhaltens auszuüben, da die Unterbindung unzulässiger Tätigkeiten im öffentlichen Interesse liegt und der rechtswidrig Handelnde gegenüber Rechtstreuen keinen Vorteil haben soll. Er muss die Risiken seines Handelns selbst tragen, finanzielle Gesichtspunkte sind unerheblich. Es besteht weder ein Anspruch auf Gleichbehandlung im Unrecht, noch kann das behördliche Einschreiten mangels Verzichtbarkeit der Befugnis verwirkt werden. Da in der Regel das öffentliche Interesse an der Herstellung rechtmäßiger Zustände überwiegt, ist eine Duldung als beschränkte Zusicherung des Nichteinschreitens nur ausnahmsweise möglich. *41*

c) Andere Bestimmungen

Die Generalklausel nach Abs. 2 gilt nur, soweit nichts anderes bestimmt ist, wie etwa im Fall des gesetzlichen Biotopschutzes[18]. Die im Gesetz oder in anderen Fachgesetzen enthaltenen **Sonderbefugnisse** gehen daher der allgemeinen Eingriffsbefugnis vor. *42*

Dies gilt etwa im Zusammenhang mit der Kompensation von Eingriffen (§ 17 Abs. 1 und 8) oder der FFH-Verträglichkeit von Projekten (§ 34 Abs. 6 Satz 2 – 5). Weitere spezielle Befugnisse bestehen insbesondere beim Artenschutz, u.a. zur Beseitigung ungenehmigt ausgebrachter Tiere (§ 40 Abs. 6), zum Betrieb von Zoos (§ 42 Abs. 7 und 8) und Tiergehegen (§ 43 Abs. 3 Satz 2 und 3), für Bewirtschaftungsvorgaben für Land-, Forst- oder Fischwirte (§ 44 Abs. 4 Satz 2), die Einziehung streng geschützter Arten (§ 45 Abs. 5 Satz 4, § 47) und das Zutrittsrecht (§ 52 Abs. 2). Spezialermächtigungen in anderen Bundesgesetzen betreffen insbesondere die Vermeidung und Sanierung von Umweltschäden (§ 7 USchadG), die Vollstreckung (VwVG) sowie Ordnungswidrigkeiten (OWiG).[19] *43*

---

18 Vgl. OVG Berlin-Brandenburg, Beschl. v. 07.05.2012 – OVG 11 S 60.11 –, juris, Rn. 13.
19 Zum Verhältnis der Generalkausel gegenüber einer fachrechtlichen Zulassung siehe *Krohn*, in: Schlacke (Hrsg.), GK-BNatSchG, § 3 Rn. 40.

44 Nach **Landesrecht** bestehen häufig besondere Befugnisse zur Einschränkung des nach § 59 gewährten Rechts zum Betreten der freien Landschaft (z.B. Art. 31 BayNatSchG). Ermächtigt wird ferner zur Anordnung der standortgemäßen Pflege von Grundstücken oder der Durchführung von Pflege- und Entwicklungsmaßnahmen bei geschützten Teilen von Natur und Landschaft (z.B. § 15 Abs. 1 NAGBNatSchG). Weitere Befugnisse beziehen sich auf den Lebensstättenschutz (z.B. § 28 Abs. 4 ThürNatG) sowie die einzelfallbezogene Untersagung von Handlungen auch außerhalb von Schutzgebieten, die deren Bestand gefährden (z.B. § 14 Abs. 9 NatSchAG M-V).

45 Die **Durchsetzung** von auf Abs. 2 gestützten Verwaltungsakten, z.B. im Wege der Ersatzvornahme, erfolgt nach Maßgabe des Verwaltungs-Vollstreckungsgesetzes (VwVG) bzw. der entsprechenden Gesetze der Länder. Im Landesnaturschutzrecht bestehen teilweise Sonderregelungen zu Ausgleichs- und Ersatzmaßnahmen (z.B. § 8 Abs. 6 ThürNatG), rechtswidrigen Veränderungen von Natur und Landschaft (z.B. § 52 NatSchGBln).

4. Landesrecht

46 Die Vorschrift bedarf der Ergänzung im Landesrecht, da die Überwachung des Landesnaturschutzrechts bundesrechtlich nicht geregelt werden kann (siehe Rn. 25). Die neueren Landesnaturschutzgesetze sehen daher vor, dass § 3 Abs. 2 BNatSchG entsprechend gilt für die Einhaltung des Landesgesetzes und der auf dieser Grundlage erlassenen Vorschriften (z.B. § 2 HmbBNatSchAG). Teilweise wird der Anwendungsbereich noch weiter ausgedehnt auf sonstige naturschutzrechtliche Vorschriften des Bundes- und Landesrechts sowie des unmittelbar geltenden Rechts der Europäischen Gemeinschaft (§ 8 Abs. 2 NatSchAG M-V, § 2 Abs. 1 Satz 2 NAGBNatSchG, § 2 Abs. 5 Satz 1 LNatSchG SH). In diesem Zusammenhang wird auch ausdrücklich zu Wiederherstellungsanordnungen ermächtigt und auf die Wirksamkeit grundstücksbezogener Anordnungen gegenüber dem Rechtsnachfolger hingewiesen.

IV. Vertragsnaturschutz (Abs. 3)

1. Ausdruck des Kooperationsprinzips auch auf Unionsebene

47 Der **Vertragsnaturschutz** beruht auf einer **Kooperation der Verpflichteten** und setzt deshalb in gewissem Grade deren Mitwirkungsbereitschaft und damit auch deren freiwilliges Engagement voraus. **Mitwirkungsbedürftige Verwaltungsakte** gehören aufgrund ihrer anderen Konzeption und Rechtsfolgen nicht dazu.[20] In Abgrenzung zu allgemeinen **Agrarumweltmaßnahmen** werden primär Naturschutzziele verfolgt, und zwar in Gebieten mit besonderer ökologischer Relevanz. Es wird eine vertragliche Vereinbarung zwischen der Verwaltung und einem Grundstückseigentümer bzw. sonstigen Nutzungs- oder Pflegeberechtigten geschlossen. Diese zielt darauf, konkrete flächenbezogene Anliegen des Naturschutzes durch die Vornahme oder Dul-

---

20 Näher *Windstoßer*, Vertragsnaturschutz, 2008, S. 25 ff.

dung von Naturschutzmaßnahmen bzw. die Unterlassung naturschädigender Handlungen umzusetzen, meist mit finanziellem Ausgleich.[21] Der **Ankauf von Flächen** geht über diese Verhaltens- und Unterlassenspflichten hinaus und fällt daher nicht darunter[22], anders als etwa die Anpachtung durch die öffentliche Hand[23] sowie die Verpachtung durch sie.

Möglich ist auch eine Verwirklichung des **Habitatschutzes durch Vertrags-** **naturschutz**. Die Unionsorgane haben immer wieder den positiven Wert von freiwilligen Maßnahmen der Wirtschaft betont und befürworten seit Längerem kooperative Lösungen. Die Kommission begründete schon im Fünften Aktionsprogramm vom 03.04.1992 das Prinzip der Zusammenarbeit zwischen allen Beteiligten. Wirtschaft und Industrie haben „nicht nur wesentlichen Anteil am (Umwelt-)Problem", sondern müssen auch ein Teil der Lösung des Problems sein. „Mit dem neuen Konzept sollen insbesondere der Dialog mit der Industrie verstärkt sowie – unter bestimmten Voraussetzungen – freiwillige Vereinbarungen und andere Formen der Selbstkontrolle unterstützt werden."[24]   48

Der Rat hat diese Notwendigkeit, die Bandbreite der verfügbaren Instrumente zu erweitern und die ganze Gesellschaft im Sinne einer geteilten Verantwortung einzubeziehen, anerkannt.[25] Die Kommission will diese Erkenntnis entsprechend einer Mitteilung über Umweltvereinbarungen dadurch praktisch umsetzen, dass „Umweltabgaben, der Förderung einer Steuerreform, dem Konzept der Umwelthaftung und freiwilligen Vereinbarungen besondere Beachtung zu schenken" ist.[26] In der Empfehlung vom 09.12.1996 über Umweltvereinbarungen zur Durchführung von Richtlinien der Union[27] bekräftigt die Kommission diese Haltung und präzisiert sie im Hinblick auf die Umsetzung von Richtlinien durch die Mitgliedstaaten, allerdings nur für den Fall, dass diese Rechtsakte die Durchführung im Wege von Vereinbarungen ausdrücklich erlauben.[28]   49

Aus diesen Dokumenten ergibt sich zwar keine rechtlich zwingende Festschreibung, **Umweltvereinbarungen** zu ergreifen. Durch **Aktionsprogramme**   50

---

21 *Von dem Bussche*, Vertragsnaturschutz in der Verwaltungspraxis, 2001, S. 40; *Windstoßer*, Vertragsnaturschutz, 2008, S. 34.

22 Etwa *Kloepfer*, Umweltrecht, 3. Aufl. 2004, § 11 Rn. 57.

23 *Windstoßer*, Vertragsnaturschutz, 2008, S. 32 f.; a.A. *Zeibig*, Vertragsnaturschutz als Beispiel konsensualen Verwaltungshandelns, 1998, S. 43.

24 „Fünftes Aktionsprogramm" der Kommission: Ein Programm der Europäischen Gemeinschaft für Umweltpolitik und Maßnahmen im Hinblick auf eine dauerhafte und umweltgerechte Entwicklung – für eine dauerhafte und umweltgerechte Entwicklung v. 03.04.1992, KOM (1992) 23/II endg., Tz. 31.

25 Entschließung des Rates und der im Rat vereinigten Vertreter der Regierungen der Mitgliedstaaten v. 01.02.1993, ABl. C 138, S. 1, bes. S. 13 und 78.

26 Mitteilung der Kommission an den Rat und das Europäische Parlament über Umweltvereinbarungen v. 27.11.1996, KOM (1996) 561 endg., Tz. 2.

27 Empfehlung der Kommission v. 09.12.1996 über Umweltvereinbarungen zur Durchführung von RLn der Gemeinschaft, 96/733/EG, ABl. L 333, S. 59.

28 Empfehlung der Kommission v. 09.12.1996, 96/733/EG, ABl. L 333, S. 59, Ziff. 2.1.

werden lediglich grundsätzliche Ziele und Richtungen gemeinschaftlicher Tätigkeit vorgegeben. Auch Empfehlungen sind gem. Art. 288 Abs. 5 AEUV nicht verbindlich. Indes wird damit eine bestimmte Richtung vorgegeben. Sie kann innerhalb der FFH- und der VRL durch einen breiten Einsatz von Vertragslösungen fortgeschrieben werden. Um diese auch für die VRL abzusichern, ist eine entsprechende Klarstellung in der VRL angezeigt.[29] Das empfiehlt die Kommission generell, wenn Umweltvereinbarungen der Mitgliedstaaten (auch) eine Richtlinie umsetzen sollen.[30] So könnte in Art. 1 FFH-RL als weitere Definition und in Art. 1 VRL als allgemeine Vorgabe aufgenommen werden: „Maßnahmen": (sind) auch vertragliche Lösungen.

51 Dann besteht eine unionsrechtliche Ermächtigung, die materiellen Richtliniengehalte auch durch dieses Instrument umzusetzen. Eine solche ist notwendig, weil die Richtlinien ansonsten grundsätzlich durch eindeutig verbindliche, subjektiv einforderbare staatliche Maßnahmen umzusetzen sind.[31] Verträge können dann nur ergänzend eingesetzt werden und dürfen keine umfassenden Handlungsspielräume eröffnen.[32] Nur dann besteht auch ein gleichwertiger Schutz nach § 32 Abs. 4 (vgl. § 32 Rn. 84 f.).

52 Jedenfalls in der praktischen Anwendung ist ohnehin angezeigt, auf verbindliche und durchsetzbare vertragliche Festlegungen Wert zu legen. Dann sind eindeutige und einforderbare Verpflichtungen festgeschrieben. Diese können klaren normativen Verpflichtungen gleichgestellt werden und eignen sich daher gleichermaßen für eine wirksame Umsetzung von richtlinienbestimmten Umweltschutzbelangen durch die Mitgliedstaaten. Zudem haben sie den Vorteil, die Verpflichteten aktiv einbezogen zu haben, sodass sie auch aus eigener Verpflichtung heraus tätig werden, und flexiblere Ziele setzen zu können, welche in Etappen aufeinander folgen.[33]

2. Öffentlich-rechtlicher Vertrag

53 Bei dem **Naturschutzvertrag** handelt es sich um einen **öffentlich-rechtlichen Vertrag** im Sinne des § 54 VwVfG. Er ist regelmäßig auf die öffentlich-rechtlich geregelten Zwecke des Naturschutzes bezogen und sucht diese zu verwirklichen, sei es, um die Unterschutzstellung eines Gebietes zu vermeiden, sei es, diese zu ergänzen. Generell sollen oft gesetzliche Regelungen verbreitert, angereichert bzw. übertroffen werden. Schon dieser Normbezug führt zum öffentlich-rechtlichen Charakter. Eine Ausnahme besteht bei Ver-

---

29 Verwaltungsvorschriften reichen mangels Außenverbindlichkeit weder bei der FFH- noch bei der VRL, etwa *Peine*, NuR 2003, 11 (15 f.).

30 Empfehlung der Kommission v. 09.12.1996 über Umweltvereinbarungen zur Durchführung von Richtlinien der Gemeinschaft, 96/733/EG, ABl. L 333, S. 59, 9. Erwägungsgrund sowie Ziff. 2.1.

31 *Frenz*, Selbstverpflichtungen der Wirtschaft, 2001, S. 147.

32 Siehe EuGH, Urt. v. 04.03.2010 – Rs. C-241/08, EurUP 2010, 191, Rn. 54, 56.

33 Vgl. Mitteilung der Kommission v. 25.07.2002 zu Umweltvereinbarungen auf Gemeinschaftsebene im Rahmen des Aktionsplans „Vereinfachung und Verbesserung des Regelungsumfelds", KOM (2002) 412 endg., S. 11 f. Ausführlich *Frenz*, Selbstverpflichtungen der Wirtschaft, 2001, S. 57 ff., 235 ff.

trägen, welche die öffentliche Hand zur naturschutzfachlichen Pflege ihres Eigentums abschließt.[34]

3. Generelle Zulässigkeit

Die generelle Zulässigkeit von öffentlich-rechtlichen Verträgen wird in § 54   *54*
Satz 1 VwVfG bestimmt. Zur allgemeinen Zulässigkeit von öffentlich-rechtlichen Verträgen bedurfte es daher nicht der Regelung des § 3 Abs. 3. Der Vorschrift kommt aber insofern Bedeutung zu, als sie über die allgemeine Zulässigkeit der Handlungsform des öffentlich-rechtlichen Vertrages hinaus Einfluss auf die Entscheidung der Behörde nimmt, im konkreten Fall einen Vertrag zu schließen oder einseitig-hoheitlich zu handeln.

4. Vorrang

Im Gegensatz zur früheren Regelung im BNatSchG (zunächst § 3a, dann   *55*
§ 8), die insoweit keine eindeutige Regelung trafen[35], soll nach § 3 Abs. 3 bei Maßnahmen des Naturschutzes und der Landschaftspflege vorrangig geprüft werden, ob der Zweck mit angemessenem Aufwand auch durch vertragliche Vereinbarungen erreicht werden kann. Damit besteht jedenfalls eine Pflicht, den Einsatz von Verträgen zu prüfen. Das gilt aber entsprechend der Soll-Formulierung nur für den Regelfall. In begründeten Ausnahmen kann die Behörde davon absehen, so wenn wegen **Eilbedürftigkeit** sogleich sicher greifende Maßnahmen angeordnet und durchgesetzt werden müssen. Im Übrigen aber ist diese Regelprüfungspflicht vorrangig und geht daher auch dem Erlass von Verwaltungsakten vor.

Kann nach dieser Prüfung der Zweck mit angemessenem Aufwand auch ver-   *56*
traglich erreicht werden, liegt es angesichts der vorrangigen Prüfung nahe, dass tatsächlich ein Vertrag geschlossen wird. Ein solches Vorgehen war schon mit § 3a BNatSchG verbunden, nach dem die Behörden bei Maßnahmen zur Durchführung der im Rahmen des BNatSchG erlassenen Rechtsvorschriften prüfen mussten, ob und inwieweit vertragliche Vereinbarungen ordnungsrechtlichen Mitteln vorzuziehen sind. Danach galt zwar kein Vorrang des Vertrages gegenüber dem Verwaltungsakt, wie es § 5 der gescheiterten Gesamtnovelle vorsah.[36]

Der Vertrag wird der Behörde jedoch als Handlungsform nahegelegt. Zwin-   *57*
gend ist dies allerdings weiterhin nicht. Nur die Prüfungspflicht als solche ist vorgegeben[37], und zwar entsprechend dem „soll" auch nur für den Regelfall.

---

34 Näher *Windstoßer*, Vertragsnaturschutz, 2008, S. 71 ff.

35 Siehe jüngst nochmals *Proelß/Blanke-Kießling*, NVwZ 2010, 985 (986 f.); kritisch zu einem gesetzlich angeordneten Vorrang des Vertrages im Naturschutzrecht, zu dem es aber nicht kam, *Schink*, UPR 1996, 81 (84).

36 Vgl. *Müller-Terpitz*, NVwZ 1999, 26 (31) sowie *Kloepfer*, Umweltrecht, 3. Aufl. 2004, § 11 Rn. 52.

37 Sie soll vorrangig den Vertragsnaturschutz in den Blick nehmen, *Proelß/Blanke-Kießling*, NVwZ 2010, 985 (989).

Das gilt nicht notwendig für den Vertragsschluss. Von daher bleibt der Behörde ein Ermessensspielraum, der aber durch § 3 Abs. 3 ausgefüllt wird.

58 Indes stellt weder der Verwaltungsakt gegenüber dem Vertrag zwingend das mildere Mittel dar noch lässt sich aus Art. 3 Abs. 1 GG i.V. m. der **Selbstbindung der Verwaltung** im Einzelfall eine **Ermessensreduzierung** begründen, weil Art. 3 Abs. 1 GG nur den Anspruch auf eine inhaltlich gleiche Rechtsanwendung, nicht aber eine bestimmte Handlungsform, begründet.[38] Ein solcher erwächst höchstens bei absehbarer Zweckerfüllung auch durch Vertrag. Aber auch dann kann die Behörde aus sachlich begründeten Erwägungen einseitig handeln, etwa weil ein dauerhafter Zustand sicher gewährleistet und sofort durchgesetzt werden soll.

59 Immerhin gibt der Gesetzgeber durch den ausdrücklichen Hinweis auf die Prüfung vertraglicher Regelung zu erkennen, dass er im Vertrag ein besonders sachgerechtes Instrumentarium sieht, um einen effektiven Naturschutz zu erreichen.[39] Insofern sollen die Behörden durch die besondere Hervorhebung des **Naturschutzvertrages** ermutigt werden, sich eines solchen mehr als bisher zu bedienen. Das gilt nach § 3 Abs. 3 auch bei gleich bleibendem Erfolg.

60 Die wirtschaftliche Seite ist dabei einzubeziehen. Der angemessene Aufwand umschließt vor allem die finanziellen Belastungen der Betroffenen. Können sie durch Vertrag weniger stark belastet werden, ohne dass der naturschutzfachliche Erfolg gefährdet wird, ist regelmäßig dieser Weg zu wählen. Insoweit reduziert § 3 Abs. 3 den behördlichen Ermessensspielraum.

61 Jedenfalls besteht mangels Anordnung eines eindeutigen **Vorrangs des Vertragsnaturschutzes** vor einseitigen Festsetzungen kein Anspruch auf Abschluss eines Vertrages. Das Übermaßverbot geht darüber nicht hinaus.[40] Das **Kooperationsprinzip** erscheint zu wenig konkret.[41] Ein solcher Anspruch erwächst hingegen im Hinblick auf eine Förderung aus Art. 3 Abs. 1 GG, wenn Fördervoraussetzungen aufgestellt wurden, die erfüllt sind, und noch öffentliche Mittel zur Verfügung stehen.[42]

---

38 *Schapmann*, Der Sanierungsvertrag, 1998, S. 40; allgemein für Verträge *Grziwotz*, NJW 1995, 1927 (1928).

39 Vgl. für den schwächer formulierten § 13 Abs. 4 BBodSchG *Radtke*, in: Holzwarth/ Radtke/Hilger, BBodSchG, § 13 Rn. 14, ähnlich *Dombert*, in: Landmann/Rohmer, Umweltrecht, Bd. III, § 13 BBodSchG Rn. 34.

40 *Riese*, Subventionen, Entschädigungen und Entgelte für Naturschutzmaßnahmen der Landwirtschaft, 1997, S. 126 f.; allgemein *Gurlit*, Verwaltungsvertrag und Gesetz, 2000, S. 276.

41 *Di Fabio*, DVBl 1990, 338 (346); *Proelß/Blanke-Kießling*, NVwZ 2010, 985 (988); *von Petz*, Umsetzungsmöglichkeiten des Vertragsnaturschutzes in der Forstwirtschaft, 2005, S. 208 f.; *Windstoßer*, Vertragsnaturschutz, 2008, S. 105 ff.; *Zeibig*, Vertragsnaturschutz als Beispiel konsensualen Verwaltungshandelns, 1998, S. 106 ff.

42 Im Einzelnen *Windstoßer*, Vertragsnaturschutz, 2008, S. 96 f.

5. Vorteile des Naturschutzvertrages und Bedenken

Im Gegensatz zum traditionellen einseitigen Verwaltungshandeln nament-   62
lich durch Verwaltungsakt wird der Bürger beim kooperativen Verwaltungshandeln aktiv in den Entscheidungsprozess mit einbezogen.[43] Dem kommt
im Umweltsektor deshalb eine besondere Bedeutung zu, weil zu den Grundsätzen, die das Umweltrecht prägen, auch das Kooperationsprinzip zählt[44],
das ein möglichst enges Zusammenwirken von Staat und Bürger bei umwelt-
relevanten Maßnahmen verlangt.[45]

Die Vorteile des **kooperativen Handelns** sind vielfältig und gelten gerade   63
auch für öffentlich-rechtliche Verträge.[46] Die oft komplizierten umweltrechtlichen Sachverhalte zwingen die Behörde ohnehin dazu, schon von Anfang
an in Kontakt zum Bürger zu treten, und sei es nur, um die erforderlichen
Informationen für eine sachgerechte Entscheidung zu erhalten.[47] Findet mit
dem Bürger also ohnehin ein enger **Informationsaustausch** statt, so ist es nur
konsequent, stärker auf seine Bedürfnisse einzugehen und ihn möglichst in
den Entscheidungsprozess, etwa durch Abschluss eines öffentlich-rechtlichen Vertrages, einzubeziehen. Dies führt dann wiederum in aller Regel zu
einer verbesserten Akzeptanz der Verwaltungsentscheidung durch den Betroffenen, weil dieser dann spürt, dass man sich mit ihm persönlich und seinen Problemen befasst hat.[48]

Mit der Akzeptanz steigt auch die **Motivation des Bürgers**, die von ihm ge-   64
forderten Leistungen zu erbringen.[49] Demgegenüber ergeben sich beim einseitigen staatlichen Handeln immer wieder Durchsetzungslücken; der BFH
geht von ihnen sogar selbstverständlich aus.[50] Auch können dadurch flexible
und in atypischen Fällen angemessene Lösungen erreicht werden.[51] Ein weiterer Vorteil des auf Konsenserzielung ausgerichteten kooperativen Handelns ist, dass es seltener zu gerichtlichen Verfahren kommen wird[52]; gerade
öffentlich-rechtliche Verträge sind selten Gegenstand eines Gerichtsverfah-

---

43 Vgl. *Bulling*, DÖV 1989, 277 (279 ff.), der zwischen Vorverhandlungen, Arrangements,
   Agreements und Verträgen unterscheidet.
44 Jüngst etwa *Proelß/Blanke-Kießling*, NVwZ 2010, 985 (988) m.w.N.
45 Näher zum Kooperationsprinzip bereits *Rengeling*, Das Kooperationsprinzip im Umweltrecht, 1988; sowie später *ders.*, in: FS für Brohm, 2002, S. 509 ff.
46 Vgl. *Krebs*, VVDStRL 52 (1993), 248 (253 ff.); *Maurer*, DVBl 1989, 798 (805 f.); *Di Fabio*,
   DVBl 1990, 338 (341). Spezifisch zu Sanierungsverträgen *Müllmann*, NVwZ 1994, 876 ff.;
   Pape, NJW 1994, 409 (411); *Vierhaus*, NJW 1998, 1262 (1268 f.); *Kobes*, NVwZ 1998, 786
   (794); *Tomerius*, ZUR 1999, 78 (83 f.); *Erbguth/Stollmann*, GewArch 1999, 283 (286); ausführlich *Spieth*, altlasten spektrum 1996, 163 (164 ff.).
47 *Bulling*, DÖV 1989, 277 (278).
48 *Bulling*, DÖV 1989, 277 (282); *Maurer*, DVBl 1989, 798 (806).
49 *Di Fabio*, DVBl 1990, 338 (341).
50 BFH, Urt. v. 19. 10. 1993 – VIII R 14/92, BStBl. II 1993, S. 891 (892); siehe auch *Achatz*;
   in: Kirchhof, Umweltschutz im Abgaben- und Steuerrecht, DStJG 15 (1993), S. 161
   (173 ff.).
51 *Maurer*, DVBl 1989, 798 (805).
52 *Di Fabio*, DVBl 1990, 338 (341); *Bulling*, DÖV 1989, 277 (288).

rens.[53] Dadurch werden nicht nur die Verfahrenskosten gespart, sondern es wird auch die Rechtssicherheit gefördert, da der Zustand der Rechtsunsicherheit während eines oft mehrere Jahre dauernden verwaltungsgerichtlichen Verfahrens vermieden werden kann.[54]

65 Allerdings kann es die Behörde mehr Personalaufwand kosten, sich intensiv mit dem Bürger auseinanderzusetzen und mit ihm einen Konsens zu erzielen, als ihm einseitig eine Pflicht aufzuerlegen,[55] bzw. später die Einhaltung der jeweils individuellen Vereinbarungen zu kontrollieren.[56] Vielfach ergeben sich jedoch auch Einsparungen durch die Strukturvorteile des **öffentlich-rechtlichen Vertrages** gegenüber dem Verwaltungsakt.

66 So kann auch bei noch ungewissen Sachverhalten durch die Möglichkeit, gemäß § 55 VwVfG Vergleichsverträge abzuschließen, sofortige Rechtsverbindlichkeit erreicht werden.[57] Außerdem hat der öffentlich-rechtliche Vertrag eine höhere Rechtsbeständigkeit als eine **Ordnungsverfügung**.[58] Eine Ordnungsverfügung kann mit Ausnahme der Fälle der §§ 45 f. VwVfG wegen jeden Fehlers angefochten und unter den Voraussetzungen der §§ 48 f. VwVfG zurückgenommen bzw. widerrufen werden. Ein öffentlich-rechtlicher Vertrag entfaltet nur unter der Voraussetzung, dass er nichtig ist oder nach § 60 VwVfG gekündigt wird,[59] keine Bindungswirkung (mehr). Die Nichtigkeit tritt jedoch nicht bei jedem Verstoß gegen eine Rechtsvorschrift ein, da § 134 BGB über § 59 Abs. 1 VwVfG nach herrschender Ansicht nur eingeschränkt Anwendung findet (zur Anwendung des § 134 BGB siehe unten 96 ff.). Eine Möglichkeit, den rechtswidrigen, aber dennoch wirksamen Verwaltungsvertrag anzufechten, besteht ebenso wenig für den Bürger, wie die Behörde einen solchen entsprechend den Regelungen der §§ 48 Abs. 1, 49 Abs. 1 VwVfG aufheben kann.[60]

67 Es wird darauf hingewiesen, dass „rechtsstaatliche Gefährdungslagen" erzeugt werden, weil die Bürger einen gesetzlich nicht vorgesehenen Einfluss auf die Verwaltungsentscheidung gewinnen, Verwaltungsregelungen verzögern oder auf Kompromisse zulasten der Allgemeinheit oder Dritter hinwirken kann.[61] Das betrifft gerade den **Vertragsnaturschutz**, bei dem öffentlich-rechtliche Verträge mit den betroffenen Grundeigentümern die eigentlich im Natur- und Landschaftsschutz vorgesehenen Rechtsverordnungen und Sat-

---

53 Siehe *Pape*, NJW 1994, 409 (411).
54 *Bulling*, DÖV 1989, 277 (288). Ähnlich jüngst *Proelß/Blanke-Kießling*, NVwZ 2010, 985 (989).
55 *Di Fabio*, DVBl 1990, 338 (341).
56 *Proelß/Blanke-Kießling*, NVwZ 2010, 985 (989).
57 *Arnold*, VerwArch. 80 (1989), 125 (139).
58 *Müllmann*, NVwZ 1994, 876 (877); siehe auch BVerwG, Urt. v. 14.11.1975 – IV C 84.73, BVerwGE 49, 359 (364); BVerwG, Urt. v. 01.12.1989 – 8 C 17.87, BVerwGE 84, 157 (165).
59 Vorrang hat indes die Angleichung.
60 *Maurer*, Allgemeines Verwaltungsrecht, 18. Aufl., 2011, § 14 Rn. 49.
61 *Di Fabio*, DVBl 1990, 338 (341) und *Gellermann/Middeke*, NuR 1991, 457 (459) für den vertraglichen Bereich.

zungen ersetzen oder inhaltlich ausfüllen.[62] Abhängig ist dies davon, wie konkret diese Vorgaben sind oder auch an Grenzen der Verpflichteten etwa im Hinblick auf die Leistungsfähigkeit stoßen. Der Ersatz eines Verwaltungsaktes wird hingegen ausdrücklich durch § 54 Satz 2 VwVfG zugelassen.

6. Zulässigkeit eines öffentlich-rechtlichen Naturschutzvertrages

Da schon § 54 VwVfG die generelle Zulässigkeit von öffentlich-rechtlichen   68
Verträgen der Form nach bestimmt, hat § 3 Abs. 3 insoweit keine rechtliche Relevanz. Dennoch ist die Zulässigkeit des Vertragsinhalts im einzelnen Fall zu überprüfen. Grenzen können sich aus §§ 54 ff. VwVfG sowie aus dem Fachrecht ergeben.

a) Form und Bestimmtheit des Naturschutzvertrages

Aufgrund des Umfangs eines Naturschutzvertrages dürfte die schriftliche   69
Abfassung des Vertrages (§ 57 VwVfG) selbstverständlich sein. Gegebenenfalls sind weitere Formerfordernisse zu beachten. Bezieht man ein, dass im öffentlich-rechtlichen Naturschutzvertrag Grundstücke verkauft und übereignet werden, so bedarf es gemäß § 311b Abs. 1 BGB einer notariellen Beurkundung.

Speziell bei Naturschutzverträgen wird der **Bestimmtheitsgrundsatz** eine be   70
sondere Rolle spielen. Im Hinblick auf den Umfang und die Vielschichtigkeit der einzelnen Naturschutzmaßnahmen dürfte es oft schwierig sein, schon bei Vertragsschluss die erforderlichen Maßnahmen hinreichend konkret festzulegen. Zwar ist allgemein anerkannt, dass § 37 Abs. 1 VwVfG nicht unmittelbar auf den öffentlich-rechtlichen Vertrag anwendbar ist, weil die §§ 35–53 VwVfG allein auf das Verwaltungsaktverfahren zugeschnitten sind.[63] Auf das Erfordernis einer gewissen Bestimmtheit kann aber auch beim Vertrag nicht verzichtet werden.[64] Damit die Beteiligten genau wissen, welche Leistungen gegenseitig geschuldet werden, sollte der **Naturschutzvertrag** eine möglichst präzise Beschreibung des verfolgten Ziels und der zu dessen Erreichung erforderlichen Maßnahmen enthalten. Ergeben sich die Leistungspflichten nicht unmittelbar aus dem Wortlaut, so bedarf es der Auslegung gemäß § 62 Satz 2 VwVfG i.V.m. §§ 133, 157 BGB.[65]

---

62 Zu daraus erwachsenden Bedenken ausführlich *Di Fabio*, DVBl 1990, 338 (342 ff.); *Gellermann/Middeke*, NuR 1991, 457 (461 ff.). Zur Inkorporierung privater Planung in kommunale Satzungen für Vorhaben und Erschließungspläne nach § 12 BauGB positiv *Schmidt-Preuß*, VVDStRL 56 (1997), 160 (184); krit. *Maslaton*, in: Hoffmann-Riem/ Schneider, Verfahrensprivatisierung im Umweltrecht, 1996, S. 125 ff.; *Schneider*, VerwArch. 87 (1996), 38 (41 ff.).

63 *Ule/Laubinger*, Verwaltungsverfahrensrecht, 4. Aufl., 1995, § 67 Rn. 13; *Müllmann*, NVwZ 1994, 876 (878); a.A. offenbar *Bickel*, BBodSchG, § 13 Rn. 7.

64 *Bonk/Neumann*, in: Stelkens/Bonk/Sachs, 8. Aufl., 2014, VwVfG, § 54 Rn. 34; *Schapmann*, Der Sanierungsvertrag, 1998, S. 133.

65 *Schapmann*, Der Sanierungsvertrag, 1998, S. 133; *Bonk/Neumann*, in: Stelkens/Bonk/ Sachs, VwVfG, 8. Aufl., 2014, § 54 Rn. 34 ohne Rückgriff auf § 62 Satz 2 VwVfG.

71 Es besteht aber auch die Möglichkeit, die genaue Bestimmung der Leistung über § 62 VwVfG i.V.m. § 317 BGB[66] letztlich einem **unabhängigen Sachverständigen** zu überlassen.

b) Der Naturschutzvertrag als Vergleichsvertrag gemäß § 55 VwVfG

72 Ein Anwendungsfeld für den öffentlich-rechtlichen Naturschutzvertrag liegt dort, wo sich ein Vertragsschluss aufgrund von bestehenden Ungewissheiten, die beseitigt werden sollen, anbietet, etwa wegen ungewisser Verbreitungsgebiete geschützter Arten. Oder aber es ist unsicher, inwieweit **Nutzungsbeschränkungen für Landwirte** ausgleichspflichtig sind. Das gilt zumal dann, wenn etwa wegen der Intensität der Nutzungsbeschränkung oder der betroffenen Fläche des jeweiligen Betriebs existenzgefährdende Wirkungen infrage stehen.[67] In einem solchen Fall kann der öffentlich-rechtliche Vertrag als **Vergleichsvertrag** nach § 55 VwVfG ausgestaltet sein. Die Besonderheit des Vergleichsvertrages liegt darin, dass unter den Voraussetzungen des § 55 VwVfG für die Verwaltung ausnahmsweise eine Abweichung von zwingenden gesetzlichen Vorschriften zulässig ist. Der Grundsatz vom **Vorrang des Gesetzes**, der ansonsten für öffentlich-rechtliche Verträge gilt[68], wandelt sich insofern dahingehend um, dass die Behörde beim Vergleichsvertrag ihr Abschlussermessen rechtmäßig ausübt.

73 Ein öffentlich-rechtlicher Vergleichsvertrag ist nach § 55 VwVfG zulässig, wenn Ungewissheiten hinsichtlich der Rechts- und/oder Sachlage bestehen. Eine **Ungewissheit in tatsächlicher Hinsicht** besteht, wenn Tatsachen oder Beweisergebnisse unbekannt oder ungewiss sind und die an sich erforderliche Klärung voraussichtlich in angemessener Zeit oder im Verhältnis zur Bedeutung der Sache mit angemessenen Kosten nicht möglich ist bzw. wäre.[69] Bezogen auf Naturschutzverträge kann eine tatsächliche Ungewissheit vorhanden sein, weil entweder nicht sicher ist, ob der Betroffene überhaupt zu Habitatschutzmaßnahmen verpflichtet ist oder in welchem Umfang dies zutrifft.

74 Dabei muss die Behörde vor Abschluss eines Vergleichsvertrages nicht in extenso versucht haben, den Sachverhalt aufzuklären.[70] Auf der einen Seite ist die Behörde zwar nicht bei jeder Unklarheit bereits berechtigt, einen Vergleichsvertrag zu schließen, da dieser nur zulässig ist, wenn die Behörde nach pflichtgemäßem Ermessen seinen Abschluss für zweckmäßig hält. Dies hat aber auf der anderen Seite auch zur Konsequenz, dass sie im Einzelfall

---

66 Gegen die entsprechende Anwendung des § 317 BGB bestehen keine durchgreifenden Bedenken, BVerwG, Urt. v. 19.01.1990 – 4 C 21.89, BVerwGE 84, 257 (258); *Müllmann*, NVwZ 1994, 876 (878); a.A. *Schapmann*, Der Sanierungsvertrag, 1998, S. 134 ff., der darin eine im Rahmen des Ordnungsrechts unzulässige Übertragung von Hoheitsaufgaben sieht, sofern es an einer ausdrücklichen gesetzlichen Ermächtigung fehlt.

67 Im Einzelnen *Windstoßer*, Vertragsnaturschutz, 2008, S. 206 ff.

68 *Kunig*, DVBl 1992, 1193 (1197); *Schultze-Fielitz*, DVBl 1994, 657 (663).

69 *Kopp/Ramsauer*, VwVfG, 16. Aufl., 2015, § 55 Rn. 16.

70 *Kopp/Ramsauer*, VwVfG, 16. Aufl., 2015, § 55 Rn. 14; *Schliesky*, in: Knack/Henneke, VwVfG, 10. Aufl., 2014, § 55 Rn. 12 f.

eine weitere Aufklärung des Sachverhalts unterlassen kann bzw. nicht mehr fordern muss, weil sie den Abschluss des Vergleichsvertrags allein für zweckmäßig erachtet. Der Wortlaut des § 55 VwVfG lässt damit ausdrücklich eine **Ausnahme zum Untersuchungsgrundsatz** des § 24 VwVfG zu.[71] Gerade dieser Vorteil des Vergleichsvertrages lässt sich aus der Sicht der Behörde auch für den Vertragsnaturschutz nutzbar machen. Denn bei rein ordnungsrechtlichem Vorgehen müsste die Behörde die volle Beweislast für die Pflichtigkeit tragen, sodass Zweifel allein zu ihren Lasten gehen würden.[72]

Steht das „Ob" einer naturschutzrechtlichen Erhaltungspflicht infrage, so ist zweifelhaft, inwieweit die Behörde sich mit dem Betroffenen vertraglich vergleichen kann. Zwar besteht auch beim Abschluss eines Vertrages das klassische Opportunitätsermessen, das viele Abstufungen zwischen größerem und geringerem Entgegenkommen einschließt. Aufgrund der weit reichenden Wirkung dürfte jedenfalls regelmäßig nicht mehr im pflichtgemäßen Ermessen der Behörde liegen, den Bürger dann, ohne weitere Nachforschungen anzustellen, gänzlich von seiner Verantwortung freizustellen.[73] Der Regelfall ist die Verpflichtung. Ein **Vergleich** dahingehend, dass die Behörde bei offensichtlichem Vorliegen einer **naturschutzrechtlichen Verpflichtung** von den vorgesehenen Maßnahmen absieht, wird daher in der Regel gegen § 55 VwVfG verstoßen. 75

Etwas anders stellt sich die Situation dar, wenn die Pflichtigkeit zwar feststeht, der genaue Umfang aber noch ungewiss ist. Dann wird es oft vernünftig und gemessen an § 55 VwVfG ermessensfehlerfrei sein, sich auf eine sachliche und zeitliche Begrenzung der Inanspruchnahme zu verständigen. Geht der Umfang der Freistellung nicht expressis verbis aus dem schriftlichen Vertrag hervor, so wird es letztlich eine Frage der **Vertragsauslegung** sein, inwieweit man von einer **Freistellung** ausgehen kann. Erst danach kann entschieden werden, ob der Vertragsschluss noch im pflichtgemäßen Ermessen der Behörde stand oder nicht. 76

Letztlich ist es aber immer eine Frage des Einzelfalls, ob die Behörde ihr **Abschlussermessen** pflichtgemäß ausübt. Dabei müssen insbesondere die Grundsätze der Gesetzmäßigkeit, der Gleichbehandlung und der Verhältnismäßigkeit in Einklang gebracht werden. Konkret bedeutet dies, dass dem Bürger durch den Vertrag weder offensichtlich unverhältnismäßige Naturschutzmaßnahmen auferlegt werden dürfen, er andererseits aber auch nicht über Gebühr von Erhaltungspflichten freigestellt werden darf. Im ersten Fall ist vor allem ein hinreichender Ausgleich vorzuheben, ohne dass damit freilich eine Beihilfe verbunden ist (siehe unten Rn. 110 ff.). 77

Kennzeichen und zugleich Zulässigkeitskriterium für einen öffentlich-rechtlichen Vergleichsvertrag ist das **gegenseitige Nachgeben**. Darin liegt jedes 78

---

71 *Bonk/Neumann*, in: Stelkens/Bonk/Sachs, VwVfG, 8. Aufl., 2014, § 55 Rn. 29; *Schliesky*, in: Knack/Henneke, VwVfG, 10. Aufl., 2014, § 55 Rn. 12; *Kopp/Ramsauer*, VwVfG, 16. Aufl., 2015, § 55 Rn. 1 und 14.
72 Für den Sanierungsvertrag *Spieth*, altlasten spektrum 1996, 163 (166).
73 Vgl. *Müllmann*, NVwZ 1994, 876 (877).

Abrücken von dem im Verfahren maximal erreichbaren Ergebnis. So besteht zum Beispiel ein Nachgeben der Behörde darin, eine dem Erhaltungspflichtigen eingeräumte Frist zu verlängern oder auf eine Auflage zu verzichten, um dem Bürger dadurch die Ausführung der Naturschutzmaßnahme im Hinblick auf seine individuelle Leistungsfähigkeit erst zu ermöglichen. Das Nachgeben des Bürgers kann darin liegen, dass er sich trotz einer noch bestehenden Ungewissheit über den Verbreitungsraum einer Art zu weiträumigen Erhaltungsmaßnahmen verpflichtet. Dabei muss sich das Nachgeben auf die bestehende Ungewissheit beziehen.[74] Ein gegenseitiges Nachgeben liegt vor, wenn jede Partei im Hinblick auf das Nachgeben der einen Seite ihrerseits nachgibt.[75] Im Übrigen lehnt sich die Regelung des § 55 VwVfG an § 106 VwGO und § 779 BGB an[76], sodass ergänzend auf die dazu ergangene Rechtsprechung verwiesen werden kann.

c) Der Naturschutzvertrag als Austauschvertrag gemäß § 56 VwVfG

79 Naturschutzverträgen wird oft auch eine Austauschlage zu Grunde liegen, weil sich weder die Behörde noch der betroffene Bürger einseitig verpflichten, sondern die Verpflichtung jeweils zwecks Erlangung einer Gegenleistung eingegangen wird. Das gilt vor allem bei der Gewährung von Ausgleichsleistungen. Mit diesen wird zum Teil sogar eine **Subventionierung von Landwirten** bezweckt.[77] In diesen Fällen ist § 56 VwVfG zu beachten. Danach ist ein subordinationsrechtlicher öffentlich-rechtlicher **Austauschvertrag** nur dann zulässig, wenn die Gegenleistung des Privaten für einen bestimmten Zweck im Vertrag vereinbart wird, der Behörde zur Erfüllung ihrer öffentlichen Aufgaben dient und sie zudem den Umständen nach angemessen ist und im sachlichen Zusammenhang mit der vertraglichen Leistung steht (sog. **Koppelungsverbot**).

80 Ein klassischer Fall eines Austauschvertrages liegt deshalb etwa in dem Fall vor, in dem sich der Bürger zu Erhaltungsmaßnahmen verpflichtet und die Behörde im Gegenzug die Zusicherung gibt, darüber hinaus keine Nachforderungen zu stellen. Entscheidend für die Zulässigkeit gem. § 56 VwVfG wird oftmals die Angemessenheit der behördlichen Gegenleistung und die Einhaltung des Koppelungsverbotes sein.[78] Zu beachten ist, dass die besonderen Zulässigkeitsvoraussetzungen des § 56 VwVfG auch für den sog. **hinkenden Austauschvertrag** gelten.[79] Dieser enthält im Vertragstext nur die Leistungspflicht des Bürgers, während die Gegenleistung der Behörde von den Vertragspartnern trotzdem als Geschäftsgrundlage oder Zweck der Re-

---

74 BVerwG, Urt. v. 14.11.1975 – IV C 84.73, BVerwGE 49, 359 (364 f.).
75 *Schliesky*, in: Knack/Henneke, VwVfG, 10. Aufl., 2014, § 55 Rn. 16 f.; *Kopp/Ramsauer*, VwVfG, 16. Aufl., 2015, § 55 Rn. 18.
76 *Kopp/Ramsauer*, VwVfG, 16. Aufl., 2015, § 55 Rn. 1; *Schliesky*, in: Knack/Henneke, VwVfG, 10. Aufl., 2014, § 55 Rn. 22 und 27.
77 *Rehbinder*, DVBl 2000, 859 (863) jedenfalls bei EU-Kofinanzierung; *Schlette*, Die Verwaltung als Vertragspartner, 2000, S. 211.
78 Beispiel bei *Müllmann*, NVwZ 1994, 876 (877).
79 BVerwG, Urt. v. 24.08.1994 – 11 C 14.93, BVerwGE 96, 326 (332).

gelung vorausgesetzt wird.[80] Dazu kann der Verzicht auf Nachforderungen gehören. Allerdings ist stets der naturschutzrechtlich geforderte Mindeststandard zu wahren.

7. Beteiligung und Einbeziehung Dritter

§ 3 Abs. 3 sieht zwar nicht wie § 13 Abs. 4 BBodSchG die Einbeziehung Drit- *81* ter vor. Gleichwohl bietet sich die Einbeziehung Dritter an. **Drittbeteiligter des Vertrages** könnte beispielsweise ein potenzieller Käufer des Grundstücks sein, der seine naturschutzrechtlichen Pflichten und die damit zusammenhängenden Belastungen geklärt sehen möchte. Auch können bei mehreren Erhaltungspflichtigen die einzelnen Maßnahmen sowie deren Reichweite aufeinander abgestimmt werden.

Werden Dritte, deren Rechtspositionen durch den Vertrag beeinträchtigt *82* werden, nicht von vornherein aktiv in den Vertrag mit einbezogen, so sind die Zulässigkeitsanforderungen des § 58 Abs. 1 VwVfG zu beachten. Danach wird ein Vertrag, der in Rechte eines Dritten eingreift, erst wirksam, wenn der Dritte schriftlich zustimmt. Die Anwendbarkeit des § 58 Abs. 1 VwVfG scheidet nicht schon deshalb aus, wenn der Naturschutzvertrag lediglich **Verpflichtungsvertrag** ist. Selbst wenn man Verpflichtungsverträge grundsätzlich vom Zustimmungserfordernis des § 58 Abs. 1 VwVfG ausnimmt, so muss jedenfalls bei solchen Verpflichtungsverträgen, in denen sich die Behörde zu einem Unterlassen verpflichtet und deshalb kein Rechtsschutz eröffnender Verwaltungsakt folgt, eine Ausnahme gelten.[81] Um einen solchen Vertrag handelt es sich bei dem Naturschutzvertrag, in dem die Behörde sich verpflichtet, den Vertragspartner nicht weiter wegen Erhaltungsmaßnahmen in Anspruch zu nehmen,[82] sodass aus Gründen effektiven Rechtsschutzes § 58 Abs. 1 VwVfG grundsätzlich Anwendung findet.

Bei Wettbewerbern und Nachbarn fehlt es allerdings an einem Rechtseingriff *83* durch die Freistellung. Beim Nachbarn gilt das deshalb, weil Naturschutzverträge auf verbesserten Schutz zielen und daher den Nachbarn nicht beeinträchtigen, außer er muss verstärkte Lasten tragen. Naturschutzverträge sind aber gebietsbezogen. Daher kann allerdings der Eigentümer beeinträchtigt werden, wenn sich der **Pächter** zu Nutzungseinschränkungen verpflichtet, die nach Ende der Pachtdauer nachwirken.[83] Dieser muss daher zustimmen.

In Rechte anderer Wettbewerber wird hingegen nicht eingegriffen, weil eine *84* Ausgestaltung von Naturschutzmaßnahmen regelmäßig nicht in hinreichend starkem, allein staatlich verursachtem Maße die Wettbewerbsfreiheit ein-

---

80 *Maurer*, Allgemeines Verwaltungsrecht, 18. Aufl., 2011, § 14 Rn. 17.
81 *Ule/Laubinger*, Verwaltungsverfahrensrecht, 4. Aufl. 1995, § 58 Rn. 15; vgl. OVG Münster, Beschl. v. 02.10.1987 – 11 B 1594.87, NVwZ 1988, 370 (371); *Bonk/Neumann*, in: Stelkens/Bonk/Sachs, VwVfG, 8. Aufl., 2014, § 58 Rn. 13.
82 Vgl. *Schapmann*, Der Sanierungsvertrag, 1998, S. 82.
83 *Windstoßer*, Vertragsnaturschutz, 2008, S. 459.

schränkt.[84] Auch Naturschutzverträge müssen einen Mindeststandard wahren und dürfen nicht übermäßig von Pflichten entbinden. Zudem sind sie auf die einzelnen Situationen bezogen. Soweit in ihnen Ausgleichszahlungen vereinbart werden, müssen diese auf die Gegenleistung abgestimmt werden und können höchstens eine gewisse Anreizkomponente enthalten, schon um keine unzulässige Beihilfe zu bilden (näher unten Rn. 110, 112). Daher liegt darin keine wettbewerbsverzerrende Begünstigung. Staatliche Zahlungen in diesem Kontext reichen allein nicht aus, um die Wettbewerbsfähigkeit von Konkurrenten zu unterminieren oder auch nur einzuschränken.[85]

85 Einer **schriftlichen Zustimmung** bedarf es erst recht dann nicht, wenn der Dritte durch den Vertrag lediglich begünstigt wird, also ein **Vertrag zu Gunsten Dritter** vorliegt. Dieser Fall ist beispielsweise gegeben, wenn sich die Zusicherung der Behörde, keine Nachforderungen nach erfolgter Landschaftsgestaltung mehr zu erheben, auch auf **Rechtsnachfolger** oder **Grundstückserwerber** bezieht. Bei solchen Verträgen sind allerdings besonders die gesetzlichen Bindungen der Verwaltung namentlich an die Prinzipien der Gesetzmäßigkeit der Verwaltung und der Verhältnismäßigkeit sowie an das Gleichheitsgebot und das Rechtsmissbrauchsverbot zu beachten.[86]

86 **Naturschutzverbände** sind zwar in verschiedener Hinsicht „Anwälte der Natur" und können Rechtsbehelfe einlegen sowie Mitwirkungsrechte wahrnehmen. Diese sind in §§ 63 f. BNatSchG vielfältig ausgestaltet, aber nicht auf Vertragsgestaltungen bezogen. Eine analoge Erstreckung namentlich von § 63 Abs. 2 Satz 1 BNatSchG darauf scheidet wegen der näheren Benennung der Verbandsrechte aus.[87]

87 Zu denken ist daneben an § 58 Abs. 2 VwVfG, wonach eine andere Behörde, deren Mitwirkung bei Erlass einer Verfügung erforderlich gewesen wäre[88], auch beim Abschluss eines Vertrages in der entsprechenden Form mitwirkt. Besonderheiten ergeben sich insoweit nicht.[89]

---

84 Zu Art. 12 Abs. 1 GG auf der Basis des Maßstabs der schweren unerträglichen Betroffenheit BVerwG, Urt. v. 18. 04. 1985 – 3 C 34.84, BVerwGE 71, 183 (199 f.); weiter *Frenz*, Verwaltungsgerichtlicher Rechtsschutz in Konkurrenzsituationen, 1999, 100 f. mit einer Begrenzung bei Hinzutreten bestimmter wirtschaftlicher Abläufe. Paralleles gilt für Art. 14 Abs. 1 GG, siehe *Windstoßer*, Vertragsnaturschutz, 2008, S. 89 f.

85 Siehe *Windstoßer*, Vertragsnaturschutz, 2008, S. 89 f., 109 Fn. 459 a.E.

86 *Bonk/Neumann*, in: Stelkens/Bonk/Sachs, VwVfG, 8. Aufl., 2014, § 58 Rn. 8 und 23.

87 *Windstoßer*, Vertragsnaturschutz, 2008, S. 112 ff. gegen *Di Fabio*, DVBl 1990, 338 (345); siehe auch *Gellermann/Middeke*, NuR 1991, 457 (465); *Rengeling/Gellermann*, ZG 6 (1991), 317 (333).

88 Erforderlich ist eine Mitwirkung in der Form eines mitentscheidenden Beteiligungsaktes mit Bindungswirkung, sonstige Beteiligungsformen werden von § 58 Abs. 2 VwVfG nicht erfasst; *Bonk*, in: Stelkens/Bonk/Sachs, VwVfG, 8. Aufl., 2014, § 58 Rn. 27 f.; *Schliesky*, in: Knack/Henneke, VwVfG, 10. Aufl., 2014, § 58 Rn. 29 f.

89 *Zeibig*, Vertragsnaturschutz als Beispiel konsensualen Verwaltungshandelns, 1998, S. 131.

8. Nichtigkeit des Naturschutzvertrages gemäß § 59 VwVfG

a) System

Keine Besonderheiten bestehen auch bei der Frage der **Nichtigkeit von Naturschutzverträgen**. Diese sind auch dann nicht nichtig, wenn sie die Verwaltung vom Erlass einer Verordnung oder sonstigen allgemein verbindlichen Maßnahmen abhalten, die das betroffene Gebiet einseitig unter Schutz stellt. Auch dabei handelt es sich um eine notwendig in das Zielkorsett des BNatSchG eingebundene Gesetzesausführung und nicht um eine Gesetzesersetzung. Daher bestehen nicht etwa unzulässige normersetzende Verträge.[90] Im Übrigen kann nach deren Ablauf eine Verordnung erlassen werden,[91] vorher nach Maßgabe von § 60 Abs. 1 VwVfG nach vorheriger Vertragskündigung.[92]

88

Die **Nichtigkeitsregelung des § 59 VwVfG** ist schon deshalb für Naturschutzverträge bedeutsam, weil dadurch, dass nur bestimmte Verstöße zur Nichtigkeit führen, dem Vertrag gegenüber einseitigen Anordnungen eine erhöhte Rechtsbeständigkeit zukommt. Gemäß § 59 Abs. 1 VwVfG gelten alle Gründe, die nach dem bürgerlichen Recht die Nichtigkeit eines Vertrages zur Folge haben, entsprechend auch für öffentlich-rechtliche Verträge. Darüber hinaus sind bei Naturschutzverträgen als **subordinationsrechtlichen Verträgen** auch die für solche Vertragstypen speziellen Nichtigkeitsgründe des § 59 Abs. 2 VwVfG zu beachten.

89

b) Nichtigkeit nach § 59 Abs. 2 VwVfG

§ 59 Abs. 2 VwVfG enthält einen abschließenden Katalog spezieller Nichtigkeitsgründe bei **subordinationsrechtlichen Verträgen**, dem im Verhältnis zu § 59 Abs. 1 VwVfG Vorrang zukommt.[93]

90

Zunächst ist nach § 59 Abs. 2 Nr. 1 VwVfG ein Naturschutzvertrag nichtig, wenn ein Verwaltungsakt mit entsprechendem Inhalt nichtig wäre. Die Nichtigkeitsgründe sind in § 44 Abs. 1 und 2 VwVfG aufgezählt. Unter Umständen kann ein Naturschutzvertrag unter den Voraussetzungen des § 44 Abs. 2 Nr. 6 VwVfG nichtig sein, wenn der Vertrag gegen die **guten Sitten** verstößt. Hierdurch wird der Rechtsgedanke des § 138 BGB aufgegriffen, der über § 59 Abs. 1 VwVfG für alle Verträge zur Anwendung kommt und zur Nichtigkeit führt.[94] Kennzeichen solcher Verträge ist der Missbrauch einer Überlegenheit oder die Ausnutzung einer Zwangs- oder Notsituation.[95] Der Betroffene braucht aber keinen Naturschutzvertrag zu schließen.

91

---

90 *Di Fabio*, DVBl 1990, 338 (343); *Windstoßer*, Vertragsnaturschutz, 2008, S. 119 f., anders *von dem Bussche*, Vertragsnaturschutz in der Verwaltungspraxis, 2001, S. 16 f.; *Ebersbach*, AgrarR 1991, 63 (64); *Gellermann/Middeke*, NuR 1991, 457 (464); siehe auch *Ziebig*, Vertragsnaturschutz als Beispiel konsensualen Verwaltungshandelns, 1998, S. 156.

91 Daher besteht allenfalls eine (unschädliche) faktische normersetzende Wirkung, *Proelß/ Blanke-Kießling*, NVwZ 2010, 985 (987 f.).

92 *Windstoßer*, Vertragsnaturschutz, 2008, S. 120 f.

93 *Gurlit*, in: Erichsen/Ehlers, Allgemeines Verwaltungsrecht, 14. Aufl., 2010, § 32 Rn. 20.

94 *Bonk/Neumann*, in: Stelkens/Bonk/Sachs, VwVfG, 8. Aufl., 2014, § 59 Rn. 59.

95 BVerwG, Urt. v. 06.07.1973 – IV C 22.72, BVerwGE 42, 331 (342 f.).

92 Weiter ist ein Naturschutzvertrag nach § 59 Abs. 2 Nr. 2 VwVfG nichtig, wenn ein Verwaltungsakt mit entsprechendem Inhalt nicht nur wegen eines Verfahrens- oder Formfehlers im Sinne des § 46 VwVfG rechtswidrig wäre und dies den Vertragsschließenden bekannt war. Diese Vorschrift ist in dem Zusammenhang zu sehen, dass grundsätzlich der **Vertragsverbindlichkeit** der Vorrang gegenüber dem Grundsatz der Rechtmäßigkeit eingeräumt wurde. Dieser Vorrang soll aber entfallen, sofern den Vertragspartnern – wenn auch unabhängig voneinander – bekannt war, dass der **Vertragsinhalt rechtswidrig** ist. Die Kenntnis muss sich auf die Rechtswidrigkeit des Vertragsinhalts bzw. der Vertragsform beziehen.[96] Entscheidend ist dabei der Zeitpunkt des Zustandekommens des Vertrages.[97] Da die Vertragsform ausweislich § 3 Abs. 3 besonders gewünscht wird, geht es um die erkennbare materielle Rechtswidrigkeit namentlich wegen der **Unterschreitung von Mindeststandards** und einer damit verbundenen Gefährdung des Schutzzwecks.

93 § 59 Abs. 2 Nr. 3 VwVfG betont die Bedeutung der Voraussetzungen eines **Vergleichsvertrages**. Lagen die Voraussetzungen zum Abschluss eines Vergleichsvertrages nicht vor und wäre ein Verwaltungsakt mit entsprechendem Inhalt nicht nur wegen eines Verfahrens- oder Formfehlers im Sinne des § 46 VwVfG rechtswidrig, so ist der Naturschutzvertrag nichtig. Auch ein fehlerhaft ausgeübtes Ermessen beim Abschluss des Vergleichsvertrages kann zu dessen Nichtigkeit nach § 59 Abs. 2 Nr. 3 VwVfG führen.[98]

94 Ein Naturschutzvertrag, der als **Vergleichsvertrag** geschlossen wird, ist daher dann nichtig, wenn die **Eindeutigkeit der Sach- oder Rechtslage** schon offensichtlich oder nur unschwer zu erreichen war. Das gilt regelmäßig für die Schutzbedürftigkeit als solche, jedenfalls wenn es sich um ein Habitatschutzgebiet handelt. Anders verhält es sich mit der Höhe von Ausgleichszahlungen. Diese hängt auch von der konkreten Ausgestaltung der Naturschutzmaßnahme ab, ob mithin nur ein **Uferrandstreifen** erhalten wird oder eine ganze Fläche (unrentabel) zu bewirtschaften ist. Tiefer gehend liegt die Grenze der Sozialpflichtigkeit nach Art. 14 GG nicht immer offen zu Tage.[99]

95 Schließlich ist ein **subordinationsrechtlicher Vertrag** nach § 59 Abs. 2 Nr. 4 VwVfG nichtig, wenn die Behörde sich eine nach § 56 VwVfG **unzulässige Gegenleistung** versprechen lässt.

c) Nichtigkeit nach § 59 Abs. 1 VwVfG

96 Der fehlerhafte Naturschutzvertrag kann zudem aufgrund der generellen Norm des § 59 Abs. 1 VwVfG nichtig sein, wenn sich die Nichtigkeit aus der entsprechenden Anwendung von Vorschriften des BGB ergibt. Praktisch be-

---

96 *Bonk/Neumann*, in: Stelkens/Bonk/Sachs, VwVfG, 8. Aufl., 2014, § 59 Rn. 31.

97 *Bonk/Neumann*, in: Stelkens/Bonk/Sachs, VwVfG, 8. Aufl., 2014, § 59 Rn. 31; *Schliesky*, in: Knack/Henneke, VwVfG, 10. Aufl., 2014, § 59 Rn. 23.

98 *Bonk/Neumann*, in: Stelkens/Bonk/Sachs, VwVfG, 8. Aufl., 2014, § 59 Rn. 36 nur für solche Ermessensfehler, die sich auf grundgesetzlich abgesicherte Prinzipien beziehen, etwa den Gleichbehandlungsgrundsatz oder das Willkürverbot.

99 Siehe *Windstoßer*, Vertragsnaturschutz, 2008, S. 217 ff.

deutsam speziell im Hinblick auf Naturschutzverträge ist dabei allenfalls der Nichtigkeitsgrund des § 134 BGB, obwohl es natürlich auch bei diesen nicht ausgeschlossen ist, dass sie aufgrund **fehlender Geschäftsfähigkeit, Formnichtigkeit**, späterer **Anfechtung** oder **objektiver Unmöglichkeit** nichtig sind.[100]

Nicht jeder Verstoß gegen ein gesetzliches Gebot führt nach herrschender Ansicht zur Nichtigkeit gem. § 59 Abs. 1 VwVfG i.V. m. § 134 BGB, sondern nur ein **„qualifizierter" Fall der Rechtswidrigkeit**.[101] Nach gängiger Formel liegt ein solcher vor, wenn zunächst ein Verstoß gegen eine zwingende Rechtsnorm gegeben ist, ein bestimmter Rechtserfolg nach Wortlaut, Sinn und Zweck einer Rechtsnorm unbedingt ausgeschlossen ist und durch den Vertrag öffentliche Belange oder Interessen von einigem Gewicht beeinträchtigt werden (keine unwesentlichen **Bagatellfehler**).[102] Zwingende Rechtsnormen dieser Art können neben dem BNatSchG das Unionsrecht, die Verfassung, weitere Gesetze sowie Rechtsverordnungen und Satzungen sein.[103] Damit dürfen auch aus dieser Warte die festgelegten Schutzstandards nicht derart unterschritten werden, dass der angestrebte Schutzzweck nicht mehr erreicht werden kann. Die Vertragsform als solche ist hingegen auch vor dem Hintergrund des Demokratie- und des Gesetzmäßigkeitsprinzips zulässig, selbst wenn darauf verzichtet wird, ein Gebiet einseitig unter Schutz zu stellen.[104]

97

Ein Verstoß gegen zwingende Unionsrechtsnormen ist vor allem im Hinblick auf die Vorgaben des europäischen **Beihilferechts** denkbar. Die übermäßige, durch Naturschutzvertrag begründete **Ausgleichung von Naturschutzmaßnahmen** kann eine unzulässige Beihilfe i.S.d. Art. 107 Abs. 1 AEUV darstellen (aber nur die übermäßige, siehe unten Rn. 110, 112 – str.). oder jedenfalls eine Pflicht zur Unterrichtung der Kommission nach Art. 108 Abs. 3 AEUV begründen.[105] Verstößt die Ausgleichszahlung als Beihilfe gegen Art. 107 AEUV, da sie auch nicht freistellungsfähig ist, so ist der Vertrag gemäß § 59 Abs. 1 VwVfG i.V. m. § 134 BGB i.V. m. Art. 107 AEUV nichtig.[106] Wird die

98

---

100 Bei Sittenwidrigkeit (§ 138 BGB) folgt die Nichtigkeit beim subordinationsrechtlichen Sanierungsvertrag bereits aus § 54 Abs. 2 Nr. 1 i.V. m. § 44 Abs. 2 Nr. 6 VwVfG.

101 BVerwG, Urt. v. 03. 03. 1995 – 8 C 32.93, BVerwGE 98, 58 (63); BVerwG, Urt. v. 23. 08. 1991 – 8 C 61.90, BVerwGE 89, 7 (10); OVG Münster, Urt. v. 12. 12. 1991 – 11 A 2717/89, NVwZ 1992, 988 f.

102 *Bonk/Neumann*, in: Stelkens/Bonk/Sachs, VwVfG, 8. Aufl., 2014, § 59 Rn. 52; *Schliesky*, in: Knack/Henneke, VwVfG, 10. Aufl., 2014, § 59 Rn. 42 f.

103 *Bonk/Neumann*, in: Stelkens/Bonk/Sachs, VwVfG, 8. Aufl., 2014, § 59 Rn. 53.

104 Im Einzelnen m.w.N. *Windstoßer*, Vertragsnaturschutz, 2008, S. 117 ff.

105 Die Unterrichtungspflicht des Art. 108 Abs. 3 AEUV besteht bei allen Beihilfen, also auch solchen, die im Ergebnis mit dem Binnenmarkt vereinbar sind, außer es greift die Deminimis-Verordnung Nr. 1998/2006, ABl. L 379 S. 5, siehe *Windstoßer*, Vertragsnaturschutz, 2008, S. 142 f.

106 A.A. *Gurlit*, in: Erichsen/Ehlers, Allgemeines Verwaltungsrecht, 14. Aufl., 2010, § 32 Rn. 26: § 59 Abs. 1 VwVfG i.V. m. ungeschriebenen Nichtigkeitsgrund; für unmittelbare Nichtigkeit kraft EU-Recht ohne Vermittlung des § 59 VwVfG *Ehlers*, DVBl 1991, 605 (613).

nach Art. 108 Abs. 3 EGV erforderliche Unterrichtung unterlassen, soll der zu Grunde liegende Vertrag gemäß § 59 Abs. 1 VwVfG i.V.m. § 134 BGB i.V.m. Art. 108 Abs. 3 AEUV nichtig sein.[107] Der EuGH hat eine solche Nichtigkeit aber nicht verlangt. Sie ist auch nicht notwendig, um dem Durchführungsverbot Geltung zu verschaffen. Daher ist in diesem Fall lediglich von einer **schwebenden Unwirksamkeit des Vertrages** auszugehen[108], die durch eine nachträgliche, die **Beihilfe billigende Entscheidung der Kommission** geheilt werden kann.

99   Freilich wird ein Naturschutzvertrag in der Praxis nur selten als Beihilfe i.S.d. Art. 107 Abs. 1 AEUV zu qualifizieren sein. Die **vertragliche Ausgleichszahlung** kann erst dann als Beihilfe qualifiziert werden, wenn sie eine Begünstigung ohne hinreichende Gegenleistung enthält und damit übermäßig ist, sich also im Ergebnis als ermessensfehlerhafte Entscheidung der Behörde hinsichtlich einer **Subventionierung des Vertragspartners** darstellt. Ob eine fehlerhafte Ermessensausübung vorliegt, ist gerade bei **Vergleichsverträgen** gemäß § 55 VwVfG eine Frage des Einzelfalls, sodass dies höchstens bei einer deutlich übermäßigen Bezahlung des Verantwortlichen prinzipiell bejaht werden kann.

9. Anpassung und Kündigung des Naturschutzvertrages nach § 60 VwVfG

100   Wurde der Naturschutzvertrag wirksam geschlossen und ist eine Nichtigkeit nach Maßgabe des § 59 VwVfG nicht gegeben, so kann bei einer **wesentlichen Veränderung der Verhältnisse seit Vertragsschluss** die Frage entstehen, ob nicht trotz der Wirksamkeit eine **Anpassung oder** eine **Kündigung des Vertrages** nach Maßgabe des § 60 VwVfG erfolgen kann. Zu denken ist dabei speziell an die **Vergleichsverträge**, bei denen sich erst im Nachhinein herausstellt, dass in weitaus größerem oder geringerem Maße als von den Vertragsparteien bei Vertragsschluss angenommen eine Unterschutzstellung notwendig ist und aufgrund dieser Fehlvorstellung das **Austauschverhältnis** derart gestört wird, dass einer Vertragspartei das weitere Festhalten am Vertrag nicht zumutbar ist. Eine Anpassung in Form einer allgemein verbindlichen Unterschutzstellung trotz vertraglichen Verzichts, der dann entfallen müsste, kommt nur bei einer **Geldzahlungspflicht der Behörde** in Betracht.[109]

101   Da § 60 Abs. 1 Satz 1 VwVfG auf die Änderung der tatsächlichen und rechtlichen Verhältnisse abstellt, ist er auf die Fälle der fehlerhaften Vorstellung beider Parteien über den tatsächlichen Umfang der naturschutzbezogenen Erhaltungsmaßnahmen nicht direkt anwendbar.[110] Nach h.M. ist allerdings für die Fälle des Fehlens der **subjektiven Geschäftsgrundlage**, also einem wesentlichen Abweichen der Vorstellungen der Parteien von den tatsächlichen Verhältnissen, das erst später offenbar wird, eine entsprechende An-

---

107 BGH, Urt. v. 20.01.2004 – XI ZR 53.03, EuZW 2004, 252 (254); *Schapmann*, Der Sanierungsvertrag, 1998, S. 178 ff.; *Kopp/Ramsauer*, VwVfG, 16. Aufl., 2015, § 59 Rn. 9.

108 Näher *Frenz*, Europarecht 3, 2007, Rn. 1493 ff. m.w.N.

109 *Windstoßer*, Vertragsnaturschutz, 2008, S. 121 Fn. 508.

110 *Lorenz*, DVBl 1997, 865 (866).

wendung geboten.[111] Insofern kann es in Einzelfällen, in denen die Vorstellung der Vertragsparteien über den Aufwand für Erhaltungsmaßnahmen bei Vertragsschluss wesentlich von tatsächlichen Gegebenheiten abweicht, zu einem **Anpassungs- oder Kündigungsrecht** kommen. Dazu bedarf es freilich der Unzumutbarkeit, am Vertrag festhalten zu müssen. Eine solche liegt bei untragbaren, mit Recht und Gerechtigkeit schlechterdings unvereinbaren Ergebnissen vor, was daher wiederum eine Frage des Einzelfalls ist.[112]

Zu Gunsten der Behörde enthält § 60 Abs. 1 Satz 2 VwVfG eine **außerordentliche Kündigungsmöglichkeit**, um schwere Nachteile für das Gemeinwohl zu verhüten oder beseitigen. Der Begriff des **schweren Nachteils** ist allerdings sehr restriktiv auszulegen. Die bloße Rechtswidrigkeit, die nicht nach § 59 VwVfG zur Nichtigkeit führt, und rein finanzielle Nachteile reichen dafür nicht aus.[113] Daher hat die Behörde nicht allein deshalb ein außerordentliches Kündigungsrecht, weil ihr durch eine Entlastung bzw. finanzielle Unterstützung des Vertragspartners Kosten in Millionenhöhe entstehen. *102*

Ein solches Kündigungsrecht ergibt sich eher aus naturschutzfachlichen Gründen, so wenn sich die Vertragsflächen schwerwiegend verändern[114] oder sich eine Erhaltung durch Vertrag als unmöglich erweist, sodass der Naturschutzzweck gefährdet wird. Das ist dann der Fall, wenn sich nicht mit allen Grundstückseigentümern der verschiedenen betroffenen Parzellen Einigungen erzielen lassen.[115] *103*

Allerdings wurde der Naturschutzvertrag vielfach gewählt, um die verfolgten Ziele besser zu verwirklichen.[116] Daher ist die Schwelle für ein **außerordentliches Kündigungsrecht** der Verwaltung hoch anzusetzen. Eine bloße Behauptung ungenügenden Schutzes genügt nicht. Zudem ist zu prüfen, ob das Abwarten der vielfach lediglich 5-jährigen Vertragslaufzeit nicht genügt. Dazu ist eine besondere Eilbedürftigkeit erforderlich.[117] *104*

10. Inhaltliche Gestaltung des Naturschutzvertrages

Der Naturschutzvertrag sollte zunächst die beteiligten Vertragsparteien bezeichnen. Dann kann in einer Vorbemerkung kurz die Grundstückssituation zusammengefasst und auf die festgestellte Schutzbedürftigkeit sowie die derzeitige und künftig beabsichtigte Nutzung eingegangen werden. Soweit eine normative Unterschutzstellung schon erfolgt ist, können die danach erforder- *105*

---

111 *Bonk/Neumann*, in: Stelkens/Bonk/Sachs, VwVfG, 8. Aufl., 2014, § 60 Rn. 16; *Meyer*, NJW 1977, 1705 (1710); a.A. *Schliesky*, in: Knack/Henneke, VwVfG, 10. Aufl., 2014, § 60 Rn. 16.

112 *Bonk/Neumann*, in: Stelkens/Bonk/Sachs, VwVfG, 8. Aufl., 2014, § 60 Rn. 20; *Schliesky*, in: Knack/Henneke, VwVfG, 10. Aufl., 2014, § 60 Rn. 16.

113 *Schliesky*, in: Knack/Henneke, VwVfG, 10. Aufl., 2014, § 60 Rn. 55; *Bonk/Neumann*, in: Stelkens/Bonk/Sachs, VwVfG, 8. Aufl., 2014, § 60 Rn. 28; *Schapmann*, Der Sanierungsvertrag, 1998, S. 195.

114 *Windstoßer*, Vertragsnaturschutz, 2008, S. 121.

115 Siehe *Proelß/Blanke-Kießling*, NVwZ 2010, 985 (989) m.w.N.

116 *Windstoßer*, Vertragsnaturschutz, 2008, S. 121 f.

117 *Windstoßer*, Vertragsnaturschutz, 2008, S. 120.

lichen Naturschutzmaßnahmen kurz aufgeführt sowie die erfolgten Ziele benannt werden. Eine entsprechende Verordnung sollte **Vertragsbestandteil** werden, oder zumindest als Anlage zum Vertrag hinzugefügt werden.

106 Im Mittelpunkt des Vertrages stehen die Schutz- bzw. Erhaltungsverpflichtung des Verantwortlichen sowie die eventuelle Ausgleichsverpflichtung der Behörde, gegebenenfalls auch deren **Verzicht auf eine allgemein verbindliche Unterschutzstellung**. Dort sollte anders als in der eher einführenden Vorbemerkung möglichst genau beschrieben werden, wie die Pflege welcher Flächen zu erfolgen hat, welche Ziele zu erreichen sind und wann die Maßnahmen beginnen und beendet sein sollen. Geregelt werden sollte auch, welche Folgen die Erreichung der Ziele für die Zukunft hat, z.B. inwieweit die Behörde auf eine spätere formale Unterschutzstellung verzichtet. Ansonsten kann eine solche nach Ablauf des Vertrages erfolgen[118], und dies womöglich auf der Basis des dabei verbesserten Zustandes.

107 Aus Behördensicht sollte daran gedacht werden, dass sich oft erst später herausstellen kann, dass noch weitere Maßnahmen als die zunächst vorgesehenen notwendig sind. Im Vertrag könnte dem dadurch Rechnung getragen werden, dass sich die Behörde ausdrücklich weitere Maßnahmen vorbehält. Ein Vertragspartner wird sich darauf aber allenfalls gegen (erhöhte) **Ausgleichszahlungen** einlassen. Diese Zahlungen sind generell am besten so festzusetzen, dass ein hinreichender Ausgleich und Anreiz besteht, aber umgekehrt keine **Beihilfe** vorliegt.

108 Um den Vertragspartner nachdrücklich zur zügigen Durchführung der Maßnahmen zu bewegen, kann in dem Naturschutzvertrag, sofern sich der Bürger darauf einlässt, als Druckmittel die Pflicht zur Zahlung einer Vertragsstrafe bei nicht fristgerechter Durchführung der Erhaltungsmaßnahmen festgelegt werden.[119] Die Möglichkeit, Vertragsstrafen in öffentlich-rechtlichen Verträgen zu vereinbaren, ergibt sich aus § 62 Satz 2 VwVfG i.V.m. §§ 339 ff. BGB.

109 Zudem kann in den Vertrag aufgenommen werden, dass sich beide Parteien gemäß § 61 Abs. 1 VwVfG der **sofortigen Vollstreckung** unterwerfen.[120] Für die Behörde hat das den Vorteil, dass sie ihre Forderungen aus dem Naturschutzvertrag gemäß § 61 Abs. 2 Satz 1 VwVfG wie einen Verwaltungsakt nach Maßgabe des VwVG vollstrecken kann, sie also nicht der ansonsten erforderlichen verwaltungsgerichtlichen Leistungsklage bedarf. Der Bürger kann seine Forderungen gemäß § 61 Abs. 2 Satz 2 VwVfG nach den Vorschriften über die Vollstreckung verwaltungsgerichtlicher Urteile verwirklichen.

11. Beihilfenkontrolle

110 Vielfach werden in Naturschutzverträgen Unterstützungsleistungen für landschaftspflegerische Maßnahmen vereinbart. Teilweise wird in solchen Kons-

---

118 *Windstoßer*, Vertragsnaturschutz, 2008, S. 120.
119 Vgl. *Schapmann*, Der Sanierungsvertrag, 1998, S. 219 ff.
120 Vgl. näher *Schapmann*, Der Sanierungsvertrag, 1998, S. 207 ff.

tellationen eine Beihilfe angenommen, die der **Beihilfenkontrolle** nach Art. 107 f. AEUV unterliegt.[121] Indes werden als **Gegenleistung landschaftspflegerische Maßnahmen** erbracht, sodass die staatliche Zuwendung neutralisiert wird. Angesichts knapper öffentlicher Kassen wird diese Zuwendung auch immer weniger großzügig bemessen sein als für den **Ausgleich der Belastung** notwendig.[122]

Liegt eine solche landschaftspflegerische Maßnahme im Rahmen der **Sozialbindung des Eigentums** nach Art. 14 GG, ist diese bei bloßem Vorliegen einer vertraglichen Verpflichtung noch nicht hoheitlich konkretisiert. Gleichwohl folgen auch daraus regelmäßig konkrete und auch durchsetzbare Pflichten. Daher liegt in dem Unterlassen auch einer entschädigungslos möglichen hoheitlichen Konkretisierung der Sozialpflichtigkeit des Eigentums durch Verordnung noch keine Begünstigung.[123] Entscheidend ist vielmehr die konkrete vertragliche Ausgestaltung und Pflichtenbindung.   *111*

Dass die staatliche Leistungen empfangenden **Landwirte** auf diese Weise ein festes Einkommen haben und insoweit nicht mehr den Schwankungen des Wettbewerbs unterliegen,[124] wird dadurch aufgewogen, dass ein Teil ihrer Arbeitskraft für den Naturschutz gebunden ist, mithin nicht mehr für die Wahrnehmung wettbewerblicher Gewinnchancen zur Verfügung steht. Das muss entsprechend ausgeglichen werden, ohne dass eine Beihilfe vorliegt.   *112*

V. Beauftragung (Abs. 4)

1. Entstehungsgeschichte

Die Vorschrift wurde zur Betonung des kooperativen Naturschutzes neu eingefügt. Sie war im Regierungsentwurf nicht enthalten, sondern geht zurück auf einen Änderungsantrag der Fraktionen der CDU/CSU und der SPD im Bundestag (BT-Drs. 16/13430, Satz 16). Die Formulierung erfolgt in Anlehnung an unterschiedliche Vorbilder im Landesrecht (insbesondere Art. 4 BayNatSchG a.F., § 70 NatSchG BW und § 20 Abs. 5 ThürNatG) ohne eine Konzeption vollständig zu übernehmen. So beschränkt sich die Bundesregelung auf die am häufigsten genannten Auftragnehmer und enthält keine durch Kombination von Soll- und Kann-Bestimmungen ausgedrückte Rangfolge zwischen ihnen. Verzichtet wurde auf die Klarstellungen, dass eine Beauftragung nur mit Einverständnis der Gegenseite erfolgt und auch die Naturschutzbehörden landschaftspflegerische und -gestalterische Maßnahmen   *113*

---

121 Ausführlich *Windstoßer*, Vertragsnaturschutz, 2008, S. 123 ff.

122 *Windstoßer*, Vertragsnaturschutz, 2008, S. 127.

123 Anders *Windstoßer*, Vertragsnaturschutz, 2008, S. 127 im Gefolge von *Riese*, Subventionen, Entschädigungen und Entgelte für Naturschutzmaßnahmen der Landwirtschaft, 1997, S. 279 ff., insbes. S. 282.

124 Darauf abhebend *Kästle*, in: Bundesamt für Naturschutz (Hrsg.), Zukunft des Vertragsnaturschutzes. Neue Konzepte zur Kooperation von Naturschutz und Landwirtschaft, BfN-Skript 31, 2000, S. 41 (43); *Nottmeyer-Linden/Pasch* sowie *von Münchhausen*, in: Bundesamt für Naturschutz (Hrsg.), Angebotsnaturschutz, Vorschläge zur Weiterentwicklung des Vertragsnaturschutzes, BfN-Skript 89, 2003, S. 63 (63) sowie S. 77 (79); *Rehbinder*, DVBl 2000, 859 (863); *Windstoßer*, Vertragsnaturschutz, 2008, S. 126 f.

selbst durchführen können. Andererseits geht die Regelung über viele andere Landesvorschriften (z.B. § 54 Abs. 1 HENatG a.F.) hinaus, die sich nur auf die Betreuung von geschützten Teilen von Natur und Landschaft beziehen. Im sonstigen Umweltrecht des Bundes existiert bislang keine vergleichbare Vorgabe.

2. Allgemeines

114   Die Durchführung des BNatSchG und der aufgrund dieses Gesetzes erlassenen Rechtsvorschriften obliegt nach Landesrecht den für Naturschutz und Landschaftspflege zuständigen Behörden, soweit nichts anderes bestimmt ist (vgl. § 6 Abs. 1 a.F.). Sie stellen nicht nur über Anordnungen die Einhaltung des Naturschutzrechts sicher (Abs. 2), sondern treffen zur Verwirklichung der Ziele des § 1 (insbesondere zum Vollzug der Programme und Pläne nach §§ 10 f.) auch konkrete Pflege- und Gestaltungsmaßnahmen vor Ort, ohne dass es hierzu einer besonderen Ermächtigung bedarf. Da die Naturschutzbehörden in der Regel weder über das erforderliche Personal noch über die notwendigen technischen Geräte verfügen, um die Maßnahmen in Natur und Landschaft selbst ausführen zu können, bedarf es der Beauftragung Dritter, die über entsprechende Ressourcen verfügen[125]. Die Behörde kann sich dabei zur Ausführung der Maßnahmen auch Personen des öffentlichen oder privaten Rechts bedienen. Die Einbeziehung der in der Vorschrift aufgeführten Einrichtungen hat sich in der Praxis bewährt und in unterschiedlicher Ausprägung auch Eingang in das Landesrecht gefunden. Die Beauftragung nach Abs. 4 stärkt gerade auch außerhalb von Subordinationsverhältnissen die **Kooperation** mit Landnutzern und kann insoweit als Vertragsnaturschutz im weiteren Sinne das Anliegen des Abs. 3 ergänzend unterstützen. Naturschutz und Landschaftspflege leisten so einen Beitrag zur Förderung einer nachhaltigen Regionalentwicklung, der gerade in strukturschwachen ländlichen Räumen von besonderer Bedeutung ist.

3. Landschaftspflegerische und -gestalterische Maßnahmen

115   Die Ziele des Naturschutzes und der Landschaftspflege sind nicht allein mittels Ge- und Verboten zu verwirklichen, sondern erfordern zusätzliche aktive Maßnahmen, insbesondere zur **Pflege, Entwicklung und Wiederherstellung** von Natur und Landschaft (vgl. § 22 Abs. 1, § 38 Abs. 1). Diese Maßnahmen des Naturschutzes und der Landschaftspflege (vgl. § 70 NatSchG BW) nimmt Abs. 4 unter der verkürzenden Bezeichnung „landschaftspflegerische und -gestalterische Maßnahmen"[126] in den Blick. Es handelt sich dabei nicht nur um solche zur Sicherung der Vielfalt, Eigenart und Schönheit sowie des Erholungswerts der Landschaft, sondern auch um Maßnahmen zum Schutz der

---

125 *Fischer-Hüftle*, in: Engelhardt/Brenner/Fischer-Hüftle/Egner/Meßerschmidt, Naturschutzrecht in Bayern, BayNatSchG, Art. 4 Rn. 4.

126 Ähnlich insoweit die Bezeichnung „landschaftspflegerischer Begleitplan" (§ 17 Abs. 4 Satz 3) oder „Grundsätze des Naturschutzes" in Art. 72 Abs. 3 GG, vgl. hierzu *Hendrischke*, NuR 2007, 454 (458).

biologischen Vielfalt und der Leistungs- und Funktionsfähigkeit des Naturhaushalts (§ 1 Abs. 1).

Landschaftspflegerische und -gestalterische Maßnahmen sind unmittelbar darauf gerichtet, einen bestimmten Zustand von Natur und Landschaft zu sichern oder zu erreichen[127]. Beispielsweise sind Hecken im Rahmen der Biotopvernetzung nach § 21 Abs. 6 u.a. durch regelmäßigen Schnitt zu erhalten und dort, wo sie nicht in ausreichendem Maße vorhanden sind, durch Neuanlage zu schaffen. Auch geschützte Teile von Natur und Landschaft, wie z.B. in Biosphärenreservaten (vgl. § 25 Abs. 1 Nr. 3), bedürfen der Pflege, etwa durch Mahd von Feuchtwiesen oder Beweidung von Magerstandorten. Als Maßnahmen im besiedelten Bereich (vgl. § 1 Abs. 4 Nr. 2 und Abs. 6) sind insbesondere die Baumpflege und Gestaltung von Park- und Grünanlagen sowie fließenden und stehenden Gewässern zu nennen. Erfasst werden nicht nur von Naturschutzbehörden zu treffende Maßnahmen, sondern auch Ausgleichs- und Ersatzmaßnahmen anderer Behörden, die Eingriffe in Natur und Landschaft selbst durchführen und z.B. zur Neugestaltung des Landschaftsbilds verpflichtet sind (§ 15 Abs. 2). Auch insoweit können Bewirtschaftungs- und Pflegemaßnahmen bei entsprechender Dauerhaftigkeit zur Eingriffskompensation beauftragt werden (vgl. § 15 Abs. 3 Satz 2).

4. Auftragnehmer

Die Vorschrift beschränkt sich nicht darauf, die Beauftragung allgemein auf juristische Personen zu beziehen, die die Gewähr für eine sachgerechte Aufgabenerfüllung bieten[128], sondern benennt als potenzielle Auftragsnehmer lediglich land- und forstwirtschaftliche Betriebe, Landschaftspflegeverbände, anerkannte Naturschutzvereinigungen sowie Träger von Naturparken. Sie führt damit nicht alle Einrichtungen auf, die nach entsprechenden Landesvorschriften als geeignete Auftragnehmer genannt werden. Unerwähnt bleiben u.a. Erholungsvereine (Art. 5 Abs. 2 Satz 4 BayNatSchG, § 20 Abs. 5 Satz 1 ThürNatG), Betriebe der Fischereiwirtschaft und des Garten- und Landschaftsbaus, öffentlich-rechtliche Körperschaften einschließlich Jagdgenossenschaften (§ 70 Abs. 1 Satz 1 Nr. 1 und 2 NatSchG BW) sowie Wasser- und Bodenverbände (§ 54 Abs. 1 Satz 1 HENatG a.F.).

a) Land- und forstwirtschaftliche Betriebe

Im Hinblick auf die besondere Bedeutung, die der naturverträglichen Land- und Forstwirtschaft für die Erhaltung der Kulturlandschaft zukommt (§ 5 Abs. 1), sind entsprechende Betriebe besonders geeignet, um landschaftspflegerische Maßnahmen auszuführen, zumal sie in der Regel über die notwendige Ausstattung und Erfahrung verfügen.

---

127 *Fischer-Hüftle,* in: Engelhardt/Brenner/Fischer-Hüftle/Egner/Meßerschmidt, Naturschutzrecht in Bayern, BayNatSchG, Art. 4 Rn. 1.

128 Vgl. insoweit zur Betreuung von Schutzgebieten § 36 NAGBNatSchG und § 20 Abs. 1 LNatSchG SH.

119 Land- und Forstwirtschaft erfordern eine unmittelbare Bodenertragsnutzung auf der Grundlage planmäßiger eigenverantwortlicher Bewirtschaftung. Forstwirtschaft beinhaltet dabei die Bewirtschaftung des Waldes i.S.v. § 2 BWaldG, zur **Landwirtschaft** zählen insbesondere die Wiesen- und Weidewirtschaft sowie der Ackerbau. Im Übrigen kann die Abgrenzung Schwierigkeiten bereiten, da das Gesetz trotz zahlreicher Agrarprivilegierungen im Gegensatz zu vielen anderen Fachgesetzen keine Legaldefinition des Landwirtschaftsbegriffs enthält. § 201 BauGB entsprechend anzuwenden, erscheint nicht sinnvoll, weil sich diese Definition rein bauplanungsrechtliche Zielsetzungen verfolgt und sich insbesondere vor dem spezifischen Hintergrund des Außenbereichsschutzes nach § 35 BauGB entwickelt hat. Das Gesetz unterscheidet die Landwirtschaft zumindest vom Gartenbau (vgl. § 1 Abs. 6) und der Fischerei (z.B. § 5 Abs. 4). Insoweit ist fraglich, ob Wirtschaftsformen wie gartenbauliche Erzeugung[129] (z.B. Obstbau) oder Binnenfischerei[130] von Abs. 4 erfasst sind.

120 Der **Betrieb** erfordert eine organisatorische Zusammenfassung der Produktionsfaktoren Boden, Betriebsmittel und menschliche Arbeitskraft zu einer Einheit, die eine ernsthafte, auf Dauer angelegte Bewirtschaftung gewährleistet und einen wirtschaftlich bedeutsamen Mindestumfang aufweist.[131] Erfasst sind hiernach auch Nebenerwerbsbetriebe, nicht dagegen die reine Hobbylandwirtschaft. Auch Zusammenschlüsse von Betrieben, die sich zum Zweck der gemeinschaftlichen Bodenbewirtschaftung bzw. Erhaltung der Kulturlandschaft bilden sowie Selbsthilfeeinrichtungen der Land- und Forstwirtschaft (z.B. Maschinenringe) kommen als Auftragnehmer in Betracht (vgl. Art. 5 Abs. 2 BayNatSchG). Gleiches gilt für kommunale oder staatliche Betriebe, wie z.B. Landesforstbetriebe.

b) Landschaftspflegeverbände

121 Als weitere Kategorie potenzieller Beauftragter nennt die Vorschrift Landschaftspflegeverbände. Die unvollkommene Klammerdefinition umschreibt sie lediglich als Vereinigungen, in denen Kommunen, Landwirte und Naturschutzverbände gleichberechtigt zusammenarbeiten, d.h. im Vorstand jeweils mit der gleichen Anzahl an Personen vertreten sind (sog. **Drittelparität**). Dass die (freiwillige) Vereinigung nach ihrem satzungsgemäßen Aufgabenbereich Ziele des Naturschutzes und der Landschaftspflege fördert wird vorausgesetzt. Einer Anerkennung der vertretenen Naturschutzverbände nach § 3 des Umwelt-Rechtsbehelfsgesetzes bedarf es hingegen nicht.

122 Die im Sinne des umweltpolitischen Kooperationsprinzips geradezu idealtypische Organisationsform zeichnet sich durch hohe **Akzeptanz** bei den die Flächen bewirtschaftenden Grundeigentümern aus und gewährleistet eine

---

129 VG Hamburg, Urt. v. 28.05.1997 – 14 VG 6757/96, juris.

130 Vgl. hierzu BVerwG, Urt. v. 14.10.1988 – BVerwG 4 C 58/84, NuR 1989, 257; BVerwG, Beschl. v. 18.07.1997 – 4 BN 5/97, NuR 1998, 37.

131 Wichtige Indizien sind insoweit die Gewinnerzielungsabsicht und die Eignung des Inhabers.

umfassende fachliche **Kompetenz.**[132] Ihre Stärke liegt nicht nur in der Durchführung, sondern auch in der Koordination der Maßnahmen unterschiedlicher Träger.[133] Landschaftspflegeverbände existieren in allen Flächenbundesländern und sind besonders verbreitet in Bayern, den ostdeutschen Ländern sowie Hessen.[134] Sie sind überwiegend auf Kreisebene als eingetragene Vereine mit anerkannter Gemeinnützigkeit organisiert, also keine öffentlich-rechtlichen Körperschaften.

c) Naturschutzvereinigungen

Anerkannte Naturschutzvereinigung im Sinne der Vorschrift ist jede nach § 3 Umwelt-Rechtsbehelfsgesetz anerkannte Vereinigung, die nach ihrem satzungsgemäßen Aufgabenbereich im Schwerpunkt die Ziele des Naturschutzes und der Landschaftspflege fördert. Dies gilt unabhängig davon, ob sie durch den Bund (vgl. § 63 Abs. 1) oder ein Land anerkannt ist. Die Beauftragung von Naturschutzvereinen hat sich in der Praxis bewährt und in Spezialvorschriften der Länder niedergeschlagen (z.B. § 35 SächsNatSchG, vgl. auch § 11a LG NW). Sie ermächtigen insbesondere dazu, die **Betreuung von Schutzgebieten** befristet und widerruflich zu übertragen (§ 66 Abs. 1 NatSchG BW, § 44 Abs. 3 NatSchGBln, § 32 Abs. 1 NatSchAG M-V, vgl. auch § 36 NAGBNatSchG, § 20 LNatSchG SH), was in der Regel die Ausführung von Pflegemaßnahmen – ggf. unter dem Vorbehalt einer Genehmigung durch die Naturschutzbehörde – einschließt. Ein Anspruch auf Erstattung von Kosten wird dadurch zwar nicht begründet, die Länder gewähren aber zumeist auf Antrag und im Rahmen der bereitgestellten Haushaltsmittel Zuschüsse bzw. Aufwendungsersatz.

123

d) Naturparkträger

Naturparke sind großräumige[135], einheitlich zu entwickelnde und zu pflegende Gebiete, die insbesondere der Erholung sowie der Erhaltung, Entwicklung oder Wiederherstellung einer durch vielfältige Nutzung geprägten Landschaft und ihrer Arten- und Biotopvielfalt dienen (§ 27 Abs. 1 Nr. 5). Hier sind sowohl gestalterische Maßnahmen als auch eine naturgerechte Pflege und Bewirtschaftung notwendig. Die Parke werden überwiegend von privatrechtlichen Vereinigungen (eingetragene Vereine) oder kommunalen Zweckverbänden getragen, teilweise besteht aber auch eine Trägerschaft der betroffenen Landkreise, bisweilen auch gemeinsam mit dem Land.[136] In

124

---

132 BT-Drs. 16/13430, S. 16.

133 *Tausch*, BayNatSchG, Art. 4 Rn. 6.

134 In Nordrhein-Westfalen werden sie als „Biologische Stationen" (§ 11a LG), in Baden-Württemberg als „Landschaftserhaltungsverbände" und in Schleswig-Holstein als „Lokale Bündnisse" bezeichnet.

135 Die 101 Naturparke in Deutschland nehmen ca. 26 % der Fläche der Bundesrepublik ein, vgl. http://www.bfn.de/0308_np.html (zuletzt einges. am 22.07.2015).

136 Vgl. § 14 Abs. 2 NatSchAG M-V. Die Träger werden in der Regel in der Unterschutzstellung bestimmt, vgl. § 30 Abs. 3 Satz 1 NatSchG BW, § 17 SächsNatSchG, § 16 Abs. 2 LNatSchG SH, § 15 Abs. 3 ThürNatG.

der Regel bestimmt bereits die Unterschutzstellung den Naturparkträger und dessen Aufgaben. Zur Verwaltung des Gebiets gehört dabei auch dessen Erschließung und Weiterentwicklung (§ 27 Abs. 2). Soweit in im Naturpark gelegenen Naturschutz- und Landschaftsschutzgebieten Maßnahmen von der Naturschutzbehörde beauftragt werden, kommt daher auch der Naturparkträger in Betracht. Die Stärken der Naturparkträger liegen insbesondere bei Maßnahmen, die unmittelbar den Erholungswert von Natur und Landschaft verbessern; für die Landnutzung als solche verfügen sie dagegen in der Regel nicht über die zur Bewirtschaftung erforderliche technische Ausstattung.

5. Beauftragung

125 Abs. 4 macht die Beauftragung nicht ausdrücklich vom Einverständnis der Beauftragten abhängig. Die landesrechtlichen Vorbilder[137] enthalten dagegen einen entsprechenden Passus, dieser hat aber lediglich klarstellende Wirkung[138] und ist somit verzichtbar, ohne dass sich der Rechtscharakter der Beauftragung ändert. Dass keine einseitige Indienstnahme Dritter gemeint ist, ergibt sich insbesondere aus der systematischen Nähe zu Abs. 3 sowie der Gesetzesbegründung, die auf „Formen der kooperativen Zusammenarbeit" verweist. Abs. 4 ist also **keine Befugnisnorm**. Es handelt sich dementsprechend bei der Beauftragung um vertragliche Vereinbarungen[139] oder um die antragsabhängige Gewährung von Zuwendungen zur Erfüllung bestimmter Zwecke im öffentlichen Interesse.

126 Mit der Ausführung von Maßnahmen können nicht nur Eigentümer und sonstige Nutzungsberechtigte der betroffenen Grundstücke beauftragt werden, sondern auch Dritte. **Hoheitliche Befugnisse** der Behörden sind dadurch nicht übertragbar (Satz 2), eine Beleihung kommt sonach nicht in Betracht. Grundstücksberechtigte haben aber die von Dritten ausgeführten Maßnahmen nach Maßgabe des § 65 zu dulden, wobei sich die Befugnis der Beauftragten, Grundstücke zu betreten, nach Landesrecht richtet.

6. Intendiertes Ermessen

127 Während die Prüfpflicht nach Abs. 3 darauf abzielt, ob überhaupt vertragliche Vereinbarungen getroffen werden, soll Abs. 4 das **Auswahlermessen** im Hinblick auf potenzielle Beauftragte leiten. Die Vorschrift eröffnet nicht nur die Möglichkeit, die genannten Einrichtungen mit der Durchführung landschaftspflegerischer und -gestalterischer Maßnahmen zu beauftragen[140], sondern formuliert auch eine entsprechende Pflicht. Diese gilt jedoch nicht

---

137 Vgl. Art. 4 Satz 5 BayNatSchG, § 20 Abs. 5 Satz 3 ThürNatG und § 70 Abs. 1 Satz 1 NatSchG BW.

138 *Fischer-Hüftle*, in: Engelhardt/Brenner/Fischer-Hüftle/Egner/Meßerschmidt, Naturschutzrecht in Bayern, BayNatSchG, Art. 4 Rn. 5.

139 Z.B. zivilrechtliche Werkverträge nach §§ 635 ff. BGB, vgl. Art. 13d Abs. 3 BayNatSchG sowie *Tausch*, BayNatSchG, Art. 4 Rn. 5; *Rohlf*, in: Rohlf/Albers, NatSchG BW, § 70 Rn. 2 siehe auch *Rehbinder*, DVBl 2000, 859; *Müller-Walter*, in: Lorz/Konrad/Mühlbauer/ Müller-Walter/Stöckel, BNatSchG, § 3 Rn. 20; *Marzik/Wilrich*, BNatSchG, § 8 Rn. 20.

140 So die Begründung BT-Drs. 16/13430, S. 16. Vgl. *Tausch*, BayNatSchG, Art. 4 Rn. 2.

absolut: Vielmehr „sollen" die Behörden „nach Möglichkeit" beauftragen. Das intendierte Ermessen entspricht dem in Abs. 3. In der Regel wird die Behörde über keine eigenen Kapazitäten verfügen; ist dies in Ausnahmefällen doch der Fall, ist die Selbstvornahme nicht ausgeschlossen. Eine Beauftragung ist u.a. dann unmöglich, wenn die potenziellen Auftragnehmer nicht dazu bereit sind oder nicht die Gewähr für eine sachgerechte Aufgabenerfüllung bieten.[141] Von Bedeutung sind insoweit insbesondere Fachkunde, Leistungsfähigkeit und Zuverlässigkeit der Einrichtung.

Die Aufzählung der anzustrebenden Vertragspartner ist abschließend formuliert und beschränkt die Behörde daher zunächst in ihrer Auswahl.[142] Das Gesetz lässt eine Hierarchie erkennen, die vergaberechtlich anerkannt werden muss: Zunächst soll ein Auftragnehmer aus dem Kreis der in der Vorschrift genannten gesucht werden und ansonsten aus allen anderen Anbietern.[143] Zwischen den gesetzlich Privilegierten wird keine weitere Rangfolge festgelegt.[144] Soweit einer der Genannten aber zugleich Eigentümer des betroffenen Grundstücks ist, erscheint seine bevorzugte Beauftragung trotz der Duldungspflicht nach § 65 Abs. 1 aus Gründen der Verhältnismäßigkeit geboten.[145] Im Übrigen sind die Anbieter gleichzubehandeln (Art. 3 Abs. 1 GG) und der Zuschlag ist auf das im Preis-/Leistungsverhältnis wirtschaftlichste Angebot zu erteilen. Ein individueller Rechtsanspruch auf Einhaltung des Abs. 4 besteht nicht. Art und Inhalt der in Auftrag gegebenen Maßnahmen sowie die Erstattung der notwendigen Kosten regeln die zuständigen Landesministerien zumeist durch **Verwaltungsvorschrift**.[146] Zuwendungen werden gewährt nach §§ 23 und 44 der Landeshaushaltsordnungen.

128

---

141 Ausdrücklich insoweit § 36 Satz 1 NAGBNatSchG und § 20 Abs. 1 LNatSchG SH. Voraussetzung ist insbesondere, dass die in der Einrichtung mit den Maßnahmen betrauten Beschäftigten oder Vereinsmitglieder ausreichend vorgebildet sind (§ 35 Abs. 2 Satz 4 SächsNatSchG).

142 Anders insoweit § 70 NatSchG BW. Siehe hierzu *Rohlf*, in: Rohlf/Albers, NatSchG BW, § 70 Rn. 2, der dennoch eine jeweils vorrangige Prüfung fordert, ob diese Auftragsnehmer in der Lage sind, die Pflegearbeiten durchzuführen.

143 *Tausch*, BayNatSchG, Art. 4 Rn. 5.

144 Art. 4 BayNatSchG und § 20 Abs. 5 ThürNatG enthalten dagegen eine durch Kombination von Soll- und Kann-Bestimmungen ausgedrückten Vorrang insbesondere land- und forstwirtschaftlicher Betriebe gegenüber Naturschutzvereinigungen und Naturparkträgern.

145 Vgl. § 59 Abs. 1 Satz 4 NatSchG BW, § 15 Abs. 2 Satz 2 NAGBNatSchG, § 39 Satz 2 LG NW, § 46 Abs. 2 LNatSchG RP.

146 Vgl. z.B. die Richtlinie des Ministeriums für Ernährung und Ländlichen Raum zur Förderung und Entwicklung des Naturschutzes, der Landschaftspflege und Landeskultur (Landschaftspflegerichtlinie 2007 – LPR) vom 14.03.2008 – Az.: 58-8872.00 auf Grundlage der § 70 Abs. 3 und § 81 NatSchG BW; ähnlich in Bayern die Richtlinien zur Förderung von Maßnahmen des Natur- und Artenschutzes, der Landschaftspflege sowie der naturverträglichen Erholung in Naturparken (Landschaftspflege- und Naturpark-Richtlinien – LNPR), Bekanntmachung des Bayerischen Staatsministeriums für Umwelt, Gesundheit und Verbraucherschutz vom 05.12.2003 Az.: 64e-8634.1-2003/5, geändert durch Bekanntmachung vom 23.02.2009 (AllMBl S. 122).

7. Landesrecht

129 Die Beteiligung Privater an Aufgaben des Naturschutzes und der Landschaftspflege ist in Abs. 4 nicht umfassend geregelt. Die Landesnaturschutzgesetze enthalten teilweise Ergänzungen hinsichtlich der in Betracht kommenden Beauftragten, aber auch eine Ausdehnung auf Aufgaben, die über landschaftspflegerische und -gestalterische Maßnahmen hinaus gehen. So bestimmt etwa § 36 NAGBNatSchG, dass die Naturschutzbehörde über die in § 3 Abs. 4 BNatSchG genannten Fälle hinaus Vereinen und anderen juristischen Personen mit deren Einverständnis auch die Betreuung bestimmter geschützter Teile von Natur und Landschaft oder bestimmte Aufgaben des Artenschutzes widerruflich übertragen kann, wenn diese die Gewähr für die sachgerechte Erfüllung der Aufgabe bieten (vgl. auch § 24 HmbBNatSchAG, § 32 NatSchAG M-V).

VI. Beteiligung der Behörden (Abs. 5)

1. Entstehungsgeschichte

130 Die auf bereits auf § 20 RNG zurückgehende Vorschrift entspricht im Hinblick auf die Behörden des Bundes dem bisherigen § 6 Abs. 2 Satz 2 a.F. und überführt den in § 6 Abs. 3 Satz 1 und 2 a.F. enthaltenen Regelungsauftrag hinsichtlich der Landesbehörden in eine Vollregelung. Ursprünglich wurde die Behördenbeteiligung unzutreffend als Anhörung (vgl. § 28 Abs. 1, § 13 Abs. 1 VwVfG) bezeichnet.

2. Allgemeines

131 Die Vorschrift enthält eine Pflicht der Naturschutzbehörden und anderen Behörden zur **gegenseitigen Beteiligung**. Die adressierten „Behörden des Bundes und der Länder" sind wie in § 2 zu verstehen (siehe § 2 Rn. 17). Bereits bei der Vorbereitung aller Planungen und Maßnahmen, die den Aufgabenbereich der jeweils anderen Behörde berühren können, ist diese mindestens zu unterrichten und Gelegenheit zur Stellungnahme zu geben. Weitergehende Beteiligungsformen bleiben unberührt. Die Regelung dient – ähnlich wie die Mitwirkung von Naturschutzvereinigungen nach § 63 – der frühzeitigen Sicherstellung sachgerechter Entscheidungen, insbesondere durch optimale Nutzung aller verfügbaren fachspezifischen Kenntnisse der öffentlichen Verwaltung.[147] Notwendig ist eine Beteiligung auch im Hinblick auf die starke Integration des Naturschutzes in andere Verwaltungsverfahren, die eine Anwendung von Naturschutzrecht durch andere Fachbehörden erfordert. Dies führt einerseits zu einer gewissen Entlastung der vergleichsweise gering ausgestatteten Naturschutzbehörden[148], birgt aber auch die Gefahr, dass Naturschutzbelange untergeordnet werden.

---

147 *Krohn*, in: Kolodziejcok/Endres/Krohn/Markus, NLJ, Kz. 0525, § 3 BNatSchG Rn. 65.

148 Hierzu eingehend *Benz/Koch/Suck/Fizek*: Verwaltungshandeln im Naturschutz. Herausforderungen und Folgen veränderter Rahmenbedingungen, 2008, S. 56 ff.

Hendrischke

a) Öffentliche Planungen und Maßnahmen

Die Beteiligungspflicht besteht bei **öffentlichen** Planungen und Maßnahmen, d.h. bei Erfüllung öffentlicher Aufgaben, nicht hingegen im rein fiskalischen Bereich. Die Betonung „aller" Planungen und Maßnahmen erfordert eine weite Interpretation, die das **gesamte Spektrum** der Handlungsformen[149] umfasst, also auch Entscheidungen, die keine Außenwirkung entfalten oder nicht förmlich bzw. ohne rechtliche Verpflichtung erfolgen.[150] Insbesondere eine Beschränkung auf Maßnahmen in Verwaltungsverfahren i.S.d. § 9 Vw-VfG – wie in § 9 Abs. 1 und 5 zur Landschaftsplanung – ist nicht möglich. Da es sich bei Abs. 5 um eine Verfahrensregelung handelt, findet er keine Anwendung bei der Durchführung landesrechtlicher Vorschriften (siehe Rn. 2). 132

aa) Planungen

Planungen sind selbst noch keine Maßnahmen, bereiten diese aber in der Regel vor. Unter **Planung** ist das vorausschauende Setzen von Zielen und das gedankliche Vorwegnehmen der zu ihrer Verwirklichung erforderlichen Verhaltensweisen zu verstehen. Hierzu zählen insbesondere Entscheidungen, die zukünftiges Verhalten, z.B. bestimmte Nutzungen oder behördliche Maßnahmen in einem vorgelagerten Verfahren Rahmen setzend determinieren.[151] 133

Abs. 5 Satz 1 erfasst die Planungen öffentlicher Stellen, richtet sich also an öffentliche Planungsträger (vgl. § 4 ROG, § 7 BauGB). Zu den Planungen **anderer Behörden** zählen räumliche Gesamtplanungen sowie nach öffentlichem Recht vorgesehene Fachplanungen (einschließlich landschaftspflegerischem Begleitplan, vgl. § 17 Abs. 4). Dies sind v.a. Pläne i.S.v. § 36 sowie Pläne und Programme i.S.v. Anlage 3 des UVPG, z.B. Raumordnungs- und Bauleitplanungen, Verkehrswegeplanungen sowie Abfallwirtschaftskonzepte, Hochwasserschutzpläne und Maßnahmenprogramme. Eine Beteiligung der Naturschutzbehörden ist hier insbesondere auch vor dem Hintergrund geboten, dass diese Planungen bei Maßnahmen des Naturschutzes und der Landschaftspflege zu berücksichtigen sind, wie etwa die sog. Funktionssicherung von Flächen, die für bestimmte öffentliche Zwecke ausgewiesen sind (§ 4 Satz 2). 134

Allgemeine Fachplanung **der Naturschutzbehörden** ist die Landschaftsplanung nach §§ 8 ff., deren Inhalte in der Abwägung der räumlichen Gesamtplanungen (§ 10 Abs. 3, § 11 Abs. 3) und in anderen Planungen und Verwaltungsverfahren (§ 9 Abs. 5) zu berücksichtigen sind. Die Landschaftsplanung wird ergänzt um Spezialplanungen wie Bewirtschaftungspläne nach § 32 Abs. 5 zum Management von Natura 2000-Gebieten, Biotopverbundplanungen (§ 21) und Artenhilfsprogramme nach § 38 Abs. 2. 135

---

149 *Krohn*, in: Kolodziejcok/Endres/Krohn/Markus, NLJ, Kz. 0525, § 3 BNatSchG Rn. 66.

150 *P. Fischer-Hüftle/J. Schumacher*, in: Schumacher/Fischer-Hüftle, BNatSchG, 2. Aufl. 2010, § 3 Rn. 41; a.A. *Louis/Engelke*, BNatSchG, § 3 Rn. 14 f.

151 Vgl. *Meßerschmidt*, BNatSchG, § 3 Rn. 57.

bb) Maßnahmen

136 **Maßnahmen** sind alle anderen nicht planerischen Entscheidungen, insbesondere behördliche Regelungen wie Verordnungen, Verwaltungsakte oder vertragliche Vereinbarungen, aber auch konkrete Handlungen wie Realakte und Unterlassungen.[152] Zu den Maßnahmen **der Naturschutzbehörden** zählen neben solchen im Einzelfall nach der Generalklausel des § 3 Abs. 2 und sonstigen Sonderermächtigungen (siehe Rn. 42) u.a. auch Unterschutzstellungen nach § 22, Maßnahmen zur Pflege und Entwicklung von Schutzgebieten (§ 22 Abs. 1 Satz 2, § 32 Abs. 3 Satz 2)[153] sowie zur Sicherung des Biotopverbunds (§ 21 Abs. 4) und des Zusammenhangs des Netzes Natura 2000 (§ 34 Abs. 5), ferner vorbeugende Schutzmaßnahmen und Artenhilfsprogramme (§ 38 Abs. 2 Satz 1) und Maßnahmen gegen invasive Arten (§ 40 Abs. 1 und 3) sowie Genehmigungen (§ 17 Abs. 3, § 39 Abs. 4, § 40 Abs. 4, § 42 Abs. 2), Ausnahmen (§ 30 Abs. 3, § 33 Abs. 1 Satz 2, § 45 Abs. 6, 7, 8, § 61 Abs. 3) und Befreiungen (§ 67). Maßnahmen anderer Behörden sind u.a. Anordnungen und Zulassungen, aber auch behördlich durchgeführte Eingriffe und Projekte (§ 17 Abs. 1, § 34 Abs. 6 Satz 1, § 39 Abs. 5) oder Ausgleichs- und Ersatzmaßnahmen (§ 15 Abs. 2 Satz 1).

b) Beteilungspflichtige Sachverhalte, zeitlicher Ablauf
aa) Mögliche Betroffenheit

137 Die Pflicht zur gegenseitigen Beteiligung besteht, wie in § 4 Abs. 1 Satz 1 BauGB, wenn die jeweiligen Planungen oder Maßnahmen Belange des Naturschutzes und der Landschaftspflege bzw. den Aufgabenbereich der anderen Behörde „berühren können". Dies bedeutet nicht, dass Auswirkungen – wie etwa bei der Umweltverträglichkeitsprüfung (§ 7 UVPG) oder Anhörung im Planfeststellungsverfahren (§ 73 Abs. 2 VwVfG) – zu erwarten sein müssen[154], vielmehr reicht die **Möglichkeit** der Berührung aus, eine erhöhte Wahrscheinlichkeit ist nicht erforderlich. Selbst ausschließlich **positive** Auswirkungen machen eine Unterrichtung nicht entbehrlich[155], eine Beeinträchtigung der Belange wird nicht gefordert. Auch bei nur **geringfügigen** Auswirkungen darf von einer Beteiligung nicht abgesehen werden, denn anders als etwa in § 10 Abs. 2 Satz 1 NatSchG BW ist die Mitwirkung nicht auf wesentliche Berührungen beschränkt. Eine entsprechende Öffnungsklausel zu Gunsten der Länder (wie zur Verbandsmitwirkung in § 64 Abs. 4) ist nicht vorgesehen.

---

152 Vgl. *P. Fischer-Hüftle/J. Schumacher*, in: Schumacher/Fischer-Hüftle, BNatSchG, 2. Aufl. 2010, § 3 Rn. 42; *Meßerschmidt*, BNatSchG, § 3 Rn. 58; *Lütkes*, in: Lütkes/Ewer, BNatSchG, § 3 Rn. 23.

153 Einschließlich deren einstweiliger Sicherstellung, vgl. die Gesetzesbegründung BR-Drs. 278/09, S. 164.

154 *Marzik/Wilrich*, BNatSchG, § 6 Rn. 23.

155 *Müller-Walter*, in: Lorz/Konrad/Mühlbauer/Müller-Walter/Stöckel, BNatSchG, § 3 Rn. 21; *P. Fischer-Hüftle/J. Schumacher*, in: Schumacher/Fischer-Hüftle, BNatSchG, 2. Aufl. 2010, § 3 Rn. 43; *Marzik/Wilrich*, BNatSchG, § 6 Rn. 23.

bb) Zeitpunkt

Der Zeitpunkt der Beteiligung ist näher bestimmt: Er reicht nicht aus, lediglich vor Abschluss der Planung bzw. Durchführung der Maßnahme (z.B. Erlass eines Verwaltungsakts, vgl. § 28 Abs. 1 VwVfG) zu beteiligen. Vielmehr ist die Beteiligung bereits „bei Vorbereitung", also **so bald als möglich**[156] d.h. in einem möglichst frühen Entscheidungsstadium durchzuführen. Zwar ist nach Sinn und Zweck der Regelung nicht schon dann zu beteiligen, wenn die Behörde sich entschließt, erste interne Vorüberlegungen anzustellen[157], da mangels Konkretisierung der Aktivität weder substanziell Stellung noch Kenntnis genommen werden kann. Sind aber gewisse **Grundzüge** erarbeitet und wesentliche Eckpunkte beschrieben[158], so hat die Beteiligung unverzüglich zu erfolgen und nicht erst, wenn eine Änderung aufgrund der im Rahmen der Beteiligung gewonnenen Erkenntnisse nur noch schwer möglich ist.[159] Eine substanzielle Einflussnahme muss möglich sein[160], Zeitdruck oder bereits getätigte Vorinvestitionen dürfen Alternativen nicht ausschließen.[161]

138

Wie der Wortlaut „bereits" nahelegt, ist die Beteiligung auch nicht notwendigerweise ein singulärer Akt. Bei komplexeren Maßnahmen und iterativen Planungsprozessen wird es zumeist aufgrund veränderter Entscheidungsgrundlagen notwendig sein, **wiederholt** bzw. fortlaufend zum aktualisierten und konkretisierten Sachstand zu beteiligen.[162] Ggf. ist in einem ersten Schritt zunächst nur zu unterrichten und erst nachfolgend zur Stellungnahme aufzufordern.

139

c) *Unterrichtung*

Die **Unterrichtung** muss eine effektive und effiziente Reaktion ermöglichen. Die Information muss nach Inhalt und Umfang so **präzise und vollständig** sein, dass eine Betroffenheit der Belange hinreichend erkennbar ist und entsprechend dem jeweiligen Verfahrenstand umfassend Stellung genommen werden kann.[163] Die entscheidungsrelevanten Tatsachen und Bewertungsgrundlagen sowie abwägungsrelevante Anforderungen nach § 2 Abs. 3 sind vollständig mitzuteilen und bei Bedarf zu erläutern[164]. Hinsichtlich der **Form**

140

---

156 *Krohn*, in: Kolodziejcok/Endres/Krohn/Markus, NLJ, Kz. 0525, § 3 BNatSchG Rn. 67; *Gassner*, in: Gassner/Schmidt-Räntsch/Bendomir-Kahlo, BNatSchG, § 6 Rn. 25.

157 Vgl. *P. Fischer-Hüftle/J. Schumacher*, in: Schumacher/Fischer-Hüftle, BNatSchG, 2. Aufl. 2010, § 3 Rn. 40.

158 *Krohn*, in: Kolodziejcok/Endres/Krohn/Markus, NLJ, Kz. 0525, § 3 BNatSchG Rn. 67; *Gassner*, in: Gassner/Schmidt-Räntsch/Bendomir-Kahlo, BNatSchG, § 6 Rn. 25.

159 *Müller-Walter*, in: Lorz/Konrad/Mühlbauer/Müller-Walter/Stöckel, BNatSchG, § 3 Rn. 21; *Gellermann*, in: Landmann/Rohmer, Umweltrecht, BNatSchG, § 6 Rn. 8.

160 Vgl. BVerwG, Urt. v. 05. 12. 1986 – 4 C 13/85, NuR 1988, 138.

161 *Gassner*, in: Gassner/Schmidt-Räntsch/Bendomir-Kahlo, BNatSchG, § 6 Rn. 25.

162 *Krohn*, in: Kolodziejcok/Endres/Krohn/Markus, NLJ, Kz. 0525, § 3 BNatSchG Rn. 67; *Gellermann*, in: Landmann/Rohmer, Umweltrecht, BNatSchG, § 6 Rn. 9

163 *Gellermann*, in: Landmann/Rohmer, Umweltrecht, BNatSchG, § 6 Rn. 9

164 *Kolodziejcok*, in: Kolodziejcok/Endres/Krohn/Markus, NLJ, Kz. 1117, § 6 BNatSchG Rn. 28.

genügt bei einfachen Vorgängen eine mündliche Mitteilung, oft ist aber eine schriftliche Unterrichtung zweckmäßiger.

d) Gelegenheit zur Stellungnahme

141 Die federführende Behörde hat der anderen Behörde Gelegenheit zur Stellungnahme zu geben. Dies bedeutet zunächst, dass die Möglichkeit eröffnet wird, sich innerhalb einer **angemessenen Frist** zur jeweiligen Aktivität zu äußern. Es muss insbesondere ausreichend Zeit zur Verfügung stehen[165], um die im Rahmen der Unterrichtung mitgeteilten Informationen zu erfassen, eine verwertbare Stellungnahme zur erarbeiten und die Erfordernisse des eigenen Aufgabenbereichs in den Verfahren hinreichend geltend zu machen.

142 Ob, wie und in welchem Umfang die beteiligte Behörde dann tatsächlich von der **„Gelegenheit"** zur Stellungnahme Gebrauch macht, liegt in deren pflichtgemäßen Ermessen, ist aber für die Rechtmäßigkeit der Maßnahme oder Planung nicht maßgeblich. Äußert sie sich nicht, kann die andere Behörde nicht ohne Weiteres davon ausgehen, dass Belange nicht berührt sind. Lediglich bei Errichtung baulicher Anlagen nach § 34 BauGB bestimmt § 18 Abs. 3 Satz 2 eine entsprechende **Verschweigensfrist** von einem Monat.

143 Darüber hinaus muss die federführende Behörde die Stellungnahme inhaltlich zur **Kenntnis nehmen** und sich mit ihr auseinandersetzen.[166] Die umfassende Mitberatung in Form einer argumentativen Erörterung im zwischenbehördlichen Schriftwechsel oder Streitgespräch ist hierzu nicht notwendig; insoweit unterscheidet sich die Beteiligung nach Abs. 5 in Ihrer Qualität graduell vom **Benehmen** nach anderen Vorschriften.[167] Die Stellungnahme entfaltet vorbehaltlich anderweitiger Regelungen **keine Bindungswirkung** im Sinne einer Mitentscheidung. Vor dem Hintergrund der prozeduralen Unterstützungspflicht nach § 2 Abs. 2 sind Stellungnahmen der Naturschutzbehörden aber ernsthaft und aufgeschlossen zu berücksichtigen.[168]

e) Normadressaten und Beteiligte

144 Satz 1 und 2 bezeichnen in allgemeiner Form die jeweils Verpflichteten und Berechtigten. Welche Behörde im konkreten Einzelfall zu beteiligen ist, richtet sich nach deren Aufgabenbereich und der sachlichen, örtlichen sowie instanziellen Zuständigkeit. Die Beteiligungspflicht gilt auch **landesübergreifend** (ausdrücklich für die Landschaftsplanung insoweit § 12) sowie im Bund-Länderverhältnis. Die grenzüberschreitende Beteiligung von Behörden anderer Staaten fordern dagegen nur Vorschriften anderer Gesetze wie z.B. §§ 8, 14j UVPG.

---

165 *Müller-Walter*, in: Lorz/Konrad/Mühlbauer/Müller-Walter/Stöckel, BNatSchG, § 3 Rn. 21, *Gellermann*, in: Landmann/Rohmer, Umweltrecht, BNatSchG, § 6 Rn. 10.
166 *Marzik/Wilrich*, BNatSchG, § 6 Rn. 25.
167 *Kolodziejcok*, in: Kolodziejcok/Endres/Krohn/Markus, NLJ, Kz. 1117 (Vorauflage), § 6 BNatSchG Rn. 29 f.; a.A. *Gassner*, in: Gassner/Schmidt-Räntsch/Bendomir-Kahlo, BNatSchG, § 6 Rn. 24, *Meßerschmidt*, BNatSchG, § 3 Rn. 62, vgl. *Marzik/Wilrich*, BNatSchG, § 6 Rn. 25.
168 Vgl. *Krohn*, in: Kolodziejcok/Endres/Krohn/Markus, NLJ, Kz. 0525, § 3 BNatSchG Rn. 68.

Die „Behörden des Bundes und der Länder" nach Satz 1 bzw. **„andere Be-** 145
hörden" nach Satz 2 sind wie in § 2 zu verstehen (siehe § 2 Rn. 20 f.). Die
„für Naturschutz und Landschaftspflege zuständigen Behörden" sind in § 3
Abs. 1 legaldefiniert; das für Naturschutz zuständige **Bundesumweltministe-**
rium zählt nicht hierzu (siehe § 3 Rn. 19). Auch bei Maßnahmen und Planungen anderer oberster Bundesbehörden, die etwa den Meeresnaturschutz berühren können, muss daher das Ministerium neben dem Bundesamt für
Naturschutz nur dann beteiligt werden, wenn entsprechende Spezialregelungen dies vorsehen wie z.B. bei der Aufstellung von Raumordnungsplänen
(§ 17 Abs. 1 Satz 1 ROG) oder der Vorbereitung sonstiger Verordnungen (vgl.
§ 62 Abs. 2 i.V.m. § 45 Abs. 1 Satz 1 GGO). Im Übrigen gelten die Beteiligungspflichten nach Abs. 5 auch im Verhältnis zwischen BMUB und BfN.

f) Unterlassen der Beteiligung
Im Gegensatz zur vergleichbaren Vorschrift des § 63 wird keine entspre- 146
chende Geltung des § 28 Abs. 2 Nr. 1 und 2 sowie Abs. 3 und § 29 Abs. 2
VwVfG angeordnet. Von der Beteiligung kann daher selbst dann nicht ab-
gesehen werden, wenn nach den Umständen des Einzelfalls eine sofortige
Entscheidung wegen **Gefahr im Verzug** oder im **öffentlichen Interesse** not-
wendig erscheint oder durch die Anhörung die Einhaltung einer für die Ent-
scheidung maßgeblichen **Frist** infrage gestellt würde. Auch ein funktionelles
Synallagma im Sinne des Erfüllens der „Bringschuld" gegen Erfüllen der
Gegenleistungspflicht besteht selbstverständlich nicht; die Beachtung der
Rechtspflicht darf nicht von der faktischen Respektierung der Gegenseitig-
keit abhängig gemacht werden[169].

Ein unzulässiges Unterlassen der Beteiligung führt als Verletzung einer Ver- 147
fahrensvorschrift zur formellen Rechtswidrigkeit der Entscheidung. Derartig
erlassene Verwaltungsakte sind dennoch wirksam (§ 44 Abs. 3 Nr. 4 Vw-
VfG), eine **Heilung** ist durch Nachholung der Beteiligung bis zum Abschluss
der letzten Tatsacheninstanz eines verwaltungsgerichtlichen Verfahrens
möglich (§ 45 Abs. 1 Nr. 5 und Abs. 2 VwVfG). Die Verletzung der Pflicht zur
Beteiligung von Naturschutzbehörden nach Satz 1 können anerkannte Naturschutzvereinigungen bei bestimmten Entscheidungen durch Einlegung
eines Rechtsbehelfs nach § 63 geltend machen.

g) Sondervorschriften und weiter gehende Formen der Beteiligung
Die Beteiligungsregel des Abs. 5 gilt nur, soweit nicht eine weiter gehende 148
Form der Beteiligung vorgesehen ist. Sie gibt also im Sinne einer Auffang-
vorschrift nur ein **Mindestmaß** vor. Eine geringere Beteiligungsform ist bun-
desrechtlich nur nach vorrangigen Spezialregelungen (z.B. § 73 Abs. 2 Vw-
VfG) zulässig, im Landesrecht nur als Abweichung nach Art. 84 Abs. 1 Satz 2
GG. In ihrer Intensität – oder Schwäche – entsprechen die Vorgaben des
Abs. 5 denen der **Beteiligung** nach § 32 Abs. 1 Satz 3 sowie § 57 Abs. 1

---

169 *Gassner*, in: Gassner/Schmidt-Räntsch/Bendomir-Kahlo, BNatSchG, § 6 Rn. 27.

Satz 2 und Abs. 2 und sind vergleichbar mit den Anforderungen des § 73 Abs. 2 VwVfG, § 7 Satz 1 UVPG und § 8 Nr. 2 BWaldG.

149 Im Naturschutz- und Fachrecht des Bundes und der Länder finden sich zahlreiche gesetzliche und untergesetzliche **Sondervorschriften**, die eine höhere Intensität der zwischenbehördlichen Abstimmung insbesondere in Form eines Benehmens oder Einvernehmens fordern. Die mögliche Betroffenheit des Aufgabenbereichs braucht hierzu nicht geprüft werden, sie wird vom Normgeber unterstellt.

aa) Benehmen

150 Sieht eine Vorschrift vor, dass eine Entscheidung „im Benehmen" mit einer anderen Behörde getroffen wird, so müssen in einer **inhaltlichen Diskussion** Anstrengungen unternommen werden, um zu einer einvernehmlichen Lösung zu kommen.[170] Eine echte Zustimmung der zu beteiligenden Behörde ist indes nicht erforderlich. Ein weiterhin bestehender Dissens, also hinzunehmen.

151 Besonders bedeutsam sind die Beteiligungsregelungen für die Zulassung oder Anzeige von **Eingriffen in Natur und Landschaft**. Diesbezügliche Entscheidungen anderer Behörden im sog. „Huckepackverfahren" ergehen nach § 17 Abs. 1 und 2, § 18 Abs. 3 Satz 1 sowie § 58 Abs. 1 Satz 1 im Benehmen mit den Naturschutzbehörden, sofern nicht auch hier weiter gehende Beteiligungsformen vorgesehen sind. Gleiches gilt nach vielen **Landesnaturschutzgesetzen** u.a. für die unselbstständige FFH-Verträglichkeitsprüfung (z.B. § 38 Abs. 6 Satz 1 NatSchG BW) oder Ausnahme vom gesetzlichen Biotopschutz (Art. 23 Abs. 3 Satz 2 BayNatSchG) sowie für die Landschaftsplanung durch Träger der Regional- und Bauleitplanung (z.B. § 15 Abs. 1 LG NW). Ein Benehmen zwischen Naturschutzbehörden und anderen Behörden wird beim Gebietsschutz sogar im Bund-Länder-Verhältnis gefordert, z.B. bei der Erklärung zum Nationalpark und nationalen Naturmonument (§ 22 Abs. 5). Auch Benehmensregelungen im **Fachrecht** des Bundes und der Länder gehen vor, so z.B. § 16 Abs. 4 Sätze 1 und 3 GenTG und § 3 Abs. 2 EGGenTDurchfG oder im Denkmal- oder Wasserrecht der Länder.

bb) Einvernehmen

152 Ein Einvernehmen ist nur bei völliger Willensübereinstimmung hergestellt.[171] Dies entspricht dem im Hierarchieverhältnis verwendeten Begriff der **Zustimmung** (vgl. § 57 Abs. 1 Satz 1). Das Bundesrecht sieht ein Einvernehmen anderer Bundesministerien in zahlreichen **Verordnungsermächtigungen** zu Gunsten des BMUB vor (z.B. § 15 Abs. 7, § 54 Abs. 9), das Einvernehmen zwischen BfN und UBA nach § 3 Abs. 2 URG bei **Anerkennung** einer landesübergreifend tätigen Naturschutzvereinigung sowie nach § 17

---

170 *Kolodziejcok*, in: Kolodziejcok/Endres/Krohn/Markus, NLJ, Kz. 1117 (Vorauflage), § 6 BNatSchG Rn. 29 f.

171 BVerwG, Urt. v. 30.11.1978 – II C 6.75, BVerwGE 57, 98 (101); OVG Münster, Urt. v. 16.07.1991 – 15 A 2054/88, NuR 1992, 441 (442).

Abs. 2 AntarktUmwSchProtAG bei Ausnahmen von den Verboten zur Erhaltung der antarktischen Tier- und Pflanzenwelt. Ein Einvernehmen der Naturschutzbehörden ist zudem in einigen Ländern nicht nur bei Eingriffen in Natur und Landschaft vorgesehen[172], sondern zu Recht auch bei **Ausnahmen** nach § 30 Abs. 3, § 34 Abs. 3 und § 61 Abs. 3. Keine gesteigerte Beteiligung fordert dagegen § 4 WaStrG, da Naturschutzbelange keine Bedürfnisse der „Landeskultur" darstellen.[173]

VII. Austausch mit Betroffenen und der Öffentlichkeit (Abs. 6)

Abs. 6 lehnt sich an den 2002 eingeführten § 2 Abs. 1 Nr. 15 Satz 2 a.F. an, *153* und überführt die dort als Grundsatz des Naturschutzes und der Landschaftspflege ausgestaltete Rahmenregelung, nun zutreffend von der Zielbestimmung getrennt, in eine unmittelbar geltende Verfahrensvorschrift. Die darin geforderte allgemeine Beteiligung der Öffentlichkeit und der Betroffenen soll insbesondere die **Akzeptanz und Transparenz** von konkret beabsichtigten Maßnahmen des Naturschutzes und der Landschaftspflege erhöhen[174], fördert aber auch im Sinne des § 2 Abs. 5 das allgemeine Verständnis für die Ziele des Naturschutzes und der Landschaftspflege (vgl. insoweit § 2 Abs. 1 Nr. 18 Satz 2 NatSchGBln a.F.). Darüber hinaus sollen auch die Sachkenntnis und **Kompetenz** von Personen außerhalb der Verwaltung genutzt werden. Die Vorschrift dient zwar nicht unmittelbar der Umsetzung des Aarhus-Übereinkommens sowie der Öffentlichkeitsbeteiligungsrichtlinie 2003/35/EG und Umweltinformationsrichtlinie 2003/4/EG, ist aber durchaus in diesen Gesamtzusammenhang einzuordnen.

1. Frühzeitiger Austausch

Die Vorschrift verpflichtet die für Naturschutz und Landschaftspflege zustän-*154* digen Behörden (siehe Rn. 3 ff.), vor Durchführung ihrer Planungen und Maßnahmen (siehe Rn. 132) einen bestimmten Personenkreis zu beteiligen. Es reicht nicht aus, lediglich kurz vor Abschluss der Planung bzw. Durchführung der Maßnahme zu informieren. Vielmehr hat der Austausch frühzeitig zu erfolgen.[175] Die Grundsätze zur Beteiligung anderer Behörden gelten hier sinngemäß.

Der **Informationsaustausch** dient der gegenseitigen Unterrichtung und gibt *155* den Beteiligten Gelegenheit zur Stellungnahme. Es besteht die Pflicht der Naturschutzbehörden, Meinungsäußerungen entgegenzunehmen und sich damit **auseinanderzusetzen**[176]; die relevanten Tatsachen, Rechtsvorschriften, fachlichen Erkenntnisse und Interessen sind daher auch zu diskutieren. Zur

---

172 Z.B. § 9 Abs. 1 ThürNatG.

173 BVerwG, Urt. v. 17.04.2002 – 9 A 24/01, UPR 2003, 66; a.A. *Gassner*, NuR 1996, 130 (134).

174 BT-Drs. 16/12274, S. 52.

175 Kritisch hierzu *Gassner*, in: Gassner/Schmidt-Räntsch/Bendomir-Kahlo, BNatSchG, § 2 Rn. 101.

176 So bereits zu Vorgängervorschrift BT-Drs. 14/6378, S. 37.

Form des Austausches bestehen keine Vorgaben, insbesondere die allgemeine Information kann zunächst elektronisch erfolgen, z.B. durch Einstellung in das Internet.

2. Betroffene und interessierte Öffentlichkeit

156 Die Pflicht zum Austausch besteht zunächst gegenüber den Betroffenen. Dies sind alle Einzelpersonen, die durch die jeweiligen Planungen oder Maßnahmen in ihren Rechten oder Interessen berührt sind, sei es auch nur geringfügig oder ausschließlich positiv (siehe Rn. 137 zur Behördenbeteiligung). Da die tatsächliche Betroffenheit oft erst nach dem Informationsaustausch festgestellt werden kann, sind auch nur möglicherweise betroffene einzubeziehen.[177] Zu dem weit gefassten Personenkreis zählen nicht nur alle in ihren rechtlichen Interessen berührten, insbesondere Beteiligte eines Verwaltungsverfahrens (§ 13 VwVfG) wie z.B. Adressaten von Maßnahmen oder Nachbarn, sondern auch Personen, die ausschließlich in ihren wirtschaftlichen oder sonstigen privaten Interessen berührt sind. Keine Betroffenen im Sinne der Vorschrift sind dagegen andere Behörden[178], für die Abs. 5 Satz 2 eine besondere Beteiligung vorsieht.

157 Die Beteiligungspflicht erstreckt sich aber auch auf die **interessierte Öffentlichkeit**, also denjenigen Teil der Zivilgesellschaft, der potenziell meinungsbildend am Geschehen teilnimmt und bei dem thematisch und örtlich ein generelles oder besonderes Interesse an den Planungen und Maßnahmen des Naturschutzes und der Landschaftspflege besteht oder zu erwarten ist. Hierzu zählen vor allem private Zusammenschlüsse natürlicher oder juristischer Personen, die in der Öffentlichkeit einem bestimmten Zweck verfolgen, der ummittelbar berührt wird oder berührt werden kann[179] (z.B. Umwelt- und Naturschutzvereinigungen, Nutzer- und Wirtschaftsverbände, Berufsvertretungen[180] sowie sonstige Interessenvereinigungen). Insoweit besteht eine Parallele zur Beteiligung der „betroffenen Öffentlichkeit" i.S.v. § 2 Abs. 6 UVPG. Zu informieren sind aber auch Bericht erstattende Medien sowie Fachkreise, z.B. nicht betroffene, aber besonders kundige Einzelpersonen, die sich in der Öffentlichkeit sachverständig mit der infrage stehenden Materie auseinandersetzen[181]. Eine spezielle Anerkennung oder Akkreditierung dieser „Interessierten" ist nicht notwendig, sie sind in der Regel auf der jeweiligen Verwaltungsebene bekannt.

---

177 *Krohn*, in: Kolodziejcok/Endres/Krohn/Markus, NLJ, Kz. 0525, § 3 BNatSchG Rn. 75.

178 A.A. *Marzik/Wilrich*, BNatSchG, § 2 Rn. 42

179 *Krohn*, in: Kolodziejcok/Endres/Krohn/Markus, NLJ, Kz. 0525, § 3 BNatSchG Rn. 75.

180 In landesrechtlichen Sondervorschriften werden vereinzelt land- und forstwirtschaftlichen Berufsvertretungen besonders hervorgehoben, vgl. § 33 Abs. 2 Satz 2 HENatG, § 29 Abs. 3 Satz 2 NatSchG LSA, § 10 Abs. 2 Satz 2 NatSchG BW.

181 *Kolodziejcok*, in: Kolodziejcok/Endres/Krohn/Markus, NLJ, Kz. 1105 (Vorauflage), § 2 BNatSchG Rn. 160.

3. Gewährleistung/Rechtsschutz

Während bereits die Rahmenregelungen des § 2 Nr. 15 Satz 2 a.F. feststellte, **158** dass ein frühzeitiger Austausch mit dem o.g. Personenkreis zu gewährleisten ist, konkretisiert der unmittelbar geltende Abs. 6 nun diese Vorgabe nur geringfügig dahingehend, dass die Beteiligung durch die für Naturschutz und Landschaftspflege zuständigen Behörden erfolgt. Eine **Gewährleistung** des Informationsaustauschs erfordert, dass eine wirksame Beteiligung mit angemessenem Aufwand sicherzustellen ist, soweit dies nach den Umständen des Einzelfalls möglich ist.[182] **Ausnahmen** sind daher zulässig, einer Sollverpflichtung bedarf es hierzu nicht. Wo etwa in Eilfällen im Interesse der Schutzgüter des Naturschutzes und der Landschaftspflege rasches Handeln erforderlich ist, etwa bei der einstweiligen Sicherstellung von künftigen Schutzgebieten (vgl. § 22 Abs. 3), kann daher von einem Austausch abgesehen werden.[183] Gleiches gilt wohl auch für Bagatellvorgänge geringer Bedeutung.

Anders als etwa bei entsprechend formulierten verfassungsrechtlichen Ga- **159** rantien (z.B. Art. 5 Abs. 1 Satz 2 GG) besteht kein subjektives einklagbares Teilhaberecht der „Betroffenen" auf Gewährleistung des Austauschs. Die Gesetzesbegründung stellt insoweit ausdrücklich fest, dass – wie auch im bisherigen rahmenrechtlichen Regelungsauftrag an die Länder[184] – durch die Vorschrift **„keine klagefähige Rechtsposition** begründet" wird.[185] Es handelt sich also „nicht um ein formelles Beteiligungs- oder Mitwirkungsrecht der genannten Kreise, sondern um ein Mittel des Informationsaustauschs".[186] Hierfür sprechen auch die Beibehaltung der sehr allgemeinen, undifferenzierten und ausnahmslosen Vorgabe, das dem öffentlichen Interesse dienende fachpolitische Ziel der Verbesserung von Entscheidungsgrundlagen und -akzeptanz sowie der systematische Gesamtzusammenhang des § 3, der durchgängig – auch nach Abs. 3 und 4 – keine subjektiven Rechte begründet. Informationsansprüche können sich indes aus spezielleren Beteiligungsregelungen ergeben.

4. Verhältnis zu anderen Beteiligungsvorschriften

Sonderregelungen zur Anhörung nach § 28 VwVfG, zur Benachrichtigung **160** duldungspflichtiger Nutzungsberechtigter nach § 65 Abs. 2 BNatSchG oder zur Mitwirkung anerkannter Naturschutzvereinigungen nach § 63 BNatSchG gehen der allgemeinen Vorschrift des Absatzes 6 vor. Gleiches gilt für die passive Zugänglichmachung von Umweltinformationen auf Antrag nach § 4 Abs. 1 i.V.m. § 2 Abs. 3 Nr. 3 lit. b UIG und die aktive Information der Öffentlichkeit über Pläne und Zulassungsentscheidungen nach § 10 Abs. 2 Satz 2 Nr. 2 und 5 UIG. Auch im Landesnaturschutzrecht bestehen hinsichtlich der Beteiligung Betroffener oder der Öffentlichkeit vorrangige Spezialvorschriften,

---

182 Vgl. *Krohn*, in: Schlacke (Hrsg.), GK-BNatSchG, § 3 Rn. 71.
183 BT-Drs. 16/12274, S. 52; *Lütkes*, in: Lütkes/Ewer, BNatSchG, § 3 Rn. 23.
184 Vgl. *Marzik/Wilrich*, BNatSchG, § 3 Rn. 43.
185 BT-Drs. 16/12274, S. 52.
186 Vgl. BT-Drs. 14/6378, S. 37.

etwa zu Unterschutzstellungen (vgl. § 22 Abs. 2 Satz 1) oder Landschaftsplanungen (vgl. § 10 Abs. 4, § 11 Abs. 5).

VIII. Aufgaben der Gemeinden und Gemeindeverbände (Abs. 7)

1. Entstehungsgeschichte

161 Abs. 7 wurde im Hinblick auf die mit der **Föderalismusreform** 2006 geänderte Verfassungslage aufgenommen[187], wonach Gemeinden und Gemeindeverbänden Aufgaben durch Bundesgesetz nicht übertragen werden dürfen (Art. 84 Abs. 1 Satz 7 GG). Vor dem Hintergrund des **Subsidiaritätsprinzips**, welches eine Aufgabenwahrnehmung auf der niedrigsten geeigneten Ebene fordert, besteht die Gefahr, dass die den Kommunen zugewiesenen Aufgaben in ihrer Gesamtheit so stark belasten, dass faktisch deren Selbstverwaltung und finanzielle Eigenverantwortung (Art. 28 Abs. 2 GG) nicht mehr hinreichend garantiert ist. Daher ist der bundesgesetzliche Durchgriff ausgeschlossen. Abs. 7 stellt dies nach dem Vorbild des § 1 Abs. 2 Satz 2 Verbraucherinformationsgesetz einfachgesetzlich klar.

2. Hintergrund

162 Im Zusammenhang mit dem Abbau oder der Konzentration staatlicher Fach und Sonderbehörden in zahlreichen Ländern erfolgt zunehmend eine Übertragung staatlicher Umwelt- und Naturschutzaufgaben auf die Kommunen.[188] Diese stellen jedoch nicht immer eine geeignete Ebene dar, denn viele Aufgaben sind bei verständiger Betrachtung de facto einer weiteren **Kommunalisierung**, insbesondere einer Verlagerung auf die Ebene der Gemeinden, unzugänglich. Naturschutz und Landschaftspflege erfordern z.B. aufgrund ihrer Dynamik und Komplexität spezielle Qualifikationen, die gebündelt auf übergeordneter Ebene besser bereitzustellen sind. So kann etwa die fachlich und rechtlich notwendigerweise hoch spezialisierte Expertise im wissensintensiven Bereich des europäischen Arten- und Gebietsschutzes in wirtschaftlich vertretbarer Weise von Gemeinden, zum Teil auch von kreisfreien Städten oder kleineren Landkreisen, kaum vorgehalten werden.[189] Auch die landesgesetzliche Vorgabe, dass die unteren Naturschutzbehörden mit mindestens einer oder mehreren hauptamtlichen Fachkräften auszustatten sind (§ 60 Abs. 2 NatSchG BW, Art. 43 Abs. 3 BayNatSchG) bietet insoweit keine hinreichende Gewähr.

3. Gemeinden und Gemeindeverbände

163 **Gemeinden** sind Träger der kommunalen Selbstverwaltung und bilden im vertikalen Verwaltungsaufbau die unterste Stufe der Gebietskörperschaften bzw. kleinste politisch-administrative Einheit. Ein **Gemeindeverband** ist ein ebenfalls als Körperschaft öffentlichen Rechts organisiert, aber auf einer Ebene

---

187 BT-Drs. 16/12274, S. 164.

188 *Benz/Koch/Suck/Fizek*: Verwaltungshandeln im Naturschutz. Herausforderungen und Folgen veränderter Rahmenbedingungen, 2008, S. 132 ff.

189 Vgl. *SRU*, Umweltverwaltungen unter Reformdruck: Herausforderungen, Strategien, Perspektiven, Sondergutachten Februar 2007, Rn. 357 ff.

oberhalb der Gemeinde. Zu den Gemeindeverbänden im Sinne der Vorschrift zählen nur solche nach Art. 28 Abs. 2 Satz 2 GG, d.h. die zur Erfüllung von Selbstverwaltungsaufgaben gebildeten Gebietskörperschaften und diesen nach Umfang und Gewicht der von ihnen wahrzunehmenden Selbstverwaltungsaufgaben vergleichbare kommunale Zusammenschlüsse.[190] Die Voraussetzungen erfüllen insbesondere Landkreise (in Nordrhein-Westfalen und Schleswig-Holstein als Kreise bezeichnet), nicht hingegen Zweckverbände, Verbandsgemeinden und Samtgemeinden, schleswig-holsteinische Ämter, bayerische Bezirke und nordrhein-westfälische Landschaftsverbände.[191]

4. Aufgaben nach Bundesrecht

Das Naturschutzrecht des Bundes wird nach der Grundregel des Art. 30 i.V.m. Art. 83 GG von den Ländern als eigene Angelegenheit ausgeführt, soweit dies nicht ausnahmsweise in bundeseigener Verwaltung, z.B. durch das BfN, erfolgt. Um den neuen verfassungsrechtlichen Anforderungen des Art. 84 Abs. 1 Satz 7 zu entsprechen, bestimmt Abs. 7, dass kommunalen Gebietskörperschaften wie Städten und Landkreisen durch das Gesetz keine Aufgaben übertragen werden. Adressat aller Aufgabennormen sind zukünftig nur noch die Länder. Soweit Kommunen das neu erlassene Bundesnaturschutzrecht ausführen, erfolgt die entsprechende Zuweisung ausschließlich durch Landesrecht nach Maßgabe des jeweiligen Landesverfassungsrechts. Hierbei sind insbesondere Vorgaben zum Konnexitätsprinzip zu beachten (siehe Rn. 169). |164|

Das Gesetz enthält unterschiedlich adressierte **Aufgabenzuweisungen**, z.B. an die für Naturschutz und Landschaftspflege zuständigen Behörden (§ 3 Abs. 2) bzw. Behörden der Länder (vgl. § 38 Abs. 1 und § 40 Abs. 3), differenziert nach Rechtsform an juristische Personen des öffentlichen Rechts (§ 62), funktional an Erziehungs-, Bildungs- und Informationsträger (§ 2 Abs. 6 Satz 2) oder gänzlich unbestimmt (§ 40 Abs. 1 und 2). Abs. 7 fungiert insbesondere gegenüber diesen allgemeinen – auch Gemeinden und Gemeindeverbände erfassenden – Zuweisungen als Ausnahme bzw. negative Aufgabennorm. Für die Landschaftsplanung auf örtlicher Ebene weist zusätzlich § 11 Abs. 5 darauf hin, dass sich die Zuständigkeit nach Landesrecht richtet. |165|

Der Begriff der Aufgabe ist weit zu verstehen.[192] **Aufgabe** im Sinne der Vorschrift ist jede Pflicht, eine bestimmte Verwaltungstätigkeit durchzuführen bzw. Vorschriften des Gesetzes auszuführen. Es geht um die direkte und spezifische Inanspruchnahme der Kommunen, nicht dagegen um die Einhaltung der allgemeinen Rechtsordnung des Bundes zu Naturschutz und Landschaftspflege. Die Kommunen sind also dennoch bereits kraft Bundesgesetz an die für jedermann geltenden Ge- und Verbote gebunden. Die Pflicht zur Beteiligung der Gemeinde oder Gemeindeverbänden begründet für diese noch keine Aufgabe, insoweit bedarf es keiner gesonderten landesrechtlichen Zuweisung. |166|

---

190 BVerfG, Urt. v. 24.07.1979 – 2 BvK 1/78, DVBl 1980, 52.
191 *Henneke*, in: Schmidt-Bleibtreu/Hofmann/Henneke, GG, Art. 28 Rn. 111 f.
192 *Lütkes*, in: Lütkes/Ewer, BNatSchG, § 3 Rn. 26.

5. Aufgabenübertragungen im Landesrecht

167 Den **Landkreisen und kreisfreien Städten** übertragen die Landesnaturschutzgesetze insbesondere die Aufgaben als Träger der unteren Naturschutzbehörden. In der Regel besteht eine Auffangzuständigkeit dieser Behörden, die subsidiär greift, wenn Spezialzuweisungen nicht vorliegen. Naturschutz und Landschaftspflege ist eine Staatsaufgabe (Art. 20a GG). In der Regel werden daher die Aufgaben der unteren Naturschutzbehörde (siehe hierzu Rn. 11) den Gemeindeverbänden und Gemeinden als Pflichtaufgaben zur Erfüllung nach Weisung (z.B. § 31 BbgNatSchAG, § 1 Abs. 3 HAGBNatSchG, § 8 Abs. 3 LG NW, § 2 Abs. 2 LNatSchG SH) bzw. als Auftragsangelegenheit (§ 1 Abs. 2 BremNatG, § 42 Abs. 4 Satz 3 LNatSchG RP) übertragen oder gehören zum übertragenen Wirkungskreis (§ 6 NatSchAG M-V, § 31 Abs. 1 Satz 4 NAGB-NatSchG, § 36 Abs. 4 Satz 2 ThürNatG). Die Kommunen sind somit nicht in ihrer Aufgabenwahrnehmung frei, insbesondere besteht kein Entschließungsermessen zum „ob" der Aufgabenwahrnehmung.[193]

168 Den **Gemeinden** obliegt nach dem Landesrecht die Aufstellung und Durchführung von Landschaftsplänen und Grünordnungsplänen, insbesondere zur Vorbereitung oder Ergänzung der Bauleitplanung. Sie erlassen und vollziehen Satzungen und Verordnungen im Bereich Naturschutz und Landschaftspflege, etwa zum Schutz von Grünbeständen (z.B. Baumschutz). Auch hier handelt es sich überwiegend um Pflichtaufgaben nach Weisung. Auch die Gemeinden unterstehen insoweit der Aufsicht der übergeordneten Behörden.

6. Finanzierungslast

169 Die Länder tragen nach Art. 104a Abs. 1 GG die Ausgaben, die sich aus der Wahrnehmung ihrer Aufgaben ergeben. Auch bei Kommunalisierung von Aufgaben trägt der Bund keine Finanzierungslast. Werden Aufgaben vom Land auf Gemeinden oder Gemeindeverbände übertragen, sind aber nach dem Verfassungsrecht der meisten Länder Bestimmungen zur Kostendeckung zu treffen und wesentliche Mehrbelastungen vom Land finanziell auszugleichen **(Konnexitätsprinzip)**. Dies kann auch gelten bei bundesrechtlichen Erweiterungen von Aufgaben, die den Kommunen bereits übertragen sind (vgl. Art. 71 Abs. 3 der Verfassung des Landes Baden-Württemberg).

170 Nach dem Landesnaturschutzrecht werden teilweise für bestimmte Planungen und Maßnahmen (z.B. Natura 2000 oder Erholungsvorsorge) im Rahmen der im Haushaltsplan bereitgestellten Mittel Finanzhilfen des Landes in Form von Zuwendungen gewährt (§ 50 Abs. 1 LNatSchG RP, § 15 Abs. 3 NAGBNatSchG, § 37 Abs. 3 BayNatSchG). In anderen Ländern werden Landesbedienstete gestellt (§ 60 Abs. 2 NatSchG BW), bei der Aufgabenzuweisung darauf hingewiesen, dass die Leistungsfähigkeit der Kommunen zu berücksichtigen ist (§ 26 Abs. 1 Satz 2 NatSchAG M-V).

---

193 Vgl. zur Rechts- und Fachaufsicht im monistischen und dualistischen Aufgabenmodell *Henneke*, in: Schmidt-Bleibtreu/Hofmann/Henneke, GG, Art. 28 Rn. 62 ff.

§ 4
Funktionssicherung bei Flächen für öffentliche Zwecke

Bei Maßnahmen des Naturschutzes und der Landschaftspflege ist auf Flächen, die ausschließlich oder überwiegend Zwecken

1. der Verteidigung, einschließlich der Erfüllung internationaler Verpflichtungen und des Schutzes der Zivilbevölkerung,
2. der Bundespolizei,
3. des öffentlichen Verkehrs als öffentliche Verkehrswege,
4. der See- oder Binnenschifffahrt,
5. der Versorgung, einschließlich der hierfür als schutzbedürftig erklärten Gebiete, und der Entsorgung,
6. des Schutzes vor Überflutung durch Hochwasser oder
7. der Telekommunikation

dienen oder in einem verbindlichen Plan für die genannten Zwecke ausgewiesen sind, die bestimmungsgemäße Nutzung zu gewährleisten. Die Ziele des Naturschutzes und der Landschaftspflege sind zu berücksichtigen.

Inhaltsübersicht

I. Bedeutung und Entwicklung der Vorschrift

1. Allgemeines

Die Vorschrift begrenzt die Zulässigkeit von Vollzugsmaßnahmen, die dem Naturschutz und der Landschaftspflege dienen sollen, soweit es zur Sicherung der Funktion der in den Nummern 1 bis 7 bezeichneten Flächen erforderlich ist. Die Flächen bleiben dabei dennoch dem Naturschutzrecht unterworfen

1

(hierzu Rn. 24 ff.).[1] Die Vorschrift richtet sich an die Naturschutzbehörden und an sonstige Behörden, die aufgrund der **materiellen Polizeipflichtigkeit** von Hoheitsträgern (hierzu Rn. 6, 9) oder aufgrund § 2 Abs. 2 und 4 bzw. § 17 Abs. 1 (dritte Tatbestandsalternative) Naturschutzrecht zu beachten bzw. zu vollziehen haben. Satz 2 richtet sich auch an (private) Vorhabenträger.

2. Änderungen gegenüber früheren Fassungen

2 § 4 entspricht nahezu wortgleich dem § 63 BNatSchG 2002.[2] Die Vorschrift wurde wegen ihres Adressatenkreises nach vorne und damit in den Zusammenhang mit anderen an die Behörden gerichteten Vorschriften gestellt, so die Gesetzesbegründung.[3] Gestrichen wurde in Nr. 3 das Wort „wichtige" (öffentliche Verkehrswege). In Nr. 6 wurde „Überflutung oder Hochwasser" durch „Überflutung durch Hochwasser" ersetzt. In Nr. 7 wurde die „Fernmeldeversorgung" gegen den zeitgemäßen Begriff der „Telekommunikation" ausgetauscht. Der Begriff des Bundesgrenzschutzes in Nr. 2 war bereits durch Art. 40 des Gesetzes zur Umbenennung des Bundesgrenzschutzes in Bundespolizei[4] angepasst worden.

3 Wie bereits die Vorgängervorschrift erstreckt sich die Geltung von § 4 auf bestehende *und* zukünftige tatbestandsmäßige Flächen und geht damit über die in der Ursprungsfassung des als Übergangsvorschrift angelegten § 38 BNatSchG 1976[5] vorgesehenen Funktionssicherung für „Altflächen" hinaus (ausf. Rn. 29 ff.).[6]

3. Zur Abweichungsfestigkeit der Norm

4 Nach der Vorstellung des Bundesgesetzgebers ist die Vorschrift *nicht* abweichungsfest. Dies ergibt sich im Umkehrschluss aus der expliziten Kennzeichnung anderer Vorschriften als „allgemeine Grundsätze". Mit diesen sind nach der Gesetzesbegründung die **allgemeinen Grundsätze des Naturschutzes** im Sinne des Verfassungsrechts gemeint, für die Art. 72 Abs. 3 Satz 1 Nr. 2 GG die **Abweichungssperre** anordnet.[7] Diese Vorstellung des Bundesgesetzgebers wirft erneut die Frage auf, ob der Inhalt der allgemeinen Grundsätze des Naturschutzes im Sinne von Art. 72 Abs. 3 Satz 1 Nr. 2 GG einfachrechtlich konstitutiv bestimmt werden darf. Denn die Abweichungsmöglichkeit gerade hier zu eröffnen erscheint sinnwidrig (Rn. 5 ff.).

---

1 BVerwG, Urt. v 22.11.2000 – 11 A 4/00, BVerwGE 112, 214 (218); OVG Münster, Urt. v. 08.06.2005 – 8 A 262/05, NuR 2005, 660 (664); BT-Drs. 14/6378, S. 63.
2 BNatSchG v. 25.03.2002, BGBl. I S. 1193.
3 BT-Drs. 16/12274, S. 52.
4 Gesetz zur Umbenennung des Bundesgrenzschutzes in Bundespolizei v. 21.06.2005, BGBl. I S. 1818.
5 BNatSchG v. 20.12.1976, BGBl. I S. 3574.
6 Vgl. *Fischer-Hüftle*, in: ders./Schumacher, Bundesnaturschutzgesetz, 2. Aufl. 2011, § 4 Rn. 2.
7 BT-Drs. 16/12274, S. 39.

Eine Befugnis zur konstitutiven einfachgesetzlichen Konkretisierung der all- 5
gemeinen Grundsätze des Naturschutzes wird im Schrifttum überwiegend
nicht angenommen.[8] Allenfalls hat eine entsprechende Vorstellung des Gesetzgebers Indizwirkung, da diesem gewiss ein Einschätzungsspielraum (jedoch keine -prärogative) zuzubilligen ist.[9] Mithin kann eine als allgemeiner
Grundsatz bezeichnete Vorschrift in Wahrheit abweichungsoffen, eine nicht
so bezeichnete Vorschrift dennoch abweichungsfest sein.[10] Hierfür kommt es
vor allem darauf an, ob es sich um eine Vorschrift handelt, die „bundesweit
ohne räumliche Differenzierung gelten"[11] soll bzw. um einen Gegenstand,
der „verständigerweise nur einheitlich durch den Bund geregelt werden"[12]
kann.

Die Regelungen des § 4 präzisieren den verwaltungsrechtlichen Grundsatz 6
der **materiellen Polizeipflichtigkeit** staatlicher Behörden. Dieser Grundsatz
gilt zunächst auch unabhängig von einer Positivierung. Nach ihm sind Behörden nicht nur den von ihnen im Rahmen ihrer Zuständigkeit zu vollziehenden Gesetzen unterworfen, sondern sie haben das gesamte öffentliche
Recht bei ihren Entscheidungen zu wahren, damit auch das Naturschutzrecht.[13] Im Falle einer echten (hierzu Rn. 10) **Normenkollision** soll eine **Interessenabwägung** stattfinden.[14] Indes vermag diese Abwägungsoffenheit

---

8 *Appel*, NuR 2010, 171 (173 f.); *Chandna*, Das Abweichungsrecht der Länder gemäß Art. 72
   Abs. 3 GG im bundesstaatlichen Kompetenzgefüge, 2011, S. 136; *Franzius*, ZUR 2010, 346
   (348 f.); *Gellermann*, NVwZ 2010, 73 (74); *Glaser*, JuS 2010, 209 (210); *Harling*, Das
   materielle Abweichungsrecht der Länder. Art. 72 Abs. 3 GG, 2011, S. 110 f.; *Köck/Wolf*,
   NVwZ 2008, 353 (359); *Krause*, JA 2011, 768 (769); *Meßerschmidt*, UPR 2008, 361 (365 f.);
   Stackelberg, Die Abweichungsgesetzgebung der Länder im Naturschutzrecht, 2012,
   S. 69 ff. (nur deklaratorische Bedeutung). A.A. *Degenhart*, DÖV 2010, 422 (429); *Bröker*,
   Die Abweichungskompetenz der Länder gemäß Art. 72 Abs. 3 GG im konkreten Fall des
   Naturschutzes und der Landschaftspflege, 2013, S. 132 ff., der allerdings auf der einen
   Seite eine „Einschätzungsprärogative" bejaht, deren Ausübung aber andererseits einer
   „vollumfänglichen" verfassungsgerichtlichen Prüfung unterwerfen will. Zur Diskussion
   Degenhart, in: Sachs (Hrsg.), GG, Kommentar, 7. Aufl. 2014, Art. 74 Rn. 123 m.w.N.; *Seiler*,
   in: Epping/Hillgruber (Hrsg.), GG, Kommentar, 2. Aufl. 2013, Art. 74 Rn. 103 f. m.w.N.
9 *Appel*, NuR 2010, 171 (174); *Franzius*, ZUR 2010, 346 (349); *Sannwald*, in: Schmidt-Bleib-
   treu/Hofmann/Henneke (Hrsg.), GG, Kommentar, 13. Aufl. 2014, Art. 72 Rn. 112.
10 Zu diesem Problem *Appel*, NuR 2010, 171 (173 f.); *Gellermann*, NVwZ 2010, 73 (74); *Glaser*, JuS 2010, 209 (210); *Meßerschmidt*, UPR 2008, 361 (365); *Müggenborg/Hentschel*,
   NJW 2010, 961 (964); *Schütte/Kattau*, ZUR 2010, 353 (354 f.).
11 *Hendrischke*, NuR 2007, 439 (458); diesem zustimmend *Berghoff/Steg*, NuR 2010, S. 17
   (19); entsprechend *Appel*, NuR 2010, 171 (171 f.).
12 *Hendrischke*, NuR 2007, 439 (456).
13 Vgl. für das Naturschutzrecht *Heugel*, in: Lütkes/Ewer (Hrsg.), BNatSchG, 2011, § 4
   Rn. 17; *Krohn*, in: Schlacke (Hrsg.), GK-BNatSchG, 2012, § 4 Rn. 3, 26; *Marzik/Wilrich*,
   Bundesnaturschutzgesetz, 2004, § 63 Rn. 6; *Meßerschmidt*, Bundesnaturschutzrecht,
   97. Aktualisierung, § 4 BNatSchG Rn. 10.
14 Grundlegend BVerwG, Urt. v. 16. 01. 1968 – I A 1.67, BVerwGE 29, 52 (58 f.); s. auch
   VGH Kassel, Urt. v. 29. 08. 2001 – 2 UE 1491/01, NVwZ 2002, 889 (889); *Gassner*, in:
   ders./Bendomir-Kahlo/Schmidt-Räntsch (Hrsg.), BNatSchG, 2. Aufl. 2003, § 63 Rn. 4;
   s. auch *Jungkind*, Verwaltungsakte zwischen Hoheitsträgern, 2008, S. 121 f.; zur Abwägung die Nw. in Fußn. 16.

aus verfassungsrechtlicher Perspektive nicht zu befriedigen. Es ist nicht ersichtlich, auf welcher Grundlage ein Hoheitsträger oder Organ ein Ermessen über die „Anwendungsreichweite" einer gültigen Norm im Einzelfall besitzen könnte. Entweder gelten Normen des öffentlichen Rechts auch für fachfremde Hoheitsträger und Organe, oder sie gelten für diese überhaupt nicht. Der juristische Geltungsbegriff ist Abstufungen nicht fähig. Der Verweis auf die Notwendigkeit der Auflösung einer Normenkollision hilft nicht. Liegt eine solche Kollision vor und ist ihre Beseitigung durch Interpretation lege artis nicht möglich, liegt ein Fall verfassungswidriger Widersprüchlichkeit von Normen vor, der zur Geltungsvernichtung, nicht zur beschränkten „Anwendbarkeit" zumindest einer der Normen führt.[15] Eine behördliche Abwägung im Falle sich notwendig widersprechender Normbefehle, welche der kollidierenden Normen in welchem Umfang zu vollziehen ist, scheidet daher mit Blick auf Art. 20 Abs. 3 GG aus.[16]

7   Diese „Abwägung", besser: die Sperre ansonsten vorgesehener Rechtsfolgen, hat der Gesetzgeber selbst zu treffen.[17] Ihm steht dabei frei, der Verwaltung selbst die Abwägung der widerstreitenden Belange im Einzelfall gesetzlich zu eröffnen. In der **Kollisionsnorm**[18] des § 4 hat er sich für eine absolute Vorrangregel entschieden. Die Vorschrift schließt die behördliche Festlegung von Rechtsfolgen ebenso wie Realakte aus, die der bestimmungsgemäßen Nutzung tatbestandsmäßiger Flächen entgegenstehen.

8   Eine gesetzliche Regelung, wie § 4 sie enthält, ist also von Verfassungs wegen erforderlich. Dies allein steht einer Abweichungsbefugnis der Länder noch nicht entgegen, da es zur Vermeidung widersprüchlicher Gesetzesbefehle nur auf die Existenz einer Kollisionsnorm als solcher ankommt, nicht auf deren spezifischen Inhalt. Träfe ein Landesgesetz eine von § 4 abweichende Vorrangentscheidung, so wäre dem verfassungsrechtlichen Gebot einer Kollisionsregelung kraft Gesetzes ebenfalls Genüge getan. Bei der Frage nach der Existenz einer entsprechenden Landesgesetzgebungskompetenz gilt es allerdings zu beachten, dass die in Nr. 1 bis 7 genannten Privilegierungsmaterien weitgehend der, zum Teil ausschließlichen, Gesetzgebungskompetenz des Bundes unterliegen. Eine Kollisionsnorm in Bezug auf diese Materien und den Naturschutz, die einen anderen Inhalt aufweist als eine absolute Vorrangentscheidung zu Gunsten Ersterer, läuft somit Gefahr, mit einer hoheitlichen Tätigkeit zu konfligieren, für die der Bund die Gesetzgebungskompetenz besitzt.

---

15 Vgl. *S. Meyer*, Der Staat 48 (2009), 278 (297 f.).

16 *Schoch*, Jura 2005, 324 (325); *ders.*, JuS 1994, 849 (852); *Menger/Erichsen*, VerwArch 60 (1969), 89 (95). A.A. *Britz*, DÖV 2002, 891 (897 ff.) für echte Kollisionslagen; *Blumenwitz*, AöR 96 (1971), 161 (189); *Salzwedel*, NuR 1984, 165 (168 ff.); *Drews/Wacke/Vogel/Martens*, Gefahrenabwehr, 9. Aufl. 1986, S. 295; für eine Abwägung der öffentlichen Interessen statt zwischen Fach- und Ordnungsrecht *Borowski*, VerwArch 101 (2010), 58 (68 ff.).

17 Vgl. *Schoch*, JuS 1994, 849 (852).

18 Ebenso für ein Verständnis als Kollisionsnorm *Marzik/Wilrich*, Bundesnaturschutzgesetz, 2004, § 63 Rn. 2; *Meßerschmidt*, Bundesnaturschutzrecht, 97. Aktualisierung, § 4 BNatSchG Rn. 1.

Ein landesstaatsgewaltliches bloßes **Erschwernis** der Ausführung von Bun- 9
desgesetzen ist indes unschädlich. Solche Erschwernisse liegen vor, wenn
die Beachtung fachfremder Normen lediglich einer Erfüllung der eigenen
Aufgabe gerade in der von der zuständigen Behörde bevorzugten Form entgegensteht bzw. einigen **zusätzlichen Aufwand** bereitet. Derartige Lagen
sind aufgrund der nie ganz auszuschließenden Interdependenzen im Tatsächlichen bei der Erfüllung unterschiedlicher hoheitlicher Aufgaben nicht
zu vermeiden, sie sind Verwaltungsalltag. Die materielle Polizeipflichtigkeit
von Hoheitsträgern stellen sie nicht in Frage. Vielmehr hat der betroffene
Hoheitsträger die Wahrnehmung seiner Verwaltungstätigkeit so einzurichten, dass die ordnungsrechtlichen Vorgaben – nötigenfalls durch Zusatzauf-
wand – beachtet werden.[19] Beispielsweise kann ein öffentliches Freibad
Schallschutzmaßnahmen treffen oder die Betriebszeiten einschränken, um
Lärmimmissionswerte einzuhalten.[20] Die Auferlegung bloßer Erschwernisse
erfordert somit keine Kollisionsnorm, da die Vollziehbarkeit der beteiligten
Normen im Ergebnis nicht beeinträchtigt wird. Die Frage der Gesetzgebungskompetenz für eine Kollisionsnorm stellt sich daher nicht.

§ 4 handelt indes von echten Kollisionslagen, in denen gesetzmäßige Natur- 10
schutzmaßnahmen die ordnungsgemäße Erfüllung einer anderen Verwal-
tungsaufgabe unmöglich machen könnten.[21] Der wechselseitig geltende
Grundsatz der Bundestreue verlangt, solche Kollisionen entweder durch
eine entsprechend umsichtige Ausübung der eigenen Gesetzgebungskompetenzen oder durch spezifische Kollisionsregeln zu vermeiden. Die Schaffung einer Kollisionsregel setzt notwendig die Innehabung der Gesetzgebungskompetenz zumindest hinsichtlich der Materie voraus, zu deren Lasten
die Regel entscheidet. Für § 4 ist dies der Fall: Diese Bundesnorm entscheidet im Kollisionsfall zu Lasten des Naturschutzes. Wiche eine Landesnorm
vom Prinzip des absoluten Vorrangs der Zwecke gemäß § 4 ab, so könnte
sich dies als Anwendbarkeits- bzw. Vollzugssperre in Bezug auf Bundesgesetze nach Nr. 1 bis 7 auswirken (eine Ausnahme hiervon bildet etwa das in
Nr. 3 u.a. betroffene Straßen- und Wegerecht, für das die Länder die ausschließliche Gesetzgebungskompetenz besitzen, arg. Art. 74 Abs. 1 Nr. 22
GG[22]). Hierfür fehlt den Ländern jedoch die Gesetzgebungskompetenz.

Der Bundesgesetzgeber mag bei dem Verzicht auf die Kennzeichnung des 11
§ 4 als „allgemeinen Grundsatz" von der Vorstellung geleitet gewesen sein,
dass die Abweichungsfestigkeit bereits kraft fehlender Gesetzgebungskom-

---

19 Vgl. *Britz*, DÖV 2002, 891 (898).
20 VGH Kassel, Beschl. v. 07.03.1996 – 14 TG 3967/95, NVwZ 1997, 304. Eine entsprechende Anordnungsbefugnis der Immissionsschutzbehörde lehnte das Gericht allerdings
ab.
21 Vgl. *Blumenwitz*, AöR 96 (1971), 161 (164); *Britz*, DÖV 2002, 891 (898 f.); *Schoch*, Jura
2005, 324 (324, 327). Insoweit bezeichnet *Gassner*, in: ders./Bendomir-Kahlo/Schmidt-
Räntsch (Hrsg.), BNatSchG, 2. Aufl. 2003, § 63 Rn. 3 eine Entscheidung zu Gunsten einer
der kollidierenden Belange zu Recht als „ohnehin nicht zu umgehen".
22 Bau und Unterhaltung von Landstraßen für den Fernverkehr meint die Bundesfernstraßen,
vgl. *Stettner*, in: Dreier (Hrsg.), GG-Kommentar, Bd. 2, 2. Aufl., Supplementum 2007,
Art. 74 Rn. 112.

petenz im Bereich der Materien gem. Nr. 1 bis 7 besteht und im übrigen eine Abweichung für diejenigen Materien in Betracht kommt, für die die Länder die Gesetzgebungskompetenz besitzen. Diese Überlegung entspräche jedoch nicht der verfassungsrechtlichen Systematik der Abweichungsgesetzgebung. Indem der Bundesgesetzgeber § 4 in das Bundesnaturschutzgesetz aufgenommen hat, hat er diese Vorschrift dem Naturschutzrecht zugeordnet (als Kollisionsnorm dürfte § 4 alternativ ebenso den Materien der Nr. 1 bis 7 zugeordnet werden, was indes legistisch unökonomisch wäre). Gegenüber naturschutzrechtlichen Bundesvorschriften besitzen die Länder die Abweichungsmöglichkeit gem. Art. 72 Abs. 3 Satz 1 Nr. 2 GG, soweit es sich nicht um einen allgemeinen Grundsatz des Naturschutzes handelt. Kann aus den beschriebenen Gründen (Rn. 10) die Regelung des § 4 weitgehend nur durch den Bund getroffen werden, liegt gerade ein solcher Fall eines allgemeinen Grundsatzes vor (hierzu Rn. 5). Soweit § 4 Kollisionen des Naturschutzrechts mit Materien regelt, die der Bundesgesetzgebungskompetenz unterliegen, ist er daher auch ohne ausdrückliche Kennzeichnung ein allgemeiner Grundsatz und somit abweichungsfest.[23] Dem entspricht, dass die Vorgängervorschrift des § 63 BNatSchG a.F. unmittelbar anwendbar war.

II. Privilegierungstatbestand

1. Fläche

12 Tatbestandsvoraussetzungen einer **Flächenprivilegierung** sind das Vorliegen einer **„Fläche"** und die ausschließliche oder überwiegende Nutzung dieser Fläche für einen der öffentlichen Zwecke nach Nr. 1 bis 7, welche entweder bereits tatsächlich aufgrund entsprechender rechtlicher Bestimmung (etwa aufgrund Widmung) vorliegt oder zumindest in einem verbindlichen **Plan** ausgewiesen ist.[24] § 4 ist also nicht anwendbar bei der Entscheidung, die Nutzung einer Fläche für einen der privilegierten Tatbestände überhaupt erst zuzulassen.[25]

13 Flächen sind Land- und Wasserflächen im Geltungsbereich des Gesetzes. Gemäß § 56 umfasst dieser erstmals[26] auch die Küstengewässer sowie, mit Ausnahme des Kapitels 2 (Landschaftsplanung), nach Maßgabe des **See-**

23 Zustimmend *Müller-Walter*, in: ders./Konrad/Mühlbauer/et al., Naturschutzrecht, 3. Aufl. 2013, § 4 Rn. 1. A.A. *Krohn*, in: Schlacke (Hrsg.), GK-BNatSchG, 2012, § 4 Rn. 27; *Meßerschmidt*, Bundesnaturschutzrecht, 97. Aktualisierung, § 4 BNatSchG Rn. 2; Kolodziejcok/Endres/Krohn/Markus, NLJ, Kz. 0530, Lfg. 1/12, § 4 BNatSchG Rn. 28.

24 Vgl. BVerwG, Urt. v. 22.11.2000 – 11 A 4/00, BVerwGE 112, 214 (219). Siehe *Heugel*, in: Lütkes/Ewer (Hrsg.), BNatSchG, 2011, § 4 Rn. 14 f.; *Meßerschmidt*, Bundesnaturschutzrecht, 97. Aktualisierung, § 4 BNatSchG Rn. 34; *Marzik/Wilrich*, Bundesnaturschutzgesetz, 2004, § 63 Rn. 3; *Müller-Walter*, in: ders./Konrad/Mühlbauer/et al., Naturschutzrecht, 3. Aufl. 2013, § 4 Rn. 4 ff.; *Gassner*, in: ders./Bendomir-Kahlo/Schmidt-Räntsch (Hrsg.), BNatSchG, 2. Aufl. 2003, § 63 Rn. 6.

25 *Fischer-Hüftle*, in: ders./Schumacher, Bundesnaturschutzgesetz, 2. Aufl. 2011, § 4 Rn. 14 f.; Kolodziejcok/Endres/Krohn/Markus, NLJ, Kz. 0530, Lfg. 1/12, § 4 BNatSchG Rn. 2.

26 *Deutscher Bundestag*, Wissenschaftliche Dienste Nr. 36/10 v. 19.05.2010.

rechtsübereinkommens der Vereinten Nationen die deutsche **ausschließliche Wirtschaftszone** und den Festlandsockel. Das Ausreichen einer lediglich „überwiegenden" Nutzung einer Fläche zeigt, dass es für die Tatbestandsmäßigkeit nur auf die rechtliche Ausweisung einer Gesamtfläche für einen der privilegierten Zwecke ankommt.[27] Deshalb ist es eine Frage der Rechtsfolgen, nicht der Tatbestandseröffnung, wenn innerhalb einer solchen Gesamtfläche Teilflächen existieren, für die die Anwendung naturschutzrechtlicher Vorschriften uneingeschränkt möglich ist, ohne dass es zu einer Beeinträchtigung der bestimmungsgemäßen Nutzung kommt.[28]

Als Ausweisung in einem **Plan** kommen beispielsweise Planfeststellungsbeschlüsse des Fachplanungsrechts[29] oder eine Schutzbereichserklärung gemäß § 2 Abs. 1 SchBerG[30] in Betracht.[31]   14

2. Privilegierte Zwecke

a) Verteidigung und Zivilschutz (Nr. 1)

Privilegiert sind Flächen, die von der **Bundeswehr**, Verbündeten oder der **NATO** zu **Verteidigungszwecken** genutzt werden. Der funktionale Nutzungszusammenhang liegt etwa vor bei Truppenübungsplätzen, Kasernen einschließlich Bundeswehrkrankenhäusern, Depots und Fliegerhorsten.[32] Einschlägig sind insbesondere das SchBerG und das LBG.[33] § 68 Abs. 2 Nr. 3 BLG[34] enthält eine Sonderregelung für den Übungsbetrieb in Schutzgebieten.[35] Keine militärische Nutzung bedeutet hingegen die Ausweisung von Stellplätzen für Privatfahrzeuge von Soldaten.[36]   15

---

27 *Marzik/Wilrich*, Bundesnaturschutzgesetz, 2004, § 63 Rn. 3; s. auch *Kolodziejcok/Endres/ Krohn/Markus*, NLJ, Kz. 0530, Lfg. 1/12, § 4 BNatSchG Rn. 12.

28 Anders *Meßerschmidt*, Bundesnaturschutzrecht, 97. Aktualisierung, § 4 BNatSchG Rn. 15.

29 Ebenso *Kolodziejcok/Endres/Krohn/Markus*, NLJ, Kz. 0530, Lfg. 1/12, § 4 BNatSchG Rn. 10; a.A. *Müller-Walter*, in: ders./Konrad/Mühlbauer/et al., Naturschutzrecht, 3. Aufl. 2013, § 4 Rn. 5 (nur durch Gesetz, Verordnung oder Satzung verbindlich festgelegte Planungen).

30 Schutzbereichgesetz in der im Bundesgesetzblatt Teil III, Gliederungsnummer 54-2, veröffentlichten bereinigten Fassung, das zuletzt durch Art. 11 des Gesetzes v. 13.05.2015 (BGBl. I S. 706) geändert worden ist.

31 *Marzik/Wilrich*, Bundesnaturschutzgesetz, 2004, § 63 Rn. 4, mit zahlreichen weiteren Beispielen; s. auch *Krohn*, in: Schlacke (Hrsg.), GK-BNatSchG, 2012, § 4 Rn. 11.

32 *Marzik/Wilrich*, Bundesnaturschutzgesetz, 2004, § 63 Rn. 8; *Meßerschmidt*, Bundesnaturschutzrecht, 97. Aktualisierung, § 4 BNatSchG Rn. 21; *Müller-Walter*, in: ders./Konrad/ Mühlbauer/et al., Naturschutzrecht, 3. Aufl. 2013, § 4 Rn. 10.

33 Landbeschaffungsgesetz in der im Bundesgesetzblatt Teil III, Gliederungsnummer 54-3, veröffentlichten bereinigten Fassung, das zuletzt durch Art. 226 der Verordnung v. 31.08.2015 (BGBl. I S. 1474) geändert worden ist.

34 Bundesleistungsgesetz in der im Bundesgesetzblatt Teil III, Gliederungsnummer 54-1, veröffentlichten bereinigten Fassung, das zuletzt durch Art. 5 des Gesetzes v. 11.08. 2009 (BGBl. I S. 2723) geändert worden ist.

35 *Heugel*, in: Lütkes/Ewer (Hrsg.), BNatSchG, 2011, § 4 Rn. 5; *Müller-Walter*, in: ders./ Konrad/Mühlbauer/et al., Naturschutzrecht, 3. Aufl. 2013, § 4 Rn. 10.

36 VGH Kassel, Beschl. v. 09.09.1985 – 3 TG 1640/85, NUR 1986, 31.

16 Der Schutz der **Zivilbevölkerung** meint den Schutz vor **Kriegseinwirkungen** im Sinne des § 1 ZSKG.³⁷ Geschützt sind daher Flächen des **THW** als einer primär dem **Zivilschutz** dienenden Bundesanstalt (§ 1 THW-Gesetz). Stellen des Katastrophenschutzes sind hingegen nicht von vornherein, sondern könnten allenfalls nach Maßgabe von § 11 Abs. 1 ZSKG umfasst sein. Dies wird man jedoch zu verneinen haben: Die Vorschrift bezieht alle nach Landesrecht im **Katastrophenschutz** „mitwirkenden" Einheiten und Einrichtungen in den Zivilschutz ein. Nach Landesrecht wirken beim Katastrophenschutz über die Katastrophenschutzbehörden hinaus alle Behörden und Einrichtungen des Landes einschließlich der privaten freiwilligen Hilfsorganisationen mit, siehe beispielsweise die Art. 2, 7 BayKSG, §§ 2 ff., 18 ff. BbgBKG. Ein Einbezug aller staatlichen und darüber hinaus privater Stellen in die Flächenprivilegierung ist gerade nicht Zweck des § 4. Deshalb ist die Privilegierung im Bereich des Zivilschutzes auf die hierfür primär zuständigen Stellen begrenzt und sind demnach die nach § 11 Abs. 1 ZSKG im Zivilschutz mitwirkenden Landeseinrichtungen ausgeschlossen. So ist die Feuerwehr von § 4 Nr. 1 nicht umfasst.³⁸

b) Bundespolizei (Nr. 2)

17 Die Privilegierung der von der **Bundespolizei** genutzten Flächen umfasst – wegen des Wegfalls der Beschränkung der Vorschrift auf Altfälle – auch die neuen Aufgaben des Schutzes vor Angriffen auf die **Sicherheit des Luftverkehrs** und der **Bahnanlagen** der Eisenbahnen des Bundes gem. §§ 3, 4 BPolG.

c) Öffentliche Verkehrswege (Nr. 3)

18 Hierzu zählen Straßen, Eisenbahntrassen und evtl.³⁹ Flugplätze, die dem allgemeinen Verkehr gewidmet sind.⁴⁰ Privates Eigentum am Verkehrsweg steht einer solchen Widmung nicht entgegen (s. auch Rn. 23).⁴¹ Mit dem Wegfall des Merkmals der Wichtigkeit des Verkehrsweges entfällt die Notwendigkeit einer wertenden Beurteilung im Einzelfall.

---

37 Zivilschutz- und Katastrophenhilfegesetz v. 25. 03. 1997 (BGBl. I S. 726), das zuletzt durch Art. 2 Nr. 1 des Gesetzes v. 29. 07. 2009 (BGBl. I S. 2350) geändert worden ist.

38 Zurückhaltend hinsichtlich des Einbezugs der Feuerwehr auch *Fischer-Hüftle*, in: ders./ Schumacher, Bundesnaturschutzgesetz, 2. Aufl. 2011, § 4 Rn. 6; *Meßerschmidt*, Bundesnaturschutzrecht, 97. Aktualisierung, § 4 BNatSchG Rn. 23. Für den Einbezug *Gassner*, in: ders./Bendomir-Kahlo/Schmidt-Räntsch (Hrsg.), BNatSchG, 2. Aufl. 2003, § 63 Rn. 11.

39 Offengelassen in BVerwG, Urt. v. 05. 12. 1986 – 4 C 13/85, NVwZ 1987, 578 (589). Der hier maßgebliche Hinweis des Gerichts, es könne dahinstehen, ob Verkehrsflughäfen von § 38 Abs. 1 Nr. 3 BNatSchG a.F. umfasst seien, ist in BVerwGE 75, 214 (257) nicht abgedruckt.

40 *Krohn*, in: Schlacke (Hrsg.), GK-BNatSchG, 2012, § 4 Rn. 17; *Meßerschmidt*, Bundesnaturschutzrecht, 97. Aktualisierung, § 4 BNatSchG Rn. 27.

41 *Marzik/Wilrich*, Bundesnaturschutzgesetz, 2004, § 63 Rn. 10.

d) See- oder Binnenschifffahrt (Nr. 4)

Flächen, die der **See- oder Binnenschifffahrt** dienen, sind die Bundes- und   19
Landeswasserstraßen. Gemäß § 1 Abs. 1 Nr. 1 und 2 WaStrG[42] sind Bundeswasserstraßen entweder Binnenwasserstraßen oder Seewasserstraßen. Zwar
umfasst eine Seewasserstraße die gesamte Seefläche,[43] außerhalb der Fahrrinne findet aber rechtsfolgenseitig keine Privilegierung statt,[44] da diese zur
Gewährleistung der bestimmungsgemäßen Nutzung nicht notwendig ist.
Gemäß § 5 Satz 3 WaStrG kann das Befahren der Bundeswasserstraßen in
Naturschutzgebieten und Nationalparken nach den §§ 23 und 24 BNatSchG
durch Rechtsverordnung des Bundes geregelt, eingeschränkt oder untersagt
werden.[45]

e) Versorgung und Entsorgung (Nr. 5)

Privilegierte Flächen sind solche, die der **Versorgung** der Bevölkerung mit   20
Elektrizität, Gas, Wasser und Wärme dienen.[46] Umfasst sind die für die
Trinkwasserversorgung erforderlichen **Wasserschutzgebiete**, §§ 51 f. WHG.
Eine Beschränkung auf den Transport von Ressourcen gibt der Begriff der
Versorgung nicht her. Eine solche Begriffsverengung würde dem öffentlichen Zweck nicht gerecht, um den es § 4 Nr. 5 geht. Mit „Versorgung" ist
ersichtlich gemeint, dass die Ressourcen der Bevölkerung tatsächlich zur
Verfügung stehen. Die Verfügbarkeit kann sowohl an einer Beeinträchtigung
des Transports als auch der Produktion scheitern. Umfasst müssen daher
auch Kraftwerke und Abbaugebiete sein.[47] Entsprechend meint **„Entsorgung"** (von Abfall und Abwasser) nicht nur Flächen für den Abtransport,
sondern auch für Verwertungs- und Beseitigungsanlagen.[48]

f) Überflutung durch Hochwasser (Nr. 6)

In Nr. 6 wurde die ursprüngliche Formulierung „**Überflutung** oder **Hochwas-**   21
ser" durch „Überflutung durch Hochwasser" ersetzt. § 72 WHG legalde-
niert Hochwasser als „die zeitlich begrenzte Überschwemmung von norma-

---

42 Bundeswasserstraßengesetz v. 02.04.1968 (BGBl. 1968 II S. 173), das zuletzt durch
   Art. 522 der Verordnung v. 31.08.2015 (BGBl. I S. 1474) geändert worden ist.

43 *Marzik/Wilrich*, Bundesnaturschutzgesetz, 2004, § 63 Rn. 11.

44 *Meßerschmidt*, Bundesnaturschutzrecht, 97. Aktualisierung, § 4 BNatSchG Rn. 29; *Gassner*, in: ders./Bendomir-Kahlo/Schmidt-Räntsch (Hrsg.), BNatSchG, 2. Aufl. 2003, § 63
   Rn. 15.

45 *Heugel*, in: Lütkes/Ewer (Hrsg.), BNatSchG, 2011, § 4 Rn. 10.

46 *Gassner*, in: ders./Bendomir-Kahlo/Schmidt-Räntsch (Hrsg.), BNatSchG, 2. Aufl. 2003,
   § 63 Rn. 15; *Meßerschmidt*, Bundesnaturschutzrecht, 97. Aktualisierung, § 4 BNatSchG
   Rn. 30.

47 Ähnlich *Müller-Walter*, in: ders./Konrad/Mühlbauer/et al., Naturschutzrecht, 3. Aufl. 2013,
   § 4 Rn. 14. A.A. *Meßerschmidt*, Bundesnaturschutzrecht, 97. Aktualisierung, § 4 BNatSchG
   Rn. 30; *Marzik/Wilrich*, Bundesnaturschutzgesetz, 2004, § 63 Rn. 12. Siehe zu dieser Frage
   auch *Heugel*, in: Lütkes/Ewer (Hrsg.), BNatSchG, 2011, § 4 Rn. 11; *Krohn*, in: Schlacke
   (Hrsg.), GK-BNatSchG, 2012, § 4 Rn. 20.

48 *Marzik/Wilrich*, Bundesnaturschutzgesetz, 2004, § 63 Rn. 12.

lerweise nicht mit Wasser bedecktem Land durch oberirdische Gewässer oder durch in Küstengebiete eindringendes Meerwasser". Diese Überschwemmung wird in § 74 Abs. 2 und 3 WHG auch als „Überflutung" bezeichnet. Insofern findet nach der Vorstellung des WHG eine Überflutung in der Tat „durch" Hochwasser statt, wie es dem nunmehr geltenden Text von Nr. 6 entspricht. Privilegiert sind insbesondere **Überschwemmungsgebiete**, § 76 WHG, sowie Deiche und Rückhaltebecken.[49]

22 Die alte Formulierung ging nach dem Textbefund davon aus, dass die Begriffe Überflutung und Hochwasser nicht deckungsgleich sind, Überflutungen also auch andere Ursachen als Hochwasser besitzen können. Tatsächlich kann eine Überflutung auch durch aufsteigendes und eindringendes **Grundwasser**[50] sowie durch den Bruch von Hauptwasserleitungen entstehen. Allerdings ist nicht ersichtlich, auf welche Weise die Bereitstellung von Flächen der Beherrschung derartiger Ereignisse dienen könnte. Im Tatsächlichen besaß das Merkmal „Hochwasser" daher in der alten Fassung keinen gegenüber der „Überflutung" eigenständigen Anwendungsbereich. Die Richtigstellung des Texts war insoweit angezeigt.

g) Telekommunikation (Nr. 7)

23 Privilegiert sind die Flächen von **Telekommunikationsunternehmen**. Hierdurch soll die Telekommunikation als ein erheblicher, verfassungsrechtlich anerkannter Infrastrukturbelang (Art. 87f GG) geschützt werden. Die Liberalisierung des Marktes der Telekommunikationsdienstleistungen führt dazu, dass auch private Anbieter – nicht nur die lediglich organisationsprivatisierte Telekom – in den Genuss der Privilegierung kommen. Denn das Privileg des § 4 knüpft an den öffentlichen Zweck, nicht an die öffentliche Trägerschaft an. Somit können auch Flächen privater Träger tatbestandsmäßig sein.[51] Da der Mobilfunk heute als telekommunikationstechnische Grundversorgung gelten darf, sind auch Mobilfunk-Relaisstationen umfasst.[52] Ob die bestimmungsgemäße Nutzung der Fläche eines Telekommunikationsunternehmens tatsächlich von der Begrenzung der Anwendbarkeit von Naturschutzrecht abhängt, ist wiederum eine Frage der Rechtsfolgen im Einzelfall.

---

49 *Meßerschmidt*, Bundesnaturschutzrecht, 97. Aktualisierung, § 4 BNatSchG Rn. 31; *Kolodziejcok/Endres/Krohn/Markus*, NLJ, Kz. 0530, Lfg. 1/12, § 4 BNatSchG Rn. 23.

50 S. etwa die Hochwasserschutzfibel 2013 des Bundesministeriums für Verkehr, Bau und Stadtentwicklung, http://www.bmvi.de/SharedDocs/DE/Anlage/BauenUndWohnen/hochwasserschutzfibel_2.pdf?__blob=publicationFile, abgerufen am 01.03.2015.

51 Zustimmend *Kolodziejcok/Endres/Krohn/Markus*, NLJ, Kz. 0530, Lfg. 1/12, § 4 BNatSchG Rn. 24.

52 Zurückhaltend dagegen *Meßerschmidt*, Bundesnaturschutzrecht, 97. Aktualisierung, § 4 BNatSchG Rn. 32. Dafür *Marzik/Wilrich*, Bundesnaturschutzgesetz, 2004, § 63 Rn. 14; *Müller-Walter*, in: ders./Konrad/Mühlbauer/et al., Naturschutzrecht, 3. Aufl. 2013, § 4 Rn. 16.

III. Rechtsfolgen

1. „Maßnahmen des Naturschutzes und der Landschaftspflege" nach Satz 1

a) Allgemeines

Der Begriff meint Maßnahmen nach Bundes- oder Landesnaturschutzrecht, 24 die dem Naturschutz und der Landschaftspflege dienlich sind.[53] „Maßnahmen" können neben rechtsförmigem Verwaltungshandeln auch Realakte sein.[54]

Liegt ein Privilegierungstatbestand vor, so modifiziert § 4 das für Maßnahmen des Naturschutzes und der Landschaftspflege relevante behördliche Entscheidungsprogramm zu Gunsten der bestimmungsgemäßen Nutzung der Fläche. Der Gesetzeswortlaut „Bei Maßnahmen des Naturschutzes und der Landschaftspflege" ist mit Blick auf den Zweck der Vorschrift zu deuten im Sinne von „Bei der *Entscheidung über Maßnahmen* ...". Denn Rechtsfolge von § 4 kann gerade auch die Pflicht zum **Unterlassen** einer Maßnahme des Naturschutzes und der Landschaftspflege sein, etwa einer Schutzgebietsausweisung.

Umfasst sind Entscheidungen über die Erteilung beantragter **Ausnahmen** oder **Befreiungen**. Zwar ist die Erteilung einer Ausnahme oder Befreiung selbst keine „Maßnahme des Naturschutzes und der Landschaftspflege", sondern beeinträchtigt Naturschutz und Landschaftspflege vielmehr. Indes lässt sich eine Entscheidung über die Erteilung einer Ausnahme oder Befreiung auch ausdrücken als die Entscheidung darüber, ob eine Ausnahme oder Befreiung versagt werden soll. Die Versagung einer Ausnahme oder Befreiung würde Naturschutz und Landschaftspflege dienen. Sie stellt somit eine „Maßnahme des Naturschutzes und der Landschaftspflege" im Sinne des § 4 dar. Über sie ist aufgrund von § 4 gegebenenfalls in der Weise zu entscheiden, dass sie zu unterbleiben hat – die Befreiung oder Ausnahme also erteilt werden muss.

b) Zur Regelungstechnik

Darüber, wie § 4 die Flächenprivilegierung regelungstechnisch im Einzelnen 25 sicherstellt, herrscht eine gewisse Unklarheit.

aa) Rechtsfolgenbewirkung nur im Rahmen behördlicher Entscheidungs-
    spielräume

Änderungsgesetzgeber und Schrifttum nehmen zu Recht an, dass die Vor- 26 schrift zu interpretieren ist als **„Handlungsanweisung an die Naturschutzbe-**

---

53 *Heugel*, in: Lütkes/Ewer (Hrsg.), BNatSchG, 2011, § 4 Rn. 2; *Meßerschmidt*, Bundesnaturschutzrecht, 97. Aktualisierung, § 4 BNatSchG Rn. 9.
54 *Heugel*, in: Lütkes/Ewer (Hrsg.), BNatSchG, 2011, § 4 Rn. 2; *Krohn*, in: Schlacke (Hrsg.), GK-BNatSchG, 2012, § 4 Rn. 5; *Müller-Walter*, in: ders./Konrad/Mühlbauer/et al., Naturschutzrecht, 3. Aufl. 2013, § 4 Rn. 2.

hörden, bei Maßnahmen des Naturschutzes die genannten Belange zu gewährleisten",[55] und hierzu die behördlichen Entscheidungsspielräume zu nutzen sind.[56] § 4 bedeutet damit eine Konkretisierung des Abwägungsgrundsatzes des § 2 Abs. 3 für den Fall einer Unvereinbarkeit von Naturschutz und Funktionssicherung. Die Vorschrift determiniert das **Abwägungsergebnis** bei der Entscheidung insbesondere über die Zulässigkeit von Eingriffen (§ 15 Abs. 5), über die Unterschutzstellung von Natur und Landschaft bzw. über die für das Schutzgebiet geltenden Ge- und Verbote (§ 92 Abs. 1, § 23 Abs. 2 Satz 1, § 26 Abs. 2, § 28 Abs. 2, § 29 Abs. 2 Satz 1, § 30 Abs. 3, § 33 Abs. 1 Satz 2, mit Einschränkungen [dazu Rn. 36] auch § 34 Abs. 3 bis 5 und § 45 Abs. 7), über Ausnahmen von der Freihaltung von Gewässern und Uferzonen (§ 61 Abs. 3 Nr. 2) und über sonstige Befreiungen im öffentlichen Interesse (§ 67 Abs. 1 Nr. 1). Sie kann sich auch auf die Betätigung des Einschreitensermessens auswirken (§ 3 Abs. 2, § 17 Abs. 8).[57] Des Weiteren begrenzt § 4 als Konkretisierung des Abwägungsgebotes nach § 2 Abs. 3 die Pflicht der sonstigen Fachbehörden des Bundes und der Länder nach § 2 Abs. 2, die Verwirklichung der Ziele des Naturschutzes und der Landschaftspflege zu unterstützen (dazu § 2 Rn. 23).

27 Insbesondere nach Wegfall der Eigenschaft als Übergangsvorschrift, die lediglich einen Altbestand sichert (hierzu Rn. 29 ff.), besitzt § 4 auch Bedeutung für **Fachplanungen**, soweit die betroffene Fläche bereits für eine privilegierte Nutzung gewidmet ist.[58] Im Rahmen von Fachplanungen stellt sich das Naturschutzrecht weitgehend als **striktes Recht** dar und kann daher eine Flächenprivilegierung nicht im Wege der fachplanerischen Abwägung (etwa

---

55 *Müller-Walter*, in: ders./Konrad/Mühlbauer/et al., Naturschutzrecht, 3. Aufl. 2013, § 4 Rn. 1.

56 Die Begründung zum Gesetz zur Neuregelung des Rechts des Naturschutzes und der Landschaftspflege und zur Anpassung anderer Rechtsvorschriften (BNatSchGNeuregG), mit dessen Art. 1 das BNatSchG 2002 beschlossen wurde, verweist ausdrücklich auf die Bedeutung der Vorschrift bei naturschutzrechtlichen Abwägungsentscheidungen und speziell auf die Möglichkeit, dass eine Schutzerklärung eine zweckentsprechende Nutzung als Ausnahmeregelung für zulässig erklärt, BT-Drs. 14/6378, S. 61 f. Vgl. *Fischer-Hüftle*, in: ders./Schumacher, Bundesnaturschutzgesetz, 2. Aufl. 2011, § 4 Rn. 17 f.; *Heugel*, in: Lütkes/Ewer (Hrsg.), BNatSchG, 2011, § 4 Rn. 18; *Krohn*, in: Schlacke (Hrsg.), GK-BNatSchG, 2012, § 4 Rn. 1, 24; *Meßerschmidt*, Bundesnaturschutzrecht, 97. Aktualisierung, § 4 BNatSchG Rn. 9, 40 ff.; *Kolodziejcok/Endres/Krohn/Markus*, NLJ, Kz. 0530, Lfg. 1/12, § 4 BNatSchG Rn. 25.

57 Vgl. OVG Münster, Urt. v. 08. 06. 2005 – 8 A 262/05, NuR 2005, 660 (664).

58 Freilich muss es auch nach Wegfall der Eigenschaft als Übergangsvorschrift dabei bleiben, dass im Falle einer „gänzlich neuen planerischen Gesamtentscheidung" (BVerwG, Beschl. v. 30. 10. 1992 – 4 A 4.92, NVwZ 1993, 565 (567 f.)) § 4 keinen Bestandsschutz mehr gewährt. Dazu *Gassner*, in: ders./Bendomir-Kahlo/Schmidt-Räntsch (Hrsg.), BNatSchG, 2. Aufl. 2003, § 63 Rn. 7. Zu möglichen Fällen BVerwG, Urt. v 22. 11. 2000 – 11 A 4/00, BVerwGE 112, 214 (219); BVerwG, Beschl. v. 30. 10. 1992 – 4 A 4.92, NVwZ 1993, 565 (567 f.) (dort jeweils zurückhaltend wegen der zum relevanten Zeitpunkt noch geltenden Altbestandsregelung § 38 BNatSchG aF).

nach § 17 Satz 2 FStrG, § 18 Satz 2 AEG),[59] sondern nur innerhalb des naturschutzrechtlichen Regelungsregimes selbst stattfinden.

Voll befriedigen kann diese Konstruktion, die den § 4 seine Wirkung (nur)   *28*
bei gesetzlich eröffneten Entscheidungsspielräumen entfalten lässt,[60] allerdings nicht. Denn zumindest die Befreiungs(auffang)vorschrift des § 67 als
ein besonders wichtiger behördlicher Entscheidungsspielraum ist an sich nur
zur „Abfederung" unvorhergesehener bzw. **atypischer Fälle** gedacht (hierzu
§ 67 Rn. 1),[61] was sich im Fehlen einer näheren gesetzlichen Konkretisierung
der dort in Bezug genommenen „überwiegenden öffentlichen Interessen"
niederschlägt. Ausweislich des § 4 hat der Gesetzgeber Kollisionslagen bei
Flächen nach den Nummern 1 bis 7 indes gerade vorhergesehen. § 4 kurzer-
hand als *eigenständige* Ermächtigungsgrundlage für die behördliche Erteilung von Befreiungen zu deuten, scheidet angesichts des Wortlauts der Vorschrift trotzdem aus.

bb) Rechtsfolgeneintritt eo ipso?

Als eine alternative Interpretation zu erörtern ist, ob die Vorschrift als lex   *29*
specialis den Regelungsbefehl, den das materielle Naturschutzrecht bei
einer nicht privilegierten Fläche erteilen würde, bei einer privilegierten Fläche bereits eo ipso sperrt. Der Eintritt der Rechtsfolgen des § 4 wäre dann
nicht abhängig von der gesetzlichen Eröffnung behördlicher Entscheidungsspielräume. Einer Befreiung, Ausnahme oder sonstigen behördlichen Ermes-
sensbetätigung zu Gunsten der Funktionssicherung bedürfte es nicht. Das
materielle Naturschutzrecht wäre damit **tatbestandsseitig dynamisiert,** denn
seine Regelungsbefehle würden genau in dem Umfange suspendiert, wie es
im Einzelfall zur Funktionssicherung erforderlich wäre. Gegen ein solches
Verständnis spricht zunächst der aktuelle Wortlaut der Vorschrift, der auf
„Maßnahmen" und damit auf den **Gesetzesvollzug** abstellt. Das Bundesverwaltungsgericht meinte, die Regelung wolle nur eine bestimmte Wirkung
des Gesetzesvollzugs „für besondere Fälle" ausschließen und gerade keine
Anwendungssperre normieren.[62] Allerdings kannte die Fassung der Vorschrift, auf die das Gericht sich bezog (§ 38 BNatSchG a.F.), die Bezugnahme
auf „Maßnahmen" noch nicht. Vielmehr hieß es:

---

59 *Kromer,* in: Müller/Schulz (Hrsg.), Bundesfernstraßengesetz mit Bundesfernstraßenmaut-
   gesetz, Kommentar, 2. Aufl. 2013, § 17 FStrG Rn. 64 ff.; *Ronellenfitsch,* in: Marschall,
   Bundesfernstraßengesetz, Kommentar, 6. Aufl. 2012, § 17 Rn. 45; *Vallendar/Wurster,* in:
   Hermes/Sellner (Hrsg.), Beck'scher AEG-Kommentar, 2. Aufl. 2014, § 18 Rn. 116. Siehe
   auch BVerwG, Beschl. v. 30. 10. 1992 – 4 A 4.92, NVwZ 1993, 565 (568 f.).
60 Vgl. *Gellermann,* DVBl 2005, 73 (75).
61 *Fischer-Hüftle,* in: ders./Schumacher, Bundesnaturschutzgesetz, 2. Aufl. 2011, § 67 Rn. 2;
   Heugel, in: Lütkes/Ewer (Hrsg.), BNatSchG, 2011, § 67 Rn. 7; *Konrad,* in: ders./Mühl-
   bauer/Müller-Walter/et al., Naturschutzrecht, 3. Aufl. 2013, § 67 Rn. 2; *Sauthoff,* in:
   Schlacke (Hrsg.), GK-BNatSchG, 2012, § 67 Rn. 8, 13 ff.
62 BVerwG, Urt. v. 22. 11. 2000 – 11 A 4/00, BVerwGE 112, 214 (218).

30   *„Durch Naturschutz und Landschaftspflege dürfen Flächen [...] in*
      ihrer bestimmungsgemäßen Nutzung nicht beeinträchtigt werden".[63]

Das einstmalige Fehlen eines ausdrücklichen Bezugs auf „Maßnahmen", damit auf den Gesetzesvollzug, scheint eine Interpretation der Vorschrift als
tatbestandsseitige Dynamisierung des materiellen Naturschutzrechts zunächst eher zu gestatten.

31   Indes verweist das Gericht zu Recht auf Formulierungsvorschläge im Gesetz-
      gebungsverfahren zum BNatSchG 1976, die den materiellen Regelungsan-
      spruch des Gesetzes bei privilegierten Flächen zurücknehmen, jedoch letztlich
      gerade keinen Eingang in das Gesetz fanden. In den fraglichen Gesetzentwür-
      fen der Bundesregierung und der CDU/CSU hieß es fast gleichlautend:

      „Auf [privilegierten] Flächen [...] sind die Vorschriften dieses Geset-
      zes [...] nur anzuwenden, soweit dadurch die bestimmungsgemäße
      Nutzung nicht beeinträchtigt wird".[64]

Die dagegen als § 38 tatsächlich Gesetz gewordene Fassung entspricht dem
Gesetzentwurf des Bundesrates[65] (soeben bei Rn. 30 wiedergegeben). Die
Wahl gerade dieser Fassung anstelle der von Bundesregierung und CDU/
CSU vorgeschlagenen könnte für eine bewusste Entscheidung des Gesetzgebers gegen eine fallweise Sperrung der Regelungsbefehle des Naturschutzrechts eo ipso sprechen und damit für die Interpretation als eine Vorschrift,
die lediglich bei behördlichen Entscheidungsspielräumen Rechtsfolgen zeitigt.

32   Einer solchen Annahme läuft bei entstehungsgeschichtlicher Auslegung al-
      lerdings zuwider, dass auch dieser Entwurf des Bundesrates, ebenso wie die
      Entwürfe von Bundesregierung und CDU/CSU und der Bericht des zustän-
      digen Bundestagsausschusses, in der Begründung ausdrücklich feststellte,
      die Vorschrift schränke den sachlichen und räumlichen Anwendungsbereich
      des Gesetzes ein.[66] Zu dieser Deutung als Anwendungssperre passt des Wei-
      teren die ursprüngliche Konzeption als eine **Übergangsvorschrift**, die die
      zum Zeitpunkt des Inkrafttretens des BNatSchG 1976 bereits bestehenden
      privilegierten Flächen vor beeinträchtigenden Wirkungen des neuen Natur-
      schutzrechts abschirmen sollte. Für zukünftige Flächen vertraute man dem-
      gegenüber darauf, dass der Aspekt der Funktionssicherung im Rahmen der
      sonstigen „differenzierten und am Gemeinwohl ausgerichteten Regelungen
      des Entwurfs" ausreichend einfließen werde.[67] Damit angesprochen sind vor
      allem die gesetzlichen Abwägungs-, Ausnahme- und Befreiungsmöglichkei-

---

63 § 38 BNatSchG i.d.F. v. 21.09.1998, BGBl. I, S. 2994.
64 BT-Drs. 7/886, S. 18. Entsprechend BT-Drs. 7/324, S. 13.
65 Siehe BT-Drs. 7/3879, S. 15.
66 BT-Drs. 7/3879, S. 31. Entsprechend BT-Drs. 7/886, S. 44 f.; BT-Drs. 7/324, S. 16. Ebenso
    der Ausschussbericht BT-Drs. 7/5251, S. 15.
67 BT-Drs. 7/3879, S. 31; BT-Drs. 7/5251, S. 15. Vgl. BVerwG, Beschl. v. 30.10.1992 – 4 A
    4.92, NVwZ 1993, 565 (567 f.).

ten zu Gunsten entgegenstehender öffentlicher Interessen. Demnach wären diese Möglichkeiten gerade nicht als „Andockstelle" für den Regelungsbefehl des § 4 gedacht gewesen.

cc) Bewertung

Dessen ungeachtet wird man jedoch – insbesondere angesichts der aktuellen   *33*
Fassung („Bei Maßnahmen..") – davon ausgehen müssen, dass der Wortlaut letztlich nicht genügend Anhaltspunkte dafür liefert, dass die Vorschrift die Regelungsbefehle des Naturschutzrechts fallweise eo ipso sperren soll.[68] Hierfür spricht auch, dass die Veränderung der systematischen Stellung der Vorschrift im BNatSchG 2009 damit begründet wird, dass es sich um eine im Wesentlichen an die für Naturschutz und Landschaftspflege zuständigen Behörden gerichtete Vorschrift handele.[69] Würde die Vorschrift die Regelungsbefehle des Naturschutzrechts eo ipso sperren, so wäre sie dagegen an alle Regelungsadressaten, mithin also letztlich an Jedermann gerichtet. Satz 2 der Vorschrift bestätigt diese Deutung von § 4 als bloßen „Abwägungsleitsatz"[70] (näher zu Satz 2 bei Rn. 35).

§ 4 lässt also die Geltung des Naturschutzrechts auch für privilegierte Flä-   *34*
chen unberührt[71] und gibt lediglich im Falle einer Unvereinbarkeit im Tatsächlichen zwischen bestimmungsgemäßer Nutzung und Anforderungen des Naturschutzes der bestimmungsgemäßen Nutzung im Rahmen der Abwägung absoluten Vorrang.[72] Eine privilegierte Fläche ist nicht von vornherein von naturschutzrechtlichen Anforderungen freigestellt, § 4 normiert keine Anwendungssperre. Auch für privilegierte Flächen gilt daher insbesondere die **Eingriffsregelung**[73] und sind Verfahrensvorschriften wie naturschutzbehördliche Genehmigungs- und Mitwirkungserfordernisse zu beachten.[74] Er-

---

68 Vgl. für die Verbotstatbestände des Artenschutzrechts *Müller-Walter*, in: ders./Konrad/Mühlbauer/et al., Naturschutzrecht, 3. Aufl. 2013, § 4 Rn. 8: Es werde keine Legalausnahme von den Verbotsvorschriften des § 44 postuliert, sondern es käme allenfalls ein zugelassener Eingriff in Betracht.

69 BT-Drs. 16/12274, S. 52.

70 *Meßerschmidt*, Bundesnaturschutzrecht, 97. Aktualisierung, § 4 BNatSchG Rn. 41.

71 VGH Kassel, Beschl. v. 09.09.1985 – 3 TG 1640/85, ESVGH 36, 25 = NVwZ 1986, 675.

72 *Meßerschmidt*, Bundesnaturschutzrecht, 97. Aktualisierung, § 4 BNatSchG Rn. 41.

73 *Heugel*, in: Lütkes/Ewer (Hrsg.), BNatSchG, 2011, § 4 Rn. 18; *Fischer-Hüftle*, in: ders./Schumacher, Bundesnaturschutzgesetz, 2. Aufl. 2011, § 4 Rn. 17; *Müller-Walter*, in: ders./Konrad/Mühlbauer/et al., Naturschutzrecht, 3. Aufl. 2013, § 4 Rn. 6; *Meßerschmidt*, Bundesnaturschutzrecht, 97. Aktualisierung, § 4 BNatSchG Rn. 9.

74 VGH Kassel, Beschl. v. 09.09.1985 – 3 TG 1640/85, ESVGH 36, 25 = NVwZ 1986, 675; VG Köln, Beschl. v. 29.06.2001 – 14 727/01, NuR 2002, 116; OVG Münster, Beschl. v. 26.06.1996 – 10 B 722/96, NuR 1997, 152; *Meßerschmidt*, Bundesnaturschutzrecht, 97. Aktualisierung, § 4 BNatSchG Rn. 43; *Marzik/Wilrich*, Bundesnaturschutzgesetz, 2004, § 63 Rn. 5 f.; *Müller-Walter*, in: ders./Konrad/Mühlbauer/et al., Naturschutzrecht, 3. Aufl. 2013, § 4 Rn. 7. Zur Beachtung des Naturschutzverfahrensrechtes in Fällen, in denen das Naturschutzrecht von sonstigen Fachbehörden vollzogen wird BVerwG, Urt. v. 10.04.2013 – 4 C 3.12, NuR 2013, 656.

fordert die bestimmungsgemäße Nutzung daher einen Eingriff, zieht dieser die Pflicht zu Ausgleichs- oder Ersatzmaßnahmen nach sich. Dies gilt nur dann nicht, wenn eine bestimmungsgemäße Nutzung auch Ausgleichs- oder Ersatzmaßnahmen nicht zulässt.

2. Berücksichtigungspflicht nach Satz 2

35 Der Änderungsgesetzgeber interpretiert Satz 2 als **„Klarstellung"**,[75] dass die Regelung des § 4 nicht darauf angelegt sei, einen naturschutzfreien Raum zu schaffen. In der Tat ergibt sich die Anordnung des Satz 2 bereits daraus, dass Hoheitsträger ebenso wie Private an das Naturschutzrecht gebunden sind und Satz 1 dessen Regelungsbefehle nicht sperrt, sondern vielmehr das behördliche Abwägungsergebnis im Rahmen gesetzlicher Entscheidungsspielräume nur soweit determiniert, wie es zu Gunsten der Funktionssicherung erforderlich ist. Naturschutzrecht bleibt also auch in Bezug auf privilegierte Flächen anwendbar und sind dessen Ge- und Verbote folglich uneingeschränkt zu beachten, soweit die zuständige Behörde nicht auf gesetzlicher Grundlage eine Ausnahme oder Befreiung verfügt hat (siehe dazu Rn. 26 f.).

3. Anwendungsvorrang des Unionsrechts

36 Entscheidungen, die im Rahmen des Regelungsregimes zur Umsetzung der FFH-[76] oder der Vogelschutzrichtlinie (VRL)[77] getroffen werden, unterliegen dem Gebot der Funktionssicherung nach § 4 nur, soweit der Anwendungsvorrang des Unionsrechts dies zulässt.[78] Die von Art. 6 Abs. 4, Art. 16 FFH-RL und Art. 9 Abs. 1 VRL zugelassenen Ausnahmetatbestände in § 34 Abs. 3 bis 5, § 45 Abs. 7 BNatSchG sind abschließend. Der Funktionssicherungszweck muss also einen dieser Tatbestände verwirklichen, um Berücksichtigung finden zu können. Befreiungen nach § 67 Abs. 2 BNatSchG stoßen dagegen auf unionsrechtliche Bedenken, dazu näher § 67 Rn. 9 ff.

---

75 BT-Drs. 14/6378, S. 63.

76 Richtlinie 92/43/EWG des Rates v. 21.05.1992 zur Erhaltung der natürlichen Lebensräume sowie der wildlebenden Tiere und Pflanzen, ABl. L 206 v. 22.07.1992, S. 7, zuletzt geändert durch Richtlinie 2013/17/EU des Rates v. 13.05.2013, ABl. L 158 v. 10.06.2013, S. 193.

77 Richtlinie 2009/147/EG des europäischen Parlaments und des Rates v. 30.11.2009 über die Erhaltung der wildlebenden Vogelarten (kodifizierte Fassung), ABl. L 20 v. 26.01.2010, S. 7, zuletzt geändert durch Richtlinie 2013/17/EU des Rates v. 13.05.2013, ABl. L 158 v. 10.06.2013, S. 193.

78 Vgl. *Heugel*, in: Lütkes/Ewer (Hrsg.), BNatSchG, 2011, § 4 Rn. 3; *Müller-Walter*, in: ders./Konrad/Mühlbauer/et al., Naturschutzrecht, 3. Aufl. 2013, § 4 Rn. 9.

§ 5
Land-, Forst- und Fischereiwirtschaft*)

(1) Bei Maßnahmen des Naturschutzes und der Landschaftspflege ist die besondere Bedeutung einer natur- und landschaftsverträglichen Land-, Forst- und Fischereiwirtschaft für die Erhaltung der Kultur- und Erholungslandschaft zu berücksichtigen.

(2) Bei der landwirtschaftlichen Nutzung sind neben den Anforderungen, die sich aus den für die Landwirtschaft geltenden Vorschriften und aus § 17 Absatz 2 des Bundes-Bodenschutzgesetzes ergeben, insbesondere die folgenden Grundsätze der guten fachlichen Praxis zu beachten:

1. die Bewirtschaftung muss standortangepasst erfolgen und die nachhaltige Bodenfruchtbarkeit und langfristige Nutzbarkeit der Flächen muss gewährleistet werden;

2. die natürliche Ausstattung der Nutzfläche (Boden, Wasser, Flora, Fauna) darf nicht über das zur Erzielung eines nachhaltigen Ertrages erforderliche Maß hinaus beeinträchtigt werden;

3. die zur Vernetzung von Biotopen erforderlichen Landschaftselemente sind zu erhalten und nach Möglichkeit zu vermehren;

4. die Tierhaltung hat in einem ausgewogenen Verhältnis zum Pflanzenbau zu stehen und schädliche Umweltauswirkungen sind zu vermeiden;

5. auf erosionsgefährdeten Hängen, in Überschwemmungsgebieten, auf Standorten mit hohem Grundwasserstand sowie auf Moorstandorten ist ein Grünlandumbruch zu unterlassen;

6. die Anwendung von Dünge- und Pflanzenschutzmitteln hat nach Maßgabe des landwirtschaftlichen Fachrechts zu erfolgen; eine Dokumentation über den Einsatz von Dünge- und Pflanzenschutzmitteln ist nach Maßgabe des § 7 der Düngeverordnung in der Fassung der Bekanntmachung vom 27. Februar 2007 (BGBl. I S. 221), die durch Artikel 1 der Verordnung vom 6. Februar 2009 (BGBl. I S. 153) geändert worden ist, und § 6 Absatz 4 des Pflanzenschutzgesetzes in der Fassung der Bekanntmachung vom 14. Mai 1998 (BGBl. I S. 971, 1527, 3512), das zuletzt

---

*) Beachte bei
  § 5: **Bayern** – Abweichung durch Art. 3 BayNatSchG v. 23. 02. 2011 (GVBl. 2011, S. 82) m.W.v. 01. 03. 2011 (vgl. BGBl. I 2011, S. 365)
  § 5 Abs. 2: **Schleswig-Holstein** – Abweichung durch § 3 Abs. 2 LNatSchG SH v. 24. 02. 2010 (GVOBl. Schl.-H. S. 301) m.W.v. 01. 03. 2010 (vgl. BGBl. I 2010, S. 450)
  § 5 Abs. 2: **Hamburg** – Abweichung durch § 3 HmbBNatSchAG v. 11. 05. 2010 (Hmb-GVBl. S. 350, 402) m.W.v. 01. 06. 2010 (vgl. BGBl. I 2011, S. 93)
  § 5 Abs. 2 Nr. 6 letzter Halbs.: **Schleswig-Holstein** – Abweichung durch § 3 Abs. 1 LNatSchG SH v. 24. 02. 2010 (GVOBl. Schl.-H. S. 301) m.W.v. 01. 03. 2010 (vgl. BGBl. I 2010, S. 450)
  § 5 Abs. 3: **Schleswig-Holstein** – Abweichung durch § 3 Abs. 3 LNatSchG SH v. 24. 02. 2010 (GVOBl. Schl.-H. S. 301) m.W.v. 01. 03. 2010 (vgl. BGBl. I 2010, S. 450)
  § 5 Abs. 4: **Schleswig-Holstein** – Abweichung durch § 3 Abs. 4 LNatSchG SH v. 24. 02. 2010 (GVOBl. Schl.-H. S. 301) m.W.v. 01. 03. 2010 (vgl. BGBl. I 2010, S. 450).

durch Artikel 1 des Gesetzes vom 5. März 2008 (BGBl. I S. 284, 1102) geändert worden ist, zu führen.

(3) Bei der forstlichen Nutzung des Waldes ist das Ziel zu verfolgen, naturnahe Wälder aufzubauen und diese ohne Kahlschläge nachhaltig zu bewirtschaften. Ein hinreichender Anteil standortheimischer Forstpflanzen ist
einzuhalten.

(4) Bei der fischereiwirtschaftlichen Nutzung der oberirdischen Gewässer
sind diese einschließlich ihrer Uferzonen als Lebensstätten und Lebensräume für heimische Tier- und Pflanzenarten zu erhalten und zu fördern.
Der Besatz dieser Gewässer mit nichtheimischen Tierarten ist grundsätzlich
zu unterlassen. Bei Fischzuchten und Teichwirtschaften der Binnenfischerei
sind Beeinträchtigungen der heimischen Tier- und Pflanzenarten auf das
zur Erzielung eines nachhaltigen Ertrages erforderliche Maß zu beschränken.

I. Allgemeines

1 Naturschutz und Landnutzung stehen seit jeher in einem Spannungsverhältnis. Einerseits kommt der Land- und Forstwirtschaft sowie in geringerem
Maße auch der Fischereiwirtschaft eine besondere Bedeutung für die Erhaltung und Gestaltung der Kultur- und Erholungslandschaft zu. Andererseits
werden den angesprochenen Landnutzungsformen weit reichende **Umwelt-
und Naturbelastungen** zugeschrieben. Während die forstliche Bodennutzung
aufgrund eher extensiver Wirtschaftsweise und langen Nutzungszyklen weniger stark in der Kritik steht, wird insbesondere die Landwirtschaft in vielen
Bereichen für den Verlust von Biodiversität, die Freisetzung von klimaschäd-
lichen Treibhausgasen, die nachteilige Veränderung des Bodens sowie die

Belastung von Grund- und Oberflächengewässern verantwortlich gemacht.[1] Diese Anlastungen wiegen umso schwerer, wenn man sich vor Augen führt, dass rund 52,5 % % der gesamten Landfläche der Bundesrepublik und damit 18,76 Mio. ha landwirtschaftlich genutzt sind.[2]

Während die Landwirtschaft in den bis 1998 geltenden Fassungen des BNat-SchG noch erheblich privilegiert war[3] und ihr über die allgemeine Landwirtschaftsklausel des § 1 Abs. 3 BNatSchG a. F. ein generell positives Verhältnis zum Naturschutz bescheinigt wurde, hat sich diese Privilegierung in den späteren Fassungen des BNatSchG erheblich reduziert. So wurde durch das BNatSchG 1998 der frühere § 1 Abs. 3 gestrichen und in § 2 Abs. 3 BNat-SchG 1998 eine abgeschwächte Landwirtschaftsklausel aufgenommen, nach der bei Maßnahmen des Naturschutzes und der Landschaftspflege die besondere Bedeutung der Land-, Forst- und Fischereiwirtschaft für die Erhaltung der Kultur- und Erholungslandschaft zu berücksichtigen war. In Abweichung dazu wurde dann durch § 5 Abs. 1 BNatSchG in der Fassung vom 25. 03. 2002[4] bestimmt, dass nicht mehr jede ordnungsgemäße land-, forst- und fischereiwirtschaftliche Bodennutzung zu berücksichtigen ist, sondern nur noch eine solche, die natur- und landschaftsverträglich ist.[5] Diese Regelung wurde unverändert in die aktuelle Fassung des § 5 Abs. 1 übernommen. Aufgrund der Föderalismusreform und der damit eingeführten konkurrierenden Gesetzgebung im Bereich des Naturschutzrechts ist die vormals als Rahmenrecht konzipierte Regelung jetzt unmittelbar geltendes Recht geworden.

II. Normüberblick

Die Vorschrift, deren praktische Bedeutung auch nach der Neufassung als gering einzustufen ist,[6] entspricht im Wesentlichen § 5 Abs. 1 und Abs. 4–6 BNatSchG 2002. § 5 Abs. 1 beinhaltet die sog. allgemeine Landwirtschaftsklausel[7] und statuiert damit eine Berücksichtigungspflicht des Staates, die insbesondere die Naturschutzbehörden anspricht. Die Abs. 2–4 enthalten demgegenüber Verpflichtungen für die Land-, Forst- und Fischereiwirtschaft in Sachen Naturschutz und Landschaftspflege. In Abs. 2 werden mit den Grundsätzen der guten fachliche Praxis Mindestanforderungen für die Landwirtschaft aufgestellt. Anforderungen an die forstliche Nutzung des Waldes und die Fischereiwirtschaft finden sich in den Abs. 3 und 4.

2

1 *Ammermüller*, ZUR 2009, 250; *Ekardt*, ZUR 2008, 169 f.; *Möckel*, NuR 2008, 832; *Raschke/Fishan*, ZUR 2006, 57.

2 *Statistisches Bundesamt*, Bodenfläche nach Art der tatsächlichen Nutzung 2008, Wiesbaden 2010.

3 Vgl. dazu *Stollmann*, NVwZ 1994, 1082; *Ekardt*, ZUR 2008, 169; *Köck*, NuR 2010, 531.

4 BGBl. I S. 1193.

5 *Heugel*, in: Landmann/Rohmer, Umweltrecht, Bd. IV, § 5 BNatSchG Rn. 4.

6 So auch *Gellermann*, NVwZ 2010, 75; *Louis*, NuR 2010, 79; *Gassner*, in: Gassner/Heugel, Das neue Naturschutzrecht, 2010, Rn. 180 f.

7 Vgl. dazu auch die speziellen Landwirtschaftsklauseln in §§ 14 Abs. 2 und 44 Abs. 4 BNatSchG.

III. Die allgemeine Landwirtschaftsklausel (§ 5 Abs. 1)

3 Abs. 1 kommt zur Anwendung, wenn Maßnahmen des Naturschutzes und der Landschaftspflege die land-, forst- oder fischereiwirtschaftliche Bodennutzung berühren oder berühren können. Er stellt damit nicht nur eine Gewichtungsregel für klassische Abwägungsentscheidungen auf, sondern erfasst alle Arten von Entscheidungen bis hin zur Auslegung von unbestimmten Rechtsbegriffen.[8]

1. Tatbestand

a) Maßnahmen des Naturschutzes und der Landschaftspflege

4 Unter Maßnahmen des Naturschutzes und der Landschaftspflege sind alle Planungen und Vorhaben zu verstehen, die unmittelbar der Förderung der Belange von Naturschutz und Landschaftspflege dienen.[9] Der Terminus ist weit zu verstehen[10] und erfasst die Aufstellung von Landschaftsplänen, die Versagung oder Genehmigung von Eingriffen einschließlich zugehöriger Kompensationsmaßnahmen, die Unterschutzstellung von Gebieten und Objekten, die Gewährung von Befreiungen sowie Maßnahmen des Vertragsnaturschutzes.[11]

b) Auswirkungen auf Belange der Land-, Forst- und Fischereiwirtschaft

5 Von solchen ist auszugehen, wenn die Maßnahmen des Naturschutzes und der Landschaftspflege die genannten Wirtschaftszweige in ihrer täglichen Wirtschaftsweise betreffen.[12] Begünstigt ist damit nur die ausgeübte Land-, Forst- und Fischereiwirtschaft und nicht Veränderungen, die eine entsprechende Nutzung erst ermöglichen oder effektiver gestalten[13] sowie der Wechsel der Nutzungsart, beispielsweise von Landwirtschaft zu Forst- oder Fischereiwirtschaft.[14]

Unter **Landwirtschaft** versteht man in diesem Zusammenhang die planmäßige Bewirtschaftung von Acker-, Grün- und Weideland sowie Sonderkulturen zur Gewinnung von pflanzlichen und tierischen Produkten. Sie erfasst auch den Obst-, Wein-, und Gartenbau,[15] Baumschulen,[16] Hopfen- und Ta-

---

8 *Gassner*, in: Gassner/Bendomir-Kahlo/Schmidt-Räntsch, 2. Aufl. 2003, § 5 Rn. 12.

9 *Louis*, in: Louis/Engelke, BNatSchG, 2. Aufl. 2000, § 2 Rn. 34.

10 *Meßerschmidt*, BNatSchG, § 5 Rn. 22.

11 *Krohn*, in: Kolodziejcok/Endres/Krohn/Markus, NLJ, Kz. 0535, § 5 BNatSchG Rn. 15; *Wilrich*, in: Marzik/Wilrich, BNatSchG, 1. Aufl. 2004, § 5 Rn. 8; a.A. *Louis*, in: Louis/Engelke, BNatSchG, 2. Aufl. 2000, § 2 Rn. 34.

12 *Meßerschmidt*, BNatSchG, § 5 Rn. 23.

13 BVerwG, Beschl. v. 14.04.1988 – 4 B 55/88, NVwZ 1989, 179; BVerwG, Urt. v. 13.04.1983 – 4 C 76/80, NVwZ 1985, 41.

14 BVerwG, Beschl. v. 04.06.2003 – 4 BN 27.03, ZfBR 2004, 390; BVerwG, Urt. v. 14.10.1988 – 4 C 58/84, NVwZ-RR 1989, 289; BVerwG, Urt. v. 13.04.1983 – 4 C 76/80, NVwZ 1985, 41.

15 BVerwG, Beschl. v. 04.06.2003 – 4 BN 27.03, ZfBR 2004, 390; BVerwG, Urt. v. 20.01.1984 – 4 C 72/80, NVwZ 1985, 183; BVerwG, Beschl. v. 16.03.1993 – 4 B 15/93, NVwZ 1993, 396; VGH Mannheim, Urt. v. 08.07.2009 – 8 S 1685/08.

16 BVerwG, Urt. v. 30.11.1984 – 4 C 27/81, NVwZ 1986, 203.

bakanbau,[17] Sämerei- und Rollrasengewinnung, die berufsmäßige Imkerei[18] und je nach Landesrecht auch Christbaum- und Schmuckreisigkulturen außerhalb des Waldes sowie Flächen, die der Erzeugung nachwachsender Rohstoffe dienen sofern es sich dabei nicht um Wald i.S. des § 2 BWaldG handelt.[19] Erfasst werden der Haupt- und der Nebenerwerb[20] sowie erforderliche Hilfsgeschäfte;[21] des Weiteren auch Produktions- oder Veredelungsstufen die der Bodenertragsnutzung folgen,[22] die Selbstvermarktung landwirtschaftlicher Produkte,[23] nicht aber die Hobbytätigkeit,[24] die industrielle Massentierhaltung ohne ausreichende eigene Futtergrundlage,[25] landwirtschaftliche Lohnbetriebe[26] sowie alle sonstigen bodenunabhängigen Produktionsformen.

Forstwirtschaft ist die auf die Begründung, Pflege und Nutzbarmachung des Waldes gerichtete, planmäßige, wirtschaftliche Tätigkeit,[27] welche die Gewinnung von Waldprodukten, insbesondere Holz, durch planmäßige Auf- und Abforstung sowie ihre Verwertung zum Gegenstand hat.[28] Sie erfasst auch Produktions- oder Veredelungsstufen, die der Bodenertragsnutzung folgen, wobei aber in Einschränkung zur Landwirtschaft noch die Prägung durch die reine Bodenertragsnutzung gegeben sein muss.[29] Das bei der Landwirtschaft zu Haupt- und Nebenerwerb, Hilfsgeschäften, Selbstvermarktung, Hobbytätigkeit und Lohnbetrieben Gesagte gilt auch hier.

Der Begriff **Fischereiwirtschaft** erfasst die Erwerbsfischerei durch Entnahme von Fischen und anderen fischereiwirtschaftlichen Tierarten (Krebse, Muscheln) aus natürlichen und künstlich angelegten (Teiche) oberirdischen Gewässern einschließlich des Meeres sowie den Besatz und die Hege der Fische und anderer fischereiwirtschaftlich nutzbarer Arten.[30] Im Bereich der Teichwirtschaft gehören dazu auch das Bespannen, die Pflege und das Ab-

---

17 OVG Koblenz, Urt. v. 05.08.2004 – 1 A 11787-03.

18 BVerwG, Urt. v. 16.12.2004 – 4 C 7/04, NVwZ 2005, 587; BVerwG, Beschl. v. 16.03.1993 – 4 B 15/93, NVwZ 1993, 396.

19 OVG Koblenz, Urt. v. 22.11.2007 – 1 A 10253/07, UPR 2008, 32.

20 VGH Mannheim, Urt. v. 08.07.2009 – 8 S 1685/08.

21 BVerwG, Beschl. v. 16.03.1993 – 4 B 15/93, NVwZ 1993, 396.

22 BVerwG, Urt. v. 19.04.1985 – 4 C 13/82, NVwZ 1986, 201.

23 VGH Mannheim, Urt. v. 15.02.1996 – 3 S 233/95.

24 VGH Kassel, Urt. v. 12.11.2007 – 4 N 3204/05, NuR 2003, 32; VGH Mannheim, Urt. v. 25.03.1988 – 5 S 2611/87, NVwZ 1989, 9.

25 BVerwG, Urt. v. 04.07.1980 – 4 C 101/77, NJW 1981, 139.

26 BVerwG, Beschl. v. 11.08.1989 – 4 B 151/89, NVwZ 1990, 161.

27 *Mantel/Schlessmann*, Forstliche Rechtslehre, 2. Aufl. 1984, S. 4; *Möller*, Umweltrecht, Bd. III, 3. Aufl. S. 51.

28 *Hopt*, in: Baumbach/Hopt, HGB, 34. Aufl. 2010, § 3 Rn. 4; *Mantel/Schlessmann*, Forstliche Rechtslehre, 2. Aufl. 1984, S. 4; vgl. auch *Krohn*, in: Kolodziejcok/Endres/Krohn/Markus, NLJ, Kz. 0535 § 5 BNatSchG Rn. 10.

29 BVerwG, Beschl. v. 04.10.2006 – 4 B 64/06, NVwZ 2007, 224.

30 *Krohn*, in: Kolodziejcok/Endres/Krohn/Markus, NLJ, Kz. 0535 § 5 BNatSchG Rn. 11; BayVGH, Urt. v. 09.11.1979 – 47 II 77, BayVerwBl 1980, 627.

lassen der Gewässer. Nach der Rechtsprechung wird die Binnenfischerei von der Landwirtschaft eingeschlossen.[31] Da der Begriff der Fischereiwirtschaft auch die Meeresfischerei erfasst, hat er eigenständige Bedeutung, die sich insbesondere im Bereich der Küstenfischerei und damit verbundenen Naturschutzkonflikten auswirken kann. Das bei der Landwirtschaft zu Haupt- und Nebenerwerb, Hilfsgeschäften, Selbstvermarktung und Hobbytätigkeit Gesagte gilt auch hier.

c) Natur- und Landschaftsverträglichkeit

6   Natur- und landschaftsverträglich ist eine land-, forst- und fischereiwirtschaftliche Bodennutzung dann, wenn sie den in § 5 Abs. 2–4 formulierten Kriterien der guten fachlichen Praxis entspricht. Diese Sichtweise legt auch der Wortlaut des § 14 Abs. 2 Satz 2 nahe.[32] Eine Wirtschaftsweise, die nicht natur- und landschaftsverträglich ist, wird nicht von § 5 Abs. 1 erfasst. Soweit diese nicht von vornherein unzulässig ist, muss auf sie nur noch als privater Belang Rücksicht genommen werden.[33]

2. Rechtsfolge: Berücksichtigung der besonderen Bedeutung

7   Als Rechtsfolge sieht Abs. 1 die Berücksichtigung der Land-, Forst- und Fischereiwirtschaft vor. Berücksichtigung bedeutet in diesem Zusammenhang, dass die Belange der Land-, Forst- und Fischereiwirtschaft in die zu treffenden Entscheidungen einbezogen werden müssen und dabei die positive gesetzgeberische Vorabbewertung zu berücksichtigen ist. Es handelt sich damit in gewisser Weise um eine **Gewichtungsregel**.[34] Diese führt allerdings nicht zwangsläufig dazu, dass die Belange des Naturschutzes und der Landschaftspflege stets zurücktreten müssten. Vielmehr kann die Abwägung im Einzelfall auch ergeben, dass sich selbst eine natur- und landschaftsverträgliche land-, forst- oder fischereiwirtschaftliche Bodennutzung nicht durchzusetzen vermag. So darf beispielsweise die Zerstörung, Beschädigung oder Veränderung eines Naturschutzgebiets oder seiner Bestandteile auch dann verboten werden, wenn sie im Rahmen der ordnungsgemäßen Land-, Forst- oder Fischereiwirtschaft geschieht.[35]

---

31 BVerwG, Urt. v. 16.12.2004 – 4 C 7/04, NVwZ 2005, 588; BVerwG, Beschl. v. 18.07.1997 – 4 BN 5/97, NVwZ-RR 1998, 225; BVerwG, Beschl. v. 16.03.1993 – 4 B 15/93, NVwZ-RR 1993, 396.

32 *Krohn*, in: Kolodziejcok/Endres/Krohn/Markus, NLJ, Kz. 0535 § 5 BNatSchG Rn. 13; *Meßerschmidt*, BNatSchG, § 5 Rn. 18; *Wilrich*, in: Marzik/Wilrich, BNatSchG, 1. Aufl. 2004, § 5 Rn. 11; *Müller*, NuR 2002, 531; a.A. *Heugel*, in: Landmann/Rohmer, Umweltrecht, Bd. IV, § 5 BNatSchG Rn. 8; *Ekardt*, ZUR 2008, 171.

33 *Meßerschmidt*, BNatSchG, § 5 Rn. 27; *Wilrich*, in: Marzik/Wilrich, BNatSchG, 1. Aufl. 2004, § 5 Rn. 14.

34 *Gassner*, in: Gassner/Bendomir-Kahlo/Schmidt-Räntsch, 2. Aufl. 2003, § 5 Rn. 12; *Wilrich*, in: Marzik/Wilrich, BNatSchG, 1. Aufl. 2004, § 5 Rn. 13.

35 BVerwG, Beschl. v. 18.07.1997 – 4 BN 5/97, NVwZ-RR 1998, 225.

IV. Anforderungen an die Landwirtschaft (§ 5 Abs. 2)

In § 5 Abs. 2 werden besondere naturschutzrechtliche Anforderungen an die   **8**
Landwirtschaft statuiert. Neben den Anforderungen, die sich aus dem einschlägigen Fachrecht und aus § 17 Abs. 2 des Bundes-Bodenschutzgesetzes
ergeben, findet sich ein nicht abschließender Katalog von Grundsätzen der
guten fachlichen Praxis. Zum Fachrecht i.d. Sinn gehören vor allem das
Pflanzenschutz-, Düngemittel- und Bodenschutzrecht, daneben aber auch
weiter entfernt liegende Einzelbestimmungen des Lebensmittel-, Tierschutz-,
Futtermittel-, Abfall-, Immissions- und Wasserschutz- sowie des Gentechnikrechts. Ebenso wie die bislang in § 5 Abs. 4 BNatSchG a.F. geregelten Grundsätze der **guten fachlichen Praxis** ist auch die Neuregelung wenig konkret,
enthält keine Verordnungsermächtigung und ist daher kaum vollziehbar.[36]
Hinzukommt, dass Verstöße gegen § 5 Abs. 2 BNatSchG nicht sanktioniert
sind und die Vorschrift daher eher einen appellierenden und keinen anwei-
senden Charakter hat,[37] weshalb sich aus ihr keine konkreten Handlungspflichten ableiten lassen.[38] Wirkung in der Praxis entfalten dessen Anforderungen daher in erster Linie durch Koppelung mit den Agrarsubventionen
(Cross Compliance).[39] Um der mangelnden Konkretisierung entgegen zu treten, haben mehrere Länder abweichende Vorschriften erlassen oder aufrecht
erhalten, in denen auf landesrechtliche Fachgesetze verwiesen wird oder
Verordnungsermächtigungen enthalten sind.[40]

1. Standortangepasste Bewirtschaftung

§ 5 Abs. 2 Nr. 1 BNatSchG besagt, dass die Bewirtschaftung standortange-   **9**
passt erfolgen muss und die nachhaltige Bodenfruchtbarkeit und langfristige
Nutzbarkeit der Flächen gewährleistet werden müssen. Die Vorschrift überschneidet sich mit den in Nr. 2 genannten Geboten der Gewährleistung einer
„nachhaltigen Bodenfruchtbarkeit" sowie „langfristigen Nutzbarkeit" und
hat außerdem den Charakter eines Obersatzes für die Vorgaben in Nr. 5 und
6 Halbsatz 1, so dass sie zur ergänzenden Auslegung und Handhabung dieser Bestimmungen herangezogen werden kann.[41] Unter „Bewirtschaftung"

---

36 *Gellermann*, NVwZ 2010, 75; *Köck*, NuR 2010, 534; *Gassner*, in: Gassner/Heugel, Das
   neue Naturschutzrecht, 1. Aufl. 2010, Rn. 180 f.; *Möckel*, NuR 2008, 833.
37 So auch Möckel, ZUR 2014, 14.
38 So wie hier *Krohn*, in: Kolodziejcok/Endres/Krohn/Markus, NLJ, Kz. 0535 § 5 BNatSchG
   Rn. 37; a.A.: *Agena*, NuR 2012, 297 ff., der § 5 Abs. 2 BNatSchG insgesamt bindende Wirkung und Vollzugsfähigkeit zuschreibt; vgl. des Weiteren OVG Lüneburg, Urt. v.
   30.06.2015 – 4 LC 285/13, wo in § 5 Abs. 2 Nr. 5 BNatSchG keine unmittelbar geltende,
   rechtsverbindliche Bewirtschaftungsvorgabe mit Ge- bzw. Verbotscharakter gesehen wird.
39 Hinter Cross Compliance steht ein Bündel von Verpflichtungen, welches den Erhalt der
   sog. Direktzahlungen für landwirtschaftliche Betriebe an die Einhaltung bestimmter Vorgaben koppelt, die sich weitgehend mit den Anforderungen des § 5 Abs. 2 decken, teilweise darüber hinaus gehen, partiell aber auch dahinter zurück bleiben; vgl. dazu auch
   Köck, NuR 2010, 536; *Raschke/Fishan*, ZUR 2006, 57.
40 Vgl. z.B. Art. 3 BayNatSchG; § 2 BbgNatSchAG; § 2c Abs. 4 LG NRW; § 5 Abs. 1
   SächsNatSchG; § 3 LNatG SH.
41 So auch *Agena*, NuR 2012, 297, 301.

ist die landwirtschaftliche Bodennutzung im engeren Sinne in Form der Urproduktion zu verstehen, welche auf die Erzeugung von landwirtschaftlichen
Feldfrüchten oder Futter gerichtet ist. Zu einer standortangepassten Bewirtschaftung gehören neben der Beachtung der natürlichen Rahmenbedingungen, wie die Gegebenheiten von Boden, Wasser, Flora, Fauna und Klima,
auch die Eigenschaften und Erfordernisse des Naturhaushalts am Standort.
Auf die Gefahr der Bodendegradation und -erosion als auch auf die einer
übermäßigen Nährstoffanreicherung oder -verarmung sowie einer Entwicklung zu ungünstigen Bodenstrukturen oder -verfestigungen ist zu achten.[42]
Gleiches gilt für die Erhaltung der organischen Substanz in den Böden. Die
Regelung überschneidet sich sonach stark mit § 17 BBodSchG.[43]

Besonderes Augenmerk liegt dabei auf der nachhaltigen Bodenfruchtbarkeit
und der langfristigen Nutzbarkeit der Flächen. Unter **Bodenfruchtbarkeit**
versteht man die gesamten Auswirkungen aller vorhandenen physikalischen, chemischen und biologischen Eigenschaften des Bodens und damit
seine natürliche Fähigkeit, Pflanzen als Standort zu dienen, sie zu ernähren
und Erträge zu liefern; die Fruchtbarkeit eines Bodens lässt sich am ehesten
durch die Beschreibung seiner Leistungsfähigkeit als Pflanzenstandort erklären.[44] Maßgebliche Einflussfaktoren sind: Bodenart (Sand, Schluff, Ton,
Lehm), Bodenstruktur, Skelettgehalt, Versorgung mit pflanzenverfügbaren
Nährstoffen, Wasserhaushalt, Humusgehalt, PH-Wert und Aktivität der Bo-
denlebewesen. Diese sollen nachhaltig und damit auf Dauer in einem Zustand gleich bleibender Ertragsfähigkeit erhalten bleiben. Der ohnehin funktional nicht näher bezeichneten langfristigen Nutzbarkeit der Flächen
kommt neben der nachhaltigen Bodenfruchtbarkeit kaum eigene Bedeutung
zu. Eine standortgerechte Bodennutzung darf sich von Gesetzes wegen nicht
allein an optimalen Erträgen, sondern muss sich zugleich am Maß des für die
Natur Hinnehmbaren orientieren.[45]

2. Vermeidung unnötiger Beeinträchtigungen der natürlichen Ausstattung

10 Nach § 5 Abs. 2 Nr. 2 darf die natürliche Ausstattung der Nutzfläche (Boden,
Wasser, Flora, Fauna) nicht über das zur Erzielung eines nachhaltigen Ertrages erforderliche Maß hinaus beeinträchtigt werden. Grundsätzlich beeinträchtigt jede Bewirtschaftung den Naturhaushalt auf der betroffenen Fläche. Mit dem vorliegenden Vermeidungsappell wird jedoch nicht jede
Beeinträchtigung verboten, sondern nur eine solche, die in Intensität und
Wirkung über die zur Erzielung eines nachhaltigen Ertrages hinausgeht. Der
nachhaltige Ertrag in diesem Sinn bemisst sich nicht nur nach wirtschaftlichen Kriterien, sondern berücksichtigt ebenso und gleichgewichtig Belange
des Umwelt- und Naturschutzes, insbesondere die Ziele nach § 1.[46] Die Be-

---

42 BT-Drs. 14/6378, S. 39.
43 *Müller*, NuR 2002, 532.
44 *Nies,* in: Landmann/Rohmer, Umweltrecht, Bd. IV, § 17 BBodSchG Rn. 13.
45 VG Regensburg, Urt. v. 25.02.2008 – RN 8 K 07.1579.
46 Vgl. zu alldem BR-Drs. 14/6378, S. 40.

wirtschaftungsintensität hat damit neben wirtschaftlichen Belangen vor allem auch ökologische und soziale Gesichtspunkte zu berücksichtigen. Eine unnatürliche und ungesunde Ertragssteigerung durch ein Übermaß an Dünge- und Pflanzenschutzmittel soll verhindert werden. Insgesamt erscheint die Vorschrift damit wenig konkret. Zu Recht werden Zweifel an der Vollzugsfähigkeit erhoben.[47]

3. Biotopvernetzung

In § 5 Abs. 2 Nr. 3 wird bestimmt, dass die zur Vernetzung von Biotopen er- *11* forderlichen **Landschaftselemente** zu erhalten und nach Möglichkeit zu vermehren sind. Nach der für den Biotopverbund in § 21 festgelegten Systematik kann sich der Begriff Biotop in § 5 Abs. 2 Nr. 3 nur auf die Kernflächen beziehen. Das Erhaltungsgebot gilt damit für Verbindungsflächen und Verbindungselemente, wie z.B. Hecken, Feldgehölze, Baumreihen, Feldraine, Tümpel, Sölle, Dolinen, Gräben, Trocken- und Natursteinmauern, Lesesteinhaufen, Fels- und Steinriegel, Binnendünen sowie Einzelbäume und Einzelsträucher. Es korrespondiert mit § 21 Abs. 6,[48] welcher näher ausführt, dass neben linearen auch punktförmige Elemente ohne unmittelbaren Anschluss an geeignete Flächen als Trittsteinbiotope für den Verbund von Bedeutung sein können (vgl. dazu ausführlich § 21 Rn. 13). Erforderlich i.d. Sinn ist ein Element, wenn ihm eine funktionale Stellung im Biotopverbund zukommt und sich der Vernetzungsgrad im Verbund bei Wegfall des Elementes verringern würde. Während das Erhaltungsgebot des § 5 Abs. 2 Nr. 3 uneingeschränkte Geltung beansprucht, steht die Pflicht zur Vermehrung entsprechender Landschaftselemente unter dem Vorbehalt der Zumutbarkeit bzw. des dem Landwirt Möglichen ohne dass darin eine Verpflichtung liegt.[49] Wegen seiner Nähe zu den konkreter formulierten § 20 Abs. 1 und § 21 wird § 5 Abs. 2 Nr. 3 teilweise als funktionslos erachtet. Andere messen ihm zumindest klarstellende Funktion dahingehend zu, dass die Erhaltung von Vernetzungselementen wie Saumstrukturen und Trittsteinbiotope als Bestandteil der guten fachlichen Praxis anzusehen ist.[50]

4. Tierhaltung

§ 5 Abs. 2 Nr. 4 beschäftigt sich mit dem Verhältnis zwischen Tierhaltung *12* und Pflanzenbau, wobei bestimmt wird, dass diese in einem ausgewogenen Verhältnis zueinander stehen müssen und schädliche Umweltauswirkungen zu vermeiden sind. Die Vorschrift zielt ihrem Sinn nach auf die Erhaltung der bäuerlichen Landwirtschaft und soll eine Entwicklung hin zu bodenunabhängigen „Agrarfabriken" verhindern, um tierhaltungsbedingte Umweltbelastungen insbesondere in Form von Ammoniakemissionen und Entsorgung

---

47 *Louis*, NuR 2010, 79.
48 *Heugel*, in: Landmann/Rohmer, Umweltrecht, Bd. IV, § 5 BNatSchG Rn. 21.
49 *Meßerschmidt*, BNatSchG, § 5 Rn. 40; *Stöckel/Müller-Walter*, in: Erbs/Kohlhaas, Strafrechtliche Nebengesetze, Bd. III, N 16, § 5 BNatSchG Rn. 14.
50 *Meßerschmidt*, BNatSchG, § 5 Rn. 40.

tierischer Exkremente zu vermeiden.[51] Die Vorschrift beinhaltet damit in gewisser Weise einen Zirkelschluss, da die industrielle Massentierhaltung ohne ausreichende eigene Futtergrundlage begrifflich nicht mehr zur Landwirtschaft gehört. In seiner Zielstellung ist § 5 Abs. 2 Nr. 4 als verfehlt anzusehen, da sich die vorgenannte tierhaltungsbedingte Umweltproblematik in Großanlagen regelmäßig effektiver und kostengünstiger vermeiden oder vermindern lässt.[52] Zudem dürfte der Vorschrift kaum praktische Bedeutung zukommen,[53] was letztlich auch darauf zurückzuführen ist, dass Anlagen zur Massentierhaltung regelmäßig den Vorgaben des Immissionsschutzrechts und die Entsorgung bzw. Verwertung der darin anfallenden Exkremente dem Düngemittel- oder Abfallrecht unterfallen, welche erheblich konkreter gefasst sind und strengere Anforderungen stellen.

5. Grünlandschutz

13 Gemäß § 5 Abs. 2 Nr. 5 BNatSchG ist der Umbruch von Grünland auf erosionsgefährdeten Hängen, in Überschwemmungsgebieten, auf Standorten mit hohem Grundwasserstand sowie auf Moorstandorten zu unterlassen. Dahinter steht das Ziel, die durch den Wechsel von Grün- zu Ackerland entstehenden stofflichen Umweltbelastungen auf den genannten und als sensibel einzustufenden Standorten zu vermeiden sowie die dort oftmals vorhandenen und wertvollen Lebensräume für bestimmte Tiere und Pflanzen zu erhalten.[54] Neben § 5 Abs. 2 Nr. 5 gibt es im deutschen Umwelt- und Agrarbeihilferecht deutlich weiter gehende Vorschriften, die den Umbruch von Grünland einschränken.[55]

Der Terminus „Umbruch" ist vom Begriff der Nutzungsänderung zu unterscheiden. Unter Umbruch ist die flächige Ausschaltung der etablierten Grasnarbe durch wendende Bodenbearbeitung zu verstehen; eine anschließende Nutzungsänderung der Fläche wird dabei nicht vorausgesetzt, so dass beispielsweise auch Vorhaben erfasst werden, bei welchen anschließend eine Wiederansaat von Gras erfolgen soll.[56] Umgekehrt erfasst der Begriff nicht zwangsläufig jede Änderung der Bodennutzungsart, sondern nur eine solche, die den Umbruch der Fläche i.d. Sinne voraussetzen. Erfolgt die Änderung der Nutzungsart nicht flächig, sondern mittels eines punktuellen oder linienförmigen Eingriffs bzw. über nicht wendende Verfahren oder ist dieser nicht auf die flächige Beseitigung der Grasnarbe gerichtet, so handelt es sich dabei nicht um einen Umbruch i.S. des Abs. 2 Nr. 5. Ein solches Verständnis entspricht auch der Zielsetzung des Umbruchverbots, da eine nicht flächige bzw. nicht wendende Bearbeitung keine hinreichend starke stoffliche Frei-

---

51 *Stöckel/Müller-Walter*, in: Erbs/Kohlhaas, Strafrechtliche Nebengesetze, Bd. III, N 16, § 5 BNatSchG Rn. 15; *Meßerschmidt*, BNatSchG, § 5 Rn. 42.

52 So auch *Stöckel/Müller-Walter*, in: Erbs/Kohlhaas, Strafrechtliche Nebengesetze, Bd. III, N 16, § 5 BNatSchG Rn. 15; *Meßerschmidt*, BNatSchG, § 5 Rn. 42.

53 *Louis*, NuR 2010, 79.

54 BT-Drs. 14/6378, S. 40.

55 Vgl. dazu *Möckel*, ZUR 2014, 14, 20.

56 VG Stade, Urt. v. 08. 10. 2013 – 1 A 1676/12.

setzung nach sich zieht und die oftmals vorhandenen, wertvollen Lebensräume nicht zerstört. Folglich wird z.B. die Aufforstung einer Grünland-
fläche, welche ohne vorherigen Umbruch der Fläche erfolgt, nicht vom
Verbot des Abs. 2 Nr. 5 erfasst.

Unter **Grünland** sind Wiesen und Weiden zu verstehen, die dauerhaft als solche genutzt werden. Äcker und stillgelegte Ackerflächen, welche mit Grasein-
saat bestellt oder auf denen sich durch Selbstaussaat natürliche Grasdecken
gebildet haben, fallen zunächst nicht darunter, können aber durch Zeitablauf
zu Grünland werden, sofern sie aktiv als solches genutzt werden, wobei jedoch die im Rahmen der Agrarförderung angewandte Fünf-Jahres-Frist[57] zu
starr erscheint. Als **erosionsgefährdet** ist ein Hang einzustufen, bei dem die
Gefahr besteht, dass es durch Wasser- oder Windeinwirkung zu Bodenabtra-
gung kommt. Mit **Überschwemmungsgebieten** sind die in § 76 Abs. 1 WHG
definierten Gebiete gemeint, welche bei Hochwasser eines oberirdischen Gewässers überschwemmt oder durchflossen, bzw. die für Hochwasserentlastung
oder Rückhaltung beansprucht werden. Dazu gehören auch die auf Grundlage
§ 76 Abs. 2 WHG nach Landesrecht festgesetzten Gebiete. Für die Überschwemmungsgebiete gilt neben dem Grünlandschutz aus Abs. 2 Nr. 5 auch
das Umwandlungsverbot nach § 78 Abs. 1 Nr. 8 WHG. Der Begriff des **hohen
Grundwasserstands** ist ein unbestimmter Rechtsbegriff, der nach Sinn und
Zweck der Vorschrift konkretisiert werden muss.[58] Von einem solchen kann
ausgegangen werden, wenn das Grundwasser so hoch steht, dass es sich nennenswert auf die Stoffkreisläufe sowie die vorhandene Tier- oder Pflanzenwelt
oder die sonstigen Ziele des Naturschutzes und der Landschaftspflege aus § 1
BNatSchG auswirken kann. Als messbare Kriterien werden hierfür eine bo-
denkundliche Feuchtestufe (BKF) von 8 bis 10, bzw. ein mittlerer Grundwasserstand von 80 cm unter Geländeoberfläche, gleichbedeutend mit einem
mittleren Grundwasserhochstand von weniger als 40 cm gesehen.[59]

Aufgrund ihrer konkreten Formulierung besitzt die Vorschrift vollzugsrechtliche Substanz, welche sich insbesondere im Bereich der Eingriffsregelung
zeigen dürfte, da der Grünlandumbruch auf den genannten Standorten nicht
in den Genuss der Regelvermutung des § 14 Abs. 2 BNatSchG kommt und
folglich als Eingriff in Natur und Landschaft zu qualifizieren ist.[60] Ob § 5
Abs. 2 Nr. 5 BNatSchG darüber hinaus auch ein unmittelbar geltendes,
durchsetzbares, naturschutzrechtliches Verbot darstellt, ist umstritten.[61] Für
die Annahme eines solchen Verbots spricht, dass es sich bei der Vorschrift
nunmehr anders als bei § 5 Abs. 4 BNatSchG 2002 nicht mehr um eine Rah-

---

57 Vgl. Art. 2 Satz 1 Buchst. c) VO (EG) 1120/2009, ABl. L 316 v. 02. 12. 2009, S. 5.
58 So auch *Stöckel/Müller-Walter,* in: Erbs/Kohlhaas, Strafrechtliche Nebengesetze, Bd. III,
    N 16, § 5 BNatSchG Rn. 16.
59 *Agena,* NuR 2012, 297, 306.
60 So auch *Louis,* NuR 2010, 79.
61 Bejahend: *Agena,* NuR 2012, 297 ff., 305 f.; *Fischer-Hüftle,* in: Schumacher/Fischer-
    Hüftle, BNatSchG, 2. Aufl. 2011, § 5 Rn. 16; *Louis,* NuR 2010, 77, 79; *Möckel,* NuR 2012,
    225, 229; verneinend: *Krohn,* in: Schlacke (Hrsg.), GK-BNatSchG, 1. Aufl. 2012, § 5
    Rn. 20, 27; *Heugel,* in: Landmann/Rohmer, Umweltrecht, Bd. IV, § 5 BNatSchG Rn. 35;
    Gellermann, NVwZ 2010, 73, 75.

menregelung, sondern um auf der Grundlage der konkurrierenden Gesetzgebungszuständigkeit des Bundes beschlossenes „Voll"-Recht mit unmittelbarer Geltung gegenüber den Bürgern handelt. Des Weiteren legen auch die
imperative Formulierungen sowohl der Einleitung von § 5 Abs. 2 BNatSchG
(„sind … zu beachten") als auch von Nr. 5 der Regelung („ist ein Grünlandumbruch zu unterlassen") die Annahme eines Verbotes nahe. Gleiches gilt
für die Gegenüberstellung zu § 5 Abs. 1 und 3 BNatSchG, deren Vorgaben
„weicher" formuliert sind („ist … zu berücksichtigen"; „ist das Ziel zu verfolgen"). Gegen die Annahme eines unmittelbar geltenden naturschutzrechtlichen Verbots spricht zunächst die Entstehungsgeschichte. Mit der Regelung von § 5 Abs. 2 BNatSchG hat der Gesetzgeber lediglich das Ziel
verfolgt, den bereits zuvor in anderen Vorschriften verwendeten Begriff der
„guten fachlichen Praxis" der Landwirtschaft aus naturschutzfachlicher Sicht
inhaltlich näher zu bestimmen. Es ging ihm aber gerade nicht darum, mit
den einzelnen Ziffern von § 5 Abs. 2 BNatSchG verbindliche Ge- und Verbotsnormen zu schaffen. Des Weiteren sprechen auch die systematische und
sprachliche Auslegung dafür, dass es sich bei § 5 Abs. 2 Nr. 5 BNatSchG
nicht um eine Verbotsnorm handelt. Hinsichtlich der systematischen Stellung
von § 5 Abs. 2 BNatSchG ist zunächst zu bemerken, dass die Regelung als
Ge- und Verbotsnorm in Kapitel 1 des BNatSchG mit seinen allgemeinen
Vorschriften zum Naturschutzrecht ein Unikat wäre. Außerdem sind eine
Reihe von Tatbestandsmerkmalen in § 5 Abs. 2 Nrn. 1 bis 4 BNatSchG denkbar vage und/oder als Zielvorgaben für erwünschte Formen der landwirtschaftlichen Nutzung formuliert, was eher für den Charakter von Leitlinien
oder Programmsätzen als für eine Qualifizierung als strikte Ge- und Verbote
spricht. Die Verwendung des Begriffs „Grundsätze" in § 5 Abs. 2 BNatSchG
unterstreicht ebenfalls den Leitliniencharakter der dort geregelten Maßgaben und schließlich sprechen auch die Fülle an Verweisungen auf und Anleihen bei anderen Rechtsvorschriften[62] gegen die These, dass der Gesetzgeber mit § 5 Abs. 2 BNatSchG einen imperativen Normbefehl schaffen
wollte.[63]

Darüber hinaus wird § 5 Abs. 2 Nr. 5 auch als gesetzliches Verbot angesehen, das von der zuständigen Naturschutzbehörde auf der Grundlage von
§ 17 Abs. 8 BNatSchG bzw. von § 3 Abs. 2 BNatSchG durchgesetzt werden
kann und eine naturschutzrechtliche Untersagungsanordnung rechtfertigt
sofern keine Befreiung nach § 67 BNatSchG in Betracht kommt.[64]

Eine Ausnahme vom Umbruchverbot wird man in analoger Anwendung des
§ 30 Abs. 5 BNatSchG für Grünland annehmen müssen, welches erst während der Laufzeit einer vertraglichen Vereinbarung oder der Teilnahme an
öffentlichen Programmen zur Bewirtschaftungsbeschränkung aus Ackerland

---

62 Wie dem Wasserhaushaltsgesetz, dem Kreislaufwirtschafts- und Abfallgesetz, dem Bun-
des-Immissionsschutzgesetz, dem Tierschutz- und dem Tierseuchengesetz sowie dem
Düngemittel- und Pflanzenschutzrecht.
63 Vgl. zu alldem ausführlichst OVG Lüneburg, Urt. v. 30. 06. 2015 – 4 LC 285/13.
64 VG Stade, Urt. v. 08. 10. 2013 – 1 A 1676/12.

entstanden ist und innerhalb der 10-Jahres-Frist des § 30 Abs. 5 BNatSchG oder entsprechenden landesrechtlichen Fristen rückumgewandelt wird.[65]

6. Dünge- und Pflanzenschutzmittelanwendung

§ 5 Abs. 2 Nr. 6 verweist bezüglich der Anwendung von Dünge- und Pflan-   14
zenschutzmitteln auf das landwirtschaftliche Fachrecht und wiederholt die in
§ 7 DüngeV sowie Artikel 67 Abs. 1 Satz 2 der Verordnung (EG) Nr. 1107/
2009 festgelegten Dokumentationspflichten. Der Vorschrift kommt damit
keine eigenständige Bedeutung zu. Sie ist als rein deklaratorisch anzusehen
und folglich obsolet.[66]

V. Anforderungen an die Forstwirtschaft (§ 5 Abs. 3)

§ 5 Abs. 3 unterstreicht die besondere Bedeutung des Waldes für den Natur-   15
schutz und nimmt Einfluss auf die forstwirtschaftliche Nutzung. Er tritt damit
in direkte Konkurrenz zu den Waldgesetzen des Bundes- und der Länder,
welche die in § 5 Abs. 4 enthaltenen und im Wesentlichen nur als Leitgedanken formulierten Ziele teilweise konkretisieren. Obwohl die Regelung bereits als Rahmenrecht im BNatSchG 2002 enthalten war, haben bislang noch
nicht alle Länder eine entsprechende Umsetzung vorgenommen. Durch die
jetzige Fassung des BNatSchG ist die Vorschrift unmittelbar geltendes Recht
geworden, welches gleichberechtigt neben den fachrechtlichen Anforderungen des Forstrechts steht und solange Anwendung findet, bis die Länder
gegebenenfalls von ihrer Möglichkeit zur Abweichungsgesetzgebung Gebrauch machen.

Durch die Formulierung **„ist das Ziel zu verfolgen"** gibt der Gesetzgeber zu
erkennen, dass der Aufbau naturnaher Wälder und deren Bewirtschaftung
ohne Kahlschläge keine zwingenden Vorgaben für die Forstwirtschaft darstellen, sondern lediglich unverbindliche Leitgedanken. Ein striktes Kahl-
hiebsverbot lässt sich daraus keinesfalls entnehmen;[67] auch sollen die in den
Landeswaldgesetzen verankerten und ausdifferenzierten Standards der ordnungsgemäßen Forstwirtschaft dadurch nicht infrage gestellt werden; vielmehr setzt § 5 Abs. 3 die Geltung des Fachrechts voraus.[68] Die Vorschrift besitzt daher keine vollzugsrechtliche Substanz und stellt folglich auch keine
geeignete Rechtsgrundlage dar aufgrund welcher die zuständigen Naturschutzbehörden nach § 17 Abs. 8 bzw. § 3 Abs. 2 BNatSchG Ordnungsverfü-
gungen erlassen und Untersagungsanordnung durchsetzen könnten. Was
den Inhalt des Begriffs **Kahlhieb** angeht, bleibt dessen Konkretisierung dem
Fachrecht vorbehalten. Von einem Kahlhieb wird man aber in jedem Fall
auszugehen haben, wenn der gesamte oder fast gesamte Baumbestand einer

---

65 Vgl. dahingehend auch VG Regensburg, Urt. v. 08.04.2014 – RN 4 K 13.1557.
66 So auch *Louis*, NuR 2010, 79.
67 So auch *Gassner*, in: Gassner/Heugel, Das neue Naturschutzrecht, 1. Aufl. 2010, Rn. 190;
   a.A. *Winkel/Volz*, Naturschutz und Forstwirtschaft, 2003.
68 *Gassner*, in: Gassner/Heugel, Das neue Naturschutzrecht, 1. Aufl. 2010, Rn. 182.

Waldfläche durch eine oder mehrere Eingriffe genutzt wird.[69] Die Bewirtschaftung ohne Kahlschläge soll nach dem Wortlaut des § 5 Abs. 3 Satz 1 nur in den aufgrund der Vorschrift aufzubauenden, naturnahen Wäldern gelten. Die Logik gebietet allerdings, den Leitgedanken auch auf bereits vorhandene, naturnahe Wälder anzuwenden.[70] In naturfernen Forsten hingegen findet er ausweislich des eindeutigen Wortlauts der Vorschrift keine Anwendung.[71]

Nachhaltige Waldbewirtschaftung ist die Betreuung und Nutzung von Wäldern und Waldflächen auf eine Weise und in einem Ausmaß, das deren biologische Vielfalt, Produktivität, Verjüngungsfähigkeit und Vitalität erhält sowie deren Potenzial, jetzt und in der Zukunft die entsprechenden ökologischen, wirtschaftlichen und sozialen Funktionen auf lokaler, nationaler und globaler Ebene zu erfüllen, ohne anderen Ökosystemen Schaden zuzufügen.[72]

16 Unter **naturnahen Wäldern** sind solche zu verstehen, die hinsichtlich ihrer Artenzusammensetzung, Struktur und Funktion den Wäldern nahe kommen, die von Natur aus an einem bestimmten Standort stocken würden.[73] Dazu gehört auch ein Mindestmaß an Totholz.[74] Er muss sich aber nicht notwendigerweise vollständig aus Pflanzen der potenziell natürlichen Vegetation zusammensetzen[75] und braucht kein Ur- oder Dauerwald zu sein, da der Gesetzgeber die Forstwirtschaft als grundsätzlich zulässig anerkennt. Es kann sich deshalb auch um schlagweisen Hochwald handeln, wobei dessen Entwicklungsphasen unterschiedliche Natürlichkeitsgrade aufweisen.[76] Die im Rahmen der Zweiten Bundeswaldinventur gegebene Definition des Begriffs Naturnähe erscheint in diesem Zusammenhang als zu eng, da dort aus Vereinfachungsgründen nur auf die Baumartenzusammensetzung abgestellt wurde.[77] Geeigneter erscheinen Bewertungssysteme, die umfassendere An-

---

69 Vgl. dazu ausführlich *Endres*, in: Kolodziejcok/Endres/Krohn/Markus, NLJ, Kz. 4347, § 11 BWaldG Rn. 17.

70 *Fischer-Hüftle*, in: Schumacher/Fischer-Hüftle, BNatSchG, 2. Aufl. 2010, § 5 Rn. 32.

71 A.A. offenbar *Vagedes*, in: Lütkes/Ewer, BNatSchG, § 5 Rn. 34, allerdings ohne Begründung.

72 So die Resolution H1 der Ministerkonferenz zum Schutz der Wälder in Europa, Helsinki 1993.

73 Vgl. auch die Definition in der Anlage zu § 30a Abs. 2 LWaldG BW, wonach als naturnahe Wälder solche bezeichnet werden, deren Baumschicht weitgehend aus standortheimischen Baumarten besteht und die eine weitgehende Übereinstimmung von Standort, Waldbestand und Bodenvegetation aufweisen.

74 Genaue Werte für das stehende Totholz müssten in Abhängigkeit von den vorhandenen Baumarten und Altersstufen ermittelt werden; in Altbeständen findet sich gelegentlich die an die Förderprogramme verschiedener Bundesländer angelehnte Anzahl von fünf Totholzbäumen je Hektar als Untergrenze, so z.B. *Möckel*, NuR 2008, 834, die aber nicht unreflektiert auf alle Waldgesellschaften und Altersklassen übertragen werden kann.

75 Diesbezüglich zu weitgehend: OVG Berlin-Brandenburg, Urt. v. 06.09.2009 – 11 B 17.08, NuR 2009, 871.

76 *Bartha*, AFJZ 2004, 8.

77 Dazu *Kändler*, Biologische Vielfalt des Waldes im Lichte der zweiten Bundeswaldinventur (BWI²). Vortrag auf der Tagung „Waldwirtschaft und biologische Planung" in Bonn, 2005, S. 7 f.

sätze verfolgen.[78] Ein naturnaher Wald darf hinsichtlich seiner Artenzusammensetzung, seiner Struktur (v.a. hinsichtlich Schichtung), seinem Totholzanteil und seiner Dynamik vom Naturwald abweichen. Es dürfen auch **fremdländische Baumarten**, wie beispielsweise Douglasie, Robinie, Roteiche oder Edelkastanie beteiligt sein.[79] Dies belegt auch § 5 Abs. 3 Satz 2, wonach lediglich ein hinreichender Anteil standortheimischer Forstpflanzen einzuhalten ist. Letztgenannte Vorgabe ist damit Teil des vorstehenden Leitgedankens und hat darüber hinaus keine eigenständige Bedeutung. Das Adjektiv **standortheimisch** vereint die Begriffe Standort und Heimat, wobei unter Standort die örtlich wirkenden Umweltbedingungen (Klima, Lage, Boden) zu verstehen sind und sich Heimat auf das ursprüngliche Verbreitungsgebiet bezieht.[80] Es kann deshalb mit der Wendung „am Wuchsstandort natürlich vorkommend" umschrieben werden.[81] Standortheimisch sind folglich Forstpflanzen, deren jeweiliger Wuchsstandort sich im natürlichen Verbreitungsgebiet der betreffenden Art befindet.[82] Ab welcher Quote von einem hinreichenden Anteil gesprochen werden kann, wird unterschiedlich diskutiert.[83] In der Zusammenschau mit dem Ziel naturnahe Wälder aufzubauen, wird man davon ausgehen müssen, dass insbesondere die standortheimischen Waldbäume mit einem Anteil von mindestens 50 % % vertreten sein müssen, da diese andernfalls nicht in der Lage sind, den Bestand im Hinblick auf dessen ökologische Funktion zu prägen und dessen Eigenschaft als naturnah auszumachen. Die hinreichende Beteiligung ist für eine Region in ihrer Gesamtheit anzustreben und nicht für jede einzelne, ggf. auch noch so kleine Waldfläche. Eine solche Forderung würde insbesondere im kleinparzellierten Privatwald über das Ziel hinausschießen. Die in der forstlichen Literatur zu findenden Kriterienkataloge zur guten fachlichen Praxis,[84] gehen in der Regel weit über die Anforderungen des § 5 Abs. 3 hinaus und können daher allenfalls in Teilbereichen als Auslegungshilfe herangezogen werden. Im Hinblick auf den **Bodenschutz** ist anzumerken, dass das BBodSchG nach dessen § 3 Abs. 1 Nr. 6 nicht anwendbar ist, soweit Vorschriften des zweiten Kapitels des BWaldG und die Wald- oder Forstgesetze der Länder Einwirkungen auf den Boden regeln.[85]

---

78 Vgl. für ein geeignetes Bewertungssystem z.B. *Bartha*, AFJZ 2004, 8.

79 A.A. offenbar VG Frankfurt (Oder), Beschl. v. 20.04.2010 – 5 L 273.09 bzgl. Spätblühender Traubenkirsche.

80 Vgl. auch § 7 Abs. 2 Nr. 7 BNatSchG, wo der Begriff „heimisch" definiert wird.

81 Vgl. OVG Lüneburg, Urt. v. 06.04.2006 – 9 KN 267/03; siehe auch die gesetzliche Definition in Art. 4 Nr. 3 BayWaldG.

82 OVG Berlin-Brandenburg, Urt. v. 16.09.2009 – 11 B 17/08; vgl. auch die gesetzlichen Definitionen in § 4 Abs. 3 Nr. 3 LWaldG Bbg und § 2 Abs. 3 Satz 3 LWaldG SH.

83 Vgl. *Zerle/Hein/Brinkmann/Foerst/Stöckel*, Art. 14 m. Anm. 10, wo von mind. 20 % die Rede ist und *Fischer-Hüftle*, in: Schumacher/Fischer-Hüftle, BNatSchG, 2. Aufl. 2010, § 5 Rn. 30, der mind. 50 % fordert.

84 Vgl. dazu ausführlich *Winkel/Volz*, Naturschutz und Forstwirtschaft, 2003.

85 So auch *Gebhard*, AuR 2014, 277.

VI. Anforderungen an die Fischereiwirtschaft (§ 5 Abs. 4)

17 Im Gegensatz zu § 5 Abs. 3 sind die Anforderungen an die Fischereiwirtschaft nicht nur in Form von Leitgedanken, sondern als Imperativsätze formuliert, welche zwingenden Charakter haben, aber ebenfalls nicht sanktioniert sind. Aufgrund ihrer konkreten Formulierung besitzt die Vorschrift vollzugsrechtliche Substanz. Darüber hinaus ist Abs. 4 Satz 2 als **gesetzliches Verbot** anzusehen, welches von der zuständigen Naturschutzbehörde auf der Grundlage von § 17 Abs. 8 BNatSchG bzw. von § 3 Abs. 2 BNatSchG durchgesetzt werden kann und eine naturschutzrechtliche Untersagungsanordnung rechtfertigt sofern keine Befreiung nach § 67 BNatSchG in Betracht kommt.

Durch die Übernahme der bereits als Rahmenrecht im BNatSchG 2002 enthaltenen Regelung wurde diese wegen der jetzt bestehenden konkurrierenden Gesetzgebungskompetenz des Bundes zu unmittelbar geltendem Recht, welches so lange Anwendung findet, bis die Länder gegebenenfalls von ihrer Möglichkeit zur Abweichungsgesetzgebung Gebrauch machen. Mit der Vorschrift wird der hohen ökologischen Bedeutung Rechnung getragen, die den meisten Gewässern zukommt. Das Gebot, bei der fischereiwirtschaftlichen Nutzung der oberirdischen Gewässer diese einschließlich ihrer Uferzonen als Lebensstätten und Lebensräume für heimische Tier- und Pflanzenarten zu erhalten und zu fördern, erfasst sowohl die stoffliche Beeinflussung der Gewässer als auch den natürlichen Uferbewuchs.[86] Es gilt für die Berufsfischerei genauso wie für Hobbyangler.[87] Der Begriff **oberirdisches Gewässer** entspricht dem in § 3 Nr. 1 WHG und erfasst das ständig oder zeitweilig in Betten fließende oder stehende oder aus Quellen wild abfließende Wasser; ausgeschlossen sind damit die Küstengewässer.[88]

Das in § 5 Abs. 4 Satz 2 ausgesprochene **Besatzverbot** tritt weitgehend hinter den konkreter gefassten § 40 Abs. 4 BNatSchG zurück und erfasst alle nichtheimischen Tierarten. **Nichtheimisch** i.d.S. ist im Gegensatz zu § 7 Abs. 2 Nr. 7 BNatSchG eine Art, die ihr Verbreitungs- oder regelmäßiges Wanderungsgebiet in wild lebender Form nicht im Inland hat und auch in geschichtlicher Zeit nicht hatte. Der Begriff deckt sich damit weitgehend mit dem Terminus gebietsfremd in § 7 Abs. 2 Nr. 8 und § 40 Abs. 4 BNatSchG. Das Verbot ist für Teichwirtschaften und Fischzuchten im Hinblick auf Art. 12 GG und Art. 14 GG verfassungskonform auszulegen, wodurch Ausnahmen gerechtfertigt sein können.[89]

18 § 5 Abs. 4 Satz 3 stellt eine Ausnahme vom Gebot des § 5 Abs. 4 Satz 1 dar und lässt für Fischzuchten und Teichwirtschaften gewisse Beeinträchtigun-

---

86 BT-Drs. 14/6378, S. 40.

87 So auch *Schumacher/Kratsch*, Naturschutzrecht – ein Leitfaden für die Praxis, S. 20; *Stöckel/Müller-Walter*, in: Erbs/Kohlhaas, Strafrechtliche Nebengesetze, Bd. III, N 16, § 5 BNatSchG Rn. 19; a.A.: *Fischer-Hüftle*, in: Schumacher/Fischer-Hüftle, BNatSchG, 2. Aufl. 2010, § 5 Rn. 35.

88 So auch *Krohn*, in: Kolodziejcok/Endres/Krohn/Markus, NLJ, Kz. 0535 § 5 BNatSchG Rn. 33.

89 Vgl. *Stöckel/Müller-Walter*, in: Erbs/Kohlhaas, Strafrechtliche Nebengesetze, Bd. III, N 16, § 5 BNatSchG Rn. 19.

gen der heimischen Tier- und Pflanzenarten zu, soweit sich diese auf das zur Erzielung eines nachhaltigen Ertrages erforderliche Maß beschränken; das Besatzverbot nach § 5 Abs. 4 Satz 2 bleibt davon aber unberührt. Die Ausnahme betrifft nur künstliche und damit von Menschen geschaffene, oberirdische Gewässer. Der **nachhaltige Ertrag** in diesem Sinn bemisst sich genau wie bei § 5 Abs. 2 Nr. 2 nicht nur nach wirtschaftlichen Kriterien, sondern berücksichtigt ebenso und gleichgewichtig Belange des Umwelt- und Naturschutzes, insbesondere die Ziele nach § 1 BNatSchG. Die Bewirtschaftungsintensität hat damit, neben wirtschaftlichen Belangen, vor allem auch ökologische Gesichtspunkte zu berücksichtigen. Eine unnatürliche und ungesunde Ertragssteigerung, beispielsweise erzielt durch übermäßige Besatzdichten, unter Anwendung von Antibiotika gegen die gesteigerte Krankheitsanfälligkeit oder Chemikalieneinsatz zur Unterdrückung unerwünschter Begleitlebewesen soll verhindert bzw. jedenfalls verringert werden.

VII. Privilegierende Rechtsfolgen bei Einhaltung der Anforderungen

Werden die Anforderungen der **guten fachlichen Praxis**, welche sich aus § 5   **19** Abs. 2–4 ergeben, eingehalten, knüpft das Gesetz daran zwei gewichtige, privilegierende Rechtsfolgen. So wird eine Land-, Forst- oder Fischereiwirtschaft, die der guten fachlichen Praxis entspricht, nach § 14 Abs. 2 in der Regel nicht als Eingriff in Natur und Landschaft angesehen und verstößt gemäß § 44 Abs. 4 auch nicht gegen die Zugriffs-, Besitz- und Vermarktungsverbote; es sei denn, dass in Anhang IV der Richtlinie 92/43/EWG aufgeführte Arten, europäische Vogelarten oder besonders geschützte Arten nach § 54 Abs. 1 Nr. 2 i.V. m. der BArtSchV betroffen sind und sich der Erhaltungszustand der lokalen Population dieser Arten durch die Bewirtschaftung verschlechtert würde.[90]

§ 6
Beobachtung von Natur und Landschaft

(1) Der Bund und die Länder beobachten im Rahmen ihrer Zuständigkeiten Natur und Landschaft (allgemeiner Grundsatz).

(2) Die Beobachtung dient der gezielten und fortlaufenden Ermittlung, Beschreibung und Bewertung des Zustands von Natur und Landschaft und ihrer Veränderungen einschließlich der Ursachen und Folgen dieser Veränderungen.

(3) Die Beobachtung umfasst insbesondere

1. **den Zustand von Landschaften, Biotopen und Arten zur Erfüllung völkerrechtlicher Verpflichtungen,**
2. **den Erhaltungszustand der natürlichen Lebensraumtypen und Arten von gemeinschaftlichem Interesse einschließlich des unbeabsichtigten Fangs**

---

90 Vgl. dazu auch *Köck*, NuR 2010, 534.

oder Tötens der Tierarten, die in Anhang IV Buchstabe a der Richtlinie 92/43/EWG des Rates vom 21. Mai 1992 zur Erhaltung der natürlichen Lebensräume sowie der wild lebenden Tiere und Pflanzen (ABl. L 206 vom 22. 07. 1992, S. 7), die zuletzt durch die Richtlinie 2006/105/EG (ABl. L 363 vom 20. 12. 2006, S. 368) geändert worden ist, aufgeführt sind, sowie der europäischen Vogelarten und ihrer Lebensräume; dabei sind die prioritären natürlichen Lebensraumtypen und prioritären Arten besonders zu berücksichtigen.

(4) Die zuständigen Behörden des Bundes und der Länder unterstützen sich bei der Beobachtung. Sie sollen ihre Beobachtungsmaßnahmen aufeinander abstimmen.

(5) Das Bundesamt für Naturschutz nimmt die Aufgaben des Bundes auf dem Gebiet der Beobachtung von Natur und Landschaft wahr, soweit in Rechtsvorschriften nichts anderes bestimmt ist.

(6) Rechtsvorschriften über die Geheimhaltung, über den Schutz personenbezogener Daten sowie über den Schutz von Betriebs- und Geschäftsgeheimnissen bleiben unberührt.

Inhaltsübersicht

I. Überblick

1 Die Beobachtung von Natur und Landschaft gesetzlich zu verankern, geht auf eine Initiative des Rates von Sachverständigen für Umweltfragen zurück, der die Thematik mehrmals aufgegriffen hat.[1] Sie entspringt dem **Vorsorgeprinzip**[2], das in Art. 20a GG verfassungsrechtlich fundiert ist.

2 Die in das BNatSchG 2002 eingefügte Vorgängerregelung des § 12 verwendete den umfassenden Begriff der **Umweltbeobachtung**. Der Gesetzgeber hat nunmehr die Vorschrift dem Wortlaut nach enger gefasst, indem er sie auf die **Beobachtung von Natur und Landschaft** beschränkt.[3] Die Begriffe „Umwelt" und „Natur und Landschaft" lassen sich indessen nur schwer voneinander abgrenzen, sodass unklar bleibt, wie weit die Eingrenzung reichen soll.[4] Aus der Gesetzesbegründung und dem Wortlaut des Abs. 3 könnte man ableiten, dass die Vorschrift hauptsächlich die Beobachtung von Tier-

---

1 SRU, Sondergutachten 1990 und 2002.

2 A. *Schumacher/J. Schumacher*, in: Schumacher/Fischer-Hüftle, BNatSchG, 2. Aufl. 2010, § 6 Rn. 4; *Lorz/Müller/Stöckel*, Naturschutzrecht, § 12 Rn. 1.

3 BT-Drs. 16/12274, S. 42.

4 Zu den Begriffen Natur und Umwelt: *v. Lersner*, in: Altner/Mettler-v. Meibom/Simonis/ v. Weizsäcker, Jahrbuch Ökologie 1998, S. 265 ff.; in der Literatur werden die Begriffe „Umwelt" und „Naturhaushalt" z.T. als deckungsgleich angesehen: *Meßerschmidt*, BNatSchG (Sept. 2006), § 12 Rn. 13.

und Pflanzenarten und deren Lebensräumen erfassen soll. Diese Sichtweise wäre aber zu eng, denn sie negierte den Wortlaut der Abs. 1 und 2, die ausdrücklich den Begriff „Natur und Landschaft" verwenden. **Natur und Landschaft** umfasst gemäß § 14 Abs. 1 den **Naturhaushalt** und das Landschaftsbild. Auch die Vorgängerregelung stellte den Naturhaushalt in den Fokus der Beobachtung (§ 12 Abs. 2 a.F.). Der gesamte Naturhaushalt ist demnach auch weiterhin Gegenstand der Beobachtung gem. § 6.

Ersichtlich **nicht erfasst** werden von der Vorschrift sozioökonomische Daten 3 zur Landnutzung und speziell auf die Gesundheit des Menschen bezogene Umweltdaten wie die Trinkwasser- und Badegewässerqualität, Feinstaubkonzentrationen in der Luft und Lärmimmissionen.[5]

II. Bedeutung

Die Beobachtung von Natur und Landschaft ist unentbehrlich, um das Na- 4 turschutzrecht sachgerecht anwenden zu können. Ohne **naturschutzfachliche Grundlagendaten** könnten die Auswirkungen von Vorhaben auf Natur und Landschaft im Rahmen von Planungs- und Zulassungsverfahren nicht bewertet werden:[6] Zwar schreiben sowohl die §§ 14 ff. als auch die einschlägigen Fachgesetze vor, die Auswirkungen eines Vorhabens zu ermitteln und zu beschreiben. Wegen der zeitlichen Vorgaben beschränken sich die Erhebungen aber in der Regel auf wenige Parameter und einen relativ kurzen Zeitraum. Beispielsweise sind etliche Tierarten nicht regelmäßig zu beobachten, sodass Erhebungen im Rahmen von Zulassungs- und Planungsverfahren lückenhaft bleiben müssen. Langfristige und flächendeckende Beobachtungen des Naturhaushaltes sind deshalb unerlässlich. Sie dienen auch als Grundlage für politische Entscheidungen, die mit Folgen für den Naturhaushalt verbunden sind.

Abs. 1 ist als **allgemeiner Grundsatz** i.S.d. Art. 72 Abs. 3 Satz 1 GG ausge- 5 staltet und damit für abweichende Länderregelungen gesperrt. Der Bundesgesetzgeber bringt damit die hohe Bedeutung der Beobachtung von Natur und Landschaft für den Naturschutz zum Ausdruck.[7]

III. Inhalt

Was als „**Natur**" bezeichnet wird, ist in erster Linie ein Komplex aus vernetz- 6 ten physikalischen, biologischen und chemischen Abläufen in der Biosphäre, die nach bestimmten Gesetzmäßigkeiten (z.B. Entropie, Evolutionsmechanismen) und unter bestimmten Rahmenbedingungen (Klima, geologische Ereignisse) ablaufen. Pflanzen, Tiere, Böden und Gewässer sind nur die derzeit existierenden Erscheinungsformen dieser Prozesse. Der **Naturhaushalt** be-

---

5 Diese wurden von der Vorgängerregelung des § 12 noch als erfasst angesehen: *Gassner*, in: Gassner/Bendomir-Kahlo/Schmidt-Räntsch, 2. Aufl. 2003, § 12 Rn. 6; a.A.: Landmann/ Rohmer/Heugel, BNatSchG, § 6 Rn. 9.

6 BT-Drs. 16/12274, S. 43.

7 BT-Drs. 16/12274, S. 43.

steht demnach nicht nur aus den Lebewesen und den unbelebten Elementen als solchen, sondern auch aus den zwischen ihnen ablaufenden Interaktionen. Beim Begriff des Naturhaushaltes steht das Wirkungsgefüge von Ökosystemen im Vordergrund, während der Begriff „Landschaft" eher auf die Funktion der Natur als vom Menschen wahrnehmbarer Erlebnisraum abstellt.[8]

7   **Zweck** der **Beobachtung** von Natur und Landschaft ist eine langfristige und ergebnisorientierte **Datensammlung und -bewertung (Abs. 2)**. Die Beobachtung gliedert sich in drei Schritte: Die Ermittlung des Zustandes von Natur und Umwelt bildet die Ausgangsbasis für die weiteren Schritte. Unter Ermittlung versteht man die Messung und Zählung von bestimmten Parametern wie Luft-, Boden-, Wasserparameter, von Populationen und Pflanzengesellschaften, oder des Gesundheitszustandes ausgewählter Exemplare (z.B. Waldzustandsbeobachtung). Unter Beschreibung ist die Auswertung und Analyse der Daten mit Hilfe fachwissenschaftlicher Methoden zu verstehen.[9] Dazu gehört auch ein räumlicher und zeitlicher Vergleich aktueller und in der Vergangenheit erhobener Daten, der mögliche Veränderungen aufzeigt. Die Ursachen und Folgen von Veränderungen sind ebenfalls aufzuzeigen, soweit darüber gesicherte Erkenntnisse vorhanden sind. Die Beschreibung umfasst aber auch die allgemein verständliche Darstellung der Datensammlung und -auswertung.

8   In einem dritten Schritt folgt die **Bewertung der Erkenntnisse** auf der Grundlage gesetzlicher Zielsetzungen. Als Beispiele sind die allgemeinen Ziele des § 1 oder spezielle Ziele wie in Art. 6 Abs. 1 FFH-Richtlinie oder Art. 3 Vogelschutzrichtlinie zu nennen. Aus der Bewertung der Beobachtungsdaten kann ein konkreter Handlungsbedarf abgeleitet werden.

9   **Abs. 3** nennt als **Gegenstände der Beobachtung** den Zustand von Landschaften, Biotopen und Arten zur Erfüllung völkerrechtlicher Verpflichtungen (Nr. 1) und den Erhaltungszustand der natürlichen Lebensraumtypen und Arten von gemeinschaftlichem Interesse sowie der europäischen Vogelarten. Prioritäre Lebensraumtypen und prioritäre Arten i.S.d. FFH-Richtlinie sind dabei besonders zu berücksichtigen (Nr. 2)[10].

10 Das Wort „insbesondere" in Abs. 3 darf nicht den Eindruck erwecken, als ob sich die Beobachtung von Natur und Landschaft auf die europarechtlich oder völkerrechtlich geschützten Arten und Lebensräume konzentrieren und beschränken kann. **Abs. 3** hat nur **deklaratorischen Charakter**, denn die dort genannten Verpflichtungen ergeben sich unmittelbar aus den betreffenden Richtlinien[11] und völkerrechtlichen Dokumenten.[12] § 6 nimmt die Gesamt-

---

8 *Söhnlein*, Landnutzung im Umweltstaat des Grundgesetzes, S. 92 f.

9 *A. Schumacher/J. Schumacher*, in: Schumacher/Fischer-Hüftle, BNatSchG, 2. Aufl. 2010, § 6 Rn. 10.

10 Einzelheiten zu den völker- und europarechtlichen Grundlagen der Beobachtungsverpflichtung bei *Heugel*, in: Landmann/Rohmer, Umweltrecht, § 6 BNatSchG, Rn. 15–27.

11 Z.B. Art. 11, 17 FFH-RL.

12 Z.B. Art. 7 des Übereinkommens über die biologische Vielfalt, Gesetz v. 30.08.1993, BGBl. II S. 1741.

situation von Natur und Landschaft in der Bundesrepublik Deutschland in den Blick und umfasst auch die Beobachtung der „Normallandschaft".[13]

IV. Zuständigkeit und Verfahren

Die Beobachtung von Natur und Landschaft ist dem **Bund** und den **Ländern** 11 als Aufgabe zugewiesen **(Abs. 1)**. Die **Aufgabenzuweisung** des Abs. 1 ermächtigt die zuständigen Behörden aber nicht, zum Zweck der Datensammlung in die Rechte einzelner einzugreifen.[14]

In Anlehnung an die §§ 2–4 des Strahlenschutzvorsorgegesetzes werden dabei Bund und Länder zur **Kooperation** verpflichtet. Die Beobachtungsmaßnahmen erschöpfen sich keineswegs darin, dass Bund und Länder durch ihre eigenen Behörden Natur und Landschaft beobachten oder beobachten lassen. Aufgabe von Bund und Ländern ist es darüber hinaus insbesondere, die Datenerhebung im nichtstaatlichen Sektor organisatorisch und finanziell zu fördern. Das flächendeckende Brutvogelmonitoring ruht beispielsweise im Wesentlichen auf den Schultern ehrenamtlicher Naturschützer. Für derartige Erhebungen einheitliche Methoden zu entwickeln, die Daten zusammenzuführen und zu publizieren, ist Aufgabe des Staates.[15] Grundlage der Kooperation ist bis auf weiteres die Verwaltungsvereinbarung zwischen Bund und Ländern über den Datenaustausch im Umweltbereich aus dem Jahr 2001.

Abs. 6 stellt klar, dass die Vorschriften über die **Geheimhaltung**, über den 13 Schutz personenbezogener Daten und über den Schutz von Betriebs- und Geschäftsgeheimnissen unberührt bleiben. Die Regelung verweist insbesondere auf die Vorschriften der **Umweltinformationsgesetze** des Bundes und der Länder, die den Anspruch auf Einsichtnahme in Umweltdaten aus Gründen des Datenschutzes beschränken, sowie auf die einschlägigen bundes- und landesrechtlichen Datenschutzbestimmungen.

§ 7
Begriffsbestimmungen

(1) Für dieses Gesetz gelten folgende Begriffsbestimmungen:

1. **biologische Vielfalt**
   die Vielfalt der Tier- und Pflanzenarten einschließlich der innerartlichen Vielfalt sowie die Vielfalt an Formen von Lebensgemeinschaften und Biotopen;
2. **Naturhaushalt**
   die Naturgüter Boden, Wasser, Luft, Klima, Tiere und Pflanzen sowie das Wirkungsgefüge zwischen ihnen;

---

13 *A. Schumacher/J. Schumacher*, in: Schumacher/Fischer-Hüftle, BNatSchG, 2. Aufl. 2010, § 6 Rn. 13.

14 *Meßerschmidt*, BNatSchG, § 12 Rn. 11.

15 Ein gelungenes Beispiel ist der jährlich vom Bundesamt für Naturschutz, der Länderarbeitsgemeinschaft der Vogelschutzwarten und dem Dachverband Deutscher Avifaunisten herausgegebene Band „Vögel in Deutschland", *Sudtfeldt* u.a., Vögel in Deutschland 2009.

3. Erholung

natur- und landschaftsverträglich ausgestaltetes Natur- und Freizeiterleben einschließlich natur- und landschaftsverträglicher sportlicher Betätigung in der freien Landschaft, soweit dadurch die sonstigen Ziele des Naturschutzes und der Landschaftspflege nicht beeinträchtigt werden;

4. natürliche Lebensraumtypen von gemeinschaftlichem Interesse

die in Anhang I der Richtlinie 92/43/EWG aufgeführten Lebensraumtypen;

5. prioritäre natürliche Lebensraumtypen

die in Anhang I der Richtlinie 92/43/EWG mit dem Zeichen (*) gekennzeichneten Lebensraumtypen;

6. Gebiete von gemeinschaftlicher Bedeutung

die in die Liste nach Artikel 4 Absatz 2 Unterabsatz 3 der Richtlinie 92/43/EWG aufgenommenen Gebiete, auch wenn ein Schutz im Sinne des § 32 Absatz 2 bis 4 noch nicht gewährleistet ist;

7. Europäische Vogelschutzgebiete

Gebiete im Sinne des Artikels 4 Absatz 1 und 2 der Richtlinie 2009/147/EG des Europäischen Parlaments und des Rates vom 30. November 2009 über die Erhaltung der wildlebenden Vogelarten (ABl. L 20 vom 26. 01. 2010, S. 7), wenn ein Schutz im Sinne des § 32 Absatz 2 bis 4 bereits gewährleistet ist;

8. Natura 2000-Gebiete

Gebiete von gemeinschaftlicher Bedeutung und Europäische Vogelschutzgebiete;

9. Erhaltungsziele

Ziele, die im Hinblick auf die Erhaltung oder Wiederherstellung eines günstigen Erhaltungszustands eines natürlichen Lebensraumtyps von gemeinschaftlichem Interesse, einer in Anhang II der Richtlinie 92/43/EWG oder in Artikel 4 Absatz 2 oder Anhang I der Richtlinie 2009/147/EG aufgeführten Art für ein Natura 2000-Gebiet festgelegt sind;

10. günstiger Erhaltungszustand

Zustand im Sinne von Artikel 1 Buchstabe e und i der Richtlinie 92/43/EWG und von Artikel 2 Nummer 4 der Richtlinie 2004/35/EG des Europäischen Parlaments und des Rates vom 21. April 2004 über Umwelthaftung zur Vermeidung und Sanierung von Umweltschäden (ABl. L 143 vom 30. 04. 2004, S. 56), die zuletzt durch die Richtlinie 2009/31/EG (ABl. L 140 vom 05. 06. 2009, S. 114) geändert worden ist.

(2) Für dieses Gesetz gelten folgende weitere Begriffsbestimmungen:

1. Tiere

a) wild lebende, gefangene oder gezüchtete und nicht herrenlos gewordene sowie tote Tiere wild lebender Arten,

b) Eier, auch im leeren Zustand, sowie Larven, Puppen und sonstige Entwicklungsformen von Tieren wild lebender Arten,

c) ohne Weiteres erkennbare Teile von Tieren wild lebender Arten und

d) ohne Weiteres erkennbar aus Tieren wild lebender Arten gewonnene Erzeugnisse;

2. Pflanzen
   a) wild lebende, durch künstliche Vermehrung gewonnene sowie tote Pflanzen wild lebender Arten,
   b) Samen, Früchte oder sonstige Entwicklungsformen von Pflanzen wild lebender Arten,
   c) ohne Weiteres erkennbare Teile von Pflanzen wild lebender Arten und
   d) ohne Weiteres erkennbar aus Pflanzen wild lebender Arten gewonnene Erzeugnisse;
   als Pflanzen im Sinne dieses Gesetzes gelten auch Flechten und Pilze;

3. Art
   jede Art, Unterart oder Teilpopulation einer Art oder Unterart; für die Bestimmung einer Art ist ihre wissenschaftliche Bezeichnung maßgebend;

4. Biotop
   Lebensraum einer Lebensgemeinschaft wild lebender Tiere und Pflanzen;

5. Lebensstätte
   regelmäßiger Aufenthaltsort der wild lebenden Individuen einer Art;

6. Population
   eine biologisch oder geografisch abgegrenzte Zahl von Individuen einer Art;

7. heimische Art
   eine wild lebende Tier- oder Pflanzenart, die ihr Verbreitungsgebiet oder regelmäßiges Wanderungsgebiet ganz oder teilweise
   a) im Inland hat oder in geschichtlicher Zeit hatte oder
   b) auf natürliche Weise in das Inland ausdehnt;
   als heimisch gilt eine wild lebende Tier- oder Pflanzenart auch, wenn sich verwilderte oder durch menschlichen Einfluss eingebürgerte Tiere oder Pflanzen der betreffenden Art im Inland in freier Natur und ohne menschliche Hilfe über mehrere Generationen als Population erhalten;

8. gebietsfremde Art
   eine wild lebende Tier- oder Pflanzenart, wenn sie in dem betreffenden Gebiet in freier Natur nicht oder seit mehr als 100 Jahren nicht mehr vorkommt;

9. invasive Art
   eine Art, deren Vorkommen außerhalb ihres natürlichen Verbreitungsgebiets für die dort natürlich vorkommenden Ökosysteme, Biotope oder Arten ein erhebliches Gefährdungspotenzial darstellt;

10. Arten von gemeinschaftlichem Interesse
    die in Anhang II, IV oder V der Richtlinie 92/43/EWG aufgeführten Tier- und Pflanzenarten;

11. prioritäre Arten
    die in Anhang II der Richtlinie 92/43/EWG mit dem Zeichen (*) gekennzeichneten Tier- und Pflanzenarten;

12. europäische Vogelarten
    in Europa natürlich vorkommende Vogelarten im Sinne des Artikels 1 der Richtlinie 2009/147/EG;

13. besonders geschützte Arten

a) Tier- und Pflanzenarten, die in Anhang A oder Anhang B der Verordnung (EG) Nr. 338/97 des Rates vom 9. Dezember 1996 über den Schutz von Exemplaren wildlebender Tier- und Pflanzenarten durch Überwachung des Handels (ABl. L 61 vom 03. 03. 1997, S. 1, L 100 vom 17. 04. 1997, S. 72, L 298 vom 01. 11. 1997, S. 70, L 113 vom 27. 04. 2006, S. 26), die zuletzt durch die Verordnung (EG) Nr. 709/2010 (ABl. L 212 vom 12. 08. 2010, S. 1) geändert worden ist, aufgeführt sind,

b) nicht unter Buchstabe a fallende

aa) Tier- und Pflanzenarten, die in Anhang IV der Richtlinie 92/43/ EWG aufgeführt sind,

bb) europäische Vogelarten,

c) Tier- und Pflanzenarten, die in einer Rechtsverordnung nach § 54 Absatz 1 aufgeführt sind;

14. streng geschützte Arten
besonders geschützte Arten, die
aufgeführt sind;

15. gezüchtete Tiere
Tiere, die in kontrollierter Umgebung geboren oder auf andere Weise erzeugt und deren Elterntiere rechtmäßig erworben worden sind;

16. künstlich vermehrte Pflanzen
Pflanzen, die aus Samen, Gewebekulturen, Stecklingen oder Teilungen unter kontrollierten Bedingungen herangezogen worden sind;

17. Anbieten
Erklärung der Bereitschaft zu verkaufen oder zu kaufen und ähnliche Handlungen, einschließlich der Werbung, der Veranlassung zur Werbung oder der Aufforderung zu Verkaufs- oder Kaufverhandlungen;

18. Inverkehrbringen
das Anbieten, Vorrätighalten zur Abgabe, Feilhalten und jedes Abgeben an andere;

19. rechtmäßig
in Übereinstimmung mit den jeweils geltenden Rechtsvorschriften zum Schutz der betreffenden Art im jeweiligen Staat sowie mit Rechtsakten der Europäischen Gemeinschaft auf dem Gebiet des Artenschutzes und dem Übereinkommen vom 3. März 1973 über den internationalen Handel mit gefährdeten Arten freilebender Tiere und Pflanzen (BGBl. 1975 II S. 773, 777) – Washingtoner Artenschutzübereinkommen – im Rahmen ihrer jeweiligen räumlichen und zeitlichen Geltung oder Anwendbarkeit;

20. Mitgliedstaat
ein Staat, der Mitglied der Europäischen Union ist;

21. Drittstaat
ein Staat, der nicht Mitglied der Europäischen Union ist.

(3) Soweit in diesem Gesetz auf Anhänge der

1. Verordnung (EG) Nr. 338/97,

2. Verordnung (EWG) Nr. 3254/91 des Rates vom 4. November 1991 zum Verbot von Tellereisen in der Gemeinschaft und der Einfuhr von Pelzen und Waren von bestimmten Wildtierarten aus Ländern, die Tellereisen oder den internationalen humanen Fangnormen nicht entsprechende Fangmethoden anwenden (ABl. L 308 vom 09. 11. 1991, S. 1),

3. Richtlinien 92/43/EWG und 2009/147/EG,

4. Richtlinie 83/129/EWG des Rates vom 28. März 1983 betreffend die Einfuhr in die Mitgliedstaaten von Fellen bestimmter Jungrobben und Waren daraus (ABl. L 91 vom 09. 04. 1983, S. 30), die zuletzt durch die Richtlinie 89/370/EWG (ABl. L 163 vom 14. 06. 1989, S. 37) geändert worden ist,

oder auf Vorschriften der genannten Rechtsakte verwiesen wird, in denen auf Anhänge Bezug genommen wird, sind die Anhänge jeweils in der sich aus den Veröffentlichungen im Amtsblatt Teil L der Europäischen Union ergebenden geltenden Fassung maßgeblich.

(4) Das Bundesministerium für Umwelt, Naturschutz, Bau und Reaktorsicherheit gibt die besonders geschützten und die streng geschützten Arten sowie den Zeitpunkt ihrer jeweiligen Unterschutzstellung bekannt.

(5) Wenn besonders geschützte Arten bereits auf Grund der bis zum 8. Mai 1998 geltenden Vorschriften unter besonderem Schutz standen, gilt als Zeitpunkt der Unterschutzstellung derjenige, der sich aus diesen Vorschriften ergibt. Entsprechendes gilt für die streng geschützten Arten, soweit sie nach den bis zum 8. Mai 1998 geltenden Vorschriften als vom Aussterben bedroht bezeichnet waren.

Inhaltsübersicht

I. Bedeutung der Vorschrift

1 Die Vorschrift enthält wichtige Begriffsbestimmungen des geltenden Naturschutzrechtes. In seinem Absatz 1 beinhaltet die Vorschrift solche Begriffsdefinitionen, die nicht artenschutzrechtlich geprägt sind, während in Abs. 2 die im engeren Sinne artenschutzrechtlichen Begriffe abgehandelt werden. In den Absätzen 3–5 werden das Verhältnis zu der gesetzlichen Definitionen zu den Begrifflichkeiten des Europarechts (Abs. 3), Art und Weise der Bekanntgabe einer artenrechtlichen Unterschutzstellung (Abs. 4) sowie die Weitergeltung früherer Unterschutzstellungen (Abs. 5) näher behandelt.

II. Schutz von Flächen und Lebensräumen (Abs. 1)

1. Biologische Vielfalt

2 Eine Definition der biologischen Vielfalt wurde durch das BNatSchG 2010 neu in das Gesetz aufgenommen. Die Definition stellt klar, dass die biologische Vielfalt über die Artenvielfalt deutlich hinausgeht und auch die Diversität von Lebensräumen und Lebensgemeinschaften sowie die Vielfalt innerhalb der Arten umfasst.[1] Die Bestimmung nimmt die bereits in § 2 Abs. 1 Nr. 8 Satz 2 BNatSchG 2002 enthaltene Definition der **biologischen Vielfalt** fast wörtlich auf. Dort war bereits festgeschrieben, dass die biologische Vielfalt die Vielfalt an Lebensräumen und Lebensgemeinschaften, an Arten sowie die genetische Vielfalt innerhalb der Arten umfasst. Sämtliche Definitionen gehen auf Art. 2 Abs. 1 der **Biodiversitätskonvention** vom 5. Juni 1992[2] zurück, die am 12. Juni 1992 von der Bundesrepublik Deutschland unterzeichnet worden ist. Die Konvention versteht unter biologischer Vielfalt die Variabilität unter lebenden Organismen jeglicher Herkunft, darunter unter anderem Land-, Meeres- und sonstige aquatische Ökosysteme und die ökologischen Komplexe, zu denen sie gehören; dies umfasst die Vielfalt innerhalb der Arten und zwischen den Arten und die Vielfalt der Ökosysteme. Biologische Vielfalt begreift das Gesetz allerdings als ein Wert unter anderen, sodass nicht von der geringen Artenvielfalt auf die fehlende Schutzbedürftigkeit geschlossen werden kann.[3] So zeichnen sich etwa bedeutende Hochmoore wie das Hohe Venn in der Nordeifel durch seine Einmaligkeit, nicht durch **Artenvielfalt** aus.

---

1 *Heugel*, in: Lütkes/Ewer, BNatSchG, § 7 Rn. 5; insofern verkürzt BVerwG, Urt. v. 02.10.2014 – 7 A 14.12, juris, Rn. 20, wo eine Gleichsetzung mit der Artenvielfalt erfolgt.
2 BGBl. 1993 II S. 1741.
3 *Gassner/Heugel*, Das neue Naturschutzrecht, S. 18.

Der Schutz der **innerartlichen Vielfalt** war im Gesetzgebungsverfahren umstritten, da er Rückwirkungen auf die Absatzfähigkeit von Baumschulerzeugnissen hat.[4]

2. Naturhaushalt

Die im BNatSchG verwendete Definition des Naturhaushaltes geht auf entsprechende Begriffsbestimmungen in § 10 Abs. 1 Nr. 1 BNatSchG 2002 zurück. Der Begriff des „Naturhaushaltes" findet an zahlreichen Stellen des Gesetzes Verwendung, so unter anderem in § 1 Abs. 3 bei den Zielen des Naturschutzes und der Landschaftspflege. Auch in der Rechtsprechung ist seit langem anerkannt, dass unter den Begriff des Naturhaushalts das komplexe Wirkungsgefüge aller natürlichen Faktoren wie **Boden, Wasser, Luft, Klima, Pflanzen- und Tierwelt** zu verstehen ist, wobei zwischen diesen Faktoren vielfältige Wechselwirkungen bestehen.[5] Mit Naturhaushalt wird danach eine Vielzahl verschiedenster, miteinander in Beziehung stehender und sich gegenseitig beeinflussender Ökosysteme bezeichnet.[6] In dieses Wirkungsgefüge wird immer schon dann eingegriffen, wenn in den Naturhaushalt Stoffe eingebracht werden oder wenn auf einzelne Bestandteile des Naturhaushalts eingewirkt wird und dadurch (unerwünschte) Rückwirkungen auf andere Bestandteile ausgelöst werden.[7]

3

3. Erholung

Die Begriffsbestimmung stellt die natur- und landschaftsverträgliche Erholung in den Vordergrund und stellt damit eine Konkretisierung von § 2 Abs. 1 dar.[8] Hierbei müsste korrekt von Erholungsnutzung oder Erholungsaktivitäten gesprochen werden, da die subjektive Komponente der **Erholung** in freier Natur keiner Definitionsmacht des Gesetzgebers unterliegt.[9] Die Bestimmung stellt klar, dass unter den naturschutzrechtlichen Erholungsbegriff[10] nur eine natur- und landschaftsverträgliche Aktivität bzw. Sportart fällt. So ist beispielsweise das **Kanufahren** während der Brutzeit nicht vom Erholungsbegriff des BNatSchG gedeckt. Die These, das BNatSchG unterstütze eine Aktivität, die jedenfalls auch naturschädigend wirken könne,[11] wird durch die Definition widerlegt. Zutreffend ist allerdings, dass die vorliegende Definition nicht als Ermächtigungsgrundlage zur Einschränkung des Grundrechtes aus § 2 Abs. 1 GG taugt, sondern hierfür eine gesonderte **Ermächtigungsgrundlage** erforderlich ist. Allerdings werden die vom BNat-

4

---

4 Näher *Gassner/Heugel*, Das neue Naturschutzrecht, S. 164.
5 OVG Münster, Urt. v. 04.06.1993 – 7 A 3157/91, NVwZ-RR 1994, 646.
6 *Heugel*, in: Lütkes/Ewer, BNatSchG, § 7 Rn. 7.
7 BVerwG, Urt. v. 27.08.2009 – 7 C 1/09, NVwZ-RR 2010, 97, (98).
8 *Gassner/Heugel*, Das neue Naturschutzrecht, S. 21.
9 Zur subjektiven Seite näher *Bendomir-Kahlo*, in: Gassner/Bendomir-Kahlo/Schmidt-Räntsch, § 10 Rn. 18.
10 Zum Erholungsbegriff im Baurecht vgl. § 35 Abs. 3 Nr. 5 BauGB und die Kommentierung von *Ernst-Zinkahn-Bielenberg*, § 35 Rn. 98.
11 So *Kloepfer*, Umweltrecht, 3. Aufl., S. 923.

SchG gewährten Rechte, etwa das Recht auf **Betreten der Natur** zu Erholungszwecken (§ 59 BNatSchG), konkretisiert. Bei der vom Gesetz angesprochenen sportlichen Betätigung ist im Einzelnen zu prüfen, ob die Sportart naturverträglich ausgeübt wird.[12] Etwaige bauliche Anlagen zur Realisierung der sportlichen Betätigung werden von der Bestimmung nicht erfasst (z.B. Hütten, Badestege etc.). Die Zulässigkeit derartiger Anlagen im Außenbereich richtet sich allein nach § 35 BauGB.

4. Natürliche Lebensraumtypen von gemeinschaftlichem Interesse

5 Im Gegensatz zur Vorgängervorschrift des § 10 Abs. 1 Nr. 3 BNatSchG 2002 spricht das BNatSchG 2010 von *„Lebensräumen"* anstatt von *„Biotopen"*. Dem Gesetzgeber ging es dabei darum, eine Übereinstimmung der FFH-Richtlinie zu erreichen, die auf den Begriff des natürlichen Lebensraumtyps abstellt.[13] Bereits bisher war der Rechtsanwender gezwungen, bei Auslegungszweifeln aus europarechtlichen Gründen auf die Definitionen der FFH-Richtlinie zurückzugreifen.[14]

Lebensräume oder **Habitate** sind durch geographische, abiotische oder biotische Merkmale gekennzeichnete terrestrische oder aquatische Gebiete (Art. 1b FFH-RL). Natürliche Lebensräume von gemeinschaftlichem Interesse sind nach Art. 1c FFH-RL solche, die

– im Bereich ihres natürlichen Vorkommens vom Verschwinden bedroht sind oder
– infolge ihres Rückgangs oder aufgrund ihres an sich schon begrenzten Vorkommens ein geringes natürliches Verbreitungsgebiet haben oder
– typische Merkmale einer oder mehrerer der folgenden fünf biogeographischen Regionen aufweisen: alpine, atlantische, kontinentale, makaronesische und mediterrane.

Die Lebensraumtypen sind in Anhang I der FFH-RL aufgeführt bzw. können dort aufgeführt werden. Das BNatschG enthält insoweit eine dynamische Verweisung auf das Europarecht, die zur Umsetzung der europäischen Richtlinien zulässig ist.[15] Der Begriff des natürlichen Lebensraumtyps von gemeinschaftlichem Interesse unterliegt einer eingeschränkten gerichtlichen Kontrolle. Es besteht insoweit ein naturschutzfachlicher Beurteilungsspielraum.[16]

5. Prioritäre natürliche Lebensraumtypen

6 Prioritäre natürliche Lebensraumtypen sind solche, die im Anhang der FFH-RL mit einem Stern gekennzeichnet sind. Es handelt sich hierbei nach Art. 1d

---

12 Näher *Müller-Walter*, in: Lorz/Konrad/Mühlbauer/Müller-Walter/Stöckel, § 7 Rn. 5; *Kloepfer/Brandner*, NVwZ 1988, S. 115 ff.
13 BT-Drs. 16/12274, S. 53.
14 *Müller-Walter*, in: Lorz/Konrad/Mühlbauer/Müller-Walter/Stöckel, § 7 Rn. 6.
15 *Müller-Walter*, in: Lorz/Konrad/Mühlbauer/Müller-Walter/Stöckel, § 7 Rn. 6.
16 Zur Überprüfungstiefe BVerwG, Urt. v. 12. 03. 2008 – 9 A 3.06, juris, Rn. 75; OVG Rheinland Pfalz, Urt. v. 26.7. 2011 – 1 A 10473/07, BeckRS 2011, 53270 und die Kommentierung zu § 32 Rn. 15 ff.

FFH-RL um Lebensraumtypen innerhalb der EU, die vom Verschwinden bedroht sind und für deren Erhaltung der Gemeinschaft aufgrund der natürlichen Ausdehnung dieser Lebensraumtypen im Verhältnis zu dem Gebiet der EU eine besondere Verantwortung zukommt. **Vogelschutzgebiete** gehören nicht zu den prioritären Lebensraumtypen, da die FFH-RL keine Vogelschutzgebiete benennt. Vogelschutzgebiete können daher auch nicht in entsprechender Anwendung des Anhangs der FFH-RL als prioritärer Lebensraumtyp angesehen werden.[17]

6. Gebiete von gemeinschaftlicher Bedeutung

Der Aufbau des europäischen **Biotopverbundnetzes** aufgrund der FFH-RL erfolgt durch eine Zusammenarbeit der EU-Mitgliedstaaten mit der Kommission in drei Phasen: Der **Gebietsmeldung** durch die Mitgliedstaaten (Phase 1), der Erstellung einer Liste der Gebiete von gemeinschaftlicher Bedeutung durch die Europäische Kommission (Phase 2) und schließlich der Vornahme der nationalen Unterschutzstellung nach Maßgabe von § 32 BNatSchG (Phase 3).[18] Die Definition stellt klar, dass als Gebiete von gemeinschaftlicher Bedeutung alle Gebiete anzusehen sind, die die Phase 2 (Aufnahme in die Liste der Kommission – sog. Gemeinschaftsliste) erreicht haben.   **7**

Im zweiten Halbsatz der Definition hat der Gesetzgeber anerkannt, dass Phase 3 – die nationale **Unterschutzstellung** – keinen Einfluss auf das Vorhandensein eines Gebietes von gemeinschaftlicher Bedeutung hat. Im BNatSchG 2002 war noch davon die Rede gewesen, dass Gebiete von gemeinschaftlicher Bedeutung auch dann vorhanden seien, wenn sie noch nicht zu Schutzgebieten im Sinne dieses Gesetzes erklärt worden seien. Diese Formulierung hat der Gesetzgeber abgeändert, da das Gesetz in § 32 Abs. 4 neben der Ausweisung eines Schutzgebietes auch andere Formen der Unterschutzstellung kennt, die einen gleichwertigen Gebietsschutz gewährleisten sollen (Verfügungsbefugnis eines öffentlichen oder gemeinnützigen Trägers, vertragliche Vereinbarungen etc.).[19]

Die sogenannten **potenziellen FFH-Gebiete** unterfallen der Definition nicht.   **8**
Hierbei handelt es sich um Areale, bei denen an sich die Kriterien nach Art. 4 FFH-RL vorliegen, die Aufnahme des Gebietes in das **kohärente Netz** sich auch aufdrängt, aber – aus welchen Gründen auch immer – die Aufnahme in die Gemeinschaftsliste noch nicht vorgenommen wurde.[20] Mangels einer Aufführung in der Gemeinschaftsliste liegt kein „Gebiet von gemein-

---

17 OVG Münster, Beschl. v. 11.05.1999 – 20 B 1464/98.AK, NVwZ-RR 2000, 490, 493; *Gassner*, in: Gassner/Bendomir-Kahlo/Schmidt-Räntsch, § 34 Rn. 36; a.A. *Gellermann*, in: Landmann/Rohmer, Umweltrecht, § 10 BNatSchG Rn. 6, wonach es auch ornithologisch bedeutsame Lebensräume gibt, die prioritär zu begreifen seien.

18 Ausführlich zu den Phasen der Unterschutzstellung *Kloepfer*, Umweltrecht, 3. Aufl. 2004, S. 898 ff.

19 BT-Drs. 16/12274, S 53.

20 Zur Definition des potenziellen FFH-Gebietes vgl. *Kerkmann*, Naturschutzrecht in der Praxis, 2. Aufl., S. 466 ff.

schaftlicher Bedeutung vor".[21] Der Schutz von FFH-Gebieten, die noch nicht in die **Gemeinschaftsliste** aufgenommen wurden, richtet sich somit ausschließlich nach den in der Rechtsprechung des Europäischen Gerichtshofs und der nationalen Gerichte entwickelten Anforderungen.[22]

7. Europäische Vogelschutzgebiete

9 Das Gesetz verweist hier auf Art. 4 Abs. 1 und Abs. 2 Vogelschutz-RL. Nach Art. 4 Abs. 1 dieser Richtlinie erklären die Mitgliedstaaten insbesondere die für die Erhaltung bestimmter, in einem Anhang gelisteter **wildlebender Vogelarten** zahlen- und flächenmäßig geeignetsten Gebiete zu Schutzgebieten, wobei die Erfordernisse des Schutzes dieser Arten in dem geographischen Meeres- und Landgebiet, in dem diese Richtlinie Anwendung findet, zu berücksichtigen ist. Nach Art. 4 Abs. 2 Vogelschutz-RL sind für die nicht im Anhang I aufgeführten, regelmäßig auftretenden **Zugvogelarten** „entsprechende Maßnahmen" zu treffen. Die Unterschutzstellung erfolgt also – anders als bei den FFH-Gebieten – durch Ausweisung eines Schutzgebietes durch den Mitgliedstaat.

In der Vergangenheit war umstritten, ob auch dann bereits von einem Europäischen Vogelschutzgebiet gesprochen werden konnte, wenn zwar die Voraussetzungen des Art. 4 Abs. 1 Vogelschutz-RL vorlagen, das Gebiet allerdings vom Mitgliedstaat noch nicht förmlich unter Schutz gestellt worden ist (sog. **Faktisches Vogelschutzgebiet**).[23] Der Gesetzgeber hat nun durch den 2. Halbsatz der Nr. 7 klargestellt, dass das Schutzregime der FFH-Richtlinie einschließlich der in der Vogelschutz-RL nicht vorgesehenen Abweichungsmöglichkeiten für Vogelschutzgebiete erst nach deren förmlicher Unterschutzstellung nach Maßgabe von §§ 32 Abs. 2 bis 4 anzuwenden ist. Für faktische Vogelschutzgebiete gelten nach der Rechtsprechung des EuGH und des BVerwG die strengen Anforderungen des Art. 4 Abs. 4 Vogelschutz-RL.[24] Das „mildere" Schutzregime des Art. 6 Abs. 2–4 FFH-RL ist nicht anzuwenden.[25]

Der 3. Halbsatz der Nummer 7 ist insofern problematisch, als er auch auf § 32 Abs. 4 verweist, wonach die förmliche Unterschutzstellung unterbleiben darf und durch **Verwaltungsvereinbarung** oder **Verträge** ersetzt werden darf. Nach der Rspr. des BVerwG[26], der hierbei dem EuGH[27] folgt, ist jedoch für die Erklärung eines Gebietes zum besonderen Schutzgebiet i.S.d. Art. 4 Abs. 1 VS-RL erforderlich, dass der Staat eine endgültige rechtliche Erklärung mit Außenwirkung trifft. Geschieht dies nicht, wird die FFH-Verträg-

---

21 *Gellermann*, in: Landmann/Rohmer, Umweltrecht, § 7 BNatSchG Rn. 8.

22 BT-Drs. 16/12274, S. 53.

23 Vgl. *Gellermann*, in: Landmann/Rohmer, Umweltrecht, § 7 BNatSchG Rn. 9.

24 EuGH, Urt. v. 07.12.2000 – Rs. C 374/98, NVwZ 2001, 549 (550); BVerwG, Urt. v. 31.01. 2002 – 4 A 15/01, NVwZ 2002, 1103 (1105).

25 Zum Ganzen *Kerkmann*, Naturschutzrecht in der Praxis, 2. Aufl. 2010, S. 463 f.; *Schink*, DÖV 2002, S. 45, 51.

26 BVerwG, Urt. v. 01.04.2004 – 4 C 2.03, NVwZ 2004, 1114, 1117.

27 EuGH, Urt. v. 07.12.2000 – C-374/98, NVwZ 2001, 549, 550.

lichkeitsprüfung nicht eröffnet. Die Definition hätte daher im dritten Halbsatz nur auf § 32 Abs. 2 und 3 verweisen dürfen.[28]

8. Natura 2000-Gebiete

Das BNatSchG 2010 enthält erstmals den Begriff der **Natura-2000-Gebiete** 10
als Oberbegriff für die Gebiete von gemeinschaftlicher Bedeutung und die
Europäischen Vogelschutzgebiete. § 10 Abs. 1 Nr. 8 BNatSchG a.f. sprach
noch vom Europäischen ökologischen Netz. Eine Definition der im früheren
Recht enthaltenen Definition des europäischen ökologischen Netzes „Natura
2000" (§ 10 Abs. 1 Nr. 8 BNatSchG a.F.) wurde mit Blick auf § 31 aufgegeben. Die Nummer 8 steht in enger Verbindung zum Kapitel 4 Abschnitt 2
des Gesetzes, wo Aufbau und Schutz des Netzes „Natura 2000" im Einzelnen behandelt werden. Das europäische Schutzgebietsnetz „Natura 2000"
wird nach den Vorgaben des Art. 3 Abs. 1 FFH-RL gemeinsam durch die Gebiete von gemeinschaftlicher Bedeutung nach der FFH-RL und die besonderen Vogelschutzgebiete nach der Vogelschutz-RL gebildet.

Im Gegensatz zu § 10 Abs. 1 Nr. 7 BNatSchG a.F. enthält das BNatSchG 2010
keine Definition der **Konzertierungsgebiete**. Erwähnung findet das Konzertierungsgebiet in § 33 Abs. 2, der Art. 5 Abs. 4 FFH-RL umsetzt.

Hessen hat in Abweichung der bundesrechtlichen Regelung den Begriff der
Natura-2000-Gebiete erweitert. Danach sind die von der obersten Naturschutzbehörde des Landes Hessen ausgewählten und dem Bundesumweltministerium zur Weitermeldung an die Kommission übermittelten Gebiete
sowie die der Kohärenzsicherung dienenden Gebiete (§ 34 Abs. 5 BNatSchG) auch schon vor ihrer Eintragung in die Gemeinschaftsliste Natura-2000-Gebiete (§ 14 Abs. 1 HAGBNatSchG[29]).

9. Erhaltungsziele

Die im BNatSchG a.F. enthaltene Definition des Gesetzes wurde weitgehend 11
aufgegeben, da sie nach Auffassung des Gesetzgebers mit dem Ansatz der
FFH-RL nicht übereinstimmte. Das Gesetz berücksichtigt, dass die FFH-RL
das in Art. 2 Abs. 2 enthaltene Ziel, einen günstigen **Erhaltungszustand** der
natürlichen Lebensräume und wildlebenden Tier- und Pflanzenarten von gemeinschaftlichem Interesse zu bewahren oder wiederherzustellen, auf den
Geltungsbereich der RL bzw. die biogeografische Region bezieht. Insofern
müssten Maßnahmen in einem besonderen Schutzgebiet zwar diesem Ziel
dienen, die Erhaltung oder Wiederherstellung eines günstigen Erhaltungszustands sei jedoch nicht selbst Erhaltungsziel des jeweiligen Gebietes, wie
dies das bisherige Recht nahelege. Dem soll durch die neue Definition Rechnung getragen werden.[30]

---

28 *Louis*, NuR 2010, S. 77, 80.
29 Vom 20. 12. 2010, GVBl. I S. 629.
30 BT-Drs. 16/12274, S. 53.

Die Formulierung am Ende der Nummer 9 bringt zum Ausdruck, dass die Ziele **gebietsbezogen** festgelegt werden müssen.[31] Dies steht in Übereinstimmung mit der Formulierung in Art 6 Abs. 3 FFH-RL, wo von den für das jeweilige Gebiet festgelegten Erhaltungszielen gesprochen wird. Die – lokale – Festlegung des Erhaltungszieles ist auf einen günstigen Erhaltungszustand des geschützten Lebensraumtyp bzw. der geschützten Art auszurichten. Wann der Erhaltungszustand als „günstig" anzusehen ist, wird in Art. 1 Nr. e) und i) FFH-RL näher definiert. Die das Gebiet ausweisende Stelle hat diese Vorgaben zu beachten, darf jedoch nach Maßgabe der Wichtigkeit des Gebietes Prioritäten setzen (vgl. Art. 4 Abs. 4 FFH-RL).[32]

10. Erhaltungszustand

12 Die Bestimmung dient der Vermeidung eines Umsetzungsdefizits der Umwelthaftungsrichtlinie (Richtlinie 204/35/EG des Europäischen Parlaments und des Rates vom 21. April 2004 über Umwelthaftung zur Vermeidung und Sanierung von Umweltschäden). Nach dem Ergebnis der Prüfung der Richtlinienumsetzung durch die Europäische Kommission bedarf es einer klarstellenden Übernahme der Definition des Begriffs des **Erhaltungszustandes** in das deutsche Recht, da dieser Bezugsmaßstab für die Beurteilung einer Schädigung geschützter Arten und natürlicher Lebensräume ist.[33] Nummer 10 dient ferner der Umsetzung der entsprechenden Definition des Begriffs „günstiger Erhaltungszustand" im Sinne der FFH-RL.[34] Auch vor Einfügung der Nummer 10 durch das Gesetz zur Änderung des Umwelt-Rechtsbehelfsgesetzes[35] war bereits anerkannt, dass der „günstige Erhaltungszustand" nach **pflanzen- oder tierkundlichen Kriterien** unter Berücksichtigung der Merkmale des Anhangs III Phase 1 der FFH-RL zu bestimmen ist.[36] Die Bestandsbewertung unterliegt nur einer eingeschränkten gerichtlichen Kontrolle.[37]

III. Artenschutzrecht (Abs. 2)

1. Tiere

13 Die Begriffsbestimmung ist eine Definition des Anwendungsbereiches artenschutzrechtlicher Bestimmungen. Die Nummer 1 setzt einen **naturwissenschaftlichen Tierbegriff** voraus, ohne ihn selbst zu definieren. Danach handelt es sich in Abgrenzung zu den Pflanzen grundsätzlich um die Lebewesen, die eine heterotrophe Ernährung aufweisen, d.h. die nicht selbst aus anorganischen Verbindungen organische aufbauen können, sondern von pflanz-

---

31 *Kratsch/J. Schumacher/A. Schumacher*, in: Schumacher/Fischer-Hüftle, 2. Aufl., § 7 Rn. 20; *Gellermann*, in: Landmann/Rohmer, Umweltrecht, § 7 BNatSchG Rn. 11.

32 *Gassner*, in: Gassner/Bendomir-Kahlo/Schmidt-Räntsch, § 10 Rn. 8.

33 BT-Drs. 17/10957, S. 22.

34 BT-Drs. 17/10957, S. 22.

35 Vom 21.01.2013, BGBl. I S. 95.

36 BVerwG, Urt. v. 12.03.2008 – 9 A 3.06, juris, Rn. 75; näher *Schütte/Gerbig/Möckel/Wolf/Heym/Köck/Schlacke*, in: Schlacke (Hrsg.), GK-BNatSchG, § 7 Rn. 15 ff.

37 BVerwG, Urt. v. 12.03.2008 – 9 A 3.06, juris, Rn. 75.

lichen oder tierischen Stoffen leben.[38] Ausgehend von diesem naturwissen-schaftlichen Begriff wird die naturschutzrechtliche Definition dann teils eingeschränkt teils erweitert.

Unter Buchstabe a) erfolgt eine Beschränkung des Anwendungsbereichs des Gesetzes auf **wild lebende**, **gefangene** oder **gezüchtete** und nicht **herrenlos** gewordene sowie tote Tier wild lebender Arten. Zentral ist hier das Merkmal der wild lebenden Art. Wild lebend sind alle in Freiheit vorkommenden Ar-ten, deren Exemplare nicht ausschließlich vom Menschen gezüchtet werden. Nicht unter die Definition fallen Haus- und Nutztiere, auch wenn diese aus einem Gehege o.ä. entwichen sind.[39] Maßgeblich ist, ob die Tiere irgendwo – sei es auch in kleiner Zahl – in der Natur vorkommen.[40]

Tiere wildleberder Arten werden vom Gesetz erfasst, soweit sie selbst wild leben, gefangen oder gezüchtet und nicht herrenlos geworden sind. Tiere, die herrenlos geworden sind, sind wieder wild lebend.[41] Die Umschreibung des Gesetzes macht deutlich, dass es nicht auf die Zahmheit oder Domesti-kation einzelner Tierbestände unter besonderen Haltungsbedingungen an-kommt, sofern die Art überhaupt noch bei uns oder in einem anderen Teil der Erde wildlebend oder freilebend vorkommt.[42] Ferner soll die Herkunft der Tiere aus einer **Züchtung** oder einer Naturentnahme keine Rolle spielen.[43]

Unter Buchstabe b) werden die sämtliche Entwicklungsformen wild lebender Arten wie Eier, **Larven** und **Puppen** dem artenschutzrechtlichen Tierbegriff zugeschlagen. Soweit der Gesetzgeber auch **Eier** in leerem Zustand erfasst, folgt er damit der Vorgabe in Art. 5 c) Vogelschutz-RL. Damit sind die ent-sprechenden Besitzverbote und Nachweispflichten ausgedehnt worden.

In Buchstabe c) und d) wird der Tierbegriff ferner auf ohne Weiteres erkenn-bare Teile von Tieren wild lebender Arten und ohne Weiteres erkennbar aus Tieren wild lebender Arten gewonnener Erzeugnisse erstreckt.[44] Die Einbe-ziehung auch der Teile und Erzeugnisse ist notwendig, da bei vielen Arten gerade diese begehrt und handelsrelevant sind (Elefantenstoßzähne). Die Be-griffsdefinition wird durch § 5 BArtSchV näher ausgefüllt. Danach werden als ohne weiteres erkennbare Teile von Tieren bzw. Erzeugnissen angesehen

14

– Alle Teile und Erzeugnisse von Arten im Sinne von § 7 Abs. 2 Nr. 13 b) aa) BNatSchG
– Die in Anlage 3 der BArtSchV bezeichneten Teile und Erzeugnisse von Tieren und Pflanzen der dort genannten Arten,

---

38 *Kratsch/J. Schumacher/A. Schumacher*, in: Schumacher/Fischer-Hüftle, 2. Aufl. 2010, § 7 Rn. 21; *Gellermann*, in: Landmann/Rohmer, Umweltrecht, BNatSchG § 7 Rn. 13.
39 *Müller-Walter*, in: Lorz/Konrad/Mühlbauer/Müller-Walter/Stöckel, § 7 Rn. 13.
40 *Müller-Walter*, in: Lorz/Konrad/Mühlbauer/Müller-Walter/Stöckel, § 7 Rn. 13.
41 Zu Abgrenzungsschwierigkeiten *Gellermann*, in Landmann/Rohmer, Umweltrecht, § 7 BNatSchG Rn. 13.
42 VGH Kassel, Urt. v. 29.11.1995 – 3 TG 3273/95, NVwZ-RR 1996, 432 m.w.N. (Straußenfarm).
43 Kritisch zur Gesetzesdefinition *Hammer*, DVBl. 1997, 401, 405.
44 Zum völker- und europarechtlichen Hintergrund dieser Begriffe vgl. *Bendomir-Kahlo*, in: Gassner/Bendomir-Kahlo/Schmidt-Räntsch, § 10 Rn. 30/31.

– andere Gegenstände, bei denen aus einem Beleg, aus der Verpackung, aus einer Marke, aus einer Aufschrift oder aus sonstigen Umständen hervorgeht, dass es sich um Teile von Tieren und Pflanzen der besonders geschützten Arten oder aus ihnen gewonnene Erzeugnisse handelt.

In Anlage 3 zu § 5 Nr. 2 BArtSchV findet sich eine Auflistung von Teilen wild lebender Arten sowie aus ihnen gewonnener Erzeugnisse, die als ohne weiteres erkennbar gelten. Hierunter fallen beispielsweise **Felle** und **Häute**, **Schädel**, **Eierschalen**, Gehäuse von **Schnecken** usw.[45] Hinsichtlich der Erkennbarkeit ist im Übrigen auf den durchschnittlich gebildeten Menschen abzustellen, wobei bei Personengruppen, die mit einschlägigen Produkten handeln oder diese transportieren, strengere Anforderungen zu stellen sind.[46]

2. Pflanzen

15 Unter den Begriff der Pflanzen sind alle Lebewesen zu rechnen, die ihre organische Substanz aus dem Kohlendioxid der Luft und aus anorganischen Verbindungen des Bodens bzw. des Wassers mit Hilfe von Licht und manchmal auch chemischer Energie aufbauen.[47] Es fallen hierunter alle höheren und niederen Pflanzen, also neben den Blütenpflanzen z.B. Farne, Moose und Algen. Im 2. Halbsatz der Nummer 2 hat der Gesetzgeber im Hinblick auf die fortentwickelte taxonomische Diskussion klargestellt, das als Pflanzen auch **Flechten** und **Pilze** gelten.[48] Diese wurden allerdings bereits im früheren Recht dem Pflanzenbegriff zugeordnet.[49]

Der Aufbau der Vorschrift entspricht im Übrigen derjenigen der Nummer 1. In Ziffer a) werden zunächst wild lebende, durch künstliche Vermehrung gewonnene sowie tote Pflanzen wild lebender Arten einbezogen. Wild lebend ist eine Pflanze dann, wenn sie sich ohne Zutun des Menschen an einer Stelle angesiedelt hat oder durch den Menschen mit dem Ziel der Begründung einer wild lebenden Population ausgebracht wurde, bspw. bei der Durchführung einer Ausgleichs- und Ersatzfläche.[50] Die **„künstliche Vermehrung"** wird in § 7 Abs. 2 Nr. 16 BNatSchG näher umschrieben. Wie bei der Tierdefinition wird der Begriff auch auf tote Pflanzen wild lebender Arten erstreckt.

In Ziffer b) werden sämtliche Entwicklungsformen von Pflanzen wild lebender Arten, wie Samen, Früchte, Knollen, Wurzelstöcke in die Definition einbezogen. Nach Ziffer c) und d) gehören zu den Pflanzen auch die ohne Weiteres erkennbaren Teile bzw. Erzeugnisse wildlebender Pflanzenarten. In

---

45 BGBl. I 2005, S. 289, ber. S. 896.

46 *Müller-Walter*, in: Lorz/Konrad/Mühlbauer/Müller-Walter/Stöckel, § 7 Rn. 15

47 *Gellermann*, in: Landmann/Rohmer, Umweltrecht, § 7 Rn. 14.

48 BT-Drs. 16/12274, S. 53.

49 *Kratsch/J. Schumacher/A. Schumacher*, in: Schumacher/Fischer-Hüftle, 2. Aufl. 2010, § 7 Rn. 25 mit Verweis auf die Anlage 1 der BArtSchV.

50 *Kratsch/J. Schumacher/A. Schumacher*, in: Schumacher/Fischer-Hüftle, 2. Aufl. 2010, § 7 Rn. 27.

diesem Zusammenhang ist auf die ausführende Bestimmung des § 5 BArtSchV zu verweisen, die näher festlegt, wann von ohne weiteres erkennbaren Teilen bzw. Erzeugnissen von Pflanzen auszugehen ist. Anlage 3 zu § 5 Nr. 2 BArtSchV benennt als ohne weiteres erkennbare Teile bzw. Erzeugnisse von Pflanzen

1. Samen, Sporen und andere Verbreitungseinheiten
2. Getrocknete Stoffe pflanzlichen Ursprungs und aus ihnen gewonnene Rohprodukte wie Fette und ätherische Öle, Harze, Balsame und Gummen.

3. Art

Der Begriff der Art wird in Nr. 3 nicht definiert, sondern vorausgesetzt. Das *16* Gesetz geht von einem naturwissenschaftlichen Begriff der Art aus. Angehörige einer Art zeichnen sich dadurch aus, dass sie genetisch im Wesentlichen gleich und untereinander fortpflanzungsfähig sind.[51] Entscheidend ist die Fortpflanzungsisolation der biologischen Art, die ihren gemeinsamen Genpool gegen das „Eindringen" von Genen anderer Arten schützt.[52]

Nach dem 2. Halbsatz der Nr. 3 kommt es für die Bestimmung einer Art auf ihre wissenschaftliche Bezeichnung an. Die Einordnung erfolgt gemäß der **Taxonomie,** dem Ordnungssystem der Biologie, das sich in Reiche, Abteilungen, Stämme, Klassen, Ordnungen, Familien, Gattungen und Arten sowie Unterarten und Populationen gliedert. Der Gesetzgeber hatte zunächst für das BNatSchG 2010 die Formulierung vorgesehen, dass die wissenschaftliche Bezeichnung maßgeblich sei, soweit eine solche existiere.[53] Der Bundesrat hat jedoch auf der bisherigen Formulierung bestanden, da nicht offen gelassen werden könne, nach welchen Kriterien die Bestimmung vorgenommen werden solle, wenn eine wissenschaftliche Bezeichnung fehle.[54]

Für die Einordnung der Tier- und Pflanzenarten in die Taxonomie hat der Verordnungsgeber in Nr. 7 der Erläuterungen zu Anlage 1 der BArtSchV verschiedene **Referenzwerke** für verbindlich erklärt. Für die Verordnung (EG) Nr. 338/07 ergeben sich die Referenzwerke aus Anhang VI der Verordnung (EG) 1808/2001. In Nr. 4 der Erläuterung zu Anlage 1 der BArtSchV wird der Artenbegriff auch auf **Bastarde** ausgedehnt.[55]

4. Biotop

Die Definition des **Biotops** erfolgt auf der Grundlage der gängigen naturwis- *17* senschaftlichen Umschreibungen. Die Vorgängerregelung hatte noch von Lebensstätten und Lebensräumen wild lebender Tier und Pflanzen gespro-

---

51 *Kratsch/J. Schumacher/A. Schumacher*, in: Schumacher/Fischer-Hüftle, 2. Aufl., § 7 Rn. 31; *Gellermann*, in: Landmann/Rohmer, Umweltrecht, § 7 BNatSchG Rn. 15.
52 *Bendomir-Kahlo*, in: Gassner/Bendomir-Kahlo/Schmidt-Räntsch, § 10 a.F. Rn. 34.
53 BT-Drs. 16/12274, S. 53.
54 BR-Drs. 278/09, S. 4.
55 Näher zu den Hybriden *Bendomir-Kahlo*, in: Gassner/Bendomir-Kahlo/Schmidt-Räntsch, § 10 a.F. Rn. 36 ff.; *Müller-Walter*, in: Lorz/Konrad/Mühlbauer/Müller-Walter/Stöckel, § 7 Rn. 20.

chen (§ 10 Abs. 1 Nr. 2 BNatSchG a.F.). Der Begriff der **Lebensstätte** wird nun separat in Nr. 5 definiert. Damit wird deutlich, dass Brut-, Wohn- oder Zufluchtsstätten für sich genommen grundsätzlich nicht mehr unter den Biotopbegriff fallen, sie müssen sich vielmehr in einem ökologisch wertvollen Bereich befinden. Auch dürfte es Bagatelluntergrenzen geben, da ansonsten nicht von einem „Raum" gesprochen werden kann.

Fraglich ist, wie die räumliche Begrenzung „nach oben" vorzunehmen ist. Der als Biotop geschützte Lebensraum muss abgrenzbar bzw. gegenüber seiner Umgebung deutlich wahrnehmbar sein.[56] Ganze Landschaften können nicht als Biotop gelten, wenn sie großflächige und heterogene Gebiete umfassen.[57]

Auf eine gesetzliche Bestimmung des Begriffes der **Lebensgemeinschaft** hat der Gesetzgeber im Hinblick auf das einhellige Verständnis der Fachwelt verzichtet.[58] Unter Lebensgemeinschaft oder Biozönose versteht das Gesetz eine Gemeinschaft verschiedener Arten in einem abgrenzbaren Lebensraum (Biotop), Biozönose und Biotop bilden zusammen das Ökosystem. Auf die Ursachen der Entstehung eines Biotops kommt es nicht an, auch **Sekundärbiotope**, z.B. Steinbrüche, unterfallen daher der gesetzlichen Definition.[59]

5. Lebensstätte

18 Der im Jahre 2010 in das Gesetz eingeführte Begriff der **Lebensstätte** findet u.a. in § 38 Abs. 2 und § 39 Abs. 1 Nr. 3 sowie als Unterfall in Gestalt der Fortpflanzungs- und Ruhestätten in § 44 Abs. 1 Nr. 3 und Abs. 5 S. 2 Verwendung. Ein Ort ist Lebensstätte, wenn er zumindest zeitweise einer wildlebenden Art als konkreter Aufenthaltsort dient und für die Arterhaltung oder zumindest das Leben der einzelnen Individuen von gewisser Bedeutung ist.[60] Das Merkmal der **Regelmäßigkeit** verdeutlicht, dass der Schutz auch nicht ständig genutzte Bereiche umfasst (z.B. Nistplätze während der winterlichen Abwesenheit von Zugvögeln) und erst endet, wenn die Nutzung endgültig aufgegeben wurde (z.B. bei Vögeln, die jährliche Nester bauen, nach Beendigung der Brutzeit).[61] Es reicht – etwa bei wandernden Arten - aus, wenn der Aufenthaltsort vorübergehend angenommen wird.[62] Es spielt keine Rolle, ob sich die Lebensstätte im Außenbereich oder in besiedeltem Gebiet (z.B. alter Dachstuhl) befindet. Als Lebensstätte wild lebender Arten dürften allerdings **Wohnbereiche des Menschen** grundsätzlich ausscheiden.[63] Zur Größe der Lebensstätte gilt wie für den Lebensraum, dass

---

56 *Kerkmann*, Naturschutzrecht in der Praxis, 2. Aufl. 2010, S. 274.
57 *Kratsch/J. Schumacher/A. Schumacher*, in: Schumacher/Fischer-Hüftle, 2. Aufl., § 7 Rn. 35.
58 BT-Drs. 16/12274, S. 53.
59 *Kerkmann*, Naturschutzrecht in der Praxis, 2. Aufl. 2010, S. 274.
60 So zutreffend *Durinke*, Drei weiße Tauben – Ein in Teilen fast wahrer Tatsachenbericht aus den Untiefen des BNatSchG, in: Abschnittsbildung, Festschrift für de Witt, 2014, S. 131 (136).
61 *Heugel*, in: Lütkes/Ewer, § 7 Rn. 24.
62 *Schmidt-Räntsch*, in: Gassner/Bendomir-Kahlo/Schmidt-Räntsch, § 41 Rn. 8.
63 *Schmidt-Räntsch*, in: Gassner/Bendomir-Kahlo/Schmidt-Räntsch, § 41 a.F. Rn. 8.

diese gegenüber seiner Umgebung abgrenzbar sein muss. Welches Gebiet im Übrigen eine Lebensstätte ausmacht, hängt von den Bedürfnissen und Lebensgewohnheiten der jeweiligen Art ab.

6. Population

Die Bestimmung über die Population folgt der europarechtlichen Definition   19
in Art. 2 l) der EG-VO 338/97 (Artenschutzverordnung). Der Gesetzgeber hat in Abweichung von den Vorgängervorschriften am Ende der Bestimmung die Worte „einer Art" angefügt. Hierdurch wird – in Abgrenzung zum Begriff der Lebensgemeinschaft – noch deutlicher zum Ausdruck gebracht, dass eine Population nur von **Individuen der gleichen Art** gebildet werden kann.[64] Nach der Rechtsprechung ist ferner Voraussetzung, dass die Individuen innerhalb ihres **Verbreitungsgebietes** in generativen oder vegetativen Vermehrungsbeziehungen stehen.[65] Bei dieser zusätzlichen räumlichen Komponente ist nicht ausgeschlossen, dass zum Beispiel einzelne Siedlungsräume einer Art infolge der Verwirklichung eines Straßenbauvorhabens verloren gehen, die Population als solche in ihrem natürlichen Verbreitungsgebiet, das über das Plangebiet hinausreichen kann, aber als lebensfähiges Element erhalten bleibt.[66]

Nicht definiert ist im Gesetz der wegen § 44 Abs. 1 Nr. 2 praktisch bedeutsame Begriff der „lokalen Population". Eine lokale Population erfasst diejenigen (Teil-)Habitate und Aktivitätsbereiche der Individuen einer Art, die in einem für die Lebens(-raum)ansprüche der Art ausreichenden räumlich-funktionalen Zusammenhang stehen.[67] Zur näheren Bestimmung, was eine lokale Population im Einzelfall ausmacht, bedarf es einer Feststellung der artspezifischen (Mindest-)Flächenansprüche, Aktionsradien und geeigneter Lebensräume unter weiterer Berücksichtigung landschaftsstruktureller oder sonstiger räumlicher Kriterien.[68]

7. Heimische Art

Der Begriff der „heimischen Art" ist ein unbestimmter Rechtsbegriff, der mit   20
Blick auf den Verfassungsgrundsatz der Bestimmtheit von Normen nicht zu beanstanden ist.[69] Zwar sind die heimischen Arten nicht gelistet, jedoch kön-

---

64 *Bendomir-Kahlo*, in: Gassner/Bendomir-Kahlo/Schmidt-Räntsch, § 10 Rn. 38; zum Begriff der lokalen Population auch *Gassner/Heugel*, Das neue Naturschutzrecht, S. 171.

65 BVerwG, Urt. v. 16.03.2006 – 4 A 1001/04, juris, Rn. 545 und Urteil vom gleichen Tag, 4 A 1075/04 – juris, Rn. 571 (Flughafen Berlin-Schönefeld); VGH Baden-Württemberg, Urt. v. 07.08.2009 – 5 S 2348/08, BeckRS 2009, 41550; VG Hannover, Urt. v. 27.04.2010 – 4 A 6036/08, ZUR 2010, 490.

66 BVerwG, Urt. v. 16.03.2006 – 4 A 1075/04, juris, Rn. 572; VGH Baden-Württemberg, Urt. v. 07.08.2009 – 5 S 2348/08, BeckRS 2009, 41550.

67 BVerwG, Urt. v. 09.06.2010 – 9 A 20/08, juris, Rn. 48; OVG Münster, Beschl. v. 06.11.2012 – 8 B 441/12, juris Rn. 27 m.w.N.; vgl. auch die Kommentierung zu § 44 Rn. 13.

68 VG Arnsberg, Beschl. v. 12.04.2012 – 1 L 281/12, BeckRS 2012, 49500 (Saatkrähenkolonie).

69 Hessischer VGH, Beschl. v. 13.08.2012 – 4 B 632/12, BeckRS 2012, 56734 (Sakerfalke).

nen Verwaltungshinweise von Fachbehörden wichtige Anhaltspunkte bieten. Wichtig ist jedoch, dass eventuell für eine Art bestehenden Verwaltungshinweisen den aktuellen Beobachtungen und Auskünften über die Verbreitung einer Art nicht widersprechen.[70]

Bei den heimischen Arten knüpft das Gesetz in räumlicher Hinsicht an das Staatsgebiet der Bundesrepublik Deutschland an. Hierzu zählen auch die bis zu 12 Seemeilen vorgelagerten Territorialgewässer. Nicht zum Inland gehört die Ausschließliche Wirtschaftszone.[71]

Im Inland muss sich entweder ein Verbreitungsgebiet oder ein regelmäßiges Wanderungsgebiet der wild lebenden Tier- oder Pflanzenart befinden. **Verbreitungsgebiet** bedeutet, dass die Art im Inland tatsächlich vorkommen muss, nicht erforderlich ist, dass sich die Art im Inland fortpflanzt.[72] Nicht im Verbreitungsgebiet beheimatet sind dagegen **Irrgäste**, solche Tiere also, die durch höhere Gewalt, z.b. ein Hochwasser, in das Inland geraten sind.[73] Unter regelmäßigem **Wanderungsgebiet** ist das Gebiet zu verstehen, welches von der wandernden Art üblicherweise genutzt wird (Zugvögel benutzen Rastplätze in Brandenburg). Die Einschränkung regelmäßig bedeutet, dass eine einmalige Berührung des Staatsgebietes der Bundesrepublik Deutschland nicht ausreicht. Die Definition der „wandernden Art" in Art. 1 Nr. 1 Buchst. a der **Bonner Konvention**[74] spricht insoweit davon, dass ein bedeutender Teil der Art zyklisch oder vorhersehbar eine oder mehrere nationale Zuständigkeitsgrenzen überqueren muss.

21 In zeitlicher Hinsicht legt Buchstabe a) zunächst fest, dass es ausreicht, wenn Verbreitungsgebiet bzw. Wanderungsgebiet im Inland war oder in geschichtlicher Zeit gewesen ist. Mit „geschichtlicher Zeit" ist nach allgemeiner Auffassung die Zeit der schriftlichen Überlieferung – in Deutschland also mit Beginn der Römerzeit – gemeint.[75]

Nach Buchstabe b) müssen sich heimische Tierarten noch nicht dauerhaft im Inland angesiedelt haben. Es reicht aus, wenn konkrete Anhaltspunkte dafür vorliegen, dass ihre Zuwanderung eingesetzt hat und dass ihre Ansiedlung im Inland aufgrund der dort vorherrschenden Umweltbedingungen plausibel erscheint (z.B. Brutversuche eines Sakerfalkenpaares im Erzgebirge).[76]

Gegenstand des 2. Halbsatzes sind verwilderte oder eingebürgerte Arten, die an sich im Inland nicht beheimatet sind, aber sich ohne menschliche Hilfe über mehrere Generationen als Population etabliert haben. **Verwildert** ist ein Tier als Individuum dann, wenn es sich aus der Gefangenschaft des

---

70 Hessischer VGH, Beschl. v. 13. 08. 2012 – 4 B 632/12, BeckRS 2012, 56734.

71 Näher *Bendomir-Kahlo*, in: Gassner/Bendomir-Kahlo/Schmidt-Räntsch, § 10 Rn. 39.

72 So zutreffend *Bendomir-Kahlo*, in: Gassner/Bendomir-Kahlo/Schmidt-Räntsch, § 10 Rn. 39; a.A. *Louis*, BNatSchG, § 20a Rn. 29.

73 *Kratsch/J. Schumacher/A. Schumacher*, in: Schumacher/Fischer-Hüftle, 2. Aufl., § 7 Rn. 38.

74 BGBl. II 1984, S. 569.

75 *Gellermann*, in: Landmann/Rohmer, Umweltrecht, § 7 BNatSchG Rn. 19; *Heugel*, in: Lütkes/Ewer, § 7 Rn. 26.

76 VG Köln, Beschl. v. 24. 07. 2007 – 14 L 496/07, juris.

Menschen gelöst hat und sich lebensfähig in natürlicher Freiheit befindet (Waschbär, der aus Pelztierfarmen entwichen ist).[77] **Eingebürgert** ist eine Art, wenn sie durch menschlichen Einfluss Bestandteil der Natur geworden ist. (Aussetzen, Ansiedeln und Einschleppen). Ob die „Einbürgerung" rechtmäßig oder rechtswidrig erfolgt, ist nicht maßgeblich.[78]

8. Gebietsfremde Art

Die Definition der gebietsfremden Art steht in engem Zusammenhang mit § 40. Nach § 40 Abs. 4 bedarf das Ausbringen von Pflanzen *gebietsfremder* Arten in der freien Natur sowie von Tieren der Genehmigung der zuständigen Behörde. Künstliche vermehrte Pflanzen sind nicht gebietsfremd, wenn sie ihren genetischen Ursprung in dem betreffenden Gebiet haben (§ 40 Abs. 4 S. 2). **Gebietsfremd** sind solche Arten, die in dem betreffenden Gebiet in freier Natur nicht oder seit mehr als 100 Jahren nicht mehr vorkommen. Der Begriff der gebietsfremden Art ist sowohl in räumlicher wie auch in zeitlicher Hinsicht enger als der der (nicht)heimischen Art, weil er sich nicht auf das gesamte Inland bezieht und innerhalb des Zeitraums schriftlicher Überlieferung nur auf das letzte Jahrhundert abstellt.[79]

22

Die Bezugsgröße des „betreffenden Gebietes" meint nicht etwaige **Verwaltungsgrenzen** innerhalb Deutschlands. Die Orientierung des Begriffs hat vielmehr anhand naturschutzfachlicher Kriterien zu erfolgen.[80] Auch eine heimische Art kann daher in bestimmten Gebieten Deutschlands gebietsfremd sein oder gebietsfremd werden. Dies trifft z.B. für Braunbär und Waldrapp zu.

9. Invasive Art

Der Begriff der „invasiven Art" wurde durch das BNatSchG 2010 neu in das Naturschutzrecht aufgenommen. Er steht ebenso wie der Begriff der „gebietsfremden Art" in engem Zusammenhang mit der Vorschrift des § 40 über den Schutz heimischer Arten. Die Definition folgt Artikel 8 Buchstabe h) des **Übereinkommens über die biologische Vielfalt**. Invasiv ist eine Art danach dann, wenn sie für natürlich vorkommende Ökosysteme, Biotope oder Arten ein erhebliches Gefährdungspotential darstellte. Da invasiv nur Arten außerhalb ihres Verbreitungsgebiets sein können, werden in Deutschland natürlicher Weise vorkommende „Schadorganismen" nicht erfasst.[81] Das erforderliche Gefährdungspotenzial muss sich auf Schutzgüter des Naturschutzes (natürlich vorkommende Ökosysteme, Biotope oder Arten) beziehen. Der Begriff des Gefährdungspotenzials verdeutlicht, das – ausgerichtet am Grundsatz der Verhältnismäßigkeit – Maßnahmen schon vor einem Schadenseintritt und ggfs. sogar bereits im Vorfeld einer Gefahrenlage geboten sein

23

---

77 *Müller-Walter*, in: Lorz/Konrad/Mühlbauer/Müller-Walter/Stöckel, § 7 Rn. 25.
78 *Müller-Walter*, in: Lorz/Konrad/Mühlbauer/Müller-Walter/Stöckel, § 7 Rn. 27.
79 *Heugel*, in: Lütkes/Ewer, § 7 Rn. 28.
80 *Kratsch/J. Schumacher/A. Schumacher*, in: Schumacher/Fischer-Hüftle, 2. Aufl., § 7 Rn. 43.
81 BT-Drs. 16/12274, S. 54.

können, etwa um zu verhindern, dass Tiere oder Pflanzen mit einem unbekannten **Invasivitätsrisiko** überhaupt in das Inland gelangen.[82] Ackerunkräuter wie Galinsoga-Arten oder Cyperus esculentus oder ausschließlich die menschliche Gesundheit gefährdende Arten sind in diesem Zusammenhang nicht relevant.[83] Da das Gefährdungspotential auf natürlich vorkommende Schutzgüter gerichtet sein muss, gilt etwa ein Neophyt, der ausschließlich einen anderen Neophyten gefährdet, nicht als invasiv.[84]

10. Arten von gemeinschaftlichem Interesse

24 Arten von gemeinschaftlichem Interesse werden in Art. 1g) FFH-RL näher bezeichnet. Es sind Arten im europäischen Gebiet der Mitgliedstaaten, die bedroht, potentiell bedroht, selten oder endemisch sind. Diese Arten werden in den Anhängen II und/oder Anhang IV oder Anhang V aufgeführt bzw. können dort aufgeführt werden (Art. 1g) Satz 2 FFH-RL). Nr. 10 enthält eine dynamische Verweisung auf die Anhänge der Richtlinie.[85]

11. Prioritäre Arten

25 Der Verweis dient ebenfalls der Umsetzung europäischen Rechts. Nach Art. 1 h) FFH-RL handelt es sich um bedrohte Arten, für deren Erhaltung der Gemeinschaft aufgrund ihrer natürlichen Ausdehnung im Verhältnis zu dem europäischen Gebiet der EU besondere Verantwortung zukommt. Diese **prioritären Arten** sind in Anhang II der FFH-RL mit einem Sternchen gekennzeichnet. Das deutsche Recht übernimmt mit dem Verweis auf Anhang II der FFH-RL diese Definition des Europarechts. Die Definition ist abschließend, die Vogelarten des Anhangs I der Vogelschutz-RL können daher nicht als prioritäre Arten bezeichnet werden.[86]

12. Europäische Vogelarten

26 Das Gesetz verweist auf Art. 1 der Vogelschutz-RL. Es handelt sich danach um sämtliche **wildlebende Vogelarten,** die im europäischen Gebiet der Mitgliedstaaten, auf welches der Vertrag Anwendung findet, natürlich vorkommen. Der Begriff „natürlich vorkommend" erfordert keine Stetigkeit des Auftretens, er dürfte daher weiter sein als der Begriff „heimisch" in Nr. 7[87]. Es werden daher auch unregelmäßig auftretende Arten erfasst. Die Vogelschutz-RL gilt auch für **Vogelunterarten,** die nur außerhalb des europäischen Gebietes der Mitgliedstaaten wildlebend vorkommen, sofern die Art, zu der sie gehören, oder andere Unterarten dieser Art in diesem Gebiet vorkommen.[88]

---

82 *Heugel,* in: Lütkes/Ewer, § 7 Rn. 29.
83 BT-Drs., a.a.O.; *Heugel,* in: Lütkes/Ewer, § 7 Rn. 29.
84 BT-Drs., a.a.O.; *Heugel,* in: Lütkes/Ewer, § 7 Rn. 29.
85 *Gellermann,* in: Landmann/Rohmer, Umweltrecht, § 7 BNatSchG § 7 Rn. 22.
86 OVG Münster, Beschl. v. 11.05.1999 – 20 B 1464/98.AK, NVwZ-RR 2000, 490; *Müller-Walter,* in: Lorz/Konrad/Mühlbauer/Müller-Walter/Stöckel, § 7 Rn. 31; a.A. *Gellermann,* in: Landmann/Rohmer, Umweltrecht, § 7 BNatSchG Rn. 24.
87 *Bendomir-Kahlo,* in: Gassner/Bendomir-Kahlo/Schmidt-Räntsch, § 10 Rn. 44.
88 EuGH Slg. 1996, I-355.

Alle europäischen Vogelarten – und damit auch sämtliche einheimischen Vogelarten[89] – sind zumindest besonders geschützt (§ 7 Abs. 1 Nr. 13 b) bb)).

13. Besonders geschützte Arten

Bei der artenschutzrechtlich bedeutenden Definition der **besonders ge-**   27
schützten Arten greift das BNatSchG auf vorhandene Bestimmungen des Europarechts und des nationalen Rechts zurück.

a) Buchstabe a) enthält zunächst einen Verweis auf die EG-ArtenschutzVO. Es werden alle in Anhang A und B dieser Verordnung enthaltenen Arten als besonders geschützt angesehen und damit dem besonderen Artenschutz unterstellt. Die EG-Artenschutzverordnung dient der Umsetzung des **Washingtoner Artenschutzübereinkommens** – WA –.[90] Ziel des WA ist es, den durch Handelsinteressen bedrohten Bestand wild lebender Arten zu schützen. Das WA sieht abhängig von der Schutzbedürftigkeit der insgesamt erfassten mehr als 3.000 Tier- und 30.000 Pflanzenarten Handelsverbote und -einschränkungen nach drei Schutzkategorien vor.[91]

b) Zu den besonders geschützten Arten gehören nach Buchstabe b) aa) und bb) ferner sämtliche Tier- und Pflanzenarten in Anhang IV der FFH-RL, soweit nicht bereits in Anhang A und B der EG-Artenschutzverordnung erfasst sowie sämtliche europäische Vogelarten nach Nummer 12. Nach Art. 12 und 13 FFH-RL sind die Mitgliedstaaten verpflichtet, für die in Anhang IV der FFH-RL genannten Tier- und Pflanzenarten ein „striktes Schutzsystem" einzurichten. Die Einordnung der Anhang IV-Arten als besonders geschützt bzw. als streng geschützt dient der Umsetzung dieser europarechtlichen Vorgaben.

Das BNatSchG sieht ferner alle **europäischen Vogelarten** als besonders geschützt an. Eine Listung der Arten in Anhängen existiert insoweit nicht, der Schutzstatus wird vielmehr pauschal an sämtliche europäischen Vogelarten vergeben. Vogelarten, die in Anhang A der EG-Artenschutzverordnung oder in Anlage 1, Spalte 3 der BArtSchV aufgeführt sind, sind zugleich streng geschützt.

c) Der Gesetzgeber verweist in Buchstabe c) auf die BArtSchV, die aufgrund der entsprechenden Ermächtigung in § 52 Abs. 1 BNatSchG a.F ergangen ist. Besonders geschützte Arten sind solche, die in Spalte 2 der Anlage 1 zur BArtSchV mit einem Kreuz gekennzeichnet sind (§ 1 BArtSchV). § 54 Abs. 1 (§ 52 Abs. 1 BNatSchG a.F.) ermöglicht die Unterschutzstellung natürlich vorkommender Arten, deren Bestand im Inland gefährdet sind.[92]

14. Streng geschützte Arten

Den höheren Schutzstatus der **streng geschützten Art** sollen vom Gesetzge-   28
ber nur solche Tier- und Pflanzenarten erfahren, die a) in Anhang A der EG-

---

89 VG Köln, Urt. v. 25. 10. 2012 – 13 K 4740/09, BeckRS 2013, 49931.
90 Abdruck in Gassner/Bendomir-Kahlo/Schmidt-Räntsch, BNatSchG, Anhang B 1.
91 Näher *Fellenberg*, in: Kerkmann (Hrsg.), Naturschutzrecht in der Praxis, 2. Aufl., S. 325.
92 Vgl. hierzu im Einzelnen die Kommentierung zu § 54.

ArtenschutzVO aufgeführt sind, b) in Anhang IV der FFH-RL gelistet sind oder c) in der BArtSchV in Spalte 3 der Anlage 1 mit einem Kreuz gekennzeichnet worden sind. Für die „streng geschützten Arten" gelten wegen ihrer starken Gefährdung weitergehende Schutzvorschriften als für die besonders geschützten Arten, so z.B. **Störungsverbote**, engere Ausnahmebestimmungen, weitergehende Nachweispflichten und strengere Sanktionen bei Verletzung der Schutzvorschriften. Die Unterschutzstellung streng geschützter Arten in der BArtSchV stützt sich auf § 54 Abs. 2 (§ 52 Abs. 2 BNatSchG a.F.). Voraussetzung ist, dass es sich um natürlich vorkommende Arten handelt, die im Inland vom **Aussterben bedroht** sind.[93]

15. Gezüchtete Tiere

29   Gezüchtete Tiere werden als Tiere definiert, die in kontrollierter Umgebung geboren oder auf andere Weise erzeugt und deren Elterntier rechtmäßig erworben worden sind. Kontrollierte Umgebung bedeutet, dass die Tiere sich in menschlicher Obhut und Aufsicht befinden. Für eine kontrollierte Umgebung sprechen etwa Pflege, Versorgung und Unterbringung durch den Menschen.[94] Bestimmte Zuchtziele müssen nicht verfolgt werden, es reicht der „objektive" Umstand aus, dass die Tiere in der Obhut des Menschen geboren oder auf andere Weise erzeugt worden sind. Unerheblich ist, ob sich die Tiere in kontrollierter Umgebung oder in Freiheit gepaart haben.[95] Die Definition ist hier weiter als jene in Art. 24 a) der DurchführungsVO zur EG-ArtenschutzVO, wo es sich um Nachkommen von Eltern handeln muss, die sich in kontrollierter Umgebung gepaart haben. Mit dem Begriff des **Erwerbs** ist nicht das zugrundeliegende **Rechtsgeschäft** gemeint, sondern die Naturentnahme, die Geburt in Gefangenschaft oder die künstliche Vermehrung (Art. 1 a) DurchführungsVO zur EG-ArtenschutzVO). Der vorgenannte Akt des Erwerbs muss rechtmäßig stattgefunden haben. Den Begriff der **Rechtmäßigkeit** hat der Gesetzgeber in Nr. 19 gesondert definiert (siehe die Erläuterungen dort).

Keine Anwendung findet die Definition des gezüchteten Tieres auf die der EG-ArtenschutzVO unterliegenden Arten, da die Vorschrift des Art. 24a) DurchführungsVO zur EG-ArtenschutzVO eine abschließende, vorrangige Regelung enthält.

16. Künstlich vermehrte Pflanzen

30   Die Definition folgt weitgehend der Beschreibung der **künstlichen Vermehrung** in Art. 26 DurchführungsVO zur EG-ArtenschutzVO. Die Pflanzen müssen aus Samen, Gewebekulturen, Stecklingen oder Teilungen herangezogen werden. Wie bei Nr. 15 muss die Heranziehung der Jungpflanzen unter kontrollierten Bedingungen geschehen, d.h. in der Obhut des Menschen. Die DurchführungsVO zur EG-ArtenschutzVO ist in diesem Zusammenhang

---

93 Vgl. im Einzelnen die Kommentierung zu § 54.
94 *Gellermann*, in: Landmann/Rohmer, Umweltrecht, § 7 BNatSchG Rn. 29.
95 *Gellermann*, in: Landmann/Rohmer, Umweltrecht, § 7 BNatSchG Rn. 29.

ausführlicher als die nationale Bestimmung, wenn dort ausgeführt wird, dass es sich um eine „natürliche Umgebung handeln muss, die vom Menschen intensiv beeinflusst wird, z.b. durch Bodenbestellung, Düngung, Unkrautvernichtung, Bewässerung oder Pfalnzenzuchtmaßnahmen wie Topfkultur, Beetkultur und Witterungsschutz". Im Gegensatz zu Nr. 15 ist der rechtmäßige Erwerb des Mutterzuchtstockes nicht ausdrücklich gefordert. Man wird allerdings in Anlehnung an das europäische Recht fordern müssen, dass die **Legalität der Elternpflanzen** nachgewiesen sein muss.[96]

17. Anbieten

Die Bestimmung folgt nur teilweise Art. 2 i) EG-ArtenschutzVO, das nur das *31* „Angebot zum **Verkauf**" definiert, nicht jedoch die *Kaufofferte*. Die deutsche Bestimmung ist von daher weiter, da es nicht darauf ankommt, ob jemand geschützte Arten kaufen oder verkaufen will. Wie die europarechtliche Bestimmung ist auch der deutsche Begriff des „Anbietens" auf **„Vorbereitungshandlungen"** wie Werbung, Veranlassung zur Werbung oder der Aufforderung zu Verkaufs- oder Kaufverhandlungen gerichtet. Der naturschutzrechtliche Begriff des „Anbietens" ist somit weiter als der entsprechende zivilrechtliche Begriff und umfasst auch Handlungen, die zivilrechtlich nur als **invitatio ad offerendum** eingeordnet werden.[97]

Es ist nicht Voraussetzung, dass der Anbieter das geschützte Tier **besitzt** oder sich dieses im Inland befindet. Es reicht zum Beispiel aus, wenn das Exemplar erst aus dem Ausland eingeführt werden muss, es sich somit nur um ein **Vermittlungsgeschäft** handelt.[98]

18. Inverkehrbringen

Das Inverkehrbringen umfasst neben dem Anbieten das Vorrätighalten zur *32* Abgabe, das Feilhalten und jedes Abgeben an andere. Während Voraussetzung für das Vorrätighalten zur Abgabe und für die Abgabe selbst ist, dass der Abgebende auch **Besitzer** der Ware ist, ist dies bei dem Feilhalten nicht erforderlich. Für das Feilhalten reicht es aus, wenn die Ware Dritten zur Abgabe zugänglich gemacht wird. Es reichen somit z.B. Internetangebote oder andere Formen des **Beschaffungskaufs** aus, bei dem der Anbietende selbst nicht Besitzer der Ware ist.[99]

19. Rechtmäßig

„Rechtmäßig" definiert der Gesetzgeber als Übereinstimmung mit nationa- *33* len, europarechtlichen und völkerrechtlichen Bestimmungen, die jeweils **dem Artenschutz dienen**. Nicht notwendig ist somit die Übereinstimmung

---

96 *Kratsch/J. Schumacher/A. Schumacher*, in: Schumacher/Fischer-Hüftle, 2. Aufl., § 7 Rn. 56.
97 *Müller-Walter*, in: Lorz/Konrad/Mühlbauer/Müller-Walter/Stöckel, § 7 Rn. 37.
98 BayObLG, Beschl. v. 02.06.1987 – 3 Ob OWi 76/87, NuR 1987, 376; VG München, Urt. v. 28.04.2008 – M 8 K 08.409, juris; zu Vermittlungsgeschäften vgl. a. § 50 KrW-/AbfG.
99 VG München, Urt. v. 28.04.2008 – M 8 K 08.409, juris.

mit sämtlichen Rechtsvorschriften, die überhaupt existieren. Maßgebliche Bestimmungen sind danach:

– Nationale Bestimmungen zum Artenschutz
– Europäisches Verordnungs- und Richtlinienrecht zum Artenschutz
– Washingtoner Artenschutzübereinkommen mit Durchführungsbestimmungen.

Der Begriff „rechtmäßig" bezieht sich auch auf noch nicht umgesetzte EU-Richtlinien, soweit diese nach ihrer Umsetzungsfrist unmittelbar anwendbar sind, was im Artenschutzrecht regelmäßig der Fall sein dürfte.[100]

20. Mitgliedstaaten und Drittstaaten

34 Als Mitgliedstaat definiert das Gesetz jeden Staat, der Mitglied der **Europäischen Union** ist. Welcher Staat dazu gehört, ergibt sich im Einzelnen aus den Bestimmungen des Lissaboner Vertrages. Assoziierte Staaten (z.B. Türkei) gehören dem Kreis der Mitgliedstaaten ebenso wenig an wie solche Staaten, die um ihre Aufnahme in die Europäische Union antragen. **Drittstaaten** sind sämtliche Staaten, die nicht Mitglied der Europäischen Union sind.

IV. Verweis auf das Europarecht (Abs. 3)

35 Die Bestimmung des Abs. 3 entspricht nahezu wortgleich § 10 Abs. 5 BNatSchG a.F. Gegenstand des Absatzes ist eine **dynamische Verweisung** auf das jeweils aktuell geltende europäische Recht und dessen Anhänge. Mit der dynamischen Verweisung auf die Anhänge werden fortlaufende Gesetzesanpassungen vermieden.[101] Dem Bestimmtheitsgebot ist damit entsprochen. Die Rechtsprechung hat gegen die dynamische Verweisung auf das Europarecht bisher Bedenken nicht erhoben.[102]

V. Bekanntgabe geschützter Arten (Abs. 4)

36 Die **Bekanntgabevorschrift** entspricht § 10 Abs. 6 Nr. 2 BNatSchG a.F. Die Bestimmung dient der Übersichtlichkeit und damit der Rechtsklarheit. Die Veröffentlichung mit dem jeweiligen Datum der Unterschutzstellung hat Bedeutung für die Ausnahmeregelungen nach § 45 und die Nachweispflicht nach § 46. Ferner wird durch die Bekanntgabevorschrift das rechtsstaatliche Bestimmtheitsgebot – auch unter Berücksichtigung von strafrechtlichen Sanktionsmöglichkeiten – gewahrt. Die Veröffentlichung der BArtSchV nebst Anhängen mit den geschützten Arten erfolgt im **Bundesgesetzblatt.**

---

100 Vgl. hierzu *Bendomir-Kahlo,* in: Gassner/Bendomir-Kahlo/Schmidt-Räntsch, BNatSchG, § 10 Rn. 60; *Gellermann,* in: Landmann/Rohmer, Umweltrecht, § 7 BNatSchG Rn. 33; *Lorz/Müller/Stöckel,* Naturschutzrecht, § 10 Rn. 48.

101 *Müller-Walter,* in: Lorz/Konrad/Mühlbauer/Müller-Walter/Stöckel, Naturschutzrecht, § 7 Rn. 41.

102 BVerwG, Beschl. v. 21.09.1995 – 4 B 263/94, NJW 1996, 1163; OVG Münster, Beschl. v. 01.02.1996 – 13 B 3388/95, DVBl. 1997, 670; weitere Nachweise bei *Sachs,* GG, Kommentar, Art. 20 Rn. 123 Fn. 464.

VI. Altrechtliche Unterschutzstellungen (Abs. 5)

Die Bestimmung entspricht § 10 Abs. 4 BNatSchG a.F. Die Vorschrift stellt   37
klar, dass es bei der Bestimmung des Schutzstatus nicht auf das Inkrafttreten
von Änderungsgesetzen und Verordnungen ankommt, sondern darauf, wann
eine besonders oder streng geschützte Art **erstmalig** als solche in das Naturschutzrecht aufgenommen und **unter Schutz gestellt worden** ist. Bezugszeit-
punkt ist dabei das Inkrafttreten des Zweiten Gesetzes zur Änderung des
BNatSchG vom 30. April 1998.[103] Es ist jeweils der Zeitpunkt maßgeblich,
der sich aus den früheren Vorschriften ergibt. Satz 2 hält diesen Grundsatz
auch für die vormals als „vom Aussterben bedrohten Arten" aufrecht, die
jetzt als streng geschützt gelistet werden. Auch deren Schutzstatus wird auf
deren erstmalige Unterschutzstellung bezogen.

---

103 BGBl. I S. 823.

VI. Abschließende Untersuchungsergebnisse S. ...

Herleitungung enthält § ... Abs. ... B. schon auf Grund geschäftsfähig war
Hat das § ... bei der Feststellung des Einverständnisses auf das betroffenen
von Änderungen bezieht, Veränderungen bekommt, sondern gestellt, wenn
einem beschäftigt, oder dazu des Inhalt zu ... ... möglich bleibt die Parteien
... und angenommen und unter Sachen gestellt worden. ... Eintragung ...
... und das das Inhaltliche in des Zu einer Gesetzen zur Ausführung des
... Sache vom 30. April 1988 ... Es Hinweisung ... Zubehört ... geht ...
... in ... aus den Akten den Voraussetzungen niemals Zubehör des ... bildet,
... auch in die vorher als ... vom ... Anwalt sich beantraten, Amt ... ...
... text in einig der vom ... einer werden zu vorteilen Schritt bringt ... die auf
... dürfen einmal für die Überschreitung nur ...

KAPITEL 2
Landschaftsplanung

§ 8
Allgemeiner Grundsatz

Die Ziele des Naturschutzes und der Landschaftspflege werden als Grundlage vorsorgenden Handelns im Rahmen der Landschaftsplanung überörtlich und örtlich konkretisiert und die Erfordernisse und Maßnahmen zur Verwirklichung dieser Ziele dargestellt und begründet.

Inhaltsübersicht

I. Allgemeines zur Landschaftsplanung

1. Zielstellung, Verbindlichkeit und Rechtsnatur

1 Das Instrument der Landschaftsplanung gehört neben der naturschutzrechtlichen Eingriffsregelung (§§ 13 ff.) und der Ausweisung besonders geschützter Teile von Natur und Landschaft (§§ 20 ff.) zu den spezifischen Instrumenten des Naturschutzes und der Landschaftspflege.[1] Über die Landschaftsplanung sollen die Belange von Naturschutz und Landschaftspflege in die räumliche Gesamtplanung (hochstufige Landesplanung, Regionalplanung und Bauleitplanung) eingebracht und raumbezogen verwirklicht werden, sodass die Landschaftsplanung eine **„Gelenkfunktion"** hat.[2] Ein wesentliches Ziel ist, Landverbrauch am ökologisch falschen Platz zu verhindern, indem naturschützerisch wertvolle Flächen erkannt, erhalten und aufgewertet werden.[3] Wegen dieses **vorsorgenden und flächendeckenden Steuerungsansatzes** hat die Landschaftsplanung eine für das Recht des Naturschutzes und der Landschaftspflege bedeutende Sonderfunktion, die weder von der reaktiv wirkenden Eingriffsregelung noch von den reservatsorientierten Schutzgebietsausweisungen erfüllt wird.[4]

2 Obwohl eine Pflicht der Länder und Kommunen zur Landschaftsplanung besteht,[5] haben Landschaftsplanungen selbst keine rechtliche **Außenverbindlichkeit**, sondern lediglich behördeninterne Wirkung.[6] Es besteht insbesondere kein Rechtsanspruch Dritter auf Durchführung von Landschaftsplanungen.[7] Rechtliche Außenverbindlichkeit erhalten Landschaftsplanungen nur landesrechtlich durch einen entsprechenden verbindlichen Verabschiedungsmodus (z.B. durch Rechtsverordnung oder Satzung) oder durch Übernahme ihrer Inhalte in die Raum- und Bauleitplanung.[8] Die lediglich behör-

---

1 *Gellermann*, in: Landmann/Rohmer, Umweltrecht, 56. EL. 2009, § 13 BNatSchG Rn. 1.
2 *Hoppe/Beckmann/Kauch*, Umweltrecht, § 15 Rn. 36.
3 *SRU*, Stellungnahme 2006, Tz. 28; *Maas/Schütte*, in: Koch, Umweltrecht, § 7 Rn. 59; Koch/Mechel, NuR 2004, 277 (280).
4 *Kloepfer*, Umweltrecht, § 11 Rn. 65; *Maas/Schütte*, in: Koch, Umweltrecht, § 7 Rn. 59; vgl. zur generellen Bedeutung auch: *Heugel*, in: Schlacke (Hrsg.), GK-BNatSchG, Vorbem. §§ 8-12 Rn. 12; siehe zu den unterschiedlichen Zielen der auf Naturraumentwicklung ausgerichteten Landschaftsplanung und dem auf konservierenden Schutz ausgerichteten Instrument der Landschaftsschutzverordnung OVG Münster, Urt. v. 03. 03. 1999 – 7 A 2883/92, Rn. 43 ff. (juris); OVG Münster, Urt. v. 15. 09. 1999 – 7 A 1017/98, Rn. 54 (juris).
5 *Meßerschmidt*, Bundesnaturschutzrecht, § 9 BNatSchG Rn. 14; *Dreier*, in: Hoppenberg/de Witt, Baurecht, E 105.
6 OVG Lüneburg, Urt. v. 17. 05. 1978 – III A 39/77, DVBl 1979, 628 (628 f.); *Meßerschmidt*, Bundesnaturschutzrecht, § 9 BNatSchG Rn. 17; *Tünnesen-Harmes*, in: Himmelmann/Tünnesen-Harmes, Umweltrecht, § 11 Rn. 25; a.A. *Gassner*, in: Gassner/Bendomir-Kahlo/Schmidt-Räntsch, BNatSchG, § 13 Rn. 10, der auch private Dritte als Adressaten der Landschaftsplanung ansieht.
7 OVG Saarlouis, Urt. v. 15. 12. 1994 – 1 R 27/94, NVwZ-RR 1995, 319 (319 f.); *Meßerschmidt*, Bundesnaturschutzrecht, § 9 BNatSchG Rn. 14; *Erbguth/Schlacke*, Umweltrecht, § 10 Rn. 24; *Schmidt/Kahl*, Umweltrecht, § 10 Rn. 18.
8 *Meßerschmidt*, Bundesnaturschutzrecht, § 9 BNatSchG Rn. 17; *Tünnesen-Harmes*, in: Himmelmann/Tünnesen-Harmes, Umweltrecht, § 11 Rn. 25; *Schmidt/Kahl*, Umweltrecht, § 10 Rn. 18 f., 27.

deninterne Wirkung von Landschaftsplanungen geht allerdings über eine bloße Selbstbindung des Trägers der Landschaftsplanung hinaus und enthält aufgrund der allgemeinen Begründungspflicht von behördlichen Entscheidungen zumindest eine Argumentationslast, Abweichungen von Inhalten der Landschaftsplanungen zu rechtfertigen[9] (siehe hierzu und zum Berücksichtigungsgebot des § 9 Abs. 5 näher unten § 9 Rn. 76 ff.). Wegen des bloß behördeninternen Charakters schwankt die Einordnung der **Rechtsnatur** von Landschaftsplanungen zwischen Rechtsverordnung im materiellen Sinne, Verwaltungsakt gegenüber den anpassungspflichtigen Planungsträgern, Verwaltungsinternum und hoheitlicher Willensbekundung eigener Art.[10] Dies unterscheidet Landschaftsplanungen insbesondere von den Schutzgebietsausweisungen nach §§ 22 ff., die unmittelbare Außenwirkung gegenüber jedermann haben. Soweit Landschaftsplanungen landesrechtlich als selbstständige Rechtsverordnungen oder Satzungen erlassen werden und damit verbindliche Außenwirkung haben, sind sie nach § 47 VwGO bzw. nach Maßgabe des Landesrechts oder im Wege der Inzidentkontrolle justiziabel.[11]

Um keine Landschaftsplanungen handelt es sich bei den rein informellen Fachplanungen auf dem Gebiet des Naturschutzes wie etwa den Artenschutz- und Biotopschutzprogrammen oder den Auwald-, Feuchtwiesen- oder Ackerrandstreifenprogrammen der Länder.[12] Keine Landschaftsplanungen sind ferner Pflege- und Entwicklungspläne, die für bestimmte Schutzgebiete erarbeitet werden, sowie Landschaftspflegerische Begleitpläne (LBP), die insbesondere in Planfeststellungsverfahren zur Bewältigung der ökologischen Vorhabensauswirkungen aufgestellt werden (vgl. § 17 Abs. 4 Satz 3).[13]   *3*

2. Entstehungsgeschichte und wesentliche Änderungen

Während das Reichsnaturschutzgesetz noch keine planerischen Elemente kannte, wurde die Landschaftsplanung erstmals 1976 in §§ 5–7 BNatSchG a.F. aufgenommen.[14] Die Regelungen erwiesen sich jedoch instrumentell als zu wenig durchformt, was zu einer unterschiedlichen Ausprägung der Landschaftsplanungen in den Ländern führte.[15] Daraufhin wurde die Landschaftsplanung im Jahre 2002 in den §§ 13–17 BNatSchG a.F. neu gefasst[16], zumal   *4*

---

9 *Erbguth/Stollmann*, in: Riedel/Lange, Landschaftsplanung, S. 51; *Gassner*, in: Gassner/Bendomir-Kahlo/Schmidt-Räntsch, BNatSchG, § 13 Rn. 15.

10 Näher *Schmidt/Kahl*, Umweltrecht, § 10 Rn. 22; *Erbguth/Schlacke*, Umweltrecht, § 10 Rn. 24; vgl. auch: *Meßerschmidt*, Bundesnaturschutzrecht, § 9 BNatSchG Rn. 17.

11 *Tünnesen-Harmes*, in: Himmelmann/Tünnesen-Harmes, Umweltrecht, § 11 Rn. 25; *Marzik/Wilrich*, BNatSchG, § 13 Rn. 7; *Gassner*, in: Gassner/Bendomir-Kahlo/Schmidt-Räntsch, BNatSchG, § 16 Rn. 26.

12 *Meßerschmidt*, Bundesnaturschutzrecht, § 9 BNatSchG Rn. 4; *Marzik/Wilrich*, BNatSchG, § 13 Rn. 8.

13 *Maas/Schütte*, in: Koch, Umweltrecht, § 7 Rn. 62; *Kloepfer*, Umweltrecht, § 11 Rn. 64.

14 BNatSchG v. 20. 12. 1976, BGBl. I S. 3574.

15 Näher *Gellermann*, in: Landmann/Rohmer, Umweltrecht, 56. EL. 2009, § 13 BNatSchG Rn. 2.

16 BNatSchG v. 25. 03. 2002, BGBl. I S. 1193.

sie sich zwischenzeitlich auch hinsichtlich ihres Methodenspektrums und ihrer Rolle innerhalb der Gesamt- und Fachplanung weiterentwickelt hatte.[17] Die Neuregelung zielte darauf ab, Einflussmöglichkeiten und Effektivität der Landschaftsplanung insbesondere durch die Festlegung inhaltlicher Mindestangaben, die Einführung eines Flächendeckungsprinzips und einer Fortschreibungspflicht zu stärken.[18]

5   Im BNatSchG 2010 werden die Vorschriften der Landschaftsplanung unter dem Kapitel 2 geführt und sind in §§ 8–12 geregelt. Der Komplex wird durch einen neuen allgemeinen Grundsatz zur Landschaftsplanung (§ 8) eingeleitet. § 9 regelt für alle Planungsebenen Aufgaben und Inhalte der Landschaftsplanung und nimmt damit weitgehend die bisherigen §§ 13 und 14 BNatSchG a.F. auf. Der Katalog der in die Landschaftsplanungen aufzunehmenden Angaben ist in § 9 Abs. 3 gegenüber den bisherigen Regelungen geringfügig erweitert. Die Fortschreibungspflicht wird in § 9 Abs. 4 ausgebaut. Die Details der verschiedenen Planungsebenen werden in §§ 10, 11 geregelt, wobei die Landschaftsplanung mit der Landesebene (Landschaftsprogramme), Regionalebene (Landschaftsrahmenpläne) und Kommunalebene (Landschaftspläne) weiterhin grundsätzlich drei Ebenen aufweist. In § 11 Abs. 1 ist nach Vorbild einiger landesrechtlicher Regelungen für Teile von Gemeindegebieten mit den Grünordnungsplänen fakultativ eine neue vierte Planungsebene eingeführt. Das Flächendeckungsprinzip wird aufrechterhalten, gilt allerdings nur noch in modifizierter Form (§ 10 Abs. 2 und § 11 Abs. 2). Im Verhältnis zwischen angrenzenden Bundesländern gilt nach § 12 weiterhin ein Berücksichtigungsgebot und eine unter Erforderlichkeitsvorbehalt stehende Abstimmungspflicht; von der Regelung eines Bundeslandschaftskonzepts wurde erneut abgesehen. Die bislang im Zusammenhang mit der Landschaftsplanung geregelte Umweltbeobachtung (§ 12 BNatSchG a.F.) wurde ins Kapitel 1 genommen und in § 6 als allgemeiner Grundsatz ausgestaltet.[19]

3. Sektorale Naturschutzfachplanung und querschnittsorientierte Planung

6   Die Landschaftsplanung konkretisiert mit Landschaftsprogrammen auf Landesebene, mit Landschaftsrahmenplänen auf regionaler Ebene, mit Landschaftsplänen auf Gemeindeebene und Grünordnungsplänen für Teile eines Gemeindegebiets die (über-)örtlichen Ziele des Naturschutzes und der Landschaftspflege und legt Erfordernisse und Maßnahmen zur Zielverwirklichung fest (vgl. §§ 8–11 BNatSchG). In planungstechnischer Hinsicht kommt dem Instrument der Landschaftsplanung dabei eine **Doppelfunktion** zu:[20]

---

17 Vgl. *Meßerschmidt*, Bundesnaturschutzrecht, Vor §§ 8–12 BNatSchG Rn. 7 f.

18 Näher *Gellermann*, in: Landmann/Rohmer, Umweltrecht, 56. EL. 2009, § 13 BNatSchG Rn. 3; *ders.*, NVwZ 2002, 1025 (1029 f.); *Marzik/Wilrich*, BNatSchG, § 13 Rn. 2.

19 Die Regelung wurde an ihrer alten Stelle als Fremdkörper angesehen, vgl. zur Kritik an der vor 2009 geltenden Regelung: *Meßerschmidt*, Bundesnaturschutzrecht, Vor §§ 8–12 Rn. 7; zum Verhältnis Landschaftsplanung und Umweltbeobachtung siehe *Herbert*, Naturschutz und Landschaftsplanung 2003, 110 ff.

20 Siehe statt vieler *Dreier*, in: Hoppenberg/de Witt, Baurecht, E 99 ff.

Die Landschaftsplanung hat zunächst die Funktion einer **sektoralen Natur-** 7
schutzfachplanung. Wegen ihrer ökologischen und landschaftspflegerischen
Zielsetzungen ist sie eine eigenständige, d.h. mit anderen Planungen nicht
abgestimmte naturschutzorientierte Fachplanung und fungiert insoweit ausschließlich als „Anwalt der Natur".[21] Insoweit ist sie darauf ausgerichtet, die
räumlichen Anforderungen des Naturschutzes und der Landschaftspflege
unter Einbeziehung der Ziele des § 1 und Abwägung naturschutzinterner
Zielkonflikte zu konkretisieren und die zur Erreichung dieser Zielvorgaben
notwendigen Maßnahmen zu formulieren.[22]

Darüber hinaus hat die Landschaftsplanung auch die Funktion einer **quer-** 8
schnittsorientierten Planung. Sie hat die Aufgabe, die notwendigen ökologischen Beiträge für die räumliche Gesamtplanung (Landes-, Regional- und
Bauleitplanung) und sonstige raumbedeutsame Fachplanungen und Maßnahmen zu liefern. Hierdurch soll sichergestellt werden, dass in sämtlichen
anderen flächenrelevanten Planungen Schäden an Natur und Landschaft so
weit als möglich vermieden, minimiert und ausgeglichen werden.[23] Der Charakter der Landschaftsplanung als querschnittsorientierte Planung kommt
insbesondere in § 9 Abs. 5 zum Ausdruck, wonach die Inhalte der Landschaftsplanung in anderen Planungen und Verwaltungsverfahren zu berücksichtigen sind.[24]

4. Erscheinungsformen der Landschaftsplanung

Mit Blick auf die Querschnittsfunktion stellt sich die Frage, welche Vorgaben 9
für die Art und Weise der **Berücksichtigung der Landschaftsplanungsinhalte**
in anderen Planungen und Verwaltungsverfahren bestehen. Insoweit ist zunächst von Bedeutung, dass die Landschaftsplanung gemäß §§ 9–11 in bewusster Parallele zur gesamträumlichen Planung ausgestaltet ist und sich an
deren Stufen (hochstufige Landesplanung, Regionalplanung und örtliche
Bauleitplanung) orientiert.[25] Die überörtliche Landschaftsplanung in Form
der Landschaftsprogramme und Landschaftsrahmenpläne (§ 10 BNatSchG)
korrespondiert mit den Planungsebenen der Landes- und Regionalplanung,
während die örtliche Landschaftsplanung in Form der Landschaftspläne und
Grünordnungspläne (§ 11 BNatSchG) das Äquivalent zur Flächennutzungs-
und Bebauungsplanung bildet.[26]

---

21 *Kloepfer*, Umweltrecht, § 11 Rn. 65; *Gellermann*, NVwZ 2002, 1025 (1029); *ders.*, in:
   Landmann/Rohmer, Umweltrecht, 56. EL. 2009, § 13 BNatSchG Rn. 5.
22 *Gellermann*, in: Landmann/Rohmer, Umweltrecht, 56. EL. 2009, § 13 BNatSchG Rn. 6.
23 *Maas/Schütte*, in: Koch, Umweltrecht, § 7 Rn. 61. Aufgrund der thematischen Beschränkung der Landschaftsplanung auf Belange des Natur- und Landschaftsschutzes steht sie
   allerdings keiner integrierten Umweltleitplanung gleich, vgl. *Kloepfer*, Umweltrecht,
   § 11 Rn. 65; *Marzik/Wilrich*, BNatSchG, § 13 Rn. 6.
24 Vgl. *Schmidt/Kahl*, Umweltrecht, § 10 Rn. 14; zur Bipolarität der Landschaftsplanung:
   Heugel, in: Schlacke (Hrsg.), GK-BNatSchG, Vorbem. §§ 8–12, Rn. 20 f.
25 *Kloepfer*, Umweltrecht, § 11 Rn. 66.
26 *Maas/Schütte*, in: Koch, Umweltrecht, § 7 Rn. 61. Auf der Projektebene erfolgt die naturschutzfachliche Planung durch Landschaftspflegerische Begleitpläne (LBP) im Sinne
   des § 17 Abs. 4 Satz 3, vgl. *Lorz/Konrad/Mühlbauer/Müller-Walter/Stöckel*, Naturschutzrecht, § 9 BNatSchG Rn. 5.

Landschaftsplanung im Verhältnis zur räumlichen Gesamtplanung[27]			
Planungs-raum	Gesamtplanung	Landschafts-planung	Planungsmaßstab Landschaftsplanung
Land	LROP	Landschafts-programm	1:500.000 bis 1:200.000
Region	Regionalplan	Landschafts-rahmenplan	1:50.000 bis 1:25.000
Gemeinde	F-Plan	Landschafts-plan	1:10.000 bis 1:5.000
Gemeinde-teil	B-Plan	Grünord-nungsplan	1:2.500 bis 1:1.000

10 Durch diese parallelen Planungsebenen wird sichergestellt, dass auf jeder Ebene der gesamträumlichen Planung ein entsprechender naturschutzfachlicher Beitrag einbezogen werden kann. Hierdurch wird bereits in struktureller Hinsicht dem Berücksichtigungsgebot des § 9 Abs. 5 Rechnung getragen.[28]

11 Im Übrigen war bislang bundesrechtlich nicht näher vorgegeben, auf welche Art und Weise eine Berücksichtigung der Inhalte der Landschaftsplanung in der gesamträumlichen Planung zu erfolgen hat. Dies richtete sich nach dem jeweiligen Landesrecht, wobei den Ländern zur Regelung der Verzahnung zwischen Landschaftsplanung und gesamträumlicher Planung ein **Gestaltungsspielraum** zukam.[29] Verschiedenste landesrechtliche Erscheinungsformen und eine bunte „Artenvielfalt der Landschaftsplanung"[30] sind die Folge. Hieran hat sich auch nach Erlass des BNatSchG 2010 nichts geändert (vgl. § 10 Abs. 4 und § 11 Abs. 5) und es wird in der Gesetzesbegründung ausdrücklich klargestellt, dass die Neufassung den Ländern gestattet, ihre ausdifferenzierten Regelungen zur Aufstellung und Form der Verbindlichkeit der Landschaftsplanung aufrechtzuerhalten.[31]

12 Die Länder haben für die Übernahme der Inhalte der Landschaftsplanung in die räumliche Gesamtplanung unterschiedliche Modelle gewählt, die sich im Wesentlichen in die Gruppen der eigenständigen und der integrierten Landschaftsplanung aufteilen lassen.[32] Bei der eigenständigen Landschaftspla-

---

27 *Kiemstedt/von Haaren/Mönnecke/Ott*, Landschaftsplanung – Inhalt und Verfahrensweise, S. 12.
28 Vgl. *SRU*, Umweltgutachten 2008, Tz. 448; *Gellermann*, in: Hansmann/Sellner, Umweltrecht, Kap. 10 Rn. 33.
29 Vgl. *Siegel*, NuR 2003, 325 (327 ff.); *Gellermann*, in: Landmann/Rohmer, Umweltrecht, 56. EL. 2009, § 13 BNatSchG Rn. 12.
30 *Gellermann*, in: Landmann/Rohmer, Umweltrecht, 56. EL. 2009, § 16 BNatSchG Rn. 13.
31 BR-Drs. 278/09, S. 128; BT-Drs. 16/12274, S. 40.
32 Vgl. *Siegel*, NuR 2003, 325 (327 ff.); *Czybulka*, in: Riedel/Lange, Landschaftsplanung, 2001, S. 45 ff.; *Gassner*, in: Gassner/Bendomir-Kahlo/Schmidt-Räntsch, BNatSchG, § 15 Rn. 6 ff.

nung werden die Pläne in einem gesonderten Verfahren aufgestellt, in Form einer Rechtsverordnung, einer Satzung oder eines Gesetzes erlassen und erlangen hierdurch eigenständige Außenverbindlichkeit. Dagegen ist die integrierte Landschaftsplanung dadurch gekennzeichnet, dass die Landschaftsplanungen als solche keine eigene Außenverbindlichkeit haben, sondern ihre Aussagen erst durch eine Integration in die räumliche Gesamtplanung Geltungskraft erlangen. (Siehe zu den Einzelheiten und den verschiedenen Integrationsmodellen näher unten § 10 Rn. 30 ff.)

5. Praktische Bedeutung

Mit Blick auf die praktische Bedeutung der Landschaftsplanung ergibt sich ein ambivalentes Bild.[33] Einerseits kommen den Erkenntnissen und Festlegungen einer sorgfältigen und insbesondere aktuellen Landschaftsplanung in mehrfacher Hinsicht positive und für die Praxis bedeutsame Wirkungen zu. So erfüllt die im Rahmen der Landschaftsplanung erforderliche Darstellung und Beurteilung des Zustands von Natur und Landschaft (§ 9 Abs. 3 Satz 1 Nr. 1 und 3 BNatSchG) eine **„Vorlauffunktion"**[34] und ist für Entscheidungen in sämtlichen raumbedeutsamen Planungs- und Genehmigungsverfahren von Relevanz. Dies gilt umso mehr, als Landschaftspläne nicht unter dem für vorhabensbezogene Planungsverfahren typischen Zeitdruck stehen und somit auch zeitaufwändigere Ermittlungen möglich sind.[35] Darüber hinaus erstrecken sich landschaftsplanerische Untersuchungen auf den jeweiligen Gesamtzustand von Natur und Landschaft in seinen verschiedenen Wirkungszusammenhängen, sodass die Gefahr einer Selektivität vorhabenbezogener Untersuchungen gering ist.[36] Auch werden Landschaftsplanungen seltener als vorhabensbezogene Planungen der Einflussnahme verschiedener Interessen ausgesetzt sein.[37] Vor diesem Hintergrund wird teilweise sogar die Frage aufgeworfen, ob eine raumbedeutsame Planung, die nicht auf der umfassenden Umweltanalyse und -diagnose einer Landschaftsplanung beruht, überhaupt den Anforderungen des Abwägungsgebots genügen kann.[38] (Zur umstrittenen Frage, ob örtliche Landschaftsplanungen Rechtmäßigkeitsvoraussetzung für die Bauleitplanung sind, siehe noch näher unten § 11 Rn. 16) Auch sind die landschaftsplanerischen Darstellungen und Beurteilungen des Zustands von Natur und Landschaft eine wichtige Informationsquelle für Behörden und potenzielle

13

---

33 Siehe aktuell etwa *Galler/von Haaren/Horlitz*, Naturschutz und Landschaftsplanung 2009, 57 (57), die die Frage aufwerfen, ob die Landschaftsplanung „ein überflüssiger Ladenhüter" oder ein „Kernelement des Naturschutzes" ist.

34 *Meßerschmidt*, Bundesnaturschutzrecht, § 9 BNatSchG Rn. 25; *Marzik/Wilrich*, BNatSchG, § 13 Rn. 11; *Dreier*, in: Hoppenberg/de Witt, Baurecht, E 102; zur Bedeutung insbesondere im Rahmen von Umweltprüfungen (wie SUP, UVP und FFH-Verträglichkeitsprüfung): *Heugel*, in: Schlacke (Hrsg.), GK-BNatSchG, Vorbem. §§ 8–12, Rn. 21.

35 *Ramsauer*, NuR 1993, 108 (111).

36 *Gellermann*, in: Landmann/Rohmer, Umweltrecht, 56. EL. 2009, § 14 BNatSchG Rn. 21; *Gassner*, in: Gassner/Bendomir-Kahlo/Schmidt-Räntsch, BNatSchG, § 13 Rn. 4, § 14 Rn. 17.

37 *Ramsauer*, NuR 1993, 108 (111).

38 *Stich*, DVBl 1992, 257 (259); *Ramsauer*, NuR 1993, 108 (110 f.).

Vorhabensträger. Erst die mit der Landschaftsplanung einhergehende Konkretisierung der abstrakten Naturschutz- und Landschaftspflegeziele des § 1 schafft oftmals die Möglichkeit, diese Ziele für andere Planungen und die Entscheidungspraxis hinreichend handhabbar zu machen. Durch das mithilfe der Landschaftsplanung über den Vorhabensraum gewonnene Bild lassen sich die Relevanz des Vorhabens in Bezug auf Ziele des Naturschutzes und der Landschaftspflege umfassend beurteilen und entsprechende Konflikte frühzeitig abschätzen, sodass ein Vorhaben ökologisch besser „abgesichert" werden kann.[39] Ferner hat die Landschaftsplanung eine **Vereinfachungs- und Beschleunigungswirkung** für andere Planungen und Verfahren, da viele der Daten, die einer sorgfältigen Landschaftsplanung zu Grunde liegen, sonst in den anderen Verfahren erst noch zeitaufwändig erhoben werden müssten und dort zu Verzögerungen führen würden.[40]

14 Andererseits fallen die praktische Bilanz der Landschaftsplanung und ihrer Bedeutung für die räumliche Gesamtplanung häufig eher ernüchternd aus.[41] Hierfür gibt es verschiedene Gründe. Eine wesentliche Rolle dürfte die in rechtlicher Hinsicht nur eingeschränkte Durchsetzungskraft der Inhalte von Landschaftsplanungen spielen, die nach § 9 Abs. 5 Satz 1, § 10 Abs. 3 und § 11 Abs. 3 bei anderen Planungen und Verwaltungsentscheidungen nicht strikt zu beachten sind, sondern lediglich „berücksichtigt" werden müssen und daher „weggewogen" werden können. Ferner sind die für Landschaftsplanungen aufzuwendenden finanziellen Mittel und die mitunter unzureichende Qualität von Landschaftsplanungen anzuführen.[42] Auch sind die in den Bundesländern sehr unterschiedlichen Erscheinungsformen der Landschaftsplanung im Hinblick auf ihre Durchsetzungskraft hinderlich.[43] Zudem sehen sich Kommunen, die auf der örtlichen Ebene in der Regel Träger der Landschaftsplanung sind, häufig einem Interessenkonflikt zwischen ihren planerischen Wünschen und den ökologischen Belangen ausgesetzt, sodass letztere nicht immer umfassend und durchschlagend aufbereitet werden.[44] In einigen Bundesländern werden wesentliche Elemente des Systems der Landschaftsplanung sogar grundle-

---

39 Vgl. BR-Drs. 278/09, S. 171; BT-Drs. 16/12274, S. 54; *Gassner*, in: Gassner/Bendomir-Kahlo/Schmidt-Räntsch, BNatSchG, § 13 Rn. 4; *Gassner/Heugel*, Das neue Naturschutzrecht, Rn. 202.

40 *Sparwasser/Engel/Voßkuhle*, Umweltrecht, § 6 Rn. 108; *Gassner*, in: Gassner/Bendomir-Kahlo/Schmidt-Räntsch, BNatSchG, § 13 Rn. 4. Siehe näher zu dieser „Service-Funktion" der Landschaftsplanung *Bunge*, in: Spannowsky/Hofmeister, Landschaftsplanung, S. 135 f.; *Gassner/Heugel*, Das neue Naturschutzrecht, Rn. 214; *Galler/von Haaren/Horlitz*, Naturschutz und Landschaftsplanung 2009, 57 (59 f.).

41 *Lange*, in: Riedel/Lange, Landschaftsplanung, S. 162; *Hoppe/Beckmann/Kauch*, Umweltrecht, § 15 Rn. 45; *Maas/Schütte*, in: Koch, Umweltrecht, § 7 Rn. 73; *Koch/Mechel*, NuR 2004, 277 (280); *Galler/von Haaren/Horlitz*, Naturschutz und Landschaftsplanung 2009, 57 (59 ff.).

42 *Bunge*, in: Spannowsky/Hofmeister, Landschaftsplanung, S. 139.

43 *Ramsauer*, NuR 1993, 108 (110); *Lange*, in: Riedel/Lange, Landschaftsplanung, S. 162; *Maas/Schütte*, in: Koch, Umweltrecht, § 7 Rn. 73; *Koch/Mechel*, NuR 2004, 277 (280); *Galler/von Haaren/Horlitz*, Naturschutz und Landschaftsplanung 2009, 57 (61).

44 *Louis/Engelke*, BNatSchG, Vor §§ 5–7 Rn. 4; *Gassner/Heugel*, Das neue Naturschutzrecht, Rn. 213.

gend infrage gestellt.[45] Auch wer sich im Zusammenhang mit der Föderalismusreform und der Neuordnung der umweltrechtlichen Gesetzgebungskompetenzen positive Impulse für die Landschaftsplanung versprach, dürfte enttäuscht sein. Die noch im Rahmen früherer UGB-Kodifikationsvorhaben diskutierte Weiterentwicklung der Landschaftsplanung zu einer Naturpflegeplanung und einer die Raumplanung und Bauleitplanung vorbereitenden Umweltgrundlagenplanung[46] wurde in den §§ 8 ff. nicht mehr aufgegriffen. Dies ist bedauerlich, zumal nach den Planungen zum UGB der integrative Ansatz an sich eine gesteigerte Beachtung erfahren sollte, bei einer Relativierung der Landschaftsplanung aber gerade dasjenige der naturschutzrechtlichen Planungsinstrumente zurückgedrängt würde, das als einziges das Prinzip der medienübergreifenden Umweltplanung mit einem ausgereiften Methodenkanon verwirklicht.[47]

Ungeachtet dessen ist davon auszugehen, dass die praktische Bedeutung der Landschaftsplanung mittelfristig eher zu- als abnehmen wird.[48] Dies gilt etwa im Hinblick auf die umfangreichen unionsrechtlichen Naturschutzanforderungen, deren Fristvorgaben es zumeist nicht zulassen, für sämtliche hiernach einzuhaltenden Anforderungen jeweils eigene Erhebungen für Natur und Landschaft durchzuführen.[49] Neue Aufgaben und Herausforderungen für die Landschaftsplanung werden sich beispielsweise auch infolge des Klimawandels und der in diesem Zusammenhang erforderlichen Klimaschutz- und Anpassungsmaßnahmen ergeben (vgl. ausführlich § 9 Rn. 56). Die Landschaftsplanung muss diesen Entwicklungen Rechnung tragen und sich entsprechend weiterentwickeln.[50] Insgesamt sollte die verfahrensvereinfachende und -beschleunigende Funktion einer sorgfältigen Landschaftsplanung verstärkt genutzt und das erhebliche Potenzial dieses Instruments und seine Synergieeffekte für andere Planungs- und Genehmigungsverfahren intensiver ausgeschöpft werden.

15

II. Allgemeiner Grundsatz des § 8 im Gefüge von Föderalismusreform und Abweichungsgesetzgebung

1. Föderalismusreform

Zum Verständnis des in § 8 geregelten allgemeinen Grundsatzes ist auf die am 01. 09. 2006 in Kraft getretene **Föderalismusreform** einzugehen, mit der

16

---

45 Siehe die Nachw. bei *Koch/Krohn*, NuR 2006, 673 (679).

46 Hierzu näher *Köck/Wolf*, NVwZ 2008, 353 (360); *Bunge*, in: Spannowsky/Hofmeister, Landschaftsplanung, S. 141; *Dreier*, in: Hoppenberg/de Witt, Baurecht, E 86.

47 *Galler/von Haaren/Horlitz*, Naturschutz und Landschaftsplanung 2009, 57 (59); siehe auch *SRU*, Umweltgutachten 2008, Tz. 453.

48 *Sparwasser/Engel/Voßkuhle*, Umweltrecht, § 6 Rn. 108; *Bunge*, in: Spannowsky/Hofmeister, Landschaftsplanung, 2007, S. 134; *Appel*, Staatliche Zukunfts- und Entwicklungsvorsorge, S. 415.

49 *Bunge*, in: Spannowsky/Hofmeister, Landschaftsplanung, S. 136.

50 Siehe die Vorschläge und Hinweise bei *Wankner/Wartner*, Naturschutz und Landschaftsplanung 2009, 53 (53 f.); *Battefeld*, Naturschutz und Landschaftsplanung 2009, 54 (54 f.); *Galler/von Haaren/Horlitz*, Naturschutz und Landschaftsplanung 2009, 57 (61 f.).

der verfassungsändernde Gesetzgeber die Gesetzgebungszuständigkeiten von Bund und Ländern geändert hat.[51] Dabei wurden auch die Gesetzeskompetenzen für das Recht des Naturschutzes und der Landschaftspflege neu gefasst.[52] Während der Bund in diesem Sachgebiet bislang nur die Rahmengesetzgebungskompetenz gemäß Art. 75 Abs. 1 Satz 1 Nr. 3 GG a.f. hatte, unterfallen Naturschutz und Landschaftspflege nunmehr gemäß Art. 74 Abs. 1 Nr. 29 GG der konkurrierenden Gesetzgebungskompetenz und kann der Bund ohne Erforderlichkeitsprüfung i.S.d. Art. 72 Abs. 2 GG Vollregelungen erlassen. Den Ländern steht gemäß Art. 72 Abs. 1 GG die Befugnis zur Gesetzgebung grundsätzlich nur zu, solange und soweit der Bund von seiner Gesetzgebungszuständigkeit nicht Gebrauch gemacht hat. Da Naturschutz und Landschaftspflege nicht zu den zustimmungspflichtigen Sachmaterien gehören (Art. 74 Abs. 2 GG), ist der Bund insoweit für seine Gesetzgebung auch nicht auf die Zustimmung des Bundesrats angewiesen (Art. 77 GG).

2. Abweichungsgesetzgebung

17 Mit der Föderalismusreform wurde in Art. 72 Abs. 3 GG allerdings auch die neue Möglichkeit der sog. **Abweichungsgesetzgebung** der Länder geschaffen.[53] Hat der Bund von seiner konkurrierenden Gesetzeskompetenz Gebrauch macht, können die Länder in den in Art. 72 Abs. 3 Satz 1 Nr. 1–6 GG genannten Bereichen abweichende Vorschriften erlassen. Zu den abweichungsfähigen Materien zählt nach Art. 72 Abs. 3 Satz 1 Nr. 2 GG auch der Naturschutz und die Landschaftspflege. Gemäß dem Art. 72 Abs. 3 Satz 1 Nr. 2 GG angefügten Klammerzusatz sind von dieser Abweichungskompetenz der Länder allerdings „die allgemeinen Grundsätze des Naturschutzes, das Recht des Artenschutzes oder Meeresnaturschutzes" ausgenommen. Nicht in Einklang mit diesen **„abweichungsfesten Kernen"**[54] stehende Regelungen der Länder sind mangels Gesetzgebungskompetenz verfassungswidrig.[55]

18 Vor dem Hintergrund der Föderalismusreform und nach dem erneuten Scheitern des Umweltgesetzbuchs[56] war es ausweislich der Gesetzesbegründung eine der maßgeblichen Zielsetzungen bei Erlass des BNatSchG 2010, allgemeine Grundsätze des Naturschutzes i.S.d. Art. 72 Abs. 3 Satz 1 Nr. 2

---

51 Vgl. Gesetz zur Änderung des Grundgesetzes (Art. 22, 23, 33, 52, 72, 73, 74, 74a, 84, 85, 87c, 91a, 91b, 93, 98, 104a, 104b, 105, 107, 109, 125a, 125c, 143c), BGBl. I 2006, S. 2034, hierzu eingehend *Meyer*, Föderalismusreform; *Gerstenberg*, Föderalismusreform.
52 Siehe hierzu näher *Louis*, NuR 2010, 77 ff.; ferner *Köck/Wolf*, NVwZ 2008, 353 ff.; *Hendrischke*, NuR 2007, 454 ff.; *Fischer-Hüftle*, NuR 2007, 78 ff.; *Kotulla*, NVwZ 2007, 489 ff.; *Louis*, ZUR 2006, 340 ff.; *Kloepfer*, ZG 2006, 250 ff.
53 Zu diesem Novum im deutschen Verfassungsrecht siehe ausführlich *Beck*, Abweichungsgesetzgebung.
54 Begriff aus BT-Drs. 16/813, S. 11.
55 *Gerstenberg*, Föderalismusreform, S. 263; *Beck*, Abweichungsgesetzgebung, S. 87.
56 Siehe hierzu aktuell *Bohne/Kloepfer*, Das Projekt eines Umweltgesetzbuchs 2009; *Weber/Riedel*, NVwZ 2009, 998 ff.

GG zu formulieren.[57] Während des Gesetzgebungsverfahrens zum neuen BNatSchG wurde diskutiert, in § 8 keinen allgemeinen Grundsatz i.S.d. Art. 72 Abs. 3 Satz 1 Nr. 2 GG aufzunehmen, sondern die Vorschrift „Aufgaben der Landschaftsplanung" zu nennen.[58] Diesem Vorschlag wurde nicht gefolgt, sodass es ausdrückliche Intention des Gesetzgebers war, in § 8 zur Landschaftsplanung einen – die Abweichungsgesetzgebung der Länder beschränkenden – allgemeinen Grundsatz des Naturschutzes i.S.d. Art. 72 Abs. 3 Satz 1 Nr. 2 GG aufzunehmen.

3. Definition der allgemeinen Grundsätze des Naturschutzes

Der Begriff der allgemeinen Grundsätze des Naturschutzes i.S.d. Art. 72 Abs. 3 Satz 1 Nr. 2 GG bereitet aufgrund seiner Unbestimmtheit Schwierigkeiten.[59] Zu berücksichtigen sind neben Wortlaut, Systematik und Entstehungsgeschichte v.a. auch der Sinn und Zweck der Föderalismusreform, die für den Erlass eines Umweltgesetzbuchs erforderlichen Gesetzgebungskompetenzen zu schaffen und eine Harmonisierung der zwischen Bund und Ländern zersplitterten Umweltrechtsbereiche herbeizuführen.[60] Die hinsichtlich der Begriffsdefinition bestehenden Streitfragen können im vorliegenden Rahmen nicht abschließend behandelt werden.[61] Insbesondere ist ungeklärt, ob allgemeine Grundsätze des Naturschutzes konkret sein und auch **Detailschärfe** aufweisen können[62] oder (ähnlich wie bei der Rahmenkompetenz des Art. 75 GG a.F.) konkretisierungsfähig und konkretisierungsbedürftig bleiben müssen.[63] Die Grundsätze haben jedenfalls „allgemein" in dem Sinne zu sein, dass sie keine räumlichen Differenzierungen zulassen, weil sie bundesweit unabhängig von spezifischen lokalen Besonderheiten gelten sollen.[64] Auch kommen als allgemeine Grundsätze nicht nur naturschutz-

19

---

57 Vgl. BR-Drs. 278/09, S. 125; BT-Drs. 16/12274, S. 39.

58 BR-Drs. 278/1/09, S. 8 ff.

59 Da der Begriff sehr vage ist, sind Streitfragen zwischen Bund und Ländern vorprogrammiert (*Meßerschmidt*, UPR 2008, 361 [365]; *Hendrischke*, NuR 2007, 454 [454]; *Klein/Schneider*, DVBl 2006, 1549 [1554]; *Koch/Krohn*, NuR 2006, 673 [677 f.]; *Müller/Klein*, JEEPL 2007, 181 [190]). Kritik an der Abweichungsgesetzgebung wird nicht nur in staatsrechtlicher Hinsicht geäußert (hierzu *Koch/Mechel*, NuR 2004, 277 [283 ff.]), sondern auch aus unionsrechtlichen Gründen, weil aufgrund des Abweichungsrechts der Länder eine ordnungsgemäße Richtlinienumsetzung erschwert werde (*Ekardt/Weyland*, NVwZ 2006, 737 [741]; *Epiney*, NuR 2006, 403 [409]).

60 *Hendrischke*, NuR 2007, 454 (454).

61 Siehe hierzu eingehend *Hendrischke*, NuR 2007, 454 (455 ff.).

62 Dafür *Bohne*, EurUP 2006, 276 (283); *Fischer-Hüftle*, NuR 2007, 78 (83); in diese Richtung wohl auch *Degenhart*, DÖV 2010, 422 (423), der eine Beschränkung auf „allgemeine Leitbilder oder Handlungsalternativen" ablehnt.

63 So *Kloepfer*, ZG 2006, 250 (262); *Köck/Wolf*, NVwZ 2008, 353 (358); *Gellermann*, NVwZ 2010, 73 (74); *Hendrischke*, NuR 2007, 454 (457); in diese Richtung auch BR-Drs. 278/09, S. 126 und BT-Drs. 16/12274, S. 39, wonach allgemeine Grundsätze des Naturschutzes nicht „bis ins letzte Detail" gehen dürfen. Siehe zu dieser Problematik auch *Beck*, Abweichungsgesetzgebung, S. 88 ff.; *Mammen*, DÖV 2007, 376 (378).

64 *Schulze-Fielitz*, NVwZ 2007, 249 (257); *Köck/Wolf*, NVwZ 2008, 353 (358); *Hendrischke*, NuR 2007, 454 (456).

rechtliche Zielvorstellungen in Betracht, sondern auch die hauptsächlichen Regelungsgehalte von Instrumenten, um die Ziele zu verwirklichen.[65] Bereits nach der Rahmenkompetenz des Art. 75 GG a.F. konnte der Bund den Ländern einen instrumentellen Rahmen vorgeben, sodass die allgemeinen Grundsätze des Art. 72 Abs. 3 Satz 1 Nr. 2 GG nicht enger verstanden werden können.[66] Vor diesem Hintergrund dürften als allgemeine Grundsätze des Naturschutzes die zentralen Inhalte des Naturschutzes sowie der seiner Verwirklichung dienenden Instrumente anzusehen sein, soweit die bundesweite Geltung dieser Grundsätze für einen effektiven Naturschutz unerlässlich ist.[67]

4. Definitionskompetenz des Bundes zur Ausgestaltung der allgemeinen Grundsätze des Naturschutzes?

20 Der Bund hat bei den allgemeinen Grundsätzen des Naturschutzes – wie auch sonst im Bereich des Naturschutzes und der Landschaftspflege – die konkurrierende Gesetzeskompetenz gemäß Art. 74 Abs. 1 Nr. 29 i.V.m. Art. 72 Abs. 1 GG.[68] Das den Ländern somit auch für die allgemeinen Grundsätze des Naturschutzes zustehende Gesetzgebungsrecht nach Art. 70 Abs. 1, 72 Abs. 1 GG ist daher nur ausgeschlossen, solange und soweit der Bund Bestimmungen zu allgemeinen Grundsätzen des Naturschutzes erlassen hat. Andernfalls können die Länder auch in diesem Bereich Regelungen treffen.[69] Nicht überzeugend ist es daher, bei den allgemeinen Grundsätzen des Naturschutzes eine Sperre für die Gesetzeskompetenz der Länder anzunehmen, selbst wenn der Bund auf die einfach-gesetzliche Regelung solcher Grundsätze gänzlich verzichten würde.[70] Dies würde im Ergebnis auf eine ausschließliche Gesetzeskompetenz des Bundes für den Bereich der allgemeinen Grundsätze des Naturschutzes hinauslaufen, was in der Verfassung keine Stütze findet. Der Klammerzusatz des Art. 72 Abs. 3 Satz 1 Nr. 2 GG hat lediglich die Funktion, das den Ländern gemäß Art. 72 Abs. 3 GG zukommende Abweichungsrecht im Sinne einer **„Rück-Rückausnahme"**[71] einzuschränken, begründet jedoch keine ausschließliche Gesetzeskompetenz des Bundes.

---

65 BR-Drs. 278/09, S. 125; BT-Drs. 16/12274, S. 39; *Fischer-Hüftle*, NuR 2007, 78 (82 f.); *Hendrischke*, NuR 2007, 454 (455), 457; *Köck/Wolf*, NVwZ 2008, 353 (359); *Degenhart*, DÖV 2010, 422 (428); *Bunge*, in: Spannowsky/Hofmeister, Landschaftsplanung, S. 147.

66 BR-Drs. 278/09, S. 125; BT-Drs. 16/12274, S. 39; *Hendrischke*, NuR 2007, 454 (455).

67 Vgl. *Koch/Krohn*, Das Naturschutzrecht im Umweltgesetzbuch, S. 13; *Hendrischke*, NuR 2007, 454 (456); *Schulze-Fielitz*, NVwZ 2007, 249 (256 f.); *Berghoff/Steg*, NuR 2010, 17 (19); *Berghoff*, in: Frenz, Das neue Wasser- und Naturschutzrecht, S. 88.

68 *Pieroth*, in: Jarass/Pieroth, GG, Art. 72 Rn. 3 ff., 28; *Haratsch*, in: Sodan, GG, Art. 72 Rn. 4 f., 28; *Rossi*, in: FS Kloepfer, S. 101; *Meyer*, Föderalismusreform, S. 171 f.; *Kloepfer*, ZG 2006, 250 (254).

69 *Beck*, Abweichungsgesetzgebung, S. 88; *Meyer*, Föderalismusreform, S. 171 f.; *Kloepfer*, ZG 2006, 250 (254).

70 So aber *Franzius*, NVwZ 2008, 492 (495).

71 *Klein/Schneider*, DVBl 2006, 1549 (1552); *Hendrischke*, NuR 2007, 454 (454).

Allerdings ist beim neuen BNatSchG mit Blick auf die ausdifferenzierten all-   *21* gemeinen Grundsätze der §§ 1 Abs. 1, 6 Abs. 1, 8, 13, 20, 30 Abs. 1, 59 Abs. 1 sowie den ausdrücklichen Willen des Gesetzgebers, in dem Gesetz die allgemeinen Grundsätze des Naturschutzes formulieren zu wollen[72], von einer abschließenden Regelungsintention auszugehen. Daher dürfte für eine Kompetenz der Länder nach Art. 70 Abs. 1, 72 Abs. 1 GG zum Erlass von Bestimmungen im Bereich allgemeiner Grundsätze des Naturschutzes nach Inkrafttreten des neuen BNatSchG kein Raum mehr sein.[73]

Hat der Bund im Bereich der allgemeinen Grundsätze des Naturschutzes von   *22* seiner konkurrierenden Gesetzeskompetenz nach Art. 74 Abs. 1 Nr. 29 i.V.m. Art. 72 Abs. 1 GG abschließend Gebrauch gemacht, so ist indes noch nichts darüber gesagt, ob dem Bund bei der einfach-gesetzlichen Ausgestaltung solcher Grundsätze ein konstitutives Bestimmungsrecht zukommt. Diese Frage ist umstritten:[74]

Nach einer Auffassung ist es Aufgabe des einfachen Bundesgesetzgebers,   *23* die allgemeinen Grundsätze des Naturschutzes konstitutiv festzulegen. Der Bund sei bei der Wahrnehmung seiner konkurrierenden Gesetzeskompetenz für den Bereich des Naturschutzes und der Landschaftspflege „als erster am Zug", die allgemeinen Grundsätze des Naturschutzes zu formulieren und habe dabei ein nur beschränkt überprüfbares **„Einschätzungs- und Gestaltungsermessen"**.[75] In diesem Zusammenhang wird insbesondere die Leitbild- und Steuerungsfunktion des Bundesgesetzgebers hervorgehoben, der als „Herr des unkonditionierten Gesetzesrechts" befugt sei, bei der Ausgestaltung der allgemeinen Grundsätze des Naturschutzes von seinen Vorstellungen eines in Deutschland sinnvollen Naturschutzes auszugehen.[76] Hiernach hätte der einfache Bundesgesetzgeber die Befugnis, die allgemeinen Grundsätze des Naturschutzes konstitutiv festzulegen, sodass den nunmehr in §§ 1 Abs. 1, 6 Abs. 1, 8, 13, 20, 30 Abs. 1 und 59 Abs. 1 formulierten allgemeinen Grundsätzen des Naturschutzes eine bestimmende und vom BVerfG lediglich eingeschränkt überprüfbare Bedeutung zukäme.

Nach der Gegenauffassung haben die allgemeinen Grundsätze des Natur-   *24* schutzes eine verfassungsrechtlich eigenständige und vom Tätigwerden des einfachen Bundesgesetzgebers losgelöste Bedeutung.[77] Die Grundsätze seien durch ihre Aufnahme in Art. 72 Abs. 3 Satz 1 Nr. 2 GG zu einer **eigen-**

---

72 BR-Drs. 278/09, S. 125; BT-Drs. 16/12274, S. 39.

73 In diese Richtung auch *Louis*, NuR 2010, 77 (78).

74 Siehe hierzu bereits *Appel*, NuR 2010, 171 (173 f.).

75 Vgl. *Fischer-Hüftle*, NuR 2007, 78 (82); *Meyer*, Föderalismusreform, S. 172, 175; *Kloepfer*, ZG 2006, 250 (262); *Schulze-Fielitz*, NVwZ 2007, 249 (256); *Franzius*, NVwZ 2008, 492 (495); *ders.*, ZUR 2010, 346 (349); *Degenhart*, DÖV 2010, 422 (429); ähnlich *Bohne*, EurUP 2006, 276 (283), wonach der Bund die Kompetenz hat, „allgemeine Grundsätze des Naturschutzes zu ‚erfinden' und neu festzusetzen".

76 *Meyer*, Föderalismusreform, S. 175.

77 *Koch/Krohn*, Das Naturschutzrecht im Umweltgesetzbuch, S. 13; *Meßerschmidt*, UPR 2008, 361 (365); *Gellermann*, NVwZ 2010, 73 (74); *Müggenborg/Hentschel*, NJW 2010, 961 (964); *Glaser*, JuS 2010, 209 (210).

ständigen verfassungsrechtlichen Begriffskategorie geworden, weswegen der einfache Bundesgesetzgeber keine Befugnis habe, sie konstitutiv auszugestalten. Durch Bundesrecht könne lediglich deklaratorisch und im Sinne einer Warnfunktion für mögliche Bund-Länder-Konflikte geregelt werden, welche Bestandteile des Naturschutzes der Bund als allgemeine Grundsätze und damit als abweichungsfest erachte. Ob und ggf. in welchem Umfang der Bund einfach-gesetzlich tatsächlich einen allgemeinen Grundsatz geregelt habe und damit die Abweichungskompetenz der Länder beschränkt sei, müsse im Streitfall allein anhand der verfassungsrechtlichen Begriffsdefinition durch das BVerfG bestimmt werden.[78] Daher seien insbesondere ausdrückliche Formulierungen allgemeiner Grundsätze im BNatSchG nicht abschließend, sondern könnten beispielsweise die jeweils nachfolgenden Vorschriften, die auf solche Grundsatznormen Bezug nehmen, soweit erforderlich am Abweichungsschutz teilhaben.[79]

25 Die vorgenannten Auffassungen bedürfen jeweils einer kritischen Betrachtung. Im Ausgangspunkt ist mit den zweitgenannten Stimmen davon auszugehen, dass der Begriff der allgemeinen Grundsätze des Naturschutzes verfassungsrechtlich eigenständig ausgelegt werden muss und daher nicht der alleinigen Gestaltungsgewalt des einfachen Bundesgesetzgebers unterliegt. Art. 72 Abs. 3 Satz 1 Nr. 2 GG stellt den Begriff der allgemeinen Grundsätze des Naturschutzes gerade nicht – wie etwa Art. 14 Abs. 1 Satz 2 GG das Eigentumsgrundrecht[80] – unter einen einfach-gesetzlichen **Ausgestaltungsvorbehalt**. Andernfalls könnte der Bund durch Festlegung allgemeiner Grundsätze des Naturschutzes die den Ländern in Art. 72 Abs. 3 Satz 1 Nr. 2 GG eingeräumte Abweichungskompetenz nach seinen Vorstellungen begrenzen und auf diesem Weg seine eigene Gesetzeskompetenz erweitern, was verfassungsrechtlich bedenklich wäre. Der Bundesgesetzgeber hat daher hinsichtlich der in §§ 1 Abs. 1, 6 Abs. 1, 8, 13, 20, 30 Abs. 1 und 59 Abs. 1 BNatSchG aufgenommenen allgemeinen Grundsätze des Naturschutzes weder ein abschließendes Bestimmungsrecht noch eine Einschätzungsprärogative. Genauso wie es sein kann, dass die vom Bundesgesetzgeber im neuen BNatSchG ausdrücklich benannten allgemeinen Grundsätze nicht zwingend die Anforderungen der verfassungsrechtlichen Begriffsdefinition erfüllen und dann nicht als allgemeine Grundsätze einzustufen wären, kann es auch „unbenannte", d.h. vom einfachen Bundesgesetzgeber im BNatSchG nicht als solche bezeichnete allgemeine Grundsätze geben.[81]

---

78 *Koch/Krohn*, Das Naturschutzrecht im Umweltgesetzbuch, S. 13; *Meßerschmidt*, UPR 2008, 361 (365); *Gellermann*, NVwZ 2010, 73 (74); *Müggenborg/Hentschel*, NJW 2010, 961 (964); *Glaser*, JuS 2010, 209 (210); in diese Richtung wohl auch *Louis*, NuR 2010, 77 (77 f.).

79 *Meßerschmidt*, UPR 2008, 361 (366).

80 Siehe zum Spannungsverhältnis zwischen Art. 14 Abs. 1 Satz 1 und Art. 14 Abs. 1 Satz 2 GG ausführlich *Appel*, Entstehungsschwäche und Bestandsstärke des verfassungsrechtlichen Eigentums; *Appel*, DVBl 2005, 340 ff.

81 Zutreffend daher *Müggenborg/Hentschel*, NJW 2010, 961 (964), wonach sich die Frage stelle, ob im BNatSchG tatsächlich alle allgemeinen Grundsätze des Naturschutzes „aufgespürt und markiert worden sind oder ob es noch weitere davon gibt".

Andererseits muss bei der Bestimmung der allgemeinen Grundsätze des Na- 26
turschutzes aber auch den vom einfachen Bundesgesetzgeber verfolgten
Vorstellungen eines bundesweit einheitlichen Naturschutzrechts Bedeutung
zugemessen werden. Insoweit dürfte den vom Bund im jeweiligen BNatSchG
ausdrücklich aufgenommenen allgemeinen Grundsätzen des Naturschutzes
neben einer Warnfunktion für die Landesgesetzgebung auch eine gewisse
Indizwirkung zukommen, dass die verfassungsrechtlichen Anforderungen
eines allgemeinen Grundsatzes erfüllt sind.[82] Darüber hinaus erscheint es
naheliegend, dass den einfach-gesetzlichen Bundesvorgaben (sowohl in
Form der ausdrücklich als solche formulierten allgemeinen Grundsätze des
Naturschutzes als auch in Form der damit jeweils in Zusammenhang stehenden sonstigen Regelungen) im Sinne einer dynamischen Wechselwirkung
vor dem Hintergrund der mit der Föderalismusreform verfolgten Harmonisierung des Umweltrechts eine übergreifende **Leitbild- und Steuerungsfunktion** zukommt, die auf die Auslegung und Entwicklung des verfassungsrechtlichen Begriffs der allgemeinen Grundsätze des Naturschutzes Einfluss
hat.[83] Eine darüber hinausgehende Bedeutung – wie etwa eine konstitutive
bzw. vom BVerfG nur eingeschränkt nachprüfbare Bestimmungswirkung –
wird sich indes aus den einfach-gesetzlichen Regelungen des Bundes nicht
herleiten lassen.

III. Grenzen der Abweichungsbefugnisse der Länder nach Völker-, Unions- und Verfassungsrecht

Den Abweichungsbefugnissen der Länder nach Art. 72 Abs. 3 GG sind in 27
verschiedener Hinsicht Grenzen gesetzt.[84] Im vorliegenden Zusammenhang
wird sich auf die Beschränkungen konzentriert, die den Ländern eine Abweichung von den in §§ 8 ff. enthaltenen Regeln zur Landschaftsplanung untersagen. Welche **Sperrwirkungen** insoweit bestehen, ist von besonderer
praktischer Bedeutung, da einige Länder wesentliche Elemente des Systems
der Landschaftsplanung grundlegend infrage stellen.[85] Es ist somit nicht unwahrscheinlich, dass auf Basis der von Art. 72 Abs. 3 Satz 1 Nr. 2 GG eröffneten Abweichungskompetenz versucht werden wird, die bundesrechtlichen
Vorgaben zur Landschaftsplanung zu modifizieren. Einschränkungen der
Abweichungskompetenz der Länder können sich neben den einfach-gesetzlichen Grenzen des § 8 (vgl. Rn. 35 ff.) insbesondere aus Vorgaben des Völkerrechts, Europarechts und Verfassungsrechts ergeben.

---

82 *Müggenborg/Hentschel*, NJW 2010, 961 (964).
83 In diese Richtung auch *Meßerschmidt*, UPR 2008, 361 (366), wenn er die Vorschriften,
    die den im BNatSchG ausdrücklich formulierten Grundsatznormen nachfolgen, soweit
    erforderlich am Abweichungsschutz teilhaben lassen will; ähnlich *Degenhart*, DÖV
    2010, 422 (428 f.).
84 Siehe hierzu allgemein *Gerstenberg*, Föderalismusreform, S. 260 ff.; *Köck/Wolf*, NVwZ
    2008, 353 (356 ff.).
85 Siehe die beispielhaften Hinweise bei *Koch/Krohn*, NuR 2006, 673 (679).

1. Völkerrecht

28 Für die Landschaftsplanung bedeutsame völkerrechtliche Verpflichtungen enthält insbesondere die sog. **Biodiversitätskonvention** (CBD).[86] Das Übereinkommen hat die Erhaltung der biologischen Vielfalt, die nachhaltige Nutzung ihrer Bestandteile und die ausgewogene und gerechte Aufteilung der sich aus der Nutzung der genetischen Ressourcen ergebenden Vorteile zum Ziel (Art. 1 CBD). Die Folgen des Verlusts an biologischer Vielfalt reichen von Änderungen auf der Mikroebene bis zum Wegbrechen ganzer Ökosysteme und ihrer Dienstleistungen (wie etwa die Verfügbarkeit von Nahrungsmitteln und Wasser oder der Klimaregulierung) und haben damit massive wirtschaftliche Auswirkungen.[87] Insofern werden den CBD-Vertragsstaaten im Wege einer Planungsverpflichtung insbesondere allgemeine Maßnahmen zur Erhaltung und nachhaltigen Nutzung der biologischen Vielfalt (Art. 6 CBD) sowie Maßnahmen zum Monitoring und zur Bewertung und Konzeptualisierung von Schutzmaßnahmen (Art. 7–9 CBD) auferlegt.[88] Die von der Bundesrepublik Deutschland als Unterzeichner der CBD eingegangenen völkerrechtlichen Pflichten sind durch die nationale Biodiversitätsstrategie der Bundesregierung verfeinert[89] und von den Ländern im Rahmen ihrer Abweichungsgesetzgebung gemäß dem Grundsatz der Bundestreue zwingend zu beachten.[90] Da sich das seitens der EU ursprünglich gesetzte Ziel, bis zum Jahre 2010 den Verlust der biologischen Vielfalt zu stoppen, trotz erheblicher Anstrengungen nicht erreichen ließ, wird aktuell an einer neuen Strategie zum Schutz der Biodiversität gearbeitet.[91]

29 Die Landschaftsplanung kann die Einhaltung der Anforderungen der CBD sowie der hierauf aufbauenden Biodiversitätsstrategien erheblich unterstützen. Für die nach der CBD erforderlichen Planungs-, Monitoring- und Schutzmaßnahmen können insbesondere die in der Landschaftsplanung gewonnenen Erkenntnisse zum vorhandenen und zu erwartenden Zustand von Natur und Landschaft im Planungsraum (§ 9 Abs. 3 Satz 1 Nr. 1) wesentliche Beiträge liefern und die Konzeptualisierung und Umsetzung der erforderlichen Maßnahmen erleichtern.[92] Auch wenn das Instrument der Landschaftsplanung daher besonders geeignet ist, um der Einhaltung der Anforderungen der CBD Rechnung zu tragen, lässt sich der CBD allerdings keine Verpflichtung entnehmen, ein Instrument wie die Landschaftsplanung zu schaffen oder aufrechtzuerhalten. Ob ein Vertragsstaat seinen Verpflichtun-

---

86 Übereinkommen über die biologische Vielfalt vom 05.06.1992, BGBl. II 1993, S. 1742. Zur CBD allgemein siehe *Marschall/Lipp/Schumacher*, NuR 2008, 327 ff.; *Friedland/Prall*, ZUR 2004, 193 ff. und www.cbd.int.

87 Siehe hierzu eingehend: *The Economics of Ecosystems & Biodiversity (TEEB) for International and National Policy Makers* 2009, abrufbar unter www.teebweb.org.

88 Siehe näher *Friedland/Prall*, ZUR 2004, 193 (194 ff.).

89 Einzelheiten abrufbar unter http://www.bmu.de/naturschutz_biologische_vielfalt/nationale_strategie/doc/40332.php; *Marschall/Lipp/Schumacher*, NuR 2008, 327 (330 f.).

90 *Köck/Wolf*, NVwZ 2008, 353 (357).

91 Siehe http://ec.europa.eu/environment/nature/biodiversity/policy/index_en.htm.

92 Näher *Marschall/Lipp/Schumacher*, NuR 2008, 327 (330).

gen mithilfe der Landschaftsplanung oder eines anderen Instruments nach-kommt, ist von der CBD nicht vorgegeben.

Den weitergehenden völkerrechtlichen Verpflichtungen der sog. **Europä-** **30** **ischen Landschaftskonvention** (ELC)[93], aus deren Art. 5b) und d) sowie Art. 6 Abschnitt C) bis E) sich eine Pflicht zur Einführung eines Instruments wie der Landschaftsplanung ableiten ließe[94], hat sich Deutschland bislang mangels Vertragsunterzeichnung als einziger EU-Staat neben Österreich und Estland nicht unterworfen. Dies ist bedauerlich und mit Blick auf die deutsche Tradition der Landschaftsplanung und ihre Vorreiterrolle wenig nachvollziehbar.[95] Die von der Konvention vorgegebenen Maßnahmen zur Erfassung und Bewertung der Charakteristika der Landschaften und ihrer Veränderungen, die Formulierung von Qualitätszielen und Instrumenten zur Umsetzung von Landschaftspolitiken kann die deutsche Landschaftsplanung unzweifelhaft und ohne größeren Aufwand erfüllen.[96] Daher bleibt zu hof-fen, dass Deutschland die Konvention noch unterzeichnen wird, zumal von der in der Konvention geforderten Einbindung der Bevölkerung (vgl. Art. 5c) und Art. 6 Abschnitt B) auch wesentliche Impulse für einen partizipativ an-gelegten Naturschutz zu erwarten wären.[97]

2. Unionsrecht

Das Unionsrecht macht den Mitgliedsstaaten (bislang) keine verbindlichen **31** Vorgaben zur Durchführung einer eigenständigen Landschaftsplanung.[98] Die Existenz des Instruments der Landschaftsplanung als solches ist daher **unions-rechtlich nicht abgesichert**.[99] Hierzu scheint jedoch in gewissem Widerspruch der häufig zu findende Hinweis zu stehen, dass die Landschaftsplanung für die Einhaltung zahlreicher Vorgaben des europäischen Umweltrechts von gro-ßer Bedeutung sei und wesentliche Elemente der Landschaftsplanung eine unionsrechtliche Verankerung hätten.[100] In diesem Zusammenhang wird v.a.

---

93 Europäisches Landschaftsübereinkommen vom 20.10.2000, in Kraft getreten am 01.03. 2004 (Text unter http://www.conventions.coe.int/Treaty/GER/Treaties/Html/176.htm); hierzu näher *SRU*, Umweltgutachten 2004, Tz. 219 ff.; *Marschall/Werk*, NuR 2007, 719 ff.; *Hönes*, DÖV 2007, 141 ff.

94 *SRU*, Stellungnahme 2006, Tz. 28; *SRU*, Umweltgutachten 2008, Tz. 453.

95 *SRU*, Umweltgutachten 2008, Tz. 453; *Marschall/Werk*, NuR 2007, 719 (721 f.).

96 *SRU*, Umweltgutachten 2008, Tz. 453.

97 Vgl. *Marschall/Werk*, NuR 2007, 719 (721); *Herbert/Wilke*, Natur und Schaft 2003, 64 (70).

98 *Köck/Wolf*, NVwZ 2008, 353 (356); *Bunge*, in: Spannowsky/Hofmeister, Landschaftspla-nung, S. 149; *Czybulka*, in: Riedel/Lange, Landschaftsplanung, S. 18.

99 *SRU*, Stellungnahme 2006, Tz. 28.

100 *SRU*, Sondergutachten 2002, Tz. 275 ff.; *SRU*, Stellungnahme 2006, Tz. 28; *Bunge*, in: Spannowsky/Hofmeister, Landschaftsplanung, S. 131 ff.; *Köck/Wolf*, NVwZ 2008, 353 (356 f.); *Kloepfer*, ZG 2006, 250 (262); *Schulze-Fielitz*, NVwZ 2007, 249 (257); *Sparwasser/ Engel/Voßkuhle*, Umweltrecht, § 6 Rn. 108; *Gassner*, in: Gassner/Bendomir-Kahlo/ Schmidt-Räntsch, BNatSchG, § 13 Rn. 5; *Czybulka*, in: Riedel/Lange, Landschaftspla-nung, S. 18 ff.; *Bönsel*, LKV 2002, 218 (219); *Herbert/Wilke*, Natur und Landschaft 2003, 64 (69).

auf die Umweltverträglichkeitsprüfungs-Richtlinie (UVP-RL)[101], die Richtlinie über die Strategische Umweltprüfung (SUP-RL)[102], die Vogelschutz-Richtlinie (V-RL)[103], die Flora-Fauna-Habitat-Richtlinie (FFH-RL)[104] und die Wasserrahmen-Richtlinie (WRRL)[105] Bezug genommen, für deren Einhaltung der Landschaftsplanung eine maßgebliche Rolle zukomme.[106] Insbesondere die in der Landschaftsplanung erfolgende Ermittlung und Bewertung des Zustands von Natur und Landschaft wird mitunter als „unerlässliche" Voraussetzung für die Einhaltung der Richtlinienvorgaben angesehen.[107]

32 Die vorgenannten Stimmen sind jedoch nicht im Sinne einer unionsrechtlichen Festschreibung des Instituts der Landschaftsplanung als solche zu verstehen. Zwar kann insbesondere die gemäß § 9 Abs. 3 Satz 1 Nr. 1 und 3 im Rahmen der Landschaftsplanung erforderliche Ermittlung und Bewertung des vorhandenen und zu erwartenden Zustands von Natur und Landschaft gewichtige Beiträge für die Einhaltung zahlreicher unionsrechtlicher Umweltschutzvorgaben liefern, da auch die UVP-RL, die V-RL, die FFH-RL und die WRRL-RL für die jeweils erfassten Umweltmedien entsprechende Bestandsanalysen voraussetzen (vgl. § 9 Rn. 22 ff.). Allerdings lässt sich den europarechtlichen Vorgaben nicht entnehmen, dass die Mitgliedstaaten diese Bestandsaufnahmen und -bewertungen zwingend im Rahmen eines eigenständigen naturschutzplanerischen Instruments wie der Landschaftsplanung durchzuführen haben.[108] Falls die Einhaltung der Richtlinienvorgaben sichergestellt ist, können die notwendigen Bestandsanalysen auch im Rahmen der nach den Richtlinienvorgaben erforderlichen Verfahrensschritte (Umweltverträglichkeitsprüfung, FFH-Verträglichkeitsprüfung, Strategische Um-

---

101 Richtlinie 85/337/EWG des Rates vom 27.06.1985 über die Umweltverträglichkeitsprüfung bei bestimmten öffentlichen und privaten Projekten (AblEG L 175/40), zuletzt geändert durch RL 2009/31/EG vom 23.04.2009 (AblEG L 140/114).

102 Richtlinie 2001/42/EG des Europäischen Parlaments und des Rates vom 27.06.2001 über die Prüfung der Umweltauswirkungen bestimmter Pläne und Programme (ABlEG L 197/30).

103 Richtlinie 79/409/EWG des Rates vom 02.04.1979 über die Erhaltung der wild lebenden Vogelarten (ABlEG L 102/1), neu kodifiziert durch RL 2009/147/EG vom 30.11.2009 (ABlEG L 20/7).

104 Richtlinie 92/43/EWG des Rates vom 21.05.1992 zur Erhaltung der natürlichen Lebensräume sowie der wild lebenden Tiere und Pflanzen (ABlEG 206/7), zuletzt geändert durch RL 2006/105/EG vom 20.11.2006 (ABlEG L 363/368).

105 Richtlinie 2000/60/EG des Europäischen Parlaments und des Rates vom 23.10.2000 zur Schaffung eines Ordnungsrahmens für Maßnahmen der Gemeinschaft im Bereich der Wasserpolitik (ABlEG L 327/1), zuletzt geändert durch RL 2009/31/EG vom 23.04.2009 (ABlEG L 140/114).

106 Siehe ferner *Bunge*, in: Spannowsky/Hofmeister, Landschaftsplanung, S. 131 ff., der auf die Bedeutung der Landschaftsplanung für weitere Umweltfachplanungen mit unionsrechtlichem Hintergrund hinweist, etwa die Luftreinhalteplanung, Lärmminderungsplanung und Hochwasserschutzplanung.

107 *SRU*, Stellungnahme 2006, Tz. 28; ähnlich *Schulze-Fielitz*, NVwZ 2007, 249 (257); *Köck/Wolf*, NVwZ 2008, 353 (356 f., 360).

108 Siehe den allgemeinen Überblick zu den nach europäischem Recht begründeten Umweltplanungspflichten bei *Möckel/Köck*, UPR 2007, 241 (243 ff.).

weltprüfung bzw. Bestandsanalyse nach Art. 5 WRRL) erfolgen, ohne dass es zwingend des Rückgriffs auf die Erkenntnisse der Landschaftsplanung bedarf.

Unbeschadet dessen darf die Bedeutung der Landschaftsplanung für die Einhaltung der unionsrechtlichen Anforderungen aber auch nicht unterschätzt werden. Insbesondere die vorhabensbezogenen Planungen haben in der Regel einen projektbezogenen Fokus und unterliegen mitunter großem Zeitdruck. Dagegen bietet die Landschaftsplanung die Möglichkeit, im Sinne einer optimalen Richtlinienumsetzung auch solche Erkenntnisse zu vermitteln, die regelmäßig nur im Rahmen zeitaufwändigerer Untersuchungen und ohne die Gefahr selektiver vorhabensbezogener Ermittlungen gewonnen werden können.[109] Auch lassen es die unionsrechtlich vorgegebenen engen Planungspflichten oftmals nicht zu, für sämtliche erforderlichen Pläne jeweils eigene Erhebungen zum Bestand von Natur und Landschaft durchzuführen, sodass sich insoweit ein Instrument wie die Landschaftsplanung zumindest als **faktisch unverzichtbar** erweist.[110] Hierfür spricht auch, dass v.a. in den westeuropäischen Ländern soweit ersichtlich nirgends auf ein Instrument wie die Landschaftsplanung gänzlich verzichtet wird.[111] Daher dürfte zumindest in praktischer Hinsicht keine greifbare Alternative bestehen, den europarechtlichen Umweltschutzanforderungen ohne einem Instrument wie der Landschaftsplanung sachgerecht Rechnung zu tragen, sodass die Landschaftsplanung auch mit Blick auf das Unionsrecht nicht ernsthaft zur Disposition gestellt werden kann.

3. Verfassungsrecht – Art. 20a GG

Von den Vorgaben des Grundgesetzes, die der Abweichungsgesetzgebungs- 34
kompetenz der Länder Grenzen setzen, ist mit Blick auf die Landschaftsplanung v.a. die Staatszielbestimmung zum Schutz der natürlichen Lebensgrundlagen und Tiere (Art. 20a GG) von Bedeutung. Unter die natürlichen Lebensgrundlagen fällt die gesamte natürliche Umwelt des Menschen, d.h. insbesondere Luft, Wasser, Boden, Tiere und Pflanzen, Natur, Landschaft und Klima sowie die jeweiligen Wechselwirkungen.[112] Bei der Art und Weise der Verwirklichung des Schutzauftrags wirken v.a. die anerkannten Prinzipien des Umweltrechts (etwa das Vorsorge-, Verursachungs- und Nachhaltigkeitsprinzip) als Transformator.[113] Allerdings enthält die Staatszielbestim-

---

109 *Ramsauer*, NuR 1993, 108 (111); *Gellermann*, in: Landmann/Rohmer, Umweltrecht, 56. EL. 2009, § 14 BNatSchG Rn. 21; *Gassner*, in: Gassner/Bendomir-Kahlo/Schmidt-Räntsch, BNatSchG, § 13 Rn. 4, § 14 Rn. 17.

110 *Bunge*, in: Spannowsky/Hofmeister, Landschaftsplanung, S. 136.

111 Vgl. *Marschall/Schröder*, Landschaftspläne in Europa, Status Quo und Perspektiven konzeptioneller Landschaftspläne im europäischen Vergleich, Expertenworkshop des BfN vom 17.–20. 09. 2008.

112 *Epiney*, in: Mangoldt/Klein/Starck, GG, Art. 20a Rn. 18; *Scholz*, in: Maunz/Dürig, GG, Art. 20a Rn. 36; *Sommermann*, in: Münch/Kunig, GG, Art. 20a Rn. 29.

113 Vgl. *Epiney*, in: Mangoldt/Klein/Starck, GG, Art. 20a Rn. 72 ff.; *Jarass*, in: Jarass/Pieroth, GG, Art. 20a. Rn. 8 ff.; str., ablehnend z.B. hinsichtlich des Verursachungsprinzips *Leisner*, in: Sodan, GG, Art. 20a Rn. 9.

mung in erster Linie einen „permanenten Konkretisierungsauftrag" an den Gesetzgeber mit entsprechenden **Gestaltungsspielräumen**, sodass sich Art. 20a GG kein konkretes gesetzgeberisches Umweltschutzprogramm entnehmen lässt.[114] Selbst wenn man in Art. 20a GG den Grundansatz einer auf den Schutz und die Entwicklung der natürlichen Lebensgrundlagen bezogenen Landschaftsplanung verankert sähe[115], wäre diese vage Zielvorgabe der Abwägung mit den Grundrechten und anderen Verfassungsprinzipien ausgesetzt[116], sodass Art. 20a GG hier als Grenze für die Abweichungsgesetzgebungskompetenz der Länder insgesamt eine eher untergeordnete Rolle spielen dürfte.[117]

IV. Allgemeiner Grundsatz des § 8 BNatSchG

35 Die zentrale Grenze der Abweichungsbefugnis der Länder ergibt sich für die Landschaftsplanung aus dem allgemeinen Grundsatz des § 8 BNatSchG. Die Frage der Verfassungsmäßigkeit, des Inhalts und der Reichweite dieser Vorschrift wirft für die Praxis zahlreiche Fragen auf.[118]

1. Wesentliche Elemente der Landschaftsplanung als allgemeine Grundsätze des Naturschutzes i.S.d. Art. 72 Abs. 3 Satz 1 Nr. 2 GG

36 Im Rahmen des Gesetzgebungsverfahrens zum BNatSchG 2010 haben die Länder gegen § 8 Bedenken erhoben, weil durch die Regelung die verfassungsmäßigen Rechte der Länder unzulässig eingeschränkt würden.[119] Dabei wurde v.a. die Gesetzesbegründung zur Föderalismusreform ins Feld geführt, in der ausdrücklich betont wird, dass die Landschaftsplanung nicht zu den allgemeinen Grundsätzen des Naturschutzes i.S.d. Art. 72 Abs. 3 Satz 1 Nr. 2 GG gehöre.[120] In der Literatur wird dieser Teil der Gesetzesbegrün-

---

114 *Scholz*, in: Maunz/Dürig, GG, Art. 20a Rn. 35, 46; *Sommermann*, in: Münch/Kunig, GG, Art. 20a Rn. 18; vgl. auch: *Gassner*, NuR 2014, 482 (483).

115 So *Köck/Wolf*, NVwZ 2008, 353 (357).

116 *Köck/Wolf*, NVwZ 2008, 353 (357); siehe zu den Schranken des Art. 20a GG allgemein *Leisner*, in: Sodan, GG, Art. 20a Rn. 15 ff.

117 Etwas weitergehende Anforderungen können sich unter Umständen aus den Bestimmungen einiger Landesverfassungen ergeben, wenn diese hinsichtlich ihrer umweltspezifischen Gehalte weiter gehen als Art. 20a GG. In Betracht kommen insoweit beispielsweise Landesverfassungen, die sich der Weimarer Tradition des Landschaftsschutzes verpflichtet haben (vgl. Art. 62 HessVerf., Art. 18 Abs. 2 NRWVerf., Art. 40 Abs. 3 RhPfVerf., Art. 36 Abs. 4 LSAVerf; siehe hierzu näher *Kloepfer*, in: FS Scholz, S. 671 ff.).

118 Siehe hierzu bereits *Appel*, NuR 2010, 171 (174 ff.); zur Abweichungsgesetzgebung im Naturschutzrecht allgemein: *Petschulat*, NuR 2015, 241 ff.; *ders.*, NuR 2015, 316 ff.

119 BR-Drs. 278/1/09, S. 9 f.; Bundesrat-Plenarprotokoll 858 vom 15.05.2009, S. 198; vgl. *Mengel,* in: Lütkes/Ewer, BNatSchG, § 8 Rn. 2.

120 BT-Drs. 16/813, S. 11: „Die Kompetenz für die Grundsätze des Naturschutzes gibt dem Bund die Möglichkeit, in allgemeiner Form bundesweite verbindliche Grundsätze für den Schutz der Natur, insbesondere die Erhaltung der biologischen Vielfalt und zur Sicherung der Funktionsfähigkeit des Naturhaushalts festzulegen. Nicht davon erfasst sind beispielsweise die Landschaftsplanung [...]."; vgl. *Heugel*, in: Schlacke (Hrsg.), GK-BNatSchG, § 8 Rn. 4.

dung mitunter relativ kritiklos wiedergegeben.[121] Vor diesem Hintergrund wird die Frage aufgeworfen, ob der Bundesgesetzgeber in § 8 eine mit Art. 72 Abs. 3 Satz 1 Nr. 2 GG unvereinbare und daher für die Länder im Rahmen der Abweichungsgesetzgebung unbeachtliche Regelung erlassen habe.[122] Diese Frage ist jedoch zu verneinen. Zunächst hätte ein eventueller Verstoß des § 8 gegen die Verfassung noch nicht ohne Weiteres zur Folge, dass die Norm als Sperre für das Abweichungsrecht der Länder unwirksam würde, sondern bedürfte es in jedem Fall einer vorherigen Feststellung der Verfassungswidrigkeit durch das BVerfG.[123] Darüber hinaus bestehen an der Verfassungsmäßigkeit des § 8 mit Blick auf die oben dargestellte Begriffsdefinition aber auch keine Zweifel, weil sich die wesentlichen Elemente der Landschaftsplanung als allgemeine Grundsätze des Naturschutzes i.S.d. Art. 72 Abs. 3 Satz 1 Nr. 2 GG einstufen lassen:

Die Landschaftsplanung hat nach § 9 Abs. 1 die Aufgabe, die Ziele des Na-   37
turschutzes und der Landschaftspflege für den jeweiligen Planungsraum zu konkretisieren und Erfordernisse und Maßnahmen zur Zielverwirklichung aufzuzeigen. Aufgrund ihrer Funktion einerseits als Naturschutzfachplanung und andererseits als querschnittsbezogene Planung hat sie eine spezifische und für das Naturschutzrecht einzigartige Schnittstellenfunktion und trägt in besonderer Weise dem umweltrechtlichen **Integrationsprinzip** Rechnung.[124] Die Landschaftsplanung ist „das zentrale raumbezogene und vorsorgeorientierte Planungsinstrument des Naturschutzes und der Landschaftspflege".[125] Die bundesweite Geltung der wesentlichen Elemente der Landschaftsplanung ist somit für einen effektiven Naturschutz unerlässlich, sodass diese Elemente als allgemeine Grundsätze des Naturschutzes i.S.d. Art. 72 Abs. 3 Satz 1 Nr. 2 GG abweichungsfest geregelt werden können.[126]

Etwas anderes ergibt sich auch nicht daraus, dass gemäß des Klammerzu-   38
satzes in Art. 72 Abs. 3 Satz 1 Nr. 2 GG allein die allgemeinen Grundsätze des „Naturschutzes" abweichungsfest sind, auf die ausdrückliche Nennung

---

121 Z.B. *Sannwald*, in: Schmidt-Bleibtreu/Hofmann/Hopfauf, GG, Art. 72 Rn. 112; *Degenhart*, in: Sachs, GG, Art. 74 Rn. 123.

122 Vgl. *Berghoff/Steg*, NuR 2010, 17 (22); weitergehend *Berghoff*, in: Frenz, Das neue Wasser- und Naturschutzrecht, S. 88, wonach es dem Bund bei Erlass des BNatSchG 2010 nicht zugestanden habe, insoweit „an der eindeutigen Aussage [der Gesetzesbegründung] zu rütteln". Siehe hierzu auch *Louis*, NuR 2010, 77 (80), der es bedauert, dass der Bund in der Gesetzesbegründung zu § 8 BNatSchG 2010 nicht näher auf die Diskrepanz zur Gesetzesbegründung der Föderalismusreform eingegangen ist.

123 Vgl. *BVerfG*, Urt. v. 27.10.1998 – 1 BvR 2306/96, BVerfGE 98, 265 (318); *Louis*, NuR 2010, 77 (77 f.).

124 *Köck/Wolf*, NVwZ 2008, 353 (360); *Fischer-Hüftle*, NuR 2007, 78 (83).

125 *SRU*, Stellungnahme 2006, Tz. 28; ähnlich *Köck/Wolf*, NVwZ 2008, 353 (360); *Bunge*, in: Spannowsky/Hofmeister, Landschaftsplanung, S. 148; *Koch/Krohn*, NuR 2006, 673 (678).

126 *SRU*, Umweltgutachten 2008, Tz. 441; *Bunge*, in: Spannowsky/Hofmeister, Landschaftsplanung, S. 142 ff.; *Hendrischke*, NuR 2007, 454 (458); *Köck/Wolf*, NVwZ 2008, 353 (359 f.); *Fischer-Hüftle*, NuR 2007, 78 (83); *Kotulla*, NVwZ 2007, 489 (493); *Kloepfer*, ZG 2006, 250 (261); *Berghoff/Steg*, NuR 2010, 17 (22); *Stüer*, DVBl 2007, 1544 (1545).

der „Landschaftspflege" hingegen verzichtet wurde. Es ist zweifelhaft, ob sich hieraus gegen allgemeine Grundsätze zur „Landschaftsplanung" überhaupt etwas herleiten lässt, da die Landschaftsplanung zwar auch der Landschaftspflege, aber auch dem (in Art. 72 Abs. 3 Satz 1 Nr. 2 GG ausdrücklich genannten) Naturschutz dient (vgl. § 9 Abs. 1 BNatSchG). Im Übrigen lassen sich die Begriffe Naturschutz und Landschaftspflege in der Sache nicht unterscheiden, sondern sind als einheitliches Aufgabenfeld untrennbar miteinander verknüpft.[127] Beide Begriffe werden grundsätzlich im Zweiklang verwendet[128] und sind einheitlicher und umfassender Ausdruck für die Gesamtheit der Maßnahmen zum Schutz, zur Pflege, zur Entwicklung und zur Wiederherstellung von Natur und Landschaft. Vor diesem Hintergrund wird die Nichtnennung der Landschaftspflege im Klammerzusatz des Art. 72 Abs. 3 Satz 1 Nr. 2 GG auf ein **Redaktionsversehen** zurückzuführen sein, sodass man hier in den Begriff des Naturschutzes den Begriff der Landschaftspflege mit hineinzulesen hat.[129]

39 Gegen § 8 lässt sich auch nicht die Gesetzesbegründung zur Föderalismusreform anführen. An der betreffenden Stelle der Gesetzesbegründung, wonach die Landschaftsplanung nicht zu den allgemeinen Grundsätzen des Naturschutzes i.S.d. Art. 72 Abs. 3 Satz 1 Nr. 2 GG gehören soll (vgl. Rn. 36), erfolgt keine inhaltliche Auseinandersetzung mit der Frage, ob zur Landschaftsplanung allgemeine Grundsätze i.S.d. Art. 72 Abs. 3 Satz 1 Nr. 2 GG festgelegt werden können. Vielmehr wird lediglich aus der Koalitionsvereinbarung zwischen CDU/CSU und SPD zitiert. Darüber hinaus bleibt offen, ob man dem Instrument der Landschaftsplanung selbst oder lediglich seiner Ausgestaltung im Einzelnen die Eigenschaft eines allgemeinen Grundsatzes des Naturschutzes absprechen wollte.[130] Dem Hinweis in der Gesetzesbegründung zur Föderalismusreform fehlt es daher mangels inhaltlicher Auseinandersetzung mit der Landschaftsplanung an besonderem Gewicht, sodass ihm keine maßgebliche Bedeutung zuzusprechen ist.[131]

2. Inhalt und Reichweite des § 8 BNatSchG

40 Bestehen somit keine Bedenken, dass der Bundesgesetzgeber auch für die Landschaftsplanung Bestimmungen zu allgemeinen Grundsätzen i.S.d.

---

127 Vgl. *Bunge*, in: Spannowsky/Hofmeister, Landschaftsplanung, S. 144; *Hendrischke*, NuR 2007, 454 (458); *Gassner*, in: Gassner/Bendomir-Kahlo/Schmidt-Räntsch, BNatSchG, § 1 Rn. 2a.

128 Siehe etwa die Überschrift von § 1 BNatSchG („Ziele des Naturschutzes und der Landschaftspflege").

129 *Hendrischke*, NuR 2007, 454 (458); *Bunge*, in: Spannowsky/Hofmeister, Landschaftsplanung, S. 144; *Köck/Wolf*, NVwZ 2008, 353 (359 f.); *Fischer-Hüftle*, NuR 2007, 78 (83); *Kotulla*, NVwZ 2007, 489 (493); *Kloepfer*, ZG 2006, 250 (261).

130 BR-Drs. 278/09, S. 125; BT-Drs. 16/12274, S. 39; *Egner*, in: Egner/Fuchs, Naturschutz- und Wasserrecht 2009, § 8 BNatSchG Rn. 1.

131 Ebenso *Bunge*, in: Spannowsky/Hofmeister, Landschaftsplanung, S. 142 ff.; *Hendrischke*, NuR 2007, 454 (457 f.); *Köck/Wolf*, NVwZ 2008, 353 (359 f.); *Fischer-Hüftle*, NuR 2007, 78 (82 f.); *Kotulla*, NVwZ 2007, 489 (493); *Kloepfer*, ZG 2006, 250 (261); *Degenhart*, DÖV 2010, 422 (428).

Art. 72 Abs. 3 Satz 1 Nr. 2 GG treffen kann, ist zu klären, welche Elemente der Landschaftsplanung der Bund in § 8 als allgemeinen Grundsatz aufgenommen hat und ob es sich insoweit um Gesichtspunkte handelt, deren bundesweite Geltung für einen effektiven Naturschutz unerlässlich ist.

a) Instrumentgarantie

Indem § 8 regelt, dass die Ziele des Naturschutzes und der Landschafts-   *41*
pflege durch die Landschaftsplanung konkretisiert und dabei auch die Erfordernisse und Maßnahmen zur Zielverwirklichung dargestellt und begründet werden, ist das Instrument der Landschaftsplanung als solches bundesrechtlich festgeschrieben und darf von den Ländern im Rahmen der Abweichungskompetenz nicht abgeschafft werden **(Instrumentgarantie)**. Insofern ist insbesondere die sich aus §§ 8 ff. ergebende Pflicht der Länder und Kommunen zur Durchführung von Landschaftsplanungen[132] nunmehr abweichungsfest vorgegeben. Damit ist der Gesetzgeber entsprechenden Stimmen aus dem Schrifttum gefolgt, die eine Festschreibung des Instruments der Landschaftsplanung als allgemeinen Grundsatz i.S.d. Art. 72 Abs. 3 Satz 1 Nr. 2 GG forderten.[133] Aufgrund der hohen Bedeutung der Landschaftsplanung für einen bundesweit effektiven und medienübergreifenden Naturschutz (vgl. Rn. 37) bestehen an der Befugnis des Bundes zur Regelung dieser Instrumentgarantie keine Zweifel.[134]

b) Aufgaben und Inhalte der Landschaftsplanung

In § 8 ist geregelt, dass durch die Landschaftsplanung die Ziele des Natur-   *42*
schutzes und der Landschaftspflege konkretisiert und die Erfordernisse und Maßnahmen zur Verwirklichung dieser Ziele dargestellt und begründet werden. Damit werden in § 8 im Wesentlichen die in § 9 Abs. 1 und Abs. 2 Satz 1 geregelten Aufgaben und Inhalte der Landschaftsplanung zu einem abweichungsfesten Grundsatz erhoben. Obwohl in § 8 nicht die in § 9 Abs. 2 Satz 1 ebenfalls genannte Darstellung und Begründung der konkretisierten Ziele aufgeführt ist, dürfte sich der allgemeine Grundsatz auch darauf erstrecken, da in der Praxis eine Darstellung und Begründung der zur Verwirklichung der Ziele dienenden Erfordernisse und Maßnahmen kaum ohne gleichzeitige Darstellung und Begründung der konkretisierten Ziele denkbar ist.

Besondere Bedeutung kommt dem in § 8 enthaltenen Bezug zu den Zielen   *43*
des Naturschutzes und der Landschaftspflege des § 1 zu. Die bundesweite Ausrichtung der Landschaftsplanung an den Zielen des § 1 ist für einen effektiven Naturschutz unerlässlich und daher der Regelung durch einen allgemeinen Grundsatz i.S.d. Art. 72 Abs. 3 Satz 1 Nr. 2 GG zugänglich.[135] Insoweit ist allerdings zwischen einerseits den Zielen des § 1 Abs. 1 und andererseits den in § 1 Abs. 2–6 geregelten Detailregelungen dieser Ziele zu

---

132 Vgl. *Meßerschmidt*, Bundesnaturschutzrecht, § 9 BNatSchG Rn. 14.
133 *Fischer-Hüftle*, NuR 2007, 78 (83); *Köck/Wolf*, NVwZ 2008, 353 (360).
134 Vgl. *Bunge*, in: Spannowsky/Hofmeister, Landschaftsplanung, S. 148.
135 Vgl. *Köck/Wolf*, NVwZ 2008, 353 (360).

unterscheiden: Die Ziele des § 1 Abs. 1 wurden ihrerseits ausdrücklich als allgemeine Grundsätze des Naturschutzes i.S.d. Art. 72 Abs. 3 Satz 1 Nr. 2 GG normiert, sodass sich (das Vorliegen der Voraussetzungen der verfassungsrechtlichen Begriffsdefinition unterstellt) die Landschaftsplanung hieran bundesweit zwingend zu orientieren hat. Dagegen hat der Bundesgesetzgeber die in § 1 Abs. 2–6 aufgenommenen Detailregelungen dieser Ziele nicht als allgemeine Grundsätze ausgestaltet. Soweit die Vorgaben des § 1 Abs. 2–6 somit der Abweichungsgesetzgebung der Länder unterfallen, ist die Landschaftsplanung an diesen Detailregelungen nur in dem Umfang auszurichten, wie die Länder keine abweichenden Vorschriften erlassen. Im Übrigen ist es den Ländern auch unbenommen, über die Ziele des § 1 hinaus weitergehende landesspezifische Schutzziele zu regeln[136] und damit in den Fokus der Landschaftsplanung aufzunehmen.

c) Rechtswirkungen der Landschaftsplanung für andere Planungen

44   Mit § 8 dürfte auch ein gewisses Mindestmaß an Rechtswirkungen der Landschaftsplanung für andere Planungen und behördliche Entscheidungen festgeschrieben sein. Zwar hat die in den abweichungsfähigen Vorschriften der § 10 Abs. 3 und § 11 Abs. 3 geregelte Pflicht, die Landschaftsplanung in der Raumordnungs- und Bauleitplanung zu berücksichtigen, in § 8 keinen ausdrücklichen Niederschlag gefunden. Es wäre jedoch mit dem Sinn und Zweck einer bundesrechtlich in § 8 garantierten Landschaftsplanung wenig vereinbar, wenn die Landschaftsplanung zwar von den Ländern als Instrument nicht abgeschafft, aber im Sinne einer reinen Gutachtenfunktion ohne jedwede Rechtswirkungen für andere Planungen und Maßnahmen ausgestaltet werden könnte.[137]

45   Darüber hinaus ergibt sich ein gewisses Maß an Rechtswirkungen aus der in § 8 festgeschriebenen **Zielkonkretisierungsfunktion** der Landschaftsplanung. Auch wenn die Ziele des § 1 generell keine unmittelbaren Rechtswirkungen entfalten, müssen sie doch seitens der Verwaltung bei der Auslegung von unbestimmten Rechtsbegriffen und der Handhabung von Ermessensvorgaben zumindest berücksichtigt werden.[138] Da die Landschaftsplanung gemäß § 8 und § 9 Abs. 1 die Aufgabe hat, die Ziele des § 1 zu konkretisieren, kommen den durch die Landschaftsplanung konkretisierten Zielen folglich auch die sich aus § 1 ergebenden Rechtswirkungen zu. Insofern ist der aus § 1 folgende Umfang an Rechtswirkungen, die die durch die Landschaftsplanung konkretisierten Ziele gegenüber der Verwaltung haben, auch über § 8 festgeschrieben und kann von den Ländern – zumindest im Hinblick auf die ebenfalls abweichungsfest geregelten Ziele des § 1 Abs. 1 – nicht abgeändert werden.

---

136 Siehe bspw. Art. 1a BayNatSchG (Bayerische Alpen) und § 1 Abs. 2 BbgNatSchG (Brandenburgs typische Landschaften und Naturräume).

137 Vgl. *Bunge*, in: Spannowsky/Hofmeister, Landschaftsplanung, S. 148.

138 *Meßerschmidt*, Bundesnaturschutzrecht, § 1 BNatSchG Rn. 2 ff.; *Schumacher/Schumacher*, in: Schumacher/Fischer-Hüftle, BNatSchG, § 1 Rn. 2.

d) Mehrstufigkeit der Landschaftsplanung

Die Ziele des Naturschutzes und der Landschaftspflege sind gemäß § 8 „örtlich und überörtlich" zu konkretisieren. Die Begriffe „örtlich" und „überörtlich" waren im Zusammenhang mit der Landschaftsplanung bislang lediglich in § 15 Abs. 1 Satz 1 und in § 16 Abs. 1 Satz 1 BNatSchG a.F. aufgeführt. Weiterhin waren und sind beide Begriffe nicht bei den zentralen Regelungen zu den Aufgaben und Inhalten der Landschaftsplanung in § 13 Abs. 1 a.F. und § 14 BNatSchG a.F. sowie § 9 BNatSchG 2010 genannt. Mit der ausdrücklichen Aufführung dieses Begriffspaars in § 8 wird daher eine spezifische Regelungsintention verbunden sein.

Der Begriff „örtlich" umschreibt das Gebiet innerhalb einer Gemeinde, während die überörtliche Landschaftsplanung das über eine Gemeinde hinausgehende Gebiet erfasst.[139] Hat die Landschaftsplanung gemäß § 8 ausdrücklich auf örtlicher „und" überörtlicher Ebene zu erfolgen, so ergibt sich hieraus, dass die Landschaftsplanung auch seitens der Länder mindestens zweistufig auszugestalten ist.[140]

In verfassungsrechtlicher Hinsicht bestehen gegen die Festschreibung einer solchen **Zweistufigkeit** keine Bedenken. Die Betrachtung verschiedener räumlicher Planungsebenen ist ein wesentliches Element der Landschaftsplanung.[141] Die Zielkonkretisierung und die Darstellung und Begründung von Erfordernissen und Maßnahmen ist je nach Zielstellung in Aussagedichte und -details verschiedenen Planungsebenen anzupassen. So ist beispielsweise den Anforderungen des Biotopverbundes (§ 9 Abs. 3 Satz 1 Nr. 4d) i.V. m. § 20) insbesondere durch die überörtliche Landschaftsplanung Rechnung zu tragen, weil es insoweit v.a. auf die überregionalen geomorphologischen Strukturen ankommt, um Wanderungs- und Austauschbeziehungen zwischen Teilpopulationen zu ermöglichen.[142] Dagegen sind auf örtlicher Ebene v.a. Auseinandersetzungen mit geplanten Vorhaben und deren Auswirkungen auf Natur und Landschaft zu leisten, da insoweit eher eine detaillierte und kleinteiligere Planung erforderlich ist.[143] Die bundesweite Geltung der Mehrstufigkeit der Landschaftsplanung ist daher für einen effektiven Naturschutz unerlässlich, sodass es dem Bundesgesetzgeber unbenommen ist, in § 8 eine Zweistufigkeit der Landschaftsplanung als allgemeinen Grundsatz zu regeln.[144]

46

47

48

---

139 *Lorz/Konrad/Mühlbauer/Müller-Walter/Stöckel*, Naturschutzrecht, § 11 BNatSchG Rn. 3; *Meßerschmidt*, Bundesnaturschutzrecht, § 10 BNatSchG Rn. 16; *Mengel*, in: Lütkes/ Ewer, BNatSchG, § 8 Rn. 7.

140 Ebenso *Mengel*, in: Lütkes/Ewer, BNatSchG, § 8 Rn. 7.

141 Vgl. *SRU*, Umweltgutachten 2008, Tz. 449.

142 *Albrecht/Leibenath*, ZUR 2008, 518 (522 f.).

143 Vgl. *Meßerschmidt*, Bundesnaturschutzrecht, § 9 BNatSchG Rn. 36; § 11 Rn. 11 f.

144 *Köck/Wolf*, NVwZ 2008, 353 (360). Es kann dahinstehen, ob der Bund auch eine Dreistufigkeit der Landschaftsplanung als allgemeinen Grundsatz hätte festschreiben können (dagegen *Köck/Wolf*, NVwZ 2008, 353 [360]), da § 8 mit der Verwendung des Begriffspaars „örtlich und überörtlich" für die Festlegung einer mehr als zweistufigen Landschaftsplanung jedenfalls keinen Anhaltspunkt bietet (*Egner*, in: Egner/Fuchs, Naturschutz- und Wasserrecht 2009, § 8 BNatSchG Rn. 2).

49 Dagegen spricht auch nicht, dass gemäß § 11 Abs. 4 in den **Stadtstaaten** Berlin, Bremen und Hamburg die Landschaftspläne durch Landschaftsprogramme oder Landschaftsrahmenpläne ersetzt werden, wenn in den überörtlichen Landschaftsplanungen zugleich auch die örtlichen Erfordernisse und Maßnahmen dargestellt werden. Damit wird die grundsätzliche Unterscheidung der örtlichen und überörtlichen Ebene auch für die Stadtstaaten nicht aufgehoben, sondern lediglich eine Ersetzung der örtlichen durch die überörtlichen Landschaftsplanungen geregelt. Voraussetzung ist, dass die spezifischen Besonderheiten der örtlichen Ebene in den überörtlichen Planungen hinreichenden Niederschlag gefunden haben. In diesen Fällen besteht für eine zusätzliche örtliche Planungsebene kein Bedarf, da dies lediglich auf eine unnötige **Doppelplanung** hinausliefe.[145] Die in räumlicher Hinsicht verschiedenen Betrachtungsweisen und damit der Grundsatz der Zweistufigkeit bleiben somit auch in diesen Fällen im Ergebnis unberührt. Im Übrigen haben die Stadtstaaten in ihren landesgesetzlichen Regelungen bislang jeweils ohnehin eigenständige Landschaftsplanungen für die örtliche und überörtliche Ebene aufgenommen[146], sodass insoweit auch in praktischer Hinsicht keine Widersprüche zu der Vorgabe einer (mindestens) zweistufigen Landschaftsplanung zu erwarten sind.

e) Vorsorgeprinzip

50 Gemäß § 8 werden durch die Landschaftsplanung die Ziele des Naturschutzes und der Landschaftspflege als „Grundlage vorsorgenden Handelns" konkretisiert. Das **Vorsorgeprinzip**, das zu den wesentlichen Grundprinzipien des Umweltrechts zählt,[147] war weder in den bisherigen §§ 13 ff. BNatSchG a.F. genannt, noch findet es sich an anderer Stelle der Neuregelungen zur Landschaftsplanung in §§ 8 ff. Insofern wird der Hinweis in § 8 auf den vorsorgenden Charakter der Landschaftsplanung nicht ohne Bedacht aufgenommen worden sein, sondern wird damit ein besonderer Regelungsgehalt einhergehen. Hierfür spricht auch die Gesetzesbegründung, wonach die Regelung des § 8 den Zweck hat, den zuständigen Behörden ein „vorsorgeorientiertes Instrument"[148] für die Bewältigung der Aufgaben des Naturschutzes und der Landschaftspflege zur Verfügung zu stellen.

51 Dass die Landschaftsplanung Ausdruck des Vorsorgeprinzips ist, ergibt sich indes nicht erst aus der Neuregelung des § 8. Maßnahmen der (Umwelt-)Planung stehen generell in Zusammenhang mit dem Vorsorgeprinzip, weil der planerische Abwägungsvorgang die Möglichkeit eröffnet, unterhalb der Schwelle der Gefahrenabwehr eine Risiko-, Gefahren- und Ressourcenvor-

---

145 *Siegel*, NuR 2003, 325 (327).

146 Vgl. §§ 5, 7 und §§ 8, 10 NatSchGBln; §§ 3, 4 und §§ 6, 7 HmbNatSchG; §§ 5, 6 und §§ 7, 8 BremNatSchG; hierzu auch *Siegel*, NuR 2003, 325 (327).

147 Siehe zum Vorsorgeprinzip statt vieler *Kloepfer*, Umweltrecht, § 4 Rn. 8 ff; *Heugel*, in: Schlacke (Hrsg.), GK-BNatSchG, § 8 Rn. 6.

148 BR-Drs. 278/09, S. 171; BT-Drs. 16/12274, S. 54.

Appel

sorge zu betreiben.[149] Dies gilt bei der Landschaftsplanung ohnehin, da sie (anders als Raumnutzung beanspruchende Planungen wie etwa Planfeststellungen) gerade durch **„Raumschonungsansprüche"**[150] geprägt ist. Daher wurde bereits vor Erlass des § 8 unter Hinweis auf das mit der Landschaftsplanung verfolgte ökologisch orientierte Nutzungskonzept auf die Verknüpfung zwischen Landschaftsplanung und Vorsorgeprinzip hingewiesen.[151] Vor diesem Hintergrund stellt der vorsorgende Charakter ein wesentliches und für einen bundesweit effektiven Naturschutz unerlässliches Element der Landschaftsplanung dar, sodass gegen seine ausdrückliche Aufnahme als Teil des allgemeinen Grundsatzes des § 8 keine verfassungsrechtlichen Bedenken bestehen.

Durch die explizite Hervorhebung in § 8 wird der vorsorgende Charakter der   52
Landschaftsplanung bundesweit verbindlich vorgegeben und insgesamt verstärkt. Die Länder dürfen keine abweichenden Vorschriften erlassen, die dem Vorsorgegedanken der Landschaftsplanung entgegenstehen. Welche konkreten Pflichten der Länder sich hieraus ergeben, erscheint allerdings mit Blick auf die vage Begrifflichkeit des Vorsorgeprinzips fraglich. Zwar ließe sich erwägen, insoweit beispielsweise Elemente des **Flächendeckungsprinzips** (§ 10 Abs. 2; § 11 Abs. 2) und der **Fortschreibungspflicht** (§ 9 Abs. 4) mit in den abweichungsfesten Kern des § 8 hineinzulesen, da Flächendeckungsprinzip und Fortschreibungspflicht in besonderem Maße Ausdruck des vorsorgenden Charakters der Landschaftsplanung sind. Allerdings haben die ausdifferenzierten Regeln des § 9 Abs. 4 und §§ 10 Abs. 2; 11 Abs. 2 im Wortlaut des § 8 keinen Niederschlag gefunden. Auch spricht hier die Gesetzesbegründung für eine restriktive Auslegung.[152] Daher dürfte sich eher schwerlich argumentieren lassen, dass allein aufgrund der Nennung des Vorsorgeprinzips das Flächendeckungsprinzip und die Fortschreibungspflicht zum Inhalt des allgemeinen Grundsatzes zur Landschaftsplanung nach § 8 zu zählen sind.

3. Erweiterung der abweichungsfesten Vorgaben zur Landschaftsplanung über § 8 BNatSchG 2010 hinaus

Wäre der Inhalt des in § 8 geregelten allgemeinen Grundsatzes der Land-   53
schaftsplanung auf die oben unter Rn. 41–52 genannten Punkte begrenzt, so hätten die Länder nunmehr weniger verbindliche Anforderungen einzuhalten als nach den rahmenrechtlichen Regelungen der §§ 13 ff. BNatSchG a.F.

---

149 Siehe näher zur „Planung als Ausdruck des Vorsorgeprinzips" *Hoppe*, VVDStRL 38 (1980), 211 (228 ff.); ferner *Kloepfer*, Umweltrecht, § 4 Rn. 15; *Köck/Wolf*, NVwZ 2008, 353 (357).

150 *Siegel*, NuR 2003, 325 (325).

151 *SRU*, Stellungnahme 2006, Tz. 28; *Louis/Engelke*, BNatSchG, Vor §§ 5–7 Rn. 1; *Bunge*, in: Spannowsky/Hofmeister, Landschaftsplanung, S. 148; *Lütkes*, NVwZ 2008, 598 (599).

152 Siehe BR-Drs. 278/09, S. 171; BT-Drs. 16/12274, S. 54, wonach als allgemeiner Grundsatz in § 8 „nur die Aufgabe der Zielkonkretisierung auf überörtlicher und örtlicher Ebene einschließlich der Darstellung und Begründung von Erfordernissen und Maßnahmen zur Zielerreichung geregelt" werde; zur Zielkonkretisierung vgl. *Mengel*, in: Lütkes/Ewer, BNatSchG, § 8 Rn. 4; zum Streitstand: *ders.*, § 8 Rn. 10 ff.

Denn nach alter Rechtslage waren den Ländern insbesondere eine generelle Landschaftsplanungspflicht zwecks Verwirklichung der Ziele und Grundsätze nach §§ 1 und 2 BNatSchG a.F., die Mindestinhalte der Landschaftsplanung nach § 14 BNatSchG a.F., die Ausdifferenzierungen nach §§ 15–19 BNatSchG a.F. (u.a. Flächendeckungsprinzip auf überörtlicher Ebene, Fortschreibungspflicht für Landschaftspläne, Verpflichtung zur gegenseitigen Rücksichtnahme, Zusammenwirken bei grenzüberschreitender Planung) sowie ein Mindestmaß an Verbindlichkeit der Landschaftsplanung zwingend vorgeschrieben.[153] Soweit diese Elemente der Landschaftsplanung nicht von § 8 erfasst sind, könnten sie nunmehr möglicherweise der Abweichungskompetenz der Länder zum „Opfer" fallen, was im Vergleich zur bisherigen Rechtslage zu einer Abschwächung des Instruments der Landschaftsplanung führen würde. Eine solche Abschwächung hat der verfassungsändernde Gesetzgeber möglicherweise in Kauf genommen, da nach der Gesetzesbegründung zum neuen BNatSchG mit den allgemeinen Grundsätzen des Naturschutzes die Gesamtarchitektur eines Instruments wie das der Landschaftsplanung „weder bis ins letzte Detail noch in ihrer bisherigen rahmenrechtlichen Ausprägung abweichungsfest geregelt werden kann".[154] Dessen ungeachtet ist es auf Grundlage der Ausführungen oben unter Rn. 20 ff. möglich, dass den Ländern über § 8 hinausgehende Elemente der Landschaftsplanung als „unbenannte" allgemeine Grundsätze des Naturschutzes i.S.d. Art. 72 Abs. 3 Satz 1 Nr. 2 GG vorgegeben sind. Insoweit kommen v.a. folgende weitere abweichungsfeste Elemente in Betracht:

a) Flächendeckungsprinzip

54 Es ist zu erwägen, über § 8 hinaus auch das – nunmehr in §§ 10 Abs. 2; 11 Abs. 2 geregelte – **Flächendeckungsprinzip** als abweichungsfest einzustufen. Denn das Flächendeckungsprinzip hat für die Landschaftsplanung zentrale Bedeutung. Ohne flächendeckende Planung besteht die Gefahr einer lückenhaften Darstellung und Bewertung der Belange von Natur und Landschaft, sodass die Funktion des Instruments der Landschaftsplanung insgesamt infrage stünde.[155] „Weiße Flecken" bei der Bestandserhebung und Zielformulierung reduzieren nicht nur die Aussagekraft der Landschaftsplanungen im Hinblick auf den nicht erfassten Raum, sondern können auch zu **Fehlgewichtungen** und **Abwägungsfehlern** der jeweiligen Planung insgesamt führen.[156] Zudem lässt sich mit einer lediglich punktuellen Landschaftsplanung dem (nunmehr in § 8 ausdrücklich hervorgehobenen) Vorsorgeprinzip nur unzureichend Rechnung tragen.[157] Dies gilt umso mehr, als auch die unionsrechtlichen Vorgaben der UVP-RL, SUP-RL, FFH-RL, Vogelschutz-RL und Wasser-

153 *Gassner*, in: Gassner/Bendomir-Kahlo/Schmidt-Räntsch, BNatSchG, § 13 Rn. 15.
154 BR-Drs. 278/09, S. 126; BT-Drs. 16/12274, S. 39; zur Diskussion um den zulässigen Detaillierungsgrad der allgemeinen Grundsätze des Naturschutzes siehe auch die Nachw. oben unter Rn. 19.
155 *SRU*, Umweltgutachten 2008, Tz. 442 m.w.N.
156 *SRU*, Umweltgutachten 2008, Tz. 447.
157 *Schumacher/Schumacher*, in: Schumacher/Fischer-Hüftle, BNatSchG, § 8 Rn. 9, § 10 Rn. 28.

rahmen-RL eine möglichst flächendeckende Ermittlung und Bewertung des Zustandes von Natur und Landschaft implizieren.[158] Insofern ist das Flächendeckungsprinzip für das bundesweit effektive Funktionieren des Instruments der Landschaftsplanung unerlässlich und wird unter die allgemeinen Grundsätze des Naturschutzes i.S.d. Art. 72 Abs. 3 Satz 1 Nr. 2 GG zu fassen sein.[159]

Bei der Frage, in welchem Umfang das Flächendeckungsprinzip als abweichungsfest anzusehen ist, dürfte die einfach-gesetzliche Normierung in § 10 Abs. 2 und § 11 Abs. 2, wonach das Flächendeckungsprinzip zumindest auf überörtlicher Ebene beibehalten wird, eine Rolle spielen. Mit Blick auf die unter Rn. 26 angesprochene dynamische Wechselwirkung zwischen dem verfassungsrechtlichen Begriff des allgemeinen Grundsatzes des Naturschutzes und der einfach-bundesgesetzlichen Regelungen spricht einiges dafür, das Flächendeckungsprinzip zumindest in der in § 10 Abs. 2 und § 11 Abs. 2 geregelten Form zum abweichungsfesten Kern der Landschaftsplanung zu zählen. Auch erscheinen die Regelungen hinsichtlich ihres Umfangs und Detaillierungsgrads jedenfalls nicht derart ausdifferenziert, dass dies einer Einstufung als allgemeinen Grundsatz des Naturschutzes entgegenstehen dürfte.

55

b) Fortschreibungspflicht

Dasselbe dürfte für die gemäß § 9 Abs. 4 nunmehr sowohl auf der örtlichen als auch auf der überörtlichen Ebene verankerten **Fortschreibungspflicht** gelten. Die Landschaftsplanung kann ihre Aufgabe, die Belange des Naturschutzes und der Landschaftspflege sachgerecht in anderen Planungen und Verwaltungsverfahren wirksam zur Geltung zu bringen, nur dann mit Aussicht auf Erfolg erfüllen, wenn sie sich auf einem aktuellen Stand befindet und nicht bereits von der tatsächlichen Entwicklung überholt ist.[160] Auch die Fortschreibungspflicht wird daher für das bundesweit sachgerechte Funktionieren des Instruments der Landschaftsplanung als unerlässlich anzusehen sein, was dafür spricht, sie – zumindest in dem in § 9 Abs. 4 geregelten Umfang – zum abweichungsfesten Kern der Landschaftsplanung zu zählen.[161] Ob darüber hinaus weitere Inhalte der Landschaftsplanung als den Ländern abweichungsfest vorgegeben anzusehen sind, wird sich in der Verfassungspraxis und der dortigen Auslegung des Begriffs der allgemeinen Grundsätze des Naturschutzes i.S.d. Art. 72 Abs. 3 Satz 1 Nr. 2 GG zeigen. (Zur Frage, ob bspw. die Mindestangaben des § 9 Abs. 3 Satz 1 als allgemeine Grundsätze des Naturschutzes eingestuft werden können, siehe § 9 Rn. 21.)

56

---

158 *SRU*, Umweltgutachten 2008, Tz. 447; *Epiney*, NuR 2006, 403 (409); *Köck/Wolf*, NVwZ 2008, 353 (360).

159 *Hendrischke*, NuR 2007, 454 (458).

160 *Stich*, UPR 2002, 161 (165); *Gellermann*, NVwZ 2002, 1025 (1030); siehe auch *SRU*, Umweltgutachten 2008, Tz. 452; *Mengel*, in: Lütkes/Ewer, BNatSchG, § 8 Rn. 12.

161 Für die Einstufung der landschaftsplanerischen Fortschreibungspflicht als allgemeinen Grundsatz des Naturschutzes plädieren auch *Köck/Wolf*, NVwZ 2008, 353 (360); *Hendrischke*, NuR 2007, 454 (458).

c) Unionsrechtliche Vorgaben

57 Fraglich ist, ob auch **unionsrechtliche Vorgaben**, soweit sie Bezüge zur Landschaftsplanung enthalten (vgl. hierzu Rn. 31), zu den allgemeinen Grundsätzen des Naturschutzes i.S.d. Art. 72 Abs. 3 Satz 1 Nr. 2 GG gezählt werden können. Nach Teilen des Schrifttums sind die unionsrechtlichen Naturschutzvorgaben generell unter die allgemeinen Grundsätze des Naturschutzes i.S.d. Art. 72 Abs. 3 Satz 1 Nr. 2 GG zu fassen.[162] Dahinter mag der Gedanke stehen, dass die Föderalismusreform und die damit eingeführte umfassende Bundeskompetenz für den Bereich Naturschutz und Landschaftspflege auch und gerade dazu diente, zukünftig eine fristgemäße Umsetzung der europarechtlichen Naturschutzvorgaben sicherzustellen, was bislang oftmals an der bloßen Rahmenkompetenz des Bundes und dem Erfordernis weiterer landesgesetzlicher Regelungen scheiterte[163] Dies könnte insbesondere im Bereich der umsetzungsbedürftigen Richtlinienvorgaben, die ja nicht unmittelbar die Bundesländer, sondern die Mitgliedstaaten und damit den Bund verpflichten, eine **automatische Transformation** des Unionsrechts in abweichungsfeste allgemeine Grundsätze i.S.d. Art. 72 Abs. 3 Satz 1 Nr. 2 GG sinnvoll erscheinen lassen.

58 Allerdings dürfte der Föderalismusreform kein solches Konzept zu Grunde liegen. Die bundesweite Regelung abweichungsfester allgemeiner Grundsätze des Naturschutzes hat den Zweck, ein Mindestmaß an Gemeinsamkeiten als Voraussetzung für ein sinnvolles Zusammenwirken von Bund und Ländern auch in den Bereichen zu garantieren, die gerade nicht durch europäisches Naturschutzrecht vorgegeben sind.[164] Das Konzept der Abweichungsgesetzgebung geht daher nicht davon aus, dass unionsrechtliche Vorgaben automatisch zu den abweichungsfesten Kernen gehören.[165] Anderenfalls wäre auch die Diskussion um die Unionsrechtskonformität der Abweichungsgesetzgebung (vgl. hierzu die Nachw. bei Rn. 19) nicht erklärlich. Neben diesem systematischen Argument können sich aber auch begrifflich nicht sämtliche unionsrechtliche Naturschutzvorgaben als allgemeine Grundsätze des Naturschutzes i.S.d. Art. 72 Abs. 3 Satz 1 Nr. 2 GG ansehen lassen. Das Europarecht stellt häufig gerade keine allgemein gefassten und konkretisierungsbedürftigen Vorgaben auf, sondern enthält umfassende und sehr ins Detail gehende Regelungen. Daher ist eine pauschale Subsumtion der unionsrechtlichen Naturschutzvorgaben unter die allgemeinen Grundsätze des Naturschutzes i.S.d. Art. 72 Abs. 3 Satz 1 Nr. 2 GG auch nach ihrer Begriffsdefinition nicht möglich.

59 Verstoßen die Länder bei der Umsetzung des Europarechts gegen unionsrechtliche Naturschutzvorgaben, wird daher wie folgt zu unterscheiden sein: Soweit der Bund die betreffenden Vorgaben durch die Regelung von allge-

---

162 *Schulze-Fielitz*, NVwZ 2007, 249 (257).

163 Vgl. BT-Drs. 16/813, S. 11; *Gerstenberg*, Föderalismusreform, S. 248; *Kloepfer*, in: FS Scholz S. 652; *Meßerschmidt*, UPR 2008, 361 (366); *Hendrischke*, NuR 2007, 454 (456); *Koch/Krohn*, NuR 2006, 673 (675); *Frenz*, NVwZ 2006, 742 (743, 746).

164 *Hendrischke*, NuR 2007, 454 (458).

165 Vgl. BT-Drs. 16/813, S. 11; *Rossi*, in: FS Kloepfer, S. 104; *Kloepfer*, ZG 2006, 250 (262); *ders.*, in: FS Scholz, S. 661 ff.; *Meyer*, Föderalismusreform, S. 176.

meinen Grundsätzen des Naturschutzes, Vorschriften zum Artenschutz oder Meeresnaturschutz i.S.d. Art. 72 Abs. 3 Satz 1 Nr. 2 GG umgesetzt hat, wären hiervon abweichende Landesregelungen mangels Abweichungskompetenz verfassungswidrig. Im Übrigen kann nicht von einer pauschalen Transformation sämtlicher unionsrechtlicher Naturschutzvorgaben in allgemeine Grundsätze des Naturschutzes i.S.d. Art. 72 Abs. 3 Satz 1 Nr. 2 GG ausgegangen werden, sodass sich insoweit eine Verfassungswidrigkeit unionsrechtswidriger Landesregelungen wie bislang nur aufgrund eines Verstoßes gegen den Grundsatz der **Bundestreue** ergeben kann.[166]

§ 9
Aufgaben und Inhalte der Landschaftsplanung;
Ermächtigung zum Erlass von Rechtsverordnungen*)

(1) Die Landschaftsplanung hat die Aufgabe, die Ziele des Naturschutzes und der Landschaftspflege für den jeweiligen Planungsraum zu konkretisieren und die Erfordernisse und Maßnahmen zur Verwirklichung dieser Ziele auch für die Planungen und Verwaltungsverfahren aufzuzeigen, deren Entscheidungen sich auf Natur und Landschaft im Planungsraum auswirken können.

(2) Inhalte der Landschaftsplanung sind die Darstellung und Begründung der konkretisierten Ziele des Naturschutzes und der Landschaftspflege und der ihrer Verwirklichung dienenden Erfordernisse und Maßnahmen. Darstellung und Begründung erfolgen nach Maßgabe der §§ 10 und 11 in Landschaftsprogrammen, Landschaftsrahmenplänen, Landschaftsplänen sowie Grünordnungsplänen.

(3) Die Pläne sollen Angaben enthalten über

1. den vorhandenen und den zu erwartenden Zustand von Natur und Landschaft,

2. die konkretisierten Ziele des Naturschutzes und der Landschaftspflege,

3. die Beurteilung des vorhandenen und zu erwartenden Zustands von Natur und Landschaft nach Maßgabe dieser Ziele einschließlich der sich daraus ergebenden Konflikte,

4. die Erfordernisse und Maßnahmen zur Umsetzung der konkretisierten Ziele des Naturschutzes und der Landschaftspflege, insbesondere

   a) zur Vermeidung, Minderung oder Beseitigung von Beeinträchtigungen von Natur und Landschaft,

---

166 Vgl. *Fischer-Hüftle*, NuR 2007, 78 (80); *Köck/Wolf*, NVwZ 2008, 353 (356); *Schulze-Fielitz*, NVwZ 2007, 249 (254).

*) Beachte bei:
§ 9: **Berlin** – Abweichung durch § 7 NatSchG Bln v. 29. 05. 2013 (GVBl. Berlin, S. 140) m.W.v. 09. 06. 2013 (vgl. BGBl. 2013, S. 2829).
§ 9 Abs. 2 Satz 2: **Schleswig-Holstein** – Abweichung durch § 5 Abs. 1 LNatSchG SH v. 24. 02. 2010 (GVOBl. Schl.-H. S. 301) m.W.v. 01. 03. 2010 (vgl. BGBl. I 2010, S. 450).

b) zum Schutz bestimmter Teile von Natur und Landschaft im Sinne des Kapitels 4 sowie der Biotope, Lebensgemeinschaften und Lebensstätten der Tiere und Pflanzen wild lebender Arten,

c) auf Flächen, die wegen ihres Zustands, ihrer Lage oder ihrer natürlichen Entwicklungsmöglichkeit für künftige Maßnahmen des Naturschutzes und der Landschaftspflege, insbesondere zur Kompensation von Eingriffen in Natur und Landschaft sowie zum Einsatz natur- und landschaftsbezogener Fördermittel besonders geeignet sind,

d) zum Aufbau und Schutz eines Biotopverbunds, der Biotopvernetzung und des Netzes „Natura 2000",

e) zum Schutz, zur Qualitätsverbesserung und zur Regeneration von Böden, Gewässern, Luft und Klima,

f) zur Erhaltung und Entwicklung von Vielfalt, Eigenart und Schönheit sowie des Erholungswertes von Natur und Landschaft,

g) zur Erhaltung und Entwicklung von Freiräumen im besiedelten und unbesiedelten Bereich.

Auf die Verwertbarkeit der Darstellungen der Landschaftsplanung für die Raumordnungspläne und Bauleitpläne ist Rücksicht zu nehmen. Das Bundesministerium für Umwelt, Naturschutz, Bau und Reaktorsicherheit wird ermächtigt, durch Rechtsverordnung mit Zustimmung des Bundesrates die für die Darstellung der Inhalte zu verwendenden Planzeichen zu regeln.

(4) Die Landschaftsplanung ist fortzuschreiben, sobald und soweit dies im Hinblick auf Erfordernisse und Maßnahmen im Sinne des Absatzes 3 Satz 1 Nummer 4 erforderlich ist, insbesondere weil wesentliche Veränderungen von Natur und Landschaft im Planungsraum eingetreten, vorgesehen oder zu erwarten sind. Die Fortschreibung kann als sachlicher oder räumlicher Teilplan erfolgen, sofern die Umstände, die die Fortschreibung begründen, sachlich oder räumlich begrenzt sind.

(5) In Planungen und Verwaltungsverfahren sind die Inhalte der Landschaftsplanung zu berücksichtigen. Insbesondere sind die Inhalte der Landschaftsplanung für die Beurteilung der Umweltverträglichkeit und der Verträglichkeit im Sinne des § 34 Absatz 1 dieses Gesetzes sowie bei der Aufstellung der Maßnahmenprogramme im Sinne der §§ 45h und 82 des Wasserhaushaltsgesetzes heranzuziehen. Soweit den Inhalten der Landschaftsplanung in den Entscheidungen nicht Rechnung getragen werden kann, ist dies zu begründen.

Inhaltsübersicht

I. Überblick

§ 9 ist die zentrale Vorschrift des Kap. 2 und daher für die Praxis der Land- 1
schaftsplanung von maßgeblicher Bedeutung. Die Norm bestimmt Aufgaben
und Inhalte der Landschaftsplanung und regelt, welche Angaben Landschaftsplanungen im Einzelnen enthalten müssen. Der Charakter der Landschaftsplanung als Naturschutzfachplanung tritt so deutlich hervor. Darüber
hinaus kommt in § 9 aber auch die zweite Funktion der Landschaftsplanung
als querschnittsorientierte Fachplanung zum Ausdruck, indem geregelt wird,
dass auf die Verwertbarkeit der Darstellungen der Landschaftsplanung für
die Raumordnungspläne und Bauleitpläne Rücksicht zu nehmen ist und die
Inhalte der Landschaftsplanung in anderen Planungen und Verwaltungsverfahren zu berücksichtigen sind.

2 Gemäß Abs. 1 hat die Landschaftsplanung die Aufgabe, die Ziele des Naturschutzes und der Landschaftspflege für den jeweiligen Planungsraum zu konkretisieren und die Erfordernisse und Maßnahmen zur Verwirklichung dieser Ziele aufzuzeigen. Inhalt der Landschaftsplanung ist gemäß Abs. 2 die Darstellung und Begründung der konkretisierten Ziele und der ihrer Verwirklichung dienenden Erfordernisse und Maßnahmen.

3 Welche Angaben die hierfür aufzustellenden Pläne und Programme enthalten sollen, ist Abs. 3 Satz 1 zu entnehmen. Gemäß Abs. 3 Satz 1 Nr. 1 sind zunächst der vorhandene und der zu erwartende Zustand von Natur und Landschaft darzustellen und gemäß Abs. 3 Satz 1 Nr. 2 darauf aufbauend die konkretisierten Ziele des Naturschutzes und der Landschaftspflege. Anschließend hat nach Maßgabe dieser Ziele eine Beurteilung des vorhandenen und des zu erwartenden Zustands von Natur und Landschaft einschließlich der sich daraus ergebenden Konflikte zu erfolgen (Abs. 3 Satz 1 Nr. 3). Schließlich müssen gemäß Abs. 3 Satz 1 Nr. 4 die Erfordernisse und Maßnahmen zur Umsetzung der konkretisierten Ziele des Naturschutzes und der Landschaftspflege angegeben werden, wobei in lit. a)–g) im Einzelnen geregelt wird, zu welchen Punkten insbesondere Stellung zu nehmen ist.

4 Abs. 3 Satz 2 weist auf das Erfordernis der Verwertbarkeit der Darstellungen der Landschaftsplanungen für die Raumordnungspläne und Bauleitpläne hin. Zur Erreichung dieses Ziels wird nunmehr gemäß Abs. 3 Satz 3 das Bundesministerium für Umwelt, Naturschutz und Reaktorsicherheit ermächtigt, durch Rechtsverordnung mit Zustimmung des Bundesrates die für die Darstellung der Inhalte der Landschaftsplanung zu verwendenden Planzeichen zu regeln.

5 Abs. 4 enthält – in Erweiterung zum bisherigen Recht – für sämtliche Ebenen der Landschaftsplanung eine Pflicht zur Fortschreibung, sobald und soweit dies erforderlich ist. Abs. 5 ist Ausdruck des Querschnittscharakters der Landschaftsplanung und bestimmt, dass in anderen Planungen und Verwaltungsverfahren die Inhalte der Landschaftsplanung zu berücksichtigen sind und hebt dabei als Regelbeispiele einige besondere umweltbezogene Prüfungen hervor.

II. Aufgaben der Landschaftsplanung (Abs. 1)

1. Allgemeines

6 Abs. 1 regelt die Aufgabe der Landschaftsplanung und entspricht im Wesentlichen § 13 Abs. 1 BNatSchG a.F. Die Neuregelung bringt jedoch mit der nunmehr vorrangigen Betonung der Aufgabe der Zielkonkretisierung deutlicher als bisher zum Ausdruck, dass es in der Landschaftsplanung zum einen um die Konkretisierung der Ziele von Naturschutz und Landschaftspflege und zum anderen um die Planung und Darstellung von Erfordernissen und Maßnahmen des Naturschutzes und der Landschaftspflege geht.[1]

---

1 BR-Drs. 278/09, S. 172; BT-Drs. 16/12274, S. 54.

2. Zielkonkretisierung

Die in Abs. 1 geregelte Aufgabe der **Zielkonkretisierung** trägt dem Umstand 7
Rechnung, dass die Ziele des § 1 naturgemäß ein hohes Abstraktionsniveau
haben und daher eine Notwendigkeit besteht, die Ziele für den jeweiligen
Planungsraum „herunterzubrechen".[2] Die Aufgabe der Landschaftsplanung
liegt darin, die abstrakten Aussagen des § 1 mit Blick auf die konkrete Pla-
nungssituation und unter Auflösung etwaiger naturschutzinterner Konflikte
derart zu konkretisieren, dass für den jeweiligen Planungsraum „maßge-
schneiderte Ziele"[3] verfügbar sind, die über den dort jeweils angestrebten
Zustand von Natur und Landschaft Auskunft geben.[4]

3. Erfordernisse und Maßnahmen

Gemäß Abs. 1 hat die Landschaftsplanung ferner die Aufgabe, die **Erforder-** 8
nisse und Maßnahmen festzulegen, die im jeweiligen Planungsraum zur Umsetzung der konkretisierten Ziele des Naturschutzes und der Landschaftspflege erforderlich sind. Für die Praxis ist die Festlegung der Erfordernisse und
Maßnahmen von entscheidender Bedeutung, da hiermit die weiteren praktischen Schritte zur Erreichung der konkretisierten Ziele formuliert werden.

Die Unterscheidung der in § 8 ff. nicht näher spezifizierten Begriffe „Erfor- 9
dernisse und Maßnahmen" ergibt sich aus der **Doppelfunktion** (vgl. hierzu
§ 8 Rn. 6 ff.) der Landschaftsplanung als Naturschutzfachplanung und querschnittsorientierte Planung. Als naturschutzrechtliche Fachplanung formuliert sie Maßnahmen, die auf den Schutz, die Pflege, die Entwicklung und
die Wiederherstellung von Natur und Landschaft zur Verwirklichung der im
jeweiligen Planungsraum verfolgten Naturschutzziele durch die Instrumente
und Behörden des Naturschutzes gerichtet sind.[5] Dies können beispielsweise
raumbezogene Schutzmaßnahmen (z.B. Unterschutzstellung von Gebieten),
Maßnahmen des Biotop- und Artenschutzes oder Infrastrukturmaßnahmen
zur Sicherung oder Verbesserung der Erholung sein.[6]

Dagegen bezieht sich der Begriff der Erfordernisse auf die Querschnittsfunk- 10
tion der Landschaftsplanung, wo sie aufgrund der Kompetenzverteilung
keine konkreten Maßnahmen aufstellen, sondern bloß Erfordernisse formulieren kann. In Anlehnung an § 3 Abs. 1 Nr. 1 ROG werden daher unter
Erfordernissen sämtliche Anforderungen verstanden, die aus Sicht des Naturschutzes und der Landschaftspflege an andere öffentliche Stellen und Pla-

---

2 Vgl. *Gellermann*, in: Landmann/Rohmer, Umweltrecht, 56. EL 2009, § 14 BNatSchG
   Rn. 9; *Gassner*, in: Gassner/Bendomir-Kahlo/Schmidt-Räntsch, BNatSchG, § 14 Rn. 10;
   Heugel, in: Schlacke (Hrsg.), GK-BNatSchG, § 9 Rn. 4.

3 *Gassner*, in: Gassner/Bendomir-Kahlo/Schmidt-Räntsch, BNatSchG, § 14 Rn. 10; *Gassner/
   Heugel*, Das neue Naturschutzrecht, Rn. 207.

4 *Gellermann*, in: Landmann/Rohmer, Umweltrecht, 56. EL. 2009, § 14 BNatSchG Rn. 9.

5 *Louis/Engelke*, BNatSchG, § 5 Rn. 2; *Marzik/Wilrich*, BNatSchG, § 13 Rn. 9; *Lorz/Konrad/
   Mühlbauer/Müller-Walter/Stöckel*, Naturschutzrecht, § 9 BNatSchG Rn. 8; *Gellermann*,
   in: Landmann/Rohmer, Umweltrecht, 56. EL. 2009, § 13 BNatSchG Rn. 8.

6 *Schumacher/Schumacher*, in: Schumacher/Fischer-Hüftle, BNatSchG, § 9 Rn. 6; *Gellermann*, in: Landmann/Rohmer, Umweltrecht, 56. EL. 2009, § 13 BNatSchG Rn. 8.

nungsträger zu stellen sind, deren Planungen und Maßnahmen Belange des Naturschutzes und der Landschaftspflege berühren können.[7] Die konkreten Maßnahmen werden dann jeweils erst durch die zuständige Behörde nach Abwägung mit den anderen einschlägigen Belangen bestimmt.[8]

4. Bezug zu anderen Planungen

11 In Abs. 1 wird ferner die Aufgabe der Landschaftsplanung herausgestellt, die Ziele des § 1 und die Erfordernisse und Maßnahmen zur Verwirklichung dieser Ziele auch für Planungen und Verwaltungsverfahren aufzuzeigen, deren Entscheidungen sich auf Natur und Landschaft im Planungsraum auswirken können. Damit wird dem querschnittsbezogenen Charakter der Landschaftsplanung bereits bei der Definition ihrer Aufgabenstellung Rechnung getragen und herausgestellt, dass die Landschaftsplanung maßgebliche Beiträge zur gesamträumlichen Planung, für andere Fachplanungen und sonstige Verwaltungsverfahren mit Auswirkungen auf Natur und Landschaft liefern kann.[9] Dies gilt für sämtliche **außernaturschutzrechtlichen Fachplanungen**, die tendenziell mit Naturschutzbelangen in Kontakt geraten. Beispiele sind neben der räumlichen Gesamtplanung und den Bauleitplanungen die Verkehrswegeplanungen, die Flurbereinigung oder Planfeststellungen.[10] Die im Rahmen der Landschaftsplanung aufgestellten naturschutzrechtlichen Fachpläne enthalten die aus Sicht des Naturschutzes notwendigen Anforderungen an den jeweiligen Planungsraum und bieten daher für die anderen Planungen und Verwaltungsverfahren eine Grundlage, die eine Berücksichtigung der Belange von Naturschutz und Landschaftspflege erlaubt bzw. eine Abwägung der verschiedenen Planungsziele ermöglicht.[11]

III. Inhalte der Landschaftsplanung (Abs. 2)

1. Allgemeines

12 Abs. 2 normiert die Inhalte der Landschaftsplanung und entspricht im Wesentlichen § 14 Abs. 1 Satz 1 BNatSchG a.F. Die Regelung stellt nur sehr allgemein gehaltene Vorgaben zum Inhalt der Landschaftsplanung auf und wird durch Abs. 3 näher konkretisiert. Zusammen mit Abs. 3 werden umfassende inhaltliche Anforderungen an Landschaftsplanungen geregelt und damit die Grundlage für eine sachlich vereinheitlichte und effektive Landschaftsplanung geschaffen.[12]

---

7 *Gellermann*, in: Landmann/Rohmer, Umweltrecht, 56. EL. 2009, § 13 BNatSchG Rn. 8; *Louis/Engelke*, BNatSchG, § 5 Rn. 2; *Lorz/Konrad/Mühlbauer/Müller-Walter/Stöckel*, Naturschutzrecht, § 9 BNatSchG Rn. 8; *Mengel*, in: Lütkes/Ewer, BNatSchG, § 9 Rn. 6, 11.

8 *Marzik/Wilrich*, BNatSchG, § 13 Rn. 9; *Gassner/Heugel*, Das neue Naturschutzrecht, Rn. 209.

9 *Gellermann*, in: Landmann/Rohmer, Umweltrecht, 56. EL. 2009, § 13 BNatSchG Rn. 7; *Meßerschmidt*, Bundesnaturschutzrecht, § 9 BNatSchG Rn. 19; *Marzik/Wilrich*, BNatSchG, § 13 Rn. 6.

10 *Meßerschmidt*, Bundesnaturschutzrecht, § 9 BNatSchG Rn. 19.

11 *Schumacher/Schumacher*, in: Schumacher/Fischer-Hüftle, BNatSchG, § 9 Rn. 8.

12 *Schumacher/Schumacher*, in: Schumacher/Fischer-Hüftle, BNatSchG § 9Rn. 3 f.

2. Darstellung und Begründung

Inhalte der Landschaftsplanung sind nach Abs. 2 Satz 1 die Darstellung und   13
Begründung der konkretisierten Ziele des Naturschutzes und der Land-
schaftspflege und der ihrer Verwirklichung dienenden Erfordernisse und
Maßnahmen.

Die Darstellung erfolgt durch Text und Karten, wobei im Textteil die Ergeb-   14
nisse der einzelnen Bestandteile der Landschaftsplanung zu dokumentieren
sind.[13] Maßgeblich ist ein der jeweiligen Planungsstufe angemessener Detaillierungsgrad. Während die überörtlichen Planwerke programmatische
und großräumige Aussagen enthalten, kann bei der örtlichen Landschaftsplanung eine detaillierte und parzellengenaue Darstellung erfolgen.[14]

Die Begründung hat insbesondere die Aufgabe, die Zielkonkretisierungen   15
für den Planungsraum zu erläutern, die Ableitung der dargestellten Erfordernisse und Maßnahmen zu verdeutlichen und darzustellen, auf welche Art
und Weise sie zur Erreichung der konkretisierten Ziele beitragen sollen.[15]
Der Überzeugungskraft der Begründungen kommt im Hinblick auf die querschnittsorientierte Aufgabe der Landschaftsplanung maßgebliche Bedeutung
für ihren Einfluss auf andere Planungen und Verwaltungsverfahren zu, sodass insoweit besondere Sorgfalt aufgewandt werden sollte.[16]

Wenn aus dem engen Zusammenhang zwischen Darstellung und Begrün-   16
dung gefolgert wird, dass die Landschaftsplanung ihre Aussagen stets zunächst als eigenständiges, in sich geschlossenes Fachplanungswerk erstellen
müsse[17], ist dies zwar naturschutzfachlich überzeugend, jedoch nicht rechtlich zwingend.[18] Vielmehr kommt es maßgeblich auf die jeweiligen landesrechtlichen Zuständigkeits- und Verfahrensregelungen und v.a. die Qualität
der Pläne und Naturschutzfachbeiträge an (näher § 10 Rn. 33).

3. Planungsraum

In räumlicher Hinsicht erstreckt sich der Inhalt der Landschaftsplanung je-   17
weils auf einen bestimmten Planungsraum. Daher bestimmt Abs. 2 Satz 2, dass
die Darstellung und Begründung der konkretisierten Ziele des Naturschutzes
und der Landschaftspflege und der ihrer Verwirklichung dienenden Erfordernisse und Maßnahmen nach Maßgabe der §§ 10, 11 und in Abhängigkeit vom
jeweiligen Planungsraum in Landschaftsprogrammen, Landschaftsrahmenplä-

---

13 *Louis/Engelke*, BNatSchG, § 6 Rn. 4; *Gellermann*, in: Landmann/Rohmer, Umweltrecht,
   56. EL. 2009, § 13 BNatSchG Rn. 9; *Mengel,* in: Lütkes/Ewer, BNatSchG; § 9 Rn. 20.
14 Vgl. *Heugel,* in: Schlacke (Hrsg.), GK-BNatSchG, § 9 Rn. 7
15 *Gellermann*, in: Landmann/Rohmer, Umweltrecht, 56. EL. 2009, § 13 BNatSchG Rn. 9;
   Schumacher/Schumacher, in: Schumacher/Fischer-Hüftle, BNatSchG, § 9 Rn. 10; *Meßer-*
   schmidt, Bundesnaturschutzrecht, § 9 BNatSchG Rn. 36.
16 *Gellermann*, in: Landmann/Rohmer, Umweltrecht, 56. EL. 2009, § 13 BNatSchG Rn. 9.
17 *Marzik/Wilrich*, BNatSchG, § 13 Rn. 5 f.; *Gassner*, in: Gassner/Bendomir-Kahlo/Schmidt-
   Räntsch, BNatSchG, § 13 Rn. 12, § 14 Rn. 5; *Schumacher/Schumacher*, in: Schumacher/
   Fischer-Hüftle, BNatSchG, § 9 Rn. 10; *Gellermann*, in: Landmann/Rohmer, Umweltrecht,
   56. EL. 2009, § 13 BNatSchG Rn. 10.
18 *Meßerschmidt*, Bundesnaturschutzrecht, § 9 BNatSchG Rn. 28.

nen, Landschaftsplänen und (in der bundesrechtlichen Regelung neu) Grün-ordnungsplänen zu erfolgen hat. Durch diese Ausgestaltung der Landschafts-planung in bewusster **Parallele zur gesamträumlichen Planung** (hochstufige Landesplanung, Regionalplanung und Bauleitplanung) wird sichergestellt, dass die Inhalte der Landschaftsplanung so weit als möglich in anderen Pla-nungen und Verwaltungsverfahren Eingang finden.

III. Erforderliche inhaltliche Angaben (Abs. 3 Satz 1)

1. Allgemeines

18 Abs. 3 Satz 1 regelt im Detail die Inhalte der Landschaftsplanung und ent-spricht im Wesentlichen dem Katalog des § 14 Abs. 1 Satz 2 BNatSchG a.F., der sprachlich präzisiert und v.a. um die Regelung des Abs. 3 Satz 1 Nr. 4g) zur Erhaltung und Entwicklung von Freiräumen erweitert wurde.[19]

19 Die Landschaftsplanung muss alle Schutzgüter in ihrem komplexen Zusam-menspiel ermitteln, beschreiben und bewerten. Die Reihenfolge der gemäß Abs. 3 Satz 1 Nr. 1–4 aufzunehmenden Angaben entspricht dabei der Vorge-hensweise bei der Planerstellung:[20] Als erstes erfolgt eine Zustandsanalyse (Nr. 1), die dann als Grundlage für die Entwicklung von konkretisierten Zie-len (Nr. 2) dient. Anhand dieser konkretisierten Ziele wird der vorhandene und zu erwartende Zustand beurteilt (Nr. 3) und werden schließlich die ge-nauen Erfordernisse und Maßnahmen (Nr. 4) abgeleitet.

20 Aufgrund der Verwendung des Wortes „sollen" darf von den Mindestangaben des Abs. 3 Satz 1 nur im Ausnahmefall und aus wichtigem Grund abgewichen werden. Dies ist z.B. denkbar, wenn aufgrund der naturräumlichen Struktur der überplanten Landschaft bestimmte Mindestinhalte nicht sinnvoll geplant werden können.[21] Für die örtliche Ebene bestimmt § 11 Abs. 1 Satz 3, dass die Anforderungen des § 9 Abs. 3 nur insoweit erforderlich sind, als dies für die Darstellung der für die örtliche Ebene konkretisierten Ziele, Erfordernisse und Maßnahmen erforderlich ist (hierzu noch näher unten § 11 Rn. 11 f.).

21 Die in Abs. 3 Satz 1 aufgestellten Anforderungen waren gemäß der Vorgän-gerregelung des § 14 Abs. 1 Satz 2 BNatSchG a.F. kein bloßer Vorschlags-katalog, sondern verbindliche Mindestangaben, um eine bundesweit ein-heitliche und effektive Landschaftsplanung zu gewährleisten.[22] Die Länder hatten lediglich die Möglichkeit, den Katalog inhaltlich zu ergänzen und zu erweitern, jedoch nicht, ihn einzuschränken.[23] Ob dies auch noch nach der

---

19 BR-Drs. 278/09, S. 172 f.; BT-Drs. 16/12274, S. 54 f.

20 *Schumacher/Schumacher*, in: Schumacher/Fischer-Hüftle, BNatSchG, § 9 Rn. 16.

21 *Lorz/Konrad/Mühlbauer/Müller-Walter/Stöckel*, Naturschutzrecht, § 9 BNatSchG Rn. 9; *Gellermann*, in: Landmann/Rohmer, Umweltrecht, 56. EL. 2009, § 14 BNatSchG Rn. 6; *Heugel*, in: Schlacke (Hrsg.), GK-BNatSchG, 2012, § 9 Rn. 10.

22 *Lorz/Konrad/Mühlbauer/Müller-Walter/Stöckel*, Naturschutzrecht, § 9 BNatSchG Rn. 7; *Gellermann*, in: Landmann/Rohmer, Umweltrecht, 56. EL. 2009, § 14 BNatSchG Rn. 6; *Meßerschmidt*, Bundesnaturschutzrecht, § 9 BNatSchG Rn. 31.

23 *Schumacher/Schumacher*, in: Schumacher/Fischer-Hüftle, BNatSchG, 1. Aufl. 2003, § 14 Rn. 1 f.; *Gassner*, in: Gassner/Bendomir-Kahlo/Schmidt-Räntsch, BNatSchG, § 13 Rn. 15.

Neuregelung gilt, ist fraglich und hängt davon ab, ob man die Mindestinhalte des Abs. 3 Satz 1 als allgemeine Grundsätze des Naturschutzes i.S.d. Art. 72 Abs. 3 Satz 1 Nr. 2 GG ansieht. Zwar dürfte der Katalog des Abs. 3 Satz 1 einen wichtigen Mindeststandard enthalten, um der sektoralen und querschnittsorientierten Aufgabe der Landschaftsplanung Rechnung zu tragen und ein bruchloses Ineinandergreifen der verschiedenen Ebenen der Landschaftsplanung und der Landschaftspläne aneinander angrenzender Länder zu gewährleisten.[24] Insofern haben die Mindestangaben des Abs. 3 Satz 1 für die Landschaftsplanung maßgebliche Bedeutung. Allerdings gehen sie sehr ins Detail, was über allgemeine Grundsätze des Naturschutzes i.S.d. Art. 72 Abs. 3 Satz 1 Nr. 2 GG hinausgehen könnte. (Siehe zu dem Streit um den Konkretisierungsgrad allgemeiner Grundsätze des Naturschutzes oben § 8 Rn. 19.) Zudem ist der Katalog der Mindestangaben des § 9 Abs. 3 Satz 1 für die örtliche Ebene nunmehr gemäß § 11 Abs. 1 Satz 3 relativiert (zur diesbez. Kritik siehe § 11 Rn. 12), was ihre Einstufung als allgemeine Grundsätze des Naturschutzes ebenfalls zweifelhaft erscheinen lässt.

2. Zustand von Natur und Landschaft (Nr. 1)

Gemäß Nr. 1 sind in den Landschaftsplanungen Angaben zum vorhandenen und zu erwartenden Zustand von Natur und Landschaft aufzunehmen. Hintergrund ist, dass jede Planung die Kenntnis der Ausgangslage voraussetzt. Daher muss als Grundlage aller weiteren Planungsschritte zunächst eine **Bestandsaufnahme** zum vorhandenen Zustand von Natur und Landschaft im jeweiligen Planungsraum erfolgen. Hierzu sind alle planungsrelevanten Daten in aussagekräftiger Qualität und Quantität aufzunehmen.[25] Im Mittelpunkt steht die Erfassung der Naturraumpotenziale unter den Aspekten der Leistungsfähigkeit, Wertigkeit, Empfindlichkeit und ökologischer Konflikte.[26] Die Erhebung der Daten erfolgt schutzgutbezogen und umfasst insbesondere Tier- und Pflanzenwelt, Boden, Wasser, Klima, Luft, Landschaftsbild sowie die zwischen Ihnen bestehende Wirkungsgefüge.[27] Hinzu kommt die Erfassung schutzwürdiger Flächen, der Flächennutzung sowie etwaiger Landschaftsschäden.[28] Dabei kann die Landschaftsplanung auch auf Biotoptypen- und Flächennutzungskartierungen sowie die Ergebnisse der Umweltbeobachtung (§ 6) zurückgreifen, die jedoch regelmäßig der Ergänzung bedürfen.[29]

22

---

24 Vgl. BT-Drs. 14/6378, S. 43; *Gellermann*, in: Landmann/Rohmer, Umweltrecht, 56. EL. 2009, § 14 BNatSchG Rn. 2.

25 *Schumacher/Schumacher*, in: Schumacher/Fischer-Hüftle, BNatSchG, § 9 Rn. 17; *Mengel*, in: Lütkes/Ewer, BNatSchG, § 9 Rn. 25.

26 *Meßerschmidt*, Bundesnaturschutzrecht, § 9 BNatSchG Rn. 35; *Schumacher/Schumacher*, in: Schumacher/Fischer-Hüftle, BNatSchG, § 9 Rn. 17.

27 *Gellermann*, in: Landmann/Rohmer, Umweltrecht, 56. EL. 2009, § 14 BNatSchG Rn. 8; *Schumacher/Schumacher*, in: Schumacher/Fischer-Hüftle, BNatSchG, § 9 Rn. 17.

28 *Gellermann*, in: Landmann/Rohmer, Umweltrecht, 56. EL. 2009, § 14 BNatSchG Rn. 8.

29 *Meßerschmidt*, Bundesnaturschutzrecht, § 9 BNatSchG Rn. 35; *Gassner*, in: Gassner/Bendomir-Kahlo/Schmidt-Räntsch, BNatSchG, § 14 Rn. 9; *Mengel*, in: Lütkes/Ewer, BNatSchG, § 9 Rn. 27.

23 Neben dem Ist-Zustand ist auch der zu erwartende Zustand von Natur und Landschaft darzustellen. Andernfalls könnte die Landschaftsplanung keine sachgerechten und realitätsbezogenen Aussagen treffen und ihrer Funktion, Naturschutz und Landschaftspflege planungsbezogen zu verwirklichen, nicht hinreichend Rechnung tragen.[30] Insoweit ist eine Prognose über die weiteren Entwicklungen und absehbaren Zustandsveränderungen im Planungsraum erforderlich, die sich aufgrund bereits vorhandener oder absehbarer Raumnutzungen bzw. durch geplante Vorhaben oder Maßnahmen ergeben können.[31] Wenn Zustandsveränderungen nach Abschluss der Landschaftsplanung tatsächlich eintreten, besteht unter den Voraussetzungen des § 9 Abs. 4 eine Fortschreibungspflicht.

3. Konkretisierung der Ziele des Naturschutzes und der Landschaftspflege (Nr. 2)

24 Gemäß Nr. 2 sollen die Pläne Angaben zu den für den jeweiligen Planungsraum konkretisierten Zielen des Naturschutzes und der Landschaftspflege enthalten. Auf Basis der Zustandsermittlung (Nr. 1) erfolgt als nächster Schritt die Erarbeitung einer konkreten Zielsetzung für das Planungsgebiet (Nr. 2). Dabei geht es darum, die nach § 2 Abs. 3 erforderliche Abwägung zu leisten bzw. vorzubereiten,[32] was nicht nur die Erarbeitung einzelner Planungsziele, sondern einer in sich **schlüssigen Zielkonzeption** erfordert, die auch etwaige naturschutzinterne Konflikte berücksichtigt.[33]

25 Die Konkretisierung erfolgt üblicherweise durch Erstellen eines **Leitbilds**, welches Entwicklungsziele von Natur und Landschaft im jeweiligen Planungsraum festlegt, und über die Formulierung handlungsorientierter Leitlinien, mit deren Hilfe dieses Leitbild verwirklicht werden soll.[34] Die Ziele, die im Sinne des Naturschutzes und der Landschaftspflege im jeweiligen Planungsraum vorrangig zu verfolgen sind, können aber auch in Form von ökologischen Eckwerten, Umweltqualitätszielen oder anderen Standards konkretisiert werden.[35]

26 Abhängig von der Planungsebene sind an die Detailgenauigkeit der Zielkonkretisierung unterschiedliche Anforderungen zu stellen. Während auf den oberen Planungsebenen naturgemäß nur eine eher grobe Zielkonkretisierung

---

30 BT-Drs. 14/6378, S. 45; *Gellermann*, in: Landmann/Rohmer, Umweltrecht, 56. EL. 2009, § 14 BNatSchG Rn. 8; *Meßerschmidt*, Bundesnaturschutzrecht, § 9 BNatSchG Rn. 37.

31 *Schumacher/Schumacher*, in: Schumacher/Fischer-Hüftle, BNatSchG, § 9 Rn. 18; *Gellermann*, in: Landmann/Rohmer, Umweltrecht, 56. EL. 2009, § 14 BNatSchG Rn. 8.

32 *Gassner/Heugel*, Das neue Naturschutzrecht, Rn. 207; *Lange*, in: Riedel/Lange, Landschaftsplanung, S. 112.

33 *Lange* in: Riedel/Lange, Landschaftsplanung, S. 112; *Schumacher/Schumacher*, in: Schumacher/Fischer-Hüftle, BNatSchG, § 9 Rn. 19; *Mengel*, in: Lütkes/Ewer, BNatSchG, § 9 Rn. 29, 31.

34 Näher *Lange* in: Riedel/Lange, Landschaftsplanung, S. 112 ff.

35 BT-Drs. 14/6378, S. 45; *Lange* in: Riedel/Lange, Landschaftsplanung, S. 112 ff.; *Gellermann*, in: Landmann/Rohmer, Umweltrecht, 56. EL. 2009, § 14 BNatSchG Rn. 9.

erfolgen kann, sind auf den unteren Planungsebenen feinmaschigere Aussagen erforderlich.[36] Dabei sind gemäß § 11 Abs. 1 die Zielsetzungen übergeordneter Planungsebenen auf unteren Planungsstufen zu berücksichtigen.

4. Zustands- und Konfliktbeurteilung (Nr. 3)

Auf Grundlage der für den Planungsraum konkretisierten Ziele sind in die Landschaftsplanung gemäß Nr. 3 Angaben zur Beurteilung des vorhandenen und zu erwartenden Zustands von Natur und Landschaft einschließlich der sich daraus ergebenden Konflikte aufzunehmen. Der Planungsschritt hat besonderes Gewicht, da es um einen Vergleich des bestehenden und prognostizierten Zustands mit dem auf Grundlage der Zielkonkretisierung angestrebten Zustand geht, damit der Handlungsbedarf ermittelt werden kann, der zur Realisierung der konkretisierten Ziele im Planungsraum erforderlich ist.[37] Die Ergebnisse können sowohl textlich als auch in einer Konfliktkarte dargestellt werden.[38]   **27**

Bei der Konfliktbeurteilung geht es um die sich aus der Zielkonkretisierung ergebenden naturschutzinternen Konflikte. Es muss ein innerfachlicher Abgleich zwischen den verschiedenen Anforderungen des Naturschutzes erfolgen, wobei insbesondere die Leistungsfähigkeit des Naturhaushalts und das Landschaftsbild zu bewerten sind.[39] Bei der Konkurrenz gegenläufiger naturschutzfachlicher Belange ist es gerade Aufgabe der Landschaftsplanung, ähnlich einer **„Clearingstelle"**[40] abzuwägen und zu entscheiden, wie die Ziele ausgewogen Berücksichtigung finden und welche vorrangig sind.[41]   **28**

Außer mit naturschutzinternen Zielkonflikten muss sich die Landschaftsplanung aber auch mit den zu erwartenden Konflikten zwischen den konkretisierten Naturschutzzielen und anderen raumbedeutsamen Planungen und Entscheidungen befassen. Der Landschaftsplanung kommt insoweit allerdings in erster Linie lediglich die Aufgabe zu, die bestehenden oder potenziellen Auswirkungen anderer Nutzungsansprüche auf Natur und Landschaft darzustellen und so Abwägungsmaterial für andere raumbedeutsame Planungen und Entscheidungen zu liefern.[42] Anders als bei den naturschutzinternen Zielkonflikten erfolgt innerhalb der Landschaftsplanung grundsätzlich keine Gesamtabwägung mit den Belangen anderer raumbedeutsamer Planungen und Entscheidungen, da andernfalls der Charakter der Landschaftsplanung als **sektorale Naturschutzfachplanung** verloren   **29**

---

36 *Meßerschmidt*, Bundesnaturschutzrecht, § 9 BNatSchG Rn. 36.

37 *Gellermann*, in: Landmann/Rohmer, Umweltrecht, 56. EL. 2009, § 14 BNatSchG Rn. 10;
    Schumacher/Schumacher, in: Schumacher/Fischer-Hüftle, BNatSchG, § 9 Rn. 22.

38 *Gassner*, in: Gassner/Bendomir-Kahlo/Schmidt-Räntsch, BNatSchG, § 14 Rn. 11.

39 *Lorz/Konrad/Mühlbauer/Müller-Walter/Stöckel*, Naturschutzrecht, § 9 BNatSchG Rn. 12.

40 *Gassner/Heugel*, Das neue Naturschutzrecht, Rn. 208.

41 *Schumacher/Schumacher*, in: Schumacher/Fischer-Hüftle, BNatSchG, § 9 Rn. 22.

42 *Schumacher/Schumacher*, in: Schumacher/Fischer-Hüftle, BNatSchG, § 9 Rn. 23.

ginge.[43] Diese Aufgabe kommt vielmehr erst den anderen Planungen und Verfahren zu, innerhalb derer die Inhalte der Landschaftsplanung zu berücksichtigen sind (vgl. § 9 Abs. 5, § 10 Abs. 3 und § 11 Abs. 3). Eine Ausnahme hiervon gilt allerdings hinsichtlich solcher Belange, die als Ziele, Grundsätze oder sonstige Erfordernisse der Raumordnung in Raumordnungsplänen aufgenommen sind. Diese Belange sind gemäß § 10 Abs. 1 Satz 2 und § 11 Abs. 1 Satz 2 in Landschaftsplanungen zu beachten bzw. zu berücksichtigen, wobei insbesondere hinsichtlich des Umfangs der Beachtlichkeit von Raumordnungszielen Streit besteht (siehe hierzu näher § 10 Rn. 19 ff. und § 11 Rn. 22).

5. Erfordernisse und Maßnahmen (Nr. 4)

a) Allgemeines

30 Nach Darstellung des Ist-Zustandes und des zukünftig voraussichtlich eintretenden Zustandes (Nr. 1) und des zur Erreichung des anzustrebenden Zustands (Nr. 2) erforderlichen Handlungsbedarfs (Nr. 3) werden im letzten Planungsschritt die zur Umsetzung der konkretisierten Ziele notwendigen Erfordernisse und Maßnahmen entwickelt (Nr. 4).[44] Es geht somit darum, den aufgrund von Naturschutzdefiziten ermittelten Handlungsbedarf in Handlungsempfehlungen umzusetzen.[45]

31 Der durch die Neuregelung sprachlich geringfügig geänderte und teilweise erweiterte Katalog unter Nr. 4a)–g) gibt die Bereiche an, für die insoweit landschaftsplanerische Aussagen zu erfolgen haben. Aufgrund der doppelten Zielstellung der Landschaftsplanung als sektorale Naturschutzfachplanung und Querschnittsplanung erstrecken sich die aufzuführenden Maßnahmen auf konkrete Handlungsempfehlungen an die für Naturschutz und Landschaftspflege zuständigen Behörden, während die Erfordernisse mit Blick auf die Querschnittsorientierung die Anforderungen enthalten, die aus Sicht des Naturschutzes und der Landschaftspflege für den jeweiligen Planungsraum an andere öffentliche Stellen und Planungsträger zu stellen sind (vgl. Rn. 8 ff.).

b) Beeinträchtigungen von Natur und Landschaft (Nr. 4a)

32 Nach Nr. 4a) sind in Landschaftsplanungen die Erfordernisse und Maßnahmen darzustellen, die zur Vermeidung, Minderung oder Beseitigung von Beeinträchtigungen von Natur und Landschaft notwendig sind. Insoweit ent-

---

43 Vgl. BT-Drs. 14/6378, S. 45; *Gellermann*, in: Landmann/Rohmer, Umweltrecht, 56. EL. 2009, § 15 BNatSchG Rn. 13; *Lorz/Konrad/Mühlbauer/Müller-Walter/Stöckel*, Naturschutzrecht, § 9 BNatSchG Rn. 12; *Schumacher/Schumacher*, in: Schumacher/Fischer-Hüftle, BNatSchG, § 9 Rn. 23; *Marzik/Wilrich*, BNatSchG, § 13 Rn. 5; *Meßerschmidt*, Bundesnaturschutzrecht, § 9 BNatSchG Rn. 37; differenzierend *Dreier*, in: Hoppenberg/de Witt, Baurecht, Ziff. E Rn. 99 ff.

44 BT-Drs. 14/6378, S. 45.

45 *Meßerschmidt*, Bundesnaturschutzrecht, § 9 BNatSchG Rn. 38; *Mengel*, in: Lütkes/Ewer, BNatSchG, § 9 Rn. 33.

hält die Vorschrift eine **„Planifizierung"**[46] **der Eingriffsregelung** (§§ 13 ff.), deren Anwendung durch eine sachgerechte Landschaftsplanung vorbereitet und erleichtert werden kann.

Die Landschaftsplanung hat einerseits die Aufgabe, Erfordernisse und Maß- 33 nahmen darzustellen, mit denen bereits vorhandene und in der Bestandsaufnahme festgestellte Schäden beseitigt oder zumindest abgemildert werden können.[47] Insofern kommen beispielsweise Sanierungen von Bodenverunreinigungen, Maßnahmen der Flächenentsiegelung oder der Wiederherstellung von Biotopen in Betracht.[48]

Darüber hinaus hat sich die Landschaftsplanung aber auch mit der Vermei- 34 dung, Minderung und Bewältigung von künftig erst noch zu erwartenden Beeinträchtigungen von Natur und Landschaft auseinanderzusetzen, wie sie v. a. durch anstehende Eingriffsplanungen und Genehmigungsvorhaben zu erwarten sind. Hier ist es Aufgabe der Landschaftsplanung, mit Blick auf ihre vorsorgeorientierte Ausrichtung frühzeitig Vorschläge und Konzepte zu erarbeiten, in welcher Art und Weise solche Beeinträchtigungen vermieden oder abgemildert bzw. welche Ausgleichs- und Ersatzmaßnahmen ergriffen werden können (vgl. § 15 Abs. 2 Satz 5).[49]

c) Schutzgebiete, Biotope, Lebensgemeinschaften und Lebensstätten (Nr. 4b)

Im Vergleich zu § 14 Abs. 1 BNatSchG a.F. wurde in Nr. 4b) wegen der ge- 35 änderten Biotop-Definition (§ 7 Abs. 2 Nr. 4) und der neu aufgenommene Lebensstätten-Definition (§ 7 Abs. 2 Nr. 5) eine sprachliche Präzisierung vorgenommen.[50]

Gemäß Nr. 4b) hat die Landschaftsplanung die notwendigen Erfordernisse 36 und Maßnahmen zum Schutz bestimmter Teile von Natur und Landschaft im Sinne des Kap. 4 sowie der Biotope, Lebensgemeinschaften und Lebensstätten der Tiere und Pflanzen wild lebender Arten darzustellen. Die Regelung ist damit das Verbindungselement zwischen der Landschaftsplanung und den Vorschriften über die besonders geschützten Teile von Natur und Landschaft (§§ 22 ff.), den Biotopschutz (§ 30) und den Artenschutz (§§ 37 ff.).

Mit Blick auf die besonders geschützten Teile von Natur und Landschaft ob- 37 liegt der Landschaftsplanung neben der Darstellung von Erfordernissen und Maßnahmen, die zum Schutz, zur Pflege und zur Entwicklung bestehender Schutzgebiete notwendig sind, auch die inhaltliche und konzeptionelle Vorbereitung potenzieller neuer Unterschutzstellungen.[51] Soweit ein Landschaftsplan eine verbindliche Unterschutzstellung vorbereitend darstellt,

---

46 *Wolf*, NuR 2001, 481 (490).
47 *Gellermann*, in: Landmann/Rohmer, Umweltrecht, 56. EL. 2009, § 14 BNatSchG Rn. 12; *Schumacher/Schumacher*, in: Schumacher/Fischer-Hüftle, BNatSchG, § 9 Rn. 26.
48 *Schumacher/Schumacher*, in: Schumacher/Fischer-Hüftle, BNatSchG, § 9 Rn. 27.
49 *Gellermann*, in: Landmann/Rohmer, Umweltrecht, 56. EL. 2009, § 14 BNatSchG Rn. 12.
50 BR-Drs. 278/09, S. 173; BT-Drs. 16/12274, S. 55.
51 *Schumacher/Schumacher*, in: Schumacher/Fischer-Hüftle, BNatSchG, § 9 Rn. 31.

sind bei seiner Aufstellung dieselben rechtlichen Schranken und Abwägungserfordernisse zu beachten wie bei der Unterschutzstellung selbst.[52]

38 Beim Arten- und Biotopschutz hat sich die Landschaftsplanung mit Fragen des Schutzes, der Pflege und der Entwicklung von im Planungsraum vorkommenden gesetzlich geschützten Biotopen zu befassen und Maßnahmekonzepte zu erarbeiten, die den Lebensgemeinschaften und Lebensstätten der Tiere und Pflanzen wild lebender Arten zugutekommen.[53] Hierzu muss die durchzuführende Landschaftsanalyse aussagekräftige Daten über Biotope, Flora und Fauna enthalten und sollte auch bereits bekannte Informationen über geschützte und gefährdete Arten anführen.[54] Aus Gründen der Verhältnismäßigkeit kann sich diese Analyse jedoch auf ausgewählte Biotope und Tier- und Pflanzenartengruppen beschränken.[55]

d) Flächen für künftige Maßnahmen des Naturschutzes und Landschaftspflegemaßnahmen (Nr. 4c)

39 Im Vergleich zu § 14 Abs. 1 Satz 2 Nr. 4c) BNatSchG a.F. wurde die Regelung in zweierlei Hinsicht geändert: Zum einen wurden die von der Vorschrift in Bezug genommenen künftigen Naturschutz- und Landschaftspflegemaßnahmen durch zwei Regelbeispiele konkretisiert. Zum anderen wurde der Biotopverbund aus systematischen Gründen Nr. 4d) zugeordnet.[56]

40 Nach Nr. 4c) hat die Landschaftsplanung Erfordernisse und Maßnahmen auf Flächen, die wegen ihres Zustandes, ihrer Lage oder ihrer natürlichen Entwicklungsmöglichkeit für künftige Maßnahmen des Naturschutzes oder der Landschaftspflege besonders geeignet sind, darzustellen. Hierdurch wird die Bedeutung der Landschaftsplanung insbesondere für Maßnahmen zur **Flächenaufwertung** betont, bei denen es darum geht, außerhalb bestehender Schutzgebiete die auf der jeweiligen Planungsebene naturschutzfachlich bedeutsamen Gebiete zur langfristigen Sicherung der Arten- und Lebensraumdiversität und der Funktionen des Naturhaushalts festzulegen.[57] Mit der Neuregelung werden insoweit als Beispiele vorgezogene Maßnahmen zur Kompensation von Eingriffen in Natur und Landschaft genannt, weil diesen Maßnahmen im Rahmen von Flächen- und Maßnahmepools eine besondere Bedeutung zukommt.[58] Ferner wird der Einsatz natur- und landschaftsbezogener Fördermittel hervorgehoben, wodurch dem Bedürfnis nach einer Angebotsplanung für Maßnahmen des Vertragsnaturschutzes und der Koppe-

---

52 Vgl. BVerwG, Beschl. v. 16.06.1988 – 4 B 102.88, NVwZ 1988, 1020 (1021); OVG Münster, Urt. v. 17.10.1997 – 7 A 123/94, Rn. 42 ff. (juris).

53 *Gellermann*, in: Landmann/Rohmer, Umweltrecht, 56. EL. 2009, § 14 BNatSchG Rn. 13.

54 *SRU*, Umweltgutachten 2008, Tz. 445.

55 Näher *Schumacher/Schumacher*, in: Schumacher/Fischer-Hüftle, BNatSchG, § 9 Rn. 32.

56 BR-Drs. 278/09, S. 172 f.; BT-Drs. 16/12274, S. 54.

57 Ausführlich *Schumacher/Schumacher*, in: Schumacher/Fischer-Hüftle, BNatSchG, § 9 Rn. 34 ff.

58 BR-Drs. 278/09, S. 172; BT-Drs. 16/12274, S. 54; *Egner*, in: Egner/Fuchs, Naturschutz- und Wasserrecht 2009, § 9 BNatSchG Rn. 4.

lung mit Förderprogrammen (z.B. Agrar-Umweltprogramme) Rechnung getragen wird.[59]

e) Aufbau und Schutz des Biotopverbunds, der Biotopvernetzung und des Natura 2000-Netzes (Nr. 4d)

§ 14 Abs. 1 Satz 2 Nr. 4d) BNatSchG a.F., der Darstellungen zum Aufbau und   41
Schutz des Natura 2000-Netzes regelte, wurde mit der Neuregelung aus systematischen Gründen um den (bisher von § 14 Abs. 1 Nr. 4c) BNatSchG a.F. erfassten) Biotopschutz ergänzt. Darüber hinaus wurde neu die Biotopvernetzung aufgenommen, zu deren Aufbau und Schutz zukünftig ebenfalls Darstellungen erfolgen sollen.[60]

aa) Biotopverbund

Der kontinuierliche Rückgang der Tier- und Pflanzenarten ist neben der   42
direkten Zerstörung und Beeinträchtigung ihrer Lebensräume auch auf **Lebensraumzerschneidungen** zurückzuführen. Durch die Fragmentierung und Verinselung von Lebensräumen können die notwendigen Austausch- und Wechselbeziehungen verloren gehen und kann sich das Risiko, dass die betreffende Population infolge demografischer Zufälle (z.B. Schwankungen des Nahrungsangebots, Inzucht) gefährdet wird, erhöhen.[61] Eine besondere Gefahr geht dabei vom Klimawandel aus, der zu einem Verschwinden eines großen Teils der in Deutschland heimischen Arten führen könnte.[62] Solchen Entwicklungen soll mit dem Instrument des Biotopverbunds (§ 21) entgegengewirkt werden, dessen Anliegen es ist, möglichst große naturnahe Flächen (Kernflächen) unter Schutz zu stellen und zwischen ihnen Verbindungsflächen und Verbindungselemente zu schaffen, um Wanderungs- und Austauschbeziehungen zwischen Teilpopulationen zu ermöglichen. Der Biotopverbund soll länderübergreifend erfolgen (§ 21 Abs. 2) und mindestens 10 % der Fläche eines Bundeslandes erfassen (§ 20 Abs. 1).

Für die Schaffung des Biotopverbundes spielt die Planung eine maßgebliche   43
Rolle (vgl. 21 Abs. 4).[63] Der Biotopverbund ist nicht auf die bloße Festschreibung des Status Quo beschränkt, sondern gestalterischer Natur und dient auch der Entwicklung weiterer für die **Austausch- und Wechselbeziehungen** notwendigen Naturschutzflächen.[64] Zudem kann die Schaffung des Biotopverbundes mit konkurrierenden Raumnutzungsansprüchen in Konflikt geraten, was planerisch zu bewältigen ist.[65] Die entscheidenden Planungstypen

---

59 BR-Drs. 278/09, S. 172; BT-Drs. 16/12274, S. 54; *SRU*, Umweltgutachten 2008, Tz. 442; *Egner*, in: Egner/Fuchs, Naturschutz- und Wasserrecht 2009, § 9 BNatSchG Rn. 4.

60 BR-Drs. 278/09, S. 173; BT-Drs. 16/12274, S. 54 f.

61 *Albrecht/Leibenath*, ZUR 2008, 518 (518).

62 *Jessel*, Natur und Landschaft 2008, 311 (313) m.w.N.; zu den durch den Klimawandel entstehenden Herausforderungen an die Landschaftsplanung siehe noch näher Rn. 56.

63 Ausführlich *Albrecht/Leibenath*, ZUR 2008, 518 (522); *Mengel*, in: Lütkes/Ewer, BNatSchG, § 9 Rn. 51.

64 *Albrecht/Leibenath*, ZUR 2008, 518 (522).

65 *Bottin*, Biotopverbund, S. 268; *Albrecht/Leibenath*, ZUR 2008, 518 (522).

zur Erarbeitung und Umsetzung des Biotopverbunds sind die Landschaftsplanung und die räumliche Gesamtplanung.[66]

44 Die Vorgabe von Nr. 4d), wonach Inhalt der Landschaftsplanung auch die Erfordernisse und Maßnahmen zum Aufbau und zum Schutz des Biotopverbunds sind, erfordert Angaben über die für einen Biotopverbund geeigneten Flächen.[67] Ferner ist auch eine konzeptionelle Aufbereitung und Auswahl der Flächen zwecks Schaffung des Biotopverbundes erforderlich, wobei die Aussagedichten und -details von der jeweiligen Planungsebene abhängen.[68]

45 Im Landschaftsprogramm sind die Landschaftsräume und Gebiete zu benennen, die für einen Biotopverbund von landesweiter Bedeutung sind. Insoweit geht es v.a. um programmatische Aussagen und für den Biotopverbund wichtige Grundstrukturen wie z.B. Freiflächen in Verdichtungsräumen, Vorrangräume für ökologisch besonders bedeutsame Ressourcen oder weitläufige Wanderwege und Bewegungsachsen von Tieren.[69]

46 Der Landschaftsrahmenplan weist die entsprechenden Gebiete von überörtlicher, aber nicht landesweiter Bedeutung aus, z.B. bedeutsame Verbundachsen mit großflächigen naturbetonten Biotopkomplexen, Übergangs- und Verbundzonen mit umweltschonend genutzten Landschaftsausschnitten, Vorrangflächen für land- und forstwirtschaftliche Nutzung oder verschiedene Arten von Schutzgebieten.[70] Durch die Einbeziehung der in § 21 Abs. 3 Satz 2 Nr. 1 und 2 genannten Schutzgebietskategorien und die Möglichkeit, bei bestehenden Lücken neue Schutzgebiete vorzuschlagen, eignen sich Landschaftsrahmenpläne insbesondere zur Darstellung von Kernflächen des Biotopverbunds und zur Sicherung der langfristigen Überlebensfähigkeit der betreffenden Populationen.[71]

47 In Landschaftsplänen und Grünordnungsplänen als Instrumenten der örtlichen Landschaftsplanung sind die Flächen und Strukturen darzustellen, die für den Biotopverbund von lokaler Bedeutung sind. Hierzu gehören diejenigen Strukturen, die auf örtlicher Ebene auf die Austausch- und Wechselbeziehungen zwischen den in Rede stehenden Tier- und Pflanzenarten Einfluss haben.[72] Insofern kommt es v.a. darauf an, durch die lokalen Landschaftsplanungen die Kernflächen als Rückzugsräume der Arten sowie etwaige **Trittsteinbiotope** als Verbindungselemente zu sichern.[73] In Abgrenzung zur ebenfalls auf lokaler Ebene angesiedelten Biotopvernetzung (siehe Rn. 49ff.) betrifft die örtliche Biotopverbundplanung insbesondere solche Flächen, die

---

66 *Albrecht/Leibenath*, ZUR 2008, 518 (522ff.).

67 *Schumacher/Schumacher*, in: Schumacher/Fischer-Hüftle, BNatSchG, § 9 Rn. 43.

68 *Albrecht/Leibenath*, ZUR 2008, 518 (522f.); *Bottin*, Biotopverbund, S. 274.

69 *Bottin*, Biotopverbund, S. 274f.; *Schumacher/Schumacher*, in: Schumacher/Fischer-Hüftle, BNatSchG, § 9 Rn. 45; *Albrecht/Leibenath*, ZUR 2008, 518 (522f.).

70 *Schumacher/Schumacher*, in: Schumacher/Fischer-Hüftle, BNatSchG, § 9 Rn. 45; *Bottin*, Biotopverbund, S. 275f.

71 *Bottin*, Biotopverbund, S. 275f. *Albrecht/Leibenath*, ZUR 2008, 518 (523).

72 *Schumacher/Schumacher*, in: Schumacher/Fischer-Hüftle, BNatSchG, § 9 Rn. 45.

73 *Bottin*, Biotopverbund, S. 277.

keiner großen Dynamik unterliegen und daher auch langfristig gesichert werden können.

In planungstechnischer Hinsicht kann bei der Biotopverbundplanung – ähnlich wie bei der Landschaftsplanung selbst (vgl. § 10 Rn. 30 ff.) – je nach landesrechtlicher Ausgestaltung zwischen einerseits der integrierten und andererseits der eigenständigen Biotopverbundplanung (sog. **Fachplan Biotopverbund**) unterschieden werden.[74] Während bei der integrierten Biotopverbundplanung etwaige gegenläufige Belange des Naturschutzes und der Landschaftspflege bei der Erarbeitung des Biotopverbundkonzepts von vornherein mitberücksichtigt werden, haben diese Belange beim eigenständigen Fachplan Biotopverbund zunächst außen vor zu bleiben und sind erst bei der nachträglichen Übernahme des Fachplans in die Landschaftsplanung abzuwägen.[75] **48**

bb) Biotopvernetzung

Gemäß der Neufassung der Nr. 4 d) sollen in der Landschaftsplanung nunmehr auch Erfordernisse und Maßnahmen der **Biotopvernetzung** dargestellt werden. Die Biotopvernetzung hat gemäß § 21 Abs. 6 insbesondere die Aufgabe, auf regionaler Ebene in landwirtschaftlich geprägten Regionen lineare und punktförmige Elemente (z.B. Hecken, Feldraine und Trittsteinbiotope) zu erhalten bzw. zu schaffen. Aufgrund ihrer Kleinflächigkeit, ihres hohen Maßes an räumlicher und zeitlicher Dynamik und der hierdurch schwierigen langfristigen Sicherung werden diese Elemente nicht zum Biotopverbund selbst gezählt.[76] **49**

Durch die ausdrückliche Aufnahme der Biotopvernetzung in Nr. 4d) wird der Regelung in § 21 Abs. 6 ein landschaftsplanerisches Instrument zur Seite gestellt, mit dem unter Berücksichtigung der räumlich regionalisierten Ziele des Naturschutzes und der Landschaftspflege und in Kenntnis der lokalen Landschafts- und Landwirtschaftsstrukturen die erforderlichen Vernetzungsstrukturen für Biotope und ggf. Erfordernisse und Maßnahmen zu ihrem Aufbau planerisch und damit räumlich konkret dargestellt werden können.[77] **50**

cc) Natura 2000-Netz

Mit der in Nr. 4d) geregelten Vorgabe, Erfordernisse und Maßnahmen zum Aufbau und zum Schutz des **Natura 2000-Netzes** aufzunehmen, wird die Rolle der Landschaftsplanung für die Umsetzung der V-RL und FFH-RL betont.[78] Da die Kohärenz des Natura 2000-Netzes nur durch eine raumbezogene Planung gewährleistet werden kann, ist es Aufgabe der Landschafts- **51**

---

74 Näher *Dietrich*, UPR 2004, 168 (173); *Albrecht/Leibenath*, ZUR 2008, 518 (523); *Bottin*, Biotopverbund, S. 277 ff.

75 Vgl. *Albrecht/Leibenath*, ZUR 2008, 518 (523); *Bottin*, Biotopverbund, S. 277 ff.

76 *Albrecht/Leibenath*, ZUR 2008, 518 (520).

77 BR-Drs. 278/09, S. 173; BT-Drs. 16/12274, S. 55.

78 Zur Frage der Deklassifizierung von Natura 2000-Gebieten näher *Meßerschmidt*, NuR 2015, 2; zur grundsätzlichen Möglichkeit der Deklassifizierung EuGH, Urt. v. 03. 04. 2014 – C-301/12, NuR 2014, 339 (342 Rn. 25).

planung, die Schutzgebiete sowie weitere Flächen und Strukturen, die für das Natura 2000-Netz von Bedeutung sind, darzustellen.[79]

52 Hierfür sind im Rahmen der Landschaftsplanung insbesondere die Erhaltungsziele und Schutzzwecke der vom Planungsraum erfassten Natura-2000-Gebiete darzustellen.[80] Mit Hilfe der Landschaftsplanung können ferner durch Darstellung geeigneter Maßnahmen Aufgaben des Reservatsmanagements i.S.d. Art. 6 Abs. 1 FFH-RL wahrgenommen und zur Einhaltung des Verschlechterungs- und Störungsverbots des Art. 6 Abs. 2 FFH-RL beigetragen werden.[81] Auch kann die Landschaftsplanung entsprechend der Vorgabe des Art. 10 FFH-RL zur Verbesserung der ökologischen Kohärenz des Natura 2000-Netzes beitragen, indem sie die Pflege von Landschaftselementen fördert, die aufgrund ihrer Struktur oder Vernetzungsfunktion für die Wanderung, geografische Verbreitung oder den genetischen Austausch der geschützten Tier- und Pflanzenarten bedeutsam sind.[82] Schließlich enthalten V-RL und FFH-RL an weiteren Stellen planerische Elemente (z.B. bei der Planung und Koordinierung von Kohärenzsicherungsmaßnahmen), zu deren Einhaltung das Instrument der Landschaftsplanung wertvolle Beiträge leisten kann (siehe hierzu oben § 8 Rn. 31 ff.).

f) Schutz, Qualitätsverbesserung und Regeneration von Boden, Gewässer, Luft und Klima (Nr. 4e)

53 Neben dem Arten- und Biotopschutz (vgl. Nr. 4b und d) dient die Landschaftsplanung gemäß Nr. 4e auch dem Schutz der übrigen Naturgüter Boden, Gewässer, Luft und Klima.[83] Auch wenn ihr Schutz in erster Linie den jeweiligen für den Vollzug der Fachgesetze zuständigen Boden-, Gewässer- und Immissionsschutzbehörden obliegt,[84] können sich entsprechende Aussagen in Landschaftsplanungen auch an die Naturschutzbehörden wenden, die ihrerseits die zum Schutz dieser Naturgüter erforderlichen Maßnahmen zu ergreifen haben.[85]

54 Beim Bodenschutz erfordert die Landschaftsplanung Darstellungen zu Flächen mit schutzwürdigen Bodenfunktionen und -ausprägungen, zu den für ihren Erhalt notwendigen Maßnahmen sowie zu Bereichen mit empfindlichen, beeinträchtigten und belasteten Böden einschließlich der sie beeinträchtigenden Umstände.[86] Als Erfordernisse und Maßnahmen kommen z.B.

---

79 *Schumacher/Schumacher*, in: Schumacher/Fischer-Hüftle, BNatSchG, § 9 Rn. 40.

80 *Louis*, in: Spannowsky/Hofmeister, Landschaftsplanung, S. 7; *Mengel*, in: Lütkes/Ewer, BNatSchG, § 9 Rn. 56.

81 *Gellermann*, in: Landmann/Rohmer, Umweltrecht, 56. EL. 2009, § 14 BNatSchG Rn. 15; *Schumacher/Schumacher*, in: Schumacher/Fischer-Hüftle, BNatSchG, § 9 Rn. 41.

82 *Schumacher/Schumacher*, in: Schumacher/Fischer-Hüftle, BNatSchG, § 9 Rn. 39; *Gellermann*, in: Landmann/Rohmer, Umweltrecht, 56. EL. 2009, § 14 BNatSchG Rn. 15.

83 *Gellermann*, in: Landmann/Rohmer, Umweltrecht, 56. EL. 2009, § 14 BNatSchG Rn. 16; *Schumacher/Schumacher*, in: Schumacher/Fischer-Hüftle, BNatSchG, § 9 Rn. 47.

84 *Marzik/Wilrich*, BNatSchG, § 14 Rn. 15.

85 *Gellermann*, in: Landmann/Rohmer, Umweltrecht, 56. EL. 2009, § 14 BNatSchG Rn. 16.

86 Näher *Schumacher/Schumacher*, in: Schumacher/Fischer-Hüftle, BNatSchG, § 9 Rn. 48.

Darstellungen zur Verhinderung von Schadstoffeinträgen, von Wind- und Wassererosion, von Bodenverbrauch und -versiegelungen sowie Bodensanierungsmaßnahmen in Betracht.[87]

Mit Blick auf den Gewässerschutz hat die Landschaftsplanung die Erforder-   55
nisse und Maßnahmen zum Erhalt und zur Verbesserung der Qualität von Gewässern darzustellen, wobei insbesondere die notwendigen Verbesserungs- und ggf. Regenerationsmaßnahmen aufzuzeigen sind.[88]

Hinsichtlich Luft und Klima sind beispielsweise Darstellungen über den   56
Schutz und die Qualitätsverbesserung der für den Luftaustausch und die Kaltluftentstehung bedeutsamen Flächen sowie lufthygienisch und/oder bioklimatisch besonders belasteten oder gefährdeten Gebiete erforderlich.[89]
Neue Aufgaben und Herausforderungen für die Landschaftsplanung werden sich zudem infolge des **Klimawandels**, seiner Auswirkungen auf die Naturgüter und den in diesem Zusammenhang erforderlichen Klimaschutz- und Anpassungsmaßnahmen ergeben.[90] Die Folgen des Klimawandels auf Temperaturen und Niederschläge werden räumlich voraussichtlich sehr unterschiedlich sein, was strategisch-konzeptionelle Aussagen für regional differenzierte **Anpassungsstrategien** erforderlich macht.[91] Beim Schutzgut Boden können infolge Temperaturerhöhungen und Niederschlagsrückgängen z.B. Erosions- und Degradationsgefahren entstehen.[92] Hinsichtlich des Schutzguts Wasser droht bei Temperaturerhöhungen und Niederschlagsrückgängen Wasserknappheit, sodass sich beispielsweise bei Oberflächengewässern die Wassertemperaturen und Nähr- und Schadstoffkonzentrationen erhöhen können.[93] Bei Arten und Biotopen wird der Klimawandel zu erheblichen Arealverschiebungen führen, die Artenverluste, qualitative Veränderungen in Form neuer Artenverbindungen und Zuwanderungsprozesse neuer Arten zur Folge haben werden.[94] Daher wird der konservierende Aspekt des Naturschutzes, den gezielten Erhalt eines Lebensraumtyps auf einer bestimmten Fläche sicherzustellen, in vielen Fällen nicht mehr oder nur mit unverhältnismäßigem Aufwand realisierbar sein.[95] Zudem wird sich durch

---

87 *Schumacher/Schumacher*, in: Schumacher/Fischer-Hüftle, BNatSchG, § 9 Rn. 48.
88 Im Einzelnen *Schumacher/Schumacher*, in: Schumacher/Fischer-Hüftle, BNatSchG, § 9 Rn. 49.
89 *Schumacher/Schumacher*, in: Schumacher/Fischer-Hüftle, BNatSchG, § 9 Rn. 50.
90 Siehe zu Anpassungsmaßnahmen an den Klimawandel allgemein *Kment*, JZ 2010, 62 ff.; zu den Folgen des Klimawandels auf Schutzgebiete siehe *Cliquet/Backes/Harris/Howsam*, Utrecht Law Review 2009, 158 ff.; *Dodd/Hardiman/Jennings/Williams*, Utrecht Law Review 2010, 141 ff.
91 *Jessel*, Natur und Landschaft 2008, 311 (313).
92 *Heiland/Geiger/Rittel/Steinl/Wieland*, Naturschutz und Landschaftsplanung 2008, 37 (38).
93 *Heiland/Geiger/Rittel/Steinl/Wieland*, Naturschutz und Landschaftsplanung 2008, 37 (38).
94 *Jessel*, Natur und Landschaft 2008, 311/314; *Heiland/Geiger/Rittel/Steinl/Wieland*, Naturschutz und Landschaftsplanung 2008, 37 (38).
95 *Jessel*, Natur und Landschaft 2008, 311 (314); *Heiland/Geiger/Rittel/Steinl/Wieland*, Naturschutz und Landschaftsplanung 2008, 37 (39); *Galler/von Haaren/Horlitz*, Naturschutz und Landschaftsplanung 2009, 57 (58); *Wankner/Wartner*, Naturschutz und Landschaftsplanung 2009, 53 (53).

Klimaschutz- und Anpassungsmaßnahmen der zur Erreichung von Naturschutzzielen erforderliche Raumbedarf erhöhen. So werden zunehmend Flächen für Klimaschutzmaßnahmen (etwa zur Nutzung erneuerbarer Energien
oder von Wäldern, Böden und Mooren als CO_2-Speicher) und für Anpassungsmaßnahmen (z.B. für effektive Biotopverbund- und Vernetzungsmaß-
nahmen oder zur Bereitstellung von Ausweichhabitaten) benötigt.[96] Hierdurch werden zusätzliche Raumansprüche entstehen, die integrierte
Betrachtungsweisen und umfangreiche Abwägungsprozesse auf allen landschaftsplanerischen Ebenen[97] sowie instrumentelle und methodische Veränderungen der Landschaftsplanung erfordern.[98] In diesem Zusammenhang
darf das Gewicht einer ggf. zu erzielenden CO_2-Minderung allerdings nicht
übersteigert werden, sondern muss jeweils auch eine umfassende Abwägung mit anderen Raumansprüchen und Naturschutzbelangen erfolgen.[99]

g) Landschaftsbild und Erholung (Nr. 4f)

57 Bei der Veränderung von Nr. 4f) gegenüber § 14 Abs. 1 Nr. 4f) BNatSchG
a.F., d.h. v. a. bei der Zusammenfassung der Begriffe „Erlebnis- und Erholungsraum des Menschen" unter den Begriff des „Erholungswertes", handelt
es sich lediglich um eine sprachliche Präzisierung.[100] Die Regelung knüpft
dabei an § 1 Abs. 1 Nr. 3 BNatSchG an, wonach (abweichungsfestes) Ziel des
Naturschutzes und der Landschaftspflege die Sicherung von Vielfalt, Eigenart und Schönheit sowie des Erholungswerts von Natur und Landschaft ist.
Damit liegt es auf der Hand, dass auch die Landschaftsplanung ihren Beitrag
zur Verwirklichung dieser Zielvorgabe zu erbringen und das Landschaftsbild
und seine Erholungsfunktion auf den Menschen in den Blick zu nehmen
hat.[101] Charakterisierende und wertgebende Eigenschaften sind insofern v. a.
die Vielfalt, Eigenart und Schönheit der Landschaft, da diese die Schutzwürdigkeit und visuelle Verletzlichkeit eines Landschaftsbilds ausmachen.[102]
Landschaftsräume, die ein hohes Maß an Vielfalt, Eigenart und Schönheit
aufweisen, sind soweit möglich zu erhalten und ggf. zu entwickeln.[103] Dabei
können sich Konflikte insbesondere zwischen der Erhaltung und Entwicklung von Natur und Landschaft als Erlebnis- und Erholungsraum des Menschen und den Belangen des Naturschutzes ergeben, denen in der Landschaftsplanung Rechnung zu tragen ist.

---

96 *Jessel*, Natur und Landschaft 2008, 311 (313f.); *Bückmann*, UPR 2009, 407 (416).

97 Siehe im Einzelnen *Heiland/Geiger/Rittel/Steinl/Wieland*, Naturschutz und Landschaftsplanung 2008, 37 (39ff.); *Jessel*, Natur und Landschaft 2008, 311 (315).

98 Näher *Heiland/Geiger/Rittel/Steinl/Wieland*, Naturschutz und Landschaftsplanung
2008, 37 (40f.).

99 *Jessel*, Natur und Landschaft 2008, 311 (314) mit dem Beispiel, dass die CO_2-Minde-
rungspotentiale von kleinen Wasserkraftwerken häufig in keinem Verhältnis zu den
durch sie verursachten irreversiblen Veränderungen an den Gewässern und ihren Lebensgemeinschaften stehen.

100 BR-Drs. 278/09, S. 173; BT-Drs. 16/12274, S. 55.

101 *Gellermann*, in: Landmann/Rohmer, Umweltrecht, 56. EL. 2009, § 14 BNatSchG Rn. 17.

102 *Schumacher/Schumacher*, in: Schumacher/Fischer-Hüftle, BNatSchG, § 9 Rn. 55.

103 *Schumacher/Schumacher*, in: Schumacher/Fischer-Hüftle, BNatSchG, § 9 Rn. 55.

h) Erhaltung und Entwicklung von Freiräumen (Nr. 4g)

Nach der vollständig neu aufgenommenen Nr. 4g) sollen Landschaftsplanun-   **58** gen auch Angaben zu Erfordernissen und Maßnahmen zur Erhaltung und Entwicklung von Freiräumen im besiedelten und unbesiedelten Bereich enthalten. Teilweise wurde der **Freiraumschutz** allerdings auch bereits in die Regelung des § 14 Abs. 1 Satz 2 Nr. 4 BNatSchG a.F. mit hineingelesen.[104]

Die Ausweisung von Freiräumen im besiedelten Bereich war im Gesetz-   **59** gebungsprozess umstritten, da die Entscheidung über die Erhaltung und Entwicklung von Freiräumen teilweise als ausschließliche Aufgabe der **Bauleitplanung** angesehen wurde und eine Landschaftsplanung unnötigen Aufwand verursache.[105] Diese Auffassung konnte sich jedoch nicht durchsetzen. Nach der Neuregelung haben Landschaftsplanungen daher explizit auch Erfordernisse und Maßnahmen für Flächen im besiedelten und unbesiedelten Bereich, auf denen Freiräume erhalten werden sollen, anzugeben. Sind solche Flächen nicht in ausreichendem Maße vorhanden, sind Flächen zur Freiraumentwicklung darzustellen. Entgegen der Gesetzesbegründung[106] erweist sich die Regelung jedoch nicht bloß als „Äquivalent" zu dem in § 1 Abs. 6 geregelten Ziel des Freiraumschutzes im besiedelten und siedlungsnahen Bereich, sondern geht mit der Erfassung des unbesiedelten Bereichs darüber hinaus.[107]

6. Verwertbarkeit der Darstellungen der Landschaftsplanung und Planzeichenverordnungsermächtigung (Abs. 3 Satz 2 und 3)

a) Verwertbarkeit der Darstellungen der Landschaftsplanung (Abs. 3 Satz 2)

Gemäß Abs. 3 Satz 2, der § 14 Abs. 1 S. 3 BNatSchG a.F. entspricht, ist auf   **60** die Verwertbarkeit der Darstellungen der Landschaftsplanung für Raumordnungspläne und Bauleitpläne Rücksicht zu nehmen. Die Regelung stellt damit vor dem Hintergrund der querschnittsorientierten Aufgabe der Landschaftsplanung die Anforderung auf, dass die in Landschaftsplanungen enthaltenen raumbezogenen Aussagen für die räumliche Gesamtplanung auch in praktischer Hinsicht verwertbar sein müssen.[108] Daher sollten Text, Darstellungen und Planzeichen sowie Kartengrundlagen der verschiedenen Planungsinstrumente so weit als möglich übereinstimmen.[109] Dies kann durch eine Orientierung der Landschaftsplanungen an den raumordnerischen und bauleitplanerischen Vorgaben erreicht werden[110], wodurch jedoch keine Qualitätseinbußen für Landschaftsplanungen eintreten dürfen.

---

104 *Gassner*, in: Gassner/Bendomir-Kahlo/Schmidt-Räntsch, BNatSchG, § 14 Rn. 12.

105 BR-Drs. 278/1/09, S. 10.

106 BR-Drs. 278/09, S. 173; BT-Drs. 16/12274, S. 55.

107 *Egner*, in: Egner/Fuchs, Naturschutz- und Wasserrecht 2009, § 9 BNatSchG Rn. 4.

108 *Schumacher/Schumacher*, in: Schumacher/Fischer-Hüftle, BNatSchG, § 9 Rn. 59.

109 *Marzik/Wilrich*, BNatSchG, § 14 Rn. 17; *Schumacher/Schumacher*, in: Schumacher/ Fischer-Hüftle, BNatSchG, § 9 Rn. 60.

110 Vgl. BT-Drs. 14/6378, S. 45; *Gellermann*, in: Landmann/Rohmer, Umweltrecht, 56. EL. 2009, § 14 BNatSchG Rn. 18; *Marzik/Wilrich*, BNatSchG, § 14 Rn. 17.

b) Planzeichenverordnungsermächtigung (Abs. 3 Satz 3)

61 Zur Harmonisierung der Darstellungen der verschiedenen Planungsinstrumente hat der Bundesgesetzgeber weiteren Handlungsbedarf gesehen und in Abs. 3 Satz 2 nunmehr eine Rechtsverordnungsermächtigung zum Erlass von **Planzeichen** geschaffen. Die Verordnungsermächtigung war im Gesetzgebungsprozess allerdings umstritten. Einige Länder wollten von dieser Ermächtigung zumindest solche Planzeichen ausgenommen wissen, die für Landschaftspläne als kommunale Satzungen rechtsverbindliche Regelungen festsetzen, da andernfalls insbesondere im Falle der Fortschreibung der Landschaftsplanung die Eindeutigkeit der Planung nicht mehr gewährleistet sei.[111] Diese Auffassung konnte sich jedoch nicht durchsetzen. Im Hinblick darauf wird in der Gesetzesbegründung klargestellt, dass die Rechtsverordnung Regelungen vorsehen kann, wonach bestehende Pläne nicht angepasst werden müssen und von den Ländern zusätzliche Planzeichen verwendet werden können, um besonderen Planungsbedürfnissen Rechnung zu tragen.[112] Den Bedenken der Länder kann damit bei Erlass der Rechtsverordnung, für die die Zustimmung des Bundesrats erforderlich ist, hinreichend Rechnung getragen werden.

62 In der Planungspraxis hat sich insbesondere aufgrund des Einsatzes von **Geografischen Informationssystemen** (GIS) und internetbezogener Planungstechniken ein praktisches Bedürfnis für eine Vereinheitlichung und verbesserte Kompatibilität der Plansprachen ergeben.[113] Daher wurden bereits seit Längerem Forderungen nach einem allgemein anerkannten Planzeichenkatalog erhoben.[114] Die Planzeichenverordnungsermächtigung soll eine Vereinfachung der Darstellungen von Landschaftsplanungen bewirken, damit die Planzeichen und die ihnen zuzuordnenden Inhalte nunmehr bundesweit einheitlich bestimmt werden können. Dadurch sollen die Pläne lesbarer werden und die Planaussagen bei Bedarf auch einfacher zu größeren, gebietsüberschreitenden Planungsräumen zusammengezogen werden können.[115] Hierdurch kann nicht nur die Verwertbarkeit der Darstellungen der Landschaftsplanung für Raumordnungs- und Bauleitpläne gesteigert werden, sondern können auch andere Planungen und Verwaltungsverfahren mit Auswirkungen auf Natur und Landschaft profitieren.[116]

---

111 BR-Drs. 278/1/09, S. 11; kritisch auch *Berghoff*, in: Frenz, Das neue Wasser- und Naturschutzrecht, S. 89.

112 BR-Drs. 278/09, S. 173; BT-Drs. 16/12274, S. 55; *Berghoff/Steg*, NuR 2010, 17 (22); *Mengel*, in: Lütkes/Ewer, BNatSchG, § 9 Rn. 79.

113 BR-Drs. 278/09, S. 173; BT-Drs. 16/12274, S. 55; *Schumacher/Schumacher*, in: Schumacher/Fischer-Hüftle, BNatSchG, § 9 Rn. 62.

114 *Schumacher/Schumacher*, in: Schumacher/Fischer-Hüftle, BNatSchG, § 9 Rn. 61.

115 BR-Drs. 278/09, S. 173; BT-Drs. 16/12274, S. 55.

116 BR-Drs. 278/09, S. 173; BT-Drs. 16/12274, S. 55.

IV. Fortschreibung der Landschaftsplanung (Abs. 4)

1. Fortschreibungspflicht (Abs. 4 Satz 1)

In Abs. 4 Satz 1 wird die in § 16 Abs. 1 Satz 2 BNatSchG a.F. geregelte   63
Pflicht zur Fortschreibung von Landschaftsplanungen in leicht modifizierter
Form aufgenommen.[117]

Die Durchsetzungskraft der Landschaftsplanung hängt maßgeblich von der   64
Qualität der landschaftsplanerischen Darstellungen und Beurteilungen ab.[118]
Die Landschaftsplanung kann ihre Aufgabe, die Belange des Naturschutzes
und der Landschaftspflege sachgerecht in anderen Planungen und Verwaltungsverfahren wirksam zur Geltung zu bringen, nur dann mit Aussicht auf
Erfolg erfüllen, wenn sie sich auf einem aktuellen Stand befindet und nicht
bereits von der tatsächlichen Entwicklung überholt ist.[119] Die Pflicht zur
Fortschreibung der Landschaftsplanung wird daher für das bundesweit sachgerechte Funktionieren dieses Naturschutzinstruments als unerlässlich anzusehen sein, was dafür spricht, die Fortschreibungspflicht – zumindest in dem
in § 9 Abs. 4 geregelten Umfang – zum abweichungsfesten Kern der Landschaftsplanung zu zählen[120] (siehe hierzu bereits § 8 Rn. 56).

Gegenüber § 16 Abs. 1 Satz 2 BNatSchG a.F., der eine **Fortschreibungs-**   65
pflicht nur in Bezug auf (örtliche) Landschaftspläne vorsah, enthält § 9
Abs. 4 Satz 1 insoweit eine Erweiterung, als nunmehr sämtliche Landschaftsplanungen (örtlich und überörtlich) der Fortschreibungspflicht unterliegen.
Damit ist der Gesetzgeber entsprechenden Forderungen aus dem Schrifttum
nachgekommen, wo für die Einführung einer Fortschreibungspflicht auf
überörtlicher Ebene insbesondere vor dem Hintergrund des Klimawandels
(siehe hierzu Rn. 56) und sich rasch vollziehender Landschaftsveränderun-
gen plädiert wurde.[121] Die Erweiterung der Fortschreibungspflicht ist daher
zu begrüßen, zumal auch keine sachgerechten Gründe erkennbar sind, auf
der örtlichen Ebene eine Fortschreibungspflicht vorzusehen, hierauf dagegen auf der überörtlichen Ebene zu verzichten.[122]

Die in § 16 Abs. 1 Satz 2 BNatSchG a.F. als gebundene Entscheidung gere-   66
gelte Fortschreibungspflicht („sind fortzuschreiben") wurde nunmehr unter
einen **„Erforderlichkeitsvorbehalt"**[123] gestellt. Eine Pflicht zur Fortschreibung besteht nach § 9 Abs. 4 Satz 1 nur, sobald und soweit dies im Hinblick
auf Erfordernisse und Maßnahmen im Sinne des Abs. 3 Satz 1 Nr. 4 erforder-

---

117 BR-Drs. 278/09, S. 174; BT-Drs. 16/12274, S. 55; hierzu auch *Louis*, NuR 2010, 77 (80);
   Gassner/Heugel, Das neue Naturschutzrecht, Rn. 202.
118 *SRU*, Sondergutachten 2002, Tz. 142.
119 *SRU*, Umweltgutachten 2008, Tz. 452; *Stich*, UPR 2002, 161 (165); *Gellermann*, NVwZ
   2002, 1025 (1030); siehe auch BT-Drs. 14/6378, S. 46; *Bunge*, in: Spannowsky/Hofmeis-
   ter, Landschaftsplanung, S. 138.
120 *Köck/Wolf*, NVwZ 2008, 353 (360); *Hendrischke*, NuR 2007, 454 (458); *Appel*, NuR 2010,
   171 (178).
121 *Albrecht/Leibenath*, ZUR 2008, 518 (526); vgl. *Heugel*, in: Schlacke (Hrsg.), GK-BNat-
   SchG, § 9 Rn. 20.
122 BR-Drs. 278/09, S. 174; BT-Drs. 16/12274, S. 55.
123 *Louis*, NuR 2010, 77 (80); *Mengel*, in: Lütkes/Ewer, BNatSchG, § 9 Rn. 81.

lich ist, insbesondere weil wesentliche Veränderungen von Natur und Landschaft im Planungsraum eingetreten, vorgesehen oder zu erwarten sind. Damit wurde das in § 16 Abs. 1 Satz 2 BNatSchG a.F. als Voraussetzung für die Fortschreibungspflicht geregelte und im Schrifttum mitunter kritisierte[124] Erfordernis der wesentlichen Veränderungen von Natur und Landschaft zu einem Regelbeispiel herabgestuft. Entscheidende Voraussetzung für die Pflicht zur Fortschreibung ist eine solche Veränderung der Planungsgrundlagen, dass die Festsetzung neuer Erfordernisse und Maßnahmen im Sinne des Abs. 3 Satz 1 Nr. 4 erforderlich ist. Hierdurch dürften sich gegenüber § 16 Abs. 1 Satz 2 BNatSchG a.F. jedoch keine entscheidenden Abweichungen ergeben, da bereits bei dieser Regelung eine wesentliche Veränderung von Natur und Landschaft v.a. davon abhängig gemacht wurde, dass sich aufgrund einer Veränderung der Planungsgrundlagen die Notwendigkeit der Festsetzung neuer Erfordernisse und Maßnahmen ergab.[125] Die Neufassung stellt insoweit daher lediglich eine Konkretisierung dar.

67   Die Erforderlichkeit der Fortschreibung kann sich aus verschiedenen Gründen ergeben. In der Gesetzesbegründung werden als wichtigste Fälle bereits eingetretene oder zu erwartende Veränderungen in Natur und Landschaft seit Planaufstellung oder letzter Fortschreibung genannt.[126] Insoweit kommen Veränderungen z.B. durch Infrastruktur- oder Abgrabungsvorhaben, Ausdehnung von Gewerbe- und Siedlungsbereichen, Zu- oder Abwanderung von Arten und Ansiedlung oder Wegfallen von Lebensräumen in Betracht.[127] Auch kann ein Fortschreibungserfordernis aufgrund einer veränderten, insbesondere verbesserten Informations-, Daten- und Erkenntnislage und sich daraus ergebenden Konsequenzen für die bisherige Planung entstehen.[128] Fortschreibungspflichten werden sich zukünftig insbesondere aufgrund des Klimawandels (siehe hierzu Rn. 56) und seinen Auswirkungen auf die Schutzgüter von Natur und Landschaft ergeben.

68   Wann genau eine Veränderung der Planungsgrundlagen vorliegt, die die Notwendigkeit der Festsetzung neuer Erfordernisse und Maßnahmen und damit eine Fortschreibungspflicht auslöst, lässt sich nicht abstrakt bestimmen, sondern hängt von den maßgeblichen Umständen des jeweiligen Einzelfalls ab.[129] Hier können insbesondere Gesichtspunkte wie die ökologische Bedeutung und die Empfindlichkeit des jeweiligen Naturraums eine Rolle spielen.[130] Auch nach der Neufassung löst jedoch nicht jede Veränderung eine Fortschreibungspflicht aus, sondern muss eine gewisse **Bagatell-**

---

124 *Gassner*, in: Gassner/Bendomir-Kahlo/Schmidt-Räntsch, BNatSchG, § 16 Rn. 9.

125 *Lorz/Konrad/Mühlbauer/Müller-Walter/Stöckel*, Naturschutzrecht, § 9 BNatSchG Rn. 17; ähnlich *Gellermann*, in: Landmann/Rohmer, Umweltrecht, 56. EL. 2009, § 16 BNatSchG Rn. 10.

126 BR-Drs. 278/09, S. 174, BT-Drs. 16/12274, S. 55.

127 *Gellermann*, in: Landmann/Rohmer, Umweltrecht, 56. EL. 2009, § 16 BNatSchG Rn. 10.

128 BR-Drs. 278/09, S. 174, BT-Drs. 16/12274, S. 55.

129 *Marzik/Wilrich*, BNatSchG, § 16 Rn. 9; *Schumacher/Schumacher*, in: Schumacher/Fischer-Hüftle, BNatSchG, § 9 Rn. 68; *Gellermann*, in: Landmann/Rohmer, Umweltrecht, 56. EL. 2009 § 16 BNatSchG Rn. 10.

130 *Marzik/Wilrich*, BNatSchG, § 16 Rn. 9.

schwelle überschritten werden. Die Veränderung der Planungsgrundlagen muss ein solches Gewicht haben, dass eine Neuplanung im Hinblick auf Maß und Umfang der Änderungen geboten ist.[131] Soweit Veränderungen auf Eingriffe in Natur und Landschaft zurückzuführen sind (z.B. infolge von Fachplanungen), müssen sich diese zumindest bereits im Planungsstadium befinden.[132] Insoweit ist zu fordern, dass mindestens der jeweilige Planantrag eingereicht ist, da andernfalls die im Rahmen der Fortschreibung zu berücksichtigen Anforderungen nicht hinreichend konkretisiert wären.

Entgegen anders lautenden Forderungen[133] hat der Bundesgesetzgeber keine periodische Pflicht zur Fortschreibung der Landschaftsplanung vorgesehen, sondern die Fortschreibung unter Erforderlichkeitsvorbehalt gestellt. Den Ländern ist es allerdings unbenommen, eine **periodische Fortschreibungspflicht** landesrechtlich einzuführen.[134]

69

2. Möglichkeit der Teilfortschreibung (Abs. 4 Satz 2)

Mit Abs. 4 Satz 2 wurde eine Neuregelung aufgenommen, wonach Landschaftsplanungen nicht stets insgesamt fortgeschrieben werden müssen, sondern unter Umständen auch lediglich eine **Teilfortschreibung** erfolgen kann. Eine Fortschreibung kann als sachlicher oder räumlicher Teilplan ergehen, sofern die jeweiligen Umstände, die die Fortschreibung begründen, sachlich oder räumlich begrenzt sind. Die Fortschreibung kann sich folglich auf einen Teilraum oder ein bestimmtes sachliches Problem beschränken.[135]

70

Mit der Einführung einer Teilfortschreibung hat der Gesetzgeber auch auf die im Schrifttum seit Längerem diskutierte Möglichkeit einer sog. **Modularisierung der Landschaftsplanung**[136] reagiert. Dabei geht es um eine Untergliederung des Leistungspotenzials der Landschaftsplanung in verschiedene Bausteine und die Möglichkeit zur bedarfsgerechten Aktualisierung und Präzisierung einzelner Teile von Landschaftsplanungen.[137] Die Neuregelung ist daher grundsätzlich zu begrüßen, da mit der Möglichkeit einer Teilfortschreibung flexibler auf Veränderungen reagiert werden kann und die Relevanz und Durchsetzungskraft der Landschaftsplanung erhöht wird.

71

Allerdings sind mit einer Teilfortschreibung von Landschaftsplanungen auch gewisse Gefahren verbunden. Da jede partielle Modifikation zugleich den Inhalt der jeweiligen Landschaftsplanung in ihrer Gesamtheit berührt, besteht das Risiko, dass ein Plan nach einer größeren oder mehreren kleineren

72

---

131 *Lorz/Konrad/Mühlbauer/Müller-Walter/Stöckel*, Naturschutzrecht, § 9 BNatSchG Rn. 17.

132 *Marzik/Wilrich*, BNatSchG, § 16 Rn. 9.

133 *SRU*, Umweltgutachten 2008, Tz. 452.

134 *Marzik/Wilrich*, BNatSchG, § 16 Rn. 9.

135 BR-Drs. 278/09, S. 174; BT-Drs. 16/12274, S. 55.

136 Siehe hierzu *Bunge*, in: Spannowsky/Hofmeister, Landschaftsplanung, S. 140f. m.w.N. in Fn. 27.

137 *Jessel/Müller-Pfannenstiel/Rößling*, Naturschutz und Landschaftsplanung 2003, 332 (337); *Galler/von Haaren/Horlitz*, Naturschutz und Landschaftsplanung 2009, 57 (62); *Mengel*, in: Lütkes/Ewer, BNatSchG, § 9 Rn. 82.

Änderungen keine innere Konsistenz mehr aufweist.[138] Dies gilt besonders, wenn die Teilfortschreibung im Zusammenhang mit spezifischen anderen Plänen (z.B. der Aufstellung eines Bauleitplans, eines Luftreinhalteplans oder eines wasserrechtlichen Maßnahmenprogramms) erfolgt.[139] Zur Vermeidung einer solchen **Zersplitterung** landschaftsplanerischer Ergebnisse ist die Grenze der Zulässigkeit von Teilfortschreibungen dort anzusetzen, wo infolge einer Teilfortschreibung die Grundzüge der jeweiligen Landschaftsplanung oder ihr Gesamtinhalt infrage gestellt würden.[140]

73 Auch in prozeduraler Hinsicht wirft die Möglichkeit der Teilfortschreibung neue Fragen auf. So ist zu entscheiden, ob für Teilfortschreibungen ein eigenständiges Verfahren der Landschaftsplanung durchzuführen ist oder solche partiellen Änderungen auch in anderweitigen Planungsverfahren (z.B. die Aufstellung eines Luftreinhalteplans oder eines wasserrechtlichen Maßnahmenprogramms) integriert werden können. Aus Gründen der Transparenz und v.a. der **Verfahrensvereinfachung** erscheint vorzugswürdig, Teilfortschreibungen soweit möglich in anderweitige Planungsverfahren zu integrieren, da andernfalls zwei sachlich zusammengehörende Planungsverfahren unnötig nebeneinander herliefen.[141]

V. Berücksichtigung der Landschaftsplanung in Planungen und Verwaltungsverfahren (Abs. 5)

1. Allgemeines

74 Abs. 5 entspricht § 14 Abs. 2 BNatSchG a.F. Hinzugefügt wurde lediglich das Erfordernis der Berücksichtigung der Inhalte der Landschaftsplanung bei der Aufstellung von Maßnahmenprogrammen im Sinne der §§ 45h und 82 WHG.

75 Unter den Inhalten der Landschaftsplanung im Sinne des Abs. 5 sind die Darstellung und Begründung der konkretisierten Ziele des Naturschutzes und der Landschaftspflege und der ihrer Verwirklichung dienenden Erfordernisse und Maßnahmen zu verstehen (vgl. § 9 Abs. 2 Satz 1).

2. Berücksichtigungsgebot (Abs. 5 Satz 1)

76 Das in Abs. 5 Satz 1 geregelte Berücksichtigungsgebot knüpft an die Querschnittsaufgabe (siehe § 8 Rn. 8) der Landschaftsplanung an, die notwendigen ökologischen Beiträge für die Landes-, Regional- und Bauleitplanung sowie sonstige raumbedeutsame Fachplanungen und Maßnahmen zu liefern. Allerdings ist das in Abs. 5 Satz 1 aufgenommene allgemeine Berücksichtigungsgebot in § 10 Abs. 3 und § 11 Abs. 3 für das Verhältnis von Landschaftsplanungen zur Raumordnungs- und Bauleitplanung spezialgesetzlich geregelt, sodass Abs. 5 Satz 1 seinen eigentlichen Anwendungsbereich bei

---

138 Siehe hierzu *Bunge*, in: Spannowsky/Hofmeister, Landschaftsplanung, S. 140 f.
139 Siehe hierzu *Bunge*, in: Spannowsky/Hofmeister, Landschaftsplanung, S. 140 f.
140 BR-Drs. 278/09, S. 174; BT-Drs. 16/12274, S. 55; *Heugel*, in: Schlacke (Hrsg.), GK-BNatSchG, § 9 Rn. 24.
141 Vgl. *Bunge*, in: Spannowsky/Hofmeister, Landschaftsplanung, S. 141.

sonstigen Fachplanungen und Maßnahmen hat, die nicht zur gesamträumlichen Planung zählen.[142]

Mit der ausdrücklichen Festschreibung eines Berücksichtigungsgebots gibt 77
Abs. 5 Satz 1 vor, dass die Inhalte von Landschaftsplanungen bei Planungs- und Ermessensentscheidungen eingestellt werden müssen, unabhängig davon, ob das jeweilige Fachrecht entsprechende **Öffnungsklauseln** (wie etwa die Beachtung „öffentlich-rechtlicher Vorschriften" oder „Allgemeinwohl-Klauseln") vorsieht.[143] Anders ist dies lediglich bei gebundenen Entscheidungen, wo aufgrund des grundsätzlichen Genehmigungsanspruchs entsprechend den Vorgaben des Gesetzesvorbehalts eine Pflicht zur Berücksichtigung der Inhalte von Landschaftsplanungen nur bei entsprechenden Öffnungsklauseln besteht.[144]

Das Gebot zur Berücksichtigung der Inhalte von Landschaftsplanungen darf 78
zwar einerseits nicht unterschätzt, andererseits aber auch nicht überbewertet werden. Auch wenn Landschaftsplanungen lediglich behördeninterne Wirkung haben, wird durch Abs. 5 Satz 1 deutlich, dass sich die Wirkungen der Inhalte von Landschaftsplanungen nicht auf eine bloße **Selbstbindung** des Planungsträgers beschränken. Vielmehr müssen die Inhalte von Landschaftsplanungen mit dem ihnen jeweils zukommenden Gewicht als Belange des Naturschutzes und der Landschaftspflege in die Entscheidungsprozesse von anderen Planungen und Verwaltungsverfahren einbezogen werden.[145] Hierdurch ergibt sich eine **„Argumentationslast"**[146], Abweichungen von Landschaftsplanungen zu rechtfertigen. Anderseits besteht aber auch keine strikte Beachtenspflicht, sodass zweifelhaft ist, ob der Landschaftsplanung durch das Berücksichtigungsgebot tatsächlich „Biss"[147] verliehen wird. Mangels strikter Verbindlichkeit der Inhalte von Landschaftsplanungen besteht die Möglichkeit, sie im Rahmen einer ordnungsgemäßen Abwägungsentscheidung je nach Naturschutzrelevanz der in Rede stehenden Planung bzw. Maßnahme hinter anderweitigen konfligierenden Belangen zurücktreten zu lassen.[148] In einem solchen Fall sind die Abweichungen jedoch nach Maßgabe des Abs. 5 Satz 3 zumindest zu begründen.

---

142 *Meßerschmidt*, Bundesnaturschutzrecht,§ 9 BNatSchG Rn. 52.

143 *Gellermann*, in: Landmann/Rohmer, Umweltrecht, 56. EL. 2009, § 14 BNatSchG Rn. 20; *Marzik/Wilrich*, BNatSchG, § 14 Rn. 19; *Meßerschmidt*, Bundesnaturschutzrecht, § 9 BNatSchG Rn. 51; a.A. *Lorz/Konrad/Mühlbauer/Müller-Walter/Stöckel*, Naturschutzrecht, § 9 BNatSchG Rn. 20.

144 *Gellermann*, in: Landmann/Rohmer, Umweltrecht, 56. EL. 2009, § 14 BNatSchG Rn. 20; *Marzik/Wilrich*, BNatSchG, § 14 Rn. 19.

145 *Gellermann*, in: Landmann/Rohmer, Umweltrecht, 56. EL. 2009, § 14 BNatSchG Rn. 20.

146 *Erbguth/Stollmann*, in: Riedel/Lange, Landschaftsplanung, S. 51; *Gassner*, in: Gassner/Bendomir-Kahlo/Schmidt-Räntsch, BNatSchG, § 13 Rn. 15.

147 So *Gassner*, in: Gassner/Bendomir-Kahlo/Schmidt-Räntsch, BNatSchG, § 13 Rn. 15.

148 *Gellermann*, in: Landmann/Rohmer, Umweltrecht, 56. EL. 2009, § 14 BNatSchG Rn. 20; *Marzik/Wilrich*, BNatSchG, § 14 Rn. 21.

3. Umweltbezogene Prüfungen (Abs. 5 Satz 2)

a) Regelbeispiele

79 In Abs. 5 Satz 2 wird die Bedeutung der Landschaftsplanung insbesondere für Verfahren mit unionsrechtlich vorgegebenen umweltbezogenen Prüfungen hervorgehoben.[149] Neu aufgenommen wurde im Zuge der Gesetzesreform die Aufstellung von Maßnahmenprogrammen im Sinne der §§ 45h und 82 WHG. Indes sind die insoweit von Abs. 5 Satz 2 angesprochenen Vorgaben der UVP-RL, SUP-RL, V-RL, FFH-RL und WRRL lediglich als Regelbeispiele zu verstehen und ergibt sich hieraus keine Beschränkung des Berücksichtigungsgebots des Abs. 5 Satz 1 auf die von diesen Richtlinien vorgeschriebenen umweltbezogenen Prüfungen.[150] Das Berücksichtigungsgebot erstreckt sich daher auch auf andere umweltbezogene Prüfungen, etwa die Eingriffsfolgenprüfung nach § 15.[151]

b) UVP-RL

80 Mit der UVP-RL hat der europäische Gesetzgeber für bestimmte Projekte Vorgaben zur Durchführung einer **Umweltverträglichkeitsprüfung** (UVP) aufgestellt. Die UVP ist ein mehrphasiges Verfahren zur Ermittlung, Beschreibung und Bewertung aller unmittelbaren und mittelbaren Auswirkungen eines Projekts auf bestimmte Umweltfaktoren einschließlich der ökologischen Wechselwirkungen.[152] Die unionsrechtlichen Richtlinienvorgaben sind in Deutschland v.a. im UVPG umgesetzt. Hinsichtlich der UVP-pflichtigen Vorhaben ist zwischen Vorhaben mit obligatorischer UVP-Pflicht, UVP-Pflicht nach allgemeiner oder standortbezogener Prüfung des Einzelfalls und UVP-Pflicht nach Landesrecht zu unterscheiden. Die UVP erfolgt nicht in einem eigenständigen Verfahren, sondern ist Bestandteil des für das jeweilige Vorhaben durchzuführenden fachbehördlichen Zulassungsverfahrens **(UVP-Trägerverfahren)**. Sie hat als ein reines Verfahrensinstrument keine unmittelbaren materiell-rechtlichen Wirkungen, sondern soll einen möglichst großen Erkenntnisgewinn über die potenziellen Auswirkungen des Vorhabens vermitteln, sodass diese Ergebnisse optimal in den Entscheidungsprozess und die Prüfung der einzuhaltenden materiell-rechtlichen Zulassungsanforderungen einfließen.[153] In welchem Umfang Fehler bei der Durchführung des UVP-Verfahrens einklagbar sind, richtet sich nach § 4 Abs. 1 Satz 1 Nr. 1 und 2 Umwelt-Rechtsbehelfsgesetz[154] und ist im Einzelnen umstritten.[155]

---

149 *Meßerschmidt*, Bundesnaturschutzrecht, § 9 BNatSchG Rn. 53; *Heugel,* in: Schlacke (Hrsg.), GK-BNatSchG, § 9 Rn. 26.

150 *Marzik/Wilrich*, BNatSchG, § 14 Rn. 24; *Meßerschmidt*, Bundesnaturschutzrecht, § 9 BNatSchG Rn. 53, „exemplarisch".

151 *Marzik/Wilrich*, BNatSchG, § 14 Rn. 24.

152 Statt vieler *Erbguth/Schlacke*, Umweltrecht, § 5 Rn. 62 ff.

153 BVerwG, Urt. v. 13. 12. 2007 – 4 C 9/06, NVwZ 2008, 563 (566 ff.); *Schink*, NVwZ 2005, 615 (616).

154 Gesetz über ergänzende Vorschriften zu Rechtsbehelfen in Umweltangelegenheiten nach der EG-Richtlinie 2003/35/EG v. 07. 12. 2006 (BGBl. I S. 2816).

155 Siehe hierzu näher den aktuellen Überblick bei *Appel,* in: Baur/Salje/Schmidt-Preuß, Regulierung in der Energiewirtschaft, Kapitel 103, Rn. 77 f. m.w.N.

Die Landschaftsplanung hat für die Beurteilung der Umweltverträglichkeit *81*
von Vorhaben in verschiedener Hinsicht Bedeutung. Zwar ist nicht ersichtlich, dass die sachgerechte Durchführung einer UVP zwingend eines Instruments wie der Landschaftsplanung bedarf. Allerdings kommt der Landschaftsplanung zunächst eine besondere Rolle im Rahmen der allgemeinen
und standortbezogenen Prüfung des Einzelfalls nach § 3c Satz 1 und 2 UVPG
(bzw. nach Landesrecht) zu. Die UVP-Einzelfallvorprüfung erfordert ein sog.
Screening, d.h. eine überschlägige Vorab-Prüfung anhand der in Anlage 2
UVPG aufgeführten Relevanzkriterien, um zu ermitteln, ob das in Rede stehende Vorhaben erhebliche nachteilige Umweltauswirkungen haben kann
und aus diesem Grund eine UVP durchzuführen ist. Da das Screening gemäß
seinem Sinn und Zweck die eigentliche UVP gerade nicht vorwegnehmen
darf, sind bei diesem Verfahrensschritt keine aufwändigen Untersuchungen
vorgesehen, sondern ist man in besonderem Maße auf bereits vorhandene
Informationen angewiesen.[156] Die im Rahmen der Landschaftsplanung gewonnenen Erkenntnisse über den Zustand von Natur und Landschaft können daher für die sachgerechte Durchführung des UVP-Screenings von besonderer Bedeutung sein.[157]

Ein weiterer Verfahrensschritt der UVP ist gemäß § 5 UVPG das sog. **Scoping**, *82*
d.h. die behördliche Unterrichtung des Vorhabenträgers über die nach § 6
UVPG voraussichtlich beizubringenden Unterlagen. Durch das Scoping soll
der Vorhabenträger frühzeitig über den Untersuchungsrahmen der UVP und
die zu erstellenden Unterlagen informiert und hierdurch das Verfahren effi-
zient gestaltet werden.[158] Da auch das Scoping der eigentlichen UVP vorge-
schaltet ist und dem Vorhabenträger für diesen Verfahrensschritt ebenfalls
keine ins Detail gehenden Untersuchungen abverlangt werden können, müssen die Beteiligten auch hier v.a. auf bereits weitgehend vorhandene Informationen über den Zustand von Natur und Landschaft zurückgreifen.[159] Die
bei der Landschaftsplanung gewonnenen Erkenntnisse können daher auch
für die sachgerechte Durchführung des Scoping-Verfahrens eine gewichtige
Hilfestellung sein.[160]

Im Rahmen der eigentlichen UVP ist gemäß § 11 UVPG eine zusammenfas- *83*
sende Darstellung der Umweltauswirkungen des Vorhabens erforderlich,
was u.a. eine umfassende Bestandsaufnahme der vom Vorhaben betroffenen
Umwelt voraussetzt.[161] Die Landschaftsplanung kann hierfür wichtige Anhaltspunkte liefern, da ein wesentlicher Inhalt der Landschaftsplanung gemäß § 9 Abs. 3 Satz 1 Nr. 1 und 3 gerade die Darstellung und Bewertung des

---

156 Vgl. *SRU*, Sondergutachten 2002, Tz. 268; *Bunge*, in: Spannowsky/Hofmeister, Land-
    schaftsplanung, S. 131; *Peters/Balla*, UVPG, § 3c Rn. 6; *Bunge*, in: Storm/Bunge,
    HdUVP, § 3c Rn. 40 f.; *Dienes*, in: Hoppe, UVPG, § 3c Rn. 12.
157 Vgl. *Bunge*, in: Spannowsky/Hofmeister, Landschaftsplanung, S. 131; *Bönsel*, LKV
    2002, 218 (219); *SRU*, Sondergutachten 2002, Tz. 277.
158 *Kment*, in: Hoppe, UVPG, § 5 Rn. 1 f.; *Peters/Balla*, UVPG, § 5 Rn. 1.
159 Vgl. *Bunge*, in: Storm/Bunge, HdUVP, § 5 Rn. 16; *Kment*, in: Hoppe, UVPG, § 5 Rn. 14.
160 *Bunge*, in: Spannowsky/Hofmeister, Landschaftsplanung, S. 135.
161 *Bunge*, in: Storm/Bunge, HdUVP, § 11 Rn. 14; *Peters/Balla*, UVPG, § 11 Rn. 5.

vorhandenen und zu erwartenden Zustands von Natur und Landschaft im Planungsraum ist. Für die sachgerechte Durchführung der UVP ist die Landschaftsplanung daher ein wichtiges Erkenntnismittel, zumal sich durch diese häufig nicht nur Angaben zum Zustand, sondern gerade auch zur naturschutzfachlichen Wertigkeit der vom Vorhaben betroffenen Flächen gewinnen lassen.[162] Dies gilt besonders, weil die Landschaftsplanung nicht dem für UVP-pflichtige Vorhaben oftmals typischen Zeitdruck unterliegt und deshalb befähigt ist, auch solche Erkenntnisse zu vermitteln, die regelmäßig nur im Rahmen zeitaufwändigerer Untersuchungen gewonnen werden können.[163] Insbesondere kann die Landschaftsplanung als sektorale Naturschutzfachplanung strukturelle und ökosystemare Verflechtungen sachgerecht erfassen und bewerten und leidet als solche daher nicht unter der bei UVP-pflichtigen Vorhaben zum Teil angenommenen Gefahr selektiver vorhabensbezogener Ermittlungen.[164]

c) SUP-RL

84 Über die Anforderungen der vorhabensbezogenen UVP hinausgehend sind die Mitgliedsstaaten nach der SUP-RL verpflichtet, besonders umweltrelevante Pläne und Programme auf ihre Umweltauswirkungen zu untersuchen. Für die Einführung einer solchen **strategischen Umweltprüfung** (teilweise auch „Plan-UVP" genannt) besteht ein Bedürfnis, weil damit bereits auf der hochstufigen Planungs- und Programmebene Konflikte aufgezeigt und ausgeräumt werden können, bevor die Planungen in das konkrete Stadium der Vorhabenkonzipierung eintreten.[165] Zudem werden mit der SUP-RL bei der UVP-RL teilweise als defizitär empfundene Gesichtspunkte im Sinne einer frühzeitigen und umfassenden Umweltvorsorge aufgegriffen.[166] Im Übrigen bestehen zwischen der SUP und UVP jedoch vom strategischen Ansatz her keine Unterschiede, da auch die SUP ein reines Verfahrensinstrument ohne unmittelbare materiell-rechtliche Wirkungen ist und lediglich der Darstellung und Aufbereitung von möglichen Umweltauswirkungen dient, damit ihnen in der zu treffenden Plan-/Programmentscheidung in möglichst großem Umfang Rechnung getragen werden kann.[167]

---

162 *Gellermann*, in: Landmann/Rohmer, Umweltrecht, 56. EL. 2009, § 14 BNatSchG Rn. 21; siehe auch *SRU*, Sondergutachten 2002, Tz. 277; *Czybulka*, in: Riedel/Lange, Landschaftsplanung, S. 41; *Bunge*, in: Spannowsky/Hofmeister, Landschaftsplanung, S. 131; *Kloepfer*, ZG 2006, 250 (262); *ders.*, in: FS Scholz, S. 665.

163 *Gellermann*, in: Landmann/Rohmer, Umweltrecht, 56. EL. 2009, § 14 BNatSchG Rn. 21; *Gassner*, in: Gassner/Bendomir-Kahlo/Schmidt-Räntsch, BNatSchG, § 13 Rn. 4.

164 *Ramsauer*, NuR 1993, 108 (111); *Gellermann*, in: Landmann/Rohmer, Umweltrecht, 56. EL. 2009, § 14 BNatSchG Rn. 21; *Gassner*, in: Gassner/Bendomir-Kahlo/Schmidt-Räntsch, BNatSchG, § 14 Rn. 17.

165 *SRU*, Sondergutachten 2002, Tz. 287; *Hendler*, NVwZ 2005, 977 (977); *Schink*, NVwZ 2005, 615 (616).

166 *Peters/Surburg*, VR 2004, 9 (10); *Schink*, NVwZ 2005, 615 (616).

167 *Schink*, NVwZ 2005, 615 (616) m.w.N.

Die unionsrechtlichen Vorgaben sind in Deutschland v.a. in § 9 ROG, § 2   85
Abs. 4 BauGB und §§ 14a ff. UVPG umgesetzt. Nach dem UVPG ist im Wesentlichen zwischen Plänen und Programmen mit obligatorischer SUP-Pflicht
(§ 14b Abs. 1 UVPG i.V.m. Anlage 3 Nr. 1 und 2 UVPG; § 14c UVPG) und
konditionaler SUP-Pflicht (§ 14c Abs. 2 und 4; 14d UVPG) zu unterscheiden.[168] In letztgenannten Fällen ist eine SUP nur erforderlich, wenn eine
SUP-Einzelfallvorprüfung (Screening) ergibt, dass der Plan oder das Programm voraussichtlich erhebliche Umweltauswirkungen hat. Kernstück der
SUP ist der Umweltbericht, in dem insbesondere die voraussichtlichen erheblichen Umweltauswirkungen der Durchführung des Plans/Programms sowie vernünftige Alternativen zu ermitteln, zu beschreiben und zu bewerten
sind (§ 14g Abs. 1 UVPG).

Der Landschaftsplanung kommt für die Umsetzung der Vorgaben der SUP-   86
RL in verschiedener Hinsicht Bedeutung zu.[169] Zwar ist nicht ersichtlich,
dass die SUP-RL den Mitgliedsstaaten ein Instrument wie die Landschaftsplanung verbindlich vorschreibt. Die Landschaftsplanung kann jedoch sowohl für eine ggf. erforderliche SUP-Einzelfallvorprüfung als auch für das
gemäß § 14f UVPG auch bei der SUP durchzuführende **Scoping-Verfahren**
eine wichtige Rolle spielen. Für beide Verfahrensschritte sind – ähnlich wie
bei der vorhabensbezogenen UVP – keine aufwändigen Untersuchungen
vorgesehen, sodass man insoweit in besonderem Maße auf bereits vorhandene Informationen angewiesen ist und der Landschaftsplanung hier eine
wichtige Bedeutung zukommen kann.[170] Darüber hinaus ist die Landschaftsplanung in der Lage, wesentliche Grundlagen für die Erstellung des **Umweltberichts** zu liefern und trägt insoweit zur Umsetzung der SUP-RL bei.[171]
Zwar werden Pläne und Programme, die Gegenstand einer SUP sind, mitunter nicht dem Zeitdruck UVP-pflichtiger Vorhaben unterliegen und ist aufgrund der hochgezonten Plan- bzw. Programmebene die Gefahr selektiver
Ermittlungen geringer. Gleichwohl bildet die Landschaftsplanung mit ihrer
auf die Optimierung des Zustands von Natur und Landschaft zugeschnittenen
Ausrichtung und den zahlreichen Querschnittsbezügen zu den im Umweltbericht einzuhaltenden Anforderungen in besonderem Maße die Möglichkeit,
den Naturschutzbelangen im Rahmen der SUP Geltung zu verleihen. Daher
wird die Landschaftsplanung für den im Rahmen der SUP zu erstellenden
Umweltbericht teilweise als „ökologische Messlatte" angesehen.[172] Bedeu-

---

168 Näher *Ergbuth/Schubert*, ZUR 2005, 524 (527); *Schink*, NVwZ 2005, 615 (619); *Hendler*,
    NVwZ 2005, 977 (979f.).

169 Eingehend *Jessel/Müller-Pfannenstiel/Rößling*, NuL 2003, 332 (334ff.).

170 *Bunge*, in: Spannowsky/Hofmeister, Landschaftsplanung, S. 135; *Jessel/Müller-Pfannen-
    stiel/Rößling*, NuL 2003, 332 (334).

171 *SRU*, Sondergutachten 2002, Tz. 286; *Bunge*, in: Spannowsky/Hofmeister, Landschaftsplanung, S. 135; *Köck/Wolf*, NVwZ 2008, 353 (356), 360; *Kloepfer*, ZG 2006, 250 (260);
    ders., in: FS Scholz, S. 665; *Hage*, in: Spannowsky/Hofmeister, Landschaftsplanung,
    S. 119; *Jessel/Müller-Pfannenstiel/Rößling*, NuL 2003, 332 (335).

172 *Louis*, in: Spannowsky/Hofmeister, Landschaftsplanung, S. 13. Siehe auch BR-Drs. 278/09,
    S. 172; BT-Drs. 16/12274, S. 54, wonach die Landschaftsplanung „die Grundlage für die
    Durchführung der Strategischen Umweltprüfung von Plänen und Programmen" darstellt.

tung kommt der Landschaftsplanung ferner für die Einhaltung der nach Art. 11 SUP-RL bestehenden **Monitoringpflichten** zu, da das insoweit aufzustellende anspruchsvolle Überwachungsprogramm auf Angaben zum Zustand von Natur und Landschaft angewiesen ist, wozu die Landschaftsplanung wesentliche Beträge liefern kann.[173]

87 Der vorgenannten Bedeutung der Inhalte von Landschaftsplanungen für die SUP bei anderen Plänen und Programmen hat der Gesetzgeber inzwischen auch in verschiedenen Vorschriften ausdrücklich Rechnung getragen. So sind etwa bei der Umweltprüfung für Bauleitpläne gemäß § 2 Abs. 4 Satz 6 BauGB die Bestandsaufnahmen und die Bewertungen von Landschaftsplänen heranzuziehen.[174]

88 Von diesen Gesichtspunkten ist allerdings die Frage zu unterscheiden, ob Landschaftsplanungen selbst SUP-pflichtig sind. Dazu bestimmte § 14b Abs. 1 Nr. 1 i.V.m. Anlage 3 Nr. 1 (Ziff. 1.9) UVPG a.F., dass Landschaftsplanungen i.S.d. §§ 15, 16 BNatSchG a.F. einer SUP-Pflicht unterliegen. Dabei hatte der Bundesgesetzgeber allerdings davon abgesehen, bei der Landschaftsplanung – anders als bei sonstigen Fachplanungen – die SUP als einen eigenständigen und zur Planaufstellung hinzutretenden Prüfungsschritt auszugestalten, sondern in Ansehung der Parallelen zwischen Landschaftsplanung und Umweltprüfung[175] das Verfahren zum Erlass von Landschaftsplanungen lediglich um SUP-bezogene Elemente ergänzt und im Übrigen die Regelungsbefugnis der Länder eröffnet (vgl. § 19a UVPG a.F.).[176]

89 Im Gesetzentwurf zum BNatSchG 2010 war in § 9 Abs. 6 für Landschaftsrahmenpläne und Landschaftspläne, für deren Aufstellung oder Fortschreibung eine Pflicht bestand, ebenfalls noch eine SUP-Pflicht vorgesehen. § 9 Abs. 6 wurde jedoch auf Betreiben des Bundesrates v.a. mit der Begründung gestrichen, dass Landschaftsplanungen lediglich **positive Umweltauswirkungen** hätten und daher keine zwingende Pflicht zur Umweltprüfung nach der SUP-RL bestehe.[177] Parallel wurde das UVPG geändert und richtet sich bei Landschaftsplanungen die Notwendigkeit zur Durchführung einer SUP nunmehr ausschließlich nach Landesrecht (§ 19a UVPG).[178] Die bereits zu § 19a UVPG a.F. diskutierten Streitfragen, ob Landschaftsplanungen als „**Umweltschutzplanungen**" tatsächlich lediglich positive Auswirkungen auf die Umwelt haben und der für eine SUP-Pflicht notwendige „Rahmen setzende"

173 *Jessel/Müller-Pfannenstiel/Rößling*, NuL 2003, 332 (335); *Bunge*, in: Spannowsky/Hofmeister, Landschaftsplanung, S. 135.

174 Hierzu näher *Krautzberger*, in: Ernst/Zinkahn/Bielenberg, BauGB, § 2 Rn. 245 ff.

175 Siehe etwa *Scholles/von Haaren/Myrzik/Ott/Wilke/Winkelbrandt/Wulfert*, UVP-report 2003, S. 76 ff.

176 *Gellermann*, in: Landmann/Rohmer, Umweltrecht, 56. EL. 2009, § 11 BNatSchG Rn. 3.

177 Vgl. BR-Drs. 278/1/09, S. 13; BT-Drs. 16/13430, S. 4; siehe zum Gesetzgebungsprozess auch *Spannowsky*, in: Spannowsky/Hofmeister, Landschaftsplanung, S. 52.

178 Siehe hierzu *Louis*, NuR 2010, 77 (81); *Gassner/Heugel*, Das neue Naturschutzrecht, Rn. 211.

Charakter von Landschaftsplanungen vorliegt[179], werden daher in Zukunft wieder größere Aktualität erlangen. Da insoweit auch das jeweils landesrechtlich gewählte Integrationsmodell von Bedeutung ist[180], erscheint die Verlagerung der Frage der SUP-Pflicht von Landschaftsplanungen in die Entscheidungsgewalt der Länder indes vertretbar.

d) V-RL und FFH-RL

Die V-RL und die FFH-RL bilden die zwei zentralen Säulen des europäischen 90
Naturschutzrechts. Beide Richtlinien enthalten unter anderem Vorschriften zum Gebietsschutz[181], der darauf abzielt, die Natur durch Errichtung eines europaweiten Netzes von Schutzgebieten **(Natura 2000-Netz)** vor Beeinträchtigungen zu bewahren.[182] Die Mitgliedstaaten sind verpflichtet, unter bestimmten Voraussetzungen entsprechende FFH- und Vogelschutzgebiete auszuweisen, die nach Ausweisung[183] dem Schutzregime des Art. 6 FFH-RL unterliegen.[184] Gemäß Art. 6 Abs. 3 FFH-RL sind Pläne oder Projekte, die nicht unmittelbar mit der Verwaltung des betreffenden Gebiets in Verbindung stehen oder hierfür nicht notwendig sind, ein solches Gebiet jedoch einzeln oder im Zusammenwirken mit anderen Plänen oder Projekten erheblich beeinträchtigen können, auf ihre Verträglichkeit mit den für das Gebiet festgelegten Erhaltungszielen zu prüfen. Zunächst ist im Wege einer überschlägigen Vorab-Prüfung zu untersuchen, ob eine erhebliche Beeinträchtigung von vorneherein ausgeschlossen werden kann **("FFH-Screening")**. Andernfalls ist eine **FFH-Verträglichkeitsuntersuchung** durchzuführen. Sind im Ergebnis der FFH-Verträglichkeitsuntersuchung erhebliche Gebietsbeeinträchtigungen nicht auszuschließen, so ist das Vorhaben grundsätzlich unzulässig und kann gemäß Art. 6 Abs. 4 FFH-RL nur nach Erteilung einer **FFH-Abweichungsentscheidung** realisiert werden.[185]

Die Landschaftsplanung kann v. a. für die Einhaltung der Vorgaben des 91
europäischen Gebietsschutzes eine gewichtige Rolle spielen. Zwar ist nicht erkennbar, dass durch die V-RL oder die FFH-RL das Instrument der Landschaftsplanung als solches festgeschrieben ist. Auch sind Landschafts-

---

179 Vgl. *Louis*, UPR 2006, 285 (285); *Ott*, in: Spannowsky/Hofmeister, Landschaftsplanung, S. 21 ff.; a.A. *Kment*, UPR 2007, 85 (86).

180 Vgl. *Peters/Surburg*, VR 2004, 9 (11); *Ott*, in: Spannowsky/Hofmeister, Landschaftsplanung, S. 23 f.

181 Vgl. Art. 3, 4 VS-RL und Art. 3 ff. FFH-RL.

182 Näher statt vieler *Gellermann*, Natura 2000; zur Sonderproblematik der Anwendbarkeit der Vorgaben der VS-RL und FFH-RL auf sog. Bergbaufolgelandschaften siehe *von Daniels/Appel*, NuR 2007, 685 ff.

183 Auch zu Unrecht nicht unter Schutz gestellte Gebiete unterstehen den gebietsschutzrechtlichen Vorgaben der VS- und FFH-RL, wobei die Einzelheiten (insbesondere bei FFH-Gebieten) umstritten sind, vgl. *EuGH*, Urt. v. 13.01.2005 – C-117/03, NuR 2005, 242 ff.; *Wagner/Emmer*, NVwZ 2006, 422 ff.; *Scheidler*, NuR 2009, 232 (234); *Frenz*, Harmonisierung der Natura 2000-Richtlinien, S. 29 f.; *Frenz*, UPR 2009, 5 (10).

184 Dazu näher statt vieler *Ramsauer*, NuR 2000, 601 (602 ff.).

185 Zu den Anforderungen an die Abweichungsentscheidung siehe im Einzelnen *Spieth/Appel*, NuR 2009, 669 ff.

planungen mangels Außenverbindlichkeit (vgl. § 8 Rn. 2) nicht in der Lage, allein durch die in ihnen getroffenen Festlegungen den unionsrechtlich gemäß Art. 4 Abs. 5 i.V.m. Art. 6 Abs. 2–4 und Art. 7 FFH-RL gebotenen Mindestschutz für FFH- und Vogelschutzgebiete sicherzustellen.[186] Allerdings können die in Landschaftsplanungen enthaltenen Bestandsaufnahmen zu Natur und Landschaft insbesondere beim FFH-Screening aufgrund dessen Angewiesenheit auf bereits vorhandene Informationen besonders wichtig werden. Dasselbe gilt – wie auch in § 9 Abs. 5 Satz 2 ausdrücklich herausgestellt – für die eigentliche FFH-Verträglichkeitsprüfung, deren Durchführung von den seitens der Landschaftsplanung zur Verfügung gestellten Informationen gefördert werden kann.[187] Dies gilt besonders aus den oben bereits im Zusammenhang mit der UVP angeführten Gründen, da auch die FFH-Verträglichkeitsprüfung mitunter einem besonderen Zeitdruck und vorhabensbezogenen Fokus unterliegen kann. Die Landschaftsplanung hat dagegen den Vorteil, dass sie für die FFH-Verträglichkeitsprüfung auch solche strukturellen und ökosystemaren Erkenntnisse vermitteln kann, die sich regelmäßig nur im Rahmen zeitaufwändigerer und breiter aufgestellter Untersuchungen gewinnen lassen.

92 Darüber hinaus enthalten V-RL und FFH-RL an zahlreichen weiteren Stellen planerische Elemente und Vorgaben, für deren Einhaltung ein Instrument wie die Landschaftsplanung wichtig ist. Dies gilt etwa mit Blick auf die für eine FFH-Abweichungsentscheidung vorzusehenden **Kohärenzsicherungsmaßnahmen**, für die in der Landschaftsplanung bereits in einem frühzeitigen Stadium geeignete Gebiete dargestellt und mit anderen Ausgleichs- und Ersatzmaßnahmen räumlich koordiniert werden können.[188] Ferner ergibt sich ein zusätzlicher Planungsauftrag aus Art. 3 Abs. 3 FFH-RL, wonach sich die Mitgliedstaaten bemühen, die Kohärenz des Natura 2000-Netzes durch die Erhaltung und ggf. Schaffung der in Art. 10 FFH-RL genannten **Landschaftselemente**, die von ausschlaggebender Bedeutung für wild lebende Tiere und Pflanzen sind, zu verbessern. Für die Einhaltung dieser Vorgaben kann die Landschaftsplanung eine besondere Rolle spielen, da sie die frühzeitige Förderung solcher Landschaftselemente ermöglicht.[189] Ein weiteres planerisches Betätigungsfeld der Richtlinien sind **Pflege- und Entwicklungsmaßnahmen** zur zweckentsprechenden Weiterentwicklung von Schutzgebieten sowie die Schaffung von Ersatzräumen und Entwicklungsgebieten.[190] Mit Blick auf die Landschaftsplanung von Bedeutung sind auch die umfangreichen **Monitoringpflichten** nach Art. 11 FH-RL, die eine leistungsfähige Überwachung des

---

186 *Gellermann*, in: Landmann/Rohmer, Umweltrecht, 56. EL. 2009, § 14 BNatSchG Rn. 15; *Marzik/Wilrich*, BNatSchG, § 14 Rn. 14.

187 *Schulze-Fielitz*, NVwZ 2007, 249 (257); *Czybulka*, in: Riedel/Lange, Landschaftsplanung, 2009, S. 36 ff.; *Bönsel*, LKV 2002, 218 (219); *Kloepfer*, ZG 2006, 250 (262); *ders.*, in: FS Scholz, S. 665; *Bunge*, in: Spannowsky/Hofmeister, Landschaftsplanung, S. 135.

188 Zu den Anforderungen an Kohärenzsicherungsmaßnahmen siehe ausführlich *Spieth/Appel*, NuR 2009, 669 ff.

189 *Gellermann*, in: Landmann/Rohmer, Umweltrecht, 56. EL. 2009, § 14 BNatSchG Rn. 15; *Czybulka*, in: Riedel/Lange, Landschaftsplanung, S. 35.

190 *Czybulka*, in: Riedel/Lange, Landschaftsplanung, S. 35.

Appel

Erhaltungszustands in allen Gebieten erfordern, in denen Populationen europäisch geschützter Arten beheimatet sind.[191] Das europäische Naturschutzrecht ist daher bereits von seinem Ansatz her großräumiger und dynamischer ausgerichtet als das nationale Naturschutzrecht, sodass ein Mitgliedstaat zur Einhaltung dieser Anforderungen entsprechende planerische Vorgaben vorzusehen hat, denen mit einem Instrument wie der Landschaftsplanung in besonderem Maße Rechnung getragen werden kann.[192]

e) WRRL

Mit der Ende des Jahres 2000 in Kraft getretenen WRRL wurde der bis dato   93
bestehende wasserrechtliche „Flickenteppich"[193] durch ein umfassendes unionsrechtliches Wasserschutzregime abgelöst.[194] Wesentliches Ziel der Richtlinie ist der Schutz der Binnenoberflächengewässer, der Übergangsgewässer, der Küstengewässer und des Grundwassers (Art. 1 WRRL). Dieses Ziel wird durch die in Art. 4 WRRL aufgenommenen Umweltziele konkretisiert. Hiernach ist es Aufgabe der Mitgliedstaaten, zum einen notwendige Maßnahmen durchzuführen, die eine Verschlechterung des Zustands aller Oberflächengewässer und Grundwasserkörper verhindern. Zum anderen sollen die Mitgliedstaaten binnen 15 Jahren nach Inkrafttreten der Richtlinie – vorbehaltlich bestimmter Ausnahmen und der Möglichkeit von Fristverlängerungen – einen **„guten Zustand"** der Oberflächengewässer und des Grundwassers erreichen. Etwas anderes gilt bei künstlichen oder erheblich veränderten Oberflächenwasserkörpern, die in derselben Frist – wiederum vorbehaltlich bestimmter Ausnahmen und Fristverlängerungen – ein **„gutes ökologisches Potenzial und einen guten chemischen Zustand"** aufweisen müssen. Was unter einem guten Zustand bzw. einem guten Potenzial zu verstehen ist, wird in Anhang V WRRL für verschiedene Gewässerarten bestimmt.

Zur Erreichung der vorgenannten Ziele müssen die Mitgliedstaaten sämt-   94
liche Gewässer gemäß Art. 3 WRRL einer (ggf. internationalen) **Flussgebietseinheit** zuordnen. Für jede Flussgebietseinheit hat nach Maßgabe des Art. 5 WRRL eine Bestandsaufnahme zu erfolgen, die die Analyse der Merkmale der Flussgebietseinheit, eine Überprüfung der Auswirkungen menschlicher Tätigkeiten auf den Zustand des Grund- und Oberflächenwassers sowie eine wirtschaftliche Analyse der Wassernutzung umfasst. Gemäß Art. 8 WRRL unterliegen die Mitgliedstaaten einem umfangreichen Monitoringprogramm. Nach Art. 11 und Art. 13 WRRL sind für jede Flussgebietseinheit **Maßnahmenprogramme** und **Bewirtschaftungspläne** aufzustellen (vgl. §§ 82, 83 WHG), die auf die Verwirklichung der Ziele des Art. 4 WRRL gerichtet sind, wobei das Verhältnis dieser Planungen zueinander streitig ist.[195]

---

191 *Köck/Wolf*, NVwZ 2008, 353 (357).
192 Vgl. *Czybulka*, in: Riedel/Lange, Landschaftsplanung, 2009, S. 35.
193 *Breuer*, WuB 47 (1995), 10 (10).
194 Siehe hierzu im Einzelnen *Caspar*, DÖV 2001, 529 ff.; *Berendes*, ZfW 2002, 197 ff.
195 Dazu statt vieler *Götze*, ZUR 2008, 393 (394 ff.); *Dieckmann*, EurUP 2008, 2 (4 ff.) m.w.N.

95 Die Landschaftsplanung kann für die Einhaltung der Anforderungen der WRRL in verschiedener Hinsicht wichtige Beiträge leisten.[196] Auch wenn die Blickwinkel der Landschaftsplanung und der Instrumente der WRRL nicht identisch sind und sich insoweit Unterschiede in den Handlungsfeldern und methodischen Vorgehensweisen ergeben[197], sind doch viele Schutzaspekte der Wasserbewirtschaftung auch solche der Landschaftsplanung, zumal von der wasserrechtlichen Bewirtschaftungsplanung aufgrund der Einbeziehung der Stillgewässer und des gesamten Grundwasservorkommens nunmehr nahezu die gesamte Landesfläche berührt wird.[198] Die in der WRRL vorge-gebenen Entwicklungszielzustände für Grund- und Oberflächengewässer setzen erstmals flächendeckend verbindliche Ziele für den Wasserschutz fest, was Auswirkungen für die gesamte Landnutzung hat. Mit der einzugs-gebietsbezogenen Abgrenzung der Flussgebiete wird eine flächendeckende Planung erforderlich, die sich nicht an Verwaltungseinheiten und Staats-grenzen hält und eine vielfältige Koordinierungsarbeit verlangt, die v.a. auch durch die Landschaftsplanung geleistet werden kann.[199]

96 Den Darstellungen der Landschaftsplanung kommt zunächst im Rahmen der gemäß Art. 5 WRRL erforderlichen **Bestandsaufnahme** eine gewichtige Rolle zu. Insoweit spielen insbesondere die in Landschaftsplanungen flächen-deckend aufgeführten aktuellen Flächen- und Fließgewässernutzungen eine Rolle, v.a. wenn diese in Bereichen mit hoher Empfindlichkeit des Grund-wassers gegenüber flächenhaft eindringenden Schadstoffen oder in unmit-telbarer Gewässernähe erfolgen.[200] Ferner lassen sich beispielsweise aus der landschaftsplanerischen Biotopkartierung flächendeckend vom Wasser ab-hängige Lebensräume und nährstoffsensible Gebiete ermitteln.[201] Allerdings ist eine Verwendung der herkömmlichen landschaftsplanerischen Bestands-aufnahmen und –bewertungen für die Zwecke der WRRL v.a. davon abhän-gig, dass in Landschaftsplanungen einheitliche Analysemethoden angewen-det werden und eine einzugsgebietsbezogen konsistente Informationsbasis besteht.[202]

97 Des Weiteren hat die Landschaftsplanung Einfluss auf die **wasserwirtschaft-liche Zielfestlegung**. Wird von Seiten der Wasserwirtschaft durch die jeweils zu untersuchenden Komponenten festgelegt, was ein guter ökologischer Zu-

---

196 *SRU*, Sondergutachten 2002, Tz. 281 f.; *Starick/Lipp/Haustein*, Wasserrahmenrichtlinie und Landschaftsplanung, S. 1 ff.; *Jessel/Hasch*, Naturschutz und Landschaftsplanung 2006, 108 ff.; *Kloepfer*, ZG 2006, 250 (262); *ders.*, in: FS Scholz, S. 665; *Bunge*, in: Span-nowsky/Hofmeister, Landschaftsplanung, S. 132; *Galler/von Haaren/Horlitz*, Natur-schutz und Landschaftsplanung 2009, 57/59.

197 Näher *Jessel/Hasch*, Naturschutz und Landschaftsplanung 2006, 108 (109).

198 *SRU*, Sondergutachten 2002, Tz. 281; *Starick/Lipp/Haustein*, Wasserrahmenrichtlinie und Landschaftsplanung, S. 1.

199 Vgl. *SRU*, Sondergutachten 2002, Tz. 279; *Bunge*, in: Spannowsky/Hofmeister, Land-schaftsplanung, S. 132.

200 *Jessel/Hasch*, Naturschutz und Landschaftsplanung 2006, 108 (111).

201 *Starick/Lipp/Haustein*, Wasserrahmenrichtlinie und Landschaftsplanung, S. 3; *Herbert/Wilke*, Natur und Landschaft 2003, 64 (68 f.).

202 *Jessel/Hasch*, Naturschutz und Landschaftsplanung 2006, 108 (111 f., 113).

stand ist, so ist es Aufgabe der Landschaftsplanung, hierfür die raumspezifischen Leitbilder und Ziele beizusteuern.[203] So sind bei der Aufstellung von Landschaftsplanungen Referenzzustände und Umweltziele nach der WRRL auf ihre Vereinbarkeit mit naturschutzfachlichen Zielen zu überprüfen und Zielkonflikte herauszuarbeiten und Möglichkeiten ihrer Bewältigung aufzuzeigen.[204]

Bei der Aufstellung der Maßnahmenprogramme i.S.d. § 82 WHG und Bewirtschaftungspläne i.S.d. § 83 WHG gibt es zahlreiche Berührungspunkte und Überschneidungsbereiche zur Landschaftsplanung.[205] Insbesondere bei der Entwicklung von Maßnahmenkonzepten zu Schutzgebieten mit unmittelbar vom Wasser abhängigen Lebensräumen, der Wiederherstellung von Feucht-, Überschwemmungs- und Auegebieten, der Anlage von Gewässerrandstreifen und der Ausweisung von Vorrangbereichen für Fließgewässerrenaturierungen können die Darstellungen der Landschaftsplanung von Bedeutung sein.[206] Die Landschaftsplanung hat insoweit v.a. die Aufgabe, die für die Gewässerentwicklung wichtigen Flächen zu kennzeichnen, die dann durch die Bauleitplanung von konkurrierenden Nutzungsansprüchen frei gehalten werden sollten sowie Konzepte zur Verringerung diffuser Schadstoffausträge aus der Landschaft aufzuzeigen.[207] Qualitativ ansetzende Potenzialanalysen können helfen, gezielt die empfindlichsten Bereiche bzw. diejenigen Flächen zu bestimmen, die aus Sicht der Landschaftsplanung ein besonderes Konfliktpotenzial bezüglich Stoffeinträgen in die Gewässer aufweisen.[208] Für die Übernahme landschaftsplanerischer Maßnahmevorschläge in Maßnahmenprogramme ist es wichtig, dass die landschaftsplanerischen Aussagen nachvollziehbar begründet und gezielt einer bestimmten, zuvor ermittelten Belastungssituation zugeordnet werden können.[209]

Neben dem Verweis auf die wasserrechtlichen Maßnahmenprogramme i.S.d. § 82 WHG wurde in Absatz 5 Satz 2 zur Umsetzung der **Meeresstrategie-Rahmenrichtlinie**[210] der Verweis auf § 45h WHG eingefügt. Diese Vorschrift enthält zwei fristgebundene Pflichten. Nach § 45h Abs. 1 S. 1 WHG sind bis zum 31.12.2015 Maßnahmenprogramme aufzustellen. Nach § 45h Abs. 5 WHG sind diese Maßnahmen bis zum 31.12.2016 durchzuführen, also in Vollzug zu setzen.[211]

98

99

---

203 Näher *Starick/Lipp/Haustein*, Wasserrahmenrichtlinie und Landschaftsplanung, S. 4 f.
204 *Jessel/Hasch*, Naturschutz und Landschaftsplanung 2006, 108 (112).
205 Siehe ausführlich die tabellarische Übersicht bei *Jessel/Hasch*, Naturschutz und Landschaftsplanung 2006, 108 (110).
206 *SRU*, Sondergutachten 2002, Tz. 281; *Jessel/Hasch*, Naturschutz und Landschaftsplanung 2006, 108 (110), 112; *Korn*, Naturschutz und Landschaftsplanung 2001, 246 (248); *Herbert/Wolke*, Natur und Landschaft 2003, 64 (69).
207 *SRU*, Sondergutachten 2002, Tz. 281; *Korn*, Naturschutz und Landschaftsplanung 2001, 246 (248); *Herbert/Wilke*, Natur und Landschaft 2003, 64 (69).
208 *Jessel/Hasch*, Naturschutz und Landschaftsplanung 2006, 108 (112).
209 *Jessel/Hasch*, Naturschutz und Landschaftsplanung 2006, 108 (112).
210 BGBl. 2011 I, S. 1986; vgl. *Heugel*, in: Schlacke (Hrsg.), GK-BNatSchG, § 9 Rn. 29.1.
211 *Gößl*, in: Sieder/Zeitler/Dahme/Knopp, WHG & AbwAG, § 45h WHG Rn. 3.

100 Zwar richten sich die Pflichten der Meeresstrategie-Rahmenrichtlinie auf das Erreichen bzw. Erhalten eines guten Zustands der Meeresgewässer. Hierzu zählen nach § 3 Nr. 2a WHG aber auch Küstengewässer. Soweit in diesen Bereichen Landschaftsschutzpläne aufgestellt wurden, ergibt sich daher eine Pflicht zur Berücksichtigung.[212]

101 Eine weitere für den Naturschutz wichtige Vorschrift ist die in Art. 7 WRRL enthaltene Möglichkeit, für die **Trinkwassernutzung** bedeutsame Wasserkörper unter Schutz zu stellen, da in diesen Schutzgebieten die Ziele des Wasserschutzes und die Ziele zum Schutz der übrigen wasserabhängigen Naturgüter und Funktionen in Einklang zu bringen sind, wofür die Landschaftsplanung wichtige Erkenntnisse leisten kann.[213]

102 Bedeutung kommt der Landschaftsplanung schließlich für die Einhaltung der nach Art. 8 WRRL bestehenden **Monitoringpflichten** zu, da das insoweit aufzustellende anspruchsvolle Überwachungsprogramm auf umfassende Angaben zum Zustand von Natur und Landschaft angewiesen ist, wozu die Landschaftsplanung wesentliche Beträge liefern kann.[214]

4. Begründungspflicht bei Nichtberücksichtigung (Abs. 5 Satz 3)

103 Wird den Inhalten der Landschaftsplanung in anderen Planungen und Verwaltungsverfahren nicht Rechnung getragen, d.h. von ihnen abgewichen, besteht gemäß Abs. 5 Satz 3 eine ausdrückliche **Begründungspflicht**. Dies dient dem Zweck, die Abweichung und den ihr vorangegangenen Abwägungsprozess nachvollziehbar[215] zu gestalten und die Inhalte der Landschaftsplanung vor einem „pauschalen Wegwägen"[216] zu bewahren. Mit der Begründungspflicht wird das Gewicht der Landschaftsplanung insgesamt verstärkt, da die Pflicht zur ausdrücklichen Auseinandersetzung mit ihren Inhalten die Hemmschwelle für ein Wegwägen erhöht.

104 In der Begründung ist die Abweichung von den Inhalten der Landschaftsplanung offenzulegen und sind die wesentlichen tatsächlichen und rechtlichen Gründe mitzuteilen, die zur Abweichung geführt haben.[217] Der Umfang der Begründung ist vom jeweiligen Einzelfall abhängig, wobei insbesondere das Maß der Abweichung den Umfang der Begründung bestimmt.[218]

105 Fehlt eine Begründung gänzlich oder ist sie unzureichend, so ist die Entscheidung formell fehlerhaft, was jedoch gemäß § 45 Abs. 1 Nr. 2, Abs. 2 VwVfG (bzw. entsprechendem Landesrecht) bis zum Abschluss eines etwai-

---

212 Vgl. *Heugel*, in: Schlacke (Hrsg.), GK-BNatSchG, § 9 Rn. 29.1; *Ginzky*, in: Giesberts/ Reinhardt, WHG, § 45h Rn. 1.
213 Vgl. *SRU*, Sondergutachten 2002, Tz. 280.
214 *Starick/Lipp/Haustein*, Wasserrahmenrichtlinie und Landschaftsplanung, S. 5.
215 BT-Drs. 14/6378, S. 46.
216 *Meßerschmidt*, Bundesnaturschutzrecht, § 9 BNatSchG Rn. 54.
217 *Schumacher/Schumacher*, in: Schumacher/Fischer-Hüftle, BNatSchG, § 9 Rn. 81.
218 BT-Drs. 14/6378, S. 46; *Schumacher/Schumacher*, in: Schumacher/Fischer-Hüftle, BNatSchG, § 9 Rn. 81.

gen Gerichtsverfahren geheilt werden kann.[219] Ein Verstoß gegen die Begründungspflicht kann allerdings nicht zum Gegenstand des Individualrechtsschutzes gemacht werden, da die Landschaftsplanung lediglich behördeninterne Wirkung hat und keine subjektiv-öffentlichen Rechte verleiht[220] (vgl. auch § 8 Rn. 2).

§ 10
Landschaftsprogramme und Landschaftsrahmenpläne[*])

(1) Die überörtlichen konkretisierten Ziele, Erfordernisse und Maßnahmen des Naturschutzes und der Landschaftspflege werden für den Bereich eines Landes im Landschaftsprogramm oder für Teile des Landes in Landschaftsrahmenplänen dargestellt. Die Ziele der Raumordnung sind zu beachten; die Grundsätze und sonstigen Erfordernisse der Raumordnung sind zu berücksichtigen.

(2) Landschaftsprogramme können aufgestellt werden. Landschaftsrahmenpläne sind für alle Teile des Landes aufzustellen, soweit nicht ein Landschaftsprogramm seinen Inhalten und seinem Konkretisierungsgrad nach einem Landschaftsrahmenplan entspricht.

(3) Die konkretisierten Ziele, Erfordernisse und Maßnahmen des Naturschutzes und der Landschaftspflege sind, soweit sie raumbedeutsam sind, in der Abwägung nach § 7 Abs. 2 des Raumordnungsgesetzes zu berücksichtigen.

(4) Die Zuständigkeit, das Verfahren der Aufstellung und das Verhältnis von Landschaftsprogrammen und Landschaftsrahmenplänen zu Raumordnungsplänen richten sich nach Landesrecht.

---

219 *Meßerschmidt*, Bundesnaturschutzrecht, § 9 BNatSchG Rn. 56; *Lorz/Konrad/Mühlbauer/ Müller-Walter/Stöckel*, Naturschutzrecht, § 9 BNatSchG Rn. 20.

220 *Marzik/Wilrich*, BNatSchG, § 13 Rn. 9.

*) Beachte bei:
§ 10 Abs. 1 Satz 1 u. Abs. 2: **Mecklenburg-Vorpommern** – Abweichung durch § 11 Abs. 1 NatSchAG MV v. 23.02.2010 (GVOBl. M.-V. S. 66) m.W.v. 01.03.2010 (vgl. BGBl. I 2010, S. 1621).
§ 10 Abs. 2 Satz 1: **Schleswig-Holstein** – Abweichung durch § 6 Abs. 1 LNatSchG SH v. 24.02.2010 (GVOBl. Schl.-H. S. 301) m.W.v. 01.03.2010 (vgl. BGBl. I 2010, S. 450).
§ 10 Abs. 1: **Hessen** – Abweichung durch § 6 Abs. 1 HAGBNatSchG v. 20.12.2010 (GVOBl. Hessen I S. 629) m.W.v. 29.12.2010 (vgl. BGBl. I 2011 S. 663).
§ 10 Abs. 2 Satz 2: **Schleswig-Holstein** – Abweichung durch § 5 Abs. 1 LNatSchG SH v. 24.02.2010 (GVOBl. Schl.-H. S. 301) m.W.v. 01.03.2010 (vgl. BGBl. I 2010, S. 450).
§ 10 Abs. 2 Satz 2: **Sachsen-Anhalt** – Abweichung durch § 5 Abs. 2 Satz 2 NatSchG LSA v. 10.12.2010 (GVBl. LSA S. 569) m.W.v. 17.12.2010 (vgl. BGBl. I 2011, S. 30).
§ 10 Abs. 2 S. 2: **Brandenburg** – Abweichung durch § 4 Abs. 4 BbgNatSchAG v. 21.01.2013 (GVBl. I/13 [Nr. 03, ber. (GVBl. I/13 Nr. 21)]) m.W.v. 01.06.2013.

Inhaltsübersicht

I. Überblick

1 Anknüpfend an § 8, der mit der Vorgabe einer überörtlichen und örtlichen Landschaftsplanung eine mindestens zweistufige Landschaftsplanung abweichungsfest vorschreibt[1] (vgl. auch § 8 Rn. 46 ff.), gestaltet § 10 mit seinen Vorgaben zu Landschaftsprogrammen und Landschaftsrahmenplänen die **überörtliche Ebene** näher aus.

2 Nach Abs. 1 Satz 1 sind die überörtlichen konkretisierten Ziele, Erfordernisse und Maßnahmen des Naturschutzes und der Landschaftspflege für das Gebiet eines Landes im Landschaftsprogramm und für Teile eines Landes in Landschaftsrahmenplänen darzustellen. Abs. 1 Satz 2 übernimmt die Raumordnungsklausel des § 15 Abs. 1 Satz 2 BNatSchG a.F.

3 Abweichend vom bisherigen Recht erfolgt nach Abs. 2 die Aufstellung von Landschaftsprogrammen nunmehr lediglich fakultativ, wohingegen Landschaftsrahmenpläne grundsätzlich obligatorisch aufzustellen sind. Auf letztere kann allerdings verzichtet werden, soweit ein Landschaftsprogramm seinen Inhalten und seinem Konkretisierungsgrad nach einem Landschaftsrahmenplan entspricht. Das Flächendeckungsprinzip gilt auf der überörtlichen Ebene uneingeschränkt fort.

4 Die Regelung des Abs. 3 trifft Vorgaben zur Übernahme der Inhalte der überörtlichen Landschaftsplanung in die Raumordnung und sieht vor, dass die konkretisierten Ziele, Erfordernisse und Maßnahmen des Naturschutzes und der Landschaftspflege, soweit sie raumbedeutsam sind, in der Abwägung nach § 7 Abs. 2 ROG zu berücksichtigen sind.

---

1 *Appel*, NuR 2010, 171 (176 f.).

Abs. 4 bestimmt im Wege einer Öffnungsklausel für die Länder, dass sich die 5
Zuständigkeit, das Verfahren der Aufstellung und das Verhältnis zur Raumordnung nach Landesrecht richten.

II. Überörtliche Landschaftsplanungen

1. Landschaftsprogramme (Abs. 1 Satz 1 Alt. 1; Abs. 2 Satz 1)

a) Inhalt

Gegenstand von Landschaftsprogrammen und Landschaftsrahmenplänen 6
sind gemäß Abs. 1 Satz 1 die „überörtlichen konkretisierten Ziele, Erfordernisse und Maßnahmen des Naturschutzes und der Landschaftspflege". Die
Begriffe Ziele, Erfordernisse und Maßnahmen entsprechen denen des § 9
(siehe § 9 Rn. 7 ff.). Die in § 10 Abs. 1 Satz 1 im Vergleich zu § 15 Abs. 1
Satz 1 BNatSchG a.F. aufgenommene Ergänzung der „konkretisierten Ziele"
ergibt sich aus der in § 9 Abs. 1 sprachlich angepassten Aufgabenstellung
der Landschaftsplanung (siehe § 9 Rn. 6). Der Begriff der **Überörtlichkeit** bezieht sich – wie in § 8 – auf den Planungsraum und bringt zum Ausdruck,
dass die in Rede stehenden Inhalte der Landschaftsplanung über das Gebiet
der Gemeinden hinausgehen müssen.[2] Daher kann bei der überörtlichen
Landschaftsplanung auf eine örtliche Detaillierung – wie etwa eine parzellenscharfe Festlegung – verzichtet werden.[3]

Da Landschaftsprogramme mit Blick auf die räumliche Gesamtplanung der 7
Ebene der Landesplanung zuzuordnen sind (siehe § 8 Rn. 9), ist ihr Planungsraum (entsprechend § 8 Abs. 1 Satz 1 Nr. 1 ROG) das jeweilige Bundesland. Insofern können im Landschaftsprogramm in erster Linie nur die
Grundsatzpositionen eines Landes sowie **landesweite Leitbilder** und Vorgaben für die Belange von Naturschutz und Landschaftspflege formuliert
werden.[4] Die Vorgaben müssen auf den nachfolgenden Stufen konkretisiert
werden, so dass ein Landschaftsprogramm als ranghöchster Plan die konzeptionelle Grundlage für die Erarbeitung der jeweiligen Landschaftsrahmenpläne, Landschaftspläne und Grünordnungspläne bildet.[5] (Allerdings wurde
das in § 11 Abs. 1 Satz 1 enthaltene „Entwicklungsgebot" nunmehr mit Blick
auf Landschaftsprogramme relativiert, näher unter § 11 Rn. 7 ff.)

Die Inhalte eines Landschaftsprogramms haben sich an § 9 zu orientieren, 8
wobei infolge der landesweiten Ausrichtung und des groben Planungsmaß-

---

2 Vgl. *Lorz/Konrad/Mühlbauer/Müller-Walter/Stöckel*, Naturschutzrecht, § 10 BNatSchG
   Rn. 4; *Meßerschmidt*, Bundesnaturschutzrecht, § 10 BNatSchG Rn. 14; *Marzik/Wilrich*,
   BNatSchG, § 15 Rn. 2.

3 *Louis/Engelke*, BNatSchG, § 5 Rn. 2; *Meßerschmidt*, Bundesnaturschutzrecht, § 10
   BNatSchG Rn. 14; zum üblichen Planungsmaßstab vgl. *Heugel*, in: Schlacke (Hrsg.), GK-
   BNatSchG, § 19 Rn. 3.

4 *Schumacher/Schumacher*, in: Schumacher/Fischer-Hüftle, BNatSchG, § 10 Rn. 9; *Meßerschmidt*, Bundesnaturschutzrecht, § 10 BNatSchG Rn. 16; *Heugel*, in: Schlacke (Hrsg.),
   GK-BNatSchG, § 10 Rn. 4.

5 *Schumacher/Schumacher*, in: Schumacher/Fischer-Hüftle, BNatSchG, § 10 Rn. 8; *Meßerschmidt*, Bundesnaturschutzrecht, § 10 BNatSchG Rn. 16.

stabs (1:500.000 bis 1:200.000)[6] im Wesentlichen nur großräumige und grundsätzliche Aussagen möglich sind.[7] In Betracht kommen z.b. die landesweite Vorgabe von Leitbildern für die naturschutzfachliche Entwicklung der Naturräume, Konzepte zur Sicherung eines landesweiten Biotopverbundes im Sinne des § 21 oder der Kohärenz von Natura 2000.[8]

b) Fakultative Aufstellung

9 Nach Abs. 1 Satz 1 sind die überörtlichen Inhalte der Landschaftsplanung in Landschaftsprogrammen „oder" Landschaftsrahmenplänen aufzustellen. Aus dieser bereits im bisherigen Recht (§ 15 Abs. 1 Satz 1 BNatSchG a.F.) enthaltenen Formulierung wurde entgegen dem Wortlaut mitunter gefolgert, dass die Länder auf keine der beiden überörtlichen Planungsebenen verzichten dürfen, sondern Regelungen sowohl zur Aufstellung von Landschaftsprogrammen als auch Landschaftsrahmenplänen vorhalten müssen.[9] Dieser Auffassung hat der Bundesgesetzgeber nunmehr mit der neuen Regelung in Abs. 2 Satz 1 eine Absage erteilt und ausdrücklich klargestellt, dass Landschaftsprogramme nicht zwingend aufgestellt werden müssen, sondern „können". Auch wenn eine Aufstellung zweier überörtlicher Planungsebenen sinnvoll erscheinen mag[10], ist dies jedenfalls nicht zwingend vorgegeben, sondern eine Aufstellung von Landschaftsprogrammen „fakultativ".[11] Die Problematik ist jedoch dadurch entschärft, dass die Länder ihre überörtliche Landschaftsplanung – bis auf die Stadtstaaten – bislang ohnehin zweistufig ausgestaltet haben.[12]

c) Flächendeckungsprinzip

10 Der Gesichtspunkt der Flächendeckung hat für die Landschaftsplanung zentrale Bedeutung. Ohne flächendeckende Planung besteht die Gefahr einer

---

6 *Kiemstedt/von Haaren/Mönnecke/Ott*, Landschaftsplanung – Inhalt und Verfahrensweise, S. 12 und oben § 8 Rn. 9.

7 *Louis/Engelke*, BNatSchG, § 5 Rn. 3; *Gellermann*, in: Landmann/Rohmer, Umweltrecht, 56. EL. 2009, § 15 BNatSchG Rn. 6; *Schumacher/Schumacher*, in: Schumacher/Fischer-Hüftle, BNatSchG, § 10 Rn. 8; *Meßerschmidt*, Bundesnaturschutzrecht, § 10 BNatSchG Rn. 16.

8 Hierzu eingehend und mit weiteren Beispielen *Herbert/Wilke*, Natur und Landschaft 2003, 64 (67); *Schumacher/Schumacher*, in: Schumacher/Fischer-Hüftle, BNatSchG, § 10 Rn. 9.

9 *Marzik/Wilrich*, BNatSchG, § 14 Rn. 2, § 15 Rn. 2, 4; *Gassner*, in: Gassner/Bendomir-Kahlo/Schmidt-Räntsch, BNatSchG, § 15 Rn. 11; a.A. die h.L., siehe etwa *Gellermann*, in: Landmann/Rohmer, Umweltrecht, 56. EL. 2009, § 14 BNatSchG Rn. 3 m.w.N.

10 Vgl. *SRU*, Umweltgutachten 2008, Tz. 448; *Schumacher/Schumacher*, in: Schumacher/Fischer-Hüftle, BNatSchG, § 10 Rn. 7.

11 So ausdrücklich BR-Drs. 278/09, S. 175; BT-Drs. 16/12274, S. 55; ferner *Berghoff/Steg*, NuR 2010, 17 (22); *Müggenborg/Hentschel*, NJW 2010, 961 (965); *Heugel*, in: Schlacke (Hrsg.), GK-BNatSchG, § 10 Rn. 9.

12 Siehe die Übersicht über das Landesrecht bei *Dreier*, in: Hoppenberg/de Witt, Baurecht, E Rn. 134 ff. und 157 f.; *Lorz/Konrad/Mühlbauer/Müller-Walter/Stöckel*, Naturschutzrecht, § 10 Rn. 13.

lückenhaften Darstellung und Bewertung der Belange von Natur und Landschaft, sodass die Funktion des Instruments der Landschaftsplanung insgesamt infrage stünde.[13] „Weiße Flecken" bei der Bestandserhebung und Zielformulierung reduzieren die Aussagekraft der Landschaftsplanungen nicht nur im Hinblick auf den nicht erfassten Raum, sondern begründen auch die Gefahr von Fehlgewichtungen des Plans insgesamt.[14] Dies spricht dafür, das **Flächendeckungsprinzip** als für das bundesweit effektive Funktionieren des Instruments der Landschaftsplanung unerlässlich anzusehen und zu den allgemeinen Grundsätzen des Naturschutzes i.S.d. Art. 72 Abs. 3 Satz 1 Nr. 2 GG zu zählen[15] (ausführlicher § 8 Rn. 54).

Bei Landschaftsprogrammen versteht sich der flächendeckende Charakter   *11*
von selbst, da sie gemäß Abs. 1 Satz 1 „für den Bereich eines Landes" ergehen.[16] Sobald ein Landschaftsprogramm aufgestellt wird, hat dieses somit automatisch eine flächendeckende Erfassung des gesamten Landesgebiets zum Gegenstand.

2. Landschaftsrahmenpläne (Abs. 1 Satz 1 Alt. 2; Abs. 2 Satz 2)

a) Inhalt

Landschaftsrahmenpläne sind mit Blick auf die räumliche Gesamtplanung   *12*
der Ebene der Regionalplanung zuzuordnen (siehe § 8 Rn. 9), sodass ihr Planungsraum (entsprechend § 8 Abs. 1 Satz 1 Nr. 2 ROG) ein Teilraum eines Landes **(Region)** ist. Daher haben Landschaftsrahmenpläne die Aufgabe, für die jeweilige Region die konzeptionellen Vorgaben der Landschaftsprogramme zu ergänzen und zu konkretisieren.[17] Vom Landschaftsprogramm unterscheiden sie sich nicht nur durch ihre räumliche Begrenzung auf Teile eines Landes, sondern auch durch ihre stärkere Konkretisierung und Detaillierung.[18] Diese Vorgaben sind auf den nachfolgenden Stufen weiter zu untersetzen, sodass Landschaftsrahmenpläne die konzeptionelle Grundlage für die Erarbeitung der Landschaftspläne und Grünordnungspläne bilden.[19]

Die Inhalte von Landschaftsrahmenplänen ergeben sich aus § 9. Dabei er-   *13*
möglichen die überörtliche und zugleich regionale Sichtweise und der detailliertere Planungsmaßstab (1:50.000 bis 1:25.000)[20] sowohl die Einbeziehung großräumiger Zusammenhänge als auch eine angemessene Beurteilung des

---

13 *SRU*, Umweltgutachten 2008, Tz. 442 m.w.N.

14 *SRU*, Umweltgutachten 2008, Tz. 447.

15 *Hendrischke*, NuR 2007, 454 (458); *Appel*, NuR 2010, 171 (178).

16 *Gellermann*, in: Landmann/Rohmer, Umweltrecht, 56. EL. 2009, § 14 BNatSchG Rn. 4; *Meßerschmidt*, Bundesnaturschutzrecht, § 10 BNatSchG Rn. 15; *Marzik/Wilrich*, BNatSchG, § 15 Rn. 4.

17 *Gellermann*, in: Landmann/Rohmer, Umweltrecht, 56. EL. 2009, § 15 BNatSchG Rn. 7.

18 *Meßerschmidt*, Bundesnaturschutzrecht, § 10 BNatSchG Rn. 20.

19 Dies ergibt sich insbesondere auch aus dem in § 11 Abs. 1 Satz 1 betonten „Entwicklungsgebot", näher § 11 Rn. 7 ff.

20 *Kiemstedt/von Haaren/Mönnecke/Ott*, Landschaftsplanung – Inhalt und Verfahrensweise, S. 12 und oben § 8 Rn. 9.

Wertes regional bedeutsamer Freiflächen und Biotope.[21] Landschaftsrahmenpläne eignen sich insbesondere für Vorgaben und Konzepte des regionalen Biotopverbunds i.S.v. § 21, zu Verbindungselementen im Sinne der FFH-RL und zur regionalen Identifizierung von Kompensationsmaßnahmen.[22]

b) Grundsätzlich obligatorische Aufstellungspflicht

14 Während Landschaftsprogramme gemäß Abs. 2 Satz 1 aufgestellt werden „können", regelt Abs. 2 Satz 2, dass Landschaftsrahmenpläne aufzustellen „sind". Damit ist den Ländern ein Verzicht auf Landschaftsrahmenpläne grundsätzlich verwehrt und ist deren Aufstellung **„obligatorisch".**[23] Hierdurch soll das Instrument der Landschaftsrahmenpläne gestärkt und ihrer Bedeutung für die überörtliche Konkretisierung der Ziele von Naturschutz und Landschaftspflege besonders Rechnung getragen werden.[24]

15 Nach Abs. 2 Satz 2, 2. Halbs. besteht die Pflicht zur Aufstellung von Landschaftsrahmenplänen allerdings nicht, soweit ein Landschaftsprogramm seinen Inhalten und seinem Konkretisierungsgrad nach einem Landschaftsrahmenplan entspricht.[25] Mit diesem auf Initiative des Bundesrats[26] aufgenommenen **„Entsprechungsvorbehalt"** soll v.a. der Sondersituation in den Stadtstaaten (Berlin, Bremen und Hamburg) Rechnung getragen werden, da diese über keine Landschaftsrahmenpläne verfügen, sondern auf der überörtlichen Ebene nur Landschaftsprogramme kennen.[27] Wenn letztere einen mit Landschaftsrahmenplänen vergleichbaren Konkretisierungsgrad aufweisen, besteht für die zusätzliche Aufstellung von Landschaftsrahmenplänen kein Bedürfnis, sodass durch die Regelung unnötige Doppelarbeit vermieden wird.[28] Bei Sicherstellung dieser Vorgabe können die Stadtstaaten daher an ihren bisherigen Regelungen festhalten.[29] Da Abs. 2 Satz 2 vom Wortlaut her nicht auf Stadtstaaten beschränkt ist, kommt der Regelung zudem auch für Flächenstaaten Bedeutung zu.[30]

---

21 *Gellermann*, in: Landmann/Rohmer, Umweltrecht, 56. EL. 2009, § 15 BNatSchG Rn. 7; *Schumacher/Schumacher*, in: Schumacher/Fischer-Hüftle, BNatSchG, § 10 Rn. 13.

22 *Meßerschmidt*, Bundesnaturschutzrecht, § 10 BNatSchG Rn. 20; näher und mit weiteren Beispielen *Herbert/Wilke*, Natur und Landschaft 2003, 64 (67); *Schumacher/Schumacher*, in: Schumacher/Fischer-Hüftle, BNatSchG, § 10 Rn. 14.

23 So ausdrücklich BR-Drs. 278/09, S. 175; BT-Drs. 16/12274, S. 55; ferner *Berghoff/Steg*, NuR 2010, 17 (22); *Müggenborg/Hentschel*, NJW 2010, 961 (965); *Mengel*, in: Lütkes/Ewer, BNatSchG, § 10 Rn. 4.

24 BR-Drs. 278/09, S. 175; BT-Drs. 16/12274, S. 55; *Egner*, in: Egner/Fuchs, Naturschutz- und Wasserrecht 2009, § 11 BNatSchG Rn. 2.

25 *Heugel*, in: Schlacke (Hrsg.), GK-BNatSchG, § 10 Rn. 11; teilweise wurde dies auch schon in die bisherige Regelung des § 15 BNatSchG a.F. hineingelesen, vgl. *Lorz/Konrad/Mühlbauer/Müller-Walter/Stöckel*, Naturschutzrecht, § 10 BNatSchG Rn. 8.

26 Vgl. BR-Drs. 994/09, S. 3 und *Egner*, in: Egner/Fuchs, Naturschutz- und Wasserrecht 2009, § 11 BNatSchG Rn. 3.

27 Vgl. §§ 7 Abs. 1 NatSchGBln; 4 Abs. 1 BremNatG; § 4 Abs. 1 HmbBNatSchAG; näher *Gassner*, in: Gassner/Bendomir-Kahlo/Schmidt-Räntsch, BNatSchG, § 15 Rn. 7.

28 Vgl. BR-Drs. 278/09, S. 176; BT-Drs. 16/12274, S. 56.

29 *Egner*, in: Egner/Fuchs, Naturschutz- und Wasserrecht 2009, § 11 BNatSchG Rn. 3.

30 *Egner*, in: Egner/Fuchs, Naturschutz- und Wasserrecht 2009, § 11 BNatSchG Rn. 3.

c) Flächendeckungsprinzip

Nach der bisherigen Regelung des § 15 Abs. 1 Satz 1 BNatSchG a.F. waren 16
Landschaftsprogramme und Landschaftsrahmenpläne „für die gesamte Fläche eines Landes" zu erstellen, woraus auch für die Ebene der Landschaftsrahmenpläne ganz überwiegend eine Pflicht zur flächendeckenden Planung
abgeleitet wurde.[31] Nach der Neuregelung des § 10 Abs. 2 Satz 2 sind Landschaftsrahmenpläne „für alle Teile des Landes" aufzustellen. Damit wird die
bisherige Regelung zum **Flächendeckungsprinzip** sprachlich auf die von
Abs. 2 Satz 2 allein erfasste Ebene der Landschaftsrahmenpläne erstreckt,
was dafür spricht, dass das Flächendeckungsprinzip auch insoweit weiterhin
aufrechterhalten wird.

Zweifel könnten sich allerdings daraus ergeben, dass sich der Entspre- 17
chungsvorbehalt des Abs. 2 Satz 2, 2. Halbs. möglicherweise nicht nur auf
die generelle Pflicht zur Aufstellung von Landschaftsrahmenplänen, sondern
auch auf ihre Aufstellungspflicht „für alle Teile des Landes" erstreckt. Der
Wortlaut lässt beide Auslegungen zu, sodass ein Verzicht auf flächendeckende Landschaftsrahmenpläne denkbar wäre, soweit das jeweilige Landschaftsprogramm seinen Inhalten und seinem Konkretisierungsgrad nach
einem Landschaftsrahmenplan entspricht. Diese Auslegung würde jedoch
dem Willen des Gesetzgebers widersprechen, der in der Gesetzesbegründung ausdrücklich betont, dass Landschaftsrahmenpläne „– wie bisher – flächendeckend zu erstellen" sind und „in ihrer Gesamtheit das Gebiet eines
Landes abdecken [müssen]".[32] Daher ist davon auszugehen, dass sich mit
der Neuregelung – trotz des unklaren Wortlauts – nichts an der Geltung des
Flächendeckungsprinzips für Landschaftsrahmenpläne geändert hat.[33]

III. Verhältnis zur Raumordnung (Abs. 1 Satz 2; Abs. 3)

Die überörtliche Landschaftsplanung steht in einem Austauschverhältnis mit 18
der gesamträumlichen Planung: Einerseits muss die Landschaftsplanung den
Festlegungen der Raumordnung Rechnung tragen, andererseits können die
Inhalte der überörtlichen Landschaftsplanung in die Raumordnungspläne integriert werden.[34] Während die erstgenannte Thematik in Abs. 1 Satz 2 angesprochen ist, enthält Abs. 3 Regelungen für die Integration in die Raumordnung.

1. Beachtung bzw. Berücksichtigung der Festlegungen der Raumordnung (Abs. 1 Satz 2)

Gemäß Abs. 1 Satz 2 sind (entsprechend der bisherigen Regelung des § 15 19
Abs. 1 Satz 2 BNatSchG a.F.) bei der Aufstellung von Landschaftsprogrammen und Landschaftsrahmenplänen die Ziele der Raumordnung zu beachten

---

31 *Gellermann*, in: Landmann/Rohmer, Umweltrecht, 56. EL. 2009, § 15 BNatSchG Rn. 4;
   Marzik/Wilrich, BNatSchG, § 15 Rn. 4.

32 BR-Drs. 278/09, S. 175; BT-Drs. 16/12274, S. 55.

33 Ebenso *Egner*, in: Egner/Fuchs, Naturschutz- und Wasserrecht 2009, § 11 BNatSchG Rn. 2.

34 *Meßerschmidt*, Bundesnaturschutzrecht, § 10 BNatSchG Rn. 1.

und die Grundsätze und sonstigen Erfordernisse der Raumordnung zu berücksichtigen.

20 Die Regelung enthält auf den ersten Blick nichts grundlegend Neues, sondern im Wesentlichen eine Klarstellung, was hinsichtlich der Bindungswirkung der Festlegungen der Raumordnung gemäß § 4 ROG ohnehin gilt.[35] Allerdings kommt der Vorschrift insoweit doch besondere Bedeutung zu, als dass bei Landschaftsplanungen grundsätzlich nur eine Abwägung mit **naturschutzinternen Zielkonflikten** zu erfolgen hat und keine Gesamtabwägung mit den Belangen anderer raumbedeutsamer Planungen und Entscheidungen stattfindet, da andernfalls der Charakter der Landschaftsplanung als sektorale Naturschutzfachplanung verloren ginge[36] (vgl. auch § 9 Rn. 29). Vor diesem Hintergrund ließe sich ggf. in Zweifel ziehen, ob die Bindungswirkung des § 4 ROG beim Instrument der Landschaftsplanung vollumfängliche Wirkung entfaltet. Solchen Zweifeln ist jedoch durch die klare gesetzliche Regelung des § 10 Abs. 1 Satz 2 die Grundlage entzogen. Zugleich normiert § 10 Abs. 1 Satz 2 damit eine Ausnahme von dem Grundsatz, dass bei Landschaftsplanungen an sich keine Abwägung mit naturschutzexternen Belangen stattfindet. Soweit solche Belange als Ziele, Grundsätze oder sonstige Erfordernisse der Raumordnung in Raumordnungsplänen aufgenommen sind, sind sie auch im Rahmen der Landschaftsplanung zu beachten bzw. zu berücksichtigen.

21 Mit Blick auf die in Abs. 1 Satz 2 verwendeten Begriffe der Ziele, Grundsätze und sonstigen Erfordernisse der Raumordnung ist auf § 3 ROG zurückzugreifen.[37] **Ziele der Raumordnung** sind gemäß § 3 Abs. 1 Nr. 2 ROG verbindliche Vorgaben in Form von räumlich und sachlich bestimmten oder bestimmbaren, vom Träger der Raumordnung abschließend abgewogenen (§ 7 Abs. 2 ROG) textlichen oder zeichnerischen Festlegungen in Raumordnungsplänen zur Entwicklung, Ordnung und Sicherung des Raums. Die Ziele der Raumordnung sind im Rahmen der Landschaftsplanung zu beachten, d.h. bindend in die Planung einzustellen und keiner weiteren Abwägung zugänglich.[38] Insofern ist es der Landschaftsplanung verwehrt, soweit sie an zielförmige Inhalte einer ihr vorausgehenden Raumordnungsplanung gebunden ist, substanziell neue Planungskonzepte zu entwickeln.[39] Allerdings wirft dieses Ergebnis mit Blick auf den Charakter der Landschaftsplanung als sektorale Naturschutzfachplanung und ihre „**Vorlauffunktion**" (vgl. § 8 Rn. 13) für andere Planungen und Maßnahmen Bedenken auf. Daher spricht einiges dafür, § 10 Abs. 1 Satz 2 eher eng auszulegen und eine

---

35 *Gassner*, in: Gassner/Bendomir-Kahlo/Schmidt-Räntsch, BNatSchG, § 15 Rn. 4 f.

36 Vgl. BT-Drs. 14/6378, S. 45; *Gellermann*, in: Landmann/Rohmer, Umweltrecht, 56. EL. 2009, § 15 BNatSchG Rn. 13; *Marzik/Wilrich*, BNatSchG, § 13 Rn. 5; *Heugel*, in: Schlacke (Hrsg.), GK-BNatSchG, § 10 Rn. 14; kritisch hierzu: *Mengel*, in: Lütkes/Ewer, BNatSchG, § 10 Rn. 7.

37 *Meßerschmidt*, Bundesnaturschutzrecht, § 10 BNatSchG Rn. 24.

38 *Lorz/Konrad/Mühlbauer/Müller-Walter/Stöckel*, Naturschutzrecht, § 10 BNatSchG Rn. 5; *Meßerschmidt*, Bundesnaturschutzrecht, § 10 BNatSchG Rn. 28.

39 *Ramsauer*, NuR 1993, 108 (110); *Marzik/Wilrich*, BNatSchG, § 15 Rn. 6.

Bindungspflicht lediglich an die Ziele eines übergeordneten Raumordnungsplans anzunehmen, hingegen nicht an Ziele eines Raumordnungsplans, der
der Ebene des jeweiligen überörtlichen Landschaftsplans entspricht.[40]

Grundsätze der Raumordnung sind gemäß § 3 Abs. 1 Nr. 3 ROG Aussagen   22
zur Entwicklung, Ordnung und Sicherung des Raums als Vorgaben für nachfolgende Abwägungs- oder Ermessensentscheidungen. Die **sonstigen Erfordernisse der Raumordnung** sind in Aufstellung befindliche Ziele der Raumordnung, Ergebnisse förmlicher landesplanerischer Verfahren (wie z.B. des
Raumordnungsverfahrens) sowie landesplanerische Stellungnahmen (§ 3
Nr. 4 ROG). Die Grundsätze und sonstigen Erfordernisse der Raumordnung
sind bei der Landschaftsplanung lediglich zu berücksichtigen. Im Gegensatz
zu den Zielen der Raumordnung sind sie damit nicht bindend, sondern stellen lediglich Gesichtspunkte im Rahmen der Abwägung dar, die ggf. hinter
überwiegenden Belangen des Naturschutzes und der Landschaftspflege zu-
rückzutreten haben.[41]

2. Übernahme in die Raumordnung (Abs. 3)

Abs. 3 entspricht im Wesentlichen der bisherigen Regelung des § 15 Abs. 2   23
BNatSchG a.F.[42] und soll sicherstellen, dass die in Landschaftsprogrammen
und Landschaftsrahmenplänen für die überörtliche Ebene konkretisierten
Ziele, Erfordernisse und Maßnahmen, soweit sie raumbedeutsam sind, Eingang in die raumordnungsrechtliche Abwägung nach § 7 Abs. 2 ROG finden.[43] Die Regelung dient der Abstimmung zwischen Landschaftsplanung
und gesamträumlicher Planung und soll zur Koordinierung der mannigfa-
chen und sich überschneidenden Raumansprüche beitragen.[44]

a) Raumbedeutsame Ziele, Erfordernisse und Maßnahmen
Gemäß Abs. 3 sind in der Abwägung i.S.d. § 7 Abs. 2 ROG nur die „raum-   24
bedeutsamen" Inhalte von Landschaftsplanungen zu berücksichtigen. Lediglich solche Inhalte werden gemäß Abs. 3 als Abwägungsmaterial für die
räumliche Gesamtplanung qualifiziert, sodass alle anderen, nicht raumbedeutsamen Inhalte bei der raumordnerischen Abwägung unberücksichtigt
bleiben können.[45]

---

40 *Louis/Engelke*, BNatSchG, § 15 Rn. 7; *Gellermann*, in: Landmann/Rohmer, Umweltrecht,
56. EL. 2009, § 15 BNatSchG Rn. 7; a.A. *Meßerschmidt*, Bundesnaturschutzrecht, § 10
BNatSchG Rn. 28; für eine Berücksichtigung auch von Elementen der Raumordnungspläne, die der Ebene des Landschaftsplans entsprechen, jedenfalls bei nicht unüberwind-
baren Hindernissen: *Mengel*, in: Lütkes/Ewer, BNatSchG, § 10 Rn. 7 f.

41 *Gellermann*, in: Landmann/Rohmer, Umweltrecht, 56. EL. 2009, § 15 BNatSchG Rn. 8;
Marzik/Wilrich, BNatSchG, § 15 Rn. 7; *Heugel*, in: Schlacke (Hrsg.), GK-BNatSchG, § 10
Rn. 8.

42 *Egner*, in: Egner/Fuchs, Naturschutz- und Wasserrecht 2009, § 11 BNatSchG Rn. 3.

43 BT-Drs. 278/09, S. 175.

44 *Lorz/Konrad/Mühlbauer/Müller-Walter/Stöckel*, Naturschutzrecht, § 10 BNatSchG Rn. 10;
Meßerschmidt, Bundesnaturschutzrecht, § 10 BNatSchG Rn. 39.

45 Vgl. *Schumacher/Schumacher*, in: Schumacher/Fischer-Hüftle, BNatSchG, § 10 Rn. 21;
a.A. *Marzik/Wilrich*, BNatSchG, § 15 Rn. 8.

25 **Raumbedeutsam** sind nach § 3 Abs. 1 Nr. 6 ROG alle Planungen einschließlich der Raumordnungspläne, Vorhaben und sonstigen Maßnahmen, durch
die Raum in Anspruch genommen oder die räumliche Entwicklung oder
Funktion eines Gebietes beeinflusst wird (einschließlich des Einsatzes der
hierfür vorgesehenen öffentlichen Finanzmittel). Entscheidend sind insoweit
v.a. die Merkmale der **Raumbeanspruchung** und **Raumbeeinflussung**. Als
raumbeanspruchend sind solche Planungen und Maßnahmen einzustufen,
die nach den Maßstäben des jeweiligen Planungsraums bereits wegen ihrer
Größenordnung herausragen und daher einer raumordnerischen Einordnung
bedürfen.[46] Raumbeeinflussend sind Planungen und Maßnahmen, die sich
konkret positiv oder negativ auf die räumliche Entwicklung oder auf die
Funktion eines Gebiets auswirken.[47] Beide Kriterien stehen alternativ nebeneinander, können jedoch im Einzelfall ggf. auch gemeinsam vorliegen.[48]

26 Inwieweit Inhalte der Landschaftsplanung raumbedeutsam sind, muss im
Wege der Auslegung der im konkreten Fall bestimmten Ziele, Erfordernisse
und Maßnahmen des Naturschutzes und der Landschaftspflege ermittelt
werden. Mit Blick auf die in § 9 Abs. 3 bezeichneten Inhalte kommt eine
Raumbedeutsamkeit beispielsweise im Zusammenhang mit der Einrichtung
von Natura-2000-Gebieten, anderer landesweit oder regional bedeutsamer
Schutzgebiete oder Flächen für den Biotopverbund in Betracht.[49] Andere Inhalte der Landschaftsplanung, die keinen Raumbezug erkennen lassen (z.B.
Artenschutzmaßnahmen), scheiden hingegen als Abwägungsbelang i.S.d.
§ 7 Abs. 2 ROG aus und kommen daher für eine Übernahme in die Raumordnung nicht in Betracht.[50] Gleichwohl kommt diesen Belangen v.a. als In-
formationsgrundlage für die Abwägungsentscheidung oder bei späteren
Planabweichungsverfahren Bedeutung zu.[51] Im Übrigen gilt für nicht raumbedeutsame Inhalte jedenfalls das **allgemeine Berücksichtigungsgebot** des
§ 9 Abs. 5 im Rahmen von anderen, nicht raumordnerischen Planungen und
Verwaltungsverfahren (vgl. § 9 Rn. 74 ff.).

b) *Abwägung nach § 7 Abs. 2 ROG und Übernahme in die Raumordnung*

27 Bei der Aufstellung von Raumordnungsplänen sind gemäß § 7 Abs. 2 ROG
die öffentlichen und privaten Belange, soweit sie auf der jeweiligen Planungsebene erkennbar und von Bedeutung sind, gegeneinander und unter-

---

46 *Runkel*, in Bielenberg/Runkel/Spannowsky, Raumordnung, L § 3 ROG Rn. 248; *von der Heide*, in: Cholewa/Dyong/von der Heide/Arenz, Raumordnung, § 3 ROG Rn. 89 ff.

47 Siehe *von der Heide*, in: Cholewa/Dyong/von der Heide/Arenz, Raumordnung, § 3 ROG Rn. 95 ff; *Runkel*, in Bielenberg/Runkel/Spannowsky, Raumordnung, L § 3 ROG Rn. 252.

48 *Runkel*, in: Bielenberg/Runkel/Spannowsky, Raumordnung, L § 3 ROG Rn. 242.

49 *Gellermann*, in: Landmann/Rohmer, Umweltrecht, 56. EL. 2009, § 15 BNatSchG Rn. 11; eingehend und mit weiteren Beispielen *Schumacher/Schumacher*, in: Schumacher/Fischer-Hüftle, BNatSchG, § 10 Rn. 22.

50 *Gellermann*, in: Landmann/Rohmer, Umweltrecht, 56. EL. 2009, § 15 BNatSchG Rn. 11; *Schumacher/Schumacher*, in: Schumacher/Fischer-Hüftle, BNatSchG, § 10 Rn. 21.

51 *Schumacher/Schumacher*, in: Schumacher/Fischer-Hüftle, BNatSchG, § 10 Rn. 23; *Louis/ Engelke*, BNatSchG, § 5 Rn. 10.

einander abzuwägen.[52] Kommt den raumbedeutsamen Belangen von Naturschutz und Landschaftspflege derart Gewicht zu, dass sie sich im Rahmen der Abwägung gegenüber anderen Belangen und gegenläufigen Nutzungsinteressen durchsetzen können, werden sie nach Maßgabe von § 8 Abs. 6 ROG in die Raumordnungspläne aufgenommen und haben am Umfang der Verbindlichkeit des jeweiligen Raumordnungsplans Teil **(Akzessorietät zur Raumordnungsplanung)**.[53]

In Betracht kommt die Übernahme der Inhalte von Landschaftsplanungen insbesondere als **Ziele oder Grundsätze der Raumordnung** bzw. speziell als raumordnerische Festlegungen von **Vorrang-, Vorbehalts- oder Eignungsgebieten** i.S.d. § 8 Abs. 7 ROG.[54] Die Verbindlichkeit der raumordnerischen Festlegungen hängt maßgeblich vom Grad der räumlichen und sachlichen Konkretisierung ab.[55] Daher sollte mit dem Vorgang der Übernahme in die Raumordnung so weit als möglich eine Konkretisierung der auf Natur und Landschaft bezogenen planerischen Darstellungen erfolgen, z.b. räumlich in Anlehnung an naturräumliche Gegebenheiten wie Geländestrukturen[56] und/oder sachlich durch Darstellung der (un-)zulässigen Nutzungen.[57]   *28*

Hinsichtlich der Art und Weise, wie die Inhalte der Landschaftsplanung in die Raumordnungsplanung zu übernehmen sind, macht das Bundesrecht keine verbindlichen Vorgaben. In § 10 Abs. 4 ist ausdrücklich bestimmt, dass sich das Verhältnis von Landschaftsprogrammen und Landschaftsrahmenplänen zu Raumordnungsplänen (wie bisher) nach Landesrecht richtet. Auch wird in der Gesetzesbegründung ausdrücklich klargestellt, dass es die Neufassung den Ländern gestattet, ihre ausdifferenzierten Regelungen zur Aufstellung und Form der Verbindlichkeit der Landschaftsplanung aufrechtzuerhalten.[58]   *29*

Die Länder haben bei der Ausgestaltung des Verhältnisses Landschaftsplanung/räumliche Gesamtplanung unterschiedliche Modelle gewählt, die sich im Wesentlichen in die Gruppen der eigenständigen und der integrierten   *30*

---

52 Siehe zur raumordnerischen Abwägung allgemein *Dallhammer*, in: Cholewa/Dyong/von der Heide/Arenz, Raumordnung, § 7 ROG Rn. 59 ff.; *Spannowsky*, in: Bielenberg/Runkel/Spannowsky, Raumordnung, K § 7 ROG Rn. 161 ff.

53 *Lorz/Konrad/Mühlbauer/Müller-Walter/Stöckel*, Naturschutzrecht, § 10 BNatSchG Rn. 10.

54 BR-Drs. 278/09, S. 175; BT-Drs. 16/12274, S. 55; *Schumacher/Schumacher*, in: Schumacher/Fischer-Hüftle, BNatSchG, § 10 Rn. 32.; *Marzik/Wilrich*, BNatSchG, § 15 Rn. 11; solche raumordnerische Festlegungen sind insbesondere für die FFH-Abweichungsprüfung i.S.d. Art. 6 Abs. 4 FFH-RL von Bedeutung, siehe näher *Spieth/Appel*, NuR 2009, 669 (671); vgl. hierzu auch: *Heugel*, in: Schlacke (Hrsg.), GK-BNatSchG, § 10 Rn. 17.

55 *Louis/Engelke*, BNatSchG, § 5 Rn. 25; *Lorz/Konrad/Mühlbauer/Müller-Walter/Stöckel*, Naturschutzrecht, § 10 BNatSchG Rn. 10; *Marzik/Wilrich*, BNatSchG, § 15 Rn. 10.

56 Vgl. BVerwG, Beschl. v. 20. 08. 1992 – 4 NB 20.91, DVBl 1992, 1438 (1140 f.).

57 Vgl. OVG Lüneburg, Urt. v. 29. 08. 1995 – 1 L 894/94, NuR 1996, 360 (361).

58 BR-Drs. 278/09, S. 128; BT-Drs. 16/12274, S. 40; siehe auch *Egner*, in: Egner/Fuchs, Naturschutz- und Wasserrecht 2009, § 11 BNatSchG Rn. 5.

Landschaftsplanung aufteilen lassen.[59] Bei der **eigenständigen Landschafts-planung** werden die Pläne in einem gesonderten Verfahren aufgestellt und in Form einer Rechtsverordnung, einer Satzung oder eines Gesetzes erlassen. Hierdurch erlangen die Pläne eigenständige Außenverbindlichkeit, sodass es keiner zusätzlichen Integration mehr in die räumliche Gesamtplanung bedarf.[60]

31 Dagegen ist die **integrierte Landschaftsplanung** dadurch gekennzeichnet, dass die Pläne keine eigene Außenverbindlichkeit haben, sondern ihre Aussagen erst durch eine Integration in die räumliche Gesamtplanung verbindlich werden. Dabei ist zwischen den Modellen der Primär- und Sekundärintegration zu unterscheiden. Bei der **Primärintegration** ist für die Landschaftsplanung kein gesondertes Verfahren vorgesehen, an dessen Ende ein selbstständiges Landschaftsplanungswerk steht. Vielmehr wird die Landschaftsplanung von vorneherein als Teil des betreffenden Verfahrens der gesamträumlichen Planung erarbeitet und werden die landschaftsplanerischen Belange innerhalb dieses Verfahrens mit den anderen einschlägigen Raumansprüchen abgewogen. Dagegen erfolgt bei der **Sekundärintegration** im Rahmen eines gesonderten Verfahrens zunächst die förmliche Aufstellung eines selbstständigen Landschaftsplanungswerks, in dem die Belange des Naturschutzes und der Landschaftspflege eigenständig und unabgewogen dargestellt und begründet werden. Die Integration geschieht erst in einem zweiten Schritt, indem die landschaftsplanerischen konkretisierten Belange im Verfahren der gesamträumlichen Planung durch gesonderten Transformationsakt eingestellt und abgewogen werden.

32 Die Vor- und Nachteile der verschiedenen Modelle sind eingehend diskutiert.[61] Bei der eigenständigen Landschaftsplanung kommt den konkretisierten Belangen von Naturschutz und Landschaftspflege aufgrund der Außenverbindlichkeit der Planung erhöhte Durchsetzungskraft zu.[62] Dagegen besteht bei der Primärintegration v.a. das Risiko, dass die ökologischen Interessen aufgrund des Abwägungsprozesses nicht in ihrer gesamten Tragweite dargestellt und somit von vorneherein auf das gesamtplanerisch „Machbare" verkürzt werden.[63]

---

59 Vgl. *Siegel*, NuR 2003, 325 (327 ff.); *Czybulka*, in: Riedel/Lange, Landschaftsplanung, 2001, S. 45 ff.; *Gassner*, in: Gassner/Bendomir-Kahlo/Schmidt-Räntsch, BNatSchG, § 15 Rn. 6 ff.; zu den Einzelheiten und weiteren Kategoriebildungen und Zwischenmodellen siehe *Hoppe/Bönker*, DVBl 1996, 585 (586 ff.).

60 Vgl. *Ramsauer*, NuR 1993, 108 (110 f.); *Siegel*, NuR 2003, 325 (328).

61 Siehe statt vieler *Pfeifer/Wagner*, DVBl 1989, 789 (790 f.); *Gassner*, in: Gassner/Bendomir-Kahlo/Schmidt-Räntsch, BNatSchG, § 15 Rn. 6 ff.; *Dreier*, in: Hoppenberg/de Witt, Baurecht, Ziff. E Rn. 123 f., 133; hierzu ausführlich *Mengel*, in: Lütkes/Ewer, BNatSchG, § 10 Rn. 11 ff.

62 Vgl. *Ramsauer*, NuR 1993, 108 (110 f.).

63 *Maas/Schütte*, in: Koch, Umweltrecht, § 7 Rn. 67; *Gassner*, in: Gassner/Bendomir-Kahlo/Schmidt-Räntsch, BNatSchG, § 15 Rn. 9; *Gassner/Heugel*, Das neue Naturschutzrecht, Rn. 198.

Wie bereits das bisherige Recht[64] lassen auch §§ 10, 11 bei den Integrations-   *33*
modellen eine **Präferenz für die Sekundärintegration** erkennen.[65] Für die
überörtliche Ebene wird in der Gesetzesbegründung zu § 10 ausdrücklich
herausgestellt, dass es die Anforderungen, die sich aus der Strategischen Umweltprüfung für die Raumordnungsplanung ergeben, aber auch das Berücksichtigungsgebot des § 9 Abs. 5 „in der Regel" erforderlich machen sollen,
zunächst ein als solches auch erkennbares landschaftsplanerisches Konzept
zu erstellen.[66] Allerdings garantiert auch die bei der Sekundärintegration formal selbstständige Stellung der Landschaftsplanung nicht automatisch eine
naturschutzgerechte Interessenformulierung, sondern kommt es v.a. auf die
jeweiligen landesrechtlichen **Zuständigkeits- und Verfahrensregelungen** und
die **Qualität** der Pläne und Naturschutzfachbeiträge an.[67] Wie nach dem bisherigen Recht haben die Länder daher auch nach dem BNatSchG 2010 zur
Regelung der Verzahnung der Landschaftsplanung mit der gesamträumlichen Planung einen erheblichen Gestaltungsspielraum und sind nicht gehindert, eine Primärintegration zu wählen, soweit auch bei einem solchen
Modell die landschaftsplanerischen Belange hinreichend berücksichtigt werden.[68] So sehen beispielsweise die meisten Länder, die im Rahmen der überörtlichen Landschaftsplanung der Primärintegration folgen, eine Erarbeitung
eigenständiger Fachbeiträge durch die Naturschutzbehörden vor (vgl. etwa
§ 15a Abs. 2 LG NW; §§ 16 Abs. 3, 17 Abs. 3, 17a LPflG Rheinland-Pfalz), wodurch eine naturschutzgerechte Interessenformulierung sichergestellt ist.[69]

IV. Landesrecht (Abs. 4)

Mit der Regelung in Abs. 4, wonach sich die Zuständigkeit, das Verfahren   *34*
der Aufstellung und das Verhältnis von Landschaftsprogrammen und Landschaftsrahmenplänen zu Raumordnungsplänen nach Landesrecht richten,
verzichtet der Bundesgesetzgeber ausdrücklich auf ein entsprechendes Re-
gelungsangebot an die Länder.[70] Damit besteht eine **Öffnungsklausel** zu
Gunsten der Landesgesetzgebung, sodass die Länder Regelungen erlassen
können, ohne insoweit von ihrer Abweichungsgesetzgebungskompetenz
nach Art. 72 Abs. 3 GG Gebrauch machen zu müssen.[71]

---

64 *Siegel*, NuR 2003, 325 (327); *Gellermann*, in: Landmann/Rohmer, Umweltrecht, 56. EL.
    2009, § 13 BNatSchG Rn. 12; *Marzik/Wilrich*, BNatSchG, § 13 Rn. 15; *Gassner*, in: Gass-
    ner/Bendomir-Kahlo/Schmidt-Räntsch, BNatSchG, § 15 Rn. 6.

65 Nach § 10 Abs. 1 Satz 1 und § 11 Abs. 1 Satz 1 sollen die konkretisierten Ziele, Erforder-
    nisse und Maßnahmen für den jeweiligen Planungsraum zunächst „dargestellt" werden.
    Dies spricht für die Aufstellung eines eigenständigen Planwerks. Erst in einem zweiten
    Schritt sollen diese Ergebnisse dann „in der Abwägung" nach § 7 Abs. 2 ROG bzw. § 1
    Abs. 7 BauGB berücksichtigt werden (§ 10 Abs. 3 und § 11 Abs. 3 BNatSchG).

66 BR-Drs. 278/09, S. 176; BT-Drs. 16/12274, S. 56; *Gassner/Heugel*, Das neue Naturschutz-
    recht, Rn. 198.

67 *Maas/Schütte*, in: Koch, Umweltrecht, § 7 Rn. 67.

68 Ebenso: *Mengel,* in: Lütkes/Ewer, BNatSchG, § 10 Rn. 13.

69 *Maas/Schütte*, in: Koch, Umweltrecht, § 7 Rn. 67; ähnlich *Marzik/Wilrich*, BNatSchG, § 13
    Rn. 14; *Gassner*, in: Gassner/Bendomir-Kahlo/Schmidt-Räntsch, BNatSchG, § 15 Rn. 9.

70 BT-Drs. 278/09, S. 176.

71 Vgl. *Berghoff/Steg*, NuR 2010, 17 (19), 22; *Louis*, NuR 2010, 77 (78).

35 Ob also überörtliche Landschaftsplanungen durch die für Naturschutz und Landschaftspflege oder durch die für Raumordnung bzw. Regionalplanung zuständige Behörde aufstellt werden, in welchem Verfahren die Aufstellung erfolgt, und ob Landschaftsprogramm und Landschaftsrahmenplan als eigenständiger Plan oder integriert in den Raumordnungs- bzw. Regionalplan aufgestellt werden, richtet sich daher wie bisher nach den landesrechtlichen Vorschriften.[72]

§ 11
Landschaftspläne und Grünordnungspläne*)

(1) Die für die örtliche Ebene konkretisierten Ziele, Erfordernisse und Maßnahmen des Naturschutzes und der Landschaftspflege werden auf der Grundlage der Landschaftsrahmenpläne für die Gebiete der Gemeinden in Landschaftsplänen, für Teile eines Gemeindegebiets in Grünordnungsplänen dargestellt. Die Ziele der Raumordnung sind zu beachten; die Grundsätze und sonstigen Erfordernisse der Raumordnung sind zu berücksichtigen. Die Pläne sollen die in § 9 Abs. 3 genannten Angaben enthalten, soweit dies für die Darstellung der für die örtliche Ebene konkretisierten Ziele, Erfordernisse und Maßnahmen erforderlich ist. Abweichende Vorschriften der Länder zum Inhalt von Landschafts- und Grünordnungsplänen sowie Vorschriften zu deren Rechtsverbindlichkeit bleiben unberührt.

(2) Landschaftspläne sind aufzustellen, sobald und soweit dies im Hinblick auf Erfordernisse und Maßnahmen im Sinne des § 9 Abs. 3 Satz 1 Nummer 4 erforderlich ist, insbesondere weil wesentliche Veränderungen von Natur und Landschaft im Planungsraum eingetreten, vorgesehen oder zu erwarten sind. Grünordnungspläne können aufgestellt werden.

(3) Die in den Landschaftsplänen für die örtliche Ebene konkretisierten Ziele, Erfordernisse und Maßnahmen des Naturschutzes und der Landschaftspflege sind in der Abwägung nach § 1 Abs. 7 des Baugesetzbuches zu berücksichtigen und können als Darstellungen oder Festsetzungen nach den §§ 5 und 9 des Baugesetzbuches in die Bauleitpläne aufgenommen werden.

---

72 BT-Drs. 278/09, S. 176; *Gellermann*, NVwZ 2010, 73 (75); *Louis*, NuR 2010, 77 (81); *Egner*, in: Egner/Fuchs, Naturschutz- und Wasserrecht 2009, § 11 BNatSchG Rn. 5; vgl. zu den verschiedenen landesgesetzlichen Regelungen *Heugel*, in: Schlacke (Hrsg.), GK-BNatSchG, § 10 Rn. 20 f.

*) Beachte bei:
§ 11 Abs. 1 Satz 1: **Schleswig-Holstein** – Abweichung durch § 5 Abs. 1 u. § 7 Abs. 1 LNatSchG SH v. 24. 02. 2010 (GVOBl. Schl.-H. S. 301) m.W.v. 01. 03. 2010 (vgl. BGBl. I 2010, S. 450).
§ 11 Abs. 2 Satz 1: **Schleswig-Holstein** – Abweichung durch § 5 Abs. 1 LNatSchG SH v. 24. 02. 2010 (GVOBl. Schl.-H. S. 301) m.W.v. 01. 03. 2010 (vgl. BGBl. I 2010, S. 450).
§ 11 Abs. 2 Satz 2: **Schleswig-Holstein** – Abweichung durch § 5 Abs. 1 u. § 7 Abs. 1 LNatSchG SH v. 24. 02. 2010 (GVOBl. Schl.-H. S. 301) m.W.v. 01. 03. 2010 (vgl. BGBl. I 2010, S. 450).
§ 11 Abs. 3: **Schleswig-Holstein** – Abweichung durch § 7 Abs. 2 LNatSchG SH v. 24. 02. 2010 (GVOBl. Schl.-H. S. 301) m.W.v. 01. 03. 2010 (vgl. BGBl. I 2010, S. 450).

(4) Werden in den Ländern Berlin, Bremen und Hamburg die örtlichen Erfordernisse und Maßnahmen des Naturschutzes und der Landschaftspflege in Landschaftsrahmenplänen oder Landschaftsprogrammen dargestellt, so ersetzen diese die Landschaftspläne.

(5) Die Zuständigkeit und das Verfahren zur Aufstellung der Landschaftspläne und Grünordnungspläne sowie deren Durchführung richten sich nach Landesrecht.

Inhaltsübersicht

I. Überblick

§ 11 gestaltet mit seinen Vorgaben zu Landschaftsplänen und Grünord- **1** nungsplänen die örtliche Ebene der Landschaftsplanung näher aus. Nach dem neu gefassten Abs. 1 Satz 1 sind die überörtlichen konkretisierten Ziele, Erfordernisse und Maßnahmen des Naturschutzes und der Landschaftspflege für die Gebiete der Gemeinden in Landschaftsplänen und für Teile von Gemeindegebieten in Grünordnungsplänen darzustellen. Damit wird im Bundesrecht erstmals der Grünordnungsplan eingeführt. Abs. 1 Satz 2 übernimmt die Raumordnungsklausel des § 16 Abs. 1 Satz 3 BNatSchG a.F. In Abs. 1 Sätze 3 und 4 werden für die örtliche Ebene die in § 9 Abs. 3 aufgeführten Inhalte von Landschaftsplanungen unter einen Erforderlichkeitsvorbehalt gestellt und abweichendes Landesrecht für weiterhin gültig erklärt. Die in § 16 Abs. 1 Satz 2 BNatSchG a.F. enthaltene Fortschreibungspflicht ist jetzt in § 9 Abs. 4 aufgenommen und gilt auch für die überörtliche Landschaftsplanung.

Mit dem neu gefassten Abs. 2 wird die Pflicht zur Aufstellung örtlicher Land- **2** schaftsplanungen gegenüber der bisherigen Rechtslage relativiert. Die Pflicht zur Aufstellung von Landschaftsplänen steht nunmehr ebenfalls unter einem Erforderlichkeitsvorbehalt, wodurch insbesondere das Flächendeckungsprinzip abgeschwächt wird. Die Aufstellung von Grünordnungsplänen wird von vorneherein lediglich als Möglichkeit und nicht als Pflicht geregelt.

Die Regelung des Abs. 3 trifft Vorgaben zur Übernahme der Inhalte der ört- **3** lichen Landschaftsplanung in die Bauleitplanung und schreibt bundesrechtlich erstmals verbindlich vor, dass die konkretisierten Ziele, Erfordernisse und Maßnahmen des Naturschutzes und der Landschaftspflege in der Abwägung nach § 1 Abs. 7 BauGB zu berücksichtigen sind. Im Übrigen entspricht Abs. 3 dem bisherigen § 16 Abs. 2 Satz 2 BNatSchG a.F.

4   Abs. 4 enthält die bisherige Stadtstaatenklausel des § 16 Abs. 3 BNatSchG a.F. In Abs. 5 wird – zusammen mit Abs. 1 Satz 4 – im Wege einer Öffnungsklausel für die Länder bestimmt, dass sich die Zuständigkeit, das Verfahren der Aufstellung und Durchführung von örtlichen Landschaftsplanungen sowie die Frage ihrer Rechtsverbindlichkeit nach Landesrecht richten.

II. Örtliche Landschaftsplanungen

1. Landschaftspläne (Abs. 1 Satz 1, Abs. 2 Satz 1)

a) Gegenstand und Planungsraum

5   Gegenstand von Landschaftsplänen sind gemäß Abs. 1 Satz 1 die „für die örtliche Ebene konkretisierten Ziele, Erfordernisse und Maßnahmen des Naturschutzes und der Landschaftspflege". Wie bei § 10 entsprechen die Begriffe Ziele, Erfordernisse und Maßnahmen denen des § 9 (vgl. § 9 Rn. 7 ff.). Die in § 11 Abs. 1 Satz 1 im Vergleich zu § 16 Abs. 1 Satz 1 BNatSchG a.F. aufgenommene Ergänzung der „konkretisierten Ziele" ergibt sich aus der in § 9 Abs. 1 sprachlich angepassten Aufgabenstellung der Landschaftsplanung (vgl. hierzu § 9 Rn. 6). Der Begriff der **Örtlichkeit** bezieht sich – wie in § 8 – auf den Planungsraum und bringt zum Ausdruck, dass sich die in Rede stehenden Inhalte der Landschaftsplanung innerhalb des Gebiets der Gemeinden bewegen müssen.[1]

6   Wie das bisherige Recht gibt auch Abs. 1 Satz 1 nicht vor, welcher genaue Planungsraum einem Landschaftsplan zu Grunde zu legen ist.[2] Aus den Bestimmungen über die Verwertbarkeit der örtlichen Landschaftsplanungen für die Bauleitplanung (§ 9 Abs. 3 Satz 2; § 11 Abs. 3) kann jedoch gefolgert werden, dass Landschaftspläne der Ebene der **Flächennutzungsplanung** zuzuordnen sind und geeigneter Planungsraum daher (entsprechend § 5 Abs. 1 Satz 1 BauGB) das jeweilige **Gemeindegebiet** ist.[3] Es besteht allerdings keine Pflicht, für ein Gemeindegebiet lediglich einen Landschaftsplan aufzustellen, sodass auch mehrere **Teil-Landschaftspläne** zulässig sind.[4] Aufgrund der örtlichen Ausrichtung und des kleinteiligen Planungsmaßstabs (1:10.000 bis 1:5.000)[5] sind im Vergleich zur überörtlichen Landschaftspla-

---

1   *Lorz/Konrad/Mühlbauer/Müller-Walter/Stöckel*, Naturschutzrecht, § 11 BNatSchG Rn. 3; *Meßerschmidt*, Bundesnaturschutzrecht, § 11 BNatSchG Rn. 15; *Marzik/Wilrich*, BNatSchG, § 15 Rn. 2.

2   Kritisch hierzu *Louis*, NuR 2010, 77 (81).

3   BR-Drs. 278/09, S. 176; BT-Drs. 16/12274, S. 56; ferner statt vieler *Louis*, NuR 2010, 77 (81); *Gellermann*, in: Landmann/Rohmer, Umweltrecht, 56. EL. 2009, § 16 BNatSchG Rn. 6; *Marzik/Wilrich*, BNatSchG, § 16 Rn. 3.

4   *Marzik/Wilrich*, BNatSchG, § 16 Rn. 5; *Gellermann*, in: Landmann/Rohmer, Umweltrecht, 56. EL. 2009, § 16 BNatSchG Rn. 9.

5   *Kiemstedt/von Haaren/Mönnecke/Ott*, Landschaftsplanung – Inhalt und Verfahrensweise, S. 12.

nung detailliertere Aussagen wie z.B. die Auseinandersetzung mit geplanten Vorhaben und die Erarbeitung von Bewertungsmaßstäben für den Umfang und die Kompensation konkreter Eingriffe möglich.[6] Im Zentrum steht dabei auch das Zusammenwirken zwischen Landschaftsplanung und Landnutzern, lokalen Akteuren, Verbänden, Kommunalverwaltung und -politik, um die Akzeptanz und Umsetzung der landschaftsplanerischen Erfordernisse und Maßnahmen sicherzustellen.[7]

b) Entwicklungsgebot

Gemäß Abs. 1 Satz 1 sind die örtlichen Landschaftsplanungen „auf der   7
Grundlage der Landschaftsrahmenpläne" aufzustellen. Die örtliche Land-
schaftsplanung darf der überörtlichen also nicht widersprechen.[8] Damit wird
ein – mit § 8 Abs. 2 Satz 1 BauGB und § 8 Abs. 2 Satz 1 ROG vergleichbares –
Entwicklungsgebot begründet, das sicherstellt, dass die überörtlich konkre-
tisierten Ziele, Erfordernisse und Maßnahmen des Naturschutzes und der
Landschaftspflege auf der örtlichen Landschaftsplanungsebene hinreichend
Berücksichtigung finden.[9]

Gegenüber § 16 Abs. 1 Satz 1 BNatSchG a.F., bei dem sich das Entwick-   8
lungsgebot auch auf Landschaftsprogramme erstreckte, ist mit der Neufassung eine **Beschränkung auf Landschaftsrahmenpläne** erfolgt. Hiermit soll
offenbar dem Umstand Rechnung getragen werden, dass sich die in Landschaftsprogrammen enthaltenen landesweiten Leitbilder und Grundsatzpositionen auf der örtlichen Ebene mitunter schwer konkretisieren lassen. Für
die örtliche Landschaftsplanung kommt es daher in der Praxis v.a. auf die in
Landschaftsrahmenplänen „heruntergebrochenen" Vorgaben der überörtlichen Landschaftsplanung an.

Fraglich ist jedoch, wie mit dem modifizierten Entwicklungsgebot umzuge-   9
hen ist, wenn unter den Voraussetzungen des § 10 Abs. 2 Satz 2, 2. Halbs.
auf die Aufstellung eines Landschaftsrahmenplans verzichtet wurde. Da ein
solcher Verzicht nur möglich ist, soweit ein Landschaftsprogramm seinen Inhalten und seinem Konkretisierungsgrad nach einem Landschaftsrahmenplan entspricht, wäre es inkonsequent, hinsichtlich des Entwicklungsgebots
nicht doch wieder auf das jeweilige Landschaftsprogramm abzustellen. Entgegen dem Wortlaut der Neufassung des § 11 Abs. 1 Satz 1 wird man in diesen Fällen daher Landschaftsprogramme als vom Entwicklungsgebot erfasst
anzusehen haben.

Im Übrigen stellt sich die Frage, ob das Entwicklungsgebot so zu verstehen ist,   10
dass die örtliche Landschaftsplanung unter dem Vorbehalt des Vorhandenseins

---

6 *Herbert/Wilke*, Natur und Landschaft 2003, 64 (67); *Meßerschmidt*, Bundesnaturschutzrecht, § 11 BNatSchG Rn. 15; hierzu eingehend *Louis/Engelke*, BNatSchG, § 6 Rn. 9 ff.

7 *Herbert/Wilke*, Natur und Landschaft 2003, 64 (67).

8 *Meßerschmidt*, Bundesnaturschutzrecht, § 11 BNatSchG Rn. 16; *Lorz/Konrad/Mühlbauer/
   Müller-Walter/Stöckel*, Naturschutzrecht, § 11 BNatSchG Rn. 3; *Mengel*, in: Lütkes/Ewer,
   BNatSchG, § 11 Rn. 3; *Heugel*, in: Schlacke (Hrsg.), GK-BNatSchG, § 11 Rn. 8.

9 *Gassner*, in: Gassner/Bendomir-Kahlo/Schmidt-Räntsch, BNatSchG, § 16 Rn. 7; *Gellermann*, in: Landmann/Rohmer, Umweltrecht, 56. EL. 2009, § 16 BNatSchG Rn. 7; *Meßerschmidt*, Bundesnaturschutzrecht, § 11 BNatSchG Rn. 16.

einer überörtlichen Landschaftsplanung steht. Der Wortlaut des Abs. 1 Satz 1 lässt dies offen. Die Formulierung „auf der Grundlage" könnte sowohl so verstanden werden, dass es einer vorhergehenden überörtlichen Landschaftsplanung zwingend bedarf, als auch, dass es auf die Vorgaben einer überörtlichen Landschaftsplanung nur dann ankommt, wenn sie im konkreten Fall existiert. Gegen eine Abhängigkeit der örtlichen Landschaftsplanung vom Vorhandensein überörtlicher Pläne spricht jedoch die grundsätzliche Eigenständigkeit der örtlichen Landschaftsplanung.[10] Diese Eigenständigkeit kommt nunmehr auch in § 8 zum Ausdruck, der eine Landschaftsplanung „überörtlich und örtlich" vorgibt, ohne dabei die örtliche Planungsebene von der Existenz überörtlicher Vorgaben abhängig zu machen.

c) Mindestangaben des § 9 Abs. 3 Satz 1

11 Die Inhalte eines Landschaftsplans haben sich grundsätzlich an § 9 auszurichten. Allerdings enthält § 11 Abs. 1 Satz 3 eine dahingehende Relativierung, als eine Orientierung an den Mindestangaben des § 9 Abs. 3 Satz 1 nur insoweit zu erfolgen hat, wie dies für die Darstellung der für die örtliche Ebene konkretisierten Ziele, Erfordernisse und Maßnahmen erforderlich ist; zugleich werden in Abs. 1 Satz 4 abweichende Vorschriften der Länder zu den Inhalten örtlicher Landschaftsplanungen für „unberührt" und damit für weiterhin wirksam erklärt.[11] Insofern ist also keine fixe Orientierung an den in § 9 Abs. 3 Satz 1 vorgegeben Inhalten notwendig, sondern nach den Gegebenheiten des Einzelfalls der Weg für eine flexiblere Handhabung eröffnet.

12 Mit der Neuregelung geht für die örtliche Ebene eine nicht unmaßgebliche Abschwächung der in § 9 Abs. 3 Satz 1 geregelten **Mindestangaben** einher. Zwar sind diese Mindestangaben lediglich „Sollvorgaben", von denen in begründeten Fällen ausnahmsweise abgewichen werden darf (vgl. § 9 Rn. 20). Es ist jedoch ein Unterschied, ob diese Mindestangaben in Landschaftsplanungen grundsätzlich enthalten sein müssen und Abweichungen nur in engen Ausnahmefällen möglich sind, oder, wie jetzt gemäß § 11 Abs. 1 Satz 3 für die örtliche Ebene normiert, bereits die Aufnahme dieser Mindestangaben unter einem **Erforderlichkeitsvorbehalt** steht und damit von vorneherein rechtfertigungsbedürftig ist. Da die Durchsetzungskraft der Landschaftsplanung maßgeblich auch von der Einheitlichkeit ihrer Inhalte abhängt[12] und die Mindestangaben des Abs. 3 Satz 1 gerade eine bundesweit einheitliche und effektive Landschaftsplanung gewährleisten sollen[13], birgt die Relativierung dieser Mindestangaben die Gefahr einer Abschwächung der örtlichen Landschaftsplanung in sich. Um dies zu vermeiden, wird man den Erforderlichkeitsvorbehalt des § 11 Abs. 1 Satz 3 zumindest weit auszulegen haben.

---

10 *Gellermann*, in: Landmann/Rohmer, Umweltrecht, 56. EL. 2009, § 16 BNatSchG Rn. 8; *Marzik/Wilrich*, BNatSchG, § 16 Rn. 7.

11 Vgl. *Louis*, NuR 2010, 77 (81); *Berghoff/Steg*, NuR 2010, 17 (19).

12 Der Wahrung der Einheitlichkeit dient gerade auch die in § 9 Abs. 3 Satz 3 neu eingeführte Ermächtigung zum Erlass einer bundesweiten Planzeichenverordnung, siehe hierzu oben § 9 Rn. 61 f; zu den konkreten Inhalten vgl. *Heugel*, in: Schlacke (Hrsg.), GK-BNatSchG, § 11 Rn. 5.

13 *Gellermann*, in: Landmann/Rohmer, Umweltrecht, 56. EL. 2009, § 14 BNatSchG Rn. 6.

d) Relativierung von Aufstellungspflicht und Flächendeckungsprinzip

Gemäß dem neu gefassten Abs. 2 Satz 1 sind Landschaftspläne nur noch auf- 13
zustellen, „sobald und soweit" dies im Hinblick auf Erfordernisse und Maßnahmen im Sinne des § 9 Abs. 3 Satz 1 Nr. 4 und zu erwartende wesentliche
Veränderungen im Planungsraum erforderlich ist. Damit wird die erst im
Jahre 2002 mit § 16 Abs. 1 Satz 1 BNatSchG a.F. eingeführte Pflicht, Landschaftspläne zum einen anlassunabhängig und zum anderen flächendeckend
für das gesamte Gemeindegebiet aufzustellen, wieder aufgehoben und im
Ergebnis zur Rechtslage des vorherigen § 6 BNatSchG a.F. zurückgekehrt.[14]
Freilich ist den Ländern unbenommen, eine (flächendeckende) Aufstellungspflicht vorzusehen und bleibt solches Landesrecht gemäß Abs. 1 Satz 4 unberührt und damit weiterhin wirksam.

Mit dieser bundesrechtlichen „Rolle rückwärts" soll offenbar die örtliche 14
Ebene von der Aufgabe der Landschaftsplanung entlastet werden, zumal gegen das im Jahre 2002 eingeführte Flächendeckungsprinzip vor dem Hintergrund der gemeindlichen Planungshoheit zum Teil verfassungsrechtliche
Bedenken erhoben wurden.[15] Gleichwohl ist die mit der Neuregelung einhergehende **Relativierung** von Aufstellungspflicht und Flächendeckungsprinzip denselben Einwänden ausgesetzt, die bereits gegen § 6 BNatSchG
a.f. erhoben wurden und den Gesetzgeber schließlich im Jahre 2002 zum
Tätigwerden bewogen hatten.[16] Allerdings galt auch nach bisherigem Bundesrecht die (flächendeckende) Aufstellungspflicht für Landschaftspläne
nicht uneingeschränkt. Gemäß § 16 Abs. 2 Satz 2 BNatSchG a.F. konnte nach
Landesrecht in Teilen von Gemeinden auf die Aufstellung von Landschaftsplänen verzichtet werden, soweit die vorherrschende Nutzung den Zielen
und Grundsätzen des Naturschutzes und der Landschaftspflege entsprach
und eine entsprechende planungsrechtliche Absicherung bestand. Bereits
hiermit war eine nicht unbeträchtliche Relativierung von Aufstellungspflicht
und Flächendeckungsprinzip verbunden.[17]

Inhaltlich knüpft der in § 11 Abs. 2 Satz 1 aufgenommene **Erforderlichkeits-** 15
vorbehalt die Notwendigkeit der (flächendeckenden) Aufstellung von Landschaftsplänen an die Erfordernisse und Maßnahmen im Sinne des § 9 Abs. 3
Satz 1 Nr. 4 und zu erwartende wesentliche Veränderungen im Planungsraum. Damit bestehen beim Erforderlichkeitsvorbehalt des § 11 Abs. 2 Satz 1

---

14 *Egner,* in: Egner/Fuchs, Naturschutz- und Wasserrecht 2009, § 11 BNatSchG Rn. 4; *Men-*
   gel, in: Lütkes/Ewer, BNatSchG, § 11 Rn. 5; *Gellermann,* NVwZ 2010, 73 (75); kritisch
   hierzu *Berghoff,* in: Frenz, Das neue Wasser- und Naturschutzrecht, S. 89 f.

15 *Lorz/Konrad/Mühlbauer/Müller-Walter/Stöckel,* Naturschutzrecht, § 11 BNatSchG Rn. 7;
   Meßerschmidt, Bundesnaturschutzrecht, § 11 BNatSchG Rn. 21.

16 Vgl. BT-Drs. 14/6378, S. 46: „Die Landschaftsplanung kann ihrem umfassenden Auftrag
   auf der örtlichen Ebene nur gerecht werden, wenn sie grundsätzlich den gesamten Prü-
   fungsraum der Gemeinde und damit die von allen Teilräumen ausgehenden Wirkungszusammenhänge umfasst und die Ergebnisse der übergeordneten Planungsstufe berücksichtigt." Siehe ferner *Meßerschmidt,* Bundesnaturschutzrecht, § 11 BNatSchG Rn. 21 f.; zur
   Bedeutung des Flächendeckungsprinzips siehe bereits oben § 8 Rn. 54 und § 10 Rn. 10.

17 Näher *Gellermann,* in: Landmann/Rohmer, Umweltrecht, 56. EL. 2009, § 16 BNatSchG
   Rn. 14; *Meßerschmidt,* Bundesnaturschutzrecht, § 11 BNatSchG Rn. 23 ff.

zumindest nach dem Wortlaut dieselben Anforderungen wie für das Eingreifen der in § 9 Abs. 4 Satz 1 geregelten Fortschreibungspflicht. Zwar mag sich diese Parallele aus Gründen der gesetzestechnischen Einfachheit angeboten haben. In der Sache erschließt sich jedoch nicht ohne Weiteres, warum unter denselben Voraussetzungen, nach denen bereits bestehende Landschaftsplanungen fortzuschreiben sind, auf der örtlichen Ebene darüber zu entscheiden ist, ob Landschaftspläne überhaupt bzw. flächendeckend aufzustellen sind.

16 Zudem stellt sich aufgrund der in § 11 Abs. 2 Satz 1 enthaltenen Anknüpfung an wesentliche Veränderungen im Planungsraum die Frage nach Folgewirkungen für das Verhältnis Landschaftsplanung und Bauleitplanung. Ob das Vorliegen eines Landschaftsplans Voraussetzung für die Einhaltung des Abwägungsgebots nach § 1 Abs. 6 BauGB und damit **Rechtmäßigkeitsvoraussetzung für die Bauleitplanung** ist, hängt von der jeweiligen landesrechtlichen Ausgestaltung des Verhältnisses Landschaftsplanung/Bauleitplanung ab und wurde in der Vergangenheit lebhaft diskutiert.[18] Die praktische Bedeutung des Streits nahm jedoch seit der im Jahre 2002 eingeführten flächendeckenden Aufstellungspflicht ab. Infolge der Relativierung der Aufstellungspflicht durch § 11 Abs. 2 Satz 1 dürfte das Thema jedoch wieder an Aktualität gewinnen. Dies gilt umso mehr, als nach der Gesetzesbegründung die Aufstellungspflicht i.S.d. § 11 Abs. 2 Satz 1 insbesondere besteht bei der „Aufstellung, Änderung oder Ergänzung eines Bauleitplans, die zu erheblichen Konsequenzen im Hinblick auf die Umsetzung der für den Planungsraum zu verfolgenden Ziele von Naturschutz und Landschaftspflege führt".[19] Lösen somit bauleitplanerisch vorgesehene Veränderungen des Planungsraums eine gesetzliche Pflicht zur Aufstellung eines Landschaftsplans aus, so spricht dies nach Teilen des Schrifttums für ein **Abwägungsdefizit**, wenn ein Bauleitplan ohne vorherigen Landschaftsplan aufgestellt wird.[20] Der weitgehend erledigt geglaubte Streit dürfte daher durch die Neuregelung wieder Auftrieb erhalten.

2. Grünordnungspläne (Abs. 1 Satz 1, Abs. 2 Satz 2)

17 Wie bereits seit Längerem gefordert[21] hat der Gesetzgeber mit § 11 auf der örtlichen Ebene der Landschaftsplanung bundesrechtlich erstmals **Grünordnungspläne** eingeführt und sich dabei an entsprechenden landesrechtlichen Regelungen orientiert.[22] Gegenstand von Grünordnungsplänen sind – wie bei Landschaftsplänen – die für die örtliche Ebene konkretisierten Ziele, Er-

---

18 Eingehend *Dreier*, in: Hoppenberg/de Witt, Baurecht, Ziff. E Rn. 157 ff.; *Meßerschmidt*, Bundesnaturschutzrecht, § 11 BNatSchG Rn. 19, 27; *Siegel*, NuR 2003, 325 (329), jeweils m.w.N.

19 BR-Drs. 278/09, S. 177; BT-Drs. 16/12274, S. 56.

20 *Gellermann*, NVwZ 2010, 73 (75 f.); a.A. der ausdrückliche Hinweis in der Gesetzesbegründung, wonach die Neuregelung keine Auswirkungen auf die Frage der Rechtmäßigkeit von Bebauungsplänen habe und sich ihre Wirksamkeit ausschließlich nach den Regelungen des BauGB richte (BR-Drs. 278/09, S. 177; BT-Drs. 16/12274, S. 56).

21 Nachw. bei *Meßerschmidt*, Bundesnaturschutzrecht, § 11 BNatSchG Rn. 12.

22 BR-Drs. 278/09, S. 176; BT-Drs. 16/12274, S. 56.

forderNisse und Maßnahmen des Naturschutzes und der Landschaftspflege (Abs. 1 Satz 1).

Grünordnungspläne unterscheiden sich von Landschaftsplänen durch den kleineren Planungsraum. Dieser erstreckt sich bei Grünordnungsplänen auf „Teile eines Gemeindegebiets" und korrespondiert daher mit dem Planungsraum von Bebauungsplänen.[23] Durch ihren kleinteiligen Planungsmaßstab (1:2.500 bis 1:1.000)[24] können in Grünordnungsplänen als unterster Stufe der Landschaftsplanung parzellenscharfe und daher im Vergleich zu Landschaftsplänen nochmals detailliertere Darstellungen aufgenommen werden (z.B. zur Ordnung und Gestaltung der Freiflächen eines Bebauungsplangebiets, zur Pflege und Entwicklung von Natur und Landschaft in bebauten Bereichen und zur Anwendung der Eingriffsregelung für konkrete Vorhaben).[25] **18**

Anders als bei Landschaftsplänen besteht gemäß Abs. 2 Satz 2 keine Pflicht zur Aufstellung von Grünordnungsplänen, sondern enthält die Vorschrift insoweit lediglich eine fakultative Vorgabe.[26] Auch wurde darauf verzichtet, in Anlehnung an einige bisherige landesrechtliche Regelungen eine Pflicht zur Aufstellung von Grünordnungsplänen zu regeln, falls ihre Aufstellung zur bauleitplanerischen Verwirklichung naturschutzrechtlicher Zielsetzungen erforderlich ist.[27] Wie bisher besteht auf der Ebene der Grünordnungspläne auch kein Zwang zur flächendeckenden Aufstellung.[28] Freilich ist den Ländern unbenommen, eine Pflicht zur Aufstellung von Grünordnungsplänen zu regeln[29] oder das Flächendeckungsprinzip vorzusehen und bleibt solches Landesrecht gemäß Abs. 1 Satz 4 unberührt und damit weiterhin wirksam. **19**

Die Inhalte von Grünordnungsplänen ergeben sich aus § 9, wobei hinsichtlich der in § 11 Abs. 1 Satz 3 aufgenommenen Relativierung der Mindestangaben dasselbe gilt wie bei Landschaftsplänen. Auch gelten für Grünordnungspläne die obigen Ausführungen zum Entwicklungsgebot des Abs. 1 Satz 1. **20**

III. Verhältnis zur Raum- und Bauleitplanung (Abs. 1 Satz 2; Abs. 3)

Die örtliche Landschaftsplanung steht in einer Wechselbeziehung sowohl zur Raumordnung als auch zur Bauleitplanung: Einerseits muss die örtliche **21**

---

23 BR-Drs. 278/09, S. 176; BT-Drs. 16/12274, S. 56; statt vieler *Louis*, NuR 2010, 77 (81); *Egner*, in: Egner/Fuchs, Naturschutz- und Wasserrecht 2009, § 11 BNatSchG Rn. 2.

24 *Kiemstedt/von Haaren/Mönnecke/Ott*, Landschaftsplanung – Inhalt und Verfahrensweise, S. 12.

25 *Meßerschmidt*, Bundesnaturschutzrecht, § 11 BNatSchG Rn. 15.

26 *Müggenborg/Hentschel*, NJW 2010, 961 (965); *Mengel*, in: Lütkes/Ewer, BNatSchG, § 11 Rn. 10.

27 So z.B. § 9 Abs. 1 Satz 1 BadWürttNatSchG a.F.; zur hiernach fehlenden Notwendigkeit der Aufstellung eines Grünordnungsplans für die Überplanung eines bereits locker bebauten Gebiets, dessen parkartiger Charakter durch den in Rede stehenden Bauleitplan nicht verändert wurde, siehe VGH Mannheim, Beschl. v. 12.08.1994 – 8 S 903/94, NVwZ 1996, 271 (272 f.); *Dreier*, in: Hoppenberg/de Witt, Baurecht, Ziff. E Rn. 141.

28 Vgl. *Gellermann*, in: Landmann/Rohmer, Umweltrecht, 56. EL. 2009, § 16 BNatSchG Rn. 9; *Marzik/Wilrich*, BNatSchG, § 16 Rn. 5.

29 So z.B. nach § 7 SächsNatSchG.

Landschaftsplanung den Vorgaben der Raumordnung Rechnung tragen, andererseits stellt sich die Frage der Integration der Inhalte der örtlichen Landschaftsplanung in die Bauleitplanung. Während die erstgenannte Thematik in Abs. 1 Satz 2 angesprochen ist, enthält Abs. 3 Regelungen zur Integration in die Bauleitplanung.[30]

1. Beachtung bzw. Berücksichtigung der Vorgaben der Raumordnung (Abs. 1 Satz 2)

22 Gemäß Abs. 1 Satz 2 sind (entsprechend der bisherigen Regelung des § 16 Abs. 1 Satz 3 BNatSchG a.F.) bei der Aufstellung von Landschaftsplänen und Grünordnungsplänen die Ziele der Raumordnung zu beachten und die Grundsätze und sonstigen Erfordernisse der Raumordnung zu berücksichtigen. Wie mit § 10 Abs. 1 Satz 2 für die überörtliche Landschaftsplanung ist damit auch im örtlichen Bereich sichergestellt, dass die Vorgaben der räumlichen Gesamtplanung als abwägungsfeste Ziele bzw. abwägungsoffene Grundsätze/sonstige Erfordernisse in die Landschaftsplanung eingestellt werden.[31] Die oben zu § 10 Abs. 1 Satz 2 aufgeworfenen Fragen und Lösungsansätze (vgl. oben § 10 Rn. 19 ff.) gelten für die Ebene der örtlichen Landschaftsplanung grundsätzlich entsprechend.

2. Übernahme in die Bauleitplanung (Abs. 3)

23 Der neu geregelte Abs. 3 regelt das Verhältnis zwischen örtlicher Landschaftsplanung und Bauleitplanung und legt fest, dass in Landschaftsplänen für die örtliche Ebene konkretisierte Ziele, Erfordernisse und Maßnahmen des Naturschutzes und der Landschaftspflege in der Abwägung nach § 1 Abs. 7 BauGB zu berücksichtigen sind und als Darstellungen oder Festsetzungen nach §§ 5, 9 BauGB in die Bauleitpläne aufgenommen werden können. Dass der Wortlaut des Abs. 3 nur Landschaftspläne, nicht jedoch auch Grünordnungspläne aufführt, dürfte auf ein **Redaktionsversehen** zurückzuführen sein. Eine Beschränkung allein auf Landschaftspläne wäre wenig sachgerecht, zumal sich Abs. 3 auch nach der Gesetzesbegründung auf Grünordnungspläne erstreckt.[32]

24 Mit Abs. 3 wird der bisher in § 16 Abs. 2 Satz 1 und 2 BNatSchG a.F. den Ländern erteilte Regelungsauftrag hinsichtlich des Verhältnisses örtliche Landschaftsplanung/Bauleitplanung durch eine Vollregelung ersetzt.[33] Da-

---

30 Das BNatSchG sieht bislang keine Regelungen vor, wonach die Inhalte örtlicher Landschaftsplanungen auf der Ebene der überörtlichen Landschaftsplanung zu berücksichtigen sind. Inwieweit sich eine solche Berücksichtigungspflicht rechtfertigen lässt (beispielsweise in Anlehnung an das raumordnungsrechtliche Gegenstromprinzip des § 1 Abs. 3 ROG), ist umstritten (dafür *Schumacher/Schumacher*, in: Schumacher/Fischer-Hüftle, BNatSchG, § 12 Rn. 15; dagegen *Meßerschmidt*, Bundesnaturschutzrecht, § 11 BNatSchG Rn. 16).

31 *Gassner*, in: Gassner/Bendomir-Kahlo/Schmidt-Räntsch, BNatSchG, § 16 Rn. 5a; *Marzik/Wilrich*, BNatSchG, § 16 Rn. 10 f.

32 BR-Drs. 278/09, S. 177; BT-Drs. 16/12274, S. 56; ebenso *Berghoff/Steg*, NuR 2010, 17 (22); *Heugel*, in: Schlacke (Hrsg.), GK-BNatSchG, § 11 Rn. 13.

33 BR-Drs. 278/09, S. 177; BT-Drs. 16/12274, S. 56.

mit ist nunmehr bundesrechtlich vorgegeben, dass die in örtlichen Landschaftsplanungen enthaltenen Inhalte in der bauleitplanerischen Abwägung zumindest als **abwägungserheblicher Belang** einzustellen sind. Kommt den Belangen von Naturschutz und Landschaftspflege derart Gewicht zu, dass sie sich im Rahmen der Abwägung gegenüber anderen Belangen und gegenläufigen Nutzungsinteressen durchsetzen, können sie als Darstellungen bzw. Festsetzungen i.S.d. §§ 5, 9 BauGB in die Bauleitplanung übernommen werden und haben dann am Umfang der Verbindlichkeit des jeweiligen Bauleitplans Teil **(Akzessorietät zur Bauleitplanung)**.

Im Übrigen lässt das Bundesrecht hinsichtlich der Art und Weise der Übernahme der Inhalte der örtlichen Landschaftsplanung in die Bauleitplanung Spielräume und ist es den Ländern unbenommen, eigenständige Regelungen zur Verbindlichkeit von Landschaftsplanungen zu treffen (§ 11 Abs. 1 Satz 4). Beispielsweise können sie den Inhalten von Landschaftsplanungen auch den Charakter verbindlicher Planungsleitsätze zukommen lassen, wobei jedoch insbesondere das gemeindliche Selbstverwaltungsrecht (Art. 28 Abs. 2 GG) gewahrt bleiben muss.[34] Die insoweit bestehenden verschiedenen landesrechtlichen Modelle (eigenständige Landschaftsplanung und Integrationsmodelle)[35] und Verbindlichkeitsregelungen bleiben auch nach der Neuregelung zulässig.[36]   25

IV. Stadtstaatenklausel (Abs. 4)

In Abs. 4 wird die bisherige Stadtstaatenklausel des § 16 Abs. 3 BNatSchG a.F. übernommen.[37] Soweit dagegen in der Gesetzesbegründung ausgeführt wird, die Vorschrift sei gegenüber der Vorgängerregelung um Landschaftsprogramme ergänzt,[38] ist dies nicht nachvollziehbar, da sich bereits § 16 Abs. 3 BNatSchG a.F. auf Landschaftsprogramme erstreckte.   26

Nach der Stadtstaatenklausel sind in den Ländern Berlin, Bremen und Hamburg keine Landschaftspläne erforderlich, wenn die örtlichen Erfordernisse und Maßnahmen des Naturschutzes und der Landschaftspflege bereits in Landschaftsrahmenplänen oder Landschaftsprogrammen dargestellt sind. Die Landschaftspläne werden in diesen Fällen durch die überörtlichen Landschaftsplanungen ersetzt. Damit wird den besonderen räumlichen Verhältnissen der Stadtstaaten Rechnung getragen, wo Landschaftsrahmenpläne oder Landschaftsprogramme bereits in einem Maßstab erstellt werden können, der hinreichend örtliche Aussagen zur Landschaftsplanung ermöglicht.[39]   27

---

34 Vgl. BVerfG, Beschl. v. 07.05.2001 – 2 BvK 1/00, NuR 2002, 27 (30 ff.); *Marzik/Wilrich*, BNatSchG, § 16 Rn. 12.

35 Siehe hierzu allgemein oben § 10 Rn. 30 und speziell zum Verhältnis örtliche Landschaftsplanung/Bauleitplanung die Übersichten bei *Gassner*, in: Gassner/Bendomir-Kahlo/Schmidt-Räntsch, BNatSchG, § 16 Rn. 10 ff.; *Stüer*, Handbuch des Bau- und Fachplanungsrechts, Rn. 1348.

36 BR-Drs. 278/09, S. 128; BT-Drs. 16/12274, S. 40.

37 *Egner*, in: Egner/Fuchs, Naturschutz- und Wasserrecht 2009, § 11 BNatSchG Rn. 7.

38 BR-Drs. 278/09, S. 178; BT-Drs. 16/12274, S. 56.

39 *Schumacher/Schumacher*, in: Schumacher/Fischer-Hüftle, BNatSchG, § 12 Rn. 22.

Mit der Ersetzung der Landschaftspläne durch die überörtlichen Landschaftsplanungen geht es in erster Linie darum, überflüssige **Doppelarbeit** zu vermeiden.[40] Hamburg und Bremen haben von dieser Möglichkeit in den jeweiligen Novellierungen ihrer Naturschutzgesetze Gebrauch gemacht, während Berlin sowohl ein überörtliches Landschaftsprogramm als auch örtliche Landschaftspläne vorsieht.[41]

28 Die in Abs. 4 geregelte Ersetzung der Landschaftspläne durch Landschaftsrahmenpläne oder Landschaftsprogramme widerspricht im Übrigen auch nicht der in § 8 enthaltenen Vorgabe, die Landschaftsplanung mindestens zweistufig (siehe hierzu § 8 Rn. 46 ff.) auszugestalten. Denn die grundsätzliche Unterscheidung zwischen örtlicher und überörtlicher Ebene wird auch für die Stadtstaaten nicht aufgehoben, sondern lediglich eine Ersetzung der örtlichen durch die überörtlichen Landschaftsplanungen geregelt. Die in räumlicher Hinsicht verschiedenen Betrachtungsweisen und damit der Grundsatz der Zweistufigkeit bleiben somit auch in diesen Fällen im Ergebnis unberührt.

V. Landesrecht (Abs. 5)

29 Nach Abs. 5 richten sich die Zuständigkeit und das Verfahren zur Aufstellung der Landschafts- und Grünordnungspläne sowie deren Durchführung nach Landesrecht. Bei dieser **Öffnungsklausel** handelt es sich lediglich um eine Klarstellung, dass der Bund insoweit keine Regelungen getroffen hat und in vollem Umfang Länderkompetenz besteht.[42] Ob also örtliche Landschaftsplanungen durch die Kommunen oder die für Naturschutz und Landschaftspflege zuständigen Behörden aufgestellt werden und in welchem Verfahren dies erfolgt, richtet sich wie bisher nach den landesrechtlichen Vorschriften.[43]

---

40 *Siegel*, NuR 2003, 325 (327); *Lorz/Konrad/Mühlbauer/Müller-Walter/Stöckel*, Naturschutzrecht, § 11 BNatSchG Rn. 11. Dieser Gedanke der Vermeidung von Doppelarbeit ist nunmehr auch in § 10 Abs. 2 Satz 2 aufgegriffen, der die Ersetzung von Landschaftsrahmenplänen durch Landschaftsprogramme vorsieht. Die Vorschrift gilt allerdings nicht nur für Stadtstaaten, sondern allgemein, siehe näher oben § 10 Rn. 14 f.

41 Vgl. §§ 7, 8 und 9 NatSchGBln; §§ 4, 5 HmbBNatSchAG; § 4 BremNatG; hierzu auch *Siegel*, NuR 2003, 325 (327).

42 BR-Drs. 278/09, S. 178; BT-Drs. 16/12274, S. 56; *Berghoff/Steg*, NuR 2010, 17 (22); *Louis*, NuR 2010, 77 (81).

43 Siehe zu den landesrechtlichen Verfahrensvorgaben näher *Stüer*, Handbuch des Bau- und Fachplanungsrechts, Rn. 1348; *Gassner*, in: Gassner/Bendomir-Kahlo/Schmidt-Räntsch, BNatSchG, § 16 Rn. 10 ff.; *Lorz/Konrad/Mühlbauer/Müller-Walter/Stöckel*, Naturschutzrecht, § 11 BNatSchG Rn. 13 ff.; *Heugel*, in: Schlacke (Hrsg.), GK-BNatSchG, § 11 Rn. 24 ff.

§ 12
Zusammenwirken der Länder bei der Planung

Bei der Aufstellung und Fortschreibung von Programmen und Plänen nach den §§ 10 und 11 für Gebiete, die an andere Länder angrenzen, sind deren entsprechende Programme und Pläne zu berücksichtigen. Soweit dies erforderlich ist, stimmen sich die Länder untereinander ab.

Inhaltsübersicht

I. Überblick

Die Natur nimmt auf administrative Grenzen keine Rücksicht. Daher muss sich die Landschaftsplanung an naturräumlichen Strukturen unter Berücksichtigung der jeweiligen Nachbarinteressen orientieren.[1] § 12 trägt diesem Umstand Rechnung und regelt das landschaftsplanerische Zusammenwirken aneinander angrenzender Bundesländer, indem er ein gegenseitiges Berücksichtigungsgebot (Satz 1) und eine Abstimmungspflicht (Satz 2) normiert. **1**

§ 12 enthält gegenüber seiner Vorgängerregelung (§ 17 BNatSchG a.F.) nicht unerhebliche Änderungen. Das in § 17 Abs. 1 Var. 1 BNatSchG a.F. enthaltene Rücksichtnahmegebot wurde modifiziert. Zudem wurde die Pflicht, bei der Landschaftsplanung auch auf die Belange des Naturschutzes und der Landschaftspflege im gesamten Bundesgebiet sowie in benachbarten Staaten Rücksicht zu nehmen (§ 17 Abs. 1 Var. 2 und 3 BNatSchG a.F.), aufgehoben. Darüber hinaus wurde die Regelung des § 17 Abs. 2 BNatSchG a.F. in eine unter Erforderlichkeitsvorbehalt stehende Abstimmungspflicht überführt. **2**

II. Berücksichtigungsgebot (Satz 1)

Nach Satz 1 sind bei der Aufstellung und Fortschreibung von Landschaftsplanungen i.S.d. §§ 10, 11 für Gebiete, die an andere (Bundes-)Länder angrenzen, deren entsprechende Programme und Pläne zu berücksichtigen. Die Regelung ist eine Spezialvorschrift zu § 9 Abs. 5 Satz 1 und beruht auf dem Prinzip der Bundestreue, das nicht nur im Verhältnis zwischen dem Bund und den Ländern, sondern auch zwischen den Ländern zum Tragen kommt.[2] **3**

---

1 *Meßerschmidt*, Bundesnaturschutzrecht, § 12 BNatSchG Rn. 9.

2 *Lorz/Konrad/Mühlbauer/Müller-Walter/Stöckel*, Naturschutzrecht, § 12 BNatSchG Rn. 2 f.; *Louis/Engelke*, BNatSchG, § 7 Rn. 1; *Schumacher/Schumacher*, in: Schumacher/Fischer-Hüftle, BNatSchG, § 12 Rn. 4; *Gellermann*, in: Landmann/Rohmer, Umweltrecht, 56. EL. 2009, § 17 BNatSchG Rn. 2; *Heugel*, in: Schlacke (Hrsg.), GK-BNatSchG, § 12 Rn. 5.

4   Mit Satz 1 wird ein (materiell-rechtliches) **Berücksichtigungsgebot** aufgestellt, das über das in § 17 Abs. 1 Var. 1 BNatSchG a.F. geregelte Rücksichtnahmegebot hinausgeht. Nach der bisherigen Gesetzesfassung waren die Länder gehalten, bei Aufstellung von Landschaftsplanungen darauf Rücksicht zu nehmen, dass die Verwirklichung der Ziele und Grundsätze des Naturschutzes und der Landschaftspflege in benachbarten Ländern nicht erschwert werden. Das Rücksichtnahmegebot kam daher erst zur Anwendung, wenn aufgrund unterschiedlicher landschaftsplanerischer Vorgaben Erschwernisse für die Zielverwirklichung benachbarter Bundesländer zu vergegenwärtigen waren.[3] Als denkbare Konfliktfälle wurden in diesem Zusammenhang etwa großflächige, überregionale Vorhaben (wie z.B. die Renaturierung von Tagebaurestlöchern[4] oder die Wiederherstellung von Feuchtgebieten), die Beeinträchtigung von Arten- und Biotopschutzmaßnahmen des Nachbarlandes oder generell grenzüberschreitende Immissionen genannt.[5] Auch war die bisherige Regelung lediglich als „Soll-Vorschrift" gefasst, weswegen ihr mitunter der Charakter einer bloßen Ordnungsvorschrift zugesprochen wurde, die auf die Rechtmäßigkeit der Planung ohne Einfluss sei.[6] Dagegen ist das in § 12 Satz 1 neu gefasste Berücksichtigungsgebot als zwingende Vorgabe („sind [...] zu berücksichtigen") und zudem voraussetzungslos ausgestaltet. Die Landschaftsplanungen angrenzender Bundesländer müssen daher nunmehr nicht erst bei der Gefahr von Erschwernissen der Zielverwirklichung, sondern stets berücksichtigt werden. Insoweit geht Satz 1 über seine Vorgängerregelung inhaltlich hinaus.[7]

5   In der Neuregelung ist ein Berücksichtigungsgebot nicht nur für die Aufstellung, sondern auch bei der **Fortschreibung** von Landschaftsplanungen vorgesehen. Dies ist konsequent, da sich die gleichen Konflikte, die bei Aufstellung angrenzender Landschaftsplanungen entstehen, auch bei deren nachträglicher Änderung ergeben können. Aus diesem Grunde wurde das Rücksichtnahmegebot des § 17 Abs. 1 Var. 1 BNatSchG a.F. teilweise – über den Wortlaut der Norm hinaus – auch auf die Fälle der Fortschreibung der Landschaftsplanung erstreckt.[8] Die Neuregelung sorgt hier für die notwendige Klarstellung.

---

3   *Louis/Engelke*, BNatSchG, § 7 Rn. 5.

4   Zu den dabei bestehenden berg-, wasser- und naturschutzrechtlichen Fragestellungen siehe *Appel*, NuR 2008, 553 ff.; *Spieth/Appel*, LKV 2007, 501 ff.; *von Daniels/Appel*, NuR 2008, S. 685 ff.

5   Siehe die Beispiele bei *Schumacher/Schumacher*, in: Schumacher/Fischer-Hüftle, BNatSchG, § 12 Rn. 5; *Gellermann*, in: Landmann/Rohmer, Umweltrecht, 56. EL. 2009, § 17 BNatSchG Rn. 3; *Meßerschmidt*, Bundesnaturschutzrecht, § 12 BNatSchG Rn. 9; *Marzik/Wilrich*, BNatSchG, § 17 Rn. 4.

6   *Lorz/Konrad/Mühlbauer/Müller-Walter/Stöckel*, Naturschutzrecht, § 12 BNatSchG Rn. 2; a.A. die h.M., etwa *Gellermann*, in: Landmann/Rohmer, Umweltrecht, 56. EL. 2009, § 17 BNatSchG Rn. 3.

7   Ebenso *Egner*, in: Egner/Fuchs, Naturschutz- und Wasserrecht 2009, § 12 BNatSchG Rn. 1.

8   *Gellermann*, in: Landmann/Rohmer, Umweltrecht, 56. EL. 2009, § 17 BNatSchG Rn. 2.

Fraglich ist, ob mit der Neuregelung in räumlicher Hinsicht eine Verengung 6 einhergeht, als nun nicht mehr auf „benachbarte" Bundesländer abgestellt wird, sondern das Berücksichtigungsgebot für „angrenzende" Bundesländer gilt. Die Vorgängerregelung wurde in räumlicher Hinsicht mitunter weit ausgelegt. Als „benachbarte" Bundesländer wurden nicht nur unmittelbar angrenzende Länder angesehen, sondern je nach den einschlägigen landschaftsplanerischen Erfordernissen und Maßnahmen (z.B. bei wandernden Tierarten) ggf. auch weitere Bundesländer.[9] Dieser weiten Auslegung dürfte mit Blick auf den Wortlaut der Neuregelung, die das Berücksichtigungsgebot ausdrücklich nur noch für „angrenzende" Bundesländer vorsieht, die Grundlage entzogen sein.

Das Berücksichtigungsgebot des Satzes 1 gilt jeweils nur für „entsprechende" 7 Programme und Pläne i.S.d. §§ 10, 11. Insofern sind bei der Aufstellung und Fortschreibung von Landschaftsplanungen nur diejenigen Pläne und Programme angrenzender Bundesländer zu berücksichtigen, die mit der jeweils in Rede stehenden Planungsebene (Landschaftsprogramm, Landschaftsrahmenplan, Landschaftsplan oder Grünordnungsplan) korrespondieren. Auch hiermit geht eine Verengung im Vergleich zu § 17 Abs. 1 BNatSchG a.F., der eine solche Beschränkung nicht vorsah, einher. Ob sich indes damit grenzüberschreitende Konflikte sachgerecht bewältigen lassen, erscheint zumindest insofern fraglich, als die oberen Ebenen der Landschaftsplanung regelmäßig Vorgaben enthalten, die auf den unteren Ebenen der Landschaftsplanung zu berücksichtigen sind (siehe § 10 Rn. 7; § 11 Rn. 7 ff.). Dies spricht an sich dafür, auch bei grenzüberschreitenden Fragen soweit erforderlich den Blick nicht nur auf die jeweils in Rede stehende Planungsebene des angrenzenden Bundeslandes zu legen.

Wie beim bisherigen Rücksichtnahmegebot bedeutet auch das Berücksichti- 8 gungsgebot des Satzes 1 in der Sache jedoch nicht, dass die Inhalte angrenzender Landschaftsplanungen zwingend zu beachten wären. Der jeweilige Träger der Landschaftsplanung muss die denkbaren Konflikte zwar in seinen Entscheidungsprozess einbeziehen. Es besteht jedoch keine Pflicht, die Inhalte angrenzender Landschaftsplanungen zu übernehmen und hierdurch Konflikte in jedem Fall zu vermeiden. Vielmehr können bei entsprechend gewichtigen eigenen Interessen die Inhalte angrenzender Landschaftsplanungen zurückgestellt werden.[10] Es geht daher um eine Berücksichtigung der Interessen anderer unter Wahrung der eigenen Interessen.[11] Gleichwohl besteht – wie beim allgemeinen Berücksichtigungsgebot des § 9 Abs. 5 Satz 1 – eine **„Argumentationslast"**, Abweichungen von den Inhalten angrenzender Landschaftsplanungen zu rechtfertigen.

Mit der Neuregelung wurde die in § 17 Abs. 1 Var. 2 BNatSchG a.F. enthal- 9 tene Pflicht, auf die Verwirklichung der Ziele und Grundsätze des Naturschutzes und der Landschaftspflege „im Bundesgebiet in seiner Gesamtheit"

---

9 *Marzik/Wilrich*, BNatSchG, § 17 Rn. 3.

10 *Gellermann*, in: Landmann/Rohmer, Umweltrecht, 56. EL. 2009, § 17 BNatSchG Rn. 3.

11 *Marzik/Wilrich*, BNatSchG, § 17 Rn. 10; *Schumacher/Schumacher*, in: Schumacher/Fischer-Hüftle, BNatSchG, § 12 Rn. 3; *Heugel*, in: Schlacke (Hrsg.), GK-BNatSchG, § 12 Rn. 7.

Rücksicht zu nehmen, gestrichen. Daher fragt sich, ob bei der Aufstellung und Fortschreibung von Landschaftsplanungen auch weiterhin die Auswirkungen auf die Belange von Naturschutz und Landschaftspflege im gesamten Bundesgebiet zu berücksichtigen sind. Als Schwachpunkt der bisherigen Regelung wurde angesehen, dass es kein **Bundeslandschaftskonzept** gab, in dem die bundesweit bedeutsamen Belange von Naturschutz und Landschaftspflege konkretisiert waren.[12] Auch mit Erlass des BNatSchG 2010 wurde – entgegen vielfach erhobener Forderungen[13] und trotz der nunmehr nach Art. 74 Abs. 1 Nr. 29 GG bestehenden konkurrierenden Gesetzgebungskompetenz des Bundes – nicht von der Möglichkeit zur Schaffung eines Bundeslandschaftskonzepts Gebrauch gemacht. Allerdings gibt es unstreitig bundesweit bedeutsame Belange von Naturschutz und Landschaftspflege, die auch ohne Festschreibung in einem Bundeslandschaftskonzept zu berücksichtigen sind. Zu nennen sind z.B. die sich aus internationalen Vereinbarungen ergebenden Bundespflichten oder nationale Aufgaben des Biotopverbundes.[14] Die Pflicht der Träger der Landschaftsplanung zur Berücksichtigung solcher Vorgaben ergibt sich nicht aus § 12, sondern nunmehr unmittelbar aus dem Prinzip der **Bundestreue**.

10 Aufgehoben wurde mit der Neuregelung ferner die erst im Jahre 2002 mit § 17 Abs. 1 Var. 3 BNatSchG a.F. eingefügte Pflicht, im Rahmen der Landschaftsplanung auch auf die Belange des Naturschutzes und der Landschaftspflege „in benachbarten Staaten" Rücksicht zu nehmen. Diese Vorgabe diente der Sicherstellung, dass durch Landschaftsplanungen der Bundesländer bzw. Kommunen die Naturschutzinteressen von **Nachbarstaaten** nicht negativ beeinträchtigt werden.[15] Gemäß der damaligen Gesetzesbegründung sollte durch § 17 Abs. 1 Var. 3 BNatSchG a.F. vor allem eine Rücksichtnahme auf die grenzüberschreitenden Natura-2000-Vorgaben gewährleistet werden, wobei der Anwendungsbereich der Regelung nicht allein auf Natura-2000-Belange beschränkt war.[16] Mit dem Wegfall der Regelung des § 17 Abs. 1 Var. 3 BNatSchG a.F. können sich landschaftsplanerische Berücksichtigungsgebote gegenüber benachbarten Staaten allein aus entsprechenden Völker- bzw. unionsrechtlichen Vorgaben ergeben[17] bzw. – soweit diese Vorgaben Pflichten des Bundes begründen – aus dem Prinzip der **Bundestreue**.

12 *Gellermann*, in: Landmann/Rohmer, Umweltrecht, 56. EL. 2009, § 17 BNatSchG Rn. 4.
13 *SRU*, Sondergutachten 2002, Tz. 273 f.; *Galler/von Haaren/Horlitz*, Naturschutz und Landschaftsplanung 2009, 57 (61); *Bückmann*, UPR 2009, 407 (416); *Albrecht/Leibenath*, ZUR 2008, 518 (526); siehe hierzu auch *Schumacher/Schumacher*, in: Schumacher/Fischer-Hüftle, BNatSchG, § 12 Rn. 3 ff.
14 *Louis/Engelke*, BNatSchG, § 7 Rn. 4; *Schumacher/Schumacher*, in: Schumacher/Fischer-Hüftle, BNatSchG, § 12 Rn. 4; *Marzik/Wilrich*, BNatSchG, § 17 Rn. 3; *Mengel*, in: Lütkes/Ewer, BNatSchG. § 12 Rn. 2.
15 *Schumacher/Schumacher*, in: Schumacher/Fischer-Hüftle, BNatSchG, § 12 Rn. 5.
16 BT-Drs. 14/6378, S. 46; *Meßerschmidt*, Bundesnaturschutzrecht, § 12 BNatSchG Rn. 11.
17 Vgl. *Meßerschmidt*, Bundesnaturschutzrecht, § 12 BNatSchG Rn. 11.

III. Abstimmungspflicht (Satz 2)

In Satz 2 ist eine Pflicht der Länder zur gegenseitigen Abstimmung geregelt, 11
„soweit dies erforderlich ist". Damit enthält Satz 2 eine über das materielle
Berücksichtigungsgebot des Satzes 1 hinausgehende formelle **Abstimmungspflicht**. Indes werfen der genaue Inhalt der Abstimmungspflicht und insbesondere das Verhältnis zu § 17 Abs. 2 BNatSchG a.F. Fragen auf.

Nach § 17 Abs. 2 BNatSchG a.F. bestand die Pflicht benachbarter Länder, 12
ihre Landschaftsplanungen im gegenseitigen „Benehmen" festzulegen, soweit aufgrund naturräumlicher Gegebenheiten eine die Grenze eines Landes
überschreitende Planung erforderlich war. Folglich enthielt bereits diese
Vorschrift eine formelle Pflicht zur gegenseitigen Abstimmung.[18] Damit erscheint wenig vereinbar, wenn in der Gesetzesbegründung zu § 12 ausgeführt wird, auf eine Regelung wie § 17 Abs. 2 BNatSchG a.F. werde „angesichts deren geringen praktischen Relevanz verzichtet".[19] Vielmehr spricht
vieles dafür, dass § 12 Satz 2 die zuvor in § 17 Abs. 2 BNatSchG a.F. geregelte Abstimmungspflicht lediglich modifiziert übernimmt.

In inhaltlicher Hinsicht stellt sich die Frage, wann eine länderübergreifende 13
Abstimmung „erforderlich" i.S.d. § 12 Satz 2 ist. Mit Blick auf den Sinn und
Zweck des § 12, im Rahmen von Landschaftsplanungen auch grenzüberschreitende Belange von Naturschutz und Landschaftspflege hinreichend zu
berücksichtigen, wird es hinsichtlich des **Erforderlichkeitsvorbehalts** auf die
jeweiligen naturräumlichen Gegebenheiten ankommen. Wie bei § 17 Abs. 2
BNatSchG a.F. dürfte das Bestehen einer Abstimmungspflicht vor allem davon abhängig sein, ob aufgrund der naturräumlichen Strukturen die formelle
Beteiligung eines anderen Bundeslandes geboten ist (z.B. bei Landesgrenzen
überschreitenden Gewässern, Ökosystemen oder Ökosystemkomplexen; zur
Gewährleistung eines grenzüberschreitenden Hochwasserschutzes).[20] Hingegen wird eine Abstimmungspflicht nicht bereits dann ausgelöst, wenn
eine Kooperation zwischen den Ländern lediglich sinnvoll erscheint.[21]

Die Pflicht zur Abstimmung bedeutet, dass ein betroffenes angrenzendes 14
Bundesland im Rahmen der Verfahren zur Aufstellung bzw. Fortschreibung
von Landschaftsplanungen zu beteiligen ist. Zu beteiligen ist der jeweils zuständige Träger der Landschaftsplanung, d.h. bei Landschaftsprogrammen
das betroffene Bundesland und bei Landschaftsrahmenplänen, Landschafts-

---

18 *Gellermann*, in: Landmann/Rohmer, Umweltrecht, 56. EL. 2009, § 17 BNatSchG Rn. 5;
Schumacher/Schumacher, in: Schumacher/Fischer-Hüftle, BNatSchG, § 12 Rn. 6.

19 BR-Drs. 278/09, S. 178; BT-Drs. 16/12274, S. 56; ebenso *Egner*, in: Egner/Fuchs, Naturschutz- und Wasserrecht 2009, § 12 BNatSchG Rn. 2.

20 Vgl. *Marzik/Wilrich*, BNatSchG, § 17 Rn. 6; *Schumacher/Schumacher*, in: Schumacher/
Fischer-Hüftle, BNatSchG, § 12 Rn. 7; *Meßerschmidt*, Bundesnaturschutzrecht, § 12
BNatSchG Rn. 13; *Gassner*, in: Gassner/Bendomir-Kahlo/Schmidt-Räntsch, BNatSchG, § 17
Rn. 9; *Gellermann*, in: Landmann/Rohmer, Umweltrecht, 56. EL. 2009, § 17 BNatSchG Rn. 5.

21 *Lorz/Konrad/Mühlbauer/Müller-Walter/Stöckel*, Naturschutzrecht, § 12 BNatSchG Rn. 5;
Meßerschmidt, Bundesnaturschutzrecht, § 12 BNatSchG Rn. 13.

plänen und Grünordnungsplänen dessen jeweils zuständige Körperschaft.[22] Dem angrenzenden Bundesland sind die notwendigen Informationen über die Planung und Gelegenheit zur Stellungnahme zu geben. Mit der Stellungnahme muss sich im Rahmen des landschaftsplanerischen Abwägungsprozesses fachlich auseinandergesetzt werden, es besteht jedoch keine Pflicht zur Übernahme ihrer Inhalte (siehe Rn. 8). Insbesondere ist keine Herstellung eines Einvernehmens mit dem angrenzenden Bundesland erforderlich oder dessen Zustimmung.[23]

IV. Durchsetzbarkeit

15 Sowohl das Berücksichtigungsgebot nach Satz 1 als auch die Abstimmungspflicht nach Satz 2 regeln allein das Vorgehen der Verwaltung untereinander und haben daher **keinen drittschützenden Gehalt**.[24] Dritte können daher nicht mit Erfolg die Einhaltung der Vorgaben des § 12 geltend machen. Bei einem Verstoß gegen § 12 besteht lediglich die Möglichkeit, dass die Behörden des angrenzenden Landes über die eigenen Aufsichtsbehörden das zuständige Ministerium des anderen Landes einschalten, um im Wege der Weisung die materielle Berücksichtigung der Belange i.S.d. Satzes 1 bzw. das Verfahren der Abstimmung i.S.d. Satzes 2 zu erreichen.[25]

---

22 *Louis/Engelke*, BNatSchG, § 7 Rn. 7; *Schumacher/Schumacher*, in: Schumacher/Fischer-Hüftle, BNatSchG, § 12 Rn. 8.

23 Vgl. zu § 17 Abs. 2 BNatSchG a.F.: *Marzik/Wilrich*, BNatSchG, § 17 Rn. 6; *Schumacher/Schumacher*, in: Schumacher/Fischer-Hüftle, BNatSchG, § 12 Rn. 8; *Lorz/Konrad/Mühlbauer/Müller-Walter/Stöckel*, Naturschutzrecht, § 12 BNatSchG Rn. 4; *Meßerschmidt*, Bundesnaturschutzrecht, § 12 BNatSchG Rn. 14; *Gassner*, in: Gassner/Bendomir-Kahlo/Schmidt-Räntsch, BNatSchG, § 17 Rn. 9; *Gellermann*, in: Landmann/Rohmer, Umweltrecht, § 17 BNatSchG, 56. EL: 2009, Rn. 5; siehe auch *Louis/Engelke*, BNatSchG, § 7 Rn. 7.

24 *Gassner*, in: Gassner/Bendomir-Kahlo/Schmidt-Räntsch, BNatSchG, § 17 Rn. 10 zu § 17 BNatSchG a.F.

25 Vgl. *Louis/Engelke*, BNatSchG, § 7 Rn. 7; *Marzik/Wilrich*, BNatSchG, § 17 Rn. 6; *Schumacher/Schumacher*, in: Schumacher/Fischer-Hüftle, BNatSchG, § 12 Rn. 8; *Meßerschmidt*, Bundesnaturschutzrecht, § 12 BNatSchG Rn. 14; *Gassner*, in: Gassner/Bendomir-Kahlo/Schmidt-Räntsch, BNatSchG, § 17 Rn. 10.

KAPITEL 3
Allgemeiner Schutz von Natur und Landschaft

§ 13
Allgemeiner Grundsatz

Erhebliche Beeinträchtigungen von Natur und Landschaft sind vom Verursacher vorrangig zu vermeiden. Nicht vermeidbare erhebliche Beeinträchtigungen sind durch Ausgleichs- oder Ersatzmaßnahmen oder, soweit dies nicht möglich ist, durch einen Ersatz in Geld zu kompensieren.

Inhaltsübersicht

I. Einführung

Die **§§ 13 ff. BNatSchG** enthalten die sog. **naturschutzrechtliche Eingriffsregelung**, die zwischenzeitlich auf eine lange Tradition zurückblicken kann. Bereits das erste Naturschutzgesetz des Bundes vom 20. 12. 1976[1] enthielt in § 8 eine aus neun Absätzen bestehende Regelung für „Eingriffe in Natur und Landschaft". Ausweislich der Begründung des damaligen Gesetzentwurfs wurde die naturschutzrechtliche Eingriffsregelung als ein Instrument des **flächendeckenden Mindestschutzes** konzipiert.[2] In Abkehr von dem bis dahin maßgeblichen Reservatsdenken, welches das Augenmerk des Naturschutzes auf besondere Schutzgebiete konzentrierte, bezweckt die naturschutzrechtliche Eingriffsregelung – wie man auch an der aktuellen Überschrift des dritten Kapitels des BNatSchG sehen kann – den **allgemeinen Schutz von Natur und Landschaft**.[3] § 8 BNatSchG a.F. unterwarf relevante Eingriffe in Natur und Landschaft einem komplexen Prüfprogramm: Der Verursacher eines Eingriffs musste (1.) vermeidbare Beeinträchtigungen unterlassen sowie (2.) unvermeidbare Beeinträchtigungen innerhalb einer zu bestimmenden Frist durch Maßnahmen des Naturschutzes und der Landschaftspflege ausgleichen. (3.) Nicht vermeidbare oder ausgleichbare Eingriffe durften nur aus

1

---

1   BGBl. I 1976, S. 3574; s. auch *Lorenzen*, Das Bundesnaturschutzgesetz v. 20. 12. 1976, 2012, S. 360 ff.

2   BT-Drs. 7/3879, S. 1; BT-Drs. 7/5251, S. 8; *Scheidler*, UPR 2010, 134 (135); *Stadler*, Die naturschutzrechtliche Eingriffsregelung in der Bundesfernstraßenplanung, 2002, S. 34; *Wilrich*, in: Marzik/Wilrich (Hrsg.), BNatSchG, 2004, Vor § 18 Rn. 1.

3   *Meßerschmidt*, Bundesnaturschutzrecht, Stand: September 2014, Vor § 13–19 BNatSchG Rn. 3.

übergeordneten Gründen zugelassen werden. (4.) § 8 Abs. 9 BNatSchG a.F. ermöglichte es den Ländern, insbesondere Vorschriften über Ersatzmaßnahmen der Verursacher bei nicht ausgleichbaren, aber vorrangigen Eingriffen aufzustellen.

2 Durch das Gesetz zur Neuregelung des Naturschutzes und der Landschaftspflege vom 25.03.2002[4] hat die naturschutzrechtliche Eingriffsregelung in ihrem Stammgesetz eine bedeutsame Fortentwicklung erfahren. Zum einen wurde der Normenkomplex zur Eingriffsregelung neu strukturiert und aus Transparenzgründen auf mehrere Paragrafen „verteilt".[5] Zum anderen wurden die Ersatzmaßnahmen in § 19 Abs. 2 Satz 1 BNatSchG 2002 zwingend, allerdings nur subsidiär gegenüber den Ausgleichsmaßnahmen vorgeschrieben. Außerdem wurde in § 19 Abs. 3 Satz 1 BNatSchG 2002 bestimmt, dass nunmehr die eingriffsrechtliche Abwägung zwischen den verbleibenden Beeinträchtigungen von Natur und Landschaft auf der einen Seite und den Interessen an der Verwirklichung des eingreifenden Vorhabens auf der anderen Seite im Gegensatz zur bisherigen Lage nicht nur unter Berücksichtigung der Ausgleichs-, sondern auch der Ersatzmaßnahmen zu erfolgen hat.[6]

3 Durch den nunmehr in § 13 BNatSchG normierten **allgemeinen Grundsatz** wird die bisherige Rechtslage mit gewissen Modifizierungen fortgeführt. Nach § 13 Satz 1 BNatSchG sind erhebliche Beeinträchtigungen von Natur und Landschaft vom Verursacher **vorrangig zu vermeiden**. Unvermeidbare erhebliche Beeinträchtigungen sind **durch Ausgleichs- oder Ersatzmaßnahmen zu kompensieren**. Neuerdings sind also Ausgleichs- und Ersatzmaßnahmen einander gleichgestellt.[7] Nur soweit Ausgleichs- oder Ersatzmaßnahmen nicht möglich sind, greift **auffangweise** die Regelung, dass die Beeinträchtigungen durch einen **Ersatz in Geld** zu kompensieren sind. Die Ersatzzahlungen wurden erstmals bundesrechtlich geregelt.[8] Gem. § 56 Abs. 1 BNatSchG findet die Eingriffsregelung **auch im marinen Bereich** Anwendung,[9] d.h. im Bereich der Küstengewässer und unter Beachtung der völkerrechtlichen Vorgaben im Bereich der ausschließlichen Wirtschaftszone und des Festlandsockels.[10] Allerdings findet § 15 BNatSchG für in der deutschen ausschließlichen Wirtschaftszone errichtete Windkraftanlagen bis zum 01.01.2017 keine Anwendung (§ 56 Abs. 3 BNatSchG).

4 In der naturschutzrechtlichen Eingriffsregelung sieht man einen **gesetzestechnischen Schlüsselbegriff** des Umweltrechts[11] bzw. ein **Kernstück des**

4 BGBl. I 2002, S. 1193.

5 Siehe dazu näher *Koch*, in: Kerkmann (Hrsg.), Naturschutzrecht in der Praxis, 2. Aufl. 2010, § 4 Rn. 11.

6 *Koch*, in: Kerkmann (Hrsg.), Naturschutzrecht in der Praxis, 2. Aufl. 2010, § 4 Rn. 11.

7 *Gellermann*, NVwZ 2010, 73 (76); *Hendler/Brockhoff*, NVwZ 2010, 733 (735); zur Alternativität auch BVerwG, Urt. v. 06.11.2012 – 9 A 17.11, BVerwGE 145, 40 (64 bei Rn. 139).

8 BT-Drs. 16/12274, S. 40; *Hendler/Brockhoff*, NVwZ 2010, 733 (734).

9 Dazu *Czybulka*, in: ders. (Hrsg.), 35 Jahre Eingriffsregelung, 2013, S. 145 ff.

10 So der Entwurf der BKompV, BR-Drs. 332/13, S. 105.

11 *Schmidt-Aßmann*, in: Kimminich/von Lersner/Storm, Handwörterbuch des Umweltrechts, Bd. 1, 2. Aufl. 1994, S. 451.

modernen Umweltschutzrechts.[12] Ausweislich der Gesetzesmaterialien aus dem Jahre 1976 bildet die Eingriffsregelung eines der **wichtigsten Instrumente eines flächenhaften Naturschutzes.**[13] Der zunehmenden Inanspruchnahme von Natur und Landschaft soll „flächendeckend" durch **diverse Maßnahmen** begegnet werden, die bis hin zur Untersagung des Eingriffs reichen können.[14] Durch die naturschutzrechtliche Eingriffsregelung soll der vorhandene Bestand von Natur und Landschaft erhalten werden.[15] So betonte die Begründung zum Entwurf des BNatSchNeuRegG 2002, dass an der Vorgabe des vordringlichen Ziels einer **Erhaltung des Status quo an Natur und Landschaft** und der zu seiner Verwirklichung maßgeblichen Instrumente zur Naturalkompensation aus fachlicher Sicht ein fundamentales Interesse bestehe.[16] Die Eingriffsregelung ist vor dem Hintergrund der im Jahre 1994 eingefügten Staatszielbestimmung des **Art. 20a GG** zu sehen, wonach der Staat auch in Verantwortung für künftige Generationen die natürlichen Lebensgrundlagen und die Tiere zu schützen hat. Aus diesem Grund kam das BVerwG zu dem Schluss, dass das Vermeidungsgebot der Eingriffsregelung zwar den Status quo der gegebenen Situation erhalten möchte.[17] Weil der Zustand der Natur aber nicht statisch sei, müsse ihr durch die Vermeidung und Verminderung von Eingriffsfolgen zugleich die Chance gegeben werden, sich zu entwickeln.[18] Zugleich trägt die Eingriffsregelung den expliziten Ausgleichspflichten in einigen Landesverfassungen Rechnung.[19] Alles in allem stellt sich die naturschutzrechtliche Eingriffsregelung als Ausdruck des Bestandsschutz- und in einem eingeschränkten Sinne auch des Vorsorgeprinzips dar.[20] In einem dicht bevölkerten Industriestaat bildet der Schutz des Vorhandenen angesichts der intensiven Flächennutzung eine nicht einfache, aber unumgängliche Herausforderung.[21]

---

12 *Fischer-Hüftle,* in: Schumacher/ders. (Hrsg.), BNatSchG, 2. Aufl. 2010, Vorb. vor §§ 13–19 Rn. 1; *Gassner,* NuR 1988, 67 (68); *Gassner/Heugel,* Das neue Naturschutzrecht, 2010, Rn. 242 („Kernbereich").

13 BT-Drs. 14/6378, S. 47.

14 *Koch,* in: Kerkmann (Hrsg.), Naturschutzrecht in der Praxis, 2. Aufl. 2010, § 4 Rn. 2; s. auch *Berchter,* Die Eingriffsregelung im Naturschutzrecht, 2007, S. 21, 27.

15 *Berchter,* Die Eingriffsregelung im Naturschutzrecht, 2007, S. 27.

16 BT-Drs. 14/6378, S. 47; *Meßerschmidt,* Bundesnaturschutzrecht, Stand: September 2014, Vor §§ 13–19 BNatSchG Rn. 4.

17 BVerwG, Urt. v. 16.12.2004 – 4 A 11/04, NVwZ 2005, 589 (590).

18 BVerwG, Urt. v. 16.12.2004 – 4 A 11/04, NVwZ 2005, 589 (590).

19 Art. 141 Abs. 1 Satz 4 BayVerf; Art. 11a Abs. 2 BremVerf; Art. 39 Abs. 5 S. 1 BbgVerf; Art. 12 Abs. 4 LVerf MV; Art. 35 Abs. 3 Verf LSA; Art. 59a Abs. 1 S. 2 SaarVerf; Art. 31 Abs. 2 S. 3 ThürVerf; s. auch *Lau,* NuR 2011, 680 (681).

20 *Berchter,* Die Eingriffsregelung im Naturschutzrecht, 2007, S. 27; *Gassner/Heugel,* Das neue Naturschutzrecht, Rn. 245; *Gellermann,* in: Landmann/Rohmer (Hrsg.), Umweltrecht, Stand: August 2014, Vor §§ 18–21 BNatSchG Rn. 1; *Louis/Engelke,* BNatSchG, 2. Aufl. 2000, § 8 Rn. 2; *Meßerschmidt,* Bundesnaturschutzrecht, Stand: September 2014, vor §§ 13–19 BNatSchG Rn. 5; *Voßkuhle,* Das Kompensationsprinzip, 1999, S. 389; *Wolf,* in: Kluth/Smeddinck, Umweltrecht, 2013, § 5 Rn. 35.

21 *Fischer-Hüftle,* in: Czybulka (Hrsg.), 35 Jahre Eingriffsregelung, 2013, S. 19 (20).

5   § 13 BNatSchG nimmt ausdrücklich auf den Verursacher Bezug, der Eingriffe
in Natur und Landschaft zu vermeiden bzw. zu kompensieren hat. Durch die
hierin sichtbar werdende Regelung eines konsequenten **Verursacher-** und
Ausgleichsprinzips wird eine Abkehr von dem in der Vergangenheit maßgeblichen Prinzip vorgenommen, Eingriffsfolgen weitgehend nicht zu beseitigen oder deren Beseitigung der Allgemeinheit aufzubürden.[22] Während anfangs hohe Erwartungen in das Potenzial der naturschutzrechtlichen
Eingriffsregelung gesetzt wurden, ließ sich in den vergangenen Jahren eine
gewisse Ernüchterung ausmachen. Neben Akzeptanzproblemen wurden vielfach Defizite beim Vollzug der Eingriffsregelung beklagt, etwa dass in der
Praxis Ersatz- und Ausgleichsmaßnahmen nicht richtig bewertet oder nicht
gut geplant, Kompensationsmaßnahmen teilweise gar nicht oder erst nach
vielen Jahren umgesetzt wurden. Außerdem wurde die Unzulänglichkeit der
Vollzugskontrollen beanstandet.[23] In dieser Hinsicht bleibt abzuwarten, inwieweit die jetzigen bundesrechtlichen Vorgaben, z.B. zur Anwendbarkeit
der Eingriffsregelung bei nicht zulassungs- und anzeigepflichtigen Vorhaben
(§ 17 Abs. 3 BNatSchG) oder zum Prüfauftrag in § 17 Abs. 7 BNatSchG, zu
Verbesserungen beitragen. Positiv wird hervorgehoben, dass der Umfang von
aus Gründen des Naturschutzes und der Landschaftspflege angeordneten
Maßnahmen gestiegen sei und sich diese heute auch nicht mehr auf die bloße
„Eingrünung" von Bauvorhaben beschränken.[24]

6   In den Gesetzesmaterialien zur Neuregelung des Rechts des Naturschutzes
und der Landschaftspflege im dritten Kapitel heißt es, dass dieses die **in der
Praxis besonders bedeutsamen Vorschriften** zur Eingriffsregelung enthält.[25]
Dem ist zuzustimmen, da gerade Fachplanungsvorhaben, etwa für den Bau
von Straßen- und Schienenwegen oder von Flughäfen, wegen der von ihnen
ausgehenden Emissionen und der oft großräumigen Inanspruchnahme von
Flächen eine wesentliche Belastungsquelle für Natur und Landschaft darstellen.[26] Weil die naturschutzrechtliche Eingriffsregelung nach § 17 Abs. 1
BNatSchG mit den fachgesetzlichen Zulassungsverfahren verbunden wurde,
um den Vorhaben des Fachrechts ein auf die Bedürfnisse des Naturschutzes
und der Landschaftspflege zugeschnittenes Prüfprogramm zur Seite zu stellen (sog. Huckepackverfahren)[27], kommt der Abarbeitung des Prüfpro-

---

22 BT-Drs. 7/3879, S. 22.

23 *Durner*, NuR 2001, 601 (607); *Schmidt-Siegmann*, Die naturschutzrechtliche Eingriffsregelung in der baden-württembergischen Verwaltungspraxis, 2008, S. 115; eingehend zu
den Defiziten *Berchter*, Die Eingriffsregelung im Naturschutzrecht, 2007, S. 126 ff.

24 *Stadler*, Die naturschutzrechtliche Eingriffsregelung in der Bundesfernstraßenplanung,
2002, S. 36. S. auch zur Neuregelung *Franzius*, ZUR 2010, 346 ff.

25 BT-Drs. 16/12274, S. 40.

26 *Durner*, in: Ziekow, Handbuch des Fachplanungsrechts, 2. Aufl. 2014, § 7 Rn. 15; *Koch*, in:
Kerkmann (Hrsg.), Naturschutzrecht in der Praxis, 2. Aufl. 2010, § 4 Rn. 3.

27 Siehe dazu BVerwG, Urt. v. 17. 01. 2007 – 9 C 1/06, NVwZ 2007, 581 (584); zum akzessorischen Charakter der Eingriffsregelung BVerwG, Beschl. v. 28. 01. 2009 – 7 B 45/08, NVwZ
2009, 521 (524); BT-Drs. 16/12274, S. 59; s. auch *Durner*, in: Ziekow, Handbuch des Fachplanungsrechts, 2. Aufl. 2014, § 7 Rn. 11; *Franzius*, ZUR 2010, 346 (347); *Scheidler*, ZfBR
2011, 228 (231).

gramms der naturschutzrechtlichen Eingriffsregelung im Rahmen der Planfeststellungs- sowie der förmlichen Genehmigungsverfahren, etwa nach dem BImSchG, eine maßgebende Bedeutung zu.[28] Während nach den bisherigen bundesrechtlichen Rahmenvorgaben die Anwendbarkeit der naturschutzrechtlichen Eingriffsregelung davon abhing, dass der vorzunehmende Eingriff einer behördlichen Entscheidung oder Anzeige bedurfte,[29] wurde im Zuge der BNatSchG-Novelle der Anwendungsbereich der Eingriffsregelung erweitert und damit zugleich ihre Praxisrelevanz gesteigert. Denn gemäß § 17 Abs. 3 Satz 1 BNatSchG wird für einen Eingriff, der nicht von einer Behörde durchgeführt wird und keiner behördlichen Zulassung oder Anzeige nach anderen Rechtsvorschriften bedarf, eine Genehmigung durch die für Naturschutz und Landschaftspflege zuständige Behörde vorgeschrieben (sog. Eingriffsgenehmigung). Für das Baurecht finden sich in weitem Umfang Sonderregelungen.[30] Jedoch bleibt für Außenbereichsvorhaben sowie für planfeststellungsersetzende Bebauungspläne die Eingriffsregelung der §§ 14–17 BNatSchG unberührt (§ 18 Abs. 2 Satz 2 BNatSchG).[31] § 35 Abs. 3 Satz 1 Nr. 5 Alt. 1 BauGB, wonach eine Beeinträchtigung eines öffentlichen Belangs vorliegt, wenn ein Außenbereichsvorhaben Belange des Naturschutzes beeinträchtigt, entfaltet gegenüber der naturschutzrechtlichen Eingriffsregelung in §§ 13 ff. BNatSchG nur eine Auffangfunktion.[32] Wegen ihrer fachbereichsübergreifenden Wirkung kommt der Eingriffsregelung Querschnittscharakter zu.[33]

Nach der Begründung des § 13 BNatSchG in den Gesetzesmaterialien sind die **Vermeidung und Kompensation** von Eingriffen in Natur und Landschaft ein **grundlegendes Instrument des Naturschutzes und der Landschaftspflege**.[34] Das Schrifttum sieht in ihr ein **zentrales Instrument des modernen Naturschutzrechts**[35] oder auch eine „einfachrechtliche ‚Fleischwerdung' des Nachhaltigkeitsprinzips"[36]. In der Eingriffsregelung wird in besonderer Weise die Bedeutung des **Verursacher-** und **Folgenbewältigungsprinzips** deutlich, da ohne eine Kompensationsverpflichtung für Eingriffe die mit § 1 BNatSchG bezweckte Sicherung der biologischen Vielfalt, der Leistungs- und Funktionsfähigkeit des Naturhaushalts und der Vielfalt, Eigenart und

7

---

28 *Koch*, in: Kerkmann (Hrsg.), Naturschutzrecht in der Praxis, 2. Aufl. 2010, § 4 Rn. 3.

29 BT-Drs. 16/12274, S. 59.

30 *Schrödter* in: Czybulka (Hrsg.), 35 Jahre Eingriffsregelung, 2013, S. 33 (34); s. auch *Scheidler*, ZfBR 2011, 228 ff.; zur Vorverlagerung in die bauleitplanerische Abwägung OVG Koblenz, Urt. v. 08.05.2013 – 8 C 10635/12, DVBl. 2013, 1051 (1052); dazu, dass im Innenbereich wegen § 18 Abs. 2 S. 1 BNatSchG die Eingriffsregelung unanwendbar ist, aber nur, wenn der Eingriff durch das Bauvorhaben selbst bewirkt wird, VG München, Urt. v. 25.04.2012 – M 9 K 11.3620 Rn. 28 juris.

31 Für den Außenbereich *Scheidler*, ZfBR 2011, 228 (229 f.).

32 BayVGH, Beschl. v. 22.12.2014 – 1 ZB 13.2596, Rn. 7 (juris).

33 *Gassner*, Das Recht der Landschaft, 1995, S. 125; *Meßerschmidt*, Bundesnaturschutzrecht, Stand: September 2014, vor § 13–19 BNatSchG Rn. 3.

34 BT-Drs. 16/12274, S. 56.

35 *Degenhart*, in: Franzius/Lejeune u.a. (Hrsg.), FS für Kloepfer, 2013, 21 (22); *Lau*, NuR 2011, 680 (681); *Lütkes*, in: ders./Ewer (Hrsg.), BNatSchG, 2011, § 13 Rn. 1.

36 Vgl.*Thomerius/Magsig*, ZfU 2007, 431 (432 f.); s. auch *Lau*, NuR 2011, 680 (681).

Schönheit sowie des Erholungswerts von Natur und Landschaft auf Dauer nicht möglich sei.[37] Durch den allgemeinen Grundsatz des § 13 BNatSchG wird für erhebliche Beeinträchtigungen von Natur und Landschaft eine **Rechtsfolgenkaskade** in Form der primären Vermeidungspflicht, des nachfolgenden Ausgleichs und Ersatzes sowie der Ersatzzahlung als nachrangigstem Mittel normiert.[38] Wie man an dem **Vorrang der Realkompensation** vor dem finanziellen Ausgleich sieht,[39] ist dem Gesetzgeber weiterhin am Erhalt des Status quo von Natur und Landschaft gelegen. Aus ordnungsrechtlicher Perspektive statuiert die Verpflichtung zum Ausgleich bzw. zur Kompensation eine direkt regulativ wirkende Vorgabe, dass ein bestimmtes Verhalten unterlassen und, wenn dies nicht möglich ist, jedenfalls kompensiert wird.[40]

II. Gesetzgebungskompetenz

8   Seit der Föderalismusreform von 2006 verfügt der Bund gem. **Art. 74 Abs. 1 Nr. 29 GG** über eine **konkurrierende Gesetzgebungskompetenz** für den Naturschutz und die Landschaftspflege, ohne der Erforderlichkeitsklausel des Art. 72 Abs. 2 GG zu unterliegen. Hat der Bund von seiner Gesetzgebungszuständigkeit Gebrauch gemacht, können die Länder im Bereich des Naturschutzes und der Landschaftspflege hiervon **abweichende Regelungen** treffen, soweit es sich hierbei **nicht** um **allgemeine Grundsätze des Naturschutzes** handelt **(Art. 72 Abs. 3 Satz 1 Nr. 2 GG)**. Der Bundesgesetzgeber ist nicht verpflichtet, diese Grundsätze einfachgesetzlich auszuformen.[41] Tut er dies aus Gründen der Rechtssicherheit, muss er sich dabei aber innerhalb der verfassungsrechtlichen Vorgaben bewegen. Für die allgemeinen Grundsätze des Naturschutzes ist charakteristisch, dass sie zur Gewährleistung eines wirksamen Naturschutzes erforderlich sind und daher bundesweit ohne räumliche Differenzierung gelten sollen.[42] In den Materialien zur Verfassungsänderung wurde darauf verwiesen, dass die allgemeinen Grundsätze des Naturschutzes dem Bund die Möglichkeit geben würden, in allgemeiner Form bundesweit verbindliche Grundsätze für den Naturschutz, insbesondere die Erhaltung der biologischen Vielfalt und zur Sicherung der Funktionsfähigkeit des Naturschutzes, festzulegen. Hierzu würden aber nicht die Landschaftsplanung, die konkreten Voraussetzungen und Inhalte für die Ausweisung von Schutzgebieten oder die gute fachliche Praxis für die Land- und Forstwirtschaft gehören.[43] Wegen des Klammerzusatzes in Art. 72 Abs. 3 Satz 1 GG (ohne […] das Recht des Artenschutzes oder des Meeresnaturschutzes) steht den Ländern auch diesbezüglich keine Abweichungsbefugnis zu.

9   Die naturschutzrechtliche Eingriffsregelung dient – wie gesehen – dem Erhalt von Natur und Landschaft. Da nur die „allgemeinen" Grundsätze abwei-

---

37 BT-Drs. 16/12274, S. 56.
38 BT-Drs. 16/12274, S. 56 f.
39 BT-Drs. 16/12274, S. 40.
40 *Ekardt/Hennig*, NuR 2013, 694 (695).
41 *Degenhardt*, in: Franzius/Lejeune u.a. (Hrsg.), FS für Kloepfer, 2013, 21 (25).
42 *Michler/Möller*, NuR 2011, 81 (82).
43 BT-Drs. 16/813, S. 1.

chungsfest sind, müssen sich diese auf die zentralen Gegenstände eines effektiven Naturschutzes beschränken.[44] Mit großer Übereinstimmung wird angenommen, dass die naturschutzrechtliche Eingriffsregelung mit ihrer grundsätzlichen Kompensationsregel als Ausdruck des Verursacherprinzips auch im Hinblick auf das Bedürfnis nach bundesweit einheitlicher Geltung zu den allgemeinen Grundsätzen i.S.d. Art. 72 Abs. 3 Satz 1 Nr. 2 GG zählt.[45] Da aber nur die „allgemeinen" Grundsätze abweichungsfest sind, wird die Ausgestaltung der Eingriffsregelung in allen ihren Details davon nicht erfasst, sondern nur ihre wesentlichen Kernelemente und tragenden Prinzipien.[46] Deshalb ist dem Bundesgesetzgeber grundsätzlich beizupflichten, wenn er durch die Bezeichnung des § 13 BNatSchG als **allgemeinen Grundsatz** einfachgesetzlich zum Ausdruck bringt, dass diese Regelung **abweichungsfest** ist.[47] Genau genommen handelt es sich hierbei um eine Hilfestellung für die Länder. Denn der Bundesgesetzgeber ist weder zur konstitutiven Ausgestaltung noch zur authentischen Interpretation des Art. 72 Abs. 3 Satz 1 Nr. 2 GG befugt.[48] § 13 kommt insofern eine indizielle Bedeutung zu, als er diejenigen Bereiche der Eingriffsregelung umschreibt, bei denen abweichende Länderregelungen unzulässig sind.[49] Mit § 13 BNatSchG hat der Bundesgesetzgeber den aus seiner Sicht essentiellen Kern der naturschutzrechtlichen Eingriffsregelung festgelegt.[50] Da die spezifisch naturschutzrechtliche Abwägung seit jeher zu den Eckpunkten der Eingriffsregelung zählt, gehört sie, auch wenn sie nicht in § 13 BNatSchG erwähnt wird, zu den allgemeinen Grundsätzen.[51]

Entgegen vereinzelter Vorschläge[52] wird in § 13 BNatSchG nur von der Vermeidung „erheblicher Beeinträchtigungen von Natur und Landschaft" bzw. deren Kompensation, nicht aber von Eingriffen in Natur und Landschaft nach § 14 BNatSchG gesprochen. Aus der andersartigen Terminologie sowie Gesetzessystematik folgt deshalb, dass die dortige Eingriffsdefinition nicht zu den allgemeinen Grundsätzen i.S.d. § 13 BNatSchG gehört. Da man bei

10

---

44 *Köck/Wolf*, NVwZ 2008, 353 (359).

45 *Berghoff/Steg*, NuR 2010, 17 (19); *Degenhardt*, in: Franzius/Lejeune u.a. (Hrsg.), FS für Kloepfer, 2013, 21 (24 f.); *Hendrischke*, NuR 2007, 454 (457); *Köck/Wolf*, NVwZ 2008, 353 (359); *Louis*, NuR 2007, 94 (99); *Schulze-Fielitz*, NVwZ 2007, 249 (257).

46 *De Witt/Geismann*, Die naturschutzrechtliche Eingriffsregelung, 2011, Rn. 4; *Gellermann*, in: Landmann/Rohmer (Hrsg.), Umweltrecht, Stand: August 2014, § 13 BNatSchG Rn. 1; s. auch *Koch*, in: Schlacke (Hrsg.), GK-BNatSchG, 2012, § 13 Rn. 7.

47 BT-Drs. 16/12274, S. 39; s. auch *Gellermann*, NVwZ 2010, 73 (74); *Hendrischke*, NuR 2007, 454 (457); *Köck/Wolf*, NVwZ 2008, 353 (359); *Scheidler*, UPR 2010, 134 (136). Nach einem Antrag an den Ausschuss für Umwelt, Naturschutz und Reaktorsicherheit, BT-Drs. 16/13430, S. 43, sollen die Regelungen über Ausgleich, Ersatz und Ersatzgeld nicht zum abweichungsfesten Kern gehören. Etwas zweifelnd hins. ob und ggf. inwieweit die Eingriffsregelung abweichungsfest sein soll, *Cancik*, NdsVBl. 2011, 177 (180).

48 *Gellermann*, in: Landmann/Rohmer (Hrsg.), Umweltrecht, Stand: August 2014, § 13 BNatSchG Rn. 2; siehe auch *Appel*, NuR 2010, 171 (173); *Franzius*, ZUR 2010, 346 (348 f.).

49 *Franzius*, ZUR 2010, 346 (349).

50 *Fischer-Hüftle*, in: Schumacher/ders., BNatSchG, 2. Aufl. 2010, § 13 Rn. 3.

51 *Gellermann*, in: Landmann/Rohmer (Hrsg.), Umweltrecht, Stand: August 2014, § 13 BNatschG Rn. 12.

52 Siehe BT-Drs. 16/13490, S. 3, 12.

Erlass der Regelungen zum abweichungsfesten Kern eine bestimmte, in historischer Entwicklung „gewachsene" Eingriffsregelung im Blick hatte und diese seit jeher für erhebliche Veränderungen der Gestalt oder Nutzung von Grundflächen galt, ist § 13 insoweit „überschießend", als bei dieser Norm kein Konnex zwischen erheblichen Beeinträchtigungen von Natur und Landschaft und den Grundflächen bzw. dem Grundwasserspiegel hergestellt wird.[53] Nehmen die Länder in einer Liste unerhebliche Beeinträchtigungen von Natur und Landschaft von vornherein von der Eingriffsregelung aus, ist dies nicht zu beanstanden, weil diese ohnehin nicht einschlägig ist.[54] Mit Blick auf die flächendeckende Konzeption dieses Instruments ist es jedoch bedenklich, wenn nach einer Landesregelung von vornherein bestimmte Maßnahmen, z.B. in einem Hafenschutzgebiet, von der Eingriffsregelung ausgenommen und so ihre Zielsetzung unterlaufen würde.[55] Landesrechtliche Regelungen würden gegen das Abweichungsverbot verstoßen, wenn sie die Vornahme vermeidbarer Beeinträchtigungen gestatten würden.[56] Weil nach der Eingriffsregelung erhebliche Beeinträchtigungen – sieht man von den sich tatsächlich oder aus dem Verhältnismäßigkeitsprinzip ergebenden Grenzen ab – vollumfänglich zu kompensieren sind, würde eine Landesregelung, die sich darüber hinausgehend mit einer Teilkompensation begnügt, Art. 72 Abs. 3 S. 1 Nr. 2 GG nicht gerecht.[57] Würde sich der Landesgesetzgeber dazu entschließen, das Subsidiaritätsverhältnis zwischen den Ausgleichs- und Ersatzmaßnahmen sowie den Ersatzzahlungen zu Gunsten Letzterer zu beseitigen, wäre eine solche Gesetzesvorschrift mangels Abweichungskompetenz des Landes verfassungswidrig.[58] Da sich aus § 13 BNatSchG nicht ergibt, ab wann die Vollkompensation erreicht ist, können die Länder diesen allgemeinen Grundsatz näher ausgestalten, soweit sie dabei nicht hinter dem bundesrechtlich vorgegebenen Schutzniveau zurückbleiben.[59] Auch wenn das Ersatzgeld erst vor kurzem Bestandteil der bundesrechtlichen Eingriffsregelung wurde, gehört es zu den abweichungsfesten allgemeinen Grundsätzen, zumal es eine durchaus einleuchtende, weitere Ausprägung des Verursacherprinzips ist und schon über geraume Zeit auf

---

53 *Gellermann*, in: Landmann/Rohmer, Umweltrecht, Stand: 01.05.2015, § 13 BNatSchG Rn. 5; *Lütkes* in: ders./Ewer (Hrsg.), BNatschG, 2011, § 13 Rn. 12.

54 *Gellermann*, in: Landmann/Rohmer (Hrsg.), Umweltrecht, Stand: August 2014, § 13 BNatSchG Rn. 6.

55 *Gellermann*, in: Landmann/Rohmer (Hrsg.), Umweltrecht, Stand: August 2014, § 13 BNatSchG Rn. 15; *Koch*, in: Schlacke (Hrsg.), GK-BNatSchG, 2012, § 13 Rn. 12.

56 *Gellermann*, in: Landmann/Rohmer (Hrsg.), Umweltrecht, Stand: August 2014, § 13 BNatSchG Rn. 8.

57 *Gellermann,* in: Landmann/Rohmer (Hrsg.), Umweltrecht, Stand: August 2014, § 13 BNatSchG Rn. 9.

58 *Degenhardt*, in: Franzius/Lejeune u.a. (Hrsg.), FS für Kloepfer, 2013, 21 ff. (31 ff.); *Egner*, in: Egner/Fuchs, Naturschutz- und Wasserrecht, 2009, § 13 BNatSchG Rn. 3; *Gellermann* in: Landmann/Rohmer (Hrsg.), Umweltrecht, Stand: August 2014, § 13 BNatSchG Rn. 9; *Fischer-Hüftle*, in: Schumacher/ders., BNatSchG, 2. Aufl. 2010, § 13 Rn. 4; *Louis*, NuR 2010, 77 (81).

59 BVerwG, Urt. v. 06.11.2012 – 9 A 17.11, BVerwGE 145, 40 (65 Rn. 143).

Landesebene Usus war.[60] Sieht das Landesrecht eine Deckelung des Ersatzgeldes vor, bei welcher die finanzielle Leistung des Eingriffsverursachers angesichts der geringen Höhe des Geldes in erheblichem Maße hinter der Höhe seines Verursachungsbeitrags zurückbleibt, ist diese nicht mehr von der Abweichungskompetenz gedeckt.[61]

III. Gesetzgebungsgeschichte der Norm

Gemäß Art. 27 des Gesetzes zur Neuregelung des Naturschutzes und der Landschaftspflege ist § 13 BNatSchG am **01.03.2010** in Kraft getreten und löst dadurch die Vorgängerregelung in § 19 Abs. 1, Abs. 2 Satz 1 BNatSchG 2002 ab. Die ursprünglich von der Bundesregierung anvisierte Regelung war etwas kürzer gefasst und lautete folgendermaßen: „Erhebliche Beeinträchtigungen von Natur und Landschaft sind vom Verursacher vorrangig zu vermeiden, auszugleichen und zu ersetzen, im Übrigen in sonstiger Weise zu kompensieren."[62] In seiner Stellungnahme votierte der Bundesrat dafür, im Anschluss an das vorrangige Vermeidungsgebot folgenden Satz hinzuzufügen: „Nicht vermeidbare Beeinträchtigungen sind durch Maßnahmen des Naturschutzes und der Landschaftspflege auszugleichen oder zu ersetzen und, soweit dies nicht möglich ist, in sonstiger Weise zu kompensieren." Ausgleich und Ersatz sollten als Formen der Realkompensation alternativ nebeneinandergestellt werden.[63] Die Bundesregierung erwiderte daraufhin, dass die Gleichstellung von Ausgleich und Ersatz dem Grundgedanken der Ausgleichsregelung nicht gerecht werde, weil der funktionsgerechten Wiederherstellung beeinträchtigter Funktionen die vorrangige Verpflichtung zur Durchführung von Ausgleichsmaßnahmen entspreche.[64] Die aktuelle Gesetzesfassung geht auf die Beschlussempfehlung des Ausschusses für Umwelt, Naturschutz und Reaktorsicherheit zurück.[65]

11

Wie der Ausschussbericht über den Beratungsverlauf zeigt, war die Ausgestaltung des allgemeinen Grundsatzes in § 13 BNatSchG bis zuletzt umstritten. Nach der Stellungnahme der Fraktion von CDU/CSU ist weiterhin gewährleistet, dass die Vermeidung erheblicher Beeinträchtigungen oberstes Prinzip bleibe. Ausgleich und Ersatz würden als Formen der Realkompensation gleichgestellt und griffen erst nachrangig. „Damit werde die Realkompensation in der bundesgesetzlichen abweichungsfesten Grundsatzregelung festgeschrieben."[66] Die Fraktion der FDP favorisierte es dagegen zunächst, Eingriffs- und Ausgleichsregelungen ins Belieben eines Bundeslandes zu stel-

12

---

60 *Gellermann*, in: Landmann/Rohmer (Hrsg.), Umweltrecht, Stand: August 2014, § 13 BNatSchG Rn. 10.

61 *Gellermann*, in: Landmann/Rohmer (Hrsg.), Umweltrecht, Stand: August 2014, § 13 BNatSchG Rn. 19; Bedenken auch bei Brockhoff, S. 207 f.; *Cancik*, NdsVBl. 2011, 177 (181); *Lau*, NuR 2011, 762 (769).

62 BT-Drs. 16/12274, S. 10.

63 BT-Drs. 16/13298, S. 3.

64 BT-Drs. 16/13298, S. 16.

65 BT-Drs. 16/13430, S. 4.

66 BT-Drs. 16/13430, S. 11.

len.[67] Die SPD-Fraktion hielt im Bereich des Naturschutzes den Dreiklang innerhalb der Eingriffsregelung für entscheidend. „Zunächst müsse alles getan werden, um Beeinträchtigungen zu vermeiden, erst dann sei nach einem Ausgleich zu suchen und auf der letzten Stufe stehe eine Ersatzzahlung bzw. eine Ersatzleistung infrage."[68] Nach Meinung der Fraktion Bündnis 90/Die Grünen wurde die Eingriffsregelung als wichtigstes naturschutzfachliches Instrument keinesfalls verbessert.[69] Mehrere Abgeordnete sprachen sich in einem Änderungsantrag gegen die Gleichstellung von Ausgleichs- und Ersatzmaßnahmen aus, weil die Beibehaltung der Eingriffsregelung in ihrer bisherigen Form aus naturschutzfachlicher Sicht zwingend sei.[70]

IV. Europa- und völkerrechtlicher Kontext

13 Die naturschutzrechtliche Eingriffsregelung weist gewisse Parallelen zur **Richtlinie 92/43/EWG (FFH-RL)**[71] auf. So haben die Mitgliedstaaten nach Art. 6 Abs. 2 FFH-RL die geeigneten Maßnahmen zu treffen, um in den besonderen Schutzgebieten Verschlechterungen der natürlichen Lebensräume und der Habitate der Arten zu vermeiden. Ist trotz negativer Ergebnisse der Verträglichkeitsprüfung aus zwingenden Gründen des öffentlichen Interesses ein Plan oder ein Projekt durchzuführen und keine Alternativlösung vorhanden, muss der Mitgliedstaat nach Art. 6 Abs. 4 FFH-RL alle notwendigen Ausgleichsmaßnahmen treffen, um den Schutz der globalen Kohärenz von Natura 2000 sicherzustellen. Ähnlich schreibt Art. 4 Abs. 4 der **Vogelschutzrichtlinie (VRL)**[72] u.a. vor, dass die Mitgliedstaaten geeignete Maßnahmen zur Vermeidung der Verschmutzung oder Beeinträchtigung der Lebensräume sowie der Belästigung der Vögel in den Schutzgebieten treffen. Die Mitgliedstaaten haben zum Schutz aller unter Art. 1 VRL fallenden Vogelarten nach Art. 5 VRL Maßnahmen zu ergreifen, die u.a. das Verbot des absichtlichen Tötens oder Fangens, der absichtlichen Zerstörung oder Beschädigung von Nestern umfassen. Im Jahre 2006 hielt das BVerwG die Annahme für unzutreffend, dass die Eingriffsregelung den Artenschutz thematisch vollumfänglich in sich aufnimmt. Vielmehr handle es sich um sich **überschneidende, aber keinesfalls vollständig deckende Normkreise**.[73] Bei einem Vergleich der Eingriffsregelung mit den genannten europäischen Vorgaben würde diese, was die Tatbestandsvoraussetzungen, aber auch die Rechtsfolgen anbetrifft, in mancherlei Hinsicht nicht mit dem Unionsrecht

---

67 BT-Drs. 16/13430, S. 11 f.
68 BT-Drs. 16/13430, S. 12.
69 BT-Drs. 16/13430, S. 13.
70 BT-Drs. 16/13490, S. 12.
71 Richtlinie 92/43/EWG des Rates v. 21. 05. 1992 zur Erhaltung der natürlichen Lebensräume sowie der wild lebenden Tiere und Pflanzen, ABl. EG Nr. L 206 v. 22. 07. 1992, S. 7, zuletzt geändert durch Richtlinie 2013/17/EU, ABl. EU Nr. L 158, S. 193.
72 Richtlinie 2009/147/EG des Europäischen Parlaments und des Rates v. 30. 11. 2009 über die Erhaltung der wild lebenden Vogelarten, ABl. EU Nr. L 20, S. 7.
73 BVerwG, Urt. v. 16. 03. 2006 – 4 A 1075/04, NVwZ-Beil. 2006, 1 (53 f. Rn. 558); s. auch *Gassner*, in: Gassner/Bendomir-Kahlo/Schmidt-Räntsch (Hrsg.), BNatSchG, 2. Aufl. 2003, Vor § 18 Rn. 18; *Schrödter*, NuR 2001, 8 (17); *Möstl*, DVBl 2002, 726 (732).

übereinstimmen. Die FFH-Richtlinie unterscheide sich von dem herkömmlichen deutschen Kompensationssystem nicht zuletzt dadurch, dass durch sie andere räumliche Bezüge hergestellt werden.[74] Auch andere Autoren kamen zu dem Schluss, dass die Eingriffsregelung als ein flächendeckendes Instrumentarium zur Sicherung des allgemeinen Schutzes von Natur und Landschaft konstruiert ist, während die FFH- und Vogelschutzrichtlinien schutzgebietsbezogen ausgerichtet sind.[75]

Angesichts dieser Divergenzen verwundert es nicht, dass man sich bald von **14** dem Gedanken verabschiedete, die Anforderungen der FFH- und der Vogelschutzrichtlinie in die Eingriffsregelung zu integrieren[76] und **eigenständige Regelungen zur Umsetzung des Unionsrechts** getroffen hat.[77] Die einschlägigen Regelungen befinden sich u.a. im 2. Abschnitt des 4. Kapitels mit der Überschrift Netz „Natura 2000". Während man in § 10 Abs. 1 Nr. 11 lit. b BNatSchG 2002 bei der Definition der „Projekte" im Sinne der FFH-Richtlinie noch an die naturschutzrechtliche Eingriffsregelung anknüpfte, wurde dieser Ansatz nach Feststellung seiner Gemeinschaftswidrigkeit durch den EuGH aufgegeben.[78] Die Regelung des § 34 BNatSchG zur Verträglichkeit und Unzulässigkeit von Projekten und Ausnahmen knüpft deshalb an den Begriff des Projektes an. Von den Verboten des § 39 BNatSchG werden gemäß Abs. 5 Satz 2 Nr. 3 nach § 15 zulässige Eingriffe in Natur und Landschaft ausgenommen. Nach § 44 Abs. 5 Satz 1 gelten für nach § 15 BNatSchG zulässige Eingriffe in Natur und Landschaft die Zugriffs-, Besitz- und Vermarktungsverbote nach Maßgabe der nachfolgenden Regelungen. Ausweislich der Begründung des Gesetzentwurfs bilden die Eingriffsregelung und das besondere Artenschutzrecht selbstständige Regelungsbereiche.[79] Mit den Worten von *Fischer-Hüftle* ergänzt die Eingriffsregelung „den Arten und Gebietsschutz um ein projektbezogenes Verschlechterungsverbot und ist insofern dem Europarecht voraus"[80].

---

74 BVerwG, Urt. v. 16.03.2006 – 4 A 1075/04, NVwZ-Beil. 2006, 1 (53 f. Rn. 558).

75 *Louis*, NuR 2007, 94 (99); *Schmidt-Siegmann*, Die naturschutzrechtliche Eingriffsregelung in der baden-württembergischen Verwaltungspraxis, 2008, S. 140; *Thyssen*, NuR 2010, 9 (10).

76 BR-Drs. 639/96, S. 34, 50, 53; siehe zur Koordinierbarkeit der verschiedenen Prüfungen *Lambrecht/Peters/Köppel/Beckmann/Weingarten/Wende*, Bestimmung des Verhältnisses von Eingriffsregelung, FFH-VP, UVP und SUP im Vorhabensbereich, 2007.

77 *Durner*, NuR 2001, 601 (605); *Gassner*, in: Gassner/Bendomir-Kahlo/Schmidt-Räntsch (Hrsg.), BNatSchG, 2. Aufl. 2003, Vor § 18 Rn. 18; *Louis*, NuR 2007, 94 (99).

78 EuGH, Urt. v. 10.01.2006 – Rs. C-98/03, NVwZ 2006, 319 (320 bei Rn. 42); s. auch *Louis*, NuR 2007, 94 (99).

79 BT-Drs. 16/12274, S. 58; zur Eingriffsregelung in der Schweiz und deren Autonomie der nationalen Eingriffsregelungen *Epiney/Furger*, EurUP 2011, 258 ff.; zur Lage in Österreich *Bußjäger*, EurUP 2011, 272 ff.

80 *Fischer-Hüftle* in: Czybulka (Hrsg), 35 Jahre Eingriffsregelung, 2013, S. 19 (23), der andererseits betont, dass z.B. die unions- bzw. internationalrechtlichen Artenschutzvorgaben dem deutschen Recht in einem entscheidenden Punkt voraus waren, als dadurch niedrigere Anforderungen an die „absichtlichen" Beeinträchtigungen als im nationalen Recht gezogen wurden. S. auch *Wolf*, in: Kluth/Smeddinck, Umweltrecht, 2013, § 5 Rn. 33; zum Verhältnis Artenschutz und Eingriffsregelung auch *Tholen*, Das Artenschutzregime der Flora-Fauna-Habitat-Richtlinie im deutschen Recht, 2014, S. 178 ff.

15 Im Bereich des Völkerrechts hat Deutschland die **Alpenkonvention samt dem diesbezüglichen Protokoll im Bereich Naturschutz und Landschaftspflege** unterzeichnet, die mit Inkrafttreten der Zustimmungsgesetze im Rang eines einfachen Bundesgesetzes wirksam wurde.[81] Die Alpenkonvention verbindet die Alpenstaaten Deutschland, Frankreich, Italien, Liechtenstein, Monaco, Österreich, Schweiz und Slowenien sowie die Europäische Union und bezweckt eine nachhaltige Entwicklung des Alpenraums.[82] Während die Alpenkonvention als eigenständiger völkerrechtlicher Vertrag die Grundsatzfragen regelt, stellen die neun Protokolle eigenständige völkerrechtliche Übereinkommen dar, die sich mit Detailfragen auseinandersetzen.[83] Die Alpenkonvention und die Protokolle gelten in Deutschland gem. Art. 59 Abs. 2 GG als einfaches Bundesrecht und sind im Kollisionsfalle lex specialis.[84] Die Protokolle sind auf Grund ihres self-executing Charakters direkt anwendbar.[85] Nach Art. 9 Abs. 2 Protokoll Naturschutz und Landschaft (NatP)[86] sind „[n]ach Maßgabe des nationalen Rechts [...] unvermeidbare Beeinträchtigungen durch Maßnahmen des Naturschutzes und der Landschaftspflege auszugleichen und nicht ausgleichbare Beeinträchtigungen nur zuzulassen, wenn unter Abwägung aller Interessen die Belange des Naturschutzes und der Landschaftspflege nicht überwiegen; auch für solche Beeinträchtigungen sind Maßnahmen des Naturschutzes und der Landschaftspflege vorzunehmen".[87] Wie man unschwer an der Formulierung erkennen kann, ist diese Regelung unter deutscher Federführung, nämlich der Eingriffsregelung in ihrer vorherigen Fassung erarbeitet worden.[88] Da Deutschland kaum seine völkerrechtlichen Pflichten verletzten wollen wird, sind die nationalen Vorschriften bei Eröffnung des Anwendungsbereichs der Alpenkonvention völkerrechtskonform anzuwenden.[89] Beispielsweise wird die Frage aufgeworfen, ob sich die Gleichstellung von Ausgleich und Ersatz in der Eingriffsregelung mit Art. 9 Abs. 2 NatP in Einklang bringen lässt. Möglicherweise lässt sich dies bereits durch die Bezugnahme auf die Maßgaben des nationalen Rechts bewerkstelligen,[90] andernfalls müsste diese Vorgabe aber bei der Ausübung der behördlichen Einschätzungsprärogative

---

81 Gesetz zu dem Übereinkommen v. 7. November 1991 zum Schutz der Alpen (Alpenkonvention), BGBl. 1994 Teil II Nr. 46, S. 2538; Gesetz zu den Protokollen zum Übereinkommen v. 7. November 1991 zum Schutz der Alpen (Alpenkonvention), BGBl. 2002 II Nr. 30, S. 1785, vgl. auch *Schroeder*, NuR 2006, 133 (137).

82 Einführungstext auf der Startseite der Internetpräsenz der Alpenkonvention: www.alpcono.org/de/convention/default.aspx, zuletzt abgerufen am 26.02.2015. Zur Historie *Buchner/Winkler*, BayVBl. 1991, 225 (232f.);); *Galle*, Alpine Umweltprobleme, S. 1ff.; *Norer*, AuR 2002, 205 (205ff.); *Markus*, ZUR 2015, 214 (214ff.); *Schroeder*, NuR 2006, 133 (131).

83 *Schroeder*, NuR 2006, 133 (134).

84 *Schroeder*, NuR 2006, 133 (137); exemplarisch für das Bodenprotokoll: *Markus*, ZUR 2015, 214 (217),

85 *Schroeder*, NuR 2006, 133 (137).

86 Allg. zum NatP vgl. *Galle*, Alpine Umweltprobleme, S. 43ff.

87 Vgl. auch *Galle*, Alpine Umweltprobleme, S. 45f.

88 Vgl. auch *Galle*, Alpine Umweltprobleme, S. 46; *Söhnlein*, BayVBl. 2013, 105 (110).

89 Dazu *Schroeder*, NuR 2006, 133 (137); *Söhnlein*, BayVBl. 2013, 105 (111).

90 *Söhnlein*, BayVBl. 2013, 105 (111) geht dagegen von einer unmittelbaren Anwendbarkeit aus.

bei der Auswahl zwischen diesen beiden Formen der Realkompensation berücksichtigt werden.

V. Norminhalt des § 13 BNatSchG

§ 13 BNatSchG ist im Vergleich zu den nachfolgenden Vorschriften äußerst 16
kurz gefasst. Damit werden diejenigen Bereiche der naturschutzrechtlichen
Regelung gekennzeichnet, von denen die Länder **keine abweichende Regelung** treffen dürfen. § 13 BNatSchG setzt sich aus zwei Sätzen zusammen,
die beide bei **erheblichen Beeinträchtigungen von Natur und Landschaft**
Relevanz erlangen. Die flächendeckend ansetzende Eingriffsregelung
schreibt materielle Standards vor.[91] Im ersten Satz des § 13 BNatSchG wird
das sog. **Vermeidungsgebot** festgelegt. Satz 2 sieht für nicht vermeidbare,
erhebliche Beeinträchtigungen eine **Kompensationspflicht** vor. Durch die
Verwendung entsprechender Formulierungen wird das Verhältnis zwischen
dem Vermeidungsgebot und der Kompensationspflicht unmissverständlich
klargestellt, indem sie in eine **Rang- und Stufenfolge**, also eine **Regelungskaskade**[92] eingeordnet werden: Danach hat der Eingriffsverursacher

1. erhebliche Beeinträchtigungen von Natur und Landschaft *vorrangig* **zu
   vermeiden,**
2. *nicht vermeidbare* **erhebliche Beeinträchtigungen** durch **Ausgleichs- und
   Ersatzmaßnahmen zu kompensieren,**
3. *soweit derartige Realkompensationen nicht möglich sind,* einen **Ersatz in
   Geld** zu leisten.

Indem vermeidbare, erhebliche Beeinträchtigungen von Natur und Land- 17
schaft zu unterlassen sind, ist die naturschutzrechtliche Eingriffsregelung
dem Bestandsschutzprinzip verpflichtet.[93] Erhebliche Beeinträchtigungen,
die nicht vermeidbar sind, dürfen erfolgen, wenn sie kompensiert werden.
Bei der Kompensation sind Ausgleichs- oder Ersatzmaßnahmen, bei denen
Beeinträchtigungen von Natur und Landschaft real kompensiert werden,
vorrangig (Stichwort: **Vorrang der Realkompensation** bzw. der **Naturalkompensation**). Nur soweit derartige Maßnahmen nicht möglich sind, kommt ein
finanzieller Ausgleich in Betracht. Zwar lassen sich durchaus mit Ersatzzahlungen naturschutzfachlich sinnvolle Dinge bewirken. Weil damit allein aber
nicht sichergestellt ist, dass für einen bestimmten Eingriff das erforderliche
Naturäquivalent umgesetzt wird, wurde im Interesse einer Erhaltung des
Status quo ante in Natur und Landschaft auf einer strikten Nachrangigkeit
der Ersatzzahlungen beharrt.[94] Die Länder würden gegen die Vorgabe des

---

91 *Ekardt/Hennig,* NuR 2013, 694 (695).
92 So die Terminologie des BVerwG, Urt. v. 06.11.2012 – 9 A 17.11, BVerwGE 145, 40 (65
    Rn. 144).
93 *Gassner,* in: Gassner/Bendomir-Kahlo/Schmidt-Räntsch (Hrsg.), BNatSchG, 2. Aufl. 2003,
    Vor § 18 Rn. 6; *Gassner/Heugel,* Das neue Naturschutzrecht 2012, Rn. 244.
94 *Lütkes,* in: Durner (Hrsg.), Umweltgesetzbuch, 2009, S. 57 (61); äußerst kritisch gegen-
    über der Möglichkeit von Ersatzzahlungen *Fischer-Hüftle,* in: Czybulka (Hrsg), 35 Jahre
    Eingriffsregelung, 2013, S. 19 (28 ff.); a.A. *Hampicke,* in: Czybulka (Hrsg), 35 Jahre Ein-
    griffsregelung, 2013, S. 111 (119 ff.) zugunsten einer Naturschutzabgabe.

§ 13 BNatSchG verstoßen, wenn sie statt des drei- ein zweistufiges Rechtsfolgensystem mit dem Vermeidungsgebot auf der ersten und einer realen oder finanziellen Kompensation auf der zweiten Stufe vorsehen würden.[95]

18   § 13 BNatSchG zielt auf eine volle Kompensation der Beeinträchtigung von Natur und Landschaft ab. Sollte sich eine erhebliche Beeinträchtigung von Natur und Landschaft nur zum Teil durch Ausgleichs- oder Ersatzmaßnahmen kompensieren lassen, wird hinsichtlich des nicht abgedeckten Teils die Pflicht zur Ersatzzahlung ausgelöst. Die in § 13 BNatSchG niedergelegte Stufenfolge stellt letztlich eine einfachgesetzliche Konkretisierung des verfassungsrechtlichen Übermaßverbots bzw. Verhältnismäßigkeitsprinzips dar.[96] Mit den Worten von *Gaentzsch* „ist in stufenloser Abfolge das Beste, Nächst-Beste, Nächst-Nächst-Beste zu tun, um negative Folgen eines Vorhabens für Naturhaushalt und Landschaftsbild in Grenzen zu halten."[97] Aufgrund der Vorgaben des § 13 BNatSchG überlässt es der Gesetzgeber nicht mehr dem Einzelnen und der Verwaltung, ob und wie man auf erhebliche Beeinträchtigungen von Natur und Landschaft reagiert. Vielmehr werden die **Eckpunkte** vorgegeben, wann und unter welchen Voraussetzungen erhebliche Beeinträchtigungen von Natur und Landschaft zulässig sind.

19   Geht man vom Sinn und Zweck des § 13 BNatSchG aus, richtet sich die Norm zunächst an die Länder. Weil es sich bei § 13 BNatSchG aber um einen allgemeinen Grundsatz handelt, gibt die Norm jedermann sowie den Behörden Aufschluss darüber, wie nachfolgende Bundes- sowie davon abweichende Landesnormen aufgebaut sein müssen. Als vor die Klammer gezogener allgemeiner Grundsatz kann § 13 BNatSchG bei der Handhabung der ausführlicheren Eingriffsregelungen bei den Begriffsauslegungen, aber auch Ermessensausübungen und Abwägungen Bedeutung erlangen. Durch die explizite Erwähnung des **Verursachers** wird die Geltung des **Verursacherprinzips** zum Ausdruck gebracht. Bereits aus dieser Norm kann der Verursacher „im Grundsatz" diejenigen Verpflichtungen entnehmen, die durch weitere Bestimmungen normativ ausgestaltet werden. Das BNatSchG enthält keine Begriffsdefinitionen des Verursachers sowie des Verursacherprinzips. Da das Vermeidungsgebot und die Kompensationspflicht auf den Verursacher bezogen werden, muss ihm die erhebliche Beeinträchtigung von Natur und Landschaft zurechenbar sein. Das Verursacherprinzip ist auch im Unionsrecht niedergelegt (Art. 191 Abs. 2 UAbs. 1 Satz 2 AEUV) und wurde in § 1 Abs. 2 Satz 1 Nr. 3 des Referentenentwurfs zum UGB I vom 04.12.2008 damit umschrieben, dass derjenige, der Gefahren oder Risiken für Mensch und Umwelt verursacht, dafür verantwortlich ist.

20   Die Pflichten des § 13 BNatSchG sind nach dem Gesetzeswortlaut **strikt** formuliert („sind"). Daher darf die Verwaltung eine vermeidbare erhebliche Beeinträchtigung von Natur und Landschaft nicht zulassen. Ebenso wenig dürfen nicht vermeidbare erhebliche Beeinträchtigungen von Natur und

---

95 *Franzius*, ZUR 2010, 346 (349).
96 *Gassner*, in: Gassner/Bendomir-Kahlo/Schmidt-Räntsch (Hrsg.), BNatSchG, 2. Aufl. 2003, Vor § 18 Rn. 7.
97 *Gaentzsch*, NuR 1986, 89 (96).

Landschaft ohne oder mit einer nur unzureichenden Kompensation der Beeinträchtigung vorgenommen werden. Die Länder würden deshalb gegen den allgemeinen Grundsatz des § 13 BNatSchG verstoßen, wenn sie die Anordnung von Ausgleichs- oder Ersatzmaßnahmen oder der subsidiären Ersatzzahlungen in das Ermessen der jeweils zuständigen Behörde stellen würden.

§ 14
Eingriffe in Natur und Landschaft*)

(1) Eingriffe in Natur und Landschaft im Sinne dieses Gesetzes sind Veränderungen der Gestalt oder Nutzung von Grundflächen oder Veränderungen des mit der belebten Bodenschicht in Verbindung stehenden Grundwasserspiegels, die die Leistungs- und Funktionsfähigkeit des Naturhaushalts oder das Landschaftsbild erheblich beeinträchtigen können.

(2) Die land-, forst- und fischereiwirtschaftliche Bodennutzung ist nicht als Eingriff anzusehen, soweit dabei die Ziele des Naturschutzes und der Landschaftspflege berücksichtigt werden. Entspricht die land-, forst- und fischereiwirtschaftliche Bodennutzung den in § 5 Abs. 2 bis 4 dieses Gesetzes genannten Anforderungen sowie den sich aus § 17 Abs. 2 des Bundes-Bodenschutzgesetzes und dem Recht der Land-, Forst- und Fischereiwirtschaft ergebenden Anforderungen an die gute fachliche Praxis, widerspricht sie in der Regel nicht den Zielen des Naturschutzes und der Landschaftspflege.

(3) Nicht als Eingriff gilt die Wiederaufnahme einer land-, forst- und fischereiwirtschaftlichen Bodennutzung, wenn sie zeitweise eingeschränkt oder unterbrochen war

---

) Beachte bei
  § 14 Abs. 1: **Niedersachsen** – Abweichung durch § 5 NAGBNatSchG v. 19. 02. 2010 (Nds. GVBl. S. 104) m.W.v. 01. 03. 2010 (vgl. BGBl. I 2010, S. 970).
  § 14 Abs. 1: **Hamburg** – Abweichung durch § 6 Abs. 1 u. 2 HmbBNatSchAG v. 11. 05. 2010 (HmbGVBl. S. 350, 402) m.W.v. 01. 06. 2010 (vgl. BGBl. I 2011, S. 93).
  § 14 Abs. 1: **Berlin** – Abweichung durch § 16 BerlNatSchG v. 29. 05. 2013 (GVBl. BE S. 140) m.W.v. 09. 06. 2013 (vgl. BGBl. I 2013, S. 2829).
  § 14 Abs. 2: **Schleswig-Holstein** – Abweichung durch § 8 LNatSchG SH v. 24. 02. 2010 (GVOBl. Schl.-H. S. 301) m.W.v. 01. 03. 2010 (vgl. BGBl. I 2010, S. 450).
  § 14 Abs. 2: **Bayern** – Abweichung durch Art. 6 Abs. 4 BayNatSchG v. 23. 02. 2011 (GVBl. BY S. 82) m.W.v. 01. 03. 2011 (BGBl. I 2011, S. 365).
  § 14 Abs. 3: **Sachsen-Anhalt** – Abweichung durch § 6 NatSchG LSA v. 10. 12. 2010 (GVBl. LSA S. 569) m.W.v. 17. 12. 2010 (vgl. BGBl. I 2011, S. 30).
  § 14 Abs. 3: **Bayern** – Abweichung durch Art. 6 Abs. 5 und Art. 8 Abs. 1 Satz 2 BayNatSchG v. 23. 02. 2011 (GVBl. BY S. 82) m.W.v. 01. 03. 2011 (BGBl. I 2011, S. 365).
  § 14 Abs. 3: **Hamburg** – Abweichung durch § 6 Abs. 1 u. 2 HmbBNatSchAG v. 11. 05. 2010 (HmbGVBl. S. 350, 402) m.W.v. 01. 06. 2010 (vgl. BGBl. I 2011, S. 93).

1. **auf Grund vertraglicher Vereinbarungen oder auf Grund der Teilnahme an öffentlichen Programmen zur Bewirtschaftungsbeschränkung und wenn die Wiederaufnahme innerhalb von zehn Jahren nach Auslaufen der Einschränkung oder Unterbrechung erfolgt,**
2. **auf Grund der Durchführung von vorgezogenen Kompensationsmaßnahmen, die vorgezogene Maßnahme aber nicht für eine Kompensation in Anspruch genommen wird.**

Inhaltsübersicht

I. Einführung

1 Die naturschutzrechtliche Eingriffsregelung setzt sich aus zwei Komponenten zusammen. Wie man am Grundsatz des § 13 sehen kann, kommt diese nur bei **erheblichen Beeinträchtigungen von Natur und Landschaft** zur Anwendung. Erst wenn eine solche Beeinträchtigung bejaht wurde, wird ihr Rechtsfolgenregime – das Vermeidungsgebot und die Kompensationspflicht – ausgelöst.[1] In § 14 hat der Bundesgesetzgeber einfachgesetzlich konkretisiert, wann eine solche erhebliche Beeinträchtigung von Natur und Landschaft vorliegt, also der für die Anwendbarkeit der naturschutzrechtlichen Eingriffsregelung erforderliche **Eingriff** anzunehmen ist. § 14 ist dabei wie folgt aufgebaut: In **Abs. 1** wird **legaldefiniert**, was unter einem **Eingriff** in Natur und Landschaft „im Sinne dieses Gesetzes" zu verstehen ist. Aus **Abs. 2** ergibt sich, wann die **land-, forst- und fischereiwirtschaftliche Bodennutzung nicht als Eingriff** anzusehen ist. Unter den Voraussetzungen des **Abs. 3** „gilt" die **Wiederaufnahme einer land-, forst- und fischereiwirtschaftlichen Bodennutzung nicht als Eingriff.**

---

1 Siehe zu dieser Unterscheidung zwischen dem Tatbestand der Eingriffsregelung und ihrer Rechtsfolgenkaskade auch BT-Drs. 16/12274, S. 56 f.

Ausweislich der Begründung des Gesetzentwurfs stellt der sog. Eingriffstat- 2
bestand den **Schlüssel zur Anwendung** der Eingriffsregelung dar.[2] Teilweise
wird auch davon gesprochen, die **Eingriffsdefinition** bilde den **zentralen Begriff** des naturschutzfachlichen Eingriffsrechts.[3] Im Schrifttum wurde die gesetzliche Eingriffsdefinition als zu weit und unbestimmt kritisiert.[4] Im UGB-KomE von 1997 wurde diese Kritik jedoch zurückgewiesen, weil die hohe Interpretationsbedürftigkeit zur Umsetzung eines die ganze Landesfläche berücksichtigenden Naturhaushaltsschutzes sowie angesichts der Komplexität der Materie geboten sei.[5] Um nicht jede Einwirkung auf Natur und Landschaft, die schon einen faktischen Eingriff darstellt, zu erfassen, wurde die Eingriffsdefinition eingeschränkt.[6] Nur wenn eine Veränderung der Gestalt oder Nutzung von Grundflächen die Anforderungen des naturschutzrechtlichen Eingriffsbegriffs erfüllt, ist die Eingriffsregelung anwendbar.[7]

II. Gesetzgebungskompetenz

Durch den am **01.03.2010** in Kraft getretenen § 14 wurde § 18 BNatSchG 3
2002 abgelöst. Der Bund hat § 14 aufgrund seiner konkurrierenden Gesetzgebungskompetenz für den Naturschutz und die Landschaftspflege **(Art. 74 Abs. 1 Nr. 29 GG)** erlassen, ohne an die Erforderlichkeitsklausel des Art. 72 Abs. 2 GG gebunden zu sein. Was den Eingriffstatbestand anbetrifft, hat er aufgrund seiner Gesetzgebungsbefugnis eine **abschließende Vollregelung** getroffen.[8] Dafür sprechen die stringente Ausformulierung des § 14 sowie die Tatsache, dass im Unterschied zu anderen Normen (z.B. § 15 Abs. 7 Satz 2, § 16 Abs. 2) das Landesrecht in § 14 nicht erwähnt wird. Im Jahre 1990 hat das BVerwG – allerdings bezogen auf die frühere Rahmenkompetenz des Bundes gem. Art. 75 Nr. 3 GG a.F. – entschieden, dass im Interesse eines notwendigen Mindestmaßes an Rechtseinheit in der gesamten Bundesrepublik die Frage, was als Eingriff in Natur und Landschaft zu gelten hat, nur übereinstimmend beantwortet werden kann.[9]

---

2 BT-Drs. 16/12274, S. 57.

3 *Schmidt-Siegmann*, Die naturschutzrechtliche Eingriffsregelung in der baden-württembergischen Verwaltungspraxis, 2008, S. 31; *Meßerschmidt*, Bundesnaturschutzrecht, Stand: September 2014, § 14 Rn. 1 spricht von „grundlegender Norm des Naturschutzrechts".

4 *Sparwasser/Engel/Voßkuhle*, Umweltrecht, 5. Aufl. 2003, § 6 Rn. 134; *Berkemann*, NuR 1993, 97 (98).

5 BMU (Hrsg.), UGB-KomE, 1998, S. 897.

6 *Schmidt-Siegmann*, Die naturschutzrechtliche Eingriffsregelung in der baden-württembergischen Verwaltungspraxis, 2008, S. 31 f.

7 VGH Kassel, Urt. v. 12.02.1993 – 4 UE 3399/90, NuR 1993, 334 (336); *Fischer-Hüftle/ Czybulka*, in: Schumacher/Fischer-Hüftle (Hrsg.), BNatSchG, 2. Aufl. 2011, § 14 Rn. 1.

8 *Berghoff/Steg*, NuR 2010, 17 (23); *Engel/Ketterer*, VBlBW 2010, 293 (296); *Stadler*, Die naturschutzrechtliche Eingriffsregelung in der Bundesfernstraßenplanung, 2002, S. 142.

9 BVerwG, Urt. v. 27.09.1990 – 4 C 44/87, NVwZ 1991, 364 (366).

4   Davon ist die Frage zu unterscheiden, ob die Länder nicht auch dann, wenn
der Bund von seiner Kompetenz Gebrauch gemacht hat, hiervon abweichende Regelungen erlassen dürfen. **Art. 72 Abs. 3 Satz 1 Nr. 2 GG** gestattet
den Ländern den Erlass **abweichender Regelungen**, sofern es sich hierbei
nicht um allgemeine Grundsätze des Naturschutzes handelt. Angesichts
dessen, dass bei der Ausformulierung des allgemeinen Grundsatzes in § 13
nicht von Eingriffen i.S.d. § 14, sondern von erheblichen Beeinträchtigungen
von Natur und Landschaft gesprochen wird, darf davon ausgegangen werden, dass der Bundesgesetzgeber § 14 nicht zu den abweichungsfesten
Grundsätzen des Naturschutzes gerechnet hat (siehe dazu § 13 Rn. 10). Andererseits ist zu beachten, dass die abweichungsfesten Bereiche des Art. 72
Abs. 3 Satz 1 GG nicht zur Disposition des einfachen Gesetzgebers stehen[10]
und daher ausgehend vom Verfassungstext zu bestimmen ist, ob eine Regelung abweichungsfest ist oder nicht.

5   Nach den Materialien zur Föderalismusreform gibt die Kompetenz für den
Naturschutz dem Bund die Möglichkeit, in allgemeiner Form bundesweit
verbindliche Grundsätze für den Schutz der Natur, insbesondere der Erhaltung der biologischen Vielfalt und zur Sicherung der Funktionsfähigkeit des
Naturhaushalts festzulegen, wovon aber nicht die konkreten Voraussetzungen für die gute fachliche Praxis für die Land- und Forstwirtschaft erfasst
werden.[11] Betrachtet man vor diesem Hintergrund die Eingriffsregelung des
§ 14, handelt es sich jedenfalls bei den **Abs. 2 und 3** zur land-, forst- und
fischereiwirtschaftlichen Bodennutzung **nicht um abweichungsfeste Nor-
mierungen**. Schon die Detailliertheit der Regelungen, aber auch die unterschiedlichen denkbaren Ausgestaltungsmöglichkeiten, ob und inwiefern
land-, forst- und fischereiwirtschaftliche Betätigungen einen relevanten Eingriff darstellen, lassen ihre Qualifizierung als „allgemeinen" Grundsatz ausgeschlossen erscheinen.[12] Die Entscheidung, ob die Länder insoweit von der
Abweichungsbefugnis Gebrauch machen wollen, steht dabei grundsätzlich
in ihrem politischen Ermessen.[13]

6   Sehr wohl lässt sich diskutieren, ob nicht die „klassische" **Eingriffsdefinition
in § 14 Abs. 1** zum abweichungsfesten Kern des Naturschutzes gehört. Dagegen lässt sich u.a. vorbringen, dass sich eine Legaldefinition nur schwer
als „allgemeiner Grundsatz" ansehen lasse. Andererseits wird gerade an
§ 14 Abs. 2, 3 deutlich, dass die Eingriffsdefinition die allgemeine Richtvor-
gabe macht, die sodann weiter konkretisierbar ist. Außerdem werden in § 14
Abs. 1 Schlüsselbegriffe des § 13 – „erhebliche Beeinträchtigungen von Natur und Landschaft" – verwendet, was dafür spricht, § 14 Abs. 1 ebenfalls zu
den allgemeinen Grundsätzen des Naturschutzes zu rechnen. Auch diese
Definition gehört zu den zentralen Inhalten der Eingriffsregelung, deren

---

10 *Gellermann*, NVwZ 2010, 73 (74); *Glaser*, JuS 2010, 209 (210); siehe auch *Appel*, NuR
    2010, 171 (173); *Franzius*, ZUR 2010, 346 (348 f.).
11 BT-Drs. 16/813, S. 11.
12 Siehe zur Herausnahme von Detailregelungen *Hendrischke*, NuR 2007, 454 (457); siehe
    dazu auch *Appel*, NuR 2010, 171 (172).
13 *Becker*, DVBl 2010, 754 (754); *Köck/Wolf*, NVwZ 2008, 353 (359).

bundesweite Verbindlichkeit für einen wirksamen Schutz der Natur notwendig ist.[14]

III. Abweichendes Landesrecht

Nur wenn man dem Standpunkt des Bundesgesetzgebers folgt, dass lediglich   7
§ 13, nicht aber § 14 Abs. 1 eine abweichungsfeste Regelung enthält, ist es
unbedenklich, wenn die Länder von § 14 abweichende Regelungen erlassen.[15] Sieht man dagegen § 14 Abs. 1 als abweichungsfest an, sind insbesondere all diejenigen Regelungen kompetenzwidrig, die den Eingriffsbegriff
verengen.[16] Als Beispiel dafür sei § 5 NdsAGBNatSchG genannt.[17] Danach
stellen Veränderungen der Gestaltung oder Nutzung von Grundflächen und
Veränderungen des mit der belebten Bodenschicht in Verbindung stehenden
Grundwasserspiegels abweichend von § 14 keinen Eingriff dar, wenn sie
nicht von einer Behörde durchgeführt werden und keiner behördlichen Zulassung oder Anzeige nach anderen Rechtsvorschriften als der des § 17 Abs. 3
bedürfen.[18] Gemäß § 8 LNatSchG S-H sind abweichend von § 14 Abs. 2 von
den Naturschutzbehörden angeordnete oder geförderte Naturschutzmaßnahmen zur Herstellung, Pflege und Entwicklung von Flächen und Landschaftselementen sowie Unterhaltungsmaßnahmen an Gewässern nach § 39 WHG
und § 38 LWaG nicht als Eingriff anzusehen. § 6 Abs. 1 HmbBNatSchAG enthält eine Aufzählung von Vorgängen im Hafennutzungsgebiet, die keine
(Nr. 1) bzw. in der Regel keine (Nr. 2) Eingriffe sind. In Abs. 2 werden ohne
Beschränkung auf das Hafennutzungsgebiet Maßnahmen aufgezählt, denen
(in der Regel) die Eingriffsqualität fehlt.[19] Angesichts des flächendeckenden
Charakters der Eingriffsregelung und der in Hamburg vorgesehenen Gebietsausnahmen verletzen diese den abweichungsfesten Kern der Eingriffsregelung.[20]

Weniger problematisch sind dagegen Konstellationen, in denen die Negativ-   8
liste als widerlegbare Vermutung ausgestaltet wurde. In diesem Fall kann
die Rechtsvorschrift möglicherweise so gehandhabt werden, dass es zu kei-

14 *Engel/Ketterer*, Die Auswirkungen des neuen Bundesnaturschutzgesetzes auf das Landesnaturschutzrecht, VBlBW 2010, 293 (296); *Franzius*, ZUR 2010, 346 (351). Wie hier, aber ohne Bezug zum BNatSchG *Köck/Wolf*, NVwZ 2008, 353 (359).

15 Zur bislang noch wenig geklärten Frage der Abweichung der Länder durch Verordnungsrecht *Stegmüller*, DÖV 2013, 221 (221 ff.).

16 *Franzius*, ZUR 2010, 346 (351); *Fischer-Hüftle*, in: Schumacher/Fischer-Hüftle (Hrsg.), BNatSchG, 2. Aufl. 2011, § 13 Rn. 4; *Lau*, NuR 2011, 680 (684).

17 Ebenfalls für eine mangelnde Verfassungskonformität *Koch*, in: Schlacke (Hrsg.), GK-BNatSchG, 2012, § 13 Rn. 15.

18 Nach Nds LT-Drs. 16/2216, S. 4 wurde das rechtliche Risiko der Abweichung v. Tatbestand des § 13 für überschaubar gehalten; wie hier *Gellermann*, in: Landmann/Rohmer (Hrsg.), Umweltrecht, Stand: August 2014, § 13 BNatSchG Rn. 15.

19 Kritisch dazu *Koch*, in: Kerkmann (Hrsg.), Naturschutzrecht in der Praxis, 2. Aufl. 2010, § 4 Rn. 23.

20 *Gellermann*, in: Landmann/Rohmer (Hrsg.), Umweltrecht, Stand: August 2014, § 13 BNatSchG Rn. 15; *Koch*, in: Schlacke (Hrsg.), GK-BNatSchG, 2012, § 13 Rn. 12.

ner Abweichung von § 14 Abs. 1 kommt.[21] Letztlich hängt aber die Bewertung der jeweils zur Debatte stehenden Vorschrift von ihrer Ausgestaltung im Einzelfall ab. Bedenken bestehen vor allem dann, wenn die Regelung dem Vorhabenträger, aber auch den Rechtsanwendern suggeriert, meistens seien gewisse Veränderungen kein Eingriff, dies aber gerade doch der Fall ist. Nach **§ 6 Abs. 1 NatSchG LSA** liegt „in der Regel" kein Eingriff vor, wenn auf Flächen, die in der Vergangenheit rechtmäßig bebaut oder für verkehrliche Zwecke genutzt werden, Biotope, die durch Sukzession oder Pflege entstanden sind, beseitigt werden oder das Landschaftsbild verändert wird. Nach Ablauf einer Sukzession von 25 Jahren kann von der Regelvermutung nicht mehr ausgegangen werden. Nach Abs. 2 stellt es abweichend von Abs. 3 „in der Regel" auch keinen Eingriff dar, wenn Nr. 1 an Deichen, Dämmen und anderen Hochwasserschutzanlagen Pflege- und Unterhaltungsmaßnahmen vorgenommen werden sowie nach einem Schadensfall auf der vorhandenen Trasse ein ordnungsgemäßer Zustand hergestellt wird oder Nr. 2 in vorhandenen Garten- und Parkanlagen sowie auf Friedhöfen Restaurierungs-, Pflege- und Unterhaltungsmaßnahmen durchgeführt werden, soweit solche Maßnahmen aus denkmalschutzrechtlichen Gründen geboten sind. Nach **§ 9 Abs. 2 SächsNatSchG** gelten über § 14 Abs. 2, 3 hinaus Unterhaltungsmaßnahmen an Deichen, Deichschutzstreifen, Talsperren, Wasserspeichern, Rückhaltebecken und sonstigen Hochwasserschutzanlagen sowie an Gewässern, Energieleitungstrassen des Übertragungs- und Verteilungsnetzes und an Straßen in der Regel nicht als Eingriff. Neben einer Aufzählung von Fällen in Abs. 2, die „in der Regel" kein Eingriff sind, benennt **§ 4 Abs. 1 LG NRW** Maßnahmen, die „insbesondere" als Eingriffe gelten. Auch **§ 16 BerlNatSchG, § 12 Abs. 1 NatSchGAG M-V** und **§ 9 Abs. 1 SächsNatSchG** enthalten eine Aufzählung von Vorgängen, welche „insbesondere" als Eingriffe im Sinne des § 14 Abs. 1 zu qualifizieren sind. Diese sog. Positivlisten sollen der Verwaltung den Gesetzesvollzug erleichtern. Durch die Verwendung des Wortes „insbesondere" wird einerseits ausgedrückt, dass die Aufzählung nicht abschließend ist. Aufgrund der Regelung soll der Verwaltung die Einzelfallprüfung des Vorliegens eines Eingriffs erspart werden, die jedoch aufgrund der Ausgestaltung als widerlegbare Vermutung bei Vorliegen besonderer Umstände dennoch erforderlich werden kann.[22] Solche Normen stehen im Einklang mit der Zielrichtung des § 14 Abs. 1.[23]

---

21 So *Fischer-Hüftle*, in: Schumacher/Fischer-Hüftle (Hrsg.), BNatSchG, 2. Aufl. 2011, § 14 Rn. 73; *Franzius*, ZUR 2010, 346 (351). Nach *Michler/Möller*, 2011, 81 (81) ermöglicht es die Abweichungskompetenz den Ländern, neue Positiv- und Negativlisten zu erstellen.
22 Siehe zu den Positivlisten VG Saarlouis, Urt. v. 12. 09. 2006 – 5 K 59/05; *Fischer-Hüftle/ Czybulka*, in: Schumacher/Fischer-Hüftle (Hrsg.), BNatSchG, 2. Aufl. 2011, § 14 Rn. 72; *Franzius*, ZUR 2010, 346 (351). Dazu, dass diese zu einer Änderung der Darlegungs- und Beweislast führen, *Brockhoff*, Naturschutzrechtliche Eingriffsregelung in bergrechtlichen Zulassungsverfahren, 2012, S. 61.
23 *Gellermann*, in: Landmann/Rohmer (Hrsg.), Umweltrecht, Stand: August 2014, § 13 BNatSchG Rn. 16.

Nach **Art. 6 Abs. 4 BayNatSchG** ist die land-, forst- und fischereiwirtschaft- 9
liche Bodennutzung ordnungsgemäß und nicht als Eingriff anzusehen, soweit
dabei die Ziele des Naturschutzes und der Landschaftspflege berücksichtigt
werden. Die den in Art. 3 Abs. 2 genannten Anforderungen sowie den Regeln
der guten fachlichen Praxis, die sich aus dem Recht der Land-, Forst- und
Fischereiwirtschaft und § 17 Abs. 2 BBodSchG ergeben, entsprechende land-,
forst- und fischereiwirtschaftliche Bodennutzung widerspricht in der Regel
nicht den in Satz 1 genannten Zielen. Als ordnungsgemäß gilt die nach dem
Waldgesetz für Bayern zulässige und vorgeschriebene Waldbewirtschaftung.
Die Wiederaufnahme einer land-, forst- und fischereiwirtschaftlichen Bodennutzung gilt gem. **Art. 6 Abs. 5 BayNatSchG** nicht als Eingriff, wenn sie zeitweise eingeschränkt oder unterbrochen war und nach Nr. 1 auf Grund vertraglicher Vereinbarungen oder auf Grund der Teilnahme an öffentlichen
Programmen zur Bewirtschaftungsbeschränkung und wenn die Wiederaufnahme innerhalb von fünfzehn Jahren nach Auslaufen der Einschränkung
oder Unterbrechung erfolgt, oder nach Nr. 2 auf Grund der Durchführung von
vorgezogenen Kompensationsmaßnahmen, die vorgezogene Maßnahme aber
nicht für eine Kompensation in Anspruch genommen wird.[24]

IV. Eingriffsdefinition, § 14 Abs. 1

Der Bundesgesetzgeber hat mit § 14 Abs. 1 für dieses Gesetz eine spezielle 10
Eingriffsdefinition geschaffen. Dementsprechend betonte das BVerwG zu
Recht, dass der Begriff der „erheblichen nachteiligen Umweltauswirkungen"
in § 3c Satz 1 UVP nicht mit demjenigen des naturschutzrechtlichen Ein-
griffsrechts identisch ist.[25] Die naturschutzrechtliche Legaldefinition des § 14
Abs. 1 lässt sich in zwei Teile untergliedern. Zunächst wird eine sog. **Ein-
griffshandlung** in Form einer Veränderung der Gestalt oder der Nutzung von
Grundflächen oder eine Veränderung des mit der belebten Bodenschicht in
Verbindung stehenden Grundwasserspiegels verlangt. Außerdem muss der
Veränderung eine bestimmte **Eingriffswirkung** zukommen. Denn nach der
Legaldefinition sind nur solche Veränderungen relevant, welche die Leis-
tungs- und Funktionsfähigkeit des Naturhaushalts oder das Landschaftsbild
erheblich beeinträchtigen können. Die Eingriffswirkung nimmt auf die in § 1
Nrn. 2, 3 BNatSchG genannten Schutzgüter Bezug. Dass die in Nr. 1 ge-
nannte biologische Vielfalt nicht als Schutzgut erwähnt wird, lässt sich damit
erklären, dass sie in engem Kontext mit den beiden anderen Gütern steht.[26]
Eingriffshandlung und -wirkung stehen nicht beziehungslos nebeneinander,

---

24 *Koch,* in: Schlacke (Hrsg.), GK-BNatSchG, 2012, § 13 Rn. 11 stuft die Abweichungen nach
Art. 6 Abs. 4, 5 BayNatSchG als eher geringfügig ein. Allein das Absehen von einem
Genehmigungsverfahren in Art. 6 Abs. 1–3 BayNatSchG dürfte nach seiner – zutreffenden – Meinung nicht gegen die Abweichungskompetenz verstoßen.
25 BVerwG, Urt. v. 25. 06. 2014 – 9 A 1/13, NuR 2014, 859 (861 f.).
26 *Brockhoff,* Naturschutzrechtliche Eingriffsregelung in bergrechtlichen Zulassungsverfahren, 2012, S. 55; für ein redaktionelles Versehen *Ekardt/Hennig,* NuR 2013, 694 (695).

sondern sie werden über einen Ursachenzusammenhang miteinander verknüpft.[27]

1. Normhistorie

11 Bereits in § 8 Abs. 1 BNatSchG 1976[28] wurden Eingriffe in Natur und Landschaft als „Veränderungen der Gestalt oder Nutzung von Grundflächen, die die Leistungsfähigkeit des Naturhaushalts oder das Landschaftsbild erheblich oder nachhaltig beeinträchtigen können", definiert. Ausweislich der damaligen Gesetzesmaterialien vermochte wegen der Vielzahl der Eingriffstatbestände und ihrem höchst unterschiedlichen Gewicht nur ein unbestimmter Rechtsbegriff die für den Einzelfall notwendige Flexibilität zu gewährleisten.[29] Im BNatSchGNeuregG 2002 findet sich die Eingriffsdefinition in § 18 Abs. 1 wieder. Aus dem Gesetzestext wurden die Worte „oder nachhaltig" gestrichen, ohne dass man damit eine materielle Änderung gegenüber dem bisherigen Recht beabsichtigte.[30] Außerdem wurden Änderungen des mit der belebten Bodenschicht in Verbindung stehenden Grundwasserspiegels in die Eingriffsdefinition einbezogen.[31]

12 Entsprechend der Begründung des Gesetzentwurfs zur BNatSchG-Novelle entspricht der jetzige § 14 Abs. 1 dem früheren § 18 Abs. 1 BNatSchG 2002.[32] Bundesregierung und Bundesrat waren sich hinsichtlich der Fortführung der Eingriffsdefinition einig. Die Fraktion von Bündnis 90/Die Grünen sowie einzelne Abgeordnete konnten sich nicht mit dem Vorschlag durchsetzen, dass bei den erheblichen Beeinträchtigungen auf die Leistungs- und Funktionsfähigkeit des Naturhaushalts „einschließlich des Klimas, der biologischen Vielfalt oder des Landschaftsbilds"[33] abzustellen ist. Denn die Eingriffsregelung könne als wichtiges naturschutzfachliches Instrument einen naturschutzrechtlichen Beitrag zum Klimaschutz leisten. Veränderungen sollten auch bei Auswirkungen auf das Klima relevant sein.[34]

2. Eingriffshandlungen

13 Für einen Eingriff in Natur und Landschaft ist das Vorliegen einer **Veränderung** charakteristisch. Diese muss entweder die **Gestalt oder Nutzung von Grundflächen** oder den mit der **belebten Bodenschicht in Verbindung stehenden Grundwasserspiegel** betreffen.

---

27 *Brockhoff*, Naturschutzrechtliche Eingriffsregelung in bergrechtlichen Zulassungsverfahren, 2012, S. 43.
28 BGBl. I 1976, S. 3574.
29 BT-Drs. 7/3879, S. 23.
30 BT-Drs. 14/6378, S. 48.
31 Siehe dazu näher BT-Drs. 14/6378, S. 47 f.
32 BT-Drs. 16/12274, S. 57.
33 BT-Drs. 16/13490, S. 3.
34 BT-Drs. 16/13340, S. 34 f.; BT-Drs. 16/13490, S. 13.

a) Merkmal „Veränderung"

Nach herkömmlichem Sprachgebrauch versteht man unter einer Verände- **14**
rung eine **Abweichung vom bisherigen Zustand**.[35] Feststellen lässt sich
diese, indem man den tatsächlichen Zustand vor dem entsprechenden Vorgang (Status quo ante) mit dem Zustand nach dem entsprechenden Vorgang
vergleicht.[36] Da § 14 Abs. 1 den auf den Verursacher bezogenen allgemeinen
Grundsatz des § 13 konkretisiert, muss die Änderung auf einem **planmäßi-
gen Handeln eines Menschen** beruhen.[37] Das Verhalten des Verursachers
muss für die Veränderung kausal sein.[38] **Naturbedingte Abweichungen**,
etwa infolge von Lawinen oder Überschwemmungen oder das jahreszeitliche
„Werden" und „Vergehen", unterfallen **nicht** dem Eingriffsbegriff.[39] Auch die
Ausweisung eines Vorhabens in einem Regionalplan enthält keine Veränderung i.S.d. § 14 Abs. 1, da diese keine Auswirkungen auf den tatsächlichen
Zustand von Natur und Landschaft hat.[40] Ebenso beinhaltet die Festlegung
eines Stromleitungstrassenkorridors in der Bundesfachplanung nach §§ 4 ff.
NABEG noch keine solche Veränderung, sondern erst die auf der nachfolgende Stufe erfolgende Planfeststellung für die Errichtung von Leitungen
i.S.d. § 2 Abs. 1 NABEG.[41]

Für die Annahme einer Veränderung ist unerheblich, ob der bisherige Zu- **15**
stand ein „natürlicher" ist oder – was häufig auf stillgelegte Bergbauanlagen

---

35 *Berchter*, Die Eingriffsregelung im Naturschutzrecht, 2007, S. 42; *Brockhoff*, Naturschutzrechtliche Eingriffsregelung in bergrechtlichen Zulassungsverfahren, 2012, S. 44; *Guckelberger*, in: Kotulla (Hrsg.), BImSchG, Stand: Januar 2014, § 15 Rn. 28; *Lau*, NuR 2011, 680,
(682); *Louis/Engelke*, BNatSchG, 2. Aufl. 2000, § 8 Rn. 4; *Meßerschmidt*, Bundesnaturschutzrecht, Stand: September 2014, § 14 BNatSchG Rn. 11 fordert zusätzlich „eine nicht
naturwüchsige Entwicklung"; VG Darmstadt, Urt. v. 11.03.2004 – 3 E 815/01, NVwZ-RR
2005, 236 (237).
36 *Keilich*, Das Recht der Änderung in der Fachplanung, 2001, S. 81; *Lütkes*, in: ders./Ewer
(Hrsg.), BNatSchG, 2011, § 14 Rn. 6.
37 VG Darmstadt, Urt. v. 11.03.2004 – 3 E 815/01, NVwZ-RR 2005, 236 (237); *Berchter*, Die
Eingriffsregelung im Naturschutzrecht, 2007, S. 42; *Gassner*, in: ders./Bendomir-Kahlo/
Schmidt-Räntsch (Hrsg.), BNatSchG, 2. Aufl. 2003, § 18 Rn. 5; *Gassner/Heugel*, Das neue
Naturschutzrecht, 2010, Rn. 260; nach *Louis/Engelke*, BNatSchG, 2. Aufl. 2000, § 8 Rn. 5
reicht es dagegen, wenn die Veränderung als unmittelbare Folge einer Handlung eintritt.
38 *Louis/Engelke*, BNatSchG, 2. Aufl. 2000, § 8 Rn. 5; *Meßerschmidt*, Bundesnaturschutzrecht, Stand: September 2014, § 14 BNatSchG Rn. 8.
39 *Berchter*, Die Eingriffsregelung im Naturschutzrecht, 2007, S. 43; *Brockhoff*, Naturschutzrechtliche Eingriffsregelung in bergrechtlichen Zulassungsverfahren, 2012, S. 44; *Gassner*, in: ders./Bendomir-Kahlo/Schmidt-Räntsch (Hrsg.), BNatSchG, 2. Aufl. 2003, § 18
Rn. 5; *Gassner/Heugel*, Das neue Naturschutzrecht, 2010, Rn. 260; *Gellermann*, in: Land-
mann/Rohmer (Hrsg.), Umweltrecht, Stand: August 2014, § 14 BNatSchG Rn. 4; *Meßerschmidt*, Bundesnaturschutzrecht, Stand: September 2014, § 14 BNatSchG Rn. 11; *Werner*,
Die Landwirtschaftsklauseln, 2000, S. 137; für eine Einbeziehung wechselnder Bilder im
Jahresrhythmus *Gellermann*, in: Landmann/Rohmer (Hrsg.), Umweltrecht, Stand: August
2014, § 14 BNatSchG Rn. 6; a.A. *Louis/Engelke*, BNatSchG, 2. Aufl. 2000, § 8 Rn. 4.
40 BVerwG, Urt. v. 15.05.2003 – 4 CN 9/01, NVwZ 2003, 1263 (1268 f.).
41 *Wahlhäuser*, UPR 2013, 427 (430).

zutreffen mag[42] – erst vom Menschen geschaffen wurde.[43] Für das Merkmal der Veränderung ist unerheblich, ob sie vorübergehend oder dauerhaft ist.[44] Das Zeitmoment kann jedoch bei der noch zu prüfenden erheblichen Beeinträchtigung Bedeutung erlangen.[45] Für das Merkmal der Veränderung kommt es nicht darauf an, ob sich der infrage stehende Vorgang positiv oder negativ auf die Umwelt auswirkt.[46] Ausgleichs- und Ersatzmaßnahmen, die auf eine Veränderung der Flächen abzielen, auf denen diese Maßnahmen stattfinden, können daher durchaus Eingriffshandlungen sein.[47] Auch die Veränderung eines widerrechtlich geschaffenen Zustands, etwa die Einwirkung auf ein infolge einer Vernässung eines Grundstücks entstandenes Feuchtbiotop, kann einen Eingriff bilden.[48] Regelmäßig wird die Veränderung auf einem aktiven **Tun** beruhen. Ein Eingriff kann aber auch in einem Unterlassen liegen, falls eine Rechtspflicht zum Handeln, etwa kraft gesetzlicher oder behördlicher Vereinbarung oder aufgrund vertraglicher Vereinbarung, besteht.[49] Bejaht wurde dies z.B., wenn ein zum Abfischen abgelassener Teich nicht wieder bespannt wird.[50] Das Unterlassen ist aber nur tatbestandsrelevant, wenn ein pflichtgemäßes Verhalten die Veränderung mit an Sicherheit grenzender Wahrscheinlichkeit verhindert hätte.[51]

16 Nicht immer wird sich mit der nötigen Klarheit feststellen lassen, ob eine Maßnahme bereits die Schwelle der Veränderung überschreitet. Vielfach kann dies offen gelassen werden, wenn klar ist, dass der Maßnahme die erforderliche Eingriffswirkung fehlt, d.h. wenn sie zu keiner erheblichen Beeinträchtigung führt. Dementsprechend heißt es in den Gesetzesmaterialien

---

42 *Frenz*, NuL 2010, 85 (86).
43 OVG Hamburg, Urt. v. 19. 05. 1992 – Bf VI 22/88, NVwZ-RR 1993, 8 (10); OVG Münster, Beschl. v. 17. 02. 1994 – 10 B 350/94, NuR 1994, 453 (454); *Prall/Koch*, in: Schlacke (Hrsg.), GK-BNatSchG, 2012, § 14 Rn. 26; *Lau*, NuR 2011, 680 (682); *Louis/Engelke*, BNatSchG, 2. Aufl. 2000, § 8 Rn. 4; *Meßerschmidt*, Bundesnaturschutzrecht, Stand: September 2014, § 14 BNatSchG Rn. 11.
44 *Prall/Koch*, in: Schlacke (Hrsg.), GK-BNatSchG, 2012, § 14 Rn. 27.
45 *Prall/Koch*, in: Schlacke (Hrsg.), GK-BNatSchG, 2012, § 14 Rn. 27.
46 Siehe nur *Louis/Engelke*, BNatSchG, 2. Aufl. 2000, § 8 Rn. 4.
47 BVerwG, Beschl. v. 28. 01. 2009 – 7 B 45/08, NVwZ 2009, 521 (522); *Becker*, Das neue Umweltrecht, Rn. 351; *Scheidler*, UPR 2010, 134 (136); *Prall/Koch*, in: Schlacke (Hrsg.), GK-BNatSchG, 2012, § 14 Rn. 33; *Lütkes*, in: ders./Ewer (Hrsg.), BNatSchG, 2011, § 14 Rn. 10.
48 VGH Mannheim, Urt. v. 09. 09. 1992 – 5 S 3088/90, NVwZ-RR 1993, 241 (242); *Meßerschmidt*, Bundesnaturschutzrecht, Stand: September 2014, § 14 BNatSchG Rn. 11; i.E. ebenso, aber mit etwas anderer Begründung *Fischer-Hüftle/Czybulka*, in: Schumacher/ Fischer-Hüftle (Hrsg.), BNatSchG, 2. Aufl. 2011, § 14 Rn. 16.
49 BVerwG, Urt. v. 14. 10. 1988 – 4 C 58/84, NVwZ-RR 1989, 288 (290); *Berchter*, Die Eingriffsregelung im Naturschutzrecht, 2007, S. 43; *Brockhoff*, Naturschutzrechtliche Eingriffsregelung in bergrechtlichen Zulassungsverfahren, 2012, S. 44; *Louis/Engelke*, BNatSchG, 2. Aufl. 2000, § 8 Rn. 4; *Meßerschmidt*, Bundesnaturschutzrecht, Stand: September 2014, § 14 BNatSchG Rn. 11.
50 VGH München, Urt. v. 08. 08. 1984 – 9 B 80 A.2203, NuR 1985, 72 (72).
51 *Brockhoff*, Naturschutzrechtliche Eingriffsregelung in bergrechtlichen Zulassungsverfahren, 2012, S. 45.

zu § 14 Abs. 1, dass insbesondere **regelmäßig durchgeführte Maßnahmen zur ordnungsgemäßen Unterhaltung von Verkehrswegen und zugehörigen Betriebsanlagen** nicht unter die Eingriffsregelung fallen, weil sie entweder mit keiner Veränderung verbunden sind oder zu keiner erheblichen Beeinträchtigung der Leistungs- und Funktionsfähigkeit des Naturhaushalts oder des Landschaftsbildes führen wird. Entsprechendes werde regelmäßig auch für **natur- und landschaftsverträgliche sportliche Betätigungen** gelten.[52]

b) Veränderungen der Gestalt oder Nutzung von Grundflächen
Voraussetzung für eine Eingriffshandlung nach § 14 Abs. 1 Altern. 1 ist das *17* Vorliegen einer **Grundfläche**. Damit sind **alle Teile der Erdoberfläche unabhängig von ihrer Erscheinungsform** gemeint[53], nicht aber die Grundstücke, wie sie im Grundbuch eingetragen sind.[54] Zu den Grundflächen gehören das Gewässerbett sowie Wasserflächen wie Seen, Teiche, Flüsse, Bäche und Tümpel[55], nicht aber das Wasser selbst.[56] Gemäß § 56 Abs. 1 findet die naturschutzrechtliche Eingriffsregelung auch in der ausschließlichen Wirtschaftszone Anwendung.[57] Der über diesen Flächen liegende Luftraum[58] sowie die unter der Erdoberfläche liegenden Erdschichten, die keine unmittelbare Auswirkung auf die Erdoberfläche haben, gehören dagegen nicht zu den Grundflächen.[59] Aus diesem Grund stellt die Förderung von Grundwasser, Gas und Öl keine Eingriffshandlung i.S.d. § 14 Abs. 1 Altern. 1 dar,[60] wofür auch ein

---

52 BT-Drs. 16/12274, S. 57.
53 *Berchter*, Die Eingriffsregelung im Naturschutzrecht, 2007, S. 42; *Louis/Engelke*, BNatSchG, 2. Aufl. 2000, § 8 Rn. 10; *Wilrich*, in: Marzik/ders. (Hrsg.), BNatSchG, 2004, § 18 Rn. 6; *Meßerschmidt*, Bundesnaturschutzrecht, Stand: September 2014, § 14 BNatSchG Rn. 12; *Stadler*, Die naturschutzrechtliche Eingriffsregelung in der Bundesfernstraßenplanung, 2002, S. 144; gegen die Beschränkung auf die Erdoberfläche *Gassner/Heugel*, Das neue Naturschutzrecht, 2010, Rn. 259.
54 *Gassner/Heugel*, Das neue Naturschutzrecht, 2010, Rn. 259. Zur Unabhängigkeit der Flächen von Natur und Landschaft von den zivilrechtlichen Eigentumsverhältnissen *Brockhoff*, Naturschutzrechtliche Eingriffsregelung in bergrechtlichen Zulassungsverfahren, 2012, S. 45.
55 VGH München, Urt. v. 21.04.1998 – 9 B 92.3454, NuR 1999, 153 (154); *Louis/Engelke*, BNatSchG, 2. Aufl. 2000, § 8 Rn. 10; *Stadler*, Die naturschutzrechtliche Eingriffsregelung in der Bundesfernstraßenplanung, 2002, S. 144.
56 *Brockhoff*, Naturschutzrechtliche Eingriffsregelung in bergrechtlichen Zulassungsverfahren, 2012, S. 45; *Fischer-Hüftle/Czybulka*, in: Schumacher/Fischer-Hüftle (Hrsg.), BNatSchG, 2. Aufl. 2011, § 14 Rn. 5; *Wilrich*, in: Marzik/ders. (Hrsg.), BNatSchG, 2004, § 18 Rn. 8; a.A. VG Schleswig, Urt. v. 21.01.1988 – 1 A 90/87, NuR 1990, 230 (231).
57 Siehe dazu *Fischer-Hüftle/Czybulka*, in: Schumacher/Fischer-Hüftle (Hrsg.), BNatSchG, 2. Aufl. 2011, § 14 Rn. 5 f.; *Proelß*, ZUR 2010, 359 (359 ff.).
58 Siehe OVG Lüneburg, NVwZ-RR 1995, 556 (557); *Louis/Engelke*, BNatSchG, 2. Aufl. 2000, § 8 Rn. 10; *Wilrich*, in: Marzik/ders. (Hrsg.), BNatSchG, 2004, § 18 Rn. 6; a.A. VG Gießen, Beschl. v. 23.11.1987 – I/2 H 652/87, NVwZ-RR 1988, 66 (66).
59 *Berchter*, Die Eingriffsregelung im Naturschutzrecht, 2007, S. 42; *Lau*, NuR 2011, 680 (681); *Louis/Engelke*, BNatSchG, 2. Aufl. 2000, § 8 Rn. 10.
60 *Louis/Engelke*, BNatSchG, 2. Aufl. 2000, § 8 Rn. 10; a.A. *Gassner*, NuR 1999, 378 (380); *Gassner/Heugel*, Das neue Naturschutzrecht, 2010, Rn. 259.

Blick auf die zweite vorgesehene Alternative einer Eingriffshandlung streitet. Entsprechendes gilt, wenn Stoffe im bergmännischen Versatz untertägig eingebracht werden.[61] Besteht dagegen ein untrennbarer örtlicher Zusammenhang einer sich erst in der Luft oder Untertage auswirkenden Maßnahme, man denke etwa an die Errichtung eines Geothermiekraftwerks auf der Erdoberfläche, kann man darin durchaus einen Eingriff sehen[62], sofern man nicht aufgrund der Regelung in § 57a Abs. 2 Satz 2 Nr. 3 BBergG zum Rahmenbetriebsplan eine die Eingriffsregelung verdrängende Spezialregelung erblickt.[63]

18 Die Eingriffshandlung kann zum einen in Veränderungen der **Gestalt** von Grundflächen bestehen. Mit dieser wird das äußere Erscheinungsbild der Erdoberfläche in allen Ausprägungen gemeint.[64] Die Gestalt der Grundflächen setzt sich aus verschiedenen Elementen – der Form, der Beschaffenheit und dem Bewuchs – zusammen.[65] Zur Gestalt von Grundflächen gehören ihr geomorphologisches Erscheinungsbild, etwa Berge, Hügel, Täler[66] ebenso wie ihr Pflanzenbestand.[67] Zu den Eingriffshandlungen gehören deshalb Veränderungen der aktuellen äußeren Erscheinungsform der Erdoberfläche[68], wie dies etwa bei Aufschüttungen und Abgrabungen[69], der Realisie-

---

61 OVG Münster, Beschl. v. 18. 07. 1997 – 21 B 1717/94, NuR 1997, 617 (619); *Louis/Engelke*, BNatSchG, 2. Aufl. 2000, § 8 Rn. 10; a.A. *Gassner/Heugel*, Das neue Naturschutzrecht, 2010, Rn. 259.

62 S. auch *Brockhoff*, Naturschutzrechtliche Eingriffsregelung in bergrechtlichen Zulassungsverfahren, 2012, S. 70; *Lau*, NuR 2011, 680 (681 f.); eingehend zur Einordnung diverser bergrechtlicher Tätigkeiten *Brockhoff*, Naturschutzrechtliche Eingriffsregelung in bergrechtlichen Zulassungsverfahren, 2012, S. 60 ff. Dazu, dass die Eingriffsregelung nach §§ 13 ff. BNatSchG nur zur Anwendung kommt, wenn es keinen Bebauungsplan gibt und das Vorhaben im Außenbereich liegt, *Brockhoff*, Naturschutzrechtliche Eingriffsregelung in bergrechtlichen Zulassungsverfahren, 2012, S. 229.

63 So *Müggenborg*, NuR 2013, 326 (330).

64 VGH Mannheim, Urt. v. 15. 12. 2011 – 5 S 2100/11, NuR 2012, 130 (134); *Brockhoff*, Naturschutzrechtliche Eingriffsregelung in bergrechtlichen Zulassungsverfahren, 2012, S. 45; *Fischer-Hüftle/Czybulka*, in: Schumacher/Fischer-Hüftle (Hrsg.), BNatSchG, 2. Aufl. 2011, § 14 Rn. 8.

65 *Berchter*, Die Eingriffsregelung im Naturschutzrecht, 2007, S. 44.

66 OVG Lüneburg, Urt. v. 16. 02. 1995 – 1 L 6044/92, NVwZ-RR 1995, 556 (557); VGH Mannheim, Urt. v. 15. 12. 2011 – 5 S 2100/11, NuR 2012, 130 (134); VG Saarlouis, Urt. v. 24. 11. 1988 – 2 K 27/87, NuR 1990, 284 (284); *Gassner/Heugel*, Das neue Naturschutzrecht, 2010, Rn. 260; *Gellermann*, in: Landmann/Rohmer (Hrsg.), Umweltrecht, Stand: August 2014, § 14 BNatSchG Rn. 5; *Louis/Engelke*, BNatSchG, 2. Aufl. 2000, § 8 Rn. 6; *Werner*, Die Landwirtschaftsklauseln, 2000, S. 137.

67 OVG Lüneburg, Urt. v. 16. 02. 1995 – 1 L 6044/92, NVwZ-RR 1995, 556 (557); VGH Mannheim, Urt. v. 15. 12. 2011 – 5 S 2100/11, NuR 2012, 130 (134); *Gassner/Heugel*, Das neue Naturschutzrecht, 2010, Rn. 260; *Gellermann*, in: Landmann/Rohmer (Hrsg.), Umweltrecht, Stand: August 2014, § 14 BNatSchG Rn. 5; *Koch*, in: Kerkmann (Hrsg.), Naturschutzrecht in der Praxis, 2. Aufl. 2010, § 4 Rn. 17; *Stadler*, Die naturschutzrechtliche Eingriffsregelung in der Bundesfernstraßenplanung, 2002, S. 144; *Werner*, Die Landwirtschaftsklauseln, 2000, S. 137.

68 *Berchter*, Die Eingriffsregelung im Naturschutzrecht, 2007, S. 44.

69 OVG Koblenz, Urt. v. 18. 09. 1986 – 8 A 77/84, NuR 1987, 275 (275).

Guckelberger

rung von Bauvorhaben, der Errichtung von Straßen- und Bahnlinien[70], aber auch der Rodung von Bäumen und Hecken der Fall ist.[71] Die Gestalt der Grundflächen wird bei der Schaffung und Beseitigung von Gewässern[72], beim Kiesabbau[73], bei der Verfüllung vorhandener Senkungen[74], bei der Errichtung einer durch ein waldreiches Gebiet führenden Hochspannungsleitung[75], der Errichtung eines Mobilfunkmasts mit einer Höhe von 25 m[76] sowie der Anlage eines Windparks[77] verändert. Da auch die Beschaffenheit der Erdoberfläche zur Gestalt der Grundflächen gehört, stellen das Verdichten und Versiegeln[78] Eingriffshandlungen dar.[79] Weil die Gestalt einer Grundfläche durch ihren Bewuchs mitbestimmt wird, ist mit dem Entfernen oder Setzen eines bestimmten Pflanzenbestands eine Gestaltänderung verbunden.[80] Nach dem OVG Lüneburg wird jedoch allein durch die Kurzhaltung des Rasens einer Start- und Landebahn die Grundflächengestalt nicht verändert.[81]

Nicht unumstritten ist, inwieweit bauliche Anlagen zur Gestalt der Grundflächen gehören. Teilweise wird restriktiv verlangt, dass sich die bauliche Anlage durch einen besonderen Landschafts- oder Naturbezug auszeichnen müsse.[82] Dies lässt sich jedoch nicht mit dem Gesetzeswortlaut in Einklang bringen, der allein auf Veränderungen der Gestalt von Grundflächen abstellt.[83] Nicht bei dem Merkmal Gestalt, sondern bei der Eingriffswirkung ist zu prüfen, ob mit dem Vorhaben eine erhebliche Beeinträchtigung von Natur und Landschaft einhergeht.[84] Mit sportlichen Betätigungen, z.B. Wandern oder Klettern, ist in vielen Fällen keine Veränderung der Gestalt von Grundflächen verbunden.[85] Von der „Betätigung" ist aber der anlagenbezogene Bereich zu unterscheiden, wenn z.B. Berghütten, Bootshäfen, Absprungrampen

19

---

70 OVG Schleswig, Beschl. v. 04. 12. 1997 – 7 M 1155/97, NuR 1998, 275 (276).

71 BVerwG, Beschl. v. 26. 02. 1992 – 4 B 38/92, NuR 1992, 328 (328 f.); *Berchter*, Die Eingriffsregelung im Naturschutzrecht, 2007, S. 44; *Schmidt-Siegmann*, Die naturschutzrechtliche Eingriffsregelung in der baden-württembergischen Verwaltungspraxis, 2008, S. 34.

72 VGH Mannheim, Urt. v. 21. 05. 1980 – VII 1657/79, AgrarR 1980, 346 (346).

73 VG Augsburg, Urt. v. 15. 05. 2014 – Au 5 K 14.70, NuR 2014, 888 (888).

74 VG Hamburg, Urt. v. 17. 02. 1988 – 6 VG 144/86, NuR 1989, 355 (356); zur Verfüllung eines Grabens OVG Schleswig, Beschl. v. 30. 11. 2011 – 1 LA 66/11, NuR 2012, 223 (223).

75 VGH Mannheim, Urt. v. 15. 04. 1997 – 10 S 4/96, GewArch 1998, 171 (171).

76 VGH München, Urt. v. 09. 08. 2007 – 25 B 05.1341, Rn. 31 (juris).

77 Vgl. BVerwG, Urt. v. 13. 12. 2001 – 4 C 3/01, NuR 2002, 360 (360).

78 VGH Kassel, Urt. v. 10. 03. 1992 – 2 UE 969/88, NuR 1992, 382 (382).

79 *Berchter*, Die Eingriffsregelung im Naturschutzrecht, 2007, S. 44 f.

80 *Berchter*, Die Eingriffsregelung im Naturschutzrecht, 2007, S. 45.

81 OVG Lüneburg, Urt. v. 16. 02. 1995 – 1 L 6044/92, NVwZ-RR 1995, 556 (557).

82 *Meßerschmidt*, Bundesnaturschutzrecht, Stand: September 2014, § 14 BNatSchG Rn. 13.

83 Wie hier *de Witt/Geismann*, Die naturschutzrechtliche Eingriffsregelung, 2011, Rn. 12, weil das BNatSchG für den besiedelten und unbesiedelten Bereich gilt. I. E. auch *Prall/Koch*, in: Schlacke (Hrsg.), GK-BNatSchG, 2012, § 14 Rn. 26.

84 Für eine generelle Einbeziehung baulicher Anlagen *Berchter*, Die Eingriffsregelung im Naturschutzrecht, 2007, S. 44; s. auch OVG Koblenz, Beschl. v. 05. 06. 2012 – 8 A 10594/12, NVwZ-RR 2012, 591 (592); *Lau*, NuR 2011, 680 (681).

85 *Prall/Koch*, in: Schlacke (Hrsg.), GK-BNatSchG, 2012, § 14 Rn. 29; *Lütkes*, in: ders./Ewer (Hrsg.), BNatSchG, 2011, § 14 Rn. 8.

für Paraglider oder Skilifte errichtet werden.[86] Das Überfliegen der Grundfläche mit einem Modellflugzeug stellt keine Veränderung der Grundfläche dar. Anders gestaltet sich jedoch die Lage, wenn dafür bauliche Anlagen hergestellt werden, die sich auf die Gestalt von Grundflächen auswirken.[87] Die elektrischen oder elektromagnetischen Wirkungen eines Stromleitungsbetriebs beinhalten keine Veränderung der Gestalt der Grundflächen.[88] Auch Depositionen, etwa aufgrund von Emissionen von Industrieanlagen, fallen nicht unter § 14 Abs. 1 Altern. 1, solange sie sich nicht auf die Gestalt der Grundflächen auswirken.[89]

20 Zum anderen stellen Veränderungen der **Nutzung** von Grundflächen Eingriffshandlungen dar. Unter einer Nutzung versteht man die tatsächlich ausgeübte, zweckgerichtete Verwendung einer Fläche.[90] Angesichts des offenen Wortlauts, aber auch des mit der Eingriffsregelung angestrebten Bestandsschutzes von Natur und Landschaft kann es nicht darauf ankommen, ob die bisherige Nutzung für einen wirtschaftlichen Erfolg gewollt oder überhaupt möglich ist.[91] Eine Nutzungsänderung i.S.d. § 14 Abs. 1 Altern. 2 ist deshalb gegeben, wenn eine bislang nicht oder kaum genutzte Fläche erstmals einer wirtschaftlichen Nutzung zugeführt wird.[92] Eine aktuelle Nutzung liegt auch vor, wenn eine Grundfläche sich selbst überlassen wird.[93] Nur vor diesem Hintergrund ergibt § 14 Abs. 3 Sinn, wonach die Wiederaufnahme einer land-, forst- und fischereiwirtschaftlichen Bodennutzung nicht

---

86 BT-Drs. 14/6378, S. 48; s. auch *Prall/Koch*, in: Schlacke (Hrsg.), GK-BNatSchG, 2012, § 14 Rn. 29.

87 *Gellermann*, in: Landmann/Rohmer (Hrsg.), Umweltrecht, Stand: August 2014, § 14 BNatSchG Rn. 7.

88 OVG Schleswig, Urt. v. 17.04.1998 – 2 K 3/98, NordÖR 1998, 431 (432); *Gellermann*, in: Landmann/Rohmer (Hrsg.), Umweltrecht, Stand: August 2014, § 14 BNatSchG Rn. 7.

89 *Gellermann*, in: Landmann/Rohmer (Hrsg.), Umweltrecht, Stand: August 2014, § 14 BNatSchG Rn. 7; *Prall/Koch*, in: Schlacke (Hrsg.), GK-BNatSchG, 2012, § 14 Rn. 28; *Ramsauer*, NuR 1997, 419 (419).

90 OVG Lüneburg, Urt. v. 16.02.1995 – 1 L 6044/92, NVwZ-RR 1995, 556 (557); *Berchter*, Die Eingriffsregelung im Naturschutzrecht, 2007, S. 45; *Brockhoff*, Naturschutzrechtliche Eingriffsregelung in bergrechtlichen Zulassungsverfahren, 2012, S. 46; *Louis/Engelke*, BNatSchG, 2. Aufl. 2000, § 8 Rn. 7.

91 OVG Lüneburg, Urt. v. 16.02.1995 – 1 L 6044/92, NVwZ-RR 1995, 556 (557); *Berchter*, Die Eingriffsregelung im Naturschutzrecht, 2007, S. 46; *Brockhoff*, Naturschutzrechtliche Eingriffsregelung in bergrechtlichen Zulassungsverfahren, 2012, S. 46; *Gassner*, in: ders./Bendomir-Kahlo/Schmidt-Räntsch (Hrsg.), BNatSchG, 2. Aufl. 2003, § 8 Rn. 6; *Fischer-Hüftle/Czybulka*, in: Schumacher/Fischer-Hüftle (Hrsg.), BNatSchG, 2. Aufl. 2011, § 14 Rn. 10; *Gassner/Heugel*, Das neue Naturschutzrecht, 2010, Rn. 261; *Gellermann*, in: Landmann/Rohmer (Hrsg.), Umweltrecht, Stand: August 2014, § 14 BNatSchG Rn. 8; *Louis/Engelke*, BNatSchG, 2. Aufl. 2000, § 8 Rn. 7; a.A. wohl *Pielow*, NuR 1979, 15 (15).

92 *Berchter*, Die Eingriffsregelung im Naturschutzrecht, 2007, S. 46.; *Brockhoff*, Naturschutzrechtliche Eingriffsregelung in bergrechtlichen Zulassungsverfahren, 2012, S. 46; *Fischer-Hüftle/Czybulka*, in: Schumacher/Fischer-Hüftle (Hrsg.), BNatSchG, 2. Aufl. 2011, § 14 Rn. 10

93 *Berchter*, Die Eingriffsregelung im Naturschutzrecht, 2007, S. 46; *Gassner/Heugel*, Das neue Naturschutzrecht, 2010, Rn. 261; *Gellermann*, in: Landmann/Rohmer (Hrsg.), Umweltrecht, Stand: August 2014, § 14 BNatSchG Rn. 8.

als Eingriff „gilt". Da für die Annahme einer Eingriffshandlung die Veränderung der Gestalt „oder" Nutzung von Grundflächen genügt, muss nach zutreffender Ansicht eine Nutzungsänderung nicht stets mit einer Änderung der Grundflächengestalt einhergehen.[94]

Nach ganz herrschender Meinung ist von einer Nutzungsänderung auszugehen, wenn die bislang anzutreffende Nutzungsart durch eine nach der Verkehrsanschauung unterschiedliche Nutzungsart ersetzt wird[95], etwa wenn bauliche Anlagen auf einer Freifläche errichtet werden oder eine Wiese bzw. Dauergrünland in einen Acker umgewandelt wird.[96] Ganz allgemein liegt eine Nutzungsänderung vor, wenn von der land- zur forst- oder fischereiwirtschaftlichen Nutzung gewechselt wird oder umgekehrt.[97] Nach dem VGH München ist eine Veränderung der Nutzung von Grundflächen, zu denen auch Wasserflächen gehören, zu bejahen, wenn eine Person in den Monaten Juni bis August dort jeweils 160 bis 180 Hausenten aussetzt.[98] Als weitere Beispiele für typische Nutzungsänderungen seien die Verwandlung von Heideflächen in Grünland, die Trockenlegung eines Hochmoores zum Zweck der Ackernutzung oder die Umwandlung landwirtschaftlich genutzter Flächen in einen Campingplatz genannt.[99] An einer Eingriffshandlung fehlt es dagegen bei **gleichbleibenden Nutzungen**.[100] Dabei ist zu berücksichtigen, dass die Fortführung einer bestimmten Nutzung niemals völlig gleichmäßig verlaufen wird.[101] Damit nicht bei jeder noch so geringfügigen Änderung einer Grundflächennutzung der Tatbestand der Eingriffshandlung vorliegt, ist nach geeigneten Kriterien zur Feststellung relevanter Nutzungsänderungen zu suchen. Immer wenn die neue Nutzung nicht mehr von der Widmung der Fläche gedeckt wird und nach den einschlägigen Rechtsvorschriften einer Zulassung bedarf, ist eine Veränderung i.S.d. § 14 Abs. 1 Altern. 2 zu bejahen.[102] Als weitere Auslegungshilfe kann man die Verkehrsanschauung heranziehen.[103]

21

---

94 *Berchter*, Die Eingriffsregelung im Naturschutzrecht, 2007, S. 46.

95 *Koch*, in: Kerkmann (Hrsg.), Naturschutzrecht in der Praxis, 2. Aufl. 2010, § 4 Rn. 18; *Louis/Engelke*, BNatSchG, 2. Aufl. 2000, § 8 Rn. 8; *Werner*, Die Landwirtschaftsklauseln, 2000, S. 137.

96 *Koch*, in: Kerkmann (Hrsg.), Naturschutzrecht in der Praxis, 2. Aufl. 2010, § 4 Rn. 18; zu Letzterem VG Regensburg, Urt. v. 08.04.2014 – RO 4 K 13.1557, Rn. 37 (juris).

97 *Fischer-Hüftle/Czybulka*, in: Schumacher/Fischer-Hüftle (Hrsg.), BNatSchG, 2. Aufl. 2011 § 14 Rn. 11.

98 VGH München, Urt. v. 21.04.1998 – 9 B 92.3454, NuR 1999, 153 (154).

99 *Werner*, Die Landwirtschaftsklauseln, 2000, S. 138.

100 *Berchter*, Die Eingriffsregelung im Naturschutzrecht, 2007, S. 45.

101 *Wilrich*, in: Marzik/ders. (Hrsg.), BNatSchG, 2004, § 18 Rn. 13.

102 *Meßerschmidt*, Bundesnaturschutzrecht, Stand: September 2014, § 14 BNatSchG Rn. 17; *Schrödter*, in: Czybulka (Hrsg.), 35 Jahre Eingriffsregelung, 2013, S. 33 (36).

103 *Gassner/Heugel*, Das neue Naturschutzrecht, 2010, Rn. 261; *Meßerschmidt*, Bundesnaturschutzrecht, Stand: September 2014, § 18 Rn. 14; *Werner*, Die Landwirtschaftsklauseln, 2000, S. 137.

22 Umstritten ist, wie Steigerungen der **Nutzungsintensität** zu bewerten sind.[104] Während manche eine relevante Veränderung nur bei Änderung der Nutzungsart bzw. -gruppe bejahen wollen,[105] halten andere auch Änderungen innerhalb der „Spielarten einer Nutzung" für tatbestandsmäßig, soweit diese ein neues Beeinträchtigungspotenzial mit sich bringen können.[106] Da es nach dem Gesetzeswortlaut allein auf die „Änderung der Nutzung" ankommt und es durchaus Situationen geben kann, in denen man darüber streiten kann, ob sich ein Vorgang noch innerhalb oder außerhalb der bislang maßgeblichen Nutzungsart bewegt, sprechen gute Argumente, insbesondere die Ratio der naturschutzrechtlichen Eingriffsregelung, für die zuletzt genannte Ansicht, wonach die Unterscheidung zwischen Nutzungsart und -intensität ein Scheinproblem bildet.[107] Das systematische Argument, dass aus der visuell wahrnehmbaren Änderung der Gestalt von Grundflächen darauf geschlossen werden müsse, dass zwar Änderungen der Nutzungsart, nicht aber nur schwer wahrzunehmende Nutzungsintensivierungen relevante Eingriffshandlungen sein könnten, vermag nicht zu überzeugen.[108] Denn die explizite Erwähnung der Veränderungen der Grundflächennutzung könnte gerade darauf zurückgehen, dass zwischen der Gestalt und der Nutzung der Grundflächen Unterschiede bestehen. Da die Klausel des § 14 Abs. 2 auf die landwirtschaftlichen Bedürfnisse Rücksicht nimmt, ist auch aus diesem Grund keine enge Auslegung geboten.[109] Das schlichte Betreten der freien Landschaft stellt keine Nutzungsänderung dar und ist gem. § 59 Abs. 1 von Gesetzes wegen zulässig.[110]

23 Denkbar ist, dass durch einen Vorgang **sowohl die Gestalt als auch die Nutzung von Grundflächen** geändert werden. Beispielsweise ging das OVG Hamburg davon aus, dass durch die Verfüllung einer bestehenden Grube nicht nur die Gestalt der betroffenen Grundfläche, sondern auch ihre Nutzung

---

104 Siehe zu dieser Unterscheidung *Burmeister*, Der Schutz von Natur und Landschaft, 1988, S. 45 f.; *Pielow*, NuR 1979, 15 (15); offen gelassen von OVG Münster, Beschl. v. 18.07.1997 – 21 B 1717/94, NuR 1997, 617 (619).

105 *Berchter*, Die Eingriffsregelung im Naturschutzrecht, 2007, S. 46; *Lau*, NuR 2011, 680 (682); *Louis/Engelke*, BNatSchG, 2. Aufl. 2000, § 8 Rn. 8; *Wilrich*, in: Marzik/ders. (Hrsg.), BNatSchG, 2004, § 18 Rn. 13.

106 *De Witt/Geismann*, Die naturschutzrechtliche Eingriffsregelung, 2011, Rn. 12; *Gassner*, in: ders./Bendomir-Kahlo/Schmidt-Räntsch (Hrsg.), BNatSchG, 2. Aufl. 2003, § 8 Rn. 6; *Gassner/Heugel*, Das neue Naturschutzrecht, 2010, Rn. 261; *Gellermann*, in: Landmann/Rohmer (Hrsg.), Umweltrecht, Stand: August 2014, § 14 BNatSchG Rn. 9; *Koch*, in: Kerkmann (Hrsg.), Naturschutzrecht in der Praxis, 2. Aufl. 2010, § 4 Rn. 18.

107 Wie hier *Brockhoff*, Naturschutzrechtliche Eingriffsregelung in bergrechtlichen Zulassungsverfahren, 2012, S. 48; *Gellermann*, in: Landmann/Rohmer (Hrsg.), Umweltrecht, Stand: August 2014, § 14 BNatSchG Rn. 9; *Prall/Koch*, in: Schlacke (Hrsg.), GK-BNatSchG, 2012, § 14 Rn. 30; *Meßerschmidt*, Bundesnaturschutzrecht, Stand: September 2014, § 14 BNatSchG Rn. 17; zur Nutzungsintensivierung auch *Möckel*, NuR 2012, 225 (227).

108 So *Werner*, Die Landwirtschaftsklauseln, 2000, S. 139.

109 *Koch*, in: Kerkmann (Hrsg.), Naturschutzrecht in der Praxis, 2. Aufl. 2010, § 14 Rn. 18.

110 *De Witt/Geismann*, Die naturschutzrechtliche Eingriffsregelung, 2011, Rn. 12; *Wilrich*, in: Marzik/ders. (Hrsg.), BNatSchG, 2004, § 18 Rn. 13.

geändert wird.[111] Ähnliches gilt regelmäßig für die Errichtung von Bauvorhaben.[112] Die Errichtung einer Offshore-Einrichtung, etwa einer Windkraftanlage in der ausschließlichen Wirtschaftszone, verändert die Grundflächengestalt und geht mit einer Nutzungsänderung einher.[113]

c) Veränderungen des Grundwasserspiegels

Eine weitere Eingriffsmodalität stellt seit dem BNatSchGNeuregG 2002 die Veränderung des mit der belebten Bodenschicht in Verbindung stehenden Grundwasserspiegels dar. Durch das Abstellen auf den **mit der belebten Bodenschicht in Verbindung stehenden** Grundwasserspiegel wird verdeutlicht, dass es dem Gesetzgeber nicht auf den Schutz des Grundwassers als solches, sondern nur insoweit ankommt, als dieses für die Leistungs- und Funktionsfähigkeit des Naturhaushalts von Bedeutung ist.[114] Nicht ganz klar ist, ob für die Einschlägigkeit dieser Variante der Eingriffsregelung die Handlung in der belebten Bodenschicht vorgenommen werden muss. Teilweise wird dies bejaht, teilweise wird nur darauf abgestellt, dass es einen hydraulischen Zusammenhang zwischen der Veränderung des Grundwasserspiegels und der belebten Bodenschicht gibt.[115] Mangels Bezug zu der belebten Bodenschicht bilden Grundwasserentnahmen in den tieferen Bodenschichten grundsätzlich keinen Eingriff.[116] Als Praxisbeispiel für eine Veränderung i.S.d. § 14 Abs. 1 Altern. 3 sei die Ausbaggerung eines Sees durch eine Kiesausgrabung genannt.[117] Bei der Gesetzesanwendung ist zu berücksichtigen, dass der Grundwasserspiegel natürlichen Schwankungen unterliegt,[118] die von vornherein nicht den Tatbestand der Eingriffshandlung erfüllen. Ausweislich der Gesetzesmaterialien werden Veränderungen der Gestalt oder Nutzung von Grundflächen mit keinen oder nur vorübergehenden Auswirkungen auf die natürliche Schwankungsbreite des Grundwasserspiegels von der Legaldefinition nicht erfasst. „Für den Regelfall nicht tatbestandsmäßig sind damit u.a. Baumaßnahmen bzw. Sanierungsmaßnahmen im Zusammenhang mit Altlasten."[119] Eine Veränderung des mit der belebten Bodenschicht in Verbindung stehenden Grundwasserspiegels ist auch dann anzunehmen, wenn Wasser aus tiefer liegenden Grundwasserschichten entnommen und infolge-

24

---

111 OVG Hamburg, Urt. v. 19.05.1992 – Bf VI 22/88, NVwZ-RR 1993, 8 (9).

112 *Wilrich*, in: Marzik/ders. (Hrsg.), BNatSchG, 2004, § 18 Rn. 10.

113 *Fischer-Hüftle/Czybulka*, in: Schumacher/Fischer-Hüftle (Hrsg.), BNatSchG, 2. Aufl. 2011, § 14 Rn. 6.

114 BT-Drs. 14/6378, S. 48; *de Witt/Geismann*, Die naturschutzrechtliche Eingriffsregelung, 2011, Rn. 12.

115 Weitere Nachweise bei *Brockhoff*, Naturschutzrechtliche Eingriffsregelung in berggrechtlichen Zulassungsverfahren, 2012, S. 49 f.

116 *De Witt/Geismann*, Die naturschutzrechtliche Eingriffsregelung, 2011, Rn. 12; *Wilrich*, in: Marzik/ders. (Hrsg.), BNatSchG, 2004, § 18 Rn. 16.

117 *Schmidt-Siegmann*, Die naturschutzrechtliche Eingriffsregelung in der baden-württembergischen Verwaltungspraxis, 2008, S. 34.

118 BT-Drs. 14/6378, S. 48; *Brockhoff*, Naturschutzrechtliche Eingriffsregelung in bergrechtlichen Zulassungsverfahren, 2012, S. 48.

119 BT-Drs. 14/6378, S. 48.

dessen die oberflächennahe Grundwasserschicht verändert wird.[120] Veränderungen des chemischen Zustands des Grundwassers sind eingriffsrechtlich irrelevant, wenn sie keine Auswirkungen auf die belebte Bodenschicht haben.[121]

3. Eingriffswirkung

25 Für die Annahme eines Eingriffs i.S.d. Eingriffsregelung ist es notwendig, dass die Schutzgüter der „Leistungs- und Funktionsfähigkeit des Naturhaushalts" (siehe Rn. 39 ff.) oder „das Landschaftsbild" (siehe Rn. 47 ff.) durch die zur Debatte stehende Veränderung **erheblich beeinträchtigt** werden **können**. Demnach unterfallen nur solche Veränderungen, die qualifizierte Beeinträchtigungen nach sich ziehen, dem naturschutzrechtlichen Eingriffsbegriff. Ob dies der Fall ist, ist im Rahmen einer auf den jeweiligen Einzelfall bezogenen Wirkungsprognose abzuklären.[122] Es ist also eine Abschätzung vorzunehmen, ob und inwiefern es zu erheblichen Beeinträchtigungen infolge des Eingriffs kommen wird.[123] Maßnahmen, die keine oder nur eine unerhebliche Beeinträchtigung darstellen, sind vom Rechtsfolgenregime der Eingriffsregelung ausgenommen.

a) Beeinträchtigung

26 Eine **Beeinträchtigung** liegt vor, wenn sich die zur Debatte stehende Veränderung negativ auf die Schutzgüter auswirken kann.[124] Der Eingriffstatbestand wird also nur bei einer Verschlechterung des ökologischen Status quo erfüllt.[125] Ökologisch positiv zu bewertende Maßnahmen sind kein Eingriff.[126] Bislang wurde überwiegend davon ausgegangen, dass Kompensationsmaßnahmen keinen Eingriff darstellen, weil sie den Zustand letztlich verbessern, auch wenn sie in bestimmte Strukturen eingreifen.[127] Dieser Ansicht hat das BVerwG widersprochen. Es liege auf der Hand, dass derartigen Maßnahmen nicht allein deshalb die Eignung abgesprochen werden könne, die Leistungs-

---

120 *Fischer-Hüftle/Czybulka*, in: Schumacher/Fischer-Hüftle (Hrsg.), BNatSchG, 2. Aufl. 2011, § 14 Rn. 14.

121 *Lütkes*, in: ders./Ewer (Hrsg.), BNatSchG, 2011, § 14 Rn. 12.

122 Vgl. *Stadler*, Die naturschutzrechtliche Eingriffsregelung in der Bundesfernstraßenplanung, 2002, S. 145; VG Regensburg, Urt. v. 08.04.2014 – RO 4 K 13.1557, Rn. 41 (juris).

123 VG Regensburg, Urt. v. 08.04.2014 – RO 4 K 13.1557, Rn. 41 (juris).

124 *Fischer-Hüftle/Czybulka*, in: Schumacher/Fischer-Hüftle (Hrsg.), BNatSchG, 2. Aufl. 2011, § 14 Rn. 23; *Louis/Engelke*, BNatSchG, 2. Aufl. 2000, § 8 Rn. 15; *Wilrich*, in: Marzik/ders. (Hrsg.), BNatSchG, 2004, § 18 Rn. 20.

125 *Louis/Engelke*, BNatSchG, 2. Aufl. 2000, § 8 Rn. 15; *Berchter*, Die Eingriffsregelung im Naturschutzrecht, 2007, S. 55.

126 *Berchter*, Die Eingriffsregelung im Naturschutzrecht, 2007, S. 55; siehe auch *Louis/Engelke*, BNatSchG, 2. Aufl. 2000, § 18 Rn. 15.

127 OVG Lüneburg, Beschl. v. 31.05.2001 – 7 MB 1546/01, 1 B 196/01, NuR 2002, 369 (372); VGH Mannheim, Urt. v. 22.11.1996 – 8 S 1006/96, NuR 1997, 449 (452); *Louis/Engelke*, BNatSchG, 2. Aufl. 2000, § 18 Rn. 15; *Wilrich*, in: Marzik/ders. (Hrsg.), BNatSchG, 2004, § 18 Rn. 20; zur Vermeidung einer Eingriffs-Kompensations-Spirale *Sparwasser/Wöckel*, NVwZ 2007, 764 (766).

und Funktionsfähigkeit des Naturhaushalts oder das Landschaftsbild erheblich zu beeinträchtigen, weil die Behörde mit diesen Maßnahmen einen Ausgleich für einen anderweitig zugelassenen Eingriff ins Werk setzen wolle. Ausgleichs- und Ersatzmaßnahmen scheiden „nicht schon ihrer Zielrichtung wegen begrifflich als Eingriff in Natur und Landschaft aus".[128] Für die Richtigkeit dieser Ansicht lässt sich der Wortlaut des § 14 Abs. 1 anführen. Nach dem Normtext kommt es nämlich nicht darauf an, welche Ziele mit der Eingriffshandlung verfolgt werden. Erweist sich die infrage stehende Maßnahme aber in der naturschutzfachlichen Gesamtbilanz als günstig und stellt sie somit insbesondere eine Verbesserung des bestehenden Zustands dar, hat dies zur Folge, dass der mit der Maßnahme zunächst bewirkte Eingriff keiner weiteren Kompensation bedarf.[129] Auch ökologische Flutungen, die Natur und Landschaft nicht schädigen, sondern eine ökologisch wertvolle Auenlandschaft schaffen wollen, stellen angesichts der damit verbundenen Beseitigung des nichtüberflutungstoleranten Bestands eine Beeinträchtigung des Naturhaushalts dar. Dies ergibt sich aus der Ratio der Eingriffsregelung, die primär auf die Erhaltung des Status quo abzielt.[130] Trotz ihrer Zielsetzung werden Maßnahmen zur Renaturierung eines Gewässers häufig einen Eingriff in Natur und Landschaft beinhalten. Zwar ist für die Kompensation nach dem BVerwG die Gesamtbilanz der Maßnahme entscheidend, allerdings bestehen nach der Zielrichtung der Eingriffsregelung erhebliche Zweifel, ob und inwieweit in diese Bilanz auch Verbesserungen an aquatischen Natur- und Landschaftsbestandteilen einstellungsfähig sind.[131]

Umstritten ist, ob die Eingriffsregelung nur für unmittelbare Beeinträchtigungen Geltung beansprucht. Nach vereinzelten Stimmen in Literatur und Rechtsprechung soll die Eingriffsdefinition nur solche Beeinträchtigungen erfassen, die zu der Veränderung in einem „unmittelbaren Zusammenhang" stehen.[132] Hätte der Gesetzgeber eine solche Einschränkung gewollt, hätte er dies durch entsprechende Zusätze klar zum Ausdruck bringen können. Weil der Normtext nur unerhebliche Beeinträchtigungen aus der Eingriffsdefinition exkludiert, werden von § 14 Abs. 1 sehr wohl mittelbare erhebliche Beeinträchtigungen erfasst.[133] Nur dies entspricht dem mit der naturschutzrecht- 27

---

128 BVerwG, Beschl. v. 28.01.2009 – 7 B 45/08, NVwZ 2009, 521 (522).

129 BVerwG, Beschl. v. 28.01.2009 – 7 B 45/08, NVwZ 2009, 521 (522 f.).

130 *Sparwasser/Wöckel*, NVwZ 2007, 764 (764 ff.).

131 Dazu *Reese* in seinem Vortrag auf dem 11. Deutschen Naturschutzrechtstag 2014, Eingriffsregelung und Kompensation im ökologischen Gewässerschutz, Köln, am 16.12. 2014.

132 VG Frankfurt, Urt. v. 14.04.1982 – III/1 E 5776/81, NuR 1983, 160 (162); *Bickel*, Der Eingriffstatbestand in § 8 Bundesnaturschutzgesetz, DÖV 1989, 937 (938); *Breuer*, NuR 1980, 89 (92 f.); *de Witt/Dreier*, in: Hoppenberg/de Witt (Hrsg.), Handbuch des öffentlichen Baurechts, Stand: Juni 2014, E Rn. 693.

133 *Gassner*, in: ders./Bendomir-Kahlo/Schmidt-Räntsch (Hrsg.), BNatSchG, 2. Aufl. 2003, § 18 Rn. 11; *Gassner/Heugel*, Das neue Naturschutzrecht, 2010, Rn. 277; *Gellermann*, in: Landmann/Rohmer (Hrsg.), Umweltrecht, Stand: August 2014, § 14 BNatSchG Rn. 17; *Prall/Koch*, in: Schlacke (Hrsg.), GK-BNatSchG, 2012, § 14 Rn. 48; *Louis/Engelke*, BNatSchG, 2. Aufl. 2000, § 8 Rn. 14; *Maaß/Schütte*, in: Koch (Hrsg.), Umweltrecht, 4. Aufl. 2014, § 7 Rn. 43; a.A. *Bickel*, DÖV 1989, 937 (938).

lichen Eingriffsregelung verfolgten Schutzkonzept[134] und dem Schutzzweck des Gesetzes in Form der Nutzbarkeit der Natur für zukünftige Generationen.[135] Auch ist es nicht einsichtig, innerhalb des Schutzguts des Naturhaushalts auf das Wirkungsgefüge zwischen den verschiedenen Naturgütern abzustellen, Fernwirkungen der Veränderung aber aus dem Anwendungsbereich der Eingriffsdefinition auszuklammern.[136] Im Übrigen ließe sich kaum mit der nötigen Rechtssicherheit feststellen, ob eine Beeinträchtigung noch unmittelbarer oder nur mittelbarer Natur ist.[137] Mangels entsprechender Beschränkungen können die Beeinträchtigungen z.b. von der Entwicklung und Existenz einer Anlage ausgehen oder sich aus den Auswirkungen des Betriebs einer Anlage ergeben.[138] Im Unterschied zu den Eingriffshandlungen wird bei der Eingriffswirkung keine Einschränkung dahingehend vorgegeben, dass sich die Beeinträchtigung auf die Grundfläche auswirken muss.[139] Die Eingriffswirkung kann sich deshalb auch aus Lärm[140] oder Gerüchen[141] ergeben. Zu den betriebsbezogenen Beeinträchtigungen gehört der Kraftfahrzeugverkehr, der zwar unmittelbar von den Verkehrsteilnehmern verursacht wird, mittelbar jedoch dem Straßenbauprojekt zuzurechnen ist.[142]

b) Erheblichkeit

28 Nicht jede, sondern nur eine **erhebliche** Beeinträchtigung löst die Rechtsfolgen der Eingriffsregelung aus.[143] Die naturschutzrechtliche Eingriffsregelung soll bei Bagatellfällen, also Beeinträchtigungen von geringer Bedeutung[144],

---

134 Wie hier *Berchter*, Die Eingriffsregelung im Naturschutzrecht, 2007, S. 56; *Gassner/Heugel*, Das neue Naturschutzrecht, 2010, Rn. 277.

135 Vgl. BT-Drs. 7/5251 S. 5, *Schumacher/Schumacher* in: Schumacher/Fischer-Hüftle (Hrsg.), BNatSchG, 2. Aufl. 2011, § 1 Rn. 3.

136 *Berchter*, Die Eingriffsregelung im Naturschutzrecht, 2007, S. 57; *Gassner*, in: ders./Bendomir-Kahlo/Schmidt-Räntsch (Hrsg.), BNatSchG, 2. Aufl. 2003, § 18 Rn. 11; *Louis/Engelke*, BNatSchG, 2. Aufl. 2000, § 8 Rn. 14; *Wilrich*, in: Marzik/ders. (Hrsg.), BNatSchG, 2004, § 18 Rn. 22.

137 *Berchter*, Die Eingriffsregelung im Naturschutzrecht, 2007, S. 57; *Brockhoff*, Naturschutzrechtliche Eingriffsregelung in bergrechtlichen Zulassungsverfahren, 2012, S. 59; *Fischer-Hüftle/Czybulka*, in: Schumacher/Fischer-Hüftle (Hrsg.), BNatSchG, 2. Aufl. 2011, § 14 Rn. 52; *Gellermann*, in: Landmann/Rohmer (Hrsg.), Umweltrecht, Stand: August 2014, § 14 BNatSchG Rn. 17; *Louis/Engelke*, BNatSchG, 2. Aufl. 2000, § 8 Rn. 14.

138 *Louis/Engelke*, BNatSchG, 2. Aufl. 2000, § 8 Rn. 17; *Wilrich*, in: Marzik/ders. (Hrsg.), BNatSchG, 2004, § 18 Rn. 22.

139 *Louis/Engelke*, BNatSchG, 2. Aufl. 2000, § 8 Rn. 14; *Wilrich*, in: Marzik/ders. (Hrsg.), BNatSchG, 2004, § 18 Rn. 22.

140 *Louis/Engelke*, BNatSchG, 2. Aufl. 2000, § 8 Rn. 14; *Wilrich*, in: Marzik/ders. (Hrsg.), BNatSchG, 2004, § 18 Rn. 22.

141 *Wilrich*, in: Marzik/ders. (Hrsg.), BNatSchG, 2004, § 18 Rn. 22.

142 *Berchter*, Die Eingriffsregelung im Naturschutzrecht, 2007, S. 56; *Gassner*, in: ders./Bendomir-Kahlo/Schmidt-Räntsch (Hrsg.), BNatSchG, 2. Aufl. 2003, § 18 Rn. 11; *Gassner/Heugel*, Das neue Naturschutzrecht, 2010, Rn. 277; *Gellermann*, in: Landmann/Rohmer (Hrsg.), Umweltrecht, Stand: August 2014, § 14 BNatSchG Rn. 17.

143 *Berchter*, Die Eingriffsregelung im Naturschutzrecht, 2007, S. 59.

144 OVG Saarlouis, Urt. v. 16. 02. 1990 – 7 M 1/88, NuR 1992, 348 (349).

von vornherein nicht zur Anwendung kommen.[145] Die Beeinträchtigung muss von einer gewissen Schwere sein.[146] Zur Feststellung der Erheblichkeit der Beeinträchtigung ist eine Bewertung vorzunehmen.[147] Bei dem Zusatz „erheblich" handelt es sich um einen unbestimmten Rechtsbegriff.[148] Ausgehend vom allgemeinen Sprachgebrauch ist für die Annahme einer „erheblichen" Beeinträchtigung zunächst ein gewisses objektives Gewicht zu verlangen.[149] Es ist nicht überraschend, dass die Stellungnahmen zum Erreichen der Erheblichkeitsschwelle divergieren. Eher restriktiv ist eine Entscheidung des OVG Münster, wonach eine Beeinträchtigung erst dann erheblich sein soll, wenn ernsthafte, schwerwiegende oder dauerhafte Funktionsstörungen des betroffenen Ökosystems eintreten.[150] Nach dem VGH München ist danach zu fragen, ob die Beeinträchtigung im Hinblick auf die Ziele und Grundsätze des Naturschutzes und der Landschaftspflege ein beachtliches Gewicht hat und zumindest auf einige Zeit wirksam ist.[151] Das VG Stade lässt es genügen, wenn die infrage stehende Beeinträchtigung nicht unwesentlich ist.[152] Richtigerweise ist die Bewertung anhand materieller Kriterien vorzunehmen. Zu diesen gehören die Ziele des § 1, die sonstigen Normen des Naturschutzrechts, die konkretisierenden Aussagen in der Landschaftsplanung, in Arten- und Biotopschutzprogrammen usw.[153]

Betrachtet man die Gesetzessystematik, ist nach dem – allerdings durch das Europarecht vorgeprägten – § 19 Abs. 5 Satz 2 Nr. 3 in der Regel keine erhebliche Schädigung gegeben, wenn sie in kurzer Zeit regeneriert werden kann.[154] Zwar wurde im BNatSchG 2002 das Erfordernis einer „nachhaltigen" Beeinträchtigung bei der Eingriffsdefinition gestrichen. Damit wollte man aber keine materielle Änderung gegenüber dem geltenden Recht be-   29

---

145 *Berchter*, Die Eingriffsregelung im Naturschutzrecht, 2007, S. 59; *Gellermann*, in: Landmann/Rohmer (Hrsg.), Umweltrecht, Stand: August 2014, § 14 BNatSchG Rn. 16; *Prall/Koch*, in: Schlacke (Hrsg.), GK-BNatSchG, 2012, § 14 Rn. 40.

146 *Brockhoff*, Naturschutzrechtliche Eingriffsregelung in bergrechtlichen Zulassungsverfahren, 2012, S. 57; *Stadler*, Die naturschutzrechtliche Eingriffsregelung in der Bundesfernstraßenplanung, 2002, S. 161.

147 *Fischer-Hüftle/Czybulka*, in: Schumacher/Fischer-Hüftle (Hrsg.), BNatSchG, 2. Aufl. 2011, § 14 Rn. 24.

148 *Brockhoff*, Naturschutzrechtliche Eingriffsregelung in bergrechtlichen Zulassungsverfahren, 2012, S. 57; *Thyssen*, NuR 2010, 9 (10).

149 OVG Münster, Urt. v. 30.06.1999 – 7a D 144/97.NE, ZfBR 2000, 208 (209 f.); *Berchter*, Die Eingriffsregelung im Naturschutzrecht, 2007, S. 59; *Brockhoff*, Naturschutzrechtliche Eingriffsregelung in bergrechtlichen Zulassungsverfahren, 2012, S. 57.

150 OVG Münster, Urt. v. 04.06.1993 – 7 A 3157/91, NVwZ-RR 1994, 645 (646); ähnlich *Thyssen*, NuR 2010, 9 (10), wonach die Beeinträchtigung erkennbar nachteilige Auswirkungen haben muss.

151 VGH München, Urt. v. 20.11.2007 – 1 N 05.2571, Rn. 37 (juris).

152 VG Stade, Urt. v. 13.01.2005 – 2 A 941/03, Rn. 29 (juris).

153 *Fischer-Hüftle/Czybulka*, in: Schumacher/Fischer-Hüftle (Hrsg.), BNatSchG, 2. Aufl. 2011, § 14 Rn. 24.

154 Siehe dazu, dass der Begriff „erheblich" in den verschiedenen Vorschriften nicht zwingend gleich auszulegen sein muss, *Thyssen*, NuR 2010, 9 (10).

wirken. Als erheblich seien Beeinträchtigungen nur dann zu bewerten, wenn diese auch von einer gewissen Nachhaltigkeit sind.[155] Da dem früheren Merkmal „nachhaltig" eine zeitliche Komponente immanent war[156], ist es nicht zu beanstanden, wenn auch die Dauer einer Beeinträchtigung bei der Bestimmung ihrer Erheblichkeit berücksichtigt wird.[157] Bestätigt wird dies durch § 17 Abs. 4 Satz 1 Nr. 1, der vom Verursacher Angaben zum Umfang und zeitlichen Ablauf des Eingriffs verlangt. Aus diesem Grund kann bei vorübergehenden Veränderungen die Eingriffswirkung zu verneinen sein. Entscheidend sind letztlich die Umstände des Einzelfalls. Auch kurzzeitige Beeinträchtigungen können die Erheblichkeitsschwelle erreichen, sofern sie intensive Wirkungen für die betroffenen Schutzgüter nach sich ziehen.[158] Auch eine auf die Bauzeit befristete Baubehelfsmaßnahme ändert nichts am Vorliegen eines Eingriffs, wenn der damit verbundene Zustand jedenfalls über mehrere Jahre hinweg aufrechterhalten werden muss.[159] Eine Beeinträchtigung, welche in einem bestimmten Moment noch nicht die Erheblichkeitsschwelle überschreitet, kann mit Blick auf den Zeitverlauf das nötige Gewicht für eine erhebliche Beeinträchtigung erlangen.[160]

30   Unter Beachtung von Sinn und Zweck der Eingriffsregelung ist eine Beeinträchtigung dann als erheblich anzusehen, wenn sie nach Art, Umfang und Schwere beträchtlich ist bzw. negativ ausgedrückt nicht völlig unwesentlich bzw. geringfügig ist.[161] Es ließe sich mit der Ratio der Eingriffsregelung nur schwer vereinbaren, wenn die Erheblichkeit der Beeinträchtigung davon abhängig gemacht würde, dass sich diese ohne Weiteres feststellen lässt.[162] Letztlich ist der Praxis darin beizupflichten, dass das Überschreiten der Erheblichkeitsschwelle von den Umständen des **Einzelfalls** abhängt[163] und da-

---

155 BT-Drs. 14/6378, S. 48.

156 Siehe OVG Saarlouis, Urt. v. 16.02.1990 – 7 M 1/88, NuR 1992, 348 (349).

157 Wie hier *Gassner/Heugel*, Das neue Naturschutzrecht, 2010, Rn. 283.

158 *Fischer-Hüftle/Czybulka*, in: Schumacher/Fischer-Hüftle (Hrsg.), BNatSchG, 2. Aufl. 2011, § 14 Rn. 23; *Wilrich*, in: Marzik/ders. (Hrsg.), BNatSchG, 2004, § 18 Rn. 27; siehe auch *Gassner*, in: ders./Bendomir-Kahlo/Schmidt-Räntsch (Hrsg.), BNatSchG, 2. Aufl. 2003, § 18 Rn. 19.

159 VGH Mannheim, Urt. v. 15.12.2011 – 5 S 2100/11, NuR 2012, 130 (134).

160 *Brockhoff*, Naturschutzrechtliche Eingriffsregelung in bergrechtlichen Zulassungsverfahren, 2012, S. 58.

161 OVG Lüneburg, Urt. v. 16.12.2009 – 4 LC 730/07, NuR 2010, 133 (135); VGH Mannheim, Urt. v. 15.12.2011 – 5 S 2100/11, NuR 2012, 130 (134); VGH Mannheim, Beschl. v. 14.11.1991 – 10 S 1149/90, NuR 1992, 188 (189); *Schmidt-Siegmann*, Die naturschutzrechtliche Eingriffsregelung in der baden-württembergischen Verwaltungspraxis, 2008, S. 41.

162 So aber *Fickert*, BayVBl 1978, 681 (685); *Maaß/Schütte*, in: Koch (Hrsg.), Umweltrecht, 4. Aufl. 2014, § 7 Rn. 43; wie hier *Gellermann*, in: Landmann/Rohmer (Hrsg.), Umweltrecht, Stand: August 2014, § 14 BNatSchG Rn. 16; *Prall/Koch*, in: Schlacke (Hrsg.), GK-BNatSchG, 2012, § 14 Rn. 42.

163 *Fischer-Hüftle/Czybulka*, in: Schumacher/Fischer-Hüftle (Hrsg.), BNatSchG, 2. Aufl. 2011, § 14 Rn. 24; *Prall/Koch*, in: Schlacke (Hrsg.), GK-BNatSchG, 2012, § 14 Rn. 41; *Thyssen*, NuR 2010, 9 (10).

bei auf fachwissenschaftliche Erkenntnisse zurückzugreifen ist.[164] Nach dem BVerwG steht der (Planfeststellungs-)Behörde bei der Bewertung der Eingriffswirkung eine Einschätzungsprärogative zu.[165] Die Erheblichkeitsschwelle wird umso eher erreicht, je empfindlicher das betreffende Ökosystem ist.[166] Aus diesem Grund sind Beeinträchtigungen in Biotopen, in gesetzlich oder durch Ausweisung geschützten Gebieten oder auf Flächen, welche die Kriterien eines FFH-Gebiets erfüllen, eher erheblich.[167] So meinte das OVG Lüneburg, dass ein Sichtschutz, hinter dem die Umrisse eines Gebäudes erkennbar seien, oft eine unerhebliche, in einer besonders schutzwürdigen und schutzbedürftigen Landschaft dagegen eine erhebliche Beeinträchtigung sein könne.[168]

Auch wenn letztlich immer die Einzelfallumstände entscheiden, seien folgende Praxisbeispiele für **Bagatellfälle** genannt: Das maßvolle Zurückschneiden von Pappeln in einem Naturschutzgebiet, das kurzfristige Zwischenlagern von Streuobst auf einer Wiese oder das einmalige Befahren eines Gewässers.[169] Der VGH Mannheim verneinte eine erhebliche Beeinträchtigung, wenn sich die Veränderung auf eine bestimmte Anzahl von Bäumen bezieht, die ohnehin hiebsreif sind.[170] Eine erhebliche Beeinträchtigung liegt dagegen beim Neubau einer Straße vor, durch welche u.a. der Lebensraum für viele Tiere zerschnitten bzw. eingeengt wird.[171]   31

Vor allem hinsichtlich der früheren, auf eine nachhaltige Beeinträchtigung abstellenden Eingriffsregelung, war umstritten, wie mit **Summationseffekten** bei der Bestimmung der Eingriffswirkung umzugehen ist. Für Summationseffekte ist kennzeichnend, dass mehrere kleinere Maßnahmen, die isoliert betrachtet keine erhebliche Beeinträchtigung beinhalten, in der Summe so schwere Folgen verursachen, dass sie zusammen durchaus Eingriffsqualität haben können.[172] Während ein Teil der Literatur nur allgemein davon ausging, dass eine Summation mehrerer Einzelmaßnahmen zum Überschreiten der Relevanzschwelle führen könne,[173] wurde teilweise vertreten, dass dies nur für solche Summationseffekte gelten solle, die von einem Vorhaben aus-   32

---

164 *Prall/Koch*, in: Schlacke (Hrsg.), GK-BNatSchG, 2012, § 14 Rn. 41; *Stadler*, Die naturschutzrechtliche Eingriffsregelung in der Bundesfernstraßenplanung, 2002, S. 162.

165 BVerwG, Urt. v. 09. 06. 2004 – 9 A 11/03, NVwZ 2004, 1486 (1497).

166 *Brockhoff*, Naturschutzrechtliche Eingriffsregelung in bergrechtlichen Zulassungsverfahren, 2012, S. 57; *Gellermann*, in: Landmann/Rohmer (Hrsg.), Umweltrecht, Stand: August 2014, § 14 BNatSchG Rn. 16; *Schmidt-Siegmann*, Die naturschutzrechtliche Eingriffsregelung in der baden-württembergischen Verwaltungspraxis, 2008, S. 41.

167 *Wilrich*, in: Marzik/ders. (Hrsg.), BNatSchG, 2004, § 18 Rn. 23.

168 OVG Lüneburg, Urt. v. 21. 11. 1996 – 7 L 5352/95, NuR 1997, 301 (302).

169 Entnommen bei *Schmidt-Siegmann*, Die naturschutzrechtliche Eingriffsregelung in der baden-württembergischen Verwaltungspraxis, 2008, S. 42.

170 VGH Mannheim, Urt. v. 29. 06. 1995 – 5 S 1537/94, NVwZ-RR 1996, 495 (497).

171 VGH Kassel, Urt. v. 10. 03. 1992 – 2 UE 969/88, NuR 1992, 382 (387).

172 *Berchter*, Die naturschutzrechtliche Eingriffsregelung, S. 67 f.; *Gassner*, in: ders./Bendomir-Kahlo/Schmidt-Räntsch (Hrsg.), BNatSchG, 2. Aufl. 2003, § 18 Rn. 19.

173 *Schink*, DVBl 1992, 1390 (1395); siehe auch *Gassner/Heugel*, Das neue Naturschutzrecht, 2010, Rn. 283; *Wilrich*, in: Marzik/ders. (Hrsg.), BNatSchG, 2004, § 18 Rn. 27.

gingen.[174] Der VGH Kassel wollte dagegen auch solche Summationseffekte erfassen, die von mehreren Verursachern zusammen ausgelöst werden.[175] Schließlich gab es Stimmen, welche eine Summation der Kleinschäden bei der Eingriffsregelung ablehnten.[176] Ausgehend vom Sinn und Zweck der Eingriffsregelung als eines Instruments vorsorgenden Umweltschutzes ist eine Sanktionierung von Summationseffekten nicht per se ausgeschlossen.[177] Dafür lässt sich auch der Gesetzeswortlaut anführen, da im Plural von Veränderungen gesprochen wird, welche die in § 14 genannten Schutzgüter erheblich beeinträchtigen können. Da der naturschutzrechtlichen Eingriffsregelung, wie man an § 13 gut sehen kann, aber das Verursacherprinzip zu Grunde liegt, dürfen bei der Feststellung einer erheblichen Beeinträchtigung nur die Effekte berücksichtigt werden, die auf ein Vorhaben zurückzuführen sind.[178]

33 Darüber hinaus geht das Meinungsspektrum bei der Frage auseinander, welche Relevanz **Vorbelastungen** bei der Bestimmung einer erheblichen Beeinträchtigung haben. Teilweise wird vertreten, vorhandene Vorbelastungen würden erst auf der Rechtsfolgenseite der Eingriffsregelung relevant.[179] Hiergegen wird jedoch zu Recht eingewendet, dass bei der Feststellung der Erheblichkeit einer Beeinträchtigung gerade die konkrete Situation vor Ort entscheidend ist.[180] Auf dieser Linie liegt auch die Begründung des Gesetzentwurfs zum BNatSchNeuregG 2002. Dort heißt es: „An einer erheblichen Beeinträchtigung der Leistungs- und Funktionsfähigkeit des Naturhaushalts fehlt es z.B. regelmäßig, wenn Veränderungen des Grundwasserspiegels an bereits stark vorgeschädigten Flächen, z.B. an ausgekohlten Braunkohletagebauen oder Uranerzgebieten, vorgenommen werden."[181] Aus diesem Grund seien Altlastensanierungsmaßnahmen, die mit Veränderungen des Grundwasserspiegels verbunden sind, nur dann unter den Eingriffstatbestand zu subsumieren, wenn die aktuell noch vorhandene Leistungs- und Funktionsfähigkeit erheblich beeinträchtigt werde.[182]

---

174 *Kolodziejcok*, in: Kolodziejcok/Endres/Krohn/Markus, NLJ, Kz. 1155, § 18 BNatSchG a.F., Rn. 18; wohl ebenso *de Witt/Dreier*, in: Hoppenberg/de Witt (Hrsg.), Handbuch des öffentlichen Baurechts, Stand: Juni 2014, E Rn. 710.

175 VGH Kassel, Urt. v. 27.07.1988 – 3 UE 1870/84, NuR 1989, 87 (88) m.w.N.

176 *Blum/Agena/Franke*, NdsNatSchG, 1990, § 7 Rn. 16; *Bettermann*, UTR 1987, 113 (118).

177 *Berchter*, Die Eingriffsregelung im Naturschutzrecht, 2007, S. 69.

178 Wie hier *Berchter*, Die Eingriffsregelung im Naturschutzrecht, 2007, S. 69; *de Witt/Geismann*, Die naturschutzrechtliche Eingriffsregelung, 2011, Rn. 21; *Stadler*, Die naturschutzrechtliche Eingriffsregelung in der Bundesfernstraßenplanung, 2002, S. 163.

179 *Burmeister*, Der Schutz von Natur und Landschaft, 1988, S. 71; OVG Koblenz, Urt. v. 08.09.1989 – 8 A 123/88, RdL 1989, 329 (330). Nach *Louis/Engelke*, BNatSchG, 2. Aufl. 2000, § 8 Rn. 20 führen Vorbelastungen der Umgebung weder zu einer grundsätzlichen Erhöhung noch zu einer Minderung der Erheblichkeitsschwelle.

180 *Berchter*, Die Eingriffsregelung im Naturschutzrecht, 2007, S. 61.

181 BT-Drs. 14/6378, S. 48.

182 BT-Drs. 14/6378, S. 48.

Ein Teil der Rechtsprechung tendiert dazu, in dem vorbelasteten Land-   *34*
schaftsteil wegen seines herabgesetzten Schutzwürdigkeitsprofils höhere
Anforderungen an die Erheblichkeit weiterer Beeinträchtigungen zu stellen,
sodass die Eingriffsqualität einer Maßnahme ebenfalls ein gesteigertes Niveau aufweisen müsse.[183] Dahinter steht die Erwägung, weitere Eingriffe
von bisher überwiegend intakten Natur- und Landschaftsräumen fernzuhal-
ten und im Rahmen einer ökologisch ausgerichteten Landschaftsplanung auf
bereits geschädigte Bereiche zu lenken.[184] Für andere Teile der Rechtsprechung bedeutet dagegen jedes zusätzliche Vorhaben eine erneute Belastung
der vorgeschädigten Landschaft, weshalb man die Erheblichkeitsschwelle
absenken müsse, um dadurch einer fortschreitenden Denaturierung Einhalt
zu gebieten.[185] Die zuletzt genannte Haltung wurde in einem Fall angenommen, in dem das Gebiet bereits durch Vorbelastungen geschädigt war, aber
als zentraler Bestandteil eines in einem Landschaftsschutzgebiet befindlichen Feuchtgebiets eine noch genügend erhaltenswert erscheinende Vielfalt, Eigenart und Schönheit an Natur und Landschaft aufwies. Mit anderen
Worten war in dieser Situation durch die Absenkung der Erheblichkeitsschwelle „noch etwas zu retten."[186] Eine weitere Ansicht will sich bei der Bestimmung der Erheblichkeit nicht festlegen und stellt vorrangig auf die
Schutzwürdigkeit/-bedürftigkeit gegenüber möglichen Gebietsveränderun-
gen ab.[187] Alles in allem dürfte es nahe liegen, die Konsequenzen einer vorhandenen Vorbelastung für das Vorliegen einer erheblichen Beeinträchtigung unter Einbeziehung der Umstände des Einzelfalls zu treffen.[188]
Rechtswidrige Vorbelastungen, die zu beseitigen sind, sind aus der Betrachtung auszuklammern.[189] Da eine weitere Verschlechterung grundsätzlich immer möglich ist, geht es nicht an, allein unter Verweis auf die bestehende
Vorbelastung pauschal auf einen nicht weiter verschlechterbaren Zustand zu
schließen.[190]

---

183 VGH Mannheim, Urt. v. 24.06.1983 – 5 S 2201/82, NuR 1983, 276 (278); VGH Mann-
    heim, Urt. v. 30.07.1985 – 5 S 2553/84, NuR 1987, 31 (32); siehe dazu *Berchter*, Die Ein-
    griffsregelung im Naturschutzrecht, 2007, S. 62; *de Witt/Geismann*, Die naturschutz-
    rechtliche Eingriffsregelung, 2011, Rn. 20; *Fischer-Hüftle/Czybulka*, in: Schumacher/
    Fischer-Hüftle (Hrsg.), BNatSchG, 2. Aufl. 2011, § 14 Rn. 44
184 *Burmeister*, Der Schutz von Natur und Landschaft, 1988, S. 70f.; siehe auch *Berchter*,
    Die Eingriffsregelung im Naturschutzrecht, 2007, S. 62; *de Witt/Geismann*, Die natur-
    schutzrechtliche Eingriffsregelung, 2011, Rn. 21.
185 VGH München, Urt. v. 04.11.1981 – Nr.8 B – 1306/79, NuR 1982, 108 (109).
186 So *Berchter*, Die Eingriffsregelung im Naturschutzrecht, 2007, S. 62; *Fischer-Hüftle/
    Czybulka*, in: Schumacher/Fischer-Hüftle (Hrsg.), BNatSchG, 2. Aufl. 2011, § 14 Rn. 44.
187 OVG Saarlouis, Urt. v. 06.05.1981 – 2 R 115/80, NuR 1982, 28; *Gassner*, in: ders./Ben-
    domir-Kahlo/Schmidt-Räntsch (Hrsg.), BNatSchG, 2. Aufl. 2003, § 18 Rn. 17.
188 *Wilrich*, in: Marzik/ders. (Hrsg.), BNatSchG, 2004, § 18 Rn. 25; *Meßerschmidt*, Bundes-
    naturschutzrecht, Stand: September 2014, § 14 BNatSchG Rn. 36.
189 *Lau*, NuR 2011, 680 (683).
190 *Lau*, NuR 2011, 680 (683).

c) Möglichkeit einer erheblichen Beeinträchtigung

35 Für die Annahme eines Eingriffs in Natur und Landschaft ist es nicht notwendig, dass mit Gewissheit feststehen muss, dass die Veränderung eine erhebliche Beeinträchtigung der genannten Schutzgüter nach sich ziehen wird.[191] Nach dem Gesetzestext reicht es vielmehr aus, wenn die zur Debatte stehenden Veränderungen die Leistungs- und Funktionsfähigkeit des Naturhaushalts oder das Landschaftsbild erheblich beeinträchtigen **können**. Diese Formulierung lässt sich u.a. damit erklären, dass die Prüfung der naturschutzrechtlichen Eingriffsregelung vor der Vornahme des jeweiligen Eingriffs erfolgt und deshalb „hypothetisch" zu untersuchen ist, ob die Veränderung im Falle ihrer Vornahme zu erheblichen Beeinträchtigungen der Schutzgüter führen könnte. So heißt es auch in den Gesetzesmaterialien zu § 8 BNatSchG 1976, dass der Begriff des Eingriffs mit dem Begriff des Landschaftsschadens korrespondiere. Damit werde zum Ausdruck gebracht, dass „ein Eingriff nur vorliegt, wenn ein Landschaftsschaden die mögliche Folge wäre".[192]

36 Hieraus folgt, dass für die Annahme eines Eingriffs keinesfalls die bloß theoretische Möglichkeit derartiger Beeinträchtigungen genügen kann. Denn eine solche ist angesichts der Komplexität der Ökosysteme immer denkbar.[193] Vielfach wird unter Berufung auf das im Gesetzestext verwendete „können" der Standpunkt vertreten, dass der Prüfungsmaßstab für die Annahme eines Eingriffs die Möglichkeit und nicht die Wahrscheinlichkeit sei.[194] Dies ist jedoch keinesfalls zwingend, wenn man dem soeben dargestellten Ansatz folgt, wonach aus der ex ante-Perspektive zu klären ist, ob die Eingriffshandlung voraussichtlich zu erheblichen Beeinträchtigungen der Schutzgüter des § 14 Abs. 1 führen wird. Insoweit ist die Lage nicht anders zu beurteilen als bei § 1a Abs. 3 Satz 1 BauGB, in dem geregelt wird, wie mit der Vermeidung und dem Ausgleich „voraussichtlich erheblicher Beeinträchtigungen des Landschaftsbildes sowie der Leistungs- und Funktionsfähigkeit des Naturhaushalts" bei der Bauleitplanung umzugehen ist. Deshalb sprechen gute Argumente für den Standpunkt, wonach die erhebliche Beein-

---

191 VG Gießen, Beschl. v. 23. 11. 1987 – I/2 H 652/87, NVwZ-RR 1988, 66; *Berchter*, Die Eingriffsregelung im Naturschutzrecht, 2007, S. 58; *Louis/Engelke*, BNatSchG, 2. Aufl. 2000, § 8 Rn. 22; *Wilrich*, in: Marzik/ders. (Hrsg.), BNatSchG, 2004, § 18 Rn. 28; *Meßerschmidt*, Bundesnaturschutzrecht, Stand: September 2014, § 14 BNatSchG Rn. 26, spricht davon, dass die Veränderung geeignet sein muss, die Beeinträchtigung herbeizuführen.

192 BT-Drs. 7/3879, S. 23.

193 *Berchter*, Die Eingriffsregelung im Naturschutzrecht, 2007, S. 58; *Brockhoff*, Naturschutzrechtliche Eingriffsregelung in bergrechtlichen Zulassungsverfahren, 2012, S. 56; *Gellermann*, in: Landmann/Rohmer (Hrsg.), Umweltrecht, Stand: August 2014, § 14 BNatSchG Rn. 15; *Werner*, Die Landwirtschaftsklauseln, 2000, S. 142 f.

194 *Gassner*, in: ders./Bendomir-Kahlo/Schmidt-Räntsch (Hrsg.), BNatSchG, 2. Aufl. 2003, § 18 Rn. 8; *Gassner/Heugel*, Das neue Naturschutzrecht, 2010, Rn. 265 f.; *Gellermann*, in: Landmann/Rohmer (Hrsg.), Umweltrecht, Stand: August 2014, § 14 BNatSchG Rn. 15; *Lau*, NuR 2011, 680 (683); *Schink*, DVBl 1992, 1390 (1394). Nach *Prall/Koch*, in: Schlacke (Hrsg.), GK-BNatSchG, 2012, § 14 Rn. 46 genügt die Möglichkeit, die aber nicht ganz unwahrscheinlich sein darf.

trächtigung von Natur und Landschaft (hinreichend) wahrscheinlich sein[195] bzw. zu erwarten sein müsse.[196] Im Unterschied zum Polizeirecht ist jedoch kein statischer, sondern ein dynamischer Wahrscheinlichkeitsmaßstab anzulegen.[197] Auf jeden Fall müssen die Veränderungen zu einer Herbeiführung einer Beeinträchtigung der Schutzgüter geeignet sein.[198] Auch bedarf es der Feststellung der **Kausalität** zwischen der Eingriffshandlung und den infrage stehenden erheblichen Beeinträchtigungen.[199] Letztere ist bei atypischen Ursachenzusammenhängen zu verneinen.[200]

Bei der verwaltungsrechtlichen Prüfung ist darauf abzustellen, ob bei einer   37 auf konkreten, nachvollziehbaren Feststellungen beruhenden **Prognose**[201] nach menschlicher Erfahrung und nach dem Stand von Wissenschaft und Technik tatsächliche Anhaltspunkte das Eintreten des Eingriffs als durchaus reale Möglichkeit erscheinen lassen.[202] Es ist notwendig und ausreichend, wenn die Prognose in einer der jeweiligen Materie angemessenen und methodisch einwandfreien Weise erarbeitet wird.[203] Die im Rahmen der naturschutzrechtlichen Eingriffsregelung vorzunehmenden **Ermittlungen** sind in solchem Umfang anzuzeigen, wie dies für eine sachgerechte Entscheidung erforderlich ist.[204] Regelmäßig ist keine vollständige Erfassung der betroffe-

---

195 *Berchter*, Die Eingriffsregelung im Naturschutzrecht, 2007, S. 58; *Brockhoff*, Naturschutzrechtliche Eingriffsregelung in bergrechtlichen Zulassungsverfahren, 2012, S. 56 f.; *Schmidt/Kahl/Gärditz*, Umweltrecht, 9. Aufl. 2014, § 10 Rn. 36; *Ramsauer*, NuR 1997, 419 (419 ff.); *Werner*, Die Landwirtschaftsklauseln, 2000, S. 142; VGH München, Urt. v. 21.04.1998 – 9 B 92.3454, NuR 1999, 153 (155); *Fischer-Hüftle/Czybulka*, in: Schumacher/Fischer-Hüftle (Hrsg.), BNatSchG, 2. Aufl. 2011, § 14 Rn. 56, prüfen dagegen, ob die Folgen nicht ganz unwahrscheinlich sind.

196 VGH München, Urt. v. 20.11.2007 – 1 N 05.2571, Rn. 37 (juris).

197 *Brockhoff*, Naturschutzrechtliche Eingriffsregelung in bergrechtlichen Zulassungsverfahren, 2012, S. 57.

198 OVG Koblenz, Urt. v. 18.09.1986 – 8 A 77/84, NuR 1987, 275 (276); VGH Mannheim, Urt. v. 25.06.1986 – 1 S 3262/85, NVwZ 1988, 166, (167).

199 *Brockhoff*, Naturschutzrechtliche Eingriffsregelung in bergrechtlichen Zulassungsverfahren, 2012, S. 58; *Gassner*, in: ders./Bendomir-Kahlo/Schmidt-Räntsch (Hrsg.), BNatSchG, 2. Aufl. 2003, § 18 Rn. 8; *Gellermann*, in: Landmann/Rohmer (Hrsg.), Umweltrecht, Stand: August 2014, § 14 BNatSchG Rn. 17.

200 *Fischer-Hüftle/Czybulka*, in: Schumacher/Fischer-Hüftle (Hrsg.), BNatSchG, 2. Aufl. 2011, § 14 Rn. 53; *Gellermann*, in: Landmann/Rohmer (Hrsg.), Umweltrecht, Stand: August 2014, § 14 BNatSchG Rn. 17; *Koch*, in: Schlacke (Hrsg.), GK-BNatSchG, 2012, § 14 Rn. 47.

201 *Gassner/Heugel*, Das neue Naturschutzrecht, 2010, Rn. 267; *Louis/Engelke*, BNatSchG, 2. Aufl. 2000, § 8 Rn. 22.

202 OVG Münster, Beschl. v. 18.07.1997 – 21 B 1717/94, NuR 1997, 617 (617 ff.); VG Darmstadt, Urt. v. 11.03.2004 – 3 E 815/01, NVwZ-RR 2005, 236 (236 ff.); *Gassner*, in: ders./Bendomir-Kahlo/Schmidt-Räntsch (Hrsg.), BNatSchG, 2. Aufl. 2003, § 18 Rn. 8.

203 BVerwG, Urt. v. 07.07.1978 – IV C 79.76, BVerwGE 56, 110 (121); *Gassner*, in: ders./Bendomir-Kahlo/Schmidt-Räntsch (Hrsg.), BNatSchG, 2. Aufl. 2003, § 18 Rn. 8; *Gassner/Heugel*, Das neue Naturschutzrecht, 2010, Rn. 267; *Schmidt-Siegmann*, Die naturschutzrechtliche Eingriffsregelung in der baden-württembergischen Verwaltungspraxis, 2008, S. 33.

204 *Berkemann*, in: Ziekow (Hrsg.), Flughafenplanung, Planfeststellungsverfahren, Anforderungen an die Planungsentscheidung, 2002, S. 247.

nen Tier- und Pflanzenarten nötig, vielmehr wird es ausreichen, wenn für den Untersuchungsraum besonders bedeutsame Repräsentanten an Tier- und Pflanzengruppen festgestellt werden und für die Bewertung des Eingriffs auf bestimmte Indikatoren abgestellt wird.[205] Je typischer die Gebietsstruktur eines Eingriffsbereichs ist, desto eher kann man auch auf typisierende Merkmale und allgemeine Erfahrungen abstellen. Bei Anhaltspunkten für das Vorhandensein besonders seltener Arten wird dem im Rahmen der Ermittlungen nachzugehen sein.[206] Das OVG Münster hatte keine Bedenken, wenn auf eine einige Jahre zurückliegende Bestandsaufnahme von Natur und Landschaft zurückgegriffen wird, es aber keine greifbaren Anhaltspunkte dafür gibt, dass zwischenzeitlich wesentliche Veränderungen eingetreten sein könnten.[207] Zur Klarstellung sei darauf hingewiesen, dass die wirtschaftlichen Möglichkeiten des Eingriffsverursachers für die Bestimmung der Ermittlungstiefe ohne Relevanz sind.[208]

38 Entgegen dem Gesetzesvorschlag der Fraktion Bündnis 90/Die Grünen[209] konnte man sich nicht auf die Aufnahme eines Katalogs von Beispielen verständigen, in denen Tätigkeiten aufgezählt werden, die stets als Eingriffe i.S.d. § 14 Abs. 1 zu bewerten sind. Derartige Positivlisten waren bereits in mehreren Landesnaturschutzgesetzen vorhanden und hätten zu einer besseren Vollzugstauglichkeit der Eingriffsregelung und zu einem Mehr an Rechtssicherheit führen können.[210] Da der Bund mit § 14 Abs. 1 eine Vollregelung erlassen hat, ergibt sich daraus, dass das Vorliegen eines Eingriffs in jedem Einzelfall gesondert festzustellen ist. Dies schließt es nicht aus, im Interesse einer einfacheren und zügigeren Gesetzesanwendung den Behörden Arbeitshilfen zur Verfügung zu stellen, denen aber keine die Vorgaben des § 14 Abs. 1 derogierende Kraft zukommen kann und an welche die Gerichte nicht gebunden sind (siehe zur Abweichungskompetenz der Länder Rn. 3 ff.).[211] Zu beachten ist, dass nunmehr in § 17 Abs. 4 Satz 1 der Verursacher eines Eingriffs die für die Beurteilung des Eingriffs erforderlichen Angaben zu machen hat, insbesondere über Ort, Art, Umfang und zeitlichen Ablauf des Eingriffs. Ausweislich den Gesetzesmaterialien sind Vorhaben

---

205 BVerwG, Beschl. v. 21.02.1997 – 4 B 177/96, NVwZ-RR 1997, 607 (607 f.); BVerwG, Urt. v. 27.10.2000 – 4 B 18/99, NVwZ 2001, 673 (680); *Berkemann*, in: Ziekow (Hrsg.), Flughafenplanung, Planfeststellungsverfahren, Anforderungen an die Planungsentscheidung, 2002, S. 247; *Fischer-Hüftle/Czybulka*, in: Schumacher/Fischer-Hüftle (Hrsg.), BNatSchG, 2. Aufl. 2011, § 14 Rn. 26; *Gassner/Heugel*, Das neue Naturschutzrecht, 2010, Rn. 268.

206 BVerwG, Beschl. v. 21.02.1997 – 4 B 177/96, NVwZ-RR 1997, 607 (608).

207 OVG Münster, Urt. v. 20.08.1997 – 23 A 375/96, Rn. 84 (juris).

208 *Stadler*, Die naturschutzrechtliche Eingriffsregelung in der Bundesfernstraßenplanung, 2002, S. 139 f.

209 BT-Drs. 16/13490, S. 3 f.

210 BT-Drs. 16/13490, S. 14.

211 Siehe dazu auch *Koch*, in: Kerkmann (Hrsg.), Naturschutzrecht in der Praxis, 2. Aufl. 2010, § 4 Rn. 22.

Guckelberger

aber zum Teil mit komplexen Eingriffen in den Naturhaushalt verbunden.[212] In diesem Fall kann die zuständige Behörde von dem Verursacher die Vorlage von Gutachten verlangen, soweit dies zur Beurteilung der Auswirkungen des Eingriffs und der Ausgleichs-/Ersatzmaßnahmen erforderlich ist (§ 17 Abs. 4 Satz 2).

d) Schutzgut: Leistungs- und Funktionsfähigkeit des Naturhaushalts

Unter dem Begriff des **Naturhaushalts** sind nach **§ 7 Abs. 1 Nr. 2** die Natur- 39
güter Boden, Wasser, Luft, Klima, Tiere und Pflanzen sowie das Wirkungsgefüge zwischen ihnen zu verstehen. Von diesem Begriff wird somit eine Vielzahl von interdependenten Ökosystemen und Teil-Ökosystemen erfasst.[213] Vom Begriff des Naturhaushalts werden auch solche Umweltformationen abgedeckt, die von Menschenhand geschaffen wurden, wie eine künstlich geschaffene Sandgrube, bei der sich infolge Zeitablaufs erneut ein schützenswerter Lebensraum für Tiere und Pflanzen gebildet hat.[214] Neben dem Schutz des bereits vorhandenen Natur- und Landschaftsbestands zielt die Eingriffsregelung auf eine einheitliche Gesamtbewertung aller Auswirkungen einschließlich der unterschiedlichen Wechselwirkungen ab.[215] Aus diesem Grund ist eine umfassende Analyse der Umweltauswirkungen der infrage stehenden Veränderung vorzunehmen.[216]

Während früher die **biologische Vielfalt** als Bestandteil zur Leistungs- und 40
Funktionsfähigkeit des Naturhaushalts gehörte (§ 2 Nr. 8 a.F.), stellt diese nach der neu formulierten Zielvorstellung des § 1 Abs. 1 Nr. 1 einen eigenständigen Schutzgegenstand dar.[217] Da die Eingriffsdefinition des § 14 Abs. 1 nur auf die Leistungs- und Funktionsfähigkeit des Naturhaushalts (§ 1 Abs. 1 Nr. 2) Bezug nimmt, stellt sich die Frage, ob künftig bei ihr der Aspekt der biologischen Vielfalt außer Betracht zu bleiben hat. Nach zutreffender Ansicht ist dies zu verneinen. Ausweislich der Begründung des Gesetzentwurfs wollte man mit der besonderen Erwähnung der biologischen Vielfalt diese nur als eine der grundlegenden Handlungsgegenstände des Naturschutzes und der Landschaftspflege herausstellen sowie den Gesetzeswortlaut an das gängige Begriffsverständnis anpassen.[218] Man hat wohl nicht daran gedacht, dass diese Herausstellung zu gewissen Unstimmigkeiten bei der Eingriffsdefinition führen könnte. Deshalb ist bei dieser weiterhin die biologische Vielfalt einzube-

---

212 BT-Drs. 16/12274, S. 59.
213 *Berchter*, Die Eingriffsregelung im Naturschutzrecht, 2007, S. 49; *de Witt/Geismann*, Die naturschutzrechtliche Eingriffsregelung, 2011, Rn. 13.
214 OVG Hamburg, Urt. v. 19.05.1992 – Bf VI 22/88, NVwZ-RR 1993, 8 (10).
215 *Berchter*, Die Eingriffsregelung im Naturschutzrecht, 2007, S. 50; OVG Münster, Urt. v. 04.06.1993 – 7 A 3157/91, NVwZ-RR 1994, 645 (646).
216 *Meßerschmidt*, Bundesnaturschutzrecht, Stand: September 2014, § 14 BNatSchG Rn. 28.
217 *Hendler/Brockhoff*, NVwZ 2010, 733 (733).
218 *Hendler/Brockhoff*, NVwZ 2010, 733 (733); BT-Drs. 16/12274, S. 50. Auf S. 56 wird die in § 13 geregelte Kompensationsverpflichtung explizit mit der biologischen Vielfalt in Verbindung gebracht.

ziehen.[219] Eine gewisse Einschränkung der Eingriffsdefinition ergibt sich daraus, dass die Veränderung die **Leistungs- und Funktionsfähigkeit** des Naturhaushalts beeinträchtigen können muss. Für beide Begriffe fehlen Legaldefinitionen. Allerdings werden in § 1 Abs. 3 Maßnahmen zur dauerhaften Sicherung der Leistungs- und Funktionsfähigkeit des Naturhaushalts beispielhaft aufgezählt.

41 Nach einer Entscheidung des OVG Münster geht es bei der **Leistungsfähigkeit** um das ökologische Funktionieren aller Faktoren des komplexen Wirkungsgefüges Naturhaushalt.[220] Mit dem Begriff der Leistungsfähigkeit soll nach einer Entscheidung des VGH München sichergestellt werden, dass die den Standort prägenden biologischen Funktionen, Stoff- und Energieflüsse sowie landschaftliche Strukturen erhalten werden.[221] Mit anderen Worten wird nach dieser Rechtsprechung bei der Leistungsfähigkeit im Grundsatz weniger auf die Nutzbarkeit für den Menschen, sondern darauf abgestellt, dass die Natur in der Lage sein muss, die vorhandene Vielzahl der Pflanzen und Tiere zu erhalten sowie Störungen innerhalb der verschiedenen Wechselbeziehungen auszugleichen.[222]

42 Ausweislich der Begründung zum Gesetzentwurf des BNatSchNeuregG 2002 sollte durch die Einführung der **Funktionsfähigkeit** des Naturhaushalts die Orientierung an den künftigen Generationen unterstrichen werden. Dem liegt die Erwägung zu Grunde, dass die Erhaltung von Natur und Umwelt für künftige Generationen die langfristige ökologische Funktionsfähigkeit des Naturhaushalts bedinge. „Der Naturhaushalt muss sowohl leistungs- wie auch funktionsfähig sein; ohne Leistungsfähigkeit gibt es keine Funktionsfähigkeit und ohne Funktionsfähigkeit keine Leistungsfähigkeit. Dieses Wechsel- und Abhängigkeitsverhältnis wird durch das neue Begriffspaar ‚Leistungs- und Funktionsfähigkeit' klargestellt."[223]

---

219 So auch *Brockhoff*, Naturschutzrechtliche Eingriffsregelung in bergrechtlichen Zulassungsverfahren, 2012, S. 55; *Ekardt/Hennig*, NuR 2013, 694 (695). *Lütkes*, in: ders./Ewer (Hrsg.), BNatSchG, 2011, § 14 Rn. 15 erklärt die generelle Herausnahme damit, dass die Wirkung der Veränderung mit der Gestalt bzw. Nutzung einer Grundfläche verbunden sein muss, räumt aber ein, dass unter dieser Voraussetzung die biologische Vielfalt Relevanz erlangt.

220 OVG Münster, Urt. v. 30.06.1999 – 7a D 144/97.NE, NuR 2000, 173 (174).

221 VGH München, Urt. v. 20.11.2007 – N 05.2571 bei Rn. 37 (juris); *Gassner*, in: ders./Bendomir-Kahlo/Schmidt-Räntsch (Hrsg.), BNatSchG, 2. Aufl. 2003, § 18 Rn. 10 a.

222 *Berchter*, Die Eingriffsregelung im Naturschutzrecht, 2007, S. 48; *Fischer-Hüftle/Czybulka*, in: Schumacher/Fischer-Hüftle (Hrsg.), BNatSchG, 2. Aufl. 2011, § 14 Rn. 19; für ein Abstellen auf die Regenerationsfähigkeit *Schmidt-Siegmann*, Die naturschutzrechtliche Eingriffsregelung in der baden-württembergischen Verwaltungspraxis, 2008, S. 37 f.; a.A. *Storm*, Umweltrecht, 10. Aufl. 2015, Rn. 772, wonach sich die Leistungsfähigkeit auf die Befähigung zur Leistungserbringung für Menschen und die Funktionsfähigkeit auf die in der Natur ablaufenden Prozesse beziehe. Gegen einen rein ökozentrischen Ansatz *Brockhoff*, Naturschutzrechtliche Eingriffsregelung in bergrechtlichen Zulassungsverfahren, 2012, S. 51, weil die Natur und Landschaft gem. § 1 Abs. 1 BNatSchG auch die Grundlage für das Leben und die Gesundheit des Menschen bildet.

223 BT-Drs. 14/6378, S. 34.

Dass die Leistungs- und Funktionsfähigkeit des Naturhaushalts Gemeinsam- *43* keiten aufweisen, zeigt sich nicht zuletzt in dem gemeinsamen Merkmal der **Fähigkeit.** Der Terminus „Fähigkeit" bedeutet nach dem allgemeinen Sprachgebrauch soviel wie „im Stande sein, zu etwas in der Lage sein" und ist damit etwas anderes als eine aktuell erbrachte Leistung.[224] Hiervon ausgehend wird angenommen, dass der Begriff „Fähigkeit" vorhandene, zurzeit aber nicht aktualisierbare Potenziale einschließt.[225] Er umschreibt somit auch die Eignung des Naturhaushalts, in Zukunft bestimmte Leistungen und Funktionen erfüllen zu können.[226] Dies entspricht auch der Aufgabe der Eingriffsregelung, die mit ihrem Vermeidungsgebot zwar den Status quo der gegebenen Situation erhalten will. Da der Zustand der Natur aber nicht statisch ist und der Staat die natürlichen Lebensgrundlagen in Verantwortung für die derzeitigen und künftigen Generationen zu schützen hat, vgl. § 1 Abs. 1 BNatSchG, darf das Vermeidungsgebot nicht darauf reduziert werden, den zum Zeitpunkt des Lebensraums aktuellen Zustand zu konservieren, der oft auf zufällige Ereignisse zurückzuführen ist. Vielmehr sind auch künftige naturräumliche Entwicklungen in die Betrachtung einzubeziehen, soweit ihr Eintritt wahrscheinlich ist.[227] Aus diesem Grund können aktuelle Entwicklungen des Naturhaushalts, die umkehrbar sind, nicht bewirken, dass bei der Beurteilung der Leistungsfähigkeit des Naturhaushalts nur auf diese zufälligen, momentanen Gegebenheiten abgestellt wird.[228] In einer weiteren Entscheidung betonte das BVerwG, dass die Leistungsfähigkeit des Naturhaushalts an den einschlägigen rechtlichen Vorgaben zu messen sei.[229]

Nicht bereits bei jeder negativen Veränderung der Wirkungszusammen- *44* hänge im Naturhaushalt ist von einer möglichen Beeinträchtigung der Leistungs- und Funktionsfähigkeit des Naturhaushalts auszugehen. Diese muss, um erheblich zu sein, vielmehr ein spürbares Gewicht erreicht haben.[230] Die Bewertung hat sich dabei an der Zielbestimmung des § 1 sowie weiteren na-

---

224 BVerwG, Urt. v. 16.12.2004 – 4 A 11/04, NVwZ 2005, 589 (590); *Lau*, NuR 2011, 680 (682).

225 BVerwG, Urt. v. 16.12.2004 – 4 A 11/04, NVwZ 2005, 589 (590); *Brockhoff*, Naturschutzrechtliche Eingriffsregelung in bergrechtlichen Zulassungsverfahren, 2012, S. 51 f.; *Gellermann*, in: Landmann/Rohmer (Hrsg.), Umweltrecht, Stand: August 2014, § 14 BNatSchG Rn. 12; *Prall/Koch*, in: Schlacke (Hrsg.), GK-BNatSchG, 2012, § 14 Rn. 36; *Lau*, NuR 2011, 680 (682); *Stadler*, Die naturschutzrechtliche Eingriffsregelung in der Bundesfernstraßenplanung, 2002, S. 13.

226 *Brockhoff*, Naturschutzrechtliche Eingriffsregelung in bergrechtlichen Zulassungsverfahren, 2012, S. 51.

227 BVerwG, Urt. v. 16.12.2004 – 4 A 11/04, NVwZ 2005, 589 (590); siehe dazu de Witt/ *Geismann*, Die naturschutzrechtliche Eingriffsregelung, 2011, Rn. 14; *Götze/Lau*, DVBl 2006, 415 (415 ff.).

228 OVG Hamburg, Urt. v. 19.05.1992 – Bf VI 22/88, NVwZ-RR 1993, 8 (10 f.); *Louis/Engelke*, BNatSchG, 2. Aufl. 2000, § 8 Rn. 11.

229 BVerwG, Urt. v. 16.03.2006 – 4 A 1075/04, NVwZ-Beil. I 8/2006 1 (50).

230 OVG Münster, Urt. v. 04.06.1993 – 7 A 3157/91, NVwZ-RR 1994, 645 (646); VG Köln, Urt. v. 17.12.2013 – 14 K 1733/12, Rn. 24 (juris); *Gassner/Heugel*, Das neue Naturschutzrecht, 2010, Rn. 281; *Lau*, NuR 2011, 680 (683); *Lütkes*, in: ders./Ewer (Hrsg.), BNatSchG, 2011, § 14 Rn. 19.

turschutzrechtlichen Parametern zu orientieren.[231] Eine die Leistungsfähigkeit des Naturhaushalts herabsetzende Veränderung ist in solchen Fällen anzunehmen, in denen die den Naturhaushalt konkret ausmachenden einzelnen Ökosysteme im Hinblick auf die in ihnen ablaufenden physikalischen, chemischen und biologischen Prozesse durch menschliche Einwirkung nennenswert nachteilig beeinflusst werden.[232] Dabei handelt es sich im Wesentlichen um eine Tatsachenfrage.[233] Berücksichtigt man den Sinn und Zweck der naturschutzrechtlichen Eingriffsregelung, dürfen keine überspannten Anforderungen etwa in dem Sinne verlangt werden, dass der bedrohten Formation im ökologischen Gleichgewicht eine geradezu tragende und unersetzliche Funktion zukommen muss (sog. anthropozentrische Wesentlichkeitstheorie).[234] Diese Ansicht lässt sich weder mit dem Gesetzeswortlaut noch mit dem insbesondere im Merkmal der Funktionsfähigkeit des Naturhaushalts sichtbar werdenden Nachweltschutz in Einklang bringen.[235] Aus diesem Grund ist ein Eingriff weit unterhalb der Katastrophenschwelle, etwa bei Verlust einer ganzen Art, zu bejahen.[236] Kann eine Schädigung von Biotopen festgestellt werden, wird regelmäßig eine Funktionsstörung des Naturhaushalts vorliegen.[237]

45 Mehr als geringfügige Bodenversiegelungen stellen insbesondere im Außenbereich einen Eingriff in Natur und Landschaft dar.[238] Auch die Einbringung von 160–180 Hausenten in ein Gewässer wurde angesichts der mit der Zufütterung verbundenen Folgewirkungen, der Algen- und Massenvermehrung bestimmter Erreger als geeignet angesehen, die Leistungsfähigkeit des Naturhaushalts erheblich zu beeinträchtigen.[239] Das BVerwG sah in der Trasse der A 38 zweifellos einen Eingriff, da diese den ausgeprägten Wechsel von Groß- und Mittelsäugern zwischen der Höhe und der vorgelagerten Äsungsfläche sowie deren jahreszeitliche Wanderungen unterbrechen wird.[240] In der Rodung einer großen Walnussbaumkultur liegt ein Eingriff, weil sie zusammen mit den Wiesenflächen, auf denen die Bäume stehen, einen Lebensraum für viele Tier- und Pflanzenarten bildet, sofern das umliegend genutzte Ackerland nahezu restlos „ausgeräumt" ist und es sich um ein

---

231 VG Köln, Urt. v. 17. 12. 2013 – 14 K 1733/12, Rn. 24 (juris).

232 OVG Münster, Urt. v. 04. 06. 1993 – 7 A 3157/91, NVwZ-RR 1994, 645 (646).

233 *Meßerschmidt*, Bundesnaturschutzrecht, Stand: September 2014, § 14 BNatSchG Rn. 28.

234 So *Breuer*, NuR 1980, 89 (92); *Fickert*, BayVBl 1978, 681 (685); *Liebrecht*, Die eingriffsbezogenen Geldleistungspflichten des Naturschutzrechts als Anwendungsfälle einer Ökoschadensgebühr, 1998, S. 91.

235 *Berchter*, Die Eingriffsregelung im Naturschutzrecht, 2007, S. 53, 63.

236 Wie hier *Berchter*, Die Eingriffsregelung im Naturschutzrecht, 2007, S. 53; *Burmeister*, Der Schutz von Natur und Landschaft, 1988, S. 73 f.; *Meßerschmidt*, Bundesnaturschutzrecht, Stand: September 2014, § 14 BNatSchG Rn. 28.

237 *Meßerschmidt*, Bundesnaturschutzrecht, Stand: September 2014, § 14 BNatSchG Rn. 28; *Schmitz*, LKV 1993, 291 (294).

238 OVG Lüneburg, Urt. v. 21. 11. 1996 – 7 L 5352/95, NuR 1997, 301 (302); *Fischer-Hüftle/Czybulka*, in: Schumacher/Fischer-Hüftle (Hrsg.), BNatSchG, 2. Aufl. 2011, § 14 Rn. 32; *Meßerschmidt*, Bundesnaturschutzrecht, Stand: September 2014, § 14 BNatSchG Rn. 28.

239 VGH München, Urt. v. 21. 04. 1998 – 9 B 92.3454, NuR 1999, 153 (154 f.).

240 BVerwG, Urt. v. 16. 12. 2004 – 4 A 11/04, NVwZ 2005, 589 (589).

grünlandarmes Gebiet handelt.[241] Negative Einwirkungen sind bei der Reduzierung der Anzahl von Tieren und/oder Pflanzen gegeben, etwa durch die Beseitigung von Obstbäumen.[242]

In welchem Ausmaß durch eine Veränderung die Leistungs- und Funktions- 46 fähigkeit des Naturhaushalts beeinträchtigt wird, kann nur auf der Grundlage zuverlässiger Feststellungen über den vorhandenen Zustand von Natur und Landschaft sachgerecht beantwortet werden.[243] Durch § 17 Abs. 4 Satz 1, 2 wird der Verursacher zur Mitwirkung bei der Sachverhaltsaufklärung verpflichtet, indem er insbesondere Angaben über Ort, Art, Umfang und zeitlichen Ablauf des Eingriffs machen muss. Darüber hinaus kann die Behörde, soweit dies zur Beurteilung der Auswirkungen des Eingriffs erforderlich ist, vom Verursacher die Vorlage von Gutachten verlangen. Bis heute gibt es kein gesetzlich vorgeschriebenes Bewertungsverfahren für die erhebliche Beeinträchtigung des Naturhaushalts.[244] Aus diesem Grund ist die zuständige Behörde an die Ergebnisse eines (fehlerfrei durchgeführten) standardisierten Verfahrens zur Eingriffsbewertung nicht gebunden.[245] Dies gilt umso mehr, als es in der Praxis diverse Bewertungsverfahren gibt, die zu unterschiedlichen Ergebnissen führen können.[246] Vielmehr hat die zuständige Behörde die zu erwartenden Eingriffe in Natur und Landschaft in eigener Verantwortung zu bewerten.[247] Dies hindert sie jedoch nicht, bei ihrer Prüfung eine geeignete Arbeitshilfe, etwa einen Leitfaden, heranzuziehen.[248]

e) Schutzgut: Landschaftsbild

Zudem kann sich die Eingriffswirkung daraus ergeben, dass mit der Veränderung erhebliche Beeinträchtigungen des Landschaftsbildes verbunden sein können. Da zwar von Veränderungen der Leistungs- und Funktionsfähigkeit des Naturhaushalts die Rede ist, der Genitiv aber gerade nicht hinsichtlich des Landschaftsbildes verwendet wird, dürfen die Merkmale der

---

241 OVG Koblenz, Urt. v. 20. 09. 2000 – 8 A 12418/99, NuR 2001, 287 (287).

242 VG Köln, Urt. v. 17. 12. 2013 – 14 K 1733/12, Rn. 28 ff. (juris).

243 BVerwG, Beschl. v. 31. 01. 1997 – 4 NB 27/96, NVwZ 1997, 1213 (1215); BVerwG, Urt. v. 27. 10. 2000 – 4 A 18/99, NVwZ 2001, 673 (680); *Berkemann*, in: Ziekow (Hrsg.), Flughafenplanung, Planfeststellungsverfahren, Anforderungen an die Planungsentscheidung, 2002, S. 246.

244 *Berkemann*, in: Ziekow (Hrsg.), Flughafenplanung, Planfeststellungsverfahren, Anforderungen an die Planungsentscheidung, 2002, S. 247.

245 VGH München, Urt. v. 13. 04. 2006 – 1 N 04.1501, BayVBl 2007, 17 (18); *Berkemann*, in: Ziekow (Hrsg.), Flughafenplanung, Planfeststellungsverfahren, Anforderungen an die Planungsentscheidung, 2002, S. 247.

246 *Berkemann*, in: Ziekow (Hrsg.), Flughafenplanung, Planfeststellungsverfahren, Anforderungen an die Planungsentscheidung, 2002, S. 247.

247 VGH München, Urt. v. 13. 04. 2006 – 1 N 04.1501, BayVBl 2007, 17 (18) zur Bauleitplanung; *Berkemann*, in: Ziekow (Hrsg.), Flughafenplanung, Planfeststellungsverfahren, Anforderungen an die Planungsentscheidung, 2002, S. 247.

248 VGH München, Urt. v. 13. 04. 2006 – 1 N 04.1501, BayVBl 2007, 17 (18) zur Bauleitplanung.

Leistungs- und Funktionsfähigkeit nicht auf das Landschaftsbild bezogen werden.[249] Bereits aus der unterschiedlichen Formulierung des § 34 Abs. 1 Satz 2 Hs. 2 BauGB (darf das „Ortsbild" nicht beeinträchtigen) folgt, dass diese Regelung für § 14 Abs. 1 keine Relevanz entfaltet.[250] Obwohl das Landschaftsbild in mehreren BNatSchG-Normen erwähnt wird, gibt es dazu keine Legaldefinition. Betrachtet man die in § 1 Abs. 1 genannten Ziele des Naturschutzes und der Landschaftspflege, muss sich das Landschaftsbild im Unterschied zu dem in Nr. 2 genannten Naturhaushalt auf die in Nr. 3 enthaltenen immateriellen Funktionen im Zusammenhang mit dem Wahrnehmen und Erleben von Natur und Landschaft[251] beziehen.[252] Nach einer Entscheidung des BVerwG mag es bei der Bestimmung der maßgebenden Eingriffslage im Einzelfall angezeigt sein, von einer eher weiten Begriffsbildung auszugehen, um die sich aus der Eingriffsfolge ergebenden gestuften Pflichten zutreffend zu erfassen.[253]

48 Beim Landschaftsbild handelt es sich um den in wertender Betrachtung durch den Menschen definierten, sinnlich wahrnehmbaren Charakter des jeweiligen Gebiets.[254] Es herrscht weitgehend Einigkeit, dass das Schutzgut des Landschaftsbildes durch die **optischen Eindrücke für einen Betrachter**, d.h. die mit dem Auge wahrnehmbaren Zusammenhänge von einzelnen Landschaftselementen, bestimmt wird.[255] Dabei sind alle tatsächlichen Elemente des Landschaftsbildes maßgebend, die dieses unter den in § 1 Abs. 1 Nr. 3 genannten Aspekten der Vielfalt, Eigenart und Schönheit prägen.[256] Als bedeutsam wird alles betrachtet, was für das Auge wahrnehmbar ist, unabhängig von seiner aktuellen rechtlichen Qualifizierung.[257] Insbesondere

---

249 So aber im Fließtext *Berchter*, Die Eingriffsregelung im Naturschutzrecht, 2007, S. 58; in der Überschrift *Schmidt-Siegmann*, Die naturschutzrechtliche Eingriffsregelung in der baden-württembergischen Verwaltungspraxis, 2008, S. 58.

250 VG München, Urt. v. 25.04.2012 – M 9 K 11.3620, Rn. 30 ff. (juris).

251 BT-Drs. 16/12274, S. 50.

252 *Fischer-Hüftle/Czybulka*, in: Schumacher/Fischer-Hüftle (Hrsg.), BNatSchG, 2. Aufl. 2011, § 14 Rn. 20; *Gassner/Heugel*, Das neue Naturschutzrecht, 2010, Rn. 272; so zum alten BNatSchG *Berchter*, Die Eingriffsregelung im Naturschutzrecht, 2007, S. 54.

253 BVerwG, Beschl. v. 04.10.1994 – 4 B 196/94, Buchholz 406.401 § 8 BNatSchG Nr. 14.

254 *Lau*, NuR 2011, 680 (682); s. auch *Brockhoff*, Naturschutzrechtliche Eingriffsregelung in bergrechtlichen Zulassungsverfahren, 2012, S. 53; *de Witt/Geismann*, Die naturschutzrechtliche Eingriffsregelung, 2011, Rn. 22; *Gellermann*, in: Landmann/Rohmer (Hrsg.), Umweltrecht, Stand: August 2014, § 14 BNatSchG Rn. 14.

255 BVerwG, Urt. v. 27.09.1990 – 4 C 44/87, NVwZ 1991, 364 (367); OVG Münster, Urt. v. 16.01.1997 – 7 A 310/95, NuR 1997, 410 (411); *Louis/Engelke*, BNatSchG, 2. Aufl. 2000, § 8 Rn. 12; *Meßerschmidt*, Bundesnaturschutzrecht, Stand: September 2014, § 14 BNatSchG Rn. 29; *Stadler*, Die naturschutzrechtliche Eingriffsregelung in der Bundesfernstraßenplanung, 2002, S. 19.

256 OVG Münster, Urt. v. 16.01.1997 – 7 A 310/95, NuR 1997, 410 (411); OVG Münster, Urt. v. 30.06.1999 – 7a D 144/97.NE, ZfBR 2000, 208 (210); dazu, dass Schönheit als kulturelles Produkt gesellschaftlichem Wandel unterliegt, die Rechtsbegriffe des Landschaftsbildes und Eingriffs dagegen Statik und Punktualität implizieren, *Gärditz*, EurUP 2013, 2 (5).

257 S. auch *de Witt/Geismann*, Die naturschutzrechtliche Eingriffsregelung, 2011, Rn. 22.

---

kommt es nicht darauf an, ob die tatsächlich vorhandenen und damit wahrnehmbaren Landschaftselemente etwa nach heutigen Maßstäben an diesem Standort zulässig wären. Nach dem OVG Münster sind aus der wertenden Betrachtung dessen, was vorhanden ist, allenfalls solche Gegebenheiten auszusondern, deren Beseitigung konkret ansteht und die deshalb das gegebene Landschaftsbild jedenfalls für die absehbare Zukunft nicht mit zu prägen vermögen.[258] Bei der Berücksichtigung aller tatsächlich vorhandenen Elemente ist nicht erforderlich, dass sie aus der Perspektive eines einzelnen Betrachters schützenswert erscheinen.[259] Das Vorliegen eines Landschaftsbildes darf nicht auf allgemein zugängliche Bereiche beschränkt werden. Es wäre mit dem Sinn und Zweck der Eingriffsregelung nicht zu vereinbaren, wenn entlegene Täler oder die offene See vom Schutzgut des Landschaftsbildes ausgenommen würden.[260]

Die einzelnen Elemente des Landschaftsbildes können weitgehend natürlichen Ursprungs sein, wie die Topografie insgesamt, Geländeformationen oder die Gewässer. Sie können aber auch durch menschliche Tätigkeit beeinflusst – man denke an Hecken oder Anpflanzungen – oder komplett anthropogen sein, wie dies bei Mühlen oder Scheunen der Fall ist.[261] Aus diesem Grund darf eine Fichtenmonokultur, nur weil sie letztlich Produkt des menschlichen Wirkens in der freien Natur ist, nicht von vornherein bei der Betrachtung des Landschaftsbildes ausgeklammert werden.[262] Der Begriff „Landschaftsbild" legt es nahe, entsprechend dem menschlichen Blickfeld bei der Betrachtung eine **gewisse Großräumigkeit** zu Grunde zu legen.[263] Aus praktischer Sicht kann sich eine Identifizierung von Landschaftsbildeinheiten (z.B. naturnahe Waldflächen, naturnahe Flusstäler, historische Kulturlandschaften) empfehlen.[264] Damit die Eingriffsregelung nicht zu einem Schutz des Ortsbildes führt, wird nach dem VG Koblenz für die Annahme eines Landschaftsbildes grundsätzlich ein besonderes Gewicht der natürlichen Elemente der Landschaft vorausgesetzt.[265] Diese Rechtsprechung ist fragwürdig, zumal § 1 Abs. 4 Nr. 1 neben den Naturlandschaften historisch gewachsene Kulturlandschaften, auch mit ihren Kultur-, Bau- und Boden-

49

258 OVG Münster, Urt. v. 04.06.1993 – 7 A 3157/91, NVwZ-RR 1994, 645 (646); Fischer-Hüftle/Czybulka, in: Schumacher/Fischer-Hüftle (Hrsg.), BNatSchG, 2. Aufl. 2011, § 14 Rn. 36.
259 OVG Münster, Urt. v. 16.01.1997 – 7 A 310/95, NuR 1997, 410 (411); s. auch Stadler, Die naturschutzrechtliche Eingriffsregelung in der Bundesfernstraßenplanung, 2002, S. 22.
260 *Louis/Engelke*, BNatSchG, 2. Aufl. 2000, § 8 Rn. 12.
261 *Fischer-Hüftle/Czybulka*, in: Schumacher/Fischer-Hüftle (Hrsg.), BNatSchG, 2. Aufl. 2011, § 14 Rn. 36.
262 OVG Münster, Urt. v. 16.01.1997 – 7 A 310/95, NuR 1997, 410 (411).
263 OVG Münster, Urt. v. 05.07.1993 – 11 A 2122/90, NVwZ-RR 1994, 260 (260); *Brockhoff*, Naturschutzrechtliche Eingriffsregelung in bergrechtlichen Zulassungsverfahren, 2012, S. 53.
264 *Gassner/Heugel*, Das neue Naturschutzrecht, 2010, Rn. 273.
265 VG Koblenz, Urt. v. 06.03.2007 – 7 K 572/06.KO, DVBl 2007, 520 (520).

denkmälern nennt. Seit geraumer Zeit gibt es beachtliche Stimmen, welche auch **nichtvisuelle Eindrücke** in den Begriff des Landschaftsbildes einbeziehen. Danach können Geräusche und Gerüche als ebenfalls sinnlich wahrnehmbare Elemente den Charakter des Landschaftsbildes mitbestimmen.[266] Für eine derartige Ausweitung des Begriffs des Landschaftsbildes wird genannt, dass der Landschaft nach § 1 Abs. 1 ein eigener Wert sowie Erholungsfunktion beigemessen wird.[267] Beeinträchtigungen des Rauschens eines Wildbachs würden folglich einen Eingriff in das Landschaftsbild enthalten.[268] Allerdings deutet der Wortsinn des Begriffs „Landschaftsbild" eher auf die Maßgeblichkeit des visuellen Eindrucks hin. Sonst hätte man wohl den Terminus „Landschaftscharakter" verwendet.[269] Des Weiteren sind die in § 1 Abs. 1 Nr. 3 enthaltenen Zielsetzungen und das Landschaftsbild nicht deckungsgleich.[270]

50 Veränderungen des Landschaftsbildes sind dann als Eingriff zu bewerten, wenn sie einem **für die Schönheit der natürlichen Landschaft aufgeschlossenen Durchschnittsbetrachter** nachteilig und erheblich erscheinen.[271] Es wird also nicht auf die Perspektive besonders empfindsamer, elitärer oder an Natur und Landschaft interessierter Personen abgestellt.[272] Wegen des anderen Wortlauts des § 14 Abs. 1 wird hingegen keine Verunstaltung i.S.d. § 35

266 *Gassner,* in: ders./Bendomir-Kahlo/Schmidt-Räntsch (Hrsg.), BNatSchG, 2. Aufl. 2003, § 8 Rn. 10b; *Gassner/Heugel,* Das neue Naturschutzrecht, 2010, Rn. 274; *Gellermann,* in: Landmann/Rohmer (Hrsg.), Umweltrecht, Stand: August 2014, § 14 BNatSchG Rn. 14; *Lau,* NuR 2011, 680 (682 f.); *Louis/Engelke,* BNatSchG, 2. Aufl. 2000, § 8 Rn. 12; *Stadler,* Die naturschutzrechtliche Eingriffsregelung in der Bundesfernstraßenplanung, 2002, S. 20; offen gelassen von BVerwG, Beschl. v. 04.10.1994 – 4 B 196/94, Buchholz 406.401 § 8 BNatSchG Nr. 14.

267 So *Brockhoff,* Naturschutzrechtliche Eingriffsregelung in bergrechtlichen Zulassungsverfahren, 2012, S. 53; *Gassner,* in: ders./Bendomir-Kahlo/Schmidt-Räntsch (Hrsg.), BNatSchG, 2. Aufl. 2003, § 18 Rn. 10 b; *Gassner/Heugel,* Das neue Naturschutzrecht, 2010, Rn. 274; *Meßerschmidt,* Bundesnaturschutzrecht, Stand: September 2014, § 14 BNatSchG Rn. 29.

268 VGH München, Urt. v. 23.03.1993 – 8 B 86.3258, ZfW 1994, 287 (288).

269 *Werner,* Die Landwirtschaftsklauseln, 2000, S. 141; s. auch *Fischer-Hüftle/Czybulka,* in: Schumacher/Fischer-Hüftle (Hrsg.), BNatSchG, 2. Aufl. 2011, § 14 Rn. 21 f.

270 *Fischer-Hüftle/Czybulka,* in: Schumacher/Fischer-Hüftle (Hrsg.), BNatSchG, 2. Aufl. 2011, § 14 Rn. 22; *Gellermann,* in: Landmann/Rohmer (Hrsg.), Umweltrecht, Stand: August 2014, § 14 BNatSchG Rn. 14 spricht von einer „großflächigen Betrachtungsweise"; *Lütkes,* in: ders./Ewer (Hrsg.), BNatSchG, 2011, § 14 Rn. 20.

271 BVerwG, Urt. v. 27.09.1990 – 4 C 44/87, NVwZ 1991, 364 (367); OVG Münster, Urt. v. 04.06.1993 – 7 A 3157/91, NVwZ-RR 1994, 645 (646 f.); *Berchter,* Die Eingriffsregelung im Naturschutzrecht, 2007, S. 60; *Gassner/Heugel,* Das neue Naturschutzrecht, 2010, Rn. 275; *Wilrich,* in: Marzik/ders. (Hrsg.), BNatSchG, 2004, § 18 Rn. 24; *Meßerschmidt,* Bundesnaturschutzrecht, Stand: September 2014, § 14 BNatSchG Rn. 30; kritisch *Stadler,* Die naturschutzrechtliche Eingriffsregelung in der Bundesfernstraßenplanung, 2002, S. 23 ff.

272 *Fischer-Hüftle/Czybulka,* in: Schumacher/Fischer-Hüftle (Hrsg.), BNatSchG, 2. Aufl. 2011, § 14 Rn. 42.

Abs. 3 Satz 1 Nr. 5 BauGB verlangt.[273] Bei der Beurteilung ist stets auf die jeweiligen Umstände des Einzelfalls zu achten. Mit den Worten des OVG Münster sind unterschiedliche Bewertungskriterien ausschlaggebend, je nachdem ob die tatsächlich vorhandenen Elemente des Landschaftsbildes mehr oder weniger solche einer von Menschen geschaffenen und in ihrem konkreten Bestand durch menschliche Einflüsse bestimmten Kulturlandschaft sind.[274] Im Hinblick auf optische Beeinträchtigungen ist die Erheblichkeit regelmäßig dann gegeben, wenn das infrage stehende Vorhaben als **Fremdkörper** in Erscheinung tritt und einen negativ prägenden Einfluss auf die Landschaft zeitigt.[275] Als Beispiel für eine erhebliche Beeinträchtigung der Landschaft seien eine in Natur und Landschaft erstmals gebaute Landstraße[276], die Errichtung einer durch ein waldfreies Gebiet führenden Hochspannungsleitung[277] oder einer Gerätehütte als ein rund 1,80 m aufragender Kunstbau in der flachen Landschaft[278] genannt. Nach der Rechtsprechung richtet es sich nach den Umständen des Einzelfalls, ob das Landschaftsbild durch eine Windkraftanlage erheblich beeinträchtigt wird.[279] Ebenso hängt es von der Prägung des jeweiligen Landschaftsbildes ab, ob durch die Anlage einer Weihnachtsbaumkultur das Landschaftsbild erheblich beeinträchtigt wird.[280] Nach dem VGH Mannheim liegt eine erhebliche Beeinträchtigung beim Anbau von Nadelgehölzen mit einer Höhe über 1,50 m in einer Tallandschaft vor, deren typische Eigenart durch Wiesen, den natürlichen Bachlauf und sein Ufergehölz aus Weiden und Pappeln geprägt wird.[281] Eine erhebliche Beeinträchtigung der „Meereslandschaft" ist anzunehmen, wenn das übliche Erscheinungsbild des Meeres bei großflächiger Betrachtung ge-

---

273 VGH Mannheim, Urt. v. 19. 04. 2000 – 8 S 318/00, NuR 2000, 514 (515 f.); *Berchter*, Die Eingriffsregelung im Naturschutzrecht, 2007, S. 60; *Fischer-Hüftle/Czybulka*, in: Schumacher/Fischer-Hüftle (Hrsg.), BNatSchG, 2. Aufl. 2011, § 14 Rn. 38; *Gellermann*, in: Landmann/Rohmer (Hrsg.), Umweltrecht, Stand: August 2014, § 18 BNatSchG Rn. 13 spricht hingegen lediglich von „Verunstaltungen"; *Meßerschmidt*, Bundesnaturschutzrecht, Stand: September 2014, § 14 BNatSchG Rn. 30, Rn 29 spricht sich gegen „Hässlichkeit" aus; a.A. *Fickert*, BayVBl 1978, 681 (686).

274 OVG Lüneburg, Urt. v. 16. 12. 2009 – 4 LC 730/07, NuR 2010, 133 (134); OVG Münster, Urt. v. 04. 06. 1993 – 7 A 3157/91, NVwZ-RR 1994, 645 (647).

275 VGH Mannheim, Urt. v. 20. 04. 2000 – 8 S 318/00, NVwZ 2000, 1063 (1063); *Fischer-Hüftle/Czybulka*, in: Schumacher/Fischer-Hüftle (Hrsg.), BNatSchG, 2. Aufl. 2011, § 14 Rn. 38; *Wilrich*, in: Marzik/ders. (Hrsg.), BNatSchG, 2004, § 18 Rn. 24; *Meßerschmidt*, Bundesnaturschutzrecht, Stand: September 2014, § 14 BNatSchG Rn. 30.

276 BVerwG, Beschl. v. 04. 10. 1994 – 4 B 196/94, Buchholz 406.401 § 8 BNatSchG Nr. 14.

277 OVG Saarlouis, Urt. v. 16. 02. 1990 – 7 M 1/88, NuR 1992, 348 (349); zum Bau einer 110-kV-Freileitung, die durch Ausgleichsflächen kompensiert werden soll BayVGH, Urt. v. 20. 11. 2012 – 22 A 10.40041, NuR 2013, 357 (360).

278 OVG Koblenz, Beschl. v. 05. 06. 2012 – 8 A 10594/12, NVwZ-RR 2012, 591 (592).

279 Bejaht von OVG Lüneburg, Urt. v. 16. 12. 2009 – 4 LC 730/07, NuR 2010, 133 (134); VGH Mannheim, Urt. v. 20. 04. 2000 – 8 S 318/00, NVwZ 2000, 1063 (1063); siehe zu den Umständen des Einzelfalls BVerwG, Beschl. 08. 02. 1991 – 4 B 10/91, NVwZ-RR 1991, 456 (457).

280 Verneint von OVG Münster, Urt. v. 04. 06. 1993 – 7 A 3157/91, NVwZ-RR 1994, 645 (645 ff.).

281 VGH Mannheim, Urt. v. 15. 03. 1995 – 5 S 1867/94, NuR 1995, 464 (464).

stört wird, wie dies bei erheblich über die Meeresoberfläche ragenden technischen Strukturen, etwa Windparks oder Bohrinseln, der Fall ist.[282]

f) Erhebliche Beeinträchtigung beider Schutzgüter

51 Für die Erfüllung der Voraussetzungen der Eingriffsdefinition reicht es aus, wenn durch die zur Debatte stehende Veränderung die Leistungs- und Funktionsfähigkeit des Naturhaushalts oder das Landschaftsbild beeinträchtigt wird. In der Praxis gibt es aber vielfach Fälle, in denen dem infrage stehenden Vorhaben in zweierlei Weise Eingriffswirkung zukommt. Beispielsweise ist der Bau einer Bundesstraße geeignet, den Naturhaushalt und das Landschaftsbild erheblich zu beeinträchtigen.[283] Gleiches gilt für den Kiesabbau[284], oft auch für die Errichtung von Windenergieanlagen.[285] Regelmäßig gehen mit der Errichtung eines Pumpspeicherkraftwerks tiefgreifende Eingriffe in Natur und Landschaft einher.[286] Auch Retentionsflutungen können erhebliche Beeinträchtigungen des Naturhaushalts sowie des Landschaftsbildes nach sich ziehen. Ob eine erhebliche Beeinträchtigung eines der oder gar beider Schutzgüter vorliegt, wird nachher vor allem bei der Kompensation des Eingriffs relevant. Wirkt sich der Eingriff nur auf eines der beiden Schutzgüter, z.B. die Leistungs- und Funktionsfähigkeit des Naturhaushalts aus, kann sich der gebotene Ausgleich auch nur auf das beeinträchtigte Schutzgut beziehen.[287]

**V. Land-, forst- und fischereiwirtschaftliche Bodennutzung,
§ 14 Abs. 2**

52 Nach § 14 Abs. 2 Satz 1 ist die land-, forst- und fischereiwirtschaftliche Bodennutzung **nicht als Eingriff** in Natur und Landschaft anzusehen, **soweit dabei die Ziele des Naturschutzes und der Landschaftspflege berücksichtigt werden**. In Satz 2 wird geregelt, wann die land-, forst- und fischereiwirtschaftliche Bodennutzung **in der Regel** nicht den Zielen des Naturschutzes und der Landschaftspflege widerspricht, nämlich wenn sie den in § 5 Abs. 2–4 genannten Anforderungen sowie den sich aus § 17 Abs. 2 BBodSchG und dem Recht der Land-, Forst- und Fischereiwirtschaft ergebenden Anforderungen an die **gute fachliche Praxis** entspricht. § 14 Abs. 2 gilt nach seiner Stellung nur für die Eingriffsregelung, also nicht für andere Bereiche, etwa für das 4. Kapitel zum Schutz bestimmter Teile von Natur und

---

282 *Fischer-Hüftle/Czybulka*, in: Schumacher/Fischer-Hüftle (Hrsg.), BNatSchG, 2. Aufl. 2011, § 14 Rn. 43.

283 VGH Mannheim, Urt. v. 15.11.1994 – 5 S 1602/93, VBlBW 1995, 392 (394); siehe auch *Meßerschmidt*, Bundesnaturschutzrecht, Stand: September 2014, § 14 BNatSchG Rn. 34.

284 VG Augsburg, Urt. v. 15.05.2014 – Au 5 K 14.70, NuR 2014, 888 (888).

285 *Wemdzio*, AUR 2012, 9 (13).

286 *Reuter*, ZUR 2013, 458f.; *Langer*, EurUP 2013, 246 (259).

287 BVerwG, Urt. v. 27.09.1990 – 4 C 44/87, NVwZ 1991, 364 (366).

Landschaft.[288] § 14 Abs. 2 vermag die Vorgaben des § 30 nicht zu relativieren.[289]

1. Normhistorie

Bereits § 8 Abs. 7 BNatSchG 1976[290] bestimmte, dass die im Sinne dieses Gesetzes ordnungsgemäße land-, forst- und fischereiwirtschaftliche Bodennutzung nicht als Eingriff in Natur und Landschaft anzusehen ist. Im damaligen Bericht des Ausschusses für Ernährung, Landwirtschaft und Forsten hieß es, dass diese Tätigkeiten vielfach ohnehin keiner Genehmigungspflicht unterliegen würden und daher die an eine behördliche Zulassung gekoppelte naturschutzrechtliche Eingriffsregelung ohnehin ausgeschlossen wäre. Die Privilegierung beschränke sich auf die „ordnungsgemäße" Bodennutzung, d.h. die nach dem jeweiligen Stand der agrarwissenschaftlichen Erkenntnisse erforderliche sachgerechte Anwendung von Betriebsmitteln, insbesondere Pflanzen- und Düngemitteln, durch welche die Fruchtbarkeit des Bodens sowie die Gesundheit von Mensch und Tier im Übrigen nicht geschädigt würden.[291] Aus dem Begriff der „Bodennutzung" folge, dass Maßnahmen des Bauwesens, der Flurbereinigung und des wasserwirtschaftlichen Kulturbaues von der Landwirtschaftsklausel nicht gedeckt würden.[292]

53

Durch das Dritte BNatSchÄndG von 1998[293] wurde die Landwirtschaftsklausel wegen Unklarheiten und einer Fülle von Auslegungs- und Anwendungsschwierigkeiten, wann die Bodennutzung i.S.d. Gesetzes ordnungsgemäß ist, neu gefasst. Nunmehr wird ausdrücklich geregelt, dass die land-, forst- und fischereiwirtschaftliche Bodennutzung nicht als Eingriff anzusehen ist, wenn die Ziele und Grundsätze des Naturschutzes und der Landschaftspflege berücksichtigt werden. Ein solcher Widerspruch bestehe in der Regel nicht bei Einhaltung der Anforderungen an die gute fachliche Praxis, die den einschlägigen fachgesetzlichen Regelungen und dem dazugehörigen fachlichen Regelwerk zu entnehmen seien.[294] § 14 Abs. 2 baut im Wesentlichen auf die bisherige Rechtslage auf.[295] Diese Fortführung wurde von der Fraktion Bündnis 90/Die Grünen kritisiert, weil man gerade in der Agrarlandschaft den größten Biodiversitätsverlust erleben würde.[296]

54

---

288 BT-Drs. 7/5251, S. 9; OVG Saarlouis, Urt. v. 06.05.1981 – 2 R 115/80, NuR 1982, 28 (29); *Gassner*, in: ders./Bendomir-Kahlo/Schmidt-Räntsch (Hrsg.), BNatSchG, 2. Aufl. 2003, § 18 Rn. 23; *Wilrich*, in: Marzik/ders. (Hrsg.), BNatSchG, 2004, § 18 Rn. 31; *Werner*, Die Landwirtschaftsklauseln, 2000, S. 179 f.; a.A. *Pelhak/Köpfer*, BayVBl 1978, 172 (172 f.).

289 BayVGH, Beschl. v. 09.08.2012 – 14 C 12.308, Rn. 19 (juris).

290 BGBl. I 1976, S. 3574 (3576).

291 BT-Drs. 7/5251, S. 8.

292 BT-Drs. 7/5251, S. 8 f.

293 BGBl. I 1998, S. 2481.

294 BT-Drs. 13/10186, S. 5.

295 BT-Drs. 16/12274, S. 57.

296 BT-Drs. 16/13430, S. 13; siehe auch *Ekardt/Heym/Seidel*, ZUR 2008, 169 (169 f.).

2. Norminhalt

55 § 14 Abs. 2 enthält eine Negativregelung, die im Fachjargon als „**Freistellungsklausel**" bezeichnet wird.[297] Denn es wird in § 14 Abs. 2 Satz 1 angeordnet, dass die land-, forst- und fischereiwirtschaftliche Bodennutzung **nicht als Eingriff anzusehen** ist, soweit dabei die Ziele des Naturschutzes und der Landschaftspflege berücksichtigt werden. Gegen den Rechtscharakter der Norm als gesetzliche Fiktion[298] lässt sich einwenden, dass nicht jede land-, forst- und fischereiwirtschaftliche Bodennutzung die Anforderung für einen Eingriff erfüllt und in diesen Fällen nichts zu fingieren ist.[299] Auch die Qualifizierung als Ausnahmeregelung[300] würde begrifflich voraussetzen, dass der Tatbestand des Eingriffs vorliegt, aber aus irgendeinem Grund die vorgesehene Rechtsfolge nicht zur Anwendung kommen soll.[301] Vorzugswürdig ist deshalb die Ansicht, wonach § 14 Abs. 2 Satz 1 eine **unwiderlegliche Vermutung** statuiert.[302]

56 Durch die Norm wird unabhängig davon, ob die land-, forst- und fischereiwirtschaftliche Bodennutzung die Anforderungen eines Eingriffs i.S.v. § 14 Abs. 1 erfüllt, diese von den Anforderungen der naturschutzrechtlichen Eingriffsregelung freigestellt.[303] Nach der Begründung des Gesetzentwurfs der Bundesregierung hat die Bestimmung eine klarstellende und abschirmende Funktion. Sie vermeidet Streitigkeiten darüber, ob im jeweiligen Fall überhaupt ein Eingriff vorliegt. Aufgrund der Norm erübrige sich die Anprüfung der Eingriffsdefinition und werde das tägliche Wirtschaften des Land- und Forstwirts von behördlicher Reglementierung entlastet.[304] Stimmen im Schrifttum zufolge soll § 14 Abs. 2 verfassungswidrig sein, da es sich dabei um eine sachlich nicht zu rechtfertige Abweichung vom Verursacherprinzip handle, die Art. 20a GG widerspreche.[305] Dem lässt sich jedoch entgegenhalten, dass die infrage stehende Land- und Forstwirtschaft tagtäglich mit Natur und Landschaft in Berührung kommt, weshalb bei einer entsprechend engen Auslegung dieser Norm durchaus ihre Verfassungsmäßigkeit zu befürworten ist. Die Freistellung greift nur, sofern die Ziele des Naturschutzes und der Landschaftspflege beachtet werden. Damit wird das Ziel des Art. 20a GG jedoch gerade erreicht und nicht konterkariert.

57 Die Privilegierung des § 14 Abs. 2 Satz 1 gilt nicht für jede Tätigkeit eines Land- oder Forstwirts, sondern nur für die land-, forst- und fischereiwirtschaftliche **Bodennutzung**. Herkömmlich versteht man unter dem Begriff der

---

297 *Lau*, NuR 2011, 680 (683).

298 *Fischer*, BayVBl 1978, 397 (398); *Hötzel*, Umweltvorschriften für die Landwirtschaft, 1986, S. 106; *Wilrich*, in: Marzik/ders. (Hrsg.), BNatSchG, 2004, § 18 Rn. 33; *Meßerschmidt*, Bundesnaturschutzrecht, Stand: September 2014, § 14 BNatSchG Rn. 45.

299 Wie hier *Werner*, Die Landwirtschaftsklauseln, 2000, S. 153.

300 VGH Kassel, Beschl. v. 05. 12. 1994 – 4 TH 2165/94, DVBl 1995, 524 (525); *Berkemann*, NuR 1993, 97 (98); *Wilrich*, in: Marzik/ders. (Hrsg.), BNatSchG, 2004, § 18 Rn. 33.

301 Wie hier *Werner*, Die Landwirtschaftsklauseln, 2000, S. 153.

302 *Di Fabio*, NuR 1995, 123 (126); *Lau*, NuR 2011, 680 (683); *Stollmann*, NuR 1994, 73 (74).

303 Wie hier *Werner*, Die Landwirtschaftsklauseln, 2000, S. 154.

304 BT-Drs. 13/6441, S. 51.

305 *Möckel*, NuR 2012, 225 (230).

„Nutzung", dass ein Gegenstand – hier also der Boden – zu etwas gebraucht wird.[306] Die Privilegierung gilt nach zutreffender Meinung nur für Bewirtschaftungsmaßnahmen, die sich **unmittelbar auf die Bodennutzung** i.S.d. Urproduktion beziehen.[307] Dementsprechend heißt es in früheren Gesetzesmaterialien, dass unter den Begriff der Bodennutzung **nicht** Maßnahmen fallen, die eine Bodennutzung nur vorbereiten oder ihr nur mittelbar dienen, wie Maßnahmen der Flurbereinigung oder des wasserwirtschaftlichen Kulturbaus, sonstige infrastrukturelle Maßnahmen, z.B. der Bau landwirtschaftlicher Wege oder die Errichtung baulicher Anlagen, selbst wenn sie der Landwirtschaft dienen sollten.[308] Auch Maßnahmen der Bodengewinnung, wie der Umbruch, die Drainage oder das Auffüllen bzw. die Aufforstung von Moor- und Sumpfflächen, das Zuschütten von Tümpeln sind keine Bodennutzung.[309]

Da nach dem Wortsinn eine Bodennutzung voraussetzt, dass der vorhandene Boden bereits ökonomisch genutzt wird, gilt die Privilegierung nicht für Maßnahmen zur erstmaligen Begründung einer land-, forst- und fischereiwirtschaftlichen Nutzung,[310] etwa der Erstaufforstung von Heideflächen oder der Anlage von Fischteichen in bislang unberührten Talauen.[311] Weil nach dem Normtext nur die jeweilige land-, forst- oder fischereiwirtschaftliche Bodennutzung von der Eingriffsregelung freigestellt wird, fällt der Wechsel zwischen diesen Kulturarten, wie der Übergang von der land- zur forstwirtschaftlichen Nutzung,[312] die Umwandlung landwirtschaftlicher Nutzflächen in einen Fischteich[313] oder einer Walnussbaumanlage in Ackerland[314] nicht unter § 14 Abs. 2 Satz 1. **58**

Nach der Rechtsprechung ist unter Berücksichtigung von Sinn und Zweck der Privilegierung davon auszugehen, dass mit dem Merkmal der Bodennutzung nur die **tägliche Wirtschaftsweise** von naturschutzrechtlichen An- **59**

---

306 *Wahrig*, Deutsches Wörterbuch, 1982, Stichwort „Nutzung", 4. Band, K–OZ.

307 BayVGH, Beschl. v. 22.12.2014 – 1 ZB 13.2596, Rn. 8 (juris).

308 BT-Drs. 13/6441, S. 51; *Gassner,* in: ders./Bendomir-Kahlo/Schmidt-Räntsch (Hrsg.), BNatSchG, 2. Aufl. 2003, § 18 Rn. 24; *Gassner/Heugel*, Das neue Naturschutzrecht, 2010, Rn. 289; *Meßerschmidt*, Bundesnaturschutzrecht, Stand: September 2014, § 14 BNatSchG Rn. 47 ff.; siehe zu den baulichen Anlagen BVerwG, Beschl. v. 26.02.1992 – 4 B 38/92, NVwZ-RR 1992, 467 (469); BayVGH, Beschl. v. 22.12.2014 – 1 ZB 13.2596, Rn. 8 (juris); BT-Drs. 7/5251, S. 8.

309 BT-Drs. 13/6441, S. 51.

310 BT-Drs. 13/6441, S. 51; BVerwG, Urt. v. 13.04.1983 – 4 C 76/80, BVerwGE 67, 93 (94); BVerwG, Urt. v. 27.09.1990 – 4 C 44/87, NVwZ 1991, 364 (366); VG Mainz, Urt. v. 14.02.2013 – 1 K 874/12.MZ, NuR 2013, 528 (528).

311 BT-Drs. 13/6441, S. 51.

312 BT-Drs. 13/6441, S. 51; *Fischer-Hüftle/Czybulka*, in: Schumacher/Fischer-Hüftle (Hrsg.), BNatSchG, 2. Aufl. 2011, § 14 Rn. 65; *Gassner*, in: ders./Bendomir-Kahlo/Schmidt-Räntsch (Hrsg.), BNatSchG, 2. Aufl. 2003, § 18 Rn. 24.

313 BVerwG, Beschl. v. 29.11.1985 – 4 B 213/85, NuR 1986, 251 (251); *Gassner*, in: ders./ Bendomir-Kahlo/Schmidt-Räntsch (Hrsg.), BNatSchG, 2. Aufl. 2003, § 18 Rn. 24.

314 OVG Koblenz, Urt. v. 20.09.2000 – 8 A 12418/99, NuR 2001, 287 (288).

forderungen freigestellt sein soll.[315] Daran wird zu Recht kritisiert, dass diese Einschränkung dem Begriff der „Bodennutzung" so nicht entnommen werden kann und die tägliche Wirtschaftsweise auch viel zu unbestimmt ist, um mit ihr eine taugliche Umschreibung der landwirtschaftlichen Bodennutzung gewinnen zu können.[316] Nach dem von der Rechtsprechung entwickelten Kriterium müssten Pflegearbeiten am natürlichen Bewuchs, die nur einmal jährlich oder nicht einmal jährlich vorgenommen würden, von der landwirtschaftlichen Bodennutzung ausgeklammert bleiben.[317] Aus diesem Grund empfiehlt es sich, das Vorliegen einer Bodennutzung ausgehend vom Wortlaut und von dem Sinn und Zweck der Privilegierung sowie unter Berücksichtigung des Umstandes, dass man die Belange von Naturschutz und Landwirtschaft zueinander in einen angemessenen Ausgleich bringen wollte, zu bestimmen. Das Kriterium der täglichen Wirtschaftsweise kann allenfalls hilfsweise bei der Argumentation dienlich sein.[318] Hinter ihm steht die Erwägung, dass es bei der alltäglichen Bewirtschaftung durchaus angemessen erscheint, bei adäquaten naturschutzrechtlichen Vorgaben auf die „unpraktikable" Eingriffsregelung zu verzichten.[319]

60 Der Begriff der Land-, Forst- und Fischereiwirtschaft wird im BNatSchG nicht legaldefiniert. Nach § 201 BauGB gehören zur Landwirtschaft i.S.d. BauGB insbesondere der Ackerbau, die Wiesen- und Weidewirtschaft einschließlich Tierhaltung, die gartenbauliche Erzeugung, der Erwerbsobstbau, der Weinbau, die berufsmäßige Imkerei und die berufsmäßige Binnenfischerei. Da im BNatSchG die Fischereiwirtschaft neben der Landwirtschaft erwähnt wird, dürfte deutlich sein, dass der Begriff der Landwirtschaft in beiden Gesetzen nicht völlig deckungsgleich sein kann. Weil in § 201 BauGB aber die typischen Formen der unmittelbaren Bodennutzung erwähnt werden, können sie auch in das BNatSchG transponiert werden.[320]

---

315 BVerwG, Beschl. v. 26.02.1992 – 4 B 38/92, NVwZ-RR 1992, 467 (468); BVerwG, Beschl. v. 03.03.1992 – 4 B 44/92, NuR 1998, 222 (222); VG Mainz, Urt. v. 14.02.2013 – 1 K 874/12.MZ, NuR 2013, 528 (528); *de Witt/Geismann,* Die naturschutzrechtliche Eingriffsregelung, 2011, Rn. 23; *Gassner,* in: ders./Bendomir-Kahlo/Schmidt-Räntsch (Hrsg.), BNatSchG, 2. Aufl. 2003, § 18 Rn. 21; *Gassner/Heugel,* Das neue Naturschutzrecht, 2010, Rn. 290; *Louis/Engelke,* BNatSchG, 2. Aufl. 2000, § 8 Rn. 198; *Lütkes,* in: ders./Ewer (Hrsg.), BNatSchG, 2011, § 14 Rn. 32; *Meßerschmidt,* Bundesnaturschutzrecht, Stand: September 2014, § 14 BNatSchG Rn. 47; *Scheidler,* Die naturschutzrechtliche Eingriffsregelung im BNatSchG 2010, UPR 2010, 134 (136); *Wilrich,* in: Marzik/ders. (Hrsg.), BNatSchG, 2004, § 18 Rn. 32.
316 *Werner,* Die Landwirtschaftsklauseln, 2000, S. 163.
317 *Werner,* Die Landwirtschaftsklauseln, 2000, S. 164.
318 *Werner,* Die Landwirtschaftsklauseln, 2000, S. 165.
319 *Koch,* in: Kerkmann (Hrsg.), Naturschutzrecht in der Praxis, 2. Aufl. 2010, § 4 Rn. 26; *Prall/Koch,* in: Schlacke (Hrsg.), GK-BNatSchG, 2012, § 14 BNatSchG Rn. 57.
320 Zu § 2 Abs. 3 BT-Drs. 13/10186, S. 7; *Lütkes,* in: ders./Ewer (Hrsg.), BNatSchG, 2011, § 14 Rn. 31.

Zur landwirtschaftlichen Bodennutzung gehören der Ackerbau, die Weide- *61*
wirtschaft, der Weinbau, der Obstbau, der Erwerbsgartenbau, das Mähen und
das Pflügen.[321] Angesichts des notwendigen Bodenbezugs der Landwirtschaftsklausel wird man die Tierzucht nur dann als Landwirtschaft qualifizieren können, wenn die Tiere überwiegend durch Futter ernährt werden, das
auf den zum Betrieb gehörenden Grundstücken erzeugt wird.[322] Unter den
Landwirtschaftsbegriff sind ohne Weiteres die Vollerwerbs-, Zuerwerbs- sowie
Nebenerwerbslandwirtschaft zu subsumieren.[323] Problematisch sind diejenigen Fälle, in denen sich eine Person aus Gründen der Liebhaberei oder der
Freizeitgestaltung landwirtschaftlich betätigt.[324] Gegen den Gleichklang mit
dem Baurecht wird eingewendet, dass das Bau- und Naturschutzrecht unterschiedliche Ziele verfolgen würden. Nach den Zielsetzungen des BNatSchG
mache es jedenfalls keinen Unterschied, ob ein Grundstück in der Flur hobbymäßig oder erwerbswirtschaftlich genutzt werde.[325] Wie an der Bezugnahme des § 14 Abs. 2 Satz 1 auf die Ziele des § 1 deutlich werde, müsse sich
die infrage stehende Betätigung gerade nicht zwingend an betriebswirtschaft-
lich-ökonomischen Maßstäben orientieren.[326] Die besseren Argumente sprechen jedoch für die gegenteilige Ansicht. Bereits das Wort Fischerei „wirtschaft" impliziert, dass diese nicht nur hobbymäßig geschieht.[327] Dann kann
aber für die land- und forstwirtschaftliche Betätigung nichts anderes gelten.
Für eine land-, forst- und fischerei „wirtschaftliche" Betätigung ist ihre Ausrichtung am nachhaltigen Ertrag und an betriebswirtschaftlichen Erfordernissen kennzeichnend.[328] Auch das bloße Ausnutzen vorhandener natürlicher
Ressourcen, wie dies beim bloßen Sammeln von Waldfrüchten oder dem
Schneiden von Reet der Fall ist, stellt keine Bodennutzung dar.[329]

---

321 *Schmidt-Siegmann*, Die naturschutzrechtliche Eingriffsregelung in der baden-württembergischen Verwaltungspraxis, 2008, S. 47; siehe auch *Werner*, Die Landwirtschaftsklauseln, 2000, S. 66.
322 VGH München, Urt. v. 26. 06. 1984 – 9 B 80 A.626, NuR 1986, 26 (27); *Lau*, NuR 2011,
   680 (683); *Lütkes*, in: ders./Ewer (Hrsg.), BNatSchG, 2011, § 14 Rn. 31.
323 VGH Kassel, Beschl. v. 05. 12. 1994 – 4 TH 2165/94, NuR 1995, 296 (297).
324 *Wilrich*, in: Marzik/ders. (Hrsg.), BNatSchG, 2004, § 18 Rn. 30.
325 Wie hier *Wilrich*, in: Marzik/ders. (Hrsg.), BNatSchG, 2004, § 18 Rn. 30; *Werner*, Die
   Landwirtschaftsklauseln, 2000, S. 68.
326 Wie hier *Werner*, Die Landwirtschaftsklauseln, 2000, S. 182.
327 VGH Kassel, Urt. v. 08. 07. 1985 – 4 TH 530/85, NuR 1986, 126 (126 f.); *Fischer-Hüftle/
   Czybulka*, in: Schumacher/Fischer-Hüftle (Hrsg.), BNatSchG, 2. Aufl. 2011, § 14 Rn. 59;
   Gassner, in: ders./Bendomir-Kahlo/Schmidt-Räntsch (Hrsg.), BNatSchG, 2. Aufl. 2003,
   § 18 Rn. 25; *Werner*, Die Landwirtschaftsklauseln, 2000, S. 71; i.E. *Gellermann*, in: Land-
   mann/Rohmer (Hrsg.), Umweltrecht, Stand: August 2014, § 14 BNatSchG Rn. 20; *Lütkes*,
   in: ders./Ewer (Hrsg.), BNatSchG, 2011, § 14 Rn. 30.
328 VGH Kassel, Beschl. v. 05. 12. 1994 – 4 TH 2165/94, NuR 1995, 296 (298); *Meßerschmidt*,
   Bundesnaturschutzrecht, Stand: September 2014, § 14 BNatSchG Rn. 51 fordert mindestens eine Nebenerwerbstätigkeit; i.E. *Fischer-Hüftle/Czybulka*, in: Schumacher/Fischer-
   Hüftle (Hrsg.), BNatSchG, 2. Aufl. 2011, § 14 Rn. 63; *Lau*, NuR 2011, 680 (683).
329 *Lütkes*, in: ders./Ewer (Hrsg.), BNatSchG, 2011, § 14 Rn. 30.

62 Die land-, forst- und fischereiwirtschaftliche Bodennutzung wird nur dann nicht als Eingriff betrachtet, soweit dabei, also bei der Bodennutzung, **die Ziele des Naturschutzes und der Landschaftspflege berücksichtigt werden**. Damit ist gemeint, dass der Land-, Forst- oder Fischereiwirt die Ziele des Naturschutzes und der Landschaftspflege in seine Überlegungen einbezieht, einer ordnungsgemäßen Abwägung zuführt und zu einer angemessenen Entscheidung gelangt, welche sich als ökologisch verträglich und rücksichtsvoll darstellt.[330] Soweit man an der zuletzt genannten Einschränkung festhält, lässt sich die an dem Merkmal „berücksichtigen" geäußerte Kritik etwas relativieren, wonach damit im Unterschied zum Beachten nur die Kenntnisnahme und Entscheidungseinbindung der Ziele gemeint sei.[331] Eine derartige Berücksichtigung fehlt bei Bodennutzungen, die sich ausschließlich an ökonomischen Erwägungen unter Außerachtlassung des Naturschutzes orientieren.[332] Die **Ziele** des Naturschutzes und der Landschaftspflege sind **§ 1** zu entnehmen.[333]

63 Weil die Zielvorgaben des § 1 nur bedingt geeignet sind, eine eindeutige naturschutzrechtliche Beurteilung der landwirtschaftlichen Praxis zu ermöglichen,[334] wurde in Satz 2 eine **(widerlegbare) Regelvermutung** normiert.[335] Entspricht die land-, forst- und fischereiwirtschaftliche Bodennutzung den **Anforderungen an die gute fachliche Praxis**, dann widerspricht sie „in der Regel" nicht den Zielen des Naturschutzes und der Landschaftspflege. Die „gute fachliche Praxis" bleibt hinter den Anforderungen an den Stand der Technik zurück, für welche die fortschrittlichen bzw. besten verfügbaren Techniken maßgeblich sind.[336] Der Begriff der „guten fachlichen Praxis" ist zum einen offen genug für neue Entwicklungen und schafft zum anderen einen geeigneten Rahmen, innerhalb dessen die Landwirte handeln können und müssen. Damit wird dem rechtsstaatlichen Bestimmtheitsgebot genügt.[337] Die Anforderungen an die gute fachliche Praxis sind dabei **§ 5 Abs. 2–4 BNatSchG, § 17 Abs. 2 BBodSchG** sowie dem **Recht der Land-, Forst- und Fischereiwirtschaft** zu entnehmen.[338] Was gute fachliche Praxis bedeutet, ist also den fachgesetzlichen Regelungen, z.B. dem Pflanzenschutzgesetz, dem Düngemittelgesetz und dem dazugehörigen fachlichen Regelwerk, wie der Pflanzenschutz-Anwendungsverordnung oder der Dün-

---

330 *Gellermann*, in: Landmann/Rohmer (Hrsg.), Umweltrecht, Stand: August 2014, § 14 BNatSchG Rn. 20; *Scheidler*, UPR 2010, 134 (137).

331 *Möckel*, NuR 2012, 225 (227).

332 *Gellermann*, in: Landmann/Rohmer (Hrsg.), Umweltrecht, Stand: August 2014, § 14 BNatSchG Rn. 20; *Lütkes*, in: ders./Ewer (Hrsg.), BNatSchG, 2011, § 14 Rn. 27; siehe zur früheren Rechtslage *Werner*, Die Landwirtschaftsklauseln, 2000, S. 172.

333 S. auch *Lau*, NuR 2011, 680 (683).

334 Vgl. *Gellermann*, in: Landmann/Rohmer (Hrsg.), Umweltrecht, Stand: August 2014, § 14 BNatSchG Rn. 21; *Koch*, in: Kerkmann (Hrsg.), Naturschutzrecht in der Praxis, 2. Aufl. 2010, § 4 Rn. 25.

335 *Lütkes*, in: ders./Ewer (Hrsg.), BNatSchG, 2011, § 14 Rn. 27.

336 *Möckel*, ZUR 2014, 14 (14).

337 BVerfG, Urt. v. 24.11.2010 – 1 BvF 2/05, BVerfGE 128, 1 ff.; zu den Defiziten dieses Maßstabs *Möckel*, ZUR 2014, 14 (15).

338 *Möckel*, ZUR 2014, 14 (14), wonach das BImSchG und WHG nicht zu den maßgeblichen Regelwerken gehören.

geverordnung zu entnehmen.[339] Die gute fachliche Praxis der Forstwirtschaft wird z.B. im Bundeswaldgesetz und forstlichen Rahmenplanungen ausgestaltet.[340] Zu den wichtigsten Grundsätzen ordnungsgemäßer Forstwirtschaft gehört die Vermeidung von Kahlschlag.[341] Die gute Praxis der Fischereiwirtschaft wird in den Landesfischereigesetzen konkretisiert.[342] Im Schrifttum wird die „gute fachliche Praxis" als Bezugsmaßstab kritisiert, weil sie ebenfalls nicht auf unmittelbare Anwendung angelegt sei und ihr in Teilen die für eine echte Handlungsanleitung erforderliche Konkretisierung fehle.[343] Dem lässt sich entgegenhalten, dass die Verwendung offener Klauseln im Umweltrecht nicht unüblich ist und dies (auch) der Reichweite der Eingriffsregelung geschuldet ist.

In der Praxis liegt es nahe, nach Bejahung der land-, forst- oder fischerei- *64* wirtschaftlichen Bodennutzung zuerst zu prüfen, ob diese den Anforderungen an die gute fachliche Praxis genügt. Ist dies der Fall und besteht kein besonderer Grund, der zu einer Widerlegung der Regelvermutung führt, bedeutet dies, dass das infrage stehende Verhalten nicht als Eingriff anzusehen ist. Gelingt die Widerlegung der Regelvermutung, wofür die Beweislast auf Behördenseite liegt[344], ist zu prüfen, ob die Betätigung die Ziele des Naturschutzes und der Landschaftspflege **berücksichtigt**. Bislang gibt es kaum Ausführungen dazu, was mit dem Verb „berücksichtigen" gemeint ist. Im Planungsrecht wird dieses Wort dahingehend verstanden, dass bestimmte Vorgaben sich nicht zwingend durchsetzen, sondern einer Abwägung unterliegen.[345] Es bietet sich somit an, bezogen auf den jeweiligen Einzelfall eine Abwägung zwischen den Belangen der Landwirtschaft sowie den in § 1 enthaltenen Zielen des Naturschutzes und der Landschaftspflege vorzunehmen.[346] Von der Eingriffsregelung sind solche Betätigungen freigestellt, die ein für den Naturschutz und die Landschaftspflege aufgeschlossener (Durchschnitts-)Land-, Forst- und Fischereiwirt für vertretbar hält.[347]

---

339 BT-Drs. 13/6441, S. 51; *Möckel*, NuR 2012, 225 (228), der dem Verweis auf diese Maßstäbe kritisch gegenübersteht, da sie eine Vielzahl unbestimmter Rechtsbegriffe und Relationen enthalten, welche den Landwirten wenig Handreichungen für praktische Einzelfragen der Bewirtschaftung geben würden.

340 *Schmidt-Siegmann*, Die naturschutzrechtliche Eingriffsregelung in der baden-württembergischen Verwaltungspraxis, 2008, S. 47; s. dazu auch *Fischer-Hüftle/Czybulka*, in: Schumacher/Fischer-Hüftle (Hrsg.), BNatSchG, 2. Aufl. 2011, § 14 Rn. 59.

341 *Ludwig/Köck/Tronicke/Gawel*, DÖV 2015, 41, 45 (45).

342 *Schmidt-Siegmann*, Die naturschutzrechtliche Eingriffsregelung in der baden-württembergischen Verwaltungspraxis, 2008, S. 47.

343 *Lau*, NuR 2011, 680 (684).

344 *Müller*, NuR 2002, 530 (536).

345 *Ziekow*, in: ders. (Hrsg.), Praxis des Fachplanungsrechts, 2004, Rn. 639.

346 So bezogen auf die frühere Klausel zur ordnungsgemäßen Landwirtschaft *Werner*, Die Landwirtschaftsklauseln, 2000, S. 176 ff.

347 *Gassner/Heugel*, Das neue Naturschutzrecht, 2010, Rn. 286.

VI. Rückholklausel, § 14 Abs. 3

65 § 14 Abs. 3 enthält eine Regelung zur **Wiederaufnahme einer land-, forst- und fischereiwirtschaftlichen Bodennutzung.** Diese **gilt nicht als Eingriff,** wenn sie **zeitweise eingeschränkt** oder **unterbrochen** war aufgrund vertraglicher Vereinbarungen oder aufgrund der Teilnahme an öffentlichen Programmen zur Bewirtschaftungsbeschränkung und wenn die Wiederaufnahme innerhalb von zehn Jahren nach Auslaufen der Einschränkung oder Unterbrechung erfolgt. Entsprechendes gilt, wenn die zeitweise Einschränkung oder Unterbrechung auf der Durchführung vorgezogener Kompensationsmaßnahmen beruht und die vorgezogene Maßnahme nicht für eine Kompensation in Anspruch genommen wird.

1. Normhistorie

66 Durch das Dritte BNatSchGÄndG[348] wurde § 8 Abs. 7 ein dritter Satz hinzugefügt, wonach auch die Wiederaufnahme einer land-, forst- und fischereiwirtschaftlichen Bodennutzung nicht als Eingriff gilt, wenn sie aufgrund vertraglicher Vereinbarungen zeitweise eingeschränkt oder unterbrochen war. In den Gesetzesmaterialien wurde diese neue Vorschrift damit erklärt, dass sie einem Bedürfnis der Praxis entspreche und den Gedanken des Naturschutzes auf Zeit aufgreife. Denn in aller Regel bestehe kein Anreiz für freiwillige Nutzungsbeschränkungen, wenn nach Beendigung der freiwilligen Einschränkung die Wiederaufnahme der Bodennutzung neuen naturschutzrechtlichen Anforderungen unterworfen werden könnte.[349] Diese Regelung wurde durch das BNatSchNeuregG 2002[350] in zweierlei Hinsicht modifiziert. Die Regelung gilt nunmehr auch für Nutzungseinschränkungen aufgrund der Teilnahme an öffentlichen Programmen.[351] Außerdem wurde ein Satz hinzugefügt, wonach dies nur gilt, soweit die land-, forst- und fischereiwirtschaftliche Bodennutzung innerhalb einer von den Ländern zu regelnden angemessenen Frist nach Auslaufen des Bewirtschaftungszeitraums wieder aufgenommen wird. Es könne nicht angehen, dass der während der Vertragslaufzeit entstandene ökologisch wertvolle Zustand „auf ewige Zeiten" folgenlos beseitigbar sei. Schon die Rechtsklarheit und der geregelte Vollzug würden eine zeitliche Eingrenzung der Rückumwandlung ohne Beachtung der Eingriffsregelung gebieten. Zudem sei ein angemessener Zeitraum nach dem Auslaufen der Bewirtschaftungsbeschränkung für den einzelnen Landwirt auch zumutbar, um sich darüber klar zu werden, ob er die Flächen wieder intensiv nutzen will.[352]

67 § 14 Abs. 3 knüpft im Wesentlichen an die frühere Rechtslage an. Weil der Bund nun Vollregelungen erlassen darf, wird jetzt bundesrechtlich festgelegt, bis wann die Wiederaufnahme der Nutzung zu erfolgen hat. Im zunächst vorgelegten Gesetzesentwurf war vorgesehen, dass die Wiederauf-

---

348 BGBl. I 1998, S. 2481.
349 BT-Drs. 13/10186, S. 8.
350 BGBl. I 2002 S. 1193.
351 Siehe dazu BT-Drs. 14/6878, S. 11.
352 BT-Drs. 14/6878, S. 11.

nahme innerhalb von fünf Jahren nach Auslaufen der Einschränkung oder Unterbrechung zu erfolgen hat.[353] Der Bundesrat trat dafür ein, die Frist auf zehn Jahre zu erhöhen. Dadurch sollen Landwirte, die sich freiwilligen Bewirtschaftungsbeschränkungen unterwerfen, im Hinblick auf die Verfügbarkeit der Flächen nicht unangemessen benachteiligt werden. „Jedoch wird mit der Änderung bewusst ein längerer Zeitraum von zehn Jahren festgelegt, damit sich der Bewirtschafter nicht unter Druck gesetzt fühlt, die Verbesserung des Zustandes von Natur und Landschaft nach Beendigung der Vertragslaufzeit schnellstmöglich wieder zu entfernen, um für eine weitere Nutzung auf jeden Fall der Anwendbarkeit der Eingriffsregelung zu entgehen."[354] Diesem Vorschlag hat sich die Bundesregierung angeschlossen.[355] Neu ist die Regelung zur Wiederaufnahme einer land-, forst- und fischereiwirtschaftlichen Bodennutzung auf Flächen, deren Nutzung zu dem Zweck aufgegeben oder eingeschränkt wurde, damit auf ihnen vorgezogene Kompensationsmaßnahmen verwirklicht werden können. Kommt dieser Zweck nicht zum Tragen, möchte man eine Wiederaufnahme der Bodennutzung ermöglichen.[356]

2. Norminhalt

Unter den Voraussetzungen des § 14 Abs. 3 „gilt" die **Wiederaufnahme** einer 68 land-, forst- und fischereiwirtschaftlichen Bodennutzung nicht als Eingriff. Wie bei § 14 Abs. 2 wird auch bei Abs. 3 die Wiederaufnahme der Bodennutzung unabhängig davon, ob sie die Anforderungen eines Eingriffs i.S.d. § 14 Abs. 1 erfüllt, von der naturschutzrechtlichen Eingriffsregelung freigestellt. Dies liegt sowohl im Interesse der Behörden als auch der Bewirtschafter. Was die Begriffe der land-, forst- und fischereiwirtschaftlichen Bodennutzung angeht, sei auf die vorherigen Erläuterungen verwiesen (Rn. 52 ff.). Trotz dieser Parallelen enthält § 14 Abs. 3 eine von § 14 Abs. 2 unabhängige Regelung. Folglich hängt der Ausschluss der Eingriffsregelung nach § 14 Abs. 3 nicht davon ab, dass die frühere und jetzt wieder aufgenomene Bodennutzung den Anforderungen der guten fachlichen Praxis entspricht.[357] Da § 14 Abs. 3 nur die Wiederaufnahme der Nutzung regelt, wird die Bodennutzung hierdurch aber nicht auf Dauer von den Anforderungen der guten fachlichen Praxis befreit.[358] Auch ist § 14 Abs. 3 im Unterschied zu § 14 Abs. 2 Satz 2 nicht widerlegbar.[359]

Mit der Freistellung bestimmter Fälle einer land-, forst- und fischereiwirt- 69 schaftlichen Bodennutzung von der Eingriffsregelung soll die Attraktivität einer zeitweisen Einschränkung oder Unterbrechung der Bewirtschaftung

---

353 BT-Drs. 16/12274, S. 10.
354 BT-Drs. 16/13298, S. 3.
355 BT-Drs. 16/13298, S. 17; siehe auch BT-Drs. 16/13430, S. 11 f.
356 BT-Drs. 16/12274, S. 57.
357 *Wilrich*, in: Marzik/ders. (Hrsg.), BNatSchG, 2004, § 14 Rn. 36; *Louis/Engelke*, BNatSchG, 2. Aufl. 2000, § 18 Rn. 201.
358 *Meßerschmidt*, Bundesnaturschutzrecht, Stand: September 2014, § 14 BNatSchG Rn. 52 ff.
359 *Wilrich*, in: Marzik/ders. (Hrsg.), BNatSchG, 2004, § 18 Rn. 35.

erhöht werden,[360] da die bisherige Benutzung später ohne Nachteile wieder aufgenommen werden kann.[361] Schon nach dem Gesetzeswortlaut beschränkt sich der Bedeutungsgehalt des § 14 Abs. 3 auf die Eingriffsregelung. Sollte die Wiederaufnahme z.b. nicht im Einklang mit den vertraglichen Festlegungen erfolgen, gelten zwar nicht die §§ 14 ff., aber das für den Fall der Vertragsverletzung maßgebliche Sanktionsinstrumentarium.[362] Ausweislich der Begründung des Gesetzentwurfs bleiben andere Regelungen, die gegebenenfalls die Nutzungsaufnahme einschränken, unberührt.[363] Sollten sich also zwischenzeitlich die rechtlichen Anforderungen an eine bestimmte Bodennutzung erhöht haben, muss die wiederaufzunehmende Bodennutzung diesen Anforderungen genügen. Es leuchtet ein, dass derjenige, der eine Bodennutzung eingestellt hat und später wieder aufnehmen möchte, deswegen nicht besser als eine Person stehen kann, welche die jeweilige Nutzung ununterbrochen fortgeführt hat.

70 Allgemeine Voraussetzung des § 14 Abs. 3 ist, dass früher eine land-, forst- und fischereiwirtschaftliche Bodennutzung **tatsächlich ausgeübt** wurde. Diese muss zeitweise eingeschränkt oder unterbrochen worden sein. **Zeitweise** bedeutet nach dem allgemeinen Sprachgebrauch für geraume Zeit, vorübergehend, für den Übergang.[364] Da es § 14 Abs. 3 Nr. 1 genügen lässt, wenn die Wiederaufnahme innerhalb von zehn Jahren nach Beendigung der Einschränkung oder Unterbrechung geschieht, wird man das Adverb zeitweise, für das von Gesetzes wegen kein genau festgelegter Zeitraum vorgegeben wurde, nicht zu eng auslegen dürfen. Für Bodennutzungen, die nicht nur zeitweise eingeschränkt wurden, beansprucht § 14 Abs. 3 keine Geltung.

71 Eine **Unterbrechung** der Bodennutzung liegt vor, wenn sie nicht ausgeübt wird. Eine **Einschränkung** der Bodennutzung ist gegeben, wenn sie in ihrem Umfang reduziert wird. Da in § 14 Abs. 3 nur von Einschränkung und nicht von „erheblicher" Einschränkung die Rede ist, dürfen die Anforderungen an eine zeitweise Einschränkung der Bodennutzung nicht allzu hoch angesetzt werden. Des Weiteren erfasst § 14 Abs. 3 nur diejenigen Fälle, in denen eine land-, forst- und fischereiwirtschaftliche Bodennutzung **wieder aufgenommen** werden soll. An einer Wiederaufnahme fehlt es, wenn nach Beendigung der Unterbrechung bzw. Einschränkung eine andere Art der Bodennutzung als früher realisiert werden soll.[365] Deshalb ist die Aufforstung einer früheren landwirtschaftlichen Nutzfläche als Eingriff i.S.d. § 14 Abs. 1 zu bewerten.[366]

---

360 BMU (Hrsg.), UGB-KomE, 1998, S. 907.

361 *Wilrich*, in: Marzik/ders. (Hrsg.), BNatSchG, 2004, § 18 Rn. 37.

362 *Wilrich*, in: Marzik/ders. (Hrsg.), BNatSchG, 2004, § 18 Rn. 37.

363 BT-Drs. 16/12274, S. 57.

364 Siehe auch Duden, Das Synonymwörterbuch, 2007, S. 1072.

365 S. auch *Lau*, NuR 2011, 680 (684): *Lütkes*, in: ders./Ewer (Hrsg.), BNatSchG, 2011, § 14 Rn. 36

366 *Gassner*, in: ders./Bendomir-Kahlo/Schmidt-Räntsch (Hrsg.), BNatSchG, 2. Aufl. 2003, § 18 Rn. 27; *Gellermann*, in: Landmann/Rohmer (Hrsg.), Umweltrecht, Stand: August 2014, § 14 BNatSchG Rn. 22 f.; siehe auch *Werner*, Die Landwirtschaftsklauseln, 2000, S. 169, wonach die Wiederaufnahme der Bewirtschaftung brachgefallener Flächen wie die erstmalige Aufnahme einer Bodennutzung anzusehen ist.

Damit eine Wiederaufnahme der Bodennutzung nicht als Eingriff gilt, ist   72
nach **Nr. 1** erforderlich, dass die Einschränkung oder Unterbrechung **aufgrund vertraglicher Vereinbarungen oder aufgrund der Teilnahme an öffentlichen Programmen zur Bewirtschaftungsbeschränkung** erfolgt. Ausgehend vom Sinn und Zweck der Regelung sind öffentliche Programme nur solche, die auch dem Schutz von Natur und Landschaft dienen und nicht rein ökonomischer Natur sind.[367] Um die Gewähr dafür zu bieten, dass ein während der Vertragslaufzeit bzw. der Teilnahme an einem Programm entstandener ökologisch wertvoller Zustand nicht „auf ewige Zeit" folgenlos beseitigt werden kann, gilt die Wiederaufnahme nur dann nicht als Eingriff, wenn sie **innerhalb von zehn Jahren nach Auslaufen der Einschränkung oder Unterbrechung** erfolgt. Nach dem klaren Gesetzeswortlaut handelt es sich um eine **Auslauffrist**.[368] Mit anderen Worten beginnt die Frist nicht bereits dann zu laufen, wenn mit der zeitweisen Nutzungseinschränkung bzw. -unterbrechung begonnen wird, sondern erst, wenn die vertragliche Vereinbarung oder das Programm hinsichtlich der Nutzungsreduzierung im konkreten Einzelfall ausgelaufen ist. Wird eine land-, forst- und fischereiwirtschaftliche Bodennutzung eingestellt und erst zwölf Jahre nach Beendigung des Programms oder Vertrages wieder aufgenommen, ist die Wiederaufnahme an den Kriterien der Eingriffsregelung zu messen. Angesichts der Länge der Frist sowie des dahinter stehenden Zwecks kann sich die betroffene Person nicht darauf berufen, dass ihr Wiedereinsetzung in den vorigen Stand gewährt werden müsse, weil sie ohne ihr Verschulden an einer Einhaltung dieser Frist gehindert war. Da in Nr. 1 den Behörden nicht die Möglichkeit zur Fristverlängerung eingeräumt wird, ist es nicht möglich, eine Verlängerung der Frist zu beantragen.

Nach der neu eingeführten **Nr. 2** gilt die Wiederaufnahme der Nutzung auch   73
dann nicht als Eingriff, wenn die land-, forst- und fischereiwirtschaftliche Bodennutzung **aufgrund der Durchführung vorgezogener Kompensationsmaßnahmen** (§ 16) zeitweise eingeschränkt oder unterbrochen wurde, ohne dass die vorgezogene Maßnahme für eine Kompensation in Anspruch genommen wurde. Ausweislich der Materialien betrifft diese Regelung Fälle, in denen Flächen für eine Kompensation nicht in Anspruch genommen werden, z.B. weil ihnen kein entsprechendes Eingriffsvorhaben zugeordnet wird.[369] Um sicherzustellen, dass den Flächen bei einer Wiederaufnahme der Nutzung keine Eingriffsvorhaben mehr zugeordnet werden, muss den Eingriffszulassungsbehörden die Wiederaufnahme der Nutzung zur Kenntnis gelangen.[370] Der Bedeutungsgehalt des § 14 Abs. 3 Nr. 2 besteht darin, dass unter den dort genannten Voraussetzungen die Wiederaufnahme der Nutzung nicht den Bestimmungen der naturschutzrechtlichen Eingriffsregelung

---

367 *Lau*, NuR 2011, 680 (684); *Schmidt-Siegmann*, Die naturschutzrechtliche Eingriffsregelung in der baden-württembergischen Verwaltungspraxis, 2008, S. 48.

368 *Egner*, in: ders./Fuchs (Hrsg.), Naturschutz- und Wasserrecht, 2009, § 14 BNatSchG Rn. 3.

369 BT-Drs. 16/12274, S. 57.

370 BT-Drs. 16/12274, S. 57.

unterfällt.[371] Es ist aber durchaus möglich, dass die mit der Wiederaufnahme der ursprünglichen Bodennutzung verbundene Beseitigung der Kompensationsmaßnahme nach anderen, z.b. wasser- oder waldrechtlichen Vorschriften unzulässig oder jedenfalls zulassungspflichtig sein kann.[372]

§ 15
Verursacherpflichten, Unzulässigkeit von Eingriffen, Ermächtigung zum Erlass von Rechtsverordnungen*)

(1) Der Verursacher eines Eingriffs ist verpflichtet, vermeidbare Beeinträchtigungen von Natur und Landschaft zu unterlassen. Beeinträchtigungen sind vermeidbar, wenn zumutbare Alternativen, den mit dem Eingriff verfolgten Zweck am gleichen Ort ohne oder mit geringeren Beeinträchtigungen von Natur und Landschaft zu erreichen, gegeben sind. Soweit Beeinträchtigungen nicht vermieden werden können, ist dies zu begründen.

---

371 *Hendler/Brockhoff*, NVwZ 2010, 733 (734).

372 *Hendler/Brockhoff*, NVwZ 2010, 733 (734).

*) Beachte bei

§ 15: **Nordrhein-Westfalen** – Abweichung durch § 4a, § 5 LG NRW v. 21.07.2000 w.W.v. 01.01.2003 (GV. NRW, S. 568), zuletzt geändert durch Art. 1 UmweltÄndG v. 16.03.2010 (GV. NRW, S. 185)

§ 15 Abs. 2: **Hamburg** – Abweichung durch § 6 Abs. 3 HmbBNatSchAG v. 11.05.2010 (HmbGVBl. S. 350, 402) m.W.v. 01.06.2010 (vgl. BGBl. I 2011, S. 93), zuletzt geändert durch Gesetz v. 13.05.2014 (HmbGVBl., S. 167)

§ 15 Abs. 2: **Sachsen-Anhalt** – Abweichung durch § 7 Abs. 2 des NatSchG LSA v. 10.12.2010 (GVBl. LSA, S. 569) m.W.v. 17.12.2010 (vgl. BGBl. I 2011, S. 30)

§ 15 Abs. 2: **Schleswig-Holstein** – Abweichung durch § 9 Abs. 1 und Abs. 2 Satz 2 LNatSchG v. 24.02.2010 (GVOBl. Schl.-H., S. 301) m.W.v. 01.03.2010 (vgl. BGBl. 2010 I, S. 450)

§ 15 Abs. 2 Satz 1: **Berlin** – Abweichung durch § 17 Abs. 1 Satz 1 NatSchG Bln v. 29.05.2013 (GVBl., S. 140) m.W.v. 09.06.2013 (vgl. BGBl. I, S. 2829)

§ 15 Abs. 2 Satz 1: **Hessen** – Abweichung durch § 7 Abs. 1 Satz 1 HAGBNatSchG v. 20.12.2010 (GVBl., S. 629) m.W.v. 29.12.2010 (BGBl. 2011 I, S. 663), zuletzt geändert durch Art. 2 des Gesetzes v. 27.06.2013 (GVBl., S. 458)

§ 15 Abs. 2 Satz 3: **Berlin** – Abweichung durch § 17 Abs. 1 Satz 2 NatSchG Bln v. 29.05.2013 (GVBl., S. 140) m.W.v. 09.06.2013 (vgl. BGBl. 2013 I, S. 2829)

§ 15 Abs. 2 Satz 3: **Hessen** – Abweichung durch § 7 Abs. 2 Satz 1, 2 HAGBNatSchG v. 20.12.2010 (GVBl. I, S. 629) m.W.v. 29.12.2010 (vgl. BGBl. 2011 I, S. 633), zuletzt geändert durch Art. 2 des Gesetzes v. 27.06.2013 (GVBl., S. 458)

§ 15 Abs. 2 Satz 3: **Sachsen** – Abweichung durch § 10 Abs. 1 SächsNatSchG v. 06.06.2013 (SächsGVBl., S. 451) m.W.v. 22.07.2013, zuletzt geändert durch Art. 2 des Gesetzes v. 02.04.2014 (SächsGVBl., S. 234, 235)

§ 15 Abs. 2 Satz 3: **Schleswig-Holstein** – Abweichung durch § 9 Abs. 7 Nr. 1 LNatSchG SH v. 24.02.2010 (GVOBl. Schl.-H., S. 301) i.d.F. des Art. 2 Nr. 1 lit. a Gesetz v. 13.07.2011 (GVOBl., S. 225) m.W.v. 29.07.2011 (vgl. BGBl. 2011 I, S. 1979)

§ 15 Abs. 3 Satz 2: **Schleswig-Holstein** – Abweichung durch § 9 Abs. 4 LNatSchG SH v. 24.02.2010 (GVOBl. Schl.-H., S. 301) m.W.v. 01.03.2010 (vgl. BGBl. 2010 I, S. 450)

(2) Der Verursacher ist verpflichtet, unvermeidbare Beeinträchtigungen durch Maßnahmen des Naturschutzes und der Landschaftspflege auszugleichen (Ausgleichsmaßnahmen) oder zu ersetzen (Ersatzmaßnahmen). Ausgeglichen ist eine Beeinträchtigung, wenn und sobald die beeinträchtigten Funktionen des Naturhaushalts in gleichartiger Weise wiederhergestellt sind und das Landschaftsbild landschaftsgerecht wiederhergestellt oder neu gestaltet ist. Ersetzt ist eine Beeinträchtigung, wenn und sobald die beeinträchtigten Funktionen des Naturhaushalts in dem betroffenen Naturraum in gleichwertiger Weise hergestellt sind und das Landschaftsbild landschaftsgerecht neu gestaltet ist. Festlegungen von Entwicklungs- und Wiederherstellungsmaßnahmen für Gebiete im Sinne des § 20 Absatz 2 Nummer 1 bis 4 und in Bewirtschaftungsplänen nach § 32 Absatz 5, von Maßnahmen nach § 34 Absatz 5 und § 44 Absatz 5 Satz 3 dieses Gesetzes sowie von Maßnah-

---

§ 15 Abs. 4 Satz 3: **Sachsen-Anhalt** – Abweichung durch § 7 Abs. 3 des NatSchG LSA v. 10. 12. 2010 (GVBl. LSA, S. 569) m.W.v. 17. 12. 2010 (vgl. BGBl. I 2011, S. 30)

§ 15 Abs. 5: **Berlin** – Abweichung durch § 17 Abs. 2 NatSchG Bln v. 29. 05. 2013 (GVBl., S. 140) m.W.v. 09. 06. 2013 (BGBl. 2013 I, S. 2829)

§ 15 Abs. 5: **Schleswig-Holstein** – Abweichung durch § 9 Abs. 3 LNatSchG SH v. 24. 02. 2010 (GVOBl. Schl.-H., S. 301) m.W.v. 01. 03. 2010 (vgl. BGBl. I 2010, S. 450)

§ 15 Abs. 6: **Schleswig-Holstein** – Abweichung durch § 9 Abs. 1 LNatSchG v. 24. 02. 2010 (GVOBl. Schl.-H., S. 301, ber. S. 486), i.d.F. des Art. 2 Nr. 1 lit. a Gesetz v. 13. 07. 2011 (GVOBl. Schl.-H., S. 225) m.W.v. 29. 07. 2011 (vgl. BGBl. 2011 I, S. 1979)

§ 15 Abs. 6: **Berlin** – Abweichung durch § 17 Abs. 3 NatSchG Bln v. 29. 05. 2013 (GVBl., S. 140) m.W.v. 09. 06. 2013 (BGBl. 2013 I, S. 2829)

§ 15 Abs. 6: **Bremen** – Abweichung durch § 8 Abs. 5 BremNatG v. 27. 04. 2010 (BremGBl. 2010, S. 315) m.W.v. 08. 05. 2010

§ 15 Abs. 6: **Mecklenburg-Vorpommern** – Abweichung durch § 12 Abs. 4 NatSchAG M-V v. 23. 02. 2010 (GVOBl. M-V, S. 66) m.W.v. 01. 03. 2010, zuletzt geändert durch Art. 4 ÄndG v. 15. 01. 2015 (GVOBl. M-V, S. 30)

§ 15 Abs. 6 Satz 1: **Brandenburg** – Abweichung durch § 6 Abs. 1 BbgNatSchAG v. 21. 01. 2013 (GVBl. I, 2013, Nr. 3, Nr. 21), m.W.v. 01. 06. 2013

§ 15 Abs. 6 Satz 2, 3: **Sachsen** – Abweichung durch § 10 Abs. 4 SächsNatSchG v. 06. 06. 2013 (SächsGVBl., S. 451) m.W.v. 22. 07. 2013, zuletzt geändert durch Art. 2 des Gesetzes v. 02. 04. 2014 (SächsGVBl., S. 234, 235)

§ 15 Abs. 6 Satz 3: **Niedersachsen** – Abweichung durch § 6 Abs. 1 Satz 1 NAGBNatSchG v. 19. 02. 2010 (Nds. GVBl., S. 104) m.W.v. 01. 03. 2010 (vgl. BGBl. I 2010, S. 970)

§ 15 Abs. 6 Satz 7: **Schleswig-Holstein** – Abweichung durch § 9 Abs. 6 LNatSchG SH v. 24. 02. 2010 (GVOBl. Schl.-H., S. 301) m.W.v. 01. 03. 2010 (vgl. BGBl. I 2010, S. 450)

§ 15 Abs. 6 Satz 7: **Niedersachsen** – Abweichung durch § 6 Abs. 1 Satz 2 NAGBNatSchG v. 19. 02. 2010 (Nds. GVBl., S. 104) m.W.v. 01. 03. 2010 (vgl. BGBl. I 2010, S. 970)

§ 15 Abs. 7: **Bayern** – Abweichung durch Art. 8 Abs. 3 BayNatSchG v. 23. 02. 2011 (GVBl., S. 82) m.W.v. 01. 03. 2011 (BGBl. 2011 I, S. 365)

§ 15 Abs. 7 Satz 1: **Niedersachsen** – Abweichung durch § 6 Abs. 2 NAGBNatSchG v. 19. 02. 2010 (Nds. GVBl., S. 104) m.W.v. 01. 03. 2010 (vgl. BGBl. I 2010, S. 970)

§ 15 Abs. 7 Satz 1 Nr. 1: **Schleswig-Holstein** – Abweichung durch § 9 Abs. 7 Nr. 2 LNatSchG v. 24. 02. 2010 (GVOBl., S. 301) m.W.v. 01. 03. 2010 (BGBl. 2010 I, S. 450)

§ 15 Abs. 7 Satz 1 Nr. 2: **Sachsen-Anhalt** – Abweichung durch § 8 NatSchG LSA v. 10. 12. 2010 (GVBl. LSA, S. 569) m.W.v. 17. 12. 2010 (vgl. BGBl. I 2011, S. 30)

§ 15 Abs. 7 Satz 1 Nr. 2: **Schleswig-Holstein** – Abweichung durch § 9 Abs. 7 Nr. 3 LNatSchG v. 24. 02. 2010 (GVOBl., S. 301) m.W.v. 01. 03. 2010 (BGBl. 2010 I, S. 450).

men in Maßnahmenprogrammen im Sinne des § 82 des Wasserhaushaltsgesetzes stehen der Anerkennung solcher Maßnahmen als Ausgleichs- und Ersatzmaßnahmen nicht entgegen. Bei der Festsetzung von Art und Umfang der Ausgleichs- und Ersatzmaßnahmen sind die Programme und Pläne nach den §§ 10 und 11 zu berücksichtigen.

(3) Bei der Inanspruchnahme von land- oder forstwirtschaftlich genutzten Flächen für Ausgleichs- und Ersatzmaßnahmen ist auf agrarstrukturelle Belange Rücksicht zu nehmen, insbesondere sind für die landwirtschaftliche Nutzung besonders geeignete Böden nur im notwendigen Umfang in Anspruch zu nehmen. Es ist vorrangig zu prüfen, ob der Ausgleich oder Ersatz auch durch Maßnahmen zur Entsiegelung, durch Maßnahmen zur Wiedervernetzung von Lebensräumen oder durch Bewirtschaftungs- oder Pflegemaßnahmen, die der dauerhaften Aufwertung des Naturhaushalts oder des Landschaftsbildes dienen, erbracht werden kann, um möglichst zu vermeiden, dass Flächen aus der Nutzung genommen werden.

(4) Ausgleichs- und Ersatzmaßnahmen sind in dem jeweils erforderlichen Zeitraum zu unterhalten und rechtlich zu sichern. Der Unterhaltungszeitraum ist durch die zuständige Behörde im Zulassungsbescheid festzusetzen. Verantwortlich für Ausführung, Unterhaltung und Sicherung der Ausgleichs- und Ersatzmaßnahmen ist der Verursacher oder dessen Rechtsnachfolger.

(5) Ein Eingriff darf nicht zugelassen oder durchgeführt werden, wenn die Beeinträchtigungen nicht zu vermeiden oder nicht in angemessener Frist auszugleichen oder zu ersetzen sind und die Belange des Naturschutzes und der Landschaftspflege bei der Abwägung aller Anforderungen an Natur und Landschaft anderen Belangen im Range vorgehen.

(6) Wird ein Eingriff nach Absatz 5 zugelassen oder durchgeführt, obwohl die Beeinträchtigungen nicht zu vermeiden oder nicht in angemessener Frist auszugleichen oder zu ersetzen sind, hat der Verursacher Ersatz in Geld zu leisten. Die Ersatzzahlung bemisst sich nach den durchschnittlichen Kosten der nicht durchführbaren Ausgleichs- und Ersatzmaßnahmen einschließlich der erforderlichen durchschnittlichen Kosten für deren Planung und Unterhaltung sowie die Flächenbereitstellung unter Einbeziehung der Personal- und sonstigen Verwaltungskosten. Sind diese nicht feststellbar, bemisst sich die Ersatzzahlung nach Dauer und Schwere des Eingriffs unter Berücksichtigung der dem Verursacher daraus erwachsenden Vorteile. Die Ersatzzahlung ist von der zuständigen Behörde im Zulassungsbescheid oder, wenn der Eingriff von einer Behörde durchgeführt wird, vor der Durchführung des Eingriffs festzusetzen. Die Zahlung ist vor der Durchführung des Eingriffs zu leisten. Es kann ein anderer Zeitpunkt für die Zahlung festgelegt werden; in diesem Fall soll eine Sicherheitsleistung verlangt werden. Die Ersatzzahlung ist zweckgebunden für Maßnahmen des Naturschutzes und der Landschaftspflege möglichst in dem betroffenen Naturraum zu verwenden, für die nicht bereits nach anderen Vorschriften eine rechtliche Verpflichtung besteht.

(7) Das Bundesministerium für Umwelt, Naturschutz, Bau und Reaktorsicherheit wird ermächtigt, im Einvernehmen mit dem Bundesministerium für Ernährung und Landwirtschaft und dem Bundesministerium für Verkehr und digitale Infrastruktur durch Rechtsverordnung mit Zustimmung des Bundesrates das Nähere zur Kompensation von Eingriffen zu regeln, insbesondere

1. zu Inhalt, Art und Umfang von Ausgleichs- und Ersatzmaßnahmen einschließlich von Maßnahmen zur Entsiegelung, zur Wiedervernetzung von Lebensräumen und zur Bewirtschaftung und Pflege sowie zur Festlegung diesbezüglicher Standards, insbesondere für vergleichbare Eingriffsarten,
2. die Höhe der Ersatzzahlung und das Verfahren zu ihrer Erhebung.

Solange und soweit das Bundesministerium für Umwelt, Naturschutz, Bau und Reaktorsicherheit von seiner Ermächtigung keinen Gebrauch macht, richtet sich das Nähere zur Kompensation von Eingriffen nach Landesrecht, soweit dieses den vorstehenden Absätzen nicht widerspricht.

Inhaltsübersicht

I. Einführung

1   Während § 14 regelt, wann der Tatbestand eines Eingriffs in Natur und Landschaft vorliegt, befasst sich **§ 15** mit den **materiell-rechtlichen Folgen eines Eingriffs**. Auch wenn § 15 mit der Normüberschrift „Verursacherpflichten" versehen wurde, richtet sich die Norm vor allem an die über die Zulässigkeit des Eingriffs entscheidenden Behörden (s. auch § 17 zum Verfahren).[1] § 15 setzt sich aus mehreren Absätzen zusammen. Für die Zulässigkeit von Eingriffen besteht ein komplexes Pflichtengefüge in Form einer **Rechtsfolgenkaskade**[2], bei der die Unterlassungs-, Ausgleichs-, Ersatz- und Zahlungspflichten in einem Stufenverhältnis zueinander stehen. Daher lässt sich auch von einem „gestuften Reaktionsmodell" der naturschutzrechtlichen Eingriffsregelungen sprechen.[3]

2   § 15 statuiert dabei folgende systematische Prüfungsreihenfolge[4]:

- Verursacher von Eingriffen sind zunächst verpflichtet, **vermeidbare Beeinträchtigungen** von Natur und Landschaft **zu unterlassen**. Diese Pflicht wird in **§ 15 Abs. 1** näher ausgestaltet.
- Sind die Beeinträchtigungen **unvermeidbar**, sind sie vom Verursacher vorrangig durch Maßnahmen des Naturschutzes und der Landschaftspflege **auszugleichen oder zu ersetzen**. Dies wird in **§ 15 Abs. 2** detailliert geregelt, insbesondere wird gesetzlich umschrieben, wann eine Beeinträchtigung ausgeglichen bzw. ersetzt ist. Aus **Abs. 3** ergibt sich, wann land- oder forstwirtschaftlich genutzte Flächen für Ausgleichs- oder Ersatzmaßnahmen verwendet werden dürfen. Zur Vermeidung etwaiger Vollzugsdefizite enthält **Abs. 4** eine Regelung zur Unterhaltung und rechtlichen Sicherung der Ausgleichs- und Ersatzmaßnahmen.
- **Unvermeidbare oder nicht in angemessener Zeit auszugleichende bzw. zu ersetzende Beeinträchtigungen** dürfen **nicht zugelassen oder durchgeführt werden**, wenn die Belange des Naturschutzes und der Landschaftspflege anderen Belangen bei der gebotenen Abwägung im Rang vorgehen (**§ 15 Abs. 5**).
- Wird ein Eingriff zugelassen oder durchgeführt, obwohl die Beeinträchtigungen nicht zu vermeiden oder nicht in angemessener Frist auszugleichen oder zu ersetzen sind, weil die für das Vorhaben sprechenden Belange in der Abwägung vorgehen, hat der Verursacher dafür **Ersatz in Geld** zu leisten. **§ 15 Abs. 6** regelt ausführlich die **Ersatzzahlungen**.

3   Wie man an dieser Kaskade erkennen kann, ist die in § 15 Abs. 2 geregelte Naturalkompensation gegenüber der Vermeidung immer nur die zweitbeste Lösung.[5] Für das Kompensationsprinzip ist charakteristisch, „dass Art und Maß der Kompensation sich nach dem Äquivalenzprinzip im Sinne eines

---

1   So zur Vorgängernorm *Gellermann*, in: Landmann/Rohmer (Hrsg.), Umweltrecht, 56. Erg.-Lief. 2009, § 19 BNatSchG Rn. 2.
2   BT-Drs. 16/12274, S. 57.
3   BVerwG, Beschl. v. 07. 07. 2010 – 7 VR 2.10, NuR 2010, 646 (647).
4   Siehe auch *Erbguth/Schlacke*, Umweltrecht, 5. Aufl. 2015, § 10 Rn. 32.
5   *Gassner*, DVBl. 2011, 1268 (1269).

möglichst vollständigen Schadensausgleichs bestimmen".[6] Die Ersatzzahlung folgt an letzter Stelle. Bei ihr geht es nicht mehr um eine Wiedergutmachung i.S.e. Naturalkompensation, sondern um eine vom konkret-individuellen Fall abstrahierte „Finanzierung von Lösungen".[7]

§ 15 Abs. 7 enthält eine **Ermächtigung** für das Bundesministerium für Umwelt, Naturschutz und Reaktorsicherheit, durch **Rechtsverordnung** das Nähere zur **Kompensation von Eingriffen** zu regeln. Angesichts der Detailtiefe des § 15 wird der Inhalt seiner Regelungen, ihre historische Entwicklung sowie der Verlauf der Gesetzesberatungen bei der Erläuterung der einzelnen Absätze dargestellt.   *4*

Stets ist im Blick zu behalten, ob es nicht **spezialgesetzliche Anforderungen**   *5* gibt, welche denjenigen aus der naturschutzrechtlichen Eingriffsregelung vorgehen könnten. Z.B. wird in Bezug auf das BBergG vertreten, dass dieses aufgrund der in § 57a Abs. 2 Satz 2 Nr. 3 BBergG erwähnten Ersatzmaßnahmen bei nicht ausgleichbaren, aber vorrangigen Eingriffen in Natur und Landschaft bei der Rahmenbetriebsplanzulassung die naturschutzrechtlichen Anforderungen verdränge.[8] Da der Rahmenbetriebsplan aber nur eine von mehreren bergrechtlich relevanten Entscheidungen darstellt, ist mit Blick auf die Bedeutung der naturschutzrechtlichen Eingriffsregelung nicht davon auszugehen, dass diese Vorgabe für die anderen staatlichen Entscheidungen keinerlei Relevanz entfaltet. Vor allem wenn es um die Errichtung von im Außenbereich gelegenen Bauten für den Bergbau geht, kommt die naturschutzrechtliche Eingriffsregelung durchaus zum Tragen.[9] Wurde eine Bundesautobahn in einem gesetzlichen Bedarfsplan mit einem sog. Ökostern versehen, macht der bedarfsfeststellende Gesetzgeber die weiteren Planungsebenen auf eine erhöhte naturschutzfachliche Problematik dieses Vorhabens aufmerksam. Dadurch werden aber keine weitergehenden Anforderungen in verfahrens- und in materiell-rechtlicher Hinsicht an dieses gestellt, als sich aus den ohnehin maßgeblichen Rechtsvorschriften ergeben.[10]

II. Gesetzgebungskompetenz

Durch den am **01. 03. 2010** in Kraft getretenen § 15 wurde § 19 BNatSchG 2002   *6* abgelöst. Da § 15 Abs. 3 nicht bloß klarstellenden Charakter hat, ist ein vor dem 01. 08. 2010 erlassener Planfeststellungsbeschluss nicht an den novellierten Rechtsvorschriften, sondern an dem zum Erlasszeitpunkt maßgeblichen Recht zu messen.[11] Der Bund hat § 15 aufgrund seiner konkurrierenden Gesetzgebungskompetenz für den Naturschutz und die Landschaftspflege

---

6 *Gassner,* DVBl. 2011, 1268 (1269).

7 *Gassner,* DVBl. 2011, 1268 (1271).

8 *Müggenborg,* NuR 2013, 326 (330).

9 Eingehend zum Verhältnis Bergrecht und naturschutzrechtliche Eingriffsregelung *Brockhoff,* Naturschutzrechtliche Eingriffsregelung in bergrechtlichen Zulassungsverfahren, 2012, S. 218 ff.

10 BVerwG, Urt. v. 03. 05. 2013 – 9 A 16/12, BVerwGE 146, 254 (260).

11 BVerwG, Beschl. v. 07. 07. 2010 – 7 VR 2.10, NuR 2010, 646 (646).

(**Art. 74 Abs. 1 Nr. 29 GG**) erlassen, ohne an die Erforderlichkeitsklausel des Art. 72 Abs. 2 GG gebunden zu sein. Wie man an der Detailliertheit des § 15 Abs. 2–6 sehen kann, hat der Bund damit eine **abschließende Regelung** getroffen. Was jedoch die Einzelheiten zur Kompensation von Eingriffen, d.h. die Ausgleichs- und Ersatzmaßnahmen sowie Ersatzzahlungen bei nicht möglicher Realkompensation anbetrifft, wird das Bundesministerium für Umwelt, Naturschutz und Reaktorsicherheit dazu ermächtigt, Inhalt, Art und Umfang der Ausgleichs- und Ersatzmaßnahmen sowie die Höhe der Ersatzzahlungen einschließlich des Verfahrens zu ihrer Erhebung zu regeln. Solange und soweit das Bundesministerium von seiner Ermächtigung keinen Gebrauch gemacht hat, richtet sich das Nähere zur Kompensation von Eingriffen nach Landesrecht, soweit dieses den Vorgaben des § 15 Abs. 2–6 nicht widerspricht. Anders ausgedrückt entfaltet nicht bereits die Verordnungsermächtigung des Bundesministeriums in § 15 Abs. 7 Satz 1 Sperrwirkung. Erst wenn dieses von seiner Ermächtigung erschöpfend Gebrauch gemacht hat, besteht eine Sperrwirkung für die Länder.[12]

7   Sofern der Bund von seiner konkurrierenden Gesetzgebungszuständigkeit **Gebrauch gemacht** hat, können die **Länder** hiervon durch Gesetz **abweichende Regelungen** über den Naturschutz und die Landschaftspflege treffen, soweit es sich hierbei um **keine allgemeinen Grundsätze des Naturschutzes** handelt (Art. 72 Abs. 3 Satz 1 Nr. 2 GG).[13] Angesichts dessen, dass der Bund nur § 13, nicht aber § 15 als „allgemeinen Grundsatz" ausgewiesen hat, ist er wohl selbst davon ausgegangen, dass der Inhalt des § 15 nicht zu den abweichungsfesten Bereichen des Naturschutzes gehört. Da die abweichungsfesten Bereiche nicht zur Disposition des einfachen Gesetzgebers stehen[14], muss letztlich für jede einzelne Regelung festgestellt werden, ob sie zu den abweichungsfesten allgemeinen Grundsätzen des Naturschutzes gehört.[15] Soweit etwa § 15 Abs. 1 Satz 1 BNatSchG anordnet, dass der Verursacher eines Eingriffs verpflichtet ist, vermeidbare Beeinträchtigungen von Natur und Landschaft zu unterlassen, wird – nur etwas anders formuliert – die Regelung in § 13 Satz 1 wiederholt. Da es sich hierbei um eine zum abweichungsfesten Kern gehörende Regelung handelt (s. § 13 Rn. 8 ff., 12), kann für § 15 Abs. 1 Satz 1 nichts anderes gelten. Demgegenüber beinhaltet § 15 Abs. 1 Satz 2 keinen allgemeinen Grundsatz. In dieser Regelung wird nur erläutert, wann ein einzelnes Tatbestandsmerkmal des Vermeidungsgebots gegeben ist, nämlich eine Beeinträchtigung „vermeidbar" ist. Auch beim Regelungsgehalt des § 15 Abs. 1 Satz 3 lässt sich nicht von einem Grundsatz von allgemeiner Tragweite sprechen.

---

12 Siehe zur Sperrwirkung von Rechtsverordnungen *Jarass/Pieroth*, GG, 13. Aufl. 2014, Art. 72 Rn. 12 m.w.N.

13 Zur bislang wenig geklärten Frage abweichenden Landesrechts durch Verordnungen *Brockhoff*, Naturschutzrechtliche Eingriffsregelung in bergrechtlichen Zulassungsverfahren, 2012, S. 156; *Stegmüller*, DÖV 2013, 221 (221 ff.).

14 *Gellermann*, NVwZ 2010, 73 (74); *Glaser*, JuS 2010, 209 (210); s. auch *Appel*, NuR 2010, 171 (173); *Franzius*, ZUR 2010, 346 (349).

15 A.A. *Egner*, in: Egner/Fuchs, Naturschutz- und Wasserrecht 2009, § 15 BNatSchG Rn. 1, wonach § 15 generell nicht abweichungsfest ist.

§ 15 Abs. 2 Satz 1 ist, ebenso wie die korrespondierende Regelung in § 13   **8**
Satz 2, als abweichungsfest einzustufen (s. § 13 Rn. 8 ff., 12). Die nachfolgenden Regelungen können dagegen angesichts ihres Regelungsinhalts und ihrer Detailliertheit nicht als abweichungsfest qualifiziert werden.[16] Die naturschutzfachliche Abwägung gem. § 15 Abs. 5 wird zwar nicht in der Regelung des § 13 als allgemeiner Grundsatz ausgewiesen. Darauf kommt es für die verfassungsrechtliche Beurteilung aber nicht an. Die Abwägung war von Anfang an Bestandteil der naturschutzrechtlichen Eingriffsregelung. Auch kommt man zu einer Ersatzzahlung auf der letzten Stufe der Rechtsfolgenkaskade nur, wenn der Eingriff in Natur und Landschaft zugelassen wurde. Dies könnte dazu führen, die Abwägung als Brückenglied innerhalb der Prüfungsreihenfolge der Eingriffsregelung zu den allgemeinen Grundsätzen zu zählen. Dagegen wird vorgebracht, dass die Eingriffsregelung in ihrem Grundanliegen ein Instrument der Folgenbewältigung und nicht der Zulassung des Vorhabens ist.[17] Diese Meinung vernachlässigt jedoch, dass es nicht ausgeschlossen ist, dass die Abwägung zu Gunsten von Natur und Landschaft ausgehen kann. Dann führt diese Station innerhalb der Prüfungsreihenfolge zur Unzulässigkeit des Eingriffs. Deshalb sprechen gute Gründe dafür, sie im Hinblick auf ihre bundesweite Bedeutung ebenfalls zu den allgemeinen Grundsätzen zu zählen.[18] Die Verpflichtung des Verursachers zur Ersatzzahlung in Geld nach § 15 Abs. 6 Satz 1 ist wiederum allgemeiner Natur und als „Wiederholung" des § 13 Satz 2 ebenfalls abweichungsfest. Den nachfolgenden Bestimmungen fehlt der Charakter eines allgemeinen Grundsatzes.

III. Landesrecht

Ein Blick auf das Landesrecht zeigt, dass die Mehrzahl der Bundesländer –   **9**
etwas anderes gilt in Baden-Württemberg, Rheinland-Pfalz, im Saarland und in Thüringen – zwischenzeitlich doch sehr detaillierte eigene Regelungen zu § 15 aufgestellt hat. Infolgedessen ist ein sehr unübersichtlicher Flickenteppich an Regelungen entstanden.[19] Mit Sorgfalt ist die Rechtslage in den einzelnen Bundesländern zu erschließen und jeweils zu prüfen, ob sich die einzelnen Vorgaben auf Regelungen beschränken, die nicht zu den abweichungsfesten allgemeinen Grundsätzen des Naturschutzes gehören.

Nach **Art. 7 BayNatSchG** sind Ersatzzahlungen i.S.d. § 15 Abs. 6 an den Bay-   **10**
erischen Naturschutzfonds zu entrichten und von diesem im Bereich der vom Eingriff räumlich betroffenen unteren Naturschutzbehörden nach deren näherer Bestimmung für Maßnahmen des Naturschutzes und der Landschaftspflege zu verwenden. Eine Verwendung in anderen Bereichen ist möglich,

---

16 A.A. *Engel/Ketterer*, VBlBW 2010, 293 (296).

17 *Köck/Wolf*, NVwZ 2008, 353 (359); ablehnend auch *Franzius*, ZUR 2010, 346 (349).

18 Im Ergebnis wie hier *Engel/Ketterer*, VBlBW 2010, 293 (296); *Schulze-Fielitz*, NVwZ 2007, 249 (257); *Fischer-Hüftle*, in: Schumacher/ders. (Hrsg.), BNatSchG, 2. Aufl. 2010, § 13 Rn. 5 hält eine solche Abweichung jedenfalls für nicht sinnvoll; s. zur verfassungsrechtlichen Einordnung der Eingriffsregelung auch *Otto/Sanden*, NuR 2007, 802 (804).

19 Kritisch *Koch*, in: Schlacke (Hrsg.), GK-BNatSchG, 2012, § 15 Rn. 53.

wenn die betroffenen unteren Naturschutzbehörden ihr Einvernehmen erteilt haben oder nach Bestimmung der obersten Naturschutzbehörde, sofern die Mittel nach zwei Jahren nicht für konkrete Maßnahmen verwendet worden sind. Auf der Grundlage des **Art. 8 Abs. 3 BayNatSchG**, der die Staatsregierung dazu ermächtigt, das Nähere zur Kompensation von Eingriffen durch Rechtsverordnung zu regeln, insbesondere 1. zu Inhalt, Art und Umfang von Ausgleichs- und Ersatzmaßnahmen einschließlich Maßnahmen zur Entsiegelung, zur Wiedervernetzung von Lebensräumen und zur Bewirtschaftung und Pflege sowie zur Festlegung diesbezüglicher Standards, insbesondere für vergleichbare Eingriffsarten, 2. zur Höhe der Ersatzzahlung und das Verfahren zu ihrer Erhebung wurde die **Bayerische Kompensationsverordnung**[20] erlassen. Nach allgemeinen Regelungen zum Anwendungsbereich und zur Kompensation folgen Vorschriften zur Eingriffsermittlung, zur Realkompensation, über das Ökokonto und die Ersatzzahlungen.[21]

11 Nach **§ 17 Abs. 1 NatSchGBln** ist der Verursacher abweichend von § 15 Abs. 2 Satz 1 verpflichtet, unvermeidbare Beeinträchtigungen innerhalb einer zu bestimmenden Frist von möglichst nicht über zwei Jahren auszugleichen oder zu ersetzen. Ersatzmaßnahmen sollen hierbei möglichst innerhalb der in der Landschaftsplanung ausgewiesenen Flächen und Räume festgesetzt werden und können abweichend von § 15 Abs. 2 Satz 3 auch außerhalb des durch den Eingriff betroffenen Naturraums erfolgen. Gem. § 17 Abs. 3 NatSchGBln sind die aus der Ersatzzahlung nach § 15 Abs. 6 aufkommenden Mittel in Abstimmung mit den im Land Berlin anerkannten Naturschutzvereinigungen einzusetzen. Sie können innerhalb des Stadtgebietes von Berlin auch für Maßnahmen des Naturschutzes und der Landschaftspflege außerhalb des betroffenen Naturraums verwendet werden. Lediglich im begründeten Einzelfall können die Mittel anteilig auch für Maßnahmen außerhalb des Stadtgebiets verwendet werden.

12 **§ 6 Abs. 1 BbgNatSchAG** bestimmt, dass in Abweichung von § 15 Abs. 6 Satz 1 eine Ersatzzahlung auch geleistet werden soll, wenn durch die Verwendung der Ersatzzahlung eine Aufwertung des Naturhaushalts oder des Landschaftsbildes mit gleichen Aufwendungen besser verwirklicht werden kann als durch Ausgleich und Ersatz der Beeinträchtigung nach § 15 Abs. 2. Die Ersatzzahlung soll nach Möglichkeit im Gebiet des betroffenen Landkreises oder der kreisfreien Stadt, ansonsten im betroffenen Naturraum verwendet werden. Nach Absatz 2 ist die Ersatzzahlung als zweckgebundene Abgabe an das Land zu richten, das sie an die nach § 33 zuständige Stiftung weiterleitet. Gem. **§ 8 Abs. 5 BremNatG** steht die Ersatzzahlung nach § 15 Abs. 6 der unteren Naturschutzbehörde zu, in deren Zuständigkeitsbereich der Eingriff verwirklicht wird. Diese kann eine Stelle für die Vereinnahmung des Geldes bestimmen und verfügt eine zweckgebundene Verwendung i.S.d. § 15 Abs. 6 Satz 7. Nach **§ 6 Abs. 3 HmbBNatSchAG** sind im Falle der Beseitigung oder teilweisen Beseitigung von Gewässern abweichend von

---

20 Verordnung über die Kompensation von Eingriffen in Natur und Landschaft v. 07. 08. 2013 m.W.v. 01. 09. 2014 (GVBl 2013, S. 517).

21 Näher dazu *Pintsch*, KommPraxis BY 2014, 286 (286 ff.).

§ 15 Abs. 2 Ausgleichs- oder Ersatzmaßnahmen nur im Hafennutzungsgebiet durchzuführen. Sind entsprechende Maßnahmen nicht möglich, beträgt die Ersatzzahlung 7,50 € je Quadratmeter beseitigter Wasserfläche, die in die Stiftung Lebensraum Elbe fließt.

Nach **§ 7 Abs. 1 HessAGBNatSchG** gelten Ersatzmaßnahmen nach § 15   *13*
Abs. 2 Satz 3 als Ausgleichsmaßnahmen nach § 15 Abs. 2 Satz 2. Durch diese Regelung wird die begriffliche Unterscheidung zwischen Ausgleichs- und Ersatzmaßnahmen aufgehoben.[22] Außerdem dürfen Maßnahmen nicht als Ausgleich oder Ersatz eines Eingriffs angerechnet werden, soweit sie aus öffentlichen Mitteln gefördert werden. Nach Absatz 2 gilt eine Ersatzmaßnahme auch dann als im betroffenen Naturraum gelegen, wenn sie und der zu ersetzende Eingriff im Gebiet desselben Flächennutzungsplans oder Landkreises oder in den Gebieten benachbarter Landkreise liegen; dies gilt für kreisfreie Städte entsprechend. Eine Ersatzmaßnahme gilt auch dann als gleichwertige Herstellung der durch einen Eingriff beeinträchtigten Funktion i.S.d. § 15 Abs. 2 Satz 3, wenn durch sie nach Maßgabe von Bewirtschaftungsplänen Erhaltungsziele von Natura-2000-Gebieten oder Schutzziele von Naturschutzgebieten gefördert werden oder die Erhaltungszustände nach Anhang IV der Richtlinie zur Erhaltung der natürlichen Lebensräume sowie wildlebender Tiere und Pflanzen, stark gefährdeter oder vom Aussterben bedrohter Arten oder von Arten, für deren Erhalt in Deutschland Hessen eine besondere Verantwortung trägt, verbessert werden oder sie von der Ökoagentur nach § 11 durchgeführt wird.

In Bezug auf die Ersatzzahlungen bestimmt **§ 12 Abs. 4 NatSchAG M-V**, dass   *14*
diese an das Land zu leisten sind, von dem sie an die Stiftung Umwelt- und Naturschutz Mecklenburg-Vorpommern weitergeleitet werden. Für den Fall, dass Kosten nach § 15 Abs. 6 Satz 2 nicht feststellbar sind, bemisst sich nach **§ 6 NdsAGBNatSchG** die Ersatzzahlung abweichend von § 15 Abs. 6 Satz 3 allein nach Dauer und Schwere des Eingriffs und beträgt höchstens 7 % der Kosten für die Planung und Ausführung des Vorhabens einschließlich der Beschaffungskosten für Grundstücke. Abweichend von § 15 Abs. 6 Satz 7 kann die Ersatzzahlung dabei auch für Festlegungen und Maßnahmen nach § 15 Abs. 2 Satz 4 verwendet werden.

Sehr ausführlich werden die Kompensationsmaßnahmen in **§ 4a LG NRW**   *15*
geregelt. Hat ein Eingriff gleichzeitig positive Wirkungen auf den Biotop- und Artenschutz, sind diese bei der Bewertung des Eingriffs und der Bemessung der Kompensationsmaßnahmen angemessen zu berücksichtigen, um möglichst zu vermeiden, dass Flächen aus der Nutzung genommen werden. Durch Auswahl und Kombination geeigneter Kompensationsflächen und Kompensationsmaßnahmen ist die Inanspruchnahme von Flächen auf das unabdingbar notwendige Maß zu beschränken. Die Flächeninanspruchnahme von landwirtschaftlich genutzten Flächen soll im Rahmen der Gesamtkompensation auch bei Eingriffen auf ökologisch höherwertigen Flä-

---

22 S. dazu *Brockhoff*, Naturschutzrechtliche Eingriffsregelung in bergrechtlichen Zulassungsverfahren, 2012, S. 141.

chen möglichst nicht größer als diejenige für den Eingriff sein.[23] Nach Abs. 2 kommen zur Kompensation auch Bewirtschaftungs- und Pflegemaßnahmen, die der dauerhaften Aufwertung des Naturhaushalts oder des Landschaftsbildes dienen, in Betracht. Dazu gehören auch Maßnahmen auf wechselnden Flächen, wenn deren Dauerhaftigkeit durch Vertrag des Verursachers mit einem geeigneten Maßnahmenträger gewährleistet ist. Nach § 4a Abs. 3 LG NRW sind bei der Auswahl und Durchführung von Kompensationsmaßnahmen u.a. solche vorrangig, die keine zusätzlichen Flächen in Anspruch nehmen oder im Rahmen eines Ökokontos bereits durchgeführt und anerkannt sind. Hinsichtlich des Ersatzgeldes wird in **§ 5 LG NRW** festgelegt, dass es an den Kreis oder die kreisfreie Stadt zu entrichten ist und spätestens nach fünf Jahren zweckgebunden für Maßnahmen des Naturschutzes und der Landschaftspflege verwendet werden soll. Dabei hat die ökologische Verbesserung vorhandener landschaftlicher Strukturen Vorrang vor der Inanspruchnahme neuer Flächen. Das Geld kann auch für die Aufstellung und Durchführung von Maßnahmen eines Landschaftsplans verwendet werden. Ist die Fläche für die Kompensation größer als die für den Eingriff, ist zu prüfen, ob der Verursacher im Rahmen der Gesamtkompensation für den über die Eingriffsfläche hinausgehenden Teil Ersatzgeld leisten kann. Soweit das Ersatzgeld für einen Eingriff in Waldflächen zu zahlen oder zur Aufforstung von Flächen zu verwenden ist, wird es gem. § 5 Abs. 2 Satz 1 LG NRW dem Landesbetrieb Wald und Holz zur Verfügung gestellt.

16 Das Land Sachsen hat ebenfalls eine detaillierte Regelung zu § 15 erlassen. Nach **§ 10 Abs. 1 SächsNatSchG** sind über § 15 Abs. 2 Satz 3 hinaus Suchraum für Ersatzmaßnahmen bei Großvorhaben auch die Planungsregionen i.S.v. § 9 Abs. 1 SächsLPlG und die sächsischen Teile der Flussgebietseinheiten, in denen der Eingriff stattfindet. Gem. Absatz 2 muss bei Durchführung von Ausgleichs- und Ersatzmaßnahmen durch einen Dritten dieser der Anrechnung der Maßnahme auf den Eingriff zugestimmt haben. Der Anspruch auf Anrechnung ist übertragbar. Ein Dritter kann die Verpflichtung des Eingriffsverursachers zur Leistung von Kompensationsmaßnahmen mit befreiender Wirkung gegen Entgelt dahingehend übernehmen, dass allein er nach erfolgter Zulassungsentscheidung die Durchführung, Sicherung oder Unterhaltung der Kompensation gewährleistet. Der Dritte muss dafür nach § 7 Abs. 2 SächsÖkoVO von der obersten Naturschutzbehörde beauftragt sein. Die Übertragung der Kompensationsverpflichtung auf ihn hat ohne Bedingung zu erfolgen, kann nicht widerrufen werden und ist in die jeweilige Zulassungsentscheidung aufzunehmen oder durch die zuständige Behörde zu genehmigen. Nach Absatz 3 hat der Freistaat Sachsen, eine Gemeinde oder ein Landkreis als Träger eines Vorhabens, das mit Eingriffen in Natur und Landschaft verbunden und für das eine Planfeststellung oder Plangenehmigung erforderlich ist, nachzuweisen, dass Ökokontomaßnahmen i.S.d. § 11 Abs. 1 oder von den nach § 7 Abs. 2 SächsÖkoVO Beauftragten durchgeführte Maßnahmen des Naturschutzes und der Landschaftspflege, die ge-

---

23 S. zu Satz 3 *Brockhoff*, Naturschutzrechtliche Eingriffsregelung in bergrechtlichen Zulassungsverfahren, 2012, S. 147.

eignet und wirtschaftlich angemessen sind, für den erforderlichen Ausgleich oder Ersatz nicht verfügbar sind, soweit dies im Rahmen der für den Vorhabensträger geltenden Vorschriften möglich ist. Abs. 4 zufolge ist abweichend von § 15 Abs. 6 Satz 2, 3 BNatSchG die Ersatzzahlung nach Dauer und Schwere des Eingriffs, dem Wert oder dem Vorteil für den Verursacher sowie nach der wirtschaftlichen Zumutbarkeit zu bemessen. Sie ist an den Naturschutzfonds zu leisten. Das Nähere wird in einer Rechtsverordnung bestimmt, in die auch allgemeine Regeln über Inhalt, Art und Umfang von Ausgleichs- und Ersatzmaßnahmen aufzunehmen sind.

Im Land Sachsen-Anhalt werden die Kompensationsmaßnahmen in **§ 7 NatSchG LSA** geregelt. Nach Absatz 1 sind bei der Auswahl und Durchführung von Ausgleichs- und Ersatzmaßnahmen solche vorrangig, die 1. keine zusätzlichen land- und forstwirtschaftlich genutzten Flächen in Anspruch nehmen, 2. im Rahmen eines Ökokontos bereits durchgeführt und anerkannt sind, 3. auf die Renaturierung versiegelter Flächen gerichtet sind oder diese Flächen der natürlichen Entwicklung überlassen, 4. bei einer Beeinträchtigung von Waldfunktionen in waldreichen Gebieten a) eine Waldvermehrung in waldarmen Gebieten oder b) ortsnah einen Umbau von Waldbeständen in einen naturnäheren Zustand vorsehen oder c) ortsnah andere Biotope im Rahmen des Biotopverbunds entwickeln, 5. zugleich auch der Durchführung von Maßnahmen in Maßnahmenprogrammen i.S.d. § 82 WHG dienen, 6. als Bewirtschaftungs- und Pflegemaßnahmen der dauerhaften Aufwertung des Naturhaushaltes oder des Landschaftsbildes dienen oder 7. der Wiedervernetzung von Lebensräumen dienen. Nach Absatz 2 gelten bei der Anrechnung einer Ökokontomaßnahme die Voraussetzungen des § 15 Abs. 2 als erfüllt. Ökokontomaßnahmen erfüllen die Voraussetzungen der Funktionalität nach § 15 Abs. 2.[24] Gemäß Absatz 3 kann die für die Zulassung des Eingriffs zuständige Behörde die Verantwortung für die Ausführung, Unterhaltung und Sicherung der Ausgleichs- und Ersatzmaßnahme abweichend von § 15 Abs. 4 Satz 3 mit befreiender Wirkung für den Eingriffsverursacher auf Dritte übertragen. Die Übertragung darf nur auf zuvor von der obersten Naturschutzbehörde anerkannte Dritte erfolgen. Eine solche Anerkennung setzt voraus, dass der Dritte 1. sein Tätigkeitsfeld im Natur- und Umweltschutz hat, 2. die Gewähr für eine ordnungsgemäße Durchführung der Ausgleichs- und Ersatzmaßnahmen bietet, 3. die dauerhafte Sicherung der Maßnahmen gewährleistet. Das Nähere dazu wird in einer Verordnung geregelt.

Auch das Land Schleswig-Holstein hat mit **§ 9 LNatSchG S-H** eine sehr ausführliche Regelung zu § 15 aufgestellt.[25] Nach § 9 Abs. 2 LNatSchG S-H dürfen die gem. § 15 festgesetzten Ausgleichs- und Ersatzmaßnahmen nur im Rahmen einer Genehmigung der zuständigen Naturschutzbehörde beseitigt oder verändert werden und schließen die Ausgleichs- und Ersatzmaßnahmen Maßnahmen zur Sicherung des angestrebten Erfolgs ein. Abweichend von

17

18

---

24 Zu Zweifeln an der Vereinbarkeit dieser Regelung mit dem Verursacherprinzip *Brockhoff*, Naturschutzrechtliche Eingriffsregelung in bergrechtlichen Zulassungsverfahren, 2012, S. 130 f.

25 Siehe dazu *Krings*, NordÖR 2010, 181 (185).

§ 15 Abs. 5 darf ein Eingriff auch dann nicht zugelassen werden, wenn ihm andere Vorschriften des Naturschutzrechts entgegenstehen (§ 9 Abs. 3 LNatSchG S-H). Abweichend von § 15 Abs. 3 Satz 2 ist zusätzlich vorrangig zu prüfen, ob Ausgleichs- und Ersatzmaßnahmen auch durch Aufwertung nicht landwirtschaftlich genutzter Flächen erbracht werden können. Die Flächeninanspruchnahme von landwirtschaftlich genutzten Flächen soll im Rahmen der Gesamtkompensation auch bei Eingriffen auf höherwertigen Flächen möglichst nicht größer als diejenige für den Eingriff sein (§ 9 Abs. 4 LNatSchG S-H).[26] § 9 Abs. 5 LNatSchG S-H ist zu entnehmen, an wen die Ersatzzahlung zu leisten ist. Abweichend von § 15 Abs. 6 Satz 7 wird in § 9 Abs. 6 LNatSchG S-H festgelegt, dass die Ersatzzahlung zweckgebunden für Maßnahmen des Naturschutzes und der Landschaftspflege, für die nicht bereits nach anderen Vorschriften eine rechtliche Verpflichtung besteht, sowie zur Sicherung des angestrebten Erfolgs zu verwenden ist. Die von den unteren Naturschutzbehörden vereinnahmten Mittel, die nicht innerhalb von zwei Jahren verwendet wurden, fallen an die oberste Naturschutzbehörde. Nach § 9 Abs. 7 LNatSchG S-H wird die Landesregierung abweichend von § 15 Abs. 7 ermächtigt, durch Verordnung das Nähere zur Kompensation von Eingriffen zu regeln. Dies gilt insbesondere 1. zur Bestimmung des maßgeblichen Naturraums (abweichend von § 15 Abs. 2 Satz 3 BNatSchG) 2. zu Inhalt, Art und Umfang von Ausgleichs- und Ersatzmaßnahmen einschließlich von Maßnahmen zur Entsiegelung, zur Wiedervernetzung von Lebensräumen und zur Bewirtschaftung und Pflege sowie zur Festlegung diesbezüglicher Standards, insbesondere für vergleichbare Eingriffsarten (abweichend von § 15 Abs. 7 Satz 1 Nr. 1 BNatSchG) und 3. für die Höhe der Ersatzzahlung und das Verfahren zu ihrer Erhebung (abweichend zu § 15 Abs. 7 Satz 1 Nr. 2 BNatSchG).

IV. Vermeidungsgebot, § 15 Abs. 1

19 Der in § 13 Satz 1 enthaltene allgemeine Grundsatz, dass erhebliche Beeinträchtigungen von Natur und Landschaft vom Verursacher vorrangig zu vermeiden sind, wird in § 15 Abs. 1 weiter ausdifferenziert. **§ 15 Abs. 1 Satz 1** bringt nochmals die **Unterlassungspflicht** als rechtliche Primärpflicht zum Ausdruck.[27] **§ 15 Abs. 1 Satz 2** enthält nunmehr eine **Legaldefinition** für **vermeidbare Beeinträchtigungen**. In **Satz 3** wird eine **Begründungspflicht** für nicht vermeidbare Eingriffe normiert.

1. Normhistorie

20 Bereits § 8 Abs. 2 Satz 1 Halbs. 1 BNatSchG 1976[28] bestimmte, dass der Verursacher eines Eingriffs zu verpflichten ist, vermeidbare Beeinträchtigungen von Natur und Landschaft zu unterlassen. Erstmals wurde auf bundesrecht-

---

26 Zu Absatz 3 *Brockhoff*, Naturschutzrechtliche Eingriffsregelung in bergrechtlichen Zulassungsverfahren, 2012, S. 147.

27 *Stadler*, Die naturschutzrechtliche Eingriffsregelung in der Bundesfernstraßenplanung, 2002, S. 165.

28 BGBl. I 1976, S. 3576.

licher Ebene entsprechend dem Vorbild in zahlreichen Landesnaturschutzgesetzen eine Legaldefinition „vermeidbarer" Beeinträchtigungen aufgenommen. Ausweislich den Gesetzesmaterialien zum aktuellen BNatSchG verpflichtet das Vermeidungsgebot den Verursacher dazu, in allen Planungs- und Realisierungsstadien seines Vorhabens dafür Sorge zu tragen, dass es so umweltschonend wie möglich umgesetzt wird. Durch die Begründungspflicht bei nicht vermeidbaren Beeinträchtigungen soll die Beachtung und Umsetzung des Vermeidungsgebots in der Praxis gestärkt werden.[29]

2. Norminhalt

Die Verpflichtung, vermeidbare Beeinträchtigungen von Natur und Landschaft zu unterlassen (§ 15 Abs. 1 Satz 1), stellt im Stufenmodell der naturschutzrechtlichen Eingriffsregelung die **primäre Rechtsfolge** dar. Das Vermeidungsgebot ist eine Ausprägung des **Bestandsschutzprinzips**, wonach Umweltbelastungen in erster Linie zu vermeiden sind und die Beseitigung ihrer Folgen erst an zweiter Stelle kommt.[30] Da bei der Legaldefinition des Eingriffs in § 14 Abs. 1 auf die Leistungs- und Funktions*fähigkeit* des Naturhaushalts abgestellt wird und der Staat nach der Staatszielbestimmung des Art. 20a GG die natürlichen Lebensgrundlagen auch in Verantwortung für die künftigen Generationen zu schützen hat, darf das Vermeidungsgebot nicht darauf reduziert werden, den zum Zeitpunkt der Veränderungen des Lebensraums unter Umständen auf zufällige Ereignisse zurückzuführenden aktuellen Zustand zu konservieren.[31] Weil es jedoch sowohl die Bedeutung des Wortes „Eingriff" als auch des Vermeidungsgebots überbeanspruchen würde, wenn der Eingreifende Entwicklungschancen der Natur prophylaktisch offen halten müsste, werden **künftige naturräumliche Entwicklungen** durch das Vermeidungsgebot nur insoweit geschützt, als ihr Eintritt **tatsächlich zu erwarten** ist. Mit den Worten des BVerwG sind Visionen und Hoffnungen für das Vermeidungsgebot nicht maßstabbildend.[32]

Adressat der Vermeidungspflicht ist der **Verursacher** des Eingriffs. Die naturschutzrechtliche Eingriffsregelung enthält eine einfachgesetzliche Ausformung des **Verursacherprinzips**, das auch im Unionsrecht Geltung beansprucht (Art. 191 Abs. 2 UAbs. 1 Satz 2 AEUV). Nach dem Verursacherprinzip ist derjenige, dem Umweltbeeinträchtigungen zuzurechnen sind, dafür verantwortlich und soll für deren Beseitigung, Verminderung oder Ausgleich herangezogen werden.[33] Wie man am naturschutzrechtlichen Vermeidungsgebot sehen kann, erschöpft sich dieses Prinzip nicht darin, von der betreffenden

21

22

---

29 BT-Drs. 16/12274, S. 57.
30 BVerwG, Urt. v. 16.12.2004 – 4 A 11/04, NVwZ 2005, 589f.; *Berchter*, Die Eingriffsregelung im Naturschutzrecht, 2007, S. 84f.
31 BVerwG, Urt. v. 16.12.2004 – 4 A 11/04, NVwZ 2005, 589 (590); *Eissing/Louis*, NuR 1996, 485 (485).
32 BVerwG, Urt. v. 16.12.2004 – 4 A 11/04, NVwZ 2005, 589 (590); s. auch *Gellermann*, in: Landmann/Rohmer (Hrsg.), Umweltrecht, Stand: August 2014, § 15 BNatSchG Rn. 4.
33 *Erbguth/Schlacke*, Umweltrecht, 5. Aufl. 2014, § 3 Rn. 11; *Louis/Engelke*, BNatSchG, 2. Aufl. 2000, § 8 Rn. 32; *Ramsauer*, in: Koch (Hrsg.), Umweltrecht, 4. Aufl. 2014, § 3 Rn. 23f.

Person einen Ausgleich für erlittene Umweltschäden zu verlangen, sondern bedingt inzwischen einen Vorrang der Vermeidung von Umweltbelastungen.[34]

23 Bislang wird der **Begriff des Verursachers** im Umweltrecht uneinheitlich verwendet. Im engeren Sinne ist mit dem Verursacher derjenige gemeint, in dessen Einflussbereich die Umweltbelastung auftritt.[35] Nach einem weiteren Verursacherbegriff können neben dem unmittelbar kausalen Verursacher auch alle ausführend Beteiligten als Verursacher angesehen werden.[36] Nach einem dritten Ansatz ist derjenige als Verursacher zu begreifen, der die Umweltbelastung mitverursacht hat und wirtschaftlich und technisch am besten zur Abstellung der Beeinträchtigung in der Lage ist.[37] Weil das Vermeidungsgebot darauf abzielt, es gar nicht erst zu einer Beeinträchtigung von Natur und Landschaftspflege kommen zu lassen, liegt es nahe, bei § 15 Abs. 1 an den engeren Verursacherbegriff anzuknüpfen. Wegen des engen Zusammenhangs zwischen der Eingriffsregelung und dem in § 17 geregelten Verfahren ist eine rechtliche und nicht wirtschaftliche Anknüpfung bei der Verursacherbestimmung vorzunehmen.[38] Verursacher ist derjenige, der die Maßnahme, die zum Eingriff führt, verantwortlich durchführt oder durchführen lässt.[39] Auch der Pächter eines Grundstücks, der dort unzulässige Aufschüttungen auf einer Feuchtfläche vornehmen lassen will oder lässt, kommt als Verursacher in Betracht.[40] Unerheblich ist dagegen, wer im Rahmen einer wirtschaftlichen Betrachtungsweise letztlich von der Maßnahme profitiert.[41] Da der Pflichtige i.S.d. BNatSchG allein der „Verursacher" eines Eingriffs ist, ist eine Inanspruchnahme des Eigentümers als Zustandsverantwortlicher – anders als im Polizei- und Ordnungsrecht – nicht möglich.[42]

24 Nach § 15 Abs. 1 Satz 1 **ist** der Verursacher zur Unterlassung vermeidbarer Beeinträchtigungen von Natur und Landschaft verpflichtet. Wie man an der Ist-Formulierung gut sehen kann, handelt es sich bei dem Vermeidungsgebot um **striktes Recht**,[43] das weder Gegenstand der spezifisch naturschutz-

---

34 *Erbguth/Schlacke*, Umweltrecht, 5. Aufl. 2014, § 3 Rn. 12.

35 *Erbguth/Schlacke*, Umweltrecht, 5. Aufl. 2014, § 3 Rn. 13.

36 *Erbguth/Schlacke*, Umweltrecht, 5. Aufl. 2014, § 3 Rn. 13.

37 *Erbguth/Schlacke*, Umweltrecht, 5. Aufl. 2014, § 3 Rn. 13.

38 *Louis/Engelke*, BNatSchG, 2. Aufl. 2000, § 8 Rn. 32.

39 *Louis/Engelke*, BNatSchG, 2. Aufl. 2000, § 8 Rn. 32; *Meßerschmidt*, Bundesnaturschutzrecht, Stand: September 2014, § 15 BNatSchG Rn. 27.

40 OVG Koblenz, Urt. v. 19.05.1987 – 7 A 58/86, NuR 1988, 41 (43); VGH München, Beschl. v. 19.08.1992 – 20 CS 91.2453, BayVBl. 1993, 22 (23).

41 *Louis/Engelke*, BNatSchG, 2. Aufl. 2000, § 8 Rn. 32.

42 VG Aachen, Beschl. v. 30.10.2009 – 5 L 365/09, Rn. 10 (juris).

43 BVerwG, Beschl. v. 21.08.1990 – 4 B 104/90, NVwZ 1991, 69 (70); BVerwG, Beschl. v. 30.10.1992 – 4 A 4/92, NVwZ 1993, 565 (568); BVerwG, Urt. v. 07.03.1997 – 4 C 10/96, NVwZ 1997, 914 (915); BVerwG, Urt. v. 19.03.2003 – 9 A 33/02, NVwZ 2003, 1120 (1123); *Fischer-Hüftle/Schumacher*, in: Schumacher/Fischer-Hüftle (Hrsg.), BNatSchG, 2. Aufl. 2010, § 15 Rn. 22; *Gellermann*, in: Landmann/Rohmer (Hrsg.), Umweltrecht, Stand: August 2014, § 15 BNatSchG Rn. 4; *Wilrich*, in: Marzik/Wilrich (Hrsg.), BNatSchG, § 19 Rn. 4; *Meßerschmidt*, Bundesnaturschutzrecht, Stand: September 2014, § 15 BNatSchG Rn. 12; für ein Optimierungsgebot: *Ronellenfitsch*, VerwArch 77 (1986), 177 (180).

rechtlichen noch der fachplanerischen Abwägung sein kann.[44] Die Gerichte können daher die Einhaltung des Vermeidungsgebots voll überprüfen.[45] Geht man vom Wortlaut des § 15 Abs. 1 Satz 1 aus, wird vom Verursacher nicht verlangt, den Eingriff als solchen zu unterlassen.[46] Ihm wird nur aufgegeben, auf vermeidbare Beeinträchtigungen von Natur und Landschaft zu verzichten.[47] Nach ständiger Rechtsprechung gilt das naturschutzrechtliche Vermeidungsgebot **nur innerhalb des konkret geplanten Vorhabens**. Vermeidungsmaßnahmen, die ein partiell anderes Vorhaben bedingen, wie der gänzliche Verzicht auf das Vorhaben oder eine andere räumliche Ausführungsvariante, werden durch das Vermeidungsgebot nicht gefordert.[48] Die Richtigkeit dieser Ansicht wird durch die Legaldefinition des § 15 Abs. 1 Satz 2 bestätigt. Danach sind Beeinträchtigungen **vermeidbar**, wenn zumutbare Alternativen gegeben sind, den mit dem Eingriff verfolgten Zweck am gleichen Ort ohne oder mit geringeren Beeinträchtigungen von Natur und Landschaft zu erreichen. Der Gesetzgeber hat sich bewusst für die Formulierung **am gleichen Ort** entschieden, um deutlich zu machen, dass anders als bei der in § 34 Abs. 3 Nr. 2 verwendeten Formulierung „an anderer Stelle" keine Verpflichtung zur Prüfung anderer Standorte besteht. Vielmehr soll die Formulierung „am gleichen Ort" zum Ausdruck bringen, dass das Vermeidungsgebot im Sinne der Vorschrift auf die **Möglichkeit von Ausführungsvarianten am geplanten Standort des Vorhabens** abzielt.[49] Alles in allem handelt es sich bei der Eingriffsregelung gegenüber Zulassungsentscheidungen über Infrastrukturvorhaben also eher um ein Folgenbewältigungsprogramm und nicht um ein Instrument zur grundsätzlichen Infragestellung naturbelastender Projekte.[50] Die Eingriffsregelung ergänzt die fachrechtlichen Anforderungen um ein additives Zulassungsprogramm.[51]

Nunmehr ist also explizit klargestellt, dass die Planungsbehörde aufgrund des Vermeidungsgebots des § 15 Abs. 1 Satz 1 keinesfalls zur Wahl der öko-   25

---

44 VGH Mannheim, Urt. v. 15. 11. 1994 – 5 S 1602/93, VBlBW 1995, 392 (393); *Koch*, in: Schlacke (Hrsg.), GK-BNatSchG, 2012, § 15 Rn. 5.

45 BVerwG, Urt. v. 19. 03. 2003 – 9 A 33/02, NVwZ 2003, 1120 (1123); *Lütkes*, in: Lütkes/Ewer (Hrsg.), BNatSchG, 2011, § 15 Rn. 5.

46 BVerwG, Urt. v. 07. 03. 1997 – 4 C 10/96, NVwZ 1997, 914; *Hendler/Brockhoff*, NVwZ 2010, 733 (734); *Wilrich*, in: Marzik/Wilrich (Hrsg.), BNatSchG, 2004, § 19 Rn. 5; *Meßerschmidt*, Bundesnaturschutzrecht, Stand: September 2014, § 15 BNatSchG Rn. 12; *Stadler*, Die naturschutzrechtliche Eingriffsregelung in der Bundesfernstraßenplanung, S. 167.

47 *Hendler/Brockhoff*, NVwZ 2010, 733 (734).

48 BVerwG, Urt. v. 19. 03. 2003 – 9 A 33/02, NVwZ 2003, 1120 (1123); BVerwG, Urt. v. 16. 12. 2004 – 4 A 11/04, NVwZ 2005, 589 (590); BVerwG, Beschl. v. 03. 03. 2005 – 9 B 10/05, Rn. 14 (juris); s. auch *Lütkes*, in: Lütkes/Ewer (Hrsg.), BNatSchG, 2011, § 15 Rn. 7.

49 BT-Drs. 16/12274, S. 57; s. auch *Durner*, in: Ziekow (Hrsg.), Handbuch des Fachplanungsrechts, 2. Aufl. 2014, § 7 Rn. 18; *Michler/Möller*, NuR 2011, 81 (82).

50 *Ekardt/Hennig*, NuR 2013, 694 (696); *Lau*, NuR 2011, 762 (762).

51 *Lau*, NuR 2011, 762 (762); *Brockhoff*, Naturschutzrechtliche Eingriffsregelung in bergrechtlichen Zulassungsverfahren, 2012, S. 115 spricht von „Begleitpflichten".

logisch günstigsten Planungsalternative gezwungen ist.[52] Wie an § 17 Abs. 1 deutlich wird, wurde die naturschutzrechtliche Eingriffsregelung den Fachplanungsvorhaben „aufgesattelt".[53] Damit wurden die Vorschriften des Fachrechts mit einem auf die Bedürfnisse von Natur und Landschaftspflege zugeschnittenen Folgenbewältigungssystem versehen.[54] Auch wenn z.B. ein Straßenbauvorhaben die Merkmale der Eingriffsdefinition des § 14 Abs. 1 erfüllt, ist anhand des einschlägigen Fachgesetzes über seine Zulässigkeitskeit zu entscheiden. Da bei Fachplanungsvorhaben eine Abwägung zwischen den konfligierenden öffentlichen und privaten Belangen vorzunehmen ist (z.B. § 17 Satz 2 FStrG), die auch die Naturschutzbelange und den Vergleich der Eingriffsintensität verschiedener Trassenvarianten umfasst, ist bei dieser fachplanerischen und nicht bei der in § 15 Abs. 5 geregelten naturschutzrechtlichen Abwägung die Alternativenprüfung vorzunehmen.[55] Erst nachdem die zuständige Behörde unter Zugrundelegung des Fachrechts zu dem Ergebnis gekommen ist, dass das vom Vorhabenträger beantragte Vorhaben auf der gewählten Trasse errichtet werden kann, ist nur noch in Bezug auf dieses eine Vorhaben zu untersuchen, ob die von ihm verursachten Beeinträchtigungen von Natur und Landschaft vermeidbar sind.[56] Die naturschutzrechtliche Eingriffsregelung ist also ein sekundärrechtliches Instrument zur Verhinderung, dass eine durch das Fachrecht gestattete nachteilige Inanspruchnahme von Natur und Landschaft zulasten Letzterer sanktionslos bleibt.[57]

26 Bei einem nach Maßgabe des Fachrechts zulässigen Vorhaben ist deshalb zu prüfen, ob sich die damit verbundenen Beeinträchtigungen von Natur und Landschaft **vermeiden** lassen. Hierbei dürfte Einigkeit darüber bestehen, dass die Anforderungen an das jeweilige Vorhaben, die sich aus anderen zwingenden Rechtsvorschriften, etwa dem BImSchG, ergeben, nicht vermeidbar sind, weil sie nicht zur Disposition stehen.[58] Auch kann der Begriff „vermeidbar" nicht in einem faktischen, rein naturwissenschaftlichen Sinne gemeint sein. Denn nahezu jeder Eingriff in Natur und Landschaft lässt sich

---

52 *Louis*, NuR 2010, 77 (81); *Scheidler*, UPR 2010, 134 (137); so auch schon BVerwG, Urt. v. 07.03.1997 – 4 C 10/96, NVwZ 1997, 914 (916); *Louis/Engelke*, BNatSchG, 2. Aufl. 2000, § 8 Rn. 34; *Wilrich*, in: Marzik/Wilrich (Hrsg.), BNatSchG, 2004, § 19 Rn. 5; a.A. *Gassner*, in: Gassner/Bendomir-Kahlo/Schmidt-Räntsch, BNatSchG, 2. Aufl. 2003, § 19 Rn. 19. Für eine Prüfpflicht alternativer Standorte dagegen der Änderungsantrag einzelner Abgeordneter BT-Drs. 16/13490, S. 15.

53 Siehe zur alten Rechtslage BVerwG, Urt. v. 07.03.1997 – 4 C 10/96, NVwZ 1997, 914 (915); *Wolf*, in: Kluth/Smeddinck (Hrsg.), Umweltrecht, 2013, § 5 Rn. 36, *Koch*, in: Kerkmann (Hrsg.), Naturschutzrecht in der Praxis, 2. Aufl. 2010, § 4 Rn. 33 ist dagegen für die Annahme, dass die Eingriffsregelung integraler Bestandteil der Zulässigkeitsvoraussetzungen eines Projekts ist. Ebenso *Gassner/Heugel*, Das neue Naturschutzrecht, 2010, Rn. 306.

54 BVerwG, Urt. v. 07.03.1997 – 4 C 10/96, NVwZ 1997, 914 (915).

55 BVerwG, Urt. v. 07.03.1997 – 4 C 10/96, NVwZ 1997, 914 (915).

56 BVerwG, Urt. v. 07.03.1997 – 4 C 10/96, NVwZ 1997, 914 (915).

57 BVerwG, Urt. v. 07.03.1997 – 4 C 10/96, NVwZ 1997, 914 (915); *de Witt/Geismann*, Die naturschutzrechtliche Eingriffsregelung, 2011, Rn. 27.

58 *Berchter*, Die Eingriffsregelung im Naturschutzrecht, 2007, S. 85.

tatsächlich dadurch vermeiden, dass von dem belastenden Vorhaben Abstand genommen wird. Die in § 15 geregelten Ausgleichs- und Ersatzmaßnahmen einschließlich der Ersatzzahlung zeigen aber, dass das BNatSchG Eingriffe gerade nicht per se verbieten will.[59] Mit dem Vermeidungsgebot wird nicht bezweckt, dass der Eingriff insgesamt unterbleibt oder an einem anderen Standort durchgeführt wird.[60] Vielmehr ist zu prüfen, ob zumutbare Alternativen bestehen, den mit dem Eingriff verfolgten Zweck am gleichen Ort **ohne oder mit geringeren Beeinträchtigungen** von Natur und Landschaft zu erreichen (§ 15 Abs. 1 Satz 2). Das Vermeidungsgebot zielt mithin auf die Minimierung der Eingriffsfolgen bei der Verwirklichung des Vorhabens ab.[61] Eine solche kann sich etwa aus der geringeren Dimensionierung einer Trasse (sofern es sich dabei noch um dasselbe Vorhaben handelt) oder der Verringerung der Dammhöhe durch ein Absenken der Gradiente ergeben.[62] Weitere Beispiele für typische Vermeidungsmaßnahmen sind der Verzicht auf eine Einzäunung, die Verlegung unterirdischer Kabel anstelle von Freileitungen, die Ausführung der Bauarbeiten außerhalb von Brut- und Wanderungszeiten gefährdeter Arten, die Auswahl umweltverträglicherer Materialien und Farben, die Herstellung von Amphibienleiteinrichtungen und -durchlässen u.ä.[63] Durch den Bau eines Hochwasserrückhaltebeckens ermöglichte Retentionsflutungen beeinträchtigen wiederkehrend und wegen ihrer relativen Seltenheit immer wieder neu Natur und Landschaft. Das Konzept der ökologischen Flutungen möchte diese soweit wie möglich verringern, indem sich die betroffene Fauna und Flora an die bei der Hochwasserrückhaltung auftretende Überflutung so anpasst, dass überflutungstolerante Gemeinschaften entstehen. Mit dem BVerwG sollen sie Beeinträchtigungen verhindern, die bei unvorbereiteten Retentionsflutungen eintreten würden.[64] Weil sie gerade nicht unvermeidbare Beeinträchtigungen kompensieren sollen, sind sie nach dem BVerwG keine Ausgleichs- und Ersatzmaßnahmen,

---

59 BVerwG, Beschl. v. 30. 10. 1992 – 4 A 4/92, NVwZ 1993, 565 (568); OVG Lüneburg, Beschl. v. 12. 03. 1997 – 7 M 919/97; *Berchter*, Die Eingriffsregelung im Naturschutzrecht, 2007, S. 85; *Meßerschmidt*, Bundesnaturschutzrecht, Stand: September 2014, § 15 BNatSchG Rn. 12.

60 VG Augsburg, Urt. v. 15. 05. 2014 – Au 5 K 14.70, NuR 2014, 888; s. auch BayVGH, Urt. v. 20. 11. 2012 – 22 A 10.40041, NuR 2013, 357 (368).

61 BVerwG, Urt. v. 19. 05. 1998 – 4 C 11/96, NuR 1998, 649 (650); *Ekardt/Hennig*, NuR 2013, 694 (696); *Gellermann*, in: Landmann/Rohmer (Hrsg.), Umweltrecht, Stand: August 2014, § 15 BNatSchG Rn. 4; *Koch*, in: Kerkmann (Hrsg.), Naturschutzrecht in der Praxis, 2. Aufl. 2010, § 4 Rn. 31; *Meßerschmidt*, Bundesnaturschutzrecht, Stand: September 2014, § 15 BNatSchG Rn. 13.

62 BVerwG, Urt. v. 19. 03. 2003 – 9 A 33/02, NVwZ 2003, 1120 (1122); zu einem kleineren Trassenquerschnitt BVerwG, Urt. v. 03. 05. 2013 – 9 A 16/12, BVerwGE 146, 254, 268 f.

63 BT-Drs. 16/12274, S. 58; *Berchter*, Die Eingriffsregelung im Naturschutzrecht, 2007, S. 87; weitere Nachweise bei *Louis/Engelke*, BNatSchG, 2. Aufl. 2000, § 8 Rn. 35 f.; *Meßerschmidt*, Bundesnaturschutzrecht, Stand: September 2014, § 15 BNatSchG Rn. 19; *Voßkuhle*, Das Kompensationsprinzip, 1999, S. 139 f.; speziell zur Erdverkabelung *Weisensee*, NuR 2013, 789 ff.

64 BVerwG, Beschl. v. 19. 09. 2014 – 7 B 6/14, NVwZ-RR 2015, 15 (17).

sondern Vermeidungsmaßnahmen.[65] Ökologische Flutungen sollen zwar zu einer Anpassung von Natur und Landschaft führen, wenn dies gelungen ist, „soll aber im Fall eines Eingriffs durch eine Retentionsflutung der im Zeitpunkt dieses Eingriffs bestehende Status quo in seiner natürlichen Dynamik erhalten werden".[66] Wegen der zeitlich vorlaufenden Wirkung der Retentionsflutungen würden diese bereits den Eingriff verändern. Dass die ökologischen Flutungen trotz ihrer schadensvermeidenden Wirkung zunächst den Status quo von Natur und Landschaft beeinträchtigen und insoweit Eingriffe sind, wird von der Rechtsprechung nicht in Abrede gestellt.[67] Anhand dieser wenigen Beispiele zeigt sich, dass dem Vermeidungsgebot nicht lediglich durch schlichtes Unterlassen, sondern auch durch bestimmte Maßnahmen entsprochen werden kann.[68] Nach dem VG Augsburg lassen sich erhebliche Beeinträchtigungen des Kies- und Sandabbaus nicht vermeiden, ohne dass das mit dem Vorhaben verfolgte Ziel infrage gestellt wird.[69] Das Vermeidungsgebot ist auch bei der Durchführung des Vorhabens zu beachten.[70]

27   Vor der BNatSchG-Novelle trat ein Teil des Schrifttums dafür ein, dass die zuständige Behörde bei der Überprüfung eines Vorhabens auch zu ermitteln habe, ob überhaupt und in welchem Maße ein volkswirtschaftlicher Bedarf für das jeweilige Vorhaben bestehe. Gegebenenfalls sei auf eine andere Dimensionierung des Vorhabens hinzuwirken oder bei mangelndem Bedarf dieses sogar zu untersagen. Begründet wurde dies u.a. damit, dass nach dem Wortlaut des § 19 Abs. 1 BNatSchG a.F. nicht zwischen der Untersagung einzelner und aller vermeidbarer Beeinträchtigungen unterschieden werden könne. Außerdem lasse sich die Prüfung der angemessenen Dimensionierung des Vorhabens nicht eindeutig von der Bedarfsprüfung trennen.[71] Ausgehend von § 15 Abs. 1 Satz 2 ist dieser Ansicht eine Absage zu erteilen. Indem zu untersuchen ist, ob zumutbare Alternativen zur Erreichung des mit dem Eingriff verfolgten Zwecks mit geringeren Beeinträchtigungen von Natur und Landschaft bestehen, ergibt sich indirekt, dass das Vorhaben als solches nicht infrage gestellt werden soll. Hätte der Gesetzgeber gewollt, dass die Verwaltung innerhalb des Vermeidungsgebots eine Bedarfsprüfung vornehmen soll, hätte es nahe gelegen, bei den für die Beurteilung des Eingriffs erforderlichen Angaben in § 17 Abs. 4 explizit auch solche zum Zweck des Vorhabens zu verlangen. Bei zwei Trassen, die beide „auf der grünen Wiese"

---

65 BVerwG, Beschl. v. 19. 09. 2014 – 7 B 6/14, NVwZ-RR 2015, 15 (17).

66 BVerwG, Beschl. v. 19. 09. 2014 – 7 B 6/14, NVwZ-RR 2015, 15 (17).

67 BVerwG, Beschl. v. 19. 09. 2014 – 7 B 6/14, NVwZ-RR 2015, 15 (17).

68 BVerwG, Beschl. v. 19. 09. 2014 – 7 B 6/14, NVwZ-RR 2015, 15 (17); *Brockhoff*, Naturschutzrechtliche Eingriffsregelung in bergrechtlichen Zulassungsverfahren, 2012, S. 118; *Gellermann*, in: Landmann/Rohmer (Hrsg.), Umweltrecht, Stand: August 2014, § 15 BNatSchG Rn. 4; *Louis/Engelke*, BNatSchG, 2. Aufl. 2000, § 8 Rn. 37.

69 VG Augsburg, Urt. v. 15. 05. 2014 – Au 5 K 14.70, NuR 2014, 888 (888).

70 *Fischer-Hüftle/Schumacher*, in: Schumacher/Fischer-Hüftle (Hrsg.), BNatSchG, 2. Aufl. 2010, § 15 Rn. 26.

71 *Burmeister*, Der Schutz von Natur und Landschaft vor Zerstörung, S. 93; s. auch *Berchter*, Die Eingriffsregelung im Naturschutzrecht, 2007, S. 90; *Meßerschmidt*, Bundesnaturschutzrecht, Stand: September 2014, § 15 BNatSchG Rn. 26.

enden, liegt nach dem BVerwG aufgrund fehlerhafter Abschnittsbildung nur dann ein vermeidbarer Eingriff vor, wenn beide „Stummelstrecken" aufgrund des Planfeststellungsbeschlusses gebaut werden dürften, „bevor ihnen eine (eigenständige) Verkehrsfunktion zukommt".[72] Daran fehlt es, wenn über eine Vorbehaltsentscheidung sichergestellt ist, dass die Trassenenden erst gebaut werden dürfen, wenn für die jeweils anschließenden Verkehrskosteneinheiten ein vollziehbarer Planfeststellungsbeschluss vorliegt.[73]

Das Vermeidungsgebot wird schließlich durch den Grundsatz der **Verhält-** **nismäßigkeit** begrenzt.[74] Die Vermeidungsmaßnahmen müssen zur Verringerung der Beeinträchtigungen der Natur geeignet, d.h. technisch realisierbar und wirksam sowie erforderlich sein.[75] Gemäß § 15 Abs. 1 Satz 2 sind nur solche Beeinträchtigungen vermeidbar, zu denen es **zumutbare Alternativen** ohne oder mit geringeren Beeinträchtigungen von Natur und Landschaft gibt. Der Mehraufwand für die jeweils infrage kommende Vermeidungsmaßnahme darf nicht außer Verhältnis zu der mit ihr erreichbaren Eingriffsminimierung stehen.[76] Je intensiver die Beeinträchtigungen sind, desto höher können die Vermeidungskosten ausfallen.[77] Die Angemessenheit ist nicht anhand der individuellen wirtschaftlichen Leistungsfähigkeit des Verursachers, sondern anhand objektiver Kriterien zu bestimmen.[78] Andernfalls würden die naturschutzrechtlichen Anforderungen von der Finanzstärke des Vorhabenträgers abhängen.[79] Dies stünde aber im Widerspruch zur Ratio der Eingriffsregelung, die einen qualitativen Mindestschutz von Natur und Landschaft gewährleisten möchte.[80] Das Zumutbarkeitskriterium wird auf die Alternativen bezogen. Des Weiteren würde sich das Abstellen

28

---

72 BVerwG, Urt. v. 03. 05. 2013 – 9 A 16/12, BVerwGE 146, 254 (269).

73 BVerwG, Urt. v. 03. 05. 2013 – 9 A 16/12, BVerwGE 146, 254 (269).

74 *Brockhoff*, Naturschutzrechtliche Eingriffsregelung in bergrechtlichen Zulassungsverfahren, 2012, S. 118; *Hendler/Brockhoff*, NVwZ 2010, 733 (734); *Fischer-Hüftle/Schumacher*, in: Schumacher/Fischer-Hüftle (Hrsg.), BNatSchG, 2. Aufl. 2010, § 15 Rn. 23.

75 *Berchter*, Die Eingriffsregelung im Naturschutzrecht, 2007, S. 91; s. auch *Stadler*, Die naturschutzrechtliche Eingriffsregelung in der Bundesfernstraßenplanung, S. 182 f., der sich auf S. 177 ff. für eine Nichtgeltung der Verhältnismäßigkeit bei öffentlichen Planungsträgern ausspricht.

76 BVerwG, Urt. v. 19. 03. 2003 – 9 A 33/02, NVwZ 2003, 1120 (1124).

77 *Berchter*, Die Eingriffsregelung im Naturschutzrecht, 2007, S. 91; *Brockhoff*, Naturschutzrechtliche Eingriffsregelung in bergrechtlichen Zulassungsverfahren, 2012, S. 118; *de Witt/ Geismann*, Die naturschutzrechtliche Eingriffsregelung, 2011, Rn. 27; *Gassner*, in: Gassner/Bendomir-Kahlo/Schmidt-Räntsch, BNatSchG, 2. Aufl. 2003, § 19 Rn. 20.

78 Zur früheren Rechtslage *Berchter*, Die Eingriffsregelung im Naturschutzrecht, 2007, S. 85; *Brockhoff*, Naturschutzrechtliche Eingriffsregelung in bergrechtlichen Zulassungsverfahren, 2012, S. 119 f.; *Louis/Engelke*, BNatSchG, 2. Aufl. 2000, § 8 Rn. 38; BGH, Urt. v. 22. 05. 1980 – III ZR 175/78, NuR 1981, 77 (78); in diese Richtung *Gellermann*, in: Landmann/Rohmer (Hrsg.), Umweltrecht, Stand: August 2014, § 19 BNatSchG Rn. 6.

79 *Brockhoff*, Naturschutzrechtliche Eingriffsregelung in bergrechtlichen Zulassungsverfahren, 2012, S. 119.

80 *Brockhoff*, Naturschutzrechtliche Eingriffsregelung in bergrechtlichen Zulassungsverfahren, 2012, S. 119 f. unter zusätzlichem Hinweis darauf, dass eine Berücksichtigung der individuellen Momente schwerlich zur Systematik der Eingriffsregelung passt.

auf die Rentabilitätsgrenze für den einzelnen Verursacher nur schwer mit der Ratio des Verursacher- und Vorsorgeprinzips in Einklang bringen lassen.[81] Ist ein Verursacher nicht in der Lage, die notwendigen Kosten für Vermeidungsmaßnahmen aufzubringen, kann dies faktisch zum Scheitern des Vorhabens führen.[82]

29   Nach § 15 Abs. 1 Satz 3 sind Beeinträchtigungen, soweit sie nicht vermeidbar sind, zu begründen. Damit wird eine **zwingende Begründungspflicht** statuiert, die an und für sich verfahrensrechtlicher Natur ist. Nicht ganz klar ist, wer Adressat dieser Pflicht ist. Nach *Hendler/Brockhoff* ist die Begründungspflicht des § 15 Abs. 1 Satz 3 auf den Verursacher zu beziehen.[83] Dafür lässt sich anführen, dass sich § 15 Abs. 1 Satz 1 nach seinem Wortlaut primär an den Verursacher richtet und sich für die Behörden bereits aus § 39 VwVfG die Pflicht zur Begründung von Verwaltungsakten ergibt.[84] *Egner/Fuchs* meinen einerseits, der Verursacher müsse darlegen, dass er sein Vorhaben in der vorgesehenen Art und am vorgesehenen Ort nicht auf eine den Naturschutz weniger beeinträchtigende Art verwirklichen könne. Andererseits soll die Begründung zweckmäßigerweise im Bescheid erfolgen.[85] Da § 17 Abs. 4 die vom Verursacher benötigten Angaben regelt und nach den Gesetzesmaterialien mit der Begründungspflicht des § 15 Abs. 1 Satz 3 die Beachtung und Umsetzung des Vermeidungsgebots „in der Praxis" gestärkt werden soll[86], ist das Begründungserfordernis auf die zuständige Behörde zu beziehen. Es würde sich dann um eine Spezialregelung gegenüber § 39 VwVfG handeln, die auch Sinn ergibt. Die Aufstellung einer speziellen Begründungspflicht bewirkt, dass die zuständige Behörde in besonderem Maße auf die Vermeidbarkeit von Beeinträchtigungen achtet und zu diesem Punkt in ihrer endgültigen Entscheidung klar Stellung bezieht. Die Begründungspflicht dient der Selbstkontrolle der Verwaltung, weil sie sich überlegen muss, ob ihre Entscheidung in rechtlicher und tatsächlicher Hinsicht tragfähig ist. Zugleich wird den Gerichten die Kontrolle des Vermeidungsgebots erleichtert, da sie die Behördenentscheidungen vor allem anhand ihrer Begründung prüfen.[87]

30   Unter Berücksichtigung dieser Ratio der Begründungspflicht werden diesem Erfordernis bloß formelhafte Ausführungen nicht gerecht.[88] Es ist **schutzgut-**

---

81 *Berchter*, Die Eingriffsregelung im Naturschutzrecht, 2007, S. 91.

82 *Brockhoff*, Naturschutzrechtliche Eingriffsregelung in bergrechtlichen Zulassungsverfahren, 2012, S. 120 sieht darin eine verfassungskonforme Anwendung des umweltrechtlichen Verursacherprinzip; s. auch *Fischer-Hüftle/Schumacher*, in: Schumacher/Fischer-Hüftle (Hrsg.), BNatSchG, 2. Aufl. 2010, § 15 Rn. 24.

83 *Hendler/Brockhoff*, NVwZ 2010, 733 (734); *Engel/Ketterer*, VBlBW 2010, 293 (296); *Gellermann*, in: Landmann/Rohmer (Hrsg.), Umweltrecht, 73. Erg.-Lief. 08/2014, § 15 BNatSchG Rn. 6.

84 Zu Letzterem *Brockhoff*, Naturschutzrechtliche Eingriffsregelung in bergrechtlichen Zulassungsverfahren, 2012, S. 121.

85 *Egner*, in: Egner/Fuchs (Hrsg.), Naturschutz- und Wasserrecht 2009, § 15 BNatSchG Rn. 2.

86 BT-Drs. 16/12274, S. 57.

87 *Sodan/Ziekow*, Grundkurs Öffentliches Recht, 6. Aufl. 2014, § 79 Rn. 4.

88 *Brockhoff*, Naturschutzrechtliche Eingriffsregelung in bergrechtlichen Zulassungsverfahren, 2012, S. 121; *Hendler/Brockhoff*, NVwZ 2010, 733 (734).

und funktionsbezogen darzulegen, weshalb der mit dem Vorhaben verfolgte Zweck nicht unter Vermeidung konkreter Beeinträchtigungen erreicht werden kann.[89] Da die Begründungspflicht nur gilt, soweit Beeinträchtigungen nicht vermieden werden können, folgt daraus indirekt, dass bei teilweiser Vermeidbarkeit die möglichen Vermeidungsmaßnahmen und hinsichtlich der unvermeidbaren Beeinträchtigungen Kompensationsmaßnahmen zu prüfen sind.[90] In aller Regel dürfte eine nur aus einem Satz bestehende Begründung den Anforderungen für das Begründungserfordernis nicht genügen.[91]

V. Ausgleichs- und Ersatzmaßnahmen, § 15 Abs. 2

§ 15 Abs. 2 Satz 1 verpflichtet den Verursacher eines Eingriffs, unvermeidbare Beeinträchtigungen von Natur und Landschaft durch Maßnahmen des Naturschutzes und der Landschaftspflege auszugleichen **(Ausgleichsmaßnahmen)** *oder* zu ersetzen **(Ersatzmaßnahmen)**. In Satz 2 wird legaldefiniert, wann eine Beeinträchtigung ausgeglichen, in Satz 3, wann eine Beeinträchtigung ersetzt ist. Nach § 15 Abs. 2 Satz 4 stehen Festlegungen von Entwicklungs- und Wiederherstellungsmaßnahmen in bestimmten Gebieten einer Anerkennung solcher Maßnahmen als Ausgleichs- und Ersatzmaßnahmen nicht entgegen. Gemäß § 15 Abs. 2 Satz 5 sind bei der Festsetzung von Art und Umfang solcher Ausgleichs- und Ersatzmaßnahmen die Programme und Pläne nach §§ 10 und 11 zu berücksichtigen. Bei der gesetzlichen Ausgleichsverpflichtung des § 15 Abs. 2, durch welche die Privatnützigkeit der Grundstücksnutzung eingeschränkt wird, handelt es sich um eine **Inhalts- und Schrankenbestimmung** des Eigentums i.S.d. Art. 14 Abs. 1 Satz 2 GG.[92] Parallel zum Vermeidungsgebot ist Adressat der Ausgleichs- und Ersatzmaßnahmen der **Verursacher** (s. auch Rn. 38 ff.). Die mit einem Eingriffsvorhaben einhergehenden Folgen für Natur und Landschaft sollen nicht vom Staat oder der Allgemeinheit bewältigt werden. Vielmehr hat sich ihr Verursacher selbst um Kompensation zu bemühen und als Nutznießer des Eingriffs für dessen Folgekosten einzustehen.[93]

31

1. Normhistorie

Bereits § 8 Abs. 2 Satz 1 Halbs. 2 BNatSchG 1976[94] sah vor, dass unvermeidbare Beeinträchtigungen innerhalb einer zu bestimmenden Frist durch Maßnahmen des Naturschutzes und der Landschaftspflege auszugleichen sind, soweit es zur Verwirklichung der Ziele des Naturschutzes und der Landschaftspflege erforderlich ist. § 8 Abs. 9 BNatSchG 1976 ermächtigte die Länder zum Erlass weitergehender Vorschriften, insbesondere über Ersatzmaßnahmen des Verursachers bei nicht ausgleichbaren, aber vorrangigen

32

---

89 *Hendler/Brockhoff*, NVwZ 2010, 733 (734).
90 S. auch *Meßerschmidt*, Bundesnaturschutzrecht, Stand: September 2014, § 15 BNatSchG Rn. 31.
91 *Michler/Möller*, NuR 2011, 81 (82).
92 VG Augsburg, Urt. v. 15.05.2014 – Au 5 K 14.70, NuR 2014, 888 (890).
93 VG Augsburg, Urt. v. 15.05.2014 – Au 5 K 14.70, NuR 2014, 888 (890).
94 BGBl. I 1976, S. 3576.

Eingriffen. Die Ersatzmaßnahmen waren also gegenüber dem Ausgleich nachrangig. Im Jahre 1987[95] wurde § 8 Abs. 2 ein vierter Satz hinzugefügt, wonach ein Eingriff ausgeglichen ist, wenn nach seiner Beendigung keine erhebliche oder nachhaltige Beeinträchtigung des Naturhaushalts zurückbleibt und das Landschaftsbild landschaftsgerecht wiederhergestellt oder neu gestaltet ist.

33 Das BNatSchNeuregG 2002[96] führte zu bedeutsamen Neuerungen.[97] In § 19 Abs. 2 Satz 1 wurden Ersatzmaßnahmen erstmals bundesrahmenrechtlich zwingend vorgeschrieben[98], indem die Verpflichtung des Verursachers festgelegt wurde, unvermeidbare Beeinträchtigungen vorrangig auszugleichen oder in sonstiger Weise zu kompensieren. Die **Ersatzmaßnahmen** wurden in § 19 Abs. 2 Satz 3 **legaldefiniert.** In sonstiger Weise ist eine Beeinträchtigung kompensiert, wenn und sobald die beeinträchtigten Funktionen des Naturhaushalts in gleichwertiger Weise ersetzt sind oder das Landschaftsbild landschaftsgerecht neu gestaltet ist. In § 19 Abs. 2 Satz 4 wurde bestimmt, dass bei der Festsetzung von Art und Umfang der Maßnahmen die Pläne und Programme nach den §§ 15, 16 zu berücksichtigen sind. Außerdem wurde festgelegt, dass neben den Ausgleichsmaßnahmen die Ersatzmaßnahmen in die Abwägung einzubeziehen sind (§ 19 Abs. 3 Satz 1). In der damaligen Begründung des Gesetzesentwurfs wurde darauf hingewiesen, dass an der Vorgabe des vordringlichen Ziels der Erhaltung des Status quo von Natur und Landschaft sowie der zu seiner Verwirklichung maßgeblichen Instrumente zur Naturalkompensation ein aus fachlicher Sicht fundamentales Interesse bestehe.[99] Ausgleichs- und Ersatzmaßnahmen würden nunmehr als einheitlich zu prüfende Verpflichtung vor der naturschutzrechtlichen Abwägung geregelt. Durch diese Zusammenfassung der Maßnahmen zur Naturalkompensation als einheitlich vor der Abwägung zu prüfende Tatbestandsvoraussetzungen werde die Eingriffsregelung praktikabler, der Vollzug erleichtert, die Rechtsklarheit verbessert und so insgesamt ein wesentlicher Beitrag zur besseren Akzeptanz und Anwendung der Eingriffsregelung in der Vollzugspraxis geleistet. Aufgrund der vorrangigen Ausgleichsverpflichtung müssten Beeinträchtigungen hochwertiger Funktionen des Naturhaushalts oder des Landschaftsbildes, soweit naturschutzfachlich angemessen und verhältnismäßig, hochwertig wiederhergestellt, andernfalls auf sonstige Weise gleichwertig ersetzt werden.[100]

34 Im Regierungsentwurf war bei § 15 Abs. 2 ursprünglich vorgesehen, den Vorrang der Ausgleichs- vor den Ersatzmaßnahmen beizubehalten.[101] Der Bundesrat verlangte demgegenüber Ausgleich und Ersatz als Formen der

---

95 BGBl. I 1987, S. 889 (892).
96 BGBl. I 2002, S. 1193.
97 Siehe dazu näher *Koch*, in: Kerkmann (Hrsg.), Naturschutzrecht in der Praxis, 2. Aufl. 2010, § 4 Rn. 28 ff.
98 *Koch*, in: Kerkmann (Hrsg.), Naturschutzrecht in der Praxis, 2. Aufl. 2010, § 4 Rn. 28.
99 BT-Drs. 14/6378, S. 47.
100 BT-Drs. 14/6378, S. 49.
101 BT-Drs. 16/12274, S. 11.

Realkompensation gleichberechtigt nebeneinanderzustellen. „Ob für die Ziele des Naturschutzes der unmittelbare räumliche Bezug zum Eingriffsort (Ausgleich) oder der naturräumliche Bezug der Kompensation z.B. zum Biotopverbund und anderen Schwerpunktflächen des Naturschutzes vorzugswürdig ist, muss sachgerecht für den Einzelfall entschieden werden."[102] Die Bundesregierung erwiderte, eine Gleichstellung von Ausgleich und Ersatz werde dem Grundgedanken der Eingriffsregelung nicht ausreichend gerecht[103], konnte sich damit aber im weiteren Verlauf der Gesetzesberatungen nicht durchsetzen. Die SPD-Fraktion betonte etwa, dass durch die Gleichsetzung bei der Frage Ausgleich oder Ersatz innerhalb der Realkompensation ein wichtiger Schritt auf dem Weg zu einem einheitlichen Umweltrecht mit der notwendigen Flexibilität für die Bundesländer erfolge.[104]

Das Hinzufügen der Worte **„in gleichartiger Weise"** bei der Legaldefinition 35 des Ausgleichs bildete den äquivalenten Gegenbegriff zur Unterscheidung der Ersatzmaßnahmen, die „in gleichwertiger Weise" erfolgen müssen, ohne dass man damit etwas gegenüber dem bisherigen Rechtszustand ändern wollte.[105] Angesichts der Befugnis des Bundes zum Erlass von Vollregelungen wurde bei den Ersatzmaßnahmen durch die Verwendung des Begriffs „Naturraum" nunmehr erstmals eine räumliche Komponente eingeführt.[106] Auf den Bundesrat geht es zurück, dass neben den Entwicklungs- und Wiederherstellungsmaßnahmen in Natura 2000 und den Maßnahmen aufgrund wasserwirtschaftlicher Maßnahmenprogramme weitere Verpflichtungen zu bestimmten Maßnahmen gleichzeitig der Eingriffskompensation dienen können. Mit den Worten des Bundesrats wird dabei vorausgesetzt, dass sie nach Maßgabe der Sätze 2 und 3 des Abs. 2 tatsächlich zur Kompensation geeignet sind.[107] Auch Festlegungen von Entwicklungs- und Wiederherstellungsmaßnahmen in Bewirtschaftungsplänen für nationale Schutzgebiete müssten wie Festlegungen in Natura 2000-Gebieten behandelt werden, wobei Ausgleichs- und Ersatzmaßnahmen i.S.d. Eingriffsregelung immer dann anrechenbar seien, wenn der zur Kompensation verpflichtete Einzelne diese Maßnahmen nicht bereits aufgrund anderer verbindlicher Vorgaben realisieren müsse.[108]

2. Norminhalt

Während das Vermeidungsgebot des § 15 Abs. 1 ein konservierendes Instru- 36 ment darstellt, werden die Ausgleichs- und Ersatzverpflichtungen als „reparierende" Instrumente bezeichnet.[109] Sind Beeinträchtigungen von Natur und Landschaft bei einem Eingriff unvermeidbar, ordnet § 15 Abs. 2 Satz 1

---

102 BT-Drs. 16/13298, S. 3.
103 BT-Drs. 16/13298, S. 16.
104 BT-Drs. 16/13430, S. 12.
105 BT-Drs. 16/12274, S. 57.
106 BT-Drs. 16/12274, S. 57.
107 BT-Drs. 16/13298, S. 3.
108 BT-Drs. 16/13298, S. 3.
109 *Burmeister*, Der Schutz von Natur und Landschaft vor Zerstörung, S. 77; *Stadler*, Die naturschutzrechtliche Eingriffsregelung in der Bundesfernstraßenplanung, S. 166.

BNatSchG auf der **zweiten Stufe** der Rechtsfolgenkaskade an, dass der Verursacher verpflichtet ist, die Beeinträchtigungen durch Maßnahmen des Naturschutzes und der Landschaftspflege **auszugleichen** *oder* zu **ersetzen**. Jede der beiden Kompensationsformen bedarf eines funktional zu begreifenden Zusammenhangs zum Eingriff, der jedoch beim Ausgleich im Vergleich zum Ersatz enger ist.[110] Wie man an der Konjunktion „oder" erkennen kann, sind Ausgleichsmaßnahmen nicht mehr per se gegenüber den Ersatzmaßnahmen vorrangig. Vielmehr wurden die Maßnahmen einander gleichgestellt.[111] Das früher zwischen Ausgleichs- und Ersatzmaßnahmen bestehende Stufenverhältnis wurde in ein **Alternativitätsverhältnis** umgewandelt. Auf diese Weise soll die nötige Flexibilität zur Konzeption sinnvoller Maßnahmen der Realkompensation geschaffen werden.[112] Nach einem Sondergutachten des Rats von Sachverständigen für Umweltfragen bereitete die in der nun abgelösten Eingriffsregelung vorausgesetzte Differenzierung zwischen vorrangigem Ausgleich und nachrangigem Ersatz in der Praxis häufig Schwierigkeiten. Denn eine an sich gleichartige Ausgleichung des Eingriffs scheiterte oft an der fehlenden Möglichkeit, sie in unmittelbarer räumlicher Nähe zum Eingriffsort durchzuführen.[113] Wenn – wie in der jetzigen Novelle angenommen – schon die Möglichkeit einer Ersatzmaßnahme die Zulässigkeit des Eingriffs bewirken kann, wird es den Behörden kaum noch möglich sein, einen Eingriff wegen fehlender Kompensationsmöglichkeiten zu untersagen. „Denn Ersatzmaßnahmen sind fast immer möglich und nur selten wird der ökologische Mehrwert des Ausgleichs – also einer Kompensation im unmittelbaren räumlich-funktionalen Zusammenhang – es rechtfertigen, nicht einmal anspruchsvolle Ersatzmaßnahmen als angemessene Kompensation zu akzeptieren."[114]

37 Angesichts der zwingenden Formulierung („ist verpflichtet") des § 15 Abs. 2 Satz 1 handelt es sich bei dieser Verpflichtung um **striktes Recht**, das keiner Abwägung zugänglich ist.[115] Da der Ausgleich oder die Ersetzung **durch**

---

110 *Lau*, NuR 2011, 762 (763).

111 *Berghoff/Steg*, NuR 2010, 17 (23); *Gassner/Heugel*, Das neue Naturschutzrecht, 2010, Rn. 312; *Gellermann*, NVwZ 2010, 73 (76); *Krings*, NordÖR 2010, 181 (185); *Louis*, NuR 2010, 77 (81). Eine solche Gleichstellung fand sich bislang schon in § 200a BauGB, da die nach einem Bebauungsplan zugelassenen Eingriffe auch durch planerische Festsetzungen von Ersatzmaßnahmen kompensiert werden können.

112 BVerwG, Beschl. v. 19.09.2014 – 7 B 6/14, NVwZ-RR 2015, 15, (18); *Brockhoff*, Naturschutzrechtliche Eingriffsregelung in bergrechtlichen Zulassungsverfahren, 2012, S. 139; *Gassner/Heugel*, Das neue Naturschutzrecht, 2010, Rn. 313.

113 BT-Drs. 14/9852, S. 128.

114 BT-Drs. 14/9852, S. 128.

115 VG Augsburg, Urt. v. 15.05.2014 – Au 5 K 14.70, NuR 2014, 888 (888); *Gassner/Heugel*, Das neue Naturschutzrecht, 2010, Rn. 310. Siehe zur bisherigen Rechtslage, d.h. den Ausgleichsmaßnahmen als striktes Recht: BVerwG, Beschl. v. 30.10.1992 – 4 A 4/92, NuR 1993, 125 (129); BVerwG, Urt. v. 07.03.1997 – 4 C 10.96, NuR 1997, 404 (406); *Berchter*, Die Eingriffsregelung im Naturschutzrecht, 2007, S. 93; *Meßerschmidt*, Bundesnaturschutzrecht, Stand: September 2014, § 15 BNatSchG Rn. 41. Siehe zu den Ersatzmaßnahmen als striktes Recht VGH Mannheim, Urt. v. 02.11.2006 – 8 S 1269/04, NuR 2007, 420 (420). Anfangs ging das BVerwG dagegen von einem Optimierungsgebot aus, s. dazu BVerwG, Beschl. v. 30.10.1992 – 4 A 4/92, NVwZ 1993, 565 (569).

Maßnahmen des Naturschutzes und der Landschaftspflege zu erfolgen hat, wird in beiden Fällen auf eine **physisch-reale** und nicht bloß finanzielle Kompensation der Beeinträchtigung abgezielt. Nach der Intention der Eingriffsregelung soll ein möglichst vollständiger Schadensausgleich erreicht werden.[116] Ausgleichs- und Ersatzmaßnahmen sind somit **Formen der Realkompensation.**[117] Es sind praktische, reale Maßnahmen zu ergreifen, die zu einer Flächenaufwertung führen.[118] Teilweise wird auch von **Naturalkompensation** gesprochen.[119] Diese darf nicht mit einer Naturrestitution im naturwissenschaftlichen Sinne gleichgesetzt werden.[120] Der Gesetzgeber nimmt eine vorübergehende Verschlechterung des ökologischen Zustands in Kenntnis dessen hin, dass ein ausgewachsener Baum durch einen an seine Stelle tretenden Setzling an anderer Stelle erst nach einiger Zeit gleichwertig substituiert werden kann.[121]

Als Beispiele für derartige Kompensationsmaßnahmen seien etwa genannt, *38* dass im Zusammenhang mit einem Eingriff in Natur und Landschaft ein neues Biotop geschaffen wird oder an anderer Stelle das Landschaftsbild störende bauliche Anlagen ab- oder zurückgebaut werden.[122] Die Ausgleichs- bzw. Ersatzmaßnahmen beziehen sich stets auf die Beeinträchtigungen, die auf den durch ein bestimmtes Vorhaben verursachten Eingriff zurückgehen. Eine Planfeststellungsbehörde darf nur die Ausgleichs- und Ersatzmaßnahmen hinsichtlich des konkret zu prüfenden Straßenbauvorhabens festsetzen. Sie kann nicht im Rahmen eines straßenrechtlichen Planfeststellungsbeschlusses eine Ersatzmaßnahme zur Deckung eines vorhabensfremden Kompensationsbedarfs, etwa für eine Straßenbaumaßnahme infolge eines gemeindlichen Bebauungsplans, anordnen.[123] Nach dem Verursacherprinzip muss der Projektträger nur für diejenigen Beeinträchtigungen von Natur und Landschaft einstehen, die ihm zuzurechnen sind.[124] Eine Natural„kompensation" wird nicht schon dadurch bewirkt, dass ein bereits vorgefundener, mehr oder weniger zufällig entstandener, ökologisch hochwertiger Zustand bloß rechtlich gesichert wird.[125] Der bloße Verzicht auf eine bereits genehmigte Biotopbeeinträchtigung erfüllt regelmäßig nicht die Kriterien für eine Ausgleichs- oder Ersatzmaßnahme. Denn der bloße Abbauverzicht stellt

---

116 *Gassner/Heugel*, Das neue Naturschutzrecht, 2010, Rn. 313.

117 BT-Drs. 16/13298, S. 3; *Lütkes*, in: Lütkes/Ewer (Hrsg.), BNatSchG, 2011, § 15 Rn. 10.

118 VG Augsburg, Urt. v. 15.05.2014 – Au 5 K 14.70, NuR 2014, 888 (888).

119 *Gellermann*, in: Landmann/Rohmer (Hrsg.), Umweltrecht, Stand: August 2014, § 15 Rn. 7; *ders.*, Naturschutzrecht nach der Novelle des Bundesnaturschutzgesetzes, NVwZ 2010, 73 (76); *Wolf*, in: Kluth/Smeddinck (Hrsg.), Umweltrecht, 2013, § 5 Rn. 47.

120 BVerwG, Urt. v. 06.11.2012 – 9 A 17/11, NuR 2014, 344 (360); s. auch *Brockhoff*, Naturschutzrechtliche Eingriffsregelung in bergrechtlichen Zulassungsverfahren, 2012, S. 132; *Lau*, NuR 2011, 762 (764); *Mitschang*, BauR 2011, 33 (38).

121 BVerwG, Urt. v. 06.11.2012 – 9 A 17/11, NuR 2014, 344 (360).

122 *Scheidler*, UPR 2010, 134 (138).

123 BVerwG, Beschl. v. 11.11.2008 – 9 A 52/07, ZUR 2009, 264 (265).

124 *Gassner/Heugel*, Das neue Naturschutzrecht, 2010, Rn. 313.

125 *De Witt/Geismann*, Die naturschutzrechtliche Eingriffsregelung, 2011, Rn. 29; *Lau*, NuR 2011, 762 (766).

keine Maßnahme des Naturschutzes und der Landschaftspflege dar. Damit ist keine Aufwertung, sondern günstigenfalls eine Aufrechterhaltung des ökologischen Status quo verbunden.[126] Im Ergebnis könnte die Rechtslage nur dann anders bewertet werden, wenn für den nunmehr nicht mehr zu realisierenden Flächenabbau bereits eine Ausgleichs- oder Ersatzleistung erbracht wurde.[127] Auch die bloße Unterhaltungspflege eines Biotops ist mangels Aufwertung in aller Regel keine geeignete Kompensationsmaßnahme.[128]

39 Dass man trotz der rechtlichen Gleichstellung von Ausgleichs- und Ersatzmaßnahmen die begriffliche Differenzierung zwischen beiden beibehalten hat, dürfte darauf beruhen, dass man insbesondere die Normanwender dafür sensibilisieren wollte, dass es diverse Möglichkeiten der Realkompensation gibt.[129] Auch wird die Unterscheidung für die Behörden im Rahmen der Abwägung relevant, welche der beiden Maßnahmen im Einzelfall zweckdienlicher ist.[130] Mit der herrsche nden Meinung kann davon ausgegangen werden, dass mit der Realkompensation nach dem BNatSchG kaum die Wiederherstellung eines ökologisch identischen Zustands i.S.e. Vollausgleichs gemeint sein kann.[131] Auch wenn ein derartiger Vollausgleich als Idealziel möglichst anzustreben ist, lässt er sich bei Zugrundelegung einer streng naturwissenschaftlichen Sicht nicht erreichen.[132] Aus § 15 Abs. 2 Satz 1 folgt die Verpflichtung, Eingriffe in Natur und Landschaft so weit wie möglich durch die dort vorgesehenen Maßnahmen zu kompensieren. Innerhalb der Grenzen des Möglichen und Zumutbaren ist der Eingriffsverursacher zum vollen Ausgleich der Beeinträchtigung von Natur und Landschaft verpflichtet.[133] Mit der Schwere des Eingriffs steigt auch der Kompensationsbedarf.[134] Können die Beeinträchtigungen durch den Eingriff komplett ausgeglichen bzw. ersetzt werden, werden sie selbst bei schwersten Beeinträchtigungen des Naturhaushalts und des Landschaftsbildes in Kauf genommen.[135] Nur falls kein voller Ausgleich bzw. keine volle Ersetzung der Beeinträchtigungen gelingt, kommt man zur nächsten Stufe der naturschutzrechtlichen Eingriffsregelung, der in § 15 Abs. 5 normierten Abwägung.

---

126 VG Hannover, Urt. v. 20. 09. 2012 – 12 A 5497/10, NuR 2012, 873 (879).
127 VG Hannover, Urt. v. 20. 09. 2012 – 12 A 5497/10, NuR 2012, 873 (879).
128 *Lau*, NuR 2011, 762 (766).
129 Siehe auch *Voßkuhle*, Das Kompensationsprinzip, 1999, S. 145. Gegen eine Überflüssigkeit der Abgrenzung von Ausgleichs- und Ersatzmaßnahmen auch: *Hendler/Brockhoff*, NVwZ 2010, 733 (735).
130 *De Witt/Geismann*, Die naturschutzrechtliche Eingriffsregelung, 2011, Rn. 29.
131 BVerwG, Urt. v. 27. 10. 2000 – 4 A 18/99, NVwZ 2001, 673 (681); *Berchter*, Die Eingriffsregelung im Naturschutzrecht, 2007, S. 93; *Meßerschmidt*, Bundesnaturschutzrecht, Stand: September 2014, § 15 BNatSchG Rn. 46, 58; *Schmidt-Siegmann*, Die naturschutzrechtliche Eingriffsregelung in der baden-württembergischen Verwaltungspraxis, 2008, S. 56.
132 *Berchter*, Die Eingriffsregelung im Naturschutzrecht, 2007, S. 93 f.; *Fischer-Hüftle/Schumacher*, in: Schumacher/Fischer-Hüftle (Hrsg.), BNatSchG, 2. Aufl. 2010, § 15 Rn. 36.
133 *Durner*, in: Ziekow, Handbuch des Fachplanungsrechts, 2. Aufl. 2014, § 7 Rn. 25.
134 BVerwG, Urt. v. 31. 01. 2002 – 4 A 15/01, NVwZ 2002, 1103 (1111).
135 BVerwG, Urt. v. 31. 01. 2002 – 4 A 15/01, NVwZ 2002, 1103 (1111).

Ausgleichs- und Ersatzmaßnahmen setzen voraus, dass mit dem Eingriff Be- *40* einträchtigungen verbunden sind, die zu kompensieren sind.[136] Problematisch sind Konstellationen, bei denen zwar in die bestehende Natur und Landschaft eingegriffen, dies aber mit dem Ziel verfolgt wird, dadurch den Zustand der Flächen ökologisch zu verbessern. Nach zwischenzeitlich ständiger BVerwG-Rechtsprechung bedarf der mit einer Maßnahme, die sich in der naturschutzfachlichen Gesamtbilanz als günstig erweist und zu einer wesentlichen Verbesserung des bestehenden Zustands führt, zunächst verbundene Eingriff keiner weiteren Kompensation durch Ausgleichs- und Ersatzmaßnahmen. Denn die an sich erforderliche Kompensation würde in die ökologische Gesamtbilanz regelmäßig eingehen.[137] Erst langsam beginnt eine Diskussion, ob sich diese Rechtsprechung ohne Weiteres auf die Renaturierung von Gewässern übertragen lässt. Insoweit werden Zweifel an der Verrechenbarkeit von landseitigen Eingriffen mit Verbesserungen an aquatischen Natur- und Landschaftsbestandteilen angemeldet.[138] Dagegen lässt sich in der Tat hervorbringen, dass sich eine solche Verrechnung schwerlich mit dem Vermeidungsgebot der Eingriffsregelung in Einklang bringen lässt.[139]

a) Ausgleichsmaßnahmen

Die Legaldefinition des Ausgleichs wurde gegenüber § 19 Abs. 2 Satz 2 a.F. *41* insofern geringfügig verändert, als nunmehr explizit zum Ausdruck gebracht wird, dass der Ausgleich „in gleichartiger Weise" erfolgen müsse. Nach § 15 Abs. 2 Satz 2 ist eine Beeinträchtigung **ausgeglichen**, wenn und sobald die beeinträchtigten Funktionen des Naturhaushalts in gleichartiger Weise **wiederhergestellt** sind und das Landschaftsbild landschaftsgerecht wiederhergestellt oder neu gestaltet ist. Durch die zuletzt genannte Formulierung wird der Erkenntnis Rechnung getragen, dass ein Ausgleich aller durch ein Vorhaben hervorgerufenen, nicht zu vermeidenden Beeinträchtigungen des Landschaftsbildes nur sehr selten möglich sein wird und eine funktionsidentische Wiederherstellung des biologischen Status quo insoweit meistens ausscheidet.[140] Der naturschutzrechtliche Ausgleichsbegriff orientiert sich zwar grundsätzlich an demjenigen Zustand von Natur und Landschaft, der im Augenblick vor der Beeinträchtigung bestand.[141] Weil aber aus naturwissenschaftlicher Sicht Abweichungen unausweichlich sind, lässt man es genügen, wenn die Wiederherstellung „in gleichartiger Weise" geschieht.[142] Durch Ausgleichsmaßnahmen sollen unvermeidbare Beeinträchtigungen von

---

136 Dazu, dass Kompensation und Beeinträchtigung einander entsprechen, VG Augsburg, Urt. v. 15. 05. 2014 – Au 5 K 14.70, NuR 2014, 888 (888).

137 BVerwG, Beschl. v. 28. 01. 2009 – 7 B 45/08, NVwZ 2009, 521 (522 f.); BVerwG, Beschl. v. 19. 09. 2014 – 7 B 6/14, NVwZ-RR 2015, 15 (18).

138 *Reese*, in seinem Vortrag auf dem 11. Deutschen Naturschutzrechtstag 2014, Eingriffsregelung und Kompensation im ökologischen Gewässerschutz, Köln, am 16. 12. 2014.

139 *Reese*, in seinem Vortrag auf dem 11. Deutschen Naturschutzrechtstag 2014, Eingriffsregelung und Kompensation im ökologischen Gewässerschutz, Köln, am 16. 12. 2014.

140 *Berchter*, Die Eingriffsregelung im Naturschutzrecht, 2007, S. 96.

141 *Berchter*, Die Eingriffsregelung im Naturschutzrecht, 2007, S. 96.

142 *Berchter*, Die Eingriffsregelung im Naturschutzrecht, 2007, S. 96; *Voßkuhle*, Das Kompensationsprinzip, 1999, S. 140 f.

Natur und Landschaft bis unter die Schwelle der Erheblichkeit reduziert werden, indem die durch den Eingriff gestörten Funktionen des Naturhaushalts gleichartig wiederhergestellt werden.[143]

42 Mit der jetzigen Legaldefinition des § 15 Abs. 2 Satz 2 wird an die bisherige Rechtsprechung zu den Anforderungen an Ausgleichsmaßnahmen angeknüpft. Schon seit längerer Zeit vertritt das BVerwG die Auffassung, dass dem Ausgleich sowohl ein räumliches als auch ein qualitatives Element inhärent ist.[144] Der Verursacher soll die mit seinem Vorhaben verbundenen Beeinträchtigungen von Natur und Landschaft „wieder gutmachen",[145] weshalb der Regelung Tendenz zum Vollausgleich innewohnt.[146] Mit dem naturschutzrechtlichen Ausgleich wird die Wiederherstellung der durch den Eingriff gestörten Funktionen des Naturhaushalts oder des Landschaftsbilds bezweckt.[147] Ausgleichsmaßnahmen zeichnen sich dadurch aus, dass sie in dem betroffenen Landschaftsraum einen Zustand herbeiführen, der **den früheren Zustand in der gleichen Art und mit der gleichen Wirkung fortführt**.[148] Der räumliche Bereich, in welchem Ausgleichsmaßnahmen in Betracht kommen, wird durch den fachrechtlich gebilligten Standort des Vorhabens vorbestimmt.[149] Die Ausgleichsmaßnahmen müssen zwar nicht im unmittelbaren Umkreis des Eingriffs erfolgen. Der räumliche Bereich, in dem sie zur Anwendung kommen können, ist aber insofern eingeschränkt, als sie sich dort, wo die mit dem Vorhaben verbundenen Beeinträchtigungen auftreten, in der beschriebenen Weise auswirken müssen. Mit anderen Worten muss **zwischen den Ausgleichsmaßnahmen und dem Eingriffsort** ein **funktionaler Zusammenhang** bestehen.[150] Bei dieser Sichtweise wird der Ort der

---

143 *Fischer-Hüftle/Schumacher,* in: Schumacher/Fischer-Hüftle (Hrsg.), BNatSchG, 2. Aufl. 2010, § 15 Rn. 36; vgl. auch *Stadler,* Die naturschutzrechtliche Eingriffsregelung in der Bundesfernstraßenplanung, 2002, S. 191.

144 BVerwG, Urt. v. 27. 10. 2000 – 4 A 18/99, NVwZ 2001, 673 (681); BVerwG, Beschl. v. 07. 07. 2010 – 7 VR 2.10, NuR 2010, 646 (647); *Koch,* in: Kerkmann (Hrsg.), Naturschutzrecht in der Praxis, 2. Aufl. 2010, § 4 Rn. 34.

145 BVerwG, Urt. v. 27. 10. 2000 – 4 A 18/99, NVwZ 2001, 673 (681); *Wilrich,* in: Marzik/Wilrich (Hrsg.), BNatSchG, 2004, § 19 Rn. 11; VGH München, Urt. v. 21. 06. 1995 – 22 A 94.40095, NVwZ 1996, 406 (407) spricht von „ungeschehen" machen.

146 *Gellermann,* in: Landmann/Rohmer (Hrsg.), Umweltrecht, Stand: August 2014, § 15 BNatSchG Rn. 9.

147 BVerwG, Urt. v. 23. 08. 1996 – 4 A 29/95, NVwZ 1997, 486 (486).

148 BVerwG, Urt. v. 27. 10. 2000 – 4 A 18/99, NVwZ 2001, 673 (681); BVerwG, Urt. v. 16. 03. 2006 – 4 A 1075/04, NVwZ-Beil. I 8/2006, 1 (50) Rn. 532; OVG Lüneburg, Urt. v. 16. 12. 2009 – 4 LC 730/07, NuR 2010, 133 (135); *Brockhoff,* Naturschutzrechtliche Eingriffsregelung in bergrechtlichen Zulassungsverfahren, 2012, S. 132; *Meßerschmidt,* Bundesnaturschutzrecht, Stand: September 2014, § 15 BNatSchG Rn. 59.

149 BVerwG, Beschl. v. 07. 07. 2010 – 7 VR 2.10, NuR 2010, 646 (647).

150 BVerwG, Urt. v. 27. 10. 2000 – 4 A 18/99, NVwZ 2001, 673 (681); BVerwG, Urt. v. 16. 03. 2006 – 4 A 1075/04, NVwZ-Beil. I 8/2006, 1 (50) Rn. 532; BVerwG, Beschl. v. 07. 07. 2010 – 7 VR 2.10, NuR 2010, 646 (647); BayVGH, Urt. v. 20. 11. 2012 – 22 A 10.40041, NuR 2013, 357 (362); s. auch *Meßerschmidt,* Bundesnaturschutzrecht, Stand: September 2014, § 15 BNatSchG Rn. 47; Stadler, Die naturschutzrechtliche Eingriffsregelung in der Bundesfernstraßenplanung, 2002, S. 192 f.

Ausgleichsmaßnahme zu Gunsten des damit erreichbaren Ziels in den Hintergrund gerückt.[151] Die Durchführung der Ausgleichsmaßnahmen an einem stark belasteten Eingriffsort ist ökologisch nicht besonders sinnvoll, wenn sie durch die projektbedingten Belastungen unmittelbar und dauerhaft beeinträchtigt würden.[152]

Zwar enthält die Legaldefinition des § 15 Abs. 2 Satz 2 weiterhin keine expliziten Angaben zur räumlichen Reichweite des Ausgleichs. Wenn aber die an zweiter Stelle stehenden Ersatzmaßnahmen „in dem betroffenen Naturraum" erfolgen müssen, folgt hieraus indirekt, dass die räumliche Reichweite der Ausgleichsmaßnahmen, bei denen im Unterschied zu den Ersatzmaßnahmen nicht von „Herstellung", sondern von „Wiederherstellung" geredet wird, enger sein muss.[153] Bestätigt wird dies durch einen Blick in die Gesetzesmaterialien. Denn der Bundesrat ging in seiner Stellungnahme davon aus, dass Ausgleichsmaßnahmen über einen unmittelbaren räumlichen Bezug zum Eingriffsort verfügen, für Ersatzmaßnahmen dagegen ein naturräumlicher Bezug kennzeichnend sei.[154] Der Gesetzgeber hat sich zur räumlichen Seite des Ausgleichs nicht eingehender geäußert, weil diese je nach den Umständen des Einzelfalls variiert[155], d.h. einmal direkt am Eingriffsort und einmal etwas weiter davon entfernt liegen kann. Was die **räumliche Komponente** der Ausgleichsmaßnahmen anbetrifft, kann also festgehalten werden, dass ihre Dimensionierung in einer Abhängigkeit zu den durch das Vorhaben beeinträchtigten biologischen Funktionen steht.[156] Ausgleichsmaßnahmen können in dem betroffenen Naturraum dort durchgeführt werden, wo durch die Schaffung bzw. Aufwertung von Natur und Landschaft die durch den Eingriff beeinträchtigten biologischen Funktionszusammenhänge wiederhergestellt werden.[157] Voraussetzung ist, dass sich die Ausgleichsmaßnahmen an derjenigen Stelle, an der die mit dem Eingriff einhergehenden Beeinträchtigungen auftreten, noch auswirken.[158] Dies entspricht am ehesten dem Gedanken des flächendeckenden Mindestschutzes. Dieser gebietet – wenn möglich – die Befriedigung des Integritätsinteresses am Erhalt von Natur und Landschaft primär am Ort des Eingriffs.[159] Es ist durchaus

43

---

151 *Berchter*, Die Eingriffsregelung im Naturschutzrecht, 2007, S. 97.

152 *Berchter*, Die Eingriffsregelung im Naturschutzrecht, 2007, S. 97.

153 So auch *Fischer-Hüftle/Schumacher*, in: Schumacher/Fischer-Hüftle (Hrsg.), BNatSchG, 2. Aufl. 2010, § 15 Rn. 45.

154 BT-Drs. 16/13298, S. 3.

155 Siehe auch *Meßerschmidt*, Bundesnaturschutzrecht, Stand: September 2014, § 15 BNatSchG Rn. 47.

156 *Berchter*, Die Eingriffsregelung im Naturschutzrecht, 2007, S. 97; siehe zum räumlich-funktionalen Zusammenhang *Hendler/Brockhoff*, NVwZ 2010, 733 (734).

157 *Berchter*, Die Eingriffsregelung im Naturschutzrecht, 2007, S. 97; zur Aufwertung BVerwG, Urt. v. 06. 11. 2012 – 9 A 17/11, NuR 2014, 344 (360).

158 BayVGH, Urt. v. 20. 11. 2012 – 22 A 10.40041, NuR 2013, 357 (362); *Berchter*, Die Eingriffsregelung im Naturschutzrecht, 2007, S. 97; *Gellermann*, in: Landmann/Rohmer, Umweltrecht, Stand: Mai 2015, § 15 BNatSchG Rn. 10; *Meßerschmidt*, Bundesnaturschutzrecht, Stand: September 2014, § 15 BNatSchG Rn. 48.

159 *Koch*, in: Kerkmann (Hrsg.), Naturschutzrecht in der Praxis, 2. Aufl. 2010, § 4 Rn. 35.

denkbar, dass ein Eingriff in ein Landschaftsschutzgebiet auf einer außerhalb dieses Gebiets liegenden, bedeutsamen und werthaltigen Fläche ausgeglichen werden kann, sofern die Ausgleichsfläche noch auf den Ort des Eingriffs zurückwirkt.[160]

44 Während es bei den Ersatzmaßnahmen darauf ankommt, dass die Herstellung „in gleichwertiger Weise" zu erfolgen hat, wird hinsichtlich der Anforderungen an die **Qualität** des Ausgleichs vorgeschrieben, dass die Wiederherstellung der beeinträchtigten Funktionen des Naturhaushalts **in gleichartiger Weise** geschehen muss. Mit den Ausgleichsmaßnahmen muss also ein Zustand geschaffen werden, der dem früheren entspricht.[161] Da die Worte „in gleichartiger Weise" als Gegenbegriff zu den nur „in gleichwertiger Weise" vorzunehmenden Ersatzmaßnahmen konzipiert wurden,[162] kann die Gleichartigkeit richtigerweise nur in dem Sinne verstanden werden, dass die gleichen biologischen Funktionen wiederhergestellt werden müssen, die zuvor zerstört wurden.[163] Als Beispiel für eine Ausgleichsmaßnahme sei die Anlage eines neuen Auwaldbestandes am Eingriffsort als Ausgleich für die Inanspruchnahme eines bereits bestehenden Auwalds genannt.[164] Wird eine bestimmte Sorte gebietseigener Gehölze gefällt, gebietet es die Gleichartigkeit, Anpflanzungen mit demselben Pflanzenmaterial vorzunehmen.[165] An der nötigen Gleichartigkeit fehlt es, wenn ein zwar schutzwürdiger, aber andersartiger Zustand geschaffen wird,[166] z.B. wegen der Versiegelung des Bodens Bäume angepflanzt werden.[167] Von einer gleichartigen Wiederherstellung kann man nicht sprechen, wenn ein Trockenrasen zerstört wird und stattdessen ein Tümpel oder Teich angelegt wird.[168]

45 Aus § 15 Abs. 2 Satz 2 folgt nur, dass eine Beeinträchtigung ausgeglichen ist, „sobald" es zur Wiederherstellung gekommen ist. Da aber nach § 15 Abs. 5 zur naturschutzrechtlichen Abwägung zu schreiten ist, wenn Beeinträchtigungen nicht **in angemessener Frist** ausgeglichen werden, folgt daraus indirekt, dass ein Ausgleich i.S.d. § 15 Abs. 2 innerhalb angemessener Frist erfolgen muss.[169] Es gibt verschiedene Meinungen zur Auslegung dieses

---

160 BayVGH, Urt. v. 20.11.2012 – 22 A 10.40041, NuR 2013, 357 (362).

161 Siehe *Duden*, Synonymwörterbuch, Jahr 2007, S. 445.

162 BT-Drs. 16/12274, S. 57.

163 *Berchter*, Die Eingriffsregelung im Naturschutzrecht, 2007, S. 99.

164 *Durner*, in: Ziekow (Hrsg.), Handbuch des Fachplanungsrechts, 2. Aufl. 2014, § 7 Rn. 23.

165 *Hellenbroich/Frenz*, NuR 2008, 449 (455).

166 VG Karlsruhe, Urt. v. 29.06.1989 – 1 K 208/87, NuR 1990, 332 (334); *Meßerschmidt*, Bundesnaturschutzrecht, Stand: September 2014, § 15 BNatSchG Rn. 43.

167 *Gellermann*, in: Landmann/Rohmer (Hrsg.), Umweltrecht, Stand: August 2014, § 15 BNatSchG Rn. 9.

168 *Gellermann*, in: Landmann/Rohmer (Hrsg.), Umweltrecht, Stand: August 2014, § 15 BNatSchG Rn. 9.

169 *Fischer-Hüftle/Schumacher*, in: Schumacher/Fischer-Hüftle (Hrsg.), BNatSchG, 2. Aufl. 2010, § 15 Rn. 77; *Koch*, in: Kerkmann (Hrsg.), Naturschutzrecht in der Praxis, 2. Aufl. 2010, § 4 Rn. 40.

Zeitparameters. Während teilweise ein schnellstmögliches Handeln[170] oder eine Kompensation binnen „wenige[r] Jahre"[171] gefordert wird, wird nach dem BVerwG die Angemessenheitsgrenze erst überschritten, wenn so viel Zeit zwischen dem Eingriff und der Kompensation verstrichen ist, dass sich die Zielsetzung der Ausgleichs- bzw. Ersatzmaßnahme nicht mehr erreichen lässt.[172] „In angemessener Frist" bedeutet, dass zumindest zeitnah mit der Kompensation begonnen werden muss, wenn auch deren Erfolg wegen der Dauer natürlicher Entwicklungsprozesse oft erst nach einiger Zeit herbeigeführt werden kann.[173] Zutreffend wird jedoch darauf hingewiesen, dass unter Zugrundelegung der Umschreibung des Ausgleichs darauf zu achten ist, dass nicht nur die Ausgleichshandlung, sondern auch der Ausgleichserfolg innerhalb angemessener Frist herbeigeführt wird.[174] Grundsätzlich müssen die Kompensationsmaßnahmen erst in dem Augenblick ergriffen werden, in dem der Eingriff tatsächlich erfolgt. Dann muss die Realkompensation aber innerhalb einer angemessenen Zeit eintreten. Wann dies der Fall ist, lässt sich nicht pauschal, sondern immer nur in Bezug auf den auszugleichenden Eingriff feststellen.[175] Insoweit besteht eine Abhängigkeit zur jeweiligen biologischen Funktion, deren Ausgleich anvisiert wird.[176] Unter anderem ist zu berücksichtigen, dass ein Ausgleich nicht sofort die gleiche Wertigkeit wie das beeinträchtigte Gebiet haben kann.[177] Eine gewisse Grenze resultiert daraus, dass der Zeitraum, der z.B. für die Entwicklung des beeinträchtigten Biotops veranschlagt wird, innerhalb eines realistischen Planungszeitraums liegen muss.[178] Im Einzelfall kann es zur Sicherung des Ausgleichserfolges notwendig werden, die Ausgleichsmaßnahme bereits vor dem Eingriff durchzuführen, z.B. wenn das Überleben einer Population nur dadurch sichergestellt werden kann, dass vor der Zerstörung ihres Lebensraums ein Ersatzbiotop zur Verfügung steht.[179]

---

170 So *Sparwasser/Wöckel*, NVwZ 2004, 1189 (1193); in diese Richtung wohl auch *de Witt/ Geismann*, Die naturschutzrechtliche Eingriffsregelung, 2011, Rn. 30.

171 VGH Mannheim, Urt. v. 28.07.1983 – 2 S 299/81, NuR 1984, 102 (105).

172 BVerwG, Beschl. v. 16.03.1999 – 4 BN 17.98, ZfBR 1999, 349 (350); zustimmend *Lau*, NuR 2011, 762 (765).

173 VG Schleswig, Urt. v. 18.08.2009 – 1 A 5/08, ZNER 2009, 427 (429); s. auch *Sparwasser/ Wöckel*, NVwZ 2004, 1189 (1193); *Fischer-Hüftle/Schumacher*, in: Schumacher/Fischer-Hüftle (Hrsg.), BNatSchG, 2. Aufl. 2010, § 15 Rn. 79.

174 *Brockhoff*, Naturschutzrechtliche Eingriffsregelung in bergrechtlichen Zulassungsverfahren, 2012, S. 133.

175 *Brockhoff*, Naturschutzrechtliche Eingriffsregelung in bergrechtlichen Zulassungsverfahren, 2012, S. 133; *Michler/Möller*, NuR 2011, 81 (84).

176 *Berchter*, Die Eingriffsregelung im Naturschutzrecht, 2007, S. 99; *Gassner/Heugel*, Das neue Naturschutzrecht, 2010, Rn. 327.

177 *Durner*, in: Ziekow (Hrsg.), Praxis des Fachplanungsrechts, 2. Aufl. 2014, § 7 Rn. 26.

178 *Berchter*, Die Eingriffsregelung im Naturschutzrecht, 2007, S. 99.

179 VG Darmstadt, Urt. v. 28.11.1990 – II/3 530/87, NuR 1991, 390 (398); *Durner*, in: Ziekow (Hrsg.), Praxis des Fachplanungsrechts, 2. Aufl. 2014, § 7 Rn. 26; *ders.*, NuR 2001, 601 (604); *Fischer-Hüftle/Schumacher*, in: Schumacher/Fischer-Hüftle (Hrsg.), BNatSchG, 2. Aufl. 2010, § 15 Rn. 78.

46   Als angemessener zeitlicher Rahmen für den Ausgleich von Beeinträchtigungen des Naturhaushalts wird in der Praxis meistens ein Zeitraum von 25 Jahren angesetzt.[180] Die konkrete Bemessung des Zeitraums, in dem der Ausgleich erfolgen muss, richtet sich aber letztlich nach dem, was auszugleichen ist.[181] Während es die Rechtsprechung genügen lässt, wenn Beeinträchtigungen des Naturhaushalts innerhalb eines überschaubaren Zeitraums ausgeglichen werden,[182] wird bei Beeinträchtigungen des Landschaftsbildes die Kompensationsfrist weniger großzügig bemessen.[183] Die Wiederherstellung des Landschaftsbildes müsse innerhalb weniger Jahre erfolgen.[184] Letztlich richtet sich die zeitliche Angemessenheit nach den jeweiligen naturschutzrechtlichen Erfordernissen. Während es im Regelfall genügen mag, wenn die Ausgleichsmaßnahme einige Zeit nach Vornahme des Eingriffs abgeschlossen ist, kann im Einzelfall ein engerer Zeitrahmen geboten sein, wenn andernfalls die Gefahr besteht, dass der Kompensationszweck verfehlt wird.[185] Bei einem zu großen Time Lag zwischen Eingriff und Ausgleichsmaßnahme ist, falls die Abwägungshürde des § 15 Abs. 5 genommen wird, dafür nach § 15 Abs. 6 Satz 1 eine Ersatzzahlung zu leisten.[186] Bei der Kompensationsfrage ist bezogen auf den jeweiligen Einzelfall zu prüfen, inwieweit Maßnahmen der Umwelterziehung zu einem positiven Effekt der Maßnahmen in zeitlicher Hinsicht führen können.[187]

47   Was den Ausgleich anbelangt, ist nach dem Gesetzestext zwischen Beeinträchtigungen des Naturhaushalts und solchen des Landschaftsbildes zu unterscheiden. Ist ein Eingriff nur mit Beeinträchtigungen eines der beiden genannten Schutzgüter verbunden, versteht es sich von selbst, dass sich der gebotene Ausgleich auch nur auf das eine beeinträchtigte Schutzgut beziehen kann.[188] **Beeinträchtigte Funktionen des Naturhaushalts** sind ausgeglichen, wenn und sobald sie **in gleichartiger Weise** – mit anderen Worten

---

180 *Erbguth/Schlacke*, Umweltrecht, 5. Aufl. 2014, § 10 Rn. 34; weiter bis zu 30 Jahren *Meßerschmidt*, Bundesnaturschutzrecht, Stand: September 2014, § 15 BNatSchG Rn. 49; *Stadler*, Die naturschutzrechtliche Eingriffsregelung in der Bundesfernstraßenplanung, S. 199; bis zu 50 Jahre *Berchter*, Die Eingriffsregelung im Naturschutzrecht, 2007, S. 99 f.; dazu auch *Lau/Meske*, NuR 2010, 475 (482).
181 VG Sigmaringen, Urt. v. 28. 09. 2000 – 4 K 2577/98, Rn. 72 (juris).
182 VG Karlsruhe, Urt. v. 29. 06. 1989 – 1 K 208/87, NuR 1990, 332 (333); *Gassner/Heugel*, Das neue Naturschutzrecht, 2010, Rn. 327; *Schmidt-Siegmann*, Die naturschutzrechtliche Eingriffsregelung in der baden-württembergischen Verwaltungspraxis, 2008, S. 57.
183 VGH Mannheim, Urt. v. 28. 07. 1983 – 2 S 299/81, VBlBW 1984, 83 (83 ff.); VG Sigmaringen, Urt. v. 28. 09. 2000 – 4 K 2577/98, Rn. 72 (juris); *Gassner/Heugel*, Das neue Naturschutzrecht, 2010, Rn. 327.
184 VGH Mannheim, Urt. v. 28. 07. 1983 – 2 S 299/81, NuR 1984, 102; *Schmidt-Siegmann*, Die naturschutzrechtliche Eingriffsregelung in der baden-württembergischen Verwaltungspraxis, 2008, S. 57.
185 *Fischer-Hüftle/Schumacher,* in: Schumacher/Fischer-Hüftle (Hrsg.), BNatSchG, 2. Aufl. 2010, § 15 Rn. 82.
186 Dazu *Lau/Meske*, NuR 2010, 475 (482).
187 Dazu *Lau/Meske*, NuR 2010, 475 (482).
188 BVerwG, Urt. v. 27. 09. 1990 – 4 C 44/87, NVwZ 1991, 364 (366).

so, wie sie waren[189] – **wiederhergestellt** sind. Als Beispiel für eine Ausgleichsmaßnahme sei genannt, dass für eine von einem Vorhaben betroffene Amphibienpopulation in unmittelbarer Nähe ein Ersatzlebensraum geschaffen wird.[190] Wird durch die Versiegelung im Zusammenhang mit einem Straßenneubau die Grundwasserneubildung verringert, kann diese Beeinträchtigung dadurch ausgeglichen werden, dass in unmittelbarer Nähe eine alte Straße auf derselben Fläche abgebaut wird (Rückbau), wodurch dieselbe Menge Regenwasser versickern kann.[191]

Beeinträchtigungen des Landschaftsbildes können nach dem Gesetzestext 48 auf zweierlei Weise ausgeglichen werden. Das Landschaftsbild kann entweder **landschaftsgerecht wiederhergestellt** oder **neu gestaltet** werden. Maßnahmen in Bezug auf ein durch einen Eingriff gestörtes Landschaftsbild stellen immer dann einen Ausgleich im Rechtssinne dar, wenn durch sie in dem betroffenen Landschaftsraum ein Zustand geschaffen wird, der in gleicher Art, mit gleichen Funktionen und ohne Preisgabe wesentlicher Faktoren des optischen Beziehungsgefüges den vor dem Eingriff vorhandenen Zustand in weitestmöglicher Annäherung fortführt.[192] Aus der Möglichkeit zur landschaftsgerechten Neugestaltung des Landschaftsbildes folgt, dass die fortdauernde optische Wahrnehmbarkeit des Eingriffs der Annahme eines Ausgleichs des Eingriffs im Rechtssinne nicht notwendig entgegensteht.[193] Entscheidend ist, dass unvermeidbare Eingriffe in das Landschaftsbild in landschaftsgerechter Weise aufgefangen werden. Dabei können die Umgestaltungen des Landschaftsbildes im Einzelfall sogar zu einer Verbesserung des Natur- und Landschaftsschutzes beitragen.[194] Für eine landschaftsgerechte Neugestaltung genügt es, wenn die Ausgleichsfläche so an die übrige Landschaft angepasst wird, dass sie von einem durchschnittlichen Betrachter nicht als Fremdkörper empfunden wird.[195] Aus diesem Grund ist bei der Neugestaltung stillgelegter Flächen des Bergabbaus auf die Anpassung von Form und Böschungsniveau an das vorhandene Landschaftsbild zu ach-

---

189 *Erbguth/Schlacke*, Umweltrecht, 5. Aufl. 2014, § 10 Rn. 34.

190 *Schmidt-Siegmann*, Die naturschutzrechtliche Eingriffsregelung in der baden-württembergischen Verwaltungspraxis, 2008, S. 56.

191 Beispiel entnommen dem Artikel „Eingriffsregelung in Deutschland", zuletzt abgerufen über Wikipedia am 26.03.2015.

192 BVerwG, Urt. v. 27.09.1990 – 4 C 44/87, NVwZ 1991, 364 (367); VGH Mannheim, Urt. v. 20.04.2000 – 8 S 318/00, NVwZ 2000, 1063 (1064); *de Witt/Geismann*, Die naturschutzrechtliche Eingriffsregelung, 2011, Rn. 31; *Gassner/Heugel*, Das neue Naturschutzrecht, 2010, Rn. 332.

193 BVerwG, Urt. v. 27.09.1990 – 4 C 44/87, NVwZ 1991, 364 (367); *Brockhoff*, Naturschutzrechtliche Eingriffsregelung in bergrechtlichen Zulassungsverfahren, 2012, S. 135.

194 BVerwG, Urt. v. 27.09.1990 – 4 C 44/87, NVwZ 1991, 364 (367).

195 OVG Lüneburg, Urt. v. 14.05.1981 – 14 A 189/80, NuR 1982, 112; *Erbguth/Schlacke*, Umweltrecht, 5. Aufl. 2014, § 10 Rn. 34; *Fischer-Hüftle/Schumacher*, in: Schumacher/Fischer-Hüftle (Hrsg.), BNatSchG, 2. Aufl. 2010, § 15 Rn. 56, 58; *Lütkes*, in: Lütkes/Ewer (Hrsg.), BNatSchG, 2011, § 15 Rn. 19; *Meßerschmidt*, Bundesnaturschutzrecht, Stand: September 2014, § 15 BNatSchG Rn. 56; ähnlich *Gellermann*, in: Landmann/Rohmer (Hrsg.), Umweltrecht, Stand: August 2014, § 15 BNatSchG Rn. 13.

ten.[196] Zwischen der Neugestaltung und der Beeinträchtigung muss ein optischer Bezug auszumachen sein.[197]

49 Beispielsweise können Beeinträchtigungen des Landschaftsbildes durch Abgrabungsvorhaben dadurch ausgeglichen werden, dass sie im Sinne einer Wiederherstellung vollständig verfüllt werden, oder eine Neugestaltung vorgenommen wird, indem sie etwa durch die Gestaltung ihrer Form oder Böschungen harmonisch in das vorhandene Landschaftsbild eingepasst werden.[198] Nach dem BayVGH kann die Beeinträchtigung des Landschaftsbildes durch die Errichtung einer 110 kV-Freileitung durch den Rückbau bestehender Freileitungen, ggf. kombiniert mit Maßnahmen zur Neugestaltung des Landschaftsbildes ausgeglichen werden.[199] Vergleichbares gilt für Windenergieanlagen.[200] Unter Berücksichtigung der gesetzlichen Vorgaben ist zu prüfen, inwieweit eine Erdverkabelung anstelle von Freileitungen bei der Errichtung einer Windenergieanlage eine realkompensatorische Maßnahme sein kann.[201] Ob und inwieweit ein Ausgleich gelingt, ist letztlich mit Blick auf den jeweiligen Einzelfall zu bestimmen. Nach dem BVerwG löst eine erstmals in Natur und Landschaft gebaute Landstraße regelmäßig dauernde Beeinträchtigungen des zuvor vorhandenen Landschaftsbildes aus, die wegen ihrer Intensität nicht wirklich ausgleichsfähig sind.[202] Ähnliches wurde bei der Errichtung eines Windparks an einem bislang von jedweder Bebauung frei gehaltenen Standort angenommen.[203] Bei der Bestimmung des Ausgleichs innerhalb angemessener Frist ist darauf zu achten, dass die Neugestaltung des Landschaftsbilds oftmals innerhalb kürzerer Zeit als Wiederherstellungsmaßnahme bewirkt werden kann.[204]

b) Ersatzmaßnahmen

50 Nach § 15 Abs. 2 Satz 3 ist eine Beeinträchtigung **ersetzt**, wenn und sobald die beeinträchtigten Funktionen des Naturhaushalts in dem betroffenen Naturraum in gleichwertiger Weise hergestellt sind und das Landschaftsbild landschaftsgerecht neu gestaltet ist. Im Unterschied zur Definition des Ausgleichs in § 15 Abs. 2 Satz 2 wird in der Definition der Ersetzung in § 15 Abs. 2 Satz 3 festgelegt, dass die Ersetzung im betroffenen Landschaftsraum nicht in gleichartiger, sondern in gleichwertiger Weise zu geschehen hat. Daraus folgt, dass die Ersatzmaßnahmen inhaltlich weiter als die Ausgleichs-

---

196 *Brockhoff*, Naturschutzrechtliche Eingriffsregelung in bergrechtlichen Zulassungsverfahren, 2012, S. 135.

197 *Fischer-Hüftle/Schumacher*, in: Schumacher/Fischer-Hüftle (Hrsg.), BNatSchG, 2. Aufl. 2010, § 15 Rn. 57.

198 *Gellermann*, in: Landmann/Rohmer (Hrsg.), Umweltrecht, Bd. 4, § 19 BNatSchG Rn. 14.

199 BayVGH, Urt. v. 20.11.2012 – 22 A 10.40041, NuR 2013, 357 (360).

200 *Wemdzio*, AUR 2012, 9 (14).

201 Näher dazu *Weisensee*, NuR 2013, 789 (789 ff.).

202 BVerwG, Beschl. v. 04.10.1994 – 4 B 196/94, Buchholz 406.401 § 8 BNatSchG Nr. 14.

203 VGH Mannheim, Urt. v. 20.04.2000 – 8 S 318/00, NVwZ 2000, 1063 (1064).

204 *Brockhoff*, Naturschutzrechtliche Eingriffsregelung in bergrechtlichen Zulassungsverfahren, 2012, S. 135.

maßnahmen zu fassen sind.[205] Da Ausgleichsmaßnahmen ebenfalls im Konnex zu einem bestimmten Eingriff stehen, muss das durch Ersatzmaßnahmen geschaffene Surrogat den beeinträchtigten Funktionen und Werten möglichst ähnlich sein.[206]

Die Ersatzmaßnahmen müssen in dem **betroffenen Naturraum** erfolgen. Im   *51*
Unterschied zur Ausgleichsmaßnahme muss eine Ersatzmaßnahme nicht auf den Eingriffsort zurückwirken.[207] Es reicht, wenn überhaupt eine räumliche Beziehung zwischen dem Ort des Eingriffs und der durchzuführenden Ersatzmaßnahme besteht.[208] Die bisherige Rechtsprechung ging davon aus, dass sich der Raum, der von dem Eingriff betroffen wird, nicht metrisch festlegen lässt, sondern von den jeweiligen ökologischen Gegebenheiten abhängt. Jedenfalls wenn der Bereich, in dem die Ersatzmaßnahme durchgeführt werden soll, durch bioökologische Wechselbeziehungen verbunden sei, sei dem Erfordernis des räumlichen Bezugs der Ersatzmaßnahme genügt.[209] Deshalb hatte das BVerwG keine Bedenken, wenn z.b. innerhalb eines zusammenhängenden Flusstals die Ersatzmaßnahme 17 km entfernt vom Eingriffsort erfolgte.[210] Auch eine Entfernung von 15 km zwischen dem Ort des Eingriffs und der Ersatzmaßnahme wurde als unbedenklich eingestuft, wenn Kompensationsfläche und Eingriffsgebiet im gleichen Naturraum liegen.[211] Mit dem Naturschutzrecht lässt es sich aber nicht mehr vereinbaren, wenn die Maßnahmen an einem beliebigen Ort durchgeführt werden.[212] Am Erfordernis eines gewissen räumlichen Bezugs zum Eingriff ist festzuhalten, damit eine nachvollziehbare Ableitung der Kompensation zum Eingriff möglich bleibt.[213] Nur diese Sicht wird dem angestrebten flächendeckenden Mindestschutz gerecht.[214]

An diese Rechtsprechung knüpft § 15 Abs. 2 Satz 3 an, wonach die Ersatz-   *52*
maßnahme innerhalb des Naturraums zu erfolgen hat, der von der Beein-

---

205 *Berchter*, Die Eingriffsregelung im Naturschutzrecht, 2007, S. 101; s. auch *Gellermann*, in: Landmann/Rohmer (Hrsg.), Umweltrecht, Stand: August 2014, § 15 BNatSchG Rn. 16.

206 *Gellermann*, in: Landmann/Rohmer (Hrsg.), Umweltrecht, Stand: August 2014, § 15 BNatSchG Rn. 16.

207 BVerwG, Beschl. v. 07.07.2010 – 7 VR 2.10, NuR 2010, 646 (647); *Berchter*, Die Eingriffsregelung im Naturschutzrecht, 2007, S. 103; zur Lockerung im räumlich-funktionalen Bereich OVG Lüneburg, Urt. v. 16.12.2009 – 4 LC 730/07, NuR 2010, 133 (135).

208 BVerwG, Urt. v. 23.08.1996 – 4 A 29/95, NVwZ 1997, 486 (487); BVerwG, Beschl. v. 07.07. 2010 – 7 VR 2.10, NuR 2010, 646 (647).

209 BVerwG, Urt. v. 23.08.1996 – 4 A 29/95, NVwZ 1997, 486 (487); BVerwG, Gerichtsbesch. v. 10.09.1998 – 4 A 35/97, NVwZ 1999, 532 (533); *Gassner/Heugel*, Das neue Naturschutzrecht, 2010, Rn. 341; *Meßerschmidt*, Bundesnaturschutzrecht, Stand: September 2014, § 15 BNatSchG Rn. 77. Dazu, dass der Naturraumbezug auch bei Beeinträchtigungen des Landschaftsbildes zur Anwendung gelangt, *Brockhoff*, Naturschutzrechtliche Eingriffsregelung in bergrechtlichen Zulassungsverfahren, 2012, S. 137 f.

210 BVerwG, Gerichtsbesch. v. 10.09.1998 – 4 A 35/97, NuR 1999, 103 (104).

211 BVerwG, Beschl. v. 07.07.2010 – 7 VR 2.10, NuR 2010, 646 (647).

212 BVerwG, Urt. v. 28.01.1999 – 4 A 18/98, NuR 1999, 510 (510 f.).

213 *Meßerschmidt*, Bundesnaturschutzrecht, Stand: September 2014, § 15 BNatSchG Rn. 77.

214 *Koch*, in: Kerkmann (Hrsg.), Naturschutzrecht in der Praxis, 2. Aufl. 2010, § 4 Rn. 43.

trächtigung des Eingriffs **betroffen** ist. Seit einiger Zeit wird davon ausgegangen, dass sich Deutschland zur ökologischen Charakterisierung und zur Abgrenzung von Landschaften in naturräumliche Einheiten gliedern lässt. Bei der Verwendung des Begriffs des **Naturraums** in § 15 Abs. 2 Satz 3 hat man sich an dieser Gliederung des Gebiets der Bundesrepublik Deutschland in 69 naturräumliche Haupteinheiten orientiert.[215] Die Ersatzmaßnahmen sind also im jeweiligen Naturraum vorzunehmen, der im Schnitt einer Größe von 3–4 Landkreisen entspricht.[216] Weil damit in etwa den räumlichen Vorgaben für die Durchführung von Ersatzmaßnahmen auf Landesebene entsprochen wird, nahm man an, dass die Länder ihre bisherige Praxis hinsichtlich der räumlichen Komponente der Ersatzmaßnahmen fortführen können.[217]

53 Wesentlich für die Unterscheidung von Ausgleichs- und Ersatzmaßnahmen ist, dass Letztere einen **gleichwertigen Ersatz** für die unvermeidbaren Beeinträchtigungen des Eingriffs leisten müssen. Wegen ihres Bezugs zu den Beeinträchtigungen eines konkreten Eingriffs und der Gleichwertigkeitsanforderung sind die Ersatzmaßnahmen der planerischen Beliebigkeit entzogen.[218] Erforderlich ist vielmehr, dass das durch die Ersatzmaßnahme geschaffene Surrogat den beeinträchtigten Funktionen und Werten ähnlich ist[219] bzw. möglichst nahe kommt.[220] Mit den Worten des BVerwG zielt eine Ersatzmaßnahme auf die Schaffung zusammenhängender, ähnlich strukturierter Räume ab, die einen trennungs- und störungsfreien ökologischen Austausch ermöglichen. Es müsse die Erwartung bestehen, dass die Nachteile, die am Eingriffsort namentlich für die Leistungsfähigkeit des Naturhaushalts gerade in dessen Wirkungsgefüge entstehen, in einer gesamtbilanzierenden Betrachtungsweise kompensierbar sind.[221] Als Beispiel für eine Ersatzmaßnahme sei die künstliche Schaffung eines nur vergleichbaren, aus anderen Pflanzen bestehenden Ökosystems in der weiteren Umgebung des Eingriffs genannt.[222] Eine Ersatzmaßnahme kann auch in der Herstellung von etwas Gleichartigem bestehen, sofern sie im Unterschied zu den Ausgleichsmaßnahmen z.B. wegen zu großer Entfernung nicht mehr auf den Eingriffsort zu-

---

215 BT-Drs. 16/12274, S. 57; s. *Ssymank*, Neue Anforderungen im europäischen Naturschutz, 1994, S. 395 ff. Dazu, dass die Orientierung an Ssymank nicht verbindlich ist und eher eine Ausrichtung an Meyen/Schmidthüsen sinnvoll sei, *Lau*, NuR 2011, 762 (764).

216 *Lütkes*, in: Durner (Hrsg.), Umweltgesetzbuch, Stand: Dezember 2012, S. 61.

217 BT-Drs. 16/12274, S. 57; *Louis*, NuR 2010, 77 (81); s. auch die Karte des Bundesamts für Naturschutz, 2009, zu den biogeografischen Regionen und naturräumlichen Haupteinheiten Deutschlands. Siehe zum früheren Landesrecht *Engel/Ketterer*, VBlBW 2010, 293 (296).

218 *Berchter*, Die Eingriffsregelung im Naturschutzrecht, 2007, S. 103.

219 BVerwG, Urt. v. 23.08.1996 – 4 A 29/95, NVwZ 1997, 486 f.; BVerwG, Gerichtsbesch. v. 10.09.1998 – 4 A 35/97, NVwZ 1999, 532 (533); *Gassner*, in: Gassner/Bendomir-Kahlo/Schmidt-Räntsch (Hrsg.), BNatSchG, 2. Aufl. 2003, § 19 Rn. 36; *Gellermann*, in: Landmann/Rohmer (Hrsg.), Umweltrecht, Stand: August 2014, § 15 BNatSchG Rn. 16; *Meßerschmidt*, Bundesnaturschutzrecht, Stand: September 2014, § 15 BNatSchG Rn. 79.

220 *Berchter*, Die Eingriffsregelung im Naturschutzrecht, 2007, S. 103.

221 BVerwG, Gerichtsbesch. v. 10.09.1998 – 4 A 35/97, NVwZ 1999, 532 (533).

222 *Erbguth/Schlacke*, Umweltrecht, 5. Aufl. 2014, § 10 Rn. 35.

rückwirkt.[223] Wie die Ausgleichsmaßnahmen müssen auch die Ersatzmaßnahmen in angemessener Frist erfolgen (§ 15 Abs. 5; s. bei Rn. 44 f.).

c) Verhältnis zwischen Ausgleichs- und Ersatzmaßnahmen

Ausgleichs- und Ersatzmaßnahmen sind seit Neuestem einander rechtlich gleichgestellt. Dies mag in der Praxis den Normvollzug erleichtern, zumal zwischen den Ausgleichs- und Ersatzmaßnahmen nur ein gradueller Unterschied bestehen dürfte.[224] Auch wenn weiterhin begrifflich zwischen Ausgleich und Ersatz unterschieden wird, sind die Maßnahmen zur Realkompensation einheitlich vor der Abwägung nach § 15 Abs. 5 zu prüfen. Sowohl für nicht in angemessener Frist auszugleichende als auch zu ersetzende Beeinträchtigungen hat der Verursacher nach § 15 Abs. 6 Satz 1 Ersatz in Geld zu leisten. Vergreift sich eine Behörde in der Bezeichnung, indem sie eine Ausgleichsmaßnahme i.S.d. § 15 Abs. 2 Satz 2 versehentlich als Ersatzmaßnahme deklariert, kann das Gericht diesen Rechtsfehler korrigieren.[225] In einem Sondergutachten aus dem Jahre 2002 kam der Rat von Sachverständigen für Umweltfragen zu dem Schluss, dass jedenfalls Ersatzmaßnahmen zur Kompensation eines Eingriffs fast immer möglich sein werden. Ausgeschlossen sei ein Ersatz de facto nur, wenn gar keine geeigneten Kompensationsflächen innerhalb des betroffenen Naturraums zur Verfügung stehen würden.[226] Gleiches gilt, wenn eine volle Kompensation aus rechtlichen Gründen, z.B. aufgrund des Verhältnismäßigkeitsgrundsatzes, nicht möglich ist oder nicht innerhalb angemessener Frist erfolgen kann. Diese Defizite sind sodann auf der nächsten Stufe der Eingriffsregelung abzuarbeiten. — 54

Die Verwaltung hat bezogen auf den jeweiligen Einzelfall zu prüfen, ob die Beeinträchtigungen ausgeglichen oder ersetzt werden können. Indem sowohl der Ausgleich als auch der Ersatz als Kompensationsformen in § 15 Abs. 2 erwähnt werden, hat der Gesetzgeber zu erkennen gegeben, dass sie von der Verwaltung gleichermaßen ins Kalkül zu ziehen sind.[227] Ist beides möglich, muss sie im jeweiligen Einzelfall entscheiden, ob Ausgleichs- oder Ersatzmaßnahmen vorzunehmen sind. So heißt es in der Stellungnahme des Bundesrates: „Ob für die Ziele des Naturschutzes der unmittelbare räumliche Bezug zum Eingriffsort (Ausgleich) oder der naturräumliche Bezug der Kompensation z.B. zum Biotopverbund und anderen Schwerpunktflächen des Naturschutzes vorzugswürdig ist, muss sachgerecht für den Einzelfall entschieden werden".[228] Bei der Auswahl zwischen Ausgleichs- und Ersatz- — 55

---

223 *Fischer-Hüftle/Schumacher,* in: Schumacher/Fischer-Hüftle (Hrsg.), BNatSchG, 2. Aufl. 2010, § 15 Rn. 39.

224 Siehe auch *Kuschnerus,* DVBl 1986, 75 (79); *Meßerschmidt,* Bundesnaturschutzrecht, Stand: September 2014, § 15 BNatSchG Rn. 75.

225 BVerwG, Beschl. v. 04.10.1994 – 4 B 196/94, Buchholz 406.401 § 8 BNatSchG Nr. 14.

226 BT-Drs. 14/9852, S. 128.

227 *Fischer-Hüftle/Schumacher,* in: Schumacher/Fischer-Hüftle (Hrsg.), BNatSchG, 2. Aufl. 2010, § 15 Rn. 60.

228 BT-Drs. 16/13298, S. 3. *Wolf,* NuR 2004, 6 (7) verwies darauf, dass ein räumlich und sachlich eng gekoppelter Ausgleich umso aussichtsloser wird, je tiefer und flächenmäßig umfangreicher die Eingriffe ausfallen.

maßnahmen muss sich die Behörde am Zweck des BNatSchG (s. auch § 2 Abs. 3) sowie der naturschutzrechtlichen Eingriffsregelung orientieren. Die zuständige Behörde hat eine einzelfallbezogene Abwägung zwischen diesen beiden Kompensationsformen vorzunehmen.[229] Unter bestimmten Umständen können Ersatzmaßnahmen in größerem Stil vereinzelten, verstreuten Ausgleichsmaßnahmen vorzuziehen sein.[230] Daneben ist die Behörde an den **Verhältnismäßigkeitsgrundsatz** gebunden. Da der Gesetzgeber ihr insoweit die Entscheidung überlässt, ob für die Realkompensation Ausgleichs- oder Ersatzmaßnahmen zweckmäßiger sind, kommt der Verwaltung in dieser Hinsicht ein **Spielraum** zu, der von den Gerichten zu respektieren ist.[231] Da die Ausgleichs- und Ersatzmaßnahmen auf eine gleichwertige Kompensation abzielen, ist auf die fachliche Güte und Plausibilität des Kompensationskonzepts zu achten.[232]

56 In zwischenzeitlich ständiger Rechtsprechung vertritt das BVerwG, dass die Planfeststellungsbehörde bei der Bewertung der Kompensationswirkung von Ausgleichs- und Ersatzmaßnahmen über eine **naturschutzfachliche Einschätzungsprärogative** verfüge und dass die Ausgestaltung des naturschutzrechtlichen Kompensationsmodells hinsichtlich der Auswahl zwischen grundsätzlich gleich geeigneten Kompensationsmaßnahmen untereinander sowie der Berücksichtigung etwaiger multifunktionaler Kompensationswirkungen in erheblichem Umfang Elemente einer planerisch abwägenden Entscheidung aufweise.[233] Letztlich muss also die zuständige Behörde im Einzelfall abwägen, ob für die einzelnen Beeinträchtigungen Ausgleichs- oder Ersatzmaßnahmen zweckmäßiger sind.[234] Sie muss ihr Auswahlermessen pflichtgemäß ausüben und sich dabei von Sinn und Zweck der Eingriffsregelung, u.U. auch einschlägigen völkerrechtlichen Vorgaben (zur Alpenkonvention s. bei § 13 Rn. 15) leiten lassen.[235] Fehlerhaft wäre es, wenn sich die Behörde bei ihrer Entscheidung allein an Kostenerwägungen orientieren würde.[236] Zwar dürften regelmäßig Ausgleichsmaßnahmen dem Verschlechterungsverbot, wie es der Intention der Eingriffsregelung entspricht, am

---

229 *Durner*, in: Ziekow (Hrsg.), Handbuch des Fachplanungsrechts, 2. Aufl. 2014, § 7 Rn. 24.

230 *Fischer-Hüftle*, in: Czybulka (Hrsg.), 35 Jahre Eingriffsregelung, 2013, S. 19 (22).

231 Siehe auch BT-Drs. 16/12274, S. 58, wonach der Behörde ein fachlicher Beurteilungsspielraum bei der Konzeption von Ausgleichs- und Ersatzmaßnahmen zukommt. Ebenso *Becker*, Das neue Umweltrecht 2010, 2010, Rn. 328.

232 *Fischer-Hüftle*, in: Czybulka (Hrsg.), 35 Jahre Eingriffsregelung, 2013, S. 22; zur Kompensationsplanung auch *Schumacher*, in: Czybulka (Hrsg.), 35 Jahre Eingriffsregelung, 2013, S. 177 (198 f.).

233 BVerwG, Urt. v. 18.03.2009 – 9 A 40/07, NuR 2010, 41 (42); s. auch BVerwG, Beschl. v. 07.07.2010 – 7 VR 2.10, NuR 2010, 646 (648); BVerwG, Urt. v. 25.06.2014 – 9 A 1/13, NuR 2014, 859 (863); *Gassner/Heugel*, Das neue Naturschutzrecht, 2010, Rn. 311.

234 *Hendler/Brockhoff*, NVwZ 2010, 733 (735).

235 S. auch *Brockhoff*, Naturschutzrechtliche Eingriffsregelung in bergrechtlichen Zulassungsverfahren, 2012, S. 140.

236 *Koch*, in: Kerkmann (Hrsg.), Naturschutzrecht in der Praxis, 2. Aufl. 2010, § 4 Rn. 39; *Koch*, in: Schlacke (Hrsg.), GK-BNatSchG, 2012, § 15 Rn. 22; *Lütkes*, in: Lütkes/Ewer (Hrsg.), BNatSchG, 2011, § 15 Rn. 29.

ehesten gerecht werden.[237] Nach der gesetzlichen Ausgestaltung kann ein solcher Ausgleich aber nicht mehr als zwingend vorrangig qualifiziert werden.[238] Statt punktueller Ausgleichsmaßnahmen auf mehreren kleinen Flächen kann so einer Ersatzmaßnahme der Vorzug gegeben werden, weil sie besser zum Schutz von Natur und Landschaft beiträgt.[239] Auch kann eine Ersatzmaßnahme größeren Stils im Einzelfall effektiver als eine Kombination von Ausgleichs- und Ersatzmaßnahmen sein.[240] Entsprechend dem Gesetzestext („oder") stehen die beiden Kompensationsformen in einem Alternativitätsverhältnis. Sollte sich aber herausstellen, dass eine erhebliche Beeinträchtigung von Natur und Landschaft wenigstens zu einem Teil räumlich-funktional ausgeglichen werden kann, dürfte es die Formulierung des § 15 Abs. 2 Satz 1 nicht ausschließen, dass nach der Einschätzung der zuständigen Stelle ein Teil des Eingriffs durch Ausgleichsmaßnahmen und der Rest durch Ersatzmaßnahmen zu kompensieren ist.

Der Eingriffsverursacher verfügt über **kein Wahlrecht** hinsichtlich der Art   57 der von ihm geschuldeten Kompensationsleistungen.[241] Auch wenn die Gleichstellung zwischen Ausgleich und Ersatz hierauf hindeuten mag, liegt ihre Bedeutung nach *Gellermann* zunächst nur darin, dass sich der Gesetzgeber von der Vorstellung verabschiedet hat, dass der Ausgleich in jedem Fall die bessere Lösung zur Verwirklichung der Ziele der Eingriffsregelung darstellt. Da der Gesetzgeber den Ausgleichsbegriff nicht wie in § 200a BauGB in einer den Ersatz umfassenden Weise definiert hätte und, wie man an § 17 Abs. 1–3 sehen könne, nach wie vor der Behörde die Entscheidung über die Auswahl zwischen den im Einzelfall erforderlichen Ausgleichs- oder Ersatzmaßnahmen obliege, habe der Wegfall der gesetzlichen Vorrangentscheidung lediglich zur Folge, dass die Behörde flexibler als bisher diejenigen Kompensationsleistungen bestimmen kann, welche den Zielen der Eingriffsregelung in Ansehung der Gegebenheiten des Einzelfalls am besten entsprechen.[242] Nach § 17 Abs. 4 Satz 1 Nr. 2 hat der Eingriffsverursacher zur Vorbereitung der behördlichen Entscheidung und Maßnahmen nach § 15 insbesondere Angaben über die vorgesehenen Maßnahmen zum Ausgleich und zum Ersatz der Beeinträchtigungen von Natur und Landschaft einschließlich Angaben zur tatsächlichen und rechtlichen Verfügbarkeit der für

---

237 *Fischer-Hüftle/Schumacher,* in: Schumacher/Fischer-Hüftle (Hrsg.), BNatSchG, 2. Aufl. 2010, § 15 Rn. 61.

238 *Brockhoff,* Naturschutzrechtliche Eingriffsregelung in bergrechtlichen Zulassungsverfahren, 2012, S. 139 f.; *Hendler/Brockhoff,* NVwZ 2010, 733 (735).

239 *Fischer-Hüftle/Schumacher,* in: Schumacher/Fischer-Hüftle (Hrsg.), BNatSchG, 2. Aufl. 2010, § 15 Rn. 61.

240 *Fischer-Hüftle/Schumacher,* in: Schumacher/Fischer-Hüftle (Hrsg.), BNatSchG, 2. Aufl. 2010, § 15 Rn. 61.

241 *Brockhoff,* Naturschutzrechtliche Eingriffsregelung in bergrechtlichen Zulassungsverfahren, 2012, S. 140; *Schmidt/Kahl/Gärditz,* Umweltrecht, 9. Aufl. 2014, § 10 Rn. 41; wohl bejahend *Gassner/Heugel,* Das neue Naturschutzrecht, 2010, Rn. 312.

242 *Gellermann,* NVwZ 2010, 73 (76); *ders.,* in: Landmann/Rohmer (Hrsg.), Umweltrecht, Stand: August 2014, § 15 BNatSchG Rn. 20; ebenso *Engel/Ketterer,* VBlBW 2010, 293 (297).

Ausgleich und Ersatz benötigten Flächen zu machen. Dies deutet darauf hin, dass die Behörde bei ihrer Entscheidung auch auf seine Belange Rücksicht zu nehmen hat.[243] Relevant werden kann dies z.b. bei Fragen im Zusammenhang mit dem Privateigentum.[244] Da der Gesetzgeber an der Unterscheidung zwischen Ausgleich und Ersatz festgehalten hat und man von einer Entscheidung der Verwaltung über die im jeweiligen Einzelfall sachgerechte Kompensation ausging, sprechen gute Gründe gegen die Annahme eines Optionsrechts des Eingriffsverursachers, zumal die Behörde bei ihrer Abwägungsentscheidung auch andere Vorgaben, etwa § 15 Abs. 2 Satz 5, zu berücksichtigen hat.[245] Weil bei der behördlichen Entscheidung aber auch die Belange des Eingriffsverursachers zu berücksichtigen sind, dürfte ihm ein subjektives öffentliches Recht auf eine ermessensfehlerfreie Einbeziehung seiner Belange in die Entscheidung zwischen den in Betracht kommenden Formen der Realkompensation zustehen.[246]

d) Weitere normative Vorgaben zu den Ausgleichs- und Ersatzmaßnahmen

58 In **§ 15 Abs. 2 Satz 4** wird erstmals geregelt, dass **folgende Festlegungen bzw. Maßnahmen** einer Anerkennung als Ausgleichs- und Ersatzmaßnahmen **nicht entgegenstehen**: Entwicklungs- und Wiederherstellungsmaßnahmen für Gebiete i.S.d. § 20 Abs. 2 Nr. 1–4, Entwicklungs- und Wiederherstellungsmaßnahmen in Bewirtschaftungsplänen nach § 32 Abs. 5 für Natura 2000-Gebiete, Kohärenzsicherungsmaßnahmen nach § 34 Abs. 5 für Natura 2000-Gebiete, vorgezogene artenschutzrechtliche Ausgleichsmaßnahmen nach § 44 Abs. 5 Satz 3 sowie Maßnahmen aufgrund wasserwirtschaftlicher Maßnahmenprogramme i.S.d. § 82 WHG. Für die Behörden bedeutet dies, dass sie die Anerkennung solcher Maßnahmen als Kompensationsmaßnahmen nach § 15 Abs. 2 Satz 1 insbesondere nicht deswegen ablehnen dürfen, weil diese aufgrund europarechtlicher Vorgaben ohnehin durchgeführt werden müssen.[247] Da sich die Kohärenzsicherungsmaßnahmen und die vorgezogenen artenschutzrechtlichen Ausgleichsmaßnahmen mit den Pflichten aus der Eingriffsregelung überschneiden können, wird eine Bündelung dieser Maßnahmen für sinnvoll angesehen, wenn sie dem Ausgleich derselben beeinträchtigten Funktionen dienen (sog. doppelfunktionelle Maßnahmen).[248] Auf diese Weise lassen sich Synergien der Maßnahmen unter Vermeidung einer Mehrkompensation nut-

---

243 *Schmidt/Kahl/Gärditz*, Umweltrecht, 9. Aufl. 2014, § 10 Rn. 41; in diese Richtung auch *Lütkes*, in: Lütkes/Ewer (Hrsg.), BNatSchG, 2011, § 15 Rn. 29.

244 In diese Richtung auch *Lütkes*, in: Lütkes/Ewer (Hrsg.), BNatSchG, 2011, § 13 Rn. 29.

245 I.E. auch *Engel/Ketterer*, VBlBW 2010, 293 (297); *Hendler/Brockhoff*, NVwZ 2010, 733 (735).

246 *Durner*, in: Ziekow (Hrsg.), Handbuch des Fachplanungsrechts, 2. Auf. 2014, § 7 Rn. 24 spricht von einer in den Grenzen der Ermessensfehlerlehre überprüfbaren Abwägung. A.A. *Lütkes*, in: Lütkes/Ewer (Hrsg.), BNatSchG, 2011, § 15 Rn. 29, weil die Eingriffsregelung nur im Allgemeininteresse liege.

247 *Louis*, NuR 2010, 77 (82).

248 *Egner*, in: Egner/Fuchs (Hrsg.), Naturschutz- und Wasserrecht 2009, § 15 BNatSchG Rn. 7.

zen.[249] In jüngster Zeit werden vermehrt Maßnahmen in Maßnahmenprogrammen nach § 82 WHG als Kompensationsmaßnahmen gewählt, zumal der Gesetzgeber sie explizit erwähnt hat und die Wasserrahmenrichtlinie auf einen guten ökologischen Zustand der Gewässer abzielt.[250] Dies wird kritisiert, weil auf diese Weise in den Gewässerschutz zu investierende Summen über den Naturschutz aufgebracht werden.[251] Durch § 15 Abs. 2 Satz 4 hat der Gesetzgeber die Möglichkeit geschaffen, die Finanzierungsverantwortung für bestimmte gebotene Maßnahmen auf (private) Eingriffsverursacher zu verlagern.[252] Zutreffend wird betont, dass Maßnahmen i.S.d. § 82 WHG einerseits im Einklang mit dem Unionsrecht stehen müssen und andererseits darauf zu achten ist, „dass das Gleichwertigkeitsmerkmal zum naturschutzrechtlichen Eingriffsersatz gewahrt und nicht im Interesse der Mittelakquise für den Gewässerschutz zu lose gehandhabt wird".[253]

Weil § 15 Abs. 2 Satz 4 nur zum Ausdruck bringt, dass die soeben genannten   *59* Maßnahmen nicht per se für eine Realkompensation ausscheiden, wird bei ihnen weiterhin vorausgesetzt, dass sie nach Maßgabe des § 15 Abs. 2 Satz 2, 3 die mit einem Eingriff verbundene Beeinträchtigung ausgleichen oder ersetzen können.[254] Deshalb ist u.a. zu prüfen, ob bei ihnen der verlangte Funktionsbezug für die Annahme einer Ausgleichs- oder Ersatzmaßnahme besteht.[255] Da Ausgleichs- und Ersatzmaßnahmen kompensierende Wirkung entfalten müssen, lässt sich durch bloße Erhaltungsmaßnahmen keine Realkompensation erreichen.[256] Die Kompensationsmaßnahmen müssen zu einer Aufwertung des jeweiligen Schutzgebiets führen, insbesondere seiner Entwicklung dienen.[257] Im Übrigen ist zu beachten, dass Ausgleichs- und Ersatzmaßnahmen i.S.d. Eingriffsregelung immer dann angerechnet werden können, wenn der zur Kompensation Verpflichtete diese Maßnahmen nicht aufgrund anderer verbindlicher Vorgaben realisieren muss.[258]

---

249 *Egner*, in: Egner/Fuchs (Hrsg.), Naturschutz- und Wasserrecht 2009, § 15 BNatSchG Rn. 7; s. dazu auch *Durner*, NuR 2001, 601 (610); *ders.*, EurUP Heft 2/2015, wonach die Verzahnung mit der wasserrechtlichen Maßnahmenplanung der Vermeidung von Widersprüchen und Doppelplanungen dient.

250 *Reese*, in seinem Vortrag auf dem 11. Deutschen Naturschutzrechtstag 2014, Eingriffsregelung und Kompensation im ökologischen Gewässerschutz, Köln, am 16. 12. 2014.

251 *Reese*, in seinem Vortrag auf dem 11. Deutschen Naturschutzrechtstag 2014, Eingriffsregelung und Kompensation im ökologischen Gewässerschutz, Köln, am 16. 12. 2014.

252 *Gellermann*, in: Landmann/Rohmer (Hrsg.), Umweltrecht, Stand: August 2014, § 15 BNatSchG Rn. 22.

253 *Reese*, in seinem Vortrag auf dem 11. Deutschen Naturschutzrechtstag 2014, Eingriffsregelung und Kompensation im ökologischen Gewässerschutz, Köln, am 16. 12. 2014.

254 BT-Drs. 16/13298, S. 3; *Hendler/Brockhoff*, NVwZ 2010, 733 (735).

255 BT-Drs. 16/12274, S. 57; für eine teleologische Reduktion der Norm *Koch*, in: Kerkmann (Hrsg.), Naturschutzrecht in der Praxis, 2. Aufl. 2010, § 4 Rn. 44.

256 *Egner*, in: Egner/Fuchs (Hrsg.), Naturschutz- und Wasserrecht 2009, § 15 Rn. 6.

257 *Fischer-Hüftle/Schumacher*, in: Schumacher/Fischer-Hüftle (Hrsg.), BNatSchG, 2. Aufl. 2010, § 15 Rn. 74.

258 BT-Drs. 16/13298, S. 3.

60 Über **§ 15 Abs. 2 Satz 5** wird die Eingriffsregelung mit der Landschaftsplanung verknüpft. Danach sind bei der Festlegung von Art und Umfang der Ausgleichs- und Ersatzmaßnahmen die **Landschaftsprogramme und Landschaftsrahmenpläne (§ 10)** sowie die **Landschaftspläne und Grünordnungspläne (§ 11)** zu **berücksichtigen**. Da mit dieser Vorschrift an die Eingriffsregelung und an das hinter ihr stehende Verursacherprinzip angeknüpft wird, stellt sie kein Instrument der Flächenbeschaffung zwecks allgemeiner Schutz- und Entwicklungsmaßnahmen ohne Bezug zu den Eingriffswirkungen dar.[259] Die Regelung legt es der Verwaltung vielmehr nahe, die bei der Landschaftsplanung gewonnenen Erkenntnisse und Bewertungen in ihre Festsetzungen über Art und Umfang der Ersatzmaßnahmen einzubeziehen.[260] Eine aktuelle Landschaftsplanung kann den Behörden bei der Beurteilung von Eingriffsvorhaben und den gebotenen Kompensationsmaßnahmen eine wertvolle Hilfestellung sein. In ihr können Daten über den betroffenen Raum, die sich auf den Naturhaushalt beziehen, ebenso wie Beschreibungen und Bewertungen des Landschaftsbildes enthalten sein.[261] Wie man an der Formulierung „berücksichtigen" sehen kann, sind die Behörden nicht strikt an die Vorgaben der Landschaftsplanung gebunden.[262] Im Planungsrecht wird durch das Verb „berücksichtigen" ausgedrückt, dass die betreffenden Belange einer Abwägung unterliegen.[263] Dieser Terminus passt auch zu den Ausgleichs- und Ersatzmaßnahmen, bei deren Festlegung die Verwaltung über eine gewisse Einschätzungsprärogative (s. bei § 15 Rn. 56) verfügt. Die weiche Formulierung geht darauf zurück, dass die Landschaftsplanung das am konkreten Projekt durchzuführende Verfahren zur Ermittlung und Bewertung möglicher Eingriffswirkungen sowie möglicher Vermeidungs- und Kompensationsmaßnahmen kaum in allen Einzelheiten vorwegnehmen kann.[264] Auch wenn dies nicht explizit vorgegeben wird, können daneben die Erfordernisse der Raumordnung für die Kompensationsplanung Bedeutung erlangen.[265]

61 Zwar lässt sich § 15 Abs. 2 nicht explizit entnehmen, dass die vom Gesetz zwingend vorgeschriebenen Ausgleichs- und Ersatzmaßnahmen **durch den Grundsatz der Verhältnismäßigkeit** begrenzt werden. Wenn aber bei dem in

---

259 *Fischer-Hüftle/Schumacher*, in: Schumacher/Fischer-Hüfte (Hrsg.), BNatSchG, 2. Aufl. 2010, § 15 Rn. 86.

260 *Fischer-Hüftle/Schumacher*, in: Schumacher/Fischer-Hüfte (Hrsg.), BNatSchG, 2. Aufl. 2010, § 15 Rn. 87.

261 *Brockhoff*, Naturschutzrechtliche Eingriffsregelung in bergrechtlichen Zulassungsverfahren, 2012, S. 151; *Fischer-Hüfte/Schumacher*, in: Schumacher/Fischer-Hüfte (Hrsg.), BNatSchG, 2. Aufl. 2010, § 15 Rn. 87.

262 *Brockhoff*, Naturschutzrechtliche Eingriffsregelung in bergrechtlichen Zulassungsverfahren, 2012, S. 150; *Fischer-Hüfte/Schumacher*, in: Schumacher/Fischer-Hüfte (Hrsg.), BNatSchG, 2. Aufl. 2010, § 15 Rn. 88.

263 *Ziekow*, in: ders. (Hrsg.), Praxis des Fachplanungsrechts, 2004, Rn. 639.

264 *Fischer-Hüftle/Schumacher*, in: Schumacher/Fischer-Hüfte (Hrsg.), BNatSchG, 2. Aufl. 2010, § 15 Rn. 88.

265 Näher dazu *Brockhoff*, Naturschutzrechtliche Eingriffsregelung in bergrechtlichen Zulassungsverfahren, 2012, S. 151 f.

§ 15 Abs. 1 Satz 1 geregelten Vermeidungsgebot die Zumutbarkeit bestimmter Alternativen für den Eingriffsverursacher zu prüfen ist, ist nicht anzunehmen, dass der Verhältnismäßigkeitsgrundsatz auf der zweiten Stufe der Rechtsfolgenkaskade keine Rolle spielt.[266] Nur so erklärt sich, dass bei Inanspruchnahme land- oder forstwirtschaftlich genutzter Flächen auf agrarstrukturelle Belange Rücksicht zu nehmen ist[267], und nach § 15 Abs. 4 Satz 1 Ausgleichs- und Ersatzmaßnahmen „in dem jeweils erforderlichen Zeitraum" zu unterhalten sind. Der Gesetzgeber hat durch § 2 Abs. 3 zum Ausdruck gebracht, dass die Verwirklichung der in § 1 Abs. 1 genannten Ziele keine absolute Geltung beansprucht, sondern nur, soweit es im Einzelfall möglich, erforderlich und unter Abwägung aller Anforderungen angemessen ist. Wenn es in § 13 Satz 2 heißt, dass eine Kompensation in Geld zu erfolgen hat, „soweit" Ausgleichs- oder Ersatzmaßnahmen „nicht möglich" sind, ist diese gesetzliche Vorgabe so aufzufassen, dass zur nächsten Stufe zu schreiten ist, wenn Ausgleichs- und Ersatzmaßnahmen nicht nur aus objektiven Gründen, sondern auch aus rechtlichen Erwägungen ausscheiden, wie sie sich insbesondere aus dem verfassungsrechtlichen Verhältnismäßigkeitsgrundsatz ergeben können. Nichts deutet darauf hin, dass der Gesetzgeber in diesem Punkt eine Verschärfung gegenüber der früheren Rechtslage herbeiführen wollte.[268] Nach all dem ist bei der Anwendung des gestuften Reaktionsmodells der naturschutzrechtlichen Eingriffsregelung nicht nur dann auszuweichen, wenn die Befolgung der vorrangigen Reaktionsmöglichkeit tatsächlich unmöglich ist. Es genügt auch, wenn die Befolgung mit unverhältnismäßigen Belastungen für die Belange Betroffener verbunden wäre.[269]

Nach ständiger Rechtsprechung unterwirft die naturschutzrechtliche Eingriffsregelung die Anordnung von Ausgleichs- und Ersatzmaßnahmen sowie den damit verbundenen Zugriff auf Grundeigentum einer strengen Verhältnismäßigkeitsprüfung, die sämtliche Elemente des Übermaßverbots einschließt.[270] Die mit den Kompensationsmaßnahmen verbundenen nachteiligen Folgen dürfen nicht außer Verhältnis zum beabsichtigten Erfolg stehen.[271] Bei der Beurteilung der Zumutbarkeit einer Flächeninanspruchnahme für Ausgleichs- und Ersatzmaßnahmen ist nur das Interesse an einem Ausgleich der zu kompensierenden Beeinträchtigungen von Natur und Landschaft – also nicht das Interesse an der Verwirklichung des Vorhabens – zu den Auswirkungen der Flächeninanspruchnahme für den Betroffenen ins Verhältnis zu setzen.[272]

62

---

266 I.E. auch *Erbguth/Schlacke*, Umweltrecht, 5. Aufl. 2014, § 10 Rn. 35; *Gassner/Heugel*, Das neue Naturschutzrecht, 2010, Rn. 311.

267 BT-Drs. 16/12274, S. 58; s. auch bei Rn. 61 ff.

268 Siehe dazu *Gellermann*, in: Landmann/Rohmer (Hrsg.), Umweltrecht, Stand: August 2014, § 15 BNatSchG Rn. 19.

269 BVerwG, Beschl. v. 07. 07. 2010 – 7 VR 2.10, NuR 2010, 646 (647).

270 BVerwG, Beschl. v. 24. 09. 1997 – 4 VR 21/96, NVwZ-RR 1998, 297 (299); *Fischer-Hüftle/Schumacher*, in: Schumacher/Fischer-Hüftle (Hrsg.), BNatSchG, 2. Aufl. 2010, § 15 Rn. 30.

271 BVerwG, Beschl. v. 24. 09. 1997 – 4 VR 21/96, NVwZ-RR 1998, 297 (299); BVerwG, Beschl. v. 07. 07. 2010 – 7 VR 2.10, NuR 2010, 646 (647).

272 BVerwG, Beschl. v. 07. 07. 2010 – 7 VR 2.10, NuR 2010, 646 (647).

e) Allgemeine Anforderungen an die Flächen für Ausgleichs- und Ersatzmaßnahmen

63 Welche Flächen dazu geeignet sind, Beeinträchtigungen des Naturhaushalts und/oder des Landschaftsbildes gleichartig bzw. gleichwertig zu kompensieren, ist immer im jeweiligen Einzelfall zu bestimmen. Prinzipiell gilt, dass für Kompensationsmaßnahmen nur solche Flächen in Anspruch genommen werden dürfen, die sich zur Erreichung des mit diesen Maßnahmen verfolgten naturschutzrechtlichen Zwecks objektiv eignen.[273] Da Ausgleichs- und Ersatzmaßnahmen Beeinträchtigungen von Natur und Landschaft im Interesse der Erhaltung einer möglichst austarierten ökologischen Gesamtbilanz kompensieren sollen, ist auf Flächen zurückzugreifen, die tatsächlich **aufwertungsbedürftig und aufwertungsfähig** sind.[274] Dies wird durch einen Blick auf die in § 15 Abs. 3 Satz 2 beispielhaft erwähnten Entsiegelungs-, Wiedervernetzungs-, Bewirtschaftungs- und Pflegemaßnahmen als Ausgleichs- und Ersatzmaßnahmen, wenn sie einer Aufwertung des Naturhaushalts oder Landschaftsbildes dienen, bestätigt. Dem Aufwertungskriterium ist Genüge getan, wenn die Flächen durch Maßnahmen in einen Zustand versetzt werden können, der sich gegenüber dem bisherigen als ökologisch höherwertig erweist.[275] Da landwirtschaftlich genutzte Grün- und Ackerflächen generell von begrenztem ökologischem Wert sind, sind sie grundsätzlich aufwertungsfähig.[276]

64 Man denke etwa daran, dass eine bislang brachliegende Ackerfläche als Streuobstwiese angebaut wird, um den durch Straßenbauarbeiten verloren gegangenen Lebensraum für Reptilien, Amphibien, Kleinsäuger und Vögel zu kompensieren[277], oder das Landschaftsbild beeinträchtigende Windenergieanlagen abgebaut werden.[278] Außerdem muss der herbeizuführende Zustand auf den Flächen solcher Art sein, dass er den durch das geplante Vorhaben beein-

---

273 BVerwG, Urt. v. 01. 09. 1997 – 4 A 36/96, NVwZ 1998, 504 (506); BVerwG, Beschl. v. 07. 07. 2010 – 7 VR 2.10, NuR 2010, 646 (647).

274 BVerwG, Gerichtsbesch. v. 10. 09. 1998 – 4 A 35/97, NVwZ 1999, 532 (533); BVerwG, Beschl. v. 07. 07. 2010 – 7 VR 2.10, NuR 2010, 646 (647); BayVGH, Urt. v. 20. 11. 2012 – 22 A 10.40041, NuR 2013, 357 (362); *Hendler/Brockhoff*, NVwZ 2010, 733 (735); *Koch*, in: Kerkmann (Hrsg.), Naturschutzrecht in der Praxis, 2. Aufl. 2010, § 4 Rn. 137; *Lütkes*, in: Lütkes/Ewer (Hrsg.), BNatSchG, 2011, § 15 Rn. 13; *Meßerschmidt*, Bundesnaturschutzrecht, Stand: September 2014, § 15 BNatSchG Rn. 84.

275 BVerwG, Beschl. v. 10. 09. 1998 – 4 A 35/97, NVwZ 1999, 532 (533); BVerwG, Beschl. v. 07. 07. 2010 – 7 VR 2.10, NuR 2010, 646 (647); *Hendler/Brockhoff*, NVwZ 2010, 733 (735); *Lütkes*, in: Lütkes/Ewer (Hrsg.), BNatSchG, 2011, § 15 Rn. 13; *Wilrich*, in: Marzik/Wilrich (Hrsg.), BNatSchG, 2004, § 19 Rn. 32.

276 BVerwG, Beschl. v. 07. 07. 2010 – 7 VR 2.10, NuR 2010, 646 (647); BayVGH, Urt. v. 20. 11. 2012 – 22 A 10.40041, NuR 2013, 357 (362).

277 BVerwG, Urt. v. 23. 08. 1996 – 4 A 29/95, NVwZ 1997, 486 (487).

278 OVG Schleswig, Urt. v. 18. 08. 2009 – 1 A 5/08; s. auch BT-Drs. 16/12274, S. 57. Danach ist bei der Prüfung der Frage, ob und gegebenenfalls in welchem Umfang Ausgleichs- und Ersatzmaßnahmen durchzuführen sind, insbesondere die mit dem Abbau von Altanlagen verbundene Entlastung des Landschaftsbildes beim Abbau von Einzelanlagen (Rückgang der „Verspargelung" der Landschaft) und die Reduzierung der Anzahl von Neuanlagen durch die Errichtung effizienterer Anlagen zu berücksichtigen.

trächtigten Funktionen des Naturhaushalts oder des Landschaftsbildes gleichartig bzw. gleichwertig ist.[279] Flächen, die bereits jetzt die Funktionen erfüllen, deren Beeinträchtigungen kompensiert werden sollen, kommen nach all dem für Ausgleichs- und Ersatzmaßnahmen nicht infrage.[280] Auch geht mit der bloßen Sicherung einer Fläche vor Veränderungen keine Aufwertung einher.[281]

Flächen, die bereits ökologisch hochwertig sind, etwa weil sie umweltrecht-   65 lich unter besonderem Schutz stehen, sind nicht per se als mögliche Kompensationsflächen ungeeignet.[282] Vielmehr hängt es von den Umständen des jeweiligen Einzelfalls ab, ob es bei ihnen noch ein ökologisches Verbesserungspotenzial gibt.[283] Nach der Rechtsprechung ist jedoch vor einer Inanspruchnahme derartiger Flächen zu Kompensationszwecken stets zu prüfen, ob nicht auf eine Alternativfläche mit einer geringeren Wertigkeit zurückgegriffen werden kann.[284] Nach dem BVerwG steht die bloße Möglichkeit, dass eine Ausgleichs- oder Ersatzfläche nach Ergehen der Zulassungsentscheidung ihrerseits für einen Eingriff in Anspruch genommen werden könnte, ihrer Eignung als Ausgleichs- oder Ersatzfläche nicht entgegen. Sollte der Ausgleich oder Ersatz, zu dem der Vorhabenträger für den ersten Eingriff verpflichtet ist, durch ein nachfolgendes Vorhaben unmöglich werden, ist er dazu verpflichtet, auch diesen Eingriff zu kompensieren.[285] Wie das BVerwG klargestellt hat, hängt die naturschutzfachliche Eignung von Ausgleichsmaßnahmen weder ausschließlich noch in erster Linie von ihrer Entfernung zum Eingriffsort ab. Solange eine Ausgleichsfläche noch auf den Eingriffsort zurückwirkt, ist ihr nicht schon deshalb die Eignung abzusprechen, weil sie vom Eingriffsort weiter entfernt ist als eine andere potenzielle Eingriffsfläche. Denn es besteht die Möglichkeit, dass etwaige Lagenachteile alternativ in Betracht zu ziehender Ausgleichsflächen durch einen größeren Flächenumfang oder durch besondere Vorkehrungen bei der Ausgestaltung der Maßnahmen aufgefangen werden können. Entsprechende Erwägungen gelten für Ersatzmaßnahmen.[286]

---

279 BVerwG, Gerichtsbesch. v. 10. 09. 1998 – 4 A 35/97, NVwZ 1999, 532 (533).

280 BVerwG, Urt. v. 23. 08. 1996 – 4 A 29/95, NVwZ 1997, 486 (488); BVerwG, Urt. v. 10. 09. 1998 – 4 A 35/97, NVwZ 1999, 532 (533).

281 Fischer-Hüftle/Schumacher, in: Schumacher/Fischer-Hüftle (Hrsg.), BNatSchG, 2. Aufl. 2010, § 15 Rn. 63.

282 Brockhoff, Naturschutzrechtliche Eingriffsregelung in bergrechtlichen Zulassungsverfahren, 2012, S. 144; Hendler/Brockhoff, NVwZ 2010, 733 (735); s. auch Fischer-Hüftle/Schumacher, in: Schumacher/Fischer-Hüftle (Hrsg.), BNatSchG, 2. Aufl. 2010, § 15 Rn. 69.

283 Hendler/Brockhoff, NVwZ 2010, 733 (735); Lau, NuR 2011, 762 (763); Sparwasser/Wöckel, UPR 2004, 246 (247 f.); strenger Scheidler, UPR 2010, 134 (138).

284 BVerwG, Beschl. v. 28. 01. 2009 – 7 B 45/08, NVwZ 2009, 521 (522); OVG Schleswig, Urt. v. 24. 06. 2008 – 4 LB 15/06, NuR 2009, 210 (211 f.); Hendler/Brockhoff, NVwZ 2010, 733 (735).

285 BVerwG, Beschl. v. 31. 01. 2006 – 4 B 49/05, NVwZ 2006, 823 (828).

286 BVerwG, Beschl. v. 07. 07. 2010 – 7 VR 2.10, NuR 2010, 646 (647).

66 Da mit der naturschutzrechtlichen Eingriffsregelung ein flächendeckender Mindestschutz angestrebt wird, ist es grundsätzlich geboten, das **konkret mögliche Maß an Realkompensation in vollem Umfang** auszuschöpfen.[287] Eine volle Realkompensation zeichnet sich dadurch aus, dass bei einer Bewertung der Eingriffsfläche einerseits und der Kompensationsmaßnahme andererseits eine ausgeglichene Bilanz erreicht wird.[288] Weil die Eingriffsregelung eine Ausprägung des Verursacherprinzips ist, dürfen fremd veranlasste sowie fremd finanzierte Maßnahmen nicht als Kompensationsmaßnahmen eingebracht werden.[289] Es ist nicht ausgeschlossen, dass eine Kompensationsmaßnahme zugleich anderen Zwecken, z.B. des Waldausgleichs nach § 9 BWaldG[290] oder als Maßnahme in einem Maßnahmenprogramm i.S.d. § 82 WHG, dienen kann.[291] Selbst wenn die Gerichte nunmehr zu respektieren haben, dass die Behörden über einen Spielraum bezüglich der Frage verfügen, ob sich die Eingriffsfolgen besser durch Ausgleichs- oder Ersatzmaßnahmen kompensieren lassen, können sie voll überprüfen, ob die infrage stehenden Maßnahmen die Beeinträchtigungen durch den Eingriff tatsächlich kompensieren.[292] Die Behörden dürfen gegenüber dem Eingriffsverursacher keine Ausgleichs- und Ersatzmaßnahmen anordnen, die über das für eine Realkompensation der Eingriffsfolgen Erforderliche hinausgehen.[293]

67 Der **Kompensationsbedarf** richtet sich nach Art und Intensität des konkreten Eingriffs.[294] Er ist durch einen wertenden Vergleich der Natur und Landschaft vor und nach dem Eingriff unter Berücksichtigung etwaiger Vermeidungsmaßnahmen zu ermitteln.[295] Dabei ist auf eine etwaige unterschiedliche Wertigkeit der Flächen Rücksicht zu nehmen. Geht z.B. infolge des Eingriffs eine Fläche Ackerland in bestimmter Größe verloren, darf wegen der unterschiedlichen Wertigkeit nicht die Schlussfolgerung gezogen werden, die als Kompensationsmaßnahme vorgesehene Anpflanzung einer Fläche mit Bäumen und Sträuchern müsse dieselbe Größe aufweisen. Vielmehr gilt bei unterschiedlicher Wertigkeit von Verlust- und Ausgleichsflächen, dass die Ausgleichsflächen im Verhältnis zu den Verlustflächen umso kleiner sein können, je mehr der Wert der Ausgleichsfläche denjenigen der durch

---

287 *Durner,* NuR 2001, 601 (603); *Koch,* in: Kerkmann (Hrsg.), Naturschutzrecht in der Praxis, § 4 Rn. 37.

288 *Gassner/Heugel,* Das neue Naturschutzrecht, 2010, Rn. 325.

289 *Lau,* NuR 2011, 762 (766).

290 Dazu, dass dies aus verfassungsrechtlichen Gründen geboten ist, *Brockhoff,* Naturschutzrechtliche Eingriffsregelung in bergrechtlichen Zulassungsverfahren, 2012, S. 146.

291 *Lau,* NuR 2011, 762 (766); zum LWaldG *Schappert/Sedlak,* Waldausgleichsbörse zur Bevorratung von Flächen für den forstrechtlichen Ausgleich nach § 9 Landeswaldgesetz (LWaldG), BWGZ 2014, 1086 (1089).

292 OVG Lüneburg, Urt. v. 21.11.1996 – 7 L 5352/95, NuR 1997, 301 (302).

293 OVG Lüneburg, Urt. v. 21.11.1996 – 7 L 5352/95, NuR 1997, 301 (302); *Meßerschmidt,* Bundesnaturschutzrecht, Stand: September 2014, § 15 BNatSchG Rn. 65.

294 *Berkemann,* in: Ziekow (Hrsg.), Flughafenplanung, Planfeststellungsverfahren, Anforderungen an die Planungsentscheidung, 2002, S. 248.

295 So auch § 7 Abs. 1 BayKompV.

den Eingriff in Anspruch genommenen Fläche übersteigt.[296] Umgekehrt wird ein Eingriff in einen wertvollen Waldbestand durch Neuaufforstung je nach Situation erst im Verhältnis 1:2 oder 1:3 kompensiert.[297] Es ist also keine quantitative, sondern eine **qualitative Gesamtbilanz** zwischen den Beeinträchtigungen durch den Eingriff und ihrer Kompensation durch Ausgleichs- oder Ersatzmaßnahmen vorzunehmen.[298]

Alles in allem werden sowohl die Bestimmung der im konkreten Fall für eine Kompensation geeigneten Flächen als auch das Ausmaß der zu erreichenden Kompensation in hohem Maße durch **naturschutzfachliche Erwägungen** determiniert.[299] Die Steuerungskraft des Rechts stößt hier an ihre Grenzen. Der Gesetzgeber belässt es bislang vielfach bei abstrakten Vorgaben und verlagert so in zunehmendem Maße die Verantwortung auf Bewertungs- und Bilanzierungstechniken der Fachwissenschaft[300] sowie auf die fachliche Expertise.[301] In der Praxis wurden verschiedene Bewertungsverfahren entwickelt, die mangels allgemein anerkannter Bewertungskriterien zu unterschiedlichen Ergebnissen führen können.[302] Es wurden zwischenzeitlich zahlreiche Arbeitshilfen, Hinweise und Leitfäden ausgearbeitet, die aber nicht die eigenständige behördliche Entscheidung ersetzen können.[303] 68

Nach der Rechtsprechung setzt eine nachvollziehbare Umsetzung der aus der naturschutzrechtlichen Eingriffsregelung folgenden Vermeidungs- und Ausgleichspflichten ein ausreichendes Maß an **Quantifizierung der Eingriffswirkung und der Kompensationsmaßnahmen** voraus.[304] Diese ist von der zuständigen Behörde auch **offen zu legen**.[305] Nur so lässt sich feststellen, ob die Eingriffsregelung gemäß den gesetzlichen Vorgaben abgearbeitet wurde.[306] Mangels rechtlich verbindlicher Bewertungsvorgaben ist es nicht geboten, die Eingriffsintensität anhand standardisierter Maßstäbe oder in einem bestimmten schematisierten und rechenhaft handhabbaren Verfahren zu beurteilen. Vielmehr wird der zuständigen Behörde bei der Bewertung der Eingriffswirkung eines Vorhabens ebenso wie bei der Bewertung der Kompensationswirkung von Ausgleichs- und Ersatzmaßnahmen, insbesondere hinsichtlich der Quantifizierung, eine **naturschutzfachliche Einschät-** 69

---

296 OVG Lüneburg, Urt. v. 21.11.1996 – 7 L 5352/95, NuR 1997, 301 (302); s. auch *Fischer-Hüftle/Schumacher*, in: Schumacher/Fischer-Hüftle (Hrsg.), BNatSchG, 2. Aufl. 2010, § 15 Rn. 57; *Lau*, NuR 2011, 762 (763); *Michler/Möller*, NuR 2011, 81 (84); *Meßerschmidt*, Bundesnaturschutzrecht, Stand: September 2014, § 15 BNatSchG Rn. 63.

297 *Durner*, NuR 2001, 601 (610); *Meßerschmidt*, Bundesnaturschutzrecht, Stand: September 2014, § 15 BNatSchG Rn. 63.

298 *Durner*, NuR 2001, 601 (603); s. auch *Meßerschmidt*, Bundesnaturschutzrecht, Stand: September 2014, § 15 BNatSchG Rn. 88.

299 *Koch*, in: Kerkmann (Hrsg.), Naturschutzrecht in der Praxis, 2. Aufl. 2010, § 4 Rn. 36.

300 *Durner*, NuR 2001, 601 (603).

301 *Koch*, in: Kerkmann (Hrsg.), Naturschutzrecht in der Praxis, 2. Aufl. 2010, § 4 Rn. 36.

302 BVerwG, Beschl. v. 23.04.1997 – 4 NB 13/97, NVwZ 1997, 1215 (1216).

303 *Wilrich*, in: Marzik/Wilrich (Hrsg.), BNatSchG, 2004, § 19 Rn. 25.

304 BVerwG, Urt. v. 06.11.2012 – 9 A 17/11, NuR 2014, 344 (360).

305 BVerwG, Urt. v. 06.11.2012 – 9 A 17/11, NuR 2014, 344 (360).

306 BVerwG, Urt. v. 06.11.2012 – 9 A 17/11, NuR 2014, 344 (360).

zungsprärogative zugestanden.[307] Die Gerichte prüfen Quantifizierungen bei Eingriffswirkungen und Kompensationsmaßnahmen nur eingeschränkt, nämlich ob sie im Einzelfall **naturschutzfachlich vertretbar** sind und nicht auf einem **Bewertungsverfahren** beruhen, das sich als unzulängliches oder gar ungeeignetes Verfahren erweist, um den gesetzlichen Anforderungen gerecht zu werden.[308] Da bis dato weder bundesrechtliche Vorgaben noch anerkannte wissenschaftliche Methoden für die Bewertung und den Umfang von Ausgleichs- und Verlustflächen existieren, kann zur Erzielung einer gleichmäßigen Verwaltungspraxis mit Verwaltungsvorschriften gearbeitet werden.[309]

70 Eine weitere Grenze für die Anordnung von Ausgleichs- und Ersatzmaßnahmen resultiert aus dem **Verhältnismäßigkeitsgrundsatz** (s. auch Rn. 55, 61).[310] Soweit sich die Behörde innerhalb ihres Beurteilungsspielraums bewegt, überprüfen die Gerichte die jeweils zur Debatte stehende Festsetzung zur Eingriffsregelung nur am Maßstab des Übermaßverbots.[311] Insbesondere wenn andere Flächen im Enteignungsweg für die Realkompensation benötigt werden, ist auf die Belange der hiervon betroffenen Personen besondere Rücksicht zu nehmen. Anders als bei der fachplanerischen Abwägung verfügt die zuständige Behörde bei der Auswahl unter mehreren für die Kompensation geeigneten Grundstücken nur über einen begrenzten Spielraum.[312] Freilich braucht sie nicht jedem Hinweis auf andere Grundstücke nachzugehen, die zur Erreichung des Zwecks ebenso gut geeignet sein könnten.[313] Auf keinen Fall darf sie aber auf weniger geeignete Grundstücke zurückgreifen, wenn man sich dazu besser geeignete Flächen verschaffen kann.[314]

71 Ein Zugriff auf privates Grundstückseigentum darf nur erfolgen, soweit dies zur Erfüllung der naturschutzrechtlichen Kompensationsverpflichtung erforderlich ist. Daran fehlt es, wie das BVerwG entschieden hat, sofern Kompensationsmaßnahmen – insbesondere Ersatzmaßnahmen – im Rahmen der naturschutzfachlichen Gesamtkonzeption an anderer Stelle ebenfalls vergleichbaren Erfolg versprechen, bei einer Gesamtschau aber den Vorteil bieten, dass den dort Betroffenen geringere Opfer abverlangt werden.[315] Die Eigentumsgarantie des Art. 14 Abs. 1 GG gebietet es, Ausgleichs- und Ersatzflächen vorrangig auf einvernehmlich zur Verfügung gestellten Grundstücken oder auf im Eigentum der öffentlichen Hand stehenden Grundstücken zu

---

307 BVerwG, Urt. v. 06.11.2012 – 9 A 17/11, NuR 2014, 344 (360).

308 BVerwG, Urt. v. 09.06.2004 – 9 A 11/03, NuR 2004, 795 (802); BVerwG, Urt. v. 06.11.2012 – 9 A 17/11, NuR 2014, 344 (360); s. auch *Fischer-Hüftle/Schumacher*, in: Schumacher/Fischer-Hüftle (Hrsg.), BNatSchG, 2. Aufl. 2010, § 15 Rn. 15.

309 BVerwG, Urt. v. 06.11.2012 – 9 A 17/11, NuR 2014, 344 (360); VG Augsburg, Urt. v. 15.05.2014 – Au 5 K 14.70, NuR 2014, 888 (889f.).

310 *Durner*, NuR 2001, 601 (603).

311 VG Augsburg, Urt. v. 15.05.2014 – Au 5 K 14.70, NuR 2014, 888 (889).

312 BVerwG, Urt. v. 01.09.1997 – 4 A 36/96, NVwZ 1998, 504 (506).

313 BVerwG, Urt. v. 01.09.1997 – 4 A 36/96, NVwZ 1998, 504 (506).

314 BVerwG, Urt. v. 01.09.1997 – 4 A 36/96, NVwZ 1998, 504 (506).

315 BVerwG, Beschl. v. 07.07.2010 – 7 VR 2.10, NuR 2010, 646 (647); s. auch BVerwG, Urt. v. 01.09.1997 – 4 A 36/96, NVwZ 1998, 504 (506).

verwirklichen, wenn diese naturschutzfachlich geeignet sind.[316] Auch dürfen die mit Kompensationsmaßnahmen verbundenen nachteiligen Folgen nicht außer Verhältnis zum beabsichtigten Erfolg stehen. Wie bereits angesprochen, ist dabei nicht auf das Interesse an der Verwirklichung des Vorhabens abzustellen. Vielmehr ist das Interesse an einem Ausgleich der zu kompensierenden Beeinträchtigung von Natur und Landschaft ins Verhältnis zu den Auswirkungen der Flächeninanspruchnahme für den Betroffenen zu setzen.[317] Eine Unzumutbarkeit kann insbesondere dann gegeben sein, wenn die infrage stehende Kompensationsmaßnahme die wirtschaftliche Existenz des Betroffenen gefährden oder gar vernichten würde.[318]

Bei der Abarbeitung der naturschutzrechtlichen Eingriffsregelung liegt folgende Vorgehensweise der Behörden bei Planfeststellungsentscheidungen mit enteignungsrechtlicher Vorwirkung nahe: Nach der Ermittlung der Größenordnung des Ausgleichsdefizits und des daraus resultierenden Kompensationsbedarfs sollte zunächst der räumliche Bereich umrissen werden, in dem Kompensationsmaßnahmen in Betracht kommen. Anschließend ist zu ermitteln, ob und wo es in diesem Bereich aufwertungsbedürftige und aufwertungsfähige Flächen gibt.[319] Wegen der Gleichstellung von Ausgleichs- und Ersatzmaßnahmen und des diesbezüglichen Auswahlermessens ist die Prüfung im Hinblick auf beide Kompensationsformen vorzunehmen. Unter dem enteignungsrechtlichen Aspekt ist bei der Suche nach geeigneten Ausgleichs- und Ersatzflächen zu berücksichtigen, dass ein Zugriff auf Privateigentum nicht erfolgen darf, wenn Kompensationsmaßnahmen an anderer Stelle, insbesondere auf Flächen der öffentlichen Hand, ebenfalls Erfolg versprechen.[320] Die Ermittlung der Eigentumsverhältnisse und die naturschutzfachliche Eignungsbeurteilung können zu einer Modifizierung des zunächst erdachten vorläufigen Kompensationskonzepts oder zur Prüfung eines alternativen Konzepts führen. Sodann erfolgt die endgültige Ausgestaltung des **naturschutzrechtlichen Kompensationskonzepts**. Es ist eine Frage **naturschutzfachlicher Beurteilung**, wann der Ausgleich eines Eingriffs vorliegt.[321] Dies gilt auch für Bonus-Regelungen, bei denen die besonderen Vor- und Nachteile von Eingriffen samt vorgesehener Kompensationen bewertet werden.[322] Hinsichtlich der Auswahl zwischen grundsätzlich gleich geeigneten Kompensationsmaßnahmen, der naturschutzfachlichen Abstimmung der Kompensationsmaßnahmen untereinander sowie der Berücksichtigung etwaiger multifunktionaler Kompensationswirkungen verfügt die Planfeststellungsbehörde über planerische Spielräume.[323] Ausschlaggebend für die Bestimmung

72

---

316 BVerwG, Beschl. v. 07.07.2010 – 7 VR 2.10, NuR 2010, 646 (647 f.) mit weiteren Nachweisen zur ständigen Rechtsprechung.

317 BVerwG, Beschl. v. 07.07.2010 – 7 VR 2.10, NuR 2010, 646 (647) m.w.N.

318 BVerwG, Urt. v. 01.09.1997 – 4 A 36/96, NVwZ 1998, 504 (506); BVerwG, Beschl. v. 11.11.2008 – 9 A 52/07, NuR 2009, 186 (187 f.).

319 BVerwG, Beschl. v. 07.07.2010 – 7 VR 2.10, NuR 2010, 646 (648).

320 BVerwG, Beschl. v. 07.07.2010 – 7 VR 2.10, NuR 2010, 646 (648).

321 BVerwG, Urt. v. 06.11.2012 – 9 A 17/11, NuR 2014, 344 (361).

322 BVerwG, Urt. v. 06.11.2012 – 9 A 17/11, NuR 2014, 344 (361).

323 BVerwG, Beschl. v. 07.07.2010 – 7 VR 2.10, NuR 2010, 646 (648).

der Kompensationsmaßnahmen sind fachliche Gesichtspunkte. Nur bei fachlich gleichwertigen Konzepten kann dem Konzept der Vorrang eingeräumt werden, das die Gleichmäßigkeit der Belastung bei der Verteilung der Kompensationsmaßnahmen auf verschiedene Gemeinden berücksichtigt.[324]

f) Agrarklausel, § 15 Abs. 3

73   **§ 15 Abs. 3** enthält erstmals Vorgaben für die **Inanspruchnahme land- oder forstwirtschaftlich genutzter Flächen** für Ausgleichs- und Ersatzmaßnahmen. Durch diese Norm werden im Hinblick auf die sich in bestimmten Eingriffskonstellationen ergebende Konfliktlage zwischen Kompensationserfordernissen und den Ansprüchen der land- und forstwirtschaftlichen Bodennutzung ein **ausdrückliches Rücksichtnahmegebot** und ein **besonderer Prüfauftrag** festgelegt.[325] Nach § 15 Abs. 3 Satz 1 ist bei der Inanspruchnahme von land- oder forstwirtschaftlich genutzten Flächen auf agrarstrukturelle Belange Rücksicht zu nehmen. Es handelt sich hierbei um eine einfachgesetzliche Ausprägung des verfassungsrechtlich garantierten Verhältnismäßigkeitsgrundsatzes.[326] Laut der Begründung des Gesetzesentwurfs ist den Ansprüchen der land- und forstwirtschaftlichen Bodennutzung **im Rahmen der Ausübung des fachlichen Beurteilungsspielraums bei der Konzeption von Ausgleichs- und Ersatzmaßnahmen** Rechnung zu tragen.[327] § 15 Abs. 3 enthält somit ermessens- bzw. abwägungslenkende Vorgaben.[328] Es ist den Behörden also aufgegeben, für die Realkompensation eine der jeweiligen Situation angemessene und einzelfallgerechte Lösung zu entwickeln. Auch wenn der Gesetzgeber für die Eingriffsbewältigung eine Richtung vorgibt, bedeutet dies nicht, dass stets derartige Maßnahmen durchzuführen sind.[329] Entscheidend sind vielmehr die Umstände des Einzelfalls. Wie man dem Gesetzeswortlaut entnehmen kann, bezieht sich § 15 Abs. 3 nur auf Kompensationsmaßnahmen und nicht auf den vom Vorhaben selbst verursachten Flächenverbrauch.[330]

74   Aus § 15 Abs. 3 folgt nicht, dass Flächen der land- und forstwirtschaftlichen Bodennutzung per se für Ausgleichs- und Ersatzmaßnahmen ausscheiden. Durch die Norm wird nur verdeutlicht, dass bei der Entscheidung über die für derartige Realkompensationen heranzuziehenden Flächen die agrarstrukturellen Belange zu berücksichtigen sind. Angesichts des behördlichen Spielraums bei der Bestimmung der jeweiligen Ausgleichs- und Ersatzmaßnahmen sind also auf der einen Seite die mit diesen verfolgten Zwecke und auf der anderen Seite die agrarstrukturellen Belange einzustellen und unter Einbeziehung anderer möglicher Kompensationsmaßnahmen auf anderen

---

324 BVerwG, Beschl. v. 07.07.2010 – 7 VR 2.10, NuR 2010, 646 (648).
325 BT-Drs. 16/12274, S. 57 f.; kritisch gegenüber der Neuregelung *Koch*, in: Kerkmann (Hrsg.), Naturschutzrecht in der Praxis, 2. Aufl. 2010, § 4 Rn. 45.
326 BT-Drs. 16/12274, S. 58; *Lütkes*, in: Lütkes/Ewer (Hrsg.), BNatSchG, 2011, § 15 Rn. 48.
327 BT-Drs. 16/12274, S. 58.
328 *Lütkes*, in: Lütkes/Ewer (Hrsg.), BNatSchG, 2011, § 15 Rn. 49.
329 *Michler/Möller*, NuR 2011, 81 (85).
330 *Fischer-Hüftle/Schumacher*, in: Schumacher/Fischer-Hüftle (Hrsg.), BNatSchG, 2. Aufl. 2010, § 15 Rn. 91.

Flächen gegeneinander und untereinander abzuwägen. Auch im Planungsrecht bringt der Gesetzgeber durch die Verwendung des Verbs „berücksichtigen" zum Ausdruck, dass ein Belang der Abwägung unterliegt und je nach
Situation in Konkurrenz mit anderen Belangen überwunden werden kann.[331]

§ 15 Abs. 3 Satz 1 verpflichtet zur Rücksichtnahme auf agrarstrukturelle Be-   75
lange. Hinter diesem Rücksichtnahmegebot steht wohl die Erwägung, dass
neben dem direkten Verlust an landwirtschaftlichen Nutzflächen durch den
Eingriff landwirtschaftliche Flächen darüber hinaus in zum Teil erheblichem
Maße für Ersatz- und Ausgleichsmaßnahmen aus der Produktion genommen
werden müssen, womit diese zur knappen Ressource werden können.[332] Der
Begriff **Belang** ist wie in anderen Rechtsgebieten weit auszulegen[333] und im
Allgemeinen mit dem Begriff des Interesses gleichzusetzen.[334] Er schließt ge-
schützte Rechtspositionen ein, ohne darauf jedoch beschränkt zu sein.[335] Da
sich § 15 Abs. 3 Satz 1 auf land- bzw. forstwirtschaftliche Flächen bezieht,
können mit dem Merkmal der agrarstrukturellen Belange nur diejenigen von
Land- und Forstwirtschaft gemeint sein.[336] Herkömmlich werden mit dem
Wort **Agrarstruktur** zusammenfassend alle strukturellen Grundlagen bezeichnet, die Bedingungen für eine landwirtschaftliche Produktion sowie die
Vermarktung der Agrarprodukte sind. Dazu zählen u.a. die Betriebsstruktur,
die Siedlungsform, die Besitzstruktur, die Verteilung der Betriebe auf Grö-
ßenklassen, Kauf- und Pachtpreise, die Betrachtung nach Arbeitskräften und
Altersgruppen, die Bodennutzungsweisen, die Marktstruktur und Förde-
rungsinstitutionen und -instrumente.[337] Dies folgt auch aus einem Blick auf
die Merkmale der Agrarstrukturerhebung in § 26 AgrarStatG).[338] Beispielhaft
wird das Rücksichtnahmegebot in § 15 Abs. 3 Satz 1 letzter Halbs. dahingehend konkretisiert, dass „insbesondere" für die landwirtschaftliche Nutzung
„besonders" geeignete Böden „nur im notwendigen Umfang" beansprucht
werden dürfen. Bei diesem Beispiel kommt es nicht darauf an, ob bereits eine
entsprechende Bodennutzung stattfindet.[339] Mit den agrarstrukturellen Belangen sind also die Auswirkungen der Kompensationsmaßnahmen auf die
land- oder forstwirtschaftlichen Flächen gemeint, sodass z.B. weiterhin genügend Flächen für die Nahrungsmittelproduktion zur Verfügung stehen.[340]

---

331 *Ziekow*, in: ders. (Hrsg.), Praxis des Fachplanungsrechts, 2004, Rn. 639.

332 *Lampe*, in: Durner (Hrsg.), Umweltgesetzbuch, Stand: Dezember 2012, S. 69.

333 *Krautzberger*, in: Battis/Krautzberger/Löhr (Hrsg.), BauGB, 11. Aufl. 2009, § 1 Rn. 101.

334 *Krautzberger*, in: Battis/Krautzberger/Löhr (Hrsg.), BauGB, 11. Aufl. 2009, § 1 Rn. 101.

335 *Battis/Krautzberger/Löhr*, BauGB, 11. Aufl. 2009, § 1 Rn. 101.

336 Zur Einbeziehung der Fortwirtschaft *Brockhoff*, Naturschutzrechtliche Eingriffsregelung
    in bergrechtlichen Zulassungsverfahren, 2012, S. 146 f., der vergleichend § 2 Abs. 1
    GAKG heranzieht.

337 Artikel „Agrarstruktur", abgerufen über Wikipedia am 02. 04. 2015.

338 *Wagner*, in: Czybulka, 35 Jahre Eingriffsregelung, 2013, S. 87, 91.

339 *Hendler/Brockhoff*, NVwZ 2010, 733 (735).

340 *Egner*, in: Egner/Fuchs, Naturschutz- und Wasserrecht 2009, § 15 BNatSchG Rn. 9;
    Fischer-Hüftle/Schumacher, in: Schumacher/Fischer-Hüftle (Hrsg.), BNatSchG, 2. Aufl.
    2010, § 15 Rn. 95; s. dazu, dass die genaue Bedeutung des Begriffs der agrarstrukturel-
    len Belange erst in der Praxis geklärt werden muss, *Krings*, NordÖR 2010, 181 (185).

Die agrarstrukturellen Belange dürfen nicht mit den Belangen des einzelnen Land- oder Forstwirts verwechselt werden.[341] Auch wenn diese nicht von § 15 Abs. 3 angesprochen werden, ist – wie schon bisher – innerhalb der allgemeinen Verhältnismäßigkeitsprüfung auf den Aspekt der Existenzgefährdung eines Betriebs durch die Anordnung entsprechender Ausgleichs- bzw. Ersatzmaßnahmen einzugehen.[342] Im Übrigen werden bei der Abarbeitung der naturschutzrechtlichen Eingriffsregelung die agrarstrukturellen Belange nur relevant, wenn im konkreten Fall überhaupt die Möglichkeit besteht, dass derartige Flächen für Ausgleichs- und Ersatzmaßnahmen in Betracht kommen könnten, weil sie die Kriterien des § 15 Abs. 2 erfüllen. Nur der Vollständigkeit halber sei auf die Regelung in § 9 Abs. 1 Satz 1, 2 BKompV-E verwiesen, der allerdings nicht verabschiedet wurde. Danach sind agrarstrukturelle Belange i.S.d. § 15 Abs. 3 Satz 1 BNatSchG „betroffen, wenn die Inanspruchnahme land- oder forstwirtschaftlich genutzter Flächen für Ausgleichs- oder Ersatzmaßnahmen Auswirkungen auf die Land- oder Forstwirtschaft hat. Dies gilt insbesondere, wenn eine erhebliche Verminderung der land- oder forstwirtschaftlich genutzten Gesamtfläche oder eine wesentliche Veränderung der für die Land- oder Forstwirtschaft erforderlichen Infrastruktureinrichtungen zu erwarten ist".[343]

76 Eine Berücksichtigung der agrarstrukturellen Belange kann „insbesondere" dadurch erfolgen, dass **für die landwirtschaftliche Nutzung besonders geeignete Böden nicht mehr als notwendig in Anspruch genommen** werden. Eine besondere Eignung der Böden ist gegeben, wenn sie nach Lage und Qualität überdurchschnittlich ertragreich sind.[344] Bodensubstrat und Bodensubstanzen sind aussagekräftige Parameter dafür, ob es sich um einen für Nutzpflanzen geeigneten Nährboden handelt.[345] Zu dieser Feststellung können die Erkenntnisse nach Maßgabe des Bodenschätzungsgesetzes[346] herangezogen werden, aufgrund dessen einerseits die Beschaffenheit des Bodens festgestellt werden soll und andererseits die natürlichen Ertragsbedingungen beurteilt werden sollen. Für die Bewertung der Böden können die Acker- und Grünlandzahlen herangezogen werden, welche die Qualität der Böden im Hinblick auf die Ertragsfähigkeit angeben.[347] Zur Beurteilung der „Notwendigkeit" der Inanspruchnahme dieser Böden bedarf es grundsätzlich der

---

341 Siehe auch *Fischer-Hüftle/Schumacher,* in: Schumacher/Fischer-Hüftle (Hrsg.), BNatSchG, 2. Aufl. 2010, § 15 Rn. 96; *Lütkes,* in: Lütkes/Ewer, BNatSchG, 2011, § 15 Rn. 51.

342 *Egner,* in: Egner/Fuchs, Naturschutz- und Wasserrecht 2009, § 15 BNatSchG Rn. 10.

343 BR-Drucks. 332/13, S. 6. Nach § 9 Abs. 1 Satz 1 BayKompV sind agrarstrukturelle Belange betroffen, „wenn die Gesamtheit der Ausstattung, Verfügbarkeit und Qualität von Arbeit, Boden und Kapital (Produktionsfaktoren) sowie der Produktions- und Arbeitsbedingungen und damit der Produktionskapazität und Produktivität in einem Agrarraum erheblich beeinflusst und verändert werden".

344 *Fischer-Hüftle/Schumacher,* in: Schumacher/Fischer-Hüftle (Hrsg.), BNatSchG, 2. Aufl. 2010, § 15 Rn. 97; *Wagner,* in: Czybulka (Hrsg.), 35 Jahre Eingriffsregelung, 2013, S. 87, 92.

345 *Wagner,* in: Czybulka (Hrsg.), 35 Jahre Eingriffsregelung, 2013, S. 87, 92.

346 BGBl. I 2007, 3150, 3176 ff.

347 *Wagner,* in: Czybulka (Hrsg.), 35 Jahre Eingriffsregelung, 2013, S. 87, 92.

Abarbeitung eines Alternativenprüfprogramms.[348] Nur der Vollständigkeit halber sei auf die Regelung in § 9 Abs. 2 Satz 1–3 BKompV-E verwiesen, die jedoch nicht verabschiedet wurde. Danach sind für die landwirtschaftliche Bodennutzung besonders geeignete Böden solche, „die auf der Grundlage vorhandener Informationen bezogen auf den jeweiligen Landkreis oder die jeweilige kreisfreie Stadt eine besonders hohe Nutzbarkeit aufweisen. Die Bewertung der Nutzbarkeit richtet sich nach der Bodenfruchtbarkeit gemessen an den Acker- und Grünlandzahlen nach dem Bodenschätzungsgesetz […]. In die Bewertung sollen weitere Kriterien, wie die Größe und der Zuschnitt der Flächen, deren äußere und innere Erschließung sowie weitere natürliche Ertragsbedingungen einbezogen werden, wenn hierfür ein behördliches Konzept vorliegt."[349]

Um zu vermeiden, dass Flächen aus der Nutzung herausgenommen werden,   **77** ist nach **§ 15 Abs. 3 Satz 2** vorrangig zu prüfen, ob der Ausgleich oder Ersatz auch durch Maßnahmen zur Entsiegelung, durch Maßnahmen zur Wiedervernetzung von Lebensräumen oder durch Bewirtschaftungs- oder Pflegemaßnahmen, die der dauerhaften Aufwertung des Naturhaushalts oder des Landschaftsbildes dienen, erbracht werden kann. Hinter dieser Regelung steht die Erwägung, dass die Herausnahme fruchtbarer Böden aus der landwirtschaftlichen Nutzung für Kompensationszwecke volkswirtschaftlich nicht unbedingt sinnvoll ist.[350] § 15 Abs. 3 Satz 2 enthält eine Konkretisierung des in Satz 1 enthaltenen Rücksichtnahmegebots und statuiert für die Behörden einen besonderen Prüfauftrag, aber keinen Planungsleitsatz.[351] Durch die Erwähnung der **Entsiegelung** wird verdeutlicht, dass als Ersatzmaßnahmen auch Maßnahmen zur Entsiegelung von bebauten, aber nicht mehr genutzten Vorhaben anzustreben sind[352], wodurch der Boden als unvermehrbare Ressource stärker geschützt wird.[353] Als Beispiele für **Maßnahmen der Wiedervernetzung** werden in den Gesetzesmaterialien Fischtreppen, Grünbrücken oder Durchlässe genannt, die zur Verbesserung der ökologischen Durchlässigkeit sowie zur Wiederherstellung des räumlichen Zusammenhangs von Lebensräumen beitragen. In einem fachlichen Gesamtkonzept könnten solche Maßnahmen beispielsweise eine gleichwertige Wirkung für die Stabilisierung einer Population entfalten wie die Entwicklung neuer Habitatflächen.[354] Was die **Bewirtschaftungs- und Pflegemaßnahmen** anbetrifft, konnte sich der Bundesrat nicht mit seiner Forderung durchsetzen, dass diese grundstücksbezogen sein müssen.[355] Die Bundesregierung vertrat den

---

348 *Koch*, in: Kerkmann (Hrsg.), Naturschutzrecht in der Praxis, 2. Aufl. 2010, § 4 Rn. 45.

349 BR-Drucks. 332/13, S. 7. Nach § 9 Abs. 2 Satz 1 BayKompV sind besonders geeignete Böden „im regionalen Vergleich überdurchschnittlich ertragreiche Böden".

350 *Louis*, NuR 2010, 77 (82); s. auch *Egner*, in: Egner/Fuchs (Hrsg.), Naturschutz- und Wasserrecht 2009, § 15 BNatSchG Rn. 9.

351 *Wagner*, in: Czybulka (Hrsg.), 35 Jahre Eingriffsregelung, 2013, S. 87, 91.

352 BT-Drs. 16/12274, S. 58.

353 *Lampe*, in: Durner (Hrsg.), Umweltgesetzbuch, Stand: Dezember 2012, S. 69 f. verwendet das Stichwort „Neuversiegelung" nur bei Entsiegelung.

354 BT-Drs. 16/12274, S. 58.

355 BT-Drs. 16/13298, S. 3.

Standpunkt, dass dadurch die angestrebte Flexibilisierung bei der Suche nach angemessenen Ausgleichs- und Ersatzmaßnahmen unnötig eingeengt werde. Die Bewirtschaftungs- und Pflegemaßnahmen können deshalb auch auf entsprechenden vertraglichen Verpflichtungen beruhen.[356] Allerdings muss bei diesen Maßnahmen gesichert sein, dass sie der **dauerhaften Aufwertung** des Naturhaushalts oder Landschaftsbildes dienen.[357] Pflege- und Bewirtschaftungsmaßnahmen, welche von nur geringer Dauer sind oder zu keiner Verbesserung gegenüber der bisherigen Lage führen, scheiden somit als Ausgleichs- und Ersatzmaßnahmen aus.[358] Deshalb ist die bloße Pflege zur Erhaltung eines vorhandenen Biotops keine geeignete Ausgleichsmaßnahme.[359] Zur Gewährleistung der „Dauerhaftigkeit" der Kompensationsmaßnahme kann die Wahl einer Lösung sinnvoll sein, bei der institutionalisierte Träger, z.B. eine staatliche Stiftung oder Landschaftspflege- und Naturschutzverbände, in die jeweilige Maßnahme einbezogen werden.[360]

78   Unklar ist, ob sich der Relativsatz „zur dauerhaften Aufwertung des Naturhaushaltes oder Landschaftsbildes" nur auf die zuvor genannten Bewirtschaftungs- und Pflegemaßnahmen oder auf alle in § 15 Abs. 3 Satz 2 vorrangig zu prüfenden Maßnahmen bezieht. Da die Aufwertung ein generelles Charakteristikum der Ausgleichs- und Ersatzmaßnahmen ist, sprechen gute Argumente für den zuletzt genannten Standpunkt. Das dort genannte Merkmal „dauerhaft" muss unter Berücksichtigung des Sinns und Zwecks der Realkompensation ausgelegt werden. Mit diesem wäre es nicht vereinbar, wenn an die Maßnahmen i.S.d. § 15 Abs. 3 Satz 2 höhere Anforderungen gestellt würden, als an sich zur realen Kompensation der Eingriffsfolgen erforderlich ist.[361] Überdies wird der Prüfauftrag des § 15 Abs. 3 Satz 2 nur relevant, wenn die jeweils zur Debatte stehenden Entsiegelungs-, Wiedervernetzungs-, Bewirtschaftungs- und Pflegemaßnahmen die Kriterien des § 15 Abs. 2 an Ausgleichs- bzw. Ersatzmaßnahmen erfüllen. Die Unterhaltungspflege wird nur in denjenigen Fällen bedeutsam, in denen solche Maßnahmen überhaupt für das Zielbiotop erforderlich sind.[362] Bei den sog. produktionsintegrierten Kompensationsmaßnahmen handelt es sich um Ausgleichs- und Ersatzmaßnahmen zur naturschutzfachlichen Aufwertung landwirtschaftlicher Nutzflächen.[363]

---

356 BT-Drs. 16/13298, S. 17.

357 Zur Möglichkeit, auf die Dauerhaftigkeit durch die Auswahl der Personen des Vertragspartners Einfluss zu nehmen, indem man auf deren langfristigen Bestand und ihre Zielsetzungen achtet, *Fischer-Hüftle*, in: Czybulka (Hrsg.), 35 Jahre Eingriffsregelung, 2013, S. 19, 31.

358 *Egner*, in: Egner/Fuchs (Hrsg.), Naturschutz- und Wasserrecht 2009, § 15 BNatSchG Rn. 13.

359 VG Hannover, Urt. v. 20. 09. 2012 – 12 A 5497/10, NuR 2012, 873 (878).

360 *Schrader*, in: Czybulka (Hrsg.), 35 Jahre Eingriffsregelung, 2013, S. 123, 127 f.; *Wagner*, in: Czybulka (Hrsg.), 35 Jahre Eingriffsregelung, 2013, S. 87, 105 f.

361 Ähnlich *Gassner/Heugel*, Das neue Naturschutzrecht, 2010, Rn. 304.

362 *Gassner/Heugel*, Das neue Naturschutzrecht, 2010, Rn. 304.

363 Näher dazu *Wagner*, in: Czybulka (Hrsg.), 35 Jahre Eingriffsregelung, 2013, S. 87, 93 ff.; s. auch *Schrader*, in: Czybulka (Hrsg.), 35 Jahre Eingriffsregelung, 2013, S. 123 ff.

*g) Unterhaltung und Sicherung der Ausgleichs- und Ersatzmaßnahmen,
  § 15 Abs. 4*

§ 15 Abs. 4 regelt die Unterhaltung und rechtliche Sicherung der Ausgleichs- 79
und Ersatzmaßnahmen, wobei der Unterhaltungszeitraum im Zulassungsbescheid festzusetzen ist. Satz 3 regelt die Verantwortlichkeit für die Ausführung, Unterhaltung und Sicherung der Ausgleichs- und Ersatzmaßnahmen.

aa) Normhistorie

§ 18 Abs. 5 Satz 1 BNatSchGNeuregG 2002 bestimmte, dass die Länder wei- 80
tere Vorschriften zur Sicherung der Durchführung der im Rahmen des § 19
zu treffenden Maßnahmen erlassen. Mit dieser rahmenrechtlichen Verpflichtung reagierte der Bund auf den Umstand, dass in der Praxis im Bereich der
tatsächlichen Umsetzung der Verpflichtungen gemäß den materiell-rechtlichen Vorgaben der Eingriffsregelung, insbesondere bei den Kompensationsmaßnahmen, erhebliche Vollzugsdefizite zu verzeichnen sind.[364] Nach einem
Sondergutachten des Rats von Sachverständigen für Umweltfragen wurde
bei Untersuchungen von Kompensationsmaßnahmen festgestellt, dass maximal drei Viertel der Maßnahmen überhaupt umgesetzt wurden, nur knapp
die Hälfte der Maßnahmen eine mittlere bis gute Qualität bei der Herstellung aufwies und nicht einmal einem Viertel der Maßnahmen eine ausreichende Pflege zuteil wurde.[365] Als mögliche Vorschriften zur Sicherung wurden z.B. solche über die Einrichtung von Kompensationskatastern oder über
Eintragungen in Baulastverzeichnisse bzw. dingliche Sicherungen genannt.[366] An diese Regelung knüpft § 15 Abs. 4 an, der nunmehr eine Vollregelung des Bundes und somit keinen Regelungsauftrag an die Länder enthält. Denn an der Regelungsbedürftigkeit der Sicherung der Durchführung
von Ausgleichs- und Ersatzmaßnahmen hat sich nichts geändert.[367] Bei der
Normausgestaltung hat man sich an entsprechenden Vorschriften der Länder
orientiert.[368]

bb) Unterhaltungspflicht

§ 15 Abs. 4 Satz 1 gibt verbindlich und somit als **zwingendes Recht** vor, dass 81
Ausgleichs- und Ersatzmaßnahmen sowohl zu unterhalten als auch rechtlich
zu sichern sind. Nach dem Gesetzestext besteht die Unterhaltungs- und Sicherungspflicht für **Ausgleichs- und Ersatzmaßnahmen**, mit anderen Worten
also für Maßnahmen, die zur Realkompensation unvermeidbarer Beeinträchtigungen von Natur und Landschaft ergriffen werden und die Kriterien des
§ 15 Abs. 2 erfüllen. Nach der Begründung des Gesetzesentwurfs können jedoch auch Vorkehrungen zur Vermeidung von Beeinträchtigungen verlangt
werden, weil auch Amphibienleiteinrichtungen oder Querungshilfen einer

---

364 BT-Drs. 14/6378, S. 48.
365 BT-Drs. 14/9852, S. 130.
366 BT-Drs. 14/6378, S. 48.
367 BT-Drs. 16/12274, S. 58.
368 BT-Drs. 16/12274, S. 58.

regelmäßigen Unterhaltung bedürfen.[369] Angesichts der Ausgestaltung der naturschutzrechtlichen Eingriffsregelung als Rechtsfolgenkaskade ist § 15 Abs. 4 Satz 1 daher auf Maßnahmen zur Vermeidung von Beeinträchtigungen von Natur und Landschaft analog anzuwenden. Nur dies entspricht dem sich hinter der Eingriffsregelung manifestierenden Willen, so weit wie möglich den Status quo von Natur und Landschaft zu erhalten. Angesichts der strikten Prüfungsreihenfolge leuchtet es ein, dass für **Vermeidungsmaßnahmen** keine geringeren Anforderungen als für Ausgleichs- und Ersatzmaßnahmen gelten können.[370]

82   Nach § 15 Abs. 4 Satz 1 sind die Ausgleichs- und Ersatzmaßnahmen in dem jeweils erforderlichen Zeitraum zu **unterhalten**. Während die Sicherung rechtlicher Natur ist, hat die Unterhaltung ein bestimmtes tatsächliches Verhalten zum Gegenstand. Ausweislich der Gesetzesmaterialien ist damit die Durchführung von Herstellungs- und Entwicklungspflege, aber auch die permanente Unterhaltungspflege gemeint, soweit sie selbst Gegenstand der Ausgleichs- und Ersatzmaßnahme ist.[371] Dass der Begriff der Unterhaltung weit zu verstehen ist und die Herstellungspflege umfasst, dürfte damit zu erklären sein, dass Herstellung und Unterhaltung oft Hand in Hand gehen. Nur so erklärt sich auch, dass in § 15 Abs. 4 Satz 3 die Verantwortlichkeit für die Ausführung, Unterhaltung und Sicherung der Maßnahmen geregelt wird. Im BNatSchG werden die Begriffe der Herstellungs- und Entwicklungspflege nicht erläutert. Die **Herstellungspflege** umfasst alle diejenigen Leistungen, die zur Erreichung des Kompensationszustands erforderlich sind, sodass „Sicherheit" über den Anwuchserfolg besteht.[372] An diese schließt sich die **Entwicklungspflege** an. Bei der Entwicklungspflege handelt es sich um Pflegemaßnahmen zur Erzielung eines funktionsfähigen Zustands der Vegetation im Zusammenhang mit den Kompensationsmaßnahmen. Zu ihr gehören z.B. landschaftsbauliche und gärtnerische Pflegemaßnahmen an Einsaaten und Gehölzen oder die Pflegenutzung.[373] Als Praxisbeispiele für Fertigstellungs- und Entwicklungspflegemaßnahmen werden Anwuchshilfen, Zäune und Rindenschutz gegen Wildbiss, Ersatzpflanzungen bei Abgängen, ausreichende Bewässerung in Trockenphasen und andere Maßnahmen der Aufwuchspflege genannt.[374]

83   Die Unterhaltungspflicht besteht für den **jeweils erforderlichen Zeitraum**. Die Behörde hat sich bei dessen Bestimmung einzelfallbezogen an dem mit den Ausgleichs- und Ersatzmaßnahmen verfolgten Kompensationsgedanken zu orientieren. Die Unterhaltung hat also grundsätzlich so lange zu erfolgen,

---

369 BT-Drs. 16/12274, S. 58; *Berghoff/Steg*, NuR 2010, 17 (23).

370 Für eine analoge Anwendung *Lau*, NuR 2011, 762 (767 f.).

371 BT-Drs. 16/12274, S. 58; *Berghoff/Steg*, NuR 2010, 17 (23); *Hendler/Brockhoff*, NVwZ 2010, 733 (736).

372 Siehe die Erläuterungen zum Satzungsmuster zur Erhebung von Kostenerstattungsbeträgen nach §§ 135 a–c BauGB, verfasst von der Arbeitsgruppe des Deutschen Städtetages.

373 *Bunzel*, NuR 2004, 15 (16).

374 *Bunzel*, NuR 2004, 15 (16); s. auch *Fischer-Hüftle/Schumacher*, in: Schumacher/Fischer-Hüftle (Hrsg.), BNatSchG, 2. Aufl. 2010, § 15 Rn. 117.

bis die Wirkungen des Eingriffs tatsächlich kompensiert sind.[375] Bei befristeten Eingriffsfolgen, etwa der vorübergehenden Verwendung von unterirdischen Leitungen, ist auch die Kompensation befristet.[376] Bei einer unbefristeten Beeinträchtigung, man denke etwa an die Versiegelung einer Fläche, muss auch deren Kompensation auf unbefristete Dauer gewährleistet sein.[377] Werden z.B. 10-jährige Bäume am Eingriffsort im Zuge von Bauvorhaben zerstört und zur Wiedergutmachung in unmittelbarer Nähe neu angepflanzt, dauert die Unterhaltungspflicht so lange, bis die heranwachsenden Bäume den Zustand der gefällten Bäume erreicht haben. Bei der Aufforstung von Wald kann nach 25 Jahren eine Pflege nicht mehr notwendig sein, weil das Biotop nunmehr lebensfähig ist.[378] Vorübergehende negative Begleiterscheinungen eines Eingriffs sind nur hinsichtlich des infrage stehenden Zeitraums auszugleichen. Im Merkmal des „erforderlichen" Zeitraums wird der im Verfassungsrecht verankerte Verhältnismäßigkeitsgrundsatz einfachgesetzlich konkretisiert. Dieser kann dazu führen, dass von einer unbegrenzten Unterhaltung Abstand genommen wird, z.B. wenn die damit verbundenen Kosten in keinem Verhältnis zum damit erzielten Vorteil stehen.[379]

Zur zutreffenden Bestimmung des Unterhaltungszeitraums muss die Behörde   *84*
das zu erreichende Kompensationsziel klar vor Augen haben. Da die Ausgleichs- und Ersatzmaßnahmen eine Beeinträchtigung kompensieren sollen, besteht zwischen ihnen eine zeitliche Abhängigkeit, die sozusagen in zwei ausbalancierte Waagschalen zu bringen ist.[380] § 15 Abs. 4 Satz 1 hält deshalb die Verwaltung dazu an, sich über die Entwicklungsziele und damit auch über die Entwicklungszeiträume klar zu werden.[381] Aus Gründen der Rechtssicherheit, insbesondere für den Verpflichteten, ist die zuständige Behörde gemäß **§ 15 Abs. 4 Satz 2** zur **Festsetzung des Unterhaltungszeitraums im Zulassungsbescheid** verpflichtet. Diese Festsetzung kann nach Maßgabe der §§ 48, 49 VwVfG korrigiert werden. Aus § 15 Abs. 4 Satz 2 folgt nicht, dass die Behörde abgesehen von dem Unterhaltungszeitraum keine weiteren Nebenbestimmungen in den Zulassungsbescheid aufnehmen dürfte. Soweit keine spezialgesetzlichen Regelungen für die jeweilige Zulassungsentscheidung bestehen (s. zum Planfeststellungsrecht z.B. § 74 Abs. 2 Satz 2, Abs. 3 VwVfG), findet § 36 VwVfG Anwendung. Wird die Ausgleichs- bzw. Ersatzmaßnahme in Form einer Auflage angeordnet, kann diese bei Vorliegen der Vollstreckungsvoraussetzungen zwangsweise, bei vertretbaren Handlungen etwa in Form der Ersatzvornahme, durchgesetzt werden.[382] Von vornherein

375 Siehe auch *Fischer-Hüftle/Schumacher,* in: Schumacher/Fischer-Hüftle (Hrsg.), BNatSchG, 2. Aufl. 2010, § 15 Rn. 115; *Hendler/Brockhoff,* NVwZ 2010, 733 (736).

376 *Schrader,* in: Czybulka (Hrsg.), 35 Jahre Eingriffsregelung, 2013, S. 123, 127.

377 *Schrader,* in: Czybulka (Hrsg.), 35 Jahre Eingriffsregelung, 2013, S. 123, 127.

378 *Wagner,* in: Czybulka (Hrsg.), 35 Jahre Eingriffsregelung, 2013, S. 87, 103.

379 *Fischer-Hüftle/Schumacher,* in: Schumacher/Fischer-Hüftle (Hrsg.), BNatSchG, 2. Aufl. 2010, § 15 Rn. 119; *Louis,* NuR 2010, 77 (82).

380 *Wagner,* in: Czybulka (Hrsg.), 35 Jahre Eingriffsregelung, 2013, S. 87, 103.

381 *Egner,* in: Egner/Fuchs (Hrsg.), Naturschutz- und Wasserrecht 2009, § 15 BNatSchG Rn. 17.

382 *Wagner,* in: Czybulka (Hrsg.), 35 Jahre Eingriffsregelung, 2013, S. 87, 104.

nicht absehbaren Unsicherheiten, etwa aufgrund der Komplexität der Materie, kann deshalb durch einen Auflagenvorbehalt begegnet werden.[383] Die Rechtsprechung lässt keine Zweifel daran aufkommen, dass Gegenstand eines **Planergänzungsvorbehalts** grundsätzlich auch Maßnahmen sein können, die der Verursacher eines Eingriffs im Rahmen des Stufenmodells der naturschutzrechtlichen Eingriffsregelung zu treffen hat. Voraussetzung ist, dass eine abschließende Entscheidung im Zeitpunkt der Planfeststellung nicht möglich, aber hinreichend gewährleistet ist, dass sich im Wege der Planergänzung der Konflikt entschärfen und ein Planungszustand schaffen lässt, welcher den gesetzlichen Anforderungen gerecht wird.[384]

85 Dass der Unterhaltungszeitraum im Zulassungsbescheid festzusetzen ist, darf nicht dahingehend missverstanden werden, dass die Unterhaltung in dem Bescheid nicht näher konkretisiert zu werden bräuchte. Da die zuständigen Behörden nach § 17 Abs. 7 die Durchführung der erforderlichen Unterhaltungsmaßnahmen prüfen und sie hierzu vom Verursacher des Eingriffs einen Bericht verlangen können, muss hinreichend klar sein, welche Unterhaltungsmaßnahmen „geschuldet" sind. Aus § 37 Abs. 1 VwVfG ergibt sich, dass die jeweiligen Maßnahmen im Genehmigungs-/Planfeststellungsbescheid hinreichend genau beschrieben werden müssen. Denn nur so kann der Verursacher des Eingriffs erkennen, was von ihm erwartet wird.[385] Das notwendige Maß an Konkretisierung hängt von der Art des jeweiligen Verwaltungsakts ab.[386] Die Behörde muss auf jeden Fall das zu erreichende Ziel vorgeben. Wenn die Kompensationswirkung je nach verwendetem Mittel variiert, ist auch dieses im Bescheid zu konkretisieren.[387]

cc) Sicherungspflicht

86 Des Weiteren sind die Ausgleichs- und Ersatzmaßnahmen **rechtlich zu sichern**. Dadurch wird gewährleistet, dass bei der Realisierung des Eingriffs die zur Kompensation seiner Beeinträchtigung erforderlichen Kompensationsmaßnahmen auch in die Tat umgesetzt werden (können) und für den entsprechenden Zeitraum andauern. Die naturschutzrechtliche Zweckbestimmung der Grundstücke muss sich ggf. auch gegenüber künftigen Eigentümern bzw. Besitzern durchsetzen.[388] Die Sicherung muss durch entspre-

---

383 *Egner*, in: Egner/Fuchs (Hrsg.), Naturschutz- und Wasserrecht 2009, § 15 Rn. 17; s. eingehend zur Durchsetzung modifizierter Kompensationsmaßnahmen *Berchter*, Die Eingriffsregelung im Naturschutzrecht, 2007, S. 211 ff.

384 BVerwG, Beschl. v. 22. 05. 1995 – 4 B 30/95, NVwZ-RR 1997, 217 (218); BVerwG, Beschl. v. 31. 01. 2006 – 4 B 49/05, NVwZ 2006, 823 (827).

385 Siehe *Berchter*, Die Eingriffsregelung im Naturschutzrecht, 2007, S. 156 in Bezug auf die Herstellungskontrollen.

386 *Ziekow*, VwVfG, 3. Aufl. 2013, § 37 Rn. 2.

387 Siehe zur Angabe von Ziel und Mittel bei einer bodenschutzrechtlichen Ordnungsverfügung VG Düsseldorf, Urt. v. 25. 11. 2008 – 17 K 6149/07; s. zur Frage der Angabe des Mittels auch *Stelkens*, in: Stelkens/Bonk/Sachs (Hrsg.), VwVfG, 7. Aufl. 2008, § 37 Rn. 34 f.

388 *Fischer-Hüftle/Schumacher*, in: Schumacher/Fischer-Hüftle (Hrsg.), BNatSchG, 2. Aufl. 2010, § 15 Rn. 120.

chende rechtliche Vorkehrungen geschehen. Das Gesetz macht dazu keine weiteren Angaben. Nach der Begründung des Gesetzesentwurfs kann die rechtliche Sicherung der für die Kompensationsmaßnahmen benötigten Flächen in unterschiedlicher Weise erfolgen.[389] Deshalb kommen sowohl **öffentlich-rechtliche** als auch **privatrechtliche Sicherungsmaßnahmen** in Betracht. Was die Sicherung durch dingliche Rechte des Privatrechts anbetrifft, ist der im Sachenrecht geltende Typenzwang bzw. numerus clausus der Sachenrechte zu beachten.[390] Aus diesem Grund können nur solche dinglichen Rechte zur Sicherung herangezogen werden, die in der Rechtsordnung vorgesehen sind.[391]

Soweit es um Unterlassungspflichten geht, können diese durch die Eintragung einer **beschränkten persönlichen Dienstbarkeit nach § 1090 BGB** gesichert werden.[392] Nach dessen Abs. 1 Alt. 1 kann ein Grundstück zu Gunsten des dinglich Berechtigten in der Weise belastet werden, dass ihm die Nutzungen des Grundstücks „in einzelnen Beziehungen", also nicht im Ganzen zustehen. Weil die Dienstbarkeit nur einen Ausschnitt aus den Eigentümerrechten darstellt, muss dem Eigentümer nach überwiegender Ansicht noch eine nicht nur unwesentliche Nutzungsmöglichkeit verbleiben.[393] Eine beschränkte persönliche Dienstbarkeit kann grundsätzlich auch zu Gunsten der öffentlichen Hand bestellt werden, um so öffentlich-rechtliche Ziele zu sichern.[394] Da aus § 1105 BGB e contrario entnommen wird, dass der Hauptinhalt der Dienstbarkeit nicht in einem positiven Tun bestehen kann, ist die Möglichkeit einer Dienstbarkeit mit dem Inhalt der Aufforstung eines Grundstücks oder zur Vornahme von Pflanzungen zu verneinen.[395] Für nicht lediglich einmalige Handlungspflichten kann gemäß **§ 1105 BGB eine Reallast** eingetragen werden,[396] durch welche der Grundstückseigentümer dazu verpflichtet wird, zu Gunsten des Berechtigten wiederkehrende Leistungen aus dem Grundstück zu entrichten. Aus diesem Grund können einmalige Leistungen, wie die Verpflichtung zur erstmaligen Anpflanzung, für sich allein nicht durch eine Reallast abgesichert werden.[397]

87

Insbesondere wenn ein Land selbst Vorhabenträger ist, kommt als Sicherung auch der **Abschluss entsprechender (Pacht-)Verträge** in Betracht, wenn eine

88

---

389 BT-Drs. 16/12274, S. 58.

390 *Grziwotz,* KommJuR 2008, 288 (291).

391 *Grziwotz,* KommJuR 2008, 288 (291).

392 BT-Drs. 16/12274, S. 58; *Fischer-Hüftle/Schumacher,* in: Schumacher/Fischer-Hüftle (Hrsg.), BNatSchG, 2. Aufl. 2010, § 15 Rn. 123; VGH München, Urt. v. 24.02.2010 – 2 BV 08.2599, NuR 2010, 885 (886 f.); s. näher zu dieser Sicherungsmöglichkeit *Berchter,* Die Eingriffsregelung im Naturschutzrecht, 2007, S. 253 ff.

393 *Gassner/Heugel,* Das neue Naturschutzrecht, 2010, Rn. 345; *Grziwotz,* KommJuR 2008, 288 (292).

394 VGH München, Urt. v. 24.02.2010 – 2 BV 08.2599, NuR 2010, 885 (887).

395 *Grziwotz,* KommJuR 2008, 288 (291); *Mayer,* in: Staudinger (Hrsg.), BGB, 2009, §§ 1018–1112, § 1018 Rn. 79.

396 BT-Drs. 16/12274, S. 58; *Gassner/Heugel,* Das neue Naturschutzrecht, 2010, Rn. 345.

397 BayOBLG, Beschl. v. 19.01.1973 – BReg 2 Z 74/72, BayObLGZ 1973, 21 (26); *Grziwotz,* KommJuR 2008, 288 (291).

vertragliche Vereinbarung zur Erreichung des Sicherungszwecks ausreichend erscheint.[398] Bei einem Pachtvertrag muss sich der Vorhabenträger nicht dauerhaft von den betroffenen Flächen trennen bzw. kann so potenzielle Flächen als Ausgleich und Ersatz gewinnen, bei denen er auch keine Möglichkeit zur Eigentumsbegründung hat.[399] Andererseits wird immer auf die Beachtung der Kündigungsvorschriften (§ 584 BGB) einschließlich der Prüfung hingewiesen, ob auch im Kündigungsfall eine ausreichende zeitliche Sicherung der Kompensationsflächen gegeben ist.[400]

89　Als **öffentlich-rechtliches Sicherungsmittel** kommt vor allem die Eintragung einer **Baulast** in Betracht, deren Voraussetzungen in den Landesbauordnungen geregelt werden.[401] Bei der Baulast können durch die Übernahme der Verpflichtung zu einem Handeln, Dulden oder Unterlassen der Bebaubarkeit eines Grundstücks entgegenstehende öffentlich-rechtliche Hinderungsgründe ausgeräumt werden.[402] Allerdings beinhaltet die Baulast nur eine öffentlich-rechtliche Sicherung und gewährt nach dem BGH weder dem Eigentümer eines Grundstücks einen zivilrechtlichen Nutzungsanspruch noch verpflichtet sie den Eigentümer des belasteten **Grundstücks** zur Duldung der Nutzung.[403] Aus diesem Grund wird empfohlen, neben der Baulast noch eine entsprechende zivilrechtliche Vereinbarung abzuschließen.[404] Denkbar wäre auch, die Ausgleichs- und Ersatzmaßnahmen durch einen **öffentlich-rechtlichen Vertrag** zu sichern, sofern die Voraussetzungen der §§ 54 ff. VwVfG oder vorrangiger Normen vorliegen.

90　Nach dem Gesetzeswortlaut des § 15 Abs. 4 Satz 1 („sind") handelt es sich bei der rechtlichen Sicherung der Ausgleichs- und Ersatzmaßnahmen um **striktes Recht**. Im Unterschied zu § 37 Abs. 2 Satz 1 KrWG heißt es nicht, dass die zuständige Behörde die Leistung einer Sicherheit zu verlangen hat, „soweit dies erforderlich ist". Da die Sicherung aber auf den „jeweils erforderlichen Zeitraum" bezogen wird und es sich dabei um eine Ausprägung der Verhältnismäßigkeit handelt, kann man darüber nachdenken, ob diese Vorschrift nicht teleologisch zu reduzieren ist und ausnahmsweise von dem Sicherungserfordernis abgesehen werden kann, wenn klar ist, dass es während des gesamten Zeitraums keinen relevanten Sicherungsfall geben wird. Da die öffentliche Hand dem Gesetzmäßigkeitsprinzip verpflichtet ist, über ausreichende finanzielle Mittel verfügt und ein abzusicherndes Ausfallrisiko

---

398　BT-Drs. 16/12274, S. 58; s. auch *Lau*, NuR 2011, 762 (768). *Brockhoff*, Naturschutzrechtliche Eingriffsregelung in bergrechtlichen Zulassungsverfahren, 2012, S. 153 hält dagegen Pachtverträge mit Blick auf ihre Kündbarkeit für kein geeignetes Sicherungsmittel.

399　*Berchter*, Die Eingriffsregelung im Naturschutzrecht, 2007, S. 249.

400　*Berchter*, Die Eingriffsregelung im Naturschutzrecht, 2007, S. 249 ff.

401　*Berchter*, Die Eingriffsregelung im Naturschutzrecht, 2007, S. 260 ff.

402　*Berchter*, Die Eingriffsregelung im Naturschutzrecht, 2007, S. 262.

403　BGH, Urt. v. 19. 04. 1985 – V ZR 152/83, NJW 1985, 1952 (1953); BGH, Urt. v. 07. 10. 1994 – V ZR 4/94, NJW 1995, 53 (54). Nach OVG Koblenz, Beschl. v. 06. 11. 2009 – 8 A 10851/09, LKRZ 2010, 60 (61) liegt es im Wesen der öffentlich-rechtlichen Baulast, dass sie gegenüber den privatrechtlichen Verhältnissen verselbstständigt ist. Zur geringen Eignung der Baulast als Sicherungsmittel *Lau*, NuR 2011, 762 (768).

404　*Berchter*, Die Eingriffsregelung im Naturschutzrecht, 2007, S. 265.

mithin nicht besteht, kann man daher diskutieren, ob nicht bei ihr von einer derartigen Sicherung abgesehen werden kann.[405] Wie die Ausgleichs- und Ersatzmaßnahmen rechtlich gesichert werden, kann nicht pauschal beantwortet werden, sondern richtet sich letztlich nach den Umständen des konkreten Einzelfalls.[406] Zum Teil wird vertreten, dass bei einer in einer Baugenehmigung festgesetzten Kompensationsmaßnahme wegen deren dinglicher Wirkung keine weitere privatrechtliche Sicherung mehr nötig sei.[407] Dabei darf jedoch nicht aus dem Auge verloren werden, dass von einer Baugenehmigung nicht sofort Gebrauch gemacht werden muss und deren Geltungsdauer regelmäßig zeitlich begrenzt ist. Die zuständige Behörde muss prüfen, wie sich die Sicherung am besten erreichen lässt und hat bei mehreren in Betracht kommenden Möglichkeiten den Verhältnismäßigkeitsgrundsatz zu beachten.[408] Jüngst wies der VGH München darauf hin, dass die zivilrechtlichen Sicherungsmittel oft nur eine beschränkte Sicherungswirkung entfalten. So gewähre etwa die Reallast dem Berechtigten keinen Leistungsanspruch gegen den Eigentümer. Sie biete ihm vielmehr lediglich die Aussicht, durch Verwertung des Grundstücks einen bestimmten Wert in Form eines Geldbetrags zu erhalten.[409] Es ist der zuständigen Behörde aufgegeben, eine passende Sicherung zu wählen. Angesichts der Schnelllebigkeit landwirtschaftlicher Produktionstrends wird aus Gründen der Kontinuität die Einbeziehung dauerhafter Maßnahmenträger, etwa einer Stiftung, in die jeweilige Sicherungsmaßnahme empfohlen.[410] Die Verwaltung muss penibel darauf achten, dass die rechtlichen Anforderungen an die jeweilige Sicherungsmaßnahme eingehalten werden. Nur wenn alle Voraussetzungen z.B. für einen wirksamen Vertragsschluss gegeben sind, lässt sich das mit der Sicherung der Ausgleichs- und Ersatzmaßnahmen verfolgte Ziel erreichen. Der Vollständigkeit halber sei auf § 11 Abs. 2 BKompV-E aufmerksam gemacht, der allerdings nicht verabschiedet wurde. Nach Satz 2 dieses Normvorschlags bedürfen Maßnahmen auf Grundstücken der öffentlichen Hand keiner dinglichen Sicherung. Zur Begründung wurde neben § 2 Abs. 4 BNatSchG darauf verwiesen, dass die öffentliche Hand insolvenzunfähig ist und von ihr eine Beachtung bestehender Kompensationsverpflichtungen erwartet werden könne.[411] Allerdings sei die Sicherung in dem Moment, in dem die Veräußerung der Fläche durch die öffentliche Hand zu erwarten ist, nachzuholen.[412] Satz 3 bestimmt sodann, dass Maßnahmen, die auf Grundstücken des Vorhabenträgers durchgeführt werden, in der Regel keiner dinglichen Sicherung bedürfen. Im Übrigen hat die rechtliche Sicherung so lange zu erfolgen,

---

405 Zu § 37 KrWG *Guckelberger*/*Zott*, in: Fluck/Frenz/Fischer/Franßen (Hrsg.), KrWR/AbfR und BodenSchR, Stand: Januar 2015, § 37 KrWG Rn. 69.
406 S. auch *Wagner*, in: Czybulka (Hrsg.), 35 Jahre Eingriffsregelung, 2013, S. 87, 103.
407 *Lau*, NuR 2011, 762 (768).
408 Zu Letzterem *Lütkes*, in: Lütkes/Ewer (Hrsg.), BNatSchG, 2011, § 15 Rn. 58.
409 VGH München, Urt. v. 24.02.2010 – 2 BV 08.2599, NuR 2010, 885 (888).
410 *Schrader*, in: Czybulka (Hrsg.), 35 Jahre Eingriffsregelung, 2013, S. 123, 128.
411 BR-Drucks. 332/13, S. 112.
412 BR-Drucks. 332/13, S. 112.

wie die durch den Eingriff verursachten Beeinträchtigungen des Naturhaushalts und des Landschaftsbildes andauern.[413]

dd) Verantwortliche Personen

91 Aus **§ 15 Abs. 4 Satz 3** ergibt sich, wer für die Ausführung, Unterhaltung und Sicherung der Ausgleichs- und Ersatzmaßnahmen verantwortlich ist: Dies ist der **Verursacher** oder **dessen Rechtsnachfolger**. Damit wird der Personenkreis, der von den Behörden in Anspruch genommen werden kann, genau umschrieben.[414] Dies wird deshalb für besonders wichtig erachtet, weil damit die naturschutzrechtliche Eingriffsregelung als eine einem anderen Verfahren aufgesattelte Regelung nicht mehr von etwaigen Rechtsnachfolgeregelungen der jeweiligen Gestattung abhängt.[415] Sollten in Spezialgesetzen anderweitige Regelungen getroffen sein, gelten diese nach der Begründung des Gesetzesentwurfs unbeschadet der Regelung in § 15 Abs. 4 Satz 3.[416] Obwohl der Gesetzestext aufgrund der Verwendung des Wortes „oder" auf ein Alternativitätsverhältnis hindeutet,[417] heißt es dazu in den Materialien: „Indem gemäß Satz 3 auch der Rechtsnachfolger des Verursachers für die Erfüllung der Kompensationsverpflichtungen verantwortlich ist, kann sich die zuständige Behörde an beide halten, wenn die Kompensationsmaßnahmen nicht ordnungsgemäß umgesetzt wurden".[418] Die adversative Konjunktion „oder" wird also nicht im ausschließenden Sinne (sog. exklusives Oder), sondern als inklusives Oder i.S.v. einschließend verstanden.[419] Dies entspricht auch dem Sinn und Zweck der Eingriffsregelung, mit der ein effektiver Schutz von Natur und Landschaft angestrebt wird.

92 Sofern der Verursacher nicht verstorben ist, verfügt die zuständige Behörde bei Eintritt eines Rechtsnachfolgefalles über ein Auswahlermessen, ob sie beide Personen oder nur eine von ihnen wegen der Ausführung und Unterhaltung der Ausgleichs- und Ersatzmaßnahmen in Anspruch nehmen möchte. Sie hat sich bei der Ermessensausübung am Sinn und Zweck der Eingriffsregelung sowie des BNatSchG zu orientieren. Da im Unterschied zu § 4 Abs. 3 Satz 1 BBodSchG nicht vom Gesamtrechtsnachfolger, sondern vom **Rechtsnachfolger** gesprochen wird, ist dieser Begriff weit zu verstehen. Für einen Rechtsnachfolger ist typisch, dass auf ihn bestehende Rechte und Pflichten einer anderen Person übergehen. Die Rechtsnachfolge kann auf vertraglicher Vereinbarung beruhen oder gesetzlich vorgeschrieben sein (s. § 1922 Abs. 1 BGB).[420] Der Einzelrechtsnachfolger rückt hinsichtlich eines

---

413 BR-Drucks. 332/13, S. 7 f.
414 BT-Drs. 16/12274, S. 58.
415 *Egner*, in: Egner/Fuchs (Hrsg.), Naturschutz- und Wasserrecht 2009, § 15 Rn. 19.
416 BT-Drs. 16/12274, S. 58.
417 Für ein alternatives Verhältnis *Lau*, NuR 2011, 762 (768).
418 BT-Drs. 16/12274, S. 58; wie hier i.E. *Gellermann*, in: Landmann/Rohmer (Hrsg.), Umweltrecht, Stand: August 2014, § 15 BNatSchG Rn. 28; *Lütkes*, in: Lütkes/Ewer (Hrsg.), BNatSchG, 2011, § 15 Rn. 63.
419 So die Erläuterung des Wortes „oder" in Wiktionary, abgerufen am 02.04.2015; s. auch *Brockhaus*, Bd. 20, 21. Aufl. 2006, S. 201.
420 *Weidlich*, in: Palandt, BGB, 74. Aufl. 2015, § 1922 Rn. 6.

bestimmten einzelnen Gegenstands oder Rechts in die Position seines Vorgängers ein, indem er z.B. das Eigentum an einem bestimmten Grundstück erlangt. Der Gesamtrechtsnachfolger tritt demgegenüber in alle Rechte und Pflichten seines Vorgängers ein.[421]

VI. Naturschutzrechtliche Abwägung, § 15 Abs. 5

Nach § 15 Abs. 5 darf ein Eingriff nicht zugelassen oder durchgeführt werden, wenn die Beeinträchtigungen nicht zu vermeiden oder nicht in angemessener Frist ausgleichbar oder zu ersetzen sind und die Belange des Naturschutzes und der Landschaftspflege bei der Abwägung aller Anforderungen an Natur und Landschaft anderen Belangen im Range vorgehen. Je nachdem, wie also die auf der dritten Stufe der Eingriffsregelung vorzunehmende Abwägung ausfällt, darf der Eingriff entweder nicht erfolgen oder zwar vorgenommen werden, woran sich dann aber die Pflicht zur Ersatzzahlung anschließt. Wie man an dem negativen Ausgang der Abwägung erkennen kann, beinhaltet die naturschutzrechtliche Eingriffsregelung nicht nur ein Folgenbewältigungssystem, sondern eine echte Zulassungsschranke, welche ein Vorhaben trotz seiner fachrechtlichen Zulassungsfähigkeit zu Fall bringen kann.[422]

93

1. Normhistorie

Bereits § 8 Abs. 3 BNatSchG 1976[423] bestimmte, dass ein Eingriff zu untersagen ist, wenn Beeinträchtigungen nicht zu vermeiden oder nicht im erforderlichen Maße ausgleichbar sind und die Belange des Naturschutzes und der Landschaftspflege bei der Abwägung aller Anforderungen an Natur und Landschaft im Range vorgehen. Nach der damaligen Begründung des Gesetzesentwurfs unterliegt die Untersagung also einem Abwägungsgebot mit den übrigen Belangen der Allgemeinheit. Überwiegen Letztere, ist der Eingriff zu genehmigen mit der Konsequenz, dass seine Folgen auf sonstige Weise zu beheben sind.[424] Durch das BNatSchGNeuregG 2002 wurde die Abwägungspflicht auf nicht zu vermeidende oder nicht in angemessener Frist auszugleichende oder in sonstiger Weise zu kompensierende Beeinträchtigungen ausgedehnt. Die Abwägungsklausel gewährleistet ein aus naturschutzfachlicher Sicht unabdingbares Mindestmaß an effektivem Naturschutz, ohne das die Eingriffsregelung faktisch leer laufen würde.[425] Außerdem wurden in § 19 Abs. 3 Satz 2 BNatSchG 2002 verschärfte Anforderungen an die Zulassung von Eingriffen normiert, die zu einer Zerstörung von Biotopen führen. Im aktuellen § 15 Abs. 5 wurde auf diese Verschärfung

94

---

421 *Weidlich*, in: Palandt, BGB, 74. Aufl. 2015, § 1922 Rn. 10.

422 *Brockhoff*, Naturschutzrechtliche Eingriffsregelung in bergrechtlichen Zulassungsverfahren, 2012, S. 199.

423 BGBl. I 1976, S. 3574.

424 BT-Drs. 7/3879, S. 23.

425 BT-Drs. 14/6378, S. 47.

verzichtet, weil die Eingriffsregelung und das besondere Artenschutzrecht (s. § 44 Abs. 5 Satz 2–5) selbstständige Regelungsbereiche bilden. Im Übrigen entspricht § 15 Abs. 5 dem bisherigen § 19 Abs. 3 Satz 1 BNatSchG.[426]

2. Norminhalt

95 Aus der Normausgestaltung des § 15 Abs. 5 folgt zuallererst, dass keine Abwägung mehr erfolgt, wenn ein Eingriff durch Ausgleichs- und Ersatzmaßnahmen voll kompensiert wird.[427] Zur Stufe der Abwägung gelangt man nur, wenn sich Beeinträchtigungen eines Eingriffs nicht vermeiden lassen und nicht in angemessener Frist auszugleichen oder zu ersetzen sind. Die Abwägung nach § 15 Abs. 5 setzt also voraus, dass zumindest ein Rest nicht real kompensierbarer Beeinträchtigungen aufgrund des Eingriffs verbleibt.[428] Dazu müssen die vorherigen Stufen der Eingriffsregelung abgearbeitet worden sein.[429] Demnach ist es der zuständigen Behörde verwehrt, einen Eingriff unter Überspringung der Vermeidungs- und der in § 15 Abs. 2 normierten Ausgleichsstufe zuzulassen, weil sie etwa das den Eingriff verursachende Vorhaben in jedem Fall als den entgegenstehenden Belangen von Naturschutz und Landschaftspflege vorrangig ansieht.[430]

a) Charakter der Abwägung einschließlich Gerichtskontrolle

96 Lange Zeit war der Charakter der jetzt in § 15 Abs. 5 geregelten Abwägung umstritten. Insbesondere wenn die naturschutzrechtliche Eingriffsregelung einem Fachplanungsvorhaben aufgesattelt ist, bei dem selbst eine Abwägung zwischen verschiedenen öffentlichen und privaten Belangen vorzunehmen ist, war unklar, ob die naturschutzrechtliche Abwägung in dieser aufgeht (sog. Integrationsmodell)[431] oder eigenständiger Natur ist (sog. Separationsmodell).[432] Schon früh vertrat das BVerwG die Ansicht, dass die Abwägung nach der naturschutzrechtlichen Eingriffsregelung von der fachplanerischen Abwägung, aber auch der bauplanungsrechtlichen Abwägung (§ 35 Abs. 1, 2

---

426 BT-Drs. 14/6378, S. 58; s. auch *Louis*, NuR 2010, 77 (82).

427 BVerwG, Beschl. v. 23.02.1994 – 4 B 35/94, NVwZ 1994, 688 (690 f.); BVerwG, Urt. v. 13.12.2001 – 4 C 3/01, NVwZ 2002, 1112 (1113); *de Witt/Geis*, Die naturschutzrechtliche Eingriffsregelung, 2011, Rn. 36 empfehlen der Praxis, aus Sicherheitsgründen dennoch eine Abwägung vorzunehmen.

428 *De Witt/Geismann*, Die naturschutzrechtliche Eingriffsregelung, 2011, Rn. 35; *Ekardt/Hennig*, NuR 2013, 694 (697); *Erbguth/Schlacke*, Umweltrecht, 5. Aufl. 2014, § 10 Rn. 36.

429 *Ekardt/Hennig*, NuR 2013, 694 (697); VGH Mannheim, Urt. v. 15.11.1994 – 5 S 1602/93, VBlBW 1995, 392 (393).

430 VGH Mannheim, Urt. v. 15.11.1994 – 5 S 1602/93, VBlBW 1995, 392 (393).

431 *Ramsauer*, NuR 1997, 419 (421, 424). In diese Richtung *Durner*, in: Ziekow, Handbuch des Fachplanungsrechts, 2. Aufl. 2014, § 7 Rn. 19, wonach die doppelte Abwägung der Realität der Entscheidungsprozesse kaum gerecht wird. Siehe auch *Koch*, in: Kerkmann (Hrsg.), Naturschutzrecht in der Praxis, 2. Aufl. 2010, § 4 Rn. 51.

432 So z.B. *Brockhoff*, Naturschutzrechtliche Eingriffsregelung in bergrechtlichen Zulassungsverfahren, 2012, S. 202.

BauGB) zu unterscheiden ist.[433] Für die Richtigkeit dieser Ansicht spricht u.a., dass die naturschutzrechtliche Abwägung an die vorherigen Stufen der Eingriffsregelung, die Vermeidungs- und Kompensationspflicht, anknüpft und insoweit von besonderen Voraussetzungen abhängt.[434] Da die gesetzlichen Anforderungen an das jeweilige Vorhaben nach den einschlägigen Fachgesetzen sowie denjenigen des Naturschutzgesetzes unterschiedliche Ziele verfolgen, kann es durchaus sein, dass z.b. ein im Außenbereich privilegiertes Vorhaben zwar die Hürde des § 35 Abs. 1 BauGB nimmt, aber gleichwohl an der naturschutzrechtlichen Eingriffsregelung scheitert.[435] Zur Verdeutlichung dieses Unterschieds bietet es sich deshalb an, von der **spezifisch naturschutzrechtlichen Abwägung** nach § 15 Abs. 5 zu sprechen.[436]

§ 15 Abs. 5 unterscheidet sich durch seine Gliederung in Normtatbestand und Rechtsfolge (darf nicht zugelassen werden) von den final programmierten Regelungen des fachplanungsrechtlichen Abwägungsgebots, wonach die von dem Vorhaben berührten öffentlichen und privaten Belange (einschließlich der Umweltverträglichkeit) im Rahmen der Abwägung zu berücksichtigen sind (z.B. § 17 Satz 2 FStrG). Die naturschutzrechtliche Abwägung gehört zum **Normtatbestand** des § 15 Abs. 5. Je nachdem, wie die Abwägung ausfällt, kann die Entscheidung über die Zulassung des Vorhabens nur positiv oder negativ sein.[437] Das BVerwG hat zutreffend herausgearbeitet, dass Fragen nach den Modalitäten der Gestaltung, durch die ein für die planerische Bewältigung von Konfliktlagen anzustrebender Interessenausgleich erreicht werden könnte, auf der naturschutzrechtlichen Entscheidungsebene keine Rolle spielen.[438] Eine zweite Besonderheit der spezifisch naturschutzrechtlichen Abwägung gegenüber der fachplanerischen Abwägung resultiert daraus, dass die naturschutzrechtliche Abwägung **bipolarer Art** ist. Denn bei ihr ist, verkürzt ausgedrückt, danach zu fragen, ob die „Belange des Naturschutzes und der Landschaftspflege" den für das Vorhaben streitenden Belangen „im Range vorgehen".[439] Nach der Struktur der naturschutzrechtlichen Abwägung handelt es sich bei ihr um eine Ja-/Nein-Entscheidung, die auf einer Abwägung zwischen den Eingriffsinteressen und

97

---

433 BVerwG, Beschl. v. 30.10.1992 – 4 A 4/92, NVwZ 1993, 565 (569); BVerwG, Urt. v. 13.12. 2001 – 4 C 3/01, NVwZ 2002, 1112 (1112); s. auch *Voßkuhle*, Das Kompensationsprinzip, 1999, S. 146. *Stadler*, Die naturschutzrechtliche Eingriffsregelung in der Bundesfernstraßenplanung, S. 243 f. tritt für eine Abarbeitung der Eingriffsregelung vor der Planungsentscheidung ein. Siehe auch VGH München, Urt. v. 24.02.2010 – 2 BV 08.2599, NuR 2010, 885 (886).

434 BVerwG, Urt. v. 13.12.2001 – 4 C 3/01, NVwZ 2002, 1112 f.

435 BVerwG, Urt. v. 13.12.2001 – 4 C 3/01, NVwZ 2002, 1112 (1113).

436 Siehe auch BVerwG, Beschl. v. 30.10.1992 – 4 A 4/92, NVwZ 1993, 565 (569); *Meßerschmidt*, Bundesnaturschutzrecht, Stand: September 2014, § 15 BNatSchG Rn. 119.

437 BVerwG, Urt. v. 17.01.2007 – 9 C 1/06, NVwZ 2007, 581 (583).

438 BVerwG, Urt. v. 17.01.2007 – 9 C 1/06, NVwZ 2007, 581 (583).

439 BVerwG, Urt. v. 17.01.2007 – 9 C 1/06, NVwZ 2007, 581 (583 f.); *Fischer-Hüftle/Schumacher*, in: Schumacher/Fischer-Hüftle (Hrsg.), BNatSchG, 2. Aufl. 2010, § 15 Rn. 129.

den Naturschutzinteressen basiert.[440] Im Unterschied dazu betrifft die fachplanerische Abwägung ein mehrpoliges, unter allen berührten Aspekten zu beurteilendes und auszugleichendes Interessengeflecht.[441]

98 Angesichts dieser Unterschiede zwischen der fachplanerischen und der naturschutzrechtlichen Abwägung verwundert es nicht, dass sich als Folgeproblem die Frage nach der **gerichtlichen Kontrolldichte der naturschutzrechtlichen Abwägung** stellte. Während es die Rechtsprechung anfangs für selbstverständlich hielt, dass die spezifisch naturschutzrechtliche Abwägung nur eingeschränkt gerichtlich nachprüfbar ist,[442] entschied das BVerwG später in Bezug auf ein Bauvorhaben nach § 35 BauGB, dass sowohl die bauplanungsrechtliche Abwägungsentscheidung nach § 35 Abs. 1 BauGB als auch die zusätzlich durchzuführende naturschutzrechtliche Abwägungsentscheidung gerichtlich voll überprüft werden könnten. Zur Begründung wurde auf den akzessorischen Charakter der Eingriffsregelung verwiesen. Sei die in Rede stehende Zulassungsentscheidung nach dem jeweiligen Fachgesetz eine gesetzlich gebundene Entscheidung, bei welcher der Behörde kein vom Gericht zu respektierender Abwägungs- oder Ermessensspielraum zusteht, könne die naturschutzrechtliche Eingriffsregelung, die als weitere Voraussetzung für die Zulassung des Vorhabens hinzutritt, am Rechtscharakter der zu treffenden Behördenentscheidung nichts ändern. Die naturschutzrechtliche Eingriffsregelung vollziehe sich deshalb bei gesetzlich gebundenen Zulassungsentscheidungen, wie dies bei § 35 BauGB oder der immissionsschutzrechtlichen Genehmigung der Fall ist, ebenfalls in gesetzlicher Bindung und werde deshalb von den Gerichten voll überprüft.[443]

99 Zwischenzeitlich hat das BVerwG – entgegen beachtlicher Stimmen im Schrifttum[444] – entschieden, dass bei Vorhaben, die einer fachplanerischen Abwägung unterliegen, weiterhin daran festzuhalten ist, dass auch die naturschutzrechtliche Abwägung nur einer eingeschränkten gerichtlichen Kontrolle zugänglich ist. Für die Behörden könne auch bei zum Normtatbestand gehörenden Merkmalen ein Einschätzungs- und Beurteilungsspielraum eröffnet sein, ohne dass dies unter dem Blickwinkel der verfassungsrechtlichen

---

440 *Gassner*, in: Gassner/Bendomir-Kahlo/Schmidt-Räntsch, BNatSchG, 2. Aufl. 2003, § 19 Rn. 44; *Gellermann*, in: Landmann/Rohmer, Umweltrecht, Stand: 01.05.2015, § 15 BNatSchG Rn. 34; *Wilrich*, in: Marzik/Wilrich, BNatSchG, 2004, § 19 Rn. 44.

441 BVerwG, Urt. v. 17.01.2007 – 9 C 1/06, NVwZ 2007, 581 (583).

442 BVerwG, Urt. v. 27.09.1990 – 4 C 44/87, NVwZ 1991, 364 (367); BVerwG, Beschl. v. 22.05.1996 – 4 B 30/95, NVwZ 1993, 565 (569); BVerwG, Beschl. v. 22.05.1995 – 4 B 30/95, NVwZ-RR 1997, 217 (218 f.).

443 BVerwG, Urt. v. 13.12.2001 – 4 C 3/01, NVwZ 2002, 1112 (1113).

444 *Brockhoff*, Naturschutzrechtliche Eingriffsregelung in bergrechtlichen Zulassungsverfahren, 2012, S. 201 f.; *Fischer-Hüftle/Schumacher,* in: Schumacher/Fischer-Hüftle (Hrsg.), BNatSchG, 2. Aufl. 2010, § 15 Rn. 130 f.; *Gellermann*, in: Landmann/Rohmer, Umweltrecht, Stand: 01.05.2015, § 15 BNatSchG Rn. 34; *Meßerschmidt*, Bundesnaturschutzrecht, Stand: September 2014, § 15 BNatSchG Rn. 123; *Stadler*, Die naturschutzrechtliche Eingriffsregelung in der Bundesfernstraßenplanung, S. 244 ff. spricht sich für eine weitergehende Kontrolle wegen der Bipolarität und finalen Struktur des Untersagungsgebots aus.

Rechtsschutzgarantie oder anderen verfassungsrechtlichen Grundsätzen bedenklich sei.[445] Der Unterschied zwischen einer zwei- und mehrpoligen Abwägung sei nicht qualitativer, sondern nur gradueller Natur. Denn je mehr Pole zueinander in Beziehung zu setzen sind, desto schwieriger lasse sich die Abwägung durch gesetzliche Gewichtungsvorgaben steuern. Daraus könne aber nicht entnommen werden, dass der Verwaltung bei der Abwägung zwischen nur zwei Polen keinerlei Spielraum zukommen könne.[446] Der den Behörden bei der naturschutzrechtlichen Abwägung im Rahmen der Fachplanung zustehende Spielraum wird aus der engen Verknüpfung dieser Abwägung mit den vorgeschalteten Stufen der Eingriffsregelung und vor allem mit der durch Gestaltungsfreiheit geprägten fachplanerischen Zulassungsentscheidung erklärt. Der Zulassungsbehörde kommt bei der Bewertung von vorhabenbedingten Beeinträchtigungen von Natur und Landschaft ebenso wie bei der Bewertung der Wirkung von Kompensationsmaßnahmen eine gerichtlich nur eingeschränkt nachprüfbare Einschätzungsprärogative zu. Da es aber von der nicht voll nachprüfbaren Einschätzung der Behörden abhängt, in welchem Umfang Ausgleichsdefizite verbleiben, schlägt sich diese Prärogative auch bei der Zusammenstellung des Abwägungsmaterials nieder.[447]

Selbst wenn die fachplanerische Abwägung vor der naturschutzrechtlichen *100* Abwägung erfolgt,[448] besteht eine enge Wechselbezüglichkeit zwischen ihnen. Denn auf der einen Seite bildet die fachplanerische Ausgestaltung des Vorhabens nach Maßgabe des allgemeinen Abwägungsgebots die Grundlage für die anschließende naturschutzrechtliche Beurteilung der Eingriffsfolgen, sodass die für das Vorhaben sprechenden Belange inhaltsgleich zum Gegenstand der allgemeinen und der naturschutzrechtlichen Abwägung werden.[449] Auf der anderen Seite wirkt der Ausgang der naturschutzrechtlichen Abwägung mit seinem Untersagungsgebot auf die fachplanerische Prüfung zurück. Ein negativer Ausgang der naturschutzrechtlichen Abwägung zwingt die Zulassungsbehörde, ihr fachplanerisches Abwägungsergebnis unter ergänzender Berücksichtigung des unbefriedigt gebliebenen Ausgleichsinteresses zu korrigieren.[450] Aufgrund dieser engen Verzahnung der naturschutzrechtlichen mit der fachplanerischen Abwägung wird deshalb zu Recht[451] angenommen, dass zwischen beiden Abwägungen keine Wertungswidersprüche bestehen dürfen. Bei der fachplanerischen Abwägung steht der zuständigen Behörde trotz etwaiger auch dort zu berücksichtigender Gewichtungsvorgaben ein beträchtlicher Spielraum bei der fallbezogenen Ge-

---

445 BVerwG, Urt. v. 17.01.2007 – 9 C 1/06, NVwZ 2007, 581 (584); s. auch *Ekardt/Hennig*, NuR 2013, 694 (698).

446 BVerwG, Urt. v. 17.01.2007 – 9 C 1/06, NVwZ 2007, 581 (584).

447 BVerwG, Urt. v. 17.01.2007 – 9 C 1/06, NVwZ 2007, 581 (584).

448 Zur vorhergehenden fachplanerischen Abwägung VG Augsburg, Urt. v. 07.11.2012 – Au 6 K 12.142, Rn. 49 (juris).

449 BVerwG, Urt. v. 17.01.2007 – 9 C 1/06, NVwZ 2007, 581 (584).

450 BVerwG, Urt. v. 17.01.2007 – 9 C 1/06, NVwZ 2007, 581 (584).

451 Ähnlich auch *Koch*, in: Kerkmann (Hrsg.), Naturschutzrecht in der Praxis, 2. Aufl. 2010, § 4 Rn. 51.

wichtung der berührten Belange und ihrer vergleichenden Bewertung zu. Dies gilt für die für das Vorhaben sprechenden Belange ebenso wie für die nachteilig betroffenen Belange, zu denen auch der Naturschutz und die Landschaftspflege gehören: „Sollen Wertungswidersprüche zur fachplanerischen Abwägung vermieden werden, so darf die naturschutzrechtliche Abwägung nicht losgelöst von der Ausfüllung der fachplanerischen Spielräume erfolgen".[452] Bei Vorhaben, die einer fachplanerischen Abwägung unterliegen, ist die naturschutzrechtliche Abwägung somit nicht als bloß nachvollziehende Abwägung zu begreifen.[453]

101 Für die gerichtliche Überprüfung der naturschutzrechtlichen Abwägung bedeutet dies, dass je nach Art der Zulassungsentscheidung anders vorzugehen ist. Bei gebundenen Entscheidungen überprüfen die Gerichte die nach § 15 Abs. 5 getroffene Entscheidung als nachvollziehende Abwägungsentscheidung.[454] Handelt es sich dagegen um eine Zulassungsentscheidung, bei welcher der Behörde eine Gestaltungsfreiheit zukommt, folgt die gerichtliche Überprüfung der Abwägung nach § 15 Abs. 5 der Struktur der fachplanerischen Abwägung.[455] Mit anderen Worten hat das Gericht im Streitfall nicht selbst abzuwägen, sondern kontrolliert nur die Einhaltung der sich aus dem fachplanerischen Abwägungsgebot ergebenden Schranken.[456] Zur gerichtlichen Prüfung gehört zum einen, ob die Behörde ihrer Abwägung alle nach Lage der Dinge in Betracht zu ziehenden Umstände zu Grunde gelegt und die ihr dabei eröffneten Einschätzungsspielräume vertretbar ausgefüllt hat.[457] Zum anderen wird geprüft, ob die Verwaltung bei der Gewichtung und vergleichenden Bewertung die ihr gesetzten rechtlichen Grenzen beachtet hat.[458] Die behördliche Entscheidung leidet an einem Abwägungsfehler, wenn die Behörde keine auf die Belange des Naturschutzes und der Landschaftspflege zentrierte Abwägung vorgenommen (Abwägungsdefizit) oder jedenfalls die Bedeutung der durch das Vorhaben betroffenen Belange verkannt hat (Fehlgewichtung).[459]

102 Ist es bei der naturschutzrechtlichen Abwägung anlässlich einer fachplanerischen Entscheidung zu einem relevanten Fehler gekommen, muss man sich des Weiteren Gedanken über die Folgen dieses Fehlers machen. § 75 Abs. 1a Satz 2 VwVfG bestimmt für die fachplanerische Abwägung, dass erhebliche Abwägungsmängel nur dann zur Aufhebung des Planfeststellungsbeschlusses oder der Plangenehmigung führen, wenn sie nicht durch Plan-

---

452 BVerwG, Urt. v. 17.01.2007 – 9 C 1/06, NVwZ 2007, 581 (584).

453 BVerwG, Urt. v. 17.01.2007 – 9 C 1/06, NVwZ 2007, 581 (584).

454 *Lütkes*, in: Lütkes/Ewer (Hrsg.), BNatSchG, 2011, § 15 Rn. 70; *Koch*, in: Schlacke (Hrsg.), GK-BNatSchG, 2012, § 15 Rn. 36.

455 *Gassner/Heugel*, Das neue Naturschutzrecht, 2010, Rn. 343; *Lütkes*, in: Lütkes/Ewer (Hrsg.), BNatSchG, 2011, § 15 Rn. 69; s. auch *Koch*, in: Schlacke (Hrsg.), GK-BNatSchG, 2012, § 15 Rn. 35.

456 BVerwG, Beschl. v. 22.05.1995 – 4 B 30/95, NVwZ-RR 1997, 217 (219).

457 BVerwG, Urt. v. 17.01.2007 – 9 C 1/06, NVwZ 2007, 581 (584).

458 BVerwG, Urt. v. 17.01.2007 – 9 C 1/06, NVwZ 2007, 581 (584).

459 BVerwG, Beschl. v. 22.05.1995 – 4 B 30/95, NVwZ-RR 1997, 217 (219).

ergänzung oder durch ein ergänzendes Verfahren behoben werden können. Selbst wenn sich diese Norm bzw. die ihr korrespondierenden Regelungen im Fachplanungsrecht nach ihrer systematischen Stellung nur auf die fachplanerische Abwägung beziehen, hat sich zwischenzeitlich die Ansicht durchgesetzt, dass die maßgeblichen Vorschriften jedenfalls analog auch auf Mängel bei der Handhabung der naturschutzrechtlichen Eingriffsregelung und speziell bei ihrer Abwägung anzuwenden sind. Dem liegt die Erwägung zu Grunde, dass die Planfeststellung in eine einheitliche Entscheidung mündet, die sowohl durch die Maßgaben des fachplanerischen Abwägungsgebots als auch durch gesetzliche Gebote und Verbote gesteuert wird. Da die Ge- und Verbote der naturschutzrechtlichen Eingriffsregelung dem Schutz der Belange von Natur und Landschaft dienen, welche ihrerseits Gegenstand der fachplanerischen Abwägung sind, erscheint es sachgerecht, den Regelungsgehalt des § 75 Abs. 1a Satz 2 VwVfG ebenfalls auf Mängel der spezifischen naturschutzrechtlichen Abwägung zu beziehen. Voraussetzung dafür ist, dass durch die Abwägungsmängel die Planung nicht von vornherein als Ganzes infrage gestellt wird.[460]

b) *Die naturschutzrechtliche Abwägung*

Nach dem Gesetzestext sind bei der Abwägung einerseits die Belange des Naturschutzes und der Landschaftspflege und andererseits alle Anforderungen an Natur und Landschaft sowie andere, für das Vorhaben sprechende Belange einzustellen. Bei § 15 Abs. 5 handelt es sich im Unterschied zur fachplanerischen Abwägung nicht um eine multi-, sondern eine bipolare Abwägung.[461] Zu beachten ist, dass bei der naturschutzrechtlichen Abwägung nach § 15 Abs. 5 den für das Vorhaben streitenden Belangen nicht allgemein das Integritätsinteresse von Natur und Landschaft gegenüberzustellen ist, sondern nur das nach Lage des Falles verbleibende Kompensationsdefizit.[462] Im Rahmen der Abwägung hat die zuständige Behörde die im Einzelfall betroffenen, teilweise gegensätzlichen Belange zu ermitteln, sachgerecht zu gewichten und eine dem Grundsatz der Verhältnismäßigkeit entsprechende Entscheidung über die Bevorzugung eines Belangs und damit notwendigerweise die Zurückstellung anderer Belange zu treffen.[463]

103

---

460 VGH Mannheim, Urt. v. 05. 10. 2000 – 10 S 660/00, NVwZ 2001, 580 (582); *Becker*, Das neue Umweltrecht 2010, 2010, Rn. 342; *Schmidt/Kahl/Gärditz*, Umweltrecht, 9. Aufl. 2014, § 10 Rn. 46; a.A. *Louis/Engelke*, BNatSchG, 2. Aufl. 2000, § 8 Rn. 184; i.E. *Lütkes*, in: Lütkes/Ewer (Hrsg.), BNatSchG, 2011, § 15 Rn. 72 ff.

461 BVerwG, Urt. v. 17. 01. 2007 – 9 C 1/06, NVwZ 2007, 581 (583 f.); *Wilrich*, in: Marzik/Wilrich (Hrsg.), BNatSchG, 2004, § 19 Rn. 45.

462 BVerwG, Urt. v. 17. 01. 2007 – 9 C 1/06, NVwZ 2007, 581 (584); s. auch *Hendler/Brockhoff*, NVwZ 2010, 733 (736).

463 BVerwG, Urt. v. 27. 09. 1990 – 4 C 44/87, NVwZ 1991, 364 (367); VGH Kassel, Beschl. v. 29. 12. 1992 – 14 TH 668/92, NVwZ-RR 1993, 348 (349); s. auch *Gellermann*, in: Landmann/Rohmer (Hrsg.), Umweltrecht, Stand: August 2014, § 15 BNatSchG Rn. 29 ff.

104 Für eine sachgerechte naturschutzrechtliche Abwägung ist es von zentraler Bedeutung, die Belange des Naturschutzes und die ihnen gegenüberstehenden Belange ausreichend darzustellen.[464] Zu Letzteren gehören unstreitig alle **öffentlich-rechtlichen Belange**, wie sie sich z.b. in den unterschiedlichen Nutzungsansprüchen der Land-, Forst- und Fischereiwirtschaft (s. § 5 Abs. 1) zeigen.[465] Weiterhin zählen dazu das Interesse an einer Sicherung von Arbeitsplätzen in einer strukturschwachen Region, das öffentliche Interesse an einer geordneten Abfallentsorgung[466] oder der Befriedigung eines festgestellten Luftverkehrsbedarfs,[467] ebenso das Interesse an einem leistungsfähigen Bundesfernstraßennetz sowie einer sicheren Verkehrsführung.[468] In der ursprünglichen Begründung des Gesetzesentwurfs zum BNatSchG 1976 wurden Kernkraftwerke oder Steinbrüche als Beispiele für wichtige Allgemeinwohlgründe genannt.[469] Nach § 1 Abs. 3 Nr. 4 Hs. 2 kommt dem Aufbau einer nachhaltigen Energieversorgung insbesondere durch die zunehmende Nutzung erneuerbarer Energien eine besondere Bedeutung zu.[470]

105 Zum Teil wird unter Verweis auf den ursprünglich vorgesehenen Wortlaut der naturschutzrechtlichen Eingriffsregelung aus dem Jahre 1976 vertreten,[471] dass mit den **anderen Belangen** nur „Belange der Allgemeinheit" gemeint sein könnten.[472] Hätte der Gesetzgeber eine solche Beschränkung vornehmen wollen, hätte er dies entsprechend zum Ausdruck bringen müssen. Dies ist jedoch nicht geschehen. Vielmehr wurde im Bericht des Ausschusses für Ernährung, Landwirtschaft und Forsten aus dem Jahre 1976 die Untersagung davon abhängig gemacht, dass im konkreten Fall die Belange des Naturschutzes und der Landschaftspflege „allen übrigen Interessen der Allgemeinheit und des Betroffenen" vorgehen.[473] Weil § 15 Abs. 5 generell von „anderen Belangen" spricht, sind **auch private Belange**, insbesondere der gewerblichen Wirtschaft und Eigentümerinteressen, in die Abwägung einzu-

---

464 BT-Drs. 14/9852, S. 129; *Berchter*, Die Eingriffsregelung im Naturschutzrecht, 2007, S. 106.
465 *Berchter*, Die Eingriffsregelung im Naturschutzrecht, 2007, S. 106; *Louis/Engelke*, BNatSchG, 2. Aufl. 2000, § 8 Rn. 178; *Meßerschmidt*, Bundesnaturschutzrecht, Stand: September 2014, § 15 BNatSchG Rn. 124.
466 VGH Kassel, Beschl. v. 29.12.1992 – 14 TH 668/92, NVwZ-RR 1993, 348 (349); *Wilrich*, in: Marzik/Wilrich (Hrsg.), BNatSchG, 2004, § 19 Rn. 46.
467 VGH Kassel, Urt. v. 17.06.2008 – 11 C 1974/07.T, NuR 2008, 785 (801 ff.).
468 OVG Lüneburg, Beschl. v. 12.03.1997 – 7 M 919/97.
469 BT-Drs. 7/3879, S. 23.
470 Zur Berücksichtigung der Belange der Energiewende bei der Eingriffsregelung *Attendorn*, NuR 2013, 153 (154 f.).
471 Ursprünglich war folgender § 7 Abs. 3 Satz 2 vorgesehen, s. BT-Drs. 7/3879, S. 7: „Ein solcher Eingriff kann zugelassen werden, wenn überwiegende andere Belange der Allgemeinheit den Eingriff erfordern."
472 VGH Kassel, Beschl. v. 29.12.1992 – 14 TH 668/92, NVwZ-RR 1993, 348 (349); VGH München, Urt. v. 12.03.1991 – 8 B 89.2169, NuR 1991, 339 (341); *Czybulka*, VBlBW 1991, 85; *Fickert*, BayVBl. 1978, 681 (683).
473 BT-Drs. 7/5251, S. 8.

beziehen.[474] Nur diese Sichtweise wird dem Verfassungsrecht, insbesondere der grundrechtlich geschützten Eigentumsgarantie des Art. 14 GG, gerecht.[475]

Es ist in jedem Einzelfall zu prüfen, welche Kompensationsdefizite verbleiben und welche Belange für die Realisierung des Eingriffs streiten. Da sich die Abwägung nach dem Gesetzestext auf Belange bezieht, sind in diese nicht nur subjektive Rechte, sondern auch bestimmte Interessen einzubeziehen, die sodann zu bewerten sind. Bezogen auf den konkreten Einzelfall ist das Gewicht jedes einzelnen Belangs zu bestimmen. Geht es beispielsweise um eine Freizeit- oder Hobbybetätigung, dürfte deren Gewicht eher gering ausfallen.[476] Den Belangen des Naturschutzes und der Landschaftspflege kommt kein prinzipieller Vorrang vor den anderen Gesichtspunkten zu. Wie aber an § 15, aber auch der Staatszielbestimmung des Art. 20a GG deutlich wird, ist ihnen ein besonderes Gewicht beizumessen.[477] Denn Beeinträchtigungen von Natur und Landschaft, die sich weder vermeiden noch real kompensieren lassen, wiegen regelmäßig schwer.[478] Zu ihrer Überwindung genügen deshalb nur solche Belange, die ihrerseits gewichtig sind.[479] Je größer das Kompensationsdefizit im Verhältnis zur Schwere des Eingriffs ist, desto

106

---

474 So auch BGH, Urt. v. 07.12.2000 – III ZR 84/00, BGHZ 146, 122 (131); *Berchter*, Die Eingriffsregelung im Naturschutzrecht, 2007, S. 107; *Brockhoff*, Naturschutzrechtliche Eingriffsregelung in bergrechtlichen Zulassungsverfahren, 2012, S. 203 f.; *Gassner*, in: Gassner/Bendomir-Kahlo/Schmidt-Räntsch, BNatSchG, 2. Aufl. 2003, § 19 Rn. 44; *Gassner/Heugel*, Das neue Naturschutzrecht, 2010, Rn. 343; *Gellermann*, in: Landmann/Rohmer (Hrsg.), Umweltrecht, Stand: August 2014, § 15 BNatSchG Rn. 32; *Louis/Engelke*, BNatSchG, 2. Aufl. 2000, § 8 Rn. 178; *Lütkes*, in: Lütkes/Ewer (Hrsg.), BNatSchG, 2011, § 15 Rn. 68; *Meßerschmidt*, Bundesnaturschutzrecht, Stand: September 2014, § 15 BNatSchG Rn. 124; *Schmidt-Siegmann*, Die naturschutzrechtliche Eingriffsregelung in der baden-württembergischen Verwaltungspraxis, 2008, S. 60; *Wemdzio*, AuR 2012, 9 (14). Auch bei § 37 KrWG, bei dem die Zulassung des vorzeitigen Beginns im öffentlichen Interesse liegen muss, können im Rahmen des Ermessens Belange des Unternehmers bzw. Vorhabenträgers Berücksichtigung finden, s. *Guckelberger/Zott*, in: Fluck/Frenz/Fischer/Franßen (Hrsg.), KrWR/AbfR und BodenSchR, Stand: Januar 2015, § 37 KrWG Rn. 58.

475 BGH, Urt. v. 07.12.2000 – III ZR 84/00, BGHZ 146, 122 (131); *Berchter*, Die Eingriffsregelung im Naturschutzrecht, 2007, S. 107; *Brockhoff*, Naturschutzrechtliche Eingriffsregelung in bergrechtlichen Zulassungsverfahren, 2012, S. 203; *Gassner/Heugel*, Das neue Naturschutzrecht, 2010, Rn. 343; *Gellermann*, in: Landmann/Rohmer (Hrsg.), Umweltrecht, 73. Erg.-Lief. 08/2014, § 15 BNatSchG Rn. 32; *Lütkes*, in: Lütkes/Ewer (Hrsg.), BNatSchG, 2011, § 15 Rn. 68; *Schmidt/Kahl/Gärditz*, Umweltrecht, 9. Aufl. 2014, § 10 Rn. 45; *Wilrich*, in: Marzik/Wilrich (Hrsg.), BNatSchG, 2004, § 19 Rn. 46; *Voßkuhle*, Das Kompensationsprinzip, 1999, S. 143.

476 *Fischer-Hüftle/Schumacher*, in: Schumacher/Fischer-Hüftle (Hrsg.), BNatSchG, 2. Aufl. 2010, § 15 Rn. 133.

477 BVerwG, Urt. v. 27.09.1990 – 4 C 44/87, NVwZ 1991, 364 (367); BVerwG, Beschl. v. 22.05.1996 – 4 B 30/95, NVwZ-RR 1997, 217 (219); *Fischer-Hüftle/Schumacher*, in: Schumacher/Fischer-Hüftle (Hrsg.), BNatSchG, 2. Aufl. 2010, § 15 Rn. 129; *Koch*, in: Schlacke (Hrsg.), GK-BNatSchG, 2012, § 15 Rn. 38; *Schmidt/Kahl/Gärditz*, Umweltrecht, 9. Aufl. 2014, § 10 Rn. 45.

478 BVerwG, Beschl. v. 22.05.1996 – 4 B 30/95, NVwZ-RR 1997, 217 (219).

479 BVerwG, Beschl. v. 22.05.1996 – 4 B 30/95, NVwZ-RR 1997, 217 (219).

mehr spricht dafür, dass die Belange des Naturschutzes und der Landschaftspflege in der Abwägung vorgehen.[480] Je kleiner das Kompensationsdefizit ausfällt, desto größer wird die Wahrscheinlichkeit, dass die Naturschutzbelange gegebenenfalls in der Abwägung zurückstehen müssen.[481] Insgesamt wird die konkrete Bewertung der Belange erheblich von den Umständen des Einzelfalls geprägt. Innerhalb der Abwägung ist auch die Ortsgebundenheit einzelner Belange, etwa des Naturschutzes, aber auch einzelner Nutzungsinteressen zu berücksichtigen.[482] Je nach Situation können auch Vorbelastungen bei der Abwägung relevant sein, deren Bedeutung aber ebenfalls im Hinblick auf den jeweiligen Einzelfall zu würdigen ist.[483]

107 Der Eingriff in Natur und Landschaft ist nach § 15 Abs. 5 nur zu untersagen, wenn Beeinträchtigungen nicht zu vermeiden oder nicht in angemessener Frist kompensierbar sind und die Belange des Naturschutzes und der Landschaftspflege den anderen Belangen bei der Abwägung **im Range vorgehen**, diese also überwiegen. Vereinzelt wird die Unzulässigkeit eines Eingriffs bereits bei einer Gleichwertigkeit der konfligierenden Belange angenommen.[484] Dies lässt sich jedoch nicht mit dem Gesetzeswortlaut in Einklang bringen.[485] Die anlässlich des BNatSchNeuRegG 2002 erwogene Ergänzung der Abwägungsklausel um die Worte „oder gleichrangig sind" konnte sich im Gesetzgebungsverfahren nicht durchsetzen.[486] Fällt die Abwägungsentscheidung zu Gunsten des Naturschutzes und der Landschaftspflege aus, wird der Behörde das Ergebnis ihrer Entscheidung eindeutig und strikt vorgegeben[487]: Der Eingriff **darf nicht zugelassen oder durchgeführt** werden. Für eine diese Rechtsfolge überwindende Abwägung auf der Grundlage des Fachplanungsrechts, wie sie beispielsweise in § 17 Satz 2 FStrG vorgesehen ist, bleibt kein Raum.[488] Nach der Gesetzesformulierung liegt die Argumentationslast für das Überwiegen der Naturschutzbelange bei der zuständigen

---

480 BVerwG, Urt. v. 27. 10. 2000 – 4 A 18/99, NVwZ 2001, 673 (681); *Berkemann*, in: Ziekow (Hrsg.), Flughafenplanung, Planfeststellungsverfahren, Anforderungen an die Planungsentscheidung, 2002, S. 251; *Gellermann* in: Landmann/Rohmer (Hrsg.), Umweltrecht, Stand: August 2014, § 15 BNatSchG. 35; *Louis/Engelke*, BNatSchG, 2. Aufl. 2000, § 8 Rn. 177; *Wilrich*, in: Marzik/Wilrich (Hrsg.), BNatSchG, 2004, § 19 Rn. 48.

481 *Gellermann*, in: Landmann/Rohmer (Hrsg.), Umweltrecht, Stand: August 2014, § 15 BNatSchG Rn. 35; *Wilrich*, in: Marzik/Wilrich (Hrsg.), BNatSchG, 2004, § 19 Rn. 48.

482 *Fischer-Hüftle/Schumacher*, in: Schumacher/Fischer-Hüftle (Hrsg.), BNatSchG, 2. Aufl. 2010, § 15 Rn. 134.

483 *Wilrich*, in: Marzik/Wilrich (Hrsg.), BNatSchG, 2004, § 19 Rn. 49; *Meßerschmidt*, Bundesnaturschutzrecht, Stand: September 2014, § 15 BNatSchG Rn. 125.

484 VGH Mannheim, Urt. v. 19. 04. 2000 – 8 S 318/99, NuR 2000, 514 (515).

485 S. auch *Ekardt/Hennig*, NuR 2013, 694 (697).

486 BR-Drs. 411/1/01, S. 46; s. auch *Louis/Engelke*, BNatSchG, 2. Aufl. 2000, § 8 Rn. 185; *Meßerschmidt*, Bundesnaturschutzrecht, Stand: September 2014, § 15 BNatSchG Rn. 114.

487 BVerwG, Beschl. v. 22. 05. 1996 – 4 B 30/95, NVwZ-RR 1997, 217 (218); *Berchter*, Die Eingriffsregelung im Naturschutzrecht, 2007, S. 104; *Durner*, in: Ziekow (Hrsg.), Praxis des Fachplanungsrechts, 2004, Rn. 758.

488 BVerwG, Beschl. v. 22. 05. 1996 – 4 B 30/95, NVwZ-RR 1997, 217 (218); *Durner*, in: Ziekow (Hrsg.), Praxis des Fachplanungsrechts, 2004, Rn. 758; *Wilrich*, in: Marzik/Wilrich (Hrsg.), BNatSchG, 2004, § 19 Rn. 50.

Behörde. Sie hat darzulegen und gegebenenfalls im Einzelnen zu begründen, warum die Naturschutzbelange höher wiegen als die für den Eingriff streitenden Belange.[489]

In der bisherigen Vollzugspraxis wurden Eingriffe nur selten untersagt, da   *108*
die Naturschutzbelange in der Abwägung häufig anderen Belangen unterliegen.[490] Nach Einschätzung des Rats der Sachverständigen für Umweltfragen kommt es in der Regel nur zu Ablehnungen, wenn gesetzlich geschützte Flächen beeinträchtigt werden.[491] Weil nur etwaige Kompensationsdefizite, die nicht nach § 15 Abs. 2 ausgeglichen oder ersetzt werden können, in die Abwägung einfließen, ist ihr Gewicht häufig so gemindert, dass ihnen nur noch selten ein Vorrang attestiert werden kann.[492] Kommt die Behörde bei ihrer Abwägung dagegen zu dem Ergebnis, dass den Kompensationsdefiziten gegenüber anderen Belangen kein Vorrang gebührt, folgt aus § 15 Abs. 5, dass der Eingriff zuzulassen ist und durchgeführt werden darf. In diesem Fall ist nun aber weiterhin § 15 Abs. 6 zu beachten.

VII. Ersatzzahlungen, § 15 Abs. 6

Mit § 15 Abs. 6 wurde erstmals eine Regelung zu den Ersatzzahlungen in   *109*
das Bundesrecht aufgenommen, wenn ein Vorhaben trotz unvermeidbarer oder nicht in angemessener Frist real kompensierbarer Beeinträchtigungen zugelassen wird. Die Sätze 2 und 3 regeln die Bemessung der Höhe der Ersatzgeldzahlung. Die Ersatzzahlung stellt somit neben den in § 15 Abs. 2 geregelten Ausgleichs- und Ersatzmaßnahmen die **dritte Form** des Eingriffsausgleichs dar.[493] Angesichts ihrer Nachrangigkeit kommt sie nur als **letztes Mittel** (ultima ratio) in Betracht.[494] Die Ersatzzahlung ist im Zulassungsbescheid oder vor Durchführung des Eingriffs festzusetzen. § 15 Abs. 6 Sätze 5 und 6 befassen sich mit dem Zahlungszeitpunkt. Nach § 15 Abs. 6 Satz 7 ist die Ersatzzahlung zweckgebunden für Maßnahmen des Naturschutzes und der Landschaftspflege möglichst im betroffenen Naturraum zu verwenden.

---

489 *Brockhoff*, Naturschutzrechtliche Eingriffsregelung in bergrechtlichen Zulassungsverfahren, 2012, S. 204; *Hendler/Brockhoff*, NVwZ 2010, 733 (736); s. auch *Ekardt/Hennig*, NuR 2013, 694 (697); *Lau*, NuR 2013, 762 (768 f.).

490 BT-Drs. 14/9852, S. 129; *Berchter*, Die Eingriffsregelung im Naturschutzrecht, 2007, S. 105; *Meßerschmidt*, Bundesnaturschutzrecht, Stand: September 2014, § 15 BNatSchG Rn. 124.

491 BT-Drs. 14/9852, S. 129. Das VG Mainz, Urt. v. 14.02.2031 – 1 K 874/12.MZ, NuR 2013, 528 (528) hielt bei einem Biotopbestand den Naturschutz für vorrangig, wenn aufgrund seiner naturschutzrechtlichen Bedeutung gerade an diesem Ort und an dieser Stelle kein Ausgleich an anderer Stelle in Betracht kommt.

492 Siehe auch *Meßerschmidt*, Bundesnaturschutzrecht, Stand: September 2014, § 15 BNatSchG Rn. 127.

493 *Schmidt-Siegmann*, Die naturschutzrechtliche Eingriffsregelung in der baden-württembergischen Verwaltungspraxis, 2008, S. 161.

494 VG Augsburg, Urt. v. 15.05.2014 – Au 5 K 14.70, NuR 2014, 888 (890); *Gassner/Heugel*, Das neue Naturschutzrecht, 2010, Rn. 344; *Marticke*, NuR 1996, 387 (387); *Scheidler*, UPR 2010, 134 (138).

Im Schrifttum werden Bedenken angemeldet, ob § 15 Abs. 6 den verfassungsrechtlichen Anforderungen gerecht wird.

1. Normhistorie

110　Bereits bei Erlass des BNatSchG 1976 wurde erwogen, den Ländern bei nicht kompensierbaren Eingriffen die Möglichkeit zur Erhebung einer Ausgleichsabgabe einzuräumen. Nach dem Gesetzentwurf des Bundesrates sollte neben einem Ausgleich der Eingriffsfolgen an anderer Stelle auch eine Ausgleichsabgabe möglich sein. Denn ohne eine solche Ersatzregelung käme es zu dem ungerechten und unbilligen Ergebnis, dass der Verursacher von unvermeidbaren und nicht ausgleichbaren Beeinträchtigungen, die wegen anderer Interessen hingenommen werden müssten, wirtschaftlich bevorzugt würde, indem er Aufwendungen für den Umweltschutz ganz oder teilweise erspart.[495] Der damalige Bericht des Ausschusses für Ernährung, Landwirtschaft und Forsten empfahl jedoch von einer expliziten Erwähnung der Ausgleichsabgabe in § 8 Abs. 9 BNatSchG 1976 abzusehen. Die Zielsetzungen des Entwurfs könnten sinnvoller durch Ersatzmaßnahmen als durch eine Ausgleichsabgabe erreicht werden. Außerdem würde ihre Erhebung nur einen großen Verwaltungsaufwand erzeugen und ihre zweckentsprechende Verwendung erfahrungsgemäß fragwürdig bleiben.[496] Anlässlich des BNatSchNeuRegG 2002 wurde in § 19 Abs. 4 explizit bestimmt, dass die Länder weitergehende Regelungen zu § 19 Abs. 1–3 erlassen und vorsehen können, dass bei zuzulassenden Eingriffen für nicht ausgleichbare oder nicht in sonstiger Weise kompensierbare Beeinträchtigungen Ersatz in Geld zu leisten ist. Nach der Begründung des Gesetzesentwurfs wurde mit der ausdrücklichen Erwähnung der Möglichkeit der landesrechtlichen Regelung von Ersatzzahlungen, die für Zwecke des Naturschutzes und der Landschaftspflege zu verwenden sind, allein eine Klarstellung gegenüber dem bisherigen Recht vorgenommen, ohne dass sich daraus eine materielle Änderung oder die Verpflichtung der Länder zum Gebrauchmachen von diesem Instrument ergeben würde.[497]

111　Der Bund hat nunmehr mit seiner Vollregelung zunächst im allgemeinen Grundsatz des § 13 klar zum Ausdruck gebracht, dass die Ersatzzahlung gegenüber der Vermeidung, dem Ausgleich und dem Ersatz von Beeinträchtigungen das nachrangigste Mittel ist.[498] Nach der Begründung des Regierungsentwurfs hat man sich bei der Normausgestaltung an Vorbildern auf Landesebene orientiert.[499] Hinsichtlich der dort anzutreffenden zwei Möglichkeiten bei der Bemessung der Höhe der Ersatzzahlung, nämlich der Orientierung an den Kosten für die unterbliebene Maßnahme oder der Bewertung von Dauer und Schwere des Eingriffs, sei die erste Methode

---

495 BT-Drs. 7/3879, S. 23, wobei schon damals eine Zweckbindung der Ausgleichsabgabe geplant war.
496 BT-Drs. 7/5251, S. 9.
497 BT-Drs. 14/6378, S. 49.
498 BT-Drs. 16/12274, S. 57; zu den Problemen der Ersatzzahlung im Fall ihrer Gleichstellung mit der Realkompensation *Fischer-Hüftle*, NuR 2011, 461 (461 ff.).
499 BT-Drs. 16/12274, S. 58.

grundsätzlich vorzugswürdig. Ursprünglich war in § 15 Abs. 6 Satz 2 vorgesehen, dass sich die Höhe der Ersatzzahlungen nach den durchschnittlichen
Kosten der nicht durchführbaren Ausgleichs- und Ersatzmaßnahmen einschließlich der im Einzelfall erforderlichen Kosten für deren Planung, die
Flächenbereitstellung und die Unterhaltung bemisst.[500] Der Bundesrat hat
die Streichung der Worte „im Einzelfall" erwirkt. Denn bei der Festsetzung
des Ersatzgeldes könnten die erforderlichen Planungskosten noch nicht
konkret feststehen. Auf sein Anraten hin wurden auch die notwendigen Verwaltungskosten der für die Umsetzung zuständigen Behörde in die Kostenbemessung einbezogen.[501]

Der Bundesrat konnte sich nicht mit seiner Forderung nach einer Flexibili-   *112*
sierung der Eingriffsregelung durchsetzen, nach der vom Verursacher ausnahmsweise anstelle von vorrangig durchzuführenden Ausgleichs- und Ersatzmaßnahmen eine Ersatzzahlung auch dann verlangt werden kann, wenn
mittels der Ziele der Ersatzzahlung die Ziele des Naturschutzes und der
Landschaftspflege besser verwirklicht werden können.[502] Die Bundesregierung erwiderte hierauf, dass die Eingriffsregelung der Bewahrung des Status
quo diene und daher – wo möglich – eine Realkompensation durchzuführen
sei.[503] Auch wurde die Forderung des Bundesrates abgelehnt, sich bei der
Bemessung der Höhe der Ersatzzahlung an den Kosten der unterbliebenen
Maßnahmen „oder" der Dauer und Schwere des Eingriffs zu orientieren.[504]
Nach Meinung der Bundesregierung ist aus rechtsstaatlichen Gründen eine
konditionierte Rangfolge zwischen den beiden Bemessungsarten für Ersatzzahlungen festzulegen. Dabei wurde der Bemessung nach den durchschnittlichen Kosten der nicht durchführbaren Ausgleichs- und Ersatzmaßnahmen
wegen ihrer größeren Nähe zum Fall der Realkompensation der Vorzug eingeräumt.[505]

2. Norminhalt

In **§ 15 Abs. 6 Satz 1** wird nunmehr **zwingend** vorgeschrieben, dass der Ver-   *113*
ursacher eines Eingriffs, der nach § 15 Abs. 5 zugelassen oder durchgeführt
wird, obwohl die damit verbundenen Beeinträchtigungen nicht zu vermeiden oder nicht in angemessener Frist real kompensierbar sind, dafür **Ersatz
in Geld** zu leisten „hat". Erst auf der **letzten Stufe**, wenn also klar ist, dass
der Eingriff trotz seiner negativen Folgen zugelassen werden muss, darf die
Ersatzzahlungspflicht geprüft werden. Die Behörden würden gegen ihre Gesetzesbindung verstoßen, wenn sie sich entgegen der Kaskade der Eingriffs-

---

500 BT-Drs. 16/12274, S. 11.
501 BT-Drs. 16/13298, S. 4.
502 BT-Drs. 16/13298, S. 4.
503 BT-Drs. 16/13298, S. 17; s. auch *Lütkes*, in: Durner (Hrsg.), Umweltgesetzbuch, Stand:
    Dezember 2012, S. 60 f.
504 BT-Drs. 16/13298, S. 4. Der Bundesrat verwies darauf, dass sonst einige Verordnungen
    der Länder hinsichtlich der Bemessungsgrundlage nach Inkrafttreten der Neuregelun-
    gen im BNatSchG rechtswidrig wären.
505 BT-Drs. 16/13298, S. 17.

regelung auf den Vorschlag eines Eingriffsverursachers einlassen würden, lieber Ersatzzahlungen zu leisten, obwohl die Beeinträchtigungen des Eingriffs durchaus nach § 15 Abs. 2 kompensierbar wären. Von einem Wahlrecht des Verursachers wurde bewusst abgesehen.[506] Durch die Pflicht des Verursachers, für nicht kompensierbare Beeinträchtigungen Ersatz in Geld zu leisten, wird verhindert, dass besonders schwerwiegende Eingriffe, die insbesondere bei Großvorhaben weder durch Ausgleichs- noch durch Ersatzmaßnahmen voll ausgleichbar sind, von der Wiedergutmachungsverpflichtung freigestellt und damit privilegiert werden.[507]

114 Im Jahre 1986 hat das BVerwG entschieden, dass eine solche Ausgleichsabgabe wegen ihrer besonderen Zweckbestimmung nicht zur Kategorie der sog. Vorzugslasten gehört. In der zum Eingriff zur Verfügung gestellten Natur liege keine Leistung der öffentlichen Hand i.S.d. Beitrags- und Gebührenrechts. Ebenso wenig diene die Zahlung der Beschaffung allgemeiner Finanzmittel. Vielmehr handle es sich bei der Zahlungspflicht um eine **Sonderabgabe eigener Art**, weil dem Zweck, über diese Maßnahme finanzielle Mittel zur Pflege von Natur und Landschaft zu erzielen, im Vergleich zu ihrer naturschützenden Aufgabe nur untergeordnete Bedeutung zukomme. Da die Abgabe nicht wahlweise an die Stelle von Ausgleichs- und Ersatzmaßnahmen zur Zurückversetzung der Natur in ihren ursprünglichen Zustand trete, wollte das BVerwG darin keine Sonderabgabe mit Lenkungs- oder Antriebsfunktion sehen. Die Geldleistungspflicht wird erst ausgelöst, wenn die vorrangigen Ausgleichsmechanismen nicht zum naturschutzrechtlich erwünschten Ziel – nämlich zum vollständigen Ausgleich des Eingriffs – führen. Von Lenkung könne man allenfalls insoweit sprechen, als ein zum Eingriff in die Natur Entschlossener durch die Auslösung der Ersatzzahlungspflicht von einem beabsichtigten Eingriff, der die Natur besonders beeinträchtigt, möglicherweise abgehalten oder jedenfalls dazu angehalten werden kann, anderen, die Natur weniger beeinträchtigenden Eingriffsarten bereits im Stadium der betrieblichen Planung den Vorrang einzuräumen. Der zuständige Senat erblickte deshalb in der damals zur Debatte stehenden Landesregelung eine als „Entschädigung" für den erfolgten Eingriff in Natur und Landschaft konzipierte Abgabe, die in (finanz-)verfassungsrechtlicher Hinsicht ohne Weiteres zulässig ist.[508] Gegen die Qualifizierung des BVerwG wird eingewendet, dass der Gegenstand der Eingriffsregelung keineswegs ein Vorhaben ist, dessen Nutzung sich typischerweise in einer bestimmten Ressource erschöpft, sondern dessen negative Folgen für Natur und Land-

---

506 I.E. auch *Fischer-Hüftle/Schumacher,* in: Schumacher/Fischer-Hüftle (Hrsg.), BNatSchG, 2. Aufl. 2010, § 15 Rn. 139.

507 So schon BVerwG, Urt. v. 20.01.1989 – 4 C 15/87, NVwZ 1989, 867 (868); OVG Lüneburg, Urt. v. 16.12.2009 – 4 LC 730/07, NuR 2010, 133 (136).

508 BVerwG, Urt. v. 04.07.1986 – 4 C 50/83, NVwZ 1986, 832 f.; BVerwG, Urt. v. 20.01.1989 – 4 C 15/87, NVwZ 1989, 867 (868); *Sparwasser/Wöckel,* NVwZ 2004, 1189 (1193); eingehend *Voßkuhle,* Das Kompensationsprinzip, 1999, S. 217 f., 230 ff.; s. auch VGH Kassel, Urt. v. 12.02.193 – 4 UE 3399/90, NuR 1993, 334 (336); für eine Qualifizierung als Sondernutzungsgebühr, die den verfassungsrechtlichen Anforderungen genügt, *Meßerschmidt,* Bundesnaturschutzrecht, Stand: September 2014, § 15 BNatSchG Rn. 134.

schaft in einem größeren, zumeist planerisch ausgerichteten Rahmen zu bewältigen seien.[509]

Das **BVerfG** hat für die Heranziehung zu Ausgleichsbeiträgen für Stellplätze   *115*
entschieden, dass es sich bei dieser Geldleistung, die den durch die Nichterfüllung einer öffentlich-rechtlichen Naturverpflichtung entstehenden wirtschaftlichen Vorteil ausgleicht, in kompetenzrechtlicher Hinsicht um eine nichtsteuerliche Abgabe handle. Die **Erhebung von Sonderabgaben mit einer Finanzierungsfunktion im engeren Sinne** sei nur unter folgenden Voraussetzungen gerechtfertigt:

– Erstens muss die Abgabenerhebung im Rahmen der **Verfolgung eines Sachzwecks** geschehen, der über die bloße Mittelbeschaffung hinausgeht.
– Des Weiteren darf mit der Abgabe nur eine **homogene Gruppe belegt** werden, welche in einer spezifischen Beziehung (Sachnähe) zu dem mit der Abgabenerhebung verfolgten Zweck steht und der deshalb eine besondere Finanzierungsverantwortung zugerechnet werden kann.
– Schließlich wird verlangt, dass das Abgabenaufkommen **gruppennützig verwendet** wird, die Abgabenerhebung einer **periodischen Überprüfung** durch den Gesetzgeber unterliegt und die erhobenen Sonderabgaben **vollständig dokumentiert** werden.[510]

In Bezug auf die Stellplatzabgabe hat das BVerfG nunmehr klar herausge-   *116*
stellt, dass sich die für Sonderabgaben entwickelten Maßstäbe nicht uneingeschränkt auf Abgaben übertragen lassen, bei denen nicht die Finanzierung einer besonderen Aufgabe Anlass zu ihrer Einführung gab. Solche Abgaben, bei denen es um den Ausgleich einer primär zu erfüllenden öffentlich-rechtlichen Pflicht geht, seien durch einen besonderen unterscheidungskräftigen Rechtsgrund gerechtfertigt. Da mit diesem Belastungsgrund ein besonderes Merkmal vorhanden ist, das verhindere, dass die Abgabe in Konkurrenz zur Steuer trete, komme es bei ihr weder auf die Sachnähe der Abgabepflichtigen noch auf die Gruppennützigkeit der Mittelverwendung an.[511] Wenn jedoch eine **Sonderabgabe im weiteren Sinne** vorliegt, die dem Ausgleich eines Vorteils dient, der durch die Nichterfüllung einer öffentlich-rechtlichen Handlungspflicht entsteht, kann sie aber nur gerechtfertigt sein, wenn die Auferlegung der Verhaltenspflicht selbst verfassungsgemäß ist.[512] Des Weiteren muss sich nach dem BVerfG die auszugleichende Naturallast in der Rechtswirklichkeit als reale Belastung aktualisieren. Schließlich wird verlangt, dass die Belastungsgleichheit zwischen denen, welche die Naturalleistung erfüllen, und denen, die zur Abgabe herangezogen werden, gewahrt sein muss.[513]

---

509 *Gassner*, DVBl. 2011, 1268 (1271).
510 BVerfG, Nichtannahmebeschl. v. 05. 03. 2009 – 2 BvR 1824/05, NVwZ 2009, 837 (838); zu derartigen Sonderabgaben auch BVerfG, Urt. v. 28. 01. 2014 – 2 BvR 1561/12 u.a., NVwZ 2014, 646 (650 ff.).
511 BVerfG, Nichtannahmebeschl. v. 05. 03. 2009 – 2 BvR 1824/05, NVwZ 2009, 837 (838).
512 BVerfG, Nichtannahmebeschl. v. 05. 03. 2009 – 2 BvR 1824/05, NVwZ 2009, 837 (838).
513 BVerfG, Nichtannahmebeschl. v. 05. 03. 2009 – 2 BvR 1824/05, NVwZ 2009, 837 (838).

117 Man kann darüber streiten, ob die Ersatzzahlung nach § 15 Abs. 6 BNatSchG unter Zugrundelegung der BVerfG-Rechtsprechung als Sonderabgabe im weiteren Sinne verstanden werden kann. Dagegen wird eingewendet, bei ihr gehe es nicht um eine Entweder-/Oder-Option oder die Option zwischen zwei Belastungsweisen, sondern um eine Projektplanung und in deren Rahmen um einen Folgenbewältigungsprozess.[514] Am treffendsten ist nach wie vor die Bezeichnung der Ersatzzahlung als Sonderabgabe sui generis. Bei dieser Sonderabgabe besteht ein besonders unterscheidungskräftiger Belastungsgrund. Die Ersatzzahlung soll verhindern, dass Verursacher von Eingriffen in Natur und Landschaft, bei denen eine Realkompensation des Eingriffs möglich ist, erheblich stärker als diejenigen belastet werden, bei denen eine Erfüllung dieser Pflicht nicht möglich ist. Die Ausgleichsfunktion der Ersatzzahlung steht ganz im Vordergrund. Dies sieht man an der Regelungsstruktur. Die Ersatzzahlungspflicht ist Bestandteil der naturschutzrechtlichen Eingriffsregelung mit ihrem ausdifferenzierten Instrumentarium zum Schutz von Natur und Landschaft. Da ein realer Ausgleich der Eingriffsfolgen nicht immer möglich ist, gilt es mit den Worten des BVerwG einer fortschreitenden Erosion des Naturhaushaltes insgesamt, der weiteren Denaturierung der Umwelt in einem dicht besiedelten, weitgehend verstädterten Raum entgegenzuwirken, indem andere Maßnahmen zum Schutz der Umwelt ergriffen werden. Es liegt in der Konsequenz des Verursacherprinzips, auch solche Maßnahmen demjenigen aufzubürden, der dafür verantwortlich ist.[515] Erst durch die Heranziehung des Verursachers zu Ersatzzahlungen für nicht kompensierbare Beeinträchtigungen wird eine gleichmäßige Anwendung des Verursacherprinzips erzielt.[516] Zugleich kann sich dies positiv auf die Akzeptanz des Eingriffs auswirken, weil dieser jedenfalls insgesamt nicht notwendig mit einer weiteren Verschlechterung von Natur und Landschaft verbunden sein muss.[517] Die in § 15 Abs. 2 normierte öffentlich-rechtliche Pflicht zur reellen Kompensation und die Ersatzzahlung für den Fall der Unmöglichkeit stehen in einem untrennbaren Zusammenhang zueinander.

118 Gassner hält die Regelung über das Ersatzgeld sowohl mit Blick auf den Gleichheitsgrundsatz als auch das rechtsstaatliche Bestimmtheitsgebot im Hinblick auf die durch sie hervorgerufenen Berechnungsschwierigkeiten für verfassungswidrig.[518] Dem kann jedenfalls unter Ausklammerung der Bestimmtheit[519] nicht gefolgt werden.[520] Der die Erhebung des Ersatzgeldes rechtfertigende Grund ist im Verursacherprinzip zu sehen.[521] Lehnt man sich

---

514 *Gassner*, NuR 2011, 1268 (1271).
515 BVerwG, Urt. v. 20.01.1989 – 4 C 15/87, NVwZ 1989, 867 (868).
516 BVerwG, Urt. v. 20.01.1989 – 4 C 15/87, NVwZ 1989, 867 (868).
517 BVerwG, Urt. v. 20.01.1989 – 4 C 15/89, NVwZ 1989, 867 (868).
518 *Gassner*, DVBl. 2011, 1268 (1273f.).
519 *Schmidt/Kahl/Gärditz*, Umweltrecht, 9. Aufl. 2014, § 10 Rn. 47 halten zwar die Regelung zu den durchschnittlichen Kosten für bestimmt, § 15 Abs. 4 Satz 3 BNatSchG soll jedoch mangels gesetzlicher Konkretisierung zu unbestimmt sein.
520 So auch *Lütkes*, in: Lütkes/Ewer (Hrsg.), BNatSchG, 2011, § 15 Rn. 76.
521 *Brockhoff*, Naturschutzrechtliche Eingriffsregelung in bergrechtlichen Zulassungsverfahren, 2012, S. 207; *Lütkes*, in: Lütkes/Ewer (Hrsg.), BNatSchG, 2011, § 15 Rn. 76.

an die BVerfG-Rechtsprechung zur Stellplatzablöse an, muss die der Zahlungspflicht zugrunde liegende öffentlich-rechtliche Pflicht selbst verfassungsgemäß sein. Mit der in § 15 Abs. 2 vorgesehenen Pflicht zu Ausgleichs- und Ersatzmaßnahmen wird eine Belastung in der Rechtswirklichkeit aktualisiert. Denn es handelt sich dabei um eine regelmäßige Begleiterscheinung von Vorhaben, die mit Eingriffen in Natur und Landschaft verbunden sind. Es ist nicht zu erwarten, dass die Eingriffsverursacher ohne die gesetzliche Anordnung von sich aus derartige Maßnahmen ergreifen würden. Auch trifft die in § 15 Abs. 2 enthaltene Verpflichtung zur reellen Kompensation des Ausgleichs sowie zur Ersatzzahlung eine in der gesellschaftlichen Wirklichkeit vorhandene Gruppe. Zwischen den innerhalb der Gruppe der Eingriffsverursacher existierenden Untergruppen – denjenigen, die reale Ausgleichs- und Ersatzmaßnahmen bewerkstelligen, und denjenigen, die stattdessen zur Ersatzzahlung herangezogen werden – besteht Belastungsgleichheit. Dies gilt insbesondere, wenn sich die Abgabenhöhe – wie in § 15 Abs. 6 Satz 2 geschehen – am ersparten Aufwand orientiert. Bei deren Festlegung steht dem Gesetzgeber nach dem BVerfG ein Einschätzungsspielraum zu, der so lange unbedenklich ist, wie kein offensichtliches Missverhältnis zum Zweck der Abgabe entsteht.[522] Dass der Gesetzgeber für die Bemessung der Ersatzzahlung unbestimmte Rechtsbegriffe verwendet, ist rechtlich unbedenklich, sofern sich ihr Inhalt mithilfe der anerkannten Auslegungsregeln bestimmen lässt.[523] Das BVerfG hat bislang offen gelassen, ob die funktionsgleiche Mittelverwendung der Abgabe verfassungsrechtlich geboten ist.[524] Diesem Erfordernis wäre auf jeden Fall genügt, da gem. § 15 Abs. 6 Satz 7 die Ersatzzahlung zweckgebunden für Maßnahmen des Naturschutzes und der Landschaftspflege zu verwenden ist.

a) Auslösung der Zahlungspflicht

Die Pflicht zur Ersatzzahlung knüpft an den Eingriffstatbestand des § 14 an. *119*
Infolgedessen besteht für Veränderungen, die nur zu unerheblichen Beeinträchtigungen der Leistungs- und Funktionsfähigkeit des Naturhaushalts oder des Landschaftsbildes führen, keine Kompensationspflicht (sog. Bagatellgrenze). Liegt ein Eingriff vor, dessen Beeinträchtigungen nicht zu vermeiden oder nicht in angemessener Frist auszugleichen oder zu ersetzen sind, der aber dennoch nach Abs. 5 zugelassen oder durchgeführt wird, löst dies zwingend die Ersatzpflicht des § 15 Abs. 6 Satz 1 aus. Man denke etwa an die Errichtung eines Fernsehturms, dessen Wirkungen auf das Landschaftsbild auch bei größter Anstrengung nicht voll zu kompensieren sind.[525] Für das Vorliegen der Voraussetzungen der Ersatzzahlungspflicht ist der Verursacher nachweispflichtig.[526] Wenn keine Realkompensation möglich

---

522 BVerfG, Nichtannahmebeschl. v. 05.03.2009 – 2 BvR 1824/05, NVwZ 2009, 837 (839); s. auch *Franzius*, ZUR 2010, 346 (352).

523 OVG Lüneburg, Urt. v. 16.12.2009 – 4 LC 730/07, NuR 2010, 133 (139).

524 BVerfG, Nichtannahmebeschl. v. 05.03.2009 – 2 BvR 1824/05, NVwZ 2009, 837 (839).

525 *Spreen*, NordÖR 2004, 375 (376); s. zur Konstellation bezgl. Windkraftanlagen OVG Lüneburg, Urt. v. 16.12.2009 – 4 LC 730/07, NuR 2010, 133 (136).

526 VG Augsburg, Urt. v. 15.05.2014 – Au 5 K 14.70, NuR 2014, 888 (890).

ist, ist er zur Leistung von **Ersatz in Geld** verpflichtet. Auch wenn von „Ersatz" gesprochen wird, bezieht sich die Verpflichtung nicht nur auf die nicht in angemessener Frist möglichen Ersatzmaßnahmen.[527] Denn die Ersatzzahlungspflicht wird ausgelöst, wenn die Beeinträchtigungen nicht zu vermeiden „oder" nicht in angemessener Frist auszugleichen „oder" zu ersetzen sind. Mit dem Wort „Ersatz" soll ausgedrückt werden, dass der Verursacher eine Wiedergutmachung für die mit seinem Eingriff verbundenen Beeinträchtigungen zu leisten hat. Angesichts der Nachrangigkeit der Ersatzzahlungspflicht gegenüber den Formen der Realkompensation beschränkt sich die Ersatzzahlung in Fällen einer teilweise möglichen Realkompensation auf das verbleibende Kompensationsdefizit.[528]

120 Die Ersatzzahlungspflicht des § 15 Abs. 6 darf nicht mit den Fällen verwechselt werden, in denen die tatsächlich angefallenen Kosten der Ersatzvornahme auf den Verursacher übergewälzt werden, weil die Behörde ihm obliegende Ausgleichs- oder Ersatzmaßnahmen im Wege der Verwaltungsvollstreckung selbst oder durch einen Dritten ausführen lässt.[529] Die nach § 13 Satz 2 Var. 3 subsidiäre Ersatzzahlungspflicht wird nur relevant, wenn die Realisierung physisch-realer Ausgleichs- oder Ersatzmaßnahmen weder dem Eingriffsverursacher noch der jeweiligen Behörde möglich ist. Weil Ersatzzahlungen nur nachrangig erhoben werden dürfen, wenn weder Ausgleichs- noch Ersatzmaßnahmen zumutbar bzw. möglich sind, folgt daraus, dass mit den so erlangten Geldern weder die Wiederherstellung „der" beeinträchtigten Funktionen des Naturhaushalts noch ihre gleichwertige Ersetzung (s. § 15 Abs. 2) finanziert werden kann.[530]

b) Bestimmung der Höhe der Ersatzzahlungen

121 Die Höhe der Ersatzzahlungen ist § 15 Abs. 6 Satz 2 und 3 zu entnehmen. **Primär** bemisst sich diese nach den **durchschnittlichen Kosten der nicht durchführbaren Ausgleichs- und Ersatzmaßnahmen** einschließlich der **erforderlichen durchschnittlichen Kosten für deren Planung und Unterhaltung** (§ 15 Abs. 6 Satz 2). Vereinfacht ausgedrückt werden damit die rechnerischen Kosten zu fingierender Ausgleichs- und Ersatzmaßnahmen gemeint.[531] Dahinter steht der Gedanke, dass der Eingriffsverursacher letztlich nicht anders stehen soll als eine Person, bei deren Eingriff ein realer Ausgleich möglich ist und die deshalb entsprechende Ausgleichs- und Ersatzmaßnahmen vorzunehmen hat. Angesichts dieser Surrogatfunktion soll der Zahlungspflichtige nicht besser, aber auch nicht schlechter als derjenige stehen, der zur Re-

---

527 Zu den mit dem Zeitkriterium verbundenen Berechnungsschwierigkeiten *Gassner*, DVBl. 2011, 1268 (1272).

528 OVG Lüneburg, Urt. v. 16. 12. 2009 – 4 LC 730/07, NuR 2010, 133 (136); VG Schleswig, Urt. v. 18. 08. 2009 – 1 A 5/08, ZNER 2009, 427 (428); *Fischer-Hüftle/Schumacher*, in: Schumacher/Fischer-Hüftle (Hrsg.), BNatSchG, 2. Aufl. 2010, § 15 Rn. 138.

529 Siehe dazu *Berchter*, Die Eingriffsregelung im Naturschutzrecht, 2007, S. 115; *Voßkuhle*, Das Kompensationsprinzip, 1999, S. 221.

530 *Koch*, in: Kerkmann (Hrsg.), Naturschutzrecht in der Praxis, 2. Aufl. 2010, § 4 Rn. 59.

531 *Gassner*, DVBl. 2011, 1268 (1272).

alkompensation verpflichtet ist.[532] Wird etwa ein Baumbestand abgeholzt, der aufgrund der tatsächlichen Gegebenheiten weder ausgleich- noch ersetzbar ist, müssen die durchschnittlichen Kosten ermittelt werden, die eine Neuanpflanzung einer geeigneten Anzahl von Bäumen einschließlich ihrer Unterhaltung verursacht hätte.[533] Als Vorteil dieses Bewertungsmaßstabs wird genannt, dass er dem Ansatz des allgemeinen Schadensrechts entspricht und bei ihm auf ein rechtlich sowie fachlich fundiertes, nachprüfbares Konzept der Monetarisierung zurückgegriffen wird.[534] Zur Feststellung der Höhe der Ersatzzahlungspflicht können die Bodenrichtwerte nach § 196 BauGB herangezogen werden.[535]

Bei der Bemessung der Höhe der Ersatzzahlung muss also wiederum ein   *122*
Blick auf die Anforderungen des § 15 Abs. 2 – 4 geworfen und davon ausgehend ermittelt werden, welche Kosten bei der Durchführung der erforderlichen Ausgleichs- bzw. Ersatzmaßnahmen angefallen wären. Bei einer Kompensation durch Flächenausgleich ist also nach den Kosten für den Erwerb von naturschutzfachlich aufwertungsfähigen Flächen, die bei Ersatzmaßnahmen im betroffenen Naturraum liegen müssen, zuzüglich der anfallenden Erwerbskosten zu fragen.[536] Es würde nicht dem Sinn und Zweck der Regelung entsprechen, wenn bei der Berechnung auf Flächen abgestellt würde, die ohnehin schon die Qualität aufweisen, die nach dem Sinn und Zweck der Kompensationsregelung erst herbeigeführt werden soll.[537] Soll Wald in einen Parkplatz umgewandelt werden, würde allein der Ankauf einer Waldfläche keine ausreichende Kompensation bewirken. Die Kompensation würde vielmehr durch die Schaffung von Wald an einer anderen Stelle eintreten, indem andernorts eine bisher unbewaldete Fläche aufgeforstet wird.[538] Wird eine Windenergieanlage im Rahmen des Repowering durch eine höhere Anlage ersetzt, ist bei der Bemessung der Höhe der Ersatzzahlung zu berücksichtigen, dass die Beeinträchtigung der Landschaft durch die Errichtung der früheren Anlage bereits ausgleichspflichtig war und ausgeglichen wurde, weshalb die hierfür geleisteten Ersatzzahlungen in vollem Umfang angerechnet werden müssen. Infolgedessen ist im gewählten Beispiel bei der Ersatzzahlung wegen des Repowering nur noch die Höhendifferenz der neuen Anlage in Ansatz zu bringen.[539] Da die Realkompensation des Eingriffs „in angemessener Frist" erfolgen muss, ist darauf zu achten, dass mit der Beschaffung der Kompensationsflächen nicht beliebig lange gewartet werden darf, etwa bis sich ein besonders günstiger Preis eingestellt hat.[540] Durch das Adjektiv

532 OVG Münster, Urt. v. 09.12.2014 – 16 A 1397/12, Rn. 25 (juris); *Voßkuhle*, Das Kompensationsprinzip, 1999, S. 228.

533 *Spreen*, NordÖR 2004, 375 (377).

534 *Marticke*, NuR 1996, 387 (391); *Voßkuhle*, Das Kompensationsprinzip, 1999, S. 398.

535 OVG Münster, Urt. v. 09.12.2014 – 16 A 1397/12, Rn. 35ff. (juris).

536 OVG Münster, Urt. v. 09.12.2014 – 16 A 1397/12, Rn. 23f. (juris); VG Schleswig, Urt. v. 18.08.2009 – 1 A 5/08, ZNER 2009, 427 (429).

537 OVG Münster, Urt. v. 09.12.2014 – 16 A 1397/12, Rn. 31 (juris).

538 OVG Münster, Urt. v. 09.12.2014 – 16 A 1397/12, Rn. 33 (juris).

539 BayVGH, Beschl. v. 03.07.2014 – 22 ZB 14.652, NVwZ-RR 2014, 920 (921).

540 VG Schleswig, Urt. v. 18.08.2009 – 1 A 5/08, ZNER 2009, 427 (429).

„durchschnittlich" wird klargestellt, dass die normalerweise anfallenden Kosten, also ein Mittelwert, bei der Berechnung zu Grunde zu legen sind. Außerdem sind bei der Berechnung die **Personal- und sonstigen Verwaltungskosten** einzubeziehen. Zu beachten ist, dass diese Kosten im Kontext zu den zuvor erwähnten Kostenbemessungsfaktoren stehen. Gemeint ist damit der Personalaufwand, der für die Planung und Unterhaltung sowie die Flächenbereitstellung erforderlich ist. Die Kosten für den auf die Zulassung entfallenden Aufwand der Behörde werden dagegen über Gebühren und Auslagen nach den allgemeinen Vorschriften des Verwaltungskostenrechts geltend gemacht.[541]

123 Nur **soweit die durchschnittlichen Kosten gem. § 15 Abs. 6 Satz 2 nicht feststellbar** sind, greift subsidiär die in Satz 3 enthaltene Bemessungsregelung. Satz 3 dürfte u.a. dann relevant werden, wenn die Ermittlung eines Durchschnittswerts für die erforderlichen Ausgleichs- bzw. Ersatzmaßnahmen an unüberwindbare Grenzen stößt oder die Pflicht zu Ausgleichs- und Ersatzmaßnahmen daran scheitert, dass die Kosten für diese völlig unverhältnismäßig wären.[542] Nach ihrem Sinn und Zweck muss diese Bemessungsregelung darüber hinaus dann anwendbar sein, wenn mit dem Vorhaben unvermeidbare Beeinträchtigungen einhergehen, bei denen eine Realkompensation objektiv unmöglich ist, etwa wenn ein riesiger Fernsehturm errichtet wird. Unter derartigen Gegebenheiten bemisst sich die Ersatzzahlung nach der **Dauer und Schwere des Eingriffs**,[543] wobei die dem **Verursacher daraus erwachsenden Vorteile** zu berücksichtigen sind. Mit anderen Worten steigt mit zunehmender Perpetuierung und Erheblichkeit des Eingriffs die Höhe der Ersatzzahlung.[544] Bei dieser Alternative richtet sich also die Höhe der Ersatzzahlung nach einer naturschutzfachlichen Bewertung der Auswirkungen eines Vorhabens.[545] Da sich diese Regelung nur schwer ohne nähere Konkretisierungen handhaben lässt – in der Praxis gibt es diverse Methoden zur Bewertung des Eingriffs[546] – wurde in § 15 Abs. 7 eine Verordnungsermächtigung zur näheren Konkretisierung der Höhe der Ersatzzahlung vorgenommen. Dass bei der subsidiären Bemessungsregelung auch auf die Vorteile des Eingriffs für den Verursacher Rücksicht zu nehmen ist, wird mit dem Gedanken der Vorteilsabschöpfung erklärt.[547] Eine Begrenzung der Höhe des Ersatzgeldes wurde vom Bundesgesetzgeber nicht vorgesehen. Eine derar-

---

541 BT-Drs. 16/13430, S. 20.

542 Siehe zu Letzterem *Voßkuhle*, Das Kompensationsprinzip, 1999, S. 229.

543 Bedenken an der Bestimmtheit melden *Fischer-Hüftle/Schumacher*, in: Schumacher/ Fischer-Hüftle (Hrsg.), BNatSchG, 2. Aufl. 2010, § 15 Rn. 142 an.

544 OVG Lüneburg, Urt. v. 16.12.2009 – 4 LC 730/07, NuR 2010, 133 (136).

545 *Marticke*, NuR 1996, 387 (390, 392).

546 Siehe dazu *Marticke*, NuR 1996, 387 (390); *Spreen*, NordÖR 2004, 375 (377); s. zu den Problemen bei der Monetarisierung von Umweltgütern auch *Voßkuhle*, Das Kompensationsprinzip, 1999, S. 398 ff.

547 *Marticke*, NuR 1996, 387 (393), der aber kritisiert, dass hier wirtschaftlich sinnvoll geringfügige Eingriffe mit einem höheren Zahlungsbetrag belegt würden als wirtschaftlich wenig ertragreiche, aber weit reichende Eingriffe. S. auch die Kritik bei *Voßkuhle*, Das Kompensationsprinzip, 1999, S. 230, 246.

tige Obergrenze ließe sich auch nur schwer mit dem Grundsatz der Gleichbehandlung der Eingriffsverursacher (Art. 3 Abs. 1 GG) vereinbaren.[548]

Grundsätzlich ist gem. § 15 Abs. 6 Satz 4 die Ersatzzahlung von der zuständigen Behörde **im Zulassungsbescheid** festzusetzen. Es ist also in ein und demselben Bescheid über die Zulassung des Eingriffs und die Ersatzzahlung zu entscheiden. Dies erscheint sinnvoll, da die Ersatzzahlungspflicht nur bei Zulassung des Eingriffs ausgelöst wird. Ist die Zulassung des Eingriffs gem. § 44 VwVfG nichtig, kann dafür auch keine Ersatzzahlung verlangt werden. Trotz dieses Zusammenhangs stellt die Festsetzung der Zahlungspflicht eine eigenständige Regelung dar, die isoliert angefochten werden kann.[549] Da von der **Ersatzzahlung** gesprochen wird und insbesondere bei der Kostenbemessung des § 15 Abs. 6 Satz 2 ebenfalls der Terminus der Ersatzzahlung verwendet wird, dürfte es nicht genügen, wenn die Festsetzung im Zulassungsbescheid nur dem Grunde nach und die Festlegung der Höhe erst später erfolgt. Dahinter dürfte die Erwägung stehen, dass eine Person schon vor der Verursachung eines Eingriffs um die auf sie zukommenden Folgen wissen muss. Wird der **Eingriff von einer Behörde durchgeführt**, lässt es der Gesetzgeber genügen ("oder"), wenn die Festsetzung vor der Durchführung des Eingriffs erfolgt.

c) Zahlung und Verwendung des Geldes

Die Ersatzzahlung in Geld ist grundsätzlich **vor** der Durchführung des Eingriffs zu leisten (§ 15 Abs. 6 Satz 5). Bei der Vorleistungspflicht des Verursachers handelt es sich um eine besonders effektive Form zur Absicherung des Eintritts des tatsächlichen Kompensationserfolges.[550] Den Behörden wird jedoch die Befugnis eingeräumt, einen anderen Zahlungszeitpunkt festzulegen. Davon wird insbesondere dann Gebrauch zu machen sein, wenn der Betroffene seinerseits besondere Gründe vorträgt, die ein Abweichen von der gesetzlichen Regel rechtfertigen, etwa wenn ein besonders dringlicher Investitionsbedarf geltend gemacht wird.[551] Diese behördliche Befugnis darf aber keinesfalls dahingehend missverstanden werden, dass auf die Ersatzzahlung verzichtet werden könnte.[552] Entschließt sich die Behörde für einen anderen Zahlungszeitpunkt, "soll" eine Sicherheitsleistung verlangt werden. Dadurch soll sichergestellt werden, dass der Eingriffsverursacher seine Zahlungspflicht tatsächlich erfüllt. Mit anderen Worten ist regelmäßig, sofern nicht atypische Umstände vorliegen – etwa weil der Betrag des Ersatzgeldes

124

125

---

548 *Franzius*, ZUR 2010, 346 (352); s. auch *Fischer-Hüftle/Schumacher*, in: Schumacher/ Fischer-Hüftle (Hrsg.), BNatSchG, 2. Aufl. 2010, § 15 Rn. 142.

549 Wie hier VGH Kassel, Urt. v. 27.06.1996 – 4 UE 1183/95, NVwZ-RR 1998, 68; offen gelassen von BVerwG, Beschl. v. 18.02.1997 – 4 B 199/96, NVwZ-RR 1997, 530; a.A. VGH Kassel, Urt. v. 29.04.1994 – 3 UE 188/93, NVwZ-RR 1994, 647 (648); *Schmidt-Siegmann*, Die naturschutzrechtliche Eingriffsregelung in der baden-württembergischen Verwaltungspraxis, 2008, S. 163 (da erst die Ausgleichsabgabe die Zulässigkeit des Eingriffs begründet).

550 *Voßkuhle*, Das Kompensationsprinzip, 1999, S. 416 f.

551 Siehe dazu *Voßkuhle*, Das Kompensationsprinzip, 1999, S. 418.

552 Die Ermächtigung beschränkt sich auf den Zeitpunkt der Zahlung.

äußerst niedrig ausfällt oder bei der Person des Eingriffsverursachers ein Zahlungsausfall äußerst unwahrscheinlich ist –, eine Sicherheitsleistung für die Ersatzzahlung anzuordnen.[553] Auch wenn der Eingriff durch eine Körperschaft des öffentlichen Rechts verursacht wird, bei der eine Insolvenz ausgeschlossen ist und die Sicherheitsleistung von der öffentlichen Hand erbracht werden müsste, kann von der Anordnung einer solchen abgesehen werden.[554]

126 Die geleisteten Ersatzzahlungen dürfen angesichts der damit verfolgten Wiedergutmachungsfunktion nicht beliebig für die Finanzierung staatlicher Aufgaben verwendet werden, sondern sind **zweckgebunden** für **Maßnahmen des Naturschutzes und der Landschaftspflege** zu verwenden.[555] In den Gesetzesmaterialien wurde betont, dass es sich dabei um praktische, reale und unmittelbar wirkende Maßnahmen in Natur und Landschaft handeln muss.[556] Als Beispiel dafür sei das Anlegen, Vergrößern oder naturschutzfachliche Aufwerten von Biotopen und Schutzgebieten genannt.[557] Es dürfte nicht mehr von den Intentionen des Gesetzgebers gedeckt sein, wenn die Mittel etwa für die Forschung und Aufklärung im Bereich des Umweltschutzes eingesetzt würden,[558] zumal in diesen Fällen meistens auch der gebotene räumliche Bezug der Mittelverwendung fehlen würde. Physisch-reale Maßnahmen mit einem gleichzeitigen Bildungs- oder Erziehungseffekt (s. § 2 Abs. 6) können aber je nach Konstellation von dem Zweckkriterium gedeckt sein.[559] Die räumlichen Grenzen für diese Maßnahmen wurden etwas weiter als bei den Ersatzmaßnahmen gezogen.[560] Die naturschutz- und landschaftspflegerischen Maßnahmen sollen **möglichst in dem betroffenen Naturraum** erfolgen. Dahinter steht u.a. der Gedanke, dass die Bewohner des Raumes, der von der Beeinträchtigung betroffen wird, von den Wiedergutmachungsmaßnahmen profitieren sollen.[561] Weil der Gesetzgeber vorgegeben hat, in welchem Bereich die Gelder zu verwenden sind, wird den staatlichen Stellen

---

553 S. auch die Kommentierung zu § 17 Abs. 5.

554 S. auch BVerfG, Beschl. v. 01.09.2009 – 1 BvR 1370/08, NVwZ 2009, 1484 (1485).

555 S. nur *Voßkuhle*, Das Kompensationsprinzip, 1999, S. 222 f. und auf S. 422 f. zur letztlich mangels abweichender Regelung zu verneinenden Frage, ob die Gelder bei zweckwidriger Verwendung zurückgefordert werden können.

556 BT-Drs. 16/12274, S. 58.

557 *Spreen*, NordÖR 2004, 375 (378).

558 *Gellermann*, in: Landmann/Rohmer (Hrsg.), Umweltrecht, Stand: August 2014, § 15 BNatSchG Rn. 40; *Voßkuhle*, Das Kompensationsprinzip, 1999, S. 247; zur Unzulänglichkeit des Druckens von Broschüren *Lütkes*, in: Lütkes/Ewer (Hrsg.), BNatSchG, 2011, § 15 Rn. 78; a.A. *Lau/Meske*, NuR 2010, 475 (481) unter Berufung auf den ohnehin gelockerten räumlichen Zusammenhang und das Vorliegen einer schadensersatzähnlichen Leistung.

559 *Lau/Meske*, NuR 2010, 475 (481).

560 Ersatzmaßnahmen müssen gem. § 15 Abs. 2 Satz 3 im betroffenen Naturraum erfolgen, bei § 15 Abs. 6 Satz 7 ist die Ersatzzahlung dagegen „möglichst" für Maßnahmen des Naturschutzes und der Landschaftspflege im betroffenen Naturraum zu verwenden.

561 BT-Drs. 14/9852, S. 132; s. zur Rückbindung an den Eingriff aus finanzverfassungsrechtlicher Perspektive *Sparwasser/Wöckel*, NVwZ 2004, 1189 (1193).

eine besondere Darlegungslast auferlegt, wenn sie mit den Geldern Naturschutzmaßnahmen außerhalb des betroffenen Naturraums durchführen wollen. Auf den Bundesrat[562] ist die Regelung zurückzuführen, dass die Ersatzgelder nicht für Maßnahmen verwendet werden dürfen, die bereits nach anderen Vorschriften verpflichtend sind. In dieser Hinsicht kann kein anderer Maßstab als bei § 15 Abs. 2 Satz 4 gelten.[563] Das Ersatzgeld soll also nicht der Finanzierung bestehender staatlicher Naturschutzpflichten dienen, sondern eine zusätzliche Aufwertung von Natur und Landschaft ermöglichen.[564] Deswegen können Entwicklungs- und Wiederherstellungsmaßnahmen in Bewirtschaftungsplänen für Natura 2000-Gebiete oder in Maßnahmenprogrammen in Umsetzung der Wasserrahmenrichtlinie nicht über Mittel aus Ersatzzahlungen finanziert werden.[565]

VIII. Verordnungsermächtigung, § 15 Abs. 7

In § 15 Abs. 7 Satz 1 wird das **Bundesministerium für Umwelt, Naturschutz**   *127* **und Reaktorsicherheit** dazu ermächtigt, **im Einvernehmen** mit dem **Bundesministerium für Ernährung, Landwirtschaft und Verbraucherschutz** und dem **Bundesministerium für Verkehr, Bau und Stadtentwicklung** und mit **Zustimmung des Bundesrates** durch Rechtsverordnung das Nähere zur Kompensation von Eingriffen zu regeln. Für einen wirksamen Erlass der Verordnung muss also das ermächtigte Bundesumweltministerium zuvor das Einvernehmen, d.h. die Zustimmung zweier anderer Ministerien einholen, deren Aufgabenbereich ebenfalls durch die naturschutzrechtliche Eingriffsregelung tangiert wird. Derartige Einvernehmensvorbehalte sind verfassungsrechtlich unbedenklich, wenn die genannten Rechtsträger – wie hier – selbst als Verordnungsgeber hätten eingesetzt werden können.[566] Allerdings wird dadurch auch die Verständigung auf den Inhalt einer Verordnung schwieriger. Im Entwurf eines Gesetzes zur Änderung wasser- und naturschutzrechtlicher Vorschriften zur Untersagung und zur Risikominimierung bei den Verfahren der Fracking-Technologie des BMU vom 10.12.2014[567] ist vorgesehen, dass auch das Bundesministerium für Wirtschaft und Energie sein Einvernehmen zu einer solchen Rechtsverordnung zu erteilen hat. Gerade bei energiewirtschaftlichen Vorhaben wie Kraftwerken und Windkraftwerken sowie solchen zur Weiterentwicklung der Energieinfrastruktur und zum Abbau von Rohstoffen würden die in der Verordnung zu regelnden

---

562 BT-Drs. 16/12274, S. 58.

563 *Egner*, in: Egner/Fuchs, Naturschutz- und Wasserrecht 2009, § 15 BNatSchG Rn. 23.

564 *Koch*, in: Kerkmann (Hrsg.), Naturschutzrecht in der Praxis, 2. Aufl. 2010, § 4 Rn. 59.

565 *Lau*, NuR 2011, 762 (770).

566 Siehe nur *Bauer*, in: Dreier (Hrsg.), GG, Bd. 2, 2. Aufl. 2006, Art. 80 Rn. 26.

567 Entwurf eines Gesetzes zur Änderung wasser- und naturschutzrechtlicher Vorschriften zur Untersagung und zur Risikominimierung bei den Verfahren der Fracking-Technologie v. 10.12.2014, abrufbar unter: http://www.bmub.bund.de/fileadmin/Daten_BMU/ Download_PDF/Binnengewaesser/fracking_g_entwurf_neu_bf.pdf, zuletzt abgerufen am 14.04.2015.

Punkte Relevanz erlangen.[568] Des Weiteren ist die Zustimmung des Bundesrates erforderlich. Dieses Zustimmungserfordernis folgt aus Art. 80 Abs. 2 letzte Var. GG.[569]

128 Die Verordnungsermächtigung beschränkt sich entsprechend den Vorgaben des Art. 80 Abs. 1 Satz 2 GG darauf,[570] das **Nähere zur Kompensation der Eingriffe** zu regeln. Das Vermeidungsgebot in § 15 Abs. 1 wird also nicht erfasst. Beispielhaft („insbesondere") werden Regelungen zu Inhalt, Art und Umfang der Ausgleichs- und Ersatzmaßnahmen einschließlich von Maßnahmen zur Entsiegelung, zur Wiedervernetzung von Lebensräumen und zur Bewirtschaftung und Pflege sowie zur Festlegung diesbezüglicher Standards, insbesondere für vergleichbare Eingriffsarten, sowie die Höhe der Ersatzzahlung und das Verfahren zu ihrer Erhebung genannt. Die Verordnungsermächtigung wurde mit dem praktischen Bedürfnis begründet, die Einzelheiten zur Kompensation von Eingriffen Dritten gegenüber verbindlich, also nicht nur durch Verwaltungsvorschrift, zu bestimmen.[571] Dadurch wird der Vollzug der Eingriffsregelung erleichtert und für eine gleichmäßige Anwendung im gesamten Bundesgebiet gesorgt, was zu einem Mehr an Rechtssicherheit führt.

129 Obwohl inzwischen mehrere Jahre vergangen sind, wurde von der Verordnungsermächtigung des § 15 Abs. 7 bislang kein Gebrauch gemacht.[572] 2013 wurde zwar der Entwurf einer Verordnung des Bundesministeriums für Umwelt, Naturschutz und Reaktorsicherheit über die Kompensation von Eingriffen in Natur und Landschaft (Bundeskompensationsverordnung – BKompV) vorgelegt.[573] Damit wurde das Ziel verfolgt, „unter Wahrung der Anliegen des Naturschutzes und der Landschaftspflege ein[en] wesentliche[n] Beitrag zur Verbesserung der Investitionsbedingungen, zur Beschleunigung der Verwaltungsverfahren, zur stärkeren Transparenz der behördlichen Entscheidungen und zur Erhöhung der Planungs- und Rechtssicherheit privater wie öffentlicher Vorhaben" zu leisten.[574] Nach § 3 Abs. 1 Satz 1 BKompV-E sind zur Ermittlung des Kompensationsbedarfs der vorhandene Zustand von Natur und Landschaft im Einwirkungsbereich des Vorhabens einerseits und die bei Durchführung des Vorhabens zu erwartenden unvermeidbaren Beeinträchtigungen zu erfassen, zu ermitteln und zu bewerten. Dabei wird auf die nachfolgenden Vorschriften Bezug genommen, da der Verordnungsgeber der Ansicht ist, dass Art und Umfang der Erfassungs- und Bewertungserfordernisse

---

568 Entwurf eines Gesetzes zur Änderung wasser- und naturschutzrechtlicher Vorschriften zur Untersagung und zur Risikominimierung bei den Verfahren der Fracking-Technologie v. 10. 12. 2014, S. 14 f., 49, abrufbar unter: http://www.bmub.bund.de/fileadmin/Daten_BMU/Download_PDF/Binnengewaesser/fracking_g_entwurf_neu_bf.pdf, zuletzt abgerufen am 14. 04. 2015.

569 Siehe dazu *Ginzky*, ZUR 2007, 513 (516).

570 Siehe dazu *Voßkuhle*, Das Kompensationsprinzip, 1999, S. 352 ff.

571 BT-Drs. 16/12274, S. 58.

572 S. auch BVerwG, Urt. v. 06. 11. 2012 – 9 A 17/11, NuR 2014, 344 (359); zur Frage abweichenden Landesrechts zu § 15 Abs. 7 *Stegmüller*, DÖV 2013, 221 (221 ff.).

573 BR-Drucks. 332/13, S. 1 ff.; näher dazu *Schütte/Wittrock*, ZUR 2013, 259 (259 ff.).

574 BR-Drucks. 332/13, S. 1.

nach einzelnen Schutzgütern variieren.[575] Der Bundesrat hat der BKompV-E bislang nicht zugestimmt. Neben der Regelungstiefe sind u.a. eine Beschränkung des Anwendungsbereichs der Verordnung auf Energievorhaben und ihre zeitliche Geltung zwischen Bund und Ländern streitig.[576] Ob es in absehbarer Zeit überhaupt zur Verabschiedung einer solchen Verordnung kommen wird, ist angesichts des notwendigen Einvernehmens weiterer Ministerien und vor allem wegen des Zustimmungserfordernisses des Bundesrats fragwürdig.[577] Der Bundesrat hatte sich im Gesetzgebungsverfahren gegen den Erlass von § 15 Abs. 7 ausgesprochen, da es sich der Sache nach um Detailfragen handelt, welche in den Kompetenzbereich der Länder fallen. In den vergangenen Jahren hätte sich auf Landesebene eine gefestigte Vollzugspraxis ausgebildet. „Diese durch eine Bundesregelung jetzt in Frage zu stellen, bedeutet, einen erheblichen Mehraufwand und Rechtsunsicherheiten in Kauf zu nehmen."[578] Zudem bedürfe es zwingend der Berücksichtigung der spezifischen Eigenschaften und Bedürfnisse der einzelnen Länder.[579] Diese Argumentation des Bundesrats ist insoweit nicht schlüssig, als sich einzelne Akzente der Eingriffsregelung durch den Erlass einer Vollregelung verschoben haben, denen die bisherige Vollzugspraxis kaum in allen Details entsprechen wird. In ihrer Erwiderung betonte die Bundesregierung, dass nur im Wege des § 15 Abs. 7 Satz 1 bundeseinheitliche Standards gesetzt werden könnten, was mit Erleichterungen für die Planung und Durchführung öffentlicher und privater Vorhaben verbunden sei.[580]

Solange das Bundesministerium für Umwelt, Naturschutz und Reaktorsicherheit von seiner Verordnungsermächtigung keinen Gebrauch gemacht hat, richtet sich das Nähere zur Kompensation von Eingriffen gemäß § 15 Abs. 7 Satz 2 **nach Landesrecht**.[581] Voraussetzung ist aber, dass dieses den vorherstehenden Absätzen nicht widerspricht. Verordnungen auf Landesebene, die z.B. generell vorsehen, dass sich das Ersatzgeld ausschließlich nach Dauer und Schwere des Eingriffs bestimmt, laufen § 15 Abs. 6 Satz 2 zuwider. Sie können daher nur herangezogen werden, soweit die Kosten hypothetischer Ausgleichs- und Ersatzmaßnahmen nicht feststellbar sind. Da sich weder aus § 13 noch § 15 ergibt, ab wann eine Vollkompensation erreicht wird, liegt keine nach Art. 72 Abs. 3 Nr. 2 GG unzulässige Abweichung vom Bundesrecht vor, wenn die Länder diese konkretisieren und dabei den Grundsatz der Vollkompensation sowie die ebenfalls abweichungsfeste Regelungskaskade des § 13 respektieren.[582]

130

---

575 BR-Drucks. 332/13, S. 106.

576 *Ekardt/Hennig*, NuR 2013, 694 (698).

577 Siehe auch *Koch*, in: Kerkmann (Hrsg.), Naturschutzrecht in der Praxis, 2. Aufl. 2010, § 4 Rn. 63.

578 BT-Drs. 16/13298, S. 4.

579 BT-Drs. 16/13298, S. 4.

580 BT-Drs. 16/13298, S. 17; s. auch *Stichling*, in: Durner (Hrsg.), Umweltgesetzbuch, Stand: Dezember 2012, S. 65.

581 Siehe auch *Hösch*, UPR 2015, 81 (87).

582 BVerwG, Urt. v. 06.11.2012 – 9 A 17/11, NuR 2014, 344 (359).

§ 16
Bevorratung von Kompensationsmaßnahmen

(1) **Maßnahmen des Naturschutzes und der Landschaftspflege, die im Hinblick auf zu erwartende Eingriffe durchgeführt worden sind, sind als Ausgleichs- oder Ersatzmaßnahmen anzuerkennen, soweit**

1. **die Voraussetzungen des § 15 Absatz 2 erfüllt sind,**
2. **sie ohne rechtliche Verpflichtung durchgeführt wurden,**
3. **dafür keine öffentlichen Fördermittel in Anspruch genommen wurden,**
4. **sie Programmen und Plänen nach den §§ 10 und 11 nicht widersprechen und**
5. **eine Dokumentation des Ausgangszustands der Flächen vorliegt; Vorschriften der Länder zu den Anforderungen an die Dokumentation bleiben unberührt.**

(2) **Die Bevorratung von vorgezogenen Ausgleichs- und Ersatzmaßnahmen mittels Ökokonten, Flächenpools oder anderer Maßnahmen, insbesondere die Erfassung, Bewertung oder Buchung vorgezogener Ausgleichs- und Ersatzmaßnahmen in Ökokonten, deren Genehmigungsbedürftigkeit und Handelbarkeit sowie der Übergang der Verantwortung nach § 15 Absatz 4 auf Dritte, die vorgezogene Ausgleichs- und Ersatzmaßnahmen durchführen, richtet sich nach Landesrecht.**

Inhaltsübersicht

Ohms

I. Bedeutung der Vorschrift und Anwendungsbereich

In § 16 sollte die **Bevorratung** von vorgezogenen Ausgleichs- und Ersatzmaß- 1
nahmen bundesweit geregelt werden. Festzustellen ist allerdings, dass inzwischen praktisch 17 unterschiedliche Regelungen oder Anwendungsweisen bestehen, weil § 16 weite Ausgestaltungsspielräume für die Länder eröffnet. In Anbetracht des Erfordernisses einer zügigen Genehmigung und Umsetzung zahlreicher Infrastrukturen mit unionsweiter Bedeutung in Deutschland wäre hier eine weitergehende Vereinheitlichung wünschenswert. Die Bevorratung von Kompensationsmaßnahmen entspricht dem Prinzip eines **„Sparkontos"** („Banking"). Kompensationsmaßnahmen werden für die spätere Verwendung zur Kompensation von Eingriffen nach den §§ 14 und 15 „angespart". **Ökologisch vorteilhaft** ist, dass die Kompensation mit ihren für die betroffene Natur positiven Wirkungen früher beginnt, als wenn die Realisierung von Kompensationsmaßnahmen erst in Zusammenhang mit dem Eingriff geschieht.[1] Gleichzeitig wird durch die **zügigere Bereitstellung** der Kompensation eine schnellere Genehmigung von Eingriffen ermöglicht, weil sich eine Suche nach geeigneten Kompensationsmaßnahmen erübrigt. Dies gilt insbesondere in Fällen, in denen eine Ersatzzahlung nach § 15 Abs. 6 nicht in Betracht kommt. Es wird also die Möglichkeit geschaffen, Kompensationsmaßnahmen nicht mehr selbst umzusetzen, sondern zu „kaufen" und sich somit von der aufwendigen Planung und Begleitung, beginnend beim Flächenerwerb bis hin zur Durchführung der Maßnahme zu befreien.[2] Sofern Maßnahmen aus zwingenden gesetzlichen Gründen vor dem Eingriff oder dessen Genehmigung umzusetzen (z.B. nach § 44 Abs. 5 Satz 3, vgl. Rn. 2) sind, sichert § 16, dass hierdurch nicht die Anrechnungsmöglichkeit als Kompensationsmaßnahme verloren geht bzw. mit dem Eingriff sofort nach Genehmigung begonnen werden darf. Insgesamt wird der Anteil der **Realkompensation** durch den Rückgriff auf bevorratete Kompensationsmaßnahmen erhöht. Allerdings dürfte sich durch eine zunehmende Bereitstellung von bevorrateten Kompensationsmaßnahmen die Hürde vergrößern, auf eine Ersatzzahlung nach § 15 Abs. 6 zurückgreifen zu können. So dürfte die Zulassung eines Eingriffs nach § 15 Abs. 6 und die Möglichkeit einer **Ersatzzahlung** rechtswidrig sein, wenn dem Vorhabensträger geeignete bevorratete Maßnahmen zur Kompensation zu einem angemessenen Preis angeboten werden, dieser den Erwerb aber ablehnt.[3]

Besondere Bedeutung kommt einer Bevorratung von vorgezogenen Maßnah- 2
men zu, wenn diese nicht nur zur Kompensation von Eingriffen nach § 14, sondern (auch) zur Vermeidung von **erheblichen Beeinträchtigungen von Natura 2000-Gebieten** nach § 33 Abs. 1 oder zur Vermeidung von **artenschutzrechtlichen Verboten** nach § 44 Abs. 1 notwendig sind. Zum Ausschluss einer er-

---

1 Daher kann der räumliche Umfang der Kompensationsverpflichtung für den Eingriff für jedes Jahr, das dem Eingriff vorangeht, z.B. um 3 Prozent reduziert werden (vgl. § 3 Abs. 2 Satz 3 Bbg. FPV).

2 *Lütkes*, in: Lütkes/Ewer, 2011, BNatSchG, § 16 Rn. 2.

3 NdsOVG, Urt. v. 16.12.2009 – 4 LC 730/07, ZUR 2010, 262, 265.

heblichen Beeinträchtigung oder eines artenschutzrechtlichen Verbots kann es zwingend notwendig sein, dass die Kompensationsmaßnahme deutlich vor Beginn des Eingriffs durchgeführt wird, z.B. damit die von ihr ausgehenden naturschutzfachlich erwünschten Wirkungen bereits eintreten, bevor nachteilig in den Naturhaushalt eingegriffen wird (vgl. § 44 Rn. 41 ff.)[4]. In § 44 Abs. 5 Satz 3 ist explizit vorgesehen, dass bei Zulassung eines Vorhabens vorgezogene Ausgleichsmaßnahmen **(CEF-Maßnahmen)** festgesetzt werden können. Sind solche vorgezogenen Maßnahmen erforderlich, aber nicht vorzeitig durchgeführt, müsste der Vorhabensträger nach Genehmigung mit dem Baubeginn zuwarten, bis die Wirkungen der erforderlichen vorgezogenen Kompensationsmaßnahmen eintreten.

3 Eine **Regelung** über die Bevorratung von Kompensationsmaßnahmen ist notwendig, weil ansonsten Zweifel daran bestehen, ob einer bereits durchgeführten Ausgleichs- oder Ersatzmaßnahme zum Zeitpunkt der Genehmigung eines Eingriffs noch eine objektive Eignung zur Kompensation (vgl. § 15 Rn. 52 ff.) zukommen kann. Denn die von einer solchen bevorrateten Maßnahme betroffenen Flächen sind nicht mehr aufwertungsbedürftig oder aufwertungsfähig, wenn ihnen bereits im Zeitpunkt des zu kompensierenden Eingriffs ein hoher ökologischer Wert zukommt.[5] Eine formalisierte Bevorratung gewährleistet die **spätere Verwendung** der Maßnahme zur Kompensation eines Eingriffs. Sie hat aber auch zu gewährleisten, dass bevorratete Maßnahmen zur Kompensation geeignet sind, insbesondere nicht mehrfach zur Kompensation eingesetzt werden. Darüber hinaus kann durch die behördliche Verwaltung von bevorraten Maßnahmen eine örtliche und inhaltliche **Steuerung von Kompensationsmaßnahmen** erfolgen, z.B. ökologisch erwünschte Zusammenhänge zwischen Kompensationsmaßnahmen geschaffen, oder ökologisch notwendige oder sinnvolle Maßnahmen motiviert werden. Erleichterungen bei der Umsetzung können eintreten, wenn anerkannte Flächenagenturen (§ 4 Bbg. FPV; § 14 Abs. 4 ÖkoKtoVO M-V) die Durchführung von Maßnahmen mit befreiender Wirkung für die zur Kompensation des Eingriffs Verpflichtete übernehmen.

4 Zulässig war die Anerkennung bevorrateter Kompensationsmaßnahmen auch schon auf der Grundlage der **bisherigen Rechtslage**[6], und zwar selbst dann, wenn hierzu keine landesrechtlichen Regelungen existierten. Der Vorhabenträger hatte nur durch rechtzeitige Information der zuständigen Naturschutzbehörde und deren vorherige Zustimmung – etwa durch **öffentlichrechtliche Vereinbarung** nach § 54 VwVfG – sicherzustellen, dass er oder ein anderer einen nachfolgenden Eingriff mit der vorgezogenen Ausgleichs- oder Ersatzmaßname kompensieren darf. Die Naturschutzbehörden haben

---

4 *Lütkes*, in: Lütkes/Ewer, 2011, BNatSchG, § 16 Rn. 3.

5 BVerwG, Beschl. v. 07.07.2010 – 7 VR 2/10, NuR 2010, 646, juris Rn. 26; BVerwG, Urt. v. 23.08.1996 – 4 A 29.95, juris Rn. 33.

6 Vgl. hierzu *Britz*, UPR 1999, 205; *Mitschang*, ZfBR 1995, 240; *Oloff*, Rechtliche Probleme des Ökokontos, Diss. 2005; *Stich*, BauR 2003, 1308; *Thum* UPR 2006, 289; *Wagner*, VBlBW 2006, 50.

dabei regelmäßig die Anforderungen gestellt, die heute in § 16 Abs. 1 festgelegt sind. Neu an der Regelung des BNatSchG 2010 ist, dass auf die Anerkennung von vorgezogenen Kompensationsmaßnahmen nunmehr unter
bestimmten Voraussetzungen bundesweit ein **Anspruch** auf Anerkennung
besteht. Einige Länder räumen, abgesehen von dem bundesweit unabdingbaren Anspruch, den zuständigen Behörden darüber hinaus explizit Ermessen ein, eine Maßnahme als bevorratete Kompensationsmaßnahme anzuerkennen (z.B. § 5 Abs. 2 SächsÖKoVO). Dabei dürfte es sich allerdings um
einen allgemeinen bundesweit geltenden Grundsatz handeln, solange § 15
nicht entgegensteht, vor allem eine erfolgte Aufwertung bzw. Aufwertungsfähigkeit nach § 15 Abs. 2 dokumentiert ist.

Ihren **Anwendungsbereich** finden die Bevorratung nach § 16 und die ange- 5
sparten Kompensationsmaßnahmen insbesondere bei Eingriffen nach § 14,
die nicht auf planerischen Zulassungsentscheidungen beruhen, also z.B. bei
nach BImSchG genehmigungspflichtigen Anlagen. Dies schließt nicht aus,
dass bei planerischen Entscheidungen, wie z.B. Planfeststellungen, auch auf
bevorratete Kompensationsmaßnahmen zurückgegriffen wird. Planerische
Entscheidungen bieten im Gegensatz zu sonstigen Genehmigungsentschei-
dungen aber regelmäßig größere **Spielräume**, die für den zuzulassenden
Eingriff benötigten Kompensationsmaßnahmen anderweitig zu beschaffen,
letztlich auch aufgrund der ihnen häufig zukommenden enteignungsrechtlichen Vorwirkung (vgl. z.B. § 19 FStrG; § 45 EnWG).[7] Grundsätzlich findet
§ 16 BNatSchG auch für nach § 1a Abs. 3 BauGB im Rahmen der Bauleitplanung zu erbringende Kompensationsmaßnahmen (vgl. Rn. 6), insbesondere für sonstige geeignete Maßnahmen zum Ausgleich auf von der Gemeinde bereitgestellten Flächen, Anwendung. Dies gilt ungeachtet dessen,
ob spezielle Landesregelungen zur Bevorratung explizit für die Bauleitplanung anwendbar sind (wie z.B. § 12 Abs. 2 ÖKVO BW) oder nicht (vgl.
z.B. § 1 Abs. 2 Nr. 1 BayKompV).

Planerische Spielräume eröffnet insbesondere die **Bauleitplanung**. Gem. § 1a 6
Abs. 3 Satz 1 BauGB hat die planende **Gemeinde** Gesichtspunkte der naturschutzfachlichen Kompensation in eigener Verantwortung in der **Abwägung**
nach § 1 Abs. 7 BauGB zu berücksichtigen.[8] Soweit dies mit einer nachhaltigen städtebaulichen Entwicklung und den Zielen der Raumordnung sowie
des Naturschutzes und der Landschaftspflege vereinbar ist, können die Darstellung und Festsetzung von Flächen oder Maßnahmen zum Ausgleich auch
an anderer Stelle als am Ort des Eingriffs erfolgen. Anstelle von Darstellung
und Festsetzungen können auch vertragliche Vereinbarungen nach § 11
BauGB oder **sonstige geeignete Maßnahmen** zum Ausgleich auf von der Gemeinde bereitgestellten Flächen getroffen werden. Hierzu gehören auch
nach § 16 bevorratete Ausgleichs- und Ersatzmaßnahmen und zwar selbst
dann, wenn sie die Funktion vorgezogener Ausgleichsmaßnahmen nach § 44

---

7 Zu den Anforderungen in der Abwägung siehe: BVerwG, Urt. v. 18.03.2009 – 9 A 40/07,
   NVwZ 2010, 66, juris Rn. 33f.
8 BVerwG, Beschl. v. 26.04.2006 – 4 B 7/06, NVwZ 2006, 821; BVerwG, Beschl. v. 31.01.
   1997 – 4 NB 27/96; BVerwGE 104, 68.

Abs. 5 Satz 3 erfüllen. Die vom BayVGH[9] geäußerte Auffassung, § 44 Abs. 5 Satz 3 verlange eine Festsetzung von CEF-Maßnahmen im **Bebauungsplan**, kann nicht überzeugen.[10] Schließlich bezieht sich die Option in § 1a Abs. 3 BauGB, sonstige geeignete Maßnahmen zu ergreifen, auf den Ausgleich aller voraussichtlich erheblicher Beeinträchtigungen der Leistungs- und Funktionsfähigkeit des Naturhaushalts in seinen in § 1 Abs. 6 Nr. 7 lit. a BauGB bezeichneten Bestandteilen, d.h. auch in Bezug auf Tiere und Pflanzen sowie die biologische Vielfalt. Wenn § 44 Abs. 5 Satz 3 von „Festsetzung" spricht (vgl. § 44 Rn. 43), dann ist hiermit sicherlich nicht eine Festsetzung nach § 9 BauGB gemeint, denn schließlich gilt § 44 gem. seinem Abs. 1 Satz 1 unmittelbar für Eingriffe in Natur und Landschaft sowie Vorhaben nach § 18 Abs. 2 Satz 1 und nicht für Bebauungspläne. Die Geltung für Bebauungspläne resultiert vielmehr daraus, dass der Bebauungsplan für seine Wirksamkeit auch unter artenschutzrechtlichen Gesichtspunkten vollzugsfähig und somit erforderlich i.S.v. § 1 Abs. 3 BauGB sein muss.[11]

7 Neben einer Bevorratung von Ausgleichs- und Ersatzmaßnahmen nach § 16 besteht für die Gemeinde die Möglichkeit, nach § 135a Abs. 2 Satz 2 BauGB Maßnahmen zum Ausgleich bereits vor den Baumaßnahmen und der Zuordnung in eigener Regie durchzuführen. Hierdurch hat die Gemeinde u.a. die Möglichkeit, bereits im Vorgriff auf spätere Baugebietsfestsetzungen Maßnahmen zum Ausgleich durchzuführen und diese dann den neuen Baugebieten zuzuordnen. Die im Rahmen einer Bevorratung nach § 135a Abs. 2 Satz 2 BauGB aufgewandten Kosten sind ebenso Gegenstand des von der Gemeinde von den Grundstückeigentümern nach § 135a Abs. 3 Satz 2, § 135b, § 135c BauGB zu erhebenden **Kostenerstattungsbetrag** wie eine Bevorratung nach § 16.[12] Denn ausschlaggebend für die Kostenerstattung gem. § 135b i.V.m. § 135a Abs. 2 BauGB ist nicht die Art der Beschaffung der Kompensationsmaßnahme, sondern vielmehr ob die Maßnahme nach § 9 Abs. 1a BauGB zugeordnet ist.[13] Teilweise gestalten die Landesregelungen das Verhältnis zum Baurecht insoweit aus (§ 12 Abs. 2 ÖKVO BW; § 9 ÖkokontoVO LSA, § 10 Abs. 2 ÖkokontoVO NRW, § 18 Satz 5 NatSchG Bln).

II. Landesrecht (Abs. 2)

8 Der Bundesgesetzgeber überlässt die **Details der Verwaltung** von bevorrateten Kompensationsmaßnahmen im Wesentlichen dem Gesetzgeber in den

---

9 BayVGH, Urt. v. 30.03.2010 – 8 N 09.1861–1868, 8 N 09.1870–1875, BauR 2010, 1886, juris Rn. 79.

10 Daher auch anders VGH BW, Urt. v. 12.10.2010 – 3 S 1873/09 – juris.

11 Hierzu mit zahlreichen Hinweisen aus Rspr. und Lit.: VGH BW, Urt. v. 12.10.2010 – 3 S 1873/09, juris Rn. 50 ff.

12 Vgl. zum Ökokonto im Zusammenhang mit der naturschutzrechtlichen Eingriffsregelung in der Bauleitplanung: Schreiben des Bayerischen Staatsministerium für Landesentwicklung und Umweltfragen vom 19.11.1998 Nr. 6/31 – 8680.6 – 1998/3, veröff. in: *Simon/Busse*, Bayerische Bauordnung, 98. Lfg. 2009.

13 *Krautzberger*, in: Ernst/Zinkahn/Bielenberg/Krautzberger, 117. EL, BauGB, § 135a Rn. 5; *ders.*, in: Battis/Krautzberger/Löhr, BauGB, 12. Aufl. 2014, § 135a Rn. 6.

Ländern,[14] der dies häufig dem Verordnungsgeber übertragen hat. Dementsprechend gelten die bisherigen Landesregelungen fort, was praktisch in jedem Bundesland zu einer anderen Verwaltungspraxis bei der Bevorratung von Kompensationsmaßnahmen führt. Die bestehenden Regelungen in den Ländern sind sehr unterschiedlich. Widersprüche des vor oder nach dem 01. 04. 2010 in Kraft getretenen Landesrechts mit dem BNatSchG dürften wegen der von § 16 Abs. 2 eingeräumten **Spielräume** kaum bestehen. Je mehr allerdings von einer Bevorratung Gebrauch gemacht wird, desto größer dürfte auch die Notwendigkeit zu einer **Koordinierung** durch die Landesbehörden – auch länderübergreifend – sein, etwa um Kompensationsmaßnahmen räumlich und inhaltlich aufeinander abzustimmen, Anerkennungsvorschriften zu vereinheitlichen und somit zu auch vereinfachen oder Missbrauch zu verhindern.

In den **Ländern** existieren zu § 16 gegenwärtig folgende **Ausführungsvor-** 9
schriften:

Baden-Württemberg:	§ 22 Abs. 2 NatSchG BW[15] i.V.m. ÖKVO[16]
Bayern:	Art. 8 Abs. 3 BayNatSchG[17] i.V.m. BayKompV[18]
Berlin:	§ 18 NatSchG Bln[19]
Brandenburg:	§ 7 Abs. 3 BbgBNatSchAG[20] i.V.m. § 3 Abs. 1 Bbg. FPV[21]
Bremen:	§ 9 BremNatG[22]
Hamburg:	§ 7 HmbBNatSchAG[23] i.V.m ÖkokontoVO Hmb[24]
Hessen:	§ 10 ff. HAGBNatSchG[25] i.V.m. § 3 KompensationsVO HE[26]

---

14 BR-Drs. 278/09 (Beschluss), S. 11 und BT-Drs. 16/13430, S. 20.

15 Vom 13. 12. 2005, GBl. BW S. 745; zuletzt geändert 03. 12. 2013, GBl. BW S. 449.

16 Verordnung des Ministeriums für Umwelt, Naturschutz und Verkehr über die Anerkennung und Anrechnung vorzeitig durchgeführter Maßnahmen zur Kompensation von Eingriffsfolgen vom 29. 12. 2010, GBl. BW, S. 1089.

17 Vom 23. 02. 2011, GVBl. Bay S. 82; zuletzt geändert 24. 04. 2015, GVBl. Bay, S. 73.

18 Verordnung über die Kompensation von Eingriffen in Natur und Landschaft vom 07. 08. 2013, GVBl. Bay, S. 517.

19 Vom 29. 05. 2013, GVBl. Bln, S. 140.

20 Vom 21. 01. 2013, GVBl. Bbg, S. 1.

21 Verordnung zur Durchführung von Ausgleichs- und Ersatzmaßnahmen in Maßnahmen- und Flächenpools in Brandenburg v. 24. 02. 2009, GVBl. II, S. 111, geändert durch Verordnung v. 22. 09. 2009, GVBl. II, S. 750.

22 Vom 27. 04. 2010, Brem.GBl. S. 315; zuletzt geändert 19. 12. 2014, Brem.GBl., S. 780.

23 Vom 11. 05. 2010, HmbGVBl. S. 350; zuletzt geändert 13. 05. 2014, HmbGVBl., S. 167.

24 Verordnung zur Bevorratung von Kompensationsmaßnahmen v. 03. 07. 2012, HmbGVBl., S. 294.

25 Vom 20. 12. 2010, GVBl. He S. 629; zuletzt geändert 27. 06. 2013, GVBl. He, S. 458.

26 Verordnung über die Durchführung von Kompensationsmaßnahmen, Ökokonten, deren Handelbarkeit und die Festsetzung von Ausgleichsabgaben vom 01. 09. 2005, GVBl. He, S. 624; zuletzt geändert 21. 11. 2012, GVBl. He, S. 444.

Mecklenburg-Vorpommern:	§ 12 Abs. 7 NatSchAG M-V[27] i.V.m. ÖkoKtoVO M-V[28]
Nordrhein-Westfalen:	§ 5a Abs. 2 LG NW[29] i.V.m. ÖkokontoVO NRW[30]
Rheinland-Pfalz:	§ 11 LNatSchG RP[31]
Saarland:	§ 30 SNG[32]
Sachsen:	§ 11 Abs. 3 SächsNatSchG[33] i.V.m. SächsÖKoVO[34]
Sachsen-Anhalt:	§ 9 Abs. 2 NatSchG LSA[35] i.V.m. ÖkokontoVO LSA[36]
Schleswig-Holstein:	§ 10 Abs. 2 LNatSchG SH[37] i.V.m. ÖkokontoVO SH[38]
Thüringen:	§ 7 Abs. 3 ThürNatG[39]

10 **Verordnungsermächtigungen** an das jeweils zuständige Ministerium enthalten:

Baden-Württemberg:	§ 22 Abs. 2 NatSchG BW
Bayern:	Art. 8 Abs. 3 BayNatSchG
Brandenburg:	§ 7 Abs. 3 BbgBNatSchAG
Hamburg:	§ 7 HmbBNatSchAG
Hessen:	§ 11 HAGBNatSchG (Ökoagentur); § 34 Abs. 1 Satz 1 Nr. 2 lit. a HAGBNatSchG

27 Vom 23.02.2010, GVBl. M-V, S. 66; zuletzt geändert 15.01.2015, GVBl. M-V, S. 30.

28 Verordnung zur Bevorratung von Kompensationsmaßnahmen, zur Einrichtung von Verzeichnissen und zur Anerkennung von Flächenagenturen im Land M-V vom 22.05.2014, GVBl. M-V, S. 290.

29 Vom 21.07.2000, GVBl. NRW., S. 568; zuletzt geändert 16.03.2010, GVBl. NRW., S. 185.

30 Verordnung über die Führung eines Ökokontos nach § 5a Abs. 1 Landschaftsgesetz v. 21.07.2000, GVBl. NRW, S. 379.

31 Vom. 28.09.2005, GVBl. RP, S. 387; zuletzt geändert 22.06.2010, GVBl. RP, S. 106.

32 Vom 05.04.2006, ABl. Saarl., S. 726; zuletzt geändert 28.10.2008, ABl. Saarl., 2009 S. 3.

33 Vom 06.06.2013, GVBl. SA, S. 451; zuletzt geändert 29.04.2015, GVBl. SA, S. 349.

34 Verordnung des Sächsischen Staatsministeriums für Umwelt und Landwirtschaft über das Ökokonto und das Kompensationsflächenkataster v. 02.07.2008, GVBl. SA, S. 321.

35 Vom 10.12.2010, GVBl. LSA S. 569; zuletzt geändert 15.01.2015, GVBl. LSA, S. 21.

36 Verordnung über die Anerkennung und Anrechnung vorzeitig durchgeführter Maßnahmen zur Kompensation von Eingriffsfolgen vom 21.01.2005, GVBl. LSA, S. 24; zuletzt geändert 15.01.2015, GVBl. LSA S. 21.

37 Vom 24.02.2010, GVBl. SH, S. 301; zuletzt geändert 16.03.2015, GVBl. SH, S. 96.

38 Landesverordnung über das Ökokonto, die Einrichtung des Kompensationsverzeichnisses und über Standards für Ersatzmaßnahmen vom 23.05.2008, GVBl. SH, S. 276; zuletzt geändert 26.04.2013, GVBl. SH, S. 219.

39 Vom 30.08.2006, GVBl. Thür., S. 421; zuletzt geändert 25.10.2011, GVBl. Thür 2011, S. 273.

Mecklenburg-Vorpommern:	§ 12 Abs. 7 Satz 1 Nr. 1, Satz 2 NatSchAG M-V
Nordrhein-Westfalen:	§ 5a Abs. 2 LG NW
Rheinland-Pfalz:	§ 11 LNatSchG RR
Sachsen:	§ 11 Abs. 3 SächsNatSchG
Sachsen-Anhalt:	§ 9 Abs. 2 NatSchG LSA
Schleswig-Holstein:	§ 10 Abs. 2 LNatSchG SH

Auf weitergehende Regelungen zur Bevorratung bis heute verzichtet haben lediglich **Niedersachsen**[40] und der Bund etwa in Bezug auf Kompensationsbedarfe für Eingriffe in der Ausschließlichen Wirtschaftszone (vgl. § 56). Ansonsten lassen sich die Länder in zwei Gruppen einteilen: Länder, die Regelungen getroffen haben, die – abgesehen von einer Pflicht zur vorigen Zustimmung und einzelnen ergänzenden Spezialregelungen – nicht über § 16 hinausgehen. Zu diesen Ländern gehören Berlin (§ 18 NatSchG Bln), Bremen (§ 9 BremNatG), Hessen (§ 3 KV He), Rheinland-Pfalz (§ 11 LNatSchG RP) und **Thüringen** (§ 7 Abs. 3 Satz 5 bis 7 ThürNatG)[41]. Die Gruppe aller anderen Länder haben zum Teil auch sehr ausführliche Regelungen zur Bevorratung und den durchzuführenden Verfahren getroffen. *11*

III. Modelle einer Bevorratung

Gem. § 16 Abs. 2 ist die Bevorratung von vorgezogenen Ausgleichs- und Ersatzmaßnahmen mittels **Ökokonten, Flächenpools oder anderer Maßnahmen**, insbesondere die Erfassung, Bewertung oder Buchung vorgezogener Ausgleichs- und Ersatzmaßnahmen in Ökokonten möglich. Das **Ökokonto** ist bis heute das häufigste und auch am häufigsten im Landesrecht geregelte Modell einer bevorrateten Kompensationsmaßnahme, wobei auch diese bislang in den Ländern ganz unterschiedlich ausgestaltet ist. *12*

1. Öffentlich-rechtliche Vereinbarung

Die einfachste Form der Bevorratung von Kompensationsmaßnahmen ist die **öffentlich-rechtliche Vereinbarung**[42] zwischen Maßnahmeträger und zuständiger Naturschutzbehörde.[43] Ein solches Rechtsverhältnis über die vorzeitige Durchführung und Verwendung einer Kompensationsmaßnahme kann gem. § 54 Satz 1 VwVfG durch Vertrag begründet, geändert oder aufgehoben *13*

---

40 In **Niedersachsen** existiert lediglich der Entwurf von „Hinweisen zur Flächen- und Maßnahmenbevorratung bei der Eingriffskompensation – Ökokonto-Modell für Niedersachsen" vom Juli 2007.

41 In **Thüringen** existiert ein Fachkonzept zu Flächenpools vom August 2006.

42 So etwa die bisherige Regelung in **Rheinland-Pfalz**: § 11 Satz 1 LNatSchG RP.

43 Vgl. die noch geltende, aber im Hinblick auf § 16 Abs. 1 nicht vollständige Vorschrift in § 11 LNatSchG RP.

werden (öffentlich-rechtlicher Vertrag), soweit Rechtsvorschriften nicht entgegenstehen. Zu beachten ist, dass sich der private Vertragspartner zur Erlangung des Rechts, sich später von seiner Pflicht zur Kompensation nach § 15 Abs. 2 zu befreien, eine Gegenleistung – nämlich die Durchführung der Kompensationsmaßnahme – erbringt, und somit auch die Voraussetzungen des **Austauschvertrages** nach § 56 VwVfG vorliegen müssen. Bei der Entscheidung darüber, ob ein Vertrag über ein Ökokonto zu schließen ist, ist § 3 Abs. 3 zu beachten: Demnach soll bei Maßnahmen des Naturschutzes und der Landschaftspflege vorrangig geprüft werden, ob der Zweck mit angemessenem Aufwand auch durch vertragliche Vereinbarungen erreicht werden kann. Damit besteht sogar eine Pflicht der zuständigen Behörde, den Einsatz von Verträgen zu prüfen (§ 3 Rn. 55). Besteht also – insbesondere in den Ländern ohne Detailregelungen oder im Bund – keine Verwaltungspraxis zur Bevorratung, so ist eine vertragliche Vereinbarung zur Erfüllung des Anspruchs aus § 16 naheliegend. Dieses Modell eines „Ökokontos" bietet sich an, wenn dieselbe Naturschutzbehörde sowohl für die Bewertung der Kompensationsmaßnahme als auch für die Beurteilung des späteren Eingriffs zuständig ist. Aus Sicht des Maßnahmeträgers bietet diese Möglichkeit eine gute **Verlässlichkeit**, sich seiner Verursacherpflichten nach § 15 zu entledigen.

2. Genehmigte Kompensationsmaßnahme und Anerkennung

14 Bei dem am häufigsten praktizierten Fall der Bevorratung durch Ökokonto wird regelmäßig zweistufig vorgegangen und zwar mit den Verfahrensschritten **Genehmigung bzw. Zustimmung einerseits und Anerkennung und Verrechnung bzw. Zuordnung** anderseits. Die Stufen können dabei unterschiedlich zusammengefasst oder aufgegliedert sein.

15 Regelmäßig gehen der Durchführung der Kompensationsmaßnahme zunächst eine **Genehmigung oder Zustimmung** der im Bereich der Kompensationsfläche örtlich zuständigen Naturschutzbehörde **voraus** (§ 22 Abs. 1 Nr. 1 NatSchG BW; § 18 Satz 1 NatSchG Bln; § 3 Abs. 4 Satz 1 Bbg. FPV; § 10 Abs. 1 Satz 2 HAGBNatSchG; § 12 Abs. 5 Satz 1 NatSchAG M-V; § 5a Abs. 1 LG NW; § 30 Abs. 3 Satz 1 SNG; § 11 Abs. 1 Satz 2 SächsNatSchG; § 9 Abs. 1 Satz 1NatSchG LSA; § 2 Abs. 2 ÖkokontoVO SH; § 7 Abs. 3 Satz 5 Thür-NatG). Dies ist von der Befugnis der Länder nach § 16 Abs. 2 zur Regelung der Genehmigungsbedürftigkeit gedeckt. Diese Zustimmung oder Genehmigung – auf der ersten Stufe der Bevorratung – entfaltet gegenüber dem Maßnahmeträger unmittelbare Außenwirkung und besitzt somit die Qualität eines **Verwaltungsakts** nach § 35 VwVfG. Bereits diese Zustimmung oder Genehmigung der Naturschutzbehörde kann mit der Aufnahme in ein von ihr geführtes Register, dem eigentlichen „Ökokonto" (vgl. etwa § 2 ÖkokontoVO SH) oder jedenfalls mit dessen Einrichtung (vgl. § 5 Abs. 1 ÖkokontoVO NRW) verbunden sein. Dies ist sinnvoll, weil so auch die geplanten Kompensationsmaßnahmen erfasst, überwacht, ergänzt und untereinander auf andere Nutzungen abgestimmt sein können. Teilweise sind die Ökokonten daher auch in das Register der (nicht bevorrateten) Kompensationsmaßnahmen integriert (z.B. in das Ökoflächenkataster nach Art. 46 Nr. 5, Art. 9 BayNatSchG; § 15 BayKompV).

Soweit die **Voraussetzungen** dieser Zustimmung/Genehmigung gesetzlich   *16*
nicht bestimmt sind, ergibt sich aus dem Kontext mit § 16 Abs. 1, dass auch
ein Anspruch des Maßnahmeträgers auf Zustimmung/Genehmigung besteht, wenn dargelegt wird, dass die Voraussetzungen für die Anerkennung
gem. § 16 Abs. 1 i.V. m. ggf. weitergehenden landesrechtlichen Vorschriften
nach Durchführung der Kompensationsmaßnahme vorliegen. Ansonsten
würde der von § 16 Abs. 1 gewährte Anspruch auf Anerkennung und seine
Zielsetzung leerlaufen. Die Zustimmung/Genehmigung vor Durchführung
der Kompensationsmaßnahme kann gem. § 54 Satz 2 VwVfG durch **öffentlich-rechtlichen Vertrag** ersetzt werden.

Durch die Zustimmung/Genehmigung wird ein **öffentlich-rechtliches Rechts-**   *17*
verhältnis mit Rechten und Pflichten zwischen Maßnahmeträger und für den
Bereich der Kompensationsmaßnahme zuständiger Naturschutzbehörde begründet. Es bietet für den Vorhabensträger die Gewähr dafür, dass er mit
Durchführung der Kompensationsmaßnahme und Beachtung der gesetzlichen
Voraussetzungen des § 16 Abs. 1 i.V. m. ggf. weitergehenden landesrechtlichen Vorschriften einen **Anspruch auf Anerkennung** erlangt. Gegenstand
dieser Genehmigung *vor* Durchführung der Kompensationsmaßnahme sollten
daher nicht nur die Bestätigung der Voraussetzungen des § 15 Abs. 2 (§ 16
Abs. 1 Nr. 1), wie insbesondere die Aufwertungsfähigkeit der Fläche, sein,
sondern auch Maßgaben der Durchführung und eine **Bewertung** der Maßnahme hinsichtlich des daraus resultierenden Kompensationswertes (vgl. § 3
Abs. 5 ÖKVO BW; § 10 Abs. 2, Abs. 3 HABGNatSchG; § 4 Abs. 1 ÖkoKtoVO
M-V; § 3 Abs. 1 Satz 1 Nr. 3, Satz 2, Abs. 2 ÖkokontoVO NRW; § 30 Abs. 3
Satz 3 SNG; § 3 SächsÖKoVO; § 2 Abs. 4 ÖkokontoVO LSA; § 2 Abs. 4 ÖkokontoVO SH). Nur dann kann der Maßnahmeträger den Wert der Maßnahme
hinreichend und im Vorwege ihrer Durchführung beurteilen. Die Genehmi-
gung/Zustimmung vor Beginn der Kompensationsmaßnahme ist teilweise
zwingende auch rechtliche Voraussetzung für die spätere Verrechnung der
Maßnahme mit einer Kompensationsverpflichtung (vgl. etwa § 3 Abs. 6 ÖkokontoVO BW; § 12 Abs. 5 NatSchAG M-V; § 3 ÖkokontoVO NRW). Teilweise
können explizit auch schon durchgeführte Maßnahmen im Sinne des § 16
Absatz 1 BNatSchG zur Bevorratung beantragt werden (Art. 13 Abs. 1 Nr. 1,
Art. 15 Abs. 2 Nr. 2 BayKompV; § 2 Abs. 1 ÖkokontoVO Hmb, unklar inso-
weit: § 2 Abs. 2 ÖkokontoVO LSA oder § 2 ÖkokontoVO SH, vor allem, wenn
§ 2 Abs. 2 Satz 2 Nr. 3 ÖkokontoVO SH den Ausgangsbiotop als „derzeitigen
Zustand" bei Antragstellung bezeichnet). In Fällen ohne Genehmigung oder
Zustimmung vor Beginn der Maßnahme ist zu beachten, dass es in keinem
Fall an einer hinreichenden Dokumentation des Ausgangszustands (§ 16
Abs. 1 Nr. 5) fehlen darf.

Von dieser Genehmigung/Zustimmung vor Durchführung der Kompensati-   *18*
onsmaßnahme ist die **Anerkennung** *nach* Durchführung der Kompensationsmaßnahme gem. § 16 Abs. 1 – die zweite verwaltungstechnische Stufe des
Bevorratungsprozederes – zu unterscheiden. Anerkennung i.S.v. § 16 und
der entsprechenden landesrechtlichen Vorschriften bedeutet die Bestätigung
der zuständigen Naturschutzbehörde, dass die Kompensationsmaßnahme
durchgeführt wurde und nunmehr zur Kompensation von Eingriffen in Natur

und Landschaft verwendet wird bzw. verwendet werden kann (§ 4 Abs. 1 Nr. 2, Abs. 4 ÖkoKtoVO M-V). Eine teilweise Anerkennung ist möglich (§ 4 Abs. 2 Satz 2 ÖkokontoVO NRW). Für eine Anerkennung existieren unterschiedliche Modalitäten, die bundesrechtlich nicht vorgegeben sind, was aus Vereinheitlichungsgründen allerdings wünschenswert wäre.

19 Nach einer Verfahrensweise erfolgen **Anerkennung und Verrechnung in einem Akt** (§ 9 Abs. 1 Satz 1 ÖkokontoVO BW; § 16 BayKompV; § 9 BremNatG; § 4 Abs. 2 ÖkokontoVO SH; § 5 Abs. 1 SächsÖKoVO; § 6 Abs. 1 ÖkokontoVO LSA). Probleme bereitet es, dass hierbei eventuell eine andere Behörde über die Anerkennung entscheidet als über die vorherige Genehmigung. Zuständig für die Verrechnung ist dann nämlich die für den Ort des Eingriffs zuständige Behörde und nicht die Behörde in der örtlichen Zuständigkeit der Kompensationsmaßnahme (vgl. § 4 Abs. 2 ÖkokontoVO SH). Eine Veräußerung des Kompensationswerts vor Anerkennung ist daher mit der Unsicherheit verbunden, dass noch nicht abschließend feststeht in welchem Umfang die Maßnahme zur Deckung eines für einen Eingriff zu erbringenden Kompensationsbedarfs zur Verfügung steht. § 16 Abs. 1 BayKompV hat dieses Problem erkannt, in dem die Bewertung bei Abbuchung stets der (auch für die Bewertung des Ausgangszustandes gem. § 15 Abs. 3 BayKompV zuständigen) unteren Naturschutzbehörde zugewiesen wird. Einige Länder räumen dem Maßnahmeträger das Recht auf eine Zwischenbilanzierung durch die untere Naturschutzbehörde ein (§ 4 Abs. 1 ÖkokontoVO LSA; § 3 SächsÖKoVO). Bei alledem ist zu berücksichtigen, dass eine der Anerkennung bzw. in diesem Zusammenhang erfolgende Anrechnung nicht von den im Rahmen der Genehmigung bzw. Zustimmung rechtsverbindlich und insofern mit Tatbestandswirkung festgestellten Maßgaben abweichen darf. Insofern wäre es mit der Zwecksetzung der Bevorratung und einer Handelbarkeit von bevorrateten Maßnahmen auch nicht vereinbar, wenn eine erneute Prüfung der Genehmigungs- und Zustimmungsvoraussetzungen erfolgen soll. Entsprechende Vorschriften (vgl. § 9 Abs. 1 ÖkokontoVO M-V) können nur so verstanden werden, dass lediglich eine Überprüfung des Eintritts der bei Genehmigung bzw. Zustimmung nur prognostizierten Annahmen im Sinne einer Abnahme (§ 4 Abs. 2 Satz 2 ÖkokontoVO NRW) erfolgt, nicht aber dass die grundsätzliche Bevorratungseignung bzw. Bewertung noch einmal grundsätzlich in Frage gestellt wird.

20 Nach einer anderen Verfahrensweise beantragt der Maßnahmeträger bei der Behörde, die die Maßnahme genehmigt hat, die Anerkennung nach § 16 Abs. 1 und erwirbt mit ihr das **veräußerbare Recht**, ein bestimmtes Kompensationskontingent für Eingriffe in Natur und Landschaft einsetzen zu dürfen („Verrechnungsanspruch"). Die Durchführung der Kompensationsmaßnahme und das damit erworbene Recht werden auf dem **Ökokonto** der für die Maßnahme örtlich zuständigen Behörde verbucht (§ 18 Satz 2 NatSchG Bln; §§ 1 ff. ÖkokontoVO NRW; § 30 Abs. 1 SNG). Der so erworbene Verrechnungsanspruch besteht bundesrechtlich grundsätzlich auch gegenüber Behörden in einem anderen Bundesland als demjenigen, in dem die Kompensationsmaßnahme belegen ist. Einschränkungen könnten sich lediglich aus den Anforderungen der Verursacherpflichten selbst ergeben (z.B. Bezug

zur betroffenen Großlandschaft). Dies entspricht der originären Idee von einem Ökokonto, über dessen „Guthaben" der Berechtigte bei Bedarf oder im Veräußerungsfall verfügen kann. Soweit über die Anerkennung der Kompensationsmaßnahme nach Durchführung dieselbe Behörde entscheidet, die diese vor Durchführung genehmigt bzw. dieser zugestimmt hat, kommt der Genehmigung/Zustimmung vor Durchführung der Maßnahme die Qualität einer Zusicherung nach § 38 VwVfG in Bezug auf die spätere Anerkennung zu. Mit der Zwecksetzung der Bevorratung und einer Handelbarkeit von bevorrateten Maßnahmen ist es auch hier nicht vereinbar, wenn bei Anrechnung eine erneute Prüfung der Anerkennungsvoraussetzungen erfolgt (§ 30 Abs. 4 SNG).

Die **Verrechnung** erfolgt bei diesem Modell des Ökokontos gesondert von   21 der Anerkennung im Zuge des den Eingriff gestattenden Genehmigungsverfahrens (§ 6 Abs. 1 ÖkokontoVO NRW; 30 Abs. 5 SNG). Gegenstand der Prüfung bei Verrechnung ist im Hinblick auf die Kompensationsmaßnahme allein die Tatsache, ob das Ökokonto ein hinreichendes Guthaben aufweist. Nur hierdurch wird die vom Gesetzgeber beabsichtigte **Flexibilisierung** der Realkompensation erreicht.

3. Flächenpools

Bei einem Flächenpool werden nach einem bestimmten **planerischen Kon-   22 zept** kompensationsgeeignete Flächen durch Kauf, Pacht oder dingliche Sicherung im Grundbuch angesammelt. Ein Maßnahmen- oder Flächenpool zeichnet sich im Unterschied zu der üblichen Umsetzung der Kompensation auf einzelnen Flächen durch die Bündelung verschiedener Maßnahmen mit Wirkung auf möglichst alle Schutzgüter und deren Durchführung auf größeren, zusammenhängenden Flächen sowie die Absicherung der Betreuung und Pflege bis zur Erreichung des Maßnahmenziels aus (§ 1 Abs. 1 Satz 3 Bbg. FPV).

Eine ausdrückliche Regelung zu Flächenpools ist in § 4 Abs. 1 Satz 1 Nr. 3   23 Bbg. FPV, § 5 Abs. 1 Satz 3 Nr. 1 KompensationsVO HE, § 1, § 12, § 13 Abs. 3; § 14 ÖkoKtoVO M-V und § 7 Abs. 3 ThürG vorgesehen. Die Aufgabe des Maßnahmen- und Flächenpools geht dabei über die Bevorratung von Flächen für zukünftige Eingriffe nach § 16 hinaus und bezieht auch Kompensationsmaßnahmen **für konkrete, genehmigte oder schon ausgeführte Eingriffe** mit ein.[44] Die Vorschriften der Bbg. FPV machen deutlich, dass Flächen- und Maßnahmepools grundsätzlich die Möglichkeit unberührt lassen, **Einzel-Bevorratungsmaßnahmen** durchzuführen. Der räumliche Umfang jeder Kompensationsmaßnahme in einem zertifizierten Flächenpool kann aufgrund der **höheren ökologischen Effektivität** aber um 10 Prozent geringer sein als bei sonstigen Ausgleichs- und Ersatzmaßnahmen.[45] Ansonsten er-

---

44 *Lütkes*, in: Lütkes/Ewer, 2011, BNatSchG, § 16 Rn. 8; *Prall/Koch*, in: Schlacke (Hrsg.), GK-BNatSchG, 2012, § 16 Rn. 22.

45 *MULV Brandenburg*, „Hinweise zum Vollzug der Eingriffsregelung – HVE", April 2009, S. 42.

folgt die Erbringung und Anrechnung von Maßnahmen aus Flächenpools wie die **Anrechnung** auf der Grundlage eines Guthabens auf dem Ökokonto.

24 Voraussetzung für die Erbringung von Kompensationsmaßnahmen durch Flächenpools ist dessen **Zertifizierung** als Flächen-/Maßnahmenpool. Kriterien für eine Zertifizierung werden von der obersten Naturschutzbehörde festgelegt, § 2 Abs. 3 Bbg. FPV. Durch die Zertifizierung weist der Poolbetreiber nach, dass die angebotenen Flächen- und Maßnahmen als Ausgleichs- oder Ersatzmaßnahmen grundsätzlich geeignet sind (§ 2 Abs. 1 Bbg. FPV). Hierzu bedarf es einer **Bestätigung** durch die untere Naturschutzbehörde, in deren Zuständigkeitsbereich der zertifizierte Flächenpool liegt (§ 2 Abs. 2 Satz 2 Bbg. FPV).).

25 Das eigentliche Flexibilisierungsmoment der Kompensation für zu genehmigende, genehmigte oder schon durchgeführte Eingriffe liegt darin, dass der Träger des Flächenpools, die Verpflichtung zur Durchführung von Kompensationsmaßnahmen mit Schuld befreiender Wirkung für den Verursacher des Eingriffs und seine Verpflichtung nach § 15 Abs. 2 – gegen Entgelt – übernehmen können. Dies setzt die Anerkennung als **Flächenagentur** voraus (§ 4 Bbg. FPV). Ohne eine ausdrückliche gesetzliche oder verordnungsrechtliche Regelung tritt die Befreiung von den Kompensationspflichten des § 15 nur mit ausdrücklicher Zustimmung der den Eingriff genehmigenden Behörde ein. Dies ist zu bedenken, wenn die regelmäßig in Form einer Gesellschaft des Privatrechts tätige Flächenagentur, Kompensationsverpflichtungen durch privatrechtlichen Vertrag übernimmt.

IV. Voraussetzungen der Anerkennung (Abs. 1)

1. Allgemeines

26 Gleichgültig, nach welchem Modell die Länder bevorratete Maßnahmen anerkennen, das Bundesrecht knüpft die Anerkennung nunmehr einheitlich an **abschließend festgelegte Voraussetzungen**. Dass § 16 Abs. 1 insoweit abschließend ist, macht § 16 Abs. 1 Nr. 5 deutlich, der explizit darauf hinweist, dass Vorschriften der Länder zu den Anforderungen an die Dokumentation unberührt bleiben. Dieser Hinweis wäre entbehrlich, wenn der Bundesgesetzgeber die Voraussetzungen der Anerkennung in § 16 Abs. 1 nicht abschließend regeln wollte. Soweit die Länder weitergehende Voraussetzungen der Anerkennung vorschreiben, sind diese nicht mehr zu beachten. § 30 Abs. 3 Satz 3 SNG, der den Nachweis der Zuverlässigkeit des Antragstellers für eine dauerhafte Betreuung der Maßnahme verlangt, ist demzufolge mit Inkrafttreten von § 16 **unwirksam geworden**. Anforderungen im Hinblick auf Leistungsfähigkeit, fachliche Qualifikation und Zuverlässigkeit desjenigen, der Ökokonten gewerblich betreibt (§ 13 Abs. 3 BayKompV), werden durch § 16 hingegen nicht ausgeschlossen. Dass bei der Inanspruchnahme von land- oder forstwirtschaftlich genutzten Flächen für Ausgleichs- und Ersatzmaßnahmen auf agrarstrukturelle Belange Rücksicht zu nehmen ist (§ 30 Abs. 2 SNG) und insbesondere für die landwirtschaftliche Nutzung besonders geeignete Böden nur im notwendigen Umfang in Anspruch zu nehmen sind, ergibt sich auch aus § 15 Abs. 3. Abweichend von anderen Landes-

Ohms

regelungen sieht § 2 Abs. 3 Satz 1 Nr. 4 ÖkokontoVO SH vor, dass die zur Aufnahme in ein Ökokonto vorgesehene Maßnahme insbesondere auch **Festsetzungen der Bauleitplanung** Rechnung tragen muss. Dies stellt eine über § 16 Abs. 1 hinausgehende Voraussetzung dar. Auch wenn das Bauplanungsrecht grundsätzlich neben den Anforderungen des § 16 Abs. 1 gilt, handelt es sich hierbei insoweit um einen Konflikt mit Bundesrecht, als es sich dabei um andere als die gem. § 11 Abs. 3 aus der Landschaftsplanung übernommenen Darstellungen oder Festsetzungen handelt.

2. Maßnahmen des Naturschutzes und der Landschaftspflege

Maßnahmen des Naturschutzes und der Landschaftspflege sind sämtliche Handlungen rechtlicher und tatsächlicher Art, die den Zielen des § 1 zu dienen bestimmt sind (zu den Einzelheiten vgl. die entsprechende Kommentierung zu § 1). 27

3. Durchführung im Hinblick auf zu erwartende Eingriffe und Voraussetzungen des § 15 Abs. 2 (Nr. 1)

Der Anerkennungsanspruch nach § 16 Abs. 1 setzt die **Durchführung** von Kompensationsmaßnahmen voraus („durchgeführt worden sind"). Entsprechendes gilt nach den meisten Landesregelungen (§ 22 Abs. 1 NatSchG BW; § 7 Abs. 1 BayKompV; § 18 Satz 2 NatSchG Bln; § 3 Abs. 1 Satz 2 Bbg. FPV; § 9 Abs. 1 Satz 1 Nr. 1 BremNatG; § 2 Abs. 1 ÖkokontoVO Hmb; § 12 Abs. 5 Satz 4 NatSchAG M-V; § 2 Abs. 1 Satz 1 ÖkokontoVO M-V; § 5a Abs. 1 LG NW; § 11 Abs. 1 LNatSchG RP; § 30 Abs. 1 Satz 1 SNG; § 9 Abs. 1 Satz 1 NatSchG LSA; § 7 Abs. 3 Satz 5 ThürNatG). Unklar ist, ob hiermit die Durchführung der Kompensationsmaßnahme über den gesamten Unterhaltungszeitraum von 15 oder 20 Jahren gemeint ist, oder bloß die Durchführung der Maßnahmen, die erforderlich sind, damit die Wirkungen der § 15 Abs. 2 bei natürlicher Entwicklung nach Ablauf eines bestimmten Zeitraums eintreten können (also z.B. Vornahme von Anpflanzungen, Errichtung von Einrichtungen zur Wasserstandsregulierung, Nisthilfen oder Umzäunungen zum Schutz vor Prädatoren, vertragliche Sicherung einer Extensivierung landwirtschaftlicher Flächen). Der Regelungsgehalt der Vorschrift erschließt sich im Kontext mit § 16 Abs. 1 Nr. 1 und den Zielen, die der Gesetzgeber mit ihr verfolgt: 28

Gem. § 16 Abs. 1 Nr. 1 ist **weitere Voraussetzung** der Anerkennung, dass die Voraussetzungen des § 15 Abs. 2 erfüllt sind. Gem. § 15 Abs. 2 Satz 2 und 3 ist eine Beeinträchtigung (erst dann) ausgeglichen, wenn und sobald die beeinträchtigten Funktionen des Naturhaushalts in gleichartiger Weise wiederhergestellt sind und das Landschaftsbild landschaftsgerecht wiederhergestellt oder neu gestaltet ist. Ersetzt ist eine Beeinträchtigung, wenn und sobald die beeinträchtigten Funktionen des Naturhaushalts in dem betroffenen Naturraum in gleichwertiger Weise hergestellt sind und das Landschaftsbild landschaftsgerecht neu gestaltet ist (vgl. zu den Einzelheiten § 15 Rn. 30 ff.). Wörtlich würde dies bedeuten, dass eine Anerkennung nach § 16 Abs. 1 im Regelfall erst nach 15 oder 20 Jahren möglich ist. Dies kann der 29

Gesetzgeber aber nicht mit „Flexiblisierung" der Eingriffsregelung gemeint haben.[46] Auch wäre das Merkmal „Durchführung" dann doppelt geregelt.

30 § 16 Abs. 1, 1. Halbs. ist somit so zu verstehen, dass vor Anerkennung die Maßnahmen durchzuführen sind, die für eine **planmäßige Entwicklung** der Kompensationsmaßnahme erforderlich sind.[47] § 16 Abs. 1 Nr. 1 meint die **naturschutzfachliche Eignung** der bevorrateten Kompensationsmaßnahme. Dies entspricht im Wesentlichen auch den geltenden Regelungen der Länder. Demnach ist Voraussetzung der Anerkennung eine Eignung der Maßnahme, dauerhaft günstige Wirkungen auf die weitere Entwicklung von Natur und Landschaft zu erreichen (§ 22 Abs. 1 Satz 1 NatSchG BW; § 2 Abs. 1 Nr. 1 BayKompV; § 18 Satz 2 Nr. 1 NatSchG Bln;, § 3 Abs. 1 Satz 1 Bbg. FPV; § 2 Abs. 2 Nr. 5, Abs. 3 ÖkokontoVO Hmb; § 10 Abs. 2 HAGBNatSchG; § 12 Abs. 5 Satz 1 Nr. 2 NatSchGAG M-V; § 5a Abs. 1 LG NW; § 30 Abs. 1 SNG; § 11 Abs. 1 Satz 2 SächsNatSchG; § 2 Abs. 2 ÖkokontoVO LSA; § 2 Abs. 3 ÖkokontoVO SH). Da mit Anerkennung noch nicht zwingend auch eine **Verrechnung** verbunden ist, besteht auch eine hinreichende Gewähr, dass die anerkannte Maßnahme nicht nur ordnungsgemäß begonnen, sondern auch unterhalten wird. Unter dem Aspekt der naturschutzfachlichen Eignung ist es auch mit § 16 vereinbar, wenn Landesregelungen eine Mindestflächengröße vorsehen (z.B. § 2 Abs. 3 ÖkokontoVO M-V; § 2 Abs. 3 Satz 1 Nr. 2 ÖkokontoVO SH), die allerdings nicht zu groß gefasst werden darf, dass sie nicht mehr unter das Kriterium naturschutzfachliche Eignung gefasst werden kann.

31 Zu unterscheiden ist somit zwischen Anerkennung nach § 16 Abs. 1, die bei ordnungsgemäßer Erfüllung aller anfänglichen Voraussetzungen für den Eintritt der Wirkungen des § 15 Abs. 2 möglich ist, und endgültiger **Entlastung von der Verursacherpflicht** des § 15, die grundsätzlich erst dann eintritt, wenn auch eine Wiederherstellung i.S.d. § 15 Abs. 2 erfolgt ist. Dementsprechend erfolgt eine Anrechnung nach Landesrecht regelmäßig nur insoweit, als eine Aufwertung stattgefunden hat (vgl. § 9 Abs. 2 Satz 3 ÖKVO BW; § 16 Abs. 1, Abs. 4 BayKompV; § 4 Satz 1, § 5 Abs. 2 ÖkokontoVO Hmb; § 9 Abs. 1 ÖkoKtoVO M-V; § 6 ÖkokontoVO NRW; § 30 Abs. 4 SNG; § 5 Abs. 1 SächsÖKoVO; § 6 ÖkokontoVO LSA; § 4 ÖkokontoVO SH)

4. Ohne rechtliche Verpflichtung (Nr. 2)

32 Rechtliche Verpflichtungen können sich entweder aus Entscheidungen über die Zulassung anderweitiger Eingriffe oder etwa aus Maßnahmen des Vertragsnaturschutzes ergeben. Schreibt ein **Bebauungsplan** die Durchführung bestimmter Kompensationsmaßnahmen auf dem Baugrundstück vor, so gilt dies ebenfalls als rechtliche Verpflichtung, die eine Bevorratung ausschließt. Als ohne rechtliche Verpflichtung durchgeführt sind auch solche Maßnahmen anzusehen, die im Hinblick auf eine andere als eine kompensatorische

---

46 Vgl. BT-Drs. 16/12274, S. 58 f.

47 *Prall/Koch*, in: Schlacke (Hrsg.), GK-BNatSchG, 2012, § 16 Rn. 2, spricht von einem Funktionszusammenhang.

Verpflichtung durchgeführt wurden. So sind Maßnahmen, die zunächst ausschließlich im Hinblick auf die Vermeidung artenschutzrechtlicher Verbote (§ 44 Abs. 5 Satz 3) oder als populationsstützende Maßnahme (FCS-Maßnahme) zur Erfüllung der Ausnahmevoraussetzungen nach § 45 Abs. 7 durchgeführt werden, nach § 16 bevorratungsfähig (§ 15 Rn. 47)[48]. Aus § 15 Abs. 2 S. 4 ist zudem der Grundsatz abzuleiten, dass Naturschutzbehörden die Anerkennung solcher Maßnahmen als Kompensationsmaßnahmen nach § 15 Abs. 2 S. 1 insbesondere nicht deswegen ablehnen dürfen, weil diese aufgrund europarechtlicher Vorgaben ohnehin durchgeführt werden müssen.[49] Zu solchen nach europarechtlichen Vorgaben durchzuführende Maßnahmen gehören auch sog. FCS-Maßnahmen i.S.d. § 45 Abs. 7 S. 2, welche im Zusammenhang mit Art. 16 Richtlinie 92/43/EWG stehen. Zu beachten ist insoweit lediglich, dass das Landesrecht ggf. das Erfordernis einer Zustimmung vor Beginn der Maßnahme verlangt (vgl. Rn. 15).

5. Keine öffentlichen Fördermittel (Nr. 3)

Für die zu bevorratende Kompensationsmaßnahme dürfen keine öffentlichen   33
Fördermittel in Anspruch genommen worden sein. Hierbei ist zu unterscheiden: Mit § 16 Abs. 1 Nr. 3 sind Fördermittel gemeint, die gezielt für die Realisierung von Maßnahmen des Naturschutzes eingesetzt werden sollen. Wird beispielsweise ein Vorhaben, dass ein Kompensationserfordernis auslöst, mit Fördermitteln finanziert, oder verwendet eine Gemeinde Fördermittel zur Befriedigung etwa eines durch einen Bebauungsplan ausgelösten Kompensationsbedarfs und werden die hierfür benötigten Kompensationsmaßnahmen frühzeitig bevorratet, so ist dies nicht durch § 16 Abs. 1 Nr. 3 ausgeschlossen.

6. Kein Widerspruch zu Programmen und Plänen nach den §§ 10 und 11 (Nr. 4)

Gem. § 16 Abs. 1 Nr. 4 dürfen Ausgleichs- oder Ersatzmaßnahmen für ihre   34
Anerkennung Landschaftsprogrammen und Landschaftsrahmenplänen (§ 10) und Landschaftsplänen und Grünordnungsplänen (§ 11) nicht widersprechen. Zahlreiche Landesgesetze sehen diese Voraussetzung ebenfalls vor (§ 2 Abs. 1 Satz 1 ÖKVO BW; § 2 Abs. 1 Satz 1 Nr. 5 BayKompV; § 18 Satz 2 Nr. 3 NatSchG Bln; § 9 Satz 1 Nr. 3 BremNatG; § 2 Abs. 3 ÖkokontoVO Hmb; § 10 Abs. 1 Satz 1 HABGNatSchG; § 2 Abs. 1 Satz 2 ÖkoKtoVO M-V; § 5a Abs. 1 LG NW; § 30 Abs. 2 SNG; § 11 Abs. 1 Satz 1 SächNatSchG; § 2 Abs. 3 Nr. 3 ÖkokontoVO SH).

Vom Wortlaut her entspricht § 16 Abs. 1 Nr. 4 der Regelung in § 35 Abs. 3   35
Nr. 2 BauGB. **Grundvoraussetzung** ist daher auch für § 16 Abs. 1 Nr. 4, dass die Pläne überhaupt vorliegen, d.h. nach den in den jeweiligen Landesplanungsgesetzen vorgesehenen Verfahren aufgestellt sind. **Entwürfe** der Pläne

---

48 So auch *Lütkes*, in: Lütkes/Ewer, 2011, BNatSchG, § 16 Rn. 14; *Gellermann*, in: Landmann/Rohmer, Umweltrecht 57. EL, März 2010, § 15 Rn. 22, 23.

49 OVG Rheinland-Pfalz, 06.11.2013 – 8 C 10607/13, juris Rn. 43.

reichen nicht.[50] Beachtlich sind nach § 16 Abs. 1 Nr. 4 auch nur die **Darstellungen** dieser Pläne. Der beschreibende Teil und die Erläuterungen der Pläne sind nicht relevant. Ferner müssen relevante Darstellungen hinreichend bestimmt sein, um im Rahmen von § 16 Abs. 1 Nr. 4 Berücksichtigung zu finden. Die Inhalte der genannten Pläne sind in § 9 Abs. 3 aufgeführt.

36 In Einklang mit diesen Plänen stehen die Kompensationsmaßnahmen vor allem dann, wenn die bevorrateten Kompensationsmaßnahmen auf Flächen nach § 9 Abs. 3 Nr. 4 lit. c) BauGB durchgeführt werden (Flächen, die wegen ihres Zustands, ihrer Lage oder ihrer natürlichen Entwicklungsmöglichkeit für künftige Maßnahmen des Naturschutzes und der Landschaftspflege, insbesondere zur Kompensation von Eingriffen in Natur und Landschaft sowie zum Einsatz natur- und landschaftsbezogener Fördermittel besonders geeignet sind). Ein Widerspruch i.S.v. § 16 Abs. 1 Nr. 4 besteht allerdings nicht schon dann, wenn die bevorrate Kompensationsmaßnahme außerhalb dieser Flächen realisiert werden soll. Ein Widerspruch besteht vielmehr erst dann, wenn die Durchführung bestimmter Kompensationsmaßnahmen einem **hinreichend konkreten Ziel der Landschaftsplanung** zuwiderläuft.

7. Dokumentation des Ausgangszustands (Nr. 5)

37 Dass die Anerkennung von einer Dokumentation des Ausgangszustandes der betroffenen Fläche abhängt, versteht sich im Hinblick auf die Voraussetzung der Eignung der betroffenen Fläche zu Zwecken der Kompensation von selbst und ist auch in den Landesgesetzen vorgesehen (vgl. etwa § 4 Abs. 1 Nr. 5 ÖKVO BW; § 4 BayKompV; § 3 Abs. 1 Satz 3 Nr. 3 Bbg. FPV; § 9 Satz 1 Nr. 1 BremNatG; § 2 Abs. 2 Nr. 4 und 5 ÖkokontoVO Hmb; § 10 Abs. 2 HABGNatSchG; § 3 Abs. 2 ÖkokontoVO NRW; § 10 SächsÖKoVO; § 2 Abs. 4 ÖkokontoVO LSA; § 2 Abs. 2 Nr. 3 ÖkokontoVO SH). Zu dokumentieren ist insbesondere das Ausgangsbiotop, verbunden mit einer auf den Ausgangszustand bezogenen aktuellen ökologischen Beschreibung und Bewertung (vgl. § 3 Abs. 1 Satz 3 Nr. 3 Bbg. FPV).

8. Sonstige Anforderungen der Länder

38 Landesregelungen sehen darüber hinaus vor, dass die jeweiligen Flächen, auf denen Maßnahmen durchgeführt werden, **dauerhaft rechtlich und tatsächlich** für Maßnahmen des Naturschutzes und der Landschaftspflege **gesichert** sein müssen (§ 22 Abs. 1 Satz 1 Nr. 3 NatSchG BW; § 11 Abs. 1 BayKomV; § 18 Satz 2 Nr. 2 NatSchG Bln; § 3 Abs. 1 Satz 3 Nr. 2 Bbg. FPV; § 9 Satz 1 Nr. 5 BremNatG; § 2 Abs. 2 Nr. 3 ÖkokontoVO Hmb; § 3 Abs. 1 Nr. 10, Abs. 4 ÖkoKtoVO M-V; § 11 Abs. 1 Satz 2 SächsNatSchG; § 4 Abs. 1 Nr. 3 ÖkokontoVO SH). Diese in § 16 Abs. 1 nicht vorgesehene Voraussetzung der Anerkennung folgt bereits aus § 15 Abs. 4 und steht daher nicht im Widerspruch zum BNatSchG. Die in § 15 Abs. 4 nicht erwähnte „tatsächliche" Sicherung ist Bestandteil der Eignung einer Fläche zur Kompensation von Eingriffen in

---

50 *Söfker*, in: Ernst/Zinkahn/Bielenberg/Krautzberger, 117. EL, BauGB, § 35 Rn. 82.

Natur und Landschaft. Diese muss – um den Zweck der Kompensationsmaßnahme – ebenso wie die rechtliche Verfügbarkeit – langfristig gesichert sein.

Ferner ist teilweise eine Berücksichtigung der **Belange der Landwirtschaft** 39
vorgeschrieben. Dies folgt bereits 15 Abs. 3.

In einigen Landesregelungen sind im Übrigen **Verfahrensanforderungen** 40
festgelegt: So werden in entsprechender Anwendung von § 17 Abs. 4 BNat-
SchG, der die notwendigen Angaben zum Eingriff regelt, Anforderungen an
den **Antrag** auf Anerkennung gestellt (§ 3 Abs. 2 ÖKVO BW; § 3 Abs. 1
Satz 3 Bbg. FPV; § 2 Abs. 2 ÖkokontoVO Hmb; § 7 Abs. 1 Satz 2 KompensationsVO HE; § 3 Abs. 1 ÖkoKtoVO M-V; § 3 Abs. 1 ÖkokontoVO NRW; § 30
Abs. 3 Satz 2 bis 4 SNG; § 2 Abs. 1 SächsÖKoVO; § 2 Abs. 3 ÖkokontoVO
LSA; § 2 Abs. 1, Abs. 2 ÖkokontoVO SH). Vor der Entscheidung sind etwa
die Gemeinden, in deren Gemeindegebiet die Fläche liegt, die Landwirt-
schaftskammer sowie die anerkannten Naturschutzvereine zu **hören** (vgl.
§ 30 Abs. 3 Satz 7 SNG). § 30 Abs. 3 Satz 5 und 6 SNG verbindet den Ablauf
der 3-monatigen Entscheidungsfrist mit einer **Genehmigungsfiktion**.

V. Rechtsfolgen der Anerkennung

1. Allgemeines

Rechtsfolge der Anerkennung als Ausgleichs- oder Ersatzmaßnahmen ist – 41
je nach landesrechtlicher Ausgestaltung – entweder der **Erwerb des Rechts**,
einen anderweitig entstehenden Kompensationsbedarf **verrechnen** zu dürfen
oder unmittelbar die **Befreiung** von der Pflicht zur Kompensation nach § 15
Abs. 2. Insbesondere haben die Länder die Befugnis Vorkehrungen zu treffen, dass mit den anerkannten Kompensationsmaßnahmen letztlich auch
eine Wiederherstellung i.S.v. § 15 Abs. 2 erreicht wird.

Dies kann etwa dadurch geschehen, dass die Verrechnung mit einem Kom- 42
pensationsbedarf oder auch eine „Abbuchung" vom Ökokonto nur insoweit
erfolgt, als mit der Kompensationsmaßnahme bereits eine **Kompensations-
leistung** erbracht wurde (vgl. 16 Abs. 1 Satz 1 BayKompV; § 4 Abs. 2 ÖkokontoVO SH; § 9 Abs. 1 Satz 1 ÖkoKtoVO M-V) oder die Maßnahme nach
Durchführung bis zur Wiederherstellung i.S.v. § 15 Abs. 2 unter einen besonderen gesetzlichen Schutz gestellt werden (vgl. § 4 ÖkokontoVO NRW, der
zwar explizit zwischen Beginn und Abschluss der Durchführung unterscheidet (Abs. 2), aber grundsätzlich eine Abbuchung auch schon vor Eintritt der
Wirkungen des § 15 Abs. 2 zulässt). Da die Naturschutzbehörden bzw. die
Genehmigungsbehörden allerdings auch bei Einbringung nicht bevorrateter
Kompensationsmaßnahmen langfristig etwa über **Nebenbestimmungen** zur
Genehmigung des Eingriffs sicher stellen müssen, dass die Verpflichtung zur
Pflege und Erhaltung der Kompensationsmaßnahmen vom Genehmigungs-
empfänger – wie i.ü. jede anderweitige Dauerpflicht eines Anlagenbetreibers oder des Besitzers einer baulichen Anlage – erfüllt wird, ist kein Grund
dafür ersichtlich, an bevorratete Kompensationsmaßnahmen höhere Anforderungen zu stellen. Wenn also im **Genehmigungsverfahren** auf eine anerkannte, bevorratete und (nur) begonnene Kompensationsmaßnahme zurückgegriffen wird, kann zugleich auch eine Verrechnung erfolgen mit der

Maßgabe, dass die bei Anerkennung zu Grunde gelegten, ggf. in Nebenbestimmungen festgelegten Pflege- und Erhaltungsmaßnahmen durchgeführt werden.

43 Wichtig ist, dass Anerkennung und Verrechnung bzw. Abbuchung den Vorhabens- und Maßnahmeträger noch nicht aus der **Verursacherpflicht** des § 15 Abs. 2 entlassen. Eine sofortige Befreiung von den Verursacherpflichten wird mit der Anerkennung der Kompensationsmaßnahme regelmäßig nur dann verbunden sein, wenn der Maßnahmeträger eine besondere **Verlässlichkeit** im Hinblick auf die Unterhaltung der Maßnahmen aufweist, wie dies z.B. bei (landeseigenen) Flächenagenturen der Fall sein soll (vgl. § 5 Bbg. FPV). Lediglich § 18 Satz 3 NatSchG Bln sieht vor, dass mit Veräußerung des Anspruchs auf Anerkennung die Verantwortung nach § 15 Abs. 4 (Rn. 44) per Gesetz auf den Rechtsnachfolger übergeht.

2. Verpflichtung nach § 15 Abs. 4

44 Gemäß § 15 Abs. 4 sind Ausgleichs- und Ersatzmaßnahmen in dem jeweils erforderlichen Zeitraum zu **unterhalten und rechtlich zu sichern.** Dies gilt auch für bevorratete Kompensationsmaßnahmen. Der Unterhaltungszeitraum ist – wenn mit Anerkennung auch die Verrechnung erfolgt – im Bescheid über die Genehmigung des Eingriffs, ansonsten in dem Bescheid über die Anerkennung festzusetzen.

45 Gemäß § 15 Abs. 4 Satz 2 ist verantwortlich für Ausführung, Unterhaltung und Sicherung der Ausgleichs- und Ersatzmaßnahmen der Verursacher oder dessen Rechtsnachfolger. Bei bevorrateten Kompensationsmaßnahmen ist **verantwortlich** der Maßnahmeträger oder dessen Rechtsnachfolger bzw. der Eigentümer der Fläche, auf der die bevorratete Kompensationsmaßnahme durchgeführt wird bzw. wurde. Ein Sonderfall der Verpflichtungsübernahme ist die Durchführung von Kompensationsmaßnahmen durch anerkannte Agenturen (vgl. § 5 Bbg. FPV). Die Besonderheit der Durchführung von Kompensationsmaßnahmen durch **anerkannte Agenturen** liegt allerdings nicht nur darin, dass sie – wie jeder andere Maßnahmeträger – die Verantwortung nach § 15 Abs. 4 wahrnehmen, vielmehr können sie auch die Verpflichtung nach § 15 Abs. 2 zur Kompensation mit Schuld befreiender Wirkung für den Verursacher übernehmen und zwar auch schon zu einem Zeitpunkt, in dem der notwendige Kompensationsbedarf nicht abgedeckt werden kann.

46 Erfüllt der Maßnamenträger nicht seine Pflichten aus § 15 Abs. 4, stehen der im Bereich der geplanten Kompensationsmaßnahme zuständigen Naturschutzbehörde unterschiedliche **Handlungsmöglichkeiten** zur Verfügung: Wenn die Anerkennung im Wege des Bescheides erfolgte, und das Recht aus der Anerkennung noch nicht an einen Dritten abgetreten wurde, ist die Anerkennung vorrangig nach § 49 Abs. 2 Nr. 3 VwVfG zu **widerrufen.** Im Falle einer Veräußerung des Kompensationswertes aus der Maßnahme ist die Naturschutzbehörde darauf angewiesen, die Verpflichtung aus § 15 Abs. 4 gegen den Träger der bevorrateten Kompensationsmaßnahme – notfalls im Wege des Verwaltungsvollzuges – durchzusetzen. Der Erwerber eines Kom-

pensationskontingents darf nicht befürchten müssen, dass die gegenüber einem Dritten ausgesprochene Anerkennung entschädigungslos widerrufen wird. Insofern dürfte der Erwerber auch von § 49 Abs. 6 VwVfG geschützt sein. Ein solcher **Schutz des Erwerbers** von Kompensationskontingenten ist notwendig, da ansonsten das gesetzgeberische Ziel einer Flexibilisierung der Realkompensation nicht erreicht werden würde. Eine Bevorratung von Kompensationsmaßnahmen würde dann nur zur eigenen Verwendung und nicht auch zur Verwendung durch Dritte erfolgen.

3. Handelbarkeit

Der Bundesgesetzgeber überträgt die Befugnis, Regelungen zur Handelbar-   *47* keit von bevorrateten Kompensationsmaßnahmen zu treffen, in § 16 Abs. 2 den Ländern. Die Handelbarkeit betrifft genauer gesagt den **Anspruch auf Verrechnung** oder Abbuchung vom Ökokonto und setzt daher zunächst dessen **Übertragbarkeit** voraus (vgl. § 22 Abs. 1 Nr. 3 NatSchG BW; § 17 BayKompV; § 18 Satz 4 NatSchG Bln; § 6 ÖkokontoVO Hmb; § 10 Abs. 6 HAGBNatSchG; § 12 Abs. 5 Satz 3 NatSchGAG M-V; § 7 SächsÖKoVO; § 8 ÖkokontoVO LSA; § 10 Abs. 1 LNatSchG SH). Auch ohne ausdrückliche Landesregelung dürfte der Anspruch auf Verrechnung bzw. Abbuchung vom Ökokonto durch zivilrechtlichen Vertrag zwischen Berechtigtem und Erwerber grundsätzlich abtretbar sein. Einer Mitwirkung der das Ökokonto führenden oder sonst zuständigen Behörde bedarf es nicht. Gleichwohl ist der Erwerber eines Verrechnungsanspruchs gut beraten, wenn er seine Zahlungspflicht davon abhängig macht, dass von der zuständigen Behörde auch tatsächlich eine Verrechnung mit einem von ihm zu befriedigenden Kompensationsbedarf erfolgt.

Vom Übergang des Verrechnungsanspruchs grundsätzlich unberührt bleiben   *48* die **öffentlich-rechtlichen Pflichten** des § 15 Abs. 4. Der **Träger der Kompensationsmaßnahme** bleibt öffentlich-rechtlich für deren Pflege und Erhaltung verantwortlich. Der **Erwerber** bleibt so lange aus § 15 verpflichtet, bis der von ihm verursachte Eingriff kompensiert und eine Wiederherstellung i.S.v. § 15 Abs. 2 erfolgt ist. Etwas anderes gilt nur dann, wenn dies gesetzlich (§ 18 Satz 3 NatSchG Bln) oder nach einer Verordnung zulässig oder vorgeschrieben ist (wie z.B. in § 5 FPV Bbg). Ein gesetzlich bislang nur in Berlin geregelter Übergang der Verursacherpflichten des § 15 Abs. 2 auf denjenigen, der mit Ausgleichs- und Ersatzmaßnahmen handelt, wäre indes sachgerecht. Denn Sinn und Zweck des Erwerbs von Kompensationsmaßnahmen bzw. des Erwerbs des Verrechnungsanspruchs ist es, sich seiner Verursacherpflichten aus § 15 zu entledigen. Solange dies nicht möglich ist, und die Pflichten des Maßnahmeträgers i.H.a. die bevorratete Kompensationsmaßnahme nur neben die Pflichten des Verursachers des Eingriffs aus § 15 treten, dürfte es für den Verursacher in der Praxis einfacher sein, sich durch **Ersatzzahlung** nach § 15 Abs. 6 seiner Kompensationspflichten zu entledigen.

4. Besonderheiten bei vorgezogenen Ausgleichsmaßnahmen i.S.v. § 44 Abs. 5 Satz 3, populationsstützende Maßnahmen des Artenschutzes und i.H.a. den Schutz von Natura 2000-Gebieten

49 Gemäß § 44 Abs. 5 Satz 3 können – soweit erforderlich – auch **vorgezogene Ausgleichsmaßnahmen** festgesetzt werden, um den Eintritt artenschutzrechtlicher Verbote zu vermeiden. § 16 Abs. 2 bezeichnet bevorratete Kompensationsmaßnahmen explizit auch als „vorgezogene" Ausgleichs- und Ersatzmaßnahmen, sodass bevorrateten Ausgleichs- und Ersatzmaßnahmen offenbar grundsätzlich auch die Funktion von vorgezogenen Ausgleichsmaßnahmen nach § 44 Abs. 5 Satz 3 zukommen kann.[51] Um allerdings artenschutzrechtliche Verbote durch Rückgriff auf bevorratete Kompensationsmaßnahmen auszuschließen, muss der Bescheid über die Zulassung des Eingriffs auf eine konkrete bevorratete Kompensationsmaßnahme und deren populationsrelevante Wirkungen für die auch vom Eingriff betroffene Art oder betroffenen Arten Bezug nehmen und durch Nebenbestimmung sicherstellen („festsetzen"), dass der Eingriff erst dann vorgenommen werden darf, wenn die aus Gründen des Artenschutzes notwendigen Wirkungen der Kompensationsmaßnahme bereits eingetreten sind. Insofern hat die bevorratete Kompensationsmaßnahme sowohl im Hinblick auf ihre **Schutzgut bezogenen Wirkungen** als auch im Hinblick auf ihren **zeitlichen Ablauf qualifizierte Anforderungen** zu erfüllen. Dass dies der Fall ist, sollte bereits in der Dokumentation des Ausgangszustandes der Flächen (§ 16 Abs. 1 Nr. 5) als auch in der Genehmigung, Zustimmung bzw. Anerkennung festgehalten sein.

50 Werden so artenschutzrechtliche Verbote ausgeschlossen, kann auf diese Weise auch eine **erhebliche Beeinträchtigung von Natura 2000-Gebieten** insoweit ausgeschlossen werden, als sich die bevorratete vorgezogene Kompensationsmaßnahme begünstigend gerade auf die wertgebenden und ansonsten erhebliche beeinträchtigten Elemente des Natura 2000-Gebiets auswirkt. Die qualifizierten Anforderungen an die bevorratete Maßnahme im Kontext einer Vermeidung von Verboten des Artenschutzrechts gelten entsprechend. Prinzipiell und wenn die Voraussetzungen des § 34 Abs. 3 und 4 vorliegen, können bevorratete Kompensationsmaßnahmen auch notwendigen Maßnahmen zur Sicherung des Zusammenhangs des Netzes „Natura 2000" i.S.v. § 34 Abs. 5 darstellen.[52]

51 Dasselbe gilt für sogenannte FCS-Maßnahmen, also Maßnahmen, mit denen der Erhaltungszustand der Populationen einer Art verbessert wird, und zwar auch in Anbetracht des Umstands, dass solche Maßnahmen in § 15 Abs. 2 S. 4 nicht ausdrücklich genannt sind. Denn das BNatSchG kennt sog. FCS-Maßnahme ausdrücklich nicht, sondern spricht in § 45 Abs. 7 S. 2 lediglich davon, dass „sich der Erhaltungszustand der Populationen einer Art nicht verschlechtern" darf. Demgegenüber hat der Gesetzgeber vorgezogene Ausgleichsmaßnahmen (CEF-Maßnahmen) in § 44 Abs. 5 S. 3 und die Kohärenzsicherungsmaßnahmen in § 34 Abs. 5 S. 1 („... notwendigen Maßnahmen ...")

---

51 So auch *Lütkes*, in: Lütkes/Ewer, 2011, BNatSchG, § 16 Rn. 14.
52 Vgl. *Mühlbauer*, in: Lorz/Konrad/Mühlbauer/Müller-Walter/Stöckel, Naturschutzrecht, 3. Aufl. 2013, BNatSchG, § 16 Rn. 2.

ausdrücklich als Maßnahmen benannt, so dass hinreichend Anlass bestand, in § 15 Abs. 2 S. 4 klarzustellen, dass solche Maßnahmen einer Kompensationsmaßnahme und somit auch der Anerkennung eines Ökokontos nach § 16 nicht entgegen stehen (vgl. auch § 2 Abs. 2 BayKomV).[53] Außerdem wäre es widersprüchlich, wenn eine zuerst als Ökokontomaßnahme anerkannte Maßnahme auch als FCS-Maßnahme multifunktional nutzbar gemacht werden könnte.

§ 17
Verfahren; Ermächtigung zum Erlass von Rechtsverordnungen

(1) Bedarf ein Eingriff nach anderen Rechtsvorschriften einer behördlichen Zulassung oder einer Anzeige an eine Behörde oder wird er von einer Behörde durchgeführt, so hat diese Behörde zugleich die zur Durchführung des § 15 erforderlichen Entscheidungen und Maßnahmen im Benehmen mit der für Naturschutz und Landschaftspflege zuständigen Behörde zu treffen, soweit nicht nach Bundes- oder Landesrecht eine weiter gehende Form der Beteiligung vorgeschrieben ist oder die für Naturschutz und Landschaftspflege zuständige Behörde selbst entscheidet.

(2) Soll bei Eingriffen, die von Behörden des Bundes zugelassen oder durchgeführt werden, von der Stellungnahme der für Naturschutz und Landschaftspflege zuständigen Behörde abgewichen werden, entscheidet hierüber die fachlich zuständige Behörde des Bundes im Benehmen mit der obersten Landesbehörde für Naturschutz und Landschaftspflege, soweit nicht eine weiter gehende Form der Beteiligung vorgesehen ist.

(3) Für einen Eingriff, der nicht von einer Behörde durchgeführt wird und der keiner behördlichen Zulassung oder Anzeige nach anderen Rechtsvorschriften bedarf, ist eine Genehmigung der für Naturschutz und Landschaftspflege zuständigen Behörde erforderlich. Die Genehmigung ist schriftlich zu beantragen. Die Genehmigung ist zu erteilen, wenn die Anforderungen des § 15 erfüllt sind. Die für Naturschutz und Landschaftspflege zuständige Behörde trifft die zur Durchführung des § 15 erforderlichen Entscheidungen und Maßnahmen.

(4) Vom Verursacher eines Eingriffs sind zur Vorbereitung der Entscheidungen und Maßnahmen zur Durchführung des § 15 in einem nach Art und Umfang des Eingriffs angemessenen Umfang die für die Beurteilung des Eingriffs erforderlichen Angaben zu machen, insbesondere über

1. Ort, Art, Umfang und zeitlichen Ablauf des Eingriffs sowie
2. die vorgesehenen Maßnahmen zur Vermeidung, zum Ausgleich und zum Ersatz der Beeinträchtigungen von Natur und Landschaft einschließlich Angaben zur tatsächlichen und rechtlichen Verfügbarkeit der für Ausgleich und Ersatz benötigten Flächen.

---

53 So auch *Lütkes*, in: Lütkes/Ewer, 2011, BNatSchG, § 16 Rn. 3.

Die zuständige Behörde kann die Vorlage von Gutachten verlangen, soweit dies zur Beurteilung der Auswirkungen des Eingriffs und der Ausgleichs- und Ersatzmaßnahmen erforderlich ist. Bei einem Eingriff, der auf Grund eines nach öffentlichem Recht vorgesehenen Fachplans vorgenommen werden soll, hat der Planungsträger die erforderlichen Angaben nach Satz 1 im Fachplan oder in einem landschaftspflegerischen Begleitplan in Text und Karte darzustellen. Dieser soll auch Angaben zu den zur Sicherung des Zusammenhangs des Netzes „Natura 2000" notwendigen Maßnahmen nach § 34 Absatz 5 und zu vorgezogenen Ausgleichsmaßnahmen nach § 44 Absatz 5 enthalten, sofern diese Vorschriften für das Vorhaben von Belang sind. Der Begleitplan ist Bestandteil des Fachplans.

(5) Die zuständige Behörde kann die Leistung einer Sicherheit bis zur Höhe der voraussichtlichen Kosten für die Ausgleichs- oder Ersatzmaßnahmen verlangen, soweit dies erforderlich ist, um die Erfüllung der Verpflichtungen nach § 15 zu gewährleisten. Auf Sicherheitsleistungen sind die §§ 232 bis 240 des Bürgerlichen Gesetzbuches anzuwenden.

(6) Die Ausgleichs- und Ersatzmaßnahmen und die dafür in Anspruch genommenen Flächen werden in einem Kompensationsverzeichnis erfasst. Hierzu übermitteln die nach den Absätzen 1 und 3 zuständigen Behörden der für die Führung des Kompensationsverzeichnisses zuständigen Stelle die erforderlichen Angaben.

(7) Die nach Absatz 1 oder Absatz 3 zuständige Behörde prüft die frist- und sachgerechte Durchführung der Vermeidungs- sowie der festgesetzten Ausgleichsund Ersatzmaßnahmen einschließlich der erforderlichen Unterhaltungsmaßnahmen. Hierzu kann sie vom Verursacher des Eingriffs die Vorlage eines Berichts verlangen.

(8) Wird ein Eingriff ohne die erforderliche Zulassung oder Anzeige vorgenommen, soll die zuständige Behörde die weitere Durchführung des Eingriffs untersagen. Soweit nicht auf andere Weise ein rechtmäßiger Zustand hergestellt werden kann, soll sie entweder Maßnahmen nach § 15 oder die Wiederherstellung des früheren Zustands anordnen. § 19 Absatz 4 ist zu beachten.

(9) Die Beendigung oder eine länger als ein Jahr dauernde Unterbrechung eines Eingriffs ist der zuständigen Behörde anzuzeigen. Eine nur unwesentliche Weiterführung des Eingriffs steht einer Unterbrechung gleich. Wird der Eingriff länger als ein Jahr unterbrochen, kann die Behörde den Verursacher verpflichten, vorläufige Maßnahmen zur Sicherung der Ausgleichs- und Ersatzmaßnahmen durchzuführen oder, wenn der Abschluss des Eingriffs in angemessener Frist nicht zu erwarten ist, den Eingriff in dem bis dahin vorgenommenen Umfang zu kompensieren.

(10) Handelt es sich bei einem Eingriff um ein Vorhaben, das nach dem Gesetz über die Umweltverträglichkeitsprüfung einer Umweltverträglichkeitsprüfung unterliegt, so muss das Verfahren, in dem Entscheidungen nach § 15 Absatz 1 bis 5 getroffen werden, den Anforderungen des genannten Gesetzes entsprechen.

(11) Die Landesregierungen werden ermächtigt, durch Rechtsverordnung das Nähere zu dem in den Absätzen 1 bis 10 geregelten Verfahren einschließlich des Kompensationsverzeichnisses zu bestimmen. Sie können die Ermächtigung nach Satz 1 durch Rechtsverordnung auf andere Landesbehörden übertragen.

Inhaltsübersicht

I. Überblick

1 Die Absätze des § 17 lassen sich grundsätzlich in zwei Gruppen einteilen. Die erste Gruppe mit den Abs. 1 bis 3, Abs. 4 Satz 3–5 sowie Abs. 10 bezieht sich auf die **verfahrensmäßige Implementierung** der Eingriffsregelung. Sie sind weitgehend den entsprechenden Bestimmungen des vormaligen § 20 BNatSchG a.F. nachgebildet worden. Die zu § 20 BNatSchG a.F. ergangene Rechtsprechung und Literatur bleiben damit zumindest grundsätzlich verwertbar.

2 Im Vergleich zur Vorgängerregelung neu ist insoweit die bundesgesetzliche Regelung eines Genehmigungstatbestandes mit Auffangcharakter in § 17 Abs. 3. Wegen der Aufnahme dieses **subsidiären Genehmigungstatbestandes** konnte zugleich die vormalige Bestimmung des § 20 Abs. 1 BNatSchG a.F. entfallen, wonach die Pflichtenabfolge des § 19 BNatSchG a.F. davon abhängig war, dass der Eingriff einer behördlichen Entscheidung oder Anzeige bedurfte oder von einer Behörde durchgeführt wurde.[1] Die zweite Gruppe von Bestimmungen enthält – auf bundesrechtlicher Ebene neue – Maßnahmen zur **Sicherung und Durchführung** der Eingriffsregelung (Abs. 4 Satz 1 und 2, Abs. 5–9). Sie ist weitgehend entsprechenden Regelungen in den Landesnaturschutzgesetzen nachgebildet worden.[2]

3 Schließlich enthält § 17 Abs. 11 eine Verordnungsermächtigung. Danach können die Länder durch Rechtsverordnung Näheres zum Verfahren bestimmen. Die danach möglichen **Konkretisierungen** sind abzugrenzen von „echten" **Abweichungen**, die eine Folge der Zuordnung zur Abweichungskompetenz sind. Auf beide Kategorien wird abschließend eingegangen (siehe unten Rn. 55).

II. Das sog. „Huckepackverfahren" (Abs. 1)

4 Im Mittelpunkt auch der Neuregelung des § 17 steht das § 20 Abs. 2 BNatSchG a.F. nachgebildete, nunmehr in Abs. 1 normierte Verhältnis zu anderen Eröffnungskontrollen. Hier hat sich bereits früh der eher untechnische, allerdings anschauliche Begriff des **„Huckepackverfahrens"** etabliert, der auch in

---

1 BT-Drs. 16/12274, S. 59.
2 BT-Drs. 16/12274, S. 59 f. Synoptische Gegenüberstellung bei *Egner/Fuchs*, Naturschutz-
und Wasserrecht 2009, S. 34 ff.

der Gesetzbegründung wieder aufgegriffen wurde.[3] Häufig findet insoweit auch der Begriff der **„Aufsattelung"** der Eingriffsregelung Verwendung.[4] Zweck der Aufsattelung ist es, die Effektivität der Eingriffsregelung zu steigern.[5]

1. Der Tatbestand des § 17 Abs. 1

Die Rechtsfolgen des § 17 Abs. 1 werden ausgelöst, wenn ein Eingriff[6] nach anderen Rechtsvorschriften einer behördlichen **Zulassung** oder einer **Anzeige** bedarf oder wenn er **von einer Behörde durchgeführt** wird.   5

a) Die in Betracht kommenden Eröffnungskontrollen (Abs. 1, 1. Alt.)
aa) Der Begriff der Eröffnungskontrolle
Nach der 1. Alt. des Tatbestandes treten die Rechtsfolgen des § 17 Abs. 1 ein,   6
wenn ein Eingriff nach anderen Rechtsvorschriften einer behördlichen Zulassung oder Anzeige bedarf. Der Begriff der Eröffnungskontrolle bildet dabei den **Oberbegriff** für Eröffnungskontrollen mit behördlichem Zulassungsakt (Genehmigung u.Ä.) und Eröffnungskontrollen ohne behördlichen Zulassungsakt (Anzeigen u.Ä.). Das gemeinsame Wesen aller Eröffnungskontrollen liegt in einer **Steuerungs- und Kanalisierungsfunktion**, indem eine administrative Handlung auf eine Betätigung Privater zugeschnitten wird.[7]

Unerheblich ist, ob die Eröffnungskontrolle zum Gegenstand eines diese ersetzenden öffentlich-rechtlichen Vertrages wird; Sinn und Zweck der Eingriffsregelung stehen in einer solchen Konstellation einer „Ausblendung" der §§ 13 ff. entgegen.[8] Bedarf es hingegen weder einer Zulassung noch einer Anzeige, so greift der auf Bundesebene nunmehr neu eingeführt Genehmigungstatbestand des § 17 Abs. 3 ein (siehe unten Rn. 33 ff.).   7

bb) Arten der Eröffnungskontrollen
Der Kreis der in Betracht kommenden Eröffnungskontrollen ist damit sehr   8
weit gefasst.[9] Unerheblich ist dabei, ob die Eröffnungskontrolle bundes- oder landesrechtlich normiert ist. Von dem Begriff der behördlichen Zulassung erfasst sind dabei sowohl **präventive Verbote mit Erlaubnisvorbehalt** als auch **repressive Verbote mit Befreiungsvorbehalt**.[10] Erstere zeichnen sich da-

---

3 BT-Drs. 16/12274, S. 59. Zu Recht auf den untechnischen Charakter des Begriffs hinweisend *Koch*, in: Kerkmann (Hrsg.), Naturschutzrecht in der Praxis, 2. Aufl. 2010, § 4 Rn. 77.
4 So etwa BVerwG, Urt. v. 07.03.1997 – 4 C 10/96, BVerwGE 104, 145 (148); BVerwG, Urt. v. 17.01.2007 – 9 C 1/06, BVerwGE 128, 76 (85).
5 *Gassner/Heugel*, Das neue Naturschutzrecht, 2010, Rn. 248, die allerdings von „Effizienz" sprechen.
6 Zum Begriff des Eingriffs eingehend § 14 Rn. 10 ff.
7 Zum Begriff der Eröffnungskontrollen eingehend *Siegel*, Entscheidungsfindung im Verwaltungsverbund, 2009, S. 86 ff.
8 *Meßerschmidt*, in: ders. (Hrsg.), Bundesnaturschutzrecht, 2015, § 17 BNatSchG Rn. 26.
9 Überblick über die in Betracht kommenden Eröffnungskontrollen bei *Meßerschmidt*, in: ders. (Hrsg.), Bundesnaturschutzrecht, 2015, § 17 BNatSchG Rn. 27.
10 Zu diesen Begriffen *Siegel*, Entscheidungsfindung im Verwaltungsverbund, 2009, S. 93 ff.

durch aus, dass bei Vorliegen der Genehmigungsvoraussetzungen ein Anspruch auf Erteilung der Genehmigung besteht. Ein Beispiel bildet etwa eine Anlagengenehmigung nach §§ 4 ff. BImSchG.[11] Zweitere sind dadurch gekennzeichnet, dass auch bei Vorliegen der Zulassungsvoraussetzungen die Entscheidung im Ermessen der federführenden Behörde steht. Schließlich werden auch planerische Eröffnungskontrollen erfasst, bei denen die Zulassung in Form eines Fachplans erfolgt. (Zu beachten ist insoweit die ergänzende Bestimmung des § 17 Abs. 4 Satz 3–5; hierzu sogleich unter Rn. 41 ff.).

cc) Mehrstufige Eröffnungskontrollen

9 Eröffnungskontrollen für komplexe Vorhaben sind oftmals **mehrstufig** ausgestaltet. So gehen etwa einer Planfeststellung für eine Bundesfernstraße eine Bedarfsprüfung und eine Linienführungsbestimmung voraus.[12] Hier stellt sich die Frage, auf **welcher Stufe** die Eingriffsregelung anzuwenden ist. Der Begriff der „Zulassung" in § 17 Abs. 1 spricht hier grundsätzlich für eine Konzentration auf diejenige Stufe, auf welcher die Beeinträchtigung endgültig zugelassen wird. Anders verhält es sich hingegen dann, wenn bereits auf vorausgehenden Stufen außenwirksame Entscheidungen über Veränderungen der Gestalt oder Nutzung von Grundflächen i.S.d. § 14 Abs. 1 zugelassen werden. Dies kann insbesondere bei Teilgenehmigungen und Vorbescheiden der Fall sein. Sinn und Zweck der Eingriffsregelung erfordern auch hier ein Eingreifen der §§ 13 ff.[13]

dd) Sonderregelungen für bestimmte Eröffnungskontrollen

10 Zu beachten ist, dass für bestimmte Eröffnungskontrollen Sonderregelungen bestehen, welche die allgemeine Bestimmung des § 17 Abs. 1 teilweise ergänzen, teilweise aber auch verdrängen. Erfolgt die Zulassung in Form eines **Fachplans**, so sind die zur Beurteilung des Eingriffs erforderlichen Angaben gemäß § 17 Abs. 4 Satz. 3–5 in Form eines Begleitplans vorzunehmen; Abs. 1 wird insoweit ergänzt (siehe unten Rn. 41 ff.). Das Verfahren bei von Bundesbehörden zugelassenen oder durchgeführten Eingriffen richtet sich hingegen nach § 17 Abs. 2 (siehe unten Rn. 26 ff.).

11 Gemäß § 17 Abs. 10 sind – wie zuvor gemäß § 20 Abs. 5 BNatSchG a.F. – die Verfahrensregelungen des UVPG vorrangig, sofern es sich bei dem Eingriff um ein Vorhaben handelt, das nach diesem Gesetz einer **Umweltverträglichkeitsprüfung** unterliegt. Die Bestandsaufnahme im Rahmen der Eingriffsprüfung nach § 15 (siehe hierzu § 15 Rn. 19) ist dann Bestandteil der entscheidungserheblichen Unterlagen im Sinne des § 6 Abs. 1 und Abs. 3 Nr. 3 und 4 UVPG; die materiell-rechtlichen Entscheidungsmaßstäbe werden zu

---

11 Zur Eingriffsregelung im Verfahren nach §§ 4 ff. BImSchG *Proelß*, NVwZ 2006, S. 655 ff. Zum Verhältnis der grundsätzlich ebenfalls als präventives Verbot mit Erlaubnisvorbehalt ausgestalteten Baugenehmigung existiert allerdings mit § 18 BNatSchG eine vorrangige Sondervorschrift; hierzu § 18 Rn. 21 ff.

12 Hierzu sowie zu weiteren Formen vertikaler Entscheidungsstufung *Siegel*, Entscheidungsfindung im Verwaltungsverbund, 2009, S. 154 ff.

13 *Meßerschmidt*, in: ders. (Hrsg.), Bundesnaturschutzrecht, 2015, § 17 BNatSchG Rn. 26.

Bewertungsmaßstäben im Sinne des § 12 UVPG.[14] Schließlich ist zu beachten, dass das Verhältnis der Eingriffsregelung zum Baurecht – und damit auch zur Baugenehmigung als Eröffnungskontrolle – in § 18 geregelt ist (siehe hierzu § 18 Rn. 13 ff.).[15]

b) Durchführung durch die Behörde (Abs. 1, 2. Alt.)

Erfolgt ein **Eingriff durch eine Behörde**, so kann – je nach fachgesetzlicher Ausgestaltung – auch hier eine Eröffnungskontrolle normiert sein. Dann gilt das zuvor Gesagte entsprechend. Erfolgt der Eingriff durch eine Behörde jedoch **unmittelbar** – also ohne entsprechende Eröffnungskontrolle –, so stellt § 17 Abs. 1 eine solche Konstellation konsequenterweise einer eingriffsbehafteten Eröffnungskontrolle gleich.[16] **12**

2. Funktionsweise des „Huckepackverfahrens"

a) Das Wesen der Eingriffsregelung

Vor einer Analyse der genauen Funktionsweise bedarf es einer kurzen Veranschaulichung des Wesens der naturschutzrechtlichen Eingriffsregelung. Trotz einer **„Aufsattelung"** auf eine anderweitige Eröffnungskontrolle ist sie im Ausgangspunkt eigenständig.[17] Sie partizipiert also nicht am Wesen der anderweitigen Eröffnungskontrolle. Bei der Bewertung der Eingriffswirkungen und der Kompensationswirkung von Ausgleichs- und Ersatzmaßnahmen kommt der federführenden Behörde eine naturschutzfachliche Einschätzungsprärogative zu.[18] **13**

Nach § 15 Abs. 5 ist zwar bei unvermeidbaren und nicht ausgleichbaren Beeinträchtigungen eine **Abwägung** vorzunehmen (eingehend hierzu § 15 Rn. 82 ff.). Von einer „echten" fachplanerischen Abwägung unterscheidet sich die Eingriffsregelung jedoch dadurch, dass die naturschutzrechtliche Abwägung den Normtatbestand betrifft; zudem ist sie – lediglich – bipolarer Art, beschränkt also auf die Frage, ob die Belange des Naturschutzes und der Landschaftspflege den für ein Vorhaben streitenden Belangen im Range vorgehen.[19] **14**

b) Art und Reichweite der Konzentrationswirkung

aa) Einordnung als rezessive Konzentration

Überträgt man den untechnischen Begriff des „Huckepack-Verfahrens" in rechtlich-technische Dimensionen, so handelt es sich um eine Konzentrationswirkung. Da die Konzentrationswirkung in § 17 Abs. 1 und damit in der verdrängten Norm angeordnet wird, handelt es sich zumindest auch um eine **15**

---

14 Zu diesem Vorrang des UVPG *Lütkes*, in: ders./Ewer (Hrsg.), Bundesnaturschutzgesetz, 2011, § 17 Rn. 43 f.

15 Zur Eingriffsregelung in der Bauleitplanung *Louis*, NuR 2007, S. 94 (96 ff.).

16 *Mühlbauer*, in: Lorz u.a., Naturschutzrecht, 3. Aufl. 2013, § 17 BNatSchG Rn. 18.

17 BVerwG, Urt. v. 13. 12. 2001 – 4 C 3/01, NVwZ 2002, 1112.

18 BVerwG, Urt. v. 09. 06. 2004 – 9 A 11/03, BVerwGE 121, 72 (84).

19 BVerwG, Urt. v. 17. 01. 2007 – 9 C 1/06, BVerwGE 128, 76 (84).

rezessive Konzentration.[20] Bisweilen trifft die rezessive Konzentration des § 17 Abs. 1 aber auch mit einer dominanten Konzentration zusammen, in welcher die Konzentrationswirkung in der verdrängenden Eröffnungskontrolle angeordnet wird. Dies ist etwa bei der Konzentrationswirkung eines Planfeststellungsbeschlusses nach § 75 Abs. 1 VwVfG der Fall.[21]

bb) Zuständigkeits-, Verfahrens- und Entscheidungskonzentration

16 Konzentriert werden die Zuständigkeit, das Verfahren und die das Verfahren abschließenden Entscheidungen.[22] Die Zuständigkeitskonzentration hat zur Folge, dass die Zuständigkeit auch für die Entscheidung nach §§ 13 ff. auf die in der anderen Eröffnungskontrolle federführende Behörde übergeht.[23] Die Verfahrenskonzentration hat zudem eine verfahrensrechtliche Implementation der Eingriffsregelung zur Folge.[24] Gleichsam als Ausgleich für den Zuständigkeitsübergang ist jedoch nach § 17 Abs. 1 das **Benehmen** mit der zuständigen Naturschutzbehörde herzustellen (zu diesem Benehmen siehe unten Rn. 21 f.). Die Verfahrensbestimmungen der anderweitigen Eröffnungskontrolle werden insoweit ergänzt. Über die Zuständigkeit und das Verfahren hinaus werden schließlich auch die das Verfahren abschließenden Entscheidungen zusammengeführt. Eingang in die anderweitige Eröffnungskontrolle können die aus § 15 abgeleiteten Anforderungen insbesondere in Form von Nebenstimmungen i.S.d. § 36 VwVfG finden.[25]

cc) Keine Konzentration von Entscheidungsmaßstäben

17 In materiell-rechtlicher Hinsicht ist die Eingriffsregelung jedoch von der anderweitigen Eröffnungskontrolle getrennt.[26] Dies folgt aus der eingangs dargelegten Eigenständigkeit der naturschutzrechtlichen Eingriffsregelung.[27] Diese Eigenständigkeit hat zweierlei Wirkrichtungen: Zum einen vermag die naturschutzrechtliche Eingriffsregelung trotz der ihr immanenten Einschätzungsprärogative[28] den Charakter einer **gebundenen Entscheidung** nicht zu modifizieren.[29] Zum anderen werden die inhaltlichen Entscheidungsmaßstäbe der Eingriffsregelung auch dann nicht gelockert, wenn sie **einer Ab-**

---

20 Zum Begriff der rezessiven Konzentration *Siegel*, Entscheidungsfindung im Verwaltungsverbund, 2009, S. 123 f.

21 Zum Begriff der dominanten Konzentration und zum Zusammentreffen zwischen der rezessiven Konzentration nach § 17 Abs. 1 BNatSchG und der dominanten nach § 75 VwVfG *Siegel*, Entscheidungsfindung im Verwaltungsverbund, 2009, S. 123 und 125.

22 Zu diesen unterschiedlichen Arten der Konzentrationswirkung *Siegel*, Entscheidungsfindung im Verwaltungsverbund, 2009, S. 127 ff.

23 *Mühlbauer*, in: Lorz u.a., Naturschutzrecht, 3. Aufl. 2013, § 17 BNatSchG Rn. 19.

24 *Lütkes*, in: ders./Ewer (Hrsg.), Bundesnaturschutzgesetz, 2011, § 17 Rn. 4.

25 *Mühlbauer*, in: Lorz u.a., Naturschutzrecht, 3. Aufl. 2013, § 17 BNatSchG Rn. 21.

26 *Prall/Koch*, in: Schlacke (Hrsg.), GK-BNatSchG, 2012, § 17 Rn. 4 (jedoch mit der zu weit reichenden Folgerung, dass es sich deshalb „streng betrachtet" um keine Konzentrationswirkung handele).

27 BVerwG, Urt. v. 13. 12. 2001 – 4 C 3/01, NVwZ 2002, S. 1112.

28 BVerwG, Urt. v. 09. 06. 2004 – 9 A 11/03, BVerwGE 121, 72 (84).

29 BVerwG, Urt. v. 13. 12. 2001 – 4 C 3/01, NVwZ 2002, S. 1112.

wägungsentscheidung „aufgesattelt" wird.[30] In der letzteren Konstellation darf dies aber nicht zur Annahme verleiten, dass fachplanerische Abwägungsentscheidungen und die naturschutzspezifische Abwägung im Rahmen der Eingriffsregelung völlig isoliert nebeneinanderstehen. Vielmehr bestehen zwischen beiden Abwägungen Berührungspunkte. Diese haben zur Folge, dass zwischen beiden Abwägungen **keine Wertungswidersprüche** entstehen dürfen.[31]

dd) Gegenständliche Beschränkung auf den „aufgesattelten" Eingriff
Das „Huckepack-Verfahren" ist darüber hinaus gegenständlich begrenzt auf   *18* den **konkret aufgesattelten Eingriff**. Die zur Entscheidung berufene Behörde ist daher nicht ermächtigt, für anderweitige Engriffe, die nicht Gegenstand der Eröffnungskontrolle sind, Ausgleichs- oder Ersatzmaßnahmen anzuordnen. Ist etwa ein Eingriff nicht Gegenstand der Planfeststellung, sondern eines (anderweitigen) Bebauungsplans, so darf die Planfeststellungsbehörde für diesen (anderweitigen) Eingriff keine Ausgleichs- oder Ersatzmaßnahmen festlegen.[32]

ee) Teilhabe an den Rechtswirkungen der anderweitigen Eröffnungskontrolle
Die „Aufsattelung" hat zur Folge, dass die Eingriffsregelung auch an den   *19* **Rechtswirkungen der anderweitigen Eröffnungskontrolle** teilhat. Kann etwa zur Durchführung eines Vorhabens enteignet werden, wie dies etwa typischerweise in der Fachplanung möglich ist, so erstreckt sich das Enteignungsrecht auch auf solche Flächen, auf denen nach den Vorschriften des Naturschutzrechts Ausgleich- oder Ersatzmaßnahmen durchzuführen sind.[33] Zugleich partizipiert die Eingriffsregelung an einer – allerdings von einer Normierung durch den Gesetzgeber abhängigen – damit verknüpften enteignungsrechtlichen Vorwirkung.[34] Die Teilhabe an einer enteignungsrechtlichen Vorwirkung hat jedoch zur Folge, dass sich auch die naturschutzrechtliche Eingriffsregelung am Gemeinwohlerfordernis des Art. 14 Abs. 3 GG messen lassen muss.[35]

3. **Rechtsfolgen für das Verfahren**
Die „Aufsattelung" der Eingriffsregelung hat in verfahrensmäßiger Hinsicht   *20* zur Folge, dass das **Benehmen** mit für den Naturschutz und die Landschaftspflege zuständigen (Landes-)Behörde herzustellen ist, sofern nicht nach Bundes- oder Landesrecht eine weiter gehende Form der Beteiligung vorgeschrieben ist oder die für den Naturschutz und die Landschaftspflege zuständige Behörde selbst entscheidet.

---

30 BVerwG, Urt. v. 17.01.2007 – 9 C 1/06, BVerwGE 128, 76 (84 f.).
31 *Koch*, in: Kerkmann (Hrsg.), Naturschutzrecht in der Praxis, 2. Aufl. 2010, § 4 Rn. 81;
   BVerwG, Urt. v. 17.01.2007 – 9 C 1/06, BVerwGE 128, 76 (85 f.).
32 BVerwG, Beschl. v. 11.11.2008 – 9 A 52/07, NuR 2009, S. 186 (187).
33 BVerwG, Urt. v. 01.09.1997 – 4 A 36/96, BVerwGE 105, 178 (180 f.).
34 Allgemein hierzu *Siegel*, Entscheidungsfindung im Verwaltungsverbund, 2009, S. 201 f.
35 BVerwG, Urt. v. 18.03.2009 – 9 A 40/07, NVwZ 2010, S. 66 (67).

a) Grundsatz: Herstellung des Benehmens

21 Das „Benehmen" zeichnet sich in Abgrenzung zum „Einvernehmen" dadurch aus, dass **keine Willensübereinstimmung** herrschen muss; die für den Naturschutz und die Landschaftspflege zuständige Behörde hat also **kein „Veto-Recht"**.[36] Das Bundesverwaltungsgericht erblickt im „Benehmen" sogar lediglich „eine gutachterliche Anhörung der anderen Behörde, die dadurch Gelegenheit erhält, ihre Vorstellungen in das Verfahren einzubringen".[37]

22 In Teilen des Schrifttums wird hingegen vertreten, dass das Benehmen über eine schlichte Anhörung hinausgehe und erfordere, dass zumindest der Versuch einer Einigung unternommen werden müsse.[38] Dieser Kritik ist einzuräumen, dass das Benehmen einen gewissen Mehrwert gegenüber einer schlichten Anhörung besitzen mag. Anderseits ist dieser Mehrwert nur schwerlich quantifizierbar. Daher handelt es sich beim Benehmen letztlich lediglich, aber immerhin um eine unselbstständige Abwandlung der Anhörung.[39] Abgesehen davon hat der Gesetzgeber in der Anschlussregelung des § 17 Abs. 2 zum Ausdruck gebracht, dass es sich beim Benehmen nach Abs. 1 lediglich um eine „Stellungnahme" handelt.

b) Weiter gehende Formen der Beteiligung

23 Mit der Herstellung des Benehmens wird in § 17 Abs. 1 lediglich das **verfahrensrechtliche Mindestmaß** einer Beteiligung der Naturschutzbehörde normiert. Ebenso wie nach der vorherigen Regelung des § 20 Abs. 2 BNatSchG a.F. kann auch nach § 17 Abs. 1 durch Bundes- oder Landesrecht eine weiter gehende Form der Beteiligung angeordnet werden.[40] Insbesondere können die Landesnaturschutzgesetze die **Herstellung des Einvernehmens** mit der Naturschutzbehörde **anordnen**. Von dieser Möglichkeit haben einige Länder Gebrauch gemacht (siehe unten Rn. 55). Das Einvernehmen zeichnet sich gegenüber dem Benehmen dadurch aus, dass eine Willensübereinstimmung bestehen muss, die Naturschutzbehörde also zustimmen muss.[41]

24 Die **bislang bestehenden landesrechtlichen Einvernehmenserfordernisse** sollen nach der Gesetzesbegründung **„unberührt bleiben"**.[42] Dies verdient deswegen ausdrückliche Erwähnung, weil nach der Lex-posterior-Regel des Art. 72 Abs. 3 Satz 3 GG, die gemäß Art. 72 Abs. 3 Satz 1 Nr. 2 GG auch im Bereich des Naturschutzrechts Anwendung findet, die aktuelle bundesrecht-

---

36 BVerwG, Urt. v. 29.04.1993 – 7 A 2/92, BVerwGE 92, 258 (262). Kritisch zur Vorgängerregelung deshalb *Meßerschmidt*, ZUR 2001, S. 241 (244).
37 BVerwG, Urt. v. 29.04.1993 – 7 A 2/92, BVerwGE 92, 258 (262); BVerwG, Urt. v. 09.05.2001 – 6 C 4/00, BVerwGE 114, 232 (235).
38 *Fischer-Hüftle*, in: Schumacher/Fischer-Hüftle, Bundesnaturschutzgesetz, 2. Aufl. 2010, § 17 Rn. 9; *Tegethoff*, NuR 2002, S. 654 (655).
39 *Siegel*, Die Verfahrensbeteiligung von Behörden und anderen Trägern öffentlicher Belange, 2001, S. 89 f.
40 BT-Drs. 17/12274, S. 59.
41 Zum Begriff des Einvernehmens *Siegel*, Die Verfahrensbeteiligung von Behörden und anderen Trägern öffentlicher Belange, 2001, S. 93.
42 BT-Drs. 16/12274, S. 59.

liche Normierung des Benehmens in zeitlicher Hinsicht gegenüber einer zuvor ergangenen landesrechtlichen Normierung des Einvernehmens ansonsten zunächst vorrangig wäre.[43] Aufgrund des ausdrücklichen Hinweises in der Gesetzbegründung können die landesrechtlichen Regelungen jedoch fortgelten und müssen nicht erneut erlassen werden.[44]

c) Entscheidung durch die Naturschutzbehörde

Keiner Verfahrensbeteiligung bedarf es schließlich, wenn die für Naturschutz und Landschaftspflege zuständige **Behörde selbst entscheidet.** Aufgrund der Identität der betreffenden Stellen besteht in einer solchen Konstellation kein Bedürfnis nach einer Beteiligung.[45]   25

III. Verfahren auf Bundesebene (Abs. 2)

Nach Art. 83 GG vollziehen die Länder auch das Bundesnaturschutzgesetz als eigene Angelegenheit. § 17 Abs. 2 dient insoweit der verfahrensmäßigen Auflösung von Kompetenzkonflikten, sofern die betreffende **Bundesbehörde** über einen Eingriff in Natur und Landschaft zu befinden hat oder ihn vornimmt.[46] Die Vorschrift ist § 20 Abs. 3 a.F. BNatSchG nachgebildet worden.[47]   26

1. Tatbestand

Der Tatbestand des § 17 Abs. 2 besteht aus zwei – kumulativ zu erfüllenden – Merkmalen. Zunächst ist erforderlich, dass eine **Bundesbehörde** über einen Eingriff zu befinden hat bzw. ihn selbst durchführt. Eingriffsrelevante Verfahren auf Bundesebene sind etwa einige Zulassungsentscheidungen im Fachplanungsrecht, wie etwa die Planfeststellung im allgemeinen Eisenbahnrecht nach § 18 AEG[48] oder die Planfeststellung von Bundeswasserstraßen nach § 14 WaStrG[49]. Darüber hinaus werden die Rechtsfolgen des § 17 Abs. 2 nur dann ausgelöst, wenn von der – im Verfahren nach § 17 Abs. 1 ergangenen – Stellungnahme der betreffenden (Landes-)Naturschutzbehörde **abgewichen** werden soll.   27

---

43 Sie könnte jedoch ihrerseits durch eine zeitlich nachfolgende Regelung auf Landesebene erneut modifiziert werden.

44 *Berghoff/Steg*, NuR 2010, 17 (23).

45 Zur vergleichbaren Situation beim Erfordernis des gemeindlichen Einvernehmens nach § 36 BauGB BVerwG, Urt. v. 19. 08. 2004 – 4 C 16/03, NVwZ 2005, S. 83 f.

46 *Meßerschmidt*, in: ders. (Hrsg.), Bundesnaturschutzgesetz, 2015, § 17 BNatSchG Rn. 33.

47 BT-Drs. 16/12274, S. 59.

48 Zuständig ist hier das Eisenbahnbundesamt, hierzu *Stüer*, Handbuch des Bau- und Fachplanungsrechts, 5. Aufl. 2015, Rn. 3795.

49 Zuständig ist hier die betreffende Wasser- und Schifffahrtsdirektion, hierzu *Stüer*, Handbuch des Bau- und Fachplanungsrechts, 5. Aufl. 2015, Rn. 4321.

2. Rechtsfolgen

a) Umfassende Vollzugskompetenz des Bundes

28 Sind die beiden genannten Tatbestandsvoraussetzungen gegeben, so entscheidet die Bundesbehörde im Benehmen mit der obersten Landesbehörde für Naturschutz und Landschaftspflege, sofern nicht eine weiter gehende Form der Beteiligung vorgesehen ist. Damit weist § 17 Abs. 2 dem Bund eine **umfassende Vollzugskompetenz** zu.[50]

b) Rechtliche Bindungen der Bundesbehörde
aa) Benehmenserfordernis nach § 17 Abs. 2

29 Gleichsam zum Ausgleich für diesen Kompetenzübergang auf den Bund statuiert § 17 Abs. 2, dass mit der obersten Landesbehörde für Naturschutz und Landschaftspflege das **„Benehmen"** herzustellen ist. Unter „Benehmen" ist auch hier eine unselbstständige Abwandlung der Anhörung zu verstehen (siehe oben Rn. 21 f.).

bb) Weiter gehende Beteiligungsanforderungen

30 Ebenso wie im Rahmen des § 17 Abs. 1 können auch hier – allerdings nur durch Bundesrecht – weiter gehende Formen der Beteiligung vorgesehen werden. So ordnet etwa § 14 Abs. 3 Satz 1 WaStrG für den Fall, dass ein nach dem Bundeswasserstraßengesetz planfeststellungsbedürftiges Vorhaben die Belange der Landeskultur oder der Wasserwirtschaft berührt, die Herstellung des **Einvernehmens** mit der zuständigen Landesbehörde an.[51]

cc) Bindung an sonstiges (Landes-)Recht

31 Schließlich ist die zuständige Bundesbehörde auch an das sonstige einschlägige Recht gebunden. Diese Ableitung aus der Gesetzmäßigkeit der Verwaltung gilt grundsätzlich auch für das einschlägige Landesrecht.[52] Dies betrifft zunächst das relevante **materielle Landesrecht**; denn durch den Übergang der Entscheidungszuständigkeit auf die Bundesbehörde werden die materiellen Entscheidungsmaßstäbe nicht gelockert.[53] Die Bindungswirkung erstreckt sich darüber hinaus auch auf das einschlägige **formelle Landesrecht**: So ist der Bund an ein kompetenzkonform auf Landesebene konstituiertes Genehmigungserfordernis gebunden[54]; etwas anderes gilt jedoch dann, wenn der Bundesgesetzgeber im Rahmen der grundgesetzlichen Kompetenz-

---

50 BVerwG, Urt. v. 14. 04. 1989 – 4 C 31/88, BVerwGE 82, 17 (20).
51 Zu diesem Einvernehmenserfordernis *Aschermann*, in: Ziekow (Hrsg.), Handbuch des Fachplanungsrechts, 2. Aufl. 2014, § 16 Rn. 101.
52 BVerwG, Urt. v. 14. 04. 1989 – 4 C 31/88, BVerwGE 82, 17 (21); BVerwG, Urt. v. 09. 05. 2001 – 6 C 4/00, BVerwGE 114, 232 (239).
53 *Meßerschmidt*, in: ders. (Hrsg.), Bundesnaturschutzrecht, 2015, § 17 BNatSchG Rn. 32.
54 Beispiel bei BVerwG, Urt. v. 09. 05. 2001 – 6 C 4/00, BVerwGE 114, 232 (239), für den Fall eines nach Landesnaturschutzrecht gesondert geschützten Gebiets. Hier bedarf es letztlich der Zustimmung der betreffenden Landesbehörde.

ordnung eine anderweitige Regelung trifft, insbesondere durch Anordnung einer Konzentrationswirkung.[55]

3. Klagerechte der Länder?

Für den Fall, dass das nach § 17 Abs. 2 erforderliche Benehmen nicht herge- **32** stellt wird, stellt sich die Anschlussfrage, ob den **Ländern** insoweit eine **klagefähige Rechtsposition** zukommt. Das Bundesverwaltungsgericht lehnte dies in einem Urteil zu einer Vorgängerregelung ab und begründete dies damit, dass Verfahrensbestimmungen grundsätzlich nur eine dienende Funktion aufweisen würden.[56] Es stellt sich jedoch die Frage, ob diese Ansicht noch zeitgemäß ist.[57] Denn angesichts der Steuerungsschwäche des materiellen Rechts erfährt der Verfahrensgedanke nach neuerer Sichtweise eine Aufwertung und beschränkt sich nicht mehr auf eine rein dienende Funktion gegenüber dem materiellen Recht.[58] Dies gilt auch und erst recht auf dem Gebiet des Naturschutzrechts.[59]

IV. Eigenständige Eingriffsgenehmigung (Abs. 3)

1. Bisherige Rechtslage

Nach der vormaligen Bestimmung des § 20 BNatSchG a.F. war auf bundes- **33** rechtlicher Ebene keine Eingriffsgenehmigung normiert. Vielmehr war gemäß § 20 Abs. 1 BNatSchG a.F. die Einschlägigkeit der Eingriffsregelung grundsätzlich vom Vorliegen einer anderweitigen Eröffnungskontrolle abhängig. Sinn dieser Beschränkung des Anwendungsbereichs war es, Bagatellvorgänge auszuschalten.[60] Vor dem Hintergrund des Rückbaus bauordnungsrechtlicher Eröffnungskontrollen ist jedoch kritisiert worden, dass damit Maßnahmen mit teilweise erheblichen ökologischen Auswirkungen aus dem Anwendungsbereich der Eingriffsregelung herausfallen könnten.[61] Nicht von ungefähr haben viele Länder deshalb auf Landesebene – zulässigerweise[62] – eine subsidiäre Anzeige- oder Genehmigungspflicht eingeführt.[63]

---

55 Beispiel bei BVerwG, Urt. v. 14.04.1989 – 4 C 31/88, BVerwGE 82, 17 (21), für den Fall der Konzentrationswirkung eines bundesrechtlich geregelten Planfeststellungsbeschlusses.

56 BVerwG, Urt. v. 29.04.1983 – 7 A 2/92, BVerwGE 92, 258 (261).

57 Kritisch *Fischer-Hüftle*, in: Schumacher/Fischer-Hüftle, BNatSchG, 2. Aufl. 2010, § 17 Rn. 15; *Meßerschmidt*, in: ders. (Hrsg.), Bundesnaturschutzrecht, 2015, § 17 BNatSchG Rn. 42.

58 *Siegel*, Entscheidungsfindung im Verwaltungsverbund, 2009, S. 25.

59 Zum allgemeinen Ziel auch der Neufassung des BNatSchG, „die Verständlichkeit und Praktikabilität dieser Rechtsmaterie zu verbessern", vgl. die Begründung des Gesetzesentwurfs, BT-Drs. 16/12274, S. 39.

60 BVerwG, Urt. v. 20.01.1989 – 4 C 15/87, BVerwGE 81, 220 (223) (zur Vorgängerregelung des § 20 BNatSchG a.F.).

61 *Kloepfer*, Umweltrecht, 3. Aufl. 2004, § 11 Rn. 112.

62 *Anger*, NVwZ 2003, 319 (320).

63 *Mitschang*, BauR 2011, 33 (46).

2. Einführung einer subsidiären Eingriffsgenehmigung auf Bundesebene

34 In § 17 Abs. 3 wird ausdrücklich an diese Landesregelungen angeknüpft und erstmalig auf Bundesebene eine **Eingriffsgenehmigung** normiert.[64] Bemerkenswerterweise hatten die Ausschüsse des Bundesrats in ihrer Stellungnahme vom 04. 05. 2009 empfohlen, den Absatz mangels Vollzugsfähigkeit und wegen der erhöhten Rechtsunsicherheit zu streichen.[65] Diesen Bedenken hat sich der Bundesrat in seiner Sitzung am 15. 05. 2009 jedoch nicht angeschlossen.[66]

35 Die Eingriffsgenehmigung des § 17 Abs. 3 besitzt **Auffangcharakter**. Sie kommt also nur dann zur subsidiären Anwendung, wenn keine anderweitige Eröffnungskontrolle nach § 17 Abs. 1 oder 2 einschlägig ist.[67] Zudem können die Länder von der Vorschrift abweichende Regelungen treffen (siehe unten Rn. 55).[68] Dies ist nach neuer verfassungsrechtlicher Rechtslage aber nicht (mehr) eine Frage der Rahmenbildung durch den Bund, sondern vielmehr einer Abweichungskompetenz der Länder nach Art. 84 Abs. 1 Satz 2 GG, der insoweit die materielle Abweichungskompetenz der Länder nach Art. 72 Abs. 3 Satz 1 GG ergänzt.[69]

3. Funktionsweise der Eingriffsgenehmigung

36 Voraussetzung für die Erteilung der Genehmigung gemäß § 17 Abs. 3 ist nach Satz 2 der Bestimmung ein **schriftlicher Antrag**. Das Entscheidungsprogramm richtet sich nach § 15 und ist zugleich bundesrechtlich auch darauf beschränkt[70] (zur Abweichung nach Landesrecht siehe unten Rn. 55). Sind die Anforderungen des § 15 erfüllt, so ist die Entscheidung gemäß § 17 Abs. 3 Satz 3 zu erteilen. Es handelt sich also um eine **gebundene Entscheidung**, welche der zuständigen Behörde auf der Rechtsfolgenseite kein Versagungsermessen eröffnet.[71] Allerdings ist der Behörde auf der Tatbestandsseite auch insoweit eine naturschutzfachliche Einschätzungsprärogative zuzuerkennen.[72] Die für Naturschutz und Landschaftspflege zuständige Behörde trifft nach § 17 Abs. 3 Satz 4 (auch) die (sonstigen) zur Durchführung des § 15 erforderlichen Entscheidungen und Maßnahmen.

---

64 BT-Drs. 16/12274, S. 59.

65 BR-Drs. 278/1/09, S. 33.

66 BR-Drs. 278/09 (Beschl.), S. 11 f.

67 *Gellermann*, NVwZ 2010, 73 (76).

68 *Egner*, in: Egner/Fuchs, Naturschutz- und Wasserrecht 2009, § 17 BNatSchG, 2009, Rn. 6; OVG Lüneburg, Urt. v. 30. 06. 2015 – 4 LC 285/13, Rn. 52 (juris).

69 Zu Letzterer *Berghoff/Steg*, NuR 2010, 17 (19).

70 OVG Saarlouis, Beschl. v. 10.7. 2013 – 2 B 320/13, NVwZ-RR 2013, 918 (919).

71 Zu diesen präventiven Verboten mit Erlaubnisvorbehalt *Siegel*, Entscheidungsfindung im Verwaltungsverbund, 2009, S. 93 ff.

72 BVerwG, Urt. v. 09. 06. 2004 – 9 A 11/03, BVerwGE 121, 72 (84); BVerwG, Urt. v. 17. 01. 2007 – 9 C 1/06, BVerwGE 128, 76 (85).

V. Beibringung von Unterlagen (Abs. 4)

In § 17 Abs. 4 ist geregelt, welche **Unterlagen** der Vorhabenträger als   37
Grundlage für die Entscheidung über den Eingriff beizubringen hat. Die
allgemeinen Informationspflichten nach Satz 1 und 2 sind entsprechenden
Vorschriften der Landesnaturschutzgesetze nachgebildet worden; die
Sätze 3–5 knüpfen für einen Eingriff aufgrund eines Fachplans – in modifi-
zierter Form – an die Bestimmung des § 20 Abs. 4 BNatSchG a.F. an.

1. Allgemeine Informationspflichten (Satz 1)

Der **Mindestbestand an Angaben** über den Eingriff ist in **Satz 1** normiert. Da-   38
nach hat der Verursacher des Eingriffs Angaben zu machen über Ort, Art,
Umfang und zeitlichen Ablauf des Eingriffs sowie über die vorgesehenen
Maßnahmen zur Vermeidung, zum Ausgleich und zum Ersatz der Beeinträchtigungen von Natur und Landschaft. Zu Letzteren zählen auch Angaben zur rechtlichen und tatsächlichen Verfügbarkeit der für Ausgleich und
Ersatz benötigten Flächen. Die Angaben sollen die Behörde in die Lage versetzen, möglichst zügig die erforderlichen Prüfungen vornehmen zu können
und dabei Nachforderungen möglichst zu vermeiden.[73]

Die allgemeinen Informationspflichten nach Satz 1 sind zwingend ausgestal-   39
tet („... sind ... zu machen."), stehen also **nicht im Ermessen** der zuständigen
Behörde. Erfolgt der Eingriff aufgrund eines Fachplans, so sind gemäß Satz 3
die Angaben im Fachplan oder im landespflegerischen Begleitplan zu machen. Bei einem Eingriff im Rahmen eines UVP-pflichtigen Vorhabens können die nach Satz 1 erforderlichen Angaben regelmäßig auch als Bestandteil
der Unterlagen nach § 6 UVPG erfolgen.[74]

2. Beibringung von Gutachten (Satz 2)

Nach Satz 2 kann die zuständige Behörde die Vorlage von Gutachten ver-   40
langen, soweit dies zur Beurteilung der Auswirkungen des Eingriffs sowie
der Ausgleichs- und Ersatzmaßnahmen erforderlich ist. Im Unterschied zur
allgemeinen Informationspflicht nach Satz 1 steht die Anforderung eines
Gutachtens nach Satz 2 **im Ermessen** der zuständigen Behörde („kann"). Zur
Wahrung des Stufenverhältnisses zwischen Satz 1 und Satz 2 sowie zur Beachtung des Verhältnismäßigkeitsgrundsatzes im Allgemeinen ist das Ermessen dahingehend ausgerichtet, dass sich die Anforderung eines Gutachtens
auf komplexe Eingriffe in Natur und Landschaft beschränken soll.[75] Anderenfalls, also bei fehlender Komplexität, bleibt es hingegen typischerweise
bei der allgemeinen Informationspflicht nach Satz 1.

---

73 BT-Drs. 16/12274, S. 59.
74 BT-Drs. 16/12274, S. 59.
75 BT-Drs. 16/12274, S. 59.

3. Eingriffe aufgrund eines Fachplans

a) Begleitplan

41 Die **Sätze 3–5** enthalten Sonderregelungen für den Fall, dass der Eingriff aufgrund eines **Fachplans** erfolgt. Hier sind nach Satz 3 die nach Satz 1 erforderlichen Angaben zwingend im Fachplan selbst oder in einem landespflegerischen Begleitplan darzustellen. Dieser Begleitplan bildet eine Einheit mit dem Fachplan und ist nach Satz 5 dessen Bestandteil. Der Begleitplan partizipiert deshalb auch an den Rechtswirkungen des betreffenden Fachplanes, zu denen nach Maßgabe der fachgesetzlichen Ausgestaltung insbesondere auch eine enteignungsrechtliche Vorwirkung gehören kann (siehe oben Rn. 19).[76]

b) Angaben nach § 34 Abs. 5 und § 44 Abs. 5

42 Während Satz 3 und 5 grundsätzlich § 20 Abs. 4 BNatSchG a.F. entsprechen, betritt der (Bundes-)Gesetzgeber mit **Satz 4** Neuland. Danach sollen Fach- bzw. Begleitplan über die Angaben nach Satz 1 und 3 hinaus auch Angaben zu den zur Sicherung des Zusammenhangs des Netzes **„Natura 2000"** nach § 34 Abs. 5 (siehe hierzu § 34 Rn. 103 ff.) sowie zu vorgezogenen **Ausgleichmaßnahmen** nach § 44 Abs. 5 (siehe hierzu § 44 Rn. 42 ff.) enthalten. Damit wird einem praktischen Bedürfnis Rechnung getragen, die Querbezüge zwischen diesen Maßnahmen und Eingriffsvorhaben deutlich zu machen und darzustellen.[77]

43 Trotz dieser Querbezüge ist Zielausrichtung der einzelnen Maßnahmengruppen unterschiedlich; deshalb müssen bei der Darstellung **Kompensationsmaßnahmen** nach § 17 Abs. 4 Satz 1, **Kohärenzsicherungsmaßnahmen** nach § 34 Abs. 5 und vorgezogen Maßnahmen nach § 44 Abs. 5 unterscheidbar sein.[78] Im Unterschied zu Satz 3 ist Satz 4 als Soll-Vorschrift ausgestaltet. Das damit verknüpfte intendierte Ermessen hat zur Folge, dass Kohärenzsicherungsmaßnahmen nach § 34 Abs. 5 und vorgezogen Maßnahmen nach § 44 Abs. 5 im Regelfalle in den Begleitplan (beziehungsweise Fachplan) aufzunehmen sind und nur in Ausnahmefällen davon abgesehen werden kann.[79]

VI. Sicherheitsleistung (Abs. 5)

44 Die Möglichkeit, nach Abs. 5 eine Sicherheitsleistung für Ausgleichs- oder Ersatzmaßnahmen zu verlangen, ist den Landesnaturschutzgesetzen nachgebildet worden. Die Anforderung einer **Sicherheitsleistung** steht grundsätzlich **im Ermessen** der zuständigen Behörde („kann ... verlangen."). Die Erbringung einer Sicherheitsleistung muss allerdings erforderlich sein, um die Erfüllung der Verpflichtungen nach § 15 zu gewährleisten. Die Relevanz der Sicherheitsleistung konzentriert sich deshalb auf größere Eingriffsvorha-

---

76 *Meßerschmidt*, in: ders. (Hrsg.), Bundesnaturschutzrecht, 2015, § 17 BNatSchG Rn. 64.

77 BT-Drs. 16/12274, S. 59.

78 BT-Drs. 16/12274, S. 59.

79 Zur Figur des intendierten Ermessens *Maurer*, Allgemeines Verwaltungsrecht, 18. Aufl. 2011, § 7 Rn. 12 m.w.N.

ben.[80] Zudem darf sie auch dann nach der ausdrücklichen Regelung in Abs. 5 die Höhe der voraussichtlichen Kosten der Ausgleich- oder Ersatzmaßnahmen nicht überschreiten. Hinsichtlich der Durchführung verweist Abs. 5 Satz 1 auf §§ 232–240 BGB.

VII. Kompensationsverzeichnis (Abs. 6)

Auch die Bestimmung über ein Kompensationsverzeichnis nach Abs. 6   *45* wurde den Landesnaturschutzgesetzen nachgebildet.[81] Nach Satz 1 der Neuregelung werden (kein Ermessen!) die Ausgleichs- und Ersatzmaßnahmen und die dafür in Anspruch genommenen Flächen in einem **Kompensationsverzeichnis** zusammengefasst. Zweck dieses Kompensationsverzeichnisses ist insbesondere die **Vermeidung von Doppelbelegungen**.[82] Zur Erstellung des Verzeichnisses übermitteln nach Satz 2 die nach den Abs. 1 und 3 zuständigen Behörden der für die Führung des Verzeichnisses verantwortlichen Stelle die erforderlichen Angaben. Welche Behörde für die Führung des Verzeichnisses zuständig ist, richtet sich nach Landesrecht.[83]

VIII. Überprüfung (Abs. 7)

1. Inhalt der Regelung

In Abs. 7 ist die Pflicht der nach Abs. 1 oder 3 zuständigen Behörde geregelt,   *46* die frist- und sachgerechte Durchführung der Vermeidungs-, Ausgleichs- und Ersatzmaßnahmen einschließlich der erforderlichen Unterhaltsmaßnahmen zu überprüfen.[84] Auch diese Pflicht findet ihr Vorbild in entsprechenden Bestimmungen der Landesnaturschutzgesetze. Mit ihr soll sichergestellt werden, dass die festgesetzten (Vermeidungs-, Ausgleichs- und Ersatz-) Maßnahmen auch tatsächlich durchgeführt werden.[85] Satz 1 normiert dabei eine **allgemeine Prüfpflicht**. Nach Satz 2 kann nach pflichtgemäßem Ermessen vom Verursacher des Eingriffs die **Vorlage eines Berichts** verlangt werden. Die Anforderung eines Berichts kommt insbesondere bei großen und komplexen Vorhaben in Betracht, bei denen der Überprüfungsaufwand für die zuständige Behörde sehr groß werden kann.[86] Allerdings begründet Abs. 7 lediglich eine Überprüfungspflicht; inwieweit aufgrund der Überprüfung eingeschritten wird, richtet sich hingegen nach dem jeweiligen Fachrecht oder dem allgemeinen Verfahrensrecht.[87]

---

80 BT-Drs. 16/12274, S. 59.
81 Hierzu *Michler/Möller*, NuR 2011, 81 (89).
82 BT-Drs. 16/12274, S. 59.
83 *Egner*, in: Egner/Fuchs, Naturschutz- und Wasserrecht 2009, § 17 BNatSchG 2009 Rn. 13.
84 Hierzu BVerwG, Urt. v. 06. 11. 2013 – 9 A 14/12, BVerwGE 148, 373, 396.
85 BT-Drs. 16/12274, S. 59 f.
86 BT-Drs. 16/12774, S. 60; Gegenbeispiel bei VG Lüneburg, Urt. v. 07. 05. 2015 – 2 A 147/12, Rn. 120 (juris).
87 Hierzu *Lau*, NuR 2011, 763 (771).

2. Rechtspolitische Bewertung

47   Die Neuregelung des Abs. 7 ist im Schrifttum teilweise als nicht weit reichend genug kritisiert worden. Denn – so die Kritik – Abs. 7 enthalte keine Erfolgskontrolle[88], und es sei nicht geregelt, wer das Risiko trage, wenn eine Maßnahme fehlschlage.[89] Dieser Kritik ist einzuräumen, dass sicherlich eine stärker erfolgsorientierte Regelung möglich gewesen wäre, etwa mit der Möglichkeit, auch nachträglich Nebenstimmungen zuzulassen.[90] Andererseits hat auch der Vorhabenträger ein grundsätzliches Interesse an Planungssicherheit; zudem kann diese Schwäche durch Festsetzungen in der Eröffnungskontrolle abgemildert werden, etwa durch einen Auflagenvorbehalt.[91]

IX. Eingriffe ohne Eröffnungskontrolle (Abs. 8)

1. Untersagung (Satz 1)

a) Einführung einer Regelung auf Bundesebene

48   In § 20 BNatSchG a.F. war nicht geregelt, welche Handlungsmöglichkeiten die zuständige Behörde hat, wenn ein Eingriff ohne die erforderliche Zustimmung oder Anzeige vorgenommen wurde. Deshalb bedurfte es zuvor eines Rückgriffs auf spezielle Ermächtigungsgrundlagen in den Landesnaturschutzgesetzen oder – subsidiär – der polizeilichen Generalklausel.[92] § 17 Abs. 8 hat sich nunmehr auf Bundesebene dieser Thematik angenommen. Nach Satz 1 soll die zuständige Behörde die weitere Durchführung eines ohne die erforderliche Zulassung oder Anzeige vorgenommenen Eingriffs untersagen. Mit der Untersagung wird zugleich sichergestellt, dass die begonnenen Vorhaben nicht weiter ausgeführt werden.[93]

b) Anforderungen an eine Untersagungsverfügung

49   Ausreichend für eine Untersagung nach Satz 1 ist grundsätzlich eine **formelle Illegalität**.[94] Denn der Tatbestand stellt auf das Fehlen einer Zulassung oder Anzeige ab. Zudem sind die Möglichkeiten einer materiellen Legalisierung gesondert in Satz 2 geregelt. Andererseits ist die Untersagung nach Satz 1 nicht zwingend, sondern als **„Soll-Vorschrift"** ausgestaltet. Es kann also in Ausnahmefällen von der Untersagung abgesehen werden. Dies bildet zugleich ein Einlasstor für Verhältnismäßigkeitserwägungen und damit auch für die Einbeziehung der materiellen Illegalität: Ist der Eingriff nämlich offensichtlich materiell naturschutzrechtskonform, so rechtfertigt

---

88   *Gellermann*, NVwZ 2010, 73 (76).

89   *Egner*, in: Egner/Fuchs, Naturschutz- und Wasserrecht 2009, § 17 BNatSchG 2009 Rn. 15.

90   So etwa § 23 Abs. 3 NatSchG BW.

91   *Egner*, in: Egner/Fuchs, Naturschutz- und Wasserrecht 2009, § 17 BNatSchG 2009 Rn. 15.

92   *Wilrich*, in: Marzik/Wilrich, Bundesnaturschutzgesetz, 2004, § 20 Rn. 22.

93   Zur „Einstellungsverfügung" gesellt sich also die „Nutzungsuntersagung", um eine Parallele aus dem Bauordnungsrecht zu bemühen.

94   Ebenso zur vorherigen Rechtslage *Wilrich*, in: Marzik/Wilrich, Bundesnaturschutzgesetz, 2004, § 20 Rn. 22.

dies ein Abweichen von der Regelfolge des Untersagens. Allerdings wird man eine solche Ausnahme auf Evidenzfälle beschränken müssen.[95]

2. Legalisierung (Satz 2)

a) Bei formeller Illegalität

Die mögliche Legalisierung eines Eingriffs ist in Satz 2 geregelt: Sofern eine   50 Legalisierung nicht auf andere Weise möglich ist, soll die zuständige Behörde entweder Maßnahmen nach § 15 anordnen oder die Wiederherstellung des früheren Zustandes anordnen. Die Einschränkung „Soweit nicht auf andere Weise ein rechtmäßiger Zustand herzustellen ist" bezieht sich insbesondere auf lediglich **formell illegale Eingriffe**, also solche, die zwar ohne die erforderliche Zulassung oder Anzeige erfolgen, die aber materiell nicht in Widerspruch zu den Bestimmungen der §§ 13 ff. stehen.

b) Bei materieller Illegalität

Ist der Eingriff hingegen auch **materiell rechtswidrig**, so ermöglicht Satz 2   51 die **Wiederherstellung der materiellen Legalität**. Aus Gründen der Verhältnismäßigkeit primär abzustellen ist dabei auf die Anordnung von Maßnahmen im Sinne des § 15. Die Wiederherstellung des früheren Zustandes kommt daher nur als ultima ratio in Betracht.[96] Dem Wortlaut nach handelt es sich bei Satz 2 ebenfalls lediglich um eine Soll-Vorschrift. Auch hier stellt sich die Frage nach einem möglichen Anwendungsfall für die Abweichung von der Regelfolge. Bei materieller Illegalität dürfte ein Absehen von Maßnahmen nach § 15 aber nur schwerlich zu rechtfertigen sein, da anderenfalls ein materiell rechtswidriger Zustand verfestigt würde. Auch auf einen Verstoß gegen den allgemeinen Gleichheitssatz des Art. 3 Abs. 1 GG kann sich der Adressat nicht berufen, wenn die zuständige Stelle systematisch mit klar definierten Schritten gegen illegale Vorhaben vorgeht.[97]

3. Verweisung auf § 19 Abs. 4 (Satz 3)

Schließlich wird in Satz 3 auf § 19 Abs. 4 und damit auf die Sanierungspflich-   52 ten nach dem **Umweltschadensgesetz** verwiesen. Die Verweisung ist vor dem Hintergrund zu sehen, dass gemäß § 19 Abs. 1 Satz 2 bei Vornahme einer Eröffnungskontrolle eine Enthaftung nach dem Umweltschadensgesetz eintritt. Im Falle des § 17 Abs. 8 Satz 1 ist die erforderliche Eröffnungskontrolle jedoch gerade unterblieben und damit die Eingriffsregelung nicht ab-

---

95 Zur parallelen Problematik einer Nutzungsuntersagung im Bauordnungsrecht *Guckelberger*, in: Gröpl/Guckelberger/Wohlfahrt, Landesrecht Saarland – Studienbuch, 2. Aufl. 2013, § 5 Rn. 153.

96 Großzügiger *Meßerschmidt*, in: ders. (Hrsg.), Bundesnaturschutzrecht, 2015, § 17 BNatSchG Rn. 77. Zudem muss eine Wiederherstellung möglich sein, was bei einer dauerhaften und unumkehrbaren Zerstörung des Bereichs ausscheidet, OVG Lüneburg, Urt. v. 30.06.2015 – 4 LC 285/13, Rn. 53 (juris).

97 OVG Koblenz, Beschl. v. 05.06.2012 – 8 A 10594/12, NVwZ-RR 2012, S. 591 (593). Hierzu auch VGH München, Beschl. v. 20.01.2014 –14 CS 12/1950, Rn. 14 (juris).

gearbeitet worden. Deshalb ist es folgerichtig, die Sanierungspflichten nach § 19 Abs. 4 bestehen zu lassen.[98]

X. Verfahren bei Beendigung des Eingriffs (Abs. 9)

53   Abs. 9 regelt die Folgen bei Beendigung eines Eingriffs. Nach Satz 1 sind die Beendigung sowie die länger als ein Jahr dauernde Unterbrechung eines Eingriffs der zuständigen Behörde anzuzeigen.[99] Der **Begriff der Unterbrechung** wird in Satz 2 konkretisiert und auf eine nur unwesentliche Weiterführung des Eingriffs erstreckt. Die Anzeige soll die zuständige Behörde in die Lage versetzen zu überprüfen, ob der Eingriff in der zugelassenen Form stattgefunden hat und Kompensationsmaßnahmen in der festgesetzten Art und Weise durchgeführt worden sind.[100] Satz 3 trifft schließlich eine Folgeregelung für den Fall einer mehr als einjährigen Unterbrechung: Danach kann (Ermessen!) die zuständige Behörde den Verursacher zu vorläufigen Maßnahmen zur Sicherung der Ausgleichs- und Ersatzmaßnahmen verpflichten oder – wenn der Abschluss des Eingriffs in angemessener Frist nicht zu erwarten ist – die Kompensation des Eingriffs im bis dahin vorgenommenen Umfang anordnen.

XI. UVP-pflichtige Vorhaben (Abs. 10)

54   In Abs. 10 wird das Verhältnis zum UVPG geregelt. Der darin angeordnete und bereits in § 20 Abs. 5 BNatSchG a.F. enthaltene Vorrang des UVPG im Überschneidungsbereich wurde bereits an der systematisch einschlägigen Stelle dargestellt (siehe oben Rn. 11).

XII. Konkretisierungen (Abs. 11) und Abweichungen

55   Die **Verordnungsermächtigung** des Abs. 11 verschafft in Satz 1 den Landesregierungen die Möglichkeit, Einzelheiten zum Verfahren nach Abs. 1–10 in einer Rechtsverordnung zu regeln. Die Landesregierungen können die Ermächtigung gemäß Satz 2 nach Maßgabe des Art. 80 Abs. 1 Satz 4 GG auf andere Landesbehörden delegieren. Die Zuordnung zur Abweichungsgesetzgebung ermöglicht den Ländern aber auch eigenständige Regelungen durch Landesgesetz.[101] Die Länder dürfen also sowohl konkretisieren als auch abweichen.

56   Von diesen Möglichkeiten haben die Länder sehr unterschiedlich Gebrauch gemacht. Einige Länder haben es zumindest bislang bei den bisherigen Landesregelungen belassen.[102] Die meisten Länder haben hingegen – oftmals im

---

98 *Egner*, in: Egner/Fuchs, Naturschutz- und Wasserrecht 2009, § 17 BNatSchG 2009 Rn. 17.

99 Hierzu *Michler/Möller*, NuR 2011, 81 (89); *Mitschang*, BauR 2011, 33 (47).

100 BT-Drs. 16/1274, S. 60.

101 *Mühlbauer, in: Lorz u.a.*, Naturschutzrecht, 3. Aufl. 2013, § 17 BNatSchG Rn. 38.

102 § 23 NatSchG BW; § 6 LG NRW; § 13 LNatSchG RP; § 29 SNP; § 8 ThürNatG. Dies impliziert auch die Beibehaltung eines etwaigen Einvernehmenserfordernissen (Rn. 23), etwa nach § 29 Abs. 1 Satz 1 SNG.

Rahmen einer Neufassung des jeweiligen Landesnaturschutzgesetzes – auch die Regelungen zum Verfahren bei Eingriffen novelliert.[103] Einige Länder haben dabei recht weit reichende **Abweichungen** vorgenommen.[104] Im Mittelpunkt der vorgenommenen Abweichungen steht die in § 17 Abs. 1 BNatSchG explizit „angebotene" Ersetzung der Herstellung des Benehmens durch ein Einvernehmenserfordernis (siehe oben Rn. 23).[105] Häufig wird aber auch die eigenständige Eingriffsregelung des § 17 Abs. 3 BNatSchG (siehe oben Rn. 33 ff.) modifiziert.[106]

§ 18
Verhältnis zum Baurecht

(1) Sind auf Grund der Aufstellung, Änderung, Ergänzung oder Aufhebung von Bauleitplänen oder von Satzungen nach § 34 Absatz 4 Satz 1 Nummer 3 des Baugesetzbuches Eingriffe in Natur und Landschaft zu erwarten, ist über die Vermeidung, den Ausgleich und den Ersatz nach den Vorschriften des Baugesetzbuches zu entscheiden.

(2) Auf Vorhaben in Gebieten mit Bebauungsplänen nach § 30 des Baugesetzbuches, während der Planaufstellung nach § 33 des Baugesetzbuches und im Innenbereich nach § 34 des Baugesetzbuches sind die §§ 14 bis 17 nicht anzuwenden. Für Vorhaben im Außenbereich nach § 35 des Baugesetzbuches sowie für Bebauungspläne, soweit sie eine Planfeststellung ersetzen, bleibt die Geltung der §§ 14 bis 17 unberührt.

(3) Entscheidungen über Vorhaben nach § 35 Absatz 1 und 4 des Baugesetzbuches und über die Errichtung von baulichen Anlagen nach § 34 des Baugesetzbuches ergehen im Benehmen mit den für Naturschutz und Landschaftspflege zuständigen Behörden. Äußert sich in den Fällen des § 34 des Baugesetzbuches die für Naturschutz und Landschaftspflege zuständige Behörde nicht binnen eines Monats, kann die für die Entscheidung zuständige Behörde davon ausgehen, dass Belange des Naturschutzes und der Landschaftspflege von dem Vorhaben nicht berührt werden. Das Benehmen ist nicht erforderlich bei Vorhaben in Gebieten mit Bebauungsplänen und während der Planaufstellung nach den §§ 30 und 33 des Baugesetzbuches sowie in Gebieten mit Satzungen nach § 34 Absatz 4 Satz 1 Nummer 3 des Baugesetzbuches.

---

103 Art. 9 BayNatSchG; § 19 NatSchG Bln; § 7 BbgNatSchAG; § 8 BremNatG; § 8 HmbB-NatSchAG; § 7 HAGBNatSchG; § 12 NatSchAG MV; § 7 NAGBNatSchG; § 12 Sächs-NatSchG; § 10 NatSchG LSA; § 11 LNatSchG SH.

104 § 12 NatSchAG MV; § 7 NAGBNatSchG; § 17 LNatSchG SH.

105 § 19 Abs. 2 Satz 1 NatSchG Bln; § 7 Abs. 1 Satz 1 BbgNatSchGAG; § 8 Abs. 1 BremNatG; § 8 HmbBNatSchGAG; § 12 Abs. 1 Satz 1 SächsNatSchG; § 11 Abs. 1 LNatSchG SH.

106 § 19 Abs. 3 NatSchG Bln; § 7 Abs. 2 BbgNatSchAG; § 7 Abs. 4 HAGBNatSchG; § 12 Abs. 6 NatSchAG MV; § 7 Abs. 1 NAGBNatSchG; § 11 Abs. 3 bis 5 LNatSchG SH.

(4) Ergeben sich bei Vorhaben nach § 34 des Baugesetzbuches im Rahmen der Herstellung des Benehmens nach Absatz 3 Anhaltspunkte dafür, dass das Vorhaben eine Schädigung im Sinne des § 19 Absatz 1 Satz 1 verursachen kann, ist dies auch dem Vorhabenträger mitzuteilen. Auf Antrag des Vorhabenträgers hat die für die Erteilung der Zulassung zuständige Behörde im Benehmen mit der für Naturschutz und Landschaftspflege zuständigen Behörde die Entscheidungen nach § 15 zu treffen, soweit sie der Vermeidung, dem Ausgleich oder dem Ersatz von Schädigungen nach § 19 Absatz 1 Satz 1 dienen; in diesen Fällen gilt § 19 Absatz 1 Satz 2. Im Übrigen bleibt Absatz 2 Satz 1 unberührt.

Inhaltsübersicht

I. Allgemeines

1 In vielen Fällen beruhen die Eingriffe in Natur und Landschaft[1] auf baurechtlichen Vorhaben, sodass dem Verhältnis zum Baurecht eine besondere praktische Bedeutung zukommt. Ein gesetzlicher Regelungsbedarf hatte sich in der Vergangenheit insbesondere deshalb ergeben, da einerseits die Aufstellung von Bauleitplänen unmittelbar nicht als Eingriff in Natur und Landschaft zu bewerten ist und andererseits der Bebauungsplan die bauplanungsrechtliche Zulässigkeit von Vorhaben in seinem Geltungsbereich begründet, wenn das Vorhaben den Festsetzungen nicht widerspricht. War die Eingriffsregelung nicht im Bauleitplanverfahren abgearbeitet worden, ließen sich Eingriffsregelungen auf der nachfolgenden Zulassungsebene häufig nicht mehr effektiv durchsetzen. Nach einem ersten gesetzgeberischen Anlauf im Rahmen des Investitionserleichterungs- und Wohnbaulandgesetzes vom 22.04.1993 (BGBl. I, S. 466) ist mit dem Gesetz zur Änderung

---

1 Zur Eingriffsregelung *Hendler/Brockhoff*, NVwZ 2010, 733 ff.; *Franzius*, ZUR 2010, 346 ff.; *Gellermann*, NVwZ 2010, 73 (76 f.).

des Baugesetzbuches und zur Neuregelung des Rechts der Raumordnung (Bau- und Raumordnungsgesetz 1998 – BauROG) vom 18.08.1997 (BGBl. I, S. 2081) der sog. „**Baurechtskompromiss**" etabliert worden: die Behandlung der Eingriffsproblematik in der Bauleitplanung ist seitdem in das BauGB integriert, das Verhältnis der Eingriffsregelung zum Baurecht ist im BNatSchG geregelt.

Die Abs. 1–4 entsprechen § 21 BNatSchG a.F. Es geht inhaltlich um das Verhältnis der Eingriffsregelung zur Bauleitplanung (Abs. 1) und zur bauplanungsrechtlichen Vorhabenzulassung (Abs. 2). Im Abs. 3 finden sich spezielle Regelungen zur Beteiligung der Naturschutzbehörde bei der Vorhabenzulassung und im Abs. 4 ist eine Sonderreglung für den Fall getroffen, dass es im Falle eines Vorhabens im unbeplanten Innenbereich Anhaltspunkte für einen sog. Biodiversitätsschaden geben sollte. **2**

II. Aufstellung von Bauleitplänen (Abs. 1)

§ 18 Abs. 1 trifft die Kernregelung des sog. Baurechtskompromisses: sind auf Grund der Aufstellung, Änderung, Ergänzung oder Aufhebung von Bauleitplänen Eingriffe in Natur und Landschaft zu erwarten, ist über die Vermeidung, den Ausgleich und den Ersatz nach den Vorschriften des BauGB zu entscheiden. **3**

1. Aufstellung von Bauleitplänen und Ergänzungssatzungen

Bauleitpläne sind nach § 1 Abs. 2 BauGB der **Flächennutzungsplan** (vorbereitender Bauleitplan) und der **Bebauungsplan** (verbindlicher Bauleitplan). Hierzu zählen auch der sog. sachliche Teilflächennutzungsplan (§ 5 Abs. 2 b BauGB), der vorhabenbezogene Bebauungsplan (§ 12 Abs. 1, § 30 Abs. 2 BauGB, jedoch ohne Anwendbarkeit der § 135a–c BauGB) und der einfache Bebauungsplan (§ 30 Abs. 3 BauGB). Für Bebauungspläne der Innenentwicklung (§ 13a BauGB) gilt im beschleunigten Verfahren (ohne Umweltprüfung nach § 2 Abs. 4 BauGB), dass bei einer Grundfläche von weniger als 20.000 m^2 Eingriffe, die auf Grund der Aufstellung des Bebauungsplanes zu erwarten sind, als im Sinne des § 1a Abs. 3 Satz 5 BauGB vor der planerischen Entscheidung erfolgt oder zulässig gelten, § 13a Abs. 2 Nr. 4 BauGB. Sie sind daher nicht im Sinne des § 15 Abs. 2 BNatSchG auszugleichen, so dass sich die Gemeinde in diesem Fall nicht mit den durch die §§ 14 ff. BNatSchG aufgeworfenen Fragen im Rahmen der Abwägungsentscheidung befassen muss.[2] **4**

Nach § 34 Abs. 4 Satz 1 Nr. 3 BauGB kann die Gemeinde durch Satzung einzelne Außenbereichsflächen in die im Zusammenhang bebauten Ortsteile einbeziehen, wenn die einbezogenen Flächen durch die bauliche Nutzung des angrenzenden Bereichs geprägt sind (sog. **Ergänzungssatzung**). Nicht von § 18 Abs. 1 erfasst sind demgegenüber die sog. (deklaratorische) Klar- **5**

---

2 OVG Saarland, Urt. v. 05.09.2013 – 2 C 190/12, BRS 81 Nr. 42.

stellungssatzung nach § 34 Abs. 4 Satz 1 Nr. 1 BauGB und die sog. Entwicklungssatzung nach § 34 Abs. 4 Satz 1 Nr. 2 BauGB. Auf diese Differenzierung kann es ankommen, wenn eine Ergänzungssatzung mit einer der beiden anderen Satzungen verbunden wird, § 34 Abs. 4 Satz 2 BauGB. Konsequent heißt es in § 34 Abs. 4 Satz 4 BauGB weiter, dass bei der Ergänzungssatzung § 1 a Abs. 2 und 3 und § 9 Abs. 1 a BauGB entsprechend anzuwenden sind und der Satzung eine Begründung mit den Angaben entsprechend § 2a Satz 2 Nr. 1 BauGB beizufügen ist.

6 Neben der Aufstellung eröffnet § 18 Abs. 1 den Anwendungsbereich auch für die **Änderung, Ergänzung oder Aufhebung** des entsprechenden Plans. Die Regelung steht insoweit im Einklang mit § 1 Abs. 8 BauGB, wonach die Vorschriften des BauGB über die Aufstellung von Bauleitplänen auch für ihre Änderung, Ergänzung und Aufhebung gelten. Im vereinfachten Verfahren kann demgegenüber u.a. von der Umweltprüfung und von dem Umweltbericht abgesehen werden, § 13 Abs. 3 Satz 1 BauGB.

2. „Eingriffe zu erwarten"

7 Dass der Eingriff erst durch den Bauleitplan zulässig wird, ist nicht erforderlich. Es genügt, dass dieser auf Grund des Bauleitplans „zu erwarten" ist. Ob ein Eingriff zu erwarten ist, könnte z.B. bei Planung einer Konzentrationszone für Windenergieanlagen im Flächennutzungsplan fraglich sein. Denn der Flächennutzungsplan ist als nur vorbereitender Bauleitplan nicht geeignet, einen Anspruch auf Zulassung eines Vorhabens zu begründen; im Außenbereich kann er einem Vorhaben als öffentlicher Belang lediglich entgegenstehen (vgl. § 35 Abs. 3 Satz 1 Nr. 1 und Satz 3 BauGB). Dennoch sieht § 18 Abs. 1 die Entscheidung über die Eingriffsvermeidung, den Ausgleich und den Ersatz bei der Aufstellung oder der Änderung nicht nur von Bebauungsplänen, sondern auch des Flächennutzungsplans vor. Weist ein Flächennutzungsplan Konzentrationszonen für Windenergieanlagen aus, ist es aber im Allgemeinen mit dem Gebot gerechter Abwägung vereinbar, die Regelung des Ausgleichs der zu erwartenden Eingriffe in Natur und Landschaft dem Verfahren der Vorhabengenehmigung und, wenn die Bereitstellung der Flächen nicht auf andere Weise gesichert ist, der Aufstellung eines Bebauungsplans vorzubehalten.[3]

3. Entscheidung nach den Vorschriften des BauGB

8 Auf der Rechtsfolgenseite sieht § 18 Abs. 1 vor, dass über die Vermeidung, den Ausgleich und den Ersatz nach den Vorschriften des Baugesetzbuches zu entscheiden ist. Das BauGB wiederum enthält an verschiedenen Stellen Bestimmungen zu Ausgleich und Ersatz. Zentrale Anknüpfungsvorschrift ist § 1 a BauGB, der ergänzende Vorschriften zum Umweltschutz bei der Aufstellung der Bauleitpläne enthält.

---

3 BVerwG, Beschl. v. 26.04.2006 – 4 B 7/06, NVwZ 2006, 821.

a) Folgenbewältigungsprogramm, § 1a Abs. 3 Satz 1 BauGB

§ 1a Abs. 3 Satz 1 BauGB gibt vor, dass die Vermeidung und der Ausgleich   9
voraussichtlich erheblicher Beeinträchtigungen des Landschaftsbilds sowie
der Leistungs- und Funktionsfähigkeit des Naturhaushalts in seinen in § 1
Abs. 6 Nr. 7 lit. a) BauGB bezeichneten Bestandteilen „in der **Abwägung**
nach § 1 Abs. 7 (BauGB) zu berücksichtigen" sind.

Das **Folgenbewältigungsprogramm** der Eingriffsregelung ist in der Bauleit-   10
planung mithin im Rahmen der bauleitplanerischen Abwägung nach den
hierfür einschlägigen Maßstäben abzuarbeiten. Dies bedeutet bei der Aufstellung von Bebauungsplänen auch, dass für diese Abwägungsentscheidung
gemäß § 214 Abs. 3 Satz 1 BauGB die Sach- und Rechtslage im Zeitpunkt der
Beschlussfassung über die Satzung maßgebend ist.[4] Diese spezifisch bauleitplanerische „Abarbeitung" des Folgenbewältigungsprogramms der Eingriffsregelung setzt zunächst voraus, dass die relevanten erheblichen Beeinträchtigungen im Einzelnen näher ermittelt werden. Hieran anknüpfend sind diese
Beeinträchtigungen zu bewerten. Sodann hat die planende Gemeinde nach
§ 1a Abs. 3 Satz 1 BauGB über die Vermeidung und den Ausgleich voraussichtlich erheblicher Beeinträchtigungen des Landschaftsbilds sowie der Leis-
tungs- und Funktionsfähigkeit des Naturhaushalts in seinen in § 1 Abs. 6
Nr. 7 lit. a) BauGB bezeichneten Bestandteilen abwägend zu befinden. Bei
der Beurteilung des räumlichen wie auch des zeitlichen Zusammenhangs
zwischen Eingriff und Kompensationsmaßnahmen ist der Gemeinde dabei ein
die Chancen der Vollkompensation erhöhender Beurteilungsspielraum zuzubilligen. Die §§ 1a Abs. 3, 200a BauGB lassen erkennen, dass der Gesetzgeber insbesondere den räumlichen Bezug nicht als „Selbstzweck" versteht,
sondern dass ihm ganz vordringlich gerade auch im Sinne der Anliegen des
Naturschutzgesetzes (§ 1 BNatSchG) an einer wirklichen Kompensation gelegen ist.[5]

Verfahrensmäßig ist die Eingriffsregelung über den **Umweltbericht**, der Be-   11
standteil der Begründung des Bauleitplans ist, in das planerische Aufstellungsverfahren integriert. Entsprechend dem Stand des Verfahrens sind in
dem Umweltbericht die Belange des Umweltschutzes darzulegen, die auf
Grundlage einer **Umweltprüfung** ermittelt und bewertet worden sind. Die
Gemeinde legt dazu für jeden Bauleitplan fest, in welchem Umfang und Detaillierungsgrad die Ermittlung der Belange für die Abwägung erforderlich
ist. Die Umweltprüfung bezieht sich auf das, was nach gegenwärtigem Wissensstand und allgemein anerkannten Prüfmethoden sowie nach Inhalt und
Detaillierungsgrad des Bauleitplans angemessenerweise verlangt werden
kann. Das Ergebnis der Umweltprüfung ist in der Abwägung zu berücksichtigen.

Für diese Bewertungen und abwägenden Gewichtungen ist davon auszuge-   12
hen, dass für alle Ebenen der naturschutzfachlichen Prüfungen, die (zumin-

---

4 OVG NRW, Urt. v. 12.02.2009 – 7 D 19/08.NE.
5 OVG Saarland, Urt. v. 19.03.2015 – 2 C 382/13.

dest auch) Wertungen einschließen, sich bislang keine gesicherte Erkenntnislage und anerkannten Standards herausgebildet haben. Die Folge, dass bei naturschutzfachlichen Bewertungen sich je nach dem, welches methodische Vorgehen und welche Kriterien und Maßstäbe angewandt werden, unterschiedliche Ergebnisse ergeben können, ist letztlich hinzunehmen. Entscheidend ist allein, ob die dem konkreten **Bewertungsverfahren** zu Grunde liegenden Ansätze naturschutzfachlich vertretbar sind.[6] Dementsprechend ist seit Langem anerkannt, dass es bei der Abarbeitung des Folgenbewältigungsprogramms der Eingriffsregelung Aufgabe der planenden Gemeinde ist, in eigener Verantwortung die zu erwartenden Eingriffe in Natur und Landschaft zu bewerten und über Vermeidung, Ausgleich und Ersatz abwägend zu entscheiden.[7] Insoweit kommt es auch nicht darauf an, ob sich bei Verwendung anderer Parameter etwa ein höherer Ausgleichsbedarf errechnen ließe. Zu Beanstandungen besteht vielmehr erst dann Anlass, wenn ein Bewertungsverfahren sich als unzulängliches oder gar ungeeignetes Mittel erweist, um den gesetzlichen Anforderungen zu genügen.[8]

13 Fraglich ist es in der Praxis häufiger, ob bei der Aufstellung eines Bebauungsplans ein naturschutzrechtliches **Ausgleichsdefizit** von weniger als zehn Prozent wegen der Schwächen des von der Gemeinde angewandten mathematisierten Bewertungsverfahrens abwägend hingenommen werden darf. Mangels gesetzlicher Vorgaben hat die planende Gemeinde die Aufgabe, in eigener Verantwortung die zu erwartenden Eingriffe zu bewerten und über Vermeidung, Ausgleich und Ersatzmaßnahmen abwägend zu entscheiden.[9] Dies lässt – freilich nur unterhalb der Schwelle der planerischen Beliebigkeit[10] – Raum für die Hinnahme von Ausgleichsdefiziten wegen der Unzulänglichkeiten jedes rechnerischen Verfahrens zur Bewertung von Beeinträchtigungen von Natur und Landschaft und deren Ausgleich. Wo die Grenzen des Entscheidungsspielraums liegen, lässt sich nicht Fall übergreifend klären. Der Verzicht einer Gemeinde auf einen vollständigen Ausgleich für den planbedingten Eingriff in Natur und Landschaft kann mit der Erwägung zu rechtfertigen sein, die Hinnahme eines Ausgleichsdefizits von deutlich weniger als zehn Prozent wegen Schwächen mathematisierter Bewertungsverfahren lägen deshalb noch im Rahmen des Abwägungsspielraums, weil für die Planung gewichtige öffentliche Belange sprächen. Ob diese Würdigung zutrifft, ist eine Frage des konkreten Einzelfalls.[11]

b) *Durchführung des Ausgleichs in der Bauleitplanung*

14 Während das BNatSchG zwischen dem Ausgleich und dem Ersatz differenziert, werden diese Begriffe in der Bauleitplanung unter dem einheitlichen

---

6 Vgl. BVerwG, Urt. v. 09.07.2008 – 9 A 14.07; BayVGH, Urt. v. 19.02.2014 – 8 A 11.40040.

7 Vgl. bereits BVerwG, Beschl. v. 23.04.1997 – 4 NB 13.97, BRS 59 Nr. 10.

8 Vgl. BVerwG, Urt. v. 22.01.2004 – 4 A 32.02, NVwZ 2004, 722.

9 Vgl. BVerwG, Beschl. v. 23.04.1997 – 4 NB 13.97, BRS 59 Nr. 10.

10 Vgl. BVerwG, Beschl. v. 31.01.1997 – 4 NB 27.96, E 104, 68 (75).

11 BVerwG, Beschl. v. 07.11.2007 – 4 BN 45/07.

Oberbegriff „Maßnahmen zum Ausgleich" zusammengefasst, § 200a Satz 1 BauGB. Das BauGB enthält eine eigenständige und abschließende städtebauliche Regelung.

Der i.d.S. zu verstehende Ausgleich kann gemäß § 1a Abs. 3 BauGB auf verschiedene Weisen erfolgen: **15**

– geeignete Darstellungen und Festsetzungen nach den §§ 5 und 9 BauGB als Flächen oder Maßnahmen zum Ausgleich, § 1a Abs. 3 Satz 2 BauGB, und zwar auch
– an anderer Stelle als am Ort des Eingriffs, wenn dies mit einer nachhaltigen städtebaulichen Entwicklung und den Zielen der Raumordnung sowie des Naturschutzes und der Landschaftspflege vereinbar ist, § 1a Abs. 3 Satz 3 BauGB[12]
– vertragliche Vereinbarungen nach § 11 BauGB oder
– sonstige geeignete Maßnahmen auf von der Gemeinde bereitgestellten Flächen, § 1a Abs. 3 Satz 4 BauGB.

Praktisch bedeutsam im Falle der Aufstellung eines Bebauungsplanes[13] ist,   **16** dass § 9 Abs. 1a BauGB die Gemeinde ermächtigt, Flächen oder Maßnahmen zum Ausgleich verbindlich festzusetzen

– auf den Grundstücken, auf denen die Eingriffe zu erwarten sind, oder
– an anderer Stelle sowohl im sonstigen Geltungsbereich des Bebauungsplans
– als auch in einem anderen Bebauungsplan (sog. Ausgleichsbebauungsplan).
– Die Flächen oder Maßnahmen zum Ausgleich an anderer Stelle können darüber hinaus den Grundstücken, auf denen Eingriffe zu erwarten sind, ganz oder teilweise zugeordnet werden; dies gilt auch für Maßnahmen auf von der Gemeinde bereitgestellten Flächen.

Der notwendige Ausgleich ist in einer dem naturschutzrechtlichen Kompen-   **17** sationsinteresse genügender Weise abzusichern. Ein Teil der Ausgleichsmaßnahmen kann z.B. durch geeignete Festsetzungen im Bebauungsplan selbst gesichert werden, § 1a Abs. 3 Satz 2 BauGB. Ein anderer Teil kann z.B. durch die Inanspruchnahme eines städtischen Ökokontos erfolgen. Sind Maßnahmen in Bezug genommen, die bereits durchgeführt worden sind, ist deren Realisierung nicht zu bezweifeln.[14] Im Weiteren können z.B. konkrete Maßnahmen aus einem beschlossenen Kompensationskonzept in Betracht kommen. Ist ein solches Konzept mit der Unteren Landschaftsbehörde abgestimmt und vom Rat mit dem Ziel beschlossen worden, künftige Eingriffe in Natur und Landschaft bevorzugt durch die dargestellten Maßnahmen auszu-

---

12 Vgl. auch § 200a Satz 2 BauGB.
13 Im Geltungsbereich des Flächennutzungsplans können nach § 5 Abs. 2a BauGB Flächen zum Ausgleich im Sinne des § 1a Abs. 3 BauGB denjenigen Flächen, auf denen Eingriffe in Natur und Landschaft zu erwarten sind, zugeordnet werden.
14 Vgl. zum Öko-Konto allgemein: OVG RP, Urt. v. 13.06.2002 – 1 C 11646/01, NuR 2003, 38; OVG NRW, Beschl. v. 09.01.2009 – 8 A 2138/08.

gleichen, handelt es sich um abgestimmte und konkretisierte Planungen, die eine entsprechende Verlässlichkeit aufweisen. Der Gesetzgeber stellt solche „externen" Maßnahmen in § 1a Abs. 3 Satz 4 BauGB gleichberechtigt neben Festlegungen im Rahmen der Bauleitplanung und die vertragliche Vereinbarung, soweit sie auf von der Gemeinde „bereitgestellten" Flächen getroffen werden. Damit setzt das Gesetz ein Mindestmaß an rechtlicher Bindung der planenden Gemeinde bereits im Zeitpunkt des Erlasses des Bebauungsplans voraus. Das Erfordernis einer hinreichenden rechtlichen **Sicherung der Ausgleichsmaßnahmen** soll verhindern, dass die Gemeinde sich von einseitigen Erklärungen, die eine bestimmte Kompensation in Aussicht stellen, im Nachhinein wieder lossagt oder von ihr zunächst zum Ausgleich vorgesehene Flächen wieder zurückzieht. Dieser Gefahr muss die Gemeinde in angemessener Weise Rechnung tragen, ohne dass das Gesetz sie hierzu auf ein bestimmtes Vorgehen festlegt. Zudem muss die vorgesehene Maßnahme bei realistischer Betrachtung durchführbar sein.[15] Danach ist regelmäßig gefordert, dass sich die für den Ausgleich vorgesehene Fläche bereits im Zeitpunkt des Satzungsbeschlusses im Eigentum der Gemeinde befindet oder in sonstiger Weise zumindest ein zeitlich unbefristetes Verfügungsrecht der Gemeinde über diese Fläche gesichert ist.[16] Eine vergleichbare Sicherung kann gegeben sein, wenn die Umsetzung des Bebauungsplans allein in der Hand der Gemeinde liegt und kein Zweifel veranlasst ist, das mit der Umsetzung erst begonnen wird, nachdem die Gemeinde die Verfügungsmacht über die zur Kompensation vorgesehenen externen Flächen erlangt hat.[17]

c) Verzicht auf das Ausgleichserfordernis

18 Eine weitere wichtige und auch praktisch bedeutsame Regelung besteht darin, dass ein Ausgleich nach § 1a Abs. 3 Satz 5 BauGB nicht erforderlich ist, soweit die Eingriffe bereits vor der planerischen Entscheidung erfolgt sind oder zulässig – etwa nach § 34 Abs. 1 BauGB – waren. Flächen, die von dieser Regelung erfasst sind, stellen keine Eingriffsflächen dar. Ein Ausgleich ist bei der Überplanung von Flächen, für die bereits Baurechte bestehen, nur insoweit erforderlich, als zusätzliche und damit neu geschaffene Baurechte entstehen. Er stellt allein darauf ab, welche Bebauung vor der Aufstellung des neuen Bebauungsplans zulässig war, und differenziert nicht danach, wann und unter welcher Rechtslage die bestehenden Baurechte entstanden sind.[18] Der Gemeinde steht bei der Anwendung des § 1a Abs. 3 Satz 5 BauGB **kein „Einschätzungsspielraum"** zu, auch wenn die Zuordnung eines Grundstücks zum bebaubaren Innenbereich und die Zulässigkeit seiner Be-

---

15 Vgl. BVerwG, Beschl. v. 18.07.2003 – 4 BN 37.03, BRS 66 Nr. 217; BVerwG, Urt. v. 19.09.2002 – 4 CN 1.02, E 117, 58.

16 Vgl. OVG NRW, Urt. v. 19.04.2007 – 7 D 3/06.NE; OVG NRW, Urt. v. 23.01.2006 – 7 D 137/04.NE; Nds. OVG, Urt. v. 05.04.2001 – 1 K 2758/00; OVG RP, Urt. v. 17.01.2007 – 8 C 11088/06.

17 OVG NRW, Urt. v. 18.12.2009 – 7 D 124/07.NE.

18 BVerwG, Beschl. v. 20.05.2003 – 4 BN 57/02, NVwZ 2003, 1259; BVerwG, Beschl. v. 20.03.2012 – 4 BN 31/11.

bauung im Einzelfall erhebliche Schwierigkeiten bereiten kann.[19] Die Frage, ob eine Bebauung bereits vor der planerischen Entscheidung nach § 34 Abs. 1 BauGB zulässig war, ist eine Rechtsfrage, die der uneingeschränkten gerichtlichen Überprüfung unterliegt. Die Anerkennung eines kommunalen „Einschätzungsspielraumes" verbietet sich auch in Hinblick auf die mit der Zuordnung zum Eingriffsgebiet verbundenen Rechtsfolgen. Nur den Grundstücken, auf denen Eingriffe zu erwarten sind, können nach § 9 Abs. 1a Satz 2 BauGB Flächen oder Maßnahmen zum Ausgleich (§ 1a Abs. 3 Satz 1 und 2 BauGB) an anderer Stelle zugeordnet werden. Nur Eigentümer von Grundstücken, die zu den Eingriffsflächen zählen, können nach den §§ 135a ff. BauGB zur Finanzierung von Ausgleichsmaßnahmen herangezogen werden.

d) Einrichtung eines Öko-Kontos

Das BauGB enthält in den §§ 135a ff. weitere praxisrelevante Bestimmungen   19
zu Maßnahmen für den Naturschutz. Soweit Maßnahmen zum Ausgleich an anderer Stelle den Grundstücken nach § 9 Abs. 1a BauGB zugeordnet worden sind, soll die Gemeinde diese anstelle und auf Kosten der Vorhabenträger oder Eigentümer der Grundstücke durchführen und auch die hierfür erforderlichen Flächen bereitstellen, sofern dies nicht auf andere Weise gesichert ist, § 135a Abs. 2 Satz 1 BauGB. Da die Maßnahmen bereits vor den Baumaßnahmen und der Zuordnung durchgeführt werden können, eröffnet das BauGB für die Gemeinde die Möglichkeit, ein sog. **Öko-Konto** einzurichten. Die Kostenerstattung erfolgt durch einen Kostenerstattungsbeitrag, der als öffentliche Last auf dem Grundstück ruht. Das Gesetz enthält eine weitere Bestimmung zu den möglichen Verteilungsmaßstäben (§ 135b BauGB) sowie zum Satzungsrecht (§ 135c BauGB).

e) Ergänzendes Verfahren bei Abwägungsmangel

Ein ergänzendes Verfahren nach § 214 Abs. 4 BauGB kann in Betracht kom-   20
men, um einen wegen Verstoßes gegen die Eingriffsregelung mangelhaften Bebauungsplan, ergänzt um die erforderlichen Festsetzungen zum Ausgleich von Eingriffen in Natur und Landschaft, erneut zu beschließen.[20] Insbesondere wenn die Gemeinde nach der ursprünglichen Planungskonzeption solche Festsetzungen bereits vorgesehen, davon jedoch im weiteren Planaufstellungsverfahren aufgrund unzutreffender rechtlicher Erwägungen abgesehen hatte, kann das Normenkontrollgericht von der – konkreten – Möglichkeit einer Behebung des Mangels ausgehen.

---

19 BVerwG, Beschl. v. 04.10.2006 – 4 BN 26/06.

20 BVerwG, Beschl. v. 25.05.2000 – 4 BN 17/00, NVwZ 2000, 1053; im Anschluss an BVerwG, Urt. v. 08.10.1998 – 4 CN 7.97, DVBl 1999, 243; Urt. v. 16.12.1999 – 4 CN 7.98, BauR 2000, 684.

III. Zulassung bauplanungsrechtlicher Vorhaben (Abs. 2)

21   § 18 Abs. 2 betrifft die Anwendung der Eingriffsregelung auf der bauplanungsrechtlichen Vorhabenebene und differenziert hierbei wie folgt:

– Auf Vorhaben in Gebieten mit Bebauungsplänen nach § 30 BauGB, während der Planaufstellung nach § 33 BauGB und im Innenbereich nach § 34 BauGB sind die §§ 14 bis 17 nicht anzuwenden.

– Für Vorhaben im Außenbereich nach § 35 BauGB sowie für Bebauungspläne, soweit sie eine Planfeststellung ersetzen, bleibt die Geltung der §§ 14 bis 17 unberührt.

22   In beiden Konstellationen wird vorausgesetzt, dass es sich bei der fraglichen Maßnahme um ein **Vorhaben** handelt. Nach § 29 Abs. 1 BauGB gelten für Vorhaben, die die Errichtung, Änderung oder Nutzungsänderung von baulichen Anlagen zum Inhalt haben, und für Aufschüttungen und Abgrabungen größeren Umfangs sowie für Ausschachtungen, Ablagerungen einschließlich Lagerstätten die §§ 30–37 BauGB. Auch wenn im Falle von Vorhaben im Sinne des § 29 BauGB eine Anwendung der naturschutzrechtlichen Eingriffsregelung ausscheidet, bleibt eine Kompensationsmaßnahme auch im Innenbereich, die ohne Bezug zu einem baurechtlichen Vorhaben erfolgt, denkbar.[21]

1. Keine Anwendung der Eingriffsregelung, § 18 Abs. 2 Satz 1

23   Auf Vorhaben in Gebieten mit Bebauungsplänen nach § 30 BauGB, während der Planaufstellung nach § 33 BauGB und im Innenbereich nach § 34 BauGB sind die §§ 14–17 nicht anzuwenden. Bei Vorhaben in Bebauungsplangebieten sind die Belange von Natur und Landschaft bereits im vorangegangenen Aufstellungsverfahren abwägend abgearbeitet worden, sodass eine nochmalige Prüfung der Eingriffsregelung auf der Zulassungsebene nicht geboten ist. Ähnliches gilt für Vorhaben während der Planaufstellung, da auch hier durch den Bebauungsplan sichergestellt wird, dass die Eingriffsregelung berücksichtigt wird. Nach § 33 Abs. 1 BauGB ist ein Vorhaben u.a. nur zulässig, wenn anzunehmen ist, dass das Vorhaben den Festsetzungen des künftigen Bebauungsplanes nicht entgegensteht und der Antragsteller die Festsetzungen schriftlich anerkennt. Für Vorhaben im Innenbereich kann – vorbehaltlich des Abs. 4 – angeknüpft werden an § 1a Abs. 3 Satz 5 BauGB, wonach ein Ausgleich nicht erforderlich ist, soweit die Eingriffe bereits vor der planerischen Entscheidung zulässig waren, wovon insbesondere auch Baurechte nach § 34 Abs. 1 BauGB erfasst sind.

2. Anwendung der Eingriffsregelung, § 18 Abs. 2 Satz 2

24   Für Vorhaben im Außenbereich nach § 35 BauGB sowie für Bebauungspläne, soweit sie eine Planfeststellung ersetzen, bleibt die Geltung der §§ 14–17 unberührt. Gleiches gilt, wenn es sich nicht um einen qualifizierten Bebauungs-

---

21 SächsOVG, Beschl. v. 12.12.2012 – 1 A 881/11.

plan im Sinne von § 30 Abs. 1 BauGB handelt, sondern lediglich um einen „einfachen Bebauungsplan" im Sinne von § 30 Abs. 3 BauGB. Wie sich aus § 30 Abs. 3 BauGB ergibt, richtet sich die Zulässigkeit von Vorhaben, die im Geltungsbereich eines einfachen Bebauungsplanes gelegen sind, je nach Sachlage nach § 34 BauGB oder § 35 BauGB, soweit der einfache Bebauungsplan keine einschlägigen Festsetzungen enthält. Dies bedeutet, dass es sich bei Vorhaben im Geltungsbereich eines einfachen Bebauungsplans zulassungsrechtlich um solche in Gebieten nach § 34 BauGB oder § 35 BauGB handelt, wobei die Festsetzungen des einfachen Bebauungsplans als weitere Zulassungsvoraussetzungen beachtlich bleiben. Liegt das Grundstück im Außenbereich, handelt es sich um ein Vorhaben im Außenbereich im Sinne von § 35 BauGB mit der Folge, dass die Geltung der §§ 14 bis 17 BNatSchG hier nicht nach § 18 Abs. 2 Satz 1 BNatSchG ausgeschlossen ist, sondern gemäß § 18 Abs. 2 Satz 2 dieses Gesetzes unberührt bleibt.[22] Nach der Rechtsprechung des BVerwG[23] hat die Prüfung der bauplanungsrechtlichen und der naturschutzrechtlichen Zulassungsvoraussetzungen eines Außenbereichsvorhabens jeweils eigenständigen Charakter und ist jeweils unabhängig voneinander durchzuführen, auch wenn die Abwägung in beiden Fällen regelmäßig zu demselben Ergebnis kommen sollte. Da die bauplanungsrechtliche Zulassung nach § 35 Abs. 1 BauGB eine gesetzlich gebundene Abwägungsentscheidung ist, bei der die Behörde keine vom Gericht zu respektierende Abwägungs- und Ermessensspielräume besitzt, ist auch die naturschutzrechtliche Abwägungsentscheidung im Rahmen der Eingriffsregelung mit ihren zusätzlichen Voraussetzungen gesetzlich gebunden und gerichtlich uneingeschränkt zu überprüfen. Die Rechtslage ist insoweit anders als in einem durch planerische Gestaltungsfreiheit geprägten (Planfeststellungs-)Verfahren, in dem sich diese Abwägung rechtlich nicht voll determiniert vollzieht und die Gerichte nur nachzuprüfen haben, ob die behördliche Abwägung sich in dem maßgeblichen rechtlichen Rahmen hält Das Gericht hat daher z.B. selbst festzustellen, ob der naturschutzrechtliche Belang des Landschaftsbildes, sollte seine Beeinträchtigung nicht im Rechtssinne kompensierbar sein, bei der Abwägung anderen Belangen im Range vorgeht, was zwingend zur Versagung des Eingriffs nach § 15 Abs. 5 BNatSchG führt und den Anspruch auf erneute Bescheidung ausschließt.[24] Ist ein Außenbereichsvorhaben schon nach § 35 Abs. 1 und 3 BauGB unzulässig, kommt es auf seine Vereinbarkeit mit naturschutzrechtlichen Bestimmungen nicht mehr an. Nimmt ein im Außenbereich privilegiertes Vorhaben zwar die Hürde des § 35 Abs. 1 und 3 BauGB, muss geprüft werden, ob es nach der naturschutzrechtlichen Eingriffsregelung zugelassen werden kann, und es ist denkbar, dass es gleichwohl daran scheitert oder zumindest nur mit Auflagen genehmigungsfähig ist.[25] Die naturschutzrechtliche Eingriffsregelung ist unabhängig vom Bauplanungsrecht zu prü-

---

22 OVG RP, Beschl. v. 05.06.2012 – 8 A 10594/12, ZfBR 2012, 694.
23 Vgl. BVerwG, Urt. v. 13.12.2001 – 4 C 3.01, BauR 2002, 751.
24 VGH BW, Urt. v. 19.07.2010 – 8 S 77/09.
25 VGH BW, Urt. v. 20.05.2003 – 5 S 1181/02, VBlBW 2003, 395.

fen.[26] Liegt ein vermeidbarer Eingriff im naturschutzrechtlichen Sinn vor, so führt dies ungeachtet des eigenständigen Charakters der bauplanungs- und der naturschutzrechtlichen Zulässigkeitsvoraussetzungen eines Außenbereichsvorhabens ohne weiteres zu einer Beeinträchtigung der Belange des Naturschutzes im Sinn von § 35 Abs. 3 Satz 1 Nr. 5 Alt. 1 BauGB. Nach § 18 Abs. 2 Satz 2 BNatSchG bleibt für Vorhaben im Außenbereich nach § 35 BauGB die Geltung der §§ 14 bis 17 BNatSchG unberührt.[27]

25 Ersetzt ein Bebauungsplan eine (mögliche) **straßenrechtliche Planfeststellung**, bleibt es nach § 18 Abs. 2 Satz 2 bei der Anwendung der Vorschriften über die Eingriffsregelung. Der Plan muss in Bezug auf die betroffenen Belange von Natur und Landschaft namentlich den dortigen Anforderungen genügen. Jene Belange sind nach Maßgabe der besonderen Anforderungen zu beachten, die sich aus § 1a BauGB für den Umweltschutz ergeben. Danach ist bei Bebauungsplänen, welche die bauplanerische Zulässigkeit von Eingriffen in Natur und Landschaft begründen, ein gesetzlich vorgeprägtes Entscheidungsprogramm abzuarbeiten und über ein Folgenbewältigungsprogramm abwägend zu entscheiden. Handelt es sich um einen planfeststellungsersetzenden Bebauungsplan, muss die Konfliktbewältigung zudem den Anforderungen der Eingriffsregelung genügen. In erste Linie ist zu prüfen, ob das „Integritätsinteresse" von Natur und Landschaft an einem Schutz vor eingriffsbedingten Beeinträchtigungen aus gewichtigen Gründen zurückgestellt werden kann. Dabei ist insbesondere das naturschutzrechtliche Vermeidungsgebot zu beachten. Ist der Eingriff nach Art und Ausmaß unvermeidbar, ist darüber zu befinden, ob und in welchem Umfang Ausgleich bzw. Ersatz zu leisten und damit dem Vermeidungsgebot bzw. dem Kompensationsinteresse von Natur und Landschaft Rechnung zu tragen ist. Ist die naturschutzrechtliche Eingriffsregelung einschlägig, so ist regelmäßig ein voller Eingriffsausgleich gefordert. Der Ausgleich ist angemessen zu sichern. Ist eine Vollkompensation nicht möglich, bedarf es einer weitergehenden Abwägung nach Maßgabe der naturschutzrechtlichen Eingriffsregelung.[28]

IV. Beteiligung der Naturschutzbehörden (Abs. 3)

26 Entscheidungen über Vorhaben nach § 35 Absatz 1 und 4 BauGB und über die Errichtung von baulichen Anlagen nach § 34 BauGB ergehen im **Benehmen**[29] mit den für Naturschutz und Landschaftspflege zuständigen Behörden. Hinsichtlich der Außenbereichsvorhaben betrifft die Beteiligungsvorschrift die privilegierten Vorhaben und die begünstigten Vorhaben – nicht genannt sind die Fälle der sonstigen Vorhaben nach § 35 Abs. 2 BauGB, wie z.B. eine allgemeine Wohnnutzung im Außenbereich. Für die sonstigen Vorhaben bleibt es also bei den in § 17 geregelten Verfahrensweisen. Als Vor-

---

26 BayVGH, Urt. v. 01.10.2007 – 15 B 06.2356.
27 BayVGH, Urt. v. 13.04.2015 – 1 B 14.2319.
28 OVG NRW, Urt. v. 18.12.2009 – 7 D 124/07.NE.
29 Siehe hierzu im Einzelnen die Kommentierung zu § 17; zur Relevanz des Benehmenserfordernisses vgl. auch Schink, BauR 2013, 861 (863).

haben im Innenbereich wird allein die „Errichtung" baulicher Anlagen genannt, nicht aber die Änderung oder Nutzungsänderung. Da nach Abs. 1 die §§ 14–17 jedoch ohnehin keine Anwendung auf Vorhaben im Innenbereich finden, dürfte der gleichwohl in diesen Fällen vorgesehenen Beteiligung der Naturschutzbehörde zur Benehmensherstellung keine große praktische Relevanz zukommen, allenfalls im Hinblick auf § 18 Abs. 4.

Äußert sich in den Fällen des § 34 BauGB die Naturschutzbehörde nicht binnen eines Monats, kann die für die Entscheidung zuständige Behörde zudem davon ausgehen, dass Belange des Naturschutzes und der Landschaftspflege von dem Vorhaben nicht berührt werden.[30] Das Benehmen der Naturschutzbehörde ist im Einklang mit Abs. 1 nicht erforderlich bei Vorhaben in Gebieten mit Bebauungsplänen und während der Planaufstellung nach den §§ 30 und 33 BauGB sowie in Gebieten mit Satzungen nach § 34 Abs. 4 Satz 1 Nr. 3 BauGB.   27

V. Biodiversitätsschäden bei Vorhaben im Innenbereich (Abs. 4)

Ergeben sich bei Vorhaben nach § 34 BauGB im Rahmen der Benehmensherstellung Anhaltspunkte dafür, dass das Vorhaben eine Schädigung im Sinne des § 19 Abs. 1 Satz 1 verursachen kann, ist dies auch dem Vorhabenträger mitzuteilen. Die praktische Bedeutung dieser Vorschrift scheint derzeit noch eher gering. Es geht hierbei im Kern um sog. Biodiversitätsschäden, also Schädigungen von Arten und natürlichen Lebensräumen i.S.d. Umweltschadensgesetzes, und zwar bei Vorhaben im unbeplanten Innenbereich. Eine solche Schädigung wird in § 19 Abs. 1 grundsätzlich definiert als jeder Schaden, der erhebliche nachteilige Auswirkungen auf die Erreichung oder Beibehaltung des günstigen Erhaltungszustands dieser Lebensräume oder Arten hat.[31] Der Vorhabenträger hat im Falle einer Mitteilung ein Antragsrecht: Auf Antrag des Vorhabenträgers hat die für die Erteilung der Zulassung zuständige Behörde im Benehmen mit der Naturschutzbehörde die Entscheidungen nach § 15 zu treffen, soweit sie der Vermeidung, dem Ausgleich oder dem Ersatz von Schädigungen nach § 19 Abs. 1 Satz 1 dienen. Werden diese Entscheidungen getroffen, gilt für den Vorhabenträger die für ihn günstige Regelung des § 19 Abs. 1 Satz 2, wonach kraft Gesetzes in diesem Falle keine Schädigung vorliegt. Sollte der Vorhabenträger eine Mitteilung über Anhaltspunkte einer möglichen Schädigung erhalten, ist aufgrund der Legalisierungswirkung eine Antragstellung zu empfehlen. Da im Übrigen die Regelung des Abs. 2 Satz 1 (keine Anwendung der Eingriffsregelung) unberührt bleibt, ist sichergestellt, dass Gegenstand der Entscheidungen nach § 15 lediglich die Vermeidung, der Ausgleich und der Ersatz der speziellen Schädigungen nach § 19 Abs. 1 sein darf, nicht aber ein ggf. allgemeiner Eingriff in Natur und Landschaft.   28

---

30 Zur zweifelhaften Rechtswirkung des § 18 Abs. 3 Satz 2 BNatSchG vgl. auch *Schink*, BauR 2013, 861 (863).

31 Näher dazu auch *Schink*, BauR 2013, 861 (864).

§ 19
Schäden an bestimmten Arten und natürlichen Lebensräumen

(1) Eine Schädigung von Arten und natürlichen Lebensräumen im Sinne des Umweltschadensgesetzes ist jeder Schaden, der erhebliche nachteilige Auswirkungen auf die Erreichung oder Beibehaltung des günstigen Erhaltungszustands dieser Lebensräume oder Arten hat. Abweichend von Satz 1 liegt keine Schädigung vor bei zuvor ermittelten nachteiligen Auswirkungen von Tätigkeiten einer verantwortlichen Person, die von der zuständigen Behörde nach den §§ 34, 35, 45 Absatz 7 oder § 67 Absatz 2 oder, wenn eine solche Prüfung nicht erforderlich ist, nach § 15 oder aufgrund der Aufstellung eines Bebauungsplans nach § 30 oder § 33 des Baugesetzbuches genehmigt wurden oder zulässig sind.

(2) Arten im Sinne des Absatzes 1 sind die Arten, die in

1. Artikel 4 Absatz 2 oder Anhang I der Richtlinie 79/409/EWG oder
2. den Anhängen II und IV der Richtlinie 92/43/EWG aufgeführt sind.

(3) Natürliche Lebensräume im Sinne des Absatzes 1 sind die

1. Lebensräume der Arten, die in Artikel 4 Absatz 2 oder Anhang I der Richtlinie 79/409/EWG oder in Anhang II der Richtlinie 92/43/EWG aufgeführt sind,
2. natürlichen Lebensraumtypen von gemeinschaftlichem Interesse sowie
3. Fortpflanzungs- und Ruhestätten der in Anhang IV der Richtlinie 92/43/EWG aufgeführten Arten.

(4) Hat eine verantwortliche Person nach dem Umweltschadensgesetz eine Schädigung geschützter Arten oder natürlicher Lebensräume verursacht, so trifft sie die erforderlichen Sanierungsmaßnahmen gemäß Anhang II Nummer 1 der Richtlinie 2004/35/EG des Europäischen Parlaments und des Rates vom 21. April 2004 über Umwelthaftung zur Vermeidung und Sanierung von Umweltschäden (ABl. L 143 vom 30.04.2004, S. 56), die durch die Richtlinie 2006/21/EG (ABl. L 102 vom 11.04.2006, S. 15) geändert worden ist.

(5) Ob Auswirkungen nach Absatz 1 erheblich sind, ist mit Bezug auf den Ausgangszustand unter Berücksichtigung der Kriterien des Anhangs I der Richtlinie 2004/35/EG zu ermitteln. Eine erhebliche Schädigung liegt dabei in der Regel nicht vor bei

1. nachteiligen Abweichungen, die geringer sind als die natürlichen Fluktuationen, die für den betreffenden Lebensraum oder die betreffende Art als normal gelten,
2. nachteiligen Abweichungen, die auf natürliche Ursachen zurückzuführen sind oder aber auf eine äußere Einwirkung im Zusammenhang mit der Bewirtschaftung der betreffenden Gebiete, die den Aufzeichnungen über den Lebensraum oder den Dokumenten über die Erhaltungsziele zufolge als normal anzusehen ist oder der früheren Bewirtschaftungsweise der jeweiligen Eigentümer oder Betreiber entspricht,
3. einer Schädigung von Arten oder Lebensräumen, die sich nachweislich ohne äußere Einwirkung in kurzer Zeit so weit regenerieren werden,

dass entweder der Ausgangszustand erreicht wird oder aber allein auf Grund der Dynamik der betreffenden Art oder des Lebensraums ein Zustand erreicht wird, der im Vergleich zum Ausgangszustand als gleichwertig oder besser zu bewerten ist.

Inhaltsübersicht

I. Einführung

§ 19 BNatSchG enthält eine Regelung des Umweltschadensrechts und schafft eine Verbindung zu den Vorgaben des Umweltschadensgesetzes[1] (USchadG). Das USchadG enthält Vorschriften über die Haftung für Umweltschäden an Arten und natürlichen Lebensräumen, an Gewässern und am Boden. Im Sinne des USchadG ist ein **Umweltschaden** *(a)* eine Schädigung von Arten und natürlichen Lebensräumen nach Maßgabe des § 19 des Bundesnaturschutzgesetzes, *(b)* eine Schädigung der Gewässer nach Maßgabe des § 90 des Wasserhaushaltsgesetzes, *(c)* eine Schädigung des Bodens durch eine Beeinträchtigung der Bodenfunktionen im Sinne des § 2 Abs. 2 des Bundes-Bodenschutzgesetzes, die durch eine direkte oder indirekte Einbrin- | 1

---

1 Gesetz über die Vermeidung und Sanierung von Umweltschäden vom 10.05.2007, BGBl. I, S. 666, das zuletzt durch Art. 4 des Gesetzes v. 23.07.2013 (BGBl. I, S. 2565) geändert worden ist.

gung von Stoffen, Zubereitungen, Organismen oder Mikroorganismen auf, in oder unter den Boden hervorgerufen wurde und Gefahren für die menschliche Gesundheit verursacht (§ 2 Nr. 1 USchadG).

2   Die medienbezogenen Umweltschäden werden – wie hier im Falle des § 19 BNatSchG – somit in Spezialgesetzen definiert. Der entsprechende Gegenverweis aus dem USchadG auf § 19 BNatSchG ist in § 2 Nr. 1 Buchst. a) USchadG zu finden. § 19 BNatSchG füllt inhaltlich den Begriff des „Umweltschadens" des USchadG im Falle der Schädigung von Arten und natürlichen Lebensräumen und definiert, was landläufig oftmals unter den Begriff des **„Biodiversitätsschadens"** gefasst wird. Das USchadG und § 19 BNatSchG dienen der Umsetzung der **Umwelthaftungsrichtlinie.**[2] Neben den Verknüpfungen des § 19 BNatSchG mit dem USchadG bestehen in § 19 Abs. 2–5 BNatSchG Verweise auf die Fauna-Flora-Habitat- (FFH-) und die Vogelschutzrichtlinie, die der Ausfüllung des § 19 BNatSchG hinsichtlich bestimmter Tatbestandsmerkmale dienen. § 19 BNatSchG entspricht dem bisherigen § 21a BNatSchG 2002, wobei die Regelungen über die Erstreckung des räumlichen Geltungsbereichs in Abs. 6 des § 21a BNatSchG 2002 auf die ausschließliche Wirtschaftszone und den Festlandsockel sowie die Bestimmung des Bundesamtes für Naturschutz zur zuständigen Behörde im Sinne des USchadG nunmehr in allgemeiner Form in Kapitel 6 zum Meeresnaturschutz enthalten sind (siehe §§ 56 Abs. 1, 58 Abs. 1 BNatSchG). Nach dem VG Regensburg kommt durch § 19 BNatSchG auch zum Ausdruck, dass Biotopqualitäten eines Grundstücks nicht nur einen ideellen Wert haben, sondern, weil sie als schädigungsfähiges Gut angesehen werden, einen monetären Wert haben, der sich mit den für die Wiederherstellung geschädigter Lebensräume oder Arten erforderlichen Aufwendungen in Geld ausdrücken lässt.[3]

3   Das Umweltschadensrecht normiert als ein Instrument des besonderen Ordnungsrechts eine **öffentlich-rechtliche Verantwortlichkeit** und ist somit von den haftungsrechtlichen Normen, die eine zivilrechtliche Haftung für Umweltschädigungen begründen, zu unterscheiden. Zivilrechtliche Haftungsgrundlagen für Umweltschäden bestehen aufgrund des Umwelthaftungsgesetzes (UmweltHG) und in § 89 WHG, §§ 25 ff. AtG, §§ 32 ff. GenTG und §§ 823 ff. BGB. Die umweltzivilrechtliche Haftung dient dem unmittelbaren Schadensausgleich bei einer Verletzung von Individualgütern, wohingegen sich die öffentlich-rechtliche Umwelthaftung auf Güter unabhängig von ihrer privatnützigen Zuordnung bezieht.[4] In den Gesamtkontext der Haftung für Umweltschäden sind zur Abrundung natürlich noch die Verantwortlichkeiten nach dem Umweltordnungswidrigkeitenrecht und dem Umweltstrafrecht zu stellen, auf die hier nicht näher eingegangen wird.

---

2   Richtlinie 2004/35/EG des Europäischen Parlaments und des Rates vom 21. 08. 2004 über Umwelthaftung zur Vermeidung und Sanierung von Umweltschäden, ABl. L 143 v. 30. 04. 2004, S. 56.

3   VG Regensburg, Urt. v. 03. 08. 2010 – RN 4 K 10.1120, juris Rn. 29 ff.

4   Vgl. *Ruffert*, in: Frenz/Müggenborg (Hrsg.), BNatSchG, Vorauflage, § 19 Rn. 6.

Das Haftungskonzept des USchadG folgt dem **Verursacherprinzip**. Anders 4 als im Polizeirecht und im BBodSchG gibt es im USchadG keinen Zustandsstörer.[5] Der Verantwortliche ist immer ein Handlungsstörer, auch wenn sein Bezug zur konkreten Tätigkeit unter Umständen lediglich mittelbar ist.[6] Das USchadG dient insofern auch dem vorsorgenden Umweltschutz, als dass die potenziell Verantwortlichen angesichts der Haftungsrisiken dazu angehalten werden sollen, Maßnahmen und Praktiken zu entwickeln und zu ergreifen, mit denen die Gefahr des Eintritts eines Umweltschadens und damit auch das Risiko einer finanziellen Inanspruchnahme ausgeschlossen oder zumindest gemindert werden kann.[7] Folglich und unter dem Eindruck von Erfahrungen aus der Praxis ist mit Blick auf das weitgehende Haftungsregime des Umweltschadensrechts jedem, der umwelthaftungsrechtlich eventuell risikobehaftete Tätigkeiten ausübt, zu raten, nach Möglichkeiten **Vorsorgemaßnahmen** umzusetzen. Diese können bisweilen auch technisch einfach und relativ kostengünstig sein. Beispielsweise stellt für Unternehmen, die Niederschlagswasser von Betriebsgrundstücken in Oberflächengewässer einleiten und auf deren Flächen auch Stoffe Verwendung finden, die Gewässerverunreinigungen mit Auswirkungen auf aquatische Lebewesen verursachen können, das Vorhalten von Abdeckkissen im Nahbereich von Kanalöffnungen eine verhältnismäßig kostengünstige Maßnahme dar. Regelmäßige mündliche wie schriftliche Mitarbeiterinformationen über die Haftungsrisiken im Umweltbereich und über Vorsorgemaßnahmen können für die Problematik sensibilisieren und im Ernstfall zu den richtigen Handlungen zum richtigen Zeitpunkt führen. So sollten die Mitarbeiter des eigenen Betriebs und die von Fremdfirmen darüber informiert sein, dass Dichtkissen vorhanden sind, wo sie vorhanden sind sowie wann und warum sie einzusetzen sind.

1. Übersicht über die Regelungen des USchadG

Die wesentlichen Regelungen des USchadG sind die über seinen Anwen- 5 dungsbereich (§ 3 USchadG), die Verfahrensvorschriften (§§ 4–8, 10, 11 USchadG), die Pflichten des Verantwortlichen (§§ 4–6, 8 USchadG), die Rechte und Pflichten der Behörde (§§ 7, 8, 10 USchadG), die Rechte Betroffener sowie von Umweltverbänden (§§ 10, 11 USchadG), die Kostentragung (§ 9 USchadG) und die zeitliche Begrenzung seiner Anwendung (§ 13 USchadG). Die Inhalte des USchadG bezogen auf das Verfahren im Schadensfall lassen sich folgendermaßen zusammenfassen: In § 2 Nr. 1 USchadG wird definiert, was ein Umweltschaden ist. Hierzu nimmt die Regelung u.a. unter Buchst. a) Bezug auf das BNatSchG und bestimmt, dass Schädigungen von Arten und natürlichen Lebensräumen nach Maßgabe des § 19 BNatSchG Umweltschäden sind. Wenn die unmittelbare Gefahr des Eintritts eines Umweltschadens besteht oder ein Umweltschaden bereits eingetreten ist, so bestehen für den Verantwortlichen eine Informationspflicht (§ 4 USchadG), eine

---

5 Siehe zum Verursacherprinzip der Umwelthaftungsrichtlinie EuGH, Urt. v. 04.03.2015 – C-534/13, juris Rn. 50, 57 f.
6 *Louis*, NuR 2009, 2.
7 Vgl. *J. Schumacher*, in: Schumacher/Fischer-Hüftle, BNatSchG, § 19 Rn. 3 m.w.N.

Gefahrenabwehrpflicht (§ 5 USchadG), eine Schadensbegrenzungs- und eine Sanierungspflicht (§ 6 USchadG). Dabei kennt das USchadG mit der Gefährdungshaftung (§ 3 Abs. 1 Nr. 1 USchadG) und der Verschuldenshaftung (§ 3 Abs. 1 Nr. 2 USchadG) für jeweils unterschiedliche Fälle zwei Haftungsarten. Die Gefährdungshaftung besteht für bestimmte in Anlage 1 aufgezählte risikobehaftete berufliche Tätigkeiten, die Verschuldenshaftung für alle anderen beruflichen Tätigkeiten, sofern vorsätzlich oder fahrlässig gehandelt wurde. Der zuständigen Behörde obliegen im Falle eines Umweltschadens Überwachungspflichten und sie kann im Hinblick auf die Pflichten des Verantwortlichen die erforderlichen Anordnungen treffen (§ 7 USchadG). Der Verantwortliche ist verpflichtet, die erforderlichen Sanierungsmaßnahmen zu ermitteln und sie der zuständigen Behörde zur Zustimmung vorzulegen, soweit sie nicht selbst bereits Sanierungsmaßnahmen ergriffen hat (§ 8 USchadG). Wird die zuständige Behörde zur Durchsetzung der Sanierungspflichten nicht von Amts wegen tätig, so kann sie auf Antrag eines Betroffenen oder einer nach dem Umweltrechtsbehelfsgesetz (UmwRG) anerkannten Vereinigung (§§ 10, 11 USchadG) unter bestimmten Bedingungen zum Einschreiten verpflichtet werden.

6 War vor wenigen Jahren noch festzustellen, dass bislang aus der Verwaltungspraxis, der Rechtsprechung und der Versicherungswirtschaft noch keine bedeutenden Anwendungsfälle des Umweltschadensrechts bekannt seien,[8] so hält das USchadG, wie im Folgenden anhand der Entscheidungszitate erkennbar wird, mittlerweile überwiegend aufgrund der Initiative von anerkannten Umweltvereinigungen Einzug in die Rechtsprechung, wobei auch eher exotische Entscheidungen wie die Einbettung des USchadG in eine „amtshaftungsrechtliche Feststellungsklage" vorzufinden sind.[9] Die relativ starke Rechtsposition anerkannter Umweltvereinigungen birgt nicht nur für den vielleicht vermeintlich Verantwortlichen, sondern auch für die zuständige Behörde ein zusätzliches Problempotenzial. Nicht ganz zu Unrecht wird kritisiert, dass an die Stelle behördlicher Entscheidungsbefugnis das mit Befolgungszwang versehene Initiativrecht eines Verbandes mit der Folge einer Durchbrechung des staatlichen Gewaltmonopols tritt,[10] wobei die Rechtsprechung[11] der Sorge vor einem zu weitreichenden Eingriff in behördliche Ermessensspielräume mittlerweile teilweise Einhalt geboten haben dürfte – siehe hierzu unter § 19 Rn. 62 ff. Wegen der starken Rechtsposition anerkannter Umweltvereinigungen liegt eine kompetente und korrekte Durchführung der Verfahren nach dem USchadG mit dem Ansinnen ihrer effizienten Durchführung demzufolge sowohl im Interesse der Behörde als auch des Verantwortlichen.

---

8 So *Fellenberg*, in: Lütkes/Ewer, BNatSchG, § 19 Rn. 6.
9 BGH, Urt. v. 04. 12. 2014 – III ZR 51/13 (juris).
10 *Dombert*, ZUR 2008, 406, 410.
11 Z.B. VG München, Beschl. v. 28. 01. 2015 – M 9 E 14.5005, juris Rn. 52 f., nachfolgend BayVGH, Beschl. v. 17. 04. 2015 – 8 CE 15.398, juris Rn. 28.

2. Zeitlich begrenzter Anwendungsbereich

Die Übergangsregelung des § 13 USchadG begrenzt die Anwendung des 7
Gesetzes in zeitlicher Hinsicht. Die Regelung folgt der des Art. 17 der Umwelthaftungsrichtlinie.[12] Das USchadG gilt nicht für Schäden, die durch
Emissionen, Ereignisse oder Vorfälle verursacht wurden, die vor dem 30. 04.
2007 stattgefunden haben, oder die auf eine bestimmte Tätigkeit zurückzuführen sind, die vor dem genannten Zeitpunkt geendet hat (§ 13 Abs. 1
USchadG). Anders formuliert: Das USchadG gilt für Schäden, die durch
Emissionen, Ereignisse oder Vorfälle verursacht wurden, die nach dem
30. 04. 2007 stattgefunden haben, sofern die Schäden auf Tätigkeiten zurückzuführen sind, die nach dem betreffenden Datum stattgefunden haben, oder
auf Tätigkeiten, die vor dem genannten Datum stattgefunden haben, aber
nicht vor ihm geendet haben.[13]

Ferner gilt das USchadG nicht für Schäden, die vor mehr als 30 Jahren ver- 8
ursacht wurden, wenn in dieser Zeit keine Behörde Maßnahmen gegen den
Verantwortlichen ergriffen hat (§ 13 Abs. 2 USchadG). Altlasten unterfallen
folglich weiterhin allein dem Bodenschutzrecht und sind auch insoweit naturschutzrechtlich nicht relevant.[14]

3. Subsidiarität des Umweltschadensgesetzes

§ 1 USchadG regelt das Verhältnis des Gesetzes zu anderen Vorschriften. 9
Das USchadG findet Anwendung, soweit Rechtsvorschriften des Bundes
oder der Länder die Vermeidung und Sanierung von Umweltschäden nicht
näher bestimmen oder in ihren Anforderungen diesem Gesetz nicht entsprechen (§ 1 Satz 1 USchadG). Rechtsvorschriften mit weitergehenden Anforderungen bleiben unberührt (§ 1 Satz 2 USchadG). Aufgrund der Subsidiari-
tätsklausel des § 1 Satz 2 USchadG sind die umweltschadensrechtlichen
Vorgaben somit zur Spezialgesetzgebung abzugrenzen. Auch hieraus ist erkennbar, dass das USchadG einen Mindeststandard enthält, der durch anderweitiges Fachrecht überboten werden kann.[15] Normen mit weitergehenden Anforderungen können solche sein, die sachlich einen weitergehenden
Anwendungsbereich haben oder inhaltlich strengere Anforderungen an die
Verantwortlichkeit für Umweltschäden stellen. Beispielsweise ist die Haftung
nach dem Bundes-Bodenschutzgesetz (BBodSchG) i.d.R. weitergehender mit
der Folge, dass das USchadG in diesen Fällen inhaltlich zurücktritt. Denn
nach § 2 Abs. 3 BBodSchG reichen bereits Gefahren aus, die geeignet sind,
erhebliche Nachteile oder Belästigungen für den Einzelnen oder die Allgemeinheit herbeizuführen. Die Regelungen über den Handlungs- und Zustandsstörer sowie die Gesamtrechtsnachfolge und die Sanierungsmaßnahmen sind angesichts des untergesetzlichen Regelwerks im Bodenschutzrecht

---

12 Hierzu EuGH, Urt. v. 04. 03. 2015 – C-534/13, juris Rn. 43 ff. m. w. N.
13 So mit Bezug auf Art. 17 UmwelthaftungsRL EuGH, Urt. v. 09. 03. 2010 – u.a. C-379/08 –
   EuZW 2010, 388, Rz. 34.
14 *Ruffert*, in: Frenz/Müggenborg (Hrsg.), BNatSchG, Vorauflage, § 19 Rn. 31.
15 VG Köln, Urt. v. 09. 07. 2014 – 11 K 2359/14, juris Rn. 24.

deutlich detaillierter.[16] Weitergehender sind auch die Regeln der Seeanlagenverordnung (SeeAnlV).[17] Im Rahmen der Abgrenzung zu anderen Fachgesetzen ist auch zu berücksichtigen, dass sich das USchadG ausschließlich auf die Umweltgüter Wasser, Boden und Natur bezieht. Als immissionsschutzrechtliches oder klimaschutzrechtliches Instrument dient das USchadG nicht.[18] Im Einzelfall wird eine differenzierende Betrachtung erforderlich sein. So stellen die §§ 2 Abs. 5 und 11 Abs. 10 LNatSchG Schleswig-Holstein speziellere landesrechtliche Regelungen zur Sanierung bestimmter Umweltschäden dar. Keine speziellen Regelungen enthält das LNatSchG Schleswig-Holstein jedoch in Bezug auf die Schadensbegrenzungspflicht des § 6 Nr. 1 USchadG und die Gefahrenabwehrpflicht des § 5 USchadG, so dass das USchadG in Bezug auf diese Pflichten bei etwaigen Umweltschäden nach § 19 BNatSchG uneingeschränkt anwendbar bleibt.[19]

II. Einzelne Voraussetzungen des § 19 BNatSchG

1. Allgemeines

10 Gemäß § 19 Abs. 1 BNatSchG ist eine **Schädigung von Arten und natürlichen Lebensräumen** jeder Schaden, der erhebliche nachteilige Auswirkungen auf die Erreichung oder Beibehaltung des günstigen Erhaltungszustands dieser Lebensräume oder Arten hat. Die für eine Schädigung relevanten Arten werden über § 19 Abs. 2 BNatSchG und die für eine Schädigung relevanten Lebensräume über § 19 Abs. 3 BNatSchG definiert. Die Regelungen der Absätze 2 und 3 greifen auf die FFH- und die Vogelschutzrichtlinie zurück. Nur eine Schädigung dieser bestimmten Arten und Lebensräume stellt einen Umweltschaden i.S.d. USchadG dar und löst eine Haftung nach dem Gesetz aus.[20]

11 Demzufolge wird der Naturhaushalt über § 19 BNatSchG nur in Teilausschnitten, nämlich betreffend die in Absatz 2 und 3 bezeichneten Arten und Lebensräume, erfasst. Dies unterscheidet den Schutzbereich des § 19 BNatSchG von dem der naturschutzrechtlichen Eingriffsregelung, der den Naturhaushalt insgesamt einschließlich des Landschaftsbildes umfasst.[21] Hieraus resultiert die Diskrepanz eines Begriffs des **„Biodiversitätsschadens"**, der sich an der von § 19 BNatSchG vermeintlich geschützten Biodiversität orientiert, zu dem naturwissenschaftlichen Verständnis von Biodiversität. Denn die Biodiversität besteht aus der genetischen Vielfalt (z.B. unterschiedliche

---

16 Vgl. *Schwendner*, in: Sieder/Zeitler/Dahme/Knopp, WHG und AbwAG, Kommentar zum USchadG, EL 48, zu § 1.

17 VG Köln, Urt. v. 09.07.2014 – 11 K 2359/14, juris Rn. 24, wohl bezogen auf §§ 14, 16 SeeAnlV.

18 So *Ruffert*, in: Frenz/Müggenborg (Hrsg.), BNatSchG, Vorauflage, § 19 Rn. 3 m.w.N.

19 Schleswig-Holsteinisches VG, Urt. v. 20.09.2012 – 6 A 186/11, juris Rn. 34 ff., nachfolgend OVG Schleswig-Holstein – 1 LB 2/13, noch nicht entschieden (Stand 11/2015).

20 Im Fall einer Grundwasserabsenkung wurde ein „Biodiversitätsschaden" i.S.d. § 3 Abs. 1 Nr. 2 USchadG und somit die Anwendbarkeit des USchadG abgelehnt durch VG München, Beschl. v. 28.01.2015 – M 9 E 14.5005, juris Rn. 49.

21 Vgl. *Fellenberg*, in: Lütkes/Ewer, BNatSchG, § 19 Rn. 8.

Erbinformation bei Individuen einer Art), der Artenvielfalt (z.B. Mannigfaltigkeit der Arten in einem definierten Lebensraum) und der Lebensraumvielfalt (z.B. die Anzahl und Verschiedenartigkeit von Lebensräumen). In Art. 2 der Biodiversitätskonvention wird die „biologische Vielfalt" als die Variabilität unter lebenden Organismen jeglicher Herkunft definiert, darunter unter anderem Land-, Meeres- und sonstige aquatische Ökosysteme und die ökologischen Komplexe, zu denen sie gehören. § 19 BNatSchG dient also zwar dem Schutz der biologischen Vielfalt, wegen der Einschränkung auf die Arten und Lebensräume nach den Absätzen 2 und 3 ist die Betitelung einer Schädigung der geschützten Arten und Lebensräume als „Biodiversitätsschaden" jedoch zumindest missverständlich.[22] Die Umwelthaftungsrichtlinie eröffnet in Art. 2 Nr. 3 Buchst. c) die Möglichkeit, den Schutzbereich über den unionsrechtlichen Rahmen hinausgehend auf weitere Arten oder Lebensräume zu erweitern. Hiervon hat die Bundesrepublik Deutschland keinen Gebrauch gemacht.[23]

2. Räumlicher Schutzbereich des USchadG

§ 19 Abs. 1 Satz 1 BNatSchG greift die Regelung in Art. 2 Nr. 1 Buchst. a) der   12
Umwelthaftungsrichtlinie auf, nach der ein Schaden bei erheblichen nachteiligen Auswirkungen in Bezug auf die Erreichung oder Beibehaltung des günstigen Erhaltungszustands bestimmter durch die Vogelschutz- und FFH-Richtlinie geschützter Lebensräume oder Arten vorliegt.

Diskutiert wurde die **Reichweite des räumlichen Schutzbereichs** des USchadG.   13
Teilweise wurde in der Literatur und auch im Bundesrat im Gesetzgebungsverfahren die Ansicht vertreten, aus dem Text der Umwelthaftungsrichtlinie selbst werde nicht klar, ob die natürlichen Lebensräume und Arten innerhalb der FFH- und Vogelschutzrichtlinie (Natura-2000-Richtlinien) gemeint seien. Bei einer systematischen Auslegung des Europarechts sei davon auszugehen, dass es sich nur um die natürlichen Lebensräume und Arten innerhalb der Natura-2000-Gebiete handeln könne. Es wäre völlig systemwidrig, wenn die Haftung nach dem USchadG weitergehen würde als der Schutz nach den Natura-2000-Richtlinien. Daher sei bei der Auslegung und Umsetzung der Umwelthaftungsrichtlinie in nationales Recht auch der schutzgebietsbezogene Ansatz der Natura-2000-Richtlinien zu berücksichtigen.[24]

Der Bundestag hat sich explizit gegen die Ansicht des Bundesrates ausgesprochen. In den Gesetzgebungsunterlagen wird auf eine Klarstellung durch   14
die Europäische Kommission auf eine Anfrage hingewiesen, wonach sich der Schutz der Umwelthaftungsrichtlinie in Bezug auf Arten und natürliche Lebensräume nicht auf Arten und natürliche Lebensräume innerhalb der nach der FFH- und Vogelschutzrichtlinie ausgewiesenen Gebiete beschränkt. Nach Ansicht des Bundestags hätte der Vorschlag des Bundesrats nicht zu

---

22 Vgl. *J. Schumacher,* in: Schumacher/Fischer-Hüftle, BNatSchG, § 19 Rn. 6.
23 *Fellenberg,* in: Lütkes/Ewer, BNatSchG, § 19 Rn. 8.
24 BT-Drs. 16/3806, S. 37.

einer vollständigen Umsetzung der Umwelthaftungsrichtlinie geführt.[25] Demnach gilt nach dem ausdrücklichen Willen des Gesetzgebers der Schutzbereich des USchadG in räumlicher Hinsicht flächendeckend und schutzgebietsunabhängig.[26] Ein Umweltschaden i.S.d. USchadG kann folglich auch außerhalb des Natura-2000-Netzes eintreten. Die Funktion des Umweltschadensrechts beschränkt sich eben nicht darauf, den europarechtlichen Arten- und Lebensraumschutz der Vogelschutz- und FFH-Richtlinie zu flankieren.[27]

15 Zwischen dem schutzgebietsbezogenen Zweig und dem Zweig des Artenschutzes kann wie folgt differenziert werden: Soweit die FFH- und die Vogelschutzrichtlinie lediglich den Schutz durch das Instrument des Schutzgebietes vorsehen (Arten und Lebensräume der Anhänge I und II FFH-RL), gilt auch die Verantwortlichkeit nach dem Umweltschadensgesetz begrenzt auf ausgewiesene Schutzgebiete. Soweit die beiden Richtlinien neben dem schutzgebietsbezogenen auch den von einem Schutzgebiet unabhängigen Schutz ermöglichen (Anhang I und Art. 4 II VogelschutzRL) oder ausschließlich den schutzgebietsunabhängigen Schutz konstituieren (Anhang IV FFH-RL), sind die betroffenen Arten und Lebensräume auch nach dem Umweltschadensgesetz schutzgebietsunabhängig geschützt.[28] Zur Würdigung potenzieller Schutzgebiete siehe Punkt II.4.

3. Relevante Arten (§ 19 Abs. 2 BNatSchG)

16 Die im Hinblick auf einen Schaden i.S.d. Umweltschadensgesetzes relevanten Arten sind die Arten, die in Art. 4 Abs. 2 oder Anhang I der Vogelschutz-Richtlinie (§ 19 Abs. 2 Nr. 1 BNatSchG) oder die in den Anhängen II und IV der FFH-Richtlinie aufgeführt sind (§ 19 Abs. 2 Nr. 2 BNatSchG). Ausreichend ist mit Blick auf den missverständlichen Wortlaut in § 19 Abs. 2 Nr. 2 BNatSchG („und") die Nennung einer Tier- oder Pflanzenart in einem der beiden Anhänge. Das Umweltschadensrecht schützt abweichend von den Regelungen des besonderen Artenschutzes somit nicht alle nach europäischem Recht geschützten Vogelarten. Die nach der nationalen Bundes-Artenschutzverordnung besonders bzw. streng geschützten Arten werden ebenfalls nicht in den Schutzbereich des USchadG einbezogen.[29]

4. Relevante Lebensräume (§ 19 Abs. 3 BNatSchG)

17 Die für eine mögliche Haftung nach dem USchadG relevanten natürlichen Lebensräume sind alle Lebensräume der Arten, die in Art. 4 Abs. 2 oder in Anhang I der Vogelschutzrichtlinie oder in Anhang II der FFH-Richtlinie aufgeführt sind (§ 19 Abs. 3 Nr. 1 BNatSchG), die natürlichen Lebensraumtypen von gemeinschaftlichem Interesse (§ 19 Abs. 3 Nr. 2 BNatSchG) und die Fortpflanzungs- und Ruhestätten der in Anhang IV der FFH-Richtlinie aufge-

---

25 BT-Drs. 16/3806, S. 41.

26 BT-Drs. 16/3806, S. 30, 41.

27 Ausführlich hierzu *J. Schumacher,* in: Schumacher/Fischer-Hüftle, BNatSchG, § 19 Rn. 12 ff. m.w.N.

28 *Scheidler,* NVwZ 2007, 1113, 1115; *Duikers,* NuR 2006, 623, 626.

29 *Fellenberg,* in: Lütkes/Ewer, BNatSchG, § 19 Rn. 9, 10 m.w.N.

führten Arten (§ 19 Abs. 3 Nr. 3 BNatSchG). Nach der Begriffsbestimmung des § 7 Abs. 1 Nr. 4 BNatSchG sind mit den natürlichen Lebensraumtypen von gemeinschaftlichem Interesse die in Anhang I der FFH-Richtlinie aufgeführten Lebensraumtypen gemeint.

Diskutiert wird, ob bereits die abstrakte Auflistung eines Lebensraumtyps im **18** Anhang der FFH-Richtlinie zu dessen Relevanz im Rahmen des USchadG führt oder ob es hierfür einer **Gebietsausweisung** bedarf. Der Wortlaut des § 19 Abs. 3 Nr. 1 BNatSchG („aufgeführt") spricht für die Einbeziehung noch nicht ausgewiesener Gebiete in den Schutzbereich des USchadG. Auch die Dienststellen der Europäischen Kommission vertreten in einem „Non-Paper" vom 02. 05. 2005 die Ansicht, schon eine abstrakte Auflistung eines Lebensraumtyps führe zu dessen Erfassung nach dem USchadG. Es wird jedoch kritisiert, dass der mittels einer FFH-Verträglichkeitsprüfung gemäß § 19 Abs. 1 Satz 2 BNatSchG zu erlangende Haftungsausschluss nur dann Sinn macht, wenn eine Unterschutzstellung vorausgesetzt wird.[30] Vermittelnd wird anknüpfend an die Rechtsprechung des BVerwG zur Schutzwürdigkeit potenzieller Schutzgebiete vorgeschlagen, dass zwar im Grundsatz eine konkrete Unterschutzstellung zu verlangen ist, jedoch solche Gebiete mit einbezogen werden, die als **potenzielle oder faktische FFH-Gebiete** im Sinne der Rechtsprechung des Bundesverwaltungsgerichts Schutz genießen.[31]

5. Schaden (§ 19 Abs. 1 Satz 1 BNatSchG)

Der Begriff des Schadens bzw. der Schädigung wird in § 2 Nr. 2 USchadG **19** definiert als eine direkt oder indirekt eintretende feststellbare nachteilige Veränderung einer natürlichen Ressource (Arten und natürliche Lebensräume, Gewässer und Boden) oder Beeinträchtigung der Funktion einer natürlichen Ressource. Begrifflich hieran anknüpfend bestimmt § 19 Abs. 1 Satz 1 BNatSchG, dass eine Schädigung von Arten und natürlichen Lebensräumen im Sinne des USchadG jeder Schaden ist, der **erhebliche nachteilige Auswirkungen** auf die Erreichung oder Beibehaltung des günstigen Erhaltungszustands dieser Lebensräume oder Arten hat. Ferner definiert § 2 Nr. 1 Buchst. a) USchadG einen Umweltschaden als Schädigung von Arten und natürlichen Lebensräumen nach Maßgabe des § 19 BNatSchG.[32]

6. Günstiger Erhaltungszustand

Nach den Legaldefinitionen des Art. 2 Nr. 4 der Umwelthaftungsrichtlinie **20** bezeichnet der Begriff **„Erhaltungszustand"**

---

30 So u.a. *Cosack/Enders*, DVBl 2008, 405, 409.

31 So u.a. *Ruffert*, in: Frenz/Müggenborg (Hrsg.), BNatSchG, Vorauflage, § 19 Rn. 20; *Becker*, NVwZ 2005, 371, 372; *Scheidler*, NVwZ 2007, 1113, 1115.

32 BVerwG, Urt. v. 28. 07. 2011 – 7 C 7/10 – juris Rn. 26: Im Fall des Versenkens von ca. 300 Natursteinen in der Größe von mindestens 1 cbm im Bereich des Sylter Außenriffs als FFH-Gebiet liegt kein Umweltschaden mangels einer Beeinträchtigung der Meeres-Ökosysteme vor, weil keine nachteiligen Auswirkungen auf die Beibehaltung des günstigen Erhaltungszustands von Lebensräumen oder Arten festzustellen waren.

a) im Hinblick auf einen natürlichen Lebensraum die Gesamtheit der Einwirkungen, die einen natürlichen Lebensraum und die darin vorkommenden charakteristischen Arten beeinflussen und sich langfristig auf seine natürliche Verbreitung, seine Struktur und seine Funktionen sowie das Überleben seiner charakteristischen Arten im europäischen Gebiet der Mitgliedstaaten, für das der Vertrag Geltung hat, innerhalb des Hoheitsgebiets eines Mitgliedstaats oder innerhalb des natürlichen Verbreitungsgebiets des betreffenden Lebensraums auswirken können.

Der **Erhaltungszustand** eines **natürlichen Lebensraums** wird als „günstig" erachtet, wenn

– sein natürliches Verbreitungsgebiet sowie die Flächen, die er in diesem Gebiet einnimmt, beständig sind oder sich ausdehnen,

– die für seinen langfristigen Fortbestand notwendige Struktur und spezifischen Funktionen bestehen und in absehbarer Zukunft weiter bestehen werden und

– der Erhaltungszustand der für ihn charakteristischen Arten im Sinne des Buchstabens b) günstig ist;

b) im Hinblick auf eine Art die Gesamtheit der Einwirkungen, die die betreffende Art beeinflussen und sich langfristig auf die Verbreitung und die Größe der Populationen der betreffenden Art im europäischen Gebiet der Mitgliedstaaten, für das der Vertrag Geltung hat, innerhalb des Hoheitsgebiets eines Mitgliedstaats oder innerhalb des natürlichen Verbreitungsgebiets der betreffenden Art auswirken können.

Der Erhaltungszustand **einer Art** wird als **„günstig"** betrachtet, wenn

– auf Grund der Daten über die Populationsdynamik der Art anzunehmen ist, dass diese Art ein lebensfähiges Element des natürlichen Lebensraums, dem sie angehört, bildet und langfristig weiterhin bilden wird,

– das natürliche Verbreitungsgebiet dieser Art weder abnimmt noch in absehbarer Zeit vermutlich abnehmen wird und

– ein genügend großer Lebensraum vorhanden ist und wahrscheinlich weiterhin vorhanden sein wird, um langfristig ein Überleben der Populationen dieser Art zu sichern.

7. Erhebliche nachteilige Auswirkungen (§ 19 Abs. 1 Satz 1 und Abs. 5 BNatSchG)

21   Nicht jede Beeinträchtigung der Erreichung oder Beibehaltung des günstigen Erhaltungszustands bestimmter Lebensräume oder Arten stellt eine Schädigung dar, die eine Haftung nach dem USchadG auslöst. Die Feststellung der Erheblichkeit der nachteiligen Auswirkungen auf die Erreichung oder Beibehaltung des günstigen Erhaltungszustands der Lebensräume oder Arten i.S.d. § 19 Abs. 1 Satz 1 BNatSchG ist entscheidend für eine Haftung nach dem USchadG und schränkt insoweit den Anwendungsbereich des Gesetzes ein.[33] Zwar wird die Ansicht vertreten, der Umgang mit dem Er-

---

33 *Petersen*, NuR 2014, 525, 530.

heblichkeitserfordernis führe in der Praxis zu Schwierigkeiten und Unsicherheiten,[34] gänzlich im Stich gelassen haben die Gesetzgeber die Rechtsanwender jedoch nicht: Die Erheblichkeitsschwelle wird in § 19 Abs. 5 Satz 1 BNatSchG zunächst durch Bezugnahme auf die Kriterien des Anhangs I der Umwelthaftungsrichtlinie konkretisiert. § 19 Abs. 5 Satz 2 BNatSchG definiert wiederum Fälle einer Art **Gegenausnahme**, in denen eine erhebliche Schädigung in der Regel nicht vorliegt. Hiermit wird im BNatSchG von der Möglichkeit des Anhangs I der Umwelthaftungsrichtlinie Gebrauch gemacht, wonach bestimmte Schädigungen nicht als erheblich eingestuft werden müssen.

Gemäß **Anhang I der Umwelthaftungsrichtlinie** bemisst sich die **Erheblichkeit** folgendermaßen, wobei die in dem Katalog genannten Kriterien als nicht abschließend gelten:[35]   22

Ob eine Schädigung, die nachteilige Auswirkungen in Bezug auf die Erreichung oder Beibehaltung des günstigen Erhaltungszustands von Lebensräumen und Arten hat, erheblich ist, wird anhand des zum Zeitpunkt der Schädigung gegebenen Erhaltungszustands, der Funktionen, die von den Annehmlichkeiten, die diese Arten und Lebensräume bieten, erfüllt werden, sowie ihrer natürlichen Regenerationsfähigkeit festgestellt. Erhebliche nachteilige Veränderungen gegenüber dem **Ausgangszustand** sollten mit Hilfe u.a. der folgenden feststellbaren Daten ermittelt werden: 23

– Anzahl der Exemplare, ihre Bestandsdichte oder ihr Vorkommensgebiet;

– Rolle der einzelnen Exemplare oder des geschädigten Gebiets in Bezug auf die Erhaltung der Art oder des Lebensraums, Seltenheit der Art oder des Lebensraums (auf örtlicher, regionaler und höherer Ebene einschließlich der Gemeinschaftsebene);

– die Fortpflanzungsfähigkeit der Art (entsprechend der Dynamik der betreffenden Art oder Population), ihre Lebensfähigkeit oder die natürliche Regenerationsfähigkeit des Lebensraums (entsprechend der Dynamik der für ihn charakteristischen Arten oder seiner Populationen);

– die Fähigkeit der Art bzw. des Lebensraums, sich nach einer Schädigung ohne äußere Einwirkung lediglich mit Hilfe verstärkter Schutzmaßnahmen in kurzer Zeit so weit zu regenerieren, dass allein auf Grund der Dynamik der betreffenden Art oder des betreffenden Lebensraums ein Zustand erreicht wird, der im Vergleich zum Ausgangszustand als gleichwertig oder besser zu bewerten ist.

Eine Schädigung, die sich nachweislich auf die menschliche Gesundheit auswirkt, ist als erhebliche Schädigung einzustufen.   24

Die im Folgenden aufgezählten Schädigungen **müssen nicht als erheblich** eingestuft werden. Anhang I der Umwelthaftungsrichtlinie ist hier identisch   25

---

34 *Petersen*, NuR 2014, 525, 530, mit Verweis auf *Nettersheim*, Effizienzprobleme des EU-Umwelthaftungsregimes, in: Hecker/Hendler/Proelß/Reiff (Hrsg.), Verantwortlichkeit und Haftung für Umweltschäden, 2013, 83 ff., 93.

35 *Fellenberg*, in: Lütkes/Ewer, BNatSchG, § 19 Rn. 17 m.w.N.

mit den Regelbeispielen des § 19 Abs. 5 Satz 2 Nr. 1 bis 3 BNatSchG, wobei bei Vorliegen besonderer Umstände eine Erheblichkeit als Ausnahme zur Gegenausnahme dennoch vorliegen kann.[36] Entsprechende Schädigungen sind:

- nachteilige Abweichungen, die geringer sind als die natürlichen Fluktuationen, die für den betreffenden Lebensraum oder die betreffende Art als normal gelten;
- nachteilige Abweichungen, die auf natürliche Ursachen zurückzuführen sind oder aber auf äußere Einwirkung im Zusammenhang mit der Bewirtschaftung der betreffenden Gebiete, die den Aufzeichnungen über den Lebensraum oder den Dokumenten über die Erhaltungsziele zufolge als normal anzusehen ist oder der früheren Bewirtschaftungsweise der jeweiligen Eigentümer oder Betreiber entspricht;
- eine Schädigung von Arten bzw. Lebensräumen, die sich nachweislich ohne äußere Einwirkung in kurzer Zeit so weit regenerieren werden, dass entweder der Ausgangzustand erreicht wird oder aber allein auf Grund der Dynamik der betreffenden Art oder des betreffenden Lebensraums ein Zustand erreicht wird, der im Vergleich zum Ausgangszustand als gleichwertig oder besser zu bewerten ist.

26 Es drängt sich ein Rückgriff auf die Erheblichkeitskriterien der FFH- und Vogelschutzrichtlinie auf. Grundsätzlich scheint die Rechtsprechung zunächst von einer Anwendung der vom EuGH in seiner Rechtsprechung zu Art. 16 Abs. 1 FFH-Richtlinie entwickelten Grundsätze zur Erheblichkeitsfrage im Bereich des Umweltschadensrechts auszugehen.[37] In der Literatur wird jedoch darauf hingewiesen, dass wegen der unterschiedlichen zeitlichen Perspektiven – die FFH-Prüfung beinhaltet eine Prognose aus der ex-ante-Perspektive,[38] demgegenüber betrachtet das Umweltschadensrecht einen bereits eingetretenen Schaden aus der ex-post-Perspektive[39] – ein solcher Rückgriff nicht problemlos möglich sei. Jedenfalls sei anzunehmen, dass Beeinträchtigungen von Erhaltungszielarten oder Erhaltungslebensraumtypen innerhalb eines FFH-Gebietes oder Vogelschutzgebietes, die im Rahmen einer FFH-Verträglichkeitsprüfung im Falle ihrer Vorhersehbarkeit als nicht erheblich zu qualifizieren wären, in aller Regel auch im Rahmen des § 19 BNatSchG nicht erheblich seien.[40]

27 Wichtig ist, dass nach den vorgenannten Kriterien die erheblichen nachteiligen Veränderungen an dem tatsächlichen **Ausgangszustand** und nicht an einem Idealzustand von Lebensräumen und Arten zu messen sind. Es kann

---

36 *J. Schumacher*, in: Schumacher/Fischer-Hüftle, BNatSchG, § 19 Rn. 35.

37 VG Neustadt a.d. Weinstraße, Urt. v. 25.03.2014 – 5 K 505/13, juris Rn. 79f.

38 VG Neustadt a.d. Weinstraße, Urt. v. 25.03.2014 – 5 K 505/13, juris Rn. 87.

39 VG Neustadt a.d. Weinstraße, Urt. v. 25.03.2014 – 5 K 505/13, juris Rn. 75.

40 Vgl. *Fellenberg*, in: Lütkes/Ewer, BNatSchG, § 19 Rn. 22. Im Fall des VG Neustadt a.d. Weinstraße, Urt. v. 25.03.2014 – 5 K 505/13 – löst sich das Problem jedoch von selbst, weil im Fall eines aus der ex-ante-Perspektive angefertigten Fachbeitrags, dessen vorgesehene Maßnahmen den artenschutzrechtlich erforderlichen Erfolg verfehlen, auch aus der ex-post-Perspektive dem Schadensverursacher kein Verschulden vorgeworfen werden kann.

also nicht eine Abweichung vom Idealzustand zur Bemessung eines Umweltschadens herangezogen werden, sondern lediglich die Abweichung von dem Zustand, in dem sich der Lebensraum oder die Art unmittelbar vor dem Schadenseintritt befand. Demzufolge wird auch eine Vorbelastung einer Art oder eines Lebensraums im Rahmen der Definition des Ausgangszustands mit berücksichtigt.[41] Für die Ermittlung des Ausgangszustands nach Eintritt eines Umweltschadens wird man neben einer Rekonstruktion z.B. anhand von Totfunden allgemein auf vorhandene naturschutzfachliche Erkenntnisse und Datenbestände bezogen auf das betreffende Gebiet zurückgreifen. Der Rückgriff auf Referenzdaten benachbarter Gebiete sollte nur nach einer strengen Prüfung und Feststellung ihrer Übertragbarkeit erfolgen.[42]

Auch nicht jeder Verstoß gegen die artenschutzrechtlichen Zugriffsverbote   28
des § 44 Abs. 1 BNatSchG begründet einen Umweltschaden, da eine Beeinträchtigung einzelner Individuen, die sich nicht zumindest auf den Erhalt der jeweiligen lokalen Population auswirkt, nach diesen Kriterien grundsätzlich eben keinen Umweltschaden darstellt.[43]

8. Enthaftung (§ 19 Abs. 1 Satz 2 BNatSchG)

Eine Schädigung liegt abweichend von § 19 Abs. 1 Satz 1 BNatSchG nicht   29
vor, wenn die zuvor ermittelten nachteiligen Auswirkungen aus Tätigkeiten einer verantwortlichen Person resultieren, die von der zuständigen Behörde nach den §§ 34, 35, 45 Abs. 7 BNatSchG oder § 67 Abs. 2 BNatSchG oder, wenn eine solche Prüfung nicht erforderlich ist, nach § 15 BNatSchG oder aufgrund der Aufstellung eines Bebauungsplans nach § 30 oder § 33 BauGB genehmigt wurden oder zulässig sind. Liest man diese Regelung in Zusammenhang mit § 2 Nr. 3 USchadG, wonach umweltschadensrechtlich Verantwortlicher auch der Inhaber einer Zulassung oder Genehmigung sein kann, ergibt sich die **eingeschränkte Möglichkeit einer Haftungsfreistellung**: Die Legalisierungswirkung einer Zulassung oder Genehmigung mit der Folge einer Enthaftung kann sachlich begrenzt so weit gehen, wie mögliche Beeinträchtigungen von Arten und natürlichen Lebensräumen im Rahmen der genannten Verfahren zuvor ermittelt wurden und genehmigt bzw. zulässig sind. Eine allgemeine Legalisierungswirkung für genehmigte Tätigkeiten kennt das Umweltschadensrecht damit nicht.[44] Die speziellen Anforderungen, die im Konkreten an die Verfahren zu stellen sind, werden diskutiert: In den Verwaltungsverfahren müssten für konkrete Arten und natürliche Lebensräume der Bestand, die möglichen Auswirkungen und die erforderlichen Vermeidungs- und Ausgleichsmaßnahmen ermittelt und in der darauf folgenden Verwaltungsentscheidung festgesetzt worden sein. Es müsste konkret die nachteilige Auswirkung ermittelt worden sein, die sich mit dem Umweltschaden verwirklicht hat. Sterbe z.B. eine bestimmte Fledermauspopulation aus und wurde diese konkrete Folge im Verwaltungs- oder Bauleit-

---

41 *J. Schumacher*, in: Schumacher/Fischer-Hüftle, § 19 Rn. 29 m.w.N.
42 Vgl. *Fellenberg*, in: Lütkes/Ewer, BNatSchG, § 19 Rn. 19 m.w.N.
43 *Fellenberg*, in: Lütkes/Ewer, BNatSchG, § 19 Rn. 21 m.w.N.
44 *Ruffert*, NVwZ 2010, 1177, 1182.

planverfahren nicht ermittelt, so trete eine Enthaftung nicht ein.[45] Mit anderen Worten: Ein Vorhaben muss in Kenntnis bestimmter Auswirkungen „sehenden Auges" zugelassen worden sein. Unvorhergesehene Auswirkungen unterfallen nicht der Ausnahme des § 19 Abs. 1 Satz 2 BNatSchG. Folglich ist unerheblich, ob die Auswirkungen zum Zeitpunkt der behördlichen Entscheidung erkennbar waren. Ebenso greift die Enthaftungsregelung nicht im Falle einer Schädigung von Arten und Lebensräumen, die sich erst nach einer Zulassungsentscheidung angesiedelt oder entwickelt haben. Es ist auch unerheblich, ob der Schaden im Rahmen des Normalbetriebs oder durch einen Störfall eintritt.[46] Zu beachten ist, dass nach dem Vorgenannten selbst nach Eintritt der Unanfechtbarkeit einer Genehmigungs- oder Zulassungsentscheidung Rechtsfolgen nach dem Umweltschadensgesetz eintreten können. Nachträglich kann eine Legalisierung zu erreichen sein, wenn die Voraussetzungen einer Ausnahmeregelung des § 19 Abs. 1 Satz 2 BNatSchG erfüllt werden, wenn also noch eine entsprechende Zulassungs- oder Genehmigungsentscheidung eingeholt wird, die eine Auseinandersetzung mit den konkreten Auswirkungen beinhaltet. Denkbar ist ferner die Durchführung von Maßnahmen, die eine Schädigung ausschließen oder unter die Erheblichkeitsschwelle drücken, ohne das Vorhaben selbst zu ändern.[47]

Aus dem Vorgenannten geht unverkennbar hervor, dass eine präzise und kompetente Prüfung der habitat- und artenschutzrechtlichen Vorschriften sowie der naturschutzrechtlichen und der städtebaulichen Eingriffsregelung mit dem Ziel der Minimierung der Risiken einer möglichen umweltschadensrechtlichen Haftung ganz im Eigeninteresse eines Vorhabenträgers liegt.[48] Aber auch der Behörde obliegt hinsichtlich einer gebotenen Ausschöpfung des Ermittlungspotenzials eine Sorgfaltspflicht mit möglichen Haftungsfolgen gegenüber dem Inhaber einer Genehmigung.[49] Im Hinblick auf die **Anforderungen an die vorherige Prüfung** ist jedoch darauf hinzuweisen, dass in der Literatur diesbezüglich durchaus unterschiedliche Meinungen vertreten werden. Teilweise wird im Hinblick auf die Rechts- und Investitionssicherheit eines Vorhabenträgers oder Bauherren, der § 19 Abs. 1 Satz 2 BNatSchG auch dienen soll, vertreten, es sei vollkommen ausreichend, wenn eine betreffende nachteilige Auswirkung, die einen Schaden herbeigeführt hat, beispielsweise im Rahmen einer FFH-Verträglichkeitsprüfung gewürdigt und in diesem Sinne ausdrücklich hingenommen wurde. Eine Enthaftung trete erst dann nicht ein, wenn die Prüfung an schwerwiegenden Mängeln leide.[50] Auch finde im Rahmen der Beurteilung einer Verantwortlichkeit nach dem USchadG keine inzidente Überprüfung statt, ob die artenschutzrechtliche Prüfung fachlich und rechtlich in jeder Hinsicht zutreffend war.[51]

---

45 Vgl. *Louis*, NuR 2009, 2, 6.

46 *Fellenberg*, in: Lütkes/Ewer, BNatSchG, § 19 Rn. 30 f. m.w.N.

47 *Petersen*, NuR 2014, 525, 531, m.w.N.

48 So auch *Gellermann*, NVwZ 2008, 828, 835.

49 So auch *Ruffert*, in: Frenz/Müggenborg (Hrsg.), BNatSchG, Vorauflage, § 19 Rn. 27; zu möglichen Haftungsfolgen *Louis*, NuR 2009, 163, 169 f.

50 *Fellenberg*, in: Lütkes/Ewer, BNatSchG, § 19 Rn. 34 m.w.N.; a.A. *Louis*, NuR 2009, 2, 6.

51 *Fellenberg*, in: Lütkes/Ewer, BNatSchG, § 19 Rn. 34 m.w.N.; a.A. *Louis*, NuR 2009, 2, 7.

Nach der Aufzählung in § 19 Abs. 1 Satz 2 BNatSchG kann unter den geschilderten Bedingungen eine FFH-Verträglichkeitsprüfung (§ 34 BNatSchG), eine Verträglichkeitsprüfung der Freisetzung gentechnisch veränderter Organismen und die land-, forst- oder fischereiwirtschaftliche Nutzung von rechtmäßig in Verkehr gebrachten gentechnisch veränderten Produkten (§ 35 BNatSchG), eine Ausnahme von den artenschutzrechtlichen Zugriffs-, Besitz- und Vermarktungsverboten des § 44 BNatSchG (§ 45 Abs. 7 BNatSchG), eine Befreiung von den Verschlechterungs- und Störungsverboten für Natura-2000-Gebiete des § 33 Abs. 1 Satz 1 BNatSchG sowie den Ge- und Verboten von Schutzerklärungen von FFH-Gebieten (§ 67 Abs. 2 BNatSchG), eine Prüfung nach dem gestuften Reaktionsmodell der allgemeinen Eingriffsregelung (§ 15 BNatSchG) und eine Prüfung im Rahmen der Aufstellung eines Bebauungsplans (§ 30 BauGB) oder bereits während der Planaufstellung (§ 33 BauGB) enthaftend wirken. Ergänzend ist an dieser Stelle auf die Möglichkeit der **Erwirkung einer präventiven Haftungsfreistellung** bei Vorhaben im unbeplanten Innenbereich nach § 34 BauGB über die Regelung des § 18 Abs. 4 BNatSchG hinzuweisen. **30**

In der Literatur ist umstritten, ob eine haftungsbefreiende Wirkung aufgrund der Anwendung der naturschutzrechtlichen Eingriffsregelung auch im Falle der Festsetzung von **Ersatzmaßnahmen und Ersatzgeld** eintreten soll. Teilweise wird zur Beurteilung der enthaftenden Wirkung von Ersatzmaßnahmen auch auf ihre Raum- und Funktionsnähe abgestellt. Abgelehnt wird eine Haftungsfreistellung in diesen Fällen mit dem Argument, Ersatzmaßnahmen und Ersatzgeld entsprächen nicht den Kohärenzsicherungsmaßnahmen, die bei einer negativen FFH-Verträglichkeitsprüfung vorzusehen seien.[52] Demgegenüber ist einzuwenden, dass Ersatzzahlungen gemäß § 15 Abs. 6 Satz 7 BNatSchG zweckgebunden für Maßnahmen des Naturschutzes und der Landschaftspflege möglichst in dem betroffenen Naturraum zu verwenden sind.[53] **31**

Aufgrund vergleichbarer Erwägungen wird in der Literatur in Frage gestellt, ob eine Enthaftung für Eingriffe, die im Rahmen der **Aufstellung eines Bebauungsplans** genehmigt wurden, gemessen an der Umwelthaftungsrichtlinie europarechtskonform erfolgen kann. Denn die planende Gemeinde trifft grundsätzlich keine Pflicht zu einer vollständigen Kompensation von Eingriffen, da die Belange des Naturschutzes und der Landschaftspflege wie andere Belange in die bauleitplanerische Abwägung eingestellt werden. Es wird vertreten, ein Bebauungsplan oder ein planreifer Entwurf eines Bebauungsplans könne nur dann eine Enthaftung herbeiführen, wenn er die Anforderungen an eine FFH-Verträglichkeitsprüfung erfülle. Dafür müsse ein vollständiger Ausgleich im Sinne der FFH-Verträglichkeitsprüfung für die europäisch geschützten Arten und natürlichen Lebensräume sichergestellt werden.[54] Art. 2 Nr. 1 Buchst. a) UAbs. 2 der Umwelthaftungsrichtlinie gibt die Möglichkeit einer Haftungsfreistellung für nachteilige Auswirkungen, **32**

---

52 So z.B. *J. Schumacher*, in: Schumacher/Fischer-Hüftle, BNatSchG, § 19 Rn. 48.

53 So auch *Fellenberg*, in: Lütkes/Ewer, BNatSchG, § 19 Rn. 39.

54 So z.B. *Louis*, NuR 2009, 2, 7.

die gemäß europarechtlichen Bestimmungen gleichwertigen nationalen Naturschutzvorschriften ausdrücklich genehmigt wurden. In der amtlichen Begründung zum Gesetzesentwurf des USchadG wird zur Lösung des Problems in Bezug auf Bebauungspläne darauf abgestellt, dass die negativen Auswirkungen bzw. Eingriffe in Natur und Landschaft auf der Grundlage der planerischen Entscheidung ermittelt und wie bei der Eingriffsregelung ausdrücklich genehmigt werden.[55]

33 Bedeutsamer ist der Umstand, dass die **artenschutzrechtlichen Zugriffsverbote** des § 44 BNatSchG nach herrschender Meinung auf die gemeindliche Bauleitplanung keine Anwendung finden, da die Gemeinde als Trägerin der Bauleitplanung nicht Adressatin der artenschutzrechtlichen Verbote ist. Die Gemeinde muss lediglich klären, dass die Verwirklichung eines Bauleitplans im Vollzug nicht an von vornherein unüberwindlichen artenschutzrechtlichen Hindernissen scheitert. Demzufolge kann in diesem Fall eine Haftungsfreistellung nach § 19 Abs. 1 Satz 2 BNatSchG erst an eine Zulassung aufgrund eines nachgelagerten Genehmigungsverfahrens anknüpfen.[56]

34 Bezüglich der **behördlichen Duldung** wird die Ansicht vertreten, dieser sei keine enthaftende Wirkung zuzusprechen, da eine Legalisierungswirkung von Genehmigungen grundsätzlich bereits nur eingeschränkt greife.[57] Das Argument der ohnehin nur eingeschränkt wirkenden Legalisierungswirkung von Genehmigungen ist sicherlich richtig und sollte dahingehend zur Geltung kommen, dass eine aufgrund einer behördlichen Duldung anzunehmende Legalisierungswirkung nicht weiter reichen darf als die im Falle einer bereits erteilten Genehmigung. Angesichts der enthaftenden Wirkung einer „aktiven" Duldung im Umweltstrafrecht erscheint es jedoch nicht gerechtfertigt, behördlichen Duldungen im sachlichen Anwendungsbereich des USchadG undifferenziert jede legalisierende Wirkung abzusprechen. Auch im Bereich des Umweltstrafrechts scheint es hinsichtlich der Rechtsfolgen dieser Formen des informellen Verwaltungshandelns zwar noch Klärungsbedarf zu geben,[58] bezüglich folgender Eckpunkte dürfte aber ein weitgehender Konsens bestehen: Eine – „bloße", „schlichte" oder „neutrale" – behördliche Duldung hat grundsätzlich keine genehmigungsgleiche oder rechtfertigende Wirkung.[59] Fälle einer **„aktiven" Duldung**, in denen eine Behörde z.B. in einem schwebenden Genehmigungsverfahren ein Verhalten oder einen Zustand bewusst hinnimmt, werden teilweise als konkludente Erteilung einer Erlaubnis angesehen, die auf dem Gebiet des Umweltstrafrechts dann als Rechtfertigungs- oder Strafausschließungsgrund behandelt wird.[60]

---

55 BT-Drs. 16/3806, S. 30; vgl. *J. Schumacher*, in: Schumacher/Fischer-Hüftle, BNatSchG, § 19 Rn. 51.

56 *Fellenberg*, in: Lütkes/Ewer, BNatSchG, § 19 Rn. 41.

57 Siehe II.8 1. Abs., Rn. 29; so *Ruffert*, in: Frenz/Müggenborg (Hrsg.), BNatSchG, Vorauflage, § 19 Rn. 25.

58 Hierzu ausführlich *Heine/Hecker*, in: Schönke/Schröder, StGB, vor §§ 324 ff. Rn. 20.

59 *Fischer*, StGB, vor § 324 Rn. 11 m.w.N; LG Bonn, NStZ 88, 224 f.

60 Dies teilweise mit Einschränkungen wie z.B., dass die Behörde zu dieser Form informellen Verwaltungshandelns ermächtigt sein muss – ausführlich *Fischer*, StGB, vor § 324 Rn. 11 m.w.N; *Heine/Hecker*, in: Schönke/Schröder, StGB, vor §§ 324 ff. Rn. 20.

Fälle der „aktiven" Duldung liegen mithin vor, wenn eine Behörde durch ihr Verhalten objektiv erkennbar macht, dass sie gegen ihr bekannte rechtswidrige Zustände vorerst bewusst nicht einschreiten will.[61]

Auch wenn sich aus der explizit nur eingeschränkten Legalisierungswirkung einer Genehmigung nach § 19 Abs. 1 Satz 2 BNatSchG ein Differenzierungskriterium im Vergleich zur umweltstrafrechtlichen Behandlung der Duldungsfrage ergeben kann, so ist zu bedenken, dass die einfache wie die aktive Duldung in der Praxis der Umweltbehörden weit verbreitet ist. Je nach regionalen Gegebenheiten warten Antragsteller beispielsweise in Verfahren auf Erteilung einer wasserrechtlichen Erlaubnis für eine Direkteinleitung in ein Gewässer aus einer kommunalen Kläranlage über Jahre hinweg auf die Erteilung eines Erlaubnisbescheides, ohne dass die Möglichkeit der Einstellung der Gewässerbenutzung besteht. Ließe man in diesen Fällen keiner Form der Duldung eine haftungsfreistellende Wirkung zukommen, so bedeutete dies, dass zum einen die Behörde den Vorhabenträger einem Haftungsrisiko aussetzte. Zum anderen müsste ein Vorhabenträger nachdrücklich gegen die behördliche Untätigkeit vorgehen, um das eigene Haftungsrisiko zu reduzieren. Ein derartiges Verhalten ist in der Praxis jedoch nur selten opportun. Deshalb erscheint es mit Blick auf die Handhabung der „aktiven" Duldung im Umweltstrafrecht praxis- und sachgerecht, dieser auch im Umweltschadensrecht wenigstens ab dem Verfahrensstadium, in dem die Ermittlungen der nachteiligen Auswirkungen abgeschlossen sind und die Behörde das Verhalten in Kenntnis dieser Auswirkungen dennoch duldet, eine haftungsfreistellende Wirkung zuzusprechen.

III. Verantwortliche Personen

Verantwortlicher ist gemäß § 2 Nr. 3 USchadG jede natürliche oder juristische Person, die eine berufliche Tätigkeit ausübt oder bestimmt, einschließlich der Inhaber einer Zulassung oder Genehmigung für eine solche Tätigkeit oder der Person, die eine solche Tätigkeit anmeldet oder notifiziert, und dadurch unmittelbar einen Umweltschaden oder die unmittelbare Gefahr eines solchen Schadens verursacht hat. Das USchadG kennt somit ausschließlich eine Verhaltensverantwortlichkeit und keinen Zustandsstörer (siehe unter I.). Eine unmittelbare Gefahr eines Umweltschadens liegt bei hinreichender Wahrscheinlichkeit, dass ein Umweltschaden in naher Zukunft eintreten wird, vor (§ 2 Nr. 5 USchadG).

Anknüpfend an das Erfordernis des Vorliegens einer „beruflichen Tätigkeit" differenziert das USchadG in zwei Haftungskategorien zwischen einer **Gefährdungshaftung** und einer **Verschuldenshaftung**. Die Tätigkeiten, die der Gefährdungshaftung unterfallen, sind in Anlage 1 des USchadG aufgeführt. Die Gefährdungshaftung besteht bei Umweltschäden und unmittelbaren Gefahren solcher Schäden und umfasst somit neben Schädigungen von Arten und natürlichen Lebensräumen auch Schädigungen an Gewässern und Böden (siehe § 2 Nr. 1 USchadG). Die Verschuldenshaftung beschränkt sich auf

35

36

---

61 *Heine/Hecker*, in: Schönke/Schröder, StGB, vor §§ 324 ff. Rn. 20.

Schädigungen von Arten und natürlichen Lebensräumen und unmittelbare Gefahren solcher Schäden, die aus anderen als den der in Anlage 1 aufgeführten Tätigkeiten hervorgehen.

1. Berufliche Tätigkeit

37 Ausgangspunkt für die Beurteilung einer Verantwortlichkeit ist immer die berufliche Tätigkeit, aus der ein Umweltschaden oder die unmittelbare Gefahr eines solchen Schadens resultiert. Der Begriff der „beruflichen Tätigkeit" ist definiert in § 2 Nr. 4 USchadG als jede Tätigkeit, die im Rahmen einer wirtschaftlichen Tätigkeit, einer Geschäftstätigkeit oder eines Unternehmens ausgeübt wird, unabhängig davon, ob sie privat oder öffentlich und mit oder ohne Erwerbscharakter ausgeübt wird. Unabhängig von der Organisationsform der ausgeübten Tätigkeit muss im Einzelfall von der zuständigen Behörde geprüft werden, ob die Tätigkeit, die den Umweltschaden oder die Gefahr eines solchen Schadens verursacht hat, als berufliche Tätigkeit qualifiziert werden kann.[62] Entscheidend ist eine **Teilnahme am Wirtschaftsleben**. An einer beruflichen Tätigkeit in diesem Sinne fehlt es somit bei rein privaten Tätigkeiten wie bloßen Freizeittätigkeiten z.B. im Falle von Arbeiten in der Freizeit, in Haus und Garten und Hobbyarbeiten. Auch aus ehrenamtlichen Tätigkeiten kann sich somit keine umweltschadensrechtliche Haftung ergeben. Schwarzarbeit hingegen stellt eine berufliche Tätigkeit dar. Zu beachten ist, dass eine polizeirechtliche Haftung wegen schädlicher Bodenveränderungen nach dem BBodSchG, Wasserverunreinigungen oder rechtswidriger Eingriffe in Natur und Landschaft auch bei rein privaten Tätigkeiten möglich bleibt.[63] Dem Begriff der „beruflichen Tätigkeit" wird ein weites Verständnis zugesprochen, weil die Begrifflichkeit und die Intention der Haftungsregelungen dahin gingen, nur private Tätigkeiten aus dem Anwendungsbereich des Umweltschadensgesetzes auszunehmen.[64]

38 Auch behördliches Handeln kann gemäß der Definition der „beruflichen Tätigkeit" grundsätzlich eine Haftung nach dem Umweltschadensgesetz auslösen. Allerdings müssen zusätzlich die Voraussetzungen der Teilnahme am Wirtschaftsleben gemäß § 2 Nr. 4 USchadG erfüllt sein, was im Einzelfall zu prüfen ist. Tätigkeiten wie behördliche Entscheidungen in Form von Genehmigungen, Planfeststellungen oder Bauleitplanungen von Gemeinden erfolgen nicht unter Teilnahme am Wirtschaftsleben und können deshalb nicht einer Haftung nach dem USchadG unterliegen. Zudem soll in diesen Fällen die Eigenschaft des Verantwortlichen nach dem Willen des Gesetzgebers unabhängig von der Rechtmäßigkeit der Genehmigung oder Planung schon am Fehlen des Vorliegens des Erfordernisses der Unmittelbarkeit der Verursachung eines Umweltschadens oder der Gefahr eines solchen scheitern.[65] Anders ist dies jedoch, wenn sich eine Körperschaft des öffentlichen Rechts wirtschaftlich betätigt. Als wirtschaftliche Betätigungen öffentlich-rechtlicher

---

62 *Schwendner*, in: Siedler/Zeitler/Dahme/Knopp, WHG und AbwAG, Kommentar zum USchadG, EL 48, § 2 Nr. 4, S. 23 f.
63 Vgl. *Louis*, NuR 2009, S. 2, 3.
64 So *Petersen*, NuR 2014, 525, 530.
65 BT-Drs. 16/3806, S. 21.

Körperschaften sind Tätigkeiten einzustufen, die auch von privaten Teilnehmern in der Wirtschaft erbracht werden können.[66] Der BayVGH vertritt die Ansicht, es liege keine „berufliche Tätigkeit" vor, wenn ein Vorhabenträger als Straßenbaulastträger tätig werde, da die Straßenbaulast eine öffentliche Aufgabe der Daseinsvorsorge sei. Diese öffentliche Aufgabe der Daseinsvorsorge gehöre zur schlichten Hoheitsverwaltung und werde ausschließlich im Interesse der Allgemeinheit erfüllt. Eine solche allein der Daseinsvorsorge dienende Tätigkeit des Staates sei weder als wirtschaftliche Tätigkeit noch als Geschäftstätigkeit noch als Tätigkeit im Rahmen eines Unternehmens einzustufen.[67] Auf die Auffassung des Gerichts wird entgegnet, die Kriterien der öffentlichen Aufgabe der Daseinsvorsorge und der schlichten Hoheitsverwaltung fänden im USchadG keine Stütze.[68] Eine moderatere Gegenansicht hält ein solch enges Verständnis des Begriffs der „beruflichen Tätigkeit" zwar nicht für ausgeschlossen, angesichts der weiten Definition in § 2 Nr. 4 USchadG aber nicht für bedenkenfrei. Der Straßenbau könnte als „Unternehmen" anzusehen sein, das öffentlich und ohne Erwerbscharakter ausgeübt werde. Vom Anwendungsbereich des USchadG ausgenommen wären dann lediglich rein private Handlungen und die Ausübung „echter" Hoheitsgewalt.[69] Bereits seit Zeiten vor der durch die Entscheidung des BayVGH entflammten Diskussion wird die Ansicht vertreten, dass der Bau und Betrieb von Infrastruktureinrichtungen auch durch privatwirtschaftliche Unternehmen erfolgen könne. Erfolge er durch öffentlich-rechtliche Körperschaften, so sei er folglich als „berufliche Tätigkeit" einzustufen.[70] Das Vorliegen einer wirtschaftlichen Tätigkeit bei Straßenbauprojekten wird jedenfalls anzunehmen sein, wenn ein privater Auftragnehmer den Bau von Straßen übernimmt und als Gegenleistung das Gebührenaufkommen erhält. Hinsichtlich sonstiger Vorhaben im Infrastrukturbereich, für die Planfeststellungserfordernisse vorgesehen sind,[71] bei denen in der Regel eine gewinngerichtete Tätigkeit beabsichtigt ist, wird das Vorliegen einer wirtschaftlichen Tätigkeit nach den dargestellten Kriterien grundsätzlich angenommen. Die Erfüllung der Voraussetzungen einer beruflichen Tätigkeit liege insbesondere im Fall eines (Eisenbahn-) Infrastrukturunternehmens, das als Wirtschaftsunternehmen eine Trassennutzung gegen Zahlung eines Entgeltes anbiete, nahe.[72] Eine Verantwortlichkeit i.S.d. USchadG kann nicht durch die Ausübung einer satzungsgemäßen Aufgabe der Unterverbandsüberwachung eines wasserverbandsrechtlichen Oberverbandes und auch nicht durch Anordnungsbefugnisse i.S.d. § 68 WHG begründet werden.[73]

---

66 Vgl. *Louis*, NuR 2009, 2, 3.

67 BayVGH, Beschl. v. 17.04.2015 – 8 CE 15.398, juris Rn. 26.

68 *Gassner*, NuR 2015, 320.

69 *Wendt*, jurisPR-UmwR, 8/2015, Anm. 2.

70 *Louis*, NuR 2009, 3, 4.

71 Wie z.B. im Fall von Eisenbahnanlagen (§ 18 AEG), Straßenbahnen (§ 28 PBefG) und Flugplätzen (§ 8 LuftVG).

72 *Petersen*, NuR 2014, 525, 530 m.w.N.

73 Schleswig-Holsteinisches VG, Urt. v. 20.09.2012 – 6 A 186/11, juris Rn. 68, nachfolgend OVG Schleswig-Holstein – 1 LB 2/13, noch nicht entschieden (Stand 11/2015).

39   Angesichts der vielfältigen Tätigkeiten gemeinnütziger Vereine wird man das Vorliegen ihrer Teilnahme am Wirtschaftsleben im Einzelfall beurteilen müssen, auch wenn dies zumeist nicht anzunehmen sein wird.

40   Unabhängig von der Hierarchie übt jeder Mitarbeiter eines Unternehmens und das Unternehmen selbst eine berufliche Tätigkeit aus.[74] Keine Haftung trifft die BGB-Gesellschaft, da das Gesellschaftsvermögen nicht der Gesellschaft selbst, sondern allen Gesellschaftern zusteht. Somit haftet letztlich der einzelne Gesellschafter.[75]

41   Eine Einschränkung im Hinblick auf die Haftung von Mitarbeitern eines Unternehmens ergibt sich jedoch aus dem Begriff des **„Betreibers"**, den die Umwelthaftungsrichtlinie in Art. 2 Nr. 6 anstelle des Begriffs des **„Verantwortlichen"** des § 2 Nr. 3 USchadG verwendet.[76] „Betreiber" ist nach der Definition des Art. 2 Nr. 6 der Umwelthaftungsrichtlinie jede natürliche oder juristische Person des privaten oder öffentlichen Rechts, die die berufliche Tätigkeit ausübt oder bestimmt oder der – sofern dies in den nationalen Rechtsvorschriften vorgesehen ist – die ausschlaggebende wirtschaftliche Verfügungsmacht über die technische Durchführung einer solchen Tätigkeit übertragen wurde, einschließlich des Inhabers einer Zulassung oder Genehmigung für eine solche Tätigkeit oder der Person, die die Anmeldung oder Notifizierung einer solchen Tätigkeit vornimmt. Im USchadG wurde aus rechtssystematischen Gründen auf den Begriff des Verantwortlichen umgestellt, da es sich bei dem Gesetz um eine öffentlich-rechtliche Verantwortlichkeit handelt. Eine inhaltliche Änderung gegenüber der Richtlinie war damit nicht beabsichtigt, auch wenn die Definition des Verantwortlichen zur Klarstellung hinsichtlich des Unmittelbarkeitserfordernisses erweitert wurde.[77] Der Begriff des „Verantwortlichen", der eine berufliche Tätigkeit ausübt, ist aus der Begrifflichkeit der Umwelthaftungsrichtlinie folglich dahingehend einschränkend zu interpretieren, dass der Arbeitnehmer nur dann selbst verantwortlich sein kann, wenn er eine eigene Entscheidungsbefugnis besitzt. Erforderlich ist somit die Übertragung einer ausschlaggebenden wirtschaftlichen Verfügungsmacht über die technische Durchführung der entsprechenden Tätigkeit.[78] Leitende Mitarbeiter eines Unternehmens können folglich grundsätzlich haftbar sein. Abhilfe kann ein arbeitsvertraglicher Freistellungsanspruch gegen den Arbeitgeber schaffen. Dies jedoch nur dann, wenn der Arbeitgeber über die Mittel verfügt, eine Haftungsfreistellung herbeizuführen. Es kann auch der Fall der parallelen Gefährdungshaftung eines Anlagenbetreibers, der zugleich Auftraggeber ist, und der Verschuldenshaftung des Auftragnehmers

---

74 *Schwendner,* in: Siedler/Zeitler/Dahme/Knopp, WHG und AbwAG, Kommentar zum USchadG, EL 48, § 2 Nr. 4, S. 33 f.

75 Vgl. *Louis,* NuR 2009, S. 2, 3.

76 Zum Begriff des „Betreibers" EuGH, Urt. v. 04.03.2015 – C-534/13, juris Rn. 48 ff. m.w.N.

77 BT-Drs. 16/3806, S. 20 f.

78 Vgl. *John,* in: Schlacke (Hrsg.), GK-BNatSchG, § 19 Rn. 35; a.A. *Petersen,* NuR 2014, 525, 529, wobei die Ursache des unterschiedlichen Verständnisses des Art. 2 Nr. 6 der UmwelthaftungsRL wohl in der mit der Parenthese vielleicht nicht ganz klaren Formulierung liegt, das Ergebnis nach dem Willen des Gesetzgebers aber offensichtlich sein dürfte.

eintreten. Ebenso kann ein Planer im Rahmen einer Verschuldenshaftung umweltschadensrechtlich verantwortlich sein, wenn seine Planunterlagen die eigentliche Ursache für den Umweltschaden setzen und ihn unmittelbar herbeiführen.[79]

2. Gefährdungshaftung

Gemäß § 3 Abs. 1 Nr. 1 USchadG gilt eine verschuldensunabhängige Gefähr- 42
dungshaftung im Falle von Umweltschäden und unmittelbaren Gefahren solcher Schäden für bestimmte berufliche Tätigkeiten, die in Anlage 1 des USchadG aufgeführt sind. Die Anlage ist nachfolgend abgedruckt. Nach der Rechtsprechung des BayVGH setzt der Begriff der „Tätigkeit" i.S.d. Anlage 1 zu § 3 Abs. 1 USchadG eine willentliche Handlung des für den Umweltschaden Verantwortlichen voraus.[80] Diese Ansicht des BayVGH wird teilweise als lediglich auf den beurteilten Fall bezogen angesehen.[81] Das Gericht hat die Aussage jedoch als allgemeinen Grundsatz formuliert. An ihm wird kritisiert, dass § 3 Abs. 1 Nr. 1 USchadG keine willentliche Schadensverursachung voraussetze. Mit dem Wortlaut des § 3 Abs. 1 Nr. 1 USchadG wird der Entscheidung zudem entgegengehalten, dass es nur auf die Verursachung des Schadens und nicht auf die zugrunde liegende wie den Schaden verursachende Tätigkeit ankomme. Zudem liefe § 3 Abs. 1 Nr. 1 USchadG ganz weitgehend leer, wenn nur die willentliche Schadensverursachung erfasst würde.[82] Es ist bedauerlich, dass der BayVGH seinen Grundsatz ohne eine rechtliche Begründung in den Raum stellt. Der Katalog der Tätigkeiten kann in die Kategorien „Betreiben einer Anlage" und „Tätigkeiten" eingeteilt werden,[83] wobei hinsichtlich des Anlagenbetriebs lediglich Anlagen i.S.d. Industrieemissionsrichtlinie (IED)[84] relevant sind. Nach Einschätzung des europäischen Gesetzgebers weisen die genannten Tätigkeiten ein spezifisches Gefährdungspotenzial auf. Die Tätigkeiten sind also in besonderem Maße umweltrelevant. Die Liste ist abschließend. Eine analoge Anwendung der Anlage 1 zum USchadG auf nicht explizit genannte Tätigkeiten scheidet bereits aus, weil die erfassten Aktivitäten derart spezifiziert sind, dass eine Übertragung auf sonstige nicht aufgeführte Tätigkeiten ausgeschlossen sein muss. Darüber hinaus zeigt die Systematik von § 3 Abs. 1 Nr. 1 und Nr. 2 USchadG mit ihrer Differenzierung zwischen verschuldensunabhängiger Haftung und Verschul-

---

79 Vgl. und hierzu eingehender *Louis*, NuR 2009, 3 ff.

80 BayVGH, Beschl. v. 17. 04. 2015 – 8 CE 15.398, juris Rn. 21.

81 *Wendt*, jurisPR-UmwR, 8/2015, Anm. 2; Der Fall befasst sich mit einem ungewollten Austritt von Wasser mit der Folge der Absenkung des Grundwasserstandes. Weil der Benutzungstatbestand des § 9 Abs. 1 WHG stets ein zielgerichtetes, auf den Gebrauch des Gewässers gerichtetes Verhalten voraussetze, scheide eine Anwendbarkeit des USchadG in Ermangelung einer willentlichen Handlung aus – BayVGH, Beschl. v. 17. 04. 2015 – 8 CE 15.398, juris Rn. 22.

82 *Wendt*, jurisPR-UmwR, 8/2015, Anm. 2.

83 So *Petersen*, NuR 2014, 525, 532, mit Verweis auf *Spindler*, Die Umsetzung der Umwelthaftungsrichtlinie, Jahrbuch UTR 2006, 147, 159.

84 Siehe § 3 BImSchG i.V.m. Anhang 1 Spalte d der Verordnung über genehmigungsbedürftige Anlagen – 4. BImSchV.

denshaftung, dass eine strengere verschuldensunabhängige Haftung nur für die ausdrücklich genannten Tätigkeiten bestehen soll.[85] Diese Tätigkeiten sind stets als berufliche Tätigkeiten zu qualifizieren. Andere berufliche Tätigkeiten als die in der Liste bezeichneten können lediglich eine verschuldensabhängige Haftung auslösen.[86]

Anlage 1 (zu § 3 Abs. 1 USchadG) - Berufliche Tätigkeiten

1. Betrieb von Anlagen, für den eine Genehmigung gemäß der Richtlinie 2010/75/EU des Europäischen Parlaments und des Rates vom 24. 11. 2010 über Industrieemissionen (integrierte Vermeidung und Verminderung der Umweltverschmutzung) (Neufassung) (ABl. L 334 vom 17. 12. 2010, S. 17) erforderlich ist. Dies umfasst alle in Anhang I der Richtlinie 2010/75/EU aufgeführten Tätigkeiten, mit Ausnahme von Anlagen oder Anlagenteilen, die für Zwecke der Forschung, Entwicklung und Prüfung neuer Erzeugnisse und Verfahren genutzt werden.

2. Abfallbewirtschaftungsmaßnahmen (die Sammlung, die Beförderung, die Verwertung und die Beseitigung von Abfällen, einschließlich der Überwachung dieser Verfahren, der Nachsorge von Beseitigungsanlagen sowie der Tätigkeiten, die von Händlern und Maklern durchgeführt werden), soweit diese Maßnahmen einer Erlaubnis, einer Genehmigung, einer Anzeige oder einer Planfeststellung nach dem Kreislaufwirtschaftsgesetz bedürfen.

   Diese Maßnahmen umfassen unter anderem den Betrieb von Deponien, die gemäß § 35 Absatz 2 und 3 des Kreislaufwirtschaftsgesetzes einer Planfeststellung oder Plangenehmigung bedürfen, und den Betrieb von Verbrennungsanlagen, die gemäß § 4 des Bundes-Immissionsschutzgesetzes (BImSchG) in Verbindung mit dem Anhang der Verordnung über genehmigungsbedürftige Anlagen (4. BImSchV) einer Genehmigung bedürfen.

3. Einbringung, Einleitung und sonstige Einträge von Schadstoffen in Oberflächengewässer gemäß § 9 Absatz 1 Nummer 4 und Absatz 2 Nummer 2 des Wasserhaushaltsgesetzes, die einer Erlaubnis gemäß § 8 Absatz 1 des Wasserhaushaltsgesetzes bedürfen.

4. Einbringung, Einleitung und sonstige Einträge von Schadstoffen in das Grundwasser gemäß § 9 Absatz 1 Nummer 4 und Absatz 2 Nummer 2 des Wasserhaushaltsgesetzes, die einer Erlaubnis gemäß § 8 Absatz 1 des Wasserhaushaltsgesetzes bedürfen.

5. Entnahmen von Wasser aus Gewässern gemäß § 9 Absatz 1 Nummer 1 und 5 des Wasserhaushaltsgesetzes, die einer Erlaubnis oder Bewilligung gemäß § 8 Absatz 1 des Wasserhaushaltsgesetzes bedürfen.

---

85 *Petersen,* NuR 2014, 525, 529. Der Bau von Fernstraßen zählt nicht zu den in Anlage 1 genannten Tätigkeiten und kann mithin keine verschuldensunabhängige Haftung nach dem USchadG auslösen, VG München, Beschl. v. 28. 01. 2015 – M 9 E 14.5005, juris Rn. 45.

86 *Fellenberg,* in: Lütkes/Ewer, BNatSchG, § 19 Rn. 48 f.

6. Aufstauungen von oberirdischen Gewässern gemäß § 9 Absatz 1 Nummer 2 des Wasserhaushaltsgesetzes, die einer Erlaubnis oder Bewilligung gemäß § 8 Absatz 1 oder gemäß § 68 Absatz 1 oder Absatz 2 des Wasserhaushaltsgesetzes einer Planfeststellung oder Plangenehmigung bedürfen.

7. Herstellung, Verwendung, Lagerung, Verarbeitung, Abfüllen, Freisetzung in die Umwelt und innerbetriebliche Beförderung von

   a) gefährlichen Stoffen im Sinn des § 3a Abs. 1 des Chemikaliengesetzes (ChemG);

   b) gefährlichen Zubereitungen im Sinn des § 3a Abs. 1 ChemG;

   c) Pflanzenschutzmittel im Sinn des Artikels 2 Absatz 1 der Verordnung (EG) Nr. 1107/2009 des Europäischen Parlaments und des Rates vom 21. Oktober 2009 über das Inverkehrbringen von Pflanzenschutzmitteln und zur Aufhebung der Richtlinien 79/117/EWG und 91/414/EWG des Rates (ABl. L 309 vom 24. 11. 2009, S. 1);

   d) Biozid-Produkten im Sinn des Artikel 3 Absatz 1 Buchstabe a der Verordnung (EU) Nr. 528/2012 des Europäischen Parlaments und des Rates vom 22. Mai 2012 über die Bereitstellung auf dem Markt und die Verwendung von Biozidprodukten (ABl. L 167 vom 27. 06. 2012, S. 1).

8. Beförderung gefährlicher oder umweltschädlicher Güter auf der Straße, auf der Schiene, auf Binnengewässern, auf See oder in der Luft gemäß der Definition in § 2 Nr. 9 der Gefahrgutverordnung Straße und Eisenbahn oder der Definition in den Nummern 1.3 und 1.4 der Anlage zu § 1 Abs. 1 der Anlaufbedingungsverordnung.

9. (weggefallen)

10. Gentechnische Arbeiten gemäß der Definition in § 3 Nr. 2 des Gentechnikgesetzes (GenTG) an Mikroorganismen in gentechnischen Anlagen gemäß der Definition in § 3 Nr. 4 GenTG sowie der außerbetriebliche Transport gentechnisch veränderter Mikroorganismen.

11. Jede absichtliche Freisetzung genetisch veränderter Organismen in die Umwelt gemäß der Definition in § 3 Nr. 5 erster Halbsatz GenTG sowie der Transport und das Inverkehrbringen gemäß der Definition in § 3 Nr. 6 GenTG dieser Organismen.

12. Grenzüberschreitende Verbringung von Abfällen in der, in die oder aus der Europäischen Union, für die eine Zustimmungspflicht oder ein Verbot im Sinne der Verordnung (EG) Nr. 1013/2006 des Europäischen Parlaments und des Rates vom 14. Juni 2006 über die Verbringung von Abfällen besteht.

13. Bewirtschaftung von mineralischen Abfällen gemäß der Richtlinie 2006/21/EG des Europäischen Parlaments und des Rates vom 15. März 2006 über die Bewirtschaftung von Abfällen aus der mineralgewinnenden Industrie.

14. Betrieb von Kohlendioxidspeichern nach § 3 Nummer 7 des Kohlendioxid-Speicherungsgesetzes.

3. Verschuldenshaftung

43 Die Verschuldenshaftung besteht gemäß § 3 Abs. 1 Nr. 2 USchadG für Schädigungen von Arten und natürlichen Lebensräumen im Sinne des gegenständlichen § 19 BNatSchG und unmittelbare Gefahren solcher Schäden, die durch andere berufliche Tätigkeiten als die in Anlage 1 aufgeführten verursacht werden, sofern der Verantwortliche vorsätzlich oder fahrlässig gehandelt hat. Die Regelung gilt als Auffangtatbestand ausschließlich bezogen auf Schädigungen von Arten und natürlichen Lebensräumen für berufliche Tätigkeiten außerhalb derer der Anlage 1, denen kein typisches Gefährdungspotenzial anhaftet.

44 Eine ungeschriebene aber zwingende weitere Voraussetzung für die Verschuldenshaftung ist die Rechtswidrigkeit des Verhaltens. § 3 Abs. 1 Nr. 2 USchadG ist in der Weise auszulegen, dass im USchadG die Rechtswidrigkeit der Haftungsvoraussetzung des Verschuldens immanent ist. Die Nichterwähnung der Rechtswidrigkeit als Haftungsvoraussetzung beruht darauf, dass die Umwelthaftungsrichtlinie durch die Rechtstradition anderer europäischer Länder geprägt ist, in der nicht zwischen Rechtswidrigkeit und Verschulden unterschieden wird.[87]

45 Vorsätzliches oder fahrlässiges Handeln setzt voraus, dass der Verantwortliche die Gefährdung oder die Schädigung dieser Schutzgüter entweder erkannt hat oder hätte erkennen können.[88] Erzielen in einem Fachgutachten empfohlene artenschutzrechtliche Ausgleichsmaßnahmen bei einem betrieblich veranlassten Bauvorhaben nicht den gewünschten Erfolg, gab es zudem keinen Anlass, ein zweites Fachgutachten einzuholen und wurde bei der Durchführung der Eingriffsmaßnahmen nicht die im Verkehr erforderliche Sorgfalt außer Acht gelassen, so hat der Verursacher eines Umweltschadens diesen nicht fahrlässig herbeigeführt. Der Verursacher eines Umweltschadens verletzt in einem solchen Fall keine Sorgfaltspflicht, wenn er sich auf Empfehlungen des Fachgutachtens verlässt. Die Verfasser eines Fachbeitrags sind auch nicht als Erfüllungsgehilfen des Auftraggebers bei der Durchführung der von ihnen empfohlenen Maßnahmen anzusehen, deren Verschulden dann dem Auftraggeber zuzurechnen wäre. Selbst wenn man unterstellt, dass einem Gutachter bei seiner Tätigkeit Sorgfaltspflichtverstöße unterlaufen sind und diese i.S.v. § 19 Abs. 1 Satz 1 BNatSchG kausal gewesen sein sollten, so fehlt es an einer tragfähigen und im Rahmen des Umweltschadensrechts bezogen auf den Auftraggeber anwendbaren Zurechnungsnorm, um ihm ein solches Verschulden wie eigenes Verschulden zurechnen zu können. Weder § 278 BGB noch § 831 BGB können in analoger oder rechtsgedanklicher Anwendung herangezogen werden. Denn § 278 Satz 1 BGB regelt die Zurechnung von Hilfspersonen in bestehenden Sonderrechtsverhältnissen, für die zwischen den Parteien eine schuldrechtliche oder schuldrechtsähnliche Beziehung bestehen muss. Nicht anwendbar ist

---

87 Schleswig-Holsteinisches VG, Urt. v. 20. 09. 2012 – 6 A 186/11, juris Rn. 71, mit Verweis auf *Beuck*, VersR 2012, 1215, 1228 ff. m.w.N., nachfolgend OVG Schleswig-Holstein – 1 LB 2/13, noch nicht entschieden (Stand 11/2015).

88 *Fellenberg*, in: Lütkes/Ewer, BNatSchG, § 19 Rn. 50.

§ 278 BGB deshalb auf die Verletzung allgemeiner Rechtspflichten, insbesondere straf- und deliktsrechtliche Verstöße, einschließlich solcher gegen Verkehrssicherungspflichten gegenüber der Allgemeinheit. Wer mit dem Ziel, bei seiner beruflichen Tätigkeit die einschlägigen umweltrechtlichen Verpflichtungen gegenüber der Allgemeinheit zu erfüllen, einen Gutachter einschaltet, um sein geplantes Verhalten auf aus naturschutzfachlicher Sicht bestehende Risiken überprüfen zu lassen und fachkundige Empfehlungen zur Vermeidung von Risiken und damit zugleich einer Haftung für mögliche Umweltschäden zu erhalten, bedient sich eines solchen Gutachters gerade nicht zur Erfüllung von Verbindlichkeiten aus einer Sonderrechtsbeziehung i.S.v. § 278 BGB.[89] Eine Anwendung des § 831 BGB scheitert an dem Umstand, dass selbständige Unternehmen keine Verrichtungsgehilfen sind, denn die Qualifikation als Verrichtungsgehilfe setzt Abhängigkeit und Weisungsgebundenheit voraus. Selbständige Unternehmen fallen daher aus dem Anwendungsbereich des § 831 BGB heraus, weil sie für ihr Verhalten selbst verantwortlich sind und sich ihr Vertragspartner in den Grenzen des Vertrauensgrundsatzes darauf verlassen darf, dass sie ihren deliktischen Sorgfaltspflichten nachkommen werden. Das Verhältnis zwischen Gutachtern eines Planungsbüros als selbständiges Unternehmen und dem Auftraggeber ist typischerweise gerade nicht durch Abhängigkeit und Weisungsgebundenheit gegenüber dem Auftraggeber gekennzeichnet. Wäre ausnahmsweise etwas anderes anzunehmen, so wäre an die Exkulpationsmöglichkeit nach § 831 Abs. 1 Satz 2 BGB zu denken.[90] Dem Verursacher kann in einem solchen Fall auch nicht vorgeworfen werden, er habe besser als die Ersteller des Fachbeitrags erkennen müssen, dass er gegen die artenschutzrechtlichen Verbote des § 44 BNatSchG verstoße.[91]

4. Kausalitätsnachweis

Ein Umweltschaden und die Gefahr eines Umweltschadens führen nach § 2 Nr. 3 USchadG nur dann zu einer Haftung, wenn die berufliche Tätigkeit ursächlich für den Schaden ist. Das USchadG stellt nach seinem Wortlaut infolge des Willens des Gesetzgebers dezidiert auf die unmittelbare Verursachung ab. Unmittelbar ist der Ursachenbeitrag dann, wenn er bei mehreren zeitlich gestaffelten Beiträgen die zeitlich letzte Ursache gesetzt hat. Auch im Hinblick auf Distanz- und Summationsschäden ist nach dieser Ansicht eine Feststellung des Ursachenzusammenhangs unabdingbar. Durch das Unmittelbarkeitskriterium will der Gesetzgeber auch klarstellen, dass z.B. die Behörde mit der Erteilung einer Genehmigung oder die Gemeinde mit der Aufstellung von Bauleitplänen keine Verantwortlichen im Sinne des USchadG sind.[92] Hingegen hält die Rechtsprechung eine europarechtskonforme Auslegung entgegen dem Wortlaut des § 2 Nr. 3 USchadG in dem

46

---

89 Ausführlich OVG Rheinland-Pfalz, Urt. v. 22.07.2015 – 8 A 10041/15, juris Rn. 91 ff. m. w.N.

90 Ausführlich OVG Rheinland-Pfalz, Urt. v. 22.07.2015 – 8 A 10041/15, juris Rn. 96 f. m. w. N.

91 VG Neustadt a.d. Weinstraße, Urt. v. 25.03.2014 – 5 K 505/13, juris Rn. 85 ff.; nachfolgenhd OVG Rheinland-Pfalz, Urt. v. 22.07.2015 – 8 A 10041/15, juris Rn. 74 ff.

92 *Gassner/Schemel*, Umweltschadensgesetz, S. 67 ff.; Gesetzesbegründung BT-Drs. 16/3806 S. 21.

Sinne, dass der Ursachenzusammenhang zwischen der beruflichen Tätigkeit und dem Umweltschaden nicht unmittelbar sein muss, für geboten, weil die Umwelthaftungsrichtlinie in Art. 2 Nr. 6 eine derartige Unmittelbarkeit nicht fordere.[93] Der Kausalverlauf zwischen der schädigenden Handlung und dem Umweltschaden müsse nicht lückenlos feststehen, allerdings müssten aus objektiv vorliegenden Umständen gewichtige Indizien nachgewiesen werden, die den Schluss rechtfertigten, dass es einen solchen Zusammenhang gebe. Bei Summationsschäden reiche es für die Schadensverantwortlichkeit i.S.d. USchadG aus, dass ein Verursachungsbeitrag geleistet werde.[94] Handle es sich allerdings um eine im Zeitablauf allmählich eintretende nachteilige Einwirkung auf eine Art oder einen Lebensraum, so müssten diese nachteiligen Veränderungen unabdingbar auf eine konkrete berufliche Tätigkeit zurückzuführen sein.[95]

Im Rahmen der vorgenannten Rechtsprechung, die § 2 Nr. 3 USchadG entgegen seinem Wortlaut europarechtskonform auslegt, wäre zu berücksichtigen, dass der EuGH bereits festgestellt hat, dass die Umwelthaftungsrichtlinie nicht festlegt, wie ein ursächlicher Zusammenhang zwischen einem Umweltschaden und den Tätigkeiten einzelner Betreiber hergestellt werden muss. Ist ein Element, das für die Umsetzung der Richtlinie erforderlich ist, nicht in Zusammenhang mit ihr definiert worden, so sind im Rahmen der zwischen der Union und ihren Mitgliedstaaten geteilten Zuständigkeiten im Bereich der Umwelt für eine derartige Definition die Mitgliedstaaten zuständig, die insoweit über einen weiten Ermessensspielraum verfügen, um unter Beachtung der Bestimmungen des Vertrages nationale Regelungen vorzusehen, die das Verursacherprinzip ausgestalten oder konkretisieren.[96] Der Betreiber ist jedenfalls nicht verpflichtet, die Kosten der in Anwendung der Umwelthaftungsrichtlinie unternommenen Sanierungstätigkeiten zu tragen, wenn er nachweisen kann, dass die Umweltschäden durch einen Dritten verursacht wurden und eingetreten sind, obwohl geeignete Sicherheitsvorkehrungen getroffen wurden, oder auf Verfügungen oder Anweisungen einer Behörde zurückzuführen sind.[97] Angesichts des weiten Ermessensspielraums, den der EuGH den Mitgliedstaaten hinsichtlich der Ausgestaltung des Verursacherprinzips zuspricht, stellt sich die Frage, ob die europarechtskonforme Auslegung des § 2 Nr. 3 USchadG zwangsläufig geboten ist oder angenommen werden muss, dass der deutsche Gesetzgeber von einem ihm eingeräumten Ermessen europarechtskonform Gebrauch gemacht hat.

---

93 Schleswig-Holsteinisches VG, Urt. v. 20. 09. 2012 – 6 A 186/11, juris Rn. 47 f., nachfolgend OVG Schleswig-Holstein – 1 LB 2/13, noch nicht entschieden (Stand 11/2015).

94 Schleswig-Holsteinisches VG, Urt. v. 20. 09. 2012 – 6 A 186/11, juris Rn. 46, nachfolgend OVG Schleswig-Holstein – 1 LB 2/13, noch nicht entschieden (Stand 11/2015).

95 Schleswig-Holsteinisches VG, Urt. v. 20. 09. 2012 – 6 A 186/11, juris Rn. 49, mit Verweis auf *Bruns/Kieß/Peters*, NuR 2009, 149 ff. m.w.N., nachfolgend OVG Schleswig-Holstein – 1 LB 2/13, noch nicht entschieden (Stand 11/2015).

96 EuGH, Urt. v. 09. 03. 2010, Rs. C-378/08, Rz. 55.

97 EuGH, Urt. v. 04. 03. 2015 – C-534/13, juris Rn. 46, 58 f. m.w.N.: Wenn kein ursächlicher Zusammenhang festgestellt werden kann und eine Verursacherhaftung somit ausscheidet, richtet sich eine eventuelle Haftung als Zustandsstörer rein nach dem nationalen Recht.

Eine Verursachung durch einen mutmaßlich Verantwortlichen muss von der   47
Behörde im Einzelfall nach den allgemeinen polizei- bzw. ordnungsrechtlichen Grundsätzen nachgewiesen werden.[98] Die bloße Möglichkeit, für
einen festgestellten Umweltschaden verantwortlich zu sein, soll für eine Heranziehung nicht ausreichen.[99] Es soll jedoch wie nach bisherigen polizeirechtlichen Grundsätzen genügen, wenn sich aus objektiv vorliegenden Umständen gewichtige Indizien ergeben, die den Schluss rechtfertigen, dass
zwischen dem Verhalten der in Anspruch genommenen Person und der eingetretenen Gefahrenlage ein Ursachenzusammenhang besteht.[100] Dieser
Kausalitätsnachweis wird in der Praxis wegen naturwissenschaftlich komplexer Wirkungsketten oftmals schwer zu erbringen sein. Dies wird insbesondere in Fällen mehrerer potenzieller Verursacher gelten. Eine – besondere –
Beweiserleichterungsregel kennt das USchadG jedoch nicht.[101]

5. Entschließungsermessen und Störerauswahl

Diskutiert wird die Frage, ob der Behörde ein Entschließungsermessen hin   48
sichtlich der Frage des „Ob" des Tätigwerdens im Falle des Vorliegens eines
Umweltschadens oder der unmittelbaren Gefahr eines Umweltschadens
zukommt. Vereinzelt wird der zuständigen Behörde aus Gründen der Einzelfallgerechtigkeit ein Entschließungsermessen eingeräumt und dadurch der
Anspruch des § 10 USchadG auf die bloße Einleitung eines Verwaltungsverfahrens verkürzt.[102] Dem hält die Gegenansicht den Wortlaut der §§ 7 Abs. 1,
10 USchadG sowie Art. 5 Abs. 4 Satz 1, Art. 6 Abs. 3 Satz 1 der Umwelthaftungsrichtlinie entgegen. Diese Normen beinhalten eine behördliche Pflicht,
Sanierungsmaßnahmen zu ergreifen. Einzelfallgerechtigkeit werde jedoch dadurch ermöglicht, dass die Behörde ausdrücklich weder unmögliche[103] noch
unverhältnismäßige[104] Sanierungsmaßnahmen anordnen darf.[105] Das VG
München hat sich der Meinung angeschlossen, wonach der Behörde kein Entschließungsermessen dafür zusteht, „ob" sie erforderliche Schadensbegrenzungs- und Sanierungsmaßnahmen anordnet.[106] Wenn es mehrere Verantwortliche nach dem Umweltschadensgesetz gibt, hat die Behörde jedoch ein
Auswahlermessen zu treffen. Regelmäßig ist bei der Verantwortlichkeit von
Unternehmensmitarbeitern zunächst das leistungsfähigere Unternehmen heranzuziehen und nicht der Mitarbeiter. Dessen Inanspruchnahme kommt aber
in Betracht, wenn das Unternehmen selber nicht mehr die erforderliche wirt

---

98 *Schwendner,* in: Siedler/Zeitler/Dahme/Knopp, WHG und AbwAG, Kommentar zum
    USchadG, EL 48, § 2 Nr. 5, S. 24.
99 BT-Drs. 16/3806 S. 22 unter Verweis auf Rechtsprechung zu Kontaminationen.
100 BT-Drs. 16/3806 S. 22 u.a. unter Verweis auf BayVGH, Urt. v. 25.11.2002 – 22 B
    00.1203, juris Rn. 17 m.w.N.
101 *J. Schumacher,* in: Schumacher/Fischer-Hüftle, BNatSchG, § 19 Rn. 58; BT-Drs. 16/3806
    S. 22.
102 *Dombert,* ZUR 2008, 406, 407.
103 Erster Erwägungsgrund der RL 2004/35/EG.
104 Anhang II, Ziffer 1.3.1 der RL 2004/35/EG.
105 Vgl. *Marty,* ZUR 2009, 115, 121 f.
106 VG München, Beschl. v. 28.01.2015 – M 9 E 14.5005, juris Rn. 52.

schaftliche Leistungsfähigkeit besitzt, etwa weil es bereits Insolvenz angemeldet hat.[107] Unter den Gesichtspunkten der Verhältnismäßigkeit sollte ein nachlässiger Mitarbeiter lediglich im Einzelfall für einen begrenzten Schaden im Rahmen der Verschuldensverantwortlichkeit persönlich in Anspruch genommen werden. Dem begrenzten Haftungspotenzial eines Arbeitnehmers sollte mithin durch arbeitsvertragliche Regelungen und Berufshaftpflichtversicherungen vorsorglich Rechnung getragen werden.[108]

IV. Pflichten des Verantwortlichen

49 Dem Verantwortlichen für eine unmittelbare Gefahr des Eintritts eines Umweltschadens oder einen bereits eingetretenen Umweltschadens obliegen folgende Pflichten: eine Informationspflicht (§ 4 USchadG), eine Gefahrenabwehrpflicht (§ 5 USchadG), eine Schadensbegrenzungs- und eine Sanierungspflicht (§ 6 USchadG). Voraussetzung für das Entstehen dieser Pflichten ist natürlich, dass der Verantwortliche die unmittelbare Gefahr des Eintritts bzw. den Eintritt eines Umweltschadens erkennen kann bzw. erkannt hat.

1. Informationspflicht (§ 4 USchadG)

50 Besteht die unmittelbare Gefahr eines Umweltschadens oder ist ein Umweltschaden bereits eingetreten, so hat der Verantwortliche gemäß § 4 USchadG die zuständige Behörde unverzüglich über alle bedeutsamen Aspekte des Sachverhalts zu unterrichten. „**Unverzüglich**" bedeutet nach einer allgemeingültigen zivilrechtlichen Definition, dass die Unterrichtung ohne schuldhaftes Zögern erfolgen muss. Die Informationspflicht dauert wegen der besonderen Nähe des Verantwortlichen zur Schadensquelle und zu den Umständen der Schadensentstehung permanent bis zum Abschluss einer evtl. erforderlichen Sanierung an. Die Informationspflicht besteht hingegen nicht für die Ermittlung von Informationen, die auch bei einem Verantwortlichen nicht vorhanden sind und auch nicht aufgrund gesetzlicher Verpflichtungen vorhanden sein müssen. Diesbezüglich gilt somit der Amtsermittlungsgrundsatz des § 24 VwVfG mit der Folge, dass besondere Untersuchungsmaßnahmen oder Sachverständigengutachten nicht durch den Verantwortlichen veranlasst und finanziert werden müssen.[109] Ergänzend und zur Durchsetzung der Informationspflicht des § 4 USchadG gibt § 7 Abs. 2 Nr. 1 USchadG der Behörde die Möglichkeit, dem Verantwortlichen aufzugeben, alle erforderlichen Informationen und Daten über eine unmittelbare Gefahr von Umweltschäden, über den Verdacht einer solchen unmittelbaren Gefahr oder einen eingetretenen Schaden sowie eine eigene Bewertung vorzulegen.

---

107 So *Müggenborg*, NVwZ 2009, 12, 15.
108 *Ruffert*, in: Frenz/Müggenborg (Hrsg.), BNatSchG, Vorauflage, § 19 Rn. 39 ff.
109 *Ruffert*, in: Frenz/Müggenborg (Hrsg.), BNatSchG, Vorauflage, § 19 Rn. 9; *Cosack/Enders*, DVBl 2008, 405, 413; *Petersen*, Die Umsetzung der Umwelthaftungsrichtlinie im Umweltschadensgesetz, 2009, S. 142; *Scheidler*, NVwZ 2007, 1113, 1117.

Soweit es um Details der persönlichen und insbesondere der strafrechtlichen 51
Verantwortlichkeit geht, stehen Betroffenen ihre **Rechte zur Auskunftsver-
weigerung** nach der Strafprozessordnung zu.[110] § 101 Abs. 3 WHG beispielsweise regelt die entsprechende Anwendung der Auskunftsverweigerungsrechte für Zeugen nach § 55 StPO. Über sein Recht zur Verweigerung der
Auskunft ist der Zeuge nach § 55 Abs. 2 StPO zu belehren.

2. Gefahrenabwehrpflicht (§ 5 USchadG)

Besteht die unmittelbare Gefahr eines Umweltschadens, hat der Verantwort- 52
liche unverzüglich die erforderlichen **Vermeidungsmaßnahmen** zu ergreifen
(§ 5 USchadG). Die Vermeidungsmaßnahmen sollen mit dem Ziel einer effektiven Gefahrenabwehr die Kausalkette, die ansonsten zu einem Umweltschaden führen würde, unterbrechen.[111] Die **hinreichende Wahrscheinlichkeit** des Schadenseintritts muss durch objektive Tatsachen belegt werden.[112]
Die behördliche Durchsetzung der Pflicht zum Treffen der erforderlichen
Vermeidungsmaßnahmen kann auf Grundlage von § 7 Abs. 2 Nr. 2 USchadG
erfolgen.

3. Schadensminderungs- und Sanierungspflicht (§ 6 USchadG)

Ist ein Umweltschaden eingetreten, hat der Verantwortliche die erforder- 53
lichen Schadensbegrenzungsmaßnahmen vorzunehmen (§ 6 Nr. 1 USchadG)
und die erforderlichen Sanierungsmaßnahmen gemäß § 8 USchadG zu ergreifen (§ 6 Nr. 2 USchadG). Die Erfüllung dieser Pflichten kann die zuständige Behörde dem Verantwortlichen aufgrund von § 7 Abs. 2 Nr. 3 USchadG
aufgeben.

a) Sanierungsmaßnahmen (§ 8 Abs. 1 USchadG)

Gemäß § 8 Abs. 1 USchadG ist der Verantwortliche verpflichtet, die gemäß 54
den fachrechtlichen Vorschriften erforderlichen Sanierungsmaßnahmen zu ermitteln und der zuständigen Behörde zur Zustimmung vorzulegen, soweit die
zuständige Behörde nicht selbst bereits die erforderlichen Sanierungsmaßnahmen ergriffen hat. Angesichts der Kenntnisse, die der Verantwortliche in Bezug auf die Natur des Schadens haben dürfte, kann ein solches System die
rasche Bestimmung und Durchführung geeigneter Umweltsanierungsmaßnah-
men erlauben. Letztlich ist es jedoch Aufgabe der zuständigen Behörde, zu
entscheiden, welche Sanierungsmaßnahmen zu ergreifen sind.[113] So obliegt
der Behörde hinsichtlich des Zeitpunktes des Einschreitens sowie hinsichtlich
der Art und des Umfangs der Sanierungsmaßnahme ein Auswahlermessen.
Die erforderlichen Maßnahmen müssen verhältnismäßig und somit zur Sanie-

---

110 *Schwendner,* in: Siedler/Zeitler/Dahme/Knopp, WHG und AbwAG, Kommentar zum
USchadG, EL 48, § 4, S. 30 f.
111 Vgl. *J. Schumacher,* in: Schumacher/Fischer-Hüftle, BNatSchG, § 19 Rn. 67; *Ruffert,* in:
Frenz/Müggenborg (Hrsg.), BNatSchG, Vorauflage, § 19 Rn. 10.
112 *Schwendner,* in: Siedler/Zeitler/Dahme/Knopp, WHG und AbwAG, Kommentar zum
USchadG, EL 48, § 5, S. 31.
113 EuGH, Urt. v. 09.03.2010 – Verb. Rs. C-379/08 und C-380/08, Rz. 50.

rung geeignet und in der Form erforderlich sein, dass es sich um das mildeste und am wenigsten belastende Mittel handelt.[114]

55 Hat die zuständige Behörde selbst bereits Sanierungsmaßnahmen ergriffen, trägt der Verantwortliche gemäß § 9 Abs. 1 Satz 1 USchadG vorbehaltlich von Ansprüchen gegen die Behörden oder Dritte die **Kosten** der Vermeidungs-, Schadensbegrenzungs- und Sanierungsmaßnahmen. Die Länder können aufgrund von § 9 Abs. 1 Satz 2 USchadG vorsehen, dass der Verantwortliche unter den Voraussetzungen des Art. 8 Abs. 4 der Umwelthaftungsrichtlinie die Kosten der durchgeführten Sanierungsmaßnahmen nicht zu tragen hat. Dabei sollen die Länder die besondere Situation der Landwirtschaft bei der Anwendung von Pflanzenschutzmitteln berücksichtigen. Die Behörde ist befugt, ein Verfahren zur Kostenerstattung bis zu fünf Jahre ab dem Zeitpunkt des Abschlusses der Maßnahme oder der Ermittlung des Kostenschuldners einzuleiten, wobei diese Frist ab dem jeweils späteren Zeitpunkt beginnt; Rechtsvorschriften der Länder, die längere oder keine Fristen vorsehen, bleiben unberührt (§ 9 Abs. 1 Satz 4 USchadG). Von der gesetzlichen Möglichkeit der Bundesländer, Regelungen über Kostenfreistellungen und Kostenerstattungen des Verantwortlichen auf Grundlage des § 9 Abs. 1 Satz 2 USchadG zu erlassen, hat das Land Berlin Gebrauch gemacht.[115] Einen internen Ausgleichsanspruch unter mehreren Schadensverursachern entsprechend dem des § 24 Abs. 2 BBodSchG enthält § 9 Abs. 2 USchadG.

56 Nach dem Urteil des EuGH vom 09.03.2010 handelt es sich bei dem Verfahren zur Festsetzung der Sanierungsmaßnahmen um ein **kontradiktorisches**, in Zusammenarbeit mit dem Verantwortlichen durchzuführendes **Verfahren**.[116] Die zuständige Behörde ist unter bestimmten Voraussetzungen jedoch auch befugt, Maßnahmen zur Sanierung von Umweltschäden wesentlich zu ändern. Beim Erlass einer solchen abweichenden Entscheidung muss die Behörde den Verantwortlichen, dem eine entsprechende Maßnahme auferlegt werden soll, anhören, sofern nicht die Dringlichkeit der Umweltsituation ein sofortiges Tätigwerden der Behörde gebietet. Ferner muss die Behörde denjenigen Personen, auf deren Grundstücken Sanierungsmaßnahmen durchzuführen sind, Gelegenheit dazu geben, ihre Bemerkungen mitzuteilen, und diese berücksichtigen. Auch muss die Behörde die in Nr. 1.3.1 des Anhangs II der Umwelthaftungsrichtlinie genannten Kriterien berücksichtigen und in ihrer Entscheidung angeben, welche Gründe ihrer Wahl zugrunde liegen und welche Gründe es gegebenenfalls rechtfertigen, dass eine eingehende Prüfung im Hinblick auf die genannten Kriterien nicht durchgeführt werden musste oder beispielsweise wegen der Dringlichkeit der Umweltsituation nicht durchgeführt werden konnte.[117]

---

114 VG München, Beschl. v. 28.01.2015 – M 9 E 14.5005, juris Rn. 52 f. mit Verweis auf *Beckmann/Wittmann,* in: Landmann/Rohmer, Umweltrecht, 76. EL, Stand: Mai 2015, § 7 USchadG Rn. 15, 16; siehe auch unter IV. 3. b).

115 § 52 NatSchG Bln v. 29.05.2013, § 71 BWG i.d.F. v. 20.05.2011 und § 8a Bln BodSchG i.d.F. v. 20.05.2011.

116 EuGH, Urt. v. 09.03.2010 – Verb. Rs. C-379/08 und C-380/08, Rz. 54.

117 EuGH, Urt. v. 09.03.2010 – Verb. Rs. C-379/08 und C-380/08, Rz. 67.

§ 8 Abs. 1 USchadG leitet durch den Bezug zu den fachrechtlichen Vorschrif- *57*
ten über auf § 19 Abs. 4 BNatSchG. § 19 Abs. 4 BNatSchG wiederum regelt,
dass die verantwortliche Person, die nach dem Umweltschadensgesetz eine
Schädigung geschützter Arten oder natürlicher Lebensräume verursacht hat,
die erforderlichen Sanierungsmaßnahmen gemäß Anhang II Nr. 1 der Umwelthaftungsrichtlinie zu treffen hat. Im Folgenden werden die Sanierungs-
arten des Anhang II der Umwelthaftungsrichtlinie zusammengefasst. Der
vollständige Anhang ist im Anschluss an diese Kommentierung des § 19
BNatSchG abgedruckt.

Vorrangig ist die **primäre Sanierung**, bei der die geschädigten natürlichen *58*
Ressourcen und die beeinträchtigten Funktionen in den **Ausgangszustand**
zurückversetzt werden. Dabei genügt es, wenn der Ausgangszustand „annähernd" erreicht wird. Bei der Festlegung der primären Sanierungsmaßnahmen ist zu prüfen, ob die geschädigten natürlichen Ressourcen und Funktionen durch geeignete Maßnahmen beschleunigt in ihren Ausgangszustand
zurückgeführt werden können oder ob der natürlichen Wiederherstellung
der Vorrang gegeben werden soll.

Eine **ergänzende Sanierung** wird durchgeführt, wenn eine primäre Sanie- *59*
rung nicht möglich ist oder nicht dazu führt, dass die geschädigten natürlichen Ressourcen oder beeinträchtigten Funktionen in ihren Ausgangszustand zurückversetzt werden. Sie kann auch an einem anderen als dem Ort
des Schadenseintritts durchgeführt werden, der möglichst mit dem geschädigten Ort in einem geographischen Zusammenhang stehen sollte.

Zum Ausgleich der zwischenzeitlichen Verluste, die entstehen, solange die *60*
Maßnahmen der primären oder der ergänzenden Sanierung ihre Wirkung
noch nicht vollständig entfalten, ist die **Ausgleichssanierung** vorgesehen.
Den Ausgleich bilden zusätzliche Verbesserungen der geschützten natürlichen Lebensräume und Arten entweder an dem geschädigten oder an
einem anderen Ort.

Der Unionsgesetzgeber hat die genaue **Methodik**, die die zuständige Be- *61*
hörde bei der Bestimmung der Sanierungsmaßnahmen anzuwenden hat,
nicht präzise und detailliert definiert, da die Behörde im Hinblick auf die
Wahrnehmung der ihr im System der Umwelthaftungsrichtlinie übertragenen Aufgaben bei der Ermittlung der Erheblichkeit des Schadens und der
Entscheidung darüber, welche Sanierungsmaßnahmen zu treffen sind, über
ein angemessenes Ermessen verfügen muss. In Anhang II der Umwelthaftungsrichtlinie werden allerdings zu diesem Zweck bestimmte Umstände an-
geführt, die der Unionsgesetzgeber als relevant angesehen hat und die deshalb von der zuständigen Behörde berücksichtigt werden müssen, ohne dass
indessen Konsequenzen angegeben wären, die die Behörde daraus in einem
konkreten Verschmutzungsfall zu ziehen hat. Stellt sich die Wahl zwischen
verschiedenen Sanierungsoptionen, so hat die Behörde jede dieser Optionen
insbesondere auf Grundlage der in Nr. 1.3.1 des Anhangs II der Umwelthaftungsrichtlinie aufgezählten Kriterien zu beurteilen. Die Behörde muss insbesondere darauf achten, dass die schließlich gewählte Option es tatsächlich
erlaubt, unter Umweltaspekten bessere Ergebnisse zu erreichen, ohne den

Verantwortlichen im Vergleich zur Sanierungsalternative **unverhältnismäßigen Kosten** auszusetzen.[118]

b) Rechtsposition anerkannter Umweltvereinigungen

62 Das Umweltschadensrecht räumt anerkannten Umweltvereinigungen ein Initiativrecht in Form einer „Aufforderung zum Tätigwerden" gegenüber der für die Ausführung des Gesetzes zuständigen Behörde ein. Die zuständige Behörde hat nach § 8 Abs. 4 USchadG ferner die nach § 10 USchadG antragsberechtigten Betroffenen und Vereinigungen über die vorgesehenen Sanierungsmaßnahmen zu unterrichten und ihnen Gelegenheit zu geben, sich zu äußern. Die Unterrichtung kann durch öffentliche Bekanntmachung erfolgen. Die rechtzeitig eingehenden Stellungnahmen sind bei der Entscheidung zu berücksichtigen. § 10 USchadG regelt, dass die zuständige Behörde zur Durchsetzung der Sanierungspflichten von Amts wegen oder dann, wenn ein Betroffener oder eine gemäß § 3 Abs. 1 des Umwelt-Rechtsbehelfsgesetzes anerkannte oder als anerkannt geltende Vereinigung dies beantragt, tätig wird. Im Falle des **Antrags einer Umweltvereinigung** müssen die zur Begründung des Antrags vorgebrachten Tatsachen den Eintritt eines Umweltschadens **glaubhaft** erscheinen lassen. An die Glaubhaftmachung eines Umweltschadens im Rahmen eines Antrags an die zuständige Behörde nach § 10 USchadG werden keine besonderen Anforderungen gestellt. Höher sind die Anforderungen, wenn in einem Klageverfahren auf Grundlage des § 11 Abs. 2 USchadG der Erlass bestimmter Verwaltungsakte durch die zuständige Behörde begehrt wird (s.u.).

63 Nicht abschließend geklärt scheint die Frage, ob sich die Initiativrechte von anerkannten Umweltverbänden und damit auch ihre Rechtsschutzmöglichkeiten in §§ 10, 8 Abs. 4 und 11 Abs. 2 USchadG auf Vermeidungs- und Schadensbegrenzungs- sowie Sanierungsmaßnahmen oder nur auf Sanierungsmaßnahmen beziehen. Nach einer Ansicht soll letzteres der Fall sein.[119] Denn soweit Sofortmaßnahmen getroffen werden müssen, sei schon aus sachlogischen Gründen für ein Verfahren nach § 8 Abs. 4 USchadG kein Raum. Für diese Auffassung sprechen die Wortlaute der §§ 8 Abs. 4 und 10 USchadG, die ausschließlich die Unterrichtung über und Durchsetzung von Sanierungspflichten erwähnen.[120]

64 § 11 Abs. 2 USchadG eröffnet Umweltvereinigungen nach dem Umwelt-Rechtsbehelfsgesetz die Möglichkeit, einen Rechtsbehelf gegen die Entscheidung oder das Unterlassen einer Entscheidung der zuständigen Behörde einzulegen.[121] Geht die zuständige Behörde gegen einen Verantwortlichen nicht

---

118 EuGH, Urt. v. 09.03.2010 – Verb. Rs. C-379/08 und C-380/08, Rz. 59–64, bezogen auf die Situation einer nachträglichen Änderung bereits erlassener bzw. begonnener Sanierungsmaßnahmen.

119 Hierzu tendierend Schleswig-Holsteinisches VG, Urt. v. 20.09.2012 – 6 A 186/11, juris Rn. 74, nachfolgend OVG Schleswig-Holstein – 1 LB 2/13, noch nicht entschieden (Stand: 11/2015); anders wohl OVG des Saarlandes, Urt. v. 11.12.2014 – 2 A 449/13, juris Rn. 54.

120 *Gassner/Schemel*, Umweltschadensgesetz, S. 98.

121 Hierzu VG des Saarlandes, Urt. v. 12.09.2012 – 5 K 209/12, 5 K 1941/09, juris Rn. 135, nachfolgend OVG des Saarlandes, Urt. v. 11.12.2014 – 2 A 449/13.

vor, kann ein entsprechender Umweltverband einen Sanierungsanspruch durch Antrag (§ 10 USchadG) somit einfordern und schlussendlich auch im verwaltungsrechtlichen Klageweg versuchen, ihn durchzusetzen.

Nach und nach nutzen anerkannte Umweltvereinigungen die Rechtsschutz-möglichkeiten aus § 11 Abs. 2 USchadG. In der einschlägigen Rechtsprechung werden auch die Grenzen der neueren Handlungsspielräume für Umweltverbände deutlich. Ein Antrag eines Umweltverbandes, die zuständige Behörde zu Ermittlungen zu verpflichten, **ob** ein Umweltschaden eingetreten ist und **ob** ein denkbarer Verursacher möglicherweise dafür verantwortlich ist, findet im USchadG keine Rechtsgrundlage. Das USchadG weist anerkannten Umweltverbänden nicht die Rolle des Überwachers der zuständigen Behörde zu.[122] Auch bietet das USchadG keine Rechtsgrundlage für einen Antrag auf Ermittlung einer hypothetischen Gefahr bzw. eines hypothetischen Umweltschadens.[123] Ein Umweltverband muss ferner konkrete Anhaltspunkte dafür vortragen, dass beispielsweise Arten i.S.d. § 19 Abs. 2 BNatSchG durch eine berufliche Tätigkeit erhebliche nachteilige Auswirkungen drohen. Behauptungen „ins Blaue hinein" genügen nicht. Insoweit bedarf es zumindest der Benennung der angeblich bedrohten Arten.[124] Die Substantiierungspflicht des Umweltverbandes für die Glaubhaftmachung eines Umweltschadens dürfte sich zum einen danach richten, wie offen der Umweltschaden bzw. die Umweltgefahr erkennbar ist, und zum anderen, inwieweit die zuständige Behörde bereits tätig geworden ist. Diesbezüglich ist es nicht unbedingt ausreichend, lediglich vorzutragen, ein denkbarer Verursacher eines Umweltschadens arbeite auch mit für die Umwelt gefährlichen Stoffen, so dass die Möglichkeit bestehe, dass bei einem unsachgemäßen Umgang mit diesen gefährlichen Stoffen Umweltschäden entstehen können, wenn die zuständige Behörde einen Betrieb mehrfach kontrolliert und keine durch ihn hervorgerufenen Umweltschäden oder konkret drohenden Gefahren festgestellt hat. In einer solchen Situation bedarf es, um die zuständige Behörde auf Grundlage des USchadG auch gerichtlich (s.u.) zu weiteren Aktivitäten zu zwingen, detaillierter Hinweise auf das Bestehen eines Umweltschadens bzw. einer in naher Zukunft drohenden Gefahr eines solchen.[125] Die Begründetheit der auf Anordnung konkreter Sanierungsmaßnahmen gerichteten Verpflichtungsklage setzt grundsätzlich voraus, dass von Seiten des klagebefugten Umweltverbands ein Umweltschadensfall konkret dargelegt wird und im Bestreitensfall nachweisbar sein muss.[126] Der Antrag einer Umweltvereinigung auf Verpflichtung einer Behörde, den von ihr erlassenen

65

---

122 VG des Saarlandes, Urt. v. 12.09.2012 – 5 K 209/12, 5 K 1941/09, juris Rn. 136; OVG Rheinland-Pfalz, Urt. v. 22.07.2015 – 8 A 10041/15, juris Rn. 68.

123 VG des Saarlandes, Urt. v. 12.09.2012 – 5 K 209/12, 5 K 1941/09, juris Rn. 138.

124 VG des Saarlandes, Urt. v. 12.09.2012 – 5 K 209/12, 5 K 1941/09, juris Rn. 148; Für die Zulässigkeit der Klage genügt allerdings die Behauptung der Tatsachen, die den Eintritt eines Umweltschadens glaubhaft erscheinen lassen. Ob die Behauptungen tatsächlich zutreffen, ist im Rahmen der Begründetheit der Klage von Bedeutung, siehe VG Neustadt a.d. Weinstraße, Urt. v. 25.03.2014 – 5 K 505/13, juris Rn. 65.

125 VG des Saarlandes, Urt. v. 12.09.2012 – 5 K 209/12, 5 K 1941/09, juris Rn. 137.

126 OVG Rheinland-Pfalz, Urt. v. 22.07.2015 – 8 A 10041/15, juris Rn. 68.

Verwaltungsakt gegenüber dem Pflichtigen zu vollstrecken, ist grundsätzlich inhaltlich hinreichend bestimmt, wenn die Anordnungen hinreichend bestimmt sind.[127]

66 Einen „Durchgriff" auf einen Sanierungsverantwortlichen derart, dass ein Umweltverband die Verpflichtung eines Vorhabenträgers zur Vornahme einer bestimmten gewünschten Maßnahme erwirken könnte, sieht das USchadG bei Rechtsbehelfen von Vereinigungen nach dem UmwRG nicht vor. Denn gem. § 11 Abs. 2 USchadG richtet sich der Rechtsbehelf stets gegen eine Entscheidung oder ein Unterlassen der für die Anordnung von Sanierungspflichten gem. § 7 Abs. 2 USchadG zuständigen Behörde.[128] Zwar kann § 7 Abs. 2 USchadG nicht so verstanden werden, dass der Behörde ein Entschließungsermessen dafür zusteht, ob sie erforderliche Schadensbegrenzungs- und Sanierungsmaßnahmen anordnet. Es besteht jedoch hinsichtlich des Zeitpunkts des Einschreitens sowie hinsichtlich der Art und des Umfangs der Maßnahme ein Auswahlermessen der Behörde. Dies ergibt sich schon daraus, dass nach § 7 Abs. 2 Nr. 3 USchadG ausdrücklich nur die „erforderlichen" Sanierungsmaßnahmen zu ergreifen sind. Solche erforderlichen Maßnahmen müssen den Verhältnismäßigkeitsgrundsatz beachten. Sie müssen zur Sanierung geeignet und in der Form erforderlich sein, dass es sich um das mildeste und den Verantwortlichen am wenigsten belastende Mittel handelt. Wegen der somit erforderlichen Abwägung scheidet ein Anspruch einer Umweltvereinigung auf Durchführung einer bestimmten Maßnahme aus.[129] Etwas anderes kann nur im Fall einer Ermessensreduzierung auf Null gelten.[130]

V. Versicherbarkeit

67 Zur Vermeidung bzw. Reduzierung eines Kostenrisikos im Falle einer umweltschadensrechtlichen Haftung empfiehlt sich jedenfalls bei beruflichen Tätigkeiten mit einem gewissen Schädigungspotenzial der Abschluss einer **Umweltschadensversicherung**. Für eine Umweltschadensversicherung existieren die „Allgemeinen Versicherungsbedingungen für die Umweltschadensversicherung (USV)". Eine Deckungsvorsorge ist jedoch nicht gesetzlich vorgeschrieben.[131] Für den Versicherer besteht grundsätzlich die Schwierigkeit, die durch das USchadG möglicherweise anfallenden Sanierungskosten zu kalkulieren und eine entsprechende Prämie zu bestimmen. Eine Bestimmbarkeit ist derzeit allenfalls für Umweltschäden am Boden gegeben, nicht

---

127 OVG des Saarlandes, Urt. v. 11.12.2014 – 2 A 449/13, Leitsatz juris.

128 VG München, Beschl. v. 28.01.2015 – M 9 E 14.5005, juris Rn. 27.

129 VG München, Beschl. v. 28.01.2015 – M 9 E 14.5005, juris Rn. 52 f. mit Verweis auf *Beckmann/Wittmann,* in: Landmann/Rohmer, Umweltrecht, 76. EL, Stand: Mai 2015, § 10 USchadG Rn. 3, § 7 USchadG Rn. 15, 16; nachfolgend BayVGH, Beschl. v. 17.04.2015 – 8 CE 15.398, juris Rn. 28.

130 VG München, Beschl. v. 28.01.2015 – M 9 E 14.5005, juris Rn. 53; nachfolgend BayVGH, Beschl. v. 17.04.2015 – 8 CE 15.398, juris Rn. 28.

131 Ausführlich hierzu *Ruffert,* in: Frenz/Müggenborg (Hrsg.), BNatSchG, Vorauflage, § 19 Rn. 35 ff. m.w.N.

aber für Umweltschäden im oder am Wasser und der sog. Biodiversität, denn es gibt kein System zur Bewertung ökologischer Schäden.[132] Dennoch zeigt die Praxis, dass selbst Unternehmen des Mittelstandes vielfach bereits eine Umweltschadensversicherung abgeschlossen und die Versicherer offenbar Möglichkeiten zum Umgang mit der Ermittlung möglicher Sanierungskosten gefunden haben.

VI. Anhang II der Umwelthaftungsrichtlinie – Sanierung von Umweltschäden

Dieser Anhang enthält die gemeinsamen Rahmenbedingungen, die erfüllt werden müssen, damit sichergestellt ist, dass die geeignetsten Maßnahmen zur Sanierung von Umweltschäden ausgewählt werden.   68

1. Sanierung von Schäden an Gewässern oder geschützten Arten oder natürlichen Lebensräumen   69

Eine Sanierung von Umweltschäden im Bereich der Gewässer oder geschützter Arten oder natürlicher Lebensräume wird dadurch erreicht, dass die Umwelt durch primäre Sanierung, ergänzende Sanierung oder Ausgleichssanierung in ihren Ausgangszustand zurückversetzt wird, wobei

a) „primäre Sanierung" jede Sanierungsmaßnahme ist, die die geschädigten natürlichen Ressourcen und/oder beeinträchtigten Funktionen ganz oder annähernd in den Ausgangszustand zurückversetzt;

b) „ergänzende Sanierung" jede Sanierungsmaßnahme in Bezug auf die natürlichen Ressourcen und/oder Funktionen ist, mit der der Umstand ausgeglichen werden soll, dass die primäre Sanierung nicht zu einer vollständigen Wiederherstellung der geschädigten natürlichen Ressourcen und/oder Funktionen führt;

c) „Ausgleichssanierung" jede Tätigkeit zum Ausgleich zwischenzeitlicher Verluste natürlicher Ressourcen und/oder Funktionen ist, die vom Zeitpunkt des Eintretens des Schadens bis zu dem Zeitpunkt entstehen, in dem die primäre Sanierung ihre Wirkung vollständig entfaltet hat;

d) „zwischenzeitliche Verluste" Verluste sind, die darauf zurückzuführen sind, dass die geschädigten natürlichen Ressourcen und/oder Funktionen ihre ökologischen Aufgaben nicht erfüllen oder ihre Funktionen für andere natürliche Ressourcen oder für die Öffentlichkeit nicht erfüllen können, solange die Maßnahmen der primären bzw. der ergänzenden Sanierung ihre Wirkung nicht entfaltet haben. Ein finanzieller Ausgleich für Teile der Öffentlichkeit fällt nicht darunter.

Führt die primäre Sanierung nicht dazu, dass die Umwelt in ihren Ausgangszustand zurückversetzt wird, so wird anschließend eine ergänzende Sanierung durchgeführt. Überdies wird eine Ausgleichssanierung zum Ausgleich der zwischenzeitlichen Verluste durchgeführt.   70

---

[132] *Stockmeier,* in: Vogel/Stockmeier, Umwelthaftpflichtversicherung Umweltschadensversicherung, 3. Teil A. Rn. 39.

71 Eine Sanierung von Umweltschäden im Bereich der Gewässer und von Schädigungen geschützter Arten und natürlicher Lebensräume beinhaltet ferner, dass jedes erhebliche Risiko einer Beeinträchtigung der menschlichen Gesundheit beseitigt werden muss.

1.1 Sanierungsziele

Ziel der primären Sanierung

1.1.1 Ziel der primären Sanierung ist es, die geschädigten natürlichen Ressourcen und/oder deren Funktionen ganz oder annähernd in den Ausgangszustand zurückzuversetzen.

Ziel der ergänzenden Sanierung

1.1.2 Lassen sich die geschädigten natürlichen Ressourcen und/oder deren Funktionen nicht in den Ausgangszustand zurückversetzen, so ist eine ergänzende Sanierung vorzunehmen. Ziel der ergänzenden Sanierung ist es, gegebenenfalls an einem anderen Ort einen Zustand der natürlichen Ressourcen und/oder von deren Funktionen herzustellen, der einer Rückführung des geschädigten Ortes in seinen Ausgangszustand gleichkommt. Soweit dies möglich und sinnvoll ist, sollte dieser andere Ort mit dem geschädigten Ort geografisch im Zusammenhang stehen, wobei die Interessen der betroffenen Bevölkerung zu berücksichtigen sind.

Ziel der Ausgleichssanierung

1.1.3 Die Ausgleichssanierung erfolgt zum Ausgleich der zwischenzeitlichen Verluste von natürlichen Ressourcen und von deren Funktionen, die bis zur Wiederherstellung entstehen. Der Ausgleich besteht aus zusätzlichen Verbesserungen der geschützten natürlichen Lebensräume und Arten oder der Gewässer entweder an dem geschädigten oder an einem anderen Ort. Sie beinhaltet keine finanzielle Entschädigung für Teile der Öffentlichkeit.

1.2 Festlegung der Sanierungsmaßnahmen

Festlegung primärer Sanierungsmaßnahmen

1.2.1 Zu prüfen sind Optionen, die Tätigkeiten, mit denen die natürlichen Ressourcen und Funktionen direkt in einen Zustand versetzt werden, der sie beschleunigt zu ihrem Ausgangszustand zurückführt, oder aber eine natürliche Wiederherstellung umfassen.

Festlegung ergänzender Sanierungsmaßnahmen und Ausgleichssanierungsmaßnahmen

1.2.2 Bei der Festlegung des Umfangs der ergänzenden Sanierungsmaßnahmen und der Ausgleichssanierungsmaßnahmen ist zunächst die Anwendung von Konzepten zu prüfen, die auf der Gleichwertigkeit von Ressourcen oder Funktionen beruhen. Dabei werden zunächst Maßnahmen geprüft, durch die natürliche Ressourcen und/oder Funktionen in gleicher Art, Qualität und Menge wie die geschädigten Ressourcen und/oder Funktionen hergestellt werden. Erweist sich dies als unmöglich, so werden andere natürliche Ressourcen und/oder Funktionen bereitgestellt. So kann beispielweise eine Qualitätsminderung durch eine quantitative Steigerung der Sanierungsmaßnahmen ausgeglichen werden.

1.2.3 Erweist sich die Anwendung der oben genannten Konzepte der Gleichwertigkeit der Ressourcen oder Funktionen als unmöglich, so werden stattdessen andere Bewertungsmethoden angewandt. Die zuständige Behörde kann die Methode, z.B. Feststellung des Geldwertes, vorschreiben, um den Umfang der erforderlichen ergänzenden Sanierungsmaßnahmen und Ausgleichssanierungsmaßnahmen festzustellen. Ist eine Bewertung des Verlustes an Ressourcen und/oder Funktionen möglich, eine Bewertung des Ersatzes der natürlichen Ressourcen und/oder Funktionen jedoch innerhalb eines angemessenen Zeitrahmens unmöglich oder mit unangemessenen Kosten verbunden, so kann die zuständige Behörde Sanierungsmaßnahmen anordnen, deren Kosten dem geschätzten Geldwert des entstandenen Verlustes an natürlichen Ressourcen und/oder Funktionen entsprechen.

Die ergänzenden Sanierungsmaßnahmen und die Ausgleichssanierungsmaßnahmen sollten so beschaffen sein, dass durch sie zusätzliche Ressourcen und/oder Funktionen geschaffen werden, die den zeitlichen Präferenzen und dem zeitlichen Ablauf der Sanierungsmaßnahmen entsprechen. Je länger es beispielsweise dauert, bis der Ausgangszustand wieder erreicht ist, desto mehr Ausgleichssanierungsmaßnahmen werden (unter ansonsten gleichen Bedingungen) getroffen.

1.3 Wahl der Sanierungsoptionen

1.3.1 Die angemessenen Sanierungsoptionen sollten unter Nutzung der besten verfügbaren Techniken anhand folgender Kriterien bewertet werden:

– Auswirkung jeder Option auf die öffentliche Gesundheit und die öffentliche Sicherheit;
– Kosten für die Durchführung der Option;
– Erfolgsaussichten jeder Option;
– inwieweit durch jede Option künftiger Schaden verhütet wird und zusätzlicher Schaden als Folge der Durchführung der Option vermieden wird;
– inwieweit jede Option einen Nutzen für jede einzelne Komponente der natürlichen Ressource und/oder der Funktion darstellt;
– inwieweit jede Option die einschlägigen sozialen, wirtschaftlichen und kulturellen Belange und anderen ortsspezifischen Faktoren berücksichtigt;
– wie lange es dauert, bis die Sanierung des Umweltschadens durchgeführt ist;
– inwieweit es mit der jeweiligen Option gelingt, den Ort des Umweltschadens zu sanieren;
– geografischer Zusammenhang mit dem geschädigten Ort.

1.3.2 Bei der Bewertung der verschiedenen festgelegten Sanierungsoptionen können auch primäre Sanierungsmaßnahmen ausgewählt werden, mit denen das geschädigte Gewässer, die geschädigte Art oder der geschädigte natürliche Lebensraum nicht vollständig oder nur langsamer in den Ausgangszustand zurückversetzt werden. Eine solche Entscheidung kann nur getroffen werden, wenn der Verlust an natürlichen Ressourcen und/oder Funktionen am ursprünglichen Standort infolge der Entscheidung dadurch ausgeglichen wird, dass verstärkt ergänzende Sanierungstätigkeiten und mehr Ausgleichssanierungstätigkeiten durchgeführt werden, mit denen vergleichbare natürliche Ressourcen und/oder Funktionen wie vor dem Schadenseintritt geschaffen werden können. Dies ist beispielsweise der Fall, wenn an anderer Stelle mit geringerem Kostenaufwand gleichwertige natürliche Ressourcen und/oder Funktionen geschaffen werden können. Diese zusätzlichen Sanierungsmaßnahmen werden im Einklang mit Nummer 1.2.2 festgelegt.

1.3.3 Ungeachtet der Nummer 1.3.2 ist die zuständige Behörde im Einklang mit Artikel 7 Absatz 3 befugt, zu entscheiden, dass keine weiteren Sanierungsmaßnahmen ergriffen werden, wenn

a) mit den bereits ergriffenen Sanierungsmaßnahmen sichergestellt wird, dass kein erhebliches Risiko einer Beeinträchtigung der menschlichen Gesundheit, des Gewässers oder geschützter Arten und natürlicher Lebensräume mehr besteht, und

b) die Kosten der Sanierungsmaßnahmen, die zu ergreifen wären, um den Ausgangszustand oder ein vergleichbares Niveau herzustellen, in keinem angemessenen Verhältnis zu dem Nutzen stehen, der für die Umwelt erreicht werden soll.

2. Sanierung von Schädigungen des Bodens

72 Es werden die erforderlichen Maßnahmen getroffen, um zumindest sicherzustellen, dass die betreffenden Schadstoffe beseitigt, kontrolliert, eingedämmt oder vermindert werden, so dass der geschädigte Boden unter Berücksichtigung seiner zum Zeitpunkt der Schädigung gegebenen gegenwärtigen oder zugelassenen künftigen Nutzung kein erhebliches Risiko einer Beeinträchtigung der menschlichen Gesundheit mehr darstellt. Das Vorliegen solcher Risiken wird mit Verfahren zur Risikoabschätzung unter Berücksichtigung folgender Faktoren beurteilt: Beschaffenheit und Funktion des Bodens, Art und Konzentration der Schadstoffe, Zubereitungen, Organismen oder Mikroorganismen, das mit ihnen verbundene Risiko und die Möglichkeit ihrer Verbreitung. Die Nutzung ist auf Grund der zum Zeitpunkt des Schadenseintritts geltenden Bodennutzungsvorschriften oder anderer einschlägiger Vorschriften – soweit vorhanden – festzulegen.

73 Ändert sich die Nutzung des Bodens, so sind alle erforderlichen Maßnahmen zu ergreifen, um jeglichen nachteiligen Auswirkungen auf die menschliche Gesundheit vorzubeugen.

Fehlen Bodennutzungsvorschriften oder andere einschlägige Vorschriften, so   74
wird die Nutzung des speziellen Bereichs nach dem Zustand des geschädigten Bodens unter Berücksichtigung seiner voraussichtlichen Entwicklung bestimmt.

Zu berücksichtigen ist die Option einer natürlichen Wiederherstellung, d.h.   75
eine Option ohne unmittelbares Eingreifen des Menschen in den Wiederher-
stellungsprozess.

KAPITEL 4

Schutz bestimmter Teile von Natur und Landschaft

Abschnitt 1

**Biotopverbund und Biotopvernetzung;
geschützte Teile von Natur und Landschaft**

§ 20
Allgemeine Grundsätze*)

(1) Es wird ein Netz verbundener Biotope (Biotopverbund) geschaffen, das mindestens 10 Prozent der Fläche eines jeden Landes umfassen soll.

(2) Teile von Natur und Landschaft können geschützt werden

1. nach Maßgabe des § 23 als Naturschutzgebiet,
2. nach Maßgabe des § 24 als Nationalpark oder als Nationales Naturmonument,
3. als Biosphärenreservat,
4. nach Maßgabe des § 26 als Landschaftsschutzgebiet,
5. als Naturpark,
6. als Naturdenkmal oder
7. als geschützter Landschaftsbestandteil.

(3) Die in Absatz 2 genannten Teile von Natur und Landschaft sind, soweit sie geeignet sind, Bestandteile des Biotopverbunds.

Inhaltsübersicht

I. Allgemeines

§ 20 sieht im Sinne eines allgemeinen Grundsatzes die Schaffung eines Netzes verbundener Biotope vor, das mindestens 10 % der Fläche eines jeden Landes umfassen soll, und benennt die Instrumente des flächen- bzw. objektbezogenen Schutzes von Natur und Landschaft, ausgenommen den gesetzlichen Biotopschutz, welcher in § 30 geregelt ist. Die systematische Einbindung der Regelungen der flächen- bzw. objektbezogenen Schutzinstrumente 1

---

*) Beachte bei § 20 Abs. 1: **Hamburg** – Abweichung durch § 9 Abs. 1 HmbBNatSchAG v. 11.05.2010 (HmbGVBl., S. 350, 402) m.W.v. 01.06.2010 (vgl. BGBl. I 2011, S. 93).

in die allgemeinen Regelungen zum **Biotopverbund** macht insofern Sinn, als sich beide Schutzansätze wechselseitig bedingen. Einerseits können – wie Abs. 3 klarstellt – die entsprechend unter Schutz gestellten Teile von Natur und Landschaft Bestandteile des zu errichtenden Biotopverbunds sein und zum anderen verfolgt die Unterschutzstellung von Teilen von Natur und Landschaft keineswegs eine lediglich „museale" Zielsetzung. Vielmehr sollen die geschützten Teile von Natur und Landschaft in erster Linie eine Basis sein, von der aus die Natur wieder in den vom Menschen kultivierten und besiedelten Raum zurückdrängen kann,[1] und tragen so den Vernetzungsgedanken ebenfalls bereits in sich. Dass es aber zu einem wirksamen Schutz von Natur und Landschaft einer ausreichenden Vernetzung der einzelnen Lebens- und Landschaftsräume bedarf, ist keine neue Erkenntnis.[2] Angesichts der intensiven Zerschneidung der Landschaft in der Bundesrepublik Deutschland ist die Sicherstellung einer hinreichenden **Vernetzung** schon deshalb geboten, um den für das Überleben der Arten elementaren genetischen Austausch zu ermöglichen.

II. Zugehörigkeit zu den allgemeinen Grundsätzen des Naturschutzes i.S.d. Art. 72 Abs. 3 Satz 1 Nr. 2 GG

2 Nach Auffassung des Gesetzgebers handelt es sich bei § 20 um einen allgemeinen Grundsatz des Naturschutzes i.S.d. Art. 72 Abs. 3 Satz 1 Nr. 2 GG.[3] Gemäß Art. 72 Abs. 3 Satz 1 Nr. 2 GG können die Länder grundsätzlich vom BNatSchG abweichende Regelungen treffen. Eine Grenze ist ihnen jedoch hinsichtlich der allgemeinen Grundsätze des Naturschutzes, das Recht des Artenschutzes und des Meeresnaturschutzes gesetzt. Insoweit wird vertreten, dass der Bund die **allgemeinen Grundsätze des Naturschutzes** einfachgesetzlich näher ausgestalten könne und ihm hierbei ein nur beschränkt verfassungsgerichtlich überprüfbares Einschätzungs- und Gestaltungsermessen zukomme.[4] Der Bund hätte es damit in der Hand, den Umfang seiner Gesetzgebungskompetenz – freilich nicht grenzenlos, aber andererseits auch nicht nur unerheblich – selbst festzulegen. Dass der Verfassungsgesetzgeber dies gewollt hat, ist aber höchst zweifelhaft, da sich gerade die Festlegung der abweichungsfesten Bereiche neben dem Artenschutz und dem Meeresnaturschutz im verfassungsändernden Gesetzgebungsverfahren als hoch problematisch erwies.[5] Zum Zweiten ist die einfachrechtliche Ausgestaltungsbefugnis verfassungsrechtlicher Vorgaben dem Grundgesetz keineswegs unbekannt und findet sich insbesondere bei den sog. ausgestaltungsbedürftigen Grundrechten, ist dort aber anders als hier explizit geregelt (so

---

1 *Schmidt-Räntsch*, in: Gassner/Bendomir-Kahlo/Schmidt-Räntsch, BNatSchG, 2. Aufl. 2003, § 22 Rn. 4 m.w.N.

2 Siehe etwa das Dialogforum zur Nationalen Strategie zur biologischen Vielfalt am 03./04. 11. 2010, Bericht hierzu in Umwelt 2011, 41 ff.

3 BT-Drs. 16/12274, S. 60.

4 So etwa *Schulze-Fielitz*, NVwZ 2007, 249 (256); *Franzius*, NVwZ 2008, 492 (495).

5 Hierzu *Hendrischke*, NuR 2007, 454 (456).

etwa in Art. 14 Abs. 1 Satz 2 GG, vgl. hierzu unter § 8 Rn. 25).[6] Schließlich spricht der Vorrang der Verfassung gegen eine solche authentische Interpretationsbefugnis des Bundesgesetzgebers.[7] Vor diesem Hintergrund wird man der Klassifizierung von Regelungen durch den Bundesgesetzgeber als allgemeine Grundsätze des Naturschutzes allenfalls eine gewisse indizielle Bedeutung beimessen können (vgl. hierzu auch unter § 8 Rn. 26).[8]

Damit ist indes noch nicht gesagt, was – positiv gewandt – die **allgemeinen** 3 **Grundsätze des Naturschutzes** i.S.d. Art. 72 Abs. 3 Satz 1 Nr. 2 GG ausmacht. Einigkeit dürfte darüber bestehen, dass allgemeine Grundsätze des Naturschutzes nur solche sein können, die bundesweit unabhängig von spezifischen lokalen Besonderheiten gelten sollen.[9] Zudem erfassen die allgemeinen Grundsätze nicht nur naturschutzrechtliche Zielvorgaben, sondern auch die hauptsächlichen Regelungsgehalte von Instrumenten zur Verwirklichung der gesetzten Ziele.[10] Darüber hinaus liegt es bei der Ausfüllung des Begriffs der allgemeinen Grundsätze des Naturschutzes nahe, sich an den etablierten und bewährten Regelungskonzeptionen zu orientieren. Naturschutzrechtliche Zielvorgaben und Instrumente zur Zielerreichung, die inzwischen bundesweit als für einen effektiven Schutz von Natur und Landschaft erforderlich angesehen werden und somit gewissermaßen zu Gewohnheitsrecht avancieren, stellen demnach unzweifelhaft allgemeine Grundsätze des Naturschutzes i.S.d. Art. 72 Abs. 3 Satz 1 Nr. 2 GG dar. Überhaupt dürfte dies mangels anderer verfassungsrechtlich überzeugender Anhaltspunkte das Hauptkriterium zur Ausfüllung des Begriffs der allgemeinen Grundsätze des Naturschutzes sein. Dem steht nicht entgegen, dass Art. 72 Abs. 3 Satz 1 Nr. 2 GG anders als Art. 33 Abs. 5 GG gerade nicht von den hergebrachten Grundsätzen spricht.[11] Während für die hergebrachten Grundsätze i.S.d. Art. 33 Abs. 5 GG Fundamentalität und Traditionalität maßgeblich sind,[12] können für die Annahme eines allgemeinen Grundsatzes des Naturschutzes i.S.d. Art. 72 Abs. 3 Satz 1 Nr. 2 GG wesentlich kürzere, jenseits traditionsbildender Zeiträume liegende Etablierungsphasen ausreichen. Auch bedarf es hierfür nicht zwingend einer hoheitlich-normativen Nachvollziehung. So kann es – wie das gerade bei der Verpflichtung zur Schaffung eines 10 % der Landesfläche umfassenden Biotopverbunds gemäß § 20 Abs. 1 der Fall ist – genügen, dass in der Fachwelt bundesweit ein breiter Konsens über die Notwendigkeit der Erreichung eines bestimmten Ziels oder der Etablierung eines bestimmten Instruments besteht. Wenn jedoch der Bundesgesetzgeber jetzt bspw. erstmals in der naturschutzrechtlichen Eingriffsregelung den Ausgleich und den Ersatz auf eine Stufe hebt und dies zudem in der Fachwelt keineswegs auf ungeteilte Zustimmung stößt, so kann es sich dabei nicht um einen allgemeinen

---

6 *Appel*, NuR 2010, 171 (173).

7 So auch *Franzius*, ZUR 2010, 346 (349).

8 *Müggenborg/Hentschel*, NJW 2010, 961 (964); *Appel*, NuR 2010, 171 (174); so inzwischen wohl auch *Franzius* ZUR 2010, 346 (349).

9 *Schulze-Fielitz*, NVwZ 2007, 249 (257); *Hendrischke*, NuR 2007, 454 (456).

10 *Hendrischke*, NuR 2007, 454 (455); *Degenhart*, DÖV 2010, 422 (428).

11 So aber *Hendrischke*, NuR 2007, 454 (457).

12 *Reinhard/Bergmann*, in: Hömig, Grundgesetz für die BRD, Art. 33 Rn. 18.

Grundsatz des Naturschutzes handeln. Im Ergebnis wird man also die allgemeinen Grundsätze des Naturschutzes i.S.d. Art. 72 Abs. 3 Satz 1 Nr. 2 GG ähnlich zu bestimmen haben wie etwa den verfassungsrechtlichen Begriff der Ehe in Art. 6 Abs. 1 GG[13] – orientiert am Althergebrachten, aber offen für neue gesellschaftliche Konsense, die sich insbesondere in einer bundesweit einheitlichen Gesetzgebung der Länder niederschlagen und damit den Weg für künftige legislative Entscheidungen des Bundes vorprägen.

III. Biotopverbund (Abs. 1 und 3)

4 Demnach gehört die Verpflichtung des § 20 Abs. 1 zur Schaffung eines **Biotopverbundes**, der mindestens 10 % der Fläche eines jeden Landes umfassen soll, unproblematisch zu den allgemeinen Grundsätzen des Naturschutzes i.S.d. Art. 72 Abs. 3 Satz 1 Nr. 2 GG.[14] Die Verpflichtung ist an die Bundesländer gerichtet. Eine inhaltlich identische Regelung fand sich bereits in § 3 Abs. 1 Satz 1 BNatSchG a.F. Sie trägt dem Umstand Rechnung, dass die bisherigen Instrumente des Flächen- und Objektschutzes alleine keinen wirkungsvollen Schutz von Tier- und Pflanzenarten und deren Lebensräume geboten haben und bieten. So sind etwa nur 30 bis 40 % der heimischen Tier- und Pflanzenarten mit überlebensfähigen Populationen in den ausgewiesenen Schutzgebieten vertreten.[15] Die **quantitative Vorgabe** von mindestens 10 % der Landesfläche entspricht nach einschlägigen wissenschaftlichen Erkenntnissen dem Minimalwert für den mit § 20 Abs. 1 angestrebten Biotopverbund.[16] Die Ausgestaltung dieser quantitativen Vorgabe als Sollvorschrift trägt dabei der besonderen räumlichen Situation in den Stadtstaaten Rechnung.[17] Für die Flächenländer ist sie daher verbindlich. Hamburg hat aber z.B. von der Möglichkeit, hinter dem 10 %-Ziel zurückzubleiben, nicht nur keinen Gebrauch gemacht, sondern ist in § 9 Abs. 1 HmbBNatSchAG sogar darüber hinausgegangen, der vorsieht, dass die Freie und Hansestadt Hamburg einen Biotopverbund schafft, der mindestens 15 % ihres Gebiets umfasst.

5 Der **Biotopverbund** ist kein Potpourri aus sämtlichen bereits geschützten Flächen und Objekten. Vielmehr handelt es sich hierbei um die räumliche und funktionale Vernetzung von Lebensräumen mit dem Ziel, das langfristige Überleben der heimischen Tier- und Pflanzenarten zu sichern.[18] Dies bringt auch Abs. 3 zum Ausdruck, wonach die in Abs. 2 genannten Teile von Natur und Landschaft nur Bestandteile des Biotopverbundes sind, soweit sie sich hierfür eignen. Die Länder werden daher zur Erreichung des in § 20 Abs. 1 vorgegebenen Ziels nicht umhinkommen, eine Biotopverbundpla-

---

13 Hierzu *Zuck*, NJW 2009, 1449 ff.
14 Statt vieler *Hendrischke*, NuR 2007, 454 (455).
15 *Schumacher/Schumacher/Fischer-Hüftle*, in: Schumacher/Fischer-Hüftle, BNatSchG, § 20 Rn. 3, dort. Fn. 1.
16 Vgl. BT-Drs. 14/6378, S. 38.
17 BT-Drs. 14/6378, S. 38.
18 Vgl. *Schumacher/Schumacher/Fischer-Hüftle*, in: Schumacher/Fischer-Hüftle, BNatSchG, § 20 Rn. 6.

nung zu etablieren. In Vorbereitung dessen sollte zunächst länderübergreifend ein gemeinsames **Zielkonzept** erarbeitet werden (näher hierzu unter § 21 Rn. 3). Hierauf aufsetzend müssen Kriterien zur Eignungsbewertung der in Betracht kommenden Gebiete, Flächen und Objekte – z.B. in Form einer fachlichen Arbeitshilfe – erarbeitet werden, die dann z.B. vermittelt über die Landschaftsplanung zur Anwendung gelangen.[19] Die Beurteilung der Eignung der für den Biotopverbund nach Abs. 1 vorgesehenen Gebiete, Flächen und Objekte, deren hinreichende rechtliche Sicherung (zu diesem Erfordernis siehe § 21 Rn. 7 ff.) sowie die Bilanzierung mit Blick auf die quantitative Mindestvorgabe von 10 % der Landesfläche sollte der obersten Landesfachbehörde auferlegt werden; schließlich handelt es sich um einen (mindestens) landesweiten Biotopverbund.[20]

IV. Schutz von Teilen von Natur und Landschaft (Abs. 2)

Abs. 2 enthält eine Aufzählung der Instrumente zur Unterschutzstellung von **6** Teilen von Natur und Landschaft. Genannt werden das Naturschutzgebiet, der Nationalpark bzw. das Nationale Naturmonument, das Biosphärenreservat, das Landschaftsschutzgebiet, der Naturpark, das Naturdenkmal und der geschützte Landschaftsbestandteil. Diese Aufzählung ist abschließend.[21] Dies war bereits nach altem Recht mit Blick auf § 22 BNatSchG a.F. der Fall; insoweit war vom **numerus clausus** der **Schutzkategorien** die Rede.[22] Dieser numerus clausus wird allenfalls von § 32 Abs. 4 in Bezug auf Natura 2000-Gebiete durchbrochen, der vorsieht, dass solche Gebiete auch nach anderen Rechtvorschriften und gebietsbezogenen Bestimmungen des Landesrechts unter Schutz gestellt werden können.[23] Trotzdem dem Bund nach alter Rechtslage im Bereich des Naturschutzes nur eine Rahmengesetzgebungskompetenz zustand, war dieser numerus clausus der Schutzkategorien jedenfalls aufgrund der Tatsache, dass die Schutzkategorien aus Sachgründen oftmals nicht an Landesgrenzen Halt machen können und daher länderübergreifend miteinander kompatibel sein müssen sowie aus Gründen der **Rechtssicherheit** gerechtfertigt. Das aus dem Rechtsstaatsprinzip abzuleitende Gebot der hinreichenden Bestimmtheit und Klarheit von Normen verlangt nämlich, dass der Normgeber seine Regelungen so genau fasst, dass der Betroffene die Rechtslage, also Inhalt und Grenzen der ihm auferlegten Gebote und Verbote in zumutbarer Weise erkennen und sein Verhalten da-

---

19 Hierzu bereits *Köck/Lau*, UTR 83 (2005), S. 115 (133); zu den Leitlinien zur Biotopverbundplanung aus fachlicher Sicht *Schumacher/Schumacher/Fischer-Hüftle*, in: Schumacher/Fischer-Hüftle, BNatSchG, § 20 Rn. 11; vgl. auch Dialogforum zur Nationalen Strategie zur biologischen Vielfalt am 03./04. 11. 2010, Umwelt 2011, 41 (43).

20 *Schumacher/Schumacher/Fischer-Hüftle*, in: Schumacher/Fischer-Hüftle, BNatSchG, § 20 Rn. 18.

21 *Schumacher/Schumacher/Fischer-Hüftle*, in: Schumacher/Fischer-Hüftle, BNatSchG, § 20 Rn. 19.

22 *Schmidt-Räntsch*, in: Gassner/Bendomir-Kahlo/Schmidt-Räntsch, BNatSchG, 2. Aufl. 2003, § 22 Rn. 4.

23 *Louis*, NuR 2010, 77 (84); *Czybulka/Kampowski*, EurUP 2009, 180 (181); a.A. wohl *Gellermann*, in: Landmann/Rohmer, Umweltrecht, Stand: Mai 2015, § 20 BNatSchG Rn. 3.

nach einrichten kann.[24] Eine praktikable, diesen Anforderungen genügende Unterschutzstellung ist aber nur im Wege der Bildung einheitlicher Kategorien möglich. So sind denn die Motive für die Regelung des Abs. 2 auch dieselben wie diejenigen zu § 22 BNatSchG a.F.[25] Gleichzeitig gehört Abs. 2 damit zu den allgemeinen Grundsätzen des Naturschutzes i.S.d. Art. 72 Abs. 3 Satz 1 Nr. 2 GG.[26]

7 Das bedeutet jedoch noch nicht, dass zugleich auch von den nachfolgenden, die Schutzkategorien näher ausgestaltenden Vorschriften der §§ 23 ff. nicht abgewichen werden kann. Zunächst muss nicht zwingend von allen in Abs. 2 genannten **Schutzkategorien** Gebrauch gemacht werden, wie die Verwendung des Verbs „können" verdeutlicht. Die Länder dürfen andererseits aber auch keine neuen Schutzkategorien erfinden.[27] **Abweichungsfest** ist damit zunächst die Bezeichnung der Schutzkategorien.[28] Abweichungsfest sollte darüber hinaus aber schon nach altem Recht auch der wesentliche Inhalt sein, der mit den bundesrechtlich vorgegebenen Schutzkategorien verbunden ist.[29] Dies ergibt auch insofern Sinn, als es gerade unter den oben angesprochenen Bestimmtheitsaspekten erforderlich ist, dass einer bestimmten Bezeichnung jedenfalls im Kern ein bestimmter Inhalt folgt.

8 Gemäß Abs. 2 können Teile von Natur und Landschaft als Naturschutzgebiet, als Nationalpark bzw. als Nationales Naturmonument oder als Landschaftsschutzgebiet „nach Maßgabe" der §§ 23, 24 bzw. 26 geschützt werden. Hinsichtlich der übrigen **Schutzkategorien** fehlt dieses „nach Maßgabe". Mithin muss es einen qualitativen Unterschied mit Blick auf die **Abweichungsfestigkeit** geben. Ausgehend von der Prämisse, dass die Unterschutzstellung eines bestimmten Gebiets bzw. Objekts der Abwehr von Gefahren für Natur und Landschaft dient und die verschiedenen Schutzkategorien sich dabei in erster Linie in dem jeweils konkret verfolgten **Schutzzweck** unterscheiden[30], wird man diesen qualitativen Unterschied darin zu sehen haben, dass beim Naturschutzgebiet, Nationalpark bzw. Nationalen Naturmonument und beim Landschaftsschutzgebiet auch die spezifische bundesrechtliche Ausgestaltung der Schutzkategorien zur Erreichung des jeweils mit ihnen verfolgten Zwecks abweichungsfest ist, während im Übrigen nur auf eine jeweils schutzzweckidentische landesrechtliche Konkretisierung zu achten ist.

---

24 Siehe nur OVG Lüneburg, Urt. v. 02. 11. 2010 – 4 KN 109/10, NuR 2011, 56 (58).

25 Vgl. BT-Drs. 12/274, S. 60.

26 A.A. *Gellermann*, in: Landmann/Rohmer, Umweltrecht, Stand: Mai 2015, § 20 BNatSchG Rn. 5.

27 So schon nach altem Recht *Schmidt-Räntsch*, in: Gassner/Bendomir-Kahlo/Schmidt-Räntsch, BNatSchG, 2. Aufl. 2003, § 22 Rn. 8.

28 Vgl. *Schmidt-Räntsch*, in: Gassner/Bendomir-Kahlo/Schmidt-Räntsch, BNatSchG, 2. Aufl. 2003, § 22 Rn. 7.

29 So VG Regensburg, Urt. v. 14. 10. 1982 – RO 7 K 81 A.3544, NuR 1983, 127.

30 Siehe nur *Schumacher/Schumacher/Fischer-Hüftle*, in: Schumacher/Fischer-Hüftle, BNatSchG, § 20 Rn. 23.

§ 21
Biotopverbund, Biotopvernetzung*)

(1) Der Biotopverbund dient der dauerhaften Sicherung der Populationen wild lebender Tiere und Pflanzen einschließlich ihrer Lebensstätten, Biotope und Lebensgemeinschaften sowie der Bewahrung, Wiederherstellung und Entwicklung funktionsfähiger ökologischer Wechselbeziehungen. Er soll auch zur Verbesserung des Zusammenhangs des Netzes „Natura 2000" beitragen.

(2) Der Biotopverbund soll länderübergreifend erfolgen. Die Länder stimmen sich hierzu untereinander ab.

(3) Der Biotopverbund besteht aus Kernflächen, Verbindungsflächen und Verbindungselementen. Bestandteile des Biotopverbunds sind

1. Nationalparke und Nationale Naturmonumente,
2. Naturschutzgebiete, Natura 2000-Gebiete und Biosphärenreservate oder Teile dieser Gebiete,
3. gesetzlich geschützte Biotope im Sinne des § 30,
4. weitere Flächen und Elemente, einschließlich solcher des Nationalen Naturerbes, des Grünen Bandes sowie Teilen von Landschaftsschutzgebieten und Naturparken,

wenn sie zur Erreichung des in Absatz 1 genannten Zieles geeignet sind.

(4) Die erforderlichen Kernflächen, Verbindungsflächen und Verbindungselemente sind durch Erklärung zu geschützten Teilen von Natur und Landschaft im Sinne des § 20 Absatz 2, durch planungsrechtliche Festlegungen, durch langfristige vertragliche Vereinbarungen oder andere geeignete Maßnahmen rechtlich zu sichern, um den Biotopverbund dauerhaft zu gewährleisten.

(5) Unbeschadet des § 30 sind die oberirdischen Gewässer einschließlich ihrer Randstreifen, Uferzonen und Auen als Lebensstätten und Biotope für natürlich vorkommende Tier- und Pflanzenarten zu erhalten. Sie sind so weiterzuentwickeln, dass sie ihre großräumige Vernetzungsfunktion auf Dauer erfüllen können.

(6) Auf regionaler Ebene sind insbesondere in von der Landwirtschaft geprägten Landschaften zur Vernetzung von Biotopen erforderliche lineare und punktförmige Elemente, insbesondere Hecken und Feldraine sowie Trittsteinbiotope, zu erhalten und dort, wo sie nicht in ausreichendem Maße vorhanden sind, zu schaffen (Biotopvernetzung).

---

*) Beachte bei § 21 Abs. 5 Satz 1: **Hamburg** – Abweichung durch § 9 Abs. 2 HmbBNat-SchAG v. 11.05.2010 (HmbGVBl., S. 350, 402) m.W.v. 01.06.2010 (vgl. BGBl. I 2011,

Inhaltsübersicht

I. Allgemeines

1   § 21 konkretisiert die Pflicht des § 20 Abs. 2 und 3, wonach ein Netz verbundener Biotope zu errichten ist, das mindestens 10 % der Fläche eines Landes umfassen soll und dessen Bestandteile die Naturschutzgebiete, Nationalparke, Biosphärenreservate, Landschaftsschutzgebiete, Naturparke, Naturdenkmale und geschützten Landschaftsbestandteile sind, soweit sie sich hierfür eignen. § 21 Abs. 6 ergänzt diesen Biotopverbund um den Aspekt der Biotopvernetzung. Zusammen mit den Vorgaben des § 20 Abs. 1 und 3 entsprechen die Abs. 1–4 im Wesentlichen den bisherigen Regelungen zum **Biotopverbund** (§ 3 BNatSchG a.F.). Abs. 5 nimmt die vormalige Regelung des § 31 BNatSchG a.F. über den Schutz von Gewässern und Uferzonen auf und Abs. 6 die zuvor der Land-, Forst- und Fischereiwirtschaft zugeordnete Regelung des § 5 Abs. 3 BNatSchG a.F. Da sämtliche Bestimmungen in Vollregelungen überführt wurden, richten die Vorschriften über den Biotopverbund und über die Biotopvernetzung nunmehr an die Länder nur noch einen entsprechenden Sach-, nicht mehr auch einen diesbezüglichen Regelungsauftrag wie nach bisherigem Rahmenrecht.[1] Die Vorschrift dient sowohl der Verwirklichung der Zielvorgabe des § 1 Abs. 2 Nr. 1, wonach zur dauerhaften Sicherung der biologischen Vielfalt lebensfähige Populationen wild lebender Tiere und Pflanzen einschließlich ihrer Lebensstätten zu erhalten und der Austausch zwischen den Populationen sowie Wanderungen und Wiederbesiedelungen zu ermöglichen sind, als auch der Umsetzung von Art. 10 der FFH-Richtlinie (FFH-RL)[2].

II. Biotopverbund

2   Abs. 1 enthält die Zielbestimmung des **Biotopverbunds**, die nach Satz 1 darin besteht, die Populationen wild lebender Tiere und Pflanzen einschließlich ihrer Lebensstätten, Biotope und Lebensgemeinschaften dauerhaft zu sichern sowie funktionsfähige ökologische Wechselbeziehungen zu bewahren, wiederherzustellen und zu entwickeln. Die sprachlich gegenüber der Vorgängernorm des § 3 Abs. 2 BNatSchG a.F. leicht veränderte Fassung geht auf die Neubestimmung des **Biotopbegriffs** in § 7 Abs. 2 Nr. 4 zurück.[3] „Biotop" wird

---

1   Hierzu *Köck/Lau*, UTR 83 (2005), 115 (117 ff.).
2   Richtlinie 92/43/EWG des Rates v. 21.05.1992 zur Erhaltung der natürlichen Lebensräume sowie der wild lebenden Tiere und Pflanzen, ABl. EU L 206, S. 7, zuletzt geändert durch die Richtlinie 2006/105/EG des Rates v. 20.11.2006, ABl. EU L 363, S. 368.
3   Vgl. BT-Drs. 16/12274, S. 61; im Einzelnen *Mühlbauer*, in: Lorz et al., Naturschutzrecht, § 21 Rn. 1.

nunmehr als Lebensraum einer Lebensgemeinschaft wild lebender Tiere und Pflanzen definiert und ist damit – wie in der Fachwissenschaft – in erster Linie durch seine abiotischen Faktoren (Klima, Relief, Boden und Wasser) gekennzeichnet.[4] Der Biotopverbund zielt nur auf natürlich vorkommende Arten ab, d.h. solche Tier-und Pflanzenarten, die ihr natürliches Verbreitungsgebiet in Deutschland haben bzw. auf natürliche Weise ihr Verbreitungsgebiet nach Deutschland ausdehnen.[5] Ergänzend wird in Satz 2 klargestellt, dass der Biotopverbund auch der Verbesserung des Zusammenhangs des Netzes Natura 2000 dient.[6] Die Gesetzesentwurfsbegründung verweist insoweit auf Art. 10 FFH-RL.[7] Die Bestimmung überantwortet den Mitgliedstaaten das Bemühen um die Förderung von Elementen, die den Natura-2000-Kernbestand verbinden, also derjenigen Flächen, die von der Kommission und den Mitgliedstaaten ausgewählt wurden und nunmehr zwingend in das europäische Schutzgebietsnetz einzubeziehen sind. Gerade diese Verbindung ist unerlässliche Basis für einen effektiven Schutz der **biologischen Vielfalt**. Vor diesem Hintergrund erschließt sich konturenschärfer der mit § 20 Abs. 1 und 3 und § 21 an die Länder gerichtete Sachauftrag: Durch den Biotopverbund sollen gesamtstaatlich bzw. regional bedeutsame Tiere, Pflanzen und Habitate geschützt und damit das europäische Netz „**Natura 2000**" in nationaler Perspektive ergänzt werden. Gleichzeitig soll die Kohärenz des europäischen Netzes unterstützt werden, indem die nötigen Verbindungsflächen und -elemente geschaffen und gesichert werden.[8]

1. Länderübergreifender Ansatz, Abstimmungsbedarf

Diese Zielstellung wird in Abs. 2 dahingehend konkretisiert, dass der **Biotopverbund** länderübergreifend erfolgen soll und sich die Länder hierzu untereinander abstimmen. Diese **Abstimmung** hat einerseits in räumlicher Hinsicht zu erfolgen, nämlich wenn die für den Verbund benötigten Flächen die Ländergrenzen überschreiten, und andererseits – und dies in erster Linie – in konzeptioneller Hinsicht. Es geht hierbei nicht um die Ausweisung grenzüberschreitender Schutzgebiete oder die gemeinschaftliche Verwaltung von Biotopverbundflächen; der Biotopverbund soll vielmehr in einem größeren Maßstab konzipiert werden und sich an räumlichen und funktionalen Beziehungen orientieren, nicht an administrativen Grenzen.[9] Das Abstimmungsgebot fordert die Länder auf, im Sinne einer Konsultation Kontakt miteinander aufzunehmen. Ein Vetorecht benachbarter Bundesländer ist damit jedoch nicht verbunden.[10] Ein der Zielstellung des Abs. 1 gerecht werdender Biotopverbund bedarf zunächst eines von den Ländern – mit Unterstützung des Bundes – gemeinsam erarbeiteten naturschutzfachlichen Zielkonzepts darü-

3

---

4 *Gassner/Heugel*, Das neue Naturschutzrecht, 2010, Rn. 367.

5 *Hendrischke*, in: Schlacke (Hrsg.), GK-BNatSchG, § 21 Rn. 9.

6 Hierzu bereits nach altem Recht *Köck/Lau*, UTR 83 (2005), 115 (121 f.).

7 BT-Drs. 16/12274, S. 61.

8 *Köck/Lau*, UTR 83 (2005), 115 (121 f.); *Heugel*, in: Lütkes/Ewer, BNatSchG, § 21 Rn. 3; *Hendrischke*, in: Schlacke (Hrsg.), GK-BNatSchG, § 21 Rn. 12 f.

9 *Heugel*, in: Lütkes/Ewer, BNatSchG, § 21 Rn. 4.

10 *Mühlbauer*, in: Lorz et al., Naturschutzrecht, § 21 Rn. 4.

ber, welche Habitate mit Blick auf welche Tier- und Pflanzenarten durch den Verbund geschützt und gestärkt werden sollen (Zielartenbestimmung) und welche Flächen in den Verbund einbezogen werden müssen, um einen wirksamen Schutz dieser Zielarten sicherzustellen. Dieses **Zielkonzept** muss nicht nur gemeinsam entwickelt werden, um zu verhindern, dass konkurrierende Konzepte mit unterschiedlichen Anforderungen an länderübergreifende Habitate entstehen; eine gemeinsame Konzeptentwicklung ist vielmehr auch deshalb geboten, weil es unter den gegebenen knappen Naturschutzressourcen darum gehen muss, in einer gesamtstaatlichen Perspektive darüber zu entscheiden, wo welche Tier- und Pflanzenarten am besten dauerhaft gesichert werden können. Diese konzeptionellen Überlegungen müssen der naturschutzfachlichen Erkenntnis Rechnung tragen, dass Tier- und Pflanzenpopulationen in der Regel nur dann dauerhaft überlebensfähig sind, wenn die Möglichkeit reger Austausch-, Ausbreitungs- und Wanderungsbewegungen besteht und ein ausreichendes Angebot an Nahrungs-, Rückzugs- und Regenerationsbereichenvorhanden ist. Für die Zielartenbestimmung ist insofern – ergänzend zu den Festlegungen für das europäische Netz Natura 2000 – primär auf solche Arten abzustellen, deren Überleben von großflächigen Ökosystemen und Ökosystemkomplexen und von der Funktionsfähigkeit eines Biotopverbunds abhängt. Idealiter gehört ergänzend zu einer solchen Auswahlentscheidung auch eine Entscheidung zur gerechten Lastenverteilung zwischen den Ländern und insbesondere zwischen Bund und Ländern; denn der Bund ist bei der Entscheidung über einen nationalen Biotopverbund in besonderem Maße gefordert.[11]

2. Gebietsauswahl

4 Gemäß Abs. 3 Satz 1 besteht der Biotopverbund aus Kernflächen, Verbindungsflächen und Verbindungselementen. **Kernflächen** sind Flächen, die nach Ausstattung und Größe die dauerhafte Sicherung der Populationen der Zielarten gewährleisten können.[12] **Verbindungsflächen** sind diejenigen Flächen, die als Trittsteinbiotope zwischen den Kernflächen räumlich vermitteln und so den Austausch zwischen den Populationen sowie Wiederbesiedlungen geeigneter Habitate ermöglichen.[13] Demgegenüber sind die aus flächenhaften, punkt- oder linienförmigen Landschaftsbestandteilen, wie Gehölzen, Feldrainen, einzelnen Bäumen, Tümpeln, Teichen oder Bächen bestehenden **Verbindungselemente** vor allem für die Wanderung von Arten bedeutsam.[14]

5 Zur Frage, welche Gebiete konkret auszuwählen sind, gibt Satz 2 an, dass Bestandteile des **Biotopverbunds** die Nationalparke und Nationalen Naturmonumente, die Naturschutzgebiete, Natura-2000-Gebiete und Biosphärenreservate oder Teile dieser Gebiete, die gesetzlich geschützten Biotope i.S.d.

---

11 Zu alledem *Köck/Lau*, UTR 83 (2005), 115 (124 f.); *Hendrischke*, in: Schlacke (Hrsg.), GK-BNatSchG, § 21 Rn. 17 ff.
12 Vgl. BT-Drs. 14/6378, S. 38.
13 Vgl. *Schumacher/Schumacher*, in: Schumacher/Fischer-Hüftle, BNatSchG, § 21 Rn. 14.
14 Vgl. *Schumacher/Schumacher*, in: Schumacher/Fischer-Hüftle, BNatSchG, § 21 Rn. 15.

§ 30 und weitere Flächen und Elemente einschließlich solcher des Nationalen Naturerbes, des Grünen Bandes sowie Teilen von Landschaftsschutzgebieten und Naturparken sind, wenn sie sich zur Erreichung des in Abs. 1 genannten Ziels eignen. Eine ganz ähnliche Regelung sah bereits § 3 Abs. 3 BNatSchG a.F. vor. Neu aufgenommen wurden die neue Schutzkategorie des Nationalen Naturmonuments und die Flächen des sog. Nationalen Naturerbes einschließlich des Grünen Bandes. Dies geht darauf zurück, dass die Bundesregierung Ende 2005 zur Sicherung des nationalen Naturerbes beschlossen hat, ca. 125.000 ha wertvolle Naturschutzflächen, die sich im Eigentum des Bundes befanden, den jeweiligen Bundesländern sowie Stiftungen oder Naturschutzvereinigungen zu übereignen. Bei den Flächen handelt es sich insbesondere um Wälder, Bergbaufolgelandschaften, ehemalige Truppenübungsplätze, Flächen in Nationalparken, Biosphärenreservaten und anderen Schutzgebieten sowie – zu einem überwiegenden Teil – auch Flächen des sog. Grünen Bandes, welches die naturschutzfachlich wertvollen Areale entlang der ehemaligen innerdeutschen Grenze umfasst.[15] Von diesen Flächen sind allein schon 46.000 ha – überwiegend ehemalige Truppenübungsplätze – auf die neu gegründete gemeinnützige DBU Naturerbe GmbH, eine Tochtergesellschaft der Deutschen Bundesstiftung Umwelt (DBU), übertragen worden.[16] Bei den in Abs. 3 genannten Flächen handelt es sich mithin um solche, die bestimmten Qualitätsanforderungen gerecht zu werden haben und/oder diese Qualität tatsächlich aufweisen. Der Gesetzgeber ist davon ausgegangen, dass all diese Flächen grundsätzlich Bestandteil des Biotopverbunds sein können. Die Formulierung „weitere Flächen und Elemente" in Abs. 3 Nr. 4 bringt zudem zum Ausdruck, dass der Katalog des Abs. 3 nicht abschließend ist.[17]

Die o.g. Flächen und Elemente sind jedoch nicht per se Bestandteile des **Biotopverbunds**; vielmehr sind diese in den Verbund nur einzubeziehen, wenn sie zur Erreichung des in Abs. 1 genannten Ziels geeignet sind.[18] Das ergibt schon insofern Sinn, als die Vergangenheit gezeigt hat, dass eine zusammenhangslose Ansammlung von Schutzgebieten noch kein die erforderlichen Austauschbeziehungen gewährleistendes in sich kohärentes Verbundsystem bildet. Nähere Kriterien zur Eignungsbeurteilung enthält das Gesetz jedoch ebenso wenig wie Regelungen über das Verfahren. Sicher ist nur, dass die Länder sich gemäß Abs. 2 auch insoweit abzustimmen haben. Insgesamt sollte zweigestuft vorgegangen werden: Zunächst sollten ausgehend von dem **Zielkonzept**, das die recht allgemein gehaltenen Zielvorgaben des Abs. 1 operationalisiert, die Kriterien für die Auswahl der geeigneten Flächen und Elemente festgelegt werden. Dies sollte ausschließlich naturschutzfachlich erfolgen. Hierbei sollten alle geeignet erscheinenden Flächen einbezogen werden, unabhängig davon, ob sie in der freien Natur oder in-

6

---

15 *Gassner/Heugel*, Das neue Naturschutzrecht, 2010, Rn. 382.

16 Zum Ganzen *Wahmhoff*, NuL 2010, 229 ff.

17 *Heugel*, in: Lütkes/Ewer, BNatSchG, § 21 Rn. 7.

18 So auch *Mühlbauer*, in: Lorz et al., Naturschutzrecht, § 21 Rn. 6; siehe ferner *Hendrischke*, in: Schlacke (Hrsg.), GK-BNatSchG, § 21 Rn. 23 m.w.N.

nerhalb bebauter Gebiete liegen.[19] Sind aufgrund der Anwendung dieser naturschutzfachlichen Kriterien die jeweiligen Flächen identifiziert, die sich für den Verbund eignen, können für die sich daran anschließende verbindliche Auswahlentscheidung sodann auch konkurrierende Ansprüche an die Fläche (wirtschaftliche, soziale und private Zwecke) einbezogen werden.[20]

3. Rechtliche Sicherung

7 Gemäß Abs. 4 sind die erforderlichen Kernflächen, Verbindungsflächen und Verbindungselemente durch Erklärung zu geschützten Teilen von Natur und Landschaft i.S.d. § 20 Abs. 2, durch planungsrechtliche Festlegungen, durch langfristige vertragliche Vereinbarungen oder andere geeignete Maßnahmen rechtlich zu sichern, um den Biotopverbund dauerhaft zu gewährleisten. Die Vorschrift entspricht § 3 Abs. 4 BNatSchG a.F. Rechtlich zu sichern sind nur die einzelnen Bestandteile des Biotopverbunds; der Verbund in seiner Gesamtheit ist dagegen nicht zu sichern.[21] Zwingend gibt § 21 Abs. 4 nur vor, dass die einzelnen Verbundelemente rechtlich zu sichern sind, hinsichtlich des „Wie" räumt die Vorschrift den Ländern jedoch einen weiten **Ermessensspielraum** ein.

8 Die Ausweisung von Schutzgebieten gemäß § 20 Abs. 2 eignet sich wegen ihrer Wirkung gegenüber jedermann und ihrer Publizität insbesondere, um Zugriffe Dritter auf die betreffenden Gebiete zu verhindern.[22] Eine **rechtliche Sicherung** ist mit diesem Instrument unproblematisch möglich. Anders sieht dies schon bei der „planungsrechtlichen Festlegung" aus. Planungsrechtliche Festlegungen, die durch Abwägung überwunden werden können, genügen für sich allein nicht zur rechtlichen Sicherung.[23] Eine weitgehende Verbindlichkeit kommt dagegen den Zielen der Raumordnung zu, hier etwa in Gestalt von Vorranggebieten des Naturschutzes i.S.v. § 8 Abs. 7 Satz 1 Nr. 1 ROG. Gegenüber Dritten entfalten die Ziele der Raumordnung indes nur eine eingeschränkte Bindungswirkung, sodass bspw. die Festsetzung eines Vorranggebietes für den Naturschutz dann nicht ausreichend zur rechtlichen Sicherung der betreffenden Fläche ist, wenn ein Verhalten Dritter abgewehrt werden muss.[24] Auf der Ebene der Bauleitplanung kommt den Festsetzungen eines Bebauungsplans Rechtsverbindlichkeit zu, sodass sich hierdurch die rechtliche Sicherung ohne Weiteres bewerkstelligen lässt. Schwieriger ist dies jedoch mit Blick auf den Flächennutzungsplan und ebenso mit Blick auf die Landschaftsplanung und die sonstigen Fachplanungen, deren Aussagen es zumeist an der erforderlichen Rechtsverbindlichkeit

---

19 *Mühlbauer*, in: Lorz et al., Naturschutzrecht, § 21 Rn. 6.
20 Zum Ganzen *Köck/Lau*, UTR 83 (2005), 115 (126 f.); zur Zweckmäßigkeit eines solchen Vorgehens und zugleich zur Kritik an der auf einer rein naturschutzfachlichen Betrachtung stehenbleibenden Gebietsauswahl nach der FFH-RL *Gärditz*, DVBl 2010, 247 f.
21 *Gellermann*, NVwZ 2002, 1025 (1028); ferner *Heugel*, in: Lütkes/Ewer, BNatSchG, § 21 Rn. 9.
22 *Krüsemann*, NuR 2006, 546 (550).
23 *Schumacher/Schumacher*, in: Schumacher/Fischer-Hüftle, BNatSchG, § 21 Rn. 38.
24 *Krüsemann*, NuR 2006, 546 (550).

fehlt.[25] Gleichwohl können diese Instrumente einen wichtigen Beitrag zur Ergänzung der (planungs-)rechtlichen Sicherung der einzelnen Verbundelemente leisten.[26]

Wird auf eine vertragliche Sicherung zurückgegriffen, so hat diese expressis verbis § 21 Abs. 4 langfristig zu erfolgen. Die erforderliche Dauer der Vereinbarung hängt dabei von der Funktion der betreffenden Fläche bzw. des betreffenden Elements im Biotopverbund ab. Sie wird in der Regel mindestens 10 bis 20 Jahre betragen müssen.[27] Die vertragliche Sicherung ist überall dort ein geeignetes Sicherungsmittel, wo die zu erhaltende oder angestrebte Biotopqualität eine bestimmte Bewirtschaftung der Flächen voraussetzt.[28] Sie ist jedoch ungeeignet, soweit der Zugriff Dritter auf ein Gebiet verhindert werden soll, da Vereinbarungen lediglich die jeweiligen Vertragspartner rechtlich binden. Schließlich nennt das Gesetz „andere geeignete Maßnahmen" zur **rechtlichen Sicherung**. Was genau solche Maßnahmen sind, sagt das Gesetz hingegen nicht. Der Gesetzesbegründung zu § 3 BNatSchG a.F. lässt sich entnehmen, dass der Gesetzgeber hier in erster Linie an zivilrechtliche Sicherungsinstrumente gedacht hat, wie die Einräumung einer Grunddienstbarkeit oder eines Nießbrauchsrechts gemäß §§ 1018ff., §§ 1030ff. BGB sowie die Übertragung von Flächen an Naturschutzvereinigungen oder -stiftungen.[29] Eine Orientierung bietet auch die zu § 1a Abs. 3 Satz 4 BauGB ergangene Rechtsprechung. § 1a Abs. 3 Satz 4 BauGB sieht vor, dass zur Abarbeitung der Eingriffsregelung im Rahmen der Bauleitplanung anstelle von Darstellungen und Festsetzungen auch vertragliche Vereinbarungen oder „sonstige geeignete Maßnahmen zum Ausgleich auf von der Gemeinde bereitgestellten Flächen" getroffen werden können. Insoweit wird zwar explizit keine rechtliche Sicherung gefordert, doch gilt hier im Ergebnis nichts anderes, wie der Umstand belegt, dass der Gesetzgeber die sonstigen geeigneten Maßnahmen gleichwertig neben die bauleitplanerischen Darstellungen bzw. Festsetzungen und die vertragliche Vereinbarung stellt.[30] In jedem Fall ist auch mittels anderer geeigneter Maßnahmen eine langfristige rechtliche Sicherung zu gewährleisten.[31]

9

4. Einbeziehung der Gewässerökosysteme

Zwecks Komplettierung des Biotopverbunds übernimmt Abs. 5 sodann die bisherige Regelung des § 31 BNatSchG a.F. Danach sind unbeschadet des gesetzlichen Biotopschutzes nach § 30 die oberirdischen **Gewässer** ein-

10

---

25 Im Einzelnen hierzu *Dietrich*, UPR 2004, 168ff.

26 *Gassner/Heugel*, Das neue Naturschutzrecht, 2010, Rn. 376.

27 *Hendrischke*, in: Schlacke (Hrsg.), GK-BNatSchG, § 21 Rn. 27; *Krüsemann*, NuR 2006, 546 (550).

28 *Gassner/Heugel*, Das neue Naturschutzrecht, 2010, Rn. 377.

29 BT-Drs. 14/3678, S. 38.

30 Vgl. BVerwG, Beschl. v. 11.11.2002 – 4 BN 52.02, NVwZ 2003, 202 (207); einen guten Überblick über die hierzu ergangene Rspr. bietet *Thum*, ZUR 2004, 278 (284f.).

31 Eine beispielhafte Aufzählung „anderer geeigneter Maßnahmen" fidnet sich bspw. bei *Mühlbauer*, in: Lorz et al., Naturschutzrecht, § 21 Rn. 7.

schließlich ihrer Randstreifen, Uferzonen und Auen als **Lebensstätten** und Biotope für natürlich vorkommende Tier- und Pflanzenarten zu erhalten (Satz 1) und so weiterzuentwickeln, dass sie ihre großräumige Vernetzungsfunktion auf Dauer erfüllen können (Satz 2). Umfasste der Schutz nach § 31 BNatSchG a.F. lediglich die oberirdischen Gewässer selbst, einschließlich ihrer Gewässerrandstreifen und Uferzonen, so hat der Gesetzgeber diesen Schutz nunmehr um die Auen als untrennbare Bestandteile der Gewässerökologie erweitert.[32] Ziel der Vorschrift ist einerseits der Erhalt der Gewässerbiotope für die ihnen zukommende Lebensraumfunktion und andererseits deren Weiterentwicklung mit Blick auf die dauerhafte Erfüllung der großräumigen Vernetzungsfunktion dieser Biotope.[33]

11 Der **Gewässerbegriff** des Abs. 5 ist weit zu verstehen; erfasst sind alle oberirdischen Gewässer, gleichgültig ob sie ständig oder nur zeitweilig Wasser führen.[34] Der Begriff des Randstreifens geht auf § 38 WHG zurück. Der Begriff der Uferzone ist funktional zu verstehen, sodass bspw. die Uferzone durchaus nennenswert über das unmittelbar an das betreffende Gewässer angrenzende Ufer hinausgehen kann. Auen sind die von wechselndem Hoch- und Niedrigwasser geprägten Bereiche entlang von Fließgewässern.[35] Die Vorschrift ist – insoweit wie auch sonst – vor dem Hintergrund der mit der Wasserrahmenrichtlinie (WRRL)[36] verfolgten Zielsetzung zu sehen, eine weitere Verschlechterung des Zustands der aquatischen Ökosysteme und der direkt von ihnen abhängigen Landökosysteme und Feuchtgebiete im Hinblick auf deren Wasserhaushalt zu vermeiden bzw. deren Zustand zu verbessern.[37]

12 Trotz der Überführung in eine Vollregelung entfaltet § 21 Abs. 5 keine unmittelbaren Rechtswirkungen gegenüber Dritten, sondern stellt in erster Linie einen Handlungsauftrag an die öffentlichen Planungsträger dar.[38] Die Gewässer selbst erfahren jedoch bereits durch das im Zuge der Implementierung der WRRL ökologisierte Wasserrecht einen weitgehenden Schutz.[39] Der Schutz der Randstreifen wird durch die neue Regelung des § 61 sowie – umfassender noch, weil nicht nur bauliche Eingriffe in den Blick nehmend – des

---

32 Vgl. BT-Drs. 16/12274, S. 61.

33 So zu § 31 BNatSchG a.F. *Kratsch*, in: Schumacher/Fischer-Hüftle, BNatSchG, 1. Aufl. 2003, § 31 Rn. 1.

34 *Schumacher/Schumacher*, in: Schumacher/Fischer-Hüftle, BNatSchG, § 21 Rn. 48; *Hendrischke*, in: Schlacke (Hrsg.), GK-BNatSchG, § 21 Rn. 32; *Mühlbauer*, in: Lorz et al., Naturschutzrecht, § 21 Rn. 10.

35 *Heugel*, in: Lütkes/Ewer, BNatSchG, § 21 Rn. 18.

36 Richtlinie 200/60/EG des Europäischen Parlaments und des Rates vom 23.10.2000 zur Schaffung eines Ordnungsrahmens für Maßnahmen der Gemeinschaft im Bereich der Wasserpolitik, ABl. EU L 327, S. 1, zuletzt geändert durch Richtlinie 2008/105/EG, ABl. EU L 348, S. 84.

37 *Gassner/Heugel*, Das neue Naturschutzrecht, 2010, Rn. 379; zu den Implikationen aus der WRRL siehe bspw. *Köck*, ZUR 2009, 227 ff.

38 *Gassner/Heugel*, Das neue Naturschutzrecht, 2010, Rn. 380.

39 Eine Zwischenbilanz findet sich bei *Durner*, NuR 2010, 452 ff.; kritisch zur ökologischen Aufladung des Wasserrechts *Reinhardt*, NuR 2009, 517 ff.

§ 38 WHG[40] gewährleistet und die übrigen schutzwürdigen Bereiche sind bereits weitgehend durch den gesetzlichen Biotopschutz nach § 30 abgedeckt. Eine Schutzlücke ist also nicht zu befürchten.

III. Biotopvernetzung

Abs. 6 sieht schließlich vor, dass auf regionaler Ebene vor allem in den von der **Landwirtschaft** geprägten Landschaften die zur Vernetzung von Biotopen erforderlichen linearen und punktförmigen Elemente, insbesondere Hecken und Feldraine sowie Trittsteinbiotope, erhalten und dort, wo sie nicht in ausreichendem Maße vorhanden sind, geschaffen werden müssen. **Hecken** sind vorwiegend aus Sträuchern aufgebaute Gehölze, können aber auch von Bäumen durchsetzt oder gar dominiert werden. **Feldraine** sind grasige oder krautige (Grenz-)Streifen entlang von Äckern (sog. Ackerrandstreifen). **Trittsteinbiotope** sind kleinere inselartige Überbrückungselemente für Organismen, deren Stammhabitate weiter als ihre Migrationsweite voneinander entfernt sind.[41] Die Vorschrift entspricht im Wesentlichen § 5 Abs. 3 BNatSchG a.F.; auf regionaler Ebene soll durch ein Mindestmaß an naturnahen Landschaftsstrukturen eine **Vernetzung der Biotope** erfolgen. Dabei wird explizit die Agrarlandschaft angesprochen, da gerade die fortschreitende Nutzungsintensivierung und Ausweitung der Bewirtschaftungseinheiten in der Landwirtschaft zur Verinselung von Lebensräumen beitragen.[42] Der Klammerzusatz „Biotopvernetzung" stellt im Übrigen nunmehr klar, dass die in Abs. 6 angesprochenen Kleinstrukturen nicht zwingend als Verbindungselemente in den Biotopverbund nach § 20 Abs. 1 und 3 zu integrieren sind,[43] diesen aber sinnvoll auf regionaler Ebene ergänzen. Die Gesetzesentwurfsbegründung bestätigt dies dahingehend, dass aufgrund der Kleinflächigkeit dieser Strukturen, ihres hohen Maßes an räumlicher und zeitlicher Dynamik eine rechtliche Sicherung i.S.d. § 21 Abs. 4 kaum möglich sei und diese Strukturen auch schon deshalb regelmäßig nicht selbst zum Biotopverbund zählen könnten.[44]

13

Zu erhalten bzw. zu schaffen sind die zur **Vernetzung** von **Biotopen** erforderlichen linearen und punktförmigen Elemente. Als lineare Elemente führt das Gesetz beispielhaft Hecken und Feldraine an. Gemeint sind sämtliche Saumstrukturen. Zu den im Gesetz als Trittsteinbiotop bezeichneten punktförmigen Elementen zählen hingegen Feldgehölze, kleinere stehende Gewässer (Tümpel, Teiche) und andere Feuchtflächen, aber auch Einzelbäume.[45] Im Gegensatz zur ursprünglichen Entwurfsfassung verzichtet § 21 Abs. 6 auf die Festschreibung einer Mindestdichte solcher Kleinstrukturen

14

---

40 Hierzu *Knopp*, Das neue Wasserhaushaltsrecht, 2010, Rn. 322 ff. sowie eher kritisch *Faßbender*, ZUR 2010, 181 (185 f.).

41 Zum Ganzen *Hendrischke*, in: Schlacke (Hrsg.), GK-BNatSchG, § 21 Rn. 45.

42 Vgl. BT-Drs. 16/12274, S. 61.

43 Zum diesbezüglichen Streit nach alter Rechtslage *Krüsemann*, NuR 2006, 546 (552 f.).

44 BT-Drs. 16/12274, S. 61.

45 Zum Ganzen *Schumacher/Schumacher*, in: Schumacher/Fischer-Hüftle, BNatSchG, § 21 Rn. 57.

ebenso wie auf die Regelung einzelner Instrumente hierzu; abgestellt wird vielmehr auf eine ausreichende naturräumliche Ausstattung.[46] Das ausreichende Maß an Elementen ist unter Abwägung der weiteren Erfordernisse des Naturschutzes und der Landschaftspflege auf regionaler Ebene zu bestimmen und zwar auf der Basis landschaftsökologisch sinnvoller Einheiten.[47] Ob eine ausreichende naturräumliche Ausstattung gegeben ist, bedarf grundsätzlich der zuvörderst naturschutzfachlichen Feststellung. Die Regelung und Durchführung der Einzelheiten obliegt den Ländern.[48] Dabei ist der Grundsatz der Verhältnismäßigkeit zu beachten (vgl. § 2 Abs. 3).

§ 22
Erklärung zum geschützten Teil von Natur und Landschaft*)

(1) Die Unterschutzstellung von Teilen von Natur und Landschaft erfolgt durch Erklärung. Die Erklärung bestimmt den Schutzgegenstand, den Schutzzweck, die zur Erreichung des Schutzzwecks notwendigen Gebote und Verbote und, soweit erforderlich, die Pflege-, Entwicklungs- und Wiederherstellungsmaßnahmen oder enthält die erforderlichen Ermächtigungen hierzu. Schutzgebiete können in Zonen mit einem entsprechend dem jeweiligen Schutzzweck abgestuften Schutz gegliedert werden; hierbei kann auch die für den Schutz notwendige Umgebung einbezogen werden.

(2) Form und Verfahren der Unterschutzstellung sowie die Beachtlichkeit von Form- und Verfahrensfehlern und die Möglichkeit ihrer Behebung sowie die Fortgeltung bestehender Erklärungen zum geschützten Teil von Natur und Landschaft richten sich nach Landesrecht. Die Unterschutzstellung kann auch länderübergreifend erfolgen.

---

46 Hierzu *Gassner/Heugel*, Das neue Naturschutzrecht, 2010, Rn. 383; zur Festschreibung einer Mindestdichte in den Landesnaturschutzgesetzen *Mühlbauer*, in: Lorz et al., Naturschutzrecht, § 21 Rn. 13.

47 *Hendrischke*, in: Schlacke (Hrsg.), GK-BNatSchG, § 21 Rn. 48.

48 Eine Übersicht über die bestehenden landesrechtlichen Regelungen findet sich bei *Mühlbauer*, in: Lorz et al., Naturschutzrecht, § 21 Rn. 14.

*) Beachte bei:
    § 22: **Bayern** – Abweichung durch Art. 54 Abs. 3 BayNatSchG v. 23.02.2011 (GVOBl. Bayern, S. 82) m.W.v. 01.03.2011 (vgl. BGBl. 2011 I ,S. 365)
    § 22 Abs. 1: **Hamburg** – Abweichung durch § 10 Abs. 1 Satz 3 HmbBNatSchAG v. 11.05.2010 (HmbGVBl., S. 350, 402) m.W.v. 01.06.2010 (vgl. BGBl. I 2011, S. 93)
    § 22 Abs. 1: **Brandenburg** – Abweichung durch § 8 Abs. 3 BbgNatSchAG v. 21.01.2013 (GVBl. I/13 [Nr. 03, ber. (GVBl. I/13 Nr. 21)]) m.W.v. 01.06.2013
    § 22 Abs. 1 Satz 3: **Schleswig-Holstein** – Abweichung durch § 12 Abs. 1 LNatSchG SH v. 24.02.2010 (GVOBl. Schl.-H., S. 301) m.W.v. 01.03.2010 (vgl. BGBl. I 2010, S. 450)
    § 22 Abs. 4 Satz 1: **Niedersachsen** – Abweichung durch § 14 Abs. 10 Satz 2 NAGBNatSchG v. 19.02.2010 (Nds. GVBl., S. 104) m.W.v. 01.03.2010 (vgl. BGBl. I 2010, S. 970)
    § 22 Abs. 4 Satz 1: **Hamburg** – Abweichung durch § 12 Abs. 1 Satz 1 u. 2 HmbBNatSchAG v. 11.05.2010 (HmbGVBl., S. 350, 402) m.W.v. 01.06.2010 (vgl. BGBl. I 2011, S. 93).

(3) Teile von Natur und Landschaft, deren Schutz beabsichtigt ist, können für einen Zeitraum von bis zu zwei Jahren einstweilig sichergestellt werden, wenn zu befürchten ist, dass durch Veränderungen oder Störungen der beabsichtigte Schutzzweck gefährdet wird. Die einstweilige Sicherstellung kann unter den Voraussetzungen des Satzes 1 einmalig bis zu weiteren zwei Jahren verlängert werden. In dem einstweilig sichergestellten Teil von Natur und Landschaft sind Handlungen und Maßnahmen nach Maßgabe der Sicherstellungserklärung verboten, die geeignet sind, den Schutzgegenstand nachteilig zu verändern. Die einstweilige Sicherstellung ist ganz oder teilweise aufzuheben, wenn ihre Voraussetzungen nicht mehr oder nicht mehr in vollem Umfang gegeben sind. Absatz 2 gilt entsprechend.

(4) Geschützte Teile von Natur und Landschaft sind zu registrieren und zu kennzeichnen. Das Nähere richtet sich nach Landesrecht.

(5) Die Erklärung zum Nationalpark oder Nationalen Naturmonument einschließlich ihrer Änderung ergeht im Benehmen mit dem Bundesministerium für Umwelt, Naturschutz, Bau und Reaktorsicherheit und dem Bundesministerium für Verkehr und digitale Infrastruktur.

Inhaltsübersicht

I. Allgemeine Erläuterungen

1 § 22 enthält allgemeine und gewissermaßen „vor die Klammer" der nachfolgenden Bestimmungen gezogene Aussagen zur Unterschutzstellung bestimmter Teile von Natur und Landschaft. Die Regelung entspricht trotz einiger Modifikationen im Wesentlichen der Vorgängerregelung des § 22 BNatSchG a.F.[1]

2 Gemäß Abs. 1 erfolgt die Unterschutzstellung von Teilen von Natur und Landschaft durch Erklärung und es werden nähere Anforderungen an Schutzgebietserklärungen bestimmt (vgl. § 22 Abs. 2 BNatSchG a.F.). Form und Verfahren der Unterschutzstellung, der Umgang mit etwaigen Form- und Verfahrensfehlern sowie die Fortgeltung bestehender Schutzerklärungen richten sich gemäß Abs. 2 nach Landesrecht. In Abs. 3 wird der bisherige Regelungsauftrag an die Länder zur Frage der einstweiligen Sicherstellung (§ 22 Abs. 3 Nr. 1 BNatSchG a.F.) durch eine detaillierte und an bisherigen landesrechtlichen Normen orientierte bundesrechtliche Vollregelung ersetzt. Abs. 4 enthält in Satz 1 eine unmittelbare Verpflichtung zur Registrierung und Kennzeichnung geschützter Teile von Natur und Landschaft sowie in Satz 2 einen Regelungsauftrag an die Länder zur Bestimmung der weiteren Einzelheiten (vgl. § 22 Abs. 3 Nr. 2 und 3 BNatSchG a.F.). In Abs. 5 wird die Vorschrift des § 22 Abs. 4 Satz 2 WHG a.F. aufgegriffen und geregelt, dass die Erklärung eines Gebiets zum Nationalpark ministerieller Benehmenserfordernisse unterliegt; gleichzeitig wird diese Anforderung auf die Erklärung eines Gebiets zur neuen Schutzkategorie des Nationalen Naturmonuments (§ 24 Abs. 4) übertragen.

II. Anforderungen an Unterschutzstellungen (Abs. 1 und 2)

1. Formelle Anforderungen

a) Allgemeines

3 § 22 enthält zu den formellen Anforderungen von Unterschutzstellungen keine näheren Regelungen. Im Gegenteil ist in Abs. 2 ausdrücklich bestimmt, dass sich Form und Verfahren der Unterschutzstellung, der Umgang mit etwaigen Form- und Verfahrensfehlern sowie die Fortgeltung bestehender Schutzerklärungen nach Landesrecht richten. Damit enthält sich der Bundesgesetzgeber für den Bereich des Gebiets- und Objektschutzes wie bislang weitgehend formeller Vorgaben, was dem verfassungsrechtlichen Grundsatz des **Art. 84 Abs. 1 Satz 1 GG** entspricht, wonach die Länder bei der Ausführung von Bundesgesetzen als eigene Angelegenheit auch das Verfahren und die Einrichtung der Behörden bestimmen.[2] Eine Ausnahme

---

1 Vgl. BT-Drs. 16/12274, S. 61; *Egner*, in: Egner/Fuchs, Naturschutz- und Wasserrecht 2009, § 22 BNatSchG Rn. 1; *Hendrischke*, in: Schlacke (Hrsg.), GK-BNatSchG, § 22 Rn. 2.

2 *Gassner/Heugel*, Das neue Naturschutzrecht, Rn. 385.

gilt für die **ausschließliche Wirtschaftszone** (AWZ), wo der Bund, da er dort für den Vollzug des Naturschutzrechts selbst zuständig ist, gemäß § 57 Abs. 2 auch die Form der Unterschutzstellung (Rechtsverordnung) geregelt hat.

b) Form der Unterschutzstellung

In Abs. 1 Satz 1 ist bestimmt, dass die Unterschutzstellung durch „Erklä- 4
rung" zu erfolgen hat. Notwendig ist also ein formeller Akt, der dem zu schützenden Teil von Natur und Landschaft mit **konstitutiver Wirkung** den Status einer der in §§ 23–29 aufgeführten Schutzkategorien zuweist.[3] Mit der gemäß Abs. 2 Satz 1 ausdrücklich den Ländern überantworteten „Form" der Unterschutzstellung ist insbesondere die Frage der Ausgestaltung der Schutzerklärung durch Gesetz oder Verordnung gemeint, sodass die Länder bei der Frage der Rechtsform von Unterschutzstellungen Spielraum haben.[4]

Als von den Ländern zu wählende **Rechtsformen** für Unterschutzstellungen 5
kommen formelle Gesetze, Rechtsverordnungen, Satzungen und Verwaltungsakte in Betracht.[5] Die meisten Länder sehen die Unterschutzstellung durch **Rechtsverordnung** vor.[6] Eine wichtige Ausnahme bildet Nordrhein-Westfalen, wo die Unterschutzstellung in der Regel durch Landschaftsplan in Form einer Satzung erfolgt (vgl. § 16 Abs. 4 Nr. 2 i.V.m. § 34 NRW LG). Denkbar ist auch eine Unterschutzstellung durch Verwaltungsakt in Form einer Allgemeinverfügung i.S.v. § 35 Satz 2 VwVfG, wenn der Kreis der Betroffenen überschaubar ist und die Rechtsform des Verwaltungsakts für die Erreichung des Schutzzwecks ausreicht.[7]

c) Verfahren der Unterschutzstellung

Gemäß Abs. 2 Satz 1 richtet sich das Verfahren der Unterschutzstellung nach 6
Landesrecht. Insoweit bestimmen die Länder insbesondere über die für die Unterschutzstellung zuständigen Behörden, die zu beachtenden Verfahrensschritte, die Art der Ausfertigung und Verkündung und das Inkrafttreten von

---

3 BVerwG, Beschl. v. 29.01.2007 – 7 B 68.06, NVwZ 2007, 589 (589); *Gellermann*, in: Landmann/Rohmer, Umweltrecht, § 22 BNatSchG Rn. 3; *Lorz/Konrad/Mühlbauer/Müller-Walter/Stöckel*, Naturschutzrecht, § 22 BNatSchG Rn. 2; *Meßerschmidt*, Bundesnaturschutzrecht, § 22 Rn. 8 f.; *Hendrischke*, in: Schlacke (Hrsg.), GK-BNatSchG, § 22 Rn. 7.

4 Vgl. BT-Drs. 16/12274, S. 61.

5 *Fischer-Hüftle/Schumacher/Schumacher*, in: Schumacher/Fischer-Hüftle, BNatSchG, § 22 Rn. 31; siehe hierzu näher *Schmidt-Räntsch*, in: Gassner/Bendomir-Kahlo/Schmidt-Räntsch, BNatSchG, § 22 Rn. 16; *Heugel*, in: Lütkes/Ewer, BNatSchG, § 22 Rn. 2.

6 *Kerkmann*, in: Kerkmann (Hrsg.), Naturschutzrecht in der Praxis, § 5 Rn. 4 mit einer tabellarischen Übersicht zu den landesrechtlichen Bestimmungen in Rn. 6.

7 Ebenso *Hendrischke*, in: Schlacke (Hrsg.), GK-BNatSchG, § 22 Rn. 32; *Fischer-Hüftle/Schumacher/Schumacher*, in: Schumacher/Fischer-Hüftle, BNatSchG, § 22 Rn. 31; *Kerkmann*, in: Kerkmann (Hrsg.), Naturschutzrecht in der Praxis, § 5 Rn. 4; a.A. *Gassner/Heugel*, Das neue Naturschutzrecht, Rn. 386, wonach eine Unterschutzstellung durch Allgemeinverfügung in der Regel ausscheide.

Unterschutzstellungserklärungen.[8] Lediglich im Hinblick auf die Erklärung zum Nationalpark oder Nationalen Naturmonument (§ 24) enthält das Bundesrecht in Abs. 5 die konkrete Verfahrensvorgabe, dass insoweit ein ministerielles Benehmenserfordernis besteht (hierzu näher unter Rn. 81 ff.).

7 Von besonderer praktischer Bedeutung sind im Zusammenhang mit der Verfahrensausgestaltung die Regelungen zur Beteiligung der Behörden und der Öffentlichkeit. Das Landesrecht bestimmt hier regelmäßig, dass vor Erlass einer Schutzerklärung den Behörden und sonstigen Trägern öffentlicher Belange, deren Aufgabenbereich berührt werden kann, sowie den betroffenen Gemeinden ein Entwurf der Schutzerklärung einschließlich etwaiger Karten zur Stellungnahme zu übersenden sind (vgl. etwa § 74 Abs. 1 BW NatSchG). Gleichsam ist die Öffentlichkeit durch Auslegung des Entwurfs der Unterschutzstellungserklärung zu beteiligen (vgl. etwa § 74 Abs. 2 BW NatSchG). Dabei muss die Auslegung insbesondere die ihr zugedachte Funktion der sog. Anstoßwirkung[9] erfüllen. Insoweit kommt es darauf an, dass Betroffene erkennen können, ob sie von der geplanten Unterschutzstellung berührt werden und ihre Belange gegenüber der Planungsbehörde geltend machen können.[10] Dabei gelten umso strengere Maßstäbe an die Anstoßwirkung und die Kennzeichnung des von ihr betroffenen Gebiets, als eine Schutzerklärung grundstücksbezogene und bußgeldbewehrte Verbote enthält.[11] Unzweifelhaft erfüllt ist die **Anstoßwirkung**, wenn Betroffene bereits aus der Bezeichnung des Schutzgebiets ohne Weiteres entnehmen können, dass ihre Grundstücke von der Schutzerklärung erfasst werden können.[12] Bei einer nachträglichen Änderung des ausgelegten Schutzerklärungsentwurfs muss das Beteiligungsverfahren nur dann erneut durchgeführt werden, wenn die **Änderung wesentlich** ist (vgl. etwa § 74 Abs. 5 BW NatSchG). Dies hängt im Einzelfall davon ab, ob infolge der Änderung die Belange der von der Verordnung Betroffenen anders oder stärker als vorher berührt werden.[13]

---

8 *Egner*, in: Egner/Fuchs, Naturschutz- und Wasserrecht 2009, § 22 BNatSchG Rn. 4; *Gellermann*, in: Landmann/Rohmer, Umweltrecht, § 22 BNatSchG Rn. 5; *Schmidt-Räntsch*, in: Gassner/Bendomir-Kahlo/Schmidt-Räntsch, BNatSchG, § 22 Rn. 16; *Hendrischke*, in: Schlacke (Hrsg.), GK-BNatSchG, § 22 Rn. 10. Eine ordnungsgemäße Ausfertigung soll grundsätzlich sowohl den Verordnungstext als auch eine entsprechende Kartenskizze und Flurstückliste enthalten; auf diese Anlagen muss grundsätzlich genau verwiesen werden, d.h. ein Pauschalverweis reicht nicht aus (vgl. OVG Berlin, Urt. v. 13. 11. 2008 – 11 A 5.07, NuR 2009, 485 (486)).

9 Siehe hierzu allgemein BVerwG, Beschl. v. 17. 09. 2008 – 4 BN 22.08, ZfBR 2008, 806 (807); *Neumann*, in: Stelkens/Bonk/Sachs, VwVfG, § 73 Rn. 47.

10 OVG Saarlouis, Urt. v. 07. 03. 2007 – 1 N 3/06, NVwZ-RR 2007, 582 (583).

11 VGH Kassel, Urt. v. 07. 10. 2004 – 4 N 3103/00, NuR 2005, 791 (792); *Kerkmann*, in: Kerkmann (Hrsg.), Naturschutzrecht in der Praxis, § 5 Rn. 11 m.w.N. zu den von der Rechtsprechung akzeptierten Kartenmaßstäben in Rn. 12.

12 VGH Mannheim, Beschl. v. 10. 02. 1982 – 5 S 1831/81, NVwZ 1983, 560 (561).

13 OVG Saarlouis, Urt. v. 07. 03. 2007 – 1 N 3/06, NVwZ-RR 2007, 582 (583). Nach dem OVG Berlin muss eine Öffentlichkeitsbeteiligung wiederholt oder ergänzt werden, wenn die bereits durchgeführte Beteiligung aufgrund zwischenzeitlich eingetretener rechtlicher oder tatsächlicher Veränderungen (z.B. erheblichem Zeitablauf zwischen ursprünglicher Beteiligung und Erlass einer ergänzenden Verordnung) ihren gesetzlichen Zweck nicht mehr hinreichend erfüllt (OVG Berlin, Urt. v. 13. 11. 2008 – 11 A 5.07, NuR 2009, 485, (487)).

Die **anerkannten Vereinigungen** sind am Unterschutzstellungsverfahren 8
nach Maßgabe des § 63 Abs. 1 Nr. 1 und Abs. 2 Nr. 1 zu beteiligen. Sind
Auswirkungen auf Natur und Landschaft nicht oder nur in geringem Umfang
zu erwarten, können die Länder allerdings gemäß § 63 Abs. 4 von einer Mitwirkung der Vereinigungen absehen.

In Abs. 2 Satz 1 ist klarstellend hervorgehoben, dass die Länder auch den 9
Umgang mit etwaigen **Form- und Verfahrensfehlern** regeln. Insoweit ist auf
landesrechtliche Bestimmungen zu verweisen, die im Zusammenhang mit
der Unterschutzstellung Einzelheiten zur Möglichkeit der Heilung von Form-
und Verfahrensverstößen regeln (z.b. Art 52 Abs. 7 BayNatSchG, § 20
Abs. 10 SächsNatSchG).[14]

Auch die **Fortgeltung** bestehender Erklärungen zu geschützten Teilen von 10
Natur und Landschaft richtet sich gemäß Abs. 2 Satz 1 ausdrücklich nach
Landesrecht. Diese Regelung geht auf einen Beschluss des Bundesrates[15] zurück, der dabei auf bestehende landesrechtliche Überleitungsvorschriften
Bezug nahm, wonach z.b. auf Grundlage des Reichnaturschutzgesetzes erlassene Schutzgebietsverordnungen unberührt bleiben (etwa § 75 M-V
LNatG a.F.; Art. 55 BayNatSchG a.F.). Zugleich enthielt der Bundesratsbe-
schluss die Regelungsempfehlung, dass derartiges Landesrecht unberührt
bleiben solle. Während der erstgenannte Regelungsvorschlag in Abs. 2
Satz 1 Niederschlag gefunden hat, wurde der zweite Vorschlag zur Weitergeltung des Landesrechts nicht aufgenommen. Vor diesem Hintergrund stellt
sich die Frage, ob es für die Fortgeltung bestehender Schutzerklärungen
nunmehr eines legislativen landesrechtlichen Akts bedarf. Dies dürfte sich
mit Blick auf die Rechtsprechung, wonach Schutzgebietsverordnungen auch
bei nachträglichem Wegfall ihrer Rechtsgrundlage grundsätzlich fortbestehen[16], zu verneinen sein.[17]

Mit dem neu eingefügten Abs. 2 Satz 2 wird zudem ausdrücklich darauf hin- 11
gewiesen, dass Unterschutzstellungen auch **länderübergreifend** erfolgen
können. Die gesetzliche Ausgestaltung der insoweit erforderlichen Abstim-
mungs- und Koordinationsprozesse zwischen den beteiligten Behörden richtet sich ebenfalls nach Landesrecht.

2. Materielle Anforderungen

Trotz aller Unterschiede der in §§ 23–29 geregelten Schutzkategorien beste- 12
hen wesentliche Gemeinsamkeiten, die für sämtliche Akte der Unterschutz-

---

14 *Egner*, in: Egner/Fuchs, Naturschutz- und Wasserrecht 2009, § 22 BNatSchG Rn. 4; *Hendrischke*, in: Schlacke (Hrsg.), GK-BNatSchG, § 22 Rn. 30.

15 BR-Drs. 278/09, Nr. 23.

16 BVerfG, Beschl. v. 10.05.1988 – 1 BvR 482/84, BVerfGE 78, 179 (198); VGH München,
Urt. v. 18.03.1986 – 9 N 83 A.508, NuR 1986, 342 (343); VGH Mannheim, Beschl. v.
08.12.1997 – 5 S 3310/96, NuR 1998, 327 (327); *Fischer-Hüftle/Schumacher/Schumacher*,
in: Schumacher/Fischer-Hüftle, BNatSchG, § 22 Rn. 34.

17 *Egner*, in: Egner/Fuchs, Naturschutz- und Wasserrecht 2009, § 22 BNatSchG Rn. 4; eingehend hierzu *Hendrischke*, in: Schlacke (Hrsg.), GK-BNatSchG, § 22 Rn. 41 ff.

stellung als materiell-rechtliche Anforderungen gelten und daher bei jeder Schutzerklärung einzuhalten sind.[18]

a) Erforderlichkeit der Unterschutzstellung
aa) Allgemeines

13   Gemäß §§ 23 Abs. 1, 26 Abs. 1, 28 Abs. 1 und 29 Abs. 1 müssen die dort geregelten Unterschutzstellungen zur Erreichung der gesetzlich vorgegeben Schutzzwecke „erforderlich" sein. Hieraus und hinsichtlich der übrigen Schutzkategorien aus dem rechtsstaatlichen Übermaßverbot (Art. 20 Abs. 3 GG) ergibt sich die allgemeine Anforderung der **Erforderlichkeit** von Unterschutzstellungen, was zum einen die Schutzwürdigkeit und zum anderen die Schutzbedürftigkeit der betreffenden Teile von Natur und Landschaft voraussetzt.[19] Ob diese Voraussetzungen gerichtlich uneingeschränkt justiziabel sind oder ein Planungsermessen der zuständigen Behörden besteht, ist umstritten.[20]

bb) Schutzwürdigkeit

14   Die Frage der **Schutzwürdigkeit** einer Fläche bzw. eines Einzelobjekts bemisst sich nach den gesetzlichen Schutzzwecken, die in den einzelnen Schutzkategorien der §§ 23–29 niederlegt sind.[21] Ein Teil von Natur und Landschaft ist schutzwürdig, wenn er die in der jeweiligen gesetzlichen Schutzzweckbestimmung aufgeführten Tatbestandsmerkmale[22] erfüllt und zur Verwirklichung dieser Schutzziele geeignet ist.[23] Ob diese Anforderungen gegeben sind, lässt sich nur anhand tatsächlicher Ermittlungen bestimmen. Insoweit ist in der Regel auf wissenschaftliche Untersuchungen zur Frage der naturschutzfachlichen Wertigkeit zurückzugreifen.[24] Je nach verfolgtem Schutzzweck kann aber ggf. auch eine bloße Inaugenscheinnahme ausreichen (z.B. bei einer Unterschutzstellung allein aus ästhetischen Gründen).[25]

---

18 *Gellermann*, in: Landmann/Rohmer, Umweltrecht, § 22 BNatSchG Rn. 6.

19 BVerwG, Urt. v. 05.02.2009 – 7 CN 1.08, NVwZ 2009, 719 (721); *Meßerschmidt*, Bundesnaturschutzrecht, § 22 BNatSchG Rn. 10 ff.; *Gellermann*, in: Landmann/Rohmer, Umweltrecht, § 22 BNatSchG Rn. 7.

20 Für uneingeschränkte Justiziabilität OVG Koblenz, Urt. v. 01.08.1984 – 10 C 37/83, NVwZ 1985, 64 (64); *Meßerschmidt*, Bundesnaturschutzrecht, § 22 BNatSchG Rn. 22. m.w.N.; a.A. OVG Saarlouis, Urt. v. 07.03.2007 – 1 N 3/06, NVwZ-RR 2007, 582 (585); *Gassner/Heugel*, Das neue Naturschutzrecht, Rn. 394; *Fischer-Hüftle/Schumacher/Schumacher*, in: Schumacher/Fischer-Hüftle, BNatSchG, § 22 Rn. 10.

21 Siehe zu den verschiedenen Schutzzwecken jeweils die Kommentierungen zu den einzelnen Vorschriften.

22 *Louis/Engelke*, BNatSchG, § 12 Rn. 68.

23 OVG Saarlouis, Urt. v. 07.03.2007 – 1 N 3/06, NVwZ-RR 2007, 582 (585 ff.); *Fischer-Hüftle/Schumacher/Schumacher*, in: Schumacher/Fischer-Hüftle, BNatSchG, § 22 Rn. 10; *Kerkmann*, in: Kerkmann (Hrsg.), Naturschutzrecht in der Praxis, § 5 Rn. 21; *Gassner/Heugel*, Das neue Naturschutzrecht, Rn. 394.

24 Siehe zu einem solchen Fall exemplarisch OVG Saarlouis, Urt. v. 07.03.2007 – 1 N 3/06, NVwZ-RR 2007, 582 (585 ff.).

25 *Gellermann*, in: Landmann/Rohmer, Umweltrecht, § 22 BNatSchG Rn. 8.

Weist ein Teil von Natur und Landschaft noch nicht den gewünschten natur-   15
schutzfachlichen Idealzustand auf, so steht dies seiner Schutzwürdigkeit
nicht von vorneherein entgegen, wenn ein qualifiziertes **Entwicklungspotenzial** besteht und aus diesem Grund Entwicklungsmaßnahmen i.S.v. Abs. 1
Satz 2 festgelegt werden können (vgl. hierzu Rn. 55 ff.). Dasselbe gilt für an
sich nicht schutzwürdige Flächen im Randbereich eines schützenswerten
Gebiets, wenn sie eine „Pufferfunktion" für angrenzende schutzwürdige
Areale haben und sich ihre Einbeziehung daher unter dem Gesichtspunkt
des **Umgebungsschutzes** i.S.v. Abs. 1 Satz 3, 2. Halbs. rechtfertigen lässt
(siehe hierzu näher Rn. 62 f.).

Für die Frage der Schutzwürdigkeit kommt es nicht darauf an, ob diese auf   16
natürlichen Gegebenheiten oder auf menschlichem Einfluss beruht. Daher
können auch durch Menschenhand geschaffene sog. **Sekundärbiotope**[26] Gegenstand einer Unterschutzstellung sein.[27] Anders kann der Fall allerdings
liegen, wenn sich der Zustand des betreffenden Teils von Natur und Landschaft bislang nicht hinreichend verfestigt hat, sondern es sich in einem noch
nicht abgeschlossenen, ständigen Umbruch befindet.[28] In einem solchen Fall
kann es – wie z.B. bei **Bergbaufolgelandschaften** bis zum Abschluss der Wiedernutzbarmachung i.S.v. § 4 Abs. 4 BBergG – an der ökologischen Nachhaltigkeit des Gebiets fehlen, sodass eine Unterschutzstellung mangels Schutzwürdigkeit nicht in Betracht kommt.[29]

cc) Schutzbedürftigkeit

Allein die Schutzwürdigkeit eines Gebiets bzw. Objekts macht dessen Un-   17
terschutzstellung noch nicht erforderlich, vielmehr muss noch dessen **Schutzbedürftigkeit** hinzutreten. Diese ist gegeben, wenn der in Rede stehende
Teil von Natur und Landschaft gefährdet ist.[30] Dabei ist nach der Rechtsprechung allerdings keine konkrete Gefährdung oder gar eine Schädigung erforderlich. Ausreichend ist eine abstrakte Gefährdung der Schutzgüter in der
Weise, dass ein Schadenseintritt nicht bloß als entfernte Möglichkeit in Betracht zu ziehen ist.[31] Die Unterschutzstellung muss somit nicht unabweisbar

---

26 Näher OVG Lüneburg, Beschl. v. 12. 09. 2006 – 8 LA 265/04, ZUR 2007, 43 (44); OVG Kob-
    lenz, Urt. v. 20. 09. 2000 – 8 A 12 418/99, NuR 2001, 287 (288); OVG Münster, Urt. v. 19. 01.
    2001 – 8 A 1850/99, NVwZ-RR 2001, 662 (663); OVG Münster, Beschl. v. 17. 02. 1994 – 10 B
    350/94, NuR 1994, 453 (454).
27 *Fischer-Hüftle/Schumacher/Schumacher*, in: Schumacher/Fischer-Hüftle, BNatSchG, § 22
    Rn. 4; *Kerkmann*, in: Kerkmann (Hrsg.), Naturschutzrecht in der Praxis, § 5 Rn. 24.
28 Vgl. VGH-Mannheim, Urt. v. 11. 02. 1993 – 5 S 909/92, NuR 1994, 86 (87), wo die Schutz-
    würdigkeit eines Sekundärbiotops nur deswegen bejaht wird, weil im dortigen Fall nicht
    von einem „ständigen Umbruch des gesamten Geländes, durch [Lehm]Abbau, Zwischen-
    lagerung und Transport" ausgegangen werden konnte.
29 Siehe hierzu im Einzelnen *von Daniels/Appel*, NuR 2008, 685 ff.
30 OVG Saarlouis, Urt. v. 07. 03. 2007 – 1 N 3/06, NVwZ-RR 2007, 582 (585).
31 BVerwG, Urt. v. 05. 02. 2009 – 7 CN 1.08, NVwZ 2009, 719 (721); OVG Saarlouis, Urt. v.
    07. 03. 2007 – 1 N 3/06, NVwZ-RR 2007, 582 (585); *Kerkmann*, in: Kerkmann (Hrsg.),
    Naturschutzrecht in der Praxis, § 5 Rn. 25.

sein, sondern es genügt, wenn sie vernünftigerweise geboten ist.[32] Allerdings wäre es zu weitgehend, die Unterschutzstellung gewissermaßen vorsorglich als „Instrument der Gefahrenverhütung"[33] einzustufen. Es müssen zumindest Anhaltspunkte vorliegen, dass die Schutzgüter ohne die Unterschutzstellung aufgrund einer „besonderen Gefährdungslage"[34] abstrakt bedroht wären.

18   Nach der Rechtsprechung steht es der Schutzbedürftigkeit eines Teils von Natur und Landschaft grundsätzlich nicht entgegen, wenn bereits eine Unterschutzstellung nach **anderen Rechtsvorschriften** besteht (z.b. als Schutzwald nach § 12 BWaldG, Wasserschutz- oder Überschwemmungsgebiet nach § 76 WHG oder Immissionsschutzgebiet nach §§ 44, 49 BImSchG).[35] Das Naturschutzrecht ist kein bloß subsidiäres Recht, sondern verfolgt spezifische naturschutzrechtliche Zielsetzungen, die von Unterschutzstellungen nach anderen Vorschriften grundsätzlich nicht abgedeckt werden.[36]

19   Gleiches gilt im Falle einer etwaigen Schutzbereitschaft des Eigentümers des in Rede stehenden Gebiets bzw. Objekts. Eine insoweit abgegebene **Eigentümererklärung** oder die Bereitschaft einer vertraglichen Vereinbarung i.S.v. § 3 Abs. 3 **(Vertragsnaturschutz)** bieten unter Umständen nur einen unzureichenden Schutz, da sie nicht allgemein verbindlich sind.[37]

b) Raumordnung

20   Die Regelungen zum Flächen- und Objektschutz der §§ 22 ff. enthalten, anders als z.B. § 10 Abs. 1 Satz 2 und § 11 Abs. 1 Satz 2 für die Landschaftsplanung, keine **Raumordnungsklausel**. Dies bedeutet freilich nicht, dass die materiellen Anforderungen des Raumordnungsrechts für Unterschutzstellungen nach §§ 22 ff. keine Wirkung zeitigen. Soweit diese nämlich als raumbedeutsame Planungen und Maßnahmen i.S.v. § 3 Abs. 1 Nr. 6 ROG anzusehen sind, unterliegen sie der Bindungspflicht gemäß § 4 Abs. 1 Satz 1 ROG.

21   **Raumbedeutsam** sind nach § 3 Abs. 1 Nr. 6 ROG alle Planungen einschließlich der Raumordnungspläne, Vorhaben und sonstigen Maßnahmen, durch die Raum in Anspruch genommen oder die räumliche Entwicklung oder Funktion eines Gebietes beeinflusst wird (einschließlich des Einsatzes der hierfür vorgesehenen öffentlichen Finanzmittel). Entscheidend sind insoweit v. a. die Merkmale der **Raumbeanspruchung** und **Raumbeeinflussung**. Als

32 BVerwG, Urt. v. 05.02.2009 – 7 CN 1.08, NVwZ 2009, 719 (721); OVG Saarlouis, Urt. v. 07.03.2007 – 1 N 3/06, NVwZ-RR 2007, 582 (585); *Fischer-Hüftle/Schumacher/Schumacher*, in: Schumacher/Fischer-Hüftle, BNatSchG, § 22 Rn. 6.

33 *Kerkmann*, in: Kerkmann (Hrsg.), Naturschutzrecht in der Praxis, § 5 Rn. 25.

34 *Gellermann*, in: Landmann/Rohmer, Umweltrecht, § 22 BNatSchG Rn. 11.

35 Hierzu eingehend *Meßerschmidt*, Bundesnaturschutzrecht, § 22 BNatSchG, Rn. 18 f.

36 VGH Mannheim, Urt. v. 11.10.1993 – 5 S 1266/92, NuR 1994, 239 (242); *Fischer-Hüftle/ Schumacher/Schumacher*, in: Schumacher/Fischer-Hüftle, BNatSchG, § 22 Rn. 7; *Gellermann*, in: Landmann/Rohmer, Umweltrecht, § 22 BNatSchG Rn. 12.

37 BVerwG, Beschl. v. 18.07.1997 – 4 BN 5.97, NuR 1998, 37 (38 f.); *Kerkmann*, in: Kerkmann (Hrsg.), Naturschutzrecht in der Praxis, § 5 Rn. 26 f.; *Gellermann*, in: Landmann/Rohmer, Umweltrecht, § 22 BNatSchG Rn. 12.

raumbeanspruchend sind solche Planungen und Maßnahmen einzustufen, die nach den Maßstäben des jeweiligen Planungsraums bereits wegen ihrer Größenordnung herausragen und daher einer raumordnerischen Einordnung bedürfen.[38] Raumbeeinflussend sind Planungen und Maßnahmen, die sich konkret positiv oder negativ auf die räumliche Entwicklung oder auf die Funktion eines Gebiets auswirken.[39] Beide Kriterien stehen alternativ nebeneinander, können aber im Einzelfall ggf. auch gemeinsam vorliegen.[40]

Die vorgenannten Anforderungen dürften zwar weniger bei den objektbezo-   22
genen (§§ 28, 29), wohl aber bei den flächenhaften Unterschutzstellungen (§§ 23–27) in der Regel gegeben sein, da sie Auswirkungen auf die räumliche Entwicklung bzw. die Funktion eines Gebiets haben und daher zumindest raumbeeinflussend sind.[41] In diesem Fall unterliegen die Unterschutzstellungen der **Bindungspflicht des § 4 Abs. 1 Satz 1 ROG**, wonach die Ziele der Raumordnung zu berücksichtigen und die Grundsätze und sonstigen Erfordernisse der Raumordnung zu berücksichtigen sind.

Ziele der Raumordnung definiert § 3 Abs. 1 Nr. 2 ROG als verbindliche Vor-   23
gaben in Form von räumlich und sachlich bestimmten oder bestimmbaren, vom Träger der Landes- oder Regionalplanung abschließend abgewogenen, textlichen oder zeichnerischen Festlegungen in Raumordnungsplänen zur Entwicklung, Ordnung und Sicherung des Raums. Sie stellen strikt verbindliche planerische Letztentscheidungen dar, die nicht im Konflikt zueinander stehen dürfen, da sie keiner weiteren Abwägung zugänglich sind.[42] Die Beachtungspflicht ist im Sinne einer strikten Bindung zu verstehen, d.h. Unterschutzstellungen können für den von ihnen fachlich abgedeckten Bereich Raumplanungsziele zwar weiter konkretisieren, nicht aber modifizieren oder gar im Interesse des Naturschutzes überwinden.[43] Falls Ziele der Raumordnung einer beabsichtigen Unterschutzstellung entgegenstehen, ist zu prüfen, inwieweit Abweichungen ggf. nach Maßgabe eines Zielabweichungsverfahrens i.S.v. § 6 Abs. 2 ROG zulässig sind.

Grundsätze der Raumordnung sind gemäß § 3 Abs. 1 Nr. 3 ROG Aussagen   24
zur Entwicklung, Ordnung und Sicherung des Raums als Vorgaben für nachfolgende Abwägungs- und Ermessensentscheidungen, welche durch Gesetz oder als Festlegung in einem Raumordnungsplan (§ 7 Abs. 1 und 2 ROG) aufgestellt werden können. Unter **sonstigen Erfordernissen der Raumordnung** werden nach § 3 Abs. 1 Nr. 4 ROG die in Aufstellung befindlichen Ziele der Raumordnung, Ergebnisse förmlicher landesplanerischer Verfahren wie des Raumordnungsverfahrens (§ 15 ROG) und landesplanerische Stel-

---

38 *Runkel*, in: Bielenberg/Runkel/Spannowsky, Raumordnung, L § 3 ROG Rn. 248; *von der Heide*, in: Cholewa/Dyong/von der Heide/Arenz, Raumordnung, § 3 ROG Rn. 89 ff.
39 Vgl. *von der Heide*, in: Cholewa/Dyong/von der Heide/Arenz, Raumordnung, § 3 ROG Rn. 95 ff.; *Runkel*, in Bielenberg/Runkel/Spannowsky, Raumordnung, L § 3 ROG Rn. 252.
40 *Runkel*, in: Bielenberg/Runkel/Spannowsky, Raumordnung, K § 3 ROG Rn. 242.
41 Vgl. *Gellermann*, in: Landmann/Rohmer, Umweltrecht, § 22 BNatSchG Rn. 13.
42 *Schulte*, NVwZ 1999, 942 (944).
43 Vgl. VGH München, Urt. v. 17.12.1998 – 9 N 93.1261, BayVBl 1999, 691 (692); *Gellermann*, in: Landmann/Rohmer, Umweltrecht, § 22 BNatSchG Rn. 13.

lungnahmen verstanden. Im Gegensatz zu den Zielen der Raumordnung besteht im Hinblick auf die Grundsätze und sonstigen Erfordernisse der Raumordnung lediglich ein Berücksichtigungsgebot. D. h. letztere sind im Rahmen der Unterschutzstellungsentscheidung zwar zwingend in die Abwägung einzubeziehen, können jedoch im Einzelfall durch solche Belange überwunden werden, die der Träger des Unterschutzstellungsverfahrens als überwiegend erachtet.[44] Es besteht also keine strikte Bindungspflicht, sondern dem Berücksichtigungsgebot ist bereits genüge getan, wenn den Grundsätzen und sonstigen Erfordernissen der Raumordnung im Rahmen der Unterschutzstellungsentscheidung zu möglichst großer Geltung verholfen wird.

c) Ermessen und Abwägung
aa) Entschließungsermessen

25   Erweist sich für einen Teil von Natur und Landschaft eine Unterschutzstellung im vorgenannten Sinne als erforderlich und stehen keine Raumordnungsziele entgegenstehen, so besteht gleichwohl grundsätzlich keine Unterschutzstellungspflicht. Vielmehr steht es im **Entschließungsermessen** der zuständigen Behörde, ob sie eine Schutzanordnung erlässt („Normsetzungsermessen").[45] Daher kann insbesondere keine Unterschutzstellungspflicht für all jene Bereiche angenommen werden, bei denen sich auf Grundlage der von §§ 23–29 erfassten Schutzzwecke eine Unterschutzstellung „anbietet".[46]

26   Vom vorgenannten Grundsatz des Entschließungsermessens besteht indes eine Ausnahme, soweit es um **Natura 2000-Gebiete** i.S.v. § 7 Abs. 1 Nr. 8 (Gebiete von gemeinschaftlicher Bedeutung und Europäische Vogelschutzgebiete) geht. Hier ist bundesrechtlich gemäß § 32 Abs. 2 vor dem Hintergrund der aus FFH- und Vogelschutz-Richtlinie entspringenden Unterschutzstellungspflichten[47] geregelt, dass diese Gebiete zu geschützten Teilen von Natur und Landschaft i.S.v. § 20 Abs. 2 zu erklären sind. Während zwar die Auswahl der Schutzkategorie der behördlichen Entscheidung überantwortet bleibt, besteht somit hinsichtlich des „ob" einer Unterschutzstellung kein Entschließungsermessen, sondern hat eine Schutzerklärung – vorbehaltlich einer Ausnahme nach § 32 Abs. 4 – zwingend zu erfolgen.[48]

27   Darüber hinaus kann das Entschließungsermessen aus besonderen Gründen im Einzelfall **„auf Null reduziert"** sein. Dies ist z.B. denkbar, wenn schutzwürdige Bereiche von überragender Bedeutung mit hoher Wahr-

---

44 Hierzu statt vieler *Dyong*, in: Cholewa/Dyong/von der Heide/Arenz, Raumordnung, § 4 ROG Rn. 15.

45 BVerwG, Beschl. v. 13. 03. 2008 – 4 B 15.08, ZfBR 2008, 594 (595); *Kerkmann*, in: Kerkmann (Hrsg.), Naturschutzrecht in der Praxis, § 5 Rn. 19; *Gellermann*, in: Landmann/Rohmer, Umweltrecht, § 22 BNatSchG Rn. 14.

46 So aber *Fischer-Hüftle/Schumacher/Schumacher*, in: Schumacher/Fischer-Hüftle, BNatSchG, § 22 Rn. 9.

47 Siehe hierzu näher *von Daniels/Appel*, NuR 2008, 685 (687 ff.).

48 OVG Bautzen, Urt. v. 24. 01. 2007 – 1 D 10/05, NuR 2008, 118 (119); *Gellermann*, in: Landmann/Rohmer, Umweltrecht, § 22 BNatSchG Rn. 15; *Gassner/Heugel*, Das neue Naturschutzrecht, Rn. 398.

scheinlichkeit erheblich beeinträchtigt oder vernichtet würden.[49] Aufgrund des damit verbundenen Eingriffs in das behördliche Normsetzungsermessen wird eine Ermessensreduzierung auf Null allerdings nur in sehr eng begrenzten Ausnahmefällen anzunehmen sein.

bb) Auswahlermessen und Abwägungsgebot

Das behördliche Ermessen betrifft nicht nur die Frage des „ob" der Unterschutzstellung, sondern auch und v.a. das „wie" (**Auswahlermessen**).[50] Im Rahmen der Ermessensentscheidung ist das in § 2 Abs. 3 geregelte naturschutzrechtliche **Abwägungsgebot** von zentraler Bedeutung.[51] Hiernach sind die sich aus den Zielen des Naturschutzes und der Landschaftspflege ergebenden Anforderungen untereinander sowie gegen die sonstigen Anforderungen der Allgemeinheit an Natur und Landschaft und die betroffenen privaten Belange (insbesondere der Eigentümer) miteinander abzuwägen.[52] Dabei fordert die zu treffende Abwägungsentscheidung allerdings nicht die für fachplanerische Entscheidungen typische Einzelabwägung aller konkret betroffenen Belange. Vielmehr ist dem Abwägungsgebot hier bereits dann Genüge getan, wenn etwaigen betroffenen Einzelinteressen durch ein in die Schutzerklärung integriertes System von **Ausnahme- und Befreiungsregelungen** Rechnung getragen und ihre hinreichende Berücksichtigung somit im Rahmen nachfolgender Einzelfallbeurteilungen möglich ist.[53] Von daher muss die zuständige Behörde im Unterschutzstellungsverfahren nicht zwingend sämtliche betroffene Einzelinteressen ermitteln und in die Entscheidung einstellen.[54] Wie bei jeder Abwägungsentscheidung besteht auch hier ein gerichtlich nur eingeschränkt überprüfbarer behördlicher Gestaltungsspielraum.[55]

28

---

49 *Gellermann*, in: Landmann/Rohmer, Umweltrecht, § 22 BNatSchG Rn. 15; näher *Soell*, NuR 1993, 301 (307); *Louis*, DVBl 1990, 800 (801).

50 *Kerkmann*, in: Kerkmann (Hrsg.), Naturschutzrecht in der Praxis, § 5 Rn. 19; *Gassner/ Heugel*, Das neue Naturschutzrecht, Rn. 398.

51 BVerwG, Urt. v. 31. 01. 2001 – 6 CN 2.00, BayVBl. 2001, 440 (442); OVG Lüneburg, Urt. v. 01. 04. 2008 – 4 KN 57/07, NVwZ-RR 2008, 602 (604); *Gellermann*, in: Landmann/Rohmer, Umweltrecht, § 22 BNatSchG Rn. 16.

52 *Gassner/Heugel*, Das neue Naturschutzrecht, Rn. 399; *Fischer-Hüftle/Schumacher/Schumacher*, in: Schumacher/Fischer-Hüftle, BNatSchG, § 22 Rn. 10; *Heugel*, in: Lütkes/Ewer, BNatSchG, § 22 Rn. 5.

53 BVerwG, Beschl. v. 16. 06. 1988 – 4 B 102.88, NVwZ 1988, 1020 (1020); OVG Münster, Urt. v. 17. 11. 2000 – 8 A 2720/98, NuR 2001, 348 (349); *Gellermann*, in: Landmann/Rohmer, Umweltrecht, § 22 BNatSchG Rn. 16; *Gassner/Heugel*, Das neue Naturschutzrecht, Rn. 399; *Fischer-Hüftle/Schumacher/Schumacher*, in: Schumacher/Fischer-Hüftle, BNatSchG, § 22 Rn. 10.

54 OVG Lüneburg, Urt. v. 01. 04. 2008 – 4 KN 57/07, NVwZ-RR 2008, 602 (604); *Gellermann*, in: Landmann/Rohmer, Umweltrecht, § 22 BNatSchG Rn. 16.

55 OVG Münster, Urt. v. 06. 10. 1988 – 11 A 372/87, NuR 1989, 188 (189); *Fischer-Hüftle/ Schumacher/Schumacher*, in: Schumacher/Fischer-Hüftle, BNatSchG, § 22 Rn. 10; *Gassner/Heugel*, Das neue Naturschutzrecht, Rn. 399.

cc) Wahl der richtigen Schutzkategorie

29 Die Behörde muss sich im Rahmen der Ermessensausübung insbesondere für eine der verschiedenen, nach §§ 23–29 zur Verfügung stehenden Schutzkategorien entscheiden. In diesem Zusammenhang ist zunächst zwischen den Möglichkeiten des Flächenschutzes (§§ 23–27) und des Objektschutzes (§§ 28, 29) zu unterscheiden. Der **Objektschutz** ist auf Objekte oder Gruppen von Objekten in der Natur und Landschaft beschränkt, die als solche deutlich erkennbar oder jedenfalls unschwer abgrenzbar und zumindest gattungsmäßig bestimmt sind (z.B. Gesamtbestand von Bäumen oder Hecken in einem bestimmten räumlichen Bereich).[56] Dahingegen geht es beim **Flächenschutz** nicht um die Unterschutzstellung einzelner oder mehrerer Natur- und Landschaftsobjekte, sondern um den Schutz eines gesamten Gebiets. In der Praxis bereitet die Abgrenzung indes aufgrund fließender Übergänge häufig Schwierigkeiten. So können z.B. Naturdenkmale gemäß § 28 Abs. 1 mit bis zu fünf Hektar relativ groß sein und Naturschutzgebiete sind keinesfalls immer großflächig, sondern können auch kleinflächig sein (siehe hierzu noch näher § 23 Rn. 7 f.). Für die Zuordnung kommt es im Kern darauf an, ob im konkreten Fall der Schutz eines Gebiets oder aber der Schutz eines Einzelobjekts bzw. einer Gesamtheit von Einzelobjekten im Vordergrund steht.

30 Im Übrigen hat sich die Auswahl der Schutzkategorie v.a. an den in §§ 23–29 jeweils aufgeführten unterschiedlichen **Schutzzwecken** zu orientieren und in Erwägung zu ziehen, welche bestimmten Schutz-, Pflege- oder Entwicklungsmaßnahmen aufgrund der tatsächlichen Gegebenheiten des in Rede stehenden Gebiets oder Objekts erforderlich sind.[57] Je höher die Schutzwürdigkeit und Schutzbedürftigkeit ist, desto strenger muss das Schutzregime ausgestaltet werden.[58] Erfordert ein Schutzgegenstand etwa ein striktes Veränderungsverbot, so kommt v.a. die Unterschutzstellung als Naturschutzgebiet in Betracht.[59] Andererseits steht es der Behörde auch nicht frei, ein nur schwach zu schützendes Gebiet als Naturschutzgebiet auszuweisen.[60]

31 In der Sache sind die Voraussetzungen der verschiedenen Schutzgebietskategorien nicht immer derart scharf voneinander abgrenzbar, dass stets nur eine einzige in Betracht kommt. Vielmehr kann es auch zu **Überschneidungen** kommen.[61] Die Behörde muss sich dann nach pflichtgemäßem Ermessen für eine der in Betracht kommenden Schutzkategorien entscheiden. Ermes-

---

56 *Louis/Engelke*, BNatSchG, § 12 Rn. 61; *Gassner/Heugel*, Das neue Naturschutzrecht, Rn. 396 m.w.N.

57 *Schmidt-Räntsch*, in: Gassner/Bendomir-Kahlo/Schmidt-Räntsch, BNatSchG, § 22 Rn. 11.

58 *Louis/Engelke*, BNatSchG, § 12 Rn. 63; *Fischer-Hüftle/Schumacher/Schumacher*, in: Schumacher/Fischer-Hüftle, BNatSchG, § 22 Rn. 8; *Gassner/Heugel*, Das neue Naturschutzrecht, Rn. 397.

59 *Gassner/Heugel*, Das neue Naturschutzrecht, Rn. 397.

60 *Kerkmann*, in: Kerkmann (Hrsg.), Naturschutzrecht in der Praxis, § 5 Rn. 30.

61 *Fischer-Hüftle/Schumacher/Schumacher*, in: Schumacher/Fischer-Hüftle, BNatSchG, § 22 Rn. 8.

sensfehlerhafte Fehlbezeichnungen haben indes stets die Unwirksamkeit der betreffenden Schutzgebietsausweisung zur Folge.[62]

Darüber hinaus ist es möglich, dass sich die Geltungsbereiche verschiedener Schutzerklärungen überschneiden, indem sich z.B. die Flächen eines Natur- und Landschaftsschutzgebiets teilweise überdecken.[63] Auch können verschiedene Schutzkategorien grundsätzlich **miteinander verknüpft** werden, wenn die sachlichen Voraussetzungen der jeweiligen Schutzkategorien vorliegen.[64] Dabei können sowohl mehrere aufeinander abgestimmte Ausweisungen vorgenommen werden als auch eine einheitliche kombinierte Unterschutzstellung (z.B. als Natur- und Landschaftsschutzgebiet).[65] 32

dd) Berücksichtigung von Eigentümerbelangen

Im Rahmen der Abwägungsentscheidung spielt in der Praxis insbesondere die ordnungsgemäße Berücksichtigung der Belange der von Schutzausweisungen betroffenen Eigentümer eine Rolle.[66] Die Behörde hat insofern den aus der **Eigentumsgarantie** des Art. 14 GG und dem bundesverfassungsgerichtlichen Eigentumsmodell[67] (siehe § 65 Rn. 5 ff.) entspringenden Anforderungen Rechnung zu tragen. 33

Aus Unterschutzstellungen und insbesondere den in ihnen enthaltenen Ge- und Verboten lassen sich Rechte und Pflichten ableiten, mit denen für die Zukunft in generell-abstrakter Weise eigentumsbezogene Verhältnisse festgelegt werden. Damit stellen Regelungen in Schutzerklärungen **Inhalts- und Schrankenbestimmungen** i.S.v. Art. 14 Abs. 1 Satz 2 GG dar und schlagen selbst dann nicht in eine **Enteignung** i.S.v. Art. 14 Abs. 3 GG um, wenn ein Grundeigentümer unverhältnismäßig betroffen wird[68] (vgl. § 65 Rn. 13 ff.). Für die Frage der Verfassungsmäßigkeit derartiger Inhalts- und Schrankenbestimmungen ist von Bedeutung, dass der Naturschutz eine Gemeinwohlaufgabe von hohem Rang darstellt und daher vor dem Hintergrund der Sozialbindung des Grundeigentums (Art. 14 Abs. 2 GG) grundsätzlich geeignet ist, gesetzliche Regelungen und Maßnahmen zur Beschränkung von Eigentümerinteressen zu rechtfertigen (vgl. auch Art. 20a GG).[69] Bei der Frage der Verfassungsmäßigkeit einer Unterschutzstellung kommt es v.a. darauf an, 34

---

62 Vgl. *Kerkmann*, in: Kerkmann (Hrsg.), Naturschutzrecht in der Praxis, § 5 Rn. 30; *Meßerschmidt*, Bundesnaturschutzrecht, § 22 BNatSchG Rn. 27; *Louis/Engelke*, BNatSchG, § 12 Rn. 63.

63 VGH Mannheim, Beschl. v. 30.07.1996 – 5 S 1486/95, NuR 1998, 143 (144); *Fischer-Hüftle/Schumacher/Schumacher*, in: Schumacher/Fischer-Hüftle, BNatSchG, , § 22 Rn. 8.

64 *Schmidt-Räntsch*, in: Gassner/Bendomir-Kahlo/Schmidt-Räntsch, BNatSchG, § 22 Rn. 13.

65 Vgl. OVG Greifswald, Urt. v. 20.04.1994 – 4 K 25/93, NuR 1995, 149 (151); *Meßerschmidt*, Bundesnaturschutzrecht, § 22 BNatSchG Rn. 31; *Schmidt-Räntsch*, in: Gassner/Bendomir-Kahlo/Schmidt-Räntsch, BNatSchG, § 22 Rn. 13.

66 Hierzu ausführlich *Meßerschmidt*, Bundesnaturschutzrecht, § 22 BNatSchG, Rn. 22 ff.

67 Eingehend *Appel*, Entstehungsschwäche und Bestandsstärke des verfassungsrechtlichen Eigentums, S. 25 ff.

68 BVerfG, Beschl. v. 02.03.1999 – 1 BvL 7/91, BVerfGE 100, 226 (240, 243).

69 *Papier*, in: Maunz/Dürig, GG, Art. 14 Rn. 422 ff. m.w.N.

welche Gewichtigkeit den konkret in Rede stehenden Naturschutzbelangen zukommt und welche Intensität die Beeinträchtigung der Eigentümerinteressen hat. V. a. muss nach Erlass der Schutzerklärung die Privatnützigkeit des Grundeigentums noch hinreichend gewahrt sein, was insbesondere von der Einbettung des Grundstücks in die Natur und Landschaft (**„Situationsgebundenheit"**) sowie von dem Umfang bislang verwirklichter bzw. sich zumindest objektiv anbietender Nutzungen abhängt (siehe hierzu näher die Kommentierung zu § 68).

35 Erweist sich eine Inanspruchnahme im Einzelfall als unzumutbar, so stellt sich die Frage, ob die Inhalts- und Schrankenbestimmung abgewehrt werden kann oder ob die Maßnahme zu dulden ist und (lediglich) ein **Entschädigungsanspruch** in Betracht kommt. Insofern ist § 68 zu beachten, der bei unzumutbaren Beschränkungen des Grundeigentums, die sich aufgrund von naturschutzrechtlichen Vorschriften des Bundes oder der Länder ergeben, einen Entschädigungsanspruch regelt, sodass ein Abwehrrecht grundsätzlich ausscheidet. Allerdings besteht insoweit, wie § 68 in verfassungskonformer Weise bestimmt, kein Automatismus in dem Sinne, dass bei jeder unzumutbaren Maßnahme bloß ein Entschädigungsanspruch bestünde. Sonst würde der Bestandsgarantie des Art. 14 Abs. 1 Satz 1 GG nicht hinreichend Rechnung getragen, da diese verlangt, dass in erster Linie Vorkehrungen getroffen werden, die eine unverhältnismäßige Belastung des Eigentümers real vermeiden und die Privatnützigkeit des Eigentums so weit wie möglich erhalten.[70] Vorrangig muss die Möglichkeit des Einsatzes von Übergangsregelungen, Ausnahme- und Befreiungsvorschriften sowie sonstiger administrativer und technischer Vorkehrungen erwogen werden. Nur wenn solche Instrumente im Einzelfall nicht oder nur mit unverhältnismäßigem Aufwand eingesetzt werden können, kommt ein finanzieller Ausgleich in Betracht oder kann es geboten sein, dem Eigentümer einen Anspruch auf Übernahme des betreffenden Grundstücks durch die öffentliche Hand zum Verkehrswert einzuräumen.[71]

d) Zwingende Mindestinhalte des Abs. 1 Satz 2, 1. Halbs.
aa) Allgemeines

36 Schutzerklärungen müssen gemäß Abs. 1 Satz 2, 1. Halbs. den Schutzgegenstand, den Schutzzweck und die zur Erreichung des Schutzzwecks notwendigen Gebote und Verbote bestimmen. Insoweit geht es um **Mindestinhalte** einer Unterschutzstellung, die für deren Wirksamkeit entscheidend sind.[72] Daher lassen sich diese Inhalte unter die einzuhaltenden materiellen Anforderungen von Schutzerklärungen fassen.

37 Soweit Abs. 1 Satz 2, 2. Halbs. a. E. eine Ermächtigung enthält, dass in Schutzerklärungen die in Abs. 1 Satz 2 aufgeführten Inhalte von Unterschutzstel-

---

70 BVerfG, Beschl. v. 02. 03. 1999 – 1 BvL 7/91, BVerfGE 100, 226 (245); BVerfG, Beschl. v. 23. 02. 2010 – 1 BvR 2736/06, NVwZ 2010, 512 (514).
71 BVerfG, Beschl. v. 02. 03. 1999 – 1 BvL 7/91, BVerfGE 100, 226 (245); BVerfG, Beschl. v. 23. 02. 2010 – 1 BvR 2736/06, NVwZ 2010, 512 (514).
72 *Meßerschmidt*, Bundesnaturschutzrecht, § 22 BNatSchG Rn. 30.

lungen delegiert werden können, gilt diese **Delegationsmöglichkeit** nur für die fakultativen Inhalte des Abs. 1 Satz 2, 2. Halbs. Hierfür spricht nicht nur der Satzbau. In materieller Hinsicht bilden Schutzgegenstand und Schutzzweck so wesentliche Inhalte, dass diese vom Verordnungsgeber im Rahmen der Unterschutzstellung selbst festgelegt werden müssen. Dasselbe dürfte hinsichtlich der Entscheidung über Ge- und Verbote gelten. Das rechtstaatliche Bestimmtheitsgebot spricht dagegen, die Festlegung von Ge- und Verboten und die von ihnen ausgehenden einschneidenden Wirkungen auf nachgelagerte Stellen delegieren zu können.[73]

bb) Schutzgegenstand

Eine Unterschutzstellung muss ihren **Schutzgegenstand**, d.h. das Gebiet oder das Objekt, das zu einem geschützten Teil von Natur und Landschaft erklärt werden soll, festlegen. Bei der Frage der Bestimmung der räumlichen Abgrenzungen des Schutzgegenstandes steht der Behörde ein gestalterisches Ermessen zu.[74] Unter dem Gesichtspunkt der Normenklarheit liegt es allerdings nahe, die räumlichen Grenzen z.B. am Verlauf von Flüssen, Straßen o.ä. zu orientieren.[75]   *38*

Von der Frage der inhaltlichen Festlegung der räumlichen Abgrenzungen ist die Anforderung zu trennen, die an eine ordnungsgemäße Bezeichnung des Schutzgegenstandes in der Schutzerklärung zu stellen ist. Dem insoweit einzuhaltenden **Bestimmtheitsgebot** genügen allgemein gehaltene Beschreibungen nicht. Vielmehr ist erforderlich, dass die Grenzen des Schutzgegenstandes konkret und nachvollziehbar dargestellt werden.[76] Sofern das Landesrecht keine weitergehenden Anforderungen aufstellt, geltenden folgende Grundsätze:[77]   *39*

Der Schutzgegenstand kann durch **textliche Umschreibungen** konkretisiert werden. Dies ist z.B. denkbar, wenn er sich mit Worten eindeutig bezeichnen lässt (z.B. eine bestimmte Insel); bei kleineren Flächen oder bei Objekten kann auch die Beschreibung mit Angabe der Flurstücksnummer ausreichen.[78] Möglich sind ferner **kartografische Darstellungen**, z.B. indem der   *40*

---

73 *Meßerschmidt*, Bundesnaturschutzrecht, § 22 BNatSchG Rn. 69; siehe auch *Louis/ Engelke*, BNatSchG, § 12 Rn. 120; a.A. *Schmidt-Räntsch*, in: Gassner/Bendomir-Kahlo/ Schmidt-Räntsch, BNatSchG, § 22 Rn. 33.

74 *Louis/Engelke*, BNatSchG, § 12 Rn. 64; *Schmidt-Räntsch*, in: Gassner/Bendomir-Kahlo/ Schmidt-Räntsch, BNatSchG, § 22 Rn. 22.

75 OVG Koblenz, Urt. v. 28.02.1996 – 8 C 13353/94, NuR 1996, 629 (630); *Kerkmann*, in: Kerkmann (Hrsg.), Naturschutzrecht in der Praxis, § 5 Rn. 30; näher *Louis/Engelke*, BNatSchG, § 12 Rn. 64.

76 BVerwG, Urt. v. 27.01.1967 – IV C 105.65, BVerwGE 26, 111 (129); *Carlsen/Fischer-Hüftle*, NuR 1993, 311 (314); *Gellermann*, in: Landmann/Rohmer, Umweltrecht, § 22 BNatSchG Rn. 20.

77 Ausführlich *Meßerschmidt*, Bundesnaturschutzrecht, § 22 BNatSchG Rn. 38 ff.; *Schmidt-Räntsch*, in: Gassner/Bendomir-Kahlo/Schmidt-Räntsch, BNatSchG, § 22 Rn. 22.

78 *Fischer-Hüftle/Schumacher/Schumacher*, in: Schumacher/Fischer-Hüftle, BNatSchG, § 22 Rn. 17.

Schutzgegenstand durch eine als Anlage im Verkündungsblatt beigefügte Landkarte gekennzeichnet wird.[79] Ausreichend ist auch eine bloß grobe Umschreibung in der Schutzerklärung, wenn diese verbunden wird mit einem Verweis auf eine amtlich niedergelegte und dort für jedermann einsehbare Landkarte, deren archivmäßige Verwahrung zu sichern ist.[80] Die Verwendung veralteten Kartenmaterials kann unschädlich sein, wenn die Schutzgebietsgrenzen als solche hinreichend deutlich erkennbar sind, kann aber u. U. auch einen Abwägungsmangel begründen.[81]

41   Ist eine Schutzerklärung hinsichtlich ihres Schutzgegenstands nicht hinreichend bestimmt, so ist sie nicht zwangsläufig insgesamt unwirksam (bei einer Rechtsnorm) bzw. anfechtbar (bei einem Einzelakt). Vielmehr ist im Einzelfall zu prüfen, ob die Schutzerklärung nach den allgemeinen Grundsätzen der **Teilnichtigkeit** von Rechtsnormen bzw. Einzelakten lediglich hinsichtlich ihres Unschärfebereichs nichtig bzw. anfechtbar ist und im Übrigen unberührt bleibt.[82]

cc) Schutzzweck

42   Weiterer Mindestinhalt einer Unterschutzstellung ist der für den betreffenden Teil von Natur und Landschaft verfolgte **Schutzzweck**. Während in den §§ 23–29 die allgemeinen Schutzzwecke für die verschiedenen Schutzkategorien bereits gesetzlich abstrakt bestimmt sind (und dabei v. a. für die Frage der Schutzwürdigkeit Bedeutung haben, vgl. Rn. 14 ff.), geht es bei der Schutzzweckbestimmung im Rahmen der einzelnen Unterschutzstellung darum, diese Zwecke für den in Rede stehenden Schutzgegenstand zu konkretisieren.[83] Diese beiden Arten von Schutzzwecken sind stets zu unterscheiden.[84]

43   Die Konkretisierung des Schutzzwecks hat in der Praxis zentrale Bedeutung, da sie die Verbindung zwischen einerseits der Bestimmung des Schutzgegenstands und andererseits dem hierfür geltenden Schutzregime darstellt.[85] Am Schutzzweck bemisst sich insbesondere, ob eine Unterschutzstellung und ihre Ge- und Verbote erforderlich und verhältnismäßig sind, inwieweit Aus-

---

79 BVerwG, Urt. v. 31. 01. 2001 – 6 CN 2/00, NVwZ 2001, 1035 (1035); *Lorz/Konrad/Mühlbauer/Müller-Walter/Stöckel*, Naturschutzrecht, § 22 BNatSchG, Rn. 3; *Meßerschmidt*, Bundesnaturschutzrecht, § 22 BNatSchG Rn. 35.

80 BVerwG, Urt. v. 31. 01. 2001 – 6 CN 2.00, BayVBl. 2001, 440 (441); *Gellermann*, in: Landmann/Rohmer, Umweltrecht, § 22 BNatSchG Rn. 20.

81 *Meßerschmidt*, Bundesnaturschutzrecht, § 22 BNatSchG Rn. 43 m.w.N.

82 Vgl. OVG Münster, Urt. v. 02. 10. 1997 – 11 A 43/10, NuR 1998, 329 (331); VGH München, Urt. v. 08. 08. 1996 – 22 B 94.2465, NuR 1997, 291 (292); *Gellermann*, in: Landmann/Rohmer, Umweltrecht, § 22 BNatSchG Rn. 20; *Meßerschmidt*, Bundesnaturschutzrecht, § 22 BNatSchG Rn. 42.

83 *Meßerschmidt*, Bundesnaturschutzrecht, § 22 BNatSchG Rn. 54; *Fischer-Hüftle/Schumacher/Schumacher*, in: Schumacher/Fischer-Hüftle, BNatSchG, § 22 Rn. 18.

84 Vgl. etwa *Meßerschmidt*, Bundesnaturschutzrecht, § 24 BNatSchG Rn. 58 zum Naturpark.

85 *Meßerschmidt*, Bundesnaturschutzrecht, § 22 BNatSchG Rn. 54.

nahmen und Befreiungen in Betracht kommen und welche Pflege-, Entwicklungs- und Wiederherstellungsmaßnahmen erforderlich sind.[86] Bei der Unterschutzstellung von **Natura 2000-Gebieten** kommt der Bestimmung des Schutzzwecks weiteres Gewicht zu, da dieser gemäß § 34 Abs. 1 Satz 2 Maßstab für die Prüfung der Verträglichkeit von Projekten und Plänen ist.[87] Da der Schutzzweck fachlich ausgerichtet ist, stellt er keinen Gegenstand der behördlichen Abwägung dar.[88] Unzulänglichkeiten bei der Konkretisierung des Schutzwecks führen bei einer Unterschutzstellungserklärung in Form einer Rechtsnorm zur Nichtigkeit bzw. bei einem Einzelakt zur Anfechtbarkeit.[89]

In der Sache muss in der Schutzerklärung angeben werden, was mit der Unterschutzstellung des in Rede stehenden Teils von Natur und Landschaft konkret beabsichtigt bzw. angestrebt wird; die formelhafte Wiederholung der gesetzlich vorgesehenen allgemeinen Schutzzwecke genügt nicht.[90] Üblich ist in jedem Fall die grobe Beschreibung des aktuellen Zustands von Natur und Landschaft und der Ziele, die mit der Unterschutzstellung erreicht werden sollen.[91] Hinsichtlich des weiteren erforderlichen **Konkretisierungsgrads** lassen sich indes keine allgemein gültigen Anforderungen aufstellen, sondern hängt dieser von den Umständen des Einzelfalls ab.[92] So ist z.B. beim Flächenschutz für die Konkretisierungstiefe von Bedeutung, ob es um ein großflächiges bzw. heterogenes Gebiet geht, wo eine differenzierte Umschreibung des Schutzzwecks eher angezeigt ist, oder um eine leicht überschaubare bzw. homogene Fläche, wo aufgrund eindeutigerer Erkennbarkeit des Gewollten eine knappe Umschreibung ausreichend erscheint.[93] Wird von der in § 22 Abs. 1 Satz 3 eingeräumten Möglichkeit der Zonierung eines Schutzgebiets Gebrauch gemacht, so ist eine differenzierte Beschreibung des Schutzzwecks für die Teilgebiete erforderlich (siehe Rn. 60).   *44*

In formeller Hinsicht ist nicht erforderlich, dass die Schutzzweckkonkretisierung in der Schutzerklärung durch eine eigenständige Regelung (z.B. mit der Überschrift „Schutzzweck") erfolgt.[94]   *45*

---

86 VGH Mannheim, Beschl. v. 07. 08. 1992 – 5 S 251/91, NVwZ 1993, 909 (909); *Fischer-Hüftle/Schumacher/Schumacher*, in: Schumacher/Fischer-Hüftle, BNatSchG, § 22 Rn. 18.

87 *Gassner/Heugel*, Das neue Naturschutzrecht, Rn. 401; hierzu näher *Storost*, DVBl 2009, 673 (675); *Spieth/Appel*, NuR 2009, 669 (670).

88 *Louis/Engelke*, BNatSchG, § 12 Rn. 75.

89 Vgl. *Meßerschmidt*, Bundesnaturschutzrecht, § 22 BNatSchG Rn. 54; *Louis/Engelke*, BNatSchG, § 12 Rn. 75.

90 OVG Greifswald, Urt. v. 14. 10. 2008 – 4 K 25/06, BeckRS 2009, 32507; *Schmidt-Räntsch*, in: Gassner/Bendomir-Kahlo/Schmidt-Räntsch, BNatSchG, § 22 Rn. 23.

91 *Gellermann*, in: Landmann/Rohmer, Umweltrecht, § 22 BNatSchG Rn. 21; *Louis/Engelke*, BNatSchG, § 12 Rn. 75.

92 *Meßerschmidt*, Bundesnaturschutzrecht, § 22 BNatSchG Rn. 54 ff.; *Louis/Engelke*, BNatSchG, § 12 Rn. 75 ff., jeweils mit zahlreichen Praxisbeispielen.

93 BVerwG, Beschl. v. 29. 12. 1988 – 4 C 19.86, NVwZ 1989, 555 (550); *Gellermann*, in: Landmann/Rohmer, Umweltrecht, § 22 BNatSchG Rn. 21.

94 Vgl. BVerwG, Beschl. v. 29. 01. 2007 – 7 B 68/06, NVwZ 2007, 589 (590); *Gellermann*, in: Landmann/Rohmer, Umweltrecht, § 22 BNatSchG Rn. 21; *Kerkmann*, in: Kerkmann (Hrsg.), Naturschutzrecht in der Praxis, § 5 Rn. 123.

dd) Gebote und Verbote

46 Weiterer Mindestinhalt einer Schutzerklärung sind die zur Erreichung des Schutzzwecks notwendigen **Ge- und Verbote**. Sie bilden zentrale Inhalte von Unterschutzstellungen, da sie konkrete Pflichten aufstellen, durch die die Schutzerklärungen für Betroffene erst „spürbar" werden. Die §§ 23–29 enthalten zu den Ge- und Verboten zwar jeweils schutzkategoriebezogene inhaltliche Ausgestaltungsvorgaben, allerdings nur „nach Maßgabe näherer Bestimmungen" (vgl. etwa § 23 Abs. 2 Satz 1). Hierdurch hat der Bundesgesetzgeber lediglich deutlich gemacht, welche Ge- und Verbote er grundsätzlich für geeignet, erforderlich und angemessen hält.[95] Daher gelten die Ge- und Verbote nicht unmittelbar kraft Gesetzes, sondern müssen in der jeweiligen Schutzerklärung selbst geregelt werden.[96] In diesem Fall bestehen dann bereichsspezifische und abschließende Spezialregelungen, sodass nach der Schutzerklärung erlaubte Handlungen grundsätzlich nicht unter Rückgriff auf allgemeine Vorschriften verboten werden können.[97] Die Einzelheiten der Auswahl der notwendigen Ge- und Verbote steht im behördlichen Gestaltungsermessen.[98] Bei Ermessensfehlern ist eine als Rechtsnorm ergangene Unterschutzstellung nichtig bzw. als Einzelakt anfechtbar.[99]

47 Die in Abs. 1 Satz 2 verwendete Formulierung „notwendige" Ge- und Verbote macht deutlich, dass sämtliche Anordnungen zu treffen sind, derer es zur Verwirklichung des gesetzeskonform konkretisieren Schutzzwecks bedarf.[100] Dabei soll allerdings keine Beschränkung auf das zur Verwirklichung des Schutzzwecks zwingend Notwendige oder Unabweisbare bestehen, sondern sollen Ge- und Verbote bereits dann zulässig sein, wenn sie geeignet sind, den Schutzzweck zu fördern.[101] Der Wortlaut des Abs. 1 Satz 2 spricht allerdings von „notwendigen" und nicht bloß von zur Erreichung des Schutzzwecks „dienlichen" Ge- und Verboten. Von daher ist fraglich, ob die vorgenannte weite Auslegung v.a. mit Blick auf das **Übermaßverbot** überzeugt.

48 Bei den in Schutzerklärungen aufzunehmenden Verboten ist zwischen solchen präventiver und repressiver Art zu unterscheiden. **Präventive Verbote** sind weniger einschneidend, da sie Handlungen bloß „vorsorglich" verbieten,

---

95 Vgl. *Hendrischke*, in: Schlacke (Hrsg.), GK-BNatSchG, § 22 Rn. 15.

96 *Gassner/Heugel*, Das neue Naturschutzrecht, Rn. 402; *Gellermann*, in: Landmann/Rohmer, Umweltrecht, § 22 BNatSchG Rn. 22; *Hendrischke*, in: Schlacke (Hrsg.), GK-BNatSchG, § 22 Rn. 15; a.A. *Kerkmann*, in: Kerkmann (Hrsg.), Naturschutzrecht in der Praxis, § 5 Rn. 53.

97 VGH München, Urt. v. 10.04.1990 – 8 B 86.0202B, NuR 1991, 488 (489); *Schmidt-Räntsch*, in: Gassner/Bendomir-Kahlo/Schmidt-Räntsch, BNatSchG, § 22 Rn. 26.

98 BVerwG, Beschl. v. 16.06.1988 – 4 B 102.88, NuR 1989, 37 (38); *Schmidt-Räntsch*, in: Gassner/Bendomir-Kahlo/Schmidt-Räntsch, BNatSchG, § 22 Rn. 28.

99 Vgl. OVG Berlin, Beschl. v. 26.09.1991 – 2 A 5.91, NuR 1992, 87 (89); VGH Mannheim, Urt. v. 11.10.1993 – 5 S 1266/92, NuR 1994, 239 (240); *Schmidt-Räntsch*, in: Gassner/Bendomir-Kahlo/Schmidt-Räntsch, BNatSchG, § 22 Rn. 28.

100 *Gellermann*, in: Landmann/Rohmer, Umweltrecht, § 22 BNatSchG Rn. 22.

101 *Louis/Engelke*, BNatSchG, § 12 Rn. 110; ähnlich *Meßerschmidt*, Bundesnaturschutzrecht, § 22 BNatSchG Rn. 61 m.w.N.

um in einem Verwaltungsverfahren die konkrete Gefahr einer Schutzzweck-beeinträchtigung und die Frage der Erlaubniserteilung prüfen zu können. Die betreffenden Verhaltensweisen sind nicht strikt verboten, sondern werden lediglich einer Unbedenklichkeitskontrolle unterworfen, sodass bei Nichtvorliegen von Verbotsgründen ein Anspruch auf Erlaubniserteilung besteht. Dagegen sind **repressive Verbote** einschneidender, da sie eine Handlungsweise generell verbieten und nur ausnahmsweise im atypischen Sonderfall eine im behördlichen Ermessen stehende Befreiung (vgl. § 67) zulassen.[102] Die Frage, welche Verbotsarten in eine Schutzerklärung aufzunehmen sind, richtet sich nach dem **Übermaßverbot**.[103] Zu berücksichtigen ist zum einen der Schutzzweck und in welchem Umfang und durch welche Handlungen seine Verwirklichung gefährdet ist. Zum anderen sind die von den Ge- und Verboten betroffenen Belange Dritter (insbesondere Eigentümer, Gemeinden, Inhaber von Bergbauberechtigungen etc.) einzustellen. Ist eine bestimmte Verhaltensweise mit dem Schutzzweck schlechterdings unvereinbar, so kommt ein repressives Verbot in Betracht. Ist hingegen zur Wahrung des Schutzzwecks eine Einzelfallprüfung im Erlaubnisverfahren hinreichend, bedarf es keiner strikten Untersagung und ist aus Gründen der Verhältnismäßigkeit grundsätzlich ein präventives Verbot ausreichend.[104] In diesem Zusammenhang kann es z.B. auch von Bedeutung sein, ob und in welchem Umfang vor der Unterschutzstellung bereits vergleichbare Handlungen geduldet wurden.[105]

Mit **Geboten** wird im Unterschied zu Verboten kein Unterlassen, sondern ein bestimmtes Handeln verlangt, sodass Gebote hinsichtlich ihrer Eingriffsintensität über Verbote u.U. hinausgehen können.[106] Allerdings sind die Grenzen teilweise fließend. So können Gebote, die als Pflicht zur Unterlassung von Handlungen gefasst sind, faktisch wie Verbote wirken, sodass es nur eine Frage der Formulierung ist, ob ein Ge- oder Verbot vorliegt (z.B. Wegegebot als Verbot, vorhandene Wege zu verlassen).[107] Als Gebote spielen in der Praxis eine Rolle v.a. Anforderungen an die Art und Weise der land- und forstwirtschaftlichen Nutzung (z.B. Mäh-, Schneide-, Pflanz- und Beseitigungsgebote).[108] Aus verfassungsrechtlichen Gründen können allerdings Pflege-, Entwicklungs- und Wiederherstellungsmaßnahmen i.S.v. Abs. 1 Satz 2, 2. Halbs. Privaten in der Regel nicht auferlegt werden (vgl. näher (vgl. näher Rn. 59).

49

---

102 *Meßerschmidt*, Bundesnaturschutzrecht, § 22 BNatSchG Rn. 61; *Fischer-Hüftle/Schumacher/Schumacher*, in: Schumacher/Fischer-Hüftle, BNatSchG, § 22 Rn. 20 ff.; siehe dort jeweils auch zur Unterscheidung zwischen absoluten und relativen Verboten.

103 Näher hierzu *Schmidt-Räntsch*, in: Gassner/Bendomir-Kahlo/Schmidt-Räntsch, BNatSchG, § 22 Rn. 24.

104 *Fischer-Hüftle/Schumacher/Schumacher*, in: Schumacher/Fischer-Hüftle, BNatSchG, § 22 Rn. 21.

105 *Schmidt-Räntsch*, in: Gassner/Bendomir-Kahlo/Schmidt-Räntsch, BNatSchG, § 22 Rn. 24 m.w.N.

106 *Meßerschmidt*, Bundesnaturschutzrecht, § 22 BNatSchG Rn. 63.

107 *Gassner/Heugel*, Das neue Naturschutzrecht, Rn. 403.

108 *Fischer-Hüftle/Schumacher/Schumacher*, in: Schumacher/Fischer-Hüftle, BNatSchG, § 22 Rn. 26.

50 Aufgrund ihrer einschneidenden Wirkung müssen Ge- und Verbote mit der notwendigen Klarheit und Bestimmtheit zum Ausdruck bringen, welche Handlungen zur Verwirklichung des Schutzzwecks vorzunehmen und welche zu unterlassen sind.[109] Die Adressaten des Ge- oder Verbots müssen die Rechtslage erkennen und ihr Verhalten danach ausrichten können.[110] Dies gilt insbesondere, wenn etwaige Verstöße bußgeldbewehrt sind.[111] Aufgrund dieses unmittelbaren Individualbezugs stellt das rechtsstaatliche **Bestimmtheitsgebot** an die Klarheit von Ge- und Verboten höhere Anforderungen als an die des Schutzzwecks.[112] Etwaige Formulierungsunklarheiten gehen im Zweifel zulasten der Behörde.[113] Allerdings sind unbestimmte Rechtsbegriffe und Generalklauseln zulässig, wenn sich ihr Inhalt durch Interpretation der Schutzzweckfestsetzung feststellen lässt.[114] Dies gilt auch, wenn eine weitere Konkretisierung aufgrund der Eigenart der zu ordnenden Lebenssachverhalte nicht möglich ist.[115] Nicht ausreichend bestimmt ist allerdings eine Regelung, der sich auch bei einer schutzzweckbezogenen Auslegung keine objektiven Kriterien entnehmen lassen, die eine willkürliche Praxis durch die Verwaltung ausschließen.[116]

51 Besonderheiten gelten bei Ge- und Verboten in **großräumigen bzw. zonierten Schutzgebieten**. Hier ist nicht erforderlich, dass ein Verbot unterschiedslos das gesamte Schutzgebiet erfasst. Im Gegenteil können je nach den Umständen des Einzelfalls generelle bzw. undifferenzierte Ge- und Verbote wegen Unverhältnismäßigkeit gerade ermessensfehlerhaft sein.[117]

III. Fakultative Inhalte (Abs. 1 Satz 2, 2. Halbs. und Abs. 1 Satz 3)

52 Neben dem Schutzgegenstand, dem Schutzzweck und den Ge- und Verboten können in Unterschutzstellungen gemäß Abs. 1 Satz 2, 2. Halbs. und Abs. 1 Satz 3 auch Pflege-, Entwicklungs- und Wiederherstellungsmaßnahmen aufgenommen und Regelungen zu Zonierungen einschließlich Umgebungsschutz getroffen werden. Letztgenannte Maßnahmen sind in Schutzerklärun-

---

109 OVG Lüneburg, Urt. v. 06.12.1990 – 3 A 105/88, NuR 1993, 341 (342); *Meßerschmidt*, Bundesnaturschutzrecht, § 22 BNatSchG Rn. 61, 66; *Schmidt-Räntsch*, in: Gassner/Bendomir-Kahlo/Schmidt-Räntsch, BNatSchG, § 22 Rn. 24.

110 *Fischer-Hüftle/Schumacher/Schumacher*, in: Schumacher/Fischer-Hüftle, BNatSchG, § 22 Rn. 25.

111 *Schmidt-Räntsch*, in: Gassner/Bendomir-Kahlo/Schmidt-Räntsch, BNatSchG, § 22 Rn. 24.

112 *Meßerschmidt*, Bundesnaturschutzrecht, § 22 BNatSchG Rn. 66 m.w.N.

113 OVG Koblenz, Urt. v. 09.06.1983 – 1 A 31/82, NuR 1985, 239 (240); *VGH München*, Urt. v. 07.06.1984 – 9 B 81A.2169, NuR 1985, 25 (26); *Schmidt-Räntsch*, in: Gassner/Bendomir-Kahlo/Schmidt-Räntsch, BNatSchG, § 22 Rn. 24.

114 OVG Greifswald, Urt. v. 20.04.1994 – 4 K 25/93, NuR 1995, 149 (153); *Meßerschmidt*, Bundesnaturschutzrecht, § 22 BNatSchG Rn. 66.

115 *Fischer-Hüftle/Schumacher/Schumacher*, in: Schumacher/Fischer-Hüftle, BNatSchG, § 22 Rn. 25 mit näheren Beispielen.

116 OVG Greifswald, Urt. v. 20.04.1994 – 4 K 25/93, NuR 1995, 149 (154); *Meßerschmidt*, Bundesnaturschutzrecht, § 22 BNatSchG Rn. 66.

117 OVG Münster, Urt. v. 13.03.1991 – 7 A 586/89 – NuR 1992, 346 (347); *Meßerschmidt*, Bundesnaturschutzrecht, § 22 BNatSchG Rn. 62.

gen allerdings nicht zwingend aufzunehmen, sondern nur, falls dies zur Verwirklichung des Schutzzwecks notwendig ist, sodass es um rein **fakultative Inhalte** geht.[118]

1. Pflege-, Entwicklungs- und Wiederherstellungsmaßnahmen (Abs. 1 Satz 2, 2. Halbs.)

In Schutzerklärungen können, soweit dies erforderlich ist, Pflege-, Entwick-   53
lungs- und Wiederherstellungsmaßnahmen bzw. die Ermächtigung hierzu aufgenommen werden (Abs. 1 Satz 2, 2. Halbs.). Hintergrund der Regelung ist, dass bei manchen Teilen von Natur und Landschaft die bloße Abwehr negativer Einwirkungen durch Ge- und Verbote zur Erreichung des Schutzzwecks nicht genügt. Dann können im Sinne eines umfassenden Schutzansatzes zusätzlich Pflege-, Entwicklungs- und Wiederherstellungsmaßnahmen aufgenommen werden. Die Maßnahmen gehören jedoch nicht zu den zwingenden Mindestinhalten der Unterschutzstellung und müssen daher, soweit sie aufgenommen werden, nicht bereits zum Zeitpunkt der Unterschutzstellung genau und abschließend bestimmt werden.[119]

Pflegemaßnahmen dienen dazu, den vorhandenen Zustand von Natur und   54
Landschaft zu erhalten.[120] Die Pflege unterscheidet sich vom bloßen Schutz v.a. dadurch, dass nicht nur Störungen durch menschliche Eingriffe abgewehrt werden, sondern aktiv auch natürlichen Störungen entgegengewirkt und die natürliche Entwicklung von Natur und Landschaft gefördert wird.[121] Beispiele sind die Mahd von Feuchtwiesen, baumchirurgische Maßnahmen oder die Regulierung des Wasserstandes von Seen.[122] Allerdings sind die Übergänge vom Schutz zur Pflege fließend und nicht immer sind klare Abgrenzungen möglich.[123]

Entwicklungsmaßnahmen zielen, anders als Pflegemaßnahmen, nicht bloß   55
auf die Erhaltung des bestehenden Zustandes, sondern dienen der Verbesserung der naturschutzwürdigen Gegebenheiten und schließen daher das Element der Veränderung des Schutzgegenstands ein.[124] Die Verbesserung kann sowohl in qualitativer als auch in quantitativer Hinsicht erzielt werden, sodass neben Zustandsverbesserungen auch Vergrößerungen des Schutzge-

---

118 Vgl. *Meßerschmidt*, Bundesnaturschutzrecht, § 22 BNatSchG Rn. 67, 70f.; *Gellermann*, in: Landmann/Rohmer, Umweltrecht, § 22 BNatSchG Rn. 23f.

119 *Hendrischke*, in: Schlacke (Hrsg.), GK-BNatSchG, § 22 Rn. 24f.

120 *Fischer-Hüftle/Schumacher/Schumacher*, in: Schumacher/Fischer-Hüftle, BNatSchG, § 22 Rn. 27.

121 *Schmidt-Räntsch*, in: Gassner/Bendomir-Kahlo/Schmidt-Räntsch, BNatSchG, § 22 Rn. 33 m.w.N.

122 *Fischer-Hüftle/Schumacher/Schumacher*, in: Schumacher/Fischer-Hüftle, BNatSchG, § 22 Rn. 27; *Schmidt-Räntsch*, in: Gassner/Bendomir-Kahlo/Schmidt-Räntsch, BNatSchG, § 22 Rn. 33.

123 *Schmidt-Räntsch*, in: Gassner/Bendomir-Kahlo/Schmidt-Räntsch, BNatSchG, § 22 Rn. 30.

124 *Louis/Engelke*, BNatSchG, § 12 Rn. 119; *Meßerschmidt*, Bundesnaturschutzrecht, § 22 BNatSchG Rn. 68.

genstandes erfasst werden.[125] Dabei sollen die mit Entwicklungsmaßnahmen verbundenen Veränderungen allerdings nicht darauf angelegt sein, Natur und Landschaft nach einem bloß artifiziellen Bild zu formen, sondern muss die Entwicklung in eine natürliche Richtung angestrebt werden.[126]

56   **Wiederherstellungsmaßnahmen** sind auf die Restauration eines früheren, inzwischen nicht mehr existenten Zustands gerichtet und zielen darauf, in ihren Funktionen bereits beeinträchtigte oder vernichtete Eigenschaften von Teilen von Natur und Landschaft wieder verfügbar zu machen (z.B. durch die Wiedervernässung eines Moores oder die Aufforstung eines Gebietes).[127]

57   Die Erforderlichkeit der Aufnahme von Pflege, Entwicklungs- und Wiederherstellungsmaßnahmen hängt davon ab, ob der Schutzgegenstand so beschaffen ist, dass bereits die bloße Abwehr negativer Einwirkungen zur Erreichung des Schutzzwecks genügt. Ist dies wie z.B. bei tragenden Ökosystemen oder in Fällen des Prozessschutzes (vgl. § 24 Abs. 2 Satz 1) der Fall, scheiden Pflege-, Entwicklungs- und Wiederherstellungsmaßnahmen mangels Erforderlichkeit aus.[128] Auch wird darüber diskutiert, in welchem Umfang Teilflächen von Gebieten von vorneherein allein im Interesse ihrer Entwicklung- und/oder Wiederherstellung der Schutzgüter eingerichtet werden können, sodass diese Zielstellungen dann unmittelbar Gegenstand des Schutzwecks würden.[129] Hiergegen werden unter Hinweis auf eine ggf. fehlende Schutzwürdigkeit teilweise Bedenken erhoben und die Gefahr einer **„Voraussetzungslosigkeit der Unterschutzstellung"**[130] beklagt. Indes kommt eine grundlose Inschutznahme schon aus Gründen der Verhältnismäßigkeit nicht in Betracht, sondern müssen sich solche Teilflächen in besonderer Hinsicht für Maßnahmen der Entwicklungs- oder Wiederherstellung eignen[131] und insofern wenigstens einen **schutzwürdigen Mindestbestand** von Natur und Landschaft aufweisen.[132] Ob hinsichtlich der insoweit erforderlichen Entwicklungs- oder Wiederherstellungsprognose[133] ein Einschätzungsspielraum der zuständigen Behörde besteht, ist umstritten.[134]

58   Die gleichsam eröffnete Möglichkeit, in Schutzerklärungen noch nicht die Pflege-, Entwicklungs- und Wiederherstellungsmaßnahmen selbst aufzuneh-

---

125 *Schmidt-Räntsch*, in: Gassner/Bendomir-Kahlo/Schmidt-Räntsch, BNatSchG, § 23 Rn. 12.

126 VGH Kassel, Urt. v. 24.10.1985 – 111 OE 141/82, NuR 1986, 254 (255); *Schmidt-Räntsch*, in: Gassner/Bendomir-Kahlo/Schmidt-Räntsch, BNatSchG, § 22 Rn. 30.

127 *Fischer-Hüftle/Schumacher/Schumacher*, in: Schumacher/Fischer-Hüftle, BNatSchG, § 22 Rn. 27; *Meßerschmidt*, Bundesnaturschutzrecht, § 22 BNatSchG Rn. 68.

128 *Gellermann*, in: Landmann/Rohmer, Umweltrecht, § 22 BNatSchG Rn. 23.

129 *Louis/Engelke*, BNatSchG, § 12 Rn. 68, 119; *Gellermann*, in: Landmann/Rohmer, Umweltrecht, § 22 BNatSchG Rn. 10.

130 *Meßerschmidt*, Bundesnaturschutzrecht, § 23 BNatSchG Rn. 32.

131 *Gellermann*, in: Landmann/Rohmer, Umweltrecht, § 22 BNatSchG Rn. 10.

132 *Meßerschmidt*, Bundesnaturschutzrecht, § 23 BNatSchG Rn. 32; siehe auch *Schmidt-Räntsch*, in: Gassner/Bendomir-Kahlo/Schmidt-Räntsch, BNatSchG, § 23 Rn. 12.

133 Vgl. *Heugel*, in: Lütkes/Ewer, BNatSchG, § 22 Rn. 10.

134 Dafür *Louis/Engelke*, BNatSchG, § 13 Rn. 5; zweifelnd *Meßerschmidt*, Bundesnaturschutzrecht, § 23 BNatSchG Rn. 33.

men, sondern lediglich Ermächtigungen hierzu, ist dem Umstand geschuldet, dass im Zeitpunkt der Unterschutzstellung die zur Verwirklichung des Schutzzwecks erforderlichen Zusatzmaßnahmen häufig noch nicht in vollem Umfang absehbar sind.[135] Um hier eine gewisse Flexibilisierung zu erreichen und ein andernfalls erforderliches Zeit raubendes Änderungsverfahren der Schutzerklärung entbehrlich zu machen, ist eine Delegation der konkreten Pflege-, Entwicklungs- und Wiederherstellungsmaßnahmen an nachgeordnete Stellen möglich. (Die Delegationsmöglichkeit besteht allerdings nicht hinsichtlich der nach Abs. 1 Satz 2, 1. Halbs. erforderlichen Mindestinhalte von Schutzerklärungen, vgl. Rn. 37). Dabei muss sich die Ermächtigung am Schutzzweck ausrichten und müssen Inhalt, Zweck und Ausmaß der Delegation zur Wahrung des rechtsstaatlichen Bestimmtheitsgrundsatzes hinreichend konkretisiert sein.[136]

Anders als Ge- und Verbote richten sich Pflege-, Entwicklungs- und Wieder-   *59* herstellungsmaßnahmen nicht an den Bürger, sondern die Behörden, denen somit die Durchführung der Maßnahmen obliegt.[137] **Private** können insoweit mit Blick auf ihren Grundrechtsschutz und das Übermaßverbot grundsätzlich nicht in Anspruch genommen werden.[138] Durch die Aufnahme in die Schutzerklärung erlangen die Maßnahmen allerdings Verbindlichkeit und werden Inhalt der Duldungspflicht nach § 65.[139] Die Naturschutzverwaltung wird die Maßnahmen jedoch in der Regel nicht selbst durchführen, sondern im Wege des Vertragsnaturschutzes (vgl. § 3 Abs. 3) den betroffenen Grundeigentümern oder im Wege der Auftragsvergabe Dritten übertragen.[140] Nach § 3 Abs. 4 sollen hierzu nach Möglichkeit land- und forstwirtschaftliche Betriebe, Landschaftspflegeverbände, anerkannte Naturschutzvereinigungen oder Träger von Naturparken beauftragt werden, ohne dass insoweit allerdings hoheitliche Befugnisse eingeräumt werden können.

2. Zonierung und Umgebungsschutz (Abs. 1 Satz 3)

a) Zonierung (Abs. 1 Satz 3, 1. Halbs.)

Gemäß Abs. 1 Satz 3, 1. Halbs. können Schutzgebiete auch in Zonen mit   *60* einem dem jeweiligen Schutzzweck entsprechenden abgestuften Schutz gegliedert werden **(Zonierung)**. Diese Regelung trägt dem Umstand Rechnung, dass v.a. bei großflächigen Schutzgegenständen (wie z.B. Natur- oder Nationalparke, Biosphärenreservate) eine Gliederung in Zonen mit unterschiedlichem Schutzniveau in der Regel angezeigt und aus Gründen der Verhält-

---

135 Vgl. *Schmidt-Räntsch*, in: Gassner/Bendomir-Kahlo/Schmidt-Räntsch, BNatSchG, § 22 Rn. 33; *Meßerschmidt*, Bundesnaturschutzrecht, § 22 BNatSchG Rn. 69.

136 *Schmidt-Räntsch*, in: Gassner/Bendomir-Kahlo/Schmidt-Räntsch, BNatSchG, § 22 Rn. 33.

137 *Gassner/Heugel*, Das neue Naturschutzrecht, Rn. 405; *Meßerschmidt*, Bundesnaturschutzrecht, § 22 BNatSchG Rn. 67.

138 Vgl. BVerfG, Beschl. v. 16.09.1998 – 1 BvL 21/94, NuR 1999, 99 (100 f.) zu Pflegemaßnahmen; näher *Meßerschmidt*, Bundesnaturschutzrecht, § 22 BNatSchG Rn. 67; *Fischer-Hüftle/Schumacher/Schumacher*, in: Schumacher/Fischer-Hüftle, BNatSchG, § 22 Rn. 26.

139 *Meßerschmidt*, Bundesnaturschutzrecht, § 22 BNatSchG Rn. 67.

140 *Gassner/Heugel*, Das neue Naturschutzrecht, Rn. 405.

nismäßigkeit ggf. sogar zwingend geboten ist.[141] Die unterteilten Gebiete bestehen regelmäßig aus **Kernzonen** mit einem besonders hohen, **Zwischenzonen** mit einem mittleren und **Rand- oder Pufferzonen** mit einem niedrigeren Schutzniveau.[142] Wird von der Möglichkeit der Zonierung des Gebiets Gebrauch gemacht, so ist auch eine differenzierte Beschreibung des Schutzzwecks für die verschiedenen Teilgebiete erforderlich[143] (vgl. Rn. 44).

61 Mit der Neufassung des Abs. 1 Satz 3, 1. Halbs. wurde die bisherige Regelung des § 22 Abs. 2 Satz 2, 1. Halbs. BNatSchG a.F., der die Möglichkeit der Zonierung nach ihrem ausdrücklichen Wortlaut nur für Schutzgebiete i.S.v. § 22 Abs. 1 Nr. 1 BNatSchG a.F. eröffnete, gestrichen. Hierdurch sollen sich allerdings für die Frage der Zonierung keine Änderungen ergeben, da die Streichung nach der Gesetzesbegründung wohl allein den Hintergrund hat, den Umgebungsschutz des § 22 Abs. 1 Satz 3, 2. Halbs. klarstellend auch für die Schutzkategorien des Objektschutzes zu öffnen[144] (hierzu näher Rn. 63).

b) Umgebungsschutz

62 Gemäß Abs. 1 Satz 3, 2. Halbs. kann nicht nur der eigentliche Schutzgegenstand selbst, sondern auch die für den Schutz „notwendige Umgebung" in eine Schutzerklärung mit einbezogen werden. Diese Regelung setzt den in der Rechtsprechung seit langem anerkannten Gedanken des sog. **Umgebungsschutzes** um. Es geht um die Unterschutzstellung von im Randbereich liegenden an sich nicht schutzwürdigen Teilen von Natur und Landschaft, wenn diese eine **„Pufferfunktion"** für die angrenzenden schutzwürdigen Areale haben, indem sie schädliche Einwirkungen abwehren bzw. verringern.[145] Diese Pufferfunktion kann beispielsweise die Abwehr bzw. Verringerung von Emissionen oder die Veränderung der Wasserverhältnisse in einem Feuchtgebiet beinhalten.[146] Wie sich der Formulierung der „notwendigen" Umgebung entnehmen lässt, kommt ihre Einbeziehung in die Schutzerklärung nur in Betracht, wenn sich andernfalls der Schutzweck nicht erreichen lässt.[147] Dabei muss in der Unterschutzstellung aus Gründen der rechtstaatlichen Bestimmtheit dargestellt werden, welche Art von Einwirkungen auf den Schutzgegenstand durch die Pufferzone vermieden werden soll.[148]

63 Dem Umgebungsschutz kommt nicht nur bei größeren Schutzgebieten, sondern auch bei kleinteiligen Schutzgegenständen wie z.B. Naturdenkmälern

---

141 Vgl. BT-Drs. 14/6378, S. 51; *Schmidt-Räntsch*, in: Gassner/Bendomir-Kahlo/Schmidt-Räntsch, BNatSchG, § 22 Rn. 34.

142 *Meßerschmidt*, Bundesnaturschutzrecht, § 22 BNatSchG Rn. 74.

143 *Carlsen/Fischer-Hüftle*, NuR 1993, 311 (315).

144 BT-Drs. 16/12274, S. 61.

145 BVerwG, Urt. v. 05.02.2009 – 7 CN 1.08, NVwZ 2009, 719 (721); *Lorz/Konrad/Mühlbauer/Müller-Walter/Stöckel*, Naturschutzrecht, § 22 BNatSchG Rn. 2; *Gellermann*, in: Landmann/Rohmer, Umweltrecht, § 22 BNatSchG Rn. 9 m.w.N.

146 *Hendrischke*, in: Schlacke (Hrsg.), GK-BNatSchG, § 22 Rn. 28.

147 *Schmidt-Räntsch*, in: Gassner/Bendomir-Kahlo/Schmidt-Räntsch, BNatSchG, § 22 Rn. 35.

148 *Marzik/Wilrich*, BNatSchG, § 22 Rn. 42.

oder geschützten Landschaftsbestandteilen i.S.v. §§ 28, 29 Bedeutung zu.[149] In diesem Zusammenhang wurde bei § 22 Abs. 2 Satz 2 BNatSchG a.F. aufgrund des dortigen ausdrücklichen Bezugs zu den Schutzgebieten des § 22 Abs. 1 Nr. 1 BNatSchG a.F. diskutiert, ob die Vorschrift den Umgebungsschutz bloß für den Flächen- oder auch für den Objektschutz regelt.[150] Auch wenn weitgehend Einvernehmen bestand, dass der Vorschrift insoweit keine Beschränkung auf den Flächenschutz zu entnehmen war[151], wollte der Gesetzgeber mit der Neufassung des Abs. 1 Satz 3, 1. Halbs. und der damit einhergehenden Streichung einer Bezugnahme auf die Kategorien des Flächenschutzes (§ 22 Abs. 1 Nr. 1 BNatSchG a.F.) klarstellen, dass der Umgebungsschutz auch beim Objektschutz möglich ist.[152] Der Wortlaut des Abs. 1 Satz 3, 2. Halbs. ist aber weiterhin unglücklich, da die Bezugnahme auf Abs. 1 Satz 3, 1. Halbs. und die dort verwendete Formulierung der „Schutzgebiete" nach wie vor den unzutreffenden Eindruck erweckt, dass nur der Flächenschutz erfasst wird.[153] Auch ist die durch das Wort „hierbei" implizierte Verknüpfung zwischen den beiden Halbsätzen des Abs. 1 Satz 3 irreführend, da der Umgebungsschutz nicht davon anhängt, dass zugleich von der Möglichkeit der Zonierung Gebrauch gemacht wird.[154]

IV. Einstweilige Sicherstellung (Abs. 3)

1. Allgemeines

Die Verfahren zur Unterschutzstellung nach Maßgabe der §§ 22 ff. nehmen 64 in der Regel einige Zeit in Anspruch. Daher besteht ein Risiko, dass die zu schützende Fläche bzw. das zu schützende Objekt in der Zwischenzeit beeinträchtigt oder sogar zerstört werden. Um dem vorzubeugen, enthält Abs. 3 eine Regelung zur **einstweiligen Sicherstellung** und gestaltet dabei den bisherigen rahmenrechtlichen Regelungsauftrag (§ 22 Abs. 3 Nr. 1 BNatSchG a.F.) zu einer bundesrechtlichen Vollregelung aus.[155]

Form und Verfahren der einstweiligen Sicherstellung richten sich gemäß 65 Abs. 3 Satz 5 i.V.m. Abs. 2 nach Landesrecht. Mit Blick auf die Rechtsform erfolgt eine einstweilige Sicherstellung in der Regel durch **Rechtsverordnung** oder durch Verwaltungsakt i.S.v. § 35 Satz 2 VwVfG **(Allgemeinverfü-**

---

149 *Marzik/Wilrich*, BNatSchG, § 22 Rn. 42; vgl. auch: *Hendrischke*, in: Schlacke (Hrsg.), GK-BNatSchG, § 22 Rn. 29.

150 Näher *Marzik/Wilrich*, BNatSchG, § 22 Rn. 42.

151 Siehe etwa *Schmidt-Räntsch*, in: Gassner/Bendomir-Kahlo/Schmidt-Räntsch, BNatSchG, § 22 Rn. 35; a.A. *Meßerschmidt*, Bundesnaturschutzrecht, § 28 BNatSchG Rn. 40, allerdings nicht mehr bezogen auf geschützte Landschaftsbestandteile, vgl. § 29 Rn. 32.

152 BT-Drs. 16/12274, S. 61; ebenso *Hendrischke*, in: Schlacke (Hrsg.), GK-BNatSchG, § 22 Rn. 29, wonach der Umgebungsschutz „auch und gerade für Einzelobjekte" in Betracht kommen soll.

153 *Fischer-Hüftle*, NuR 2008, 213 (214).

154 *Fischer-Hüftle*, NuR 2008, 213 (214).

155 *Egner*, in: Egner/Fuchs, Naturschutz- und Wasserrecht 2009, § 22 BNatSchG Rn. 5; *Gellermann*, in: Landmann/Rohmer, Umweltrecht, § 22 BNatSchG Rn. 25; *Gassner/Heugel*, Das neue Naturschutzrecht, Rn. 391.

gung).[156] Aufgrund des bloß vorläufigen Charakters einstweiliger Sicherstellungen sind die verfahrensrechtlichen Anforderungen insbesondere an die Beteiligung der Öffentlichkeit geringer als beim Verfahren der endgültigen Unterschutzstellung.[157]

2. Voraussetzungen

66   Nach Abs. 3 Satz 1 setzt eine einstweilige Sicherstellung die Befürchtung voraus, dass durch Veränderungen oder Störungen der beabsichtigte Schutzzweck gefährdet wird. Ziel der Maßnahme ist somit, zu verhindern, dass im Vorfeld einer beabsichtigten Unterschutzstellung zulasten des Naturschutzes solche vollendeten Tatsachen geschaffen werden, dass der mit einer endgültigen Unterschutzstellung verfolgte Schutzzweck nicht bzw. nicht mehr sinnvoll erreicht werden könnte.[158] Aufgrund dieses vorläufigen Charakters kann bei einer einstweiligen Sicherstellung weder eine abschließende Prüfung der Schutzwürdigkeit und Schutzbedürftigkeit noch eine umfassende Prüfung und Abwägung sämtlicher für bzw. gegen eine Unterschutzstellung sprechenden Belange gefordert werden, zumal das hierfür benötigte Abwägungsmaterial erst im Verfahren zur endgültigen Unterschutzstellung gesammelt und bewertet werden kann.[159] Insoweit setzt die Anordnung einer einstweiligen Sicherstellung daher lediglich voraus, dass der in Rede stehende Schutzgegenstand bei **summarischer fachlicher Einschätzung** für eine endgültige Unterschutzstellung in Betracht kommt.[160]

67   Darüber hinaus ist allerdings zu beachten, dass mit einstweiligen Sicherstellungen stets Auswirkungen auf Rechte Dritter (insbesondere auf Grundeigentum und die kommunale Planungshoheit) verbunden sind. Um diesem Spannungsverhältnis zwischen den Naturschutzinteressen und den sonstigen Belangen Rechnung zu tragen, werden an die Zulässigkeit einer einstweiligen Sicherstellung vor dem Hintergrund des **Übermaßverbots** weitere spezifische Anforderungen gestellt. So müssen bei den zuständigen Stellen bereits konkrete Vorstellungen über die Festsetzung eines Schutzgebiets bzw. Schutzobjekts bestehen, mit der Verwirklichung dieser Vorstellungen muss in absehbarer Zeit zu rechnen sein und muss sich nach dem gegebenen Kenntnisstand nicht ausschließen lassen, dass die vorläufig verbotenen Tätigkeiten einen möglicherweise schützenswerten Bestand beeinträchtigen können.[161] Ent-

---

156 *Egner*, in: Egner/Fuchs, Naturschutz- und Wasserrecht 2009, § 22 BNatSchG Rn. 5.

157 Näher *Lorz/Konrad/Mühlbauer/Müller-Walter/Stöckel*, Naturschutzrecht, § 22 BNatSchG Rn. 6 ff.; *Meßerschmidt*, Bundesnaturschutzrecht, § 22 BNatSchG Rn. 98 m.w.N.

158 *Fischer-Hüftle/Schumacher/Schumacher*, in: Schumacher/Fischer-Hüftle, BNatSchG, § 22 Rn. 39; *Gellermann*, in: Landmann/Rohmer, Umweltrecht, § 22 BNatSchG Rn. 26.

159 *Meßerschmidt*, Bundesnaturschutzrecht, § 22 BNatSchG Rn. 91; *Fischer-Hüftle/Schumacher/Schumacher*, in: Schumacher/Fischer-Hüftle, BNatSchG, § 22 Rn. 39.

160 OVG Greifswald, Urt. v. 18.07.2001 – 4 K 15/00, LKV 2002, 190 (192); *Meßerschmidt*, Bundesnaturschutzrecht, § 22 BNatSchG Rn. 91; *Gellermann*, in: Landmann/Rohmer, Umweltrecht, § 22 BNatSchG Rn. 26 m.w.N.

161 OVG Münster, Urt. v. 19.10.1984 – 11 A 3072/83, NuR 1985, 120 (121); *Meßerschmidt*, Bundesnaturschutzrecht, § 22 BNatSchG Rn. 90; *Lorz/Konrad/Mühlbauer/Müller-Walter/Stöckel*, Naturschutzrecht, § 22 BNatSchG Rn. 7 m.w.N.

sprechend der Rechtslage bei der endgültigen Unterschutzstellung genügt insoweit jedoch eine **abstrakte Gefährdung**.[162] Darüber hinaus kommt eine einstweilige Sicherstellung z.b. nicht in Betracht, wenn der in Rede stehende Schutzgegenstand bereits irreversibel geschädigt ist[163] oder wenn bei Anordnung einer einstweiligen Sicherstellung rechtliche oder tatsächliche Umstände bekannt sind, die einer endgültigen Unterschutzstellung entgegenstehen.[164]

Handelt es sich bei dem unter Schutz zu stellenden Teil von Natur und Landschaft um ein **Natura 2000-Gebiet** (§ 7 Abs. 1 Nr. 8), so richtet sich ein vorläufiger Schutz nach der Spezialregelung des § 33 bzw. den zu faktischen Vogelschutzgebieten und potenziellen FFH-Gebieten entwickelten Grundsätzen (siehe im Einzelnen die Kommentierung zu § 33).   68

3. Schutzregime

Gemäß Abs. 3 Satz 3 sind in dem einstweilig sichergestellten Teil von Natur und Landschaft sämtliche Handlungen und Maßnahmen nach Maßgabe der **Sicherstellungserklärung** verboten, die geeignet sind, den Schutzgegenstand nachteilig zu verändern. Erfasst werden allerdings nicht sämtliche nachteilige Veränderungen des Schutzgegenstands, sondern nur solche, die sich auf die Verwirklichung des beabsichtigen Schutzzwecks negativ auswirken würden.[165] Das Veränderungsverbot gilt zudem nicht kraft Gesetzes, sondern „nach Maßgabe der Sicherstellungserklärung", die dementsprechend die Verhaltensweisen, die zur Herbeiführung nachteiliger Veränderungen geeignet sind und verboten werden, konstitutiv und abschließend festzulegen hat.[166]   69

Nach § 69 Abs. 3 Nr. 3 handelt ordnungswidrig, wer vorsätzlich oder fahrlässig entgegen § 22 Abs. 3 Satz 3 und der entsprechenden einstweiligen Sicherstellungserklärung eine verbotene Handlung oder Maßnahme vornimmt.   70

4. Geltungszeitraum

Der von einer einstweiligen Sicherstellung ausgehende Schutz ist entsprechend ihres vorläufigen Charakters von vorneherein zeitlich begrenzt. In Anlehnung an entsprechende landesrechtliche Vorschriften hat sich der Bundesgesetzgeber gemäß Abs. 3 Satz 1 entschieden, die Anordnung einer einstweiligen Sicherstellung zunächst bis zu einem Zeitraum von **zwei Jah-**   71

---

162 *Louis/Engelke*, BNatSchG, § 12 Rn. 160; *Gellermann*, in: Landmann/Rohmer, Umweltrecht, § 22 BNatSchG Rn. 26.

163 VGH Mannheim, Urt. v. 11.02.1993 – 5 S 909/92, NVwZ-RR 1993, 544 (545); *Meßerschmidt*, Bundesnaturschutzrecht, § 22 BNatSchG Rn. 93.

164 VGH Kassel, Beschl. v. 09.10.1995 – 4 N 1429/92, NVwZ-RR 1997, 19 (20); *Lorz/Konrad/Mühlbauer/Müller-Walter/Stöckel*, Naturschutzrecht, § 22 BNatSchG Rn. 6.

165 *Fischer-Hüftle*, NuR 2008, 213 (214); *Gellermann*, in: Landmann/Rohmer, Umweltrecht, § 22 BNatSchG Rn. 28.

166 *Gellermann*, in: Landmann/Rohmer, Umweltrecht, § 22 BNatSchG Rn. 28.

ren zuzulassen. Nach Ablauf dieses Zeitraums ist gemäß Abs. 3 Satz 2 eine einmalige Verlängerung um bis zu zwei Jahre möglich, wenn die Voraussetzungen für die Anordnung der einstweiligen Sicherstellung weiterhin vorliegen. Die Fristberechnung richtet sich im Einzelnen nach § 31 VwVfG i.V.m. §§ 187, 189 BGB.

72 Durch die Regelung der Abs. 3 Satz 1 und 2 hat der Gesetzgeber zum Ausdruck gebracht, dass er bei einstweiligen Sicherstellungen im Hinblick auf die betroffenen Belange Dritter (insbesondere Eigentümer) einen **Maximalzeitraum von vier Jahren** für verfassungsrechtlich unbedenklich hält. Dies dürfte sich weitgehend im Rahmen der bislang geführten Diskussion zur verfassungsrechtlich maximal zulässigen Geltungsdauer von einstweiligen Sicherstellungen bewegen.[167] Die Frage eines Verfassungsverstoßes wird sich daher in erster Linie stellen, falls ein Land im Rahmen seiner Abweichungsgesetzgebungskompetenz (Art. 72 Abs. 3 Satz 1 Nr. 2 GG) einen über die Vierjahresfrist hinausgehenden Zeitraum festlegen sollte.[168]

73 Die Verlängerung nach Abs. 3 Satz 2 muss spätestens bis zum Ablauf der nach Abs. 3 Satz 1 festgelegten Frist durch **Verlängerungsanordnung** wirksam werden. Ist die einstweilige Sicherstellung hingegen wegen Ablaufs der nach Abs. 3 Satz 1 festgelegten Frist bereits außer Kraft getreten, kommt eine Verlängerung i.S.v. Abs. 3 Satz 2 nicht in Betracht, da es an der Gültigkeit einer zu verlängernden Sicherstellungsanordnung fehlt. In einem solchen Fall könnte allerdings – entsprechend dem Rechtsgedanken des § 17 Abs. 3 BauGB – ein auf maximal zwei Jahre befristeter Neuerlass einer Sicherstellungsanordnung zulässig sein. Dem Gesetzgeber scheint es bei Abs. 3 Satz 1 und 2 nicht so sehr um formale Gesichtspunkte als vielmehr darum gegangen zu sein, eine einstweilige Sicherstellung insgesamt auf maximal vier Jahre zu begrenzen.

74 Da die Zweijahresfristen des Abs. 3 Satz 1 und 2 bloß Maximalzeiträume sind, kann die die einstweilige Sicherstellung anordnende Behörde selbstverständlich jeweils auch **geringere Zeiträume** festsetzen. Dagegen ist es ihr verwehrt, bereits zu Beginn die gemäß der Verlängerungsoption nach Abs. 3 Satz 2 mögliche Gesamtdauer von vier Jahren auszuschöpfen. Dem Ausnahmecharakter der Verlängerungsoption des Abs. 3 Satz 2 ist nur dann hinreichend Rechnung getragen, wenn die Behörde über die Frage der Verlängerung eine eigenständige und vom ersten Erlass der Sicherstellungsanordnung unabhängige Entscheidung trifft.

5. Aufhebung

75 Gemäß Abs. 3 Satz 4 ist eine einstweilige Sicherstellung ganz oder teilweise **aufzuheben**, wenn ihre Voraussetzungen nicht mehr oder nicht mehr in vollem Umfang gegeben sind. Die Regelung ist Ausdruck des rechtsstaatlichen Grundsatzes der Verhältnismäßigkeit, der die mit der einstweiligen Sicher-

---

167 Siehe die Nachw. bei *Lorz/Konrad/Mühlbauer/Müller-Walter/Stöckel*, Naturschutzrecht, § 22 BNatSchG Rn. 9.
168 Vgl. *Louis*, NuR 2010, 77 (84).

stellung verbundenen Belastungen nur so lange und soweit rechtfertigt, als deren Voraussetzungen noch gegeben sind. Als „Minus" zu einer Aufhebung ist unter deren Voraussetzungen auch eine **Änderung** der einstweiligen Sicherstellung möglich.

Mit Aufhebung der einstweiligen Sicherstellung verlieren die in ihr geregelten Verbote ihre Wirkung; Veränderungen oder Störungen können insoweit nicht mehr verhindert werden. Aus Gründen der Rechtsklarheit tritt eine einstweilige Sicherstellung bei Wegfall ihrer Erlassvoraussetzungen allerdings nicht bereits gesetzlich außer Kraft, sondern ist durch **actus contrarius** zu ihrem Erlass, d.h. durch Rechtsverordnung oder Verwaltungsakt aufzuheben. *76*

V. Registrierung und Kennzeichnung (Abs. 4)

Geschützte Teile von Natur und Landschaft sind gemäß Abs. 4 Satz 1 zu registrieren und zu kennzeichnen. Anders als noch nach der Rahmenregelung des § 22 Abs. 3 Nr. 2 und 3 BNatSchG a.F. enthält das Bundesrecht nun erstmalig eine unmittelbar geltende **Registrierungs- und Kennzeichnungspflicht.**[169] *77*

Das Registrierungserfordernis bedeutet, dass über die vorläufig und endgültig unter Schutz gestellten Teile von Natur und Landschaft landesweit oder auf Ebene der untergeordneten Verwaltungseinheiten **Schutzverzeichnisse** zu führen sind, um den Naturschutzbehörden und anderen Stellen einen Überblick über den Stand der Schutzkulisse zu ermöglichen.[170] *78*

Die Kennzeichnung von Schutzgebieten hat in Deutschland Tradition[171] und v.a. zum Ziel, die Öffentlichkeit auf den Schutzgegenstand aufmerksam zu machen und so zu helfen, dass die einschlägigen Schutzbestimmungen eingehalten werden.[172] Die Kennzeichnung erfolgt in der Regel durch Schilder, die in schwarzer Farbe einen **Seeadler** bzw. eine **Waldrohreule** zeigen und die jeweilige Schutzkategorie benennen.[173] *79*

Das Nähere richtet sich gemäß Abs. 4 Satz 2 nach Landesrecht, sodass die Bestimmung der Einzelheiten der Registrierung und Kennzeichnung weiterhin den Ländern vorbehalten ist. *80*

VI. Benehmenserfordernis bei Nationalpark und nationalem Naturmonument (Abs. 5)

Nach der Formvorschrift des Abs. 5 ist für die Erklärung zum Nationalpark oder nationalen Naturmonument (§ 24) einschließlich ihrer Änderung die *81*

---

169 *Gassner/Heugel*, Das neue Naturschutzrecht, Rn. 393.

170 *Gassner/Heugel*, Das neue Naturschutzrecht, Rn. 393.

171 *Schmidt-Räntsch*, in: Gassner/Bendomir-Kahlo/Schmidt-Räntsch, BNatSchG, § 22 Rn. 42.

172 *Meßerschmidt*, Bundesnaturschutzrecht, § 22 BNatSchG Rn. 103.

173 Näher *Gassner/Heugel*, Das neue Naturschutzrecht, Rn. 393; *Heugel*, in: Lütkes/Ewer, BNatSchG, § 22 Rn. 36.

Herstellung des **Benehmens mit den Bundesministerien** für Umwelt, Naturschutz und Reaktorsicherheit und für Verkehr, Bau und Stadtentwicklung erforderlich. Die Regelung entspricht damit weitgehend § 22 Abs. 4 Satz 2 BNatSchG a.F., wobei die neu geschaffene Kategorie des nationalen Naturmonuments (§ 24 Abs. 4) ergänzt und zudem klarstellend eingefügt wurde, dass das Benehmenserfordernis auch für den Fall der bloßen **Änderung** einer Schutzerklärung gilt.[174]

82   Dass in Abs. 5 hinsichtlich der Unterschutzstellung von Nationalparks und nationalen Naturmonumenten ein Benehmenserfordernis mit Bundesministerien aufgestellt wird, erklärt sich aus dem bei diesen beiden Schutzkategorien bestehenden **gesamtstaatlichen Naturschutzinteresse**, dessen Bedeutung über das jeweilige Bundesland hinausgeht.[175] Darüber hinaus soll durch das Benehmenserfordernis eine Beachtung der für diese Schutzkategorien bestehenden Kriterien der International Union for Conservation of Nature and Natural Ressources (IUCN) gewährleistet werden.[176]

83   Dem Benehmenserfordernis ist Rechnung getragen, wenn sich die landesrechtlich zur Entscheidung berufene Stelle mit den von Abs. 5 genannten Bundesministerien verständigt, d.h. deren Auffassung einholt und sich mit ihnen austauscht. Es ist jedoch **kein Einvernehmen** erforderlich, sodass sich die Landesbehörde über etwaige von den Bundesstellen vorgebrachte Bedenken und Wünsche hinwegsetzen kann.[177]

VII. Änderung, Aufhebung und Funktionslosigkeit von Unterschutzstellungen

84   Es ist anerkannt, dass Unterschutzstellungen i.S.v. §§ 22 ff. unter bestimmten Voraussetzungen geändert oder aufgehoben werden können.[178] Allerdings enthält das Bundesrecht hierzu – abgesehen von der Sonderregelung des § 22 Abs. 3 Satz 4 für einstweilige Sicherstellungen – keine weiteren Regelungen, sodass sich die **Änderung** und **Aufhebung** im Einzelnen nach Maßgabe des Landesrechts richten.[179] In formeller Hinsicht ist dabei zu beachten, dass Änderung und Aufhebung in derselben Rechtsform zu ergehen haben wie die jeweils in Rede stehende Unterschutzstellung erlassen wurde (**actus contrarius**).[180]

85   Die Notwendigkeit einer Änderung bzw. Aufhebung kann sich ergeben, wenn sich bei einer Unterschutzstellung nachträglich räumlicher und/oder

---

174 Vgl. BT-Drs. 16/12274, S. 61; *Fuchs*, in: Egner/Fuchs, Naturschutz- und Wasserrecht 2009, § 22 BNatSchG Rn. 8.

175 Vgl. *Schmidt-Räntsch*, in: Gassner/Bendomir-Kahlo/Schmidt-Räntsch, BNatSchG, § 22 Rn. 50.

176 *Meßerschmidt*, Bundesnaturschutzrecht, § 22 BNatSchG Rn. 107, § 24 BNatSchG Rn. 69.

177 Statt vieler *Meßerschmidt*, Bundesnaturschutzrecht, § 22 BNatSchG Rn. 107.

178 Vgl. BVerwG, Beschl. v. 21.07.1997 – 4 BN 10/97, UPR 1998, 65 (66); *Louis/Engelke*, BNatSchG, § 12 Rn. 138; *Meßerschmidt*, Bundesnaturschutzrecht, § 22 BNatSchG Rn. 85 f.; *Schmidt-Räntsch*, in: Gassner/Bendomir-Kahlo/Schmidt-Räntsch, BNatSchG, § 22 Rn. 40.

179 *Schmidt-Räntsch*, in: Gassner/Bendomir-Kahlo/Schmidt-Räntsch, BNatSchG, § 22 Rn. 40.

180 *Meßerschmidt*, Bundesnaturschutzrecht, § 22 BNatSchG Rn. 85 f.

inhaltlicher Ergänzungsbedarf erweist. So kann sich z.b. im Nachhinein die Notwendigkeit der Einbeziehung bisher nicht geschützter Teile von Natur und Landschaft, der Erweiterung der verfolgten Schutzzwecke oder der Aufnahme bislang nicht geregelter Ge- oder Verbote zeigen.[181] Denkbar ist aber auch der umgekehrte Fall einer nachträglichen Einschränkung der bisherigen Unterschutzstellung, z.B. weil der angestrebte Schutzzweck ganz oder teilweise erreicht wurde und eine weitere Unterschutzstellung nicht geboten ist.[182] Auch kann sich eine Pflicht zur Anpassung bzw. Aufhebung einer Unterschutzstellung aus Gründen des Raumordnungsrechts ergeben, etwa gemäß § 4 Abs. 1 ROG bei entgegenstehenden Raumordnungszielen (vgl. Rn. 20 ff.) oder aufgrund der Anpassungspflicht nach § 7 BauGB bei einem Widerspruch zwischen Unterschutzstellung und Flächennutzungsplan.[183]

Auch ohne eine förmliche Aufhebung einer Unterschutzstellung kann diese ihre Wirkungen verlieren, wenn und soweit sämtliche naturschutzrechtlichen Zwecke der Unterschutzstellung auf unabsehbare Zeit offenkundig nicht mehr erreichbar sind. In einem solchen Fall wird eine Unterschutzstellung – in Anlehnung an die entsprechenden Konstellationen bei Bebauungsplänen – wegen **Funktionslosigkeit** ganz bzw. in Teilen unwirksam.[184] Das kann z.B. der Fall sein, wenn ein Landschaftsschutzgebiet im Ganzen oder in Teilbereichen vollständig bebaut wurde.[185]   86

Besonderheiten gelten in Fällen, in denen eine Aufhebung bzw. Änderung von Unterschutzstellungen für **Natura 2000-Gebiete** (§ 7 Abs. 1 Nr. 8) in Rede steht. Soweit Anpassungen der Schutzerklärung aufgrund „natürlicher Entwicklungen" notwendig sind, ist bei FFH-Gebieten Art. 9 Satz 2 FFH-RL einschlägig.[186] Andernfalls richtet sich eine Aufhebung bzw. Änderung nach dem Ausnahmeregime des Art. 6 Abs. 3 und 4 FFH-RL[187] bzw. nach Art. 4 Abs. 1 und 2 V-RL, wobei die näheren Einzelheiten umstritten sind.[188] Dabei ist insbesondere zu berücksichtigen, dass nach der Leybucht-Entscheidung des EuGH eine Verkleinerung von Natura-2000-Gebieten grundsätzlich nur unter außergewöhnlichen Umständen in Betracht kommt.[189]   87

---

181 Vgl. *Schmidt-Räntsch*, in: Gassner/Bendomir-Kahlo/Schmidt-Räntsch, BNatSchG, § 22 Rn. 40.

182 *Schmidt-Räntsch*, in: Gassner/Bendomir-Kahlo/Schmidt-Räntsch, BNatSchG, § 22 Rn. 40.

183 Vgl. VGH Mannheim, Urt. v. 18.11.1996 – 5 S 432/96, NVwZ-RR 1998, 99 (100); *Schmidt-Räntsch*, in: Gassner/Bendomir-Kahlo/Schmidt-Räntsch, BNatSchG, § 22 Rn. 40.

184 *Kratsch*, NuR 2009, 398 (402); *Meßerschmidt*, Bundesnaturschutzrecht, § 22 BNatSchG Rn. 86; *Kerkmann*, in: Kerkmann (Hrsg.), Naturschutzrecht in der Praxis, § 5 Rn. 34.

185 VGH München, Urt. v. 23.04.1996 – 9 N 94.599, BayVBl 1997, 278 (279); enger hingegen VG Freiburg, Urt. v. 16.06.2008 – 3 K 1850/07, NuR 2009, 437 (438), soweit gegen illegal errichtete Anlagen noch eingeschritten werden kann.

186 Hierzu näher *Möckel/Köck*, NuR 2009, 318 (321); *Thomas*, European Energy&EnLR 2008, 3 (6).

187 Dazu ausführlich *Spieth/Appel*, NuR 2009, 669 ff.

188 Siehe im Einzelnen *Jarass*, NuR 1999, 481 (489); *Möckel/Köck*, NuR 2009, 318 (321); *Thomas*, European Energy&EnLR 2008, 3 (5 ff.).

189 EuGH, Urt. v. 28.02.1991 – Rs. C-57/89, NVwZ 1991, 559 (559); *Meßerschmidt*, Bundesnaturschutzrecht, § 22 BNatSchG Rn. 85.

88 Komplexe Fragen dürften sich im vorliegenden Zusammenhang v.a. infolge des **Klimawandels** und seiner Auswirkungen auf die Naturgüter ergeben. Die Folgen der Klimaveränderungen auf Temperaturen und Niederschläge werden räumlich voraussichtlich sehr unterschiedlich sein und v.a. bei Arten und Biotopen zu erheblichen Arealverschiebungen führen, die Artenverluste, qualitative Veränderungen in Form neuer Artenverbindungen und Zuwanderungsprozesse neuer Arten zur Folge haben werden.[190] Von daher wird der konservierende Aspekt des Naturschutzes, den gezielten Erhalt eines Lebensraumtyps auf einer bestimmten Fläche bzw. einem bestimmten Objekt sicherzustellen, zukünftig in vielen Fällen nicht mehr oder nur mit unverhältnismäßigem Aufwand realisierbar sein.[191] Dies wird auch nicht ohne Auswirkungen auf bestehende Unterschutzstellungen bleiben und wirft Fragen ihrer Anpassung bzw. Aufhebung auf, die bislang noch nicht abschließend geklärt sind.[192]

VIII. Rechtsschutz

89 Soweit eine Unterschutzstellung wie in der Regel durch Rechtsverordnung oder Satzung erfolgt, besteht die Möglichkeit unmittelbaren Rechtsschutzes nach Maßgabe des § 47 VwGO **(prinzipale Normenkontrolle)**, wenn das betreffende Bundesland eine solche Rechtsschutzmöglichkeit gegen Normen unterhalb formeller Landesgesetze eröffnet (vgl. § 47 Abs. 1 Nr. 2 VwGO).[193] Hinsichtlich der Zulässigkeit eines solchen Normenkontrollantrags bestehen gegenüber sonstigen Fällen keine wesentlichen Besonderheiten, sodass insoweit (insbesondere hinsichtlich der einzuhaltenden Antragsfrist) auf die verwaltungsprozessrechtliche Literatur verwiesen werden kann.[194] Im Rahmen der Begründetheit erfolgt grundsätzlich eine umfassende Rechtmäßigkeitskontrolle (vgl. § 47 Abs. 5 VwGO). Ein Normenkontrollantrag ist begründet, wenn die Schutzerklärung wegen Verstoßes gegen landes- oder bundesrechtliche Voraussetzungen der Unterschutzstellung, gegen Verfassungsrecht (insbesondere Art. 14 GG, 28 Abs. 2 GG) oder sonstiges höherrangiges Recht (wie Unionsrecht) unwirksam ist.[195] Soweit der unter Schutz stellenden Behörde allerdings im Rahmen der Ermessens- und Abwägungsentscheidung Gestaltungsspielraum zukommt, ist die gerichtliche Kontrolle nach den allge-

---

190 *Jessel*, Natur und Landschaft 2008, 311 (314); *Heiland/Geiger/Rittel/Steinl/Wieland*, Naturschutz und Landschaftsplanung 2008, 37 (38).

191 *Jessel*, Natur und Landschaft 2008, 311 (314); *Galler/von Haaren/Horlitz*, Naturschutz und Landschaftsplanung 2009, 57 (58); *Heiland/Geiger/Rittel/Steinl/Wieland*, Naturschutz und Landschaftsplanung 2008, 37 (39); *Wankner/Wartner*, Naturschutz und Landschaftsplanung 2009, 53 (53).

192 Siehe hierzu insgesamt näher *Cliquet/Backes/Harris/Howsam*, Utrecht Law Review 2009, 158 ff.; *Dodd/Hardiman/Jennings/Williams*, Utrecht Law Review 2010, 141 ff.; siehe eingehend auch *Schumacher/Schumacher,* NuR 2013, 377 ff.

193 Ausführlich zum Rechtsschutz gegen Unterschutzstellungen nach §§ 22 ff. *Louis/Engelke*, BNatSchG, § 12 Rn. 150 ff.

194 Siehe etwa *Kopp/Schenke*, VwGO, § 47 Rn. 36 ff.

195 *Louis/Engelke*, BNatSchG, § 12 Rn. 154; *Marzik/Wilrich*, BNatSchG, § 22 Rn. 57; *Kerkmann*, in: Kerkmann (Hrsg.), Naturschutzrecht in der Praxis, § 5 Rn. 168.

meinen Grundsätzen auf Ermessens- bzw. Abwägungsfehler begrenzt.[196] Auch muss ein Fehler nicht stets zur vollständigen Unwirksamkeit einer Unterschutzstellung führen, sondern ist die Möglichkeit einer bloßen Teilnichtigkeit zu prüfen.[197] Dies spielt v.a. bei der Prüfung der Schutzwürdigkeit eine Rolle. Werden von einer Schutzerklärung nicht schutzwürdige Flächen erfasst, so kann gemäß der im Naturschutzrecht entsprechend anwendbaren Rechtsprechung des BVerwG zur Teilnichtigkeit von Bebauungsplänen[198] eine Schutzerklärung im Übrigen wirksam bleiben, wenn der restliche Verordnungsinhalt mit dem unwirksamen Teil in keinem untrennbaren Regelungszusammenhang steht und auch für sich betrachtet noch einen sinnvollen Naturschutz gewährleistet.[199]

Darüber hinaus kommt gegen in Verordnungs- oder Satzungsform erlassene Schutzerklärungen – fristungebunden – eine **allgemeine Feststellungsklage** nach § 43 Abs. 1 VwGO in Betracht. Sie ist z.B. auf die Feststellung zu richten, dass ein konkretes Vorhaben ohne Verstoß gegen die Unterschutzstellung durchgeführt werden kann (entweder, weil die betreffende Schutzerklärung unwirksam ist oder das Vorhaben nicht gegen die Verbotstatbestände verstößt). Anders als bei der Normenkontrolle nach § 47 VwGO hätte eine nach § 43 Abs. 1 VwGO gerichtlich festgestellte Unwirksamkeit der Schutzerklärung nach allgemeinen verwaltungsprozessrechtlichen Grundsätzen allerdings nur Wirkung inter partes.[200] Dasselbe gilt für die stets bestehende Möglichkeit einer **Inzidentkontrolle** von Schutzerklärungen im Rahmen einer Anfechtungs- oder Verpflichtungsklage (§ 42 Abs. 1 VwGO) eines auf die Schutzerklärung gestützten Vollzugsakts (z.B. Versagung einer Baugenehmigung, Erlass einer Baueinstellungsverfügung oder Bußgeldbescheid).[201] **90**

Erfolgt eine Schutzerklärung nicht durch Rechtsvorschrift, sondern durch Einzelakt (Verwaltungsakt i.F.d. Allgemeinverfügung), so ist unmittelbarer Rechtsschutz durch Erhebung eines fristgebundenen **Widerspruchs** (je nach landesrechtlicher Notwendigkeit) und ggf. anschließender **Anfechtungsklage** (§ 42 Abs. 1 VwGO) statthaft. Ferner besteht (fristungebunden) die Möglichkeit mittelbaren Rechtsschutzes in Form der **Inzidentkontrolle** im Rahmen einer Anfechtungs- oder Verpflichtungsklage eines auf die Schutzerklärung gestützten Vollzugsakts. **91**

196 *Marzik/Wilrich*, BNatSchG, § 22 Rn. 57; *Kerkmann*, in: Kerkmann (Hrsg.), Naturschutzrecht in der Praxis, § 5 Rn. 169.

197 *Fischer-Hüftle/Schumacher/Schumacher*, in: Schumacher/Fischer-Hüftle, BNatSchG, § 22 Rn. 36.

198 Vgl. BVerwG, Beschl. v. 04.01.1994 – 4 NB 30/93, NVwZ 1994, 684 (685).

199 OVG Saarlouis, Urt. v. 07.03.2007 – 1 N 3/06, NVwZ-RR 2007, 582 (587); OVG Schleswig, Urt. v. 08.07.2004 – 1 KN 42/03, NVwZ-RR 2005, 703 (704); *Kerkmann*, in: Kerkmann (Hrsg.), Naturschutzrecht in der Praxis, § 5 Rn. 23; weitergehend *Gellermann*, in: Landmann/Rohmer, Umweltrecht, § 22 BNatSchG Rn. 9 m.w.N., wonach es bloß darauf ankommt, dass das Gebiet „im Ganzen schutzwürdig" ist.

200 *Louis/Engelke*, BNatSchG, § 12 Rn. 156.

201 *Louis/Engelke*, BNatSchG, § 12 Rn. 156; vgl. hierzu auch *Heugel*, in: Lütkes/Ewer, BNatSchG, § 22 Rn. 39.

92 Besonderheiten gelten beim Rechtsschutz gegenüber **Natura 2000-Gebieten**
i.S.v. § 7 Abs. 1 Nr. 8. Hier stellt sich insbesondere bei FFH-Gebieten aufgrund des komplexen Ausweisungsverfahrens[202] die Frage, ob erst gegen
die nach § 33 Abs. 2 und 3 i.V.m. §§ 22 ff. erfolgenden Schutzerklärungen
vorgegangen werden kann oder bereits auf einer vorgelagerten Ebene
Rechtsschutzmöglichkeiten bestehen.[203]

§ 23
Naturschutzgebiete*)

**(1) Naturschutzgebiete sind rechtsverbindlich festgesetzte Gebiete, in de-
nen ein besonderer Schutz von Natur und Landschaft in ihrer Ganzheit
oder in einzelnen Teilen erforderlich ist**

**1. zur Erhaltung, Entwicklung oder Wiederherstellung von Lebensstätten,
Biotopen oder Lebensgemeinschaften bestimmter wildlebender Tier-
und Pflanzenarten,**

**2. aus wissenschaftlichen, naturgeschichtlichen oder landeskundlichen
Gründen oder**

**3. wegen ihrer Seltenheit, besonderen Eigenart oder hervorragenden
Schönheit.**

**(2) Alle Handlungen, die zu einer Zerstörung, Beschädigung oder Verän-
derung des Naturschutzgebiets oder seiner Bestandteile oder zu einer
nachhaltigen Störung führen können, sind nach Maßgabe näherer Bestimmungen verboten. Soweit es der Schutzzweck erlaubt, können Naturschutzgebiete der Allgemeinheit zugänglich gemacht werden.**

Inhaltsübersicht

---

202 Hierzu statt vieler *von Daniels/Appel*, NuR 2008, 685 (692).

203 Ausführlich hierzu *Kerkmann/Karpenstein*, in: Kerkmann (Hrsg.), Naturschutzrecht in
der Praxis, § 9 Rn. 1 ff. m.w.N.

*) Beachte bei:
§ 23 Abs. 2 Satz 1: **Schleswig-Holstein** – Abweichung durch § 13 Abs. 2 LNatSchG SH v.
24.02.2010 (GVOBl. Schl.-H., S. 301) m.W.v. 01.03.2010 (vgl. BGBl. I 2010, S. 450).
§ 23 Abs. 2 Satz 2: **Schleswig-Holstein** – Abweichung durch § 13 Abs. 3 LNatSchG SH v.
24.02.2010 (GVOBl. Schl.-H., S. 301) m.W.v. 01.03.2010 (vgl. BGBl. I 2010, S. 450).

Appel

I. Allgemeine Erläuterungen

Naturschutzgebiete sind gemäß Abs. 1 rechtsverbindlich festgesetzte Ge- **1** biete, in denen ein besonderer Schutz von Natur und Landschaft in ihrer Ganzheit oder in einzelnen Teilen aus den in Abs. 1 Nr. 1–3 aufgeführten Gründen erforderlich ist. In einem solchen Gebiet sind nach Abs. 2 Satz 1 nach Maßgabe näherer Bestimmungen alle Handlungen verboten, die zu einer Zerstörung, Beschädigung oder Veränderung des Naturschutzgebiets oder seiner Bestandteile oder zu einer nachhaltigen Störung führen können. Es gelten somit grundsätzlich ein „absolutes" Veränderungsverbot und ein Vorrang des Naturschutzes vor allen anderen Flächennutzungen und Nut-zungsansprüchen.[1] Damit bietet das Naturschutzgebiet, das als **traditionells-tes Instrument des Flächenschutzes** gilt, gemeinsam mit dem Nationalpark, den neu aufgenommenen Nationalen Naturmonumenten und dem Natur-denkmal den stärksten Schutz von Natur und Landschaft und gehört so zur **ranghöchsten Schutzkategorie.**[2] In der Praxis dient die Festsetzung eines Naturschutzgebiets deshalb zumeist dem Schutz besonders seltener und stö-rungsempfindlicher Arten und Biotope.[3] Allerdings wird beklagt, dass sich die Gesamtfläche eingerichteter Naturschutzgebiete mit ca. 3,8 % des Bun-desgebiets[4] bislang nur auf einen relativ kleinen Raum erstrecke und die Flächen zudem häufig nachteiligen Einflüssen ausgesetzt seien, sodass § 23

---

1 *Meßerschmidt*, Bundesnaturschutzrecht, § 23 BNatSchG Rn. 1; *Schumacher/Schuma-cher/Fischer-Hüftle*, in: Schumacher/Fischer-Hüftle, BNatSchG, § 23 Rn. 1.

2 *Gellermann*, in: Landmann/Rohmer, Umweltrecht, § 23 BNatSchG Rn. 1; *Meßerschmidt*, Bundesnaturschutzrecht, § 23 BNatSchG Rn. 1; *Kerkmann*, in: Kerkmann (Hrsg.), Natur-schutzrecht in der Praxis, § 5 Rn. 40.

3 *Schumacher/Schumacher/Fischer-Hüftle*, in: Schumacher/Fischer-Hüftle, BNatSchG, § 23 Rn. 1.

4 Vgl. www.bfn.de/0308_nsg.html (Stand: 12/2012).

seinem normativen Anspruch bisher nur unzureichend gerecht werde.[5] Zudem seien viele Gebiete so klein, dass durch sie kein effektiver Arten- und Biotopschutz gewährleistet werden könne (zwei Drittel aller Naturschutzgebiete seien kleiner als 50 ha).[6]

2 Konzeptionell haben Naturschutzgebiete im System der verschiedenen Schutzkategorien der §§ 23 ff. eine herausgehobene Stellung, da Naturschutzgebiete als Kerngebiete des Naturschutzes für den gesamten Arten- und Biotopschutz von großer Bedeutung sind und andere Schutzkategorien strukturell auf ihnen aufbauen.[7] Allerdings bestehen teilweise **Abgrenzungsprobleme** zu anderen Schutzkategorien und sind die Übergänge mitunter fließend. Dies gilt etwa im Verhältnis zu Landschaftsschutzgebieten (§ 26). Auch wenn diese nicht, wie Naturschutzgebiete, dem unmittelbaren Schutz von Natur und Landschaft dienen, sondern mehr der Sicherung bestimmter Funktionen und Eigenschaften, so besteht doch in der Praxis ein erheblicher Überschneidungsbereich.[8] Dasselbe gilt für das Verhältnis zum Naturdenkmal i.S.v. § 28, da diese Schutzkategorie nicht nur zur Sicherung von Einzelschöpfungen der Natur, sondern auch von entsprechenden Flächen bis zu 5 ha zum Tragen kommen kann. Das insoweit zur Abgrenzung herangezogene Kriterium, ein „Flächennaturdenkmal" i.S.v. § 28 müsse sich als Gegenstand des Objektschutzes durch eine gewisse Singularität und denkmaltypische Bildhaftigkeit auszeichnen, kann nicht darüber hinwegtäuschen, dass in Grenzfällen die Übergänge zwischen den Schutzkategorien fließend sind.[9]

3 Im Vergleich zu § 23 BNatSchG a.F. ergibt sich durch die Neuregelung keine inhaltliche Änderung.[10] Unter Abs. 1 Nr. 1 wurde lediglich die marginale Korrektur eingefügt, dass Naturschutzgebiete auch mit dem Ziel des Schutzes von **Lebensstätten** (§ 7 Abs. 2 Nr. 5) eingerichtet werden können. Dies hat allerdings keine Erweiterung der Schutzkategorie zur Folge, da sich der von Abs. 1 Nr. 1 bislang ohnehin schon erfasste Schutz des Biotops wild lebender Tier- und Pflanzenarten auch auf deren Lebensstätten erstreckte.[11]

---

5 *Gellermann*, in: Landmann/Rohmer, Umweltrecht, § 23 BNatSchG Rn. 1; *Schumacher/Schumacher/Fischer-Hüftle*, in: Schumacher/Fischer-Hüftle, BNatSchG, § 23 Rn. 2 ff.; *Gassner/Heugel*, Das neue Naturschutzrecht, Rn. 406; siehe zur Sachlage auch *Meßerschmidt*, Bundesnaturschutzrecht, § 23 BNatSchG Rn. 15 ff.; vgl. zur Verteilung bestehender Gebiete auf die verschiedenen Schutzzonen auch vor dem Hintergrund der Überführung bundeseigener Flächen in Naturerbeflächen: *Reiter/Doerpinghaus*, NuL 2015, S. 98, 103.

6 *Schumacher/Schumacher/Fischer-Hüftle*, in: Schumacher/Fischer-Hüftle, BNatSchG, § 23 Rn. 2.

7 *Meßerschmidt*, Bundesnaturschutzrecht, § 23 BNatSchG Rn. 1.

8 Vgl. *Gellermann*, in: Landmann/Rohmer, Umweltrecht, § 23 BNatSchG Rn. 3.

9 *Schmidt-Räntsch*, in: Gassner/Bendomir-Kahlo/Schmidt-Räntsch, BNatSchG, § 23 Rn. 9; *Hendrischke*, in: Schlacke (Hrsg.), GK-BNatSchG, § 23 Rn. 6.

10 Vgl. BT-Drs. 16/12274, S. 61.

11 *Gellermann*, in: Landmann/Rohmer, Umweltrecht, § 23 BNatSchG Rn. 2, 9.

II. Festsetzung eines Naturschutzgebiets (Abs. 1)

1. Anforderungen an die Unterschutzstellung

Bei der Festsetzung eines Naturschutzgebiets sind die allgemeinen formellen 4
und materiellen Anforderungen an Unterschutzstellungen i.S.v. §§ 22 ff. zu
beachten (siehe hierzu § 22 Rn. 3 ff.). In materieller Hinsicht ist u.a. die (von
§ 23 Abs. 1 ausdrücklich herausgestellte) **„Erforderlichkeit"** der Schutzerklärung zu prüfen, d.h. die Schutzwürdigkeit und Schutzbedürftigkeit des in
Rede stehenden Teils von Natur und Landschaft. Schutzwürdigkeit ist gegeben, wenn der Schutzgegenstand die in den gesetzlichen Schutzzweckbestimmungen der §§ 23 ff. aufgeführten Tatbestandsmerkmale[12] erfüllt und
zur Verwirklichung dieser Schutzziele geeignet ist.[13] Insofern bemisst sich
die Schutzwürdigkeit bei Naturschutzgebieten nach den hier in § 23 Abs. 1
Nr. 1–3 ausdrücklich normierten Schutzzwecken[14] (zu diesen gesetzlichen
Schutzzwecken näher Rn. 13 ff.).

2. Schutzgegenstand

a) Allgemeines

Zwingender Mindestinhalt eines Naturschutzgebiets ist die Festlegung sei- 5
nes **Schutzgegenstands** (siehe § 22 Rn. 38 ff.). Gegenstand eines Naturschutzgebiets als Instrument des Flächenschutzes ist die Natur und die
Landschaft eines bestimmten Gebiets i.S. einer abgegrenzten Fläche, die
sich aus einem oder mehreren Grundstücken zusammensetzt.[15] Die unter
Schutz gestellte Fläche wird hierbei grundsätzlich in ihrer **Gesamtheit**, d.h.
einschließlich der dort vorhandenen belebten und unbelebten Natur erfasst.[16] Geschützt werden auch der Boden (bis zu einer für den Naturhaushalt im jeweiligen Schutzgebiet relevanten Tiefe), das Grundwasser sowie
der Luftraum über dem Gebiet.[17]

Gemäß Abs. 1 können Natur und Landschaft „in ihrer Ganzheit oder in ein- 6
zelnen Teilen" geschützt werden, sodass eine Errichtung von sog. **Voll- und
Teilnaturschutzgebieten** möglich ist.[18] Vollnaturschutzgebiete sichern die

---

12 *Louis/Engelke*, BNatSchG, § 12 Rn. 68.

13 OVG Saarlouis, Urt. v. 07. 03. 2007 – 1 N 3/06, NVwZ-RR 2007, 582 (585 ff.); *Kerkmann*, in:
Kerkmann (Hrsg.), Naturschutzrecht in der Praxis, § 5 Rn. 21; *Gassner/Heugel*, Das neue
Naturschutzrecht, Rn. 394.

14 *Schumacher/Schumacher/Fischer-Hüftle*, in: Schumacher/Fischer-Hüftle, BNatSchG, § 23
Rn. 11; *Kerkmann*, in: Kerkmann (Hrsg.), Naturschutzrecht in der Praxis, § 5 Rn. 43.

15 *Meßerschmidt*, Bundesnaturschutzrecht, § 23 BNatSchG Rn. 27; *Gellermann*, in: Land-
mann/Rohmer, Umweltrecht, § 23 BNatSchG Rn. 4.

16 *Louis/Engelke*, BNatSchG, § 13 Rn. 2; *Schumacher/Schumacher/Fischer-Hüftle*, in: Schu-
macher/Fischer-Hüftle, BNatSchG, § 23 Rn. 7.

17 *Schmidt-Räntsch*, in: Gassner/Bendomir-Kahlo/Schmidt-Räntsch, BNatSchG, § 23 Rn. 9;
Meßerschmidt, Bundesnaturschutzrecht, § 23 BNatSchG Rn. 25; *Heugel*, in: Lütkes/Ewer,
BNatSchG, § 23 Rn. 3; siehe z.B. zum Verbot des Überfliegens eines Naturschutzgebiets
mit Modellflugzeugen OVG Münster, Beschl. v. 05. 09. 2000 – 20 A 722/00, NuR 2001, 343
(344).

18 Statt vieler *Meßerschmidt*, Bundesnaturschutzrecht, § 23 BNatSchG Rn. 26.

Gesamtheit von Natur und Landschaft in all ihren Bestandteilen, wohingegen Teilnaturschutzgebiete nur bestimmte Bestandteile bzw. bestimmte Funktionen des Gebiets schützen (z.B. Vogelfreistätten, Vogelschutzgehölze oder Pflanzenschonbezirke).[19] In der Praxis hat sich indes die Festsetzung von Teilnaturschutzgebieten bislang nicht durchgesetzt, v. a. weil die zu schützenden Teilgebiete häufig von Flächen intensiver Nutzung umgeben sind und diese sich negativ auf den Schutzgegenstand auswirken.[20]

b) Gebietsgröße

7 In Bezug auf eine bestimmte flächenhafte Ausdehnung eines Naturschutzgebiets enthält § 23 keine ausdrücklichen Vorgaben. Die **Gebietsgröße** hängt v.a. ab vom Schutzzweck und den Gegebenheiten vor Ort, wobei der unter Schutz stellenden Behörde bei der Bestimmung der räumlichen Abgrenzungen ein gestalterisches Ermessen zusteht.[21] Das Gebiet muss aber in jedem Fall so groß bemessen sein, dass die mit ihm verfolgten Schutzzwecke erreicht werden können.[22] Das Gebiet muss allerdings ein natürliches Ganzes bilden und darf nicht über einen so unübersichtlichen Grenzverlauf verfügen, dass die Erreichung des jeweiligen Schutzzwecks praktisch unmöglich gemacht wird.[23] Unter dem Gesichtspunkt der Normenklarheit liegt es nahe, die räumlichen Grenzen z.B. am Verlauf von Flüssen, Straßen o.Ä. zu orientieren.[24] Indes besteht kein Erfordernis, alle Flächen zu umfassen, auf die sich der Naturschutz hätte erstrecken können. Eine unterschiedliche Behandlung vergleichbarer Grundstücke bleibt damit möglich und findet seine rechtliche Grenze erst bei willkürlichen Entscheidungen.[25]

8 Mit Blick auf den behördlichen Gestaltungsraum kann es daher außer der Unterschutzstellung weiträumiger Flächen auch ermessensfehlerfrei sein, **kleine Flächen** als Naturschutzgebiet auszuweisen, sofern die hierfür maßgeblichen Voraussetzungen vorliegen.[26] So genügt für den Schutz von Pflanzenbiotopen ggf. bereits eine kleine Fläche, wohingegen ein Naturschutzgebiet, das den Lebensraum von Vögeln gewährleisten soll, eher großräumig anzulegen ist.[27] Dass kleine Flächen aufgrund negativer Außeneinflüsse häufig der Gefahr ausgesetzt sind, den ihnen zugedachten Schutzzweck

---

19 *Schumacher/Schumacher/Fischer-Hüftle*, in: Schumacher/Fischer-Hüftle, BNatSchG, § 23 Rn. 7; *Gellermann*, in: Landmann/Rohmer, Umweltrecht, § 23 BNatSchG Rn. 6.

20 Näher *Louis/Engelke*, BNatSchG, § 13 Rn. 4; *Schumacher/Schumacher/Fischer-Hüftle*, in: Schumacher/Fischer-Hüftle, BNatSchG, § 23 Rn. 7.

21 Statt vieler *Meßerschmidt*, Bundesnaturschutzrecht, § 23 BNatSchG Rn. 28 m.w.N.

22 *Kerkmann*, in: Kerkmann (Hrsg.), Naturschutzrecht in der Praxis, § 5 Rn. 42; *Heugel*, in: Lütkes/Ewer, BNatSchG, § 23 Rn. 4.

23 *Meßerschmidt*, Bundesnaturschutzrecht, § 23 BNatSchG Rn. 28.

24 OVG Koblenz, Urt. v. 28.02.1996 – 8 C 13353/94, NuR 1996, 629 (630); *Kerkmann*, in: Kerkmann (Hrsg.), Naturschutzrecht in der Praxis, § 5 Rn. 30.

25 *Schumacher/Schumacher/Fischer-Hüftle*, in: Schumacher/Fischer-Hüftle, BNatSchG, § 23 Rn. 9.

26 *Gellermann*, in: Landmann/Rohmer, Umweltrecht, § 23 BNatSchG Rn. 4.

27 *Meßerschmidt*, Bundesnaturschutzrecht, § 23 BNatSchG Rn. 28; *Lorz/Konrad/Mühlbauer/Müller-Walter/Stöckel*, Naturschutzrecht, § 23 BNatSchG Rn. 2.

nicht auf Dauer erfüllen zu können, lässt sich ggf. durch eine Einbeziehung der notwendigen Umgebung i.S.d. § 22 Abs. 1 Satz 3, 2. Halbs. entschärfen[28] (siehe zum Umgebungsschutz näher § 22 Rn. 67 ff.).

c) Gebietsqualität und -zuschnitt

Hinsichtlich der Qualität des Schutzgegenstands umfasst ein Naturschutzgebiet im Idealfall Flächen unberührter oder nur wenig berührter Natur. Dies entspricht allerdings nur in seltenen Fällen den tatsächlichen Gegebenheiten. Vielmehr kommen auch vom Menschen geprägte oder sogar von Menschenhand geschaffene Teile von Natur und Landschaft grundsätzlich als Schutzgegenstand eines Naturschutzgebiets in Betracht.[29]   9

Die Bandbreite möglicher Schutzgegenstände ist dementsprechend groß und reicht von natürlichen Hochmoorresten, Urwaldrelikten, naturnahen Fließgewässern, extensiv genutztem Grünland und intensiv bearbeiteten Land- und Forstwirtschaftsflächen bis hin zu aufgelassenen Steinbrüchen und nicht mehr genutzten Baggerseen.[30] Erfasst werden insbesondere auch sog. **Sekundärbiotope**, wobei allerdings Besonderheiten gelten, wenn sich ein Gebiet noch in einer stetigen Umbruchphase befindet (siehe § 22 Rn. 16).   10

Flächen im **Bebauungsplanbereich** sowie im Innenbereich i.S.v. § 34 BauGB kommen als Naturschutzgebiete in der Regel nicht in Betracht, wohingegen eine Außenbereichsbebauung i.S.v. § 35 BauGB einem Naturschutzgebiet nicht zwangsläufig entgegensteht.[31]   11

Soweit erforderlich können nach den allgemeinen Grundsätzen des **Umgebungsschutzes** (§ 22 Abs. 1 Satz 3, 2. Halbs.) im Randbereich liegende und an sich nicht schutzwürdige Teile von Natur und Landschaft in die Naturschutzgebietserklärung mit einbezogen werden, wenn die Flächen eine „Pufferfunktion" für die angrenzenden schutzwürdigen Areale haben, indem sie schädliche Einwirkungen abwehren bzw. verringern (siehe § 22 Rn. 62 f.).[32]   12

3. Schutzzwecke

a) Allgemeines

Zwingender Mindestinhalt einer Ausweisung zum Naturschutzgebiet ist auch die **Festlegung des konkreten Schutzzwecks**. Gemäß Abs. 1 können Naturschutzgebiete zur Erhaltung, Entwicklung oder Wiederherstellung von Lebensstätten,[33] Biotopen oder Lebensgemeinschaften bestimmter wild le-   13

---

28 Vgl. BVerwG, Urt. v. 05. 02. 2009 – 7 CN 1.08, NuR 2009, 346 (348); *Gellermann*, in: Landmann/Rohmer, Umweltrecht, § 23 BNatSchG Rn. 4.

29 *Meßerschmidt*, Bundesnaturschutzrecht, § 23 BNatSchG Rn. 30.

30 *Gellermann*, in: Landmann/Rohmer, Umweltrecht, § 23 BNatSchG Rn. 5; *Kerkmann*, in: Kerkmann (Hrsg.), Naturschutzrecht in der Praxis, § 5 Rn. 43 m.w.N.

31 *Schmidt-Räntsch*, in: Gassner/Bendomir-Kahlo/Schmidt-Räntsch, BNatSchG, § 23 Rn. 5; *Meßerschmidt*, Bundesnaturschutzrecht, § 23 BNatSchG Rn. 30.

32 Ebenso *Hendrischke*, in: Schlacke (Hrsg.), GK-BNatSchG, § 23 Rn. 7 m.w.N.

33 Zur Neueinfügung dieses Begriffs siehe bereits oben Rn. 3.

bender Tier- und Pflanzenarten (Nr. 1), aus wissenschaftlichen, naturgeschichtlichen oder landeskundlichen Gründen (Nr. 2) oder wegen ihrer Seltenheit, besonderen Eigenart oder hervorragenden Schönheit (Nr. 3)
festgesetzt werden.

14   Mit Abs. 1 Nr. 1–3 werden die gesetzlichen **Schutzzwecke** von Naturschutzgebieten definiert und damit die Tatbestandsmerkmale geregelt, anhand derer zu prüfen ist, ob ein Gebiet für eine Unterschutzstellung als Naturschutzgebiet in Betracht kommt. Die Schutzzwecke sind allesamt gleichrangig und
es reicht aus, wenn für eine Unterschutzstellung einer von ihnen erfüllt ist
(wenngleich in der Praxis in der Regel mehrere der Schutzzwecke gleichzeitig vorliegen).[34]

b) Erhaltung, Entwicklung oder Wiederherstellung von Lebensstätten,
Biotopen und Lebensgemeinschaften bestimmter wild lebender Tier-
und Pflanzenarten (Nr. 1)

15   Indem Abs. 1 Nr. 1 die Ausweisung eines Naturschutzgebiets zur Erhaltung,
Entwicklung oder Wiederherstellung von Lebensstätten, Biotopen oder Lebensgemeinschaften wild lebender Tier- und Pflanzenarten ermöglicht, wird
der Gebietsschutz in den Dienst des Artenschutzes gestellt.[35] Dies trägt der
Erkenntnis Rechnung, dass eine dauerhafte Sicherung wild lebender Tier-
und Pflanzenarten kaum ohne einen wirksamen Biotop- und Lebensstättenschutz möglich ist.[36] Während die Vorschriften des direkten Artenschutzes in
Kapitel 5 den Schutz einzelner Exemplare geschützter Tier- und Pflanzenarten zum Ziel haben, dient das Naturschutzgebiet als **„indirekter Artenschutz"** (ähnlich wie der Biotopschutz nach § 30) dazu, den jeweils geschützten Arten den benötigten Lebensraum zu erhalten, entwickeln bzw.
wiederherzustellen.[37]

aa) Lebensstätten, Biotope und Lebensgemeinschaften bestimmter wild
lebender Tier- und Pflanzenarten

16   Die Unterschutzstellung kann den Schutz von **Lebensstätten** bestimmter wild
lebender Tier- und Pflanzenarten bezwecken, d.h. den Schutz des regelmäßigen Aufenthaltsorts der Individuen einer Art (vgl. § 7 Abs. 2 Nr. 5). Hierunter fallen z.B. Nist-, Brut-, Wohn- oder Zufluchtsstätten. Bei wandernden
Arten werden auch bloß vorübergehende Aufenthaltsorte erfasst.[38]

17   Naturschutzgebiete können auch zum Schutz von Biotopen oder Lebensgemeinschaften wild lebender Tier- und Pflanzenarten festgesetzt werden. Un-

---

34 *Meßerschmidt*, Bundesnaturschutzrecht, § 23 BNatSchG Rn. 41; *Kerkmann*, in: Kerkmann
   (Hrsg.), Naturschutzrecht in der Praxis, § 5 Rn. 46.
35 *Schmidt-Räntsch*, in: Gassner/Bendomir-Kahlo/Schmidt-Räntsch, BNatSchG, § 23 Rn. 13;
   Gellermann, in: Landmann/Rohmer, Umweltrecht, § 23 BNatSchG Rn. 8.
36 *Gellermann*, in: Landmann/Rohmer, Umweltrecht, § 23 BNatSchG Rn. 8.
37 *Meßerschmidt*, Bundesnaturschutzrecht, § 23 BNatSchG Rn. 42; *Schmidt-Räntsch*, in:
   Gassner/Bendomir-Kahlo/Schmidt-Räntsch, BNatSchG, § 23 Rn. 13
38 *Meßerschmidt*, Bundesnaturschutzrecht, § 23 BNatSchG Rn. 43.

ter dem Begriff des **Biotops** versteht § 7 Abs. 2 Nr. 4 in seiner Neufassung die Lebensräume einer Lebensgemeinschaft wild lebender Tiere und Pflanzen. Der Begriff der **Lebensgemeinschaft** wurde im BNatSchG hingegen nicht definiert, da hierunter nach dem einhelligen Verständnis der Fachwelt Gemeinschaften von Organismen unterschiedlicher Tier- und Pflanzenarten zu verstehen sind, die in einem abgrenzbaren Lebensraum regelmäßig vorkommen und zueinander in einer Wechselbeziehung stehen (sog. **Biozönose**).[39] Die in § 23 Abs. 1 Nr. 1 verwandten Begriffe Biotop und Lebensgemeinschaft sind daher eng miteinander verknüpft.[40] Allerdings kann die Unterschutzstellung eines Biotops z.B. auch dann erforderlich sein, wenn es nicht um den Schutz dort ansässiger Lebensgemeinschaften geht, sondern um Tierarten, die sich dort lediglich temporär aufhalten (z.B. Schutz von Feuchtwiesen als Rastplätze für Zugvögel, von Jagdrevieren von Fledermäusen oder von Laichplätzen von Amphibien).[41]

In der Praxis erfolgt die Errichtung eines Naturschutzgebiets zum Schutz bedrohter oder gefährdeter Arten. Dies ist nach dem Wortlaut des Abs. 1 Nr. 1 jedoch keine Bedingung für eine Unterschutzstellung. Hiernach müssen die in Rede stehenden Tier- und Pflanzenarten „bestimmt" und „wild" sein. Für eine hinreichende Schutzzweckbestimmung ist erforderlich, dass die betreffenden wild lebenden Arten in der Schutzerklärung **hinreichend konkretisiert** werden (z.B. durch Nennung des Biotoptyps oder der Artengruppe); eine Einzelnennung jeder Art ist hingegen nicht erforderlich.[42] Da auch und gerade bedrohte und gefährdete Arten eines besonderen Schutzes bedürfen, spielen in der Praxis allerdings die Kriterien der Seltenheit und Gefährdetheit durchaus eine Rolle, insbesondere im Rahmen der Abwägung über die Schutzbedürftigkeit eines Gebiets.[43] *18*

Als **„wild"** lebende Tier- und Pflanzenart i.S.v. Abs. 1 Nr. 1 ist eine in Freiheit vorkommende Art zu verstehen, deren Exemplare nicht ausschließlich vom Menschen gezüchtet oder angebaut werden.[44] Nicht zwingend erforderlich ist, dass es sich dabei um heimische Arten i.S.v. § 7 Abs. 2 Nr. 7 handelt, sodass die Festsetzung eines Naturschutzgebiets z.B. auch als Rast- oder Überwinterungsgebiet von Wandertierarten möglich ist.[45] *19*

---

39 BT-Drs. 16/12274, S. 53; *Gellermann*, in: Landmann/Rohmer, Umweltrecht, § 23 BNatSchG Rn. 9.

40 *Schumacher/Schumacher/Fischer-Hüftle*, in: Schumacher/Fischer-Hüftle, BNatSchG, § 23 Rn. 13.

41 *Louis/Engelke*, BNatSchG, § 13 Rn. 6; *Schumacher/Schumacher/Fischer-Hüftle*, in: Schumacher/Fischer-Hüftle, BNatSchG, § 23 Rn. 13.

42 Vgl. VGH Mannheim, Beschl. v. 14. 10. 1997 – 5 S 1765/95, Rn. 29 (juris); VGH Mannheim, Beschl. v. 07. 08. 1992 – 5 S 251/91, NuR 1993, 139 (140); *Meßerschmidt*, Bundesnaturschutzrecht, § 23 BNatSchG Rn. 47; *Schumacher/Schumacher/Fischer-Hüftle*, in: Schumacher/Fischer-Hüftle, BNatSchG, § 23 Rn. 17.

43 *Meßerschmidt*, Bundesnaturschutzrecht, § 23 BNatSchG Rn. 46.

44 *Schumacher/Schumacher/Fischer-Hüftle*, in: Schumacher/Fischer-Hüftle, BNatSchG, § 23 Rn. 16; siehe zu weiteren Einzelheiten *Louis/Engelke*, BNatSchG, § 13 Rn. 7.

45 *Schmidt-Räntsch*, in: Gassner/Bendomir-Kahlo/Schmidt-Räntsch, BNatSchG, § 23 Rn. 14; *Hendrischke*, in: Schlacke (Hrsg.), GK-BNatSchG, § 23 Rn. 11.

bb) Erhaltung, Entwicklung oder Wiederherstellung

20   Die Festsetzung eines Naturschutzgebiets kommt nach Abs. 1 Nr. 1 in Betracht, um Lebensstätten, Biotope oder Lebensgemeinschaften wild lebender Arten zu erhalten, zu entwickeln oder wiederherzustellen. Auch wenn sich die Begriffe Erhaltung, Entwicklung und Wiederherstellung jeweils eigenständig definieren lassen, bestehen im Einzelfall mitunter fließende Übergänge.[46]

21   Der Begriff der **Erhaltung** zielt in erster Linie auf die Sicherung des Status quo ab und umfasst die Bewahrung vorhandener schutzwürdiger Bestände.[47] Der Flächenschutz ist jedoch nicht auf die Konservierung bestehender Zustände gerichtet. Indem Abs. 1 Nr. 1 ausdrücklich auch die Entwicklung und Wiederherstellung der Schutzgegenstände als zulässige Schutzzwecke benennt, wird dem Umstand Rechnung getragen, dass sich viele Teile von Natur und Landschaft zwar in einem schlechten Zustand befinden, gleichwohl aber über ein hohes ökologisches Potenzial verfügen, das sich durch bestimmte Maßnahmen ggf. wieder entfalten kann.[48]

22   Maßnahmen der **Entwicklung** zielen nicht bloß auf die Erhaltung des bestehenden Zustandes, sondern dienen der Verbesserung der naturschutzwürdigen Gegebenheiten und schließen daher das Element der Veränderung des Schutzgegenstands ein (siehe § 22 Rn. 55). Praktische Bedeutung hat die Möglichkeit der Ausweisung von Entwicklungsgebieten insbesondere für die Bereitstellung von Flächen für großflächige Ausgleichs- und Ersatzmaßnahmen.[49]

23   **Wiederherstellungsmaßnahmen** sind auf die Restauration eines früheren, inzwischen nicht mehr existenten Zustands gerichtet und zielen darauf, in ihren Funktionen bereits beeinträchtigte oder vernichtete Eigenschaften von Teilen von Natur und Landschaft wieder verfügbar zu machen (siehe § 22 Rn. 56). Besonderes praktisches Gewicht haben dabei **Renaturierungsmaßnahmen**[50] wie z.B. im Rahmen der bergbaulichen Wiedernutzbarmachung von Tagebaurestlöchern.[51]

24   Gegen die damit eröffnete Möglichkeit der Unterschutzstellung von Gebieten als Entwicklungs- oder Wiederherstellungsflächen werden unter Hinweis auf eine ggf. fehlende Schutzwürdigkeit teilweise Bedenken erhoben und die Gefahr einer **„Voraussetzungslosigkeit der Unterschutzstellung"**[52] be-

---

46 *Schumacher/Schumacher/Fischer-Hüftle*, in: Schumacher/Fischer-Hüftle, BNatSchG, § 23 Rn. 19.

47 BVerwG, Beschl. v. 18.07.1997 – 4 BN 5/97, NuR 1998, 37 (38 f.); *Lorz/Konrad/Mühlbauer/Müller-Walter/Stöckel*, Naturschutzrecht, § 23 BNatSchG Rn. 7.

48 *Schumacher/Schumacher/Fischer-Hüftle*, in: Schumacher/Fischer-Hüftle, BNatSchG, § 23 Rn. 19.

49 *Lorz/Konrad/Mühlbauer/Müller-Walter/Stöckel*, Naturschutzrecht, § 23 BNatSchG Rn. 7; *Meßerschmidt*, Bundesnaturschutzrecht, § 23 BNatSchG Rn. 31; zu den Anforderungen an Kohärenzsicherungsmaßnahmen i.S.v. § 34 Abs. 5 BNatSchG siehe im Detail *Spieth/Appel*, NuR 2009, 669 (673 ff.).

50 *Schumacher/Schumacher/Fischer-Hüftle*, in: Schumacher/Fischer-Hüftle, BNatSchG, § 23 Rn. 24.

51 Hierzu ausführlich *von Daniels/Appel*, NuR 2008, 685 ff.

52 *Meßerschmidt*, Bundesnaturschutzrecht, § 23 BNatSchG Rn. 32.

klagt. Indes kommt eine grundlose Inschutznahme schon aus Gründen der Verhältnismäßigkeit nicht in Betracht, sondern müssen sich solche Teilflächen in besonderer Hinsicht für Maßnahmen der Entwicklungs- oder Wiederherstellung eignen[53] und insofern wenigstens einen schutzwürdigen Mindestbestand von Natur und Landschaft aufweisen.[54] Ob hinsichtlich der dabei erforderlichen Entwicklungs- oder Wiederherstellungsprognose[55] ein Einschätzungsspielraum der zuständigen Behörde besteht, ist umstritten.[56]

c) Wissenschaftliche, naturgeschichtliche oder landeskundliche Gründe (Nr. 2)

Die Errichtung eines Naturschutzgebiets ist auch aus wissenschaftlichen, naturgeschichtlichen oder landeskundlichen Gründen möglich. Das Gesetz ermöglicht damit eine Unterschutzstellung als Naturschutzgebiet auch aus anderen denn strikt ökologischen Schutzgründen und weitet den möglichen Schutz über die belebte Natur hinaus z.b. auf geologische Formationen, Aufschlüsse und sowie Gesteinsbildungen aus.[57] Dabei bestehen insbesondere **Überschneidungen** mit der Schutzkategorie Naturdenkmal, die über dieselben Schutzgründe verfügt (vgl. § 28 Abs. 1 Nr. 1), v.a. in Bezug auf Flächennaturdenkmäler bis zu 5 ha[58] (siehe hierzu auch Rn. 2). Zudem werden die in Abs. 1 Nr. 2 genannten Gründe regelmäßig nicht den Hauptzweck einer Unterschutzstellung ausmachen, sondern die Schutzgründe des Abs. 1 Nr. 1 und Nr. 3 lediglich ergänzen.[59]

25

aa) Wissenschaftliche Gründe

Die Festsetzung eines Naturschutzgebiets erfolgt aus **wissenschaftlichen Gründen**, wenn die jeweilige Landschaft und/oder die in einem Gebiet vorhandenen Tier- und Pflanzenarten für sich genommen oder in ihrer Gesamtheit geeignet sind, wissenschaftliche Erkenntnisse insbesondere im Bereich der **Geologie, Zoologie oder Botanik** zu ermöglichen bzw. zu fördern.[60] Da in der Unterschutzstellungserklärung der Schutzzweck hinreichend bestimmt werden muss, wird es regelmäßig notwendig sein, die jeweiligen wissenschaftlichen Fachvertreter zur Formulierung des Schutzzwecks mit heranzuziehen.[61]

26

---

53 *Gellermann*, in: Landmann/Rohmer, Umweltrecht, § 22 BNatSchG Rn. 10.

54 *Meßerschmidt*, Bundesnaturschutzrecht, § 23 BNatSchG Rn. 32; siehe auch *Schmidt-Räntsch*, in: Gassner/Bendomir-Kahlo/Schmidt-Räntsch, BNatSchG, § 23 Rn. 12.

55 Vgl. *Schumacher/Schumacher/Fischer-Hüftle*, in: Schumacher/Fischer-Hüftle, BNatSchG, § 23 Rn. 15.

56 Dafür *Louis/Engelke*, BNatSchG, § 13 Rn. 5; zweifelnd *Meßerschmidt*, Bundesnaturschutzrecht, § 23 BNatSchG Rn. 33.

57 *Meßerschmidt*, Bundesnaturschutzrecht, § 23 BNatSchG Rn. 50; *Heugel*, in: Lütkes/Ewer, BNatSchG, § 23 Rn. 9.

58 *Schumacher/Schumacher/Fischer-Hüftle*, in: Schumacher/Fischer-Hüftle, BNatSchG, § 23 Rn. 25.

59 *Kerkmann*, in: Kerkmann (Hrsg.), Naturschutzrecht in der Praxis, § 5 Rn. 51.

60 *Gellermann*, in: Landmann/Rohmer, Umweltrecht, § 23 BNatSchG Rn. 12; näher *Schmidt-Räntsch*, in: Gassner/Bendomir-Kahlo/Schmidt-Räntsch, BNatSchG, § 23 Rn. 15.

61 *Hönes*, NuR 2009, 741 (745).

bb) Naturgeschichtliche Gründe

27 **Naturgeschichtliche Gründe** kommen in Betracht, wenn in einem Gebiet z.B. geologische Aufschlüsse, Gesteinsformationen oder Moore vorkommen, die Entwicklungen der **Erdgeschichte** einer Landschaft zu erkennen geben.[62] Teilweise werden insoweit auch durch menschliche Inkulturnahme hervorgerufene Veränderungen einbezogen, wodurch Abgrenzungsfragen zu den landeskundlichen Gründen entstehen.[63]

cc) Landeskundliche Gründe

28 **Landeskundliche Gründe** liegen vor, wenn Natur und Landschaft die geschichtliche oder geografische Entwicklung eines Landes bzw. eines Landesteils bezeugen.[64] Da bei der Landeskunde Forschungsgegenstand die natürlichen Gegebenheiten und historischen Entwicklungen des Landes einschließlich der Geo- und Sozialfaktoren sind, bestehen Überschneidungen zur **Landesgeschichte** und **historischen Geografie**.[65] Namentlich in Betracht kommen Gebiete, die den Umgang früherer Generationen mit Natur und Landschaft widerspiegeln wie z.B. norddeutsche Knicklandschaften, Weinberg- und Heidelandschaften.[66] Allerdings dürften Teile von Natur und Landschaft trotz ihrer landeskundlichen Bedeutung dann nicht als Naturschutzgebiet unter Schutz gestellt werden, wenn in erster Linie kultur- bzw. kunstgeschichtliche Gesichtspunkte im Vordergrund stehen; wenn ein solcher Schutzzweck dominiert, ist vielmehr der **Denkmalschutz** einschlägig.[67]

d) *Seltenheit, besondere Eigenart oder hervorragende Schönheit (Nr. 3)*

29 Seltenheit, besondere Eigenart oder hervorragende Schönheit von Natur und Landschaft bilden weitere mögliche Schutzzwecke eines Naturschutzgebiets und bringen in Übereinstimmung mit § 1 Nr. 3 zum Ausdruck, dass Naturschutzgebiete auch zur **Sicherung des Eigenwertes von Natur und Landschaft** festgesetzt werden können.[68] Die einzelnen Schutzkriterien können sich überschneiden, sodass die Übergänge mitunter fließend sind.[69]

---

62 *Louis/Engelke*, BNatSchG, § 13 Rn. 8; *Meßerschmidt*, Bundesnaturschutzrecht, § 23 BNatSchG Rn. 52.

63 *Schumacher/Schumacher/Fischer-Hüftle*, in: Schumacher/Fischer-Hüftle, BNatSchG, § 23 Rn. 27.

64 *Gellermann*, in: Landmann/Rohmer, Umweltrecht, § 23 BNatSchG Rn. 12.

65 *Hönes*, NuR 2009, 741 (746).

66 *Schumacher/Schumacher/Fischer-Hüftle*, in: Schumacher/Fischer-Hüftle, BNatSchG, § 23 Rn. 28; *Louis/Engelke*, BNatSchG, § 13 Rn. 8.

67 *Meßerschmidt*, Bundesnaturschutzrecht, § 23 BNatSchG Rn. 53; *Louis/Engelke*, BNatSchG, § 13 Rn. 8.

68 *Gellermann*, in: Landmann/Rohmer, Umweltrecht, § 23 BNatSchG Rn. 13; a.A. *Meßerschmidt*, Bundesnaturschutzrecht, § 23 BNatSchG Rn. 54, der insoweit von einem eher anthropozentrischen Schutzansatz ausgeht.

69 *Schmidt-Räntsch*, in: Gassner/Bendomir-Kahlo/Schmidt-Räntsch, BNatSchG, § 23 Rn. 19.

aa) Seltenheit

Seltenheit von Natur und Landschaft erfordert, dass das fragliche Gebiet als 30
solches, einzelne seiner Teile oder die Kombination einzelner Elemente **bundes- bzw. landesweit kaum vorkommen**; Einzigartigkeit ist hingegen nicht
erforderlich.[70] Das Kriterium der Seltenheit kann sich dabei auf jedes der
biotischen und abiotischen Bestandteile von Natur und Landschaft oder ihre
Kombination beziehen, auch naturgeschichtliche und landeskundliche Besonderheiten können unter Schutz gestellt werden.[71] So kommen z.b. geologische Formen, Bodenformationen, Pflanzen- und Tierarten, Biotope,
Ökosysteme oder Landschaftstypen in Betracht.[72] Ein heute nur noch seltener Landschaftstyp ist z.B. das Hochmoor.[73] Soweit es um seltene Tier- und
Pflanzenarten geht, können Überschneidungen mit dem Schutzzweck des
Abs. 1 Nr. 1 bestehen.[74] Seltenheit kann sich auch aus der **Kombination einzelner Elemente** ergeben, die für sich genommen nicht selten sind.[75] Auch
kommt es nicht darauf an, ob die Seltenheit schon immer vorhanden war
oder erst durch menschliches Zutun entstanden ist. [76]

bb) Besondere Eigenart

Besondere Eigenart eines Gebiets liegt vor, wenn Natur und Landschaft nicht 31
unbedingt selten sind, aber im Vergleich zu anderen Gebieten solche Besonderheiten aufweisen, die es als **eigentümlich ausgeprägt** erscheinen lassen.[77]
Die besondere Eigenart kann sich v.a. mit dem Kriterium der hervorragenden
Schönheit überlagern.[78] In der Sache stellt die besondere Eigenart auf das individuelle Erscheinungsbild ab, welches sowohl durch eine besondere Landschaftsform als auch z.B. durch Verwitterungsformen, Karsterscheinungen
oder ein kleinräumiges Nebeneinander verschiedener Biotoptypen, die normalerweise nicht nebeneinander existieren, geprägt sein kann.[79]

cc) Hervorragende Schönheit

Mit dem Kriterium der **hervorragenden Schönheit** erhält der Naturschutz 32
einen „ästhetischen Einschlag".[80] Die Schönheit von Natur und Landschaft

---

70 *Gellermann*, in: Landmann/Rohmer, Umweltrecht, § 23 BNatSchG Rn. 13.

71 *Schumacher/Schumacher/Fischer-Hüftle*, in: Schumacher/Fischer-Hüftle, BNatSchG, § 23
Rn. 28.

72 *Schumacher/Schumacher/Fischer-Hüftle*, in: Schumacher/Fischer-Hüftle, BNatSchG, § 23
Rn. 31; *Hendrischke*, in: Schlacke (Hrsg.), GK-BNatSchG, § 23 Rn. 19.

73 OVG Lüneburg, Urt. v. 06.11.2002 – 8 KN 231/01, NVwZ-RR 2003, 267 (268); *Meßerschmidt*, Bundesnaturschutzrecht, § 23 BNatSchG Rn. 55.

74 *Kerkmann*, in: Kerkmann (Hrsg.), Naturschutzrecht in der Praxis, § 5 Rn. 52.

75 *Louis/Engelke*, BNatSchG, § 13 Rn. 9; *Hendrischke*, in: Schlacke (Hrsg.), GK-BNatSchG,
§ 23 Rn. 19.

76 *Kerkmann*, in: Kerkmann (Hrsg.), Naturschutzrecht in der Praxis, § 5 Rn. 52.

77 *Schmidt-Räntsch*, in: Gassner/Bendomir-Kahlo/Schmidt-Räntsch, BNatSchG, § 23 Rn. 19.

78 *Gellermann*, in: Landmann/Rohmer, Umweltrecht, § 23 BNatSchG Rn. 13.

79 *Schumacher/Schumacher/Fischer-Hüftle*, in: Schumacher/Fischer-Hüftle, BNatSchG, § 23
Rn. 32.

80 Vgl. *Schmidt-Räntsch*, in: Gassner/Bendomir-Kahlo/Schmidt-Räntsch, BNatSchG, § 23
Rn. 20.

ist allerdings weder nach wissenschaftlichen Kriterien noch aus der Sicht des zuständigen Amtswalters zu beurteilen, sondern mit Blick auf das **Schönheitsempfinden** eines dem Naturgedanken aufgeschlossenen **Durchschnittsbetrachters**.[81] Indes genügt zur Festsetzung eines Naturschutzgebiets nicht die „einfache" Schönheit, sondern bedarf es vielmehr einer „hervorragenden" Schönheit, welche erst dann anzunehmen ist, wenn sich ein Gebiet von anderen schönen Naturlandschaften deutlich abhebt.[82]

III. Schutzregime (Abs. 2)

33 Abs. 2 umschreibt die in einem Naturschutzgebiet bestehenden Schutzwirkungen und regelt zugleich die Frage der Zugänglichkeit durch die Allgemeinheit. Wie aus der Formulierung „nach Maßgabe näherer Bestimmungen" folgt, ergibt sich das anwendbare Schutzregime indes nicht aus der Vorschrift selbst, sondern aus der jeweiligen Schutzerklärung, für deren Schutzregime Abs. 2 zu beachtende Vorgaben enthält[83] (siehe auch § 22 Rn. 46). Darüber hinaus sind Beeinträchtigungen von Naturschutzgebieten unter bestimmten Voraussetzungen straf- und bußgeldbewehrt.

1. Verbote (Abs. 2 Satz 1)

a) „Absolutes" Veränderungsgebot

34 Gemäß Abs. 2 Satz 1 sind alle Handlungen, die zu einer Zerstörung, Beschädigung, Veränderung oder zu einer nachhaltigen Störung des Naturschutzgebiets oder seiner Bestandteile führen können, nach Maßgabe näherer Bestimmungen verboten. Insoweit besteht ein wesentlicher Unterschied zum Landschaftsschutzgebiet, dessen Schutzregime gemäß § 26 Abs. 2 nur gegenüber Handlungen gilt, die den Charakter des Gebiets verändern oder seinem Schutzzweck zuwiderlaufen (näher unter § 26 Rn. 23). Beim Naturschutzgebiet soll es hingegen nicht darauf ankommen, welche Bedeutung ein beeinträchtigter Gebietsbestandteil für den Schutzzweck hat oder ob er vom Schutzzweck überhaupt erfasst wird.[84] Auch untersagt das Veränderungsverbot des Abs. 2 grundsätzlich Handlungen im Rahmen einer ordnungsgemäßen Land-, Forst- und Fischereiwirtschaft, da § 23 (anders als § 26 Abs. 2 beim Landschaftsschutzgebiet) keinen Verweis auf § 5 Abs. 1 enthält.[85] Vor diesem

---

81 BVerwG, Urt. v. 27. 09. 1990 – 4 C 44.87, NuR 1991, 124 (127); *Gellermann*, in: Landmann/Rohmer, Umweltrecht, § 23 BNatSchG Rn. 13; a.A. wohl *Schmidt-Räntsch*, in: Gassner/Bendomir-Kahlo/Schmidt-Räntsch, BNatSchG, § 23 Rn. 19, wo auf wissenschaftliche Kriterien abgestellt wird.

82 *Meßerschmidt*, Bundesnaturschutzrecht, § 23 BNatSchG Rn. 57.

83 *Gellermann*, in: Landmann/Rohmer, Umweltrecht, § 23 BNatSchG Rn. 15; *Meßerschmidt*, Bundesnaturschutzrecht, § 23 BNatSchG Rn. 79; a.A. *Kerkmann*, in: Kerkmann (Hrsg.), Naturschutzrecht in der Praxis, § 5 Rn. 53.

84 *Louis/Engelke*, BNatSchG, § 13 Rn. 11; *Schumacher/Schumacher/Fischer-Hüftle*, in: Schumacher/Fischer-Hüftle, BNatSchG, § 23 Rn. 36; a.A. *Schmidt-Räntsch*, in: Gassner/Bendomir-Kahlo/Schmidt-Räntsch, BNatSchG, § 23 Rn. 24.

85 BVerwG, Beschl. v. 18. 07. 1997 – 4 BN 5.97, NuR 1998, 37 (40 f.); *Lorz/Konrad/Mühlbauer/Müller-Walter/Stöckel*, Naturschutzrecht, § 23 BNatSchG Rn. 11; hierzu ausführlich *Meßerschmidt*, Bundesnaturschutzrecht, § 23 BNatSchG Rn. 79.

Hintergrund werden die in Abs. 2 umschriebenen Verbote als „absolut" verstanden.[86]

Durch die Rede vom **„absoluten" Veränderungsverbot** darf jedoch gleich- 35
wohl nicht der Eindruck erweckt werden, Naturschutzgebiete wären in jedem
Fall unantastbar und würden jeglicher Art von Veränderungen unabdingbar
entgegenstehen.[87] Insbesondere bei jenen Gebieten, die aus Gründen einer
beabsichtigten Entwicklung bzw. Wiederherstellung i.S.v. Abs. 1 Nr. 1 festgesetzt werden, gehen mit der geplanten ökologischen Aufwertung zwangsläufig Veränderungen einher. Auch stellt Abs. 2 Satz 1 den Begriff der Veränderung in einem Zusammenhang mit Zerstörungen und Beschädigungen,
sodass nach dem Sinn und Zweck lediglich Veränderungen negativer Art unterbunden werden sollen. Vom „absoluten" Veränderungsverbot nicht erfasst
sind daher solche Handlungen, die auf eine ökologische Verbesserung gerichtet sind, der Erhaltung des bisherigen Zustands dienen oder sich schlicht
als neutral darstellen.[88] Nicht unter das Veränderungsverbot fallen ferner sog.
Bagatellveränderungen (Fußabdrücke, Umknicken von Grashalmen etc.)[89]
sowie Veränderungen, die sich infolge von in Schutzerklärungen aufgenommen Geboten ergeben, wie z.B. ein Grundstück einzuzäunen[90] (siehe hierzu
auch Rn. 45).

b) Handlungen

Der Begriff der Handlung setzt ein aktives Tun voraus, ein bloßes Unterlas- 36
sen genügt nicht.[91] Das Verbot beschränkt sich nicht auf Handlungen innerhalb des in Rede stehenden Naturschutzgebiets, sondern erfasst auch solche
Handlungen, die zwar **außerhalb** des Schutzgebiets vorgenommen werden,
sich aber gleichwohl in diesem negativ auswirken.[92] Von daher ist zulässig,

---

86 Vgl. OVG Weimar, Urt. v. 02.07.2003 – 1 KO 389/02, ZUR 2004, 240 (241); OVG Münster,
   Urt. v. 19.01.2001 – 8 A 2049/99, NVwZ 2001, 1179 (1180); *Gellermann*, in: Landmann/
   Rohmer, Umweltrecht, § 23 BNatSchG Rn. 16.
87 Siehe *Gellermann*, in: Landmann/Rohmer, Umweltrecht, § 23 BNatSchG Rn. 16 mit dem
   Hinweis, es bestehe keine „rechtliche Käseglocke"; siehe auch *Hendrischke*, in: Schlacke
   (Hrsg.), GK-BNatSchG, § 23 Rn. 44.
88 Vgl. OVG Lüneburg, Beschl. v. 15.12.2008 – 4 ME 315/08, NuR 2009, 130 (131); *Schmidt-
   Räntsch*, in: Gassner/Bendomir-Kahlo/Schmidt-Räntsch, BNatSchG, § 23 Rn. 25; *Geller-
   mann*, in: Landmann/Rohmer, Umweltrecht, § 23 BNatSchG Rn. 17; a.A. *Schumacher/
   Schumacher/Fischer-Hüftle*, in: Schumacher/Fischer-Hüftle, BNatSchG, § 23 Rn. 40; *Lorz/
   Konrad/Mühlbauer/Müller-Walter/Stöckel*, Naturschutzrecht, § 23 BNatSchG Rn. 11;
   Meßerschmidt, Bundesnaturschutzrecht, § 23 BNatSchG Rn. 86; *Kerkmann*, in: Kerkmann
   (Hrsg.), Naturschutzrecht in der Praxis, § 5 Rn. 61.
89 *Schumacher/Schumacher/Fischer-Hüftle*, in: Schumacher/Fischer-Hüftle, BNatSchG,
   § 23 Rn. 40 m.w.N.
90 *Meßerschmidt*, Bundesnaturschutzrecht, § 23 BNatSchG Rn. 86.
91 *Louis/Engelke*, BNatSchG, § 13 Rn. 11; *Schumacher/Schumacher/Fischer-Hüftle*, in:
   Schumacher/Fischer-Hüftle, BNatSchG, § 23 Rn. 34; a.A. *Lorz/Konrad/Mühlbauer/Mül-
   ler-Walter/Stöckel*, Naturschutzrecht, § 23 BNatSchG Rn. 11; differenzierend *Schmidt-
   Räntsch*, in: Gassner/Bendomir-Kahlo/Schmidt-Räntsch, BNatSchG, § 23 Rn. 27; *Heugel*,
   in: Lütkes/Ewer, BNatSchG, § 23 Rn. 11.
92 *Fischer-Hüftle*, NuR 2008, 213 (214).

in einer Schutzerklärung Handlungen außerhalb eines Naturschutzgebiets zu untersagen.[93] Auch ist nicht erforderlich, dass eine Handlung unmittelbar auf eine Beeinträchtigung des Naturschutzgebiets abzielt, sondern es können auch bloß **mittelbare Auswirkungen** untersagt sein.[94]

c) Möglichkeit einer Beeinträchtigung

37 Abs. 2 untersagt solche Handlungen, die zu Beeinträchtigungen des Naturschutzgebiets oder seiner Bestandteile führen „können". Daher muss eine Beeinträchtigung des Schutzgebiets nicht sicher sein, sondern reicht die bloße **Möglichkeit (negativer) Folgen** aus, wobei die zuständige Behörde insoweit über einen Einschätzungs- und Beurteilungsspielraum verfügt.[95] Im Ergebnis ist nach der Rechtsprechung eine Untersagung gerechtfertigt, wenn sie sich auf „nicht gänzlich außerhalb des Möglichen liegende Gefahrenstände" bezieht.[96]

d) Zerstörung

38 Zerstörung bedeutet die **vollständige oder teilweise Vernichtung** der gesamten Substanz bzw. einzelner Bestandteile eines Schutzgebiets.[97] Beispiele hierfür sind die Entwässerung oder der Abbau von Mooren, Waldrodung, die Aufforstung von Feuchtwiesen, das Töten von Tieren oder das Zertreten von Pflanzen.[98] Teilweise wird es nicht als Zerstörung angesehen, wenn solche Bestandteile eines Schutzgebiets beeinträchtigt werden, die für das Gebiet selbst ohne Bedeutung sind und um derentwillen das Gebiet auch nicht unter Schutz gestellt worden ist.[99]

e) Beschädigung

39 Eine Beschädigung ist eine im Vergleich zur Zerstörung weniger schwer wiegende Beeinträchtigung, die nicht zu einer vollständigen oder teilweisen Vernichtung, wohl aber zu einer **Verminderung der Qualität** eines Gebiets oder seiner Bestandteile führt (z.B. Abpflücken einzelner Pflanzen).[100] Auch bloß „vorübergehende" Beschädigungen reichen aus, d.h. es ist grundsätz-

---

93 Näher *Kerkmann*, in: Kerkmann (Hrsg.), Naturschutzrecht in der Praxis, § 5 Rn. 56; *Heugel*, in: Lütkes/Ewer, BNatSchG, § 23 Rn. 11.

94 *Meßerschmidt*, Bundesnaturschutzrecht, § 23 BNatSchG Rn. 83.

95 OVG Lüneburg, Urt. v. 07.12.1989 – 3 A 198/87, NuR 1990, 281 (282); *Louis/Engelke*, BNatSchG, § 13 Rn. 11.

96 OVG Lüneburg, Urt. v. 08.08.1991 – 3 K 20/89, NuR 1992, 244 (245); *Meßerschmidt*, Bundesnaturschutzrecht, § 23 BNatSchG Rn. 88.

97 *Schumacher/Schumacher/Fischer-Hüftle*, in: Schumacher/Fischer-Hüftle, BNatSchG, § 23 Rn. 38.

98 *Meßerschmidt*, Bundesnaturschutzrecht, § 23 BNatSchG Rn. 84; *Gellermann*, in: Landmann/Rohmer, Umweltrecht, § 23 BNatSchG Rn. 17.

99 *Schmidt-Räntsch*, in: Gassner/Bendomir-Kahlo/Schmidt-Räntsch, BNatSchG, § 23 Rn. 24.

100 *Gellermann*, in: Landmann/Rohmer, Umweltrecht, § 23 BNatSchG Rn. 17.

lich unerheblich, ob sich die beeinträchtigten Teile von Natur und Landschaft wieder erholen (können).[101]

f) Veränderung

Der Begriff der Veränderung ist als **Auffangkategorie** für Handlungen zu   40
verstehen, die weder Zerstörungen noch Beeinträchtigungen darstellen, aber
dennoch Auswirkungen auf das Schutzgebiet oder seine Bestandteile haben
(z.B. Errichtung baulicher Anlagen oder Abladen von Schutt).[102] Veränderung ist dabei grundsätzlich jede Abweichung vom **physikalischen und ästhetischen Erscheinungsbild**, welches das jeweilige Gebiet im Zeitpunkt seiner Unterschutzstellung aufweist.[103] Die Abgrenzung zur Zerstörung und
Beschädigung ist teilweise schwierig und in Einzelfällen fließend. Allerdings
kann es bei einem bloßen „Vorher-Nachher-Vergleich" dann nicht sein Bewenden haben, wenn es um Maßnahmen geht, die auf eine ökologische Verbesserung gerichtet sind, der Erhaltung des bisherigen Zustands dienen oder
sich schlicht als neutral darstellen. In diesen Fällen findet das Veränderungsverbot nach seinem Sinn und Zweck keine Anwendung; dasselbe gilt für Bagatellveränderungen (str., siehe hierzu oben Rn. 35).

g) Nachhaltige Störung

Der Begriff Störung deckt alle, von den Begriffen Zerstörung, Beeinträchti-   41
gung und Veränderung nicht erfassten Gebietsbeeinträchtigungen ab, die
dem **Schutzzweck zuwiderlaufen** (z.B. Betreten, Befahren oder Überfliegen
eines Naturschutzgebiets).[104] Die Nachhaltigkeit ist anhand der **Dauer** oder
Intensität der störenden Einwirkung zu bemessen und erfordert, dass sich
die Störung auf die Verwirklichung der Schutzzwecke spürbar (negativ) auswirkt.[105] Beispiele sind z.B. anhaltendes Lärmen oder hoher Besucherdruck
mit der Folge der Vergrämung von Tieren oder der Gefährdung des Brutgeschäfts.[106]

h) Konkretisierung durch Schutzerklärung

Die vorgenannten Handlungen sind gemäß Abs. 2 Satz 1 „nach Maßgabe   42
näherer Bestimmungen" verboten. Falls nicht der Landesgesetzgeber insoweit unmittelbar geltende Verbote aufgestellt hat[107], ergibt sich das in einem

---

101 OLG Düsseldorf, Beschl. v. 30.09.1987 – 5 Ss (OWi) 197/87, NuR 1988, 259 (260); *Kerkmann*, in: Kerkmann (Hrsg.), Naturschutzrecht in der Praxis, § 5 Rn. 59.

102 *Gellermann*, in: Landmann/Rohmer, Umweltrecht, § 23 BNatSchG Rn. 17.

103 *Schmidt-Räntsch*, in: Gassner/Bendomir-Kahlo/Schmidt-Räntsch, BNatSchG, § 23 Rn. 25.

104 *Meßerschmidt*, Bundesnaturschutzrecht, § 23 BNatSchG Rn. 87; *Kerkmann*, in: Kerkmann (Hrsg.), Naturschutzrecht in der Praxis, § 5 Rn. 62.

105 *Schmidt-Räntsch*, in: Gassner/Bendomir-Kahlo/Schmidt-Räntsch, BNatSchG, § 23 Rn. 56.

106 *Lorz/Konrad/Mühlbauer/Müller-Walter/Stöckel*, Naturschutzrecht, § 23 BNatSchG Rn. 14.

107 Hierzu VGH München, Beschl. v. 25.07.1995 – 22 CS 95.2323, NuR 1995, 556 (557); VG Freiburg, Urt. v. 06.11.1990 – 6 K 179/89, NuR 1993, 242 (244); *Meßerschmidt*, Bundesnaturschutzrecht, § 23 BNatSchG Rn. 89.

Naturschutzgebiet anwendbare Schutzregime nicht aus den gesetzlichen Vorschriften, sondern konstitutiv aus der jeweiligen **Schutzerklärung**, die dann unter Beachtung der Vorgaben des Abs. 2 das Schutzregime zu konkretisieren hat.[108]

43 Hinsichtlich der Ausgestaltung des Schutzregimes steht der zuständigen Behörde im Rahmen der Schutzerklärung eine **Palette verschiedener Instrumente** zur Verfügung, für deren Einsatz im jeweiligen Einzelfall neben rechtlichen Erwägungen (v.a. Übermaßverbot) auch die konkreten naturschutzfachlichen Gesichtspunkte entscheidend sind. Denkbar sind v.a. generelle Verbote, Verbote mit Erlaubnis- bzw. Befreiungsvorbehalt, Generalklauseln oder Verbotskataloge mit Regelbeispielen.[109] Allerdings wird es der behördlichen Konkretisierungspflicht im Regelfall nicht gerecht, in die Schutzerklärung lediglich eine dem Wortlaut des Abs. 2 Satz 1 entsprechende Generalklausel aufzunehmen, da Betroffene auf diese Weise nicht in den Stand versetzt werden, ihr Verhalten angemessen ausrichten zu können; i.d.R. müssen zumindest beispielhaft die konkreten Handlungen benannt werden, die untersagt werden sollen.[110]

44 Auch wird es mit der Grundausrichtung eines „absoluten" Veränderungsverbots teilweise als schwer vereinbar angesehen, Verbote lediglich im Wege der Einzelfallprüfung zu bestimmen, sondern sei ein **repressives Verbot** angezeigt.[111] Nach der Gegenauffassung ist auch bei Naturschutzgebieten die Regelung eines **präventiven Verbots** nicht von vorneherein ausgeschlossen, wobei sich die Auswahl zwischen präventiven und repressiven Verboten allerdings nicht an Zweckmäßigkeitsgesichtspunkten bemessen dürfe.[112] Ungeachtet dieser Frage ist es nach allgemeiner Auffassung zulässig, dass in Schutzerklärungen bestimmte Handlungen im Wege von Ausnahmen zugelassen werden, insbesondere wenn von vornherein erkennbar ist, dass der konkret verfolgte Schutzweck ihr Verbot nicht erfordert oder andere überwiegende Belange eine Einschränkung einzelner Verbote gebieten.[113] Lässt sich eine Ausnahme nicht rechtfertigen, kann unverhältnismäßigen Belastungen im Einzelfall im Wege der Befreiung (§ 67 Abs. 1) abgeholfen werden.

---

108 *Gellermann*, in: Landmann/Rohmer, Umweltrecht, § 23 BNatSchG Rn. 20; *Meßerschmidt*, Bundesnaturschutzrecht, § 23 BNatSchG Rn. 89; a.A. *Kerkmann*, in: Kerkmann (Hrsg.), Naturschutzrecht in der Praxis, § 5 Rn. 53, wonach das Verbotsregime unmittelbar kraft Gesetzes gilt; siehe auch oben Rn. 33 und § 22 Rn. 46.

109 *Meßerschmidt*, Bundesnaturschutzrecht, § 23 BNatSchG Rn. 90.

110 *Gellermann*, in: Landmann/Rohmer, Umweltrecht, § 23 BNatSchG Rn. 21.

111 *Heugel*, in: Lütkes/Ewer, BNatSchG, § 23 Rn. 13.

112 *Gellermann*, in: Landmann/Rohmer, Umweltrecht, § 23 BNatSchG Rn. 21 unter Ablehnung von *Schmidt-Räntsch*, in: Gassner/Bendomir-Kahlo/Schmidt-Räntsch, BNatSchG, § 23 Rn. 30, wo insoweit von einem behördlichen Wahlrecht ausgegangen wird.

113 *Gellermann*, in: Landmann/Rohmer, Umweltrecht, § 23 BNatSchG Rn. 21; *Meßerschmidt*, Bundesnaturschutzrecht, § 23 BNatSchG Rn. 92 f.

2. Gebote; Pflege-, Entwicklungs- und Wiederherstellungsmaßnahmen

Auch wenn § 23 Abs. 2 Satz 1 lediglich die zum Schutz eines Naturschutz- 45
gebiets erforderlichen Verbote behandelt, können im Rahmen der Unterschutzstellung auch eventuelle notwendige Gebote (z.b. Wegegebote, Pflicht
zum Anleinen von Hunden oder zur Einzäunung von Grundstücken) sowie
Pflege-, Entwicklungs- oder Wiederherstellungsmaßnahmen vorgesehen
werden.[114] Dies ergibt sich aus § 22 Abs. 1 Satz 2, dessen Vorgaben für sämtliche nach §§ 22 ff. erfolgenden Unterschutzstellungen gelten, soweit diese
keine abschließenden Sonderregelungen enthalten.[115]

3. Zugang der Allgemeinheit (Abs. 2 Satz 2)

Gemäß Abs. 2 Satz 2 können Naturschutzgebiete der Allgemeinheit zugäng- 46
lich gemacht werden, soweit dies der Schutzzweck erlaubt. Zwar enthält die
Vorschrift damit hinsichtlich der Betretungsmöglichkeiten der Allgemeinheit
kein striktes Verbot. Gleichwohl ist klargestellt, dass Naturschutzgebiete in
erster Linie der **Naturerhaltung** dienen und grundsätzlich **nicht der Erholung
der Bevölkerung** zur Verfügung stehen.[116] Das allgemeine Recht zum Betreten der Flur (vgl. § 59 Abs. 1 BNatSchG und § 14 BWaldG) wird hierdurch
verdrängt.[117] Damit unterscheidet sich das Schutzregime für Naturschutzgebiete klar von anderen Schutzkategorien, die dem Erholungsinteresse der Bevölkerung offener gegenüberstehen (z.B. das Landschaftsschutzgebiet, wo
gemäß § 26 Abs. 1 Nr. 3 die Erholung zum Schutzzweck gehört).[118]

Entsprechend dem strengen Zugangsregime kann gemäß Abs. 2 Satz 2 ein 47
Betretungsrecht für Naturschutzgebiete nur gewährt werden, wenn der
Schutzzweck nicht entgegensteht. Es besteht somit weder eine Verpflichtung, Naturschutzgebiete für die Allgemeinheit zugänglich zu machen, noch
ein subjektiver Betretungsanspruch des Einzelnen, sondern ein **Verbot mit
Erlaubnisvorbehalt**.[119] Ob und ggf. in welchem Umfang der Allgemeinheit
ein Zugangsrecht eingeräumt wird, steht im pflichtgemäßen Ermessen; die
Zugangsverweigerung darf insbesondere nicht willkürlich sein.[120] In die Abwägung ist insbesondere einzustellen, inwieweit durch Maßnahmen der Besucherlenkung (z.B. Rückbau von Wegen in sensiblen Bereichen, Aufstellung von Hinweistafeln oder Barrieren),[121] durch Verbot bestimmter Formen

---

114 *Schmidt-Räntsch*, in: Gassner/Bendomir-Kahlo/Schmidt-Räntsch, BNatSchG, § 23 Rn. 28;
    Meßerschmidt, Bundesnaturschutzrecht, § 23 BNatSchG Rn. 95.

115 *Gellermann*, in: Landmann/Rohmer, Umweltrecht, § 23 BNatSchG Rn. 22; unklar inso-
    weit *Lorz/Konrad/Mühlbauer/Müller-Walter/Stöckel*, Naturschutzrecht, § 23 BNatSchG
    Rn. 17.

116 *Gellermann*, in: Landmann/Rohmer, Umweltrecht, § 23 BNatSchG Rn. 23.

117 *Schumacher/Schumacher/Fischer-Hüftle*, in: Schumacher/Fischer-Hüftle, BNatSchG,
    § 23 Rn. 49.

118 *Meßerschmidt*, Bundesnaturschutzrecht, § 23 BNatSchG Rn. 98.

119 *Kerkmann*, in: Kerkmann (Hrsg.), Naturschutzrecht in der Praxis, § 5 Rn. 64; *Meßer-
    schmidt*, Bundesnaturschutzrecht, § 23 BNatSchG Rn. 98.

120 *Louis/Engelke*, BNatSchG, § 13 Rn. 17.

121 *Schumacher/Schumacher/Fischer-Hüftle*, in: Schumacher/Fischer-Hüftle, BNatSchG, § 23
    Rn. 50.

von Freizeitaktivitäten (z.B. Reit- oder Kletterverbote)[122] oder durch eine Zugangsbeschränkung auf geeignete Teilgebiete[123] eine Vereinbarkeit des Betretungsrechts mit dem Schutzzweck erzielt werden kann.

48 Sind bei einem Zugang der Allgemeinheit im Einzelfall keine Beeinträchtigungen des Schutzzwecks zu besorgen, so ließe sich für eine Zugangsgewährung anführen, dass Naturschutzgebiete auch für den Menschen einen Erholungswert haben, dessen Genuss bei ihm im Allgemeinen das Verständnis für die Notwendigkeit solcher Schutzgebietsausweisungen erhöht.[124] In der Praxis ermöglichen die meisten Naturschutzverordnungen (unter verschiedenen Bedingungen) den Zugang für die Allgemeinheit, sodass sich das von Abs. 2 Satz 2 an sich vorgesehen Regel-Ausnahme-Verhältnis weitgehend umgekehrt hat.[125]

4. Straf- und Bußgeldbewehrung

49 Verstöße gegen Schutzregime von Naturschutzgebieten sind unter bestimmten Voraussetzungen straf- und bußgeldbewehrt.

50 Gemäß § 329 Abs. 3 StGB wird mit einer Freiheitsstrafe von bis zu fünf Jahren oder Geldstrafe bestraft, wer entgegen einer Regelung, die zum Schutz eines Naturschutzgebiets oder einer als Naturschutzgebiet einstweilig sichergestellten Fläche erlassen wurde oder entgegen einer vollziehbaren Untersagung, in der Strafvorschrift näher bestimmte Handlungen (z.B. Tötung oder Beschädigung einer besonders geschützten Tier- oder Pflanzenart; Entwässerung von Feuchtgebieten) vornimmt und dadurch den jeweiligen Schutzzweck des Gebiets nicht unerheblich beeinträchtigt. In besonders schweren Fällen kann der Strafrahmen erhöht sein (§ 330 StGB), bei lediglich fahrlässiger Tatbegehung ist die Strafandrohung Freiheitsstrafe bis zu drei Jahren oder Geldstrafe (§ 329 Abs. 4 StGB).

51 Gemäß § 69 Abs. 3 Nr. 4 handelt ordnungswidrig, wer entgegen § 23 Abs. 2 Satz 1 in Verbindung mit einer Rechtsverordnung nach § 57 Abs. 2 eine dort genannte Handlung oder Maßnahme in einem Meeresgebiet vornimmt, das als Naturschutzgebiet geschützt ist. Das jeweilige Landesrecht enthält in der Regel weitere Bußgeldvorschriften (z.B. Art. 52 Abs. 1 Nr. 3 i.V. m. Art. 7 BayNatSchG).[126]

---

122 Näher *Meßerschmidt*, Bundesnaturschutzrecht, § 23 BNatSchG Rn. 101 mit umfangr. Nachw.

123 *Schmidt-Räntsch*, in: Gassner/Bendomir-Kahlo/Schmidt-Räntsch, BNatSchG, § 23 Rn. 32; vgl. *Hendrischke*, in: Schlacke (Hrsg.), GK-BNatSchG, § 23 Rn. 36 ff.

124 *Gellermann*, in: Landmann/Rohmer, Umweltrecht, § 23 BNatSchG Rn. 23; *Schmidt-Räntsch*, in: Gassner/Bendomir-Kahlo/Schmidt-Räntsch, BNatSchG, § 23 Rn. 32.

125 *Gassner/Heugel*, Das neue Naturschutzrecht, Rn. 409; kritisch dazu *Soell*, NuR 1993, 301 (302).

126 Vgl. *Kerkmann*, in: Kerkmann (Hrsg.), Naturschutzrecht in der Praxis, § 5 Rn. 57.

§ 24
Nationalparke, Nationale Monumente

(1) Nationalparke sind rechtsverbindlich festgesetzte einheitlich zu schützende Gebiete, die

1. großräumig, weitgehend unzerschnitten und von besonderer Eigenart sind,
2. in einem überwiegenden Teil ihres Gebiets die Voraussetzungen eines Naturschutzgebiets erfüllen und
3. sich in einem überwiegenden Teil ihres Gebiets in einem vom Menschen nicht oder wenig beeinflussten Zustand befinden oder geeignet sind, sich in einen Zustand zu entwickeln oder in einen Zustand entwickelt zu werden, der einen möglichst ungestörten Ablauf der Naturvorgänge in ihrer natürlichen Dynamik gewährleistet.

(2) Nationalparke haben zum Ziel, in einem überwiegenden Teil ihres Gebiets den möglichst ungestörten Ablauf der Naturvorgänge in ihrer natürlichen Dynamik zu gewährleisten. Soweit es der Schutzzweck erlaubt, sollen Nationalparke auch der wissenschaftlichen Umweltbeobachtung, der naturkundlichen Bildung und dem Naturerlebnis der Bevölkerung dienen.

(3) Nationalparke sind unter Berücksichtigung ihres besonderen Schutzzwecks sowie der durch die Großräumigkeit und Besiedlung gebotenen Ausnahmen wie Naturschutzgebiete zu schützen.

(4) Nationale Naturmonumente sind rechtsverbindlich festgesetzte Gebiete, die

1. aus wissenschaftlichen, naturgeschichtlichen, kulturhistorischen oder landeskundlichen Gründen und
2. wegen ihrer Seltenheit, Eigenart oder Schönheit

von herausragender Bedeutung sind. Nationale Naturmonumente sind wie Naturschutzgebiete zu schützen.

Inhaltsübersicht

I. Allgemeine Erläuterungen

1 Nationalparks dienen der Unterschutzstellung großräumiger Naturlandschaften von nationaler Bedeutung und gehören neben Naturschutzgebieten
zu jenen Teilen von Natur und Landschaft, die einem besonders strengen
Schutz unterstehen.[1] Nationalparks haben in erster Linie die Gewährleistung
eines ungestörten Ablaufs der natürlichen Vorgänge, d.h. ein **„Sich-selbst-
überlassen der Natur"** zum Ziel und dienen damit (anders als andere Großschutzgebiete) nicht zuvorderst dem Schutz von Kulturlandschaften.[2] Der
Nationalpark ist eine internationale Schutzkategorie, für die die International **Union for Conservation of Nature and Natural Resources (IUCN)** bedeutsame Kriterien erarbeitet und fortentwickelt hat, die allerdings keine
rechtliche Bindungswirkung haben und daher in erster Linie als Auslegungshilfe dienen.[3]

2 Im Vergleich zu § 24 BNatSchG a.F. sind die in Abs. 1–3 enthaltenen Regelungen zum Nationalpark im Wesentlichen unverändert. In Abs. 1 Nr. 1
wurde die Anforderung ergänzt, dass Nationalparks weitgehend unterzer-
schnitten sein müssen.[4] Die Bundesregierung hatte zunächst darüber hinaus
vorgesehen, in Anlehnung an IUCN-Empfehlungen auch Abs. 1 Nr. 3 zu
ergänzen. Nationalparks sollten sich in der Regel in mehr als drei Vierteln
ihres Gebiets in einem vom Menschen nicht oder wenig beeinflussten Zustand befinden oder geeignet sein, sich innerhalb von 30 Jahren in einen Zustand zu entwickeln oder in einen Zustand entwickelt zu werden, der einen
möglichst ungestörten Ablauf der Naturvorgänge in ihrer natürlichen Dynamik gewährleistet.[5] Dieser Vorschlag konnte sich allerdings im Gesetzgebungsverfahren nicht durchsetzen, da man befürchtete, die Normierung
eines Flächenanteils von 75 % menschlich weitgehend unbeeinflusster Flächen könnte bei betroffenen Grundeigentümern und der örtlichen Bevölkerung zu **Akzeptanzproblemen** führen.[6] Das in Abs. 3 umschriebene Schutzregime entspricht der in § 24 BNatSchG a.F. getroffenen Regelung, fasst

---

1 *Gellermann*, in: Landmann/Rohmer, Umweltrecht, § 24 BNatSchG Rn. 1.
2 *Schumacher/Schumacher*, in: Schumacher/Fischer-Hüftle, BNatSchG, § 24 Rn. 12.
3 *Gassner/Heugel*, Das neue Naturschutzrecht, Rn. 411; eingehend zu den IUCN-Vorgaben
Meßerschmidt, Bundesnaturschutzrecht, § 24 BNatSchG Rn. 9 ff.; *Schumacher/Schuma-
cher*, in: Schumacher/Fischer-Hüftle, BNatSchG, § 24 Rn. 3 ff.
4 BT-Drs. 16/12274, S. 62.
5 BT-Drs. 16/12274, S. 15, 62.
6 Vgl. BR-Drs. 278/09, S. 14 f.

diese allerdings vor dem Hintergrund des Wegfalls der Rahmengesetzgebungskompetenz des Bundes nicht mehr als Regelungsauftrag an die Länder, sondern als Vollregelung.

Die in Abs. 4 eingefügte Schutzkategorie des nationalen Naturmonuments **3** ist dagegen gänzlich neu. Sie ist an die Kategorie III der IUCN-Schutzkategorien angelehnt und ermöglicht, eher kleinräumige Naturschöpfungen ab ca. 5 ha von gesamtstaatlicher Bedeutung einem herausgehobenen Flächenschutz zu unterstellen.[7] Hierdurch soll eine Lücke geschlossen werden, die sich bisher in dem „Dreieck" Nationalpark, Naturdenkmal und Naturschutzgebiet auftut.[8] Auch wenn sich die Voraussetzungen für die Festsetzung eines nationalen Naturmonuments an die Anforderungen von Naturdenkmälern anlehnen, handelt es sich um eine Kategorie des Flächenschutzes und nicht des Objektschutzes.[9]

Voraussetzung für eine Unterschutzstellung nach § 24 ist nicht, dass die entsprechenden Flächen im Bundeseigentum stehen oder durch eine Bundesbehörde verwaltet werden, sondern entscheidend ist allein die bundesweit herausragende Bedeutung der Flächen.[10] Gegenwärtig existieren in Deutschland 16 Nationalparks, die ohne die marinen Gebiete der Nord- und Ostsee ca. 0,6 % des Bundesgebiets ausmachen.[11] In der Praxis werden allerdings sowohl qualitative als auch quantitative Defizite im Nationalpark-System beklagt und wird Bedarf für eine verstärkte Unterschutzstellung gesehen.[12] Als nationales Naturmonument könnte z.B. ein Teil des Siebengebirges unter Schutz gestellt werden, das wesentlicher Auslöser für die Einführung dieser Schutzkategorie war.[13] **4**

II. Nationalparks (Abs. 1–3)

1. Allgemeines

Nach Schaffung des weltweit ersten Nationalparks, des 1872 festgesetzten **5** Yellowstone National Park in den USA, und auf Grundlage der IUCN-Empfehlungen aus dem Jahre 1969 wurde 1970 mit dem **„Nationalpark Bayerischer Wald"** der erste deutsche Nationalpark unter Schutz gestellt.[14] 1976 wurde die Schutzkategorie Nationalpark schließlich in das BNatSchG aufgenommen, wobei der Begriff des Nationalparks missverständlich ist, da hier-

---

7 BT-Drs. 16/13430, S. 22, 44, 46; *Egner*, in: Egner/Fuchs, Naturschutz- und Wasserrecht 2009, § 24 BNatSchG Rn. 3.

8 *Gassner/Heugel*, Das neue Naturschutzrecht, Rn. 419; eingehend zur Abgrenzung des nationalen Naturmonuments zu den anderen Schutzkategorien: *Schumacher/Schumacher/Wattendorf/Konold*, NuL 2013, 315 (316 f.).

9 *Egner*, in: Egner/Fuchs, Naturschutz- und Wasserrecht 2009, § 24 BNatSchG Rn. 4.

10 *Hendrischke*, in: Schlacke (Hrsg.), GK-BNatSchG, § 24 Rn. 3.

11 Vgl. www.bfn.de/0308_nlp.html (Stand: 4/2015).

12 Näher *Schumacher/Schumacher*, in: Schumacher/Fischer-Hüftle, BNatSchG, § 24 Rn. 70 ff.; *Meßerschmidt*, Bundesnaturschutzrecht, § 24 BNatSchG Rn. 30 ff. m.w.N.

13 *Hönes*, NuR 2009, 741 (741 f.).

14 *Gassner/Heugel*, Das neue Naturschutzrecht, Rn. 410; vgl. zur Entstehungsgeschichte *Hendrischke*, in: Schlacke (Hrsg.), GK-BNatSchG, § 24 Rn. 4 ff.

mit nicht zum Ausdruck kommen soll, dass die Errichtung bzw. Verwaltung eines Nationalparks dem Bund obliegt oder der Bund Flächeneigentümer ist.[15] Vielmehr wird damit die gesamtstaatliche Bedeutung der in Rede stehenden Schutzgebiete zum Ausdruck gebracht, was sich auch an dem in § 22 Abs. 5 geregelten Benehmenserfordernis zeigt.[16]

6 Als Reaktion auf gerichtliche Entscheidungen aus dem Jahre 1999, wonach die damals Nationalparks bundesrahmenrechtlich regelnde Bestimmung des § 14 BNatSchG a.F. eng auszulegen war und keine Unterschutzstellung von Flächen ermöglichte, die vom Menschen mehr als nur wenig geprägt wurden,[17] formulierte der Bundesgesetzgeber die Schutzkategorie im Jahre 2002 in weiten Teilen neu. Auf diese Weise stellte er insbesondere klar, dass die Schutzkategorie Nationalpark auch in Betracht kommt, um vom Menschen stark beeinflusste Großräume mit dem Ziel zu sichern, die menschlichen Prägungen in absehbarer Zeit zurückzudrängen[18] (sog. **„Entwicklungsnationalpark"**; siehe hierzu ausführlich Rn. 23 ff.). Gleichzeitig wurde die bis dato vorrangige Schutzzweckbestimmung, wonach Nationalparks vornehmlich der Erhaltung eines möglichst artenreichen heimischen Tier- und Pflanzenbestandes dienten, gestrichen und durch die **Prozessschutzklausel** des § 24 Abs. 2 Satz 1 ersetzt.[19] Seither dienen Nationalparks in erster Linie der Gewährleistung eines ungestörten Ablaufs der natürlichen Vorgänge, d.h. einem „Sich-selbst-überlassen" der Natur[20] (siehe hierzu näher Rn. 28 ff.).

2. Festsetzung eines Nationalparks (Abs. 1 und 2)

a) Anforderungen an die Unterschutzstellung

7 Bei der Festsetzung eines Nationalparks sind die allgemeinen formellen und materiellen Anforderungen an Unterschutzstellungen i.S.v. §§ 22 ff. zu beachten (vgl. hierzu § 22 Rn. 3 ff.).

8 In formeller Hinsicht ist insbesondere zu beachten, dass Nationalparks in mehreren Ländern als Gesetz ausgewiesen werden (können)[21] und nach § 22 Abs. 5 ein Benehmenserfordernis mit Bundesministerien besteht.

9 Materiell ist u.a. die (von § 24 nicht ausdrücklich herausgestellte) **Erforderlichkeit der Schutzerklärung** zu prüfen, d.h. die Schutzwürdigkeit und Schutzbedürftigkeit des in Rede stehenden Teils von Natur und Landschaft. Die Schutzwürdigkeit hängt generell davon ab, ob der Schutzgegenstand die

---

15 *Meßerschmidt*, Bundesnaturschutzrecht, § 24 BNatSchG Rn. 2.

16 Vgl. *Meßerschmidt*, Bundesnaturschutzrecht, § 24 BNatSchG Rn. 2.

17 OVG Lüneburg, Urt. v. 22.02.1999 – 3 K 2630/98, ZUR 1999, 470 ff. (Nationalpark Elbaue), bestätigt durch BVerwG, Beschl. v. 10.09.1999 – 6 BN 1.99, NVwZ 2000, 198 ff.; hierzu näher *Stock*, ZUR 2000, 198 ff.

18 *Gellermann*, in: Landmann/Rohmer, Umweltrecht, § 24 BNatSchG Rn. 1, 9; *Schumacher/Schumacher*, in: Schumacher/Fischer-Hüftle, BNatSchG, § 24 Rn. 56; *Lorz/Konrad/Mühlbauer/Müller-Walter/Stöckel*, Naturschutzrecht, § 24 BNatSchG Rn. 3.

19 Hierzu näher *Meßerschmidt*, Bundesnaturschutzrecht, § 24 BNatSchG Rn. 77 ff.

20 *Schumacher/Schumacher*, in: Schumacher/Fischer-Hüftle, BNatSchG, § 24 Rn. 12.

21 Siehe die Übersicht bei *Kerkmann*, in: Kerkmann (Hrsg.), Naturschutzrecht in der Praxis, § 5 Rn. 6.

Appel

in den gesetzlichen Schutzzweckbestimmungen der §§ 23 ff. aufgeführten Tatbestandsmerkmale[22] erfüllt und zur Verwirklichung dieser Schutzwecke geeignet ist.[23] Bei § 24 Abs. 1–3 besteht gegenüber den anderen Schutzkategorien der §§ 23–29 allerdings die Besonderheit, dass das Gesetz zwischen den in Abs. 1 für die Unterschutzstellung eines Naturparks maßgeblichen Tatbestandsvoraussetzungen und in den in Abs. 2 geregelten Schutzzwecken unterscheidet.[24] Gleichwohl bedeutet dies nicht, dass bei Nationalparks die gesetzlichen Schutzzwecke bei den Anforderungen an eine Unterschutzstellung außen vor bleiben, sondern sie sind im Rahmen der Prüfung der Erforderlichkeit heranzuziehen.[25] (Zu den gesetzlichen Schutzzielen des Abs. 2 siehe Rn. 28 ff.) Von daher bemisst sich die Schutzwürdigkeit eines Nationalparks insbesondere nach dem in Abs. 2 Satz 1 geregelten vorrangigen Schutzzweck des **Prozessschutzes**, sodass letzterer ungeachtet der gesetzlichen Differenzierung bei den materiellen Anforderungen an Unterschutzstellungen einzuordnen ist.

b) Schutzgegenstand (Abs. 1)

Gemäß Abs. 1 sind Nationalparks rechtsverbindlich festgesetzte, einheitlich 10 zu schützende Gebiete, die mit den in Nr. 1–3 niedergelegten Qualitäten ausgestattet sind. Ohne das kumulative Vorliegen dieser Anforderungen ist die Festsetzung eines Nationalparks nicht möglich.[26] Allerdings müssen nicht alle Gebietsteile eines Nationalparks sämtliche dieser Gebietsanforderungen erfüllen, sondern genügt es, wenn dies in unterschiedlichen Teilbereichen eines Nationalparks der Fall ist.[27] Die Anforderung des einheitlichen Schutzes bringt es mit sich, dass die Unterschutzstellung auf einer widerspruchsfreien Gesamtkonzeption beruhen muss, die alle Gebietsteile mit einschließt (ohne dass allerdings – je nach erforderlicher Schutzintensität – eine Zonierung ausgeschlossen wäre).[28]

aa) Großräumig, weitgehend unzerschnitten und von besonderer Eigenart
    (Abs. 1 Nr. 1)

Nationalparks müssen gemäß Abs. 1 Nr. 1 großräumige, weitgehend unzer- 11 schnittene Gebiete sein, die von besonderer Eigenart sind.

---

22 *Louis/Engelke*, BNatSchG, § 12 Rn. 68.
23 OVG Saarlouis, Urt. v. 07. 03. 2007 – 1 N 3/06, NVwZ-RR 2007, 582 (585 ff.); *Schumacher/ Schumacher/Fischer-Hüftle*, in: Schumacher/Fischer-Hüftle, BNatSchG, § 22 Rn. 10; *Kerkmann*, in: Kerkmann (Hrsg.), Naturschutzrecht in der Praxis, § 5 Rn. 21; *Gassner/ Heugel*, Das neue Naturschutzrecht, Rn. 394.
24 Vgl. BT-Drs. 14/6378, S. 51; *Schumacher/Schumacher*, in: Schumacher/Fischer-Hüftle, BNatSchG, § 24 Rn. 16; *Kerkmann*, in: Kerkmann (Hrsg.), Naturschutzrecht in der Praxis, § 5 Rn. 75.
25 *Marzik/Wilrich*, BNatSchG, § 24 Rn. 5.
26 *Gellermann*, in: Landmann/Rohmer, Umweltrecht, § 24 BNatSchG Rn. 4.
27 *Marzik/Wilrich*, BNatSchG, § 24 Rn. 5.
28 *Hendrischke*, in: Schlacke (Hrsg.), GK-BNatSchG, § 24 Rn. 14.

aaa) Großräumig

12 Ein Nationalpark muss **großräumig**, d.h. verhältnismäßig groß sein. Insoweit besteht v.a. ein **Unterschied zum Naturschutzgebiet**, das keine Großräumigkeit erfordert.[29] Das Gesetz selbst legt keine Mindestgröße für Nationalparks fest, wobei nach h.M ab 10.000 ha Großräumigkeit grundsätzlich angenommen werden kann.[30]

13 Dies schließt es allerdings nicht aus, dass im Einzelfall auch Gebiete über 10.000 ha nicht als großräumig anzusehen sind oder umgekehrt auch kleinere Gebiete als 10.000 ha als Nationalpark unter Schutz gestellt werden können.[31] Tatsächlich sind derzeit vier deutsche Nationalparks kleiner als 10.000 ha.[32] Für die Frage der Großräumigkeit kommt es insbesondere darauf an, welche Mindestgröße im konkreten Fall angesichts der natürlichen Gegebenheiten und der Einwirkungen des Umfelds zur Erreichung des jeweiligen Schutzziels notwendig ist.[33] Auch setzt Großräumigkeit nicht bloß eine gewisse Gebietsgröße voraus, sondern muss auch der Zuschnitt des Gebiets unter Berücksichtigung des Schutzziels und Wahrung naturräumlicher Zusammenhänge einen sinnvollen Schutz ermöglichen; insofern umfasst der Begriff der Großräumigkeit auch ein Element der Weitläufigkeit.[34]

bbb) Weitgehend unzerschnitten

14 Nationalparks müssen weitgehend unzerschnitten sein. Dieses neu eingefügte Erfordernis dürfte die Festsetzung von Nationalparks erschweren, da großräumige und weitgehend unzerschnittene Gebiete in Deutschland relativ selten sind.[35] Allerdings war auch bislang bereits anerkannt, dass Nationalparks keinem „Flickenteppich" gleichen und sich nicht in der bloßen Addition mehrerer kleinerer Flächen erschöpfen dürfen.[36]

15 Mit dem Erfordernis der **Unzerschnittenheit** soll gewährleistet werden, dass sich in einem Nationalpark die Naturvorgänge weitgehend ungestört vollziehen können. Daran kann es fehlen, wenn ein Gebiet z.B. durch Infrastruk-

---

29 *Kerkmann*, in: Kerkmann (Hrsg.), Naturschutzrecht in der Praxis, § 5 Rn. 74; siehe auch *Meßerschmidt*, Bundesnaturschutzrecht, § 24 BNatSchG Rn. 38.

30 *Meßerschmidt*, Bundesnaturschutzrecht, § 24 BNatSchG Rn. 38 m.w.N; ebenso: *Hendrischke*, in: Schlacke (Hrsg.), GK-BNatSchG, § 24 Rn. 16, wonach die 10.000 ha-Marke allerdings lediglich als Faustregel gelten soll.

31 *Gellermann*, in: Landmann/Rohmer, Umweltrecht, § 24 BNatSchG Rn. 5; für eine Abwägung im Einzelfall auch *Heugel*, in: Lütkes/Ewer, BNatSchG, § 24 Rn. 5.

32 Jasmund (3003), Kellerwald-Edersee (5724), Hainich (7513), Sächsische Schweiz (9350), vgl. http://www.bfn.de/0308_nlp.html.

33 *Schumacher/Schumacher*, in: Schumacher/Fischer-Hüftle, BNatSchG, § 24 Rn. 29 ff.

34 OVG Lüneburg, Urt. v. 22.02.1999 – 3 K 2630/98, ZUR 1999, 470 (472); *Kerkmann*, in: Kerkmann (Hrsg.), Naturschutzrecht in der Praxis, § 5 Rn. 77; *Meßerschmidt*, Bundesnaturschutzrecht, § 24 BNatSchG Rn. 40.

35 *Egner*, in: Egner/Fuchs, Naturschutz- und Wasserrecht 2009, § 24 BNatSchG Rn. 2.

36 *Schumacher/Schumacher*, in: Schumacher/Fischer-Hüftle, BNatSchG, § 24 Rn. 32; *Meßerschmidt*, Bundesnaturschutzrecht, § 24 BNatSchG Rn. 41.

tureinrichtungen (Straßen, Schienenwege etc.) zerteilt ist.[37] Allerdings stellt die Vorgabe einer lediglich „weitgehenden" Unzerschnittenheit klar, dass nicht jede Gebietszerteilung einer Unterschutzstellung entgegensteht. Insofern kommt es nicht auf eine quantitative Flächenbetrachtung an, da sonst die auch in Abs. 1 Nr. 2 und 3 gebrauchte Formulierung „in einem überwiegenden Teil" (vgl. hierzu Rn. 17, 20) verwendet worden wäre. Vielmehr ist im Rahmen einer qualitativen Prüfung zu untersuchen, ob die einschlägigen Schutzziele trotz der von den Zerschneidungen ausgehenden Störfaktoren verwirklicht werden können.[38]

ccc) Von besonderer Eigenart

Das Merkmal der besonderen Eigenart entspricht seinem Wortlaut dem des § 23 Abs. 1 Nr. 3, sodass zunächst auf die Kommentierung zu den Naturschutzgebieten verwiesen werden kann (vgl. § 23 Rn. 31). Gleichwohl ist nicht in vollem Umfang von einem identischen Begriffsinhalt auszugehen, sondern muss die Akzentverschiebung beachtet werden, dass Nationalparks eine **gesamtstaatliche Repräsentationsfunktion** haben. Erfasst werden daher nur solche Eigenheiten, die sich im nationalen Rahmen repräsentativ für das Natur- und Kulturerbe Deutschlands darstellen.[39] Die besondere Eigenart muss grundsätzlich das gesamte Schutzgebiet erfassen, es können aber auch Gebiete jeweils unterschiedlicher besonderer Eigenarten zu einem Nationalpark zusammengefasst werden.[40] Beispiele für nationalparkgeeignete Großgebiete von besonderer Eigenart sind das Wattenmeer, zusammenhängende Buchenwälder oder großräumige Heidelandschaften.[41]

16

bb) Erfüllung der Voraussetzungen eines Naturschutzgebiets (Abs. 1 Nr. 2)

Gemäß Abs. 1 Nr. 2 muss ein als Nationalpark zu schützendes Gebiet „in einem überwiegenden Teil" die Voraussetzungen eines Naturschutzgebiets erfüllen. Dies ist der Fall, wenn die Anforderungen eines Naturschutzgebiets auf **mehr als 50 % der Fläche** erfüllt sind.[42] Es genügt, wenn auf den in Rede stehenden Flächen die Voraussetzungen eines Naturschutzgebiets gegeben sind, eine tatsächliche Unterschutzstellung als Naturschutzgebiet ist nicht erforderlich.[43] Vor dem Hintergrund des in § 23 Abs. 1 Nr. 1 normierten Entwicklungs- und Wiederherstellungsaspekts können in die Berechnung nach überwiegender Auffassung auch solche Flächen einbezogen werden, die erst

17

---

37 *Gellermann*, in: Landmann/Rohmer, Umweltrecht, § 24 BNatSchG Rn. 6; *Hendrischke*, in: Schlacke (Hrsg.), GK-BNatSchG, § 24 Rn. 17.

38 *Gellermann*, in: Landmann/Rohmer, Umweltrecht, § 24 BNatSchG Rn. 6.

39 *Meßerschmidt*, Bundesnaturschutzrecht, § 24 BNatSchG Rn. 44; *Gellermann*, in: Landmann/Rohmer, Umweltrecht, § 24 BNatSchG Rn. 7.

40 *Schumacher/Schumacher*, in: Schumacher/Fischer-Hüftle, BNatSchG, § 24 Rn. 38.

41 *Gellermann*, in: Landmann/Rohmer, Umweltrecht, § 24 BNatSchG Rn. 7.

42 *Louis/Engelke*, BNatSchG, § 14 Rn. 7; *Schumacher/Schumacher*, in: Schumacher/Fischer-Hüftle, BNatSchG, § 24 Rn. 40; *Gellermann*, in: Landmann/Rohmer, Umweltrecht, § 24 BNatSchG Rn. 8; weiter *Meßerschmidt*, Bundesnaturschutzrecht, § 24 BNatSchG Rn. 45 („wenigstens" 50 %).

43 *Meßerschmidt*, Bundesnaturschutzrecht, § 24 BNatSchG Rn. 45.

in absehbarer Zeit die Voraussetzungen eines Naturschutzgebiets erfüllen werden.[44]

18 Die übrigen Flächen müssen zwar nicht die Voraussetzungen eines Naturschutzgebiets erfüllen. Allerdings können auch sie nicht gleichsam voraussetzungslos in das Unterschutzstellungsgebiet einbezogen werden. Im Rahmen der Prüfung der Erforderlichkeit ist zu ermitteln, ob und inwieweit sie den in Abs. 2 niedergelegten Schutzzweckanforderungen genügen.[45]

cc) Natürlicher oder naturnaher Zustand und Entwicklungsnationalpark (Abs. 1 Nr. 3)

19 Das als Nationalpark infrage kommende Gebiet muss sich gemäß Abs. 1 Nr. 3 entweder in einem überwiegenden Teil in einem vom Menschen nicht (Var. 1) oder wenig beeinflussten Zustand befinden (Var. 2) oder geeignet sein, sich in einen Zustand zu entwickeln bzw. entwickelt zu werden, der einen möglichst ungestörten Ablauf der Naturvorgänge in ihrer natürlichen Dynamik gewährleistet (Var. 3). Die Vorschrift ist in ihrer heutigen Form eine Reaktion auf gerichtliche Entscheidungen aus dem Jahre 1999, wonach die damals Nationalparks bundesrahmenrechtlich regelnde Bestimmung des § 14 BNatSchG a.F. eng auszulegen war und keine Unterschutzstellung von Flächen ermöglichte, die vom Menschen mehr als nur wenig geprägt wurden.[46] Vor diesem Hintergrund formulierte der Bundesgesetzgeber die Schutzkategorie im Jahre 2002 teilweise neu und stellte klar, dass Nationalparks unberührte Natur lediglich „in einem überwiegenden Teil" ihres Gebiets aufweisen müssen und im Fall nicht nur unbedeutender anthropogener Einflüsse eine Erklärung zum Nationalpark gleichwohl in Betracht kommt, wenn ein überwiegender Teil des Gebiets geeignet ist, sich in einen Zustand zu entwickeln bzw. in einen Zustand entwickelt zu werden, der einen möglichst ungestörten Ablauf der Naturvorgänge in ihrer natürlichen Dynamik gewährleistet (**„Entwicklungsnationalpark"**).[47]

aaa) Natürlicher oder naturnaher Zustand (Var. 1 und 2)

20 Nach Abs. 1 Nr. 3, Var. 1 und 2 kommt die Erklärung zum Nationalpark in Betracht, wenn sich ein Gebiet in einem überwiegenden Teil in einem vom

---

44 *Schumacher/Schumacher*, in: Schumacher/Fischer-Hüftle, BNatSchG, § 24 Rn. 55; *Gellermann*, in: Landmann/Rohmer, Umweltrecht, § 24 BNatSchG Rn. 8; *Meßerschmidt*, Bundesnaturschutzrecht, § 24 BNatSchG Rn. 45; noch offengelassen von VGH München, Entsch. v. 14. 06. 1985 – 20-IX-85, NuR 1986, 167 (168).

45 Vgl. *Schumacher/Schumacher*, in: Schumacher/Fischer-Hüftle, BNatSchG, § 24 Rn. 41; *Schmidt-Räntsch*, in: Gassner/Bendomir-Kahlo/Schmidt-Räntsch, BNatSchG, § 24 Rn. 6.

46 OVG Lüneburg, Urt. v. 22. 02. 1999 – 3 K 2630/98, ZUR 1999, 470 ff. (Nationalpark Elbaue), bestätigt durch BVerwG, Beschl. v. 10. 09. 1999 – 6 BN 1.99, NVwZ 2000, 198 ff.; hierzu näher *Stock*, ZUR 2000, 198 ff.

47 *Gellermann*, in: Landmann/Rohmer, Umweltrecht, § 24 BNatSchG Rn. 1, 9; *Schumacher/Schumacher*, in: Schumacher/Fischer-Hüftle, BNatSchG, § 24 Rn. 54; *Lorz/Konrad/Mühlbauer/Müller-Walter/Stöckel*, Naturschutzrecht, § 24 BNatSchG Rn. 3; *Hendrischke*, in: Schlacke (Hrsg.), GK-BNatSchG, § 24 Rn. 24.

Menschen nicht oder wenig beeinflussten Zustand befindet. Dies erfordert, dass die genannten Anforderungen auf **mehr als 50 % der Fläche** erfüllt sind.[48] Ein Gebiet ist vom Menschen nicht oder wenig beeinflusst, wenn die Natur noch völlig unberührt ist („natürlicher Zustand") oder menschliche Einflüsse zumindest kaum spürbar sind („naturnaher Zustand").[49]

Von einem **Ökosystem im natürlichen Zustand** i.S.v. Abs. 1 Nr. 3, Var. 1 ist   21
auszugehen, wenn der in Rede stehende Teil von Natur und Landschaft anthropogen unbeeinflusst ist, Fähigkeit zur Selbstregulation hat und ausschließlich einheimische, standorteigene Arten aufweist.[50] Durch die seit mehreren Jahrtausenden andauernden menschlichen Kulturmaßnahmen sind allerdings selbst Gebiete, die heute natürlich wirken, in gewisser Weise menschlich beeinflusst.[51] Auch unterliegt heutzutage nahezu jegliche Natur einer zumindest indirekten anthropogenen Beeinflussung (z.B. durch Schadstoffbelastung), sodass Landschaften im natürlichen Zustand in Mitteleuropa nur noch äußerst selten und im Wesentlichen in Extremstandorten (wie z.B. auf der alpinen Stufe) zu finden sind.[52]

In der Praxis spielt daher eher Abs. 1 Nr. 3, Var. 2, nämlich das Erfordernis   22
eines zumindest **naturnahen Zustands**, eine Rolle.[53] Naturnahe Ökosysteme weisen geringe Veränderungen durch menschlichen Einfluss auf, sind zur Selbstregulation fähig und beinhalten im Wesentlichen einheimische, standorteigene Arten.[54] Dabei wird diskutiert, ob der menschliche Einfluss auch größeren Umfang einnehmen darf, wenn es allein um Einwirkungen aus dem vortechnischen Zeitalter geht.[55] In Deutschland können v. a. manche Ausprägungen standortheimischer Wälder, Flussauen und Stillgewässern, Stranddünen, Heidelandschaften, Hochmoore und Gebirgsformationen mit weitgehend unveränderter Vegetation als naturnah angesehen werden.[56]

---

48 Ähnlich *Gellermann*, in: Landmann/Rohmer, Umweltrecht, § 24 BNatSchG Rn. 9 („wenigstens 51 %").

49 *Schmidt-Räntsch*, in: Gassner/Bendomir-Kahlo/Schmidt-Räntsch, BNatSchG, § 24 Rn. 9; *Gellermann*, in: Landmann/Rohmer, Umweltrecht, § 24 BNatSchG Rn. 10.

50 *Schumacher/Schumacher*, in: Schumacher/Fischer-Hüftle, BNatSchG, § 24 Rn. 46.

51 Statt vieler *Meßerschmidt*, Bundesnaturschutzrecht, § 24 BNatSchG Rn. 48; *Schumacher/ Schumacher*, in: Schumacher/Fischer-Hüftle, BNatSchG, § 24 Rn. 51 ff. m.w.N.

52 *Schmidt-Räntsch*, in: Gassner/Bendomir-Kahlo/Schmidt-Räntsch, BNatSchG, § 24 Rn. 9; *Schumacher/Schumacher*, in: Schumacher/Fischer-Hüftle, BNatSchG, § 24 Rn. 46.

53 *Meßerschmidt*, Bundesnaturschutzrecht, § 24 BNatSchG Rn. 48.

54 *Schumacher/Schumacher*, in: Schumacher/Fischer-Hüftle, BNatSchG, § 24 Rn. 47.

55 So *Schmidt-Räntsch*, in: Gassner/Bendomir-Kahlo/Schmidt-Räntsch, BNatSchG, § 24 Rn. 9; offengelassen von BVerwG, Beschl. v. 10. 09. 1999 – 6 BN 1.99, NuR 2000, 43 (44); näher *Schumacher/Schumacher*, in: Schumacher/Fischer-Hüftle, BNatSchG, § 24 Rn. 44 ff.; *Meßerschmidt*, Bundesnaturschutzrecht, § 24 BNatSchG Rn. 48; *Hendrischke*, in: Schlacke (Hrsg.), GK-BNatSchG, § 24 Rn. 23.

56 *Louis/Engelke*, BNatSchG, § 14 Rn. 8; *Schumacher/Schumacher*, in: Schumacher/Fischer-Hüftle, BNatSchG, § 24 Rn. 47.

bbb) Entwicklungsnationalpark (Var. 3)

23 Da in einem dicht besiedelten Land wie der Bundesrepublik Deutschland der Anteil der natürlichen bzw. naturnahen Landschaften i.S.v. Abs. 1 Nr. 3, Var. 1 und 2 stark eingeschränkt ist, ist die in Abs. 1 Nr. 3, Var. 3 aufgeführte Möglichkeit des **Entwicklungsnationalparks** von großer praktischer Bedeutung. Hiernach können auch vom Menschen überprägte Gebiete als Nationalpark unter Schutz gestellt werden, wenn die Flächen geeignet sind, sich in einen Zustand zu entwickeln bzw. in einen Zustand entwickelt zu werden, der einen möglichst ungestörten Ablauf der Naturvorgänge in ihrer natürlichen Dynamik gewährleistet.[57]

24 Von wesentlicher Bedeutung ist, welche Anforderungen an die vorgenannte Eignung eines Gebiets zu stellen sind, sich zu einer naturnahen Landschaft zu entwickeln. Aus dem Gesetzeswortlaut selbst ergeben sich insoweit allerdings keine einschränkenden Vorgaben. Im Gegenteil wird mit der Passiv-Aktiv-Formulierung „zu entwickeln" bzw. „entwickelt zu werden" zum Ausdruck gebracht, dass der angestrebte naturnahe Zustand sowohl auf **natürlichem Wege** als auch durch **menschliche Maßnahmen** initiiert und/oder gefördert werden kann[58], sodass der Anwendungsbereich des Entwicklungsnationalparks nach der Gesetzesformulierung relativ weit erscheint.

25 Vor diesem Hintergrund werden gegen die Regelung im Hinblick auf den rechtsstaatlichen **Bestimmtheitsgrundsatz** und das **Eigentumsgrundrecht** betroffener Grundeigentümer (Art. 14 GG) teilweise Bedenken erhoben und die Gefahr einer **„Voraussetzungslosigkeit der Unterschutzstellung"** beklagt.[59] Indes kommt eine grundlose Inschutznahme auch aus Gründen der Verhältnismäßigkeit nicht in Betracht, sondern muss es sich schon zum Zeitpunkt der Ausweisung um überwiegend ökologisch wertvolle Flächen handeln[60] und müssen diese jedenfalls ein hinreichendes naturschutzfachliches Entwicklungspotenzial aufweisen.[61] Zudem wird teilweise verlangt, dass sich die Gebiete aufgrund zumindest relativer Naturnähe ohne übermäßigen Aufwand und nur durch wenige rückführende Maßnahmen zu einem Nationalpark entwickeln lassen.[62] Ob hinsichtlich der in diesem Zusammenhang erforderlichen Entwicklungsprognose ein Einschätzungsspielraum der zuständigen Behörde besteht, ist umstritten.[63]

---

57 Ebenso *Hendrischke*, in: Schlacke (Hrsg.), GK-BNatSchG, § 24 Rn. 24.

58 *Meßerschmidt*, Bundesnaturschutzrecht, § 24 BNatSchG Rn. 53.

59 *Meßerschmidt*, Bundesnaturschutzrecht, § 24 BNatSchG Rn. 55.

60 *Schumacher/Schumacher*, in: Schumacher/Fischer-Hüftle, BNatSchG, § 24 Rn. 56.

61 *Gellermann*, in: Landmann/Rohmer, Umweltrecht, § 24 BNatSchG Rn. 12; *Meßerschmidt*, Bundesnaturschutzrecht, § 24 BNatSchG Rn. 56; *Schmidt-Räntsch*, in: Gassner/Bendomir-Kahlo/Schmidt-Räntsch, BNatSchG, § 24 Rn. 10 f.

62 *Peine*, LKV 2002, 441 (442); *Schmidt-Räntsch*, in: Gassner/Bendomir-Kahlo/Schmidt-Räntsch, BNatSchG, § 24 Rn. 11; *Meßerschmidt*, Bundesnaturschutzrecht, § 24 BNatSchG Rn. 56.

63 Vgl. einerseits *Louis/Engelke*, BNatSchG, § 13 Rn. 5 und andererseits *Meßerschmidt*, Bundesnaturschutzrecht, § 23 BNatSchG Rn. 33 und § 24 Rn. 63.

Das Gesetz macht auch keine Vorgaben, innerhalb welchen **Zeitraums** der   26
angestrebte naturnahe Zustand in einem Entwicklungsnationalpark eintreten soll. Die Bundesregierung konnte sich mit ihrem Versuch, im Rahmen
der Novelle zum BNatSchG 2010 den Zeitrahmen gesetzlich auf 30 Jahre
festzuschreiben, nicht durchsetzen (vgl. Rn. 2). Vor dem Hintergrund des
Übermaßverbots und des Eigentumsgrundrechts betroffener Grundeigentümer kann einem Gebiet die Entwicklungseignung jedoch nicht bereits dann
zugesprochen werden, wenn sich der Zielzustand bloß zu irgendeinem fer-
nen und nicht absehbaren Zeitpunkt erreichen lässt. Ein fester Zeitraum
wird sich insoweit nicht generell angeben lassen, da die unterschiedlichen
Entwicklungs- und Reifeprozesse von Ökosystemen zu beachten sind.[64]
Gleichwohl wird man eine Spanne von **30 Jahren als Anhaltspunkt** für die
Bemessung der Angemessenheit des Entwicklungszeitraums ansehen können[65], sodass bei darüber hinausgehenden Zeiträumen eine besondere naturschutzfachliche Rechtfertigungspflicht besteht.

Darüber hinaus ist anerkannt, dass sich die Unterschutzstellung eines Ent-   27
wicklungsnationalparks nicht allein mit dem vorgenannten Eignungskrite-
rium rechtfertigen lässt, sondern auch im Hinblick auf die allgemeine, gesamtstaatliche Zielsetzung von Nationalparks legitimiert werden muss. Für
einen Entwicklungsnationalpark kommen daher nur solche entwicklungsfä-
higen Teile von Natur und Landschaft in Betracht, die in besonderer weise
Ausdruck des nationalen Naturerbes sind, weil im Anschluss an die ange-
stoßene Entwicklung ein für die Bundesrepublik Deutschland typischer und
repräsentativer natürlicher Lebensraum entstehen kann.[66]

c) Schutzzwecke (Abs. 2)
aa) Prozessschutz (Abs. 2 Satz 1)

Gemäß Abs. 2 Satz 1 haben Nationalparks zum Ziel, in einem überwiegen-   28
den Teil ihres Gebiets den möglichst ungestörten Ablauf der Naturvorgänge
in ihrer natürlichen Dynamik zu gewährleisten. Auch wenn der Schutzweck
bei § 24 nicht (wie bei den anderen Schutzkategorien) als Tatbestandsmerkmal der Unterschutzstellung geregelt ist, spielt er doch insbesondere im Rahmen der Prüfung der **Erforderlichkeit der Schutzerklärung** eine Rolle, sodass er zu den materiellen Unterschutzstellungsanforderungen zu zählen ist
(siehe oben Rn. 9).

In der Vergangenheit lag der Schutzzweck von Nationalparks vornehmlich   29
in der Erhaltung eines möglichst artenreichen heimischen Tier- und Pflanzenbestandes (§ 14 Abs. 1 Nr. 4 BNatSchG a.F.).[67] Dieser Ansatz hatte sich
nach Auffassung des Gesetzgebers indes nicht bewährt, da es in Deutsch-

---

64 *Schumacher/Schumacher*, in: Schumacher/Fischer-Hüftle, BNatSchG, § 24 Rn. 57.
65 *Gellermann*, in: Landmann/Rohmer, Umweltrecht, § 24 BNatSchG Rn. 13; krit. *Heugel*,
   in: Lütkes/Ewer, BNatSchG, § 24 Rn. 10.
66 *Meßerschmidt*, Bundesnaturschutzrecht, § 24 BNatSchG Rn. 52; *Gellermann*, in: Land-
   mann/Rohmer, Umweltrecht, § 24 BNatSchG Rn. 12.
67 Hierzu näher *Meßerschmidt*, Bundesnaturschutzrecht, § 24 BNatSchG Rn. 77.

land auch Gegenden gebe, die zwar schützenswert, aber von Natur aus artenarm seien; auch könne Artenreichtum auf natürlichem Wege zurückgehen, ohne dass dies einer Unterschutzstellung entgegenstehen müsse.[68] Von daher ist nach Abs. 2 Satz 1 der vorrangige Schutzzweck heute der sog. **Prozessschutz**, d.h. das Zulassen der vom Menschen unbeeinflussten Eigenentwicklung der Natur.[69] Dieser neue Schutzzweckansatz beruht auf der Erkenntnis, dass die Natur ein dynamisches und kein statisches System ist und auch als ein solches geschützt werden sollte.[70] Naturvorgänge i.S.d. Abs. 2 Satz 1 sind sämtliche natürliche Abläufe, die sich ohne menschliche Einflussnahme im Zusammenhang mit den Bestandteilen des Naturhaushalts (vgl. § 7 Abs. 1 Nr. 2) entfalten und im Rahmen dieses Wirkungsgefüges ablaufen.[71]

30 Im Rahmen des Prozessschutzes kann es durch natürliche Dynamiken durchaus auch zu **Artenverlusten** kommen.[72] Dies ist Ausdruck eines modernen Naturschutzverständnisses, da ein übergreifender und integrierter Schutz von Ökosystemen unter Einbeziehung von natürlichen Wechselwirkungen, Wirkungskomplexen, Stoff- und Energieflüssen dem Naturhaushalt besser Rechnung trägt als reine Konservierungsmaßnahmen und die Grundlage für eine Aufrechterhaltung wesentlicher ökologischer Prozesse und lebenserhaltender Systeme und damit für den Schutz der genetischen Vielfalt schafft.[73] Gleichzeitig wird damit aber auch der Anwendungsbereich der Schutzkategorie Nationalpark eingeschränkt und kommt sie eher nicht in Betracht, wenn es v. a. darum geht, einen günstigen Erhaltungszustand besonders gefährdeter Arten oder Lebensraumtypen zu bewahren oder wiederherzustellen.

31 Der Schutzzweck des Prozessschutzes muss nach Abs. 2 Satz 1 nicht im gesamten Nationalparkgebiet, sondern „in einem überwiegenden Teil" angestrebt werden. Von daher reicht es aus, wenn die Anforderung auf mehr als 50 % der Fläche erfüllt ist.[74]

---

68 Vgl. BT-Drs. 14/6378, S. 51; *Schmidt-Räntsch*, in: Gassner/Bendomir-Kahlo/Schmidt-Räntsch, BNatSchG, § 24 Rn. 12.

69 *Schumacher/Schumacher*, in: Schumacher/Fischer-Hüftle, BNatSchG, § 24 Rn. 58.

70 *Gellermann*, in: Landmann/Rohmer, Umweltrecht, § 24 BNatSchG Rn. 15.

71 BT-Drs. 14/6378, S. 52; *Meßerschmidt*, Bundesnaturschutzrecht, § 24 BNatSchG Rn. 77.

72 VGH München, Urt. v. 15.09.1999 – 9 N 97.2686, NuR 2000, 278/278 f.; *Meßerschmidt*, Bundesnaturschutzrecht, § 24 BNatSchG Rn. 58; *Hendrischke*, in: Schlacke (Hrsg.), GK-BNatSchG, § 24 Rn. 33.

73 BT-Drs. 14/6378, S. 52; *Lorz/Konrad/Mühlbauer/Müller-Walter/Stöckel*, Naturschutzrecht, § 24 BNatSchG Rn. 4; *Schumacher/Schumacher*, in: Schumacher/Fischer-Hüftle, BNatSchG, § 24 Rn. 59.

74 *Schumacher/Schumacher*, in: Schumacher/Fischer-Hüftle, BNatSchG, § 24 Rn. 60; ähnlich *Gellermann*, in: Landmann/Rohmer, Umweltrecht, § 24 BNatSchG Rn. 14 („mindestens 51 %").

bb) Umweltbeobachtung, naturkundliche Bildung, Naturerlebnis
(Abs. 2 Satz 2)

Gemäß Abs. 2 Satz 2 sollen Nationalparks auch der wissenschaftlichen Um- *32*
weltbeobachtung, der naturkundlichen Bildung und dem Naturerlebnis der
Bevölkerung dienen, soweit dies der Schutzzweck erlaubt. Die in Abs. 2
Satz 2 bestimmten Schutzzwecke sind gegenüber dem Prozessschutz i.S.v.
Abs. 2 Satz 1 nachrangig.[75] Inwieweit sie mit dem Schutzzweck vereinbar
sind, bestimmt sich allerdings nicht nur nach dem gesetzlichen Schutzzweck
des Prozessschutzes i.S.v. Abs. 2 Satz 1, sondern auch und v.a. nach den in
der jeweiligen Schutzgebietserklärung bestimmten Schutzzwecken.[76]

aaa) Wissenschaftliche Umweltbeobachtung

Nationalparks sollen der wissenschaftlichen Umweltbeobachtung dienen, so- *33*
weit dies der Prozessschutz zulässt. Die Umweltbeobachtung hat gemäß § 6
Abs. 2 die gezielte und fortlaufende Ermittlung, Beschreibung und Bewertung des Zustands von Natur und Landschaft und ihrer Veränderungen einschließlich der Ursachen und Folgen dieser Veränderungen zum Gegenstand.
Wissenschaftliche Umweltbeobachtung liegt vor, wenn sie, gleichgültig von
wem, **nach wissenschaftlichen Kriterien** durchgeführt wird.[77] Im Rahmen von
Nationalparks kommen, soweit mit dem Schutzzweck vereinbar, insoweit v.a.
Maßnahmen der Inventarisierung, der ökosystemaren Forschung, der Begleit-
forschung zu Managementmaßnahmen und der sozialwissenschaftlichen Be-
gleitforschung in Betracht.[78]

bbb) Naturkundliche Bildung und Naturerlebnis

Soweit der Schutzzweck nicht entgegensteht, sollen Nationalparks auch der *34*
naturkundlichen Bildung und dem Naturerlebnis der Bevölkerung dienen.
Damit besteht ein wesentlicher Unterschied zu Naturschutzgebieten, da
diese in erster Linie auf Naturerhaltung gerichtet sind[79] (siehe näher § 23
Rn. 46). Die Öffnung des **Zugangs für die Allgemeinheit** entspricht der
Grundidee des Nationalparks, wonach der Mensch von der unberührten
Natur nicht ausgeschlossen werden sein soll.[80] Hierdurch soll v.a. Interesse
und Verständnis geweckt werden für die komplexen Zusammenhänge von

---

75 BT-Drs. 14/6378, S. 52; *Schmidt-Räntsch*, in: Gassner/Bendomir-Kahlo/Schmidt-Räntsch,
BNatSchG, § 24 Rn. 14.
76 Vgl. *Meßerschmidt*, Bundesnaturschutzrecht, § 24 BNatSchG Rn. 81; enger *Gellermann*,
in: Landmann/Rohmer, Umweltrecht, § 24 BNatSchG Rn. 16.
77 *Meßerschmidt*, Bundesnaturschutzrecht, § 24 BNatSchG Rn. 79.
78 Ausführlich hierzu *Schumacher/Schumacher*, in: Schumacher/Fischer-Hüftle, BNatSchG,
§ 24 Rn. 63 ff.; *Schmidt-Räntsch*, in: Gassner/Bendomir-Kahlo/Schmidt-Räntsch, BNatSchG,
§ 24 Rn. 16.
79 *Kerkmann*, in: Kerkmann (Hrsg.), Naturschutzrecht in der Praxis, § 5 Rn. 74; vgl. auch
Hendrischke, in: Schlacke (Hrsg.), GK-BNatSchG, § 24 Rn. 36.
80 *Schmidt-Räntsch*, in: Gassner/Bendomir-Kahlo/Schmidt-Räntsch, BNatSchG, § 24 Rn. 14;
Meßerschmidt, Bundesnaturschutzrecht, § 24 BNatSchG Rn. 80.

Ökosystemen, für die Gefährdung von Arten und Biotopen und für die Bedeutung der Natur als Grundlage menschlichen Lebens.[81]

35 Ob und ggf. in welchem Umfang Maßnahmen der naturkundlichen Bildung durchgeführt bzw. der Zugang für die Allgemeinheit zwecks Naturerlebnis gewährt wird, steht im **gebundenen Ermessen der zuständigen Behörde**. Sind keine Beeinträchtigungen des Schutzzwecks zu besorgen, so besteht kein Ermessen, sondern „sollen" Nationalparks auch der naturkundlichen Bildung bzw. dem Naturerlebnis der Bevölkerung zur Verfügung stehen.[82] In die Entscheidung ist insbesondere einzustellen, inwieweit durch Maßnahmen der Besucherlenkung (z.B. Rückbau von Wegen in sensiblen Bereichen, Aufstellung von Hinweistafeln oder Barrieren), durch Verbote bestimmter Formen von Freizeitaktivitäten (z.B. Reit- oder Kletterverbote) oder durch eine Zugangsbeschränkung auf geeignete Teilgebiete (z.B. weniger empfindliche Flächen) eine Vereinbarkeit mit dem Schutzzweck erzielt werden kann.

3. Schutzregime

36 Gemäß Abs. 1 sind Nationalparks „einheitlich" zu schützende Gebiete, wobei sie gemäß Abs. 3 „unter Berücksichtigung ihres besonderen Schutzzwecks sowie der durch die Großräumigkeit und Besiedlung gebotenen Ausnahmen wie Naturschutzgebiete zu schützen" sind. Darüber hinaus sind Beeinträchtigungen von Nationalparks unter bestimmten Voraussetzungen strafbewehrt.

a) Einheitlichkeit des Schutzes (Abs. 1)

37 Der nach Abs. 1 für Nationalparks vorzusehende einheitliche Schutz bedeutet wie auch bei anderen Großschutzgebieten (vgl. § 25 Abs. 1, § 27 Abs. 1), dass der Schutzzweck durch ein umfassendes, widerspruchsfreies und auf das Gesamtgebiet bezogenes Schutzkonzept zu verwirklichen ist.[83] Dies bedeutet freilich nicht, dass in sämtlichen Bereichen eines Nationalparks ein und dieselbe Schutzintensität bestehen muss. Vielmehr ist auch in Nationalparks die in § 22 Abs. 1 Satz 3 geregelte **Zonierung** möglich, insbesondere die Ausweisung von Pufferzonen.[84] Dies ist angesichts der Großräumigkeit der Nationalparks auch angemessen, da innerhalb dieser in der Regel auch Siedlungen, Verkehrswege oder andere Flächen liegen, die die Voraussetzungen des Schutzgebietes und des Prozessschutzes nicht erfüllen, gleichzeitig das Gesamtgebiet aber nicht erheblich zerschneiden.[85] In der Praxis werden Nationalparks in der Regel in verschiedene Schutzzonen aufgeteilt. Häufig be-

---

81 *Schumacher/Schumacher*, in: Schumacher/Fischer-Hüftle, BNatSchG, § 24 Rn. 67.

82 *Kerkmann*, in: Kerkmann (Hrsg.), Naturschutzrecht in der Praxis, § 5 Rn. 86.

83 *Marzik/Wilrich*, BNatSchG, § 24 Rn. 6; *Schumacher/Schumacher*, in: Schumacher/Fischer-Hüftle, BNatSchG, § 24 Rn. 19.

84 *Kerkmann*, in: Kerkmann (Hrsg.), Naturschutzrecht in der Praxis, § 5 Rn. 84; *Gellermann*, in: Landmann/Rohmer, Umweltrecht, § 24 BNatSchG Rn. 19.

85 Vgl. *Hendrischke*, in: Schlacke (Hrsg.), GK-BNatSchG, § 24 Rn. 40.

steht ein drei- bzw. vierteiliges Schutzkonzept, das ausgehend von einer **Kernzone** (Zone I/Ruhezone), einer **Sekundärzone** (Entwicklungszone als Zone IIa und Pflegezone als Zone IIb) und einer **Erholungs- und Pufferzone** (Zone III) verschiedene Schutzintensitäten vorsieht.[86]

b) Naturschutzgebietsregime (Abs. 3)

Da Nationalparks gemäß Abs. 3 wie Naturschutzgebiete zu schützen sind, 　38
unterliegen sie dem Schutzregime des § 23 Abs. 2 und insbesondere dem dortigen „absoluten" Veränderungsverbot (siehe hierzu § 23 Rn. 34 ff.). Alle Handlungen, die zu einer Zerstörung, Beschädigung, Veränderung oder nachhaltigen Störung des Nationalparks bzw. seiner Bestandteile führen können, sind nach Maßgabe näherer Bestimmungen verboten.[87] Dieses Schutzregime soll nicht nur in den Bereichen eines Nationalparks gelten, die i.S.v. Abs. 1 Nr. 2 die Voraussetzungen eines Naturschutzgebiets erfüllen, sondern im gesamten Unterschutzstellungsgebiet.[88]

Abs. 3 stellt ausdrücklich heraus, dass bei Regelung des Schutzregimes der 　39
besondere Schutzzweck eines Nationalparks zu berücksichtigen ist. Mit Blick auf den in Abs. 2 Satz 1 geregelten Prozessschutz kann es daher geboten sein, einen Nationalpark in Gänze oder in wesentlichen Teilen seiner natürlichen Entwicklung zu überlassen, sodass hierdurch auftretende Veränderungen vom „absoluten" Veränderungsverbot auszunehmen sind.[89]

Darüber hinaus wird in Abs. 3 betont, dass bei der Aufstellung des Schutz- 　40
regimes einzustellen ist, inwieweit aufgrund Gesichtspunkten der Großräumigkeit und Besiedlung **Ausnahmen vom Verbotsregime** geboten sind. Hiermit wird dem Umstand Rechnung getragen, dass bei der Unterschutzstellung von Nationalparks aufgrund ihrer weiten räumlichen Ausdehnung mannigfaltige Interessen in Einklang zu bringen sind und dabei insbesondere die Wirtschafts-, Verkehrs-, Versorgungsbedürfnisse der in oder an einem Nationalpark lebenden Bevölkerung zu berücksichtigen sind.[90] Der Begriff der „Ausnahme" ist dabei untechnisch zu verstehen und umfasst jede Art der Abmilderung des Schutz- und Verbotsregimes.[91] Welche Ausnahmen im Einzelfall geboten sind, ist anhand einer Abwägung zwischen den Belangen des

---

86 Näher *Schumacher/Schumacher*, in: Schumacher/Fischer-Hüftle, BNatSchG, § 24 Rn. 20 ff.; *Meßerschmidt*, Bundesnaturschutzrecht, § 24 BNatSchG Rn. 73.

87 Vgl. BVerwG, Beschl. v. 23.07.2003 – 4 BN 40/03, NVwZ 2003, 1518 (1519).

88 *Marzik/Wilrich*, BNatSchG, § 24 Rn. 18; *Meßerschmidt*, Bundesnaturschutzrecht, § 24 BNatSchG Rn. 87.

89 Vgl. VGH München, Urt. v. 15.09.1999 – 9 N 97.2686, NuR 2000, 278 (282 f.); *Schmidt-Räntsch*, in: Gassner/Bendomir-Kahlo/Schmidt-Räntsch, BNatSchG, § 24 Rn. 17; *Schumacher/Schumacher*, in: Schumacher/Fischer-Hüftle, BNatSchG, § 24 Rn. 68.

90 *Louis/Engelke*, BNatSchG, § 14 Rn. 10; *Gellermann*, in: Landmann/Rohmer, Umweltrecht, § 24 BNatSchG Rn. 20.

91 *Meßerschmidt*, Bundesnaturschutzrecht, § 24 BNatSchG Rn. 88; offengelassen von BVerwG, Beschl. v. 23.07.2003 – 4 BN 40/03, NVwZ 2003, 1518 (1519).

Natur- und Landschaftsschutzes und den gegenläufigen Interessen (insbesondere der Grundeigentümer und Gemeinden) zu entscheiden.[92]

c) Straf- und Bußgeldbewehrung

41 Verstöße gegen Schutzregime von Nationalparks sind unter bestimmten Voraussetzungen strafbewehrt. Gemäß § 329 Abs. 3 StGB wird mit einer Freiheitsstrafe von bis zu fünf Jahren oder Geldstrafe bestraft, wer entgegen einer Regelung, die zum Schutz eines Nationalparks erlassen wurde oder entgegen einer vollziehbaren Untersagung, in der Strafvorschrift näher bestimmte Handlungen (z.b. Tötung oder Beschädigung einer besonders geschützten Tier- oder Pflanzenart; Entwässerung von Feuchtgebieten) vornimmt und dadurch den jeweiligen Schutzzweck des Gebiets nicht unerheblich beeinträchtigt. In besonders schweren Fällen kann der Strafrahmen erhöht sein (§ 330 StGB), bei lediglich fahrlässiger Tatbegehung ist die Strafandrohung Freiheitsstrafe bis zu drei Jahren oder Geldstrafe (§ 329 Abs. 4 StGB). Das Landesrecht enthält teilweise Bußgeldvorschriften (vgl. etwa Art. 52 Abs. 1 Nr. 3 i.V.m. Art. 8 BayNatSchG).

III. Nationale Naturmonumente (Abs. 4)

1. Allgemeines

42 Die mit dem BNatSchG 2010 in Abs. 4 neu eingefügte Schutzkategorie der nationalen Naturmonumente ist an die Kategorie III der IUCN-Schutzkategorien angelehnt[93] und ermöglicht, eher kleinräumige Naturschöpfungen ab ca. fünf Hektar von gesamtstaatlicher Bedeutung einem herausgehobenen Flächenschutz zu unterstellen.[94] Auslöser für die Einführung der Schutzkategorie des nationalen Naturmonuments war v. a. die Diskussion um den Schutz des Siebengebirges.[95] Hierdurch sollte eine Lücke im bisherigen Recht zwischen Nationalpark, Naturdenkmal und Naturschutzgebiet geschlossen werden.[96] Allerdings hat sich die Schutzkategorie in der tatsächlichen Rechtspraxis bisher nicht durchsetzen können.[97]

---

92 BVerwG, Beschl. v. 23.07.2003 – 4 BN 40/03, NVwZ 2003, 1518 (1519); *Meßerschmidt*, Bundesnaturschutzrecht, § 24 BNatSchG Rn. 88; *Gellermann*, in: Landmann/Rohmer, Umweltrecht, § 24 BNatSchG Rn. 20.

93 Eingehend zur IUCN. Schutzgebietskategorie: *Schumacher/Schumacher*, NuR 2014, 696 (697).

94 BT-Drs. 16/13430, S. 22; *Egner*, in: Egner/Fuchs, Naturschutz- und Wasserrecht 2009, § 24 BNatSchG Rn. 3.

95 *Hönes*, NuR 2009, 741 (741 f.); *Schumacher/Schumacher*, NuR 2014, 696 (697).

96 *Heugel*, in: Lütkes/Ewer, BNatSchG, § 24 Rn. 16.

97 Vgl. *Schumacher/Schumacher*, NuR 2014, 696 (705) bzgl. der Diskussion um die Unterschutzstellung des „Grünen Bandes" als Nationales Naturmonument; zu weiteren Vorschlägen innerhalb der Literatur sowie zur Möglichkeit der Einbeziehung historisch gewachsener Kulturlandschaften vgl. *Tillmann*, NuR 2014, 826 (827).

2. Festsetzung eines nationalen Naturmonuments (Abs. 4 Satz 1)

a) Anforderungen an eine Unterschutzstellung

Bei der Festsetzung eines nationalen Naturmonuments sind die allgemeinen **43** formellen und materiellen Anforderungen an Unterschutzstellungen i.S.v. §§ 22 ff. zu beachten (siehe hierzu § 22 Rn. 3 ff.). Materiell ist u.a. die (von § 24 Abs. 4 nicht ausdrücklich herausgestellte) **Erforderlichkeit der Schutzerklärung** zu prüfen, d.h. die Schutzwürdigkeit und Schutzbedürftigkeit des in Rede stehenden Teils von Natur und Landschaft. Die Schutzwürdigkeit hängt generell davon ab, ob der Schutzgegenstand die in den gesetzlichen Schutzzweckbestimmungen der §§ 23 ff. aufgeführten Tatbestandsmerkmale[98] erfüllt und zur Verwirklichung dieser Schutzzwecke geeignet ist.[99] Insofern bemisst sich die Schutzwürdigkeit bei nationalen Naturmonumenten v.a. nach den in § 24 Abs. 4 Satz 1 Nr. 1 und 2 ausdrücklich normierten Schutzzwecken.

b) Schutzgegenstand

Hinsichtlich des Schutzgegenstands macht § 24 Abs. 4 lediglich die Vorgabe, **44** dass der als nationales Naturmonument zu schützende Teil von Natur und Landschaft ein **„Gebiet"** sein muss. Auch wenn die Voraussetzungen für die Festsetzung eines nationalen Naturmonuments den Anforderungen an Naturdenkmälern i.S.v. § 28 ähneln[100], handelt es sich doch um eine Kategorie des Flächen- und nicht des Objektschutzes.[101]

Hinsichtlich des Schutzgebiets enthält die an die **IUCN-Kriterien** angelehnte **45** Gesetzesbegründung insofern eine Konkretisierung, als dass es bei nationalen Naturmonumenten um gesamtstaatlich bedeutsame Schöpfungen der Natur gehen muss, die sich **„auf kleineren Flächen ab ca. fünf ha Größe"** befinden.[102] Damit kommt zum Ausdruck, dass durch die neue Schutzkategorie des nationalen Naturmonuments eine Lücke geschlossen werden soll, die sich bisher in dem „Dreieck" Nationalpark, Naturdenkmal und Naturschutzgebiet auftut.[103] Der Nationalpark i.S.v. § 24 Abs. 1–3 als bislang einzige Schutzkategorie mit gesamtstaatlicher Bedeutung erfordert großräumige Gebiete von mehreren tausend Hektar, die bei einem nationalen Naturmonument nicht gegeben sind. Dagegen sind Naturdenkmäler i.S.v. § 28 wiederum zu kleinteilig, da sie nur bei Einzelschöpfungen oder entsprechenden Flächen bis fünf Hektar in Betracht kommen. Naturschutzgebiete sind keiner dieser größen-

---

98 *Louis/Engelke*, BNatSchG, § 12 Rn. 68; vgl. hierzu auch *Schumacher/Schumacher/ Wattendorf/Konold*, NuL 2013, 315 (315 ff.).

99 OVG Saarlouis, Urt. v. 07.03.2007 – 1 N 3/06, NVwZ-RR 2007, 582 (585 ff.); *Schumacher/Schumacher/Fischer-Hüftle*, in: Schumacher/Fischer-Hüftle, BNatSchG, § 22 Rn. 9; *Kerkmann*, in: Kerkmann (Hrsg.), Naturschutzrecht in der Praxis, § 5 Rn. 21; *Gassner/ Heugel*, Das neue Naturschutzrecht, Rn. 394.

100 *Louis*, NuR 2010, 77 (84).

101 *Egner*, in: Egner/Fuchs, Naturschutz- und Wasserrecht 2009, § 24 BNatSchG Rn. 4; *Heugel*, in: Lütkes/Ewer, § 24 Rn. 18; *Hendrischke*, in: Schlacke (Hrsg.), GK-BNatSchG, § 24 Rn. 45; *Schlumprecht/Kaiser*, NuL 2015, 25 (26).

102 BT-Drs. 16/13430, S. 22; hierzu auch *Hönes*, NuR 2009, 741 (741).

103 *Gassner/Heugel*, Das neue Naturschutzrecht, Rn. 419; *Hendrischke*, in: Schlacke (Hrsg.), GK-BNatSchG; § 24 Rn. 43; *Heugel*, in: Lütkes/Ewer, BNatSchG, § 34 Rn. 16.

mäßigen Einschränkungen unterworfen, haben allerdings nicht den gesamtstaatlichen bzw. internationalen Anspruch, den ein nationales Naturmonument erfordert.[104]

c) Schutzzwecke (Abs. 4 Satz 1 Nr. 1 und 2)

46 Ein Gebiet kann nach Abs. 4 Satz 1 als nationales Naturmonument unter Schutz gestellt werden, wenn es aus wissenschaftlichen, naturgeschichtlichen, kulturhistorischen oder landeskundlichen Gründen (Nr. 1) und wegen seiner Seltenheit, Eigenart oder Schönheit (Nr. 2) von herausragender Bedeutung ist.[105] Gemäß dem Gesetzeswortlaut stehen die verschiedenen Vorgaben innerhalb der Nr. 1 und 2 im Alternativverhältnis, wohingegen die Anforderungen der Nr. 1 und 2 insgesamt kumulativ vorliegen müssen; insoweit besteht ein Unterschied zum Naturdenkmal (vgl. § 28 Abs. 1).[106]

47 Die in Abs. 4 Satz 1 Nr. 1 und 2 angesprochenen Schutzzwecke der wissenschaftlichen, naturgeschichtlichen und landeskundlichen Gründe sowie der Seltenheit, Eigenart und Schönheit sind im Wesentlichen identisch mit den Vorgaben des § 23 Abs. 1 Nr. 2 und 3, sodass auf die Kommentierung zu § 23 verwiesen werden kann. Bei den Schutzzwecken der Eigenart und Schönheit besteht allerdings der Unterschied, dass, anders als bei § 23 Abs. 1 Nr. 3 und ebenso wie in § 26 Abs. 1 Nr. 2 beim Landschaftsschutzgebiet und in § 28 Abs. 1 Nr. 3 beim Naturdenkmal, keine „besondere" Eigenart bzw. „hervorragende" Schönheit erforderlich ist. Es genügt daher „einfache" Eigenart und Schönheit, sodass die Anforderungen gegenüber der Festsetzung von Naturschutzgebieten insoweit herabgesetzt sind.[107] Hinsichtlich der kulturhistorischen Gründe wird auf die Kommentierung zu § 26 Abs. 1 Nr. 2 verwiesen. Darüber hinaus wird in der Literatur die Heranziehung von Hilfskriterien zur Beurteilung der Geeignetheit eines Gebiets als nationales Naturmonument erwogen. Insoweit sollen etwa Vielfalt, Alter, Integrität, Größe, Naturnähe/Natürlichkeit und Repräsentativität von Bedeutung sein.[108]

48 Die Besonderheit der neuen Schutzkategorie des nationalen Monuments besteht v.a. darin, dass das in Rede stehende Gebiet unter den genannten Schutzzwecken **„von herausragender Bedeutung"** sein muss. Der Begriff wird gesetzlich nicht näher definiert. Allerdings weist die Gesetzesbegründung darauf hin, dass es um besondere natürliche oder natürlich-kulturelle Erscheinungen gehen muss, die außerordentlich oder einzigartig sind und

---

104 *Kerkmann*, in: Kerkmann (Hrsg.), Naturschutzrecht in der Praxis, § 5 Rn. 69; *Gassner/ Heugel*, Das neue Naturschutzrecht, Rn. 419.

105 Ausführlich hierzu *Schumacher/Schumacher*, NuR 2014, 696 (698 ff.).

106 *Gassner/Heugel*, Das neue Naturschutzrecht, Rn. 421; eingehend zu den Schutzkriterien *Schlumprecht/Kaiser*, NuL 2015, 25 (26 f.); *Schumacher/Schumacher/Wattendorf/ Konold*, NuL 2013, 315 (316).

107 Vgl. *Gellermann*, in: Landmann/Rohmer, Umweltrecht, § 28 BNatSchG Rn. 8; ebenso: *Schumacher/Schumacher/Wattendorf/Konold*, NuL 2013, 315 (316).

108 *Schumacher/Schumacher/Wattendorf/Konold*, NuL 2013, 315 (317); ähnlich *Schlumprecht/Kaiser*, NuL 2015, 25 (26 ff.).

wegen der ihnen eigenen Seltenheit, ästhetischen Qualität oder kulturellen bzw. geistig-seelischen Bedeutung schützenswert sind.[109] Dabei könne es sich z.b. um Wasserfälle, Dünen, Höhlen oder andere geologisch-geomorphologische Erscheinungen mit für die Bevölkerung **identitätsstiftender Bedeutung** handeln.[110] Insgesamt geht es um Gebiete, die „das natürliche Gesicht der Nation prägen".[111] Teilweise wird in diesem Zusammenhang auch auf das UNESCO-Übereinkommen zum Schutz des Kultur- und Naturerbes der Welt vom 23. 11. 1972[112] Bezug genommen, wonach die Gebiete von außergewöhnlichem universellen Wert sein müssen, sodass eine besondere Bedeutung allein auf nationaler Ebene nicht genügen würde.[113]

3. Schutzregime (Abs. 4 Satz 2)

Gemäß Abs. 4 Satz 2 sind nationale Naturmonumente (ebenso wie Nationalparks) einem Naturschutzgebiet entsprechend zu schützen. Insofern unterliegen auch nationale Naturmonumente dem Schutzregime des § 23 Abs. 2 und insbesondere dem dortigen **„absoluten" Veränderungsverbot** (siehe hierzu § 23 Rn. 34 ff.). Alle Handlungen, die zu einer Zerstörung, Beschädigung, Veränderung oder nachhaltigen Störung des nationalen Naturmonuments bzw. seiner Bestandteile führen können, sind nach Maßgabe näherer Bestimmungen verboten.[114]   *49*

Bei der Ausgestaltung des Schutzregimes ist insbesondere zu berücksichtigen, dass nationale Naturmonumente aufgrund ihrer herausragenden Bedeutung oftmals einem hohen Besucherdruck unterliegen.[115] Von daher ist besonders zu prüfen, inwieweit sie gemäß § 23 Abs. 2 Satz 2 unter Einhaltung des Schutzwecks der Allgemeinheit zugänglich gemacht werden können (siehe § 23 Rn. 46 ff.).   *50*

Bei nationalen Naturmonumenten, die aus kulturhistorischen Gründen unter Schutz gestellt werden, sind im Rahmen der Ausgestaltung der Schutzerklärung insbesondere die Ge- und Verbote der Denkmalpflege zu berücksichtigen.[116]   *51*

---

109 Kritisch zum Begriff des Monumentcharakters: *Schlumprecht/Kaiser*, NuL 2015, 25 (26).
110 BT-Drs. 16/13430, S. 22; hierzu auch *Hönes*, NuR 2009, 741 (741).
111 *Hönes*, NuR 2009, 741 (746); zur Bestimmung des Monumentcharakters eingehend: *Schumacher/Schumacher*, NuR 2014, 696 (698 f.); *Kerkmann*, in: Kerkmann (Hrsg.), Naturschutzrecht in der Praxis, § 5 Rn. 73.
112 BGBl. II 1997, S. 215.
113 *Hönes*, NuR 2009, 741 (746); ähnlich *Kerkmann*, in: Kerkmann (Hrsg.), Naturschutzrecht in der Praxis, § 5 Rn. 73; enger wohl *Gellermann*, in: Landmann/Rohmer, Umweltrecht, § 24 BNatSchG Rn. 22.
114 Vgl. BVerwG, Beschl. v. 23. 07. 2003 – 4 BN 40/03, NVwZ 2003, 1518 (1518 f.) (für Nationalparks).
115 *Gellermann*, in: Landmann/Rohmer, Umweltrecht, § 24 BNatSchG Rn. 23.
116 *Hönes*, NuR 2009, 741 (741); *Kerkmann*, in: Kerkmann (Hrsg.), Naturschutzrecht in der Praxis, § 5 Rn. 70.

§ 25
Biosphärenreservate*)

(1) Biosphärenreservate sind einheitlich zu schützende und zu entwickelnde Gebiete, die

1. **großräumig und für bestimmte Landschaftstypen charakteristisch sind,**
2. **in wesentlichen Teilen ihres Gebiets die Voraussetzungen eines Naturschutzgebiets, im Übrigen überwiegend eines Landschaftsschutzgebiets erfüllen,**
3. **vornehmlich der Erhaltung, Entwicklung oder Wiederherstellung einer durch hergebrachte vielfältige Nutzung geprägten Landschaft und der darin historisch gewachsenen Arten- und Biotopvielfalt, einschließlich Wild- und früherer Kulturformen wirtschaftlich genutzter oder nutzbarer Tier- und Pflanzenarten, dienen und**
4. **beispielhaft der Entwicklung und Erprobung von die Naturgüter besonders schonenden Wirtschaftsweisen dienen.**

(2) Biosphärenreservate dienen, soweit es der Schutzzweck erlaubt, auch der Forschung und der Beobachtung von Natur und Landschaft sowie der Bildung für nachhaltige Entwicklung.

(3) Biosphärenreservate sind unter Berücksichtigung der durch die Großräumigkeit und Besiedlung gebotenen Ausnahmen über Kernzonen, Pflegezonen und Entwicklungszonen zu entwickeln und wie Naturschutzgebiete oder Landschaftsschutzgebiete zu schützen.

(4) Biosphärenreservate können auch als Biosphärengebiete oder Biosphärenregionen bezeichnet werden.

Inhaltsübersicht
Rn.   Rn.

---

*) Beachte bei:
  § 25: **Bayern** – Abweichung durch Art. 14 BayNatSchG v. 23. 02. 2011 (GVOBl. Bayern, S. 82) m.W.v. 01. 03. 2011 (vgl. BGBl. I 2011, S. 365)
  § 25 Abs. 1: **Schleswig-Holstein** – Abweichung durch § 14 Abs. 1 LNatSchG SH v. 24. 02. 2010 (GVOBl. Schl.-H., S. 301) m.W.v. 01. 03. 2010 (vgl. BGBl. I 2010, S. 450)
  § 25 Abs. 1: **Hessen** – Abweichung durch § 12 Abs. 6 S. 2 HAGBNatSchG v. 20. 12. 2010 (GVOBl. Hessen, S. 629) m.W.v. 29. 12. 2010 (vgl. BGBl. I 2011, S. 663)
  § 25 Abs. 1: **Sachsen-Anhalt** – Abweichung durch § 20 des NatSchG LSA v. 10. 12. 2010 (GVBl. LSA, S. 569) m.W.v. 17. 12. 2010 (vgl. BGBl. I 2011, S. 30)
  § 25 Abs. 3: **Schleswig-Holstein** – Abweichung durch § 14 Abs. 2 LNatSchG SH v. 24. 02. 2010 (GVOBl. Schl.-H., S. 301) m.W.v. 01. 03. 2010 (vgl. BGBl. I 2010, S. 450).

I. Allgemeine Erläuterungen

Beim Biosphärenreservat handelt es sich um eine Schutzkategorie internationalen Ursprungs, die auf dem 1970 begründeten UNESCO-Programm **„Man and Biosphere"** (MAB) beruht und 1998 in Anlehnung an landesrechtliche Vorschriften das BNatSchG aufgenommen wurde.[1] Nachdem diese Schutzkategorie zunächst lediglich auf landesrechtlicher Ebene Berücksichtigung fand, normierte auch der Bundesgesetzgeber 1998 in § 14a BNatSchG a.F. eine entsprechende Regelung, die heute mit § 25 im Wesentlichen fortgeführt wird. **1**

Der Begriff der **„Biosphäre"** umfasst die Gesamtheit des von Lebewesen besiedelten Teils der Erde, d.h. die oberste Schicht der Erdkruste (einschließlich des zugehörigen Wassers) und die unterste Schicht der Atmosphäre.[2] Die Schutzzwecke und Gebietskriterien des § 25 orientieren sich zwar an der Ausrichtung von UNESCO-Biosphärenreservaten, sind aber nicht vollauf identisch.[3] Ein nach § 25 ausgewiesenes Biosphärenreservat muss daher nicht notwendigerweise durch die UNESCO anerkannt werden und umgekehrt.[4] **2**

Biosphärenreservate haben trotz ihres flächenhaften Schutzes und der Verbindung zu Natur- und Landschaftsschutzgebieten nicht zuvorderst den Schutz natürlicher und naturnaher Landschaften im Blick.[5] Zwar ist Ziel auch **3**

---

1 Siehe zur Entstehungsgeschichte und den UNESCO-Vorgaben näher *Schumacher/Schumacher*, in: Schumacher/Fischer-Hüftle, BNatSchG, § 25 Rn. 3 ff.; *Meßerschmidt*, Bundesnaturschutzrecht, § 25 BNatSchG Rn. 13 ff., 82 ff.

2 *Meßerschmidt*, Bundesnaturschutzrecht, § 25 BNatSchG Rn. 5.

3 *Kerkmann*, in: Kerkmann (Hrsg.), Naturschutzrecht in der Praxis, § 5 Rn. 88; *Schmidt-Räntsch*, in: Gassner/Bendomir-Kahlo/Schmidt-Räntsch, BNatSchG, § 25 Rn. 4; *Hendrischke*, in: Schlacke (Hrsg.), GK-BNatSchG, § 25 Rn. 3.

4 *Gassner/Heugel*, Das neue Naturschutzrecht, Rn. 426; *Heugel*, in: Lütkes/Ewer, BNatSchG, § 25 Rn. 3.

5 *Gellermann*, in: Landmann/Rohmer, Umweltrecht, § 25 BNatSchG Rn. 2; *Meßerschmidt*, Bundesnaturschutzrecht, § 25 BNatSchG Rn. 1.

die Erhaltung und Entwicklung von repräsentativen, natürlichen Ökosystemtypen und der dort vorhandenen genetischen Vielfalt.[6] Allerdings geht es bei Biosphärenreservaten vor allem um die Gewährleistung eines harmonischen Miteinanders von Mensch und Natur im Sinne eines **ganzheitlichen Ansatzes**, welcher die ökologischen, ökonomischen, kulturellen und sozialen Aspekte gleichermaßen berücksichtigt (vgl. Abs. 1 Nr. 3 und 4).[7] Im Unterschied zum Nationalpark zielt das Biosphärenreservat folglich immer auch und insbesondere auf **Entwicklung**.[8] Um die genetische Vielfalt trotz der natürlichen und menschlich bedingten Veränderungen der Umwelt zu gewährleisten, sind Biosphärenreservate durch ein **abgestuftes System** gekennzeichnet, in dem Kernzonen mit natürlichen bzw. naturnahen Ökosystemen von solchen umgeben sind, in denen die zugelassenen menschlichen Nutzungen auf das jeweilige Ökosystem abgestimmt und mit ihm vereinbar sind.[9]

4 Die Vorschrift weist gegenüber § 25 BNatSchG a.F. wenige Änderungen auf.[10] In Abs. 1 wird (wie bei § 27 und anders als bei den übrigen Schutzkategorien) auf das Merkmal der „rechtsverbindlichen" Festsetzung verzichtet; gleichzeitig wird den Ländern ermöglicht, Biosphärenreservate ggf. auch als Biosphärengebiete oder Biosphärenregionen zu bezeichnen (Abs. 4). Darüber hinaus wurde in Abs. 2 entsprechend den UNESCO-Kriterien eine Vorschrift zum Forschungs- und Bildungszweck von Biosphärenreservaten eingefügt.

5 Zurzeit existieren in der Bundesrepublik Deutschland 16 Biosphärenreservate, die ohne maritime Flächen insgesamt ca. 3,5 % des Staatsgebiets einnehmen.[11] Im Geltungsbereich dieser Biosphärenreservate leben mehrere hunderttausend Menschen und bei einer Durchschnittsgröße von über 1.000 km^2 handelt es sich um die großflächigste Schutzkategorie Deutschlands.[12]

II. Einrichtung eines Biosphärenreservats (Abs. 1 und 2)

1. Anforderungen an eine Unterschutzstellung

6 Bei der Einrichtung eines Biosphärenreservats sind die allgemeinen formellen und materiellen Anforderungen an **Unterschutzstellungen** i.S.v. §§ 22 ff. zu beachten (siehe hierzu § 22 Rn. 3 ff.).

7 In formeller Hinsicht erfolgt die Unterschutzstellung gemäß § 22 Abs. 1 Satz 1 durch **„Erklärung"**. Allerdings wird in § 25 Abs. 1 (wie bei § 27 und anders als bei den übrigen Schutzkategorien) auf das Merkmal der „rechtsverbind-

---

6 *Lorz/Konrad/Mühlbauer/Müller-Walter/Stöckel*, Naturschutzrecht, § 25 BNatSchG Rn. 2.

7 *Meßerschmidt*, Bundesnaturschutzrecht, § 25 BNatSchG Rn. 1.

8 *Schmidt-Räntsch*, in: Gassner/Bendomir-Kahlo/Schmidt-Räntsch, BNatSchG, § 25 Rn. 4.

9 *Lorz/Konrad/Mühlbauer/Müller-Walter/Stöckel*, Naturschutzrecht, § 25 BNatSchG Rn. 2; *Gellermann*, in: Landmann/Rohmer, Umweltrecht, § 25 BNatSchG Rn. 2; *Hendrischke*, in: Schlacke (Hrsg.), GK-BNatSchG, § 25 Rn. 10.

10 Vgl. BT-Drs. 16/12274, S. 62.

11 Vgl. www.bfn.de/0308_bios.html (Stand: 5/2015).

12 *Meßerschmidt*, Bundesnaturschutzrecht, § 25 BNatSchG Rn. 32.

lichen" Festsetzung verzichtet. Damit wird die bisher in § 22 Abs. 4 Satz 1 BNatSchG a.F. enthaltene Öffnungsklausel fortgeführt, auf deren Grundlage einige Länder bislang schon von einer rechtsverbindlichen Festsetzung von Biosphärenreservaten abgesehen bzw. abweichende Bezeichnungen vorgesehen hatten.[13] Den Ländern ist es daher möglich, für die Einrichtung eines Biosphärenreservats einen Rechtsakt vorzusehen (formelles Gesetz, Rechtsverordnung oder Allgemeinverfügung) oder insoweit lediglich z.b. einen Erlass, eine Bekanntmachung oder eine raumordnerische Darstellung vorzusehen.[14] Das fehlende Erfordernis einer rechtsverbindlichen Festsetzung ändert indes nichts daran, dass Biosphärenreservate **„wie Naturschutzgebiete oder Landschaftsschutzgebiete" geschützt** werden müssen (Abs. 2). Besteht das Biosphärenreservat aus Natur- bzw. Landschaftsschutzgebieten, so kann seine Sicherung durch die entsprechenden Naturschutz- bzw. Landschaftsschutzverordnungen erfolgen.[15] Im Übrigen muss das Biosphärenreservat über eine anderweitige **„hoheitliche Grundsicherung"** verfügen.[16]

In materieller Hinsicht ist u.a. die (von § 25 nicht ausdrücklich herausgestellte) **Erforderlichkeit der Schutzerklärung** zu prüfen, d.h. die Schutzwürdigkeit und Schutzbedürftigkeit des in Rede stehenden Teils von Natur und Landschaft. Die Schutzwürdigkeit hängt generell davon ab, ob der Schutzgegenstand die in den gesetzlichen Schutzzweckbestimmungen der §§ 23 ff. aufgeführten Tatbestandsmerkmale[17] erfüllt und zur Verwirklichung dieser Schutzwecke geeignet ist.[18] Insofern bemisst sich die Schutzwürdigkeit bei Biosphärenreservaten vor allem nach den in § 25 Abs. 1 Nr. 3 und 4 und Abs. 2 ausdrücklich normierten Schutzzwecken.   8

2. Schutzgegenstand (Abs. 1 Nr. 1 und 2)

Gemäß Abs. 1 sind Biosphärenreservate einheitlich zu schützende und zu   9
entwickelnde Gebiete, die mit den in Nr. 1–2 niedergelegten und die notwendigen Gebietseigenschaften umschreibenden Qualitäten ausgestattet sind.[19] Die gesetzlichen Anforderungen an den Schutzgegenstand müssen (wie z.B. auch bei § 24 Abs. 1) kumulativ Vorliegen.[20]

---

13 *Gassner/Heugel*, Das neue Naturschutzrecht, Rn. 426; *Kerkmann*, in: Kerkmann (Hrsg.), Naturschutzrecht in der Praxis, § 5 Rn. 104; vgl. *Dreier*, in: Hoppenberg/de Witt, HdB Öff-BauR, E Rn. 294

14 *Louis/Engelke*, BNatSchG, § 12 Rn. 168; *Gellermann*, in: Landmann/Rohmer, Umweltrecht, § 25 BNatSchG Rn. 4.

15 *Louis/Engelke*, BNatSchG, § 12 Rn. 168; *Hendrischke*, in: Schlacke (Hrsg.), GK-BNatSchG, § 25 Rn. 11.

16 *Gellermann*, in: Landmann/Rohmer, Umweltrecht, § 25 BNatSchG Rn. 4.

17 *Louis/Engelke*, BNatSchG, § 12 Rn. 68.

18 OVG Saarlouis, Urt. v. 07. 03. 2007 – 1 N 3/06, NVwZ-RR 2007, 582/585 ff.; *Schumacher/Schumacher/Fischer-Hüftle*, in: Schumacher/Fischer-Hüftle, BNatSchG, § 22 Rn. 9; *Kerkmann*, in: Kerkmann (Hrsg.), Naturschutzrecht in der Praxis, § 5 Rn. 21; *Gassner/Heugel*, Das neue Naturschutzrecht, Rn. 394.

19 *Schumacher/Schumacher*, in: Schumacher/Fischer-Hüftle, BNatSchG, § 25 Rn. 11 f.

20 *Meßerschmidt*, Bundesnaturschutzrecht, § 25 BNatSchG Rn. 39; *Hendrischke*, in: Schlacke (Hrsg.), GK-BNatSchG, § 25 Rn. 9 f.

a) Großräumigkeit und charakteristischer Landschaftstyp (Nr. 1)

10 Biosphärenreservate müssen gemäß Abs. 1 Nr. 1 großräumig und für bestimmte Landschaftstypen charakteristisch sein.

aa) Großräumig

11 Wie bei Nationalparks (vgl. § 24 Abs. 1 Nr. 1) enthält das Gesetz auch bei Biosphärenreservaten keine Definition des Begriffs der **Großräumigkeit**. Aus den Gesetzesmaterialien lässt sich bloß entnehmen, dass das Gebiet groß genug sein soll, um als geschlossene Einheit eine wirksame Erhaltung zu gewährleisten und die verschiedenen Nutzungen ohne Konflikte miteinander verbinden zu können und sich als Festpunkt für die Messung langfristiger Veränderungen in der Biosphäre zu eignen.[21] Die insoweit vom deutschen MAB-Nationalkomitee ins Spiel gebrachte Mindestgröße von 30.000 ha[22] ist lediglich als Richtwert zu sehen und hat (auch in Bezug auf eine mögliche Anerkennung durch die UNESCO) keine Verbindlichkeit.[23] Aufgrund der identischen Begrifflichkeit wird erwogen, die für Nationalparke als Richtwert geltende Größe von mindestens 10.000 ha auch für Biosphärenreservate zu übernehmen.[24] Wie bei Nationalparks gelten hier aber **keine starren Grenzen** und kommt es für die Frage der Großräumigkeit insbesondere darauf an, welche **Mindestgröße im konkreten Fall** angesichts der natürlichen Gegebenheiten und der Einwirkungen des Umfelds zur Erreichung des jeweiligen Schutzzwecks notwendig ist.[25]

bb) Charakteristisch für bestimmte Landschaftstypen

12 Das Gebiet muss weiter für bestimmte Landschaftstypen charakteristisch sein. Der Gesetzgeber orientiert sich mit diesem Kriterium am **MAB-Programm**, durch das ein weltweites Netz von Biosphärenreservaten geschaffen werden soll, das alle Ökosystemtypen und biogeografischen Einheiten der Erde umfasst.[26] Vor diesem Hintergrund sollen in Biosphärenreservaten repräsentative Ausschnitte bestimmter Landschaftstypen ausgewählt und unter Schutz gestellt werden.[27]

---

21 BT-Drs. 13/10186, S. 9.

22 Vgl. MAB-Nationalkomitee, Kriterien für Anerkennung und Überprüfung von Biosphärenreservaten der UNESCO in Deutschland, abrufbar unter https://www.unesco.de/infothek/publikationen/publikationsverzeichnis/kriterien-fuer-die-anerkennung-von-biosphaerenreservaten.html

23 *Schumacher/Schumacher*, in: Schumacher/Fischer-Hüftle, BNatSchG, § 25 Rn. 15; *Kerkmann*, in: Kerkmann (Hrsg.), Naturschutzrecht in der Praxis, § 5 Rn. 91; *Gellermann*, in: Landmann/Rohmer, Umweltrecht, § 25 BNatSchG Rn. 6; a.A. wohl *Lorz/Konrad/Mühlbauer/Müller-Walter/Stöckel*, Naturschutzrecht, § 25 BNatSchG Rn. 4.

24 *Gellermann*, in: Landmann/Rohmer, Umweltrecht, § 25 BNatSchG Rn. 6; *Schmidt-Räntsch*, in: Gassner/Bendomir-Kahlo/Schmidt-Räntsch, BNatSchG, § 25 Rn. 7; ablehnend: *Hendrischke*, in: Schlacke (Hrsg.), GK-BNatSchG, § 25 Rn. 13.

25 *Schumacher/Schumacher*, in: Schumacher/Fischer-Hüftle, BNatSchG, § 25 Rn. 15.

26 *Louis/Engelke*, BNatSchG, § 14a Rn. 6; *Meßerschmidt*, Bundesnaturschutzrecht, § 25 BNatSchG Rn. 40.

27 *Schumacher/Schumacher*, in: Schumacher/Fischer-Hüftle, BNatSchG, § 25 Rn. 16.

Charakteristisch für bestimmte Landschaftstypen sind Gebiete, die sich auf- 13
grund von natürlichen Eigenarten, Prägungen und charakteristischen Eigenschaften so von anderen Gebieten absetzen, dass sie nicht mit diesen vergleichbar sind.[28] Hierzu ist zunächst zu prüfen, ob das jeweilige Gebiet einem bestimmten Landschaftstyp zugeordnet werden kann, und dann zu untersuchen, ob sich dieser Landschaftstyp gegenüber anderen auszeichnet und das fragliche Gebiet diese Merkmale im Sinne einer **„Modelllandschaft"** charakteristisch darstellt.[29] Solange der Gesamteindruck typisch ist, stehen einige störende Elemente der Repräsentation eines charakteristischen Landschaftstyps nicht zwingend entgegen.[30] Zu i.d.S. charakteristischen Landschaftstypen zählen z.B. Auwälder, Moorgebiete, Niederungsgebiete, seenreiche Waldlandschaften, Laubwaldgebiete mit Wiesentälern, Bergwiesen, montane Fichtenwälder und Wattenmeer.[31]

b) Erfüllung der Voraussetzungen eines Naturschutz- bzw. Landschaftsschutzgebiets (Nr. 2)

Die als Biosphärenreservat unter Schutz zu stellende Fläche muss gemäß 14
Abs. 1 Nr. 2 in wesentlichen Teilen die Voraussetzungen eines **Naturschutzgebiets (§ 23)** und im Übrigen überwiegend die eines **Landschaftsschutzgebiets (§ 26)** erfüllen. Wie beim Nationalpark ist es auch beim Biosphärenreservat ausreichend, wenn auf den in Rede stehenden Flächen die Voraussetzungen eines Naturschutz- bzw. Landschaftsschutzgebiets gegeben sind; eine tatsächliche Unterschutzstellung als Naturschutz- oder Landschaftsschutzgebiet ist nicht erforderlich.[32] Aber auch die tatsächliche Unterschutzstellung von Flächen eines Biosphärenreservats als Naturschutz- oder Landschaftsschutzgebiet oder als Nationalpark stellt die Einrichtung eines Biosphärenreservats nicht infrage, da sich die Gebiete überschneiden können.[33]

Ein wesentlicher Unterschied zum Nationalpark liegt darin, dass beim Bio- 15
sphärenreservat die Voraussetzungen eines Naturschutzgebiets nur **„in wesentlichen Teilen"** und nicht (wie bei § 24 Abs. 1 Nr. 2) „in einem überwiegenden Teil" des Unterschutzstellungsgebiets vorliegen müssen. Zur Einrichtung eines Biosphärenreservats genügt es daher, wenn ein erheblicher und sich auf das gesamte Gebiet prägend auswirkender Bereich die Voraus-

---

28 BT-Drs. 13/10186, S. 9; *Gellermann*, in: Landmann/Rohmer, Umweltrecht, § 25 BNatSchG Rn. 7; *Kerkmann*, in: Kerkmann (Hrsg.), Naturschutzrecht in der Praxis, § 5 Rn. 92.

29 *Schmidt-Räntsch*, in: Gassner/Bendomir-Kahlo/Schmidt-Räntsch, BNatSchG, § 25 Rn. 11; *Meßerschmidt*, Bundesnaturschutzrecht, § 25 BNatSchG Rn. 43.

30 Vgl. OVG Weimar, Urt. v. 06.06.1997 – 1 KO 570/94, NuR 1998, 47/49 (Stasi-Turm in Biosphärenreservat Rhön).

31 *Schmidt-Räntsch*, in: Gassner/Bendomir-Kahlo/Schmidt-Räntsch, BNatSchG, § 25 Rn. 11; *Gellermann*, in: Landmann/Rohmer, Umweltrecht, § 25 BNatSchG Rn. 7; *Hendrischke*, in: Schlacke (Hrsg.), GK-BNatSchG, § 25 Rn. 14.

32 *Schmidt-Räntsch*, in: Gassner/Bendomir-Kahlo/Schmidt-Räntsch, BNatSchG, § 25 Rn. 8; *Heugel*, in: Lütkes/Ewer, BNatSchG, § 25 Rn. 8.

33 *Meßerschmidt*, Bundesnaturschutzrecht, § 25 BNatSchG Rn. 45.

setzungen eines Naturschutzgebiets erfüllt.[34] Welche Naturschutzgebietsgröße insoweit ausreichend bzw. erforderlich ist, kann nicht abstrakt festgelegt werden, sondern bestimmt sich im Einzelfall nach den zur Erreichung des Schutzzwecks bestehenden Erfordernissen.[35] Generell gilt, dass der „wesentliche Teil" deutlich geringer sein kann als 50 % des Schutzgebiets[36] und andererseits bloß kleine, untergeordnete Teilflächen den Anforderungen nicht genügen.[37] Teilweise wird als Richtwert wohl von einem Mindestanteil von 20 % ausgegangen.[38]

16 Im Übrigen muss das Gebiet überwiegend die Voraussetzungen eines Landschaftsschutzgebiets erfüllen. Von den Flächen, die nicht den Anforderungen eines Naturschutzgebiets entsprechen, müssen daher **mehr als 50 % die Voraussetzungen eines Landschaftsschutzgebiets** aufweisen.[39]

17 Die übrigen Flächen müssen zwar nicht die Voraussetzungen eines Naturschutz- bzw. Landschaftsschutzgebiets erfüllen. Allerdings können auch sie nicht gleichsam voraussetzungslos in das Unterschutzstellunggebiet einbezogen werden. Im Rahmen der Prüfung der Erforderlichkeit ist zu ermitteln, ob und inwieweit sie den in Abs. 1 Nr. 3 und 4 niedergelegten Schutzzweckanforderungen genügen.[40]

3. Schutzzwecke (Abs. 1 Nr. 3 und 4; Abs. 2)

18 Die für Biosphärenreservate maßgeblichen Schutzzwecke finden sich in Abs. 1 Nr. 3 und 4.[41] Zudem ist der neu eingefügte Abs. 2 zu berücksichtigen, der vorbehaltlich der übrigen Schutzzwecke die Zielrichtung der Forschung und Bildung ermöglicht.

---

34 *Gellermann*, in: Landmann/Rohmer, Umweltrecht, § 25 BNatSchG Rn. 8; *Kerkmann*, in: Kerkmann (Hrsg.), Naturschutzrecht in der Praxis, § 5 Rn. 94.

35 *Schumacher/Schumacher*, in: Schumacher/Fischer-Hüftle, BNatSchG, § 25 Rn. 17; *Meßerschmidt*, Bundesnaturschutzrecht, § 25 BNatSchG Rn. 46.

36 *Meßerschmidt*, Bundesnaturschutzrecht, § 25 BNatSchG Rn. 46; siehe etwa *Louis/Engelke*, BNatSchG, § 14a Rn. 8, die auf 20–30 % abstellen.

37 Vgl. BayVerfGH, E. v. 14.06.1985 – 20-IX-85, NuR 1986, 167 (168), wonach 1,43 % nicht ausreichend sind.

38 Vgl. *Hendrischke*, in: Schlacke (Hrsg.), GK-BNatSchG, § 25 Rn. 16, wonach ein Drittel nicht zwingend notwendig, ein Zehntel der Fläche dagegen wohl nicht mehr als wesentlich angesehen werden kann.

39 *Schumacher/Schumacher*, in: Schumacher/Fischer-Hüftle, BNatSchG, § 25 Rn. 19; *Meßerschmidt*, Bundesnaturschutzrecht, § 25 BNatSchG Rn. 47; ähnlich („mindestens 51 %") *Gellermann*, in: Landmann/Rohmer, Umweltrecht, § 25 BNatSchG Rn. 9; *Kerkmann*, in: Kerkmann (Hrsg.), Naturschutzrecht in der Praxis, § 5 Rn. 95.

40 *Kerkmann*, in: Kerkmann (Hrsg.), Naturschutzrecht in der Praxis, § 5 Rn. 95; *Meßerschmidt*, Bundesnaturschutzrecht, § 25 BNatSchG Rn. 49; *Schmidt-Räntsch*, in: Gassner/Bendomir-Kahlo/Schmidt-Räntsch, BNatSchG, § 25 BNatSchG Rn. 8; *Gellermann*, in: Landmann/Rohmer, Umweltrecht, § 25 BNatSchG Rn. 9; weiter wohl *Schumacher/Schumacher*, in: Schumacher/Fischer-Hüftle, BNatSchG, § 25 Rn. 20.

41 *Schumacher/Schumacher*, in: Schumacher/Fischer-Hüftle, BNatSchG, § 25 Rn. 13.

a) Kulturlandschaft und Arten-/Biotopvielfalt (Abs. 1 Nr. 3)

aa) Allgemeines

Gemäß Abs. 1 Nr. 3 dienen Biosphärenreservate vornehmlich der **Erhaltung,** 19
Entwicklung oder Wiederherstellung (siehe zu diesen Begriffen § 23
Rn. 20 ff.) einer durch hergebrachte vielfältige Nutzung geprägten Landschaft und der darin historisch gewachsenen Arten- und Biotopvielfalt, einschließlich Wild- und früherer Kulturformen wirtschaftlich genutzter oder
nutzbarer Tier- und Pflanzenarten. Durch die Formulierung, dass der vorgenannte Schutzzweck „vornehmlich" zu verfolgen ist, wird zum Ausdruck gebracht, dass er für Biosphärenreservate prägend ist und sie daher in erster
Linie daran auszurichten sind.

Durch die Bezugnahme auf eine durch vielfältige Nutzung geprägte Land- 20
schaft und die darin historisch gewachsene Arten- und Biotopvielfalt kommt
zum Ausdruck, dass Biosphärenreservate nicht die Bewahrung möglichst unberührter oder durch besondere Schönheit hervorstechender Teile von Natur
und Landschaft zum Ziel haben. Vielmehr geht es um den **dauerhaften**
Schutz von menschlich geformten und geprägten Landschaften einschließlich ihres Biotop- und Arteninventars.[42] Denn solche Landschaften zeugen
von den Möglichkeiten eines harmonischen Miteinanders von Mensch und
Natur, spiegeln menschliches Erfahrungswissen wider und liefern wertvolle
Informationen für die Entwicklung von modernen Landnutzungs- und Be-
wirtschaftungspraktiken.[43]

Es ist daher auch möglich, ein Biosphärenreservat mit der Zielstellung ein- 21
zurichten, es so zu verändern, dass es zukünftig die Schutzzweckanforderungen erfüllt[44]; allerdings sind dabei die allgemeinen Anforderungen an Ent-
wicklungs- bzw. Wiederherstellungsgebiete zu berücksichtigen (siehe § 22
Rn. 57). Es genügt, wenn die Einrichtung eines Biosphärenreservats **einer**
dieser drei Zielstellungen (Erhaltung, Entwicklung, Wiederherstellung)
dient; im Regelfall dürfte sich indes eine Kombination hiervon anbieten.[45]

bb) Durch hergebrachte vielfältige Nutzung geprägte Landschaft

Mit dem Abstellen auf eine hergebrachte vielfältige Landschaftsnutzung 22
wird der Begriff der **„Kulturlandschaft"** umschrieben und deutlich, dass Biosphärenreservate der Bewahrung Gebieten dienen, die ihre Entstehung und
besondere Prägung einer lang betriebenen naturnahen und nachhaltigen
Nutzung verdanken (z.B. Land- und Forstwirtschaft, Jagd und gewerbliche
Nutzungen).[46]

---

42 *Gellermann*, in: Landmann/Rohmer, Umweltrecht, § 25 BNatSchG Rn. 10.
43 BT-Drs. 13/10186, S. 9; *Lorz/Konrad/Mühlbauer/Müller-Walter/Stöckel*, Naturschutzrecht,
    § 25 BNatSchG Rn. 6.
44 *Schmidt-Räntsch*, in: Gassner/Bendomir-Kahlo/Schmidt-Räntsch, BNatSchG, § 25 Rn. 13;
    Gellermann, in: Landmann/Rohmer, Umweltrecht, § 25 BNatSchG Rn. 11.
45 *Louis/Engelke*, BNatSchG, § 14a Rn. 10.
46 *Meßerschmidt*, Bundesnaturschutzrecht, § 25 BNatSchG Rn. 53; *Gellermann*, in: Land-
    mann/Rohmer, Umweltrecht, § 25 BNatSchG Rn. 10.

23　Mit dem Merkmal **„hergebracht"** sollen mutwillige und die Landschaft gerade nicht prägende Entwicklungen vom Schutzbereich ausgenommen werden.[47] Insofern geht es vor allem um Nutzungen, die sich im Idealfall vor Jahrhunderten bis heute entwickelt haben; allerdings werden auch jüngere Traditionen erfasst (etwa die bis zu den 50er und 60er Jahren des 20. Jh. übliche Land- und Forstwirtschaft).[48]

24　**„Vielfältig"** ist eine Nutzung, die nicht von künstlichen Monokulturen gekennzeichnet ist.[49] Teilweise wird für eine weite Begriffsauslegung plädiert, um nicht jedes weitgehend homogen strukturierte Gebiet zwangsläufig als Biosphärenreservat ausscheiden zu lassen.[50]

25　Eine Landschaft ist durch ihre Nutzungen **„geprägt"**, wenn sie der Landschaft ein für die Nutzungen typisches Bild gibt und insofern deutlich sichtbare Spuren hinterlassen hat.[51]

cc) Historisch gewachsene Arten- und Biotopvielfalt

26　In Biosphärenreservaten soll neben der Kulturlandschaft auch die darin historisch gewachsene **Arten- und Biotopvielfalt** (einschließlich Wild- und früherer Kulturformen wirtschaftlich genutzter und nutzbarer Tier- und Pflanzenarten) geschützt werden.

27　**„Historisch gewachsen"** ist eine Arten- und Biotopvielfalt, wenn sie im Zuge der hergebrachten vielfältigen Nutzung und durch menschliche oder natürliche Einflüsse nach und nach entstanden ist.[52] Starre zeitliche Grenzen für diese Entwicklung bestehen grundsätzlich nicht, wobei sich allerdings ein Zeitraum von weniger als fünf bis zehn Jahren nur schwer unter den Begriff „historisch" fassen lässt.[53]

28　Tier- und Pflanzenarten sind dann **„wirtschaftlich nutzbar"**, wenn sie entweder unmittelbar der menschlichen Nahrungsversorgung dienen oder selbst bzw. ihre Produkte Teil einer wirtschaftlichen Betätigung sind oder waren.[54]

47　*Schmidt-Räntsch*, in: Gassner/Bendomir-Kahlo/Schmidt-Räntsch, BNatSchG, § 25 Rn. 14; *Hendrischke*, in: Schlacke (Hrsg.), GK-BNatSchG, § 25 Rn. 20.

48　*Louis/Engelke*, BNatSchG, § 14a Rn. 10; *Schmidt-Räntsch*, in: Gassner/Bendomir-Kahlo/ Schmidt-Räntsch, BNatSchG, § 25 Rn. 14.

49　*Meßerschmidt*, Bundesnaturschutzrecht, § 25 BNatSchG Rn. 54.

50　Näher *Schmidt-Räntsch*, in: Gassner/Bendomir-Kahlo/Schmidt-Räntsch, BNatSchG, § 25 Rn. 15; a.A. *Hendrischke*, in: Schlacke (Hrsg.), GK-BNatSchG, § 25 Rn 20, wonach aus homogene Strukturen zulässig sein sollen, wenn dies dem jeweiligen Landschaftstyp entspricht.

51　*Louis/Engelke*, BNatSchG, § 14a Rn. 10; *Schmidt-Räntsch*, in: Gassner/Bendomir-Kahlo/ Schmidt-Räntsch, BNatSchG, § 25 Rn. 16.

52　*Meßerschmidt*, Bundesnaturschutzrecht, § 25 BNatSchG Rn. 58.

53　*Schmidt-Räntsch*, in: Gassner/Bendomir-Kahlo/Schmidt-Räntsch, BNatSchG, § 25 Rn. 17; *Hendrischke*, in: Schlacke (Hrsg.), GK-BNatSchG, § 25 Rn. 21.

54　*Louis/Engelke*, BNatSchG, § 14a Rn. 10; *Schumacher/Schumacher*, in: Schumacher/ Fischer-Hüftle, BNatSchG, § 25 Rn. 24.

b) Entwicklung und Erprobung (Abs. 1 Nr. 4)

Gemäß Nr. 4 sollen Biosphärenreservate beispielhaft der Entwicklung und **29** Erprobung von Wirtschaftsweisen dienen, welche die Naturgüter (vgl. § 7 Abs. 1 Nr. 2) besonders schonen. Diese Schutzzweckbestimmung dient der Ermittlung ökologisch und ökonomisch tragfähiger Arten und Weisen der Landnutzung, um diese anschließend auch außerhalb der insofern modellhaften Biosphärengebiete zum Einsatz kommen zu lassen.[55] Insofern stellen sich Biosphärenreservate auch als Gebiete dar, in denen anknüpfend an traditionelle Nutzungsformen neue Wege des schonenden Umgangs mit der Natur erarbeitet und auf ihre praktische Tauglichkeit hin getestet werden.[56]

Mit **„Entwicklung"** ist dabei die Ausarbeitung von neuen Landnutzungswei- **30** sen gemeint, die z.B. im Bereich der Land- und Forstwirtschaft einen rücksichtsvollen Umgang mit Wasser, Boden, Luft, Klima, Tier- und Pflanzenwelt ermöglichen.[57] Merkmale einer die Naturgüter besonders schonenden Wirtschaftsweise sind etwa die Erhaltung der Leistungsfähigkeit des Naturhaushalts, die Bewahrung des Landschaftsbilds und die Senkung des Energiegebrauchs sowie Rohstoffeinsatzes.[58] Insofern ist hier der Begriff der Entwicklung nicht etwa wie beim Entwicklungsnationalpark als Zurückdrängung menschlicher Einflüsse im Sinne einer möglichst weit gehenden Naturnähe und Ursprünglichkeit meint, sondern im Gegenteil als Entwicklung dauerhaft-umweltgerechter Lösungen für ein verträgliches Miteinander von Mensch und Natur.[59]

Die **„Erprobung"** solcher Landnutzungsweisen hat ihren praktischen Einsatz **31** und die Dokumentierung und Auswertung der Ergebnisse zum Gegenstand.[60] Insofern sind Biosphärenreservate auch Schutzgebiete, in denen ausgehend von traditionellen Nutzungsformen neue Wege eines naturschonenden Umgangs dem Praxistest unterzogen werden sollen.[61]

c) Forschungs- und Bildungszweck (Abs. 2)

In Abs. 2 wurden durch das BNatSchG 2010 in Anlehnung an die UNESCO- **32** Kriterien die Schutzzwecke von Biosphärenreservaten um einen **Forschungs- und Bildungszweck** erweitert.[62] Hiernach dienen Biosphärenreservate auch der Forschung und Beobachtung von Natur und Landschaft (vgl. § 6) sowie der Bildung für nachhaltige Entwicklung. Da diese Regelung allerdings nur insoweit gilt, als es der Schutzzweck erlaubt, ist stets die Vereinbarkeit mit den Schutzzweckbestimmungen des Abs. 1 Nr. 3 und 4 zu prüfen, sodass Abs. 2 nachrangigen Charakter hat.

---

55 *Schumacher/Schumacher*, in: Schumacher/Fischer-Hüftle, BNatSchG, § 25 Rn. 25.

56 *Gellermann*, in: Landmann/Rohmer, Umweltrecht, § 25 BNatSchG Rn. 12.

57 *Schmidt-Räntsch*, in: Gassner/Bendomir-Kahlo/Schmidt-Räntsch, BNatSchG, § 25 Rn. 18; *Gellermann*, in: Landmann/Rohmer, Umweltrecht, § 25 BNatSchG Rn. 12.

58 Näher *Schumacher/Schumacher*, in: Schumacher/Fischer-Hüftle, BNatSchG, § 25 Rn. 25.

59 *Meßerschmidt*, Bundesnaturschutzrecht, § 25 BNatSchG Rn. 59.

60 *Schmidt-Räntsch*, in: Gassner/Bendomir-Kahlo/Schmidt-Räntsch, BNatSchG, § 25 Rn. 18.

61 *Gellermann*, in: Landmann/Rohmer, Umweltrecht, § 25 BNatSchG Rn. 12.

62 BT-Drs. 16/12274, S. 62.

III. Schutzregime

1. Einheitlichkeit des Schutzes (Abs. 1)

33 Der nach Abs. 1 für Biosphärenreservate vorzusehende einheitliche Schutz bedeutet wie auch bei anderen Großschutzgebieten (vgl. § 24 Abs. 1, § 27 Abs. 1), dass der Schutzweck durch ein umfassendes, widerspruchsfreies und auf das Gesamtgebiet bezogenes Schutzkonzept zu verwirklichen ist.[63] Dies bedeutet freilich nicht, dass in sämtlichen Bereichen eines Biosphärenreservats ein und dieselbe Schutzintensität bestehen oder es sich um homogene bzw. gleichartige Flächen handeln muss.[64] Im Gegenteil sieht Abs. 3 ausdrücklich vor, dass in Biosphärenreservaten unterschiedliche Zonen (Kern-, Pflege- und Entwicklungszonen) vorzusehen sind, in denen dann jeweils ein unterschiedliches Schutzniveau gelten kann.[65]

2. Zonierung (Abs. 3)

34 Biosphärenreservate verlangen aufgrund ihrer Großräumigkeit und spezifischen Funktion einer räumlichen und nach Grad und Einfluss menschlicher Tätigkeiten untergliederten **Aufteilung**.[66] Hierdurch kann in Biosphärenreservaten die erforderliche Bandbreite vom strikten Schutz der Naturkerne bis zur Erhaltung und Entwicklung der Kulturlandschaft gewährleistet werden und hebt sich die Schutzkategorie deutlich von anderen, stärker auf einen einheitlichen Natur- und Landschaftsschutz gerichteten Kategorien ab.[67] Die hiernach vorzusehende Zonierung kommt in den gemäß Abs. 3 einzurichtenden Kern-, Pflege- und Entwicklungszonen zum Ausdruck, die jeweils unterschiedliche Funktionen haben:

a) Kernzone

35 Die **Kernzone** ist im Bereich natürlicher bzw. naturnaher Ökosysteme einzurichten, die sich vom Menschen möglichst unbeeinflusst entwickeln sollen. Eine menschliche Nutzung ist hier ausgeschlossen bzw. stellt das zu verwirklichende Ziel dar (**„Totalreservat"**).[68] Die Kernzone muss so groß sein, dass eine Dynamik ökosystemischer Prozesse ermöglicht wird; sie kann ggf. aus mehreren Teilflächen bestehen, wenn diese in sich ökologisch funktionsfähig sind. Der vom deutschen MAB-Nationalkomitee festgelegte Richtwert, wonach die Kernzone mindestens 3 % der Gesamtfläche eines Biosphärenreservats einnehmen muss, ist zwar rechtlich nicht verbindlich, scheint jedoch auf

---

63 *Schumacher/Schumacher*, in: Schumacher/Fischer-Hüftle, BNatSchG, § 25 Rn. 11.

64 *Schmidt-Räntsch*, in: Gassner/Bendomir-Kahlo/Schmidt-Räntsch, BNatSchG, § 25 Rn. 10.

65 Vgl. VG Dessau, Urt. v. 06.04.2001 – 2 A 424/98 DE, NuR 2002, 108 (110); *Kerkmann*, in: Kerkmann (Hrsg.), Naturschutzrecht in der Praxis, § 5 Rn. 102.

66 *Schumacher/Schumacher*, in: Schumacher/Fischer-Hüftle, BNatSchG, § 25 Rn. 27.

67 *Meßerschmidt*, Bundesnaturschutzrecht, § 25 BNatSchG Rn. 78.

68 Vgl. BT-Drs. 13/10186, S. 8; *Schumacher/Schumacher*, in: Schumacher/Fischer-Hüftle, BNatSchG, § 25 Rn. 29.

die Ausweisungs- und Anerkennungspraxis nicht ohne Einfluss geblieben zu sein.[69]

b) Pflegezone

Pflegezonen zielen auf den Erhalt und die Pflege von Kulturlandschaften ab, 36 die insbesondere aus **halbnatürlichen Ökosystemen** bestehen und durch eine Vielzahl verschiedener Lebensräume und naturraumtypischer Tier- und Pflanzenarten geprägt sind. Diese besonderen Lebensräume sind durch menschliche Nutzung entstanden und daher auch nur unter Fortführung der hergebrachten Bewirtschaftungsweise oder durch eine solche Nutzung ersetzende Pflegemaßnahmen zu erhalten.[70] Sofern die naturräumlichen Gegebenheiten es zulassen, sollte die Pflegezone die Kernzone umschließen, sodass sie für Letztere gleichzeitig auch eine **Pufferzone** bildet. Soweit in den MAB-Kriterien ein Pflegezonenmindestanteil von 10 % an der Gesamtfläche des Biosphärenreservats gefordert wird, mag dies zwar wünschenswert sein, ist allerdings rechtlich unverbindlich.[71]

c) Entwicklungszone

Entwicklungszonen bilden **Lebens-, Wirtschafts- und Erholungsräume der** 37 **Bevölkerung** (einschließlich eventueller Siedlungsbereiche) und dienen der Entwicklung einer dauerhaft umweltgerechten Landnutzungsweise, die den Bedürfnissen von Mensch und Natur gleichermaßen Rechnung trägt.[72] Hierzu zählen z.B. die Erzeugung und Vermarktung naturverträglicher Produkte sowie die Entwicklung einer umwelt- und sozialverträglichen Erholungsnutzung.[73] Der vom deutschen MAB-Nationalkomitee festgelegte Mindestanteil von 50 % für die in einem Biosphärenreservat einzurichtende Entwicklungszone ist zwar rechtlich unverbindlich, erscheint jedoch mit Blick auf die herausragende Bedeutung der Entwicklungszone sinnvoll und ist auch in der Mehrzahl der deutschen Biosphärenreservate gewährleistet.[74]

3. Naturschutz- bzw. Landschaftsschutzgebietsregime (Abs. 3)

Biosphärenreservate sind gemäß Abs. 3 unter Berücksichtigung der durch 38 Großräumigkeit und Besiedlung gebotenen Ausnahmen wie Naturschutz- oder Landschaftsschutzgebiete zu schützen. Inhaltlich kommen daher alle Schutz-, Pflege- und Entwicklungsmaßnahmen in Betracht, die auch für Naturschutz- und Landschaftsschutzgebiete anwendbar sind, sodass insoweit auf die dortige Kommentierung verwiesen werden kann.

---

69 *Meßerschmidt*, Bundesnaturschutzrecht, § 25 BNatSchG Rn. 80; *Hendrischke*, in: Schlacke (Hrsg.), GK-BNatSchG, § 25 Rn. 31.

70 *Schumacher/Schumacher*, in: Schumacher/Fischer-Hüftle, BNatSchG, § 25 Rn. 30.

71 *Meßerschmidt*, Bundesnaturschutzrecht, § 25 BNatSchG Rn. 81; vgl. *Hendrischke*, in: Schlacke (Hrsg.), GK-BNatSchG, § 25 Rn. 32.

72 *Meßerschmidt*, Bundesnaturschutzrecht, § 25 BNatSchG Rn. 82.

73 *Schumacher/Schumacher*, in: Schumacher/Fischer-Hüftle, BNatSchG, § 25 Rn. 31.

74 *Meßerschmidt*, Bundesnaturschutzrecht, § 25 BNatSchG Rn. 85.

39 Der Wortlaut des Abs. 3 („wie Naturschutzgebiete oder Landschaftsschutzgebiete") lässt allerdings offen, welche dieser beiden Schutzkategorien in welchem Bereich eines Biosphärenreservats zu gelten hat. Teilweise wird es für ausreichend angesehen, dass ein Biosphärenreservat auch dort, wo die Voraussetzungen eines Naturschutzgebiets gegeben sind, lediglich das Schutzregime eines Landschaftsschutzgebiets vorsieht.[75] Vor dem Hintergrund der in Abs. 3 gleichsam vorgesehenen Zonierung wird dagegen überwiegend ein **abgestufter Schutz** gefordert, der dann hinsichtlich der besonders wertvollen Kernzonen dem eines Naturschutzgebiets entsprechen muss, wohingegen für Pflege- und Entwicklungszonen eine dem Landschaftsschutzgebiet vergleichbare Absicherung genügt.[76] Bei der Möglichkeit der Einräumung von **Ausnahmen** sind gemäß Abs. 3 (wie beim Nationalpark, siehe dazu § 24 Rn. 40) die aus der Großräumigkeit und Besiedlung folgenden Besonderheiten zu berücksichtigen, wobei umstritten ist, ob die Zulassung von Ausnahmen auf bestimmte Zonen beschränkt ist.[77]

IV. Bezeichnung (Abs. 4)

40 Die Neuregelung des Abs. 4, wonach Biosphärenreservate auch als Biosphärengebiete oder Biosphärenregionen bezeichnet werden können, steht in Zusammenhang mit dem in Abs. 1 erfolgten Verzicht auf das Merkmal der „rechtsverbindlichen" Festsetzung von Biosphärengebieten. Mit dem Verzicht wird die bisher in § 22 Abs. 4 Satz 1 BNatSchG a.F. enthaltene Öffnungsklausel fortgeführt, auf deren Grundlage einige Länder bislang schon von einer rechtsverbindlichen Festsetzung von Biosphärenreservaten abgesehen bzw. abweichende Bezeichnungen vorgesehen hatten.[78] Von daher wird den Ländern durch Abs. 4 ausdrücklich die Möglichkeit eröffnet, ihre bereits bestehenden abweichenden Bezeichnungen fortzuführen bzw. solche Regelungen zu erlassen.

---

75 *Louis/Engelke*, BNatSchG, § 14a Rn. 12; *Marzik/Wilrich*, BNatSchG, § 25 Rn. 12.

76 *Gellermann*, in: Landmann/Rohmer, Umweltrecht, § 25 BNatSchG Rn. 14; die Einzelheiten sind str., siehe *Schumacher/Schumacher*, in: Schumacher/Fischer-Hüftle, BNatSchG, § 25 Rn. 32 ff.; *Meßerschmidt*, Bundesnaturschutzrecht, § 25 BNatSchG Rn. 74 ff.; *Lorz/ Konrad/Mühlbauer/Müller-Walter/Stöckel*, Naturschutzrecht, § 25 BNatSchG Rn. 10; *Schmidt-Räntsch*, in: Gassner/Bendomir-Kahlo/Schmidt-Räntsch, BNatSchG, § 25 Rn. 19.

77 Vgl. einerseits *Lorz/Konrad/Mühlbauer/Müller-Walter/Stöckel*, Naturschutzrecht, § 25 BNatSchG Rn. 10 (keine Beschränkung) und andererseits *Schumacher/Schumacher*, in: Schumacher/Fischer-Hüftle, BNatSchG, § 25 Rn. 33 (i.d.R. nur in Entwicklungszone).

78 *Gassner/Heugel*, Das neue Naturschutzrecht, Rn. 426; *Kerkmann*, in: Kerkmann (Hrsg.), Naturschutzrecht in der Praxis, § 5 Rn. 104; vgl. *Dreier*, in: Hoppenberg/de Witt, HdB ÖffBauR, E Rn. 294.

§ 26
Landschaftsschutzgebiete

(1) Landschaftsschutzgebiete sind rechtsverbindlich festgesetzte Gebiete, in denen ein besonderer Schutz von Natur und Landschaft erforderlich ist

1. **zur Erhaltung, Entwicklung oder Wiederherstellung der Leistungs- und Funktionsfähigkeit des Naturhaushalts oder der Regenerationsfähigkeit und nachhaltigen Nutzungsfähigkeit der Naturgüter, einschließlich des Schutzes von Lebensstätten und Lebensräumen bestimmter wildlebender Tier- und Pflanzenarten,**
2. **wegen der Vielfalt, Eigenart und Schönheit oder der besonderen kulturhistorischen Bedeutung der Landschaft oder**
3. **wegen ihrer besonderen Bedeutung für die Erholung.**

(2) In einem Landschaftsschutzgebiet sind unter besonderer Beachtung des § 5 Absatz 1 und nach Maßgabe näherer Bestimmungen alle Handlungen verboten, die den Charakter des Gebiets verändern oder dem besonderen Schutzzweck zuwiderlaufen.

Inhaltsübersicht

I. Allgemeine Erläuterungen

Das Landschaftsschutzgebiet zählt zu den traditionellen Schutzkategorien des 1
Naturschutzrechts und bildet neben dem Naturschutzgebiet die zweite klas-

sische Säule des **besonderen Flächenschutzes.**[1] In Anlehnung an §§ 5, 19 Reichsnaturschutzgesetz wurde die Schutzkategorie 1976 in das BNatSchG aufgenommen (§ 15 BNatSchG a.F.).[2] Landschaftsschutzgebiete sind zumeist großflächige Ausschnitte der Landschaft, die eines besonderen Schutzes bedürfen und bei denen mindestens einer der in § 26 Abs. 1 aufgeführten Schutzzwecke vorliegen muss. Durch Landschaftsschutzgebiete können insbesondere auch durch menschliche Nutzung geprägte Landschaftsräume gesichert werden, die für Naturschutz und Landschaftspflege von Bedeutung sind, gleichwohl die Voraussetzungen eines Naturschutzgebiets nicht erfüllen.[3] Das Landschaftsschutzgebiet bezweckt daher weniger einen strengen Schutz der Natur als vielmehr den **Schutz von Kulturlandschaften.**[4] Auch wenn die Unterschutzstellung somit keinen umfassenden Schutz von Natur und Landschaft in ihrer Gesamtheit nach sich zieht, ist das Landschaftsschutzgebiet bei Ausschöpfung der von § 26 eröffneten Möglichkeiten dennoch ein wichtiges Instrument zur Verwirklichung der Ziele des Naturschutzes und der Landschaftspflege.[5]

2 Gegenüber § 26 BNatSchG a.F. enthält die mit dem BNatSchG 2010 in Kraft getretene Neuregelung lediglich in Abs. 1 Nr. 1 eine Ergänzung, mit der nunmehr auch der Schutz von Lebensstätten und Lebensräumen bestimmter wild lebender Tier- und Pflanzenarten als möglicher Schutzzweck aufgeführt wird.[6]

3 Die hohe praktische Bedeutung der Schutzkategorie des Landschaftsschutzgebiets zeigt sich daran, dass ca. 28 % der Gesamtfläche der Bundesrepublik Deutschland unter Landschaftsschutz stehen.[7] Gleichwohl wird mit Blick auf die naturschutzfachliche Literatur teilweise ein gewisser Bedeutungsverlust dieser Schutzkategorie beklagt, da Landschaftsschutzgebiete insoweit gegenüber den strengeren Kategorien des besonderen Flächenschutzes (Naturschutzgebiete, Nationalparke und Biosphärenreservate) und dem allgemeinen Flächenschutz der Eingriffsregelung (§§ 13 ff.) mitunter ins Hintertreffen gerieten.[8]

II. Festsetzung eines Landschaftsschutzgebiets (Abs. 1)

1. Anforderungen an die Unterschutzstellung

4 Bei der Festsetzung eines Landschaftsschutzgebiets sind die allgemeinen formellen und materiellen Anforderungen an Unterschutzstellungen i.S.v.

---

1 *Meßerschmidt*, Bundesnaturschutzrecht, § 26 BNatSchG Rn. 1.

2 Zur Entstehungsgeschichte ausführlich *Meßerschmidt*, Bundesnaturschutzrecht, § 26 BNatSchG Rn. 6 ff.

3 *Schumacher/Schumacher/Fischer-Hüftle*, in: Schumacher/Fischer-Hüftle, BNatSchG, § 26 Rn. 2.

4 *Schmidt-Räntsch*, in: Gassner/Bendomir-Kahlo/Schmidt-Räntsch, BNatSchG, § 26 Rn. 7; *Meßerschmidt*, Bundesnaturschutzrecht, § 26 BNatSchG Rn. 1.

5 *Gellermann*, in: Landmann/Rohmer, Umweltrecht, § 26 BNatSchG Rn. 2.

6 BT-Drs. 16/12274, S. 62.

7 Vgl. www.bfn.de/0308_lsg.html (Stand: 12/2012).

8 *Meßerschmidt*, Bundesnaturschutzrecht, § 26 BNatSchG Rn. 3.

§§ 22 ff. zu beachten (siehe auch § 22 Rn. 3 ff.).[9] In formeller Hinsicht bedarf es vor allem eines außenwirksamen und mit Allgemeinverbindlichkeit versehenen **Rechtsakts**, wobei die meisten Länder eine Unterschutzstellung als Rechtsverordnung vorsehen.[10] Materiell-rechtlich ist u.a. die (von § 26 Abs. 1 ausdrücklich herausgestellte) **„Erforderlichkeit"** der Schutzerklärung zu prüfen, d.h. die Schutzwürdigkeit und Schutzbedürftigkeit des in Rede stehenden Teils von Natur und Landschaft. Schutzwürdigkeit ist gegeben, wenn der Schutzgegenstand die in den gesetzlichen Schutzzweckbestimmungen der §§ 23 ff. aufgeführten Tatbestandsmerkmale[11] erfüllt und zur Verwirklichung dieser Schutzziele geeignet ist.[12] Insofern bemisst sich die Schutzwürdigkeit bei Landschaftsschutzgebieten nach den hier in § 26 Abs. 1 Nr. 1 und 2 ausdrücklich normierten Schutzzwecken.

2. Schutzgegenstand

a) Allgemeines

Zwingender Mindestinhalt einer Landschaftsschutzgebietserklärung ist die 5
Festlegung ihres **Schutzgegenstands**. Gegenstand eines Landschaftsschutzgebiets ist ein flächenhafter Ausschnitt der Landschaft.[13] Unter dem Begriff der Landschaft versteht man einen Ausschnitt der Erdoberfläche, der durch seine Struktur und seine Funktion geprägt ist und über ein charakteristisches Erscheinungsbild verfügt, welches durch physiognomisch hervortretende Merkmale bestimmt wird.[14] Da Gegenstand eines Landschaftsschutzgebiets als Kategorie des besonderen Flächenschutzes ein flächenhafter Ausschnitt der Landschaft ist, kommen Einzelbestandteile bzw. Einzelobjekte nicht als Schutzgegenstand in Betracht.[15]

Wie bei Naturschutzgebieten wird die unter Schutz gestellte Fläche auch bei 6
§ 26 grundsätzlich in ihrer Gesamtheit, d.h. einschließlich der dort vorhandenen belebten und unbelebten Natur erfasst. Geschützt werden auch der Boden (bis zu einer für den Naturhaushalt im jeweiligen Schutzgebiet relevanten Tiefe), das Grundwasser sowie der Luftraum über dem Gebiet.[16]

---

9 Vgl. BVerwG, Beschl. v. 29.01.2007 – 7 B 68.06, NVwZ 2007, 589 (589).

10 Siehe die Übersicht bei *Kerkmann*, in: Kerkmann (Hrsg.), Naturschutzrecht in der Praxis, § 5 Rn. 6; *Hendrischke*, in: Schlacke (Hrsg.), GK-BNatSchG, § 26 Rn. 33 f.

11 *Louis/Engelke*, BNatSchG, § 12 Rn. 68.

12 Vgl. OVG Saarlouis, Urt. v. 07.03.2007 – 1 N 3/06, NVwZ-RR 2007, 582 (585 ff.); *Fischer-Hüftle/Schumacher/Schumacher*, in: Schumacher/Fischer-Hüftle, BNatSchG, § 22 Rn. 9; *Kerkmann*, in: Kerkmann (Hrsg.), Naturschutzrecht in der Praxis, § 5 Rn. 21; *Gassner/Heugel*, Das neue Naturschutzrecht, Rn. 394.

13 OVG Schleswig, Urt. v. 08.07.2004 – 1 KN 42.03, NVwZ-RR 2005, 703 (704); *Gellermann*, in: Landmann/Rohmer, Umweltrecht, § 26 BNatSchG Rn. 4; *Heugel*, in: Lütkes/Ewer, BNatSchG, § 26 Rn. 3.

14 *Meßerschmidt*, Bundesnaturschutzrecht, § 26 BNatSchG Rn. 28.

15 *Gellermann*, in: Landmann/Rohmer, Umweltrecht, § 26 BNatSchG Rn. 4; *Kerkmann*, in: Kerkmann (Hrsg.), Naturschutzrecht in der Praxis, § 5 Rn. 109.

16 *Meßerschmidt*, Bundesnaturschutzrecht, § 26 BNatSchG Rn. 28.

b) Gebietsgröße

7 Die Größe eines Landschaftsschutzgebiets wird von § 26 nicht näher vorgegeben, sodass weder zwingende Mindestvorgaben noch Höchstgrenzen bestehen.[17] Das Gebiet muss aber in jedem Fall so groß bemessen sein, dass
die mit ihm verfolgten Schutzzwecke erreicht werden können, wobei der zuständigen Behörde ein weites Ermessen zusteht.[18] Allerdings werden sich
die in Abs. 1 Nr. 1–3 aufgeführten Schutzzwecke mitunter nur verwirklichen
lassen, wenn sich die Festsetzung nicht auf kleinräumige Gebiete, sondern
eher auf **ganze Landschaftsräume** bzw. **großflächige Landschaftselemente**
mit einem einheitlichen Gesamtcharakter erstreckt.[19] Dies schließt jedoch je
nach verfolgtem Schutzzweck und den Gegebenheiten vor Ort die Festsetzung kleinerer Landschaftsschutzgebiete nicht aus.[20] Das Gebiet muss allerdings ein **natürliches Ganzes** bilden und darf nicht über einen so unübersichtlichen Grenzverlauf verfügen, dass die Erreichung des jeweiligen
Schutzzwecks praktisch unmöglich gemacht wird. Unter dem Gesichtspunkt
der Normenklarheit liegt es nahe, die räumlichen Grenzen am Verlauf von
Flurstücksgrenzen, Flüssen, Straßen, Feldwegen, Eisenbahnlinien, Hängen
o.ä. zu orientieren; teilweise ist auch eine Abtrennung nach Verwaltungsgrenzen üblich.[21]

c) Gebietsqualität und -zuschnitt

8 Als Landschaftsschutzgebiet in Betracht kommen nicht nur unberührte bzw.
im ursprünglichen Zustand erhaltene Landschaften, sondern auch und insbesondere durch menschliche Einwirkung geschaffene **Kulturlandschaften**.[22]
Die Einwirkungen können z.B. auf Maßnahmen der Forst- oder Landwirtschaft[23] beruhen oder auf Tätigkeiten des Bergbaus.[24] Erfasst werden auch
sog. **Sekundärbiotope**, wobei allerdings Besonderheiten gelten, wenn sich
ein Gebiet noch in einer stetigen Umbruchphase befindet (siehe hierzu näher § 22 Rn. 16).

---

17 *Schmidt-Räntsch*, in: Gassner/Bendomir-Kahlo/Schmidt-Räntsch, BNatSchG, § 26 Rn. 8;
Kerkmann, in: Kerkmann (Hrsg.), Naturschutzrecht in der Praxis, 2. Aufl. 2010, § 5
Rn. 109; *Hendrischke*, in: Schlacke (Hrsg.), GK-BNatSchG, § 26 Rn. 7.

18 OVG Greifswald, Urt. v. 20.04.1994 – 4 K 25/93, NuR 1995, 149 (152); *Meßerschmidt*,
Bundesnaturschutzrecht, § 26 BNatSchG Rn. 29.

19 *Gellermann*, in: Landmann/Rohmer, Umweltrecht, § 26 BNatSchG Rn. 4.

20 *Schmidt-Räntsch*, in: Gassner/Bendomir-Kahlo/Schmidt-Räntsch, BNatSchG, § 26 Rn. 8.

21 Vgl. VGH Mannheim, Urt. v. 18.04.2008 – 5 S 2076/06, NuR 2008, 723 (725 f.); *Kerkmann*,
in: Kerkmann (Hrsg.), Naturschutzrecht in der Praxis, § 5 Rn. 110; *Meßerschmidt*, Bundesnaturschutzrecht, § 26 BNatSchG Rn. 38.

22 *Heugel*, in: Lütkes/Ewer, BNatSchG, § 26 Rn. 3; *Hendrischke*, in: Schlacke (Hrsg.), GK-
BNatSchG, § 26 Rn. 7.

23 OVG Weimar, Urt. v. 06.06.1997 – 1 KO 570/94, NuR 1998, 47 (49).

24 OVG Bautzen, Urt. v. 24.09.1998 – 1 S 369/96, NuR 1999, 344 (345); siehe zum Naturschutz in Bergbaufolgelandschaften eingehend *von Daniels/Appel*, NuR 2008, 685 ff.

Ein Landschaftsschutzgebiet kann auch bebaute Flächen mit einbeziehen, wenn sich diese Flächen trotz ihrer Bebauung noch als Teil der sie umgebenden schützenswerten Landschaft auffassen lassen.[25] Diese Voraussetzung liegt vor, wenn der Charakter als Landschaft den der Ortschaft überwiegt.[26] Während dies bei einzelnen Gehöften oder einer Streusiedlung der Fall sein kann, ist eine Verwirklichung der Schutzzwecke in Bereichen verdichteter Bebauung regelmäßig eher nicht möglich.[27]

Soweit erforderlich können nach den allgemeinen Grundsätzen des **Umgebungsschutzes** (§ 22 Abs. 1 Satz 3, 2. Halbs.; siehe dazu § 22 Rn. 62 f.) im Randbereich liegende und ggf. selbst nicht schutzwürdige Teile von Natur und Landschaft in die Landschaftsschutzgebietserklärung mit einbezogen werden. So können etwa Randzonen unter Schutz gestellt werden, wenn diese zumindest im Wesentlichen noch die Merkmale aufweisen, die die geschützten Bereiche im Übrigen ausmachen.[28] Auch können für sich gesehen nicht schutzwürdige Bereiche einbezogen werden, wenn diese eine **„Pufferfunktion"** für die angrenzenden schutzwürdigen Areale haben, indem sie schädliche Einwirkungen abwehren bzw. verringern.[29] Ohne eine solche Abschirmungsfunktion kommt dagegen ihre Einbeziehung auch unter dem Gesichtspunkt des Umgebungsschutzes nicht in Betracht.[30]

3. Schutzzwecke (Abs. 1 Nr. 1–3)

a) Allgemeines

Zwingender Mindestinhalt einer Unterschutzstellung zum Landschaftsschutzgebiet ist auch die Festlegung des konkreten Schutzzwecks. In Abs. 1 Nr. 1–3 werden die gesetzlichen Schutzzwecke von Landschaftsschutzgebieten definiert und damit die Tatbestandsmerkmale geregelt, anhand derer zu prüfen ist, ob ein Gebiet für eine Unterschutzstellung in Betracht kommt. Die Schutzzwecke sind allesamt gleichrangig und es reicht aus, wenn für eine Unterschutzstellung einer von ihnen erfüllt ist (wenngleich in der Praxis zu-

9

10

11

---

25 Vgl. BVerwG, Beschl. v. 24.05.1995 – 4 NB 37.94, NuR 1995, 456 (456); VGH Mannheim, Urt. v. 11.10.1993 – 5 S 1266/92, NuR 1994, 239 (241); OVG Greifswald, Urt. v. 20.04.1994 – 4 K 25/93, NuR 1995, 149 (152); *Schumacher/Schumacher/Fischer-Hüftle*, in: Schumacher/Fischer-Hüftle, BNatSchG, § 26 Rn. 6.

26 VGH München, Urt. v. 15.12.1987 – 9 N 87.00667, NuR 1988, 248 (249); *Meßerschmidt*, Bundesnaturschutzrecht, § 26 BNatSchG Rn. 34.

27 Vgl. VGH München, Urt. v. 15.12.1987 – 9 N 87.00667, NuR 1988, 248 (249); *Meßerschmidt*, Bundesnaturschutzrecht, § 26 BNatSchG Rn. 34; *Schumacher/Schumacher/Fischer-Hüftle*, in: Schumacher/Fischer-Hüftle, BNatSchG, § 26 Rn. 6.

28 OVG Schleswig, Urt. v. 08.07.2004 – 1 KN 42/03, NVwZ-RR 2005, 703 (704 f.); *Meßerschmidt*, Bundesnaturschutzrecht, § 26 BNatSchG Rn. 37.

29 BVerwG, Beschl. v. 13.08.1996 – 4 NB 4.96, NVwZ-RR 1997, 92 (92); OVG Greifswald, Urt. v. 14.10.2008 – 4 K 25/06, Rn. 134 (juris); *Lorz/Konrad/Mühlbauer/Müller-Walter/Stöckel*, Naturschutzrecht, § 26 BNatSchG Rn. 3.

30 *Schmidt-Räntsch*, in: Gassner/Bendomir-Kahlo/Schmidt-Räntsch, BNatSchG, § 26 Rn. 11; *Gellermann*, in: Landmann/Rohmer, Umweltrecht, § 26 BNatSchG Rn. 5.

meist mehrere der Schutzzwecke gleichzeitig gegeben sind).[31] Wenn mehrere Schutzzwecke gegeben sind, so müssen diese nicht gleichmäßig in allen Teilen vorliegen, sondern können verschiedene Bereiche unterschiedlichen Schutzzwecken dienen.[32]

b) Leistungs- und Funktionsfähigkeit des Naturhaushalts (Abs. 1 Nr. 1, Alt. 1)

12 Gemäß Abs. 1 Nr. 1, Alt. 1 kann ein Landschaftsschutzgebiet zur Erhaltung, Entwicklung oder Wiederherstellung der Leistungs- und Funktionsfähigkeit des Naturhaushalts festgesetzt werden. Der Begriff des Naturhaushalts umfasst sowohl die Naturgüter Boden, Wasser, Luft, Klima, Tiere und Pflanzen als auch das Wirkungsgefüge zwischen ihnen (vgl. § 7 Abs. 1 Nr. 2). Der Schutz ihrer Leistungs- und Funktionsfähigkeit zielt damit auf die Sicherung aller in einem Gebiet vorkommenden natürlichen Faktoren oder einzelner Teile davon ab.[33] Dabei kommt dem Landschaftsschutzgebiet auch eine **Ausgleichsfunktion** zu, um Defizite, die etwa in besiedelten Gebieten auftreten, durch rechtliche Absicherung einer natürlichen Nutzung zu kompensieren.[34] Landschaftsschutzgebiete können vor diesem Hintergrund etwa zur Sicherung ökologisch wertvoller, empfindlicher oder erosionsgefährdeter Böden, zur Vermeidung von Gewässerbelastungen oder zur Freihaltung von Frischluftschneisen in Betracht kommen.[35]

13 Die Begriffe der Erhaltung, Entwicklung und Wiederherstellung sind wie bei § 23 zu verstehen, sodass auf die dortige Kommentierung verwiesen werden kann. Da Landschaftsschutzgebiete auch zur Entwicklung oder Wiederherstellung der Leistungs- und Funktionsfähigkeit des Naturhaushalts in Betracht kommen, besteht folglich die Möglichkeit einer Festsetzung von Landschaftsentwicklungs- und Renaturierungsgebieten, in welchen landschaftliche Schäden dann beseitigt oder der ökologische Zustand verbessert werden soll.[36] Allerdings sind dabei die allgemeinen Anforderungen an die Festsetzung von Entwicklungs- bzw. Wiederherstellungsgebieten zu beachten (siehe § 22 Rn. 57).

---

31 *Kerkmann*, in: Kerkmann (Hrsg.), Naturschutzrecht in der Praxis, § 5 Rn. 112 m.w.N.; *Hendrischke*, in: Schlacke (Hrsg.), GK-BNatSchG, § 26 Rn. 9; a.A. *Schmidt-Räntsch*, in: Gassner/Bendomir-Kahlo/Schmidt-Räntsch, BNatSchG, § 26 Rn. 13, 20, wonach die Erforderlichkeit einer Unterschutzstellung bei § 26 in der Regel voraussetzt, dass mehrere Schutzzwecke erfüllt sind.

32 VGH München, Urt. v. 15.12.1987 – 9 N 87.00667, NuR 1988, 248 (249); *Schumacher/Schumacher/Fischer-Hüftle*, in: Schumacher/Fischer-Hüftle, BNatSchG, § 26 Rn. 7.

33 *Meßerschmidt*, Bundesnaturschutzrecht, § 26 BNatSchG Rn. 43; *Heugel*, in: Lütkes/Ewer, BNatSchG, § 26 Rn. 5.

34 *Schmidt-Räntsch*, in: Gassner/Bendomir-Kahlo/Schmidt-Räntsch, BNatSchG, § 26 Rn. 14.

35 Vgl. VGH Mannheim, Urt. v. 11.10.1993 – 5 S 1266/92, NuR 1994, 239 (241); *Lorz/Konrad/Mühlbauer/Müller-Walter/Stöckel*, Naturschutzrecht, § 26 BNatSchG Rn. 8; *Gellermann*, in: Landmann/Rohmer, Umweltrecht, § 26 BNatSchG Rn. 8.

36 *Schumacher/Schumacher/Fischer-Hüftle*, in: Schumacher/Fischer-Hüftle, BNatSchG, § 26 Rn. 13; *Gellermann*, in: Landmann/Rohmer, Umweltrecht, § 26 BNatSchG Rn. 8.

c) *Regenerations- und nachhaltige Nutzungsfähigkeit von Naturgütern*
   (Abs. 1 Nr. 1, Alt. 2)

Schutzzweck eines Landschaftsschutzgebietes kann nach Abs. 1 Nr. 1, Alt. 2 **14**
auch die Erhaltung, Entwicklung oder Wiederherstellung der Regenerations-
und nachhaltigen Nutzungsfähigkeit von Naturgütern sein. Dieser Schutzzweck orientiert sich am Interesse des Menschen, Naturgüter für seine Zwecke zu nutzen und offenbart die auch auf den Menschen gerichtete Ausrichtung von Landschaftsschutzgebieten.[37] Zugleich kommt auch insoweit die
Ausgleichsfunktion von Landschaftsschutzgebieten zum Ausdruck, indem
sie gewissermaßen den Bedarf an **defizitär gewordenen Naturgütern kompensieren**.[38] Naturgüter sind regenerationsfähig, wenn sie unter den gegebenen Umständen über eine ausreichende Neubildungsrate verfügen.[39] Die
Nutzungsfähigkeit von Naturgütern kann durch Maßnahmen zur Regeneration von verbrauchten bzw. in der Vergangenheit übernutzten Naturgütern
wiederhergestellt werden.[40] Landschaftsschutzgebiete können vor diesem
Hintergrund z.B. zur Verhinderung von Raubbau an Naturgütern (Böden,
Wasservorräten etc.) oder zur Beseitigung bereits eingetretener Schäden eingesetzt werden.[41]

d) *Lebensstätten und -räume wild lebender Tier- und Pflanzenarten*
   (Abs. 1 Nr. 1, Alt. 3)

Mit dem im Rahmen des BNatSchG 2010 neu eingefügten Abs. 1 Nr. 1, Alt. 3 **15**
kommt die Festsetzung eines Landschaftsschutzgebiets ausdrücklich auch
aus Gründen des Lebensstätten- und Lebensraumschutzes bestimmter wild
lebender Tier- und Pflanzenarten in Betracht (zu den Begrifflichkeiten siehe
§ 23 Rn. 15 ff.).[42] Indes ist dieser Schutzzweck nicht neu, sondern wurde der
Arten- und Biotopschutz bereits bislang als Bestandteil des Naturgüterschut-
zes i.S.v. Abs. 1 Nr. 1, Alt. 1 angesehen.[43] Mit der nunmehr ausdrücklichen
Nennung des Schutzes von Tier- und Pflanzenarten soll vor allem die Eignung von Landschaftsschutzgebieten zum Schutz von **Natura 2000-Gebieten**
verbessert werden.[44] Aus Gründen des Arten- und Biotopschutzes kommt
eine Unterschutzstellung z.B. von Streuobstwiesen, Waldflächen oder He-
ckenlandschaften zum Schutz der dort vorkommenden Tier- und Pflanzenarten in Betracht.[45] Unter dem Gesichtspunkt des Arten- und Biotopschutzes

---

37 *Gellermann*, in: Landmann/Rohmer, Umweltrecht, § 26 BNatSchG Rn. 9.
38 *Schmidt-Räntsch*, in: Gassner/Bendomir-Kahlo/Schmidt-Räntsch, BNatSchG, § 26 Rn. 15.
39 *Schumacher/Schumacher/Fischer-Hüftle*, in: Schumacher/Fischer-Hüftle, BNatSchG, § 26
    Rn. 11.
40 *Schumacher/Schumacher/Fischer-Hüftle*, in: Schumacher/Fischer-Hüftle, BNatSchG, § 26
    Rn. 11.
41 *Kerkmann*, in: Kerkmann (Hrsg.), Naturschutzrecht in der Praxis, § 5 Rn. 115; *Geller-
    mann*, in: Landmann/Rohmer, Umweltrecht, § 26 BNatSchG Rn. 9.
42 Vgl. BT-Drs. 16/12274, S. 62.
43 Statt vieler OVG Lüneburg, Urt. v. 13. 12. 2001 – 8 KN 38/01, NuR 2002, 565 (567); *Marzik/
    Wilrich*, BNatSchG, § 26 Rn. 7.
44 *Fischer-Hüftle*, NuR 2008, 213 (215).
45 Näher *Carlsen/Fischer-Hüftle*, NuR 1993, 311 (312).

können Landschaftsschutzgebiete unabhängig von § 22 Abs. 1 Satz 3, 2. Halbs. auch zur Abschirmung von Naturschutzgebieten oder zur Absicherung von Verbindungsflächen für den Aufbau von Bioverbundsystemen (vgl. § 21 Abs. 3 Nr. 4) eingesetzt werden.[46]

e) Vielfalt, Eigenart und Schönheit der Landschaft (Abs. 1 Nr. 2, Alt. 1)

16 Abs. 1 Nr. 2 ermöglicht die Festsetzung eines Landschaftsschutzgebiets aufgrund der landschaftlichen Vielfalt, Eigenart und Schönheit eines bestimmten Gebiets und damit (im Gegensatz zu Abs. 1 Nr. 1) aus **„nichtökologischen" Gründen**.[47] Die Anforderungen müssen, anders als bei § 23 Abs. 1 Nr. 3, kumulativ vorliegen. Auch wenn es im Wortlaut der Regelung inzwischen nicht mehr zum Ausdruck kommt, ist maßgeblicher Bezugspunkt dieses Schutzzwecks weiterhin das **Landschaftsbild**, d.h. der sich aus dem Wechselgefüge aller Landschaftselemente ergebende optisch wahrnehmbare Zusammenhang einzelner Landschaftserscheinungen (wie z.B. Berge, Täler oder Gewässer).[48]

17 Die **„Vielfalt"** einer Landschaft zeigt sich im Vorhandensein einer Vielzahl verschiedener Erscheinungen und Strukturen (wie Wald, Wiesen, Äcker, Gewässer, Hohlwege, Baumgruppen etc.) und ist z.B. anhand der Zahl der vorkommenden Arten, Bewuchsformen, Lebensgemeinschaften und Biotoptypen zu ermitteln.[49] Die Begriffe der **„Eigenart"** und **„Schönheit"** sind im Wesentlichen identisch mit den Vorgaben des § 23 Abs. 1 Nr. 3, sodass auf die Kommentierung zum Naturschutzgebiet verwiesen werden kann. Es besteht allerdings der Unterschied, dass, anders als bei § 23 Abs. 1 Nr. 3 und ebenso wie in § 24 Abs. 4 Satz 1 Nr. 2 beim nationalen Naturmonument und in § 28 Abs. 1 Nr. 3 beim Naturdenkmal, keine „besondere" Eigenart bzw. „hervorragende" Schönheit erforderlich ist. Es genügt daher **„einfache" Eigenart und Schönheit**, sodass die Anforderungen gegenüber der Festsetzung von Naturschutzgebieten insoweit herabgesetzt sind.[50] Ein Landschaftsschutzgebiet braucht also kein „Juwel" zu sein, sondern kann auch bloß „von bescheidener Anmut oder von stiller Herbheit" sein.[51] Dagegen kommt eine Unter-

---

46 *Gellermann*, in: Landmann/Rohmer, Umweltrecht, § 26 BNatSchG Rn. 8.

47 *Gellermann*, in: Landmann/Rohmer, Umweltrecht, § 26 BNatSchG Rn. 10; teilw. wird in diesem Zusammenhang von „Schutzgründen eher ideeller Art" gesprochen, vgl. *Hendrischke*, in: Schlacke (Hrsg.), GK-BNatSchG, § 26 Rn. 13.

48 BVerwG, Urt. v. 27.09.1990 – 4 C 44.87, NuR 1991, 124 (127); OVG Münster, Urt. v. 03.03.1999 – 7 A 2883/92, NuR 2000, 51 (52); *Kerkmann*, in: Kerkmann (Hrsg.), Naturschutzrecht in der Praxis, § 5 Rn. 117; weitergehend *Meßerschmidt*, Bundesnaturschutzrecht, § 26 BNatSchG Rn. 46, der auf die ganzheitliche Wahrnehmung von Natur und Landschaft durch alle Sinne abstellt.

49 *Schumacher/Schumacher/Fischer-Hüftle*, in: Schumacher/Fischer-Hüftle, BNatSchG, § 26 Rn. 16; *Meßerschmidt*, Bundesnaturschutzrecht, § 26 BNatSchG Rn. 49.

50 Vgl. *Gellermann*, in: Landmann/Rohmer, Umweltrecht, § 28 BNatSchG Rn. 8; *Schumacher/Schumacher/Fischer-Hüftle*, in: Schumacher/Fischer-Hüftle, BNatSchG, § 26 Rn. 16.

51 *Lorz/Konrad/Mühlbauer/Müller-Walter/Stöckel*, Naturschutzrecht, § 26 BNatSchG Rn. 9.

schutzstellung nach Abs. 1 Nr. 2 nicht infrage, wenn die Landschaft durch Eingriffe geprägt ist, die der Eigenart der Landschaft zuwiderlaufen.[52]

Unklar ist, ob Vielfalt, Eigenart und Schönheit des geschützten Teils von Natur und Landschaft kumulativ vorliegen müssen. Hierfür spricht an sich der Wortlaut des § 26 Abs. 1 Nr. 2 BNatSchG. Im Vergleich zur Vorgängernorm wurde mit der Novellierung 2002 das vorher vorhandene „oder" durch ein „und" ersetzt. Hierbei soll es sich nach teilweise vertretener Ansicht allerdings lediglich um eine sprachliche Ungenauigkeit handeln.[53]

Ob eine Landschaft vielfältig, eigenartig und schön ist, richtet sich nicht nach dem subjektiven Empfinden des zuständigen Amtswalters, sondern nach der Beurteilung eines gebildeten, für den Gedanken des Natur- und Landschaftsschutzes aufgeschlossenen Durchschnittsbetrachters.[54] *18*

f) Kulturhistorische Bedeutung der Landschaft (Abs. 1 Nr. 2, Alt. 2)

Abs. 1 Nr. 2, Alt. 2 bietet die Möglichkeit der Festsetzung eines Landschafts- *19* schutzgebiets wegen besonderer kulturhistorischer Bedeutung der Landschaft. Insoweit geht es gerade nicht um den äußeren Eindruck der in Rede stehenden Fläche, sondern ob und in welcher Weise sie Zeugnis von **geschichtlichen Ereignissen und Entwicklungen** der menschlichen Kultur sowie des Umgangs früherer Generationen mit Natur und Landschaft ist (vgl. auch § 1 Abs. 4 Nr. 1).[55] Da solche Landschaften neben ihrer kulturhistorischen Bedeutung oft auch wichtige Rückzugsgebiete für gefährdete Arten bilden, ist jeweils zu prüfen, inwieweit der Schutzweck des Abs. 1 Nr. 1, Alt. 3 (Schutz der Lebensstätten und -räume wild lebender Tier- und Pflanzenarten) in der Schutzerklärung mit festgesetzt werden sollte.[56] Falls das Gebiet eher kleinräumig, aber über fünf Hektar und zugleich von herausragender Bedeutung ist, kommt bei Vorliegen der übrigen Voraussetzungen ggf. eine Unterschutzstellung als nationales Naturmonument i.S.v. § 24 Abs. 4 in Betracht. Bei kleinen Flächen unter fünf Hektar ist eine Unterschutzstellung als Naturdenkmal i.S.v. § 28 zu prüfen.[57]

Als Beispiele für die besondere kulturhistorische Bedeutung bestimmter *20* Teile von Natur und Landschaft sind Reste historischer Befestigungsanlagen, Grabhügel, Alm- oder Flößwiesen, Wacholderheiden, Niederwälder oder

---

52 VGH München, Urt. v. 28.05.2001 – 9 N 99.2580, NuR 2002, 412 (413); *Gellermann*, in: Landmann/Rohmer, Umweltrecht, § 26 BNatSchG Rn. 10.

53 *Hendrischke*, in: Schlacke (Hrsg.), GK-BNatSchG, § 26 Rn. 15; *Meßerschmidt*, Bundesnaturschutzrecht, § 26 Rn. 48.

54 BVerwG, Beschl. v. 11.05.1993 – 7 NB 8/92, NVwZ-RR 1994, 77 (78); *Schumacher/Schumacher/Fischer-Hüftle*, in: Schumacher/Fischer-Hüftle, BNatSchG, § 26 Rn. 16.

55 *Schmidt-Räntsch*, in: Gassner/Bendomir-Kahlo/Schmidt-Räntsch, BNatSchG, § 26 Rn. 18; *Meßerschmidt*, Bundesnaturschutzrecht, § 26 BNatSchG Rn. 53; *Heugel*, in: Lütkes/Ewer, BNatSchG, § 26 Rn. 7.

56 Vgl. zur Festsetzung des Schutzzweckes *Hendrischke*, in: Schlacke (Hrsg.), GK-BNatSchG, § 26 Rn. 23 f.

57 *Meßerschmidt*, Bundesnaturschutzrecht, § 26 BNatSchG Rn. 53.

Weinbergterrassen zu nennen.[58] Eine Unterschutzstellung von Natursteinmauern und Einzelbäumen[59] dürfte hingegen nicht in Betracht kommen, da
das Landschaftsschutzgebiet als Kategorie des Flächenschutzes nicht zur Sicherung von Einzelobjekten eingesetzt werden kann.[60]

g) Erholung (Nr. 3)

21 Nach der Regelung des Abs. 1 Nr. 3 können Landschaftsschutzgebiete wegen
der besonderen Bedeutung des entsprechenden Gebiets für die **Erholung**
festgesetzt werden. Die Erholung gehört zu den traditionellen Schutzzwecken
des Landschaftsschutzgebiets und umfasst gemäß § 7 Abs. 1 Nr. 3 nicht jede
Art der Erholung, sondern nur das natur- und landschaftsverträglich ausgestaltete Natur- und Freizeiterleben einschließlich natur- und landschaftsverträglicher sportlicher Betätigung.[61] Über eine „besondere Bedeutung" für die
Erholung verfügt ein Gebiet nicht bereits dann, wenn es der Bevölkerung irgendwelche Erholungsmöglichkeiten bietet, sondern im Vergleich zu anderen Landschaftsteilen einen höheren und **hervorstechenden Erholungswert**
aufweist.[62] Dies richtet sich nach den Umständen des Einzelfalls und insbesondere danach, ob sich aus der Lage (z.B. Freiheit bzw. Ungestörtheit von
Zivilisationserscheinungen), der Beschaffenheit (z.B. günstige klimatische Bedingungen) oder Schönheit des Gebiets ein besonderer Erlebnis- und Entspannungswert ergibt.[63] Das kann etwa auch bei ästhetisch nur wenig ansprechenden Gebieten der Fall sein, wenn sie aus Gründen der Nähe zu
städtischen Verdichtungsräumen oder der guten Erreichbarkeit der Feier-
abend- oder Naherholung dienen.[64]

III. Schutzregime (Abs. 2)

22 Abs. 2 umschreibt das für Landschaftsschutzgebiete geltende Schutzregime
und gibt vor, dass unter besonderer Beachtung von § 5 Abs. 1 alle Handlungen verboten sind, die den Charakter des Gebiets verändern oder seinem
besonderen Schutzzweck widersprechen. Da dies allerdings nur „nach Maßgabe näherer Bestimmungen" gilt, ergibt sich das anwendbare Schutzregime wie bei § 23 (vgl. § 23 Rn. 33) nicht aus der Vorschrift selbst, sondern

---

58 *Gellermann*, in: Landmann/Rohmer, Umweltrecht, § 26 BNatSchG Rn. 11; *Schumacher/*
   Schumacher/Fischer-Hüftle, in: Schumacher/Fischer-Hüftle, BNatSchG, § 26 Rn. 17.
59 Beispiele von *Schmidt-Räntsch*, in: Gassner/Bendomir-Kahlo/Schmidt-Räntsch, BNatSchG,
   § 26 Rn. 18.
60 *Gellermann*, in: Landmann/Rohmer, Umweltrecht, § 26 BNatSchG Rn. 11.
61 *Gellermann*, in: Landmann/Rohmer, Umweltrecht, § 26 BNatSchG Rn. 12; weitergehend
   Schmidt-Räntsch, in: Gassner/Bendomir-Kahlo/Schmidt-Räntsch, BNatSchG, § 26 Rn. 19
   („jede Form der Erholung").
62 *Meßerschmidt*, Bundesnaturschutzrecht, § 26 BNatSchG Rn. 54.
63 *Lorz/Konrad/Mühlbauer/Müller-Walter/Stöckel*, Naturschutzrecht, § 26 BNatSchG Rn. 10;
   Meßerschmidt, Bundesnaturschutzrecht, § 26 BNatSchG Rn. 56; *Gellermann*, in: Land-
   mann/Rohmer, Umweltrecht, § 26 BNatSchG Rn. 12.
64 Vgl. BVerwG, Urt. v. 29.07.1986 – 4 B 73.86, NVwZ 1987, 493 (494); VGH Mannheim, Urt.
   v. 15.11.1991 – 5 S 615/91, NuR 1992, 190 (192); *Schumacher/Schumacher/Fischer-*
   Hüftle, in: Schumacher/Fischer-Hüftle, BNatSchG, § 26 Rn. 18.

aus der jeweiligen Schutzerklärung, für deren Schutzregime § 26 Abs. 2 zu beachtende Vorgaben enthält.[65]

1. Kein „absolutes" Veränderungsverbot

Nach Abs. 2 ist für Landschaftsschutzgebiete ein Verbot allein für solche   23
Handlungen vorgegeben, die den Charakter des Gebiets **konkret verändern**
oder seinem **besonderen Schutzzweck widersprechen**. Insoweit besteht ein
maßgeblicher Unterschied zu Naturschutzgebieten, in denen gemäß § 23
Abs. 2 grundsätzlich ein „absolutes" Veränderungsverbot gilt, bei dem es
nicht darauf ankommt, ob der beeinträchtigte Gebietsbestandteil für den
Schutzzweck von Bedeutung ist (siehe § 23 Rn. 34 f.). Auch reicht es bei § 26
Abs. 2 aufgrund der im Gesetzeswortlaut fehlenden Konjunktivformulierung
(„zuwiderlaufen") anders als beim Naturschutzgebiet nicht aus, dass eine
Handlung eine Beeinträchtigung zur Folge haben kann, sondern muss eine
solche tatsächlich zu besorgen sein.[66] Vor diesem Hintergrund wird bei
Landschaftsschutzgebieten teilweise von einem **„relativen" Veränderungs-
verbot** gesprochen.[67]

Für die Praxis folgt hieraus, dass die im Rahmen der Unterschutzstellungs-   24
erklärung zu konkretisierenden Verbote bei Landschaftsschutzgebieten nicht
über das hinausgehen dürfen, was zur Sicherung des jeweils in Rede stehenden Gebietscharakters oder zum Erreichen der konkreten Schutzzwecke erforderlich ist.[68] Von daher gebietet es das **Übermaßverbot**, dass absolute
oder allenfalls im Wege der Befreiung für atypische Fälle überwindbare **repressive Verbote** in einer Landschaftsschutzgebietserklärung lediglich für
solche Handlungen aufgestellt werden dürfen, die dem Gebietscharakter
oder dem Schutzzweck schlechterdings entgegenstehen.[69] Auch hat der
Normgeber stets zu prüfen, ob ein Verbot flächendeckend erforderlich ist
oder auf bestimmte Teile des Schutzgebiets begrenzt werden kann.[70] Ist dagegen nicht von vornehrein ersichtlich, dass eine Handlung den Gebietscharakter verändert oder dem besonderen Schutzzweck zuwiderläuft,
kommt aus Gründen der Verhältnismäßigkeit nur ein **präventives Verbot mit**

---

65 *Meßerschmidt*, Bundesnaturschutzrecht, § 26 BNatSchG Rn. 66; *Schmidt-Räntsch*, in: Gassner/Bendomir-Kahlo/Schmidt-Räntsch, BNatSchG, § 26 Rn. 21; *Gellermann*, in: Landmann/Rohmer, Umweltrecht, § 26 BNatSchG Rn. 15.

66 *Lorz/Konrad/Mühlbauer/Müller-Walter/Stöckel*, Naturschutzrecht, § 26 BNatSchG Rn. 17; *Schumacher/Schumacher/Fischer-Hüftle*, in: Schumacher/Schumacher/Fischer-Hüftle, BNatSchG, § 26 Rn. 21.

67 Etwa *Kerkmann*, in: Kerkmann (Hrsg.), Naturschutzrecht in der Praxis, § 5 Rn. 125; *Schu-macher/Schumacher/Fischer-Hüftle*, in: Schumacher/Schumacher/Fischer-Hüftle, BNatSchG, § 26 Rn. 21; *Hendrischke*, in: Schlacke (Hrsg.), GK-BNatSchG, § 26 Rn. 21; kritisch hierzu *Car-lsen/Fischer-Hüftle*, NuR 1993, 311 (316 ff.) und *Mahlburg/Müller*, SächsVBl. 2000, 13 (18).

68 *Gellermann*, in: Landmann/Rohmer, Umweltrecht, § 26 BNatSchG Rn. 15; *Lorz/Konrad/ Mühlbauer/Müller-Walter/Stöckel*, Naturschutzrecht, § 26 BNatSchG Rn. 11.

69 OVG Lüneburg, Urt. v. 13. 03. 2003 – 8 KN 236/01, NuR 2003, 567 (569); *Carlsen/Fischer-Hüftle*, NuR 1993, 311 (316); *Meßerschmidt*, Bundesnaturschutzrecht, § 26 BNatSchG Rn. 90.

70 *Kerkmann*, in: Kerkmann (Hrsg.), Naturschutzrecht in der Praxis, § 5 Rn. 126; *Schuma-cher/Schumacher/Fischer-Hüftle*, in: Schumacher/Schumacher/Fischer-Hüftle, BNatSchG, § 26 Rn. 21.

Erlaubnisvorbehalt in Betracht.[71] Ergibt sich dann im Zuge der behördlichen Prüfung eine Vereinbarkeit der fraglichen Handlung mit dem Schutzzweck, so ist sie zu erlauben; ein Ermessen besteht nicht.[72]

2. Beachtung der Belange der Land-, Forst- und Fischereiwirtschaft i.S.v. § 5 Abs. 1

25   Abs. 2 verlangt im Rahmen der Konkretisierung des Schutzregimes die besondere Beachtung von § 5 Abs. 1. Nach dieser Vorschrift ist bei Maßnahmen des Naturschutzes und der Landschaftspflege die besondere Bedeutung einer natur- und landschaftsverträglichen Land-, Forst- und Fischereiwirtschaft für die Erhaltung der Kultur- und Erholungslandschaft zu berücksichtigen. Die Regelung hat den Hintergrund, dass das Landschaftsbild in vielerlei Hinsicht durch die Land-, Forst- und Fischereiwirtschaft gestaltet ist und insbesondere die in Mitteleuropa extensiv betriebene Acker-, Wald- und Weidewirtschaft eine vielgestaltige und reich strukturierte Landschaft geschaffen hat, die einer großen Anzahl von Tieren und Pflanzen Lebensraum bot und bietet.[73] Insofern wird durch § 5 Abs. 1 anerkannt, dass Naturschutz- und Landschaftspflege auch auf eine ihre Ziele berücksichtigende Land-, Forst- und Fischereiwirtschaft angewiesen ist und eine natur- und landschaftsverträgliche Flächenbewirtschaftung wesentlich zum Erhalt der Kultur- und Erholungslandschaft beitragen kann.[74]

26   Teilweise wird aus dem in § 26 Abs. 2 enthaltenen Hinweis auf § 5 Abs. 1 gefolgert, dass die ordnungsgemäße Land-, Forst- und Fischereiwirtschaft in Landschaftsschutzgebieten **grundsätzlich zulässig** ist.[75] Die Gegenansicht entnimmt der Regelung lediglich die Verpflichtung, dass sich die zuständige Behörde im Rahmen der Unterschutzstellung mit den Belangen der Land-, Forst- und Fischereiwirtschaft konkret auseinandersetzt, ohne dass sich ein Indiz für eine grundsätzliche Zulässigkeit derartiger Maßnahmen ergibt.[76] Allerdings ist auch nach der erstgenannten Auffassung die Land-, Forst- und Fischereiwirtschaft in Landschaftsschutzgebieten nicht unbeschränkt zulässig, sondern kann den nach dem jeweiligen Schutzzweck erforderlichen Grenzen und Verboten unterstellt werden.[77] Hierdurch ist die praktische Bedeutung des Streits relativiert.

---

71 *Schumacher/Schumacher/Fischer-Hüftle*, in: Schumacher/Fischer-Hüftle, BNatSchG, § 26 Rn. 22; *Gellermann*, in: Landmann/Rohmer, Umweltrecht, § 26 BNatSchG Rn. 15.

72 *Lorz/Konrad/Mühlbauer/Müller-Walter/Stöckel*, Naturschutzrecht, § 26 BNatSchG Rn. 12.

73 *Gellermann*, in: Landmann/Rohmer, Umweltrecht, § 26 BNatSchG Rn. 16.

74 *Schumacher/Schumacher/Fischer-Hüftle*, in: Schumacher/Fischer-Hüftle, BNatSchG, § 26 Rn. 30; *Gellermann*, in: Landmann/Rohmer, Umweltrecht, § 26 BNatSchG Rn. 16.

75 So *Meßerschmidt*, Bundesnaturschutzrecht, § 26 BNatSchG Rn. 100; *Schmidt-Räntsch*, in: Gassner/Bendomir-Kahlo/Schmidt-Räntsch, BNatSchG, § 26 Rn. 24; *Lorz/Konrad/Mühlbauer/Müller-Walter/Stöckel*, Naturschutzrecht, § 26 BNatSchG Rn. 23.

76 *Kerkmann*, in: Kerkmann (Hrsg.), Naturschutzrecht in der Praxis, § 5 Rn. 127; *Schumacher/Schumacher/Fischer-Hüftle*, in: Schumacher/Fischer-Hüftle, BNatSchG, § 26 Rn. 30; *Gellermann*, in: Landmann/Rohmer, Umweltrecht, § 26 BNatSchG Rn. 16 f.

77 Vgl. *Schmidt-Räntsch*, in: Gassner/Bendomir-Kahlo/Schmidt-Räntsch, BNatSchG, § 26 Rn. 24.

3. Veränderung des Gebietscharakters

Soweit nach Abs. 2 in einem Landschaftsschutzgebiet alle Handlungen ver- 27
boten sind, die den Gebietscharakter verändern, darf das im Rahmen der
Schutzerklärung aufzustellende Schutzregime nicht schlechthin jeden Ge-
bietszugriff verbieten, sondern nur solche Handlungen, die das **Wesen des
Gebiets**, d.h. seine Gesamteigenschaften und seinen Gesamtcharakter, in
Mitleidenschaft ziehen.[78] Insoweit wird also nicht jede Art naturschädigender
Veränderungen verboten,[79] sondern in erster Linie massive Eingriffe, die die
Eignung des geschützten Gebiets für den Landschaftsschutz oder den Cha-
rakter der Landschaft infrage stellen.[80] Als Beispiele können je nach den Umständen des Einzelfalls etwa Veränderungen der Bodengestalt durch Ausgra-
bungen oder Aufschüttungen[81], die Errichtung baulicher Anlagen[82] oder die
Zerschneidung der Landschaft durch Verkehrswege oder Leitungstrassen[83]
erfasst werden.[84] Wurde eine Veränderung des Gebietscharakters in der Vergangenheit geduldet und ist hierdurch eine neue bzw. andere charakterliche
Prägung entstanden, so kann die Beseitigung von dem ursprünglichen Landschaftsbild widersprechenden Anlagen nicht mehr verlangt werden.[85]

4. Widerspruch zum besonderen Schutzzweck

Gemäß Abs. 2 sind auch solche Handlungen verboten, die dem besonderen 28
Schutzzweck eines Landschaftsschutzgebiets zuwiderlaufen. Auf diese
Weise soll sichergestellt werden, dass die konkreten und in der Schutzerklärung mit der gebotenen Bestimmtheit gebietsspezifisch niedergelegten
Schutzzwecke der Abs. 1 Nr. 1–3 auch verwirklicht werden können.[86] Welche genauen Regelungen (Gebote, Genehmigungsvorbehalte etc.) insoweit
erforderlich und zulässig sind, hängt vom jeweiligen Einzelfall und dem konkreten Schutzzweck ab. So kommen zur Wahrung des Schutzzwecks des
Abs. 1 Nr. 1 z.B. bestimmte Einschränkungen der land- und forstwirtschaftlichen Bodennutzung, Befahrens- und Nutzungsverbote oder sonstige Störungsverbote in Betracht.[87] Mit Blick auf den Schutzzweck des Abs. 1 Nr. 2

---

78 VGH Mannheim, Urt. v. 25.06.1987 – 5 S 3185/86, NuR 1988, 288 (288); *Meßerschmidt*,
   Bundesnaturschutzrecht, § 26 BNatSchG Rn. 68 f.; *Lorz/Konrad/Mühlbauer/Müller-Walter/
   Stöckel*, Naturschutzrecht, § 26 BNatSchG Rn. 17; *Heugel*, in: Lütkes/Ewer, BNatSchG, § 26
   Rn. 9.
79 So jedoch *Meßerschmidt*, Bundesnaturschutzrecht, § 26 BNatSchG Rn. 71.
80 *Schmidt-Räntsch*, in: Gassner/Bendomir-Kahlo/Schmidt-Räntsch, BNatSchG, § 26 Rn. 22;
   Gellermann, in: Landmann/Rohmer, Umweltrecht, § 26 BNatSchG Rn. 18.
81 Vgl. OVG Lüneburg, Urt. v. 18.06.2002 – 8 ME 77/02, Rn. 8 (juris).
82 Vgl. OVG Schleswig, Urt. v. 08.07.2004 – 1 LB 4/04, NVwZ-RR 2005, 620 (621).
83 *Schmidt-Räntsch*, in: Gassner/Bendomir-Kahlo/Schmidt-Räntsch, BNatSchG, § 26 Rn. 22.
84 Siehe weitere Beispiele und Nachw. bei *Gellermann*, in: Landmann/Rohmer, Umweltrecht, § 26 BNatSchG Rn. 18.
85 VGH Kassel, Urt. v. 30.11.1983 – 111 OE 47/82, NuR 1985, 283 (284); *Schmidt-Räntsch*,
   in: Gassner/Bendomir-Kahlo/Schmidt-Räntsch, BNatSchG, § 26 Rn. 22.
86 Vgl. *Meßerschmidt*, Bundesnaturschutzrecht, § 26 BNatSchG Rn. 85; *Schmidt-Räntsch*, in:
   Gassner/Bendomir-Kahlo/Schmidt-Räntsch, BNatSchG, § 26 Rn. 23.
87 Vgl. OVG Lüneburg, Urt. v. 24.08.2001 – 8 KN 41/01, NVwZ-RR 2002, 343 (345 f.); OVG
   Lüneburg, Beschl. v. 14.12.2006 – 8 LA 204/05, Rn. 8 f. (juris); *Gellermann*, in: Landmann/
   Rohmer, Umweltrecht, § 26 BNatSchG Rn. 19.

kann es etwa angezeigt sein, die Veränderung der die Landschaft prägenden Elemente oder die Errichtung baulicher Anlagen zu untersagen.[88] Im Hinblick auf einen Erholungsschutzzweck des Abs. 1 Nr. 3 spielen vor allem Lärmverbote eine Rolle; in Betracht kommen aber z.B. auch Abgrabungsverbote oder Verbote zur Errichtung von Bauwerken.[89] Werden in einer Schutzgebietserklärung mehrere Schutzzwecke gleichzeitig verfolgt, müssen sich die Schutzregelungen an sämtlichen für die Gebietsfestsetzung maßgeblichen Schutzzwecken orientieren.[90]

29   In der Praxis werden in Schutzgebietserklärungen häufig noch ältere, am Reichsnaturschutzgesetz orientierte Verbotsterminologien verwandt. Dem Schutzzweck von Abs. 1 Nr. 1 entspricht dabei das Verbot der **„Naturschädigung"**, zur Wahrung des Schutzzwecks des Abs. 1 Nr. 2 werden oftmals **„Verunstaltungsverbote"** aufgenommen und im Zusammenhang mit Abs. 1 Nr. 3 werden Verbote der Beeinträchtigung des **„Naturgenusses"** aufgestellt.[91]

5. Zugang der Allgemeinheit

30   Anders als etwa die Bestimmungen zu Naturschutzgebieten enthält § 26 keine Regelung über den Zugang der Allgemeinheit. Einer solchen Regelung bedarf es allerdings auch nicht, da bei Landschaftsschutzgebieten die Erholungsfunktion für den Menschen ausdrücklich zum Schutzzweck gehört, sodass hier die allgemeine Regelung des § 59 über das Betreten der Landschaft gilt.[92] Landschaftsschutzgebiete sind damit grundsätzlich für die Allgemeinheit zugänglich.[93] Es können jedoch entsprechend ihrem jeweiligen Schutzzweck zu Gunsten besonders wertvoller Landschaftsbestandteile Zugangsbeschränkungen festgelegt werden.[94]

IV. Landschaftsschutz und Bauleitplanung

31   In der Praxis spielt vor allem das Spannungsfeld zwischen Landschaftsschutz und der kommunalen Bauleitplanung eine große Rolle.[95] Dies hat seinen Grund darin, dass Landschaftsschutzgebiete relativ weit verbreitet sind und

---

88 Vgl. *Lorz/Konrad/Mühlbauer/Müller-Walter/Stöckel*, Naturschutzrecht, § 26 BNatSchG Rn. 20.

89 BVerwG, Urt. v. 13. 04. 1983 – 4 C 21/79, BVerwGE 67, 84 (88); *Meßerschmidt*, Bundesnaturschutzrecht, § 26 BNatSchG Rn. 90.

90 *Gellermann*, in: Landmann/Rohmer, Umweltrecht, § 26 BNatSchG Rn. 19.

91 Näher *Meßerschmidt*, Bundesnaturschutzrecht, § 26 BNatSchG Rn. 87; *Schumacher/ Schumacher/Fischer-Hüftle*, in: Schumacher/Fischer-Hüftle, BNatSchG, § 26 Rn. 28 ff.

92 *Meßerschmidt*, Bundesnaturschutzrecht, § 26 BNatSchG Rn. 127.

93 *Schmidt-Räntsch*, in: Gassner/Bendomir-Kahlo/Schmidt-Räntsch, BNatSchG, § 26 Rn. 25.

94 Vgl. VGH München, Urt. v. 15. 12. 1987 – 9 N 87.00667, NuR 1988, 248 (249); OVG Lüneburg, Urt. v. 24. 08. 2001 – 8 KN 41/01, NuR 2002, 56 (58 f.); *Meßerschmidt*, Bundesnaturschutzrecht, § 26 BNatSchG Rn. 127; *Schmidt-Räntsch*, in: Gassner/Bendomir-Kahlo/ Schmidt-Räntsch, BNatSchG, § 26 Rn. 25.

95 Ausführlich hierzu *Meßerschmidt*, Bundesnaturschutzrecht, § 26 BNatSchG Rn. 107 ff.; *Schumacher/Schumacher/Fischer-Hüftle*, in: Schumacher/Fischer-Hüftle, BNatSchG, § 26 Rn. 33 ff; *Hendrischke*, in: Schlacke (Hrsg.), GK-BNatSchG, § 26 Rn. 30 ff.

aufgrund ihres geringen Schutzstatus eher mit Bebauungen und menschlichen Nutzungen in Konflikt geraten.[96] Anders als nach § 5 Abs. 6 BBauG aus dem Jahre 1960 gilt heute kein Vorrang mehr der Bauleitplanung gegenüber dem Natur- und Landschaftsschutz. Vielmehr sind Landschaftsschutzverordnungen in der Bauleitplanung gemäß §§ 6 Abs. 2, 10 Abs. 2 BauGB als striktes Recht zu beachten.[97] Den Kommunen ist es daher verwehrt, Bauleitpläne aufzustellen, deren Darstellungen bzw. Festsetzungen mit den Vorgaben einer Landschaftsschutzverordnung **unvereinbar** sind. Bei einem Widerspruch fehlt einem Bauleitplan in der Regel die Vollzugsfähigkeit, sodass er mangels Erforderlichkeit i.S.v. § 1 Abs. 3 BauGB grundsätzlich unwirksam ist.[98]

Allerdings gelten insoweit auch Ausnahmen. So kann einem Bauleitplan   32
trotz Widerspruchs gegen eine Landschaftsschutzverordnung keine Vollzugsunfähigkeit entgegengehalten werden, wenn den bauleitplanerisch vorbereiteten Vorhaben bzw. Maßnahmen durch Erteilung einer **naturschutzrechtlichen Befreiung** (§ 67) zur Realisierung verholfen werden kann. Der Kommune ist es nicht verwehrt, in eine solche **„objektive Befreiungslage"** hineinzuplanen, wenn bereits zum Zeitpunkt der Bauleitplanaufstellung absehbar ist, dass Vorhaben bzw. Maßnahmen zur Verwirklichung der Planung die Anforderungen einer Befreiung erfüllen werden.[99]

Ferner hat die Rechtsprechung als Möglichkeit zur Bewältigung von Konflik-   33
ten zwischen Landschaftsschutz und Bauleitplanung **sog. Öffnungsklauseln** in Landschaftsschutzgebietsverordnungen für zulässig erachtet. Danach ist es möglich, dass Landschaftsschutzgebietsverordnungen Flächen innerhalb des Geltungsbereichs der Schutzgebietserklärung von ihrem Anwendungsbereich ausnehmen, sobald sie durch einen Bauleitplan überplant werden.[100] Allerdings wird hiergegen teilweise Kritik erhoben, weil sich der Gebietsschutz primär nach der landschaftsschutzrechtlichen Erforderlichkeit und nicht nach bauleitplanerischen Belangen richten müsse.[101]

---

96 *Meßerschmidt*, Bundesnaturschutzrecht, § 26 BNatSchG Rn. 109.

97 *Schumacher/Schumacher/Fischer-Hüftle*, in: Schumacher/Fischer-Hüftle, BNatSchG, § 26 Rn. 33; *Meßerschmidt*, Bundesnaturschutzrecht, § 26 BNatSchG Rn. 110.

98 BVerwG, Urt. v. 09.02.2004 – 4 BN 28.03, NVwZ 2004, 1242 (1243); *Meßerschmidt*, Bundesnaturschutzrecht, § 26 BNatSchG Rn. 110; *Gellermann*, in: Landmann/Rohmer, Umweltrecht, § 26 BNatSchG Rn. 20.

99 BVerwG, Urt. v. 30.01.2003 – 4 CN 14.01, NVwZ 2003, 742 (743); *Gellermann*, in: Landmann/Rohmer, Umweltrecht, § 26 BNatSchG Rn. 21; insoweit gelten daher vergleichbare Grundsätze wie im Spannungsfeld zwischen Bauleitplanung und Artenschutzrecht, siehe hierzu näher *Dziallas*, NZBau 2008, 429 ff.

100 BVerwG, Beschl. v. 20.05.2003 – 4 BN 57.02, ZUR 2004, 41 (41 f.); *Gellermann*, in: Landmann/Rohmer, Umweltrecht, § 26 BNatSchG Rn. 23.

101 *Meßerschmidt*, Bundesnaturschutzrecht, § 26 BNatSchG Rn. 108; kritisch auch *Fischer-Hüftle*, NuR 2003, 127 (127); *Ell*, NVwZ 2004, 182 ff.

§ 27
Naturparke*)

(1) Naturparke sind einheitlich zu entwickelnde und zu pflegende Gebiete, die

1. **großräumig sind,**

2. **überwiegend Landschaftsschutzgebiete oder Naturschutzgebiete sind,**

3. **sich wegen ihrer landschaftlichen Voraussetzungen für die Erholung besonders eignen und in denen ein nachhaltiger Tourismus angestrebt wird,**

4. **nach den Erfordernissen der Raumordnung für Erholung vorgesehen sind,**

5. **der Erhaltung, Entwicklung oder Wiederherstellung einer durch vielfältige Nutzung geprägten Landschaft und ihrer Arten- und Biotopvielfalt dienen und in denen zu diesem Zweck eine dauerhaft umweltgerechte Landnutzung angestrebt wird und**

6. **besonders dazu geeignet sind, eine nachhaltige Regionalentwicklung zu fördern.**

(2) Naturparke sollen entsprechend ihren in Absatz 1 beschriebenen Zwecken unter Beachtung der Ziele des Naturschutzes und der Landschaftspflege geplant, gegliedert, erschlossen und weiterentwickelt werden.

Inhaltsübersicht

---

*) Beachte bei:

§ 27: **Schleswig-Holstein** – Abweichung durch § 16 Abs. 1 LNatSchG SH v. 24. 02. 2010 (GVOBl. Schl.-H. S. 301) m.W.v. 01. 03. 2010 (vgl. BGBl. I 2010, S. 450).

§ 27: **Bayern** – Abweichung durch Art. 15 BayNatSchG v. 23. 02. 2011 (GVOBl. Bayern S. 82) m.W.v. 01. 03. 2011 (vgl. BGBl. 2011 I, S. 365).

§ 27 Abs. 1 Nr. 2: **Niedersachsen** – Abweichung durch § 20 Abs. 1 Satz 2 NAGBNatSchG v. 19. 02. 2010 (Nds. GVBl. S. 104) m.W.v. 01. 03. 2010 (vgl. BGBl. I 2010, S. 970).

I. Allgemeine Erläuterungen

Beim Naturpark handelt es sich um eine vergleichsweise junge Kategorie des 1
Gebietsschutzes, die sich nach dem Zweiten Weltkrieg entwickelte und deren
Leitidee darauf gerichtet war, Natur und Landschaft als Teil der ideellen
Schätze einer Region zu erhalten und gleichzeitig dem Bürger das Erfahren
und Erleben der Schönheit von Natur und Landschaft zu ermöglichen.[1] Diese
Kombination von Erholung unter gleichzeitigem Natur- und Landschaftsschutz erlangte schnell große Beliebtheit und wurde 1976 erstmals als eigenständige Schutzkategorie in das BNatSchG aufgenommen.[2] Ausgehend von
seiner Erholungsfunktion hat sich das Aufgabenspektrum des Naturparks im
Laufe der Jahre allerdings erweitert und stehen heute daneben auch die Anforderungen einer dauerhaft umweltgerechten Landnutzung, eines nachhaltigen Tourismus und einer nachhaltigen Regionalentwicklung im Fokus.[3] Soweit man Naturparks mit Blick auf ihr bloß eingeschränktes Schutzregime
(siehe hierzu unten Rn. 17 ff.) als eigenständige Schutzgebietskategorie ansieht[4], stehen sie Landschaftsschutzgebieten nahe und weisen diesen gegenüber vor allem die Zusatzmerkmale „Erholungseignung" und „nachhaltige
Bewirtschaftung" auf.[5] In Deutschland gibt es derzeit 104 Naturparks, die
ca. 27 % der Landesfläche Deutschlands umfassen.[6] Sie werden zum Teil als
kommunale Zweckverbände betrieben bzw. sind in Form rechtsfähiger Vereine
organisiert.[7]

Die Vorschrift ist gegenüber § 27 BNatSchG a.F. praktisch unverändert.[8] In 2
Abs. 1 Nr. 5 wurde durch die Einfügung des Wortes „und" lediglich klarge-
stellt, dass die in Abs. 1 genannten Anforderungen für die Einrichtung eines
Naturparks kumulativ vorliegen müssen.

II. Einrichtung eines Naturparks (Abs. 1)

1. Anforderungen an eine Unterschutzstellung

Bei der Einrichtung eines Naturparks sind die allgemeinen formellen und 3
materiellen Anforderungen an Unterschutzstellungen i.S.v. §§ 22 ff. (siehe
hierzu § 22 Rn. 3 ff.) zu beachten.

---

1 *Schmidt-Räntsch*, in: Gassner/Bendomir-Kahlo/Schmidt-Räntsch, BNatSchG, § 27 Rn. 2;
 Heugel, in: Lütkes/Ewer, BNatSchG, § 27 Rn. 1; ausführlich zur Historie *Meßerschmidt*,
 Bundesnaturschutzrecht, § 27 BNatSchG Rn. 6 ff.; *Hendrischke*, in: Schlacke (Hrsg.), GK-
 BNatSchG, § 27 Rn. 3 f.

2 *Meßerschmidt*, Bundesnaturschutzrecht, § 27 BNatSchG Rn. 6.

3 *Kerkmann*, in: Kerkmann (Hrsg.), Naturschutzrecht in der Praxis, § 5 Rn. 128; *Gellermann*, in: Landmann/Rohmer, Umweltrecht, § 27 BNatSchG Rn. 1.

4 Str., siehe näher *Meßerschmidt*, Bundesnaturschutzrecht, § 27 BNatSchG Rn. 1.

5 Vgl. *Lorz/Konrad/Mühlbauer/Müller-Walter/Stöckel*, Naturschutzrecht, § 27 BNatSchG
 Rn. 3; *Meßerschmidt*, Bundesnaturschutzrecht, § 27 BNatSchG Rn. 2.

6 Vgl. www.bfn.de/0308_np.html (Stand: 6/2015).

7 *Schmidt-Räntsch*, in: Gassner/Bendomir-Kahlo/Schmidt-Räntsch, BNatSchG, § 27 Rn. 3;
 Hendrischke, in: Schlacke (Hrsg.), GK-BNatSchG, § 27 Rn. 33.

8 Vgl. BT-Drs. 16/12274, S. 62.

4   In formeller Hinsicht erfolgt die Unterschutzstellung gemäß § 22 Abs. 1 Satz 1 durch „Erklärung". Allerdings wird in § 27 Abs. 1 (wie bei § 25 und anders als bei den übrigen Schutzkategorien) auf das Merkmal der **„rechtsverbindlichen" Festsetzung verzichtet**. Den Ländern ist es daher möglich, für die Einrichtung eines Naturparks einen Rechtsakt vorzusehen (formelles Gesetz, Rechtsverordnung oder Allgemeinverfügung) oder insoweit lediglich z.b. einen Erlass, eine öffentliche Bekanntmachung oder eine raumordnerische Darstellung für ausreichend zu erklären.[9]

5   In materieller Hinsicht sind die in Abs. 1 niedergelegten Anforderungen an den Schutzgegenstand und die Schutzzwecke zu erfüllen. Hiernach sind Naturparks einheitlich zu entwickelnde und zu pflegende Gebiete, die mit den in Abs. 1 niedergelegten und die notwendigen Gebietseigenschaften umschreibenden Qualitäten ausgestattet sind. Die gesetzlichen Anforderungen an den Schutzgegenstand müssen, wie jetzt auch durch die Einfügung des Wortes „und" am Ende von Nr. 5 ausdrücklich klargestellt ist, kumulativ vorliegen.[10] Ferner ist die (von § 27 nicht ausdrücklich herausgestellte) **Erforderlichkeit** der Schutzerklärung zu prüfen, d.h. die Schutzwürdigkeit und Schutzbedürftigkeit des in Rede stehenden Teils von Natur und Landschaft. Die Schutzwürdigkeit hängt generell davon ab, ob der Schutzgegenstand die in den gesetzlichen Schutzzweckbestimmungen der §§ 23 ff. aufgeführten Tatbestandsmerkmale[11] erfüllt und zur Verwirklichung dieser Schutzzwecke geeignet ist.[12]

2. Schutzgegenstand und Schutzzwecke

a) Großräumigkeit (Nr. 1)

6   Naturparks müssen gemäß Abs. 1 Nr. 1 großräumig sein. Wie bei Nationalparks (vgl. § 24 Abs. 1 Nr. 1) und Biosphärenreservaten (vgl. § 25 Abs. 1 Nr. 1) geht es um ein Instrument des **Großflächenschutzes**.[13] Allerdings enthält das Gesetz auch hier keine Definition des Begriffs der Großräumigkeit. Soweit erwogen wird, die für Nationalparke als Richtwert geltende Größe von mindestens 10.000 ha auch für Naturparks zu übernehmen[14], kann dies lediglich als Richtwert gelten. Wie bei Nationalparks gelten auch bei Naturparks keine starren Grenzen und kommt es für die Frage der Großräumig-

---

9   *Gellermann*, in: Landmann/Rohmer, Umweltrecht, § 27 BNatSchG Rn. 2; *Kerkmann*, in: Kerkmann (Hrsg.), Naturschutzrecht in der Praxis, § 5 Rn. 129.

10 *Kerkmann*, in: Kerkmann (Hrsg.), Naturschutzrecht in der Praxis, § 5 Rn. 130; *Gellermann*, in: Landmann/Rohmer, Umweltrecht, § 27 BNatSchG Rn. 3.

11 Vgl. *Louis/Engelke*, BNatSchG, § 12 Rn. 68; *Hendrischke*, in: Schlacke (Hrsg.), GK-BNatSchG, § 27 Rn. 5.

12 OVG Saarlouis, Urt. v. 07.03.2007 – 1 N 3/06, NVwZ-RR 2007, 582 (585 ff.); *Fischer-Hüftle/Schumacher/Schumacher*, in: Schumacher/Fischer-Hüftle, BNatSchG, § 22 Rn. 9; *Kerkmann*, in: Kerkmann (Hrsg.), Naturschutzrecht in der Praxis, § 5 Rn. 21; *Gassner/Heugel*, Das neue Naturschutzrecht, Rn. 394.

13 Vgl. *Meßerschmidt*, Bundesnaturschutzrecht, § 27 BNatSchG Rn. 32.

14 *Gellermann*, in: Landmann/Rohmer, Umweltrecht, § 27 BNatSchG Rn. 4; a.A.: *Hendrischke*, in: Schlacke (Hrsg.), GK-BNatSchG, § 27 Rn. 8, wonach in der Regel eine Mindestgröße von 20.000 ha zu verlangen sei.

keit insbesondere darauf an, welche Mindestgröße im konkreten Fall angesichts der zugedachten Erholungsfunktion, der natürlichen Gegebenheiten und der Einwirkungen des Umfelds zur Erreichung des jeweiligen Schutzzwecks notwendig ist.[15] In der Praxis weisen die Größen der Naturparks erhebliche Unterschiede auf (von wenigen tausend ha z.B. beim Naturpark Siebengebirge zu mehreren hunderttausend ha z.B. beim Naturpark Schwarzwald Mitte/Nord).[16]

b) Landschafts- bzw. Naturschutzgebiet (Nr. 2)

Die als Naturpark unter Schutz zu stellende Fläche muss gemäß Abs. 1 Nr. 2 überwiegend entweder **Landschaftsschutzgebiet (§ 26)** oder **Naturschutzgebiet (§ 23)** sein. Hierdurch soll vor allem eine hohe Landschaftsqualität gesichert werden, die zur Gewährleistung des Erholungszwecks eines Naturparks erforderlich ist.[17] Anders als beim Nationalpark und beim Biosphärenreservat ist es gemäß dem Gesetzeswortlaut („sind") beim Naturpark nicht ausreichend, wenn auf den in Rede stehenden Flächen die Voraussetzungen eines Landschafts- bzw. Naturschutzgebiets vorliegen. Vielmehr ist eine **tatsächliche Unterschutzstellung** als Landschafts- bzw. Naturschutzgebiet erforderlich, die jedoch zeitlich mit der Unterschutzstellung als Naturpark zusammenfallen kann.[18]

7

Naturparks müssen „überwiegend", d.h. zu **mehr als 50 %** die Voraussetzungen eines Landschafts- bzw. Naturschutzgebiets erfüllen.[19] Die übrigen Flächen haben zwar nicht die Voraussetzungen eines Landschafts- bzw. Naturschutzgebiets zu erfüllen. Allerdings können auch sie nicht gleichsam voraussetzungslos in das Unterschutzstellunggebiet einbezogen werden. Im Rahmen der Prüfung der Erforderlichkeit ist zu ermitteln, ob und inwieweit sie den in Abs. 1 Nr. 3 und 6 niedergelegten Schutzzweckanforderungen genügen.

8

Naturparkverordnungen und Landschafts- bzw. Naturschutzgebietsverordnungen können rechtlich unabhängig voneinander Bestand haben, insbesondere werden die Schutzregime Letzterer durch die zusätzliche Ausweisung als Naturpark nicht abgeschwächt.[20]

9

---

15 *Schumacher/Schumacher*, in: Schumacher/Fischer-Hüftle, BNatSchG, § 27 Rn. 7 f.; *Schmidt-Räntsch*, in: Gassner/Bendomir-Kahlo/Schmidt-Räntsch, BNatSchG, § 27 Rn. 5.

16 Vgl. https://www.bfn.de/fileadmin/BfN/gebietsschutz/NRP_01_03_2015_neu.pdf (Stand: 3/2015).

17 *Louis/Engelke*, BNatSchG, § 16 Rn. 5; *Heugel*, in: Lütkes/Ewer, BNatSchG, § 27 Rn. 5.

18 *Kerkmann*, in: Kerkmann (Hrsg.), Naturschutzrecht in der Praxis, § 5 Rn. 132.

19 *Schumacher/Schumacher*, in: Schumacher/Fischer-Hüftle, BNatSchG, § 27 Rn. 9; *Louis/ Engelke*, BNatSchG, § 16 Rn. 5; *Gellermann*, in: Landmann/Rohmer, Umweltrecht, § 27 BNatSchG Rn. 5.

20 VGH München, Urt. v. 07. 06. 1984 – 9 B 81 A.2169, NuR 1985, 25 (26); *Meßerschmidt*, Bundesnaturschutzrecht, § 27 BNatSchG Rn. 34; *Schumacher/Schumacher*, in: Schumacher/Fischer-Hüftle, BNatSchG, § 27 Rn. 9 f.

c) Erholung und Tourismus (Nr. 3)

10 Ein wesentlicher Schutzweck des Naturparks ist gemäß Abs. 1 Nr. 3 Erholung und Tourismus. Der Streit, ob es sich dabei um den Hauptschutzzweck von Naturparks handelt oder die weiteren, in Abs. 1 Nr. 5 und 6 genannten Schutzzwecke gleichrangig danebenstehen, ist für die Praxis eher von untergeordneter Bedeutung.[21]

11 Wie bei § 26 Abs. 1 Nr. 1 umfasst der Begriff der **Erholung** gemäß § 27 Abs. 1 Nr. 3 nicht jede Art der Erholung, sondern nur das natur- und landschaftsverträglich ausgestaltete Natur- und Freizeiterleben einschließlich natur- und landschaftsverträglicher sportlicher Betätigung. Die Erholungsfunktion deckt dabei grundsätzlich alle Erholungsformen ab, d.h. von der Naherholung bis zur Urlaubsreise, vom kurzfristigen stundenweisen Besuch bis zum mehrtägigen Aufenthalt. Über eine „besondere" Eignung für die Erholung verfügt ein Gebiet nicht bereits dann, wenn es der Bevölkerung irgendwelche Erholungsmöglichkeiten bietet, sondern im Vergleich zu anderen Landschaftsteilen einen **erhöhten und hervorstechenden Erholungswert** aufweist.[22] Dies richtet sich nach den Umständen des Einzelfalls, insbesondere ob sich aus der Lage (z.B. Freiheit bzw. Ungestörtheit von Zivilisationserscheinungen), der Beschaffenheit (z.B. günstige klimatische Bedingungen) oder Schönheit des Gebiets (z.B. geringer Zerschneidungsgrad) ein besonderer Erlebnis- und Entspannungswert ergibt.[23] Das kann etwa auch bei ästhetisch nur wenig ansprechenden Gebieten der Fall sein, wenn sie aus Gründen der Nähe zu städtischen Verdichtungsräumen oder ihres guten Angebots an Freizeitmöglichkeiten (z.B. Badestellen, Liegewiesen, Grillplätze) der Feierabend- oder Naherholung dienen.[24]

12 Soweit der Schutzweck von Naturparks den **Tourismus** erfasst, wird vom Gesetz das Kriterium der Nachhaltigkeit betont.[25] Von daher geht es nicht nur darum, bei den touristischen Tätigkeiten einen schonenden Umgang mit der Natur zu gewährleisten, sondern auch um die übergreifende Zielvorstellung, den Tourismus mit der langfristigen Sicherung der natürlichen, wirtschaftlichen und sozialen Lebensgrundlagen der Naturparkregion zu verknüpfen.[26]

d) Raumordnung (Nr. 4)

13 Als Naturpark kann gemäß Abs. 1 Nr. 4 nur ein solches Gebiet ausgewiesen werden, das nach den **Erfordernissen der Raumordnung** für die Erholung vorgesehen ist. Unter dem Begriff der Erfordernisse der Raumordnung fallen gemäß § 3 Nr. 1 ROG die Ziele, Grundsätze und sonstigen Erfordernisse der

---

21 Zum Streit näher *Meßerschmidt*, Bundesnaturschutzrecht, § 27 BNatSchG Rn. 53.

22 *Meßerschmidt*, Bundesnaturschutzrecht, § 27 BNatSchG Rn. 39.

23 *Schmidt-Räntsch*, in: Gassner/Bendomir-Kahlo/Schmidt-Räntsch, BNatSchG, § 27 Rn. 9.

24 *Schumacher/Schumacher*, in: Schumacher/Fischer-Hüftle, BNatSchG, § 27 Rn. 13.

25 Vgl. *Hendrischke*, in: Schlacke (Hrsg.), GK-BNatSchG, § 27 Rn. 12; *Heugel*, in: Lütkes/Ewer, BNatSchG, § 27 Rn. 8.

26 *Meßerschmidt*, Bundesnaturschutzrecht, § 27 BNatSchG Rn. 41; *Schumacher/Schumacher*, in: Schumacher/Fischer-Hüftle, BNatSchG, 1. Aufl. 2003, § 27 Rn. 14.

Raumordnung. Von daher kommen als Naturpark allein solche Gebiete in Betracht, die raumordnerisch für Zwecke der Erholung vorgesehen sind.[27] Hierdurch wird vor allem Konflikten mit der kommunalen Planungshoheit vorgebeugt, weil sich die Bauleitplanung gemäß § 1 Abs. 4 und 7 BauGB ebenfalls an den Erfordernissen der Raumordnung zu orientieren hat.[28] Ob die Regelung eine bereits bestehende raumordnerische Erholungsfestsetzung voraussetzt, ist umstritten.[29]

e) Dauerhaft umweltgerechte Landnutzung (Nr. 5)

Der Schutzzweck von Naturparks liegt nach Abs. 1 Nr. 5 ferner in der Erhaltung, Entwicklung oder Wiederherstellung einer durch vielfältige Nutzung geprägten Landschaft und ihrer Arten- und Biotopvielfalt, wobei in diesem Gebieten zu diesem Zweck eine dauerhaft umweltgerechte Landnutzung angestrebt wird. Die im Rahmen des BNatSchG 2002 neu aufgenommene Regelung ist Ausdruck des zwischenzeitlich gewandelten Aufgabenverständnisses der Naturparks, das zwar nach wie vor den Gesichtspunkt der Erholung im Fokus hat, zugleich aber inzwischen auch ein deutliches Schwergewicht auf der Zielstellung einer **dauerhaft-umweltrechten Naturnutzung** hat.[30] Hiermit wird dem Gedanken Rechnung getragen, dass wesentliche Grundlage für die menschliche Erholung gerade eine „intakte Natur" ist, sodass (Erholungs-) Nutzung und Schutz der Natur im Rahmen von Naturparks miteinander zu verbinden sind.[31] Insoweit besteht eine gewisse Parallele zu den Schutzzwecken von Biosphärenreservaten (vgl. § 25 Abs. 1 Nr. 3 und die dortige Kommentierung), da in beiden Schutzkategorien der Erhalt einer gewachsenen Kulturlandschaft auf eine dauerhaft umweltgerechte Landnutzung angewiesen ist.[32] Dahinter steht die Vorstellung, dass Naturparks die in Biosphärenreservaten entwickelten Bewirtschaftungskonzepte übernehmen sollen, um daraus langfristig eine flächendeckende, dauerhaft umweltgerechte Landnutzung zu entwickeln und nachhaltiges Wirtschaften im ländlichen Raum auf größerer Fläche zu ermöglichen.[33]

14

---

27 *Gellermann*, in: Landmann/Rohmer, Umweltrecht, § 27 BNatSchG Rn. 7; a.A. *Hendrischke*, in: Schlacke (Hrsg.), GK-BNatSchG, § 27 Rn. 14, wonach neben Vorrang- oder Vorbehaltsgebieten für Erholung auch andere Erfordernisse als Grundlage für die Ausweisung als Naturpark dienen sollen.

28 Näher *Schmidt-Räntsch*, in: Gassner/Bendomir-Kahlo/Schmidt-Räntsch, BNatSchG, § 27 Rn. 8; *Meßerschmidt*, Bundesnaturschutzrecht, § 27 BNatSchG Rn. 42.

29 Dafür *Kerkmann*, in: Kerkmann (Hrsg.), Naturschutzrecht in der Praxis, § 5 Rn. 134; *Hendrischke*, in: Schlacke (Hrsg.), GK-BNatSchG, § 27 Rn. 13; dagegen *Meßerschmidt*, Bundesnaturschutzrecht, § 27 BNatSchG Rn. 42.

30 *Gellermann*, in: Landmann/Rohmer, Umweltrecht, § 27 BNatSchG Rn. 8; *Meßerschmidt*, Bundesnaturschutzrecht, § 27 BNatSchG Rn. 43.

31 *Schumacher/Schumacher*, in: Schumacher/Fischer-Hüftle, BNatSchG, § 27 Rn. 17.

32 *Meßerschmidt*, Bundesnaturschutzrecht, § 27 BNatSchG Rn. 44; *Schumacher/Schumacher*, in: Schumacher/Fischer-Hüftle, BNatSchG, § 27 Rn. 17; *Heugel*, in: Lütkes/Ewer, BNatSchG, § 27 Rn.9.

33 Vgl. *Meßerschmidt*, Bundesnaturschutzrecht, § 27 BNatSchG Rn. 44; *Schmidt-Räntsch*, in: Gassner/Bendomir-Kahlo/Schmidt-Räntsch, BNatSchG, § 27 Rn. 10, *Hendrischke*, in: Schlacke (Hrsg.), GK-BNatSchG, § 27 Rn. 16.

f) Nachhaltige Regionalentwicklung (Nr. 6)

15 Das als Naturpark in Betracht kommende Gebiet muss gemäß Abs. 1 Nr. 6 besonders dazu geeignet sein, eine nachhaltige Regionalentwicklung zu fördern. Die Vorschrift bezieht sich indes nicht auf regionalplanerische Festlegungen, da hinsichtlich des Raumordnungsrechts die Spezialregelung des Abs. 1 Nr. 4 gilt.[34] Vielmehr zielt sie auf den Erhalt einer intakten Umwelt, den wirtschaftlichen Fortschritt und die soziale Integration in den von der Ausweisung eines Naturparks betroffenen Regionen.[35]

16 Der Begriff der **Region** ist im BNatSchG nicht definiert und erfasst Gebietseinheiten, die zwischen der lokalen Gemeindeebene und der Landesebene liegen.[36] Da Naturparks großflächige Naturraumnutzungen erfassen und dabei oftmals lokale Verwaltungsgrenzen überwinden, können sie in besonderem Maße als „Moderatoren" für eine nachhaltige Regionalentwicklung dienen.[37] Unter Nachhaltigkeit ist dabei die Fähigkeit eines Systems zu verstehen, bei Nutzung und Ausgleich der Verluste dauerhaft gleiche Leistungen zu erbringen, ohne sich selbst zu erschöpfen.[38] Mit Blick auf die bezweckte Kombination von Schutz und Nutzung der Natur bilden Naturparks für die Umsetzung der auf europäischer Ebene geforderten integrierten nachhaltigen Entwicklung des ländlichen Raums ein geradezu ideales Instrument.[39]

III. Schutzregime

1. Allgemeines

17 Anders als bei den übrigen Schutzgebietskategorien stellt das Gesetz beim Naturpark keine ausdrücklichen Anforderungen an das dort geltende Schutzregime auf. Insoweit ist in § 27 Abs. 1 lediglich bestimmt, dass Naturparks einheitlich zu entwickelnde und zu pflegende Gebiete sind. Die dafür erforderlichen Maßnahmen werden in Abs. 2 dahingehend konkretisiert, dass Naturparks entsprechend ihrem Schutzzweck unter Beachtung der Ziele des Naturschutzes und der Landschaftspflege geplant, gegliedert, erschlossen und weiterentwickelt werden sollen. Daher steht beim Naturpark nicht der Schutzaspekt, sondern die **Landschaftspflege und -entwicklung** im Vordergrund.[40] Maßgebliche Zwecke sind hierbei die Erholungsvorsorge, der Schutz der Kulturlandschaft sowie alle übrigen nach Absatz 1 Nummer 3 bis 6 anzustrebenden bzw. zu fördernden Ziele.[41]

---

34 Vgl. *Lorz/Konrad/Mühlbauer/Müller-Walter/Stöckel*, Naturschutzrecht, § 27 BNatSchG Rn. 3; *Gellermann*, in: Landmann/Rohmer, Umweltrecht, § 27 BNatSchG Rn. 9.

35 *Schumacher/Schumacher*, in: Schumacher/Fischer-Hüftle, BNatSchG, § 27 Rn. 18.

36 *Meßerschmidt*, Bundesnaturschutzrecht, § 27 BNatSchG Rn. 51.

37 *Schumacher/Schumacher*, in: Schumacher/Fischer-Hüftle, BNatSchG, § 27 Rn. 18.

38 *Lorz/Konrad/Mühlbauer/Müller-Walter/Stöckel*, Naturschutzrecht, § 27 BNatSchG Rn. 3.

39 *Schmidt-Räntsch*, in: Gassner/Bendomir-Kahlo/Schmidt-Räntsch, BNatSchG, § 27 Rn. 10; *Schumacher/Schumacher*, in: Schumacher/Fischer-Hüftle, BNatSchG, § 27 Rn. 18.

40 *Louis/Engelke*, BNatSchG, § 16 Rn. 2; *Schumacher/Schumacher*, in: Schumacher/Fischer-Hüftle, BNatSchG, § 27 Rn. 5.

41 *Hendrischke*, in: Schlacke (Hrsg.), GK-BNatSchG, § 27 Rn. 20.

Die Ausrichtung auf Landschaftspflege und -entwicklung schließt jedoch 18
einen gewissen Schutzstatus nicht aus, da dieser implizite Voraussetzung des
Pflege- und Entwicklungsgebots ist.[42] Ferner müssen Naturparks überwiegend aus Landschafts- oder Naturschutzgebieten bestehen, sodass sich für
die entsprechenden Naturparkbereiche bereits aus diesen beiden Schutzkategorien ein bestimmter Schutzstatus ergibt.[43] Hinsichtlich der übrigen
Naturparkbereiche hat die Ausrichtung auf Pflege- und Entwicklungsmaßnahmen allerdings zur Folge, dass den Behörden insoweit nicht die Schutzmöglichkeiten zur Verfügung stehen, die für die parallel als Landschafts-
oder Naturschutzgebiet geschützten Flächen bestehen.[44]

Der nach Abs. 1 für Naturparks vorzusehende einheitliche Schutz bedeutet 19
wie auch bei anderen Großschutzgebieten (vgl. § 24 Abs. 1, § 25 Abs. 1),
dass der Schutzzweck durch ein umfassendes, widerspruchsfreies und auf das
Gesamtgebiet bezogenes Schutzkonzept zu verwirklichen ist.[45] Dies heißt
nicht, dass in sämtlichen Bereichen eines Naturparks ein und dieselbe
Schutzintensität bestehen oder es sich um homogene bzw. gleichartige Flächen handeln muss. Im Gegenteil sieht Abs. 2 ausdrücklich vor, dass Naturparks „gegliedert" werden können, sodass in den betreffenden Bereichen
entsprechend den Einzelumständen jeweils ein unterschiedliches Schutzniveau gelten kann (hierzu noch näher unten Rn. 23).

Die einheitliche Pflege und Entwicklung von Naturparks erfolgt in der Praxis 20
je nach Landesrecht durch eingetragene Vereine, Zweckverbände oder
staatliche und kommunale Verwaltungsträger, die sich im Verband Deutscher Naturparke zusammengeschlossen haben.[46]

2. Planung, Gliederung, Erschließung und Weiterentwicklung (Abs. 2)

Die in Abs. 2 aufgeführten Maßnahmen der Planung, Gliederung, Erschlie- 21
ßung und Weiterentwicklung konkretisieren die in Abs. 1 normierte Pflicht,
Naturparks einheitlich zu entwickeln und zu pflegen und zielen darauf ab,
die Schutzzwecke umzusetzen.[47] Zudem wird in Abs. 2 ausdrücklich klargestellt, dass bei den insoweit durchzuführenden Maßnahmen die in § 1 normierten Ziele des Naturschutzes zu berücksichtigen sind.

a) Planung

Die Planung dient der Erstellung eines **Gesamtkonzepts**, welches die in 22
einem Naturpark zu erreichenden Ziele festschreibt und räumlich konkreti-

---

42 *Meßerschmidt*, Bundesnaturschutzrecht, § 27 BNatSchG Rn. 30.

43 *Gellermann*, in: Landmann/Rohmer, Umweltrecht, § 27 BNatSchG Rn. 10; *Schmidt-Räntsch*, in: Gassner/Bendomir-Kahlo/Schmidt-Räntsch, BNatSchG, § 27 Rn. 11.

44 *Meßerschmidt*, Bundesnaturschutzrecht, § 27 BNatSchG Rn. 30.

45 *Schumacher/Schumacher*, in: Schumacher/Fischer-Hüftle, BNatSchG, § 27 Rn. 5; *Meßerschmidt*, Bundesnaturschutzrecht, § 27 BNatSchG Rn. 31.

46 Näher *Lorz/Konrad/Mühlbauer/Müller-Walter/Stöckel*, Naturschutzrecht, § 27 BNatSchG Rn. 1; *Schumacher/Schumacher*, in: Schumacher/Fischer-Hüftle, BNatSchG, § 27 Rn. 6; *Meßerschmidt*, Bundesnaturschutzrecht, § 27 BNatSchG Rn. 26.

47 *Schumacher/Schumacher*, in: Schumacher/Fischer-Hüftle, BNatSchG, § 27 Rn. 19.

siert, welche Maßnahmen zur Erreichung und Umsetzung dieser Ziele erforderlich sind (**„Naturparkplan"**).[48] Da Naturparks das harmonische Miteinander von Mensch und Natur fördern sollen und so scheinbar Gegensätzliches miteinander zu vereinbaren ist, sind bereits auf der Planungsebene vor allem auch Lösungsmöglichkeiten für mögliche Zielkonflikte (z.B. zwischen Erholungsaktivitäten und Artenschutz) auszuarbeiten und zu berücksichtigen.[49]

b) Gliederung

23 Die Möglichkeit der räumlichen Gliederung von Naturparks in Bereiche mit verschiedenen Schutz- und Nutzungsfunktionen dient dazu, den Konflikt zwischen (Erholungs-)Nutzung und Schutz der Natur in Einklang zu bringen und Zielkonflikte so weit als möglich auszuräumen.[50] Ähnlich wie Biosphärenreservate werden Naturparks meist in eine **Erschließungszone** sowie Schutzzonen unterschiedlichen Grades gegliedert (**Eingangs-, Übergangs-, Ruhe- und Kernzone**).[51] Auf dieser Grundlage können dann Lenkungskonzepte erarbeitet werden, die eine Steuerung und Kanalisierung des Besucherandrangs bewirken.[52]

c) Erschließung

24 Erholung und nachhaltiger Tourismus erfordern, dass den Erholungssuchenden und Besuchern die realen Möglichkeiten geboten werden, einen Naturpark zu nutzen und die Schönheiten der Natur zu genießen.[53] Hierfür ist eine entsprechende **erholungsorientierte Infrastruktur** notwendig wie etwa das Anlegen von Wegen und Wanderrouten, die Schaffung von Parkmöglichkeiten und Raststätten und das Bereitstellen von Rahmenbedingungen für naturverträgliche Erholungsaktivitäten (z.B. Unterstände, Ruhebänke, Bootsanlegestellen, Badeplätze, Liegewiesen).[54] Der Begriff der Erschließung in Abs. 2 hat daher nichts mit dem Erschließungsbegriff im bauplanungsrechtlichen Sinne zu tun.[55]

d) Weiterentwicklung

25 Naturparks sollen über den Erhalt ihres Zustands hinaus weiterentwickelt und auf diese Weise verbessert werden. Unter den Begriff der Weiterentwicklung i.d.S. lassen sich z.B. die Verbesserung der Landschaftsqualität durch Pflege- und Entwicklungsmaßnahmen und die Schaffung neuer nach-

---

48 *Kerkmann*, in: Kerkmann (Hrsg.), Naturschutzrecht in der Praxis, § 5 Rn. 137; näher *Schumacher/Schumacher*, in: Schumacher/Fischer-Hüftle, BNatSchG, § 27 Rn. 20 f.

49 Vgl. *Gellermann*, in: Landmann/Rohmer, Umweltrecht, § 27 BNatSchG Rn. 10.

50 *Meßerschmidt*, Bundesnaturschutzrecht, § 27 BNatSchG Rn. 57.

51 *Gassner/Heugel*, Das neue Naturschutzrecht, Rn. 435; näher *Schumacher/Schumacher*, in: Schumacher/Fischer-Hüftle, BNatSchG, § 27 Rn. 22 f.; *Heugel*, in: Lütkes/Ewer, BNatSchG, § 27 Rn. 12.

52 *Gellermann*, in: Landmann/Rohmer, Umweltrecht, § 27 BNatSchG Rn. 11.

53 *Schmidt-Räntsch*, in: Gassner/Bendomir-Kahlo/Schmidt-Räntsch, BNatSchG, § 27 Rn. 11.

54 *Gellermann*, in: Landmann/Rohmer, Umweltrecht, § 27 BNatSchG Rn. 11.

55 *Schmidt-Räntsch*, in: Gassner/Bendomir-Kahlo/Schmidt-Räntsch, BNatSchG, § 27 Rn. 11.

haltiger Tourismusangebote fassen.[56] Hierbei soll sich der Begriff der Weiterentwicklung nicht nur auf die qualitative Verbesserung von Natur und Landschaft beziehen, sondern auch die Verbesserung der die Naturparks erschließenden Infrastruktur umfassen.[57]

3. Ge- und Verbote

Auch wenn § 27 im Rahmen der Ausweisung von Naturparks keine ausdrückliche Möglichkeit zur Regelung von Ge- und Verboten vorsieht, so ist doch anerkannt, dass auch insoweit entsprechende Schutzmaßnahmen festgelegt werden können.[58] Soweit ein Naturpark aus Landschafts- oder Naturschutzgebieten besteht, ergeben sich für die betreffenden Naturparkbereiche Ge- und Verbote im Regelfall bereits aus den jeweilige Landschafts- und Naturschutzerklärungen.[59] Hinsichtlich der übrigen Naturparkbereiche spricht insbesondere § 22 Abs. 1 Satz 2 dafür, grundsätzlich ebenfalls die Möglichkeit der Festlegung von Ge- und Verboten zu eröffnen, da nach dieser Vorschrift für sämtliche Schutzgebietskategorien im Rahmen der Schutzerklärung Ge- und Verbote vorgesehen werden können.[60] Allerdings hat die vorrangige Ausrichtung des Naturparks auf Pflege- und Entwicklungsmaßnahmen zur Folge, dass den Behörden dabei nicht dieselben Schutzmöglichkeiten zur Verfügung stehen, die für die parallel als Landschafts- oder Naturschutzgebiet geschützten Flächen bestehen.[61]

26

4. Zugang der Allgemeinheit

Wie beim Landschaftsschutzgebiet enthält auch § 27 keine Regelung über den Zugang der Allgemeinheit. Einer solchen Regelung bedarf es allerdings nicht, da auch bei Naturparks die Erholungsfunktion für den Menschen ausdrücklich zum Schutzzweck gehört. Naturparks sind damit grundsätzlich für die Allgemeinheit zugänglich, sodass die allgemeine Regelung des § 59 über das **Betreten der freien Landschaft** gilt.[62] Es können jedoch entsprechend ihrem jeweiligen Schutzzweck zu Gunsten besonders wertvoller Landschaftsbestandteile Zugangsbeschränkungen und Maßnahmen der Besucherlenkung festgelegt werden.

27

---

56 *Schumacher/Schumacher*, in: Schumacher/Fischer-Hüftle, BNatSchG, § 27 Rn. 25; näher *Meßerschmidt*, Bundesnaturschutzrecht, § 27 BNatSchG Rn. 60.

57 *Hendrischke*, in: Schlacke (Hrsg.), GK-BNatSchG, § 27 Rn. 25 f.

58 Vgl. BVerwG, Beschl. v. 07. 03. 1997 – 3 B 173/96, NuR 1997, 440 (440 f.); VGH Kassel, Urt. v. 13. 09. 1990 – 3 UE 126/86, NuR 1991, 436 (436 f.); *Schmidt-Räntsch*, in: Gassner/Bendomir-Kahlo/Schmidt-Räntsch, BNatSchG, § 27 Rn. 12.

59 *Meßerschmidt*, Bundesnaturschutzrecht, § 27 BNatSchG Rn. 61.

60 *Gellermann*, in: Landmann/Rohmer, Umweltrecht, § 27 BNatSchG Rn. 10; *Schumacher/Schumacher*, in: Schumacher/Fischer-Hüftle, BNatSchG, § 27 Rn. 26.

61 *Meßerschmidt*, Bundesnaturschutzrecht, § 27 BNatSchG Rn. 30.

62 *Meßerschmidt*, Bundesnaturschutzrecht, § 27 BNatSchG Rn. 62.

§ 28
Naturdenkmäler*)

(1) Naturdenkmäler sind rechtsverbindlich festgesetzte Einzelschöpfungen der Natur oder entsprechende Flächen bis zu fünf Hektar, deren besonderer Schutz erforderlich ist

1. aus wissenschaftlichen, naturgeschichtlichen oder landeskundlichen Gründen oder

2. wegen ihrer Seltenheit, Eigenart oder Schönheit.

(2) Die Beseitigung des Naturdenkmals sowie alle Handlungen, die zu einer Zerstörung, Beschädigung oder Veränderung des Naturdenkmals führen können, sind nach Maßgabe näherer Bestimmungen verboten.

Inhaltsübersicht

I. Allgemeine Erläuterungen

1 Das Naturdenkmal hat eine lange Tradition und zählt zu den ältesten Schutzkategorien des Naturschutzrechts überhaupt.[1] Bereits das Reichsnaturschutzgesetz sah die Möglichkeit vor, Einzelobjekte einschließlich der zu ihrem Schutz notwendigen Umgebung sowie bestimmte Flächen als Naturdenkmal zu sichern.[2] Vom Kulturdenkmal unterscheidet sich das Naturdenkmal dadurch, dass Letzteres ein natürliches Gebilde ist (wobei ein gewisses

---

*) Beachte bei:
  § 28 Abs. 1: **Schleswig-Holstein** – Abweichung durch § 17 Abs. 1, 2 LNatSchG SH v. 24. 02. 2010 (GVOBl. Schl.-H. S. 301) m.W.v. 01. 03. 2010 (vgl. BGBl. I 2010, S. 450).
  § 28 Abs. 1: **Hamburg** – Abweichung durch § 10 Abs. 2 HmbBNatSchAG v. 11. 05. 2010 (HmbGVBl. S. 350, 402) m.W.v. 01. 06. 2010 (vgl. BGBl. I 2011, S. 93).
  § 28 Abs. 2: **Schleswig-Holstein** – Abweichung durch § 17 Abs. 3 LNatSchG SH v. 24. 02. 2010 (GVOBl. Schl.-H. S. 301) m.W.v. 01. 03. 2010 (vgl. BGBl. I 2010, S. 450).
  § 28 Abs. 2: **Niedersachsen** – Abweichung durch § 21 Abs. 2 Satz 1 NAGBNatSchG v. 19. 02. 2010 (Nds. GVBl. S. 104) m.W.v. 01. 03. 2010 (vgl. BGBl. I 2010, S. 970).
  § 28 Abs. 2: **Brandenburg** – Abweichung durch § 29 Abs. 4 BbgNatSchAG v. 21. 01. 2013 (GVBl. I/13 [Nr. 03, ber. (GVBl. I/13 Nr. 21)]) m.W.v. 01. 06. 2013.

1 *Gellermann*, in: Landmann/Rohmer, Umweltrecht, § 28 BNatSchG Rn. 1; ausführlich zur Historie *Meßerschmidt*, Bundesnaturschutzrecht, § 28 BNatSchG Rn. 3 ff.
2 Näher *Louis/Engelke*, BNatSchG, § 17 Rn. 1.

menschliches Mitwirken an der Entstehung nicht ausgeschlossen ist).[3] Entscheidend für die Unterschutzstellung soll die Bedeutung von belebten und unbelebten Naturerscheinungen als Erkenntnisquelle und die Sicherung der Vielfalt, Eigenart und Schönheit von Natur und Landschaft sein.[4] Neben dem Naturschutzgebiet und dem Nationalpark zählt das Naturdenkmal hinsichtlich seines Schutzregimes zu den strengen Schutzkategorien.[5]

Anders als bei den Kategorien des Flächenschutzes nach §§ 23–27 handelt es sich bei § 28 (wie auch bei § 29) um eine Kategorie des **Objektschutzes**. Der Objektschutz ist auf Objekte oder Gruppen von Objekten in der Natur und Landschaft beschränkt, die als solche deutlich erkennbar oder jedenfalls unschwer abgrenzbar und zumindest gattungsmäßig bestimmt sind.[6] Dahingegen geht es beim Flächenschutz nicht um die Unterschutzstellung einzelner oder mehrerer Natur- und Landschaftsobjekte, sondern um den Schutz eines Gebiets als solches.[7] Für die Zuordnung kommt es daher im Kern darauf an, ob im konkreten Fall der Schutz eines Gebiets oder aber der Schutz eines Einzelobjekts bzw. einer Gesamtheit von Einzelobjekten im Vordergrund steht. 2

In der Praxis bereitet die **Abgrenzung** indes häufig Schwierigkeiten. So können Naturdenkmäler gemäß § 28 Abs. 1 als sog. **Flächennaturdenkmäler** mit bis zu fünf Hektar relativ groß sein, und Naturschutzgebiete sind keinesfalls immer großflächig, sondern mitunter auch kleinflächig (vgl. § 23 Rn. 8). Aufgrund der Möglichkeit eines Flächennaturdenkmals bestehen auch Abgrenzungsprobleme zur neuen Kategorie des nationalen Naturmonuments i.S.v. § 24 Abs. 4. Das in solchen Fällen zur Abgrenzung herangezogene Kriterium, ein Flächennaturdenkmal i.S.v. § 28 müsse sich als Gegenstand des Objektschutzes durch eine gewisse Singularität und denkmaltypische Bildhaftigkeit auszeichnen, kann nicht darüber hinwegtäuschen, dass in Einzelfällen die Übergänge zwischen den Schutzkategorien fließend bleiben können.[8] 3

Darüber hinaus können Naturdenkmäler auch **in anderen Schutzgebieten** liegen oder darin einbezogen werden. Der sich aus der Unterschutzstellung eines Objekts als Naturdenkmal ergebende Schutz mindert bzw. verändert sich dadurch nicht, die Ausweisung als Naturdenkmal tritt in einem solchen Fall neben die andere Ausweisung.[9] Lediglich die jeweiligen Ge- und Ver- 4

---

3 *Schumacher/Schumacher/Fischer-Hüftle*, in: *Schumacher/Fischer-Hüftle, BNatSchG*, § 28 Rn. 2.

4 *Hendrischke/Kieß*, in: Schlacke (Hrsg.), GK-BNatSchG, § 28 Rn. 2.

5 *Meßerschmidt, Bundesnaturschutzrecht*, § 28 BNatSchG Rn. 1.

6 *Louis/Engelke*, BNatSchG, § 12 Rn. 61; *Gassner/Heugel*, Das neue Naturschutzrecht, Rn. 396 m.w.N; *Heugel*, in: Lütkes/Ewer, BNatSchG, § 28 Rn. 3.

7 Vgl. *Meßerschmidt*, Bundesnaturschutzrecht, § 29 BNatSchG Rn. 26.

8 Vgl. *Schumacher/Schumacher/Fischer-Hüftle*, in: Schumacher/Fischer-Hüftle, BNatSchG, § 28 Rn. 6; *Schmidt-Räntsch*, in: Gassner/Bendomir-Kahlo/Schmidt-Räntsch, BNatSchG, § 23 Rn. 9.

9 Meßerschmidt, Bundesnaturschutzrecht, § 28 BNatSchG Rn. 64; Schmidt-Räntsch, in: Gassner/Bendomir-Kahlo/Schmidt-Räntsch, BNatSchG, § 28 Rn. 10.

bote müssen so gewählt werden, dass sich die verschiedenen Unterschutzstellungen nicht gegenseitig beeinträchtigen.[10]

5 Der Gesetzgeber hat § 28 BNatSchG a.F. im Zuge der Gesetzesnovellierung zum BNatSchG 2010 ohne inhaltliche Änderungen übernommen.[11]

II. Festsetzung eines Naturdenkmals (Abs. 1)

1. Anforderungen an die Unterschutzstellung

6 Bei der Festsetzung eines Naturdenkmals sind die allgemeinen formellen und materiellen Anforderungen an Unterschutzstellungen i.S.v. §§ 22 ff. zu beachten (siehe hierzu § 22 Rn. 3 ff.).[12] In formeller Hinsicht bedarf es vor allem eines außenwirksamen und mit Allgemeinverbindlichkeit versehenen **Rechtsakts**. Die Länder sehen insoweit bei Naturdenkmalen meist Rechtsverordnungen vor, wobei teilweise auch Einzelanordnungen für ausreichend erklärt werden.[13] Materiell-rechtlich ist u.a. die (von § 28 Abs. 1 ausdrücklich herausgestellte) **„Erforderlichkeit"** der Schutzerklärung zu prüfen, d.h. die Schutzwürdigkeit und Schutzbedürftigkeit des in Rede stehenden Teils von Natur und Landschaft. Schutzwürdigkeit ist gegeben, wenn der Schutzgegenstand die in den gesetzlichen Schutzzweckbestimmungen der §§ 23 ff. aufgeführten Tatbestandsmerkmale[14] erfüllt und zur Verwirklichung dieser Schutzziele geeignet ist.[15] Insofern bemisst sich die Schutzwürdigkeit bei Naturdenkmälern nach den hier in § 28 Abs. 1 Nr. 1 und 2 ausdrücklich normierten Schutzzwecken.

2. Schutzgegenstand

7 Zwingender Mindestinhalt einer Naturdenkmalerklärung ist die Festlegung ihres Schutzgegenstands. Gemäß Abs. 1 sind Naturdenkmale Einzelschöpfungen der Natur oder entsprechende Flächen von bis zu fünf Hektar.

a) Naturschöpfung

8 Schöpfungen der Natur sind **Ergebnisse der biologischen Entwicklung** wie das Wachsen eines Baumes oder die Wirkung mechanischer bzw. physikalischer Kräfte wie Regen, Frost und Wind, sodass Schöpfungen sowohl der belebten als auch der unbelebten Natur erfasst werden.[16] Der Begriff der

---

10 *Schmidt-Räntsch*, in: Gassner/Bendomir-Kahlo/Schmidt-Räntsch, BNatSchG, § 28 Rn. 10.

11 BT-Drs. 16/12274, S. 62.

12 Vgl. BVerwG, Beschl. v. 29. 01. 2007 – 7 B 68.06, NVwZ 2007, 589 (589).

13 *Meßerschmidt*, Bundesnaturschutzrecht, § 28 BNatSchG Rn. 68; siehe auch die allgemeine Übersicht bei *Kerkmann*, in: Kerkmann (Hrsg.), Naturschutzrecht in der Praxis, § 5 Rn. 6.

14 *Louis/Engelke*, BNatSchG, § 12 Rn. 68; vgl. *Heugel*, in: Lütkes/Ewer, BNatSchG, § 28 Rn. 6.

15 Vgl. OVG Saarlouis, Urt. v. 07. 03. 2007 – 1 N 3/06, NVwZ-RR 2007, 582 (585 ff.); *Fischer-Hüftle/Schumacher/Schumacher*, in: Schumacher/Fischer-Hüftle, BNatSchG, § 22 Rn. 9; *Kerkmann*, in: Kerkmann (Hrsg.), Naturschutzrecht in der Praxis, § 5 Rn. 21; *Gassner/Heugel*, Das neue Naturschutzrecht, Rn. 394.

16 *Kerkmann*, in: Kerkmann (Hrsg.), Naturschutzrecht in der Praxis, § 5 Rn. 143; *Meßerschmidt*, Bundesnaturschutzrecht, § 28 BNatSchG Rn. 31.

Naturschöpfung schließt es aus, ausschließlich von Menschen geschaffene Gebilde (z.B. Hünengräber, Teile des römischen Limes oder Kunstlandschaften wie von Menschendhand geschaffene Seen) als Naturdenkmal anzusehen.[17] Gleichwohl kommt auch **vom Menschen beeinflusste Natur** als Schutzgegenstand eines Naturdenkmals in Betracht.[18] Ob dabei von § 28 nur solche Schutzobjekte erfasst werden, die von Menschenhand zumindest nur wenig berührt sind, oder ob der menschliche Einfluss auch weiter reichen darf, ist umstritten.[19] Das Kriterium der Naturschöpfung erfordert allerdings nicht, dass sich ein Naturdenkmal zwingend „in der freien Natur" befinden muss. Vielmehr kann es beispielsweise auch in einem Gebiet geschlossener Siedlungen liegen (z.B. ein alter Park, Einzelbaum oder Waldfriedhof).[20]

b) Einzelschöpfung

Charakteristisch für eine **Einzelschöpfung** der Natur ist, dass sie unter einem   9
bestimmten einheitlichen Begriff gefasst werden kann und konkret abgrenzbar und erkennbar in Erscheinung tritt.[21] Eine Einzelschöpfung ist allerdings nur dann naturdenkmalfähig, wenn sie sich – entsprechend dem Charakter eines Denkmals – durch besondere Eigenschaften **von ähnlichen Erscheinungen abhebt** und in gewisser Hinsicht **einmalig** ist.[22] Hierfür kommen insbesondere typische oder prägnante Einzelgebilde wie Felsen und Höhlen, Erdaufschlüsse, Schluchten, Gletscherspuren, Wasserfälle oder Quellen in Betracht, aber auch pflanzenkundliche Erscheinungen wie signifikant hervortretende Einzelbäume.[23]

Eine Einzelschöpfung muss nicht aus einem einzelnen Gegenstand beste-   10
hen, sondern kann auch verschiedene Objekte umfassen und eine gewisse Fläche einnehmen, solange sie sich unter einer einheitlichen Bezeichnung fassen lässt und erkennbar einheitlich in Erscheinung tritt (z.B. Felsformationen, Baum- und Gebüschgruppen, Alleen).[24] Die naturdenkmalwürdige Besonderheit kann sich ggf. sogar erst aus der Gruppierung bzw. Zusammenschau einzelner Objekte selbst ergeben.[25]

---

17 *Schumacher/Schumacher/Fischer-Hüftle*, in: Schumacher/Fischer-Hüftle, BNatSchG, § 28 Rn. 2; *Gellermann*, in: Landmann/Rohmer, Umweltrecht, § 28 BNatSchG Rn. 4.

18 *Kerkmann*, in: Kerkmann (Hrsg.), Naturschutzrecht in der Praxis, § 5 Rn. 143; *Lorz/Konrad/Mühlbauer/Müller-Walter/Stöckel*, Naturschutzrecht, § 28 BNatSchG Rn. 5.

19 Näher *Meßerschmidt*, Bundesnaturschutzrecht, § 28 BNatSchG Rn. 31 m.w.N; *Hendrischke/Kieß*, in: Schlacke (Hrsg.), GK-BNatSchG, § 28 Rn. 9.

20 *Lorz/Konrad/Mühlbauer/Müller-Walter/Stöckel*, Naturschutzrecht, § 28 BNatSchG Rn. 5.

21 VGH München, Urt. v. 03.04.1984 – 9 N 83 A 1461, NuR 1984, 278 (279); *Kerkmann*, in: Kerkmann (Hrsg.), Naturschutzrecht in der Praxis, § 5 Rn. 143.

22 *Schmidt-Räntsch*, in: Gassner/Bendomir-Kahlo/Schmidt-Räntsch, BNatSchG, § 28 Rn. 9; *Gellermann*, in: Landmann/Rohmer, Umweltrecht, § 28 BNatSchG Rn. 4.

23 Näher *Gellermann*, in: Landmann/Rohmer, Umweltrecht, § 28 BNatSchG Rn. 4 mit umfangreichen Nw.

24 *Meßerschmidt*, Bundesnaturschutzrecht, § 28 BNatSchG Rn. 36; *Hendrischke/Kieß*, in: Schlacke (Hrsg.), GK-BNatSchG, § 28 Rn. 10.

25 VGH Kassel, Beschl. v. 09.10.1995 – 4 N 14 29792, NVwZ-RR 1997, 19 (20 f.); *Schumacher/Schumacher/Fischer-Hüftle*, in: Schumacher/Fischer-Hüftle, BNatSchG, § 28 Rn. 4.

c) Beständigkeit

11 Auch wenn bei Naturdenkmälern kein Mindestalter des Schutzgegenstands vorgegeben ist, muss ein Naturdenkmal als ungeschriebenes Tatbestandsmerkmal doch eine gewisse statische **Beständigkeit** aufweisen.[26] Daran kann es fehlen, wenn sich der Zustand des betreffenden Teils von Natur und Landschaft noch nicht **hinreichend verfestigt** hat, sondern sich in einem noch nicht abgeschlossenen, ständigen Umbruch befindet.[27] In einem solchen Fall kann es – wie z.B. in Bergbaufolgelandschaften bis zum Abschluss der Wiedernutzbarmachung i.S.v. § 4 Abs. 4 BBergG – an der ökologischen Nachhaltigkeit fehlen, sodass eine Unterschutzstellung ausscheidet.[28]

12 **Tiere** oder Tierkollektive können zwar begrifflich als Einzelschöpfungen der Natur angesehen werden. Gleichwohl kommt ihre Unterschutzstellung als Naturdenkmal nicht infrage, weil es sich um bewegliche Objekte handelt, denen es an der notwendigen Beständigkeit bzw. Dauerhaftigkeit fehlt.[29] Tiere können allenfalls mittelbar von der Ausweisung eines Naturdenkmals profitieren, wenn sich ihre Lebensstätte im Einzelfall wegen besonderer Eigenschaften als denkmalwürdig erweist (z.B. Unterschutzstellung einer Höhle, in der sich Fledermäuse aufhalten).[30]

d) Flächenhaftes Naturdenkmal

13 Gemäß Abs. 1 können neben Einzelschöpfungen der Natur auch „entsprechende Flächen bis fünf Hektar" zum Naturdenkmal erklärt werden. Mit dieser im BNatSchG 2002 eingeführten Regelung ist klargestellt, dass auch **flächenhafte Naturdenkmäler** zulässig sind. Dies ändert aber nichts daran, dass es sich beim Naturdenkmal nicht um eine Kategorie des Flächenschutzes, sondern des Objektschutzes handelt.[31] Gleichwohl entstehen naturgemäß **Abgrenzungsschwierigkeiten** zwischen flächenhaften Naturdenkmälern und vor allem der zum Schutz solcher Kleinflächen ebenfalls in Betracht kommende Schutzkategorie des Naturschutzgebiets (§ 23). Die Abgrenzung ist fließend und hängt in erster Linie davon ab, was schwerpunktmäßig Gegenstand und Grund für die Unterschutzstellung bildet: Ein flächig in Erscheinung tretendes (Einzel-)Objekt oder die Fläche als solche.[32]

---

26 *Meßerschmidt*, Bundesnaturschutzrecht, § 28 BNatSchG Rn. 29.

27 Vgl. VGH Mannheim, Urt. v. 11.02.1993 – 5 S 909/92, NuR 1994, 86 (87), wo die Schutzwürdigkeit eines Sekundärbiotops nur deswegen bejaht wird, weil im dortigen Fall nicht von einem „ständigen Umbruch des gesamten Geländes, durch [Lehm]Abbau, Zwischenlagerung und Transport" ausgegangen werden konnte.

28 Siehe hierzu im Einzelnen *von Daniels/Appel*, NuR 2008, 685 ff.

29 *Louis/Engelke*, BNatSchG, § 17 Rn. 3; *Kerkmann*, in: Kerkmann (Hrsg.), Naturschutzrecht in der Praxis, § 5 Rn. 146; a.A. *Lorz/Konrad/Mühlbauer/Müller-Walter/Stöckel*, Naturschutzrecht, § 28 BNatSchG Rn. 3.

30 *Gellermann*, in: Landmann/Rohmer, Umweltrecht, § 28 BNatSchG Rn. 5.

31 *Lorz/Konrad/Mühlbauer/Müller-Walter/Stöckel*, Naturschutzrecht, § 28 BNatSchG Rn. 3; *Kerkmann*, in: Kerkmann (Hrsg.), Naturschutzrecht in der Praxis, § 5 Rn. 147.

32 VGH Mannheim, Urt. v. 29.06.1999 – 5 S 1929/97, NuR 2000, 270 (271); *Schumacher/ Schumacher/Fischer-Hüftle*, in: Schumacher/Fischer-Hüftle, BNatSchG, § 28 Rn. 6; *Meßerschmidt*, Bundesnaturschutzrecht, § 28 BNatSchG Rn. 43.

Des Weiteren ist zu beachten, dass auch flächenhafte Naturdenkmäler ähn- 14
liche Anforderungen wie Einzelschöpfungen der Natur erfüllen müssen, was
durch den in Abs. 1 verwendeten Ausdruck „entsprechende Flächen" zum
Ausdruck kommt. Flächenhafte Naturdenkmäler müssen daher ebenfalls
einheitlich und abgrenzbar in Erscheinung treten und über eine gewisse
Singularität gegenüber der umgebenden Landschaft verfügen.[33] Als flächenhafte Naturdenkmäler kommen daher z.B. kleinere Wasserflächen und
Baumgruppen, Wasserläufe und Moore in Betracht.[34]

e) Umgebungsschutz

Bei Objekten, die die Größe von **fünf Hektar** überschreiten, scheidet nach 15
der gesetzgeberischen Wertung ein Naturdenkmal aus und kann nur eine
Unterschutzstellung als Kategorie des Flächenschutzes erfolgen.[35] Da § 28
keine Vorgaben zum **Umgebungsschutz** macht, stellt sich die Frage, ob die
allgemeine Regelung zum Umgebungsschutz (§ 22 Abs. 1 Satz 3, 2. Halbs.)
auch auf Naturdenkmäler angewendet werden kann und sich hierdurch die
Größe eines Naturdenkmals ggf. auch über fünf Hektar erstrecken darf.[36]

In diesem Zusammenhang wurde bei § 22 Abs. 2 Satz 2 BNatSchG a.F. auf- 16
grund des dortigen ausdrücklichen Bezugs zu den Schutzgebieten des § 22
Abs. 1 Nr. 1 BNatSchG a.F. diskutiert, ob die Vorschrift den Umgebungsschutz bloß für den Flächen- oder auch für den Objektschutz eröffnet.[37]
Auch wenn weitgehend Einvernehmen bestand, dass der Vorschrift insoweit
keine Beschränkung auf den Flächenschutz zu entnehmen war[38], wollte der
Gesetzgeber mit der Neufassung des Abs. 1 Satz 3, 1. Halbs. und der damit
einhergehenden Streichung einer Bezugnahme auf die Kategorien des Flächenschutzes (§ 22 Abs. 1 Nr. 1 BNatSchG a.F.) klarstellen, dass der Umgebungsschutz **auch beim Objektschutz** möglich ist.[39] Der Wortlaut des Abs. 1
Satz 3, 2. Halbs. ist aber weiterhin unglücklich, da die Bezugnahme auf

---

33 VGH Mannheim, Urt. v. 29.06.1999 – 5 S 1929/97, NuR 2000, 270 (271); OVG Bautzen,
Urt. v. 08.08.1996 – 1 S 285/95, LKV 1997, 464 (465); *Gellermann*, in: Landmann/Rohmer,
Umweltrecht, § 28 BNatSchG Rn. 6; *Kerkmann*, in: Kerkmann (Hrsg.), Naturschutzrecht
in der Praxis, § 5 Rn. 147.

34 *Schumacher/Schumacher/Fischer-Hüftle*, in: Schumacher/Fischer-Hüftle, BNatSchG,
§ 28 Rn. 5; enger *Gellermann* hinsichtlich Streuwiesen, wenn diese innerhalb eines größeren Grünlandkomplexes nicht abgrenzbar sind, siehe *Gellermann*, in: Landmann/Roh-
mer, Umweltrecht, § 28 BNatSchG Rn. 6.

35 *Lorz/Konrad/Mühlbauer/Müller-Walter/Stöckel*, Naturschutzrecht, § 28 BNatSchG Rn. 3;
Schmidt-Räntsch, in: Gassner/Bendomir-Kahlo/Schmidt-Räntsch, BNatSchG, § 28 Rn. 4;
Heugel, in: Lütkes/Ewer, BNatSchG, § 28 Rn. 3.

36 Hierzu eingehend *Gellermann*, in: Landmann/Rohmer, Umweltrecht, § 28 BNatSchG
Rn. 7 m.w.N; *Hendrischke/Kieß*, in: Schlacke (Hrsg.), GK-BNatSchG, § 28 Rn. 12.

37 Näher *Marzik/Wilrich*, BNatSchG, § 22 Rn. 42; *Hendrischke/Kieß*, in: Schlacke (Hrsg.),
GK-BNatSchG, § 28 Rn. 13.

38 Siehe etwa *Schmidt-Räntsch*, in: Gassner/Bendomir-Kahlo/Schmidt-Räntsch, BNatSchG,
§ 22 Rn. 35; a.A. *Meßerschmidt*, Bundesnaturschutzrecht, § 28 BNatSchG Rn. 40 und § 29
Rn. 32.

39 BT-Drs. 16/12274, S. 61.

Abs. 1 Satz 3, 2. Halbs. und die dort verwendete Formulierung der „Schutzgebiete" nach wie vor den unzutreffenden Eindruck erweckt, dass nur der Flächenschutz erfasst wird.[40] Auch ist die durch das Wort „hierbei" implizierte Verknüpfung zwischen den beiden Halbsätzen des Abs. 1 Satz 3 irreführend, da der Umgebungsschutz nicht davon anhängt, dass zugleich von der Möglichkeit der Zonierung Gebrauch gemacht wird.[41]

17 Gleichwohl ist nach der gesetzgeberischen Wertung nunmehr klargestellt, dass auch bei den Kategorien des Objektschutzes und damit auch bei § 28 ein Umgebungsschutz möglich ist. Angesichts des klaren Wortlauts des § 28 Abs. 1 erscheint es aber weiterhin nicht zulässig, infolge eines Umgebungsschutzes die für Naturdenkmäler festgelegte Maximalgröße von fünf Hektar zu überschreiten, sodass solche **Pufferflächen in die Flächenberechnung mit einzubeziehen** sind.[42]

3. Schutzzwecke

18 Gemäß Abs. 1 kann ein Naturdenkmal nur aus wissenschaftlichen, naturgeschichtlichen oder landeskundlichen Gründen (Nr. 1) oder auf Grund seiner Seltenheit, Eigenart oder Schönheit (Nr. 2) festgesetzt werden. Es genügt das Vorliegen einer der genannten Schutzzwecke.[43] Die Schutzzwecke des Naturdenkmals entsprechen im Wesentlichen denen in § 23 Abs. 1 Nr. 2 und 3 für Naturschutzgebiete aufgeführten.[44] Von daher kann auf die Kommentierung zu § 23 verwiesen werden. Allerdings sind die Anforderungen an die Ausweisung eines Naturdenkmals hinsichtlich der Kriterien Eigenart und Schönheit geringer als bei Naturschutzgebieten, da bei Naturdenkmälern **„einfache" Eigenart bzw. Schönheit** genügen. Mangels einer § 23 Abs. 1 Nr. 1 vergleichbaren Regelung kann ein Naturdenkmal nicht aus ökologischen Gründen bzw. zum Zwecke des Arten- und Biotopschutzes festgesetzt werden.[45] Zusätzlich sind die Ziele im Rahmen des § 28 BNatSchG auf einen pflegenden und konservierenden Schutz beschränkt, sodass regenerative Ziele, wie etwa die „Entwicklung" oder „Wiederherstellung", nicht als Schutzkategorie in Betracht kommen.[46]

---

40 *Fischer-Hüftle*, NuR 2008, 213 (214).

41 *Fischer-Hüftle*, NuR 2008, 213 (214).

42 *Meßerschmidt*, Bundesnaturschutzrecht, § 28 BNatSchG Rn. 39; *Lorz/Konrad/Mühlbauer/Müller-Walter/Stöckel*, Naturschutzrecht, § 28 BNatSchG Rn. 3; a.A. *Schumacher/Schumacher/Fischer-Hüftle*, in: Schumacher/Fischer-Hüftle, BNatSchG, § 28 Rn. 7.

43 *Meßerschmidt*, Bundesnaturschutzrecht, § 28 BNatSchG Rn. 46.

44 *Kerkmann*, in: Kerkmann (Hrsg.), Naturschutzrecht in der Praxis, § 5 Rn. 149; *Gellermann*, in: Landmann/Rohmer, Umweltrecht, § 28 BNatSchG Rn. 8.

45 *Kerkmann*, in: Kerkmann (Hrsg.), Naturschutzrecht in der Praxis, § 5 Rn. 150; *Meßerschmidt*, Bundesnaturschutzrecht, § 28 BNatSchG Rn. 45.; *Heugel*, in: Lütkes/Ewer, BNatSchG, § 28 Rn. 2.

46 *Hendrischke/Kieß*, in: Schlacke (Hrsg.), GK-BNatSchG, § 28 Rn. 16.

III. Schutzregime (Abs. 2)

Abs. 2 umschreibt das für Naturdenkmale geltende Schutzregime und gibt **19** vor, dass eine Beseitigung sowie alle Handlungen, die zu einer Zerstörung, Beschädigung oder Veränderung eines Naturdenkmals führen können, nach Maßgabe näherer Bestimmungen verboten sind.

1. Verbote

Mit dem Verbot der **Beseitigung** werden Maßnahmen erfasst, die unmittel- **20** bar eine Totalzerstörung eines Naturdenkmals (z.B. Fällen eines Baumes, Sprengung eines Felsens) oder seine Entfernung vom bisherigen Standort (z.B. Veränderung des Standorts eines Felsblocks) zur Folge haben.[47] Hinsichtlich des Verbots einer **Zerstörung, Beschädigung oder Veränderung** des Naturdenkmals entspricht das von § 28 Abs. 2 aufgestellte Schutzregime im Wesentlichen den für Naturschutzgebiete geltenden Anforderungen, sodass auf die dortige Kommentierung Bezug genommen werden kann (vgl. § 23 Rn. 38 ff.). Anders als bei Naturschutzgebieten enthält § 28 Abs. 2 allerdings kein ausdrückliches Verbot einer **(nachhaltigen) Störung**, da man diese Alternative als bereits in den anderen Verbotstatbeständen mit enthalten ansieht[48] und der artenschutzrechtliche Einschlag des Störungsbegriffs beim Objektschutz wie einem Naturdenkmal als unpassend empfunden wird.[49]

Wie bei Naturschutz- und Landschaftsschutzgebieten (vgl. § 23 Rn. 33 und **21** § 26 Rn. 22) gilt auch bei Naturdenkmälern das anwendbare Schutzregime lediglich „nach Maßgabe näherer Bestimmungen". Insoweit ergeben sich auch hier die im konkreten Fall anwendbaren Schutzanforderungen nicht aus § 28 Abs. 2 selbst, sondern **aus der jeweiligen Schutzerklärung**, für deren Schutzregime § 28 Abs. 2 zu beachtende Vorgaben enthält.[50] Die konkretisierten Verbote müssen sich an dem jeweils zu schützenden Naturdenkmal orientieren und sicherstellen, dass das von § 28 Abs. 2 angestrebte Schutzregime verwirklicht wird. Häufig werden bei einem Naturdenkmal z.B. die Errichtung baulicher oder sonstiger Anlagen ausgeschlossen oder der Abbau von Bodenbestandteilen oder Veränderungen des Bodenreliefs bzw. Bewuchses verboten.[51]

2. Verkehrssicherungspflichten

Ein besonderer Streitpunkt ist die Frage, wer für ein unter Schutz gestelltes **22** Naturdenkmal die Verkehrssicherungspflicht trägt.[52] Praktisch bedeutsam

---

47 *Meßerschmidt*, Bundesnaturschutzrecht, § 28 BNatSchG Rn. 72.

48 Vgl. BT-Drs. 14/6378, S. 52; BR-Drs. 411/01, S. 96.

49 Näher *Meßerschmidt*, Bundesnaturschutzrecht, § 28 BNatSchG Rn. 74 m.w.N.

50 *Kerkmann*, in: Kerkmann (Hrsg.), Naturschutzrecht in der Praxis, § 5 Rn. 152; *Schmidt-Räntsch*, in: Gassner/Bendomir-Kahlo/Schmidt-Räntsch, BNatSchG, § 28 Rn. 13.

51 *Gellermann*, in: Landmann/Rohmer, Umweltrecht, § 28 BNatSchG Rn. 9.

52 Eingehend *Meßerschmidt*, Bundesnaturschutzrecht, § 28 BNatSchG Rn. 79 ff.; generell hierzu auch *Louis/Engelke*, BNatSchG, § 12 Rn. 143 ff; *Hendrischke/Kieß*, in: Schlacke (Hrsg.), GK-BNatSchG, § 28 Rn. 27 m.w.N.

wird dies z.B. bei der Unterschutzstellung von Bäumen, wenn von diesen Äste herunter fallen und zu Schäden führen. An sich trifft die sich aus § 823 BGB ergebende Verkehrssicherungspflicht den **Eigentümer** eines Naturdenkmals. Allerdings ist dieser vor dem Hintergrund der für ein Naturdenkmal geltenden Schutzbestimmungen nur noch eingeschränkt in der Lage, seine Verkehrssicherungspflicht wahrzunehmen. Deswegen geht nach der Rechtsprechung die Verkehrssicherungspflicht mit Unterschutzstellung auf die jeweilige **Naturschutzbehörde** über, sodass beim Eigentümer im Wesentlichen nur noch eine Überwachungs- und Meldepflicht verbleibt.[53]

23　Im Schrifttum werden hiergegen teilweise Bedenken erhoben und darauf hingewiesen, dass die Erklärung zum Naturdenkmal die Eigentümerstellung unberührt lässt und das Schutzregime eine Erfüllung der Verkehrssicherungspflichten nicht generell ausschließt, sondern allenfalls behindert. Die Verkehrssicherungspflicht könne beim Eigentümer daher erst dann wegfallen, wenn die zuständige Behörde den Antrag auf Erteilung der zur Erfüllung der Verkehrssicherungspflicht notwendigen Befreiung abgelehnt hat.[54]

§ 29
Geschützte Landschaftsbestandteile*)

(1) Geschützte Landschaftsbestandteile sind rechtsverbindlich festgesetzte Teile von Natur und Landschaft, deren besonderer Schutz erforderlich ist

1. **zur Erhaltung, Entwicklung oder Wiederherstellung der Leistungs- und Funktionsfähigkeit des Naturhaushalts,**

2. **zur Belebung, Gliederung oder Pflege des Orts- oder Landschaftsbildes,**

3. **zur Abwehr schädlicher Einwirkungen oder**

4. **wegen ihrer Bedeutung als Lebensstätten bestimmter wildlebender Tier- und Pflanzenarten.**

53　Vgl. OLG Celle, Urt. v. 22.05.1957 – 3 U 57/56, NJW 1957, 1637 (1637); OLG Koblenz, Urt. v. 10.01.1979 – 1 U 1040/77, NuR 1980, 178 (178); OLG Frankfurt/Main, Urt. v. 30.03. 1989 – 1 U 81/88, NuR 1990, 287 (287); *Lorz/Konrad/Mühlbauer/Müller-Walter/Stöckel*, Naturschutzrecht, § 28 BNatSchG Rn. 11; *Günther*, NuR 2002, 587 (594); *Hendrischke/ Kieß*, in: Schlacke (Hrsg.), GK-BNatSchG, § 28 Rn. 20.

54　*Gellermann*, in: Landmann/Rohmer, Umweltrecht, § 28 BNatSchG Rn. 10; siehe auch *Louis/Engelke*, BNatSchG, § 12 Rn. 143.

*)　Beachte bei:
　　§ 29 Abs. 1 Satz 2: **Schleswig-Holstein** – Abweichung durch § 18 Abs. 1 LNatSchG SH v. 24.02.2010 (GVOBl. Schl.-H. S. 301) m.W.v. 01.03.2010 (vgl. BGBl. I 2010, S. 450).
　　§ 29 Abs. 1 S. 2: **Sachsen** – Abweichung durch § 19 Abs. 2 SächsNatSchG v. 06.06.2013 (SächsGVBl. S. 451) m.W.v. 22.07.2013. § 29 Abs. 2: **Berlin** – Abweichung durch § 26 Abs. 3 NatSchG Bln v. 29.05.2013 (GVBl. S. 140) m.W.v. 09.06.2013 (vgl. BGBl. 2013, S. 2829).
　　§ 29 Abs. 2 Satz 1: **Niedersachsen** – Abweichung durch § 22 Abs. 4 Satz 2 NAGBNat-SchG v. 19.02.2010 (Nds. GVBl. S. 104) m.W.v. 01.03.2010 (vgl. BGBl. I 2010, S. 970).
　　§ 29 Abs. 2 Satz 2: **Schleswig-Holstein** – Abweichung durch § 18 Abs. 2 LNatSchG SH v. 24.02.2010 (GVOBl. Schl.-H. S. 301) m.W.v. 01.03.2010 (vgl. BGBl. I 2010, S. 450).

Der Schutz kann sich für den Bereich eines Landes oder für Teile des Landes auf den gesamten Bestand an Alleen, einseitigen Baumreihen, Bäumen, Hecken oder anderen Landschaftsbestandteilen erstrecken.

(2) Die Beseitigung des geschützten Landschaftsbestandteils sowie alle Handlungen, die zu einer Zerstörung, Beschädigung oder Veränderung des geschützten Landschaftsbestandteils führen können, sind nach Maßgabe näherer Bestimmungen verboten. Für den Fall der Bestandsminderung kann die Verpflichtung zu einer angemessenen und zumutbaren Ersatzpflanzung oder zur Leistung von Ersatz in Geld vorgesehen werden.

(3) Vorschriften des Landesrechts über den gesetzlichen Schutz von Alleen bleiben unberührt.

Inhaltsübersicht

I. Allgemeine Erläuterungen

Die Schutzkategorie des geschützten Landschaftsbestandteils hat eine lange Tradition und war bereits im Reichsnaturschutzgesetz geregelt.[1] Anders als bei den Kategorien des Flächenschutzes nach §§ 23–27 handelt es sich bei § 29 (wie bei § 28) um eine Kategorie des **Objektschutzes**.[2] Daran ändert es auch nichts, dass nach § 29 Abs. 1 Satz 2 der Schutz für den Bereich oder Teile eines Landes auch auf den gesamten Bestand an Alleen, einseitigen Baumreihen, Bäumen, Hecken oder andere Landschaftsbestandteile erstreckt werden kann. Hiermit wird der Objektschutz lediglich um ein Ele-

1

---

1 Zur Historie eingehend *Meßerschmidt*, Bundesnaturschutzrecht, § 29 BNatSchG Rn. 3 ff.; *Heugel*, in: Lütkes/Ewer, BNatSchG, § 29 Rn. 1; *Hendrischke/Kieß*, in: Schlacke (Hrsg.), GK-BNatSchG, § 29 Rn. 2 f.
2 *Hendrischke/Kieß*, in: Schlacke (Hrsg.), GK-BNatSchG, § 29 Rn. 1.

ment des Flächenschutzes angereichert, im Kern bleibt es aber bei der Kategorie des Objektschutzes.[3] Der Objektschutz ist auf **Objekte oder Gruppen von Objekten** in der Natur und Landschaft beschränkt, die als solche deutlich erkennbar oder jedenfalls unschwer abgrenzbar und zumindest gattungsmäßig bestimmt sind.[4] Dagegen geht es beim Flächenschutz nicht um die Unterschutzstellung einzelner oder mehrerer Natur- und Landschaftsobjekte, sondern um den Schutz eines Gebiets als solches.[5] Für die Zuordnung kommt es im Kern darauf an, ob im konkreten Fall der Schutz eines Gebiets oder aber der Schutz eines Einzelobjekts bzw. einer Gesamtheit von Einzelobjekten im Vordergrund steht.

2   Mit Blick auf die in mancher Hinsicht vergleichbaren Schutzgegenstände stellt sich in der Praxis mitunter auch die **Abgrenzungsfrage** zwischen geschützten Landschaftsbestandteilen i.S.v. § 29 und Naturdenkmälern i.S.v. § 28. Die überwiegende Auffassung stellt insoweit zu Recht auf das § 28 prägende Kriterium der **Einzelschöpfung** ab, das erfordert, dass sich der Schutzgegenstand – entsprechend dem Charakter eines Denkmals – durch besondere Eigenschaften von ähnlichen Erscheinungen abhebt und in gewisser Hinsicht einmalig ist (vgl. § 28 Rn. 9). Ist ein Schutzobjekt zwar schutzwürdig, ermangelt es ihm aber am vorgenannten „Denkmalcharakter", so kann es nicht zum Naturdenkmal i.S.v. § 28 erklärt werden, wohl aber unter den Voraussetzungen des § 29 zu einem geschützten Landschaftsbestandteil, sodass dessen Schutzgegenstand im Ergebnis **weiter gefasst** ist.[6] Im Einzelfall können die Übergänge jedoch fließend sein.

3   Im Übrigen können geschützte Landschaftsbestandteile auch **in anderen Schutzgebieten** liegen oder darin einbezogen werden. Der sich aus der Unterschutzstellung eines Objekts als geschützter Landschaftsbestandteil ergebende Schutz mindert bzw. verändert sich dadurch nicht, die Ausweisung als geschützter Landschaftsbestandteil tritt in einem solchen Fall neben die andere Ausweisung.[7] Lediglich die jeweiligen Ge- und Verbote müssen so gewählt werden, dass sich die verschiedenen Unterschutzstellungen nicht gegenseitig beeinträchtigen.

---

3   OVG Saarlouis, Urt. v. 26.06.2009 – 2 C 284/09, NuR 2009, 871 (873); *Kerkmann*, in: Kerkmann (Hrsg.), Naturschutzrecht in der Praxis, § 5 Rn. 154; *Gellermann*, in: Landmann/Rohmer, Umweltrecht, § 29 BNatSchG Rn. 3.

4   *Louis/Engelke*, BNatSchG, § 12 Rn. 61; *Gassner/Heugel*, Das neue Naturschutzrecht, Rn. 396 m.w.N; *Heugel*, in: Lütkes/Ewer, BNatSchG, § 29 Rn. 3.

5   Vgl. *Meßerschmidt*, Bundesnaturschutzrecht, § 29 BNatSchG Rn. 27.

6   *Lorz/Konrad/Mühlbauer/Müller-Walter/Stöckel*, Naturschutzrecht, § 29 BNatSchG Rn. 4; *Gellermann*, in: Landmann/Rohmer, Umweltrecht, § 29 BNatSchG Rn. 5; *Kerkmann*, in: Kerkmann (Hrsg.), Naturschutzrecht in der Praxis, § 5 Rn. 158.

7   Vgl. OVG Lüneburg, Urt. v. 27.02.1986 – 3 C 1/85, NuR 1987, 327 (327); VGH München, Urt. v. 28.10.1994 – 9 N 87.03911, NuR 1995, 286 (287 f.); *Schmidt-Räntsch*, in: Gassner/Bendomir-Kahlo/Schmidt-Räntsch, BNatSchG, § 29 Rn. 7; *Lorz/Konrad/Mühlbauer/Müller-Walter/Stöckel*, Naturschutzrecht, § 29 BNatSchG Rn. 4; *Meßerschmidt*, Bundesnaturschutzrecht, § 28 BNatSchG Rn. 64.

§ 29 ist gegenüber § 29 BNatSchG a.F. in wenigen Punkten verändert.[8] In   4
Abs. 1 Satz 2 wurde die bisherige Formulierung „in bestimmten Gebieten"
durch die Worte „für den Bereich eines Landes oder für Teile des Landes"
ersetzt. Darüber hinaus wurde § 29 Abs. 2 Satz 2 a.F., wonach Ausnahmen
vom Schutzregime aus Gründen der Verkehrssicherheit zulässig waren, ersatzlos gestrichen. Neu eingefügt wurde in Abs. 2 Satz 2, dass im Falle der
Bestandsminderung neben der Ersatzpflanzung auch eine Verpflichtung zur
Leistung von Ersatz in Geld vorgesehen werden kann. Schließlich wurde in
Abs. 3 eine Neuregelung eingefügt, wonach die Vorschriften der Länder
über den gesetzlichen Schutz von Alleen unberührt bleiben.

II. Festsetzung eines geschützten Landschaftsbestandteils (Abs. 1)

1. Anforderungen an die Unterschutzstellung

Bei der Festsetzung eines geschützten Landschaftsbestandteils sind die allge-   5
meinen formellen und materiellen Anforderungen an Unterschutzstellungen
i.S.v. §§ 22 ff. zu beachten (siehe näher § 22 Rn. 3 ff.).[9] In formeller Hinsicht
bedarf es vor allem eines außenwirksamen und mit Allgemeinverbindlichkeit
versehenen **Rechtsakts**. Die Länder sehen insoweit bei geschützten Landschaftsbestandteilen verschiedene Unterschutzstellungsformen vor, die praktisch bedeutsamsten sind **Baumschutzsatzungen**.[10] Materiell-rechtlich ist u.a.
die (von § 29 Abs. 1 ausdrücklich herausgestellte) **„Erforderlichkeit"** der
Schutzerklärung zu prüfen, d.h. die Schutzwürdigkeit und Schutzbedürftigkeit des in Rede stehenden Teils von Natur und Landschaft. Schutzwürdigkeit
ist gegeben, wenn der Schutzgegenstand die in den gesetzlichen Schutzzweckbestimmungen der §§ 23 ff. aufgeführten Tatbestandsmerkmale[11] erfüllt
und zur Verwirklichung dieser Schutzziele geeignet ist.[12] Insofern bemisst sich
die Schutzwürdigkeit bei geschützten Landschaftsbestandteilen nach den hier
in § 29 Abs. 1 Satz 1 Nr. 1–4 ausdrücklich normierten Schutzzwecken.

2. Schutzgegenstand

a) Einzelobjekte und Objektgruppen

§ 29 Abs. 1 Satz 1 ermöglicht die Unterschutzstellung von „Teilen von Natur   6
und Landschaft". Da es sich beim geschützten Landschaftsbestandteil um
eine Kategorie des Objektschutzes handelt, sind mögliche Schutzobjekte in

---

8 Vgl. BT-Drs. 16/12274, S. 62; *Egner*, in: Egner/Fuchs, Naturschutz- und Wasserrecht 2009,
   § 29 BNatSchG Rn. 1 ff.
9 Vgl. BVerwG, Beschl. v. 29.01.2007 – 7 B 68.06, NVwZ 2007, 589 (589).
10 Näher *Meßerschmidt*, Bundesnaturschutzrecht, § 29 BNatSchG Rn. 22; siehe auch die allgemeine Übersicht bei *Kerkmann*, in: Kerkmann (Hrsg.), Naturschutzrecht in der Praxis,
   § 5 Rn. 6.
11 *Louis/Engelke*, BNatSchG, § 12 Rn. 68.
12 Vgl. OVG Saarlouis, Urt. v. 07.03.2007 – 1 N 3/06, NVwZ-RR 2007, 582 (585 ff.); Fischer-
   Hüftle/*Schumacher/Schumacher*, in: Schumacher/Fischer-Hüftle, BNatSchG, § 22 Rn. 9;
   Kerkmann, in: Kerkmann (Hrsg.), Naturschutzrecht in der Praxis, § 5 Rn. 21; *Gassner/Heu-
   gel*, Das neue Naturschutzrecht, Rn. 394.

erster Linie Einzelobjekte und Objektgruppen, die als Bestandteil der belebten oder unbelebten Natur in Erscheinung treten und sich aus der Landschaft abgrenzbar abheben.[13] Die Landesnaturschutzgesetze enthalten beispielhafte Aufzählungen von geschützten Landschaftsbestandteilen wie etwa Bäume- und Baumgruppen, Feldraine, Alleen, Hecken, Heiden, Gebüschgruppen, Moore, Tümpel, Steinwälle und Trockenmauern.[14] Auch Ton- und Lehmgruben sowie Kalksteinbrüche kommen als Schutzgegenstand in Betracht, soweit diese zwar flächenhaft ausgeprägt sind, nicht aber selbst eine Landschaft darstellen.[15]

7   Wie bei Naturdenkmälern (siehe § 28 Rn. 8, 11) werden auch von § 29 grundsätzlich nur **natürliche und dauerhafte** Einzelobjekte bzw. Objektgruppen erfasst, sodass insbesondere bei allein von Menschenhand geschaffenen Gegenständen ein geschützter Landschaftsbestandteil an sich ausscheidet.[16] Allerdings wird eine **Ausnahme** gemacht, wenn sich die Natur von Menschenhand angelegte Landschaftselemente „zurückerobert" hat und diese so sehr mit Natur und Landschaft verwachsen sind, dass sie als deren Bestandteil erscheinen.[17]

8   Anders als § 28 macht § 29 keine Vorgaben hinsichtlich einer **Flächengröße**, ab der ein geschützter Landschaftsbestandteil ausscheidet und allein eine Kategorie des Flächenschutzes in Betracht kommt. So hat das BVerwG beispielsweise bei einer ca. sieben Hektar großen Fläche keine zwingende Notwendigkeit zum Einsatz einer Flächenschutzkategorie gesehen.[18] Andererseits wurde bei einem aus zwei Hektar Heidefläche und angrenzendem Acker- und Grünland bestehenden Bereich die Möglichkeit einer Unterschutzstellung als geschützter Landschaftsbestandteil verneint, weil es sich um Flächen- und nicht um Objektschutz handele.[19] Zur Frage der Flächengröße lassen sich daher keine fixen Grenzen festlegen, sondern kommt es

---

13 BVerwG, Beschl. v. 18.12.1995 – 4 NB 8.95, NuR 1996, 249 (250); OVG Saarlouis, Urt. v. 26.06.2009 – 2 C 284/09, NuR 2009, 871 (873); VGH München, Urt. v. 31.10.2007 – 14 N 05.2125, DVBl 2008, 332 (332); *Gellermann*, in: Landmann/Rohmer, Umweltrecht, § 29 BNatSchG Rn. 4; *Kerkmann*, in: Kerkmann (Hrsg.), Naturschutzrecht in der Praxis, § 5 Rn. 157.

14 Siehe weitere Beispiele bei *Fischer-Hüftle/Schumacher/Schumacher*, in: Schumacher/ Fischer-Hüftle, BNatSchG, § 29 Rn. 5.

15 Vgl. BVerwG, Beschl. v. 18.12.1995 – 4 NB 8.95, NuR 1996, 249 (250); OVG Lüneburg, Urt. v. 25.04.2002 – 8 KN 230/01, NuR 2002, 620 (621 f.); *Kerkmann*, in: Kerkmann (Hrsg.), Naturschutzrecht in der Praxis, § 5 Rn. 157.

16 *Louis/Engelke*, BNatSchG, § 18 Rn. 4; dies soll allerdings nicht bezüglich des Ursprungs des Objekts gelten, sodass hiernach auch vom Menschen angepflanzte Bäume geschützte Landschaftsbestandteile sein können, vgl. *Hendrischke/Kieß*, in: Schlacke (Hrsg.), GK-BNatSchG, § 29 Rn. 5.

17 Vgl. OVG Münster, Urt. v. 18.06.1998 – 10 A 816/96, Rn. 54 ff. (juris); OVG Saarlouis, Urt. v. 26.06.2009 – 2 C 284/09, NuR 2009, 871 (873); *Fischer-Hüftle/Schumacher/Schumacher*, in: Schumacher/Fischer-Hüftle, BNatSchG, § 29 Rn. 4; *Gellermann*, in: Landmann/Rohmer, Umweltrecht, § 29 BNatSchG Rn. 4; *Kerkmann*, in: Kerkmann (Hrsg.), Naturschutzrecht in der Praxis, § 5 Rn. 156; *Heugel*, in: Lütkes/Ewer, BNatSchG, § 29 Rn. 4.

18 BVerwG, Beschl. v. 18.12.1995 – 4 NB 8.95, NuR 1996, 249 (250).

19 OVG Lüneburg, Urt. v. 25.04.1994 – 3 K 1315/91, NuR 1995, 96 (97).

Appel

auf die konkrete Situation vor Ort an und inwieweit eine deutliche Erkennbarkeit und Abgrenzbarkeit zur übrigen Landschaft möglich ist.[20]

b) Gesamtbestandsschutz (Abs. 1 Satz 2)

Gemäß Abs. 1 Satz 2 kann ein geschützter Landschaftsbestandteil für den 9
Bereich oder Teile eines Landes auch auf den gesamten Bestand an Alleen, einseitigen Baumreihen, Bäumen, Hecken oder andere Landschaftsbestandteile erstreckt werden. Das Gesetz lässt es damit zu, in räumlich abgegrenzten Bereichen **flächendeckend** den gesamten, nicht individuell erfassten Bestand an Landschaftselementen wie Bäumen etc. unter Schutz zu stellen.[21] Damit geht es um die Sicherung von Objekten auf großer Fläche wie Landes-, Bezirks-, Kreis- oder Gemeindeebene, sodass hierdurch Elemente des Flächenschutzes in § 29 Eingang finden, ohne dass sich jedoch etwas an der grundsätzlichen Einordnung als Objektschutzkategorie ändert (vgl. Rn. 1). Von besonderer praktischer Bedeutung sind in diesem Zusammenhang **Baumschutzsatzungen**, mit denen Bäume in (Teilen von) Gemeindegebieten ab einer bestimmten Größe (in der Regel gemessen am Stammumfang) unter Schutz gestellt werden.[22]

Im Rahmen des BNatSchG 2010 wurde in Abs. 1 Satz 2 die bisherige Formu- 10
lierung „in bestimmten Gebieten" durch die Worte „für den Bereich eines Landes oder für Teile des Landes" ersetzt. Hierdurch wurde insbesondere dem Umstand Rechnung getragen, dass die Rechtsprechung den Begriff „in bestimmten Gebieten" weit auslegte und sich die Festsetzung eines geschützten Landschaftsbestandteils z.B. auch auf den gesamten Bestand an Bäumen innerhalb eines Landes erstrecken konnte.[23] Mit der Neufassung ist damit in erster Linie bloß eine **Klarstellung** verbunden. Gleichwohl ist auch weiterhin erforderlich, dass die Unterschutzstellung hinreichend bestimmt ist, d.h. der räumliche und sachliche Umfang eines geschützten Landschaftsbestandteils mit der Unterschutzstellungserklärung hinreichend genau festgelegt und abgrenzbar ist.[24]

c) Umgebungsschutz

Da § 29 keine Vorgaben zum Umgebungsschutz macht, stellt sich die Frage, 11
ob die allgemeine Regelung zum **Umgebungsschutz** (§ 22 Abs. 1 Satz 3, 2. Halbs.) auch auf geschützte Landschaftsbestandteile angewendet werden kann. In diesem Zusammenhang wurde bei § 22 Abs. 2 Satz 2 BNatSchG a.F.

---

20 *Vgl. Heugel*, in: Lütkes/Ewer, BNatSchG, § 29 Rn. 5; *Hendrischke/Kieß*, in: Schlacke (Hrsg.), GK-BNatSchG, § 29 Rn. 6.

21 *Fischer-Hüftle/Schumacher/Schumacher*, in: Schumacher/Fischer-Hüftle, BNatSchG, § 29 Rn. 13.

22 *Gassner/Heugel*, Das neue Naturschutzrecht, Rn. 442.

23 BVerwG, Beschl. v. 01. 02. 1996 – 4 B 303/95, NuR 1996, 403 (404 f.); hierzu näher *Meßerschmidt*, Bundesnaturschutzrecht, § 29 BNatSchG Rn. 68.

24 Vgl. OVG Münster, Urt. v. 08. 10. 1993 – 7 A 202/92, NuR 1994, 253 (254 f.); *Fischer-Hüftle/ Schumacher/Schumacher*, in: Schumacher/Fischer-Hüftle, BNatSchG, § 29 Rn. 15; *Meßerschmidt*, Bundesnaturschutzrecht, § 29 BNatSchG Rn. 67.

aufgrund des dortigen ausdrücklichen Bezugs zu den Schutzgebieten des § 22 Abs. 1 Nr. 1 BNatSchG a.F. diskutiert, ob die Vorschrift den Umgebungsschutz bloß für den Flächen- oder auch für den Objektschutz eröffnet.[25] Auch wenn weitgehend Einvernehmen bestand, dass der Vorschrift insoweit keine Beschränkung auf den Flächenschutz zu entnehmen war,[26] wollte der Gesetzgeber mit der Neufassung des Abs. 1 Satz 3, 1. Halbs. und der damit einhergehenden Streichung einer Bezugnahme auf die Kategorien des Flächenschutzes (§ 22 Abs. 1 Nr. 1 BNatSchG a.F.) klarstellen, dass der **Umgebungsschutz auch beim Objektschutz möglich** ist.[27] Der Wortlaut des Abs. 1 Satz 3, 2. Halbs. ist aber weiterhin unglücklich, da die Bezugnahme auf Abs. 1 Satz 3, 1. Halbs. und die dort verwendete Formulierung der „Schutzgebiete" nach wie vor den unzutreffenden Eindruck erweckt, dass nur der Flächenschutz erfasst wird.[28] Auch ist die durch das Wort „hierbei" implizierte Verknüpfung zwischen den beiden Halbsätzen des Abs. 1 Satz 3 irreführend, da der Umgebungsschutz nicht davon anhängt, dass zugleich von der Möglichkeit der Zonierung Gebrauch gemacht wird.[29]

3. Schutzzwecke

12   Zwingender Mindestinhalt einer Unterschutzstellung zum geschützten Landschaftsbestandteil ist auch die Festlegung des konkreten Schutzzwecks. In Abs. 1 Satz 1 Nr. 1–4 werden die gesetzlichen Schutzzwecke von geschützten Landschaftsbestandteilen definiert und damit die Tatbestandsmerkmale geregelt, anhand derer zu prüfen ist, ob ein Gebiet für eine Unterschutzstellung in Betracht kommt. Die Schutzzwecke sind allesamt **gleichrangig** und es reicht aus, wenn für eine Unterschutzstellung einer von ihnen erfüllt ist (wenngleich in der Praxis zumeist mehrere der Schutzzwecke gleichzeitig vorliegen).[30] Die bei geschützten Landschaftsbestandteilen in Betracht kommenden Schutzzwecke beziehen sich auf die Verwirklichung allgemeiner Ziele der Landschaftspflege und dienen ökologischen (Nr. 1, 4), ästhetischen (Nr. 2) und landschaftsverbessernden (Nr. 3) Zwecken.

a) Leistungs- und Funktionsfähigkeit des Naturhaushalts (Abs. 1 Satz 1 Nr. 1)

13   Gemäß Abs. 1 Satz 1 Nr. 1 können Teile von Natur und Landschaft als geschützter Landschaftsbestandteil ausgewiesen werden, wenn dies zur Erhaltung, Entwicklung oder Wiederherstellung der Leistungs- und Funktionsfähigkeit des Naturhaushalts erforderlich ist. Bei den insoweit einzuhaltenden Anforderungen gilt im Wesentlichen dasselbe wie im Kontext mit Land-

---

25 Näher *Marzik/Wilrich*, BNatSchG, § 22 Rn. 42.

26 Siehe etwa *Schmidt-Räntsch*, in: Gassner/Bendomir-Kahlo/Schmidt-Räntsch, BNatSchG, § 22 Rn. 35; a.A. *Meßerschmidt*, Bundesnaturschutzrecht, § 28 BNatSchG Rn. 40 und § 29 BNatSchG Rn. 32.

27 BT-Drs. 16/12274, S. 61.

28 *Fischer-Hüftle*, NuR 2008, 213 (214).

29 *Fischer-Hüftle*, NuR 2008, 213 (214).

30 *Gellermann*, in: Landmann/Rohmer, Umweltrecht, § 29 BNatSchG Rn. 7.

schaftsschutzgebieten nach § 26 Abs. 1 Nr. 1, sodass auf die dortige Kommentierung Bezug genommen werden kann. Dies gilt umso mehr, als bei § 26 Abs. 1 Nr. 1 durch die nunmehr erfolgte Einbeziehung des Schutzes von Lebensstätten und Lebensräumen bestimmter wild lebender Tier- und Pflanzenarten eine Annäherung an den ökologischen Ausweisungsgrund des § 29 Abs. Satz 1 Nr. 4 erfolgt ist.[31]

b) Belebung, Gliederung oder Pflege des Orts- und Landschaftsbildes (Abs. 1 Satz 1 Nr. 2)

Gemäß Abs. 1 Satz 1 Nr. 2 kommt die Festsetzung eines Teils von Natur und Landschaft als geschützter Landschaftsbestandteil auch zur Belebung, Gliederung oder Pflege des Orts- und Landschaftsbilds in Betracht. Der Schutzzweck ist **ästhetischer Natur**.[32] Das Orts- und Landschaftsbild wird im Wesentlichen durch die vorhandenen landschaftsprägenden Elemente bestimmt, wobei alle Ausprägungen der Erdoberfläche umfasst werden und sich das Ortsbild vor allem durch die baulichen Gegebenheiten charakterisiert.[33] Das ästhetische Empfinden richtet sich nach **objektiven Maßstäben** und nicht dem persönlichen Geschmack des zuständigen Amtswalters.[34]   **14**

Natur- und Landschaftsteile können das Orts- und Landschaftsbild beleben, wenn sie seine Farblosigkeit oder Eintönigkeit visuell durchbrechen und durch Abwechslungsreichtum den naturbezogenen Erlebniswert erhöhen, wobei auch die Verbesserung der ökologisch-biologischen Vielfalt und der Funktionsfähigkeit von Flora und Fauna erfasst wird.[35] Hierbei erfasst der Begriff des Ortsbildes den (un-)bebauten Innenbereich und das Landschaftsbild den Außenbereich.[36]   **15**

Gegliedert wird das Orts- und Landschaftsbild durch Naturobjekte, die es nach einem bestimmten System in abgrenzbare Einheiten unterteilen.[37] In Betracht kommen insoweit vor allem lineare Landschaftsbestandteile, welche landschaftliche Raumeinheiten wahrnehmbar abschließen und visuelle Leitstrukturen in der Landschaft bilden (z.B. Waldsäume, Alleen oder Randstreifen von Fließgewässern).[38]   **16**

---

31 *Gellermann*, in: Landmann/Rohmer, Umweltrecht, § 29 BNatSchG Rn. 8.

32 *Kerkmann*, in: Kerkmann (Hrsg.), Naturschutzrecht in der Praxis, § 5 Rn. 161; *Heugel*, in: Lütkes/Ewer, BNatSchG, § 29 Rn. 10.

33 Näher *Meßerschmidt*, Bundesnaturschutzrecht, § 29 BNatSchG Rn. 41 ff.

34 *Schmidt-Räntsch*, in: Gassner/Bendomir-Kahlo/Schmidt-Räntsch, BNatSchG, § 29 Rn. 14 m.w.N.

35 OVG Lüneburg, Urt. v. 25.04.2002 – 8 KN 230/01, NuR 2002, 620 (621); OVG Lüneburg, Urt. v. 25.09.2003 – 8 KN 2044/01, NuR 2004, 52 (53); *Kerkmann*, in: Kerkmann (Hrsg.), Naturschutzrecht in der Praxis, § 5 Rn. 161; siehe einzelne Beispiele bei *Meßerschmidt*, Bundesnaturschutzrecht, § 29 BNatSchG Rn. 45 m.w.N.

36 *Hendrischke/Kieß*, in: Schlacke (Hrsg.), GK-BNatSchG, § 29 Rn. 12.

37 *Gellermann*, in: Landmann/Rohmer, Umweltrecht, § 29 BNatSchG Rn. 9.

38 *Fischer-Hüftle/Schumacher/Schumacher*, in: Schumacher/Fischer-Hüftle, BNatSchG, § 29 Rn. 9; *Meßerschmidt*, Bundesnaturschutzrecht, § 29 BNatSchG Rn. 46.

17 Die Pflege zielt auf den Erhalt und ggf. auf die Verbesserung des bestehenden Zustands von Natur und Landschaft.[39] Der Pflege dienen vor allem solche Natur- und Landschaftsbestandteile, die das Orts- und Landschaftsbild verschönern.[40]

c) Abwehr schädlicher Einwirkungen (Abs. 1 Satz 1 Nr. 3)

18 Geschützte Landschaftsbestandteile können gemäß Abs. 1 Satz 1 Nr. 3 ferner zur Abwehr schädlicher (Umwelt-)Einwirkungen festgesetzt werden. Die Regelung ist in Zusammenhang mit der allgemeinen Zielbestimmung des § 1 Abs. 3 Nr. 4 zu sehen und hat vor allem den Zweck, **schädliche Umwelteinwirkungen i.S.v. § 3 Abs. 1** BImSchG abzuwehren.[41] Die Regelung dient nicht nur dem Schutz der Natur, sondern auch dem Schutz der von schädlichen Umwelteinwirkungen betroffenen Menschen.[42] Vor diesem Hintergrund kann die Festsetzung eines geschützten Landschaftsbestandteils erfolgen, um z.B. Lärm- und Schadstoffimmissionen zu vermeiden bzw. zu mindern sowie zum Schutz von Klima, Boden und Gewässern.[43] Beispiele sind die Minderung von Verkehrslärm durch Hecken und Gehölzstreifen oder die Verhinderung des Einsickerns von Dünger in Gewässer.[44]

d) Lebensstätten bestimmter wild lebender Tier- und Pflanzenarten (Abs. 1 Satz 1 Nr. 4)

19 Abs. 1 Satz 1 Nr. 4 ermöglicht die Festsetzung eines geschützten Landschaftsbestandteils aufgrund dessen Bedeutung als Lebensstätte bestimmter wild lebender Tier- und Pflanzenarten. In der Möglichkeit des **Arten- und Biotopschutzes** liegt ein wesentlicher Unterschied zwischen § 29 und den Naturdenkmälern des § 28, da Letztere nicht zum Zwecke des Schutzes von Tier- oder Pflanzenarten ausgewiesen werden können (siehe § 28 Rn. 18). Da der Lebensstättenschutz an sich bereits vom Schutz des Naturhaushalts i.S.v. Abs. 1 Satz 1 Nr. 1 mit erfasst wird, zeigt sich mit seiner ausdrücklichen Nennung in Abs. 1 Satz 1 Nr. 4 die besondere Rolle von geschützten Landschaftsbestandteilen für den Arten- und Biotopschutz.[45] Der mit dem BNatSchG 2002 eingeführte Abs. 1 Satz 1 Nr. 4 wurde vom Gesetzgeber vor allem damit begründet, dass geschützte Landschaftsbestandteile dem Biotopschutz

---

39 *Fischer-Hüftle/Schumacher/Schumacher*, in: Schumacher/Fischer-Hüftle, BNatSchG, § 29 Rn. 9.

40 *Gellermann*, in: Landmann/Rohmer, Umweltrecht, § 29 BNatSchG Rn. 9; *Meßerschmidt*, Bundesnaturschutzrecht, § 29 BNatSchG Rn. 48.

41 *Kerkmann*, in: Kerkmann (Hrsg.), Naturschutzrecht in der Praxis, § 5 Rn. 162; *Gellermann*, in: Landmann/Rohmer, Umweltrecht, § 29 BNatSchG Rn. 10.

42 *Schmidt-Räntsch*, in: Gassner/Bendomir-Kahlo/Schmidt-Räntsch, BNatSchG, § 29 Rn. 15.

43 *Fischer-Hüftle/Schumacher/Schumacher*, in: Schumacher/Fischer-Hüftle, BNatSchG, § 29 Rn. 10; *Schmidt-Räntsch*, in: Gassner/Bendomir-Kahlo/Schmidt-Räntsch, BNatSchG, § 29 Rn. 15.

44 *Hendrischke/Kieß*, in: Schlacke (Hrsg.), GK-BNatSchG, § 29 Rn. 13; *Schmidt-Räntsch*, in: Gassner/Bendomir-Kahlo/Schmidt-Räntsch, BNatSchG, § 29 Rn. 15.

45 *Fischer-Hüftle/Schumacher/Schumacher*, in: Schumacher/Fischer-Hüftle, BNatSchG, § 29 Rn. 11.

Appel

dienstbar gemacht werden sollen und auf diese Weise insbesondere kleinflächige Lebensstätten wild lebender Tier- und Pflanzenarten (z.B. Tümpel) gezielter geschützt werden können.[46] Insofern kommen geschützten Landschaftsbestandteilen insbesondere als **Verbindungselemente** für den Aufbau und Erhalt des Bioverbundssystems (§ 21) praktische Bedeutungen zu.[47]

Wild lebende Tier- und Pflanzenarten sind solche, die in Freiheit vorkommen 20 und die nicht ausschließlich vom Menschen gezüchtet oder angebaut werden.[48] Der Schutzzweck muss sich auf „bestimmte" Arten beziehen, was in der Schutzanordnung durch Spezifizierung der betreffenden Arten entsprechend zu konkretisieren ist.[49] Wie bei § 28 (vgl. § 28 Rn. 12) können allerdings Tiere oder Tierkollektive selbst nicht als geschützte Landschaftsbestandteile unter Schutz gestellt werden, da es sich um bewegliche Objekte handelt, denen es an der notwendigen Beständigkeit bzw. Dauerhaftigkeit fehlt.[50]

III. Schutzregime (Abs. 2)

Abs. 2 umschreibt das für geschützte Landschaftsbestandteile geltende 21 Schutzregime und gibt in Satz 1 vor, dass eine Beseitigung sowie alle Handlungen, die zu einer Zerstörung, Beschädigung oder Veränderung eines geschützten Landschaftsbestandteils führen können, nach Maßgabe näherer Bestimmungen verboten sind. Abs. 2 Satz 2 enthält eine Sonderregelung für Fälle, in denen die Beeinträchtigung eines geschützten Landschaftsbestandteils zu einer Bestandsminderung führt.

1. Verbote (Abs. 2 Satz 1)

Hinsichtlich des Verbots einer **Beseitigung, Zerstörung, Beschädigung oder** 22 **Veränderung** des geschützten Landschaftsbestandteils entspricht das von Abs. 2 Satz 1 aufgestellte Schutzregime im Wesentlichen den für Naturdenkmäler geltenden Anforderungen, sodass auf die dortige Kommentierung (vgl. § 28 Rn. 20 ff.) Bezug genommen werden kann. Wie bei Naturschutz- und Landschaftsschutzgebieten und beim Naturdenkmal (vgl. § 23 Rn. 33, § 26 Rn. 22 und § 28 Rn. 21) gilt auch bei geschützten Landschaftsbestandteilen das anwendbare Schutzregime lediglich „nach Maßgabe näherer Bestimmungen". Insoweit ergeben sich auch hier die im konkreten Fall anwendbaren Schutzanforderungen nicht aus Abs. 2 Satz 1 selbst, sondern aus der jeweiligen **Schutzerklärung**, für deren Schutzregime Abs. 2 Satz 1 zu beachtende Vorgaben enthält.

---

46 BT-Drs. 14/6378, S. 52; *Kerkmann*, in: Kerkmann (Hrsg.), Naturschutzrecht in der Praxis, § 5 Rn. 163; *Lorz/Konrad/Mühlbauer/Müller-Walter/Stöckel*, Naturschutzrecht, § 29 BNatSchG Rn. 2; *Marzik/Wilrich*, BNatSchG, § 29 Rn. 7.

47 *Lorz/Konrad/Mühlbauer/Müller-Walter/Stöckel*, Naturschutzrecht, § 29 BNatSchG Rn. 2.

48 *Meßerschmidt*, Bundesnaturschutzrecht, § 29 BNatSchG Rn. 53.

49 *Meßerschmidt*, Bundesnaturschutzrecht, § 29 BNatSchG Rn. 53.

50 Vgl. *Schmidt-Räntsch*, in: Gassner/Bendomir-Kahlo/Schmidt-Räntsch, BNatSchG, § 29 Rn. 8.

23   Die Regelung des § 29 Abs. 2 Satz 2 BNatSchG a.F., wonach Ausnahmen von den hinsichtlich geschützter Landschaftsbestandteile geltenden Verboten nur aus zwingenden Gründen der **Verkehrssicherheit** zulässig waren, ist im Rahmen des BNatSchG 2010 ersatzlos weggefallen. Die Streichung ist sachgerecht, da § 29 Abs. 2 Satz 2 BNatSchG a.F. übersah, dass es eine Vielzahl weiterer Ausnahmefälle gibt und solche in den Unterschutzstellungserklärungen auch regelmäßig festgelegt werden.[51] Wie die Gesetzesbegründung klarstellt, können Gesichtspunkte der Verkehrssicherheit aber gleichwohl nach wie vor bei der Unterschutzstellung von geschützten Landschaftsbestandteilen und der Festlegung entsprechender Ausnahmen berücksichtigt werden.[52]

2.   Ersatzpflanzungen und Geldersatz (Abs. 2 Satz 2)

24   Abs. 2 Satz 2, Alt. 1 eröffnet die Möglichkeit, bei geschützten Landschaftsbestandteilen im Falle einer Bestandsminderung dem hierfür Verantwortlichen die Verpflichtung einer angemessenen und zumutbaren Ersatzpflanzung aufzugeben. Hiermit wird klargestellt, dass geschützte Landschaftsbestandteile grundsätzlich **keinem Individualschutz** dienen, sondern einem typisierten Schutz des jeweils in Rede stehenden Landschaftsbestandteils (z.B. einer Baumgattung).[53]

25   Eine **Ersatzpflanzung** ist angemessen und zumutbar, wenn sie (zumindest nach einer gewissen Entwicklungszeit) die Funktion der geminderten Bestände erfüllen kann und dabei den Betroffenen nicht über ein vertretbares Maß hinaus belastet.[54] Aus Gründen der Verhältnismäßigkeit darf die Unterschutzstellungserklärung allerdings keinen Automatismus vorsehen, dass eine Bestandsminderung stets eine Ersatzpflanzungspflicht auslöst. Vielmehr muss eine einzelfallbezogene Abwägungsentscheidung vorgesehen werden, bei der die Interessen der Allgemeinheit an einem unbeeinträchtigten Fortbestand des Landschaftsbestandteils mit den Interessen des Betroffenen ins Verhältnis gesetzt werden müssen.[55]

26   Neu eingefügt in Abs. 2 Satz 2 wurde die Alt. 2, wonach im Falle einer Bestandsminderung anstelle einer Ersatzpflanzung nunmehr auch die **Zahlung eines Ersatzgelds** verlangt werden kann. Solche Ersatzgeldzahlungen sind gegenüber § 29 Abs. 2 Satz 3 BNatSchG a.F. neu, waren aber schon bisher vielfach in den Landesnaturschutzgesetzen geregelt.[56] Wie bei der Ersatzpflanzung darf auch die Anordnung des Ersatzgelds nicht pauschal erfolgen,

---

51 *Egner*, in: Egner/Fuchs, Naturschutz- und Wasserrecht 2009, § 29 BNatSchG Rn. 1.

52 BT-Drs. 16/12274, S. 62; *Gassner/Heugel*, Das neue Naturschutzrecht, Rn. 441; *Gellermann*, in: Landmann/Rohmer, Umweltrecht, § 29 BNatSchG Rn. 14.

53 *Schmidt-Räntsch*, in: Gassner/Bendomir-Kahlo/Schmidt-Räntsch, BNatSchG, § 29 Rn. 21.

54 *Hendrischke/Kieß*, in: Schlacke (Hrsg.), GK-BNatSchG, § 29 Rn. 17.

55 OVG Münster, Urt. v. 15.06.1998 – 7 A 759/96, NuR 1999, 526 (527 f.); *Gassner/Heugel*, Das neue Naturschutzrecht, Rn. 441; *Meßerschmidt*, Bundesnaturschutzrecht, § 29 BNatSchG Rn. 114.

56 *Egner*, in: Egner/Fuchs, Naturschutz- und Wasserrecht 2009, § 29 BNatSchG Rn. 2; *Meßerschmidt*, Bundesnaturschutzrecht, § 29 BNatSchG Rn. 119 mit Nachw. zum bisherigen Landesrecht.

sondern muss eine Einzelfallprüfung vorgesehen werden. Hinsichtlich der Bemessung des Ersatzgelds liegt es mangels näherer Regelungen in § 29 nahe, angesichts der terminologischen und inhaltlichen Parallelen auf die gemäß § 15 Abs. 6 und 7 für das Ersatzgeld bei der naturschutzrechtlichen Eingriffsregelung geltenden Vorgaben abzustellen.[57]

IV. Alleenschutz nach Landesrecht (Abs. 3)

§ 29 lässt gemäß seinem Abs. 3 die Vorschriften des Landesrechts über den   27
gesetzlichen Schutz von Alleen unberührt. Die Regelung hat den Hintergrund, dass in einigen Ländern Alleen landesrechtlich **unmittelbar kraft Gesetzes** als geschütztes Biotop[58] bzw. durch eine anderweitige gesetzliche Regelung[59] geschützt sind.[60] Der Bundesgesetzgeber ist damit einem Vorschlag des Bundesrats gefolgt, wonach diese landesrechtlichen Vorschriften neben § 29 weiterhin Bestand haben sollen und abweichende landesrechtliche Regelungen zum Alleenschutz nicht im Widerspruch zu § 29 stehen.[61]

§ 30
Gesetzlich geschützte Biotope*)

(1) Bestimmte Teile von Natur und Landschaft, die eine besondere Bedeutung als Biotope haben, werden gesetzlich geschützt (allgemeiner Grundsatz).

(2) Handlungen, die zu einer Zerstörung oder einer sonstigen erheblichen Beeinträchtigung folgender Biotope führen können, sind verboten:

---

57 *Gellermann*, in: Landmann/Rohmer, Umweltrecht, § 29 BNatSchG Rn. 15.

58 Z.B. § 13 Abs. 1Nr. 1 HAGBNatSchG; § 21 Abs. 1 Satz 1 Nr. 3 LNatSchG SH; vgl. zum Landesrecht *Hendrischke/Kieß*, in: Schlacke (Hrsg.), GK-BNatSchG, § 29 Rn. 20 ff.

59 Z.B. § 17 BbgNatSchAG; § 19 LNatSchAG M-V; § 47a LG NW.

60 *Gassner/Heugel*, Das neue Naturschutzrecht, Rn. 442; *Egner*, in: Egner/Fuchs, Naturschutz- und Wasserrecht 2009, § 29 BNatSchG Rn. 3; *Louis*, NuR 2010, 77 (84).

61 *Berghoff/Steg*, NuR 2010, 17 (24); *Gellermann*, in: Landmann/Rohmer, Umweltrecht, § 29 BNatSchG Rn. 16.

*) Beachte bei:
§ 30: **Schleswig-Holstein** – Abweichung durch §§ 36 u. 52 LNatSchG SH v. 24. 02. 2010 (GVOBl. Schl.-H. S. 301) m.W.v. 01. 03. 2010 (vgl. BGBl. I 2010, S. 450)
§ 30 Abs. 1: **Hamburg** – Abweichung durch § 14 Abs. 1 i.V.m. Anlage HmbBNatSchAG v. 11. 05. 2010 (HmbGVBl. S. 350, 402) m.W.v. 01. 06. 2010 (vgl. BGBl. I 2011, S. 93)
§ 30 Abs. 2: **Bayern** – Abweichung durch Art. 23 Abs. 2 BayNatSchG v. 23. 02. 2011 (GVBl. 2011, S. 82) m.W.v. 01. 03. 2011 (vgl. BGBl. I 2011, S. 368)
§ 30 Abs. 2: **Schleswig-Holstein** – Abweichung durch § 21 Abs. 2 LNatSchG SH v. 24. 02. 2010 (GVOBl. Schl.-H. S. 301) m.W.v. 01. 03. 2010 (vgl. BGBl. I 2010, S. 450
§ 30 Abs. 2: **Mecklenburg-Vorpommern** – Abweichung durch § 20 NatSchAG MV v. 23. 02. 2010 (GVOBl. M.-V. S. 66) m.W.v. 01. 03. 2010 (vgl. BGBl. I 2010, S. 1621)
§ 30 Abs. 2: **Sachsen-Anhalt** – Abweichung durch § 22 Abs. 2 NatSchG LSA v. 10. 12. 2010 (GVBl. LSA S. 569) m.W.v. 17. 12. 2010 (vgl. BGBl. I 2011, S. 30)

1. natürliche oder naturnahe Bereiche fließender und stehender Binnengewässer einschließlich ihrer Ufer und der dazugehörigen uferbegleitenden natürlichen oder naturnahen Vegetation sowie ihrer natürlichen oder naturnahen Verlandungsbereiche, Altarme und regelmäßig überschwemmten Bereiche,

2. Moore, Sümpfe, Röhrichte, Großseggenrieder, seggen- und binsenreiche Nasswiesen, Quellbereiche, Binnenlandsalzstellen,

3. offene Binnendünen, offene natürliche Block-, Schutt- und Geröllhalden, Lehm- und Lösswände, Zwergstrauch-, Ginster- und Wacholderheiden, Borstgrasrasen, Trockenrasen, Schwermetallrasen, Wälder und Gebüsche trockenwarmer Standorte,

4. Bruch-, Sumpf- und Auenwälder, Schlucht-, Blockhalden- und Hangschuttwälder, subalpine Lärchen- und Lärchen-Arvenwälder,

5. offene Felsbildungen, alpine Rasen sowie Schneetälchen und Krummholzgebüsche,

6. Fels- und Steilküsten, Küstendünen und Strandwälle, Strandseen, Boddengewässer mit Verlandungsbereichen, Salzwiesen und Wattflächen im Küstenbereich, Seegraswiesen und sonstige marine Makrophytenbestände, Riffe, sublitorale Sandbänke, Schlickgründe mit bohrender Bodenmegafauna sowie artenreiche Kies-, Grobsand- und Schillgründe im Meeres- und Küstenbereich.

Die Verbote des Satzes 1 gelten auch für weitere von den Ländern gesetzlich geschützte Biotope.

(3) Von den Verboten des Absatzes 2 kann auf Antrag eine Ausnahme zugelassen werden, wenn die Beeinträchtigungen ausgeglichen werden können.

---

§ 30 Abs. 2: **Hamburg** – Abweichung durch § 14 Abs. 1 i.V.m. Anlage HmbBNatSchAG v. 11. 05. 2010 (HmbGVBl. S. 350, 402) m.W.v. 01. 06. 2010 (vgl. BGBl. I 2011, S. 93)

§ 30 Abs. 2 Satz 1: **Niedersachsen** – Abweichung durch § 24 Abs. 1 NAGBNatSchG v. 19. 02. 2010 (Nds. GVBl. S. 104) m.W.v. 01. 03. 2010 (vgl. BGBl. I 2010, S. 970)

§ 30 Abs. 2 u. 3: **Sachsen** – Abweichung durch § 26 Abs. 3 u. 4 SächsNatSchG v. 03. 07. 2007 (GVBl. S. 321), zuletzt geändert durch Artikel 17 des Gesetzes v. 15. 12. 2010 (SächsGVBl. S. 387, 398) m.W.v. 15. 05. 2010 (vgl. BGBl. I 2011, S. 843)

§ 30 Abs. 3: **Bayern** – Abweichung durch Art. 23 Abs. 2, 3 u. 4 BayNatSchG v. 23. 02. 2011 (GVBl. 2011, S. 82) m.W.v. 01. 03. 2011 (vgl. BGBl. I 2011, S. 368)

§ 30 Abs. 3: **Mecklenburg-Vorpommern** – Abweichung durch § 20 NatSchAG MV v. 23. 02. 2010 (GVOBl. M.-V. S. 66) m.W.v. 01. 03. 2010 (vgl. BGBl. I 2010, S. 1621)

§ 30 Abs. 3 u. 4: **Hamburg** – Abweichung durch § 14 Abs. 3 HmbBNatSchAG v. 11. 05. 2010 (HmbGVBl. S. 350, 402) m.W.v. 01. 06. 2010 (vgl. BGBl. I 2011, S. 93)

§ 30 Abs. 5: **Bayern** – Abweichung durch Art. 23 Abs. 2 BayNatSchG v. 23. 02. 2011 (GVBl. 2011, S. 82) m.W.v. 01. 03. 2011 (vgl. BGBl. I 2011, S. 368)

§ 30 Abs. 5: **Schleswig-Holstein** – Abweichung durch § 21 Abs. 4 LNatSchG SH v. 24. 02. 2010 (GVOBl. Schl.-H. S. 301) m.W.v. 01. 03. 2010 (vgl. BGBl. I 2010, S. 450)

§ 30 Abs. 5: **Hamburg** – Abweichung durch § 14 Abs. 3 HmbBNatSchAG v. 11. 05. 2010 (HmbGVBl. S. 350, 402) m.W.v. 01. 06. 2010 (vgl. BGBl. I 2011, S. 93)

§ 30 Abs. 5 u. 6: **Sachsen-Anhalt** – Abweichung durch § 22 Abs. 2 NatSchG LSA v. 10. 12. 2010 (GVBl. LSA S. 569) m.W.v. 17. 12. 2010 (vgl. BGBl. I 2011, S. 30)

§ 30 Abs. 6: **Hamburg** – Abweichung durch § 14 Abs. 3 HmbBNatSchAG v. 11. 05. 2010 (HmbGVBl. S. 350, 402) m.W.v. 01. 06. 2010 (vgl. BGBl. I 2011, S. 93).

(4) Sind auf Grund der Aufstellung, Änderung oder Ergänzung von Bebauungsplänen Handlungen im Sinne des Absatzes 2 zu erwarten, kann auf Antrag der Gemeinde über eine erforderliche Ausnahme oder Befreiung von den Verboten des Absatzes 2 vor der Aufstellung des Bebauungsplans entschieden werden. Ist eine Ausnahme zugelassen oder eine Befreiung gewährt worden, bedarf es für die Durchführung eines im Übrigen zulässigen Vorhabens keiner weiteren Ausnahme oder Befreiung, wenn mit der Durchführung des Vorhabens innerhalb von sieben Jahren nach Inkrafttreten des Bebauungsplans begonnen wird.

(5) Bei gesetzlich geschützten Biotopen, die während der Laufzeit einer vertraglichen Vereinbarung oder der Teilnahme an öffentlichen Programmen zur Bewirtschaftungsbeschränkung entstanden sind, gilt Absatz 2 nicht für die Wiederaufnahme einer zulässigen land-, forst-, oder fischereiwirtschaftlichen Nutzung innerhalb von zehn Jahren nach Beendigung der betreffenden vertraglichen Vereinbarung oder der Teilnahme an den betreffenden öffentlichen Programmen.

(6) Bei gesetzlich geschützten Biotopen, die auf Flächen entstanden sind, bei denen eine zulässige Gewinnung von Bodenschätzen eingeschränkt oder unterbrochen wurde, gilt Absatz 2 nicht für die Wiederaufnahme der Gewinnung innerhalb von fünf Jahren nach der Einschränkung oder Unterbrechung.

(7) Die gesetzlich geschützten Biotope werden registriert und die Registrierung wird in geeigneter Weise öffentlich zugänglich gemacht. Die Registrierung und deren Zugänglichkeit richten sich nach Landesrecht.

(8) Weiter gehende Schutzvorschriften einschließlich der Bestimmungen über Ausnahmen und Befreiungen bleiben unberührt.

Inhaltsübersicht

I. Allgemeines

1 Der gesetzliche Biotopschutz ist als naturschutzfachliche Notwendigkeit seit dem Jahr 1986 im BNatSchG verankert.[1] Er ist als Instrument zur Sicherung der Artenvielfalt in Deutschland von grundlegender Bedeutung und trägt der Erkenntnis Rechnung, dass sich die Erhaltung der Lebensräume insbesondere für gefährdete Tier- und Pflanzenarten nicht alleine durch die Ausweisung von Schutzgebieten bewerkstelligen lässt.[2] Wesentlicher Zweck ist also der **Artenschutz**. Der Gesetzgeber erfasst damit vor allem die Vielzahl der kleinstrukturierten und gestreuten Biotope, deren Erhalt mittels Einzelschutzanordnungen nur durch unverhältnismäßigen Verwaltungsaufwand sichergestellt werden könnte. Anders als bei den klassischen Schutzkategorien nach § 20 Abs. 2, zeitig § 30 einen **gesetzesunmittelbaren Schutz**, ohne dass es einer förmlichen Festsetzung durch Verwaltungsverfahren einschließlich kartografischer Erfassung bedarf. Der Eintrag in eine Biotopliste, die Erfassung über Biotopkartierung oder anderweitige Registrierung sind daneben nicht erforderlich und wirken lediglich deklaratorisch.[3] Die Vorschrift erzeugt damit einen unmittelbar wirkenden, quasi absoluten Schutz bestimmter „Tabubiotope", welcher über die Eingriffsregelung (§§ 14 ff. BNatSchG) und den Gebiets- und Objektschutz (§§ 22–29 BNatSchG) hinausgeht.

Anders als die frühere rahmenrechtliche Vorgabe, welche erst der Umsetzung durch die Länder bedurfte, wurde § 30 BNatSchG g.F. zu einer Vollregelung mit unmittelbarem bundesgesetzlichem Schutz ausgebaut.[4] Nach der Dogmatik des BVerfG ist der gesetzliche Biotopschutz zu den **Inhalts- und Schrankenbestimmungen** im Sinne des Art. 14 Abs. 1 Satz 2 GG zu zählen, welche als verfassungsrechtlich unbedenklich anzusehen sind.[5]

II. Normüberblick

2 § 30 Abs. 1 erhebt den gesetzlichen Biotopschutz zum **allgemeinen Grundsatz des Naturschutzrechts**. Das in Abs. 2 wiedergegebene Verbot sowie der zugehörige Katalog an besonders geschützten Biotopen entsprechen im Wesentlichen § 30 Abs. 1 BNatSchG a.F. Im Vergleich zur Vorgängerregelung sind nur wenige Biotoptypen neu hinzugekommen. Durch § 30 Abs. 3

---

1   Zur Historie: *Waggershauser*, Die geschichtliche Entwicklung und rechtliche Ausgestaltung des besonderen Flächenschutzes im Naturschutzrecht, 1. Aufl. 2005, S. 197 ff.; *Riecken*, NuL 2006 (12 ff.).

2   Vgl. BT-Drucksache 278/09, S. 196.

3   *Kerkmann*, in: Kerkmann (Hrsg.), Naturschutzrecht in der Praxis, 1. Aufl. 2007, § 6 Rn. 4; *Kratsch/Czybulka*, in: Schumacher/Fischer-Hüftle, BNatSchG, 2. Aufl. 2010, § 30 Rn. 20.

4   BR-Drs. 278/09, S. 196.

5   Vgl. dazu ausführlich *Endres*, in: Kolodziejcok/Endres/Krohn/Markus, NLJ, Kz. 4535 § 5 BWaldG Rn. 10 ff., 19.

BNatSchG g.F. wird eine Ausnahmevorschrift eingefügt. Mit Abs. 4 soll das Verhältnis von gesetzlichem Biotopschutz und Bauleitplanung vereinfacht werden. In Abs. 5 wird die bereits in § 30 Abs. 2 Satz 2 BNatSchG a.F. vorgesehene Legalausnahme vom Verschlechterungsverbot des Abs. 2 für bestimmte Tatbestände der Wiederbewirtschaftung aufgegriffen und teilweise konkretisiert. Abs. 6 schafft erstmals eine weitere Legalausnahme für bestimmte Fälle der Wiederaufnahme einer Bodenschätzegewinnung. Mit Abs. 7 wird eine Vorschrift zur Registrierung geschützter Biotope statuiert, welche auf landesrechtlicher Ebene zum Teil bereits früher vorgesehen war. In Abs. 8 wird schließlich klargestellt, dass bei Vorliegen eines strengeren Schutzregimes die hierfür einschlägigen Vorschriften unberührt bleiben.

III. Gesetzlicher Schutz als allgemeiner Grundsatz (§ 30 Abs. 1)

Wegen seiner hohen praktischen Bedeutung für den Artenschutz erhebt § 30 Abs. 1 den gesetzlichen Biotopschutz zum allgemeinen Grundsatz, welcher sich im Gegensatz zum Katalog des § 30 Abs. 2 nicht auf bestimmte Biotoptypen bezieht, sondern auf das Instrument als solches.[6] Die Regelung ist auf Grundlegendes beschränkt.[7] Der Gesetzgeber dokumentiert damit seinen Willen, den Biotopschutz der Möglichkeit einer abweichenden Gesetzgebung nach Art. 72 Abs. 3 Nr. 2 GG durch die Länder zu entziehen. Der einfache Gesetzgeber wird zwar grundsätzlich nicht als befugt angesehen, den verfassungsrechtlichen Begriff der allgemeinen Grundsätze auszufüllen;[8] der gesetzliche Biotopschutz ist aber insbesondere wegen seiner Nähe zum Artenschutz, welcher nach dem ausdrücklichen Wortlaut des Art. 72 Abs. 3 Nr. 2 GG seinerseits abweichungsfest ist, auch nach verfassungsrechtlichen Maßstäben als **abweichungsfester Kern** anzusehen.[9] Insofern stoßen landesrechtliche Abweichungsgesetze teilweise auf verfassungsrechtliche Bedenken.[10]

3

IV. Schutzgegenstand und Schutzregime (§ 30 Abs. 2)

1. Schutzgegenstand

Schutzgegenstand des § 30 Abs. 2 sind besonders hochwertige und wertvolle Biotope. Der **Begriff des Biotops** wird in § 7 Abs. 2 Nr. 4 als Lebensraum einer Lebensgemeinschaft wild lebender Tiere und Pflanzen definiert (vgl. dazu ausführlich § 7 Rn. 16). Er erscheint inhaltlich schwer fassbar.[11] Der Dachver-

4

---

6 *Heugel*, in: Gassner/Heugel, Das neue Naturschutzrecht, 1. Aufl. 2010, Rn. 443.

7 BT-Drs. 16/12274, S. 62.

8 *Müggenborg/Hentschel*, NJW 2010, 964; *Gellermann*, NVwZ 2010, 74; *Köck/Wolf*, NVwZ 2008, 357; *Franzius*, ZUR 2010, 348 und ausführlich *Appel*, NuR 2010, 171 ff.

9 Dahingehend auch *Fischer-Hüftle*, NuR 2007, 83 f.

10 Vgl. z.B. Art. 23 BayNatSchG; § 18 BbgNatSchAG; § 28 NatSchG Bln; § 22 BremNatG; § 14 Abs. 3 HmbBNatSchAG; § 20 NatSchAG MV; § 24 Abs. 2 NAGBNatSchG; § 21 LNatG SH.

11 Vgl. zum Inhalt des Begriffs ausführlich: *Meßerschmidt*, BNatSchG, § 30 Rn. 18 f..

band wissenschaftlicher Gesellschaften der Agrar-, Forst-, Ernährungs-, Veterinär- und Umweltforschung e.V. (DAF) sowie die Bayerische Akademie für Naturschutz- und Landschaftspflege (ANL) definieren als Biotop: „Lebensraum einer Biozönose von einheitlicher, gegenüber seiner Umgebung mehr oder weniger scharf abgrenzbarer Beschaffenheit, z.B. Hochmoor, Salzwiese, Höhle, Teich, Erlenbruch (synökologischer Begriff in Abgrenzung zum Habitat)" und als Biozönose (Lebensgemeinschaft): „Gemeinschaft der in einem Biotop regelmäßig vorkommenden pflanzlichen und tierischen Lebewesen verschiedener Arten, die untereinander und mit ihrer abiotischen Umwelt in Wechselbeziehung stehen."[12] Die Begriffe Biotop und Biotopschutz sind daher auf die Existenz, die Lebensbedürfnisse und den Schutz bestimmter (Arten) wildlebender Tiere und Pflanzen sowie vor allem ihrer Lebensgemeinschaften bezogen.

Für die Frage der Biotopeigenschaft und dessen Wertigkeit im Hinblick auf § 30 Abs. 2 sind allein die **tatsächlichen Verhältnisse** maßgeblich; aus welchem Grund, auf welche Weise und an welchem Ort ein Biotop entstanden ist, spielt keine Rolle.[13] Erfasst werden daher auch durch menschliche Einflüsse entstandene, sog. **Sekundärbiotope**[14] ohne Rücksicht darauf, ob diese im Innen- oder Außenbereich liegen[15] und ob der betroffene Grundstückseigentümer oder die zuständige Behörde Kenntnis hat. Die Erfassung im Rahmen einer Biotopkartierung hat dementsprechend nur deklaratorische Wirkung;[16] wenngleich die zugehörigen Karten als öffentliche Urkunden i.S.v. § 418 ZPO angesehen werden.[17] Der gesetzliche Schutz eines Biotops hängt auch nicht von seinem – mehr oder weniger intakten – Erhaltungszustand ab.[18] Umgekehrt fallen Flächen, die lediglich das Potenzial für die Entstehung eines Biotops besitzen, nicht unter den Biotopschutz des § 30.[19] Auch können Flächen ihre Biotopeigenschaft aufgrund natürlicher Prozesse sowie anthropogener Einflüsse wieder verlieren.

---

12 Vgl. DAF/ANL, Begriffe aus Ökologie, Landnutzung und Umweltschutz, 1994.

13 *Kratsch/Czybulka*, in: Schumacher/Fischer-Hüftle, BNatSchG, 2. Aufl. 2010, § 30 Rn. 20 f.; *Schmidt-Räntsch*, in: Gassner/Bendomir-Kahlo/Schmidt-Räntsch, BNatSchG, 2. Aufl. 2003, § 30 Rn. 7; *Waggershauser*, Die geschichtliche Entwicklung und rechtliche Ausgestaltung des besonderen Flächenschutzes im Naturschutzrecht, 1. Aufl. 2005, S. 198.

14 OVG Lüneburg, Beschl. v. 12.09.2006 – 8 LA 265/04, ZUR 2007, 44; OVG Münster, Urt. v. 19.01.2001 – 8A 1850/99, NVwZ-RR 2001, 663, m.w.N.

15 *Meßerschmidt*, BNatSchG, § 30 Rn. 35 und 38; BVerwG, Beschl. v. 21.12.1994 – 4 B 266.94, NVwZ 1995, 601.

16 BVerfG, Beschl. v. 07.05.2001 – 2 BvK 1/00, NVwZ-RR 2002, 91; *Meßerschmidt*, BNatSchG, § 30 Rn. 31; *Kratsch/Czybulka*, in: Schumacher/Fischer-Hüftle, BNatSchG, 2. Aufl. 2010, § 30 Rn. 20; *Gellermann*, in: Landmann/Rohmer, Umweltrecht, Bd. IV, § 30 BNatSchG Rn. 25; *Waggershauser*, Die geschichtliche Entwicklung und rechtliche Ausgestaltung des besonderen Flächenschutzes im Naturschutzrecht, 1. Aufl. 2005, S. 199.

17 VGH Mannheim, Urt. v. 06.07.2006 – 5 S 1280/05, NuR 2007, 418; VG Regensburg, Urt. v. 08.01.2002 – RO 11 K 01.622, NuR 2002, 443.

18 OVG Schleswig, Beschl. v. 11.09.2012 – 1 LA 40/12.

19 *Kerkmann*, in: Kerkmann (Hrsg.), Naturschutzrecht in der Praxis, 1. Aufl. 2007, § 6 Rn. 5.

2. Biotoptypen

Der Schutzstatus des § 30 beschränkt sich auf die im Katalog des Absatzes   5
2 aufgeführten Biotoptypen. Die Länder sind jedoch nach § 30 Abs. 2 Satz 2
befugt, durch Gesetz weitere Biotope hinzuzufügen.[20] Systematisch sind die
über § 30 geschützten Biotope in sechs Gruppen gefasst. An der rechtsstaat-
lich gebotenen **Bestimmtheit** der im Katalog des § 30 Abs. 2 Satz 1 gelisteten
Biotope bestehen keine Zweifel.[21] Es bleibt jedoch festzuhalten, dass der gesetzliche Biotopschutz und damit auch der Biotopbegriff sowie die Biotop-
typendefinitionen im Hinblick auf die erheblichen Einschränkungen, die sich
insbesondere für die Eigentümer von Flächen ergeben, die unter den gesetzlichen Biotopschutz fallen, nicht zu weit gefasst werden dürfen, sondern sich
nur auf solche Lebensräume beziehen darf, die selten und besonders hochwertig sind.[22]

3. Schutzumfang

Nach § 30 Abs. 2 Satz 1 sind alle Handlungen, die zu einer **Zerstörung** oder   6
sonstigen **erheblichen Beeinträchtigung** der gelisteten Biotope führen können, verboten. Das damit ausgesprochene, weit gehende Veränderungsverbot geht deutlich über die Eingriffsregelung hinaus und ähnelt dem Schutzregime in Naturschutzgebieten.[23] Es gilt im beplanten[24] und unbeplanten[25]
Innenbereich genauso wie im Außenbereich.

Vom Verbot eingeschlossen sind nicht nur **unmittelbare Einwirkungen**, die
direkt auf den Biotopflächen vorgenommen werden, sondern auch mittelbare,
die von außerhalb auf das Biotop einwirken.[26] Die Formulierung „**Handlungen**" betrifft nur aktive Maßnahmen; nicht vom Verbot erfasst wird das **Unterlassen** von Handlungen, wie z.B. die Aufgabe der zum Erhalt des Biotops
erforderlichen Bewirtschaftung in Form einer regelmäßigen Beweidung oder
Mahd.[27] Ein positives Tun kann dem Betroffenen von der zuständigen Behörde nur aufgegeben werden, wenn hierfür eine besondere öffentlich-rechtliche Verpflichtung des betroffenen Grundstückseigentümers oder -besitzers
besteht und die Auferlegung einer entsprechenden Verpflichtung die Gren-

---

20 Von dieser Möglichkeit haben bisher Gebrauch gemacht: Art. 23 Abs. 1 BayNatSchG;
§ 28 Abs. 1 BlnNatSchG; § 18 Abs. 1 BbgNatSchAG; § 13 Abs. 1 HAGBNatSchG; § 14
Abs. 2 HmbNatSchAG; § 20 Abs. 1 NatSchAG MV; § 24 Abs. 2 NAGBNatSchG; § 22
Abs. 1 NatSchG LSA; § 21 Abs. 1 SächsNatSchG; § 21 Abs. 1 LNatG SH.
21 BVerfG, Beschl. v. 07.05.2001 – 2 BvK 1/00, NVwZ-RR 2002, 91.
22 Vgl. dahingehend auch VG Arnsberg, Urt. v. 02.06.2004 – 1 K 552/02.
23 *Meßerschmidt*, BNatSchG, § 30 Rn. 54.
24 OVG Koblenz, Urt. v. 12.12.2007 – 8 A 10632/07, NuR 2008, 119 f.
25 BVerwG, Beschl. v. 21.12.1994 – 4 B 266/94, NVwZ 1995, 601 f.
26 *Kratsch/Czybulka*, in: Schumacher/Fischer-Hüftle, BNatSchG, 2. Aufl. 2010, § 30 Rn. 37;
Meßerschmidt, BNatSchG, § 30 Rn. 56; *Schmidt-Räntsch*, in: Gassner/Bendomir-Kahlo/
Schmidt-Räntsch, BNatSchG, 2. Aufl. 2003, § 30 Rn. 9; *Gellermann*, in: Landmann/Roh-
mer, Umweltrecht, Bd. IV, § 30 BNatSchG Rn. 15.
27 *Meßerschmidt*, BNatSchG, § 30 Rn. 56; *Kerkmann*, in: Kerkmann (Hrsg.), Naturschutzrecht in der Praxis, 1. Aufl. 2007, § 6 Rn. 6; *Marzik*, in: Marzik/Wilrich, BNatSchG, 1. Aufl.
2004, § 30 Rn. 9.

zen der Zumutbarkeit wahrt.[28] Allerdings kann der Betroffene zur Duldung von Pflege- und Bewirtschaftungsmaßnahmen nach § 65 verpflichtet werden.[29] Nicht von Belang ist, ob die aufgrund von § 30 zu verbietenden Handlungen (abgesehen von den Fällen der Ausnahmen und Befreiungen) im Übrigen rechtmäßig sind. So gilt das Verbot von Handlungen entsprechend Abs. 2 auch gegenüber der öffentlichen Hand und ist strikt zu beachtende Vorgabe auch für verbindliche öffentliche Planungen, etwa des Baurechts, der Flurbereinigung, des Gewässerschutzes, des Straßenplanungsrechts; im Konfliktfall gehen sie widersprechenden planungsrechtlichen Festlegungen vor, diese sind gegebenenfalls rechtswidrig. Gleiches gilt natürlich auch gegenüber naturschutzrechtlichen Festlegungen. Der gesetzliche Schutz eines Biotops hängt nicht von seinem – mehr oder weniger intakten – Erhaltungszustands ab; gerade Biotope mit weniger gutem oder (gar) gestörtem Erhaltungszustand bedürfen eines besonderen (vorsorgenden und auf funktionsgerechte Rückentwicklung orientierten) Schutzes.[30]

7 Unter **Zerstörung** versteht man die irreparable Schädigung eines Bestandes mit der Folge des gänzlichen Verlustes des Biotops;[31] darunter fällt zweifelsfrei jede physische Beseitigung[32] oder Umgestaltung eines Biotops, wie z.B. die Bebauung,[33] Entwässerung[34] oder der Umbruch[35] einer seggen- und binsenreichen Nasswiese, die Trockenlegung von Quellbereichen[36], die Einebnung eines Tümpels,[37] die Beseitigung eines Röhrichts zur Anlage eines Teiches,[38] die Rodung eines Feldgehölzes,[39] der Wegebau[40] oder Kahlhieb[41] in einem Bruchwald, die Aufforstung eines Quellsumpfes,[42] der Tiefumbruch einer Hochmoorfläche,[43] die Beseitigung einer Streuobstwiese,[44] die Bebauung einer Zwergstrauch- und Wacholderweide,[45] die Nutzung eines Mager-

---

28 VGH Mannheim, Urt. v. 06.11.2003 – 10 S 2619/00.
29 So im Ergebnis auch *Kratsch/Czybulka*, in: Schumacher/Fischer-Hüftle, BNatSchG, 2. Aufl. 2010, § 30 Rn. 34.
30 OVG Schleswig, Beschl. v. 11.09.2012 – 1 LA 40/12.
31 *Meßerschmidt*, BNatSchG, § 30 Rn. 58; *Stöckel/Müller-Walter*, in: Erbs/Kohlhaas, Strafrechtliche Nebengesetze, Bd. III, N 16, § 30 BNatSchG Rn. 7; *Marzik*, in: Marzik/Wilrich, BNatSchG, 1. Aufl. 2004, § 30 Rn. 12.
32 *Gellermann*, in: Landmann/Rohmer, Umweltrecht, Bd. IV, § 30 BNatSchG Rn. 14.
33 OVG Lüneburg, Urt. v. 10.03.2005 – 8 LB 4072/01; VG Dresden, Urt. v. 04.03.2009 – 4 K 552/06.
34 OVG Bautzen, Beschl. v. 09.06.2009 – 1 B 289/09, NuR 2010, 415.
35 VG München, Beschl. v. 16.06.2008 – M 1 SE 08.2707.
36 VG Göttingen, Beschl. v. 19.01.2006 – 4 B 195/05, NuR 2006, 394.
37 VGH München, Urt. v. 26.10.1994 – 9 B 90.1332, NuR 1995, 285.
38 OVG Lüneburg, Beschl. v. 20.09.2006 – 8 ME 115/06, NVwZ-RR 2007, 239.
39 OLG Naumburg, Urt. v. 30.06.2006 – 1 U 4/06; VG Kassel, Beschl. v. 16.01.2003 – 2 G 2119/02; VGH München, Beschl. v. 18.12.2006 – 25 ZB 05.177.
40 VG Stade, Beschl. v. 25.01.2002 – 1 B 82/02.
41 VerfG Bbg, Beschl. v. 12.10.2000 – VfGBbg 20/00, LKV 2001, 169.
42 VGH Mannheim, Urt. v. 17.11.2004 – 5 S 2713/02, VBlBW 2005, 274.
43 OVG Lüneburg, Beschl. v. 30.10.2009 – 4 ME 346/08, ZUR 2010, 103.
44 OVG Bautzen, Urt. v. 06.12.2001 – 1 B 54/99.
45 OVG Lüneburg, Urt. v. 23.08.1994 – 3 L 3939/93, NuR 1995, 470.

rasens als Sport- und Freizeitgelände[46] oder der Kalksteinabbau auf einem Trockenrasen.[47] Darüber hinaus werden auch entsprechend wirkend stoffliche Einträge[48] sowie die intensive land-, forst- und fischereiwirtschaftliche Nutzung erfasst.[49] Bei den vorstehend aufgeführten Beispielen ist jedoch zu beachten, dass diese nicht als feste Regelbeispiele bzw. als Positivliste verstanden werden dürfen. Bei der Frage, ob eine Handlung unter das Verbot des Abs. 2 fällt, kommt es vielmehr auf die Betrachtung im Einzelfall an, welche insbesondere auch eine vernünftige Abschätzung der wahrscheinlichen Folgen zu beinhalten hat. Hierzu sind in jedem Fall die Definitionen und Erläuterungen der BfN-Liste[50] und entsprechende Hilfen der Länder heranzuziehen. Die für ein Biotop und seinen spezifischen Wert maßgeblichen charakteristischen und wesentlichen Merkmale und Eigenschaften sind festzustellen/herauszuarbeiten und ihre sicheren oder wahrscheinlichen Veränderungen durch die vorgesehenen Maßnahmen/Handlungen.

Der Terminus **„erhebliche Beeinträchtigung"** bleibt im Ausmaß hinter der   8 Zerstörung zurück und meint eine nicht nur geringfügige und nachteilige Veränderung des Biotops, wobei eine dauerhafte Schädigung nicht erforderlich ist.[51] Erfasst werden damit Handlungen, die den Wert und die Geeignetheit als Lebensraum und Lebensstätte für die ihm zugehörigen und auf ihn angewiesenen besonders schutzwürdigen und schutzbedürftigen Arten und Lebensgemeinschaften mindern; wie etwa die Nutzung eines vollständig von Röhricht umgebenen Bootsstegs,[52] das Canyoning auf naturnahen fließenden Binnengewässern,[53] das Klettern an offenen Felsbildungen,[54] die intensive fischereiwirtschaftliche Nutzung eines naturnahen Kleingewässers[55] oder die Anlage eines Durchgangs durch einen Knick.[56] Die **land- oder forstwirtschaftliche Nutzung** ist damit nicht ausgeschlossen; insbesondere dann nicht, wenn die aktuelle Bewirtschaftung zur Entstehung des Biotops geführt hat oder zu dessen Erhaltung erforderlich ist. Selbiges gilt für gezielte Pflege- und Erhaltungsmaßnahmen.[57] Welche Art menschlicher Einwirkung oder Nutzung erforderlich oder verträglich ist, lässt sich bereits aus den Definitionen und Erläuterungen zu den einzelnen Biotopen ablesen oder ableiten.[58]

---

46 VGH Mannheim, Urt. v. 26. 10. 2011 – 5 S 920/10.

47 VGH Kassel, Beschl. v. 29. 12. 1992 – 14 TH 668/92, NVwZ-RR 1993, 349.

48 VG Leipzig, Beschl. v. 04. 03. 2009 – 6 L 1820/08.

49 OVG Lüneburg, Beschl. v. 12. 09. 2006 – 8 LA 265/04, ZUR 2007, 45 für die fischereiwirtschaftliche Nutzung.

50 Vgl. dazu Rn. 15–21.

51 *Meßerschmidt*, BNatSchG, § 30 Rn. 59 ff.; *Stöckel/Müller-Walter*, in: Erbs/Kohlhaas, Strafrechtliche Nebengesetze, Bd. III, N 16, § 30 BNatSchG Rn. 5; *Marzik*, in: Marzik/Wilrich, BNatSchG, 1. Aufl. 2004, § 30 Rn. 12.

52 VG Frankfurt/Oder, Urt. v. 12. 10. 2009 – 5 K 215/05; VG Frankfurt/Oder, Beschl. v. 29. 11. 2013 – 5 L 229/13; OVG Berlin-Brandenburg, Beschl. v. 07. 05. 2012 – OVG 11 S 60.11.

53 VG München, Urt. v. 09. 12. 2008 – M 2 K 05.2843.

54 VG Sigmaringen, Urt. v. 31. 03. 2004 – 5 K 1526/02, NuR 2004, 624.

55 OVG Lüneburg, Beschl. v. 12. 09. 2006 – 8 LA 265/04, ZUR 2007, 45.

56 OVG Schleswig, Beschl. v. 11. 09. 2012 – 1 LA 40/12.

57 BT-Drs. 14/6387 S. 53.

58 Vgl. dazu BfN-Liste, Rn. 15–21.

So können bei Altarmen und regelmäßig vom Gewässer überschwemmten Bereichen gewisse, das Wasser haltende Stauungen nützlich oder notwendig sein. Seggen- und binsenreiche Nasswiesen bedürfen der Mahd, und bedürfen/vertragen unter Umständen auch eine gewisse Beweidung. Hohlwege zwischen Lehm- oder Löswänden sollten genutzt und damit vor hochwüchsiger Vegetation freigehalten werden. Anthropogene Zwergstrauch-, Ginster- und Wachholderheiden bedürfen in der Regel der Schafhutung. Ähnliche Offenhaltungsmaßnahmen erfordern auch Borstgras-, Trocken- und Magerrasen. Auch die naturnahen Wälder vertragen regelmäßig eine dem Charakter des Biotops angepasste, „nachhaltige" Entnahme von Holz.

Die frühere Alternative der **„nachhaltigen"** Beeinträchtigung wurde mit der Novelle des BNatSchG 2010 aufgegeben; sie hatte jedoch ohnehin kaum Anwendungsbereich, da eine nachhaltige Beeinträchtigung regelmäßig auch als erheblich im vorstehenden Sinne anzusehen ist.

9   Als **erheblich** wird man eine Beeinträchtigung bezeichnen können, die ein Biotop im negativen Sinne so verändert (gemessen an den Definitionen und Erläuterungen der BfN-Liste und an den typischen Anforderungen der jeweils zu schützenden Arten und Lebensgemeinschaften), dass dies von einem gutwilligen, mit gesundem Menschenverstand ausgestatteten Betroffenen (in der Regel dem jeweiligen Grundstückseigentümer/-besitzer) erkannt werden kann; der Fachmann muss dies ohne komplizierte wissenschaftliche Untersuchungen feststellen (und plausibel darlegen) können. Naturschutzfachliche Aussagen, wie Biotopkartierungen (mit entsprechenden Bewertungen), Landschaftsplanung und auch Schutzgebietsuntersuchungen und -verordnungen werden nicht nur eine wichtige Hilfe für die Feststellung eines Tabubiotops, sondern auch für das Erkennen nachteiliger Veränderungen/Beeinträchtigungen sein.

Auf die **Dauer der Beeinträchtigung** kommt es im Grundsatz nicht an. Da es sich jedoch um Vorgänge in der lebenden Natur mit ihren ständigen Veränderungen und Selbstheilungskräften handelt, wird allerdings eine Beeinträchtigung nur ganz vorübergehender Art auch nicht als erheblich zu werten sein, so, wenn die Beeinträchtigung z.B. der Vegetation eines Biotops sich binnen einer Vegetationsperiode von allein wieder voll auswächst, d.h. ohne menschliches Zutun voll ausgleicht. Umgekehrt kann – nicht muss – eine an sich unerhebliche Beeinträchtigung durch die zu erwartende lange Dauer der verändernden Einwirkung zu einer erheblichen werden, wie auch mehrere, möglicherweise verschiedenartige, durch ein bestimmtes Vorhaben bewirkte, unerhebliche Einwirkungen durch ihre Kumulation zu einer erheblichen werden können.

10   Das Verschlechterungsverbot des § 30 Abs. 2 Satz 1 BNatSchG greift nicht erst dann, wenn eine Handlung erwiesenermaßen die Zerstörung oder erhebliche Beeinträchtigung des Biotops nach sich zieht; es genügt vielmehr, wenn die Handlung objektiv geeignet erscheint, die negative Folge herbei zu führen.[59] Ausreichend ist also die bloße **Möglichkeit i. S. einer abstrakten**

---

[59] *Meßerschmidt*, BNatSchG, § 30 Rn. 62.

Gefahr,[60] bzw. nach weitergehender Ansicht, die hinreichende Wahrscheinlichkeit einer Beeinträchtigung.[61] Unter Beachtung des Verhältnismäßigkeitsprinzips hängt dabei das Maß der zu fordernden Wahrscheinlichkeit davon ab, wie bedeutend das Biotop im Einzelfall ist und wie groß der drohende Schaden sein wird.[62] Anzustellen ist damit eine auf konkreten, nachvollziehbaren Feststellungen beruhende **Prognose** nach menschlicher Erfahrung und nach dem Stand von Wissenschaft und Technik, welche in methodisch einwandfreier Weise zu erarbeiten ist.

4. Durchsetzung des Verschlechterungsverbots

Der vorsätzliche oder fahrlässige Verstoß gegen das Verschlechterungsverbot stellt eine **Ordnungswidrigkeit** nach § 69 Abs. 3 Nr. 5 dar, welche mit einer Geldbuße bis zu 50.000 € geahndet werden kann. Bedenken hinsichtlich der zur Verfolgung als Ordnungswidrigkeit erforderlichen Bestimmtheit bestehen auch in Anbetracht der lediglich abstrakten Aufzählung und fehlenden flächenscharfen Abgrenzung der Biotope nicht.[63] Die Verfolgung als Ordnungswidrigkeit setzt auch keine Registrierung des Biotops nach Absatz 7 voraus.[64] Da gem. § 69 Abs. 3 Nr. 5 BNatSchG auch die fahrlässige Begehung geahndet werden kann, wird die Unkenntnis von der Biotopeigenschaft i.d.R. für die Vorwerfbarkeit genügen, da zumindest von einem Grundstückseigentümer oder -nutzer erwartet werden kann, dass er sich entsprechend informiert; etwas anderes wird man im Einzelfall möglicherweise für Dritte annehmen müssen, bei welchen bzgl. der nach den persönlichen Fähigkeiten obliegenden Sorgfalt geringere Anforderungen bestehen können. Neben der Sanktionierung als Ordnungswidrigkeit können die **Anordnung wiederherstellender Maßnahmen** sowie die Unterbindung noch andauernder Verstöße zweckmäßig sein. Während die Unterbindung noch andauernder Störungen direkt auf das Verschlechterungsverbot gestützt werden kann, bedarf es für die Anordnung von Wiederherstellungsmaßnahmen einer eigenen Ermächtigungsgrundlage,[65] welche jedoch in der Generalklausel des § 3 Abs. 2 BNatSchG zu sehen ist;[66] stellt der Verstoß gleich-

11

---

60 *Marzik*, in: Marzik/Wilrich, BNatSchG, 1. Aufl. 2004, § 30 Rn. 12; *Meßerschmidt*, BNatSchG, § 30 Rn. 62; OLG Karlsruhe, Beschl. v. 03. 07. 2002 – 1 Ss 266/01, NVwZ-RR 2003, 109; OVG Schleswig, Beschl. v. 11. 09. 2012 – 1 LA 40/12.

61 *Schmidt-Räntsch*, in: Gassner/Bendomir-Kahlo/Schmidt-Räntsch, BNatSchG, 2. Aufl. 2003, § 30 Rn.10; *Waggershauser*, Die geschichtliche Entwicklung und rechtliche Ausgestaltung des besonderen Flächenschutzes im Naturschutzrecht, 1. Aufl. 2005, S. 199; *Kratsch/Czybulka*, in: Schumacher/Fischer-Hüftle, BNatSchG, 2. Aufl. 2010, § 30 Rn. 28, die allerdings Möglichkeit und hinreichende Wahrscheinlichkeit gleichsetzen.

62 *Schink/Matthes-Bredelin*, ZfBR 2001, 161.

63 BVerfG, Beschl. v. 07. 05. 2001 – 2 BvK 1/00, NVwZ-RR 2002, 91.

64 VerfG Bbg, Beschl. v. 12. 10. 2000 – VfGBbg 20/00, NuR 2001, 146 (148).

65 OVG Bautzen, Urt. v. 06. 12. 2001 – 1 B 54/99; VGH München, Beschl. v. 24. 10. 2005 – 9 CS 05.1840, NVwZ-RR 2006, 389; VG Göttingen, Beschl. v. 19. 01. 2006 – 4 B 195/05, NuR 2006, 394; VG Sigmaringen, Urt. v. 27. 09. 2001 – 7 K 996/00.

66 VGH München, Beschl. v. 09. 08. 2012 – 14 C 12.308; OVG Berlin-Brandenburg, Beschl. v. 07. 05. 2012 – OVG 11 S 60.11.

zeitig einen Eingriff i.S. des § 14 Abs. 1 BNatSchG dar, kann ersatzweise auch auf die für nicht genehmigte Eingriffe geltende Regelung des § 17 Abs. 8 BNatSchG[67] zurück gegriffen werden. Darüber hinaus kommen noch die §§ 7 und 8 USchadG in Betracht. Entsprechende Anordnungen können regelmäßig für **sofort vollziehbar** erklärt werden.[68] Sofern noch keine erhebliche Beeinträchtigung oder Zerstörung eingetreten ist, hat sich die Anordnung in der Regel auf die Unterlassung zu beschränken.

5. Verhältnis zu den übrigen Vorschriften des BNatSchG

a) Land-, Forst- und Fischereiwirtschaft

12 Das Verbot des § 30 Abs. 2 Satz 1 bezieht sich nicht nur auf Maßnahmen, die ausschließlich, bewusst und unmittelbar auf die Beeinträchtigung oder Zerstörung der im Katalog des § 30 Abs. 2 genannten Biotope gerichtet sind. Auch Handlungen, die einen ganz anderen Zweck verfolgen und an sich rechtlich zulässig wären, werden erfasst. Dies gilt insbesondere für die der **guten fachlichen Praxis** entsprechende Land-, Forst- und Fischereiwirtschaft sowie die Ausübung der Jagd und Fischerei.[69] Eine Privilegierung der genannten Nutzungen besteht nicht.[70] Hierfür spricht auch § 30 Abs. 5, der lediglich eine Ausnahme für die Wiederaufnahme der landwirtschaftlichen Nutzung in bestimmten Fällen vorsieht, aber gerade keine generelle Privilegierung der Landwirtschaft enthält.

b) Eingriffsregelung

13 Der Spezialtatbestand des gesetzlichen Biotopschutzes geht der Eingriffsregelung der §§ 13 ff. vor; die **Landwirtschaftsklauseln** des § 14 Abs. 2 finden deshalb keine Anwendung.[71] Eine andere Sichtweise wäre nicht mit dem Willen des Gesetzgebers vereinbar, einen wirksamen Schutz besonders

---

67 Vgl. zur früheren landesrechtlichen Eingriffsregelung: VGH Mannheim, Urt. v. 09.09. 1992 – 5 S 3088/90, NVwZ-RR 1993, 242.

68 *Meßerschmidt*, BNatSchG, § 30 Rn. 67; *Kratsch/Czybulka*, in: Schumacher/Fischer-Hüftle, BNatSchG, 2. Aufl. 2010, § 30 Rn. 36; VG München, Beschl. v. 16.06.2008 – M 1 SE 08.2707; OVG Lüneburg, Beschl. v. 20.09.2006 – 8 ME 115/06, NuR 2007, 37 f.; VG München, Beschl. v. 01.08.2005 – M 11 S 04.3287; VGH München, Beschl. v. 26.02. 2003 – 9 CS 02.3158.

69 Vgl. zum bisher geltenden Recht: OVG Lüneburg, Beschl. v. 12.09.2006 – 8 LA 265/04, ZUR 2007, 45; OVG Bautzen, Beschl. v. 09.06.2009 – 1 B 289/09, NuR 2010, 415; VGH München, Beschl. v. 24.10.2005 – 9 CS 05.1840, NVwZ-RR 2006, 389 f.; OVG Schleswig, Urt. v. 17.01.1995 – 1 L 13/93, NVwZ-RR 1996, 324 f.; VGH Mannheim, Urt. v. 27.02.1995 – 5 S 1281/94, NuR 1995, 462; BayObLG, Beschl. v. 05.01.1983 – 3 Ob OWi 215/81, NuR 1985, 289 f.

70 *Meßerschmidt*, BNatSchG, § 30 Rn. 63; *Kratsch/Czybulka*, in: Schumacher/Fischer-Hüftle, BNatSchG, 2. Aufl. 2010, § 30 Rn. 38; *Marzik*, in: Marzik/Wilrich, BNatSchG, 1. Aufl. 2004, § 30 Rn. 13; a.A. teilweise *Schmidt-Räntsch*, in: Gassner/Bendomir-Kahlo/ Schmidt-Räntsch, BNatSchG, 2. Aufl. 2003, § 30 Rn. 15 f.

71 Vgl. *Meßerschmidt*, BNatSchG, § 30 Rn. 63, m.w.N.; *Schmidt-Räntsch*, in: Gassner/Bendomir-Kahlo/Schmidt-Räntsch, BNatSchG, 2. Aufl. 2003, § 30 Rn. 17; *Marzik*, in: Marzik/ Wilrich, BNatSchG, 1. Aufl. 2004, § 30 Rn. 14; *Schink/Matthes-Bredelin*, ZfBR 2001, 161.

wertvoller Biotope zu gewährleisten, da die Verschlechterungsverbote sonst im Rahmen der Eingriffsregelung dem Abwägungsvorbehalt des § 15 Abs. 5 unterstellt wären.[72]

c) Übrige Schutzkategorien

Die Vorschriften über Schutzfestsetzungen nach den §§ 22–29 und der ge- 14 setzliche Biotopschutz nach § 30 stehen grundsätzlich unabhängig nebeneinander, mit der Folge, dass sich Schutzgebiete und gesetzlich geschützte Biotope überlagern können.[73] Dabei kann der Schutz, der sich aus § 30 ergibt, nicht durch die Gebietsausweisung abgeschwächt werden; wohl aber können die Privilegien nach § 30 Abs. 5 und 6 eingeschränkt werden. Einwirkungen auf in Schutzgebieten gelegene Biotope müssen den Regelungen des jeweils strengeren Rechts genügen.

6. Definitionen und Erläuterungen zu den einzelnen Biotopen (BfN-Liste)[74]

Die auf der sog. BfN-Liste beruhende Beschreibung der Biotope ist von der 15 Rechtsprechung als Auslegungshilfe anerkannt.[75] Die im Rahmen der Neuregelung von 2002 in der Anlage zur Gesetzesbegründung gegebenen Definitionen und Erläuterungen[76] behalten nach wie vor ihre Gültigkeit. Die mit Neuregelung des BNatSchG 2010 zusätzlich aufgenommenen Biotope sind in der zugehörigen Gesetzesbegründung erläutert.[77] Der aktuelle Stand der Definitionen und Erläuterungen ist nachfolgend wiedergegeben. Fraglich erscheint vor dem Hintergrund der Ausgestaltung des Biotopschutzes als allgemeinen Grundsatz des Naturschutzrechts, ob die Länder befugt sind, die in § 30 Abs. 2 BNatSchG aufgeführten Biotope selbst durch Gesetz oder Rechtsverordnung näher zu definieren und (ggf. einschränkend) festzulegen, in welcher Ausprägung oder aber welcher Mindestgröße sie geschützt sind.[78]

§ 30 Abs. 2 Nr. 1: Natürliche oder naturnahe Bereiche fließender und stehender Binnengewässer

Natürliche oder naturnahe Bereiche fließender Binnengewässer einschließ- 16 lich ihrer Ufer und der dazugehörigen uferbegleitenden natürlichen oder naturnahen Vegetation, Altarme und regelmäßig vom Gewässer überschwemmten Bereiche: Natürliche oder naturnahe Fließgewässer zeichnen

---

72 So zur früheren Rechtslage auch *Schmidt-Räntsch*, in: Gassner/Bendomir-Kahlo/Schmidt-Räntsch, BNatSchG, 2. Aufl. 2003, § 30 Rn. 17.
73 *Gassner*, in: Gassner/Bendomir-Kahlo/Schmidt-Räntsch, BNatSchG, 2. Aufl. 2003, § 22 Rn. 15; *Gellermann*, in: Landmann/Rohmer, Umweltrecht, Bd. IV, § 30 BNatSchG Rn. 26.
74 BT-Drs. 14/6378, S. 66 ff. und 16/12274, S. 63.
75 BVerfG, Beschl. v. 07. 05. 2001 – 2 BvK 1/00, NVwZ-RR 2002, 91; OVG Lüneburg, Urt. v. 10. 03. 2005 – 8 LB 4072/01.
76 BT-Drs. 14/6378, S. 66 ff.
77 BT-Drs. 16/12274, S. 63.
78 Vgl. dazu z.B. § 18 Abs. 3 BbgNatSchAG i.V.m. der Biotopschutzverordnung Bbg; § 14 Abs. 1 i.V.m. Anlage HmbBNatSchGAG; § 20 Abs. 1 i.V.m. Anlage 2 NatSchGAG MV und § 21 Abs. 5 LNatG SH.

sich durch einen gewundenen, auf Umlagerungsstrecken auch verzweigten und den naturräumlichen Gegebenheiten entsprechenden Lauf aus. Sie sind geprägt durch Gewässerabschnitte unterschiedlicher Breite, Böschungsneigung, Tiefe und Längsgefälle sowie durch ein vielgestaltiges Bett und Ufer mit naturnahem Bewuchs und werden allein durch die Fließgewässerdynamik geformt. In der Regel weisen sie auch Schlick-, Sand-, Kies- oder Felsbänke mit naturnahem Bewuchs, vielfach auch Altarme und Altwasser auf. Der naturnahe Bewuchs umfasst sowohl die Wasservegetation als auch die krautige und holzige Ufervegetation, an größeren Fließgewässern z.b. Schwimmblatt-Gesellschaften, Zweizahn-Gesellschaften, Flussröhrichte sowie Uferweidengebüsche und -wälder. Auf Schlick-, Sand-, Kies oder Felsbänken siedelt besonders in den Alpen und im Alpenvorland stark gefährdete Pioniervegetation, z.b. die Alpenknorpellattich-Schwemmlings-Gesellschaft, die Schotterweidenröschen-Gesellschaft und die Zwergrohrkolben-Gesellschaft. Zu den Uferbereichen und Auen natürlicher Oberläufe gehören auch Gletschervorfelder und alpine Schwemmlandschaften mit gewässerbegleitenden Vermoorungen. Ebenfalls eingeschlossen sind die von extensiv genutztem Feuchtgrünland geprägten Auen (Überschwemmungsgrünland), z.b. mit Flutrasen und Brenndolden-Auenwiesen, soweit diese nicht bereits durch die Kategorie „seggen- und binsenreiche Nasswiesen" abgedeckt sind.

Natürliche oder naturnahe Bereiche stehender Binnengewässer einschließlich ihrer Ufer und ihrer natürlichen oder naturnahen Verlandungsbereiche: Natürliche oder naturnahe stehende Gewässer mit ihren Ufern oder Teilbereiche derselben. Dazu gehören stehende Gewässer aller Trophiestufen (dystroph, oligotroph, mesotroph und eutroph), wie z.B. Seen, Teiche (nicht oder extensiv bewirtschaftet), Weiher und von Fließgewässern (teilweise) abgeschnittene Altwasser sowie naturnah entwickelte, aufgelassene Abbaugewässer. An den Ufern laufen natürliche Verlandungsprozesse ab, oder es sind solche zu erwarten. Soweit nicht das ganze Gewässer naturnah ist, sind unverbaute Uferabschnitte mit natürlichen Verlandungsprozessen wasserwärts bis in mehrere Meter Wassertiefe eingeschlossen (einschließlich der gesamten emersen und submersen Wasserpflanzenvegetation). Landeinwärts reichen die Verlandungszonen so weit, wie grundwassernahe Bodenbildungen vorliegen. Entsprechend dieser Standortabfolge finden sich in der Regel in Zonen hintereinander: Unterwasserrasen, Wasserpflanzengesellschaften, Schwingrasen, Röhrichte und Seggenriede, Sumpfgebüsche und Bruchwälder bzw. deren Ersatzgesellschaften (z.B. Pfeifengraswiesen, Seggenriede sowie Hochstaudengesellschaften).

§ 30 Abs. 2 Nr. 2: Feuchtbiotope

17 **Moore:** Vom Regen- oder Mineralbodenwasser abhängige Lebensgemeinschaften auf Torfböden in natürlichem oder naturnahem Zustand einschließlich bestimmter Degenerations- und Regenerationsstadien. Überwiegend waldfreie Formationen aus moortypischer Vegetation. Dazu gehören: Hoch- und Übergangsmoore einschließlich Moorwälder, z.B. aus Birke (Betula pubescens, B. carpatica), Waldkiefer (Pinus sylvestris), Spirke (Pinus rotundata), Latsche (Pinus mugo), Fichte (Picea abies), ferner Schwingrasen, Moorkolke, regenerierende Torfstiche, pfeifengras-, zwergstrauch- und moorbirkenreiche Hoch-

moordegenerationsstadien, weiterhin intakte, völlig oder überwiegend unbewaldete Niedermoore (z.B. Seggenriede, Röhrichte, Weidenbüsche auf Torfböden) sowie Komplexe aus diesen Einheiten (Utricularietea intermediominoris, Scheuchzerio-Caricetea nigrae p.p., Oxycocco-Sphagnetea, Vaccinio-Piceatea p.p.).

Sümpfe: Überwiegend baumfreie, teils gebüschreiche, von Sumpfpflanzen dominierte Lebensgemeinschaften auf mineralischen bis torfigen Nassböden, die durch Oberflächen-, Quell- oder hoch anstehendes Grundwasser geprägt sind. Zum Teil sind sie natürlich, vielfach jedoch erst durch Waldrodung und nachfolgende Nutzung als Streu- oder Futterwiesen entstanden. Kennzeichnend sind: Kleinseggensümpfe saurer bis kalkreicher Standorte und Kopfbinsenriede (Scheuchzerio-Caricetea nigrae p.p.), Schneiden- und Großseggenriede (Magnocaricion), Schachtelhalm- (Equisetum spp.) und Hochstaudenvegetation (Filipendulion, Senecion fluvatilis), Weidensumpfgebüsche (Salicion cinereae).

Röhrichte: Hochwüchsige, meist wenigartige Pflanzenbestände am Ufer oder im Verlandungsbereich stehender oder fließender Gewässer (Süß- und Brackwasser (Phragmitetea). Kennzeichnende, meist dominierende Arten: Schilf (Phragmites australis), Teichbinse (Schoenoplectus spp.), Rohrkolben (Typha spp.), Igelkolben (Sparganium spp.), Wasserschwaden (Glyceria maxima), Rohrglanzgras (Phalaris arundinacea), Sumpfbinse (Eleocharis palustris), Meerbinse (Bolboschoenus maritimus).

Großseggenrieder sind von hochwüchsigen (ca. 0,5–2 m hohen) Seggen dominierte Pflanzenbestände grundwasserbeeinflusster Standorte, vor allem im oberen Bereich der Verlandungszonen von Seen und in Flusstälern. Natürliche Bestände kommen nur kleinflächig vor. Großseggenriede nährstoffarmer (oligotrophe bis mesotrophe) Standorte können bei großen Wasserstandschwankungen als bultige Seggenriede mit bis über 50 cm hohen Bulten im Randbereich oligo- bis mesotropher Gewässer ausgebildet sein. Beispiele sind Seggenriede der Gedrängtährigen Segge (Carex appropinquata) oder der Rispen-Segge (Carex paniculata). Bei geringen Wasserstandsschwankungen kommen auch rasige, verhältnismäßig nährstoffarme Seggenriede vor, z.B. in Randlage von Mooren oder in Seenverlandungen mit z.B. Schnabelsegge (Carex rostrata) oder Faden-Segge (Carex lasiocarpa). Großseggenriede nährstoffreicher (eutropher) Standorte können bei großen Wasserstandsschwankungen als bultige Seggenriede mit bis über 50 cm hohen Bulten im Feuchtgrünland und im Randbereich eutropher Gewässer ausgebildet sein. Beispiele sind Seggenriede der Steifen Segge (Carex elata) oder der Fuchs-Segge (Carex vulpina).Viele nährstoffreiche Seggenriede mit rasigem Wuchs unterlagen früher der Streunutzung z.B. der Großseggenriede mit der Schlanken Segge (Carex gracilis) bzw. der Sumpf-Segge (Carex acutiformis), oder treten als Sukzessionsstadien nach dem Brachfallen von Feuchtgrünland in den nasseren Bereichen auf. In Verlandungszonen eutropher Gewässer gibt es ebenfalls nährstoffreiche Großseegenriede mit rasigem, oft lückigem Wuchs, z.B. mit der Ufersegge (Carex riparia) oder der Blasen-Segge (Carex vesicaria).

Seggen- und binsenreiche Nasswiesen: Anthropozoogene Grünländer feuchter bis nasser Standorte mit Dominanz von Süß- oder Sauergräsern, die durch land wirtschaftliche Nutzung aus Niedermooren oder durch Rodung feuchter Wälder entstanden sind. Diese extensiv genutzten Feucht- und Nasswiesen sind durch einen hohen Anteil von Seggen (Carex spp.), Binsen (Juncus spp.), Pfeifengras (Molinia caerulea) und anderen Feuchtezeigern wie z.b. Kuckuckslichtnelke (Lychnis floscuculi), Sumpfdotterblume (Caltha palustris), Sumpfvergissmeinnicht (Myosotis palustris), Kohldistel (Cirsium oleraceum), Wald-Engelwurz (Angelica sylvestris), Mädesüß (Filipendula ulmaria), Sumpfkratzdistel (Cirsium palustre), Waldsimse (Scirpus sylvaticus), Trollblume (Trollius europaeus), Schwalbenwurz-Enzian (Gentiana asclepiadea), Preußisches Laserkraut (Laserpitium prutenicum) und Niedrige Schwarzwurzel (Scorzonera humilis) gekennzeichnet. Eingeschlossen sind gemähte, beweidete oder aufgelassene Grünländer. Kennzeichnende Pflanzengesellschaften sind z.b.: Sumpfdotterblumen-, Kohldistel-, Wassergreiskraut-, Wiesenknopf-Silgen-, Rasenschmielen-Knöterich, Trollblumen-, Binsen-, Waldsimsen- und Pfeifengraswiesen.

Quellbereiche: Naturnahe, durch punktuell oder flächig austretendes Grundwasser geprägte Lebensräume, vegetationsfrei oder mit spezifischer Vegetation und Fauna im Wald oder offenen Gelände. Dazu gehören Sicker- und Sumpfquellen (Helokrenen) mit oft flächigem Wasseraustritt und Vegetation der Montio-Cardaminetea (Quellsümpfe und Quellmoore); bei kalkhaltigem Quellwasser können Quelltuffbildungen (Vegetation: Cratoneurion commutati) auftreten. Ferner gehören dazu natürliche Sturzquellen (Rheokrenen) und Grundquellen (Limnokrenen), z.B. in Form von Quelltöpfen, Tümpelquellen oder Gießen mit ihrer Unterwasservegetation (z.B. Charetea). Als Sonderfälle von Quellen sind auch temporäre Quellen (z.B. Karstquellen) eingeschlossen.

Binnenlandsalzstellen: Salzgeprägte Lebensräume des Binnenlandes im Bereich von Salz- und Solquellen oder natürlich zu Tage tretenden Salzstöcken. Geschützt sind natürliche und naturnahe Binnenlandsalzstellen mit ihrem gesamten Lebensraumkomplex, bestehend aus salzhaltigen Quellaustritten, salzhaltigen Fließ- und Stillgewässern mit der angrenzenden halophytischen Vegetation (u.a. Salzwiesen (Asteretea tripolii), z.B. mit Puccinellia distans und Juncus gerardii sowie Brackwasserröhrichte).

§ 30 Abs. 2 Nr. 3: Trockenbiotope

18 **Offene Binnendünen:** Vom Wind aufgewehte, waldfreie Sandhügel im Binnenland. Überwiegend handelt es sich um kalkfreie Lockersande, die von schütteren Silbergrasrasen (Corynephorion), Kleinschmielenrasen (Thero-Airion) und ausdauernden Trockenrasen mit geschlossener Grasnarbe (Koelerion glaucae, Amerion elongatae, z.B. mit Grasnelke, Armeria elongata) oder Zwergstrauchgesellschaften bewachsen sind.

Offene natürliche Block-, Schutt- und Geröllhalden: Natürlich entstandene, waldfreie Block-, Schutt- und Geröllhalden aus unterschiedlichen Gesteinen im Bergland und den Alpen. Meist nur schütterer Pflanzenbewuchs, vornehmlich aus Flechten, Moosen und Farnen sowie sonstigen Fels-, Schutt-

und Geröllpflanzen (Thlaspietea rotundifolii, Seslerion variae p.p.). Vereinzelt sind Gebüsche, Bäume und Baumgruppen eingestreut. An den Rändern schließen meist unter Ziff. 4 geschützte Schlucht-, Blockhalden- und Hangschuttwälder an.

Lehm- und Lösswände: Durch natürliche Erosion oder anthropogen entstandene, mehr oder weniger stark geneigte Steilwände und Böschungen in Lössgestein bzw. lehmigen Substraten im Bereich von Uferabbrüchen, Hohlwegen, Weinbergsterrassen oder Abbaugebieten. Steile und in Erosion befindliche Wände weisen keine oder eine schüttere Vegetation meist aus Kryptogamen auf. Weniger stark geneigte Abschnitte können mit höheren Pflanzen bewachsen sein. Es finden sich z.B. Fragmente von Trocken- und Halbtrockenrasen sowie Ruderal und Saumvegetation, Hochstaudenfluren und Gebüsche.

Zwergstrauch-, Ginster- und Wacholderheiden: Von Zwergsträuchern, namentlich Heidekrautgewächsen, dominierte Pflanzenformationen, z.T. mit eingestreuten Wacholder- oder Besenginstergebüschen, auf überwiegend bodensauren Standorten vom Flachland bis in die alpine Stufe der Hochgebirge (Ericion tetralicis, Vaccinio-Genistetalia, Loiseleurio-Vaccinietea, Caricetea curvulae, Empetrion nigri). Neben natürlichen Vorkommen auf Dünen, Felsen, Blockhalden, in Mooren und im alpinen Bereich handelt es sich vorwiegend um anthropozoogene Ersatzgesellschaften zumeist bodensaurer Wälder, die durch extensive Beweidung, Plaggenhieb und gelegentliches Abbrennen oder durch Brachfallen von Magerwiesen entstanden sind. Kennzeichnende dominierende Pflanzenarten sind z.B. Heidekraut (Calluna vulgaris), Glockenheide (Erica tetralix), Krähenbeere (Empetrum nigrum), Heidelbeere (Vaccinium myrtillus), Preiselbeere (Vaccinium vitis-idaea), Rauschbeere (Vaccinium uliginosum), Alpenrose (Rhododendron ferrugineum), Alpen-Bärentraube (Arctostaphylos alpina), Wacholder (Juniperus communis).

Borstgrasrasen: Ungedüngte, gras- oder zwergstrauchreiche Magerrasen trockener bis staufeuchter saurer rohhumusreicher Böden, überwiegend durch jahrhundertelange Beweidung oder einschürige Mahd entstanden, teils artenarm, teils buntblumig und artenreich (Nardetalia). Kennzeichnende Pflanzenarten: Borstgras (Nardus stricta, oft dominierend), Bunter Hafer (Avena versicolor), Arnika (Arnica montana), Katzenpfötchen (Antennaria dioica, A. carpatica), Hundsveilchen (Viola canina), Gemeine Kreuzblume (Polygala vulgaris), Einblütiges Ferkelkraut (Hypochoeris uniflora), Bärtige Glockenblume (Campanula barbata), Scheuchzers Glockenblume (Campanula scheuchzeri), Berg-Nelkenwurz (Geum montanum), Weiße Küchenschelle (Pulsatilla alba), Zwerg-Augentrost (Euphrasia minima), Stengelloser Enzian (Gentiana acaulis), Tüpfel-Enzian (Gentiana punctata), Schweizer Löwenzahn (Leontodon helveticus), Gold-Fingerkraut (Potentilla aurea), Dreizahn (Danthonia decumbens), Blutwurz (Potentilla erecta), Heidekraut (Calluna vulgaris), Heidelbeere (Vaccinium myrtillus) und Drahtschmiele (Deschampsia flexuosa). Die Borstgrasrasen waren früher als extensives Grünland vom norddeutschen Flachland bis in die subalpine Stufe der Alpen verbreitet; sie sind inzwischen sehr selten geworden, regional fast völlig verschwunden und heute stark gefährdet. Besonders stark gefährdet sind einerseits die Restbestände von Borstgrasrasen der planaren und kollinen Stufe und andererseits die von Natur aus nur kleinflächig vorkommenden regionalen Ausbildungen der höchsten Mittelgebirgsgipfel.

Trockenrasen: Die Trockenrasen (i.w.S.) schließen das natürliche und anthropozoogene Grünland trockenwarmer Standorte ein. Dazu gehören die Mauerpfeffer-Pioniertrokkenrasen (Sedo-Scleranthetea) und die Schwingel-Trespen-Trockenrasen (Festuco-Brometea). Trockenrasen können auf flachgründigen Felsböden, auf trockenen Sandböden, aber auch v.a. in südexponierter Lage und bei subkontinentalem Klima auf tiefgründigen Schluff- und Lehmböden vorkommen. Natürliche waldfreie Trockenrasen existieren nur kleinflächig an extremen Standorten, z.b. an sehr flachgründigen Steilhängen. Der weitaus größte Teil des trockenen Grünlands sind Halbtrockenrasen, d.h. durch extensive Mahd oder Beweidung entstandene Kulturformationen. Bei extensiver Beweidung findet man oft typische Weidegebüsche wie z.B. Wacholder (Juniperus communis; „Wacholderheiden" Süddeutschlands), Weißdorn (Crataegus spp.) und Rosen. Trockenrasen sind außerordentlich artenreich, Lebensraum zahlreicher geschützter und gefährdeter Tier und Pflanzenarten und durch Nutzungsaufgabe oder Intensivierung stark zurückgegangen.

Schwermetallrasen: Natürliche und halbnatürliche, meist lückige Schwermetallrasen (Violetea calaminariae) auf natürlich anstehendem schwermetallreichem (z.B. Blei, Zink, Kupfer) Gestein und Gesteinschutt oder meist älteren Abraumhalden des Bergbaus. Eingeschlossen sind lückige Bestände einschließlich solcher, die kleinflächig vegetationsfrei sind. Jüngeren Bergbauhalden mit ersten Pionierstadien fehlen i.d.R. die besonders gefährdeten endemischen Sippen, diese sind daher nicht eingeschlossen. Kennzeichnende Pflanzenarten sind z.B.: Armeria halleri, Viola guestphalica, Viola calaminaria, Minuartia verna ssp. hercynica, Thlasphi calamitare und verschiedene Sippen von Silene vulgaris.

Wälder und Gebüsche trockenwarmer Standorte: Natürliche, naturnahe und halbnatürliche, meist schwachwüchsige Wälder und Gebüsche aus Trockenheit ertragenden und teils wärmebedürftigen Pflanzenarten auf basenreichen bis -armen Standorten. In der Regel wachsen sie auf flachgründigen, steinigen oder felsigen sonnseitigen Hängen, gelegentlich auch auf stark austrocknenden Böden in ebener Lage (z.B. Schotterflächen, Kalkstein- und Mergelgebiete); Vorkommen vom Flachland bis ins Hochgebirge. Dazu gehören: Orchideen- und Blaugras-Buchenwälder (Carici-Fagetum), thermophile Eichen-Hainbuchen- und Eichenmischwälder mit Trauben-, Stiel- und Flaumeiche (Quercus petraea, Qu. robur, Qu. pubescens (Quercion roboripetreae p.p., Quercetalia pubescentis, Carpinion betuli p.p.), Winterlinden-Trockenwälder (Tilio-Acerion, soweit nicht unter Blockhalden- und Hangschuttwäldern genannt) sowie Pfeifengras-Kiefernwälder, Schneeheide-Kiefernwälder (Erico-Pinetea), kontinentale Kiefern-Trockenwälder (Pulsatillo-Pinetea); thermophile Gebüsche (Berberidion), z.T. auf Felsen mit Felsenbirne (Amelanchier ovalis), Zwergmispel (Cotoneaster integerrimus), Steinweichsel (Prunus mahaleb), Mehlbeere (Sorbus aria), Sanddorn (Hippophae rhamnoides), Berberitze (Berberis vulgaris), Liguster (Ligustrum vulgare),

Wolliger Schneeball (Viburnum lantana), Schlehe (Prunus spinosa), Feldulme (Ulmus minor), Rosen (Rosa spp.) und Wacholder (Juniperus communis) einschließlich ihrer thermophilen Saumvegetation (Geranion sanguinei). Nicht eingeschlossen sind ruderale Sukzessionsstadien wie z.B. Verbuschungsstadien mit hohen Anteilen nitrophytischer Arten (z.B. Sambucus nigra) auf jüngeren Industrie und Siedlungsbrachen.

§ 30 Abs. 2 Nr. 4: Naturnahe Wälder

Bruch- und Sumpfwälder: Naturnahe Wälder und Gebüsche auf ständig nassen Torf oder Mineralböden (Alnetea glutinosiae, Betulion pubescentis). Bestandsbildende Baumarten können z.B. Schwarzerle (Alnus glutinosa), Esche (Fraxinus excelsior), Bruchweide (Salix fragilis), Moor- und Karpatenbirke (Betula pubescens, B. carpatica), ferner auch Fichte (Picea abies) und Tanne (Abies alba) sein; Straucharten: z.B. Grauweide (Salix cinerea), Ohrweide (Salix aurita), Lorbeerweide (Salix pentandra), Faulbaum (Frangula alnus), Gagelstrauch (Myrica gale). Im Unterwuchs dominieren krautige Sumpfpflanzen, teils auch Torfmoose (Sphagnum spp.). 19

Auwälder: Naturnahe Wälder und Ufergebüsche im Überflutungsbereich von Bächen und Flüssen. Wesentliches lebensraumprägendes Element ist eine natürliche oder naturnahe Überflutungsdynamik. Je nach Wasserregime, Bodenbeschaffenheit und Höhenlage gibt es spezifische Ausbildungsformen und Vegetationsabfolgen. Typen der gewässernahen, häufig und z.T. länger überfluteten Weichholzaue und Weidenwälder mit Silber- und Bruchweide (Salicion albae) ferner ufersäumende Eschen-, Schwarzerlen-, Grauerlenwälder (Alno-Ulmion p.p.) sowie Weidengebüsche mit z.B. Mandelweide (Salix triandra), Lavendelweide (Salix eleagnos) und Tamariskengebüsch (Myricarietum germanicae). An kürzer bis sporadisch überfluteten Standorten der Hartholzaue wachsen Bergahorn-, Eschen-, Stieleichen-Hainbuchen-, Eichen-Eschen- und Eichen-Ulmen-Auwälder (Carpinion p.p., Alno-Ulmion p.p.), im Voralpenland auch Kiefern-Auenwälder (Erico-Pinion).

Schlucht-, Blockhalden- und Hangschuttwälder: Meist in steil eingeschnittenen Tälern oder am Fuße von Steilwänden und Felsabbrüchen wachsende Laub- und Mischwälder sowohl kühl-feuchter als auch frischer bis trockenwarmer Standorte auf Hang- und Blockschutt, i.d.R. nicht ganz konsolidiert und auf Rohböden über kalkreichem bis silikatischem Lockermaterial. Typisch sind Steilhanglagen mit rutschendem Substrat, ein relativ lichter Kronenschluss und eine üppig entwickelte Krautschicht. Bestandsbildende oder im Verbund auftretende Baumarten sind Spitz- und Bergahorn (Acer platanoides, A. pseudoplatanus), Sommerlinde (Tilia platyphyllos), Bergulme (Ulmus glabra), Esche (Fraxinus excelsior) oder Hainbuche (Carpinus betulus); die Rotbuche (Fagus sylvatica) kann beigesellt sein. Ebenso schutzwürdig sind die montanen Block-Fichtenwälder mit ihrem Kryptogamenreichtum. Wegen ihrer schlechten Erschließbarkeit in Extremlagen (Schluchten, Steilhänge etc.) sind die Schlucht-, Blockhalden- und Hangschuttwälder meist naturnah erhalten und zeichnen sich oft durch Moos-, Farn- und Flechtenreichtum aus. Dazu gehören u.a. Fichten- und Birken-Ebereschen-Blockwälder, Ahorn-Eschen-Hangwälder, Bergahorn-Mischwälder, Winterlinden-

Hainbuchen-Hangschuttwälder, Ahorn-Linden- und Linden-Hangschutt-
wälder, Sommerlinden-Bergulmen-Blockschuttwälder und die perialpinen
Blaugras-Winterlindenwälder (Tilio-Acerion).

Subalpine Lärchenwälder: Nadelwälder bis an die subalpine (1.200–1.800 m
über NN) Waldgrenze, auf Blockschutthalden oder in Kaltluftsenken; in
feuchten und niederschlagsreichen Lagen; hochstaudenreiche oder grasrei-
che Variante; sowohl auf Kalk- wie auch auf Silikatgestein, oft kryptogamen-
reich (Epiphyten).

Subalpine Lärchen-Arvenwälder: Nadelwälder der obersten Waldstufe (ca.
1.400–1.900 m über NN) in den nördlichen Randalpen, nur sehr kleinflächig
vorkommend; ältere, ungestört entwickelte Bestände sind fast ausschließlich
von Zirben (Pinus cembra) aufgebaut, sonst unterschiedliche Anteile von
Latsche (Pinus mugo ssp. mugo), Fichte (Picea abies) und Lärche (Larix de-
cidua).

§ 30 Abs. 2 Nr. 5: Naturnahe alpine Biotope

20 **Offene Felsbildungen:** Basenhaltige und silikatische Felsen der alpinen
Stufe. Diese Lebensräume sind durch spezifische Flechten- und Moosüber-
züge, Felsspaltengesellschaften (Asplenietea trichomanis) und Felssimsrasen
(Seslerietea variae, Caricitea curvulae) sowie Geröll- und Schuttvegetation
(Thlaspietea rotundifolii) mit hohem Anteil endemischer Arten gekennzeich-
net.

Alpine Rasen: Überwiegend natürliche, meist lückige Rasen („Urwiesen")
der alpinen Stufe des Hochgebirges (oberhalb der Baumgrenze). Je nach
Standort – flachgründige Hänge, Mulden, windgefegte Grate und Buckel –
handelt es sich um unterschiedliche Pflanzengesellschaften, namentlich z.B.
alpine Blaugrasrasen (Seslerion variae), Rostseggenrasen (Caricion ferrugi-
neae), Nacktriedrasen (Oxytropido-Elynion), Krummseggenrasen (Cariceta-
lia curvulae) und alpine Borstgrasrasen (Nardion strictae). Außer durch charakteristische Gräser und Seggen sind sie oft durch besonderen Reichtum an
Alpenblumen ausgezeichnet, z.B. Enziane (Gentiana spp.), Edelweiß (Leon-
topodium alpinum), Alpenanemone (Pulsatilla alpina), Alpendistel (Carduus
defloratus), Stengelloses Leimkraut (Silene acaulis), Steinbrech-Arten (Saxif-
raga spp.) u.a.

Schneetälchen: Den größten Teil des Jahres schneebedeckte Hangmulden
und Senken im Hochgebirge mit ständig durchfeuchteten Böden. Den extremen Standortbedingungen hat sich eine artenarme, aber sehr spezielle
„Schneetälchen"-Vegetation (Salicetea herbaceae) und – Fauna vorzüglich
angepasst. Charakteristische Pflanzenarten sind niedrige Spalierweiden, namentlich Netz- (Salix reticulata), Stumpfblatt- (Salix retusa) und Kraut-Weide
(Salix herbacea), ferner Blaue Gänsekresse (Arabis caerulea), Schneeampfer
(Rumex nivalis), Alpen-Hainsimse (Luzula alpinopilosa), Zwergalpenglöck-
chen (Soldanella pusilla) u.a.

Krummholzgebüsche: Natürliche und halbnatürliche, meist ausgedehnte
Gebüschformationen baumfeindlicher Extremstandorte (z.B. felsiger Steilhänge, Schutthalden, Lawinenbahnen der subalpinen bis alpinen Stufe so-

wie Bereiche an der Baumgrenze). Dominierende Straucharten können
Latsche (= Legföhre (Pinus mugo subsp. mugo), Grünerle (Alnus viridis), sub-
alpine Strauchweiden sowie Alpenrosen (Rhododendron ferrugineum und
Rh. Hirsutum) sein. Ihr Unterwuchs ist sehr vielgestaltig (Rhododendro-Vac-
cinion, Alnion viridis p.p., z.B. Alnetum viridis, Salicion waldsteinianae und
Aceri-Salicetum appendiculata (Lawinenbahnen).

§ 30 Abs. 2 Nr. 6: Naturnahe Küstenbiotope

Fels- und Steilküsten: Durch Erosionstätigkeit der Meeresbrandung entstan- 21
dene natürliche Abbruchufer (Kliffs), an der Nordsee auf der Felseninsel
Helgoland (Sandstein) und auf Sylt, an der Ostsee als Moränensteilküste
(Jungmoränenhügel) und als Kalkstein-Felsküste (Kreide, z.B. Rügen). Die
der Brandung ausgesetzten Kliffs haben in der Regel offene, vegetationsarme
Böden, während die durch vorgelagerte Strandwälle vor weiterem Abtrag geschützten „inaktiven Kliffs" vielfach naturnah bewaldet oder gebüschbestan-
den sind. Als direkt zugehörig sind sowohl die Böschungsoberkanten als auch
die Hangfüße, an denen öfters Quellen austreten, und vorgelagerte Strände
anzusehen. Da es sich um einen dynamischen Lebensraum mit natürlichen
Erosionsprozessen handelt, ist ein ausreichend breiter Streifen oberhalb der
Hangkante einzubeziehen.

Küstendünen und Strandwälle: Küstendünen sind ausschließlich durch Windeinwirkung entstandene Sandhügel. In der typischen Anordnung finden sich
seewärts niedrige, locker mit Strandquecke (Agropyrum junceum) bewach-
sene Vordünen. Darauf folgen hoch aufragende Weißdünen mit dominieren-
dem Strandhafer (Ammophila arenaria), landwärts schließen sich festgelegte
Grau- und Braundünen (Krähenbeer-Heiden (Empetrion nigri) und Dünenge-
büsche (z.B. Salicion arenariae, zum Teil mit Sanddorn (Hippophae rhamnoides) an. Eingeschlossen sind vom Grundwasser beeinflusste und sonstige
feuchte, teils vermoorte Dünentäler und Dünengewässer. Je nach Grad der
Vernässung, Kalk- und Salzgehalt des Wassers kommen hier Süß- und Brack-
wasser-Röhrichte, Kleinseggensümpfe, Glockenheide-Moore, Zwergbinsen
oder Flutrasen vor. Strandwälle sind der Ostseeküste eigen. Es handelt sich
um bis zu 3 m hohe, durch Wellenschlag gebildete Ablagerungen von Sand
und Geröll. Die typische natürliche Vegetationsabfolge reicht von der salzwas-
serbeeinflussten Meerkohlgesellschaft (Crambetum maritimae) über Rot- und
Schafschwingelrasen sowie Heidekraut-Gestrüpp bis zu Schlehengebüschen
und Eichenmischwäldern.

Strandseen: Unter Strandseen werden vom Meer abgeschnittene salzige/
brackige oder stärker ausgesüßte Küstengewässer mit zumindest temporä-
rem Salzwassereinfluss verstanden. Sie sind oft nur durch schmale Strandwälle, seltener auch durch Geröllwälle oder Felsriegel vom Meer getrennt.
Strandseen sind ein charakteristisches Element der Ausgleichsküsten. Der
Wasserstand und der Salzgehalt von Strandseen können stark variieren.
Strandseen sind durch einen episodischen Einfluss von Salzwasser gekennzeichnet, der zu Schwankungen der Salinität führt. Im atlantischen und sub-
atlantischen Klima mit seinen humiden Verhältnissen führen Strandseen
meist Brackwasser mit geringerer Salinität als die des Meeres. Durch Ver-

dunstung kann der Salzgehalt jedoch auch zeitweilig erhöht sein. Sie sind vegetationsfrei oder haben eine Vegetation der Ruppietea maritimae, Potametea, Zosteretea oder Charetea. Im Uferbereich können Röhrichte ausgebildet sein.

Boddengewässer mit Verlandungsbereichen: Flache, unregelmäßig gestaltete und vom offenen Meer weitgehend abgetrennte Meeresbuchten im Bereich der Ausgleichsküste der Ostsee mit vom offenen Meer abweichendem Salzgehalt und stark vermindertem Wasseraustausch. Regional treten unterschiedliche Weich- und Hartsubstrate auf, die vegetationsfrei sein können, oft aber mit Seegras (Zostera marina), Meersalde (Ruppia maritima), Laichkrautarten (Potamogeton spp.) und Algen bewachsen sind und je nach Salinität und Substrattyp von sehr spezifischen Tiergemeinschaften besiedelt werden. Eingeschlossen sind die Ufer und die natürlichen Überflutungs- und Verlandungsbereiche, soweit nicht anderweitig erfasst.

Salzwiesen und Wattflächen im Küstenbereich: Naturnahe bis natürliche Lebensräume im Tidebereich der flachen Meeresküsten und Inseln mit charakteristischer Zonierung. Das Watt ist der von wechselnden Wasserständen geprägte Lebensraum unserer Küsten. Dazu gehören die breiten Wattgürtel der Nordseeküste (mit hohem Tidenhub) und die vergleichsweise kleinen Wattflächen der Ostsee („Windwatt"). Je nach Substrattyp kann man Sand-, Schlick-, Mischwatt und Felswatt unterscheiden mit jeweils charakteristischen Lebensgemeinschaften. Sonderfälle sind ferner Brackwasserwatt und Süßwasserwatt in den tidenbeeinflussten Ästuaren z.B. von Weser und Elbe. Die Wattflächen können frei von höheren Pflanzen sein (oft Algen- und Diatomeenüberzüge, im Felswatt Großalgen wie Laminaria spp., Fucus spp.) oder von Seegras (Zostera noltii und Z. marina), Schlickgras (Spartina spp.) oder Queller (Salicornia europaea agg., Thero-Salicornietea) bewachsen sein. Das Quellerwatt bildet i.d.R. eine Zone von MTHW (Mittleres Tidehochwasser) bis ca. 40 cm unter MTHW. Salzwiesen sind natürliches, beweidetes oder seltener gemähtes, tidenbeeinflusstes Grünland, landwärts an das Quellerwatt angrenzend. Dazu gehören in einer von der Überflutungshäufigkeit abhängigen Zonierung Andelrasen (Puccinelion maritimae) und höher gelegene Salzwiesen (Armerion maritimae), ferner wechselhaline Vegetation der Saginetea maritimae. Im natürlichen (unbeweideten) Zustand treten Salzmelde (Halimione portulacoides), Strandflieder (Limonium vulgare), Strandaster (Aster tripolium) und Strandwermut (Artemisia maritima) stärker hervor, bei Beweidung entstehen einförmige Andel- (Puccinellia maritima) und Rotschwingelrasen (Festuca rubra ssp. littoralis) mit Strand-Grasnelke (Armeria maritima) und Salzbinse (Juncus gerardii). Durch Beweidung oft aus Röhrichten entstandene Salzgrünländer der Ostseeküste, die teilweise Vermoorungen aufweisen können, sowie Brachwasserröhrichte und -hochstaudenfluren sind eingeschlossen.

Seegraswiesen und sonstige marine Makrophytenbestände: Auf lockeren Sedimenten im tidenbeeinflussten marinen Flachwasserbereich wachsen ab der MTNW-Grenze (Mittleres Tidenniedrigwasser), d.h. im Anschluss an das Watt nach unten, Seegraswiesen (Zosteretum marinae). Die Tiefengrenze ist durch den Lichtfaktor (somit auch von der Wasserverschmutzung abhängig)

Endres

bedingt. Die Seegraswiesen sind hochproduktive Flachwasserbereiche, die eine hohe Bedeutung für Jungfische und als natürliche Sedimentfänger haben. Sonstige marine Makrophytenbestände finden sich auf Hartsubstraten, hauptsächlich als Bestände von Braunalgen (Gatt. Laminaria und Fucus), in der Ostsee auch von Rot- und Grünalgen sowie Laichkräutern (Potamogeton spp.) oder auf Schlick und Sandböden als Bestände von Salden (Ruppia spp.), Laichkräutern (Potamogeton spp.) oder Rotalgen.

Riffe: Vom Meeresboden aufragende Hartsubstrate des Sublitorals (euphotische Zone, i.d.R. bis max. ca. 15 m Tiefe) und des Litorals, häufig von Großalgen und Muscheln bewachsen, v.a. in der Ostsee auch mit höheren Pflanzen. Eingeschlossen sind sowohl das Felswatt, Riffe entlang der Felsküsten als auch im freien Meer aufragende Riffe. Riffe können aus Felsen, Felsblöcken oder Moränenverwitterungsmaterial aufgebaut sowie biogenen Ursprungs sein (z.B. Sabellaria-Riffe, natürliche Miesmuschelbänke).

Sublitorale Sandbänke: Sandbänke des Sublitorals (euphotische Zone) einschließlich des darüber liegenden Wasserkörpers; vegetationsfrei oder mit meist spärlicher Makrophytenvegetation. Sandbänke sind meist Meeresströmungen ausgesetzt und weisen entsprechend Substratumlagerungen auf. Eingeschlossen sind sowohl Sandbänke, die bis dicht unter die Meeresoberfläche reichen und bei MTNW noch nicht frei fallen als auch solche, die regelmäßig trocken fallen.

Artenreiche Kies-, Grobsand- und Schillbereiche im Meeres- und Küstenbereich: Vegetationsarme Bereiche des Meeresbodens und der Küste, die aus Kies, Grobsand oder zerriebenen Muschelschalen (Schill) bestehen. Typisch ist eine artenreiche tierische Besiedlung.

Schlickgründe mit bohrender Megafauna: Schlickige Lebensräume am Meeresboden der küstenfernen Meeresgebiete der deutschen Nordsee (Schluff bis Ton bzw. Schluff bis Feinsand) mit einer mittleren Korngröße von 0,002–1 mm gebildet von einer „Lebensgemeinschaft mit bohrender Megafauna" (u.a. dekapode Krebse, insbesondere Nephrobs norvegicus). Dieser Lebensraumtyp entspricht dem unter OSPAR als „gefährdet und zurückgehend" eingestuften Lebensraum „Sea pens and burrowing megafauna" (Seefedern und bohrende Megafauna). Die als charakteristisch angesehenen grabenden Krebsarten der Gattungen Nephrobs, Calanassia, Calocaris und Upogebia kommen auch in der deutschen Nordsee vor, während keine Standorte mehr für die Seefederarten bekannt sind. Dieser komplexe Biotop mit einer guten Sauerstoffversorgung bis zu einem halben Meter unter dem Meeresboden entwickelt sich allerdings ausschließlich durch die grabenden Krebsarten.

7. Erstreckung auf landesgesetzlich geschützte Biotope

Durch § 30 Abs. 2 Satz 2 wird die Verbotswirkung des § 30 Abs. 2 Satz 1   22 BNatSchG auf landesgesetzlich geschützte Biotope erstreckt. Die Länder sind also befugt durch Gesetz weitere Biotope hinzuzufügen. Von dieser Möglichkeit haben bisher Gebrauch gemacht: Art. 23 Abs. 1 BayNatSchG; § 28 Abs. 1 NatSchG Bln; § 18 Abs. 1 BbgNatSchAG; § 14 Abs. 2 HmbBNat-

SchAG; § 13 Abs. 1 HessAGBNatSchG; § 20 Abs. 1 NatSchAG MV; § 24 Abs. 2 NAGBNatSchG; § 21 Abs. 1 SächsNatSchG; § 22 Abs. 1 NatSchG LSA; § 21 Abs. 1 LNatG SH. Die Länder sind dabei an die dem § 30 innewohnenden Prinzipien gebunden. Dies sind die unbestreitbare und ausnahmslose Hochwertigkeit der aufgeführten Biotoptypen, die grundsätzliche Unverzichtbarkeit der den abstrakten Biotoptypen zuzuordnenden konkreten Biotope und damit regelmäßig ihre Seltenheit.[79] Entsprechende Biotope sind i.d.R. nicht mehr oder nur unvollkommen (und wenn, dann mit sehr hohem Aufwand) wieder herstellbar und durchweg schutzwürdig und auch -bedürftig. Es wäre daher z.B. nicht zulässig, dass ein Bundesland weit gefasste Flächentypen wie etwa „feuchtes/frisches Grünland" oder „Laubwald" als Biotoptypen in eine entsprechende landesrechtliche Regelung aufnimmt.

Das schließt natürlich nicht aus, dass die Länder aufgrund ihrer eigenen Naturschutzkompetenz zusätzliche Instrumente zum Schutz weiterer Biotoptypen entwickeln und landesrechtlich festlegen, indem sie z.B. grundsätzlich die Umwandlung von Grünland – ausgenommen natürlich die von den § 30 entsprechenden Regelungen erfassten – einer inhaltlich strengen Genehmigungspflicht unterwerfen oder anderweitig beschränken.[80]

V. Ausnahmen auf Antrag (§ 30 Abs. 3)

23 § 30 Abs. 3 erlaubt den zuständigen Behörden auf Einzelfallantrag hin, Ausnahmen von den Verschlechterungsverboten des Abs. 2 zuzulassen, wenn die Beeinträchtigungen **ausgeglichen** werden können. Der früher in § 30 Abs. 2 Satz 1 BNatSchG a.F. vorgesehene Ausnahmetatbestand der überwiegenden Gründe des Gemeinwohls wurde gestrichen, da sich dessen Maßstab mit der ebenfalls möglichen Befreiung nach § 67 Abs. 1 Nr. 1 deckt.[81]

In welchen Fällen eine Beeinträchtigung als ausgleichbar angesehen werden kann, verrät § 30 Abs. 3 nicht. Der **Begriff des Ausgleichs** ist jedoch i.S.d. § 15 Abs. 2 Satz 2 zu verstehen.[82] Danach ist eine Beeinträchtigung ausgeglichen, wenn und sobald die beeinträchtigten Funktionen des Naturhaushalts in gleichartiger Weise wiederhergestellt sind und das Landschaftsbild land-

---

79 Vgl. dahingehend auch *Meßerschmidt*, BNatSchG, § 30 Rn. 62 sowie VG Arnsberg, Urt. v. 02. 06. 2004 – 1 K 552/02, wo im Hinblick auf die erheblichen Einschränkungen, die sich insbesondere für den Eigentümer einer Fläche ergeben, die unter den gesetzlichen Biotopschutz fällt, ausgeführt wird, dass der gesetzliche Biotopschutz nicht zu weit gefasst werden darf, sondern sich nur auf solche Lebensräume beziehen darf, die selten und besonders hochwertig sind.

80 Vgl. dazu die in einigen Bundesländern mittlerweile erlassenen Verordnungen zur Erhaltung von Grünland, z.B. DGErhVO MV, GVOBl. MV 2008 S. 474; DGL-VO NRW, GVBl. NRW 2011 S. 83; DGLG SH, GVBl. SchH 2013 S. 387.

81 BT-Drs. 16/12274, S. 63; *Heugel*, in: Gassner/Heugel, Das neue Naturschutzrecht, 1. Aufl. 2010, Rn. 447.

82 BT-Drs. 16/12274, S. 63; *Heugel*, in: Gassner/Heugel, Das neue Naturschutzrecht, 1. Aufl. 2010, Rn. 447; *Kerkmann*, in: Kerkmann (Hrsg.), Naturschutzrecht in der Praxis, 1. Aufl. 2007, § 6 Rn. 30 ff.; *Schink/Matthes-Bredelin*, ZfBR 2001, 163.

schaftsgerecht wiederhergestellt oder neu gestaltet ist. Dies erfordert die Schaffung eines gleichartigen Biotops, d.h. ein Biotop vom selben Typ, der in den standörtlichen Gegebenheiten und der Flächenausdehnung mit dem zerstörten oder beeinträchtigten Biotop im Wesentlichen übereinstimmt.[83] Lediglich gleichwertige Maßnahmen reichen dazu nicht aus.[84] Der Ausgleich für das beschädigte/zerstörte Biotop hat damit am gleichen Ort oder zumindest dessen näherer Umgebung in gleicher Qualität stattzufinden. Im Rahmen des Ausgleichs kommt es nicht auf eine (freiwillig) angebotene Kompensationsmaßnahme an, sondern darauf, was naturschutzfachlich erforderlich und – im Wege von Nebenbestimmungen zur Ausnahmeerteilung – effektiv erreichbar ist.[85] Nach dem eindeutigen Wortlaut des § 30 Abs. 3 und der klaren Abgrenzung des Ausgleichsbegriffs in § 15 Abs. 2 Satz 1–3, werden Maßnahmen zur Kompensation in sonstiger Weise, insbesondere Ersatzmaßnahmen oder Ersatzzahlungen nicht erfasst und rechtfertigen damit keine Ausnahme von den Verschlechterungsverboten. Maßstab für den Ausgleich der Beeinträchtigungen sind insbesondere die Funktionen, die das unbeschädigte Biotop für die Populationen bestimmter Arten und ihrer Lebensgemeinschaften in dem jeweiligen konkreten Biotop erfüllt und deretwegen der betreffende Biotoptyp in den Katalog gemäß § 30 Abs. 2 Satz 1 Nr. 1 bis 6 aufgenommen worden ist. Dazu gehört auch eine dem geschädigten Biotop ungefähr entsprechende räumliche Ausdehnung. Für die Anforderungen der Praxis kommt es hierbei insbesondere auf einen Vergleich des „alten" mit dem „neuen" Biotop hinsichtlich der wesentlichen und charakteristischen Bestandteile, Merkmale und Eigenschaften an. Unverzichtbar ist auch, dass die durch den Schutz des jetzt geschädigten, „alten" Biotops geschützten Populationen und Lebensgemeinschaften in dem wiederhergestellten, „neuen" Biotop lebenskräftig und auf Dauer unbeeinträchtigt weiter existieren können oder, dass – im Falle völliger oder weitgehender Zerstörung – die betreffenden Arten und Lebensgemeinschaften im „neuen" Biotop erfolgreich angesiedelt werden können und tatsächlich angesiedelt werden oder auf andere Weise gewährleistet ist, dass sie von dem „neuen" Biotop erfolgreich Besitz ergreifen.

Ist eine Beeinträchtigung ausgleichbar im vorstehenden Sinn, so liegt die Erteilung der Ausnahmegenehmigung **im Ermessen** der zuständigen Behörde, welche dabei die gesetzlichen Grenzen des Ermessens einzuhalten hat.[86] Die Entscheidung kann nach § 36 Abs. 2 VwVfG mit Nebenbestimmungen versehen werden. Liegen die Voraussetzungen für die Ausnahme vor, ist davon auszugehen, dass im Rahmen der Entscheidung nur relativ wenig Spielraum bleibt, da die öffentlichen Interessen, die gegen die Erteilung der Ausnahme sprechen könnten, bereits vollständig bei der Frage berücksichtigt wurden, ob die Tatbestandsvoraussetzungen für eine Ausnahme vorliegen.[87] Kommt eine Ausnahme nicht in Betracht, weil die Beeinträchtigung nicht ausge-

24

---

83 VGH München, Beschl. v. 19. 08. 2014 – 8 CS 14.1300.

84 VGH München, Beschl. v. 09. 08. 2012 – 14 C 12.308.

85 OVG Schleswig, Beschl. v. 11. 09. 2012 – 1 LA 40/12.

86 VG Potsdam, Urt. v. 30. 01. 1997 – 1 K 445/94, NVwZ 1998, 1218.

87 So zutreffend auch *Schink*, VerwArch 1995, 410; *Kerkmann*, in: Kerkmann (Hrsg.), Naturschutzrecht in der Praxis, 1. Aufl. 2007, § 6 Rn. 26; *Schink/Matthes-Bredelin*, ZfBR 2001, 163.

glichen werden kann, so kann die Zulassung nur noch im Wege der Befreiung gem. § 67 erfolgen.[88]

VI. Behandlung im Rahmen der Bauleitplanung
(§ 30 Abs. 4)

25   Während das Verhältnis von **Bauleitplanung** und Eingriffsregelung schon seit längerer Zeit normiert war,[89] fehlte eine entsprechende Vorschrift für den gesetzlichen Biotopschutz. Da die im Rahmen der Eingriffsregelung erfolgte Normierung nach h.M.[90] auf den Biotopschutz nicht anwendbar war, hat der Gesetzgeber mit der Einführung des § 30 Abs. 4 reagiert und eine Vereinfachung für das Verhältnis zwischen gesetzlichem Biotopschutz und Bauleitplanung geschaffen.[91] Die Vorschrift ist § 32 Abs. 4 BbgNatSchG nachempfunden und ermöglicht es den Gemeinden durch einen entsprechenden Antrag auf Ausnahme oder Befreiung bereits im Vorfeld Rechtssicherheit über den in Aufstellung befindlichen Bebauungsplan zu erlangen.

Der gesetzliche Biotopschutz stellt gegenüber einer gemeindlichen Satzung **höherrangiges Recht** dar, mit der Folge, dass ein von der Gemeinde aufgestellter Bebauungsplan die Verschlechterungsverbote des § 30 Abs. 2 unberührt lässt.[92] Folglich ist die Aufstellung eines Flächennutzungs- oder Bebauungsplans zunächst nicht geeignet, unmittelbar gegen die Verschlechterungsverbote aus § 30 Abs. 2 zu verstoßen. Erst die daran anschließende Errichtung von baulichen Anlagen kann eine solche Wirkung zeitigen;[93] demgemäß können Befreiungen nur für die einzelnen Bauvorhaben, nicht aber schon für den zu Grunde liegenden Bebauungsplan erteilt werden.[94] An dieser rechtlichen Prämisse hat sich durch die Novellierung des BNatSchG 2010 zwar nichts geändert; allerdings ermöglicht § 30 Abs. 4 jetzt den Gemeinden vor der Planaufstellung eine Ausnahme oder Befreiung für die im Bebauungsplan vorgesehenen Festsetzungen zu beantragen, sofern im Rahmen der Planverwirklichung Biotop beeinträchtigende Handlungen zu erwarten sind.[95] Durch diese vorweggenommene „Generalausnahme" erlangt

---

88   VG Regensburg, Beschl. v. 21. 12. 2007 – RO 11 S 07.1567.

89   Vgl. dazu § 21 BNatSchG a.F. und § 18 BNatSchG g.F.

90   BVerwG, Beschl. v. 21. 12. 1994 – 4 B 266/94, NVwZ 1995, 601; *Meßerschmidt,* BNatSchG, § 30 Rn. 79; *Marzik,* in: Marzik/Wilrich, BNatSchG, 1. Aufl. 2004, § 30 Rn. 14; *Kerkmann,* in: Kerkmann (Hrsg.), Naturschutzrecht in der Praxis, 1. Aufl. 2007, § 6 Rn. 38.

91   BT-Drs. 16/12274, S. 63.

92   OVG Schleswig, Urt. v. 10. 07. 2003 – 1 KN 10/03, NVwZ-RR 2004, 565; OVG Greifswald, Urt. v. 20. 04. 1994 – 4 K 25/93, NuR 1995, 149; *Meßerschmidt,* BNatSchG, § 30 Rn. 79; *Kratsch/Czybulka,* in: Schumacher/Fischer-Hüftle, BNatSchG, 2. Aufl. 2010, § 30 Rn. 51; im Ergebnis auch *Lau,* Der Naturschutz in der Bauleitplanung, 1. Aufl. 2011, Rn. 129 ff.

93   So auch *Stöckel/Müller-Walter,* in: Erbs/Kohlhaas, Strafrechtliche Nebengesetze, Bd. III, N 16, § 30 BNatSchG Rn. 17; a.A. jedoch *Heugel,* in: Lütkes/Ewer, BNatSchG, § 30 Rn. 11, allerdings nur für den Fall, dass der Bebauungsplan selbst zulassende Wirkung hat.

94   BVerwG, Beschl. v. 09. 02. 2004 – 4 BN 28/03, NVwZ 2004, 1243; OVG Koblenz, Urt. v. 12. 12. 2007 – 8 A 10632/07.

95   BT-Drs. 16/12274, S. 63.

die Gemeinde Rechtssicherheit im Hinblick auf die Zulässigkeit[96] und Vollziehbarkeit ihres Planes. Die Rechtsprechung nimmt teilweise ein Planungsverbot an, wenn bereits im Zeitpunkt der Planerstellung erkennbar ist, dass der Verwirklichung des Plans dauerhafte rechtliche Hindernisse, wie beispielsweise naturschutzrechtliche Verbote entgegenstehen.[97] Die Voraussetzungen für die Zulassung einer Ausnahme sind dieselben wie in §30 Abs.3; der Maßstab für die Gewährung einer Befreiung ergibt sich aus §67. Zu den planungsrechtlichen Einzelheiten bei Betroffenheit von gesetzlich geschützten Biotopen sowie die Möglichkeit der Gewährung von Ausnahmen und Befreiungen, vgl. *Lau*, Der Naturschutz in der Bauleitplanung, Rn. 129 ff.

Wird der Ausnahme- oder Befreiungsantrag der Gemeinde positiv beschieden, erstreckt sich die begünstigende Wirkung auf alle Vorhaben im Plangebiet. Weitere Ausnahmen oder Befreiungen durch die einzelnen Bauherren werden damit überflüssig.[98] Allerdings hat der Gesetzgeber die Erstreckungswirkung auf sieben Jahre ab Inkrafttreten des Bebauungsplans beschränkt, um Handlungsspielräume bei Änderungen der tatsächlichen Verhältnisse offen zu halten. Nach Ablauf der Frist können Biotop beeinträchtigende Maßnahmen nur wieder im Rahmen einer Einzelfallausnahme nach §30 Abs.3 zugelassen werden.

VII. Legalausnahmen
(§ 30 Abs. 5 und Abs. 6)

1. Vertragsnaturschutzrechtliche Vereinbarungen und Programme

§30 Abs. 5 knüpft an die vormalige Bestimmung des §30 Abs. 2 Satz 2 BNatSchG a.F. an. Die Vorschrift bestimmt, dass Biotop beeinträchtigende Maßnahmen der Land-, Forst- und Fischereiwirtschaft nicht dem Verschlechterungsverbot des §30 Abs. 2 unterfallen, wenn sie Biotope betreffen, die während der Laufzeit einer vertraglichen Vereinbarung oder der Teilnahme an öffentlichen Programmen zur Bewirtschaftungsbeschränkung entstanden sind und im Zuge der **Wiederaufnahme der Bewirtschaftung** innerhalb von zehn Jahren nach Beendigung des Vertrags oder der Programme erfolgen. Die Formulierung „einer **vertraglichen Vereinbarung** oder der **Teilnahme an öffentlichen Programmen zur Bewirtschaftungsbeschränkung**" ist weit gefasst. Eine besondere Honorierung der Beschränkung oder Aufgabe der Bewirtschaftung ist nach dem eindeutigen Wortlaut der Vorschrift nicht zwin-

26

---

96 Die Rechtsprechung nimmt teilweise ein Planungsverbot an, wenn bereits im Zeitpunkt der Planerstellung erkennbar ist, dass der Verwirklichung des Plans dauerhafte rechtliche Hindernisse, wie beispielsweise naturschutzrechtliche Verbote entgegenstehen; vgl. OVG Münster, Urt. v. 24.07.2009 – 7 D 130/08; OVG Koblenz, Urt. v. 12.12.2007 – 8 A 10632/07; BVerwG, Beschl. v. 09.02.2004 – 4 BN 28/03, NVwZ 2004, 1243 und ausführlich dazu *Schink/Matthes-Bredelin*, ZfBR 2001, 162 sowie *Kerkmann*, LKRZ 2008, 449 ff.

97 Vgl. OVG Münster, Urt. v. 24.07.2009 – 7 D 130/08; OVG Koblenz, Urt. v. 12.12.2007 – 8 A 10632/07; BVerwG, Beschl. v. 09.02.2004 – 4 BN 28/03, NVwZ 2004, 1243 und ausführlich dazu *Schink/Matthes-Bredelin*, ZfBR 2001, 162 sowie *Kerkmann*, LKRZ 2008, 449 ff.

98 BT-Drs. 16/12274, S. 63; *Reidt*, NVwZ 2010, 10; *Louis*, NuR 2010, 84.

gend erforderlich, obgleich diese bei den meisten Vereinbarungen und Programmen im Regelfall erfolgt. Vom Anwendungsbereich erfasst werden neben den klassischen Instrumenten des Vertragsnaturschutzes beispielsweise auch die Extensivierung nach dem Kulturlandschaftsprogramm (KULAP) sowie die Flächenstilllegung bzw. das aus der Erzeugung nehmen von landwirtschaftlichen Nutzflächen nach dem allgemeinen Agrarförderprogrammen (sog. Betriebsprämien), da auch letztgenannte Maßnahmen auf die Umsetzung naturschutzfachlicher Ziele gerichtet sind.[99] Bei Flächenstilllegung und aus der Erzeugung genommenen Landwirtschaftsflächen kann auch das **Gesetz zur Gleichstellung stillgelegter und landwirtschaftlich genutzter Flächen (FGlG)** vom 10.07.1995[100] einschlägig sein, wonach Flächen, die nach den Maßgaben des EU-Rechts über Direktzahlungen im Rahmen der gemeinsamen Agrarpolitik, die nicht mehr für die Erzeugung genutzt werden, weiterhin als landwirtschaftlich genutzte Flächen gelten, sofern diese Flächen für die Nutzung von Zahlungsansprüchen für die einheitliche Betriebsprämie angemeldet worden sind; ausdrücklich unberührt bleibt nach § 1 Abs. 3 S. 2 FGlG auch das Recht, diese Flächen nach Beendigung der Stilllegungsperiode in derselben Art und demselben Umfang wie zum Zeitpunkt vor der Stilllegung nutzen zu können. Von der Privilegierung nach § 30 Abs. 5 BNatSchG eingeschlossen wird darüber hinaus auch die Vereinbarung einer bestimmten, anderen als der bisherigen Nutzung. Nicht erfasst sind auf Dauer abgeschlossene (und in der Regel entsprechend honorierte) Vereinbarungen; dies widerspräche sowohl dem Sinn der Vereinbarung als auch dem des gesetzlichen Biotopschutzes. Ebenfalls nicht betroffen sind Vereinbarungen zwischen den Eigentümern/Besitzern einer Fläche und einer anderen natürlichen oder juristischen Privatperson, etwa einem Naturschutzverein.

27 Die Vorschrift schafft Abhilfe für das praktische Problem, dass während der Laufzeit von vertragsnaturschutzrechtlichen Vereinbarungen und der Teilnahme an Programmen Biotope neu entstehen können. Würde man diese nach Auslaufen der Vereinbarungen und Programme den Verschlechterungsverboten des § 30 Abs. 2 unterwerfen, könnten sich die Flächennutzer gehindert sehen, an entsprechenden Naturschutzprojekten teilzunehmen. Die Vorschrift verfolgt damit denselben Zweck wie die Freistellung in § 14 Abs. 3 Nr. 1 BNatSchG, nach der eine solche Nutzungswiederaufnahme nicht als Eingriff in Natur und Landschaft i.S. des § 14 Abs. 1 BNatSchG anzusehen ist. Auch wenn die Teilnahme an entsprechenden Programmen und Plänen damit auf den ersten Blick als weitestgehend unbedenklich erscheint, verbleibt ein gewisses „Restrisiko", welches sich vor allem aus den **artenschutzrechtlichen Zugriffsverboten** des § 44 Abs. 1 BNatSchG ergibt, da letztgenannte Vorschrift keine entsprechend weite Privilegierung kennt,[101] auch wenn es Erleichterungen gibt für die land-, forst- und fischereiwirtschaftliche Bodennutzung, die der guten fachlichen Praxis entspricht.[102]

---

99 Vgl. zu den Einzelheiten die AgrarZahlVerpflV v. 17.12.2014, BAnz. AT 23.12.2014 V1.
100 BGBl. I S. 910, zuletzt geändert durch Art. 26 G. v. 09.12.2010, BGBl. I S. 193.
101 Vgl. zur Geltung der artenschutzrechtlichen Zugriffsverbote in diesem Zusammenhang ausführlich: *Meßerschmidt*, BNatSchG, § 30 Rn. 100.
102 Vgl. dazu § 44 Abs. 4 BNatSchG.

Anders als bei § 30 Abs. 3 und 4 tritt die Rechtsfolge des § 30 Abs. 5 kraft Gesetzes ein, ohne dass es der Erteilung einer Ausnahmegenehmigung bedarf. Die Privilegierung gilt nur für die **Wiederbewirtschaftung** i.S. einer Wiederaufnahme der früheren Nutzung; nicht aber für anderweitige Nutzungsänderungen, wie beispielsweise die Errichtung einer baulichen Anlage[103] und erfasst nach dem eindeutigen Wortlaut nur Biotope, die während der Vertrags- oder Programmlaufzeit entstanden sind; nicht aber solche, die sich in der Folgezeit herausbilden[104] oder die aufgrund von Nutzungsaufgaben oder Einschränkungen aus anderen Gründen entstanden sind.[105] Begünstigt wird nur die Wiederaufnahme einer zulässigen land-, forst- oder fischereiwirtschaftlichen Nutzung innerhalb eines Privilegierungszeitraums von zehn Jahren nach Ablauf des entsprechenden Naturschutzprojekts. Die im Gesetzesentwurf noch mit fünf Jahren vorgesehene, dann aber auf Vorschlag des Bundesrates und nachfolgender Empfehlung durch den Ausschuss für Umwelt, Naturschutz und Reaktorsicherheit auf zehn Jahre verlängerte Frist[106] erscheint im Vergleich zu anderen Ausnahme- und Privilegierungsfristen, insbesondere der des § 30 Abs. 6, als sehr lange. Nach der Intension des Gesetzgebers soll jedoch die Verlängerung des Privilegierungszeitraums dazu dienen, die kooperativen Instrumente des Naturschutzes und der Landschaftspflege zu stärken und deren Attraktivität für die Nutzer zu erhöhen.[107] Auch soll kein Druck erzeugt werden, möglicherweise entstandene Biotope nach Beendigung der Projektlaufzeit schnellstmöglich wieder zu entfernen.[108] Nach Ablauf der Frist kann sich der Betroffene nicht auf nachwirkenden Bestandsschutz berufen[109] und bedarf für die Wiederaufnahme einer Einzelfallgenehmigung gemäß § 30 Abs. 3.

2. Wiederaufnahme einer zulässigen Bodenschätzegewinnung

Die mit der Novellierung des BNatSchG 2010 auf Initiative des Bundesrates[110] neu eingeführte Ausnahmeregelung des § 30 Abs. 6 dient genau wie § 30 Abs. 5 dem Gedanken des **„Naturschutzes auf Zeit"**[111] und privilegiert vor diesem Hintergrund die Wiederaufnahme der Bodenschätzegewinnung gegenüber gesetzlich geschützten Biotopen, die sich durch die Einschrän-   28

---

103 *Meßerschmidt*, BNatSchG, § 30 Rn. 99; *Kratsch/Czybulka*, in: Schumacher/Fischer-Hüftle, BNatSchG, 2. Aufl. 2010, § 30 Rn. 60.

104 So auch *Kerkmann*, in: Kerkmann (Hrsg.), Naturschutzrecht in der Praxis, 1. Aufl. 2007, § 6 Rn. 36; OVG Bautzen, Beschl. v. 09.06.2009 – 1 B 289/09, NuR 2010, 415; VG Leipzig, Beschl. v. 04.03.2009 – 6 L 1820/08.

105 OVG Lüneburg, Beschl. v. 12.09.2006 – 8 LA 265/04, ZUR 2007, 45.

106 Vgl. zum Entwurf BT-Drs. 16/12274, S. 16 und zur Beschlussempfehlung des Umweltausschusses BT-Drs. 16/13430, S. 23 sowie den Vorschlag des Bundesrates BR-Drs. 278/1/9 S. 41, in dem sogar eine Verlängerung auf fünfzehn Jahre angestrebt wurde.

107 BT-Drs. 16/13430, S. 23; *Heugel*, in: Gassner/Heugel, Das neue Naturschutzrecht, 1. Aufl. 2010, Rn. 448; *Meßerschmidt*, BNatSchG, § 30 Rn. 96.

108 BR-Drs. 278/09 S. 19.

109 OVG Bautzen, Beschl. v. 09.06.2009 – 1 B 289/09, NuR 2010, 415.

110 BR-Drs. 278/1/9 S. 41.

111 *Gellermann*, NVwZ 2010, 77.

kung oder Unterbrechung der Gewinnungstätigkeit auf entsprechenden Flächen herausbilden. Die Rechtfertigung hierfür wird darin gesehen, dass die betroffenen Biotope gerade erst durch die Veränderung von Natur und Landschaft infolge einer eingeschränkten oder unterbrochenen Gewinnung entstanden sind.[112] Genau wie im Rahmen des § 30 Abs. 5 wird auch hier nur die Wiederaufnahme der Gewinnung im Rahmen der Zulässigkeit erfasst. Ob es sich bei den Bodenschätzen um solche handelt, die dem Bergrecht unterliegen, spielt keine Rolle.[113] Der gesetzliche Biotopschutz entfällt nicht schon deshalb, weil sich eine Biotopfläche im zeitlichen Geltungsbereich eines bergrechtlich zugelassenen Rahmenbetriebsplans befindet und dort erst – etwa im Wege der Zwischenbegrünung – als Sekundärbiotop entstanden ist.[114] Auch die Größe des Abbauvorhabens ist ohne Bedeutung. Erfasst werden damit beispielsweise auch kleinere Kies- oder Sandgruben, die dem betriebsinternen land- oder forstwirtschaftlichen Wegebau dienen. Der Privilegierungszeitraum ist auf fünf Jahre nach Beendigung der Einschränkung oder Unterbrechung beschränkt, wobei auf die tatsächliche Gewinnungstätigkeit und nicht auf den Zeitpunkt der Vorlage oder Realisierung des Abschlussbetriebsplans abzustellen ist.[115] Nach Ablauf der Frist bedarf die Wiederaufnahme einer Einzelfallgenehmigung gemäß § 30 Abs. 3. Genau wie im Rahmen des § 30 Abs. 5 BNatSchG ist zu bedenken, dass die Privilegierung nach § 30 Abs. 6 nicht über die artenschutzrechtlichen Zugriffsverbote des § 44 Abs. 1 BNatSchG hinweghilft.[116]

VIII. Biotopregistrierung (§ 30 Abs. 7)

29 § 30 Abs. 7 regelt die Verpflichtung, die gesetzlich geschützten Biotope zu registrieren. Die Registrierung hat jedoch nur **deklaratorischen Charakter**, weil der Schutz der Biotope unmittelbar durch das Gesetz erfolgt;[117] daher hat die Kenntnis oder Unkenntnis des Betroffenen von der Registrierung keinen Einfluss auf die Biotopeigenschaft;[118] eine Fläche kann die gesetzliche Biotopeigenschaft aufweisen, ohne in einem entsprechenden Register oder Verzeichnis erfasst zu sein. Die Registrierung zeitigt keine unmittelbare Rechtswirkung nach außen gegenüber den Grundstückseigentümern und stellt deshalb keinen Verwaltungsakt dar, der mit der Anfechtungsklage an-

---

112 BT-Drs. 16/13430, S. 24; BR-Drs. 278/1/9, S. 41; *Heugel*, in: Gassner/Heugel, Das neue Naturschutzrecht, 1. Aufl. 2010, Rn. 448.

113 *Louis*, NuR 2010, 85.

114 VG Cottbus, Urt. v. 15. 10. 2014 – VG 3 K 460/13.

115 VG Cottbus, Urt. v. 15. 10. 2014 – VG 3 K 460/13.

116 Vgl. dazu Rn. 27.

117 BT-Drs. 16/12274, S. 64; BR-Drs. 278/1/9, S. 44; BVerfG, Beschl. v. 07. 05. 2001 – 2 BvK 1/00, NVwZ-RR 2002, 91; *Meßerschmidt*, BNatSchG, § 30 Rn. 30 f.; *Kratsch/Czybulka*, in: Schumacher/Fischer-Hüftle, BNatSchG, 2. Aufl. 2010, § 30 Rn. 20 u. 64; *Gellermann*, in: Landmann/Rohmer, Umweltrecht, Bd. IV, § 30 BNatSchG Rn. 25; *Waggershauser*, Die geschichtliche Entwicklung und rechtliche Ausgestaltung des besonderen Flächenschutzes im Naturschutzrecht, 2005, S. 199.

118 VG München, Urt. v. 21. 02. 2006 – M 2 K 05.1751; VGH München, Urt. v. 27. 02. 1992 – 2 B 90.2664.

gegriffen werden könnte;[119] gleiches gilt auch für die Löschung einer zu Unrecht erfolgten oder nachträglich unzutreffend gewordenen Eintragung.[120] Die Biotopregistrierung begründet auch kein Rechtsverhältnis i.S. von § 43 Abs. 1 VwGO, sodass ihre Unrichtigkeit auch nicht mit der Feststellungsklage geltend gemacht werden kann.[121] Es erscheint aber einleuchtend, dass die Frage, ob eine Fläche Biotopeigenschaft i.S. des § 30 Abs. 2 BNatSchG aufweist, mittels Feststellungsklage geklärt werden kann, sofern der Beklagte – i.d.R. eine naturschutzrechtliche zuständе Behörde – diesbezüglich anderer Auffassung ist als der Kläger und die Biotopeigenschaft für die künftige Nutzung der Fläche von Bedeutung ist.[122] Die zugehörigen Karten sind jedoch als öffentliche Urkunden i.S. von § 418 ZPO anzusehen;[123] die **Beweiswirkung** kann jedoch eingeschränkt sein, wenn zwischen der Kartierung und dem beweiserheblichen Zeitpunkt ein langer Zeitraum verstrichen ist, ohne dass eine zwischenzeitliche Verifizierung der ursprünglichen Kartierungsergebnisse erfolgte.[124] Die Registrierung dient der Information der betroffenen Flächennutzer und Eigentümer und trägt dem Publizitätsgedanken der Umweltinformationsrichtlinie (Richtlinie 2003/4/EG) Rechnung. Darüber hinaus dürfte sie Auswirkungen auf den Erhalt der Biotope haben, da die Verschlechterung oder Beseitigung eines Biotops in vielen Fällen erst aufgrund der Registrierung nachweisbar wird.[125]

Nicht explizit geregelt ist, wer für die Registrierung **zuständig** ist. Nach der Begründung zum Gesetzesentwurf können dies jedoch nur die Länder sein.[126] Wie und in welcher Form die Biotopregistrierung im Einzelnen erfolgt, ist landesrechtlich bisher sehr unterschiedlich geregelt. Insofern hat sich der Bund einer genaueren Bestimmung hierzu enthalten.[127]

IX. Unberührtheitsklausel (§ 30 Abs. 8)

§ 30 Abs. 8 bestimmt, dass weiter gehende Schutzvorschriften einschließlich der Bestimmungen über Ausnahmen und Befreiungen unberührt bleiben.

30

---

119 *Kerkmann*, in: Kerkmann (Hrsg.), Naturschutzrecht in der Praxis, 1. Aufl. 2007, § 6 Rn. 47.
120 So auch OVG Lüneburg, Urt. v. 10.03.2005 – 8 LB 4072/01.
121 VG München, Urt. v. 07.08.1996 – M 11 K 94.6378, NuR 1997, 304; a.A.: VG Potsdam, Urt. v. 30.01.1997 – 1 K 445/94, NVwZ 1998, 1217.
122 So auch *Kratsch/Czybulka*, in: Schumacher/Fischer-Hüftle, BNatSchG, 2. Aufl. 2010, § 30 Rn. 69; OVG Lüneburg, Urt. v. 10.03.2005 – 8 LB 4072/01; VG Stade, Urt. v. 08.10.2013 – 1 A 1676/12.
123 VGH Mannheim, Urt. v. 06.07.2006 – 5 S 1280/05, NuR 2007, 418; VG Regensburg, Urt. v. 08.01.2002 – RO 11 K 01.622, NuR 2002, 443.
124 OVG Koblenz, Urt. v. 26.04.2001 – 1 C 10604/00, NVwZ-RR 2002, 185; OVG Lüneburg, Urt. v. 06.11.2007 – 4 LC 56/07, NuR 2008, 206.
125 Vgl. zur Beweiswirkung z.B. OVG Hamburg, Urt. v. 19.05.1992 – Bf VI 22/88; NVwZ-RR 1993, 10f.; OVG Lüneburg, Beschl. v. 12.09.2006 – 8 LA 265/04, ZUR 2007, 44; VGH Mannheim, Urt. v. 06.07.2006 – 5 S 1280/05, NuR 2007, 418; VG Regensburg, Urt. v. 08.01.2002 – RO 11 K 01.622, NuR 2002, 443.
126 BT-Drs. 16/12274, S. 64.
127 BT-Drs. 16/12274, S. 64.

Die Vorschrift hat lediglich deklaratorischen Charakter und stellt klar, dass bei Vorliegen eines strengeren Schutzregimes, etwa wenn ein gesetzlich geschützter Biotop in einem Schutzgebiet liegt, die Regelungen der Schutzgebietsverordnung neben die Vorschriften über den gesetzlichen Biotopschutz treten und diese weder verdrängen, noch von diesen verdrängt werden. In diesem Zusammenhang können insbesondere die Vorschriften über den Gebiets- und besonderen Artenschutz neben § 30 anwendbar sein, über diesen hinausgehen[128] und eigenständige Ausnahme- oder Befreiungsentscheidungen von den betroffenen Verboten erforderlich machen.[129]

Abschnitt 2
Netz „Natura 2000"

§ 31
Aufbau und Schutz des Netzes „Natura 2000"

Der Bund und die Länder erfüllen die sich aus den Richtlinien 92/43/EWG und 79/409/EWG ergebenden Verpflichtungen zum Aufbau und Schutz des zusammenhängenden europäischen ökologischen Netzes „Natura 2000" im Sinne des Artikels 3 der Richtlinie 92/43/EWG.

Inhaltsübersicht

---

128 BVerwG, Urt. v. 06.11.2013 – 9 A 14.12.
129 *Heugel*, in: Gassner/Heugel, Das neue Naturschutzrecht, 1. Aufl. 2010, Rn. 449.

Frenz

I. Vielfältiger Bezug

Gem. § 31 erfüllen der Bund und die Länder die sich aus den Richtlinien 92/ 43/EWG (FFH-RL) und 79/409/EWG (VRL) ergebenden Verpflichtungen zum Aufbau des zusammenhängenden europäischen Netzes „Natura 2000" i.S.d. Art. 3 FFH-RL. Im Gefolge der **Föderalismusreform** mit dem Wegfall der Rahmengesetzgebungskompetenz des Bundes trifft der Bund die notwendigen Regelungen weitestgehend selbst; die Länder regeln nur noch Zuständigkeiten, Verfahren und die verwaltungsmäßige Umsetzung.[1] Zu dem in Art. 2 aufgeführten Zweck der Habitatrichtlinie soll gem. Art. 3 Abs. 1 FFH-RL ein kohärentes europäisches ökologisches Netz besonderer Schutzgebiete mit der Bezeichnung „Natura 2000" errichtet werden. Diese Schutzgebiete sollen die in Anhang I aufgeführten natürlichen Lebensraumtypen sowie die in Anhang II genannten Habitate, also Lebensräume von bestimmten Tieren, umfassen. Damit weist diese Regelung in dieses europäische System und wird damit von dessen Grundgedanken beherrscht. Dies betrifft vor allem den Aufbau des Netzes „Natura 2000", der in § 32 näher geordnet ist. Von daher geht es zwar auch um die schon von Art. 288 Abs. 3 AEUV geforderte **Richtlinienumsetzung,**[2] vor allem aber um die notwendigen Gebietsmeldungen und -anpassungen sowie die darauf bezogenen Gewährleistungen. Gleichgewichtig steht in § 31 der **Schutz dieses Netzes**, wozu neben der Sicherung und auch der Pflege entsprechend § 1 Abs. 1 HS. 2 aufgrund des Verweises von Art. 3 FFH-RL nach Art. 10 FFH-RL die Bemühung gehört, die **Kohärenz** der zum Netz „Natura 2000" gehörenden Gebiete zu verbessern, und zwar durch Förderung der für wild lebende Tiere und Pflanzen elementaren Landschaftselemente bei der Landnutzungs- und Entwicklungspolitik.[3] Damit wird die notwendige Errichtung eines kohärenten europäischen ökologischen Netzes perpetuiert und abgesichert. Dazu gehört auch, Arten und Lebensraumtypen außerhalb der ausgewiesenen Gebiete zu schützen sowie Verbindungsstrukturen und verbindende Ökosysteme zwischen den Natura 2000-Gebieten zu erhalten bzw. zu restituieren;[4] erst so entsteht ein umfassender und in dieser Weise abgestimmter, mithin kohärenter Schutz. Wegen des engen Bezuges sowohl des Aufbaus als auch des Schutzes des Netzes „Natura 2000" zum normativen Kernanliegen bedarf es keines vorangestellten allgemeinen Grundsatzes, wie dies in den anderen Gesetzeskapiteln der Fall ist, da das übernommene Unionsrecht mit seinen auch prinzipiellen Vorgaben ohnehin die Auslegung prägt; es kommt höchstens noch unter den Voraussetzungen des Art. 193 AEUV eine Schutzverstärkung durch die Länder in Betracht.[5]

1

---

1 *Heugel*, in: Lütkes/Ewer, BNatSchG, § 31 Rn. 1.
2 *Möckel*, in: Schlacke (Hrsg.), GK-BNatSchG, § 31 Rn. 1.
3 *Gellermann*, in: Landmann/Rohmer, § 31 BNatSchG Rn. 2.
4 *Möckel*, in: Schlacke (Hrsg.), GK-BNatSchG, § 31 Rn. 19.
5 *Gellermann*, in: Landmann/Rohmer, § 31 BNatSchG Rn. 3.

II. Zentrales Anliegen

1. Biologische Vielfalt und nachhaltige Entwicklung

2 Explizites Hauptziel der FFH-RL nach deren 3. Erwägungsgrund ist die **Erhaltung der biologischen Vielfalt**. Dies soll gem. Art. 2 Abs. 1 FFH-RL durch die Erhaltung der natürlichen Lebensräume sowie der wild lebenden Tiere und Pflanzen erfolgen. Die VRL zielt nach ihrem 2. Erwägungsgrund auf die **Erhaltung der wild lebenden Vogelarten**, um das biologische Gleichgewicht zu wahren. Auch dies soll gem. Art. 3 VRL durch die Einrichtung von Schutzgebieten und die Pflege, Wiederherstellung und Neuschaffung von Lebensräumen verwirklicht werden. Beide Richtlinien verfolgen also einen gleichgerichteten ökologischen Ansatz und nehmen im 1. (FFH-RL) bzw. 2. Erwägungsgrund (VRL) den Umweltschutz auf.

3 Zugleich fordern beide Richtlinien übereinstimmend eine **Berücksichtigung der wirtschaftlichen Erfordernisse**. Die VRL verlangt in Art. 2 einen insbesondere den ökologischen, wissenschaftlichen und kulturellen Erfordernissen entsprechenden Schutzstandard, „wobei den wirtschaftlichen und freizeitbedingten Erfordernissen Rechnung getragen wird". Die FFH-RL erhebt in ihrem dritten Erwägungsgrund die Förderung der biologischen Vielfalt zum Hauptziel, „wobei jedoch die wirtschaftlichen, sozialen, kulturellen und regionalen Anforderungen berücksichtigt werden sollen". Diesen Ansatz greift Art. 2 Abs. 3 FFH-RL ebenfalls auf.

4 Damit werden ökologische neben ökonomische und soziale Belange gestellt, wie es dem Grundansatz einer **nachhaltigen Entwicklung** entspricht. Die FFH-RL leistet denn nach Satz 2 ihres dritten Erwägungsgrundes „einen Beitrag zu dem allgemeinen Ziel einer nachhaltigen Entwicklung". Die VRL benennt dieses Ziel nicht ausdrücklich. Indes war dieser Ansatz beim Erlass dieser Richtlinie im Jahre 1979 auch noch nicht fest etabliert.[6]

5 Ist somit das **Ziel** der nachhaltigen Entwicklung der tiefere Hintergrund der „Natura 2000"-Richtlinien, ist sein Gehalt näher frei zu legen, um damit ein festes Fundament für Argumentationen auf dieser Basis zu haben. Daraus ergibt sich insbesondere der Stellenwert der ökonomischen und ökologischen Belange, welche im Rahmen des Habitat- und auch des Vogelschutzes immer wieder eine wichtige Rolle spielen.

2. Der Begriff „sustainable development" nach der Brundtland-Kommission

6 Der klassische Ausgangspunkt für die nähere Begriffsbestimmung, auf welche *GA Léger* gerade im Hinblick auf Habitatrichtlinie zurückgriff[7], ist die Definition der sog. **Brundtland-Kommission**[8] aus dem Jahre 1987, welche den Grundsatz der nachhaltigen Entwicklung auf internationaler Ebene etab-

---

6 Zur Entwicklungsgeschichte ausführlich *Frenz/Unnerstall*, Nachhaltige Entwicklung im Europarecht, 1999, S. 13 ff.

7 GA *Léger*, EuGH, Urt. v. 07. 11. 2000 – Rs. C-371/98, Slg. 2000, I-9235, Rn. 57 – First Corporate Shipping.

8 Nach ihrer Vorsitzenden, der damaligen norwegischen Ministerpräsidentin Gro Harlem Brundtland.

lierte. Sie bildet den Ausgangspunkt für den Rio-Prozess, der von erheblicher Bedeutung dafür war, dass die FFH-RL entstand.[9] Die Brundtland-Kommission definiert „sustainable development" als „eine dauerhafte Entwicklung, welche die Bedürfnisse der gegenwärtigen Generation erfüllt, ohne künftige Generationen der Fähigkeit zu berauben, ihre Bedürfnisse zu befriedigen und ihren Lebensstil zu wählen".[10] Enthalten sind darin ein ökonomischer, ein ökologischer und ein sozialer Aspekt.[11] Man kann daher auch von einem Zieldreieck der nachhaltigen Entwicklung sprechen.[12]

Es handelt sich hierbei nicht um ein rein ökologisches Konzept, sondern **7** ganz im Gegenteil erfordern die genannten Ziele und deren Wechselwirkungen eine **ganzheitliche Betrachtung**, die jeweils die drei Aspekte und deren Wechselwirkungen untereinander einbezieht und dabei zu einem gerechten Ausgleich kommt. Oder, wie *GA Léger*[13] betont: „Entwicklung und Umwelt ... (sind) ... nicht als Gegensätze zu betrachten, sondern sie sind in aufeinander abgestimmter Weise fortzuentwickeln". Das heißt: Bei jeder primär wirtschaftlichen Entscheidung sind auch die Aspekte der ökologischen und sozialen Verträglichkeit zu beachten, auf der anderen Seite aber auch beim Umweltschutz die ökonomischen Auswirkungen relevant.

3. Nachhaltige Entwicklung im Europarecht

Allerdings folgert *GA Léger*[14] bezogen auf die FFH-RL nur die Notwendig- **8** keit, die Umweltbelange durch den Ausweis von Schutzgebieten hinreichend zu gewährleisten; daher müssen die vorhandenen wirtschaftlichen Tätigkeiten in dem jeweiligen Gebiet mit dem Ziel vereinbar sein, natürliche Lebensräume und wild lebende Tiere und Pflanzen zu erhalten oder gar wiederherzustellen bzw. wieder anzusiedeln. Dabei ist aber zu berücksichtigen, dass auf der Ebene der Schutzgebietsausweisung erst die notwendige Plattform geschaffen werden muss, um den Umweltschutz überhaupt zur Geltung zu bringen und auf dieser Basis dann mit den **wirtschaftlichen und** auch **sozialen Belangen** auszutarieren. Diese spielen mithin bei der Schutzgebietsausweisung noch keine Rolle.[15]

Diese Belange werden nach dem bestehenden System der FFH-RL generell **9** erst bei einer Abweichungsentscheidung abgewogen, sodass kein Verstoß gegen den Grundsatz nachhaltiger Entwicklung vorliegt (Näheres unter § 32

---

9 *Heugel*, in Lütkes/Ewer, BNatSchG, § 31 Rn. 7 m.w.N

10 Im engl. Original: a „development that meets the needs of the present without compromising the ability of future generations to meet their own needs", World Commission on Environment and Development, Our Common Future, S. 43.

11 *Storm*, Nachhaltiges Deutschland, 2. Aufl. 1998, S. 9.

12 BT-Drs. 13/7054, S. 1.

13 EuGH, Urt. v. 07. 11. 2000 – Rs. C-371/98, Slg. 2000, I-9235, Rn. 56 – First Corporate Shipping.

14 EuGH, Urt. v. 07. 11. 2000 – Rs. C-371/98, Slg. 2000, I-9235, Rn. 58 – First Corporate Shipping.

15 EuGH, Urt. v. 07. 11. 2000 – Rs. C-371/98, Slg. 2000, I-9235, Rn. 23 f. – First Corporate Shipping.

Rn. 21 ff.). Dieser Grundsatz ist im Europarecht jedenfalls allgemein in seiner internationalen Bedeutung festgelegt.[16] Nur ansatzweise zum Vorschein kommt der Grundsatz der nachhaltigen Entwicklung in den Umweltbestimmungen. Bezogen auf den Rohstoffabbau wird in Art. 191 Abs. 1 3. Spiegelstrich AEUV eine umsichtige und rationelle Verwendung der natürlichen Ressourcen postuliert. Damit wird aber immerhin vorausgesetzt, dass ein weiterer Rohstoffabbau erfolgt. Von daher darf nicht einseitig der **Rohstoffabbau** Umweltbelangen weichen müssen, sondern beide Elemente sind miteinander in Einklang zu bringen.[17]

10 Diese Harmonisierung und das gleichberechtigte Nebeneinander von ökologischen, ökonomischen und sozialen Belangen tritt deutlich in Art. 3 EUV hervor.[18] In dieser Bestimmung werden alle drei Komponenten gleichberechtigt genannt.

11 Vor allem ist die nachhaltige Entwicklung mit dem Wirtschaftsleben verknüpft.[19] Darin wird der Bezug dieses Grundsatzes auf den ökonomischen Bereich deutlich. Zugleich wird das **Wirtschaftsleben** durch die **nachhaltige Entwicklung** maßgeblich geprägt. Indem die nachhaltige Entwicklung in der Grundlagenbestimmung des Art. 3 Abs. 3 EUV den anderen Komponenten vorangestellt ist, wird verhindert, dass sie einseitig nur auf den Umweltschutz ausgerichtet wird. Dadurch wird auch die Anwendung der **Querschnittsklausel** des Art. 11 AEUV begrenzt, in der als Zielrichtung die nachhaltige Entwicklung primär genannt ist. Auch Umweltschutzmaßnahmen müssen sich daher in das wirtschaftliche Ziel der **Binnenmarktverwirklichung** einfügen.[20]

12 Abgerundet und zusätzlich unterstrichen wird die Aufnahme der nachhaltigen Entwicklung durch die 8. Erwägung der Präambel zum EUV. Dort wird die **nachhaltige Entwicklung** in den Zusammenhang sowohl von wirtschaftlichem als auch sozialem Fortschritt gestellt. Auf europäischer Ebene sind

---

16 Von einem Rückgriff auf das im Umweltvölkerrecht etablierte Konzept des sustainable development ausgehend etwa auch *Ruffert*, in: Calliess/Ruffert, EUV/AEUV, Art. 3 EUV Rn. 23; *Calliess*, ebda., Art. 11 AEUV Rn. 12 f.; *Kahl*, in: Streinz, EUV/AEUV, Art. 11 AEUV Rn. 19; siehe auch *Kotzur*, DÖV 2005, 313 (318 f.).

17 Im Einzelnen *Frenz*, Sustainable Development durch Raumplanung, 2000, S. 32 ff. auch zum Folgenden.

18 Dazu ausführlich *Frenz/Unnerstall*, Nachhaltige Entwicklung im Europarecht, 1999, S. 176 ff.; *Beaucamp*, Das Konzept der zukunftsfähigen Entwicklung im Recht, 2002, S. 152 ff.; auf den Umweltschutz abhebend allerdings *Appel*, Staatliche Zukunfts- und Entwicklungsvorsorge, 2005, S. 202 ff.

19 Auch *Kahl*, in: Streinz, EUV/AEUV, Art. 11 AEUV Rn. 19 a.E., obgleich er selbst in Art. 11 AEUV Rn. 19 (zusätzlich) ein reines Umweltrechtsprinzip mit enthalten sieht (ebda. Rn. 19); näher zu diesem Konzept *ders.*, in: GS für R. Schmidt, 2002, S. 111 (126 ff.); ebenso *Murswiek*, NuR 2002, 641 (642 f.). Da es hier um eine Umweltnormierung geht, man sich also im Bereich des Umweltschutzes befindet, ist dieser Streit hier unbeachtlich; entscheidend ist nur die notwendige Berücksichtigung ökonomischer und sozialer Belange auch im Rahmen des Umweltschutzes. Maßgeblich ist freilich in jedem Fall dessen Gewicht im Verhältnis zu den anderen Belangen; dazu sogleich Rn. 13 ff.

20 *Kahl*, in: Calliess/Ruffert, EUV/AEUV, Art. 26 AEUV Rn. 30.

die **grundrechtlichen Schutzpflichten** bislang zu unkonturiert[21], um dem etablierten dogmatischen Stand den Grundsatz der nachhaltigen Entwicklung entnehmen zu können.[22]

4. Stellenwert des Umweltschutzes

Diese Ableitung des Grundsatzes der nachhaltigen Entwicklung hat auch 13 Auswirkungen auf den Stellenwert des Umweltschutzes im Unionsrecht. Es wurde bereits festgestellt, dass Art. 3 EUV als grundlegende Zielbestimmung der Union durch die Verbindung der **nachhaltigen Entwicklung** mit dem Wirtschaftsleben und die Aufnahme sowohl dieser ökonomischen als auch der sozialen wie der Umweltkomponente für einen **Gleichrang** dieser Elemente steht (siehe vorstehend Rn. 9).[23] Demgegenüber wurden jedenfalls bislang vielfach in der Literatur Umweltbelange als grundsätzlich vorrangig betrachtet[24], oder aber zumindest bei Zweifeln in der Abwägung, ob sie überwiegen, vorgezogen.[25]

Ein solches Vorgehen im Zweifelsfall wurde damit verknüpft, dass die **Quer-** 14 **schnittsklausel** eine partielle **Vorrangregel** statuiere. Indes prägt der in Art. 3 EUV aufgenommene Gehalt der nachhaltigen Entwicklung auch die darauf bezogene Querschnittsklausel nach Art. 11 AEUV. Eine lediglich gleichrangige Berücksichtigung von Umweltbelangen ergibt sich zudem aus der Querschnittsklausel selbst, indem diese eine Einbeziehung der Erfordernisse des Umweltschutzes verlangt. Dadurch wird nicht eine ausschlaggebende Kraft zugebilligt, sondern nur eine Berücksichtigung vorgegeben[26], mithin eine Abwägung der Erfordernisse des Umweltschutzes mit den Erfordernissen der jeweils betroffenen anderen Politik ohne Vorrang des Umweltschutzes.[27] Die Vorgabe eines hohen Schutzniveaus bezieht sich auf den In-

---

21 Siehe allg. *Ladenburger*, in: Tettinger/Stern (Hrsg.), Europäische Grundrechte-Charta, 2006, Art. 51 Rn. 18 f. Zum Stand *Suerbaum*, EuR 2003, 390 und ausführlich *Szczekalla*, Die sog. grundrechtlichen Schutzpflichten im deutschen und europäischen Recht, 2000, S. 549 ff.

22 Siehe dagegen für das Grundgesetz *Frenz*, in: UTR (49) 1999, S. 37 ff.

23 GA *Léger*, EuGH, Schlussanträge v. 07. 03. 2000 – Rs. C-371/98, Slg. 2000, I-9235, Rn. 46 – First Corporate Shipping: kein unbedingter und systematischer Vorrang von Umweltbelangen vor Belangen aus anderen Politiken, sondern notwendiger Ausgleich und Herstellung von Einklang. Dem folgend *Kahl*, in: Streinz, EUV/AEUV, Art. 191 AEUV Rn. 104.

24 *Calliess*, in: ders./Ruffert, EUV/AEUV, Art. 191 AEUV Rn. 21; *Epiney*, NuR 1995, 497 (500); *Scheuing*, EuR 1989, 152 (176 f.). Demgegenüber bezeichnet *Kahl*, in: Streinz, EUV/ AEUV, Art. 191 AEUV Rn. 29 m.w.N. die Gleichrangigkeit als „herrschende Lehre", tritt aber selbst für einen relativen Vorrang ein, Rn. 28; ausführlich *ders.*, Umweltprinzip und Gemeinschaftsrecht, 1993, S. 166 ff.

25 *Ehle*, Die Einbeziehung des Umweltschutzes in das Europäische Kartellrecht, 1996, S. 154; *Güttler*, BayVBl. 2002, 225 (233); *Krämer*, in: Rengeling (Hrsg.), Umweltschutz und andere Politiken der Europäischen Gemeinschaft, 1993, S. 47 (63).

26 Bereits zur Vorläuferbestimmung des Art. 130 r Abs. 2 Satz 2 EWGV *Grabitz*, in: FS für Sendler, 1991, S. 443 (447).

27 *Schröder*, NuR 1995, 117 (118); *Frenz*, Das Verursacherprinzip im Öffentlichen Recht, 1997, S. 223 f.

halt der Umweltpolitik, ohne bereits dadurch andere Politiken zu erfassen[28]; überdies ist sie a priori offen.

15 Ein gleichberechtigtes Nebeneinander des Umweltschutzes mit Belangen anderer Politiken wird freilich im Hinblick auf einen **„Grundsatz des bestmöglichen Umweltschutzes"**[29] ausgeschlossen.[30] Abgesehen davon, dass jedenfalls an einer eigenständigen Bedeutung eines solchen Grundsatzes erhebliche Zweifel bestehen[31], bezieht sich auch dieser Grundsatz ausschließlich auf den Umweltschutz und dessen Inhalt, ohne deshalb notwendig auf andere Politiken auszustrahlen. Damit ergibt sich daraus ebenfalls kein Vorrang des Umweltschutzes[32], sondern ein Gleichrang mit anderen Politiken.[33] Durch Art. 3 EUV wird dieser Zustand nur bereits im Grundlagenteil verankert.

5. Auswirkungen auf das Sekundärrecht

16 Damit sind die im primären Europarecht bestehenden Elemente des Grundsatzes der nachhaltigen Entwicklung näher skizziert. Sie bilden den Rahmen, in den sich das europäische Sekundärrecht einfügen muss. Daraus folgt zum einen, dass das durch die Unionsorgane erlassene Recht die durch den Grundsatz der nachhaltigen Entwicklung gesteckten Ziele und Forderungen erfüllen muss. Das bedeutet zum anderen, dass die Unionsrechtsakte, auch wenn sie mit ganz anderer Intention ergehen, den Grundsatz der nachhaltigen Entwicklung einhalten müssen. Spezifische Umweltrechtsakte sind mit dem europarechtlich festgeschriebenen Gehalt der **nachhaltigen Entwicklung** zu interpretieren und anzuwenden. Das gilt auch dann, wenn sie wie die VRL in einer Zeit ergingen, als dieser Grundsatz noch nicht vertraglich verankert war.

17 Einbruchstellen bilden insbesondere die Vorschriften, in denen eine Berücksichtigung sowohl ökologischer als auch ökonomischer Belange vorgegeben

---

28 *Frenz*, Nationalstaatlicher Umweltschutz und EG-Wettbewerbsfreiheit, 1997, S. 67.

29 Grundlegend *Zuleeg*, NVwZ 1987, 280 (283 ff.); etwa auch *Breier*, NuR 1992, 174 (180); *Pernice*, NVwZ 1990, 201 (203).

30 *Epiney*, NuR 1995, 497 (500); *dies.*, Umweltrecht in der Europäischen Union, 3. Aufl. 2012, S. 119 f.; bereits *Scheuing*, EuR 1989, 152 (176 f.).

31 Abl. *Everling*, in: Behrens/Koch (Hrsg.), Umweltschutz in der Europäischen Gemeinschaft, 1991, S. 29 (44); *Frenz*, Europäisches Umweltrecht, 1997, Rn. 169 f.; *Schröder*, in: Rengeling (Hrsg.), Handbuch zum deutschen und europäischen Umweltrecht, Bd. 1, 2. Aufl. 2003, § 9 Rn. 65 ff.; zurückhaltend auch *Wasmeier*, Umweltabgaben und Europarecht, 1995, S. 70.

32 Diesen Grundsatz für die Ableitung eines Vorrangs des Umweltschutzes ebenfalls für nicht überzeugend haltend *Calliess*, in: ders./Ruffert, EUV/AEUV, Art. 191 AEUV Rn. 21.

33 Kommission, XXII. Bericht über die Wettbewerbspolitik, 1992, Tz. 77; ebenso bezogen auf die Wettbewerbsvorschriften *Riesenkampff*, BB 1995, 833 (838); *Frenz*, Nationalstaatlicher Umweltschutz und EG-Wettbewerbsfreiheit, 1997, S. 68; allg. *Zils*, Die Wertigkeit des Umweltschutzes in Beziehung zu anderen Aufgaben der Europäischen Gemeinschaft, 1994, S. 31 f.; auch *Breier*, NuR 1992, 174 (180); *Jahns-Böhm/Breier*, EuZW 1992, 49 (50); *Nowak*, VerwArch. 93 (2002), 368 (388); *Rengeling/Heinz*, JuS 1990, 613 (617); *Schröder*, in: Rengeling (Hrsg.), Handbuch zum deutschen und europäischen Umweltrecht, Bd. 1, 2. Aufl. 2003, § 9 Rn. 66.

ist, wie dies für beide „Natura 2000"-Richtlinien zutrifft. Das gilt zumal dann, wenn wie in der FFH-RL das Ziel einer **nachhaltigen Entwicklung** eigens benannt wird. Für die „Natura 2000"-Richtlinien haben damit ökologische und ökonomische Belange a priori dasselbe Gewicht.

Die notwendige Versöhnung von Umweltzielen und wirtschaftlichen Bedürf- **18**
nissen stellte das EuG in einer Entscheidung zur **Emissionshandelsricht-linie**[34] deutlich heraus. Mit dieser Richtlinie sollte „ein effizienter europäischer Markt für Treibhausgasemissionszertifikate unter möglichst geringer Beeinträchtigung der wirtschaftlichen Entwicklung und der Beschäftigungslage geschaffen werden".[35] In ihr waren, wie in den „Natura 2000"-Richtlinien, wirtschaftliche Belange eigens angesprochen. Es geht nach Art. 1 Emissionshandelsrichtlinie um eine wirtschaftlich effiziente Verringerung von Treibhausgasemissionen „unter möglichst geringer Beeinträchtigung der wirtschaftlichen Entwicklung und der Beschäftigungslage" (5. Begründungserwägung). Umweltpolitisches Ziel und ökonomische Rahmenbedingungen sind also miteinander in Einklang zu bringen. Dem entsprechend fährt das EuG explizit fort: „So besteht zwar das Ziel der RL 2003/87/EG darin, die Treibhausgase gemäß den Verpflichtungen der Union und der Mitgliedstaaten im Rahmen des Protokolls von Kyoto zu verringern, doch muss dieses Ziel weitestgehend unter Berücksichtigung der Bedürfnisse der europäischen Wirtschaft verwirklicht werden."[36]

Somit wird zwar die Erreichung der Festlegungen nach dem **Kyoto-Proto-** **19**
koll, in dem die für die EU bzw. deren Mitgliedstaaten relevanten und wegen des bisher nicht zustande gekommenen Weltklimavertrages erst einmal verlängerten Zielverpflichtungen zur Emissionsreduzierung enthalten sind, als Hauptanliegen in den Raum gestellt. Jedoch wird zugleich der Weg näher konkretisiert, auf dem dieses Hauptanliegen verfolgt werden soll. Es soll die Verträglichkeit mit den Anliegen der verpflichteten Unternehmen bestmöglich sichergestellt sein. Dieser Weg lässt sich auch auf die „Natura 2000"-Richtlinien übertragen und entspricht dem Gleichklang von ökologischen, ökonomischen und sozialen Belangen nach dem Ziel der nachhaltigen Entwicklung. Die nach der EuG-Entscheidung gleichfalls zu vermeidende Beeinträchtigung der **Beschäftigungslage** steht infolge ihrer gravierenden Auswirkungen auf die **soziale Situation**, die bis zur Gefährdung des sozialen Friedens gehen kann, für die soziale Komponente des Zieldreiecks der nachhaltigen Entwicklung.[37] Sie ergibt sich auch für den Habitat- und Vogel-

---

34 EuG, Urt. v. 23.11.2005 – Rs. T-178/05, Slg. 2005, II-4807 – Vereinigtes Königreich/Kommission.

35 EuG, Urt. v. 23.11.2005 – Rs. T-178/05, Slg. 2005, II-4807, Rn. 60 – Vereinigtes Königreich/Kommission.

36 EuG, Urt. v. 23.11.2005 – Rs. T-178/05, Slg. 2005, II-4807, Rn. 60 – Vereinigtes Königreich/Kommission.

37 *Frenz*, Sustainable Development durch Raumplanung, 2000, S. 71; vgl. nur leise anklingend im Hinblick auf soziale Sicherungssysteme und Arbeitsrecht(schutz) *Beaucamp*, Das Konzept der zukunftsfähigen Entwicklung im Recht, 2002, S. 34, der aber im Hinblick auf soziale Aspekte allzu sehr das Schwergewicht auf den Gegensatz zwischen Industrie- und Entwicklungsländern legt, siehe auch S. 28 ff.

schutz, wenn durch die Verhinderung, Schließung oder Verkleinerung von Industriebetrieben Arbeitsplätze verloren gehen.

III. Bildung von „Natura 2000"

1. Mitgliedstaatliche Vorauswahl

20 Zunächst haben gem. Art. 4 Abs. 1 FFH-RL die Mitgliedstaaten nach den in **Anhang III Phase 1** festgelegten Kriterien und einschlägigen wissenschaftlichen Informationen eine Liste von entsprechenden Gebieten vorzuschlagen. Damit sind ausschließlich fachliche Gesichtspunkte maßgeblich, nicht hingegen die lediglich in der Zielnorm des Art. 2 Abs. 3 FFH-RL enthaltenen wirtschaftlichen, sozialen, kulturellen sowie (allgemeinen) regionalen und örtlichen Gegebenheiten.[38] Auch die Grundrechte verlangen nichts Weitergehendes, geht es doch erst um eine Vorauswahl. Eine verbindliche Festlegung erfolgt erst auf Unionsebene. Daraus folgt dann ein konkretes Schutzregime. Vorzugsweise sind in dessen Rahmen grundrechtliche Auflockerungen vorzunehmen, um ökologische und ökonomische Belange zu versöhnen. Zumal soweit dies etwa im Hinblick auf eine Reduktion der Beeinträchtigungen durch althergebrachte und gebietstypische Wirtschaftätigkeiten wie Landwirtschaft und Fischerei abgelehnt wird[39], ist aber an eine Vorwirkung der objektiven Gehalte der Grundrechte dergestalt zu denken, dass Gebiete mit starken wirtschaftlichen Aktivitäten nicht gemeldet werden, jedenfalls wenn Alternativen vorhanden sind. Damit lassen sich etwaige Konflikte mit ökonomischen Nutzungsinteressen von vornherein vermeiden. Der Gebietsschutz gewinnt dadurch nur, wenn von vornherein Gebiete mit möglichst wenig wirtschaftlichen Aktivitäten ausgewählt werden.

21 Den Mitgliedstaaten steht zwar ein naturschutzfachlicher **Beurteilungsspielraum** zu,[40] dieser kann aber bei für den Artenschutz besonders bedeutsamen Gebieten auf Null reduziert sein. Daher kann auch die Verpflichtung eines Mitgliedstaates bestehen, ein Gebiet in die Vorschlagsliste aufzunehmen. Das bedeutet allerdings nicht, dass die Mitgliedstaaten auch anhand objektiver Kriterien zur Ausweisung als Schutzgebiet verpflichtet sind; diese ist mediatisiert durch die Festlegung auf Unionsebene. Eine andere Frage sind **potenzielle Habitatschutzgebiete**, weil die Mitgliedstaaten ihren Meldepflichten nicht nachgekommen sind (vgl. § 32 Rn. 35 ff.).

22 Die Festlegung nach diesen Grundsätzen obliegt in der Bundesrepublik Deutschland nach Maßgabe von § 32 Abs. 1 den Ländern, die aber das Benehmen mit dem Bund herstellen müssen (Näheres unter § 32 Rn. 2 ff.). Mittlerweile hat Deutschland in ausreichendem Maße Gebiete gemeldet. Indes

---

38 EuGH, Urt. v. 07. 11. 2000 – Rs. C-371/98, Slg. 2000, I-9235, Rn. 23 f. – First Corporate Shipping; BVerwG, Urt. v. 19. 05. 1998 – 4 A 9.97, BVerwGE 107, 1 (24); BVerwG, Urt. v. 27. 10. 2000 – 4 A 18.99, BVerwGE 112, 140 (156); BVerwG, Urt. v. 14. 04. 2010 – 9 A 5.08, NuR 2010, 558, Rn. 38.

39 S. u. § 34 Rn. 27 ff.

40 BVerwG, Urt. v. 24. 08. 2000 – 6 B 23.00, NuR 2001, 216; näher *J. Schumacher/A. Schumacher*, in Schumacher/Fischer-Hüftle, BNatSchG, § 31 Rn. 54 ff.

ergibt sich immer noch das Problem, ob die gemeldeten Gebiete hinreichend groß sind, selbst wenn sie schon von der Kommission gelistet sind (vgl. § 32 Rn. 40 ff.).[41]

2. Festlegung auf Unionsebene

Die Liste der so ermittelten Gebiete einschließlich von Informationen über sie war von den Mitgliedstaaten gem. Art. 4 Abs. 1 UAbs. 2 FFH-RL bereits innerhalb von drei Jahren nach der Bekanntgabe dieser Richtlinie an die Mitgliedstaaten am 05. 06. 1992 und damit bis zum 04. 06. 1995 der Kommission zuzuleiten.[42] Diese hatte aus den ihr zugeleiteten Listen gem. Art. 4 Abs. 2, 3 FFH-RL im Einvernehmen mit den Mitgliedstaaten eine Liste der Gebiete von gemeinschaftlicher Bedeutung zu erstellen.[43] Das sind gem. Art. 1 lit. k) FFH-RL solche, die in signifikantem Maße dazu beitragen, einen natürlichen Lebensraumtyp oder eine Art in einem günstigen Erhaltungszustand zu bewahren oder einen solchen wiederherzustellen sowie die **Kohärenz** aller unionsweit als schutzwürdig befundenen Gebiete sicherzustellen. 23

Da für die Gebietsauswahl nur naturschutzfachliche Gründe maßgeblich sind, können die Mitgliedstaaten auch nur auf solche die **Verweigerung** ihres **Einvernehmens** stützen, dass eines oder mehrere Gebiete gem. Art. 4 Abs. 2 UAbs. 1 FFH-RL in den Entwurf der Kommission für Gebiete von gemeinschaftlicher Bedeutung aufgenommen werden.[44] Wirtschaftliche Gründe sind daher auch insoweit ausgeschlossen. Für die Festlegung dieser Gebiete auf Unionsebene ist gem. Art. 4 Abs. 2 UAbs. 3 FFH-RL nach Maßgabe des Art. 21 FFH-RL der sog. **Habitatausschuss** zu beteiligen. Stimmt dieser nicht in einer Stellungnahme den von der Kommission beabsichtigten Maßnahmen zu, steht dem Rat nach Art. 21 Abs. 3 UAbs. 2 FFH-RL das Recht zur Entscheidung zu; nimmt er es innerhalb von drei Monaten nicht wahr, erlässt die Kommission die von ihr vorgeschlagene Maßnahme. 24

Die so festgelegten **Gebiete von gemeinschaftlicher Bedeutung** müssen die Mitgliedstaaten gem. Art. 4 Abs. 4 FFH-RL so schnell wie möglich, spätestens aber binnen sechs Jahren, als **besondere Schutzgebiete** ausweisen. Objektive Kriterien allein können eine solche Pflicht nicht begründen.[45] 25

Bei einem Dissens zwischen der Kommission und dem betroffenen Mitgliedstaat über die Festlegung als Gebiet von gemeinschaftlicher Bedeutung wird ein **Konzertierungsverfahren** nach Maßgabe Art. 5 FFH-RL durchgeführt. Erfolgt auch bei ihm keine Einigung, entscheidet der Rat, und zwar einstimmig. Das bedeutet, dass letztlich kein nach den Vorgaben der Habitatricht- 26

---

41 Siehe BVerwG, Urt. v. 14. 04. 2010 – 9 A 5.08, BVerwG 136, 291 = NuR 2010, 558, Rn. 32 – A44.

42 *Freytag/Iven*, NuR 1995, 109 (110).

43 Zu der Vorauswahl durch die Mitgliedstaaten und die Endauswahl auf Unionsebene im Kontext der Verwaltungskooperation *Schmidt-Aßmann*, EuR 1996, 270 (289).

44 EuGH, Urt. v. 14. 01. 2010 – Rs. C-226/08, NVwZ 2010, 310 – Stadt Papenburg/Deutschland.

45 *Erbguth/Stollmann*, DVBl 1997, 453 (454 f.).

linie zu schützendes Gebiet ohne die Zustimmung des betroffenen Mitgliedstaates festgelegt werden kann.

3. Vogelschutzrichtlinie

27 Die Richtlinie über die Erhaltung der wild lebenden Vogelarten[46] will den
Schutz der genannten insbesondere durch die Erhaltung und Wiederherstellung der Lebensstätten und Lebensräume dieser Vogelarten sicherstellen.
Daher haben die Mitgliedstaaten nach Art. 3, 4 VRL Schutzgebiete einzurichten. Für die in Anhang I genannten Vogelarten haben sie zum Erhalt der
Lebensräume gem. Art. 4 Abs. 1 VRL besondere Schutzmaßnahmen anzuwenden.

28 Die Einrichtung von Schutzgebieten hat sich ausschließlich nach den in dem
– gegenüber der allgemeinen Vorgabe des Art. 3 VRL – spezielleren Art. 4
VRL aufgeführten Kriterien zu richten. Dabei muss eine Auswahl nach fachlichen Kriterien erfolgen.[47] Insoweit ist daher eine Berücksichtigung der in
Art. 2 VRL genannten **wirtschaftlichen und freizeitbedingten Erfordernisse**
gesperrt, eine Abwägung mit diesen darf nicht stattfinden.[48] Nur außergewöhnliche Gründe des Allgemeinwohls wie der Schutz von Leben und Gesundheit des Menschen etwa durch **Deichbaumaßnahmen**, die die infrage
stehenden Belange des Umweltschutzes überwiegen, können das Absehen
von einer entsprechenden Ausweisung rechtfertigen.[49] Das gilt auch für eine
Verkleinerung einmal festgelegter Schutzgebiete[50], geht es doch um den Erhalt von Lebensräumen. Die in Art. 4 VRL genannten Kriterien zeichnen also
die Beurteilung der Mitgliedstaaten zur Einrichtung eines Schutzgebietes,
bei der ihnen grundsätzlich ein bestimmter Ermessensspielraum zusteht[51],
vor und können bei einem für den Vogelschutz herausragend bedeutsamen
Gebiet eine Anerkennung als solche wie auch in einer bestimmten Größe erzwingen (siehe dazu auch § 32 Rn. 40 ff.).[52]

---

46 RL 79/409/EWG v. 02. 04. 1979, ABl. L 103, S. 1, zuletzt geändert durch RL 91/244/EWG v.
  06. 03. 1991, ABl. L 115, S. 41.

47 *J. Schumacher/A. Schumacher*, in: Schumacher/Fischer-Hüftle, BNatSchG, § 31 Rn. 25.

48 EuGH, Urt. v. 02. 08. 1993 – Rs. C-355/90, Slg. 1993, I-4221 – Santona; EuGH, Urt. v. 11. 07.
  1996 – Rs. 44/95, Slg. 1996, I-3805 – Royal Society for the Protection of Birds; siehe auch
  EuGH, Urt. v. 08. 07. 1987 – Rs. 247/85, Slg. 1987, 3029 – Kommission/Belgien; EuGH, Urt.
  v. 08. 07. 1987 – Rs. 262/85, Slg. 1987, 3073 – Kommission/Italien.

49 Siehe EuGH, Urt. v. 02. 08. 1993 – Rs. C-355/90, Slg. 1993, I-4221 – Santona und *Winter*,
  ZUR 1994, 308 ff.

50 EuGH, Urt. v. 28. 02. 1991 – Rs. C-57/89, Slg. 1991, I-883 – Leybucht (dazu *Winter*, NuR
  1992, 21 ff.); EuGH, Urt. v. 02. 08. 1993 – Rs. C-355/90, Slg. 1993, I-4221 – Santona.

51 EuGH, Urt. v. 02. 08. 1993 – Rs. C-355/90, Slg. 1993, I-4221 – Santona; EuGH, Urt. v. 28. 02.
  1991 – Rs. C-57/89, Slg. 1991, I-883 – Leybucht; a.A. *Winter*, ZUR 1994, 308 (308); dagegen *Iven*, NuR 1996, 373 (374). – Ein solcher Spielraum fehlt bei der Änderung oder Verkleinerung einmal festgelegter Schutzgebiete; EuGH, Urt. v. 28. 02. 1991 – Rs. C-57/89,
  Slg. 1991, I-883 – Leybucht.

52 EuGH, Urt. v. 02. 08. 1993 – Rs. C-355/90, Slg. 1993, I-4221 – Santona.

4. Erfassung der Vogelschutzgebiete in der Habitatrichtlinie

Auch die FFH-RL will entsprechend der Präambel und deren Art. 2 die Artenvielfalt insbesondere durch die Erhaltung der natürlichen Lebensräume sichern, aber auch durch die Erhaltung wild lebender Tiere und Pflanzen als solcher. Dementsprechend werden mit ihrer Anwendung die nach der Vogelschutzrichtlinie ausgewiesenen Schutzgebiete gem. Art. 7 FFH-RL dem Rechtsfolgenregime der Habitatrichtlinie unterstellt. Die Begründung richtet sich aber weiterhin nach den Vorschriften der Vogelschutzrichtlinie. Die Anwendung der Habitatrichtlinie kann allerdings entsprechend dem insoweit eindeutigen Wortlaut von Art. 7 FFH-RL erst mit der Erklärung bzw. Anerkennung als Schutzgebiet erfolgen, also nicht entsprechend der Santona-Rechtsprechung zur Vogelschutzrichtlinie allein beim Vorliegen von Umständen, die eine Festlegung als Schutzgebiet erzwingen.[53]

29

IV. Ständige Fortentwicklung?

1. Gebietsradizierte Konzeption des BVerwG

Die Grenzen des Netzes „Natura 2000" wären fließend, wenn es sich um ein dynamisches FFH-Regime handeln würde. Das Konzept des Gebietsschutzes nach Art. 6 FFH-RL als einer Säule der Habitatrichtlinie neben dem ubiquitären Artenschutz nach Art. 12 FFH-RL[54] richtet sich auf die Errichtung eines Schutzgebietsnetzes.[55] Dabei definiert, wie das BVerwG betont[56], Art. 1 lit. j) FFH-RL ein „Gebiet" als „geographisch definierten Bereich mit klar abgegrenzter Fläche". Ein besonderes Schutzgebiet ist nach Art. 1 lit. l) FFH-RL „ein ... ausgewiesenes Gebiet, in dem die Maßnahmen ... durchgeführt werden". Dieses Schutzkonzept beruht also auf klar abgegrenzten Gebieten. Daraus folgt für das BVerwG, dass der Gebietsschutz nicht auf gebietsexterne Flächen und damit über die Grenzen der FFH-Gebiete hinaus ausgedehnt werden darf.

30

Zugleich deutet sich damit aber auch an, dass diese Grenzen nicht ständig fließend sein können. Eine andere Frage ist die falsche Abgrenzung und die nachträgliche Einbeziehung.[57] Es handelt sich dabei aber um keinen fortlaufenden Prozess, sondern nur um eine Fehlerkorrektur in außergewöhnlichen Fällen, in denen nämlich die Vermutung der ursprünglich richtigen Gebietsabgrenzung nach Abschluss des Auswahlprozesses substanziiert erschüttert werden kann.[58] Sind die Gebiete also erst einmal ausgewählt und in die Kommissionsliste aufgenommen, steht das durch die FFH-Richtlinie ange-

31

---

53 Näher *Gellermann*, NuR 1996, 548 (549 f.); siehe auch EuGH, Urt. v. 11.07.1996 – Rs. 44/95, Slg. 1996, I-3805 – Royal Society for the Protection of Birds; a.A. *Iven*, NuR 1996, 373 (380); *Schmitz*, ZUR 1996, 12 (17); tendenziell auch *Ergbuth/Stollmann*, DVBl 1997, 453 (458).

54 BVerwG, Urt. v. 14.04.2010 – 9 A 5.08, BVerwG 136, 291 = NuR 2010, 558, Rn. 32 – A44.

55 BVerwG, Urt. v. 14.04.2010 – 9 A 5.08, BVerwG 136, 291 = NuR 2010, 558, Rn. 33 – A44.

56 BVerwG, Urt. v. 14.04.2010 – 9 A 5.08, BVerwG 136, 291 = NuR 2010, 558, Rn. 32 – A44.

57 BVerwG, Urt. v. 14.04.2010 – 9 A 5.08, BVerwG 136, 291 = NuR 2010, 558, Rn. 32 a.E. – A44.

58 BVerwG, Urt. v. 14.04.2010 – 9 A 5.08, BVerwG 136, 291 = NuR 2010, 558, Rn. 39 – A44.

strebte „Natura 2000"-Netz und es greift entsprechend dem BVerwG eine hohe Richtigkeitsgewähr für die Abgrenzung der darin aufgenommenen Gebiete ein.

2. Netz „Natura 2000" als Fixpunkt

32 Die **statische Konzeption des Gebietsschutzes** nach der FFH-RL zeigt sich schon in deren Erwägungsgründen. Nach dem 6. Erwägungsgrund sind zur Wiederherstellung oder Wahrung eines günstigen Erhaltungszustandes der natürlichen Lebensräume und der Arten von gemeinschaftlichem Interesse besondere Schutzgebiete auszuweisen, um nach einem genau festgelegten Zeitplan ein zusammenhängendes ökologisches Netz zu schaffen. Art. 3 Abs. 1 UAbs. 1 FFH-RL spricht dann davon, dass ein **kohärentes europäisches ökologisches Netz** besonderer Schutzgebiete mit der Bezeichnung „Natura 2000" errichtet wird. Dessen Realisierung bildet also den Zielpunkt, nicht dessen fortlaufende Veränderung.

33 Eine solche Veränderung ergibt sich auch nicht aus Art. 3 Abs. 3 FFH-RL. Danach werden sich zwar die Mitgliedstaaten bei Erforderlichkeit bemühen, die **ökologische Kohärenz von „Natura 2000"** durch die Erhaltung und gegebenenfalls die Schaffung der in Art. 10 FFH-RL genannten Landschaftselemente, die von ausschlaggebender Bedeutung für wild lebende Tiere und Pflanzen sind, zu verbessern. Es wird dort aber gerade nicht die fortlaufende Änderung vorhandener Gebiete genannt. Vielmehr geht auch Art. 4 Abs. 1 UAbs. 1 FFH-RL von klar abgegrenzten Gebieten aus. Dies zeigt sich namentlich in Satz 3, wonach für im Wasser lebende Tierarten, die große Lebensräume beanspruchen, solche Gebiete nur vorgeschlagen werden, wenn sich ein Raum klar abgrenzen lässt. Eine solche Abgrenzbarkeit wird für Tierarten an Land bzw. kleinere Lebensräume vorausgesetzt.

34 Nach Art. 4 Abs. 2 UAbs. 1 FFH-RL wählt dann die Kommission die Gebiete im Hinblick auf das Netz „Natura 2000" im Einvernehmen mit den Mitgliedstaaten vorläufig aus, indem sie den Entwurf einer Liste der Gebiete von gemeinschaftlicher Bedeutung erstellt, und legt es gem. Art. 4 Abs. 2 UAbs. 3 FFH-RL verbindlich fest. Daraufhin weisen wiederum die Mitgliedstaaten die entsprechenden Gebiete von gemeinschaftlicher Bedeutung gem. Art. 4 Abs. 4 FFH-RL als besondere Schutzgebiete aus. Diese Abfolge verlangt eine eindeutige Gebietsabgrenzung, die damit nicht fortlaufend verändert werden kann.

35 Etwas anderes ergibt sich auch nicht aus der **Kommissions-Entscheidung 2008/25/EG** vom 13.11.2007[59] und der diese aufhebenden **Kommissions-Entscheidung 2009/93/EG** vom 12.12.2008[60] sowie des wiederum diese ersetzenden **Kommissions-Beschlusses 2010/44/EU** vom 22.12.2009[61]. Zwar werden diese jeweils mit „einer ... aktualisierten Liste" bezeichnet und ist dort in Erwägungsgrund 4 von einer „dynamischen Anpassung des Netzes

---

59 ABl. 2008 L 12, S. 383.
60 ABl. 2009 L 43, S. 63.
61 ABl. 2010 L 30, S. 120.

Natura 2000" die Rede. Indes wird in Erwägungsgrund 13 bzw. Erwägungsgrund 12 der Bezug deutlich, dass nämlich einige Mitgliedstaaten nicht genug Gebiete vorgeschlagen haben, um die Anforderungen der FFH-RL im Hinblick auf bestimmte Lebensraumtypen und Arten zu erfüllen, und daher die Liste für das Netz „Natura 2000" insoweit nicht vollständig ist.

Weiter verweist die Kommission darauf, dass Informationen aus den Mitgliedstaaten verzögert eingegangen sind und Einigungen mit diesen erzielt wurden. Daher wollte die Kommission eine erste, zweite bzw. dritte aktualisierte Liste von Gebieten verabschieden, die gem. den Bestimmungen von Art. 4 FFH-RL zu überarbeiten ist. Damit geht es aber um die Erstellung einer Gebietsliste als solche, die immer noch nicht vollständig ist, und nicht um etwaige Gebietsergänzungen. **36**

Gebietsergänzungen verlangt noch nicht einmal Erwägungsgrund 6 der vorgenannten Kommissions-Rechtsakte. Änderungen nationaler gebietsbezogener Informationen führen hier zur Aktualisierung der vorhergehenden Liste(n) von Gebieten von gemeinschaftlicher Bedeutung. Es handelt sich dabei um „eine konsolidierte Fassung der Liste dieser Gebiete". Der Prozess der Festlegung der Gebiete von gemeinschaftlicher Bedeutung für das Netz „Natura 2000" lief also noch. Dass er einmal abgeschlossen sein soll, belegt Erwägungsgrund 14 bzw. 13 der erwähnten Rechtsakte. Danach wird nur jetzt noch keine Feststellung darüber getroffen, ob das Netz für diese Lebensraumtypen und Arten vollständig ist oder nicht. Eine solche Feststellung steht also dann an, wenn die Kenntnisse der Kommission über Existenz und Verteilung vollständig sind. Die Unvollständigkeit betrifft nach diesem Erwägungsgrund auch nur einige „in Anhang I der Richtlinie 92/43/EWG genannte natürliche Lebensraumtypen sowie einige in Anhang II der Richtlinie genannte Arten". Damit kann die Liste im Übrigen durchaus als vollständig angesehen werden. Zumindest wird sie nach und nach vollständig und steht dann auch fest. Bis dahin betrifft die feste Kontur die Lebensraumtypen und Arten, für die der Melde- und Informationsprozess abgeschlossen ist. Dessen Fortdauer oder gar Permanenz ist aber nicht die Regel. **37**

Jedenfalls ergibt sich keine Pflicht der Mitgliedstaaten, geänderte gebietsbezogene Informationen zu übermitteln, wenn dies nicht notwendig ist, weil die Meldepflichten im Hinblick auf eine hinreichend repräsentative Auswahl bestimmter Arten und Lebensraumtypen entsprechend Art. 3 FFH-RL ohne Beanstandung durch die Kommission erfüllt wurden. Ansonsten würde der Prozess der Erstellung eines vollständigen Netzes „Natura 2000" nie abgeschlossen. Überdies setzt Erwägungsgrund 6 höchstens die Möglichkeit der Gebietsanpassung voraus, verlangt sie aber nicht. Sie kann daher unterbleiben, wenn insgesamt gesehen für eine Art bzw. einen Lebensraumtyp eine hinreichende Zahl von Gebieten von der Kommission gelistet wurde. **38**

Ausweislich Erwägungsgrund 12 bzw. 11 der vorgenannten Kommissions-Rechtsakte handelt es sich um eine **Prognoseentscheidung**: „Bewertung und Auswahl von Gebieten auf Gemeinschaftsebene" erfolgten „auf der Grundlage der derzeit besten verfügbaren Informationen". Insoweit wird zwar auf die Fortentwicklung der Kenntnisse über Existenz und Verteilung natürlicher **39**

Lebensraumtypen und Arten durch die Überwachung gem. Art. 11 FFH-RL verwiesen. Es ist aber nicht die Rede von Gebietsergänzungen. Zudem steht Art. 11 FFH-RL in ausdrücklichem Kontext zu Art. 9 FFH-RL, wo es um die Aufhebung von Schutzgebieten geht (vgl. Rn. 48), und der Bezug in Art. 4 Abs. 1 UAbs. 1 Satz 4 FFH-RL ist nicht notwendig zeitlich offen, sondern auf den laufenden Festlegungsprozess der „Natura 2000"-Gebiete zu beziehen (siehe sogleich Rn. 47).

40 Schließlich kann die Kommission nicht etwa durch eine Entscheidung bzw. nunmehr einen Beschluss das System der FFH-RL modifizieren, sondern nur konkretisieren, und zwar in dem vorgegebenen Rahmen.

3. Rahmen für die weiteren Aktivitäten der Mitgliedstaaten

41 Gem. Art. 4 Abs. 1 UAbs. 1 Satz 4 FFH-RL schlagen die Mitgliedstaaten zwar gegebenenfalls die Anpassung der Liste nach Art. 4 Abs. 1 UAbs. 1 Satz 1 FFH-RL im Lichte der Ergebnisse der in Art. 11 FFH-RL genannten Überwachung vor. Indes ist auch dort nicht von einer fortdauernden Anpassung die Rede, sondern nur von einer Anpassung der Vorschlagsliste. Dies lässt sich so verstehen, dass eine solche Anpassung nur bis zur endgültigen Listung durch die Kommission möglich ist.

42 Im Übrigen überwachen die Mitgliedstaaten den Erhaltungszustand der in Art. 2 FFH-RL genannten Arten und Lebensräume nach Art. 11 FFH-RL im Rahmen des FFH-Regimes, das für den Gebietsschutz von festgelegten Gebieten ausgeht. Damit erfolgt die Überwachung in deren Rahmen und bildet nicht die Grundlage für eine fortlaufende Gebietsänderung. Daraus kann sich indes ausweislich Art. 9 FFH-RL die Grundlage für eine partielle Aufhebung der Klassifizierung als besonderes Schutzgebiet ergeben (vgl. Rn. 48).

43 Auch die Informationen, welche die Mitgliedstaaten in einem Bericht nach Art. 17 FFH-RL über durchgeführte Maßnahmen der Kommission zu liefern haben, beziehen sich entsprechend dem Verweis auf Art. 6 Abs. 1 FFH-RL im Bereich des Gebietsschutzes im Ausgangspunkt auf die festgelegten Gebiete und umfassen jedenfalls nicht (ständige) Gebietsanpassungen.

4. Keine Übertragung der Grundsätze für Vogelschutzgebiete

44 In dieses zusammenhängende europäische ökologische Netz sind dann nach dem 7. Erwägungsgrund der FFH-RL alle ausgewiesenen Gebiete einzugliedern, und zwar einschließlich der Vogelschutzgebiete. Diese sind Teil des Netzes „Natura 2000".[62] Sie werden damit aber nur zusätzlich einbezogen, die Begründung dafür bestimmt sich nach der Vogelschutzrichtlinie (oben Rn. 29). Daher bedarf es weiterhin der Unterscheidung beider Gebietstypen. Eine stärkere Sanktionierung einer unterlassenen (vollständigen) Ausweisung rechtfertigt sich bei **Vogelschutzgebieten** deshalb eher, weil sie die Mitgliedstaaten nicht nur vorschlagen, sondern allein ohne Mitwirkung der

---

62 *Mühlbauer*, in: Lorz u.a., BNatSchG, § 31 Rn. 5.

Kommission festlegen.[63] Die fortlaufende Anpassung der Vogelschutzgebiete[64] kann daher nicht auf die FFH-Gebiete übertragen werden.

5. Nur ausnahmsweise Schutzgebietsfestlegung ohne nationalen Vorschlag

Die Festlegung der Schutzgebiete beruht nach dem 9. Erwägungsgrund der 45
FFH-RL auf den Vorschlägen der Mitgliedstaaten. Nur in Ausnahmefällen ist
die Ausweisung eines Gebietes auch ohne Vorschlag eines Mitgliedstaates
möglich, nämlich wenn die Union dies für die Erhaltung eines prioritären
natürlichen Lebensraumtyps oder für das Überleben einer prioritären Art für
unbedingt erforderlich hält. Art. 5 FFH-RL sieht hierfür ein bilaterales **Konzertierungsverfahren** vor. Das gilt also nicht für nicht prioritäre Lebensraumtypen und Arten. Vielmehr gilt: Wenn schon bei prioritären Lebensraumtypen und Arten eine Gebietsausweisung durch die Kommission im Rahmen
eines bilateralen Konzertierungsverfahrens erfolgt, kann nicht die Gebietsgrenze bei nicht prioritären Lebensraumtypen und Arten einfach ohne Zutun
der Mitgliedstaaten etwa durch die nationalen Gerichte verschoben werden.
Das erfolgt faktisch auch, wenn das FFH-Schutzregime ausgeweitet wird.
Eine solche Anpassung widerspricht dem Grundsystem der FFH-RL mit **Gebietsvorschlag** durch die Mitgliedstaaten und entsprechender Berücksichtigung durch die Kommission. Genau daran knüpfen Art. 4 Abs. 5, Art. 6 FFH-RL im Regelfall das besondere Schutzregime, wie auch der EuGH deutlich
machte.[65] Das Bedürfnis für potenzielle FFH-Gebiete indes ist insoweit entfallen, wie die Listung im Hinblick auf bestimmte Lebensraumtypen und Arten durch die Kommission abgeschlossen ist.[66]

Außerhalb der Schutzgebiete greift im Übrigen immer noch der Artenschutz 46
nach Art. 12 ff. FFH-RL, falls die entsprechenden Arten darunter fallen.
Diese sind aber insoweit spezifisch ausgewählt, sodass keine Schutzlücken
entstehen, wenn der Artenschutz in einem Fall keine Auffangfunktion für
einen nicht hinreichend ausgeprägten Gebietsschutz hat. Beide Instrumente
erfüllen jeweils ihre eigene Funktion im Rahmen der FFH-RL.

6. Fortlaufende Beobachtung durch die Kommission

Die Kommission beobachtet zwar die Umsetzung der Richtlinie. Hierfür er- 47
stellt die Kommission nach dem 16. Erwägungsgrund in regelmäßigen Zeitabständen einen zusammenfassenden Bericht, der insbesondere auf den Informationen beruht, die ihr die Mitgliedstaaten über die Durchführung der
aufgrund dieser Richtlinie erlassenen einzelstaatlichen Vorschriften übermitteln. Daraus wird aber nicht die Konsequenz einer – zumal fortlaufenden –
Gebietsanpassung gezogen.

---

63 *Kautz*, NVwZ 2007, 666 (667); siehe bereits EuGH, Urt. v. 28. 02. 1991 – Rs. C-57/89, Slg.
  1991, I-883, Rn. 20 – Leybucht.
64 Siehe EuGH, Urt. v. 23. 03. 2006 – Rs. C-209/04, Slg. 2006, I-2755, Rn. 44 – Kommission/
  Österreich.
65 EuGH, Urt. v. 13. 01. 2005 – Rs. C-117/03, Slg. 2005, I-167, Rn. 25 – Dragaggi.
66 VGH Mannheim, Urt. v. 07. 08. 2009 – 5 S 2348/08, NuR 2010, 206.

48 Nach Art. 9 FFH-RL beurteilt die Kommission in regelmäßigen Zeitabständen den Beitrag von „Natura 2000" zur Verwirklichung der in Art. 2 f. FFH-RL genannten Ziele und kann in diesem Zusammenhang die Aufhebung der Klassifizierung als besonderes Schutzgebiet in den Fällen erwägen, in denen die gem. Art. 11 FFH-RL beobachtete natürliche Entwicklung dies rechtfertigt. Damit geht es um eine Aufhebung eines Schutzgebiets, nicht aber um eine **Änderung der Gebietsgrenzen**, und zwar erst recht nicht im Sinne einer Erweiterung.

7. Finanzierung in notwendig festem Rahmen

49 Art. 8 FFH-RL sieht eine **finanzielle Beteiligung der Union** vor. Hierfür übermitteln die Mitgliedstaaten Schätzungen (Abs. 1). Auf dieser Basis ermittelt die Kommission den näheren finanziellen Rahmen einer Unionsbeteiligung (Abs. 2 f.) und erstellt nach Abs. 4 einen prioritären Aktionsrahmen von Maßnahmen, die eine finanzielle Beteiligung umfassen und zu treffen sind, wenn das Gebiet gem. Art. 4 Abs. 4 FFH-RL ausgewiesen ist. Auch eine solche Finanzierungsplanung setzt einen festen Gebietsrahmen voraus.

8. Fazit

50 Der FFH-RL liegt kein dynamisches Regime im Sinne einer fortlaufenden Änderung der Gebietsgrenzen von Habitatschutzgebieten zu Grunde, sondern sie beruht auf einem **etablierten Gebietsnetz**. Die Grenzen von „Natura 2000" sind daher nicht fließend.

§ 32
Schutzgebiete*)

(1) Die Länder wählen die Gebiete, die der Kommission nach Artikel 4 Absatz 1 der Richtlinie 92/43/EWG und Artikel 4 Absatz 1 und 2 der Richtlinie 79/409/EWG zu benennen sind, nach den in diesen Vorschriften genannten Maßgaben aus. Sie stellen das Benehmen mit dem Bundesministerium für Umwelt, Naturschutz, Bau und Reaktorsicherheit her. Dieses beteiligt die anderen fachlich betroffenen Bundesministerien und benennt die ausgewählten Gebiete der Kommission. Es übermittelt der Kommission gleichzeitig Schätzungen über eine finanzielle Beteiligung der Gemeinschaft, die zur Erfüllung der Verpflichtungen nach Artikel 6 Absatz 1 der Richtlinie 92/43/EWG einschließlich der Zahlung eines finanziellen Ausgleichs insbesondere für die Land- und Forstwirtschaft erforderlich ist.

---

*) Beachte bei § 32 Abs. 4: **Schleswig-Holstein** – Abweichung durch § 23 Abs. 2 LNatSchG SH v. 24. 02. 2010 (GVOBl. Schl.-H. S. 301) m.W.v. 01. 03. 2010 (vgl. BGBl. I 2010, S. 450).

(2) Die in die Liste nach Artikel 4 Absatz 2 Unterabsatz 3 der Richtlinie 92/43/EWG aufgenommenen Gebiete sind nach Maßgabe des Artikels 4 Absatz 4 dieser Richtlinie und die nach Artikel 4 Absatz 1 und 2 der Richtlinie 79/409/EWG benannten Gebiete entsprechend den jeweiligen Erhaltungszielen zu geschützten Teilen von Natur und Landschaft im Sinne des § 20 Absatz 2 zu erklären.

(3) Die Schutzerklärung bestimmt den Schutzzweck entsprechend den jeweiligen Erhaltungszielen und die erforderlichen Gebietsbegrenzungen. Es soll dargestellt werden, ob prioritäre natürliche Lebensraumtypen oder prioritäre Arten zu schützen sind. Durch geeignete Gebote und Verbote sowie Pflege- und Entwicklungsmaßnahmen ist sicherzustellen, dass den Anforderungen des Artikels 6 der Richtlinie 92/43/EWG entsprochen wird. Weiter gehende Schutzvorschriften bleiben unberührt.

(4) Die Unterschutzstellung nach den Absätzen 2 und 3 kann unterbleiben, soweit nach anderen Rechtsvorschriften einschließlich dieses Gesetzes und gebietsbezogener Bestimmungen des Landesrechts, nach Verwaltungsvorschriften, durch die Verfügungsbefugnis eines öffentlichen oder gemeinnützigen Trägers oder durch vertragliche Vereinbarungen ein gleichwertiger Schutz gewährleistet ist.

(5) Für Natura 2000-Gebiete können Bewirtschaftungspläne selbständig oder als Bestandteil anderer Pläne aufgestellt werden.

(6) Die Auswahl und die Erklärung von Gebieten im Sinne des Absatzes 1 Satz 1 und des Absatzes 2 im Bereich der deutschen ausschließlichen Wirtschaftszone und des Festlandsockels zu geschützten Teilen von Natur und Landschaft im Sinne des § 20 Absatz 2 richten sich nach § 57.

Inhaltsübersicht

I. Festlegung der FFH-Gebiete und Bedeutung der Vogelschutzgebiete

1. § 32 Abs. 1 als Ausgangspunkt

1 § 32 entspricht weitestgehend dem bisherigen § 33 und macht ihn, wo erforderlich, zu einer unmittelbar geltenden Regelung[1], wie es dem nunmehrigen Charakter des BNatSchG als **Vollregelung** entspricht. Die ersten drei Absätze sind nahezu wortgleich, der vierte ist nur geringfügig klarstellend ergänzt.[2]

2 Das Netz „**Natura 2000**" besteht wie dargelegt (siehe § 31 Rn. 20 ff.) gem. Art. 4 FFH-RL aus von den Mitgliedstaaten gemeldeten, im Einvernehmen mit diesen von der Kommission ausgewählten und nach dem Verfahren des Art. 21 FFH-RL festgelegten Gebieten. Nach § 32 Abs. 1 Satz 3 benennt diese Gebiete das **Bundesministerium für Umwelt, Naturschutz und Reaktorsicherheit** als die für die Benennung der von Deutschland ausgewählten Gebiete zuständige Stelle. Formal tritt also der Bund gegenüber der Kom-

---

1 Begründung zum Gesetzentwurf der Fraktionen der CDU/CSU und SPD v. 17. 03. 2009, BT-Drs. 16/12274, S. 64.
2 Begründung zum Gesetzentwurf der Fraktionen der CDU/CSU und SPD v. 17. 03. 2009, BT-Drs. 16/12274, S. 64.

Frenz

mission auf und gibt die hier zu Lande ausgewählten Gebiete weiter, unter denen dann nach dem Verfahren des Art. 21 FFH-RL auf Unionsebene eine endgültige Festlegung getroffen wird. Daher übermittelt es zugleich gem. § 32 Abs. 1 Satz 4 Einschätzungen über eine finanzielle Beteiligung der Union.

Zuvor hat das **Bundesministerium für Umwelt, Naturschutz und Reaktor-** 3 **sicherheit** gem. § 32 Abs. 1 Satz 3 Halbs. 1 die anderen fachlich betroffenen Bundesministerien zu beteiligen. Das gilt vor allem für das **Ministerium für Land- und Forstwirtschaft**, bezieht sich doch die Einschätzung gegenüber der Kommission nach § 32 Abs. 1 Satz 4 a.E. u.a. auf die Zahlung eines finanziellen Ausgleichs auch für die Land- und Forstwirtschaft. Eine Beteiligung verlangt eine Einbeziehung in Form eines Einholens des Standpunktes und dessen Berücksichtigung, nicht aber ein Einvernehmen.

Grundlage der Benennung der Schutzgebiete an die Kommission durch das 4 Bundesministerium für Umwelt, Naturschutz und Reaktorsicherheit ist gem. § 32 Abs. 1 Satz 1 die **Auswahl der Länder**. Letztere müssen freilich nach § 32 Abs. 1 Satz 2 das Benehmen mit Ersterem herstellen. Es muss also letztlich eine einvernehmliche Festlegung der ausgewählten Gebiete erfolgen, die der Kommission nach Art. 4 FFH-RL bzw. VRL zu benennen sind.

2. Materielle Prägung durch Unionsrecht

Materiell sind für diese Auswahl gem. § 32 Abs. 1 Satz 1 die in den genann- 5 ten Richtlinien aufgeführten Maßgaben entscheidend. Dabei ist nach Habitat- und Vogelschutzgebieten zu unterscheiden.

3. Vogelschutzgebiete

Zum Netz „**Natura 2000**" gehören gem. Art. 3 Abs. 1 UAbs. 2 FFH-RL auch 6 die besonderen Schutzgebiete, die von den Mitgliedstaaten aufgrund der VRL ausgewiesen wurden. Diese **Vogelschutzgebiete** werden von den Mitgliedstaaten nach Art. 3 VRL eingerichtet.

a) Artenbezogene Festlegung ohne Berücksichtigung wirtschaftlicher Kriterien

Für die Einrichtung der Vogelschutzgebiete zählen die in Art. 4 VRL ge- 7 nannten Kriterien. Diese lassen nur einen begrenzten Entscheidungsspielraum zu. Insbesondere können dabei nach der derzeitigen Richtlinienfassung die in Art. 2 VRL genannten wirtschaftlichen und freizeitbedingten Erfordernisse nicht berücksichtigt werden. Art. 4 VRL ist insoweit mit seinem besonderen Schutzzweck speziell und sperrt eine Heranziehung der in Art. 2 VRL genannten Punkte. Sie bilden keine eigenständige Abweichung von der durch die Richtlinie aufgestellten allgemeinen Schutzregelung.[3] Mit diesen

---

3 EuGH, Urt. v. 08.07.1987 – Rs. 247/85, Slg. 1987, 3029, Rn. 8 – Kommission/Belgien; EuGH, Urt. v. 08.07.1987 – Rs. 262/85, Slg. 1987, 3073, Rn. 8 – Kommission/Italien; EuGH, Urt. v. 02.08.1993 – Rs. C-355/90, Slg. 1993, I-4221, Rn. 19 – Santona.

darf daher auf der Ebene der Schutzausweisung keine Abwägung stattfinden. Das gilt insbesondere für die **wirtschaftlichen Erfordernisse**.[4]

8 Lediglich gewichtige Gründe des Allgemeinwohls wie eine **Überschwemmungsgefahr** oder der **Küstenschutz** können eine Abweichung rechtfertigen, sofern nur das Allernotwendigste getan und lediglich eine geringstmögliche Verkleinerung des besonderen Schutzgebietes bewirkt wird.[5]

9 Die in Art. 4 VRL genannten Kriterien bestimmen mithin die Beurteilung der Mitgliedstaaten zur Einrichtung eines Schutzgebietes. Auch wenn ihnen grundsätzlich ein bestimmter Ermessensspielraum zusteht[6], vermögen sie bei einem für den Vogelschutz herausragend bedeutsamen Gebiet eine Anerkennung als solche wie auch in einer bestimmten Größe notwendig zu machen.[7] In diesem letzten Fall einer **Ermessensreduzierung auf Null** gelten die für Schutzgebiete einschlägigen Regelungen auch ohne Ausweisung als Schutzgebiet.[8] Auch für sie haben die Mitgliedstaaten daher gem. Art. 4 Abs. 4 VRL die Verschmutzung oder Beeinträchtigung der Lebensräume sowie die Belästigung der Vögel, die sich auf das Überleben und die Vermehrung erheblich auswirken, durch geeignete Maßnahmen zu vermeiden.

10 Art. 5 ff. VRL verlangen **tierbezogene Schutzmaßnahmen** hinsichtlich des Tötens oder Fangens, des Verkaufs etc. Von ihnen kann aus den in Art. 9 VRL genannten Gründen abgewichen werden, aber nur, wenn im Einzelfall keine andere zufrieden stellende Lösung gefunden werden kann und die näheren Umstände der Abweichung sowie ihre Kontrolle genau angegeben werden.[9]

b) Keine Notwendigkeit weiterer Überprüfung bei der Übernahme in FFH-Gebiete

11 Damit zeigt sich der hohe, rein umweltbezogene Schutzstandard, welcher bei der Festlegung der **Vogelschutzgebiete** durch die Mitgliedstaaten zu Grunde gelegt wird. Daher bedarf es auch keiner Überprüfung mehr, wenn es um die Übernahme von Vogelschutzgebieten als FFH-Gebiete geht. Auch Art. 7 FFH-RL geht von einem reibungslosen **Wechsel vom VS- zum FFH-Schutzregime** aus, was nicht möglich wäre, wenn die nach der VRL festgelegten Gebiete nicht ohne Weiteres Schutzgebiete nach der FFH-RL sein könnten. Danach werden mit ihrer Anwendung die nach der Vogelschutzrichtlinie aus-

---

4 EuGH, Urt. v. 11. 07. 1996 – Rs. C-44/95, Slg. 1996, I-3805, Rn. 25 – Royal Society for the Protection of Birds.

5 EuGH, Urt. v. 28. 02. 1991 – Rs. C-57/89, Slg. 1991, I-883, Rn. 23 – Leybucht für eine nachträgliche Verkleinerung eines einmal festgelegten Schutzgebietes.

6 EuGH, Urt. v. 02. 08. 1993 – Rs. C-355/90, Slg. 1993, I-4221 – Santona; EuGH, Urt. v. 28. 02. 1991 – Rs. C-57/89, Slg. 1991, I-883 – Leybucht; a.A. *Winter*, ZUR 1994, 308 (308); dagegen *Iven*, NuR 1996, 373 (374). Ein solcher Spielraum fehlt bei der Änderung oder Verkleinerung einmal festgelegter Schutzgebiete, EuGH, Urt. v. 28. 02. 1991 – Rs. C-57/89, Slg. 1991, I-883 – Leybucht.

7 EuGH, Urt. v. 02. 08. 1993 – Rs. C-355/90, Slg. 1993, I-4221 – Santona.

8 EuGH, Urt. v. 02. 08. 1993 – Rs. C-355/90, Slg. 1993, I-4221 – Santona.

9 Im Einzelnen EuGH, Urt. v. 08. 07. 1987 – Rs. 247/85, Slg. 1987, 3029 – Kommission/Belgien; EuGH, Urt. v. 17. 01. 1991 – Rs. C-157/89, Slg. 1991, I-57 – Kommission/Italien.

gewiesenen Schutzgebiete dem Rechtsfolgenregime der Habitatrichtlinie unterstellt. Die Begründung richtet sich aber weiterhin nach den Vorschriften der Vogelschutzrichtlinie.

Insoweit bietet sich aber mangels expliziter Regelung eine Klarstellung in der FFH-RL an, da diese in Art. 3 Abs. 1 UAbs. 2 lediglich pauschal das Netz „Natura 2000" auf die von den Mitgliedstaaten aufgrund der VRL ausgewiesenen besonderen Schutzgebiete erstreckt. Es fehlt eine Aussage zum Verfahren, ob nämlich die Prozedur nach Art. 4 FFH-RL mit einer weiteren Auswahl der Kommission auch für mitgliedstaatlich ausgewiesene Vogelschutzgebiete gilt. Eine solche Auswahl würde in negativer Weise getroffen, wenn Art. 3 Abs. 1 UAbs. 2 FFH-RL um einen Satz 2 ergänzt würde: „Diese Schutzgebiete sind bereits dadurch als FFH-Gebiete abschließend festgelegt und unterliegen keinem weiteren Überprüfungsverfahren." 12

Damit fehlt freilich eine Gegenkontrolle, ob ein national festgelegtes Vogelschutzgebiet zugleich ein Gebiet von unionsweiter Bedeutung ist. Das Netz **„Natura 2000"** verfolgt gerade eine **unionsweite Konzeption**, die durch die weitere Auswahl der Kommission sichergestellt werden soll. Allerdings werden auch auf dieser Ebene nach Anhang III Phase 2 bestimmte Gebiete ohne Weiteres übernommen. Das gilt für alle von den Mitgliedstaaten in Phase 1 ermittelten Gebiete, die prioritäre natürliche Lebensraumtypen bzw. Arten beherbergen. Das könnte auch für zahlreiche Vogelschutzgebiete angewandt werden, erfolgt doch die Auswahl dieser Gebiete nach Art. 4 Abs. 1 VRL artenbezogen aufgrund einer besonderen Bedrohung oder Seltenheit oder eines spezifischen Aufmerksamkeitsbedarfs, sodass für diese Gebiete vielfach eine besondere Verantwortung der Union nach den Maßstäben von Art. 1 lit. d) FFH-RL bestehen dürfte. Hieran zeigt sich im Übrigen die Misslichkeit, dass divergierende Verfahren zur Ausweisung der FFH- und der Vogelschutzgebiete bestehen, sodass eine **Harmonisierung** dringend geboten ist. 13

4. Festlegung von FFH-Gebieten

a) Ausklammerung wirtschaftlicher Kriterien

Parallel zur Festlegung der Vogelschutzgebiete (siehe vorstehend Rn. 7 ff.) können nach dem bestehenden FFH-Regime die in Art. 2 Abs. 3 FFH-RL genannten Anforderungen von Wirtschaft, Gesellschaft und Kultur sowie die regionalen und örtlichen Besonderheiten nicht bereits auf der Ebene der **Schutzgebietsausweisung** berücksichtigt werden, auch wenn in dieser Bestimmung allgemein von „Maßnahmen" die Rede ist. Vielmehr wird die grundlegende Festlegung der FFH-Gebiete durch die Mitgliedstaaten nach Art. 4 Abs. 1 FFH-RL, auf der dann die weitere Auswahl erst aufbaut, ausschließlich durch die in Anhang III für die Phase 1 festgelegten Kriterien und einschlägige wissenschaftliche Informationen gesteuert. Für weitere Gesichtspunkte und damit auch solche wirtschaftlicher, gesellschaftlicher oder kultureller Art ist danach kein Raum mehr.[10] 14

---

10 EuGH, Urt. v. 07.11.2000 – Rs. C-371/98, Slg. 2000, I-9235, Rn. 23 f. – First Corporate Shipping.

b) Naturschutzfachlicher Beurteilungsspielraum

15　Es handelt sich damit um eine ausschließlich naturschutzfachliche Beurteilung. Andere Kriterien haben außer Betracht zu bleiben. Erstere dürfen auch nicht lediglich vorgeschoben werden, sondern müssen in der Sache bestehen. Dann liegt kein Fall einer **Umgehung unionsrechtlich aufgestellter Voraussetzungen** vor, die doch das eigentliche unionsrechtlich geforderte Regime eingreifen lässt.[11]

16　Im Übrigen aber haben die zuständigen nationalen Stellen einen **naturschutzfachlichen Beurteilungsspielraum**. Eine Gebietsmeldung ist daher nur zwingend, wenn die fraglichen Flächen die von der FFH-RL vorausgesetzte ökologische Qualität zweifelsfrei aufweisen.[12]

17　Dürfen auch nur naturschutzfachliche Erwägungen zu Grunde gelegt werden, obliegt deren Gewichtung im Rahmen der unionsrechtlichen Vorgaben den nationalen Behörden. Anhang III Phase 2 FFH-RL zeigt dabei den Unterschied zwischen Gebieten mit und ohne prioritäre natürliche Lebensraumtypen bzw. Arten. Solche mit sind, soweit von den Mitgliedstaaten ermittelt, alle Gebiete von gemeinschaftlicher Bedeutung. Bei solchen ohne hat die Kommission dagegen ein Auswahlermessen je nach Bedeutung, ob sie sie in die Liste aufnimmt. Spielen damit Kriterien wie der relative Wert, die geografische Lage und die Gesamtfläche eines Gebietes auf nationaler Ebene eine Rolle, zeigt dies die Wertungsabhängigkeit dieses Auswahlprozesses jedenfalls für nicht prioritäre Bestandteile.

18　Wenn die Mitgliedstaaten im Hinblick auf diesen **Auswahlprozess Gebiete** melden, nehmen auch sie entsprechende Wertungen vor, die sich im Rahmen der nach Anhang III Phase 1 FFH-RL maßgeblichen Kriterien zu bewegen haben. Sie müssen aber nicht sämtliche Gebiete melden, welche habitattauglich sind, sondern Anhang III Phase 1 C. FFH-RL sieht eigens eine Auswahl vor. Art. 4 FFH-RL legt die Abfolge näher fest und bestätigt die Konzeption, nach der die Mitgliedstaaten die der Kommission vorzuschlagenden und dann von ihr auszuwählenden Gebiete vorlegen. Indem sie dabei die in Anhang III Phase 1 FFH-RL festgelegten Kriterien und einschlägigen wissenschaftlichen Informationen anwenden, treffen sie eine wertende **Vorauswahl**, auch wenn die Kommission darüber wacht. Eine Festlegung nach Art. 4 Abs. 1 FFH-RL beinhaltet mithin eine Sachentscheidung, die nicht von vornherein ohne Weiteres feststeht und unionsrechtlich nur dem Rahmen nach vorgezeichnet ist. Dass diese sich in den unionsrechtlichen Rahmen einfügt, bestätigt die Kommission durch ihre Festlegung der Gebiete von gemeinschaftlicher Bedeutung. Auf diese Weise wird zugleich die Vorauswahl durch die Mitgliedstaaten festgeschrieben und damit gegen spätere Änderungen abgesichert (siehe oben § 31 Rn. 30 ff.).

---

11 Siehe für das Vergaberecht EuGH, Urt. v. 06.04.2006 – Rs. C-410/04, Slg. 2006, I-3303, Rn. 42 – Mödling.

12 BVerwG, Urt. v. 31.01.2002 – 4 A 15.01, Buchholz 407.4 § 17 FStrG Nr. 168 S. 102; BVerwG, Urt. v. 14.04.2010 – 9 A 5.08, NuR 2010, 558, Rn. 39.

c) Ausfluss des Subsidiaritätsprinzips

Diese Vorauswahl durch die Mitgliedstaaten entspricht dem **Subsidiaritäts-** 19
prinzip, das gem. Art. 5 Abs. 3 EUV auch die geteilte Zuständigkeit des
Umweltschutzes nach Art. 4 Abs. 2 lit. e) AEUV ergreift und aufgrund des
„soweit" eine graduelle Komponente hat: Wird ein Bereich wegen seiner
unionsweiten Bedeutung geregelt, wie dies beim „Natura 2000"-Konzept der
FFH-RL zutrifft, so ist doch auf möglichst große nationale Spielräume zu achten, soweit gleichwohl ein Ziel ausreichend verwirklicht werden kann. Nur
insoweit darf die Union von einer Befugnis Gebrauch machen.[13] Dementsprechend obliegt in der FFH-RL die Vorauswahl der Schutzgebiete den Mitgliedstaaten.

Soll dem Subsidiaritätsprinzip nicht nur formal, sondern tatsächlich entspro- 20
chen werden, müssen damit entsprechende **Beurteilungsspielräume** einhergehen. Diese dürfen nur insoweit beschränkt sein, als die in der FFH-RL festgelegten Ziele erreicht werden müssen. Dafür bilden die Kriterien von
Anhang III Phase 1 FFH-RL den adäquaten Rahmen, innerhalb dessen den
Mitgliedstaaten aber immer noch Gestaltungsmöglichkeiten verbleiben müssen. Die Kommission hat darauf aufzubauen und kann sich über diese
Grundkonzeption bei ihrem Auswahlprozess nicht hinwegsetzen, ebenso
wenig durch spätere Änderungen. Solche dürfen daher auch nicht den nationalen Gerichten möglich sein, soll nicht die Vorauswahl der Mitgliedstaaten
auch im Hinblick auf die **Gebietsabgrenzung** leerlaufen (siehe näher dazu
unten Rn. 52 ff.).

d) Kohärenz mit der Gesamtkonzeption

Da auf dieser Ebene wirtschaftliche und soziale Gesichtspunkte nicht maß- 21
geblich sind, wird ein Teil der für eine **nachhaltige Entwicklung** maßgeblichen Aspekte (siehe § 31 Rn. 6 ff.) ausgeblendet. Das Zieldreieck ist auf
dieser Ebene verlassen. Allerdings geht es hier erst um die Eingrenzung der
durch das Schutzregime erfassten Bereiche. Bei deren späterer Behandlung
ist dann sowohl in der VRL als auch in der FFH-RL eine Berücksichtigung
anderer Belange vorgesehen. Das gilt vor allem für die FFH-RL, welche
schon nach dem 3. Erwägungsgrund unter dem Leitstern einer nachhaltigen
Entwicklung steht.

Gleichwohl lässt dieses Prinzip grundsätzlich zu, dass zunächst nur Umwelt- 22
aspekte zu Grunde gelegt werden und diese dann in einem späteren Arbeits-
schritt mit anderen Belangen abgewogen werden. Umgekehrt ist aber denkbar, die wirtschaftlichen Aspekte zuerst zu regeln und dann in einem
weiteren Schritt Umweltgesichtspunkte in die Abwägung eingehen zu lassen.
Klassisches Beispiel für ein solches Vorgehen ist das **Bergrecht**. Erst über die
Unberührtheitsklausel gem. § 48 Abs. 1 Satz 1 BBergG bzw. die Unbescha-
detheitsvorschrift des § 48 Abs. 2 Satz 1 BBergG kommen die umweltrechtlichen Festlegungen zum Zuge[14], und zwar nach Abprüfung der eigens ge-

---

13 Näher m.w.N. *Frenz*, Europarecht 5, 2010, Rn. 697 ff.
14 Ausführlich *Frenz*, Bergrecht und Nachhaltige Entwicklung, 2001, S. 47 ff.

regelten bergrechtlichen Zulässigkeitsvoraussetzungen nach § 55 BBergG.[15] Es kommt nur insgesamt auf eine Abwägung an, welche sowohl ökologische als auch ökonomische Belange sachgerecht relevant sein lässt.

e) Mögliche Änderung

23 Dabei muss aber auch von der wirtschaftlichen Seite gedacht werden. Im Ergebnis muss es also möglich sein, dass sich etwa **bergbauliche Abbauprojekte** oder industrielle Anlagen durchsetzen. Dies ist freilich a priori eher möglich, wenn es sich um gar kein Schutzgebiet handelt. Dann bedarf es erst gar keiner FFH-Verträglichkeitsprüfung. Wenn ein Gebiet absehbar erheblichen wirtschaftlichen Interessen dient, ist es deshalb naheliegend, bereits bei der **Schutzgebietsausweisung** darauf zu achten und diese Belange von vornherein den zu schützenden ökologischen Gesichtspunkten gegenüberzustellen. Das ist jedenfalls dann denkbar, wenn es um eine Nachbenennung oder Änderung von Gebieten geht und bereits das Grundsystem des Netzes „Natura 2000" vorliegt. Dann stehen nur noch Anpassungen an; die zu schützenden Lebensräume und Arten besitzen aber jeweils schon besondere Schutzräume. Die ökologischen Belange sind deshalb jedenfalls vom Ansatz her als Plattform hinreichend berücksichtigt.

24 Eine solche Berücksichtigung der Anforderungen von Wirtschaft, Gesellschaft und Kultur sowie der regionalen und örtlichen Besonderheiten müsste allerdings eigens für die Schutzgebietsbestimmung und damit in Art. 4 FFH-RL aufgenommen werden. Das könnte geschehen, indem bereits für die Festlegung von Gebieten durch die Mitgliedstaaten nach Art. 4 Abs. 1 FFH-RL die Berücksichtigung dieser Anforderungen vorgegeben wird, etwa durch Anfügung eines Satzes an Unterabsatz 1: „Sie berücksichtigen bei der Festlegung der Gebiete die Anforderungen von Wirtschaft, Gesellschaft und Kultur sowie die regionalen und örtlichen Besonderheiten."

25 Immerhin verwies der EuGH schon im Zusammenhang mit der VRL darauf, dass die allgemeine Vorgabe des Art. 2 zeigt, „dass die Richtlinie selbst der Notwendigkeit eines Schutzes der Vögel einerseits und den Erfordernissen der öffentlichen Gesundheit und Sicherheit, der Wirtschaft, der Ökologie, der Wissenschaft, der Kultur und der Freizeit andererseits Rechnung trägt".[16] Diese allgemeine Vorgabe würde dann in die Schutzregelung selbst integriert und durch diese nicht mehr verdrängt, wie bisher insoweit vom EuGH angenommen (siehe oben Rn. 14). Auf diese Weise würde dieses allgemeine Anliegen durchgängig aufgenommen; die „Natura 2000"-Richtlinien würden insoweit harmonisiert.

26 Um Friktionen zwischen FFH- und Vogelschutzgebieten zu vermeiden und auch für Letztere eine unionsweite Ausrichtung sicherzustellen, bietet es sich an, das Verfahren zu vereinheitlichen. Dies sollte auf der Basis von

---

15 Siehe das zweite Tongrubenurteil BVerwG, Urt. v. 14. 04. 2005 – 7 C 26/03, NVwZ 2005, 954 (955).
16 EuGH, Urt. v. 08. 07. 1987 – Rs. 247/85, Slg. 1987, 3029, Rn. 8 – Kommission/Belgien; EuGH, Urt. v. 08. 07. 1987 – Rs. 262/85, Slg. 1987, 3073, Rn. 8 – Kommission/Italien.

Art. 4 FFH-RL im Rahmen der VRL erfolgen. Zwischen Art. 3 und Art. 4 VRL wäre daher ein Artikel zu platzieren, der das Verfahren nach Art. 4 FFH-RL enthält und die nach der RL maßgeblichen Auswahlkriterien aufnimmt. Dann würde insoweit ebenfalls zunächst eine Festlegung durch die Mitgliedstaaten erfolgen, die dann von der Kommission überprüft und auf die Bedürfnisse eines unionsweiten Schutzsystems abgestimmt wird. Auf diese Weise wäre es auch vom Verfahren her und nicht nur materiell ohne Weiteres gerechtfertigt, solchermaßen ausgewählte Vogelschutzgebiete als FFH-Gebiete anzusehen. Zur größtmöglichen Kohärenz führt eine vollständige **Integration der VRL in die FFH-RL**.[17]

5. Rechtsschutz

Der Rechtsschutz richtet sich nach dem durch die Bestimmung der jeweiligen „Natura 2000"-Gebiete vorgegebenen Ablauf. Melden die Mitgliedstaaten FFH-Gebiete nach Art. 4 Abs. 1 FFH-RL, ist dies zwar durch die Kriterien nach Anhang III Phase 1 der FFH-RL vorgezeichnet. Indes trifft die Kommission eine wertende **Auswahlentscheidung** nach den Kriterien von Anhang III Phase 2 der FFH-RL. Damit handelt es sich lediglich um eine vorbereitende Handlung ohne Außenwirkung für den Einzelnen, sodass keine Klagemöglichkeiten bestehen – auch nicht im Wege der Feststellungsklage oder vorbeugend.[18] Aber auch nach der Auswahlentscheidung der Kommission sind die entsprechenden Gebiete nur bestimmt, nicht aber mit einem konkreten Schutzregime verbunden. Ein solches ordnen erst die Mitgliedstaaten aufgrund ihrer Verpflichtung in Art. 4 Abs. 4 FFH-RL an. Von diesem Schutzregime gehen konkrete Rechtswirkungen für den Einzelnen aus, sodass erst dann eine unmittelbare Betroffenheit entsteht, wie sie Art. 263 Abs. 4 AEUV für die Erhebung einer **Nichtigkeitsklage**[19] verlangt. Diese kann daher noch nicht gegen die **Listung von FFH-Gebieten** durch die Kommission erhoben werden, auch wenn es sich dabei um einen Beschluss nach Art. 288 Abs. 4 AEUV mit konkreten Rechtswirkungen handelt. Diese Rechtswirkungen beziehen sich aber auf die Mitgliedstaaten.

27

Dieser Beschluss ist von vornherein auf eine Umsetzung durch die Mitgliedstaaten ausgerichtet und muss daher von diesen entsprechend umgesetzt werden. Erfolgt dies nicht, kann ihrerseits die Kommission gem. Art. 258 AEUV ein **Vertragsverletzungsverfahren** einleiten und darauf aufbauend eine Klage vor dem EuGH erheben.[20]

28

Dass die nationale Schutzgebietsausweisung sowohl im Ob als auch im Wie, was die nähere Abgrenzung sowie die einzelnen Schutzstandards betrifft, europarechtlich vorgezeichnet ist, ändert an dieser formalen Abfolge nichts. Damit aber haben sich **Klagen gegen Schutzgebietsausweisungen** an die **nationalen Verwaltungsgerichte** zu wenden. Erfolgt diese Ausweisung durch

29

---

17 Im Einzelnen *Frenz*, in: UTR 100 (2009), S. 7 (16 ff.).
18 *Heugel*, in: Lütkes/Ewer, BNatSchG, § 32 Rn. 16 m.w.N.
19 Näher *Frenz*, Europarecht 5, 2010, Rn. 2904 ff.
20 Im Einzelnen *Frenz*, Europarecht 5, 2010, Rn. 2516 ff.

Satzung oder Verordnung auf Landesebene, kann nach Maßgabe von § 47 VwGO ein **Normenkontrollantrag beim OVG** gestellt werden.[21] Bestehen bei den nationalen (Ober-)Verwaltungsgerichten Zweifel, ob die Schutzgebietsausweisung mit europarechtlichen Vorgaben übereinstimmt oder tiefer gehend die europarechtlichen Vorgaben gegen höherrangiges Unionsrecht verstoßen, haben sie gem. Art. 267 AEUV jedenfalls in letzter Instanz dem **EuGH vorzulegen**. Wollen sie von europarechtlichen Vorgaben abgehen, weil sie diese nicht für nichtig halten, haben sie stets vorzulegen.[22]

30   Bei den **Vogelschutzgebieten** ergeben sich die Festlegungen zwar materiell aus den Kriterien nach Art. 4 VRL, formell aber ebenfalls durch die nationale Einrichtung nach Art. 3 VRL. Eine weitere Überprüfung, ob die Vogelschutzgebiete zum Netz „Natura 2000" gehören, sieht die FFH-RL weder in Art. 3 Abs. 1 UAbs. 2 noch in Art. 7 vor. Damit aber gibt es nur die Schutzgebietserklärungen durch die Mitgliedstaaten nach § 32 Abs. 2, die dann entsprechend gerichtlich anfechtbar sein müssen. Das erfolgt durch Klagen vor den **nationalen Verwaltungsgerichten**, die dann bei Zweifelsfragen dem **EuGH** nach Maßgabe von Art. 267 AEUV **vorzulegen** haben.

31   Eine Rechtsverletzung (s. § 47 Abs. 2 VwGO) durch die Schutzgebietsfestlegung zeigt sich namentlich dann, wenn daraus konkrete **Schutz- und Erhaltungsmaßnahmen** resultieren, welche die betroffenen Grundstückseigentümer in dem jeweiligen „Natura 2000"-Gebiet ergreifen müssen.

32   Im Übrigen werden die Hauptstreitpunkte entstehen, wenn ein Projekt zugelassen werden soll. Dann aber erfolgt eine FFH-Verträglichkeitsprüfung nach § 34, wie sie unionsrechtlich in Art. 6 Abs. 3, 4 FFH-RL vorgesehen ist. Diese ist dann Bestandteil der Zulässigkeitsprüfung des Projektes bzw. im Hinblick auf seine Durchführung vorzunehmen. Daraus resultiert dann die Klagebefugnis für eine verwaltungsgerichtliche **Verpflichtungsklage**, wenn ein entsprechender Antrag abgelehnt wird.

33   Wird einem Antrag auf Genehmigung eines Projekts entsprochen, hängt die Klagebefugnis für eine **Anfechtungsklage** vor dem VG davon ab, ob auch dem Nachbarn daraus ein Recht erwächst, dass eine FFH-Verträglichkeitsprüfung durchgeführt wird. Das Habitatregime dient dem Schutz von Lebensräumen und Arten, nicht aber von Personen. Oft wird es dann aber schon eine Klagebefugnis aus Gründen des **Gesundheitsschutzes** geben. Im Rahmen der Begründetheit ist dann ohnehin die FFH-Verträglichkeitsprüfung zu kontrollieren. Diese können aber ohnehin Umweltverbände einfordern – nicht indes ein Ruhen eines schon laufenden Projektes wie der Fischerei bis dahin.[23]

34   Das Netz „Natura 2000" wird im Interesse der Natur und dabei der in den „Natura 2000"-Richtlinien geschützten Arten und Lebensräume geschaffen. Es ist also nicht im menschlichen bzw. individuellen Interesse. Daher kann

---

21 *Heugel*, in: Lütkes/Ewer, BNatSchG, § 32 Rn. 18.
22 EuGH, Urt. v. 22.10.1987 – Rs. 314/85, Slg. 1987, 4199, Rn. 13 ff. – Foto-Frost. Zum Ganzen *Frenz*, Europarecht 5, 2010, Rn. 3212 ff.
23 OVG Lüneburg, Urt. v. 03.03.2015 – 4 LC 39/13 und 4 A 5418/12; *Frenz*, UPR 2015, 329.

auch keine **Klagebefugnis** bzw. unmittelbare Betroffenheit bestehen, wenn ein „Natura 2000"-Gebiet nicht ausgewiesen bzw. von einem Mitgliedstaat nicht gemeldet wird. Es gibt damit kein **subjektives-öffentliches** Recht, dass Einzelne oder Vereine einen **Anspruch auf Gebietsausweisung** haben. Das gilt auch nicht sekundärrechtlich. Zudem ist jedenfalls die Gebietsmeldung erst vorbereitender Natur.

II. Faktische Vogelschutzgebiete und potenzielle FFH-Gebiete

1. Bisheriger Ansatz

Besonders gravierend waren zumindest bislang die Auswirkungen des un- 35
gewissen Rechtszustandes von **faktischen Vogelschutzgebieten** und **potenziellen FFH-Gebieten**. Nach der früheren Rspr. des BVerwG[24] bestand jedenfalls für **sich aufdrängende Schutzgebiete** ein vergleichbares strenges
Schutzregime, und zwar unabhängig von einer Meldung an die Kommission.[25] Genau darauf stellt nunmehr indes der EuGH ab und verlangt nur
einen angemessenen Schutz für gemeldete Gebiete.[26] Dem schloss sich das
BVerwG an.[27] In einer jüngeren Entscheidung verbietet der EuGH Eingriffe,
welche die ökologischen Merkmale eines gemeldeten Gebiets „ernsthaft beeinträchtigen könnten".[28]

Damit bleibt mittlerweile der Schutzstandard für potenzielle FFH-Gebiete er- 36
heblich hinter dem für gemeldete und ausgewiesene Schutzgebiete zurück.
Insbesondere ist einem **absoluten Verschlechterungsverbot** eine klare Absage erteilt. Dieses führte nämlich zu einem strengeren Regime für nicht gelistete Gebiete als für gelistete – in Parallele zu den nicht förmlich ausgewiesenen[29] Vogelschutzgebieten.[30] Für diese soll das strenge Schutzregime, das
unmittelbar aus Art. 4 Abs. 4 VRL folgt[31], gelten und nicht eine Erleichterung
nach Art. 6 Abs. 3 und 4 FFH-RL entsprechend Art. 7 FFH-RL.[32]

---

24 BVerwG, Urt. v. 27.01.2000 – 4 C 2.99, BVerwGE 110, 302 (308f.); dahinter zurückblei-
   bend BVerwG, Urt. v. 27.10.2000 – 4 A 18/99, BVerwGE 112, 140 (156).
25 Siehe auch *Schütz*, UPR 2005, 137 ff. m.w.N.
26 EuGH, Urt. v. 13.01.2005 – Rs. C-117/03, Slg. 2005, I-167 – Draggaggi.
27 BVerwG, Beschl. v. 07.09.2005 – 4 B 49.05, NuR 2006, 38; dazu z.B. *Thum*, NuR 2006, 687
   (689f.).
28 EuGH, Urt. v. 14.09.2006 – Rs. C-244/05, NVwZ 2007, 61, Rn. 46 – A94. Dazu *Kautz*,
   NVwZ 2007, 666 (667f.).
29 Auf eine ausdrückliche Erklärung und einen förmlichen Akt stellt der EuGH, Urt. v.
   07.12.2000 – Rs. C-374/98, Slg. 2000, I-10799, Rn. 46f., 53 – Basses de Corbières ab, nicht
   aber notwendig auf eine endgültige rechtsverbindliche Entscheidung, worauf das
   BVerwG, Urt. v. 01.04.2004 – 4 C 2/03, NuR 2004, 524 (526) – Hochmoselübergang
   abhebt; *Füßer*, NVwZ 2005, 144 (146f.) m.w.N. Es zählt auch nicht der materielle Schutz,
   EuGH, Urt. v. 13.07.2002 – Rs. C-117/00, Slg. 2002, I-5335, Rn. 25 – Kommission/Irland.
30 Dafür etwa *Gellermann*, NuR 2005, 433 (436).
31 EuGH, Urt. v. 02.08.1993 – Rs. C-355/90, Slg. 1993, I-4221, Rn. 22 – Santona. Vgl. bereits
   EuGH, Urt. v. 28.02.1991 – Rs. C-57/89, Slg. 1991, I-883, Rn. 20 ff. – Leybucht.
32 BVerwG, Urt. v. 19.05.1998 – 4 A 9/97, BVerwGE 107, 1 (19f.). Siehe EuGH, Urt. v. 11.07.
   1996 – Rs. C-44/95, Slg. 1996, I-3805, Rn. 39 f. – Royal Society for the Protection of Birds;
   EuGH, Urt. v. 13.06.2002 – Rs. C-117/00, Slg. 2002, I-5335, Rn. 25 – Kommission/Irland.

37 Ein Gebiet unter Verstoß gegen die VRL nicht zum besonderen Schutzgebiet zu erklären soll dem Mitgliedstaat nicht zum Vorteil gereichen und keine Schutzdefizite zur Folge haben.[33] Dadurch einen „sanften" Druck auf die Mitgliedstaaten auszuüben, **Vogelschutzgebiete** tatsächlich auszuweisen, und das Unterlassen zu sanktionieren ist insofern eher gerechtfertigt, als die Mitgliedstaaten die Vogelschutzgebiete nicht nur vorschlagen, sondern selbst ohne Mitwirkung der Kommission festlegen.[34]

38 Dieser Ansatz ist indes ohnehin materiell nicht gerechtfertigt, sind doch Vogelschutzgebiete nicht notwendig schutzbedürftiger als FFH-Gebiete, wie auch die möglichen Ausnahmen nach Art. 9 VRL zeigen. Zudem sollen beide Gruppen gemeinsam das Netz „Natura 2000" bilden. Die Präferenz der FFH-RL wird daraus deutlich, dass gem. Art. 3 Abs. 1 UAbs. 2 FFH-RL das Netz „Natura 2000" die nach der VRL ausgewiesenen Schutzgebiete umfasst. Daher muss Erstere auch Anwendung finden. Das gilt ebenfalls dann, wenn **Vogelschutzgebiete** noch nicht förmlich ausgewiesen sind. Das Schutzregime läuft, wie aus Art. 7 FFH-RL deutlich wird, letztlich auf das nach der FFH-RL zu. Daher kann es nicht vorher strenger sein als nach dem Übergang in das FFH-System. Um die bisherigen Divergenzen zu vermeiden, ist der bisherige Art. 7 FFH-RL um eine Regelung zu ergänzen: „Das FFH-Regime vor der Ausweisung der Schutzgebiete findet auch für die noch nicht förmlich ausgewiesenen Vogelschutzgebiete Anwendung."

2. Fortführung der potenziellen FFH-Gebiete bei Gebietserweiterungen?

a) Entbehrlichkeit nach ausreichenden Schutzgebieten

39 Die Figur der **potenziellen FFH-Gebiete** sollte ursprünglich sicherstellen, dass die Kommission später noch zu einer Listung einer hinreichenden Anzahl solcher Gebiete in der Lage sein sollte, auch wenn die Mitgliedstaaten keine hinreichenden Gebiete gemeldet hatten.[35] Die **Realisierbarkeit der FFH-Schutzziele** durfte nicht vereitelt werden. Insoweit ging es um die Sicherung der Richtlinienwirkung auch bei nationalen Defiziten. Diese nationalen Defizite sind insoweit behoben, als ein Mitgliedstaat in hinreichendem Maße FFH-Gebiete gemeldet hat, sodass die Kommission eine Auswahl treffen und ihre Liste nach Art. 4 Abs. 2 FFH-RL erstellen konnte. Damit entfällt für diesen Fall die Figur der potenziellen FFH-Gebiete.[36] So verhält es sich mit der Bundesrepublik Deutschland durch ihre Nachmeldung und deren Eingang in die Kommissionsliste vom 13.11.2007.[37]

---

33 So ausdrücklich EuGH, Urt. v. 07.12.2000 – Rs. C-374/98, Slg. 2000, I-10799, Rn. 51f. – Basses de Corbières.

34 *Kautz*, NVwZ 2007, 666 (667); siehe bereits EuGH, Urt. v. 28.02.1991 – Rs. C-57/89, Slg. 1991, I-883, Rn. 20 – Leybucht.

35 Etwa BVerwG, Urt. v. 17.05.2002 – 4 A 28.01, BVerwGE 116, 254 (257f.) m.w.N. Aus der EuGH-Rspr. EuGH, Urt. v. 11.09.2001 – Rs. C-71/99, Slg. 2001, I-5811 – Kommission/Deutschland.

36 VGH Mannheim, Urt. v. 07.08.2009 – 5 S 2348/08, NuR 2010, 206.

37 ABl. 2008 L 12, S. 383.

*b) Fortsetzung für sich aufdrängende Gebietserweiterungen durch das
BVerwG*

Ein mitgliedstaatliches Defizit könnte allerdings auch nach einer nationalen   *40*
Meldung in der Anzahl insgesamt hinreichender Gebiete und deren Listung
durch die Kommission dadurch bestehen, dass ein Gebiet nicht in hinreichender Größe gemeldet wurde. Dann wurde dieses Gebiet zwar gemeldet,
aber nicht in einem Ausmaß, wie es den Kriterien der FFH-RL entspricht. Für
diesen Fall will das BVerwG in seinem Urteil zur A 44 die Grundsätze des
EuGH zu den potenziellen FFH-Gebieten übertragen. Unerheblich ist dabei,
ob die **Gebietserweiterung** der Kommission bereits vorgeschlagen worden
ist oder nicht, die Nachmeldung sich aber aufdrängt.[38] Es geht mithin um die
Sicherung der Verwirklichung der FFH-Ziele auch für einzelne Gebiete.
Dementsprechend ist nur entscheidend, ob die von der FFH-RL vorausge-
setzten Kriterien erfüllt werden, dem indes der Mitgliedstaat nicht in einer
Weise nachgekommen ist, dass ein Gebiet von der Kommission nicht in ausreichendem Umfang gelistet wurde. Es geht daher um die Sicherung des
Übergangszustandes, bis die Listung über eine erweiterte Meldung des Mit-
gliedstaates angepasst wird.

c) Volle Unterschutzstellung?

Wie das BVerwG einräumt, hat der Gerichtshof der EU über diese Fallgestal-   *41*
tung bisher nicht entschieden. Es sucht einen Ausweg durch eine Anwendung der abgemilderten Rechtsfolgen, die der EuGH bei gemeldeten, aber
noch nicht gelisteten FFH-Gebieten heranzieht, und bringt eine vorläufige
Unterschutzstellung ins Spiel, verweist dann aber ins (hessische) Landesrecht und kommt darüber praktisch zur Anwendung des Schutzregimes der
habitatrechtlichen Regelungen.[39] Dieses Ergebnis aber widerspricht dem
Ansatz der EuGH-Judikatur, die ein **abgeschwächtes Schutzregime** in Ansatz bringt, das nur darauf zielt, „um die ökologischen Merkmale dieser Gebiete zu erhalten"[40], mithin eine spätere Unterschutzstellung nicht zu unterminieren. Einem absoluten Verschlechterungsverbot wurde eine klare
Absage erteilt.[41] Es werden nur Eingriffe erfasst, welche die Merkmale eines
ökologischen Gebietes „ernsthaft beeinträchtigen können".[42]

d) Nicht vergleichbare Schutzlücke

Dieser Ansatz bezieht sich aber auf Gebiete, die zwar gemeldet, aber noch   *42*
nicht gelistet wurden. Damit besteht eine wesentlich größere Schutzlücke,
als wenn ein Gebiet teilweise gelistet wurde. Immerhin untersteht der ge-

---

38 BVerwG, Urt. v. 14. 04. 2010 – 9 A 5.08, BVerwGE 136, 291 = NuR 2010, 558, Rn. 35.
39 BVerwG, Urt. v. 14. 04. 2010 – 9 A 5.08, BVerwGE 136, 291= NuR 2010, 558, Rn. 35 f.
40 EuGH, Urt. v. 14. 09. 2006 – Rs. C-244/05, Slg. 2006, I-8445, Rn. 36 – Bund Naturschutz.
41 *Frenz*, in: UTR 100 (2009), S. 7 (29).
42 EuGH, Urt. v. 14. 09. 2006 – Rs. C-244/05, Slg. 2006, I-8445, Rn. 46 – Bund Naturschutz;
     dazu *Kautz*, NVwZ 2007, 666 (667 f.).

meldete und gelistete Teil dem vollständigen FFH-Schutzregime.[43] Etwas anderes kann sich höchstens dann ergeben, wenn unabdingbare Bestandteile dieses Gebietes nicht in die Meldung einbezogen wurden. Dementsprechend betont auch das BVerwG die hohe **Richtigkeitsgewähr der ursprünglichen Gebietsabgrenzung**, wenn das Auswahlverfahren abgeschlossen ist, und die hohe Substanziierungslast, um diese Gebietsabgrenzung infrage zu stellen.[44] Ist aber der Gebietsschutz in dem bislang ausgeklammerten Bereich nicht von vornherein und durchgehend, also unabhängig vom Landesrecht, herabgesetzt, so bedarf es einer umso höheren Hürde, um überhaupt zur nachträglichen Einbeziehung von Gebietsteilen in ein FFH-Gebiet zu kommen.

e) System der FFH-RL: Konsequenzen ausreichender Gebietsmeldung und Listung durch die Kommission

43   Grundsätzlich stellt sich die Frage der Übertragbarkeit der Grundsätze für noch nicht gelistete, aber gemeldete Gebiete auf gelistete, indes defizitär gemeldete. Das gilt zumal jetzt, wo Deutschland genügend FFH-Gebiete gemeldet und die Kommission ihre Liste erstellt hat, mithin das „Natura 2000"-Netz feststeht. Insoweit aber ist, wie das OVG Koblenz zu Recht feststellte, mit der Veröffentlichung im Amtsblatt der EU gem. Art. 4 Abs. 5 FFH-RL „das Gebietsmeldungsverfahren nach europäischem Recht förmlich abgeschlossen".[45] Damit ist das gestufte Verfahren nach Art. 4 FFH-RL beendet. Das kohärente Netz „Natura 2000" als Grundlage des Gebietsschutzes als einem der beiden Standbeine der FFH-RL[46] ist also aufgebaut und das dafür vorgesehene Schutzregime (siehe Art. 4 Abs. 5 FFH-RL) setzt ein. Auch der EuGH betont diese formale Grenze für das Eingreifen des FFH-Schutzregimes.[47]

44   Schon aufgrund dieses formalen Ablaufs ist von einem feststehenden Netz auszugehen, für welches Verschiebungen grundsätzlich ausscheiden und allenfalls in besonderen Konstellationen in Betracht kommen. Jedenfalls besteht eine hohe **Richtigkeitsgewähr** auch der **Gebietsabgrenzung**, wie auch das BVerwG betont.[48] Damit bedarf es höchstens noch Verschiebungen im Detail, die Unterschutzstellung als solche ist gewährleistet. Dementsprechend besteht für eine Übertragung der Schutzjudikatur des EuGH für ge-

---

43 Siehe auch BVerwG, Urt. v. 14.04.2010 – 9 A 5.08, BVerwGE 136, 291 = NuR 2010, 558, Rn. 34 unter Bezug auf EuGH, Urt. v. 13.01.2005 – Rs. C-117/03, Slg. 2005, I-167, Rn. 25 – Dragaggi; EuGH, Urt. v. 14.09.2006 – Rs. C-244/05, Slg. 2006, I-8445, Rn. 36 – Bund Naturschutz.

44 BVerwG, Urt. v. 14.04.2010 – 9 A 5.08, BVerwGE 136, 291 = NuR 2010, 558, Rn. 39.

45 OVG Koblenz, Urt. v. 13.02.2008 – 8 C 10368/07 zum Handwerkerpark Trier-Feyen und dem in der Nachbarschaft ausgewiesenen FFH-Gebiet „Mattheiser Wald", um dessen Erweiterung auf das streitgegenständliche Plangebiet es ging; auch Urt. v. 07./08.11.2007 – 8 C 11523/06, Entscheidungsumdruck S. 70 f. – Hochmoselübergang.

46 Neben dem Artenschutz, BVerwG, Urt. v. 14.04.2010 – 9 A 5.08, BVerwGE 136, 291 = NuR 2010, 558, Rn. 32.

47 EuGH, Urt. v. 13.01.2005 – Rs. C-117/03, Slg. 2005, I-167, Rn. 25 – Dragaggi.

48 BVerwG, Urt. v. 14.04.2010 – 9 A 5.08, BVerwGE 136, 291 = NuR 2010, 558, Rn. 39.

meldete, aber noch nicht gelistete FFH-Gebiete kein Bedarf mehr. Jedenfalls sind die Maßstäbe umso höher anzusetzen.

f) Wächteramt der Kommission

Zwar wird der Kommission die Arbeit nach dem System des Art. 4 FFH-RL 45 partiell gerade durch die Vorauswahl der Mitgliedstaaten abgenommen, die insoweit einen Beurteilungsspielraum haben (siehe oben Rn. 15 ff.). Im Übrigen aber muss die Kommission gem. Art. 4 Abs. 2 FFH-RL nach den Kriterien von Anhang III Phase 2 FFH-RL eine Auswahl aus den ihr von den Mitgliedstaaten vorgeschlagenen Gebieten treffen, um ein kohärentes **Netz „Natura 2000"** gem. Art. 3 FFH-RL als ein wesentliches Standbein der FFH-RL zu schaffen. Dabei hat sie implizit mit zu kontrollieren, ob die von den Mitgliedstaaten vorgeschlagenen Gebiete überhaupt tauglich sind und mit den Kriterien von Anhang III Phase 1 FFH-RL korrespondieren. Die entsprechenden Daten haben die Mitgliedstaaten gem. Art. 4 Abs. 1 UAbs. 2 FFH-RL und ausweislich Erwägungsgrund 10 der Kommissions-Entscheidung 2008/25/EG vom 13. 11. 2007[49] wie auch Erwägungsgrund 9 der nachfolgenden Kommissions-Entscheidung 2009/93/EG vom 12. 12. 2009[50] sowie Erwägungsgrund 9 des wiederum diese ersetzenden Kommissions-Beschlusses 2010/44/EU vom 22.12.2009[51] zu liefern.

Der EuGH verlangt die Meldung von Gebieten mit erheblicher ökologischer 46 Bedeutung für das Ziel der Erhaltung der natürlichen Lebensräume sowie der wild lebenden Tiere und Pflanzen im Sinne der Habitatrichtlinie, damit die Kommission ein umfassendes Verzeichnis erstellen kann.[52] Nur auf diese Weise ist nach Art. 4 Abs. 2 FFH-RL zu gewährleisten, dass das in Art. 2 Abs. 1 FFH-RL vorgesehene Gesamtgebiet entsteht, mithin die natürlichen Lebensräume und die wild lebenden Tiere und Pflanzen im europäischen Gebiet der Mitgliedstaaten erhalten bleiben und so die Artenvielfalt gesichert wird.

Danach obliegt den Mitgliedstaaten eine besondere Verantwortung.[53] Indes 47 kommt der **Kommission** ein **„Wächteramt"** zu, um Fehlentwicklungen in den Mitgliedstaaten frühzeitig gegenzusteuern.[54] Nur sie hat auch den Überblick

---

49 ABl. 2008 L 12, S. 383.
50 ABl. 2009 L 43, S. 63.
51 ABl. 2010 L 30, S. 120.
52 EuGH, Urt. v. 07. 11. 2000 – Rs. C-371/98, Slg. 2000, I-9235, Rn. 22 – First Corporate Shipping.
53 Im Hinblick auf prioritäre Arten explizit nach dem 11. Erwägungsgrund sowie Art. 1 lit. d) FFH-RL, BVerwG, Urt. v. 17. 01. 2007 – 9 A 20.05, BVerwGE 128, 1, Rn. 117 – Westumfahrung Halle. Diese besonders heraushebend EuGH, Urt. v. 13. 01. 2005 – Rs. C-117/03, Slg. 2005, I-167, Rn. 27 – Dragaggi. Dann besteht eine im Verhältnis zur Kommission ausgeprägte Verantwortlichkeit der Mitgliedstaaten mit entsprechenden Spielräumen erst recht für nicht prioritäre Arten.
54 OVG Koblenz, Urt. v. 13. 02. 2008 – 8 C 10368/07 – Mattheiser Wald; vgl. BVerwG, Urt. v. 17. 01. 2007 – 9 A 20.05, BVerwGE 128, 1, Rn. 117 – Westumfahrung Halle unter Verweis auf *Ramsauer*, NuR 2000, 601 (610).

über die Habitate in den verschiedenen Mitgliedstaaten, was aber eine ökologisch fundierte Meldung voraussetzt.[55] Vielfach gab es auch Verhandlungen mit der Kommission, welche Gebiete inwieweit einzubeziehen sind[56], so in Nordrhein-Westfalen. Damit ist aus einer fehlenden Beanstandung eines von den Mitgliedstaaten gemeldeten Gebietes zu schließen, „dass sie im Rahmen dieser Wächterrolle keine Zweifel hinsichtlich der Gebietsgrenzen und des Schutzgegenstandes hatte".[57]

48 Das OVG Koblenz verweist darauf, dass die Kommission in ihrer „Mit Gründen versehenen Stellungnahme" vom 19. 12. 2005 in dem Vertragsverletzungsverfahren Nr. 1995/2225 wegen zu geringer durch Deutschland gemeldeter Gebiete hinsichtlich der für den „Mattheiser Wald" erhaltungszielbestimmenden Arten für Rheinland-Pfalz kein Gebietsmeldedefizit gerügt hat. Das betrifft die **Bechsteinfledermaus** und das **Große Mausohr**.[58] Für diese Arten besteht damit in dem betreffenden Bundesland der Kommission kein Meldedefizit. Daraus ergibt sich nicht die Notwendigkeit der Gebietsvergrößerung. Die Gebietsgrenzen sind insoweit unzweifelhaft. Die Judikatur des EuGH für zunächst gemeldete, aber noch nicht gelistete Gebiete ist nicht übertragbar. Die Kommission hat ihr Wächteramt bereits ausgeübt und damit zugleich über die Gebietsgrenzen adäquat befunden.

III. Maßstäbe für die Gebietsabgrenzung

1. Ursprüngliche Gebietsbestimmung

49 Die Maßstäbe für die Gebietsabgrenzung ergeben sich entsprechend dem unionsrechtlich geprägten Gefüge des Habitatschutzes aus Art. 4 Abs. 1 i.V.m. Anhang III Phase 1 FFH-RL. Diese Regelung findet nicht nur für die Identifizierung von FFH-Gebieten, sondern auch für deren konkrete Abgrenzung Anwendung.[59] Maßgebend sind dabei ausschließlich die in Anhang III Phase 1 genannten **naturschutzfachlichen Kriterien**; Erwägungen, die auf Interessen gesellschaftlicher oder wirtschaftlicher Art abstellen, sind nicht statthaft.[60] Diese spielen gem. Art. 6 Abs. 4 FFH-RL nur auf der Ebene der FFH-Verträglichkeitsprüfung eine Rolle und dürfen daher nach derzeitigem Stand nicht schon die Gebietsabgrenzung bestimmt haben (siehe oben Rn. 14, 21 ff.).

---

55 EuGH, Urt. v. 07. 11. 2000 – Rs. C-371/98, Slg. 2000, I-9235, Rn. 23 – First Corporate Shipping.
56 Siehe schon Erwägungsgrund 13 KOME 2008/25/EG v. 13. 11. 2007, ABl. 2008 L 12, S. 383.
57 OVG Koblenz, Urt. v. 13. 02. 2008 – 8 C 10368/07 – Mattheiser Wald.
58 OVG Koblenz, Urt. v. 13. 02. 2008 – 8 C 10368/07 – Mattheiser Wald.
59 BVerwG, Urt. v. 27. 10. 2000 – 4 A 18.99, BVerwGE 112, 140 (156); BVerwG, Urt. v. 17. 05. 2002 – 4 A 28.01, BVerwGE 116, 254 (258).
60 EuGH, Urt. v. 07. 11. 2000 – Rs. C-371/98, Slg. 2000, I-9235, Rn. 23 f. – First Corporate Shipping; BVerwG, Urt. v. 19. 05. 1998 – 4 A 9.97, BVerwGE 107, 1 (24); BVerwG, Urt. v. 27. 10. 2000 – 4 A 18.99, BVerwGE 112, 140 (156).

Für die Anwendung der vorgenannten Kriterien ist den zuständigen Stellen 50
ein fachlicher Beurteilungsspielraum eingeräumt. Deshalb ist eine **Gebietsmeldung** nur zwingend, wenn und soweit die fraglichen Flächen die von der
HabitatRL vorausgesetzte ökologische Qualität zweifelsfrei aufweisen.[61] Dementsprechend dürfen Gebietsteile, die den Auswahlkriterien zweifelsfrei entsprechen, bei der Gebietsmeldung nicht ausgespart werden.[62] Umgekehrt
können aber dann Gebietsteile, welche die Auswahlkriterien nicht zweifelsfrei erfüllen, ausgespart werden. Dies ist der in der Judikatur des BVerwG
fest verankerte erste Ansatzpunkt, der es ermöglichen kann, ein Gebietsteil
schon nicht zu melden.

2. Nachträglich

Ein zweiter Ansatzpunkt, der eine Einbeziehung weiterer Flächen hindert, 51
ist bei Gebieten, die von der Kommission bereits in die Liste der Gebiete von
gemeinschaftlicher Bedeutung aufgenommen worden sind, dieser Abschluss
des Auswahlverfahrens und die daraus folgende hohe **Richtigkeitsgewähr
der Gebietsabgrenzung.** Einwände gegen diese bedürfen daher einer besonderen Substanziierung.[63] Fehlt es an dieser, muss ein Gebietsteil nicht nachträglich einbezogen werden. Von daher ist die Gebietsbeständigkeit erhöht.
Eine nachträgliche Erweiterung bedarf näherer Darlegung, welche die ursprüngliche Richtigkeitsvermutung für die ursprünglich gewählte erschüttert. Im Zweifel erfolgt daher keine Einbeziehung.

3. Nationaler Beurteilungsspielraum und seine Absicherung nach der Lissabon-Judikatur des BVerfG

Die für die nationale Gebietsabgrenzung maßgeblichen Kriterien sind in An- 52
hang III Phase 1 FFH-RL abschließend aufgeführt. Ökonomische und soziale
Kriterien sind auf dieser Ebene ausgeschlossen.[64] Entsprechend der Konzeption von Art. 4 FFH-RL und dem Subsidiaritätsprinzip haben die Mitgliedstaaten aber einen breiten naturschutzfachlichen Beurteilungsspielraum, solange
sie sich im Rahmen der auch für die Gebietsabgrenzung maßgeblichen Kriterien nach Anhang III Phase 1 halten.[65] Diese nationalen Gestaltungsmöglichkeiten dürfen auch nicht faktisch oder schleichend verschlossen werden.
Das BVerfG stellt in seiner Lissabon-Entscheidung das **Subsidiaritätsprinzip**
in einen Kontext mit dem **Grundsatz der begrenzten Einzelermächtigung**

---

61 BVerwG, Urt. v. 31.01.2002 – 4 A 15.01 – Buchholz 407.4 § 17 FStrG Nr. 168 S. 102;
   BVerwG, Urt. v. 22.01.2004 – 4 A 4.03 – Buchholz 406.400 § 61 BNatSchG 2002 Nr. 4
   S. 31.
62 BVerwG, Urt. v. 17.05.2002 – 4 A 28.01, BVerwGE 116, 254 (258).
63 BVerwG, Urt. v. 14.04.2010 – 9 A 5.08, BVerwGE 136, 291 = NuR 2010, 558, Rn. 39;
   bereits BVerwG, Beschl. v. 13.03.2008 – 9 VR 9.07, Buchholz 451.91 Europ. UmweltR
   Nr. 33 Rn. 22.
64 BVerwG, Urt. v. 14.04.2010 – 9 A 5.08, BVerwGE 136, 291 = NuR 2010, 558, Rn. 38. Näher
   oben Rn. 14.
65 BVerwG, Urt. v. 14.04.2010 – 9 A 5.08, BVerwGE 136, 291 = NuR 2010, 558, Rn. 38. Näher
   oben Rn. 15 ff.

und daher auch mit seiner **Ultra-vires-Kontrolle.**[66] Dieses Prinzip ergänzt und verstärkt den Grundsatz der begrenzten Einzelermächtigung und hat daher Teil an der verfassungsfesten Begrenzung des **europäischen Integrationsprogramms**, die eine vorher nicht genau bestimmte neue Begründung, erweiternde Abrundung oder sachliche Ausdehnung von Zuständigkeiten der Union verhindern soll.[67]

53   Eine solche Abrundung bzw. Ausdehnung ist gegeben, wenn die Auswahl der Mitgliedstaaten im Nachhinein dadurch unterlaufen wird, dass die **Ausdehnung eines bestimmten Habitatschutzgebietes** festgestellt wird, obgleich nach Auffassung der Kommission das Melde- und Auswahlverfahren abgeschlossen ist. Würde dies der Gerichtshof der EU billigen, schränkte er den **nationalen Beurteilungsspielraum** entsprechend ein. Damit wäre eine Ausprägung des **Subsidiaritätsgrundsatzes** im Rahmen der FFH-RL zu Fall gebracht, die sich auch ganz konkret auf die **Kompetenzverteilung zwischen Union und Mitgliedstaaten** auswirken würde. Der Abschluss des Melde- und Auswahlverfahrens erfolgt nämlich auf der Basis der nationalen Vorschläge, die nach Art. 4 Abs. 2 FFH-RL im Einvernehmen mit den Mitgliedstaaten von der Kommission für einen Entwurf einer Liste der Gebiete von gemeinschaftlicher Bedeutung ausgewählt werden.

54   An diese Kompetenzverteilung muss sich nach dem **Mangold-Beschluss** des BVerfG vom 6.7.2010 auch der EuGH halten. Nach diesem Beschluss greift insoweit die **Ultra-vires-Kontrolle** bei offensichtlichen und die **vertikale Gewaltenteilung** erheblich berührenden **Kompetenzüberschreitungen**, die auch durch eine zu weit gehende **Interpretation des Unionsrechts** erfolgen können.[68] **Richterliche Rechtsfortbildung** darf nicht deutlich erkennbare, möglicherweise sogar ausdrücklich im Wortlaut dokumentierte Entscheidungen abändern oder ohne ausreichende Rückbindung an gesetzliche Aussagen neue Regelungen schaffen. „Das ist vor allem dort unzulässig, wo Rechtsprechung über den Einzelfall hinaus politische Grundentscheidungen trifft oder durch die Rechtsfortbildung strukturelle Verschiebungen im System konstitutioneller Macht- und Einflussverteilung stattfinden."[69] Genau dies ist der Fall, wenn der Beurteilungsspielraum der Mitgliedstaaten bei der Vorauswahl der FFH-Gebiete faktisch dadurch beschnitten wird, dass die Judikatur selbst bei insgesamt ausreichender Meldung und Akzeptanz der Kommission eigenständig FFH-Gebiete erweitern würde.

---

66 BVerfG, Urt. v. 30. 06. 2009 – 2 BvE 2.08 u.a., Rn. 240 – Lissabon: „… prüft das BVerfG, ob Rechtsakte der europäischen Organe und Einrichtungen sich unter Wahrung des gemeinschafts- und unionsrechtlichen Subsidiaritätsprinzips (Art. 5 Abs. 2 EGV; Art. 5 Abs. 1 Satz 2 und Abs. 3 EUV-Lissabon) in den Grenzen der ihnen im Wege der begrenzten Einzelermächtigung eingeräumten Hoheitsrechte halten".

67 BVerfG, Urt. v. 30. 06. 2009 – 2 BvE 2.08 u.a., Rn. 238 – Lissabon.

68 BVerfG, Beschl. v. 06. 07. 2010 – 2 BvR 2661/06, Rn. 61 – Mangold. Näher dazu *Frenz*, EWS 2010, 401 ff. Bestätigt durch BVerfG, Beschl. v. 14. 01. 2014 – 2 BvR 2728/13 u.a., Rn. 24 – OMT.

69 BVerfG, Beschl. v. 06. 07. 2010 – 2 BvR 2661/06, Rn. 64 – Mangold.

4. Vorlagepflicht nationaler Gerichte

Ist an diese Grenzen der Gerichtshof der EU gebunden, muss dies erst recht   55
für die mitgliedstaatlichen Gerichte gelten, die bei **Auslegungszweifeln** nach
Maßgabe von Art. 267 AEUV vorzulegen haben, sodass das **Auslegungsmo-
nopol des Gerichtshofs** gewahrt bleibt.[70] Die Pflicht zur vorrangigen Anru-
fung des Gerichtshofs betont auch der **Mangold-Beschluss**. Vorher darf
selbst das BVerfG für Deutschland keine Unanwendbarkeit des Unionsrechts
feststellen.[71] Damit muss hier insbesondere die **Bindungswirkung des Beschlusses der Kommission** zur Festlegung der FFH-Gebiete für das Netz
„Natura 2000" klar sein, bevor die Verwaltungsgerichtsbarkeit im Nachhinein die Gebietsabgrenzung ändert. Tut sie dies selbst, übergeht sie gegebenenfalls die Bindungswirkung dieses Beschlusses und lässt diesen insoweit
unangewendet.[72] Insoweit ist von einem verbindlichen Rechtsakt nach
Art. 288 Abs. 4 AEUV auszugehen.

Ohnehin nicht hinreichend geklärt ist die Frage, ob die Rechtsfigur der **po-**   56
tenziellen Habitatschutzgebiete auf Gebietserweiterungen bereits gelisteter
FFH-Gebiete übertragbar ist (siehe oben 39 ff.). Insoweit hat zwar das letzt-
instanzliche Hauptsachegericht einen nur auf Vertretbarkeit kontrollierbaren
Beurteilungsspielraum, ob es die Frage durch den Gerichtshof bereits erschöpfend bzw. in auf den Fall übertragbarer Weise beantwortet sieht. Indes
muss es mögliche Gegenauffassungen insbesondere dann einbeziehen, wenn
sie gegenüber der vom Gericht vertretenen Meinung eindeutig vorzuziehen
sind.[73] Nach den hier entwickelten Darlegungen lässt sich die Übertragung
eines vorwirkenden Schutzregimes auf Gebietserweiterungen für bereits gelistete FFH-Gebiete insbesondere nicht mit dem System der FFH-RL vereinbaren (siehe oben Rn. 39).

5. Mindere ökologische Qualität

a) Ansatz des BVerwG

Entsprechend dem vom BVerwG zu Grunde gelegten fachlichen Beurtei-   57
lungsspielraum der nationalen Stellen zur Auswahl und Abgrenzung der
FFH-Gebiete nach Art. 4 Abs. 1 i.V.m. den Kriterien nach Anhang III Phase 1
FFH-RL ist eine Gebietsmeldung nur zwingend, wenn und soweit die frag-
lichen Flächen die von der Habitatrichtlinie vorausgesetzte **ökologische
Qualität** zweifelsfrei aufweisen.[74] Während damit den Auswahlkriterien

---

70 Allgemein ausführlich *Frenz*, Europarecht 5, 2010, Rn. 3212 ff.

71 BVerfG, Beschl. v. 06.07.2010 – 2 BvR 2661/06, Rn. 60 – Mangold. Bereits BVerfG, Urt. v.
    30.06.2009 – 2 BvE 2/08 u.a., Rn. 240 – Lissabon. Ebenso BVerfG, Beschl. v. 14.01.2014 –
    2 BvR 2728/13 u.a., Rn. 27 – OMT.

72 Vorher muss ein nationales Gericht vorlegen, EuGH, Urt. v. 22.10.1987 – Rs. 314/85, Slg.
    1987, 4199, Rn. 13 ff. – Foto-Frost.

73 BVerfG, Beschl. v. 06.07.2010 – 2 BvR 2661/06, Rn. 90 – Mangold. Vgl. bereits BVerfG,
    Beschl. v. 31.05.1990 – 2 BvL 12, 13/88, 2 BvR 436/87, BVerfGE 82, 159 (194 ff.).

74 BVerwG, Urt. v. 06.11.2012 – 9 A 17.11, BVerwGE 145, 40, Rn. 22 – A 33 Halle/Westfalen;
    Urt. v. 14.04.2010 – 9 A 5.08, NuR 2010, 558, Rn. 38 unter Verweis auf BVerwG, Urt. v.
    31.01.2002 – 4 A 14.01, Buchholz 407.4 § 17 FStrG Nr. 168 S. 102 sowie Urt. v. 22.01.2004
    – 4 A 4.03, Buchholz 406.400 § 61 BNatSchG 2002 Nr. 4 S. 31.

zweifelsfrei entsprechende Gebietsteile nicht ausgespart werden dürfen, können solche mit zweifelhafter Qualität außen vor bleiben.

58 Ausgangspunkt für die Bestimmung der ökologischen Qualität sind die zu Grunde gelegten Erhaltungsziele. Bei der Ausweisung eines Gebietes durch **Landesverordnung** zählen die darin festgelegten[75], außer diese sind unrichtig.[76]

b) Bezogen auf Lebensraumtypen

59 Bei dem Ansatz des BVerwG ist als Ausgangspunkt problematisch, dass Waldgebiete mit zusammenhängenden Vorkommen eines Lebensraumtyps auch als solche vollständig gemeldet und nicht Teilbereiche des Lebensraumtyps mit schlechterem Erhaltungszustand ausgegrenzt werden sollten. Eine Aufteilung von geschlossenen Vorkommen eines Lebensraumtyps i.S.v. einer teilweisen Meldung im Regelfall nicht für naturschutzfachlich begründbar und im Sinne der FFH-Richtlinie nicht für korrekt zu halten, steht in Widerspruch zu dem Ansatz des BVerwG, nach dem nur ökologisch-qualitativ zweifelsfreie Gebiete einbezogen werden müssen, andere hingegen außen vor bleiben können.

60 Damit ist eine **qualitative Abstufung** relevant. Diese ergibt sich namentlich aus der überwiegenden Bedeckung einer fraglichen Fläche nur mit sekundären und überdies qualitativ schlechten Beständen. Ohnehin sollen sekundäre Ausprägungen lediglich ausgewählt werden, wenn sie den Anforderungen des Habitat Manual genügen und – soweit dies vom Habitat Manual nicht ausdrücklich für einen Lebensraumtyp ausgeschlossen ist – auch zum Lebensraumtyp zu rechnen sind bzw. gerechnet werden können. Eine klare Präferenz besteht für **primäre Habitate**. **Sekundäre Habitate** kommen nur in Betracht, wenn sonst die vollständige geografische Abdeckung des Lebensraumtyps nicht gewährleistet werden kann und/oder ein großer Anteil der möglichen Flächen/Gebiete dieses Lebensraumtyps **halbnatürlicher** (sekundärer) Natur sind und die notwendige Kohärenz des Netzwerkes „Natura 2000" nur durch primäre Ausprägungen nicht erreicht werden kann.[77] Das trifft insbesondere dann nicht zu, wenn der Auswahlprozess abgeschlossen ist und gleichwohl die geografische Abdeckung des Lebensraumtyps erreicht wurde. Dann ist hier auch irrelevant, wenn sekundäre Bestände einen Großteil des FFH-Gebietes ausmachen. Es geht nämlich um dessen Ergänzung. Dafür indes drängen sich sekundäre Bestände nicht auf.

61 Insgesamt muss der Wert eines Gebietes für die Erhaltung des betreffenden natürlichen Lebensraumtyps (Kriterium A.d Anhang III Phase 1 FFH-RL) als hoch einzustufen sein. Andernfalls handelt es sich um ein Gebiet mit **ökologisch zweifelhafter Qualität**, das nach der Rechtsprechung des BVerwG ausgespart werden durfte.

---

75 Siehe BVerwG, Urt. v. 14. 04. 2010 – 9 A 5.08, BVerwGE 136, 291 = NuR 2010, 558, Rn. 30.
76 Begründung zum Gesetzentwurf der Fraktionen der CDU/CSU und SPD v. 17. 03. 2009, BT-Drs. 16/12274, S. 65.
77 EU-Dokument DOC SWG 2002-02, S. 2 f.

Frenz

c) Bezogen auf Arten und deren Jagdgebiete

Ökologisch besonders wertvoll sind natürliche geeignete Quartiere. Aber   62
auch **Jagdreviere** zählen zu den relevanten wichtigen **Habitatelementen**,
und zwar „in einem Umfang, der die zur Wahrung oder Wiederherstellung
eines günstigen Erhaltungszustands der betreffenden Art im Gebiet notwendige **Nahrungsgrundlage** sicherstellt".[78] Art. 4 FFH-RL unterscheidet dabei
zwei Konstellationen: Nach Art. 4 Abs. 1 Satz 1 i.V.m. Anhang III Phase 1
lit. B.b FFH-RL sind alle für die zum Gegenstand von Erhaltungszielen gemachten Arten wichtigen Habitatelemente einzubeziehen. Gem. Art. 4
Abs. 1 Satz 2 FFH-RL genügt es demgegenüber, wenn die für ihr Leben und
ihre Fortpflanzung ausschlaggebenden physischen und biologischen Elemente unter Schutz gestellt werden.[79] Für das **Große Mausohr** lässt das
BVerwG die Einordnung offen und stellt wie auch für die **Bechsteinfleder-**
maus auf die Gebietsabgrenzung anhand des naturschutzfachlich abgesi-
cherten **(Laub-)Wald/Feld-Kriteriums** ab.[80] Es nennt aber keine Quelle für
einen solchen naturschutzfachlichen Ansatz. Das deutet darauf hin, dass das
BVerwG insoweit ohne nähere Prüfung das vom betroffenen Bundesland
sich selbst auferlegte und verwendete Kriterium „Meldung vollständiger
Wälder" übernommen hat. In der A33-Entscheidung begründet es dieses
Kriterium mit den Lebensverhältnissen der Bechsteinfledermaus, „die Wälder
bewohnt, alte Laubwaldbestände und vornehmlich dort auch ihre Nahrung
... findet."[81] Damit besteht ein faktischer fachlicher Bezug, der allerdings
nichts daran ändert, dass letztlich die für das Überleben der Art sehr bedeutsamen Gebiete zählen und nicht Nebenlagen bzw. weiter entfernte Jagdgebiete, selbst wenn sie in einem günstigen Erhaltungszustand, aber eben
nicht elementar sind: Das BVerwG bezieht dementsprechend nur die Kern-
jagdgebiete ein, nicht andere Wälder, in denen auch gejagt wird.[82]

Mithin tritt das (Laub-)Wald/Feld-Kriterium gegenüber der Herausarbeitung   63
der Lebenskernelemente in den Hintergrund. Existiert eine solche Vorgabe
nicht, wurde ohnehin der naturschutzfachliche Beurteilungsspielraum anders
ausgeübt. Dies ist vom Gericht hinzunehmen (siehe zur Absicherung des naturschutzfachlichen Beurteilungsspielraums oben Rn. 15 ff.). Es darf mithin
nicht darüber hinweggehen, indem es das fragliche Auswahlkriterium einfach übernimmt.

Das **(Laub-)Wald/Feld-Kriterium** ist auch europarechtlich insbesondere   64
durch Art. 4 Abs. 1 FFH-RL i.V.m. Anhang III Phase 1 nicht geboten und
steht im Widerspruch zu dem Grundansatz des BVerwG, dass nur die Gebiete mit zweifelsfreier ökologischer Qualität benannt werden müssen (siehe

---

78 BVerwG, Urt. v. 14.04.2010 – 9 A 5.08, BVerwGE 136, 291 = NuR 2010, 558, Rn. 42 a.E.
79 BVerwG, Urt. v. 14.04.2010 – 9 A 5.08, BVerwGE 136, 291 = NuR 2010, 558, Rn. 42.
80 BVerwG, Urt. v. 14.04.2010 – 9 A 5.08, BVerwGE 136, 291 = NuR 2010, 558, Rn. 43; auch
   Urt. v. 06.11.2012 – 9 A 17.11, BVerwGE 145, 40 = NuR 2014, 344, Rn. 25 – A33.
81 BVerwG, Urt. v. 06.11.2012 – 9 A 17.11, BVerwGE 145, 40 = NuR 2014, 344, Rn. 25 – A33.
82 So hier der Teutoburger Wald; BVerwG, Urt. v. 06.11.2012 – 9 A 17.11, BVerwGE 145, 40
   = NuR 2014, 344, Rn. 25 – A33.

vorstehend Rn. 57). Vielmehr stellt sich die Frage, ob dieser Ansatz auch dann Platz greifen kann, wenn ein Waldgebiet aus Bestandteilen sehr unterschiedlicher naturschutzfachlicher Qualität besteht. Dann ist es nicht sachgerecht, notwendigerweise ein **Waldgebiet** komplett einbeziehen zu müssen. Vielmehr kommt in einem solchen Fall aus naturschutzfachlicher Sicht auch eine lediglich partielle Erfassung für ein FFH-Gebiet in Betracht, solange nur die maßgeblichen **Habitatelemente** entsprechend Art. 4 Abs. 1 FFH-RL i.V.m. Anhang III Phase 1 einbezogen sind.

65   Unabhängig davon, ob man das **(Laub-)Wald/Feld-Kriterium** überhaupt übernimmt, ergaben sich in der fraglichen A 44-BVerwG-Entscheidung auch keine **qualitativen Abstufungen**, sodass eine dadurch begründete Abweichung von diesem Kriterium nicht anstand. Das ist anders, wenn es um ein **Jagdgebiet in der Peripherie** der Aktionsräume von Wochenstubenkolonien geht, mithin um eine Randlage. Oder aber eine Fläche weist geringere **Fangraten** auf. Diese können auch als Indizien dafür gewertet werden, dass die Flächen eine geringere Lebensraumqualität aufweisen als das benachbarte FFH-Gebiet. Dann kommt eine Ausklammerung wegen zweifelhafter ökologischer Qualität entsprechend dem Ansatz des BVerwG in seinem A 44-Urteil auch aus dieser Sicht in Betracht. Hängt jedenfalls nicht das Wohl und Wehe der betroffenen Art von der Einbeziehung der entsprechenden Fläche in das FFH-Gebiet ab, drängt sie sich nicht geradezu auf. Sie muss daher nicht nachgemeldet werden. Das Habitatschutzgebiet muss sich darauf nicht erstrecken. Einzelne Jagdgebiete können auch außerhalb des Habitatschutzgebietes liegen, zumal wenn eine Art wie die **Bechsteinfledermaus** in der Lage ist, ihren Aktionsraum den jeweiligen Gegebenheiten anzupassen und dieser keine fixe Größe bildet.[83] Entscheidend ist die Einbeziehung der Jagdschwerpunkte.[84]

d) Ausreichendes Entwicklungspotenzial?

66   Weiter stellt sich die Frage, ob ein **ausreichendes Entwicklungspotenzial** genügt, um eine zweifellose **ökologische Qualität** zu begründen, welche die Einbeziehung in das Meldegebiet erfordert. Die konkreten Kriterien für die Auswahl und auch für die Abgrenzung eines Gebietes folgen aus Anhang III Phase 1 A. und B. FFH-RL. Vor allem die **lebensraumbezogenen Kriterien** deuten auf die aktuellen Verhältnisse, so der **Repräsentativitätsgrad** des in diesem Gebiet vorkommenden Lebensraumtyps (A.a.), die davon „eingenommene" Fläche (A.b.), der **Erhaltungsgrad** (A.c.), mithin die vorhandene Ausbildung. Die **artbezogenen Kriterien** zielen auch in Verbindung mit Lebensraumelementen ebenfalls auf den gegenwärtigen und nicht auf einen künftigen Zustand. Maßgeblich sind der **Erhaltungsgrad** der für die betreffende Art wichtigen **Habitatelemente** und die **Wiederherstellungsmöglichkeit** (B.b.), die auch das Kriterium A.c. nennt. Damit muss ein bestimmter Zustand zumindest in der Vergangenheit vorhanden gewesen sein. Eine

83 BVerwG, Urt. v. 14. 04. 2010 – 9 A 5.08, BVerwGE 136, 291 = NuR 2010, 558, Rn. 45.
84 BVerwG, Urt. v. 06. 11. 2012 – 9 A 17.11, BVerwGE 145, 40 = NuR 2014, 344, Rn. 25 – A 33.

bloße künftige Ausbildungsfähigkeit reicht nicht. Ein bloßes Entwicklungspotenzial genügt also nicht, wie sich aus den Kriterien nach Anhang III Phase 1 FFH-RL ergibt.

6. Richtigkeitsvermutung der Gebietsabgrenzung

Ist die Phase 2 des Auswahlverfahrens abgeschlossen, ein FFH-Gebiet also   67
bereits von der Kommission in die Liste der Gebiete von gemeinschaftlicher
Bedeutung aufgenommen worden, so sind an die Darlegung einer fehlerhaften Gebietsabgrenzung und damit des Erfordernisses einer nachträglichen
Einbeziehung eines Gebietsteiles strenge Anforderungen zu stellen. Es besteht eine Vermutung, dass die Gebietsabgrenzung richtig war.[85] Schließlich
erfolgte der Auswahlprozess umfänglich nach den Vorgaben des Anhangs III
der FFH-RL sowie mehrstufig[86]; die einschlägigen Fachbehörden des Bundes
und des jeweiligen Landes sind beteiligt, ebenso anerkannte Naturschutzverbände auf der Basis von Landesverwaltungsvorschriften.[87]

Damit waren die fachkundigen Stellen einbezogen und haben ihren spezifi-   68
schen Sachverstand eingebracht; die Kommission prüfte den Vorschlag ausführlich. Jedenfalls hat die Kommission, auch wenn sie selbst die Abgrenzung
nicht noch einmal eigenständig überprüft hat, auf der Basis der eingereichten
mitgliedstaatlichen Unterlagen eigenständig sachlich entschieden, und zwar
unter Unterstützung des Habitatausschusses und des Büros ETC/NC (European Thematic Center of Nature Conservation) in Paris nach Art. 4 Abs. 2,
Art. 20 und 21 FFH-RL sowie Art. 17 Abs. 1 EUV.[88]

Es besteht also eine **ausführliche und objektive**, gleichsam optimale **Beur-**   69
teilung durch verschiedene **dafür prädestinierte Stellen**, so dass sich ein
weitgehend gerichtsfester fachlicher **Beurteilungsspielraum** aufdrängt. Jedenfalls werden sich die Betroffenen nach einem solch aufwendigen und
hochkarätigen Auswahlverfahren darauf eingestellt haben. Trotzdem bleiben
der rechtliche Kontext der Gebietsauswahl mit dem Netz „Natura 2000" sowie die nähere Ausgestaltung der Gebietsauswahl nach den Kriterien des
Anhangs III der FFH-RL. Damit besteht weiterhin eine rechtlich geprägte
Gebietsauswahl, wenn auch mit Einschätzungsspielraum, wie er für **komplexe Sachverhalte** anerkannt ist.

„Für eine gerichtliche Prüfung ist zwar weiterhin Raum[89], da sich trotz der   70
Fachkunde der mit dem Auswahlprozess betrauten Stellen Fehleinschätzungen nie völlig ausschließen lassen und die dynamische Entwicklung der Natur zu veränderten Verhältnissen führen kann. Mit Rücksicht auf die durch
den Auswahlprozess verbürgte hohe **Richtigkeitsgewähr der Gebietsab-**

---

85 BVerwG, Urt. v. 06. 11. 2012 – 9 A 17.11, BVerwGE 145, 40 = NuR 2014, 344, Rn. 22 – A 33.
86 Näher o. § 31 Rn. 20 ff.
87 BVerwG, Urt. v. 06. 11. 2012 – 9 A 17.11, BVerwGE 145, 40 = NuR 2014, 344, Rn. 22 – A 33.
88 BVerwG, Urt. v. 06. 11. 2012 – 9 A 17.11, BVerwGE 145, 40 = NuR 2014, 344, Rn. 23 – A 33.
89 Offengelassen vom BVerwG im Beschl. v. 13. 03. 2008 – 9 VR 9.07, Buchholz 451.91 Europ.
    UmweltR Nr. 33 Rn. 22.

grenzung bedürfen Einwände gegen die Sachgerechtigkeit der Abgrenzung aber einer besonderen Substantiierung."[90]

71 Grundlegend und damit gerichtlich überprüfbar ist die Einhaltung der Anforderungen nach Art. 4 Abs. 1 Satz 1 i.V.m. Anhang III FFH-RL. Nach Phase 1 lit. B.b muss das fragliche Gebiet die **Habitatelemente** einbeziehen, die für die zum Gegenstand von Erhaltungszielen gemachten Arten wichtig sind. Beanspruchen diese große Lebensräume, genügt nach Art. 4 Abs. 1 Satz 2 FFH-RL der Schutz der für das Leben und die Fortpflanzung der Art ausschlaggebenden physischen und biologischen Elemente; dazu gehören namentlich die Jagdgebiete.[91] Indes geht es nicht um durchgehende Vollständigkeit; bloße Wichtigkeit genügt nicht, sondern eine **entscheidende Bedeutung** ist erforderlich.[92] Schließlich ist der Lebensraum so groß, dass noch auf dieser Basis ein hinreichender Schutz gewährleistet ist.

72 Auch nach dem Maßstab notwendiger besonderer Substantiierung hielt das BVerwG eine Gebietsabgrenzung für korrekturbedürftig. Ansatzpunkt war, dass die fraglichen Flächen unter Zugrundelegung der Erhaltungsziele des Gebiets zweifelsfrei den maßgeblichen Auswahlkriterien entsprechen.[93] Weiter hob das BVerwG auf die besondere Bedeutung ab, die nach dem **Standard-Datenbogen** dem Erhalt der großen, zusammenhängenden **Laubwaldbestände** als Lebensraum für das **Große Mausohr** und die **Bechsteinfledermaus** bei der Gebietsauswahl beigemessen wurde. Daher war es in dem zu entscheidenden Fall „fachlich zwingend geboten, größere zusammenhängende Laubwaldbestände insgesamt unter Schutz zu stellen. Dem widersprach die Gebietsabgrenzung, die das Abgrenzungskriterium der **(Laub-) Wald-/Feldgrenze** nicht konsequent durchgehalten und Anteile am zusammenhängenden Laubwald in Gestalt der späteren Erweiterungsflächen ohne ersichtlichen Grund aus dem Gebiet ausgegrenzt hat."[94]

73 Das Abgrenzungskriterium **(Laub-)Wald-/Feldgrenze** ist aber nicht zweifelsfrei (siehe oben Rn. 62 ff.) und jedenfalls bei einem qualitativ unterschiedlichen Baumbestand disponibel. Allerdings kann eine hinreichende **Verbindung** erforderlich sein. Darauf stellte das BVerwG ab, indem es ein Verbindungsstück einbezog.[95] Es muss sich dann aber um „nach Lage und Funktion **integrale Bestandteile des FFH-Gebiets**" handeln, damit ein sich aufdrängender Korrekturbedarf besteht.[96]

74 Dementsprechend lehnte auch das BVerwG die Einbeziehung weiterer Flächen in das FFH-Gebiet ab, da sie sich nicht aufzudrängen brauchte. Die tat-

---

90 BVerwG, Urt. v. 14.04.2010 – 9 A 5.08, BVerwGE 136, 291 = NuR 2010, 448, Rn. 39 unter Verweis auf Beschl. v. 13.03.2008 – 9 VR 9.07, Buchholz 451.91 Europ. UmweltR Nr. 33 Rn. 22.
91 BVerwG, Urt. v. 06.11.2012 – 9 A 17.11, BVerwGE 145, 40 = NuR 2014, 344, Rn. 24 – A 33; bereits Urt. v. 14.04.2010 – 9 A 5.08, BVerwGE 136, 291 = NuR 2010, 448, Rn. 42.
92 Das BVerwG formuliert „demgegenüber".
93 BVerwG, Urt. v. 14.04.2010 – 9 A 5.08, BVerwGE 136, 291 = NuR 2010, 558, Rn. 40.
94 BVerwG, Urt. v. 14.04.2010 – 9 A 5.08, BVerwGE 136, 291 = NuR 2010, 558, Rn. 40.
95 BVerwG, Urt. v. 14.04.2010 – 9 A 5.08, BVerwGE 136, 291 = NuR 2010, 558, Rn. 40.
96 BVerwG, Urt. v. 14.04.2010 – 9 A 5.08, BVerwGE 136, 291 = NuR 2010, 558, Rn. 40.

sächliche Nutzung allein genügt dabei nicht, sondern die Abgrenzung muss naturschutzfachlich nicht vertretbar gewesen sein.[97] Im Besonderen zählt die Einbeziehung von Jagdhabitaten „in einem Umfang, der die zur Wahrung oder Wiederherstellung eines **günstigen Erhaltungszustands** der betreffenden Art im Gebiet notwendige **Nahrungsgrundlage** sicherstellt", sofern man die betroffene Art überhaupt unter Art. 4 Abs. 1 Satz 1 FFH-RL fasst.[98] Damit kommt es letztlich auf die Anforderungen nach Art. 4 Abs. 1 i.V.m. Anhang III FFH-RL an.

Wird die hohe Richtigkeitsgewähr der ursprünglichen Gebietsabgrenzung 75 nicht hinreichend erschüttert, greift infolge der Aufnahme eines Gebietes in die Liste der Gebiete von gemeinschaftlicher Bedeutung durch die Kommission weiterhin die Gewähr richtiger Gebietsabgrenzung, die eine nachträgliche Einbeziehung ausschließt. Das gilt zumal für eine nachträgliche Einbeziehung durch ein Gericht, da dadurch der naturschutzfachliche Beurteilungsspielraum der nationalen Behörden für die Vorauswahl im Rahmen von Art. 4 Abs. 1 FFH-RL, die dann durch die Kommission über ihre Listung akzeptiert wurde, unterlaufen und so die unionsrechtlich vorgegebene Kompetenzverteilung erheblich angetastet würde (dazu näher oben Rn. 49 ff., Rn. 53 f.).

7. Abgeschwächtes Schutzregime bei notwendiger Gebietserweiterung

a) Grenzen nach der EuGH-Rechtsprechung

Für Gebiete, die zwar von den Mitgliedstaaten gemeldet, aber noch nicht 76 gelistet sind, verlangt der EuGH nur „die geeigneten Schutzmaßnahmen, um die ökologischen Merkmale dieser Gebiete zu erhalten".[99] Daher sind Eingriffe ausgeschlossen, die diese ökologischen Merkmale ernsthaft beeinträchtigen könnten. Ein solcher Eingriff darf deshalb insbesondere nicht die Fläche des Gebiets wesentlich verringern oder zum Verschwinden von in dem Gebiet vorkommenden **prioritären Arten** führen oder aber die Zerstörung des Gebiets oder die Beseitigung seiner repräsentativen Merkmale zur Folge haben.[100] Das zeigt das mögliche verminderte Schutzregime im Verhältnis zu den Anforderungen nach Art. 6 Abs. 3 und 4 FFH-RL.[101] Letztlich richtet es sich aber nach innerstaatlichem Recht, das nur nicht ungünstiger als für gleichartige innerstaatliche Situationen sein darf.[102]

b) Handhabung für Gebietserweiterungen

Das BVerwG knüpft an diese Judikatur des EuGH trotz dogmatischer Beden- 77 ken auch für schon gelistete, aber nicht vollständig gemeldete Gebiete an und hebt auf die Möglichkeit einer **vorläufigen Unterschutzstellung** ab,

---

97 BVerwG, Urt. v. 14.04.2010 – 9 A 5.08, BVerwGE 136, 291 = NuR 2010, 558, Rn. 44.
98 BVerwG, Urt. v. 14.04.2010 – 9 A 5.08, BVerwGE 136, 291 = NuR 2010, 558, Rn. 42 mit Rn. 43.
99 EuGH, Urt. v. 14.09.2006 – Rs. C-244/05, NuR 2006, 763, Rn. 44.
100 EuGH, Urt. v. 14.09.2006 – Rs. C-244/05, NuR 2006, 763, Rn. 46.
101 BVerwG, Urt. v. 14.04.2010 – 9 A 5.08, BVerwGE 136, 291= NuR 2010, 558, Rn. 34 a.E.
102 EuGH, Urt. v. 14.09.2006 – Rs. C-244/05, NuR 2006, 763, Rn. 50.

wendet dann aber Landesrecht an, das in diesem Fall zu einem Habitat-
schutzregime ohne Abstriche führt (siehe oben Rn. 35 ff.). Demgegenüber
schließt die nunmehrige Vollregelung des § 33 Abs. 2 Satz 2 in Übereinstimmung mit Art. 5 Abs. 4 FFH-RL eine FFH-Verträglichkeitsprüfung während
der Konzertierungsphase nach Art. 5 FFH-RL für Gebiete mit prioritären Arten bzw. natürlichen Lebensraumtypen aus. Dann gilt das erst recht für Gebiete ohne solche Arten und Lebensraumtypen, für welche die FFH-RL
schon kein solches Konzertierungsverfahren vorsieht. § 34 knüpft wie Art. 4
Abs. 5, Art. 6 Abs. 1 FFH-RL an die Festlegung als „Natura 2000"-Gebiet an.
Auch § 32 Abs. 2 baut auf der Listung auf.

78   Das BVerwG betonte im Ergebnis in seiner früheren Judikatur ein schwäche-
res Schutzregime, worauf der VGH Mannheim zurückgreift. Auf der Grundlage dieser Judikatur überträgt er die Grenzen bei **potenziellen FFH-Gebieten** auf die Fälle, dass der **naturschutzfachliche Beurteilungsspielraum**
überschritten wurde und daher ein Gebietsteil nachträglich gemeldet werden muss. „Selbst wenn sich feststellen ließe, dass der naturschutzfachliche
Beurteilungsspielraum hier überschritten wäre und … – nachträglich – in die
Gebietskulisse hätte aufgenommen werden müssen, unterläge er keinem
vorwirkenden Gebietsschutz. Nach der Rechtsprechung des BVerwG, die
von der sich nur auf gemeldete Gebiete beziehenden jüngeren Rechtsprechung des EuGH unmittelbar nicht berührt wird und durch die der vorläufige Schutzstatus von potenziellen FFH-Gebieten eher abgeschwächt
wird[103], unterliegen potenzielle FFH-Gebiete, die – wie hier – nur über nicht
prioritäre Lebensraumtypen oder Arten verfügen, keiner Veränderungs-
sperre, die einer Vorwegnahme von Art. 6 Abs. 2 FFH-RL gleichkommt. Vielmehr gebietet das Gemeinschaftsrecht lediglich ein Schutzregime, durch das
verhindert wird, dass Gebiete, deren Schutzwürdigkeit nach der FFH-RL auf
der Hand liegt, zerstört oder anderweitig so nachhaltig beeinträchtigt werden, dass sie als Ganzes für eine Meldung nicht mehr in Betracht kommen;
das soll nur der Fall sein, wenn mit ihrer Einbeziehung ein FFH-Gebiet steht
oder fällt, wenn also sein Schutz als Ganzes ohne die streitige Teilfläche vereitelt würde."[104]

79   Insbesondere bei einer lediglich geringfügigen Betroffenheit des fraglichen
Schutzareals und damit auch der zu schützenden Art ist dies nicht der Fall.
Dann nämlich „kann keine Rede davon sein, dass die von den Klägern für
richtig gehaltene Meldung des Mühlbachs als FFH-Gebiet ohne die Einbeziehung der hier in Rede stehenden, von der Verlegung betroffenen Teil-
strecke vereitelt würde".[105] Werden die Schutzziele des betroffenen FFH-Gebietes durch eine fehlende Nachmeldung nicht beeinträchtigt, kommt das

---

103 EuGH, Urt. v. 13. 01. 2005 – Rs. C-117/03, NVwZ 2005, 311, und hierzu BVerwG, Beschl.
v. 07. 09. 2005 – 4 B 49.05, NVwZ 2006, 823.
104 BVerwG, Urt. v. 27. 10. 2000 – 4 A 18.99, NVwZ 2001, 67; BVerwG, Urt. v. 17. 05. 2002 –
4 A 28.01, NVwZ 2002, 1243; BVerwG, Urt. v. 15. 01. 2004 – 4 A 11.02, BVerwGE 120, 1;
Urt. v. 22. 01. 2004 – 4 A 32.02, BVerwGE 120, 87.
105 So im Fall des VGH Mannheim, Urt. v. 07. 08. 2009 – 5 S 2348/08, NuR 2010, 206 (214,
Rn. 108).

FFH-Regime also selbst dann nicht zur Anwendung, wenn man den natur-schutzfachlichen Beurteilungsspielraum der Behörde durch die Nichteinbe-ziehung einer Fläche überschritten sieht.

IV. Nationales Schutzregime

1. System für FFH-Gebiete

Bildet ein Gebiet nach den Maßstäben des europäischen Naturschutzrechts 80 ein Gebiet von gemeinschaftlicher Bedeutung und ist damit Bestandteil des „Natura 2000", besteht die Verpflichtung für ein **nationales Schutzregime**. Das ist letztlich die Konsequenz, dass die Richtlinienumsetzung den Mit-gliedstaaten obliegt. So vermögen erst die über die Habitatschutzrichtlinie verfolgten Ziele konkret vor Ort umgesetzt zu werden. Wird ein FFH-Gebiet in die Liste nach Art. 4 Abs. 2 UAbs. 3 FFH-RL aufgenommen und damit durch die Kommission formal und abschließend zum **Gebiet von gemein-schaftlicher Bedeutung** erklärt, verlangt Art. 4 Abs. 4 FFH-RL die **Auswei-sung zum besonderen Schutzgebiet** durch den betroffenen Mitgliedstaat. Wegen Zweifeln prüft die Kommission im Hinblick auf Deutschland.[106]

§ 32 Abs. 2 nimmt diese Verpflichtung auf und verlangt entsprechend den 81 nationalen Kategorien des BNatSchG die Erklärung zu **geschützten Teilen von Natur und Landschaft** i.S.v. § 20 Abs. 2. Damit gelten die daran ge-knüpften Rechtsfolgen. Grundlage sind die jeweiligen Erhaltungsziele, wel-che dann die Kommission auf der Grundlage der nationalen Meldung durch ihre Listung festgelegt hat. Diese entsprechen bei FFH-Gebieten regelmäßig den Erhaltungszielen, die in nationalen Verordnungen festgelegt sind. Ältere Verordnungen sind daran anzupassen.[107]

2. Vogelschutzgebiete

Gleichgestellt werden die Vogelschutzgebiete nach Art. 4 Abs. 1 und 2 der 82 VRL. Bei diesen entfällt das nationale Meldeverfahren. Die Vogelschutzge-biete bestimmen sich vielmehr nach den materiellen Kriterien von Art. 4 Abs. 1 und 2 VRL. Daher müssen sie auch nicht durch die Kommission ge-listet sein. Dementsprechend bilden sie nach Art. 7 FFH-RL unabhängig von einer solchen Listung Gebiete von gemeinschaftlicher Bedeutung, welche dem FFH-Schutzregime unterfallen (siehe oben Rn. 11 ff.). Deshalb sind auch sie als besondere Schutzgebiete durch die Mitgliedstaaten auszuweisen. Da-her müssen auch sie gem. § 32 Abs. 2 entsprechend ihren Erhaltungszielen zu geschützten Teilen von Natur und Landschaft i.S.v. § 20 Abs. 2 erklärt werden.

3. Weitere normative Rechtsfolgen

Zugleich legen §§ 33 ff. spezifische Rechtsfolgen fest. Das gilt insbesondere 83 bei Projekten, die gem. § 34 auf ihre Verträglichkeit mit den Erhaltungszie-

---

106 Siehe EU-Pilot 6117/14/ENVI sowie *Thum/Engelmann*, UPR 2015, 170 (172 f.).
107 Begründung zum Gesetzentwurf der Fraktionen der CDU/CSU und SPD v. 17.03.2009, BT-Drs. 16/12274, S. 65.

len von Gebieten des Netzes „Natura 2000" zu untersuchen sind. § 35 verlangt eine FFH-Verträglichkeitsprüfung bei der Freisetzung oder Nutzung von gentechnisch veränderten Organismen und damit verbundener Eignung zu erheblicher Beeinträchtigung von FFH- bzw. Vogelschutzgebieten.

4. Unionsrechtliche Prägung

84 Die **Schutzerklärung** nach § 32 Abs. 2 wird über § 32 Abs. 3 Satz 1 an den europarechtlich vorgegebenen Schutz des **Netzes „Natura 2000"** rückgebunden. Zwar bestimmt die Schutzerklärung den Schutzzweck des entsprechenden Gebietes als geschützten Teil von Natur und Landschaft i.S.d. § 20 Abs. 2. Indes ist dieser Schutzzweck auf die jeweiligen Erhaltungsziele und die erforderlichen Gebietsbegrenzungen nach den Maßstäben des europäischen Rechts auszurichten. Damit ist eine Übereinstimmung mit den Melde- und Ausweisungskriterien sicherzustellen, ebenso eine Konvergenz zu den Gründen, die zur Meldung des Gebietes und zu seiner späteren Auswahl durch die Kommission geführt haben.

85 Letztlich muss der durch die Schutzerklärung bestimmte Schutzzweck sichern, dass das betroffene Gebiet seine Funktion im Rahmen des europäischen Netzes „Natura 2000" erfüllen kann. Das gilt auch für die erforderlichen Gebietsabgrenzungen. Diese haben sich ebenfalls in diesem Rahmen nach den Kriterien des Anhangs III der FFH-RL zu halten, soweit es sich um Habitatschutzgebiete handelt. Grundlage sind die Kriterien, welche für die Meldung der Mitgliedstaaten ausschlaggebend waren (Phase 1). Hinzu kommen aber nunmehr die Kriterien nach Phase 2 des Anhangs III der FFH-RL, welche für die Auswahl der Kommission bestimmend waren, weil nur diese Gebiete in das Netz „Natura 2000" aufgenommen wurden. Bei Vogelschutzgebieten folgt die Gebietsbegrenzung aus den Merkmalen nach Art. 4 Abs. 1 und 2 der VRL, welche die Erhebung zum Vogelschutzgebiet prägt (siehe oben Rn. 7 ff.).

5. Nationale Unterschutzstellung

86 Wegen deren herausgehobener Bedeutung soll gem. § 32 Abs. 3 Satz 2 dargestellt werden, ob **prioritäre natürliche Lebensraumtypen** oder **prioritäre Arten** zu schützen sind. Insoweit besteht insbesondere bei der FFH-Verträglichkeitsprüfung nach § 34 ein stärkerer Schutz insofern, als dann nur besondere Gründe die Zulässigkeit eines Projektes mit negativer FFH-Verträglichkeitsprüfung ermöglichen, wirtschaftliche und soziale Gesichtspunkte insoweit ausgeschlossen sind und im Übrigen eine Meldung an die Kommission erfolgen muss (siehe unter § 34 Rn. 97 ff.). Von der Darstellung, ob prioritäre natürliche Lebensraumtypen oder prioritäre Arten zu schützen sind, kann nur in Ausnahmefällen abgesehen werden, so nach der Gesetzesbegründung, wenn **rechtswidrige Naturentnahmen** zu befürchten sind.[108]

---

108 Begründung zum Gesetzentwurf der Fraktionen der CDU/CSU und SPD v. 17.03.2009, BT-Drs. 16/12274, S. 64.

§ 32 Abs. 3 Satz 3 greift die Schutzvorschrift des Art. 6 FFH-RL auf und ver- **87** langt darauf bezogen geeignete Gebote und Verbote sowie **Pflege- und Entwicklungsmaßnahmen.** Damit wird nicht nur die FFH-Verträglichkeitsprüfung nach Art. 6 Abs. 3 und 4 FFH-RL aufgegriffen, welche in § 34 ihren Niederschlag gefunden hat, sondern auch die Pflege sowie die Entwicklung. Insoweit trifft namentlich § 33 eine Regelung. Weitergehende Schutzvorschriften bleiben nach § 32 Abs. 3 Satz 4 unberührt. Das entspricht letztlich dem Grundsatz, dass die Mitgliedstaaten im Umweltbereich stärkere Schutzmaßnahmen treffen dürfen, solange diese nicht ausgeschlossen sind (**Opting Out** nach Art. 193 AEUV).[109]

6. Gleichwertige Alternativen

a) Ansatz

Eine formale Unterschutzstellung nach § 32 Abs. 2 und 3 kann gem. § 32 **88** Abs. 4 unterbleiben, soweit anderweitig ein gleichwertiger Schutz gewährleistet ist. Dazu gehören als Vorschriften dieses Gesetzes bereits §§ 33–35 (siehe oben Rn. 83). Die **gebietsbezogenen Bestimmungen des Landesrechts** sind die in den Ländern erlassenen oder noch zu erlassenden Gesetze und Rechtsverordnungen, in denen die jeweiligen Erhaltungsziele und erforderlichen Gebietsbegrenzungen für die „Natura 2000"-Gebiete bestimmt werden[110], mithin die **Landesnaturschutzgesetze** sowie **Schutzgebietsverordnungen.** Es kommt also auf das Schutzergebnis an, nicht auf die erlassende Ebene sowie die einzelne Schutzmaßnahme. Eine solche ist auch in der FFH-RL bzw. in der VRL nicht vorgesehen. Das unabdingbare Rückgrat bilden ohnehin §§ 33 f. in Umsetzung von Art. 6 FFH-RL.

b) Gebietsbezogene Bestimmungen

Gebietsbezogene Bestimmungen sind als solche des Landesrechts benannt. **89** Dazu können **Verordnungen und Satzungen** gehören, so festgelegte **Wasserschutzgebiete.**[111] Es werden dementsprechend auch Landschaftspläne in der Bauleitplanung und raumplanerische Schutzinstrumente wie **Vorbehaltsgebiete** gem. § 8 Abs. 7 Nr. 2 ROG einbezogen, allerdings nur bei ausreichendem Schutz.[112] Vorbehaltsgebiete gehören zu den Grundsätzen der Raumordnung und können daher weggewogen werden, sind also ohne strikte Bindungswirkung.[113] **Vorranggebiete** nach § 8 Abs. 7 Nr. 1 ROG sind zwar strikt beachtliche Ziele, setzen sich aber bei raumbedeutsamen Vorhaben privater Träger nach § 4 Abs. 2 ROG und damit namentlich im Bergbau nicht voll durch: Sie sind nur nach Maßgabe des jeweiligen Fachrechts zu berücksichtigen. Damit besteht kein vergleichbarer Schutz wie bei einer (durchgreifenden) naturschutzrechtlichen Schutzanordnung.[114]

---

109 Dazu näher *Frenz*, Europarecht 6, 2011, Rn. 4572 ff.
110 Begründung zum Gesetzentwurf der Fraktionen der CDU/CSU und SPD v. 17. 03. 2009, BT-Drs. 16/12274, S. 64.
111 *Mühlbauer*, in: Lorz u.a., Naturschutzrecht, § 32 BNatSchG Rn. 13.
112 *Mühlbauer*, in: Lorz u.a., Naturschutzrecht, § 32 BNatSchG Rn. 13.
113 *Gellermann*, in: Landmann/Rohmer, § 32 BNatSchG Rn. 16.
114 *Gellermann*, in: Landmann/Rohmer, § 32 BNatSchG Rn. 16.

c) Verträge

90 Allerdings verlangt die **Richtlinienumsetzung** grundsätzlich Maßnahmen, welche die Einhaltung der Unionsziele unbedingt und sicher gewährleisten. Jedoch können insoweit auch **öffentlich-rechtliche Verträge** in Betracht kommen, sofern sie hinreichend durchsetzbar sind.[115] Dementsprechend bezieht § 32 Abs. 4 als gleichwertige Schutzmaßnahme nicht nur normative einschließlich gebietsbezogene Bestimmungen des Landesrechts ein, sondern auch vertragliche Vereinbarungen. Damit sind namentlich Naturschutzverträge erfasst.[116]

91 Vertragliche Vereinbarungen bieten aber nur dann einen gleichwertigen Schutz, wenn sie hinreichend konkret und erzwingbar sind. Insbesondere darf die FFH-Verträglichkeitsprüfung nicht dadurch umgangen werden, dass ein Projektträger einen größeren **Verhandlungsspielraum** beim Abschluss eines „Natura 2000"-Vertrages hat und diesen auch auszuspielen vermag. Vor allem dürfen Vorhaben nicht generell und automatisch durch einen Naturschutzvertrag von der Verträglichkeitsprüfung ausgenommen werden. Von diesen Maßgaben abweichende Bestimmungen im französischen Recht wurden für unvereinbar mit Art. 6 Abs. 3 FFH-RL angesehen.[117] Der EuGH hielt jedenfalls die grundsätzliche Befreiung der in den **„Natura 2000"-Verträgen** vorgesehenen Arbeiten, Gewerke oder Erschließungen von der Verträglichkeitsprüfung nicht mit Art. 6 Abs. 3 FFH-RL für vereinbar. Diese Prüfung bildet das unabdingbare Rückgrat. Das kann auch nicht dadurch gerechtfertigt werden, dass die Verträge auf die für das betroffene FFH-Gebiet festgelegten Erhaltungs- und Wiederherstellungsziele gerichtet sind. Eine Ausnahme besteht allenfalls dann, wenn sie unmittelbar mit der Verwaltung des Gebiets in Verbindung stehen oder hierfür notwendig sind.[118] Insoweit ist die Pflicht zur FFH-Verträglichkeitsprüfung ohnehin eingeschränkt.

d) Sonstige Maßnahmen

92 Weiter ermöglicht § 32 Abs. 4 einen gleichwertigen Schutz durch **Verwaltungsvorschriften** sowie durch die **Verfügungsbefugnis eines öffentlichen oder eines gemeinnützigen Trägers**. Verwaltungsvorschriften eignen sich zwar grundsätzlich nicht zur Richtlinienumsetzung.[119] Indes geht es hier lediglich um die Unterschutzstellung als solche, nicht konkret um deren Rechtsfolgen. § 34 und auch § 33, die spezifische Regelungen für Habitatschutzgebiete treffen, bleiben damit unberührt. Deshalb genügt es, wenn le-

---

115 Anders wegen regelmäßig fehlender Drittwirkung *Niederstadt,* NVwZ 2008, 126 (132); *Thum/Engelmann,* UPR 2015, 170 (171).

116 Zu diesen die Kommentierung in § 3.

117 *Gammenthaler,* EurUP 2010, 168 (173); *Backes,* EurUP 2005, 265 (268); *Makowiak,* Rapport national relatif à la transposition des disposition relatives au réseau Natura 2000 en droit français, 2003, S. 1 (14).

118 EuGH, Urt. v. 04.03.2010 – Rs. C-241/08, EurUP 2010, 191, Rn. 54, 56.

119 Siehe EuGH, Urt. v. 30.05.1991 – Rs. C-59/89, Slg. 1991, I-2607, Rn. 23 – Kommission/ Deutschland sowie *Frenz,* Europarecht 5, 2010, Rn. 929 f.

diglich verwaltungsintern die entsprechenden Gebiete als Schutzgebiete ausgewiesen sind.[120] Das gilt zumal dann, wenn ein **öffentlicher oder gemeinnütziger Träger** verfügungsbefugt sind.[121] Die öffentlichen Träger können nämlich dann diesen Schutz automatisch sicherstellen und sind ohnehin an die europarechtlichen Vorgaben gebunden.

V. Planung

Gem. § 32 Abs. 5 können im Hinblick auf Art. 6 Abs. 1 FFH-RL und in Anlehnung an landesrechtliche Vorschriften explizit[122] für „Natura 2000"-Gebieten Bewirtschaftungspläne selbstständig oder als Bestandteil anderer Pläne aufgestellt werden. Damit schlägt diese Vorschrift die Brücke zu anderen Plänen. So können für „Natura 2000"-Gebiete **Bewirtschaftungspläne** auch im Rahmen der **Raumplanung** festgelegt werden. Allerdings müssen diese Pläne geeignet sein, auch **Bewirtschaftungsmaßnahmen** bzw. die Grundlage dafür vorzusehen. Sie müssen also hinreichend konkrete Bestandteile aufnehmen können. Im Übrigen aber unterliegen sie mitgliedstaatlicher Ausgestaltung[123]; selbst ihre Aufstellung ist unionsrechtlich nicht vorgegeben, nach Art. 6 FFH-RL sind nur die notwendigen Erhaltungsmaßnahmen zu treffen.[124] **93**

Unabhängig davon, ob isoliert oder integriert in andere Pläne, müssen für „Natura 2000"-Gebiete **Entwicklungsmaßnahmen** vorgesehen werden. § 32 Abs. 5 eröffnet den Rahmen, indem er Bewirtschaftungspläne vorsieht, sei es selbstständig, sei es als Bestandteil anderer Pläne. Diese müssen nicht ergriffen werden. Sie können sich aber insbesondere dort als sinnvoll erweisen, wo sie die Rahmenbedingungen der künftigen Bewirtschaftung als Grundlage für eine Vielzahl von **vertraglichen Vereinbarungen** mit den betreffenden Landnutzern festlegen.[125] Dann geben sie eine Richtung vor und setzen einen durch Einzelmaßnahmen näher auszufüllenden Rahmen, wie es dem Wesen der Planung entspricht. Vor allem im Bereich land- und forstwirtschaftlicher Nutzung liegen sie daher nahe.[126] **94**

---

120 A.A. *Gellermann*, in: Landmann/Rohmer, § 32 BNatSchG Rn. 17; *Thum/Engelmann*, UPR 2015, 170 (171) trotz Art. 1 lit. 19) FFH-RL unter Verweis auf EuGH, Urt. v. 13. 02. 2003 – Rs C-71/01, Rn. 28.

121 Darauf bezogen *Mühlbauer*, in: Lorz u.a., Naturschutzrecht, 3. Aufl. 2013, § 32 BNatSchG Rn. 14.

122 Begründung zum Gesetzentwurf der Fraktionen der CDU/CSU und SPD v. 17. 03. 2009, BT-Drs. 16/12274, S. 64.

123 *Gellermann*, in: Landmann/Rohmer, § 32 BNatSchG Rn. 19.

124 EuGH, Urt. v. 10. 05. 2007 – Rs. C-508/04, Slg. 2007, I-3787, Rn. 75 f. – Kommission/Österreich.

125 Begründung zum Gesetzentwurf der Fraktionen der CDU/CSU und SPD v. 17. 03. 2009, BT-Drs. 16/12274, S. 64.

126 *Gellermann*, in: Landmann/Rohmer, § 32 BNatSchG Rn. 19.

VI. Ausschließliche Wirtschaftszone und Festlandsockel

95 § 32 Abs. 6 weist auf die Sondervorschrift für die Auswahl und die Erklärung von Gebieten nach § 32 Abs. 1 Satz 1 und Abs. 2 im Bereich der deutschen ausschließlichen Wirtschaftszone des Festlandsockels.[127] Inwieweit dort Habitatschutz- bzw. Vogelschutzgebiete ausgewählt und benannt werden und schließlich zu geschützten Teilen von Natur und Landschaft i.S.v. § 20 Abs. 2 erklärt werden, bestimmt sich nach § 57. Diese Vorschrift ist also maßgeblich.[128]

§ 33
Allgemeine Schutzvorschriften*)

(1) Alle Veränderungen und Störungen, die zu einer erheblichen Beeinträchtigung eines Natura-2000-Gebiets in seinen für die Erhaltungsziele oder den Schutzzweck maßgeblichen Bestandteilen führen können, sind unzulässig. Die für Naturschutz und Landschaftspflege zuständige Behörde kann unter den Voraussetzungen des § 34 Absatz 3 bis 5 Ausnahmen von dem Verbot des Satzes 1 sowie von Verboten im Sinne des § 32 Absatz 3 zulassen.

(2) Bei einem Gebiet im Sinne des Artikels 5 Absatz 1 der Richtlinie 92/43/EWG gilt während der Konzertierungsphase bis zur Beschlussfassung des Rates Absatz 1 Satz 1 im Hinblick auf die in ihm vorkommenden prioritären natürlichen Lebensraumtypen und prioritären Arten entsprechend. Die §§ 34 und 36 finden keine Anwendung.

Inhaltsübersicht

---

127 Siehe Begründung zum Gesetzentwurf der Fraktionen der CDU/CSU und SPD v. 17.03. 2009, BT-Drs. 16/12274, S. 64.

128 Siehe daher die Kommentierung dazu.

*) Beachte bei:
§ 33 Abs. 1: **Schleswig-Holstein** – Abweichung durch § 24 Abs. 1 LNatSchG SH v. 24.02. 2010 (GVOBl. Schl.-H., S. 301) m.W.v. 01.03.2010 (vgl. BGBl. I 2010, S. 450).
§ 33 Abs. 1: **Berlin** – Abweichung durch § 34 NatSchG Bln v. 29.05.2013 (GVBl. Berlin, S. 140) m.W.v. 09.06.2013 (vgl. BGBl. 2013, S. 2829).

I. Überblick

In § 33 wurde die bisherige Regelung des § 33 Abs. 5 BNatSchG a.F. über- **1**
nommen und teilweise neu gefasst.

Abs. 1 Satz 1 enthält ein allgemeines Verschlechterungs- und Störungsverbot **2**
und untersagt sämtliche Veränderungen und Störungen, die zu einer erheblichen Beeinträchtigung eines Natura 2000-Gebiets in seinen für die Erhaltungsziele oder den Schutzzweck maßgeblichen Bestandteilen führen können. In Abweichung zu § 33 Abs. 5 BNatSchG a.F. wird der für Naturschutz
und Landschaftspflege zuständigen Behörde gemäß Abs. 1 Satz 2 erlaubt,
unter den Voraussetzungen des § 34 Abs. 3–5 Ausnahmen vom Verbot des
Abs. 1 Satz 1 sowie von in Schutzgebietserklärungen geregelten Verboten
i.S.d. § 32 Abs. 3 zuzulassen.

Abs. 2 regelt das Schutzregime für sog. Konzertierungsgebiete. Hierzu über- **3**
trägt Abs. 2 Satz 1 das allgemeine Verschlechterungs- und Störungsverbot
des Abs. 1 Satz 1 auf die in einem solchen Gebiet vorkommenden prioritären
Lebensraumtypen und Arten. Nach Abs. 2 Satz 2 finden bei Konzertierungsgebieten die Ausnahmemöglichkeiten der §§ 34–36 keine Anwendung.

II. Verschlechterungs- und Störungsverbot
für Natura 2000-Gebiete (Abs. 1)

1. Sinn und Zweck der Regelung

Abs. 1 Satz 1 lehnt sich an entsprechende Regelungen des Landesrechts an[1] **4**
und dient der Umsetzung von Art. 6 Abs. 2 (i.V.m. Art. 7) FFH-Richtlinie, wonach für sämtliche **Natura 2000-Gebiete** ein allgemeines Verschlechterungs-
und Störungsverbot gilt. Hintergrund dieser Schutzbestimmungen und ihrer
bisherigen Umsetzung in § 33 Abs. 5 BNatSchG a.F. war vor allem, einen
vorläufigen gesetzlichen Mindestschutz zu gewährleisten, da die Meldung
und ordnungsgemäße Unterschutzstellung von FFH- und Vogelschutzgebieten geraume Zeit dauerte und die Gebiete im Übergangsstadium nicht
schutzlos sein sollten.[2] Seitdem die Meldungen und Unterschutzstellungen
der Natura 2000-Gebiete inzwischen jedoch weitgehend abgeschlossen sind,
wurde der Anwendungsbereich und die praktische Bedeutung von Art. 6
Abs. 2 FFH-RL/§ 33 bislang als eher gering angesehen. Die meisten Beeinträchtigungen von Natura 2000-Gebieten stehen in Zusammenhang mit
Projekten und Plänen[3] sowie der Freisetzung von gentechnisch veränderten
Organismen und werden dann von den Spezialregelungen der §§ 34–36 er-

---

1 BT-Drs. 16/12274, S. 64; siehe auch die Nachw. bei *Gassner/Heugel*, Das neue Naturschutzrecht, Rn. 477; *Wolf/Möckel*, in: Schlacke (Hrsg.), GK-BNatSchG, § 33 Rn. 2.
2 *Kolodziejcok/Endres/Krohn/Markus*, Naturschutz, Landschaftspflege, Ziff. 1201, § 33
   BNatSchG Rn. 18; *Gellermann*, in: Landmann/Rohmer, Umweltrecht, § 33 BNatSchG
   Rn. 1
3 Siehe zum Projekt- und Planbegriff nach der UVP-RL, SUP-RL und deren Übertragbarkeit
   auf die FFH- und VS-RL: EuGH, Urt. v. 14.01.2010 – Rs. C-226/08, ZUR 2010, 137 (138);
   Frenz, Harmonisierung der Natura-2000-Richtlinien, S. 32 ff.; *ders.*, UPR 2009, 5 (5 ff.).

fasst.[4] Dies gilt umso mehr, als nach dem EuGH der Projektbegriff und damit der Anwendungsbereich des § 34 sehr weit reicht.[5] § 33 wird daher vor allem als ein allgemeiner Auffangtatbestand für solche Beeinträchtigungen eingestuft, die nicht unter die von §§ 34–36 erfassten Beeinträchtigungen von Natura 2000-Gebieten fallen, d.h. insbesondere nicht genehmigungs- und anzeigepflichtige Maßnahmen wie z.B. Freizeitaktivitäten.[6] Bei derartigen Maßnahmen ist davon auszugehen, dass sie vor ihrer Durchführung nicht zwingend zur Kenntnis der Behörden gelangen, sodass für den Fall möglicher erheblicher beeinträchtigender Auswirkungen ein abstrakt-generelles Verbot gerechtfertigt erscheint.[7]

Das genaue Verhältnis des Verschlechterungs- und Störungsverbots gemäß Art. 6 Abs. 2 FFH-Richtlinie zu den Vorschriften für die Zulassung von Plänen und Projekten gemäß Art. 6 Abs. 3 und 4 FFH-Richtlinie ist indes noch nicht abschließend geklärt.[8] 2010 hat der EuGH in seiner **Entscheidung zur Emsvertiefung** angemerkt, dass Pläne und Projekte, die vor Ablauf der Umsetzungsfrist der FFH-Richtlinie genehmigt wurden, zwar nicht der Verträglichkeitsprüfung gemäß Art. 6 Abs. 3 FFH-Richtlinie unterlägen, jedoch in den Anwendungsbereich des Verschlechterungs- und Störungsverbot nach Art. 6 Abs. 2 FFH-Richtlinie fallen.[9] Dies hat der EuGH in der Alto-Sil-Entscheidung bestätigt, allerdings ergänzt um die Aussage, dass auf gemäß dem Verfahren nach Art. 6 Abs. 3 FFH-Richtlinie genehmigte Pläne oder Projekte das Verschlechterungs- und Störungsverbot keine Anwendung findet.[10] Gleichzeitig hat der EuGH aber auch angedeutet, dass eine nachträgliche Prüfung von bereits zugelassenen Plänen und Projekten, die sich als geeignet erweisen, Verschlechterungen oder Störungen hervorzurufen, möglicherweise auf Art. 6 Abs. 2 FFH-Richtlinie gestützt werden könnte.[11] Welche Auswirkungen eine solche **„nachträgliche Prüfung"** auf den bei genehmigten Projekten und Plänen bestehenden Bestands- und Vertrauensschutz des Vorhabenträgers hat, ist umstritten. Während Teile des Schrifttums eine

---

4 Vgl. BT-Drs. 16/12274, S. 64; *Egner*, in: Egner/Fuchs, Naturschutz- und Wasserrecht 2009, § 33 Rn. 3; *Gassner*, in: Gassner/Bendomir-Kahlo/Schmidt-Räntsch, BNatSchG, § 33 Rn. 23; *Louis/Engelke*, BNatSchG, § 19b Rn. 32; *Iven*, NuR 1996, 373 (377); *Wirths*, ZUR 2000, 190 (191); *Dreier*, in: Hoppenberg/de Witt, Baurecht, Ziff. E Rn. 450; zweifelnd *Gassner/Heugel*, Das neue Naturschutzrecht, Rn. 482.

5 Vgl. EuGH, Urt. v. 10.01.2006 – Rs. C-98/03, ZUR 2006, 134 (134 f.); EuGH, Urt. v. 14.01.2010 – Rs. C-226/08, ZUR 2010, 137 (138 f.) – Stadt Pappenburg.

6 *Louis/Engelke*, BNatSchG, § 19b Rn. 32; *Egner*, in: Egner/Fuchs, Naturschutz- und Wasserrecht 2009, § 33 Rn. 3; *Wolf/Möckel*, in: Schlacke (Hrsg.), GK-BNatSchG, § 33 Rn. 6; *Lorz/Konrad/Mühlbauer/Müller-Walter/Stöckel*, Naturschutzrecht, § 33 BNatSchG Rn. 1.

7 BT-Drs. 16/12274, S. 64.

8 So auch *Heugel*, in: Lütkes/Ewer, BNatSchG, § 33 Rn. 4.

9 EuGH, Urt. v. 14.01.2010 – Rs. C-226/08, ZUR 2010, 136 (139) – Stadt Pappenburg; eine entsprechende Andeutung findet sich auch bereits in EuGH, Urt. v. 07.09.2004 – C-127/02, EuZW 2004, 730 (732) – Herzmuschelfischerei.

10 EuGH, Urt. v. 24.11.2011 – Rs. C-404/09, ZUR 2012, 163 (167) – Alto Sil; so auch bereits EuGH, Urt. v. 07.09.2004 – C-127/02, EuZW 2004, 730 (732) – Herzmuschelfischerei.

11 EuGH, Urt. v. 07.09.2004 – C-127/02, EuZW 2004, 730 (732) – Herzmuschelfischerei; siehe auch EuGH, Urt. v. 20.10.2005 – C-6/04, NuR 2006, 494 (496).

Durchbrechung der Bestandskraft von Zulassungsentscheidungen durch den Gebietsschutz annehmen,[12] dürfte zumindest für solche Konstellationen, in denen einer bestehenden Genehmigung eine FFH-Verträglichkeitsprüfung vorausgegangen ist, von einem Überwiegen des Vertrauensschutzes auszugehen sein.[13] Mit Spannung wird daher die Entscheidung des EuGH im Verfahren zur Vorlage des BVerwG in Sachen **Waldschlößchenbrücke** (Rs. C-399/14) erwartet, die vor allem die Auslegung des Art. 6 Abs. 2 FFH-Richtlinie betrifft. Die Vorlagefragen beziehen sich, neben der Frage der Ableitung einer Pflicht zur Nachprüfung der FFH-Verträglichkeit im Fall der Listung eines Gebiets nach Erteilung der Genehmigung, aber vor Beginn der Bauausführung, insbesondere auf die inhaltlichen Anforderungen, die an diese Nachprüfung zu stellen sind sowie die Bedeutung des Vorliegens eines bestandskräftigen Planfeststellungsbeschlusses. Generalanwältin Sharpston befürwortet in ihren Schlussanträgen vom 24.09.2015 eine auf Art. 6 Abs. 2 der FFH-Richtlinie beruhende Pflicht, im Einzelfall vor Realisierung eines genehmigten Vorhabens eine Nachprüfung im Hinblick auf dessen Verträglichkeit mit Natura-2000-Gebieten vorzunehmen.[14] Zudem lehnt sie eine Einschränkung aufgrund des Bestandsschutzes im Hinblick auf eine bestehende Genehmigung bzw. bereits erfolgte Realisierungsmaßnahmen ab und führt vielmehr an, dass im Worst-Case ggf. auch ein Widerruf der Genehmigung sowie ein Rückbau in Frage kommen könne.[15] Es bleibt abzuwarten, ob der EuGH dieser sehr weitgehenden Auslegung folgen oder ihr Einhalt gebieten wird. Für Letzteres spricht vor allem, dass auch auf europäischer Ebene der Vertrauens- und Bestandsschutz als tragender Unionsrechtsgrundsatz anerkannt ist.[16] Würde man diesen so weitgehend wie in den Schlussanträgen von Generalanwältin Sharpston relativieren, stellt sich die Frage, ob Investoren noch bereit wären, die immensen Investitionen, die etwa in Deutschland für die zahlreichen Großprojekte zur Umsetzung der Energiewende (und damit auch für den Klima- und Umweltschutz) notwendig sind, aufzubringen. Ein solches Ergebnis kann nicht im Sinne der unionsrechtlichen Umwelt- und Naturschutzvorgaben sein.

---

12 *Würtenberger*, NuR 2010, 316 (319 f.); *Gärditz*, DVBl. 2010, 247 (249 f.); siehe auch *Stüer*, DVBl. 2010, 245 (246), der betont, dass die Bestandskraft von Planungs- und Zulassungsentscheidungen vor dem EuGH nicht mehr sicher sei. *Lieber*, NuR 2012, 665 (668) leitet zudem aus der Ems-Entscheidung ab, dass auch hinsichtlich des Artenschutzes eine Durchbrechung von bestandskräftigen Planfeststellungen in Frage komme und daher eine entsprechende Nachprüfung sowie ggf. die Erteilung einer Ausnahmegenehmigung erforderlich werden könne. Die Auffassung erscheint aber zu weitgehend.

13 Ebenso *Frenz*, UPR 2014, 88 (94 ff.); v. *Bogdandy/Schill*, in: Grabitz/Hilf/Nettesheim, Das Recht der Europäischen Union, Art. 4 EUV Rn. 89 (51. EL 2013).

14 Schlussanträge der Generalanwältin Sharpston v. 24.09.2015 zu Rs. C-399/14, Celex-Nr. 62014CC0399, Rn. 40 ff.

15 Schlussanträge der Generalanwältin Sharpston v. 24.09.2015 zu Rs. C-399/14, Celex-Nr. 62014CC0399, Rn. 49, 63 ff.

16 EuGH, Urt. v. 04.07.1973 – Rs. 1/73, BeckEuRS 1973, 33722, Rn. 6 ff. – Westzucker; EuGH, Urt. v. 07.05.1992 – C 258/90, C 259/90, Slg 1992, I-2901-2946, Juris-Rn. 34; EuGH, Urt. v. 15.04.1997 – Rs. C-22/94, HFR 1997, 524 (525); *Frenz*, UPR 2014, 88 (94 ff.) m.w.N. in Fn. 65.

2. Geltungszeitraum des Verschlechterungs- und Störungsverbots

5 Anders als noch nach § 33 Abs. 5 Satz 1 BNatSchG a.F. wird die Geltung des **Verschlechterungs- und Störungsverbots** nicht mehr an eine Bekanntgabe der Gebiete im Bundesanzeiger geknüpft. Damit hat der Gesetzgeber der an § 33 Abs. 5 Satz 1 BNatSchG a.F. geäußerten Kritik Rechnung getragen, wonach Art. 4 Abs. 5 FFH-RL das Schutzregime des Art. 6 Abs. 2 FFH-RL bereits ab Aufnahme eines Gebiets in die Gemeinschaftsliste für anwendbar erklärt, sodass es nicht auf die Bekanntgabe im Bundesanzeiger ankommen könne.[17] Nach § 33 Abs. 1 Satz 1 sind für die Geltung des Verschlechterungs- und Störungsverbots nunmehr die durch die Begriffsbestimmungen des § 7 Abs. 1 Nr. 6–8 vermittelten Zeitpunkte entscheidend. Bei **FFH-Gebieten** gilt das Verschlechterungs- und Störungsverbot nach Aufnahme des Gebiets in die Gemeinschaftsliste i.S.d. Art. 4 Abs. 2 UAbs. 3 FFH-RL. Für **Vogelschutzgebiete** erlangt Abs. 1 Satz 1 erst Geltung, sobald ausreichender Schutz i.S.d. § 32 Abs. 2–4 gewährleistet ist.[18]

6 Nicht näher geregelt ist, welches Schutzregime für FFH-Gebiete im Zeitraum zwischen Übersendung der nationalen Vorschlagsliste und Aufnahme eines Gebiets in die Gemeinschaftsliste besteht. Der EuGH lehnt einen Schutz i.S.d. Art. 6 Abs. 2 FFH-RL vor Aufnahme eines Gebiets in die Gemeinschaftsliste ab.[19] Daher können für solche Gebiete allenfalls die Schutzwirkungen gelten, wie sie für die sog. **potenziellen FFH-Gebiete** entwickelt wurden.[20] Bei Vogelschutzgebieten gelten bis zur Gewährleistung ausreichenden Schutzes i.S.d. § 32 Abs. 2–4 und den dadurch zugleich ausgelösten Wirkungen des § 33 Abs. 1 Satz 1 die von der Rechtsprechung entwickelten Grundsätze zu sog. **faktischen Vogelschutzgebieten**.[21]

7 Nach § 33 Abs. 5 Satz 1 Nr. 1 BNatSchG a.F. entfiel die Geltung des Verschlechterungs- und Störungsverbots bei FFH-Gebieten mit der Unterschutzstellung.[22] Auch hiervon hat man bei der Neuregelung abgesehen, sodass

---

17 Siehe zum Streitstand *Meßerschmidt*, Bundesnaturschutzrecht, § 33 BNatSchG Rn. 61 m.w.N.; *Heugel*, in: Lütkes/Ewer, BNatSchG, § 33 Rn. 2 f.

18 BT-Drs. 16/12274, S. 64; *Gassner/Heugel*, Das neue Naturschutzrecht, Rn. 477.

19 EuGH, Urt. v. 13. 01. 2005 – Rs. C-117/03, NVwZ 311 (312); EuGH, Urt. v. 14. 09. 2009 – Rs. C-244/05, NVwZ 2007, 61 (63); *Kautz*, NVwZ 2007, 666 (667); *Wolf/Möckel*, in: Schlacke (Hrsg.), GK-BNatSchG, § 33 Rn. 4.

20 *Meßerschmidt*, Bundesnaturschutzrecht, § 33 BNatSchG Rn. 49; *Fischer-Hüftle*, ZUR 1999, 66 (71 f.); siehe zur Frage der Existenz und zum Schutzniveau potenzieller FFH-Gebiete EuGH, Urt. v. 13. 01. 2005 – Rs. C-117/03, NVwZ 2005, 311 (312); EuGH, Urt. v. 14. 09. 2006 – Rs. C-244/05, NVwZ 2007, 61 (63); *Kerkmann*, in: Kerkmann (Hrsg.), Naturschutzrecht in der Praxis, § 8 Rn. 118 ff.; *Schumacher/Palme*, EurUP 2005, 175 (175 ff.); für die Geltung des Schutzes des § 33 Abs. 1 BNatSchG auch vor förmlicher Unterschutzstellung nach nationalem Recht: *Wolf/Möckel*, in: Schlacke (Hrsg.), GK-BNatSchG, § 33 Rn. 4; ausführlich auch: *Heugel*, in: Lütkes/Ewer, BNatSchG, § 33 Rn. 9 ff.

21 *Meßerschmidt*, Bundesnaturschutzrecht, § 33 BNatSchG Rn. 48; *Fischer-Hüftle*, ZUR 1999, 66 (71); siehe zu faktischen Vogelschutzgebieten auch *von Daniels/Appel*, NuR 2008, 685 (685).

22 Im Rahmen des § 33 Abs. 5 Satz 1 Nr. 2 BNatSchG a.F. waren die Rechtsfolgen unklar, siehe hierzu *Louis/Engelke*, BNatSchG, § 19b Rn. 34.

das Verbot nunmehr generell auch nach Unterschutzstellung eines Natura 2000-Gebiets fortgilt und einen **dauerhaften rechtlichen Mindestschutz** sicherstellt.[23] Allerdings gehen die sich aus §§ 34–36 ergebenden Verbote sowie die in Schutzgebietserklärungen aufgenommenen Verbote (§ 32 Abs. 3 Satz 2), soweit sie den Anforderungen von Art. 6 Abs. 2 FFH-RL entsprechen, dem allgemeinen Verschlechterungs- und Störungsverbot als Spezialregelungen vor[24] (vgl. auch oben Rn. 4).

3. Inhalt des Verschlechterungsverbots

Gemäß Abs. 1 Satz 1 sind (wie nach § 33 Abs. 5 Satz 1 BNatSchG a.F.) alle   **8** Veränderungen und Störungen untersagt, die zu einer erheblichen Beeinträchtigung eines Natura 2000-Gebiets in seinen für die Erhaltungsziele oder den Schutzzweck maßgeblichen Bestandteilen führen können. Während der Begriff der **Veränderung** auf die physische Substanz der maßgeblichen Gebietsbestandteile abstellt, erfasst der Begriff der **Störung** sonstige Beeinträchtigungen geschützter Arten, etwa durch Immissionen.[25] Das in Rede stehende Schutzgebiet wird nicht in seiner Gesamtheit geschützt, sondern ausschließlich diejenigen Bestandteile bzw. Arten, derentwegen das Gebiet unter Schutz gestellt wurde.[26]

Abs. 1 Satz 1 weicht in gewissem Umfang vom Wortlaut der unionsrechtlichen Vorgaben ab. Nach Art. 6 Abs. 2 FFH-RL müssen die Mitgliedsstaaten geeignete Maßnahmen treffen, um in den besonderen Schutzgebieten die Verschlechterung der natürlichen Lebensräume und der Habitate der Arten sowie Störungen von Arten, für die die Gebiete ausgewiesen worden sind, zu vermeiden, sofern solche Störungen sich im Hinblick auf die Ziele der Richtlinie erheblich auswirken könnten. In der Sache ergibt sich jedoch kein maßgeblicher Unterschied und ist von einer richtlinienkonformen Umsetzung auszugehen.[27] Insbesondere überschreitet die in Abs. 1 Satz 1 aufgenommene Beschränkung des Verschlechterungs- und Störungsverbots auf „erhebliche" Beeinträchtigungen nicht den Rahmen richtlinienkonformer Umsetzung. Das Erheblichkeitskriterium ist in Art. 6 Abs. 2 FFH-RL selbst erwähnt und entspricht im Übrigen sowohl dem Sinn und Zweck der FFH-RL als auch dem unionsrechtlich anerkannten Verhältnismäßigkeitsgrundsatz.[28]

---

23 BT-Drs. 16/12274, S. 64; *Gassner/Heugel*, Das neue Naturschutzrecht, Rn. 478.

24 BT-Drs. 16/12274, S. 64.

25 *Gassner/Heugel*, Das neue Naturschutzrecht, Rn. 479; *Dreier*, in: Hoppenberg/de Witt, Baurecht, Ziff. E Rn. 451; *Wolf/Möckel*, in: Schlacke (Hrsg.), GK-BNatSchG, § 33 Rn. 6.

26 *Gellermann*, Natura 2000, S. 70 f; *Wolf/Möckel*, in: Schlacke (Hrsg.), GK-BNatSchG, § 33 Rn. 7.

27 Ebenso *Dreier*, in: Hoppenberg/de Witt, Baurecht, Ziff. E Rn. 455; siehe auch *Iven*, NuR 1996, 373 (377).

28 *Heugel*, in: Lütkes/Ewer, BNatSchG, § 33 Rn. 5; *Louis/Engelke*, BNatSchG, § 19b Rn. 35; ähnlich *Niederstadt*, NuR 1998, 515 (519); a.A. *Gellermann*, in: Landmann/Rohmer, Umweltrecht, § 33 BNatSchG Rn. 10 m.w.N.

10 Soweit Abs. 1 Satz 1 solche Veränderungen oder Störungen untersagt, die mit Blick auf die Erhaltungsziele eines Natura 2000-Gebiets oder die für seinen Schutzzweck maßgeblichen Bestandteile zu einer erheblichen Beeinträchtigung führen können, hat man sich am Wortlaut des § 34 Abs. 1 orientiert. Dies darf nicht darüber hinwegtäuschen, dass bei den von § 33 Abs. 1 erfassten Maßnahmen keine FFH-Verträglichkeitsprüfung i.S.d. § 34 Abs. 1 durchzuführen ist, da § 33 Abs. 1 Satz 2 die Anwendbarkeit des § 34 Abs. 1 gerade ausnimmt.[29] Es ist Sache der zuständigen Behörden, etwaige drohende nachteilige Einwirkungen rechtzeitig zu verhindern.[30]

11 Im Übrigen gelten hinsichtlich der Frage, wann die Möglichkeit einer „erheblichen" Beeinträchtigung i.S.d. § 33 Abs. 1 Satz 1 besteht, dieselben Grundsätze wie bei § 34. Insbesondere dürfen an den Nachweis der Unschädlichkeit einer Maßnahme aufgrund der oftmals bestehenden fachwissenschaftlichen Erkenntnisdefizite keine übersteigerten Anforderungen gestellt werden.[31]

12 Fraglich ist, ob Abs. 1 Satz 1 auch solche Maßnahmen erfasst, die **von außen** auf ein Schutzgebiet einwirken. Diese Frage war bei § 33 Abs. 5 Satz 1 BNatSchG a.F. umstritten, da dessen Wortlaut auf Veränderungen und Störungen „in" einem Natura 2000-Gebiet abstellte.[32] Mit der Neufassung des § 33 ist die Beschränkung auf Veränderungen oder Störungen „in" einem Natura 2000-Gebiet weggefallen, sodass die Vorschrift nunmehr unmissverständlich auch Störungen von außen erfasst.[33]

4. Ausnahmen (Abs. 1 Satz 2)

13 Mit dem neu eingefügten Abs. 1 Satz 2 wird es der für Naturschutz und Landschaftspflege zuständigen Behörde ausdrücklich erlaubt, unter den Voraussetzungen des § 34 Abs. 3–5 Ausnahmen vom Verbot des Abs. 1 Satz 1 sowie von den in Schutzgebietsausweisungen enthaltenen Verboten i.S.d. § 32 Abs. 3 zuzulassen. Zwar sieht Art. 6 Abs. 2 FFH-RL eine solche Ausnahmemöglichkeit nicht ausdrücklich vor und bezieht sich das Ausnahmeverfahren des Art. 6 Abs. 4 FFH-RL nach seinem Wortlaut auf projekt- und planbezogene Auswirkungen. Es wäre aber wertungswidersprüchlich, wenn die FFH-RL für Projekte und Pläne als Kategorien besonders gravierender Maßnahmen die Möglichkeit von Ausnahmen zuließe, bei weniger schwerwiegenden Maßnahmen, wie den von Art. 6 Abs. 2 FFH-RL erfassten, hingegen

---

29 *Egner*, in: Egner/Fuchs, Naturschutz- und Wasserrecht 2009, § 33 Rn. 2; *Kerkmann*, in: Kerkmann (Hrsg.), Naturschutzrecht in der Praxis, § 8 Rn. 72; *Marzik/Wilrich*, BNatSchG, § 33 Rn. 22.

30 *Kolodziejcok/Endres/Krohn/Markus*, Naturschutz, Landschaftspflege, Kz. 1201, § 33 BNatSchG Rn. 18.

31 Siehe näher *Spieth/Appel*, NuR 2009, 669 (670); *Vallendar*, EurUP 2007, 275 (277); *ders.* UPR 2008, 1 (4); *Stüer*, DVBl 2007, 416 (420 ff.); *ders.*, NVwZ 2007, 1147 (1149); *de Witt*, LKV 2008, 112 (113).

32 Siehe die Nw. zum Streitstand bei *Meßerschmidt*, Bundesnaturschutzrecht, § 33 BNatSchG Rn. 14.

33 *Gassner/Heugel*, Das neue Naturschutzrecht, Rn. 479.

nicht.[34] Insofern ist wenig ersichtlich, warum nicht auch für die unter § 33 Abs. 1 Satz 1 fallenden Maßnahmen eine Ausnahme zugelassen werden kann.[35]

Es lässt sich nicht pauschal bestimmen, dass die vom Anwendungsbereich   *14* des Abs. 1 Satz 1 erfassten Maßnahmen stets privatnütziger Natur sind und insofern mangels Gemeinwohlgründen i.S.d. § 34 Abs. 3 Nr. 1 praktisch keine Ausnahme in Betracht kommt.[36] Dies gilt umso mehr, als auch privatnützige Maßnahmen grundsätzlich geeignet sein können, zwingende Gründe des überwiegenden öffentlichen Interesses i.S.d. § 34 Abs. 3 Nr. 1 zu begründen.[37]

III. Verschlechterungs- und Störungsverbot für Konzertierungsgebiete (Abs. 2)

1. Sinn und Zweck der Regelung

Abs. 2 ist vor dem Hintergrund des Art. 5 FFH-RL und dem dort geregelten   *15* Sonderverfahren für sog. **Konzertierungsgebiete** zu sehen. Konzertierungsgebiete sind Gebiete, bei denen zwischen der Kommission und dem jeweiligen Mitgliedsstaat Meinungsverschiedenheiten über die Meldung eines FFH-Gebiets bestehen.[38] Damit auch solche umstrittenen Gebiete während des Konzertierungsverfahrens nicht schutzlos sind, überträgt Abs. 2 Satz 1 (wie bislang § 33 Abs. 5 Satz 2 BNatSchG a.F.) in Umsetzung von Art. 5 Abs. 4 FFH-RL das allgemeine Verschlechterungs- und Störungsverbot des Abs. 1 Satz 1 auf die in einem Konzertierungsgebiet vorkommenden prioritären Lebensraumtypen und Arten.

2. Konzertierungsverfahren

Ein Konzertierungsverfahren wird gemäß Art. 5 Abs. 1 FFH-RL eingeleitet,   *16* wenn die Kommission feststellt, dass ein Gebiet mit prioritären Lebensraumtypen oder Arten in der nationalen Meldeliste i.S.d. Art. 4 Abs. 1 FFH-RL nicht aufgeführt ist und die Kommission aufgrund zuverlässiger einschlägiger wissenschaftlicher Daten der Auffassung ist, dass das Gebiet für den Fortbestand des prioritären Lebensraumtyps bzw. das Überleben der prioritären Art unerlässlich ist. Im Rahmen eines bilateralen Verfahrens erfolgt dann zwischen dem Mitgliedsstaat und der Kommission ein Vergleich der

---

34 *Gassner/Heugel*, Das neue Naturschutzrecht, Rn. 480; *Apfelbacher/Adenauer/Iven*, NuR 1999, 63 (68); *Jarass*, ZUR 2000, 183 (184); für eine Ausnahmemöglichkeit auch *Marzik/ Wilrich*, BNatSchG, § 33 Rn. 22; *Fischer-Hüftle*, ZUR 1999, 66 (71); a.A. *Gassner*, in: Gassner/Bendomir-Kahlo/Schmidt-Räntsch, BNatSchG, § 33 Rn. 19; *Louis/Engelke*, BNatSchG, § 19b Rn. 32.

35 BT-Drs. 16/12274, S. 64; vgl. *Heugel*, in: Lütkes/Ewer, BNatSchG, § 33 Rn. 7.

36 So aber *Egner*, in: Egner/Fuchs, Naturschutz- und Wasserrecht 2009, § 33 Rn. 3; a.A. *Louis/Engelke*, BNatSchG, § 19b Rn. 32, die zu Recht auf die Möglichkeit des Vorliegens von Gemeinwohlgründen auch im Anwendungsbereich der von Art. 6 Abs. 2 FFH-RL erfassten Maßnahmen hinweisen.

37 Näher *Spieth/Appel*, NuR 2009, 669 (671 f.) m.w.N.

38 Vgl. *Wolf/Möckel*, in: Schlacke (Hrsg.), GK-BNatSchG, § 33 Rn. 10.

auf beiden Seiten verwendeten wissenschaftlichen Daten. Ziel ist es, die Meinungsverschiedenheiten gütlich beizulegen, sodass das Konzertierungsverfahren gewissermaßen ein **Verhandlungs- und Schlichtungsverfahren** darstellt.[39] Zudem soll damit sichergestellt werden, dass ein Mitgliedstaat selbst in schwer wiegenden Konfliktfällen nicht übergangen werden kann.[40]

17   Der **Konzertierungszeitraum** ist gemäß Art. 5 Abs. 2 FFH-RL auf **höchstens 6 Monate** begrenzt. Ließ sich dabei zwischen der Kommission und dem Mitgliedstaat eine Einigung erzielen, wird die Liste an den Habitatausschuss weitergeleitet. Bestehen weiterhin Meinungsverschiedenheiten, unterbreitet die Kommission ihren Vorschlag gemäß Art. 5 Abs. 2 FFH-RL dem Rat, der innerhalb von drei Monaten zu entscheiden hat, ob das betreffende Gebiet in die Gemeinschaftsliste aufzunehmen ist (Art. 5 Abs. 3 FFH-RL). Da die Entscheidung des Rats einstimmig zu ergehen hat und sich der Rat gemäß Art. 203 Abs. 1 EGV aus je einem Vertreter jedes Mitgliedsstaates auf Ministerebene zusammensetzt, hat jeder Mitgliedstaat für ein auf seinem Gebiet liegendes Gebiet quasi ein **Vetorecht**, mit dem er die Aufnahme des Gebiets in die Gemeinschaftsliste verhindern kann.[41]

3. Schutzregime in Konzertierungsgebieten

18   Während der Konzertierungsphase bis zur Beschlussfassung des Rates unterliegt das Gebiet gemäß Art. 5 Abs. 4 FFH-Richtlinie dem allgemeinen **Verschlechterungs- und Störungsverbot** des Art. 6 Abs. 2 FFH-RL. Es bedurfte daher auch für Konzertierungsgebiete einer entsprechenden nationalen Umsetzungsregelung, dem § 33 Abs. 2 Satz 1 nachkommt. Dass die Regelung den Schutz nicht auf das gesamte Gebiet erstreckt, sondern lediglich im Hinblick auf die darin vorkommenden prioritären Lebensraumtypen und Arten, begegnet keinen Bedenken. Das Konzertierungsverfahren ist, wie sich aus dem Wortlaut des Art. 5 Abs. 1 FFH-RL ergibt, **allein zu Gunsten prioritärer Lebensraumtypen und Arten** zulässig.[42] Insofern ist Art. 5 Abs. 4 FFH-RL einschränkend auszulegen und ein Schutz des Gebiets allein im Hinblick auf die darin vorkommenden prioritären Lebensraumtypen und Arten ausreichend.[43]

---

39 *Kerkmann*, in: Kerkmann (Hrsg.), Naturschutzrecht in der Praxis, § 8 Rn. 72; vgl. auch *Schumacher/Schumacher*, in: Schumacher/Fischer-Hüftle, BNatSchG, § 33 Rn. 17.

40 VGH München, Urt. v. 19. 06. 2002 – 8 A 01.40008, NuR 2003, 425 (425); siehe zum Konzertierungsverfahren näher *Kerkmann*, in: Kerkmann (Hrsg.), Naturschutzrecht in der Praxis, § 8 Rn. 72 ff.

41 Vgl. VGH München, Urt. v. 19. 06. 2002 – 8 A 01.40008, NuR 2003, 425 (425); *Kerkmann*, in: Kerkmann (Hrsg.), Naturschutzrecht, § 8 Rn. 74.

42 *Lorz/Konrad/Mühlbauer/Müller-Walter/Stöckel*, Naturschutzrecht, § 33 BNatSchG Rn. 4; *Louis/Engelke*, BNatSchG, § 19b Rn. 40.

43 Vgl. *Kolodziejcok/Endres/Krohn/Markus*, Naturschutz, Landschaftspflege, Kz. 1201, § 33 BNatSchG Rn. 19; a.A. *Meßerschmidt*, Bundesnaturschutzrecht, § 33 BNatSchG Rn. 31; *Gassner*, in: Gassner/Bendomir-Kahlo/Schmidt-Räntsch, BNatSchG, § 33 Rn. 21.

4. Ausnahmen (Abs. 2 Satz 2)

Abs. 2 Satz 2 stellt klar, dass bei Konzertierungsgebieten die Ausnahmebestimmungen der §§ 34, 36 nicht anwendbar sind. Dies ist europarechtlich geboten, da Art. 5 Abs. 4 FFH-RL nur auf die Anwendbarkeit von Art. 6 Abs. 2 verweist und sich nicht auf die Vorschriften zur Verträglichkeitsprüfung und Ausnahmemöglichkeit nach Art. 6 Abs. 3 und 4 FFH-RL erstreckt.[44] Damit besteht in Konzertierungsgebieten ein striktes **Verschlechterungs- und Störungsverbot**, was angesichts der überschaubaren Dauer des Konzertierungsverfahrens (maximal 6 Monate) verfassungsrechtlich noch hinnehmbar erscheint. [45]   *19*

Dass Abs. 2 Satz 2 nicht auch die Unanwendbarkeit des § 35 bestimmt, ist   *20* wenig nachvollziehbar und dürfte auf ein **Redaktionsversehen** zurückzuführen sein.

§ 34
Verträglichkeit und Unzulässigkeit von Projekten; Ausnahmen*)

(1) Projekte sind vor ihrer Zulassung oder Durchführung auf ihre Verträglichkeit mit den Erhaltungszielen eines Natura 2000-Gebiets zu überprüfen, wenn sie einzeln oder im Zusammenwirken mit anderen Projekten oder Plänen geeignet sind, das Gebiet erheblich zu beeinträchtigen, und nicht unmittelbar der Verwaltung des Gebiets dienen. Soweit ein Natura 2000-Gebiet ein geschützter Teil von Natur und Landschaft im Sinne des § 20 Absatz 2 ist, ergeben sich die Maßstäbe für die Verträglichkeit aus dem Schutzzweck und den dazu erlassenen Vorschriften, wenn hierbei die jeweiligen Erhaltungsziele bereits berücksichtigt wurden. Der Projektträger hat die zur Prüfung der Verträglichkeit sowie der Voraussetzungen nach den Absätzen 3 bis 5 erforderlichen Unterlagen vorzulegen.

(2) Ergibt die Prüfung der Verträglichkeit, dass das Projekt zu erheblichen Beeinträchtigungen des Gebiets in seinen für die Erhaltungsziele oder den Schutzzweck maßgeblichen Bestandteilen führen kann, ist es unzulässig.

(3) Abweichend von Absatz 2 darf ein Projekt nur zugelassen oder durchgeführt werden, soweit es

1. aus zwingenden Gründen des überwiegenden öffentlichen Interesses, einschließlich solcher sozialer oder wirtschaftlicher Art, notwendig ist und

---

44 BT-Drs. 16/12274, S. 64; *Kerkmann*, in: Kerkmann (Hrsg.), Naturschutzrecht in der Praxis, § 8 Rn. 72; *Schumacher/Schumacher*, in: Schumacher/Fischer-Hüftle, BNatSchG, 1. Aufl. 2003, § 33 Rn. 17; *Louis/Engelke*, BNatSchG, § 19b Rn. 40; *Marzik/Wilrich*, BNatSchG, § 33 Rn. 22.

45 *Lorz/Konrad/Mühlbauer/Müller-Walter/Stöckel*, Naturschutzrecht, § 33 BNatSchG Rn. 4; *Louis/Engelke*, BNatSchG, § 19b Rn. 40.

*) Beachte bei § 34 Abs. 1 Satz 2: **Mecklenburg-Vorpommern** – Abweichung durch § 21 Abs. 6 NatSchAG MV v. 23.02.2010 GVOBl. M.-V. S. 66 m.W.v. 01.03.2010 (vgl. BGBl. I 2010, S. 1621).

2. zumutbare Alternativen, den mit dem Projekt verfolgten Zweck an anderer Stelle ohne oder mit geringeren Beeinträchtigungen zu erreichen, nicht gegeben sind.

(4) Können von dem Projekt im Gebiet vorkommende prioritäre natürliche Lebensraumtypen oder prioritäre Arten betroffen werden, können als zwingende Gründe des überwiegenden öffentlichen Interesses nur solche im Zusammenhang mit der Gesundheit des Menschen, der öffentlichen Sicherheit, einschließlich der Verteidigung und des Schutzes der Zivilbevölkerung, oder den maßgeblich günstigen Auswirkungen des Projekts auf die Umwelt geltend gemacht werden. Sonstige Gründe im Sinne des Absatzes 3 Nummer 1 können nur berücksichtigt werden, wenn die zuständige Behörde zuvor über das Bundesministerium für Umwelt, Naturschutz, Bau und Reaktorsicherheit eine Stellungnahme der Kommission eingeholt hat.

(5) Soll ein Projekt nach Absatz 3, auch in Verbindung mit Absatz 4, zugelassen oder durchgeführt werden, sind die zur Sicherung des Zusammenhangs des Netzes „Natura 2000" notwendigen Maßnahmen vorzusehen. Die zuständige Behörde unterrichtet die Kommission über das Bundesministerium für Umwelt, Naturschutz, Bau und Reaktorsicherheit über die getroffenen Maßnahmen.

(6) Bedarf ein Projekt im Sinne des Absatzes 1 Satz 1, das nicht von einer Behörde durchgeführt wird, nach anderen Rechtsvorschriften keiner behördlichen Entscheidung oder Anzeige an eine Behörde, so ist es der für Naturschutz und Landschaftspflege zuständigen Behörde anzuzeigen. Diese kann die Durchführung des Projekts zeitlich befristen oder anderweitig beschränken, um die Einhaltung der Voraussetzungen der Absätze 1 bis 5 sicherzustellen. Trifft die Behörde innerhalb eines Monats nach Eingang der Anzeige keine Entscheidung, kann mit der Durchführung des Projekts begonnen werden. Wird mit der Durchführung eines Projekts ohne die erforderliche Anzeige begonnen, kann die Behörde die vorläufige Einstellung anordnen. Liegen im Fall des Absatzes 2 die Voraussetzungen der Absätze 3 bis 5 nicht vor, hat die Behörde die Durchführung des Projekts zu untersagen. Die Sätze 1 bis 5 sind nur insoweit anzuwenden, als Schutzvorschriften der Länder, einschließlich der Vorschriften über Ausnahmen und Befreiungen, keine strengeren Regelungen für die Zulässigkeit von Projekten enthalten.

(7) Für geschützte Teile von Natur und Landschaft im Sinne des § 20 Absatz 2 und gesetzlich geschützte Biotope im Sinne des § 30 sind die Absätze 1 bis 6 nur insoweit anzuwenden, als die Schutzvorschriften, einschließlich der Vorschriften über Ausnahmen und Befreiungen, keine strengeren Regelungen für die Zulässigkeit von Projekten enthalten. Die Verpflichtungen nach Absatz 4 Satz 2 zur Beteiligung der Kommission und nach Absatz 5 Satz 2 zur Unterrichtung der Kommission bleiben unberührt.

(8) Die Absätze 1 bis 7 gelten mit Ausnahme von Bebauungsplänen, die eine Planfeststellung ersetzen, nicht für Vorhaben im Sinne des § 29 des Baugesetzbuches in Gebieten mit Bebauungsplänen nach § 30 des Baugesetzbuches und während der Planaufstellung nach § 33 des Baugesetzbuches.

Inhaltsübersicht

I. Unionsrechtlich vorgegebenes System

1. Ansatz in der FFH-RL

1   § 34 regelt in weitgehender Fortführung von § 34 i.d.F. des Ersten Gesetzes zur Änderung des BNatSchG[1] die Verträglichkeit und die Unzulänglichkeit von Projekten in „Natura 2000"-Gebieten. Er setzt europäisches Richtlinienrecht um und ist daher vor diesem Hintergrund anzuwenden und auszulegen. Ist ein Schutzgebiet als solches definiert, greift das Schutzregime nach der FFH- bzw. VRL grundsätzlich umfassend ein. Vorhaben sind daher nur noch sehr eingeschränkt zulässig. Dabei sind die einzelnen Voraussetzungen je nach Richtlinie und Konstellation unterschiedlich.

2   Art. 6 Abs. 3 Satz 1 FFH-RL verlangt, wie durch § 34 Abs. 1 umgesetzt, eine Verträglichkeitsprüfung für solche Pläne und Projekte, die nicht unmittelbar mit der Verwaltung des betroffenen besonderen Schutzgebietes in Verbindung stehen oder hierfür nicht notwendig sind, mithin nicht Teil des Gebietsmanagements nach Art. 6 Abs. 1 FFH-RL sind, sowie ein solches Gebiet erheblich beeinträchtigen können. Diese Prüfung ist schutzgebietsspezifisch und unterscheidet sich daher von der allgemeinen **Umweltverträglichkeitsprüfung** nach der UVP-RL.[2] Gleichwohl konnte aufgrund der durch den Prüfungsschritt als solchen begründeten Verwandtschaft der Projektbegriff des Art. 1 Abs. 2 UVP-RL übernommen werden.[3] Somit sind auch in Art. 6 Abs. 3 FFH-RL Habitatrichtlinie die Errichtung von baulichen oder sonstigen Anlagen sowie sonstige Eingriffe in Natur und Landschaft umfasst, ohne dass eine Beschränkung auf die in den Anhängen zur UVP-RL aufgeführten Projekte besteht. So werden a priori etwa auch Parkplätze[4] oder landwirtschaftliche Aktivitäten[5] erfasst. Gefordert ist nur, dass der Plan oder das Projekt –

---

1   Begründung zum Gesetzentwurf der Fraktionen der CDU/CSU und SPD v. 17.03.2009, BT-Drs. 16/12274, S. 64 f.
2   *Erbguth/Stollmann*, DVBl 1997, 453 (457).
3   So entsprechend EuGH, Urt. v. 07.09.2004 – Rs. C-127/02, Slg. 2004, I-7405 – Waddenvereniging und Vogelbeschermingsvereniging Begründung zum Gesetzentwurf der Fraktionen der CDU/CSU und SPD v. 17.03.2009, BT-Drs. 16/12274, S. 65. Näher unter Rn. 19 ff.
4   *Freytag/Iven*, NuR 1995, 109 (113).
5   Siehe jüngst OVG Lüneburg, Urt. v. 03.03.2015 – A 4 LC 39/13 u. 4 A 5418/12 zur Reusenfischerei im Steinhuder Meer.

gegebenenfalls auch in Zusammenhang mit anderen Plänen und Projekten – das betroffene besondere Schutzgebiet erheblich beeinträchtigen kann; das kann auch von außerhalb erfolgen, eine Lokalisierung in dem Schutzgebiet ist also nicht erforderlich.

Die Verträglichkeitsprüfung wird in Art. 6 Abs. 3 FFH-RL vom Verfahren her nicht näher präzisiert. Sie kann daher etwa auch gemeinsam mit der **Umweltverträglichkeitsprüfung** nach der UVP-RL durchgeführt werden.[6] Die **Öffentlichkeitsbeteiligung** ist nicht zwingend, wie aus Art. 6 Abs. 3 Satz 2 FFH-RL hervorgeht; je nach den Umständen des Einzelfalls und damit „gegebenenfalls" ist sie aber durchzuführen.[7]   3

Die **Verträglichkeitsprüfung** hat nach Art. 6 Abs. 3 Satz 1 FFH-RL zum Maßstab die Verträglichkeit mit den für das jeweilige besondere Schutzgebiet festgelegten **Erhaltungszielen**. Danach bestimmt sich auch, ob ein Plan oder Projekt erheblich beeinträchtigungsfähig ist. Ist damit auch die Prüfung auf das Schutzgebiet als solches bezogen, ist doch zu bedenken, dass das Schutzgebiet und die für es festgelegten Erhaltungsziele seinerseits auf natürliche Lebensräume und Habitate bezogen ist. Die auf jene bezogenen Beeinträchtigungen bestimmen daher die Erheblichkeit mit. Ansonsten entstünde auch ein Wertungswiderspruch zu Art. 6 Abs. 2 FFH-RL.[8]   4

Die Ergebnisse der Verträglichkeitsprüfung sind gem. Art. 6 Abs. 3 Satz 2 FFH-RL bei der Entscheidung über den Plan bzw. das Projekt zu berücksichtigen, also in den behördlichen Entscheidungsprozess unter inhaltlicher Auseinandersetzung mit ihnen einzubeziehen[9], was einen Beurteilungsspielraum impliziert.[10] Nicht jedes negative Ergebnis der Verträglichkeitsprüfung verlangt also die Versagung der Zustimmung. Eine positive Entscheidung setzt aber stets voraus, dass das besondere Schutzgebiet als solches nicht beeinträchtigt wird. Das bedeutet, dass die Zielsetzungen, die zu seiner Festlegung führten, weiterhin verfolgt werden können. Dementsprechend hindern nur darauf bezogene erhebliche Beeinträchtigungen immer eine Zustimmung.[11] So schreibt § 34 Abs. 2 die Unzulässigkeit eines Projektes mit **erheblichen Beeinträchtigungen** der Erhaltungsziele bzw. des Schutzzwecks fest.   5

Ist das Ergebnis der Verträglichkeitsprüfung negativ, kann der Plan bzw. das Projekt gem. Art. 6 Abs. 4 FFH-RL gleichwohl aus zwingenden **Gründen des überwiegenden öffentlichen Interesses** einschließlich solcher sozialer oder wirtschaftlicher Art genehmigt werden, wenn keine zumutbare **Alternativlösung** vorhanden ist.[12] Das gilt auch für Vogelschutzgebiete, für die gem.   6

---

6 *Gellermann*, NuR 1996, 548 (551).

7 *Gellermann*, NuR 1996, 548 (551 f.) auch unter Verweis auf die englische Fassung „... if appriopriate after having obtained the opinion of the general public".

8 *Gellermann*, NuR 1996, 548 (551).

9 *Freytag/Iven*, NuR 1995, 109 (114).

10 *Gellermann*, NuR 1996, 548 (553).

11 Vgl. *Freytag/Iven*, NuR 1995, 109 (113); *Fisahn*, ZUR 1996, 3 (6); *Iven*, NuR 1996, 373 (378). Schärfer *Gellermann*, NuR 1996, 548 (553).

12 BVerwG, NuR 2002, 739, 741 f.

Art. 7 FFH-RL die Vorschriften der Habitatrichtlinie Anwendung finden.[13] Es ist also zu vergleichen, ob eine Lösung mit geringeren Beeinträchtigungen realisiert werden kann.[14] Zumindest hat der Mitgliedstaat alle notwendigen Ausgleichsmaßnahmen zu ergreifen, um sicherzustellen, dass die globale Kohärenz von „Natura 2000" geschützt ist, dass also sämtliche als schützenswert befundenen natürlichen Lebensraum- und Habitattypen fortbestehen. Dann hat der Mitgliedstaat z.B. einen vergleichbaren natürlichen Lebensraum unter Schutz zu stellen. § 34 Abs. 3 und 5 setzen dieses System um. Daher hindern Ausgleichsmaßnahmen nicht bereits das Vorliegen erheblicher Beeinträchtigungen nach § 34 Abs. 2.[15]

7   Auch § 34 Abs. 4 folgt den Vorgaben der FFH-RL. Handelt es sich um ein Schutzgebiet, das einen prioritären natürlichen Lebensraumtyp bzw. eine prioritäre Art einschließt, für deren Erhaltung also nach Art. 1 lit. d) bzw. lit. h) FFH-RL eine besondere Verantwortung besteht, können gem. Art. 6 Abs. 4 UAbs. 2 FFH-RL eine Genehmigung eines potenziell dieses Schutzgebiet beeinträchtigenden Planes bzw. Projektes nur überwiegende Erwägungen im Zusammenhang mit der **Gesundheit des Menschen**, der **öffentlichen Sicherheit** oder im Zusammenhang mit maßgeblichen Auswirkungen für die Umwelt rechtfertigen. Andere zwingende Gründe des überwiegenden öffentlichen Interesses können dies nur nach Stellungnahme der Kommission. Zu ihnen gehören aufgrund des angelegten und beabsichtigten strengeren Schutzes für prioritäre Gebiete höchstens eingeschränkt[16] wirtschaftliche und soziale Erwägungen.[17]

8   Diese Abstufung zeigt auch ein Gegenschluss zu Art. 16 Abs. 1 lit. c) FFH-RL. **Wirtschaftliche und soziale Erwägungen** werden nämlich dort explizit unter den Begriff der **zwingenden Gründe des überwiegenden öffentlichen Interesses** gefasst, ebenso positive Folgen für die Umwelt, welche Art. 6 Abs. 4 UAbs. 2 FFH-RL eigenständig aufführt. Wie dieser ermöglicht auch Art. 16 Abs. 1 lit. c) FFH-RL Vorhaben im Interesse der Volksgesundheit und der öffentlichen Sicherheit. Bezugspunkt sind Vorhaben, welche von dem strengen Schutzregime für den Artenschutz abweichen.[18]

---

13 EuGH, Urt. v. 11. 07. 1996 – Rs. C-44/95, Slg. 1996, I-3805, Rn. 36 – Royal Society for the Protection of Birds.

14 *Freytag/Iven*, NuR 1995, 109 (113 f.).

15 EuGH, Urt. v. 15. 05. 2014 – Rs. C-521/12, NuR 2014, 487, Rn. 29 ff. – Briels.

16 BVerwG, Urt. v. 17. 01. 2007 – 9 A 20.05, BVerwGE 128, 1, Rn. 129 – Westumfahrung Halle, auch Urt. v. 23. 04. 2014 – 9 A 25.12, NuR 2014, 706, Rn. 73 – A 49 m.w.N . Siehe bereits EuGH, Urt. v. 11. 07. 1996 – Rs. C-44/95, Slg. 1996, I-3805, Rn. 37 f. – Royal Society for the Protection of Birds.

17 *Fisahn/Cremer*, NuR 1997, 268 (276); *Frenz*, Europäisches Umweltrecht, 1997, Rn. 393; *Gellermann*, NuR 1996, 548 (554 f.).

18 Etwa *Gellermann*, NuR 2003, 385 (392 f.).

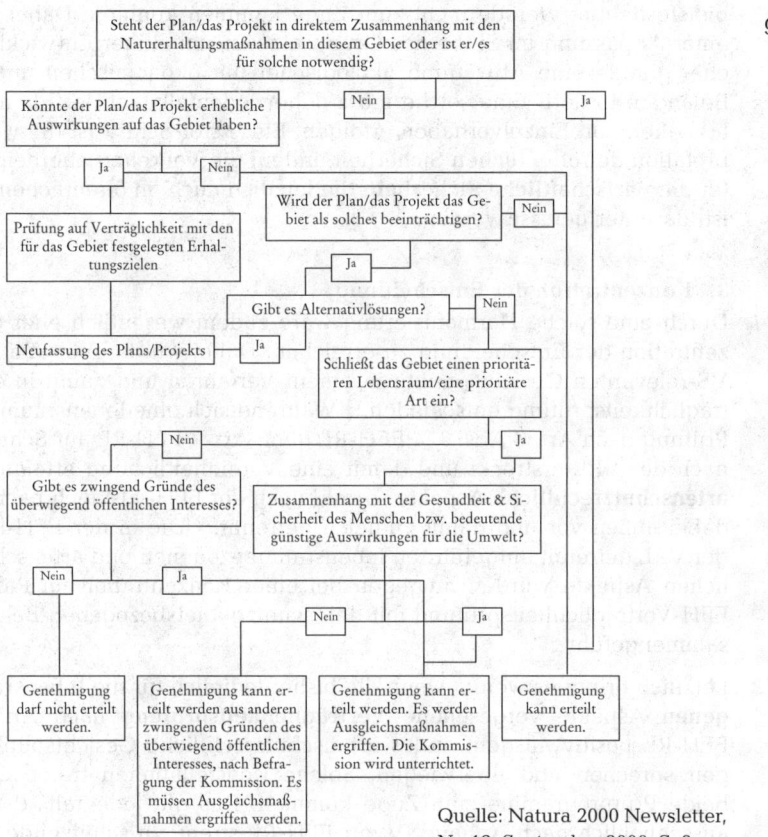

Steht der Plan/das Projekt in direktem Zusammenhang mit den Naturerhaltungsmaßnahmen in diesem Gebiet oder ist er/es für solche notwendig?

Könnte der Plan/das Projekt erhebliche Auswirkungen auf das Gebiet haben? — Nein — Ja

Ja — Nein

Prüfung auf Verträglichkeit mit den für das Gebiet festgelegten Erhaltungszielen

Wird der Plan/das Projekt das Gebiet als solches beeinträchtigen? — Nein

Ja

Gibt es Alternativlösungen? — Nein

Neufassung des Plans/Projekts — Ja

Schließt das Gebiet einen prioritären Lebensraum/eine prioritäre Art ein?

Nein — Ja

Gibt es zwingend Gründe des überwiegend öffentlichen Interesses?

Zusammenhang mit der Gesundheit & Sicherheit des Menschen bzw. bedeutende günstige Auswirkungen für die Umwelt?

Nein — Ja

Nein — Ja

Genehmigung darf nicht erteilt werden.

Genehmigung kann erteilt werden aus anderen zwingenden Gründen des überwiegend öffentlichen Interesses, nach Befragung der Kommission. Es müssen Ausgleichsmaßnahmen ergriffen werden.

Genehmigung kann erteilt werden. Es werden Ausgleichsmaßnahmen ergriffen. Die Kommission wird unterrichtet.

Genehmigung kann erteilt werden.

Quelle: Natura 2000 Newsletter, Nr. 12, September 2000, S. 3.

2. VRL

Art. 9 Abs. 1 lit. a) 1. Spiegelstrich VRL lässt Abweichungen vom Vogel- 10
schutzregime im Interesse der **Volksgesundheit** und der **öffentlichen Sicherheit** zu. Dazu kann auch die Verkehrssicherheit zählen, was für Verkehrsvorhaben bedeutsam ist.[19] Wirtschaftliche und soziale Aspekte bleiben gänzlich unerwähnt. Sogar positive Auswirkungen für die Umwelt werden nicht generell als Rechtfertigungsgrund genannt. Allerdings werden als spezifische Gesichtspunkte die Abwendung erheblicher Schäden an Kulturen, Viehbeständen, Wäldern, Fischereigebieten und Gewässern sowie der Schutz der Pflanzen- und Tierwelt benannt (3. und 4. Spiegelstrich). Damit mangelt es an der **Kohärenz zum System der FFH-RL**, obgleich zum Netz „Natura 2000" auch Vogelschutzgebiete gehören. Zudem fehlt in der VRL schon vom Ansatz her eine explizite Festlegung, für die Vorhabenzulassung wirtschaftliche und soziale Belange zu berücksichtigen[20], zumal diese bei der Schutzge-

19 Siehe für § 34 BVerwG, Urt. v. 06. 11. 2012 – 9 A 17.11, BVerwGE 145, 40 = NuR 2014, 344
– A 33.
20 *Gellermann*, NuR 2003, 385 (393).

bietsfestlegung gerade nicht zum Zuge kommen konnten. Daher bedarf es einer Anpassung im Sinne des Grundsatzes nachhaltiger Entwicklung, welcher gerade eine Abwägung ökologischer mit ökonomischen und sozialen Belangen fordert. Eine solche muss daher jedenfalls auf der Ebene der Zulässigkeit von Einzelvorhaben erfolgen. Ein erster Schritt ist die weite Interpretation der öffentlichen Sicherheit, indem die Verkehrssicherheit und weiter die **wirtschaftliche Sicherheit**, die letztlich auch im öffentlichen Interesse ist, darunter gefasst werden.

3. Konzentration der Entscheidung

11 Durch eine solche Harmonisierung wäre zudem wesentlich eher eine Konzentration der Entscheidung zu erreichen. Dabei würde über alle FFH- und VS-relevanten Gesichtspunkte in einem Verfahren und damit in einer Verträglichkeitsprüfung entschieden.[21] Während sich eine lebensraumbezogene Prüfung nach Art. 6 Abs. 3, 4 FFH-RL gem. Art. 7 FFH-RL auf Schutzgebiete nach der VRL erstreckt und damit eine Vereinheitlichung erfolgte, bleiben **artenschutzrechtliche Aspekte** sowohl nach der FFH- als auch nach der VRL dabei außen vor und damit zugleich getrennt.[22] Die in der FFH-RL und in der VRL getrennt aufgeführten lebensraumbezogenen und artenschutzrechtlichen Aspekte würden hingegen bei einer Konzentration im Rahmen der FFH-Verträglichkeitsprüfung mit den schutzgebietsbezogenen Belangen zusammengeführt.

12 Letztlich bringt es wenig, wenn die bisher lediglich für die **lebensraumbezogenen** Aspekte vorgesehene **Verträglichkeitsprüfung** nach Art. 6 Abs. 3 FFH-RL positiv ausgeht, indes artenschutzrechtliche Gesichtspunkte dagegen sprechen und überwiegen. Solche Konstellationen treten auf, wenn beide Prüfprogramme zum Zuge kommen. Das gilt jedenfalls dann, wenn ausschließlich nach Anhang IV zur FFH-RL streng zu schützende Tier- und Pflanzenarten von gemeinschaftlichem Interesse betroffen sind. Nur diesen wird nämlich der Artenschutz nach Art. 12 FFH-RL zuteil.[23] Sind Tiere wie die **Bechsteinfledermaus** oder der **Kammmolch** sowohl in Anhang IV als auch in Anhang II zur FFH-RL genannt, stellt sich hingegen die Frage, ob nicht der Artenschutz wie generell für Tiere nach Anhang II durch Habitatschutz verwirklicht wird und damit in diesem aufgeht, werden doch durch ihn bereits die Lebensstätten und Exemplare der Art geschützt[24] – wenn auch erst nach endgültiger Schutzgebietsausweisung, nicht auf der Basis potenzieller FFH-Gebiete.[25] Die Kommission verlangt generell eine doppelte

---

21 Zur aktuellen Trennung BVerwG, Urt. v. 16. 03. 2006 – 4 A 1075/04, NVwZ-Beilage I 8/2006, 1/52, Rn. 550 – Flughafen Schönefeld.
22 Auf diesen Gegensatz hinweisend auch *Kratsch*, NuR 2007, 100 (100).
23 *Louis*, NuR 2004, 557 (557).
24 Dafür Hinweise der LANA zur Anwendung des europäischen Artenschutzrechts bei der Zulassung von Vorhaben und bei Planungen vom 29. 05. 2006, ergänzt am 26./27. 10. 2006, S. 8, Ziff. 6; auch *Schrödter*, NdsVBl. 2003, 33 (40).
25 *Gellermann*, NuR 2003, 385 (394).

Prüfung, wenn eine Überschneidung von **Habitat- und Artenschutz** vorliegt.[26]

Für parallel gelagerte bergbauliche Vorhaben hat das BVerwG Belange, die **13** nicht im traditionellen Prüfprogramm des § 55 BBergG eigens aufgeführt sind, gleichwohl bereits bei der Zulassung eines Vorhabens geprüft, um dieses nicht hinterher wegen anderer öffentlich-rechtlicher Vorschriften gem. § 48 Abs. 2 Satz 1 BBergG beschränken oder untersagen zu müssen. Daher bezog es seit Längerem namentlich immissionsschutzrechtliche[27] und – grundgesetzlich geboten – Eigentümerbelange[28] schon in die Vorhabenprüfung im Rahmen der **bergrechtlichen Betriebsplanzulassung** nach §§ 51 ff. BBergG mit ein.[29]

Eine solche **ganzheitliche Betrachtung** ist ebenfalls durch den Grundsatz der **14** nachhaltigen Entwicklung indiziert, der eine möglichst umfassende Betrachtung nahelegt, um die einschlägigen Belange einander gegenüberstellen zu können. Durch eine Integration der artenschutzrechtlichen Belange bei der Verträglichkeitsprüfung von Vorhaben in FFH-Gebieten würden diese in einem Schritt umfassend geprüft. Dadurch würde auch das **artenschutzrechtliche Prüfprogramm** gewinnen, weil dieses von vornherein durchlaufen würde und damit gefährdende Vorhaben unzulässig machte. Auf diese Weise würde der notwendige Umweltschutz umfassend dargestellt und könnte so in voller Gänze gegenläufigen, insbesondere wirtschaftlichen Aspekten gegenübergestellt werden. Letztere müssten sich dann sogleich auch an Gesichtspunkten des VS- sowie des FFH-Artenschutzes im Sinne einer nachhaltigkeitsgerechten Prüfung des Zieldreiecks Ökologie – Ökonomie – Soziales messen lassen.

4. FFH-Verträglichkeitsprüfung als Maßstab

Die FFH-RL stellt für eine solche erweiterte und zugleich vereinheitlichte **15** Vorhabenzulassung das adäquate Prüfprogramm zur Verfügung, indem sie in Art. 6 Abs. 3 FFH-RL eine Verträglichkeitsprüfung vorsieht. Diese greift auch für noch nicht gelistete Schutzgebiete ein.[30] Sie wird zwar vom Verfahren her nicht näher präzisiert. Indes deutet schon der Name an, dass ein Vor-

---

26 Europäische Kommission, Natura 2000-Gebietsmanagement, S. 8; Ampatzis (DG-ENV), Questions concerning the legal interpretation of Article 12 of Council Directive 92/43/EEC, Meeting of the Working Group on the Species Protection Regime of the Habitats Directive, art. 12-WG-doc-01, S. 5 f., zit. nach *Gellermann*, NuR 2003, 385 (394).
27 BVerwG, Urt. v. 04.07.1986 – 4 C 31.84, BVerwGE 74, 315, 323 ff. – Altenberg.
28 BVerwG, Urt. v. 16.03.1989 – 4 C 36.85, BVerwGE 81, 329, 339 ff. – Moers-Kapellen bei zu erwartenden schweren Bergschäden jenseits kleinerer und mittlerer Schäden im üblichen Umfang; näher zur Umsetzung Hinweise des Länderausschusses Bergbau – Arbeitskreis Rechtsfragen – zur Umsetzung des Urteils des BVerwG v. 16.03.1989 – 4 C 36.85 – Moers-Kapellen, ZfB 1995, 345, 348 f.; *Frenz*, Unternehmerverantwortung im Bergbau, 2003, S. 60 ff.
29 BVerwG, Urt. v. 14.04.2005 – 7 C 26.03, NVwZ 2005, 954, 955 – 2. Tongrubenurteil bezogen auf abfall- und bodenschutzrechtliche Vorschriften. Dazu *Attendorn*, in: Frenz/Schink (Hrsg.), Die neuen abfallrechtlichen Pflichten, 2006, S. 165 ff.; *Frenz*, WiVerw. 2007, 49 (90 ff.).
30 *Kautz*, NVwZ 2007, 666 (668) gegen *Gellermann*, ZUR 2005, 581 (584).

haben auf seine Verträglichkeit mit entgegenstehenden Belangen geprüft wird. Dabei sprechen für dieses Vorhaben bestimmte Aspekte. Diese gilt es daher den relevanten Umweltschutzbelangen gegenüberzustellen. Das aber erfolgt ebenfalls im Rahmen der **Umweltverträglichkeitsprüfung**. Mit dieser kann die FFH-Verträglichkeitsprüfung auch gemeinsam durchgeführt werden, ohne dass allerdings eine **Öffentlichkeitsbeteiligung** zwingend ist, wie aus Art. 6 Abs. 3 Satz 2 FFH-RL ("gegebenenfalls") folgt (siehe Rn. 3). Damit ist zugleich die Brücke zu einer Harmonisierung mit der UVP-RL geschlagen, namentlich über eine entsprechende Definition der Begriffe "Projekt" und "Plan" (vgl. schon oben unter Rn. 22 ff.). Letztlich zielen beide Normwerke auf eine Verträglichkeit mit der Umwelt.

16   Ein eigens benannter verfahrensmäßiger Prüfungsansatz fehlt hingegen im Rahmen des VRL ebenso wie bei der **artenschutzrechtlichen Prüfung** nach der FFH-RL. Diese Lücke ist durch die FFH-Verträglichkeitsprüfung zu schließen. Bei einer Beschränkung auf eine formelle Lösung kann dies dadurch erfolgen, dass auch in Art. 16 FFH-RL und Art. 9 VRL eine Verträglichkeitsprüfung vorgesehen wird. Mit einer materiell vereinheitlichenden Lösung, die zugleich eine **Konzentrationswirkung** erreicht, kann dies dadurch erreicht werden, dass im Rahmen von Art. 6 Abs. 3 FFH-RL sogleich eine Prüfung entgegenstehender artenschutzrechtlicher Belange sowohl nach der FFH- als auch nach der VRL verlangt wird, sodass diese ebenfalls einem einheitlichen Prüfprogramm im Rahmen der FFH-Verträglichkeitsprüfung unterfallen. Allerdings kommt dieses im Einzelfall nicht zum Zuge, wenn lediglich der Artenschutz und nicht der Gebietsschutz beeinträchtigt wird. Jedenfalls für diese Fälle bedarf es der Verankerung einer Verträglichkeitsprüfung auch in Art. 16 FFH-RL bzw. Art. 9 VRL.

II. Negativ-wirkungsbezogener Ansatz

17   § 34 ist wirkungsbezogen konzipiert. Dieser wirkungsbezogene Ansatz bricht sich auch in der EuGH-Rechtsprechung zur FFH-Verträglichkeitsprüfung in Art. 6 Abs. 3 FFH-RL Bahn. Das Erfordernis einer solchen Prüfung von Plänen oder Projekten hängt danach davon ab, "dass die Wahrscheinlichkeit oder die Gefahr besteht, dass sie das betreffende Gebiet erheblich beeinträchtigen. Insbesondere unter Berücksichtigung des **Vorsorgeprinzips** liegt eine solche Gefahr dann vor, wenn anhand objektiver Umstände nicht ausgeschlossen werden kann, dass ein Plan oder Projekt das fragliche Gebiet erheblich beeinträchtigt."[31] Schon bei Zweifeln hinsichtlich des Fehlens erheblicher Auswirkungen hat eine Verträglichkeitsprüfung zu erfolgen.[32]

---

31 EuGH, Urt. v. 10. 01. 2006 – Rs. C-98/03, Slg. 2006, I-53, Rn. 40 – Kommission/Deutschland unter Verweis auf EuGH, Urt. v. 20. 10. 2005 – Rs. C-6/04, Slg. 2005, I-9017, Rn. 54 – Kommission/Vereinigtes Königreich.
32 EuGH, Urt. v. 10. 01. 2006 – Rs. C-98/03, Slg. 2006, I-53, Rn. 41 – Kommission/Deutschland.

Daher ist positiv festzustellen, dass keine erheblichen Beeinträchtigungen   *18*
auftreten.[33] Diese Beeinträchtigungen müssen also nicht nachgewiesen werden, sondern vielmehr ihr Ausbleiben.[34] Sie müssen offensichtlich ausgeschlossen sein.[35] Daraus ergibt sich praktisch eine Umkehr der Beweislast:
Nicht **im Zweifel für** das Vorhaben, sondern dagegen in dem Sinne, dass erst
eine **FFH-Verträglichkeitsprüfung** notwendig ist. Es darf bei einem Vorhaben erst gar **nicht** die **Besorgnis nachteiliger Auswirkungen** entstehen, wobei rein theoretische Besorgnisse nicht genügen.[36] Daher sind auch konkrete
objektive Umstände zu verlangen, die auf eine erhebliche Beeinträchtigung
deuten. Es muss mithin eine reale Besorgunis bestehen und nicht nur eine
fiktive. Ansonsten würde die bloße Behauptung genügen, um ein habitat-
schutzrechtliches Prüfprogramm auszulösen. Die zu fordernde reale Besorgnis muss mithin durch tatsächliche Anhaltspunkte untermauert sein. Umgekehrt muss freilich eine solche reale Besorgnis durch eine schlüssige
naturschutzfachlich-wissenschaftliche Argumentation ausgeräumt werden
können.[37] Von daher handelt es sich um einen negativ-wirkungsbezogenen
Ansatz: Nachteilige Auswirkungen dürfen erst gar nicht zu gewärtigen sein.
Dieser Nachweis muss a priori und ohne nähere Prüfung gelingen. Ansonsten bleibt nur die Ausräumung von Zweifeln durch eine FFH-Verträglichkeitsprüfung – **ohne** dass sich allerdings die Prüfung auf ein **„Nullrisiko"**
ausrichten muss: Es dürfen nur keine vernünftigen Zweifel bestehen, ein völliger Ausschluss von Zweifeln ist nicht gefordert.[38]

Art. 6 Abs. 3 FFH-RL schließt also den **Vorsorgegrundsatz** ein[39] bzw. ist sein   *19*
Ausdruck[40] und konkretisiert ihn.[41] Zumal der erste Satz an den stark vor-
sorgeorientierten wasserrechtlichen **Besorgnisgrundsatz** erinnert. Danach
dürfen Stoffe nur so gelagert oder abgelagert werden, dass eine schädliche
Verunreinigung des Grundwassers oder eine sonstige nachteilige Änderung
seiner Eigenschaften nicht zu besorgen ist. Es muss die Möglichkeit eines
Schadenseintritts nach den gebotenen Umständen und im Rahmen einer
sachlich vertretbaren, auf konkreten Feststellungen beruhenden Prognose
aufgrund einer konkreten Betrachtungsweise von der Hand zu weisen sein.[42]
Auch der wasserrechtliche Besorgnisgrundsatz stellt ausschließlich auf die
potenziellen Auswirkungen ab. Die Parallele mag darauf beruhen, dass sowohl natürliche Lebensräume als auch der Wasserhaushalt eine lange Rena-

---

33 EuGH, Rs. C-239/04, Slg. 2006, I-10.183 (Rn. 20) – Castro Verde.
34 BVerwG, Urt. v. 17.01.2007 – 9 A 20.05, BVerwGE 128, 1, Rn. 54 – Westumfahrung Halle.
35 BVerwG, Urt. v. 17.01.2007 – 9 A 20.05, BVerwGE 128, 1, Rn. 60 – Westumfahrung Halle.
36 BVerwG, Urt. v. 17.01.2007 – 9 A 20.05, BVerwGE 128, 1, Rn. 60 – Westumfahrung Halle.
37 *Schlacke*, NVwZ 2015, 626, 630.
38 M.w.N. BVerwG, Urt. v. 06.11.2012 – 9 A 17.11, BVerwGE 145, 40 = NuR 2014, 344,
    Rn. 35 – A 33, näher u. Rn. 99 ff.
39 Siehe etwa EuGH, Urt. v. 07.09.2004 – Rs. C-127/02, Slg. 2004, I-7405, Rn. 58 – Wadden-
    vereniging und Vogelbeschermingsvereniging.
40 Hat darin Niederschlag gefunden, BVerwG, Urt. v. 06.11.2012 – 9 A 17.11, BVerwGE
    145,40 = NuR 2014, 344, Rn. 35 – A 33.
41 BVerwG, Urt. v. 17.01.2007 – 9 A 20.05, BVerwGE 128, 1, Rn. 58 – Westumfahrung Halle.
42 BVerwG, Urt. v. 12.09.1980 – IV C 89.77, DÖV 1981, 104, 105.

turierungszeit haben, wenn es erst einmal zu negativen Beeinträchtigungen gekommen ist. Eine klare Begrenzung relevanter Maßnahmen lässt sich daraus freilich nicht gewinnen. Vielmehr ist jede mögliche Auswirkung in Gefahr, unter das normative Verdikt zu fallen, unabhängig davon, auf welcher konkreten Handlung sie beruht.

III. Definition der Begriffe „Projekt" und „Plan"

1. Definitionslücke

20　§ 34 unterwirft **„Projekte"** einer Verträglichkeitsprüfung mit den Erhaltungszielen eines „Natura 2000"-Gebietes, ohne diesen Begriff zu definieren. Eine Definition der Begriffe „Projekt" und **„Plan"** fehlt auch in der FFH- und VRL. Dabei sind diese Begriffe grundlegend für den Anwendungsbereich dieser beiden Richtlinien. Zumal in der Vorschrift über die FFH-Verträglichkeitsprüfung werden sie explizit als Bezugspunkt genannt. In Art. 16 FFH-RL ist dagegen ebenso wie in Art. 9 Abs. 1 VRL von Abweichungen die Rede. Dahinter können sich ebenfalls Projekte und Pläne verbergen. Dass die beiden letztgenannten Vorschriften allgemein Abweichungen von bestimmten Schutzstandards erfassen, zeigt allerdings ein vorherrschendes wirkungsbezogenes Verständnis. Relevant sind negative Beeinträchtigungen der in den „Natura 2000"-Richtlinien aufgestellten Schutzstandards (siehe näher unten Rn. 52).

2. Definition in der UVP- und SUP-RL

21　Der EuGH sieht den Vorhabenbegriff des UVP-Rechts als maßgeblichen Anhaltspunkt, um den Projektbegriff auszulegen und anzuwenden.[43] Die Gesetzesbegründung für § 34 schließt sich dieser Sicht ausdrücklich an,[44] ebenso die Rechtsprechung,[45] wenngleich gerade das BVerwG darauf verweist, dass der Projektbegriff des Habitatschutzrechts notwendig weiter und nicht anlagen-, sondern wirkungsbezogen ist; dementsprechend umfasst er nicht nur bauliche Veränderungen bzw. mit ihnen einhergehende schutzgebietsgefährdende Tätigkeiten, sondern unabhängig davon alle sonstigen Eingriffe in Gestalt der Ausübung schutzgebietsbezogener Tätigkeiten wie Überflüge über Schutzgebiete und damit die diese ordnende Festlegung von Flugkorridoren.[46]

22　Die **UVP-RL** definiert in ihrem Art. 1 Abs. 2 **Projekt** als die Errichtung von baulichen oder sonstigen Anlagen sowie sonstige Eingriffe in Natur und Landschaft einschließlich derjenigen zum Abbau von Bodenschätzen. Die Festlegung im Einzelnen obliegt wie im Rahmen der „Natura 2000"-Richtlinien den Mitgliedstaaten. Für die Projekte nach Anhang I können aber nur

---

43　EuGH, Urt. v. 07.09.2004 – Rs. C-127/02, Slg. 2004, I-7405 – Waddenvereniging und Vogelbeschermingsvereniging.

44　Begründung zum Gesetzentwurf der Fraktionen der CDU/CSU und SPD v. 17.03.2009, BT-Drs. 16/12274, S. 65.

45　Siehe nur VGH München, Beschl. v. 16.07.2013 – 14 CE 13.290, NuR 2014, 134, 136.

46　BVerwG, Urt. v. 12.11.2014 – 4 C 34.13, NuR 2015, 179, Rn. 29.

Ausnahmen festgelegt werden (Art. 2 Abs. 3 UVP-RL). Im Übrigen gelten die Vorgaben in den Anhängen II und III. Zudem ist der Entscheidungsspielraum der Mitgliedstaaten durch die Pflicht nach Art. 2 Abs. 1 und den vor allem im Art. 3 UVP-RL ausgedrückten Zweck gebunden, alle Projekte mit erheblichen Umweltauswirkungen einer **Umweltverträglichkeitsprüfung** zu unterziehen. Damit kommt es letztlich maßgeblich auf die von den Projekten ausgehenden Auswirkungen auf die Umwelt an. Die Bestimmung erfolgt damit gleichfalls, wie vom BVerwG für § 34 BNatSchG gefordert,[47] weniger vorhaben- als vielmehr auswirkungsbezogen.[48]

Die **SUP-RL** bezieht sich nach ihrem Art. 2 lit. a) auf Pläne und Programme, die aufgrund von Rechts- oder Verwaltungsvorschriften erstellt werden müssen und von einer Behörde auf nationaler, regionaler oder lokaler Ebene ausgearbeitet und/oder angenommen werden oder von einer Behörde für die Annahme durch das Parlament oder die Regierung im Wege eines Gesetzgebungsverfahrens ausgearbeitet werden. Die Änderung von Plänen und Programmen wird explizit ebenfalls umfasst. Diese Definition ist wenig detailliert[49], sondern erschließt sich erst aus der Zielsetzung der Richtlinie, nämlich eine umfassende Umweltprüfung auf hochstufiger Planungs- und Programmebene zu gewährleisten, um der auf die Feinregulierung beschränkten UVP-Prüfung vor allem eine echte Alternativenprüfung vorzuschalten.[50] Eine entsprechende nähere Konkretisierung erfolgt in Art. 3 SUP-RL. Danach sind nur die dort erfassten **Pläne** und **Programme** einbezogen, die voraussichtlich erhebliche **Umweltauswirkungen** haben, unabhängig davon, ob es sich um positive oder negative Effekte handelt.[51] Damit wird auch hier der begriffliche Einstieg letztlich durch die Umweltauswirkungen materialisiert und wirkungsbezogen ausgefüllt. In Abgrenzung zur UVP-RL sind lediglich die vorbereitenden Rechtsakte[52] erfasst, welche Vorfestlegungen für nachgelagerte Zulassungsverfahren beinhalten.[53]

23

Damit werden Umweltprüfungen generell auf erhebliche Umweltauswirkungen beschränkt. Zudem werden neben Sonderfällen aufgrund von Art. 3 Abs. 8 und 9 SUP-RL Ausnahmen zu Gunsten von Plänen und Programmen für die Nutzung kleiner Gebiete auf lokaler Ebene oder mit nur geringfügigen Änderungen (Art. 3 Abs. 2 i.V.m. Abs. 3 SUP-RL) und damit für Bagatell- bzw. Geringfügigkeitsfälle gemacht. Auch dabei dürften erhebliche Umweltauswirkungen ausgeschlossen sein.

24

---

47 BVerwG, Urt. v. 12. 11. 2014 – 4 C 34.13, NuR 2015, 179, Rn. 29; bereits Urt. v. 10. 04. 2013 – 4 C 3.12, BVerwGE 146, 176, Rn. 29.

48 Siehe EuGH, Urt. v. 24. 10. 1996 – Rs. C-72/95, Slg. 1996, I-5403, Rn. 30 ff. – Kraaijeveld.

49 Im Einzelnen *Hendler*, DVBl 2003, 227 (228 ff.) gegen *Schmidt/Rütz/Bier*, DVBl 2002, 357 (358).

50 *Schink*, NVwZ 2005, 615 (616).

51 Näher *Hendler*, NuR 2003, 2 (3 ff.); *Schink*, NVwZ 2005, 615 (617 f.) u.a. unter Hinweis auf den ein Negativmerkmal hinzufügenden Art. 10 Abs. 1, Anhang I lit. g) SUP-RL e contrario; bereits *Sangenstedt*, in: Reiter (Hrsg.), Neue Wege in der UVP – Novellierte UVP-Gesetzgebung und innovative Methodik, 2001, S. 235 (242).

52 *Sangenstedt*, in: Reiter (Hrsg.), Neue Wege in der UVP, 2001, S. 235 (239).

53 *Schink*, NVwZ 2005, 615 (617).

3. Übertragung auf die „Natura 2000"-Richtlinien

25 Diese Definitionen lassen sich auf die „Natura 2000"-Richtlinien übertragen. Das gilt vom Ansatz her deshalb, weil die FFH-Verträglichkeitsprüfung zusammen mit einer **UVP-Prüfung** durchgeführt werden kann[54] und die **Umweltprüfung nach der SUP-RL** gerade auch Pläne und Programme mit FFH-Relevanz erfasst. Dabei handelt es sich dann um übergeordnete Maßnahmen, welche nach Art. 3 Abs. 2 lit. b) SUP-RL einzeln oder zusammen mit anderen Plänen und Projekten FFH- oder Vogelschutzgebiete erheblich beeinträchtigen können. Wegen dieses vorprägenden Effektes ist es wenig sinnvoll, unterschiedliche Maßstäbe für die Reichweite der FFH-Verträglichkeitsprüfung selbst und damit an die Erfassung von Projekten anzusetzen (auch Rn. 38).

26 Da bei allen erforderlichen Prüfungen die Verträglichkeit mit der Umwelt im Zentrum steht, ist ohnehin eine **Harmonisierung** angezeigt. Auf diese Weise würde den Mitgliedstaaten auch die genaue Umsetzung leichter fallen, die der EuGH im Hinblick auf die oft grenzüberschreitende Bedrohung der Lebensräume und Arten als Teil des Naturerbes der Union fordert.[55] Schließlich sind sie auch alle zur Umsetzung der UVP- und der SUP-RL verpflichtet. Ist die den Anwendungsbereich festlegende Begrifflichkeit gleich (siehe vorstehend Rn. 25), können die Mitgliedstaaten die betroffenen Vorhaben eher im Blick behalten, Vorprägungen berücksichtigen und sämtliche relevanten Umweltschutzvorschriften ganzheitlich abprüfen.

27 Freilich muss dabei immer noch das jeweils einschlägige Prüfprogramm herangezogen werden. So genügte dem EuGH für die Beachtung der Verträglichkeitsprüfung nach Art. 6 Abs. 3 FFH-RL nicht das Prüfprogramm für nicht genehmigungsbedürftige Anlagen nach dem **BImSchG**, weil die Beeinträchtigung des Schutzgebietes als solche nicht geprüft wird. Vielmehr sieht § 22 Abs. 1 BImSchG nur die Verhinderung nach dem Stand der Technik vermeidbarer schädlicher Umwelteinwirkungen vor und beschränkt unvermeidbare auf ein Mindestmaß.[56] Hier geht es aber erst einmal um eine rechtssichere und möglichst gebrauchsfähige, da schon in anderen Rechtsakten bekannte Definition des Anwendungsbereichs.

28 Durch eine Übertragung der Definitionen von Projekt und Plan in der UVP- bzw. in der **SUP-RL** wird eine durchgängige Beschränkung auf erhebliche Umweltauswirkungen erreicht. Allerdings sollte diese Begrenzung ausdrücklich festgeschrieben werden, urteilt doch der EuGH trotz einer Begriffsdefinition in der **UVP-RL** immer noch stark wirkungsbezogen. Damit ist durch eine bloße Übernahme der Begrifflichkeit von UVP- und SUP-RL nur dann etwas für eine deutliche Eingrenzung des Anwendungsbereichs gewonnen, wenn die Erheblichkeit ausdrücklich festgeschrieben wird, etwa durch eine Definition von Projekten und Plänen als Vorhaben mit (voraus-

---

54 *Gellermann*, NuR 1996, 548 (551 f.).
55 EuGH, Urt. v. 10. 01. 2006 – Rs. C-98/03, Slg. 2006, I-53, Rn. 59 – Deutschland/Kommission.
56 EuGH, Urt. v. 10. 01. 2006 – Rs. C-98/03, Slg. 2006, I-53, Rn. 43 – Deutschland/Kommission.

sichtlich) möglichen[57] erheblichen Auswirkungen auf die Erhaltung von FFH-Schutzgebieten, -Arten bzw. auf den Schutz von Vögeln.

4. Weiter Projektbegriff

Entscheidend ist letztlich die Frage, ob ein Projekt zu **erheblichen Beein-** 29 **trächtigungen des Gebiets** in seinen für die Erhaltungsziele oder den Schutzzweck maßgeblichen Bestandteilen führen kann.[58] Darauf stellt nämlich die Rechtsfolge der Unzulässigkeit nach § 34 Abs. 2 in Einklang mit der FFH-RL ab. Projekte sind daher auswirkungsbezogen zu fassen. Alle von menschlichen Tätigkeiten ausgehenden Wirkungen auf ein Natura 2000-Gebiet zählen, selbst wenn sie keine Zulassung benötigen bzw. keine bleibenden Spuren hinterlassen sollten.[59] So werden Steinschlagsschutzzäune, Übernetzungen etc. erfasst. Bei einer Verbindung mit dem Erdboden und einer Herstellung mit Bauprodukten handelt es sich um **bauliche Anlagen**.[60]

Aber auch **sonstige** Eingriffe in Natur und Landwirtschaft einschließlich des 30 **Abbaus von Bodenschätzen**[61] oder der Durchführung von (militärischen) **Tiefflügen**[62] werden erfasst. Von vornherein nicht erfasst werden allerdings Maßnahmen unmittelbar zur Verwaltung des Gebietes wie solche nach Maßgabe eines Bewirtschaftungsplanes gem. § 32 Abs. 5.[63] Schließlich sollen sie den Erhaltungszustand gerade gewährleisten. Dementsprechend ist die Maßnahme an den Erhaltungszielen zu messen und muss ihnen dienen.[64] Zudem fallen nur **hoheitlich veranlasste Maßnahmen** darunter, seien sie auch nicht von der Verwaltung, sondern von Dritten durchgeführt.[65] Dabei können aber auch tatsächliche Handlungen Projekte sein, so zugelassene oder auch nur geduldete Verhaltensweisen.

5. Auswirkungsbezug/Energiewende

Entsprechend der Maßgeblichkeit der Auswirkungen können auch **außer-** 31 **halb besonderer Schutzgebiete gelegene Projekte und Pläne** einer FFH-Verträglichkeitsprüfung unterliegen, wenn sie nur an das Schutzgebiet angrenzen, dieses aber erheblich beeinträchtigen können, etwa durch Immissionen,

---

57 Auch im Rahmen der UVP werden mögliche Auswirkungen auf die Umwelt einbezogen, etwa *Appold*, in: Hoppe, UVPG, 3. Aufl. 2007, § 2 Rn. 22 m.w.N.
58 BVerwG, Urt. v. 12. 03. 2008 – 9 A 3.06, BVerwGE 130, 299, Rn. 67; Beschl. v. 24. 03. 2010 – 4 BN 60.09, DVBl 2010, 777, 778, Rn. 9.
59 VGH München, Beschl. v. 16. 07. 2013 – 14 CE 13.290, NuR 2014, 134, 136; aus der liz. *J. Schumacher/A. Schumacher*, in: Schumacher/Fischer-Hüftle, BNatSchG, § 34 Rn. 16 ff. m.w.N.
60 Unter Verweis auf Art. 2 Abs. 1 Satz 1 BayBO VGH München, Beschl. v. 16. 07. 2013 – 14 CE 13.290, NuR 2014, 134, 136.
61 VGH München, Beschl. v. 16. 07. 2013 – 14 CE 13.290, NuR 2014, 134, 136.
62 OVG Magdeburg, Urt. v. 26. 09. 2013 – 2 L 95/13, NuR 2014, 127 sowie nunmehr BVerwG, Urt. v. 12. 11. 2014 – 4 C 34.13, NuR 2015, 179, Rn. 29.
63 *Wolf*, in: Schlacke (Hrsg.), GK-BNatSchG, § 34 Rn. 4.
64 *Mühlbrauer*, in: Lorz u.a., Naturschutzrecht, § 34 BNatSchG Rn. 4.
65 *Mühlbrauer*, in: Lorz u.a., Naturschutzrecht, § 34 BNatSchG Rn. 4.

Lärm, Grundwasserabsenkung[66] oder Barriereeffekte. Ein Beispiel sind **Windkraftanlagen.**[67] Allerdings ist auch insoweit Voraussetzung, dass sie konkret zu erheblichen Beeinträchtigungen führen können. Ansonsten käme man zu einer uferlosen Prüfungspflicht bei Projekten. So können zwar Pläne, die bei behördlichen Entscheidungen zu beachten oder zu berücksichtigen sind, Projekte darstellen (siehe § 36), aber nur bei Festlegungen oder Darstellungen bezüglich des angrenzenden FFH-Gebiets, die geeignet sind, das Gebiet erheblich zu beeinträchtigen.[68] Dazu gehört nicht die **bloße Entlassung eines bestimmten Gebietes aus einem Landschaftsschutzgebiet,**[69] wohl aber die gem. § 15 Abs. 1 NABEG für die nachfolgende Planfeststellung einzelner Leitungsvorhaben bindende[70] Bundesfachplanung bei den Trassierungen im Zuge des **Netzausbaus für die Energiewende;** jedenfalls wenn Schneisen für Leitungen oder auch Erdkabel geschlagen oder Stützpunkte für Freileitungen platziert werden[71], aber auch durch mittelbare Einwirkungen.[72] So können Flugrouten geschützter Vögel durch Leitungen beeinträchtigt werden.

6. Land- und Forstwirtschaft

32 Regelmäßig **nicht** erfasst soll die **land-, forst- und fischereiwirtschaftliche Bodennutzung** werden, die den Regeln der guten fachlichen Praxis nach dem Recht der Land-, Forst- und Fischereiwirtschaft sowie gem. § 17 Abs. 2 BBodSchG entspricht.[73] § 14 Abs. 2 verlangt nur eine Berücksichtigung der Ziele des Naturschutzes. Davon kann im **Regelfall** ausgegangen werden,[74] wenn nämlich die Voraussetzungen des § 5 Abs. 2 vorliegen, nicht jedoch bei abweichendem Einzelfall[75] und damit bei **Besonderheiten der landwirtschaftlichen Nutzung** – eine Frage, die naturschutzfachlich zu beurteilen und zu regeln ist, wenn die Schutzgebietsausweisung erfolgt und die Pflege näher angeordnet wird.[76] Schon bei der Festlegung von bestimmten naturschutzbezogenen Verhaltensweisen wie einer Limitierung der Düngung bzw. der Auflistung von Gülle erfolgt eine solche Festlegung, die die Landwirtschaft nicht allgemein freistellt und damit generell ausnimmt, sondern habitatschutzbezogen bindet, so dass eine **FFH-Verträglichkeitsprüfung** erfolgen muss.[77]

---

66 EuGH, Urt. v. 10.01.2006 – Rs. C-98/03, NuR 2006, 166, Rn. 51, 83; *Mitschang/Wagner*, DVBl 2010, 1257 (1261).

67 Siehe *Mühlbauer*, in: Lorz u.a., Naturschutzrecht, § 34 BNatSchG Rn. 4.

68 OVG Lüneburg, Urt. v. 19.11.2014 – 4 KN 251/11, NuR 2015, 194, 198 f.

69 OVG Lüneburg, Urt. v. 19.11.2014 – 4 KN 251/11, NuR 2015, 194, 198.

70 *Henning/Krappel*, UPR 2013, 133, 135 f.

71 *Faßbender/Gläß*, in: Posser/Faßbender (Hrsg.), Praxishandbuch Netzplanung und Netzausbau, 2013, Kap. 10, Rn. 73, 157.

72 *Schlacke*, NVwZ 2015, 626 (630 f.).

73 Begründung zum Gesetzentwurf der Fraktionen der CDU/CSU und SPD v. 17.03.2009, BT-Drs. 16/12274, S. 65.

74 Von einer grundsätzlichen Einbeziehung geht dagegen *Wolf*, in: Schlacke (Hrsg.), GK-BNatSchG, § 34 Rn. 3 aus.

75 *Ewer*, in: Lütkes/Ewer, BNatSchG, § 34 Rn. 4.

76 BVerwG, Urt. v. 06.11.2012 – 9 A 17.11, BVerwGE 145, 40 = NuR 2014, 344, Rn. 89 – A 33.

77 BVerwG, Urt. v. 06.11.2012 – 9 A 17.11, BVerwGE 145, 40 = NuR 2014, 344, Rn. 89 – A 33.

Als **Projekt** eingestellt wurde das **Vergrämen von Kormoranen**, um Fischbe- 33
stände zu schützen,[78] ja sogar der normale **Fischfang** im Steinhuder Meer,
wie er seit alters her dort gepflegt wird.[79] Damit wird selbst eine landschafts-
pflegende Tätigkeit, die das Aussehen und den Zuschnitt eines Habitatschutzgebietes geprägt hat, einbezogen. So wird unter Umständen der Charakter eines Gebietes geändert: Die enthaltenen und sich fortentwickelnden
Schutzelemente werden jedenfalls im Ansatz zum dominanten Faktor und
drohen die bisherige vorherrschende Nutzung zu verdrängen, selbst wenn
sie bislang gebietsprägend war, mithin den Rahmen für das Habitatschutzgebiet bildete. Stellt diese Nutzung gar die unabdingbare Basis für das Habitatschutzgebiet dar, wird dieses selbst beeinträchtigt – so wenn die betriebene Fischerei das Gleichgewicht zwischen den vorhandenen Fischen
sicherte und die Dominanz einer – womöglich aggressiven – Fischart verhin-
derte, zumal wenn diese geschützte Fischarten verdrängt. Um so wichtiger
ist eine naturschutzfachliche Gesamtbeurteilung mit Prognose.

Insoweit ist eine teleologische Reduktion zu befürworten. Es bleiben alle 34
Nutzungen aus dem Projektbegriff **ausgeklammert, die den Gebietscharak-
ter sichern**. Dies ist das Pendant zur Ausklammerung von unmittelbar der
Verwaltung eines Gebietes dienenden Maßnahmen:[80] Sind schon vor allem
Sicherungsmaßnahmen nach § 34 Abs. 5 herauszunehmen, gilt dies erst
recht für den Charakter eines Gebietes sichernde Nutzungen.

Problematisch ist freilich, wenn diese Nutzungen der **Fortentwicklung des** 35
Gebietes entgegen stehen – so wenn Fischotter in einem See mit Reusenfischerei gesichtet werden.[81] Ziel ist der dauerhafte Schutz der Lebensräume, wie sie für Natura 2000 notwendig sind. Im Hinblick darauf ist näher
zu untersuchen, inwieweit der vorhandene Charakter des Gebietes ausreicht. Schließlich wurde auf dieser Grundlage das Gebiet ausgewiesen. Im
Zweifel ist daher dieser Zustand fortzuführen – einschließlich der vorhandenen Nutzungen. Insoweit bedarf es daher jedenfalls höherer Begründungs-
schwellen, um mögliche erhebliche Beeinträchtigungen bejahen zu können.

Insoweit stellt sich tiefer die Frage einer Ausklammerung aus den **Grund-** 36
rechten heraus infolge der hohen Belastung durch die FFH-Verträglichkeitsprüfung als solche trotz eher geringer Beeinträchtigung bei zumal jahr-
zehnte- oder gar jahrhundertelanger Bewirtschaftung; dann kommt auch ein
Bestandsschutz in Betracht.[82] Allerdings lehnt der EuGH die generelle Herausnahme bestimmter Bereiche ab[83]; auch stellt er nicht auf die jahrelange
Ausübung der betroffenen Tätigkeit ab[84], sondern auf die potenzielle erheb-

---

78 OVG Münster v. 21.02.2011 – 8 A 1837/09, ZUR 2011, 324, 325.
79 OVG Lüneburg, Urt. v. 03.03.2015 – 4 LC 39/13 u. 4 A 5418/12.
80 Siehe *Wolf*, in: Schlacke (Hrsg.), GK-BNatSchG, § 34 Rn. 4.
81 So im Steinhuder Meer, OVG Lüneburg, Urt. v. 03.03.2015, 4 LC 39/13 u. 4 A 5418/12.
82 Dafür näher *Frenz*, UPR 2014, 88 (91 ff.); nicht aufgegriffen von der Rspr., OVG Lüneburg,
    Urt. v. 03.03.2015, 4 LC 39/13 u. 4 A 5418/12.
83 EuGH, Urt. v. 10.01.2006 – Rs. C-98/03, Slg. 2006, I-53, Rn. 41 – Deutschland/Kommission.
84 EuGH, Urt. v. 07.09.2004 – Rs. C-127/02, Slg. 2004, I-7405 – Landelijke Vereniging tot
    Behoud van de Waddenzee.

liche Beeinträchtigung des Gebiets.[85] Diese wird bislang losgelöst von Grundrechtsaspekten und Abwägungsfragen behandelt. Ein voller Schutz ist so indes wegen der erheblichen Aufwendungen für die FFH-Verträglichkeitprüfung nicht möglich. Dies vermögen die Grundrechte aktuell nicht zu umschiffen.

7. Sanierungssatzungen

37 Das Erfordernis, das Habitatschutzgebiet in seinen für die Erhaltungsziele oder den Schutzzweck maßgeblichen Bestandteilen konkret erheblich beeinträchtigen zu können, zeigte sich im Hinblick auf die Einbeziehung von **Sanierungssatzungen** in die FFH-Verträglichkeitsprüfung. Es ging dabei um die Neugestaltung des Aufstiegs zur Drachenfelsruine bei Bonn. Während der **Bebauungsplan** die Nutzung eines Gebietes konkret prägt, bildet die Sanierungssatzung lediglich eine auf Konkretisierung angelegte Rahmenordnung, die eine solche **Bauleitplanung** sichert, aber selbst materiell nicht auf die bestehende bauplanungsrechtliche Ausgangslage unmittelbar Einfluss nimmt. Das hat sie mit den Instrumenten nach §§ 14, 15 BauGB gemeinsam.[86] Die in die Sanierungssatzung aufgenommenen **Sanierungsziele** (siehe § 141 Abs. 1 Satz 1 BauGB auch zu den übrigen Elementen) müssen gerade durch nachfolgende Planung konkretisiert werden und im Zeitpunkt des Satzungserlasses noch nicht konkretisiert sein.[87] Aus der Sanierungssatzung ist auch ein Sanierungsbebauungsplan nicht zu entwickeln. Sie vermag von daher schon von ihrer Anlage her ein FFH-Gebiet in für die Erhaltungsziele maßgeblichen Bestandteilen nicht erheblich zu beeinträchtigen bzw. dies zu bewirken.[88]

38 Konkrete Beeinträchtigungen können hingegen Maßnahmen hervorrufen, welche die in der **Sanierungssatzung** festgelegte Sanierung durchführen, mithin Ordnungsmaßnahmen nach § 147 BauGB und Baumaßnahmen nach § 148 BauGB. Eine solche konkrete Beeinträchtigung ist allerdings von vornherein ausgeschlossen, wenn solche Maßnahmen verboten sind. Können sie aus rechtlichen Gründen nicht ohne vorherige **FFH-Vorprüfung** bzw. -verträglichkeitsuntersuchung durchgeführt werden, wird ohnehin die Verträglichkeit mit den Erhaltungszielen bzw. dem Schutzzweck des entsprechenden Habitatschutzgebietes geprüft. Daher kann es aber nicht bereits auf der Grundlage der Sanierungssatzung zu naturschutzrechtlich relevanten Beeinträchtigungen kommen.[89] Ein entsprechendes Verbot bzw. eine entsprechende Anordnung für eine (anderweitige) FFH-Verträglichkeitsprüfung können namentlich in einer **Naturschutzverordnung** enthalten sein.[90]

---

85 EuGH, Urt. v. 14. 01. 2010 – Rs. C-226/08, Slg. 2010, I-131 (Rn. 40 ff.) – Papenburg.
86 BVerwG, Beschl. v. 24. 03. 2010 – 4 BN 60.09, DVBl 2010, 777, 779, Rn. 10 auch zum Folgenden m.w.N.
87 BVerwG, Urt. v. 27. 05. 1997 – 4 B 98/96, Buchholz 406.11 § 145 BauGB Nr. 5 – juris Rn. 3.
88 BVerwG, Beschl. v. 24. 03. 2010 – 4 BN 60.09, DVBl 2010, 777, 779, Rn. 10 a.E.
89 BVerwG, Beschl. v. 24. 03. 2010 – 4 BN 60.09, DVBl 2010, 777, Rn. 11.
90 Siehe BVerwG, Beschl. v. 24. 03. 2010 – 4 BN 60.09, DVBl 2010, 777, Rn. 12.

8. Fortlaufende Projekte

a) Grundansatz und Bedenken dagegen

Vor allem sind **fortlaufende Projekte** problematisch. Das sind solche, die bereits genehmigt wurden, aber bei ihrer Fortsetzung einer FFH-Verträglichkeitsprüfung bedürfen. Die Genehmigung einer Tätigkeit vor Ablauf der Umsetzungsfrist für die FFH-RL macht diese daher nicht bestandsfest. Vielmehr bildet die Tätigkeit bei jedem erneuten Eingriff ein gesondertes Projekt. **Rechtssicherheit** oder **Vertrauensschutz** ändern daran nichts.[91] Damit führte der EuGH seine Judikatur zur VRL[92] fort. Das entspricht der schwachen Ausprägung des Vertrauensschutzes in der Rechtsprechung des EuGH, der eine Änderung auch laufender Sachverhalte bei hinreichend gewichtigen Gemeinschaftsbelangen zulässt[93] – eine sehr weitgehende und angesichts des mittlerweile gerade in der EuGH-Judikatur aufgewerteten Grundrechtsschutzes[94] fragliche Konzeption.[95]

Die Unionsinteressen sind vor allem dann stark gewichtet, wenn sie sich auf wichtige Vertragsbestimmungen zurückführen lassen[96] bzw. die einzelnen Politiken näher vertraglich ausgestaltet sind.[97] Hier geht es um einen effektiven Umweltschutz und um die Erhaltung der ausgewiesenen FFH-Gebiete, die sonst durch nationale Regelungen unterlaufen werden könnte.[98] Umgekehrt wurden aber auch die **Grundrechte** gem. Art. 6 Abs. 1 EUV als gleichgewichtiger Bestandteil des Europarechts festgelegt.[99] Daher sind auch sie und damit vor allem hier im Zusammenhang die **Eigentums**- bzw. die **Berufsfreiheit** gleichgewichtig den Naturschutzbelangen gegenüberzustellen.

b) Begrenzte Ausnahme für einheitliche Maßnahmen

Fortdauernde Maßnahmen bilden allerdings dann kein der FFH-Verträglichkeitsprüfung unterliegendes gesondertes Projekt, wenn sie eine einheitliche Maßnahme bilden. Das richtet sich nach der Art und den Umständen der Ausführung, vor allem wenn diese wiederkehrend ist. Besteht auch keine Pflicht zur Verträglichkeitsprüfung, greift doch die allgemeine Schutzpflicht der Mitgliedstaaten entsprechend Art. 6 Abs. 2 FFH-RL, Verschlechterungen und Störungen zu vermeiden, die sich im Hinblick auf die Ziele der FFH-RL erheblich auswirken könnten.[100] Insoweit können selbst nach deutschem

39

40

41

91 EuGH, Urt. v. 14.01.2010 – Rs. C-226/08, NuR 2010, 114, Rn. 36 ff. – Papenburg.

92 EuGH, Urt. v. 11.07.1996 – Rs. C-44/96, Slg. 1998, I-73, Rn. 25 ff. – Lappelbank; bereits Urt. v. 02.08.1993 – Rs. C-355/90, Slg. 1993, I-4221, Rn. 26 – Santona.

93 Klassisch EuGH, Urt. v. 13.12.1979 – Rs. 44/79, Slg. 1979, 3727, Rn. 30 – Hauer; auch etwa Urt. v. 19.05.1982 – Rs. 84/81, Slg. 1982, 1763, Rn. 13 f. – Staple Dairy Products.

94 Etwa EuGH, Urt. v. 30.04.2014 – Rs. C-390/12, ECLI:EU:C:2014:281 – Pfleger.

95 Näher und kritisch vor dem Hintergrund der Grundrechte *Frenz*, Europarecht 4, 2009, Rn. 3132 ff., insbes. 3145 f.

96 Siehe *Schwarz*, Vertrauensschutz als Verfassungsprinzip, 2002, S. 520 f.

97 Siehe *Bungenberg*, in: Heselhaus/Nowak (Hrsg.), Handbuch der Europäischen Grundrechte, 2006, § 33 Rn. 33.

98 Siehe EuGH, Urt. v. 14.01.2010 – Rs. C-226/08, NuR 2010, 114, Rn. 41 – Papenburg.

99 Siehe *Frenz*, Europarecht 4, 2009, Rn. 3136.

100 EuGH, Urt. v. 14.01.2010 – Rs. C-226/08, NuR 2010, 114, Rn. 47 ff. – Papenburg.

Recht bestandskräftige Planfeststellungsbeschlüsse nachträglich in Kraft getretenen EU-Vorschriften unterfallen.[101] Das gilt bei Aufnahme des betreffenden Gebietes in die von der Kommission festgelegte Schutzgebietsliste. Davor, aber nach Meldung durch einen Mitgliedstaat zur Aufnahme in die Gemeinschaftsliste sind Eingriffe verboten, welche die ökologischen Merkmale ernsthaft beeinträchtigen könnten (Art. 4 Abs. 1 FFH-RL).[102] Es greift daher der daraus abzuleitende **Mindeststandard**, wie ihn der EuGH für faktische Habitatschutzgebiete bejaht hat.[103] Dabei ist es unbeachtlich, ob ein Vorhaben schon unter dem Bergrecht der DDR und damit vor dem Inkrafttreten des **Einigungsvertrages** ins Werk gesetzt wurde. Es zählt die notwendige effektive Durchführung der EU-Vorschriften.[104] Erst recht sind von den mitgliedstaatlichen Schutzpflichten für FFH-Gebiete **Bergbauvorhaben** umfasst, die von Anfang an nach dem bundesdeutschen Bergrecht ins Werk gesetzt wurden.[105]

42 Die Erfüllung dieser mitgliedstaatlichen Schutzpflichten dürfte aber nicht genügen, wenn später eine tatsächliche FFH-Verträglichkeitsprüfung erforderlich wird, weil etwa eine zusätzliche Maßnahme durchgeführt wird oder nunmehr das Gebiet in die Gemeinschaftsliste aufgenommen ist.[106]

43 Eine einheitliche Maßnahme liegt offenbar dann vor, wenn eine Maßnahme bzw. Tätigkeit nicht verändert wird und daher auch nach nationalem Recht überhaupt keiner weiteren, sondern nur der ursprünglichen Genehmigung bedarf. Die Verträglichkeitsprüfung ist dann an das Erfordernis einer behördlichen Entscheidung gebunden. Andernfalls handelt es sich nicht um Pläne und Projekte, die ein Gebiet (für die Zukunft) erheblich beeinträchtigen könnten. Diese Frage ist nämlich vor Ablauf der Umsetzungsfrist für die FFH-RL abschließend entschieden worden. Beispiele dafür sind **Hochspannungsleitungen** sowie **Gewerbe- und Industriebetriebe** in Schutzgebieten.[107] Werden solche Vorhaben allerdings geändert, kann wiederum eine behördliche Entscheidung notwendig sein, so insbesondere eine **Änderungsgenehmigung** nach § 16 BImSchG. Das hängt davon ab, ob die Anlage eine wesentliche Änderung erfährt.[108]

44 Eine **einheitliche Maßnahme** kann auch unabhängig vom Erfordernis einer Genehmigung vorliegen, so wenn **fortlaufende Unterhaltungsarbeiten** erfolgen. Diese müssen sich dann aber **in dem ursprünglich begonnenen Umfang** halten. Erlangen spätere Maßnahmen eine andere Qualität, bezogen auf

---

101 OVG Bautzen, Urt. v. 11. 10. 2013 – 1 A 258/12, NuR 2014, 559, 565.
102 EuGH, Urt. v. 14. 01. 2010 – Rs. C-226/08, NuR 2010, 114, Rn. 47 ff. – Papenburg; zu den Problemen mit dem Verschlechterungs- und Störungsverbot nach Art. 6 Abs. 2 FFH-RL vor allem im hiesigen Zusammenhang *Würtenberger*, NuR 2010, 316 (319 f.).
103 EuGH, Urt. v. 13. 01. 2005 – Rs. C-117/03, NVwZ 2005, 311 – Dragaggi.
104 OVG Bautzen, Urt. v. 11. 10. 2013 – 1 A 258/12, NuR 2014, 559, 565.
105 OVG Bautzen, Urt. v. 11. 10. 2013 – 1 A 258/12, NuR 2014, 559, 565.
106 Siehe die EuGH-Vorlage des BVerwG, Beschl. v. 06. 03. 2014 – 9 C 6.12, NuR 2014, 653. Näher u. Rn. 81.
107 *Würtenberger*, NuR 2010, 316 (318).
108 Dazu näher *Frenz*, in: Kotulla (Hrsg.), BImSchG, § 16 Rn. 32 ff.

Eingriffe in den Erhaltungszustand des betroffenen FFH-Gebiets, wird die Einheitlichkeit durchbrochen und es liegt ein eigenständiges, neues Projekt vor – so wenn moderne Steinschlagschutzzäune aufgestellt und als kritisch bewertete Flächen übernetzt, also nicht nur vorhandene Betonunterfassungen ausgebessert bzw. ergänzt werden.[109]

Kommt es auf den **Gehalt der ursprünglichen Genehmigung** an, können damit auch Vorhaben aus der FFH-Verträglichkeitsprüfung herausfallen, die von vornherein für einen wiederkehrenden Anfall genehmigt worden sind, weil dies ihrer Art oder den Umständen ihrer Ausführung entspricht. Allerdings handelt es sich um einen unionsrechtlichen Maßstab. Damit kann es nicht allein um den Gehalt einer nationalen Genehmigung gehen. Vielmehr könnte ansonsten ein Mitgliedstaat schutzgebietsrelevante Genehmigungen unbefristet erteilen, auch wenn eine jährlich zu erneuernde Genehmigung festgelegt werden könnte, um die Anwendung der FFH-Verträglichkeitsprüfung zu umgehen.[110]   45

Damit gilt zumindest die Grenze der **Missbrauchswehr**. Eine Genehmigung darf also nicht missbräuchlich unbefristet erteilt werden, obwohl es sich um nicht von vornherein wiederkehrend anfallende Tätigkeiten handelt. Weitergehend kann sie lediglich eine (widerlegbare) Vermutung dafür begründen, dass ein Vorhaben ein **einheitliches Projekt** bildet.[111] Der EuGH stellt überhaupt nicht auf die Genehmigungen ab, sondern auf den Gehalt der Maßnahmen.[112] Indes zeigt die Genehmigung näher den Zuschnitt der Maßnahme und insbesondere, ob von vornherein an eine wiederkehrend anfallende Tätigkeit gedacht wurde.   46

Jedenfalls muss die Genehmigung mit dem objektiven Gehalt der Maßnahme übereinstimmen. Umgekehrt kann sie für diesen Gehalt wichtige Anhaltspunkte geben. Sie zeigt auch, inwieweit Projektträger und Genehmigungsbehörde von einem längerfristigen Betrieb mit regelmäßigem Unterbrechen ausgingen und bereits die gesamten Auswirkungen, die bei Erteilung der Genehmigung möglich waren, abschätzten und dies auch konnten. Das gilt etwa für von vornherein nur im Hinblick auf eine Nutzung während der Sommermonate genehmigte **Park- und Campingplätze**. Dagegen liegen mehrere Projekte vor, wenn Vorhaben nach nationalem Recht immer wieder von Neuem in vollem Umfang geprüft und genehmigt werden müssen, so die **Herzmuschel-Fischerei**.[113]   47

Unabhängig vom Gehalt der Genehmigung spielen diese Umstände eine wesentliche Rolle. Konnten die künftigen Auswirkungen praktisch nicht erfasst werden, indiziert dies mehrere Projekte und damit die Notwendigkeit   48

---

109 VGH München, Beschl. v. 16.07.2013 – 14 CE 13.290, NuR 2014, 134, 136.

110 GAin *Kokott*, Schlussanträge v. 29.01.2004 – Rs. C-127/02, Slg. 2004, I-7405, Rn. 33 – Waddenvereniging und Vogelbeschermingsvereniging.

111 So *Würtenberger*, NuR 2010, 316 (318).

112 Siehe EuGH, Urt. v. 14.01.2010 – Rs. C-226/08, NuR 2010, 114, Rn. 47 – Papenburg.

113 EuGH, Urt. v. 07.09.2004 – Rs. C-127/02, Slg. 2004, I-7405, Rn. 21 ff. – Waddenvereniging und Vogelbeschermingsvereniging.

einer neuen Verträglichkeitsprüfung beim Auftauchen jeder neuen relevanten Auswirkung. Umgekehrt verhält es sich bei den **Ausbaggerungen** der Ems: Die Auswirkungen der regelmäßig gleichen Ausbaggerungen werden abschätzbar gewesen sein. Dementsprechend lag offenbar die Vorstellung zu Grunde, die Ausbaggerungen dauerhaft zu genehmigen.[114]

49 Wie vorstehend deutlich wurde, geht es um den Charakter des Projektes als solchem. Ist dieses seiner Natur nach auf ständige Wiederholung bzw. Durchführung angelegt, liegt regelmäßig ein einheitliches Projekt vor. Das gilt etwa für **Hochwasserrückhaltebecken**, die nur in unregelmäßigen Abständen geflutet werden, aber auch für die Ausbaggerung für die Ems immer nur dann, wenn ein Schiff fertig gestellt und zu See gebracht werden soll.[115] Hingegen ist etwa ein **Bergbaubetrieb** auf permanenten Abbau gerichtet. Dieser bildet daher insgesamt ein einheitliches Projekt. Wird er aber stillgelegt und dann wieder aufgenommen, handelt es sich um ein neues Projekt, das der FFH-Verträglichkeitsprüfung bedarf. Die Unterbrechung beruhte schließlich auch auf der freien Entscheidung des Projektträgers.[116]

IV. Erhebliche Beeinträchtigung

1. Grundlagen

a) Gebietsausweisung

50 Ausgangspunkt für die Prüfung, ob Projekte gem. § 34 Abs. 1 Satz 1 einzeln oder im Zusammenwirken mit anderen Projekten oder Plänen geeignet sind, das fragliche Gebiet erheblich zu beeinträchtigen, ist deren Verträglichkeit mit den jeweiligen Erhaltungszielen für das gemeldete Gebiet.[117] Wurde ein FFH-Gebiet zu einem besonderen Schutzgebiet erklärt, zählt der dabei festgelegte Schutzzweck. Es sind dann die Festlegungen der entsprechenden **Ausweisung** namentlich durch Verordnung maßgeblich. Das gilt allerdings nur dann, wenn die Ausweisung bereits den Erhaltungszielen im Rahmen von „Natura 2000" entspricht. **Altverordnungen** müssen also entsprechend angepasst worden sein. Das stellt § 34 Abs. 1 Satz 2 für **geschützte Teile von Natur und Landschaft** im Sinne des § 20 Abs. 2 klar.[118] Bei fehlender Anpassung können nur die Erhaltungsziele nach dem Netz „Natura 2000" maßgeblich sein. Diese sind für jedes Gebiet zu konkretisieren.[119] Zwar herrscht ein Bezug auf die Gesamtsituation einer Art (s. Art. 1 lit.e) und i) FFH-RL).[120] Jedoch formen die einzelnen Gebiete erst das Netz „Natura 2000" und si-

---

114 *Würtenberger*, NuR 2010, 316 (318).

115 *Würtenberger*, NuR 2010, 316 (318).

116 Auch allgemein *Würtenberger*, NuR 2010, 316 (318).

117 EuGH, Urt. v. 07.09.2004 – C-127/02, Slg. 2004, I-7405, Rn. 49 – Waddenvereiniging und Vogelsbeschermingvereniging, VGH München, Urt. v. 30.09.2009 – 8 A 05.40050 u.a., NuR 2010, 355, B.II.1.2 – Westtangente Rosenheim; *Wolf*, in: Schlacke (Hrsg.), GK-BNatSchG, § 34. Rn. 8.

118 Begründung zum Gesetzentwurf der Fraktionen der CDU/CSU und SPD v. 17.03.2009, BT-Drs. 16/12274, S. 65.

119 *J. Schumacher/A. Schumacher*, in: Schumacher/Fischer-Hüftle, BNatSchG, § 34 Rn 42.

120 *Gellermann*, in: Landmann/Rohmer, Umweltrecht, § 34 BNatSchG Rn. 31.

chern so in ihrer Gesamtheit den günstigen Erhaltungszustand. Dafür müssen sie aber in ihrem individuellen Zuschnitt erhalten bleiben. Damit führt die Eignung zur Antastung der konkreten Situation der geschützten Arten in dem jeweiligen Gebiet zu einer erheblichen Beeinträchtigung nach § 34 Abs. 1 S. 1.[121]

Wurde ein Gebiet gemeldet, sind zur Ermittlung der Erhaltungsziele ohnehin   51
die zur Vorbereitung der Gebietsmeldung ausgefüllten **Standard-Datenbögen** auszuwerten, in denen die Merkmale des Gebiets beschrieben werden, die aus nationaler Sicht erhebliche ökologische Bedeutung haben, um die darin enthaltenen natürlichen Lebensräume und Arten zu erhalten.[122] Es dürfen allerdings keine Anhaltspunkte dafür bestehen, dass die Angaben in den Standard-Datenbögen unrichtig oder unvollständig sind.[123] Insoweit können sie nicht maßgeblich sein. Die in diesem Standard-Datenbogen nicht genannten Lebensraumtypen und Arten können dagegen kein Erhaltungsziel des Gebiets bilden.[124] Wohl aber sollen sie trotz der auf diese Weise kaum kalkulierbaren Fortentwicklung eines Gebietes Eingang in die Bestandserfassung und -bewertung finden können – allerdings grundsätzlich nur bei nach dem Stand der Fachwissenschaft charakteristischen Arten[125] und nicht bei lediglich potenzieller künftiger Einwanderung,[126] so dass das geäußerte Bedenken weitgehend entfällt. Gleichwohl wird damit entgegen der ursprünglichen Ausweisung des Gebietes eine Dynamik ermöglicht[127], die verlässliche Prognosen zumindest erschwert.

b) Erhaltungsziele

Zentral sind daher die **Lebensraumtypen des Anhangs I der FFH-RL**, nach   52
denen das Gebiet ausgewählt und festgelegt worden ist. Eingeschlossen sind die darin vorkommenden charakteristischen Arten (vgl. Art. 1 lit. e) FFH-RL) sowie die Arten des Anhangs II der FFH-RL, die für die Gebietsauswahl bestimmend waren.[128] Auf den Schutz dieser Lebensraumtypen und Arten ist ohnehin der Schutzzweck des Gebiets jeweils ausgerichtet. Darin liegen die **Erhaltungsziele**. Ihre Beeinträchtigung ist somit entscheidend. Mit ihnen

---

121 OVG Lüneburg, Urt. v. 03.03.2015, 4 L C 39/13 u. 4 A 5418/12, Umdruck S. 51.
122 VGH München, Urt. v. 30.09.2009 – 8 A 05.40050 u.a., NuR 2010, 355, B.II.1.2 – Westtangente Rosenheim m.w.N., etwa BVerwG, Urt. v. 12.03.2008 – 9 A 3.06, BVerwGE 130, 299 (326, Rn. 72); siehe auch EuGH, Urt. v. 14.09.2006 – Rs. C-244/05, Slg. 2006, I-8445, Rn. 39, 45, 51, worauf sich BVerwG, Urt. v. 17.01.2007 – 9 A 20.05, NVwZ 2007, 1054, Rn. 75 bezog.
123 Begründung zum Gesetzentwurf der Fraktionen der CDU/CSU und SPD v. 17.03.2009, BT-Drs. 16/12274, S. 65.
124 Vgl. BVerwG, Urt. v. 17.01.2007 – 9 A 20.05, NVwZ 2007, 1054, Rn. 77.
125 BVerwG, Urt. v. 6.11.2012 – 9 A 17.11, BVerwGE 145,40 = NuR 2014, 344, Rn. 52 – A 33.
126 BVerwG, Urt. v. 03.05.2013 – 9 A 16.12, BVerwGE 146,254 Rn. 45 für Anhang II – Arten.
127 Dafür explizit OVG Lüneburg, Urt. v. 03.03.2015 – 4 LC 39 13 u. 4 A 5418/12, Umdruck S. 48.
128 VGH München, Urt. v. 30.09.2009 – 8 A 05.40050 u.a., NuR 2010, 355, B.II.1.2 – Westtangente Rosenheim.

muss im Rahmen der späteren Verträglichkeitsprüfung das Projekt mit den von ihm ausgehenden erheblichen Beeinträchtigungen vereinbar sein.

53 Die Frage einer **erheblichen Beeinträchtigung** bedarf daher einer Vorprüfung.[129] Diese bildet die Grundlage für eine tiefere, in der maßgeblichen Ausrichtung auf die Erhaltungsziele des fraglichen Gebietes aber gleichgelagerte Untersuchung im Rahmen der FFH-Verträglichkeitsprüfung,[130] welche die Möglichkeit einer erheblichen Beeinträchtigung ohne vernünftigen Zweifel ausschließen muss, damit ein Projekt ohne Abweichungsentscheidung nach § 34 Abs. 3 zugelassen werden kann. Bei dieser Vorprüfung erfolgt eine „überschlägige" Beurteilung, „ohne die eigentliche Verträglichkeitsprüfung vorwegzunehmen".[131] Deren Erforderlichkeit wird also geprüft. Es handelt sich um zwei gesonderte, naturschutzrechtlich obligatorische Verfahrensschritte.[132]

54 Das erhebliche Ausmaß der Beeinträchtigung bestimmt sich nach den **Auswirkungen auf den Erhaltungszustand der Gebietsbestandteile**. Maßgebliches Beurteilungskriterium ist der günstige Erhaltungszustand der geschützten Lebensräume und Arten i.S.d. Art. 1 lit. e) und i) FFH-RL. Trotz der Ausrichtung dieser Vorschriften auf die Gesamtsituation der betroffenen Art in der EU zählt die konkrete Ausprägung des für das jeweilige Gebiet wertbestimmenden Lebensraumtyps und dessen günstiger Erhaltungszustand.[133] Ein **günstiger Erhaltungszustand** muss stabil bleiben, obwohl das Vorhaben durchgeführt wird.[134]

55 Dabei sind **Schutzmaßnahmen** einzubeziehen, wie sie vom Vorhabenträger geplant bzw. in der Planfeststellung angeordnet wurden. Es genügt mithin, wenn die projektbedingten Beeinträchtigungen durch entsprechende Vorkehrungen unerheblich werden. Dies macht aus Sicht des Habitatschutzes keinen Unterschied zu einer ursprünglichen Unerheblichkeit der Beeinträchtigung.[135]

56 **Rein kompensatorisch wirkende Maßnahmen** verhindern hingegen **nicht** die erhebliche Beeinträchtigung des betroffenen Habitatschutzgebietes

---

129 VGH München, Urt. v. 30.09.2009 – 8 A 05.40050 u.a., NuR 2010, 355, B.II.1.2 – Westtangente Rosenheim; vgl. *Storost*, DVBl 2009, 673 (674).

130 Beide sind zu unterscheiden, BVerwG, Urt. v. 17.01.2007 – 9 A 20.05, BVerwGE 128, 1, Rn. 40.

131 GAin *Kokott*, Schlussanträge v. 29.01.2004, Rs. C-127/02, Slg. 2004, I-7405, Rn. 80 – Waddenvereinigung und Vogelsbeschermingvereniging.

132 BVerwG, Urt. v. 10.04.2013 – C 3-12, NuR 2013, 656, Rn. 13; OVG Magdeburg, Urt. v. 26.09.2013 – 2 L 95/13, NuR 2014, 127, 128.

133 OVG Lüneburg, Urt. v. 03.03.2015 – 4 LC 39/13 u. 4 A 5418/12, Umdruck S. 51; vgl. *Gellermann*, in: Landmann/Rohmer, Umweltrecht, § 34 BNatSchG Rn. 31 sowie vorstehend Rn. 50.

134 BVerwG, Urt. v. 14.04.2010 – 9 A 5.08, BVerwGE 136, 291 = NuR 2010, 558, Rn. 57 – A 44.

135 BVerwG, Urt. v. 14.04.2010 – 9 A 5.08, BVerwGE 136, 291 = NuR 2010, 558, Rn. 57 – A 44; siehe bereits Urt. v. 19.05.1998 – 4 A 9.97, BVerwGE 107, 1, 27; Urt. v. 17.01.2007 – 9 A 20.05, BVerwGE 128, 1, Rn. 53 – Westumfahrung Halle; Urt. v. 12.03.2008 – 9 A 3.06, NuR 2008, 633, Rn. 94.

selbst und schließen eine solche daher seit dem Urteil des EuGH vom 15. 05. 2014 nicht aus. Sie lassen nur noch ggf. eine FFH-Verträglichkeitsprüfung positiv ausgehen, indem sie bei entsprechendem zeitlichen Vorlauf die hinnehmbaren Beeinträchtigungen größer ausfallen lassen, weil die akzeptablen Bagatellschwellen höher sind.[136]

c) Notwendige Darlegung

Der Vorhabenträger hat seine Planungen so darzulegen, dass eine FFH-Verträglichkeitsprüfung erfolgen kann. Dieser voraus liegen Angaben zu möglichen erheblichen Beeinträchtigungen und deren etwaiger Neutralisierung durch Schutzmaßnahmen, welche die projektbedingten Auswirkungen auf den Erhaltungszustand der Gebietsbestandteile auffangen und damit unerheblich werden lassen. Ein Antrag, der solche Angaben nicht enthält, ist daher abzulehnen. Ohne sie ist eine Prüfung von vornherein nicht möglich, ein Zulassungsanspruch scheidet aus. Allerdings ist der Vorhabenträger zuvor aufzufordern, die notwendigen Unterlagen vorzulegen, um eine naturschutzfachliche Beurteilung zu ermöglichen.[137]

2. Vorgehensweise und entscheidende Kriterien

a) Maßgebliche Gebietsbestandteile

Bei der Vorprüfung, ob eine erhebliche Beeinträchtigung des fraglichen Gebiets durch das zu prüfende Projekt infrage kommt, sind also die Lebensraumtypen des Anhangs I der FFH-RL und auch die darin vorkommenden charakteristischen Arten sowie die Arten des Anhangs II der FFH-RL zu ermitteln, die jeweils die Gebietsauswahl bestimmten. Daraus ergeben sich die entscheidenden Gebietsbestandteile, auf deren Beeinträchtigung zu achten ist. Dabei sollen auch die im Standard-Datenbogen nicht gesondert als Erhaltungsziele benannten Arten einzubeziehen sein.[138] Indes wird damit die ursprüngliche Ausweisung eines Gebietes überlagert und dessen Fortentwicklung zum unkalkulierbaren Risiko für den Vorhabenträger.

Darauf aufbauend ist das Ausmaß der Beeinträchtigung der von dem betroffenen Lebensraumtyp bzw. der betroffenen Art eingenommenen Fläche aus dem FFH-Gebiet zu ermitteln. Inwieweit ein Lebensraumtyp in dem jeweiligen FFH-Gebiet erfasst wurde, richtet sich nach der entsprechenden Meldung bzw. Ausweisung. Dabei besteht eine fachliche **Einschätzungsprärogative der Behörde** (näher unter § 32 Rn. 15 ff.). Dem Gericht obliegt nur eine Prüfung der Plausibilität und Stimmigkeit der fachlichen Entscheidung anhand einschlägiger **Konventions- und Standardwerke**. Die **Zuordnung von Pflanzengemeinschaften** zu einem bestimmten Lebensraumtyp bildet hinge-

57

58

59

---

136 EuGH, Urt. v. 15. 05. 2014 – Rs. C-521/12, NuR 2014, 487 – Briels; zusammenfassend *Füßer/Lau*, NuR 2014, 453 (463).

137 OVG Bautzen, Urt. v. 11. 10. 2013 – 1 A 258/12, NuR 2014, 559, 564 für das bergrechtliche Betriebsplanungsverfahren.

138 BVerwG, Urt. v. 06. 11. 2012 – 9 A 17.11, BVerwGE 145,40 = NuR 2014, 344, Rn. 52 – A 33.

gen einen Akt wertender fachlicher Erkenntnis und entzieht sich daher einer vollständigen gerichtlichen Prüfung, ebenso die Bewertung des Bestandes.[139]

b) Günstiger Erhaltungszustand

60 Ist solchermaßen der fragliche Gebietsbestandteil mit dem relevanten Lebensraumtyp bestimmt und darauf die jeweilige Beeinträchtigung bezogen, geht es um deren Erheblichkeit. Kompliziertere Fragen bleiben der eigentliche FFH-Verträglichkeitsprüfung vorbehalten und sind daher nicht Gegenstand der Vorprüfung – so die Ermittlung möglicher erhebliche Beeinträchtigungen ausschließender Höhen für Tiefflüge.[140] Flächenverluste geschützter natürlicher Lebensräume sind grundsätzlich nach dem **Kriterium des günstigen Erhaltungszustands** zu beurteilen. Danach müssen das natürliche Verbreitungsgebiet sowie die Flächen, die dieses Gebiet einnimmt, beständig sein oder sich ausdehnen (vgl. Art. 1 lit. e) FFH-RL).

c) Zusatzbelastungen

61 Daher zählt die Belastung des fraglichen Gebietsteils insgesamt. Trifft eine Beeinträchtigung auf eine bereits vorhandene, ist mithin das Gesamtbild entscheidend. Diese Vorbelastung ist also zwingend zu berücksichtigen.[141] Deshalb läuft prinzipiell jede **Zusatzbelastung** dem günstigen Erhaltungszustand zuwider und ist deshalb erheblich, wenn die **Vorbelastung** die naturschutzfachlich für das Erhaltungsziel unbedenkliche **Belastungsgrenze** ausschöpft oder sogar überschreitet.[142] Je schlechter der Erhaltungszustand eines Gebietes ist, desto höher fallen also die Anforderungen an Zusatzbelastungen aus. Umgekehrt sind bei gutem Erhaltungszustand Bagatellschwellen denkbar.

62 In Fällen, in denen die Vorbelastung den Critical Load um mehr als das Doppelte übersteigt, ist eine Irrelevanzschwelle von 3 % dieses Wertes anzuerkennen.[143] Der Critial Load ist der als noch verträglich anzusehende Eintrag. Er ist in empfindlichen FFH-Gebieten wie Mooren geringer als in weniger empfindlichen FFH-Gebieten (z.B. Wald). In **stickstoffempfindlichen Lebensräumen** wird er deutschlandweit deutlich überschritten. Daher ist es sachgerecht, bei geringer Zusatzbelastung eine Irrelevanzschwelle anzuerkennen. Die Genehmigung von **N-emittierenden Anlagen** – etwa auch im Bereich erneuerbarer Energien – ist daher nicht gänzlich ausgeschlossen. Gleiches gilt für Verkehrsanlagen. Nach empirischen Untersuchungen fehlen entlang viel belasteter Straßen schon außerhalb der mithilfe des 3 %-Kriteriums ermittelten Flächen signifikante schädliche Effekte von stickstoffhaltigen Immissionen der Straße auf die Vegetation.[144]

---

139 Siehe BVerwG, Urt. v. 12.03.2008 – 9 A 3.06, BVerwGE 130, 299, Rn. 74; VGH München, Urt. v. 30.09.2009 – 8 A 05.40050 u.a., NuR 2010, 355, B.II.1.3.3 – Westtangente Rosenheim.

140 OVG Magdeburg, Urt. v. 26.09.2013 – 2 L 95/13, NuR 2014, 127, 129.

141 BVerwG, Beschl. v. 10.11.2009 – 9 B 28.09, NuR 2010, 190 Rn. 3.

142 BVerwG, Urt. v. 14.04.2010 – 9 A 5.08, BVerwGE 136, 291 = NuR 2010, 558, Rn. 91 – A 44.

143 BVerwG, Urt. v. 14.04.2010 – 9 A 5.08, BVerwGE 136, 291 = NuR 2010, 558, Rn. 93 – A 44.

144 BVerwG, Urt. v. 23.04.2014 – 9 A 25.12, NuR 2014, 706, Rn. 45 m.w.N. – A 49.

Es hat eine Einzelfallbetrachtung zu erfolgen. Generalisierende Unbedenk- 63
licherklärungen bedürfen jedenfalls einer besonderen fachlichen Rechtfertigung. Der Untersuchungsrahmen nach der **TA Luft** mit einer regelmäßig
50-fachen **Schornsteinhöhe** reicht nicht aus, da er nicht auf die Bedürfnisse
des Habitatschutzes ausgerichtet ist und sich daher von diesem spezifischen
Maßstab entfernt. Eine **Irrelevanzschwelle** von 10 % liegt daher zu hoch.[145]
Allerdings kann eine solche von 3 % als naturschutzfachlich unbedenklich
angesehen werden, da eine Zusatzbelastung bis zu dieser Höhe nach fach-
wissenschaftlichem Konsens außer Stande ist, signifikante Veränderungen
des Ist-Zustandes auszulösen oder die Wiederherstellung eines günstigen Erhaltungszustandes signifikant einzuschränken. Ein dem **Critical-Load-Wert**
entsprechender Zustand lässt sich dann ohnehin nicht mit den spezifischen
habitatrechtlichen Mitteln, sondern nur durch eine effektive **Luftreinhal-
tepolitik** erzielen.[146]

Die unterhalb dieser Schwellen von einem Vorhaben ausgehende Belastung 64
kann nicht mehr mit vertretbarer Genauigkeit bestimmt bzw. nicht mehr eindeutig von der vorhandenen Hintergrundbelastung abgegrenzt werden.[147]
Es fehlt mithin an der tatsächlichen Wirkung. Rechtlich ist dann der in § 34
geforderte Zusammenhang zwischen Stickstoffeintrag eines Vorhabens und
Beeinträchtigung nicht gegeben;[148] die **Kausalität fehlt**.[149]

Damit wird die Bagatellgrenze auf mittelbare Einwirkungen auf einen Le- 65
bensraum wie durch Stickstoffdepositionen angewandt und wie bei direkten
Flächenverlusten auf den allgemeinen **Verhältnismäßigkeitsgrundsatz nach
Unionsrecht** (Art. 5 Abs. 1 Satz 2, Abs. 4 EUV) gestützt.[150]

d) Flächenverluste und Bagatellgrenze

Insbesondere können **Flächenverluste**, die lediglich **Bagatellcharakter** ha- 66
ben, entsprechend dem auch im Unionsrecht geltenden Verhältnismäßigkeitsgrundsatz als unerheblich angesehen werden.[151] Nur Anhaltspunkte bestehen allerdings, wo jeweils die maßgebliche **Bagatellgrenze** liegt. Dies ist
in der Rechtsprechung noch nicht geklärt.[152] **Vielfach fehlen** quantifizierte

---

145 BVerwG, Urt. v. 14. 04. 2010 – 9 A 5.08, BVerwGE 136, 291 = NuR 2010, 558, Rn. 92 – A 44.
146 BVerwG, Urt. v. 14. 04. 2010 – 9 A 5.08, BVerwGE 136, 291 = NuR 2010, 558, Rn. 94 – A 44.
147 BVerwG, Urt. v. 28. 03. 2013 – 9 A 22.11, NuR 2013, 565, Rn. 66 mit Bezug auf *Balla/
Müller-Pfannenstiehl/Lüttmann/Uhl*, NuR 2010, 616, 623.
148 BVerwG, Urt. v. 23. 04. 2014 – 9 A 25.12, NuR 2014, 706, Rn. 45 – A 49.
149 *Balla et. al.*, in: Waldökologie, Landschaftsforschung und Naturschutz, November 2013,
S. 7.
150 BVerwG, Urt. v. 14. 04. 2010 – 9 A 5.08, BVerwGE 136, 291 = NuR 2010, 558, Rn. 93 –
A 44; bereits Beschl. v. 10. 11. 2009 – 9 B 28.09, NuR 2010, 190, Rn. 8.
151 BVerwG, Urt. v. 12. 03. 2008 – 9 A 3.06, BVerwGE 130, 299, Rn. 124 m.w.N.; zweifelnd
noch BVerwG, Urt. v. 17. 01. 2007 – 9 A 20.05, BVerwGE 128, 1, Rn. 50 – Westumfahrung
Halle; abl. *Gellermann*, NuR 2004, 769, 772 f.
152 VGH München, Urt. v. 30. 09. 2009 – 8 A 05.40050 u.a., NuR 2010, 355, B.II.1.3.4 – Westtangente Rosenheim.

Risiken, aus denen sich **standardisierte Belastungsschwellen** ableiten lassen; oft ist die wissenschaftliche Diskussion nicht abgeschlossen.[153] Die Judikatur zieht als Entscheidungshilfe den Endbericht zum Teil Fachkonventionen des Forschungsvorhabens **„Fachinformationssystem und Fachkonventionen zur Bestimmung der Erheblichkeit im Rahmen der FFH-VP"** (Schlussstand Juni 2007) heran, das im Auftrag des Bundesamtes für Naturschutz durchgeführt wurde.[154] Jedenfalls sind noch strengere Maßstäbe nicht mehr als plausibel anzusehen.[155]

67 Dieser Endbericht zum Teil Fachkonventionen des Forschungsvorhabens „Fachinformationssystem und Fachkonventionen zur Bestimmung der Erheblichkeit im Rahmen der FFH-VP" empfiehlt bestimmte Orientierungswerte, die vom absoluten Flächenverlust, bezogen auf den im gesamten FFH-Gebiet vorhandenen Bestand, des jeweiligen Lebensraumtyps abhängig sind. Beträgt der relative Flächenverlust weniger als 0,1 % (Stufe III) des Gesamtbestands im FFH-Gebiet, wird ein Wert von 1.000 m² genannt.[156] Bei einem relativen Flächenverlust von weniger als 0,5 % (Stufe II) greift ein Wert von 500 m². Darüber hinaus wird noch ein Wert von < 1 % (Stufe I) unterschieden. Werden die vorgenannten Werte nicht überschritten, kann eine erhebliche Beeinträchtigung des betroffenen Lebensraumtyps ausgeschlossen werden.[157]

68 Bei einer **Überschreitung dieser Werte** muss auch nicht automatisch eine erhebliche Beeinträchtigung gegeben sein. Deren Vorliegen hängt vielmehr von der Lage der Verlustfläche (im Kern oder am Rand) sowie von ihrer Wertigkeit für das fragliche Gebiet und die geschützte Art ab.[158] Allerdings ist diese Beurteilung regelmäßig nicht innerhalb der lediglich summarischen Vorprüfung, sondern erst in der eigentlichen FFH-Verträglichkeitsprüfung möglich, außer evidente Gesichtspunkte wie eine klare Randlage und ein kleiner prozentualer Verlust schließen eine erhebliche Beeinträchtigung a priori aus; es darf nicht erst eine prognostische Beurteilung erforderlich sein, um eine verbleibende Unsicherheit zu klären.[159] Daher können auf dieser (frühen) Prüfungsebene auch noch keine Kompensationsmaßnahmen relevant sein (siehe näher unten Rn. 75 f.).

---

153 BVerwG, Urt. v. 17.01.2007 – 9 A 20.05, BVerwGE 128, 1, Rn. 46 – Westumfahrung Halle.
154 Siehe BVerwG, Urt. v. 12.03.2008 – 9 A 3.06, BVerwGE 130, 299, Rn. 125.
155 VGH München, Urt. v. 30.09.2009 – 8 A 05.40050 u.a., NuR 2010, 355, B.II.1.3.4 – Westtangente Rosenheim.
156 Endbericht S. 37 auch zum Folgendem.
157 Siehe VGH München, Urt. v. 30.09.2009 – 8 A 05.40050 u.a., NuR 2010, 355, B.II.1.3.4 a.E. – Westtangente Rosenheim.
158 BVerwG, Urt. v. 06.11.2012 – 9 A 17.11, BVerwGE 145, 40 = NuR 2014, 344, Rn. 47 – A 33.
159 BVerwG, Urt. v. 06.11.2012 – 9 A 17.11, BVerwGE 145, 40 = NuR 2014, 344, Rn. 44, 47 f. – A 33.

e) Funktionelle Beeinträchtigungen

Darüber hinaus kommt in Betracht, dass nicht nur der Umfang der betroffe- 69
nen Fläche zählt, sondern z.b. bei einer Brücke wegen deren Trennfunktion
auch andere Gesichtspunkte etwa durch eine **Separierung** der jeweiligen
Gebietsbestandteile. Dabei kommt es dann aber darauf an, ob daraus nachhaltige Schäden resultieren. Werden diese gutachterlich nicht bestätigt,
kann darauf keine erhebliche Beeinträchtigung gestützt werden.[160]

Ob eine erhebliche Beeinträchtigung eines Schutzgebietes vorliegt, ist im 70
Hinblick auf seine Erhaltungsziele zu untersuchen. Es geht daher nicht um
den Schutz des Gebiets in seiner Gesamtheit. Deshalb kann selbst ein massiver Eingriff in Natur und Landschaft keine erhebliche Beeinträchtigung bilden, wenn er sich etwa nur auf **Rand- oder Pufferzonen** beschränkt oder
Tiere bzw. Pflanzen beeinträchtigt, die nicht zu den im Gebiet besonders geschützten Arten zählen. Oder aber die unter Schutz stehenden Tierarten
werden von vornherein nicht von dem anstehenden Vorhaben beeinträchtigt
bzw. können sich durch eine entsprechende **Standortdynamik** anpassen.[161]
Eine weitere Einengung der erheblichen Beeinträchtigung ergibt sich, wenn
man ihre **hinreichende Wahrscheinlichkeit** verlangt, mithin ihre bloße Möglichkeit nicht ausreichen lässt.[162]

Bei **Vogelschutzgebieten** braucht keine Prüfung auf die Verträglichkeit mit 71
den Erhaltungszielen zu erfolgen, wenn die Projekte das Gebiet von vornherein nicht erheblich beeinträchtigen können. Das ergibt sich aus Art. 6 Abs. 3
Satz 1 i.V.m. Art. 7 FFH-RL. Ergibt sich daher schon nach einer bloßen Vorprüfung, dass keine vernünftigen Zweifel am Ausbleiben erheblicher Beeinträchtigungen bestehen, erübrigt sich eine Verträglichkeitsprüfung.[163]

f) Einbeziehung von Schadensbegrenzungsmaßnahmen

Die Verträglichkeitsprüfung nach § 34 Abs. 2 stellt ebenso wie Art. 6 Abs. 3 72
FFH-RL darauf ab, ob das Vorhaben selbst mit den für das betroffene FFH-
Gebiet festgelegten Erhaltungszielen übereinstimmt. Das Gebiet darf als solches in seinem für die Erhaltungsziele oder den Schutzzweck maßgeblichen
Bestand nicht erheblich beeinträchtigt werden können. Kommt es aber damit
auf die Wahrung des FFH-Gebietes mit seinen maßgeblichen Bestandteilen
in seinem jeweiligen Zuschnitt und mit den festgelegten Erhaltungszielen
an, ist es im Ergebnis gleichgültig, ob dies schon durch die Ausdehnung des
Vorhabens als solches gelingt oder durch **Schadensbegrenzungsmaßnahmen
vor Ort**. Auch Letztere sorgen dafür, dass von dem Vorhaben keine Auswir-

---

160 VGH München, Urt. v. 30.09.2009 – 8 A 05.40050 u.a., NuR 2010, 355, B II. 1.3.5 – Westtangente Rosenheim.
161 *Spieth/Appel*, NuR 2009, 669 (670); *Scheidler*, NuR 2009, 232 (234f.) m.w.N. zur Judikatur; vgl. allgemein auch *Jarass*, NuR 2007, 371 (373); *Wolf*, ZUR 2005, 449 (453).
162 So OVG Lüneburg, Urt. v. 01.12.2004 – 7 LB 44/02, NJÖZ 2005, 2075, 2793f.: „weder
   praktisch brauchbar noch rechtlich geboten".
163 BVerwG, Urt. v. 14.04.2010 – 9 A 5.08, BVerwGE 136, 291 = NuR 2010, 558, Rn. 99 –
   A 44; vgl. Urt. v. 17.01.2007 – 9 A 20.05, BVerwGE 128, 1, Rn. 60 – Westumfahrung Halle;
   Beschl. v. 26.11.2007 – 4 BN 46.07, NuR 2008, 115.

kungen ausgehen, welche das FFH-Gebiet erheblich beeinträchtigen kön-nen[164], so etwa bei einer Erweiterung oder Verbesserung des betroffenen Gebiets.[165] Nur werden die Auswirkungen nicht a priori vermieden, sondern durch entsprechende Maßnahmen begrenzt. Etwaige Beeinträchtigungen werden schon vor Ort eingefangen und limitiert, sodass sie gleichfalls loka-lisiert bleiben und der Erhaltungszustand der geschützten Lebensraumtypen und Arten stabil bleibt.

73 Damit bietet sich eine Klarstellung an, dass eine erhebliche Beeinträchti-gung auch durch **Schadensbegrenzungsmaßnahmen vor Ort** ausgeschlossen sein kann. Der für die nationale Umsetzung maßgebliche Art. 6 Abs. 3 Satz 1 FFH-RL könnte daher ergänzt werden: „Pläne oder Projekte, die nicht un-mittelbar mit der Verwaltung des Gebietes in Verbindung stehen oder hier-für nicht notwendig sind, die ein solches Gebiet jedoch einzeln oder in Zu-sammenhang mit anderen Plänen und Projekten selbst unter Einbeziehung von Schadensbegrenzungsmaßnahmen vor Ort erheblich beeinträchtigen könnten, erfordern eine Prüfung auf Verträglichkeit mit den für dieses Ge-biet festgelegten Erhaltungszielen."

74 Dann würde eine Verträglichkeitsprüfung von vornherein entbehrlich, weil (etwaige) Beeinträchtigungen so weit durch Schadensbegrenzungsmaßnah-men eingefangen wären, dass sie nicht mehr erheblich sein und damit keine Verträglichkeitsprüfung mehr auslösen könnten. Es kann sich daher auch nicht um bloße Ausgleichsmaßnahmen nach Art. 6 Abs. 4 FFH-RL handeln, da diese als **Kohärenzsicherungsmaßnahmen** an einem anderen Ort in der jeweiligen biogeografischen Region auftretende erhebliche Beeinträchtigun-gen nicht hemmen, sondern an anderer Stelle ausgleichen und damit neut-ralisieren, sodass trotz negativer Verträglichkeitsprüfung ein Vorhaben doch noch zulässig sein kann. Diesen Ausgleichsmaßnahmen gegenüber sind Schadensbegrenzungsmaßnahmen höherwertig, weil sie bereits ein Auftre-ten erheblicher Beeinträchtigungen verhindern. Das rechtfertigt es, dass durch Letztere eine Verträglichkeitsprüfung ausgeschlossen wird, durch Ausgleichsmaßnahmen hingegen nicht.

g) Ausschluss von reinen Kompensationsmaßnahmen

75 Hingegen können reine Kompensationsmaßnahmen eine erhebliche Beein-trächtigung nicht vermeiden:[166] Das Gebiet als solches wird weiterhin beein-

---

164 Ihnen ebenfalls eine Rolle zumessend GAin *Kokott*, Schlussanträge v. 29.01.2004 – Rs. C-127/02, Slg. 2004, I-7405, Rn. 108 – Waddenvereniging und Vogelbeschermingsver-eniging, aber unter Einbeziehung des sog. Monitoring. Bezogen auf Schutz- und Kom-pensationsmaßnahmen BVerwG, Urt. v. 17.01.2007 – 9 A 20.05, BVerwGE 128, 1, Rn. 53 – Westumfahrung Halle; diese dürfen indes nicht lediglich die ökologischen Schäden mildern und damit bloß konfliktmindernd sein, Rn. 56; vgl. bereits BVerwG. Urt. v. 19.05.1998 – 4 A 9.97, BVerwGE 107, 1, 27.

165 Vgl. *Kratsch*, NuR 2007, 100 (104) zur Sicherung der Funktion von Lebensstätten.

166 A.A. noch BVerwG, Urt. v. 17.01.2007 – 9 A 20.05, BVerwGE 128, 1, Rn. 45 – Westum-fahrung Halle. Immerhin als Ausnahme BVerwG, Urt. v. 06.11.2012 – 9 A 17.11, BVerwGE 145, 40 = NuR 2014, 344, Rn. 59f. – A 33; näher *Füßer/Lau*, NuR 2014, 453.

trächtigt und nur an anderer Stelle ein Ausgleich geschaffen, und dies auch noch später.[167]

Der Habitatschutz ist mithin gebiets- bzw. stellenbezogen und im Hinblick auf das Vorliegen einer erheblichen Beeinträchtigung **keiner (zeitlich gestreckten) Gesamtbetrachtung** zugänglich. Diese erfolgt erst bei der Abweichungsentscheidung, auch um Umgehungen zu vermeiden und die in der FFH-RL vorgesehenen Verfahren einzuhalten.[168] Dieser Ansatz spricht auch dagegen, nur auf die zeitliche Komponente abzustellen und bereits weit vorangeschrittene bzw. früh begonnene Ausgleichs- bzw. Kompensationsmaßnahmen ausreichen zu lassen. Und selbst Schadensbegrenzungsmaßnahmen müssen einen Schadenseintritt am maßgeblichen Erhaltungsziel und Schutzgut des betroffenen Gebietes ausschließen.[169] 76

V. Eigentliche FFH-Verträglichkeitsprüfung

1. Ansatz

Bislang handelte es sich um eine Vorprüfung, welche die Notwendigkeit einer FFH-Verträglichkeitsprüfung erwies. Schon dabei wurde auf die Verträglichkeit der Pläne oder Projekte mit den für das FFH-Gebiet festgelegten Erhaltungszielen abgehoben; dadurch wird die Vorprüfung mit der eigentlichen FFH-Verträglichkeitsprüfung verknüpft.[170] Die Perspektive ist mithin gleich, nur die Prüfungsdichte ist verschieden: Die Möglichkeit erheblicher Beeinträchtigungen steht im Raum und muss nunmehr durch einen **„Gegenbeweis"** entkräftet werden.[171] Dies gilt auch für den einstweiligen Rechtsschutz,[172] würde doch ansonsten der Eingriff jedenfalls vorübergehend möglich und damit das FFH-Gebiet ggf. irreparabel geschädigt. 77

Dieser Gegenbeweis muss die Gewissheit verschaffen, dass die Pläne oder Projekte sich nicht nachteilig auf das fragliche Gebiet auswirken.[173] Ansonsten kommt nur noch eine Abweichungsentscheidung nach § 34 Abs. 3 in Betracht. Entsprechend ausführlich und abgesichert muss die Prüfung auf der Ebene der Beurteilung der FFH-Verträglichkeit ausfallen. So ist die Ermittlung von festen Grenzen etwa von Tiefflügen, ab denen eine erhebliche Beeinträchtigung nicht mehr erfolgen kann, nicht schon in der Vorprüfung möglich, sondern erst in der Verträglichkeitsprüfung.[174] Dabei können zwar Prognosen und Risikoabschätzungen getroffen werden. Indes ist letztlich ein Ergebnis erforderlich, das „auf der sicheren Seite" liegt.[175] 78

---

167 EuGH, Urt. v. 15.05.2014 – Rs. C-521/12, NuR 2014, 487, Rn. 31 f. – Briels.
168 EuGH, Urt. v. 15.05.2014 – Rs. C-521/12, NuR 2014, 487, Rn. 33 – Briels.
169 *Schütte/Wittrock/Flamme*, NuR 2015, 145, 150.
170 BVerwG, Urt. v. 17.01.2007 – 9 A 20.05, BVerwG 128, 1, Rn. 41 – Westumfahrung Halle.
171 BVerwG, Urt. v. 17.01.2007 – 9 A 20.05, BVerwGE 128, 1, Rn. 62 – Westumfahrung Halle.
172 VGH München, Beschl. v. 16.07.2013 – 14 CE 13.290, NuR 2014, 134, 136.
173 BVerwG, Urt. v. 17.01.2007 – 9 A 20.05, BVerwGE 128, 1, Rn. 41 – Westumfahrung Halle.
174 OVG Magdeburg, Urt. v. 26.09.2013 – 2 L 95/13, NuR 2014, 127, 129.
175 BVerwG, Urt. v. 17.01.2004 – 9 A 20.05, BVerwGE 128, 1, Rn. 64 – Westumfahrung Halle.

79　Die FFH-Verträglichkeitsprüfung ist ein naturschutzrechtlich obligatorischer Verfahrensschritt,[176] aber dabei **in ein fachspezifisches Planungsinstrument** wie eine straßenrechtliche Planfeststellung, eine bergbauliche Betriebszulassung (siehe dafür § 48 Abs. 2 BbergG), eine Bauleitplanung bzw. ein immissionsschutzrechtliches Genehmigungsverfahren **zu integrieren**. Danach richtet sich dann auch die erreichbare Detailkenntnis, um etwa Ausgleichsmaßnahmen beurteilen zu können.[177]

80　Daraus ergibt sich dann bei einer **gestuften Zulassung** die adäquate Ebene für die FFH-Verträglichkeitsprüfung. Eine Verlagerung auf die spätere Ebene ist ausgeschlossen, wenn dort absehbar bereits vorher die sachgerechte Lösung eines Interessenkonflikts ausgeschlossen ist.[178] Im Übrigen aber kann eine FFH-Verträglichkeitsprüfung **von der Bauleitplanung in das immissionsschutzrechtliche Genehmigungsverfahren** verlagert werden – so bei einem Steinbruchbetrieb, bei dem ein Flächennutzungsplan die erforderlichen Vorkehrungen zum Schutz der Fledermauspopulation nicht darstellen kann.[179] Unterbleibt eine FFH-Verträglichkeitsprüfung bei der Planfeststellung eines Flughafens, kann sie im Verfahren über die Festlegung von Flugrouten nachgeholt werden.[180]

81　Die **FFH-Verträglichkeitsprüfung** kann **nicht** dadurch **ersetzt** werden, dass vor der Aufnahme eines Gebietes in die Gemeinschaftsliste ein zu diesem Zeitpunkt zwar genehmigtes, aber noch nicht ausgeführtes Projekt eine Einhaltung der Mindeststandards entsprechend den **mitgliedstaatlichen Schutzpflichten nach Art. 6 Abs. 2 FFH-RL**[181] geprüft wurde, handelt es sich doch dabei um keine spezifische FFH-Verträglichkeitsprüfung nach dem System von Art. 6 Abs. 3 und 4 FFH-RL.[182] Der unionsrechtliche Effektivitätsgrundsatz soll eine Zugrundelegung der aktuellen Situation verlangen und nicht die unter Umständen Jahre zurückliegende zum Genehmigungszeitpunkt.[183] Damit bleibt indes die Bestandskraft von Genehmigungen praktisch unberücksichtigt (kritisch bereits oben Rn. 36, 39). Das BVerwG hebt darauf ab, ob bereits eine gerichtliche Prüfung erfolgte – und sei es in einem vorläufigen Rechtsschutzverfahren.[184] Dann soll sogar unschädlich sein, wenn sich die tatsächliche Situation zur Zeit der Genehmigungserteilung nicht mehr

---

176 BVerwG, Urt. v. 10.04.2013 – 4 C 3.12, BVerwGE 146, 175, Rn. 10.
177 BVerwG, Beschl. v. 24.03.2015 – 4 BN 32.13, NuR 2015, 401, 405 für Kohärenzsicherungsmaßnahmen, die aber erst bei der Abweichungsentscheidung nach § 34 Abs. 3 eine Rolle spielen, sowie generell für die Beurteilung der Vereinbarkeit von Tätigkeiten mit den Gebietserhaltungszielen anhand bestehender Planungen.
178 BVerwG, Urt. v. 11.03.1988 – 4 C 56.84, Buchholz 406.11 § 9 BBauG Nr. 30 S. 4 ff.; Beschl. v. 14.07.1994 – 4 NB 25.94, Buchholz 406.11 § 1 BauGB Nr. 75 S. 11.
179 BVerwG, Beschl. v. 24.03.2015 – 4 BN 32.13, NuR 2015, 401, 405.
180 BVerwG, Urt. v. 19.12.2013 – 4 C 14.12, BVerwGE 149, 17, Rn. 34.
181 Siehe EuGH, Urt. v. 13.01.2005 – Rs. C-117/03, NVwZ 2005, 311 – Dragaggi.
182 Siehe die EuGH-Vorlage des BVerwG, Beschl. v. 06.03.2014, 9 C 6.12, NuR 2014, 633, Rn. 35.
183 So die EuGH-Vorlage des BVerwG, Beschl. v. 06.03.2014, 9 C 6.12, NuR 2014, 633, Rn. 39.
184 EuGH-Vorlage des BVerwG, Beschl. v. 06.03.2014, 9 C 6.12, NuR 2014, 633, Rn. 45.

(voll) rekonstruieren lässt: Unterlagen und Untersuchungen vor Baubeginn reichen aus, Ungewissheiten dürfen nicht zulasten des Vorhabenträgers gehen.[185] Zwar entspricht dies dem Vertrauensschutz (vgl. oben Rn. 33 ff.), lässt allerdings den gerade im Habitatschutz so sehr vom EuGH betonten Effektivitätsgrundsatz in den Hintergrund treten.

Gem. § 34 Abs. 2 ist ein Projekt unzulässig, bei dem die Prüfung der Verträglichkeit negativ ausgeht. In dieser Verträglichkeitsprüfung ist es an den für das FFH-Gebiet maßgeblichen Erhaltungszielen zu messen. Nach § 34 Abs. 1 Satz 3 hat der Projektträger unter Beachtung des Verhältnismäßigkeitsprinzips[186] und damit des Aufwands im Hinblick auf die bedrohten Erhaltungsziele die für diese Prüfung erforderlichen **Unterlagen** vorzulegen. Diese Pflicht ist vor allem projektbezogen zu sehen, da sich die FFH-relevanten Erhaltungsziele aus anderen Unterlagen ergeben, deren Erstellung in öffentlich-rechtlicher Verantwortung erfolgt. Relevant ist die Vorlagepflicht insbesondere, wenn die Unterlagen nicht schon wegen einer obligatorischen **Umweltverträglichkeitsprüfung** ohnehin vorgelegt werden müssen (vgl. § 6 Abs. 1 UVPG).[187]   82

Ist das betroffene Gebiet durch eine „**Natura 2000"-Verordnung** als Schutzgebiet ausgewiesen, ergeben sich die Maßstäbe für die Verträglichkeit aus dem Schutzzweck und den dazu erlassenen Vorschriften. **Altverordnungen** sind gem. § 34 Abs. 1 Satz 2 nur relevant, wenn sie an die FFH-bezogenen Erhaltungsziele bereits angepasst sind.[188] Andernfalls sind die Erhaltungsziele durch Auswertung der zur Vorbereitung der Gebietsmeldung gefertigten **Standard-Datenbögen** zu gewinnen, in denen die Merkmale des Gebiets beschrieben werden, die aus nationaler Sicht erhebliche ökologische Bedeutung für das Ziel der Erhaltung der natürlichen Lebensräume und -arten haben.[189] Insoweit darf aber nichts auf unrichtige oder unvollständige Angaben deuten[190] (näher oben Rn. 51).   83

Damit ist die Zielrichtung praktisch parallel zur Frage, ob eine erhebliche Beeinträchtigung vorliegt. Besteht bei dieser Zielrichtung eine erhebliche Beeinträchtigung, und sei sie auch nur möglich, führt die Prüfung der Verträglichkeit gem. § 34 Abs. 2 zur Unzulässigkeit. Allein die Frage einer erheblichen Beeinträchtigung wird allerdings im Rahmen einer Vorprüfung   84

---

185 EuGH-Vorlage des BVerwG, Beschl. v. 06.03.2014, 9 C 6.12, NuR 2014, 633, Rn. 45.
186 Begründung zum Gesetzentwurf der Fraktionen der CDU/CSU und SPD v. 17.03.2009, BT-Drs. 16/12274, S. 65.
187 Begründung zum Gesetzentwurf der Fraktionen der CDU/CSU und SPD v. 17.03.2009, BT-Drs. 16/12274, S. 65.
188 Begründung zum Gesetzentwurf der Fraktionen der CDU/CSU und SPD v. 17.03.2009, BT-Drs. 16/12274, S. 65.
189 BVerwG, Urt. v. 14.04.2010 – 9 A 5.08, BVerwGE 136, 291 = NuR 2010, 558, Rn. 30 – A 44; Urt. v. 12.03.2008 – 9 A 3.06, NuR 2008, 633, Rn. 72; Urt. v. 17.01.2007 – 9 A 20.05, BVerwGE 128, 1, Rn. 75 – Westumfahrung Halle.
190 Begründung zum Gesetzentwurf der Fraktionen der CDU/CSU und SPD v. 17.03.2009, BT-Drs. 16/12274, S. 65.

geklärt[191] (siehe o. Rn. 58 ff.). Hier geht es im Einzelnen und konkret um die Vereinbarkeit mit den Erhaltungszielen bzw. den für den Schutzzweck maßgeblichen Bestandteilen. Insoweit dürfen auch nach Ausschöpfung der besten wissenschaftlichen Erkenntnisse[192] keine vernünftigen Zweifel mehr verbleiben, dass keine erheblichen Beeinträchtigungen zu erwarten sind.[193]

2. Reichweite

85 Die Prüfung der Verträglichkeit eines Projektes bezieht sich auf das Habitatschutzgebiet. Dessen Ausdehnung bestimmt sich danach, dass die Erhaltungsziele gewahrt werden können. Da diese damit schon bei der Gebietsabgrenzung zu berücksichtigen sind, brauchen **gebietsexterne Flächen** nicht in die Verträglichkeitsprüfung einbezogen zu werden. Insoweit besteht jedenfalls kein rechtliches Erfordernis. Davon hängt deshalb die Rechtmäßigkeit eines Planfeststellungsbeschlusses nicht ab.[194] Einzubeziehen sind nur sich aufdrängende Erweiterungsflächen. Sie gehören ja eigentlich zu dem betroffenen Habitatschutzgebiet und sind daher mit dem festgelegten Gebiet zusammen als Einheit zu betrachten.[195]

86 Als Arten heranzuziehen sind die nach dem Stand der Fachwissenschaft charakteristischen, selbst wenn im Standard-Datenbogen zur Benennung des Habitatschutzgebietes nicht ausdrücklich benannt.[196] Umgekehrt können bei der FFH-Verträglichkeitsprüfung nicht alle charakteristischen Arten der Lebensgemeinschaft eines Lebensraums untersucht werden, sondern es erfolgt eine **Beschränkung auf** die mit deutlichem **Vorkommensschwerpunkt** im jeweiligen Lebensraumtyp bzw. mit unmittelbarer Bindung an dessen Erhalt.[197] Es sind die Arten mit **Indikationsfunktion für potenzielle Auswirkungen** des Vorhabens auf den Lebensraumtyp zu betrachten.[198] Dabei geht es um die konkrete Ausprägung eines Lebensraumtyps in einem bestimmten Gebiet, so dass nicht Beschreibungen in einem Handbuch genügen, und sei es vom Bundesamt für Naturschutz,[199] sondern die Lage vor Ort maßgeblich ist.

87 Da ohnehin der Lebensraum als Ganzes untersucht wird, bedarf es einer speziellen Betrachtung nur der dafür charakteristischen Arten, deren Betrof-

---

191 VGH München, Urt. v. 30. 09. 2009 – 8 A 05.40050 u.a., NuR 2010, 355, B.II.1.2. – Westtangente Rosenheim.

192 Dazu u. Rn. 92 ff.

193 EuGH, Urt. v. 07. 09. 2004 – Rs. C-127/02, Slg. 2004, I-7405, Rn. 54 – Waddenvereiniging und Vogelsbeschermingvereiniging.

194 BVerwG, Urt. v. 14. 04. 2010 – 9 A 5.08, BVerwGE 136, 291 = NuR 2010, 558, Rn. 47 – A 44.

195 Siehe BVerwG, Urt. v. 14. 04. 2010 – 9 A 5.08, BVerwGE 136, 291 = NuR 2010, 558, Rn. 47 – A 44.

196 BVerwG, Urt. v. 12. 03. 2008 – 9 A 3.06, BVerwGE 130, 299, Rn. 79.

197 BVerwG, Urt. v. 06. 11. 2012 – 9 A 17.11, BVerwGE 145, 40 = NuR 2014, 344, Rn. 52 – A 33.

198 Leitfaden des Bundesverkehrsministeriums zur FFH-Verträglichkeitsprüfung im Bundesfernstraßenbau, Ausgabe 2004, S. 32.

199 BVerwG, Urt. v. 06. 11. 2012 – 9 A 17.11, BVerwGE 145, 40 = NuR 2014, 344, Rn. 52 a.E. – A 33.

fenheit über die Prüfung des Lebensraums als Ganzen nicht adäquat erfasst wird.[200] Nur insoweit ist eine besondere Betrachtung notwendig; der Lebensraumschutz als solcher reicht mithin nicht aus. Dabei können unter Umständen Analogien von den untersuchten Tierarten gezogen werden; von einer höheren Ernährungsstufe kann auf eine niedrigere und damit auf den Lebensraumtyp geschlossen werden.[201]

3. Konkretes Vorgehen

a) Überblick

Das Habitatschutzgebiet muss nicht insgesamt und in allen seinen Erhaltungszielen auf die Verträglichkeit mit dem Projekt betrachtet werden, sondern nur die für die Einwirkungen des Projekts, mithin zu deren Bestimmung und Bewertung relevanten müssen erfasst und bewertet werden. Die **Methode der Bestandsaufnahme** ist dabei nicht normativ festgelegt. Die Methodenwahl muss aber den für die Verträglichkeitsprüfung allgemein maßgeblichen Standard der „besten einschlägigen wissenschaftlichen Erkenntnisse" einhalten.[202]

Das Vorgehen im Hinblick auf die Bestimmung und Bewertung der relevanten Einwirkungen des Projekts und vorgelagert die Erfassung und Bewertung der insoweit relevanten Erhaltungsziele und Gebietsbestandteile müssen plausibel sein.[203] Dabei kann die **Prüfung des Lebensraumes als Ganzes** genügen. Das gilt, wenn die Betroffenheit einzelner Arten darüber adäquat erfasst wird. Dann müssen nicht alle in einem durch das Vorhaben betroffenen Lebensraumtyp vorkommenden charakteristischen Arten speziell untersucht werden. Das trifft nur im Hinblick auf diejenigen zu, deren Betroffenheit über die Prüfung des Lebensraumes als Ganzen nicht adäquat erfasst wird.[204]

Die Untersuchung hat dabei grundsätzlich streng zu erfolgen. Aufgrund der Beweisregel des Art. 6 Abs. 3 FFH-RL darf kein vernünftiger Zweifel am Ausbleiben erheblicher Beeinträchtigungen bestehen.[205] Maßgeblich ist letztlich das **Beurteilungsergebnis**, sofern Rechtsfehler darauf keinen Einfluss haben.[206]

Gleichwohl darf mit **Prognosewahrscheinlichkeitseinschätzungen** und **Analogieschlüssen** gearbeitet werden, wenn nicht ausräumbare wissenschaft-

88

89

90

91

---

200 BVerwG, Urt. v. 06.11.2012 – 9 A 17.11, BVerwGE 145, 40 = NuR 2014, 344, Rn. 53 – A 33.

201 BerwG, Urt. v. 06.11.2012 – 9 A 17.11, BVerwGE 145, 40 = NuR 2014, 344, Rn. 53 – A 33.

202 BVerwG, Urt. v. 06.11.2012 – 9 A 17.11, BVerwGE 145, 40 = NuR 2014, 344, Rn. 32 – A 33; Urt. v. 14.04.2010 – 9 A 5.08, BVerwGE 136, 291 = NuR 2010, 558, Rn. 50 – A 44; vgl. Urt. v. 12.03.2008 – 9 A 3.06, NuR 2008, 633, Rn. 72 f.; näher zugleich Rn. 92 ff.

203 BVerwG, Urt. v. 14.04.2010 – 9 A 5.08, BVerwGE 136, 291 = NuR 2010, 558, Rn. 53 – A 44.

204 BVerwG, Urt. v. 14.04.2010 – 9 A 5.08, BVerwGE 136, 291 = NuR 2010, 558, Rn. 55 – A 44.

205 BVerwG, Urt. v. 14.04.2010 – 9 A 5.08, BVerwGE 136, 291 = NuR 2010, 558, Rn. 67 – A 44; vgl. Urt. v. 17.01.2007 – 9 A 20.05, BVerwGE 128, 1, Rn. 54, 58 und 62 – Westumfahrung Halle.

206 BVerwG, Urt. v. 14.04.2010 – 9 A 5.08, BVerwGE 136, 291 = NuR 2010, 558, Rn. 86 – A 44.

liche Unsicherheiten über Wirkungszusammenhänge prägend sind.[207] Diese Unsicherheiten können sich auch auf **Schutz-, nicht mehr allerdings Kompensationsmaßnahmen**[208] beziehen, sofern das Schutzkonzept ein wirksames **Risikomanagement** entwickelt hat.[209] Ein solches wirksames Risikomanagement kann vor allem dann zur Zulassung eines Projektes führen, wenn bei Bedarf das Schutzkonzept „nachjustiert" werden kann.[210]

b) Fortschrittliche, aber fachlich erprobte Verfahren

92   Die zu schützenden Vorkommen sind fachgutachtlich zu erfassen. Dabei ist der zu schützende Bestand in einem Umfang zu erfassen und zu bewerten, damit die Einwirkungen des Projekts bestimmt und bewertet werden können.[211] Die **Methode** dieser **Bestandsaufnahme** ist zwar nicht normativ festgelegt; ihre Wahl muss aber die für die Verträglichkeitsprüfung **allgemein maßgeblichen Standards der „besten einschlägigen wissenschaftlichen Erkenntnisse"**[212] einhalten.[213] Die allgemeine Maßgeblichkeit verlangt eine gewisse Etablierung und Anerkennung. Mit diesem Rückbezug gilt es die besten Erkenntnisse zugrunde zu legen, die einschlägig sind.

93   Generell besteht aber das Problem, gesichertes Fachwissen zu erlangen; vielfach bestehen nur Orientierungs- und Anhaltswerte für Belastungsschwellen, ohne dass die Diskussion abgeschlossen ist.[214] Besonders gravierend sind **Unsicherheiten über Wirkungszusammenhänge**, die sich auch bei Ausschöpfung der einschlägigen Erkenntnismittel nicht ausräumen lassen.[215] Umso wichtiger ist die Frage, welche Erkenntnisse überhaupt herangezogen werden können.

94   Bereits die auch vom EuGH benannte Einschlägigkeit[216] setzt eine zumindest gewisse fachliche Etablierung voraus und verpflichtet nicht zur Einbeziehung gänzlich ungesicherter Erkenntnisse. Zwar sind sämtliche Gesichtspunkte des Plans oder des Projektes zu ermitteln, aber nur die besten einschlägigen wissenschaftlichen Erkenntnisse; diese sind nach dem EuGH

---

207 BVerwG, Urt. v. 14.04.2010 – 9 A 5.08, BVerwGE 136, 291 = NuR 2010, 558, Rn. 67 – A 44; Urt. v. 17.01.2007 – 9 A 20.05, BVerwGE 128, 1, Rn. 64 – Westumfahrung Halle.
208 EuGH, Urt. v. 15.05.2014 – Rs. C-521/12, NuR 2014, 487 – Briels. Näher o. Rn. 75 f.
209 BVerwG, Urt. v. 14.04.2010 – 9 A 5.08, BVerwGE 136, 291 = NuR 2010, 558, Rn. 67 – A 44; vgl. Urt. v. 17.01.2007 – 9 A 20.05, BVerwGE 128, 1, Rn. 64 – Westumfahrung Halle.
210 BVerwG, Urt. v. 14.04.2010 – 9 A 5.08, BVerwGE 136, 291 = NuR 2010, 558, Rn. 67 a.E. – A 44.
211 BVerwG, Urt. v. 06.11.2012 – 9 A 17.11, BVerwGE 145,40 = NuR 2014, 344, Rn. 32 – A 33.
212 So EuGH, Urt. v. 07.09.2004 – C-127/02, Slg. 2004, I-7405, Rn. 54 – Waddenvereiniging und Vogelbeschermingvereniging.
213 Bereits BVerwG, Urt. v. 12.03.2008 – 9 A 3.06, BVerwGE 130, 299, Rn. 72 f.; Urt. v. 14.04.2010 – 9 A 5.08, BVerwGE 136, 291 = NuR 2010, 558 Rn. 50.
214 BVerwG, Urt. v. 17.01.2007 – 9 A 20.05, BVerwGE 128, 1, Rn. 46 – Westumfahrung Halle.
215 GAin *Kokott*, Schlussanträge v. 29.01.2004 – Rs. C-127/02, Slg. 2004, I-7405, Rn. 97 – Waddenvereniging und Vogelbeschermingsvereniging; BVerwG, Urt. v. 06.11.2012 – 9 A.17.11, BVerwGE 145,40 = NuR 2014, 344, Rn. 35 – A 33.
216 EuGH, Urt. v. 07.09.2004 – C-127/02, Slg. 2004, I-7405, Rn. 54 – Waddenvereiniging und Vogelbeschermingvereniging.

zudem nur zu berücksichtigen,[217] also nicht durchgehend und als feste, unverrückbare Grundlage einzubeziehen, sondern in ihrer Gesamtheit wertend zu betrachten. In diesem Sinne kann auch die Formulierung „Ausschöpfung aller wissenschaftlichen Mittel und Quellen"[218] gesehen werden, den GAin *Kokott* ohnehin im Zusammenhang mit Wirkungsunsicherheiten und daher notwendigen Prognosen benutzte:[219] Die Ausschöpfung verlangt lediglich eine Einbeziehung und Berücksichtigung im Rahmen der erforderlichen Überlegungen, nicht eine Dominanz jeder einzelnen Erkenntnis.

Insgesamt sind damit fortschrittliche Vorgehensweisen heranzuziehen, ohne dass noch nicht erprobte zu nutzen sind. Dieser Standard verlangt wie die anerkannten Regeln der Technik die Ermittlung der **herrschenden Auffassung unter den Praktikern** – mit dem Nachteil, dass die weiterstrebende technische Entwicklung stets voraus ist.[220] Demgegenüber können die neusten wissenschaftlichen Erkenntnisse beim Stand von Wissenschaft und Technik eingehen;[221] eine Anerkennung ist insoweit nicht erforderlich.[222] Daher sind dort die Erkenntnisse aber auch nicht allgemein maßgeblich, wie es im Rahmen der FFH-Verträglichkeitsprüfung erforderlich ist. Vielmehr muss auch hier die betreffende Erkenntnis wissenschaftlich richtig sein, die Mehrheitsmeinung der Fachleute wiedergeben und sich in der Praxis bewährt haben.[223] Dabei muss sich diese Erkenntnis auf einem hohen Niveau bewegen, um wie gefordert zu den besten zu gehören. Damit müssen es **fortschrittliche**, aber **fachlich erprobte Methoden** sein.

c) Naturschutzfachliche Beurteilung
Es handelt sich um eine **naturschutzfachliche Frage.**[224] Damit sind die in dieser Materie relevanten Erkenntnisse maßgeblich. Zudem ist ein **Beurteilungsspielraum** zuzugestehen, handelt es sich doch um eine fachspezifische Einschätzung. Eine behördliche naturschutzfachliche Einschätzungsprävogative wird erst auf dieser Ebene der FFH-Verträglichkeitsprüfung bejaht, nicht hingegen schon bei der Vorprüfung.[225]

95

96

---

217 EuGH, Urt. v. 07. 09. 2004 – C-127/02, Slg. 2004, I-7405, Rn. 54 – Waddenvereiniging und Vogelsbeschermingvereniging.

218 Gleichgestellt von BVerwG, Urt. v. 06. 12. 2012 – 9 A 17.11, BVerwGE 145,40 = NuR 2014, 344, Rn. 35 – A 44.

219 GAin *Kokott*, Schlussanträge v. 29. 01. 2004 – Rs. C-127/02, Slg. 2004, I-7405, Rn. 97 – Waddenvereiniging und Vogelbeschermingsvereniging.

220 BVerfG, Urt. v. 08. 08. 1978 – 2 BvL 8/77, BVerfGE 49, 89, 135 f. – Kalkar.

221 BVerfG, Urt. v. 08. 08. 1978– 2 BvL 8/77, BVerfGE 49, 89, 136 – Kalkar.

222 *Seibel*, NJW 2013, 3000, 3002.

223 Vgl. *Seibel*, NJW 2013, 3000, 3001; BGH, Urt. v. 24. 05. 2 013 – V ZR 182/12, Rn. 25 zur Vermutungswirkung von DIN-Normen.

224 BVerwG, Urt. v. 06. 11. 2012 – 9 A 17.11, BVerwGE 145,40 = NuR 2014, 344, Rn. 32 – A 33.

225 OVG Greifswald, Beschl. v. 10. 07. 2013 – 3 M 111/13, NuR 2014, 494.

d) Verhältnismäßigkeit

97 Vermischt wird dieser Ansatz mit der Verhältnismäßigkeit: Untersuchungen zur Beurteilung einer FFH-Verträglichkeit dürfen Tiere nicht in einem Maß belasten, das nicht verhältnismäßig ist, und zwar im Hinblick auf den zu erwartenden Erkenntnisgewinn (vgl. § 44 Abs. 6 Satz 1 BNatSchG); besonders relevant ist hier eine **Beeinträchtigung der körperlichen Integrität**.[226] So kann eine erneute Untersuchung entbehrlich sein, wenn schon die ursprüngliche auch im Hinblick auf eine geänderte Planung genügt; das Fangen, Untersuchen und ggf. Behandeln bedeutet für die Tiere Stress und muss daher auf den notwendigen Umfang beschränkt werden.[227]

e) Behandlung von Unsicherheiten

98 Die Frage ist allerdings, zu wessen Lasten daraus resultierende (kleinere) Unsicherheiten gehen – bei größeren bedarf es weiterer Untersuchung. § 34 will die Natur schützen; es geht um den „Gegenbeweis",[228] dass entgegen den Besorgnissen der Vorprüfung keine erheblichen Gebietsbeeinträchtigungen zu erwarten sind.[229] Allerdings könnten so über eine rasche Bejahung zu aufwendiger Untersuchungen Projekte gestoppt werden. Daher sind gerade dann, wenn es um die Unzulässigkeit geht, **hohe Maßstäbe an die Entbehrlichkeit von Untersuchungen** anzulegen.

99 Zugleich ist zu berücksichtigen, dass es vielfach an einschlägigen und belastbaren Erkenntnissen mangelt, sowohl was die Auswirkungen als auch bereits die Wirkungszusammenhänge betrifft. Hier dürfen Prognosewahrscheinlichkeiten und Schätzungen vorgenommen werden, die freilich kenntlich zu machen und zu begründen sind.[230] Zugunsten des Projektträgers dürfen Schutz-, allerdings nicht mehr Kompensationsmaßnahmen[231] berücksichtigt werden, sofern sie erhebliche Beeinträchtigungen verhindern.[232] Entsprechend der Zielrichtung muss aber die Verhinderung erheblicher Beeinträchtigungen ohne erhebliche verbleibende Restzweifel sein; diese sieht der EuGH bei Kompensationsmaßnahmen schon wegen ihrer zeitlichen Verzögerung.[233] Ansonsten würde der Charakter als „Gegenbeweis" überspielt.

100 Darüber hinaus wird aber dem Vorhabenträger ein Zuschnitt ermöglicht, der Zweifel überwindbar macht. Insoweit hat er die Zulässigkeit des Projekts selbst in der Hand: Neben Schutzmaßnahmen kann flankierend ein **Monitoring** eingerichtet werden, so dass im Rahmen eines **Gesamtkonzepts** ver-

---

226 BVerwG, Urt. v. 06. 11. 2012 – 9 A 17.11, BVerwGE 145, 40 = NuR 2014, 344, Rn. 32 a.E. – A 33.

227 BVerwG, Urt. v. 06. 11. 2012 – 9 A 17.11, BVerwGE 145, 40 = NuR 2014, 344, Rn. 32 – A 33.

228 BVerwG, Urt. v. 17. 01. 2007 – 9 A 20.05, BVerwGE 128, 1, Rn. 62 – Westumfahrung Halle.

229 *Wolf*, in: Schlacke (Hrsg.), GK-BNatSchG, § 32 Rn. 7.

230 GAin *Kokott*, Schlussanträge v. 29. 01. 2004 – Rs. C-127/02, Slg. 2004, I-7405, Rn. 97 – Waddenvereniging und Vogelbeschermingsvereniging.

231 Abgelehnt von EuGH, Urt. v. 15.5. 2014 – Rs. C-521/12, NuR 2014, 487 – Briels.

232 BVerwG, Urt. v. 06. 11. 2012 – 9 A 17.11, BVerwGE 145,40 = NuR 2014, 344, Rn. 35 – A 33.

233 EuGH, Urt. v. 15. 05. 2014 – Rs. C-521/12, NuR 2014, 487, Rn. 32 – Briels.

nünftige Zweifel am Ausbleiben erheblicher Beeinträchtigungen ausgeräumt sind.[234] Es bedarf mithin einer **Abschätzung der Gesamtwirksamkeit**.[235] In dieser Weise ist ein wirksames **Risikomanagement** erforderlich.[236] Dadurch kann ein etwaiges Auftreten erheblicher Beeinträchtigungen fortlaufend kontolliert und ggf. durch **zusätzliche Maßnahmen** verhindert werden.

Damit lassen sich Ungewissheiten über die Wirkungsweise von **Schutzmaßnahmen** durch **Verfahrensvorkehrungen** überwinden. Diese müssen einen bestimmten effektiven Standard wahren. Dies liegt auf der Linie, dass bei der Risikoanalyse, -prognose und -bewertung der **beste Stand der Wissenschaft** berücksichtigt werden muss. Nach dem Ansatz des BVerwG in seiner Entscheidung zur Westumfahrung Halle muss nicht nur dieser beste Stand der Wissenschaft berücksichtigt werden, sondern die einschlägigen wissenschaftlichen Erkenntnisse müssen objektiv ausreichend sein, jeden vernünftigen Zweifel auszuschließen, dass erhebliche Beeinträchtigungen vermieden werden.[237] Dies entspricht dem generellen Prüfungsansatz zur Ausräumung von Anhaltspunkten für erhebliche Beeinträchtigungen. Verbleibende Zweifel können über ein entsprechendes **Risikokonzept** überwunden werden, sofern im Nachhinein eine Korrektur möglich ist. Eine Korrektur von falschen (positiven) Prognosen sah auch schon die Entscheidung Westumfahrung Halle vor (siehe sogleich Rn. 103 ff.).

Auf diese Weise werden übersteigerte Anforderungen an den Nachweis der Unschädlichkeit eines Vorhabens vermieden, die infolge der komplexen Wirkungszusammenhänge und der oftmals begrenzten fachwissenschaftlichen Erkenntnisse über die Auswirkungen eines Vorhabens und auch von Schutzmaßnahmen problematisch wäre.[238] Kompensationsmaßnahmen schließen nach dem EuGH-Urteil Briels ohnehin erhebliche Beeinträchtigungen nicht mehr aus.[239]

4. Monitoring

Das sog. Monitoring wurde vom BVerwG in seinem Urteil Westumfahrung Halle als möglicher notwendiger Bestandteil des Schutzkonzepts zur Gewährleistung eines günstigen Erhaltungszustandes der geschützten Lebensraumtypen und Arten angesprochen. Durch die **Anordnung von Beobachtungsmaßnahmen** können gerade bei wissenschaftlicher Unsicherheit über die Wirksamkeit von Schutzmaßnahmen, welche das Vorliegen einer erheblichen Beeinträchtigung i.S.v. § 34 Abs. 2 bzw. Art. 6 Abs. 3 FFH-RL hindern, weitere Erkenntnisse über die Beeinträchtigungen gewonnen werden, um

101

102

103

---

234 BVerwG, Urt. v. 06.11.2012 – 9 A 17.11, BVerwGE 145,40 = NuR 2014, 344, Rn. 37 f. – A 33.

235 BVerwG, Urt. v. 06.11.2012 – 9 A 17.11, BVerwGE 145,40 = NuR 2014, 344, Rn. 38 – A 33.

236 BVerwG, Urt. v. 17.01.2007 – 9 A 20.05, BVerwGE 128, 1, Rn. 64 – Westumfahrung Halle.

237 BVerwG, Urt. v. 17.01.2007 – 9 A 20.05, BVerwGE 128, 1, Rn. 64 – Westumfahrung Halle.

238 *Spieth/Appel*, NuR 2009, 669 (670) m.w.N.; etwa *Stüer*, DVBl 2007, 416 (420 ff.); *Vallender*, UPR 2008, 1 (4).

239 EuGH, Urt. v. 15.05.2014 – Rs. C-521/12, NuR 2014, 487 – Briels.

die Durchführung des Vorhabens zu steuern.[240] Diese Wirksamkeit kann zwar nicht allein durch das Monitoring belegt werden. Allerdings wird das **Monitoring** als notwendiger Bestandteil des **Risikomanagements** gesehen, das die fortdauernde ökologische Funktion der Schutzmaßnahmen gewährleistet. Mit ihm müssen Korrektur- und Vorsorgemaßnahmen, welche die Risiken für Erhaltungsziele des betroffenen Schutzgebiets wirksam ausräumen, für den Fall einhergehen, dass sich bei der Beobachtung die positive Prognose der Wirksamkeit von Schutzmaßnahmen als falsch erweist.[241]

104 Danach ist das Monitoring ein wichtiger formaler Bestandteil solcher Maßnahmen, ohne explizit in § 34 Abs. 2 bzw. Art. 6 Abs. 3 FFH-RL erwähnt zu sein. Von ihm hängt die mögliche beeinträchtigende Wirkung des Vorhabens maßgeblich ab. Auch das BVerwG bezieht sich, wenn auch nur besonders herausgehoben, auf den Fall **wissenschaftlicher** Erkenntnisse. Es ist allerdings Ausdruck der **Beweislastverteilung**, dass sämtliche Risiken aus Schwierigkeiten bei der Umsetzung oder aus der langfristigen Beurteilung von solchen eine erhebliche Beeinträchtigung hindernden Maßnahmen zulasten des Vorhabens gehen.[242] Die Behörde ist also in der **Beweispflicht**[243] und muss daher auch eine langfristige Effektivität gewährleisten. Weil aber aus der FFH-RL allenfalls eine bestimmte Beweislastverteilung folgt, nicht hingegen ein bestimmtes Instrument, wie dieser genügt werden kann, bleibt es aufgrund der Vollzugskompetenz der Mitgliedstaaten immer noch diesen überlassen, wie sie für eine wirksame Schadensbegrenzung sorgen, damit das betroffene Vorhaben unter der Erheblichkeitsschwelle nach Art. 6 Abs. 3 FFH-RL bleibt. Sie müssen nur die Effektivität sicherstellen.[244] Die Vorgehensweise im Einzelnen wird von dem Zuschnitt der **Unsicherheit** bestimmt.[245] Insoweit kommen aber auch Prognosewahrscheinlichkeitseinschätzungen infrage (siehe vorstehend Rn. 98 ff.).

---

240 BVerwG, Urt. v. 17.01.2007 – 9 A 20.05, BVerwGE 128, 1, Rn. 55 – Westumfahrung Halle unter Verweis auf GAin *Kokott*, Schlussanträge v. 29.01.2004 – Rs. C-127/02, Slg. 2004, I-7405, Rn. 108 – Waddenvereniging und Vogelbeschermingsvereniging.

241 BVerwG, Urt. v. 17.01.2007 – 9 A 20.05, BVerwGE 128, 1, Rn. 55 – Westumfahrung Halle, auch noch für Kompensationsmaßnahmen, die aber nach dem EuGH-Urteil Briels (v. 15.05.2014 – Rs. C-521/12, NuR 2014, 487) insoweit ausgeschlossen sind.

242 BVerwG, Urt. v. 17.01.2007 – 9 A 20.05, BVerwGE 128, 1, Rn. 54 – Westumfahrung Halle unter Verweis auf EuGH, Urt. 29.01.2004 – Rs. C-209/02, Slg. 2004, I-1211, Rn. 24 ff. – Kommission/Österreich.

243 Sie muss sicher sein, vgl. GAin *Kokott*, Schlussanträge v. 29.01.2004 – Rs. C-127/02, Slg. 2004, I-7405, Rn. 99 – Waddenvereniging und Vogelbeschermingsvereniging, bzw. Gewissheit erlangt haben, vgl. EuGH, ebda., Slg. 2004, I-7405, Rn. 59.

244 Siehe allgemein EuGH, Urt. v. 21.09.1983 – Rs. 205-212/82, Slg. 1983, 2633, Rn. 19 – Deutsche Milchkontor; EuGH, Urt. v. 14.12.1995 – Rs. C-312/93, Slg. 1995, I-4599, Rn. 12 – Peterbroeck; EuGH, Urt. v. 12.05.1998 – Rs. C-366/95, Slg. 1998, I-2661, Rn. 15 – Steff-Houlberg Export.

245 BVerwG, Urt. v. 17.01.2007 – 9 A 20.05, BVerwGE 128, 1, Rn. 55 – Westumfahrung Halle; siehe auch *Mitschang/Wagner*, DVBl 2010, 1257 (1263).

5. Flächeninanspruchnahme

Sind Flächeninanspruchnahmen nicht offensichtlich unerheblich,[246] hat eine   *105*
FFH-Verträglichkeitsprüfung zu erfolgen. Ob **Flächenverluste hingenommen** werden können, hängt von ihrer Bedeutung für den jeweiligen vorkommenden oder zu entwickelnden günstigen Erhaltungszustand ab: Es zählt mithin ihre funktionale Bedeutung als obligativer oder fakultativer Habitatbestandteil etwa im Hinblick auf die Fortpflanzung oder die Jagd.[247] Selbst bei einer deutlichen Überschreitung der von den FuE-Konventionen angenommenen unkritischen Werte können außergewöhnliche bzw. besondere Umstände eine erhebliche Beeinträchtigung ausschließen; Maßstab ist stets die Auswirkung auf den Zustand der Erhaltungsziele.[248] Flächen ohne qualitativ-funktionale Besonderheiten für den Lebensraumtyp bzw. die charakteristischen Arten können herausgenommen werden.[249]

Entsprechend der allgemeinen Beachtlichkeit von Schutzmaßnahmen können   *106*
sie auch Gebietsverluste auffangen. Das gilt auch weiterhin für **Kompensationsmaßnahmen**.[250] Diese sind nur als solche und damit in Reinkultur bei zeitlicher Verzögerung nicht geeignet, eine erhebliche Beeinträchtigung auszuschließen[251] – wohl aber zusammen mit anderen Umständen, nämlich hier der Unschädlichkeit von (unbeachtlichen) Gebietsverlusten. Auch dies erscheint insoweit ausgeschlossen, als die herangezogenen Kompensationsmaßnahmen in das Abweichungsverfahren nach § 34 Abs. 3 gehören, mithin nur unter den dort festgelegten Voraussetzungen als Ausgleichmaßnahme fungieren können.[252] Dabei ist allerdings die zeitlich verzögerte Wirkung von Kompensationsmaßnahmen zu berücksichtigen, die eine erhebliche Beeinträchtigung als Ausnahme erscheinen lässt.[253] Dabei zählt eine **langfristige Betrachtung**, soll doch das „Netz Natura 2000" auf Dauer erhalten werden. Daher bedarf es einer kontinuierlichen Wahrung eines günstigen Erhaltungszustandes. Deshalb dürfen keine Lücken auftreten. Die als Kompensation dienenden Maßnahmen müssen daher so weit vorangeschritten sein, dass sie sogleich (nicht gravierende) Gebietsverluste auszutarieren vermögen.

---

246 Dies zeigt die Vorprüfung, siehe o. Rn. 58 f.
247 BVerwG., Urt. v. 06.11.2012 – 9 A 17.11, BVerwGE 145,40 = NuR 2014, 344, Rn. 47 –
   A 33 unter Verweis auf den Endbericht zum Teil Fachkonventionen der FuE-Konventionen, Schlussstand Juni 2007, S. 45 f, näher o. Rn. 66 ff.
248 BVerwG., Urt. v. 06.11.2012 – 9 A 17.11, BVerwGE 145,40 = NuR 2014, 344, Rn. 58 –
   A 33.
249 S. BVerwG., Urt. v. 06.11.2012 – 9 A 17.11, BVerwGE 145,40 = NuR 2014, 344, Rn. 58 –
   A 33.
250 Vgl. *Füßer/Lau*, NuR 2014, 453 (463).
251 EuGH, Urt. v. 15.05.2014 – Rs. C-521/12, NuR 2014, 487, Rn. 29 ff. – Briels.
252 Siehe EuGH, Urt. v. 15.05.2014 – Rs. C-521/12, NuR 2014, 487, Rn. 35 ff. – Briels.
253 BVerwG., Urt. v. 06.11.2012 – 9 A 17.11, BVerwGE 145,40 = NuR 2014, 344, Rn. 60 –
   A 33; GAin *Kokott*, Schlussanträge v. 27.04.2006 – Rs. C-239/04, Slg. 2006, I-10183,
   Rn. 35 – Kommission/Portugal; auch *Ewer*, in: Lütkes/Ewer, BNatSchG, § 34 Rn. 35.

VI. Abweichungsentscheidung

1. Systematik

a) Standort und Folgen für das Beteiligungsrecht der Naturschutzverbände

107 In Umsetzung von Art. 6 Abs. 4 FFH-RL ermöglichen § 34 Abs. 3 bis 5, ein Projekt abweichend von § 34 Abs. 2 und damit auch bei negativem Ausgang der Verträglichkeitsprüfung, mithin bei möglichen erheblichen Beeinträchtigungen des fraglichen FFH-Gebiets in seinen für die Erhaltungsziele und den Schutzzweck maßgeblichen Bestandteilen, zuzulassen oder durchzuführen. Dadurch wird das **Mitwirkungsrecht der Naturschutzverbände** nach § 63 Abs. 2 Nr. 5 aktiviert, das auch Abweichungen nach § 34 Abs. 3 bis 5 erfasst[254] und im Übrigen nicht vereitelt werden darf – so durch eine unterlassene FFH-Verträglichkeitsprüfung.[255] An dieser selbst besteht aber mangels Anhaltspunkten in § 34 und § 63 kein Beteiligungsrecht: Es handelt sich um ein gestuftes Prüfungsregime mit eigenständigen Schritten, so dass das Beteiligungsrecht der Naturschutzverbände **nicht** auf die **FFH-Verträglichkeitprüfung** als solche oder gar die Vorprüfung nach § 34 Abs. 1 und 2 durchschlägt. Dieses Recht bezieht sich vielmehr gem. § 63 Abs. 2 Nr. 5 auf die Erteilung der Befreiung und damit auf die Abweichungsentscheidung, die ihrerseits erst nach Bejahung einer potenziellen erheblichen Beeinträchtigung ergehen kann.[256] Die FFH-Prüfung unterliegt daher keinem Beteiligungsrecht, dieses darf aber nicht durch ihr grundsätzliches Unterbleiben unterlaufen werden.

b) Abweichungsgründe

108 Den Grundansatz für die Abweichungsentscheidungen enthält § 34 Abs. 3. Er greift ein, wenn zwingende **Gründe des überwiegenden öffentlichen Interesses**, einschließlich solcher sozialer oder wirtschaftlicher Art, ein Projekt notwendig machen.

109 Diese notwendigen zwingenden Gründe des überwiegenden öffentlichen Interesses sind genau zu beschreiben und, so weit wie möglich, zu belegen, damit ihr Gewicht gegenüber den Interessen an einem Gebietsschutz zutreffend bestimmt werden kann.[257] Hierzu muss der Vorhabenträger nach dem neuen § 34 Abs. 1 Satz 3 die erforderlichen **Unterlagen** vorlegen, zumal wenn solche aus einer gleichfalls obligatorischen **Umweltverträglichkeitsprüfung** nicht vorliegen[258] bzw. genügen, da sie regelmäßig nicht auf eine FFH-Abweichungsentscheidung ausgerichtet sein werden.

---

254 Etwa OVG Magdeburg, Beschl. v. 08. 01. 2007 – 2 M 358/06, NuR 2007, 208; OVG Lüneburg, Urt. v. 03. 03. 2015, 4 LC 39/13 u. 4 A 5418/12.

255 VGH München, Beschl. v. 16. 07. 2013 – 14 CE 13.290, NuR 2014, 134, 136 für den einstweiligen Rechtsschutz.

256 OVG Magdeburg, Urt. v. 26. 09. 2013 – 2 L 95/13, NuR 2014, 127, 129.

257 OVG Lüneburg, Urt. v. 20. 05. 2009 – 7 KS 28/07, NuR 2009, 719.

258 Begründung zum Gesetzentwurf der Fraktionen der CDU/CSU und SPD v. 17. 03. 2009, BT-Drs. 16/12274, S. 65.

Frenz

Diesen weiten Grundansatz schränkt § 34 Abs. 4 ein, wenn von dem Projekt   *110*
in dem fraglichen Habitatschutzgebiet vorkommende prioritäre natürliche
Lebensraumtypen oder prioritäre Arten betroffen werden können. Dieses Erfordernis der Betroffenheit kam in Übereinstimmung mit der Rechtsauffassung der Kommission hinzu; allein das bloße Vorkommen prioritärer Bestandteile löst also die besonderen Rechtsfolgen nicht aus.[259]

Sind diese prioritären Bestandteile betroffen, kommen als zwingende   *111*
Gründe des überwiegenden öffentlichen Interesses nur solche im Zusammenhang mit der **Gesundheit des Menschen**, der **öffentlichen Sicherheit**
einschließlich der **Verteidigung** und des **Schutzes der Zivilbevölkerung** und
den maßgeblich günstigen Auswirkungen des Projekts auf die Umwelt in Betracht. Sonstige Gründe nach dem vorstehend genannten § 34 Abs. 3 Nr. 1
können nur nach Einholung einer Stellungnahme der Kommission berücksichtigt werden. Auf diese Weise sind Abs. 3 und 4 des § 34 zusammen zu
lesen und stehen in Verbindung zueinander, wie sich aus § 34 Abs. 5 Satz 1
ergibt.

c) Vorrangige Alternativenprüfung

Dementsprechend dürfen für beide Abweichungsvarianten gem. § 34 Abs. 3   *112*
Nr. 2 zumutbare Alternativen, um den mit dem Projekt verfolgten Zweck an
anderer Stelle ohne oder mit geringeren Beeinträchtigungen zu erreichen,
nicht gegeben sein. Entsprechend dem Wortlaut **Alternativen „mit geringeren Beeinträchtigungen"** muss grundsätzlich auch eine geringfügig weniger
beeinträchtigende gewählt werden, wenn sie zumutbar ist.[260]

Diese Voraussetzung der fehlenden zumutbaren Alternative wird zwar ent-   *113*
sprechend der Ziffernfolge in § 34 Abs. 3 an zweiter Stelle genannt. Indes
schließt die Existenz zumutbarer Alternativen eine Abweichungsentscheidung aus. Der Vorhabenträger muss von der Möglichkeit Gebrauch machen,
das Planungsziel an einem günstigeren Standort oder mit günstigerer Eingriffsintensität zu verwirklichen; es besteht insoweit aufgrund des Ausnah-
mecharakters von Art. 6 Abs. 4 UAbs. 1 FFH-RL als striktem Vermeidungsgebot kein Ermessen.[261] Dann erübrigt sich die Prüfung zwingender Gründe
des überwiegenden öffentlichen Interesses, soweit sie in Betracht kommen.
Daher ist diese Ausschlussvoraussetzung an erster Stelle zu prüfen.[262]

d) Kohärenzsicherungsmaßnahmen

Schließlich verlangt der mit der bisherigen Fassung wortgleiche § 34 Abs. 5   *114*
die notwendigen Kohärenzsicherungsmaßnahmen, um auch bei Zulassung
oder Durchführung eines Projektes trotz negativer Verträglichkeitsprüfung

---

259 Begründung zum Gesetzentwurf der Fraktionen der CDU/CSU und SPD v. 17.03.2009,
BT-Drs. 16/12274, S. 65.
260 OVG Lüneburg, Urt. v. 20.05.2009 – 7 KS 28/07, NuR 2009, 719.
261 BVerwG., Urt. v. 06.11.2012 – 9 A 17.11, BVerwGE 145,40 = NuR 2014, 344, Rn. 69 –
A 33.
262 Siehe *Hösch*, NuR 2004, 210 (214, 216); *Ramsauer*, NuR 2000, 601 (603).

den Zusammenhang des Netzes „Natura 2000" zu sichern. Die Eignung dieser Maßnahmen ist ausschließlich nach naturschutzfachlichen Maßstäben zu beurteilen, und zwar mit weniger strengen Anforderungen als im Hinblick auf die Eignung von Schadensvermeidungs- und Minderungsmaßnahmen: hohe Wahrscheinlichkeit der Wirksamkeit statt voller Wirksamkeitsnachweis.[263] Der EuGH verwies die bislang bereits eine erhebliche Beeinträchtigung ausschließenden Kompensationsmaßnahmen weitestgehend in diese Kategorie.[264]

2. Zumutbare Alternativen

a) Doppelter Bezug

115 Voraussetzung für die Zulassung oder Durchführung eines Projektes mit negativer FFH-Verträglichkeitsprüfung ist gem. § 34 Abs. 3 Nr. 2, dass zumutbare Alternativen nicht gegeben sind. Zwar nennt § 34 Abs. 4 diese Voraussetzung nicht, ist aber seinerseits auf § 34 Abs. 3 bezogen und wirkt insoweit für die zwingenden Gründe des überwiegenden öffentlichen Interesses verengend. Damit bleiben die übrigen Voraussetzungen bestehen, wie auch § 34 Abs. 5 Satz 1 deutlich macht, der die Zulassung oder Durchführung eines Projektes nach Abs. 3 auch i.V.m. Abs. 4 anspricht. Überdies muss bei einer möglichen Betroffenheit prioritärer natürlicher Lebensraumtypen oder prioritärer Arten erst recht geprüft werden, ob sich diese Betroffenheit durch zumutbare Alternativen vermeiden lässt.

b) Identitätswahrung des geplanten Projekts

116 Voraussetzung dafür, dass der Projektträger auf eine zumutbare Alternative verwiesen werden kann, ist die mögliche **anderweitige Zweckerreichung**. Er muss den mit dem Projekt verfolgten Zweck an anderer Stelle ohne oder mit geringeren Beeinträchtigungen erreichen können. Das ist ausgeschlossen, wenn er das Projekt praktisch aufgeben muss, weil er dessen Identität nicht wahren kann **(notwendige Identitätswahrung des Projekts)**. Er muss sich also nicht darauf verweisen lassen, ein anderes als das geplante Projekt verwirklichen zu müssen.[265] Eine solche Modifikation liegt vor, wenn die vom Vorhabenträger verfolgten Ziele nicht mehr realisierbar sind.[266] Das wäre etwa der Fall, wenn die Elbvertiefung aufgegeben werden müsste, weil auch der Ausbau eines anderen, nicht an der Elbe gelegenen Seehafens in Betracht käme.[267] Hafen ist nicht gleich Hafen. Jeder Standort ist mit einer spezifischen Lage und einer damit einhergehenden Infrastruktur verknüpft. So

---

263 BVerwG., Urt. v. 06.11.2012 – 9 A 17.11, BVerwGE 145,40 = NuR 2014, 344, Rn. 83 – A 33.

264 EuGH, Urt. v. 15.05.2014 – Rs. C-521/12, NuR 2014, 487, Rn. 35 ff. – Briels. Dazu näher o. Rn. 75 f.

265 BVerwG, Urt. v. 06.11.2012 – 9 A 17.11, BVerwGE 145, 40 = NuR 2014, 344, Rn. 70 – A 33; Urt. v. 12.03.2008 – 9 A 3.06; NuR 2008, 633, Rn. 170; Beschl. v. 01.04.2009 – 4 B 62.08, NuR 2009, 414, Rn. 45.

266 BVerwG, Urt. v. 23.04.2014 – 9 A 25.12, NuR 2014, 706, Rn. 78 – A 49.

267 Anders *Feldt/Schumacher*, NuR 2015, 391, 395.

ermöglichen die Hamburger Anlagen und Vorrichtungen für Schiffsarbeiten etc. eine effektive Abfertigung; in Wilhelmshaven bedürfte es insoweit noch eines erheblichen Ausbaus.

Mit dem Vorprojekt verfolgte selbstständige **Teilziele** brauchen ebenfalls nicht aufgegeben zu werden. Es müssen nur gewisse Abstriche hingenommen werden, sofern sich dann geringere Beeinträchtigungen für das fragliche Habitatschutzgebiet und dessen Erhaltungsziele ergeben.[268]   *117*

Damit kommt es jeweils maßgeblich auf die **Vorhabenziele** an, die der Projektträger verfolgt.[269] Allerdings müssen die relevanten Vorhabenziele insoweit begrenzt werden, als sie einen objektiven Kern haben müssen. Ansonsten könnte der Projektträger mit vorgeschobenen Zielen suggerieren, er müsse von dem ursprünglich geplanten Vorhaben derart Abstand nehmen, dass dessen Identität infrage gestellt wird, statt eine zumutbare schonendere Variante vorzulegen.   *118*

Seine Ziele kann der Projektträger auch dann nicht verfolgen, wenn er auf sein Projekt vollständig verzichten soll. Insoweit handelt sich daher um keine Variante.[270] Die sog. **Nullvariante** scheidet also im Rahmen der FFH-Abweichungsprüfung aus.[271] Das gilt auch für eine sog. **Systemalternative** wie Schiene statt Straße oder Abfallverbrennung statt Deponie.[272] Eine **Zielaufgabe** liegt etwa vor, wenn das **Projekt an einem (völlig) anderen Ort realisiert bzw. gänzlich anders zugeschnitten** werden soll – so der **Verzicht auf die Elbvertiefung** und auf den damit verbundenen Ausbau des Hamburger Hafens durch Verlagerung der Tiefsee-Containerschiffe in einen anderen Hafen bzw. einen Verbindungsverkehr, der jedenfalls die Schiffe mit großem Tiefgang erst gar nicht bis zum Hamburger Hafen gelangen lässt.[273] Dadurch wird ein Standort praktisch aufgegeben und der Schifffahrtweg verlagert. Auf diese Weise könnten allein über die Alternativenprüfung Standorte in FFH-Gebieten begrenzt werden, sofern auch in erheblicher Entfernung eine Alternative vorhanden wäre, selbst wenn diese einen deutlich anderen Prokjektzuschnitt mit sich brächte. Der Ausbau eines bestimmten Hafens wäre damit praktisch ausgeschlossen, da sich fast immer entferntere Alternativen finden lassen.   *119*

Eine derartige **Weiterung der Alternativenprüfung** ergibt sich auch nicht aus einer (vorgelagerten) **Strategischen Umweltverträglichkeitsprüfung** (SUP). Dabei sind zwar vernünftige Alternativen zu entwickeln, aber nur solche,   *120*

---

268 BVerwG, Urt. v. 17.01.2007 – 9 A 20.05, BVerwGE 128, 1, Rn. 143 – Westumfahrung Halle.

269 VGH Kassel, Urt. v. 02.01.2009 – 11 B 368/08, NuR 2009, 255 (272); bereits *Jarass*, NuR 2007, 371 (378) sowie ebenso *Spieth/Appel*, NuR 2009, 669 (673).

270 Siehe allerdings OVG Lüneburg, Urt. v. 20.05.2009 – 7 KS 28/07, NuR 2009, 719, Ziff. 2.3.2.2.4.

271 BVerwG, Urt. v. 17.01.2007 – 9 A 20.05, BVerwGE 128, 1, Rn. 142 – Westumfahrung Halle.

272 *De Witt/Bartholomé*, FFH- und Vogelschutzrichtlinie, 2014, S. 71; *Ramsauer*, NuR 2000, 201, 206; *Erbguth*, DVBl. 1999, 588, 590.

273 A.A. *Feldt/Schumacher*, NuR 2015, 391, 392 ff.

„die die grundlagenden Ziele der beabsichtigten Planung im behördlichen Planungsraum rechtlich und praktisch erreichen können, wobei in geringem Umfang Zielabweichungen hinnehmbar sind."[274] Auch danach darf **nicht** praktisch ein **Projekttausch** verlangt werden. Ein solcher liegt letztlich auch vor, wenn der tiefgangsbezogene Ausbau eines Hafens aufgegeben werden muss und nur eine tiefgangsbezogene standortübergreifende Hafenkooperation als Konzeptalternative zulassungsfähig wäre – konkret statt Elbvertiefung des Tiefwasserhafens Wilhelmshaven („JadeWeserPort"), wo die Transshipmentcontainer auf kleinere Feederschiffe bzw. Bahnshuttlezüge umgeladen und weiter transportiert werden.[275]

c) Grundrechtswahrung

121 Ohne **Rücksicht auf wirtschaftliche Fragen und Folgen** wie eine weitere Konkurrenzfähigkeit gegenüber Drittstandorten wie Rotterdam würden Standortentscheidungen rein über eine ökologisch geprägte Alternativenprüfung getroffen, ohne noch in eine **nähere Abwägung** mit zwingenden Gründen des öffentlichen Interesses zu gelangen. Diese Abwägung wird durch eine allzu weite Ausdehnung möglicher Alternativen **praktisch abgeschnitten**. Auf diese Weise können wirtschaftliche Belange, die überwiegende öffentliche Interessen zu bilden vermögen, nicht in die nähere Betrachtung eingehen; ihre Realisierung an einem bestimmten Standort durch ein bestimmtes Vorhaben wird schon durch die Bejahung einer Alternative abgeschnitten. Dementsprechend muss der Begriff der Alternative so eng gehalten werden, dass sich nicht das angestrebte ökonomische Projekt in seinem wirtschaftlichen Zuschnitt derart verändert, dass es sich um ein anderes wirtschaftliches Projekt handelt – so eine Kooperationslösung Hamburgs mit Wilhelmshaven statt des tiefgangtauglichen Ausbaus des Hamburger Hafens selbst.

122 Andernfalls wird die **Verwirklichung grundrechtlicher Belange** von vornherein blockiert. Dadurch ist es ein Gebot des effektiven Grundrechtsschutzes, dass jedes Projekt in dem vom Vorhabenträger beantragten wirtschaftlichen Zuschnitt in eine Abweichungsprüfung nach § 34 Abs. 3 gehen kann, um das zwingende Überwiegen öffentlicher einschließlich wirtschaftlicher Interessen noch prüfen zu können. Andernfalls laufen die Wirtschaftsgrundrechte aus Umweltschutzgründen praktisch leer, obwohl das **„Umweltgrundrecht"** des Art. 37 EGRC **keinen Vorrang** genießt.[276]

123 Daher bedarf es eines **Einfließens wirtschaftlicher Belange schon auf der Ebene der Bestimmung zumutbarer Alternativen**, so dass bereits eine Verhältnismäßigkeitsprüfung erfolgen muss. Diese darf wiederum nicht nur im Gegenüberstellen allgemeiner Gesichtspunkte bestehen, sondern muss die

---

274 Umweltbundesamt & BMU, Leitfaden zur Strategischen Umweltprüfung, Forschungsvorhaben FKZ 206 13 100, März 2010 – Kurzfassung, S. 8.
275 Dafür *Feldt/Schumacher*, NuR 2015, 391, 392 unter Verweis auf *Winter*, NuR 2010, 606.
276 Dazu ausführlich *Frenz*, Europarecht 4, 2009, Rn. 4361 ff.

individuellen Gegegebenheiten aufgreifen und einbeziehen, um die sich mittlerweile auch auf EU-Ebene etablierten Standards zu wahren.[277]

d) Verhältnismäßigkeit

Da nur zumutbare Alternativen relevant sind, müssen diese zunächst mög-   124
lich sein. Das gilt sowohl technisch als auch wirtschaftlich. Eine Alternative muss weiter verhältnismäßig sein. Die **Vermeidungsanstrengungen** sind daher ins Verhältnis zu dem damit erreichbaren Gewinn für Natur und Umwelt zu setzen. Maßgeblich ist dabei die Funktion des durch Art. 4 FFH-RL begründeten Schutzregimes, so dass nur gewichtige naurschutzexterne Gründe die Möglichkeit einer Alternativlösung auszuschließen vermögen, mithin eine Projektverwirklichung zulasten des Integritätsinteresses des durch Art. 4 FFH-RL festgelegten kohärenten Systems rechtfertigen.[278] Dabei sind sowohl technische als auch finanzielle Aspekte relevant.[279] So muss bei der Frage, ob als Alternative für die Elbvertiefung zum Ausbau des Hamburger Hafens auch eine Kombilösung mit dem JadeWeserPort in Wilhelmshaven in Betracht kommt, ebenfalls der dann notwendige Umzug bzw. Ausbau der Hafeninfrastruktur für Schiffsarbeiten berücksichtigt werden. Es zählen also auch Kostengründe.[280] Das gilt etwa für eine Trassenwahl.[281] Diese Aspekte können sich auch auf Drittbetroffene beziehen, so wenn bei einer die verfolgten FFH-Schutzziele weniger beeinträchtigenden Alternative mehr z.b. landwirtschaftliche **Existenzen vernichtet** werden, zumal wenn auch eine hohe Zahl von Arbeitsplätzen tangiert wird.[282] Dem entsprechend ist bei der Frage der Elbvertiefung auch in den Blick zu nehmen, inwiefern die vorhandenen Hafenbetriebe von ihren Kunden sonst abgeschnitten werden und daher viele Arbeitsplätze abbauen müssen.

Daraus ergibt sich ein flexibler Maßstab über die Wahrung des Mindeststan-   125
dards, nämlich über die Identitätserhaltung des betroffenen Projekts hinaus. Weil auch geringere Beeinträchtigungen in Betracht kommen, zählen auch geringfügig geringere, sofern zumutbar.[283] Insoweit ist sorgsam mit den wirtschaftlichen und technischen Belastungen abzuwägen. Sie dürfen bei einem geringen Vorteil für den Habitatschutz ebenfalls nur gering ausfallen, damit die Angemessenheit gewahrt bleibt. So ist etwa bei einem Hafenausbau mit Flussvertiefung auf den ersten Blick eine Fahrrinne mit niedrigerem Tiefgang denkbar. Zwar mag damit der aktuelle Schiffsverkehr im Wesentlichen bewältigt werden. Indes muss es einem Projektträger möglich sein, länger in die Zukunft zu planen und auch erst absehbare, aber noch nicht voll realisierte Entwicklungen einzubeziehen und dem Projekt zugrunde zu legen. Es

---

277 Insbes. seit EuGH, Urt. v. 09. 11. 2010 – Rs. C-92/09 , Slg. 2010, I –11063 – Schecke und Eifert.
278 BVerwG, Urt. v. 23. 04. 2014 – 9 A 25.12, NuR 2014, 706, Rn. 78 – A 49.
279 BVerwG, Urt. v. 12. 03. 2008 – 9 A 3.06, BVerwGE, 130, 299, Rn. 172.
280 BVerwG, Urt. v. 23. 04. 2014 – 9 A 25.12, NuR 2014, 706, Rn. 78 – A 49.
281 BVerwG, Urt. v. 06. 11. 2012 – 9 A 17.11, BVerwGE 145, 40 = NuR 2014, 344, Rn. 69 – A 33.
282 OVG Lüneburg, Beschl. v. 12. 12. 2005 – 7 MS 91/05, ZUR 2006, 94, Ziff. 2.2.1.3.
283 OVG Lüneburg, Urt. v. 20. 05. 2009 – 7 KS 28/07, NuR 2009, 719.

zählen im Ausgangspunkt die Ziele des Vorhabenträgers: Er muss die verfolgten Ziele weiterhin verwirklichen können und nur „Abstriche vom Zielerfüllungsgrad in Kauf ... nehmen."[284]

126 Zwar mag eine geringer vertiefte Fahrrinne in der Elbe den aktuellen Bedürfnissen des Hamburger Hafens im Wesentlichen genügen,[285] indes bleibt damit eine mit den jetzigen Baumaßnahmen schon angelegte Fortentwicklung abgeschnitten. Gerade darin kann der wirtschaftliche Wert eines Projektes liegen, um z.B. langfristig Reedereien zu halten bzw. Schifffahrtrouten zu sichern, wo doch Containerschiffe immer größer werden. Zudem ist ein nochmaliger Ausbau teurer, als wenn sogleich für längere Zeit die für notwendig erachteten Erweiterungen druchgeführt werden. Ein solches Vorgehen ist insofern für die Umwelt schonender, als nur einmal eine Veränderung erfolgt und diese so rascher wieder „verwachsen" kann.

127 Auch öffentliche Belange können die Abwägung beeinflussen. Das gilt etwa für die Auswirkungen auf eine (historische) **Kulturlandschaft**, selbst wenn es sich um kein gesichertes **Weltkulturerbe** handelt. Wird diese Landschaft zerstört, ohne ersetzt werden zu können, kann sie eine Alternative ausschließen. Maßgeblich sind vor allem der regional prägende Charakter, die Seltenheit und der Erhaltungsgrad sowie umgekehrt die Ausgleichbarkeit eines Eingriffs in ein Schutzgebiet.[286]

128 Auch **Lärmbeeinträchtigungen** können eine Rolle spielen. Daher bildet eine andere **Verkehrswegführung** nur eine zumutbare Alternative, wenn durch die Auswirkungen einer solchen Trasse Immissionsgrenzwerte der 16. BImSchV **(Verkehrslärmschutzverordnung)** nicht überschritten werden.[287] Insoweit wird das für eine Ortslage an Lärmbelästigung durch Verkehrswege noch Verhältnismäßige bestimmt.[288]

e) Höchstens schwächere Beeinträchtigung von FFH-Erhaltungszielen

129 Die zumutbaren Alternativen müssen gem. § 34 Abs. 3 Nr. 2 die mit dem Projekt verfolgten Zwecke an anderer Stelle ohne oder mit geringeren Beeinträchtigungen erreichen. Das setzt umgekehrt voraus, dass sie nicht gleichfalls mit den Erhaltungszielen eines FFH-Gebietes konfligieren, jedenfalls wenn dies in vergleichbar gravierender Weise erfolgt. Dies trifft zu, wenn sich die naturschutzrechtlichen Schutzvorschriften als ebenso wirksame Zulassungssperre erweisen wie an dem vom Vorhabenträger gewählten Standort.[289] Es muss also ein naturschutzbezogener Mehrwert bzw. Gewinn erreicht werden.

---

284 BVerwG, Urt. v. 06.11.2012 – 9 A 17.11, BVerwGE 145, 40 = NuR 2014, 344, Rn. 71 – A 33 m.w.N.
285 Daher dies als zumutbare Alternative ansehend *Feldt/Schumacher*, NuR 2015, 391, 395.
286 OVG Lüneburg, Beschl. v. 12.12.2005 – 7 MS 91/05, ZUR 2006, 94, Ziff. 2.2.1.3.
287 OVG Lüneburg, Beschl. v. 12.12.2005 – 7 MS 91/05, ZUR 2006, 94, Ziff. 2.2.2.
288 OVG Lüneburg, Beschl. v. 12.12.2005 – 7 MS 91/05, ZUR 2006, 94, Ziff. 2.2.2.
289 BVerwG, Urt. v. 23.04.2014 – 9 A 25.12, NuR 2014, 706, Rn. 78 – A 49.

Unproblematisch ist, wenn die Alternative ein FFH-Gebiet überhaupt nicht 130
beeinträchtigt. Nach § 34 Abs. 3 Nr. 2 genügen aber auch geringere Beeinträchtigungen. Solche nur geringeren Beeinträchtigungen sind indes ausgeschlossen, wenn die Alternativlösung Lebensraumtypen des Anhangs I oder
Arten des Anhangs II der FFH-RL **prioritäre Lebensraumtypen** oder **prioritäre Arten** erheblich beeinträchtigt. Insoweit ist entsprechend der Rechtsprechung gestuft zu prüfen.[290]

Dabei erfolgt keine Differenzierung, inwieweit die Ausgangs- bzw. die Al- 131
ternativlösung wertvollere bzw. zahlreichere Lebensraumtypen bzw. -arten,
die besonders schutzwürdig bzw. prioritär sind, beeinträchtigt. Eine solche
Binnendifferenzierung sieht das Schutzkonzept der FFH-RL nicht vor.[291] So
sind auch die Praktikabilität sowie der Verhältnismäßigkeitsgrundsatz gewahrt.[292]

Damit bedarf es keiner vollständigen **parallelen Alternativenprüfung**. Diese 132
ist vielmehr bereits dann zu Ende, wenn sich ein erhebliches Beeinträchtigungspotenzial für FFH-Schutzgüter absehen lässt. Insoweit genügt oft
schon eine **Grobanalyse**.[293] Materiell kommt es letztlich darauf an, ob die ins
Auge gefasste Alternative keine der für Lebensraumtypen oder -arten besonders schutzwürdigen Flächen erheblich beeinträchtigt oder zumindest
prioritäre Elemente verschont.[294] Dann handelt es sich stets um eine so gravierende Beeinträchtigung, dass diese Alternative ausscheidet.

3. Zwingende Gründe des überwiegenden öffentlichen Interesses

a) Begriffliches

Besteht keine zumutbare Alternative nach § 34 Abs. 3 Nr. 2, kommt eine Ab- 133
weichungsentscheidung für ein Projekt mit negativer FFH-Verträglichkeitsprüfung nur dann in Betracht, wenn es aus zwingenden Gründen des überwiegenden öffentlichen Interesses notwendig ist. Es kann dahingestellt
bleiben, ob die Begriffe „zwingend" und „überwiegend" getrennt bzw. unterschiedlich gedeutet werden müssen.[295]

Jedenfalls müssen die relevanten **Gründe des öffentlichen Interesses** die be- 134
troffenen Belange des Habitatschutzes überwiegen[296], und zwar deutlich.
Ansonsten handelt es sich um keine zwingenden Gründe, die das Projekt
notwendig machen. Ein leichtes Überwiegen reicht daher nicht aus. Aller-

---

290 BVerwG, Urt. v. 12.03.2008 – 9 A 3.06, BVerwGE 130, 299, Rn. 170.

291 BVerwG, Urt. v. 12.03.2008 – 9 A 3.06, BVerwGE 130, 299, Rn. 170; krit. *Steeck/Lau*,
NVwZ 2009, 616 (619).

292 BVerwG, Urt. v. 12.03.2008 – 9 A 3.06, BVerwGE 130, 299, Rn. 171; zustimmend *Spieth/
Appel*, NuR 2009, 669 (673).

293 BVerwG, Urt. v. 12.03.2008 – 9 A 3.06, BVerwGE 130, 299, Rn. 171; ebenso *Stüer*, DVBl
2009, 1 (6); *Storost*, DVBl 2009, 673 (675).

294 BVerwG, Urt. v. 12.03.2008 – 9 A 3.06, BVerwGE 130, 299, Rn. 170; *Spieth/Appel*, NuR
2009, 669 (673).

295 Siehe dazu *Cosack*, UPR 2002, 250 (254); *Ramsauer*, NuR 2000, 601 (603 f.).

296 Siehe etwa OVG Lüneburg, Urt. v. 20.05.2009 – 7 KS 28/07, NuR 2009, 719, Ziff.
2.3.2.2.3; *Jarass*, NuR 2007, 371 (376 f.).

dings bedarf es auch keiner Sachzwänge, denen niemand ausweichen kann.[297] Vielmehr genügt entsprechend der Formulierung in Art. 6 Abs. 4 FFH-RL ein „durch Vernunft und Verantwortungsbewusstsein geleitetes staatliches Handeln".[298]

135   Der Begriff des **öffentlichen Interesses** schließt nur scheinbar **private Interessen** aus. Vielfach fällt nämlich privates und öffentliches Interesse zusammen, so wenn es um **Infrastrukturprojekte** oder den **Abbau von Rohstoffen** geht. Ein besonderer öffentlicher Interessenbezug wird teilweise dadurch hergestellt, dass sich ein Projekt notwendig spezifisch auf eine bestimmte Region bzw. einen bestimmten Standort bezieht und damit „in die Gemeinschaft" wirkt, sei es aus geologischen Gegebenheiten im Hinblick auf Bodenschätze, sei es aus anderen ortsbezogenen Gründen, die etwa einen Standardwechsel bedingen.[299] Damit wird indes eine **regionale Komponente** eingeführt, die sich aus der Regelung weder auf nationaler Ebene noch auf Unionsebene ergibt. Zudem geht es weniger um die Lokalisierung als vielmehr um das sachliche Interesse. Die Rechtsprechung verlangt denn einen solchen Ortsbezug auch bei **privatwirtschaftlichen Vorhaben** nicht.[300]

b) Öffentliche Interessen einschließlich solcher sozialer oder wirtschaftlicher Art

136   Im Normalfall kann ein Projekt nach § 34 Abs. 3 Nr. 1 aus zwingenden Gründen des überwiegenden öffentlichen Interesses einschließlich solcher sozialer oder wirtschaftlicher Art zugelassen oder durchgeführt werden. Die öffentlichen Interessen können sehr weit sein. Die Kommission fasst darunter einmal Situationen, in denen Projekte auf den Schutz von **Grundwerten für das Leben der Bürger** (Gesundheit, Sicherheit und Umwelt) abzielen.[301] Diese Aspekte werden auch in § 34 Abs. 4 genannt und gelten damit erst recht für § 34 Abs. 3. Weiter benennt die Kommission Projekte im Rahmen **grundlegender Politiken für Staat und Gesellschaft** oder der Durchführung von Tätigkeiten wirtschaftlicher oder sozialer Art zur **Erbringung gemeinwirtschaftlicher Leistungen**.[302]

137   Da hier die öffentlichen Interessen einschließlich solcher sozialer oder wirtschaftlicher Art sein können, ist eine nähere Abgrenzung vielfach nicht notwendig. Wirtschaftliche Gründe bilden auch die **regionale Strukturhilfe**.[303] Jedenfalls zählen Gesichtspunkte des **Arbeitsplatzerhalts** bzw. der **Förde-**

---

297 *Spieth/Appel*, NuR 2009, 669 (671).

298 BVerwG, Urt. v. 12.03.2008 – 9 A 3.06, BVerwGE 130, 299, Rn. 153; OVG Koblenz, Urt. v. 08.11.2007 – 8 C 11.523/06, NuR 2008, 181 (187).

299 *Cosack*, UPR 2002, 250 (254); *Ramsauer*, NuR 2000, 601 (605); *Scheidler*, NuR 2009, 232 (236).

300 *Spieth/Appel*, NuR 2009, 669 (672).

301 Auslegungsleitfaden der Kommission zu Art. 6 Abs. 4 der „Habitatrichtlinie" 92/43/EG, Januar 2007, S. 9.

302 Auslegungsleitfaden der Kommission zu Art. 6 Abs. 4 der „Habitatrichtlinie" 92/43/EG, Januar 2007, S. 9.

303 OVG Lüneburg, Urt. v. 20.05.2009 – 7 KS 28/07, NuR 2009, 719 (726).

rung des Arbeitsmarktes und die **Verbesserung der Wirtschaftsstruktur**. Diese Aspekte sind regelmäßig erfüllt, sofern sie wie erforderlich genau beschrieben und belegt werden können.[304] Angesichts der zahlreichen Entscheidungen zu öffentlichen Verkehrsprojekten besonders bedeutsam sind **zwingende verkehrliche Gründe**.[305]

Begrenzungen ergeben sich insoweit allerdings, wenn man diese Gesichts-   138
punkte bei privatwirtschaftlichen Vorhaben ausgeschlossen sieht. Dies erfolgt im Hinblick darauf, dass jede Region diese Belange fördern will. Damit würden sie bei sämtlichen **privatwirtschaftlichen Projekten** vorliegen und wären damit kein besonderes Merkmal für eine Abweichung. Dafür müsste es sich um einen wesentlichen „Hauptzweck" des Vorhabens handeln.[306]

Indes ist eine solche Abgrenzung sehr schwierig. Primärer Beweggrund Pri-   139
vater sind generell Gewinnerzielungsabsichten und nicht öffentliche Belange.[307] Das ändert aber nichts daran, dass diese Vorhaben gleichwohl überwiegenden öffentlichen Interessen dienen, sei es in sozialer oder wirtschaftlicher Hinsicht, sei es darüber hinaus etwa im Infrastrukturbereich.

Das gilt für Projekte des **Straßen-, See- und Luftverkehrs** sowie der **Energie-   140
versorgung**.[308] Dazu gehört auch die Stärkung des bereits vorhandenen **luft- und verkehrstechnischen Forschungsstandorts**.[309] Auch die **Rohstoffversorgung** kann einen öffentlichen Belang bilden, ebenso die Nachsorge und etwa die Umwandlung von **Tagebauflächen** in **Freizeitparks** und **Landschaftsseen**.[310] Bedeutsam sind auch die raumordnungsrechtlich festgelegten öffentlichen Interessen.[311]

c) Einschränkung bei prioritären natürlichen Lebensraumtypen oder prioritären Arten

aa) Grundansatz

Kann ein Projekt im FFH-Gebiet vorkommende prioritäre natürliche Lebens-   141
raumtypen oder prioritäre Arten betreffen, können gem. § 34 Abs. 4 Satz 1 als zwingende Gründe des überwiegenden öffentlichen Interesses nur solche im Zusammenhang mit der **Gesundheit des Menschen**, der **öffentlichen Sicherheit**, einschließlich der **Verteidigung** und des **Schutzes der Zivilbevölkerung**, oder den maßgeblich günstigen Auswirkungen des Projekts auf die Umwelt geltend gemacht werden.

---

304 Siehe OVG Lüneburg, Urt. v. 20. 05. 2009 – 7 KS 28/07, NuR 2009, 719 im Hinblick auf ihr Gewicht.
305 BVerwG, Urt. v. 23. 04. 2014 – 9 A 25.12, NuR 2014, 706, Rn. 73 – A 49.
306 *Gellermann*, in: Landmann/Rohmer, Umweltrecht, § 34 BNatSchG Rn. 31.
307 *Spieth/Appel*, NuR 2009, 669 (672).
308 Siehe die Beispiele im Auslegungsleitfaden zu Art. 6 Abs. 4 der „Habitatrichtlinie" 92/ 43/EG, Januar 2007, S. 9 f. BVerwG, Urt. v. 12. 03. 2008 – 9 A 3.06, BVerwGE 130, 299, Rn. 158 f.; VGH Kassel, Urt. v. 02. 01. 2009 – 11 B 368/08, NuR 2009, 255, 272; OVG Berlin, Beschl. v. 05. 07. 2007 – OVG 2 S 25/07, ZUR 2008, 34, 38.
309 OVG Lüneburg, Urt. v. 20. 05. 2009 – 7 KS 28/07, NuR 2009, 719, 726.
310 *Spieth/Appel*, NuR 2009, 669 (671).
311 VGH Kassel, Urt. v. 28. 06. 2005 – 12 A 8/05, NuR 2006, 42, 48.

142 Die Gesundheit des Menschen wird etwa durch die Zulassung von **Kranken-häusern** befördert. Die öffentliche Sicherheit bedingt etwa die Notwendigkeit, **Polizeistationen** einzurichten und **Katastrophenschutzeinrichtungen** zu schaffen oder auch in Grenznähe **Kasernen** zu bauen. Bei positiven Auswirkungen eines Projekts dürfen ebenfalls prioritäre natürliche Lebensräume oder prioritäre Arten nicht betroffen werden. Allerdings muss es sich insgesamt um eine positive Fortentwicklung für die Umwelt handeln. Insoweit ist praktisch eine **Umweltverträglichkeitsprüfung** durchzuführen, die ein solches positives Resultat bildet.

143 Damit sind spezifische **Gründe** genannt, nicht aber solche **sozialer oder wirtschaftlicher Art**. E contrario sind diese damit ausgeschlossen. Schließlich werden die zwingenden Gründe des überwiegenden öffentlichen Interesses, welche nach § 34 Abs. 3 Nr. 1 gerade solche sozialer oder wirtschaftlicher Art einschließen, ohne diese genannt (vgl. zur FFH-RL oben Rn. 8).

bb) Einschaltung der Kommission

144 Allerdings enthält § 34 Abs. 4 Satz 2 die Möglichkeit, sonstige Gründe im Sinne des Abs. 3 Nr. 1 geltend zu machen. Diese können nur berücksichtigt werden, wenn die zuständige Behörde zuvor über das Bundesumweltministerium eine **Stellungnahme der Kommission** eingeholt hat. Diese ist zwar nicht bindend[312], aber gleichwohl als solche notwendig und geeignet für die Einleitung rechtlicher Schritte, falls sich die nationalen Stellen nicht daran halten und daher nicht mit Unionsrecht übereinstimmen. Sie soll die Ausgewogenheit zwischen jeweils betroffenen ökologischen Werten und den vorgebrachten zwingenden Gründen prüfen und die Ausgleichsmaßnahmen beurteilen, und zwar wissenschaftlich, wirtschaftlich sowie bezogen auf die Notwendigkeit und die Verhältnismäßigkeit.[313] Eine Nachprüfung durch deutsche Verwaltungsgerichte im Rahmen der FFH-Prüfung erfolgt nicht, da Gegenstand des gerichtlichen Verfahrens die Vorhabenzulassung und nicht die Stellungnahme der Kommission ist.[314] Bleibt höchstens eine Identitätsprüfung, für die aber mangels Bindungswirkung kein Bedürfnis besteht. Ebenso fehlen schon Auswirkungen auf das Ergebnis der Vorhabenzulassung, wenn etwaige Informationsdefizite der Kommission schon von dritter Seite moniert, aber von der Kommission nicht aufgegriffen werden.[315]

145 Die Gründe werden in § 34 Abs. 4 Satz 2 nicht näher beschränkt. Vielmehr wird auf die sonstigen Gründe nach § 34 Abs. 3 Nr. 1 verwiesen, wo auch die **Gründe sozialer oder wirtschaftlicher Art** genannt sind. Daher wird auch deren Einschlägigkeit in diesem Rahmen bejaht.[316] § 34 Abs. 4 Satz 1 soll

---

312 BVerwG, Urt. v. 23.04.2014 – 9 A 25.12, NuR 2014, 706, Rn. 87 – A 49; *Spieth/Appel*, NuR 2009, 669 (672); näher *J. Schumacher/A. Schumacher*, in: Schumacher/Fischer-Hüftle, § 34 Rn. 68 f.

313 Auslegungsleitfaden der Kommission zu Art. 6 Abs. 4 der „Habitatrichtlinie" 92/43/EG, Januar 2007, S. 27.

314 BVerwG, Urt. v. 23.04.2014 – 9 A 25.12, NuR 2014, 706, Rn. 87 – A 49.

315 BVerwG, Urt. v. 23.04.2014 – 9 A 25.12, NuR 2014, 706, Rn. 87 – A 49.

316 Siehe *Wolf*, ZUR 2005, 449 (454); *Jarass*, NuR 2007, 371 (376 f.); abl. *Ramsauer*, NuR 2000, 601 (609 f.) m.w.N.

keine Beschränkung bilden.[317] Wegen der höheren Schutzbedürftigkeit prioritärer Elemente[318] ist aber eine höhere Schwelle zu fordern. Daher ist „nur eine begrenzte Zahl solcher zwingender Gründe" geeignet, die Beeinträchtigung prioritärer Lebensraumtypen oder Arten zu rechtfertigen – nicht indes Gemeinwohlbelange minderen Gewichts wie freizeitbedingte Bedürfnisse der Bevölkerung.[319] Indes bleibt die Aufführung bestimmter Elemente in § 34 Abs. 4 Satz 1, wo die Interessen sozialer oder wirtschaftlicher Art nicht genannt sind. Dies spricht dafür, dass die einschlägigen Gruppen von Gründen in dieser Vorschrift zusammengefasst sind. Demgegenüber können vereinzelte Gründe auch nach § 34 Abs. 4 Satz 2 geltend gemacht werden. Es muss sich dabei aber um Einzelkonstellationen handeln. Über § 34 Abs. 4 Satz 2 wird nicht die Beschränkung im vorhergehenden Satz 1 zunichte gemacht.[320] Vielmehr wird für spezielle und damit nur ausnahmsweise auftretende Fälle der Weg über die Kommission geöffnet. Diese mit sämtlichen Projekten, welche öffentliche Interessen sozialer oder wirtschaftlicher Art verfolgen, zu befassen, würde zu einer starken Arbeitsüberlastung führen.

Aber auch über die Gründe des § 34 Abs. 4 Satz 1 – zumal erweitert um vereinzelte Gründe nach Satz 2 – können zahlreiche Rechtfertigungsansätze gewonnen werden. Das gilt vor allem für den **Verkehrsbereich**. Eine dort angestrebte **Entlastungsfunktion** und **Sicherheitssteigerung**[321] dient zugleich **günstigen Umweltauswirkungen** sowie der **Gesundheit des Menschen** nach § 34 Abs. 4 Satz 1. Das BVerwG nimmt als zwingenden Grund die **Planrechtfertigung** jedenfalls dann hinzu, wenn das Vorhaben gesetzlich vorgesehen ist und zum **transeuropäischen Verkehrsnetz** gehört.[322] Dabei soll die Summe der genannten Gründe zählen.[323] Damit wird aber die bewusste Verengung in § 34 Abs. 4. Satz 1 umgangen. 146

cc) Notwendige Betroffenheit

§ 34 Abs. 4 Satz 1 knüpft an die mögliche Betroffenheit von im Gebiet vorkommenden prioritären Lebensraumtypen oder prioritären Arten an. Damit geht es um die Betroffenheit Letzterer, nicht notwendig des Gebietes selbst. Entscheidend ist damit die tatsächliche Beeinträchtigung der prioritären Gebietselemente. Dann erst bedarf es auch der Einholung einer Stellungnahme der Kommission.[324] Ist lediglich eine Beeinträchtigung des Gebiets zu besorgen, ohne dass die prioritären Lebensraumtypen oder die prioritären Arten 147

---

317 Für Unabdingbarkeit BVerwG, Urt. v. 23. 04. 2014 – 9 A 25.12, NuR 2014, 706, Rn. 73 – A 49 m.w.N.

318 BVerwG, Urt. v. 17. 05. 2002 – 4 A 28.01, BVerwGE 116, 254, 264.

319 BVerwG, Urt. v. 23. 04. 2014 – 9 A 25.12, NuR 2014, 706, Rn. 73 – A 49 unter Verweis auf EuGH, Urt. v. 14. 04. 2005, Rs. C-441/03, Slg. 1991, I-883, Rn. 22.

320 Eng auch *Günes/Fisahn*, EurUP 2007, 220, 227.

321 BVerwG, Urt. v. 23. 04. 2014 – 9 A 25.12, NuR 2014, 706, Rn. 75 – A 49.

322 BVerwG, Urt. v. 23. 04. 2014 – 9 A 25.12, NuR 2014, 706, Rn. 74 – A 49.

323 BVerwG, Urt. v. 23. 04. 2014 – 9 A 25.12, NuR 2014, 706, Rn. 74 – A 49.

324 Siehe BVerwG, Urt. v. 12. 03. 2008 – 9 A 3.06, BVerwGE 130, 299, Rn. 151; siehe zum Hintergrund *Stüer*, DVBl 2009, 1 (6, Fn. 24); anders noch BVerwG, Urt. v. 17. 01. 2007 – 9 A 20.05, BVerwGE 128, 1 – Westumfahrung Halle.

selbst betroffen sein können, ist hingegen keine **Stellungnahme der Kommission** nötig. Insbesondere genügt nicht das bloße Vorkommen prioritärer Arten, sondern diese müssen betroffen sein, wie § 34 Abs. 4 nunmehr in Übereinstimmung zur Rechtsauffassung der Kommission klarstellt.[325]

4. Notwendige Kohärenzsicherungsmaßnahmen

a) Einordnung

148 Soll ein Projekt trotz negativer FFH-Verträglichkeitsprüfung nach § 34 Abs. 3 (i.V.m. Abs. 4) zugelassen oder durchgeführt werden, sind gem. § 34 Abs. 5 Satz 1 die zur Sicherung des Zusammenhangs des Netzes „Natura 2000" notwendigen Maßnahmen vorzusehen. Sie bilden den letzten Ausweg nach genauer Feststellung der negativen Auswirkungen auf die Integrität eines zum Netz „Natura 2000" gehörenden Gebiets.[326] Diese Ausgleichsmaßnahmen sollen damit die Beeinträchtigungen, die von dem zugelassenen bzw. durchgeführten Projekt ausgehen und durch die Abweichungsentscheidung nach § 34 Abs. 3 (i.V.m. Absatz 4) hingenommen werden, aufwiegen, allerdings nur im Hinblick auf die **Kohärenz des Netzes „Natura 2000".**

149 Insoweit sollen sie aber einen Ausgleich schaffen, der genau den negativen Auswirkungen auf den betroffenen Lebensraum entspricht.[327] So können bei Ausweitung eines **Untertagebaus** eines Bergwerks mit **Überflutungen** und **Grundwasseranstieg** in einem FFH-Gebiet andere Gebiete wieder aufgeforstet oder Wälder verbessert werden. Bei einer Beeinträchtigung selbst prioritärer Lebensräume passt die Neuanlage und Verbesserung von **Auenwäldern** sowie die **Renaturierung** und Optimierung von Flussläufen.[328] Auch ein **Landerwerb** kann erfolgen, ebenso können **Schongebiete** errichtet werden.[329]

150 Damit geht es nicht um die eigentliche Zulässigkeit des Projektes in dem beeinträchtigten FFH-Gebiet, sondern um die Folgen der mit der Zulassung in Kauf genommenen Beeinträchtigungen und damit um eine Rechtsfolge.[330] Entsprechend ist auch § 34 Abs. 5 Satz 1 formuliert.

151 Im Ergebnis ist allerdings der Gesamtzusammenhang von § 34 Abs. 3–5, die auch alle zusammen der Umsetzung von Art. 6 Abs. 4 FFH-RL dienen, so zu verstehen, dass das Vorsehen der notwendigen **Kohärenzsicherungsmaß-**

---

325 Begründung zum Gesetzentwurf der Fraktionen der CDU/CSU und SPD v. 17.03.2009, BT-Drs. 16/12274.

326 Leitfaden der Kommission zu Art. 6 Abs. 4 der „Habitatrichtlinie" 92/43/EG, Januar 2007, S. 12; GAin *Kokott*, Schlussanträge v. 27.04.2006 – Rs. C-239/04, Slg. 2006, I-10183, Rn. 35 – Kommission/Portugal.

327 Leitfaden der Kommission zu Art. 6 Abs. 4 der „Habitatrichtlinie" 92/43/EG, Januar 2007, S. 12.

328 Leitfaden der Kommission zu Art. 6 Abs. 4 der „Habitatrichtlinie" 92/43/EG, Januar 2007, S. 11.

329 Leitfaden der Kommission zu Art. 6 Abs. 4 der „Habitatrichtlinie" 92/43/EG, Januar 2007, S. 16.

330 So BVerwG, Urt. v. 12.03.2008 – 9 A 3.06, BVerwGE 130, 299, Rn. 197; aus der Lit. *Durner*, NuR 2001, 601 (609); *Jarass*, NuR 2007, 371 (379); *Spieth/Appel*, NuR 2009, 669 (674).

nahmen eine Bedingung für die Zulassung oder Durchführung eines Projektes bei negativer FFH-Verträglichkeitsprüfung ist. Damit bildet das Vorsehen solcher Maßnahmen letztlich doch eine Voraussetzung, dass ein Projekt nach § 34 Abs. 3, auch i.V.m. Abs. 4, zugelassen oder durchgeführt werden kann. Ist mithin nicht die notwendige Kohärenz durch entsprechende Maßnahmen sichergestellt, hat das Projekt zu unterbleiben. So verwundert es nicht, dass teilweise von einer Tatbestandsvoraussetzung ausgegangen wird[331], früher auch vom BVerwG.[332] Gleichwohl verlangt es nicht den vollen Nachweis der Wirksamkeit wie bei Schadensvermeidungs- und Minderungsmaßnahmen, sondern nur eine hohe Wahrscheinlichkeit der Wirksamkeit nach aktuellem wissenschaftlichen Erkenntnisstand.[333] Zwar widerspricht dies der engen Verbindung mit den anderen Absätzen, ist aber unweigerlich Konsequenz der prognostischen Beurteilung.

b) Maßgeblichkeit der globalen Kohärenz

§ 34 Abs. 5 Satz 1 sieht die Maßnahmen vor, die zur Sicherung des Zusammenhangs des Netzes „Natura 2000" notwendig sind. Die Bedeutung eines Gebiets für die Kohärenz des Netzes ist dabei von den Erhaltungszielen des Gebiets abhängig, aber auch von der Anzahl und dem Zustand der in diesem Gebiet vorkommenden Lebensräume und Arten. Ebenso zählt die Rolle, die diesem Gebiet bei der Gewährleistung einer dem Verbreitungsgebiet angemessenen geografischen Verteilung der infrage stehenden Arten und Habitate zukommt.[334] Diese Charakteristika, die beeinträchtigt werden, sollen ausgeglichen werden. Daher sollten bei der Erarbeitung der Ausgleichsmaßnahmen entsprechende Kriterien wie bei der Auswahl des Gebiets gewählt werden.[335]   *152*

Dabei geht es um den Ausgleich der überörtlichen bzw. übergreifenden Beeinträchtigungen, die von dem Projekt ausgehen[336], und nicht der etwa lediglich das konkrete FFH-Gebiet betreffenden. Die Kohärenz des „Natura 2000"-Netzes wird also nicht bei jeder Beeinträchtigung der Erhaltungsziele eines Schutzgebietes tangiert.[337] Berührt eine Beeinträchtigung nicht die   *153*

---

331 VGH Kassel, Urt. v. 02.01.2009 – 11 B 168/08, NuR 2009, 255, 275; *Köck*, ZUR 2005, 466 (469); *Storost*, DVBl 2009, 673 (677).

332 BVerwG, Urt. v. 17.01.2007 – 9 A 20.05, BVerwGE 128, 1, Rn. 40f. – Westumfahrung Halle.

333 BVerwG, Urt. v. 06.11.2012 – 9 A 17.11, BVerwGE 145, 40 = NuR 2014, 344, Rn. 83 – A 33.

334 Leitfaden der Kommission zu Art. 6 Abs. 4 der „Habitatrichtlinie" 92/43/EG, Januar 2007, S. 13.

335 Leitfaden der Kommission zu Art. 6 Abs. 4 der „Habitatrichtlinie" 92/43/EG, Januar 2007, S. 14.

336 Aus der Rspr. siehe OVG Koblenz, Urt. v. 08.11.2007 – 8 C 11523/06, NuR 2008, 181, 194f.; VGH Kassel, Urt. v. 28.06.2005 – 12 A 8/05, NuR 2006, 42, 49; siehe letztlich auch BVerwG, Urt. v. 12.03.2008 – 9 A 3.06, BVerwGE 130, 299, Rn. 199; aus der Lit. *Jarass*, NuR 2007, 371 (379).

337 Anders allerdings *Gellermann*, DVBl 2008, 283 (289).

globale Kohärenz, erfolgt höchstens eine Kompensation nach nationalem Recht und damit gemäß der **naturschutzrechtlichen Eingriffsregelung**.[338]

c) Auslegungspflicht

154 Da sich Kohärenzsicherungsmaßnahmen auf die Sicherung des Zusammenhangs des Netzes „Natura 2000" richten und damit eine übergeordnete Betrachtung erfordern, sind sie nicht auf das beeinträchtigende Vorhaben unmittelbar bezogen. Das gilt unabhängig davon, ob sie eine Tatbestandsvoraussetzung oder lediglich eine Rechtsfolge darstellen (dazu vorstehend Rn. 150). Es geht hier um die Perspektive.

155 Die Auslegung soll Dritten ermöglichen, zu beurteilen, ob und inwieweit sich das fragliche Vorhaben auf sie auswirkt. Solche Auswirkungen namentlich auf die Anwohner haben hingegen nicht die Kohärenzsicherungsmaßnahmen. Daher geht es auch nicht um deren Rechtmäßigkeit, wenn die **Auslegung der Antragsunterlagen** erfolgt. Diese können Dritte erst gar nicht betreffen. Vielmehr gehen Defizite bei ihnen zulasten des übergeordneten Zusammenhangs des Netzes „Natura 2000". Die Kohärenzsicherungsmaßnahmen sind mithin „projektunabhängig", wie die Kommission betont.[339]

156 § 10 Abs. 1 Satz 1 der 9. BImSchV schreibt vor, den „Antrag sowie die beigefügten Unterlagen auszulegen, die die Angaben über die Auswirkungen der Anlage auf die Nachbarschaft sowie die Allgemeinheit enthalten". Dazu gehören aber die **Unterlagen zu Kohärenzsicherungsmaßnahmen** nicht. Vielmehr müssen die Unterlagen dazu höchstens in einem eigenständig durchzuführenden Genehmigungsverfahren ausgelegt werden, soweit dann eine Öffentlichkeitsbeteiligung vorgesehen ist.[340] Nur so lässt sich auch einfangen, dass die Durchführung der erforderlichen Kohärenzsicherungsmaßnahmen zum Zeitpunkt der Genehmigungsentscheidung lediglich sichergestellt, mithin nicht abgeschlossen sein muss.[341] Die Einzelheiten des Kohärenzausgleichs können dementsprechend aus der Genehmigungsentscheidung für die erhebliche Beeinträchtigung ausgeklammert und mit Fristsetzung als zu planendes Element nach Zulassung des Vorhabens aufgegeben werden.[342]

d) Eignung aufgrund prognostischer Beurteilung

157 Die Kohärenzsicherungsmaßnahmen dienen ausweislich § 34 Abs. 5 Satz 1 dazu, den Zusammenhang des Netzes „Natura 2000" zu sichern. Damit müs-

---

338 *Ramsauer*, NuR 2000, 601 (607 f.).

339 Auslegungsleitfaden zu Art. 6 Abs. 4 der „Habitatrichtlinie" 92/43/EWG, Januar 2007, S. 11.

340 *Spieth/Appel*, NuR 2009, 669 (678).

341 Siehe BVerwG, Beschl. v. 31.01.2006 – 4 B 49/05, NVwZ 2006, 823, 826 ff.; VGH Kassel, Urt. v. 28.06.2005 – 12 A 8/05, NuR 2006, 42, 49 f.

342 *Spieth/Appel*, NuR 2009, 669 (678) unter Verweis auf die vorgenannten Gerichtsentscheidungen zum Planfeststellungsbeschluss Frankfurter Flughafen/A 380 – Wartungshalle.

sen sie dafür auch geeignet sein. Allerdings ist auch die **Wirksamkeit der Kohärenzsicherungsmaßnahmen** mit Unsicherheiten behaftet. Diese liegen damit parallel zu der Beurteilung, ob ein Projekt zu erheblichen Beeinträchtigungen eines FFH-Gebietes führt. Auch dies lässt sich insbesondere im Hinblick auf die Intensität oft nicht mit Sicherheit voraussehen. Daher können nicht an Kohärenzsicherungsmaßnahmen strengere Anforderungen gestellt werden, als sie bei der Möglichkeit von erheblichen Beeinträchtigungen angelegt werden. Ansonsten müsste der Vorhabenträger stärkere Beweise für die Neutralisierung einer negativen FFH-Verträglichkeitsprüfung erbringen als die Behörde für das Vorliegen von erheblichen Beeinträchtigungen.

Da Kohärenzsicherungsmaßnahmen jedenfalls auch an Orten vorgenommen   *158* werden können, die bislang noch keinen besonderen Habitatcharakter tragen, ist der **Erfolg** oft **ungewisser** als die Vorhersehbarkeit erheblicher Beeinträchtigungen. Daher genügt eine **hohe Wahrscheinlichkeit für die Wirksamkeit** der jeweiligen Kohärenzsicherungsmaßnahme nach aktuellem wissenschaftlichen Erkenntnisstand.[343] Ansonsten würden Projekte entgegen der Konzeption von Art. 6 Abs. 4 UAbs. 1 FFH-RL und auch § 34 Abs. 3 ff. regelmäßig an dem Erfordernis der Sicherung des Zusammenhangs des Netzes „Natura 2000" scheitern.[344] Korrespondierend dazu hat die Genehmigungsbehörde eine **naturschutzrechtliche Einschätzungsprärogative**, die nur vertretbar gehandhabt werden muss; darauf beschränkt sich auch die gerichtliche Kontrolle.[345] Dementsprechend genügt wie bei der Anwendung der naturschutzrechtlichen Eingriffsregelung eine verbal-argumentative Darstellung, die nur rational nachvollziehbar sein und die Zugrundelegung naturschutzfachlich begründbarer Erwägungen erkennen lassen muss.[346]

Eine Weiterung möglicher Kohärenzsicherungsmaßnahmen ergibt sich da-   *159* durch, dass die Pflicht zur Durchführung nicht notwendig den Vorhabenträger, sondern den Staat als Adressaten der Richtlinie, der überdies leichter Enteignungen durchzuführen vermag, trifft.[347]

Indem § 34 Abs. 5 Satz 1 die zur Sicherung des Zusammenhangs des Netzes   *160* „Natura 2000" notwendigen Maßnahmen vorsieht, verlangt er auch deren praktische Wirksamkeit und damit die tatsächliche Umsetzung. Das setzt die hinreichende Sicherung der entsprechenden **Flächen für den Kohärenzausgleich** voraus. Ist die öffentliche Hand Eigentümerin, genügen regelmäßig

---

343 BVerwG, Urt. v. 06.11.2012 – 9 A 17.11, BVerwGE 145, 40 = NuR 2014, 344, Rn. 83 – A 33.

344 BVerwG, Urt. v. 12.03.2008 – 9 A 3.06, BVerwGE 130, 299, Rn. 201 in Abgrenzung zur notwenigen Gewissheit bei Schadensvermeidungs- bzw. -verminderungsmaßnahmen, da es dann um die Projektverträglichkeit als solche geht.

345 BVerwG, Urt. v. 06.11.2012 – 9 A 17.11, BVerwGE 145, 40 = NuR 2014, 344, Rn. 83 – A 33; Urt. v. 12.03.2008 – 9 A 3.06, BVerwGE 130, 299, Rn. 202; aus der Lit. *Spieth/ Appel*, NuR 2009, 669 (674); *Stüer*, DVBl 2009, 1 (6).

346 BVerwG, Urt. v. 06.11.2012 – 9 A 17.11, BVerwGE 145, 40 = NuR 2014, 344, Rn. 83 – A 33.

347 *Köck*, ZUR 2005, 466 (469); auch *Jarass*, NuR 2007, 371 (379); *Spieth/Appel*, NuR 2009, 669 (673, Fn. 70).

vertragliche Vereinbarungen, welche die Durchführung der Kohärenzmaßnahmen vorsehen. Bei privatem Eigentum wird hingegen oft zudem verlangt, den Kohärenzzweck dinglich abzusichern.[348]

161 Um den Kohärenzzweck langfristig festzuschreiben und gegen erhebliche Beeinträchtigungen zu sichern, müssen die Kohärenzsicherungsgebiete formell als Habitat- bzw. Vogelschutzgebiete ausgewiesen werden, um so das Schutzregime nach § 34 zu aktivieren.[349]

e) Time-lags

162 Kohärenzsicherungsmaßnahmen sind, wie soeben deutlich wurde, auf eine Kompensation in der Zukunft gerichtet. Weil damit ökologisch wertvolle Flächen erst geschaffen bzw. verbessert werden müssen, kann es dauern, bis diese Kompensationswirkung eintritt. Dadurch entstehen zeitliche Verzögerungen (time-lags), bis eine tatsächliche Wirkung sichtbar wird, welche die erheblichen Beeinträchtigungen durch das zugelassene bzw. durchgeführte Projekt aufwiegt. Eine Abmilderung ist durch zusätzliche und kurzfristig wirkende **„Puffermaßnahmen"** möglich.[350] Es bleibt aber die nicht näher geregelte Kernfrage, inwieweit **time-lags** hingenommen werden können.

163 Im Gegensatz zum Artenschutz geht es nicht um eine fortlaufende Schutzwirkung durch Ersatzlebensraum für die konkret vom Eingriff betroffenen Lebewesen. Vielmehr soll insgesamt die Funktionalität des „Natura 2000"-Netzes gewahrt bleiben (o. Rn. 6). Dieser Funktionsbezug ist das maßgebliche Kriterium für die Frage, ob zeitliche Verzögerungen bei der Wirksamkeit von Kohärenzsicherungsmaßnahmen zulässig sind.[351] Daher genügt es, dass die Kohärenzsicherungsmaßnahmen rechtzeitig bis zur Vollendung des Vorhabens ergriffen werden, auch wenn sie erst später wirken, solange die Funktionseinbußen zumindest „auf längere Sicht wettgemacht werden".[352]

164 Mithin muss sichergestellt sein, dass **zeitliche Verzögerungen** das Ziel („keine **Netto-Verluste**" für die globale Kohärenz des Netzes „Natura 2000") nicht infrage stellen.[353] Dieser Ansatz der Kommission deckt sich mit der vorgenannten Judikatur.[354] Er bildet allerdings die strikte Bedingung, dass von dem Grundansatz abgewichen werden darf, dass Kohärenzsicherungsmaßnahmen grundsätzlich mit der Beschädigung des betroffenen FFH-Gebietes

---

348 *Spieth/Appel*, NuR 2009, 669 (676).

349 Mit Bezug auf Art. 6 FFH-RL als umgesetzte Hintergrundvorschrift Auslegungsleitfaden der Europäischen Kommission zu Art. 6 Abs. 4 der „Habitatrichtlinie" 92/43/EWG, Januar 2007, S. 20.

350 *Spieth/Appel*, NuR 2009, 669 (674).

351 BVerwG, Urt. v. 12.03.2008 – 9 A 3.06, BVerwGE 130, 299, Rn. 200; ebenfalls VGH Kassel, Urt. v. 02.01.2009 – 11 B 368/08, NuR 2009, 255, 275; bereits OVG Lüneburg, Beschl. v. 01.06.2001 – 7 NB 1546/01, 1 B 169/01, ZUR 2002, 37, 40 und nunmehr Urt. v. 20.05.2009 – 7 KS 28/07, NuR 2009, 719, Ziff. 2.3.2.2.3.

352 BVerwG, Urt. v. 12.03.2008 – 9 A 3.06, BVerwGE 130, 299, Rn. 200.

353 Auslegungsleitfaden der Europäischen Kommission zu Art. 6 Abs. 4 der Habitatrichtlinie 92/43/EWG, Januar 2007, S. 22.

354 *Spieth/Appel*, NuR 2009, 669 (675).

wirksam sein sollten. Jedenfalls dürfen Gebiete „nicht irreversibel beeinträchtigt werden".[355] Maßstand ist dabei das verfolgte Erhaltungsziel.[356] Dieses muss trotz time-lag weiterhin erreichbar sein.

Entsprechend strenger sind die Vorgaben der Kommission für zeitliche Verzögerungen, die den Verlust von Arten im Gebiet zur Folge haben, die nach Anhang II der Habitatschutzrichtlinie oder nach Anhang I der Vogelschutzrichtlinie geschützt sind. „Das gilt vor allem für den Fall, dass prioritäre Arten betroffen sind". Insoweit sind zeitliche Verzögerungen „nicht zulässig".[357] Diesbezüglich ist der Kommissionsleitfaden strenger als der nach der deutschen Verwaltungsrechtsprechung.[358] Zwar werden **prioritäre Arten und Lebensraumtypen** in § 34 Abs. 4 wie auch in Art. 6 Abs. 4 und Abs. 2 FFH-RL bevorzugt genannt. Allerdings werden Verluste von Arten nicht gänzlich ausgeschlossen. Jedenfalls ist der Begriff des Verlustes nicht schon dann als erfüllt zu sehen, wenn durch **time-lags** und damit verbundene vorübergehende zeitliche Funktionsdefizite einzelne Individuen einer Art bei Kohärenzsicherungsmaßnahmen Schaden nehmen.[359]

165

Zumindest müssen Kohärenzsicherungsmaßnahmen nicht schon mit dem Beginn der Beeinträchtigungen durch das betreffende Projekt vollauf wirksam sein.[360] Diese Sicht ist kaum verwirklichbar, liegt es doch schon im Wesen der Kohärenzsicherungsmaßnahmen, dass sie nicht sofort wirksam werden.[361] Tiefer gehend widerspricht dieser Ansatz der funktionsbezogenen Zielstellung des Habitatschutzes, den die Rechtsprechung betont.[362] Der EuGH verlangt nur für Maßnahmen, die schon eine erhebliche Beeinträchtigung auszuschließen vermögen, eine zeitliche Kohärenz und grenzt sie von den hier relevanten bloßen Ausgleichsmaßnahmen ab.[363]

166

f) Lage der Kohärenzsicherungsgebiete

Ist letztlich die Funktionalität des „Natura 2000"-Netzes maßgeblich[364] (näher vorstehend Rn. 151), bemisst sich danach auch, inwieweit die Kohärenzsicherungsgebiete von der auszugleichenden erheblichen Beeinträchtigung eines FFH-Gebiets entfernt liegen dürfen. Daher genügt es, wenn „die

167

---

355 Auslegungsleitfaden der Europäischen Kommission zu Art. 6 Abs. 4 der Habitatrichtlinie 92/43/EWG, Januar 2007, S. 22.

356 BVerwG, Urt. v. 06. 11. 2012 – 9 A 17.11, BVerwGE 145, 40 = NuR 2014, 344, Rn. 82 – A 33.

357 Auslegungsleitfaden der Europäischen Kommission zu Art. 6 Abs. 4 der Habitatrichtlinie 92/43/EWG, Januar 2007, S. 22.

358 BVerwG, Beschl. v. 17. 07. 2008 – 9 B 15/08, NuR 2008, 659, Rn. 26; VGH Kassel, Urt. v. 28. 06. 2005 – 12 A 8/05, NuR 2006, 42, 49 f.; OVG Koblenz, Urt. v. 08. 11. 2007 – 8 C 11523/06, NuR 2008, 188 f.

359 *Spieth/Appel*, NuR 2009, 669 (678).

360 Vgl. allerdings aus der Lit. *Louis*, ZUR 2002, 41 (42); *Louis/Wolf*, NuR 2002, 455 (459).

361 *Spieth/Appel*, NuR 2009, 669 (675).

362 Abl. zu diesem Ansatz aus der Lit. etwa *Cosack*, UPR 2002, 250 (257); *Hösch*, NuR 2004, 210 (217 f.); *Köck*, ZUR 2005, 466 (469); *Ramsauer*, NuR 2000, 601 (608).

363 EuGH, Urt. v. 15. 05. 2014 – Rs. C-521/12, NuR 2014, 487, Rn. 31 ff. – Briels.

364 Siehe BVerwG, Urt. v. 12. 03. 2008 – 9 A 3.06, NuR 2008, 633, Rn. 200.

Einbuße ersetzt wird, die das Gebiet hinsichtlich seiner Funktion für die bio-geografische Verteilung der beeinträchtigten Lebensraumtypen und -arten erleidet" und sei es auch nicht unmittelbar am Ort der Beeinträchtigung.[365]

168   Zwar ist eine Kohärenzsicherungsmaßnahme in der Nähe des betroffenen FFH-Gebiets die „optimale Lösung", aber „nicht in allen Fällen möglich". Es hängt damit von den Umständen des Einzelfalls ab. Maßgebliche Parameter sind damit nicht nur, ob die Kohärenzsicherungsgebiete innerhalb oder au-ßerhalb des betroffenen „Natura 2000"-Gebiets liegen, sondern etwa auch inner- oder außerhalb der betreffenden topografischen oder landschaftlichen Einheit.[366]

169   Die **materielle Äquivalenz** ist damit entscheidend, Entfernungen treten eher in den Hintergrund, sodass auch bis zu 45 Kilometer in der Rechtsprechung für zulässig erklärt wurden[367], ohne dass es eine absolut festgeschriebene Höchstdistanz gibt.[368]

170   Diese materielle Funktionalität, mithin die Fähigkeit, den Zusammenhang des Netzes „Natura 2000" trotz der projektbezogenen erheblichen Beein-trächtigungen zu sichern, bestimmt auch, inwieweit mehrere Kohärenzsiche-rungsgebiete diese Funktion erfüllen können. Daher ist auch eine **Aufsplit-terung der Kohärenzsicherungsmaßnahmen** etwa auf kleinere, verstreut liegende Flächen möglich, selbst wenn sie nicht unmittelbar an größere zu-sammenhängende Schutzgebietsflächen angrenzen; sie können als **„Tritt-steinbiotope"** Kohärenz sichernd wirken.[369] Es muss also nicht nur lediglich eine (große) Ausgleichsmaßnahme erfolgen.[370]

g) Platzierung in bereits geschützten Gebieten

171   Der Ansatz der Funktionalität des „Natura 2000"-Netzes bestimmt auch die Frage, ob Kohärenzsicherungsmaßnahmen in bereits existierenden Schutz-gebieten, vor allem in ausgewiesenen FFH-Gebieten, vorgenommen werden können. Entscheidend ist damit, ob die erheblichen Beeinträchtigungen eines anderen FFH-Gebietes durch die Aufwertung bzw. Verbesserung eines an anderer Stelle bestehenden Schutzgebietes ausgeglichen werden können. Auch der EuGH sieht für die Einstufung als Ausgleichsmaßnahme nicht als konstitutiv an, dass sie in dem betroffenen „Natura 2000"-Gebiet durchge-

---

365 BVerwG, Urt. v. 12.03.2008 – 9 A 3.06, NuR 2008, 633, Rn. 200; siehe auch Auslegungs-leitfaden der Europäischen Kommission zu Art. 6 Abs. 4 der „Habitatrichtlinie" 92/43/EWG, Januar 2007, S. 20 f.

366 Detailliert Auslegungsleitfaden der Europäischen Kommission zu Art. 6 Abs. 4 der Habi-tatrichtlinie 92/43/EWG, Januar 2007, S. 20 f.

367 OVG Lüneburg, Beschl. v. 12.12.2005 – 7 MS 91/05, ZUR 2006, 94 (96); siehe auch BVerwG, Beschl. v. 17.07.2008 – 9 B 15.08, NuR 2008, 659: 20 Kilometer.

368 *Spieth/Appel*, NuR 2009, 669 (677); *Cosack*, UPR 2002, 250 (257); *J. Schumacher/A. Schumacher*, in: Schumacher/Fischer-Hüftle, 1. Aufl. 2003, § 34 Rn. 73.

369 BVerwG, Beschl. v. 17.07.2008 – 9 B 15.08, NuR 2008, 659 in Bestätigung von OVG Koblenz, Urt. v. 08.11.2007 – 8 C 11523/06, NuR 2008, 181, 189; *Meßerschmidt*, § 34 Rn. 69; *Spieth/Appel*, NuR 2009, 669 (677).

370 VG Stade, Urt. v. 07.07.2003 – 1 A 1014/00, Rn. 34; *Spieth/Appel*, NuR 2009, 669 (677).

führt wird; sie kann auch in einem anderen „Natura 2000"-Gebiet realisiert werden.[371]

Maßgeblich ist dann, inwieweit dieses andere Gebiet so aufgewertet wird, dass die Kohärenz des Netzes „Natura 2000" praktisch durch die Abwertung des einen und die **Aufwertung des anderen FFH-Gebietes** gesichert werden kann. Im Ergebnis ist dies nicht ausgeschlossen, außer man sieht diese vorhandenen Gebiete bei Durchführung solcher Maßnahmen in ihrer Entwicklung gestört.[372] Das mag zwar im Einzelfall ein Hindernis sein, schließt aber **Kohärenzsicherungsmaßnahmen** in bestehenden Schutzgebieten nicht grundsätzlich aus. Vielmehr kann eine solche Verbindung dazu führen, dass diese Maßnahmen rascher greifen, weil bereits ein günstiger Vorzustand des Gebietes besteht, in dem sie ergriffen werden. Außerhalb von Schutzgebieten muss möglicherweise erst eine längere Zeit abgewartet werden, bis ein Schutzregime als solches greift und damit das Gebiet insgesamt weitestgehend seinen natürlichen Entwicklungen überlässt, sodass sich die geschützten Arten- und Lebensraumtypen entfalten können. Sind auch nur andere als die nunmehr anstehenden geschützt, wirkt sich doch die natürliche Entwicklung eines Gebietes positiv für den Schutz weiterer Arten- und Lebensraumtypen aus. Damit kann insbesondere ein **time-lag** verkürzt werden, das zwar als solches zulässig ist,[373] aber nur in den Fällen, in denen kein nahtloser Übergang möglich ist (siehe oben Rn. 162 ff.). Damit lassen sich Schutzlücken verhindern. | 172

Daher ist es ein Gebot des effet-utile des Habitatschutzes, Kohärenzsicherungsmaßnahmen auch in bestehenden Schutzgebieten zuzulassen. Davon geht auch der Auslegungsleitfaden der Europäischen Kommission aus.[374] | 173

Bei Durchführung in einem bestehendem „Natura 2000"-Gebiet müssen allerdings die Maßnahmen mit den für dieses Gebiet festgelegten Erhaltungszielen im Einklang stehen. Sie dürfen auch nicht als Mittel betrachtet werden, die für das Gebiet insgesamt erforderliche Bewirtschaftung auf die Kohärenzsicherungsmaßnahmen abzuwälzen. Es kann sich dabei auch um mehrere „Natura 2000"-Gebiete handeln. Unbeachtlich ist ebenfalls, ob das FFH-Gebiet bereits ausgewiesen ist oder noch nicht.[375] | 174

371 EuGH, Urt. v. 15.05.2014 – Rs. C-521/12, NuR 2014, 487, Rn. 38 – Briels unter Verweis auf GAin *Sharpston*, Schlussanträge v. 27.02.2014 – Rs. C-521/12, Rn. 46.

372 Daher abl. *Gellermann*, Natura 2000 – Europäisches Habitatschutzrecht und seine Durchführung in der Bundesrepublik Deutschland, 2. Aufl. 2001, S. 97 f.; *E. Koch*, Die Verträglichkeitsprüfung der FFH-RL im deutschen und europäischen Umweltrecht, 2006, S. 206.

373 Siehe auch EuGH, Urt. v. 15.05.2014 – Rs. C-521/12, Rn. 31 f. – Briels: bei zeitlicher Verzögerung liegen nur keine schon eine erhebliche Beeinträchtigung ausschließenden Maßnahmen vor.

374 Auslegungsleitfaden zu Art. 6 Abs. 4 der „Habitatrichtlinie" 92/43/EWG, Januar 2007, S. 21. Siehe ebenso aus der Lit. *Cosack*, UPR 2002, 250 (257); *Spieth/Appel*, NuR 2009, 669 (676 f.) mit Erst-recht-Schluss.

375 Auslegungsleitfaden zu Art. 6 Abs. 4 der „Habitatrichtlinie" 92/43/EWG, Januar 2007, S. 21.

175 Ist solchermaßen die bloße Überwälzung der Bewirtschaftung eines FFH-Gebietes durch Kohärenzsicherungsmaßnahmen ausgeschlossen, müssen diese über den Rahmen des bisherigen „normalen" Gebietsmanagements hinausgehen. Sie müssen damit „überobligatorisch" sein, wie dies bei **naturschutzfachlichen Optimierungsmaßnahmen** der Fall ist, die nicht unter die Aufgaben des Gebietsmanagements fallen. Das trifft auch bei weitergehenden Maßnahmen zu Gunsten von zusätzlichen Arten bzw. Lebensraumtypen zu, die bislang von der Schutzgebietsausweisung und ihren Erhaltungszielen nicht erfasst sind.[376] Die Erhaltungsziele sind dann entsprechend zu erweitern.[377] Es muss sich also um einen konkreten **Mehrwert** handeln, der sich auch **in der Schutzgebietsausweisung** niederschlägt. Nur dann ist er dauerhaft abgesichert.

h) Umweltbildung

176 Welche Maßnahmen die Behörden festlegen, steht in gewisser Weise in ihrer Beurteilung.[378] Damit können auch Maßnahmen der **Umweltbildung** dazugehören.[379] In erster Linie werden aber konkrete gebietsbezogene Maßnahmen zählen, welche den ökologischen Zustand konkret verbessern. Dabei kann es sich freilich auch um nicht bereits unter Schutz gestellte Gebiete handeln.[380] Umweltbildungsmaßnahmen sind hingegen auch regelmäßig zu zielungenau, um mit hoher Wahrscheinlichkeit die globale Kohärenz von „Natura 2000" zu wahren.[381]

i) Unterrichtung der Kommission

177 Gem. § 34 Abs. 5 Satz 2 unterrichtet die zuständige Behörde die Kommission über die getroffenen Kohärenzsicherungsmaßnahmen nach § 34 Abs. 5 Satz 1. Dies erfolgt über das Bundesumweltministerium. An dieses leitet also die zuständige Behörde die Informationen, welche dann an die Kommission weitergegeben werden. Eine konstitutive Bedeutung hat diese **Unterrichtung der Kommission** nicht. Es handelt sich um eine reine Information.

VII. Sonder- und Konkurrenzregeln

178 § 34 Abs. 6–8 enthalten einige Sonder- und Konkurrenzregeln: Abs. 6 entspricht weitgehend dem bisherigen § 34 Abs. 10. Die Unberührtheitsklausel u.a. zu Gunsten von § 4 Abs. 2 AEG und § 4 FStrG ist entbehrlich; im Rahmen des bisherigen § 37 ist dies Abs. 3. § 37 Abs. 1 und 2 gingen in § 34 Abs. 7 und 8 auf.[382]

---

376 *Spieth/Appel*, NuR 2009, 669 (677).
377 *Spieth/Appel*, NuR 2009, 669 (677).
378 Siehe BVerwG, Urt. v. 12.03.2008 – 9 A 3.06, BVerwGE 130, 299, Rn. 200.
379 *Lau/Meske*, NuR 2010, 475 (483).
380 EU-Kommission, Generaldirektion Umweltschutz, Prüfung der Verträglichkeit von Plänen und Projekten mit erheblichen Auswirkungen auf Natura 2000-Gebiete, Luxemburg 2001, S. 38.
381 *Lau/Meske*, NuR 2010, 475 (483).
382 Begründung zum Gesetzentwurf der Fraktionen der CDU/CSU und SPD v. 17.03.2009, BT-Drs. 16/12274, S. 65.

1. Bloße Anzeigepflicht

Die in § 34 vorgesehene FFH-Verträglichkeitsprüfung und die daran ge-   179
knüpfte Unzulässigkeit von Projekten bzw. die Möglichkeit von Ausnahmen
führt nicht zu einer schärferen **formellen Genehmigungspraxis**. Bedarf ein
Projekt nach anderen Vorschriften keiner behördlichen Entscheidung, ist es
gem. § 34 Abs. 6 Satz 1 der für Naturschutz und Landschaftspflege zuständigen Behörde lediglich anzuzeigen.

Diese Basisvoraussetzung ist allerdings unverzichtbar. Das gilt auch dann,   180
wenn nach anderen Rechtsvorschriften sogar keine **Anzeige an eine Behörde** notwendig ist. § 34 Abs. 6 Satz 1 erfasst dabei nur Projekte, die nicht
von einer Behörde durchgeführt werden.

Die Empfängerin der Anzeige, mithin die für Naturschutz und Landschafts-   181
pflege zuständige Behörde, kann die Durchführung eines solchen Projekts
gem. § 34 Abs. 6 Satz 2 zeitlich befristen oder anderweitig beschränken, um
die Einhaltung der Voraussetzungen von § 34 Abs. 1–5 sicherzustellen. Mithin kann auch seine Durchführung begrenzt werden, um eine erhebliche Beeinträchtigung des betroffenen FFH-Gebiets zu vermeiden. Umgekehrt kann
die Durchführung auch bei negativer Verträglichkeitsprüfung ermöglicht
werden, wenn die Anforderungen nach § 34 Abs. 3, gegebenenfalls auch in
Verbindung mit Abs. 4, gegeben sind.

§ 34 Abs. 6 Satz 3 setzt dieser **Befristung** bzw. anderweitigen Beschränkung   182
eine zumindest vorläufige zeitliche Grenze. Trifft die Behörde nämlich innerhalb eines Monats nach Eingang der Anzeige nach § 34 Abs. 6 Satz 1 keine
Entscheidung, kann der Vorhabenträger mit der Durchführung des Projekts
beginnen. Dies darf er allerdings nicht, wenn er die erforderliche Anzeige
nicht gemacht hat.

2. Vorläufige Projekteinstellung

Bei Projektbeginn trotz fehlender Anzeige kann die Behörde gem. § 34   183
Abs. 6 Satz 4 die **vorläufige Einstellung dieses Projekts** anordnen. Dies gilt
auch und erst recht, wenn ein Projekt bereits andauert, aber durch die Ausweisung eines Gebietes als Habitatschutzgebiet erst vom Habitatschutz-
regime erfasst wird.[383] Das gilt auch, wenn sich ein Habitatschutzgebiet
wandelt, sei es, dass neue Arten hinzukommen, die zusätzliche Projekte hindern, sei es, dass neue Gebietsbestandteile erfasst werden, weil sich die Lebensräume ausgedehnt bzw. verschoben haben. Ein Beispiel ist das Sichten
von Ottern, wodurch erst eine Jahrhunderte betriebene Reusenfischerei zum
Problem wurde.[384] Hieran zeigen sich freilich die gravierenden Auswirkungen eines dynamischen Charakters des Habitatschutzes. Ist dieser statisch,
können sich die Wirtschaftsunternehmer viel eher auf ihn einstellen.[385]

---

383 Siehe für fortlaufende Projekte o. Rn. 41 ff.
384 Siehe OVG Lüneburg, Urt. v. 03. 03. 2015 – 4 LC 39/13 u. 4 A 5418/12 für das Steinhuder
   Meer.
385 Näher o. Rn. 51.

184 Es handelt sich dabei um eine Ermessensbestimmung. Da eine Pflichtverletzung vorliegt, ist die Schwelle für eine solche Anordnung niedrig. Es wird hinzukommen müssen, dass die Erhaltungsziele des betroffenen FFH-Gebietes bei Durchführung des Projektes gefährdet werden, mithin dieses zu erheblichen Beeinträchtigungen führen kann. Ansonsten besteht jedenfalls aus naturschutzrechtlicher Sicht kein hinreichender Anlass, ein Projekt zu stoppen. Schärfere und damit eher einen Projektstopp begründende Maßstäbe folgen auch nicht aus Unionsrecht. Dieses enthält insoweit keine spezifische Bestimmung. Daher handelt es sich um eine originär mitgliedstaatliche Vorschrift. Es gilt – nunmehr nach Art. 291 Abs. 1 AEUV – der Grundsatz der nationalen Verfahrensautonomie.[386]

185 Allerdings muss auch auf dieser Ebene der effet uttile des Unionsrechts sichergestellt sein. Die Wahrung eines günstigen Erhaltungszustandes wäre in Gefahr, wenn vor Durchführung einer FFH-Verträglichkeitsprüfung ein Projekt generell durchgeführt werden könnte. Dies ist vielmehr einzelfallbezogen zu entscheiden und kann auch zu einer vorläufigen Einstellung führen, um den Status quo zu erhalten. Dabei sind dann aber auch die bei einer FFH-Verträglichkeitsprüfung maßgeblichen Parameter einzubeziehen, also ebenfalls die wirtschaftlichen Belange und damit auch die Wirtschaftsgrundrechte: So kann die Berufsfreiheit der Fischer eine vorläufige Einstellung des Fischfangs hindern, käme dieser doch damit praktisch ganz zum Erliegen.[387]

186 Infolge dieser erforderlichen Abwägung ist das Ergebnis nicht vorprogrammiert. Eine Ermessensreduktion auf Null wird daher eher selten eintreten. So besteht **kein Rechtsanspruch** auf vorläufige Einstellung, sondern höchstens ein solcher auf ermessensfehlerfreie Entscheidung.[388] Diesen Anspruch hat aber kein Naturschutzverband. Dieser kann eine Beteiligung höchstens an der FFH-Verträglichkeitsprüfung nach § 34 Abs. 2 BNatSchG und an der Abweichungsentscheidung nach § 34 Abs. 3 geltend machen, nicht jedoch im Vorfeld: Art. 6 Abs. 3 FFH-Richtlinie enthält nur insoweit Vorgaben[389] und nicht darüber hinaus. Das Mitwirkungsrecht nach § 63 Abs. 2 Nr. 5 BNatSchG greift ohnehin erst bei der Abweichungsentscheidung und noch nicht bei der Verträglichkeitsprüfung; erst deren negativer Ausgang schafft ein Mitwirkungsrecht.[390]

187 Die einstweilige Untersagung dient im Übrigen dem Gebietschutz und nicht der Gewährung der Mitwirkungsrechte.[391] Der effet utile des Habitatschutzes wird dadurch gewahrt, dass dieser im Rahmen der auch für § 34 Abs. 6 Satz 4 durchzuführenden Abwägung hinreichend berücksichtigt wird. Schon

---

386 Grundlegend EuGH, Urt. v. 21.09.1983, Rs. 205-212/82, Slg. 1983, 2633 (Rn. 17) – Deutsche Milchkontor; näher zum Ganzen *Frenz*, Handbuch Europarecht 5, 2010 Rn. 1767 ff.
387 Siehe OVG Lüneburg, Urt. v. 03.03.2015 – 4 LC 39/13 u. 4 A 5418/12, Umdruck S. 56.
388 OVG Lüneburg, Urt. v. 03.03.2015 – 4 LC 39/13 u. 4 A 5418/12, Umdruck S. 55.
389 OVG Lüneburg, Urt. v. 03.03.2015 – 4 LC 39/13 u. 4 A 5418/12, Umdruck S. 55 f.
390 VGH München, Beschl. v. 16.07.2013 – 14 CE 13.290, NuR 2014, 134, 136; OVG Lüneburg, Urt. v. 03.03.2015 – 4 LC 39/13 u. 4 A 5418/12, Umdruck S. 53 f.
391 OVG Lüneburg, Urt. v. 03.03.2015 – 4 LC 39/13 u. 4 A 5418/12, Umdruck S. 58.

wegen der Grundrechte setzt dieser sich auch in Einklang mit Unionsrecht[392] nicht generell durch.

Materiell legt § 34 Abs. 6 Satz 5 die Inhalte von § 34 Abs. 2–5 fest. Zunächst ist also eine **FFH-Verträglichkeitsprüfung** durchzuführen. Ergibt diese, dass das Projekt zu erheblichen Beeinträchtigungen des Gebiets in seinen für die Erhaltungsziele oder den Schutzzweck maßgeblichen Bestandteilen führen kann, kommt höchstens ausnahmsweise eine Durchführung in Betracht. Diese richtet sich danach, ob in der Sache die Voraussetzungen von § 34 Abs. 3–5 vorliegen. Damit müssen gleichfalls **zumutbare Alternativen** ausgeschlossen sein sowie zwingende **Gründe des überwiegenden öffentlichen Interesses** vorliegen; bei nicht prioritären natürlichen Lebensraumtypen oder nicht prioritären Arten können diese auch sozialer und wirtschaftlicher Art sein. Zudem müssen die notwendigen Kohärenzsicherungsmaßnahmen vorgesehen sein. Ist eine Voraussetzung nicht gegeben, muss die Behörde die Durchführung des Projekts nach § 34 Abs. 6 Satz 5 untersagen.   *188*

3. Opting Out der Länder

Schließlich entbinden strengere **Schutzvorschriften der Länder** von der Anwendung von § 34 Abs. 6 Sätze 1–5. Nach § 34 Abs. 6 Satz 6 sind nämlich die vorhergehenden Sätze 1–5 nur insoweit anzuwenden, als Schutzvorschriften der Länder keine strengeren Regelungen für die Zulässigkeit von Projekten enthalten. Die solchermaßen derogierten Bundesvorschriften enthalten also den unabdingbaren Mindeststandard. Zu den einschlägigen Schutzvorschriften der Länder gehören auch die Vorschriften über Ausnahmen und Befreiungen.   *189*

4. Keine strengeren naturschutzrechtlichen Regelungen

Eine Spezialität strengerer naturschutzrechtlicher Regelungen zu § 34 Abs. 1–6 ordnet § 34 Abs. 7 an. Danach sind für **geschützte Teile von Natur und Landschaft** i.S.v. § 20 Abs. 2 und gesetzlich geschützte Biotope i.S.v. § 30 die vorgenannten Absätze des § 34 nur insoweit anzuwenden, als die Schutzvorschriften keine strengeren Regelungen für die Zulässigkeit von Projekten enthalten. Das gilt einschließlich der Vorschriften über Ausnahmen und Befreiungen. Ist dies der Fall, sind die speziellen Vorschriften für geschützte Teile von Natur und Landschaft sowie gesetzlich geschützte Biotope anwendbar.   *190*

Unabdingbar ist aber die Beteiligung der Kommission nach § 34 Abs. 4 Satz 2, wenn nämlich bei im Gebiet vorkommenden prioritären natürlichen Lebensraumtypen oder prioritären Arten sonstige Gründe für eine ausnahmsweise Zulässigkeit eines Projekts mit negativer Verträglichkeitsprüfung geltend gemacht werden. Ebenso ist die Unterrichtung der Kommission nach § 34 Abs. 5 Satz 2, welche die Kohärenzsicherungsmaßnahmen betrifft, unverzichtbar.   *191*

---

392 Siehe zur Aufwertung der Grundrechte etwa EuGH, Urt. v. 09.11.2010 – Rs. C-92/09, Slg. 2010, I -11063 – Schecke und Eifert.

5. Bauvorhaben

192 § 34 Abs. 8 schließt die Geltung der Abs. 1–7 für **Bauvorhaben** aus. Betroffen sind Vorhaben nach § 29 BauGB in Gebieten mit Bebauungsplänen nach § 30 BauGB und während der Planaufstellung nach § 33 BauGB. Eine Unterausnahme und damit eine Geltung von § 34 Abs. 1–7 besteht für Bebauungspläne, die eine Planfeststellung ersetzen.

§ 35
Gentechnisch veränderte Organismen

Auf

1. **Freisetzungen gentechnisch veränderter Organismen im Sinne des § 3 Nr. 5 des Gentechnikgesetzes und**

2. **die land-, forst- und fischereiwirtschaftliche Nutzung von rechtmäßig in Verkehr gebrachten Produkten, die gentechnisch veränderte Organismen enthalten oder aus solchen bestehen, sowie den sonstigen, insbesondere auch nicht erwerbswirtschaftlichen, Umgang mit solchen Produkten, der in seinen Auswirkungen den vorgenannten Handlungen vergleichbar ist, innerhalb eines Natura 2000-Gebiets**

ist § 34 Abs. 1 und 2 entsprechend anzuwenden.

Inhaltsübersicht

I. Überblick

§ 35 entspricht inhaltlich der im Rahmenrecht bereits vorhandenen Bestimmung des § 34a BNatSchG a.F.[1], wonach die Regelungen über die Verträglichkeitsprüfung auch für Freisetzungen von gentechnisch veränderten Organismen (GVO) und die Nutzung von GVO-Produkten gelten. In zwei Fallvarianten wird geregelt, welche Handlungen nach dem **Gentechnikgesetz** (GenTG)[2] vor ihrer Zulassung oder Durchführung auf ihre Verträglichkeit mit den Erhaltungszielen eines Natura 2000-Gebiets zu prüfen und bei der Möglichkeit einer erheblichen Beeinträchtigung dieser Gebiete unzulässig sind. **1**

§ 35 bezieht sich auf die Freisetzung von GVO und die land-, forst- und fischereiwirtschaftliche Nutzung sowie den sonstigen Umgang mit Produkten, die GVO enthalten oder aus solchen bestehen.[3] Er übernimmt die allgemeine Systematik des Gentechnikrechts und differenziert zwischen Freisetzungen nach §§ 3 Nr. 5, 14 Abs. 1 Nr. 1, 16 Abs. 1 GenTG und die Vermarktung zugelassener Produkte nach §§ 3 Nr. 6, 14 Abs. 1 Nr. 2–4, 16 Abs. 2 GenTG. **2**

Während es sich bei der Vorgängernorm des § 34a BNatSchG a.F. um eine Rahmenregelung (§ 11 Satz 1 BNatSchG a.F.) gehandelt hat, die durch Landesrecht umgesetzt werden musste,[4] beinhaltet § 35 heute eine bundeseinheitliche Regelung, die der Abweichungsgesetzgebung der Länder zugänglich ist.[5] **3**

II. Bedeutung

Trotz jahrzehntelanger Erfahrungen mit dem Gentechnikgesetz bestehen gegenüber der so genannten „grünen Gentechnik", d.h. dem Einsatz von Gentechnik bei Kulturpflanzen,[6] nach wie vor erhebliche Vorbehalte.[7] Auch wenn der Nutzen der **„grünen Gentechnologie"** unbestritten darin liegt, Qualität und Erträge von Nutzpflanzen zu steigern und diese gegen Herbizide und feindliche Umwelteinwirkungen resistent zu machen,[8] so wird in der Veränderung des Genoms der Nutzpflanzen und ihrem Ausbringen in die Umwelt dennoch ein erhebliches und noch nicht umfassend erforschtes **4**

---

1 Gesetz über Naturschutz und Landschaftspflege (Bundesnaturschutzgesetz – BNatSchG) vom 25.03.2002 (BGBl. I, S. 1193), zul. geänd. durch Verordnung v. 31.08.2015 (BGBl. I, S. 1474).

2 Gesetz zur Regelung der Gentechnik (Gentechnikgesetz – GenTG) i.d.F.d. Bek. v. 16.12. 1993 (BGBl. I, S. 2066), zul. geänd. durch Gesetz v. 07.08.2013 (BGBl. I, S. 3154).

3 Vgl. BT-Drs. 16/12274, S. 65.

4 Vgl. dazu *Gellermann*, in: Landmann/Rohmer, Umweltrecht, Bd. III, Kap. 11, § 34a BNatSchG a.F. Rn. 4.

5 BT-Drs. 16/12274, S. 39; abweichende Regelungen haben Bayern und Schleswig Holstein erlassen (vgl. dazu § 35 Rn. 48).

6 Vgl. BVerfG, Urt. v. 24.11.2010 – 1 BvF 2/05, juris Rn. 3.

7 Vgl. *Palme*, VBlBW 2006, 417 (418).

8 *Kauch*, Gentechnikrecht, S. 9; BVerfG, Urt. v. 24.11.2010 – 1 BvF 2/05, juris Rn. 133.

Risikopotenzial gesehen.[9] Die Befürchtungen der Kritiker gehen dahin, dass sich gentechnisch veränderte Pflanzen ausbreiten und andere Pflanzenarten verdrängen, Herbizid- oder Insektizidresistenzen transgener Pflanzen einen ungehemmten Einsatz von Pflanzenschutzmitteln mit sich bringen, bei Insektiziden und Fungiziden in transgenen Pflanzen negative Auswirkungen auf Nichtzielorganismen hervorgerufen werden, Nahrungsketteeffekte (Räuber-Beute-Prozesse) eintreten und sogar Veränderungen der Landschaft zu besorgen sind.[10] Auftrieb hat die Diskussion um die fehlende Begrenzbarkeit von GVO durch das **Gen-Honig-Urteil**[11] des Europäischen Gerichtshofs bekommen. Hintergrund der EuGH-Entscheidung war, dass sich im Honig eines Liebhaberei-Imkers Genmais-Pollen haben nachweisen lassen, die von einem Genmais-Feld in etwa 10 km Entfernung in den Honig gelangt waren. Zwar hatte der EuGH festgestellt, dass nicht vermehrungsfähige gentechnisch veränderte Maispollen im Honig keine GVO seien. Allerdings hatte er gentechnisch veränderte Maispollen im Honig als Zutat bewertet und deshalb einer lebensmittelrechtlichen Zulassung unterstellt. Vor diesem Hintergrund war klar, dass die Abstandsregelungen des deutschen Rechts einen Transfer von GVO auf auch weiter entfernt liegende Flächen oder in die Natur nicht verhindern können.

5   Vor diesem Hintergrund war der Gesetzgeber bemüht, gerade ökologisch besonders wertvolle und sensible Gebiete einem besonderen Schutz vor den Auswirkungen der „grünen Gentechnik" zu unterstellen. Deshalb hat er mit Blick auf die in das Netz Natura 2000 integrierten Gebiete von gemeinschaftlicher Bedeutung und Europäischen Vogelschutzgebiete einen Sicherungsmechanismus vor GVO vorgesehen. Die Wirkung des § 35 ist auf das europäische Schutzgebietsnetz beschränkt. Nationale Schutzgebiete werden nicht erfasst.[12] Während der Gesetzentwurf der Bundesregierung vorsah, die Nutzung von GVO in den genannten Gebieten einem **Anzeigeverfahren** zu unterwerfen und der zuständigen Naturschutzbehörde unter bestimmten Bedingungen eine Untersagungsmöglichkeit zu eröffnen,[13] hat sich der Gesetzgeber der Beschlussempfehlung des Ausschusses für Verbraucherschutz, Ernährung und Landwirtschaft angeschlossen und den Schutz von Natura 2000-Gebieten (§ 7 Nr. 8) (vgl. dazu § 7 Rn. 7 und 9) im Bundesnaturschutzgesetz geregelt.[14] Wegen des europäischen Moratoriums beim Anbau von gentechnisch veränderten Organismen und beim Inverkehrbringen von GVO-Produkten ist die Bedeutung der Vorschrift bislang gering gewesen. Es

---

9 Vgl. *Prall*, Die genetische Vielfalt von Kulturpflanzen, S. 273 m.w.N.; so auch *Gellermann*, in: Landmann/Rohmer, Umweltrecht, Bd. III, Kap. 11, § 34a BNatSchG a.F. Rn. 1.

10 SRU, Umweltgutachten 2004, Tz. 863 ff.; so auch BVerfG, Urt. v. 24.11.2010 – 1 BvF 2/05, juris Rn. 133; vgl. auch *Palme/Schumacher*, NuR 2007, 16 (17).

11 EuGH, Urt. v. 06.09.2011 – RS C-442/09, NVwZ 2011, 1312 ff.; *Palme*, NVwZ 2011, 1434 ff.; *Keich*, NuR 2012, 539 ff.

12 Hier gelten bei Freisetzungen und beim Inverkehrbringen von Produkten die sonstigen naturschutzrechtlichen Anforderungen wie der Biotopschutz und der Artenschutz; vgl. *Ekardt/Hennig*, NuR 2011, 95 ff.

13 BT-Drs. 15/3088, S. 26, 60.

14 BT-Drs. 15/3088, S. 40.

bleibt abzuwarten, ob sich dies mit der Änderung der Freisetzungsrichtlinie[15] und der Einführung eines so genannten **opt-out-Verfahrens** für die Länder ändern wird.[16] Nach der geänderten Richtlinie steht den Mitgliedstaaten die Möglichkeit zu, den Anbau von gentechnisch veränderten Organismen trotz Vorliegen einer positiven Risikobewertung einzuschränken. Wie diese Option in Deutschland umgesetzt werden wird, ist derzeit offen.[17] Macht Deutschland – Bund oder die Länder – von dieser Möglichkeit Gebrauch, so bleibt die Bedeutung des § 35 in diesen Bereichen gering.

III. Entstehungsgeschichte

Seine inhaltliche Ausprägung und die Verknüpfung zum Gentechnikgesetz hat § 35 in drei Schritten erhalten. 6

Zunächst ist § 34a BNatSchG a.F. in das Bundesnaturschutzgesetz durch das Gesetz zur Neuordnung des Gentechnikrechts[18] eingefügt worden. **§ 34a BNatSchG a.F.** diente der Umsetzung der so genannten FFH-Richtlinie a.F.[19] Die FFH-Richtlinie[20] verfolgt das Ziel, bedrohte Lebensräume und Arten als Teil des Naturerbes der Gemeinschaft besonders zu schützen.[21] Dazu sieht Art. 6 Abs. 3, 4 FFH-Richtlinie für ökologisch besonders wertvolle Gebiete des Natura 2000-Netzes unter bestimmten Voraussetzungen eine Prüfung der Verträglichkeit geplanter Maßnahmen mit den für das Gebiet konkret festgelegten Erhaltungszielen vor. Wenn eine Maßnahme geeignet ist, zu einer erheblichen Beeinträchtigung eines Schutzgebietes zu führen, ist sie zu untersagen.[22] Aufgrund des Risikos und der hohen Gefährdung für die Natura 2000-Gebiete durch die Freisetzung und Nutzung von GVO-Produkten wurden auch diese Fallvarianten in § 34a BNatSchG a.F. dem Regime der Verträglichkeitsprüfung unterstellt. 7

---

15 Richtlinie (EU) 2015/412 des Europäischen Parlaments und des Rates vom 11.03.2015 zur Änderung der Richtlinie 2001/18/EG zu der den Mitgliedstaaten eingeräumten Möglichkeit, den Anbau von gentechnisch veränderten Organismen (GVO) in ihrem Hoheitsgebiet zu beschränken oder zu untersagen (ABl. EG Nr. L 68 v. 13.03.2015, S. 1).

16 Zum opt-out-Verfahren vgl. *Strack*, NuR 2014, 829 ff., siehe dazu auch § 35 Rn. 55.

17 Diskutiert wird die Schaffung einer rechtlichen Grundlage für die Länder, wonach diese die Gebiete bestimmen können, in denen der Anbau von GVO-Pflanzen unter Einhaltung der von der Europäischen Gemeinschaft vorgegebenen Kriterien unterbleiben soll, diese Lösung wird vom BMEL favorisiert. Vgl. dazu BR-Drs. 317/15 v. 02.07.2015. Demgegenüber wird von den Ländern weitgehend eine bundeseinheitliche Lösung gefordert. Vgl. dazu BT-Drs. 18/6664 v. 11.11.2015.

18 Gesetz zur Neuordnung des Gentechnikrechts v. 21.12.2004 (BGBl. I, S. 186).

19 Richtlinie 92/43/EWG des Rates vom 21.05.1992 zur Erhaltung der natürlichen Lebensräume sowie der wildlebenden Tiere und Pflanzen (ABl. EG Nr. L 206/7 v. 22.07.1992), geänd. durch Richtlinie 97/62/EG des Rates v. 27.10.1997 (ABl. EG Nr. L 305/42); vgl. BT-Drs. 15/3344, S. 41.

20 Zul. geänd. durch 2006/105/EG des Rates v. 20.11.2006 (ABl. EG Nr. L 363/368).

21 So auch BT-Drs. 15/3344, S. 41.

22 BT-Drs. 15/3344, S. 42.

8   In einem zweiten Schritt ist im Rahmen der Änderung des Bundesnatur-
    schutzgesetzes[23] die rahmenrechtliche Regelung des § 34a BNatSchG in § 35
    überführt worden. § 35 ist eine bundeseinheitliche Regelung des Bundesge-
    setzgebers mit Abweichungsmöglichkeit der Länder und regelt, dass in den
    von der Europäischen Gemeinschaft besonders geschützten Gebieten des
    Netzes Natura 2000 der Einsatz von GVO nur unter den besonderen Voraus-
    setzungen des § 35 möglich ist. Folglich stehen Freisetzungen und der Um-
    gang mit Produkten, die GVO enthalten, in den Gebieten des Netzes Natura-
    2000 unter dem Vorbehalt einer naturschutzrechtlichen Verträglichkeitsprü-
    fung. Dies gilt, wenn der Einsatz von GVO geeignet ist, die entsprechenden
    Gebiete erheblich zu beeinträchtigen. Die Vorschrift des § 35 entspricht in-
    haltlich § 34a BNatSchG a.F. und wurde lediglich an die Begriffsbestimmun-
    gen des § 7 (vgl. dazu § 7 Rn. 1) sowie die Integration der Prüfung in § 34
    Abs. 1 S. 1 angepasst.[24]

9   Zugleich ist § 22 Abs. 3 GenTG durch Art. 12 des Gesetzes zur Neuregelung
    des Rechts des Naturschutzes und der Landschaftspflege[25] geändert worden.
    Die Änderung vervollständigte die Regelungen zwischen Gentechnikrecht
    und Naturschutzrecht. § 22 Abs. 1 GenTG regelt die **Konzentrationswirkung**
    einer gentechnikrechtlichen Anlagengenehmigung. Im Falle der Erteilung
    einer Genehmigung schließt diese alle anderen öffentlich-rechtlichen Vor-
    schriften mit ein (§ 22 Abs. 1 GenTG). Geändert werden musste in § 22
    Abs. 3 GenTG der Verweis auf das Bundesnaturschutzgesetz. Während zu-
    vor das Verhältnis zwischen Gentechnikgesetz und Bundesnaturschutzge-
    setz in § 34a BNatSchG a.F. geregelt war, ist es mit der Änderung des Bun-
    desnaturschutzgesetzes in § 35 geregelt. Dementsprechend musste auch der
    Verweis in § 22 GenTG angepasst werden. Danach bleibt § 35 unberührt.
    Die neue Fassung des Gentechnikgesetzes gilt seit dem 01. März 2010.

IV. Inhalt

10 § 35 regelt, dass Freisetzungen im Sinne des § 3 Nr. 5 GenTG und der Um-
    gang mit GVO-Produkten den Regeln über die Verträglichkeit mit Natura
    2000-Gebieten unterfallen.

1. Erfasste Verhaltensweisen

11 Durch § 35 werden zwei Fallvarianten erfasst. Zum einen stellt die Freiset-
    zung von GVO eine Handlung dar. Die andere Alternative ist erfüllt beim
    Umgang mit GVO-Produkten und zwar insbesondere bei der land-, forst-
    und fischereiwirtschaftlichen Nutzung sowie beim nicht erwerbswirtschaft-
    lichen Umgang mit GVO-Produkten, soweit diese in ihren Auswirkungen
    der land-, forst- und fischereiwirtschaftlichen Nutzung vergleichbar sind.

---

23 Art. 1 des Gesetzes zur Neuregelung des Rechts des Naturschutzes und der Landschafts-
    pflege vom 29.07.2009 (BGBl. I, S. 2542), zul. geänd. durch Gesetz v. 07.08.2013
    (BGBl. I, S. 3154).
24 Vgl. BT-Drs. 16/12274, S. 65.
25 V. 29.07.2009 (BGBl. I S. 2542).

a) Freisetzung von GVO

Die erste Fallgruppe des § 35 Nr. 1 erfasst **Freisetzungen** im Sinne des § 3 12
Nr. 5 GenTG.[26] Der Tatbestand des § 35 Abs. 1 Nr. 1 ist nur dann erfüllt,
wenn es um Freisetzungen von GVO geht. Fehlt es an einer gentechnischen
Veränderung, etwa weil der Organismus auch durch natürliche Prozesse vorkommt, findet § 35 Abs. 1 Nr. 1 keine Anwendung.

aa) Begriff des gentechnisch veränderten Organismus

Ein **gentechnisch veränderter Organismus (GVO)** ist ein Organismus, mit 13
Ausnahme des Menschen,[27] dessen genetisches Material in einer Weise verändert worden ist, wie sie unter natürlichen Bedingungen durch Kreuzen
oder natürliche Rekombination nicht vorkommt; ein GVO ist auch ein Organismus, der durch Kreuzung oder natürliche Rekombination zwischen GVO
oder mit einem oder mehreren GVO oder durch andere Arten der Vermehrung eines GVO entstanden ist, sofern das genetische Material des Organismus Eigenschaften aufweist, die auf gentechnische Arbeiten zurückzuführen
sind (§ 3 Nr. 3 GenTG). Beispielhaft sei eine Maissorte genannt, der ein Her-
bizitresistenzgen eingebaut worden ist.[28]

Problematisch ist, ob ein GVO auch dann vorliegt, wenn durch ein zufälliges 14
Auskreuzen auf ein Nachbarfeld bei einem Freilandversuch gentechnisch
veränderte Rapspollen auf normalen Raps übertragen werden. Dies wird in
der Literatur und der Rechtsprechung bejaht, sodass ein Bauer wider Willen
Gen-Raps-Bauer werden kann und mangels einer Inverkehrbringensgenehmigung mit einer Untersagungsverfügung rechnen muss.[29]

In der Regel werden GVO durch **Verfahren der Veränderung genetischen** 15
Materials (§ 3a GenTG) hergestellt. Es werden beispielsweise besondere
Nukleinsäure-Rekombinationstechniken, bei denen durch die Einbringung
von Nukleinsäuremolekülen, die außerhalb eines Organismus erzeugt wurden, in Viren, Viroide, bakterielle Plasmide oder andere Vektorsysteme neue
Kombinationen von genetischem Material gebildet werden und diese in
einen Wirtsorganismus eingebracht werden, in dem sie unter natürlichen Bedingungen nicht vorkommen (§ 3 Nr. 3a lit. a) GenTG). Dazu zählen auch
Mikroinjektion, Makroinjektion und Mikroverkapselungen (§ 3 Nr. 3a lit. b)
GenTG). Erfasst werden auch Zellfusionen oder Hybridisierungsverfahren,
bei denen lebende Zellen mit neuen Kombinationen von genetischem Mate-

---

26 Zum Naturschutz bei Freisetzungen *Winter*, ZUR 2006, 456 ff.
27 So auch Art. 2 Nr. 2 Freis-RL (Richtlinie 2001/18/EG des Europäischen Parlaments und
    des Rates vom 12.03.2010 über die absichtliche Freisetzung gentechnisch veränderter
    Organismen in die Umwelt und zur Aufhebung der Richtlinie 90/220/EWG des Rates
    (ABl. EG 2001 Nr. L 106, S. 1), geänd. durch RL (EU) 2015/412 des Europäischen Parla-
    ments und des Rates vom 11.03.2015 (ABl. EG Nr. L 68 v. 13.03.2015 S. 1).
28 Vgl. dazu Bescheid des BVL v. 11.10.2004, AZ 6786-01-0161.
29 BVerfG, Urt. v. 24.11.2010 – 1 BvF 2/05, juris Rn. 140, 145; OVG Münster, Beschl. v.
    31.08.2000 – 21 B 1125/00, DVBl. 2000, 1874; dazu *Müller-Terpitz*, NVwZ 2001, 46 ff.;
    anders noch VG Gelsenkirchen, Urt. v. 14.12.2002 – 8 K 6854/00, LRE 45, 377; sowie VG
    Schleswig, Beschl. v. 03.07.2001 – 1 B 35/01, ZUR 2001, 401 ff.

rial durch die Verschmelzung zweier oder mehrerer Zellen mithilfe von Methoden gebildet werden, die unter natürlichen Bedingungen nicht vorkommen (§ 3 Nr. 3a lit. c) GenTG).

16 Davon zu unterscheiden sind Verfahren der in-vitro-Befruchtung oder natürliche Prozesse wie Konjugation, Transduktion, Transformation oder ähnliche Verfahren (§ 3 Nr. 3b S. 1 GenTG).[30] Diese gelten nicht als Verfahren der Veränderung genetischen Materials.[31]

bb) Begriff der Freisetzung

17 **Freisetzung** bedeutet nach § 3 Nr. 5 GenTG das gezielte Ausbringen von GVO in die Umwelt, soweit noch keine Genehmigung für das Inverkehrbringen zum Zweck des späteren Ausbringens in die Umwelt erteilt wurde. Es handelt sich stets um eine gezielte, d.h. bewusst durchgeführte und gewollte Aktion.[32] Dabei muss sich die positive Kenntnis nur auf das Ausbringen, nicht auf die gentechnische Veränderung beziehen.[33] Das unbeabsichtigte Entweichen von GVO - zum Beispiel im Rahmen eines Störfalles - fällt damit nicht unter den Begriff der Freisetzung.[34]

18 Die gezielte Ausbringung von GVO wird nur dann nicht als Freisetzung erfasst, wenn für die GVO bereits eine Genehmigung für das Inverkehrbringen vorliegt.[35] Dies entspricht der Vorstellung des Gesetzgebers, wonach die umfassendere Genehmigung für das Inverkehrbringen die vorangehende Genehmigung für die Freisetzung umfasst.[36] Fehlt es an der Weitergabe an Dritte, so etwa bei der Erprobung eines GVO auf seine Beständigkeit oder seine Wechselwirkung in der Umwelt außerhalb des geschlossenen Systems, so fällt dies unter den Freisetzungsbegriff.

19 Für die erste Alternative des § 35 Nr. 1 ist irrelevant, ob die Freisetzung selbst in einem Natura 2000-Gebiet stattfindet. Vielmehr erstreckt sich der Schutz auch auf solche Vorhaben, die außerhalb der Grenzen dieser Schutzgebiete ausgeführt werden sollen. Dies ergibt sich aus dem gesetzgeberischen Willen, wonach Freisetzungen von GVO in oder angrenzend an ökologisch sensible Gebiete erfasst werden sollen.[37]

---

30 Dazu ausführl. *Kauch*, Gentechnikrecht, S. 78 f.

31 Ob moderne molekulare Züchtungsverfahren wie TILLING, Selbstklonieren, das TALEN-Verfahren oder das CRISPR-Cas-Verfahren als gentechnisches Verfahren gelten, ist umstritten, vgl. dazu Stellungnahme der Leopoldina/acatech/Union vom 26. 03. 2015.

32 *Hoppe/Beckmann/Kauch*, Umweltrecht, § 35 Rn. 29.

33 VG Schleswig, Beschl. v. 07. 11. 2007 – 1 B 33/07, juris; OVG Lüneburg, Beschl. v. 07. 03. 2008 – 13 ME 11/08, NVwZ 2008, 804 ff.

34 *Wahl*, in: Landmann/Rohmer, Umweltrecht, Bd. IV, Kap. 10.1 GenTG, § 3 Rn. 48.

35 *Wahl*, in: Landmann/Rohmer, Umweltrecht, Bd. IV, Kap. 10.1 GenTG, § 3 Rn. 52.

36 *Kauch*, Gentechnikrecht, S. 125.

37 BT-Drs. 15/3344, S. 42; vgl. auch *Winter*, ZUR 2006, 457 (463); dazu auch BVerwG, Urt. v. 19. 05. 1998 – 4 A 9/97, BVerwGE 107,1 ff.

b) Umgang mit GVO-Produkten

Neben der Freisetzung von GVO erfasst § 35 auch den **Umgang mit GVO-**   20
Produkten. Dies einerseits dann, wenn sie land-, forst- und fischereiwirtschaftlich genutzt werden und zuvor rechtmäßig in den Verkehr gebracht
worden sind, andererseits aber auch den sonstigen, insbesondere auch nicht
erwerbswirtschaftlichen, Umgang mit solchen Produkten, wenn dieser in seinen Auswirkungen den land-, forst- und fischereiwirtschaftlichen Nutzungs-
auswirkungen vergleichbar ist. Für beide Alternativen ist es erforderlich,
dass die Handlung innerhalb eines Natura 2000-Gebiet stattfindet.

aa) Land-, forst- und fischereiwirtschaftliche Nutzung von rechtmäßig in den
    Verkehr gebrachten GVO-Produkten

Die erste Alternative des § 35 Nr. 2 ist im Fall der land-, forst- und fischerei-   21
wirtschaftlichen Nutzung erfüllt. Aus dem Wort „sonstiger Umgang" der
zweiten Alternative ergibt sich, dass es sich auch bei einer land-, forst- und
fischereiwirtschaftlichen Nutzung um einen Unterfall des Umgangs mit
GVO-Produkten handelt.

(1) Begriff des GVO-Produkts

Der Begriff des GVO-Produkts ist gesetzlich nicht definiert. Erforderlich ist,   22
dass es sich um ein Produkt handelt, das GVO enthält oder aus solchen besteht. Produkte enthalten GVO, wenn einzelne Bestandteile gentechnisch
verändert worden sind. Demgegenüber besteht ein Produkt aus GVO, wenn
diese seinen Kernbestandteil bilden.

Über § 14 Abs. 1 S. 1 Nr. 4 GenTG werden auch diejenigen Produkte erfasst,   23
die aus freigesetzten GVO gewonnen oder hergestellt wurden, für die aber
noch keine Genehmigung für das Inverkehrbringen erteilt worden ist, etwa,
wenn Stärke aus gentechnisch veränderten Kartoffeln (Gen-Kartoffel Amflora)
gewonnen wurde und in der Papier-, Garn- und Klebstoffindustrie eingesetzt
werden soll.[38] Ferner auch solche, die zu einem anderen Zweck als der bisherigen bestimmungsgemäßen Verwendung in den Verkehr gebracht werden
sollen (§ 14 Abs. 1 Satz 1 Nr. 3 GenTG). So, wenn die zunächst zur Stärkeher-
stellung angebaute Gen-Kartoffel später zum Verzehr in den Handel soll.

(2) Rechtmäßiges Inverkehrbringen

GV-Produkte müssen rechtmäßig in Verkehr gebracht worden sein. Unter   24
dem Begriff des **Inverkehrbringen**s versteht man nach § 3 Nr. 6 GenTG die
Abgabe von Produkten an Dritte, einschließlich der Bereitstellung für Dritte,
und das Verbringen in den Geltungsbereich des Gesetzes, soweit die Produkte nicht zu gentechnischen Arbeiten in gentechnischen Anlagen oder für
genehmigte Freisetzungen bestimmt sind. Inverkehrbringen ist also die Abgabe im freien Warenverkehr an einen unbestimmten Personenkreis. Auch
für das Inverkehrbringen ist es unerheblich, ob das Produkt bewusst oder zu-

---

38 Vgl. dazu AGCT-Gentechnik.*report* 3/2010 v. 31.03.2010 www.advogenconsult.de News-
    letter.

fällig entstanden ist.[39] Erfasst werden Verhaltensweisen wie der Anbau, die Vermehrung, die Lagerung und die Beseitigung durch Dritte. Ein Inverkehrbringen liegt auch bei der weiteren wissenschaftlichen Erprobung von in Verkehr gebrachten GVO vor.[40]

25 GVO Produkte gelten dann als **rechtmäßig** in den Verkehr gebracht, wenn die dazu erforderliche Zulassung nach dem Gentechnikgesetz oder nach den lebensmittel- und futtermittelrechtlichen Bestimmungen erteilt worden ist. Dies ist der Fall, wenn eine Genehmigung für das Inverkehrbringen nach dem Gentechnikgesetz (§§ 14 Abs. 1, 16 Abs. 2 GenTG) erteilt worden ist. Die Voraussetzungen sind aber auch dann erfüllt, wenn europaweit eine Zulassung nach den lebens- und futtermittelrechtlichen Bestimmungen erteilt worden ist, etwa für das Inverkehrbringen von neuartigen Lebensmitteln und Lebensmittelzutaten, die GVO enthalten oder aus solchen bestehen (Art. 1 Abs. 2 a) NF-VO[41]). Gleiches gilt für gentechnisch veränderte Lebensmitteln und Futtermitteln (Art. 4 VO (EG) Nr. 1829/2003[42]). Erfasst werden gentechnisch veränderte Tomaten oder Joghurt mit gentechnisch veränderten Bakterien sowie Tomatenketchup, der aus gentechnisch veränderten Tomaten hergestellt worden ist.[43]

(3) Land-, forst- und fischereiwirtschaftliche Nutzung

26 Eine land-, forst- und fischereiwirtschaftliche Nutzung liegt vor, wenn GVO zu kommerziellen Zwecken in der Landwirtschaft (§ 201 BauGB[44]), der Forstwirtschaft und der Fischerei auf landwirtschaftlichen Flächen, in Wäldern oder in Gewässern ausgebracht werden. Es geht dabei u.a. um die kommerzielle Nutzung von zugelassenen Genpflanzen,[45] aber auch die Nutzung von GVO in der Fischwirtschaft.[46]

bb) Sonstiger Umgang mit GVO-Produkten

27 Als Auffangtatbestand erfasst § 35 zudem den sonstigen, insbesondere auch nicht erwerbswirtschaftlichen, Umgang mit GVO-Produkten, wenn dieser in

---

39 Vgl. dazu *Kloepfer*, Umweltschutzrecht, E 17 Rn. 20.

40 Vgl. *Meßerschmidt*, BNatSchG, § 34a Rn. 14.

41 Verordnung (EG) Nr. 258/97 des Europäischen Parlaments und des Rates vom 27. 01. 1997 über neuartige Lebensmittel und neuartige Lebensmittelzutaten (Novel-Food-Verordnung) (ABl. EG Nr. L 43, S. 1); zul. geänd. durch Verordnung (EG) Nr. 1332/2008 des Europäischen Parlaments und des Rates vom 16. 12. 2008 (ABl. EG Nr. L 354 v. 31. 12. 2008 S. 7); vgl. dazu *Kauch*, Gentechnikrecht, S. 33 ff.

42 Verordnung (EG) Nr. 1829/2003 des Europäischen Parlaments und des Rates vom 22. 09. 2003 über gentechnisch veränderte Lebensmittel und Futtermittel (Lebens- und Futtermittelverordnung) (ABl. EG Nr. L 268, S. 1), zul. geänd. durch Verordnung (EG) Nr. 298/2008 v. 10. 04. 2001 (ABl. L 97 v. 09. 04. 2008 S. 64); vgl. dazu *Kauch*, Gentechnikrecht, S. 33, ff.; VG Augsburg, Urt. v. 30. 05. 2008 – 7 K 07.276, Au 7 K, DVBl. 2008, 992 ff.

43 Vgl. dazu *Kauch*, Gentechnikrecht, S. 39 ff.

44 Baugesetzbuch i.d.F.d. Bek. v. 23. 09. 2004 (BGBl. I, S. 2414), zul. geänd. durch Gesetz v. 20. 10. 2015 (BGBl. I, S. 1722).

45 *Palme/Schumacher*, NuR 2007, 16 (18).

46 *Palme/Schumacher*, NuR 2007, 16 (18).

seinen Auswirkungen den vorgenannten Handlungen also der kommerziellen land-, forst- und fischereiwirtschaftlichen Nutzung vergleichbar ist.

Unter Umgang mit GVO versteht man Anwendung, Vermehrung, Anbau, Lagerung, Beförderung und Beseitigung sowie Verbrauch und sonstige Verwendung und Handhabung von zum Inverkehrbringen zugelassenen Produkten, die GVO enthalten oder daraus bestehen (§ 3 Nr. 6a GenTG). 28

Soweit der nicht erwerbswirtschaftliche Umgang aufgenommen worden ist, wird dadurch auch der so genannte **Erprobungsanbau** erfasst.[47] Darunter wird ein Anbau zu experimentellen Zwecken verstanden, mit dem die so genannten Auskreuzungsdistanzen gentechnisch veränderter Pollen untersucht werden, um Aufschlüsse darüber zu erlangen, welche Maßnahmen in einer guten fachlichen Praxis (§ 16b GenTG) nötig sind, um ungewollte Kontaminationen gentechnikfreier Bestände oder ökologisch sensibler Gebiete zu vermeiden. Ein solcher Erprobungsanbau geschieht regelmäßig mit bereits zugelassenen Produkten, aber nicht zu land-, forst- und fischereiwirtschaftlicher Nutzung, sodass er nicht bereits von § 35 Nr. 2 1. Alt. erfasst wird. Trotz seiner Nähe zur Freisetzung fällt der Erprobungsanbau auch nicht unter § 35 Nr. 1, sondern wird von § 35 Nr. 2 2. Alt. abgedeckt. Dies ist insofern von Bedeutung, als bei Freisetzungen auch außerhalb von Natura 2000-Gebieten eine Verträglichkeitsprüfung in Betracht kommen kann, wenn das Gebiet – etwa durch Pollenflug von außen – erheblich beeinträchtigt werden kann, während beim Einsatz bereits zugelassener Produkte nach § 35 Nr. 2 2. Alt. eine solche Prüfung nur für Fälle innerhalb eines solchen Gebietes vorgeschrieben ist. 29

Erfasst werden nur diejenigen nicht erwerbswirtschaftlichen Nutzungen, die in ihren Auswirkungen den vorgenannten, d.h. kommerziellen Handlungen vergleichbar sind. An einer solchen **Vergleichbarkeit** wird es in der Regel bei der sonstigen Nutzung von GVO Produkten nicht fehlen, da die Auswirkungen von GVO Produkten unabhängig davon eintreten, ob diese kommerziell angebaut werden oder nicht. 30

c) Innerhalb eines Natura 2000-Gebiets

Bei GVO-Produkten ist der Habitatschutz nur dann zu prüfen, wenn diese innerhalb eines Natura 2000-Gebiets (vgl. dazu bereits oben § 7 Rn. 10) ausgebracht werden sollen. Innerhalb von Natura 2000-Gebieten kann es zum Einsatz sowohl von Pflanzen als auch von gentechnisch veränderten Tieren kommen.[48] 31

In der Literatur wird das einschränkende Kriterium, dass das Produkt innerhalb eines Natura 2000-Gebiet genutzt werden muss, kritisiert.[49] Für Pflanzen wird dies als problematisch angesehen, da es sich etwa bei einem Gen-Maisfeld direkt neben einem Natura 2000-Gebiet nach dem klaren Wortlaut selbst 32

---

47 *Palme/Schumacher*, NuR 2007, 16 (18).
48 *Palme/Schumacher*, NuR 2007, 16 (18).
49 *Winter*, NuR 200 7,571 (573 SF); *Schumacher/Fischer-Hüftle*, BNatSchG, § 35 Rn. 8, 12; *Möckel*, in: GK-BNatSchG, § 35 Rn. 14.

dann nicht um einen Einsatz innerhalb eines Natura 2000-Gebiets handelt, wenn es zu einem Polleneintrag in das Gebiet kommen kann.[50] Hier ist allerdings zu berücksichtigen, dass in einem solchen Fall in der Regel zugleich eine Freisetzung und damit § 35 Nr. 1 vorliegen dürfte, sodass der Habitatschutz jedenfalls zu prüfen wäre. Auch bei Tieren, etwa Fischen, wird die Einschränkung als zu eng empfunden, weil ein Entweichen von Individuen beziehungsweise deren Brut häufig vorkommt und sehr schwer zu verhindern ist.[51] Gleichwohl bleibt auch hier der Habitatschutz nicht unberücksichtigt, da jeder Inverkehrbringensgenehmigung nach dem Step-by-Step-Prinzip eine Freisetzungsgenehmigung vorausgehen muss. Damit kommt es faktisch nicht zu einer Freistellung von der Verträglichkeitsprüfung von Projekten.[52]

2. Rechtsfolge

33   Eine eigene Regelung zur Rechtsfolge trifft § 35 nicht. Er verweist auf § 34 Abs. 1 und Abs. 2 und erklärt damit die habitatschutzbezogenen Anforderungen für die spezifischen Verhaltensweisen nach dem Gentechnikgesetz für anwendbar.

a) Entsprechende Anwendung des § 34 Abs. 1 und 2

34   Liegt tatbestandsmäßig eine Freisetzung von GVO oder ein Umgang mit GVO-Produkten innerhalb eines Natura 2000-Gebiets vor, kann die Freisetzung oder die Nutzung der Produkte nur unter den Voraussetzungen des § 34 Abs. 1 und 2 erfolgen. Dies bedeutet, dass bei den Handlungen des § 35 nicht stets eine Verträglichkeitsprüfung durchzuführen ist, sondern nur dann, wenn sie im Einzelnen oder im Zusammenwirken mit anderen Projekten oder Plänen geeignet sind, ein Natura 2000-Gebiet erheblich zu beeinträchtigen (vgl. dazu bereits § 34 Rn. 50 ff.). Damit sind auch kumulative Effekte aufgrund weiterer Vorgaben in dem Gebiet einzubeziehen.[53] In der Praxis wird zweistufig geprüft.[54] Es wird im Rahmen einer Vorprüfung (Screening) zunächst festgestellt, ob erhebliche Beeinträchtigungen drohen (§ 34 Abs. 1). Erst, wenn dies bejaht wird, kommt es zur eigentlichen Verträglichkeitsprüfung.[55] Eine Freisetzung oder der Umgang mit Produkten, die GVO enthalten, ist bei einer negativen Verträglichkeitsprüfung zu versagen (§ 34 Abs. 2).

aa) Eignung zur Gebietsbeeinträchtigung (Screening)

35   Im Hinblick auf die Eignung zur Gebietsbeeinträchtigung kann auf die Erläuterungen zu § 34 Abs. 1 verwiesen werden (§ 34 Rn. 17 und 53). Von einer erheblichen Gebietsbeeinträchtigung ist jedenfalls dann auszugehen, wenn

---

50 *Palme/Schumacher*, NuR 2007, 16 (18).
51 *Palme/Schumacher*, NuR 2007, S. 16 (18).
52 So aber *Möckel*, in: GK-BNatSchG, § 35 Rn. 7.
53 *Möckel*, in: GK-BNatSchG, § 35 Rn. 7.
54 Vgl. bereits zur alten Fassung Schumacher/Fischer-Hüftle, BNatSchG 2003, § 34 Rn. 15 ff.
55 BT-Drs. 16/12274, S. 65.

die Erhaltungsziele beziehungsweise Schutzzwecke bei Vornahme der Freisetzung oder der Nutzung von GVO-Produkten in Mitleidenschaft gezogen zu werden drohen.[56] Es gilt ein strenger Maßstab. Maßgeblich ist, ob ernstzunehmende Anhaltspunkte darauf hindeuten, dass die im jeweiligen Gebiet geschützten Lebensraumtypen beziehungsweise Tier- oder Pflanzenarten beeinträchtigt werden können.[57] Sollte bei einer ersten Betrachtung nicht ausgeschlossen werden können, dass Insektizide in transgenen Pflanzen (zum Beispiel Bt-Toxin) Auswirkungen auf Insektenarten (zum Beispiel Schmetterlinge) haben und wäre ihretwegen ein Natura 2000-Gebiet eingerichtet worden, ist den Anforderungen des 34 Abs. 1 und 2 zu entsprechen.[58] Bei Zweifeln muss eine Verträglichkeitsprüfung erfolgen.[59]

Die Behörde hat vor jeder Verträglichkeitsprüfung eine überschlägige abschätzende Wirkungsprognose durchzuführen, um festzustellen, ob von dem GVO-Einsatz überhaupt eine **Beeinträchtigung** ausgehen kann (vgl. dazu § 34 Rn. 53).[60] Maßstab für diese Wirkungsprognose sind je nach Sachlage die wesentlichen Prüfschritte der eigentlichen Verträglichkeitsprüfung. So ist zu prüfen, ob es in dem Schutzgebiet artverwandte und damit durch Übertragung bedrohte Pflanzen/Tiere gibt. Auch ist zu prüfen, ob in dem Gebiet sonstige Nichtzielorganismen vorkommen, bei denen eine Schädigung nicht ausgeschlossen werden kann. Maßstab sind dabei – wie bei der Verträglichkeitsprüfung selbst – die jeweiligen Erhaltungsziele und der Schutzzweck des Natura 2000-Gebiets. Steht nach der überschlägigen abschätzenden Wirkungsprognose fest, dass eine Beeinträchtigung ausgeschlossen ist, entfällt die Verträglichkeitsprüfung.[61]   *36*

Kann eine Beeinträchtigung nicht ausgeschlossen werden, muss festgestellt werden, dass die Beeinträchtigung **erheblich** ist (vgl. dazu § 34 Rn. 50). Dies bedeutet, dass keine Verschlechterung des Zustandes der geschützten Lebensräume und Arten, die jeweils durch die Enthaltungsziele des Gebietes festgelegt sind, eintreten dürfen, wobei jede feststellbare negative Auswirkung auf ein Natura 2000-Gebiet oder einen Teil davon ausreicht.[62] Die Erheblichkeit wird in der Praxis nicht leicht festzustellen sein, da der bloße Einbau eines Genkonstrukts in einen anderen Organismus nach herrschen-   *37*

---

56 EuGH, Urt. v. 07.09.2004 – RS C-127/02 (Muschelfischer) – Slg. 2004, I-0000 Rn. 41–45; *Gellermann*, NuR 2004, 769 (771).

57 BVerwG, Beschl. v. 21.01.1998 – 4 VR 3.97 (4 A9.97), NuR 1998, 261 ff.; vgl. auch *Palme*, VBlBW 2006, 417 (418).

58 *Gellermann*, in: Landmann/Rohmer, Umweltrecht, Bd. III, Kap. 11, § 34a BNatSchG a.F. Rn. 8.

59 EuGH, Urt. v. 10.01.2006 – RS C-98/03 (Kommission/Deutschland), juris Rn. 44.

60 Zu dieser Vorprüfung *Schumacher/Fischer-Hütfte*, Bundesnaturschutzgesetz 2003, § 34 Rn. 15 ff.

61 Europäische Kommission 2001, S. 17; *Schumacher/Fischer-Hüllte*, Bundesnaturschutzgesetz 2003, § 34 Rn. 15 ff.

62 *Palme/Schumacher*, NuR 2007, 16 (19); zu rechtlichen Anforderungen an die Prognose *Gassner*, in: Gassner/Bendomir-Kahlo/Schmidt-Räntsch, BNatSchG 2003, § 34 Rn. 9 ff.

der Meinung und Rechtsprechung nicht als Schaden gilt.[63] Dauerhaft werden hier ein Kriterienkatalog und eine Intensivierung der Biodiversitätsforschung unabdingbar sein.[64] Das Ergebnis der Vorprüfung ist zu belegen.

bb) Verträglichkeitsprüfung

38 Ist eine erhebliche Gebietsbeeinträchtigung zu besorgen, bedarf es nach § 34 Abs. 1 einer Verträglichkeitsprüfung, in deren Rahmen geklärt werden muss, ob die Freisetzung, Nutzung oder der beabsichtigte Umgang mit GVO-Produkten in einem Natura 2000-Gebiet bereits aus sich heraus oder im Zusammenwirken mit anderen Plänen oder Projekten gebietsbezogene Erhaltungsziele beeinträchtigt (vgl. dazu § 34 Rn. 77 ff.).

39 Dabei muss die Verträglichkeitsprüfung nicht notwendig sehr umfänglich sein. Der **Umfang** hängt vom Gegenstand ab. Er kann gering sein und möglicherweise nur eine Seite umfassen, wenn die Dinge einfach liegen.[65]

40 Dies setzt voraus, dass gebietsbezogene Erhaltungsziele in dem Schutzgebiet formuliert worden sind, die durch GVO beeinträchtigt werden können. In der Praxis wird es an Vorgaben häufig fehlen, weil gerade die Einschätzung ökologischer Risiken beim Einsatz von GVO mit Unsicherheiten behaftet ist. Hinzu kommt, dass sich den gebietsbezogenen Erhaltungszielen beziehungsweise Schutzzwecken zumeist keine konkreten Aussagen über die Erhaltungszielkonformität der Ausbringung von GVO entnehmen lassen.[66] Solange abstrakte Aussagen zu diesem Punkt fehlen, wird jeweils einzelfallbezogen geprüft werden müssen.

41 Nur wenn ökologische Risiken auszuschließen sind, können Freisetzungen erfolgen und GVO-Produkte genutzt werden, ohne durch naturschutzrechtliche Vorgaben des Habitatschutzes behindert zu werden.

cc) Unzulässigkeit des Vorhabens

42 Lassen sich negative Folgen für schützenswerte Gebiete nicht ausschließen, gilt die Rechtsfolge des § 34 Abs. 2 (vgl. dazu § 34 Rn. 5). Danach ist das Vorhaben unzulässig, wenn die Prüfung der Verträglichkeit ergibt, dass es zu erheblichen Beeinträchtigungen des Gebiets in seinen für die Erhaltungsziele oder den Schutzzweck maßgeblichen Bestandteilen führen kann. Dabei handelt es sich um ein gesetzliches Verbot.[67] Der Gesetzgeber hat von einem Erschließungsermessen zur Versagung der Genehmigung abgesehen, da dies der besonderen Bedeutung der Schutzgebiete und der Vorgaben der FFH-Richtlinie nicht in angemessener Weise gerecht würde.[68] Das Verbot

---

63 VG Köln, Urt. v. 25. 01. 2007 – 13 K 2858/06, juris Rn. 61; vgl. auch *Palme/Schumacher*, NuR 2007, 16 (19).

64 *Palme/Schumacher*, NuR 2007, 16 (19).

65 *Winter*, ZUR 2006, 457 (463).

66 *Gellermann*, in: Landmann/Rohmer, Umweltrecht, Bd. III, Kap. 11, § 34a BNatSchG a.F. Rn. 8.

67 *Gellermann*, in: Landmann/Rohmer, Umweltrecht, Bd. III, Kap. 11, § 34 BNatSchG Rn. 19.

68 BT-Drs. 15/3088, S. 26.

gilt bereits dann, wenn die Möglichkeit einer erheblichen Beeinträchtigung des Gebietes in seinen für die Erhaltungsziele beziehungsweise den Schutzzweck maßgeblichen Bestandteilen besteht. Über die Begriffe „Möglichkeit" einer „erheblichen Beeinträchtigung" hat der Gesetzgeber der zuständigen Behörde aber aus Vorsorgegründen einen Beurteilungsspielraum überlassen, um irreversible Schäden weit gehend ausschließen zu können.[69]

Während andere Projekte auch bei der Möglichkeit der Beeinträchtigung eines Gebietes über den Weg von Ausnahmeregelungen nach § 34 Abs. 3 zugelassen werden können, gilt dies für Freisetzungen und die Nutzung von GVO-Produkten nicht. Insoweit ist der Wortlaut des § 35 eindeutig, der ausdrücklich nur auf § 34 Abs. 1 und 2 und gerade nicht auf § 34 Abs. 3 verweist. Der Gesetzgeber hat die Möglichkeit einer Abweichung vom regelmäßigen Habitatschutz für die Freisetzung und den Umgang mit GVO-Produkten bewusst ausgeschlossen. Dies findet seine Begründung in den hohen Risiken von GVO und der damit einhergehenden hohen Gefährdung für Natura 2000-Gebiete.[70] Der Ausschluss des Abweichungsverfahrens stellt keinen Verstoß gegen EG-Recht dar, da den Mitgliedstaaten auf der Grundlage der FFH-Richtlinie (Art. 6 Abs. 4 FFH-RL) ausdrücklich weitergehende Schutzmaßnahmen zugestanden werden.[71] *43*

b) Verfahren, Zuständigkeit und Antragsunterlagen

Für die Prüfung der Verträglichkeit ist auch beim Umgang mit GVO kein eigenes naturschutzrechtliches Prüfverfahren vorgesehen. Vielmehr gilt für die Freisetzung und den Umgang mit GVO-Produkten, dass die Vereinbarkeit mit dem Habitatschutz – wie bei den projektbezogenen Vorhaben – im Rahmen der projektbezogenen Zulassung, Anzeige- oder sonstiger Entscheidung **(Trägerverfahren)** geprüft werden muss. *44*

aa) Trägerverfahren

Sowohl die Freisetzung als auch das Inverkehrbringen von GVO unterfallen nach dem Gentechnikgesetz einem strengen Genehmigungsvorbehalt, sodass in diesem Rahmen der Habitatschutz geprüft werden kann.[72] *45*

(1) Bei Freisetzungen

Für die Freisetzung, die gem. § 14 Abs. 1 Nr. 1 GenTG vor ihrer Durchführung einer Genehmigung bedarf, ist dies das Trägerverfahren, in dem die Verträglichkeit der Freisetzung mit dem Habitatschutz geprüft werden muss. Dies wird zum Teil aus dem gesetzlich definierten Begriff „Freisetzung" geschlossen, der darauf hindeute, dass die Verträglichkeitsprüfung mit der Genehmigung verknüpft werden soll.[73] Zudem stelle § 22 Abs. 3 GenTG aus- *46*

---

69 BT-Drs. 15/3088, S. 26; vg. dazu *Gassner,* in: Gassner/Bendomir-Kahlo/Schmidt-Räntsch, BNatSchG 2003, § 34 Rn. 11.
70 Vgl. dazu BT-Drs. 15/3344, S. 42; kritisch *Ewer,* in: Lüdtke/Ewer, BNatSchG, § 35 Rn. 13.
71 *Palme/Schumacher,* NuR 2007, 16 (19); so auch *Möckel,* in: GK-BNatSchG, § 35 Rn. 8.
72 *Kauch,* Gentechnikrecht, S. 113 ff.
73 So im Ergebnis *Winter,* NuR 2007, 571 (573 f.).

drücklich klar, dass die Vorschrift des § 35 unberührt bleibt. Dies sei so zu deuten, dass der materielle Gehalt der Verträglichkeitsprüfung zwar verbindlich zu beachten ist, dies aber im Verfahren der Freisetzungsgenehmigung erfolgen kann und muss.[74] Zu berücksichtigen ist allerdings, dass § 22 Abs. 1 GenTG von seinem Wortlaut her die Konzentrationswirkung nur auf die Anlagengenehmigung erstreckt. Dies spricht dafür, dass die Genehmigungsbehörde nach dem Gentechnikgesetz bei Freisetzungen gerade nicht über die Belange des Naturschutzes generell und auch nicht über den Habitatschutz mitentscheidet.[75] Andererseits fordert § 11 Abs. 1 Nr. 6 GenTG, der über § 16 Abs. 1 Nr. 1 GenTG auch für die Freisetzung gilt, dass dieser „andere öffentlich-rechtliche Vorschriften", wozu auch der § 35 zählt, nicht entgegenstehen dürfen. Damit gehört materiell das Prüfprogramm des § 35 mit zur Entscheidung über die Freisetzungsgenehmigung. Da überdies gerade für GVO die Genehmigungsbehörde nach dem Gentechnikgesetz als Spezialbehörde angesehen werden muss, ist eine Prüfung des Habitatschutzes durch diese sachgerecht. Dies hat zur Folge, dass eine Freisetzungsgenehmigung für eine gebietsrelevante Ausbringung von GVO nur nach vorheriger Verträglichkeitsprüfung und im Übrigen nur dann erteilt werden darf, wenn in dieser Prüfung keine negativen Auswirkungen festgestellt werden. Dies steht auch nicht im Widerspruch zu § 22 Abs. 1 GenTG, wonach sich die Konzentrationswirkung nicht auf die Freisetzung erstreckt, da eine eigene naturschutzrechtliche Zulassungsentscheidung in diesem Sinne nicht zu besorgen ist.

47 Problematisch ist die Frage des Trägerverfahrens bei Freisetzungen im Rahmen des so genannten **vereinfachten Verfahren**s, bei dem die Freisetzungsgenehmigung erteilt wird, aber die Ausbringungsstandorte noch offen gelassen und später nachgemeldet werden. Bei diesen **Nachmeldungen** kommt das Genehmigungsverfahren für den Habitatschutz nicht in Betracht. Hier kann einzig die Naturschutzbehörde den Habitatschutz nachträglich prüfen, wenn der konkrete Standort feststeht.[76] Für die Anwendung des § 34 Abs. 6 (vgl. dazu § 34 Rn. 179) fehlt jedoch der Hinweis auf diese Vorschrift in § 35.

(2) Beim Inverkehrbringen

48 Auch für das Inverkehrbringen von GVO sieht das Gentechnikgesetz in § 16 Abs. 1 Nr. 1 GenTG eine Genehmigungspflicht vor, sodass auch dort im Rahmen der Genehmigung der Habitatschutz geprüft werden könnte. Allerdings ist dabei zu berücksichtigen, dass die Prüfung beim Inverkehrbringen von GVO eher produktbezogen als standortbezogen erfolgt.[77] Hinzu kommt, dass

---

74 *Winter*, NuR 2007, 571 (573 f.).
75 Vgl. dazu *Kauch*, Gentechnikrecht, S. 145; *Palme*, ZUR 2005, 119 (124); so im Ergebnis auch VG Frankfurt (Oder), Beschl. v. 13. 07. 2007 – 7 L 170/07, ZUR 2007, 493 ff.
76 *Winter*, NuR 2007, 571 (586); *Kauch*, Gentechnikrecht, S. 145; VG Frankfurt (Oder), Beschl. v. 13. 07. 2007 – 7 L 170/07, ZUR 2007, 493 ff.
77 So auch *Winter*, NuR 2007, 571 (580).

die Standorte, an denen die GVO später tatsächlich angebaut werden sollen, nicht unbedingt von vornherein feststehen. Zudem geht der Gesetzgeber davon aus, dass selbst bei einer ursprünglich positiven Risikobewertung (§§ 6, 7 GenTG) potentiell irreversible Auswirkungen auf Schutzgebiete auftreten können, sodass für Schutzgebiete ein erhöhter Vorsorgemaßstab anzulegen ist.[78] Die Standorte können später der Bundesoberbehörde nach § 16a GenTG unter Beachtung der Pflichtangaben nach § 16a Abs. 3 GenTG mitgeteilt werden. Dementsprechend fehlt es an einem Trägerverfahren für die standortbezogene Verträglichkeitsprüfung bei der konkreteren Nutzung von GVO-Produkten.[79] Auch nachmarktbezogenen Maßnahmen können den Habitatschutz nicht sicherstellen.[80] Der Gesetzentwurf der Bundesregierung sah dementsprechend ein eigenes Anzeigeverfahren im Gentechnikgesetz (§ 16b Abs. 1 S. 1 GenTGE) vor.[81] Mit der beabsichtigten Nutzung konnte zwei Monate nach Eingang der Anzeige begonnen werden, soweit die zuständige Naturschutzbehörde die Nutzung nicht zuvor untersagt hatte (§ 16b Abs. 1 S 2 GenTGE). Zum Teil wird in der Literatur das Meldeverfahren nach § 16a Abs. 3 GenTG als Trägerverfahren für ausreichend angesehen. Dies ist bedenklich, weil es sich dabei gerade nicht um ein Zulassungsverfahren, sondern ein schlichtes Informationsverfahren handelt. Hintergrund dieses Verfahrens ist einzig die Bekanntgabe des Standortes zur Führung des Standortregisters. Dies macht die Mitteilung als Trägerverfahren ungeeignet. Da mithin ein Trägerverfahren im Bundesrecht nicht existiert, bedarf es eines eigenständigen naturschutzrechtlichen Prüfverfahrens im Landesrecht.[82] So hat etwa Schleswig Holstein mit § 26 LNatSchG[83] ein eigenes Anzeigeverfahren mit einer gesetzlichen Fiktion geschaffen, wonach mit der beabsichtigten Maßnahme zwei Monate nach Eingang der Anzeige begonnen werden darf, wenn die zuständige Naturschutzbehörde die Maßnahme nicht zuvor für unzulässig erklärt hat.[84] Zudem kann die Naturschutzbehörde einschreiten, wenn der Anbau ohne Verträglichkeitsprüfung droht.[85] Eine Untersagung des Einsatzes von GVO in Natura 2000-Gebieten kann nicht unter Verweis auf die Konzentrationswirkung der Inverkehrbringensgenehmigung angegriffen werden,[86] da im Hinblick auf den Habitatschutz eine Konzentrationswirkung der Inverkehrbringensgenehmigung nicht eintreten soll.[87]

---

78 BT-Drs. 15/3088, S. 26.

79 *Palme*, VBlBW 2006, 417 (420).

80 *Palme*, VBlBW 2006, 417 (420).

81 BT-Drs. 15/3088, S. 13.

82 *Gellermann*, in: Landmann/Rohmer, Umweltrecht, Bd. III, § 34a BNatSchG a.F. Rn. 11.

83 Gesetz zum Schutz der Natur (Landesnaturschutzgesetz – LNatSchG) v. 24.02.2010 (GVOBl. Schl.-H. S. 301), zul. geänd. durch Gesetz v. 13.07.2011 (GVOBl. Schl.-H. S. 225).

84 Art. 21 BayNatSchG sieht kein eigenständiges landesrechtliches Verfahren vor und belässt es weitgehend beim Inhalt der bundesrechtlichen Regelung des § 35.

85 *Palme*, VBlBW 2006, 417 (420).

86 So *Palme*, ZUR 2005, 119 (124).

87 Vgl. zur amtlichen Begründung des § 22 GenTG *Nöthlichs*, Bio- und Gentechnik, Zif. 7007, S. 23.

49 Für Lebensmittel und Futtermittel, die GVO enthalten, aus solchen bestehen oder aus ihnen gewonnen oder hergestellt worden sind, gilt die Genehmigungspflicht allerdings nach Art. 4 VO (EG) Nr. 1829/2003 (vgl. dazu bereits § 35 Rn. 25). Danach wird ein europaweites Genehmigungsverfahren durchgeführt, bei dem der Antrag bei der nationalen Behörde eingereicht, dann aber an die Europäische Behörde für Lebensmittelsicherheit (EFSA) als federführende Behörde weitergeleitet wird. Nach Durchführung des europaweiten Beteiligungsverfahrens der Mitgliedstaaten wird die Genehmigung dann letztlich durch die EFSA erteilt, die ihrerseits den Behörden der Mitgliedstaaten Gelegenheit zur Stellungnahme gibt (Art. 6 Abs. 3 lit. c) VO (EG) Nr. 1829/2003). Hier ist der Habitatschutz durch die EFSA im europaweiten Genehmigungsverfahren unmittelbar nach der FFH- oder Vogelschutzrichtlinie zu prüfen.

bb) Zuständigkeit

50 Wegen des Prüfprogramms, das sich aus §§ 22 Abs. 3, 11 Abs. 1 Nr. 6 GenTG ergibt, gilt die Bundesoberbehörde als Genehmigungsbehörde nach dem Gentechnikgesetz auch für die Prüfung des § 35 als zuständig.[88] Dies ist nach § 31 S. 2 GenTG das Bundesamt für Verbraucherschutz und Lebensmittelsicherheit (BVL). Folglich prüft das BVL auch die Vorprüfung und die Verträglichkeitsprüfung im Hinblick auf Natura 2000-Gebiete.[89]

51 Um dem Naturschutz Rechnung zu tragen, ergeht die gentechnikrechtliche Genehmigung nach § 16 Abs. 4 Satz 1, 3 GenTG im Benehmen mit dem Bundesamt für Naturschutz. Ferner ist zuvor eine Stellungnahme des Bundesforschungsinstituts für Kulturpflanzen und eine Stellungnahme der zuständigen Landesbehörden einzuholen. Hintergrund gerade auch der Beteiligung der Landesbehörden ist, dass diese über gebietsspezifische Daten verfügen.[90] Zudem prüft und bewertet die Kommission den Antrag auf Freisetzung und auf Inverkehrbringen im Hinblick auf mögliche Gefahren für die in § 1 Nr. 1 GenTG geschützten Rechtsgüter, und damit auch für Natur und Landschaft, und gibt hierzu Empfehlungen.

52 Findet keine Genehmigung mehr statt, ist die Naturschutzbehörde für die Prüfung der Verträglichkeit zuständig und kann eine entsprechende Untersagungsverfügung zur Durchsetzung des § 35 erlassen. Für die Anwendung des § 34 Abs. 6 (vgl. dazu § 34 Rn. 179) fehlt jedoch der Hinweis auf diese Vorschrift in § 35. Da es sich dann um eine repressive und nicht mehr präventive Maßnahme handelt, ist dies europarechtlich bedenklich.

cc) Antragsunterlagen

53 Hinsichtlich der erforderlichen **Antragsunterlagen** kann auf § 34 Abs. 1 S. 3 (§ 34 Rn. 57) verwiesen werden. Zusätzlich gelten § 15 Abs. 1 und. 2 S. 1 GenTG, die sich auf die Vorprüfung zu erstrecken haben, d.h. die Beurtei-

---

88 Vgl. auch *Winter*, ZUR 2006, 457 (574)
89 *Winter*, ZUR 2006, 457 (463).
90 Vgl. dazu auch *Winter*, ZUR 2006, 457 (463).

lung der Eignung zu einer erheblichen Beeinträchtigung ermöglichen müssen. So müssen sich die Unterlagen nach § 5 Abs. 1 Nr. 3 GenTVfV[91] auch eine Beschreibung der sicherheitsrelevanten Eigenschaften des freizusetzen Organismus und der Umstände, die für das Überleben, die Fortpflanzung und die Verbreitung des Organismus von Bedeutung sind, erstrecken. Gleiches gilt nach § 6 Abs. 1 Nr. 3 und 4 GenTVfV, wonach eine Darstellung der möglichen schädlichen Auswirkungen und der geplanten Maßnahmen zur Kontrolle des weiteren Verhaltens und der Qualität des in Verkehr zu bringenden Organismus oder Produkts beizufügen ist. Wird die Eignung vom BVL bejaht hat, sind Unterlagen für die Verträglichkeitsprüfung nachzureichen. Die Vollständigkeit der Unterlagen prüft wiederum das BVL. Auch bei diesen Prüfungsschritten gilt das oben Gesagte zu den zu beteiligenden Behörden des Naturschutzes entsprechend.[92]

c) Rechtsschutz

Fehler in der Verträglichkeitsprüfung können isoliert nicht angegriffen werden (§ 44a VwGO[93]). Sie sind im Verfahren gegen die Zulassungsentscheidung geltend zu machen. Zu berücksichtigen ist dabei, dass auch § 35 keinen Drittschutz vermittelt, was den Rechtsschutz für Bürger erschwert.[94] Umweltverbänden steht indes ein vollständiges Rügerecht zu.[95]   54

V. Ausblick

Ob § 35 dauerhaft Bestand haben wird, wird bezweifelt.[96] Vorstellbar wäre, wegen des Konflikts im Bereich der Trägerverfahren, ein eigenes Trägerverfahren in das Gentechnikgesetz einzufügen, wie dies bereits Gegenstand des Gesetzgebungsentwurfs der Bundesregierung zur Änderung des Gentechnikgesetzes gewesen ist. Nur so ließe sich die EG-rechtliche Forderung nach einer Prüfung der Verträglichkeit vor der Projektzulassung oder Durchführung sicherstellen. Andererseits bleibt erst abzuwarten, wie denn die Änderung der Freisetzung-RL mit dem opt-out-Verfahren[97] auf Bundesebene erfolgt. Soweit sich Bund oder Länder nämlich in Teilen dazu entscheiden, Flächen über die EU-rechtlich vorgegebenen Kriterien „gentechnikfrei" zu halten, bleibt auch die Bedeutung des § 35 in diesen Bereichen gering.   55

---

91 Verordnung über Antrags- und Anmeldeunterlagen und über Genehmigungs- und Anmeldeverfahren nach dem Gentechnikgesetz (Gentechnik-Verfahrensverordnung – GenTVfV) i.d.F.d. Bek. v. 04.11.1996 (BGBl. I, S. 16), zul. geänd. durch VO vom 28.04. 2008 (BGBl. I, S. 766).

92 Vgl. *Winter*, ZUR 2006, 457 (464).

93 Verwaltungsgerichtsordnung i.d.F.d. Bek. v. 19.03.1991 (BGBl. I S. 686), zul. geänd. durch Gesetz v. 20.10.2015 (BGBl. I, S. 1722).

94 So zu § 34a BNatSchG a.F. VG Köln, Urt. v. 25.01.2007 – 13 K 2858/06, juris Rn. 47.

95 Vgl. dazu neuerlich EuGH, Urt. v. 15.10.2015 – RS C-137/14 (Kommission/Deutschland), juris; zuvor EuGH, Urt. v. 07.11.2013 – RS C-72/12 (Altrip), juris.

96 Vgl. dazu *Gellermann*, in: Landmann/Rohmer, Umweltrecht, Bd. III, Kap. 11, § 34a BNatSchG a.F. Rn. 3.

97 Vgl. dazu *Ohler*, ZLR 2005, 732 ff.; *Strack*, NuR 2014, 829 ff.; *Winter*, NuR 2015, 516 ff. und 595 ff.

§ 36
Pläne

Auf

1. **Linienbestimmungen nach § 16 des Bundesfernstraßengesetzes und § 13 des Bundeswasserstraßengesetzes sowie**
2. **Pläne, die bei behördlichen Entscheidungen zu beachten oder zu berücksichtigen sind**

ist § 34 Absatz 1 bis 5 entsprechend anzuwenden.

Bei Raumordnungsplänen im Sinne des § 3 Absatz 1 Nummer 7 des Raumordnungsgesetzes und bei Bauleitplänen und Satzungen nach § 34 Absatz 4 Satz 1 Nummer 3 des Baugesetzbuches findet § 34 Absatz 1 Satz 1 keine Anwendung.

Inhaltsübersicht

I. Bezug, Bedeutung und anwendbares Rechtsregime

1 Gemäß § 36 hat die FFH-Verträglichkeitsprüfung auch bei Plänen zu erfolgen, wie dies Art. 6 Abs. 3 und 4 FFH-RL vorgibt. § 36 führt § 35 BNatSchG 2002[1] fort, ist aber kürzer formuliert. Er vollzieht die Aufhebung des Verkehrswegebeschleunigungsgesetzes nach und vereinfacht die Formulierung.[2] Die Überprüfung auch von Plänen ist Ausfluss des Vorsorgegrundsatzes von Art. 191 Abs. 2 AEUV.[3]

2 § 34 wird dadurch wie schon zuvor ergänzt. Dieser kann nämlich nicht direkt angewendet werden, weil Projektzulassungen und Entscheidungen über Pläne in verschiedenen Verfahren beschlossen werden.[4] § 34 gilt „entspre-

---

1 Gesetz über den Naturschutz und die Landschaftspflege (Bundesnaturschutzgesetz – BNatSchG) v. 25.03.2002, BGBl. I S. 1193, zuletzt geändert durch Art. 2 des Gesetzes v. 08.04.2008, BGBl. I S. 686. Davor galt die inhaltsgleiche Vorschrift des § 19d BNatSchG a.F.

2 Siehe die Begründung zum Gesetzentwurf der Fraktionen der CDU/CSU und SPD v. 17.03.2009, BT-Drs. 16/12274, S. 65.

3 EuGH, Urt. v. 07.09.2004 – C-127/02, Slg. 2004, I-7405 = NuR 2004, 788 (Rn. 44); *Möckel,* in: Schlacke (Hrsg.), GK-BImSchG, § 36 BNatSchG, Rn. 1.

4 *Schumacher/Schumacher,* in: Schumacher/Fischer-Hüftle, BNatSchG, 1. Aufl. 2003, § 35 BNatSchG, Rn. 1.

chend", weil die Linienbestimmungen und Pläne an die Stelle der Projekte treten.[5] Erst durch § 36 wird die Vorgabe von Art. 6 FFH-RL vollkommen umgesetzt, wonach alle Pläne oder Projekte, die einzeln oder in Zusammenwirkung mit anderen Plänen und Projekten, welche die Erhaltungsziele eines zum europäischen Netz Natura 2000 zählenden Gebiets erheblich beeinträchtigen könnten, einer FFH-Verträglichkeitsprüfung zu unterwerfen sind.

Die Verträglichkeitsprüfung ist – ebenso wie bei den Projekten – auch bei den Plänen ein unselbstständiger Teil des Planaufstellungsverfahrens. Zuständig ist deshalb der jeweilige Planungsträger und nicht die Naturschutzbehörde.[6] Nähere Verfahrensregelungen zu treffen, obliegt den Bundesländern.   *3*

1. Verträglichkeitsprüfung bei Plänen (Satz 1)

Die Ergänzungsfunktion und der Bezug auf Art. 6 FFH-RL bewirken, dass die Verträglichkeitsprüfung parallel wie bei Projekten nach § 34 durchzuführen ist; § 34 ist mit all seinen Regelungen auch bei den Plänen nach § 36 anwendbar.[7] Pläne lassen keine Einzelvorhaben zu, denn die Einzelvorhaben sind dann Projekte, für die § 34 direkt gilt.[8] Danach ist im Rahmen des Screenings zunächst festzustellen, ob von der Verwirklichung des betreffenden Plans überhaupt erhebliche Auswirkungen auf die Erhaltungsziele eines Natura 2000-Gebiets ausgehen können. Ergibt das Screening, das bei Bauleitplänen nach § 1a Abs. 4 BauGB durchzuführen ist[9], dass die Realisierung des Plans zu erheblichen Beeinträchtigungen der Erhaltungsziele oder der für den Schutzzweck maßgeblichen Bestandteile eines FFH-Gebiets führen kann, ist der Plan nach § 34 Abs. 2 grundsätzlich unzulässig, es sei denn, eine Ausnahme nach § 34 Abs. 3 oder 4 greift ein (dazu näher in Rn. 6 ff.). Die planerische Abwägung wird hierdurch verdrängt, denn insoweit besteht kein Spielraum.[10] Das strikte Regime der Verträglichkeitsprüfung ersetzt somit den flexiblen Rahmen der planerischen Abwägung. Die Abwägung ist voll justiziabel.[11]   *4*

§ 36 Satz 2 nimmt § 34 Abs. 1 Satz 1 von der entsprechenden Anwendung aus bei Raumordnungsplänen nach § 3 Nr. 7 ROG sowie bei Bauleitplänen   *5*

---

5 *Gassner*, in: ders./Bendomir-Kahlo/Schmidt-Räntsch, 2. Aufl. 2003, § 35 BNatSchG, Rn. 2.

6 *Meßerschmidt*, Bundesnaturschutzrecht, § 35 BNatSchG, Rn. 14.

7 *Meßerschmidt*, Bundesnaturschutzrecht, § 35 BNatSchG, Rn. 1; *Mühlbauer*, in: Lorz/Konrad/Mühlbauer/Müller-Walter/Stöckel, § 36 BNatSchG, Rn. 5.

8 *Mühlbauer*, in: Lorz/Konrad/Mühlbauer/Müller-Walter/Stöckel, § 36 BNatSchG, Rn. 5.

9 Dazu ist keine flächendeckende Erhebung der gesamten Flora und Fauna erforderlich, sondern nur eine Erhebung der Merkmale, die für die Erhaltungsziele des FFH-Gebietes von Bedeutung sind: BVerwG, Urt. v. 12.03.2008 – 9 A 3.06, BVerwGE 130, 299, Rn. 75 = NuR 2008, 633 = ZUR 2008, 550 = BeckRS 2008, 38060 (A 44-Urteil); dazu: *Mitschang/Wagner*, DVBl 2010, 1257 (1261).

10 *Schumacher/Schumacher*, in: Schumacher/Fischer-Hüftle, BNatSchG, 1. Aufl. 2003, § 35 BNatSchG, Rn. 7.

11 *Louis*, § 19d BNatSchG, Rn. 9.

und Satzungen nach § 34 Abs. 4 Satz 1 Nr. 3 BauGB. Das bedeutet, dass diese Pläne und Satzungen vor ihrer Zulassung oder Durchführung auch dann nicht auf ihre Verträglichkeit mit den Erhaltungszielen eines Natura 2000-Gebiets überprüft werden müssen, wenn sie einzeln oder im Zusammenwirken mit anderen Projekten oder Plänen geeignet sind, das Gebiet erheblich zu beeinträchtigen. Dieser Verzicht ist plausibel, weil ROG und BauGB bereits Vorschriften enthalten, die zur Durchführung einer FFH-Verträglichkeitsprüfung verpflichten (vgl. §§ 7 Abs. 6 ROG, 1a Abs. 3 BauGB).[12] § 36 Satz 2 vermeidet damit Doppelarbeit.

2. Ausnahmen von der Pflicht zur Verträglichkeitsprüfung (Satz 2)

6   Voll anwendbar sind dagegen die Ausnahmeregelungen des § 34 Abs. 3 und 4. Deshalb richten sich auch mögliche Ausnahmen nach den Voraussetzungen des § 34 Abs. 3 bzw. Abs. 4. Danach können Linienbestimmungen und Pläne ohne FFH-Verträglichkeitsprüfung verabschiedet und verwirklicht werden, wenn zwingende Gründe des überwiegenden öffentlichen Interesses bestehen, die den Plan notwendig machen, und wenn zudem keine zumutbaren Alternativen bestehen, die keine oder geringere Beeinträchtigungen aufweisen. Die überwiegenden öffentlichen Interessen können auch solche sozialer oder wirtschaftlicher Art sein, wenn es etwa darum geht, Arbeitsplätze oder Wohnraum zu schaffen[13] oder wichtige Infrastrukturprojekte zu verwirklichen. Die Voraussetzungen für solche Ausnahmen sind voll justiziabel.[14]

7   Können von dem Plan prioritäre natürliche Lebensraumtypen oder prioritäre Arten betroffen werden, ist zudem § 34 Abs. 4 zu beachten, wonach Interessen sozialer und wirtschaftlicher Art ausgeschlossen sind. Als zwingende Gründe des öffentlichen Interesses kommen hier nur die Gesundheit des Menschen, die öffentliche Sicherheit, einschließlich der Verteidigung und des Schutzes der Zivilbevölkerung in Betracht. Sonstige Gründe können nur berücksichtigt werden, wenn die zuständige Behörde gemäß § 34 Abs. 4 Satz 2 zuvor über das Bundesministerium für Umwelt, Naturschutz, Bau und Reaktorsicherheit eine Stellungnahme der Kommission eingeholt hat.

8   Ferner sind auch bei Vorliegen eines Ausnahmegrundes gemäß § 34 Abs. 5 die Maßnahmen vorzusehen, die zur Sicherung des Zusammenhangs des Netzes Natura 2000 erforderlich sind. Davon ist die Kommission zu unterrichten (siehe ausführlich die Kommentierung zu § 34). Fehlen die Maßnahmen gemäß § 34 Abs. 5 zur Sicherung des Zusammenhangs des Netzes „Natura 2000", macht dies die Planung unzulässig.[15]

---

12 *Meßerschmidt*, Bundesnaturschutzrecht, § 35 BNatSchG, Rn. 1; OVG Lüneburg, Beschl. v. 30. 07. 2013 – 12 MN 301/12, NVwZ-RR 2014, 25 = BeckRS 2013, 53933.

13 *Meßerschmidt*, Bundesnaturschutzrecht, § 35 BNatSchG, Rn. 12.

14 *Meßerschmidt*, Bundesnaturschutzrecht, § 35 BNatSchG, Rn. 13.

15 BVerwG, Urt. v. 27. 03. 2014 – 4 CN 3.13, NuR 2014, 490 = UPR 2014, 345 = DVBl. 2014, 983 = BeckRS 2014, 52286 = NVwZ 2014, 1022 mit Anm. *Krappel*.

Abweichendes Landesrecht, das nach Art. 72 Abs. 3 Nr. 2 GG dem BNat- 9
SchG vorgeht, gibt es bislang in Mecklenburg-Vorpommern. Statt der Regelung des § 34 Abs. 1 Satz 2 gilt dort § 21 Abs. 6 NatSchAG-MV.[16] Soweit ein
Natura 2000-Gebiet ein geschützter Teil von Natur und Landschaft im Sinne
des § 20 Abs. 2 ist, ergeben sich die Maßstäbe für die Verträglichkeit in
Mecklenburg-Vorpommern nicht nur aus dem Schutzzweck und den dazu
erlassenen Vorschriften, wenn hierbei die jeweiligen Erhaltungsziele bereits
berücksichtigt wurden, sondern auch aus den Rechtsverordnungen nach § 21
Abs. 2 und 3 NatSchAG-MV, mit denen die Landesregierung Gebiete zu
FFH-Gebieten oder zu Vogelschutzgebieten erklärt.

II. Erfasste Pläne

1. Ansatz

Zentral für den Anwendungsbereich von § 36 ist der Begriff der Pläne. Dar- 10
unter fallen im Gegensatz zum SUP-Recht auch verkehrliche Linienbestimmungen.[17] Es darf sich nicht um Projekte handeln. Diese erfasst schon § 34.
Umgekehrt macht eine FFH-Verträglichkeitsprüfung nur dann Sinn, wenn
sich die erheblichen Beeinträchtigungen eines FFH-Gebietes hinreichend
konkret abzeichnen. Inwieweit dies der Fall ist, bestimmt sich allerdings
nach dem Zuschnitt der Planung im nationalen Recht. Von daher kann auch
nicht durchgehend aus Gründen der Verfahrensökonomie eine solche Verträglichkeitsprüfung frühzeitig durchgeführt und damit auf einer hohen Planungsebene angesiedelt werden.[18]

Vielmehr kommt es darauf an, inwieweit bereits ein Plan erhebliche Beein- 11
trächtigungen eines FFH-Gebiets hervorzurufen geeignet ist. Die Pläne dürfen aber nicht erst auf einer späteren Ebene konkretisiert werden.[19] Dies
zeigt sich auch in der Drachenfels-Entscheidung des BVerwG. In dieser
wurde strikt danach unterschieden, inwieweit eine Satzung bereits hinreichend konkrete Aussagen enthält, um eine erhebliche Beeinträchtigung annehmen zu können. Sie durfte also nicht mehr weiterer Konkretisierung bedürfen, um überhaupt zu solchen erheblichen Beeinträchtigungen zu
kommen. Ansonsten kann sie schon von ihrer Anlage her ein FFH-Gebiet in
für die Erhaltungsziele maßgeblichen Bestandteilen nicht erheblich beeinträchtigen bzw. dies bewirken.[20] So müssen die in die Sanierungssatzung
aufgenommenen Sanierungsziele (siehe § 141 Abs. 1 Satz 1 BauGB) gerade

---

16 Naturschutzausführungsgesetz des Landes Mecklenburg-Vorpommern (NatSchAG MV)
v. 23. 02. 2010, GVOBl. M.-V. S. 66, zuletzt geändert durch Art. 4 des Gesetzes v. 15. 01.
2015, GVOBl. M.-V. S. 30, 36.
17 Insoweit „klarstellend" Begründung zum Gesetzentwurf der Fraktionen der CDU/CSU
und SPD v. 17. 03. 2009, BT-Drs. 16/12274, S. 65 und BR-Drs. 278/09, S. 205.
18 So *Schumacher/Schumacher*, in: Schumacher/Fischer-Hüftle, BNatSchG, 1. Aufl. 2003,
§ 35 BNatSchG, Rn. 5.
19 *Gassner*, in: ders./Bendomir-Kahlo/Schmidt-Räntsch, 2. Aufl. 2003, § 35 BNatSchG, Rn. 4.
20 BVerwG, Urt. v. 24. 03. 2010 – 4 BN 60.09, DVBl 2010, 777 (779, Rn. 10 a.E.) = NVwZ 2010,
1409 = BauR 2010, 1176 = ZfBR 2010, 479 = DÖV 2010, 904.

durch nachfolgende Planung konkretisiert werden und im Zeitpunkt des Satzungserlasses noch nicht konkretisiert sein.[21]

2. Bauleitpläne und Satzungen nach § 34 Abs. 4 Satz 1 Nr. 3 BauGB

12 Mithin werden solche Pläne erfasst, welche die Gestaltung eines Gebietes konkret und verbindlich vorzeichnen. Daher gehörten bereits nach der Vorfassung des § 35 Satz 2 BNatSchG 2002 Bauleitpläne (Flächennutzungs- und Bebauungspläne) und Satzungen nach § 34 Abs. 4 Satz 1 Nr. 3 BauGB (Ergänzungssatzungen) mit dazu. Bauleitpläne prägen die Nutzung eines Gebietes im Gegensatz zur Sanierungssatzung konkret.[22] Insoweit werden § 34 Abs. 1 Satz 2 und Abs. 2–5 in Bezug genommen und damit die FFH-Verträglichkeitsprüfung zu Grunde gelegt.[23] Nur § 34 Abs. 1 Satz 1 wird ausgeschlossen.

13 § 34 Abs. 4 Satz 1 Nr. 3 BauGB erfasst die Einbeziehung einzelner Außenbereichsflächen in die im Zusammenhang bebauten Ortsteile, wenn die einbezogenen Flächen durch die bauliche Nutzung des angrenzenden Bereichs entsprechend geprägt sind. Dann geht es um die Bestimmung dieser Einbeziehung. Diese wird durch die entsprechenden Bausatzungen verbindlich festgelegt. Aus der Beschränkung auf Satzungen nach § 34 Abs. 4 Satz 1 Nr. 3 BauGB folgt umgekehrt, dass Satzungen gem. § 34 Abs. 4 Satz 1 Nr. 1 und 2 sowie § 35 Abs. 6 BauGB nicht darunter fallen.[24]

14 Im Übrigen sieht bereits § 1a Abs. 4 BauGB für die Aufstellung von Bauleitplänen eine FFH-Verträglichkeitsprüfung nach dem System von § 34 vor, wenn ein FFH-Gebiet oder ein europäisches Vogelschutzgebiet erheblich in seinen Erhaltungszielen oder den Schutzzweck maßgeblich prägenden Bestandteilen beeinträchtigt werden kann.[25] Jedenfalls wird die Abwägung nach § 1 Abs. 6 BauGB durch die strikte FFH-Verträglichkeitsprüfung gem. § 34 verdrängt. Nach Maßgabe dieser Prüfung sind also Habitatschutzbelange nicht nur zu berücksichtigen, sondern zu beachten.

3. Linienbestimmungen

15 Bislang erfasste § 35 Nr. 1 BNatSchG 2002 die Linienbestimmungen nach § 16 FStrG, § 13 WaStrG oder § 2 Abs. 1 Verkehrswegeplanungsbeschleunigungsgesetz. Da dieses Gesetz zur Beschleunigung der Planungen für Verkehrswege in den neuen Ländern sowie im Land Berlin aufgehoben wurde, entfiel diese Vorschrift.[26] Weil im Übrigen die vorhandene Regelung fortgeführt werden sollte, ergreift auch § 36 die weiteren Planungen. Dabei wird

---

21 BVerwG, Urt. v. 27. 05. 1997 – 4 B 98/96, Buchholz 406.11 § 145 BauGB Nr. 5 – juris Rn. 3.

22 BVerwG, Urt. v. 24. 03. 2010 – 4 BN 60.09, DVBl 2010, 777, Rn. 10 = NVwZ 2010, 1409 = BauR 2010, 1176 = ZfBR 2010, 479 = DÖV 2010, 904, auch zum Folgenden m.w.N.

23 Zu den Anforderungen in der Bauleitplanung: *Reidt*, NVwZ 2010, 8 ff.

24 *Schink*, UPR 1999, 417 (420).

25 Näher zum Verhältnis zur bauleitplanerischen Umweltprüfung *Mitschang/Wagner*, DVBl 2010, 1257 (1259).

26 Begründung zum Gesetzentwurf der Fraktionen der CDU/CSU und SPD v. 17. 03. 2009, BT-Drs. 16/12274, S. 65.

es insbesondere darum gehen, zumutbare Varianten zu entwickeln, die ohne erhebliche Beeinträchtigungen bleiben oder nur zu geringeren führen.[27]

Die Linienbestimmungen werden in § 16 FStrG und in § 13 WaStrG „Planungen" genannt. Es handelt sich hier um die der jeweiligen Planfeststellung nach § 17 FStrG bzw. § 14 WaStrG vorgeschaltete Planung der Linienführung. Auf dieser früheren Planungsebene kann am ehesten erkannt und vermieden werden, dass es zu erheblichen Beeinträchtigungen von Natura 2000-Gebieten kommt. Im Fall des Neubaus oder des Ausbaus eines Verkehrsweges soll im Rahmen der Linienbestimmung die Verträglichkeit mit den Erhaltungszielen von FFH- und Vogelschutzgebieten überprüft werden.[28] Deshalb schreibt die Vorschrift die entsprechende Anwendung von § 34 Abs. 1 bis 5 vor, so dass die eventuellen Auswirkungen von Linienbestimmungen auf FFH-Gebiete ermittelt werden müssen, um nur solche Festlegungen zu treffen, die die Erhaltungsziele und den Schutzzweck dieser Gebiete nicht beeinträchtigen, vorbehaltlich einer Ausnahme nach Art. 6 Abs. 4 FFH-Richtlinie, § 34 Abs. 3 und 4.

Zuständig für die Linienbestimmungen von Bundesfernstraßen ist gemäß § 16 Abs. 1 FStrG das Bundesministerium für Verkehr, Bau und Stadtentwicklung. Für die Bundeswasserstraßen liegt die Zuständigkeit zur Durchführung des Planfeststellungsverfahrens und der Genehmigung gemäß § 14 Abs. 1 Satz 3 WaStrG bei den Wasser- und Schifffahrtsdirektionen; erstreckt sich ein Vorhaben auf den Bereich mehrerer Wasser- und Schifffahrtsdirektionen, bestimmt das Bundesministerium für Verkehr, Bau und Stadtentwicklung eine der beteiligten Wasser- und Schifffahrtsdirektionen als zuständige Behörde.

4. Sonstige Pläne

Weiter bezieht § 36 Nr. 2 sonstige Pläne mit ein, die bei behördlichen Entscheidungen zu beachten oder zu berücksichtigen sind. Die sonstigen Pläne sind alle Pläne, die in dieser Vorschrift nicht ausdrücklich genannt sind, aber trotzdem örtliche Entscheidungen derart vorprägen, dass erhebliche Beeinträchtigungen von Natura 2000-Gebieten auftreten können. Die Form der Verabschiedung tritt dahinter zurück.[29] Davon umfasst sind Raumordnungs-

---

27 *Schumacher/Schumacher*, in: Schumacher/Fischer-Hüftle, BNatSchG, 1. Aufl. 2003, § 35 BNatSchG, Rn. 10.

28 Leitfaden zur FFH-Verträglichkeitsprüfung im Straßenbau – Ausgabe 2004 (FFH-VP), herausgegeben vom Bundesministerium für Bau, Verkehr und Wohnungswesen als ARS Nr. 21/2004 vom 20.09.2004, VKBl. 20/2004, S. 535. Diese wurde von einigen Bundesländern als technisches Regelwerk für das Straßenwesen eingeführt, z.B. in Brandenburg durch Runderlass des Ministerium für Infrastruktur und Landwirtschaft, Abteilung 4, Nr. 3/2012 vom 23.01.2012; in Bayern durch Schreiben der Oberstern Baubehörde im Bayerischen Staatsministerium des Inneren und des Bayerischen Staatsministerium für Umwelt, Gesundheit und Verbraucherschutz vom 17.05.2005 (Az. StMI: IID2/IIB2-4382-002/03).

29 Siehe *Gassner*, in: ders./Bendomir-Kahlo/Schmidt-Räntsch, 2. Aufl. 2003, § 35 BNatSchG, Rn. 4.

pläne nach § 3 ROG, Raumordnungsverfahren nach § 15 ROG, Flächennutzungspläne nach § 5 BauGB, soweit aus ihnen noch keine Bebauungspläne entwickelt worden sind[30], wasserrechtliche Maßnahmenprogramme gem. § 82 WHG, die hinreichend konkrete grundlegende und ergänzende Maßnahmen enthalten sowie Bewirtschaftungspläne nach § 83 WHG als Bestandteile der wasserwirtschaftlichen Planung, ferner Risikomanagementpläne nach § 75 WHG zur Verringerung von Hochwasserrisiken, Abfallwirtschaftspläne nach § 30 KrWG (bislang § 29 Abs. 1 KrW-/AbfG), Sanierungspläne nach § 13 BBodSchG, Luftreinhaltepläne nach § 47 BImSchG, Lärmminderungspläne nach § 47a BImSchG und forstliche Rahmenpläne (§ 7 BWaldG) sowie schließlich Landschaftspläne mit eigenständiger Rechtsverbindlichkeit.[31] Damit sind alle verbindlichen Planungen erfasst. Demgegenüber bleiben Planungen, die selbst noch nicht rechtsverbindlich sind, außen vor. Das gilt für Landschaftsplanungen, da sie erst rechtsverbindlich werden, wenn sie in die räumliche Gesamtplanung integriert werden.[32] Nicht dazu gehören Planfeststellungsbeschlüsse, denn diese sind keine Pläne, sondern sie haben vorhabenzulassenden Charakter.[33]

5. Raumordnungspläne

19   Zudem nennt § 36 Satz 2 Raumordnungspläne und stellt diese Bauleitplänen und Satzungen nach § 34 Abs. 4 Satz 1 Nr. 3 BauGB gleich. Damit ist § 34 Abs. 1 Satz 1 nicht anzuwenden (siehe oben Rn. 5 ff.).

20   Raumordnungspläne nach § 3 Abs. 1 Nr. 7 ROG[34] sind der Raumordnungsplan für das Landesgebiet nach § 8 Abs. 1 Nr. 1 ROG und die Regionalpläne, für Teilräume der Länder nach § 8 Abs. 1 Nr. 2 ROG sowie die Raumordnungspläne für den Gesamtraum und für die deutsche ausschließliche Wirtschaftszone nach § 17 ROG. Soweit ein Gebiet von gemeinschaftlicher Bedeutung oder ein europäisches Vogelschutzgebiet in seinen für die Erhaltungsziele oder den Schutzzweck maßgeblichen Bestandteilen erheblich beeinträchtigt werden kann, sind bei der Aufstellung dieser Raumordnungspläne gemäß § 7 Abs. 6 ROG die Vorschriften des BNatSchG über die Zulässigkeit und Durchführung von Eingriffen (§§ 13 ff.) einschließlich der Einholung der Stellungnahme der Europäischen Kommission anzuwenden. Danach sind erhebliche Beeinträchtigungen von Natur und Landschaft vom Verursacher vorrangig zu vermeiden und nicht vermeidbare erhebliche Beeinträchtigungen durch Ausgleichs- oder Ersatzmaßnahmen oder, soweit dies nicht möglich ist, durch Gel-

---

30 Soweit der Flächennutzungsplan auf den nächsten Stufen konkretisiert worden ist, ist der konkretere Plan (Bebauungsplan) maßgebend; vgl. *Gassner*, in: ders./Bendomir-Kahlo/ Schmidt-Räntsch, 2. Aufl. 2003, § 35 BNatSchG, Rn. 5.

31 *Schumacher/Schumacher*, in: Schumacher/Fischer-Hüftle, BNatSchG, 1. Aufl. 2003, § 35 BNatSchG, Rn. 12.

32 *Schumacher/Schumacher*, in: Schumacher/Fischer-Hüftle, BNatSchG, 1. Aufl. 2003, § 35 BNatSchG, Rn. 12.

33 *Ewer*, in: Lütges/Ewer, § 36 BNatSchG, Rn. 9.

34 Raumordnungsgesetz (ROG) v. 22. 12. 2008, BGBl. I S. 2986, zuletzt geändert durch Art. 9 des Gesetzes v. 31. 07. 2009, BGBl. I S. 2585.

dersatz zu kompensieren. Der Sinn der Ausnahmeregelung erschließt sich kaum, denn zur Anwendung der naturschutzrechtlichen Eingriffsregelung ist der Sachverhalt in ähnlicher Weise aufzuklären wie bei Durchführung einer Verträglichkeitsprüfung.[35] Deshalb wäre es konsequent, wenn der Gesetzgeber die Ausnahmeregelung de lege ferenda streichen würde.[36]

---

[35] So ausdrücklich: OVG Lüneburg, Beschl. v. 30.07.2013 – 12 MN 301/12, NVwZ-RR 2014, 25 = BeckRS 2013, 53933 (unter II.3a der Gründe).

[36] Kritik klingt auch an bei *Egner*, in: Egner/Fuchs, Naturschutz- und Wasserrecht 2009, § 36 BNatSchG, Rn. 2.

Schutz der wild lebenden Tier- und Pflanzenarten, ihrer Lebensstätten und Biotope

Abschnitt 1
Allgemeine Vorschriften

§ 37
Aufgaben des Artenschutzes

(1) Die Vorschriften dieses Kapitels sowie § 6 Absatz 3 dienen dem Schutz der wild lebenden Tier- und Pflanzenarten. Der Artenschutz umfasst

1. den Schutz der Tiere und Pflanzen wild lebender Arten und ihrer Lebensgemeinschaften vor Beeinträchtigungen durch den Menschen und die Gewährleistung ihrer sonstigen Lebensbedingungen,

2. den Schutz der Lebensstätten und Biotope der wild lebenden Tier- und Pflanzenarten sowie

3. die Wiederansiedlung von Tieren und Pflanzen verdrängter wild lebender Arten in geeigneten Biotopen innerhalb ihres natürlichen Verbreitungsgebiets.

(2) Die Vorschriften des Pflanzenschutzrechts, des Tierschutzrechts, des Seuchenrechts sowie des Forst-, Jagd- und Fischereirechts bleiben von den Vorschriften dieses Kapitels und den auf Grund dieses Kapitels erlassenen Rechtsvorschriften unberührt. Soweit in jagd- oder fischereirechtlichen Vorschriften keine besonderen Bestimmungen zum Schutz und zur Pflege der betreffenden Arten bestehen oder erlassen werden, sind vorbehaltlich der Rechte der Jagdausübungs- oder Fischereiberechtigten die Vorschriften dieses Kapitels und die auf Grund dieses Kapitels erlassenen Rechtsvorschriften anzuwenden.

Inhaltsübersicht

I. Allgemeines

Die Vorschrift des § 37 benennt die allgemeinen Aufgaben des Artenschutzes. Der Gesetzgeber hat den Inhalt der Vorschrift im Vergleich zu der Fassung des BNatSchG 2002 im Wesentlichen beibehalten, den Wortlaut aber im Hinblick auf die allgemeinen, vor die Klammer gezogenen Bestimmungen, verschlankt.

II. Definition und Aufgabe des Artenschutzes

2 Abs. 1 Satz 1 der Vorschrift definiert[1] zunächst das, was das Gesetz unter **„Artenschutz"** versteht, nämlich den Schutz der wild lebenden Tier- und Pflanzenarten. Wegen der Heraushebung der dauerhaften Sicherung der **biologischen Vielfalt** in § 1 Nr. 1 hielt der Gesetzgeber die Übernahme der in der vorigen Fassung enthaltenen Ergänzung „in ihrer natürlichen und historisch gewachsenen Vielfalt" für entbehrlich.[2] Dies folge nämlich bereits aus der gesetzlichen Definition der biologischen Vielfalt in § 7 Abs. 1 Nr. 1. Dabei handelt es sich bei der biologischen Vielfalt um die Vielfalt der Tier- und Pflanzenarten einschließlich der innerartlichen Vielfalt sowie die Vielfalt an Formen von Lebensgemeinschaften und Biotopen. Der Gesetzgeber sieht den Artenschutz somit ersichtlich als ein zentrales Mittel, um das Ziel des § 1 Abs. 1 Nr. 1, also die dauerhafte Sicherung der biologischen Vielfalt, zu verfolgen.

3 In § 37 Abs. 1 aufgenommen ist auch ein Verweis auf § 6 Abs. 3, die **Umweltbeobachtung.** Die in Bezug genommene Vorschrift regelt, was Gegenstand der Umweltbeobachtung ist. Damit verdeutlicht der Gesetzgeber, dass die Umweltbeobachtung ebenfalls ein Instrument ist, mit dem der Belang des Artenschutzes verfolgt wird. So wird die Umweltbeobachtung dann auch in § 38 Abs. 1 unmittelbar wieder in Bezug genommen. Wie die Vorschriften des 5. Kapitels des Bundesnaturschutzgesetzes zählt § 6 Abs. 3 BNatSchG zu den im Sinne von Art. 72 Abs. 3 S. 1 Nr. 2 GG abweichungsfesten Bestimmungen des Bundesnaturschutzgesetzes[3]; dies nicht zuletzt deswegen, weil auch die Europäischen Richtlinienbestimmungen – etwa mit Art. 11 FFH-Richtlinie – den im Außenverhältnis haftenden Bund zum Monitoring verpflichten.

4 Nähere Kontur erhält die in der Vorschrift sehr offen gehaltene Definition des Artenschutzes aber erst, wenn man sie in ihrem Kontext betrachtet. Insoweit gilt zunächst einmal auch für diese Norm, dass der **„Schutz"** gemäß § 1 Abs. 1 Satz 1, 2. Halbs. auch die Pflege, die Entwicklung und, soweit erforderlich, die Wiederherstellung von Natur und Landschaft zu Gunsten der wild lebenden Tier- und Pflanzenarten meint.[4] An dieser Stelle wird bereits deutlich, dass sich das Artenschutzrecht nicht nur mit den einer Art angehörigen Individuen, sondern auch mit deren Lebensstätten befasst. Noch deutlicher wird dies durch die in Satz 2 enthaltene Aufgabentrias.

---

1 Dass es sich bei Satz 1 nach wie vor um eine Legaldefinition handelt, verdeutlicht der folgende Satz mit seinem Wortlaut „Der Artenschutz umfasst ... ".

2 BT-Drs. 16/12274, S. 66.

3 *Gellermann,* in: Landmann/Rohmer, Umweltrecht, Bd. II, 74. EL, Stand Nov. 2014, § 37 BNatSchG Rn. 5.

4 So auch die amtliche Begründung, BT-Drs. 16/12274, S. 66.

1. Absatz 1 Satz 2 Nr. 1

Nach näherer Maßgabe der nachfolgenden Vorschriften will der Gesetzge- 5
ber mit dem Artenschutzrecht die Tiere und die Pflanzen sowie ihre Lebensgemeinschaften vor Beeinträchtigungen durch den Menschen schützen. In
der ersten konkreten Aufgabenbeschreibung geht es somit um nachteilige
Einflüsse des **Menschen** auf die Exemplare der wild lebenden Tiere und
Pflanzen. Was der Gesetzgeber unter **Tieren** und **Pflanzen** verstanden wissen will, ergibt sich aus den gesetzlichen Definitionen des § 7 Abs. 2 Nr. 1
und 2. Insoweit ist auf die entsprechende Kommentierung Bezug zu nehmen.
Hervorgehoben werden soll an dieser Stelle nur, dass es sich jeweils um
Tiere und Pflanzen **wild lebender Arten** handeln muss. Nicht definiert hat
der Gesetzgeber den Begriff der ebenfalls ausdrücklich im Gesetz angesprochenen **Lebensgemeinschaften**. Eine Lebensgemeinschaft (Biozönose) ist
eine Gemeinschaft von Organismen verschiedener Arten in einem abgrenzbaren Lebensraum.[5]

Beeinträchtigungen durch den Menschen sind unmittelbare und mittelbare 6
Störungen jeder Art und Weise.[6] Die Beeinträchtigungen müssen Folge
menschlichen Handelns sein, sodass reine Naturereignisse hiervon nicht erfasst sind.[7] Die Auswirkungen des menschlichen Handelns auf Natur und
Landschaft sind aber komplex und recht weit reichend, sodass auch Beeinträchtigungen etwa durch den **Klimawandel**, für den das menschliche Handeln jedenfalls mitursächlich ist, von der Vorschrift erfasst sein dürften.

„Die Gewährleistung ihrer sonstigen **Lebensbedingungen**" hat der Gesetz- 7
geber nunmehr aus Nr. 2 in Nr. 1 verschoben. Der Gesetzgeber versteht die
Passage als umfassenden **Regelungsauftrag**.[8] Damit hat er den vormaligen
Regelungsinhalt des direkten Artenschutzes – also den Schutz vor Beeinträchtigung durch den Menschen – durchbrochen. Durch die systematische
Stellung dieses Zusatzes wird nämlich deutlich, dass die Gewährleistung der
sonstigen Lebensbedingungen der Tiere und Pflanzen sowie der Lebensgemeinschaften unabhängig von ihrer Ursache sicherzustellen ist. Als Lebensbedingungen sind alle Parameter zu verstehen, durch die das Leben der
Tiere und Pflanzen bedingt wird.[9] Dies sind – über den Schutz der Lebensstätten hinausgehend – auch etwa Beeinträchtigungen durch Licht- und Lärm-
emissionen.

2. Absatz 1 Satz 2 Nr. 2

Durch Abs. 1 Satz 2 Nr. 2 erstreckt das Gesetz die Aufgabe des Artenschut- 8
zes ausdrücklich über die Exemplare wild lebender Tier- und Pflanzenarten
hinaus auch auf deren **Lebensstätten** und **Biotope**. Dies trägt der Erkenntnis

---

5 BT-Drs. 16/12274, S. 53; vgl. auch statt vieler *Primack*, Naturschutzbiologie, 1995, S. 41.
6 *Kratsch*, in: Schumacher/Fischer-Hüftle, BNatSchG, 2. Aufl. 2011, § 37 Rn. 5; *Gassner/
   Bendomir-Kahlo/Schmidt-Räntsch*, BNatSchG, 2. Aufl. 2003, § 39 Rn. 6.
7 So auch *Schütte/Gerbig*, in: Schlacke GK BNatSchG, 37 Rn. 2.
8 BT-Drs. 16/12274, S. 66.
9 So ähnlich auch *Gassner/Bendomir-Kahlo/Schmidt-Räntsch*, BNatSchG, 2. Aufl. 2003,
   § 39 Rn. 7.

Rechnung, dass der unmittelbare Schutz der Individuen vor Beeinträchtigungen nicht ausreicht, um ein Überleben der Arten sicherzustellen.[10] Nachdem der Gesetzgeber die Gewährleistung der sonstigen Lebensbedingungen, wozu auch zählt, dass die Tiere und Pflanzen wild lebender Arten sich in geeigneten Biotopen und an geeigneten Lebensstätten aufhalten können, bereits in Nr. 1 aufgenommen hat, darf man wohl davon ausgehen, dass er hier eine nochmalige Konkretisierung und Hervorhebung der Bedeutung der Lebensbedingungen auch im Hinblick auf die Biotope und Lebensstätten hat vornehmen wollen.

9 Die Begriffe des Biotops und der Lebensstätte hat der Gesetzgeber definiert, und zwar in § 7 Abs. 2 Nr. 4 und 5. Demnach ist nach der nunmehr geltenden gesetzlichen Definition ein **Biotop** der Lebensraum einer Lebensgemeinschaft wild lebender Tiere und Pflanzen; eine **Lebensstätte** ist ein regelmäßiger Aufenthaltsort der wild lebenden Individuen einer Art. An dieser Stelle erfährt der Umstand, dass Schutz auch die Pflege, die Entwicklung und – soweit erforderlich – die Wiederherstellung von Natur und Landschaft umfasst, weit reichende Bedeutung. Schließen nämlich die Definitionen von Biotop und Lebensstätte nach ihrem Wortlaut potenzielle Lebensräume einer Lebensgemeinschaft und potenzielle regelmäßige Aufenthaltsorte aus, werden sie über das **Wiederherstellungsgebot** gleichwohl vom Anwendungsbereich der Vorschrift erfasst. Auch die Verbesserung der Biotope und Lebensstätten sowie das Rückgängigmachen bereits eingetretener Verluste können somit im Artenschutzrecht ihre Grundlage bzw. einen Handlungsauftrag hierzu finden.[11]

3. Absatz 1 Satz 2 Nr. 3

10 Als dritte Komponente der Aufgabenumschreibung nennt der Gesetzgeber die **Wiederansiedlung** von Tieren und Pflanzen verdrängter wild lebender Arten in geeigneten Biotopen innerhalb ihres natürlichen Verbreitungsgebiets. Wenngleich die Wiederansiedlung von Arten häufig unpopulär ist, etwa weil die anzusiedelnden Arten Schäden z.B. in der Land- oder Fischereiwirtschaft anrichten, sind Wiederansiedlungen in unserem Kulturraum unverzichtbares Mittel zur Wahrung der biologischen Vielfalt geworden, da viele Arten bereits aus ihren Lebensräumen verdrängt sind und die fortgeschrittene Landschaftszerschneidung es ihnen erschwert oder gar verwehrt, ihre früheren Lebensräume ohne menschliche Hilfe wieder zu besiedeln.[12]

11 Der Gesetzgeber hat sich hier zu einer begrüßenswerten Klarstellung im Wortlaut veranlasst gesehen: Konnte man die Vorschrift in ihrer vorherigen Fassung noch dahingehend verstehen, dass eine Ansiedlung einer in Deutschland an anderer Stelle verdrängten Art auch an von ihr ursprünglich nicht besiedelten, aber hierfür geeigneten Orten in Betracht kommt, macht der Wortlaut nun unmissverständlich klar, dass Arten nur dort wieder ange-

---

10 *Kratsch*, in: Schumacher/Fischer-Hüftle, BNatSchG, 2. Aufl. 2011, § 37 Rn. 6.

11 *Kratsch*, in: Schumacher/Fischer-Hüftle, BNatSchG, 2. Aufl. 2011, § 37 Rn. 7.

12 Ausführlicher hierzu *Hellenbroich*, Artenschutzrecht, S. 131.

siedelt werden dürfen, wo sie bereits **früher einmal vorkamen**.[13] Das Wiederansiedeln von Tieren bedarf – auch wenn die Wiederansiedlung im natürlichen Verbreitungsgebiet erfolgt – nach § 40 Abs. 4 einer **Genehmigung** durch die zuständige Behörde.

Was das **natürliche Verbreitungsgebiet** ist, bestimmt sich für die jeweilige Art **individuell**. So kann das Verbreitungsgebiet kleinere oder größere Bereiche oder ganz Deutschland erfassen. Auch Arten, die den Geltungsbereich des Gesetzes nur durchwandern oder durchziehen, haben ihr natürliches Verbreitungsgebiet hier.[14] Im Laufe der Zeit kann eine Art ihr natürliches Verbreitungsgebiet auch von sich aus ausdehnen.   12

Ein Biotop ist für eine Wiederansiedlung geeignet, wenn es aufgrund einer anzustellenden **Prognose** die Voraussetzungen erfüllt, dass die Tiere oder Pflanzen dort auf Bedingungen treffen, die ihnen ein **selbstständiges Überleben** ermöglichen.   13

III. Das Verhältnis des Artenschutzrechts zu anderen Rechtsgebieten

Das BNatSchG enthält in den §§ 37 ff. zahlreiche Vorschriften, die in die Regelungsbereiche anderer Gesetze hineinwirken. Dabei kann es zu **Normkonkurrenzen**[15] ebenso wie zu **Normkollisionen** kommen.[16] Vor allem das Verhältnis des Artenschutzrechts zum **Jagd- und Fischereirecht** führt in der Praxis vielfach zu Problemen. Um eine Einheit und Widerspruchsfreiheit der Rechtsordnung zu gewährleisten, müssen Normkonkurrenzen und -kollisionen aufgelöst werden. Dies kann ausdrücklich durch gesetzliche Regelungen erfolgen. Existieren keine expliziten Regelungen, müssen die sich stellenden Probleme im Wege der **Rechtsauslegung** bewältigt werden. Im Artenschutzrecht sind verschiedene explizite Regelungen enthalten, von denen eine die Unberührtheitsklausel des § 37 Abs. 2 Satz 1 ist. § 37 Abs. 2 Satz 1 BNatSchG bestimmt das grundsätzliche Verhältnis der artenschutzrechtlichen Vorschriften der §§ 37 ff. BNatSchG zu anderen Rechtsvorschriften. Danach lassen die Vorschriften des fünften Kapitels des BNatSchG die Vorschriften des Pflanzenschutzrechts, des Tierschutzrechts, des Seuchenrechts sowie des Jagd-, Forst- und Fischereirechts unberührt. Ergänzend dazu hat der Bundesgesetzgeber in § 37 Abs. 2 Satz 2 BNatSchG aufgenommen, dass vorbehaltlich der Rechte der Jagdausübungs- oder Fischereiberechtigten die Vorschriften des **fünften Abschnittes des BNatSchG** und die   14

---

13 So auch zur früheren Fassung schon die h.M., vgl. *Gassner/Bendomir-Kahlo/Schmidt-Räntsch*, BNatSchG, 2. Aufl. 2003, § 39 Rn. 9; *Kratsch,* in: Schumacher/Fischer-Hüftle, BNatSchG, 2. Aufl. 2011, § 37 Rn. 8 m.w.N.

14 *Gassner/Bendomir-Kahlo/Schmidt-Räntsch*, BNatSchG, 2. Aufl. 2003, § 39 Rn. 9.

15 Eine Normkonkurrenz liegt vor, wenn mehrere Normen in ihrem Wortlaut auf denselben Sachverhalt zutreffen, vgl. *Larenz*, Methodenlehre, S. 266; *Schmalz*, Methodenlehre, Rn. 70.

16 Eine Normkollision liegt vor, wenn mehrere Normen, die auf den gleichen Sachverhalt zutreffen, sich widersprechende Rechtsfolgen enthalten; vgl. *Schmalz*, Methodenlehre, Rn. 72.

auf Grund dieses Kapitels erlassenen Rechtsvorschriften anzuwenden sind, soweit in jagd- oder fischereirechtlichen Vorschriften keine besonderen Bestimmungen zum Schutz und zur Pflege der betreffenden Arten bestehen oder erlassen werden. Dieser Zusatz soll sicherstellen, dass im Falle nicht genutzter spezieller Ermächtigungsgrundlagen der genannten Rechtsbereiche, z.B. § 36 BJagdG, Artenschutzvorschriften erlassen werden können.[17]

15 Die **Unberührtheitsklausel** erstreckt sich in ihrem Umfang sowohl auf die Vorschriften des Bundesrechts, als auch auf solche des Landesrechts (also die Landesjagd- und Landesfischereigesetze etc.).[18] Darüber, was unter der Unberührtheitsklausel letztlich zu verstehen ist, werden in Rechtsprechung und Literatur seit ihrer Aufnahme in das Gesetz Diskussionen geführt.[19] Dabei sind im Wesentlichen zwei Meinungsströmungen festzustellen:

16 Nach einer Ansicht handelt es sich bei § 37 Abs. 2 Satz 1 BNatSchG lediglich um eine allgemeine, deklaratorische Kollisionsnorm, die keinen ausdrücklichen Vorrang des einen oder anderen Rechtsgebietes festlegt.[20] Demnach bestimme sich das Verhältnis der angesprochenen Rechtsgebiete nach den allgemeinen Kollisionsregeln[21]. Als solche wird in dem Zusammenhang vor allem der Grundsatz hervorgehoben, dass das speziellere Recht in der Anwendung dem allgemeineren Recht vorgeht.[22] Dieser Ansicht folgten auch die beiden Entwürfe zu einem Umweltgesetzbuch, wobei man die Unberührtheitsklausel konsequenterweise aus dem Gesetzestext gestrichen hatte.[23]

17 Nach anderer Ansicht soll die Unberührtheitsklausel einen generellen Vorrang der in ihr bezeichneten Vorschriften bzw. Rechtsgebiete gegenüber dem Artenschutzrecht begründen.[24] Die artenschutzrechtlichen Vorschriften des BNatSchG und der darauf erlassenen Rechtsvorschriften sollen überall

---

17 BR-Drs. 411/1/01, S. 56.

18 *Drees*, RdL 1987, 197 ff. (198); *Meyer-Ravenstein*, AgrarR 2000, 277 ff. (280).

19 Vgl. ausführlich und mit weiteren Nachw. zum Streitstand *Hellenbroich*, Artenschutzrecht, S. 158 ff.

20 VerfGH Rheinland-Pfalz, DVBl 2001, 470 ff. (473); VGH Mannheim, NuR 2000, 149 ff. (151); VG Freiburg, NuR 1996, 425 ff. (426); *Grewing*, Artenschutzrecht, S. 12; *Gassner/Bendomir-Kahlo/Schmidt-Räntsch*, BNatSchG, 2. Aufl. 2003, § 39 Rn. 10; *Hammer*, DVBl 1997, 401 ff. (405); *Reich*, AgrarR 1987, 184; *Brocker*, NuR 2000, 307 ff. (310); *Apfelbacher*, NuR 1987, 241 ff. (247); *ders.*, NuR 1988, 159 ff. (160); *Leonhard/Lohner*, AgrarR 1987, 205 ff. (206); *Louis*, Bundesnaturschutzgesetz, § 20 Rn. 8; *Kolodziejcok/Endres/Krohn*, Bundesnaturschutzgesetz, § 39 BNatSchG Rn. 29; *Ginzky*, Regulierung des Ausbringens, 4 ff. (21); *Stüber*, NuR 2000, 245 ff. (247).

21 VerfGH Rheinland-Pfalz, DVBl 2001, 470 ff. (473); *Brocker*, NuR 2000, 307 ff. (310).

22 *Apfelbacher*, NuR 1988, 159 ff. (160); *Leonhard/Lohner*, AgrarR 1987, 205 ff. (206); *Karremann*, AgrarR 1986, 2157 ff. (167); *Ginzky*, Regulierung des Ausbringens, 4 ff. (22).

23 UGB-ProfE, § 197 nebst Erläuterungen auf S. 437 sowie UGB-KomE § 286 und Erläuterungen S. 942.

24 *Drees*, AgrarR 1987, 240 f.; *Drossé*, NuR 1987, 200 ff. (202); *Meyer-Ravenstein*, AgrarR 2000, 277 ff. (279 ff.); *Mitzschke/Schäfer*, BJG, § 36a Rn. 9; *Schmidt*, NVwZ 1987, 1037 ff. (1039).

dort keine Geltung entfalten können, wo die anderen Rechtsbereiche nicht ihrerseits aufgrund einer in ihnen enthaltenen Vorschrift zurücktreten.[25]

Die Unberührtheitsklausel des § 37 Abs. 2 Satz 1 begründet nach hier vertre- **18** tener Ansicht **keinen allgemeinen Vorrang** der darin benannten Rechtsbereiche vor den Vorschriften des fünften Kapitels des BNatSchG. Ihr Inhalt ist auch nicht nur deklaratorisch. Denn käme es bei der Auflösung von Konkurrenzen und Kollisionen allein auf die allgemeinen Auslegungsregeln an, wären Normkollisionen u.a. nach dem lex-posterior-Grundsatz aufzulösen, sodass sich stets die jüngere Vorschrift durchsetzen würde, was aber ersichtlich nicht gewollt sein kann. Für die Bestimmung des Verhältnisses der Vorschriften des fünften Kapitels des BNatSchG und der im Rahmen dieser Vorschriften erlassenen Landesgesetze zu den Rechtsbereichen des Pflanzenschutzrechts, des Tierschutzrechts, des Seuchenrechts sowie des Jagd-, Forst- und Fischereirechts müssen sowohl die Unberührtheitsklausel des § 37 Abs. 2 Satz 1 als auch die allgemeinen Auslegungsregeln herangezogen werden. Dabei ist zu beachten, dass die Unberührtheitsklausel das eigenständige Nebeneinander der Rechtsgebiete sichern soll. Deswegen führt sie auf einer **ersten Anwendungsstufe** dazu, dass der **lex-posterior-Grundsatz nicht gilt**.[26]

Mittels der verbleibenden allgemeinen Regeln ist eine **Auflösung von Norm-** **19** **konkurrenzen** vorzunehmen. Demnach setzt sich z.B. die speziellere Norm gegenüber der allgemeineren Norm durch, ganz gleich, welchem Regelungsbereich sie angehört. Hierfür ist es wenig hilfreich, das Jagd- oder Fischereirecht pauschal als dem Artenschutzrecht gegenüber spezielleres Recht zu erklären, weil deren Anwendungsbereiche sich nur auf Wild oder Fische erstreckt, während das Artenschutzrecht generell alle Tiere wild lebender Arten in seinen Anwendungsbereich einschließt oder im Gegensatz zum Naturschutzrecht die Ausübung besonderer Rechte regelt.[27] Folgt man dieser Argumentation, wäre das Artenschutzrecht schon deshalb stets subsidiär, weil es neben den Tieren wild lebender Arten auch die Pflanzen wild lebender Arten schützt. Auf den abstrakten Anwendungsbereich eines Rechtsgebietes kann es somit nicht ankommen. Vielmehr ist von der **konkret** **betroffenen Einzelvorschrift** auszugehen[28].

Führt die Auslegung zu dem Ergebnis, dass eine Normkollision vorliegt, die **20** nicht mehr durch allgemeine Auslegungsregeln auflösbar ist, greift die Unberührtheitsklausel auf einer **zweiten Stufe** ein. Sie führt dazu, dass die Norm des fünften Kapitels des BNatSchG hinter der kollidierenden Norm zurücktritt. Die **Unberührtheitsklausel** des § 37 Abs. 2 Satz 1 BNatSchG greift somit **nur** ein, wenn

– nicht eine **noch speziellere Vorschrift** des fünften Kapitels des BNatSchG einschlägig ist *und*

---

25 *Meyer-Ravenstein*, AgrarR 2000, 277 ff. (279 ff.)
26 Wie hier: *Ginzky*, Regulierung des Ausbringens, S. 4 ff. (21 f.).
27 *Meyer-Ravenstein*, AgrarR 2000, 277 ff. (280).
28 So auch *Lütkes* in: Lütkes/Ewer, BNatSchG, § 37 Rn. 42; in einem praktischen Anwendungsfall OVG SH, Urteil vom 15. 12. 2011 – 1 LB 19/10, zitiert nach juris.

– ein Sachverhalt sowohl von den Vorschriften des fünften Kapitels des BNatSchG als auch von einer Vorschrift der in § 37 Abs. 2 Satz 1 BNatSchG aufgezählten Rechtsgebiete **tatbestandlich** erfasst wird *und*
– die betreffenden Vorschriften für den gleichen Sachverhalt **unterschiedliche Rechtsfolgen** anordnen.

Ausschließlich für diese Fälle bestimmt die Norm, dass hier nicht die Rechtsfolge des Artenschutzrechts, sondern diejenige des einschlägigen **Fachrechts** zu wählen ist und ihr insoweit ein Vorrang zukommt. Nur bei einem derartigen Verständnis kann es auch zu einer sinnvollen Ergänzung von naturschutzrechtlichem und jagd- und fischereirechtlichem Artenschutzrecht kommen.

§ 38
Allgemeine Vorschriften für den Arten-,
Lebensstätten- und Biotopschutz

(1) Zur Vorbereitung und Durchführung der Aufgaben nach § 37 Absatz 1 erstellen die für Naturschutz und Landschaftspflege zuständigen Behörden des Bundes und der Länder auf der Grundlage der Beobachtung nach § 6 Schutz-, Pflege- und Entwicklungsziele und verwirklichen sie.

(2) Soweit dies zur Umsetzung völker- und gemeinschaftsrechtlicher Vorgaben oder zum Schutz von Arten, die in einer Rechtsverordnung nach § 54 Absatz 1 Nummer 2 aufgeführt sind, einschließlich deren Lebensstätten, erforderlich ist, ergreifen die für Naturschutz und Landschaftspflege zuständigen Behörden des Bundes und der Länder wirksame und aufeinander abgestimmte vorbeugende Schutzmaßnahmen oder stellen Artenhilfsprogramme auf. Sie treffen die erforderlichen Maßnahmen, um sicherzustellen, dass der unbeabsichtigte Fang oder das unbeabsichtigte Töten keine erheblichen nachteiligen Auswirkungen auf die streng geschützten Arten haben.

(3) Die erforderliche Forschung und die notwendigen wissenschaftlichen Arbeiten im Sinne des Artikels 18 der Richtlinie 92/43/EWG und des Artikels 10 der Richtlinie 79/409/EWG werden gefördert.

Inhaltsübersicht

I. Allgemeines

Im Gegensatz zu den sonstigen Vorschriften des allgemeinen und besonde- **1** ren **Artenschutzrechts**, die eher einen ordnungsrechtlichen Ansatz verfolgen, enthält § 38 Vorgaben für einen (pro-)aktiven Artenschutz.[1] Die Vorschrift ersetzt § 40 BNatSchG a.F. durch eine bundesrechtliche Vollregelung, enthält aber auch einige Neuerungen, die vorrangig der Umsetzung der Verpflichtungen aus der FFH-Richtlinie (FFH-RL)[2] und der diesbezüglichen jüngeren Rechtsprechung des EuGH geschuldet sind. Soweit der Bund angesprochen ist, beziehen sich die Verpflichtungen aus § 38 auf die deutsche ausschließliche Wirtschaftszone und den Festlandsockel, soweit die Länder angesprochen sind, auf die Küstengewässer und das Festland.[3]

II. Aktiver allgemeiner Artenschutz (Abs. 1)

Abs. 1 knüpft an die Aufgabennorm des § 37 Abs. 1 an und trägt dabei dem **2** Umstand Rechnung, dass den dort umschriebenen Aufgaben des Artenschutzes in sachgerechter Weise überhaupt nur auf der Basis vertiefter Erkenntnisse über den Erhaltungszustand wild lebender Tier- und Pflanzenarten und auf der Grundlage hinreichend klarer Vorstellungen über die konkret anzustrebenden Erhaltungsziele wahrgenommen werden können.[4] Ausgangspunkt ist die gemäß § 6 erforderliche fortlaufende **Beobachtung von Natur und Landschaft**.[5] Anhand der hieraus gewonnenen Erkenntnisse sollen die jeweils zuständigen Naturschutzbehörden entsprechende Schutz-, Pflege- und Erhaltungsziele festlegen und verwirklichen. Es handelt sich um eine dauerhaft und kontinuierlich zu bewältigende Aufgabe, bei der es gilt, eingetretene Veränderungen, voraussichtliche Entwicklungen und wesentliche Gefährdungsursachen fortwährend zu identifizieren und hierauf zum Schutz der Arten mit entsprechenden Maßnahmen zu reagieren.

Der Verweis in Abs. 1 auf § 37 Abs. 1 erhellt, dass sich die **aktiven Schutz-** **3** **pflichten** grundsätzlich auf alle wild lebenden Tier- und Pflanzenarten erstrecken. Wild lebende Arten sind alle in Freiheit vorkommenden Arten, deren Exemplare nicht ausschließlich vom Menschen gezüchtet werden.[6] Dabei sind die Naturschutzbehörden – ohne dass dies ausdrücklich hätte geregelt werden müssen – gehalten, eine Priorisierung vorzunehmen, zumal angesichts der zumeist desolaten personellen und sachlichen Ausstattung der Naturschutzbehörden.[7] Daraus, dass der Gesetzgeber die einschränkende Formulierung

---

1 *Gassner/Heugel*, Das neue Naturschutzrecht, 2010, Rn. 518.
2 Richtlinie 92/43/EWG des Rates vom 21.05.1992 zur Erhaltung der natürlichen Lebensräume sowie der wild lebenden Tiere und Pflanzen, ABl. EU L 206, S. 7, zuletzt geändert durch die Richtlinie 2006/105/EG des Rates vom 20.11.2006, ABl. EU L 363, S. 368.
3 BT-Drs. 16/12274, S. 66.
4 Vgl. *Gellermann*, in: Landmann/Rohmer, Umweltrecht, Stand: 01.05.2015, § 38 BNatSchG Rn. 2.
5 Vgl. BT-Drs. 16/12274, S. 66.
6 Vgl. BT-Drs. 10/5064, S. 18.
7 Hierzu *Benz/Suck*, Natur und Landschaft 2007, 353 ff.; *SRU*, Umweltverwaltungen unter Reformdruck, Sondergutachten 2007.

„unter dem Gesichtspunkt des Artenschutzes bedeutsamen Populationen, Lebensgemeinschaften und Biotopen wild lebender Tier- und Pflanzenarten" in § 40 Abs. 1 Nr. 1 BNatSchG a.f. nicht mehr mit aufgenommen hat, folgt nichts anderes.[8] Insoweit gilt hier wie zur früheren Rechtslage, dass sich die Schutzbedeutsamkeit von Populationen, Lebensgemeinschaften und Biotopen im Wesentlichen anhand des Beitrags bestimmt, den sie im Hinblick auf die Erfüllung der in § 37 Abs. 1 umschriebenen Aufgaben zu leisten vermögen.[9] Hierbei gibt der von *Dierschke* und *Bernotat* entwickelte Mortalitäts-Gefährdungsindex, der für zahlreiche Arten die populationsbezogene Sensitivität mit der naturschutzfachlichen Wertigkeit aggregiert, auch für die Prioritätensetzung hinsichtlich der zuvörderst aktiv zu schützenden Arten eine wertvolle Orientierungshilfe.[10]

4   Hieran anschließend sind zur Erfüllung der **aktiven Schutzpflichten** des Abs. 1 zunächst ausgehend von den über die Beobachtungen nach § 6 erlangten Daten der Erhaltungszustand der für den Artenschutz relevant erachteten Populationen, Lebensgemeinschaften und Biotope zu ermitteln, ein jeweils angestrebter und mit § 37 Abs. 1 in Einklang stehender Zielzustand zu definieren und beides miteinander abzugleichen.[11] Aufbauend darauf sind sodann die Maßnahmen zur Verwirklichung der festgelegten Ziele zu erarbeiten und umzusetzen.[12] Welche Maßnahmen konkret zu ergreifen sind, gibt § 38 Abs. 1 nicht vor, sondern lässt hier den Naturschutzbehörden einen großen Spielraum, was angesichts der Komplexität ökologischer Zusammenhänge und der Vielgestaltigkeit der Sachlage im Einzelfall auch zweckmäßig erscheint. Es kommen sowohl Maßnahmen rechtlicher als auch tatsächlicher Art in Betracht. Des Weiteren empfiehlt es sich, die Vorgaben des § 38 Abs. 1 in die **Landschaftsplanung** zu integrieren.[13]

III. Aktiver spezieller Artenschutz (Abs. 2)

5   Daneben etabliert Abs. 2 konkretere Schutzanforderungen für völkerrechtlich und unionsrechtlich geschützte Arten sowie für die in einer Rechtsverordnung nach § 54 Abs. 1 Nr. 2 aufgeführten Verantwortungsarten. Erfasst werden damit vor allem die europäischen Vogelarten nach Art. 1 der Vogel-

---

8 *Gellermann*, in: Landmann/Rohmer, Umweltrecht, Stand: 01.05.2015, § 38 BNatSchG Rn. 3.

9 Vgl. *Kratsch*, in: Schumacher/Fischer-Hüftle, BNatSchG, 1. Aufl. 2003, § 40 Rn. 5.

10 *Dierschke/Bernotat*, Übergeordnete Kriterien zur Bewertung der Mortalität wildlebender Tiere im Rahmen von Projekten und Eingriffen, 2012.

11 *Gellermann*, in: Landmann/Rohmer, Umweltrecht, Stand: 01.05.2015, § 38 BNatSchG Rn. 4.

12 *Schmidt-Räntsch*, in: Gassner/Bendomir-Kahlo/Schmidt-Räntsch, BNatSchG, 2. Aufl. 2003, § 40 Rn. 9.

13 So wurde zutreffend schon zu § 40 BNatSchG a.F. vertreten, dass es sich bei dieser Vorschrift um eine Ergänzung der Landschaftsplanung handle, *Marzik/Wilrich*, BNatSchG, 2004, § 40 Rn. 1.

schutzrichtlinie (VRL)[14] und die Arten nach Anhang IV FFH-RL, aber nunmehr auch die in einer Rechtsverordnung nach § 54 Abs. 1 Nr. 2 aufgeführten national geschützten Arten, die im Bestand gefährdet sind und für die die Bundesrepublik Deutschland in hohem Maß verantwortlich ist, weil die globale Erhaltungssituation der Art von den hiesigen Beständen abhängt.[15] Soweit dies zum Schutz dieser Arten erforderlich ist, sollen wirksame und aufeinander abgestimmte **vorbeugende Schutzmaßnahmen** ergriffen oder Artenhilfsprogramme aufgestellt werden. Hintergrund dieser Neuregelung ist die jüngere Rechtsprechung des EuGH zu Art. 12 Abs. 1 FFH-RL.[16] Art. 12 Abs. 1 FFH-RL verlangt den Mitgliedstaaten die Errichtung eines „strengen Schutzsystems" ab, was nach Auffassung des EuGH auch den Erlass kohärenter, koordinierter und vorbeugender Maßnahmen voraussetzt.[17] Es soll bereits präventiv verhindert werden, dass es zu artenschutzrechtlichen Verstößen kommt.[18] Soweit eingewandt wird, dass die Erforderlichkeitsklausel des § 38 Abs. 2 (dazu unter Rn. 8) jenen Vorgaben nicht gerecht werde,[19] vermag dies nicht zu überzeugen. Eine unbedingte Handlungspflicht folgt aus Art. 12 Abs. FFH-RL weder in Bezug auf die Aufstellung entsprechender Programme noch in Bezug auf das Ergreifen konkreter Maßnahmen. Art. 12 Abs. 1 FFH-RL verlangt – auch in der Lesart des EuGH – kein Tätigwerden ohne Anhaltspunkte für eine konkrete Bedürftigkeit;[20] flächendeckend soll danach lediglich die Überwachung der Arten nach Anhang IV FFH-RL erfolgen,[21] was aber bereits durch § 6 sichergestellt ist. Dies bestätigt auch Art. 2 Abs. 2 FFH-RL, wonach die aufgrund dieser Richtlinie getroffenen Maßnahmen darauf abzielen, einen günstigen Erhaltungszustand der natürlichen Lebensräume und wild lebenden Tier- und Pflanzenarten von gemeinschaftlichem Interesse zu bewahren oder wiederherzustellen. Ist der Erhaltungszustand einer Art bereits günstig und gibt es keine Anhaltspunkte dafür, dass sich dies absehbar ändern könnte, insbesondere weil sich die nationalrechtliche Umsetzung der Verbotstatbestände des Art. 12 Abs. 1 FFH-RL als ausreichend effektiv erwiesen hat, sind entsprechende Programme schlicht nicht erforderlich. Konkrete Maßnahmen folgen ohnehin nicht aus Art. 12 Abs. 1 FFH-RL; denn jene setzen wegen des nicht

---

14 Richtlinie 79/409/EWG des Rates vom 02.04.1979 über die Erhaltung der wild lebenden Vogelarten, ABl. EU L 103, S. 1, neu gefasst durch die Richtlinie 2009/147/EG des Europäischen Parlaments und des Rates vom 30.11.2009, ABl. EU L 20, S. 7.

15 Vgl. BT-Drs. 16/12274, S. 72.

16 Vgl. BT-Drs. 16/12274, S. 66.

17 EuGH, Urt. v. 16.03.2006 – Rs. C-518/04, Kommission/Griechenland, zitiert nach curia.europa.eu, Rn. 16 (dort nur in Griechisch und Französisch verfügbar; letzter Abruf am 29.05.2015); EuGH, Urt. v. 11.01.2007 – Rs. C-183/05, Kommission/Irland, Slg. 2007, I-137 (Rn. 30); EuGH, Urt. v. 09.06.2011 – Rs. C-383/09, Kommission/Frankreich, Slg. 2011, I-4869 (Rn. 18-20).

18 *Lütkes*, in: ders./Ewer, BNatSchG, § 38 Rn. 3.

19 *Gellermann*, NVwZ 2010, 73 (78).

20 Ebenso *Schütte/Gerbig*, in: Schlacke (Hrsg.), GK-BNatSchG, § 38 Rn. 9; *Lütkes*, in: ders./Ewer, BNatSchG, § 38 Rn. 4; *Kratsch*, in: Schumacher/Fischer-Hüftle, BNatSchG, § 38 Rn. 3.

21 EuGH, Urt. v. 11.01.2007 – Rs. C-183/05, Kommission/Irland, Slg. 2007, I-137 (Rn. 19 ff.); zum Ganzen auch *Sobotta*, NuR 2007, 642 (646).

unerheblichen diesbezüglichen Gestaltungsspielraums der Mitgliedstaaten einen planerischen Konkretisierungsakt voraus, worauf auch die Formulierung des EuGH „kohärente, koordinierte und vorbeugende Maßnahmen" hinweist.

6   „Vorbeugende Maßnahmen" können auch nachfassende **Maßnahmen an Bestandsanlagen** etwa der Verkehrsinfrastruktur sein, wie die nachträgliche Errichtung von Grünbrücken, Fledermausleiteinrichtungen etc.; denn zu den aus Art. 12 Abs. 1 FFH-RL resultierenden weiteren Pflichten der Mitgliedstaaten neben der Aufstellung allgemeiner, am Wortlaut der Bestimmung orientierter Verbote gehören auch der Erlass und die Durchsetzung spezifischer Regelungen, um eine geschützte Art an bestimmten Orten zu schützen, wenn diese Orte für die Erhaltung der Art von herausragender Bedeutung und die Art dort besonderen Risiken ausgesetzt ist.[22] Auf § 3 Abs. 2 ließen sich solche Maßnahmen nicht stützen, da das nachträgliche Auftreten artenschutzrechtlicher Konflikte dem Vorhabenträger regelmäßig nicht zugerechnet werden kann.[23] Obgleich es nach Abs. 2 Satz 1 in erster Linie den Naturschutzbehörden obliegt, solche Konfliktlagen zu identifizieren und entsprechende Programme aufzustellen, kann im Einzelfall insoweit auch den Vorhabenträger selbst eine Handlungspflicht treffen. Dies gilt insbesondere dann, wenn sich erkannte artenschutzrechtliche Konfliktlagen vergleichsweise leicht durch technisch-organisatorische Maßnahmen lösen lassen, die keiner Änderung der betreffenden Anlage bedürfen. In besonders schwerwiegenden Konfliktlagen kann sich diese Handlungspflicht aber auch zu einer Anlagenänderungspflicht verdichten. Im Fernstraßenrecht folgt dies bspw. aus § 4 Satz 1 FStrG, wonach die Träger der Straßenbaulast dafür einzustehen haben, dass ihre Bauten allen Anforderungen der Sicherheit und Ordnung genügen. Der Begriff der Sicherheit umfasst dabei insbesondere die Unversehrtheit der Rechtsordnung,[24] mithin auch die Vorgaben und Wertungen des besonderen Artenschutzrechts. Behördlicher Genehmigungen, Erlaubnisse und Abnahmen durch andere als die Straßenbaubehörden bedürfen die Straßenbaulastträger dabei gemäß § 4 Satz 2 FStrG nicht. Die Vorschrift beinhaltet insofern ein Ausschließlichkeits- und Konzentrationsgebot der Straßenbauverwaltung.[25] Gleiches gilt hinsichtlich der Bundeswasserstraßen gemäß § 48 WaStrG für die Wasser- und Schifffahrtsverwaltung des Bundes und hinsichtlich der Eisenbahnanlagen gemäß § 5a Abs. 1 Satz 1 und 2 Nr. 1 AEG für die Eisenbahnaufsicht. Den zuständigen Hoheitsträgern kommt insoweit sowohl ein Entschließungs- als auch ein Auswahlermessen zu. Das Unionsrecht verlangt ihnen nicht ab, jede Beeinträchtigung zu unterbinden, die sich unter § 44 subsumieren ließe, sondern eine Verdichtung zu einer Handlungspflicht

---

22 GAin *Kokott*, Schlussanträge v. 15. 12. 2005 – Rs. C-221/04, Fuchsjagd, Slg. 2006, I-4518 (Rn. 62).

23 Vgl. BVerwG, Urt. v. 28. 03. 2013 – 9 A 22.11, BVerwGE 146, 145 (dort nicht mit abgedruckt, siehe aber juris, Rn. 123).

24 *Dünchheim*, in: Marschall, FStrG, § 4 Rn. 9.

25 *Dünchheim*, in: Marschall, FStrG, § 4 Rn. 17; vgl. auch zum Gleiches im Wasserstraßenrecht regelnden § 48 Satz 2 WaStrG BVerwG, Urt. v. 25. 09. 2008 – 7 A 4.07, NuR 2009, 42 (Rn. 23).

besteht erst, wenn Bereiche betroffen sind, die für die Erhaltung der betreffenden Art von herausragender Bedeutung sind, und wenn die Art hier besonderen Risiken ausgesetzt ist.[26]

Der Verweis in § 38 Abs. 2 Satz 1 auf **Artenhilfsprogramme** knüpft an Bekanntes und Bewährtes an: Solche Programme haben die Länder bereits in der Vergangenheit zur Umsetzung von Schutz-, Pflege- und Entwicklungszielen für zahlreiche gefährdete Tier- und Pflanzenarten ausgearbeitet und verwirklicht.[27] Mit diesem Instrument können auch die auf internationaler und europäischer Ebene verbreiteten Aktions- und Bewirtschaftungspläne umgesetzt werden, zu deren Implementation die Vertrags- bzw. Mitgliedstaaten jeweils mehr oder weniger zwingend angehalten werden.[28] Die Artenhilfsprogramme stellen Fachkonzepte zum Schutz, zur Pflege und zur Entwicklung von Populationen einzelner Arten oder Artengruppen dar, die die Bestandserfassung steuern, die Schaffung neuer bzw. die Aufwertung bestehender Habitate vorsehen und zum Teil auch Maßnahmen zur Wiederansiedlung vorsehen.[29] Sie können ein breites Spektrum an Maßnahmen enthalten einschließlich Maßnahmen zur Akzeptanzförderung, Bildungsmaßnahmen für nachhaltige Entwicklung,[30] finanzieller Anreize und Flächenbewirtschaftungsempfehlungen. 7

Sowohl die wirksamen und aufeinander abgestimmten **vorbeugenden Schutzmaßnahmen** wie auch die **Artenhilfsprogramme** sind nur zu erarbeiten, soweit dies **erforderlich** ist. Ergibt sich nach dem Schutzbedürfnis der betreffenden Arten gemessen an dem Ziel der Bewahrung oder Wiederherstellung eines günstigen Erhaltungszustands durch einen effektiven Artenschutz keine Notwendigkeit, müssen entsprechende Maßnahmen nicht ergriffen bzw. die Programme nicht aufgestellt werden. Bestehen hingegen entsprechende internationale oder unionsrechtliche Verpflichtungen, wie das teilweise hinsichtlich der Erstellung von Artenhilfsprogrammen der Fall ist[31], so ist die Erforderlichkeit stets gegeben; sie liegt nach – zutreffender – Auffassung der Bundesregierung zudem auch dann nahe, wenn auf internationaler oder europäischer Ebene Empfehlungen zur Erstellung solcher Programme ausgesprochen werden.[32] 8

§ 38 Abs. 2 Satz 2 statuiert schließlich eine an § 6 Abs. 3 Nr. 2 anknüpfende **Beobachtungspflicht** des unbeabsichtigten Beifangs oder Tötens der in 9

---

26 Vgl. GAin *Kokott*, Schlussanträge v. 15.12.2005 – Rs. C-221/04, Fuchsjagd, Slg. 2006, I-4518 (Rn. 62).

27 BT-Drs. 16/12274, S. 66.

28 Eine rechtliche Verpflichtung hierzu sehen bspw. Nr. 2.2.1 und 2.2.2 Anlage 3 zum afrikanisch-eurasischen Wasservogelübereinkommen (vgl. BGBl. II 1998 S. 2500, BGBl. II 2004, S. 600) vor; sonstige Abkommen, wie etwa die Berner Konvention (vgl. BGBl. II 1984, S. 618) oder das europäische Artenschutzrecht – in der Leseart der EU-Kommission – empfehlen ein solches Vorgehen lediglich.

29 *Gassner/Heugel*, Das neue Naturschutzrecht, 2010, Rn. 520.

30 Hierzu *Lau/Meske*, NuR 2010, 475 ff.

31 BT-Drs. 16/12274, S. 66.

32 BT-Drs. 16/12274, S. 66.

Anhang IV Buchst. a) FFH-RL gelisteten Tierarten. Damit soll die entsprechende Verpflichtung aus Art. 12 Abs. 4 Satz 2 FFH-RL umgesetzt werden; erhebliche nachteilige Auswirkungen des unbeabsichtigten Fangs oder des Tötens dieser Arten sollen verhindert werden. Erfasst werden insbesondere unvermeidbare Kollisionen von Tieren mit Flug- und Fahrzeugen, mit Windkraftanlagen, den Turbinen von Wasserkraftanlagen u.ä. sowie der Beifang. Unbeabsichtigt sind der Fang oder die Tötung, wenn sie vorsatzlos verursacht wurden; denn nach der Rechtsprechung des EuGH reicht bereits die billigende Inkaufnahme des Fangs oder der Tötung für das Vorliegen einer entsprechenden Absicht aus.[33]

IV. Wissenschaftsförderung (Abs. 3)

10   Abs. 3 nimmt explizit die sich aus Art. 18 FFH-RL und Art. 10 VRL ergebenden Verpflichtungen zur Förderung von **Forschung** und der notwendigen wissenschaftlichen Arbeiten auf, gestaltet diese Verpflichtungen aber nicht näher aus. So ist über die Details im Einzelfall zu entscheiden, insbesondere auch darüber, ob der Bund oder die Länder zuständig sind.[34] Die Vorschrift dürfte unter **Haushaltsvorbehalt** stehen. Anderes legt auch das Unionsrecht nicht nahe, würde dies doch sehr weit in die Kompetenzen der Mitgliedstaaten eingreifen und hätte daher zumindest einer entsprechenden klarstellenden Regelung bedurft, die aber weder Art. 18 FFH-RL noch Art. 10 VRL enthält.

Abschnitt 2
Allgemeiner Artenschutz

§ 39
Allgemeiner Schutz wild lebender Tiere und Pflanzen; Ermächtigung zum Erlass von Rechtsverordnungen

(1) Es ist verboten,

1. **wild lebende Tiere mutwillig zu beunruhigen oder ohne vernünftigen Grund zu fangen, zu verletzen oder zu töten,**
2. **wild lebende Pflanzen ohne vernünftigen Grund von ihrem Standort zu entnehmen oder zu nutzen oder ihre Bestände niederzuschlagen oder auf sonstige Weise zu verwüsten,**
3. **Lebensstätten wild lebender Tiere und Pflanzen ohne vernünftigen Grund zu beeinträchtigen oder zu zerstören.**

---

33 EuGH, Urt. v. 18. 05. 2006 – Rs. C-221/04, spanische Fuchsjagd, Slg. 2006, I-4515 (Rn. 71).
34 Vgl. BT-Drs. 16/12274, S. 66.

Lau

(2) Vorbehaltlich jagd- oder fischereirechtlicher Bestimmungen ist es verboten, wild lebende Tiere und Pflanzen der in Anhang V der Richtlinie 92/43/EWG aufgeführten Arten aus der Natur zu entnehmen. Die Länder können Ausnahmen von Satz 1 unter den Voraussetzungen des § 45 Absatz 7 oder des Artikels 14 der Richtlinie 92/43/EWG zulassen.

(3) Jeder darf abweichend von Absatz 1 Nummer 2 wild lebende Blumen, Gräser, Farne, Moose, Flechten, Früchte, Pilze, Tee- und Heilkräuter sowie Zweige wild lebender Pflanzen aus der Natur an Stellen, die keinem Betretungsverbot unterliegen, in geringen Mengen für den persönlichen Bedarf pfleglich entnehmen und sich aneignen.

(4) Das gewerbsmäßige Entnehmen, Be- oder Verarbeiten wild lebender Pflanzen bedarf unbeschadet der Rechte der Eigentümer und sonstiger Nutzungsberechtigter der Genehmigung der für Naturschutz und Landschaftspflege zuständigen Behörde. Die Genehmigung ist zu erteilen, wenn der Bestand der betreffenden Art am Ort der Entnahme nicht gefährdet und der Naturhaushalt nicht erheblich beeinträchtigt werden. Die Entnahme hat pfleglich zu erfolgen. Bei der Entscheidung über Entnahmen zu Zwecken der Produktion regionalen Saatguts sind die günstigen Auswirkungen auf die Ziele des Naturschutzes und der Landschaftspflege zu berücksichtigen.

(5) Es ist verboten,

1. die Bodendecke auf Wiesen, Feldrainen, Hochrainen und ungenutzten Grundflächen sowie an Hecken und Hängen abzubrennen oder nicht land-, forst- oder fischereiwirtschaftlich genutzte Flächen so zu behandeln, dass die Tier- oder Pflanzenwelt erheblich beeinträchtigt wird,

2. Bäume, die außerhalb des Waldes, von Kurzumtriebsplantagen oder gärtnerisch genutzten Grundflächen stehen, Hecken, lebende Zäune, Gebüsche und andere Gehölze in der Zeit vom 1. März bis zum 30. September abzuschneiden oder auf den Stock zu setzen; zulässig sind schonende Form- und Pflegeschnitte zur Beseitigung des Zuwachses der Pflanzen oder zur Gesunderhaltung von Bäumen,

3. Röhrichte in der Zeit vom 1. März bis zum 30. September zurückzuschneiden; außerhalb dieser Zeiten dürfen Röhrichte nur in Abschnitten zurückgeschnitten werden,

4. ständig wasserführende Gräben unter Einsatz von Grabenfräsen zu räumen, wenn dadurch der Naturhaushalt, insbesondere die Tierwelt erheblich beeinträchtigt wird.

Die Verbote des Satzes 1 Nummer 1 bis 3 gelten nicht für

1. behördlich angeordnete Maßnahmen,

2. Maßnahmen, die im öffentlichen Interesse nicht auf andere Weise oder zu anderer Zeit durchgeführt werden können, wenn sie

   a) behördlich durchgeführt werden,

   b) behördlich zugelassen sind oder

   c) der Gewährleistung der Verkehrssicherheit dienen,

3. nach § 15 zulässige Eingriffe in Natur und Landschaft,

4. zulässige Bauvorhaben, wenn nur geringfügiger Gehölzbewuchs zur Verwirklichung der Baumaßnahmen beseitigt werden muss.

Die Landesregierungen werden ermächtigt, durch Rechtsverordnung bei den Verboten des Satzes 1 Nummer 2 und 3 für den Bereich eines Landes oder für Teile des Landes erweiterte Verbotszeiträume vorsehen. Sie können die Ermächtigung nach Satz 3 durch Rechtsverordnung auf andere Landesbehörden übertragen.

(6) Es ist verboten, Höhlen, Stollen, Erdkeller oder ähnliche Räume, die als Winterquartier von Fledermäusen dienen, in der Zeit vom 1. Oktober bis zum 31. März aufzusuchen; dies gilt nicht zur Durchführung unaufschiebbarer und nur geringfügig störender Handlungen sowie für touristisch erschlossene oder stark genutzte Bereiche.

(7) Weiter gehende Schutzvorschriften insbesondere des Kapitels 4 und des Abschnitts 3 des Kapitels 5 einschließlich der Bestimmungen über Ausnahmen und Befreiungen bleiben unberührt.

Inhaltsübersicht

I. Allgemeines

1   § 39 stellt die erste Stufe des inzwischen vierstufigen Schutzsystems des deutschen **Artenschutzrechts** dar. Die Vorschrift etabliert einen – grundsätzlich individuenbezogenen – Mindestschutz für sämtliche wild lebende Arten, der auf den nächsten Stufen zu einem besonderen Schutz für die besonders (zweite Stufe) und streng geschützten Arten (dritte Stufe) und schließlich den nationalen Verantwortungsarten sowie den europäisch geschützten Arten (vierte Stufe) zunehmend ausgebaut wird. Der Bund hat mit § 39 nach der Föderalismusreform 2006 erstmals eine Vollregelung zum allgemeinen Artenschutz geschaffen. Die Länder können hiervon gemäß Art. 72 Abs. 3 Satz 1 Nr. 2 GG jenseits der ausdrücklichen Regelungsermächtigungen nicht abweichen. Die bisherigen landesrechtlichen artenschutzrechtlichen Bestimmungen sind mit Inkrafttreten des Bundesnaturschutzgesetzes zwar nicht

unwirksam geworden,[1] sie dürfen aber wegen des Anwendungsvorrangs des Bundesnaturschutzgesetzes nicht mehr angewendet werden[2].

II. Mindestschutz (Abs. 1)

Abs. 1 tritt an die Stelle des § 41 Abs. 1 BNatSchG a.F.; die bisherige Rahmenregelung hat der Bundesgesetzgeber in eine inhaltsgleiche Vollregelung überführt. Die Vorschrift gewährt einen **Mindestschutz**, der insbesondere allen nicht besonders geschützten wild lebenden Arten zugutekommt.[3] Die den besonders geschützten Arten geltenden strengeren Schutzvorschriften ebenso wie der gesetzliche Biotopschutz und die Vorschriften über Schutzgebiete bleiben gemäß Abs. 7 unberührt. Bei Zuwiderhandlung kann die zuständige Naturschutzbehörde gemäß § 3 Abs. 2 rechtsverbindlich die erforderlichen Anordnungen zur Unterbindung von Tatbestandsverwirklichungen aussprechen.[4] Resultieren die tatbestandsmäßigen Beeinträchtigungen aus dem Straßenverkehr, sind hingegen in erster Linie die Straßenverkehrbehörden zum Handeln aufgerufen.[5] Die artenschutzrechtlichen Verbote des § 39 sind darüber hinaus gemäß § 69 Abs. 1 und Abs. 3 Nr. 7 bis 16 teilweise bußgeldbewehrt. Ordnungsbehördlich durchsetzen lassen sich die artenschutzrechtlichen Verbote durch entsprechende Anordnungen nach § 3 Abs. 2. Sind hingegen artenschutzrechtliche Verbotstatbestände verwirklicht, bietet § 3 Abs. 2 keine Handhabe für die Anordnung von **Wiederherstellungs- oder Kompensationsmaßnahmen**.[6] Ist ein Tier tot oder eine Lebensstätte zerstört, ist der tatbestandsmäßige Lebensvorgang abgeschlossen; von einem ordnungsbehördlich ahndungsfähigen Fortdauern des artenschutzrechtlichen Verstoßes kann dann nicht die Rede sein.[7] Zu unterscheiden ist dies indes von dem Fall, dass das tatbestandsmäßige Handeln noch andauert, etwa eine Lebensstätte in ihrer Funktion durch Lärm beeinträchtigt wird und sie diese Funktion wieder erhält, sobald der Lärm aufhört. Auch enthält teilweise das Landesnaturschutzrecht in Abweichung von § 3 Abs. 2 eine ausdrückliche Ermächtigungsgrundlage für die Anordnung von Wiederherstellungs- oder Kompensationsmaßnahmen (vgl. § 2 Satz 2 HmbBNatSchG[8], § 8 Abs. 2 Satz 1 NatSchG M-V[9], § 2 Abs. 2 NAGBNatSchG[10], § 1 Abs. 3 Satz 3 NatSchG LSA[11], § 2 Abs. 5 Satz 2 LNatSchG S-H[12]).

2

1 So aber BayVerfGH, Entscheidung v. 16. 12. 2010 – Vf. 6-VII-10, NVwZ-RR 2011, 177 (178).

2 *Degenhart*, in: Sachs, GG, Art. 72 Rn. 40.

3 BT-Drs. 16/12274, S. 67.

4 *Kratsch*, in: Schumacher/Fischer-Hüftle, BNatSchG, § 39 Rn. 3.

5 Vgl. *Füßer/Lau*, NuR 2009, 445 (452).

6 A.A. VG Ansbach, Urt. v. 17. 06. 2010 – AN 5 K 10.00442, NuR 2011, 70 (71).

7 So aber bspw. VG Düsseldorf, Urt. v. 20. 03. 2009 – 25 K 64/09, juris, Rn. 26.

8 Hamburgisches Gesetz zur Ausführung des Bundesnaturschutzgesetzes vom 11. 05. 2010, GVBl. 2010 S. 350.

9 Gesetz des Landes Mecklenburg-Vorpommern zur Ausführung des Bundesnaturschutzgesetzes vom 23. 02. 2010, GVBl. 2010 S. 66.

10 Niedersächsisches Ausführungsgesetz zum Bundesnaturschutzgesetz vom 19. 02. 2010, GVBl. 2010 S. 104.

11 Naturschutzgesetz des Landes Sachsen-Anhalt vom 10. 12. 2010, GVBl. 2010 S. 569.

12 Schleswig-holsteinisches Gesetz zum Schutz der Natur vom 24. 02. 2010, GVBl. 2010 S. 301.

1. Schutz wild lebender Tiere

3 § 39 Abs. 1 Nr. 1 verbietet es, wild lebende Tiere mutwillig zu beunruhigen oder ohne vernünftigen Grund zu fangen, zu verletzen oder zu töten. Anders als der Wortlaut vielleicht nahelegt, kommt es nicht entscheidend darauf an, dass das betreffende Individuum wild lebt, sondern dass es sich um eine wild lebende Art handelt. Auf Haustiere und Kulturpflanzen findet § 39 Abs. 1 daher selbst bei verwilderten Exemplaren keine Anwendung.[13] Umgekehrt führt die Gewöhnung von Tieren wild lebender Arten an den Menschen nicht dazu, dass sie ihren Schutzstatus verlieren,[14] außer es handelt sich um vollständig domestizierte Exemplare wie z.B. Zirkustiere. Von den wild lebenden Arten ist jedes einzelne Exemplar geschützt. Die Vorschrift unterbindet zunächst die mutwillige Beunruhigung wild lebender Tiere. **„Beunruhigen"** meint dabei jede negative Einwirkung auf die psychische Verfassung eines wild lebenden Tieres, die bei diesem zu einem von seiner normalen Lebensweise abweichenden Verhalten führt.[15] Im Gegensatz zum Störungsverbot des § 44 Abs. 1 Nr. 2 enthält § 39 Abs. 1 Nr. 1 keine populationsbezogene Erheblichkeitsschwelle, so dass bereits die Beunruhigung eines einzelnen Tieres verbotsauslösend sein kann.[16] Verboten sind indes nur mutwillige Beunruhigungen. **Mutwillen** liegt vor, wenn die Beunruhigung mit dem Vorsatz erfolgt, ein Tier zu stören, ohne dass es dafür sachlich nachvollziehbare Beweggründe gibt.[17] Bedingter Vorsatz reicht insoweit aus,[18] wohingegen gemäß § 69 Abs. 1 nur die wissentliche Beunruhigung bußgeldbewehrt ist. Sachlich nachvollziehbare Beweggründe sind grundsätzlich nur solche Gründe, die in der Lage scheinen, die Belange des Artenschutzes zu überwiegen. Je bedeutsamer die betreffende Art ist[19] und/oder je mehr Individuen betroffen sind, desto gewichtiger müssen die Gründe für die zur Beunruhigung führende Handlung sein. So kann sich etwa das Abbrennen eines Feuerwerks anlässlich einer Hochzeits- oder sonstigen Feier – was an sich durchaus ein sachlich nachvollziehbarer Beweggrund ist – als mutwillig erweisen, wenn eine besonders sensible und seltene Art betroffen ist.[20] Wegen der subjektiven Aufladung des Tatbestands der Beunruhigung durch das Tatbestandsmerkmal „mutwillig" reicht es für das Vorliegen eines sachlich nachvollziehbaren Beweggrundes aus, dass der Handelnde Umstände subjektiv für gegeben hält, die einen solchen Grund darstellen.[21] Nicht mutwillig handelt auch, wer aus Furcht vor dem Tier selbiges beunruhigt.[22]

---

13 *Gellermann*, in: Landmann/Rohmer, Umweltrecht, Stand: 01.05.2015, § 39 BNatSchG Rn. 3; *Schütte/Gerbig*, in: Schlacke (Hrsg.), GK-BNatSchG, § 39 Rn. 7.

14 OVG Koblenz, Urt. v. 06.11.2014 – 8 A 10469/14.OVG, NuR 2015, 41 (42).

15 *Lorz/Müller/Stöckel*, Naturschutzrecht, 2. Aufl. 2003, A 1 § 41 Rn. 8.

16 *Heugel*, in: Lütkes/Ewer, BNatSchG, § 39 Rn. 2.

17 *Gellermann*, in: Landmann/Rohmer, Umweltrecht, Stand: 01.05.2015, § 39 BNatSchG Rn. 4; *Heugel*, in: Lütkes/Ewer, BNatSchG, § 39 Rn. 2.

18 Vgl. *Müller-Walter*, in: Lorz et al., Naturschutzrecht, § 39 BNatSchG Rn. 4.

19 Dabei kann sich orientiert werden an *Dierschke/Bernotat*, Übergeordnete Kriterien zur Bewertung der Mortalität wildlebender Tiere im Rahmen von Projekten und Eingriffen, 2012.

20 VG Würzburg, Beschl. v. 24.06.2010 – W 5 S 10.566, NuR 2010, 672 (673).

21 *Lorz/Müller/Stöckel*, Naturschutzrecht, 2. Aufl. 2003, A 1 § 41 Rn. 8.

22 *Kratsch*, in: Schumacher/Fischer-Hüftle, BNatSchG, § 39 Rn. 7.

Daneben will die Vorschrift vorsätzliche oder fahrlässige Angriffe auf die Be- **4**
wegungsfreiheit (Fang), die körperliche Unversehrtheit (Verletzung) und das
Leben wild lebender Tiere (Tötung) unterbunden wissen. „**Verletzen**" meint
den unmittelbaren Zugriff auf die körperliche Integrität und „**töten**" den unmittelbaren Zugriff auf das Leben wild lebender Tiere.[23] Umstritten ist hingegen der Begriff des Fangens. Was „**fangen**" bedeutet, hat das Bundesverwaltungsgericht bislang offen gelassen.[24] Ausgangspunkt ist das Erlangen
der tatsächlichen Gewalt über das Tier,[25] also dessen Hinderung daran, seinen Aufenthaltsort frei zu verlassen. Nach weit verbreiteter Ansicht meint
„fangen" darüber hinaus lediglich den Zugriff auf ein Tier in der Absicht, es
lebend in seine Gewalt zu bringen, ohne ihm alsbald und am Ort des Zugriffs die Freiheit wiedergeben zu wollen[26]. Damit fielen kurzfristige Frei-
heitsberaubungen (z.B. zwecks Beringung von Vögeln oder Besenderung
von Fledermäusen) nicht unter das Tatbestandsmerkmal des Fangens; sie erfolgen nur kurzzeitig und ohne Ortsänderung. Teilweise wird demgegenüber
wohl aus § 44 Abs. 6 Satz 1 geschlossen, dass der Begriff des Fangens auch
die nur kurzzeitige Begründung der tatsächlichen Gewalt über ein wild lebendes Tier erfasse.[27] § 44 Abs. 6 Satz 1 erklärt u.a. das Fangen nur für
Handlungen zur Vorbereitung gesetzlich vorgeschriebener Prüfungen, die
von fachkundigen Personen unter größtmöglicher Schonung der untersuchten Exemplare und der übrigen Tier- und Pflanzenwelt im notwendigen Umfang vorgenommen werden, für zulässig. Allein daraus lässt sich mithin nicht
schlussfolgern, dass dem Begriff des Fangens keinerlei zeitliche Komponente
innewohnt. So wird man schon aus Gründen der Verhältnismäßigkeit eine
gewisse zeitliche Bagatellschwelle annehmen müssen. Insoweit kann auch
nicht mit den – zumindest bei höher entwickelten Tieren – mit jedem Fang
verbundenen Stressreaktionen argumentiert werden, da dies zu Wertungs-
widersprüchen zur Tatbestandsalternative des Beunruhigens führte, die anders als der Fang Mutwillen voraussetzt. Im Übrigen ist auch im Strafrecht
das nur kurzfristige Festhalten eines anderen keine Freiheitsberaubung
i.S.d. § 239 StGB als gewissermaßen das Pendant zum Fang.[28] Wegen der
damit intendierten Ortsänderung stellt jedoch die Umsiedlung wild lebender
Tiere einen Fang dar.[29] Demgegenüber wird vertreten, dass Umsiedlungsmaßnahmen in der Absicht des Schutzes der betreffenden Tiere wegen die-

---

23 Vgl. OVG Koblenz, Urt. v. 14. 10. 2014 – 8 C 10233/14.OVG, BauR 2015, 224 (229).

24 BVerwG, Urt. v. 14. 07. 2011 – 9 A 12.10, BVerwGE 140, 149 (Rn. 130); BVerwG, Urt. v.
06. 11. 2013 – 9 A 14.12, BVerwGE 148, 373 (Rn. 117).

25 Vgl. *Gellermann*, in: Landmann/Rohmer, Umweltrecht, Stand: 01. 05. 2015, § 39 BNatSchG
Rn. 5.

26 OVG Koblenz, Urt. v. 06. 11. 2014 – 8 A 10469/14.OVG, NuR 2015, 41 (42); *Müller-Walter*,
in: Lorz et al., Naturschutzrecht, § 39 BNatSchG Rn. 5; *Schütte/Gerbig*, in: Schlacke
(Hrsg.), GK-BNatSchG, § 39 Rn. 11; *Kratsch*, in: Schumacher/Fischer-Hüftle, BNatSchG,
§ 39 Rn. 7.

27 *Heugel*, in: Lütkes/Ewer, BNatSchG, § 39 Rn. 3.

28 BGH, Beschl. v. 03. 12. 2002 – 4 StR 432/02, NStZ 2003, 371.

29 *Gellermann*, in: Landmann/Rohmer, Umweltrecht, Stand: 01. 05. 2015, § 39 BNatSchG
Rn. 5; *Schmidt-Räntsch*, in: Gassner/Bendomir-Kahlo/Schmidt-Räntsch, BNatSchG,
2. Aufl. 2003, § 41 Rn. 6.

ser Intention nicht das Tatbestandsmerkmal des Fangens erfüllen.[30] Derartige „gute Absichten" lassen nach dem Willen des Gesetzgebers jedoch auch an anderer Stelle die Tatbestandsmäßigkeit des Fangens nicht entfallen, etwa wenn ein als verletzt oder krank angesehenes Tier in Obhut genommen wird, um es gesund zu pflegen. Würde diese positive Intention den Tatbestand des Fangens von vornherein ausschließen, wäre die Regelung des § 45 Abs. 5, wonach insbesondere ein Fangen zum Zweck der Gesundpflege nur unter den dort im Einzelnen normierten Voraussetzungen ausnahmsweise zulässig ist, nicht zu erklären.[31] Gleiches gilt im Hinblick auf den bereits erwähnten § 44 Abs. 6 Satz 1. Da der Bundesgesetzgeber bei Schaffung der artenschutzrechtlichen Verbotstatbestände auf subjektive Elemente weitestgehend verzichten wollte,[32] wird man überdies davon ausgehen müssen, dass selbst dann ein Fang i.S.d. § 39 Abs. 1 Nr. 1 vorliegt, wenn der Zugriff auf ein wild lebendes Tier nicht beabsichtigt gewesen ist wie etwa beim Sichverfangen von Vögeln in den Abwehrnetzen über Fischteichen.[33] Dies bestätigt auch die Vorschrift des § 38 Abs. 2 Satz 2, wonach die für Naturschutz und Landschaftspflege zuständigen Behörden des Bundes und der Länder die erforderlichen Maßnahmen treffen, um sicherzustellen, dass der unbeabsichtigte Fang oder das unbeabsichtigte Töten keine erheblichen nachteiligen Auswirkungen auf die streng geschützten Arten haben. Das Gesetz verwendet also auch für den vorsatzlosen Beifang etc. den Begriff des Fangs. Das Fangverbot des § 39 Abs. 1 Nr. 1 löst überdies die Rechtsfolge des § 958 Abs. 2 BGB aus, sodass sich der Fänger das betreffende Tier nicht aneignen, hieran also kein Eigentum begründen kann.

2. Schutz wild lebender Pflanzen

5 Einen dem Schutz der wild lebenden Tiere adäquaten Schutz etabliert § 39 Abs. 1 Nr. 2 für die wild lebenden Pflanzen. Verboten ist – soweit dies ohne vernünftigen Grund erfolgt – das Entfernen einer Pflanze in ihrer Gesamtheit oder in ihren wesentlichen Teilen von ihrem natürlichen Standort (**„entnehmen"**), die Vorteilsziehung aus ihr (**„nutzen"**), die mechanisch erfolgende Beeinträchtigung ihrer Bestände etwa in Gestalt des Abknickens oder Niedertretens (**„niederschlagen"**) sowie jede sonstige auf Zerstörung in größerem Umfang gerichtete Handlung, ggf. unter Einsatz chemischer Mittel oder durch Abbrennen (**„verwüsten"**).[34] Nicht zur Voraussetzung erhebt das Gesetz dabei, dass die betreffende Handlung zur dauerhaften Schädigung wild

---

30 OVG Koblenz, Urt. v. 14.10.2014 – 8 C 10233/14.OVG, BauR 2015, 224 (228).
31 OVG Koblenz, Urt. v. 06.11.2014 – 8 A 10469/14.OVG, NuR 2015, 41 (42); a.A. *Kratsch*, in: Schumacher/Fischer-Hüftle, BNatSchG, § 39 Rn. 7.
32 Vgl. BT-Drs. 16/5100, S. 11.
33 A.A. *Müller-Walter*, in: Lorz et al., Naturschutzrecht, § 44 BNatSchG Rn. 13, der Besitzwillen verlangt; offen gelassen VG Neustadt (Weinstraße), Beschl. v. 24.03.2009 – 1 L 136/09.NW, NuR 2009, 584 (586).
34 *Gellermann*, in: Landmann/Rohmer, Umweltrecht, Stand: 01.05.2015, § 39 BNatSchG Rn. 7; *Schütte/Gerbig*, in: Schlacke (Hrsg.), GK-BNatSchG, § 39 Rn. 12.

lebender Pflanzen führen muss.[35] **„Bestand"** meint eine in enger örtlicher und funktionaler Verbindung stehende Gesamtheit von Pflanzen derselben Art.[36]

3. Lebensstättenschutz

§ 39 Abs. 1 Nr. 3 rundet den Mindestschutz der wild lebenden Tiere und   6
Pflanzen schließlich durch einen **Mindestschutz** für die Lebensstätten ab. Zugleich ergänzt die Vorschrift den gesetzlichen Biotopschutz des § 30. Der Begriff der **Lebensstätte** wird in § 7 Abs. 2 Nr. 5 als der regelmäßige Aufenthaltsort der wild lebenden Individuen einer Art definiert. Im Unterschied zu „Lebensräumen" sind mit „Lebensstätten" mithin nur diejenigen räumlich enger geschnittenen Habitatbereiche gemeint, die von Tieren wild lebender Arten regelmäßig als Aufenthaltsort genutzt werden.[37] Ob diese Bereiche natürlich oder – sofern sie frei zugänglich sind – vom Menschen geschaffen sind, wie etwa Nisthilfen, Dachstühle u.ä., ist irrelevant.[38] Verboten sind, soweit dies ohne vernünftigen Grund geschieht, sowohl die Beeinträchtigung als auch die Zerstörung der Lebensstätten. Als **Beeinträchtigung** sind alle direkten und mittelbaren menschlichen Einwirkungen auf eine Lebensstätte anzusehen, die zur Verminderung ihrer ökologischen Funktionalität führen.[39] Die Zerstörung umfasst in Anlehnung an § 303 StGB indes nur körperliche Einwirkungen auf die Lebensstätte, die einen vollständigen Verlust ihrer ökologischen Funktionalität bewirken.[40]

4. Vernünftiger Grund

Verboten sind Handlungen, die zum Fang, zur Verletzung oder zur Tötung   7
eines wild lebenden Tieres, zur Entnahme, Nutzung, Niederschlagung oder Verwüstung von wild lebenden Pflanzen bzw. deren Bestands oder zur Beeinträchtigung oder Zerstörung einer Lebensstätte führen, schließlich nur dann, wenn sie ohne vernünftigen Grund erfolgen. Ein **vernünftiger Grund** liegt vor, wenn die betreffende Handlung ausdrücklich erlaubt ist oder im Rahmen einer Abwägung aus Sicht eines durchschnittlich gebildeten, dem Naturschutz gegenüber aufgeschlossenen Betrachters gerechtfertigt erscheint, was insbesondere dann der Fall ist, wenn die betreffende Handlung als sozial-adäquat anzusehen ist.[41] Dies ist der Fall, wenn ein anerkannter Rechtfertigungsgrund (§§ 32, 34 StGB, §§ 228, 904 BGB) vorliegt.[42] Des Wei-

---

35 *Gellermann*, in: Landmann/Rohmer, Umweltrecht, Stand: 01.05.2015, § 39 BNatSchG Rn. 7.

36 *Grewing*, Das System des exemplarbezogenen Artenschutzes im Bundesnaturschutzgesetz, 2003, S. 37 m.w.N.

37 *Gellermann*, in: Landmann/Rohmer, Umweltrecht, Stand: 01.05.2015, § 39 BNatSchG Rn. 9.

38 Vgl. OVG Lüneburg, Beschl. v. 14.05.2004 – 8 ME 65/04, NuR 2004, 612 (613); VG Berlin, Urt. v. 31.10.2001 – 1 A 274.96, NuR 2002, 311 f.

39 *Heugel*, in: Lütkes/Ewer, BNatSchG, § 39 Rnr. 5; *Müller-Walter*, in: Lorz et al., Naturschutzrecht, § 39 BNatSchG Rn. 14.

40 Vgl. KG Berlin, Beschl. v. 04.05.2000 – 2 Ss 344/99 u.a., NuR 2001, 176 (177).

41 *Gassner/Heugel*, Das neue Naturschutzrecht, 2010, Rn. 535.

42 *Heugel*, in: Lütkes/Ewer, BNatSchG, § 39 Rn. 3.

teren sind all diejenigen Gründe vernünftig, die i.S.d. Fachplanungs- oder Bauplanungsrechts erforderlich sind.[43] Fernerhin erfolgen der fachgerechte Fang wild lebender Tiere zu wissenschaftlichen Zwecken oder sonstigen Untersuchungszwecken sowie der Fang mit dem Ziel der Umsiedlung der Tiere in einen günstigeren Lebensraum[44] und die Aufnahme verletzter oder kranker Tiere, um sie nach ihrer Genesung wieder in die Freiheit zu entlassen, aus vernünftigem Grund.[45] Nach Auffassung der Bundesregierung stellt darüber hinaus die Bewirtschaftung land- und forstwirtschaftlicher Grundflächen im Hinblick auf die damit verbundenen Beeinträchtigungen von Tieren und Pflanzen einen vernünftigen Grund dar.[46] Das ist in dieser Allgemeinheit indes nicht haltbar; vielmehr wird man in Anlehnung an § 44 Abs. 4 Satz 1 nur solche Beeinträchtigungen wild lebender Tiere und Pflanzen im Zuge land- oder forstwirtschaftlicher Bodenbewirtschaftung als von einem vernünftigen Grund gedeckt ansehen können, die der guten fachlichen Praxis entsprechen.[47] Damit stellt insbesondere die übermäßige Nutzung keinen vernünftigen Grund mehr dar.[48] Gleiches gilt hinsichtlich der Fischereiwirtschaft.[49] Nicht tatbestandsmäßig ist demzufolge auch eine der guten fachlichen Praxis entsprechende Schädlingsbekämpfung,[50] ebenso die Vernichtung von Beständen unerwünschter gebietsfremder Pflanzenarten.[51] Auch die Jagd stellt einen vernünftigen Grund dar, soweit sie den jagdrechtlichen Vorschriften entspricht.[52] Keinen vernünftigen Grund kann hingegen die Beeinträchtigung wild lebender Tiere oder Pflanzen oder deren Lebensstätten zur Niedrighaltung des ökologischen Zustands von Flächen in Flächenpools zwecks Erzielung einer möglichst hohen Aufwertung mit Blick auf spätere Eingriffskompensationsmaßnahmen nach § 15 Abs. 2 bzw. nach § 1 a Abs. 3 BauGB oder zwecks möglichst gewinnbringender Einspeisung in ein sog. Ökokonto für sich reklamieren.[53] Ebenfalls nicht als vernünftig können Beeinträchtigungen infolge der Befriedigung persönlicher Sammelleidenschaften angesehen werden sowie Beeinträchtigungen infolge der „Verschönerung" der Landschaft im Sinne menschlicher Ästhetik.[54] Dies gilt auch für das von rein persönlichen Motiven getragene Pflücken von Handsträußen oder das Sammeln von Waldfrüchten und Pilzen, wie sich aus § 39 Abs. 3 ergibt, der für solche Handlungen ausweislich des Wortlautes („abweichend

---

43 *Louis*, NuR 2004, 557.

44 *Gellermann*, in: Landmann/Rohmer, Umweltrecht, Stand: 01.05.2015, § 39 BNatSchG Rn. 6; *Schütte/Gerbig*, in: Schlacke (Hrsg.), GK-BNatSchG, § 39 Rn. 14.

45 *Müller-Walter*, in: Lorz et al., Naturschutzrecht, § 39 BNatSchG Rn. 7.

46 BT-Drs. 16/12274, S. 67.

47 Ebenso *Müller-Walter*, in: Lorz et al., Naturschutzrecht, § 39 BNatSchG Rn. 7 und 12.

48 *Müller-Walter*, in: Lorz et al., Naturschutzrecht, § 39 BNatSchG Rn. 12.

49 Vgl. OVG Hamburg, Urt. v. 29.03.1990 – Bf II 47/87, NVwZ-RR 1191, 185 (187).

50 *Schütte/Gerbig*, in: Schlacke (Hrsg.), GK-BNatSchG, § 39 Rn. 14; näher hierzu auch *Müller-Walter*, in: Lorz et al., Naturschutzrecht, § 39 BNatSchG Rn. 8.

51 *Kratsch*, in: Schumacher/Fischer-Hüftle, BNatSchG, § 39 Rn. 9.

52 OVG Schleswig, Urt. v. 12.08.2004 – 1 KN 24/03, NuR 2005, 267 (269).

53 *W. Breuer*, NuL 2001, 113 (116).

54 Zu Letzterem VG Oldenburg, Urt. v. 10.09.2009 – 5 A 89/09, juris, Rn. 21; VG Oldenburg, Urt. v. 25.11.1993 – 5 A 2450/92, juris, Rn. 26.

von Absatz 1 Nummer 2") eine gesetzliche Ausnahme vorsieht, derer es nicht bedurft hätte, wenn diese Handlungen wegen des Vorliegens eines vernünftigen Grundes bereits nicht tatbestandsmäßig wären.[55]

III. Entnahme von Exemplaren
europäisch geschützter Arten (Abs. 2)

§ 39 Abs. 2 trägt den Erkenntnissen aus dem Vertragsverletzungsverfahren **8** gegen Luxemburg Rechnung, im Zuge dessen der EuGH[56] konstatierte, dass Art. 14 Abs. 1 der FFH-Richtlinie (FFH-RL)[57] die Mitgliedstaaten verpflichte sicherzustellen, dass die **Entnahme** von Exemplaren von Arten des Anhangs V FFH-RL nur erfolgt, wenn die betreffenden Arten sich in einem günstigen Erhaltungszustand befinden, was – so die zutreffende Auffassung der Bundesregierung – mit den Vorgaben des § 39 Abs. 1 allein nicht gewährleistet ist.[58] Anhang V FFH-RL enthält diejenigen Arten, die zwar grundsätzlich aus der Natur entnommen und genutzt werden dürfen, deren Erhaltungszustand aber gleichwohl überwacht und das Verweilen in einem günstigen Erhaltungszustand abgesichert werden muss. Abs. 2 kommt der Verpflichtung des Art. 14 Abs. 1 FFH-RL dadurch nach, dass er das Regel-Ausnahme-Verhältnis des Art. 14 Abs. 1 FFH-RL umkehrt, also die Entnahme von Arten nach Anhang V FFH-RL aus der Natur grundsätzlich verbietet und den Ländern die Möglichkeit der Zulassung von Ausnahmen überlässt. Bundesrechtlich ausgenommen von diesem generellen Verbot sind lediglich solche Entnahmen von Exemplaren der Arten des Anhangs V FFH-RL, die dem Jagd- oder Fischereirecht unterfallen. Dies betrifft die überwiegende Zahl der Arten des Anhangs V FFH-RL. Dem liegt die Einschätzung zu Grunde, dass die jagd- und fischereirechtlichen Bestimmungen eine eigene, spezialgesetzliche Umsetzung des Art. 14 Abs. 1 FFH-RL enthalten.[59] Was die den Ländern eingeräumte Möglichkeit der Zulassung von Ausnahmen angeht, so dürfen sich diese Ausnahmen nur innerhalb des von § 45 Abs. 7 oder Art. 14 FFH-RL gezogenen Rahmens halten. Mit dem Verweis auf § 45 Abs. 7 – diese Vorschrift dient der Umsetzung des Art. 16 Abs. 1 FFH-RL – wird die in Art. 16 Abs. 1 FFH-RL explizit vorgesehene Ausnahmemöglichkeit auch von den Vorgaben des Art. 14 Abs. 1 FFH-RL aufgegriffen.[60] Darüber hinaus können die Länder allgemein oder im Einzelfall weitere Ausnahmen zulassen, soweit sie den Vorgaben des Art. 14 FFH-RL entsprechen. Diese zusätzliche Ausnahmemöglichkeit trägt dem bereits genannten Umstand Rechnung, dass § 39 Abs. 2 anders als Art. 14 FFH-RL die Entnahme von Arten nach Anhang V

55 *Gellermann*, in: Landmann/Rohmer, Umweltrecht, Stand: 01.05.2015, § 39 BNatSchG Rn. 8; a.A. *Schütte/Gerbig*, in: Schlacke (Hrsg.), GK-BNatSchG, § 39 Rn. 14; *Kratsch*, in: Schumacher/Fischer-Hüftle, BNatSchG, § 39 Rn. 9.
56 EuGH, Urt. v. 13.02.2003 – C-75/01, Kommission/Luxemburg, Slg. 2003, I-1585 (Rn. 80).
57 Richtlinie 92/43/EWG des Rates v. 21.05.1992 zur Erhaltung der natürlichen Lebensräume sowie der wild lebenden Tiere und Pflanzen, ABl. EU L 206, S. 7, zuletzt geändert durch die Richtlinie 2006/105/EG des Rates v. 20.11.2006, ABl. EU L 363, S. 368.
58 BT-Drs. 16/12274, S. 67.
59 Vgl. BT-Drs. 16/12274, S. 67.
60 *Gassner/Heugel*, Das neue Naturschutzrecht, 2010, Rn. 536.

FFH-RL aus der Natur sowie deren Nutzung generell verbietet, wohingegen Art. 14 FFH-RL dies zunächst gestattet und Beschränkungen nur unter der Voraussetzung anordnet, dass die Aufrechterhaltung eines günstigen Erhaltungszustands nicht mehr gewährleistet ist.

IV. Handstraußregelung (Abs. 3)

9 § 39 Abs. 3 enthält die bislang bereits aus den meisten Landesnaturschutzgesetzen bekannte sog. **Handstraußregelung**. Danach darf jedermann abweichend von dem insoweit an sich einschlägigen Verbot des § 39 Abs. 1 Nr. 2 wild lebende Blumen, Gräser, Farne, Moose, Flechten, Früchte, Pilze, Tee- und Heilkräuter sowie Zweige wild lebender Pflanzen aus der Natur an Stellen, die keinem Betretungsverbot unterliegen, in geringen Mengen für den persönlichen Bedarf pfleglich entnehmen und sich aneignen. Die Regelung stellt ausweislich ihres Wortlautes („abweichend") eine Ausnahme vom Verbot des § 39 Abs. 1 Nr. 2 dar, wild lebende Pflanzen ohne vernünftigen Grund von ihrem Standort zu entnehmen oder zu nutzen.[61] Bei besonders geschützten Arten wird sie indes gemäß § 39 Abs. 7 von den Bestimmungen des besonderen Artenschutzrechts überlagert. Die Vorschrift weist darüber hinaus eine zivilrechtsgestaltende Dimension auf: Gemäß § 39 Abs. 3 findet ein Eigentumsübergang der Pflanzen bzw. Pflanzenteile – diese sind nach § 94 Abs. 1 BGB wesentliche Bestandteile des jeweiligen Grundstücks – kraft Gesetzes auf den Entnehmenden statt.[62] Die Vorschrift ist insoweit als entschädigungslose Inhaltsbestimmung des Eigentums i.S.d. Art. 14 Abs. 1 Satz 2 GG einzuordnen, die im Hinblick auf ihren gewohnheitsrechtlichen Hintergrund[63] bzw. ihre hergebrachte Verankerung im Landesrecht einerseits und den moderaten Umfang des Entnahmerechts andererseits angemessen erscheint.[64] Erfasst werden nur die wild lebenden Pflanzen; ein Recht zur Entnahme und Aneignung landwirtschaftlich, gärtnerisch oder forstlich angebauter Pflanzen gewährt § 39 Abs. 3 hingegen nicht.[65] Erlaubt ist die **Entnahme** überdies nur an Stellen, deren Betreten nicht verboten ist, sodass eine rechtmäßige Entnahme von Pflanzen oder Pflanzenteilen bspw. in Wäldern, deren Betreten gemäß § 14 Abs. 2 BWaldG in Verbindung mit dem jeweiligen Landesrecht eingeschränkt ist, regelmäßig nicht in Betracht kommt. Dasselbe gilt für eine Entnahme im befriedeten Besitztum eines anderen ohne dessen Einvernehmen (vgl. § 123 Abs. 1 StGB). Statthaft ist eine Entnahme und **Aneignung** zudem nur in geringen Mengen für den persönlichen Bedarf. Das Merkmal des persönlichen Bedarfs ist in Abgrenzung zur

---

61 *Müller-Walter*, in: Lorz et al., Naturschutzrecht, § 39 BNatSchG Rn. 17; *Gellermann*, in: Landmann/Rohmer, Umweltrecht, Stand: 01.05.2015, § 39 BNatSchG Rn. 8; wohl auch *Heugel*, in: Lütkes/Ewer, BNatSchG, § 39 Rn. 7; a.A. *Schütte/Gerbig*, in: Schlacke (Hrsg.), GK-BNatSchG, § 39 Rn. 17; ebenso auch noch *Lau*, in: Frenz/Müggenborg, BKom BNatSchG, 1. Aufl. 2011, § 39 Rn. 9.

62 *Gassner/Heugel*, Das neue Naturschutzrecht, 2010, Rn. 538.

63 Hierzu *Meyer*, DVBl 1960, 269.

64 BT-Drs. 16/12274, S. 67.

65 BT-Drs. 16/12274, S. 67.

gewerblichen Entnahme und Aneignung nach § 39 Abs. 4 auszulegen.[66] Schließlich muss die Entnahme „pfleglich" erfolgen, was sowohl die weitestgehende Schonung der betroffenen Pflanzen bzw. deren Bestands als auch der übrigen Natur sowie des betreffenden Grundstücks insgesamt voraussetzt.[67]

V. Gewerbsmäßige Entnahme, Be- und Verarbeitung (Abs. 4)

Abs. 4 greift eine ebenfalls bereits in den meisten Landesnaturschutzgesetzen enthaltene Regelung auf und überführt sie in eine bundesrechtliche Vollregelung. Die Vorschrift unterstellt das gewerbsmäßige Entnehmen, Be- oder Verarbeiten wild lebender Pflanzen unbeschadet der Rechte der Eigentümer und sonstiger Nutzungsberechtigter der Genehmigungsbedürftigkeit durch die Naturschutzbehörden. Erfasst werden wiederum nur wild lebende Pflanzen, sodass die Einholung der Ernte in der Landwirtschaft oder im Gartenbau, die Holzernte in der Forstwirtschaft sowie forstliche Nebennutzungen, wie z.B. die Gewinnung von Schmuckreisig, nicht unter § 39 Abs. 4 fallen.[68] Erfasst ist fernerhin nur die gezielte Entnahme bestimmter Pflanzen, also nicht etwa das Mähen von Wiesen und dergleichen.[69] Der Begriff der Gewerbsmäßigkeit ist bereits aus dem Strafrecht hinreichend bekannt. **Gewerbsmäßig** handelt, wer die Absicht hat, sich aus der wiederholten Vornahme der betreffenden Handlung eine fortlaufende Einnahmequelle von gewisser – auch begrenzter – Dauer und einigem Umfang zu verschaffen.[70] Die Genehmigung „ist zu erteilen", wenn der Bestand der betreffenden Art am Ort der Entnahme nicht gefährdet und der Naturhaushalt nicht erheblich beeinträchtigt wird (§ 39 Abs. 4 Satz 2). Wie bereits der Wortlaut nahelegt, aber auch aus dem Umstand zu schließen ist, dass die gewerbsmäßige Entnahme, Be- und Verarbeitung von Pflanzen eine Berufsausübung i.S.d. Art. 12 Abs. 1 GG darstellt, handelt es sich hierbei um eine gebundene Entscheidung.[71] Liegen die Tatbestandsvoraussetzungen des Satzes 2 kumulativ vor, muss die Genehmigung erteilt werden. Dazu will nicht so recht passen, dass bei der Entscheidung über Entnahmen zu Zwecken der Reproduktion regionalen Saatguts gemäß Satz 4 „zu berücksichtigen" ist, dass einerseits die Produzenten solchen Saatguts entsprechendes Wildpflanzenmaterial benötigen und andererseits die Verwendung solchen Saatguts einen potenziellen Nutzen für die biologische Vielfalt aufweist. Dies ist – wobei man annehmen darf, dass der Gesetzgeber keine völlig unsinnigen Regelungen hat

10

---

66 *Schütte/Gerbig*, in: Schlacke (Hrsg.), GK-BNatSchG, § 39 Rn. 19.

67 BT-Drs. 16/12274, S. 67.

68 BT-Drs. 16/12274, S. 67.

69 *Kratsch*, in: Schumacher/Fischer-Hüftle, BNatSchG, § 39 Rn. 20.

70 *Küper*, Strafrecht Besonderer Teil, 4. Aufl. 2000, S. 170 m.w.N.; demgegenüber soll es nach *Müller-Walter*, in: Lorz et al., Naturschutzrecht, § 39 BNatSchG Rn. 20, auf den Umfang der Einnahme nicht ankommen.

71 *Heugel*, in: Lütkes/Ewer, BNatSchG, § 39 Rn. 9; *Müller-Walter*, in: Lorz et al., Naturschutzrecht, § 39 BNatSchG Rn. 20.

treffen wollen – bei einer gebundenen Entscheidung nur möglich, wenn der Naturschutzbehörde bei der Beurteilung, ob der Bestand der betreffenden Art am Ort der Entnahme gefährdet und der Naturhaushalt erheblich beeinträchtigt wird, eine fachliche Einschätzungsprärogative zukommt.[72] § 39 Abs. 4 Satz 4 ist dann im Sinne einer gesetzgeberischen Intention dieses Beurteilungsspielraums so zu verstehen, dass die Entnahme zu Zwecken der Produktion regionalen Saatguts regelmäßig zu genehmigen ist. Was im Übrigen die Genehmigungsvoraussetzungen des Satzes 2 angeht, so darf zunächst der Bestand der betreffenden Art am Ort der Entnahme nicht gefährdet werden. Es kommt also auf den lokalen Bestand an. Dieser darf nicht „gefährdet" werden, was nicht mit „Status-quo-Erhaltung" gleichzusetzen ist;[73] vielmehr muss der lokale Bestand lediglich stabil bleiben. Des Weiteren darf der Naturhaushalt nicht erheblich beeinträchtigt werden. Das erinnert an die Vermeidungspflicht der Eingriffsregelung nach § 15 Abs. 1 Satz 1 i.V.m. § 14 Abs. 1. Ebenso wie dort kann hier hinsichtlich des Begriffs des Naturhaushalts auf § 7 Abs. 1 Nr. 2 verwiesen werden. Auch markiert der Begriff „erheblich" hier ebenso wie dort lediglich eine Bagatellschwelle.[74] Im engen Zusammenhang mit diesen Genehmigungsvoraussetzungen steht schließlich die weitere Pflicht, dass die **Entnahme** gemäß § 39 Abs. 4 Satz 3 pfleglich zu erfolgen hat, also in weitestgehender Schonung der Bestände der betreffenden Pflanzen, der übrigen Natur sowie des betretenen Grundstücks.[75] Anders als die Handstraußregelung des Abs. 3 wirkt die Genehmigung nach Abs. 4 jedoch nicht zivilrechtsgestaltend, wie der Halbsatz „unbeschadet der Rechte der Eigentümer und sonstiger Nutzungsberechtigter" verdeutlicht. Mithin bedarf es bei einer gewerbsmäßigen Entnahme auf fremdem Grund und Boden neben der naturschutzrechtlichen Genehmigung noch der vorherigen Einwilligung des Eigentümers und/oder sonstiger Nutzungsberechtigter.

VI. Schutz sonstiger Bereiche (Abs. 5)

11 § 39 Abs. 5 enthält in Ergänzung zu Abs. 1 Nr. 3 eine Reihe von Verboten zum Schutz weiterer Bereiche, die regelmäßig als Lebensstätten unterschiedlichster wild lebender Tier- und Pflanzenarten dienen. Auch hierbei orientierte sich der Bundesgesetzgeber weitgehend an bereits bestandenen Landesregelungen.[76]

---

72 So auch *Gellermann*, in: Landmann/Rohmer, Umweltrecht, Stand: 01.05.2015, § 39 BNatSchG Rn. 16; ebenso wohl *Schütte/Gerbig*, in: Schlacke (Hrsg.), GK-BNatSchG, § 39 Rn. 24: „rein nach naturschutzfachlichen Kriterien"; a.A. *Kratsch*, in: Schumacher/Fischer-Hüfile, BNatSchG, § 39 Rn. 22: Satz 4 ohne „gesonderte rechtliche Bedeutung".

73 So aber *Müller-Walter*, in: Lorz et al., Naturschutzrecht, § 39 BNatSchG Rn. 20.

74 Ebenso *Müller-Walter*, in: Lorz et al., Naturschutzrecht, § 39 BNatSchG Rn. 20; ausführlich zur Eingriffsregelung auch *Lau*, NuR 2011, 680 (683).

75 BT-Drs. 16/12274, S. 67.

76 BT-Drs. 16/12274, S. 67; Nachw. bei *Gassner/Heugel*, Das neue Naturschutzrecht, 2010, Rn. 543.

1. Geschützte Bereiche, Gegenstände

Gemäß § 39 Abs. 5 Satz 1 Nr. 1 ist es verboten, die Bodendecke auf Wiesen, 12 Feldrainen, Hochrainen und ungenutzten Grundflächen sowie an Hecken und Hängen abzubrennen oder nicht land-, forst- oder fischereiwirtschaftlich genutzte Flächen so zu behandeln, dass die Tier- oder Pflanzenwelt erheblich beeinträchtigt wird. Unter **„Bodendecke"** ist dabei die oberste, belebte Schicht des Bodens zu verstehen.[77] Schutzgut ist nicht nur die physikalisch-chemische Struktur dieser Bodenschicht, sondern auch und vor allem die entsprechende Bodenvegetation und das sonstige Bodenleben (vgl. auch § 2 Abs. 2 Nr. 1 Buchst. a und b BBodSchG). Das Abbrennen ist damit generell verboten, während das Verbot der sonstigen negativen Behandlung der Bodendecke auf die nicht land-, forst- und fischereiwirtschaftlich genutzten Flächen beschränkt ist. Für die land-, forst- und fischereiwirtschaftlich genutzten Flächen gilt insoweit § 5. Der Begriff der erheblichen Beeinträchtigung ist an den gleichlautenden Begriff des § 14 Abs. 1 angelehnt.[78] Untersagt sind insbesondere der Einsatz von Herbiziden zur Vernichtung unerwünschter Vegetation, aber auch mechanische Formen der Bodenbehandlung (z.B. das Verdichten des Bodens oder das Unterpflügen von Feldrainen, Wegerändern oder Graswegen) sowie das Einwirken auf den Boden zur Unzeit (z.B. die Brut und Jungvögel gefährdende Mahd während der Brutzeit).[79]

§ 39 Abs. 5 Satz 1 Nr. 2 verbietet es, Bäume, Hecken, lebende Zäune, Ge- 13 büsche und andere Gehölze in der Zeit vom 01.03. bis zum 30.09. abzuschneiden oder auf den Stock zu setzen. Dieses zeitlich beschränkte **Schneideverbot** soll dem allgemeinen Schutz aller Arten dienen, die auf diese Gehölze angewiesen sind sowie das Blütenangebot für Insekten während des Sommerhalbjahres sicherstellen und Gehölze als Brutplatz in der Saison erhalten.[80] Es geht darum, alle Arten von Tieren zu bewahren, die auf Gehölze angewiesen sind, sei es als Brutplatz, sei es als Nahrungsquelle.[81] Anders als das Schneideverbot in einigen früheren Landesnaturschutzgesetzen ist das **Roden** von Gehölzen (das Entfernen von Pflanzen mit den Wurzelstöcken im Sinne einer endgültigen Beseitigung) nicht mit umfasst.[82] Schutzlücken entstehen dadurch gleichwohl nicht, da zum einen der Gehölzschnitt während der Brutzeit regelmäßig das Tötungs- und Schädigungsverbot des § 44 Abs. 1 Nr. 1 und 3 auf den Plan ruft und zum anderen die vollständige Beseitigung von Bäumen und Sträuchern schon wegen ihres Eingriffs in den Boden regel-

---

77 BT-Drs. 16/12274, S. 67.
78 *Müller-Walter*, in: Lorz et al., Naturschutzrecht, § 39 BNatSchG Rn. 23.
79 *Gellermann*, in: Landmann/Rohmer, Umweltrecht, Stand: 01.05.2015, § 39 BNatSchG Rn. 19.
80 BT-Drs. 16/12274, S. 67; zur Notwendigkeit dessen siehe auch *von Treuenfels*, FAZ v. 11.07.2009, Nr. 158, S. 7.
81 VG Augsburg, Beschl. v. 11.04.2012 – Au 2 E 12.460, juris, Rn. 9.
82 Ausführlich OLG Stuttgart, Beschl. v. 11.12.2014 – 4 Ss 569/14, NuR 2015, 214 (215f.); ebenso *Müller-Walter*, in: Lorz et al., Naturschutzrecht, § 39 BNatSchG Rn. 25; a.A. wohl *Gellermann*, in: Landmann/Rohmer, Umweltrecht, Stand: 01.05.2015, § 39 BNatSchG Rn. 21; *Kratsch*, in: Schumacher/Fischer-Hüftle, BNatSchG, § 39 Rn. 28.

mäßig unter die naturschutzrechtliche Eingriffsregelung fällt und damit – sofern nicht eine Behörde handelt – zumindest der Genehmigungspflicht nach § 17 Abs. 3 Satz 1 unterliegt. § 39 Abs. 5 Satz 1 Nr. 2 erfasst des Weiteren ausweislich seines Wortlauts Bäume nur insoweit, wie sie außerhalb des Waldes, in Kurzumtriebsplantagen oder auf „gärtnerisch genutzten Grundflächen" stehen. Was dabei unter **„Wald"** zu verstehen ist, bestimmt sich nach den Waldgesetzen des Bundes und der Länder. Als Wald definiert § 2 Abs. 1 BWaldG jede mit Forstpflanzen bestockte Grundfläche inklusive der kahl geschlagenen oder verdichteten Grundflächen, Waldwege, Waldeinteilungs- und Sicherungsstreifen, Waldblößen und Lichtungen, Waldwiesen, Wildäsungsplätze, Holzlagerplätze sowie die weiteren mit dem Wald verbundenen und ihm dienenden Flächen. Keinen Wald stellen die in der Flur oder im bebauten Gebiet gelegenen kleineren Flächen dar, die mit einzelnen Baumgruppen, Baumreihen oder mit Hecken bestockt sind oder als Baumschulen verwendet werden (§ 2 Abs. 2 BWaldG). Unter Kurzumtriebsplantagen will der Gesetzgeber Flächen verstanden wissen, die bei einer Umtriebszeit von bis zu 20 Jahren ausschließlich mit schnell wachsenden Baumarten bestockt sind.[83] Gärtnerisch genutzt werden können Flächen sowohl erwerbswirtschaftlich als auch privat; das Gesetz spricht hier anders als in § 1 Abs. 6 gerade nicht von „gartenbaulich" und damit rein erwerbsgärtnerisch genutzten Flächen.[84] Dem wird zwar entgegengehalten, dass nur die erwerbsgärtnerische Nutzung privilegiert sein könne, da ansonsten ein Wertungswiderspruch zur angeblich stets gewerblich betriebenen Wald- und Kurzumtriebsplantagenbewirtschaftung bestünde.[85] Doch überzeugt dies schon deshalb nicht, weil insbesondere die Waldbewirtschaftung durchaus auch zu reinen Liebhaberzwecken ausgeübt werden kann und ausgeübt wird. Ungeachtet dessen liegt die Gemeinsamkeit der Privilegierung von Wäldern, Kurzumtriebsplantagen und Gärten nicht in Art. 12 Abs. 1 GG begründet, sondern darin, dass auf menschliches Zutun zurückgehende Nutzpflanzen ihrem jeweiligen Nutzungskonzept folgend bewirtschaftet werden können sollen. Bei den „gärtnerisch genutzten Flächen" ist mithin allein entscheidend, dass die Gewinnung von Gartenbauerzeugnissen den Charakter der Fläche maßgeblich mitprägt.[86] Dies ist bei privaten Ziergärten nicht, bei privaten Nutzgärten dagegen sehr wohl der Fall.[87] Ausdrücklich ausgenommen vom Schneideverbot sind schließlich schonende Form- und Pflegeschnitte zur Beseitigung des Zuwachses der Pflanzen oder zur Gesunderhaltung von Bäumen. § 39 Abs. 5 Satz 1 Nr. 2 BNatSchG lässt damit Pflegemaßnahmen auch während der Vegetationsperiode ohne Weiteres zu.[88] Dies passt zum Begriff des „Abschneidens", der das bloße Beschneiden von Bäumen und Sträuchern tenden-

---

83 Vgl. BT-Drs. 16/12274, S. 67.
84 *Heugel*, in: Lütkes/Ewer, BNatSchG, § 39 Rn. 12.
85 So *Müller-Walter*, in: Lorz et al., Naturschutzrecht, § 39 BNatSchG Rn. 25; ähnlich auch *Kratsch*, in: Schumacher/Fischer-Hüftle, BNatSchG, § 39 Rn. 28.
86 Vgl. BGH, Urt. v. 17.06.2004 – III ZR 281/03, NJW-RR 2004, 1241 (1242).
87 So auch *Gellermann*, in: Landmann/Rohmer, Umweltrecht, Stand: 01.05.2015, § 39 BNatSchG Rn. 20.
88 VG Berlin, Beschl. v. 16.08.2010 – 24 L 266/10, NVwZ-RR 2010, 839 (840).

ziell ausklammert.[89] Der letzte Halbsatz des § 39 Abs. 5 Satz 1 Nr. 2 präzisiert dies dahingehend, dass grundsätzlich alle über schonende Form- und Pflegeschnitte hinausgehenden Gehölzschnitte von dem Schneideverbot erfasst werden.[90]

Ein ähnliches **Schneideverbot** sieht § 39 Abs. 5 Satz 1 Nr. 3 für **Röhrichte** in   14
der Zeit vom 01. 03. bis zum 30. 09. vor. Hierdurch wird der Schutz nach § 30
– Röhrichte sind gemäß § 30 Abs. 2 Nr. 2 zugleich gesetzlich geschützte Biotope – artenschutzrechtlich ergänzt. Darüber hinaus dürfen Röhrichte außerhalb dieser Zeiten nur in Abschnitten zurückgeschnitten werden. Hintergrund dessen ist, dass viele Arten für die Überwinterung bzw. Besiedlung entsprechender Flächen auf stehende Halme des vergangenen Jahres angewiesen sind, sodass sichergestellt werden muss, dass ausreichende Mengen hiervon erhalten bleiben.[91] Was „in Abschnitten" meint, ist daher – zuvörderst naturschutzfachlich – aus dieser Funktion der Röhrichte heraus zu bestimmen; es muss genügend Lebensraum zum Überwintern verbleiben.[92]

§ 39 Abs. 5 Satz 1 Nr. 4 verbietet es schließlich, ständig Wasser führende   15
Gräben unter Einsatz von Grabenfräsen zu räumen, wenn dadurch der Naturhaushalt, insbesondere die Tierwelt erheblich beeinträchtigt wird. Grabenfräsen kommen zum Einsatz, um die Verschlammung von Gräben zu beheben und so ihre Entwässerungsfunktion zu erhalten bzw. wiederherzustellen.[93] Geschützt sind nur solche **Gräben**, die überwiegend und nicht nur zeitweise Wasser führen bzw. feucht oder nass sind, sodass von einer Artenzusammensetzung ausgegangen werden kann, die einem aquatischen Lebensraum entspricht.[94] Untersagt wird lediglich der Einsatz eines bestimmten technischen Geräts (Grabenfräsen) und dies zudem nur insoweit, wie dadurch der Naturhaushalt „erheblich" beeinträchtigt wird. Der Begriff der Erheblichkeit findet sich im BNatSchG an mehreren Stellen (u.a. auch bereits in Abs. 4, siehe oben Rn. 10) und soll sicherstellen, dass nur Beeinträchtigungen jenseits gewisser Bagatellschwellen erfasst werden.[95] Nach der Gesetzesbegründung führt eine Grabenfräse in der Regel dann nicht zu einer erheblichen Beeinträchtigung des Naturhaushalts, wenn diese in der Zeit vom 01. 10. bis zum 15. 02. mit geringer Drehzahl (Umfangsgeschwindigkeit < 7 m/s) betrieben wird und dies nur an kürzeren Grabenabschnitten oder einseitig erfolgt.[96] Der dort genannte Zeitraum ist jedoch naturschutzfachlich

89 Vgl. OLG Karlsruhe, Beschl. v. 03. 07. 2002 – 1 Ss 266/01, NVwZ-RR 2003, 109.

90 *Gellermann*, in: Landmann/Rohmer, Umweltrecht, Stand: 01. 05. 2015, § 39 BNatSchG Rn. 21; *Kratsch*, in: Schumacher/Fischer-Hüftle, BNatSchG, § 39 Rn. 29: alle mehr als nur unwesentlichen Eingriffe in das Gehölz.

91 Vgl. BT-Drs. 16/12274, S. 67 f.

92 *Müller-Walter*, in: Lorz et al., Naturschutzrecht, § 39 BNatSchG Rn. 26.

93 *Müller-Walter*, in: Lorz et al., Naturschutzrecht, § 39 BNatSchG Rn. 30.

94 *Gassner/Heugel*, Das neue Naturschutzrecht, 2010, Rn. 543 m.w.N.

95 So zu § 34 Abs. 2 siehe etwa BVerwG, Beschl. v. 10. 11. 2009 – 9 B 28.09, NVwZ 2010, 319 (320); BVerwG, Urt. v. 12. 03. 2008 – 9 A 3.06, BVerwGE 130, 299 (Rn. 124 f.); zu §§ 13 ff. bspw. OVG Münster, Urt. v. 30. 06. 1999 – 7 a D 144/97.NE, NuR 2000, 173 (175); zum Ganzen auch *Thyssen*, NuR 2010, 9 ff.

96 BT-Drs. 16/12274, S. 68.

nicht korrekt; vielmehr sollten Grabenräumungen nur zwischen Ende August und Ende Oktober und keinesfalls bei Frost durchgeführt werden, weil Amphibien dann in Winterstarre verfallen und nicht mehr fliehen können.[97] Lediglich die Mahd der Uferböschung kann auch noch in den Wintermonaten erfolgen.[98] Entscheidend für die Tatbestandsmäßigkeit des Verbots ist mithin nicht in erster Linie der Zeitraum, in der die Grabenräumung vorgenommen wird, sondern die Verwendung einer Grabenfräse und die ökologische Bedeutung des jeweiligen Grabens bzw. Grabenabschnitts, die anhand der Anzahl und des Gefährdungsgrades der dort vorkommenden Tier- und Pflanzenarten zu beurteilen ist.[99]

2. Ausnahmetatbestände

16   Von den Verbotstatbeständen des § 39 Abs. 5 Satz 1 Nr. 1–3 sieht Satz 2 sodann gewisse **Ausnahmen** vor. Insoweit haben wiederum entsprechende landesrechtliche Regelungen Pate gestanden.[100]

17   Ausgenommen von den Verboten des Satzes 1 Nr. 1–3 sind zunächst behördlich angeordnete Maßnahmen (Satz 2 Nr. 1), worunter insbesondere solche zur Gefahrenabwehr zählen sollen.[101] Aus dem Umstand, dass der historische Gesetzgeber ausweislich der Gesetzgebungsmaterialien bei diesem Ausnahmegrund in erster Linie an – keinen Aufschub duldende – Gefahrenabwehrmaßnahmen gedacht hat, und aus dem systematischen Zusammenhang mit Nr. 2 kann geschlossen werden, dass es einer Behörde gemäß § 39 Abs. 5 Satz 1 verwehrt ist, Maßnahmen anzuordnen, die mit den dort unter Nr. 1–3 aufgeführten Vorgaben in Konflikt geraten, soweit es zumutbare Alternativen gibt bzw. das für die Maßnahme streitende Interesse geringer wiegt als der betroffene Artenschutzbelang. Hinsichtlich des Begriffs der Behörde kann auf § 1 Abs. 4 VwVfG zurückgegriffen werden.[102] Demnach ist „Behörde" jede Stelle, die Aufgaben der öffentlichen Verwaltung wahrnimmt.

18   Ausgenommen sind des Weiteren gemäß Satz 2 Nr. 2 Maßnahmen, die behördlich durchgeführt werden, behördlich zugelassen sind oder der Gewährleistung der Verkehrssicherheit dienen, soweit sie im öffentlichen Interesse nicht auf andere Weise oder zu anderer Zeit durchgeführt werden können. Für die betreffende Maßnahme darf es also – gemessen an dem mit ihnen verfolgten öffentlichen Interesse – keine schonendere Alternative bezüglich der Art und/oder des Zeitraums der Ausführung geben. § 39 Abs. 5 Satz 2 Nr. 2 BNatSchG verlangt mithin stets eine Abwägung; allein der Umstand, dass ein Bauvorhaben genehmigt ist, besagt noch nichts über die Dringlich-

---

97 *Heugel*, in: Lütkes/Ewer, BNatSchG, § 39 Rn. 15 m.w.N.

98 *Kratsch*, in: Schumacher/Fischer-Hüftle, BNatSchG, § 39 Rn. 35.

99 *Gellermann*, in: Landmann/Rohmer, Umweltrecht, Stand: 01.05.2015, § 39 BNatSchG Rn. 24.

100 Hierzu mit konkreten Nachweisen *Gassner/Heugel*, Das neue Naturschutzrecht, 2010, Rn. 544.

101 BT-Drs. 16/12274, S. 68.

102 *Heugel*, in: Lütkes/Ewer, BNatSchG, § 39 Rn. 16.

keit seiner Realisierung.[103] Insbesondere bei Maßnahmen zur Gewährleistung der Verkehrssicherheit wird es in aller Regel möglich sein, diese durch eine vorausschauende Planung außerhalb der sensiblen Zeiten zu legen.[104] Andererseits verläuft im Sommer die Wundheilung bei Gehölzen besser, was es insbesondere bei größeren Schnitten unter Verkehrssicherungsgesichtspunkten durchaus gebieten kann, in dieser Zeit zu schneiden. Behördlich durchgeführt wird eine Maßnahme im Übrigen nicht nur dann, wenn sie durch eigene Mitarbeiterinnen und Mitarbeiter ausgeführt wird, sondern auch, wenn dies durch Dritte im Auftrag der Behörde geschieht.[105]

Fernerhin sind die nach § 15 zulässigen **Eingriffe in Natur und Landschaft** von den Verboten des § 39 Abs. 5 Satz 1 Nr. 1–3 ausgenommen (Satz 2 Nr. 3). Die erst auf Empfehlung des Umweltausschusses aufgenommene Ausnahme für nach § 15 zulässige Eingriffe in Natur und Landschaft soll dadurch gerechtfertigt sein, dass bei diesen Eingriffen den betroffenen Artenschutzbelangen bereits durch die erforderliche Abarbeitung der Eingriffsregelung hinreichend Rechnung getragen wird.[106] Dies bedeutet im Umkehrschluss aber zugleich, dass im Anwendungsbereich der naturschutzrechtlichen Eingriffsregelung dem Vermeidungsgebot des § 15 Abs. 1 Satz 1 in Bezug auf die in § 39 Abs. 5 Satz 1 Nr. 1–3 geregelten Belange nicht allein durch einen Verweis auf jene Vorschriften genügt werden kann, sondern insoweit eine eigenständige Regelung getroffen werden muss. Die Vorschrift entspricht konzeptionell § 44 Abs. 5 Satz 1 (siehe § 44 Rn. 43 ff.). **19**

Was schließlich die Ausnahme für zulässige Bauvorhaben angeht, so erhält diese ihre Rechtfertigung daraus, dass, obgleich hier öffentliche Interessen i.S.d. § 39 Abs. 5 Satz 2 Nr. 2 regelmäßig nicht vorliegen, der zur Verwirklichung des Vorhabens erforderliche Eingriff lediglich ein geringfügiges Ausmaß annimmt.[107] Der praktische Anwendungsbereich dieser Legalausnahme liegt vor allem bei den gemäß § 18 Abs. 2 Satz 1 nicht der naturschutzrechtlichen Eingriffsregelung unterfallenden Bauvorhaben gemäß §§ 30, 33 und 34 BauGB.[108] Soweit ein Eingriff nach § 14 Abs. 1 vorliegt, ist hingegen allein der Anwendungsbereich von Nr. 3 eröffnet.[109] „Zulässige Bauvorhaben" sind nicht nur solche, die öffentlich-rechtlich genehmigt sind, sondern auch solche – materiell-rechtlich rechtmäßigen – Bauvorhaben, die keiner Zulassungsentscheidung bedürfen.[110] **20**

Für die ordnungsgemäße land-, forst- und fischereiwirtschaftliche Bodennutzung enthält das Gesetz hingegen keine entsprechende Legalausnahme. Regelmäßig, wie etwa die Sommerröhrichtmahd in der Teichwirtschaft, ge- **21**

---

103 OVG Berlin-Brandenburg, Beschl. v. 19. 07. 2013 – 11 S 26.13, LKV 2013, 425 (426).
104 *Kratsch*, in: Schumacher/Fischer-Hüftle, BNatSchG, § 39 Rn. 38.
105 *Heugel*, in: Lütkes/Ewer, BNatSchG, § 39 Rn. 16.
106 Vgl. BT-Drs. 16/13430, S. 24.
107 BT-Drs. 16/12274, S. 68.
108 *Gellermann*, in: Landmann/Rohmer, Umweltrecht, Stand: 01. 05. 2015, § 39 BNatSchG Rn. 25.
109 *Müller-Walter*, in: Lorz et al., Naturschutzrecht, § 39 BNatSchG Rn. 35.
110 *Kratsch*, in: Schumacher/Fischer-Hüftle, BNatSchG, § 39 Rn. 39.

hören Maßnahmen, die gegen § 39 Abs. 5 Satz 1 Nr. 1–3 verstoßen würden, aber schon nicht zur land-, forst- und fischereiwirtschaftliche Bodennutzung – verstanden als die tägliche Bewirtschaftungsweise –, sondern stehen mit dieser nur in Zusammenhang.[111] Sie stellen dann ohnehin Eingriffe in Natur und Landschaft i.S.d. § 14 Abs. 1 dar, die der Genehmigung nach § 17 Abs. 3 Satz 1 bedürfen und nach entsprechender Genehmigung artenschutzrechtlich gemäß § 39 Abs. 5 Satz 2 Nr. 3 zulässig wären.

3. Verordnungsermächtigung

22   Abgerundet werden die Verbotsvorschriften des § 39 Abs. 5 schließlich noch durch die Sätze 3 und 4, die eine auf andere Landesbehörden übertragbare Ermächtigung der Landesregierungen enthalten, durch **Rechtsverordnung** bei Verboten des § 39 Abs. 5 Satz 1 Nr. 2 und 3 (zeitlich beschränkte Schneideverbote für Gehölze und Röhrichte) für den Bereich eines Landes oder für Teile des Landes erweiterte Verbotszeiträume vorzusehen. Damit soll den klimabedingten Unterschieden zwischen den einzelnen Bundesländern Rechnung getragen werden können.[112] Dies ist insoweit sinnvoll, als die unterschiedlichen klimatischen Bedingungen auch zu unterschiedlichen Brut- und Blühzeiträumen führen. Nicht zulässig ist hingegen eine Verkürzung der Fristen; das Artenschutzrecht ist abweichungsfest.[113]

VII. Fledermausschutz (Abs. 6)

23   Abs. 6 enthält sodann eine Sonderregelung zum **Schutz von Fledermäusen**. Danach ist es verboten, Höhlen, Stollen, Erdkeller oder ähnliche Räume, die als Winterquartier von Fledermäusen dienen, in der Zeit vom 01.10. bis zum 31.03. aufzusuchen. Dies gilt nicht zur Durchführung unaufschiebbarer und nur geringfügig störender Handlungen sowie für touristisch erschlossene oder (bisher schon) stark genutzte Bereiche. Als Winterquartiere werden gemäß Abs. 6 nur solche – natürliche oder vom Menschen geschaffene – Hohlräume geschützt, die zumindest teilweise unter der Erdoberfläche liegen.[114] In diesen Hohlräumen müssen auch tatsächlich Fledermäuse überwintern; nur potenzielle Winterquartiere sind hingegen nicht geschützt.[115] Unaufschiebbare und nur geringfügig störende Handlungen sind bspw. mit der zuständigen Naturschutzbehörde abgestimmte Kontrollgänge.[116] Die Vorschrift trägt dem Umstand Rechnung, dass es sich bei Fledermäusen um hochgradig bedrohte Wirbeltiere handelt und soll zudem der Umsetzung der Vorgaben

---

111 BVerwG, Beschl. v. 14.04.1988 – 4 B 55.88, NVwZ-RR 1989, 179; speziell zur Röhricht-
     mahd OVG Lüneburg, Beschl. v. 30.03.2011 – 4 LA 24/10, NuR 2011, 516 (517).
112 BT-Drs. 16/12274, S. 68.
113 *Müller-Walter*, in: Lorz et al., Naturschutzrecht, § 39 BNatSchG Rn. 36; *Heugel*, in: Lüt-
     kes/Ewer, BNatSchG, § 39 Rn. 19; *Louis*, NuR 2010, 77 (86).
114 *Heugel*, in: Lütkes/Ewer, BNatSchG, § 39 Rn. 20.
115 *Gellermann*, in: Landmann/Rohmer, Umweltrecht, Stand: 01.05.2015, § 39 BNatSchG
     Rn. 27.
116 *Kratsch*, in: Schumacher/Fischer-Hüftle, BNatSchG, § 39 Rn. 43.

des Abkommens zur Erhaltung der europäischen Fledermauspopulationen[117] dienen.[118] Vor dem Hintergrund der Tatsache, dass alle in Deutschland vorkommenden Fledermausarten als streng geschützte Arten (vgl. § 7 Abs. 2 Nr. 14 Buchst. b)) unter den Schutz der speziellen Zugriffsverbote des § 44 Abs. 1 fallen und zudem häufig in den Genuss des Gebietsschutzes kommen, stellt sich § 39 Abs. 6 als partieller Auffangtatbestand dar, der einerseits die tierökologisch relevanten Störungen erfasst, die über den Schutz von Biotoptypen nicht abgedeckt werden, und andererseits im Vorfeld des Störungsverbots des § 44 Abs. 1 Nr. 2, das lediglich erhebliche Störungen verbietet (hierzu § 44 Rn. 17), angesiedelt ist.[119] Allein daraus lässt sich – zumal ohne explizite Stütze im Wortlaut der Vorschrift – indes nicht ableiten, dass § 39 Abs. 6 den status quo einfriert, „touristisch erschlossene oder stark genutzte Bereiche" also nur solche sind, die bereits bisher touristisch erschlossen oder stark genutzt gewesen sind.[120] Vielmehr kommt es auf den Zustand zum Zeitpunkt der möglicherweise tatbestandlichen Handlung an. Voraussetzung ist aber erkennbar, dass die touristische Erschließung sowie starke Nutzung rechtmäßig ist. Zudem bezieht sich diese Freistellung nur auf die Bereiche in Höhlen etc., die auch tatsächlich touristisch erschlossen sind oder einer (sonstigen) starken menschlichen Nutzung unterliegen.[121] Aus dem intendierten Vorfeldschutz zu § 44 Abs. 1 Nr. 2 lässt sich hingegen ableiten, dass eine geringfügig störende Handlung deutlich unterhalb der für das Störungsverbot des § 44 Abs. 1 Nr. 2 maßgeblichen Schwelle der Relevanz für den Erhaltungszustand der lokalen Population (siehe dazu § 44 Rn. 17) liegen muss.[122]

VIII. Unberührtheitsklausel (Abs. 7)

§ 39 Abs. 7 sieht schließlich vor, dass weitergehende Schutzvorschriften, insbesondere diejenigen des Gebietsschutzes in Kapitel 4 sowie die Vorschriften des besonderen Artenschutzes in Abschnitt 3 des 5. Kapitels (§§ 44–47) einschließlich der Bestimmungen über Ausnahmen und Befreiungen, unberührt bleiben. Das bedeutet zugleich, dass auch von den allgemeinen artenschutzrechtlichen Verboten des § 39 Ausnahmen und Befreiungen nach diesen spezielleren, strengeren Vorschriften erteilt werden können.[123] Der offene Begriff „Schutzvorschriften" ist nicht auf die Normen des Bundesnaturschutzgesetzes bzw. des Naturschutzrechts insgesamt beschränkt, sondern umfasst auch sonstige strengere Vorschriften z.B. des Jagd- oder Tierschutzrechts. Welche Norm bei Konkurrenz mit außernaturschutzrechtlichen Bestimmungen im

24

---

117 Abkommen vom 04.12.1991, seit 2001 eingegliedert in das Umweltprogramm der Vereinten Nationen (UNEP/EUROBATS), BGBl. I 1993, S. 1106; BGBl. II 2002, S. 2466.
118 BT-Drs. 16/12274, S. 68.
119 *Gassner/Heugel*, Das neue Naturschutzrecht, 2010, Rn. 537.
120 So aber *Kratsch*, in: Schumacher/Fischer-Hüftle, BNatSchG, § 39 Rn. 43.
121 *Gellermann*, in: Landmann/Rohmer, Umweltrecht, Stand: 01.05.2015, § 39 BNatSchG Rn. 27.
122 *Schütte/Gerbig*, in: Schlacke (Hrsg.), GK-BNatSchG, § 39 Rn. 34.
123 Vgl. BT-Drs. 16/12274, S. 68.

Einzelfall anzuwenden ist, entscheidet sich am Schutzzweck der jeweils in Betracht kommenden Normen. So sind etwa, soweit es um die Tötung eines Tieres geht, also die Arterhaltung im Vordergrund steht, die artenschutzrechtlichen Vorschriften anzuwenden; soweit es um die Methode der Tötung geht, also der Tierschutz im Vordergrund steht, sind aber die tierschutzrechtlichen Vorschriften einschlägig.[124]

IX. Ergänzungsbedarf beim Vogelschutz, weitergehendes Landesrecht

25   Nach wie vor keine Entsprechung haben die Vorgaben des Art. 3 Abs. 2 Buchst. b), Art. 4 Abs. 4 Satz 2 der Vogelschutzrichtlinie (VRL)[125] im BNatSchG gefunden.[126] Lediglich mit Blick auf Energiefreileitungen enthält das BNatSchG mit § 41 eine Vorschrift, die diese unionsrechtlichen Vorgaben umsetzt, und mit § 54 Abs. 7 eine Vorschrift, die die Chance zu einer umfassenden Umsetzung gibt (siehe hierzu § 54 Rn. 15). Art. 3 Abs. 2 Buchst. b) VRL sieht vor, dass zur Erhaltung und Wiederherstellung der Lebensstätten und Lebensräume europäischer **Vogelarten** die Pflege und ökologisch richtige Gestaltung der Lebensräume in und außerhalb von **Schutzgebieten** gehört. Gemäß Art. 4 Abs. 4 Satz 2 VRL bemühen sich die Mitgliedstaaten ferner, auch außerhalb der Schutzgebiete die Verschmutzung oder Beeinträchtigung der Lebensräume europäischer Vogelarten zu vermeiden. Dieser allgemeine **Lebensraumschutz** geht über die Anforderungen an den Gebietsschutz und das besondere Artenschutzrecht hinaus. Auch § 39 greift diesen nicht vollständig auf. Dabei hat der EuGH mit Blick auf Art. 4 Abs. 4 Satz 2 VRL bereits festgehalten, dass, obwohl diese Bestimmung keine Verpflichtung auf die Erreichung bestimmter Ergebnisse enthält, die Mitgliedstaaten ernsthaft das Ziel anstreben müssen, die außerhalb der europäischen Vogelschutzgebiete gelegenen Lebensräume zu schützen, wozu insbesondere die Etablierung entsprechender, ornithologische Erwägungen enthaltender Vorschriften vonnöten sei.[127] Allein die – angesichts des den Behörden hierbei zukommenden Beurteilungsspielraums[128] keineswegs zwingende – Berücksichtigung der Vorgaben des Art. 3 Abs. 2 Buchst. b), Art. 4 Abs. 4 Satz 2 VRL im Rahmen der Eingriffsregelung nach §§ 13 ff. reicht daher zur Umsetzung in nationales Recht nicht aus. Gleiches gilt bei fachplanerischen Entscheidungen mit Blick auf das Abwägungsgebot. Eine explizite Regelung in § 39 hätte sich angeboten, zumal der Gesetzgeber auch sonst mit dieser Vorschrift versucht hat, für alle Eventualitäten vorzusorgen (siehe nur die Abs. 2 und 6). Bis zu einer

---

124 OLG Celle, Beschl. v. 23.05.2011 – 32 Ss 31/11, NuR 2012, 367 (368).

125 Richtlinie 79/409/EWG des Rates v. 02.04.1979 über die Erhaltung der wild lebenden Vogelarten, ABl. EU L 103, S. 1, neu gefasst durch die Richtlinie 2009/147/EG des Europäischen Parlaments und des Rates v. 30.11.2009, ABl. EU L 20, S. 7.

126 Hierzu zur alten Rechtslage *Lau/Steeck*, NuR 2008, 386 (395).

127 EuGH, Urt. v. 13.12.2007 – Rs. C-418/04, Kommission/Irland, Slg. 2007, I-10947 (Rn. 179 ff.).

128 St. Rspr., siehe nur aus jüngerer Zeit BVerwG, Urt. v. 18.03.2009 – 9 A 40.07, NuR 2010, 41 (42).

entsprechenden Aufarbeitung durch den Bundes- bzw. die Landesgesetzgeber wird daher – wie bisher auch[129] – die VRL insoweit unmittelbar anzuwenden sein. Art. 3 Abs. 2 Buchst. b, Art. 4 Abs. 4 Satz 2 VRL verlangen zwar keinen strikten Schutz, doch ist der Schutz vor Verschmutzung oder Beeinträchtigung der Lebensräume der europäischen Vogelarten bei allen Aktivitäten, die hierzu geeignet sind und nicht schon dem allgemeinen Verbot des § 39 Abs. 1 Nr. 3 unterfallen, abwägend zu berücksichtigen. Dabei ist den Belangen des Vogelschutzes umso mehr Gewicht einzuräumen, je ungünstiger der Erhaltungszustand einer geschützten Vogelart ist und je weniger diesem Befund durch die Ausweisung besonderer Schutzgebiete Rechnung getragen wird.[130] Mit Blick auf § 39 Abs. 1 Nr. 3 und § 44 Abs. 1, kommt Art. 3 Abs. 2 Buchst. b), Art. 4 Abs. 4 Satz 2 VRL in unmittelbarer Anwendung indes nur eine geringe praktische Bedeutung zu.

§ 40
Nichtheimische, gebietsfremde und invasive Arten

(1) Es sind geeignete Maßnahmen zu treffen, um einer Gefährdung von Ökosystemen, Biotopen und Arten durch Tiere und Pflanzen nichtheimischer oder invasiver Arten entgegenzuwirken.

(2) Arten, bei denen Anhaltspunkte dafür bestehen, dass es sich um invasive Arten handelt, sind zu beobachten.

(3) Die zuständigen Behörden des Bundes und der Länder ergreifen unverzüglich geeignete Maßnahmen, um neu auftretende Tiere und Pflanzen invasiver Arten zu beseitigen oder deren Ausbreitung zu verhindern. Sie treffen bei bereits verbreiteten invasiven Arten Maßnahmen, um eine weitere Ausbreitung zu verhindern und die Auswirkungen der Ausbreitung zu vermindern, soweit diese Aussicht auf Erfolg haben und der Erfolg nicht außer Verhältnis zu dem erforderlichen Aufwand steht. Die Sätze 1 und 2 gelten nicht für in der Land- und Forstwirtschaft angebaute Pflanzen im Sinne des Absatzes 4 Satz 3 Nummer 1.

(4) Das Ausbringen von Pflanzen gebietsfremder Arten in der freien Natur sowie von Tieren bedarf der Genehmigung der zuständigen Behörde. Künstlich vermehrte Pflanzen sind nicht gebietsfremd, wenn sie ihren genetischen Ursprung in dem betreffenden Gebiet haben. Die Genehmigung ist zu versagen, wenn eine Gefährdung von Ökosystemen, Biotopen oder Arten der Mitgliedstaaten nicht auszuschließen ist. Von dem Erfordernis einer Genehmigung sind ausgenommen

1. der Anbau von Pflanzen in der Land- und Forstwirtschaft,

2. der Einsatz von Tieren

---

129 Vgl. OVG Koblenz, Urt. v. 16.03.2006 – 1 A 10884/05.OVG, NuR 2006, 520 (522).
130 *Lau/Steeck*, NuR 2008, 386 (395).

a) **nicht gebietsfremder Arten,**

b) **gebietsfremder Arten, sofern der Einsatz einer pflanzenschutzrecht-lichen Genehmigung bedarf, bei der die Belange des Artenschutzes berücksichtigt sind,**

zum Zweck des biologischen Pflanzenschutzes,

3. **das Ansiedeln von Tieren nicht gebietsfremder Arten, die dem Jagd-oder Fischereirecht unterliegen,**

4. **das Ausbringen von Gehölzen und Saatgut außerhalb ihrer Vorkom-mensgebiete bis einschließlich 1. März 2020; bis zu diesem Zeitpunkt sollen in der freien Natur Gehölze und Saatgut vorzugsweise nur inner-halb ihrer Vorkommensgebiete ausgebracht werden.**

⁴Artikel 22 der Richtlinie 92/43/EWG ist zu beachten.

(5) Genehmigungen nach Absatz 4 werden bei im Inland noch nicht vor-kommenden Arten vom Bundesamt für Naturschutz erteilt.

(6) Die zuständige Behörde kann anordnen, dass ungenehmigt ausge-brachte Tiere und Pflanzen oder sich unbeabsichtigt in der freien Natur ausbreitende Pflanzen sowie dorthin entkommene Tiere beseitigt werden, soweit es zur Abwehr einer Gefährdung von Ökosystemen, Biotopen oder Arten erforderlich ist.

Inhaltsübersicht

I. Allgemeines

1   § 40 hat den Schutz der heimischen Flora und Fauna vor **gebietsfremden Ar-ten** zum Gegenstand, die auf unterschiedlichen Wegen bewusst oder unbe-wusst eingeschleppt wurden und werden. Nicht selten sind solche Arten – in diesem Fall als invasiv bezeichnet – imstande, ihre heimischen Konkurrenten aus ihren angestammten Lebensräumen zu verdrängen.[1] Die absichtliche Einfuhr bzw. das unbeabsichtigte Einschleppen gebietsfremder Arten gelten weltweit nach der Zerstörung von Lebensräumen als die zweitgrößte Gefähr-dungsursache für die biologische Vielfalt.[2] Die europäischen Naturräume sind zwar insoweit – etwa verglichen mit der Vulnerabilität isolierter Inseln – als vergleichsweise wenig empfindlich anzusehen, da Europa über eine lange Landnutzungsgeschichte verfügt und einen geografischen Durchgangsraum darstellt, sodass die ökologischen Nischen im Wesentlichen besetzt sind,[3]

---

1   Hierzu *Gassner/Heugel*, Das neue Naturschutzrecht, 2010, Rn. 546 m.w.N.
2   *Klingenstein* et al., in: BfN, Gebietsfremde Arten, Positionspapier 2005, S. 14.
3   *Köck*, NuR 2015, 73 (74) m.w.N.

doch darf die Problematik auch hierzulande nicht unterschätzt werden. Dies gilt insbesondere mit Blick auf die insoweit noch nicht absehbaren Auswirkungen des Klimawandels. Zwecks Erhalts der **biologischen Vielfalt** ist der Verdrängung von Arten durch konkurrenzstärkere fremde Arten daher auch hierzulande konsequent entgegenzuwirken. Eine entsprechende Regelung fand sich bislang in § 41 Abs. 2 BNatSchG a.F., den § 40 nunmehr aufgreift und in eine bundesunmittelbar geltende Vollregelung überführt. Damit nimmt der Bund fortan die Umsetzungsverantwortung mit Blick auf die Bestimmungen des Art. 22 Buchst. a) und b) der FFH-Richtlinie (FFH-RL)[4] und Art. 11 der Vogelschutzrichtlinie (VRL)[5], deren Implementierung § 40 zugleich dient, selbst wahr. Außerdem trägt § 40 den Vorgaben des Art. 8 Buchst. h) des Übereinkommens über die biologische Vielfalt (CBD)[6] Rechnung. Danach haben die Vertragsstaaten geeignete Maßnahmen zu treffen, um die Gefahren einer Verfälschung deren Tier- und Pflanzenwelt durch Ansiedlung und Ausbreitung von Tieren und Pflanzen gebietsfremder Arten abzuwehren. Auf europäischer Ebene ist zudem zwischenzeitlich die Verordnung über die Prävention und das Management der Einbringung und Ausbreitung invasiver gebietsfremder Arten (IAS-VO)[7] in Kraft getreten. Soweit diese Verordnung anwendbar ist, überlagert sie das nationale Recht.

II. Maßnahmen gegen nichtheimische oder invasive Arten

Abs. 1 sieht vor, dass mit geeigneten Maßnahmen Gefährdungen durch **nichtheimische** oder **invasive Arten** entgegenzuwirken ist. Die Vorschrift ist eine an die Verwaltung gerichtete reine Aufgabennorm.[8] Ausgehend von § 7 Abs. 2 Nr. 7 ist eine nichtheimische Art eine wild lebende Tier- oder Pflanzenart, die ihr Verbreitungsgebiet oder regelmäßiges Wanderungsgebiet nicht ganz oder teilweise im Inland hat oder in geschichtlicher Zeit hatte oder auf natürliche Weise auf das Inland ausdehnt bzw., wenn es sich um verwilderte oder durch menschlichen Einfluss eingebürgerte Tiere oder Pflanzen handelt, die (noch) nicht im Inland in freier Natur und ohne menschliche Hilfe über mehrere Generationen als Population erhalten geblieben sind. Wie § 5 Abs. 4 zeigt, ist der Begriff der nichtheimischen Art in Abgrenzung zum Begriff der heimischen Art zu bestimmen, welcher in § 7 Abs. 2 Nr. 7 legaldefiniert wird.[9] Invasive Arten sind gemäß § 7 Abs. 2 Nr. 9 diejenigen Arten, deren Vorkommen außerhalb ihres natürlichen Verbrei-

2

---

4 Richtlinie 92/43/EWG des Rates v. 21.05.1992 zur Erhaltung der natürlichen Lebensräume sowie der wild lebenden Tiere und Pflanzen, ABl. EU L 206, S. 7, zuletzt geändert durch die Richtlinie 2006/105/EG des Rates v. 20.11.2006, ABl. EU L 363, S. 368.

5 Richtlinie 79/409/EWG des Rates v. 02.04.1979 über die Erhaltung der wild lebenden Vogelarten, ABl. EU L 103, S. 1, neu gefasst durch die Richtlinie 2009/147/EG des Europäischen Parlaments und des Rates v. 30.11.2009, ABl. EU L 20, S. 7.

6 Convention on Biological Diversity, BGBl. II 1992 S. 1742; Text abrufbar unter www.cbd.int/convention/convention.shtml (letzter Abruf am 29.05.2015).

7 Verordnung (EU) Nr. 1143/2014 vom 22.10.2014, ABl. EU L 317, S. 35.

8 *Köck*, in: Schlacke (Hrsg.), GK-BNatSchG, § 40 Rn. 21.

9 A.A. *Köck*, in: Schlacke (Hrsg.), GK-BNatSchG, § 40 Rn. 24, der von einer biologischen Begriffsbestimmung ausgeht.

tungsgebiets für die dort natürlich vorkommenden Ökosysteme, Biotope oder Arten ein erhebliches Gefährdungspotenzial darstellt. Erfasst sind ausdrücklich nur Arten mit einem Gefährdungspotenzial für die biologische Vielfalt; nicht erfasst sind nichtheimische Arten, die als potenzielle Schädlinge, Krankheitsüberträger oder Allergieauslöser wirtschaftliche und/oder gesundheitliche Schäden verursachen können.[10]

3   Gemäß § 7 Abs. 2 Nr. 3 meint der Begriff „Art" jede Art, Unterart oder Teilpopulation einer Art oder Unterart; für die Bestimmung einer Art ist ihre wissenschaftliche Bezeichnung maßgebend. Mit Blick darauf wird vertreten, dass der Artbegriff sich auch auf die genetische Ebene erstreckt.[11] Mithin würde § 40 auch Anwendung auf **gentechnisch veränderte Arten** mit entsprechendem Gefährdungspotenzial finden. Das Gentechnikrecht verdrängt das Artenschutzrecht insoweit nicht.[12] Aus dem Verweis auf die wissenschaftliche Bezeichnung in § 7 Abs. 2 Nr. 3 Halbs. 2 wird indes geschlossen, dass allein die Taxonomie maßgeblich sei, also lediglich das phänotypische Erscheinungsbild und nicht auch das Erbgut.[13] Dem ist aber entgegenzuhalten, dass mit § 40 Abs. 4 Satz 4 Nr. 4 ausdrücklich auch der innerartliche Schutz angesprochen wird. In § 40 Abs. 4 Satz 2 heißt es zudem, dass künstlich vermehrte Pflanzen nicht gebietsfremd seien, wenn sie ihren genetischen Ursprung in dem betreffenden Gebiet haben, womit ersichtlich die genetische Ebene einbezogen wird. Das BNatSchG folgt daher offenbar auch in § 7 Abs. 2 Nr. 3 dem Artverständnis der CBD, wie es insbesondere in COP 6 Decision VI/23[14] zum Ausdruck kommt. Danach (Fn. 57) wird eine Art als „species, subspecies or lower taxon" definiert. Die Einbeziehung von unter der Unterart angesiedelten niederen Taxa verdeutlicht, dass auch Teilpopulationen hierunter fallen und damit – eine allein phänotypische Abgrenzung ist hier nicht mehr möglich – die genetische Ebene dem Rechtsbegriff der Art inhärent ist.[15]

4   In der Praxis werden die weitaus meisten invasiven Arten unbeabsichtigt in Gebiete außerhalb ihres natürlichen Verbreitungsgebiets verbracht. Ihr Auftreten und ihr jeweiliges Invasivitätspotenzial bleiben meist zunächst unerkannt. Eine wirksame Vermeidung von Schädigungen der biologischen Vielfalt bedarf daher in erster Linie einer systematischen und fortlaufenden Prüfung bisher nicht vorkommender Arten daraufhin, ob sie sich zu invasiven Arten entwickeln. Gleichwohl geht die allgemeine Schutzverpflichtung des § 40 Abs. 1 nicht so weit, dass er den zuständigen Behörden eine solche Prüfung abverlangt. Gemäß Abs. 2 besteht nur hinsichtlich jener Arten eine

---

10 *Gassner/Heugel*, Das neue Naturschutzrecht, 2010, Rn. 550.

11 Etwa *Köck*, in: Schlacke (Hrsg.), GK-BNatSchG, § 40 Rn. 22.

12 *Ekardt/Hennig*, in: Ekardt/Schomerus, Gentechnikrecht und Artenschutzrecht, 2011, S. 7 (51 ff.).

13 *Ekardt/Hennig*, in: Ekardt/Schomerus, Gentechnikrecht und Artenschutzrecht, 2011, S. 7 (30).

14 Siehe unter www.cbd.int/decision/cop/?id=7197 (letzter Abruf am 29.05.2015).

15 *Schumacher/Werk*, NuR 2010, 848 (850); hierzu auch *Lau*, in: Ekardt/Schomerus, Gentechnikrecht und Artenschutzrecht, 2011, S. 66 (67 f.).

Beobachtungspflicht, bei denen – wissenschaftlich fundierte[16] – Anhalts-punkte dafür bestehen, dass es sich um invasive Arten handelt. Der Gesetz-geber trägt damit dem Umstand Rechnung, dass eine systematische und fort-laufende Prüfung mit einem sehr hohen Aufwand verbunden und zudem unverhältnismäßig wäre.[17] Im Übrigen können die zu ergreifenden Maßnah-men aufgrund der Vielschichtigkeit des Problems nicht auf solche des Natur-schutzes beschränkt bleiben; vielmehr ist eine umfassende Problemlösung notwendig und damit die Einbeziehung auch anderer Sektoren.[18] Was die sonstigen geeigneten Maßnahmen i.S.v. Abs. 1 angeht, so gilt der Vorrang der Prävention vor anderen Maßnahmen.[19]

Sind gebietsfremde Arten einmal als invasiv erkannt, so ist **einer Ausbrei-** 5 **tung** dieser Arten gemäß Abs. 3 Satz 1 unverzüglich durch geeignete **Maß-nahmen entgegenzuwirken**. „Unverzüglich" meint ohne schuldhaftes Zö-gern (vgl. § 121 Abs. 1 Satz 1 BGB). Soweit dabei Exemplare **invasiver Arten** beseitigt werden, sind bei Wirbeltieren die tierschutzrechtlichen Vorschriften zu beachten.[20] Unter **„Ausbreitung"** ist ein Vorgang zu verstehen, der selbst-ständig und ohne weiteres menschliches Zutun abläuft.[21] Die zu § 41 Abs. 2 BNatSchG a.F. geführte Debatte darüber, dass dies nicht bedeuten könne, dass eine sich auf natürlichem Wege vollziehende Zuwanderung sämtlicher gebietsfremder Arten mit den Mitteln des Artenschutzrechts zu unterbinden sei,[22] hat sich insoweit erledigt, da der Gesetzgeber ein menschliches Ein-greifen nunmehr ausdrücklich auf invasive Arten beschränkt. Die Beseiti-gungs- und Ausbreitungsverhinderungspflicht nach Abs. 3 Satz 1 bezieht sich nur auf neu auftretende Tiere und Pflanzen invasiver Arten. Da bei der Bekämpfung invasiver Arten dem Vorsorgeprinzip eine Schlüsselstellung zu-kommt,[23] findet die Vorschrift nicht erst dann Anwendung, wenn die Invasi-vität der betreffenden Arten erwiesen ist; vielmehr reichen hierfür wissen-schaftlich fundierte Anhaltspunkte aus, wobei der Grad des Wissens um die Invasivität jedoch deutlich höher liegen muss als bei der bloßen Beobach-tungspflicht nach Abs. 2.[24] Den zuständigen Behörden ist insofern erkennbar ein naturschutzfachlicher **Beurteilungsspielraum** eingeräumt. Mittlerweile bestehen in den sog. schwarzen Listen[25] erste entsprechende Wissensgrund-lagen, wobei diese Listen mangels normativer Wirkung lediglich als Orien-tierungshilfe dienen.[26]

---

16 Vgl. BT-Drs. 16/12274, S. 68.

17 Vgl. BT-Drs. 16/12274, S. 68.

18 *Köck*, in: Schlacke (Hrsg.), GK-BNatSchG, § 40 Rn. 25.

19 *Hubo/Krott*, NuR 2010, 698 (700).

20 *Louis*, NuR 2010, 77 (87).

21 *Müller-Walter*, in: Lorz et al., Naturschutzrecht, § 40 BNatSchG Rn. 6.

22 Hierzu *Lorz/Müller/Stöckel*, Naturschutzrecht, 2. Aufl. 2003, A 1 § 41 Rn. 20.

23 *Klingenstein* et al., in: BfN, Gebietsfremde Arten, Positionspapier 2005, S. 19.

24 *Köck*, in: Schlacke: GK-BNatSchG, § 40 Rn. 30.

25 Hierzu *Essl/Klingenstein* et al., Natur und Landschaft 2008, 418 (421 ff.).

26 Vgl. *Köck*, NuR 2015, 73 (75).

6 Abs. 3 Satz 2 sieht die Ergreifung von Maßnahmen bei bereits verbreiteten invasiven Arten vor. Die Bestimmungen übernehmen die unter der CBD erarbeiteten Empfehlungen und berücksichtigen insbesondere den hierbei verfolgten dreistufigen hierarchischen Ansatz, nämlich die Einbringung bzw. Verbreitung von Arten, welche die natürlich vorkommende Flora und Fauna gefährden, zunächst zu verhindern, – sofern dies nicht ausreicht – die Ausbreitung durch Sofortmaßnahmen abzuwehren und als letzten Schritt durch Kontrollmaßnahmen im Rahmen einer Schadensbegrenzung zumindest einzudämmen.[27] Von entsprechenden Maßnahmen kann indes abgesehen werden, wenn sie keine Aussicht auf Erfolg haben oder – gemessen an Ausmaß und Wahrscheinlichkeit des erzielbaren Erfolgs – unverhältnismäßig wären. Die Gesetzesbegründung weist überdies darauf hin, dass die umfassende Zuständigkeitskonzentration des § 4 Abs. 2 AEG (a.F.) auf das Eisenbahn-Bundesamt die Wahrnehmung dieser Pflichten nicht mit erfasst;[28] es bleibt also auch mit Blick auf die Verhinderung der Ausbreitung invasiver Arten durch den Zugverkehr bei der primären Zuständigkeit der Naturschutzbehörden (vgl. § 3 Abs. 2). Schließlich sei darauf hingewiesen, dass gemäß § 54 Abs. 4 invasive Arten durch das Bundesumweltministerium mit Zustimmung des Bundesrates durch Rechtsverordnung mit Besitz- und Vermarktungsverboten belegt werden können, soweit dies erforderlich ist, um einer Gefährdung von Ökosystemen, Biotopen und Arten entgegenzuwirken.

7 Abs. 3 Satz 3 sieht vor, dass die Sätze 1 und 2 nicht für den Anbau von Pflanzen in der **Land- und Forstwirtschaft** gelten. Die Ausnahme ist sehr eng gefasst, sie betrifft nur den land- und forstwirtschaftlichen Pflanzenanbau. Nicht ausgenommen ist z.B. die (weitere) Ausbreitung invasiver Arten durch Transporte land- und forstwirtschaftlicher Güter und Maschinen, der Einsatz biologischer Schädlingsbekämpfungsmittel u.ä.

III. Ausbringen von Pflanzen und Tieren

8 Abs. 4 stellt sodann das **Ausbringen** von Tieren und gebietsfremden Pflanzen unter **Genehmigungsvorbehalt**. Die Vorschrift entspricht weitgehend der bisherigen rahmenrechtlichen Vorgabe des § 41 Abs. 2 Satz 2 und 3 BNatSchG a.F. Der Begriff des Ausbringens hingegen ist neu. Die Gesetzesmaterialien erläutern ihn nicht. Der Sache nach stellt dies indes eine Rückkehr zum bereits in der Vorvorgängernorm des § 20d Abs. 2 Satz 1 BNatSchG a.F. gebrauchten Begriffs des **Aussetzens** dar. Der bisher tragende Begriff der Ansiedlung erfasste lediglich jede bewusste oder auch nur fahrlässige Begründung einer Population einer gebietsfremden Art.[29] Damit waren von vornherein solche Arten von dem Genehmigungsvorbehalt ausgenommen, von denen man annahm, dass sie in der freien Natur nicht überlebensfähig seien. Das Risiko, sich insoweit zu irren, ging zulasten der heimischen Natur; dies hat der Gesetzgeber nun geändert. Mit „Ausbringen" ist demnach gemeint, dass ein Exemplar einer gebietsfremden Art – mit Blick auf § 40 Abs. 6:

---

27 BT-Drs. 16/12274, S. 68.
28 BT-Drs. 16/12274, S. 68 f.
29 *Kratsch/Herter*, in: Schumacher/Fischer-Hüftle, BNatSchG, 1. Aufl. 2003, § 41 Rn. 13.

bewusst – in den Freiraum außerhalb von Gebäuden überführt wird und dann sich selbst überlassen ist.[30]

Das **Ausbringen von Pflanzen** ist nur insoweit genehmigungspflichtig, wie 9 es sich um **gebietsfremde Arten** handelt, die in der freien Natur ausgebracht werden sollen. Vom Regelungsbereich erfasst werden alle Pflanzenarten, deren Exemplare auch in Freiheit vorkommen.[31] Gebietsfremd ist eine solche Art, wenn sie in dem betreffenden Gebiet in freier Natur nicht oder seit mehr als 100 Jahren nicht mehr vorkommt (vgl. § 7 Abs. 2 Nr. 8). Damit ist der Begriff der gebietsfremden Art weitaus enger als der das gesamte Inland umfassende Begriff der heimischen Art, weshalb § 40 Abs. 4 nicht nur die **interartliche Vielfalt**, sondern auch die **innerartliche Vielfalt** zum Schutzgegenstand hat. Um Wettbewerbsbeschränkungen im naturschutzrechtlichen Gewande über die Genehmigungsbedürftigkeit nach § 40 Abs. 4 Satz 1 beim Absatz insbesondere von Baumschulerzeugnissen einzudämmen, erweitert Satz 2 den Begriff der gebietsfremden Art dahingehend, dass solche Pflanzenarten nicht gebietsfremd sind, die künstlich vermehrt wurden und die ihren genetischen Ursprung in dem betreffenden Gebiet haben.[32] Nicht von Belang ist, ob es sich um bis zum Ausbringen in Kultur gehaltene Pflanzen handelte, solange sie wild lebenden Arten angehören, deren Individuen nicht ausschließlich vom Menschen gezüchtet oder angebaut werden.[33]

Genehmigungsbedürftig ist insoweit nur das Ausbringen in die freie Natur. 10 **„Freie Natur"** meint nicht nur die unberührte Natur, sondern der Begriff ist als Gegenstück zum besiedelten Bereich zu verstehen, wobei es auf die tatsächliche und nicht auf die rechtliche Zuordnung der betreffenden Fläche ankommt.[34] „Freie Natur" sind damit auch Verkehrswege und deren Randflächen, insbesondere das Straßenbegleitgrün.[35] Hingegen zählen bspw. Gärten und Parks selbst dann nicht zur freien Natur, wenn sie im Außenbereich liegen, sofern sie in einem funktionalen Zusammenhang zum besiedelten Bereich stehen.[36] Wegen der Weite des Begriffs der freien Natur ist § 40 Abs. 4 daher regelmäßig auch im Rahmen der naturschutzrechtlichen Eingriffsregelung zu beachten.[37]

Dem **Ausbringen von Tieren** misst der Gesetzgeber demgegenüber ein höheres Gefahrenpotenzial bei;[38] hier ist jegliches Ausbringen unter Genehmigungsvorbehalt gestellt. Anders als dies noch unter der Geltung des § 41 Abs. 2 Satz 2 BNatSchG a.F. der Fall gewesen ist, bedarf nun auch das Aus-

---

30 *Schumacher/Werk*, NuR 2010, 848 (849).

31 Vgl. *Bendomir-Kahlo*, in: Gassner/Bendomir-Kahlo/Schmidt-Räntsch, BNatSchG, 2. Aufl. 2003, § 10 Rn. 21.

32 *Gassner/Heugel*, Das neue Naturschutzrecht, 2010, Rn. 555.

33 *Gellermann*, in: Landmann/Rohmer, Umweltrecht, Stand: 01. 05. 2015, § 40 BNatSchG Rn. 14.

34 *Hellenbroich/Frenz*, NuR 2008, 449 (453); *Schumacher/Werk*, NuR 2010, 848 (850).

35 *Ortner*, NuR 2005, 91 (95).

36 *Köck*, in: Schlacke (Hrsg.), GK-BNatSchG, § 40 Rn. 38.

37 Hierzu *Lau*, NuR 2011, 762 (766 f.).

38 Vgl. BT-Drs. 16/12274, S. 69.

bringen von Tieren außerhalb der freien Natur – also im besiedelten Bereich (siehe oben Rn. 10) – der vorherigen Genehmigung. § 40 Abs. 4 Satz 1 kann insoweit jedoch mit der Bestimmung des besonderen Artenschutzrechts in § 45 Abs. 5 Satz 2 kollidieren, welche dazu verpflichtet, aufgenommene verletzte, hilflose oder kranke Tiere besonders geschützter Arten unverzüglich freizulassen, sobald sie sich wieder selbstständig erhalten können. Da § 45 Abs. 5 Satz 2 als Vorschrift des besonderen Artenschutzrechts der dem allgemeinen Artenschutzrecht angehörenden Bestimmung des Abs. 4 Satz 1 insoweit vorgeht, wird dieser spezielle Fall nicht von der Genehmigungspflicht des § 40 Abs. 4 Satz 1 erfasst.[39]

12   Die Genehmigung ist gemäß Abs. 4 Satz 3 zu versagen, wenn eine Gefährdung von Ökosystemen, Biotopen oder Arten der Mitgliedstaaten nicht auszuschließen ist. Es bedarf also einer gesamteuropäischen Betrachtung, was insbesondere in Grenzgebieten bedeutsam ist und regelmäßig die Beteiligung bzw. Anhörung der zuständigen Stellen des EU-Nachbarlandes erforderlich machen wird. Aus der Formulierung „eine Gefährdung [...] nicht auszuschließen ist", ist des Weiteren zu schlussfolgern, dass schon auf eine Gefährdung hindeutende Anhaltspunkte genügen, um die Genehmigung zu versagen.[40] Solche Anhaltspunkte liefern wiederum insbesondere die sog. schwarzen Listen.[41] Eine Gefährdung besteht hingegen nicht, wenn die Beeinträchtigung von Ökosystemen, Biotopen oder Arten nach dem fachwissenschaftlichen Erfahrungswissen außerhalb jeglicher Wahrscheinlichkeit liegt, wofür allerdings der Ausbringende die Darlegungs- und **Beweislast** trägt.[42] Nicht ausreichend zur Versagung der Genehmigung ist hingegen lediglich die Betroffenheit einzelner Individuen; es bedarf vielmehr der Gefahr der Floren- bzw. Faunenverfälschung, also einer Gefährdung mindestens auf Populationsebene.[43]

13   Wie bereits nach bisherigem Recht nimmt Satz 4 sodann einige Bereiche von dem Erfordernis einer Genehmigung nach Satz 1 aus. Im Einzelnen betrifft dies zunächst den Anbau von Pflanzen in der Land- und Forstwirtschaft (Nr. 1). Diese Regelung ist zum einen insoweit sinnvoll, als mit „freier Natur" keineswegs nur die unberührte Natur gemeint ist (siehe oben Rn. 10). Zum anderen wird das Problem der Ausbringung gebietsfremder Arten im jeweiligen Fachrecht angemessen behandelt, wobei für die Landwirtschaft aber festzustellen ist, dass der insoweit einschlägige § 5 Abs. 2 Nr. 1 nur auf die standortangepasste Bewirtschaftung abstellt, die Verwendung von standortangepassten nichtheimischen Nutzpflanzen jedoch zulässt.[44] Von der Geneh-

---

39 *Gellermann*, in: Landmann/Rohmer, Umweltrecht, Stand: 01.05.2015, § 40 BNatSchG Rn. 18.

40 *Gellermann*, in: Landmann/Rohmer, Umweltrecht, Stand: 01.05.2015, § 40 BNatSchG Rn. 23; *Heugel*, in: Lütkes/Ewer, BNatSchG, § 40 Rn. 11.

41 *Köck*, NuR 2015, 73 (75).

42 Vgl. auch *Müller-Walter*, in: Lorz et al., Naturschutzrecht, § 40 BNatSchG Rn. 13; differenzierter *Köck*, in: Schlacke (Hrsg.), GK-BNatSchG, § 40 Rn. 42.

43 *Hellenbroich/Frenz*, NuR 2008, 449 (453).

44 *Müller-Walter*, in: Lorz et al., Naturschutzrecht, § 40 BNatSchG Rn. 14.

migungsbedürftigkeit ausgenommen ist indes nur der Pflanzenanbau selbst und dies auch nur im Rahmen der Ertragserzielung, nicht auch der Einsatz von Pflanzen als Schädlingsbekämpfungsmittel o.ä.[45]

Des Weiteren von der Genehmigungsbedürftigkeit ausgenommen ist der   *14* Einsatz nicht gebietsfremder Tiere zum Zwecke des biologischen **Pflanzenschutzes** (Nr. 2 Buchst. a)) sowie der Einsatz auch gebietsfremder Tiere zu diesem Zweck, sofern deren Einsatz einer pflanzenschutzrechtlichen Genehmigung bedarf, bei der die Belange des Artenschutzes berücksichtigt werden (Nr. 2 Buchst. b)). Insofern hält das (internationale) Pflanzenschutzrecht eigene Regelungen bereit, die mittlerweile nicht mehr nur auf den Schutz der Kulturpflanzen gerichtet sind, sondern auch die Gefahren der Faunenverfälschung in den Blick nehmen.[46] Ebenfalls ausgenommen ist das Ansiedeln von Tieren nicht gebietsfremder Arten, die dem Jagd- oder Fischereirecht unterliegen (Nr. 3). Hier ist dem Gesetzgeber offenbar ein Redaktionsversehen unterlaufen. Indem er diese Vorschrift einfach aus § 41 Abs. 2 Satz 4 Nr. 3 BNatSchG a.F. übernahm, hat sich auch der alte Begriff des **Ansiedelns** mit eingeschlichen. Es ist daher auch insoweit „Ausbringen" zu lesen. Genehmigungsfrei ist damit letztlich nur das Ausbringen nicht gebietsfremder Tierarten. Geht es dagegen um gebietsfremde Arten, bedarf es – ggf. neben der Genehmigung nach § 28 Abs. 3 BJagdG – der Genehmigung nach § 40 Abs. 4 Satz 1.[47] Auch das vielfach praktizierte **Aussetzen** gebietsfremder Arten im Rahmen der Fischerei – z.B. das Umstellen in der Teichwirtschaft auf Koi – ist nach § 40 Abs. 4 Satz 1 genehmigungspflichtig. Insoweit ist zudem die Verordnung (EG) Nr. 708/2007[48] zu beachten. Insbesondere sieht Art. 6 Abs. 1 Satz 1 der Verordnung vor, dass Aquakulturbetreiber, die beabsichtigen, nichtheimische Arten einzuführen oder gebietsfremde Arten, die nicht kraft der Verordnung privilegiert sind, umzusiedeln, bei der zuständigen Behörde des Aufnahmemitgliedstaates einen Antrag auf Genehmigung stellen müssen. Der Begriff der gebietsfremden Art ist dabei nicht etwa so zu verstehen, dass es sich um Arten außerhalb ihres potenziellen natürlichen Verbreitungsgebiets handeln muss; vielmehr ist auch hier nur maßgeblich, ob die betreffende Art in dem jeweiligen Gebiet ihren Lebensraum hat oder nicht.[49]

Neu aufgenommen in den Kanon der Genehmigungsfreistellungen ist die   *15* zehnjährige Übergangsregelung für das Ausbringen von **Gehölzen** und **Saatgut** gebietsfremder Herkünfte in der freien Natur (Nr. 4). Damit soll den betroffenen Baumschulen die züchterische und wirtschaftliche Anpassung an

---

45 Vgl. *Hellenbroich/Frenz*, NuR 2008, 449 (453).

46 *Köck*, in: Schlacke (Hrsg.), GK-BNatSchG, § 40 Rn. 49.

47 Zur Abgrenzung zwischen Naturschutz- und Jagdrecht *Müller-Walter*, in: Lorz et al., Naturschutzrecht, § 40 BNatSchG Rn. 15 sowie für die Abgrenzung von Naturschutz- und Fischereirecht OVG Schleswig, Urt. v. 15. 12. 2011 – 1 LB 19/10, NuR 2012, 282 (284 f.); vgl. zum Ganzen auch BVerwG, Urt. v. 06. 09. 1984 – 3 C 16.84, NVwZ 1985, 44 (45).

48 Verordnung (EG) Nr. 708/2007 des Rates v. 11.06.2007 über die Verwendung nicht heimischer und gebietsfremder Arten in der Aquakultur, ABl.EU L 168, S. 1.

49 Vgl. OVG Schleswig, Urt. v. 15. 12. 2011 – 1 LB 19/10, NuR 2012, 282 (285).

den Schutz auch der **innerartlichen Vielfalt** erleichtert und gleichzeitig der Erhaltung der genetischen Vielfalt gedient werden.[50] Während der zehnjährigen Übergangszeit ist eine Genehmigung für das Ausbringen gebietsfremden Saatguts bzw. gebietsfremder Gehölze in der freien Natur nicht erforderlich. Gleichwohl sollen bereits jetzt in der freien Natur Gehölze und Saatgut vorzugsweise nur innerhalb ihrer **Vorkommensgebiete** ausgebracht werden. Unter Vorkommensgebiete ist dabei nichts anderes als die Gebiete i.S.d. § 7 Abs. 2 Nr. 8 zu verstehen.[51] Gemeint sind daher Arten, die in dem entsprechenden Gebiet seit mindestens 100 Jahren vorkommen.[52] Das „soll" in § 40 Abs. 4 Satz 1 Nr. 4 stellt sodann im Lichte des „vorzugsweise" jedenfalls in Bezug auf Privatpersonen nicht viel mehr als einen gesetzgeberischen Wunsch dar, der allenfalls einen in die Entscheidungsfindung einzustellenden Belang im Rahmen von Abwägungs- und Ermessensentscheidungen beinhaltet.[53] Die Vorschrift nimmt damit von ihrer Wirkung her vor allem die Naturschutz- und Genehmigungsbehörden in die Pflicht, die bis zum 01.03.2020 über ausreichende Kenntnisse über das Gefährdungspotenzial der üblichen Baumschulprodukte mit Blick auf die regionalen Vorkommen verfügen müssen, um in der Lage zu sein, die ab diesem Zeitpunkt erforderliche Ausbringensgenehmigung erteilen oder aber auf der Basis wissenschaftlich abgesicherter Erkenntnisse versagen zu können. Ein entsprechendes Zertifizierungssystem ist zu entwickeln.[54] Gleichzeitig ist es an den Baumschulen, bis dato entsprechende Gehölze und Saatgut vorzuhalten. Diese werden hier – mit Recht – gewisse Zurückhaltung üben, da einerseits für regionales Saatgut und regionale Gehölze ein tendenziell kleinerer Markt besteht und zum anderen noch überhaupt nicht absehbar ist, welche Vorkommen sich im Zuge des Klimawandels durchsetzen werden, sodass sich alle Mühe als vergebens erweisen könnte.[55] Für Stauden- oder Gräseranpflanzungen gilt die Genehmigungspflicht nach § 40 Abs. 4 Satz 1 hingegen bereits unmittelbar.[56]

16 Zuständig für die Erteilung der Genehmigung nach § 40 Abs. 4 Satz 1 sind grundsätzlich die nach Landesrecht bestimmten Behörden; im Bereich der deutschen ausschließlichen Wirtschaftszone und des Festlandsockels hingegen das Bundesamt für Naturschutz (BfN), wie sich § 58 Abs. 1 Satz 1 entnehmen lässt. Gleiches gilt gemäß § 40 Abs. 5 für im Inland noch nicht vorkommende Arten. Laut Gesetzesbegründung erscheint dies nützlich, um in

---

50 BT-Drs. 16/12274, S. 69.

51 *Gassner/Heugel*, Das neue Naturschutzrecht, 2010, Rn. 558.

52 *Müller-Walter*, in: Lorz et al., Naturschutzrecht, § 40 BNatSchG Rn. 16.

53 Ähnlich auch *Müller-Walter*, in: Lorz et al., Naturschutzrecht, § 40 BNatSchG Rn. 16; *Gassner/Heugel*, Das neue Naturschutzrecht, 2010, Rn. 558; a.A. *Gellermann*, in: Landmann/Rohmer, Umweltrecht, Stand: 01.05.2015, § 40 BNatSchG Rn. 22, der eine echte Soll-Vorschrift annimmt, von der nur abgewichen werden kann, wenn kein geeignetes anderweitiges Pflanzmaterial aus regionalen Herkünften verfügbar ist.

54 Hierzu *Leyer/Werk*, NuL 2014, 311 ff.; *Molder*, NuL 2015, 173 ff.; *Wieden*, NuL 2015, 181 ff.

55 Zu den jetzt schon klimabedingt auftretenden Problemen und der deshalb absehbaren Erforderlichkeit insbesondere eines Waldumbaus *Reif* et al., NuL 2010, 261 ff.

56 *Schumacher/Werk*, NuR 2010, 848 (851).

diesen Fällen bundeseinheitliche Maßstäbe anzuwenden; auch könne das BfN eher den aktuellen internationalen Erfahrungsstand einbeziehen und auf dieser Basis das Invasivitätsrisiko einschätzen als die Landesbehörden.[57] Eine Beteiligung der Naturschutzvereinigungen bei Genehmigungserteilung ist nicht vorgesehen (vgl. § 63 Abs. 1 und 2).

Das Ausbringen von Exemplaren gebietsfremder Tier- und Pflanzenarten *17* kann darüber hinaus einen Eingriff i.S.d. § 14 sowie – wenn dies planmäßig innerhalb oder in unmittelbarer Nähe eines Natura 2000-Gebiets geschieht – ein Projekt i.S.d. § 34 Abs. 1 Satz 1 darstellen.[58] Sind hiermit Beeinträchtigungen besonders geschützter Arten verbunden, können mit dem Ausbringen zudem auch Verbotstatbestände des besonderen Artenschutzrechts (§ 44 Abs. 1) verwirklicht werden.[59] Während § 40 Abs. 4 insoweit lex specialis zur Eingriffsregelung ist, sodass dann – jedenfalls mangels Erheblichkeit – kein **Eingriff in Natur und Landschaft** vorliegt, wenn eine Ausbringungsgenehmigung erteilt wurde, ist das europäische Gebietsschutzrecht, ebenso das besondere Artenschutzrecht, lex specialis zu § 40, sodass bei einer Relevanz für Natura 2000 oder § 44 Abs. 1 ein Ausbringen der betreffenden Tiere oder Pflanzen ohne positiv ausgefallener **FFH-Verträglichkeitsprüfung** bzw. spezieller artenschutzrechtlicher Prüfung nicht zulässig, eine gleichwohl erteilte Genehmigung nach § 40 Abs. 4 mithin rechtswidrig ist. Insbesondere das Ausbringen von Arten mit einem Invasivitätsrisiko im Ausbringungsgebiet, z.B. einer in den „schwarzen Listen" aufgeführten Art, stellt regelmäßig einen Eingriff in Natur und Landschaft dar, der gemäß § 17 Abs. 3 Satz 1 der Genehmigung durch die zuständige Naturschutzbehörde bedarf. Ob es sich dabei auch um eine gebietsfremde Art handelt oder um eine solche, die sich in dem betreffenden Gebiet bereits etabliert hat und daher als heimische Art gilt, gleichwohl aber invasiv zu sein scheint, ist für die Anwendbarkeit der naturschutzrechtlichen Eingriffsregelung irrelevant. Dadurch wird zugleich vermieden, dass es zu einem inneren Wertungswiderspruch kommt, weil § 40 Abs. 4 Satz 1 eine Genehmigungspflicht nur für gebietsfremde Arten und nicht auch für invasive, aber nicht (mehr) gebietsfremde Arten vorsieht.[60]

IV. Sonstige Maßnahmen zum Schutz vor invasiven Arten

§ 40 Abs. 4 Satz 4 enthält einen Hinweis auf Art. 22 FFH-RL. Damit soll dem *18* Umstand Rechnung getragen werden, dass Art. 22 Buchst. a) und b) FFH-RL gegenüber § 40 Abs. 1–3 weitergehende Rechtspflichten vorsieht, wie etwa eine Konsultierungspflicht betroffener Bevölkerungskreise bei Wiederansiedlungen sowie die Übermittlung von Bewertungsstudien bei absichtlichen Ansiedlungen an den in Art. 20 FFH-RL genannten Ausschuss.[61]

---

57 BT-Drs. 16/12274, S. 69.
58 Siehe nur VG Frankfurt (Oder), Beschl. v. 20.04.2010 – 5 L 273/09, NuR 2010, 667 (669).
59 Vgl. OVG Schleswig, Urt. v. 15.12.2011 – 1 LB 19/10, NuR 2012, 282 (287).
60 *Gellermann*, in: Landmann/Rohmer, Umweltrecht, Stand: 01.05.2015, § 40 BNatSchG Rn. 16.
61 BT-Drs. 16/12274, S. 69.

19 § 40 Abs. 6 verleiht den zuständigen Behörden schließlich nach dem Vorbild
einiger landesrechtlicher Regelungen[62] ergänzend zu Abs. 3 die Befugnis,
die **Beseitigung** ungenehmigt angesiedelter Tiere und Pflanzen bzw. von unbeabsichtigt in die freie Natur entkommenen Tieren und Pflanzen anzuordnen, soweit diese invasiv sind. Dabei ist – dem Verursacherprinzip folgend –
regelmäßig vorrangig derjenige zur Beseitigung heranzuziehen, der die
Tiere oder Pflanzen ungenehmigt ausgebracht bzw. entlaufen lassen hat.[63]
Letztlich steht die Entscheidung, ob die Beseitigung von Tieren und Pflanzen
angeordnet wird und gegen wen sie sich richtet, aber im pflichtgemäßen Ermessen der zuständigen Behörde, bei dessen Ausübung vor allem Effektivi-
tätsgesichtspunkte maßgebend sind.[64] Auch insoweit sind bei Wirbeltieren
wiederum die tierschutzrechtlichen Vorschriften zu beachten.

V. Verordnung (EU) Nr. 1143/2014

20 Seit Inkrafttreten der IAS-VO ist § 40 nicht mehr anwendbar, soweit diese
europäische Verordnung Anwendung findet.[65] Zentrales Instrument der IAS-
VO ist die rechtsverbindliche Liste invasiver gebietsfremder Arten von unionsweiter Bedeutung **("Unionsliste")**. Gemäß Art. 4 Abs. 1 IAS-VO erstellt
diese Liste die Kommission im Wege von Durchführungsrechtsakten anhand
der in Art. 4 Abs. 3 IAS-VO festgelegten Kriterien; die Durchführungsrechtsakte werden nach dem in Art. 27 Abs. 2 IAS-VO genannten Prüfverfahren erlassen. Art. 27 Abs. 2 IAS-VO verweist auf das Regelausschussver-
fahren. Demnach hat die Kommission jeden Entscheidungsvorschlag einem
Regelungsausschuss gemäß der Verordnung (EU) Nr.182/2011[66] vorzulegen
und hierüber mit Zustimmung der Mehrheit der Mitglieder des Regelungs-
ausschusses zu entscheiden. Darüber hinaus ist nach Art. 28 i.V.m. Art. 27
Abs. 1 IAS-VO ein „wissenschaftliches Forum" beratend zu beteiligen, welches aus Vertretern der Wissenschaft besteht, die von den Mitgliedstaaten
ernannt werden. Art. 4 Abs. 4 IAS-VO räumt den Mitgliedstaaten zudem ein
Antragsrecht auf Aufnahme bestimmter Arten in die Unionsliste ein. Die Entwürfe der Durchführungsrechtsakte sind dem Regelungsausschuss bis zum
02.01.2016 vorzulegen. Gemäß Art. 4 Abs. 2 IAS-VO führt die Kommission
mindestens alle sechs Jahre eine umfassende Überprüfung der Unionsliste
durch und aktualisiert sie ggf. nach dem in Art. 4 Abs. 1 IAS-VO geregelten
Verfahren.

21 Ausweislich des Erwägungsgrundes Nr. 14 der Verordnung soll die Unionsliste auf den bereits in Anhang B der EU-Artenschutzverordnung[67] aufge-

---

62 Nachweise bei *Gassner/Heugel*, Das neue Naturschutzrecht, 2010, Rn. 559.

63 Vgl. BT-Drs. 16/12274, S. 69.

64 *Heugel*, in: Lütkes/Ewer, BNatSchG, § 40 Rn. 14.

65 *Köck*, NuR 2015, 73 (76); zum Ganzen auch *Zink*, NuR 2013, 861 ff.

66 Verordung (EU) Nr. 182/2011 des europäischen Parlaments und des Rates v. 16.02.2011
zur Festlegung der allgemeinen Regeln und Grundsätze, nach denen die Mitgliedstaaten
die Wahrnehmung der Durchführungsbefugnisse durch die Kommission kontrollieren,
ABl. EU L 55, S. 13.

67 Verordnung (EG), Nr. 338/97 des Rates über den Schutz von Exemplaren wildlebender Tier-
und Pflanzenarten durch Überwachen des Handels vom 09.12.1996, ABl. EU L 61, S. 1.

führten **invasiven gebietsfremden Arten** aufbauen. Unter welchen materiellen Voraussetzungen eine Listung erfolgen kann, wird sodann in Art. 4 Abs. 3 und Art. 5 IAS-VO geregelt. Die dort genannten Kriterien verdeutlichen, dass ein Gefährdungspotenzial mit Bedeutung für mindestens drei Mitgliedstaaten aufgrund entsprechender wissenschaftlicher Erkenntnisse anzunehmen ist.[68] Entscheidend ist die **Risikobewertung** nach Art. 5 IAS-VO, in deren Rahmen nicht nur die Risiken für die Biodiversität abzuschätzen sind, sondern auch der Nutzen der invasiven Arten ermittelt und bewertet werden muss. Letztlich handelt es sich um eine politische Entscheidung, wie nicht nur die in Art. 4 Abs. 3 und Art. 5 Abs. 1 IAS-VO genannten Kriterien belegen, sondern auch der Umstand nahelegt, dass das „wissenschaftliche Forum" keinerlei Entscheidungskompetenz hat, also lediglich beratend in den Listungsprozess eingebunden ist. Sollen Arten auf Vorschlag der Kommission in die Unionsliste aufgenommen werden, hat sie die Risikobewertung durchzuführen (Art. 5 UAbs. 1 Abs. 2 IAS-VO). Macht hingegen ein Mitgliedstaat von seinem Antragsrecht nach Art. 4 Abs. 4 IAS-VO Gebrauch, so hat der betreffende Mitgliedstaat die Risikobewertung durchzuführen, wobei die Kommission den Mitgliedstaat unterstützen kann, soweit es um die europäische Dimension des Vorschlags geht (Art. 5 Abs. 2 UAbs. 2 IAS-VO).

An die Aufnahme in die Unionsliste sind zahlreiche Rechtsfolgen geknüpft: 22 Art. 7 Abs. 1 IAS-VO schreibt zunächst vor, dass alle in der Liste aufgeführten Arten nicht vorsätzlich eingebracht, gehalten, gezüchtet, befördert, in den Verkehr gebracht, verwendet, getauscht, fortgepflanzt, aufgezogen, veredelt oder freigesetzt werden dürfen. Art. 8 IAS-VO enthält hiervon eine unter strenge Voraussetzungen gestellte Abweichung für die Zwecke der Forschung und der ex-situ-Erhaltung. Gemäß Art. 9 Abs. 1 IAS-VO können die Mitgliedstaaten überdies in Ausnahmefällen aus Gründen des zwingenden öffentlichen Interesses, einschließlich solcher sozialer oder wirtschaftlicher Art, weitere Ausnahmen mit Zustimmung der Kommission zulassen. Bei den Gründen des zwingenden öffentlichen Interesses hat sich der Verordnungsgeber ersichtlich an Art. 6 Abs. 4 bzw. Art. 16 Abs. 1 Buchst. c) FFH-RL orientiert.[69] Darüber hinaus bestimmt Art. 7 Abs. 2 IAS-VO, dass die Mitgliedstaaten alle notwendigen Schritte unternehmen, um die nicht vorsätzliche oder grob fahrlässige Einbringung oder Ausbringung invasiver gebietsfremder Arten von unionsweiter Bedeutung zu verhindern. Art. 10 IAS-VO regelt Dringlichkeitsmaßnahmen. Gemäß Art. 13 IAS-VO sind im Hinblick auf die gelisteten Arten **„prioritäre Pfade"** zu identifizieren und für diese prioritären Pfade binnen maximal drei Jahren nach Verabschiedung der Unionsliste auf mitgliedstaatlicher Ebene Aktionspläne mit entsprechenden Präventionsmaßnahmen aufzustellen. Innerhalb von 18 Monaten nach Verabschiedung der Liste haben die Mitgliedstaaten zudem gemäß Art. 14 Abs. 1 IAS-VO ein **Überwachungssystem** einzurichten, das den in Art. 14 Abs. 2 IAS-VO genannten Anforderungen genügt. An dieses Überwachungssystem schließen

---

68 Hierzu *Köck*, NuR 2015, 73 (77).
69 Ebenso *Köck*, NuR 2015, 73 (78).

sich Pflichten zur Früherkennung und zur **sofortigen Beseitigung** der betreffenden Arten an (vgl. Art. 16 und 17 IAS-VO). Gemäß Art. 17 Abs. 2 IAS-VO ist bei der Anwendung von Beseitigungsmaßnahmen zu gewährleisten, dass Tieren vermeidbare Schmerzen, Qualen oder Leiden erspart bleiben. Die Wirksamkeit der Beseitigung ist zu überwachen, wobei das nach Art. 14 IAS-VO etablierte Überwachungssystem genutzt werden kann (Art. 17 Abs. 3 IAS-VO). Art. 18 IAS-VO enthält zudem Ausnahmemöglichkeiten von der Beseitigungspflicht des Art. 17 IAS-VO, insbesondere wenn die Beseitigungskosten in keinem angemessenen Verhältnis zum Nutzen stehen. Fernerhin haben die Mitgliedstaaten bis zum 02.01.2016 über voll funktionsfähige Strukturen für die Durchführung der zur Verhütung der vorsätzlichen Einbringung invasiver gebietsfremder Arten von unionsweiter Bedeutung in die EU erforderlichen amtlichen Kontrollen zu verfügen. Art. 19 und 20 IAS-VO enthalten schließlich Regelungen zum Management bereits weit verbreiteter invasiver gebietsfremder Arten sowie zur Wiederherstellung hierdurch geschädigter Ökosysteme. Die vergleichsweise umfangreichen, von unzähligen Dokumentations- und Berichtspflichten durchzogenen Regelungen dürften indes eher davor abschrecken als dazu einladen, die Unionsliste am Vorsorgegrundsatz auszurichten und intensiv von dem mitgliedstaatlichen Vorschlagsrecht Gebrauch zu machen bzw. die Kommissionsvorschläge ohne Gegenwehr mitzutragen. Weniger Bürokratie wäre hier sicherlich sachdienlicher gewesen.

§ 41
Vogelschutz an Energiefreileitungen

Zum Schutz von Vogelarten sind neu zu errichtende Masten und technische Bauteile von Mittelspannungsleitungen konstruktiv so auszuführen, dass Vögel gegen Stromschlag geschützt sind. An bestehenden Masten und technischen Bauteilen von Mittelspannungsleitungen mit hoher Gefährdung von Vögeln sind bis zum 31. Dezember 2012 die notwendigen Maßnahmen zur Sicherung gegen Stromschlag durchzuführen. Satz 2 gilt nicht für die Oberleitungsanlagen von Eisenbahnen.

Inhaltsübersicht

I. Überblick

§ 41 Satz 1 und 2 setzt die bisherige Regelung des § 53 BNatSchG a.F., mit **1** der im Rahmen des BNatSchG 2002 erstmals die Pflicht zur vogelschutzfreundlichen Gestaltung gefährlicher Mastbereiche von **Mittelspannungsfreileitungen** aufgestellt wurden, unverändert fort. Satz 1 regelt das Schutzregime an neu zu errichtenden Masten und Satz 2 bestimmt eine Nachrüstungspflicht für bestehende Anlagen. Geändert wurde hingegen § 41 Satz 3, wonach bei Oberleitungsanlagen von Eisenbahnen nunmehr lediglich die Nachrüstungspflicht des Satzes 2 keine Anwendung findet, sodass das Schutzregime des Satzes 1 – anders als nach bisherigem Recht – nun auch für Eisenbahnoberleitungsanlagen gilt.

§ 41 hat zum Ziel, Vögel vor Stromschlag an Masten von Mittelspannungs- **2** freileitungen und Eisenbahnoberleitungsanlagen zu schützen. Der sog. **Stromtod** ist eine häufige Todesursache insbesondere bei größeren Vögeln wie Greifvögeln, Kranichen, Störchen und Eulen bzw. Uhus.[1] Bestimmte Energiefreileitungen können für Vogelarten, deren Körpergröße bzw. Flügelspannweite im Bereich der Isolationsabstände der Freileitungen liegen, eine Gefahr darstellen. Die Vögel können mit ihrem Körper, ihren Flügeln, über einen Kotstrahl oder Nistmaterial die Abstände zwischen einem Leiter und geerdeten Teilen oder zwei spannungsführenden Teilen überbrücken und so einen Stromschlag erleiden.[2] Die Verluste können Auswirkungen auf ohnehin bereits bedrohte Bestände vieler Arten haben, zumal vom Stromtod mitunter Jungvögel betroffen sind und dadurch der Bruterfolg beeinträchtigt wird.[3] Nach Schätzungen des BUND sind in Deutschland 100.000 bis 500.000 solcher vogelgefährlicher Mittelspannungsmasten installiert.[4] Der Gesetzgeber hat sich mit § 41 auf Schutzmaßnahmen gegen den Stromschlag als Hauptursache für Vogelverluste an Energiefreileitungen beschränkt. Andere bei Energiefreileitungen ggf. bestehende Vogelgefahren (wie etwa Kollisionsrisiko durch Leitungsanflug, Habitatverschlechterungen[5]) werden von der Regelung nicht erfasst.[6]

---

1 Siehe näher *Breuer*, Naturschutz und Landschaftsplanung 2007, 69 ff.; *Schumacher*, Naturschutz in Recht und Praxis – online, 2002, 2 ff.
2 Vgl. hierzu eingehend *Kautz*, NuR 2015, 80, 81 f.
3 BT-Drs. 14/6378, S. 57.
4 *Schumacher*, in: Schumacher/Fischer-Hüftle, BNatSchG, § 41 Rn. 1 m.w.N.
5 Hierzu näher *Schumacher*, in: Schumacher/Fischer-Hüftle, BNatSchG, § 41 Rn. 4.; *Schumacher*, Naturschutz in Recht und Praxis – online, 2002, 2 (2 f.); die Wirkung der von Freileitungen ausgehenden elektromagnetischen Felder stellt nach heutigem Wissensstand dagegen für Vögel keine Gefährdung dar.
6 *Lorz/Konrad/Mühlbauer/Müller-Walter/Stöckel*, Naturschutzrecht, § 41 BNatSchG Rn. 2; *Sanden*, in: Landmann/Rohmer, Umweltrecht, § 41 BNatSchG Rn. 1; *Meßerschmidt*, Bundesnaturschutzrecht, § 41 BNatSchG Rn. 1.

II. Schutzregime bei Neuerrichtung
von Mittelspannungsfreileitungen (Satz 1)

3   Nach § 41 Satz 1 sind neu zu errichtende Masten und technische Bauteile von Mittelspannungsfreileitungen zum Schutz von Vogelarten konstruktiv so auszuführen, dass Vögel gegen Stromschlag geschützt sind.

1. Geschützte Vogelarten

4   In der Gesetzesbegründung zu § 53 BNatSchG a.F. wird auf eine Beschränkung des Anwendungsbereichs der Regelung auf die spezifisch zu schützenden europäischen Vogelarten (§ 7 Abs. 2 Nr. 12) hingewiesen.[7] Diese Beschränkung findet allerdings im Wortlaut von § 53 Satz 1 BNatSchG a.F./§ 41 Satz 1 BNatSchG 2010 keine Berücksichtigung, da der Schutz lediglich ganz **allgemein auf „Vogelarten"** erstreckt wird. Nach ganz überwiegender Auffassung werden von der Regelung daher neben den europäischen Vogelarten i.S.v. § 7 Abs. 2 Nr. 12 auch sämtliche andere Vogelarten geschützt.[8]

2. Masten und technische Bauteile von Mittelspannungsfreileitungen

5   Satz 1 erstreckt sich (wie Satz 2) ausschließlich auf Masten und technische Bauteile von **Mittelspannungsfreileitungen**. Umstritten ist hierbei, welche Leistungen als Mittelspannungsleitungen anzusehen sind. Teilweise werden Netzspannungen von 10 bis 60 kV einbezogen,[9] teilweise sollen dagegen lediglich Spannungen von 5–25 kV[10] oder, umfassender, 1–60 kV erfasst sein.[11] Mit Mittelspannung werden vor allem regionale Stromverteilungsnetze betrieben, von denen aus die Spannung in Niederspannung transformiert und örtlich innerhalb von Stadtgebieten und im ländlichen Raum verteilt werden.[12] Während bei Hoch- und Niederspannungsfreileitungen das Gefährdungspotenzial für Vögel eher gering ist,[13] sind Mittelspannungsfreileitungen aufgrund der bautechnisch engen Abstände zwischen Strom führenden Leitungen und geerdeten Bauteilen insbesondere für Großvögel problema-

---

7 BT-Drs. 14/6378, S. 57.

8 *Meßerschmidt*, Bundesnaturschutzrecht, § 41 BNatSchG Rn. 4; *Marzik/Wilrich*, BNatSchG, § 53 Rn. 3; *Schumacher*, in: Schumacher/Fischer-Hüftle, BNatSchG, § 41 Rn. 7; *Lorz/Konrad/Mühlbauer/Müller-Walter/Stöckel*, Naturschutzrecht, § 41 BNatSchG Rn. 2.

9 *Fellenberg*, in: Lütkes/Ewer, BNatSchG, § 41 Rn. 3; *Schütte/Gerbig*, in: Schlacke (Hrsg.), GK-BNatSchG, § 41 Rn. 3.

10 *Lorz/Konrad/Mühlbauer/Müller-Walter/Stöckel*, Naturschutzrecht, § 41 BNatSchG Rn. 1.

11 *Kautz*, NuR 2015, 80 82 m.w.N.

12 Siehe im Einzelnen *Theobald*, in: Schneider/Theobald, Recht der Energiewirtschaft, § 1 Rn. 8 ff.

13 *Lorz/Konrad/Mühlbauer/Müller-Walter/Stöckel*, Naturschutzrecht, § 41 BNatSchG Rn. 1; *Meßerschmidt*, Bundesnaturschutzrecht, § 41 BNatSchG Rn. 4; *Sanden*, in: Landmann/Rohmer, Umweltrecht, § 41 BNatSchG Rn. 6; siehe näher zum Vogelschutz an Hochspannungsfreileitungen *Bernshausen/Kreuzinger/Uther/Wahl*, Naturschutz und Landschaftspflege 2007, 5 ff.; siehe auch *Appel*, in: Säcker, Berliner Kommentar zum Energierecht, § 5 NABEG Rn. 36 f.

tisch.[14] Mit der Beschränkung auf Mittelspannungsfreileitungen wird in Anbetracht der bei den anderen Leitungsarten nur begrenzt bestehenden Gefahren dem **Verhältnismäßigkeitsprinzip** Rechnung getragen und der seitens der betroffenen Unternehmen zu erbringende technische Aufwand auf ein vertretbares Maß begrenzt.[15]

Neben **Masten** von Mittelspannungsfreileitungen werden ausdrücklich auch   6 deren **technische Bauteile** erfasst. Hierunter fallen insbesondere Leitungen, Isolatoren und Umspannwerke.[16] Zu weitgehend ist es allerdings, insoweit auf sämtliche Bauteile abzustellen, die eine Gefahr für Vögel bedeuten können.[17] § 41 dient dem Schutz der Vögel allein vor Stromschlag und nicht etwa anderen Gefahren wie Leitungsanflug (vgl. Rn. 2). Daher werden auch nur solche Bauteile von Masten erfasst, bei denen eine Stromschlaggefahr besteht.[18]

3. Neuerrichtung

Der Anwendungsbereich des § 41 Satz 1 ist auf „neu zu errichtende" Masten   7 und technische Bauteile von Mittelspannungsfreileitungen beschränkt, wohingegen für Altanlagen die Nachrüstungspflicht des Satzes 2 besteht. Unter einer **Neuerrichtung** i.S.d. Satzes 1 ist die Errichtung einer neuen Mittelspannungsfreileitung auf einer neuen Trasse oder die Errichtung neuer Freileitungsabschnitte (Abspannabschnitte) auf einer bestehenden Trasse zu verstehen. Bloße Instandhaltungs- und Unterhaltungsarbeiten fallen nicht hierunter.

Fraglich ist, ob vom Begriff der Neuerrichtung auch der bloße **Austausch**   8 **einzelner Masten** auf einer bereits genehmigten Trasse erfasst wird. Der Wortlaut des Gesetzes spricht an sich dafür. Allerdings können dann hinsichtlich der erforderlichen konstruktiven Schutzmaßnahmen gewisse Einschränkungen geboten sein. Der Austausch eines einzelnen Mastes darf jedenfalls nicht dazu führen, dass aufgrund dann notwendig werdender Schutzmaßnahmen an dem ausgetauschten Mast technische Folgeänderungen am sonstigen genehmigten Mastenbestand erforderlich werden, da dies mit dem **Vertrauens- und Bestandsschutz des Leistungsbetreibers** nicht vereinbar wäre.[19] In einem solchen Fall wäre an dem ausgetauschten Mast trotz Annahme einer Neuerrichtung i.S.d. Satzes 1 aus Gründen der Verhältnis-

---

14 BT-Drs. 14/6378, S. 57; *Marzik/Wilrich*, BNatSchG, § 53 Rn. 3; *Lorz/Konrad/Mühlbauer/ Müller-Walter/Stöckel*, Naturschutzrecht, § 41 BNatSchG Rn. 1.

15 Vgl. BT-Drs. 14/7490, S. 54; *Meßerschmidt*, Bundesnaturschutzrecht, § 41 BNatSchG Rn. 4.

16 *Lorz/Konrad/Mühlbauer/Müller-Walter/Stöckel*, Naturschutzrecht, § 41 BNatSchG Rn. 3; *Meßerschmidt*, Bundesnaturschutzrecht, § 41 BNatSchG Rn. 5; enger *Kautz*, NuR 2015, 80, 83, wonach Umspannwerke nicht erfasst sein sollen.

17 So aber *Sanden*, in: Landmann/Rohmer, Umweltrecht, § 41 BNatSchG Rn. 6.

18 *Meßerschmidt*, Bundesnaturschutzrecht, § 41 BNatSchG Rn. 5.

19 Generell gegen einen Bestandsschutz in solchen Fällen hingegen *Schmidt-Räntsch*, in: Gassner/Bendomir-Kahlo/Schmidt-Räntsch, BNatSchG, § 53 Rn. 3; vgl. auch *Fellenberg*, in: Lütkes/Ewer, BNatSchG, § 31 Rn. 9.

mäßigkeit nur eine solche Schutzvorrichtung anzubringen, die am übrigen Mastenbestand keine technischen Folgeänderungen auslöst.

9 In zeitlicher Hinsicht ist für die Einordnung als eine von Satz 1 erfasste Neuanlage das Inkrafttreten des Bundesnaturschutzrechts-Neuregelungsgesetzes vom 29. 07. 2009 (BGBl. I S. 2542) maßgeblich, also der 01. 03. 2010.[20] Bei genehmigungsbedürftigen Anlagen ist die Einstufung als Neuanlage i.S.d. Satzes 1 davon abhängig, dass die Genehmigung vor dem 1. März 2010 in Bestandskraft erwachsen ist; bei genehmigungsfreien Anlagen ist auf den Zeitpunkt der Inbetriebnahme der Leitung abzustellen.[21]

4. Konstruktiver Schutz gegen Stromschlag

10 Von seiner Rechtsfolge her fordert Satz 1 von den Leitungsbetreibern konstruktive Maßnahmen, mit denen gewährleistet wird, dass Vögel gegen an Masten und deren technischen Bauteilen drohende **Stromschläge** geschützt sind. Ein Stromschlag entsteht durch die Überbrückung von Spannungspotenzialen, wenn sich Vögel auf Energiefreileitungsanlagen niederlassen und mit ihrem Körper, ihren Flügeln, über einen Kotstrahl oder Nistmaterial die Abstände zwischen einem Leiter und geerdeten Teilen **(Erdschluss)** oder zwei spannungsführenden Teilen **(Kurzschluss)** überbrücken; mitunter kann es bei geringen Abständen und hoher Luftfeuchtigkeit auch zu einem Funkenüberschlag (sog. **Lichtbogen**) kommen.[22]

11 Als **„konstruktive"** Schutzmaßnahmen zur Verhinderung eines Stromschlags kommen grundsätzlich alle Vorkehrungen in Betracht, die den Vögeln den Kontakt mit spannungsführenden Teilen verwehren. Erfasst werden allerdings **allein technische Vorkehrungen**, sodass auf die Vorschrift z.B. keine Verhaltensanforderungen gestützt werden können.[23] Konstruktive Schutzmaßnahmen können beispielsweise Hängeisolatoren unter der Quertraverse, Vermeidung von Sitzgelegenheiten, Anbieten von isolierten Sitzgelegenheiten oder Isolationen spannungsführender Teile sein. Ob auch **Erdverkabelungen** erfasst werden, ist zweifelhaft. Gemäß der Paragrafenüberschrift geht es um Vogelschutz an **Energiefreileitungen**, die aber bei Einsatz eines Erdkabels nicht mehr gegeben wären. Als technische Referenz für konstruktive Schutzmaßnahmen dient die derzeit gültige Freileitungsbaunorm DIN EN 50423-3-4, mit der die Festlegungen in DIN EN 50341-3-4 und der vorherigen DIN VDE 0210/12.85, Abschnitt 8.10 abgelöst wurden. Auch kann der VDEW-Maßnahmenkatalog zum „Vogelschutz an Starkstrom-Freileitungen mit Nennspannungen über 1 kV" in der Fassung von 1991 herangezogen werden. Vom VDE wurde im August 2011 auf Grundlage von § 41 BNatSchG eine neue

---

20 Vgl. *Sanden*, in: Landmann/Rohmer, Umweltrecht, § 41 BNatSchG Rn. 7.
21 *Lorz/Konrad/Mühlbauer/Müller-Walter/Stöckel*, Naturschutzrecht, § 41 BNatSchG Rn. 5; *Meßerschmidt*, Bundesnaturschutzrecht, § 41 BNatSchG Rn. 6.
22 *Sanden*, in: Landmann/Rohmer, Umweltrecht, § 41 BNatSchG Rn. 12 f.; *Schumacher*, in: Schumacher/Fischer-Hüftle, BNatSchG, § 41 Rn. 5.
23 *Marzik/Wilrich*, BNatSchG, § 53 Rn. 3; *Fellenberg*, in: Lütkes/Ewer, BNatSchG, § 41 Rn. 11.

Anwendungsregel zum Vogelschutz an Mittelspannungsfreileitungen erstellt (VDE-AR-N 4210-11).

Im Zusammenhang mit den nach Satz 1 erforderlichen konstruktiven Schutz-maßnahmen wird teilweise die Auffassung vertreten, **bloße „Hilfsvorrich-tungen"** wie Abweiser, Abdeckhauben, Isolierung o.ä. wären nicht ausrei-chend, weil sie nicht die Lebensdauer der Masten erreichten und daher keinen absoluten Schutz gewährleisteten.[24] Diese Argumentation ist jedoch nicht überzeugend. Der vom Sinn und Zweck der Regelung verfolgte Vogel-schutz an Energiefreileitungen ist gewährleistet, wenn die Schutzmaßnah-men (abgesehen von Einzelereignissen wie Blitzeinschlag o.ä.) dieselbe Haltbarkeit und Lebensdauer erreichen wie die jeweiligen Masten und deren Bauteile. Dies kann auch durch Hilfsvorrichtungen erreicht werden, zumal diese technisch stets weiterentwickelt werden und bei geringerer Haltbarkeit bzw. Lebensdauer erneuert werden können. Von daher ist die Entscheidung für oder gegen eine Hilfsvorrichtung in erster Linie eine wirt-schaftliche Frage, die aus Gründen der Verhältnismäßigkeit dem Leitungs-betreiber obliegt.[25] Dafür spricht auch die Gesetzesbegründung zu § 53 BNatSchG a.F., wo im Zusammenhang mit konstruktiven Maßnahmen „bau-liche Veränderungen" genannt und dabei u.a. verbesserte Isolationen der von Vögeln angeflogenen Bereiche aufgeführt werden.[26] Von daher werden auch Hilfsvorrichtungen erfasst.

12

III. Nachrüstungspflicht bei bestehenden Masten (Satz 2)

Nach Satz 2 sind an bestehenden Masten und technischen Bauteilen von Mittelspannungsfreileitungen mit hoher Vogelgefährdung die notwendigen Maßnahmen zur Sicherung gegen Stromschlag bis zum 31. 12. 2012 durchzu-führen. Da die hiermit aufgestellte Nachrüstungspflicht für bestehende Mas-ten gewissen Grenzen unterliegt (hierzu unten Rn. 14 ff.) und seit ihrem In-krafttreten 2002 mit einer nun mehr als zehnjährigen Übergangsfrist versehen wurde, bestehen gegen die Regelung mit Blick auf den grund-rechtlichen Bestands- bzw. Vertrauensschutz keine Bedenken.[27]

13

1. Hohe Gefährdung von Vögeln

Die Nachrüstungspflicht des Satzes 2 besteht nicht uneingeschränkt, son-dern unterliegt mit Blick auf den Bestandsschutz von Leitungsbetreibern ge-wissen **Grenzen**. Zwar erfordert sie nach dem Wortlaut der Regelung und

14

---

24 BT-Drs. 14/7490, S. 54; *Schumacher,* in: Schumacher/Fischer-Hüftle, BNatSchG, § 41 Rn. 8; ähnlich *Sanden,* in: Landmann/Rohmer, Umweltrecht, § 41 BNatSchG Rn. 15.

25 Vgl. *Meßerschmidt,* Bundesnaturschutzrecht, § 41 BNatSchG Rn. 7; für die Einbeziehung von Hilfsvorrichtungen ebenfalls *Kautz,* NuR 2015, 80, 83.

26 BT-Drs. 14/6378, S. 57.

27 *Lorz/Konrad/Mühlbauer/Müller-Walter/Stöckel,* Naturschutzrecht, § 41 BNatSchG Rn. 5; *Sanden,* in: Landmann/Rohmer, Umweltrecht, § 41 BNatSchG Rn. 18; zum Verhältnis zwi-schen eigentumsgrundrechtlichem Bestandsschutz und rechtsstaatlichem Vertrauens-schutz siehe näher *Appel,* Entstehungsschwäche und Bestandsstärke des verfassungs-rechtlichen Eigentums, S. 256 ff.; *ders.,* DVBl 2005, 340 (344 ff.).

der Gesetzesbegründung keine zwingende Nähe zu Gebieten, in denen erfahrungsgemäß mit von Mittelspannungsfreileitungen ausgehenden Gefahren für Vögel zu rechnen ist (z.B. die Nähe von europäischen Vogelschutzgebieten i.S.v. § 7 Abs. 1 Nr. 7).[28] Allerdings gilt die Nachrüstungspflicht nur bei Altanlagen mit „hoher Gefährdung" von Vögeln. Es bedarf somit eines sachlichen Grundes in Form einer **hohen Vogelgefährdung**, der es rechtfertigt, bei an sich bestandsgeschützten Anlagen Nachforderungen zu erheben. Eine hohe Gefährdung erfordert einen gegenüber dem Normalfall gesteigerten Gefährdungsgrad.[29] Dies kann sich z.B. daran zeigen, dass es an der betreffenden Freileitung stromschlagbedingt bereits zu signifikanten Vogelverlusten gekommen ist, die Leitung auf der Zugstrecke von Vögeln liegt oder in der Nähe ein Vogelschutzgebiet vorhanden ist.[30]

15 Es ist Sache der zuständigen Behörde, die hohe Gefährdungslage im jeweiligen Einzelfall darzulegen.[31] Dabei stellt das Gesetz allein auf eine **Gefahrenprognose** ab und impliziert in diesem Zusammenhang keine Abwägung zwischen Eigentümerinteressen und Vogelschutz.[32] Allerdings begrenzen der verfassungsrechtliche Bestandsschutz bestehender Anlagen und das Verhältnismäßigkeitsprinzip die Frage, ob und ggf. welche Nachrüstungsmaßnahmen i.S.d. Satzes 2 „notwendig" sind (hierzu Rn. 16 f.).

2. Notwendige Maßnahmen zur Sicherung gegen Stromschlag

16 Ist bei einer Altanlage eine hohe Vogelgefährdung zu besorgen, so sieht Satz 2 als Rechtsfolge die Durchführung der **„notwendigen"** Maßnahmen zum Schutz gegen Stromschlag vor. Der Begriff der notwendigen Maßnahmen bleibt hinter dem der „konstruktiven" Maßnahmen i.S.v. Satz 1 zurück, sodass hier in jedem Fall auch „Hilfsmaßnahmen" wie Abweiser, Abdeckhauben, Isolierungen o.Ä. ausreichend sind.[33]

17 Der in Satz 2 geregelte **Notwendigkeitsvorbehalt** erfordert eine Abwägung zwischen dem Vogelschutz und den Belangen des Leitungsbetreibers und trägt damit dem Erfordernis Rechnung, auch den verfassungsrechtlichen Bestandsschutz einstellen zu können.[34] In der hiernach erforderlichen Abwä-

---

28 Vgl. BT-Drs. 14/7490, S. 54; *Meßerschmidt*, Bundesnaturschutzrecht, § 41 BNatSchG Rn. 8; *Sanden*, in: Landmann/Rohmer, Umweltrecht, § 41 BNatSchG Rn. 17.

29 *Meßerschmidt*, Bundesnaturschutzrecht, § 41 BNatSchG Rn. 9.

30 *Lorz/Konrad/Mühlbauer/Müller-Walter/Stöckel*, Naturschutzrecht, § 41 BNatSchG Rn. 4; *Meßerschmidt*, Bundesnaturschutzrecht, § 41 BNatSchG Rn. 9; *Schumacher*, in: Schumacher/Fischer-Hüftle, BNatSchG, § 41 Rn. 10.

31 *Schmidt-Räntsch*, in: Gassner/Bendomir-Kahlo/Schmidt-Räntsch, BNatSchG, § 53 Rn. 6; *Sanden*, in: Landmann/Rohmer, Umweltrecht, § 41 BNatSchG Rn. 18.

32 *Meßerschmidt*, Bundesnaturschutzrecht, § 41 BNatSchG Rn. 11; a.A. *Lorz/Konrad/Mühlbauer/Müller-Walter/Stöckel*, Naturschutzrecht, § 41 BNatSchG Rn. 4.

33 *Sanden*, in: Landmann/Rohmer, Umweltrecht, § 41 BNatSchG Rn. 17; *Meßerschmidt*, Bundesnaturschutzrecht, § 41 BNatSchG Rn. 7; a.A. *Schumacher*, in: Schumacher/Fischer-Hüftle, BNatSchG, § 53 Rn. 10.

34 *Meßerschmidt*, Bundesnaturschutzrecht, § 41 BNatSchG Rn. 10 f.; *Marzik/Wilrich*, BNatSchG, § 53 Rn. 4; *Sanden*, in: Landmann/Rohmer, Umweltrecht, § 41 BNatSchG Rn. 17; zu eng hingegen *Schumacher*, in: Schumacher/Fischer-Hüftle, BNatSchG, § 53 Rn. 11.

gung zu berücksichtigen sind insbesondere Gesichtspunkte wie die Betroffenheit und Seltenheit der im konkreten Fall gefährdeten Vogelarten, Art und Häufigkeit ihres Vorkommens vor Ort, Art und Umfang bislang vom Leitungsbetreiber getätigter Investitionen sowie der erforderliche Nachrüstungsbedarf und -aufwand. Notwendig sind insofern nur solche Maßnahmen, mit denen tatsächlich bestehenden Gefahrenlagen für Großvögel effektiv begegnet werden kann.[35]

IV. Oberleitungsanlagen von Eisenbahnen (Satz 3)

Nach § 53 Satz 3 BNatSchG a.F. galten die Sätze 1 und 2 dieser Bestimmung   *18*
nicht für Bahnoberleitungsanlagen. Hintergrund war, dass die Deutsche Bahn AG im damaligen Gesetzgebungsverfahren die Mitwirkung an einer übergreifenden, europaweiten Lösung anstrebte, der eine nationale Verpflichtung möglicherweise zuwidergelaufen wäre.[36] Auch werden Vögel durch Bahnoberleitungsanlagen bautechnisch weniger stark gefährdet als durch Mittelspannungsfreileitungen der Energieversorgungsunternehmen.[37] Gleichwohl sind auch bei Strommasten des Eisenbahnnetzes stromschlagbedingte Vogelverluste nicht auszuschließen. Dies gilt insbesondere bei Greifvögeln und Eulen, da diese Bahnlinien gezielt aufsuchen, um im Bereich der Gleise Mäuse zu jagen oder Tierkadaver zu fressen.[38] Vor diesem Hintergrund hat die Deutsche Bahn AG zusammen mit Behörden und Umweltverbänden das Regelwerk 997.9114 (**„Vogelschutz an Oberleitungsanlagen"**) erarbeitet, das seit April 2003 angewendet wird. Neben den ökologischen Gründen hat die Bahn auch ein erhebliches Eigeninteresse an der Vermeidung des Stromtods von Vögeln, da ein Kurzschluss zu Schäden an den Oberleitungsanlagen und weit reichenden Folgen für den Zugverkehr führen kann.

Mit § 41 Satz 3 wurde nunmehr eine Änderung aufgenommen, wonach auf   *19*
Oberleitungsanlagen von Eisenbahnen lediglich die Nachrüstungspflicht des Satzes 2 keine Anwendung findet, sodass das **Schutzregime des Satzes 1** jetzt auch für neu zu errichtende Eisenbahnoberleitungsanlagen gilt.[39] Keine Mehrheit fand hingegen der vom Bundesrat ins Gesetzgebungsverfahren eingebrachte Vorschlag, auf Bahnoberleitungsanlagen auch die Nachrüstungspflicht des Satzes 2 (mit einer Überleitungsfrist bis Ende 2019) anzuwenden.[40]

Der Begriff der **Eisenbahn** i.S.v. § 41 Satz 3 muss sich aus Gründen einer an-   *20*
dernfalls drohenden Wettbewerbsverzerrung auf alle Arten von Eisenbahnen erstrecken. Nach ganz überwiegender Auffassung bezieht er sich daher

---

35 *Schütte/Gerbig*, in: Schlacke (Hrsg.), GK-BNatSchG, § 41 Rn. 9.
36 *Sanden*, in: Landmann/Rohmer, Umweltrecht, § 41 BNatSchG Rn. 8.
37 *Meßerschmidt*, Bundesnaturschutzrecht, § 41 BNatSchG Rn. 14.
38 *Schumacher*, in: Schumacher/Fischer-Hüftle, BNatSchG, § 53 Rn. 12.
39 *Egner*, in: Egner/Fuchs, Naturschutz- und Wasserrecht 2009, § 41 BNatSchG Rn. 2;
     Schütte/Gerbig, in: Schlacke (Hrsg.), GK-BNatSchG, § 41 Rn. 5.
40 Vgl. BR-Drs. 278/09, S. 25; BT-Drs. 16/13298, S. 10; BT-Drs. 16/13430, S. 7.

nicht nur auf Eisenbahnen der Deutschen Bahn AG, sondern auch auf Privatbahnen.[41] Ob neben Fernbahnen auch innerstädtische Bahnen erfasst werden, ist streitig.[42]

21 Hinsichtlich der übrigen Anforderungen, insbesondere zur Frage der Neuerrichtung und dem Erfordernis des konstruktiven Schutzes gegen Stromschlag, ist auf die Kommentierung zu § 41 Satz 1 zu verweisen (siehe oben Rn. 3 ff.).

V. Durchsetzbarkeit der Norm

22 § 41 ist **nicht bußgeld- oder strafbewehrt** (vgl. §§ 69, 71) und auch nicht als Befugnisnorm ausgestaltet, auf die ein Einzelfallverwaltungsakt gestützt werden könnte.[43] Nach überwiegender Ansicht ist es den Ländern nicht möglich, in ihren Landesnaturschutzgesetzen **Anordnungsbefugnisse** zur Umsetzung der Pflichten des § 41 zu regeln.[44] Zudem ist das in § 41 Satz 1 enthaltene Schutzregime insbesondere im Rahmen etwaiger Genehmigungsverfahren für Leitungsneuerrichtungen zu berücksichtigen.[45] Allerdings kann auf § 41 keine Anordnung zum Unterlassen des Baus von Energiefreileitungen bzw. Bahnoberleitungen gestützt, sondern es können allenfalls alternative Ausführungsmöglichkeiten verlangt werden.[46]

§ 42
Zoos

(1) Zoos sind dauerhafte Einrichtungen, in denen lebende Tiere wild lebender Arten zwecks Zurschaustellung während eines Zeitraumes von mindestens sieben Tagen im Jahr gehalten werden. Nicht als Zoo gelten

1. Zirkusse,

2. Tierhandlungen und

3. Gehege zur Haltung von nicht mehr als fünf Arten von Schalenwild, das im Bundesjagdgesetz aufgeführt ist, oder Einrichtungen, in denen nicht mehr als 20 Tiere anderer wild lebender Arten gehalten werden.

---

41 *Marzik/Wilrich*, BNatSchG, § 53 Rn. 4; *Meßerschmidt*, Bundesnaturschutzrecht, § 41 BNatSchG Rn. 15; *Lorz/Konrad/Mühlbauer/Müller-Walter/Stöckel*, Naturschutzrecht, § 41 BNatSchG Rn. 6; *Louis*, NuR 2002, 385 (389).

42 Dafür *Meßerschmidt*, Bundesnaturschutzrecht, § 41 BNatSchG Rn. 15; dagegen *Marzik/Wilrich*, BNatSchG, § 53 Rn. 4; *Schütte/Gerbig*, in: Schlacke (Hrsg.), GK-BNatSchG, § 41 Rn. 6.

43 *Lorz/Konrad/Mühlbauer/Müller-Walter/Stöckel*, Naturschutzrecht, § 41 BNatSchG Rn. 7.

44 *Sanden*, in: Landmann/Rohmer, Umweltrecht, § 41 BNatSchG Rn. 19; *Schütte/Gerbig*, in: Schlacke (Hrsg.), GK-BNatSchG, § 41 Rn. 11.

45 Näher hierzu *Kautz*, NuR 2015, 80, 86 f.

46 *Meßerschmidt*, Bundesnaturschutzrecht, § 41 BNatSchG Rn. 16; *Sanden*, in: Landmann/Rohmer, Umweltrecht, § 41 BNatSchG Rn. 16; a.A. *Schmidt-Räntsch*, in: Gassner/Bendomir-Kahlo/Schmidt-Räntsch, BNatSchG, § 53 Rn. 8.

(2) Die Errichtung, Erweiterung, wesentliche Änderung und der Betrieb eines Zoos bedürfen der Genehmigung. Die Genehmigung bezieht sich auf eine bestimmte Anlage, bestimmte Betreiber, auf eine bestimmte Anzahl an Individuen einer jeden Tierart sowie auf eine bestimmte Betriebsart.

(3) Zoos sind so zu errichten und zu betreiben, dass

1. bei der Haltung der Tiere den biologischen und den Erhaltungsbedürfnissen der jeweiligen Art Rechnung getragen wird, insbesondere die jeweiligen Gehege nach Lage, Größe und Gestaltung und innerer Einrichtung art- und tiergerecht ausgestaltet sind,

2. die Pflege der Tiere auf der Grundlage eines dem Stand der guten veterinärmedizinischen Praxis entsprechenden schriftlichen Programms zur tiermedizinischen Vorbeugung und Behandlung sowie zur Ernährung erfolgt,

3. dem Eindringen von Schadorganismen sowie dem Entweichen der Tiere vorgebeugt wird,

4. die Vorschriften des Tier- und Artenschutzes beachtet werden,

5. ein Register über den Tierbestand des Zoos in einer den verzeichneten Arten jeweils angemessenen Form geführt und stets auf dem neuesten Stand gehalten wird,

6. die Aufklärung und das Bewusstsein der Öffentlichkeit in Bezug auf den Erhalt der biologischen Vielfalt gefördert wird, insbesondere durch Informationen über die zur Schau gestellten Arten und ihre natürlichen Biotope,

7. sich der Zoo beteiligt an

   a) Forschungen, die zur Erhaltung der Arten beitragen, einschließlich des Austausches von Informationen über die Arterhaltung, oder

   b) der Aufzucht in Gefangenschaft, der Bestandserneuerung und der Wiederansiedlung von Arten in ihren Biotopen oder

   c) der Ausbildung in erhaltungsspezifischen Kenntnissen und Fähigkeiten.

(4) Die Genehmigung nach Absatz 2 ist zu erteilen, wenn

1. sichergestellt ist, dass die Pflichten nach Absatz 3 erfüllt werden,

2. die nach diesem Kapitel erforderlichen Nachweise vorliegen,

3. keine Tatsachen vorliegen, aus denen sich Bedenken gegen die Zuverlässigkeit des Betreibers sowie der für die Leitung des Zoos verantwortlichen Personen ergeben sowie

4. andere öffentlich-rechtliche Vorschriften der Errichtung und dem Betrieb des Zoos nicht entgegenstehen.

Die Genehmigung kann mit Nebenbestimmungen versehen werden; insbesondere kann eine Sicherheitsleistung für die ordnungsgemäße Auflösung des Zoos und die Wiederherstellung des früheren Zustands verlangt werden.

(5) Die Länder können vorsehen, dass die in Absatz 2 Satz 1 vorgesehene Genehmigung die Erlaubnis nach § 11 Absatz 1 Satz 1 Nummer 2 a und 3 Buchstabe d des Tierschutzgesetzes einschließt.

(6) Die zuständige Behörde hat die Einhaltung der sich aus den Absätzen 3 und 4 ergebenden Anforderungen unter anderem durch regelmäßige Prüfungen und Besichtigungen zu überwachen. § 52 gilt entsprechend.

(7) Wird ein Zoo ohne die erforderliche Genehmigung oder im Widerspruch zu den sich aus den Absätzen 3 und 4 ergebenden Anforderungen errichtet, erweitert, wesentlich geändert oder betrieben, so kann die zuständige Behörde die erforderlichen Anordnungen treffen, um die Einhaltung der Anforderungen innerhalb einer angemessenen Frist sicherzustellen. Sie kann dabei auch bestimmen, den Zoo ganz oder teilweise für die Öffentlichkeit zu schließen. Ändern sich die Anforderungen an die Haltung von Tieren in Zoos entsprechend dem Stand der Wissenschaft, soll die zuständige Behörde nachträgliche Anordnungen erlassen, wenn den geänderten Anforderungen nicht auf andere Weise nachgekommen wird.

(8) Soweit der Betreiber Anordnungen nach Absatz 7 nicht nachkommt, ist der Zoo innerhalb eines Zeitraums von höchstens zwei Jahren nach deren Erlass ganz oder teilweise zu schließen und die Genehmigung ganz oder teilweise zu widerrufen. Durch Anordnung ist sicherzustellen, dass die von der Schließung betroffenen Tiere angemessen und im Einklang mit dem Zweck und den Bestimmungen der Richtlinie 1999/22/EG des Rates vom 29. März 1999 über die Haltung von Wildtieren in Zoos (ABl. L 94 vom 9. 4. 1999, S. 24) auf Kosten des Betreibers art- und tiergerecht behandelt und untergebracht werden. Eine Beseitigung der Tiere ist nur in Übereinstimmung mit den arten- und tierschutzrechtlichen Bestimmungen zulässig, wenn keine andere zumutbare Alternative für die Unterbringung der Tiere besteht.

Inhaltsübersicht

I. Überblick

1   Die Vorschrift ersetzt § 51 BNatSchG 2002, welche als Rahmenregelung die Länder lediglich anwies, die Vorschriften der **EG-Zoorichtlinie**[1] in Landesrecht umzusetzen. Aufgrund der Föderalismusreform hat nunmehr der Bund gem. Art. 74 GG die Gesetzgebungskompetenz für den Artenschutz inne, sodass eine inhaltliche bundesrechtliche Regelung notwendig wurde. Einige Bundesländer haben im Zuge der Neufassungen ihrer Naturschutzgesetze auf landesrechtliche Regelungen zu Zoos vollständig verzichtet (Bremen, Hamburg, Hessen, Schleswig-Holstein).

---

1   Richtlinie 1999/22/EG des Rates v. 29. 03. 1999 über die Haltung von Wildtieren in Zoos (ABl. EG Nr. L 94, S. 24)

§ 42 orientiert sich am Wortlaut der Richtlinie und inkorporiert so weit wie 2
möglich die bis dato gültigen Länderregelungen. Dadurch soll sichergestellt
werden, dass die geltende Gesetzeslage möglichst wenig geändert und gleichzeitig ein hohes Schutzniveau für die in Zoos gehaltenen Tiere erreicht wird.[2]

Abs. 1 übernimmt die Definition des Begriffes „Zoo" in § 10 Abs. 2 Nr. 19 3
BNatSchG 2002. Die Abs. 2–4 befassen sich mit der Genehmigungsbedürftigkeit und den Genehmigungsvoraussetzungen für Zoos. Abs. 5 ermächtigt
die Länder, eine Konzentrationswirkung für die naturschutzrechtliche Genehmigung hinsichtlich der tierschutzrechtlichen Anforderungen vorzusehen. Überwachung und Aufhebung der Genehmigung sind in den Abs. 7
und 8 geregelt.

II. Genehmigung

1. Genehmigungspflicht

Der Anwendungsbereich des § 42 erstreckt sich auf **Zoos**. Zoos sind gemäß 4
Abs. 1 dauerhafte Einrichtungen, in denen lebende Tiere wild lebender Arten zwecks Zurschaustellung während eines Zeitraums von mindestens sieben Tagen im Jahr gehalten werden.

Zu den Tieren wild lebender Arten zählen nicht nur solche Exemplare, die 5
der Natur entnommen wurden, sondern auch Tiere, die in Zoos gezüchtet
wurden.[3]

Zweck der Einrichtung muss die **Zurschaustellung** der Tiere sein. Deshalb 6
fallen z.B. kleinere Aquarien in Restaurants oder zur Aufbewahrung von
Speisefischen nicht unter § 42. Auch Tierheime dienen nicht der Zurschaustellung[4]. Vogelauffangstationen, deren Hauptzweck in der Pflege und Re-
konvaleszenz verletzter Tiere besteht, dienen ebenfalls nicht der Zurschaustellung der Vögel, selbst wenn einzelne Tiere im Rahmen von Führungen
gezeigt werden.[5]

Mangels Dauerhaftigkeit (7 Tage) werden auch Kleintierschauen und 7
-märkte in der Regel nicht von § 42 erfasst.

Ausdrücklich ausgenommen sind gemäß Abs. 1 Satz 2 Zirkusse, Tierhand- 8
lungen und Gehege zur Haltung von nicht mehr als fünf Arten von Schalenwild, das im Bundesjagdgesetz aufgeführt ist, oder Einrichtungen, in denen
nicht mehr als 20 Tiere anderer wild lebender Arten gehalten werden.

Genehmigungspflichtig sind gem. Abs. 2 die Errichtung, die Erweiterung, 9
die wesentliche Änderung und der Betrieb eines Zoos. Gegenstand der Genehmigung sind

– die Anlage
– der Betreiber

---

2 BT-Drs. 16/12274, S. 96
3 *Engelhardt/Brenner/Fischer-Hüftle/Egner*, Naturschutzrecht in Bayern (April 2007),
   Art. 20 a Rn. 2
4 *Engelhardt/Brenner/Fischer-Hüftle/Egner*, Naturschutzrecht in Bayern (April 2007),
   Art. 20 a Rn. 2
5 *Kratsch*, in: Schumacher/Fischer-Hüftle, BNatSchG, 2. Aufl. 2010, § 42 Rn. 6.

– die Anzahl der Individuen einer jeden Tierart
– die Betriebsart.

10 Die umfassende anlagen- und personenbezogene Genehmigung stellt sicher, dass weder der Betreiber eines Zoos ausgetauscht noch die Anlage vom selben Betreiber genehmigungsfrei an einen anderen Standort verlegt werden darf. Mit dem Begriff der **Individuenzahl** einer Tierart ist die Höchstzahl der Individuen einschließlich der zu erwartenden Jungtiere gemeint. Insoweit soll die Genehmigung eine art- und verhaltensgerechte Gestaltung der Gehege sicherstellen.[6]

11 Wann eine **Änderung** wesentlich und damit genehmigungspflichtig ist, richtet sich nach den Umständen des Einzelfalles. Wie bei anderen Anlagengenehmigungen kann als Kriterium für die Wesentlichkeit der Umstand herangezogen werden, ob durch die Änderung die betroffenen Schutzgüter, namentlich der Tierschutz und die öffentliche Sicherheit, nachteilig berührt werden können.[7] Dies dürfte regelmäßig bei der Zurschaustellung neuer Tierarten, der baulichen Umgestaltung eines Geheges oder der Änderung von Öffnungszeiten der Fall sein.

2. Genehmigungsanspruch

12 Der Betreiber eines Zoos hat gem. Absatz 4 einen Rechtsanspruch auf Erteilung einer Genehmigung, wenn er folgende Voraussetzungen erfüllt:

– Erfüllung der sich aus Abs. 3 ergebenden **Betreiberpflichten**
– Vorlage der artenschutzrechtlichen Nachweise für geschützte Tierarten gem. §§ 44 ff. BNatSchG
– Keine Bedenken gegen die Zuverlässigkeit des Betreibers und seines Personals
– Kein Widerspruch zu anderen öffentlichen Vorschriften

13 Die Betreiberpflichten gliedern sich in sechs Tatbestände (Abs. 3 Nrn. 1–6), die sich an Art. 3 der EG-Zoorichtlinie orientieren:

– Die Haltung der Tiere muss den biologischen und den Erhaltungsbedürfnissen der jeweiligen Art Rechnung tragen, insbesondere sind die jeweiligen Gehege nach Lage, Größe und Gestaltung und innerer Einrichtung art- und tiergerecht auszugestalten. Gemeint ist damit, dass auch die innerartlichen Bedürfnisse wie etwa Rückzugsräume bei hierarchisch organisierten Tiergruppen ihren Niederschlag in der Gestaltung der Gehege finden sollen.[8]

– Die Tierpflege muss auf der Grundlage eines schriftlichen Programms zur tiermedizinischen Vorbeugung und Behandlung sowie Ernährung durchgeführt werden. Die Schriftlichkeit wurde aus Gründen der einfacheren Überprüfbarkeit über den Wortlaut der Richtlinie hinaus vorgeschrieben.[9]

---

6 BT-Drs. 16/12274, S. 96
7 *Kratsch*, in: Schumacher/Fischer-Hüftle, BNatSchG, § 51 Rn. 4
8 BT-Drs. 16/12274, S. 97
9 BT-Drs. 16/12274, S. 97.

– Es sind Maßnahmen zu ergreifen, um dem Eindringen von Schadorganismen und dem Entweichen der Tiere vorzubeugen.

– Die Vorschriften des Tier- und Artenschutzes sind zu beachten. Zu beachten sind insbesondere die sich aus dem TierSchG, namentlich § 2, ergebenden Pflichten. Da eine den § 2 TierSchG konkretisierende Rechtsverordnung gem. § 2a Abs. 1 TierSchG bislang nicht erlassen worden ist, sind die Anforderungen an die art- und tiergerechte Haltung mithilfe des einschlägigen tiermedizinischen und verhaltenswissenschaftlichen Schrifttums zu bestimmen.[10] Zu den einschlägigen Sachverständigengutachten gehören auch die im Auftrag des Bundesministeriums für Ernährung, Landwirtschaft und Verbraucherschutz erstellten Gutachten über die Mindestanforderungen an die Haltung diverser Tiergruppen.[11] In Bezug auf den Tierschutz überlagern sich die Betreiberpflichten nach Nr. 1 und Nr. 4 teilweise.[12]

– Der Betreiber hat ein Register über den Tierbestand des Zoos in einer den verzeichneten Arten jeweils angemessenen Form zu führen und stets auf dem neuesten Stand zu halten.

– Der Zoobetreiber fördert die Aufklärung und das Bewusstsein der Zoobesucher für die Biologische Vielfalt, indem er über die zur Schau gestellten Tiere und ihre natürlichen Lebensräume informiert.

– Schließlich ist der Betreiber verpflichtet, sich an Forschungen über die Arterhaltung einschließlich des Informationsaustauschs, an Zuchtprogrammen und Wiederansiedlungsprojekten für bedrohte Arten sowie an der Ausbildung in erhaltungsspezifischen Kenntnissen und Fähigkeiten zu beteiligen.

Gem. Abs. 4 sind dem **Genehmigungsantrag** neben dem Nachweis der Betreiberpflichten gem. Abs. 3 die nach § 44 ff. BNatSchG erforderlichen Nachweise über die Herkunft artenschutzrechtlich geschützter Tiere vorzulegen. 14

Weiterhin dürfen keine Tatsachen vorliegen, aus denen sich Bedenken gegen 15
die **Zuverlässigkeit** des Betreibers des Zoos sowie der für die Leitung der Einrichtung verantwortlichen Personen ergeben. Wie im Tierschutzrecht ist an den gewerberechtlichen Begriff der Zuverlässigkeit anzuknüpfen.[13] Wiederholte Verstöße gegen einschlägige Rechtsvorschriften, z.B. des Tierschutzrechts, lassen die Zuverlässigkeit auch in Bezug auf das Betreiben eines Zoos entfallen.[14] Bei juristischen Personen schlägt die Unzuverlässigkeit eines Organs oder Organteils auf die Beurteilung der juristischen Person durch.[15]

---

10 BVerfG, Urt. v. 06.07.1999 – 2 BvF 3/90 – BVerfGE 101, 36 f.

11 VG Hannover, Urt. v. 06.11.2008 – 4 A 2483/08, bestätigt durch Nds. OVG, Beschl. v. 18.11.2009 – 4 LA 371/08; Das BMELV hat im Internet (www.bmelv.de) Gutachten über die Anforderung für die Haltung von Säugetieren (10.06.1996), von Papageien (10.01.1995), von Vögeln (10.07.1996) und von Reptilien (10.01.1997) veröffentlicht.

12 *Sanden*, in: Landmann/Rohmer, Umweltrecht, Bd. IV § 51 BNatSchG Rn. 4 (Stand: April 2006).

13 Zum Tierschutzrecht: Hess. VGH, Urt. v. 20.07.1993 – 11 UE 740/89.

14 Bzgl. § 11 TierSchG: VG Regensburg, Urt. v. 14.05.2002 – RN 11 K 01.628.

15 *Hirt/Maisack/Moritz*, TierSchG, § 11 Rn. 18.

16 Schließlich dürfen andere öffentlich-rechtliche Vorschriften der Errichtung und dem Betrieb des Zoos nicht entgegenstehen. Dazu gehören insbesondere die Vorschriften des Bauordnungs- und Bauplanungsrechts[16] sowie weiterer landesrechtlicher Sicherheitsvorschriften wie etwa die Niedersächsische Gefahrtierverordnung.[17]

III. Überwachung

17 Die Abs. 6–8 regeln die **Überwachung** und nachträgliche Anordnungen in Bezug auf die Einhaltung der sich aus den Abs. 3 und 4 ergebenden Anforderungen. Abs. 6 Satz 1 enthält eine Aufgabenzuweisung an die zuständigen Behörden. Um die Überwachung effektiv ausüben zu können, wird der Behörde gemäß Abs. 6 Satz 2 i.V.m. § 52 ein Auskunfts- und Zutrittsrecht eingeräumt.

18 Ähnlich wie auf anderen Feldern des Sicherheitsrechts gibt Abs. 7 Sätze 1 und 2 der Behörde eine Befugnis, nach pflichtgemäßem Ermessen die öffentlich-rechtlichen Anforderungen durchzusetzen, wenn der Zoo entweder formell oder materiell illegal betrieben wird. Satz 2 dient der Klarstellung, dass die Behörde den Zoo auch ganz oder teilweise für die Öffentlichkeit schließen kann. Bei allen Maßnahmen ist der Grundsatz der Verhältnismäßigkeit zu wahren.

19 Darüber hinaus ermächtigt (und verpflichtet[18]) Abs. 7 Satz 3 die Behörde, **nachträgliche Anordnungen** zu erlassen, wenn sich die Anforderungen an die Haltung von Tieren in Zoos entsprechend dem Stand der Wissenschaft ändern, wenn nicht auf andere Weise den geänderten Anforderungen nachgekommen wird. Eine nachträgliche Anordnung aufgrund dieser Vorschrift kommt demnach nur in Betracht, wenn der Zoo nicht von sich aus neue wissenschaftliche Erkenntnisse aufgreift und bei der Tierhaltung umsetzt.

20 Wenn der Betreiber behördlichen Anordnungen nach Abs. 7 nicht nachkommt, ist die Behörde qua Gesetz gem. Abs. 8 Satz 1 verpflichtet, den Zoo innerhalb eines Zeitraumes von höchstens zwei Jahren zu schließen und die Genehmigung ganz oder teilweise zu widerrufen.

21 Im Rahmen der **Schließung** eines Zoos ist behördlicherseits sicherzustellen, dass die von der Schließung betroffenen Tiere vorrangig angemessen und den tier- und artenschutzrechtlichen Vorgaben behandelt und untergebracht werden. Die Tötung von Tieren ist nur als ultima ratio zulässig (Abs. 8 Sätze 2 und 3).

IV. Konzentrationswirkung der Genehmigung

22 Das Landesrecht kann gemäß Abs. 5 vorsehen, dass die zoorechtliche Genehmigung die **tierschutzrechtliche Erlaubnis** nach § 11 Abs. 1 Satz 1 Nr. 2 a

---

16 VG Hannover, Urt. v. 06.11.2008 – 4 A 2483/08.

17 GefahrtierVO v. 05.07.2000 (Nds. GVBl, S. 149), zuletzt geändert durch VO v. 14.02.2003 (Nds. GVBl. S. 124).

18 Der Begriff „soll" bedeutet eine grundsätzliche Verpflichtung, von der nur in atypischen Ausnahmefällen abgewichen werden darf.

und 3 lit. d TierSchG einschließt. Auf § 51 Satz 3 BNatSchG a.F. fußende Landesregelungen[19] sind demnach weiterhin anwendbar. Landesrecht kann auch vorsehen, dass die Genehmigungsbehörde auf Antrag gleichzeitig über das Vorliegen der Voraussetzungen nach § 4 Nr. 20a Satz 2 UStG entscheidet.[20]

Von dieser Möglichkeit haben folgende Bundesländer Gebrauch gemacht[21]:   23

Baden-Württemberg:[22] Gem. § 46 Abs. 3 Satz 2 NatSchG schließt die zoorechtliche Genehmigung die Genehmigung nach § 11 Abs. 1 Nr. 2a und 3d TierSchG und die forstrechtliche Gehegegenehmigung gem. § 34 Abs. 1 LWaldG ein. Zuständig ist die untere Verwaltungsbehörde.

Bayern:[23] Eine nach anderen Vorschriften gleichzeitig erforderliche Genehmigung ersetzt gem. Art. 24 Satz 3 BayNatSchG die zoorechtliche Genehmigung. Eine isolierte zoorechtliche Genehmigung schließt andererseits gem. Art. 24 S. 2 BayNatSchG die tierschutzrechtliche Erlaubnis nach § 11 Abs. 1 S. 1 Nrn. 2a und 3 Buchst. d TierSchG ein. Zuständig ist die untere Naturschutzbehörde.

Berlin:[24] Keine Konzentrationswirkung. Zuständig ist die Naturschutzbehörde.

Brandenburg:[25] Die zoorechtliche Genehmigung schließt die tierschutzrechtliche Erlaubnis gem. § 11 Abs. 1 TierSchG ein (§ 20 Abs. 1 BbgNatSchG). Sie ergeht im Einvernehmen mit der Tierschutz- und Veterinärbehörde, ggf. auch mit der Jagd- und Forstbehörde.

Bremen:[26] Keine landesrechtliche Regelung zu Zoos.

Hamburg:[27] Keine landesrechtliche Regelung zu Zoos.

Hessen:[28] Keine landesrechtliche Regelung zu Zoos.

Mecklenburg-Vorpommern:[29] Die zoorechtliche Genehmigung schließt gem. § 23 Abs. 2 NatSchAG M-V die tierschutzrechtliche Erlaubnis nach § 11 Abs. 1 Nr. 2a und 3d TierSchG ein. Sie ergeht gemeinsam mit sonstigen naturschutz- und tierschutzrechtlichen Entscheidungen und der Entscheidung nach § 4 Nr. 20a UStG, ggf. im Einvernehmen mit der Kreisordnungsbehörde bei der Haltung von Tieren, die für den Menschen lebensgefährlich werden können. Zuständig ist die untere Naturschutzbehörde.

---

19 Z.B. Art. 20b Abs. 2 Sätze 4, 5 BayNatSchG.
20 BT-Drs. 16/12274, S. 97f.
21 Eine aktuelle Übersicht über die Landesnaturschutzgesetze bietet die Internetseite des Bundesamtes für Naturschutz: www.bfn.de/0506_textsammlung.html.
22 NatG v. 13.12.2005, GBl. 2005, 745.
23 BayNatSchG v. 23.02.2011, GVBl 2011, 82.
24 NatSchG v. 03.11.2008, GVBl 2008, 378.
25 BbgNatSchG v. 21.01.2013, GVBl I 2013/13.
26 BremNatSchG v. 27.04.2010, BremGB I 2010, 31.
27 HmbNatSchG v. 11.05.2010, HmbGVBl. 2010, 350.
28 HAGNatSchG v. 20.12.2010, GVBl I 2010, 629.
29 NatSchGAG M-V v. 23.02.2010, GVOBl M-V 2010, 66.

Niedersachsen:[30] Die zoorechtliche Genehmigung schließt gem. § 29 Nds-NatSchG die Genehmigung gem. § 11 Abs. 1 Nr. 2 a und 3 d TierSchG und die baurechtliche Genehmigung ein. Sie soll auf Antrag zugleich die Entscheidung gem. § 4 Nr. 20 a UStG treffen. Zuständig ist die Naturschutzbehörde.

Nordrhein-Westfalen:[31] Keine Konzentrationswirkung. Die untere Landschaftsbehörde soll gem. § 68 Abs. 4 i.V. m. § 67 Abs. 4 LandschaftsG NW aber gleichzeitig über die Voraussetzungen gem. § 4 Nr. 10 a UStG entscheiden.

Rheinland-Pfalz:[32] Gemäß § 31 Abs. 1 NatG schließt die zoorechtliche Genehmigung die tierschutzrechtliche Genehmigung nach § 11 Abs. 1 Nr. 2 a TierSchG ein. Die untere Naturschutzbehörde entscheidet im Einvernehmen mit der Tierschutzbehörde.

Saarland:[33] Die zoorechtliche Genehmigung wird durch eine andere erforderliche behördliche Genehmigung ersetzt (§ 34 Abs. 1 Satz 4 SNG). Sie ergeht im Einvernehmen mit der zuständigen obersten Naturschutzbehörde.

Sachsen:[34] Wenn die zoorechtliche Genehmigung im Einvernehmen mit der Tierschutzbehörde ergeht, schließt sie die tierschutzrechtliche Erlaubnis gem. § 11 Abs. 1 Nr. 2 a TierSchG ein (§ 25 Satz 1 SächsNatSchG). Zuständig ist die Naturschutzbehörde.

Sachsen-Anhalt:[35] Die zoorechtliche Genehmigung schließt die Erlaubnis gem. § 11 Abs. 1 Nr. 2 a TierSchG und die Baugenehmigung (§ 26 Abs. 1 NatSchG) ein. Widerspruch und Anfechtungsklage gegen eine zoorechtliche Genehmigung haben gem. § 80 Abs. 1 VwGO aufschiebende Wirkung. § 212 a BauGB ist nicht anwendbar, auch wenn die bauaufsichtliche Zulassung Bestandteil der zoorechtlichen Genehmigung ist[36]. Zuständig ist die untere Naturschutzbehörde.

Schleswig-Holstein: [37] Das NatSchG enthält keine Bestimmung zu Zoos.

Thüringen:[38] Die zoorechtliche Genehmigung schließt gem. § 33 Abs. 3 Satz 3 NatSchG die Tiergehegegenehmigung und die Erlaubnis gem. § 11 TierSchG ein. Zuständig ist die untere Naturschutzbehörde.

---

30 NdsNatSchG v. 19. 02. 2010, NdsGVBl 2010, 104.
31 LandschG v. 21. 07. 2000, GV NRW 2000, 568.
32 NatG v. 13. 12. 2005, GVBl 2005, 387.
33 SNG v. 05. 04. 2006, ABl. 2006, 726.
34 SächsNatSchG v. 06. 06. 2013, SächsGVBl. 2013, 451.
35 NatG LSA v. 10. 12. 2010, GVBl LSA 2010, 569.
36 VG Magdeburg Urt. v. 28. 06. 2013 – 1 B 164/13
37 NatSchG S-H v. 24. 02. 2010, GVOBl 2010, 301.
38 ThürNatSchG v. 30. 07. 2006, GVBl 2006, 421.

§ 43
Tiergehege*)

(1) Tiergehege sind dauerhafte Einrichtungen, in denen Tiere wild lebender Arten außerhalb von Wohn- und Geschäftsgebäuden während eines Zeitraums von mindestens sieben Tagen im Jahr gehalten werden und die kein Zoo im Sinne des § 42 Absatz 1 sind.

(2) Tiergehege sind so zu errichten und zu betreiben, dass

1. die sich aus § 42 Absatz 3 Nummer 1 bis 4 ergebenden Anforderungen eingehalten werden,
2. weder der Naturhaushalt noch das Landschaftsbild beeinträchtigt werden und
3. das Betreten von Wald und Flur sowie der Zugang zu Gewässern nicht in unangemessener Weise eingeschränkt wird.

(3) Die Errichtung, Erweiterung, wesentliche Änderung und der Betrieb eines Tiergeheges sind der zuständigen Behörde mindestens einen Monat im Voraus anzuzeigen. Diese kann die erforderlichen Anordnungen treffen, um die Einhaltung der sich aus Absatz 2 ergebenden Anforderungen sicherzustellen. Sie kann die Beseitigung eines Tiergeheges anordnen, wenn nicht auf andere Weise rechtmäßige Zustände hergestellt werden können. In diesem Fall gilt § 42 Absatz 8 Satz 2 und 3 entsprechend.

(4) Die Länder können bestimmen, dass die Anforderungen nach Absatz 2 nicht gelten für Gehege,

1. die unter staatlicher Aufsicht stehen,
2. die nur für kurze Zeit aufgestellt werden oder eine geringe Fläche beanspruchen oder
3. in denen nur eine geringe Anzahl an Tieren oder Tiere mit geringen Anforderungen an ihre Haltung gehalten werden.

(5) Weiter gehende Vorschriften der Länder bleiben unberührt.

Inhaltsübersicht

I. Überblick

Das BNatSchG enthielt bis zum Inkrafttreten der Novelle im Jahr 2002 in § 24 eine rahmenrechtliche Vorschrift zu Tiergehegen. Wegen der Verfassungsreform 1994 war die Regelungskompetenz des Bundes zu dieser The- **1**

---

*) Beachte bei § 43 Abs. 3 Satz 1: **Schleswig-Holstein** – Abweichung durch § 28 Abs. 1 LNatSchG SH v. 24.02.2010 (GVOBl. Schl.-H., S. 301) m.W.v. 01.03.2010 (vgl. BGBl. I 2010, S. 450).

matik jedoch entfallen, sodass der Bundesgesetzgeber diese Materie den Ländern überantwortete. Mit der Föderalismusreform hat der Bund die konkurrierende Gesetzgebungskompetenz für den Artenschutz erworben. Der Bund sieht die Notwendigkeit einer bundesrechtlichen Regelung, da die tierschutzrechtliche Erlaubnispflicht nur Gehege erfasst, die gewerblichen Zwecken dienen oder gewerbsmäßig betrieben werden.[1]

2   Abs. 1 definiert, was unter einem **Tiergehege** zu verstehen ist.

3   Die materiellen Anforderungen an ein Tiergehege werden in Abs. 2 genannt. Sie orientieren sich an der früheren Regelung des § 24 in der bis zum 25.03.2002 geltenden Fassung, wobei die Genehmigungs- durch eine Anzeigepflicht ersetzt wird (Abs. 3).

4   § 43 setzt hinsichtlich der materiellen und verfahrensrechtlichen Anforderungen einen Mindeststandard fest. Die Länder haben die Möglichkeit, in bestimmten Fällen von den Anforderungen abzusehen (Abs. 4), beziehungsweise weitergehende Regelungen zu erlassen (Abs. 5).

II. Reichweite der Vorschrift

5   Tiergehege sind nach § 43 Abs. 1 dauerhafte Einrichtungen, in denen Tiere wild lebender Arten außerhalb von Wohn- und Geschäftsgebäuden während eines Zeitraumes von mindestens 7 Tagen im Jahr gehalten werden und die kein Zoo im Sinne des § 42 Abs. 1 sind.

6   Ein Tiergehege unterscheidet sich von einem Zoo dadurch, dass der Betreiber nicht die Zurschaustellung der Tiere bezweckt. Durch die Verweisung auf den gesamten Abs. 1 des § 42 fallen auch die in § 42 Abs. 1 Satz 2 genannten Einrichtungen (z.B. Zirkusse) nicht unter den Begriff des Tiergeheges.

7   Nicht unter die Vorschrift fallen eingezäunte Weiden und Gatter für Haustiere wie Schafe, Rinder und Geflügel, wohl aber Gehege für exotische Wildtiere.[2]

8   Zu den Tiergehegen zählen auch privat betriebene Vogelvolieren oder Vogelpflegestationen gemeinnütziger Vereine. Auch eingezäunte Bereiche, in denen wild lebende Weidetiere (z.B. Wisent) zum Zweck der Landschaftspflege gehalten werden, fallen unter den Begriff des Tiergeheges.[3]

---

1   BT-Drs. 16/12274, S. 98.
2   Zu Art. 20a a.F. BayNatSchG: *Engelhardt/Brenner/Fischer-Hüftle/Egner*, Naturschutzrecht in Bayern, Art. 20a Erl. 2 (Stand: April 2007).
3   Im Einzelfall klärungsbedürftig kann allerdings die Frage sein, ob eine Tierart oder Tierrasse zu den wild lebenden Arten im Sinne des § 7 Abs. 2 Nr. 7 BNatSchG gerechnet werden kann (z.B. Rückzüchtungen des Auerochsen).

III. Anzeige

1. Anzeigepflicht

Die Errichtung, Erweiterung, wesentliche Änderung und der Betrieb eines   9
Tiergeheges sind der zuständigen Behörde mindestens einen Monat im
Voraus anzuzeigen (Abs. 3 Satz 1). In Bezug auf den Begriff „wesentliche
Änderung" kann auf die Kommentierung zu § 42 verwiesen werden (§ 42
Rn. 11).

2. Materielle Anforderungen

Tiergehege sind gemäß § 43 Abs. 2 so zu errichten und zu betreiben, dass   10
die sich aus § 42 Abs. 3 Nrn. 1–4 ergebenden Anforderungen eingehalten
werden. Die **Betreiberpflichten** orientieren sich dabei weitestgehend an § 24
BNatSchG a.F.[4]

Tiergehege müssen demnach auf der Basis der einschlägigen tier- und ar-   11
tenschutzrechtlichen Vorschriften errichtet und betrieben werden. Auf die
Kommentierung zu § 42 wird verwiesen. Zur Auslegung des § 42 Abs. 3 Nr. 1
kann auf Verwaltungsvorschriften der Bundesländer zurückgegriffen werden.[5]

Weiterhin dürfen weder der Naturhaushalt noch das Landschaftsbild beein-   12
trächtigt werden. Die Einzäunung soll hinsichtlich des verwendeten Materials
und der Gestaltung dem Gelände und der Umgebung angepasst werden.[6]

Schließlich darf ein Tiergehege das Betreten von Wald und Flur sowie den   13
Zugang zu Gewässern nicht in unangemessener Weise einschränken. Rad-
und Wanderwege sollen nicht unterbrochen werden, ohne dass eine zumutbare Umleitung eingerichtet wird.[7] Die Vorschrift dient insoweit dem Schutz
des Erholungswertes der freien Landschaft[8]. Ob die Einschränkung unangemessen ist, ist durch eine Abwägung der Interessen des Tiergehegebetrei-
bers mit dem öffentlichen Interesse an dem Zugang zu diesem Gebiet zu ermitteln.[9]

Den Ländern wird gem. Abs. 4 die Befugnis eingeräumt, bestimmte Tierge-   14
hege von den Anforderungen des Abs. 2 freizustellen. Die Abweichungser-
mächtigung erstreckt sich auf folgende Tiergehege:

– Tiergehege, die unter staatlicher Aufsicht stehen;
– Tiergehege, die nur für kurze Zeit aufgestellt werden oder eine geringe
  Fläche beanspruchen;
– Tiergehege, in denen nur eine geringe Anzahl an Tieren oder Tiere mit ge-
  ringen Anforderungen an ihre Haltung gehalten werden.

---

4 BT-Drs. 16/122274, S. 99.
5 Z.B. Richtlinien zur Errichtung von Rot- und Damwildgehegen in Bayern, Gem. Bek. des
   BayStMLF, BayStMI und BayStMUGV v. 02. 01. 2007 – AllMBl. S. 156 – C 3.22.
6 *Engelhardt/Brenner/Fischer-Hüftle/Egner*, Naturschutzrecht in Bayern, Art. 20a Erl. 4.
7 *Engelhardt/Brenner/Fischer-Hüftle/Egner*, Naturschutzrecht in Bayern, Art. 20a Erl. 4.
8 VG München, Urt. v. 28. 05. 2014 – M 9 K 13.4239
9 OVG NW, Urt. v. 03. 08. 1989 – 7 A 1448/88, NuR 1990, 229.

15 Wie die Begriffe des 2. und 3. Spiegelstrichs bei Übernahme der Ausnahme-regelung in Landesrecht[10] auszulegen sind, wird die Rechtsprechung zu konkretisieren haben. Unter einer „kurzen Zeit" im Sinne dieser Vorschrift dürfte ein Zeitraum von bis zu einem Monat zu verstehen sein. Eine „geringe Fläche" dürfte nicht mehr als 100 m^2 (10 m × 10 m) umfassen. Eine „geringe Anzahl" von Tieren ist wohl nur bei einer Haltung von weniger als 5 Tieren gegeben. Geringe Anforderungen an die Tierhaltung sind nur dann zu stellen, wenn die betreffende Tierart wie ein Haustier (z.B. Hund, Katze, Zier-hase) ohne besondere Ausbildung gehalten werden kann.

3. Behördliche Befugnisse

16 Soweit die mit der Anzeige vorgelegten Unterlagen des Tiergehegebetrei-bers den tier- und artenschutzrechtlichen Anforderungen des § 42 Abs. 3 Nr. 1–4 nicht genügen, kann die zuständige Behörde durch Verwaltungsakt **Anordnungen** erlassen, um die Einhaltung dieser Vorschriften sicherzustel-len (Abs. 3 Satz 2).

17 Bei bestehenden Tiergehegen kann sie die Beseitigung anordnen, wenn nicht auf andere Weise rechtmäßige Zustände hergestellt werden können. Dabei ist eine Unterbringung der betroffenen Tiere entsprechend der Anforderun-gen des § 42 Abs. 8 Sätze 2 und 3 sicherzustellen (Abs. 3 Sätze 3 und 4). Sie kann beispielsweise die Errichtung des Tiergeheges untersagen oder bereits begonnene Bauarbeiten einstellen.

Abschnitt 3
Besonderer Artenschutz

Vorb. §§ 44–45
Besonderer Artenschutz – unionsrechtlicher Hintergrund

Inhaltsübersicht

---

10 Z.B. § 28 LNatSchG S-H v. 24.02.2010, GVOBl 2010, 301.

I. Allgemeines

Das besondere **Artenschutz**recht erfreut sich zwischenzeitlich vor allem auch   1
in der Fach- und Bauleitplanung immenser Bedeutung.[1] Diesen Ruhm ver-
dankt es seiner ubiquitären Geltung, seiner Strenge und alles in allem seiner
unionsrechtlichen Untersetzung. Es darf unterstellt werden, dass die Etablierung solch strikter naturschutzrechtlicher Vorschriften in den nationalen Par-
lamenten zumindest der Bundesrepublik Deutschland keine Mehrheit gefunden hätte.[2] Von Bedeutung sind insoweit insbesondere die sog. Zugriffsverbote des Art. 12 Abs. 1 und Art. 13 der FFH-Richtlinie (FFH-RL)[3] sowie Art. 5
der Vogelschutzrichtlinie (VRL).[4] Gemäß Art. 12 Abs. 1 FFH-RL treffen die
Mitgliedstaaten die notwendigen Maßnahmen, um ein strenges Schutzsystem
für die in Anhang IV Buchst. a) der Richtlinie genannten Tierarten in deren
natürlichen Verbreitungsgebieten einzuführen. Ähnliches sieht Art. 13 Abs. 1
FFH-RL hinsichtlich der in Anhang IV Buchst. b) der Richtlinie aufgeführten
Pflanzenarten vor („striktes Schutzsystem") sowie – etwas abgemildert –
Art. 5 VRL hinsichtlich der europäischen Vogelarten nach Art. 1 VRL, also
aller in Europa heimischen Vogelarten. Die genannten Vorschriften führen
sodann eine Reihe in diesem Zusammenhang zu verbietender Handlungen
auf. Diese repressiven Verbote (zur vorbeugend-aktiven Schutzdimension des
unionsrechtlich intendierten Artenschutzrechts siehe bereits § 38 Rn. 5) werfen zahlreiche Fragen auf, die für das Verständnis des nationalen besonderen
Artenschutzrechts, insbesondere der Vorschriften der §§ 44 und 45, erforderlich sind. Erschwert wird die innerstaatliche Umsetzung der unionsrechtlichen Vorgaben vor allem durch die teilweise fehlende Kohärenz der Bestimmungen der FFH-RL und der VRL, der nicht gelungenen Harmonisierung
beider Richtlinien und deren zu einseitigen Fokussierung auf die Belange des
Naturschutzes. Insoweit besteht Änderungs- bzw. Anpassungsbedarf.

---

1 Hierzu etwa *de Witt/Geismann*, Artenschutzrechtliche Verbote in der Fachplanung, 2010,
   Rn. 1 ff.
2 Vgl. hierzu *Köck*, in: Schuppert, Governance-Forschung, 2. Aufl. 2005, S. 322 (333 f.).
3 Richtlinie 92/43/EWG des Rates vom 21. 05. 1992 zur Erhaltung der natürlichen Lebensräume sowie der wild lebenden Tiere und Pflanzen, ABl. EU L 206, S. 7; zuletzt geändert
   durch die Richtlinie 2006/105/EG des Rates vom 20.11.2006, ABl. EU L 363, S. 368.
4 Richtlinie 79/409/EWG des Rates vom 02. 04. 1979 über die Erhaltung der wild lebenden
   Vogelarten, ABl. EU L 103, S. 1; neu gefasst durch die Richtlinie 2009/147/EG des Europäischen Parlaments und des Rates vom 30. 11. 2009, ABl. EU L 20, S. 7.

II. Verbotstatbestände

2 Art. 12 Abs. 1 FFH-RL verbietet in Bezug auf die in Anhang IV Buchst. a) FFH-RL aufgeführten Tierarten alle absichtlichen Formen des Fangs oder der Tötung von „aus der Natur entnommenen Exemplaren"[5] dieser Arten (Buchst. a)), jede absichtliche Störung dieser Arten, insbesondere während der Fortpflanzungs-, Aufzucht-, Überwinterungs- und Wanderungszeiten (Buchst. b)), jede absichtliche Zerstörung oder Entnahme von Eiern aus der Natur (Buchst. c)) sowie jede Beschädigung oder Vernichtung der Fortpflanzungs- oder Ruhestätten dieser Arten (Buchst. d)). Art. 13 FFH-RL verbietet das absichtliche Pflücken, Sammeln, Abschneiden, Ausgraben oder Vernichten von Exemplaren der in Anhang IV Buchst. b) FFH-RL gelisteten Pflanzenarten in deren Verbreitungsräumen in der Natur. Art. 5 VRL verbietet schließlich in Bezug auf die europäischen Vogelarten das absichtliche Töten oder Fangen, ungeachtet der angewandten Methode (Buchst. a)), die absichtliche Zerstörung oder Beschädigung von Nestern und Eiern und die Entfernung von Nestern (Buchst. b)), das Sammeln der Eier in der Natur und den Besitz dieser Eier, auch in leerem Zustand (Buchst. c)) sowie das absichtliche Stören geschützter Vögel, insbesondere während der Brut- und Aufzuchtszeit, sofern sich diese Störung auf die Zielsetzung der VRL erheblich auswirkt (Buchst. d)).

1. Überblick

a) Verbote des Art. 12 Abs. 1 FFH-RL

3 Die Verbote des Art. 12 Abs. 1 Buchst. a) und c) FFH-RL verfolgen einen individuenbezogenen Schutzansatz. Das legt bereits der Wortlaut „von Exemplaren" bzw. „Eier" nahe. Ziel der Verbote ist zwar die Errichtung eines strengen Schutzsystems für die Arten nach Anhang IV FFH-RL und damit der Erhalt der Art und nicht vorrangig des Individuums, doch unterstellt die Richtlinie auf Tatbestandsebene, dass sich die **Tötung** oder der **Fang** bereits einzelner Exemplare bzw. die **Zerstörung** oder **Entnahme** einzelner Eier negativ auf den Erhaltungszustand der Art insgesamt auswirken. Mithin führt bereits der Fang oder die Tötung eines einzigen Individuums einer in Anhang IV Buchst. a) FFH-RL aufgeführten Art zur Tatbestandsverwirklichung.[6]

4 Im Gegensatz dazu verfolgt Art. 12 Abs. 1 Buchst. b) FFH-RL keinen individuenbezogenen Schutzansatz;[7] verboten ist die absichtliche Störung „dieser Arten". Es wird also von der Art und nicht von „Exemplaren" oder „Eiern" gesprochen. Dies leuchtet aus systematisch-teleologischer Sicht auch unmittelbar ein. Würde sich das Störungsverbot ebenfalls auf jedes einzelne Exemplar be-

---

5 Die deutsche Fassung „der Tötung von aus der Natur entnommenen Exemplaren" ist redaktionell misslungen. Nach ihrem Wortlaut wäre das Töten von in der Natur lebenden Exemplaren nicht verboten, was ersichtlich nicht gemeint war. Das wird insbesondere an den anderen Sprachfassungen deutlich, siehe nur im Englischen: „all forms of deliberate capture or killing of specimens of these species in the wild".

6 *Kautz*, NuR 2007, 234 (235 f.); *Gellermann*, NuR 2007, 132 (134); *Mayr/Sanktjohanser*, NuR 2006, 412 (417).

7 *Lau/Steeck*, NuR 2008, 386 (388) m.w.N.

ziehen, wäre nicht einzusehen, weshalb die Tötung und der Fang, als die wohl intensivsten Formen der Störung, unter einem eigenen Buchstaben noch einmal unter Verbot gestellt sind.[8] Hinzu kommt, dass Art. 5 Buchst. d) als das Pendant zu Art. 12 Abs. 1 Buchst. b) FFH-RL das absichtliche Stören geschützter Vögel, insbesondere während der Brut- und Aufzuchtszeit, verbietet, sofern sich diese Störung auf die Zielsetzung der VRL erheblich auswirkt. Art. 12 Abs. 1 Buchst. b) FFH-RL ebenfalls einen individuenbezogenen Schutzanspruch beizumessen, würde daher zu einem kaum mehr vertretbaren Wertungswiderspruch zu Art. 5 Buchst. d) führen.[9] Das **Störungsverbot** in Buchst. b) ist nicht auf die Fortpflanzungs-, Aufzuchts-, Überwinterungs- und Wanderungszeiten beschränkt, wie die Formulierung „insbesondere" verdeutlicht.[10] Da die Mitgliedstaaten gemäß Art. 12 Abs. 1 FFH-RL ein „strenges Schutzsystem" aufzurichten haben, wird man grundsätzlich jede negative unmittelbare Einwirkung auf die psychische und erst recht auf die physische Verfassung der geschützten Tiere unter den Begriff der Störung fassen müssen.[11] Andererseits tragen gemäß Art. 2 Abs. 3 FFH-RL die aufgrund dieser Richtlinie getroffenen Maßnahmen den Anforderungen von Wirtschaft, Gesellschaft und Kultur sowie den regionalen und örtlichen Besonderheiten Rechnung. Indem Art. 12 Abs. 1 Buchst. b) FFH-RL keinen individuenbezogenen Schutz verfolgt, löst er dieses Spannungsverhältnis dahingehend auf, dass nur solche Störungen von Individuen tatbestandsmäßig sind, die auf den Erhaltungszustand der betroffenen Population Einfluss haben können, also mindestens auf Populationsebene Auswirkungen zeitigen.[12]

Art. 12 Abs. 1 Buchst. d) FFH-RL verbietet des Weiteren jede **Beschädigung** 5 oder **Vernichtung** der **Fortpflanzungs-** oder **Ruhestätten** von in Anhang IV Buchst. a) FFH-RL gelisteten Arten. Da es Art. 12 Abs. 1 FFH-RL um den Schutz der „in Anhang IV Buchstabe a) genannten Tierarten in deren natürlichen Verbreitungsgebieten" geht, ist der Schutz der Fortpflanzungs- und Ruhestätten kein Selbstzweck, sondern flankiert den über Art. 12 Abs. 1 Buchst. a)–c) FFH-RL gewährleisteten Schutz der Arten selbst. Es sollen die notwendigen Funktionen im Lebenszyklus der betroffenen Arten aufrechterhalten werden. Damit ist Art. 12 Abs. 1 Buchst. d) FFH-RL rein funktional in dem Sinne zu verstehen, dass eine dort verbotene Beschädigung oder Vernichtung von Fortpflanzungs- oder Ruhestätten erst dann anzunehmen ist, wenn diese ihre ökologische Funktion nicht mehr erfüllen können.[13] Im Gegensatz zu den Verboten unter den Buchst. a)–c), die allesamt ein „absicht-

---

8 *Lau/Steeck*, NuR 2008, 386 (388).

9 *Heugel*, in: Lütkes/Ewer, BNatSchG, § 44 Rn. 13.

10 *Sobotta*, NuR 2007, 642 (643); *Niederstadt/Krüsemann*, ZUR 2007, 347 (349).

11 Vgl. *Sobotta*, NuR 2007, 642 (643 f.); *Kratsch*, NuR 2007, 100 (104).

12 BVerwG, Urt. v. 09.07.2009 – 4 C 12.07, NVwZ 2010, 123 (Rn. 41); *Lüttmann*, NuL 2007, 236 (239 f.); vgl. auch EU-Kommission, Leitfaden zum strengen Schutzsystem für Tierarten von gemeinschaftlichem Interesse im Rahmen der FFH-RL 92/43/EWG, 2007, Ziff. II.3.2.a), Rn. 39.

13 So auch EU-Kommission, Leitfaden zum strengen Schutzsystem für Tierarten von gemeinschaftlichem Interesse im Rahmen der FFH-RL 92/43/EWG, 2007, Ziff. II.3.4.b), Rn. 53; *Kautz*, NuR 2007, 234 (236).

liches" Handeln (dazu unter Rn. 10) voraussetzen, verzichtet das Beschädigungs- und Vernichtungsverbot des Art. 12 Abs. 1 Buchst. d) FFH-RL auf dieses subjektive Tatbestandsmerkmal. Art. 12 Abs. 3 FFH-RL stellt schließlich klar, dass die Zugriffsverbote nach Abs. 1 Buchst. a) und b) sowie die Besitz- und Vermarktungsverbote nach Abs. 2 für alle Lebensstadien der Tiere im Sinne dieses Artikels gelten.

b) Verbote des Art. 13 FFH-RL

6   Art. 13 FFH-RL verbietet das absichtliche **Pflücken, Sammeln, Abschneiden, Ausgraben** oder **Vernichten** von Exemplaren der in Anhang IV Buchst. b) FFH-RL gelisteten Pflanzenarten in deren Verbreitungsräumen in der Natur und stellt damit das Pendant zum Tötungs- und Fangverbot des Art. 12 Abs. 1 Buchst. a) FFH-RL in Bezug auf Pflanzen dar. Verboten sind nur „absichtliche" Handlungen. Art. 13 FFH-RL verfolgt zudem ausweislich seines Wortlautes („von Exemplaren") einen durchgängig individuenbezogenen Schutz.[14]

c) Verbote des Art. 5 VRL

7   Die Verbote des Art. 5 Buchst. a)–c) VRL verfolgen ebenfalls einen individuenbezogenen Schutzansatz.[15] Dies legt zum einen der Wortlaut und zum anderen der Umkehrschluss zu Art. 5 Buchst. d) VRL nahe. Art. 5 VRL spricht im Gegensatz zu Art. 12 Abs. 1 FFH-RL nicht von einem „strengen" Schutzsystem. Zudem schützen die artenschutzrechtlichen Verbote der VRL anders als diejenigen der FFH-RL alle in Europa vorkommenden Vogelarten, also auch sämtliche Allerweltsarten. Den strikten individuenbezogenen Schutzansatz aufgebend verbietet Art. 5 Buchst. d) VRL schließlich ein absichtliches Stören von **Vögeln**, insbesondere während der Brut- und Aufzuchtszeit, nur insoweit, wie sich diese Störung auf die Zielsetzung der VRL erheblich auswirkt. Zielsetzung der VRL ist gemäß deren Art. 1 die Erhaltung sämtlicher wild lebender Vogelarten, die im Gebiet der Mitgliedstaaten heimisch sind. Ein Verstoß gegen Art. 5 Buchst. d) VRL kommt demnach nur dann in Betracht, wenn das betreffende Vorhaben bzw. die betreffende Handlung geeignet ist, den Bestand einer europäischen Vogelart im jeweiligen Mitgliedstaat zu gefährden.[16] Wegen des die VRL durchziehenden Vorsorgegrundsatzes genügt insoweit auf Tatbestandsebene jedoch, dass es infolge der Störung zu einer Verschlechterung des Erhaltungszustands der betroffenen Population kommt.

2. Betonte Sonderstellung der Beschädigung oder Vernichtung der Fortpflanzungs- und Ruhestätten

8   Wie weit der Anwendungsbereich der artenschutzrechtlichen Verbote in Art. 12 Abs. 1, Art. 13 FFH-RL und Art. 5 VRL reicht, zeigte besonders au-

---

14 *Lau/Steeck*, NuR 2008, 386 (389).
15 *Niederstadt/Krüsemann*, ZUR 2007, 347 (352).
16 Vgl. hierzu *Lau/Steeck*, NuR 2008, 386 (389 f.).

genfällig das Caretta-Urteil des EuGH. Nach diesem kann das bloße Vorhandensein von **Bauwerken** geeignet sein, eine Beschädigung oder Vernichtung einer Fortpflanzungsstätte i.S.d. Art. 12 Abs. 1 Buchst. d) FFH-RL herbeizuführen.[17] Schließlich ist dieses Verbot nicht an eine absichtliche Handlung geknüpft, im Gegensatz etwa zu den Verboten nach Art. 12 Abs. 1 Buchst. a)–c) FFH-RL. Fortpflanzungs- und Ruhestätten sollen vielmehr angesichts ihrer Bedeutung für den Schutz der biologischen Vielfalt umfassend vor Handlungen geschützt sein, die zu ihrer Beeinträchtigung oder Vernichtung führen, unabhängig davon, ob sie absichtlich oder unabsichtlich sind.[18]

3. Weite Konzeption auch absichtlicher Handlungen

Der Umkehrschluss zu dieser weiten Konzeption legt es nahe, die anderen Verbotstatbestände des Art. 12 FFH-RL eng auszulegen. Das gilt auch für die Verbote nach Art. 5 Buchst. a)–c) VRL. In ihnen wird ausdrücklich eine **absichtliche** Handlung verlangt. Allerdings hat der EuGH bezogen auf Art. 12 Abs. 1 Buchst. b) FFH-RL auch den **Verkehr von Mopeds** auf dem Fortpflanzungsstrand der **Caretta-Schildkröte** und das Vorhandensein von **Tretbooten** im davor liegenden Meeresgebiet als absichtliche Störungen der betroffenen Tierart während der Fortpflanzungszeit angesehen.[19] Der Verkehr mit Mopeds ist vor allem aufgrund von Lärmbelästigungen geeignet, diese Art während der Eiablage sowie des Ausschlüpfens der jungen Schildkröten und auf ihrem Weg zum Meer zu stören. **Anlegestellen** in der Nähe der Fortpflanzungsstätten stellten eine Gefahrenquelle für das Leben und die körperliche Unversehrtheit der Tiere dar.[20] Damit werden allerdings Handlungen einbezogen, die eine ganz andere Zielrichtung als die Störung von Tieren verfolgen. Gleichwohl haben sie negative Auswirkungen auf die Fortpflanzung. Mithin scheint sich der EuGH am Ergebnis der Beeinträchtigung zu orientieren, betont er doch die Eignung zur Störung.

Eine Beeinträchtigung wie soeben beschrieben kann aber etwa auch aus alltäglichen Vorgängen wie der **Bewirtschaftung landwirtschaftlicher Flächen** oder dem **Autoverkehr**[21] herrühren, ohne dass dabei eine solche Störung beabsichtigt ist. Eine rechtssichere Abgrenzung ist nach dieser Sichtweise nur noch schwer möglich.[22] Der EuGH gelangt zur **Absichtlichkeit** denn auch über den Umweg, dass der Verkehr mit Mopeds auf den Fortpflanzungssträngen verboten war und Schilder aufgestellt waren, die auf das Vorhandensein der geschützten Schildkröte auf diesen Stränden hinwiesen.[23] Eine Missachtung dieser speziellen Beschilderung führt „somit"[24] nach Auffas-

9

10

---

17 EuGH, Urt. v. 30. 01. 2002 – Rs. C-103/00, Caretta, Slg. 2002, I-1147 (Rn. 38).
18 EuGH, Urt. v. 10. 01. 2006 – Rs. C-98/03, Kommission/Deutschland, Slg. 2006, I-53 (Rn. 55); bereits EuGH, Urt. v. 20. 10. 2005 – Rs. C-6/04, Gibraltar, Slg. 2005, I-9017 (Rn. 73 ff.).
19 EuGH, Urt. v. 30. 01. 2002 – Rs. C-103/00, Caretta, Slg. 2002, I-1147 (Rn. 36).
20 EuGH, Urt. v. 30. 01. 2002 – Rs. C-103/00, Caretta, Slg. 2002, I-1147 (Rn. 34).
21 Siehe etwa OVG Münster, Beschl. v. 23. 03. 2007 – 11 B 916/06.AK, NuR 2007, 360 ff.
22 Vgl. *Füßer/Lau*, NuR 2009, 445 ff.
23 EuGH, Urt. v. 30. 01. 2002 – Rs. C-103/00, Caretta, Slg. 2002, I-1147 (Rn. 35).
24 EuGH, Urt. v. 30. 01. 2002 – Rs. C-103/00, Caretta, Slg. 2002, I-1147 (Rn. 36).

sung des EuGH zu einer absichtlichen Handlung. Indes wird damit der Absichtsbegriff sehr weit gefasst und unkonturiert. Es genügt bei dieser Konzeption ein billigendes In-Kauf-Nehmen. Nach GAin *Kokott* reicht es aus, wenn „der Handelnde um die Gefährdung der geschützten Tiere wusste und sie in Kauf nahm".[25] Die Resolution 1/89 vom 09.06.1989 des ständigen Ausschusses zum Übereinkommen von Bern, wonach in Bezug auf Fortpflanzungs- und Ruhestätten nach Art. 6 Buchst. b) dieses Übereinkommens die Begriffe „intentionelle/deliberate" auch Handlungen erfassen, die nicht mit dem Ziel durchgeführt werden, diese Stätten zu beschädigen, sondern nur mit dem Wissen, dass sie wahrscheinlich zu solchen Schäden führen werden, spricht auch nach Auffassung von GAin *Kokott*[26] nur „unter Umständen" für ein weites Verständnis des Absichtsbegriffs. Für Fortpflanzungs- und Ruhestätten besteht ohnehin gerade der nicht an die Absichtlichkeit geknüpfte Schutz nach Art. 12 Abs. 1 Buchst. d) FFH-RL. Verlangt man auch insoweit eine Absichtlichkeit,[27] ist allerdings an eine wortgetreuere und damit engere Auslegung auch für die **Berner Konvention** zu denken, wie sie dem sonstigen Verständnis des Begriffs „intentionelle" als vorsätzlich und des Begriffs „deliberate" mit Wissen und Wollen entspricht.[28] Der EuGH forderte in seinem auf den vorgenannten Schlussantrag von GAin *Kokott* ergangenen Urteil ganz ähnlich den Nachweis, „dass der Handelnde den Fang oder die Tötung eines Exemplars einer geschützten Tierart gewollt oder zumindest in Kauf genommen hat".[29] Dabei nahm er vorher jedoch ausdrücklich auf das **Caretta-Urteil** Bezug und wiederholte ohne Distanzierung, dass der **Verkehr mit Mopeds** an einem geschützten Sandstrand sowie das Vorhandensein von **Tretbooten** und kleinen Booten im Meeresgebiet der betreffenden Strände trotz Hinweisen auf das Vorkommen von **Gelegen geschützter Meeresschildkröten** eine absichtliche Störung bilde.[30]

11   Der VGH Kassel bejaht in Heranziehung des **Caretta-Urteils** Absicht schon, wenn der Eingriff zwangsläufig die missbilligte schädigende Folge hat.[31] Jedenfalls wurde die bisherige Linie des BVerwG, das unausweichliche Konsequenzen rechtmäßigen Verhaltens als unabsichtlich qualifizierte,[32] deutlich verrückt.[33] Das BVerwG bezeichnet ihre Aufrechterhaltung im Lichte der neueren Rechtsprechung des EuGH selbst als fraglich und argumentiert auf dem Boden dieser Judikatur sowie der Schlussanträge von GAin *Kokott*.[34] Oft

---

25 Nach langer Auslegung und in Distanzierung von GA *Léger*, was die schwierige und unsichere Interpretation unterstreicht, GAin *Kokott*, Schlussanträge v. 18.05.2006 – Rs. C-221/04, Slg. 2006, I-4515 (Rn. 51 und 54); näher hierzu *Fischer-Hüftle*, NuR 2005, 768 ff.

26 GAin *Kokott*, Schlussanträge v. 18.05.2006 – Rs. C-221/04, Slg. 2006, I-4515 (Rn. 39).

27 Näher *Frenz*, UTR 87 (2009), 7 (46 ff.).

28 Dazu GAin *Kokott*, Schlussanträge v. 18.05.2006 – Rs. C-221/04, Slg. 2006, I-4515 (Rn. 37).

29 EuGH, Urt. v. 18.05.2006 – Rs. C-221/04, Schlingenjagd, Slg. 2006, I-4515 (Rn. 71).

30 EuGH, Urt. v. 18.05.2006 – Rs. C-221/04, Schlingenjagd, Slg. 2006, I-4515 (Rn. 70).

31 VGH Kassel, Urt. v. 24.11.2003 – 3 N 1080/03, NuR 2004, 393 (397).

32 BVerwG, Urt. v. 11.01.2001 – 4 C 6.00, BVerwGE 112, 321 (330); BVerwG, Beschl. v. 12.04.2005 – 9 VR 41.04, NVwZ 2005, 943 (947).

33 Siehe *Kratsch*, NuR 2007, 100 (102).

34 BVerwG, Urt. v. 16.03.2006 – 4 A 1075.04, BVerwGE 125, 116 (Rn. 559 ff.).

wird es auch zufällig sein, ob staatliche Schilder aufgestellt sind und daher eine positive Kenntnis schufen, die bewusst oder auch nur billigend missachtet worden sein konnten oder nicht. Am störenden Ergebnis der Handlung ändert dieser Vorgang nichts. Damit wird ein schutzfremdes Element einbezogen; die Ausfüllung der Absichtlichkeit erfolgt unabhängig von der Schutzkonzeption der FFH-RL. Sie ist daher im Grunde sachfremd.

4. Ausschluss zufälliger und ungewollter Beeinträchtigungen

Insbesondere verschwimmt der Unterschied zum überhaupt nicht auf die Absichtlichkeit abstellenden Sondertatbestand des Art. 12 Abs. 1 Buchst. d) FFH-RL. Durch die faktische Einbeziehung auch – im herkömmlichen Sinne – nicht absichtlicher Handlungen in die anderen Verbotstatbestände des Art. 12 Abs. 1 FFH-RL geht die herausgehobene Stellung eines umfassenden Schutzes der Fortpflanzungs- und Ruhestätten verloren; diese weite Schutzkonzeption wird vielmehr auf die anderen, aber anders formulierten Tatbestände ausgedehnt. § 44 Abs. 1 zieht dies praktisch normativ nach. Dabei betonte der EuGH nur für Art. 12 Abs. 1 Buchst. d) FFH-RL, dass eine Einbeziehung unabsichtlicher Handlungen „keineswegs unverhältnismäßig" ist. Hintergrund ist die Bedeutung des Ziels des Schutzes der **biologischen Vielfalt**.[35] Dafür ist die Erhaltung der Fortpflanzungs- oder Ruhestätten elementar. Das rechtfertigt einen entsprechend weitgehenden Verbotstatbestand. Die zu wahrenden Umweltbelange überwiegen daher bis auf die Ausnahmetatbestände und damit im Ansatz durchgehend den Schutz der untersagten Aktivitäten. Das ist hingegen nicht notwendig bei den anderen Verbotstatbeständen der Fall. **12**

Bei einer **Abschwächung des Absichtlichkeitserfordernisses** entsprechend der Konzeption des EuGH würde die Weite der einbezogenen Handlungen unübersehbar. Immerhin nahm der EuGH in seiner **Schlingenjagd-Entscheidung** Handlungen aus, die eine gänzlich andere Zielrichtung hatten als die von einer staatlichen Genehmigung erfassten, nämlich die **Fuchsjagd** und die dabei versehentlich gefangenen **Fischotter**; zudem waren Fischotter zum Zeitpunkt der Genehmigung nicht nachgewiesen, sodass deren mögliche Gefährdung unbekannt war.[36] Sind hingegen die fraglichen Arten nachgewiesen, drohen nach der Konzeption des **Caretta-Urteils** des EuGH auch Verhaltensweisen mit gänzlich unbeabsichtigten und lediglich indirekten Auswirkungen auf den Artenschutz hiervon gleichwohl erfasst zu werden. Eine Prognose solcher Konsequenzen ist oft nur schwer möglich.[37] Dabei ist dem Caretta-Urteil auch nicht zu entnehmen, wie stark die Auswirkungen sein müssen. Im Gegensatz zu Art. 12 Abs. 1 Buchst. d) FFH-RL erfordern die Bestimmungen des Art. 12 Abs. 1 Buchst. a)–c) FFH-RL jedenfalls nicht explizit einen notwendigen starken „Beeinträchtigungserfolg", wie er in der **13**

---

35 EuGH, Urt. v. 10. 01. 2006 – Rs. C-98/03, Kommission/Deutschland, Slg. 2006, I-53 (Rn. 55).

36 EuGH, Urt. v. 18. 05. 2006 – Rs. C-221/04, Schlingenjagd, Slg. 2006, I-4515 (Rn. 72 f.).

37 Siehe bezogen auf Art. 12 Abs. 1 Buchst. a) FFH-RL Hinweise der LANA zur Anwendung des europäischen Artenschutzrechts bei der Zulassung von Vorhaben und bei Planungen vom 29.05.2006, ergänzt am 26./27. 10. 2006, S. 5, Ziff. 3.b).

Beschädigung oder Vernichtung der Fortpflanzungs- oder Ruhestätten liegt.[38] Ausgehend davon, dass deren **ökologische Funktion** aufrechterhalten werden soll,[39] fallen alle Handlungen aus dem Verbot des Art. 12 Abs. 1 Buchst. d) FFH-RL, welche die Funktion der **Fortpflanzungs- oder Ruhestätte** trotz möglicher Störungen oder Beeinträchtigungen wahren.[40]

14 Der Begriff der Absichtlichkeit markiert damit eine lediglich graduelle Grenze, deren Wahrung nicht immer leicht vorhersehbar ist. Damit können auch wirtschaftlich sehr bedeutsame Verhaltensweisen mit nicht genau vorhersehbaren indirekten Auswirkungen erfasst sein. Insoweit wäre die Verhältnismäßigkeit fraglich. Sie müsste im Einzelfall geprüft werden. Das erschwert die Abgrenzung der einbezogenen Vorgänge zusätzlich. Um hier Klarheit zu schaffen, sollten de lege ferenda zufällige und ungewollte Beeinträchtigungen ausdrücklich ausgenommen werden.[41] Daraus entsteht nämlich Rechtsunsicherheit. Dieser Befund gilt auch für Art. 12 Abs. 1 Buchst. d) FFH-RL, obwohl er wegen der Grundlagenfunktion von **Fortpflanzungs- und Ruhestätten** für den Biodiversitätsschutz so weit gefasst ist. **Rechtssicherheit** aber ist ein zentrales Erfordernis für die Normierung auch auf europäischer Ebene. Die in Deutschland bekannten Elemente der Rechtsstaatlichkeit gelten in ganz ähnlicher Weise auch für das europäische Rechtsstaatsprinzip nach Art. 2 EUV.[42] Der Grundsatz der **Rechtssicherheit** verlangt, dass eine belastende Regelung klar und deutlich ist, damit der Verpflichtete seine Rechte und Pflichten unzweideutig erkennen und somit entsprechende Vorkehrungen treffen kann.[43] Durch FFH-Verbotstatbestände Verpflichtete können dann ihre Rechte und Pflichten nicht eindeutig erkennen und daher nur schwerlich entsprechende Vorkehrungen treffen, wenn auch zufällige und ungewollte bzw. unbewusste Beeinträchtigungen erfasst werden. Sie können sie gerade nicht vorhersehen und daher ihr Verhalten nicht darauf abstimmen, außer sie unterlassen die entsprechende Aktivität ganz. Das ist aber z.B. **Landwirten** nicht möglich, verdienen sie doch ihren Lebensunterhalt damit und sichern zugleich die Ernährungsgrundlage der Bevölkerung. Um durchgängig Rechtssicherheit zu schaffen, ist es daher angezeigt, stets nur – im klassischen Sinne – absichtliche Verhaltensweisen mit einem Verbot zu belegen. De lege lata sind mithin alle Spielräume zu nutzen, um so weit wie möglich dem nahezukommen.

---

38 Vgl. BVerwG, Urt. v. 16. 03. 2006 – 4 A 1075.04, BVerwGE 125, 116 (Rn. 563) mit individuenbezogener Sicht zu Art. 5 Buchst. a) und b) VRL und Art. 12 FFH-RL mit dann anderer Konzeption für eine Befreiung; kritisch *Kratsch*, NuR 2007, 27 und anders *ders.*, NuR 2007, 100 (104).

39 Siehe EU-Kommission, Leitfaden zum strengen Schutzsystem für Tierarten von gemeinschaftlichem Interesse im Rahmen der FFH-RL 92/43/EWG, 2007, Ziff. II.3.4.b), Rn. 53.

40 Siehe Hinweise der LANA zur Anwendung des europäischen Artenschutzrechts bei der Zulassung von Vorhaben und bei Planungen vom 29. 05. 2006, ergänzt am 26./27. 10. 2006, S. 4, Ziff. 3.a)bb); *Kratsch*, NuR 2007, 100 (103).

41 Näher *Frenz*, UTR 87 (2009), 7 (45 f.).

42 Vgl. *Pechstein*, in: Streinz, EUV/AEUV, Art. 2 EUV Rn. 6.

43 Bereits EuGH, Urt. v. 09. 07. 1981 – Rs. C-169/80, Zollverwaltung/Gondrand Frères, Slg. 1981, 1931 (Rn. 17).

Insoweit wird zum Teil vertreten, der Absichtsbegriff des Art. 5 VRL sei weit   *15*
restriktiver auszulegen – nämlich nur intendierte Eingriffe erfassend – als
derjenige des Art. 12 Abs. 1 Buchst. a)–c) FFH-RL.[44] Begründet wird dies damit, dass Art. 5 VRL im Gegensatz zu Art. 12 Abs. 1 FFH-RL nicht von einem
„strengen" Schutzregime spricht, die artenschutzrechtlichen Verbote der
VRL anders als diejenigen der FFH-RL sämtliche Allerweltsarten schützen
und schließlich die Ausnahmevoraussetzungen der VRL enger ausfallen als
diejenigen der FFH-RL (siehe hierzu noch unten 28 ff.). Es ist aber aufgrund
des auch sonst vom EuGH – nicht immer bruchlos zur Entstehungsgeschichte
der VRL und der ihr nachfolgenden FFH-RL – bemühten Gleichlaufs dieser
beiden Richtlinien fernliegend anzunehmen, der EuGH würde den Absichtsbegriff in der VRL anders verstehen als in der FFH-RL.[45]

5. Vertragliche und freiwillige Lösungen

Jenseits tatsächlich absichtlicher Verhaltensweisen, welche nicht schon al-   *16*
lein durch das Aufstellen staatlicher Schilder ausgelöst werden, bewegt man
sich in einem unsicheren Bereich. Bei solchen Unsicherheiten sind **vertragliche Lösungen** besser geeignet,[46] welche eine für beide Parteien akzeptable
und doch der Sache dienende Bewältigung des Problems ermöglichen. Darüber hinaus sind die Betroffenen generell gehalten, bei ihren ständigen Aktivitäten entsprechend der erforderlichen Schutzbedürftigkeit auf die vorkommenden Arten zu achten, die von den jeweils zuständigen nationalen
Behörden bekannt gemacht werden. Eine solche Vorgehensweise ist sowohl
Ausdruck des **Kooperationsprinzips**, welches von den Unionsorganen immer
wieder betont wurde,[47] als auch der **nachhaltigen Entwicklung**, die eine adäquate Berücksichtigung ökonomischer Elemente fordert.[48] Eine vorhandene
Bewirtschaftung ist zumal dann zu berücksichtigen, wenn es sich wie in der
Land- und Forstwirtschaft um gewachsene Strukturen handelt, in deren
Rahmen seit jeher ein enger Bezug zur Natur besteht. Es handelt sich um
eine Art Symbiose, die auch der lokalen Population nicht immer schadet. Es
ist ganz natürlich, dass einzelne Exemplare angetastet werden, solange nur
die lokale Population als solche nicht dezimiert, sondern in ihren Bestands-
zahlen stabil gehalten wird.[49] Agrarbetriebe bewirtschaften das ihnen zur
Verfügung stehende Land und sind deshalb auf den Erhalt ihres auch natur-

---

44 VGH München, Urt. v. 28. 01. 2008 – 8 A 05.40018, NuR 2008, 582 (583); VGH Mannheim,
    Urt. v. 25. 04. 2007 – 5 S 2243/05, NuR 2007, 685 (686); ebenso *Sobotta*, NuR 2007, 642
    (648); noch weiter *Niederstadt/Krüsemann*, ZUR 2007, 347 (352), die sogar innerhalb des
    Art. 5 VRL zwei verschiedene Absichtsbegriffe präferieren, je nachdem ob Allerwelts-
    arten betroffen sind oder nicht.
45 *Philipp*, NVwZ 2008, 593 (595); *Lau/Steeck*, NuR 2008, 386 (389).
46 Siehe für das deutsche Recht § 55 VwVfG.
47 Näher *Frenz*, Europarecht 5: Wirkungen und Rechtsschutz, 2010, Rn. 932 ff. auch zur
    Frage einer adäquaten Richtlinienumsetzung: Es bedarf insbesondere einer hinreichen-
    den Verbindlichkeit, wie sie bei Verwaltungsverträgen gegeben ist, und ggf. einer flanki-
    erenden staatlichen Regelung, wie sie mit § 44 Abs. 1 vorliegt.
48 Hierzu *Frenz*, UTR 87 (2009), 7 (10 ff.).
49 Vgl. BT-Drs. 16/5100, S. 11 f.

nahen Umfeldes letztlich angewiesen, hängt doch etwa von bestimmten vorhandenen Arten die Befruchtung von Pflanzen ab. Umgekehrt kommen bestimmte Arten oft nur bei bestimmten **Landnutzungsformen** vor.[50] Daher bedarf es ohnehin einer Wirtschaftsweise, die auf die Bedürfnisse der Natur adäquat Rücksicht nimmt, auch wenn eine moderne und konkurrenzfähige **Landwirtschaft** Einwirkungen auf die Natur mit sich bringt. Vor dem Hintergrund dieses „Balanceaktes"[51] wurde im BBodSchG in § 17 eine Sonderregelung geschaffen, welche konkrete durchsetzbare Rechtspflichten weitestgehend durch die Erfüllung der **guten fachlichen Praxis** ersetzt.[52] Soweit hier generelle Veränderungen erforderlich sind,[53] ist eine behutsame Anpassung notwendig, damit sich eine solche Bewirtschaftungsweise fest etabliert und damit gleichsam zum landwirtschaftlichen Traditionsgut wird, das nicht mehr angeordnet zu werden braucht, sondern von selbst fortwirkt, verinnerlicht und automatisch befolgt wird, sobald es sozial gefordert wird.[54] So gelangt man durch Einbeziehung der Betroffenen zur effektivsten und dauerhaftesten Form des Umweltschutzes.

III. Teleologische Reduktion bei mangelnder Erheblichkeit

17 Gerade der Blick auf eine vorhandene Bewirtschaftung zeigt, dass **traditionelle Wirtschaftsweise** und Natur eng verbunden sind. Sie können bislang unter die Verbotstatbestände fallen, obgleich es sich um über lange Zeiträume gepflegte Verhaltensweisen handelt, welche bisher den betroffenen Lebensraum jedenfalls nicht in einer Weise antasteten, dass er nun nicht mehr schutzwürdig wäre. Das gilt zumal vor dem Hintergrund der Rechtsprechung zu Art. 12 Abs. 1 Buchst. d) FFH-RL. Subsumiert man unter eine Beschädigung oder Vernichtung einer Fortpflanzungsstätte bereits die Existenz von **Bauwerken**,[55] werden Phänomene einbezogen, die nicht durchgehend erhebliche Auswirkungen für die geschützten Arten haben müssen. Zwar betont der EuGH, dass die Bauwerke bezogen auf den betroffenen Schutztypus („Fortpflanzungsstrand wie demjenigen von Daphne") geeignet sind, eine Beschädigung oder Vernichtung der Fortpflanzungsstätte i.S.d. Art. 12 Abs. 1 Buchst. d) FFH-RL herbeizuführen.[56] Damit verlangt er implizit eine Relevanz für die betroffene Fortpflanzungsstätte und damit indirekt auch eine Erheblichkeit für die dort befindliche Art – hier der **Caretta-**

---

50 BT-Drs. 16/5100, S. 11 f.

51 *Becker*, BBodSchG, § 17 Rn. 1.

52 Näher *Frenz*, BBodSchG, § 17 Rn. 3 ff.; *Versteyl*, in: ders./Sondermann, BBodSchG, § 17 Rn. 3 ff.; kritisch *Hof*, in: Brandt/Smeddinck, Gute fachliche Praxis – Zur Standardisierung von Verhalten, 2005, S. 159 (161 ff.): „Aufzählung fachlicher Gemeinplätze".

53 Das scheinen jüngere Entwicklungen nahezulegen, vgl. BfN, Pressemitteilung vom 24.07.2012, NuR 2012, VIII.

54 Dazu näher *Dickertmann/Gelbhaar*, ZfU 1995, 341 (355); *Holländer*, American Economic Review 80 (1990), 1157 ff.; *Frenz*, Selbstverpflichtungen der Wirtschaft, 2001, S. 67 f.; *Weimann*, Umweltökonomik, 1990, S. 83; was das soziale Einfordern angeht, so ist Deutschland auf einem guten Weg, vgl. BfN, Pressemitteilung vom 28.08.2012, NuR 2012, VII.

55 So EuGH, Urt. v. 30.01.2002 – Rs. C-103/00, Caretta, Slg. 2002, I-1147 (Rn. 38).

56 EuGH, Urt. v. 30.01.2002 – Rs. C-103/00, Caretta, Slg. 2002, I-1147 (Rn. 38).

Schildkröte. Indes ist eine Eignung zur Beschädigung oder Vernichtung leicht gegeben. Weil es für die Wahrung der Schutzziele der FFH-RL entscheidend darauf ankommt, dass die Arten selbst und ihre Lebensräume nicht in einer Weise beeinträchtigt werden, die ihre Erhaltung gefährdet ist, zählen letztlich aber nur erhebliche Einwirkungen.[57] Für dieses Ziel unerhebliche Eingriffe können demgegenüber an sich ausgeklammert werden. So werden etwa auch im Kartellrecht nur den Wettbewerb **spürbar beeinträchtigende Verhaltensweisen** erfasst.[58] Gleichwohl vermochte die Kommission bisher einen wirksamen Wettbewerb auf Unionsebene zu sichern. Auch dabei ging es um eine europaweite Dimension. Vergleichbar dazu soll das europäische Artenschutzrecht das gemeinsame europäische Naturerbe in Form bestimmter Lebensräume und Arten sichern. Hierfür ist es zwar erforderlich, auch einzelne Beeinträchtigungen abzuwenden. Jedes Habitat und jede Art hat eine eigene Bedeutung für dieses Ziel. Dieses wird gefährdet, wenn ein Teil davon ausfällt. Damit das geschieht, bedarf es allerdings im Rahmen des Artenschutzes regelmäßig **erheblicher**, populationsrelevanter Beeinträchtigungen. Mindestens der lokale Bestand der Art muss tangiert sein, nicht notwendig das einzelne Exemplar.[59] Das BVerwG befürwortet eine solche von der Zielsetzung der einschlägigen Richtlinien ausgehende populationsbezogene Betrachtungsweise allerdings nur für Art. 5 Buchst. d) VRL, der ausdrücklich auf die Zielsetzung verweist, und nicht auch für die anderen Verbotstatbestände.[60]

IV. Funktionserhaltende Maßnahmen

Darüber hinaus würden unter jener Prämisse der Erheblichkeit **funktionserhaltende** oder sonst vermeidende **Maßnahmen**[61] genügen, um schon nicht zu einem Verbot zu kommen. Dies wird bereits jetzt ohne ausdrückliche Einbeziehung einer zweckbezogenen Erheblichkeitsklausel unter Funktionsaspekten bejaht. So reicht es für den **Schutz von Lebensstätten** aus, wenn eine geschützte Art deshalb nicht in ihrem voraussichtlich betroffenen Bestand beeinträchtigt wird, weil sie umgesiedelt wird und dadurch die Funktion der Lebensstätte in qualitativer Hinsicht ohne zeitliche Lücke ("time lag") erhal-

18

---

57 Dafür etwa auch *Kratsch*, NuR 2007, 100 (104).

58 EuGH, Urt. v. 30.06.1966 – Rs. C-56/65, Société technique minière, Slg. 1966, 281 (303 f.); EuGH, Urt. v. 22.01.1981 – Rs. C-58/80, Dansk Supermarked, Slg. 1981, 181; aus der Literatur *Terhechte*, Die ungeschriebenen Tatbestandsmerkmale des europäischen Wettbewerbsrechts, 2004, S. 139 ff.; im Einzelnen auch zur Bagatellbekanntmachung *Frenz*, Europarecht 2: Europäisches Kartellrecht, 2006, Rn. 493 ff.

59 Vgl. Hinweise der LANA zur Anwendung des europäischen Artenschutzrechts bei der Zulassung von Vorhaben und bei Planungen vom 29.05.2006, ergänzt am 26./27.10. 2006, S. 5, Ziff. 3.b).

60 BVerwG, Urt. v. 16.03.2006 – 4 A 1075.04, BVerwGE 125, 116 (Rn. 563); ablehnend auch BVerwG, Urt. v. 17.01.2007 – 9 A 20.05, BVerwGE 128, 1 (Rn. 160).

61 BVerwG, Urt. v. 17.01.2007 – 9 A 20.05, BVerwGE 128, 1 (Rn. 53) sieht die Erheblichkeitsschwelle im Rahmen von Art. 6 Abs. 3 FFH-RL durch einen günstigen Erhaltungszustand sichernde Schutz- und Kompensationsmaßnahmen unterschritten.

ten bleibt.[62] Entscheidend wäre stets, dass die betreffende Population – nicht notwendig das einzelne Exemplar – von negativen Wirkungen verschont bleibt, die ihren Erhalt beeinträchtigen.[63]

V. Harmonisierung mit Art. 6 Abs. 3 FFH-RL

19   Über die funktionserhaltenden Maßnahmen wäre auch ein Gleichklang mit Art. 6 Abs. 3 FFH-RL hergestellt, bei dem nur erhebliche Beeinträchtigungen erfasst werden und gleichfalls Schadensbegrenzungsmaßnahmen genügen.[64] Zwar geht es dort um die Erhaltung der natürlichen Lebensräume und Habitate der Arten. Auch diese dienen aber letztlich dem Schutz der im Gebiet lebenden Tiere und Pflanzen. Bei deren Nennung in Anhang II FFH-RL ist der Artenschutz gleichsam mit abgedeckt und bei einer Aufführung auch in Anhang IV FFH-RL sollte eine eigene **artenschutzrechtliche Prüfung** neben dem Habitatschutz entbehrlich sein.[65] Allerdings bilden die Lebensräume lediglich die Grundlage für den Artenschutz, während es bei Art. 12, 13 FFH-RL und Art. 5 VRL um den Schutz der Arten und ihrer Lebensstätten selbst geht. Auch dieser wird indes gerade in dem am weitesten gefassten Verbotstatbestand des Art. 12 Abs. 1 Buchst. d) FFH-RL dadurch sichergestellt, dass – wenn auch z.T. sehr kleine – Lebensräume erhalten bleiben, nämlich in Form von **Fortpflanzungs- oder Ruhestätten**, welche nicht beschädigt oder vernichtet werden dürfen. Demgegenüber betrifft das absichtliche Fangen, Verletzen oder Töten (Art. 12 Abs. 1 Buchst. a) FFH-RL, Art. 5 Buchst. a) VRL) zwar die (Exemplare der) Art selbst. Auf die Erheblichkeit deutet hier eher die verbotene Handlung an sich, soweit diese „absichtlich" sein muss und die Exemplare der Art unmittelbar antastet. Dies muss aber gerade bei alltäglichen Handlungen nicht so sein, wenn der Absichtsbegriff weit gefasst ist (siehe dazu oben Rn. 9 ff.).

20   Eine weitere **Harmonisierung** mit Art. 6 FFH-RL brächte die Einfügung einer artenschutzrechtlichen Verträglichkeitsprüfung in Art. 12 FFH-RL. Hieran fehlt es bislang.[66] Dann würde von vornherein ausdrücklich ein Abgleich mit dem Schutz der betroffenen Art erfolgen. Zusätzlich könnte dann ein Ausnahmetatbestand entsprechend Art. 6 Abs. 4 FFH-RL eingefügt werden, der bei negativer Verträglichkeitsprüfung gleichwohl eine Zulässigkeit vorsieht, wenn zwingende Gründe des überwiegenden öffentlichen Interesses einschließlich solcher sozialer oder wirtschaftlicher Art die Durchführung eines Plans oder Projekts erfordern, ohne dass eine Alternativlösung vorhanden ist. Über einen solchen Ausnahmetatbestand würden dann die mit den ökologischen Belangen konkurrierenden ökonomischen und sozialen Interessen einströmen, wie es dem Grundsatz der **nachhaltigen Entwicklung**

---

62 Hinweise der LANA zur Anwendung des europäischen Artenschutzrechts bei der Zulassung von Vorhaben und bei Planungen vom 29. 05. 2006, ergänzt am 26./27. 10. 2006, S. 4 f., Ziff. 3.a)cc); *Kratsch*, NuR 2007, 100 (104).

63 *Kratsch*, NuR 2007, 100 (104).

64 Vgl. BVerwG, Urt. v. 17. 01. 2007 – 9 A 20.05, BVerwGE 128, 1 (Rn. 53).

65 *Gellermann*, NuR 2003, 384 (394).

66 *Sobotta*, NuR 2013, 229.

und der diesen spezifizierenden Maxime des Art. 2 Abs. 3 FFH-RL entspricht. Eine spezifizierte Klausel, dass **Ausgleichsmaßnahmen** ergriffen werden müssen und trotz **negativer Verträglichkeitsprüfung** ein Vorhaben zulässig machen können, würde jedenfalls die Beschädigung oder Vernichtung der Fortpflanzungs- oder Ruhestätten nach Art. 12 Abs. 1 Buchst. d) FFH-RL bzw. den Lebensstättenschutz nach § 39 Abs. 1 Nr. 3 betreffen. Insoweit handelt es sich ja auch um Lebensgrundlagen für die betroffenen Arten, welche zudem vielfach durch Art. 6 FFH-RL geschützt sind. Daher ist ebenfalls an eine **Verlegung** zu denken,[67] sodass ein standortgebundenes Vorhaben gleichwohl an einer eigentlich geschützten **Fortpflanzungs- oder Ruhestätte** ausnahmsweise verwirklicht werden könnte. Diese Harmonisierungsfragen könnten partiell auch dadurch gelöst werden, dass eine **artenschutzrechtliche Verträglichkeitsprüfung** von vornherein in die schutzgebietsbezogene Verträglichkeitsprüfung nach Art. 6 Abs. 3 FFH-RL integriert würde. Dann würde insoweit ehedem der in Art. 6 Abs. 4 FFH-RL vorgesehene Ausnahmetatbestand greifen. Es blieben aber die Fälle unerfasst, in denen nur eine artenschutzrechtliche Prüfung stattfindet. Derzeit ist all dies indes noch nur ein Reformvorschlag;[68] beide Schutzsysteme verlaufen parallel zueinander,[69] wobei freilich schon heute vor allem bei der Bestandserfassung und Bewertung des Erhaltungszustands der betroffenen Populationen Überschneidungen bestehen.

VI. Ausnahmetatbestände

1. Überblick

Verwirklicht ein Vorhaben einen der Tatbestände der Art. 12, 13 FFH-RL   21
oder des Art. 5 VRL und lässt sich dies auch nicht durch Vermeidungs- oder funktionserhaltende Maßnahmen verhindern, so bleibt grundsätzlich nur noch die Möglichkeit der **Ausnahme** nach Art. 16 FFH-RL bzw. Art. 9 VRL. Gemäß Art. 16 Abs. 1 FFH-RL kann unter der Bedingung, dass „die Populationen der betroffenen Art in ihrem natürlichen Verbreitungsgebiet trotz der Ausnahmeregelung ohne Beeinträchtigung in einem günstigen Erhaltungszustand verweilen", von den Verboten der Art. 12, 13 FFH-RL abgewichen werden, sofern es keine anderweitige zufrieden stellende Lösung gibt und dies zum Schutz der wild lebenden Tiere und Pflanzen und zur Erhaltung der natürlichen Lebensräume (Buchst. a)), zur Verhütung ernster Schäden insbesondere an Kulturen und in der Tierhaltung sowie an Wäldern, Fischgründen und Gewässern sowie an sonstigen Formen von Eigentum (Buchst. b)) oder im Interesse der Volksgesundheit und der öffentlichen Sicherheit oder aus anderen zwingenden Gründen des überwiegenden öffentlichen Interesses, einschließlich solcher sozialer oder wirtschaftlicher Art, oder positiver Folgen für die Umwelt (Buchst. c)) geschieht. Gemäß Art. 9

---

67 Dafür *Kratsch*, NuR 2007, 100 (104).
68 Zu den Schwierigkeiten bzgl. der Änderung der FFH-RL und VRL siehe nur *Wegener*, ZUR 2010, 227 (228).
69 Zu den weiteren Unterschieden siehe *Lau/Steeck*, NuR 2008, 386 (387 f. und 390); ebenso *Fellenberg*, in: Kerkmann (Hrsg.), Naturschutzrecht in der Praxis, § 7 Rn. 7 ff.

Abs. 1 Buchst. a) VRL kann – sofern es keine andere zufrieden stellende Lösung gibt – im Interesse der Volksgesundheit und der öffentlichen Sicherheit, im Interesse der Sicherheit der Luftfahrt, zur Abwendung erheblicher Schäden an Kulturen, Viehbeständen, Wäldern, Fischereigebieten und Gewässern oder zum Schutz der Pflanzen- und Tierwelt von den Verboten des Art. 5 VRL abgewichen werden. Dabei darf sich gemäß Art. 13 VRL die derzeitige Lage nicht verschlechtern.

2. Alternativenprüfung

22 Sowohl nach Art. 16 Abs. 1 FFH-RL als auch nach Art. 9 Abs. 1 VRL ist eine Ausnahme immer erst dann möglich, wenn für die betreffende Maßnahme keine **Alternative** in Betracht kommt, die nicht oder zumindest in geringerem Umfang gegen die artenschutzrechtlichen Verbote verstößt. Keine Alternativen i.d.S. sind Varianten, mit denen die vom Vorhabenträger bzw. dem Handelnden verfolgten Ziele nicht mehr verwirklicht werden können[70] oder die außer Verhältnis zu dem mit ihnen erreichbaren Gewinn für den Artenschutz stehen.[71] Die Voraussetzung entspricht damit im Wesentlichen den Anforderungen an die habitatschutzrechtliche Abweichungsprüfung nach § 34 Abs. 3 Nr. 2.[72]

3. Verweilen der Populationen in einem günstigen Erhaltungszustand

23 Gemäß Art. 16 FFH-RL kommt es überdies maßgeblich darauf an, dass die Populationen der betroffenen Art in ihrem natürlichen Verbreitungsgebiet trotz der Ausnahmeregelung ohne Beeinträchtigung in einem **günstigen Erhaltungszustand** verweilen. Der günstige Erhaltungszustand der Populationen der betroffenen Art ist unabdingbare Voraussetzung für die Zulassung einer Ausnahme von den artenschutzrechtlichen Verboten.[73] Gemäß Art. 1 Buchst. i) FFH-RL wird der Erhaltungszustand einer Art als „günstig" betrachtet, wenn aufgrund der Daten über die **Populationsdynamik** der Art anzunehmen ist, dass diese Art ein lebensfähiges Element des natürlichen Lebensraums, dem sie angehört, bildet und langfristig weiterhin bilden wird und das **natürliche Verbreitungsgebiet** dieser Art weder abnimmt noch in absehbarer Zeit vermutlich abnehmen wird und ein genügend großer **Lebensraum** vorhanden ist und wahrscheinlich weiterhin vorhanden sein wird, um langfristig ein Überleben der Populationen dieser Art zu sichern. Der EuGH erachtet jedoch auch bei Vorliegen eines **ungünstigen Erhaltungszustands** eine Ausnahme „ausnahmsweise" (im Original: „poikkenksellisesti") für zulässig, wenn hinreichend nachgewiesen ist, dass das betreffende Vorhaben den ungünstigen Erhaltungszustand der Populationen nicht weiter

---

70 In Bezug auf den ebenfalls eine solche Alternativenprüfung voraussetzenden Art. 6 Abs. 4 FFH-RL BVerwG, Urt. v. 17. 01. 2007 – 9 A 20.05, BVerwGE 128, 1 (Rn. 143).
71 BVerwG, Urt. v. 16. 03. 2006 – 4 A 1075.04, BVerwGE 125, 116 (Rn. 567).
72 Vgl. BVerwG, Urt. v. 12. 03. 2008 – 9 A 3.06, BVerwGE 130, 299 (Rn. 240).
73 EuGH, Urt. v. 14. 06. 2007 – Rs. C-342/05, finnischer Wolf, Slg. 2007, I-4713 (Rn. 28); EuGH, Urt. v. 10. 05. 2007 – Rs. C-508/04, Kommission/Österreich Slg. 2007, I-3787 (Rn. 115).

verschlechtert und die Wiederherstellung eines günstigen Erhaltungszustands nicht behindert.[74] Damit sind Maßnahmen, die sich in ihren Auswirkungen in Bezug auf den Erhaltungszustand der Art nicht neutral verhalten, grundsätzlich unzulässig, solange sich die Populationen der betroffenen Art nicht in einem günstigen Erhaltungszustand befinden (siehe hierzu auch § 45 Rn. 25 ff.).[75]

Fraglich ist indes der räumliche Anknüpfungspunkt für den Erhaltungszustand. Art. 16 Abs. 1 FFH-RL spricht insoweit von „Populationen" – also Plural[76] – der betroffenen Art, woraus gefolgert werden kann, dass jedenfalls ein Abstellen auf die jeweilige lokale Population nicht erforderlich ist.[77] **„Populationen der betroffenen Art"** greift vielmehr die Formulierung in Art. 1 Buchst. i) FFH-RL auf, „um langfristig ein Überleben der Populationen dieser Art zu sichern", die in unmittelbarem Zusammenhang mit dem „Erhaltungszustand einer Art" steht. Daher stellt Art. 16 Abs. 1 FFH-RL auf den **Erhaltungszustand der Art** insgesamt innerhalb ihres natürlichen Verbreitungsgebiets ab. Da sich die FFH-RL – wie es dem Charakter einer Richtlinie entspricht – mit ihren artenschutzrechtlichen Verboten an die Mitgliedstaaten richtet, diese die Sicherstellung der Anforderungen der Richtlinie aber nur für ihr Hoheitsgebiet übernehmen können, ist letztlich der Erhaltungszustand der Art in ihrem natürlichen Verbreitungsgebiet innerhalb des jeweiligen Mitgliedstaates zu betrachten.[78]

Art. 9 Abs. 1 VRL verweist nicht auf ein Verweilen der betreffenden Art in einem günstigen Erhaltungszustand trotz der Ausnahme. Gleichwohl ist auch hier die Ausnahmeregelung nicht mehr individuenbezogen ausgestaltet. Art. 13 VRL konkretisiert Art. 9 VRL dahingehend, dass gewährleistet sein muss, dass sich die „derzeitige Lage nicht verschlechtert". Das wird man aber bejahen können, wenn der aktuelle Erhaltungszustand der betroffenen Vogelart im jeweiligen Mitgliedstaat auch weiterhin gewahrt bleibt.[79]

24

25

---

74 EuGH, Urt. v. 14. 06. 2007 – Rs. C-342/05, finnischer Wolf, Slg. 2007, I-4713 (Rn. 29).

75 *Vogt*, ZUR 2006, 21 (26); Hinweise der LANA zur Anwendung des europäischen Artenschutzrechts bei der Zulassung von Vorhaben und bei Planungen vom 29. 05. 2006, ergänzt am 26./27. 10. 2006, S. 6, Ziff. 4.b).

76 Dies ist keine redaktionelle Zufälligkeit der deutschen Fassung, siehe nur im Englischen: „the populations of the species concerned" und im Französischen: „des populations des espèces concernées".

77 So aber *Niederstadt/Krüsemann*, ZUR 2007, 347 (351); *Sobotta*, NuR 2007, 642 (648).

78 Zu weit geht daher die Auffassung von *Kautz*, NuR 2007, 234 (241), der darauf abstellt, dass sich der Erhaltungszustand der betroffenen Art innerhalb der EU nicht verschlechtert; ebenso VGH Kassel, Urt. v. 21. 02. 2008 – 4 N 869/07, NuR 2008, 352 (354). Wie hier EU-Kommission, Leitfaden zum strengen Schutzsystem für Tierarten von gemeinschaftlichem Interesse im Rahmen der FFH-RL 92/43/EWG, 2007, Ziff. III.2.3.a), Rn. 45 mit Verweis auf den Bezugsraum der Berichtspflichten nach Art. 17 FFH-RL; so wohl auch EuGH, Urt. v. 14. 06. 2007 – Rs. C-342/05, finnischer Wolf, Slg. 2007, I-4713 (Rn. 26 f.), der in dieser Entscheidung den Bestand des finnischen Wolfes in ganz Finnland herangezogen hat.

79 Vgl. *Mayr/Sanktjohanser*, NuR 2006, 412 (418); Hinweise der LANA zur Anwendung des europäischen Artenschutzrechts bei der Zulassung von Vorhaben und bei Planungen vom 29. 05. 2006, ergänzt am 26./27. 10. 2006, S. 6, Ziff. 4.b).

26 Die Beibehaltung der derzeitigen Lage bzw. des günstigen Erhaltungszustands lässt sich vielfach wiederum über entsprechende **kompensatorische
Maßnahmen** sicherstellen.[80] Diese Maßnahmen haben sich auf „die Populationen der betroffenen Art in ihrem natürlichen Verbreitungsgebiet" auszurichten.[81] Sie sind artspezifisch festzulegen. Die Anforderungen an sie fallen
damit regelmäßig höher aus als diejenigen, die an den Ausgleich und Ersatz
nach der Eingriffsregelung gestellt sind.[82] Es können sich gleichwohl Synergien ergeben.

4. Ausnahmegründe nach Art. 16 Abs. 1 FFH-RL

27 Art. 16 Abs. 1 FFH-RL lässt darüber hinaus nur **Ausnahmen** von den Verbo-
ten der Art. 12, 13 FFH-RL aus den enumerativ in der Bestimmung aufge-
führten Gründen zu. Genannt werden insbesondere die Verhütung ernster
Schäden an Kulturen und in der **Tierhaltung**, an **Wäldern, Fischgründen,
Gewässern** und „an sonstigen Formen von Eigentum" (Art. 16 Abs. 1
Buchst. b) FFH-RL) sowie zwingende Gründe des überwiegenden öffentlichen Interesses einschließlich solcher sozialer oder wirtschaftlicher Art
(Art. 16 Abs. 1 Buchst. c) FFH-RL).[83] Einer Klarstellung bedarf zunächst die
Regelung des Art. 16 Abs. 1 Buchst. b) FFH-RL. Soweit hier eine Ausnahme
auch zu Gunsten von **„sonstigen Formen von Eigentum"** zugelassen wird,
spricht vieles dafür, dies restriktiv zu verstehen, da es prima facie nicht an-
gehen kann, dass private Interessen ohne Weiteres im Mantel der sonstigen
„Formen von Eigentum" zur Geltung gebracht werden können, öffentliche
Interessen aber nur, wenn sie zwingend und überwiegend sind.[84] Es muss
hier daher stets auch um öffentliche Interessen gehen. Zugleich bietet diese
Regelung jedoch auch ein Einfallstor für die – gerade durch den Vertrag von
Lissabon unionsrechtlich nochmals gestärkten[85] – Grundrechte.[86] Die betroffenen Grundrechtspositionen vermögen sich dabei nicht per se gegenüber
den Belangen des Artenschutzes durchzusetzen, sondern nur im Wege der
Abwägung, wie auch die Formulierung „zur Verhütung ernster Schäden"
nahelegt. Des Weiteren sind sie wegen des Bezugs zum ebenfalls geforderten öffentlichen Interesse hier nur insoweit erfasst, wie es um Dienstleistungen von allgemeinem wirtschaftlichem Interesse geht.

---

80 *Köck*, ZUR 2006, 518 (523); *Vogt*, ZUR 2006, 21 (26).
81 Insbesondere kann ein größerer Raumbezug zugrunde gelegt werden.
82 So auch *Kratsch*, NuR 2007, 100 (105); zu den Anforderungen an den Ausgleich und
    Ersatz nach der Eingriffsregelung siehe oben § 15 Rn. 21 ff.
83 Art. 6 Abs. 4 FFH-RL gewährt Ausnahmen ebenfalls nur aus zwingenden Gründen des
    überwiegenden öffentlichen Interesses, sodass zur Ausfüllung dieser Begriffskette auf die
    reichhaltige Literatur und Rspr. hierzu verwiesen werden kann, siehe etwa *Jarass*, NuR
    2007, 371 (376 f.) m.w.N. sowie oben § 34 Rn. 133 ff.
84 So etwa noch *Lau/Steeck*, NuR 2008, 386 (391).
85 Hierzu *Streinz/Ohler/Herrmann*, Der Vertrag von Lissabon zur Reform der EU, S. 121 ff.
86 *Gellermann*, in: Landmann/Rohmer, Umweltrecht, Stand: 01.05.2015, § 45 BNatSchG
    Rn. 20; *Wirths*, Naturschutz durch europäisches Gemeinschaftsrecht, 2001, S. 220.

Frenz/Lau

5. Ausnahmegründe nach Art. 9 VRL

Schwieriger gestaltet sich die Situation mit Blick auf die Ausnahmetatbe-   28
stände des Art. 9 VRL. Dieser sieht eine Abweichung von Vogelschutzstan-
dards im Interesse der Volksgesundheit und der öffentlichen Sicherheit vor.
Art. 16 Abs. 1 FFH-RL nennt demgegenüber bezogen auf den Artenschutz
zudem andere zwingende **Gründe des überwiegenden öffentlichen Interesses**, einschließlich solcher sozialer oder wirtschaftlicher Art oder positiver
Folgen für die Umwelt. Diese ausdrückliche Erwähnung spricht schon e contrario dagegen, in den Begriff der öffentlichen Sicherheit in Art. 9 VRL wirtschaftliche Gründe hineinzulesen. Dazu kann auch nicht ein Rückgriff auf
Art. 2 VRL führen, der eine Einbeziehung wirtschaftlicher Erfordernisse vorgibt.[87] Vielmehr hat der EuGH die Heranziehung dieser allgemeinen Vorschrift durch die spezielle Ausgestaltung in Art. 4 VRL als gesperrt angesehen.[88] Entsprechendes gilt dann für Art. 9 VRL, der gleichfalls einen
besonderen Zuschnitt mit mehreren explizit sowie enumerativ aufgezählten
Gründen für eine Abweichung trifft.[89] Zwar umfasst der Begriff **„öffentliche
Sicherheit"** nach gefestigter Rechtsprechung in Deutschland[90] insbesondere
auch die subjektiven Rechte und Rechtsgüter des Einzelnen und damit auch
privates Eigentum und Vermögen. Dabei geht es aber um den **polizei- und
ordnungsrechtlichen Schutz.** Hier dagegen stehen auf wirtschaftliche Belange gestützte Ausnahmen von staatlichen Schutzmaßnahmen an. Thema
ist also nicht das Eingreifen staatlichen Schutzes, sondern dessen Zurückdrängung. Zudem hat die EU gerade keine Polizeigewalt, sodass die Übertragung eines nationalen, polizeirechtlich geprägten Begriffs der inneren Sicherheit grundsätzlichen Bedenken begegnet. Das gilt selbst für den Bereich
des naturgemäß mitgliedstaatlich geprägten Begriffs der öffentlichen Ordnung, wo es um die Durchsetzung nationaler Ordnungsvorstellungen geht,[91]
auch im Hinblick auf grundlegende Interessen in Form der Grundrechte wie

---

87 So aber BVerwG, Urt. v. 16.03.2006 – 4 A 1075.04, BVerwGE 125, 116 (Rn. 570); OVG
   Münster, Beschl. v. 23.03.2007 – 11 B 916/06.AK, NuR 2007, 360 (366); Hinweise der
   LANA zur Anwendung des europäischen Artenschutzrechts bei der Zulassung von Vorhaben und bei Planungen vom 29.05.2006, ergänzt am 26./27.10.2006, S. 8, Ziff. 4.c);
   Kratsch, NuR 2007, 100 (105); *Dolde*, NVwZ 2007, 7 (11).
88 EuGH, Urt. v. 08.07.1987 – Rs. C-247/85, Kommission/Belgien, Slg. 1987, 3029 (Rn. 8),
   das von *Kratsch*, NuR 2007, 100 (105) als Beleg herangezogen wird.
89 Vgl. BVerwG, Urt. v. 17.01.2007 – 9 A 20.05, BVerwGE 128, 1 (Rn. 129), das auf die ausdrückliche Aufnahme der Gründe sozialer und wirtschaftlicher Art in Art. 6 Abs. 4
   UAbs. 1 FFH-RL verweist und diese nur deshalb – eingeschränkt – auf UAbs. 2 dieser
   Vorschrift durchschlagen lässt, nicht aber auf die VRL erstreckt, vgl. EuGH, Urt. v. 11.07.
   1996 – Rs. C-44/95, Royal Society for the Protection of Birds, Slg. 1996, I-3805 (Rn. 37 ff.).
90 Siehe nur BVerwG, Urt. v. 18.08.1960 – I C 42.59, BVerwGE 11, 95 (97); BVerwG, Urt. v.
   22.01.1971 – VII C 48.69, BVerwGE 37, 112 (113).
91 Siehe EuGH, Urt. v. 14.10.2004 – Rs. C-36/02, Omega, Slg. 2004, I-9609 (Rn. 30); EuGH,
   Urt. v. 14.03.2000 – Rs. C-54/99, Église de scientologie, Slg. 2000, I-1335 (Rn. 17) sowie
   bereits EuGH, Urt. v. 28.10.1975 – Rs. C-36/75, Rutili, Slg. 1975, 1219 (Rn. 26 f.); näher
   Schneider, Die öffentliche Ordnung als Schranke der Grundfreiheiten im EG-Vertrag,
   1998, S. 108 f.

der Menschenwürde.[92] So hat denn die Rechtsprechung des EuGH die öffentliche Sicherheit eigenständig definiert. Im Bereich der Grundfreiheiten ist darunter die äußere und die **innere Sicherheit** des Staates zu verstehen, der sich auf sie beruft.[93] Die innere Sicherheit umfasst die sich für die Existenz eines Staates ergebenden Gefahren, das Funktionieren seiner Einrichtungen und seiner wichtigen öffentlichen Dienste und das Überleben seiner Bevölkerung.[94] Ohnehin sind die Gründe der öffentlichen Sicherheit als Ausnahmeklausel eng auszulegen.[95] Kann demnach rein privaten Belangen noch über Art. 9 Abs. 1 Buchst. a) 3. Spiegelstrich VRL Rechnung getragen werden, der Ausnahmen zur Abwendung erheblicher Schäden an **Kulturen, Viehbeständen, Wäldern, Fischereigebieten** und **Gewässern** zulässt und damit dem Ausnahmegrund des Art. 16 Abs. 1 Buchst. b) FFH-RL entspricht, welcher auch und gerade einem ausgewogenen Grundrechtsschutz dient (siehe oben Rn. 27), so lassen sich hingegen sonstige im öffentlichen Interesse stehende ökonomische und soziale Belange nicht zwanglos unter die enumerativ in Art. 9 VRL aufgeführten Ausnahmegründe subsumieren.

29 Dabei verlangt der Grundsatz der **nachhaltigen Entwicklung** eine umfassende Einbeziehung ökonomischer und sozialer Belange, wenn es um die Durchsetzung ökologischer Belange geht. Das gilt auch und angesichts der Tatsache, dass Art. 5 VRL auch sämtliche Allerweltsarten schützt, erst recht für den Vogelschutz. Deshalb ist – de lege ferenda – Art. 9 VRL an Art. 16 Abs. 1 FFH-RL anzugleichen und um die Klausel zu ergänzen „und aus anderen **Gründen des überwiegenden öffentlichen Interesses**, einschließlich solcher sozialer oder wirtschaftlicher Art". Dies war bereits weitgehend anerkannt,[96] wobei nur über die dogmatische Begründung gestritten wurde.[97] Eine solche umfassende Aufnahme wirtschaftlicher Belange führte auch zu einer zusätzlichen Berücksichtigung privater Eigentümerinteressen. Zwar bilden die überwiegenden öffentlichen Interessen den Oberbegriff. Indes ist

---

92 EuGH, Urt. v. 14.10.2004 – Rs. C-36/02, Omega, Slg. 2004, I-9609 (Rn. 33 ff.); *Frenz*, NVwZ 2005, 48 (49).

93 EuGH, Urt. v. 04.10.1991 – Rs. C-367/89, Richardt, Slg. 1991, I-4621 (Rn. 22).

94 EuGH, Urt. v. 10.07.1984 – Rs. C-72/83, Campus Oil, Slg. 1984, 2727 (Rn. 34) zur Warenverkehrsfreiheit.

95 So z.B. EuGH, Urt. v. 13.03.1984 – 16/83, Prantl, Slg. 1984, 1299 (Rn. 32 f.); a.A. VGH Kassel, Urt. v. 17.06.2008 – 11 C 1975/07.T, NuR 2008, 785 (801 f.).

96 Siehe nur BVerwG, Urt. v. 16.03.2006 – 4 A 1075.04, BVerwGE 125, 116 (Rn. 572); VGH Kassel, Urt. v. 17.06.2008 – 11 C 1975/07.T, NuR 2008, 785 (801 f.); *Steeck/Lau*, NVwZ 2009, 616 (622); *Gellermann*, NuR 2009, 476 (477); *Lütkes*, NVwZ 2008, 598 (602); *Philipp*, NVwZ 2008, 593 (597); a.A. *Gassner*, NuR 2009, 325 (326); *Czybulka*, EurUP 2008, 20 (27); *Niederstadt/Krüsemann*, ZUR 2007, 347 (353); ebenfalls Zweifel anmeldend BVerwG, Urt. v. 12.03.2008 – 9 A 3.06, BVerwGE 130, 299 (Rn. 262).

97 Die Begründungsansätze reichen vom „Hineinlesen" des Art. 16 Abs. 1 Buchst. c) FFH-RL in Art. 9 Abs. 1 VRL, so etwa *Kratsch*, NuR 2007, 100 (105); über das Fassen der wirtschaftlichen oder sozialen Belange unter den Begriff der öffentlichen Sicherheit, so z.B. *Mayr/Sanktjohanser*, NuR 2006, 412 (418), bis zur Annahme der Unbeachtlichkeit des abschließenden Charakters des Art. 9 Abs. 1 VRL aus Verhältnismäßigkeitsgründen, so wohl *Hösch*, UPR 2006, 131 (136) oder einer Analogie zu Art. 16 Abs. 1 Buchst. c) FFH-RL, so etwa *Lau/Steeck*, NuR 2008, 386 (391 f.).

die Entfaltung des Wirtschaftslebens gerade auch im öffentlichen Interesse, zumal dadurch über gesicherte bzw. geschaffene **Arbeitsplätze soziale Belange** abgefedert werden.[98] Damit wäre man beim Dreiklang Ökologie – Ökonomie – Soziales, welcher durch den **Grundsatz der nachhaltigen Entwicklung** vorgegeben ist, der sowohl die FFH-RL als auch – infolge der fortgeschrittenen Entwicklung – die VRL überwölbt.[99] Der EuGH hat zuletzt gleichwohl am Wortlautargument festgehalten und am Beispiel der Volksrepublik Polen beanstandet, dass auch in Bezug auf die europäischen Vogelarten eine Ausnahme aus zwingenden Gründen des überwiegenden öffentlichen Interesses ermöglicht worden ist.[100] Da der EuGH mithin eine Lösung außerhalb des Wortlautes des Art. 9 VRL nicht zulässt und der Weg über eine sehr weite Auslegung insbesondere des Begriffs der öffentlichen Sicherheit aus den vorgenannten Gründen verbaut scheint, bleibt damit zur Vermeidung gravierender Wertungswidersprüche nur eine entsprechend „flexible" Auslegung des Ausnahmegrundes des Art. 9 Abs. 1 Buchst. c) VRL.[101] Die positiven Folgen für die Umwelt, die Art. 16 Abs. 1 Buchst. c FFH-RL ausdrücklich nennt, sind im Übrigen schon im Schutz der Pflanzen- und Tierwelt nach Art. 9 Abs. 1 Buchst. a) 4. Spiegelstrich VRL enthalten.

VII. Vereinheitlichung von Berichtswesen und Monitoring

1. Zeitliche Angleichung

Um eine europaweite Einhaltung der durch die FFH-RL und VRL aufgestellten Standards sicherzustellen, haben die Mitgliedstaaten der Kommission zu berichten. Das betrifft namentlich die ergriffenen Kohärenzsicherungsmaßnahmen nach Art. 6 Abs. 4 FFH-RL und – gem. Art. 16 Abs. 2 FFH-RL – die Ausnahmen vom Artenschutzregime. Für Letztere ist alle zwei Jahre ein **Bericht** vorzulegen. Demgegenüber müssen die Mitgliedstaaten nach Art. 17 FFH-RL nur alle sechs Jahre einen Bericht über die im Rahmen dieser Richtlinie durchgeführten Maßnahmen erstellen. Dieser betrifft vor allem die Erhaltungsmaßnahmen nach Art. 6 Abs. 1 FFH-RL und die Bewertung der Auswirkungen dieser Maßnahmen auf den Erhaltungszustand der Lebensraumtypen des Anhangs I und der Arten des Anhangs II FFH-RL sowie die wichtigsten Ergebnisse der Überwachung des Erhaltungszustands dieser Lebensräume und Arten nach Art. 11 FFH-RL. Damit geht es aber gleichfalls um den Schutz der durch die FFH-RL erfassten Lebensräume und Arten. Auf den Schutz Letzterer sind auch die Berichte über Ausnahmen vom Artenschutzregime nach Art. 16 Abs. 2 FFH-RL bezogen. Daran müssen sich diese Maßnahmen messen lassen. Lediglich dann sind sie zulässig. Daher sind auch sie in das Schutzsystem der FFH-RL einbezogen. Deshalb drängt es sich auf, die speziellen Berichte zu den Ausnahmen vom Artenschutzregime in das allgemeine Berichtswesen zu integrieren. Jedenfalls ist derselbe Jahrestakt zu wählen und der Zwei-Jahres-Turnus nach Art. 16 Abs. 2 FFH-RL

30

---

98 *Frenz*, UTR 87 (2009), 7 (59).
99 *Frenz*, UTR 87 (2009), 7 (12 ff.).
100 EuGH, Urt. v. 26.01.2012 – Rs. C-192/11, Kommission/Polen, NuR 2013, 718 (Rn. 39).
101 Hierzu *Lau*, NuR 2013, 685 (688 ff.).

dem Sechs-Jahres-Turnus nach Art. 17 FFH-RL anzugleichen. Dann ist auch eher ein ganzheitlicher Blick gewahrt, sodass die Ausnahmen vom Artenschutzregime nicht isoliert stehen, sondern sich in den Gesamterhaltungszustand einfügen und mit den allgemeinen Erhaltungs- und Überwachungsmaßnahmen in einem Bericht zusammen betrachtet werden. Das entspricht der durch den Nachhaltigkeitsgrundsatz vorgegebenen ganzheitlichen Betrachtung der Auswirkungen. Spezifisch bei der FFH-RL werden die Beeinträchtigungen der Schutzgebiete als solche bzw. der darin befindlichen Lebensräume und Arten gesehen. Woher die Beeinträchtigung kommt, tritt dahinter zurück. Die Auswirkungen unterschiedlicher Vorhaben werden sogar gemäß Art. 6 Abs. 3 FFH-RL „addiert".

2. Reduzierung

31 Die FFH-RL wird von den Mitgliedstaaten vollzogen. In der Leitbestimmung des Art. 2 Abs. 3 FFH-RL wird eigens verlangt, den regionalen und örtlichen Besonderheiten Rechnung zu tragen. Soll es sich dabei nicht um eine Leerformel handeln, gehört ein gewisser Spielraum der Mitgliedstaaten dazu. Sie sollen ja auch auf ihrem Territorium geeignete Schutzgebiete vorschlagen. Weiter kennen vor allem sie die Eigenheiten der einzelnen FFH-Gebiete und die Notwendigkeiten des Schutzes. Daher ist die effektive Verwirklichung sowohl der FFH-RL als auch der VRL ohnehin auf eine verantwortungsvolle Mitwirkung der Mitgliedstaaten angewiesen. Die Kommission kann auch schwerlich alle Details überprüfen. Um ihr die Arbeit zu erleichtern, ist zwar ein gewisser formeller und inhaltlicher Rahmen bei den Berichten erforderlich, welche die Mitgliedstaaten der Kommission zu erstatten haben. Indes genügt eine Beschränkung auf das hierfür unbedingt erforderliche Maß. Vom Grundsätzlichen her wird so auch die Grundkonzeption des **mitgliedstaatlichen Vollzugs** gewahrt, welcher der Kommission nur eine Kontrollfunktion zuweist, nicht aber die Vorgabe sämtlicher Details. Dies widerspräche zudem der in Art. 288 Abs. 3 AEUV vorgesehenen Verbindlichkeit lediglich des zu erreichenden Ziels, während die Wahl der Form und der Mittel den Mitgliedstaaten zu verbleiben hat. Zwar sind Ziele und Mittel oft eng miteinander verwoben. Das zeigt sich gerade bei der FFH-RL und VRL, welche nicht nur Schutz- und Erhaltungsziele vorgeben, sondern auch konkrete Instrumente festschreiben und verfahrensmäßig auskleiden. Indes handelt es sich immer noch um Richtlinien, welche nicht mehr als für die Zielerreichung notwendig von der unterschiedlichen Zuweisung von Zielen an die Union einerseits und von Formen und Mitteln an die Mitgliedstaaten andererseits abweichen dürfen. Von der Entwicklung her ist mittlerweile zu berücksichtigen, dass die Mitgliedstaaten bereits Erfahrung mit der Umsetzung und Anwendung der FFH-RL und VRL gewonnen haben. Viele FFH-Gebiete sind gemeldet und mit einem Schutzregime etabliert.[102] Der FFH-Schutz hat daher seinen festen Platz gewonnen. Daher muss die Anbindung an die Kommission nicht mehr so eng sein wie zu Beginn. Deshalb können die Berichte grobmaschiger ausfallen. Die Vorgaben der Kommission dafür sind

---

102 Zu den potenziellen FFH-Gebieten *Frenz*, UTR 87 (2009), 7 (29 f.).

perspektivisch entsprechend zu reduzieren. Die verschiedenen Berichte sind in den allgemeinen **Bericht** nach Art. 17 FFH-RL zu integrieren. Das gilt dann auch für die Unterrichtung der Kommission über die Kohärenzsicherungsmaßnahmen nach Art. 6 Abs. 4 UAbs. 1 Satz 2 FFH-RL. Die Festlegung dieser Maßnahmen und vor allem ihre Effektivität beruht ohnehin in besonders starkem Ausmaß auf den örtlichen und regionalen Besonderheiten. Diese im Einzelnen zu beurteilen obliegt den Mitgliedstaaten. Formal widerspricht diesem Ansatz auch die Notwendigkeit einer Stellungnahme der Kommission nach Art. 6 Abs. 4 UAbs. 2 FFH-RL, wenn es um das Vorliegen anderer zwingender Gründe des überwiegenden öffentlichen Interesses geht, welche erhebliche Beeinträchtigungen eines Gebiets überwiegen, das einen prioritären Lebensraumtyp und/oder eine prioritäre Art einschließt, wird insoweit aber durch den Kohärenzgedanken des Habitatschutzes gerechtfertigt.

§ 44
Vorschriften für besonders geschützte und bestimmte andere Tier- und Pflanzenarten

(1) Es ist verboten,

1. **wild lebenden Tieren der besonders geschützten Arten nachzustellen, sie zu fangen, zu verletzen oder zu töten oder ihre Entwicklungsformen aus der Natur zu entnehmen, zu beschädigen oder zu zerstören,**

2. **wild lebende Tiere der streng geschützten Arten und der europäischen Vogelarten während der Fortpflanzungs-, Aufzucht-, Mauser-, Überwinterungs- und Wanderungszeiten erheblich zu stören; eine erhebliche Störung liegt vor, wenn sich durch die Störung der Erhaltungszustand der lokalen Population einer Art verschlechtert,**

3. **Fortpflanzungs- oder Ruhestätten der wild lebenden Tiere der besonders geschützten Arten aus der Natur zu entnehmen, zu beschädigen oder zu zerstören,**

4. **wild lebende Pflanzen der besonders geschützten Arten oder ihre Entwicklungsformen aus der Natur zu entnehmen, sie oder ihre Standorte zu beschädigen oder zu zerstören**

(Zugriffsverbote).

(2) Es ist ferner verboten,

1. **Tiere und Pflanzen der besonders geschützten Arten in Besitz oder Gewahrsam zu nehmen, in Besitz oder Gewahrsam zu haben oder zu be- oder verarbeiten (Besitzverbote),**

2. **Tiere und Pflanzen der besonders geschützten Arten im Sinne des § 7 Absatz 2 Nummer 13 Buchstabe b und c**

   a) zu verkaufen, zu kaufen, zum Verkauf oder Kauf anzubieten, zum Verkauf vorrätig zu halten oder zu befördern, zu tauschen oder entgeltlich zum Gebrauch oder zur Nutzung zu überlassen,

b) zu kommerziellen Zwecken zu erwerben, zur Schau zu stellen oder
auf andere Weise zu verwenden

(Vermarktungsverbote).

Artikel 9 der Verordnung (EG) Nr. 338/97 bleibt unberührt.

(3) Die Besitz- und Vermarktungsverbote gelten auch für

1. Waren im Sinne des Anhangs der Richtlinie 83/129/EWG, die entgegen
den Artikeln 1 und 3 dieser Richtlinie nach dem 30. September 1983 in
die Gemeinschaft gelangt sind,

2. Tiere und Pflanzen, die durch Rechtsverordnung nach § 54 Absatz 4 bestimmt sind.

(4) Entspricht die land-, forst- und fischereiwirtschaftliche Bodennutzung
und die Verwertung der dabei gewonnenen Erzeugnisse den in § 5 Absatz 2
bis 4 dieses Gesetzes genannten Anforderungen sowie den sich aus § 17
Absatz 2 des Bundes-Bodenschutzgesetzes und dem Recht der Land-, Forst-
und Fischereiwirtschaft ergebenden Anforderungen an die gute fachliche
Praxis, verstößt sie nicht gegen die Zugriffs-, Besitz- und Vermarktungsverbote. Sind in Anhang IV der Richtlinie 92/43/EWG aufgeführte Arten,
europäische Vogelarten oder solche Arten, die in einer Rechtsverordnung
nach § 54 Absatz 1 Nummer 2 aufgeführt sind, betroffen, gilt dies nur, soweit sich der Erhaltungszustand der lokalen Population einer Art durch die
Bewirtschaftung nicht verschlechtert. Soweit dies nicht durch anderweitige
Schutzmaßnahmen, insbesondere durch Maßnahmen des Gebietsschutzes,
Artenschutzprogramme, vertragliche Vereinbarungen oder gezielte Aufklärung sichergestellt ist, ordnet die zuständige Behörde gegenüber den verursachenden Land-, Forst- oder Fischwirten die erforderlichen Bewirtschaftungsvorgaben an. Befugnisse nach Landesrecht zur Anordnung oder zum
Erlass entsprechender Vorgaben durch Allgemeinverfügung oder Rechtsverordnung bleiben unberührt.

(5) Für nach § 15 zulässige Eingriffe in Natur und Landschaft sowie für
Vorhaben im Sinne des § 18 Absatz 2 Satz 1, die nach den Vorschriften des
Baugesetzbuches zulässig sind, gelten die Zugriffs-, Besitz- und Vermarktungsverbote nach Maßgabe der Sätze 2 bis 5. Sind in Anhang IV Buchstabe a
der Richtlinie 92/43/EWG aufgeführte Tierarten, europäische Vogelarten
oder solche Arten betroffen, die in einer Rechtsverordnung nach § 54
Absatz 1 Nummer 2 aufgeführt sind, liegt ein Verstoß gegen das Verbot des
Absatzes 1 Nummer 3 und im Hinblick auf damit verbundene unvermeidbare Beeinträchtigungen wild lebender Tiere auch gegen das Verbot des
Absatzes 1 Nummer 1 nicht vor, soweit die ökologische Funktion der von
dem Eingriff oder Vorhaben betroffenen Fortpflanzungs- oder Ruhestätten
im räumlichen Zusammenhang weiterhin erfüllt wird. Soweit erforderlich,
können auch vorgezogene Ausgleichsmaßnahmen festgesetzt werden. Für
Standorte wild lebender Pflanzen der in Anhang IV Buchstabe b der Richtlinie 92/43/EWG aufgeführten Arten gelten die Sätze 2 und 3 entsprechend.
Sind andere besonders geschützte Arten betroffen, liegt bei Handlungen

zur Durchführung eines Eingriffs oder Vorhabens kein Verstoß gegen die Zugriffs-, Besitz- und Vermarktungsverbote vor.

(6) Die Zugriffs- und Besitzverbote gelten nicht für Handlungen zur Vorbereitung gesetzlich vorgeschriebener Prüfungen, die von fachkundigen Personen unter größtmöglicher Schonung der untersuchten Exemplare und der übrigen Tier- und Pflanzenwelt im notwendigen Umfang vorgenommen werden. Die Anzahl der verletzten oder getöteten Exemplare von europäischen Vogelarten und Arten der in Anhang IV Buchstabe a der Richtlinie 92/43/EWG aufgeführten Tierarten ist von der fachkundigen Person der für Naturschutz und Landschaftspflege zuständigen Behörde jährlich mitzuteilen.

Inhaltsübersicht

I. Allgemeines

Das besondere **Artenschutzrecht**, insbesondere die Zugriffsverbote des § 44 Abs. 1, ist in den letzten Jahren zunehmend in den Fokus der – nicht nur juristischen – (Fach-)Öffentlichkeit gelangt. § 44 enthält nahezu durchgehend individuenbezogene Verbote des unmittelbaren und mittelbaren Zugriffs auf besonders geschützte Arten sowie deren Besitzes und deren Vermarktung. Anders als die von der Vorschrift implementierten unionsrechtlichen Bestimmungen der Art. 12, 13 der FFH-Richtlinie (FFH-RL)[1] und Art. 5 der Vogelschutzrichtlinie (VRL)[2] weisen die artenschutzrechtlichen Verbote des natio- *1*

---

1 Richtlinie 92/43/EWG des Rates vom 21.05.1992 zur Erhaltung der natürlichen Lebensräume sowie der wild lebenden Tiere und Pflanzen, ABl. EU L 206, S. 7, zuletzt geändert durch die Richtlinie 2006/105/EG des Rates vom 20.11.2006, ABl. EU L 363, S. 368.

2 Richtlinie 79/409/EWG des Rates vom 02.04.1979 über die Erhaltung der wild lebenden Vogelarten, ABl. EU L 103, S. 1, neu gefasst durch die Richtlinie 2009/147/EG des Europäischen Parlaments und des Rates vom 30.11.2009, ABl. EU L 20, S. 7.

nalen Rechts keinen subjektiven Tatbestand auf.[3] Bis zum Inkrafttreten des „Ersten Gesetzes zur Änderung des Bundesnaturschutzgesetzes" vom 12. 12. 2007 (sog. Kleine BNatSchG-Novelle)[4] waren gemäß § 43 Abs. 4 BNatSchG a.F. Eingriffe i.S.d. naturschutzrechtlichen Eingriffsregelung von den Verboten des besonderen Artenschutzrechts ausgenommen, soweit sie nicht zu absichtlich herbeigeführten Beeinträchtigungen führten. „Absichtlich" war dabei nach der Rechtsprechung des BVerwG objektivierend auszulegen, also losgelöst von Kategorien des individuellen Wollens zu verstehen, sodass Beeinträchtigungen, die sich als unausweichliche Konsequenz ansonsten rechtmäßigen Handelns ergeben, nicht „absichtlich" sein konnten.[5] Der EuGH hat diese Vorschrift mit Urteil vom 10. 01. 2006 für nicht unionsrechtskonform erachtet.[6] Spätestens seitdem findet das besondere Artenschutzrecht auch in der Planung und Vorhabenzulassung zunehmend Beachtung und beschäftigt unaufhörlich sowohl die Rechtsprechung als auch die Literatur.[7]

2 Die Schwierigkeit besteht dabei darin, dass die Verbote des besonderen Artenschutzrechts nicht auf Planungen und Anlagengenehmigungen zugeschnitten sind.[8] So fehlt es bspw. schon an einem verfahrensrechtlichen Rahmen.[9] Die artenschutzrechtlichen Verbote enthalten vielmehr in erster Linie – gemäß § 69 Abs. 2, § 71 buß- bzw. strafbewehrte – verhaltensbezogene repressive Verbote.[10] Dies erklärt sich nicht zuletzt aus ihrer Historie; denn ursprünglich handelte es sich hierbei um ein ordnungsrechtliches repressives Instrument zum Schutz wild lebender Tiere und Pflanzen, die durch menschliche Neugier, Sammeltätigkeit oder den Handel mit ihnen in ihrem Bestand gefährdet wurden.[11] Der EuGH versteht das besondere Artenschutzrecht demgegenüber weiter und leitet hieraus sogar aktive Handlungspflichten ab.[12] Wenn danach die Mitgliedstaaten sogar verpflichtet sein können, aktiv besondere, ortsbezogene Schutzbestimmungen für geschützte Tierarten zu erlassen und durchzusetzen, dann müssen sie im Rahmen ihrer Genehmigungstätigkeit aber erst recht berücksichtigen, ob die genehmigten Maßnahmen die geschützten Tierarten beeinträchtigen.[13] § 44 ist vor diesem Hintergrund janusköpfig zu verstehen: Zum einen enthält er Sanktionsnormen für zu missbilligende Handlungen; zum anderen fungiert er als **Zulassungsvor-**

---

3 Der Bundesgesetzgeber hat sich ausdrücklich dagegen entschieden, vgl. BT-Drs. 16/ 5100, S. 11.

4 BGBl. I 2007, S. 2873, berichtigt in BGBl. I 2008, S. 47.

5 BVerwG, Urt. v. 11. 01. 2001 – 4 C 6.00, BVerwGE 112, 321 (330); kritisch hierzu bereits nach damaligem Recht *Vogt*, ZUR 2006, 21 ff.; *Gassner*, NuR 2004, 560 (562 f.).

6 EuGH, Urt. v. 10. 01. 2006 – Rs. C-98/03, Kommission/Deutschland, Slg. 2006, I-53 ff.

7 Statt vieler *Storost*, DVBl 2010, 737 ff.

8 *Füßer/Lau*, NuR 2009, 445; *Philipp*, NVwZ 2008, 593; *Kautz*, NuR 2007, 234 (236).

9 *Sobotta*, NuR 2013, 229.

10 *Füßer/Lau*, NuR 2009, 445 (448); *Louis*, NuR 2009, 91 (98 f.).

11 *Heugel*, in: Lütkes/Ewer, BNatSchG, § 44 Rn. 2.

12 EuGH, Urt. v. 11. 01. 2007 – Rs. C-183/05, Kommission/Irland, Slg. 2007, I-137 (Rn. 30); EuGH, Urt. v. 09. 06. 2011 – Rs. C-383/09, Kommission/Frankreich, Slg. 2011, I-4869 (Rn. 18–20).

13 GAin *Kokott*, Schlussanträge v. 15. 12. 2005 – Rs. C-221/04, Fuchsjagd, Slg. 2006, I-4518 (Rn. 64).

aussetzung, wobei die Zulassungsbehörde eine vorausschauende Risikoermittlung und -bewertung vorzunehmen hat.[14] Soweit sie nicht als Zulassungsschranken fungieren, lassen sich die artenschutzrechtlichen Verbote durch entsprechende Anordnungen nach § 3 Abs. 2 ordnungsbehördlich durchsetzen. Sind hingegen artenschutzrechtliche Verbotstatbestände bereits verwirklicht, bietet § 3 Abs. 2 keine Handhabe für die Anordnung von **Wiederherstellungs- oder Kompensationsmaßnahmen**.[15] Ist ein Tier tot oder eine geschützte Lebensstätte zerstört, ist die Tat beendet; von einem ordnungsbehördlich ahndungsfähigen Fortdauern des artenschutzrechtlichen Verstoßes kann dann nicht die Rede sein.[16] Anders ist dies zu beurteilen, wenn das tatbestandsmäßige Handeln noch andauert, etwa eine Fortpflanzungsstätte in ihrer Funktion durch Lärm beeinträchtigt wird und sie diese Funktion wieder erhält, sobald der Lärm aufhört. Zu beachten ist aber, dass das Landesnaturschutzrecht teilweise auch eine generelle Ermächtigungsgrundlage für die Anordnung von Wiederherstellungs- oder Kompensationsmaßnahmen enthält (vgl. § 2 Satz 2 HmbBNatSchG[17], § 8 Abs. 2 Satz 1 NatSchG M-V[18], § 2 Abs. 2 NAGBNatSchG[19], § 1 Abs. 3 Satz 3 NatSchG LSA[20], § 2 Abs. 5 Satz 2 LNatSchG S-H[21]).

Im Zuge der Kleinen BNatSchG-Novelle hat der Gesetzgeber sich bemüht, 3
den vom EuGH geforderten Vorgaben nachzukommen, ansonsten aber die überkommene Struktur des Artenschutzrechts beizubehalten. Die durch das Unionsrecht vorgegebene Strenge des besonderen Artenschutzrechts betraf denn letztlich auch nur die nach Art. 1 VRL sowie Anhang IV FFH-RL europäisch geschützten Arten (vgl. § 42 Abs. 4 und 5 BNatSchG a.F.). An diesem „Zweiklassenartenschutz" ist vielfach Kritik geübt worden.[22] Dem teilweise folgend sind nunmehr die in einer Rechtsverordnung nach § 54 Abs. 1 Nr. 2 aufgeführten rein national geschützten sog. Verantwortungsarten den europäischen Vogelarten und Anhang IV-Arten gleichgestellt worden (vgl. § 44 Abs. 4 und 5). Fernerhin gilt das besondere Artenschutzrecht nach wie vor sowohl im Außen- als auch im besiedelten Bereich.[23] Es gilt im Bereich der Küstengewässer und gemäß § 56 Abs. 1 auch in den Meeresbereichen der deutschen ausschließlichen Wirtschaftszone und des Festlandsockels, soweit dies mit dem Seerechtsübereinkommen der Vereinten Nationen vom

---

14 BVerwG, Urt. v. 21. 11. 2013 – 7 C 40.11, NVwZ 2014, 524 (Rn. 17).

15 A.A. VG Ansbach, Urt. v. 17. 06. 2010 – AN 5 K 10.00442, NuR 2011, 70 (71).

16 So aber bspw. VG Düsseldorf, Urt. v. 20. 03. 2009 – 25 K 64/09, juris, Rn. 26.

17 Hamburgisches Gesetz zur Ausführung des Bundesnaturschutzgesetzes vom 11. 05. 2010, GVBl. 2010, S. 350.

18 Gesetz des Landes Mecklenburg-Vorpommern zur Ausführung des Bundesnaturschutzgesetzes vom 23. 02. 2010, GVBl. 2010, S. 66.

19 Niedersächsisches Ausführungsgesetz zum Bundesnaturschutzgesetz vom 19. 02. 2010, GVBl. 2010, S. 104.

20 Naturschutzgesetz des Landes Sachsen-Anhalt vom 10. 12. 2010, GVBl. 2010, S. 569.

21 Schleswig-holsteinisches Gesetz zum Schutz der Natur vom 24. 02. 2010, GVBl. 2010, S. 301.

22 So etwa *Philipp*, NVwZ 2008, 593 (598); ähnlich auch *Lütkes*, NVwZ 2008, 598 (602).

23 *Müller-Walter*, in: Lorz et al., Naturschutzrecht, § 44 BNatSchG Rn. 2.

10. 10. 1982[24] vereinbar ist. Neben dem besonderen Artenschutzrecht können überdies das Jagd-[25] und das Tierschutzrecht[26] – je nach Situation teils sogar vorrangig – zur Anwendung kommen.

II. Zugriffsverbote (Abs. 1)

4 § 44 Abs. 1 untersagt bestimmte Handlungen, die einen unmittelbaren oder mittelbaren Zugriff auf Exemplare besonders geschützter Arten darstellen. Es sind gerade diese **Zugriffsverbote**, die in der Praxis im Grunde nunmehr bei jedem Raum in Anspruch nehmendem Vorhaben zum Teil erhebliche Probleme aufwerfen. Selbst in der Bauleitplanung sind sie vielfach von Bedeutung. Hier finden sie jedenfalls über das Erforderlichkeitsgebot des § 1 Abs. 3 Satz 1 BauGB Beachtung, da ein Bauleitplan insbesondere dann nicht erforderlich ist, wenn er aus Rechtsgründen nicht vollzogen werden kann.[27] Aus den Zugriffsverboten wird in ihrer Eigenschaft als Zulassungsvoraussetzung geschlossen, dass ein Plan, jedenfalls aber eine Anlage, die zur Verletzung dieser Verbote führt, nicht rechtmäßig bzw. nicht genehmigungsfähig ist. Die materielle **Beweislast** für die (absehbare) Verwirklichung artenschutzrechtlicher Verbotstatbestände liegt aber bei der Zulassungs- oder sonst intervenierenden Behörde.[28] Ohne hinreichend belastbare Anhaltspunkte für einen Verstoß gegen § 44 Abs. 1 können daher behördlicherseits weder im Wege repressiven Einschreitens noch im Rahmen von Zulassungsentscheidungen artenschutzrechtliche Schutz- und Kontrollmaßnahmen auferlegt werden.[29] Auch kann in Genehmigungsverfahren, in denen das Artenschutzrecht nicht zum Prüfungsgegenstand gehört, dem Antragsteller grundsätzlich nicht aufgegeben werden, eine artenschutzrechtliche Prüfung vorzulegen. Dies ist – je nach Ausgestaltung der jeweiligen Landesbauordnung – vor allem im Baurecht der Fall,[30] zumindest wenn es nicht um ein Außenbereichsvorhaben geht; denn bei Außenbereichsvorhaben gehört das besondere Artenschutzrecht über § 35 Abs. 3 Satz 1 Nr. 5 BauGB bereits zu den bauplanungsrechtlich zu beachtenden und somit im Baugenehmigungsverfahren regelmäßig prüfungsgegenständlichen Vorgaben.[31] In der Praxis ist es überdies vielfach bedeutsam, Maßnahmen zu ergreifen, mittels derer die Verwirklichung dieser Verbotstatbestände ausgeschlossen, zumindest

---

24 BGBl. II 1994, S. 1798 (1799); BGBl. II 1995, S. 602.

25 Vgl. OVG Koblenz, Urt. v. 06. 11. 2014 – 8 A 10469/14.OVG, NuR 2015, 41 (42 ff.).

26 Vgl. OLG Celle, Beschl. v. 23. 05. 2011 – 32 Ss 31/11, NuR 2012, 367 (368).

27 Hierzu *Pauli*, BauR 2008, 759 ff.; *Fischer*, NuR 2007, 307 (309 ff.); *Köck*, in: Spannowsky/ Hofmeister, Umweltrechtliche Einflüsse in der städtebaulichen Planung, 2009, S. 35 ff.; *ders.*, ZUR 2006, 518 ff.; *Gellermann*, NuR 2007, 132 ff.

28 *Thyssen*, NuR 2010, 9 (11); *Louis*, NuR 2009, 91 (98 f.); *Fehrensen*, NuR 2009, 13 (15); *Lau/ Steeck*, NuR 2008, 386 (387); siehe auch OVG Magdeburg, Urt. v. 16. 05. 2013 – 2 L 80/11, NuR 2013, 515 (516).

29 Vgl. OVG Magdeburg, Urt. v. 13. 03. 2014 – 2 L 215/11, NuR 2014, 578 (579).

30 In Extremfällen kann dies allenfalls darauf gestützt werden, dass wegen mit Händen zu greifender artenschutzrechtlicher Probleme das betreffende Vorhaben voraussichtlich keine Chance auf Realisierung hat und daher dem Bauantrag nach derzeitiger Aktenlage bereits das Sachbescheidungsinteresse fehlt; hierzu *Sauthoff*, BauR 2013, 415 ff.

31 Vgl. BVerwG, Urt. v. 27. 06. 2013 – 4 C 1.12, BVerwGE 147, 118 (Rn. 6).

aber die Intensität etwaiger Beeinträchtigungen herabgesetzt werden kann (sog. **konfliktvermeidende oder -mindernde Maßnahmen**). Diese müssen ausgehend von den im Einzelnen zu vermeidenden Handlungen bzw. Erfolgen fachlich angeleitet bestimmt und ergriffen werden. Schließlich treffen die artenschutzrechtlichen Zugriffsverbote – wie auch sonst im Ordnungsrecht – nur denjenigen, dem sich das jeweils verbotene Verhalten auch adäquat-kausal **zurechnen** lässt.[32] Daher kann bspw. einem Biogasanlagenbetreiber nicht angelastet werden, dass die Landwirte in seiner näheren Umgebung nun zunehmend Mais anbauen und damit den Feldhamster vergrämen.[33] Ebenso wenig kann dem Straßenbaulastträger zugerechnet werden, wenn nach dem Bau einer Straße der Luchs einwanderte und dort nun kollisionsgefährdet ist.[34] Hingegen unterbricht es nicht den Zurechnungszusammenhang, wenn real bewirkte Schädigungen später durch einen anderen Umstand ebenfalls herbeigeführt worden wäre.[35] Daher kann bspw. in den hochdynamischen Bergbaufolgelandschaften nicht zielführend argumentiert werden, die vorkommenden Offenlandarten würden ohnehin wegen des zunehmenden Gehölzaufwuchses in absehbarer Zeit ihres Lebensraumes beraubt. Dieser Umstand kann aber bei der Ausnahmegewährung nach § 45 Abs. 7 eine Rolle spielen (vgl. unten § 45 Rn. 19). Ebenso ist es dem Ausbringenden zuzurechnen, wenn durch das Ausbringen invasiver Arten besonders geschützte Arten in tatbestandsmäßiger Weise beeinträchtigt werden.[36] Soweit Verbotstatbestandsverwirklichungen nicht zurechenbar sind, können sich jedoch mitunter aus § 38 Abs. 2 Vermeidungs- und Verhinderungspflichten ergeben (siehe § 38 Rn. 7).

1. Bestandsaufnahme

Für die Beurteilung, ob ein Plan, ein Vorhaben oder eine bestimmte Handlung zu einem Verstoß gegen die Zugriffsverbote des § 44 Abs. 1 führt, bedarf es unabhängig von dem im Einzelnen in Rede stehenden Verbotstatbestand einer entsprechenden **Bestandsaufnahme** und der sich daran anschließenden Beurteilung, ob und inwieweit artenschutzrelevante Betroffenheiten vorliegen. Eine spezielle Prüfung, wie das etwa beim unionsrechtlich intendierten Habitatschutz nach § 34 Abs. 1 der Fall ist, sieht § 44 nicht vor. Insoweit hat das BVerwG inzwischen klargestellt, dass gleichwohl eine am Maßstab praktischer Vernunft ausgerichtete Prüfung erforderlich, aber auch ausreichend ist.[37] Was genau ermittelt werden muss, hängt dabei maß-

5

---

32 Hierzu *Füßer/Lau*, NuR 2009, 445 (450).

33 OVG Koblenz, Urt. v. 14.10.2014 – 8 C 10233/14.OVG, NuR 2015, 188 (193).

34 BVerwG, Urt. v. 28.03.2013 – 9 A 22.11, BVerwGE 146, 145 (dort nicht mit abgedruckt, siehe aber juris, Rn. 123).

35 Vgl. BGH, Urt. v. 07.06.1988 – IX ZR 144/87, NJW 1988, 3265 (3266): „Die Erkenntnis, dass eine nur hypothetisch wirksame Reserveursache nicht die Kausalität einer in der Realität wirksam gewordenen Ursache beseitigen kann, [...] verlangt vielmehr überall dort Beachtung, wo Ursachenzusammenhänge zu beurteilen sind [...].".

36 Vgl. OVG Schleswig, Urt. v. 15.12.2011 – 1 LB 19/10, NuR 2012, 282 (287).

37 BVerwG, Urt. v. 12.08.2009 – 9 A 64.07, BVerwGE 134, 308 (Rn. 37); BVerwG, Urt. v. 18.03.2009 – 9 A 39.07, BVerwGE 133, 239 (Rn. 43).

geblich von den naturräumlichen Gegebenheiten im Einzelfall sowie von den zu erwartenden Auswirkungen des betreffenden Vorhabens ab.[38] Die Ermittlungen müssen keinesfalls erschöpfend sein, sondern nur so weit gehen, dass die Intensität und Tragweite der Beeinträchtigung erfasst werden kann.[39] Den „wahren" Bestand von Flora und Fauna eines Naturraums vollständig abzubilden, ist ohnehin unmöglich.[40] Die Ermittlungen müssen andererseits aber dem grundsätzlich individuenbezogenen Schutzansatz der Verbotstatbestände des § 44 Abs. 1 Rechnung tragen, wozu Daten erforderlich sind, denen sich in Bezug auf das Eingriffsgebiet die Häufigkeit und Verteilung der geschützten Arten sowie deren Lebensstätten entnehmen lassen.[41] Zusätzlich muss sich – mit Blick auf das Störungsverbot des Abs. 1 Nr. 2 sowie eventueller Ausnahmen nach § 45 Abs. 7 bzw. im Anwendungsbereich des § 44 Abs. 4 – über den Erhaltungszustand der im Plan- oder Vorhabengebiet vorkommenden besonders geschützten Arten versichert werden, insbesondere bei gefährdeten oder empfindlichen Arten, was auch Daten im Populationskontext erfordert.[42] Im Anwendungsbereich des § 44 Abs. 5 sollte zudem untersucht werden, inwieweit **Ausweichmöglichkeiten** bestehen. Dies erfordert nicht nur das Wissen um geeignete Habitatstrukturen im näheren räumlichen Umfeld des Vorhabens, sondern auch das Wissen um dort bereits vorkommende potenziell konkurrierende Artgenossen oder andere Arten.[43] Vorsicht ist zudem geboten, wenn bestimmte Arten oder Artengruppen von der Bestandsaufnahme generell ausgenommen werden sollen. Das BVerwG hat es zwar unbeanstandet gelassen, dass unstete Vorkommen, wie die als ausgestorben geltenden Arten, Irrgäste sowie sporadische Zuwanderer oder **Allerweltsarten** mit einem landesweit günstigen Erhaltungszustand und einer großen Anpassungsfähigkeit, als in der Regel nicht planungsrelevant angesehen werden.[44] Demgegenüber hatte noch das OVG Münster festgehalten, dass auch solchen Arten nicht generell die Planungsrelevanz abgesprochen werden darf; denn es könnte sein, dass ein nennenswerter Bestand betroffen wird, ohne dass im räumlichen Zusammenhang ausreichend geeignete Ausweichlebensräume vorhanden sind.[45] Nicht zu beanstanden ist eine „Gildenbildung" dahingehend, dass Begleitarten, die gleichartige ökologische Habitatansprüche besitzen und im Untersuchungsraum ähnliche räumlich-funktionale Lebensraumeinheiten nutzen wie eine Hauptart sowie gegenüber den Vorhabenwirkungen vergleichbare Empfind-

---

38 BVerwG, Urt. v. 09. 07. 2008 – 9 A 14.07, BVerwGE 131, 274 (Rn. 54).

39 BVerwG, Urt. v. 12. 03. 2008 – 9 A 3.06, BVerwGE 130, 299 (Rn. 243); hierzu aus fachlicher Sicht *Lüttmann*, NuL 2007, 236 (237 f.).

40 BVerwG, Urt. v. 12. 08. 2009 – 9 A 64.07, BVerwGE 134, 308 (Rn. 48).

41 BVerwG, Urt. v. 09. 07. 2009 – 4 C 12.07, NVwZ 2010, 123 (Rn. 44); BVerwG, Urt. v. 09. 07. 2008 – 9 A 14.07, BVerwGE 131, 274 (Rn. 54).

42 *Lüttmann*, NuL 2007, 236 (238).

43 Vgl. *Runge* et al., in: BfN, Rahmenbedingungen für die Wirksamkeit von Maßnahmen des Artenschutzes bei Infrastrukturvorhaben, 2010, S. 18.

44 BVerwG, Beschl. v. 28. 11. 2013 – 9 B 14.13, NuR 2014, 361 (Rn. 20).

45 OVG Münster, Urt. v. 20. 01. 2012 – 2 D 141/09.NE, juris, Rn. 92.

lichkeiten aufweisen nicht näher untersucht werden müssen, sondern über die jeweilige Hauptart bereits mit abgedeckt sind.[46]

Regelmäßig geboten sind daher einerseits die Auswertung bereits vorhande- 6
ner Erkenntnisse, also eine entsprechende Literaturrecherche und andererseits eine Bestandserfassung vor Ort. In den meisten Fällen wird erst eine aus
diesen beiden Quellen gewonnene Gesamtschau die erforderliche hinreichende Erkenntnisgrundlage verschaffen.[47] Daten ökologischer Bestandser-
fassungen sind grundsätzlich nur etwa drei[48] bis fünf[49] Jahre lang verwertbar;
sofern sich im betreffenden Gebiet die landschaftliche Situation und die Zu-
sammensetzung der Biozynosen nicht oder nur wenig verändert haben. Soweit
innerhalb des in Rede stehenden Zeitraums kein Nutzungs- und Strukturwan-
del stattgefunden hat und auch keine wesentliche Veränderung von Standortbedingungen eingetreten ist, schadet auch ein Alter der Daten von sechs
bis sieben Jahren nicht.[50] Im Einzelfall kann es geboten sein, mit dem betreffenden Naturraum vertraute, sachkundige Personen zu befragen, wenn sich
anders die erforderlichen artenschutzrechtlichen Erkenntnisse nicht zumutbar
gewinnen bzw. bestehende Erkenntnislücken sich anders nicht adäquat
schließen lassen.[51] Soweit jedoch allgemeine Erkenntnisse zu artspezifischen
Verhaltensweisen, Habitatansprüchen und dafür erforderlichen Vegetationsstrukturen sichere Rückschlüsse auf das Vorhandensein oder Nichtvorhanden-
sein bestimmter Arten zulassen, können daraus die entsprechenden Schlussfolgerungen gezogen und der späteren Beurteilung zugrunde gelegt
werden.[52] Ebenso kann mit Prognosewahrscheinlichkeiten, Schätzungen und
– sofern der Sachverhalt dadurch angemessen erfasst werden kann – mit
Worst-Case-Annahmen gearbeitet werden.[53] Sind sichere Rückschlüsse von
bestimmten Vegetationsstrukturen auf das Vorkommen bestimmter Arten
nicht möglich, wie etwa regelmäßig bei Fledermäusen, reicht allein eine Potenzialabschätzung indes nicht aus.[54] Andererseits sind **Untersuchungen** quasi
„ins Blaue hinein" ohne konkrete Anhaltspunkte für das Vorkommen geschützter Arten nicht gefordert.[55] Mithin können im Einzelfall bloße Stich-

---

46 BVerwG, Beschl. v. 12.01.2012 – 9 A 21.11 u.a., juris, Rn. 8.
47 BVerwG, Urt. v. 12.08.2009 – 9 A 64.07, BVerwGE 134, 308 (Rn. 38); BVerwG, Urt. v.
   18.03.2009 – 9 A 39.07, BVerwGE 133, 239 (Rn. 44); dies zutreffend nicht für den Regelfall in der Bauleitplanung annehmend BayVerfGH, Entscheidung v. 03.12.2013 – Vf.
   8-VII-13, BayVBl. 2014, 237 (238); OVG Münster, Urt. v. 30.01.2009 – 7 D 11/08.NE, NuR
   2009, 421 (424 f.); ebenso *Schmidt-Eichstaedt*, UPR 2010, 401 (403).
48 BayVerfGH, Entscheidung v. 03.12.2013 – Vf. 8-VII-13, BayVBl. 2014, 237 (238);
   Schmidt-Eichstaedt, UPR 2010, 401 (403).
49 VGH Kassel, Beschl. v. 02.01.2009 – 11 B 368/08.T, NuR 2009, 255 (277).
50 VGH Kassel, Urt. v. 21.08.2009 – 11 C 318/08.T, juris, Rn. 632.
51 BVerwG, Urt. v. 12.08.2009 – 9 A 64.07, BVerwGE 134, 308 (Rn. 40).
52 BVerwG, Urt. v. 09.07.2008 – 9 A 14.07, BVerwGE 131, 274 (Rn. 54); BVerwG, Beschl. v.
   13.03.2008 – 9 A 10.07, NuR 2008, 495 (499).
53 BVerwG, Urt. v. 12.08.2009 – 9 A 64.07, BVerwGE 134, 308 (Rn. 38); BVerwG, Urt. v.
   18.03.2009 – 9 A 39.07, BVerwGE 133, 239 (Rn. 45).
54 Vgl. BVerwG, Urt. v. 06.11.2013 – 9 A 14.12, BVerwGE 148, 373 (Rn. 51).
55 BVerwG, Urt. v. 09.07.2008 – 9 A 14.07, BVerwGE 131, 274 (Rn. 54).

proben ausreichend sein.[56] Ebenso kann von Untersuchungen Abstand genommen werden, von denen keine weitergehenden Erkenntnisse zu erwarten sind,[57] wie etwa die nähere Untersuchung von Fledermausquartieren, die einem ständigen Wechsel unterworfen sind, sodass einschlägige Untersuchungsergebnisse bloße Momentaufnahmen ohne längerfristige Aussagekraft darstellen würden.[58] Auch dürfen und müssen insoweit Verhältnismäßigkeitsüberlegungen angestellt werden; Untersuchungen, deren Aufwand in keinem Verhältnis zum zu erwartenden Erkenntnisgewinn steht, sind zu unterlassen.[59] Überdies gilt es, die betroffenen Tiere und Pflanzen durch die Untersuchungen selbst so wenig wie möglich zu beeinträchtigen, wie nunmehr § 44 Abs. 6 auch explizit vorschreibt.

2. Beurteilungsspielraum, Zulassungsresistenz, Monitoring

7 Sowohl hinsichtlich der Entscheidung darüber, was zur hinreichenden Bestandserfassung im Einzelfall erforderlich ist, als auch hinsichtlich der sich hieran anschließenden Beurteilung, ob und inwieweit artenschutzrechtlich relevante Betroffenheiten vorliegen, ist den jeweils zuständigen Behörden ein gerichtlich nur eingeschränkt überprüfbarer **Beurteilungsspielraum** eingeräumt.[60] Dieser Beurteilungsspielraum bezieht sich jedoch nicht generell auf das Artenschutzrecht als solches, sondern greift nur dort Platz, wo trotz fortschreitender wissenschaftlicher Erkenntnisse weiterhin ein gegensätzlicher Meinungsstand fortbesteht und es an eindeutigen ökologischen Erkenntnissen fehlt.[61] Das Schweigen des Gesetzgebers zum Beurteilungsmaßstab kann insoweit insbesondere vor dem Hintergrund des Gewaltenteilungsgrundsatzes nur so verstanden werden, dass er die abschließende Entscheidung der Verwaltung überlassen hat.[62] Gerichtlich überprüfbar bleibt allerdings in jedem Fall, ob im Gesamtergebnis die artenschutzrechtlichen Untersuchungen sowohl in ihrem methodischen Vorgehen als auch in ihrer Ermittlungstiefe ausreichten, um die zuständige Behörde in die Lage zu versetzen, die Voraussetzungen der artenschutzrechtlichen Verbotstatbestände sachgerecht zu prüfen.[63] Darüber hinaus endet der behördliche Beurteilungsspielraum dort, wo sich der eingenommene Standpunkt nach aktuellem Erkenntnisstand fachwissenschaftlich nicht mehr vertreten lässt.[64] Fernerhin

---

56 BVerwG, Urt. v. 09.07.2009 – 4 C 12.07, NVwZ 2010, 123 (Rn. 44).

57 BVerwG, Beschl. v. 13.03.2008 – 9 A 10.07, NuR 2008, 495 (499).

58 BVerwG, Urt. v. 18.03.2009 – 9 A 39.07, BVerwGE 133, 239 (Rn. 53); BVerwG, Urt. v. 09.07.2009 – 4 C 12.07, NVwZ 2010, 123 (Rn. 45).

59 OVG Münster, Urt. v. 30.01.2009 – 7 D 11/08.NE, NuR 2009, 421 (424); VGH Kassel, Beschl. v. 02.01.2009 – 11 B 368/08.T, NuR 2009, 255 (277).

60 BVerwG, Urt. v. 09.07.2008 – 9 A 14.07, BVerwGE 131, 274 (Rn. 56 ff.); BVerwG, Urt. v. 06.11.2013 – 9 A 14.12, BVerwGE 148, 373 (Rn. 107); BVerwG, Urt. v. 27.06.2013 – 4 C 1.12, BVerwGE 147, 118 (Rn. 14).

61 BVerwG, Urt. v. 21.11.2013 – 7 C 40.11, NVwZ 2014, 524 (Rn. 19).

62 Hierzu *Jacob/Lau*, NVwZ 2015, 241 ff.; a.A. *Gellermann*, NuR 2014, 597 ff.

63 BVerwG, Urt. v. 21.11.2013 – 7 C 40.11, NVwZ 2014, 524 (Rn. 20).

64 BVerwG, Urt. v. 13.05.2009 – 9 A 73.07, NVwZ 2009, 1296 (Rn. 87); BVerwG, Urt. v. 09.07.2008 – 9 A 14.07, BVerwGE 131, 274 (Rn. 66); ähnlich bereits *Sobotta*, NuR 2007, 642 (645).

darf aus rechtlichen Gründen (Art. 3 Abs. 1, Art. 20 Abs. 3 GG) eine von den obersten Landesbehörden zur Verfügung gestellte zusätzliche fachliche Konkretisierungsebene wie bspw. die **Windkrafterlasse** der Bundesländer nicht ohne fachliche Begründung außer Acht gelassen werden.[65] Gewissheit wie beim Habitatschutz ist hinsichtlich des Ausbleibens der Verwirklichung der Zugriffsverbote demgegenüber nicht gefordert.[66]

Ist eine solchermaßen ordnungsgemäße artenschutzrechtliche Bestandsauf-   8
nahme erfolgt, vermögen nach Erlass eines Plans oder einer Zulassungsentscheidung durchgeführte Erhebungen den Plan oder die Zulassungsentscheidung grundsätzlich nicht mehr der Rechtswidrigkeit preiszugeben.[67] Mit der Zulassungsentscheidung haben sich die artenschutzrechtlichen Zugriffsverbote in ihrer Funktion als Zulassungsvoraussetzung erschöpft; sie nehmen insoweit an der Tatbestandswirkung der Entscheidung teil.[68] In ihrer Funktion als verhaltensbezogene Sanktionsnorm bleiben sie indes „aktiv". Die Realisierung eines Vorhabens kann daher trotz (bestandskräftiger) Zulassungsentscheidung immer noch am besonderen Artenschutzrecht scheitern.[69] Allein die in einem Zulassungsverfahren festgestellte Rechtmäßigkeit eines Vorhabens entbindet nämlich nicht davon, die artenschutzrechen Zugriffsverbote weiterhin zu beachten.[70] Es bleibt aber dabei, dass mit der Zulassungsentscheidung die **präventive Rechtskontrolle** endet. Dies ist insofern von Bedeutung, als es in der Genehmigungssituation gemäß dem Günstigkeitsprinzip[71] dem Vorhabenträger obliegt darzulegen, dass es im Zuge des Vorhabens nicht zu artenschutzrechtlichen Verbotstatbestandsverwirklichungen kommt, während beim repressiven ordnungsbehördlichen Einschreiten dies grundsätzlich der einschreitenden Behörde obliegt.[72] Der Vorhabenträger muss sich hier also nicht mehr exkulpieren, er darf handeln, kann aber insoweit gestoppt werden, wenn ihm ein Rechtsverstoß nachgewiesen wird.

Dem Umstand, dass die Natur stetem Wandel unterliegt, sollte deshalb bei   9
Planungen und Zulassungsentscheidungen hinreichend Rechnung getragen werden, was es insbesondere bei Naturräumen, die durch eine große Dynamik gekennzeichnet sind,[73] erforderlich machen kann, ein naturschutzfachliches **Monitoring** – verbunden mit einem Auflagenvorbehalt (z.B. nach § 74 Abs. 3 VwVfG) – sowie eine qualifizierte ökologische Bauüberwachung vorzusehen bzw. anzuordnen.[74] „Monitoring" meint die Wiederholung der standardisierten Erfassung eines Parameters oder Prozesses in festgelegten

---

65 VGH München, Urt. v. 18. 06. 2014 – 22 B 13.1358, NuR 2014, 736 (738).
66 BVerwG, Urt. v. 09. 07. 2009 – 4 C 12.07, NVwZ 2010, 123 (Rn. 45).
67 BVerwG, Urt. v. 12. 08. 2009 – 9 A 64.07, BVerwGE 134, 308 (Rn. 50).
68 Vgl. BVerwG, Urt. v. 27. 06. 2013 – 4 C 1.12, BVerwGE 147, 118 (Rn. 5).
69 *Lieber*, NuR 2012, 665 (666 f.); vgl. auch VGH Mannheim, Beschl. v. 03. 02. 2012 – 5 S 190/
    12, S. 6 (unveröff.).
70 Vgl. EuGH, Urt. v. 20. 10. 2005 – Rs. C-60/04, Gibraltar, Slg. 2005, I-9017 (Rn. 113).
71 Hierzu BVerwG, Urt. v. 13. 10. 1988 – 5 C 35.85, BVerwGE 80, 290 (296 f.).
72 *Freiherr Knigge*, Umweltschutz durch Beweislastumkehr?, 2001, S. 27.
73 Dies ist etwa bei Tagebaufolgelandschaften der Fall, siehe dazu im Zusammenhang mit
    der Eingriffsregelung BVerwG, Urt. v. 16. 12. 2004 – 4 A 11.04, DVBl 2005, 704 (705).
74 Vgl. BVerwG, Urt. v. 12. 08. 2009 – 9 A 64.07, BVerwGE 134, 308 (Rn. 91).

Zeitintervallen.[75] Dabei ist nicht zu beanstanden, wenn im Rahmen des Monitorings die eventuell zu ergreifenden Abhilfemaßnahmen nicht schon konkret festgelegt sind; denn Sinn und Zweck eines solchen Monitorings bestehen gerade darin, zunächst Erkenntnisse über die zukünftige Entwicklung des betreffenden Lebensraums oder der betreffenden Art zu gewinnen und hierauf ggf. zu reagieren, sodass sich die geeigneten Handlungsmöglichkeiten regelmäßig zuverlässig überhaupt erst in der Zukunft konkretisieren lassen.[76] Soweit mit dem Monitoring tatbestandsrelevanten Unsicherheiten begegnet werden soll, muss jedoch bereits jetzt sichergestellt sein, dass bei einem negativen Ergebnis entsprechende Abhilfemaßnahmen, die es dann zu ergreifen gilt, auch bestehen, die Tatbestandsverwirklichung also auch in diesem Fall nach fachlicher Einschätzung ausgeschlossen werden kann. Als zuverlässig erfassbaren Parameter sollte dabei nach Möglichkeit nicht auf einen bestimmten Artbestand in einem bestimmten Gebiet abgestellt werden, da dieser auf eine Vielzahl von vorhaben- bzw. maßnahmenunabhängigen Einflüssen reagiert, sondern auf kennzeichnende Habitatparameter.[77]

3. Fang-, Verletzungs- und Tötungsverbot

10 Gemäß § 44 Abs. 1 Nr. 1 ist es verboten, wild lebenden Tieren der besonders geschützten Arten nachzustellen, sie zu fangen, zu verletzen oder zu töten oder ihre Entwicklungsformen aus der Natur zu entnehmen, zu beschädigen oder zu zerstören. Diese Vorschrift ist individuenbezogen; geschützt ist jedes einzelne Exemplar, wie bereits der Wortlaut („Tiere") nahelegt. Ferner ist allen drei Begehungsformen dieses Zugriffsverbots gemeinsam, dass sie nur durch einen direkten Zugriff erfüllt werden können. Bloße Veränderungen des Lebensraums, etwa der Wegfall von Nahrungshabitaten durch Veränderung der landwirtschaftlichen Bodennutzung oder die Reduzierung des Wasserdargebots im Unterlauf durch Aufstau eines Fließgewässers vermögen daher das Fang-, Verletzungs- und Tötungsverbot nicht zu verwirklichen.[78] Dieser Zugriff kann aber – bei entsprechender Ingerenzstellung – auch in einem Unterlassen bestehen, etwa das Absehen vom Zurückpfeifen des eigenen wildernden Hundes.[79]

11 **„Nachstellen"** meint sämtliche Handlungen, die das Fangen, Verletzen oder Töten von Exemplaren besonders geschützter Arten unmittelbar vorbereiten.[80] Umfasst sind alle Handlungen, mit denen nach der Vorstellung des Handelnden ohne weiteren Zwischenschritt zum Fang, zur Verletzung oder

---

75 *Mierwald*, Möglichkeiten und Grenzen des Einsatzes des Risikomanagements und des Monitorings in Zulassungsverfahren, 2013, S. 10.

76 VGH Mannheim, Urt. v. 07.08.2009 – 5 S 2348/08, NuR 2010, 206 ff. (dort nicht mit abgedruckt, siehe aber juris, Rn. 91).

77 *Mierwald*, Möglichkeiten und Grenzen des Einsatzes des Risikomanagements und des Monitorings in Zulassungsverfahren, 2013, S. 15.

78 OVG Koblenz, Urt. v. 14.10.2014 – 8 C 10233/14.OVG, NuR 2015, 188 (193).

79 *Müller-Walter*, in: Lorz et al., Naturschutzrecht, § 44 BNatSchG Rn. 9.

80 *Gellermann*, in: Landmann/Rohmer, Umweltrecht, Stand: 01.05.2015, § 44 BNatSchG Rn. 8.

zur Tötung angesetzt wird.[81] Gemäß § 44 Abs. 1 Nr. 1 verboten ist mithin nicht nur die Herbeiführung der missbilligten Erfolge Fang, Verletzung und Tod, sondern auch bereits deren schlichter Versuch. Trotz des grundsätzlichen Abhebens der Zugriffsverbote allein auf den objektiven Tatbestand ist ein Nachstellen demnach schon rein begrifflich nur bei einem auf Fang, Verletzung oder Tötung von Exemplaren besonders geschützter Arten gerichteten Vorsatz denkbar. Einen vorsatzlosen Versuch gibt es nicht.[82] Wie bei jeder Versuchshandlung reicht insoweit jedoch bedingter Vorsatz aus.[83]

„Fangen" meint den Zugriff auf ein lebendes Tier, bei dem sich der Fänger   12
des Tieres bemächtigt und ihm nicht alsbald und am Ort des Zugriffs die Freiheit wiedergibt bzw. wiederzugeben beabsichtigt (ausführlich dazu bereits § 39 Rn. 4).[84] Demnach fallen wegen der damit intendierten Ortsänderung auch Umsiedlungsmaßnahmen oder zwischenzeitliche Hälterungen (etwa für die Dauer des Baus) unter das Fangverbot.[85] Soweit diese Maßnahmen dazu dienen, die betreffenden Individuen vor einem schlimmeren Schicksal zu bewahren, vermag allein dieser Umstand nichts daran zu ändern, dass es sich hierbei um einen Fang handelt.[86] Das ohnehin stärker mit subjektiven Elementen aufgeladene europäische Recht bietet hierfür durchaus Spielräume,[87] das geltende deutsche Recht steht dem auf Tatbestandsebene jedoch entgegen. So lassen derartige „gute Absichten" nach dem Willen des nationalen Gesetzgebers die Tatbestandsmäßigkeit des Fangens auch an anderer Stelle nicht entfallen, etwa wenn ein als verletzt oder krank angesehenes Tier in Obhut genommen wird, um es gesund zu pflegen. Würde diese positive Intention den Tatbestand des Fangens von vornherein ausschließen, wäre die Regelung des § 45 Abs. 5, wonach insbesondere ein Fangen zum Zweck der Gesundpflege nur unter den dort im Einzelnen normierten Voraussetzungen ausnahmsweise zulässig ist, nicht zu erklären.[88]

---

81 *Müller-Walter*, in: Lorz et al., Naturschutzrecht, § 44 BNatSchG Rn. 9.
82 Statt vieler *Lackner*, in: Lackner/Kühl, StGB, § 23 Rn. 1.
83 *Müller-Walter*, in: Lorz et al., Naturschutzrecht, § 44 BNatSchG Rn. 9; *Grewing*, Das System des exemplarbezogenen Artenschutzes im Bundesnaturschutzgesetz, 2003, S. 48; a.A. noch *Lau*, in: Frenz/Müggenborg, BKom BNatSchG, 1. Aufl. 2011, § 44 Rn. 8.
84 Ebenso *Müller-Walter*, in: Lorz et al., Naturschutzrecht, § 44 BNatSchG Rn. 13; *Gellermann*, in: Landmann/Rohmer, Umweltrecht, Stand: 01.05.2015, § 44 BNatSchG Rn. 8; *Kratsch*, in: Schumacher/Fischer-Hüftle, BNatSchG, § 44 Rn. 15; a.A. *Heugel*, in: Lütkes/Ewer, BNatSchG, § 44 Rn. 8: jede Gewahrsamsbegründung unabhängig von deren Dauer.
85 *Müller-Walter*, in: Lorz et al., Naturschutzrecht, § 44 BNatSchG Rn. 13.
86 *Gellermann*, in: Landmann/Rohmer, Umweltrecht, Stand: 01.05.2015, § 44 BNatSchG Rn. 8; a.A. OVG Koblenz, Urt. v. 14.10.2014 – 8 C 10233/14.OVG, NuR 2015, 188 (192).
87 Vgl. EU-Kommission, Schreiben an das Bundesministerium für Umwelt, Naturschutz und Reaktorsicherheit (BMU) vom 18.11.2013, S. 3, wo es heißt: „The Commission services agree with the interpretation of the German authorities regarding the appliction of CEF measures that pursuing, capturing and unavoidable disturbances of protcted species in the context of appropriate CEF measures are no infringement of the provisions of Article 12 of the Habitats Directive.".
88 OVG Koblenz, Urt. v. 06.11.2014 – 8 A 10469/14.OVG, NuR 2015, 41 (42); vgl. auch OLG Celle, Beschl. v. 23.05.2011 – 32 Ss 31/11, NuR 2012, 367 (368).

Gleiches gilt im Hinblick auf § 44 Abs. 6 Satz 1, wonach die artenschutzrechtlichen Zugriffs- und Besitzverbote nicht für Handlungen zur Vorbereitung gesetzlich vorgeschriebener Prüfungen gelten, die von fachkundigen Personen unter größtmöglicher Schonung der untersuchten Exemplare und der übrigen Tier- und Pflanzenwelt im notwendigen Umfang vorgenommen werden. Auch dieser Regelung hätte es nicht bedurft, wenn der Gesetzgeber die dem Artenschutz dienenden Handlungen bereits von den Verbotstatbeständen hätte ausnehmen wollen. Die vorgenannten unionsrechtlichen Spielräume halten jedoch im Rahmen der Privilegierung des Abs. 5 Satz 2 Einzug in das deutsche Recht (siehe unten Rn. 50).

13 Eine **Verletzung** liegt schließlich bei Beeinträchtigung der körperlichen Unversehrtheit und Gesundheit eines Tieres vor.

14 Praktisch vor allem bedeutsam ist die Tatbestandsverwirklichungsform des **Tötens**. Sie ist gegeben, wenn unmittelbar auf das Leben eines Tieres zugegriffen wird. Wie eingangs (Rn. 10) erwähnt, ist jedes einzelne Exemplar geschützt. Die Rechtsprechung sieht aus Verhältnismäßigkeitsgründen und mit Blick auf den Normzweck außerhalb gezielter Tötungen gleichwohl nur dann das Tötungsverbot verwirklicht, wenn das betreffende Vorhaben das Tötungsrisiko der im Vorhabenbereich vorkommenden Individuen besonders geschützter Arten in signifikanter Weise erhöht und diese infolge dessen umkommen.[89] Eine signifikante Risikoerhöhung wird angenommen, wenn es um Tiere geht, die aufgrund ihrer Verhaltensweisen im Vorhabenbereich ungewöhnlich stark von den Risiken der mit dem Vorhaben verbundenen Auswirkungen betroffen sind, sich diese Risiken auch durch die konkrete Ausgestaltung des Vorhabens einschließlich etwaiger Vermeidungsmaßnahmen nicht beherrschen lassen[90] und es somit zu einer deutlichen Steigerung des Tötungsrisikos kommt,[91] die nicht mehr unterhalb des Gefahrenbereichs bleibt, der mit der betreffenden Tätigkeit im Naturraum immer verbunden ist, vergleichbar dem ebenfalls stets gegebenen Risiko, dass einzelne Exemplare einer Art im Rahmen des allgemeinen Naturgeschehens Opfer einer anderen Art werden (z.B. von einem Raubvogel geschlagen werden).[92] Diesen am Fall der Planfeststellung von Straßen entwickelten Signifikanzansatz hat das BVerwG inzwischen auch auf kollisionsbedingte Tötungen von Exemplaren besonders geschützter Arten im Luftverkehrsrecht[93] sowie im Rahmen der Genehmigung von Windenergieanlagen[94] übertragen. In der oberverwaltungs- und verwaltungsgerichtlichen Rechtsprechung ist er darüber hinaus auch auf die Errichtung von Energiefreileitungen[95], die Errichtung von Hochwasserrückhaltebecken, Poldern usw. und entsprechender Flutun-

---

89 BVerwG, Urt. v. 13.05.2009 – 9 A 73.07, NVwZ 2009, 1296 (Rn. 86); BVerwG, Urt. v. 09.07.2009 – 4 C 12.07, BVerwGE 134, 166 (Rn. 42).
90 BVerwG, Urt. v. 18.03.2009 – 9 A 39.07, BVerwGE 133, 239 (Rn. 58).
91 BVerwG, Urt. v. 09.07.2009 – 4 C 12.07, BVerwGE 134, 166 (Rn. 42).
92 BVerwG, Urt. v. 09.07.2008 – 9 A 14.07, BVerwGE 131, 274 (Rn. 91).
93 BVerwG, Urt. v. 09.07.2009 – 4 C 12.07, BVerwGE 134, 166 (Rn. 42).
94 BVerwG, Urt. v. 27.06.2013 – 4 C 1.12, BVerwGE 147, 118 (Rn. 11).
95 OVG Münster, Urt. v. 21.06.2013 – 11 D 8/10.AK, NuR 2013, 587 (590).

gen[96], auf bergbauliche Aktivitäten[97], auf Bautätigkeiten[98] sowie auf das Ausbringen invasiver Arten in der Aquakultur[99] angewendet worden. Inzwischen ist höchstrichterlich geklärt, dass dieser Ansatz auch bei baubedingten Individuenverluste zur Anwendung gelangt, sodass § 44 Abs. 1 Nr. 1 bspw. nicht einschlägig ist, wenn nur noch sehr wenige Individuen besonders geschützter Arten im Baufeld verbleiben.[100] Mit dem Abstellen auf eine signifikante Erhöhung des Tötungsrisikos wird indes nicht etwa der individuenbezogene Schutzansatz des § 44 Abs. 1 Nr. 1 aufgegeben; vielmehr wird vom Normzweck her gedacht eine Zurechnungsschranke eingebaut. Das OVG Weimar hat insoweit ausgeführt, dass diese vom BVerwG entwickelte Interpretation unionsrechtskonform sei und einer vollständigen Umsetzung von Art. 12 Abs. 1 Buchst. a) FFH-RL nicht entgegenstehe; denn erhöht sich das Tötungsrisiko nicht signifikant, könne nicht davon gesprochen werden, dass ein Verstoß gegen Artenschutzbestimmungen bewusst in Kauf genommen wird.[101] Ohne signifikante Risikoerhöhung fallen Tötungen mithin als unbeabsichtigt lediglich unter Art. 12 Abs. 4 FFH-RL.[102] Die Frage der signifikanten Risikoerhöhung ist damit derjenigen nach der Verbotsverwirklichung vorgelagert.[103] Zunächst ist zu prüfen, ob das betreffende Vorhaben zu einer Erhöhung des Tötungsrisikos für die Individuen der in Rede stehenden Art jenseits des allgemeinen Lebensrisikos führt. Umstände, die für die Beurteilung der Signifikanz eine Rolle spielen, sind vor allem artspezifische Verhaltensweisen, Häufigkeit der Frequentierung des betreffenden Raums und die Wirksamkeit vorgesehener Schutzmaßnahmen.[104] Auch sind hierbei andere Gefahrenquellen mit einzubeziehen.[105] Wird eine signifikante Risikoerhöhung festgestellt, ist zu prüfen – was dann in aller Regel unproblematisch bejaht werden kann –, ob das Vorhaben auch tatsächlich den Tod von Individuen der Art verursacht. Bei alledem geht es stets um das Risiko für die einzelnen Individuen, nicht um das für die gesamte Art oder die lokale Population.[106] Andererseits reicht es für die Annahme einer signifikanten Erhöhung des Tötungsrisikos bei nachträglicher Kontrolle z.B. durch ein **Schlagopfermonitoring** zur Feststellung eines etwaigen Korrekturbedarfs nicht per se aus, dass einzelne Individuen durch das Vorhaben zu Schaden gekommen sind. Vielmehr kann insoweit die natürliche Mortalität und damit die Überlebensstrategie der betreffenden Art nicht außer Acht gelassen werden.[107]

---

96 VGH Mannheim, Urt. v. 23.09.2013 – 3 S 284/11, juris, Rn. 348.
97 VG Arnsberg, Beschl. v. 20.04.2010 – 8 L 522/09, juris, Rn. 45 f.
98 VGH Mannheim, Urt. v. 12.10.2010 – 3 S 1873/09, NuR 2011, 369 (375).
99 OVG Schleswig, Urt. v. 15.12.2011 – 1 LB 19/10, NuR 2012, 282 (287).
100 BVerwG, Urt. v. 08.01.2014 – 9 A 4.13, BVerwGE 149, 31 (Rn. 99); BVerwG, Hinweisbeschl. v. 06.03.2014 – 9 C 6.12, NuR 2014, 638 (Rn. 58).
101 OVG Weimar, Urt. v. 14.10.2009 – 1 KO 372/06, NuR 2010, 368 (370).
102 Vgl. EuGH, Urt. v. 20.05.2010 – Rs. C-308/08, iberischer Luchs, Slg. 2010, I-4341 (Rn. 56 ff.).
103 *Gellermann*, NuR 2009, 85 (86).
104 BVerwG, Beschl. v. 23.01.2015 – 7 VR 6.14, NuR 2015, 257 (Rn. 30).
105 Vgl. VGH Kassel, Beschl. v. 17.12.2013 – 9 A 1540/12.Z, NuR 2014, 371 (374).
106 VGH Kassel, Beschl. v. 17.12.2013 – 9 A 1540/12.Z, NuR 2014, 371.
107 Vgl. VGH Kassel, Beschl. v. 17.12.2013 – 9 A 1540/12.Z, NuR 2014, 371 (372).

Diesbezüglich liefert der von *Dierschke* und *Bernotat*[108] im Rahmen der Entwicklung des Mortalitäts-Gefährdungs-Indexes herausgearbeitete populationsbiologische Sensitivitätsindex einen wertvollen Anhaltspunkt dafür, wie einzelne festgestellte Individuenverluste unter dem Gesichtspunkt der Signifikanz zu bewerten sind.

15 Daneben erfasst § 44 Abs. 1 Nr. 1 auch die Entwicklungsformen besonders geschützter Arten und verbietet, diese aus der Natur zu **entnehmen**, zu **beschädigen** oder zu **zerstören**. Aus der Natur entnommen werden Entwicklungsformen besonders geschützter Arten, wenn sie durch eine menschliche Handlung ihrem Aufenthaltsort auf nennenswerte Dauer entzogen werden.[109] Entscheidend ist, ob es dadurch zum Verlust der Funktion der Entwicklungsform im Naturhaushalt am Einwirkungsort kommt.[110] So ist etwa eine Umsetzung im selben Lebensraum bzw. innerhalb des Aktionsraums der Elterntiere keine Naturentnahme. „Natur" meint dabei nicht „freie Natur", sodass auch menschliche Siedlungsbereiche erfasst werden, mit Ausnahme von vor Einflüssen von außen weitgehend geschützten Innenräumen (näher hierzu unten Rn. 21). Die Begriffe „beschädigen" und „zerstören" entsprechen den gleich lautenden Begriffen aus dem Strafrecht (§ 303 StGB). Die Beschädigung einer Entwicklungsform der besonders geschützten Arten liegt mithin vor, wenn diese nicht nur ganz unerheblich in ihrer Substanz, ihrer äußeren Erscheinung oder ihrer Form verletzt ist und dadurch die Entwicklung des betreffenden Tieres beeinträchtigt wird.[111] Ein Substanzeingriff ist hierfür nicht erforderlich; es genügt jede körperliche Einwirkung, wenn damit eine nachhaltige Beeinträchtigung der Entwicklung des betreffenden Exemplars einhergeht.[112] Zerstört ist eine Entwicklungsform der besonders geschützten Arten, wenn diese so weitgehend beschädigt wurde, dass ihre Funktion völlig aufgehoben ist, was letztlich einer Tötung gleichkommt.[113] Die auf die Entwicklungsformen bezogenen Tatbegehungsalternativen bewirken mithin einen dem eigentlichen Fang-, Verletzungs- und Tötungsverbot gleichwertigen Schutz, wie dies auch Art. 12 Abs. 3 FFH-RL vorschreibt. Der eigenen Regelung hätte es an sich jedoch gar nicht bedurft, da der Begriff „Tiere" gemäß § 7 Abs. 2 Nr. 1 Buchst. b) bereits die Entwicklungsformen umfasst.[114]

---

108 *Dierschke/Bernotat*, Übergeordnete Kriterien zur Bewertung der Mortalität wildlebender Tiere im Rahmen von Projekten und Eingriffen, 2012.
109 KG Berlin, Beschl. v. 04.05.2000 – 2 Ss 344/99 u.a., NuR 2001, 176 (177).
110 *Müller-Walter*, in: Lorz et al., Naturschutzrecht, § 44 BNatSchG Rn. 14.
111 Vgl. KG Berlin, Beschl. v. 04.05.2000 – 2 Ss 344/99 u.a., NuR 2001, 176 (177).
112 Vgl. KG Berlin, Beschl. v. 04.05.2000 – 2 Ss 344/99 u.a., NuR 2001, 176 (177).
113 Vgl. KG Berlin, Beschl. v. 04.05.2000 – 2 Ss 344/99 u.a., NuR 2001, 176 (177).
114 Vgl. BVerwG, Urt. v. 08.01.2014 – 9 A 4.13, BVerwGE 149, 31 (dort nicht mit abgedruckt, siehe aber juris, Rn. 95).

4. Störungsverbot

Gemäß § 44 Abs. 1 Nr. 2 ist es verboten, wild lebende Tiere der streng ge- 16
schützten Arten und der europäischen Vogelarten während der Fortpflan-
zungs-, Aufzucht-, Mauser-, Überwinterungs- und Wanderungszeiten erheblich zu stören, wobei eine erhebliche Störung nur dann vorliegt, wenn sich
durch die Störung der Erhaltungszustand der lokalen Population der Art verschlechtert. Dem Störungsverbot unterfallen im Gegensatz zu den sonstigen
Zugriffsverboten nicht alle besonders geschützten Arten, sondern lediglich
die streng geschützten Arten, also die in Anhang A der Europäischen Artenschutzverordnung (EU-ArtSchVO)[115], die in Anhang IV der FFH-RL und in
einer Rechtsverordnung nach § 54 Abs. 2 aufgeführten Arten (vgl. § 7 Abs. 1
Nr. 14) sowie die europäischen Vogelarten nach Art. 1 VRL. Eine **Störung** ist
jedenfalls jede unmittelbare Einwirkung auf ein Tier, die eine Verhaltensän-
derung des Tieres bewirkt.[116] Sie kann durch jedwede Form der Vergrämung
(z.B. durch Schall, Licht, Wärme oder sonstige Beunruhigungen und
Scheuchwirkungen), aber durchaus auch durch vorhabenbedingte Zer-
schneidungs- und Trennwirkungen ausgelöst werden[117]. Hiervon nicht erfasst wären hingegen alle von einer unmittelbaren Einwirkung auf die betroffenen Tiere losgelösten nachteiligen Einwirkungen, wie das etwa bei der
Inanspruchnahme von Jagd- oder sonstigen Nahrungshabitaten der Fall
ist.[118] Ließen sich auch solche nur indirekten, über den Zugriff auf bestimmte
Habitate vermittelten nachteiligen Wirkungen unter den Begriff der Störung
fassen, so wäre nicht ersichtlich, weshalb dann § 44 Abs. 1 Nr. 3 im Einklang
mit Art. 5 Buchst. b) VRL und Art. 12 Abs. 1 Buchst. d) FFH-RL einen extra
Lebensstättenschutz etabliert, der gerade nicht sämtliche Habitate erfasst,
insbesondere bloße Nahrungshabitate grundsätzlich ausklammert (dazu
noch unten Rn. 22).[119] Der EuGH scheint den Begriff der Störung aber

---

115 Verordnung (EG) Nr. 338/97 des Rates über den Schutz von Exemplaren wild lebender
   Tier- und Pflanzenarten durch Überwachung des Handels vom 09.12.1996, ABl. EU
   L 61, S. 1; zuletzt geändert durch Verordnung (EG) Nr. 1332/2005 der Kommission v.
   09.08.2005, ABl. EU L 215, S. 1.
116 OVG Münster, Beschl. v. 06.11.2012 – 8 B 441/12, NuR 2012, 870 (872); OVG Koblenz,
   Urt. v. 14.10.2014 – 8 C 10233/14.OVG, NuR 2015, 188 (192).
117 BVerwG, Urt. v. 09.07.2007 – 9 A 14.07, BVerwGE 131, 274 (Rn. 105); *Lüttmann*, NuL
   2007, 236 (239 f.); die Tatbestandsmäßigkeit von Trennwirkungen offen lassend hingegen BVerwG, Urt. v. 18.03.2009 – 9 A 39.07, BVerwGE 133, 239 (Rn. 84); dies aber wieder bestätigend BVerwG, Urt. v. 14.04.2010 – 9 A 5.08, BVerwGE 136, 291 (Rn. 114).
   Soweit zusätzlich noch das Überschreiten einer Relevanzschwelle gefordert wird, so
   etwa *Fellenberg*, in: Kerkmann (Hrsg.), Naturschutzrecht in der Praxis, § 7 Rn. 93 ff.,
   kann dem nicht gefolgt werden, da das Gesetz Einschränkungen erst auf der Ebene der
   Erheblichkeit vorsieht.
118 So auch BVerwG, Urt. v. 14.04.2010 – 9 A 5.08, BVerwGE 136, 291 (Rn. 118); vgl. auch
   Fellenberg, in: Kerkmann (Hrsg.), Naturschutzrecht in der Praxis, § 7 Rn. 96; a.A. noch
   BVerwG, Urt. v. 12.03.2008 – 9 A 3.06, BVerwGE 130, 299 (Rn. 230); OVG Münster, Urt.
   v. 30.07.2009 – 8 A 2357/08, juris, Rn. 183.
119 Ebenso *Gellermann*, in: Landmann/Rohmer, Umweltrecht, Stand: 01.05.2015, § 44
   BNatSchG Rn. 10, mit dem zutreffenden Argument, dass andernfalls die Grenzen zwischen Gebiets- und Artenschutz verwischt würden.

gleichwohl derart weit zu verstehen, dass auch solche nur mittelbaren Beeinträchtigungen hierunter fallen.[120] Motive für die Störung spielen im Übrigen keine Rolle, sodass etwa die strukturelle Vergrämung von Zauneidechsen oder des Feldhamsters aus dem Baufeld oder das Vergrämen von Schweinswalen im Vorfeld von Rammarbeiten zur Errichtung von Offshore-Windenergieanlagen tatbestandsmäßig sein kann, obwohl dies zum Schutz der betreffenden Individuen vor weiterem Schaden dient.[121]

17 Geschützt wird zunächst auch hier jedes Exemplar, wie sich unzweifelhaft aus dem Wortlaut („wild lebende Tiere der streng geschützten Arten und der europäischen Vogelarten") ergibt. Tatbestandsmäßig ist die **Störung** jedoch nur, wenn sie **erheblich** ist, und die Erheblichkeit setzt nach der Legaldefinition in § 44 Abs. 1 Nr. 2 Halbsatz 2 die Verschlechterung des Erhaltungszustands der lokalen Population voraus. Dies ist jedoch nicht im Sinne einer Kausalität zwischen Störung und Verschlechterung der lokalen Population zu verstehen; es reicht vielmehr aus, dass eine solche Beeinträchtigung nicht unwahrscheinlich ist.[122] Als Verschlechterung i.d.S. ist eine Verringerung der – gemessen am Fortpflanzungserfolg – Fitness der lokalen Population zu verstehen; sie liegt vor, wenn Verhaltensweisen, die für das Überleben der Art notwendig sind, spürbar beeinträchtigt werden und infolge dessen ein Verbreitungsrückgang der Art nicht auszuschließen ist.[123] Es kommt mithin auf die Überlebenschancen, den Bruterfolg bzw. die Reproduktionsfähigkeit der lokalen Population an.[124] Ausgangspunkt der Betrachtung ist der jeweilige Ist-Zustand, egal ob dieser gut oder schlecht ist.[125] Kann die **lokale Population** bestimmte nachteilige Wirkungen im Wege der Eigenkompensation und/oder durch entsprechende **konfliktvermeidende oder -mindernde Maßnahmen** in absehbarer Zeit auffangen, liegt keine erhebliche Störung vor.[126] Gleiches gilt, wenn die betroffene Population bei Vergrämung auf – bestehende oder eigens hierfür hergerichtete – Habitate ausweichen kann.[127] Hinsichtlich der Annahme, die von einer Störung betroffenen Individuen könnten ausweichen, ist jedoch Vorsicht geboten; eine solche Revier- bzw. Habitatverschiebung ist ohne Weiteres nur möglich, wenn die angrenzende Umgebung nicht schon von Artgenossen oder Arten mit vergleichbaren Ha-

---

120 Vgl. EuGH, Urt. v. 15.03.2012 – Rs. C-340/10, zyprische Natter, NuR 2012, 259 (Rn. 64); ebenso *Sobotta*, NuR 2007, 642 (644), mit dem Einwand, dass es letztlich kaum einen Unterschied mache, ob man Tiere durch Lärm usw. vertreibt oder durch die Beseitigung der Elemente, auf die sie angewiesen sind.

121 Ebenso *Müller-Walter*, in: Lorz et al., Naturschutzrecht, § 44 BNatSchG Rn. 15; a.A. *Sailer*, ZUR 2009, 579 ff.

122 OVG Berlin-Brandenburg, Beschl. v. 11.08.2009 – 11 S 58.08, NuR 2009, 898 (898 f.); a.A. LANA, Hinweise zu zentralen unbestimmten Rechtsbegriffen des Bundesnaturschutzgesetzes, 01.10.2009, S. 6: „Eine Verschlechterung des Erhaltungszustandes ist immer dann anzunehmen, wenn sich als Folge der Störung die Größe oder der Fortpflanzungserfolg der lokalen Population signifikant und nachhaltig verringert".

123 *Lüttmann*, NuL 2007, 236 (239 f.); vgl. auch *Trautner/Jooss*, NuL 2008, 265 (270).

124 OVG Münster, Urt. v. 30.07.2009 – 8 A 2357/08, juris, Rn. 179–181.

125 *Müller-Walter*, in: Lorz et al., Naturschutzrecht, § 44 BNatSchG Rn. 16.

126 Vgl. *Trautner/Jooss*, NuL 2008, 265 f.

127 BVerwG, Urt. v. 12.03.2008 – 9 A 3.06, BVerwGE 130, 299 (Rn. 258).

bitatansprüchen besetzt ist.[128] Dies muss – außer bei weit verbreiteten bzw. häufigen Arten (vgl. unten Rn. 19) – im Vorfeld untersucht worden sein. Letztlich ist das Störungsverbot damit populationsbezogen ausgestaltet. Trotz vereinzelter Kritik hieran[129] begegnet diese Regelung keinen unionsrechtlichen Bedenken (vgl. dazu vor §§ 44, 45 Rn. 4 und 7).[130]

Der insoweit tragende Begriff der lokalen Population wird im Gesetz nicht definiert. Die Bestimmungen der Art. 12 ff. FFH-RL und Art. 5 ff. VRL kennen diesen Begriff nicht.[131] Der Gesetzgeber hat ihn aus der Stralsund-Entscheidung des BVerwG[132] entnommen. Das BVerwG hatte den Begriff dort jedoch nur verwendet, nicht auch definiert. Der an dieser Stelle in der Stralsund-Entscheidung zu findende Hinweis auf das Berlin-Schönefeld-Urteil[133] legt jedoch nahe, dass das BVerwG damit lediglich eine andere Formulierung für „lokales Vorkommen" beabsichtigte. Dies würde im Übrigen auch dem fachwissenschaftlichen Verständnis von lokaler Population entsprechen, wonach unter **„lokale Population"** ein einzelnes Habitat-Patch mit nahezu identischen Umweltbedingungen und hoher Wahrscheinlichkeit der Fortpflanzung innerhalb der dort ansässigen Individuengruppen verstanden wird.[134] Nach der Gesetzesentwurfsbegründung umfasst eine lokale Population indes diejenigen (Teil-)Habitate und Aktivitätsbereiche der Individuen einer Art, die in einem für die Lebens(raum)ansprüche der Art ausreichenden räumlich-funktionalen Zusammenhang stehen.[135] Dieser Definition ist inzwischen auch das BVerwG gefolgt.[136]

18

Letztlich handelt es sich bei dem Begriff der lokalen Population lediglich um eine Chiffre für eine Gesamtheit von Individuen einer Art, die – unabhängig vom Bestehen einer Fortpflanzungsgemeinschaft – während bestimmter Phasen des jährlichen Zyklus in einem anhand ihrer Habitatansprüche abgrenzbaren Raum vorkommen.[137] Es geht um eine Gruppe von Individuen einer Art, die eine Fortpflanzungs- oder Überdauerungsgemeinschaft bilden und einen zusammenhängenden Lebensraum gemeinsam bewohnen.[138] Dem-

19

128 Vgl. BVerwG, Beschl. v. 06.03.2014 – 9 C 6.12, NuR 2014, 638 (Rn. 61).

129 *Gellermann*, NuR 2009, 85 (87); *ders.*, NuR 2007, 783 (785); *Fehrensen*, NuR 2009, 13 (14); *Philipp*, NVwZ 2008, 593 (596).

130 St. Rspr., siehe nur BVerwG, Beschl. v. 06.03.2014 – 9 C 6.12, NuR 2014, 638 (Rn. 62); BVerwG, Urt. v. 12.08.2009 – 9 A 64.07, BVerwGE 134, 308 (Rn. 89); BVerwG, Urt. v. 13.05.2009 – 9 A 73.07, NVwZ 2009, 1296 (Rn. 92); BVerwG, Urt. v. 18.03.2009 – 9 A 39.07, BVerwGE 133, 239 (Rn. 83); BVerwG, Urt. v. 09.07.2008 – 9 A 14.07, BVerwGE 131, 274 (Rn. 104); aus der Literatur siehe nur *Pauli*, BauR 2008, 759 (765); *Lütkes*, NVwZ 2008, 598 (600); *Lau/Steeck*, NuR 2008, 386 (388); *Möckel*, ZUR 2008, 57 (59 Fn. 26).

131 *Dolde*, NVwZ 2008, 121 (123).

132 BVerwG, Urt. v. 21.06.2006 – 9 A 28.05, NVwZ 2006, 1161 (Rn. 44).

133 BVerwG, Urt. v. 16.03.2006 – 4 A 1075.04, BVerwGE 125, 116 (Rn. 571 f.).

134 *Trautner/Jooss*, NuL 2008, 265 (270).

135 BT-Drs. 16/5100, S. 11.

136 BVerwG, Urt. v. 09.06.2010 – 9 A 20.08, NVwZ 2011, 177 (Rn. 48).

137 *Dolde*, NVwZ 2008, 121 (123); *Gellermann*, NuR 2007, 783 (785).

138 LANA, Hinweise zu zentralen unbestimmten Rechtsbegriffen des Bundesnaturschutzgesetzes, 01.10.2009, S. 6.

nach ist die von dem Eingriff betroffene **lokale Population** anhand der Autökologie und der Raumansprüche der jeweiligen Art abzugrenzen.[139] Sofern dies nicht möglich oder nicht sinnvoll ist, kann auf eine Abgrenzung über die Landschaftsstruktur ausgewichen werden.[140] Das kann vor allem bei wandernden Arten (insbesondere Vögel und Fische) bedeutsam sein; dann ist die lokale Population die Gruppe von Individuen, die sich zum Zeitpunkt der Störung innerhalb des betreffenden Landschaftsareals (Gewässerteils, Offenlandfläche etc.) aufhält. Sofern in der Literatur angenommen wird, die lokale Population orientiere sich (auch) an administrativen Grenzen,[141] kann dem nur gefolgt werden, wenn die nach den vorgenannten naturschutzfachlichen Kriterien zu ermittelnde lokale Population über die als maßgeblich erachteten administrativen Grenzen hinausreicht. „Lokal" ist diejenige Population, die sich im unmittelbaren Umfeld der Störung aufhält.[142] Eine nähere Betrachtung kann überdies regelmäßig unterbleiben, wenn es um kleinräumige Störungen weit verbreiteter bzw. häufiger Arten mit relativ geringen Raumansprüchen geht (insbesondere die Allerweltsvogelarten).[143] Die Planungspraxis hat insoweit gezeigt, dass trotz laufender Zunahme potenzieller Störquellen und -intensitäten für diese Arten keine Abnahme zu verzeichnen ist, die zu einer bundes- oder landesweiten Gefährdungseinstufung geführt hätte.[144]

20   Seinem Wortlaut nach verbietet § 44 Abs. 1 Nr. 2 die Störung von Tieren streng geschützter Arten sowie der europäischen Vogelarten nur während bestimmter Zeiten, nämlich der Fortpflanzungs-, Aufzucht-, Mauser-, Überwinterungs- und Wanderungszeiten. **Fortpflanzungszeiten** sind all diejenigen Zeiten, in denen die Tiere der streng geschützten Arten sowie der europäischen Vogelarten die der Fortpflanzung dienenden Verhaltensweisen zeigen.[145] Die **Aufzuchtszeiten** betreffen die Aufzucht der Jungtiere. Diese beginnt mit deren Geburt bzw. der Eiablage und endet mit der Selbstständigkeit der Jungtiere.[146] Die **Mauserzeit** betrifft die Zeit, in der Vögel ihr Federkleid

---

139 *Wulfert/Müller-Pfannenstiel/Lüttmann*, NuL 2008, 180 (183).

140 Vgl. *Lüttmann*, NuL 2007, 236 (237).

141 So offenbar *Louis*, NuR 2008, 65 (66), der den Grund für die Beschränkung des Fokus auf die lokale Population darin sieht, dass die lokalen Behörden regelmäßig nicht in der Lage sein werden, den Erhaltungszustand einer Art im gesamten Verbreitungsgebiet einzuschätzen und über das Abheben auf die lokale Population die Wahrung des Erhaltungszustands der Art insgesamt sichergestellt sei; vgl. auch *Fellenberg*, in: Kerkmann (Hrsg.), Naturschutzrecht in der Praxis, § 7 Rn. 101.

142 Vgl. BVerwG, Beschl. v. 06.03.2014 – 9 C 6.12, NuR 2014, 638 (Rn. 63).

143 BVerwG, Beschl. v. 28.11.2013 – 9 B 14.13, NuR 2014, 361 (Rn. 20); BVerwG, Urt. v. 28.03.2013 – 9 A 22.11, BVerwGE 146, 145 (dort nicht mit abgedruckt, siehe aber juris, Rn. 128); BVerwG, Urt v. 14.04.2010 – 9 A 5.08, BVerwGE 136, 291 (Rn. 128 a.E.); LANA, Hinweise zu zentralen unbestimmten Rechtsbegriffen des Bundesnaturschutzgesetzes, 01.10.2009, S. 6.

144 *Trautner/Jooss*, NuL 2008, 265 (270 f.) mit dem zutreffenden Hinweis, dass sich andernfalls der Naturschutz der Lächerlichkeit preisgeben dürfte.

145 *Louis*, NuR 2009, 91 (95).

146 Vgl. OVG Berlin-Brandenburg, Beschl. v. 11.08.2009 – 11 S 58.08, NuR 2009, 898; *Louis*, NuR 2009, 91 (95) stellt hingegen auf das Verlassen der Fortpflanzungsstätte ab.

wechseln, daher ihre Flugfähigkeit eingeschränkt ist und sie in dieser Zeit somit bereits für die normalen Aktivitäten, insbesondere für die Nahrungssuche, einen hohen Energieverbrauch aufweisen. Die **Überwinterungszeit** ist die Zeit, in der sich die Tiere vor der kalten Jahreszeit schützen, indem sie in wärmere Gefilde ziehen oder sich in Bereiche zurückziehen, in denen sie mit eingeschränkten Lebensfunktionen den Winter verbringen.[147] Die **Wanderungszeiten** schließlich sind die Zeiten, in denen die Tiere zwischen den von ihnen periodisch als Teil ihres Lebenszyklus wechselnden Habitaten unterwegs sind und durch jeden unnötigen Energieverbrauch ernsthaft in Gefahr gebracht werden können. Anders als § 44 Abs. 1 Nr. 2 verbieten Art. 12 Abs. 1 Buchst. d), Art. 5 Buchst. b) VRL Störungen mit Auswirkungen auf den Erhaltungszustand der betreffenden Art im jeweiligen Mitgliedstaat auch außerhalb dieser Zeiten, wie aus der Formulierung „insbesondere" deutlich wird. Mithin wird man im Wege unionsrechtskonformer Auslegung dieses „insbesondere" auch in § 44 Abs. 1 Nr. 2 hineinlesen müssen,[148] was in der Praxis indes nur in Ausnahmefällen einmal von Relevanz sein wird.[149]

5. Lebensstättenschutz

§ 44 Abs. 1 Nr. 3 verbietet es, Fortpflanzungs- oder Ruhestätten der wild lebenden Tiere der besonders geschützten Arten aus der Natur zu **entnehmen**, zu **beschädigen** oder zu **zerstören**. **Fortpflanzungsstätten** sind all diejenigen Stätten, die – begonnen bei der Paarung bis hin zum Abschluss der Aufzucht der Jungtiere, soweit sie ortsgebunden ist – für eine erfolgreiche Fortpflanzung vonnöten sind.[150] **Ruhestätten** sind diejenigen Bereiche, in die sich die Tiere zur Wärmeregulierung, zur Rast, zum Schlaf oder zur sonstigen Erholung, als Versteck, zum Schutz oder als Unterschlupf für die Überwinterung zurückziehen.[151] Auch Rast- und Sonnplätze gelten als Ruhestätte im Sinne des § 44 Abs. 1 Nr. 3.[152] Irrelevant ist, ob die Fortpflanzungs- oder Ruhestätten natürlich sind oder künstlich geschaffen wurden, wie das etwa bei Nisthilfen, Fledermauskästen etc. der Fall ist.[153] Wie die Tatbegehungsalternative des aus der Natur Entnehmens zeigt, sind hingegen solche Fortpflanzungs- und Ruhestätten nicht geschützt, die sich nicht in der Natur befinden. Der in § 44 Abs. 1 Nr. 3 gebrauchte Begriff der **Natur** ist indes nicht identisch mit dem den menschlichen Siedlungsbereich ausklammernden Begriff der freien Natur z.B. in § 40 Abs. 4 Satz 1,[154] sondern ausgenommen sind lediglich solche Bereiche, die für Tiere nicht frei zugänglich sind (in erster Linie

21

---

147 *Louis*, NuR 2009, 91 (95).
148 *De Witt/Geismann*, Artenschutzrechtliche Verbote in der Fachplanung, 2010, Rn. 18; *Lau/Steeck*, NuR 2008, 386 (393); *Möckel*, ZUR 2008, 57 (62 Fn. 50); *Niederstadt/Krüsemann*, ZUR 2007, 347 (348).
149 So auch *Fellenberg*, in: Kerkmann (Hrsg.), Naturschutzrecht in der Praxis, § 7 Rn. 92.
150 *Louis*, NuR 2009, 91 (93 f.).
151 *Louis*, NuR 2009, 91 (94).
152 BVerwG, Urt. v. 23.04.2014 – 9 A 25.12, BVerwGE 149, 289 (dort nicht mit abgedruckt, siehe aber juris, Rn. 104).
153 *Kratsch*, in: Schumacher/Fischer-Hüftle, BNatSchG, § 44 Rn. 32.
154 KG Berlin, Beschl. v. 04.05.2000 – 2 Ss 344/99 u.a., NuR 2001, 176 (177).

die von Menschen bewohnten Innenräume von Gebäuden).[155] Mangels konkreten Individuenbezugs ebenfalls nicht erfasst sind nur potenzielle Fortpflanzung- oder Ruhestätten.[156] Andererseits ist nicht Voraussetzung, dass die betreffende Lebensstätte aktuell besetzt ist. Ausreichend, aber auch erforderlich ist vielmehr, dass sie regelmäßig benutzt wird.[157] Nach § 44 Abs. 1 Nr. 3 geschützt sind daher auch bloße Reste von Fortpflanzungs- oder Ruhestätten, wie etwa ein nur noch teilweise vorhandenes Vogelnest, wenn diese zum Wiederaufbau der vollständigen benötigten Lebensstätten Verwendung finden.[158] Bei reviertreuen Vogelarten, die zwar ihre Brutplätze, nicht aber ihre Brutreviere regelmäßig wechseln, ist § 44 Abs. 1 Nr. 3 indes nur dann erfüllt, wenn in einem regelmäßig belegten Brutrevier alle als Standort von Nestern geeigneten Brutplätze verloren gehen.[159] Hingegen schließt es die Tatbestandsmäßigkeit nicht aus, wenn – wie etwa hinsichtlich der Tagesquartiere von Fledermäusen oder der Wechselhorste beim Mäusebussard – mehrere, einem ständigen Wechsel unterliegende Fortpflanzungs- oder Ruhestätten vorhanden sind, von denen nur eine oder einige wenige beeinträchtigt werden; denn geschützt ist jedes einzelne benutzte Quartier. Der Umstand der Ausweichbarkeit auf die verbleibenden Stätten spielt erst im Rahmen der Legalausnahme des Abs. 5 Satz 2 eine Rolle.[160] Welche Stätten genau die genannten Funktionen erfüllen, ist schließlich eine zuvörderst naturschutzfachlich zu beantwortende Frage.[161]

22 Wie die in einem Atemzug mit der Beschädigung und der Zerstörung genannte Tatbegehung der Entnahme der genannten Lebensstätten aus der Natur ebenso wie die scharfe systematische Trennung zwischen dem Verbotstatbestand in Abs. 1 Nr. 3 auf der einen und der Privilegierung des Abs. 5 Satz 2 auf der anderen Seite belegen, ist der Begriff der Fortpflanzungs- und Ruhestätten auf einzelne Objekte und Strukturen beschränkt.[162] Demgegenüber differenziert die EU-Kommission zwischen Arten mit vergleichsweise kleinem Aktionsradius bzw. Arten mit sich überschneidenden Fortpflanzungs- sowie Ruhestätten und Arten mit eher großen Raumansprüchen. Bei der zuerst genannten Gruppe verfolgt sie einen weiten Begriff der Fortpflan-

---

155 *Gellermann*, in: Landmann/Rohmer, Umweltrecht, Stand: 01.05.2015, § 44 BNatSchG Rn. 19; *Kratsch*, in: Schumacher/Fischer-Hüftle, BNatSchG, § 44 Rn. 38; vgl. auch VG Berlin, Urt. v. 31.10.2001 – 1 A 274.96, NuR 2002, 311 f.; ähnlich OVG Lüneburg, Beschl. v. 14.05.2004 – 8 ME 65/04, NuR 2004, 612 (613) sowie bereits VGH Kassel, Urt. v. 22.09.1993 – 3 UE 1064/91, NuR 2000, 284 (285).

156 BVerwG, Urt. v. 12.03.2008 – 9 A 3.06, BVerwGE 130, 299 (Rn. 222).

157 BVerwG, Urt. v. 18.03.2009 – 9 A 39.07, BVerwGE 133, 239 (Rn. 66); BVerwG, Beschl. v. 13.03.2008 – 9 A 10.07, NuR 2008, 495 (498).

158 VG Ansbach, Urt. v. 17.06.2010 – AN 5 K 10.00442, NuR 2011, 70 (71).

159 BVerwG, Urt. v. 28.03.2013 – 9 A 22.11, BVerwGE 146, 145 (dort nicht mit abgedruckt, siehe aber juris, Rn. 148).

160 BVerwG, Urt. v. 18.03.2009 – 9 A 39.07, BVerwGE 133, 239, (Rn. 74).

161 BVerwG, Urt. v. 13.05.2009 – 9 A 73.07, NVwZ 2009, 1296, (Rn. 91).

162 BVerwG, Urt. v. 06.11.2013 – 9 A 14.12, BVerwGE 148, 373 (Rn. 114); BVerwG, Urt. v. 28.03.2013 – 9 A 22.11, BVerwGE 146, 145 (Rn. 118); BVerwG, Urt. v. 18.03.2009 – 9 A 39.07, BVerwGE 133, 239 (Rn. 66); *Pauli*, BauR 2008, 759 (763); *Dolde*, NVwZ 2008, 121 (123); *Gellermann*, NuR 2007, 783 (785).

zungs- und Ruhestätte bis hin zum Gesamtlebensraum des Tieres, bei der zuletzt genannten Gruppe hält sie dagegen einen engen Begriff der Fortpflanzungs- und Ruhestätte für angebracht.[163] Die Literatur geht teilweise sogar noch weiter und argumentiert, dass der Lebensstättenschutz nicht die **Fortpflanzungs-** und **Ruhestätten** um ihrer selbst willen schütze, sondern wegen ihrer Funktion, sodass alle Strukturen umfasst seien, die dem jeweiligen Zweck dienen.[164] Die Ausgangsprämisse ist zutreffend, der hieraus gezogene Schluss jedoch nicht. Andernfalls würde die in der Systematik der FFH-RL und VRL angelegte Unterscheidung zwischen dem Gebiets- und Artenschutz verwischt.[165] Geschützt ist demnach nur der als Ort der Fortpflanzung oder Ruhe dienende Gegenstand, wie etwa Nester, Höhlenbäume u.ä., und die diesen unmittelbar dienende Struktur[166], wie etwa Horstbäume, Brutfelsen, Wandflächen, Dachrinnen u.ä., nicht jedoch auch das weitere räumliche Umfeld.[167] Soweit aus naturschutzfachlicher Sicht auch das weitere Umfeld der eigentlichen Fortpflanzungs- oder Ruhestätte in den Blick zu nehmen ist, weil es elementar für den Reproduktionserfolg oder die Rast ist,[168] führt dies nicht zu einer Korrektur des rechtlichen Begriffs der Fortpflanzungs- und Ruhestätte. Vielmehr spielt dies erst bei der Frage eine Rolle, wodurch Fortpflanzungs- und Ruhestätten tatbestandsmäßig beeinträchtigt werden können.[169]

Dies leitet über zu den unter Verbot gestellten Tathandlungen. Diese sind **23** dieselben wie bei § 44 Abs. 1 Nr. 1 in Bezug auf die Entwicklungsformen besonders geschützter Arten (siehe oben Rn. 15). **Beschädigung** und **Zerstörung** verlangen demnach eine körperliche Einwirkung auf die geschützten Lebensstätten, die sich nachteilig auf deren Funktion auswirkt.[170] Dies bestätigt auch der Umkehrschluss zum Lebensstättenschutz nach § 39 Abs. 1

---

163 EU-Kommission, Leitfaden zum strengen Schutzsystem für Tierarten von gemeinschaftlichem Interesse im Rahmen der FFH-RL 92/43/EWG, 2007, Ziff. II.3.4.b), Rn. 62.

164 So etwa *Sobotta*, NuR 2007, 642 (644 f.); *Niederstadt/Krüsemann*, ZUR 2007, 347 (349); *Fehrensen*, NuR 2009, 13 (15 f.).

165 *Gellermann*, in: Landmann/Rohmer, Umweltrecht, Stand: 01.05.2015, § 44 BNatSchG Rn. 18; *Fellenberg*, in: Kerkmann (Hrsg.), Naturschutzrecht in der Praxis, § 7 Rn. 114; *Köck*, in: Spannowsky/Hofmeister, Umweltrechtliche Einflüsse in der städtebaulichen Planung, 2009, S. 35 (46); *Lütkes*, NVwZ 2008, 598 (601); *Pauli*, BauR 2008, 759 (763).

166 *Louis*, NuR 2009, 91 (94); *ders.*, NuR 2008, 65; vgl. auch VGH Kassel, Urt. v. 17.06.2008 – 1 C 1975/07.T, NuR 2008, 785 (800).

167 BVerwG, Urt. v. 12.08.2009 – 9 A 64.07, BVerwGE 134, 308 (Rn. 68); BVerwG, Urt. v. 09.07.2009 – 4 C 12.07, NVwZ 2010, 123 (Rn. 40); BVerwG, Urt. v. 18.03.2009 – 9 A 39.07, BVerwGE 133, 239 (Rn. 66); BVerwG, Urt. v. 09.07.2008 – 9 A 14.07, BVerwGE 131, 274 (Rn. 100); *Storost*, DVBl 2010, 737 (742).

168 Hierzu etwa HVNL-Arbeitsgruppe Artenschutz/*Kreuziger/Bernshausen*, NuL 2012, 229 ff.; HVNL-Arbeitsgruppe Artenschutz/*Möller/Hager*, NuL 2012, 307 ff.

169 A.A. *de Witt/Geismann*, Artenschutzrechtliche Verbote in der Fachplanung, 2010, Rn. 24; *Louis*, NuR 2009, 91 (94); ebenso noch *Lau*, in: Frenz/Müggenborg, BKom BNatSchG, 1. Aufl. 2011, § 44 Rn. 17.

170 KG Berlin, Beschl. v. 04.05.2000 – 2 Ss 344/99 u.a., NuR 2001, 176 (177); *Louis*, NuR 2009, 91 (94 f.); a.A. *Gellermann*, in: Landmann/Rohmer, Umweltrecht, Stand: 01.05.2015, § 44 BNatSchG Rn. 20; *Müller-Walter*, in: Lorz et al., Naturschutzrecht, § 44 BNatSchG Rn. 23; *de Witt/Geismann*, Artenschutzrechtliche Verbote in der Fachplanung, 2010, Rn. 27.

Nr. 3, der auch die nur mittelbaren Einwirkungen in den Blick nimmt, dafür aber neben dem Begriff „zerstören" von „beeinträchtigen" statt von „beschädigen" spricht. Damit können nur mittelbare Beeinträchtigungen keine Beschädigung oder Zerstörung von Fortpflanzungs- oder Ruhestätten begründen.[171] Verlassen Tiere ihre Lebensstätten aus Gründen der Verlärmung, aufgrund von Geruchs- oder Lichtimmissionen oder wegen sonstiger Beunruhigungen oder Scheuchwirkungen, so lässt all dies die betreffende Lebensstätte körperlich unberührt; es handelt sich vielmehr um Einwirkungen auf die Tiere selbst, sodass zwar der Störungstatbestand des § 44 Abs. 1 Nr. 2 verwirklicht sein kann, nicht aber eine Beschädigung oder Zerstörung geschützter Lebensstätten vorliegt. Solche mittelbaren Beeinträchtigungen können jedoch (zusätzlich zur Störung) eine **Entnahme aus der Natur** darstellen,[172] denn mit dem Begriff der Natur wird auf die Funktion der betreffenden Lebensstätte im Naturhaushalt abgehoben. Eine Naturentnahme ist daher gegeben, wenn dem Tier die geschützte Lebensstätte durch eine anthropogene Handlung auf nennenswerte Dauer entzogen wird und sie damit ihre Funktion im Naturhaushalt verliert.[173] Mithin ist bspw. das Verhängen von Vogelnestern mit Netzen u.ä. tatbestandsmäßig,[174] aber eben auch die dauerhafte Vergrämung der Tiere durch Erschütterungen, Lärm-, Geruchs-, Lichtimmissionen und sonstige Scheucheffekte sowie den Verlust essenzieller Nahrungshabitate.[175] Nicht tatbestandsmäßig ist es hingegen, wenn die betreffende Lebensstätte nur umgesetzt wird und die die Lebensstätte nutzenden Tiere den neuen Standort annehmen.[176]

6. Schutz von Pflanzen

24 Gemäß § 44 Abs. 1 Nr. 4 ist es schließlich verboten, wild lebende Pflanzen der besonders geschützten Arten oder ihre Entwicklungsformen **aus der Natur zu entnehmen**, sie oder ihre **Standorte** zu **beschädigen** oder zu **zerstören**. Die Vorschrift etabliert einen den auf Tiere bezogenen Verboten des § 44 Abs. 1 Nr. 1–3 adäquaten Schutz für die besonders geschützten Pflanzen. Was den Begriff des Standortes angeht, so ist dieser ebenso wie der Begriff der Fortpflanzungs- und Ruhestätte in § 44 Abs. 1 Nr. 3 eng auszulegen; er ist auf den jeweiligen Wuchsstandort selbst, einschließlich seiner physikalischen und chemischen Eigenschaften, begrenzt.[177] Die Tathandlungen sind

---

171 Das BVerwG hat diese Frage bislang offen gelassen, siehe nur BVerwG, Urt. v. 12. 08. 2009 – 9 A 64.07, BVerwGE 134, 308 (Rn. 72).

172 Offen lassend BVerwG, Urt. v. 18. 03. 2009 – 9 A 39.07, BVerwGE 133, 239 (Rn. 77); eher verneinend hingegen BVerwG, Urt. v. 28. 03. 2013 – 9 A 22.11, BVerwGE 146, 145 (dort nicht mit abgedruckt, siehe aber juris, Rn. 148): nur unmittelbarer Zugriff.

173 KG Berlin, Beschl. v. 04. 05. 2000 – 2 Ss 344/99 u.a., NuR 2001, 176 (177).

174 VG Berlin, Urt. v. 31. 10. 2001 – 1 A 274.96, NuR 2002, 311.

175 Ähnlich auch *Fellenberg*, in: Kerkmann (Hrsg.), Naturschutzrecht in der Praxis, § 7 Rn. 117; nur mittelbare Beeinträchtigungen ebenfalls einbeziehend GAin *Kokott*, Schlussanträge v. 20. 01. 2011 – Rs. C-383/09, Slg. 2011, I-4871 (Rn. 49).

176 *Müller-Walter*, in: Lorz et al., Naturschutzrecht, § 44 BNatSchG Rn. 24.

177 *Fellenberg*, in: Kerkmann (Hrsg.), Naturschutzrecht in der Praxis, § 7 Rn. 132; *Pauli*, BauR 2008, 759 (765).

jeweils in dem zu § 44 Abs. 1 Nr. 1 und 3 genannten Sinne auszulegen (siehe oben Rn. 15 und 23). Die Beeinträchtigung von Standorten von Pflanzen der besonders geschützten Arten muss im Übrigen nicht erheblich oder nachhaltig sein; vielmehr genügt jede nicht ganz **unerhebliche** Entwertung der Funktionsfähigkeit des Standortes für die Existenz und Entwicklung der betreffenden Pflanzen.[178]

III. Besitz- und Vermarktungsverbote (Abs. 2)

Die Zugriffsverbote des § 44 Abs. 1 werden durch die **Besitz-** und **Vermark-**   25
tungsverbote in Abs. 2 flankiert. Indem dafür gesorgt wird, dass die Exemplare der besonders geschützten Arten grundsätzlich nicht verkehrsfähig sind, wird der Anreiz zu deren Fang oder Tötung erheblich gedämpft.[179] Dieser sowohl systematische als auch inhaltliche innere Zusammenhang zwischen den Zugriffs- und den Besitz- und Vermarktungsverboten belegt einmal mehr den eigentlichen Zuschnitt des besonderen Artenschutzrechts auf individuelle Beeinträchtigungshandlungen und weniger als Steuerungsinstrument in Planung und Anlagenzulassung. Die Besitz- und Vermarktungsverbote wurden inhaltlich unverändert aus der Vorgängervorschrift des § 42 Abs. 2 und 3 BNatSchG a.F. übernommen. Die Besitzverbote erstrecken sich auf alle besonders geschützten Arten nach § 7 Abs. 2 Nr. 13, während die Vermarktungsverbote nur für die in § 7 Abs. 2 Nr. 13 Buchst. b) und c) genannten Arten gelten. Damit sind die in den Anhängen A und B der EU-ArtSchVO aufgeführten Arten von den nationalen Vermarktungsverbot ausgenommen, was indes darauf zurückzuführen ist, dass Art. 8 EU-ArtSchVO für dies Arten ein eigenes, unmittelbar geltendes Vermarktungsverbot enthält.[180] Geschützt sind jeweils die Tiere oder Pflanzen dieser Arten einschließlich deren gezüchtete oder tote Exemplare, Entwicklungsformen und die ohne Weiteres erkennbaren Teile und Erzeugnisse von/aus Exemplaren dieser Arten.[181]

1. Besitzverbote

§ 44 Abs. 2 Satz 1 Nr. 1 regelt die **Besitzverbote**. Danach ist es verboten,   26
Tiere und Pflanzen der besonders geschützten Arten in Besitz oder Gewahrsam zu nehmen, in Besitz oder Gewahrsam zu haben oder zu be- oder verarbeiten. **„Besitz"** meint hier grundsätzlich alle Arten des Besitzes i.S.d. §§ 854 ff. BGB,[182] bezieht sich dabei aber – gerade bei Pflanzen – lediglich auf die Exemplare der besonders geschützten Arten selbst und – mit Blick auf § 94 Abs. 1 BGB – nicht auch auf den Besitz des Grundstücks, auf dem

---

178 *Grewing*, Das System des exemplarbezogenen Artenschutzes im Bundesnaturschutzgesetz, 2003, S. 54 m.w.N.
179 BVerwG, Beschl. v. 21.09.1995 – 4 B 263.94, NJW 1996, 1163.
180 *Gellermann*, in: Landmann/Rohmer, Umweltrecht, Stand: 01.05.2015, § 44 BNatSchG Rn. 25.
181 *Grewing*, Das System des exemplarbezogenen Artenschutzes im Bundesnaturschutzgesetz, 2003, S. 69.
182 *Kratsch*, in: Schumacher/Fischer-Hüftle, BNatSchG, § 44 Rn. 47.

sich diese befinden.[183] Umfasst ist auch der sog. Erbschaftsbesitz nach § 857 BGB.[184] Soweit dagegen eingewandt wird, der Erbschaftsbesitzer wisse häufig gar nichts von seiner Verantwortlichkeit,[185] trägt dies nicht; hat doch der Gesetzgeber auch hinsichtlich der Besitz- und Vermarktungsverbote auf subjektive Kategorien im Tatbestand bewusst weitestgehend verzichtet und mit der Aufnahme des Begriffspaares „Besitz" und „Gewahrsam" in den Tatbestand zu erkennen gegeben, dass er sämtliche Kategorien der Sachherrschaft von den Besitzverboten des Abs. 2 Satz 1 Nr. 1 erfasst sehen will. Im Übrigen lässt sich den Besonderheiten des Erbschaftsbesitzes noch im Rahmen der Ermessensausübung beim ordnungsbehördlichen Einschreiten gegen den Erbschaftsbesitzer ausreichend Rechnung tragen. **„Gewahrsam"** meint schließlich das Ausüben der tatsächlichen Verfügungsgewalt,[186] was wertend anhand der Verkehrsanschauung zu bestimmen ist.[187]

27 Verboten ist sowohl das Begründen als auch das Innehaben von Besitz oder Gewahrsam an Tieren und Pflanzen der besonders geschützten Arten. Bei der des Weiteren verbotenen **Bearbeitung** wird zwar auf die betreffende „Sache" eingewirkt, wobei diese als solche aber erhalten bleibt, wie das etwa beim Präparieren eines Tieres der Fall ist. Bei der ebenfalls verbotenen **Verarbeitung** wird aus dem geschützten Gegenstand bzw. unter dessen Verwendung hingegen eine neue Sache hergestellt, die Verarbeitung geht also im Gegensatz zur Bearbeitung mit einer Identitätsveränderung einher.[188]

2. Vermarktungsverbote

28 § 44 Abs. 2 Satz 1 Nr. 2 verbietet sodann, Tiere und Pflanzen der besonders geschützten Arten i.S.d. § 7 Abs. 2 Nr. 13 Buchst. b) und c) zu verkaufen, zu kaufen, zum Verkauf oder Kauf anzubieten, zum Verkauf vorrätig zu halten oder zu befördern, zu tauschen oder entgeltlich zum Gebrauch oder zur Nutzung zu überlassen (Buchst. a)) oder sonst zu kommerziellen Zwecken zu erwerben, zur Schau zu stellen oder auf andere Weise zu verwenden (Buchst. b)). Damit erfasst § 44 Abs. 2 Satz 1 Nr. 2 explizit nur die in Anhang IV FFH-RL gelisteten Arten, die europäischen Vogelarten und die in der Bundesartenschutzverordnung (BArtSchV) genannten Tiere und Pflanzen, soweit sie nicht bereits in § 7 Abs. 2 Nr. 13 Buchst. a) aufgeführt sind. Für die in § 7 Abs. 2 Nr. 13 Buchst. a) gelisteten Tier- und Pflanzenarten ergibt sich jedoch – wie eingangs erwähnt – ein entsprechender Schutz bereits unmittelbar aus Art. 8 EU-ArtSchVO.

183 *Grewing*, Das System des exemplarbezogenen Artenschutzes im Bundesnaturschutzgesetz, 2003, S. 73.

184 Ebenso *Fellenberg*, in: Lütkes/Ewer, BNatSchG, § 44 Rn. 26.

185 So etwa *Grewing*, Das System des exemplarbezogenen Artenschutzes im Bundesnaturschutzgesetz, 2003, S. 73.

186 *Lorz/Müller/Stöckel*, Naturschutzrecht, 2. Aufl. 2003, A 1 § 42 Rn. 11.

187 *Fellenberg*, in: Lütkes/Ewer, BNatSchG, § 44 Rn. 27.

188 *Kratsch*, in: Schumacher/Fischer-Hüftle, BNatSchG, § 44 Rn. 48.

Anders als dies noch unter der Geltung des § 10 Abs. 3 BNatSchG a.F. der   29
Fall gewesen ist, wird der Begriff des Verkaufens bzw. Kaufens nun im BNat-
SchG nicht mehr näher erläutert. **„Verkaufen"** bzw. **„Kaufen"** meint den Abschluss eines Kaufvertrages gemäß §§ 433 ff. BGB einschließlich der zu seiner Erfüllung erforderlichen dinglichen Rechtsgeschäfte nach §§ 929 ff.
BGB.[189] Was unter „zum Verkauf oder Kauf anzubieten" zu verstehen ist,
wird in § 7 Abs. 2 Nr. 17 erläutert, der den Begriff des Anbietens legaldefiniert. Danach ist **„Anbieten"** die Erklärung der Bereitschaft zu verkaufen
oder zu kaufen oder ähnliche Handlungen, einschließlich der Werbung, der
Veranlassung zur Werbung oder der Aufforderung zu Verkaufs- oder Kaufverhandlungen. Als weitere Vorbereitungshandlungen sind das Vorrätighalten und das Befördern zum Verkauf verboten. Beim **Vorrätighalten** handelt
es sich um einen Besitz, der jedoch durch die Veräußerungsabsicht des Verkaufs qualifiziert ist.[190] **Befördern** ist jede Ortsveränderung des geschützten
Gegenstands unabhängig von Distanz oder Beförderungsmittel.[191] Neu in
den Tatbestand aufgenommen sind der **Tausch** sowie die entgeltliche **Überlassung zum Gebrauch oder zur Nutzung.** Eine inhaltliche Änderung geht
damit indes nicht einher, da diese Tatbegehungsalternativen auch bislang
schon über § 10 Abs. 3 BNatSchG a.F. erfasst waren.[192] Nicht tatbestandsmäßig ist damit an privatrechtlich denkbaren Überlassungsmöglichkeiten –
mangels Entgeltlichkeit – nur noch die Leihe (vgl. § 598 BGB) sowie die
Schenkung (vgl. § 516 Abs. 1 BGB). Aus den in § 44 Abs. 2 Satz 1 Nr. 2
Buchst. a) explizit genannten Tathandlungen sowie aus dem Umkehrschluss
Buchst. b) (dazu sogleich) kann im Übrigen geschlossen werden, dass z.B.
Buchst. a) den Eigentumserwerb durch Zuschlag in der Zwangsversteige-
rung nicht erfasst, da es sich hierbei nicht um eine privatrechtliche Überlas-
sung handelt, sondern um einen Erwerb kraft Hoheitsaktes.[193]

Sonstige Formen des Erwerbs von Tieren und Pflanzen der besonders ge-   30
schützten Arten i.S.d. § 7 Abs. 2 Nr. 13 Buchst. b) und c) werden sodann von
§ 44 Abs. 2 Satz 1 Nr. 2 Buchst. b) aufgegriffen. Der hier gebrauchte Begriff
des Erwerbs umfasst sämtliche Formen der Erlangung des Eigentums, also
auch den Erwerb kraft Hoheitsaktes.[194] Verboten ist jedoch nur der **Erwerb**
zu kommerziellen Zwecken. Ein kommerzieller Zweck liegt vor, wenn mit
der in Rede stehenden Handlung zumindest auch ein wirtschaftlicher Vorteil
oder Nutzen erstrebt wird.[195] Der Erbschaftserwerb, der zweckneutral kraft

---

189 *Kratsch*, in: Schumacher/Fischer-Hüftle, BNatSchG, § 44 Rn. 50.

190 *Grewing*, Das System des exemplarbezogenen Artenschutzes im Bundesnaturschutzgesetz, 2003, S. 78.

191 *Kratsch*, in: Schumacher/Fischer-Hüftle, BNatSchG, § 44 Rn. 51.

192 Zu den mit der alten Regelungskonzeption verbundenen Schwierigkeiten siehe nur
Grewing, Das System des exemplarbezogenen Artenschutzes im Bundesnaturschutzgesetz, 2003, S. 74 f.

193 A.A. *Grewing*, Das System des exemplarbezogenen Artenschutzes im Bundesnaturschutzgesetz, 2003, S. 77 f.

194 *Grewing*, Das System des exemplarbezogenen Artenschutzes im Bundesnaturschutzgesetz, 2003, S. 79.

195 *Lorz/Müller/Stöckel*, Naturschutzrecht, 2. Aufl. 2003, A 1 § 42 Rn. 12.

Gesetzes erfolgt, ist daher von diesem Vermarktungsverbot ausgenommen.[196] Hingegen können eine Schenkung oder ein testamentarisch verfügtes Vermächtnis durchaus zu kommerziellen Zwecken erfolgen, sodass es beim Erwerb aus solchen Rechtsgründen der Einzelfallbetrachtung bedarf. Neben dem Erwerb zu **kommerziellen Zwecken** verbietet § 44 Abs. 2 Satz 1 Nr. 2 Buchst. b) auch das **Zurschaustellen** sowie die **Verwendung auf andere Weise**, jeweils wiederum unter der Einschränkung, dass dies zu kommerziellen Zwecken geschieht. Das Zurschaustellen betrifft dabei nur die Werbung mit dem Exemplar einer besonders geschützten Art, nicht auch die Werbung für ein solches Tier oder eine solche Pflanze, was bereits von § 44 Abs. 2 Satz 1 Nr. 2 Buchst. a) (Anbieten zum Verkauf) erfasst ist. Ein Zurschaustellen zu kommerziellen Zwecken ist bei wissenschaftlich geführten Tier- und Pflanzenschauen nicht gegeben, selbst wenn hierfür ein Eintrittsgeld verlangt wird, sofern dieses aufwandsangemessen ist, da hier die Volksbildung im Vordergrund steht.[197] Die Verwendung auf andere Weise beinhaltet schließlich einen Auffangtatbestand für alle sonstigen Nutzungen zu kommerziellen Zwecken. Diese Alternative der Tatbestandsbegehung ist bspw. einschlägig, wenn Exemplare besonders geschützter Arten bzw. deren Surrogate zur Kreditsicherung ohne Übereignung eingesetzt werden, hieran etwa ein Pfandrecht begründet wird.[198]

31 § 44 Abs. 2 Satz 1 Nr. 2 Buchst. a) stellt dem Wortlaut nach lediglich das Verpflichtungsgeschäft unter Verbot, während in Buchst. b) auf das Verfügungsgeschäft abgestellt wird. Soweit ein Rechtsgeschäft abgeschlossen wird, das gegen § 44 Abs. 2 Satz 1 Nr. 2 Buchst. b) verstößt, ist nicht nur dieses gemäß § 134 BGB nichtig, sondern auch das dem zugrunde liegende Verpflichtungsgeschäft.[199] Bei Verstößen gegen § 44 Abs. 2 Satz 1 Nr. 2 Buchst. a) ist zunächst das Verpflichtungsgeschäft gemäß § 134 BGB nichtig. Obwohl § 44 Abs. 2 Satz 1 Nr. 2 Buchst. a) ausdrücklich nur das Verpflichtungsgeschäft unter Verbot stellt, ist aber auch hier darüber hinaus das Verfügungsgeschäft gemäß § 134 BGB nichtig; denn dieses wird vom Gesetzgeber ebenfalls missbilligt, wie die Besitzverbote in Abs. 2 Satz 1 Nr. 1 zeigen.

32 § 44 Abs. 2 Satz 2 stellt schließlich klar, dass die nationalen Besitz- und Vermarktungsverbote nicht von der Beachtung des Art. 9 EU-ArtSchVO entbinden. Die Bestimmung regelt in Bezug auf die **Beförderung** lebender Exemplare der in den Anhängen A und B der EU-ArtSchVO aufgeführten Arten innerhalb der EU Genehmigungs-, Dokumentations- und Nachweispflichten sowie generell – also auch bei einer Beförderung aus der EU heraus oder von außerhalb der EU in die EU ebenso wie bei der Durchfuhr –, dass die betreffenden Exemplare so vorbereitet, befördert und gepflegt werden müssen, dass die Gefahr der Verletzung, Gesundheitsschädigung oder Tierquälerei

---

196 *Grewing*, Das System des exemplarbezogenen Artenschutzes im Bundesnaturschutzgesetz, 2003, S. 79; a.A. *Kratsch*, in: Schumacher/Fischer-Hüftle, BNatSchG, § 44 Rn. 54.
197 *Müller-Walter*, in: Lorz et al., Naturschutzrecht, § 44 BNatSchG Rn. 30.
198 Vgl. *Grewing*, Das System des exemplarbezogenen Artenschutzes im Bundesnaturschutzgesetz, 2003, S. 80.
199 Vgl. *Armbrüster*, MüKo BGB, § 134 Rn. 9 m.w.N.

auf ein Minimum beschränkt bleibt und im Fall von Tieren die Rechtsvorschriften der EU zum Schutz von Tieren während ihrer Beförderung eingehalten werden.

3. Ergänzende Regelungen (Abs. 3)

Gemäß § 44 Abs. 3 Nr. 1 gelten die Besitz- und Vermarktungsverbote auch   33
für Waren i.S.d. Anhangs der Richtlinie 83/129/EWG[200], die entgegen den
Art. 1 und 3 dieser Richtlinie nach dem 30.09.1983 in die EU gelangt sind.
Dies betrifft die **Einfuhr** der Felle von Jungtieren der Sattel- und Mützenrobbe und den daraus hergestellten Waren. Diese ergänzende Regelung ist
zur Umsetzung der Richtlinie 83/129/EWG notwendig gewesen, da die Sattel- und die Mützenrobbe nicht zu den besonders geschützten Arten nach
§ 7 Abs. 2 Nr. 13 gehören.

§ 44 Abs. 3 Nr. 2, der die Besitz- und Vermarktungsverbote auch auf Tiere   34
und Pflanzen erstreckt, die durch eine Rechtsverordnung nach § 54 Abs. 4
bestimmt sind, betrifft hingegen Arten, von denen eine Gefahr der Verfälschung der natürlich vorkommenden Fauna oder Flora oder eine Gefährdung der natürlich vorkommenden Tier- oder Pflanzenarten ausgehen kann.
Anders als bisher sind also nicht mehr nur die heimischen, sondern nunmehr
sämtliche natürlich vorkommenden Arten in Betracht zu ziehen. Damit sind
die Arten gemeint, die ihr natürliches Verbreitungsgebiet in Deutschland
haben bzw. auf natürliche Weise ihr Verbreitungsgebiet nach Deutschland
ausdehnen.[201] Gemäß § 3 BArtSchV betrifft dies den amerikanischen Biber,
die Schnapp- und Geierschildkröte sowie das Grauhörnchen.

IV. Privilegierungen

Die Abs. 4–6 enthalten Privilegierungen für bestimmte Handlungen und   35
Vorhaben. Von der Regelungskonzeption her ähneln die Vorschriften der Bestimmung des § 43 Abs. 4 BNatSchG a.F. in der vor der Kleinen BNatSchG-Novelle geltenden Fassung; es handelt sich um Legalausnahmen. Abs. 4 betrifft die land-, forst- und fischereiwirtschaftliche Bodennutzung, Abs. 5 erfasst die nach § 15 zulässigen Eingriffe in Natur und Landschaft sowie Vorhaben, die nach den Vorschriften des BauGB zulässig sind. Abs. 6 sieht
schließlich Ausnahmen für Tatbestandsverwirklichungen im Zuge gesetzlich
vorgeschriebener Umweltprüfungen vor.

Darüber hinaus wird vertreten, dass die nach allgemeinen Maßstäben (§§ 32,   36
34 StGB, §§ 228, 904 BGB) gerechtfertigten Maßnahmen ebenfalls nicht unter die Zugriffs-, Besitz- und Vermarktungsverbote des § 44 fallen.[202] Dem ist
zuzustimmen. Auch im europäischen Gebietsschutz sind solche Maßnahmen
privilegiert.[203] Es würde einen Wertungswiderspruch darstellen, wenn das

---

200 Richtlinie 83/129/EWG des Rates vom 28.03.1983 betreffend die Einfuhr in die Mitgliedstaaten von Fellen bestimmter Jungrobben und Waren daraus, ABl. EU L 91, S. 30.

201 BT-Drs. 16/12274, S. 72.

202 *Müller-Walter*, in: Lorz et al., Naturschutzrecht, § 44 BNatSchG Rn. 6.

203 Vgl. etwa VGH München, Beschl. v. 16.07.2013 – 14 CE 13.290, NuR 2014, 134 (137).

weniger strenge Artenschutzrecht eine Maßnahme verbieten würde, die ge-
bietsschutzrechtlich möglich wäre. Der EuGH wird zwar nicht müde zu betonen, dass es im Artenschutzrecht neben den in Art. 16 Abs. 1 FFH-RL und
Art. 9 Abs. 1 VRL geregelten Ausnahmen keine weiteren Ausnahmemöglichkeiten gibt,[204] im Gebietsschutzrecht hat er aber für **Gefahrenabwehrmaßnahmen** bereits eine so in der einschlägigen Richtlinie nicht geregelte Ausnahme zugelassen.[205] Es spricht daher viel dafür, dass er dasselbe auch im
Bereich des Artenschutzes judizieren würde, wenn er mit einem entsprechenden Fall befasst wäre.

1. Land-, forst- und fischereiwirtschaftliche Bodennutzung (Abs. 4)

37 Gem. § 44 Abs. 4 Satz 1 verstößt die **land-, forst- und fischereiwirtschaftliche Bodennutzung** nicht gegen die Zugriffs-, Besitz- und Vermarktungsverbote, soweit sie sowie die Verwertung der dabei gewonnenen Erzeugnisse
den in § 5 Abs. 2–4 genannten Anforderungen sowie den sich aus § 17
Abs. 2 BBodSchG und dem Recht der Land-, Forst- und Fischereiwirtschaft
ergebenden Anforderungen an die **gute fachliche Praxis** entspricht. Eine
ähnliche Privilegierung ist bereits aus § 14 Abs. 2 bekannt (hierzu siehe § 14
Rn. 51 ff.). Die Privilegierung bezieht sich ausschließlich auf die eigentliche
Bodennutzung; nicht umfasst sind also die sonstigen damit im Zusammenhang stehenden vorbereitenden, erleichternden und verbessernden Handlungen, wie die Errichtung dienender Gebäude, die Anlage von Wegen, die
Beseitigung von Feldrainen, die Erweiterung der Nutzfläche, der Gründland-
umbruch oder die Drainierung genutzter Flächen.[206] Auch die Röhrichtmahd
im Rahmen der Teichwirtschaft fällt nicht hierunter.[207]

38 Soweit in Anhang IV FFH-RL gelistete Arten, europäische Vogelarten oder –
nunmehr auch – die nationalen Verantwortungsarten, die in einer Rechtsverordnung nach § 54 Abs. 1 Nr. 2 aufgeführt sind, betroffen werden, erfährt
diese Privilegierung gemäß Satz 2 eine Einschränkung. In diesen Fällen
reicht die Privilegierung nur so weit, wie sich der Erhaltungszustand der
lokalen Population der betreffenden Art durch die Bewirtschaftung nicht verschlechtert. Der Begriff der lokalen Population ist dabei derselbe wie in § 44
Abs. 1 Nr. 2 (siehe oben Rn. 18 f.). Damit wird hinsichtlich der genannten Arten der nahezu durchgängige Individuenbezug der Zugriffs-, Besitz- und Vermarktungsverbote vollständig aufgehoben und auf eine populationsbezogene
Betrachtung reduziert. Hiergegen wird zutreffend eingewandt, dass der einzelne Land-, Forst- und Fischereiwirt kaum in der Lage sein dürfte, die Rückwirkungen seiner Bewirtschaftungsmaßnahmen auf den Erhaltungszustand
der lokalen Population der geschützten Arten zu überschauen und die Norm

---

204 Zuletzt, EuGH, Urt. v. 26. 01. 2012 – Rs. C-192/11, Kommission/Polen, NuR 2013, 718
   (Rn. 39).
205 EuGH, Urt. v. 28. 02. 1991 – Rs. C-57/89, Leybucht, Slg. 1991, I-883 (Rn. 22).
206 *Gassner/Heugel*, Das neue Naturschutzrecht, 2010, Rn. 577; weitere Beispiele bei *Müller-
   Walter*, in: Lorz et al., Naturschutzrecht, § 44 BNatSchG Rn. 36–38.
207 OVG Lüneburg, Beschl. v. 30. 03. 2011 – 4 LA 24/10, NuR 2011, 516 (517); a.A. *Müller-
   Walter*, in: Lorz et al., Naturschutzrecht, § 44 BNatSchG Rn. 38.

– jedenfalls in ihrer ordnungswidrigkeits- bzw. strafrechtlichen Einkleidung über § 69 Abs. 2, § 71 – mithin Bestimmtheitsbedenken (vgl. Art. 103 Abs. 2 GG) begegnet.[208] Die Vorschrift wird deshalb zum Teil auch als **Monitoringvorgabe** für die Naturschutzbehörden ausgelegt, wonach die Verantwortung nicht beim einzelnen Land-, Forst- und Fischereiwirt, sondern bei den zur Beobachtung (auch der Auswirkungen der Land-, Forst- und Fischereiwirtschaft auf die geschützten Arten) verpflichteten Behörden liegt.[209]

Die Vorschrift sieht sich unionsrechtlichen Bedenken ausgesetzt.[210] Zum einen ist es jedenfalls in Deutschland gerade nicht so – wie von der Kommission vorausgesetzt[211] –, dass die an die **gute fachliche Praxis** gestellten Anforderungen die Einhaltung der Vorgaben von Art. 12 und 13 FFH-RL sowie Art. 5 ff. VRL weitgehend sicherstellen, dies schon deshalb, weil diese Anforderungen auf eine weitere Ausgestaltung angelegt sind, die bis heute nicht erfolgt ist.[212] Auch die Annahme, es handle sich hierbei um eine Ausnahmeerteilung nach Art. 16 Abs. 1 Buchst. b) FFH-RL, Art. 9 Abs. 1 Buchst. a) 3. Spiegelstrich VRL kraft Gesetzes[213] überzeugt wegen der Weite des Begriffs der guten fachlichen Praxis nicht, zumal der insoweit einschlägige Ausnahmegrund nach der Rechtsprechung des EuGH eng auszulegen ist.[214] Es spricht daher viel dafür, die Privilegierung des Abs. 4 Satz 2 so lange unangewendet zu lassen oder alternativ zwingend entsprechend von der – über § 54 Abs. 10 zu schaffenden – Anordnungs-, Allgemeinverfügungs- oder Verordnungsermächtigung in Satz 3 und 4 (dazu sogleich Rn. 40 f.) Gebrauch zu machen, bis diese Lücke geschlossen und die gute fachliche Praxis – sei es durch entsprechende Regelungen oder durch eine ständige Übung – hinreichend konkretisiert wurde.[215] Im Übrigen ist es zwar richtig, dass es unverhältnismäßig und nicht handhabbar wäre, die tägliche Wirtschaftsweise von Land-, Forst- und Fischereiwirten einer umfassenden präventiven Kontrolle zu unterwerfen,[216] doch entbindet dies keineswegs von der Etablierung ordnungsbehördlicher Eingriffsbefugnisse, wie sie in Art. 12 und 13 FFH-RL, Art. 5 ff. VRL angelegt sind. Die unionsrechtlichen Verbote setzen des Weiteren zwar überwiegend ein absichtliches Handeln voraus und ein Land-, Forst- oder Fischereiwirt, der lediglich die auf der betreffenden Fläche bereits bestehende Nutzung fortsetzt, handelt – selbst nach dem engen Absichtsbegriff des EuGH (siehe dazu vor §§ 44, 45 Rn. 9 ff.) – regelmäßig nicht

39

---

208 *Gellermann*, NuR 2007, 783 (787).
209 Namentlich *Köck*, NuR 2010, 530 (536).
210 *Sobotta*, NuR 2007, 642 (647).
211 Vgl. EU-Kommission, Leitfaden zum strengen Schutzsystem für Tierarten von gemeinschaftlichem Interesse im Rahmen der FFH-Richtlinie 92/43/EWG, 2007, Ziff. II.2.4, Rn. 25.
212 *Köck*, NuR 2010, 530 (534) m.w.N.
213 So *Müller-Walter*, in: Lorz et al., Naturschutzrecht, § 44 BNatSchG Rn. 42.
214 EuGH, Urt. v. 26.01.2012 – Rs. C-192/11, Kommission/Polen, NuR 2013, 718 (Rn. 45 und 48–50); EuGH, Urt. v. 15.03.2012 – Rs. C-46/11, Kommission/Polen, ZUR 2013, 489 (Rn. 29).
215 *Köck*, NuR 2010, 530 (535).
216 So etwa *Gassner/Heugel*, Das neue Naturschutzrecht, 2010, Rn. 578.

„absichtlich",[217] doch kann im Einzelfall auch einmal anderes gegeben sein. Insoweit erweisen sich die traditionellen ordnungsrechtlichen Vorstellungen folgenden rein objektiven Verbotstatbestände des deutschen Rechts als nur bedingt geeignet, die subjektiv aufgeladenen unionsrechtlichen Verbotstatbestände adäquat umzusetzen.[218] Eine **unmittelbare Anwendbarkeit der Richtlinienbestimmungen** zulasten der betreffenden Land-, Forst- und Fischereiwirte folgt daraus indes nicht, da nach derzeitigem Stand der Rechtsprechung des EuGH der säumige Mitgliedstaat aus der bislang nicht umgesetzten Richtlinie keine unmittelbaren Pflichten zulasten seiner Bürger ableiten kann, es mithin an der nach Art. 20 Abs. 3 GG erforderlichen Ermächtigungsgrundlage fehlt.[219]

40   Anknüpfend an die Pflicht zur Verhinderung der Verschlechterung des Erhaltungszustands der lokalen Population von in Anhang IV FFH-RL gelisteten Arten, europäischen Vogelarten oder nationalen Verantwortungsarten sieht § 44 Abs. 4 Satz 3 vor, dass die zuständige Behörde gegenüber den verursachenden Land-, Forst- oder Fischereiwirten die erforderlichen Bewirtschaftungsvorgaben anordnet, soweit dies nicht durch anderweitige Schutzmaßnahmen, insbesondere durch Maßnahmen des Gebietsschutzes, Artenschutzprogramme, vertragliche Vereinbarungen oder gezielte Aufklärung sichergestellt ist. Der Vorschrift kommt hinsichtlich der Mittelauswahl ermessensleitender Charakter zu. Ein Entschließungsermessen eröffnet sie hingegen nicht. Verschlechtert sich der Erhaltungszustand der betroffenen lokalen Populationen infolge der land-, forst- oder fischereiwirtschaftlichen Bewirtschaftung, so muss die zuständige Behörde handeln.[220] Einen generellen Vorrang **kooperativer und informationeller Instrumente** vor ordnungsrechtlichen Mitteln begründet Abs. 4 Satz 3 vor diesem Hintergrund ebenfalls nicht;[221] denn Anderes wäre mit den in erster Linie auf Effektivität zielenden unionsrechtlichen Vorgaben nicht vereinbar.

---

217 Zu den eine Verantwortlichkeit begründenden kognitiven Hürden siehe etwa KG Berlin, Beschl. v. 04.05.2000 – 2 Ss 344/99 u.a., NuR 2001, 176 (178).

218 Ebenso *Möckel*, ZUR 2008, 57 (63); *Gellermann*, NuR 2007, 783 (787); zur Skepsis des EuGH mit Blick auf pauschale Lösungen zur ähnlichen Problematik im Gebietsschutzrecht EuGH, Urt. v. 04.03.2010 – Rs. C-241/08, Kommission/Frankreich, Slg. 2010, I-1697 (Rn. 39).

219 Vgl. EuGH, Urt. v. 19.01.1982 – Rs. C-8/81, Becker, Slg. 1982, 53 (Rn. 24); EuGH, Urt. v. 26.02.1986 – Rs. C-152/84, Marshall, Slg. 1986, 723 (Rn. 48); EuGH, Urt. v. 08.10. 1987 – Rs. C-80/86, Kolpinghuis Nijmegen, Slg. 1987, 3969 (Rn. 9); EuGH, Urt. v. 12.05.1987 – Rs. C-372-374/85, Traen, Slg. 1987, 2141 (Rn. 14); EuGH, Urt. v. 11.06. 1987 – Rs. C-14/86, Pretore di Salò, Slg. 1987, 2545 (Rn. 19); EuGH, Urt. v. 22.02.1990 – Rs. C-221/88, Busseni, Slg. 1990, I-495 (Rn. 23); EuGH, Urt. v. 14.07.1994 – Rs. C-91/ 92, Faccini Dori, Slg. 1994, I-3325 (Rn. 20); EuGH, Urt. v. 26.09.1996 – Rs. C-168/95, Arcáro, Slg. 1996, I-4705 (Rn. 36); EuGH, Urt. v. 04.12.1997 – Rs. C-97/96, Daihatsu, Slg. 1997, I-6843 (Rn. 24); EuGH, Urt. v. 07.01.2004 – Rs. C-201/02, Delena Wells, Slg. 2004, I-723 (Rn. 56); EuGH, Urt. v. 05.10.2004 – Rs. C-397 bis 403/01, Pfeiffer, Slg. 2004, I-8835 (Rn. 108); EuGH, Urt. v. 03.05.2005 – Rs. C-387/02 u.a., Silvio Berlusconi, Slg. 2005, I-3565 (Rn. 73).

220 *Heugel*, in: Lütkes/Ewer, BNatSchG, § 44 Rn. 40.

221 *Gassner/Heugel*, Das neue Naturschutzrecht, 2010, Rn. 579.

§ 44 Abs. 4 Satz 4 sieht schließlich vor, dass die Befugnisse nach Landesrecht   *41*
zur Anordnung oder zum Erlass entsprechender Vorgaben durch Allgemeinverfügung oder **Rechtsverordnung** unberührt bleiben. Entsprechende Befugnisse werden den Ländern durch § 54 Abs. 10 eingeräumt. Dies trägt dem
Umstand Rechnung, dass die erforderlichen Bewirtschaftungsvorgaben nach
Satz 3 stark einzelfallabhängig sind, insoweit aber gleichwohl gewisse landesweite oder regionale Standards ausgemacht werden können, die es dann
im Interesse der Gewährleistung eines wirksamen Schutzes der Arten und
der Gleichbehandlung der Landnutzer auch rechtlich zu verankern gilt.[222]
Die Rechtsverordnungen nach § 44 Abs. 4 Satz 4 i.V.m. § 54 Abs. 10 sind damit der Polizeiverordnung vergleichbar.

2. Eingriffe in Natur und Landschaft (Abs. 5)

Gemäß § 44 Abs. 5 Satz 1 gelten die Zugriffs-, Besitz- und Vermarktungsver-   *42*
bote für nach § 15 zulässige **Eingriffe in Natur und Landschaft** sowie für Vorhaben i.S.d. § 18 Abs. 2 Satz 1, die nach den Vorschriften des BauGB zulässig
sind, nur nach Maßgabe der Sätze 2–5. Nach Satz 2 liegt bei Betroffenheit der
in Anhang IV Buchst. a) FFH-RL gelisteten Tierarten, europäischen Vogelarten
oder – nunmehr auch – die in einer Rechtsverordnung nach § 54 Abs. 1 Nr. 2
aufgeführten nationalen Verantwortungsarten ein Verstoß gegen das Verbot
der Beeinträchtigung von Fortpflanzungs- und Ruhestätten des Abs. 1 Nr. 3
und im Hinblick auf die damit verbundenen unvermeidbaren Beeinträchtigungen wild lebender Tiere auch gegen das Fang-, Verletzungs- und Tötungsverbot des Abs. 1 Nr. 1 nicht vor, soweit die ökologische Funktion der von dem
Eingriff oder Vorhaben betroffenen Fortpflanzungs- oder Ruhestätten im
räumlichen Zusammenhang weiterhin erfüllt wird. Dabei können auch – soweit erforderlich – „vorgezogene Ausgleichsmaßnahmen" festgesetzt werden
(Satz 3). Entsprechendes regelt Satz 4 für die Standorte wild lebender Pflanzen
der in Anhang IV Buchst. b) FFH-RL aufgeführten Arten. Die Betroffenheit aller übrigen besonders geschützten Arten ist schließlich bei Eingriffen nach
Satz 1 gemäß Satz 5 von den Zugriffs-, Besitz- und Vermarktungsverboten
ausgenommen. Damit wird das prüfrelevante Artenspektrum von rund 7.600
Arten auf ca. 600 Arten reduziert.

a) Anwendungsbereich

Die Privilegierung der in § 44 Abs. 5 Satz 1 genannten Eingriffe in Natur und   *43*
Landschaft bezieht ihre Rechtfertigung nach Ansicht des Gesetzgebers daraus, dass diese Eingriffe aufgrund ihres planerischen Vorlaufs bzw. ihrer Zu-
lassungs- oder Anzeigebedürftigkeit einer vorherigen behördlichen Prüfung
unterliegen und dabei den gezielten Einsatz von konfliktvermeidenden oder
-mindernden Maßnahmen erlauben.[223] Es handelt sich um die Nachfolger-
regelung zu § 43 Abs. 4 BNatSchG a.F. in seiner bis 2007 geltenden Fassung.[224] Daher kommt die Privilegierung des Abs. 5 nur bei einem nach § 15

---

222 Vgl. BT-Drs. 16/5100, S. 25.
223 *Gassner/Heugel*, Das neue Naturschutzrecht, 2010, Rn. 581.
224 *Schütte/Gerbig*, in: Schlacke (Hrsg.), GK-BNatSchG, § 44 Rn. 51.

oder nach den entsprechenden Vorschriften des BauGB „zulässigen" Vorhaben zur Anwendung; entscheidend ist nicht, ob das Vorhaben unter den Anwendungsbereich dieser Bestimmungen fällt, sondern dass der mit ihm verbundene Eingriff in Natur und Landschaft richtig gesehen und bewältigt worden ist.[225] § 44 Abs. 5 gelangt mithin nicht zur Anwendung, wenn im Zusammenhang mit der Eingriffsregelung in Bezug auf das Schutzgut der Leistungs- und Funktionsfähigkeit des Naturhaushaltes Fehler unterlaufen sind.[226] Mit Blick auf Sinn und Zweck sowie die Historie der Vorschrift ist darüber hinaus zu verlangen, dass der Aspekt des besonderen Artenschutzes im Rahmen der Eingriffsregelung ungeachtet der dort an sich bestehenden Spielräume eine angemessene Berücksichtigung gefunden hat.[227] Dafür spricht schon, dass § 19 Abs. 3 Satz 2 in seiner bis 2007 geltenden Fassung vorsah, dass ein Eingriff, in dessen Folge Biotope zerstört werden, die für dort wild lebende Tiere und wild wachsende Pflanzen der streng geschützten Arten nicht ersetzbar sind, nur zulässig ist, wenn er aus zwingenden Gründen des überwiegenden öffentlichen Interesses gerechtfertigt ist. Demnach konnte bereits nach früherer Rechtslage, auf die der Gesetzgeber ersichtlich aufbaut, das Artenschutzrecht im Rahmen der naturschutzrechtlichen Eingriffsregelung nicht gänzlich ausgeblendet werden. Durch diese enge Verzahnung des besonderen Artenschutzrechts mit der Eingriffsregelung wird vor allem das in § 15 Abs. 1 Satz 1 zum Ausdruck gebrachte Vermeidungsgebot gestärkt.[228]

44 Soweit sich die Frage der Anwendbarkeit des § 44 Abs. 5 jenseits der (gerichtlichen) Überprüfung der betreffenden Zulassungsentscheidung stellt, gilt hingegen wie sonst auch, dass eine per wirksamen und vollziehbaren Verwaltungsakt getroffene Entscheidung grundsätzlich von allen Staatsorganen zu beachten und deren Entscheidungen als gegeben zugrunde zu legen ist.[229] „Nach § 15 zulässig" ist in dieser Situation also mit „nach § 15 zugelassen" gleichzusetzen. Praktisch bedeutsam ist dies vor allem deshalb, weil sich die Zugriffsverbote des § 44 Abs. 1 nicht in ihrer Funktion als Zulassungsvoraussetzung erschöpfen, sondern als verhaltensbezogene Verbotsnormen darüber hinaus fortwirken (dazu bereits oben Rn. 8). Treten beim Bau oder während des Betriebs einschließlich der Unterhaltung eines zugelassenen Vorhabens zurechenbare artenschutzrechtliche Konflikte auf, die sich ohne Änderung des Vorhabens und damit ohne Änderung der Zulassungsentscheidung lösen lassen dürften, ist es von entscheidender Bedeutung, ob die Privilegierung des Abs. 5 insoweit anwendbar ist oder nicht. Liegt ein nach § 15 zulässiger Eingriff vor, erstreckt sich die daran von § 44 Abs. 5 Satz 1 geknüpfte Privilegierung auf alle Handlungen, die mit dem betreffenden Vorhaben verbunden sind. Die Privilegierung wirkt zeitlich fort,

---

225 BVerwG, Urt. v. 14.07.2011 – 9 A 12.10, BVerwGE 140, 149 (Rn. 118).
226 *Fellenberg*, UPR 2012, 321 (323).
227 *Müller-Walter*, in: Lorz et al., Naturschutzrecht, § 44 BNatSchG Rn. 47; *Gellermann*, NuR 2012, 34 (36).
228 Vgl. *Gellermann*, NuR 2012, 34 (36).
229 Vgl. BVerwG, Beschl. v. 25.06.2007 – 4 BN 17.07, ZfBR 2007, 683.

wie auch die Zulassungsentscheidung unabhängig von nachträglichen Änderungen grundsätzlich wirksam bleibt; denn § 44 Abs. 5 Satz 1 betrifft nicht die einzelne artenschutzrechtlich relevante Beeinträchtigung, sondern das beeinträchtigende Vorhaben selbst.[230]

Fraglich ist in diesem Zusammenhang, ob die Privilegierung des Abs. 5 auch   *45*
auf Vorhaben Anwendung findet, die vor Inkrafttreten der Eingriffsregelung zugelassen worden sind. Die ratio legis des § 44 Abs. 5, dass vor der Realisierung der dort geregelten Maßnahmen eine Prüfung und Bewältigung ihres naturschutzbezogenen Konfliktpotenzials nach Maßgabe der Eingriffsregelung erwartet werden kann, spricht eher dagegen. Auch hebt das Gesetz dem Wortlaut nach nicht mehr auf einen zugelassenen Eingriff, sondern nunmehr auf einen nach § 15 zulässigen Eingriff ab. § 44 Abs. 5 Satz 1 nimmt darüber hinaus jedoch vor allem auch die Vorhaben nach §§ 30, 33 BauGB in Bezug, denen ein Bebauungsplan zugrunde liegt. Das Gesetz verlangt dabei nicht, dass der Bebauungsplan unter der Geltung der Eingriffsregelung beschlossen worden sein muss. Außerdem erlaubt der im Rahmen der Eingriffsregelung in der Bauleitplanung anwendbare § 1a Abs. 3 Satz 6 BauGB bei der Überplanung eines Baugebiets eine „Verrechnung" mit dem bereits bestandenen Baurecht, sodass nur die durch die Überplanung selbst ermöglichten Eingriffe in Natur und Landschaft ausgeglichen werden müssen. Dies gilt unabhängig davon, ob bei Aufstellung des ursprünglichen Bebauungsplans die Eingriffsregelung bereits zu berücksichtigen war oder nicht.[231] Dabei handelt es sich nach Auffassung des Gesetzgebers nicht etwa um eine städtebauliche Sonderregelung, sondern lediglich um eine Klarstellung dessen, was nach der Eingriffsregelung ohnehin gilt.[232] Nutzt nämlich der Eingriffsverursacher ein ihm bereits zustehendes Recht aus, so aktualisiert sich lediglich eine bereits rechtlich angelegte nachteilige Veränderung, ohne dass dies dem Eingriffsverursacher als Eingriff in Natur und Landschaft zugerechnet werden kann.[233] Gibt es demnach keinen Grund, insoweit zwischen den Vorhaben nach §§ 30, 33 BauGB und den sonstigen, nach aktueller Rechtslage dem § 15 unterworfenen Vorhaben zu differenzieren und ist es somit zweifelsohne möglich, bei Vorhaben nach §§ 30, 33 BauGB die Privilegierung des § 44 Abs. 5 auch dann zur Anwendung zu bringen, wenn sie auf vor Inkrafttreten der Eingriffsregelung begründetes Baurecht zurückzuführen sind, so ist nicht ersichtlich, weshalb § 44 Abs. 5 dann nicht auch auf die vor Inkrafttreten der Eingriffsregelung zugelassenen sonstigen Vorhaben angewendet können werden sollte. Der mit Abs. 5 geschaffene Anreiz in Bezug auf die Vermeidungs- und Kompensationspflichten nach der Eingriffsregelung ist zukunftsgerichtet; dass damit zugleich motiviert werden sollte, bestehende Zulassungsentscheidungen nochmals „anzufassen", ist nicht erkennbar.

---

230 BVerwG, Urt. v. 14.07.2011 – 9 A 12.10, BVerwGE 140, 149 (Rn. 119).
231 BVerwG, Beschl. v. 20.03.2012 – 4 BN 31.11, BauR 2012, 1067 (Rn. 4).
232 Vgl. BT-Drs. 13/7589, S. 13.
233 *Kuschnerus*, NVwZ 1996, 235 (238).

46 § 44 Abs. 5 Satz 1 nimmt zudem über den Verweis auf § 18 Abs. 2 Satz 1 auch Vorhaben nach § 34 BauGB in Bezug, bei denen gerade keine vorherige behördliche Prüfung stattgefunden haben muss. Dass die privilegierten Eingriffe aufgrund ihres planerischen Vorlaufs bzw. ihrer Zulassungs- oder Anzeigebedürftigkeit einer vorherigen behördlichen Prüfung unterliegen und dabei den gezielten Einsatz von konfliktvermeidenden oder -mindernden Maßnahmen erlauben, ist mithin nicht die einzige Erwägung, die hinter § 44 Abs. 5 steht. Die Privilegierung von Innenbereichsvorhaben, die ebenfalls bereits vor 2007 galt, hatte das BVerwG seinerzeit auf die gesetzgeberische Entscheidung zurückgeführt, dass Baulücken innerhalb der Ortslage bevorzugt bebaut werden und die Belange des Naturschutzes hier grundsätzlich zurücktreten sollen.[234] An dieser Wertung hat der Gesetzgeber offenbar weiter festgehalten, weshalb auch kein Raum ist, § 44 Abs. 5 Satz 1 in Bezug auf Vorhaben nach § 34 BauGB teleologisch zu reduzieren.[235]

b) Insbesondere europäisch geschützte Arten

47 Bei Betroffenheit von in Anhang IV FFH-RL gelisteten Arten, europäischen Vogelarten und Arten, die in einer Rechtsverordnung nach § 54 Abs. 1 Nr. 2 aufgeführt sind, erfolgt nach Abs. 5 Satz 2 und 4 eine Privilegierung zunächst nur hinsichtlich des Lebensstättenschutzes und zwar nur insoweit, als die **ökologische Funktion** der von dem Eingriff oder Vorhaben betroffenen **Fortpflanzungs-** oder **Ruhestätten** bzw. der **Standorte** wild lebender Pflanzen im räumlichen Zusammenhang weiterhin erfüllt wird. Ob dies der Fall ist, ist eine zuvörderst naturschutzfachlich zu beantwortende Frage, bei der der zuständigen Behörde momentan noch ein Beurteilungsspielraum zukommt.

48 Mit dem Abstellen auf die Wahrung der **ökologischen Funktion** der betroffenen Lebensstätten und Standorte verfolgt § 44 Abs. 5 Satz 2 und 4 ein ökologisch-funktionales Verständnis des Lebensstättenschutzes. Der hier vorausgesetzte Funktionserhalt ist indes nicht schon dann gegeben, wenn der Eingriff keine messbaren Auswirkungen auf die Reproduktionsbedingungen bzw. Rückzugsmöglichkeiten der lokalen Population hat, sondern erst dann, wenn für die mit ihren konkreten Lebensstätten betroffenen Individuen, also für den lokalen Bestand, die von der betroffenen Fortpflanzungs- oder Ruhestätte wahrgenommene Funktion vollständig erhalten bleibt, indem entweder im räumlichen Zusammenhang weitere geeignete Fortpflanzungs- oder Ruhestätten zur Verfügung stehen oder durch entsprechende **funktionserhaltende Maßnahmen** ohne zeitlichen Bruch bereitgestellt werden.[236] Insoweit ist jedoch nicht erforderlich, dass der verloren gegangene oder beeinträchtigte Lebensraum 1:1 gewahrt wird, etwa die Anzahl der Tagesquartiere von Fledermäusen konstant bleibt; entscheidend ist allein, ob der verbleibende und/oder neu geschaffene Lebensraum die beeinträchtigten Funktio-

---

234 BVerwG, Urt. v. 11.01.2001 – 4 C 6.00, NVwZ 2001, 1040 (1041f.).

235 *Dolde*, NVwZ 2008, 121 (124); a.A. *Louis*, NuR 2008, 65 (67); ebenso noch *Lau*, in: Frenz/Müggenborg, BKom BNatSchG, 1. Aufl. 2011, § 44 Rn. 36; skeptisch auch *Dziallas*, NZBau 2008, 429 (431 Fn. 9).

236 BVerwG, Urt. v. 18.03.2009 – 9 A 39.07, BVerwGE 133, 239 (Rn. 67); vgl. auch BVerwG, Urt. v. 14.04.2010 – 9 A 5.08, BVerwGE 136, 291 (Rn. 123).

nen für die betroffenen Tiere auffängt.[237] Es darf zu keiner Minderung des Fortpflanzungs- oder Ruheerfolgs für die betroffenen Individuen kommen.[238] Regelmäßig wieder verwendete Fortpflanzungs- oder Ruhestätten sind gemäß § 44 Abs. 5 Satz 2 mithin nur geschützt, wenn die konkret betroffenen Tiere auf die Wiederverwendung des Nestes, der Baumhöhle oder sonstigen der Fortpflanzung bzw. Ruhe dienenden Struktur angewiesen sind.[239] Anders als Abs. 4 verlässt Abs. 5 Satz 2 damit nicht den individuenbezogenen Schutzansatz der Zugriffs-, Besitz- und Vermarktungsverbote. Mithin kann es für den Erhalt der Funktion der beeinträchtigten Fortpflanzungs- oder Ruhestätte auch nicht lediglich darauf ankommen, dass eine Verminderung des Fortpflanzungserfolgs bzw. der Ruhemöglichkeiten der betroffenen lokalen Population ausbleibt.[240] Hinsichtlich der Funktionswahrung der Standorte von Pflanzen der Anhang IV- oder der nationalen Verantwortungsarten nach § 44 Abs. 5 Satz 4 bedeutet dies, dass die betroffenen Exemplare auf den neuen Standort umgepflanzt werden müssen. Eine bloße Neuansaat auf dem neuen Standort genügt hingegen wegen des damit verlorengehenden Individuenbezugs nicht.[241] Fernerhin kann nicht ohne Weiteres angenommen werden, eingriffsbetroffene Tiere könnten auf andere Flächen **ausweichen**; denn eine solche Ausweichmöglichkeit besteht nur dann, wenn sich im räumlichen Zusammenhang geeignete Habitatstrukturen finden und diese Flächen nicht schon von Artgenossen oder Arten mit vergleichbaren Habitatansprüchen besetzt sind.[242] Dies muss im Vorfeld untersucht worden sein. Grundsätzlich nur bei häufigen bzw. weit verbreiteten Arten kann auch ohne eine solche Untersuchung naturschutzfachlich belastbar angenommen werden, die betroffenen Tiere können auf andere Flächen ausweichen.[243] Der Begriff des **räumlichen Zusammenhangs** hebt schließlich auf die artspezifischen Vernetzungsdistanzen ab; etwaige Ersatzlebensräume müssen sich innerhalb des Aktionsradius der betroffenen Individuen befinden.[244] Bei Umsiedlungsmaßnahmen kann der räumliche Zusammenhang ebenfalls nicht aufgegeben werden, außer es wird der gesamte lokale Bestand umgesiedelt.

Die Privilegierung des § 44 Abs. 5 Satz 2 ist mit Art. 12 Abs. 1 Buchst. d), *49* Art. 13 Abs. 1 Buchst. a) FFH-RL und Art. 5 Buchst. b) VRL vereinbar.[245] Dies

---

237 Vgl. BVerwG, Urt. v. 12. 08. 2009 – 9 A 64.07, BVerwGE 134, 308 (Rn. 73); zum Ganzen auch *Fellenberg*, in: Kerkmann (Hrsg.), Naturschutzrecht in der Praxis, § 7 Rn. 124.

238 *Schütte/Gerbig*, in: Schlacke (Hrsg.), GK-BNatSchG, § 44 Rn. 55.

239 BVerwG, Urt. v. 18. 03. 2009 – 9 A 39.07, BVerwGE 133, 239 (Rn. 71).

240 So aber *Heugel*, in: Lütkes/Ewer, BNatSchG, § 44 Rn. 48.

241 A.A. *Schütte/Gerbig*, in: Schlacke (Hrsg.), GK-BNatSchG, § 44 Rn. 59.

242 Vgl. BVerwG, Beschl. v. 06. 03. 2014 – 9 C 6.12, NuR 2014, 638 (Rn. 61).

243 Vgl. BVerwG, Beschl. v. 28. 11. 2013 – 9 B 14.13, NuR 2014, 361 (Rn. 20); BVerwG, Urt. v. 28. 03. 2013 – 9 A 22.11, BVerwGE 146, 145 (dort nicht mit abgedruckt, siehe aber juris, Rn. 128); *Trautner/Jooss*, NuL 2008, 265 (270 f.).

244 Vgl. BVerwG, Urt. v. 06. 11. 2013 – 9 A 14.12, BVerwGE 148, 373 (Rn. 122).

245 BVerwG, Urt. v. 09. 07. 2008 – 9 A 14.07, BVerwGE 131, 274, 304 Rn. 98; skeptisch mit Blick auf den engeren Begriff der Fortpflanzungs- und Ruhestätte im deutschen Recht *Gellermann*, NuR 2007, 783 (788); ebenfalls unionsrechtliche Bedenken anmeldend *Sobotta*, NuR 2007, 642 (647). Dies

folgt bereits aus dem Erstrechtschluss, dass, wenn nach den Bestimmungen der FFH-RL und der VRL schon nicht jede Störung der Exemplare der geschützten Arten selbst zu unterbleiben hat, sondern nur die erheblichen Störungen verboten sein sollen (siehe oben Rn. 17), es nicht nachvollziehbar wäre, wenn die in jedem Fall nur mittelbare Behelligung dieser Arten durch Beeinträchtigung von deren Fortpflanzungs- oder Ruhestätten strenger, nämlich ohne alleinige Fokussierung auf die Funktion dieser Lebensstätten, ausfallen sollte.[246]

50 Unionsrechtlich nicht haltbar ist hingegen die Freistellung auch von § 44 Abs. 1 Nr. 1 im Zusammenhang mit den privilegierten Eingriffen und Vorhaben, jedenfalls soweit es um die Verletzung und Tötung von Individuen von europäischen Vogelarten und Anhang IV-Arten geht.[247] Die Vorschrift muss daher insoweit unangewendet bleiben. Die praktischen Auswirkungen dieses Befundes sind jedoch mit Blick auf den von der Rechtsprechung entwickelten, auch für Bau-[248] und Unterhaltungsmaßnahmen[249] geltenden Signifikanzansatz beim Tötungsverbot (siehe oben Rn. 14) überschaubar.[250] In Bezug auf die nationalen Verantwortungsarten findet die Vorschrift ohnehin weiter Anwendung. Eine – erhebliche praktische – Bedeutung kommt ihr zudem noch im Hinblick auf das Verbot des Fangens zu. Die Privilegierung betrifft unvermeidbare an sich tatbestandsmäßige Beeinträchtigungen, etwa wenn die betroffenen Exemplare trotz sorgfältiger Untersuchung des Wirkraums des in Rede stehenden Vorhabens übersehen wurden oder die Tatbestandsverwirklichung gerade mit funktionserhaltenden Maßnahmen in Bezug auf die vom jeweiligen Eingriff betroffenen Fortpflanzungs- und Ruhestätten bzw. Wuchsstandorte einhergeht.[251] Funktionserhaltende Maßnahmen sind häufig mit der **Umsiedelung** der betroffenen Exemplare verbunden, was einen Fang i.S.d. § 44 Abs. 1 Nr. 1 darstellt (vgl. oben Rn. 12). Ob § 44 Abs. 5 Satz 2 auch insoweit nicht angewendet werden kann, hat das BVerwG bislang – mittelbar – ausdrücklich offen gelassen.[252] Anders als hinsichtlich der Tötung und Verletzung von Exemplaren europäischer Vogelarten und Anhang IV-Arten bestehen hinsichtlich des Fangs aus den oben (Rn. 12) genannten Gründen indes keine unionsrechtlichen Bedenken. Da eine solche Umsiedlung aber grundsätzlich einen Fang i.S.d. § 44 Abs. 1

---

246 *Lüttmann*, NuL 2007, 236 (240); auf den Gleichlauf zwischen Störungs- und Schädigungsverbot weist auch *Sobotta*, NuR 2007, 642 (644) hin.
247 BVerwG, Beschl. v. 06.03.2014 – 9 C 6.12, NuR 2014, 638 (Rn. 57); BVerwG, Urt. v. 14.07.2011 – 9 A 12.10, BVerwGE 140, 149 (Rn. 119).
248 BVerwG, Urt. v. 08.01.2014 – 9 A 4.13, BVerwGE 149, 31 (Rn. 99).
249 Dazu existiert zwar noch keine Rspr., doch ist kein Sachgrund ersichtlich, weshalb die Unterhaltung hiervon ausgenommen sein sollte, nachdem der Signifikanzansatz nun auch für baubedingte Tötungen allgemein anerkannt ist, vgl. hierzu am Bsp. der Unterhaltung von Hochwasserschutzmaßnahmen *Lau*, SächsVBl. 2014, 1 (9).
250 Zum Ganzen *Lau*, SächsVBl. 2012, 101 (104 ff.).
251 Vgl. *Gassner/Heugel*, Das neue Naturschutzrecht, 2010, Rn. 584; *Lütkes*, NVwZ 2008, 598 (601); *Fellenberg*, in: Kerkmann (Hrsg.), Naturschutzrecht in der Praxis, § 7 Rn. 86 ff.
252 BVerwG, Urt. v. 14.07.2011 – 9 A 12.10, BVerwGE 140, 149 (Rn. 130).

Nr. 1 darstellt, der lediglich über Abs. 5 Satz 2 privilegiert sein kann, lässt sich diese Maßnahme ohne eine Ausnahme oder Befreiung erst durchführen, wenn hinsichtlich des Vorhabens, dessen Verwirklichung die Umsiedlung dient, bereits eine vollziehbare Zulassungsentscheidung nach § 15 oder ein mindestens die Zulässigkeit nach § 33 BauGB begründender Bebauungsplanentwurf vorliegt.

c) Funktionserhaltende Maßnahmen

Da entsprechende Ausweichmöglichkeiten für die betroffenen Individuen häufig nicht ohne Weiteres zur Verfügung stehen werden, sieht § 44 Abs. 5 Satz 3 die Möglichkeit der Festlegung **„vorgezogener Ausgleichsmaßnahmen"** vor. Inhaltlich geht der Begriff auf den von der Kommission gebrauchten Begriff der **CEF-Maßnahmen** (Measures to ensure the continued ecological functionality) zurück.[253] „Vorgezogene Ausgleichsmaßnahmen" sind Maßnahmen, die die Wahrung der ökologischen Funktion der von einem Eingriff betroffenen Fortpflanzungs- oder Ruhestätten bzw. Wuchsstandorte weiterhin sicherstellen. Sie unterscheiden sich damit grundlegend von den einen anderen Zweck verfolgenden Ausgleichsmaßnahmen nach der Eingriffsregelung (dazu § 15 Rn. 21 ff.),[254] weshalb die vom Bundesgesetzgeber gewählte Terminologie zumindest unglücklich ist. Besser ist es daher, insoweit von **„funktionserhaltenden Maßnahmen"** zu sprechen.[255] Diese Maßnahmen müssen artspezifisch sein und grundsätzlich sofort mit dem Eingriff zur Verfügung stehen; die zeitliche Kontinuität der Lebensstätte muss gesichert sein.[256] Dabei kann freilich auch gestuft vorgegangen, etwa bis zum Vorhandensein ausreichender Baumhöhlen für entsprechende Fledermausarten auf Fledermauskästen zurückgegriffen werden.[257] Es ist jedoch nicht so, dass mit dem in Rede stehenden Eingriff erst begonnen werden darf, wenn die jeweilige funktionserhaltende Maßnahme nachweislich wirksam geworden ist. Unabhängig davon, dass ein **Wirksamkeitsnachweis**, der über die Bestätigung des Vorhandenseins entsprechender Habitatbedingungen hinausgeht, wegen der nicht der Maßnahme selbst anzulastenden externen und Systemrisiken vielfach gar nicht leistbar ist,[258] haben die betreffenden Individuen der besonders geschützten Arten ohne Realisierung des Eingriffs keine Veranlassung, ihre angestammten Fortpflanzungs- und Ruhestätten zu verlassen und auf die neu geschaffenen Lebensstätten auszuweichen, sodass ein qualifizierter Funktionsnachweis vor zumindest partieller Eingriffsdurchführung schlechterdings nicht möglich ist. Im Übrigen betrifft die Regelung des § 44 Abs. 5 Satz 3 die Funktion des be-

51

---

253 Vgl. EU-Kommission, Leitfaden zum strengen Schutzsystem für Tierarten von gemeinschaftlichem Interesse im Rahmen der FFH-Richtlinie 92/43/EWG, 2007, Ziff. II.3.4, Rn. 72 ff.

254 VGH Kassel, Urt. v. 17. 06. 2008 – 11 C 1975/07.T, NuR 2008, 785 (801); im Einzelnen auch *Köck*, ZUR 2006, 518 (521 f.).

255 So auch *Fellenberg*, in: Kerkmann (Hrsg.), Naturschutzrecht in der Praxis, § 7 Rn. 127 ff.

256 BVerwG, Urt. v. 18. 03. 009 – 9 A 39.07, BVerwGE 133, 239 (Rn. 67).

257 VGH Kassel, Urt. v. 17. 06. 2008 – 11 C 1975/07.T, NuR 2008, 785 (797).

258 Vgl. *Mierwald*, Möglichkeiten und Grenzen des Einsatzes des Risikomanagements und des Monitorings in Zulassungsverfahren, 2013, S. 6 f.

sonderen Artenschutzrechts als Zulassungsvoraussetzung und zeichnet sich damit gerade durch ein prognostisches Element aus. Zu verlangen ist daher lediglich, dass die neu geschaffenen bzw. aufgewerteten Fortpflanzungs- oder Ruhestätten von den eingriffsbetroffenen Individuen mit mindestens hoher Wahrscheinlichkeit angenommen werden.[259] Diese hohe Wahrscheinlichkeit kann sich entweder aus Erfahrungswissen hinsichtlich der generellen Eignung der Maßnahme speisen[260] oder einem im Einzelfall durch Experten bzw. Sachverständige geführten Eignungsnachweis, etwa anhand von Referenzbeispielen. Ein Risikomanagement einschließlich **Monitoring** vermögen unsichere Maßnahmen hingegen regelmäßig nicht in den Stand tauglicher funktionserhaltender Maßnahmen zu heben; denn wegen der insoweit geforderten zeitlichen Kontinuität der betroffenen Lebensstätten ist für etwaige Korrekturmaßnahmen in der Regel kein Raum. Möglich ist aber bspw. bei Restunsicherheiten darüber, ob betroffene Arten (Libellen, Fledermäuse etc.) eine Autobahnbrücke eher überqueren statt unterqueren werden, dies nach dem Bau und vor der Betriebsfreigabe zu beobachten, um ggf. mit entsprechenden Leiteinrichtungen nachzusteuern. Wird hingegen die Funktion der in Rede stehenden Fortpflanzungs- und Ruhestätten nicht zeitlich bruchlos gewahrt, so vermag ein Nachsteuern nichts mehr an der eingetretenen Tatbestandsverwirklichung zu ändern. Neuartige, durch ein Risikomanagement begleitete Maßnahmen sollten daher grundsätzlich nur im Rahmen der Ausnahmeerteilung nach § 45 Abs. 7 als populationsstützende Maßnahmen Verwendung finden (siehe dazu § 45 Rn. 29). Hier besteht dann auch die Möglichkeit, innovative Konzepte auf ihre Tauglichkeit zu prüfen, sodass sie später möglicherweise auch als funktionserhaltende Maßnahmen anerkannt werden können. Schließlich muss auch beim Zurückgreifen auf funktionserhaltende Maßnahmen der räumliche Zusammenhang i.S.d. Abs. 5 Satz 2 gewahrt sein (dazu oben Rn. 48).

52 Wie der von § 44 Abs. 5 Satz 3 gebrauchte Begriff „festgesetzt" verdeutlicht, müssen die funktionserhaltenden Maßnahmen überdies dem Eingriffsverursacher rechtsverbindlich aufgegeben werden. Anders als bei den Eingriffsausgleichsmaßnahmen nach § 15 Abs. 2 bzw. nach § 1a Abs. 3 BauGB bedürfen die funktionserhaltenden Maßnahmen jedoch nicht zwingend der **dauerhaften rechtlichen Sicherung**:[261] Die funktionserhaltenden Maßnahmen nach Abs. 5 Satz 3 stehen in engem Zusammenhang mit der Privilegierung des Abs. 5 Satz 2 und 4. Mit diesen Regelungen will der Gesetzgeber lediglich sicherstellen, dass die ökologische Gesamtsituation des betroffenen

259 BVerwG, Urt. v. 25.06.2014 – 9 A 1.13, NuR 2014, 849 (Rn. 40 i.V.m. Rn. 32); VGH München, Urt. v. 19.02.2014 – 8 A 11.40040, juris, Rn. 859 und 863.

260 Hierzu *Runge* et al., Rahmenbedingungen für die Wirksamkeit von Maßnahmen des Artenschutzes bei Infrastrukturvorhaben, 2010; *Lüttmann* et al., Leitfaden „Wirksamkeit von Artenschutzmaßnahmen" für die Berücksichtigung artenschutzrechtlich erforderlicher Maßnahmen in Nordrhein-Westfalen, 2013; siehe auch *Müller*, NuL 2013, 248 ff.

261 A.A. *Müller-Walter*, in: Lorz et al., Naturschutzrecht, § 44 BNatSchG Rn. 58 mit Verweis auf VGH Kassel, Urt. v. 25.06.2009 – 4 C 1347/08.N, NuR 2009, 646 (649); dieses Urteil hat jedoch nicht funktionserhaltende, sondern populationsstützende Maßnahmen zum Gegenstand.

Bereichs keine Verschlechterung erfährt.[262] Mithin bestehen Sinn und Zweck der funktionserhaltenden Maßnahmen nicht darin, eine Verbesserung des Ist-Zustands zu bewirken, sondern lediglich diejenige Situation für die jeweils betroffenen europäischen Vogelarten, Anhang IV-Arten und nationalen Verantwortungsarten aufrechtzuerhalten, die vor der sie treffenden Beeinträchtigung bestanden hat. Wird aber bspw. eine landwirtschaftlich genutzte Fläche außerhalb eines Schutzgebiets überbaut, auf der der Feldhamster vorkommt, genügt es, eine feldhamstergerechte Bewirtschaftung auf geeigneter Fläche so lange rechtlich abzusichern, bis mit hoher Wahrscheinlichkeit davon ausgegangen werden kann, dass die von der Eingriffsfläche vergrämten bzw. umgesiedelten Tiere auf der neuen Fläche ansässig geworden sind. Ab diesem Zeitpunkt besteht dann derselbe Zustand wie vor dem Eingriff. Auch zuvor war nämlich nicht gesichert, dass der betreffende Landwirt von Getreide- auf Maisanbau, Zwiebeln oder Schwarzbrache wechselt und damit für den Feldhamster ungünstige Lebensbedingungen geschaffen werden. Dabei gilt selbst dann nichts anderes, wenn die Eingriffsfläche einen rechtlichen Schutzstatus innehatte, es sich bspw. um Flächen in einem Naturschutzgebiet handelt. In diesem Fall ist es Sache des jeweiligen Schutzregimes dem Eingriff in angemessener Weise zu begegnen. Mit dem Verlangen einer grundsätzlich dauerhaften rechtlichen Sicherung funktionserhaltender Maßnahmen würde man letztlich den Individuenbezug des § 44 Abs. 1 Nr. 3 aufgeben und über diese Verbotsnorm hinaus auch nur potenzielle Fortpflanzungs- und Ruhestätten schützen. § 44 Abs. 5 Satz 2, in dessen systematischen Zusammenhang die funktionserhaltenden Maßnahmen stehen, modifiziert als Legalausnahme den Grundtatbestand des Abs. 1 Nr. 3 indes nur insoweit, als er von einem Substanz- zu einem Funktionsschutz wechselt.

Besonderheiten bestehen in der **Bauleitplanung**. Die Zugriffs-, Besitz- und Vermarktungsverbote knüpfen an reale Handlungen an. Durch die Aufstellung insbesondere von Bebauungsplänen[263] als solche kann daher hiergegen nicht verstoßen werden.[264] Auch entfaltet das besondere Artenschutzrecht insoweit – außer es handelt sich um einen planfeststellungsersetzenden Bebauungsplan – noch nicht seine Wirkung als Zulassungsvoraussetzung, da der Bebauungsplan keine Zulassungsentscheidung ist. Dies gilt auch hinsichtlich der später keiner weiteren Genehmigung mehr bedürfenden Erschließungsanlagen; auch insoweit stellt der Bebauungsplan lediglich eine Grundlage für die nachfolgende Ausführungsplanung dar, die gemäß § 125 Abs. 3 BauGB auch von den Festsetzungen des Bebauungsplans abweichen kann.[265] Das besondere Artenschutzrecht kann in der Bauleitplanung gleichwohl nicht gänzlich ausgeblendet werden; denn jeder Bebauungsplan bedarf sowohl insgesamt als auch hinsichtlich jeder einzelnen Festsetzung gemäß § 1 Abs. 3 Satz 1 BauGB der städtebaulichen Erforderlichkeit. Eine Planung ist indes nicht erforderlich, wenn sie vollzugsunfähig ist, etwa weil ihre Realisierung

53

---

262 Vgl. BT-Drs. 16/5100, S. 12.
263 Zur Relevanz für den Flächennutzungsplan siehe nur *Köck*, in: Spannowsky/Hofmeister, Umweltrechtliche Einflüsse in der städtebaulichen Planung, 2009, S. 35 (56).
264 OVG Münster, Urt. v. 30.02.2009 – 7 D 11/08.NE, NuR 2009, 421 (423).
265 VGH Mannheim, Urt. v. 12.10.2010 – 3 S 1873/09, NuR 2011, 369 (374).

zwangsläufig an rechtlichen Hindernissen scheitern muss.[266] Ein zwangsläufiges Scheitern an rechtlichen Hindernissen ist dabei nur dann gegeben, wenn dem Bebauungsplan auch durch genehmigungsrechtliche Auflagen oder durch entsprechende ordnungsrechtliche Verfügungen auf der Ebene der Planverwirklichung nicht zur Realisierbarkeit verholfen werden kann.[267] Daher muss in artenschutzrechtlicher Hinsicht in der Bebauungsplanung nur, aber immerhin geprüft werden, ob die durch die Planung ermöglichten Eingriffe insbesondere gegen die Zugriffsverbote des § 44 Abs. 1 unabwendbar verstoßen. Wäre dies der Fall, so wäre der betreffende Bebauungsplan nicht erforderlich i.S.d. § 1 Abs. 3 Satz 1 BauGB und folglich unwirksam.[268] Im Planaufstellungsverfahren muss mithin vorausschauend ermittelt und beurteilt werden, ob die in Aufstellung befindlichen Festsetzungen einen artenschutzrechtlichen Konflikt nach sich ziehen, der ihre Verwirklichung dauerhaft und zwangsläufig unmöglich erscheinen lässt.[269] Hierfür reicht in der Regel eine bloße „Potenzialabschätzung" aus.[270] Bedarf es zur Realisierbarkeit eines Bebauungsplans **funktionserhaltender Maßnahmen**, so kann deren Festschreibung und Durchführung auf die Zulassungsebene verlagert werden.[271] Es ist jedoch vielfach zweckmäßig, das Problem bereits auf Bebauungsplanebene zu lösen, vor allem um den künftigen Bauherren eine gewisse Planungssicherheit zu geben, aber auch weil die Möglichkeit des Ergreifens passender funktionserhaltender Maßnahmen wegen des damit verbundenen Flächenbeschaffungsproblems auf Zulassungsebene häufig nicht mehr gegeben oder zumindest stark eingeschränkt ist.[272] Werden demnach bereits auf Bebauungsplanebene funktionserhaltende Maßnahmen festgelegt, so kann dabei von den in § 1a Abs. 3 BauGB aufgeführten Sicherungsinstrumenten Gebrauch gemacht werden.[273] Der Begriff „festgesetzt" in § 44 Abs. 5 Satz 3 ist insofern nicht rechtstechnisch zu verstehen,[274] sondern soll auch hier lediglich die Notwendigkeit der Absicherung der Realisierung dieser Maßnahmen zum Ausdruck bringen. Andernfalls würde in der Bauleitplanung die Festlegung geeigneter funktionserhaltender Maßnahmen oftmals an dem engen Korsett der Festsetzungsmöglichkeiten nach § 9 BauGB scheitern.[275] Entsprechende Erfahrungen hat der Gesetzgeber bereits mit der Eingriffsregelung gemacht und diesen gerade mit der Regelung des § 1a Abs. 3 BauGB

---

266 BVerwG, Urt. v. 12.08.1999 – 4 CN 4.98, BVerwGE 109, 246 (249 f.).

267 OVG Koblenz, Urt. v. 22.12.2010 – 8 C 10600/10.OVG, BauR 2011, 1127 (1129 f.).

268 VGH Kassel, Urt. v. 21.02.2008 – 4 N 869/07, NuR 2008, 352 (353); OVG Münster, Urt. v. 30.01.2009 – 7 D 11/08.NE, NuR 2009, 421 (422 f.).

269 So bereits BVerwG, Beschl. v. 25.08.1997 – 4 NB 12.97, NVwZ-RR 1998, 162 (163).

270 BayVerfGH, Entscheidung v. 03.12.2013 – Vf. 8-VII-13, BayVBl. 2014, 237 (238).

271 *Schmidt-Eichstaedt*, UPR 2010, 401 (407); a.A. noch *Lau*, in: Frenz/Müggenborg, BKom BNatSchG, 1. Aufl. 2011, § 44 Rn. 36.

272 *Klinge*, NuR 2010, 538 (540).

273 Vgl. VGH Kassel, Urt. v. 25.06.2009 – 4 C 1347/08.N, NuR 2009, 646 (649); ebenso *Armbrecht*, BayVBl. 2011, 396 (398); *Louis*, NuR 2009, 91 (100).

274 *Gellermann*, in: Landmann/Rohmer, Umweltrecht, Stand: 01.05.2015, § 44 BNatSchG Rn. 50; *Armbrecht*, BayVBl. 2011, 396 (398); *Kästle*, NuR 2010, 711; a.A. VGH München, Urt. v. 30.03.2010 – 8 N 09.1861 u.a., NuR 2010, 505 (507 f.).

275 *Klinge*, NuR 2010, 538 (541).

Rechnung getragen.[276] Hinter diesem Standard wollte er hinsichtlich der funktionserhaltenden Maßnahmen nicht zurückbleiben.[277] Zu einer rechtssatzmäßigen Sicherstellung der Verwirklichung solcher Maßnahmen zwingt schließlich auch das Unionsrecht nicht.[278]

Im Übrigen ist kein Grund ersichtlich, sonstige **konfliktvermeidende oder** **-mindernde Maßnahmen** anders zu behandeln als die funktionserhaltenden Maßnahmen, sodass § 44 Abs. 5 Satz 3 entsprechend auch auf diese anzuwenden ist.[279] Der entscheidende Unterschied besteht dabei aber darin, dass die in § 44 Abs. 5 Satz 3 geregelten funktionserhaltenden Maßnahmen lediglich kompensatorisch wirken, also zunächst nichts an der Verwirklichung des Schädigungsverbots des Abs. 1 Nr. 3 ändern, während die übrigen artenschutzrechtlichen Maßnahmen bereits auf der Ebene des § 44 Abs. 1 – prognostisch – ausschließen müssen, dass es zu einer Tatbestandsverwirklichung kommt. Mit ihnen muss mithin erreicht werden, dass das vorhabenbedingte Tötungsrisiko unterhalb der Schwelle der Signifikanz bleibt bzw. dass sich der Erhaltungszustand der lokalen Population störungsbedingt nicht verschlechtert. Insoweit gilt nichts anderes als beim Gebietsschutzrecht: Es macht aus Sicht des Artenschutzes keinen Unterschied, ob die durch ein Vorhaben verursachten Beeinträchtigungen von vornherein als artenschutzverträglich einzustufen sind oder ob sie diese Eigenschaft erst dadurch erlangen, dass entsprechende **Schutzvorkehrungen** angeordnet und getroffen werden.[280]

3. Umweltprüfungen (Abs. 6)

Gemäß § 44 Abs. 6 Satz 1 gelten die Zugriffs- und Besitzverbote nicht für Handlungen zur Vorbereitung **gesetzlich vorgeschriebener Prüfungen**, die von fachkundigen Personen unter größtmöglicher Schonung der untersuchten Exemplare und der übrigen Tier- und Pflanzenwelt im notwendigen Umfang vorgenommen werden. Die Vorschrift trägt dem Umstand Rechnung, dass eine den jeweiligen gesetzlichen Anforderungen genügende **Umweltprüfung**, insbesondere die FFH-Verträglichkeitsprüfung nach § 34 Abs. 1, aber auch die spezielle artenschutzrechtliche Prüfung selbst, regelmäßig nicht ohne eine Bestandsaufnahme vor Ort auskommt. Durch das Erfordernis der Fachkunde und die Verpflichtung zur größtmöglichen Schonung wird gewährleistet, dass es anlässlich solcher Untersuchungen beim geringstmöglichen Eingriff bleibt.[281] Dies schließt es bspw. auch ein, darauf zu achten, dass nicht etwa durch Verwendung ungereinigter Schutzkleidung **Krankhei-**

54

55

276 Siehe hierzu nur *Wolf*, NuR 2004, 6 (9 f.).
277 Vgl. BR-Drs. 123/07, S. 20.
278 Vgl. nur zur Umsetzung der gebietsschutzrechtlichen Verpflichtungen GA *Sharpston*, Schlussanträge v. 25. 02. 2010 – Rs. C-535/07, Kommission/Österreich, Slg. 2010, I-9487 (Rn. 51 ff.); nunmehr bestätigt durch EuGH, Urt. v. 14. 10. 2010 – Rs. C-535/07, Kommission/Österreich, Slg. 2010, I-9514 (Rn. 60 f.).
279 A.A. *Gellermann*, in: Landmann/Rohmer, Umweltrecht, Stand: 01. 05. 2015, § 44 BNatSchG Rn. 12.
280 So zum Gebietsschutz BVerwG, Urt. v. 17. 01. 2007 – 9 A 20.05, BVerwGE 128, 1 (Rn. 53).
281 Vgl. BT-Drs. 16/12274, S. 71.

ten verschleppt werden, wie das aber immer wieder geschieht.[282] Im Übrigen entbindet Abs. 6 Satz 1 nicht von der Beachtung sonstiger Vorschriften, insbesondere – was z.B. die Fangmethoden angeht – des § 4 Abs. 1 BArtSchV. Notfalls bedarf es der vorherigen Ausnahmeerteilung nach § 4 Abs. 3 BArtSchV. Die neu vorgesehene Mitteilungspflicht in Satz 2 soll es den Behörden schließlich ermöglichen, die Entwicklung von Naturentnahmen im Vorfeld von Umweltprüfungen beobachten und ggf. steuern zu können.[283]

56   § 44 Abs. 6 regelt damit eine Legalausnahme für Maßnahmen, die letztlich dem Artenschutz dienen, gleichwohl aber vorhabeninduziert sind. Mit dem Erfordernis der Fachkunde und der Verpflichtung zur größtmöglichen Schonung werden die Verhältnismäßigkeit und die Unionsrechtskonformität sichergestellt. Der letztlich diese Privilegierung rechtfertigende Gedanke der Artenschutzdienlichkeit lässt sich aber nicht ohne Weiteres auf andere, dem im weitesten Sinne vergleichbare **konfliktmindernde Maßnahmen** übertragen. So ist etwa die Vergrämung von Meeressäugern zu deren eigenem Schutz vor Rammarbeiten im Zuge der Gründung von Offshore-Windenergieanlagen trotz der Tatsache, dass diese Maßnahmen zur Minimierung vorhabenbedingter Belastungen für die geschützten Arten ergriffen werden, am Störungsverbot des Abs. 1 Nr. 2 zu messen.[284] Sieht doch das Gesetz für diese Fälle gerade keine Legalausnahme vor.

§ 45
Ausnahmen; Ermächtigung zum Erlass von Rechtsverordnungen

(1) Von den Besitzverboten sind, soweit sich aus einer Rechtsverordnung nach § 54 Absatz 5 nichts anderes ergibt, ausgenommen

1. **Tiere und Pflanzen der besonders geschützten Arten, die rechtmäßig**
   a) **in der Gemeinschaft gezüchtet und nicht herrenlos geworden sind, durch künstliche Vermehrung gewonnen oder aus der Natur entnommen worden sind,**
   b) **aus Drittstaaten in die Gemeinschaft gelangt sind,**
2. **Tiere und Pflanzen der Arten, die in einer Rechtsverordnung nach § 54 Absatz 4 aufgeführt und vor ihrer Aufnahme in die Rechtsverordnung rechtmäßig in der Gemeinschaft erworben worden sind.**

Satz 1 Nummer 1 Buchstabe b gilt nicht für Tiere und Pflanzen der Arten im Sinne des § 7 Absatz 2 Nummer 13 Buchstabe b, die nach dem 3. April 2002 ohne eine Ausnahme oder Befreiung nach § 43 Absatz 8 Satz 2 oder § 62 des Bundesnaturschutzgesetzes in der bis zum 1. März 2010 geltenden Fassung oder nach dem 1. März 2010 ohne eine Ausnahme nach Absatz 8 aus einem Drittstaat unmittelbar in das Inland gelangt sind. Abweichend

---

282 Hierzu *Böll*, NuL 2015, 191 ff.
283 *Gassner/Heugel*, Das neue Naturschutzrecht, 2010, Rn. 587.
284 A.A. *Sailer*, ZUR 2009, 579 ff.

von Satz 2 dürfen tote Vögel von europäischen Vogelarten im Sinne des § 7 Absatz 2 Nummer 13 Buchstabe b Doppelbuchstabe bb, soweit diese nach § 2 Absatz 1 des Bundesjagdgesetzes dem Jagdrecht unterliegen, zum persönlichen Gebrauch oder als Hausrat ohne eine Ausnahme oder Befreiung aus einem Drittstaat unmittelbar in das Inland verbracht werden.

(2) Soweit nach Absatz 1 Tiere und Pflanzen der besonders geschützten Arten keinen Besitzverboten unterliegen, sind sie auch von den Vermarktungsverboten ausgenommen. Dies gilt vorbehaltlich einer Rechtsverordnung nach § 54 Absatz 5 nicht für aus der Natur entnommene

1. Tiere und Pflanzen der streng geschützten Arten und

2. Tiere europäischer Vogelarten.

(3) Von den Vermarktungsverboten sind auch ausgenommen

1. Tiere und Pflanzen der streng geschützten Arten, die vor ihrer Unterschutzstellung als vom Aussterben bedrohte oder streng geschützte Arten rechtmäßig erworben worden sind,

2. Tiere europäischer Vogelarten, die vor dem 6. April 1981 rechtmäßig erworben worden oder in Anhang III Teil 1 der Richtlinie 79/409/EWG aufgeführt sind,

3. Tiere und Pflanzen der Arten, die den Richtlinien 92/43/EWG und 79/409/EWG unterliegen und die in einem Mitgliedstaat in Übereinstimmung mit den Richtlinien zu den in § 44 Absatz 2 Satz 1 Nummer 2 genannten Handlungen freigegeben worden sind.

(4) Abweichend von den Besitz- und Vermarktungsverboten ist es vorbehaltlich jagd- und fischereirechtlicher Vorschriften zulässig, tot aufgefundene Tiere und Pflanzen aus der Natur zu entnehmen und an die von der für Naturschutz und Landschaftspflege zuständigen Behörde bestimmte Stelle abzugeben oder, soweit sie nicht zu den streng geschützten Arten gehören, für Zwecke der Forschung oder Lehre oder zur Präparation für diese Zwecke zu verwenden.

(5) Abweichend von den Verboten des § 44 Absatz 1 Nummer 1 sowie den Besitzverboten ist es vorbehaltlich jagdrechtlicher Vorschriften ferner zulässig, verletzte, hilflose oder kranke Tiere aufzunehmen, um sie gesund zu pflegen. Die Tiere sind unverzüglich freizulassen, sobald sie sich selbständig erhalten können. Im Übrigen sind sie an die von der für Naturschutz und Landschaftspflege zuständigen Behörde bestimmte Stelle abzugeben. Handelt es sich um Tiere der streng geschützten Arten, so hat der Besitzer die Aufnahme des Tieres der für Naturschutz und Landschaftspflege zuständigen Behörde zu melden. Diese kann die Herausgabe des aufgenommenen Tieres verlangen.

(6) Die für die Beschlagnahme oder Einziehung zuständigen Behörden können Ausnahmen von den Besitz- und Vermarktungsverboten zulassen, soweit dies für die Verwertung beschlagnahmter oder eingezogener Tiere und Pflanzen erforderlich ist und Rechtsakte der Europäischen Gemeinschaft dem nicht entgegenstehen.

(7) Die nach Landesrecht für Naturschutz und Landschaftspflege zuständigen Behörden sowie im Fall des Verbringens aus dem Ausland das Bundesamt für Naturschutz können von den Verboten des § 44 im Einzelfall weitere Ausnahmen zulassen

1. zur Abwendung erheblicher land-, forst-, fischerei-, wasser- oder sonstiger erheblicher wirtschaftlicher Schäden,

2. zum Schutz der natürlich vorkommenden Tier- und Pflanzenwelt,

3. für Zwecke der Forschung, Lehre, Bildung oder Wiederansiedlung oder diesen Zwecken dienende Maßnahmen der Aufzucht oder künstlichen Vermehrung,

4. im Interesse der Gesundheit des Menschen, der öffentlichen Sicherheit, einschließlich der Verteidigung und des Schutzes der Zivilbevölkerung, oder der maßgeblich günstigen Auswirkungen auf die Umwelt oder

5. aus anderen zwingenden Gründen des überwiegenden öffentlichen Interesses einschließlich solcher sozialer oder wirtschaftlicher Art.

Eine Ausnahme darf nur zugelassen werden, wenn zumutbare Alternativen nicht gegeben sind und sich der Erhaltungszustand der Populationen einer Art nicht verschlechtert, soweit nicht Artikel 16 Absatz 1 der Richtlinie 92/43/EWG weiter gehende Anforderungen enthält. Artikel 16 Absatz 3 der Richtlinie 92/43/EWG und Artikel 9 Absatz 2 der Richtlinie 79/409/EWG sind zu beachten. Die Landesregierungen können Ausnahmen auch allgemein durch Rechtsverordnung zulassen. Sie können die Ermächtigung nach Satz 4 durch Rechtsverordnung auf andere Landesbehörden übertragen.

(8) Das Bundesamt für Naturschutz kann im Fall des Verbringens aus dem Ausland von den Verboten des § 44 unter den Voraussetzungen des Absatzes 7 Satz 2 und 3 im Einzelfall weitere Ausnahmen zulassen, um unter kontrollierten Bedingungen und in beschränktem Ausmaß eine vernünftige Nutzung von Tieren und Pflanzen bestimmter Arten im Sinne des § 7 Absatz 2 Nummer 13 Buchstabe b sowie für gezüchtete und künstlich vermehrte Tiere oder Pflanzen dieser Arten zu ermöglichen.

Inhaltsübersicht

I. Allgemeines

§ 45 regelt die **Ausnahmen** zu den Verboten des besonderen Artenschutz-   **1**
rechts. Im Vordergrund stehen die Ausnahmen von den Besitz- und Vermarktungsverboten des § 44 Abs. 2 und 3, die zum Teil als Legalausnahmen und
zum Teil als Einzelfallausnahmen ausgestaltet sind. Diese Ausnahmen gelten
auch zugunsten der späteren Erwerber und sonstiger Rechtsnachfolger, wenn
nur der jeweilige Ausnahmetatbestand für das betreffende Exemplar ursprünglich erfüllt gewesen ist.[1] Die Ausnahmen folgen dabei der gestuften
Grundregel, dass Exemplare, die legal beschafft wurden, grundsätzlich keinem Besitzverbot unterliegen und Exemplare, die keinem Besitzverbot unterliegen, grundsätzlich unter kein Vermarktungsverbot fallen, es sei denn, es
handelt sich um Exemplare der streng geschützten Arten oder der europäischen Vogelarten, die der Natur entnommen wurden.[2] Die Ausnahmen, die
sich auch auf die Zugriffsverbote des § 44 Abs. 1 erstrecken, sind hingegen
stets als Einzelfallausnahme ausgestaltet, über die grundsätzlich per Verwaltungsakt zu entscheiden ist. Sie sind eng an die Bestimmungen des Art. 16
Abs. 1 der FFH-Richtlinie (FFH-RL)[3] und des Art. 9 Abs. 1 der Vogelschutzrichtlinie (VRL)[4] angelehnt.

II. Ausnahmen von den Besitzverboten (Abs. 1)

Soweit sich nicht aus einer Rechtsverordnung nach § 54 Abs. 5 – derzeit die   **2**
Bundesartenschutzverordnung (BArtSchV) – etwas anderes ergibt, sind gemäß § 45 Abs. 1 Satz 1 Nr. 1 Buchst. a) Tiere und Pflanzen der besonders geschützten Arten von den **Besitzverboten** ausgenommen, die – jeweils rechtmäßig – in der EU gezüchtet und nicht herrenlos geworden, durch künstliche
Vermehrung gewonnen oder der Natur entnommen worden sind. Umfasst
werden dabei gemäß § 7 Abs. 2 Nr. 1 und 2 auch die Entwicklungsformen
sowie die ohne Weiteres erkennbaren Teile und Erzeugnisse von/aus den
Exemplaren der besonders geschützten Arten. Gezüchtete Tiere sind gemäß
§ 7 Abs. 2 Nr. 15 Tiere, die in kontrollierter Umgebung geboren oder auf andere Weise erzeugt und deren Elterntiere rechtmäßig erworben worden sind.

---

1 *Grewing*, Das System des exemplarbezogenen Artenschutzes im Bundesnaturschutzgesetz, 2003, S. 80 f. m.w.N.
2 Vgl. *Apfelbacher/Adenauer/Iven*, NuR 1998, 509 (512).
3 Richtlinie 92/43/EWG des Rates v. 21.05.1992 zur Erhaltung der natürlichen Lebensräume sowie der wild lebenden Tiere und Pflanzen, ABl. EU L 206, S. 7, zuletzt geändert
durch die Richtlinie 2006/105/EG des Rates v. 20.11.2006, ABl. EU L 363, S. 368.
4 Richtlinie 79/409/EWG des Rates v. 02.04.1979 über die Erhaltung der wild lebenden
Vogelarten, ABl. EU L 103, S. 1, neu gefasst durch die Richtlinie 2009/147/EG des Europäischen Parlaments und des Rates v. 30.11.2009, ABl. EU L 20, S. 7.

Zucht, künstliche Vermehrung oder Naturentnahme müssen in der EU erfolgt sein.[5] Eine Zucht ist rechtmäßig, wenn die artenschutzrechtlichen Vorschriften, insbesondere § 11 BArtSchV, eingehalten wurden.[6] Eine rechtmäßige **Zucht** setzt danach voraus, dass beide Elterntiere rechtmäßig erworben oder gezüchtet wurden, keinem Besitzverbot unterliegen und die Haltung der Tiere rechtmäßig gewesen ist. Werden dagegen Wildfänge als gezüchtete Exemplare veräußert, so kann darin ein Betrug (§ 263 StGB) liegen.[7] Die gezüchteten Tiere dürfen des Weiteren nicht herrenlos geworden sein. Mit dem Begriff **„herrenlos"** rekurriert das BNatSchG auf § 960 BGB.[8] Gemäß § 960 Abs. 2 BGB wird ein gefangenes wildes Tier herrenlos, wenn es die Freiheit wiedererlangt und der Eigentümer es nicht unverzüglich verfolgt oder er die Verfolgung aufgibt. Allein der Umstand, dass das betreffende Tier einen Hinweis auf den Eigentümer trägt, wie z.B. einen Ring oder ein Halsband mit Kennzeichnung, stellt keine Verfolgung in diesem Sinne dar.[9] Ein gezähmtes Tier wird hingegen gemäß § 960 Abs. 3 BGB herrenlos, wenn es die Gewohnheit aufgibt, zu dem von seinem Besitzer bestimmten Ort zurückzukehren. Dies gilt – über den Wortlaut des § 960 Abs. 3 BGB hinaus – jedoch dann nicht, wenn der Eigentümer das Tier verfolgt.[10]

3 Der Zucht gleichgestellt ist die künstliche Vermehrung von Pflanzen. Künstlich vermehrte Pflanzen sind gemäß § 7 Abs. 2 Nr. 16 Pflanzen, die aus Samen, Gewebekulturen, Stecklingen oder Teilungen unter kontrollierten Bedingungen herangezogen worden sind. Ebenfalls von den Besitzverboten ausgenommen ist die rechtmäßige Naturentnahme von Exemplaren besonders geschützter Arten, sei es infolge des jagd- oder fischereirechtlichen Aneignungsrechts oder aufgrund einer gesetzlichen Ausnahme bzw. behördlichen Befreiung vom grundsätzlichen Verbot der Naturentnahme wild lebender Tiere und Pflanzen. Mithin kann z.B. die zeitweilige Zwischenlagerung von Exemplaren besonders geschützter Arten oder deren Entwicklungsformen im Zuge einer **Umsiedlung** im Zusammenhang mit funktionserhaltenden Maßnahmen nach § 44 Abs. 5 Satz 3 (dazu unter § 44 Rn. 51 ff.) jedenfalls gemäß § 45 Abs. 1 Satz 1 Nr. 1 Buchst. a) keines der Besitzverbote des § 44 Abs. 2 verwirklichen.

4 Gemäß § 45 Abs. 1 Satz 1 Nr. 1 Buchst. b) sind auch solche Tiere und Pflanzen der besonders geschützten Arten von den Besitzverboten ausgenommen, die rechtmäßig aus Drittstaaten in die EU gelangt sind. Dieser Ausnahmetatbestand wird in Satz 2 jedoch dahingehend eingeschränkt, dass die Regelung für die nach dem 03.04.2002 von einem Nicht-EU-Staat unmittelbar nach Deutschland gelangten Exemplare nur gilt, wenn eine Ausnahmegenehmi-

---

5 *Grewing*, Das System des exemplarbezogenen Artenschutzes im Bundesnaturschutzgesetz, 2003, S. 81.

6 *Kratsch*, in: Schumacher/Fischer-Hüftle, BNatSchG, § 45 Rn. 4.

7 *Müller-Walter*, in: Lorz et al., Naturschutzrecht, § 45 BNatSchG Rn. 3.

8 *Kratsch*, in: Schumacher/Fischer-Hüftle, BNatSchG, § 45 Rn. 6.

9 *Müller-Walter*, in: Lorz et al., Naturschutzrecht, § 45 BNatSchG Rn. 3; *Kratsch*, in: Schumacher/Fischer-Hüftle, BNatSchG, § 45 Rn. 6.

10 LG Bonn, Urt. v. 15. 10. 1992 – 8 T 114/92, NuR 1993, 194 (195).

gung nach § 43 Abs. 8 Satz 2 bzw. nach § 45 Abs. 8 BNatSchG a.F. oder eine Befreiung nach § 62 BNatSchG a.F. vorliegt. Inwieweit Tiere und Pflanzen der besonders geschützten Arten aus Drittstaaten rechtmäßig in die EU gelangen können, richtet sich im Übrigen nach den Ein-, Durch- und Ausfuhrbestimmungen der Europäischen Artenschutzverordnung (EU-ArtSchVO)[11] (dazu § 50 Rn. 2 ff.). Darüber hinaus ist zu beachten, dass auch der Erwerb im Drittstaat rechtmäßig gewesen sein muss.[12]

Eine weitere Ausnahme von den Besitzverboten – und nur von diesen; die   5
Vermarktung bleibt also weiterhin verboten – sieht § 45 Abs. 1 Satz 1 Nr. 2 für Tiere und Pflanzen der in § 44 Abs. 3 Nr. 2 genannten Arten vor, die vor ihrer Aufnahme in eine Rechtsverordnung nach § 54 Abs. 4 rechtmäßig in der EU erworben worden sind. Es handelt sich hierbei um eine Übergangsregelung für Tiere und Pflanzen nicht besonders geschützter nichtheimischer Arten, die eine Gefahr für die heimische Fauna und Flora darstellen und vor ihrer Aufnahme in die BArtSchV, also vor dem 22.10.1999, rechtmäßig in der EU erworben worden sind. In Anlehnung an Art. 1 Buchst. a) Durchführungsverordnung zur EU-ArtSchVO (DurchführungsVO)[13] ist unter **„Erwerb"** insoweit die erste Ingewahrsamnahme durch den Menschen zu verstehen, sei es durch Naturentnahme, Geburt in Gefangenschaft oder durch künstliche Vermehrung.[14]

§ 45 Abs. 1 Satz 3 enthält sodann eine spezielle Ausnahme für die **Einfuhr**   6
von dem Jagdrecht unterliegenden toten Vögeln. Die Regelung soll die Einfuhr von Jagdtrophäen erleichtern.[15] Sie kommt jedoch nur zum Tragen, wenn die Tiere im Drittland rechtmäßig erworben wurden; denn es ist nicht Sinn und Zweck der Ausnahmeregelung, Wilderei im Ausland zu begünstigen.[16] § 45 Abs. 1 Satz 3 flankiert Art. 7 Nr. 3 EU-ArtSchVO.[17] Dieser sieht vor, dass abweichend von den die Ein- und **Ausfuhr** regelnden Art. 4 und 5 EU-ArtSchVO die Bestimmungen dieser Artikel nicht für tote Exemplare sowie Teile und Erzeugnisse aus Exemplaren von Arten der Anhänge A–D der Verordnung gelten, wenn es sich um persönliche Gegenstände oder Haus-

---

11 Verordnung (EG) Nr. 338/97 des Rates über den Schutz von Exemplaren wild lebender Tier- und Pflanzenarten durch Überwachung des Handels vom 09. 12. 1996, ABl. EU L 61, S. 1; zuletzt geändert durch Verordnung (EG) Nr. 1332/2005 der Kommission v. 09.08. 2005, ABl. EU L 215, S. 1.

12 *Müller-Walter*, in: Lorz et al., Naturschutzrecht, § 45 BNatSchG Rn. 5.

13 Verordnung (EG) Nr. 865/2006 der Kommission v. 04. 05. 2006, ABl. EU L 166, S. 1; zuletzt geändert durch Verordnung (EG) Nr. 100/2008 der Kommission v. 04. 02. 2008, ABl. EU L 31, S. 3.

14 *Grewing*, Das System des exemplarbezogenen Artenschutzes im Bundesnaturschutzgesetz, 2003, S. 83.

15 Vgl. BT-Dr. 14/6878, S. 15.

16 *Gellermann*, in: Landmann/Rohmer, Umweltrecht, Stand: 01. 05. 2015, § 45 BNatSchG Rn. 10.

17 Verordnung (EG) Nr. 338/97 des Rates über den Schutz von Exemplaren wild lebender Tier- und Pflanzenarten durch Überwachung des Handels v. 09. 12. 1996, ABl. EU L 61, S. 1; zuletzt geändert durch Verordnung (EG) Nr. 1332/2005 der Kommission v. 09. 08. 2005, ABl. EU L 2005, S. 1.

haltsgegenstände handelt, die gemäß den von der EU-Kommission nach dem Verfahren des Art. 18 EU-ArtSchVO festzulegenden Bestimmungen in die EU eingeführt oder aus dieser ausgeführt oder wieder ausgeführt werden.

7 Alle diese Ausnahmen von den Besitzverboten stehen jedoch unter dem Vorbehalt abweichender Regelungen in der BArtSchV. Das betrifft insbesondere die darin enthaltenen Vorschriften über die **Haltung von Tieren** als eine besondere Form des Besitzes.[18] Zusätzliche Einschränkungen enthalten schließlich § 15 Abs. 7 BJagdG und § 3 Abs. 2 BWildSchV hinsichtlich der Haltung von Greifvögeln durch Falkner.[19]

III. Ausnahmen von den Vermarktungsverboten (Abs. 2 und 3)

8 Gemäß § 45 Abs. 2 Satz 1 sind Tiere und Pflanzen der besonders geschützten Arten, die keinen Besitzverboten unterliegen, auch von den Vermarktungsverboten ausgenommen. Hiervon sieht Satz 2 vorbehaltlich abweichender Regelungen der BArtSchV, die zugleich auch eine Rechtsverordnung nach § 54 Abs. 5 darstellt, eine Rückausnahme für aus der Natur entnommene Tiere und Pflanzen der streng geschützten Arten und der europäischen Vogelarten vor. Exemplare streng geschützter Arten sowie europäischer Vogelarten, die gezüchtet oder künstlich vermehrt wurden, werden von dieser Rückausnahme mithin nicht erfasst. Ebenfalls nicht erfasst und somit ausnahmefähig sind ausweislich der Regelungen in Abs. 3 Tiere und Pflanzen der streng geschützten Arten, die vor ihrer Unterschutzstellung als vom Aussterben bedrohte oder streng geschützte Arten rechtmäßig erworben wurden, Tiere europäischer Vogelarten, die vor dem 06.04.1981 (dem Tag des Ablaufs der Umsetzungsfrist der VRL) rechtmäßig erworben worden oder in Anhang III Teil 1 VRL aufgeführt sind (im Einzelnen: Stockente, Schottisches Moorschneehuhn, Rothuhn, Felsenhuhn, Rebhuhn, Fasan und Ringeltaube), sowie Tiere und Pflanzen der Arten, die der FFH-RL und der VRL unterliegen und die in einem Mitgliedstaat in Übereinstimmung mit diesen Richtlinien zu den in § 44 Abs. 2 Satz 1 Nr. 2 genannten Handlungen (Verkauf, Kauf, Anbieten zum Verkauf oder Kauf, hierzu Vorrätighalten oder Befördern, Tausch oder entgeltliches Überlassen zum Gebrauch oder zur Nutzung sowie sonstiger Erwerb, Zurschaustellen oder Verwendung auf andere Weise zu kommerziellen Zwecken) freigegeben worden sind. Letzteres betrifft die Arten nach Anhang IV FFH-RL, für die in einem Mitgliedstaat gemäß Art. 16 Abs. 1 FFH-RL Ausnahmen von den Vermarktungsverboten erteilt wurden, sowie europäische Vogelarten nach Anhang III Teil 2 VRL, welche die Mitgliedstaaten gemäß Art. 6 Abs. 3 VRL nicht den Vermarktungsverboten unterwerfen müssen. „Erworben" meint hier wiederum den **Erwerb** in einem denkbar weiten Sinne, ebenso wie das bereits bei Abs. 1 Satz 1 Nr. 2 der Fall ist (siehe oben Rn. 5).

---

18 *Grewing*, Das System des exemplarbezogenen Artenschutzes im Bundesnaturschutzgesetz, 2003, S. 82.
19 Hierzu *Kratsch*, in: Schumacher/Fischer-Hüftle, BNatSchG, § 45 Rn. 11.

IV. Tot aufgefundene Tiere und Pflanzen (Abs. 4)

§ 45 Abs. 4 enthält eine Ausnahmeregelung für **Totfunde**. Erlaubt ist zu-   9
nächst die Inbesitznahme tot aufgefundener Tiere und Pflanzen. Dabei sind
in Bezug auf die dem Jagd- oder Fischereirecht unterstehenden Tiere die
spezielleren Regelungen dieser Rechtsgebiete zu beachten, wonach nur der
jeweils Jagd- bzw. Fischereiberechtigte zur Aneignung befugt ist. Tot aufge-
funden ist des Weiteren ein Tier oder eine Pflanze dann nicht, wenn derjenige, der das betreffende Exemplar in Besitz nimmt, den Tod selbst herbeigeführt hat oder daran in irgendeiner Weise beteiligt gewesen ist.[20]

Grundsätzlich darf die Inbesitznahme nur vorübergehend erfolgen und sind   10
die tot aufgefundenen Tiere und Pflanzen an die entsprechende **von der für**
Naturschutz und Landschaftspflege zuständigen Behörde bestimmte Stelle
abzugeben. Der Finder muss daher unverzüglich Erkundigungen einholen,
an welche Stelle das gefundene Exemplar abzugeben ist.[21] Bei nicht streng
geschützten Arten kann von dieser grundsätzlichen Abgabepflicht insoweit
eine Ausnahme gewährt werden, wie das betreffende Exemplar ausschließlich für Zwecke der Forschung und Lehre oder zur Präparation für diese
Zwecke verwendet wird. **Forschung** in diesem Sinne ist jede geistige Tätigkeit mit dem Ziel, in methodischer, systematischer und nachprüfbarer Weise
neue Erkenntnisse zu gewinnen, gleichgültig ob diese Tätigkeit in einer entsprechenden wissenschaftlichen oder betrieblichen Institution oder aber nur
privat vorgenommen wird.[22] **Lehre** meint die wissenschaftlich fundierte
Übermittlung der durch die Forschung gewonnenen Erkenntnisse.[23] Insoweit
stellt auch der Unterricht an allgemein bildenden Schulen Lehre i.S.d. § 45
Abs. 4 dar.[24] **Präparation** ist schließlich die Haltbarmachung von toten Tieren oder Pflanzen. Sie ist hinsichtlich der grundsätzlich den Besitz- und Vermarktungsverboten unterliegenden tot aufgefundenen Tiere und Pflanzen
nur insoweit zulässig, wie sie zum Zwecke der Forschung und Lehre erfolgt.
Dies ist dann der Fall, wenn der die toten Tiere und Pflanzen in Besitz neh-
mende Präparator aus seinen regelmäßigen Geschäftsverbindungen damit
rechnen kann, dass er die Totfunde zu diesen Zwecken wird abgeben können.[25] Da § 45 Abs. 4 nicht nur von den Besitzverboten, sondern auch von
den Vermarktungsverboten entbindet, ist auch eine kommerzielle Verwendung der betreffenden Totfunde erlaubt, soweit sie der Forschung und Lehre
dient.[26]

---

20 *Kratsch*, in: Schumacher/Fischer-Hüftle, BNatSchG, § 45 Rn. 16.

21 *Kratsch*, in: Schumacher/Fischer-Hüftle, BNatSchG, § 45 Rn. 17.

22 VG Hannover, Urt. v. 30. 07. 1987 – 2 VG A 76/86, NuR 1989, 272 (273).

23 VG Frankfurt a.M., Urt. v. 05. 03. 1992 – I/2 E 2031/91, NuR 1992, 392 (393).

24 *Kratsch*, in: Schumacher/Fischer-Hüftle, BNatSchG, § 45 Rn. 19; *Fellenberg*, in: Lütkes/
   Ewer, BNatSchG, § 45 Rn. 20; nicht dagegen Sonderschulen, VG Hannover, Urt. v.
   30. 07. 1987 – 2 VG A 76/86, NuR 1989, 272 (273).

25 OVG Koblenz, Urt. v. 08. 12. 1994 – 1 C 12178/94.OVG, NuR 1995, 468 (470).

26 *Fellenberg*, in: Lütkes/Ewer, BNatSchG, § 45 Rn. 20.

V. Pflege verletzter, hilfloser und kranker Tiere (Abs. 5)

11 Gemäß § 45 Abs. 5 Satz 1 ist es vorbehaltlich jagdrechtlicher Vorschriften zulässig, verletzte, hilflose oder kranke Tiere aufzunehmen, um sie **gesund** zu **pflegen**. Zu diesem Zweck dürfen die betreffenden Exemplare grundsätzlich von jedermann sowohl gefangen bzw. aus der Natur entnommen als auch besessen werden. Die Vorschrift steht jedoch unter dem ausdrücklichen Vorbehalt jagdrechtlicher Bestimmungen; sofern es sich also um dem Jagdrecht unterliegende Tiere handelt, ist nur der Jagdberechtigte aneignungsberechtigt (vgl. § 1 Abs. 5 BJagdG).[27] Die speziellen Aneignungsregelungen des Jagdrechts sind mithin lex specialis zur Ausnahmeregelung des Abs. 5.[28] Unter „hilflose Tiere" sind vor allem vorzeitig sich selbst überlassene Jungtiere zu verstehen.[29] Das Besitzrecht endet, sobald sich das verletzte, hilflose oder kranke Tier (wieder) selbstständig in der Natur erhalten kann (Satz 2). Die vorzeitige Rückführung in die Natur kann jedoch gegen § 3 Nr. 3 TierSchG verstoßen.[30] Ist eine selbstständige Erhaltung in der Natur dauerhaft nicht mehr gegeben, so verlangt Satz 3 – ähnlich wie bei tot aufgefundenen Tieren und Pflanzen – die Abgabe an die entsprechende **von der für Naturschutz und Landschaftspflege zuständigen Behörde bestimmte Stelle**. Ein Recht zum Gnadenstoß verleiht § 45 Abs. 5 daher nicht; anderes ergibt sich auch nicht aus dem Grundgedanken von § 1 Satz 2, § 17 Nr. 1 TierSchG, § 22a Abs. 1 BJagdG, wonach ein Recht zur Tötung eines verletzten Tieres besteht, um es vor Schmerzen oder Leiden zu bewahren.[31] Nach Satz 5 kann die Abgabepflicht des Satzes 3 von der zuständigen Behörde – notfalls durch Verwaltungszwang – eingefordert werden. Handelt es sich bei dem betreffenden Tier um ein Exemplar der streng geschützten Arten, so hat der Besitzer darüber hinaus die Aufnahme des Tieres der zuständigen Naturschutzbehörde zu melden (Satz 4).

VI. Verwertung beschlagnahmter oder eingezogener Tiere und Pflanzen (Abs. 6)

12 Gemäß § 45 Abs. 6 können die für die Beschlagnahme oder Einziehung zuständigen Behörden Ausnahmen von den Besitz- und Vermarktungsverboten zulassen, soweit dies für die **Verwertung** beschlagnahmter oder eingezogener Tiere und Pflanzen erforderlich ist und Rechtsakte der EU dem nicht entgegenstehen. Grundsätzlich bestehen auch bei einer nach §§ 51 oder 47 bzw. im Zuge eines Ordnungswidrigkeits- (§ 46 Abs. 1 OWiG) oder Strafverfahrens (§§ 74 ff., 94 ff. und 111 b StPO) erfolgten **Beschlagnahme** oder **Einziehung** von Exemplaren besonders geschützter Tiere oder Pflanzen die Besitz- und Vermarktungsverbote weiter. Um die Verwertung der beschlagnahmten oder eingezogenen Tiere und Pflanzen zu erleichtern, insbesondere eine Veräußerung zu ermöglichen, können die jeweils für die Beschlag-

---

27 OVG Koblenz, Urt. v. 06. 11. 2014 – 8 A 10649/14.OVG, NuR 2015, 41 (42).
28 VG Trier, Urt. v. 20. 11. 2013 –5 K 966/13.TR, LKRZ 2014, 81.
29 OVG Koblenz, Beschl. v. 28. 02. 2012 – 8 A 11278/11.OVG, NuR 2012, 273.
30 *Müller-Walter*, in: Lorz et al., Naturschutzrecht, § 45 BNatSchG Rn. 12.
31 OLG Celle, Beschl. v. 23. 05. 2011 – 32 Ss 31/11, NuR 2012, 367 (368).

nahme oder Einziehung zuständigen Behörden entsprechende Ausnahmen zulassen. Es ist indes auch insoweit das einschlägige Unionsrecht zu beachten. So können im Umkehrschluss zu Art. 8 Abs. 6 EU-ArtSchVO die in Anhang A dieser Verordnung aufgeführten Arten auch nach § 45 Abs. 6 nicht veräußert werden. Daneben darf die Verwertung nicht in Widerstreit zu den Bestimmungen in Art. 12, 13 FFH-RL und Art. 6 VRL geraten.

VII. Weitere Ausnahmen (Abs. 7)

Die praktisch bedeutsamste Ausnahmeregelung enthält Abs. 7. Die Vorschrift   13
ist mit dem Ersten Gesetz zur Änderung des BNatSchG vom 12. 12. 2007 (sog. Kleine BNatSchG-Novelle)[32] eingeführt worden (§ 43 Abs. 8 BNatSchG a.F.). Gem. § 45 Abs. 7 Satz 1 können die Landesnaturschutzbehörden sowie im Fall des Verbringens aus dem Ausland das Bundesamt für Naturschutz (BfN) von den Verboten des § 44 im Einzelfall zur Abwendung erheblicher Land-, Forst-, Fischerei-, Wasser- oder sonstiger erheblicher wirtschaftlicher Schäden (Nr. 1), zum Schutz der natürlich vorkommenden Tier- und Pflanzenwelt (Nr. 2), für Zwecke der Forschung, Lehre, Bildung oder Wiederansiedlung oder diesen Zwecken dienenden Maßnahmen der Aufzucht oder künstlichen Vermehrung (Nr. 3), im Interesse der Gesundheit des Menschen, der öffentlichen Sicherheit, einschließlich der Verteidigung und des Schutzes der Zivilbevölkerung, oder der maßgeblich günstigen Auswirkungen auf die Umwelt (Nr. 4) oder aus anderen zwingenden Gründen des überwiegenden öffentlichen Interesses einschließlich solcher sozialer oder wirtschaftlicher Art (Nr. 5) weitere Ausnahmen zulassen. Nach Satz 2 darf eine Ausnahme darüber hinaus nur zugelassen werden, wenn zumutbare Alternativen nicht gegeben sind und sich der Erhaltungszustand der Populationen einer Art nicht verschlechtert, soweit nicht Art. 16 Abs. 1 FFH-RL weitergehende Anforderungen enthält. Von der Ausnahmeregelung sollen nach Intention des Gesetzgebers sämtliche Fälle, in denen von den Verboten des § 44 Ausnahmen im öffentlichen Interesse erteilt werden können, vollständig und einheitlich erfasst werden.[33] Das „können" in § 45 Abs. 7 ist dabei als **intendiertes Ermessen** zu verstehen; da die Ausnahmevoraussetzungen bereits dezidiert tatbestandlich geregelt sind, ist bei deren Vorliegen regelmäßig die Ausnahme zu gewähren.[34] Des Weiteren muss sich zumindest der Begründung der Ausnahmeentscheidung entnehmen lassen, auf welche Arten sie sich bezieht (vgl. § 37 VwVfG sowie § 45 Abs. 5 Satz 3 i.V.m. Art. 9 Abs. 2 VRL); einer nach den einzelnen Verbotstatbeständen differenzierenden Entscheidung bedarf es hingegen nicht.[35] Eine Ausnahme von den artenschutzrechtlichen Verboten kann schließlich auch noch nachträglich erteilt werden.[36]

---

32 BGBl. I 2007, S. 2873, berichtigt in BGBl. I 2008, S. 47.
33 BT-Drs. 16/5100, S. 13.
34 VG Freiburg, Urt. v. 17. 02. 2009 – 3 K 805/08, NuR 2009, 440 (443); a.A. *Müller-Walter*, in: Lorz et al., Naturschutzrecht, § 45 BNatSchG Rn. 14; *Gellermann*, in: Landmann/Rohmer, Umweltrecht, Stand: 01. 05. 2015, § 45 BNatSchG Rn. 19.
35 *Fellenberg*, in: Kerkmann (Hrsg.), Naturschutzrecht in der Praxis, § 7 Rn. 138 m.w.N.
36 BVerwG, Beschl. v. 29. 08. 2008 – 9 VR 18.08, juris, Rn. 4.

1. Ausnahmegründe

a) Abwendung erheblicher Schäden

14 Satz 1 Nr. 1 gewährt eine Ausnahme zum Zwecke der **Abwendung von Schäden** im Bereich der Land-, Forst-, Fischerei- und Wasserwirtschaft, soweit diese erheblich sind. Gleiches gilt mit Blick auf die Abwendung sonstiger erheblicher wirtschaftlicher Schäden. Das Abheben auf einen wirtschaftlichen Schaden macht deutlich, dass nur Ausnahmen für die berufsmäßige Land-, Forst-, Fischerei-, Wasser- oder sonstige Wirtschaft in Betracht kommen.[37] Der Begriff der sonstigen erheblichen wirtschaftlichen Schäden ist dabei im Lichte der übrigen genannten Wirtschaftsformen auszulegen, also der Land-, Forst-, Fischerei- und Wasserwirtschaft. Wie diese Begriffsreihung verdeutlicht, sind Gegenstand des § 45 Abs. 7 Satz 1 Nr. 1 nur Bereiche der Dienstleistungen von allgemeinem wirtschaftlichem Interesse.[38] Bis zur Kleinen BNatSchG-Novelle 2007 ist nur die Abwendung „sonstiger gemeinwirtschaftlicher Schäden" einer Ausnahme zugänglich gewesen. Insoweit war bereits mit Blick auf das Tatbestandsmerkmal der Gemeinwirtschaftlichkeit anerkannt, in dessen Lichte auch das **„erheblich"** der zur Ausnahme berechtigenden land-, forst-, fischerei- und wasserwirtschaftlichen Schäden auszulegen war, dass dies nur angenommen werden kann, wenn ein ganzer Wirtschaftszweig in der Region betroffen ist, nicht jedoch, wenn nur einzelnen Betrieben ein Schaden droht.[39] Die Neufassung der Vorschrift im Zuge der Kleinen BNatSchG-Novelle lässt hingegen eine Ausnahme auch schon zur Abwendung erheblicher land-, forst-, fischerei-, wasser- oder sonstiger erheblicher wirtschaftlicher Schäden zu, sodass es fortan genügt, wenn es zu einer Beeinträchtigung oder Verschlechterung der wirtschaftlichen Grundlage einzelner Betriebe kommt.[40] Damit hat der Gesetzgeber für eine Angleichung an die Vorgaben in Art. 16 Abs. 1 Buchst. b) FFH-RL, Art. 9 Abs. 1 Buchst. a) 3. Spiegelstrich VRL (siehe hierzu vor §§ 44, 45 Rn. 27) gesorgt. Eine Ungleichbehandlung zu sonstigen Privaten ist damit nicht gegeben;[41] denn anders als bei sonstigen Privatinteressen wird mit den auf Dienstleistungen von allgemeinem wirtschaftlichem Interesse beschränkten Belangen nach Abs. 7 Satz 1 Nr. 1 stets zugleich auch ein öffentliches Interesse verfolgt. Was „erheblich" meint, ist sodann im Lichte des Unionsrechts auszulegen. Ein erheblicher Schaden kann demnach überhaupt nur ein grundrechtsrelevanter Schaden insbesondere am eingerichteten und ausgeübten Gewerbebetrieb sein.[42] Dieser ist anzunehmen,

---

37 *Müller-Walter*, in: Lorz et al., Naturschutzrecht, § 45 BNatSchG Rn. 24.

38 Ähnlich auch *Müller-Walter*, in: Lorz et al., Naturschutzrecht, § 45 BNatSchG Rn. 24; zum Begriff der Dienstleistungen von allgemeinem wirtschaftlichem Interesse *Krajewski*, Grundstrukturen des Rechts öffentlicher Dienstleistungen, 2011, passim.

39 Siehe nur BVerwG, Urt. v. 18.06.1997 – 6 C 3.97, NuR 1998, 541 (543).

40 VG Freiburg, Urt. v. 17.02.2009 – 3 K 805/08, NuR 2009, 440 (441); *Müller-Walter*, in: Lorz et al., Naturschutzrecht, § 45 BNatSchG Rn. 24; *Gellermann*, in: Landmann/Rohmer, Umweltrecht, Stand: 01.05.2015, § 45 BNatSchG Rn. 20; skeptisch hingegen *Lütkes*, in: ders./Ewer, BNatSchG, § 45 Rn. 30 f.

41 So aber die Befürchtung von *Lütkes*, in: ders./Ewer, BNatSchG, § 45 Rn. 31.

42 VG Freiburg, Urt. v. 17.02.2009 – 3 K 805/08, NuR 2009, 440 (442); *Gellermann*, in: Landmann/Rohmer, Umweltrecht, Stand: 01.05.2015, § 45 BNatSchG Rn. 20.

wenn infolge des Artenschutzes der betreffende Gewerbebetrieb schwer und unerträglich getroffen wird, obwohl der Betriebsinhaber alle Anstrengungen unternommen hat, dem entgegenzuwirken.[43] Ist diese Schwelle überwunden, kommt es in einem zweiten Schritt darauf an, dass die betroffenen qualifizierten wirtschaftlichen Interessen die ihnen widerstreitenden Interessen des Artenschutzes **überwiegen**.[44] Schließlich muss der bereits eingetretene oder noch drohende Schaden kausal auf Einwirkungen der Tiere und/oder Pflanzen zurückzuführen sein.[45] Dabei muss der erhebliche Schaden jedoch nicht allein auf das Einwirken der ausnahmegegenständlichen Arten zurückzuführen sein; für die Kausalität reicht ein substanzieller Schadensbeitrag aus.[46] Der Umfang dieses Schadensbeitrags ist bei der Abwägung im Rahmen des „erheblich" entsprechend zu würdigen. Darüber hinaus genügen reine Vermögensschäden noch nicht für die Eröffnung des Ausnahmetatbestands des § 45 Abs. 7 Satz 1 Nr. 1.[47] Der EuGH hat insoweit die Auffassung der Kommission bestätigt, dass Ausnahmevoraussetzung ein materieller Schaden bzw. die Gefahr eines solchen Schadens an den Bewirtschaftungsgütern selbst ist, wie Schäden in der Ernte, im Wald oder in den der Fischzucht dienenden Teichen.[48]

b) Schutz der natürlich vorkommenden Tier- und Pflanzenwelt
Satz 1 Nr. 2 gewährt Ausnahmen zum Schutz der **natürlich vorkommenden**   15
Tier- und Pflanzenwelt. Anstelle des Begriffs der natürlich vorkommenden Tier- und Pflanzenwelt fand sich in der Vorgängerregelung noch die Formulierung „der **heimischen** Tier- und Pflanzenwelt". Eine inhaltliche Änderung ist mit der Neufassung des Wortlauts indes nicht beabsichtigt gewesen, heißt es doch in der Gesetzesbegründung, dass die Vorgaben bis auf redaktionelle Anpassungen dem zuletzt durch das Erste Gesetz zur Änderung des BNatSchG geänderten Gesetz entsprächen.[49] Die Ausnahmeregelung dient der Lösung artenschutzinterner Konflikte. Es soll verhindert werden, dass sich Exemplare besonders geschützter Arten so stark ausbreiten, dass sie andere Tiere und Pflanzen von ihren Standorten dauerhaft verdrängen oder sie sogar zu vernichten drohen.[50] Eine regionale Bedrohung des Bestands ist insoweit ausreichend.[51] Voraussetzung einer Ausnahme nach § 45 Abs. 7 Satz 1 Nr. 2 ist schließlich, dass die betreffende zu ergreifende Maßnahme

---

43 Vgl. nur OVG Bautzen, Urt. v. 28.05.2009 – 1 B 700/06, NuR 2010, 118 (119).
44 Vgl. *Müller-Walter*, in: Lorz et al., Naturschutzrecht, § 45 BNatSchG Rn. 24.
45 So etwa zum Kormoranfraß OVG Bautzen, Urt. v. 28.05.2009 – 1 B 700/06, NuR 2010, 118 f.; VG Hannover, Urt. v. 27.04.2010 – 4 A 6036/08, NuR 2010, 512 (513).
46 *Müller-Walter*, in: Lorz et al., Naturschutzrecht, § 45 BNatSchG Rn. 24.
47 VG Hannover, Urt. v. 27.04.2010 – 4 A 6036/08, NuR 2010, 512 (513).
48 EuGH, Urt. v. 15.03.2012 – Rs. C-46/11, Kommission/Polen, ZUR 2013, 489 (Rn. 36 f. und 42); EuGH, Urt. v. 26.01.2012 – Rs. C-192/11, Kommission/Polen, NuR 2013, 718 (Rn. 45 und 48–50).
49 BT-Drs. 16/12274, S. 70.
50 OVG Berlin-Brandenburg, Beschl. v. 11.08.2009 – 11 S 58.08, NuR 2009, 898 (900).
51 *Müller-Walter*, in: Lorz et al., Naturschutzrecht, § 45 BNatSchG Rn. 25.

zur Sicherstellung der anderen Artenschutzbelange geeignet und auch erforderlich, also kein milderes Mittel hierfür ersichtlich ist.[52]

c) Zwecke der Forschung u.ä.

16 Gemäß Satz 1 Nr. 3 können Ausnahmen zugelassen werden für Zwecke der **Forschung**, **Lehre**, Bildung oder Wiederansiedlung bzw. diesen Zwecken dienende Maßnahmen der Aufzucht oder künstlichen Vermehrung. Zu den insoweit tragenden Begriffen der Forschung und der Lehre sei auf Rn. 10 verwiesen. Diesen Zwecken ist die **wissenschaftliche Tätigkeit** gemeinsam, wovon indes nur gesprochen werden kann, wenn die betreffende Tätigkeit durch ein ergebnisorientiertes, systematisches Arbeiten an einem von vornherein festgelegten Erkenntnisziel gekennzeichnet ist, was ein methodisches Vorgehen, die fortlaufende Dokumentation und die Verwertung bereits bestehender Erkenntnisse voraussetzt.[53] **„Bildung"** meint hier jede ernsthafte Wissensvermittlung, in Abgrenzung zur Lehre also nicht nur den Unterricht an allgemeinbildenden und höheren Schulen. Nicht ausreichend ist im Übrigen, dass die Ausnahme für die angeführten Zwecke nur irgendwie nützlich oder dienlich ist; vielmehr muss die Ausnahme im konkreten Einzelfall vernünftigerweise geboten sein, was bspw. nicht der Fall ist, wenn der verfolgte – in diesem Fall wissenschaftliche – Zweck sich auch durch Verwendung von bereits in Sammlungen vorhandenen Exemplaren o.ä. erreichen lässt.[54] **„Wiederansiedlung"** meint schließlich das Ansiedeln ehemals heimischer, nunmehr aber nicht mehr vorkommender Arten, wobei zu beachten ist, dass dies ggf. zusätzlich eine Genehmigung nach § 40 Abs. 4 bedarf.[55] Die Wiederansiedlung muss schwerer wiegen als die Artenschutzbelange, von denen entbunden werden soll.

d) Menschliche Gesundheit, öffentliche Sicherheit und Auswirkungen auf die Umwelt

17 Satz 1 Nr. 4 gewährt eine Ausnahmemöglichkeit im Interesse der **Gesundheit des Menschen**, der öffentlichen Sicherheit einschließlich der Verteidigung und des Schutzes der Zivilbevölkerung, oder der maßgeblich günstigen Auswirkungen auf die Umwelt. Diese Voraussetzungen sind ihrem sachlichen Gehalt nach mit jenen identisch, die in § 34 Abs. 4 Satz 1 enthalten sind.[56] Bei der Abfassung dieses Ausnahmegrundes wurde der Unionsgesetzgeber vom Leybucht-Urteil des EuGH[57] beeinflusst, worauf bei der Auslegung der Bestimmung zurückgegriffen werden kann.[58] Die öffent-

---

52 OVG Schleswig, Urt. v. 22. 07. 1993 – 1 L 321/91, NuR 1994, 97 (99); *Lütkes*, in: ders./Ewer, BNatSchG, § 45 Rn. 37.

53 VG Minden, Beschl. v. 01. 04. 2009 – 1 L 184/09, NuR 2009, 662 f.

54 VG Stuttgart, Urt. v. 10. 11. 2000 – 6 K 2297/00, NuR 2001, 353 f.

55 *Müller-Walter*, in: Lorz et al., Naturschutzrecht, § 45 BNatSchG Rn. 26.

56 *Gellermann*, in: Landmann/Rohmer, Umweltrecht, Stand: 01. 05. 2015, § 45 BNatSchG Rn. 23; *Lütkes*, in: ders./Ewer, BNatSchG, § 45 Rn. 39.

57 EuGH, Urt. v. 28. 02. 1991 – Rs. C-57/89, Leybucht, Slg. 1991, I-883, Rn. 22 ff.

58 Vgl. *Schumacher/Schumacher*, in: Schumacher/Fischer-Hüftle, BNatSchG, § 34 Rn. 98 m.w.N.

lichen Interessen im Zusammenhang mit der Gesundheit des Menschen umfassen daher insbesondere Maßnahmen des Küstenschutzes, die Abwehr von Überschwemmungs- und Lawinengefahren sowie die Sicherung einer der menschlichen Gesundheit zuträglichen Abfall- und Abwasserbeseitigung, aber auch die Entschärfung von Unfallschwerpunkten u.ä.[59] Unter **„öffentliche Sicherheit"** sind abweichend vom gleichlautenden – wesentlich weiteren – polizeirechtlichen Begriff in Anlehnung an die Überlegungen des EuGH zum entsprechenden Begriff in Art. 36 AEUV lediglich die Existenzsicherung des Staates und die Bekämpfung von Gewaltanwendung im Inneren oder von außen[60] sowie die Abwehr unmittelbar drohender oder absehbarer Gefahren für grundlegende gesellschaftliche Interessen[61] zu verstehen (siehe auch vor §§ 44, 45 Rn. 28). Maßgeblich **günstige Auswirkungen auf die Umwelt** können schließlich immer dann angenommen werden, wenn die betreffende Handlung bzw. das betreffende Vorhaben sich auf die Natur oder sonstige Umweltmedien günstig auswirkt.[62] Voraussetzung ist aber, dass der Zustand der Umwelt unmittelbar und kausal nachweisbar verbessert wird; ökologisch sinnvolle, den Zustand der Umwelt aber lediglich mittelbar verbessernde Maßnahmen werden von § 45 Abs. 7 Satz 1 Nr. 4 daher nicht umfasst.[63] Der Gesundheitsschutz, die öffentliche Sicherheit und der Schutz der Umwelt müssen nicht der ausschließliche oder überwiegende Zweck sein, der mit dem betreffenden Eingriff verfolgt wird.[64] Es reicht aus, dass dieser (Teil-)Zweck für sich genommen die artenschutzrechtlichen Betroffenheiten überwiegt.[65] Der Ausnahmegrund der maßgeblich günstigen Auswirkungen auf die Umwelt kommt etwa in Betracht, wenn im Vorfeld eines für die Anwendung des § 44 Abs. 5 noch zu unkonkreten Vorhabens Arten umgesiedelt und damit gefangen werden sollen, ebenso wenn die Umsiedlung den räumlichen Zusammenhang i.S.d. § 44 Abs. 5 Satz 2 verlässt.[66]

e) Zwingende Gründe des überwiegenden öffentlichen Interesses

Schließlich können Ausnahmen aus anderen zwingenden **Gründen des überwiegenden öffentlichen Interesses** einschließlich solcher sozialer oder wirtschaftlicher Art gewährt werden. Dieser Ausnahmegrund stellt jedenfalls keine höheren Anforderungen an die Ausnahmeerteilung als der gleichlau- 18

---

59 Vgl. *Gellermann*, in: Landmann/Rohmer, Umweltrecht, Stand: 01.05.2015, § 34 BNatSchG Rn. 46.

60 VG Frankfurt (Oder), Beschl. v. 07.01.2015 – 5 L 289/14, ZUR 2015, 300 (303); vgl. auch *Gellermann*, in: Landmann/Rohmer, Umweltrecht, Stand: 01.05.2015, § 34 BNatSchG Rn. 46 m.w.N.

61 So explizit zum Begriff der öffentlichen Ordnung EuGH, Urt. v. 19.01.1999 – Rs. C-348/96, Calfa, Slg. 1999, I-11 (Rn. 21); vgl. auch *Louis*, NuL 2007, 228 (231).

62 Vgl. *Schumacher/Schumacher*, in: Schumacher/Fischer-Hüftle, BNatSchG, § 34 Rn. 99.

63 Vgl. *Schumacher/Schumacher*, in: Schumacher/Fischer-Hüftle, BNatSchG, § 34 Rn. 99; ebenso *Müller-Walter*, in: Lorz et al., Naturschutzrecht, § 45 BNatSchG Rn. 27.

64 BVerwG, Beschl. v. 13.03.2008 – 9 VR 10.07, NuR 2008, 495 (500).

65 Ebenso *Müller-Walter*, in: Lorz et al., Naturschutzrecht, § 45 BNatSchG Rn. 27.

66 Vgl. BVerwG, Urt. v. 14.04.2010 – 9 A 5.08, BVerwGE 136, 291 (Rn. 136); VGH Mannheim, Urt. v. 23.09.2013 – 3 S 284/11, juris, Rn. 378.

tende Ausnahmegrund in § 34 Abs. 3 Nr. 1.[67] **Öffentliche Interessen** können demnach alle öffentlichen Interessen gleich welcher Art sein, ausgenommen sind lediglich rein private Belange.[68] Zwingend sind die Gründe des öffentlichen Interesses, wenn sie einem durch Vernunft und Verantwortungsbewusstsein geleiteten staatlichen Handeln entsprechen.[69] Zwingend meint also nicht nur das Vorliegen von Sachzwängen und unausweichlichen Notwendigkeiten; vielmehr soll hiermit lediglich sichergestellt werden, dass das betreffende Vorhaben gerade die Verwirklichung des jeweils verfolgten öffentlichen Interesses zum Zweck hat, das zur Rechtfertigung des Eingriffs herangezogen wird.[70] Nicht ausreichend ist deshalb der Verweis auf allgemeine politische Ziele ohne räumliche, zeitliche und sachlich-funktionale Konkretisierung.[71] Dem Kriterium **„zwingend"** kommt mithin der Bedeutungsgehalt der Geeignetheit und Erforderlichkeit zu. Die behaupteten positiven Auswirkungen für den verfolgten Zweck müssen zumindest durch Erfahrungswissen abgesichert sein.[72] Nicht gefordert ist hingegen, dass es sich bei den jeweils ins Feld geführten Gründen um den mit dem Vorhaben verfolgten Hauptzweck handelt.[73]

19 **Überwiegend** sind schließlich diejenigen öffentlichen Interessen, die in bipolarer **Abwägung** den mit dem besonderen Artenschutzrecht verfolgten Belangen des Naturschutzes vorgehen.[74] Woraus sich das erhebliche, die artenschutzrechtlichen Belange überwiegende Gewicht ergibt, muss jeweils plausibel gemacht werden.[75] Dieses Gewicht kann sich bspw. aus den Vorgaben der Raumordnung, also der Landesentwicklungs- oder Regionalplanung ergeben.[76] Pauschale Betrachtungsweisen, wie das allgemeine Abstellen auf die Verkehrssicherheit oder den Umweltschutz können allenfalls ergänzend hierzu, die tragenden Gründe flankierend und deren Gewicht verstärkend in die Abwägung mit einfließen, wenn die angenommenen positiven Wirkungen des Vorhabens auf die zur Rechtfertigung angeführten öf-

---

67 BVerwG, Urt. v. 23. 04. 2014 – 9 A 25.12, BVerwGE 149, 289 (Rn. 119).

68 OVG Koblenz, Urt. v. 08. 07. 2009 – 8 C 10399/08.OVG, NuR 2009, 882 (890); *Jarass*, NuR 2007, 371 (376); a.A. *Kahl/Gärditz*, ZUR 2006, 1 (6), die hier auch den Schutz der Grundrechte mit einfließen lassen wollen.

69 BVerwG, Urt. v. 27. 01. 2000 – 4 C 2.99, BVerwGE 110, 302 (314 f.); siehe auch mit Verweis auf die Rspr. des EuGH, Urt. v. 20. 02. 1979 – Rs. 120/78, Cassis de Dijon, Slg. 1979, 649 ff. zu den zwingenden Erfordernissen als Schranke des freien Warenverkehrs OVG Berlin-Brandenburg, Beschl. v. 05. 07. 2007 – 2 S 25/07, ZUR 2008, 34 (38); speziell zum Artenschutzrecht VGH Kassel, Urt. v. 17. 06. 2008 – 11 C 1975/07.T, NuR 2008, 785 (797).

70 Vgl. BVerwG, Urt. v. 27. 01. 2000 – 4 C 2.99, BVerwGE 110, 302 (314 f.).

71 Vgl. OVG Münster, Urt. v. 13. 12. 2007 – 8 A 2810/04, NuR 2008, 872 (881); *Hösch*, UPR 2010, 7 (11).

72 Siehe etwa OVG Koblenz, Urt. v. 08. 07. 2009 – 8 C 10399/08.OVG, NuR 2009, 882 (890).

73 Vgl. OVG Koblenz, Urt. v. 08. 07. 2009 – 8 C 10399/08.OVG, NuR 2009, 882 (890); a.A. *Gassner/Heugel*, Das neue Naturschutzrecht, 2010, Rn. 501.

74 Vgl. BVerwG, Urt. v. 09. 07. 2009 – 4 C 12.07, NVwZ 2010, 123 (Rn. 13); *Jarass*, NuR 2007, 371 (377); *Louis*, NuL 2007, 228 (231).

75 BVerwG, Urt. v. 09. 07. 2008 – 9 A 14.07, BVerwGE 131, 274 (Rn. 125).

76 VGH Kassel, Urt. v. 17. 06. 2008 – 11 C 1975/07.T, NuR 2008, 785 (798).

fentlichen Interessen zumindest durch Erfahrungswissen abgesichert sind.[77] Auf Seiten der artenschutzrechtlichen Betroffenheiten erfordert die Abwägung genaue Kenntnisse über Ausmaß und Qualität der im Raum stehenden Tatbestandsverwirklichungen, was zur Folge hat, dass eine fehlerhafte Ermittlung dieser Betroffenheiten regelmäßig die Ausnahmemöglichkeit „infiziert".[78] Dieses Ergebnis lässt sich bei Vorliegen von Ermittlungsdefiziten bzw. unüberbrückbaren Erkenntnis- oder Prognoseunsicherheiten allenfalls – sofern möglich – noch nachträglich im Wege des ergänzenden Verfahrens[79] oder aber bereits von Anfang an unter Rückgriff auf **Worst-Case-Annahmen** vermeiden.[80] Demnach ist gegen die in schwierig gelagerten Fällen übliche Praxis nichts einzuwenden, die getroffene Entscheidung trotz Verneinung der Verwirklichung artenschutzrechtlicher Verbotstatbestände hilfsweise auf eine Ausnahme nach § 45 Abs. 7 Satz 1 Nr. 5 zu stützen – dasselbe gilt im Übrigen auch für die anderen Ausnahmegründe.[81] Fernerhin sind insoweit schädigende Reserveursachen von Relevanz. Ist absehbar, dass bestimmte Habitate und damit auch entsprechende Fortpflanzungs- und Ruhestätten innerhalb eines überschaubaren Zeitraums aufgrund der natürlichen Sukzession ohnehin verlorengehen werden, so wirkt sich dies mindernd auf das Gewicht der Belange des Artenschutzes bei der Frage des Überwiegens aus. Gleiches gilt in Bezug auf andere Vorbelastungssituationen, etwa wenn es in Bezug auf bestehende Anlagen infolge des Einwanderns besonders geschützter Arten betriebsbedingt zu Konflikten kommt. Dies gilt umso mehr für solche Anlagen und Flächen, die den in § 4 genannten Zwecken zu dienen bestimmt sind. Als Faustregel kann überdies festgehalten werden, dass regelmäßig all solche Gemeinwohlbelange zwingende Gründe des überwiegenden öffentlichen Interesses darstellen, die eine Enteignung nach Art. 14 Abs. 3 GG rechtfertigen würden.[82]

Obgleich schließlich Art. 9 Abs. 1 VRL einen Ausnahmegrund für sonstige, 20 nicht explizit genannte zwingende **Gründe des überwiegenden öffentlichen Interesses**, insbesondere solcher sozialer oder wirtschaftlicher Art nicht vorsieht, wurde dies bislang überwiegend nicht als Problem gesehen.[83] Art. 16 Abs. 1 Buchst. c) FFH-RL sei vielmehr entsprechend auch auf die artenschutzrechtlichen Verbote des Art. 5 VRL anzuwenden (näher hierzu vor

---

77 Vgl. BVerwG, Urt. v. 12.03.2008 – 9 A 3.06, BVerwGE 130, 299 (Rn. 160).
78 So für das Gebietsschutzrecht EuGH, Urt. v. 20.09.2007 – Rs. C-304/05, Kommission/Italien, Slg. 2007, I-7495 (Rn. 83); BVerwG, Urt. v. 17.01.2007 – 9 A 20.05, BVerwGE 128, 1, (Rn. 114).
79 BVerwG, Urt. v. 12.08.2009 – 9 A 64.07, BVerwGE 134, 308 (Rn. 24 und 35).
80 Vgl. BVerwG, Beschl. v. 17.07.2008 – 9 B 15.08, NuR 2008, 659 (662).
81 Ebenso *Lütkes*, in: ders./Ewer, BNatSchG, § 45 Rn. 63.
82 VGH Kassel, Urt. v. 17.06.2008 – 11 C 1975/07.T, NuR 2008, 785 (797); diesbezüglich skeptisch *Philipp*, NVwZ 2008, 593 (597); nicht ganz passend ist diese Faustformel jedenfalls für die Bauleitplanung, *Köck*, in: Spannowsky/Hofmeister, Umweltrechtliche Einflüsse in der städtebaulichen Planung, 2009, S. 35 (54).
83 Statt vieler VGH Kassel, Beschl. v. 02.01.2009 – 11 B 368/08.T, NuR 2009, 255 (285); VGH Kassel, Urt. v. 17.06.2008 – 11 C 1975/07.T, NuR 2008, 785 (801 f.); *Gellermann*, in: Landmann/Rohmer, Umweltrecht, Stand: 01.05.2015, § 45 BNatSchG Rn. 24.

§§ 44, 45 Rn. 29).[84] Demgegenüber hatte das BVerwG bereits vergleichsweise früh darauf hingewiesen, dass der Ausnahmegrund der zwingenden
Gründe des überwiegenden öffentlichen Interesses nicht einfach in Art. 9
Abs. 1 VRL „hineingelesen" werden könne[85] und ist nunmehr mit dem –
amtlich bisher nur in polnischer und französischer Sprache erschienenen –
Urteil des EuGH vom 26. 01. 2012 bestätigt worden.[86] Dies kann indes nicht
bedeuten, dass solche Belange nicht ausnahmefähig sind. Alles andere
würde nicht mehr nachvollziehbare Wertungswidersprüche aufwerfen, zumal Art. 5 VRL im Gegensatz zu Art. 12 und 13 FFH-RL sämtliche in Europa
heimische Vogelarten schützt, also auch diverse Allerweltsarten. Im Ergebnis
dürften sich entsprechende Ausnahmen zumindest als „andere vernünftige
Nutzungen" auf Art. 9 Abs. 1 Buchst. c) VRL stützen lassen.[87]

2. Alternativenprüfung

21 Gemäß § 45 Abs. 7 Satz 2 darf eine Ausnahme nur zugelassen werden, wenn
zumutbare **Alternativen** nicht gegeben sind. Hierzu können alternative
Standorte (oder Trassen), andere Größenordnungen oder alternative Aktivitäten, Prozesse oder Methoden gehören.[88] Prinzipiell gilt hier nichts anderes als
bei der gebietsschutzrechtlichen Alternativenprüfung nach § 34 Abs. 3
Nr. 2.[89] Voraussetzung ist, dass sich mit den alternativen Standorten (oder
Trassen), anderen Größenordnungen oder alternativen Aktivitäten, Prozessen
oder Methoden die konkret mit dem betreffenden Vorhaben verfolgten Ziele
noch – wenn auch unter gewissen Abstrichen vom Zielerfüllungsgrad – verwirklichen lassen.[90] Ausgangspunkt für die Alternativenprüfung sind mithin
die mit dem Vorhaben verfolgten Ziele, sofern sie ausnahmefähig sind. Daher
hat der Gesetzgeber die Ausnahmegründe vor dem Erfordernis der Alternativenprüfung in § 45 Abs. 7 aufgeführt.[91] Folglich scheidet die **Null-Variante**
von vornherein als Alternative aus, da mit dem Vorliegen zwingender Gründe
des überwiegenden öffentlichen Interesses oder sonstiger Ausnahmegründe
nach Satz 1 feststeht, dass ein die betroffenen artenschutzrechtlichen Belange
überwiegendes öffentliches Interesse für das Vorhaben streitet.[92] Gleiches gilt
für System- oder Konzeptalternativen, da sie letztlich – von der konkreten
Zielstellung her – auf ein anderes Vorhaben hinauslaufen.[93] Weiterhin sind
grundsätzlich solche Alternativen ausgeschieden, die auf der Grundlage des
geltenden Rechts nicht realisierbar sind. Dabei kommt es nicht auf das Kön-

---

84 *Philipp*, NVwZ 2008, 593 (597); *Lau/Steeck*, NuR 2008, 386 (391 f.).
85 BVerwG, Urt. v. 12. 03. 2008 – 9 A 3.06, BVerwGE 130, 299 (Rn. 262).
86 EuGH, Urt. v. 26. 01. 2012 – Rs. C-192/11, Kommission/Polen, NuR 2013, 718 (Rn. 39).
87 Hierzu *Lau*, NuR 2013, 685 (688 f.); vgl. auch VGH München, Urt. v. 19. 02. 2014 – 8 A
    11.40040 u.a., juris, Rn. 846-852.
88 BVerwG, Urt. v. 06. 11. 2013 – 9 A 14.12, BVerwGE 148, 373 (Rn. 131).
89 BVerwG, Urt. v. 23. 04. 2014 – 9 A 25.12, BVerwGE 149, 289 (Rn. 120).
90 Zum Gebietsschutz BVerwG, Urt. v. 17. 01. 2007 – 9 A 20.05, BVerwGE 128, 1 (Rn. 143).
91 Hierzu *Lau*, NVwZ 2011, 461 (464).
92 A.A. *Müller-Walter*, in: Lorz et al., Naturschutzrecht, § 45 BNatSchG Rn. 16.
93 Vgl. BVerwG, Urt. v. 17. 01. 2007 – 9 A 20.05, BVerwGE 128, 1 (66 Rn. 142); OVG Koblenz,
    Urt. v. 08. 07. 2009 – 8 C 10399/08.OVG, NuR 2009, 882 (891).

nen und Dürfen des unmittelbar Ausführenden, sondern desjenigen an, in dessen Interesse oder Auftrag die ausnahmegegenständliche Maßnahme erfolgt; andernfalls könnte durch geschickte Aufgabendelegierung das Erfordernis der Alternativenprüfung ausgehebelt werden.[94] Im Rahmen der Bauleitplanung ist der Suchraum für Alternativen daher regelmäßig auf das jeweilige Gemeindegebiet beschränkt.[95] Besteht eine Alternative, die zwar mit Blick auf die artenschutzrechtlichen Zugriffsverbote weniger eingreifend ist, dafür aber ein **Natura 2000-Gebiet** berührt, so ist sie in den meisten Fällen nicht vorzugswürdig, da der europäische Gebietsschutz als das strengere Schutzsystem dem besonderen Artenschutz grundsätzlich vorgeht.[96] Anderes kann sich freilich ergeben, wenn die gebietsschutzschutzrechtliche Betroffenheit sehr gering ausfällt, die artenschutzrechtliche Betroffenheit demgegenüber aber immens ist. Bei artenschutzinternen Konflikten gilt, dass sich ein Vorhabenträger auf eine Alternativlösung nicht verweisen zu lassen muss, wenn sich die artenschutzrechtlichen Schutzvorschriften am Alternativstandort als ebenso wirksame Zulassungssperre erweisen wie an dem von ihm gewählten Standort.[97] Kollidiert der Artenschutz mit Belangen der menschlichen Gesundheit, etwa dem Lärm- oder Erschütterungsschutz, so wird die gesundheitsverträglichere Variante regelmäßig die vorzugswürdigere sein, wie bereits Abs. 7 Satz 1 Nr. 4 nahelegt

Vorzugswürdig sind expressis verbis des Weiteren nur zumutbare Alternativen. **Zumutbar** sind lediglich diejenigen **Alternativen**, deren Verwirklichungsaufwand – auch aus naturschutzexternen Gründen – nicht außer Verhältnis zu dem mit ihnen erreichbaren Gewinn für den Naturschutz steht.[98] Anleihen für eine Obergrenze wird man insoweit bei der naturschutzrechtlichen Eingriffsregelung nehmen können, wo die Zumutbarkeitsgrenze regelmäßig bei Zusatzkosten von 10 % der Gesamtinvestitionskosten und mehr gesehen wird.[99] Da gravierende Unterschiede hinsichtlich der vorhabenbedingten Einbußen für den Artenschutz zwischen den einzelnen Alternativen aufgrund des ebenfalls in Satz 2 enthaltenen Verschlechterungsverbots (dazu sogleich Rn. 25 ff.) in aller Regel nicht bestehen, lässt sich hier anders als beim Gebietsschutz eine generelle Obergrenze eher rechtfertigen.[100] Ebenfalls unzumutbar sind all solche Alternativen, deren technische Realisierbarkeit unsicher ist; eine Verpflichtung zum Experiment gibt es also nicht.[101] Zu prüfen ist letztlich also, ob die mit dem konkreten Vorhaben verfolgten Ziele auch auf andere Weise bzw. an einem anderen Ort mit nur ge-

22

---

94 OVG Berlin-Brandenburg, Beschl. v. 26.02.2015 – OVG 11 S 3.15, NuR 2015, 326 (329).
95 *Pauli*, BauR 2008, 759 (768).
96 BVerwG, Urt. v. 06.11.2012 – 9 A 17.11, BVerwGE 145, 40 (Rn. 80); VGH Kassel, Beschl. v. 02.01.2009 – 11 B 368/08.T, NuR 2009, 255 (281); *Füßer/Lau*, NuR 2012, 448 (456).
97 BVerwG, Urt. v. 23.04.2014 – 9 A 25.12, BVerwGE 149, 289 (Rn. 120).
98 Vgl. BVerwG, Urt. v. 17.05.2002 – 4 A 28.01, BVerwGE 116, 254 (267); BVerwG, Urt. v. 27.01.2000 – 4 C 2.99, BVerwGE 110, 302 (311).
99 Siehe nur OVG Lüneburg, Urt. v. 16.12.2009 – 4 LC 730/07, NuR 2010, 133 (138) m.w.N.
100 Gegen eine absolute oder – wie hier – relative Obergrenze indes *Fellenberg*, in: Kerkmann (Hrsg.), Naturschutzrecht in der Praxis, § 7 Rn. 153.
101 Ebenso *Fellenberg*, in: Kerkmann (Hrsg.), Naturschutzrecht in der Praxis, § 7 Rn. 152.

ringfügigen, sprich verhältnismäßigen Abstrichen vom Zielerfüllungsgrad und einem auch ansonsten noch verhältnismäßigen Mehraufwand ebenso verwirklicht werden können.[102] Die Unzumutbarkeit einer Alternative kann sich dabei nicht nur aus monetären Gründen ergeben, sondern auch aus anderen Gründen, sofern sie schwerer wiegen als die artenschutzrechtlichen Beeinträchtigungen, die mit der betreffenden Alternative ausblieben. Zu denken ist insoweit insbesondere an verkehrliche, städtebauliche, wasser-, land- und sonstige wirtschaftliche Belange, Belange des Denkmalschutzes sowie der Umstand, dass im Rahmen der Alternative in größerem Umfang zwangsweise auf Flächen Dritter zugegriffen werden muss.[103]

23 Alternativen, die bereits auf der Basis einer Grobanalyse als ungeeignet erscheinen, können schon frühzeitig aus den weiteren Überlegungen ausgeschieden werden.[104] Insofern wird man bei der Beurteilung der Eingriffsintensität möglicher Alternativen gestuft vorzugehen haben: Zunächst werden am Maßstab des mit dem Vorhaben oder sonstigen Eingriff zu erreichenden Ziels die in die nähere Auswahl kommenden Alternativen ermittelt. Anschließend werden im Wege der Grobanalyse diejenigen Alternativen ausgeschieden, denen offensichtlich höhere rechtliche Hürden begegnen als der Vorzugsvariante. Hierbei sind auch all diejenigen **Alternativen** außen vor zu lassen, die ersichtlich mit gewichtigeren Eingriffen in Natur und Landschaft, insbesondere in die europäisch geschützten Gebiete, verbunden sind. Lassen sich im Wege der Grobanalyse keine klaren Präferenzen ableiten, sind die noch in Betracht kommenden Alternativen einer eingehenderen Prüfung – im Extremfall sogar einer ebenso sorgfältigen Prüfung wie die Vorzugsvariante – zuzuführen.[105]

24 Schließlich unterstreicht die Verpflichtung auf die schonendste zumutbare Alternative den Ausnahmecharakter der Vorschrift des § 45 Abs. 7 dahingehend, dass es eine „billige Flucht in die Ausnahme" nicht geben kann. Die **Ausnahme** ist vielmehr das letzte Mittel; es ist also vorrangig nach Wegen zur Zulässigkeit des Vorhabens oder sonstigen Eingriffs über konfliktvermeidende oder -mindernde Maßnahmen, insbesondere funktionserhaltende Maßnahmen zu suchen, dies freilich nur im Rahmen des Verhältnismäßigen.[106]

3. Keine Verschlechterung des Erhaltungszustands

25 Weitere Ausnahmevoraussetzung ist gemäß § 45 Abs. 7 Satz 2, dass sich der Erhaltungszustand der Populationen einer Art nicht verschlechtert. Dies wird ergänzt durch den Zusatz „soweit nicht Art. 16 Abs. 1 der Richtlinie 92/43/EWG weitergehende Anforderungen enthält". Hintergrund dieser Regelung ist, dass zum Gesetzgebungszeitpunkt noch Unsicherheiten darüber bestanden, was Art. 16 Abs. 1 FFH-RL mit der dort statuierten Voraussetzung meint,

---

102 BVerwG, Urt. v. 16.03.2006 – 4 A 1075.04, BVerwGE 125, 116 (Rn. 567).
103 Hierzu für das Gebietsschutzrecht *Füßer/Lau*, NuR 2012, 448 (454 ff.).
104 Vgl. BVerwG, Beschl. v. 13.03.2008 – 9 VR 10.07, NuR 2008, 495 (500).
105 Ähnlich bereits für den Gebietsschutz *Steeck/Lau*, NVwZ 2009, 616 (619).
106 *Fellenberg*, in: Kerkmann (Hrsg.), Naturschutzrecht in der Praxis, § 7 Rn. 148.

dass die Populationen der betroffenen Art in ihrem natürlichen Verbreitungsgebiet trotz der Ausnahme ohne Beeinträchtigung in einem günstigen Erhaltungszustand verweilen. So wurde von namhaften Vertretern in der Literatur argumentiert, dass Art. 16 Abs. 1 FFH-RL damit lediglich – wie Art. 13 VRL – eine weitere Verschlechterung des Erhaltungszustands der Populationen der betroffenen Art ausschließe.[107] Andererseits war aber im Urteil des EuGH zum finnischen Wolf zu lesen, dass die Wahrung des **günstigen Erhaltungszustands** eine unabdingbare Voraussetzung für die Zulassung einer Ausnahme nach Art. 16 Abs. 1 FFH-RL sei und im Falle, dass sich eine Art in einem ungünstigen Erhaltungszustand befindet, die Ausnahmeerteilung daher nur unter „außergewöhnlichen Umständen" in Betracht komme und wenn nachgewiesen sei, dass durch den betreffenden Eingriff der ungünstige Erhaltungszustand nicht weiter verschlechtert „oder" die Wiederherstellung eines günstigen Erhaltungszustands nicht behindert werde.[108]

Nach einer intensiven Debatte darüber, inwieweit vor diesem Hintergrund Ausnahmen bei ungünstigem Erhaltungszustand der betroffenen Art überhaupt noch möglich sind und was unter „außergewöhnlichen Umständen" zu verstehen ist,[109] hat inzwischen das BVerwG für Klarstellung gesorgt und die **„außergewöhnlichen Umstände"** in der deutschen Übersetzung des in finnischer Sprache abgesetzten Urteils des EuGH zum finnischen Wolf als Übersetzungsfehler identifiziert.[110] Tatsächlich findet sich an entsprechender Stelle des Urteils der Begriff „poikkeuksellisesti" der nicht mehr als „ausnahmsweise" bedeutet. Ein ähnliches Versehen ist hinsichtlich des oben genannten „oder" unterlaufen, das vielmehr als „weder noch" bzw. „und" zu lesen ist. Folglich ist nach Auffassung des EuGH Voraussetzung für eine Ausnahme von den besonderen artenschutzrechtlichen Verboten trotz bestehenden ungünstigen Erhaltungszustands, dass gewährleistet ist, dass der betreffende Eingriff weder den **Erhaltungszustand** der Populationen der betroffenen Art weiter verschlechtert noch die Wiederherstellung eines günstigen Erhaltungszustands der Art behindert.[111] Dies wird regelmäßig zusammenfallen, jedoch nicht zwangsläufig, sodass der Gesetzgeber gut daran getan hat, neben dem Erfordernis des Ausschlusses einer (weiteren) Verschlechterung der Populationen der betroffenen Art noch die weiter gehenden Anforderungen nach Art. 16 Abs. 1 FFH-RL ins Gesetz mit aufzunehmen.

26

Zu beurteilen, inwieweit diese – bezogen auf den günstigen Erhaltungszustand – erforderliche Neutralität des Eingriffs gegeben ist, obliegt der jeweils zuständigen Behörde, der insoweit derzeit wiederum ein fachlicher **Beur-**

27

---

107 So etwa *Gellermann/Schreiber*, Schutz wild lebender Tiere und Pflanzen in staatlichen Planungs- und Zulassungsverfahren, 2007, S. 74.

108 EuGH, Urt. v. 14. 06. 2007 – Rs. C-342/05, finnischer Wolf, Slg. 2007, I-4713 (Rn. 29).

109 Zum Ganzen *Steeck*, NuR 2010, 4 ff.

110 BVerwG, Beschl. v. 17. 04. 2010 – 9 B 5.10, NuR 2010, 492; BVerwG, Urt. v. 14. 04. 2010 – 9 A 5.08, BVerwGE 136, 291 (Rn. 141).

111 BVerwG, Beschl. v. 17. 04. 2010 – 9 B 5.10, NuR 2010, 492; BVerwG, Urt. v. 14. 04. 2010 – 9 A 5.08, BVerwGE 136, 291 (Rn. 141).

teilungsspielraum eingeräumt ist.[112] Gemäß Art. 1 Buchst. i) FFH-RL ist der **Erhaltungszustand** einer Art dann als „**günstig**" anzusehen, wenn aufgrund der Daten über die Populationsdynamik der Art angenommen werden kann, dass diese Art ein lebensfähiges Element des natürlichen Lebensraums, dem sie angehört, bildet und langfristig weiterhin bilden wird und das natürliche Verbreitungsgebiet dieser Art weder abnimmt noch in absehbarer Zeit vermutlich abnehmen wird und ein genügend großer Lebensraum vorhanden ist und wahrscheinlich weiterhin vorhanden sein wird, um langfristig ein Überleben der Populationen dieser Art zu sichern. Fehlt es an gesicherten Erkenntnissen über den Erhaltungszustand der jeweiligen Art, so ist im Zweifel von einem ungünstigen Erhaltungszustand auszugehen.[113]

28 Von Bedeutung ist der Bezugsraum für die Beurteilung des Erhaltungszustands der **Populationen der betroffenen Art.** Das Bundesverwaltungsgericht hat festgehalten, dass hier anders als beim Verbotstatbestand des § 44 Abs. 1 Nr. 2 nicht der Erhaltungszustand des von dem Vorhaben unmittelbar betroffenen lokalen Vorkommens maßgeblich, sondern eine gebietsbezogene Gesamtbetrachtung anzustellen sei, die auch die anderen (Teil-)Populationen der Art in ihrem natürlichen Verbreitungsgebiet in den Blick nimmt.[114] Entscheidend ist, ob die Gesamtheit der Populationen in ihrem natürlichen Verbreitungsgebiet, das über das Plan- bzw. Vorhabengebiet hinausreicht, als lebensfähiges Element erhalten bleibt.[115] Es ist eine Mehrebenenbetrachtung vorzunehmen, ausgehend von der betreffenden lokalen Population bis hin zum Erhaltungszustand der jeweiligen Art in ihrem natürlichen Verbreitungsgebiet insgesamt; denn ökologisch aussagekräftige Angaben lassen sich regelmäßig nur über die Betrachtung der einzelnen lokalen Populationen der betroffenen Art gewinnen. Vor diesem Hintergrund erscheint der in Art. 16 Abs. 1 FFH-RL gebrauchte und vom deutschen Gesetzgeber in § 45 Abs. 7 Satz 2 übernommene Wortlaut („Populationen der betroffenen Art") mit Bedacht gewählt. Erweist sich der **Erhaltungszustand** der unmittelbar betroffenen lokalen Population als **günstig**, so gilt dies grundsätzlich auch für die Populationen im natürlichen Verbreitungsgebiet insgesamt.[116] Vorsicht ist jedoch geboten, wenn sich der Erhaltungszustand der betroffenen Arten und Lebensräume zwar lokal als günstig erweist, regional oder überregional aber bekanntermaßen ungünstig ist. Dann können nämlich selbst lokal neutrale Eingriffe für den Erhaltungszustand insgesamt nachteilig sein, indem sie die Stärkung anderer Vorkommen durch den lokalen „Überschuss" mindern.[117] In solchen Fällen sind mithin ggf. auch die Auswirkungen auf die regionale und überregionale Ebene mit in den Blick zu nehmen.

---

112 BVerwG, Beschl. v. 13.03.2008 – 9 VR 10.07, NuR 2008, 495 (501); so schon BVerwG, Urt. v. 21.06.2006 – 9 A 28.05, NVwZ 2006, 1161 (1164).

113 Vgl. BVerwG, Urt. v. 14.04.2010 – 9 A 5.08, BVerwGE 136, 291 (Rn. 140).

114 BVerwG, Urt. v. 28.03.2013 – 9 A 22.11, BVerwGE 146, 145 (Rn. 135).

115 BVerwG, Urt. v. 06.11.2013 – 9 A 14.12, BVerwGE 148, 373 (Rn. 130).

116 Vgl. BVerwG, Urt. v. 12.03.2008 – 9 A 3.06, BVerwGE 130, 299 (Rn. 249); VGH Kassel, Beschl. v. 02.01.2009 – 11 B 368/08.T, NuR 2009, 255 (282).

117 *Sobotta*, NuR 2007, 642 (648); evtl. zu kurz gegriffen daher OVG Koblenz, Urt. v. 08.07.2009 – 8 C 10399/08.OVG, NuR 2009, 882 (895).

Die maximal maßgebliche Betrachtungsebene ist der Erhaltungszustand der betroffenen Arten innerhalb ihres natürlichen Verbreitungsgebiets auf Mitgliedstaatsebene (siehe dazu vor §§ 44, 45 Rn. 24).[118]

Zur Sicherstellung des Ausbleibens einer Verschlechterung des Erhaltungs-   29
zustands betroffener Arten kann – in Anlehnung an das Leybucht-Urteil des EuGH[119] – auf **populationsstützende Maßnahmen** zurückgegriffen werden.[120] Die Kommission spricht insoweit von **FCS-Maßnahmen** (favourable conservation status).[121] Dabei ist wegen der strikten Grenze, die Art. 16 Abs. 1 FFH-RL, Art. 13 VRL in dieser Hinsicht markieren, wie bei den funktionserhaltenden Maßnahmen nach § 44 Abs. 5 Satz 3 (siehe § 44 Rn. 51) sicherzustellen, dass diese Maßnahmen mit mindestens hoher Wahrscheinlichkeit die ihnen zugedachte Wirkung auch tatsächlich – ggf. nach entsprechender Nachsteuerung – entfalten werden.[122] Anders als bei den konfliktvermeidenden bzw. -mindernden oder den funktionserhaltenden Maßnahmen kann hier aber der räumliche Bezugsraum weitaus größer ausfallen (bis hin zum gesamten natürlichen Verbreitungsgebiet der betreffenden Art innerhalb Deutschlands); auch ist in zeitlicher Hinsicht nur sicherzustellen, dass der Eingriff mittel- bis langfristig erhaltungszustandsneutral bleibt.[123] Deshalb besteht hier auch Raum für ein Monitoring und ggf. Korrekturmaßnahmen. Bei bundesländübergreifenden oder, sofern es um Maßnahmen im Rahmen der Bauleitplanung geht, gemeindegebietsübergreifenden Maßnahmen sind jedoch mit Blick auf die erforderliche rechtliche Sicherstellung der Durchführung und Überwachung der Maßnahmen die kompetenziellen Grenzen zu beachten.[124] Da hier kein Individuenbezug mehr besteht, sondern es – auch langfristig – um den Erhaltungszustand der Populationen der betroffenen Arten geht, müssen die populationsstützenden Maßnahmen überdies eine dauerhafte rechtliche Sicherung erfahren, also die Flächen, auf denen sie durchgeführt werden, mitunter dinglich gesichert sein. Doch auch insoweit dürfen nicht pauschal die Grundsätze aus der Eingriffsregelung zur Bedingung gemacht werden. So kann bspw. auch in Bezug auf populationsstützende Maßnahmen

---

118 *Lau/Steeck*, NuR 2008, 386 (391); ebenso *Fellenberg*, in: Kerkmann (Hrsg.), Naturschutzrecht in der Praxis, § 7 Rn. 156; *de Witt/Geismann*, Artenschutzrechtliche Verbote in der Fachplanung, 2010, Rn. 47; so wohl auch EuGH, Urt. v. 14.06.2007 – Rs. C-342/05, finnischer Wolf, Slg. 2007, I-4713 (Rn. 26 f.), der in dieser Entscheidung auf den Bestand des finnischen Wolfs in ganz Finnland abgehoben hat; a.A. *Gellermann*, NuR 2009, 85 (88), der über eine Auslegung im Lichte von Art. 9 Abs. 1 der Berner Konvention auf den Erhaltungszustand jeder einzelnen Population abhebt.

119 EuGH, Urt. v. 28.02.1991 – Rs. C-57/89, Leybucht, Slg. 1991, I-883, Rn. 22 ff.

120 Statt vieler *de Witt/Geismann*, Artenschutzrechtliche Verbote in der Fachplanung, 2010, Rn. 46; a.A. *Niederstadt/Krüsemann*, ZUR 2007, 347 (352).

121 EU-Kommission, Leitfaden zum strengen Schutzsystem für Tierarten von gemeinschaftlichem Interesse im Rahmen der FFH-RL 92/43/EWG, 2007, Ziff. I.2.2., Rn. 14.

122 Ähnlich *de Witt/Geismann*, Artenschutzrechtliche Verbote in der Fachplanung, 2010, Rn. 46 ff.

123 Hierzu *Fellenberg*, in: Kerkmann (Hrsg.), Naturschutzrecht in der Praxis, § 7 Rn. 160.

124 Zu den damit verbundenen Schwierigkeiten am Bsp. der Eingriffsregelung OVG Lüneburg, Urt. v. 25.06.2008 – 1 KN 132/06, NuR 2008, 714 (715); *Wittrock* et al., NuL 2006, 282 ff.; *Köck*, NuR 2004, 1 (2 f.).

berücksichtigt werden, dass nach Ansiedlung bzw. weiterer Verbreitung der betreffenden Arten das Artenschutzrecht vielfach selbst für eine ausreichende rechtliche Sicherung sorgt.[125]

30 Hängt die artenschutzrechtliche Zulässigkeit eines Vorhabens von Ausnahmen für **mehrere Beeinträchtigungen** ab, die dieselbe Art betreffen, so sind die Ausnahmevoraussetzungen in einer Gesamtschau der artenschutzwidrigen Beeinträchtigungen zu prüfen, weil sich nur so das für den Ausnahmegrund zu berücksichtigende Gewicht der Beeinträchtigungen und deren Auswirkungen auf den Erhaltungszustand der Populationen sachgerecht erfassen lassen.[126] Diese gleichsam kumulative Betrachtung hat sowohl Konsequenzen für die Interessenabwägung im Rahmen den Ausnahmegründe als auch für die Alternativenprüfung und die Sicherung des Erhaltungszustands der Populationen der betroffenen Art.

31 Die einzelnen Ausnahmevoraussetzungen des § 45 Abs. 7 unterstreichen nochmals das „im Einzelfall" in Satz 1 der Vorschrift. Es muss zumindest bestimmbar sein, auf welche Arten und in welcher Größenordnung sich die Ausnahme bezieht, da ansonsten weder Alternativen geprüft werden können noch beurteilt werden kann, ob sich der Erhaltungszustand der Populationen der betroffenen Art vorhabenbedingt verschlechtert.[127] Auch kann andernfalls keine sachgerechte Abwägung im Rahmen der Ausnahmegründe vorgenommen werden. Die demnach geforderte Einzelfallbetrachtung hindert indes nicht daran, für regelmäßig wiederkehrende gleichartige Handlungen mit Beeinträchtigungspotenzial wie etwa regelmäßige **Unterhaltungsmaßnahmen** gebündelt Ausnahmen zu erteilen. Könnte doch für solche Maßnahmen sogar im Anwendungsbereich des europäischen Gebietsschutzrechts gemäß § 34 eine einheitliche FFH-Verträglichkeitsprüfung durchgeführt werden, obwohl diese ebenfalls einzelfallbezogen ausgestaltet ist.[128]

4. Sonstiges

32 Gemäß § 45 Abs. 7 Satz 3 sind die Bestimmungen des Art. 16 Abs. 3 FFH-RL und Art. 9 Abs. 2 VRL zu beachten. Damit wird auf die im Zusammenhang mit der Zulassung von Ausnahmen nach der FFH-RL und VRL bestehenden behördlichen **Dokumentationspflichten** verwiesen. Der EuGH betont insoweit vor allem die Dokumentationspflichten nach Art. 9 Abs. 2 VRL; deren Sinn und Zweck sei es, der Kommission die Prüfung der Beschränkung der Ausnahme auf das unbedingt Notwendige zu ermöglichen.[129] Doch fehlt es auch in diesem Punkt an einer Harmonisierung der beiden Richtlinien; denn

---

125 Zu pauschal daher VGH Kassel, Urt. v. 25. 06. 2009 – 4 C 1347/08.N, NuR 2009, 646 (649).

126 BVerwG, Urt. v. 28. 03. 2013 – 9 A 22.11, BVerwGE 146, 145 (Rn. 135).

127 *Lütkes*, in: ders./Ewer, BNatSchG, § 45 Rn. 36; vgl. auch OVG Berlin-Brandenburg, Beschl. v. 26. 02. 2015 – OVG 11 S 3.15, NuR 2015, 326 (328).

128 Vgl. EuGH, Urt. v. 14. 01. 2010 – Rs. C-226/08, Papenburg, Slg. 2010, I-131 (Rn. 47 f.); hierzu *Albrecht/Gies*, NuR 2014, 235 (241); *Würtenberger*, NuR 2010, 316 (318).

129 EuGH, Urt. v. 26. 01. 2012 – Rs. C-192/11, Kommission/Polen, NuR 2013, 718 (Rn. 21).

während sich die Dokumentationspflichten nach Art. 16 Abs. 3 FFH-RL auf das Monitoring der Mitgliedstaaten beziehen, betrifft Art. 9 Abs. 2 VRL die jeweilige Ausnahmeentscheidung selbst. Praktische Auswirkungen hat dies jedoch keine; denn der EuGH leitet unmittelbar aus Art. 16 Abs. 1 FFH-RL Begründungspflichten für die einzelnen Ausnahmeentscheidungen ab, die letztlich denjenigen des Art. 9 Abs. 2 VRL entsprechen.[130] Daher sind in den Bescheiden, die Ausnahmen von den Verboten des § 44 zulassen und Arten des Anhangs IV FFH-RL sowie europäische Vogelarten betreffen, insbesondere Angaben zu machen über die betroffene Art, die zur Beeinträchtigung führende Maßnahme einschließlich ihres zeitlichen und räumlichen Umfangs sowie die ggf. vorgesehenen behördlichen wie Eigenkontrollmaßnahmen.[131] Dies erfordert jedoch nicht zwingend auch einen Genehmigungsakt, sodass sich etwa im Bereich der Bundesfernstraßenverwaltung gemäß § 4 Satz 2 FStrG,[132] der Wasserstraßenverwaltung gemäß § 48 Satz 2 WaStrG[133] oder der Landesverteidigung[134] die dortigen Akteure bei Vorliegen der materiellen Voraussetzungen gleichsam selbst eine Ausnahme aussprechen können. Auch insoweit sind indes die Dokumentationspflichten nach § 45 Abs. 7 Satz 3 zu befolgen, was z.B. in entsprechenden Pflegeplänen und dergleichen geschehen kann.

§ 45 Abs. 7 Satz 4 ermächtigt die Landesregierungen, Ausnahmen nach § 45 auch allgemein durch **Rechtsverordnungen** zuzulassen, wobei diese Ermächtigung nach Satz 5 durch Rechtsverordnung auch auf andere Landesbehörden übertragen werden kann. Hinsichtlich der Ausnahmen von den Zugriffsverboten ist zudem noch zu beachten, dass das BNatSchG anders als vor der Kleinen Novelle 2007 keine Harmonisierung der Ausnahmetatbestände mit dem gesetzlichen Biotopschutz vorsieht, sodass – was nicht selten der Fall sein wird – bei Zusammenfallen artenschutzrechtlicher Verbotstatbestände und gesetzlichen Biotopschutzes eine Ausnahme allein nach § 45 Abs. 7 nicht genügt, sondern zusätzlich eine Ausnahme nach § 30 Abs. 3 erforderlich ist.[135]

33

VIII. Verbringen aus dem Ausland (Abs. 8)

Im Falle der **Einfuhr** (des Verbringens aus dem Ausland) kann das BfN schließlich weitere Ausnahmen von den Verboten des § 44 unter den Voraussetzungen des Abs. 7 Satz 2 und 3 zulassen, um unter kontrollierten Bedingungen und in beschränktem Ausmaß eine vernünftige Nutzung von Tieren und Pflanzen nach Anhang IV FFH-RL und Tieren der europäischen Vogelarten sowie für gezüchtete und künstlich vermehrte Tiere oder Pflanzen dieser Arten zu ermöglichen. Diese Vorschrift dient der Umsetzung der Bestim-

34

---

130 Vgl. EuGH, Urt. v. 14.06.2007 – Rs. C-342/05, finnischer Wolf, Slg. 2007, I-4713 (Rn. 25).
131 *Müller-Walter*, in: Lorz et al., Naturschutzrecht, § 45 BNatSchG Rn. 22.
132 Vgl. OVG Greifswald, Beschl. v. 30.01.2008 – 1 M 17/98, LKV 2008, 381 (382).
133 Vgl. BVerwG, Urt. v. 25.09.2008 – 7 A 4.07, NuR 2009, 42 (Rn. 23).
134 Hierzu *Dietrich*, Landesverteidigung in den Grenzen der Umweltpflichtigkeit, 2011, passim.
135 *Louis*, NuR 2008, 65 (66).

mungen des Art. 16 Abs. 1 Buchst. e) FFH-RL und Art. 9 Abs. 1 Buchst. c) VRL. Gemäß Art. 16 Abs. 1 Buchst. e) FFH-RL können Abweichungen von den artenschutzrechtlichen Verboten zugelassen werden, um unter strenger Kontrolle, selektiv und in beschränktem Ausmaß die Entnahme oder Erhaltung einer begrenzten und von den zuständigen einzelstaatlichen Behörden spezifizierten Anzahl von Exemplaren bestimmter Tier- und Pflanzenarten des Anhangs IV zu erlauben. Entsprechendes sieht auch Art. 9 Abs. 1 Buchst. c) VRL vor, wonach die Mitgliedstaaten von den artenschutzrechtlichen Verboten der VRL abweichen können, um unter streng überwachten Bedingungen selektiv den Fang, die Haltung oder jede andere vernünftige Nutzung bestimmter Vogelarten in geringen Mengen zu ermöglichen. Zu den vernünftigen Nutzungen in diesem Sinne zählen nach der Rechtsprechung des EuGH auch der Fang und die Haltung zur Benutzung als lebende Lockvögel für die Jagd oder zu Liebhaberzwecken auf traditionellen Messen und Märkten,[136] der Fang zwecks Vermeidung von Inzucht bei der Züchtung zu Freizeitzwecken[137] sowie die als Freizeitbeschäftigung ausgeübte Jagd.[138]

§ 46
Nachweispflicht

(1) Diejenige Person, die

1. **lebende Tiere oder Pflanzen der besonders geschützten Arten, ihre lebenden oder toten Entwicklungsformen oder im Wesentlichen vollständig erhaltene tote Tiere oder Pflanzen der besonders geschützten Arten,**
2. **ohne Weiteres erkennbare Teile von Tieren oder Pflanzen der streng geschützten Arten oder ohne Weiteres erkennbar aus ihnen gewonnene Erzeugnisse oder,**
3. **lebende Tiere oder Pflanzen der Arten, die in einer Rechtsverordnung nach § 54 Absatz 4 aufgeführt sind,**

besitzt oder die tatsächliche Gewalt darüber ausübt, kann sich gegenüber den für Naturschutz und Landschaftspflege zuständigen Behörden auf eine Berechtigung hierzu nur berufen, wenn sie auf Verlangen diese Berechtigung nachweist oder nachweist, dass sie oder ein Dritter die Tiere oder Pflanzen vor ihrer Unterschutzstellung als besonders geschützte Art oder vor ihrer Aufnahme in eine Rechtsverordnung nach § 54 Absatz 4 in Besitz hatte.

(2) Auf Erzeugnisse im Sinne des Absatzes 1 Nummer 2, die dem persönlichen Gebrauch oder als Hausrat dienen, ist Absatz 1 nicht anzuwenden. Für Tiere oder Pflanzen, die vor ihrer Unterschutzstellung als besonders geschützte Art oder vor ihrer Aufnahme in eine Rechtsverordnung nach § 54

---

136 EuGH, Urt. v. 08.07.1987 – Rs. C-262/85, Kommission/Italien, Slg. 1987, 3073 (Rn. 38).
137 EuGH, Urt. v. 12.12.1996 – Rs. C-10/96, Conseil d'État – Belgien, Slg. 1996, I-6775 (Rn. 24).
138 EuGH, Urt. v. 16.03.2003 – Rs. C-182/02, Conseil d'État – Frankreich, Slg. 2003, I-12105 (Rn. 11).

Absatz 4 erworben wurden und die dem persönlichen Gebrauch oder als Hausrat dienen, genügt anstelle des Nachweises nach Absatz 1 die Glaubhaftmachung. Die Glaubhaftmachung darf nur verlangt werden, wenn Tatsachen die Annahme rechtfertigen, dass keine Berechtigung vorliegt.

(3) Soweit nach Artikel 8 oder Artikel 9 der Verordnung (EG) Nr. 338/97 die Berechtigung zu den dort genannten Handlungen nachzuweisen ist oder für den Nachweis bestimmte Dokumente vorgeschrieben sind, ist der Nachweis in der in der genannten Verordnung vorgeschriebenen Weise zu führen.

Inhaltsübersicht

I. Allgemeines

§ 46 rundet die Besitz- und Vermarktungsverbote des § 44 Abs. 2 ab. Der 1 Gesetzgeber hat diese bereits zuvor unmittelbar geltende Regelung nahezu unverändert aus § 49 Abs. 1–3 BNatSchG a.F. übernommen. Die Vorschrift erlegt dem Inhaber der Sachherrschaft mit Blick auf die Berechtigung zum Besitz geschützter Arten bzw. deren Surrogate eine **Nachweispflicht** auf; abweichend von § 24 VwVfG hat damit nicht mehr die Behörde den Sachverhalt zu ermitteln, sondern der Pflichtige den Nachweis seiner Berechtigung zu führen.[1] § 46 bewirkt als naturschutzrechtliche Ausnahme vom Untersuchungsgrundsatz folglich eine Beweislastumkehr zugunsten der zuständigen Behörde.[2] Die Berufung auf eine Besitzberechtigung wird abgeschnitten, soweit der Nachweispflicht nicht genügt wird; eine Ermittlungspflicht der Behörde besteht insoweit nicht.[3] Dies entspricht dem Zweck der Vorschrift, sowohl die Effektivität des Artenschutzes zu gewährleisten als auch die zuständigen Stellen davor zu schützen, durch hinhaltende, falsche oder unvollständige Angaben des Besitzers in die Irre geleitet und möglicherweise am rechtzeitigen Zugriff gehindert zu werden.[4] Hinsichtlich der besonders geschützten Arten erstreckt sich die Nachweispflicht nur auf lebende oder im Wesentlichen vollständig erhaltene tote Tiere und Pflanzen sowie ihre lebenden oder toten Entwicklungsformen (Abs. 1 Nr. 1). Hinsichtlich der streng

---

1 OVG Bautzen, Beschl. v. 17.12.2009 – 1 B 535/09, NVwZ-RR 2010, 429 (429f.); *Schütte/Gerbig*, in: Schlacke (Hrsg.), GK-BNatSchG, § 46 Rn. 1; *Gellermann*, in: Landmann/Rohmer, Umweltrecht, Stand: 01.05.2015, § 46 BNatSchG Rn. 3.

2 *Heugel*, in: Lütkes/Ewer, BNatSchG, § 46 Rn. 8.

3 VGH München, Urt. v. 02.05.2011 – 14 B 10.2361 u.a., juris, Rn. 18.

4 OVG Münster, Beschl. v. 15.11.2011 – 8 B 1184/11, NuR 2012, 279 (280); VG Bremen, Beschl. v. 10.05.2012 – 5 V 532/12, NuR 2012, 735 (736); VG München, Urt. v. 26.06.2013 – M 18 K 13.2296, juris, Rn. 20.

geschützten Arten umfasst sie dagegen auch die ohne Weiteres erkennbaren Teile von Tieren oder Pflanzen und die ohne Weiteres erkennbar aus ihnen gewonnene Erzeugnisse (Abs. 1 Nr. 2). Ebenfalls erfasst werden schließlich die in einer Rechtsverordnung nach § 54 Abs. 4, der Bundesartenschutzverordnung (BArtSchV), aufgenommenen sog. Floren- und Faunenverfälscher, also diejenigen Arten, die eine Gefährdung für die natürlich vorkommende Flora und Fauna darstellen (Abs. 1 Nr. 3).

II. Nachweis der Besitzberechtigung (Abs. 1)

2   Nachweispflichtig ist diejenige Person, die die betreffenden Arten bzw. deren Surrogate besitzt oder die tatsächliche Gewalt darüber ausübt. Dies ist in einem ebenso umfassenden Sinne zu verstehen, wie die **Besitzverbote** des § 44 Abs. 2 Satz 1 Nr. 1 (siehe dazu § 44 Rn. 26). Damit ist auch der bloße Besitzdiener, etwa der Beförderer, Tierpfleger oder Ladenangestellte, in die Pflicht genommen.[5]

3   Auf Verlangen nachzuweisen ist die Berechtigung zum Besitz. Diese Berechtigung ergibt sich vor dem Hintergrund des § 44 Abs. 2 Satz 1 Nr. 1 aus den Ausnahme- und Befreiungsbestimmungen von diesem umfassenden Besitzverbot. Mit Blick auf die Legalausnahmen des § 45 Abs. 1, 4 und 5 kann sich die Besitzberechtigung aus einer rechtmäßigen Zucht bzw. künstlichen Vermehrung, einer rechtmäßigen Einfuhr, der (vorübergehenden) Aufnahme eines verletzten Tieres oder bei tot aufgefundenen Tieren und Pflanzen im Falle deren Verwendung zu Zwecken der Forschung oder Lehre ergeben. Daneben ist an Einzelfallausnahmen nach § 45 Abs. 7 oder Befreiungen nach § 67 zu denken. Entsprechend vielfältig sind auch die in Betracht kommenden Nachweismöglichkeiten. Dies berücksichtigend schreibt das Gesetz denn auch keine bestimmte Nachweisform vor,[6] sodass der verlangte **Nachweis** durch alle nach § 26 VwVfG geeigneten Beweismittel erbracht werden kann.[7] Der Nachweis muss aber – obgleich **Gewissheit** nicht gefordert ist – einen so hohen Grad an Wahrscheinlichkeit vermitteln, dass an der Rechtmäßigkeit des Besitzes keine ernstlichen Zweifel verbleiben.[8] Der Nachweispflicht wird insbesondere dann nicht genügt, wenn der zuständigen Behörde lediglich pauschal Herkunftsnachweise und sonstige Aufzeichnungen überlassen werden, aus denen sie die Herkunft und den Verbleib des jeweiligen Tieres erst ermitteln muss; vielmehr ist über die Besitzberechtigung vom Besitzer oder dem Inhaber ein eindeutiger Nachweis zu führen.[9]

---

5   *Schütte/Gerbig*, in: Schlacke (Hrsg.), GK-BNatSchG, § 46 Rn. 2; *Gellermann*, in: Landmann/Rohmer, Umweltrecht, Stand: 01.05.2015, § 46 BNatSchG Rn. 5.

6   OLG Hamm, Beschl. v. 19.11.1992 – 3 Ss OWi 899/92, NVwZ 1993, 508 (509).

7   *Gellermann*, in: Landmann/Rohmer, Umweltrecht, Stand: 01.05.2015, § 46 BNatSchG Rn. 6.

8   VG Münster, Beschl. v. 23.09.2009 – 7 L 52/09, NuR 2010, 374 (375).

9   VG Dresden, Urt. v. 11.04.2013 – 3 K 1041/10, juris, Rn. 64 mit Verweis auf VGH München, Urt. v. 02.05.2011 – 14 B 10.2361 u.a., juris; vgl. auch OVG Berlin-Brandenburg, Beschl. v. 02.07.2013 – OVG 11 N 20.10, juris.

Der Nachweispflicht kann aber auch genügt werden, wenn nachgewiesen 4
wird, dass der Besitzer bzw. Inhaber der Sachherrschaft oder ein Dritter die
betreffenden Tiere oder Pflanzen vor ihrer Unterschutzstellung als besonders
geschützte Arten bzw. vor ihrer Aufnahme in die BArtSchV in Besitz hatten.
In diesen Fällen erstreckt sich die Nachweispflicht nur auf den Zeitpunkt des
Besitzerwerbs; eine Besitzberechtigung muss hingegen nicht nachgewiesen
werden.[10] Maßgeblich ist der Zeitpunkt der erstmaligen Unterschutzstellung
bzw. Aufnahme in die BArtSchV, nicht das Inkrafttreten dieser Regelungen.[11]

III. Gegenstände zum persönlichen Gebrauch (Abs. 2)

Abs. 2 sieht sodann eine Lockerung der in Abs. 1 Nr. 2 gegenständlich erwei- 5
terten Nachweispflicht in Bezug auf streng geschützte Arten vor. Nach Satz 1
sind die ohne Weiteres erkennbaren Teile von Tieren oder Pflanzen der streng
geschützten Arten oder die ohne Weiteres erkennbar aus ihnen gewonnenen
Erzeugnisse insoweit nicht der Nachweispflicht unterworfen, wie sie dem persönlichen Gebrauch oder dem Haushalt dienen. Dem persönlichen Gebrauch
dienen all diejenigen Gegenstände, die zum unmittelbaren eigenen Nutzen
verwendet werden (z.B. Musikinstrumente, Kleidung, Schmuck); zum Hausrat
gehören sämtliche Gegenstände, die ausschließlich der privaten Haushalts-
führung dienen.[12] Die Vorschrift ist insofern eng auszulegen.[13]

Satz 2 sieht schließlich eine Erleichterung des Nachweises für lebende oder 6
tote Tiere und Pflanzen besonders geschützter Arten vor, die dem persönlichen Gebrauch oder als Hausrat dienen und vor ihrer Unterschutzstellung
als besonders geschützte Arten bzw. ihrer Aufnahme in die BArtSchV erworben wurden. Insofern reicht die **Glaubhaftmachung** aus; der Nachweis kann
in diesem Fall also auch mittels eidesstattlicher Versicherung geführt werden
(vgl. § 294 ZPO). Zudem darf die Glaubhaftmachung nach Satz 3 nur verlangt werden, wenn Tatsachen die Annahme rechtfertigen, dass keine Besitzberechtigung vorliegt.

IV. Konkrete Nachweispflichten (Abs. 3)

Abweichend vom nationalen Recht sieht die Europäischen Artenschutzver- 7
ordnung (EU-ArtSchVO)[14] in bestimmten Fällen die Führung der Nachweispflicht nach § 47 Abs. 1 durch bestimmte **Dokumente** vor.[15] Dem trägt Abs. 3
Rechnung und verweist insoweit auf die unionsrechtlichen Spezialvorschriften (siehe hierzu § 50 Rn. 3 ff.).

---

10 *Heugel*, in: Lütkes/Ewer, BNatSchG, § 46 Rn. 7.
11 *Gellermann*, in: Landmann/Rohmer, Umweltrecht, Stand: 01.05.2015, § 46 BNatSchG
   Rn. 8.
12 *Kratsch*, in: Schumacher/Fischer-Hüftle, BNatSchG, § 46 Rn. 8.
13 *Schütte/Gerbig*, in: Schlacke (Hrsg.), GK-BNatSchG, § 46 Rn. 5.
14 Verordnung (EG) Nr. 338/97 des Rates über den Schutz von Exemplaren wild lebender
   Tier- und Pflanzenarten durch Überwachung des Handels v. 09.12.1996, ABl. EU L 61,
   S. 1; zuletzt geändert durch Verordnung (EG) Nr. 1332/2005 der Kommission v. 09.08.
   2005, ABl. EU L 215, S. 1.
15 Hierzu *Müller-Walter*, in: Lorz et al., Naturschutzrecht, § 46 BNatSchG Rn. 11 ff.

§ 47
Einziehung

Tiere oder Pflanzen, für die der erforderliche Nachweis oder die erforderliche Glaubhaftmachung nicht erbracht wird, können von den für Naturschutz und Landschaftspflege zuständigen Behörden eingezogen werden. § 51 gilt entsprechend; § 51 Absatz 1 Satz 2 gilt mit der Maßgabe, dass auch die Vorlage einer Bescheinigung einer sonstigen unabhängigen sachverständigen Stelle oder Person verlangt werden kann.

1   § 47 ermächtigt die **Naturschutzbehörden** zur **Einziehung** von Exemplaren besonders geschützter Tiere und Pflanzen, für die der Besitzer oder Sachherrschaftsinhaber den nach § 46 geforderten Nachweis bzw. die erforderliche Glaubhaftmachung nicht erbringt. Die Vorschrift entspricht § 49 Abs. 4 BNatSchG a.F. § 47 regelt zwar ausdrücklich nur die Einziehung, doch verweist Satz 2 umfassend auf § 51, so dass die Naturschutzbehörden auch zur Inverwahrungnahme sowie zur Beschlagnahme der betreffenden Tiere und Pflanzen befugt sind (zu den Kosten siehe § 51 Rn. 12).[1] Gemäß § 7 Abs. 2 Nr. 1 und 2 fallen unter „Tiere oder Pflanzen" auch deren Entwicklungsformen sowie deren ohne Weiteres erkennbaren Teile und ohne Weiteres erkennbar aus ihnen gewonnenen Erzeugnisse, dies freilich nur, soweit auch die Teile bzw. Surrogate der Nachweispflicht des § 46 unterliegen.[2]

2   Ausweislich des Wortlauts („können") haben die Naturschutzbehörden über das Gebrauchmachen von den vorgenannten Eingriffsbefugnissen nach pflichtgemäßem **Ermessen** zu entscheiden.[3] Die Maßnahmen nach § 47 sind überdies unabhängig von einem Ordnungswidrigkeiten- oder Strafverfahren möglich, da sie präventiven Zwecken dienen;[4] auch können sie neben entsprechenden Anordnungen der Zollbehörden nach § 51 ergriffen werden.[5] Im Übrigen kann auf § 51 verwiesen werden. Abweichungen ergeben sich dabei nur insoweit, als der in § 51 Abs. 1 Satz 2 angesprochene Kreis der **sachverständigen Stellen** und Personen zur Klärung von Zweifeln für die Zwecke des § 47 eine Erweiterung erfährt.[6]

---

1   VG München, Beschl. v. 21. 08. 2014 – M 18 S 14.2810, NuR 2015, 287 (288); *Gellermann*, in: Landmann/Rohmer, Umweltrecht, Stand: 01. 05. 2015, § 47 BNatSchG Rn. 3.
2   VG München, Urt. v. 20. 03. 2014 – M 10 K 12.1546, juris, Rn. 35.
3   *Kratsch*, in: Schumacher/Fischer-Hüftle, BNatSchG, § 47 Rn. 1.
4   *Fellenberg*, in: Lütkes/Ewer, BNatSchG, § 47 Rn. 7.
5   Vgl. *Kratsch*, in: Schumacher/Fischer-Hüftle, BNatSchG, § 47 Rn. 2 m.w.N.
6   *Schütte/Gerbig*, in: Schlacke (Hrsg.), GK-BNatSchG, § 47 Rn. 2.

Abschnitt 4
Zuständige Behörden, Verbringen von Tieren und Pflanzen

§ 48
Zuständige Behörden

(1) Vollzugsbehörden im Sinne des Artikels 13 Absatz 1 der Verordnung (EG) Nr. 338/97 und des Artikels IX des Washingtoner Artenschutzübereinkommens sind

1. das Bundesministerium für Umwelt, Naturschutz, Bau und Reaktorsicherheit für den Verkehr mit anderen Vertragsparteien und mit dem Sekretariat (Artikel IX Absatz 2 des Washingtoner Artenschutzübereinkommens), mit Ausnahme der in Nummer 2 Buchstabe a und c sowie Nummer 4 genannten Aufgaben, und für die in Artikel 12 Absatz 1, 3 und 5, den Artikeln 13 und 15 Absatz 1 und 5 und Artikel 20 der Verordnung (EG) Nr. 338/97 genannten Aufgaben,

2. das Bundesamt für Naturschutz

   a) für die Erteilung von Ein- und Ausfuhrgenehmigungen und Wiederausfuhrbescheinigungen im Sinne des Artikels 4 Absatz 1 und 2 und des Artikels 5 Absatz 1 und 4 der Verordnung (EG) Nr. 338/97 sowie von sonstigen Dokumenten im Sinne des Artikels IX Absatz 1 Buchstabe a des Washingtoner Artenschutzübereinkommens sowie für den Verkehr mit dem Sekretariat, der Kommission der Europäischen Gemeinschaften und mit Behörden anderer Vertragsstaaten und Nichtvertragsstaaten im Zusammenhang mit der Bearbeitung von Genehmigungsanträgen oder bei der Verfolgung von Ein- und Ausfuhrverstößen sowie für die in Artikel 15 Absatz 4 Buchstabe a und c der Verordnung (EG) Nr. 338/97 genannten Aufgaben,

   b) für die Zulassung von Ausnahmen nach Artikel 8 Absatz 3 der Verordnung (EG) Nr. 338/97 im Fall der Einfuhr,

   c) für die Anerkennung von Betrieben, in denen im Sinne des Artikels VII Absatz 4 des Washingtoner Artenschutzübereinkommens Exemplare für Handelszwecke gezüchtet oder künstlich vermehrt werden sowie für die Meldung des in Artikel 7 Absatz 1 Nummer 4 der Verordnung (EG) Nr. 338/97 genannten Registrierungsverfahrens gegenüber dem Sekretariat (Artikel IX Absatz 2 des Washingtoner Artenschutzübereinkommens),

   d) die Erteilung von Bescheinigungen nach den Artikeln 30, 37 und 44 a der Verordnung (EG) Nr. 865/2006 der Kommission vom 4. Mai 2006 mit Durchführungsbestimmungen zur Verordnung (EG) Nr. 338/97 des Rates über den Schutz von Exemplaren wild lebender Tier- und Pflanzenarten durch Überwachung des Handels (ABl. L 166 vom 19. 6. 2006, S. 1), die durch die Verordnung (EG) Nr. 100/2008 (ABl. L 31 vom 5. 2. 2008, S. 3) geändert worden ist, im Fall der Ein- und Ausfuhr,

   e) die Registrierung von Kaviarverpackungsbetrieben nach Artikel 66 der Verordnung (EG) Nr. 865/2006,

    f) **für die Verwertung der von den Zollstellen nach § 51 eingezogenen lebenden Tieren und Pflanzen sowie für die Verwertung der von Zollbehörden nach § 51 eingezogenen toten Tiere und Pflanzen sowie Teilen davon und Erzeugnisse daraus, soweit diese von streng geschützten Arten stammen,**

3. **die Bundeszollverwaltung für den Informationsaustausch mit dem Sekretariat in Angelegenheiten der Bekämpfung der Artenschutzkriminalität,**

4. **die nach Landesrecht für Naturschutz und Landschaftspflege zuständigen Behörden für alle übrigen Aufgaben im Sinne der Verordnung (EG) Nr. 338/97.**

(2) Wissenschaftliche Behörde im Sinne des Artikels 13 Absatz 2 der Verordnung (EG) Nr. 338/97 ist das Bundesamt für Naturschutz.

Inhaltsübersicht

I. Allgemeines

1 § 48 geht auf das **Washingtoner Artenschutzübereinkommen** (WA)[1] und die seiner unionsweit einheitlichen Umsetzung dienende **Europäischen Artenschutzverordnung** (EU-ArtSchVO)[2] zurück. In Übereinstimmung mit diesen Bestimmungen unterscheidet § 48 zwischen „Vollzugsbehörden" (Abs. 1) und der „wissenschaftlichen Behörde" (Abs. 2). Dabei werden abweichend vom Grundsatz des Art. 83 GG, dass die Länder die Bundesgesetze ausführen, gemäß Art. 87 Abs. 3 GG auch Bundesbehörden – insbesondere dem Bundesamt für Naturschutz (BfN) – Vollzugsaufgaben zugewiesen.

2 § 48 entspricht im Wesentlichen der bereits nach altem Recht unmittelbar geltenden Regelung des § 44 BNatSchG a.F. Neu sind lediglich die in § 48 Abs. 1 Nr. 2 Buchst. d), e) und f) geregelten Zuständigkeiten des BfN. Im Einzelnen betrifft das die Erteilung von Bescheinigungen nach Art. 30, 37 und 44 a der Durchführungsverordnung zur EU-ArtSchVO (DurchführungsVO)[3] im Fall der Ein- und Ausfuhr (Buchst. d)), die Registrierung von Kaviarverpackungsbetrieben nach Art. 66 DurchführungsVO (Buchst. e))

---

1 Convention on International Trade in Endangered Species of Wild Fauna and Flora (CITES), BGBl. II 1975, S. 773; Text abrufbar unter www.cites.org/eng/disc/text.shtml (letzter Abruf am 29.05.2015).

2 Verordnung (EG) Nr. 338/97 des Rates über den Schutz von Exemplaren wild lebender Tier- und Pflanzenarten durch Überwachung des Handels v. 09.12.1996, ABl. EU L 61, S. 1; zuletzt geändert durch Verordnung (EG) Nr. 1332/2005 der Kommission v. 09.08. 2005, ABl. EU L 215, S. 1.

3 Verordnung (EG) Nr. 865/2006 der Kommission v. 04.05.2006, ABl. EU L 166, S. 1; zuletzt geändert durch Verordnung (EG) Nr. 100/2008 der Kommission v. 04.02.2008, ABl. EU L 31, S. 3.

und die Verwertung der von den Zollbehörden nach § 51 eingezogenen lebenden Tiere und Pflanzen sowie die Verwertung der von den Zollbehörden nach § 51 eingezogenen toten Tiere und Pflanzen sowie Teilen davon und Erzeugnissen daraus, soweit diese von streng geschützten Arten stammen (Buchst. f)). Damit wurde den jüngsten Änderungen der DurchführungsVO Rechnung getragen bzw. – was die Regelung in Buchst. f) angeht – eine bislang schon ständige Praxis gesetzgeberisch nachvollzogen.[4]

II. Vollzugsbehörden (Abs. 1)

Vollzugsbehörden sind das Bundesministerium für Umwelt, Naturschutz, Bau und Reaktorsicherheit (BMUB), das BfN, die Zollbehörden sowie für die nicht explizit bezeichneten Aufgaben die jeweils zuständigen Landesbehörden. **3**

Abgesehen von der Ausnahme der dem BfN in § 48 Abs. 1 Nr. 2 Buchst. a) und c) und der Bundeszollverwaltung in § 48 Abs. 1 Nr. 3 vorbehaltenen Aufgaben, ist gemäß § 48 Abs. 1 Nr. 1 das BMUB zuständig für den Verkehr mit anderen Vertragsparteien und dem Sekretariat des WA. Darüber hinaus obliegt ihm nach § 49 Abs. 3 im Einvernehmen mit dem Bundesministerium der Finanzen (BMF) die Bekanntmachung von Zollstellen sowie – über die Bezugnahme des § 48 Abs. 1 Nr. 1 auf die Bestimmungen der EU-ArtSchVO – die Mitteilung der Zollstellen an die Kommission (Art. 12 Abs. 1 und 3 EU-ArtSchVO), die Information der Öffentlichkeit an den Grenzübergangsstellen (Art. 12 Abs. 5 EU-ArtSchVO), die Benennung der **Vollzugsbehörden** und der **wissenschaftlichen Behörde** (Art. 13 Abs. 3 Buchst. a) EU-ArtSchVO), der Informationsaustausch mit anderen Mitgliedstaaten und der Kommission (Art. 13 Abs. 3 Buchst. c), Art. 14 Abs. 1 Buchst. c), Abs. 2 Satz 2, Art. 15 Abs. 1 Satz 1 EU-ArtSchVO) und die Unterrichtung der Kommission sowie des Sekretariats des WA über die innerstaatliche Umsetzung der unions- bzw. völkerrechtlichen Bestimmungen (Art. 20 EU-ArtSchVO). Daraus wird zugleich deutlich, dass das BMUB innerstaatlich die Hauptverantwortung für die Durchführung der EU-ArtSchVO trägt und damit hauptverantwortliche Behörde i.S.d. Art. 13 Abs. 1 Buchst. a) EU-ArtSchVO ist.[5] **4**

Die Zuständigkeiten des BfN als **Vollzugsbehörde** sind in § 48 Abs. 1 Nr. 2 geregelt. Danach obliegt dem BfN die Erteilung der Einfuhrgenehmigungen nach Art. 4 Abs. 1 und 2 EU-ArtSchVO, die Erteilung von Ausfuhr- und Wiederausfuhrgenehmigungen nach Art. 5 Abs. 1 und 4 EU-ArtSchVO sowie die Ausstellung von sonstigen Dokumenten i.S.d. Art. IX Abs. 1 Buchst. a) WA, der Verkehr mit der Kommission und dem Sekretariat des WA oder den Behörden anderer Staaten im Zusammenhang mit der Bearbeitung von Genehmigungsanträgen oder mit der Verfolgung von Verstößen sowie die Übermittlung von Informationen nach Art. 15 Abs. 4 Buchst. a) und c) EU- **5**

---

4 Vgl. BT-Drs. 16/12274, S. 71.
5 *Gellermann*, in: Landmann/Rohmer, Umweltrecht, Stand: 01.05.2015, § 48 BNatSchG Rn. 4.

ArtSchVO. Überdies gehört die Entscheidung über die Zulassung von Ausnahmen nach Art. 8 Abs. 3 EU-ArtSchVO, die Anerkennung von Betrieben i.S.d. Art. VIII Abs. 4 WA, die Meldung der registrierten Wissenschaftler und wissenschaftlichen Einrichtungen, die an dem sog. Etikettenverfahren nach Art. 7 Nr. 4 EU-ArtSchVO, Art. IX Abs. 2 WA teilnehmen, und nunmehr eben auch die Erteilung von Bescheinigungen nach Art. 30, 37 und 44a der DurchführungsVO im Fall der Ein- und Ausfuhr, die Registrierung von Kaviarverpackungsbetrieben nach Art. 66 DurchführungsVO und schließlich die Verwertung der von den Zollbehörden nach § 51 eingezogenen lebenden Tiere und Pflanzen sowie die Verwertung der von Zollbehörden nach § 51 eingezogenen toten Tiere und Pflanzen sowie Teilen davon und Erzeugnissen daraus, soweit diese von streng geschützten Arten stammen, zu seinen Aufgaben.

6   Gemäß § 48 Abs. 1 Nr. 3 ist die Bundeszollverwaltung für den Informationsaustausch mit dem Sekretariat des WA in Angelegenheiten der Bekämpfung der Artenschutzkriminalität zuständig. Die mit § 44 Abs. 1 Nr. 4 BNatSchG a.F. ins Gesetz gekommene Vorschrift soll zur Verbesserung der Bekämpfung der Artenschutzkriminalität beitragen.[6] Die bisherige Regelung des § 44 Nr. 3 BNatSchG a.F., wonach die bekannt gegebenen Zollstellen für die Kontrolle des grenzüberschreitenden Verkehrs mit Drittländern zuständig sind, wurde gestrichen. Mit Blick auf die Mitwirkungsbefugnisse der **Zollbehörden** in § 49 ist sie für entbehrlich erachtet worden.[7]

7   Für sämtliche nicht explizit benannten Aufgaben sind schließlich gemäß § 48 Abs. 1 Nr. 4 die nach Landesrecht zuständigen Behörden **Vollzugsbehörde**. Das betrifft nicht nur die weiteren in der EU-ArtSchVO niedergelegten Aufgaben, sondern auch die in der DurchführungsVO geregelten; nimmt doch § 48 Abs. 1 nunmehr mit Nr. 2 Buchst. d), e) und f) die DurchführungsVO explizit in Bezug, sodass auch hinsichtlich Nr. 4 die DurchführungsVO mit in den Blick zu nehmen ist.[8] Demnach sind für die Erteilung von artenschutzrechtlichen Ausnahmen nach Art. 8 Abs. 3 EU-ArtSchVO für die Vermarktung von Exemplaren der Arten des Anhangs A mit Ausnahme der die Einfuhr betreffenden Entscheidungen die Landesbehörden zuständig.[9] Nicht Regelungsgegenstand des § 48 Abs. 1 Nr. 4 ist hingegen die Erteilung artenschutzrechtlicher Ausnahmen oder Befreiungen; die diesbezügliche Zuständigkeitsregelung findet sich vielmehr in § 45 Abs. 7.[10] Jenseits all dieser Zuständigkeitsregelungen wird es künftig mit Blick auf den anwachsenden (illegalen) Online-Handel mit geschützten Tieren und Pflanzen verstärkt auf eine Koordination alle beteiligter Stellen und die Einbindung Privater ankommen.[11]

---

6 Vgl. BT-Drs. 14/6378, S. 56.
7 Siehe BT-Drs. 16/12274, S. 71.
8 *Schütte/Gerbig*, in: Schlacke (Hrsg.), GK-BNatSchG, § 48 Rn. 9.
9 *Fellenberg*, in: Lütkes/Ewer, BNatSchG, § 48 Rn. 10.
10 Ebenso zur alten, aber inhaltlich identischen Regelung *Gellermann*, in: Landmann/Rohmer, Umweltrecht, Bd. IV, Stand: 01.07.2009, § 44 BNatSchG Rn. 8.
11 Vgl. BfN, Pressemitteilung v. 21.04.2015, NuR 2015, VIII.

III. Wissenschaftliche Behörde (Abs. 2)

Die Aufgaben der **wissenschaftlichen Behörde** sind im WA festgelegt. Die 8 wissenschaftliche Behörde ist insbesondere dazu berufen, die im Rahmen der Ein-, Durch- und Ausfuhr wichtigen wissenschaftlichen Fragen der Arterhaltung zu beantworten oder zu beurteilen, ob die Pflege- und Unterbringungsmöglichkeiten für lebende Exemplare den hieran zu stellenden Anforderungen genügen. Diese Aufgaben weist § 48 Abs. 2 wie schon dessen Vorgängerregelung wiederum dem BfN zu. Das ist insofern nicht völlig bedenkenfrei, als Art. 13 Abs. 2 EU-ArtSchVO bestimmt, dass der Aufgabenbereich der wissenschaftlichen Behörden sich nicht mit demjenigen einer Vollzugsbehörde decken darf. Um dieses Problem zu entschärfen, werden die vollzugsbehördlichen und die wissenschaftlichen Aufgaben im BfN von unterschiedlichen Abteilungen wahrgenommen,[12] ein Vorgehen, das bereits aus der Fachplanung hinsichtlich der dort geforderten Trennung zwischen Vorhabenträger und Planfeststellungsbehörde hinreichend bekannt und gebilligt ist.[13]

§ 49
Mitwirkung der Zollbehörden;
Ermächtigung zum Erlass von Rechtsverordnungen

(1) Das Bundesministerium der Finanzen und die von ihm bestimmten Zollbehörden wirken mit bei der Überwachung des Verbringens von Tieren und Pflanzen, die einer Ein- oder Ausfuhrregelung nach Rechtsakten der Europäischen Gemeinschaft unterliegen, sowie bei der Überwachung von Besitz- und Vermarktungsverboten nach diesem Kapitel im Warenverkehr mit Drittstaaten. Die Zollbehörden dürfen im Rahmen der Überwachung vorgelegte Dokumente an die nach § 48 zuständigen Behörden weiterleiten, soweit zureichende tatsächliche Anhaltspunkte dafür bestehen, dass Tiere oder Pflanzen unter Verstoß gegen Regelungen oder Verbote im Sinne des Satzes 1 verbracht werden.

(2) Das Bundesministerium der Finanzen wird ermächtigt, im Einvernehmen mit dem Bundesministerium für Umwelt, Naturschutz, Bau und Reaktorsicherheit durch Rechtsverordnung ohne Zustimmung des Bundesrates die Einzelheiten des Verfahrens nach Absatz 1 zu regeln; soweit es erforderlich ist, kann es dabei auch Pflichten zu Anzeigen, Anmeldungen, Auskünften und zur Leistung von Hilfsdiensten sowie zur Duldung der Einsichtnahme in Geschäftspapiere und sonstige Unterlagen und zur Duldung von Besichtigungen und von Entnahmen unentgeltlicher Muster und Proben vorsehen.

---

12 *Schütte/Gerbig*, in: Schlacke (Hrsg.), GK-BNatSchG, 48 Rn. 11; *Bendomir-Kahlo*, in: Gassner/Bendomir-Kahlo/Schmidt-Räntsch, BNatSchG, 2. Aufl. 2003, § 44 Rn. 10.
13 Siehe nur BVerwG, Urt. v. 18. 03. 2009 – 9 A 39.07, BVerwGE 133, 239 (Rn. 24).

(3) Die Zollstellen, bei denen Tiere und Pflanzen zur Ein-, Durch- und Ausfuhr nach diesem Kapitel anzumelden sind, werden vom Bundesministerium für Umwelt, Naturschutz, Bau und Reaktorsicherheit im Einvernehmen mit dem Bundesministerium der Finanzen im Bundesanzeiger bekannt gegeben. Auf Zollstellen, bei denen lebende Tiere und Pflanzen anzumelden sind, ist besonders hinzuweisen.

1   § 49 bindet die **Zollbehörden** zwecks effektiver Verwirklichung des Artenschutzrechts bei der **Überwachung der Ein- und Ausfuhr** von Tieren und Pflanzen, für die das EU-Artenschutzrecht Ein- und Ausfuhrregelungen vorsieht, sowie bei der Überwachung der Besitz- und Vermarktungsverbote des § 44 Abs. 2 im Warenverkehr mit Drittstaaten ein. Das Verbringen geschützter Tiere und Pflanzen innerhalb der EU ohne Drittstaatbezug erfasst § 49 hingegen nicht. Die Vorschrift entspricht im Wesentlichen der bisherigen Regelung des § 45 BNatSchG a.F. Anders als dort wird nunmehr jedoch fast durchgängig von „Zollbehörden" anstatt von „Zollstellen" gesprochen. Damit soll klargestellt werden, dass alle Zollbehörden in die zollamtliche Überwachung eingebunden sind, insbesondere auch mobile Einheiten, die mit dem Begriff der Zollstelle nicht erfasst wären.[1]

2   Welche **Zollbehörden** die vorgenannten Aufgaben wahrnehmen, bleibt der näheren Bestimmung des Bundesministeriums der Finanzen (BMF) vorbehalten. Da das BMF und die von ihm bestimmten Zollbehörden lediglich mitwirken, bleiben die Zuständigkeiten der nach § 48 primär zur Überwachung berufenen Behörden hiervon unberührt; das BMF bzw. die Zollbehörden leisten also eine Art „gesetzlich vorgeschriebene Amtshilfe" für das Bundesamt für Naturschutz (BfN).[2] Die Überwachung umfasst alle mit der Ein- und Ausfuhr von Tieren und Pflanzen, für die das EU-Artenschutzrecht Ein- und Ausfuhrregelungen vorsieht, sowie die mit den Besitz- und Vermarktungsverboten des § 44 Abs. 2 im Warenverkehr mit Drittstaaten in Zusammenhang stehenden **Maßnahmen**, die dazu dienen, die Einhaltung dieser Bestimmungen durchzusetzen. Das beinhaltet in erster Linie die Dokumentenkontrolle, betrifft aber auch sonstige **Kontrollmaßnahmen**, wie etwa Verkehrsbeobachtungen, Vorbesichtigungen und Waggonkontrollen.[3]

3   Die neue Vorschrift des § 49 Abs. 1 Satz 2 sieht des Weiteren vor, dass die Zollbehörden die ihnen im Rahmen der **Überwachung** vorgelegten Dokumente auch an die nach § 48 primär zuständigen Behörden weiterleiten dürfen, soweit zureichende tatsächliche Anhaltspunkte dafür bestehen, dass Tiere oder Pflanzen unter Verstoß gegen Ein- und Ausfuhrregelungen bzw. gegen die Besitz- und Vermarktungsverbote verbracht werden. Damit soll insbesondere für den Fall vorgesorgt werden, dass der nach § 48 zuständigen Behörde zur Prüfung im Vorfeld gefälschte Dokumente übermittelt, bei der Ein- oder Ausfuhr den Zollbehörden dann aber die Originaldokumente

---

1   BT-Drs. 16/12274, S. 71.
2   *Müller-Walter*, in: Lorz et al., Naturschutzrecht, § 49 BNatSchG Rn. 3.
3   *Müller-Walter*, in: Lorz et al., Naturschutzrecht, § 49 BNatSchG Rn. 2.

vorgelegt werden.[4] Voraussetzung für die Weiterleitung ist das Vorliegen des Verdachts eines Verstoßes gegen die Ein- und Ausfuhrregelungen bzw. die Besitz- und Vermarktungsverbote, wofür ein Anfangsverdacht im strafprozessrechtlichen Sinne ausreicht.

Abs. 2 ermächtigt das BMF zur Regelung des Verfahrens nach Abs. 1 durch **Rechtsverordnung** im Einvernehmen mit dem Bundesministerium für Umwelt, Naturschutz, Bau und Reaktorsicherheit (BMUB). Einer Zustimmung des Bundesrates bedarf es hingegen nicht, das schon deshalb, weil die Bundesfinanzverwaltung, der die Zollbehörden angehören, gemäß Art. 87 Abs. 1, Art. 80 Abs. 2 GG in bundeseigener Verwaltung geführt wird.[5] Von der Ermächtigung wurde indes noch kein Gebrauch gemacht.

4

Gemäß Abs. 3 werden die **Zollstellen**, die zur Abfertigung von Tieren und Pflanzen berufen sind, vom BMUB im Einvernehmen mit dem BMF im Bundesanzeiger bekannt gemacht. Eine erneute Bekanntmachung ist noch nicht erfolgt, die bisherige Festlegung durch die „Bekanntmachung der Zollstellen, über die der Verordnung (EG) Nr. 338/97 und der Bundesartenschutzverordnung unterliegende Tier- und Pflanzenarten" vom 17.08.2000[6] gilt demnach vorerst fort. Andere als die dort benannten Zollstellen sind zur Abfertigung nicht befugt.[7] Mit der Pflicht, auf die Zollstellen besonders hinzuweisen, bei denen lebende Tiere und Pflanzen abgefertigt werden, wird den Anforderungen des Art. 12 Abs. 1 der Europäischen Artenschutzverordnung (EU-ArtSchVO)[8] Rechnung getragen, wonach die Mitgliedstaaten anzugeben haben, welche der von ihnen zu benennenden Zollstellen speziell für lebende Exemplare bestimmt sind.[9]

5

§ 50
Anmeldepflicht bei der Ein-, Durch- und Ausfuhr
oder dem Verbringen aus Drittstaaten

(1) Wer Tiere oder Pflanzen, die einer von der Europäischen Gemeinschaft erlassenen Ein- oder Ausfuhrregelung unterliegen oder deren Verbringen aus einem Drittstaat einer Ausnahme des Bundesamtes für Naturschutz

---

4 Vgl. BT-Drs. 16/12274, S. 71.

5 *Fellenberg*, in: Lütkes/Ewer, BNatSchG, § 49 Rn. 5; siehe ferner *Schütte/Gerbig*, in: Schlacke (Hrsg.), GK-BNatSchG, § 49 Rn. 8.

6 BAnz. Nr. 154, S. 164000; Neubekanntmachung vom 22.03.2002, BAnz. Nr. 80, S. 9352.

7 *Bendomir-Kahlo*, in: Gassner/Bendomir-Kahlo/Schmidt-Räntsch, BNatSchG, 2. Aufl. 2003, § 45 Rn. 4.

8 Verordnung (EG) Nr. 338/97 des Rates über den Schutz von Exemplaren wild lebender Tier- und Pflanzenarten durch Überwachung des Handels vom 09.12.1996, ABl. EU L 61, S. 1; zuletzt geändert durch Verordnung (EG) Nr. 1332/2005 der Kommission v. 09.08. 2005, ABl. EU L 215, S. 1.

9 *Gellermann*, in: Landmann/Rohmer, Umweltrecht, Stand: 01.05.2015, § 49 BNatSchG Rn. 6.

bedarf, unmittelbar aus einem Drittstaat in den oder durch den Geltungsbereich dieses Gesetzes verbringt (Ein- oder Durchfuhr) oder aus dem Geltungsbereich dieses Gesetzes in einen Drittstaat verbringt (Ausfuhr), hat
diese Tiere oder Pflanzen zur Ein-, Durch- oder Ausfuhr unter Vorlage der
für die Ein-, Durch- oder Ausfuhr vorgeschriebenen Genehmigungen oder
sonstigen Dokumente bei einer nach § 49 Absatz 3 bekannt gegebenen Zollstelle anzumelden und auf Verlangen vorzuführen. Das Bundesamt für
Naturschutz kann auf Antrag aus vernünftigem Grund eine andere als die
in Satz 1 bezeichnete Zollstelle zur Abfertigung bestimmen, wenn diese ihr
Einverständnis erteilt hat und Rechtsvorschriften dem nicht entgegenstehen.

(2) Die ein-, durch- oder ausführende Person hat die voraussichtliche Ankunftszeit lebender Tiere der abfertigenden Zollstelle unter Angabe der Art
und Zahl der Tiere mindestens 18 Stunden vor der Ankunft mitzuteilen.

Inhaltsübersicht

I. Allgemeines

1 § 50 trifft Regelungen zum Verfahren bei der Ein-, Durch- und Ausfuhr von
Tieren und Pflanzen, die einer unionsrechtlichen Ein-, Durch- und Ausfuhr-
beschränkung unterliegen.[1] Die Bestimmung ergänzt den bisherigen § 46
BNatSchG a.F. nunmehr explizit um die Durchfuhr. § 50 Abs. 1 Satz 1
BNatSchG definiert „Ein- oder Durchfuhr" als das unmittelbare Verbringen
entsprechend geschützter Tiere und Pflanzen aus einem Drittstaat in den
oder durch den Geltungsbereich dieses Gesetzes und „Ausfuhr" als das unmittelbare Verbringen entsprechend geschützter Tiere und Pflanzen aus dem
Geltungsbereich dieses Gesetzes in einen Drittstaat. Drittstaaten sind gemäß
§ 7 Abs. 2 Nr. 21 Staaten, die nicht Mitglied der EU sind. In das Gebiet der
BRD sind Exemplare geschützter Tiere und Pflanzen im Übrigen nicht erst
mit der Zollabfertigung verbracht, sondern bereits mit dem Grenzübertritt.[2]

II. Einfuhr

2 Die **Einfuhr** bestimmter Tier- und Pflanzenarten in die EU ist in Art. 4 der
Europäischen Artenschutzverordnung (EU-ArtSchVO)[3] geregelt. Dabei wird

---

1 Zu den Details vgl. LANA, Vollzugshinweise zum Artenschutzrecht, Stand: 13.03.2009,
abrufbar unter www.bfn.de/fileadmin/MDB/documents/themen/cites/VZH-LANA-Ergeb
nis-090313.pdf (letzter Abruf am 29.05.2015).

2 *Müller-Walter*, in: Lorz et al., Naturschutzrecht, § 50 BNatSchG Rn. 3.

3 Verordnung (EG) Nr. 338/97 des Rates über den Schutz von Exemplaren wild lebender
Tier- und Pflanzenarten durch Überwachung des Handels v. 09.12.1996, ABl. EU L 61,
S. 1; zuletzt geändert durch Verordnung (EG) Nr. 1332/2005 der Kommission v. 09.08.
2005, ABl. EU L 215, S. 1.

zwischen den in den Anhängen A – D gelisteten Arten differenziert. Die Arten der Anhänge A und B bedürfen der Einfuhrgenehmigung einer Vollzugsbehörde des Bestimmungsmitgliedstaats (Art. 4 Abs. 1 und 2 EU-ArtSchVO). Die Einfuhr von Exemplaren der Arten des Anhangs C erfordert eine Einfuhrmeldung sowie eine Ausfuhrgenehmigung bzw. Wiederausfuhrbescheinigung oder Ursprungsbescheinigung des Herkunftslandes (Art. 4 Abs. 3 EU-ArtSchVO). Die Einfuhr von Exemplaren der Arten des Anhangs D verlangt schließlich lediglich eine Einfuhrmeldung (Art. 4 Abs. 4 EU-ArtSchVO).

Die nach Art. 4 Abs. 1 und 2 EU-ArtSchVO für die Arten nach Anhang A und B erforderliche **Einfuhrgenehmigung** kann nur unter den folgenden Voraussetzungen erteilt werden: 3

– Die Einfuhr der betreffenden Arten darf nicht von der EU-Kommission gemäß Art. 4 Abs. 6 EU-ArtSchVO generell oder in Bezug auf bestimmte Herkunftsländer eingeschränkt worden sein.

– Die Entnahme der betreffenden Exemplare im Drittstaat muss naturverträglich erfolgt sein (Art. 4 Abs. 1 Buchst. a) Ziff. i bzw. Abs. 2 Buchst. a) EU-ArtSchVO). Hierfür genügt die Glaubhaftmachung; eines Beweises bedarf es nicht.[4] Die Glaubhaftmachung lässt sich hier – anders als bei § 46 Abs. 2 Satz 2 – jedoch in aller Regel weder durch eine eidesstattliche Versicherung erreichen, da dies Manipulationen Vorschub leisten würde,[5] noch durch die Vorlegung allein einer Ausfuhrgenehmigung, da die Ausfuhrgenehmigung keinen Nachweis der naturverträglichen Entnahme erfordert, sondern nur, dass die Ausfuhr dem Überleben der Art nicht abträglich ist.[6] Die **Glaubhaftmachung** misslingt des Weiteren dann, wenn wissenschaftlich hinreichend sichere Erkenntnisse über Vorkommen, Verbreitung und Populationsdichte der betreffenden Art oder Population fehlen.[7] Die Glaubhaftmachung der Naturverträglichkeit kann in diesen Fällen nur über **Worst-Case-Annahmen** geführt werden.[8] Im Übrigen kommt der Einfuhrbehörde hinsichtlich der glaubhaft zu machenden Naturverträglichkeit der Entnahme im Drittstaat ein **Beurteilungsspielraum** zu,[9] wie bereits der Wortlaut des Art. 4 Abs. 1 Satz 2 Buchst. a) EU-ArtSchVO nahelegt, wonach es auf die „Auffassung" der zuständigen wissenschaftlichen Behörde unter Berücksichtigung jeglicher Stellungnahmen der wissenschaftlichen Prüfgruppe ankommt, und wofür zudem auch die fachliche Komplexität dieser Entscheidung spricht.[10] Doch steht der Behörde bei

---

4 VG Frankfurt a.M., Urt. v. 15. 12. 1988 – I/2 E 2803/84, NuR 1989, 270 (271).

5 AG Borken, Beschl. v. 29. 01. 1990 – 4 OWi 41 Js 576/89, NuR 1990, 432; ebenso wohl auch OLG Düsseldorf, Beschl. v. 21. 08. 1998 – 5 Ss (OWi) 142/98, NuR 1999, 118 (119).

6 VGH Kassel, Urt. v. 20. 10. 1993 – 8 UE 3440/89, NJW 1994, 1427; VG Frankfurt a.M., Urt. v. 15. 12. 1988 – I/2 E 2803/84, NuR 1989, 270 (271).

7 VG Frankfurt a.M., Urt. v. 15. 12. 1988 – I/2 E 2803/84, NuR 1989, 270 (272).

8 Dies ist für die noch strengere FFH-Verträglichkeitsprüfung bereits höchstrichterlich entschieden, siehe nur BVerwG, Urt. v. 17. 01. 2007 – 9 A 20.05, BVerwGE 128, 1 (Rn. 64). Insoweit kann hier nichts anderes gelten.

9 A.A. VG Frankfurt a.M., Urt. v. 15. 12. 1988 – I/2 E 2803/84, NuR 1989, 270 (271).

10 Zu den Kriterien zur Bestimmung von Beurteilungsspielräumen im Naturschutzrecht *Jacob/Lau*, NVwZ 2015, 241 (246 f.).

Zweifeln an der Naturverträglichkeit der Entnahme – auf der Rechtsfolgenseite – kein **Ermessensspielraum** zu; die Einfuhrgenehmigung ist dann zu versagen.[11]

– Der Erwerb der betreffenden Exemplare im Drittstaat muss rechtmäßig gewesen sein (Art. 4 Abs. 1 Buchst. b) Ziff. i bzw. Abs. 2 Buchst. c) EU-ArtSchVO). Eine Erleichterung sieht insoweit Art. 4 Abs. 1 Buchst. b) Ziff. ii EU-ArtSchVO für Arten vor, die nach Art. 3 Abs. 1 Buchst. a) EU-ArtSchVO in Anhang A aufgeführt sind. Hinsichtlich solcher Arten bedarf es zur Erteilung der Einfuhrgenehmigung lediglich des Vorliegens der Ausfuhrdokumente; eine inhaltliche Prüfung findet abgesehen von der Prüfung, ob die **Dokumente** gefälscht sind oder grobe Mängel aufweisen, nicht statt.[12] Mit Blick auf das mit der EU-ArtSchVO verfolgte Ziel der Sicherstellung eines wirksamen Schutzes der wild lebenden Tier- und Pflanzenarten (vgl. Erwägungsgrund 8 und 10 EU-ArtSchVO) bleibt es darüber hinaus den Einfuhrbehörden unbenommen, trotz Erbringens des Rechtmäßigkeitnachweises nach Art. 4 Abs. 1 Buchst. b) bzw. Abs. 2 Buchst. c) EU-ArtSchVO den Gegenbeweis zu führen.[13]

– Die artgerechte Unterbringung am Bestimmungsort ist sicherzustellen (Art. 4 Abs. 1 Buchst. c) bzw. Abs. 2 Buchst. b) EU-ArtSchVO).

– Sonstige Belange des Artenschutzes dürfen nicht entgegenstehen (Art. 4 Abs. 1 Buchst. e) bzw. Abs. 2 Buchst. c) EU-ArtSchVO). Unter dieser Voraussetzung können bspw. Einfuhren aus solchen Drittstaaten abgelehnt werden, für die der zuständige Ausschuss des **Washingtoner Artenschutzübereinkommens** (WA)[14] wegen organisatorischer Unzulänglichkeiten entsprechende Importverbot-Empfehlungen ausgesprochen hat.[15]

– Beim Einbringen von lebenden Exemplaren aus dem Meer ist der Transport so vorzubereiten und durchzuführen, dass die Gefahr der Verletzung, Gesundheitsbeschädigung oder Tierquälerei auf ein Minimum beschränkt bleibt (Art. 4 Abs. 1 Buchst. f) bzw. Abs. 2 Buchst. c) EU-ArtSchVO).

4 Zusätzliche Einfuhrvoraussetzungen gelten für die Arten nach Anhang A EU-ArtSchVO. Die Einfuhr von Exemplaren solcher Arten darf gemäß Art. 4 Abs. 1 Satz 2 Buchst. a) Ziff. ii EU-ArtSchVO nur zu den in Art. 8 Abs. 3 Buchst. e), f) und g) EU-ArtSchVO genannten Zwecken (Forschung, Lehre oder Zucht) oder zu sonstigen Zwecken verwendet werden, die dem Überleben der betreffenden Art nicht abträglich sind. Exemplare dieser Arten dürfen darüber hinaus nicht zu hauptsächlich kommerziellen Zwecken verwendet werden, wobei ein letztlich kommerzieller Zweck auf für sich gesehen **nicht-kommerzielle Zwecke** durchschlagen kann, wie das etwa bei

---

11 Vgl. OVG Münster, Beschl. v. 03.02.1998 – 7 A 1967/97, NuR 1998, 556 (557).

12 *Grewing*, Das System des exemplarbezogenen Artenschutzes im Bundesnaturschutzgesetz, 2003, S. 89.

13 Offen gelassen VG Frankfurt a.M., Urt. v. 15.12.1988 – I/2 E 2803/84, NuR 1989, 270 (271).

14 Convention on International Trade in Endangeret Species of Wild Fauna and Flora (CITES), BGBl. II 1975 S. 773; Text verfügbar unter www.cites.ort/eng/disc/text/shtml (letzter Abruf am 29.05.2015).

15 *Kratsch*, in: Schumacher/Fischer-Hüftle, BNatSchG, § 50 Rn. 4.

der reproduktionsveterinärmedizinischen Forschung mit der Zielstellung der langfristigen Reproduktion der Betriebsmittel eines Tiershowbetriebes der Fall ist.[16] Schließlich sind die Kennzeichnungspflichten nach Art. 64 Abs. 1 i.V. m. Art. 66 Abs. 6 der Durchführungsverordnung zur EU-ArtSchVO (DurchführungsVO)[17] zu beachten. Exemplare der Arten des Anhangs A EU-ArtSchVO, die in Gefangenschaft geboren und gezüchtet oder künstlich vermehrt wurden, sind gemäß Art. 7 Abs. 1 Buchst. a) EU-ArtSchVO jedoch nur dem für Arten nach Anhang B EU-ArtSchVO geltenden Schutzregime unterworfen, sofern mit ihrer Einfuhr nicht-kommerzielle Zwecke verfolgt werden. Die **Glaubhaftmachung,** dass es sich um solche Exemplare handelt, wird aber in aller Regel nur gelingen, wenn die Exemplare entsprechend gekennzeichnet wurden und ein Zuchtbuch mit passendem Eintrag vorgelegt werden kann.[18]

Für die **Wiedereinfuhr** bestehen gemäß Art. 4 Abs. 5 EU-ArtSchVO gewisse   5
Erleichterungen. Bei den Arten des Anhangs B EU-ArtSchVO ist in diesen Fällen nur auf die von der EU-Kommission verhängten Einfuhrbeschränkungen nach Art. 4 Abs. 6 EU-ArtSchVO zu achten. Bei den Arten des Anhangs A EU-ArtSchVO ist im Vergleich zu den Anhang B-Arten zusätzlich der Nachweis des rechtmäßigen Erwerbs im Drittstaat zu erbringen und sind die artgerechte Unterbringung, das Fehlen entgegenstehender sonstiger Belange des Artenschutzes, der tierschutzgerechte Transport beim Einbringen von lebenden Exemplaren aus dem Meer sowie die Kennzeichnungspflichten nach Art. 64 Abs. 1 i.V. m. Art. 66 Abs. 6 DurchführungsVO zu beachten.

III. Durchfuhr

Für die **Durchfuhr** gelten gemäß Art. 7 Abs. 2 EU-ArtSchVO die Vorausset-   6
zungen des Art. 4 EU-ArtSchVO nicht. Durchfuhr ist in Anlehnung an Art. 2 Buchst. v) EU-ArtSchVO die Beförderung von Exemplaren für einen namentlich genannten Empfänger zwischen zwei Punkten außerhalb der EU durch das Hoheitsgebiet der EU, wobei die Beförderung nur im Zusammenhang mit den für diese Beförderungsart erforderlichen Vorkehrungen unterbrochen werden darf.[19] Die **Zollbehörden** können insoweit jedoch die Vorlage einer Kopie der nach dem WA erforderlichen Ausfuhrdokumente verlangen und bei Nichtvorlage die betreffenden Exemplare gemäß § 51 beschlagnahmen und einziehen.

IV. Ausfuhr

Auch hinsichtlich der **Ausfuhr** bzw. **Wiederausfuhr** differenziert die EU-   7
ArtSchVO. Bestimmte Voraussetzungen sieht die Verordnung hier nur hin-

---

16 VG Frankfurt a.M., Urt. v. 05.03.1992 – I/2 E 2031/91, NuR 1992, 392 (393).

17 Verordnung (EG) Nr. 865/2006 der Kommission v. 04.05.2006, ABl. EU L 166, S. 1; zuletzt geändert durch Verordnung (EG) Nr. 100/2008 der Kommission v. 04.02.2008, ABl. EU L 31, S. 3.

18 Vgl. AG Borken, Beschl. v. 29.01.1990 – 4 OWi 41 Js 576/89, NuR 1990, 432.

19 *Fellenberg,* in: Lütkes/Ewer, BNatSchG, § 50 Rn. 6.

sichtlich der Arten der Anhänge A, B und C vor; es bedarf gemäß Art. 5 EU-ArtSchVO jeweils einer Ausfuhrgenehmigung bzw. Wiederausfuhrbescheinigung. Eine Erteilung dieser Gestattungen kommt nur unter den folgenden Voraussetzungen in Betracht:

– Die Entnahme der betreffenden Exemplare aus der Natur oder ihre Ausfuhr muss naturverträglich sein, darf also den Erhaltungszustand der Art oder das Verbreitungsgebiet der betreffenden Population dieser Art nicht beeinträchtigen (Art. 5 Abs. 2 Buchst. a) bzw. Abs. 4 EU-ArtSchVO).

– Der Erwerb der betreffenden Exemplare muss wiederum rechtmäßig gewesen sein (Art. 5 Abs. 2 Buchst. b) bzw. Abs. 4 EU-ArtSchVO); im Falle der Wiederausfuhr bedarf es der rechtmäßigen Einfuhr in die EU (Art. 5 Abs. 3 bzw. Abs. 4 EU-ArtSchVO).

– Des Weiteren müssen tierschutzgerechte Transportbedienungen sichergestellt sein (Art. 5 Abs. 2 Buchst. c) Ziff. i bzw. Abs. 4 EU-ArtSchVO).

– Schließlich dürfen keine sonstigen Belange des Artenschutzes der Ausfuhr oder Wiederausfuhr entgegenstehen (Art. 5 Abs. 2 Buchst. d) bzw. Abs. 4 EU-ArtSchVO).

8 Bei den Arten des Anhangs A EU-ArtSchVO gilt wiederum die zusätzliche Voraussetzung, dass die betreffenden Exemplare nicht für hauptsächlich kommerzielle Zwecke verwendet werden dürfen (Art. 5 Abs. 2 Buchst. c) Ziff. ii EU-ArtSchVO).

V. Anmelde-, Vorführpflicht

9 § 50 Abs. 1 Satz 1 begründet vorrangig eine **Anmeldepflicht**. Diese erstreckt sich nunmehr auch auf Tiere oder Pflanzen, die einer Genehmigungspflicht des Bundesamtes für Naturschutz (BfN) unterliegen, womit die in § 45 Abs. 7 und 8 niedergelegten Genehmigungserfordernisse des BfN beim Verbringen aus dem Ausland in Bezug genommen werden.[20] Der Ein-, Durch- oder Ausfuhrwillige hat dies bei einer der nach § 49 Abs. 3 bekannt gegebenen **Zollstellen** anzumelden. Die Anmeldung ist eine an die Zollstelle gerichtete Mitteilung, aus der sich ergibt, dass eine Ein-, Durch- oder Ausfuhr vorgenommen werden soll.[21] Dabei sind die für den jeweiligen Verbringungsvorgang maßgeblichen **Dokumente** vorzulegen.[22] Hinsichtlich der Güte der Dokumente ist insbesondere Art. 11 EU-ArtSchVO zu beachten. Der EuGH hat inzwischen klargestellt, dass bei Dokumenten wie z.B. einer Einfuhrgenehmigung, die mehrere Exemplare betreffen, bei Fehlern nicht die gesamte Sendung unzulässig ist, sondern der Fehler nur zur Ungültigkeit des Dokuments im Hinblick auf dasjenige Exemplar führt, auf das der Grund für die Ungültigkeit tatsächlich zutrifft.[23] Darüber hinaus sind auf Verlangen der Behörde

---

20 BT-Drs. 16/12274, S. 71.
21 *Müller-Walter*, in: Lorz et al., Naturschutzrecht, § 50 BNatSchG Rn. 4.
22 Hierzu *Bendomir-Kahlo*, in: Gassner/Bendomir-Kahlo/Schmidt-Räntsch, BNatSchG, 2. Aufl. 2003, § 46 Rn. 2.
23 EuGH, Urt. v. 04.09.2014 – Rs. C-532/13, Sofia Zoo, Rn. 24 ff., zitiert nach curia.europa.eu (letzter Abruf am 29.05.2015).

die zur Ein-, Durch- oder Ausfuhr anstehenden Exemplare vorzuführen. Dies soll der Behörde die körperliche Inaugenscheinnahme und somit die Überprüfung von Identität, Anzahl und Zustand der betreffenden Tiere und Pflanzen ermöglichen.

Gemäß Abs. 1 Satz 2 kann das BfN auf Antrag aus vernünftigem Grund eine andere als die in Satz 1 bezeichnete **Zollstelle** zur Abfertigung bestimmen, wenn diese ihr Einverständnis erteilt hat und Rechtsvorschriften dem nicht entgegenstehen. Mit der Vorschrift soll einem entsprechenden zwischenzeitlich zu Tage getretenen praktischen Bedürfnis Rechnung getragen werden.[24]   **10**

Abs 2 schließlich entspricht § 46 Abs. 2 BNatSchG a.F., der ebenfalls vorsah, dass der abfertigenden **Zollstelle** die voraussichtliche Ankunftszeit lebender Tiere mindestens 18 Stunden zuvor mitzuteilen ist. Dies trägt den Erfordernissen des Tierschutzes Rechnung, da auf diese Weise die Zollstelle in die Lage versetzt wird, die zum Wohle der lebenden Exemplare erforderlichen Vorbereitungen zu treffen.[25] Die Anmeldung hat in den Fällen der Ein-, Aus- und Durchfuhr bei einer Zollstelle zu erfolgen, die über eine Veterinärabfertigung verfügt und auf die insofern nach § 49 Abs. 3 Satz 2 im Bundesanzeiger besonders hingewiesen wird.[26]   **11**

VI. Landesrechtliche Befugnisse

Neben den bundesrechtlich nach § 50 geregelten Befugnissen können die **Landesbehörden** nach Maßgabe der allgemeinen Polizeigesetze der Länder freilich noch weitere Maßnahmen zur Sicherstellung der artenschutzrechtlichen Verbote ergreifen, soweit dies erforderlich und verhältnismäßig ist.[27]   **12**

§ 51
Inverwahrungnahme, Beschlagnahme
und Einziehung durch die Zollbehörden

(1) Ergeben sich im Rahmen der zollamtlichen Überwachung Zweifel, ob das Verbringen von Tieren oder Pflanzen Regelungen oder Verboten im Sinne des § 49 Absatz 1 unterliegt, kann die Zollbehörde die Tiere oder Pflanzen auf Kosten der verfügungsberechtigten Person bis zur Klärung der Zweifel in Verwahrung nehmen oder einen Dritten mit der Verwahrung beauftragen; sie kann die Tiere oder Pflanzen auch der verfügungsberechtigten Person unter Auferlegung eines Verfügungsverbotes überlassen. Zur Klärung der Zweifel kann die Zollbehörde von der verfügungsberechtigten Person die Vorlage einer Bescheinigung einer vom Bundesministerium für Umwelt, Naturschutz, Bau und Reaktorsicherheit anerkannten unabhängigen

---

24 BT-Drs. 16/12274, S. 71.
25 *Müller-Walter*, in: Lorz et al., Naturschutzrecht, § 50 BNatSchG Rn. 5; *Gellermann*, in: Landmann/Rohmer, Umweltrecht, Stand: 01.05.2015, § 50 BNatSchG Rn. 4.
26 *Schütte/Gerbig*, in: Schlacke (Hrsg.), GK-BNatSchG, § 50 Rn. 5.
27 *Gassner/Heugel*, Das neue Naturschutzrecht, 2010, Rn. 618.

sachverständigen Stelle oder Person darüber verlangen, dass es sich nicht um Tiere oder Pflanzen handelt, die zu den Arten oder Populationen gehören, die einer von der Europäischen Gemeinschaft erlassenen Ein- oder Ausfuhrregelung oder Besitz- und Vermarktungsverboten nach diesem Kapitel unterliegen. Erweisen sich die Zweifel als unbegründet, hat der Bund der verfügungsberechtigten Person die Kosten für die Beschaffung der Bescheinigung und die zusätzlichen Kosten der Verwahrung zu erstatten.

(2) Wird bei der zollamtlichen Überwachung festgestellt, dass Tiere oder Pflanzen ohne die vorgeschriebenen Genehmigungen oder sonstigen Dokumente ein-, durch- oder ausgeführt werden, werden sie durch die Zollbehörde beschlagnahmt. Beschlagnahmte Tiere oder Pflanzen können der verfügungsberechtigten Person unter Auferlegung eines Verfügungsverbotes überlassen werden. Werden die vorgeschriebenen Genehmigungen oder sonstigen Dokumente nicht innerhalb eines Monats nach der Beschlagnahme vorgelegt, so ordnet die Zollbehörde die Einziehung an; die Frist kann angemessen verlängert werden, längstens bis zu insgesamt sechs Monaten. Wird festgestellt, dass es sich um Tiere oder Pflanzen handelt, für die eine Ein- oder Ausfuhrgenehmigung nicht erteilt werden darf, werden sie sofort eingezogen.

(3) Absatz 2 gilt entsprechend, wenn bei der zollamtlichen Überwachung nach § 50 Absatz 1 festgestellt wird, dass dem Verbringen Besitz- und Vermarktungsverbote entgegenstehen.

(4) Werden beschlagnahmte oder eingezogene Tiere oder Pflanzen veräußert, wird der Erlös an den Eigentümer ausgezahlt, wenn er nachweist, dass ihm die Umstände, die die Beschlagnahme oder Einziehung veranlasst haben, ohne sein Verschulden nicht bekannt waren. Dritte, deren Rechte durch die Einziehung oder Veräußerung erlöschen, werden unter den Voraussetzungen des Satzes 1 aus dem Erlös entschädigt.

(5) Werden Tiere oder Pflanzen beschlagnahmt oder eingezogen, so werden die hierdurch entstandenen Kosten, insbesondere für Pflege, Unterbringung, Beförderung, Rücksendung oder Verwertung, der verbringenden Person auferlegt; kann sie nicht ermittelt werden, werden sie dem Absender, Beförderer oder Besteller auferlegt, wenn diesem die Umstände, die die Beschlagnahme oder Einziehung veranlasst haben, bekannt waren oder hätten bekannt sein müssen.

Inhaltsübersicht

I. Allgemeines

§ 51 regelt die Befugnisse der in die **Überwachung** des besonderen Arten- 1
schutzrechts eingebundenen **Zollbehörden** und gestattet es ihnen, Tiere und
Pflanzen unter bestimmten Voraussetzungen einstweilen in Verwahrung zu
nehmen, ihre Beschlagnahme in Fällen fehlender Dokumente anzuordnen
und ihre Einziehung zu verfügen. Die Vorschrift dient allein präventiven
Zwecken; sie ist vor diesem Hintergrund verfassungsrechtlich nicht zu beanstanden, sondern stellt eine zulässige Inhalts- und Schrankenbestimmung
des Eigentums i.S.d. Art. 14 Abs. 1 Satz 2 GG dar.[1] Mit geregelt wird zugleich die Auszahlung des Erlöses in Fällen einer Veräußerung eingezogener
Tiere und Pflanzen sowie die Tragung der Kosten einer Beschlagnahme und
Sicherstellung. Die Vorschrift entspricht im Wesentlichen § 47 BNatSchG
a.F.; gestrichen wurde lediglich die sog. Unberührtheitsklausel des § 47
Abs. 6 BNatSchG a.F., wonach Art. 8 Abs. 6 und Art. 16 Abs. 3 und 4 der
Europäischen Artenschutzverordnung (EU-ArtSchVO)[2] unberührt bleiben
sollten. Da diese Bestimmungen aber bereits Eingang in § 51 Abs. 1 bis 4
gefunden haben, hat der Gesetzgeber nunmehr den zutreffenden Schluss
der Entbehrlichkeit dieser Klausel gezogen.[3]

Adressat von Maßnahmen nach § 51 ist die **„verfügungsberechtigte Person"**. 2
Darunter ist der Eigentümer oder eine von diesem zivilrechtlich entsprechend ermächtigte Person zu verstehen. Sind die Verhältnisse unklar, kann
auf die Vermutungsregelung des § 1006 Abs. 1 Satz 1 BGB rekurriert werden,[4] wonach zugunsten des **Besitzers** einer beweglichen Sache vermutet
wird, dass er auch Eigentümer der Sache ist.[5]

II. Inverwahrungnahme (Abs. 1)

Abs. 1 sieht die Möglichkeit der **Verwahrung** von Tieren und Pflanzen vor, 3
wenn die Zollbehörde Zweifel hegt, ob das Verbringen von Tieren oder
Pflanzen Regelungen oder Verboten i.S.d. § 49 Abs. 1 unterliegt. Demgegenüber kam eine Verwahrung nach § 47 Abs. 1 BNatSchG a.F. nur in Betracht,
wenn für die **Zollbehörde** zweifelhaft war, ob die Tiere und Pflanzen zu Arten oder Populationen gehören, deren Ein- und Ausfuhr Beschränkungen
nach dem einschlägigen EU-Artenschutzrecht oder den nationalen Besitz-
und Vermarktungsverboten unterliegen. Nichtsdestoweniger dürften nach
wie vor Zweifel über die Artzugehörigkeit in der Praxis die größte Rolle spie-

---

1 Vgl. BVerfG, Beschl. v. 19.01.1989 – 2 BvR 334/88, NJW 1990, 1229 ff.; BVerfG, Beschl.
   v. 17.01.1996 – 2 BvR 589/92, NVwZ 1997, 159 f.
2 Verordnung (EG) Nr. 338/97 des Rates über den Schutz von Exemplaren wild lebender
   Tier- und Pflanzenarten durch Überwachung des Handels v. 09.12.1996, ABl. EU L 61,
   S. 1; zuletzt geändert durch Verordnung (EG) Nr. 1332/2005 der Kommission v. 09.08.
   2005, ABl. EU L 215, S. 1.
3 Vgl. BR-Drs. 278/09, S. 224.
4 *Kratsch*, in: Schumacher/Fischer-Hüftle, BNatSchG, § 51 Rn. 3.
5 Zur Erschütterbarkeit dieser Vermutung OVG Lüneburg, Beschl. v. 20.09.2010 – 11 ME
   32/10, juris.

len, dies also weiterhin der Hauptanwendungsfall des § 51 Abs. 1 sein.[6] Gerade bei den Entwicklungsformen (Eier, Samen, Früchte usw.) ist eine Ad-hoc-Bestimmung häufig – trotz speziell hierfür ausgebildeten Personals – schwer bis kaum möglich. Hier setzt § 51 Abs. 1 an und verschafft der Behörde die Gelegenheit einer sorgfältigen Klärung der Zweifelsfrage, indem die betreffenden Exemplare bis zum Abschluss der näheren Prüfung in Verwahrung genommen werden können. Es handelt sich hierbei mithin um eine Form der polizeilichen Sicherstellung, durch die ein öffentlich-rechtliches Verwahrungsverhältnis begründet wird, das zudem strafrechtlich durch § 133 StGB (Verwahrungsbruch) abgesichert ist.[7] Die Behörde kann dabei die betreffenden Exemplare selbst in Verwahrung nehmen oder einer anderen hierzu geeigneten und vertrauenswürdigen Person oder Einrichtung (z.B. Zoologische oder Botanische Gärten) in Verwahrung geben. Anstelle einer Verwahrung können die Exemplare aber auch dem Verfügungsberechtigten, unter Auferlegung eines Verfügungsverbots überlassen werden, sofern dieser vertrauenswürdig und zuverlässig ist.[8] Werden die Exemplare einem Dritter oder dem Verfügungsberechtigten überlassen und verstößt der Dritte oder der Verfügungsberechtigte gegen das ihm auferlegte Verfügungsverbot, so sind die entsprechenden Rechtsgeschäfte gemäß §§ 136, 134 BGB nichtig. Bei Leistungsstörungen der hieraus folgenden Rückabwicklung kann auf die die privatrechtliche Verwahrung betreffenden Vorschriften der §§ 688 ff. BGB zurückgegriffen werden,[9] soweit sich nicht aus Sinn und Zweck des § 51 eine Unanwendbarkeit ergibt, wie etwa mit Blick auf das jederzeitige Rückforderungsrecht des Hinterlegers nach § 695 BGB.[10]

4   Gemäß § 51 Abs. 1 Satz 2 kann die **Zollbehörde** zur Bewältigung der Zweifelsfragen vom Verfügungsberechtigten die Vorlage einer Bescheinigung einer vom Bundesministerium für Umwelt, Naturschutz, Bau und Reaktorsicherheit (BMUB) – als sachverständig anerkannten Stelle oder Person darüber verlangen, dass die Tiere oder Pflanzen nicht zu den Arten oder Populationen gehören, die einer Ein-, Durch- oder Ausfuhrregelung des EU-Artenschutzrechts oder einem Besitz- oder Vermarktungsverbot unterliegen. Dieses **Nachweisverlangen** stellt einen Verwaltungsakt i.S.d. § 35 Satz 1 VwVfG dar; dem Verfügungsberechtigten wird die rechtsverbindliche Pflicht auferlegt, durch eine Negativbescheinigung den Nachweis zu führen, dass die betroffenen Exemplare nicht den maßgeblichen Schutzvorschriften unterfallen.[11]

---

6   Zu den Motiven für diese redaktionelle Änderung der Vorschrift schweigt die Gesetzesbegründung.

7   *Kratsch*, in: Schumacher/Fischer-Hüftle, BNatSchG, § 51 Rn. 7.

8   *Kratsch*, in: Schumacher/Fischer-Hüftle, BNatSchG, § 51 Rn. 7.

9   *Fellenberg*, in: Lütkes/Ewer, BNatSchG, § 51 Rn. 3.

10 Vgl. VGH Kassel, Urt. v. 17. 02. 1987 – 11 UE 1193/84, NVwZ 1988, 655 (656).

11 *Müller-Walter*, in: Lorz et al., Naturschutzrecht, § 51 BNatSchG Rn. 4; *Schütte/Gerbig*, in: Schlacke (Hrsg.), GK-BNatSchG, § 51 Rn 5.

Im Umkehrschluss zu § 51 Abs. 1 Satz 3 sind die Kosten sowohl für die Ver-   5
wahrung als auch für die Beschaffung der Bescheinigung nach Abs. 1 Satz 2
grundsätzlich vom Verfügungsberechtigten zu tragen. Nur wenn sich die
Zweifel, die zu den entsprechenden Maßnahmen Anlass gegeben haben, als
unbegründet erweisen, hat der Bund dem Verfügungsberechtigten die ihm
entstandenen **Kosten** zu erstatten (vergleichbar der Regelung in § 24 Abs. 1
Satz 2 BBodSchG). In seiner Reichweite ist dieser Erstattungsanspruch allerdings insoweit begrenzt, als nur die „zusätzlichen" Kosten der Verwahrung
erstattungsfähig sind, sodass sich der Verfügungsberechtigte in jedem Fall
die Ersparnis eigener Aufwendungen anrechnen lassen muss.[12]

III. Beschlagnahme und Einziehung (Abs. 2–5)

Abs. 2 regelt demgegenüber die Befugnisse der **Zollbehörden** zur Bewälti-   6
gung jener Fälle, in denen bei der zollamtlichen Überwachung zweifelsfrei
identifizierter Tiere oder Pflanzen festgestellt wird, dass sie ohne die vorgeschriebenen Genehmigungen oder Dokumente ein-, durch- oder ausgeführt
werden: Die betreffenden Tiere oder Pflanzen werden von der Zollbehörde
beschlagnahmt. Ausweislich des Wortlauts „werden" kommt der Zollbehörde
insoweit kein **Ermessen** zu; sie muss **beschlagnahmen**, wenn die Voraussetzungen hierfür vorliegen.[13] Um diese Rechtsfolge zu aktivieren, bedarf es insbesondere nicht zwingend des vollständigen Fehlens der erforderlichen **Dokumente**. Es reicht aus, dass Zweifel an der Rechtmäßigkeit der Dokumente
bestehen, um eine Beweislastumkehr zulasten des Besitzers eintreten zu lassen.[14] Auch kommt es nicht auf ein Verschulden des Betroffenen an.[15]

Durch die **Beschlagnahme**, die im Regelfall der Einziehung vorausgeht, wird   7
die staatliche Verfügungsgewalt über das jeweilige Exemplar begründet; der
Gewahrsam der Zollbehörde ist hierfür nicht Voraussetzung. Dies ergibt sich
bereits aus § 51 Abs. 2 Satz 2, wonach die beschlagnahmten Tiere oder Pflanzen der verfügungsberechtigten Person unter Auferlegung eines Verfügungsverbots überlassen werden können.[16] Obgleich § 51 Abs. 2 Satz 2 dies nicht
ausdrücklich vorsieht, ist kein Grund ersichtlich, weshalb die Zollbehörde
nicht alternativ – wie bei der Inverwahrungnahme nach Abs. 1 – die beschlagnahmten Tiere oder Pflanzen auch einer hierzu geeigneten und vertrauenswürdigen dritten Person oder Einrichtung unter Auferlegung eines

---

12 *Kratsch*, in: Schumacher/Fischer-Hüftle, BNatSchG, § 51 Rn. 8; *Schütte/Gerbig*, in:
   Schlacke (Hrsg.), GK-BNatSchG, § 51 Rn 6.
13 *Gellermann*, in: Landmann/Rohmer, Umweltrecht, Stand: 01.05.2015, § 51 BNatSchG
   Rn. 7; *Grewing*, Das System des exemplarbezogenen Artenschutzes im Bundesnaturschutzgesetz, 2003, S. 114.
14 AG Borken, Beschl. v. 23.01.1990 – 4 AR 5/90, NuR 1990, 432; *Schütte/Gerbig*, in:
   Schlacke (Hrsg.), GK-BNatSchG, § 51 Rn 7.
15 *Gellermann*, in: Landmann/Rohmer, Umweltrecht, Stand: 01.05.2015, § 51 BNatSchG
   Rn. 7.
16 *Gellermann*, in: Landmann/Rohmer, Umweltrecht, Stand: 01.05.2015, § 51 BNatSchG
   Rn. 7.

Verfügungsverbots überlassen können sollte.[17] Die Beschlagnahme ist bei Überlassung der betreffenden Exemplare an Dritte oder den Verfügungsberechtigten analog § 111c Abs. 1 StPO kenntlich zu machen.

8 Werden die vorgeschriebenen Genehmigungen oder sonstigen Dokumente nicht innerhalb eines Monats nach der Beschlagnahme vorgelegt, so schließt sich der Beschlagnahme die **Einziehung** der betreffenden Exemplare an. Der Zollbehörde kommt auch insoweit kein **Ermessen** zu („ordnet […] an").[18] Die Monatsfrist beginnt mit dem Akt der Beschlagnahme und kann nach pflichtgemäßem Ermessen der Zollbehörde bis zu maximal sechs Monaten verlängert werden.[19] Mit Eintritt der Bestandskraft der Einziehung geht das Eigentum an dem eingezogenen Exemplar auf den Staat über, wobei jedoch Rechte Dritter an dem Einziehungsgegenstand grundsätzlich bestehen bleiben (vgl. § 74e Abs. 2 Satz 1 StGB, § 26 Abs. 2 Satz 1 OWiG).[20] Im Übrigen sieht § 51 Abs. 2 Satz 4 eine Ausnahme von dem Grundsatz vor, dass der Einziehung die Beschlagnahme vorausgeht. Gemäß dieser Vorschrift werden Tiere oder Pflanzen sofort eingezogen, wenn festgestellt wird, dass die erforderliche Ein- oder Ausfuhrgenehmigung nicht erteilt werden kann. In diesen Fällen soll sich nicht erst mit dazwischen tretenden „Förmlichkeiten" aufgehalten werden. Das betreffende Exemplar muss sich aber im **Besitz** der einziehenden Behörde befinden. Eine Einziehung ohne entsprechende Sachherrschaft ist nicht möglich, da bei beweglichen „Sachen" nur so dem Interesse des Rechtsverkehrs an der Eindeutigkeit und Klarheit der Eigentumsverhältnisse ausreichend Rechnung getragen werden kann (vgl. § 929 Satz 1 BGB).[21]

9 Im Anschluss an die Einziehung ist darüber zu befinden, wie mit den eingezogenen Exemplaren weiter verfahren werden soll. Das BNatSchG enthält hierzu nur rudimentäre Regelungen: Gemäß § 48 Abs. 1 Nr. 2 Buchst. f) ist für die **Verwertung** das Bundesamt für Naturschutz (BfN) zuständig; gemäß § 45 Abs. 6 kann das BfN Ausnahmen von den Besitz- und Vermarktungsverboten zulassen, soweit dies für die Verwertung beschlagnahmter oder eingezogener Tiere und Pflanzen erforderlich ist und Rechtsakte der EU dem nicht entgegenstehen. Darüber hinaus ist Folgendes zu beachten:

– Bei noch lebenden Exemplaren kommt zunächst eine Rückführung in das Herkunftsland in Betracht. Das aber setzt voraus, dass die Herkunftspopulation bekannt ist und der (Gesundheits-)Zustand des betreffenden Exemplars eine Rückführung erlaubt.[22] Des Weiteren ist das Ausfuhrland anzuhören (vgl. Art. 16 Abs. 3 EU-ArtSchVO).

---

17 *Kratsch*, in: Schumacher/Fischer-Hüftle, BNatSchG, § 51 Rn. 9.
18 *Bendomir-Kahlo*, in: Gassner/Bendomir-Kahlo/Schmidt-Räntsch, BNatSchG, 2. Aufl. 2003, § 47 Rn. 10.
19 *Gellermann*, in: Landmann/Rohmer, Umweltrecht, Stand: 01.05.2015, § 51 BNatSchG Rn. 8.
20 *Grewing*, Das System des exemplarbezogenen Artenschutzes im Bundesnaturschutzgesetz, 2003, S. 115.
21 VGH Mannheim, Beschl. v. 05.02.2010 – 1 S 2560/09, VBlBW 2010, 640.
22 *Kratsch*, in: Schumacher/Fischer-Hüftle, BNatSchG, § 51 Rn. 11.

– Handelt es sich um noch lebende heimische Exemplare kommt stattdessen in erster Linie eine Freilassung in Betracht, sofern das Exemplar überlebensfähig ist, die Voraussetzungen der Ausbringung nach § 40 Abs. 4 vorliegen[23] und die Vorgaben des § 3 Nr. 3 und 4 TierSchG beachtet werden.

– Sind die gesetzlichen Ausnahmen von den Besitz- und Vermarktungsverboten gemäß § 45 Abs. 6 gegeben, so können die eingezogenen lebenden Exemplare auch freihändig verkauft werden.[24] Der durch die Veräußerung erzielte Erlös wird gemäß § 51 Abs. 4 Satz 1 an den Eigentümer ausgezahlt, wenn er nachweist, dass ihm die zur Beschlagnahme und Einziehung veranlassenden Umstände ohne sein Verschulden nicht bekannt waren. Der gutgläubige Eigentümer erhält damit eine **Entschädigung** für den sich mit der bestands- bzw. rechtskräftigen Einziehung vollziehenden Eigentumsverlust.[25] Das Gleiche sieht § 51 Abs. 4 Satz 2 hinsichtlich Dritter vor, deren Rechte infolge der Einziehung oder Veräußerung erlöschen; auch sie werden bei Gutgläubigkeit aus dem Erlös entschädigt. Der Nachweis der Gutgläubigkeit obliegt dabei dem Eigentümer bzw. dem Dritten. Insoweit unbeachtlich sind schlichte Verbotsirrtümer.[26]

– Im Übrigen ist die dauerhafte Unterbringung bei einer entsprechend geeigneten und zuverlässigen Einrichtung (Zoologische bzw. Botanische Gärten, Wildparks usw.) zu prüfen, wobei gemäß Art. 16 Abs. 3 EU-ArtSchVO das BfN als wissenschaftliche Behörde anzuhören ist.[27]

– Als ultima ratio kommt bei lebenden Exemplaren schließlich deren Tötung bzw. Vernichtung in Betracht. Handelt es sich um Wirbeltiere, sind hierbei die Voraussetzungen der §§ 4 ff. TierSchG zu beachten. Eine Tötung bzw. Vernichtung ist insbesondere bei schweren Erkrankungen oder Verletzungen in Erwägung zu ziehen, aber auch bei nicht-heimischen Arten, die – aus welchen Gründen auch immer – nicht in das Herkunftsland zurückgeführt werden können und deren dauerhafte sichere Unterbringung im Inland mit unverhältnismäßig hohen Kosten verbunden wäre.[28]

– Tote Exemplare bzw. deren Teile, Entwicklungsformen usw. werden dagegen regelmäßig an Museen, Hochschulen oder sonstige Bildungs- bzw. Forschungseinrichtungen abgegeben oder können von den Zollbehörden zu eigenen Schulungs- oder Ausstellungszwecken verwendet werden.[29] Soweit dem – ggf. nach Erteilung einer Ausnahme gemäß § 45 Abs. 6 – keine Vermarktungsverbote entgegenstehen, kommt schließlich auch eine Veräußerung in Betracht.

---

23 Vgl. *Kratsch*, in: Schumacher/Fischer-Hüftle, BNatSchG, § 51 Rn. 12.
24 *Marzik/Wilrich*, BNatSchG, 2004, § 47 Rn. 5.
25 *Gellermann*, in: Landmann/Rohmer, Umweltrecht, Stand: 01.05.2015, § 51 BNatSchG Rn. 11.
26 OLG Düsseldorf, Beschl. v. 22.09.1992 – 2 Ss (OWi) 196/92 II, NuR 1993, 179 (181 f.).
27 *Kratsch*, in: Schumacher/Fischer-Hüftle, BNatSchG, § 51 Rn. 13.
28 *Kratsch*, in: Schumacher/Fischer-Hüftle, BNatSchG, § 51 Rn. 14.
29 *Kratsch*, in: Schumacher/Fischer-Hüftle, BNatSchG, § 51 Rn. 15.

10 Die Entscheidung, von welcher Verwertungsart Gebrauch gemacht wird, steht im pflichtgemäßen **Ermessen** des BfN. Aus Gründen des Eigentumsschutzes (Art. 14 GG) ist dieses Ermessen jedoch reduziert, wenn sich die eingezogenen Exemplare – gleichgültig ob lebend oder tot – Gewinn bringend veräußern lassen und Eigentümer bzw. Dritte, deren Rechte infolge der Einziehung erlöschen, gutgläubig gewesen sind. Dann wird in aller Regel nur die Veräußerung in Betracht kommen mit der Folge der Auskehrung des Erlöses hieraus an den Eigentümer bzw. Dritten.

11 Gemäß § 51 Abs. 3 gilt Abs. 2 entsprechend, wenn bei der zollamtlichen Überwachung nach Abs. 1 festgestellt wird, dass dem Verbringen Besitz- und Vermarktungsverbote entgegenstehen. Auch in diesen Fällen ist sowohl die **Beschlagnahme** als auch die **Einziehung** obligatorisch. Der von der Beschlagnahme Betroffene kann die Einziehung also nur abwenden, wenn er innerhalb der Frist nach § 51 Abs. 2 Satz 3 **Dokumente** zum Nachweis der Einschlägigkeit einer Legalausnahme, einer Ausnahmegenehmigung oder Befreiungsentscheidung vorlegt.[30]

12 Gemäß § 51 Abs. 5 sind die durch die Beschlagnahme oder Einziehung zurechenbar entstandenen sowie verhältnismäßigen **Kosten**,[31] namentlich für die Pflege, Unterbringung (bspw. für Betreuungspersonal, beheizte Räume oder Terrarien),[32] Beförderung, Rücksendung oder Verwertung, grundsätzlich der verbringenden Person aufzuerlegen. Lässt sich diese hingegen nicht ermitteln, werden stattdessen der Absender, Beförderer oder der Besteller zur Kostentragung herangezogen, sofern sie im Hinblick auf die zur Beschlagnahme oder Einziehung veranlassenden Umstände bösgläubig gewesen sind.[33] Die Beweislast liegt insoweit bei der handelnden Behörde.[34]

IV. Rechtsschutzfragen

13 § 21f Abs. 6 BNatSchG in der Fassung des Ersten Gesetzes zur Änderung des BNatSchG sah noch vor, dass für die Zwecke der gerichtlichen Überprüfung der sich auf den damaligen § 21f BNatSchG stützenden behördlichen Maßnahmen der Rechtsweg zu den Strafgerichten eröffnet sei. Diese Vorschrift wurde im Zuge des Zweiten Gesetzes zur Änderung des BNatSchG 1998 ersatzlos gestrichen. § 47 BNatSchG a.F. und nunmehr § 51 haben hieran nichts geändert, sodass es bei den allgemeinen Zuständigkeitsregelungen bleibt. Insoweit wird vertreten, da **Rechtsschutzgegenstand** eine zollbehördliche Anordnung ist, dass Maßnahmen nach § 51 einer Überprüfung im

---

30 *Gellermann*, in: Landmann/Rohmer, Umweltrecht, Stand: 01.05.2015, § 51 BNatSchG Rn. 10.

31 VG Frankfurt a.M., Urt. v. 05.07.2002 – 2 E 2380/99, NuR 2002, 762.

32 VGH München, Beschl. v. 30.01.2014 – 14 CS 12.2745, juris, Rn. 15; VGH München, Beschl. v. 26.08.2014 – 14 CS 14.1368, juris, Rn. 10.

33 *Fellenberg*, in: Lütkes/Ewer, BNatSchG, § 51 Rn. 16.

34 Beachte aber die Beweisführungserleichterungen bei einem solchen Beweis negativer Tatsachen, BGH, Urt. v. 12.11.2010 – V ZR 181/09, NJW 2011, 1280 ff.

finanzgerichtlichen Verfahren zuzuführen seien.[35] Dies ist jedoch unzutreffend; denn der Finanzrechtsweg kann im Einzelfall nur nach Maßgabe des § 33 FGO beschritten werden.[36] § 33 Abs. 2 FGO erwähnt insoweit zwar auch Maßnahmen der Bundesfinanzbehörden im Zusammenhang mit Verboten und Beschränkungen für den Warenverkehr (im weitesten Sinne) über die Grenze; diese fallen jedoch nur insoweit unter die Rechtswegzuweisung des § 33, wie sie mit einer abgabenrechtlichen Zollbehandlung bei der Einfuhr, Ausfuhr oder Durchfuhr im Zusammenhang stehen,[37] was hier gerade nicht der Fall ist. Mithin ist vielmehr der allgemeine Verwaltungsrechtsweg einschlägig (vgl. § 40 Abs. 1 VwGO).[38]

Abschnitt 5
Auskunfts- und Zutrittsrecht; Gebühren und Auslagen

§ 52
Auskunfts- und Zutrittsrecht

(1) Natürliche und juristische Personen sowie nicht rechtsfähige Personenvereinigungen haben den für Naturschutz und Landschaftspflege zuständigen Behörden oder nach § 49 mitwirkenden Behörden auf Verlangen die Auskünfte zu erteilen, die zur Durchführung der Rechtsakte der Europäischen Gemeinschaft, dieses Kapitels oder der zu ihrer Durchführung erlassenen Rechtsvorschriften erforderlich sind.

(2) Personen, die von den in Absatz 1 genannten Behörden beauftragt sind, dürfen, soweit dies erforderlich ist, im Rahmen des Absatzes 1 betrieblich oder geschäftlich genutzte Grundstücke, Gebäude, Räume, Seeanlagen, Schiffe und Transportmittel der zur Auskunft verpflichteten Person während der Geschäfts- und Betriebszeiten betreten und die Behältnisse sowie die geschäftlichen Unterlagen einsehen. Die zur Auskunft verpflichtete Person hat, soweit erforderlich, die beauftragten Personen dabei zu unterstützen sowie die geschäftlichen Unterlagen auf Verlangen vorzulegen.

(3) Für die zur Auskunft verpflichtete Person gilt § 55 der Strafprozessordnung entsprechend.

---

35 *Gellermann*, in: Landmann/Rohmer, Umweltrecht, Stand: 01. 05. 2015, § 51 BNatSchG Rn. 2; nunmehr auch *Kratsch*, in Schumacher/Fischer-Hüftle, BNatSchG, § 51 Rn. 4; siehe ferner FG Kassel, Urt. v. 17. 09. 2007 – 7 K 2128/07, NuR 2008, 135.

36 *Koch*, in: Gräber, FGO, § 33 Rn. 1.

37 *Koch*, in: Gräber, FGO, § 33 Rn. 15 m.w.N. aus der Rspr. des BFH.

38 So zutreffend noch *Kratsch*, in: Schumacher/Fischer-Hüftle, BNatSchG, 1. Aufl. 2003, § 47 Rn. 4.

I. Allgemeines

1   Mit den in § 52 geregelten Auskunftspflichten und Zutrittsrechten werden den zuständigen Behörden die für den Vollzug der artenschutzrechtlichen Bestimmungen des Kap. 5 erforderlichen Befugnisse eingeräumt. Die Begründung von Auskunftsansprüchen und Zutrittsrechten dient der Kontrolle der artenschutzrechtlichen Vorschriften und liegt im Interesse eines wirksamen Gesetzesvollzugs; die Einräumung derartiger behördlicher Überwachungsbefugnisse ist im Gewerbe- und Umweltrecht weithin üblich (vgl. etwa § 29 Abs. 1–3 GewO, § 52 Abs. 2 und 5 BImSchG).[1] Die Vorschrift entspricht inhaltlich im Wesentlichen den Vorgängerbestimmungen (§ 23 BNatSchG 1987 und § 50 BNatSchG 2002); es wurden lediglich „Seeanlagen" und „Schiffe" zusätzlich in die Aufzählung der Betretungsobjekte eingefügt, damit die zuständigen Behörden auch in der deutschen ausschließlichen Wirtschaftszone über ein Betretungsrecht zur Kontrolle der artenschutzrechtlichen Vorschriften verfügen.[2] Im Übrigen wurden lediglich redaktionelle Änderungen vorgenommen.

2   Wie bereits die genannten Vorgängerbestimmungen – seinerzeit aufgrund ihrer durch § 4 Satz 3 BNatSchG 1987 bzw. § 11 Satz 1 BNatSchG 2002 angeordneten unmittelbaren Geltung – verdrängt auch § 52 – nunmehr als durch die konkurrierende Gesetzgebungskompetenz gemäß Art. 74 Abs. 1 Nr. 29 i.V.m. Art. 72 Abs. 3 Satz 1 Nr. 2 GG gestützte Vollregelung des Bundes – landesrechtliche Auskunfts- und Zutrittsrechte, soweit diese nicht auch auf andere Bereiche des Naturschutzrechts bezogene Regelungen enthalten.[3] So räumt etwa § 43 Abs. 2 des rheinland-pfälzischen Landesgesetzes zur nachhaltigen Entwicklung von Natur und Landschaft (Landesnaturschutzgesetz – LNatSchG) vom 28.09.2005 (GVBl. S. 387) den „Naturschutzbehörden oder von diesen beauftragten Behörden" ein Betretungsrecht „zur Wahrnehmung der ihnen obliegenden Aufgaben" – also über den Bereich des Artenschutzes hinaus – ein, knüpft dieses aber an eine im Regelfall (Soll-

---

1   *Meßerschmidt*, BNatSchG, § 50 Rn. 1.
2   So ausdrücklich die Begründung des Gesetzentwurfs, vgl. BT-Drs. 16/12274, S. 71.
3   Zum früheren Recht vgl. *Meßerschmidt*, BNatSchG, § 50 Rn. 1; *Bendomir-Kahlo*, in: Gassner/Bendomir-Kahlo/Schmidt-Räntsch, 1. Aufl. 1996, § 23 Rn. 1; zum neuen Recht *Gellermann*, in Landmann/Rohmer, Umweltrecht, Bd. II, § 52 BNatSchG, Rn. 1

Vorschrift) erforderliche vorherige Benachrichtigung der Eigentümer oder sonstigen Nutzungsberechtigten.

Auch im Aufbau entspricht § 52 den Vorgängerbestimmungen: **Abs. 1** be-   3
gründet die **Verpflichtung zur Auskunft** gegenüber den Naturschutzbehörden; **Abs. 2** räumt den von diesen Behörden beauftragten Personen ein **Zutrittsrecht** hinsichtlich bestimmter Betretungsobjekte ein, verbunden mit
einem **Einsichtnahmerecht** und einer **Unterstützungspflicht** der Auskunftspflichtigen; **Abs. 3** regelt schließlich **Auskunftsverweigerungsrechte**, jetzt
nur noch durch Verweisung auf die entsprechenden Vorschriften der StPO.

Zur praktischen Bedeutung der Vorschriften liegen weiterhin keine näheren   4
Erkenntnisse vor, insbesondere bisher keine veröffentlichte Rechtsprechung.
Der Umstand, dass schon zu den Vorgängerbestimmungen praktisch keine
obergerichtlichen Entscheidungen publiziert wurden, mag auf ein eher geringes Konfliktpotenzial der Bestimmungen schließen lassen.

II. Auskunftspflicht (Abs. 1)

Die Vorschrift begründet eine **Auskunftspflicht** gegenüber den darin ge-   5
nannten Behörden und für diese damit die Befugnis, Auskunft zu verlangen.

Auskunftsverpflichtet sind natürliche und juristische Personen (sowohl des   6
privaten wie des öffentlichen Rechts, z.B. AG, GmbH, eingetragener Verein,
Stiftung sowie Anstalten und Körperschaften des öffentlichen Rechts), aber
auch nicht rechtsfähige Personenvereinigungen (z.B. GbR, OHG, KG, nicht
rechtsfähiger Verein). Unter **Auskunft** ist eine von den verpflichteten Personen und Personenvereinigungen mündlich oder schriftlich zu erteilende Information über einen Sachverhalt zu verstehen, die ihnen von einer Behörde
im Einzelfall abverlangt wird.[4]

Auskunftsberechtigt sind zum einen die „für Naturschutz und Landschafts-   7
pflege zuständigen Behörden". Anders als § 50 Abs. 1 BNatSchG 2002, der
die „nach § 44 oder nach Landesrecht zuständigen Behörden" als Auskunfts-
berechtigte benannte, verweist § 52 Abs. 1 nicht auf die – dem bisherigen
§ 44 BNatSchG 2002 weitgehend entsprechende – Aufzählung der zur
Durchführung der artenschutzrechtlichen Vorschriften zuständigen Behörden in § 48, sondern wählt eine allgemeine Umschreibung. Eine inhaltliche
Änderung ist damit aber nicht verbunden, insbesondere keine Erweiterung
des Kreises der auskunftsberechtigten Behörden. Vielmehr sind mit den „für
Naturschutz und Landespflege zuständigen Behörden" sowohl die in § 48
Abs. 1 Ziff. 1–3 genannten Bundesbehörden als auch die in § 48 Abs. 1
Ziff. 4 erwähnten „nach Landesrecht für Naturschutz und Landespflege zuständigen Behörden" gemeint; damit deckt sich der Kreis der nach § 52 aus-
kunftsberechtigten Behörden insoweit mit denjenigen nach § 50 Abs. 1
BNatSchG 2002; es handelt sich nur um eine redaktionelle Änderung. Zum
anderen erweitert § 52 Abs. 1 aber den Kreis der auskunftsberechtigten Be-

---

4 *Meßerschmidt*, BNatSchG, § 50 Rn. 2 m.w.N.; *Gellermann*, in: Landmann/Rohmer,
   Umweltrecht, Bd. II, § 52 BNatSchG, Rn. 2

hörden auf die „nach § 49 mitwirkenden Behörden". Damit sind nun auch das Bundesministerium der Finanzen und die von ihm bestimmten Zollbehörden, die nach § 49 Abs. 1 zur Mitwirkung bei bestimmten artenschutzrechtlichen Überwachungsaufgaben berufen sind, auskunftsberechtigt. Wie nach bisherigem Recht können sich jedoch andere Behörden (z.B. die Staatsanwaltschaften) oder Gerichte nicht auf § 52 berufen, sondern sind für ihr Auskunftsverlangen auf das Vorliegen der Voraussetzungen anderer Rechtsvorschriften (z.B. nach dem OWIG oder der StPO) angewiesen.[5]

8 **Gegenstand der Auskunftspflicht** können nur artenschutzrechtlich relevante Tatsachen sein. Dies folgt außer aus der Stellung der Vorschrift in dem den Artenschutz regelnden Kap. 5 des Gesetzes insbesondere daraus, dass § 52 Abs. 1 die Pflicht zur Erteilung von Auskünften auf solche begrenzt, die „zur Durchführung der Rechtsakte der Europäischen Gemeinschaft, dieses Kapitels oder der zu ihrer Durchführung erlassenen Rechtsvorschriften erforderlich sind." Als Rechtsakte der Europäischen Gemeinschaft kommen in erster Linie die EU-ArtenschutzVO[6], daneben aber auch die artenschutzrechtlichen Bestimmungen der FFH-Richtlinie[7] sowie der Vogelschutz-Richtlinie[8] in Betracht. Des Weiteren sind Auskünfte zur Durchführung der Bestimmungen des Kap. 5 des Gesetzes zu erteilen. In Betracht kommen hier in erster Linie die Vorschriften über den Import und Export von Tieren und Pflanzen der besonders geschützten Arten sowie die Überwachung von Besitz- und Vermarktungsverboten (§ 44), aber auch die Anforderungen an Zoos und Tiergehege (§§ 42, 43). Mit den „zur Durchführung erlassenen Rechtsvorschriften" sind vorrangig die Bestimmungen der Bundesartenschutzverordnung[9] gemeint. Sie stellt insbesondere Anforderungen an Haltung, Zucht und Umgang mit Tieren und Pflanzen der besonders geschützten Arten. Gegenstand der Auskunftspflicht kann namentlich die Kontrolle der Einhaltung der Buchführungspflichten nach § 5 BArtSchV sein. Streitig ist, ob auch die Überwachung von im Rahmen des (bisherigen) Bundesrechts erlassener landesrechtlicher Vorschriften unter die Auskunftspflicht nach (jetzt) § 52 Abs. 1 fällt.[10]

---

5 Zum bisherigen Recht *Meßerschmidt*, BNatSchG, § 50 Rn. 3; *Bendomir-Kahlo*, in: Gassner/Bendomir-Kahlo/Schmidt-Räntsch, BNatSchG, 2. Aufl. 2003, § 50 Rn. 3.

6 Verordnung (EG) Nr. 338/97 des Rates v. 09.12.1996 über den Schutz von Exemplaren wild lebender Tier- und Pflanzenarten durch Überwachung des Handels, ABl. L 61 v. 03.03.1997, S. 1.

7 Art. 12 ff. der Richtlinie 92/43/EWG des Rates v. 21.05.1992 zur Erhaltung der natürlichen Lebensräume sowie der wild lebenden Tiere und Pflanzen, ABl. Nr. L 206 v. 22.07. 1992, S. 1.

8 Art. 5 ff. der Richtlinie 2009/147/EG des Europäischen Parlaments und des Rates v. 30.11.2009 über die Erhaltung der wild lebenden Vogelarten, ABl. L 20 v. 26.01.2010, S. 7.

9 Verordnung zum Schutz wild lebender Tier- und Pflanzenarten – Bundesartenschutzverordnung (BArtSchV) – v. 16.02.2005 (BGBl. I, S. 258), zuletzt geändert durch Art. 10 des Gesetzes v. 21.01.2013 (BGBl. I, S. 95).

10 Zum bisherigen Recht vgl. die Nachweise bei *Gellermann*, in: Landmann/Rohmer, Umweltrecht, Bd. IV, § 50 BNatSchG, Rn. 2.

Müller-Rentschler

Erforderlich ist eine Auskunft, wenn eine behördliche Maßnahme ohne sie 9
nicht, nicht rechtzeitig oder nicht sachgemäß durchgeführt werden kann.[11]

§ 52 Abs. 1 begründet **keine Melde- oder Anzeigepflicht** (die allerdings in 10
speziellen Vorschriften geregelt sein kann). Die konkrete Auskunftspflicht
entsteht durch ein entsprechendes behördliches **Auskunftsverlangen**, das als
Verwaltungsakt i.S.v. § 35 VwVfG zu qualifizieren ist, für sofort vollziehbar
erklärt und im Wege des Verwaltungszwangs durchgesetzt werden kann.[12]
Daneben kann ein Verstoß gegen die Auskunftspflicht als **Ordnungswidrigkeit** mit Bußgeld geahndet werden (vgl. § 69 Abs. 3 Nr. 24).

III. Zutrittsrecht und Unterstützungspflicht (Abs. 2)

Zur Durchsetzung der Auskunftspflicht räumt § 52 Abs. 2 den von den nach 11
Abs. 1 zuständigen Bundes- und Landesbehörden beauftragten Personen
weitere Befugnisse in Form von **Zutritts- und Einsichtnahmerechten** ein
(Abs. 2 Satz 1), denen **Duldungs- und Unterstützungspflichten** der auskunftspflichtigen Personen korrespondieren (Abs. 2 Satz 2). Die Befugnisse stehen
jeweils unter dem Vorbehalt ihrer **Erforderlichkeit**. Ihre Ausübung ist nicht
erforderlich, wenn andere geeignete, aber weniger einschneidende Maßnahmen zur Durchsetzung der Auskunftspflicht zur Verfügung stehen oder ihre
Ausübung außer Verhältnis zu dem Zweck der Auskunftserteilung steht.[13]

1. Zutrittsrecht (Abs. 2 Satz 1, 1. Halbs.)

Gemäß § 52 Abs. 2 Satz 1 dürfen Beauftragte der Behörden im Rahmen der 12
Auskunftspflicht nach Abs. 1 und unter dem Vorbehalt der Erforderlichkeit
die in Abs. 2 Satz 1 im Einzelnen (abschließend) genannten Betretungsobjekte während der Geschäfts- und Betriebszeiten **betreten**.

Dieses **Zutrittsrecht** steht Personen zu, die von den in Abs. 1 genannten Be- 13
hörden **beauftragt** sind. Darunter fallen zunächst die Mitarbeiter der zuständ-
digen (Bundes- und Landes-) Naturschutzbehörden, die als generell beauftragt gelten.[14] Mit dem Begriff „Beauftragte" hat der Gesetzgeber – wie
schon in den Vorgängerbestimmungen – den Kreis der zutrittsberechtigten
Personen über die Mitarbeiter der Naturschutzbehörden hinaus auf andere
ausdrücklich (mündlich oder schriftlich im Einzelfall bzw. generell durch
Verwaltungsanweisung) beauftragte Personen erweitert; hierunter können
Vertreter anderer Behörden, z.B. der Polizei, des Zolls, der Kommunalver-
waltungen oder der Naturschutzwacht fallen, jedoch keine Privatpersonen.[15]

---

11 *Müller-Walter,* in: Lorz/Konrad/Mühlbauer/Müller-Walter/Stöckel, Naturschutzrecht,
   3. Aufl. 2013, § 52 BNatSchG, Rn. 3, m.w.N.
12 *Meßerschmidt,* BNatSchG, § 50 Rn. 6 m.w.N.
13 *Bendomir-Kahlo,* in: Gassner/Bendomir-Kahlo/Schmidt-Räntsch, BNatSchG, 2. Aufl. 2003,
   § 50 Rn. 4
14 *Müller-Walter,* in: Lorz/Konrad/Mühlbauer/Müller-Walter/Stöckel, Naturschutzrecht,
   3. Aufl. 2013, § 52 BNatSchG, Rn. 7.
15 *Müller-Walter,* in: Lorz/Konrad/Mühlbauer/Müller-Walter/Stöckel, Naturschutzrecht,
   3. Aufl. 2013, § 5 BNatSchG, Rn. 7; *Gellermann,* in: Landmann/Rohmer, Umweltrecht,
   Bd. II, § 52 BNatSchG, Rn. 7.

Die Wahrnehmung des Betretungsrechts durch Privatpersonen setzt die Übertragung von Hoheitsrechten durch Beleihung voraus, wofür § 52 Abs. 2 – wie die Vorgängerbestimmungen – keine ausreichende Rechtsgrundlage bietet.[16]

14 Da das Zutrittsrecht nur „im Rahmen des Absatzes 1" eingeräumt wird, setzt es das **Bestehen einer Auskunftspflicht** in Bezug auf artenschutzrechtlich relevante Tatsachen voraus und ist daher an ein entsprechendes konkretes **Auskunftsverlangen** gebunden.[17] Es berechtigt allein zum **Betreten, nicht** aber zum **Durchsuchen** der in Abs. 2 Satz 1 aufgeführten Betretungsobjekte. Eine Durchsuchung zum Zwecke des Auffindens vermuteter Gegenstände oder Personen ist nur im Rahmen eines Ermittlungsverfahrens aufgrund eines richterlichen Durchsuchungsbeschlusses oder bei Gefahr im Verzug zulässig (Art. 13 Abs. 2 GG; §§ 105 StPO, 46 Abs. 1 OWIG).[18] Mit Rücksicht auf das auch für Betriebs- und Geschäftsräume geltende **Grundrecht der Unverletzlichkeit der Wohnung** (Art. 13 Abs. 1 GG)[19] ist das Zutrittsrecht – außer durch die Anknüpfung an das Bestehen einer Auskunftspflicht und den allgemeinen Erforderlichkeitsvorbehalt – auch **räumlich und zeitlich begrenzt**; in räumlicher Hinsicht auf solche der in Abs. 2 Satz 1 aufgeführten Lokalitäten und sonstigen Betretungsobjekte, die **betrieblich oder geschäftlich genutzt** werden; in zeitlicher Hinsicht durch die Beschränkung auf die **Geschäfts- und Betriebszeiten**. Damit genügt § 52 Abs. 1 – wie bereits die Vorgängerbestimmungen – den Anforderungen der grundrechtlichen Verbürgung des Art. 13 Abs. 1 GG.[20]

15 Eine **„betriebliche Nutzung"** i.S.v. § 52 Abs. 1 Satz 1 liegt vor, wenn die genannten Lokalitäten und sonstigen Betretungsobjekte dem internen Ablauf einer gewerblichen Nutzung dienen, z.B. der Herstellung oder Lagerung von Waren; eine **„geschäftliche Nutzung"** ist gegeben, wenn die Lokalitäten für den geschäftlichen Kontakt mit Personen außerhalb des Betriebs bestimmt sind, z.B. für den Verkauf von Waren oder die Anbahnung und Begründung geschäftlicher Beziehungen (z.B. Ladenlokale, Büro- und Fabrikationsräume); werden die Lokalitäten und sonstigen Betretungsobjekte zugleich zu privaten und geschäftlichen oder betrieblichen Zwecken genutzt, so sind sie als betrieblich bzw. geschäftlich genutzt einzustufen.[21]

16 Die Beschränkung auf die **Geschäfts- und Betriebszeit** dient dem Schutz der auskunftspflichtigen Personen und ihrer Privatsphäre: Sie sollen nicht gezwungen sein, außerhalb dieser Zeiten den Beauftragten der Behörden zur Verfügung zu stehen und an Untersuchungsmaßnahmen mitwirken zu müssen.[22]

---

16 *Meßerschmidt*, BNatSchG, § 50 Rn. 8.

17 *Meßerschmidt*, BNatSchG, § 50 Rn. 9.

18 *Meßerschmidt*, BNatSchG, § 50 Rn. 9; *Bendomir-Kahlo*, in: Gassner/Bendomir-Kahlo/ Schmidt-Räntsch, BNatSchG, 2. Aufl. 2003, § 50 Rn. 4 m.w.N.

19 Vgl. dazu z.B. BVerfG, Urt. v. 17.02.1998 – 1 BvF 1/91, DVBl 1998, 393.

20 *Gellermann*, in: Landmann/Rohmer, Umweltrecht, Bd. II, § 52 BNatSchG, Rn. 6.

21 *Carlsen/Vogel/Brodersen/Winkelmann*, Praxis der Kommunalverwaltung Schleswig-Holstein, § 50 BNatSchG, Anm. 2.2.1 m.w.N.

22 *Meßerschmidt*, BNatSchG, § 50 Rn. 11.

„**Geschäftszeit**" ist die Zeit, zu der Dritte mit dem Betrieb in Kontakt treten können, also die jeweilige Öffnungszeit für den Publikumsverkehr; „**Betriebszeit**" ist die Zeit, zu der in dem Betrieb regelmäßig Gewerbetreibende und deren Beschäftigte tätig sind, also die für den Betrieb jeweils geltenden regelmäßigen Arbeitszeiten.[23]

Wie die Vorgängerbestimmungen führt § 52 Abs. 1 Satz 1 als zulässige **Betretungsobjekte** zunächst Grundstücke, Gebäude, Räume und Transportmittel auf, jeweils vorausgesetzt, sie werden (zumindest auch) betrieblich oder geschäftlich genutzt. „**Grundstücke**" sind – in Anlehnung an den zivilrechtlichen Buchgrundstücksbegriff – abgegrenzte Teile der Erdoberfläche, die im Bestandsverzeichnis eines Grundbuchblatts unter einer besonderen Nummer eingetragen oder gemäß § 3 Abs. 3 GBO gebucht sind. Das Betretungsrecht erlaubt bei Grundstücken jeden Aufenthalt auf dem Grundstück von angemessener Dauer, u.U. auch das Recht zum Befahren des Grundstücks.[24] „**Gebäude**" sind Häuser und andere eigenständige (ober- oder unterirdische) Bauwerke, die durch Dach und Wände begrenzt und mit dem Boden (ggf. durch eigene Schwere) fest verbunden sind und die dem Aufenthalt von Menschen oder der Aufbewahrung von Tieren und Sachen dienen; darunter fallen z.B. auch Zirkuszelte.[25] „**Räume**" sind sonstige betretbare Räumlichkeiten einschließlich Gebäudeteilen.[26] Als „**Transportmittel**" gelten alle begehbaren Einrichtungen, Anlagen oder Gegenstände, die geeignet sind, Sachen oder sonstige Stoffe von einem Ort zum anderen zu befördern (z.B. PKW, LKW, einschließlich Anhängern und Containern, sowie alle sonstigen zu Transportzwecken geeigneten Land-, Wasser- und Luftfahrzeuge).[27] Mit dem Ziel, den Beauftragten des – insoweit nach § 58 Abs. 1 allein zuständigen – Bundesamtes für Naturschutz ein Betretungsrecht zur Kontrolle der artenschutzrechtlichen Vorschriften auch in der **deutschen ausschließlichen Wirtschaftszone** (§ 56 Abs. 1) zu gewährleisten, sind in § 52 Abs. 2 Satz 1 zusätzlich „Seeanlagen" und „Schiffe" neu eingefügt worden.[28] Unter „**Seeanlagen**" dürften alle Off-Shore-Einrichtungen und -Anlagen zu verstehen sein, soweit sie (zumindest auch) betrieblichen oder geschäftlichen Zwecken dienen, z.B. Schiffsbe- und -entladeeinrichtungen, Pipelines, Off-Shore-Windparks, Bohrinseln etc. Der besonderen Aufnahme des Begriffs „**Schiffe**" hätte es angesichts des allgemein weit verstandenen Begriffs der „Transportmittel" an sich nicht bedurft; mit Rücksicht auf die Erweiterung des räumlichen Geltungsbereichs des BNatSchG 2010 durch § 56 Abs. 1 sollen damit offenbar – zumindest klarstellend – alle hochseetauglichen Schiffe und sonstigen Meeresfahrzeuge einbezogen werden. Diese Erweiterung der Auf-

17

---

23 Im Einzelnen dazu: *Carlsen/Vogel/Brodersen/Winkelmann*, Praxis der Kommunalverwaltung Schleswig-Holstein, § 50 BNatSchG, Anm. 2.2.1; *Bendomir-Kahlo*, in: Gassner/Bendomir-Kahlo/Schmidt-Räntsch, BNatSchG, 2. Aufl. 2003, § 50 Rn. 5.

24 *Meßerschmidt*, BNatSchG, § 50 Rn. 12.

25 *Meßerschmidt*, BNatSchG, § 50 Rn. 10 m.w.N.

26 *Meßerschmidt*, BNatSchG, § 50 Rn. 10.

27 *Bendomir-Kahlo*, in: Gassner/Bendomir-Kahlo/Schmidt-Räntsch, BNatSchG, 2. Aufl. 2003, § 50 Rn. 5

28 Siehe dazu BT-Drs. 16/12274, S. 71

zählung der Betretungsobjekte stellt die volle Anwendbarkeit des artenschutzrechtlichen Betretungsrechts in der deutschen ausschließlichen Wirtschaftszone (AWZ) sicher, allerdings vorbehaltlich der dort geltenden, strikt beachtlichen seevölkerrechtlichen Begrenzungen.[29]

2. Einsichtnahmerecht (Abs. 2 Satz 1, 2. Halbs.)

18 Neben dem Betretungsrecht gewährt § 52 Abs. 2 Satz 1 den beauftragten Personen die **Befugnis zur Einsichtnahme** in Behältnisse und geschäftliche Unterlagen.

19 **„Behältnisse"** sind räumlich umgrenzte Gebilde, die zur Aufnahme von Sachen (gemäß § 90a Satz 2 BGB damit auch von Tieren und Pflanzen) bestimmt oder geeignet sind, aber aufgrund ihrer Größe oder sonstigen Beschaffenheit nicht betreten werden können (z.B. Kisten, kleine Käfige, Gefäße, Kassetten, Tresore, Schränke, Schubladen), also keine „Räume" sind.[30] Unter den Begriff **„geschäftliche Unterlagen"** fallen alle Aufzeichnungen, Urkunden, Dokumente und Belege, die mit der Führung des Geschäfts bzw. Betriebs in Zusammenhang stehen (vgl. auch die Aufzählung in § 8 BArtSchV), mithin nicht die private Korrespondenz.[31] Zwar ist das Einsichtnahmerecht nicht auf die Einsicht in artenschutzrechtliche Bücher i.S.v. § 5 BArtSchV bzw. die Artenschutzbuchführung nach § 6 BArtSchV beschränkt[32]; da auch die Befugnis zur Einsichtnahme nur „im Rahmen des Abs. 1" gewährt wird, müssen die geschäftlichen Unterlagen aber zumindest in einem mutmaßlichen Zusammenhang mit der artenschutzrechtlichen Überwachungsaufgabe stehen.[33] Unerheblich ist, in welcher Form die Unterlagen vorliegen; neben Unterlagen in Papierform werden auch Filme und sämtliche elektronischen Medien (insbesondere EDV-Dateien, CD-ROM, Disketten, DVDs, USB-Sticks etc.) umfasst.[34] Die Befugnis zur Einsichtnahme umfasst auch jede Form des Sich-Kenntnis-Verschaffens vom jeweiligen Inhalt; das Recht zur Einsichtnahme legitimiert darüber hinaus zum Anfertigen von Notizen, Abschriften, Fotografien und (auch elektronischen) Kopien.[35]

20 Das **„Einsehen"** erlaubt zwar das Durchsehen von (vorgefundenen) Behältnissen und Unterlagen, aber **nicht** das **Durchsuchen** von Räumen nach ihnen oder deren Mitnahme. Ebenso wie das Betretungsrecht darf auch das Einsichtnahmerecht nur während der Geschäfts- und Betriebszeiten ausgeübt werden.

---

29 *Gellermann*, in: Landmann/Rohmer, Umweltrecht, Bd. IV, Vorbemerkung BNatSchG, Rn. 4 m.w.N.

30 *Meßerschmidt*, BNatSchG, § 50 Rn. 16; *Bendomir-Kahlo*, in: Gassner/Bendomir-Kahlo/Schmidt-Räntsch, BNatSchG, 2. Aufl. 2003, § 50 Rn. 6

31 *Meßerschmidt*, BNatSchG, § 50 Rn. 16

32 *Müller-Walter*, in: Lorz/Konrad/Mühlbauer/Müller-Walter/Stöckel, Naturschutzrecht, 3. Aufl. 2013, § 52 BNatSchG, Rn. 12

33 So zutreffend *Meßerschmidt*, BNatSchG, § 50 Rn. 16.

34 *Carlsen/Vogel/Brodersen/Winkelmann*, Praxis der Kommunalverwaltung Schleswig-Holstein, BNatSchG, § 50, Anm. 2.2.1 m.w.N.

35 *Bendomir-Kahlo*, in: Gassner/Bendomir-Kahlo/Schmidt-Räntsch, BNatSchG, 2. Aufl. 2003, § 50 Rn. 6.

3. Duldungs- und Unterstützungspflicht (Abs. 2 Satz 2)

Dem Zutritts- und Einsichtnahmerecht der Beauftragten der Behörden ent-   21
spricht eine – zwar nicht ausdrücklich normierte, aber sachnotwendig vorausgesetzte – **Duldungspflicht** der auskunftspflichtigen Personen.[36] Dies bedeutet, dass die auskunftspflichtige Person keine Maßnahmen ergreifen darf,
die die Ausübung des Betretungs- und Einsichtnahmerechts unmöglich machen oder erschweren, insbesondere den Zugang zu den Betretungsobjekten
nicht verhindern und einzusehende Behältnisse oder Unterlagen nicht bei-
seiteschaffen darf.[37]

Über das Dulden hinaus legt Abs. 2 Satz 2 jedoch den auskunftspflichtigen   22
Personen „soweit erforderlich" auch eine positive **Unterstützungspflicht** auf:
Genügt das Dulden nicht, um artenschutzrechtlich relevante Tatsachen feststellen zu können, muss die auskunftspflichtige Person die Beauftragten unterstützen. „Unterstützen" bedeutet insbesondere, dass für einen sicheren
Zugang zu den Betretungsobjekten zu sorgen ist, gewünschte Unterlagen
herauszusuchen, Behältnisse zu öffnen, Tiere vorzuführen und bei elektronisch gespeicherten Unterlagen die erforderlichen Hilfsmittel zur Lesbarkeit
der Unterlagen (vgl. § 261 HGB) beizubringen, also EDV-gespeicherte Daten
mittels der einschlägigen Software zu öffnen sind.[38] Dies folgt aus der – hinsichtlich der geschäftlichen Unterlagen im Gesetz besonders hervorgehobenen – Pflicht, diese Unterlagen auf Verlangen **vorzulegen**. Kommt der Pflichtige seiner Unterstützungspflicht nicht nach, kann dies als **Ordnungswidrigkeit** mit Bußgeld geahndet werden (vgl. § 69 Abs. 3 Nr. 25).

IV. Auskunftsverweigerungsrecht (Abs. 3)

Der Auskunftspflicht nach Abs. 1 steht aus rechtsstaatlichen Gründen ein   23
Auskunftsverweigerungsrecht der auskunftspflichtigen Person aus besonderen persönlichen Gründen gegenüber: Diese darf die Auskunft auf solche
Fragen verweigern, deren Beantwortung sie selbst oder bestimmte, im Einzelnen gesetzlich benannte Angehörige der Gefahr einer strafrechtlichen
Verfolgung oder eines Verfahrens nach dem Gesetz über Ordnungswidrigkeiten – OWIG – aussetzen würde. Dies folgt aus dem nicht nur im Strafpro-
zess, sondern für alle Verfahren im Rechtsstaat geltenden allgemeinen **Verbot des Zwangs zur Selbstbezichtigung**.[39]

Während die Vorgängerbestimmungen (§ 23 Abs. 3 BNatSchG 1987; § 50   24
Abs. 3 BNatSchG 2002) das Auskunftsverweigerungsrecht explizit – in An-
lehnung an den Wortlaut vergleichbarer Bestimmungen der ZPO und der
StPO – ausformulierten und lediglich hinsichtlich des Kreises der geschütz-

---

36 *Gellermann*, in: Landmann/Rohmer, Umweltrecht, Band II, BNatSchG, § 52 Rn. 9; *Meßerschmidt*, BNatSchG, § 50 Rn. 17.

37 *Carlsen/Vogel/Brodersen/Winkelmann*, Praxis der Kommunalverwaltung Schleswig-Holstein, BNatSchG, § 50, Anm. 2.2.2, m.w.N.

38 *Meßerschmidt*, BNatSchG, § 50 Rn. 17 m.w.N.

39 Z.B. BVerfG, Beschl. v. 13.01.1981 – 1 BvR 116/77, BVerfGE 56, 37, 42 ff.; *Bendomir-
Kahlo*, in: Gassner/Bendomir-Kahlo/Schmidt-Räntsch, BNatSchG, 2. Aufl. 2003, § 50
Rn. 8.

ten Angehörigen auf § 383 Abs. 1 Nrn. 1 bis 3 ZPO verwiesen, begnügt sich § 52 Abs. 3 mit einem schlichten Hinweis auf die „entsprechende" Geltung des § 55 StPO.[40] Eine wesentliche inhaltliche Änderung ist damit nicht verbunden. Der **Kreis der geschützten Angehörigen** ergibt sich aus der in § 55 Abs. 1 StPO in Bezug genommenen Vorschrift des § 52 Abs. 1 StPO, die inhaltlich § 383 Abs. 1 Nrn. 1–3 ZPO, auf den bisher verwiesen wurde, entspricht. Welche Personen zu den in § 52 Abs. 1 Nr. 3 StPO angesprochenen Verwandten und Verschwägerten in gerader und in der Seitenlinie gehören, ergibt sich im Einzelnen aus § 1589f BGB (vgl. auch § 11 LPartG, wonach die Verwandten eines Lebenspartners als mit dem anderen Lebenspartner verschwägert gelten).

25 Allerdings ist mit der Verweisung von Abs. 3 auf den gesamten § 55 StPO und damit auch auf § 55 Abs. 2 StPO nunmehr durch den Gesetzgeber klargestellt worden, dass auch für die Behörden eine **Pflicht zur Belehrung** der auskunftspflichtigen Person über ihr Auskunftsverweigerungsrecht besteht. Dies war indessen auch bisher schon anerkannt[41], obwohl die Vorgängerbestimmungen nicht ausdrücklich auf die (§ 55 Abs. 2 StPO entsprechende) Regelung in § 383 Abs. 2 ZPO verwiesen hatten. Die gesetzliche Klarstellung ist zu begrüßen.

26 Nach zutreffender Auffassung muss das Bestehen eines Auskunftsverweigerungsrechts, um das rechtsstaatliche Verbot eines Zwangs zur Selbstbezichtigung nicht zu unterlaufen, auch ein **Verweigerungsrecht** hinsichtlich der **Unterstützungs- und Vorlagepflicht** nach Abs. 2 Satz 2 zur Folge haben, sofern anderenfalls hierdurch eine Mitwirkung bei der Selbstbezichtigung verlangt würde.[42] Dies gilt jedoch nicht für die in Abs. 2 mitenthaltene (passive) Duldungspflicht.[43] Soweit ein Auskunftsverweigerungsrecht besteht, ist daher hinsichtlich der Pflicht zur aktiven Mitwirkung weder eine zwangsweise Durchsetzung noch die Verhängung eines Bußgelds gemäß § 69 Abs. 3 Nrn. 24 oder 25 zulässig.[44] Andererseits gibt das Bestehen eines Auskunftsverweigerungsrechts nach Abs. 3 kein Recht zum (aktiven) Widerstand gegen die Ausübung des Betretungs- und Einsichtnahmerechts nach Abs. 2 Satz 1.

---

40 § 55 der Strafprozessordnung – StPO – i.d.F. v. 01.04.1987 hat folgenden Wortlaut: Jeder Zeuge kann die Auskunft auf solche Fragen verweigern, deren Beantwortung ihm selbst oder einem der in § 52 Abs. 1 bezeichneten Angehörigen die Gefahr zuziehen würde, wegen einer Straftat oder einer Ordnungswidrigkeit verfolgt zu werden. Der Zeuge ist über sein Recht zur Verweigerung der Auskunft zu belehren.

41 Vgl. etwa *Meßerschmidt*, BNatSchG, § 50 Rn. 18 m.w.N.

42 So auch *Bendomir-Kahlo*, in: Gassner/Bendomir-Kahlo/Schmidt-Räntsch, BNatSchG, 2. Aufl. 2003, § 50 Rn. 8 m.w.N.; *Gellermann*, in: Landmann/Rohmer, Umweltrecht, Bd. II, BNatSchG, § 52 Rn. 10; a.A. *Meßerschmidt*, BNatSchG, § 50 Rn. 18.

43 So auch *Carlsen/Vogel/Brodersen/Winkelmann*, Praxis der Kommunalverwaltung Schleswig-Holstein, § 50 BNatSchG, Anm. 2.3.

44 *Bendomir-Kahlo*, in: Gassner/Bendomir-Kahlo/Schmidt-Räntsch, BNatSchG, 2. Aufl. 2003, § 50 Rn. 8.

V. Sonstiges

Zuwiderhandlungen gegen die Auskunftspflichten nach Abs. 1 und gegen 27 die Unterstützungspflichten nach Abs. 2 Satz 2 sind gemäß § 69 Abs. 3 Nrn. 24 und 25 **bußgeldbewehrt**: Danach handelt ordnungswidrig, wer vorsätzlich oder fahrlässig entgegen Abs. 1 eine Auskunft nicht, nicht richtig, nicht vollständig oder nicht rechtzeitig erteilt (§ 69 Abs. 3 Nr. 24) oder wer entgegen Abs. 2 Satz 2 eine beauftragte Person nicht unterstützt oder eine geschäftliche Unterlage nicht, nicht richtig, nicht vollständig oder nicht rechtzeitig vorlegt (§ 69 Abs. 3 Nr. 25). Ordnungswidrig handelt auch, wer, obwohl ihm ein Auskunftsverweigerungsrecht zur Seite steht, sich auf dieses nicht beruft und falsche oder unvollständige Auskünfte erteilt, denn das Auskunftsverweigerungsrecht berechtigt nicht zur Lüge.[45]

§ 53
Gebühren und Auslagen;
Ermächtigung zum Erlass von Rechtsverordnungen

(1) Das Bundesamt für Naturschutz erhebt für seine individuell zurechenbaren öffentlichen Leistungen nach den Vorschriften dieses Kapitels sowie nach den Vorschriften der Verordnung (EG) Nr. 338/97 in der jeweils geltenden Fassung sowie auf deren Grundlage erlassenen Verordnungen in der jeweils geltenden Fassung Gebühren und Auslagen.

(2) Das Bundesministerium für Umwelt, Naturschutz, Bau und Reaktorsicherheit wird ermächtigt, im Einvernehmen mit dem Bundesministerium der Finanzen, dem Bundesministerium für Ernährung und Landwirtschaft und dem Bundesministerium für Wirtschaft und Energie durch Rechtsverordnung ohne Zustimmung des Bundesrates die gebührenpflichtigen Tatbestände, die Gebührensätze und die Auslagenerstattung zu bestimmen und dabei feste Sätze und Rahmensätze vorzusehen. Die zu erstattenden Auslagen können abweichend vom Bundesgebührengesetz geregelt werden.

Inhaltsübersicht

---

45 So zutreffend *Meßerschmidt*, BNatSchG, § 50 Rn. 19 m.w.N.

I. Allgemeines

1   § 53 regelt die **Erhebung von Kosten (Gebühren und Auslagen)** durch das **Bundesamt für Naturschutz** (im Folgenden: BfN; siehe dazu auch insbesondere §§ 3 Abs. 1 Nr. 2 und 48 Abs. 1 Nr. 2). Die Vorschrift stimmt inhaltlich im Wesentlichen mit den Vorgängerbestimmungen (§ 21g BNatSchG 1998; § 48 BNatSchG 2002) überein und geht wie diese auf die EG-Artenschutzverordnung[1] zurück. § 53 Abs. 1 hebt dies nunmehr ausdrücklich hervor.

Durch das **Gesetz zur Strukturreform des Gebührenrechts des Bundes** vom 07.08.2013 (BGBl. I, S. 3154) hat § 53 zum einen eine Reihe von – mehr redaktionellen – **Änderungen** erfahren. So wurde durch Art. 2 Abs. 124 Nr. 1 des Gesetzes vom 07.08.2013 der Wortlaut von § 53 Abs. 1 an den Sprachgebrauch des neuen, als Art. 1 des Gesetzes vom 07.08.2013 erlassenen und an die Stelle des bisherigen Verwaltungskostengesetzes des Bundes getretenen Gesetzes über Gebühren und Auslagen des Bundes (Bundesgebührengesetz – BGebG) angepasst. Hierzu wurde in § 53 Abs. 1 – als Folgeänderung aufgrund der Einführung dieses Begriffes durch § 1 BGebG – der bisherige Begriff der „Amtshandlungen" als Anknüpfungspunkt der Gebührenpflicht durch den Begriff der „individuell zurechenbaren öffentlichen Leistungen" ersetzt (vgl. dazu die Begründung des Gesetzentwurfs der Bundesregierung, BT-Drs. 17/10422, S. 151 sowie die Legaldefinition dieses Begriffes in § 3 Abs. 1 BGebG). Darüber hinaus wurde die bisherige statische Verweisung auf „Vorschriften der Verordnung (EG) Nr. 338/97" durch eine dynamische Verweisung auf die Vorschriften dieser Verordnung „in der jeweils geltenden Fassung" ersetzt und um eine dynamische Verweisung auf die auf dieser Grundlage erlassenen Verordnungen, ebenfalls in ihrer jeweils geltenden Fassung, ergänzt. Ferner wurde in § 53 Abs. 2 – ebenfalls in Anpassung an den entsprechenden neuen Sprachgebrauch des Gesetzes vom 07.08.2013 – das Wort „Verwaltungskostengesetz" durch das Wort „Bundesgebührengesetz" ersetzt.

Zum anderen hat aber das Gesetz vom 07.08.2013 zugleich bestimmt, dass § 53 nach einer Übergangszeit von fünf Jahren, gerechnet ab dem (grundsätzlichen) Inkrafttreten dieses Gesetzes zum 15.08.2013 – also **mit Wirkung ab dem 14.08.2018 – ganz entfallen** wird. Dies ergibt sich einerseits aus Art. 4 Abs. 100 Nrn. 1 und 2 des Gesetzes vom 07.08.2013, durch den (u.a.) § 53 BNatSchG „aufgehoben" wird, und andererseits aus Art. 5 Abs. 3 des Gesetzes vom 07.08.2013, demzufolge dessen Art. 4 (erst) am 14.08.2018 in Kraft tritt. Hintergrund dieser Regelungen ist eine der Zielsetzungen der mit dem Gesetz vom 07.08.2013 beabsichtigten grundlegenden Strukturreform des gesamten Gebührenrechts des Bundes. Danach sollen die allgemeinen gebührenrechtlichen Regelungen im Bundesgebührengesetz konzentriert und die bislang fachgesetzlich geregelten Gebührentatbestände in besonderen Gebührenverordnungen der Bundesministerien gebündelt werden. Aufgrund der Schaffung einer allgemeinen Vorschrift zur Gebührenerhebung in

---

1   VO (EG) Nr. 338/97 des Rates v. 09.12.1996 über den Schutz von Exemplaren wild lebender Tier- und Pflanzenarten durch Überwachung des Handels, ABl. L 61 v. 03.03.1997, S. 1.

§ 1 BGebG erscheint § 53 Abs. 1 nicht mehr erforderlich und § 53 Abs. 2 kann als Folgeänderung zur Schaffung einer zentralen Ermächtigungsgrundlage für den Erlass von besonderen Gebührenverordnungen nach Art. 1 § 22 Abs. 4 des Gesetzes vom 07.08.2013 ebenfalls entfallen (so die Begründung des Gesetzentwurfs der Bundesregierung, BT-Drs. 17/10422, S. 203).

§ 53 Abs. 1 und Abs. 2 werden mithin nur noch für eine **Übergangszeit** von fünf Jahren gelten.

Die Vorschrift enthält in **Abs. 1** die allgemeine **Ermächtigung** des BfN zur   2
Erhebung von Gebühren und Auslagen für seine individuell zurechenbaren öffentlichen Leistungen; in **Abs. 2** wird das Bundesministerium für Umwelt, Naturschutz, Bau und Reaktorsicherheit (im Folgenden: BMUB) zum **Erlass von Rechtsverordnungen** zur Regelung der gebührenpflichtigen Tatbestände, Gebührensätze und der Auslagenerstattung ermächtigt. Für die Kostenerstattung von Amtshandlungen der Landesbehörden auf dem Gebiet des Artenschutzes gilt § 53 nicht; diese erheben Kosten nach den Kostengesetzen und -verzeichnissen der Länder.[2]

II. Ermächtigung zur Erhebung von Kosten (Abs. 1)

Abs. 1 bestimmt, dass das BfN für seine individuell zurechenbaren öffent-   3
lichen Leistungen (i.S.v. § 3 Abs. 1 BGebG) nach den Vorschriften des Kap. 5 des Gesetzes sowie nach den Vorschriften der EG-Artenschutzverordnung Gebühren und Auslagen erhebt. Bei den **kostenpflichtigen individuell zurechenbaren öffentlichen Leistungen** handelt es sich im Wesentlichen um die Erteilung von Genehmigungen für die Ein- und Ausfuhr von lebenden und toten Exemplaren sowie Teilen und Erzeugnissen geschützter wild lebender Tier- und Pflanzenarten nach den Art. 4 und 5 der EG-Artenschutzverordnung bzw. nach den §§ 45, 48 Abs. 1 Nr. 2 des Gesetzes sowie um die Erteilung von Ausnahmen von den Verboten des § 44 Abs. 2 gemäß § 48 Abs. 1 des Gesetzes.[3]

Anders als die Vorgängerbestimmungen spricht § 53 Abs. 1 nicht mehr von   4
„Kosten (Gebühren und Auslagen)", sondern unmittelbar nur noch von „Gebühren und Auslagen"; damit wird lediglich klargestellt, was bisher schon galt, dass nämlich die Vorschrift nicht die in § 51 Abs. 5 (vorher in § 47 Abs. 5 BNatSchG 2002) angesprochenen „Kosten" meint, sondern ausschließlich **Verwaltungskosten** in Gestalt von Gebühren und Auslagen.[4]

Mit den Begriffen „Gebühren" und „Auslagen" knüpft die Vorschrift an das   5
allgemeine Verständnis dieser Verwaltungskosten an, wie es insbesondere

---

2   *Müller-Walter*, in: Lorz/Konrad/Mühlbauer/Müller-Walter/Stöckel, BNatSchG, 3. Aufl. 2013, § 53 Rn. 2.

3   Vgl. im Einzelnen die Gebührentatbestände gemäß der Anlage – Gebührenverzeichnis – zu § 1 der Kostenverordnung für Amtshandlungen des Bundesamtes für Naturschutz (BfNKostV) v. 25.03.1998 (BGBl. I, S. 629), zuletzt geändert durch Art. 2 Abs. 123 des Gesetzes v. 07.08.2013 (BGBl. I, S. 3154).

4   So auch *Gellermann*, in: Landmann/Rohmer, Umweltrecht, Bd. II, BNatSchG, § 53 Rn. 2.

der Verwendung dieser Begriffe in den Verwaltungskosten- bzw. Gebührengesetzen des Bundes und der Länder zu Grunde liegt. Danach sind **„Gebühren"** öffentlich-rechtliche Geldleistungen, die aus Anlass individuell zurechenbarer öffentlicher Leistungen dem Gebührenschuldner durch eine öffentlich-rechtliche Norm oder sonstige hoheitliche Maßnahme auferlegt werden und dazu bestimmt sind, in Anknüpfung an diese Leistung deren Kosten ganz oder teilweise zu decken;[5] **„Auslagen"** sind Aufwendungen, die eine Behörde im Interesse einer kostenpflichtigen Amtshandlung in besonderer Weise aufzuwenden hat, sei es, dass sie die Tätigkeiten Dritter in Anspruch nimmt, sei es, dass sie selbst über das normale Maß hinaus tätig werden muss; Auslagen sind daher ihrer Natur nach Kosten, die von der Gebühr nicht umfasst sind, z.B. Porto-, Kopie- oder Telefonkosten.[6]

III. Kostenverordnung (Abs. 2)

6   Durch die **Verordnungsermächtigung** in Abs. 2 wird die nähere Bestimmung der gebührenpflichtigen Tatbestände, die Bemessung der Gebührensätze und die Regelung der zu erstattenden Auslagen einer **Rechtsverordnung** des BMUB vorbehalten. Die Verordnungsermächtigung entspricht im Wesentlichen der Vorgängerbestimmung (§ 48 Abs. 2 BNatSchG 2002), nur werden als Regelungsgegenstände neben den „gebührenpflichtigen Tatbeständen" jetzt ausdrücklich auch „Gebührensätze" und „die Auslagenerstattung" genannt, was aber nur klarstellenden Charakter hat, da schon § 48 Abs. 2 BNatSchG 2002 so zu verstehen war.[7] Wie bisher kann der Verordnungsgeber feste Sätze und Rahmensätze vorsehen (Abs. 2 Satz 1, letzter Halbs.) und die zu erstattenden Auslagen abweichend vom Bundesgebührengesetz (vormals: Verwaltungskostengesetz) regeln (Abs. 2 Satz 2).

7   Der Bund hat von der Verordnungsermächtigung erstmals – auf der Grundlage des § 21g BNatSchG 1998 – durch Erlass der **Kostenverordnung zum Bundesnaturschutzgesetz (BNatSchGKostV)** vom 25.03.1998 (BGBl. I, S. 629) Gebrauch gemacht. Durch Art. 25 des Gesetzes zur Neuregelung des Rechts des Naturschutzes und der Landschaftspflege vom 29.07.2009 (BGBl. I, S. 2542, 2578) ist die Kostenverordnung neu gefasst worden; sie trägt seither die Überschrift **„Kostenverordnung für Amtshandlungen des Bundesamtes für Naturschutz (BfNKostV)"**. Durch Art. 2 Abs. 123 des Gesetzes vom 07.08.2013 wurden redaktionelle Anpassungen an den Sprachgebrauch des neuen, an die Stelle des Verwaltungskostengesetzes des Bundes getretenen Bundesgebührengesetzes vorgenommen (siehe dazu bereits oben). § 1 Abs. 2 BfNKostV stellt klar, dass die Vorschriften der Verordnung nach Maßgabe der Vorgaben des UN-Seerechtsübereinkommens[8] auch im Bereich der deutschen ausschließlichen Wirtschaftszone und des Festlands-

---

5 BVerfG, Beschl. v. 06.02.1979 – 2 BvL 5/76, BVerfGE 50, 217 und juris, Rn. 35.

6 Vgl. etwa *Dehle/Beucher*, Landesgebührengesetz Rheinland-Pfalz, § 10, Anm. 2, in: Praxis der Kommunalverwaltung, E 4b Rh.-Pf.; so jetzt auch § 3 Abs. 4 BGebG

7 Vgl. etwa *Gellermann*, in: Landmann/Rohmer, Umweltrecht, Bd. II, BNatSchG, § 53 Rn. 3.

8 Seerechtsübereinkommen der Vereinten Nationen v. 10.12.1982 (BGBl. II 1994, S. 1798, 1799; II 1995, S. 602).

sockels gelten, eine Konsequenz der Ausdehnung des Geltungsbereichs des BNatSchG hierauf durch § 56 und der entsprechenden Erweiterung der Zuständigkeit des BfN (vgl. § 58 Abs. 1). Gemäß § 1 Abs. 3 BfNKostV ergeben sich die gebührenpflichtigen Tatbestände und die Höhe der Gebühren aus einem **Gebührenverzeichnis**, das der Verordnung – wie bisher – als **Anlage zu § 1** beigefügt ist. Nach § 1 Abs. 4 BfNKostV werden **Auslagen** nach Maßgabe des § 23 Abs. 6 des Bundesgebührengesetzes – BGebG – erhoben, wobei Auslagen, die die Höhe von 5 € nicht erreichen, nicht erhoben werden; gegenüber § 2 Satz 2 BNatSchGKostV wurde die Bagatellgrenze damit verdoppelt. Die bisherigen §§ 2–7 BNatSchGKostV wurden aufgehoben und durch die neu gefassten §§ 2 bis 5 BfNKostV ersetzt. § 2 BfNKostV regelt insbesondere die **Gebührenbefreiung und -ermäßigung** bei Ein-, Durch- und Ausführung oder dem Verbringen von lebenden und toten Exemplaren sowie von Teilen und Erzeugnissen von geschützten Tieren und Pflanzen. Wie zuvor nach § 3 Abs. 1 ist Gebührenbefreiung insbesondere zu gewähren, wenn Exemplare nicht zu hauptsächlich kommerziellen Zwecken, sondern für Zwecke der wissenschaftlichen Forschung und Lehre, die insbesondere zur Erhaltung der betreffenden Arten beitragen, oder für wissenschaftliche Arterhaltungsprogramme ein- oder ausgeführt werden. Gemäß § 2 Abs. 2 BfNKostV kann – wie bisher nach § 3 Abs. 2 BNatSchGKostV – eine Gebührenermäßigung bis zur Mindestgebühr gewährt werden, wenn der Warenwert eine Gebühr um mehr als 30 % übersteigt. § 2 Abs. 3 BfNKostV bestimmt, dass sich die Gebühr um die Hälfte erhöht, wenn einer Gebühr oder Bescheinigung nach bestimmten dort näher aufgeführten EG-Verordnungen eine Anlage nach Maßgabe weiterer genannter EG-Verordnungsbestimmungen beigefügt wird. Gemäß § 2 Abs. 4 BfNKostV ist die Ausfuhr künstlich vermehrter Exemplare von Pflanzenarten – wie bisher nach § 3 Abs. 4 BNatSchGKostV – bis zu einem bestimmten Warenwert – jetzt: 50 € – gebührenfrei. Wie bisher die §§ 4 bis 6 BNatSchGKostV[9] regeln die §§ 3 bis 5 BfNKostV die Gebühren in weiteren Fällen, insbesondere der Rücknahme oder des Widerrufs eines Verwaltungsakts und der Ablehnung oder Rücknahme von Anträgen (§ 3), sowie der Zurückweisung oder Zurücknahme eines Widerspruchs gegen eine Sach- oder eine Kostenentscheidung (§§ 4 bzw. 5).

Im Übrigen gilt auch für die Kostenverordnung, dass sie nur noch für eine **Übergangszeit bis zum 13. 08. 2018** gelten wird, denn auch sie wurde bereits durch Art. 4 Abs. 99 des Gesetzes vom 07.08.2013 mit Wirkung vom 14.08. 2018 aus den oben genannten Gründen aufgehoben.

Das **Gebührenverzeichnis** führt als Gebührentatbestände u.a. die Erteilung *8* von Einfuhr- und Ausfuhrgenehmigungen für lebende und tote Exemplare geschützter Tiere und Pflanzen sowie von Teilen oder Erzeugnissen von diesen auf, ferner die Erteilung von Ausnahmen von den Verboten des § 44 Abs. 2 und die Zulassung und Registrierung von Kaviarverpackungsbetrieben. Neu eingeführt wurde der Gebührentatbestand der Anordnung von Maßnahmen nach § 7 Abs. 2 des Umweltschadensgesetzes zur Erfüllung von

---

9 Vgl. dazu *Bendomir-Kahlo*, in: Gassner/Bendomir-Kahlo/Schmidt-Räntsch, BNatSchG, 2. Aufl. 2003, § 48 Rn. 3.

Pflichten aus den §§ 4–6 dieses Gesetzes, wofür ein weit gespreizter Rahmensatz von 50–10.000 € vorgesehen ist. Darüber hinaus enthält das Gebührenverzeichnis inzwischen Gebührentatbestände für die Genehmigung sowie die Untersagung der weiteren Durchführung von Eingriffen in Natur und Landschaft im Bereich der deutschen ausschließlichen Wirtschaftszone und des Festlandssockels und für die Erteilung von Ausnahmen und Befreiungen von Vorschriften zum Schutz bestimmter Teile von Natur und Landschaft sowie von artenschutzrechtlichen Vorschriften in diesem Bereich; auch hierfür sind jeweils zum Teil weit gespreizte Rahmensätze vorgesehen, während das Gebührenverzeichnis im Übrigen – wie bisher – feste Gebührensätze enthält.

Abschnitt 6
Ermächtigungen

§ 54
Ermächtigung zum Erlass von Rechtsverordnungen

(1) Das Bundesministerium für Umwelt, Naturschutz, Bau und Reaktorsicherheit wird ermächtigt, durch Rechtsverordnung mit Zustimmung des Bundesrates bestimmte, nicht unter § 7 Absatz 2 Nummer 13 Buchstabe a oder Buchstabe b fallende Tier- und Pflanzenarten oder Populationen solcher Arten unter besonderen Schutz zu stellen, soweit es sich um natürlich vorkommende Arten handelt, die

1. **im Inland durch den menschlichen Zugriff in ihrem Bestand gefährdet sind, oder soweit es sich um Arten handelt, die mit solchen gefährdeten Arten oder mit Arten im Sinne des § 7 Absatz 2 Nummer 13 Buchstabe b verwechselt werden können, oder**
2. **in ihrem Bestand gefährdet sind und für die die Bundesrepublik Deutschland in hohem Maße verantwortlich ist.**

(2) Das Bundesministerium für Umwelt, Naturschutz, Bau und Reaktorsicherheit wird ermächtigt, durch Rechtsverordnung mit Zustimmung des Bundesrates

1. **bestimmte, nach § 7 Absatz 2 Nummer 13 Buchstabe a oder Buchstabe b besonders geschützte**
   a) **Tier- und Pflanzenarten, die in Anhang B der Verordnung (EG) Nr. 338/97 aufgeführt sind,**
   b) **europäische Vogelarten,**
2. **bestimmte sonstige Tier- und Pflanzenarten im Sinne des Absatzes 1**

unter strengen Schutz zu stellen, soweit es sich um natürlich vorkommende Arten handelt, die im Inland vom Aussterben bedroht sind oder für die die Bundesrepublik Deutschland in besonders hohem Maße verantwortlich ist.

(3) Das Bundesministerium für Umwelt, Naturschutz, Bau und Reaktorsicherheit wird ermächtigt, durch Rechtsverordnung mit Zustimmung des Bundesrates

1. näher zu bestimmen, welche Teile von Tieren oder Pflanzen besonders geschützter Arten oder aus solchen Tieren oder Pflanzen gewonnene Erzeugnisse als ohne Weiteres erkennbar im Sinne des § 7 Absatz 2 Nummer 1 Buchstabe c und d oder Nummer 2 Buchstabe c und d anzusehen sind,

2. bestimmte besonders geschützte Arten oder Herkünfte von Tieren oder Pflanzen besonders geschützter Arten sowie gezüchtete oder künstlich vermehrte Tiere oder Pflanzen besonders geschützter Arten von Verboten des § 44 ganz, teilweise oder unter bestimmten Voraussetzungen auszunehmen, soweit der Schutzzweck dadurch nicht gefährdet wird und die Artikel 12, 13 und 16 der Richtlinie 92/43/EWG, die Artikel 5 bis 7 und 9 der Richtlinie 79/409/EWG, sonstige Rechtsakte der Europäischen Gemeinschaft oder Verpflichtungen aus internationalen Artenschutzübereinkommen dem nicht entgegenstehen.

(4) Das Bundesministerium für Umwelt, Naturschutz, Bau und Reaktorsicherheit wird ermächtigt, durch Rechtsverordnung mit Zustimmung des Bundesrates invasive Tier- und Pflanzenarten zu bestimmen, für die nach § 44 Absatz 3 Nummer 2 die Verbote des § 44 Absatz 2 gelten, soweit dies erforderlich ist, um einer Gefährdung von Ökosystemen, Biotopen oder Arten entgegenzuwirken.

(5) Das Bundesministerium für Umwelt, Naturschutz, Bau und Reaktorsicherheit wird ermächtigt, soweit dies aus Gründen des Artenschutzes erforderlich ist und Rechtsakte der Europäischen Gemeinschaft dem nicht entgegenstehen, durch Rechtsverordnung mit Zustimmung des Bundesrates

1. die Haltung oder die Zucht von Tieren,
2. das Inverkehrbringen von Tieren und Pflanzen

bestimmter besonders geschützter Arten sowie von Tieren und Pflanzen der durch Rechtsverordnung nach § 54 Absatz 4 bestimmten Arten zu verbieten oder zu beschränken.

(6) Das Bundesministerium für Umwelt, Naturschutz, Bau und Reaktorsicherheit wird ermächtigt, soweit dies aus Gründen des Artenschutzes, insbesondere zur Erfüllung der sich aus Artikel 15 der Richtlinie 92/43/EWG, Artikel 8 der Richtlinie 79/409/EWG oder aus internationalen Artenschutzübereinkommen ergebenden Verpflichtungen, erforderlich ist, durch Rechtsverordnung mit Zustimmung des Bundesrates

1. die Herstellung, den Besitz, das Inverkehrbringen oder die Verwendung bestimmter Geräte, Mittel oder Vorrichtungen, mit denen in Mengen oder wahllos wild lebende Tiere getötet, bekämpft oder gefangen oder Pflanzen bekämpft oder vernichtet werden können, oder durch die das örtliche Verschwinden oder sonstige erhebliche Beeinträchtigungen von Populationen der betreffenden Tier- oder Pflanzenarten hervorgerufen werden könnten,

2. Handlungen oder Verfahren, die zum örtlichen Verschwinden oder zu sonstigen erheblichen Beeinträchtigungen von Populationen wild lebender Tier- oder Pflanzenarten führen können,

zu beschränken oder zu verbieten. Satz 1 Nummer 1 gilt nicht für Geräte, Mittel oder Vorrichtungen, die auf Grund anderer Rechtsvorschriften einer Zulassung bedürfen, sofern bei der Zulassung die Belange des Artenschutzes zu berücksichtigen sind.

(7) Das Bundesministerium für Umwelt, Naturschutz, Bau und Reaktorsicherheit wird ermächtigt, durch Rechtsverordnung mit Zustimmung des Bundesrates Vorschriften zum Schutz von Horststandorten von Vogelarten zu erlassen, die in ihrem Bestand gefährdet und in besonderem Maße störungsempfindlich sind und insbesondere während bestimmter Zeiträume und innerhalb bestimmter Abstände Handlungen zu verbieten, die die Fortpflanzung oder Aufzucht beeinträchtigen können. Weiter gehende Schutzvorschriften einschließlich der Bestimmungen über Ausnahmen und Befreiungen bleiben unberührt.

(8) Zur Erleichterung der Überwachung der Besitz- und Vermarktungsverbote wird das Bundesministerium für Umwelt, Naturschutz, Bau und Reaktorsicherheit ermächtigt, durch Rechtsverordnung mit Zustimmung des Bundesrates Vorschriften zu erlassen über

1. Aufzeichnungspflichten derjenigen, die gewerbsmäßig Tiere oder Pflanzen der besonders geschützten Arten be- oder verarbeiten, verkaufen, kaufen oder von anderen erwerben, insbesondere über den Kreis der Aufzeichnungspflichtigen, den Gegenstand und Umfang der Aufzeichnungspflicht, die Dauer der Aufbewahrungsfrist für die Aufzeichnungen und ihre Überprüfung durch die für Naturschutz und Landschaftspflege zuständigen Behörden,

2. die Kennzeichnung von Tieren und Pflanzen der besonders geschützten Arten für den Nachweis nach § 46,

3. die Erteilung von Bescheinigungen über den rechtmäßigen Erwerb von Tieren und Pflanzen für den Nachweis nach § 46,

4. Pflichten zur Anzeige des Besitzes von

   a) Tieren und Pflanzen der besonders geschützten Arten,

   b) Tieren und Pflanzen der durch Rechtsverordnung nach § 54 Absatz 4 bestimmten Arten.

(9) Rechtsverordnungen nach Absatz 1 Nummer 2 bedürfen des Einvernehmens mit dem Bundesministerium für Ernährung und Landwirtschaft, mit dem Bundesministerium für Verkehr und digitale Infrastruktur sowie mit dem Bundesministerium für Wirtschaft und Energie. Rechtsverordnungen nach Absatz 6 Satz 1 Nummer 1 und Absatz 8 Nummer 1, 2 und 4 bedürfen des Einvernehmens mit dem Bundesministerium für Wirtschaft und Energie. Im Übrigen bedürfen die Rechtsverordnungen nach den Absätzen 1 bis 8 des Einvernehmens mit dem Bundesministerium für Ernährung und Landwirtschaft, in den Fällen der Absätze 1 bis 6 und 8 jedoch nur, soweit sie sich beziehen auf

1. Tierarten, die dem Jagd- oder Fischereirecht unterliegen,

2. Tierarten, die zum Zweck des biologischen Pflanzenschutzes eingesetzt werden, oder

3. Pflanzen, die durch künstliche Vermehrung gewonnen oder forstlich nutzbar sind.

(10) Die Landesregierungen werden ermächtigt, durch Rechtsverordnung allgemeine Anforderungen an Bewirtschaftungsvorgaben für die land-, forst- und fischereiwirtschaftliche Bodennutzung im Sinne des § 44 Absatz 4 festzulegen. Sie können die Ermächtigung nach Satz 1 durch Rechtsverordnung auf andere Landesbehörden übertragen.

(11) Die Bundesregierung erlässt mit Zustimmung des Bundesrates zur Durchführung dieses Gesetzes allgemeine Verwaltungsvorschriften, insbesondere über

1. die Voraussetzungen und Bedingungen, unter denen von einer Verträglichkeit von Plänen und Projekten im Sinne von § 34 Absatz 1 auszugehen ist,

2. die Voraussetzungen und Bedingungen für Abweichungsentscheidungen im Sinne von § 34 Absatz 3 und

3. die zur Sicherung des Zusammenhangs des Netzes „Natura 2000" notwendigen Maßnahmen im Sinne des § 34 Absatz 5.

Inhaltsübersicht

I. Allgemeines

§ 54 enthält auf den **Artenschutz** bezogene Ermächtigungen des Bundesministeriums für Umwelt, Naturschutz, Bau und Reaktorsicherheit (BMUB) – zum Erlass von **Rechtsverordnungen**. Diese bedürfen grundsätzlich der Zustimmung des Bundesrates. Die Vorschrift übernimmt die Ermächtigungsgrundlage aus § 52 BNatSchG a.F. und modifiziert bzw. ergänzt sie an einigen Stellen.   1

II. Erweiterung der Unterschutzstellung von Arten

2 Gemäß Abs. 1 kann das BMUB durch Rechtsverordnung mit Zustimmung des Bundesrates bestimmte, nicht unter § 7 Abs. 2 Nr. 13 Buchst. a) oder b) fallende Tier- und Pflanzenarten oder Populationen solcher Arten unter besonderen Schutz stellen. Dies gilt jedoch nur, soweit es sich um natürlich vorkommende Arten handelt, die im Inland durch den menschlichen Zugriff in ihrem Bestand gefährdet sind oder mit gefährdeten Arten verwechselt werden können (Nr. 1) oder in ihrem Bestand gefährdet sind und für die die Bundesrepublik Deutschland in hohem Maße verantwortlich ist (Nr. 2). Neu ist hier zum einen, dass § 54 Abs. 1 – anders als dessen Vorgängerregelung – nicht mehr nur auf heimische Arten abstellt, sondern sämtliche natürlich vorkommende Arten in den Blick nimmt. Damit sind diejenigen **Arten** gemeint, die ihr natürliches Verbreitungsgebiet in Deutschland haben bzw. auf natürliche Weise ihr Verbreitungsgebiet nach Deutschland ausdehnen.[1] Zum zweiten ist die Vorschrift des Abs. 1 Nr. 2 neu. Danach kommt es nicht mehr nur darauf an, dass die betreffende Art im Inland **gefährdet** ist; vielmehr wird auch der globalen Verantwortung der Bundesrepublik Deutschland für solche Arten Rechnung getragen, deren Erhaltungszustand im Inland durchaus günstig ist, bei denen aber der Gesamtbestand von der hiesigen Situation abhängt. Vor diesem Hintergrund wäre es verantwortungslos, jene Arten erst dann unter besonderen Schutz zu stellen, wenn sie auch im Inland gefährdet sind.

3 „Inland" i.S.d. § 54 Abs. 1 Nr. 1 meint das gesamte Bundesgebiet; die regulatorische Begegnung lediglich regionaler Gefährdungen ist hingegen Sache der Länder.[2] Die zum besonderen Schutz berechtigende Gefährdung muss des Weiteren auf einen menschlichen Zugriff zurückzuführen sein. Der Begriff des menschlichen Zugriffs ist dabei weit zu verstehen, so dass auch nur mittelbare anthropogene Einwirkungen hiervon erfasst sind.[3] Der Umstand schließlich, dass Abs. 1 Nr. 1 auch die an sich nicht besonders geschützten bzw. entsprechend gefährdeten Arten, die aber mit solchen verwechselt werden können, unter Schutz stellt, dient eben wegen der Verwechslungsgefahr der Effektuierung des Schutzes der besonders geschützten bzw. gefährdeten Arten.[4] Auf diese Weise soll ein Tatbestandsirrtum ausgeschlossen werden.[5]

4 Was Abs. 1 Nr. 2 angeht, so richtet sich die hiernach tragende Verantwortlichkeit in hohem Maße allein nach fachlichen Gesichtspunkten.[6] Eine **Verantwortlichkeit in hohem Maße** ist gegeben, wenn das Aussterben der betreffenden Teilpopulation im Bezugsraum gravierende Folgen für den Ge-

---

1 BT-Drs. 16/12274, S. 72.
2 Hierzu *Gellermann*, in: Landmann/Rohmer, Umweltrecht, Stand: 01.05.2015, § 54 BNatSchG Rn. 8.
3 *Gellermann*, in: Landmann/Rohmer, Umweltrecht, Stand: 01.05.2015, § 54 BNatSchG Rn. 8; *Schütte/Gerbig*, in: Schlacke (Hrsg.), GK-BNatSchG, § 54 Rn. 11.
4 *Marzik/Wilrich*, BNatSchG, 2004, § 52 Rn. 7.
5 *Müller-Walter*, in: Lorz et al., Naturschutzrecht, § 54 BNatSchG Rn. 4.
6 Hierzu ausführlich *Müller-Walter*, in: Lorz et al., Naturschutzrecht, § 54 BNatSchG Rn. 8 ff.

samtbestand hätte bzw. deren weltweite Gefährdung stark erhöhen würde.[7] Die „Leitparameter", anhand derer die globale Verantwortlichkeit gemessen wird, sind (a) der Anteil der Teilpopulation eines Landes am Weltbestand, (b) die Bedeutung der Teilpopulation eines Landes für den Genfluss, geschätzt über die Lage im Gesamtareal und (c) die weltweite Gefährdung der Art.[8] Ausgehend von *Gruttke*[9] besteht eine Verantwortlichkeit in hohem Maße, wenn

– der Anteil der Teilpopulation am Weltbestand mehr als $1/3$, aber nicht mehr als $3/4$ beträgt,

– deren Anteil am Weltbestand mehr als $1/10$, aber nicht mehr als $1/3$ beträgt und sie im Arealzentrum gelegen ist oder aber

– die Art unter Nachweis für $2/3$ des Areals weltweit gefährdet ist und die Teilpopulation im Hauptareal gelegen ist.[10]

Es reicht aus, wenn eine der drei Kriterienkombinationen einschlägig ist; nicht erforderlich ist hingegen, dass die Bestandsgefährdung durch das Handeln des Menschen verursacht wurde.[11]

Die in einer Rechtsverordnung nach § 54 Abs. 1 Nr. 2 aufgeführten Arten werden sodann den europäisch geschützten Arten gleichgestellt, insbesondere kommen sie in den Genuss des für die **europäisch geschützten Arten** geltenden besonderen Schutzes nach § 44 Abs. 4 Satz 2, Abs. 5 Satz 2–4 und § 38 Abs. 2.　　　　　　　　　　　　　　　　　　　　　　　　　　　　5

Gemäß Abs. 2 kann das BMUB durch Rechtsverordnung mit Zustimmung 　6 des Bundesrates bestimmte besonders geschützte Arten unter strengen Schutz stellen, soweit es sich um natürlich vorkommende Arten handelt, die im Inland vom Aussterben bedroht sind oder für die die Bundesrepublik Deutschland **in besonders hohem Maße** verantwortlich ist. Vom Aussterben bedrohte Tierarten sind solche, deren Überleben in Deutschland als unwahrscheinlich gilt, wenn die für die Dezimierung ausschlaggebenden Faktoren weiterhin auf die Art einwirken und bestandserhaltende Maßnahmen nicht unternommen werden.[12] Während die Bedrohung vom Aussterben bereits aus der Vorgängerregelung bekannt ist, wurde das Kriterium der besonderen **Verantwortlichkeit** analog der Erweiterung der Ermächtigungsgrundlage in Abs. 1 Nr. 2 neu hinzugefügt. Die Bundesrepublik trifft eine Verantwortung in besonders hohem Maße, wenn das Aussterben der betroffenen (Teil-)Population im Bezugsraum äußerst gravierende Folgen für den Gesamtbestand hätte bzw. deren weltweites Erlöschen bedeuten würde.[13] An-

---

7 Vgl. BT-Drs. 16/12274, S. 72.

8 *Ludwig/Schnittler*, Natur und Landschaft 2007, 536.

9 *Gruttke*, in: BfN, Ermittlung der Verantwortlichkeit für die Erhaltung mitteleuropäischer Arten; feiner abgestimmt durch *Ludwig/Schnittler*, Natur und Landschaft 2007, 536 (537); siehe ferner *Lütkes*, in: ders./Ewer, BNatSchG, § 54 Rn. 12 f.

10 Vgl. BT-Drs. 16/12274, S. 72.

11 *Schütte/Gerbig*, in: Schlacke (Hrsg.), GK-BNatSchG, § 54 Rn. 14.

12 *Lütkes*, in: ders./Ewer, BNatSchG, § 54 Rn. 18.

13 Vgl. BT-Drs. 16/12274, S. 72.

gelehnt an die oben (Rn. 4) genannten Kriterien besteht ausgehend von *Gruttke*[14] eine Verantwortlichkeit in besonders hohem Maße, wenn

– der Anteil der Teilpopulation am Weltbestand mehr als $3/4$ beträgt,
– deren Anteil am Weltbestand mehr als $1/3$, aber nicht mehr als $3/4$ beträgt und sie im Arealzentrum gelegen ist,
– die Art unter Nachweis für $2/3$ des Areals weltweit vom Aussterben bedroht ist oder
– unter Nachweis für $9/10$ des Areals die Art weltweit stark gefährdet ist und die Teilpopulation im Hauptareal gelegen ist.[15]

Hier genügt ebenfalls, dass eine der Kriterienkombinationen vorliegt, um eine Unterschutzstellung zu rechtfertigen.[16]

7 Bislang hat das BMUB von der Möglichkeit, Arten unter besonderen bzw. strengen Schutz zu stellen, für die die Bundesrepublik Deutschland in hohem oder gar besonders hohem Maße verantwortlich ist, noch keinen Gebrauch gemacht. Eine entsprechende Unterschutzstellung aus Gründen der (hochgradigen) Gefährdung im Inland findet sich dagegen in § 1 i.V.m. Anlage 1 der Bundesartenschutzverordnung (BArtSchV)[17].

III. Konkretisierungen und Ausnahmen

8 § 7 Abs. 2 Nr. 1 Buchst. c) und d), Nr. 2 Buchst. c) und d) sehen vor, dass als Tiere und Pflanzen i.S.d. BNatSchG auch die ohne Weiteres erkennbaren Teile von Tieren bzw. Pflanzen wild lebender **Arten** sowie ohne Weiteres erkennbar aus Tieren bzw. Pflanzen wild lebender Arten gewonnene Erzeugnisse zählen. § 54 Abs. 3 Nr. 1 greift diese Regelung auf und ermächtigt das BMUB, durch Rechtsverordnung mit Zustimmung des Bundesrates näher zu bestimmen, welche Teile von Tieren oder Pflanzen besonders geschützter Arten oder aus solchen Tieren oder Pflanzen gewonnene Erzeugnisse unter § 7 Abs. 2 Nr. 1 Buchst. c) und d), Nr. 2 Buchst. c) und d) fallen. Die Vorschrift entspricht § 52 Abs. 3 Nr. 1 BNatSchG a.F. Das BMU hatte hiervon bereits mit § 5 BArtSchV Gebrauch gemacht. Danach sind ohne Weiteres erkennbare Teile von Tieren und Pflanzen sowie ohne Weiteres erkennbar aus ihnen gewonnene Erzeugnisse alle Teile und Erzeugnisse von Arten i.S.d. § 7 Abs. 2 Nr. 13 Buchst. b) Doppelbuchst. aa), die in Anlage 3 zur BArtSchV bezeichneten **Teile** und **Erzeugnisse** (insbesondere Felle, Häute, Schädel, Federn, Eierschalen, Froschschenkel) von bzw. aus Tieren und Pflanzen der dort genannten Arten sowie andere Gegenstände, bei denen aus einem Beleg, aus der Verpackung, aus einer Marke, aus einer Aufschrift oder aus sonstigen Umständen hervorgeht, dass es sich um Teile von Tieren oder

---

14 *Gruttke*, in: BfN, Ermittlung der Verantwortlichkeit für die Erhaltung mitteleuropäischer Arten; feiner abgestimmt durch *Ludwig/Schnittler*, Natur und Landschaft 2007, 536 (537); siehe auch *Lütkes*, in: ders./Ewer, BNatSchG, § 54 Rn. 12 f.

15 Vgl. BT-Drs. 16/12274, S. 72.

16 *Schütte/Gerbig* in: Schlacke (Hrsg.), GK-BNatSchG, § 54 Rn. 18.

17 Bundesartenschutzverordnung v. 16.02.2005 (BGBl. I, S. 258, 896); zuletzt geändert durch Art. 22 des Gesetzes vom 29.07.2009 (BGBl. I ,S. 2542).

Pflanzen der besonders geschützten Arten oder aus ihnen gewonnene Erzeugnisse handelt.

§ 54 Abs. 3 Nr. 2 ermächtigt das BMUB sodann, durch Rechtsverordnung mit Zustimmung des Bundesrates bestimmte besonders geschützte Arten oder Herkünfte von Tieren oder Pflanzen besonders geschützter Arten sowie gezüchtete oder künstlich vermehrte Tiere oder Pflanzen besonders geschützter Arten von den Zugriffs-, Besitz- und Vermarktungsverboten des § 44 ganz, teilweise oder unter bestimmten Voraussetzungen auszunehmen, soweit der jeweilige Schutzzweck dadurch nicht gefährdet wird und Art. 12, 13 und 16 der FFH-Richtlinie (FFH-RL)[18], Art. 5–7 und Art. 9 der Vogelschutzrichtlinie (VRL)[19] sowie sonstige Rechtsakte der EU oder Verpflichtungen aus internationalen Artenschutzübereinkommen dem nicht entgegenstehen. Eine entsprechende Regelung findet sich in § 2 BArtSchV. Nach deren Abs. 1 sind bestimmte Pilze vom Zugriffsverbot des § 44 Abs. 1 Nr. 4 und dem Besitzverbot des § 44 Abs. 2 Satz 1 Nr. 1 ausgenommen, soweit sie in geringen Mengen für den eigenen Bedarf der Natur entnommen werden. Gemäß dessen Abs. 2 kann die jeweils nach Landesrecht zuständige Behörde weitere Ausnahmen von diesen Verboten für Weinbergschnecken mit einem Gehäusedurchmesser von mindestens 30 mm zulassen, soweit die Vorgaben der Bestimmungen des Art. 14 und Art. 16 Abs. 1 FFH-RL nicht entgegenstehen. § 2 Abs. 3 BArtSchV sieht schließlich vor, dass die Zugriffsverbote des § 44 Abs. 1 Nr. 1 und 3 und die Besitz- und Vermarktungsverbote des § 44 Abs. 2 Satz 1 sowie die weiteren diesbezüglichen Vorgaben der BArtSchV nicht gelten für domestizierte Formen von Arten nach § 7 Abs. 2 Nr. 13 Buchst. b), gezüchtete bzw. künstlich vermehrte Exemplare der in Anlage 2 BArtSchV aufgeführten Arten sowie Edelkrebse, die rechtmäßig und zum Zweck der Hege dem Gewässer entnommen werden. Das Tatbestandsmerkmal „unter bestimmten Voraussetzungen" soll im Übrigen ermöglichen, dass auch situationsbedingte Ausnahmen zugelassen werden können.[20] Es ist zudem hinreichend bestimmt, da nach dem Zweck der Unterschutzstellung erkennbar ist, dass die Art oder Population durch die Ausnahmeregelung nicht in ihrem Bestand gefährdet werden darf.[21]

9

IV. Floren- und Faunenverfälscher

Gemäß Abs. 4 wird das BMUB ermächtigt, durch Rechtsverordnung mit Zustimmung des Bundesrates **invasive** Tier- und Pflanzenarten zu bestimmen, für die nach § 44 Abs. 3 Nr. 2 die Besitz- und Vermarktungsverbote des § 44 Abs. 2 gelten. Nach der mit der Novelle 2009 neu eingeführten Legaldefini-

10

---

18 Richtlinie 92/43/EWG des Rates v. 21.05.1992 zur Erhaltung der natürlichen Lebensräume sowie der wild lebenden Tiere und Pflanzen, ABl. EU L 206, S. 7; zuletzt geändert durch die Richtlinie 2006/105/EG des Rates v. 20.11.2006, ABl. EU L 363, S. 368.

19 Richtlinie 79/409/EWG des Rates v. 02.04.1979 über die Erhaltung der wild lebenden Vogelarten, ABl. EU L 103, S. 1; neu gefasst durch die Richtlinie 2009/147/EG des Europäischen Parlaments und des Rates v. 30.11.2009, ABl. EU L 20, S. 7.

20 *Schütte/Gerbig,* in: Schlacke (Hrsg.), GK-BNatSchG, § 54 Rn. 21.

21 *Müller-Walter,* in: Lorz et al., Naturschutzrecht, § 54 BNatSchG Rn. 17.

tion des § 7 Abs. 2 Nr. 9 sind invasive Arten solche, deren Vorkommen außerhalb ihres natürlichen Verbreitungsgebiets für die dort vorkommenden
Ökosysteme, Biotope oder Arten ein erhebliches Gefahrenpotenzial darstellen.[22] Laut Gesetzesentwurfsbegründung dient diese Vorschrift der Abwehr
von Schäden an der natürlich vorkommenden Flora und Fauna und damit
einhergehend der Umsetzung der Vorgaben des Übereinkommens über die
biologische Vielfalt (CBD)[23].[24] Es geht folglich um Arten, die der heimischen
Natur gefährlich werden können, nicht hingegen um die Listung von Arten,
die wegen einer möglichen Gefährdung der menschlichen Gesundheit (z.B.
allergene Wirkungen), der Tier- oder Pflanzengesundheit oder unter Wirt-
schaftlichkeitsaspekten zu bekämpfen wären.[25] Das Gebrauchmachen von
der Ermächtigung muss erforderlich sein, um einer Gefährdung von Ökosystemen, Biotopen oder **Arten** entgegenzuwirken.

11 Eine entsprechende Regelung findet sich in § 3 BArtSchV. Danach werden
die Verbote des § 44 Abs. 2 auf den amerikanischen Biber, die Schnapp-
schildkröte, die Geierschildkröte und das Grauhörnchen erstreckt.

V. Haltung, Zucht und Inverkehrbringen

12 Abs. 5 ermächtigt das BMUB, durch Rechtsverordnung mit Zustimmung des
Bundesrates die **Haltung** oder **Zucht** von Tieren sowie das Inverkehrbringen
von Tieren und Pflanzen bestimmter besonders geschützter Arten sowie von
Tieren und Pflanzen der durch Rechtsverordnung nach Abs. 4 bestimmten
Arten zu verbieten oder zu beschränken, soweit dies aus Gründen des Ar-
tenschutzes erforderlich ist und Rechtsakte der EU dem nicht entgegen-
stehen.[26] „Haltung" ist das umfassende Fürsorgeverhältnis gegenüber einem
Tier im Sinne einer Entscheidung über die Betreuung des Tieres und dessen
Verwendung, wobei eine Verfügungsbefugnis nicht vorhanden sein muss.[27]
„Zucht" ist die gezielte und methodische Erzeugung von Nachkommen.[28]
„Inverkehrbringen" meint das Anbieten, zur Abgabe vorrätig halten, Frei-
halten und jedes Abgeben an andere.[29] Dem folgend finden sich in § 7
BArtSchV Vorgaben zur Haltung von Wirbeltieren und in §§ 9, 10 BArtSchV
ein Zucht- bzw. Haltungsverbot mit Blick auf Greifvogelhybriden (Greif-
vögel, die genetische Anteile von mindestens einer heimischen sowie einer
weiteren Greifvogelart enthalten).

---

22 *Schütte/Gerbig*, in: Schlacke (Hrsg.), GK-BNatSchG, § 54 Rn. 23.
23 Convention on Biological Diversity, BGBl. II 1992 S. 1742; Text abrufbar unter
www.cbd.int/convention/convention.shtml (letzter Abruf am 22. 06. 2015).
24 BT-Drs. 16/12274, S. 72.
25 *Lütkes*, in: ders./Ewer, BNatSchG, § 54 Rn. 22.
26 Zur Bestimmtheit des Tatbestandsmerkmals „Gründe des Artenschutzes" siehe VGH
Kassel, Beschl. v. 13. 08. 2012 – 4 B 632/12, NuR 2012, 715.
27 *Müller-Walter*, in: Lorz et al., Naturschutzrecht, § 54 BNatSchG Rn. 20; zu den Anforderungen an den Tierhalter siehe *Lütkes*, in: ders./Ewer, BNatSchG, § 54 Rn. 27.
28 *Müller-Walter*, in: Lorz et al., Naturschutzrecht, § 54 BNatSchG Rn. 20.
29 *Müller-Walter*, in: Lorz et al., Naturschutzrecht, § 54 BNatSchG Rn. 21.

VI. Verbotene Handlungen oder Verfahren

Gemäß Abs. 6 Satz 1 wird das BMUB aus Gründen des **Artenschutzes** und 13
insbesondere zur Erfüllung der sich aus Art. 15 FFH-RL, Art. 8 VRL oder aus
internationalen Artenschutzübereinkommen ergebenden Verpflichtungen ermächtigt, durch Rechtsverordnung mit Zustimmung des Bundesrates die Herstellung, den Besitz, das Inverkehrbringen oder die Verwendung bestimmter
Geräte, Mittel oder Vorrichtungen, mit denen in Mengen oder wahllos wild
lebende Tiere getötet, bekämpft oder gefangen oder Pflanzen bekämpft oder
vernichtet werden können, oder durch die das örtliche Verschwinden oder
sonstige erhebliche Beeinträchtigungen von Populationen der betreffenden
Tier- oder Pflanzenarten hervorgerufen werden könnten (Nr. 1) sowie Handlungen oder Verfahren, die zum örtlichen Verschwinden oder zu sonstigen
erheblichen Beeinträchtigungen von Populationen wild lebender Tier- oder
Pflanzenarten führen können (Nr. 2) zu beschränken oder zu verbieten. Erfasst ist jegliche Form dieses Vorgehens.[30] Neu ist die Aufnahme auch des
Besitzes der in Satz 1 Nr. 1 genannten Geräte, Mittel oder Vorrichtungen. Damit sollen die übrigen Verbote ergänzt und so insgesamt ein wirksamer Vollzug sichergestellt werden.[31] Ausgenommen von den Verboten nach Satz 1
Nr. 1 sind nach Satz 2 Geräte, Mittel oder Vorrichtungen, die aufgrund anderer Rechtsvorschriften einer Zulassung bedürfen, sofern bei der Zulassung
die Belange des Artenschutzes zu berücksichtigen sind. Hiermit sind insbesondere Pflanzenschutzmittel und dergleichen angesprochen.[32]

Diese Ermächtigung aufnehmend sieht § 4 BArtSchV ein grundsätzliches 14
Verbot vor, wild lebenden Tieren der besonders geschützten Arten sowie der
nicht besonders geschützten Wirbeltierarten, die nicht dem Jagd- und Fischereirecht unterliegen, nachzustellen, sie anzulocken, sie zu fangen oder
zu töten

– mit Schlingen, Netzen, Fallen, Haken, Leim und sonstigen Klebstoffen,
– unter Benutzung von lebenden Tieren als Lockmittel,
– mit Armbrüsten,
– mit künstlichen Lichtquellen, Spiegeln oder anderen beleuchtenden oder
  blendenden Vorrichtungen,
– mit akustischen, elektrischen oder elektronischen Geräten,
– durch Begasen oder Ausräuchern oder unter Verwendung von Giftstoffen,
  vergifteten oder betäubenden Ködern oder sonstigen betäubenden Mitteln,
– mit halbautomatischen oder automatischen Waffen, deren Magazin mehr
  als zwei Patronen aufnehmen kann, oder unter Verwendung von Visiervor-
  richtungen für das Schießen bei Nacht mit elektronischen Bildverstärkern
  oder Bildumwandlern,
– unter Verwendung von Sprengstoffen,
– aus Kraftfahrzeugen oder Luftfahrzeugen oder
– aus Booten mit einer Antriebsgeschwindigkeit von mehr als 5 km/h.

---

30 *Lütkes,* in: ders./Ewer, BNatSchG, § 54 Rn. 33.
31 BT-Drs. 16/12274, S. 72.
32 *Gellermann,* in: Landmann/Rohmer, Umweltrecht, Stand: 01.05.2015, § 54 BNatSchG
   Rn. 19; siehe auch *Schütte/Gerbig,* in: Schlacke (Hrsg.), GK-BNatSchG, § 54 Rn. 29.

VII. Schutz von Horststandorten

15 Neu ist die Vorschrift des Abs. 7. Danach wird das BMUB ermächtigt, durch Rechtsverordnung mit Zustimmung des Bundesrates Vorschriften zum **Schutz** von Horststandorten **von Vogelarten** zu erlassen, die in ihrem Bestand gefährdet und in besonderem Maße störungsempfindlich sind und insbesondere während bestimmter Zeiträume und innerhalb bestimmter Abstände Handlungen zu verbieten, die die Fortpflanzung oder Aufzucht beeinträchtigen können. Die Regelung soll es ermöglichen, Maßnahmen zu verbieten, die zu einer Gefährdung des Bruterfolgs gefährdeter und besonders störungsempfindlicher Vogelarten führen können.[33] Die Gesetzesbegründung nennt hier exemplarisch Adler, Baum- und Wanderfalken, Weihen, Schwarzstörche, Kraniche, Sumpfohreulen und Uhus.[34] Es wird an bereits in einigen Bundesländern bestehende Bestimmungen zum Horstschutz angeknüpft. Mit Gebrauchmachen von dieser Ermächtigung ließen sich die aktuell noch bestehenden Umsetzungsdefizite mit Blick auf Art. 3 Abs. 2 Buchst. b), Art. 4 Abs. 4 Satz 2 VRL (siehe hierzu § 39 Rn. 25) schließen, weshalb das BMUB umgehend auf den Erlass einer entsprechenden Rechtsverordnung hinarbeiten sollte.

VIII. Überwachung der Besitz- und Vermarktungsverbote

16 Abs. 8 ermächtigt das BMUB schließlich zur Erleichterung der **Überwachung** der Besitz- und Vermarktungsverbote, durch Rechtsverordnung mit Zustimmung des Bundesrates Vorschriften über Aufzeichnungs-, Kennzeichnungs- und Anzeigepflichten sowie über die Erteilung von Bescheinigungen für den Nachweis nach § 46 zu erlassen. Aufzeichnungspflichten i.S.v. Nr. 1 betreffen nur den gewerblichen Verkauf, das Makeln sowie die Be- und Verarbeitung.[35] Der Begriff der Verarbeitung ist im Lichte des § 950 BGB auszulegen, wobei maßgeblich ist, dass eine neue Sache hergestellt wird; die Bearbeitung ist hierzu ein minus und umfasst jede Veränderung der Sache durch zielgerichtete Maßnahmen des Menschen.[36] „Kennzeichnung" i.S.v. Nr. 2 ist – in Anlehnung an das WA – ein unauslöschlicher Aufdruck, eine Plombe oder ein anderes zur Identifikation eines Exemplars durch den Verpflichteten anzubringendes Mittel, das den Herkunftsnachweis erleichtern soll.[37] In Betracht kommen bspw. offene oder geschlossene Ringe, Transponder, eine Dokumentation oder sonstige Kennzeichen.[38] Der Begriff „Bescheinigungen" in Nr. 3 erfasst vor allem die in § 46 Abs. 3 geforderten Dokumente (siehe §§ 12–15 i.V.m. Anlage 6 BArtSchV).[39] Handelt es sich um eine genehmigungsbedürftige Vermarktung oder um eine genehmigungsbedürftige inner-

---

33 *Schütte/Gerbig*, in: Schlacke (Hrsg.), GK-BNatSchG, § 54 Rn. 30; *Lütkes*, in: ders./Ewer, BNatSchG, § 54 Rn. 34.
34 BT-Drs. 16/12274, S. 72.
35 *Müller-Walter*, in: Lorz et al., Naturschutzrecht, § 54 BNatSchG Rn. 28.
36 *Müller-Walter*, in: Lorz et al., Naturschutzrecht, § 54 BNatSchG Rn. 28.
37 *Müller-Walter*, in: Lorz et al., Naturschutzrecht, § 54 BNatSchG Rn. 29.
38 *Lütkes* in: Lütkes/Ewer, BNatSchG-Komm., 2011, § 54 Rn. 38.
39 *Müller-Walter*, in: Lorz et al., Naturschutzrecht, § 54 BNatSchG Rn. 30.

europäische Beförderung von Exemplaren der in Anhang A der EU-ArtSchV aufgeführten Arten, ist zusätzlich Art. 10 EU-ArtSchV zu beachten.[40] Nr. 4 ermächtigt das BMUB, Vorschriften zu erlassen, die Anzeigepflichten für den Besitz von Tieren und Pflanzen der besonders geschützten oder nach § 54 Abs. 4 zu bestimmenden invasiven Arten enthalten, wodurch eine bessere Kontrolle der Einhaltung der Besitz- und Vermarktungsregelungen der §§ 44, 45 bezweckt wird.[41]

IX. § 54 Abs. 9 und 10

Abs. 9 beschränkt sodann die Befugnisse des BMUB dahingehend, dass der   *17* Erlass bestimmter **Rechtsverordnungen** nach § 54 nicht nur an die Zustimmung des Bundesrates geknüpft, sondern zusätzlich vom Einvernehmen weiterer Ressorts der Bundesregierung abhängig gemacht wird. Gemäß Abs. 10 können schließlich die Landesregierungen durch Rechtsverordnung allgemeine Anforderungen an Bewirtschaftungsvorgaben für die land-, forst- und fischereiwirtschaftliche Bodennutzung i.S.d. § 44 Abs. 4 festlegen bzw. diese Ermächtigung durch Rechtsverordnung auf andere Landesbehörden übertragen. Dies ist insofern bedeutsam, als § 44 Abs. 4 auf die **gute fachliche Praxis** verweist, es diesbezüglich aber bislang noch an hinreichend konkreten Vorgaben zur Ausfüllung dieses schillernden Begriffs fehlt.[42] Die Ermächtigung aufnehmend hier baldmöglichst für mehr Rechtssicherheit zu sorgen, käme damit sowohl dem Artenschutz als auch der Land-, Forst- und Fischereiwirtschaft entgegen und würde überdies die unionsrechtlichen Bedenken mit Blick auf § 44 Abs. 4 Satz 2 (hierzu unter § 44 Rn. 39) ausräumen.

X. Ermächtigung zu Verwaltungsvorschriften

Der durch das Gesetz über Maßnahmen zur Beschleunigung des Netzaus-   *18* baus Energienetze vom 28. 07. 2011[43] neu eingefügte Abs. 11 ermächtigt die Bundesregierung, mit Zustimmung des Bundesrates allgemeine **Verwaltungsvorschriften** bezüglich der Voraussetzungen und Bedingungen sowohl für eine FFH-Verträglichkeit von Plänen und Projekten i.S.v. § 34 Abs. 1 als auch für Abweichungsentscheidungen i.S.v. § 34 Abs. 3 sowie für die notwendigen Kohärenzmaßnahmen nach § 34 Abs. 5 zu erlassen. Ziel ist es, ohne Umweltstandards zu senken, bundeseinheitliche Kriterien für den gleichmäßigen und rechtssicheren Vollzug vorzugeben.[44] Der Regelung hat ersichtlich § 48 BImSchG Pate gestanden. Damit hat der Gesetzgeber die Tradition der untergesetzlichen Normgebung im Bereich der technischen Sicherheit auch auf zentrale Vorgabe des Naturschutzrechts übertragen. Ver-

---

40 *Lütkes*, in: ders./Ewer, BNatSchG, § 54 Rn. 39.
41 *Schütte/Gerbig*, in: Schlacke (Hrsg.), GK-BNatSchG, § 54 Rn. 36.
42 Vgl. *Köck*, NuR 2010, 530 (534) m.w.N.
43 BGBl. I S. 1690.
44 BT-Drs. 17/6073, S. 35; zur Kritik an der Neuregelung siehe die Empfehlung des federführenden Ausschusses für Umwelt, Naturschutz und Reaktorsicherheit, BR-Drs. 394/1/11.

waltungsvorschriften wird allgemein eine gegenüber einer gesetzlichen Steuerung oder einer Steuerung durch Rechtsverordnungen flexiblere Ausgestaltung nachgesagt.[45] Für die aufgrund von § 48 BImSchG erlassenen Verwaltungsvorschriften hat das BVerwG angenommen, dass, obgleich es sich hierbei lediglich um normkonkretisierende Verwaltungsvorschriften handelt, diese auch im gerichtlichen Verfahren Bindungswirkung entfalten.[46] Gleiches wird man daher auch für die allgemeinen Verwaltungsvorschriften nach Abs. 11 anzunehmen haben.

19 Die Ermächtigung der Bundesregierung soll der Verbesserung und Vereinheitlichung der Vollzugssituation insbesondere im Bereich Natura 2000 dienen. Ausweislich dieses „insbesondere" und der Stellung des § 54 in Kapitel 5 (Artenschutz) können aber auch noch weitere Regelungsmaterien durch Verwaltungsvorschriften konkretisiert werden. So sprechen die systematische Stellung sowie Sinn und Zweck der Ermächtigungsgrundlage dafür, dass vergleichbare Verwaltungsvorschriften vor allem auch hinsichtlich des besonderen Artenschutzrechts erlassen werden können, da hier das Bedürfnis nach einheitlichen Standards noch größer ausfällt als im europäischen Gebietsschutzrecht und das besondere Artenschutzrecht in der Vorhabenzulassung nicht minder problematisch ist.[47] Zu beachten ist jedoch, dass anders als bei den Verwaltungsvorschriften aufgrund von § 48 BImSchG hier kaum Raum ist für politische Dezision, sondern es im Rahmen des § 54 Abs. 11 letztlich nur um staatlich gesteuerte fachliche Konventionsbildung gehen kann.

§ 55
Durchführung gemeinschaftsrechtlicher oder internationaler Vorschriften; Ermächtigung zum Erlass von Rechtsverordnungen

(1) Rechtsverordnungen nach § 54 können auch zur Durchführung von Rechtsakten des Rates oder der Kommission der Europäischen Gemeinschaften auf dem Gebiet des Artenschutzes oder zur Erfüllung von internationalen Artenschutzübereinkommen erlassen werden.

(2) Das Bundesministerium für Umwelt, Naturschutz, Bau und Reaktorsicherheit wird ermächtigt, durch Rechtsverordnung mit Zustimmung des Bundesrates Verweisungen auf Vorschriften in Rechtsakten der Europäischen Gemeinschaft in diesem Gesetz oder in Rechtsverordnungen aufgrund des § 54 zu ändern, soweit Änderungen dieser Rechtsakte es erfordern.

---

45 Kritisch hierzu *Thiel*, in: Landmann/Rohmer, Umweltrecht, Stand: 01.08.2014, § 48 BImSchG Rn. 1.

46 BVerwG, Urt. v. 29.08.2007 – 4 C 2.07, BVerwGE 129, 209 (Rn. 12) m.w.N.

47 Vgl. *Storost*, UPR 2015, 47 (48 f.).

Inhaltsübersicht

I. Überblick und Entstehungsgeschichte

§ 55 wartet mit einer Skurrilität auf: Die gesetzliche Überschrift ist fast so **1** lang wie die Norm und doch deckt sie deren Inhalt nicht vollständig ab. Ihr erster Absatz betrifft die Ermächtigung zur Verordnungsgebung in Bezug auf die **Durchführung unionsrechtlicher oder internationaler Vorschriften**. Der zweite Absatz ergänzt dies um die – eng begrenzte – Befugnis der Exekutive, **Verweisungen** nicht nur in Rechtsverordnungen, sondern auch im BNatSchG **anzupassen**. Ziel ist es in beiden Fällen, schneller und damit effektiver im nationalen Recht auf notwendige Anforderungen durch einschlägiges EU-Recht und Völkervertragsrecht reagieren zu können. Dies entspricht offenbar einem schon länger spürbaren Bedürfnis in der Rechtsetzungspraxis.[1] Gleichwohl ist ihr Regelungsansatz verfassungsrechtlich umstritten (siehe Rn. 6, 7 und 17).

Die Vorschrift ist im Wortlaut unverändert in die Neufassung des BNatSchG **2** von 2010 übernommen worden. Der zweite Absatz wurde inhaltlich erstmals 2002 in das BNatSchG eingefügt[2], der erste Absatz bereits 1998.[3] Leider wurde – wie schon bei vorangegangenen Novellen – darauf verzichtet, die längst überfälligen Anpassungen des Wortlauts an im Unionsrecht erfolgte Änderungen vorzunehmen (siehe Rn. 13, 15).

II. Durchführung von Unionsrecht und internationalen Artenschutzübereinkommen

1. Zweck der Regelung

Einhellig wird der Zweck der Regelung des Abs. 1 darin gesehen, eine zü- **3** gigere Umsetzung und Durchführung von Unionsrecht und völkerrechtlichen Verpflichtungen zu ermöglichen.[4] Hintergrund ist der dramatische Rückgang

---

1 Siehe ähnliche Ermächtigungen mit Bezügen zum Unionsrecht in § 54 Abs. 6 BNatSchG, §§ 7 Abs. 4, 37, 39, 48a BImSchG, § 16 Abs. 6 GenTG, § 57 Krw-/AbfG, § 23 WHG.

2 Damals als § 64 BNatSchG in der Fassung vom 04.04.2002, BGBl. I, S. 1193. Damit wurde der § 63 des Regierungs- und Fraktionsentwurfs für ein Gesetz zur Neuregelung des Rechts des Naturschutzes und der Landschaftspflege und zur Anpassung anderer Rechtsvorschriften ohne inhaltliche Änderung übernommen, siehe BT-Drs. 14/6378, S. 63.

3 § 26a BNatSchG in der Fassung vom 21.09.1998, BGBl. I, S. 2995.

4 *Schmidt-Räntsch*, in: Gassner/Bendomir-Kahlo/Schmidt-Räntsch/Schmidt-Räntsch, BNatSchG, 2. Aufl. 2003, § 64, Rn. 2; *Kratsch*, in: Schumacher/Fischer-Hüftle, BNatSchG, 2. Aufl. 2011, § 55, Rn. 2.

der Artenvielfalt weltweit und in Europa.[5] Trotz erheblicher Anstrengungen, die in der EU unter den Stichworten „Natura 2000" und FFH-Richtlinie[6] zu teilweise massiven Beschränkungen von Vorhaben geführt haben[7], ist für die EU zu konstatieren, dass die Ziele im Bereich des Artenschutzes noch nicht erreicht worden sind, der **Artenrückgang** bislang nicht gestoppt werden konnte.[8] Insofern ist eine Effektuierung in der Umsetzung unionsrechtlicher und völkervertragsrechtlicher Vorgaben zu begrüßen. Wenn der Gesetzgeber dazu in Art. 55 Abs. 1 auf eine **Ermächtigung** der Exekutive **zur Verordnungsgebung** setzt, so erzielt er durch den Verzicht auf das aufwändige Gesetzgebungsverfahren sicher Zugewinne in zeitlicher Hinsicht. Eine Effektuierung inhaltlicher Art ist damit aber nicht automatisch verbunden. Von praktischer Bedeutung ist insbesondere die Konkretisierung in der **Bundesartenschutzverordnung** (BArtSchV), die auf § 54 und § 55 gestützt ist.[9]

2. Ausreichende Bestimmtheit der Verordnungsermächtigung

4   § 55 Abs. 1 unterscheidet sich von den eher eng begrenzten Verordnungsermächtigungen in § 54 durch eine relativ weit gefasste Ermächtigung. Grundsätzlich werfen sog. pauschale Verordnungsermächtigungen das verfassungsrechtliche Problem auf, ob sie noch den Bestimmtheitsanforderungen des Art. 80 Abs. 1 Satz 2 GG genügen. Diese Vorgabe soll das Parlament daran hindern, „sich seiner Verantwortung als gesetzgebende Körperschaft zu entäußern".[10] Sie konkretisiert den Grundsatz der **Gewaltenteilung**, das **Demokratieprinzip** und das **Rechtsstaatsprinzip**, insbesondere den **Gesetzesvorbehalt**.[11] Die – in sich schwankende – Rechtsprechung des BVerfG stellt auf drei Formeln ab: die Selbstentscheidungs- (Festlegung von Ziel und Grenzen der Regelung), die Programm- (Erkennbarkeit des dabei anzuwenden Programms durch Auslegung) und die Vorhersehbarkeitsformel (An-

---

5   Im Rahmen des Übereinkommens über die biologische Vielfalt, BGBl. II 1997, S. 1741, haben sich die Vertragsstaaten 2002 verpflichtet, bis 2010 den Artenrückgang deutlich zu reduzieren. Art. 6 Abs. 1 des 6. EU-Umweltaktionsprogramms, Beschluss 1600/2002/ EG, ABl. 2002 L 242/1, fordert einen Stopp des Artenrückgangs bis 2010.

6   Richtlinie 92/43/EWG, ABl. 1992, L 206/7, zuletzt geändert in ABl. Nr. L 158/193. Zu einem Überblick über die einschlägigen EU-Rechtsvorschriften siehe *Scherer/Heselhaus*, in: *Dauses*, Handbuch des EU-Wirtschaftsrechts, Loseblatt, Stand Juni 2010, Kap. O, Rn. 558 ff.

7   Siehe zur Rspr. des BVerwG *Steeck/Lau*, NVwZ 2009, 616 (618).

8   Europäische Umweltagentur, Synthesebericht: Die Umwelt in Europa. Zustand und Ausblick 2015, 2015, S. 12; Art. 2 Abs. 1 lit. a und 23. Begründungserwägung Beschluss Nr. 1386/2013/EU des Europäischen Parlaments und des Rates über ein allgemeines Umweltaktionsprogramm der Union für die Zeit bis 2020, „Gut leben innerhalb der Belastbarkeitsgrenzen unseres Planeten", ABl. 2013, L 354, S. 171; Kommission der Europäischen Gemeinschaften, Überprüfung der Umweltpolitik 2008, KOM (2009) 304 endg., S. 2.

9   BArtSchV v. 16.02.2005 (BGBl. I 2005, S. 258, ber. S. 896), zuletzt geändert am 21.01. 2013 (BGBl. I 2013, S. 95).

10 BVerfG, Beschl. v. 08.06.1988 – 2 BvL 9/85 und 3/86, BVerfGE 78, 249 (272) – Fehlbelegungsabgabe.

11 *Jarass/Pieroth*, GG, 13. Aufl. 2014, Art. 80, Rn. 1.

wendungsfälle, Regelungstendenz und möglicher Inhalt einer Verordnung müssen erkennbar sein).[12] In § 55 Abs. 1 wird mit dem **Artenschutz** jedenfalls das **Ziel** deutlich bestimmt. Bezüglich der anderen Aspekte sind aber Begrenzungen in der Vorschrift nicht leicht zu erkennen. Die Problematik ausreichender Bestimmtheit ist vom BVerfG in dem in vieler Hinsicht vergleichbaren Fall der Verordnungsermächtigung nach § 21a TierSchG kritisch gewürdigt worden.[13] Dagegen hält das BVerwG die Ermächtigung in § 55 Abs. 1 für unproblematisch.[14]

Die Problematik kann auch **nicht** dadurch aufgelöst werden, dass man § 55   5 lediglich eine **deklaratorische Bedeutung** beimisst.[15] Es ist zwar zutreffend, dass die Norm selbst keinen Adressaten benennt und insofern nicht als selbstständige **Ermächtigungsgrundlage** fungieren kann.[16] Diesen Charakter erhält sie indes im Zusammenspiel mit § 54, auf den sie ausdrücklich verweist und den sie **inhaltlich** in zweierlei Hinsicht **erweitert**. Auch § 54 ist unmittelbar (Abs. 6) bzw. über die Bezugnahme auf § 7 (Abs. 2) auf die Durchführung bestimmter EU-Rechtsakte ausgelegt. Über § 55 können zusätzlich zum einen Verordnungen in Durchführung weiterer EU-Rechtsakte erlassen werden. Zum anderen sind die Ermächtigungen in § 54 an spezifische Voraussetzungen gebunden (etwa die Gefahr des Aussterbens in Abs. 2) bzw. auf bestimmte Situationen beschränkt (etwa die Tierhaltung und das Inverkehrbringen in Abs. 5). Dagegen ist § 55 nicht an diese engen Vorgaben gebunden, sondern kann i.V.m. den Vorgaben in EU-Rechtsakten – und zwar in neuen, aber auch bei Änderungen in bereits im BNatSchG erwähnten Rechtsakten – über die in § 54 genannten Voraussetzungen hinausgehen.[17]

Grundsätzlich ist die **verfassungsrechtliche Zulässigkeit** pauschaler Verord-   6 nungsermächtigungen zur Durchführung des Unionsrechts in der Literatur **umstritten**. Die Befürworter argumentieren mit der **zügigen Umsetzung** des Unionsrechts, mit den **Besonderheiten** desselben und mit dem **geringen Spielraum**, den es regelmäßig den Mitgliedstaaten bei der Durchführung belasse. Daher seien die Anforderungen des Art. 80 Abs. 1 Satz 2 GG an die Bestimmtheit zu modifizieren bzw. könnten über Einbeziehung des Unionsrechts erfüllt werden.[18] Die Gegner verweisen vor allem darauf, dass das

---

12 Ausführlich dazu *Bauer*, in: Dreier, GG, Bd. II, 2. Aufl. 2007, Art. 80 Rn. 33 m.w.N. auf die Rspr.
13 BVerfG, Urt. v. 06.07.1999 – 2 BvF 3/90, BVerfGE 101, 1 (31 ff.) – Hennenhaltungsverordnung.
14 Siehe BVerwG, Beschl. v. 19.04.1994 – 4 B 3/94, NVwz-RR 1994, 573 f. zur gleich lautenden Vorgängervorschrift des § 26a BNatSchG a.F.
15 So aber das BVerfG, Urt. v. 06.07.1999 – 2 BvF 3/90, BVerfGE 101, 1 (44), zum vergleichbaren § 21a TierSchG. Zur Reichweite dieser Aussage siehe Rn. 10.
16 BVerfG, Urt. v. 06.07.1999 – 2 BvF 3/90, BVerfGE 101, 1 (44) – Hennenhaltungsverordnung.
17 Ausdrücklich BVerwG, Beschl. v. 19.04.1994 – 4 B 3/94, NVwz-RR 1994, 573 (574).
18 *Calliess*, NVwZ 1998, 8 (12 f.); *Czychowski*, ZUR 1997, 71 (72); *Kloepfer/Rehbinder/ Schmidt-Aßmann/Kunig*, Umweltgesetzbuch – Allgemeiner Teil, 1991, S. 470; ausführlich zu den verschiedenen Begründungsansätzen *Klink*, Pauschale Ermächtigungen zur Umsetzung von Europäischem Umweltrecht mittels Rechtsverordnung, 2005, S. 131 ff.

Unionsrecht die **Modalitäten der Umsetzung** den Mitgliedstaaten freistelle, dass die **Bindung an Art. 80 GG** jedenfalls bei der Umsetzung von EU-Richtlinien fortbestehe und dass ansonsten eine übermäßige **Machtverschiebung auf die Exekutive** drohe, die über den Rat auf die EU-Gesetzgebung einen wesentlichen Einfluss hat.[19] Vermittelnde Ansichten stellen auf die **Besonderheiten des Einzelfalls** ab.[20]

7   Auf der Basis eines vermittelnden Ansatzes begegnet § 55 bei überzeugender Interpretation keinen verfassungsrechtlichen Bedenken. Grundsätzlich wird das **Bestimmtheitserfordernis** nach Art. 80 Abs. 1 Satz 2 GG **nicht** durch EU-Rechtsakte verdrängt. Nicht nur Richtlinien, auch EU-Verordnungen überlassen die Entscheidung, ob sie durch die Exekutive oder das nationale Parlament umgesetzt bzw. näher konkretisiert werden, den Mitgliedstaaten. Auch der **Grundsatz der effektiven Wirksamkeit** des Unionsrechts[21] gebietet nicht zwingend eine besonders rasche Umsetzung durch die Exekutive.[22] Formal ist aber zunächst zu konstatieren, dass das deutsche Parlament mit § 55 Abs. 1 selbst die Exekutive zur Verordnungsgebung ermächtigt hat. Diese Ermächtigung ist thematisch auf den **Artenschutz** bezogen. In diesem Bereich hat die forensische Praxis der vergangenen Jahre gezeigt, wieweit entsprechende Schutzbestimmungen auch zu Eingriffen in Grundrechte führen können.[23] Daher bedarf es aus der Perspektive des grundrechtlichen Parlamentsvorbehalts einer **weiteren inhaltlichen Begrenzung**. Diese ergibt sich in Bezug auf das Unionsrecht in der Praxis daraus, dass EU-Verordnungen und Richtlinien die mitgliedstaatliche Ausführung bzw. Umsetzung inhaltlich regelmäßig stark determinieren.[24] Zudem deutet der Begriff „Durchführung" in § 55 darauf hin, dass in den entsprechenden Rechtsakten ein **ausreichend bestimmtes Regelungsprogramm** vorgegeben sein muss und keine allzu weiten Regelungsspielräume eröffnet werden dürfen. Bei völkervertragsrechtlichen Vorgaben ist im Einzelfall zu klären, inwieweit Ziel und Programm ausreichend eingegrenzt werden. Bei ihnen kann eine zügige Umsetzung durch die Exekutive mit dem **Grundsatz der Völkerrechtsfreundlichkeit** des Grundgesetzes[25] unterfüttert werden. Hinzu tritt aber eine **weitere** inhaltliche Begrenzung in § 55:

---

19 *Becker*, DVBl 2003, 1487 (1489 f.); *Breuer*, ZfW 38 (1999), 221 (225 ff.); *Weihrauch*, NVwZ 2001, 265 (266 ff.).

20 *Bauer*, in: Dreier, GG, Bd. II, 2. Aufl. 2007, Art. 80, Rn. 34 und 37; *Klink*, Pauschale Ermächtigungen zur Umsetzung von Europäischem Umweltrecht mittels Rechtsverordnung, 2005, S. 157, 165 ff.

21 Art. 4 Abs. 3 EUV; zu einzelnen Pflichten siehe *Lenz*, in: Lenz/Borchardt, EU-Verträge, 6. Aufl. 2012, Art. 4 EUV, Rn. 14 ff.

22 Die volle Wirksamkeit des EU-Rechts darf durch die Mitgliedstaaten nicht beeinträchtigt werden, vgl. EuGH, Urt. v. 20. 03. 1997 – Rs. C-24/95, Slg. 1997, I-1591, Rn. 38 – Alcan II.

23 Siehe zur Rspr. des BVerwG *Steeck/Lau*, NVwZ 2009, 616 (618).

24 Zum Zusammenspiel mit dem EU-Recht siehe *Bauer*, in: Dreier, GG, Bd. II, 2. Aufl. 2007, Art. 80, Rn. 36; kritisch dazu aber *Klink*, Pauschale Ermächtigungen zur Umsetzung von Europäischem Umweltrecht mittels Rechtsverordnung, 2005, S. 152 ff.

25 In Bezug auf das Völkervertragsrecht: BVerfG, Beschl. v. 31. 03. 1987 – 2 BvM 2/86, BVerfGE 75, 1 (17); *Jarass/Pieroth*, GG, 13. Aufl. 2014, Art. 25 Rn. 4.

Hätte § 55 zu jeder denkbaren Durchführung artenschutzrechtlicher Bestim-   8
mungen der EU oder internationaler Übereinkommen ermächtigen sollen,
hätte es einer Bezugnahme auf die „Rechtsverordnungen nach § 54" nicht
bedurft. Zu Recht wird in der Literatur darin nicht nur ein Verweis auf die
zuständigen Behörden, sondern auch auf eine **inhaltliche Begrenzung** gesehen.[26] Wenn dazu ausgeführt wird, dass über § 55 in die einzelnen Ermächtigungen nach § 54 jeweils eine weitere Ermächtigung, eben zur
Durchführung anderer Unionsrechtsakte, hineinzulesen sei[27], dann zeigt dies
in die richtige Richtung, bedarf aber der Modifikation. Denn der in § 54 ab-
gesteckte Rahmen abgestufter Schutzintensität wird regelmäßig nicht exakt
in anderen EU-Rechtsakten nachgezeichnet werden. Jedoch muss es sich um
vergleichbare Schutzregelungen („besonderer Schutz", „strenger Schutz"
etc.) handeln. In dieser Interpretation wird nicht nur das Ziel der Ermächtigung, sondern auch das **Programm** im Sinne der Rechtsprechung des
BVerfG[28] ausreichend erkennbar. Dergestalt ist die Ermächtigung in das Re-
gelungssystem des BNatSchGes eingepasst und erlaubt insbesondere nicht,
andere Regelungen des BNatSchG zu konterkarieren.[29]

3. Ermächtigungsgrundlagen und Zitiergebot

Auf der Basis der voranstehend entwickelten Interpretation ergeben sich   9
Konsequenzen für die Bestimmung der **Rechtsgrundlage** einer Rechtsver-
nung nach § 55 Abs. 1 BNatSchG und für das **Zitiergebot** nach Art. 80 Abs. 1
Satz 3 GG. In Übereinstimmung mit dem BVerfG kann § 55 BNatSchG **keine
eigenständige Ermächtigungsgrundlage** darstellen, weil er nicht den **Adressaten** der Ermächtigung benennt.[30] Mit dem BVerwG ist festzustellen, dass
§ 55 den Anwendungsbereich des § 54 BNatSchG erweitert. Deshalb kann
sich in den entsprechenden Fällen eine ausreichende Ermächtigungsgrundlage nur aus der Anwendung beider Normen ergeben.

Daher sind sie auch beide gemäß Art. 80 Abs. 1 Satz 3 GG in der Rechtsver-   10
ordnung zu zitieren. Dem steht die Aussage des BVerfG, dass der inhaltlich
vergleichbare **§ 21a TierSchG** lediglich **deklaratorische Bedeutung** habe[31],
nur scheinbar entgegen. Denn in jenem Fall war eine andere Verordnungsermächtigung im TierSchG ausreichend weit gefasst, um die fraglichen Regelungen über die Hennenhaltung beschließen zu können.[32]

---

26 So im Ansatz *Schmidt-Räntsch*, in: Gassner/Bendomir-Kahlo/Schmidt-Räntsch/Schmidt-
   Räntsch, BNatSchG, 2. Aufl. 2003, § 64 Rn. 2.
27 *Schmidt-Räntsch*, in: Gassner/Bendomir-Kahlo/Schmidt-Räntsch/Schmidt-Räntsch, BNatSchG,
   2. Aufl. 2003, § 64 Rn. 2
28 Ausführlich dazu *Bauer*, in: Dreier, GG, Bd. II, 2. Aufl. 2007, Art. 80 Rn. 33 m.w.N. auf
   die Rspr.
29 Vgl. *Schmidt-Räntsch*, in: Gassner/Bendomir-Kahlo/Schmidt-Räntsch/Schmidt-Räntsch,
   BNatSchG, 2. Aufl. 2003, § 64 Rn. 2
30 BVerfG, Urt. v. 06.07.1999 – 2 BvF 3/90, BVerfGE 101, 1 (44), vgl. *Müller-Terpitz*, DVBl
   2000, 232 (239 f.).
31 BVerfG, Urt. v. 06.07.1999 – 2 BvF 3/90, BVerfGE 101, 1 (44).
32 § 2a TierSchG ermächtigt zu Rechtsverordnungen in Bezug auf die „Anforderungen an
   die Haltung".

11 Im Hinblick auf das Erfordernis **ausreichend programmatischer Vorgaben** hat das BVerfG im Fall des TierSchG darauf hingewiesen, dass eine Rechtsverordnung, die nach ihren Motiven der Umsetzung eines **internationalen Übereinkommens** diene, auch auf dieses Übereinkommen zu stützen sei und damit das Übereinkommen auch vom Zitiergebot erfasst werde.[33] Eingedenk der oben entwickelten Notwendigkeit zur Herstellung ausreichender inhaltlicher, programmatischer Vorgaben (Rn. 7) auch die betreffenden internationalen Übereinkommen bzw. EU-Rechtsakte heranzuziehen, ist diese Rechtsprechung auf § 55 zu übertragen. Sofern also über § 54 i.V.m. § 55 die Exekutive zur Durchführung von Unionsrechtsakten oder von internationalen Übereinkommen befugt ist, müssen diese Rechtsakte beim Erlass der betreffenden Verordnung zitiert werden, soweit sie nicht bereits im Zusammenhang mit § 54 im BNatSchG aufgeführt sind. Dass in der Bundesnaturschutzverordnung ein solches Zitat der EU-Regelungen und internationalen Übereinkommen fehlt, ist insofern unschädlich, als diese zurzeit keine anderen als die im BNatSchG erwähnten Unionsrechtsakte oder internationalen Übereinkommen umsetzt.

4. Inhaltliche Reichweite

12 Der Begriff der **„Durchführung"** in § 55 ist weit zu verstehen. Angesichts des Wortlauts („Rechtsakte") ist er nicht auf die Umsetzung von Richtlinien der EU begrenzt, sondern erfasst auch die Konkretisierung von **EU-Verordnungen** sowie die Durchführung internationaler Übereinkommen.

13 Die Bezugnahme auf **„Rechtsakte** des Rates oder der Kommission" ist eine redaktionelle Schwäche der Norm: Sie ist hoffnungslos veraltet und gibt die gravierenden Änderungen in den Rechtsetzungsverfahren der EU nicht ausreichend wieder. Die besondere Erwähnung des Rates unter Vernachlässigung der Rolle des Europäischen Parlaments datiert aus einer Zeit, als Ersterer noch das allein bestimmende Rechtsetzungsorgan gewesen war. Eine funktionale Interpretation auf der Höhe des Lissabonner Vertrages muss hingegen unter dieses Tatbestandsmerkmal **alle Rechtsetzungsverfahren** (ordentliche und besondere) der EU fassen.[34] Die zusätzliche Einbeziehung der Kommission zeigt, dass auch aufgrund **delegierter Rechtsetzungsbefugnisse** erlassene Rechtakte erfasst werden.[35]

14 Die Begrenzung auf das „Gebiet des **Artenschutzes**" betrifft den Schutz von **Tier- und Pflanzenarten**. In erster Linie ist dabei an die EU-Rechtsakte und internationalen Übereinkommen zu denken, die sich **hauptsächlich** dem Artenschutz widmen und selbst Regelungen über den Schutz der Arten enthalten.[36] Sinn und Zweck des BNatSchG, insbesondere das Ziel des Schutzes der biologischen Vielfalt nach § 1 erlauben im Rahmen der systematischen

---

33 BVerfG, Urt. v. 06.07.1999 – 2 BvF 3/90, BVerfGE 101, 1 (43f.).

34 Im Ergebnis wohl auch *Gellermann*, in: Landmann/Rohmer, Umweltrecht, 63. Lfg. 2011, BNatSchG § 55 Rn. 3.

35 Siehe Art. 290 und 291 AEUV.

36 *Schmidt-Räntsch*, in: Gassner/Bendomir-Kahlo/Schmidt-Räntsch/Schmidt-Räntsch, BNatSchG, 2. Aufl. 2003, § 64 Rn. 4.

und teleologischen Interpretation, auch solche Vorschriften einzubeziehen, die in der Sache Artenschutz darstellen, obwohl sie im Rahmen eines Rechtsaktes beschlossen worden sind, der **nicht primär** dem Artenschutz dient. In der Literatur werden als Beispiele ein Fischfangverbot zur Erhaltung von Fischbeständen nach Art. 211 SRÜ oder ein Verbot des Walfangs durch die Walfang-Kommission angeboten.[37] Die ausreichende inhaltliche Bestimmtheit wird dadurch gewährleistet, dass die eingesetzten Instrumente, denen nach § 54 vergleichbar sein müssen (siehe Rn. 8). Dementsprechend wäre die Ausweisung von Sondergebieten zum Schutz von Fischbeständen durch IMO-Beschluss kein Fall des § 55.

Die Bezugnahme auf Rechtsakte der „Europäischen Gemeinschaft" ist heute   15
als eine solche auf die **Europäische Union** zu lesen. Ob darunter nach der Überwindung der Säulenstruktur in der EU auch Rechtsakte in Bereiche fallen, die vormals nicht der Gemeinschaft eröffnet gewesen waren, ist aus einer teleologischen Betrachtung im Grundsatz zu bejahen. In der Praxis kommt der Frage aber **kaum Bedeutung** zu. Denn z.B. sind umweltstrafrechtliche Normen (etwa zur Absicherung des Artenschutzes) nach Ansicht des EuGH auf Art. 192 Abs. 1 AEUV (Art. 175 Abs. 1 EUV a.F.) zu stützen und durften schon vor dem Lissabonner Vertrag nicht im Rahmen des zweiten Pfeilers des EU-Vertrages a.F., der PJZS, erlassen werden.[38] Im Außenverhältnis wären Übereinkommen der EU mit artenschutzrechtlichen Bezügen regelmäßig auf Art. 175 Abs. 1 AUEV oder die handelsrechtlichen Ermächtigungen nach Art. 206 ff. AEUV zu stützen.

III. Ermächtigung zu Änderungen

Das BNatSchG und darauf basierende Rechtsverordnungen wie die Bundes-   16
artenschutzverordnung verweisen oft auf Vorschriften des Unionsrechts. Dabei handelt es sich insofern um **statische Verweise**, als diese im Fall, dass sich bei einer Novellierung der EU-Vorschriften deren „Hausnummern" ändern, aktualisiert werden müssten. Die amtliche Begründung für die 2002 eingeführte Regelung verweist insbesondere auf die Bußgeld- und Strafvorschriften.[39]

Die Vorschrift erfasst aber keine Anpassungen an inhaltliche Änderungen   17
der zu Grunde liegenden EU-Vorschriften. Nach dem Wortlaut bezieht sich die Ermächtigung lediglich auf „Verweisungen". Dass inhaltliche Änderungen nicht erfasst werden, folgt systematisch aus der Abgrenzung zu den voranstehenden und insofern einschlägigen Ermächtigungen nach §§ 54 und 55 Abs. 1. Aus diesem Grund stellt sich auch die verfassungsrechtlich hoch umstrittene Frage, ob und inwieweit **„gesetzesändernde Verordnungen"**

---

37 *Schmidt-Räntsch*, in: Gassner/Bendomir-Kahlo/Schmidt-Räntsch/Schmidt-Räntsch, BNatSchG, 2. Aufl. 2003, § 64 Rn. 4; ihr folgend *Gellermann*, in: Landmann/Rohmer, Umweltrecht, 63. Lfg. 2011, BNatSchG § 55 Rn. 3.
38 EuGH, Urt. v. 13. 09. 2005 – Rs. C-176/03, Slg. 2005, I-7879 ff., und EuGH, Urt. v. 23. 10. 2007 – Rs. C-440/05, Slg. 2007 I-9097 ff.
39 BT-Drs. 14/6378, S. 63. Vgl. § 69 Abs. 5 und 6 BNatSchG.

zulässig sind, nicht in voller Schärfe.[40] Denn die Anwendung der inhaltlich korrekten EU-Vorschriften könnte auch ohne Klarstellung im Wege der Interpretation gesichert werden. In der Sache erschöpft sich die Anpassungsermächtigung also in einer **redaktionellen Anpassung** unrichtig gewordener Verweise.

---

[40] Kritisch zu den gesetzesändernden Rechtsverordnungen *Wallrabenstein*, in: v. Münch/ Kunig, GG, Bd. 3, 6. Aufl. 2012, Art. 80, Rn. 26.

KAPITEL 6
Meeresnaturschutz

§ 56
Geltungs- und Anwendungsbereich

(1) Die Vorschriften dieses Gesetzes gelten auch im Bereich der Küstengewässer sowie mit Ausnahme des Kapitels 2 nach Maßgabe des Seerechtsübereinkommens der Vereinten Nationen vom 10. Dezember 1982 (BGBl. 1994 II S. 1798, 1799; 1995 II S. 602) und der nachfolgenden Bestimmungen ferner im Bereich der deutschen ausschließlichen Wirtschaftszone und des Festlandsockels.

(2) Auf die Errichtung und den Betrieb von Windkraftanlagen in der deutschen ausschließlichen Wirtschaftszone, die bis zum 1. Januar 2017 genehmigt worden sind, findet § 15 keine Anwendung.

Inhaltsübersicht

I. Allgemeines

1. Zweck und Bedeutung

§ 56 Abs. 1 regelt die **räumliche Geltung** der (meisten) Vorschriften des   1
BNatSchG im marinen Bereich. Für die **Küstengewässer** (Rn. 9, 10) hat die
Vorschrift nur **klarstellende Funktion**. Dagegen füllt sie in der deutschen **ausschließlichen Wirtschaftszone** (AWZ, siehe Rn. 11–13) und im Bereich des
Festlandsockels (Rn. 14) den durch die Vorschriften des **Seerechtsübereinkommens**[1] konstitutiv eröffneten Rahmen für die Geltung deutschen Rechts
aus.[2] Damit kommen in den beiden letzten genannten Bereichen – mit
Ausnahme der ausdrücklich ausgeschlossenen Landschaftsplanung nach

---

[1] Gesetz v. 02.09.1994 zum Seerechtsübereinkommen der Vereinten Nationen v. 10.12. 1994 (BGBl. II 1994, S. 1798).

[2] Siehe die Begründung in BT-Drs. 16/12274, S. 73, gleich lautend mit dem Gesetzentwurf der Bundesregierung, BT-Drs. 16/12785; *Gassner/Heugel*, Das neue Naturschutzrecht, 2010, Rn. 630.

Kapitel 2 – grundsätzlich **alle Instrumente** des BNatSchG, insbesondere die Eingriffsregelung, zur Anwendung.[3] Zugleich verdeutlicht die Vorschrift, dass das Meeresnaturschutzrecht im Küstenmeer zum **abweichungsfesten Kern** des Rechts des Naturschutzes und der Landschaftspflege i.S. d. Art. 72 Abs. 3 Satz 1 GG zählt.[4] Die Vorschrift ist **neu** in das BNatSchG 2010 aufgenommen worden. Ihr Vorläufer, § 38 BNatSchG 2002[5] hatte lediglich ermöglicht, dass in der AWZ und im Bereich des Festlandsockels den Vorgaben des EU-Naturschutzrechts, nämlich der FFH-Richtlinie und der Vogelschutz-Richtlinie, Rechnung getragen wird.[6]

2   Ebenfalls neu in das BNatSchG 2010 wurde § 56 Abs. 2 aufgenommen, der für den Bereich der **Windenergie** eine **Sonderregelung** enthält. Danach sind die Windkraftanlagen in der AWZ von den Erfordernissen des § 15, d.h. umfassend vom Pflichtengefüge der naturschutzrechtlichen Eingriffsregelung inklusive der Verpflichtung zum Ausgleich von Eingriffen in die Natur,[7] bis zum 01.01.2017 ausgenommen (siehe Rn. 23, 24).

3   Die vorstehenden Neuerungen sind Ausdruck zweier **Entwicklungsstränge** im maritimen Recht. Dem tradierten Ansatz, das Meer überwiegend aus der **Perspektive der Nutzung** zu betrachten (siehe Rn. 4), wird der auf Pflege und Hege abzielende **naturschutzrechtliche Ansatz** gegenübergestellt. Allerdings weist die Sonderregelung des § 56 Abs. 2 auf neue wirtschaftliche Nutzungsinteressen hin und drückt die nach wie vor vorhandene Tendenz aus, wirtschaftlichen Interessen in der Abwägung besondere Beachtung zu schenken. Von aktueller wirtschaftlicher Bedeutung sind neben dem Ausbau der Windenergie durch **Offshore-Windkraftanlagen**[8] die Verlegung von **unterseeischen Kabeln und Rohrleitungen**[9], die **Lagerung von CO_2** (sog. CCS – carbon capture and storage) im Meeresgrund[10] sowie die Anlage von sog. **Aquakulturen**[11].

---

3 *Gassner/Heugel*, Das neue Naturschutzrecht, 2010, Rn. 638.

4 Siehe die Begründung in BT-Drs. 16/12274, S. 73; gleichlautend mit dem Gesetzentwurf der Bundesregierung, BT-Drs. 16/12785.

5 Gesetz v. 25.03.2002 (BGBl. I 2002, S. 1193).

6 Siehe § 38 i.V.m. §§ 33 und 34 BNatSchG 2002 zur Ausweisung entsprechender Schutzgebiete.

7 Ausführlich zum Rechtsfolgensystem der Eingriffsregelung im neuen BNatSchG *Koch*, in: Kerkmann (Hrsg.), Naturschutzrecht in der Praxis, 2. Aufl. 2010, § 4 Rn. 27 ff. Vgl. ferner *Franzius*, ZUR 2010, 346 ff.

8 Siehe dazu *Büllesfeld/Koch/v. Stackelberg*, ZUR 2012, 274 ff.; *Fest*, Die Errichtung von Windenergieanlagen in Deutschland und seiner Ausschliesslichen Wirtschaftszone, 2010; *Runge/Schomerus*, ZUR 2007, 410 ff.; *Erbguth/Mahlburg*, DÖV 2003, 665 ff.; *Pestke*, Offshore-Windfarmen in der Ausschließlichen Wirtschaftszone, 2008; *Kahle*, ZUR 2004, 80 ff.

9 Siehe dazu *Wolf*, Unterseeische Rohrleitungen und Meeresumweltschutz. Eine völkerrechtliche Untersuchung am Beispiel der Ostsee, 2011, *Proelß*, ZUR 2010, 359 (361 f.).

10 Siehe Art. 2 Abs. 1 Richtlinie 2009/31/EG v. 23.04.2009 über die geologische Speicherung von Kohlendioxid (ABl. EU 2009, L 140/114); zur Problematik *Wolf*, ZUR 2010, 365 (368).

11 Zur Nachhaltigkeit der Aquakultur unter dem Europarecht *Wack*, NuR 2010, 350 ff. Vgl. den Beitrag von *Peter Kersandt* zur Tagung: Neue Herausforderungen für den Meeresnaturschutz und das Umweltrecht, zitiert nach *Fischer-Hüftle*, NuR 2010, 332.

2. Entwicklung und Besonderheiten des Meeresumweltschutzes

Seit Jahrhunderten ist die **wirtschaftliche Nutzung** die vorherrschende Betrachtung des Meeres. Zum einen ist der **Fischfang** seit jeher ein wichtiger Zweig der Nahrungsmittelversorgung gewesen. Trotz der scheinbaren Unerschöpflichkeit der natürlichen Ressourcen des Meeres führte dies zur Konkurrenz um Fanggründe, deren Abschottung mit dem Begriff des **„mare clausum"** (*John Selden*, Mare clausum seu de dominio maris, 1635) rechtlich unterfüttert werden sollte. Zum anderen ist die **Schifffahrt** bis heute eine kostengünstige Transportart. Ihre große wirtschaftliche Bedeutung erreichte einen neuen Höhepunkt im Merkantilismus in der Frühmoderne und wurde rechtlich vom Ansatz eines **„mare liberum"** (*Hugo Grotius*, De mare libero, 1609) gestützt. Die wirtschaftliche Konkurrenzsituation war in der Schifffahrt weniger durch Naturgegebenheiten bedingt als durch die Errichtung von Handelsmonopolen. Im bis heute andauernden Konflikt zwischen den beiden rechtlichen Positionen setzte sich zunächst der Ansatz des *mare liberum* durch. Das *mare clausum* galt nur in einem Bereich, in dem es **effektiv durchgesetzt** werden konnte: Die frühere Drei-Meilen-Zone entsprach der Reichweite einer Kanone von Land aus. Im 20. Jahrhundert sind mit der vermehrten und intensivierten Nutzung der Meere und der technischen Möglichkeiten der Förderung von Bodenschätzen, wie Öl und Gas, aus dem Meeresboden neue wirtschaftliche Konkurrenzsituationen entstanden, die zu weiteren Begrenzungen des Ansatzes der Freiheit der Meere geführt haben. Insbesondere haben die Küstenstaaten **Zonen mit privilegierten Nutzungsrechten** letztlich erfolgreich beansprucht.

4

Dem **Meeresumweltschutz** ist – wohl angesichts der Weite der Meere und der damit korrespondierenden Diffusion von schädlichen Einleitungen – erst relativ spät rechtliche Beachtung geschenkt worden. Dabei dominierte zunächst ein **„emissionsbezogener" Ansatz** und zwar aus der Perspektive der Küstenstaaten: das Interesse konzentrierte sich zunächst auf Einleitungen in die Küstengewässer bzw. auf Verschmutzungen des Landes von See aus. Bis heute ist auf Hoher See mehr an Umweltverschmutzung erlaubt, als man an Land politisch hinzunehmen bereit wäre (Stichworte sind die frühere Dünnsäureverklappung sowie die Verbrennung von Schweröl zum Antrieb von Schiffen, die an Land als Verbrennung von Sonderabfällen einzustufen wäre[12]). Der **Schutz von Arten und Lebensräumen** (sozusagen ein immissionsbezogener Ansatz) ist erst in jüngster Zeit verstärkt in den Blick geraten.[13] So sind im Völkerrecht das Übereinkommen über die biologische Vielfalt, die Berner Konvention sowie die Bonner Konvention, im EU-Recht die FFH- und die Vogelschutzrichtlinie nicht auf terrestrische Gebiete beschränkt, sondern erfassen auch marine Bereiche. Der Artenschutz weist teilweise Überlappungen mit den Fischereiinteressen auf, insbesondere wenn eine nachhaltige Fischerei durch Überfischung bedroht wird.

5

---

12 *Wolf*, ZUR 2010, 365 (366).

13 Das Seerechtsübereinkommen kennt lediglich schwach ausgeprägte Schutzgutbestimmungen für die marine Fauna und Flora, *Gassner/Heugel*, Das neue Naturschutzrecht, 2010, Rn. 621.

6 Der Meeresumweltschutz steht vor besonderen natürlichen und rechtlichen Herausforderungen. Während der terrestrische Umweltschutz sozusagen zweidimensional auf die Flächennutzung fokussiert ist, muss das Meer als Naturraum **„dreidimensional"**[14] erfasst werden: Dieser besteht aus dem Meeresgrund, der Wassersäule, der Meeresoberfläche und dem Luftraum darüber. Die letzten drei Bereiche sind zudem durch eine besondere **Dynamik des Schadstofftransports** gekennzeichnet. Diese Besonderheiten sind auch bei einer Übertragung der Bemühungen um die Etablierung eines **Ökosystemansatzes**[15] im gesamten Umweltschutz auf den Meeresumweltschutz zu beachten.

7 Hinzu tritt der Umstand, dass die im terrestrischen Umweltschutz entwickelten Rechtskonzepte auf weiteren Bedingungen beruhen, die sich deutlich von der maritimen Situation unterscheiden. Insbesondere kennen die maritimen Nutzungsräume weder die „Dialektik" von **Siedlungsraum und Freiraum** noch die Auseinandersetzung zwischen Natur als **öffentlichen Gut und privaten Eigentumsrechten** in der AWZ bzw. dem Festlandsockel. Da zulässige Nutzungsrechte in den Bereichen der AWZ und des Festlandsockels Privaten erst staatlicherseits verliehen werden müssen, könnte der Küstenstaat eine öffentliche Bewirtschaftungsordnung, die den Naturschutz mit umfasst, aufstellen. Dessen ungeachtet werden in der Praxis hingegen Rechtskonzeptionen angewendet, die den Vorhabenträger wie den Inhaber von Eigentumsrechten behandeln. So kommt in der Seeanlagenverordnung und im einschlägigen Bundesberggesetz das Instrument der gebundenen Entscheidung zur Anwendung, ohne dass mögliche Abwägungs- und Ermessensspielräume zu Gunsten des Umweltschutzes eröffnet würden.[16] Insgesamt wird in der Literatur eine **„hinkende Verrechtlichung"** des Schutzes und der Nutzung der marinen Ressourcen konstatiert.[17] Das gilt auch für das neu in das BNatSchG eingeführte Kapitel 6 über den Meeresnaturschutz. Dieses enthält zwar in § 57 spezifische Vorschriften für die Schutzgebietsausweisung in den Bereichen der AWZ und des Festlandsockels, ordnet aber im Übrigen über die Erstreckungsklausel des § 56 Abs. 1 ohne besondere Spezifizierungen die Anwendung des weiteren – terrestrisch radizierten – naturschutzrechtlichen Instrumentariums an.[18]

II. Die Erstreckungsklausel nach Abs. 1

1. Rechtsrahmen und Geltung deutschen Rechts

8 Die Differenzierung in § 56 Abs. 1 zwischen Küstenmeer, AWZ und Festlandsockel knüpft an die **völkerrechtliche Rechtslage** an, wie sie im Seerechtsübereinkommen abgebildet ist und im Übrigen mittlerweile Völkergewohnheitsrecht entspricht.

---

14 *Wolf*, ZUR 2010, 365 (366).

15 Zum ökosystemaren Ansatz *Czybulka*, ZUR 2008, 241.

16 Zum Vorstehenden *Wolf*, ZUR 2010, 365.

17 *Wolf*, ZUR 2010, 365.

18 Vgl. BT-Drs. 18/12274, S. 73; gleichlautend mit dem Gesetzentwurf der Bundesregierung, BT-Drs. 16/12785.

a) Das Küstenmeer

Die verschiedenen maritimen Räume werden vom Land ausgehend abge- 9
grenzt. Ausgangspunkt ist nach Art. 5 SRÜ die sog. **Basislinie**, die regelmäßig entlang der Küste auf Höhe der Niedrigwasserlinie verläuft. Von dort aus
steht einem Staat das sog. **Küstenmeer** als Teil seines **Staatsgebietes** zu. Der
Staat kann höchstens ein **12 Seemeilen** breites Küstenmeer beanspruchen
(Art. 12 SRÜ). Deutschland hat von diesem Recht in der Nordsee umfassend
Gebrauch gemacht. Dagegen hat es in der Ostsee die zulässige Größe nicht
immer ausgenutzt.[19] Zum deutschen Küstenmeer zählt auch das **Wattenmeer.**[20]

Im **Küstenmeer** gilt qua definitionem als Teil des Staatsgebietes **nationales** 10
Recht. Insoweit hat die räumliche Erstreckung des Geltungsbereiches des
BNatSchG in § 56 Abs. 1 lediglich **deklaratorische** Wirkung.[21] Folglich kom-
men in Deutschland grundsätzlich Bundesrecht und das Recht der Küsten-
bundesländer zur Anwendung. Nach Art. 72 Abs. 3 Satz 1 Nr. 2 GG ist der
Meeresnaturschutz ein **abweichungsfester Kern** des Naturschutzes und der
Landschaftspflege. Dies wird im BNatSchG durch die Überschrift des Kapi-
tels 6 verdeutlicht.[22]

b) Die AWZ

Die ausschließliche Wirtschaftszone (AWZ) schließt an die seewärtige Grenze 11
des Küstenmeeres an und kann sich bis zu **höchstens 200 Seemeilen** erstrecken (Art. 57 SRÜ). Die AWZ gehört nicht zum Staatsgebiet, sondern unterliegt einer **besonderen Rechtsordnung** nach dem Seerechtsübereinkommen.[23] Demzufolge verfügt der Küstenstaat dort nur über die souveränen
Rechte, die ihm das Seerechtsübereinkommen zuweist. Zugleich regelt das
Seerechtsübereinkommen die Rechte und Freiheiten anderer Staaten in der
AWZ.

Art. 56 Abs. 1 SRÜ gewährt dem **Küstenstaat** „souveräne Rechte zum Zweck 12
der Erforschung und Ausbeutung, Erhaltung und Bewirtschaftung der lebenden und nicht lebenden natürlichen Ressourcen der Gewässer über dem
Meeresboden, des Meeresbodens (s. dazu auch Rn. 20 ff.) und seines Unter-
grunds sowie hinsichtlich anderer Tätigkeiten zur wirtschaftlichen Erforschung und Ausbeutung wie der Energieerzeugung aus Wasser, Strömung
und Wind" (lit. a). Hinzu treten weitere Hoheitsrechte bezüglich der Errich-

---

19 Bekanntmachung vom 11. 11. 1994 (BGBl. I 1994, S. 3428). Grund für die Zurückhaltung
   in der Ostsee dürfte sein, so die Anwendbarkeit besondere Regelungen des Seerechtsübereinkommens über Meerengen (Art. 34 ff. SRÜ) zu vermeiden, *Gassner/Heugel*, Das
   neue Naturschutzrecht, 2010, Rn. 623.
20 *Dahm/Delbrück/Wolfrum*, Völkerrecht, Bd. I/1, 2. Aufl. 1989, § 65 Die inneren Gewässer,
   S. 413.
21 BT-Drs. 16/12274, S. 73; gleichlautend mit dem Gesetzentwurf der Bundesregierung, BT-
   Drs. 16/12785.
22 BT-Drs. 16/12274, S. 73; gleichlautend mit dem Gesetzentwurf der Bundesregierung, BT-
   Drs. 16/12785.
23 *Heintschel von Heinegg*, in: Ipsen, Völkerrecht, 6. Aufl. 2014, § 45 Rn. 23 ff.

tung und Nutzung von künstlichen Inseln, von Anlagen und Bauwerken, der wissenschaftlichen Meeresforschung und des Schutzes und der Bewahrung der Meeresumwelt (lit. b). **Allen Staaten** werden aber zugleich nach Art. 58 SRÜ die auch auf der Hohen See geltenden Freiheiten der Schifffahrt, des Überflugs und der Verlegung unterseeischer Kabel und Rohrleitungen und die entsprechenden Nutzungen eingeräumt. Zwischen den berechtigten Staaten bestehen **wechselseitige Rücksichtnahmegebote** (Art. 56 Abs. 2 und Art. 58 Abs. 3 SRÜ[24]). Entsprechend der völkerrechtlichen Verbindlichkeit dieser Vorgaben erklärt § 56 Abs. 1 diese einfachgesetzlich zum rechtlichen Maßstab.

13 1994 hat Deutschland eine **AWZ** sowohl in der Nordsee als auch in der Ostsee **proklamiert**.[25] Damit kommt es auf die Frage, ob das EU-Umweltrecht eine entsprechende Erklärung gebietet, um ihm in der AWZ effektive Wirksamkeit zu verschaffen[26], praktisch nicht mehr an. Nach h.M. müssen aber die nationalen rechtlichen Regelungen, die in der AWZ zur Anwendung kommen sollen, **ausdrücklich** auf diese **erstreckt** werden.[27] Eine solche **Erstreckungsklausel** stellt § 56 Abs. 1 für das BNatSchG – mit Ausnahme der Vorschriften über die Landschaftsplanung – dar (siehe auch Rn. 22). Deutschland hat schon früher von seinen Rechten im Hinblick auf die Genehmigung von Seeanlangen und den Seebergbau Gebrauch gemacht und die einschlägigen Regelungen auf die AWZ bzw. den Festlandsockel erstreckt.[28]

c) Der Bereich des Festlandsockels

14 Geologisch-ozeanografisch bezeichnet der **Festlandsockel** (continental shelf) den Meeresgrund und -untergrund von der Küste seewärts bis zum sog. Festlandabhang, der steil in den Tiefseeboden „abstürzt". Dieser stößt wegen der dort vorhandenen Bodenschätze auf großes Interesse der Küstenstaaten. Bereits 1945 proklamierten die USA einseitig die Kontrolle über den Festlandsockel. Dieses Vorgehen führte rasch zur Entwicklung von Völkergewohnheitsrecht.[29] Die **Definition** nach Art. 76 Abs. 1 SRÜ knüpft daran an und begrenzt den Festlandsockelbereich bis zur „Kante des Festlandrands", **höchstens** aber auf **200 Seemeilen**. Die berechtigten **Küstenstaaten** haben **souveräne Rechte** zur Erforschung und Ausbeutung der natürlichen Ressourcen des Festlandsockels (Art. 78 SRÜ), andere Staaten haben insbesondere das Recht zur Verlegung unterseeischer Kabel und Rohrleitungen (Art. 79

---

24 Vgl. *Schmidt-Räntsch*, in: Gassner/Bendomir-Kahlo/Schmidt-Räntsch/Schmidt-Räntsch, BNatSchG, 2. Aufl. 2003, § 56 Rn. 16 m.w.N.

25 Bekanntmachung v. 29.11.1994 (BGBl. II 1994, S. 3769).

26 So High Court of Justice, Urt. v. 05.11.1999 – CO/1336/1999 (Secretary of State for Trade and Industrie ex parte Greenpeace Ltd); siehe dazu *Czybulka* NuR 2001, 19 ff.

27 *Kahle*, ZUR 2004, 80 (2 f.); ähnlich *Lagoni*, NuR 2002, 121 (125); a.A. für Geltung nationalen Rechts ipso iure *Czybulka*, NuR 2001, 367 (370)

28 *Schmidt-Räntsch*, in: Gassner/Bendomir-Kahlo/Schmidt-Räntsch/Schmidt-Räntsch, BNatSchG, 2. Aufl. 2003, § 38 Rn. 3.

29 *Heintschel von Heinegg*, in: Ipsen, Völkerrecht, 6. Aufl. 2014, § 45 Rn. 2 ff.

SRÜ). Deutschland hat bereits 1964 **Anspruch auf den Festlandsockel** erhoben[30] und sich 1971 mit den Nachbarstaaten auf die genaue Abgrenzung in der Nordsee vertraglich geeinigt.[31]

d) Die Hohe See

Alle nicht den vorstehend genannten Räumen unterfallenden Meeresberei-   15
che bilden die **Hohe See** (Art. 86 SRÜ). Dort bestehen **keinerlei souveräne Rechte** der Staaten (Art. 89 SDRÜ); alle Staaten haben vor allem die Rechte der **freien Passage**, der Verlegung unterseeischer Kabel und Rohrleitungen, der Errichtung künstlicher Inseln und der Fischerei (Art. 87 SRÜ).[32]

2. Anwendbarkeit von EU-Recht

Die **Europäische Union** ist zwar **Vertragspartei** des Seerechtsübereinkom-   16
mens.[33] Da ihr aber keine Staatsqualität zukommt, verfügt sie auch weder über eine eigenständige territoriale Souveränität noch Gebietshoheit. Maßgeblich ist für die Geltung des EU-Rechts in räumlicher Hinsicht gemäß Art. 52 EUV i.V.m. Art. 355 AEUV das Staatsgebiet der Mitgliedstaaten. Dieses verändert sich getreu dem **Prinzip der beweglichen Vertraggrenzen**, wenn die Mitgliedstaaten entsprechende Änderungen vornehmen. Damit gilt das EU-Recht grundsätzlich **uneingeschränkt** im Bereich des **Küstenmeeres**.[34]

Im Hinblick auf die die Bereiche der **AWZ** und des **Festlandsockels** ist ent-   17
scheidend, dass die Geltung des EU-Rechts nicht nur von der Gebietshoheit der Mitgliedstaten abhängt, sondern auch **an die Hoheitsgewalt** der Mitgliedstaaten **anknüpft**. Soweit also Mitgliedstaaten in der AWZ in völkerrechtlich zulässiger Weise Regelungen treffen können, unterliegen sie dabei auch den Bindungen an das einschlägige EU-Primär- und Sekundärrecht.[35] Das hat der EuGH schon 1976 mit Bezug zur Erhaltung der biologischen Schätze des Meeres festgestellt[36] und 2005 im Hinblick auf die Geltung der FFH-Richtlinie in der AWZ bestätigt[37].

Zu den einschlägigen EU-Rechtsvorschriften zählen insbesondere die **ge-**   18
meinsame Fischereiordnung[38] sowie die **FFH-**[39] und die **Vogelschutzricht-**

---

30 Bekanntmachung vom 20.01.1964 (BGBl. II 1964, S. 104).
31 BGBl. II 1972, S. 882, 889 und 897.
32 *Heintschel von Heinegg*, in: Ipsen, Völkerrecht, 6. Aufl. 2014, § 46 Rn. 1 ff.
33 Zum Beitritt der früheren EG siehe Beschluss des Rates, ABl. EU 1998, L 179, S. 1.
34 Vgl. EuGH, Urt. v. 27.03.2014, ECLI:EU:C:2014:191 – Rs. C-17/13 (Rn. 19).
35 Siehe die Mitteilung der Kommission, KOM (1999) 363, S. 11; vgl. High Court of Justice, Urt. v. 05.11.1999 – CO/1336/1999 (Secretary of State for Trade and Industrie ex parte Greenpeace Ltd); siehe dazu *Czybulka* NuR 2001, 19 ff.
36 EuGH, Urt. v. 14.07.1976 – Rs. 4/76, Slg. 1976, 1279 (Rn. 30, 33).
37 EuGH, Urt. v. 20.10.2005 – Rs. C-6/04, Slg. 2005, I-9017 (Rn. 117).
38 Verordnung (EG) Nr. 2371/2002, ABl. EU 2002, L 358/59, zuletzt geändert in ABl. Nr. L 354/22; siehe umfassend dazu *Markus*, European Fisheries Law – From Promotion to Management, 2009.
39 Richtlinie 92/43/EWG (ABl. EU 1992, L 206, S. 7, zuletzt geändert in ABl. Nr. L 158/193.

linie[40]. Die FFH-Richtlinie erfasst nach ihrem Art. 1 lit. b auch aquatische Gebiete. Nach Nr. 11 Anhang I FFH-Richtlinie müssen Schutzgebiete auch für Meeresgewässer und Gezeitenzonen ausgewiesen werden. Die dort erwähnten Lebensraumtypen kommen in der deutschen AWZ in der Nord- und Ostsee vor.[41] Bei der Auswahl von Schutzgebieten ist auch auf „im Wasser lebende Tierarten, die große Lebensräume beanspruchen" zu achten. Dazu zählen nach Anhang II u.a. der Seehund (Phoca vitulina), der Schweinswal (Phocoena phocoena) sowie die Kegelrobbe (Halichoerus grypus), die in Nord- und Ostsee auftreten.[42] Die Vogelschutz-Richtlinie ist nach ihrem Art. 4 Abs. 1 UAbs. 3 auch auf marine Gebiete anwendbar. Im Hinblick auf das Haftungs- und Sanierungskonzept der **Umwelthaftungs-Richtlinie** ist zu differenzieren. Der Gewässerschutz wird dort nur auf das Küstenmeer erstreckt. Doch der Schutz von Arten und Lebensräumen knüpft an die FFH-Richtlinie an und kommt somit auch in der AWZ zur Anwendung.[43] Darüber hinaus stellt die **Meeresschutz-Richtlinie**[44] auch für küstennahe Meeresgebiete einen Ordnungsrahmen auf, der u.a. auf die Regelung der nachhaltigen Nutzung der natürlichen Ressourcen abzielt.

3. Anwendbares deutsches Recht

19 Grundsätzlich ist im Bereich des **Küstenmeeres** aufgrund der Zugehörigkeit zum Staatsgebiet das gesamte einschlägige deutsche Recht anwendbar.[45] Soweit in der **AWZ** Hoheitsrechte ausgeübt werden, ist nach den allgemeinen Grundsätzen davon auszugehen, dass die Ausübung dieser Hoheitsmacht den verfassungsrechtlichen Grenzen des Grundgesetzes unterliegt.[46] Damit kommt insbesondere auch die **Staatszielbestimmung Umweltschutz** nach Art. 20a GG zum Tragen.[47] Ferner richtet sich die Verteilung der **Gesetzgebungskompetenzen** Art. 30 GG folgend nach den Art. 70 ff. GG und die **Verwaltungskompetenzen** nach Art. 83 ff. GG. Aus Art. 72 Abs. 3 Satz 1 Nr. 2 GG ergibt sich, dass die konkurrierende Gesetzgebungskompetenz des Bundes nach Art. 74 Abs. 1 Nr. 29 GG für den Naturschutz und die Landschaftspflege auch die maritimen Bereiche erfasst.[48] Für den Vollzug im Be-

---

40 Richtlinie 79/409/EWG (ABl. EU 1979, L 103, S. 1); kodifizierte Fassung in Richtlinie 2009/147/EG (ABl. EU2009, L 20, S. 17).

41 Vgl. *Czybulka/Kersandt*, Rechtsvorschriften, rechtliche Instrumentarien und zuständige Körperschaften mit Relevanz für marine Schutzgebiete in der Ausschließlichen Wirtschaftszone und auf Hoher See des OSPAR-Konventionsgebietes, 2000, S. 26, 28.

42 *Czybulka*, in: Schumacher/Fischer-Hüftle, BNatSchG, 2. Aufl. 2011, § 57 Rn. 15 f.

43 Ausführlich dazu *Ehlers*, NuR 2006, 86 (89). Der Ansatz wird in § 7 USchadG umgesetzt.

44 Art. 3 Abs. 1 lit. a Meeresstrategie-Rahmenrichtlinie 2008/56/EG (ABl. EU 2008, L 164, S. 19) dehnt den Anwendungsbereich auch auf die AWZ aus; näher dazu *Markus/Schlacke*, ZUR 2009, 464 ff. und *Scherer/Heselhaus*, in: Dauses, Handbuch des EU-Wirtschaftsrechts, Loseblatt, Stand Juni 2010, Kap. O, Rn. 367.

45 Vgl. zur fehlenden Befugnis einer Inselgemeinde gegen einen Offshore-Windenergiepark VG Oldenburg, Urt. v. 11.12.2008 – 5 A 2025/08, NuR 2009, 145.

46 *Gassner/Heugel*, Das neue Naturschutzrecht, 2010, Rn. 628.

47 Zum Inhalt näher *Heselhaus*, in: Hansmann/Sellner, Grundzüge des Umweltrechts, 4. Aufl. 2012, I.1., Rn. 12 ff.

48 *Gassner/Heugel*, Das neue Naturschutzrecht, 2010, Rn. 628.

reich des Küstenmeeres sind regelmäßig die Küstenbundesländer zuständig. Die Betrauung des **Bundesamts für Naturschutz** als **selbstständige Bundesoberbehörde** mit Verwaltungsaufgaben in den Bereichen der AWZ und des Festlandsockels nach § 58 Abs. 1 BNatSchG ist gemäß Art. 87 Abs. 3 Satz 1 GG zulässig.

Einschlägige einfachgesetzliche Regelungen für die AWZ finden sich im **See-** *20* **aufgabengesetz**[49] und in der darauf basierenden **Seeanlagenverordnung**[50]. Ferner kommen im Hinblick auf den Meeresboden das **Bundesberggesetz**[51] und die **Festlandsockelbergverordnung**[52] zur Anwendung.[53] Ferner gilt das BNatSchG kraft der Erstreckung in § 56 Abs. 1 BNatSchG, soweit es das Seerechtsübereinkommen zulässt. Dagegen ist die Geltung des **Wasserhaushaltsgesetzes** im maritimen Bereich auf das Küstenmeer beschränkt.[54] Das **Raumordnungsgesetz** ist wiederum auf die AWZ erstreckt worden.[55] So besteht seit 2004 mit § 18a ROG die Grundlage, für die AWZ Ziele und Grundsätze der Raumordnung hinsichtlich der wirtschaftlichen und wissenschaftlichen Nutzung, der Gewährleistung der Sicherheit und Leichtigkeit der Seeschifffahrt sowie zum Schutz der Meeresumwelt einschließlich der Festlegung von Vorrang-, Vorbehalts- und Eignungsgebieten (nach § 7 Abs. 4 ROG) unter Beteiligung der Öffentlichkeit aufzustellen. Die Ausdehnung des Raumordnungsregimes auf die AWZ stellt angesichts des zunehmenden Nutzungsdrucks auf die Meeresgebiete den Naturschutz vor besondere Herausforderungen. Das BfN unterstützt die für die Raumordnung in der AWZ erforderliche strategische Umweltprüfung durch die Erarbeitung des Umweltberichtes. Zuständig für die Aufstellung der Ziele und Grundsätze der Raumordnung für die AWZ ist das Bundesministerium für Verkehr, Bau und Wohnungswesen unter Beteiligung der fachlich betroffenen Bundesministerien per Rechtsverordnung.

---

49 Gesetz über die Aufgaben des Bundes auf dem Gebiet der Seeschiffahrt v. 24. 05. 1965, i.d.F. der Bekanntmachung v. 26. 07. 2002 (BGBl. I S. 2876), zuletzt geändert durch Gesetz v. 19. 10. 2013 (BGBl. I 2013, S. 3836).

50 Verordnung über Anlagen seewärts der Begrenzung des deutschen Küstenmeeres v. 23. 01. 1997 (BGBl. I 1997, S. 57), zuletzt geändert durch Verordnung v. 29. 08. 2013 (BAnz. AT 30.08.2013 V1). Vgl. zur Bedeutung der SeeAnlV im Hinblick auf die Anordnung der sofortigen Vollziehung der Genehmigung eines Offshore-Windenergieparks OVG Hamburg, Beschl. v. 01. 02. 2010 – 5 Bs 225/09, NuR 2010, 715.

51 Bundesberggesetz v. 13. 08. 1980 (BGBl. I 1980, S. 1310), zuletzt geändert durch Gesetz v. 07. 08. 2013 (BGBl. I 2013, S. 3154).

52 Festlandsockel-Bergverordnung v. 21. 03. 1989 (BGBl. I 1989, S. 554), zuletzt geändert durch Gesetz v. 15. 11. 2014 (BGBl. I 2014, S. 1724).

53 Zum anwendbaren deutschen Recht im Hinblick auf Windkraftanlagen *Kahle*, ZUR 2004, 80 (86).

54 Art. 2 Abs. 1 Wasserhaushaltsgesetz v. 31. 07. 2009 (BGBl. I 2009, S. 2585), zuletzt geändert durch Gesetz vom 15. 11. 2014 (BGBl. I 2014, S. 1724); vgl. dazu Wolf, ZUR 2010, 365 (366); zum Verhältnis von Wasserrecht und Naturschutzrecht siehe Reinhardt, NuR 2009, 517 ff.

55 § 17 Raumordnungsgesetz 22. 12. 2008 (BGBl. I 2008, S. 2986), zuletzt geändert durch Gesetz v. 31. 07. 2009 (BGBl. I 2009, S. 2585). Zu Rechtsfragen der maritimen Raumplanung *Schubert*, NuR 2009, 834 ff.; zu Grundfragen der Entwicklung einer Raumordnung für die AWZ siehe *Wolf*, ZUR 2005, 176 ff.; siehe auch *Erbguth/Mahlburg*, DÖV 2003, 665 (670 ff.).

Vorbereitende Verfahrensschritte führt das Bundesamt für Seeschifffahrt und Hydrografie durch.[56]

21 Anders als in der Vorgängervorschrift beschränkt sich die inhaltliche Geltung des BNatSchG nicht mehr auf die Ausweisung geschützter Meeresflächen (§ 38 und §§ 33–34 analog BNatSchG 2002 kraft Verweises; siehe jetzt § 57), sondern gilt allgemein, allerdings mit Ausnahme des 2. Kapitels über die Landschaftsplanung. Damit kommt für Vorhaben in der AWZ grundsätzlich die **naturschutzrechtliche Eingriffsregelung** zur Anwendung.[57] Die Übertragung des terrestrisch radizierten Instrumentarium des BNatSchG auf maritime Situationen stellt die juristische Interpretation vor besondere Herausforderungen.[58]

22 Der **Ausschluss der Landschaftsplanung** ist unionsrechtlich unbedenklich, da diese nicht Voraussetzung für die effektive Wirksamkeit von EU-Regelungen, insbesondere der FFH- und der Vogelschutz-Richtlinie ist.[59] Der Ausschluss ist aber aus Sicht der Naturschutzfachplanung bedauerlich. Eine praktische Lösung bietet der vom BfN ausgearbeitete naturschutzfachliche Planungsbeitrag, der die Anforderungen der Naturschutzfachplanung adäquat konkretisiert.[60]

23 Allerdings stehen die vorgenannten Befugnisse Deutschland als Küstenstaat nur **nach Maßgabe des Seerechtsübereinkommens** zu. Das Seerechtsübereinkommen enthält eine Reihe spezifischer Ermächtigungen der Küstenstaaten zu umweltpolitischen Maßnahmen, die aber inhaltlich relativ eng begrenzt sind. So darf der Küstenstaat das Legen und die Unterhaltung unterseeischer Rohre bzw. Kabel nicht behindern. Er darf aber „angemessene Maßnahmen zur Verhütung, Verringerung und Überwachung der Verschmutzung durch Rohrleitungen" ergreifen (Art. 79 Abs. 2 SRÜ).[61] Fraglich ist aber, inwieweit diese und andere Vorschriften, wie etwa das Erfordernis der Zustimmung des Küstenstaates (Art. 79 Abs. 3 SRÜ), auch darüber hinaus gehende **naturschutzrechtliche Belange** umfassen. Während ein Teil der Literatur das relativ großzügig bejahen will[62], ziehen andere Autoren eine zurückhaltende Ausle-

---

56 Siehe die Verordnung über die Raumordnung in der deutschen ausschließlichen Wirtschaftszone in der Ostsee v. 10.12.2009 (BGBl. I 2009, S. 3861), inkl. Anlage und Verordnung über die Raumordnung in der deutschen ausschließlichen Wirtschaftszone in der Nordsee v. 21.09.2009 (BGBl. I 2009, S. 3107), inkl. Anlage.

57 Sie erfasst aber ebenso wenig wie an Land die Aufstellung von Raumordnungsplänen, BT-Drs. 16/12274, S. 73.

58 Näher dazu *Wolf*, ZUR 2010,

59 Der Umsetzung dienen die §§ 31 ff. und das Kapitel 5 BNatSchG.

60 Naturschutzfachlicher Planungsbeitrag des Bundesamtes für Naturschutz zur Aufstellung von Zielen und Grundsätzen der Raumordnung für die deutsche Ausschließliche Wirtschaftszone der Nord- und Ostsee, abrufbar unter http://www.bfn.de/habitatmare/de/downloads/Planungsbeitrag_zur_Raumordnung_AWZ_2006.pdf.

61 Kabel werden in diesem Zusammenhang nicht erwähnt; siehe *Lagoni*, NuR 2002, 121 (124).

62 *Czybulka*, NuR 1999, 562 (563 f.), *ders.*, NuR 2001, 19 (24); im Ergebnis auch *Gassner/Heugel*, Das neue Naturschutzrecht, 2010, Rn. 636.

gung vor.[63] Vermittelnde Ansichten weisen darauf hin, dass man auch mit den spezifischen Ermächtigungen in der Praxis zumindest als Nebenzweck naturschutzrechtliche Belange verfolgen könnte.[64] Manche Befürworter stützen sich auf eine Gesamtsicht verschiedener Vorschriften des Seerechtsübereinkommens und beziehen andere völkerrechtliche Abkommen, wie das Abkommen über die biologische Vielfalt ein.[65] Dem ist aber erstens zu entgegnen, dass nach den allgemeinen völkervertragsrechtlichen Regeln die Bindung an andere Übereinkommen Staaten nur entgegengehalten werden kann, wenn diese Vertragsparteien auch jener Übereinkommen sind. Zweitens bestehen nicht nur, aber insbesondere im Völkerrecht mit seiner Betonung der Souveränität der Staaten erhebliche Bedenken gegenüber Interpretationsversuchern, die aus einer „Gesamtschau" Befugnisse abzuleiten versuchen, die ansonsten nicht klar zugewiesen worden sind. Dessen ungeachtet spricht für die befürwortende Ansicht die Regelung der Art. 192 und 194 SRÜ. Nach Art. 192 SRÜ obliegt allen Staaten die **Pflicht zum Schutz und zur Bewahrung der Meeresumwelt**. Gemäß Art. 194 SRÜ dürfen die Küstenstaaten Maßnahmen zur Verhütung, Verringerung und Überwachung der Verschmutzung der Meeresumwelt ergreifen. Diese Regelung beschränkt sich nicht nur auf die Meeresverschmutzung,[66] denn Art. 194 Abs. 5 SRÜ zählt zu den „in Übereinstimmung mit diesem Teil ergriffenen Maßnahmen […] die erforderlichen Maßnahmen zum **Schutz und zur Bewahrung seltener oder empfindlicher Ökosysteme** sowie des **Lebensraums gefährdeter, bedrohter oder vom Aussterben bedrohter Arten und anderer Formen der Tier- und Pflanzenwelt des Meeres".[67]** Zugleich zeigt diese Formulierung, dass die Regelung konkrete Maßnahmen ermöglichen will. Ferner verlangt Art. 194 Abs. 3 SRÜ, dass sich die Staaten beim Ergreifen entsprechender Maßnahmen „jedes ungerechtfertigten Eingriffs in Tätigkeiten, die andere Staaten in Ausübung ihrer Rechte und in Erfüllung ihrer Pflichten im Einklang mit diesem Übereinkommen durchführen", enthalten. Diese Ergänzung ist nur sinnvoll, wenn die Vorschrift als eine Erweiterung der Möglichkeiten der Küstenstaaten zum Naturschutz verstanden wird. In diesem Sinn sind erstens jedenfalls alle spezifischen Ermächtigungen im Seerechtsübereinkommen **weit zu interpretieren**, sodass sie auch diese Schutzmaßnahmen zulassen. Zweitens kann es dabei ausdrücklich zu Eingriffen in die Rechte anderer Staaten kommen. Diese Eingriffe müssen dann in der erforderlichen Abwägung der widerstreitenden Rechtsgüter **verhältnismäßig** sein.

III. Ausnahmen für Windkraftanlagen nach Abs. 2

Gemäß § 56 Abs. 2 findet § 15 keine Anwendung auf die „Errichtung und den Betrieb von **Windkraftanlagen**" in der AWZ, die bis zum 01.01.2017 ge-   24

---

63 *Lagoni*, NuR 2002, 121 (128 f.).

64 *Gellermann*, in: Landmann/Rohmer, Umweltrecht, 56. Lfg. 2006, § 38 BNatSchG, Rn. 7.

65 *Czybulka*, NuR 1999, 562 (563 f.), *ders.*, NuR 2001, 19 (24);

66 So aber wohl *Beyerlin*, Umweltvölkerrecht, 2000, Rn. 228; *Stoll*, NuR 1999, 666 (669);
    Gellermann, in: Landmann/Rohmer, Umweltrecht, 56. Lfg. 2009, § 38 BNatSchG, Rn. 6.

67 Hervorhebungen vom Verf.

nehmigt worden sind. Der zeitweilige Ausschluss der Regelungen über den **Ausgleich von Eingriffen** in die Natur durch Windkraftanlagen privilegiert diese alternative Energieerzeugung, indem er sie von dem bedeutenden **Pflichtengefüge**, insbesondere dem **Kompensationsmodell** bei Eingriffen in die Natur **freistellt**.[68] Andere Bestimmungen des BNatSchG kommen hingegen zur Anwendung. Die Privilegierung der Windenergie ist vor dem Hintergrund der politischen Entscheidung zur Förderung des massiven Ausbaus dieser Technologie im Offshore-Bereich zu sehen.[69] Die Vorschrift geht über den Gesetzesentwurf hinaus, der Windkraftanlagen erfasst hatte, die in einem besonderen Eignungsgebiet nach § 3a SeeAnlV oder in einem Vorranggebiet, das in einem Raumordnungsplan für die AWZ festgelegt worden ist, errichtet werden und bis zum Stichtag genehmigt worden sind.[70]

25 Der Fraktionsentwurf stellt klar, dass **keine nachträgliche Festsetzung** von Maßnahmen als Ausgleich von Eingriffen in Natur und Landschaft „möglich ist".[71] Begründet wird die Privilegierung der Offshore-Windkraftanlagen damit, dass derzeit die Auswirkungen der Windenergie auf die Meeresnatur noch nicht „abschließend prognostiziert und bewertet werden" könnten. Daher sei es vorzugswürdig, den Vorhabenträgern ein umfangreiches Monitoring aufzugeben, dessen Erkenntnisse später die Grundlage für die Ermittlung des Kompensationsbedarfs bei der Errichtung und dem Betrieb künftiger Windkraftanlagen sein könne.[72]

§ 57
Geschützte Meeresgebiete im Bereich der deutschen ausschließlichen Wirtschaftszone und des Festlandsockels; Ermächtigung zum Erlass von Rechtsverordnungen

(1) Die Auswahl von geschützten Meeresgebieten im Bereich der deutschen ausschließlichen Wirtschaftszone und des Festlandsockels erfolgt durch das Bundesamt für Naturschutz unter Einbeziehung der Öffentlichkeit mit Zustimmung des Bundesministeriums für Umwelt, Naturschutz, Bau und Reaktorsicherheit. Das Bundesministerium für Umwelt, Naturschutz, Bau und Reaktorsicherheit beteiligt die fachlich betroffenen Bundesministerien und stellt das Benehmen mit den angrenzenden Ländern her.

(2) Die Erklärung der Meeresgebiete zu geschützten Teilen von Natur und Landschaft im Sinne des § 20 Absatz 2 erfolgt durch das Bundesministerium

---

68 Näher zum Pflichtengefüge *Koch*, in: Kerkmann (Hrsg.), Naturschutzrecht in der Praxis, 2. Aufl., 2010, § 4 Rn. 27 ff.

69 Näher dazu *Schumacher*, in: Schumacher/Fischer-Hüftle, BNatSchG, 1. Aufl. 2003, § 38 Rn. 2.

70 BT-Drs. 16/12274, S. 73; gleichlautend mit dem Gesetzentwurf der Bundesregierung, BT-Drs. 16/12785.

71 BT-Drs. 16/12274, S. 73; gleichlautend mit dem Gesetzentwurf der Bundesregierung, BT-Drs. 16/12785.

72 BT-Drs. 16/12274, S. 73; gleichlautend mit dem Gesetzentwurf der Bundesregierung, BT-Drs. 16/12785.

für Umwelt, Naturschutz, Bau und Reaktorsicherheit unter Beteiligung der fachlich betroffenen Bundesministerien durch Rechtsverordnung, die nicht der Zustimmung des Bundesrates bedarf.

(3) Für die Auswahl von Gebieten im Sinne des § 32 Absatz 1 Satz 1 und die Erklärung von Gebieten im Sinne des § 32 Absatz 2 zu geschützten Teilen von Natur und Landschaft im Sinne des § 20 Absatz 2 im Bereich der deutschen ausschließlichen Wirtschaftszone und des Festlandsockels ist § 32 vorbehaltlich nachfolgender Nummern 1 bis 5 entsprechend anzuwenden:

1. Beschränkungen des Flugverkehrs, der Schifffahrt, der nach internationalem Recht erlaubten militärischen Nutzung sowie von Vorhaben der wissenschaftlichen Meeresforschung im Sinne des Artikels 246 Absatz 3 des Seerechtsübereinkommens der Vereinten Nationen sind nicht zulässig; Artikel 211 Absatz 6 des Seerechtsübereinkommens der Vereinten Nationen sowie die weiteren die Schifffahrt betreffenden völkerrechtlichen Regelungen bleiben unberührt.

2. Die Versagungsgründe für Vorhaben der wissenschaftlichen Meeresforschung im Sinne des Artikels 246 Absatz 5 des Seerechtsübereinkommens der Vereinten Nationen bleiben unter Beachtung des Gesetzes über die Durchführung wissenschaftlicher Meeresforschung vom 6. Juni 1995 (BGBl. I S. 778, 785), das zuletzt durch Artikel 321 der Verordnung vom 31. Oktober 2006 (BGBl. I S. 2407) geändert worden ist, unberührt.

3. Beschränkungen der Fischerei sind nur in Übereinstimmung mit dem Recht der Europäischen Gemeinschaft und nach Maßgabe des Seefischereigesetzes in der Fassung der Bekanntmachung vom 6. Juli 1998 (BGBl. I S. 1791), das zuletzt durch Artikel 217 der Verordnung vom 31. Oktober 2006 (BGBl. I S. 2407) geändert worden ist, zulässig.

4. Beschränkungen bei der Verlegung von unterseeischen Kabeln und Rohrleitungen sind nur nach § 34 und in Übereinstimmung mit Artikel 56 Absatz 3 in Verbindung mit Artikel 79 des Seerechtsübereinkommens der Vereinten Nationen zulässig.

5. Beschränkungen bei der Energieerzeugung aus Wasser, Strömung und Wind sowie bei der Aufsuchung und Gewinnung von Bodenschätzen sind nur nach § 34 zulässig.

Inhaltsübersicht

I. Bedeutung und Entstehung

1 § 57 ermöglicht die Ausweisung von **„geschützten Meeresgebieten"** in den Bereichen der **AWZ** und des **Festlandsockels**. Dazu werden die **zuständigen Stellen** und das einzuhaltende **Verfahren** geregelt (Abs. 1 und 2) sowie **materiell § 32 für analog anwendbar** erklärt (Abs. 3), jedoch mit gewissen Einschränkungen (Abs. 3 Nr. 1–5). Die Vorschrift entspricht im Wesentlichen ihrer Vorgängerin § 38 BNatSchG 2002, insbesondere Abs. 3 ist laut Fraktionsentwurf lediglich redaktionell angepasst worden.[1] Die Neufassung hat die Reihenfolge der Absätze umgekehrt, sodass nun zunächst die zuständigen Behörden genannt und dann die materiellen Vorgaben und Freistellungen aufgeführt werden.

2 Auch wenn die Norm nicht wesentlich geändert worden ist, erhält sie doch in der neuen legislativen Umgebung einen **anderen Charakter**. Die Vorgängervorschrift § 38 BNatSchG 2002 war trotz der enthaltenen Einschränkungen als (notwendige) Erstreckung wenigstens des **unionsrechtlichen Kerns des Naturschutzes** in die Bereiche der AWZ und des Festlandsockels begrüßt worden. Nachdem aber in der Novelle von 2010 die Geltung des gesamten BNatSchG grundsätzlich auch auf diese Bereiche erstreckt wird, erscheinen die (verbliebenen) Einschränkungen, insbesondere in § 57 Abs. 3 Nr. 5, im Vergleich als eine eher zurückhaltende Umsetzung.

3 Die **Erstreckung** der Vorschriften über die **Schutzgebietsausweitung** erfolgt in § 57 nur für die Bereiche der **AWZ** und des **Festlandsockels**. Für das **Küstenmeer** bestand kein entsprechender Bedarf, da jenes zum deutschen **Staatsgebiet** zählt und demzufolge alle (einschlägigen) deutschen Rechtsvorschriften dort zur Anwendung kommen. Hintergrund der Regelung sind schon 2002 die **Vorgaben des EU-Rechts**, insbesondere die Schutzgebietsausweisung unter der FFH- und der Vogelschutz-Richtlinie gewesen, die grundsätzlich auch in der AWZ Geltung beanspruchen (näher dazu § 56 Rn. 16 ff.). Mit der Regelung hat sich der frühere Streit um die Geltung des Unionsrechts in der AWZ[2] insoweit erledigt. Die Klarstellung im Hinblick auf die FFH- und die Vogelschutz-Richtlinie ist drängend geworden, da sich vehement **neue wirtschaftliche Nutzungen**, insbesondere für Windkraftan-

---

1 BT-Drs. 16/12274, S. 73, gleichlautend mit dem Gesetzentwurf der Bundesregierung, BT-Drs. 16/12785.

2 Bejahend *Jarass*, Naturschutz in der Ausschließlichen Wirtschaftszone, 2002, S. 42; *Czybulka/Kersandt*, Rechtsvorschriften, rechtliche Instrumentarien und zuständige Körperschaften mit Relevanz für marine Schutzgebiete («Marine Protected Areas»/MPAs) in der Ausschließlichen Wirtschaftszone (AWZ) und auf Hoher See des OSPAR-Konventionsgebietes, BfN-Skripten 27, Bonn-Bad Godesberg (Bundesamt für Naturschutz) 2000, S. 28. Das hat schon EuGH, Urt. v. 14. 07. 1976 – Rs. 4/76, Slg. 1976, 1279 (Rn. 30, 33) mit Bezug zur Erhaltung der biologischen Schätze des Meeres festgestellt und EuGH, Urt. v. 20. 10. 2005 – Rs. C-6/04, Slg. 2005, I-9017 (Rn. 117), im Hinblick auf die Geltung der FFH-Richtlinie in der AWZ bestätigt.

lagen,[3] für die AWZ mit möglichen Auswirkungen auf betroffene Tiere und Pflanzen angekündigt haben.[4]

Da die Bundesrepublik Deutschland in der AWZ Hoheitsrechte nur **nach Maß-** **gabe des Seerechtsübereinkommens** ausüben kann (näher dazu § 56 Rn. 23), unterliegt sie bei der Schutzgebietsausweisung den entsprechenden völkerrechtlichen Bindungen und Grenzen. Das wird in § 56 für das gesamte BNatSchG (siehe § 56 Rn. 8–22) und damit auch für die Schutzgebietsausweisung nach § 57 klargestellt. Zusätzlich wird diese Bindung in § 57 Abs. 3 Nr. 1, 2 und 4 ausdrücklich für die dort enthaltenen Freistellungen hervorgehoben.   4

II. Zuständigkeiten und Verfahren

1. Bundeskompetenz

Während die Vorgängervorschrift noch verfassungsrechtliche Probleme aufgeworfen hatte, weil sie auf die damalige Rahmenkompetenz des Art. 75 Abs. 1 Nr. 3 GG a.F. für den Naturschutz und die Landschaftspflege gestützt worden war,[5] hat sich diese Problematik mit der Zuordnung dieser Kompetenzen zur **konkurrierenden Gesetzgebungskompetenz** nach Art. 74 Abs. 1 Nr. 29 GG erledigt. Die Kompetenz zur Regelung der **Zuständigkeiten der Bundesbehörden** in § 57 Abs. 1 und 2 ergibt sich aus Art. 87 Abs. 3 Satz 1 GG.   5

Mit der Übertragung der **Verwaltungszuständigkeiten** auf den **Bund** ist die Grundlage für eine zügige Umsetzung der unionsrechtlichen Vorgaben für die Ausweisung von Schutzgebieten gelegt worden. Dergestalt lassen sich weitere – vom EuGH gerügte[6] – Verspätungen bei der Umsetzung der **FFH-Richtlinie** vermeiden. Doch war das Hauptziel des Gesetzgebers, auf diese Weise möglichst schnell die Voraussetzungen für die **EU-rechtskonforme Genehmigung von Off-Shore-Vorhaben** zu schaffen.[7] Einer alternativ möglichen Zuständigkeit der Küstenländer auch in der AWZ standen praktische   6

---

3 Siehe dazu Siehe dazu *Büllesfeld/Koch/v. Stackelberg*, ZUR 2012, 274 ff.; *Fest*, Die Errichtung von Windenergieanlagen in Deutschland und seiner Ausschliesslichen Wirtschaftszone, 2010; *Runge/Schomerus*, ZUR 2007, 410 ff.; *Erbguth/Mahlburg*, DÖV 2003, 665 ff.; *Pestke*, Offshore-Windfarmen in der Ausschließlichen Wirtschaftszone, 2008; *Kahle*, ZUR 2004, 80 ff. Vgl. *Schumacher*, in: Schumacher/Fischer-Hüftle, BNatSchG, 1. Aufl. 2003, § 38 Rn. 2.

4 Zur Verlegung von unterseeischen Kabeln und Rohrleitungen *Wolf*, Unterseeische Rohrleitungen und Meeresumweltschutz. Eine völkerrechtliche Untersuchung am Beispiel der Ostsee, 2011; *Proelß*, ZUR 2010, 359 (361 f.); zur Lagerung von CO_2 (sog. CCS – carbon capture and storage) im Meeresgrund siehe Art. 2 Abs. 1 Richtlinie 2009/31/EG v. 23. 04. 2009 über die geologische Speicherung von Kohlendioxid (ABl. EU 2009, L 140/114) sowie und *Wolf*, ZUR 2010, 365 (368); zur Anlage von sog. Aquakulturen und deren Nachhaltigkeit unter dem Europarecht siehe *Wack*, NuR 2010, 350 ff.

5 Die Gesetzgebungskompetenz bejahend *Gellermann*, in: Landmann/Rohmer, Umweltrecht, 56. Lfg. 2009, § 38 BNatSchG, Rn. 9.

6 EuGH NuR 2002, 151 (152).

7 BT-Drs. 14/7490, S. 28, gleichlautend mit dem Gesetzentwurf der Bundesregierung, BT-Drs. 16/12785.

Erwägungen entgegen. Denn die Küstenländer verfügen nicht über die erforderlichen Verwaltungskapazitäten für den Off-Shore-Naturschutz.[8]

7 Für den **maritimen Naturschutz** führt dies zu einer **geteilten Zuständigkeit**: Im **Küstenmeer** bis zu 12 Seemeilen sind die **Küstenbundesländer** für Schutzgebietsausweisungen zuständig, ab dann greift für die AWZ die **Zuständigkeit des Bundes**. Das stellt besondere Herausforderungen an das von der EU entwickelte Konzept eines **integrierten Küstenschutzmanagements**, das die Einheitlichkeit der Raumordnung an Land (inklusive Küstengebieten) und auf See (AWZ) anstrebt.[9] Denn sofern Schutzgebiete nicht diesen Verwaltungsgrenzen folgen sollten, wären parallele Ausweisungen notwendig.[10] Auch für die Raumordnung bestehen unterschiedliche Zuständigkeiten (siehe § 56 Rn. 20).

2. Auswahl der Flächen

8 Das **Verfahren** zur Ausweisung maritimer Schutzgebiete vollzieht sich gemäß der FFH-Richtlinie und § 32 in mehreren Schritten. Zunächst sind die infrage kommenden **Gebiete auszuwählen** (§ 57 Abs. 1). Diese werden dann der **Kommission** übermittelt, die über deren Aufnahme in die Liste der FFH-Gebiete **entscheidet**. Nach der Aufnahme sind die Gebiete **unter Schutz zu stellen** (§ 57 Abs. 2). Die Auswahl setzt eine **Bewertung** voraus. In deren Rahmen sind die materiellen Vorgaben des EU-Rechts, die Kriterien nach Art. 4 Abs. 1 i.V.m. Anhang III (Phase 1) FFH-Richtlinie und Art. 4 Abs. 1 und 2 Vogelschutz-Richtlinie, zu beachten.

9 **Zuständig** dafür ist das **Bundesamt für Naturschutz** (BfN). Allerdings bedarf es bereits für die Auswahl der **Zustimmung** des Bundesministeriums für Umwelt, Naturschutz, Bau und Reaktorsicherheit **(BMUB)**. Das Zustimmungserfordernis ist im Hinblick auf die alleinige Zuständigkeit des BMUB für die Unterschutzstellung nach Abs. 2 zu sehen. Dessen Position wird durch das Zustimmungserfordernis in der Vorbereitungsphase weiter gestärkt. Auch ist das BMUB und nicht das BfN dafür zuständig, die fachlich betroffenen Bundesministerien zu **beteiligen** und das **Benehmen** mit den angrenzenden Ländern herzustellen (Abs. 1 Satz 2). Die Stellungnahmen der Länder entfalten keinerlei bindende Wirkung für das BMUB.[11]

10 Weder BfN noch BMUB sind hingegen für die Genehmigung von Anlagen in den Bereichen der AWZ und des Festlandsockels zuständig. Die **Genehmigung von Seeanlagen** ist nach § 2 SeeAnlV[12] dem Bundesamt für See-

---

8 *Schmidt-Räntsch*, in: Gassner/Bendomir-Kahlo/Schmidt-Räntsch/Schmidt-Räntsch, BNatSchG, 2. Aufl. 2003, § 38 Rn. 21.

9 Nr. 5.9, Mitteilung der Kommission, Fahrplan für die maritime Raumordnung: Ausarbeitung gemeinsamer Grundsätze in der EU, KOM (2008) 791.

10 *Schmidt-Räntsch*, in: Gassner/Bendomir-Kahlo/Schmidt-Räntsch/Schmidt-Räntsch, BNatSchG, 2. Aufl. 2003, § 38 Rn. 22.

11 BVerwG, Urt. v. 16.05.1983 – 1 C 28.81, DVBl 1983, 1002f.

12 Verordnung über Anlagen seewärts der Begrenzung des deutschen Küstenmeeres v. 23.01.1997 (BGBl. I 1997, S. 57), zuletzt geändert durch Verordnung v. 29.08.2013 (BAnz. AT 30.08.2013 V1).

schifffahrt und Hydrografie aufgetragen. **Maßnahmen des Seebergbaus auf dem Festlandsockel** unterliegen nach § 2 Abs. 3 BBergG dem Bergrecht. Zuständig sind aufgrund von Verwaltungsabkommen und den Zuweisungen im Landesrecht hauptsächlich das Landesbergamt Clausthal-Zellerfeld für die Nordsee und die schleswig-holsteinische Ostsee (Bremen, Hamburg, Niedersachsen und Schleswig-Holstein), für bestimmte Entscheidungen aber das Bergamt Meppen.[13] Das Bergamt Stralsund ist zuständig für den Festlandsockel vor der Küste von Mecklenburg-Vorpommern. Allerdings müssen diese bei ihren Genehmigungen die Schutzgebietsausweisungen beachten (siehe Rn. 15).

Gemäß § 57 Abs. 1 ist bei der Auswahl die **Öffentlichkeit zu beteiligen**. Das entspricht der Vorgabe von Art. 8 **Aarhus-Konvention**, eine frühzeitige Öffentlichkeitsbeteiligung bei der Vorbereitung exekutiver Vorschriften vorzusehen. Es erfüllt diese Aufgabe aber nicht ganz, weil keine Öffentlichkeitsbeteiligung für die Erklärung zu Schutzgebieten, d.h. im Hinblick auf den Schutzumfang, vorgesehen ist. Nähere Angaben zur Art und Weise der Beteiligung der Öffentlichkeit enthält § 57 Abs. 1 nicht. Der Grundsatz völkerrechtsfreundlicher Auslegung spricht dafür, dazu zumindest auf die Mindestvorgaben der Aarhus-Konvention abzustellen.[14] Jedenfalls wird in der Literatur verlangt, dass das Vorhaben ausreichend **publik** gemacht werden muss.[15] Ferner sind in jedem Fall nach § 63 Abs. 1 Nr. 1 die vom Bund gemäß § 3 UmwRG **anerkannten Naturschutzverbände** zu beteiligen, da es sich bei der Gebietsauswahl um eine Vorbereitungshandlung für eine Rechtsverordnung des BMUB, nämlich die Unterschutzstellung nach Abs. 2, handelt.[16]

3. Unterschutzstellung
Nach **Aufnahme in die Liste der FFH-Gebiete** bzw. Benennung als Vogelschutzgebiete durch die Kommission sind die betreffenden Gebiete durch das **BMUB** zu **geschützten Teilen von Natur und Landschaft** zu erklären (Abs. 2). Dies geschieht durch **Rechtsverordnung** ohne Zustimmung des Bundesrates, denn die Bundesländer verfügen in der AWZ weder über Gesetzgebungs- noch über Verwaltungskompetenzen (Rn. 6). Wie bei der Auswahl der Schutzgebiete sind die anderen fachlich betroffenen Ministerien zu **beteiligen**. Eine ausreichende Beteiligung umfasst die Zuleitung des Entwurfs der Rechtsverordnung, die Gelegenheit zu einer Stellungnahme und

11

12

13 *Schmidt-Räntsch*, in: Gassner/Bendomir-Kahlo/Schmidt-Räntsch/Schmidt-Räntsch, BNatSchG, 2. Aufl. 2003, § 38 Rn. 23.
14 Art. 8 Aarhus Konvention nach dem Gesetz zu dem Übereinkommen v. 25.06.1998 über den Zugang zu Informationen, die Öffentlichkeitsbeteiligung an Entscheidungsverfahren und den Zugang zu Gerichten in Umweltangelegenheiten v. 09.12.2006 (BGBl. II 2006, S. 1251).
15 *Schmidt-Räntsch*, in: Gassner/Bendomir-Kahlo/Schmidt-Räntsch/Schmidt-Räntsch, BNatSchG, 2. Aufl. 2003, § 38 Rn. 23.
16 *Gellermann*, in: Landmann/Rohmer, Umweltrecht, 64. Lfg. 2012, § 57 BNatSchG Rn. 8.

die Bewertung dieser Stellungnahme, die aber das BMUB in keiner Weise bindet.[17]

13 Eine **Verbandsbeteiligung** ist zwar in § 57 Abs. 2 nicht ausdrücklich vorgesehen, doch folgt sie aus § 63 Abs. 1 Nr.1, da es sich um die Vorbereitung von Verordnungen durch das BMUB handelt.[18] Dieser Verpflichtung wird nicht schon durch die Beteiligung der Öffentlichkeit im Rahmen des § 57 Abs. 1 Genüge getan. Denn erst im Rahmen des Abs. 2 wird die für den Schutz der Natur vorgesehene und besonders relevante Art und Weise der Unterschutzstellung mitgeteilt (siehe auch § 63 Rn. 18 ff.).

14 Nach dem Wortlaut des § 63 Abs. 1 besteht ein **Mitwirkungsrecht** nur für **vom Bund anerkannte Umweltvereinigungen**, da es nach § 63 Abs. 1 Nr. 1 um eine Rechtsverordnung des BMUB geht, ohne dass Gesetzgebungs- oder Verwaltungskompetenzen der Länder betroffen sind. *Schmidt-Räntsch* plädiert gleichwohl für eine Berechtigung auch der **Umweltvereinigungen in den angrenzenden Bundesländern**, wozu auch Hamburg und Bremen zählen sollen, soweit die Seeschifffahrt berührt werde.[19] Er argumentiert mit der größeren Ortsnähe dieser Vereinigungen und einem Vergleich – wohl einer Analogie – mit den Rechten von vom Bund anerkannten Vereinigungen in den Ländern. Wenn jene in den Ländern auch bei Einzelmaßnahmen zu beteiligen sind (vgl. die Befreiung von Verboten und Geboten nach § 63 Abs. 2 Nr. 5), dann müsse dies auch umgekehrt gelten. Eine Beteiligung solle nur bei „materiell-rechtsetzenden Rechtsverordnungen des BMUB ausgeschlossen sein", wozu nicht die Rechtsverordnungen nach § 57 zählten.[20] Das ist eine weite Interpretation, die zweifelsohne von den Bedürfnissen des Naturschutzes geprägt ist. Jedoch wird in der Neufassung des § 63 Abs. in den Nr. 1 und 2 klar zwischen Rechtsverordnungen und der Erteilung von Befreiungen von Geboten und Verboten im Sinne des § 57 unterschieden. Spiegelbildlich differenziert § 63 Abs. 1 in Nr. 1 und 5 für von einem Land anerkannte Umweltvereinigungen. Nach Nr. 5 werden nur Schutzgebietsausweisungen gemäß § 32 Abs. 2 erfasst. Formal ist für die Ausweisung in der AWZ aber nach § 32 Abs. 5 der § 57 einschlägig. Ein Mitwirkungsrecht für von Ländern anerkannte Umweltvereinigungen lässt sich aber aus dem Gedanken des **integrierten Wassergebietsmanagements**, das nicht an Verwaltungsgrenzen halt machen soll,[21] ableiten. Danach ist ein Mitwirkungsrecht dann anzuerkennen, wenn eine räumliche Nähe zum Küstengebiet eines Bundeslandes und der dort verfolgten Schutzkonzeption gegeben ist. Unberührt bleibt die Mög-

---

17 Soll die Beteiligung bindend sein, muss dies durch die Wortwahl (Zustimmung, Einvernehmen) klargestellt werden, *Peine*, Allgemeines Verwaltungsrecht, 11. Aufl. 2015, Rn. 446.

18 Wie hier *Schmidt-Räntsch*, in: Gassner/Bendomir-Kahlo/Schmidt-Räntsch/Schmidt-Räntsch, BNatSchG, 2. Aufl. 2003, § 38 Rn. 27.

19 *Schmidt-Räntsch*, in: Gassner/Bendomir-Kahlo/Schmidt-Räntsch/Schmidt-Räntsch, BNatSchG, 2. Aufl. 2003, § 38 Rn. 27.

20 *Schmidt-Räntsch*, in: Gassner/Bendomir-Kahlo/Schmidt-Räntsch/Schmidt-Räntsch, BNatSchG, 2. Aufl. 2003, § 38 Rn. 27.

21 Nr. 5.9, Mitteilung der Europäischen Kommission, Fahrplan für die maritime Raumordnung: Ausarbeitung gemeinsamer Grundsätze in der EU, KOM (2008) 791.

lichkeit, in der AWZ von den Ländern anerkannte Umweltvereinigungen fakultativ anzuhören.

4. Auswirkungen auf die Vorhabenprüfung

Neben dem **EU-Naturschutzrecht** ist der Hintergrund für die Einführung der Bestimmung über die Unterschutzstellung das aktuelle **wirtschaftliche Interesse** an der AWZ insbesondere im Hinblick auf die **Offshore-Nutzung der Windenergie** gewesen.[22] Dazu verweist § 57 Abs. 3 grundsätzlich auf § 32 Abs. 1 und 2, nach denen bestimmte Nutzungen in den Schutzgebieten auch generell untersagt werden könnten. Doch sind bereits 2002 in Abs. 3 mit den Nr. 1–5 Beschränkungen dieser Beschränkungsmöglichkeiten eingefügt worden, nicht zuletzt für die Energieerzeugung.   15

Aus Sicht des BNatSchG können sich also zweierlei **Beschränkungen für Vorhaben in Schutzzonen** nach § 57 ergeben. Gemäß § 32 i.V.m. §§ 20 ff. können grundsätzlich **bestimmte Tätigkeiten generell** in der einschlägigen Rechtsverordnung zur Ausweisung des Schutzgebiets ausgeschlossen werden. Zum anderen beurteilt sich die **Genehmigungsfähigkeit konkreter Vorhaben** nach § 34. Dieser verlangt eine **Umweltverträglichkeitsprüfung**, wenn Projekte „einzeln oder im Zusammenwirken mit anderen Projekten oder Plänen geeignet sind, das Gebiet erheblich zu beeinträchtigen" (Abs. 1). Werden dabei erhebliche Beeinträchtigungen festgestellt ist das Vorhaben grundsätzlich unzulässig (Abs. 2). Allerdings kann ein Vorhaben nach Abs. 3 dennoch zugelassen werden, wenn es aus zwingenden Gründen des überwiegenden öffentlichen Interesses, einschließlich insbesondere solche wirtschaftlicher Art, notwendig ist und keine zumutbaren Alternativen gegeben sind. Darunter könnten auch Offshore-Anlagen zur Nutzung der Windenergie fallen (siehe aber unten Rn. 39 sowie § 56 Rn. 24 f.).   16

Unberührt bleiben davon **anderweitige Regelungen über die Genehmigungen** für die betreffenden Vorhaben. Nach § 2 Abs. 1 SeeAnlV[23] dient die Genehmigungspflicht für die Errichtung, den Betrieb oder wesentlichen Änderungen von **Seeanlagen** der Abwehr von Gefahren für die Sicherheit und Leichtigkeit des Verkehrs (Nr. 1), die Meeresumwelt (Nr. 2) und sonstige überwiegende öffentliche Belange (Nr. 3). Der letzte Aspekt ist erst 2008 eingefügt worden[24] und kommt den aktuellen wirtschaftlichen Bedürfnissen entgegen, die dergestalt in eine notwendige Abwägung einzubeziehen sind. Die Genehmigung „darf nur versagt werden", wenn u.a. „die Meeresumwelt gefährdet wird [...], ohne dass dies durch eine Befristung, durch Bedingungen oder Auflagen verhütet oder ausgeglichen werden kann". Der letztgenannte Aspekt umfasst auch **Ausgleichsmaßnahmen**, die neben den Maßnahmen nach § 15 BNatSchG zur Anwendung kommen können.   17

---

22 *Schmidt-Räntsch*, in: Gassner/Bendomir-Kahlo/Schmidt-Räntsch/Schmidt-Räntsch, BNatSchG, 2. Aufl. 2003, § 38 Rn. 28.

23 Verordnung über Anlagen seewärts der Begrenzung des deutschen Küstenmeeres v. 23.01.1997 (BGBl. I 1997, S. 57), zuletzt geändert durch Verordnung vom 29.08.2013 (BAnz. AT 30.08.2013 V1).

24 Geändert durch Verordnung v. 15.07.2008 (BGBl. I 2008, S. 1296).

18 Im **Bundesberggesetz** sind die §§ 132 ff. BBergG einschlägig.[25] **Genehmigungen für Forschungshandlungen** sind gemäß § 132 BBergG im Bereich des Festlandsockels zu versagen, wenn u. a. eine Verunreinigung des Meeres zu besorgen ist (Abs. 2 Nr. 4). Ferner bedürfen **Errichtung und Betrieb von Unterwasserkabeln und Transit-Rohrleitungen** der Genehmigung nach § 133 Abs. 1 und 4 BBergG. Die Genehmigung ist u. a. zu versagen, wenn „eine Beeinträchtigung überwiegender öffentlicher Interessen zu besorgen ist, die nicht durch eine Befristung, durch Bedingungen oder Auflagen verhütet oder ausgeglichen werden kann" (Abs. 2). Zu diesen öffentlichen Interessen zählen auch **naturschutzrechtliche Belange**.[26]

19 Schließlich ist darauf hinzuweisen, dass bei der **Vorhabengenehmigung** in der AWZ immer die **Vorgaben des UN-Seerechtsübereinkommens** zu beachten sind, die überhaupt die entsprechende Ausdehnung der deutschen Hoheitsgewalt ermöglichen (siehe § 56 Rn. 23). Ferner sind die **übrigen völkerrechtlichen Verpflichtungen** der Bundesrepublik Deutschland, die speziell im Offshore-Bereich einschlägig sind, zu beachten. Dazu zählen vor allem:

– Das von 193 Vertragsstaaten ratifizierte Übereinkommen über die biologische Vielfalt (**Convention on Biological Diversity**, CBD)[27] verfolgt die Ziele der Erhaltung der biologischen Vielfalt, der nachhaltigen Nutzung ihrer Bestandteile und des gerechten Vorteilsausgleichs aus der Nutzung der genetischen Ressourcen.

– Das 1983 in Kraft getretenen Bonner Übereinkommen zur Erhaltung der wandernden Tierarten (**Convention on Migratory Species**; CMS)[28] dient insbesondere dem Schutz der Meeressäuger.

– Das 1985 für die Bundesrepublik Deutschland in Kraft getretene Übereinkommen über die Erhaltung der europäischen wild lebenden Pflanzen und Tiere und ihrer natürlichen Lebensräume **(Berner Konvention)**[29], dessen Anhänge Vorbild für die FFH-Richtlinie gewesen sind.

– Das am 17.01.2000 in Kraft getretene **Helsinki-Abkommen** für den Schutz der Ostsee aus dem Jahr 1974 war 1992 um den Aspekt des Schutzes von Natur und Lebensvielfalt erweitert worden.[30] Auf dessen Basis erlässt die

---

25 Bundesberggesetz v. 13. 08. 1980 (BGBl. I 1980, S. 1310), zuletzt geändert durch Gesetz v. 07. 08. 2013 (BGBl. I 2013, S. 3154).

26 Vgl. den Verweis in § 133 Abs. 2 BBergG „insbesondere" auf § 132 Abs. 2 Nr. 2 BBergG, der eine Anwendung auch auf § 132 Abs. 2 Nr. 4 BBergG nahelegt.

27 Übereinkommen v. 05. 06. 1992 über die biologische Vielfalt (BGBl. II 1993, S. 1741, 1742).

28 Zustimmungsgesetz vom 29. 06. 1984 (BGBl. II 1984, S. 569).

29 Gesetz zu dem Übereinkommen v. 19. 09. 1979 über die Erhaltung der europäischen wildlebenden Pflanzen und Tiere und ihrer natürlichen Lebensräume v. 17. 07. 1984 (BGBl. II 1984, S. 618) i. V. m. der ersten Verordnung über die Inkraftsetzung von Änderungen der Anhänge II und III des Übereinkommens über die Erhaltung der europäischen wildlebenden Pflanzen und Tiere und ihrer natürlichen Lebensräume vom 30.07.1990 (BGBl. II 1990, S. 718).

30 Übereinkommen über den Schutz der Meeresumwelt des Ostseegebiets (Helsinki, 1992); Gesetz v. 23. 08. 1994 (BGBl. II 1994, S. 1355, 1397).

sog. Helsinki-Kommission (HELCOM) vor allem rechtlich nicht verbindliche Empfehlungen (Recommendations).[31]

– Das Übereinkommen zum Schutz der Meeresumwelt des Nordostatlantiks
(**OSPAR-Übereinkommen** von 1992) ist seit dem 25. 03. 1998 in Kraft.[32] Es
ist um eine Anlage V „Schutz und Erhaltung der Ökosysteme und der biologischen Vielfalt des Meeresgebiets" erweitert worden.[33] Die Maßnahmen
der **OSPAR-Kommission** bestehen in rechtlich verbindlichen Beschlüssen
(*Decisions*) sowie Empfehlungen (*Recommendations*) und sonstigen Vereinbarungen (*Agreements*).

Nicht zuletzt sind die **unionsrechtlichen Vorgaben** bei hoheitlichen Handlungen in der AWZ zu beachten (siehe § 56 Rn. 16 f.). 20

III. Schutzgebietsausweisungen in der AWZ

1. Analoge Anwendung von § 32

Nach § 57 Abs. 3 ist **§ 32 Abs. 1 und 2** bei der **Auswahl der Schutzgebiete** 21
und bei ihrer Erklärung zu geschützten Teilen der Natur **analog** anzuwenden.
Dies wird spiegelbildlich durch einen entsprechenden Verweis in § 32 Abs. 6
auf § 57 aufgegriffen. **Inhaltlich** verweisen sowohl § 32 als auch § 57 auf die
Kategorien des **§ 20 Abs. 2**. Damit können alle dort aufgeführten **Schutzkategorien** auch in der AWZ zur Anwendung kommen. Praktisch naheliegend sind die Schutzausweisungen als Naturschutzgebiet (§ 23), Nationalpark (§ 24) oder Biosphärenreservat (§ 25).[34] Die Bezugnahme auf § 20 Abs. 2
sorgt für eine Vorstrukturierung des normativen Schutzprogramms, die den
Anforderungen des **Bestimmtheitsgebotes** genügt (siehe § 55 Rn. 4 ff.). Da die
Liste des § 20 Abs. 2 **enumerativ** angelegt ist, kann der Bund in der AWZ
keine neuen Schutzkategorien „erfinden".[35] Von der Entwicklung besonderer
Schutzkategorien für die AWZ im Gesetz ist in der Literatur abgeraten worden.[36] *Schmidt-Räntsch* weist für die Praxis darauf hin, dass eine Unterschutzstellung einen Flächenbezug haben muss, der sich in einer Seekarte abbilden
lässt. Ferner kann sie nur für die gesamte darüber befindliche „Säule" (siehe
§ 56 Rn. 6) ausgesprochen werden und nicht auf einzelne Schichten, etwa
den Meeresboden begrenzt werden. Allerdings können die einzelnen Schichten in unterschiedlicher Weise geschützt werden.[37]

---

31 Eine Liste der *Recommendations* findet sich auf der Web-Seite der HELCOM unter
http://www.helcom.fi/Recommendations/en_GB/front/.
32 Gesetz v. 23. 08. 1994 (BGBl. II 1994, S. 1355, 1360).
33 In Kraft getreten am seit 30. 08. 2000; vgl. Gesetz v. 18.06.2001 zur Änderung des Übereinkommens zum Schutz der Meeresumwelt des Nordostatlantiks (BGBl. II 2001, S. 646).
34 Siehe *Schmidt-Räntsch*, in: Gassner/Bendomir-Kahlo/Schmidt-Räntsch/Schmidt-Räntsch,
BNatSchG, 2. Aufl. 2003, § 38 Rn. 6.
35 Im Ergebnis ebenso *Schmidt-Räntsch*, in: Gassner/Bendomir-Kahlo/Schmidt-Räntsch/
Schmidt-Räntsch, BNatSchG, 2. Aufl. 2003, § 38 Rn. 6.
36 *Jarass*, Schutzgebiete in der Ausschließlichen Wirtschaftszone (Rechtsgutachten), 2001,
E.2.a).
37 *Schmidt-Räntsch*, in: Gassner/Bendomir-Kahlo/Schmidt-Räntsch/Schmidt-Räntsch, BNatSchG,
2. Aufl. 2003, § 38 Rn. 7, wohl in Anlehnung an Schutzausweisungen an Land.

22 Fraglich ist, ob eine Schutzgebietausweisung in der AWZ nur erfolgen darf, wenn die zwingenden Voraussetzungen der FFH-Richtlinie oder der Vogelschutz-Richtlinie gegeben sind, oder ob dem Bund ein **Ermessen** zusteht, **auch andere Gebiete auszuweisen**, sofern er dies naturschutzrechtlich für geboten erachtet. Für die enge Sicht spricht, dass sich § 57 lediglich auf § 32 und damit auf die Ausweisung der sog. Natura 2000-Gebiete im Sinne der EU-Vorgaben bezieht.[38] Jedoch hat die Vorschrift ihren Charakter im Zuge der Reform von 2010 verändert: Nunmehr kommt über § 56 das gesamte BNatSchG zur Anwendung – mit der einzigen Ausnahme der Vorschriften über die Landschaftsplanung. Damit ist grundsätzlich eine **Schutzgebietsausweisung** im Sinne des **Konzepts eines Biotop-Verbunds** oder einer **Biotopvernetzung** nach § 21 möglich. Zwar richtet sich § 21 an die Bundesländer, doch ist nach Sinn und Zweck der Vorschrift in der AWZ der Bund zuständig und zur Handlung ermächtigt. Unbestritten ist, dass die §§ 57 und 32 den Bund dazu verpflichten, die nach EU-Recht zwingend verlangten Schutzgebiete in der AWZ auszuweisen.[39]

23 Wie an Land können Unterschutzstellungen insbesondere **Gebote und Verbote** enthalten. Jedoch steht das hoheitliche Handeln der Bundesrepublik Deutschland in der AWZ unter dem **Vorbehalt des Seerechtsübereinkommens**, wie es in § 56 Abs. 1 ausdrücklich festgehalten wird. Da danach aber andere Staaten ebenfalls eine Reihe von Rechten besitzen, die nicht zur Disposition der deutschen Hoheitsmacht stehen, ist der Erlass mancher traditioneller Verbote verwehrt. So können dem tradierten Instrument des Betretungsverbots die Rechte der freien Schifffahrt und des freien Überflugs entgegenstehen. Auch für die Verlegung von Seekabeln und Unterwasserrohren (siehe § 56, Rn. 23) bestehen besondere Rechte anderer Staaten. Der besondere Schutz der Gebiete schlägt sich in der Praxis vor allem in den Beschränkungen für Vorhaben nach § 34 nieder.

2. Einschränkungen

24 Die Nr. 1–5 des § 57 Abs. 3 enthalten (Rück-)**Einschränkungen** für die in den Schutzgebieten greifenden Beschränkungen. Inhaltlich sind sie überwiegend durch das Bemühen gekennzeichnet, die **völkerrechtlichen Bindungen** an das Seerechtsübereinkommen (ergänzend zu § 56 Abs. 1 zusätzlich) effektiv abzusichern.[40] Teilweise stehen dahinter aber auch nationale **energiewirtschaftliche Interessen**.[41] Hinzutreten Vorgaben des EU-Rechts.[42] Die Novelle von 2010 hat die Vorschriften inhaltlich nicht verändert.

---

38 A.A. *Schmidt-Räntsch*, in: Gassner/Bendomir-Kahlo/Schmidt-Räntsch/Schmidt-Räntsch, BNatSchG, 2. Aufl. 2003, § 38 Rn. 8.

39 *Schmidt-Räntsch*, in: Gassner/Bendomir-Kahlo/Schmidt-Räntsch/Schmidt-Räntsch, BNatSchG, 2. Aufl. 2003, § 38 Rn. 14.

40 *Gellermann*, in: Landmann/Rohmer, Umweltrecht, 64. Lfg. 2012, § 57 BNatSchG Rn. 14.

41 Siehe § 57 Abs. 3 Nr. 5 BNatSchG.

42 § 57 Abs. 3 Nr. 3, vgl. *Gellermann*, in: Landmann/Rohmer, Umweltrecht, 64. Lfg. 2012, § 57 BNatSchG Rn. 14.

In der Literatur hat sich ein Streit an der Frage entzündet, ob die Einschrän-   25
kungen sowohl für die **Auswahl** der Schutzgebiete als auch für ihre **Unterschutzstellung** (Erklärung zu geschützten Teilen von Natur und Landschaft
gelten.[43] Nach Wortlaut und Systematik beziehen sie sich auf **beide Hand-
lungsarten**. Allerdings knüpft der Wortlaut der Einschränkungen an „Beschränkungen" und „Versagensgründe" an, die erst in der konkreten Unterschutzstellung zur Diskussion stehen. Die Gegenmeinung weist darauf hin,
dass sinnvollerweise schon im Stadium der Gebietsauswahl Aspekte zu berücksichtigen seien, die später die konkrete Unterschutzstellung einschränken könnten.[44] Zutreffenderweise ist zu differenzieren. Soweit es um die
Auswahl von Gebieten im Sinne der FFH- und der Vogelschutz-Richtlinie
geht, können gemäß EU-Recht in der Phase der Auswahl nur ökologische
Gründe zum Tragen kommen. Insofern besteht in der Tat für die Anwendung
der Einschränkungen nach § 57 Abs. 3 Nr. 1–5 kein Bedürfnis. Sofern man
aber mit der hier vertretenen Auffassung es für möglich hält, dass der Bund
in der AWZ auch außerhalb der zwingenden EU-Vorgaben Schutzgebietsausweisungen vornehmen kann (siehe Rn. 22), ist hingegen eine Beachtung
jener Einschränkung bereits in der Auswahlphase sinnvoll und nach Wortlaut und Systematik auch rechtlich möglich.

a) Flugverkehr, Schifffahrt, militärische Nutzung

Gemäß § 57 Abs. 3 Nr. 1 sind in den geschützten Meeresgebieten **keine Be-**   26
schränkungen des **Flugverkehrs**, der **Schifffahrt**, der nach internationalem
Recht erlaubten **militärischen Nutzung** sowie von Vorhaben der **wissenschaftlichen Meeresforschung** zulässig. Nach Auffassung der Bundesrepublik Deutschland zählt zu den betreffenden militärischen Nutzungen auch
das Recht, **Manöver** ohne Pflicht zu einer Benachrichtigung oder gar einer
Genehmigung abzuhalten.[45] Die Meeresforschung anderer Staaten wird lediglich im Rahmen des Art. 246 Abs. 3 SRÜ erfasst. Danach erteilen die Küstenstaaten „unter normalen Umständen ihre **Zustimmung** zu Vorhaben der
wissenschaftlichen Meeresforschung anderer Staaten oder zuständiger internationaler Organisationen in ihrer ausschließlichen Wirtschaftszone oder auf
ihrem Festlandsockel, die in Übereinstimmung mit diesem Übereinkommen
für ausschließlich friedliche Zwecke und zur Erweiterung der wissenschaftlichen Kenntnisse über die Meeresumwelt zum Nutzen der gesamten
Menschheit durchzuführen sind." Die Zustimmung darf **nicht unangemessen
verzögert oder missbräuchlich verweigert** werden. „Normale Umstände"
können auch vorliegen, wenn diplomatische Beziehungen fehlen.[46]

---

43 Dafür *Schmidt-Räntsch*, in: Gassner/Bendomir-Kahlo/Schmidt-Räntsch/Schmidt-Räntsch,
   BNatSchG, 2. Aufl. 2003, § 38 Rn. 15; nur für Bezug zur Unterschutzstellung, *Gellermann*, in: Landmann/Rohmer, Umweltrecht, 56. Lfg. 2009, § 38 BNatSchG, Rn. 14.
44 *Schmidt-Räntsch*, in: Gassner/Bendomir-Kahlo/Schmidt-Räntsch/Schmidt-Räntsch, BNatSchG,
   2. Aufl. 2003, § 38 Rn. 15.
45 Siehe die Erklärung in der Bekanntmachung zum Seerechtsübereinkommen (BGBl. II
   1995, S. 603 [604]).
46 Art. 246 Abs. 4 SRÜ.

27 Das Regime in der AWZ basiert im Umweltbereich auf sich überlappenden Rechten von Küstenstaaten und anderen Staaten, die in einer **Abwägung** zum Ausgleich zu bringen sind. Für die wirtschaftliche Nutzung werden den Staaten Rechte einzeln zugewiesenen mit der Verpflichtung, bei deren Ausübung auf die Rechte der jeweils anderen Staaten zu berücksichtigen.[47] Die Küstenstaaten verfügen ressourcenbezogenen Rechte, die anderen Staaten nicht auf Ressourcen bezogene Rechte der Schifffahrt und des Überflugs. Den Küstenstaaten ist insbesondere der Meeresschutz gemäß Art. 56 Abs. 1 lit. b iii) SRÜ nur nach Maßgabe des Seerechtsübereinkommens aufgetragen. Dessen Umweltvorschriften konzentrieren sich aber nicht nur auf mögliche Verschmutzungen durch Schiffe bzw. von Schiffen aus. Soweit das Seerechtsübereinkommen die Ausweisung mariner Schutzgebiete zulässt[48], können sich daraus Beschränkungen für andere Staaten ergeben.[49] Bei der Ausweisung muss zwar einerseits der Freiheit der Schifffahrt ausreichend Rechnung getragen werden. Trotz der strikten Wortwahl in § 57 Abs. 3 Nr. 1 ist aber nach Sinn und Zweck der Vorschrift davon auszugehen, dass nach Völkerrecht erlaubte Beschränkungen nicht ausgeschlossen werden sollen. Insbesondere sind nach Art. 194 Abs. 3 SRÜ Ergriffe in die Rechte anderer Staaten **rechtfertigungsfähig**.

28 Zu beachten ist, dass nach Art. 211 Abs. 6 SRÜ in **anderen völkerrechtlichen Übereinkommen** weitergehende Beschränkungen der freien Schifffahrt vereinbart werden können. Diese können gegebenenfalls nach den allgemeinen Regeln des Völkervertragsrechts aber nur den Vertragsstaaten dieser Übereinkommen entgegengehalten werden. So sind etwa auf Basis des **MARPOL-Übereinkommens** (Anlage I)[50] in Verbindung mit einer Resolution des IMO Nord- und Ostsee als sog. Special Areas eingestuft worden.[51] In diesen sind vor allem bestimmte Einleitungen in das Meer von Bord aus verboten. Ferner ist seit 2002 das Wattenmeer als eine Particularly Sensitive Sea Area anerkannt, in der insbesondere zu meidende Gebiete nach Kapitel V Regel 8 des Anhangs zum **SOLAS-Übereinkommen**[52] festgelegt werden können. Nach Art. 211 Abs. 6 lit. a und c SRÜ können vergleichbare Maßnahmen nach dem Seerechtsübereinkommen ergriffen werden. Allerdings ist diesen allen gemeinsam, dass sie **nicht einseitig vom Küstenstaat** getroffen werden können,

---

47 Siehe Art. 56 Abs. 2 und Art. 58 Abs. 3 SRÜ.

48 Die Rechte anderer Staaten dürfen nur in dem Umfang beschränkt werden, den das Völkerrecht zulässt, *Lagoni*, NuR 2002, 121 (123). Gegen jede Einschränkung der freien Schifffahrt durch eine Schutzgebietsausweisung, *Gassner/Heugel*, Das neue Naturschutzrecht, 2010, Rn. 633.

49 *Schmidt-Räntsch*, in: Gassner/Bendomir-Kahlo/Schmidt-Räntsch/Schmidt-Räntsch, BNatSchG, 2. Aufl. 2003, § 38 Rn. 16, hält grundsätzlich die Ausweisung von Schutzgebieten für möglich.

50 Internationales Übereinkommen von 1973 zur Verhütung der Verschmutzung durch Schiffe in der Fassung des Protokolls von 1978 – MARPOL 1973/1978 (BGBl. II 1996, S. 399).

51 Näher dazu *Lagoni*, NuR 2002, 121 (125).

52 SOLAS – Internationales Übereinkommen von 1974 zum Schutz des menschlichen Lebens auf See (BGBl. II 1979, S. 141).

sondern durch die IMO, zumindest aber mit Zustimmung der IMO, erfolgen müssen.[53]

b) Meeresforschung

Regelungen im Hinblick auf die **Meeresforschung** enthalten § 57 Abs. 3   29
Nr. 1 und 2. Diesbezüglich weist das Seerechtsübereinkommen den Küstenstaaten relativ **weitgehende Rechte** zu. Nach Art. 56 Abs. 1 lit. b ii) SRÜ
i.V.m. Art. 246 Abs. 1 SRÜ sind sie berechtigt, die wissenschaftliche Meeresforschung in der AWZ und auf ihrem Festlandsockel „zu regeln, zu genehmigen und zu betreiben". Entsprechende Vorhaben bedürfen grundsätzlich
der Zustimmung (Art. 246 Abs. 2 SRÜ), die aber „unter normalen Umständen" gemäß Art. 246 Abs. 3 SRÜ zu erteilen ist. Jedoch sieht Art. 246 Abs. 5
SRÜ eine **enumerative Liste** von **Versagungstatbeständen** vor, wenn das
Vorhaben:

„a) von unmittelbarer Bedeutung für die Erforschung und Ausbeutung
  der lebenden oder nicht lebenden Ressourcen ist;

b) Bohrungen im Festlandsockel, die Verwendung von Sprengstoffen
  oder die Zuführung von Schadstoffen in die Meeresumwelt vorsieht;

c) die Errichtung, den Betrieb oder die Nutzung der in den Artikeln 60
  und 80 genannten künstlichen Inseln, Anlagen und Bauwerke vorsieht;

d) nach Artikel 248 übermittelte Informationen über Art und Ziele des
  Vorhabens enthält, die unzutreffend sind, oder wenn der Staat oder
  die zuständige internationale Organisation, welche die Forschung betreiben, aus einem früheren Forschungsvorhaben herrührende Verpflichtungen gegenüber dem Küstenstaat nicht erfüllt hat",

deren Anwendung **im Ermessen** des Küstenstaates steht.

Diese Systematik spiegelt sich in § 57 Abs. 3 wider. In dessen Nr. 1 wird die   30
Meeresforschung, die nach Art. 246 Abs. 3 SRÜ genehmigt worden ist, grundsätzlich von weiter gehenden Beschränkungen durch eine Schutzgebietsausweisung freigestellt. Nr. 2 stellt klar, dass der Küstenstaat dadurch nicht sein
Recht verliert, Vorhaben aus den Gründen des Art. 246 Abs. 5 SRÜ zu untersagen. Dabei sind aber ausdrücklich die Vorgaben des **Gesetzes über die
Durchführung der wissenschaftlichen Meeresforschung** einzuhalten.[54]

Bezüglich der **Genehmigungspflicht** nach § 132 BBergG für alle **Forschungs-**   31
maßnahmen im Hinblick auf den **Festlandsockel**, die ihrer Art nach nicht geeignet sind, Bodenschätze zu entdecken oder festzustellen, und der Versa-
gungsmöglichkeit, sofern die Pflanzen- und Tierwelt in unvertretbarer Weise
beeinträchtigt werden würde, ist kein Tatbestand des Art. 246 Abs. 5 SRÜ
einschlägig. In der Literatur wird erwogen diese Genehmigungspflicht bzw.

---

53 *Gassner/Heugel*, Das neue Naturschutzrecht, 2010, Rn. 633.
54 Gesetz v. 06.06.1995 (BGBl. I 1995, S. 778, 785); zuletzt geändert durch Art. 321 der Verordnung v. 31.10.2006 (BGBl. I 2006, S. 2407).

diesen Verbotstatbestand als Ausfluss der Vorgabe „unter normalen Umständen" im Sinne des Art. 246 Abs. 3 SRÜ (Rn. 29) zu lesen.[55]

c) Fischerei

32 Grundsätzlich räumt das **Völkerrecht** den Küstenstaaten in der AWZ weit gehende Befugnisse im Hinblick auf die Fischerei ein. Nach Art. 56 Abs. 1 lit. a SRÜ stellen die Erforschung, Ausbeutung, Erhaltung und Bewirtschaftung der lebenden natürlichen Ressourcen ein souveränes Recht der Küstenstaaten dar. Die Befugnisse werden in den Art. 61 bis 73 SRÜ näher ausgeführt. Insbesondere dürfen die Küstenstaaten die erforderlichen Maßnahmen zur Erhaltung (Art. 61 SRÜ) und zur optimalen Nutzung (Art. 62 SRÜ) der lebenden Ressourcen ergreifen. Obwohl diese Befugnisse augenscheinlich wirtschaftlich motiviert sind[56], dürften sie auch naturschutzrechtliche Erhaltungsmaßnahmen umfassen.[57] Denn diesen kann regelmäßig im weiten Sinn jedenfalls auch eine wirtschaftliche Bedeutung zugesprochen werden.

33 Diese **souveränen Rechte** stehen in der EU allerdings nicht mehr den Mitgliedstaaten zu, sondern die Fischereipolitik ist als Teil der Agrarpolitik **der EU zugewiesen** worden.[58] Dementsprechend sind nach § 57 Abs. 3 Nr. 3 Beschränkungen der Fischerei nur in Übereinstimmung mit dem Recht der Europäischen Union (ehemals Europäische Gemeinschaft) zulässig. Hintergrund ist, dass das EU-Recht die den Mitgliedstaaten im Hinblick auf die Fischerei im Seerechtsübereinkommen eröffneten Handlungsspielräume weitgehend überlagert.

34 Entsprechende Regelungen werden vor allem in der **Fischereigrundverordnung** getroffen.[59] Die **Kommission** vertritt die Auffassung, dass damit die ausschließliche Zuständigkeit auch für naturschutzfachlich begründete Beschränkungen der berufsmäßigen Fischerei auf die EU übergegangen sei.[60] Schon seit 2003 erlässt die Kommission in dem fischereirechtlich vorgesehenen Verfahren Beschränkungen der Fangmethoden auch zum **Schutz von natürlichen Lebensräumen** nach der FFH-Richtlinie.[61] Diese Auffassung stößt auf Bedenken in der Literatur.[62] Gemäß Art 3 Abs. 1 lit. d AEUV verfügt die EU über die ausschließliche Kompetenz im Hinblick auf die Erhaltung der biologischen Meeresschätze „im Rahmen der Gemeinsamen Fischerei-

---

55 *Gassner/Heugel*, Das neue Naturschutzrecht, 2010, Rn. 634.

56 Es geht vor allem um den Umfang des möglichen Fischfangs, Art. 51, 64.

57 So ohne nähere Begründung *Schmidt-Räntsch*, in: Gassner/Bendomir-Kahlo/Schmidt-Räntsch/Schmidt-Räntsch, BNatSchG, 2. Aufl. 2003, § 38 Rn. 18.

58 Art. 38 Abs. 1 AEUV.

59 Verordnung (EG) Nr. 2371/2002 über die Erhaltung und nachhaltige Nutzung der Fischereiressourcen im Rahmen der Gemeinsamen Fischereipolitik (ABl. 2002, L 358, S. 59), zuletzt geändert in ABl. 2013, L 354/22.

60 Note for the Attention of the Habitat Committee v. 11.05.2004 ENV.B.2 D (2004) 320407. Siehe dazu *Ell/Heugel*, NuR 2007, 315 (322).

61 *Gassner/Heugel*, Das neue Naturschutzrecht, 2010, Rn. 635.

62 *Ell/Heugel*, NuR 2007, 315 (322); *Schwarz*, EuRUP 2007, 154 ff.; offen gelassen bei *Gassner/Heugel*, Das neue Naturschutzrecht, 2010, Rn. 635.

politik". Einerseits hat der EuGH 1981 festgestellt, dass die Zuständigkeit der für den Erlass von Maßnahmen zur Erhaltung der Meeresschätze im Rahmen der Gemeinsamen Fischereipolitik vollständig und endgültig bei der EU liege.[63] Andererseits hat der EuGH 1999 die Abgrenzung der Gemeinsamen Agrarpolitik (GAP) – und damit auch der Fischereipolitik – von der Umweltkompetenzen nach dem **Schwerpunkt der Maßnahme** bestimmt.[64] Danach ist zunächst Voraussetzung für die grundsätzliche Anwendbarkeit der GAP, dass Gegenstand der Regelung Erzeugnisse der Fischerei sind. Ist der **Anwendungsbereich der GAP** grundsätzlich eröffnet, stellt sich dann die Frage der Abgrenzung zu den Umweltkompetenzen. Erst wenn danach allein die GAP einschlägig ist, stellt sich die Frage nach der Ausschließlichkeit dieser Kompetenz. In der Literatur werden im vergleichbaren Fall der Abgrenzung zwischen Binnenmarkt- und Umweltkompetenzen, standortbezogene Regelungen grundsätzlich Letzteren zugewiesen.[65] Vor diesem Hintergrund stellt das erwähnte Urteil des EuGH von 1981 fest, dass die standortbezogenen Regelungen zum Schutz der Meeresumwelt „auch" auf die Gemeinsame Fischereipolitik gestützt werden können. Damit ist aber nicht ausgeschlossen, dass Regelungen mit **Schwerpunkt im Umweltrecht** von den Mitgliedstaaten erlassen werden können, auch wenn sie Auswirkungen auf die Fischerei haben.[66]

d) Unterwasserkabel und Rohrleitungen

Gemäß § 57 Abs. 3 Nr. 4 sind **Beschränkungen** bei der **Verlegung von unterseeischen Kabeln und Rohrleitungen** nur nach Maßgabe des § 34 und in Übereinstimmung mit Art. 56 Abs. 3 i.V. m. Art. 79 SRÜ zulässig. Der exklusive Bezug auf § 34 führt dazu, dass abstrakt-generelle Verbote der betreffenden Tätigkeiten in einem Schutzgebiet verboten sind. Vielmehr können Beschränkungen nach dem BNatSchG nur aufgrund der **Einzelfallprüfung** nach § 34 ausgesprochen werden.[67]   35

Damit ist über die erforderlichen naturschutzrechtlichen Sicherungen **im Rahmen der einschlägigen Genehmigungsverfahren** zu befinden. Einschlägig für die Errichtung und Betrieb von Transit-Rohrleitungen und Unterwasserkabeln ist grundsätzlich § 133 Abs. 1, 4 **BBergG**. Sofern die betreffenden Kabel aber Zubehör von Anlagen darstellen, sind sie von der Zulassung nach der **Seeanlagenverordnung** umfasst.[68] § 133 Abs. 1 BBergG stellt die Errichtung und den Betrieb einer Transit-Rohrleitung oder eines Unterwasserka-   36

---

63 EuGH, Urt. v. 05. 05. 1981 – Rs. 804/79, Slg. 1981, 1045 (Rn. 17).

64 EuGH, Urt. v. 25. 02. 1999 – verb. Rs. C-164–97 und C-165–97, NVwZ 1999, 1212; näher dazu *Heselhaus*, NVwZ 1999, S. 1190 ff.

65 Näher dazu *Scherer/Heselhaus*, in: Dauses, Handbuch des EU-Wirtschaftsrechts, Loseblatt, Stand Juni 2010, Kap. O, Rn. 114 m.w.N.

66 Vgl. *Ell/Heugel*, NuR 2007, 315 (323).

67 Einhellige Ansicht *Gellermann*, in: Landmann/Rohmer, Umweltrecht, 64. Lfg. 2012, § 57 BNatSchG Rn. 18 f., *Gassner/Heugel*, Das neue Naturschutzrecht, 2010, Rn. 636, S-R, Rn. 19.

68 *Jenisch*, NuR 1997, 373 (377).

bels (§ 133 Abs. 4 BBergG) unter einen doppelten Genehmigungsvorbehalt: Im Hinblick auf den Bergbau und im Hinblick auf die Ordnung der Nutzung oder Benutzung der Gewässer über dem Festlandsockel. Die Genehmigungen können versagt werden, wenn eine **Beeinträchtigung überwiegender öffentlicher Interessen** zu besorgen ist (§ 133 Abs. 2 BBergG). Zu diesen zählen auch **Belange des Meeresnaturschutzes**.

37 Allerdings stehen diese Befugnisse dem Küstenstaat nur **nach Maßgabe des Seerechtsübereinkommens** zu. Diesbezüglich gewährt Art. 79 Abs. 1 SRÜ grundsätzlich allen Staaten das Recht, unterseeische Kabel und Rohrleitungen auf dem Festlandsockel zu verlegen. Grundsätzlich darf der Küstenstaaten das Legen und die Unterhaltung dieser Rohre bzw. Kabel nicht behindern (Abs. 2). Er darf aber „angemessene Maßnahmen zur Verhütung, Verringerung und Überwachung der Verschmutzung durch Rohrleitungen ergreifen" (Abs. 2).[69] Das Verlegen bedarf der **Zustimmung** des Küstenstaates (Abs. 3). Daraus ist mit Teilen der deutschen Literatur zu folgern, dass die Zustimmung zu einer bestimmten Trassenführung versagt werden kann, wenn diese zur Zerstörung oder Beschädigung eines wertvollen Lebensraumes führen würde.[70] Zwar deutet der Wortlaut des Art. 79 SRÜ darauf hin, dass es lediglich um die Gefahren der Verschmutzung durch Austritt von Stoffen aus den Rohrleitungen geht. Deswegen werden Kabel in diesem Zusammenhang auch gar nicht erwähnt. Jedoch sind diese Vorschriften im Lichte der Pflichten zur Beachtung des Umweltschutzes nach Art. 192 ff. SRÜ **weit auszulegen** (siehe Rn. 27). In jedem Fall ist eine Untersagung zulässig, wenn sie mit den Gefahren einer möglichen künftigen Verschmutzung für ein besonders schützenswertes Gebiet begründet werden kann.

38 Ferner hat der Küstenstaat nach Art. 79 Abs. 4 SRÜ das Recht, **Bedingungen** für Kabel oder Rohrleitungen **festzulegen**, die in sein Hoheitsgebiet oder sein Küstenmeer führen, oder seine Hoheitsbefugnisse über Kabel und Rohrleitungen zu begründen, die im Zusammenhang mit der Erforschung seines Festlandsockels, der Ausbeutung seiner Ressourcen oder dem Betrieb von seinen Hoheitsbefugnissen unterliegenden künstlichen Inseln, Anlagen oder Bauwerken gebaut oder genutzt werden. Auch hier zeigt sich die primär wirtschaftliche Ausrichtung des Seerechtsübereinkommens.

e) Energieerzeugung

39 Nach § 57 Abs. 3 Nr. 5 sind **Beschränkungen** bei der **Energieerzeugung** aus Wasser, Strömung und Wind sowie bei der **Aufsuchung und Gewinnung von Bodenschätzen** ebenfalls nur nach § 34 zulässig. Demnach gilt auch für **diese Tätigkeiten**, dass sie mit der Unterschutzstellung nicht generell-abstrakt verboten werden können, sondern jeweils im **Einzelfall** im Rahmen der Genehmigung über Einschränkungen nach § 34 zu befinden ist. Die einschlägige

---

69 Kabel werden in diesem Zusammenhang nicht erwähnt; siehe *Lagoni*, NuR 2002, 121 (124).

70 *Gassner/Heugel*, Das neue Naturschutzrecht, 2010, Rn. 636; *Gellermann*, in: Landmann/ Rohmer, Umweltrecht, 64. Lfg. 2012, § 57 BNatSchG Rn. 18 f.

Rechtsgrundlage für Anlagen zur Energieerzeugung findet sich regelmäßig in der **Seeanlagenverordnung**.

Demnach sind die entsprechenden Anlagen zwar grundsätzlich zulässig, können aber untersagt werden, wenn sie zu **erheblichen Beeinträchtigungen** des Schutzgebiets „in seinen für die Erhaltungsziele oder den Schutzzweck maßgeblichen Bestandteilen" führen. Prüfungsmaßstab sind dabei insbesondere unmittelbar die Vorgaben der FFH- und der Vogelschutz-Richtlinie. Folglich wird das Anforderungsprofil für die Errichtung solcher Anlagen deutlich erhöht.[71] Im Übrigen greifen – bis auf die Windkraftanlagen – grundsätzlich die Pflichten nach § 15, insbesondere zum Ausgleich von Eingriffen in die Natur, und die Pflicht, die notwendigen Maßnahmen zur Sicherung des Zusammenhangs des Netzes „Natura 2000" vorzusehen (§ 34 Abs. 5).

40

Für **Windkraftanlagen** ist zweierlei zu beachten. Einerseits ist bei ihnen die naturschutzrechtliche **Eingriffsregelung** und damit auch die Pflicht zum Ausgleich von Eingriffen in die Natur bis zum 01.01.2017 **ausgesetzt** (§ 56 Abs. 2). Andererseits ist die Neuerrichtung von Windkraftanlagen in marinen Natura-2000-Gebieten wirtschaftlich nicht mehr besonders attraktiv, seit § 31 Abs. 3 des Gesetzes für den Vorrang Erneuerbarer Energien (EEG) für Genehmigungen ab dem 31.12.2004 diesbezüglich die **Vergütungspflicht** ausschließt.[72]

41

§ 58
Zuständige Behörden; Gebühren und Auslagen;
Ermächtigung zum Erlass von Rechtsverordnungen

(1) Die Durchführung der Vorschriften dieses Gesetzes, der auf Grund dieses Gesetzes erlassenen Vorschriften sowie der Vorschriften des Umweltschadensgesetzes im Hinblick auf die Schädigung von Arten und natürlichen Lebensräumen und die unmittelbare Gefahr solcher Schäden obliegt im Bereich der deutschen ausschließlichen Wirtschaftszone und des Festlandsockels dem Bundesamt für Naturschutz, soweit nichts anderes bestimmt ist. Bedarf ein Eingriff in Natur und Landschaft, der im Bereich der deutschen ausschließlichen Wirtschaftszone oder im Bereich des Festlandsockels durchgeführt werden soll, einer behördlichen Zulassung oder einer Anzeige an eine Behörde oder wird er von einer Behörde durchgeführt, ergeht die Entscheidung der Behörde im Benehmen mit dem Bundesamt für Naturschutz.

---

71 So *Schmidt-Räntsch*, in: Gassner/Bendomir-Kahlo/Schmidt-Räntsch/Schmidt-Räntsch, BNatSchG, 2. Aufl. 2003, § 38 Rn. 20.

72 Erneuerbare-Energien-Gesetz v. 25.10.2008 (BGBl. I 2008, S. 2074), zuletzt geändert durch Gesetz v. 29.06.2015 (BGBl. I 2015, S. 1010).

(2) Das Bundesministerium für Umwelt, Naturschutz, Bau und Reaktorsicherheit kann durch Rechtsverordnung, die nicht der Zustimmung des Bundesrates bedarf, Aufgaben, die dem Bundesamt für Naturschutz nach Absatz 1 obliegen, im Einvernehmen mit dem Bundesministerium des Innern auf das Bundespolizeipräsidium und im Einvernehmen mit dem Bundesministerium für Ernährung und Landwirtschaft auf die Bundesanstalt für Landwirtschaft und Ernährung zur Ausübung übertragen.

(3) Für seine individuell zurechenbaren öffentlichen Leistungen nach den in Absatz 1 Satz 1 genannten Vorschriften im Bereich der deutschen ausschließlichen Wirtschaftszone und des Festlandsockels erhebt das Bundesamt für Naturschutz Gebühren und Auslagen. Das Bundesministerium für Umwelt, Naturschutz, Bau und Reaktorsicherheit wird ermächtigt, im Einvernehmen mit dem Bundesministerium der Finanzen durch Rechtsverordnung ohne Zustimmung des Bundesrates die gebührenpflichtigen Tatbestände, die Gebührensätze und die Auslagenerstattung zu bestimmen und dabei feste Sätze und Rahmensätze vorzusehen. Die zu erstattenden Auslagen können abweichend vom Bundesgebührengesetz geregelt werden. § 53 bleibt unberührt.

Inhaltsübersicht

I. Überblick

1 Abs. 1 bestimmt für den Bereich der deutschen ausschließlichen Wirtschaftszone (AWZ) und des Festlandsockels das **Bundesamt für Naturschutz** (BfN) zur zuständigen Behörde und überträgt ihm die Durchführung der naturschutzrechtlichen Vorschriften. Bei Eingriffen, die einer behördlichen Zulassung oder einer Anzeige an eine Behörde bedürfen oder von einer Behörde durchgeführt werden, wird ein Benehmenserfordernis vorgesehen. Abs. 2 enthält eine Ermächtigung zur Übertragung von Aufgaben auf andere Behörden und Absatz 3 regelt für die AWZ die Erhebung von Kosten.

2 Das BfN ist eine selbstständige Bundesoberbehörde im Geschäftsbereich des BMUB mit Sitz in Bonn. Es erledigt nach § 2 Abs. 1 BfNG auf den Gebieten des Naturschutzes und der Landschaftspflege u.a. Verwaltungsaufgaben des Bundes, die ihm durch das BNatSchG oder andere Bundesgesetze oder auf Grund dieser Gesetze zugewiesen werden. Bereits vor Inkrafttreten des Gesetzes oblagen dem BfN verschiedene Aufgaben des **Meeresnaturschutzes** im Bereich der AWZ. Dies betrifft insbesondere die Verwaltung von Natura 2000-

Gebieten nach § 38 a.F., die Durchführung spezialgesetzlicher Artenschutz-vorschriften (Art. 3 Abs. 2 EuLRaumÜbkG, Art. 3 Abs. 2 WildTArtÜbkG, Art. 3 Abs. 2 WVögelAbkG, Art. 3 Abs. 2 RobErhÜbkG, Art. 2 KlWalAbkG) sowie die Vorschriften im Zusammenhang mit der Umwelthaftung nach USchadG i.V.m. § 21a Abs. 6 Satz 2 a.F. Die im Jahr 2010 erfolgte umfassende Aufgabenübertragung knüpft an die hierdurch vorhandenen Erfahrungen und Kenntnisse an und soll einen einheitlichen und effektiven Vollzug des Naturschutzrechts sicherstellen.[1]

II. Zuständige Behörden (Absatz 1)

1. Aufgaben des Bundesamtes für Naturschutz (Satz 1)

Die Ausführung des Bundesrechts in Nord- und Ostsee erfolgt nach Art. 30,   3
83 GG im Grundsatz durch die Länder[2], wobei sich die Abgrenzung der ört-lichen Zuständigkeit als schwierig erweist (vgl. z.B. § 137 Abs. 1 Satz 1 BBergG). Für den Bereich der deutschen **ausschließlichen Wirtschaftszone** (AWZ) und des Festlandsockels (Art. 55, 76 SRÜ; siehe § 56 Rn. 11 ff.) wird mit Abs. 1 der Vollzug des Naturschutzrechts dem BfN zugewiesen. Das Amt ist damit jenseits des Küstenmeeres bzw. der 12-sm-Grenze die für Natur-schutz und Landschaftspflege zuständige Behörde (§ 3 Abs. 1 Nr. 2). Die Ver-waltungskompetenz stützt sich verfassungsrechtlich auf Art. 87 Abs. 3 Satz 1 GG in Verbindung mit der konkurrierenden und abweichungsfesten Gesetz-gebungszuständigkeit des Bundes für den Meeresnaturschutz (Art. 74 Nr. 29, 72 Abs. 3 Satz 1 Nr. 2 GG).[3] Die entsprechenden Aufgaben werden nicht nur am Sitz in Bonn, sondern teilweise auch in Leipzig und auf der Insel Vilm bei Rügen wahrgenommen. Bei diesen Außenstellen handelt es sich aber um Abteilungen und Fachgebiete gleicher Ebene, also nicht um einen Unterbau i.S.d. Art. 87 Abs. 3 Satz 2 GG.

a) Durchführung der Vorschriften

Zu den allgemeinen Aufgaben des BfN gehören insbesondere die **Überwa-**   4
chung der Einhaltung der naturschutzrechtlichen Vorschriften einschließlich der Gefahrenabwehr (§ 3 Abs. 2) und Verfolgung von Ordnungswidrigkeiten (§ 70 Nr. 1 lit. e). Zudem gewährt das Amt nach § 67 Befreiungen von Ge- und Verboten des BNatSchG und der Schutzgebietsverordnungen.[4] Weitere übergreifende Aufgaben ergeben sich im Bereich der Naturschutzbildung und -kommunikation (§ 2 Abs. 6) sowie der Beobachtung von Natur und Landschaft (§ 6). Auch der Vertragsnaturschutz (§ 3 Abs. 3) fällt in die Zu-ständigkeit des BfN, ist aber wegen der besonderen Bedingungen in der AWZ, insbesondere mangels Eigentumsrechten, praktisch wenig relevant.

---

1 BT-Drs. 16/12274, S. 73.

2 Vgl. hierzu *Czybulka*, NuR 2001, 367 (371); *Jarass*, Naturschutz in der Ausschließlichen Wirtschaftszone, 2002, S. 54 f.

3 *Markus*, in: Kolodziejcok/Endres/Krohn/Markus, NLJ, § 58 BNatSchG Rn. 3.

4 Dies gilt auch für Befreiungen nach § 67 Abs. 2 Satz 1.

5 Beim Schutz bestimmter Teile von Natur und Landschaft werden dem Amt in speziellen gesetzlichen und untergesetzlichen Bestimmungen die Auswahl (§ 57 Abs. 1) und Verwaltung der **Meeresschutzgebiete** einschließlich der subsidiären FFH-Verträglichkeitsprüfung (§ 34 Abs. 6) und Erteilung von Ausnahmen nach § 33 Abs. 1 Satz 2 zugewiesen. Die Schutzgebietsverordnungen übertragen dem Amt die Erteilung von Ausnahmen von den Verboten der Verordnungen.[5] Das BfN entscheidet auch nach § 30 Abs. 3 über die Zulassung einer Ausnahme von den Verboten des gesetzlichen **Biotopschutzes**.[6] Es führt ein öffentlich zugängliches Register der geschützten Biotope (§ 30 Abs. 7) sowie der geschützten Teile von Natur und Landschaft (§ 22 Abs. 4 Satz 1). Schließlich obliegt dem Amt gemeinsam mit dem BMUB die Schaffung eines den Zusammenhang des Netzes Natura 2000 verbessernden Biotopverbundes[7] (§ 20 Abs. 1, § 21 Abs. 6).

6 Die zweite Schwerpunktzuständigkeit liegt im Schutz der Tier- und Pflanzenarten. Hervorzuheben ist hier insbesondere die Zulassung von Ausnahmen von den Verboten des **besonderen Artenschutzes** (§ 45 Abs. 7). Diese erteilt das BfN in der AWZ auch von Zugriffsverboten.[8] Das Amt erstellt und verwirklicht nach § 38 Schutz-, Pflege- und Entwicklungsziele, ergreift vorbeugende Artenschutzmaßnahmen, stellt Artenhilfsprogramme auf und fördert wissenschaftliche Untersuchungen. Zu den Aufgaben zählen auch die Abwehr von Gefahren durch nichtheimische und invasive Arten sowie die Genehmigung des Ausbringens von Pflanzen gebietsfremder Arten und Tieren in die freie Natur, vgl. § 40 sowie die Verordnung (EU) 1143/2014 des Europäischen Parlaments und des Rates über die Prävention und das Management der Einbringung und Ausbreitung invasiver gebietsfremder Arten (ABl. L 317/35 vom 4.11.2014, S. 35. Die spezialgesetzlichen Vorschriften im Artenschutz (siehe Rn. 2) werden als legi priori verdrängt, soweit die AWZ betroffen ist, im Bereich der Hohen See finden sie dagegen weiterhin Anwendung.

7 Flankierend zum europäischen Gebiets- und Artenschutz obliegt dem BfN schließlich der Vollzug des Umweltschadensgesetzes (vgl. insbesondere § 7 USchadG) im Hinblick auf die Vermeidung und Sanierung von **Biodiversitätsschäden** nach § 19. Das Amt ist in der AWZ die einzige zuständige Behörde im Sinne des Umweltschadensgesetzes, da die Vorschriften zum Wasser- und Bodenschaden entsprechend den europäischen Vorgaben der Umwelthaftungsrichtlinie nicht auf diesen Bereich erstreckt sind. Weitere Aufgaben zeichnen sich ab in Umsetzung umwelthaftungsrechtlicher Vorgaben nach Art. 38 der Richtlinie 2013/30/EU des Europäischen Parlaments

---

5 Vgl. z.B. § 6 Abs. 1 und 2 NatSGÖDeuBuchtV.

6 Dieses nun auf die AWZ erstreckte Instrument ist in der Praxis von großer Bedeutung im Hinblick auf marine Makrophytenbestände, Riffe, sublitorale Sandbänke, Schlickgründe mit bohrender Bodenmegafauna sowie artenreiche Kies-, Grobsand- und Schillgründe im Meeresbereich (§ 30 Abs. 2 Satz 1 Nr. 6).

7 Dieser soll mindestens 10 Prozent der Fläche eines jeden Landes (hier wohl der deutschen AWZ jeweils der Nord- und Ostsee) umfassen und besteht insbesondere aus Naturschutzgebieten und gesetzlich geschützten Biotopen.

8 Das BfN tritt in der AWZ mangels anderweitiger Bestimmung insoweit an die Stelle der „nach Landesrecht für Naturschutz und Landschaftspflege zuständigen Behörden".

und des Rates vom 12. Juni 2013 über die Sicherheit von Offshore-Erdöl und -Erdgasaktivitäten und zur Änderung der Richtlinie 2004/35/EG[9]. Die Durchführung der sonstigen Vorschriften obliegt dem BfN nur, soweit § 56 Abs. 1 deren Geltung auf die AWZ erstreckt. Ausgenommen ist daher die Landschaftsplanung (§§ 8 ff.), wenngleich es de facto auch für die AWZ einer raumbezogenen Konkretisierung der Naturschutzziele und fachlichen Abstimmung der Anforderungen des Gebiets- und Artenschutzes sowie der Eingriffsregelung bedarf, die auch als Planungsbeitrag in die Raumordnung (§ 18 Nr. 2 Satz 2 ROG) einfließt. Bei einigen anderen Vorschriften kommt ein Vollzug wegen der besonderen tatsächlichen oder rechtlichen Verhältnisse in der AWZ nicht in Betracht. Dies betrifft z.B. die Sicherstellung des Erhaltungszustands der lokalen Population bestimmter Arten gegenüber der Fischerei nach § 44 Abs. 4 Satz 3 (Gellermann, in: Landmann/Rohmer, BNatSchG, § 58 Rn. 4), denn nach Art. 3 Abs. 1 lit. d besitzt die Europäische Union eine ausschließliche Zuständigkeit hinsichtlich der „Erhaltung der biologischen Meeresschätze im Rahmen der gemeinsamen Fischereipolitik", infolge derer Mitgliedstaaten am Erlass naturschutzbezogener Regelungen gehindert sind, wenn sich diese auf die Fischerei auswirken.

b) Zuständigkeiten anderer Behörden

Eine Zuständigkeit des BfN besteht nur, soweit nichts anderes bestimmt ist.[10] **8**
So erfolgt die **Unterschutzstellung** der vom BfN ausgewählten Meeresgebiete durch das BMUB (§ 57 Abs. 2). Auch die „Huckepackverfahren" zur **Eingriffsregelung** (§ 17 Abs. 1) und **FFH-Verträglichkeitsprüfung** (§ 34 Abs. 1–5) werden nicht durch das BfN, sondern im Rahmen sonstiger Zulassungsverfahren durch andere Behörden durchgeführt. Dies betrifft z.B. Erteilung von Berechtigungen für die Aufsuchung und Gewinnung von Bodenschätzen durch die zuständigen Bergbehörden[11] (§ 136 BBergG). Gleiches gilt für Unterwasserkabel und Transitrohrleitungen (§ 133 Abs. 1 BBergG) sowie das Einbringen von Stoffen (§ 5 Hohe-See-EinbrG). Zu beachten ist, dass die genannten Entscheidungen die durch das BfN zu erteilenden arten- oder biotopschutzrechtlichen Ausnahmen oder Befreiungen nicht ersetzen, lediglich das bergrechtliche Rahmenbetriebsplanverfahren und nun auch die Zulassung der Errichtung und des Betriebs von Seeanlagen durch das BSH (§§ 2, 17 SeeAnlV[12]) entfalten als Planfeststellung insoweit **Konzentrationswirkung** (§ 75 Abs. 1 VwVfG). Darüber hinaus kommen auch im Bereich der **Überwachung** (§ 3 Abs. 2) Zuständigkeiten anderer Aufsichtsbehörden in Betracht (vgl. § 16 Abs. 1 Satz 1 SeeAnlV, §§ 69, 134, 136 BBergG, § 8 Abs. 1 Satz 1 Hohe-See-EinbrG).

---

9 ABL. L 178 v. 28. 06. 2013, S. 66.

10 Ausführlich zur Verteilung behördlicher Aufgaben *Gellermann/Stoll/Czybulka*, Handbuch des Meeresnaturschutzrechts in der Nord- und Ostsee, S. 345 ff.

11 Für die AWZ der Nord- und Ostsee sind dies das Landesamt für Bergbau, Energie und Geologie Clausthal-Zellerfeld sowie das Bergamt Stralsund (vgl. § 136 BBergG), siehe hierzu *Czybulka/Stredak*, Marine Kies- und Sandgewinnung, S. 41 ff.

12 Seeanlagenverordnung v. 23. 01. 1997 (BGBl. I S. 57), die zuletzt durch Art. 1 der Verordnung v. 29. 08. 2013 (BAnz. 2013 AT 30. 08. 2013 V1) geändert worden ist.

2. Beteiligung des BfN (Satz 2)

9 Auch soweit das BfN nicht selbst für die Durchführung der Vorschriften zuständig ist, soll auf seine Kompetenz und Sachkenntnis zurückgegriffen werden. Bedarf ein Eingriff einer behördlichen Zulassung oder einer Anzeige an eine andere Behörde oder wird er von dieser durchgeführt, so hat sie nach § 17 Abs. 1 zugleich die „zur Durchführung des § 15 erforderlichen Entscheidungen und Maßnahmen" im Benehmen mit der für Naturschutz und Landschaftspflege zuständigen Behörde zu treffen. Diese allgemeine Beteiligungsregel gilt nach § 56 Abs. 1 auch im Bereich der AWZ und zu Gunsten des BfN als dort zuständiger Naturschutzbehörde (§ 3 Abs. 1 Nr. 2). Die Spezialregelung des Abs. 1 Satz 2 bestätigt dies, sieht darüber hinaus aber auch ein **umfassendes Beteiligungserfordernis** vor, das sich auf die Entscheidung insgesamt, also auch auf sonstige Vorschriften und Belange des Naturschutzes und der Landschaftspflege (z.B. § 34) bezieht und nicht auf die Durchführung des § 15 beschränkt ist. Die Beteiligungsform ist somit auch dann zu wählen, wenn die Verursacherpflichten nach § 15 keine Anwendung finden (also u.a. auch bereits vor 2017 bei Genehmigung der Errichtung und des Betrieb von Windkraftanlagen, vgl. § 56 Abs. 2).[13]

10 Voraussetzung ist dennoch, dass es sich um einen **Eingriff in Natur und Landschaft** im Sinne des Gesetzes handelt, d.h. nach der Legaldefinition des § 14 Abs. 1 insbesondere Veränderungen der Gestalt oder Nutzung von Grundflächen, die die Leistungs- und Funktionsfähigkeit des Naturhaushalts erheblich beeinträchtigen können. Sonstige Vorhaben und Maßnahmen, wie z.B. seismische Untersuchungen, fallen nicht unter die Regelung. Hier gelten aber ggf. die allgemeinen Beteiligungspflichten nach § 3 Abs. 5 oder spezialgesetzliche Bestimmungen (z.B. §§ 7, 14h UVPG).

11 Die Vorschrift sieht eine qualifizierte Beteiligung vor, nach der die Entscheidungen **„im Benehmen"** mit dem BfN getroffen werden. Die anderen Zulassungsbehörden haben das Amt nicht nur zu unterrichten und seine Stellungnahme zu berücksichtigen (vgl. z.B. § 5 Abs. 3 SeeAnlV, § 54 Abs. 2 BBergG). Es müssen auch in einer inhaltlichen Diskussion Anstrengungen unternommen werden, um zu einer einvernehmlichen Lösung zu kommen (siehe § 3 Rn. 150). Eine Zustimmung des BfN ist indes nicht erforderlich. Soll von der Stellungnahme des BfN als der für Naturschutz und Landschaftspflege zuständiger Behörde (§ 3 Abs. 1 Nr. 2) abgewichen werden, bedarf es auch keiner besonderen Einbeziehung des BMUB als oberster Bundesbehörde. Die Devolutivregel des § 17 Abs. 2 findet insoweit selbst dann keine entsprechende Anwendung, wenn Landesbehörden wie z.B. die Bergämter Eingriffe in der AWZ zulassen, da vor dem Hintergrund der grundsätzlichen Verwaltungszuständigkeit der Länder nach Art. 30, 83 GG kein vergleichbares Erfordernis besteht. Festzuhalten ist zudem, dass das Benehmenserfordernis in landesbehördlichen Verfahren keine unzulässige Mischverwaltung darstellt.[14]

---

13 A.A. Legler: Schlacke, BNatSchG, § 58 Rn. 22.
14 Siehe hierzu Legler: Schlacke, BNatSchG, § 58 Rn. 16 f.

III. Ermächtigung zur Aufgabenübertragung (Abs. 2)

Das BfN verfügt nicht über hochseetaugliche Schiffe oder Luftfahrzeuge, um   *12*
in der AWZ selbst mittels Befahrung oder Befliegung eine hinreichende
Überwachung nach § 3 Abs. 2 vorzunehmen. Daher muss dieser tatsächliche
Ausführungsteil der Überwachung vor Ort für das BfN durch andere Behörden durchgeführt werden, die über die notwendigen Sachmittel verfügen.
Dies betrifft in erster Linie die Übermittlung von Informationen an das BfN
über eventuell festgestellte Verstöße gegen naturschutzrechtliche Ge- und
Verbote, aber auch ein Einschreiten bei Gefahr in Verzug sowie Vollstre-
ckungshandlungen. Die Amtshilfe im Einzelfall nach § 4 VwVfG sowie allgemeine Unterstützungspflicht nach § 2 Abs. 2 ist hierfür nicht ausreichend.

Abs. 2 ermächtigt das BMUB, Aufgaben des BfN auf den in Abs. 1 genannten   *13*
Gebieten des Meeresnaturschutzes[15] generell auf andere Bundesbehörden zu
übertragen, soweit deren zuständiges Ministerium zustimmt. Auf diese Weise
können die bei diesen Behörden vorhandenen Sachmittel und personellen
Ressourcen synergetisch genutzt werden.[16] Als mögliche Beauftragte nennt
die Vorschrift das **Bundespolizeipräsidium** (BPolP), dem u.a. Aufgaben im
Bereich der Überwachung des Seeverkehrs obliegen (§ 58 BPolG i.V.m. § 1
Abs. 1 und 2 BPolZV) und die **Bundesanstalt für Landwirtschaft und Ernährung** (BLE) mit Aufgaben im Bereich der Fischereiaufsicht (§ 6 Abs. 1 See-
FischG). Im Gegensatz zur BLE als bundesunmittelbare rechtsfähige Anstalt
des öffentlichen Rechts (§ 1 BLEG) untersteht dem BPolP ein Verwaltungsun-
terbau in Form von Direktionen (§ 57 Abs. 2 BPolG). Diese Unterbehörden,
wie z.B. die Bundespolizeidirektion Bad Bramstedt (§ 2 Abs. 1 Nr. 1 lit. b
BPolZV) mit drei nachgeordneten Inspektionen, sind jedoch nicht in Bezug
genommen, um die Zustimmungsbedürftigkeit des Gesetzes nach § 87 Abs. 3
Satz 2 GG zu vermeiden. Eine entsprechende Ergänzung der Verordnungsermächtigung (ggf. mit Zustimmungsvorbehalt zu Gunsten des Bundesrates) erscheint indes sinnvoll.

Die Aufgabenübertragung nach Abs. 2 erfolgt nur **zur Ausübung**. Sie begrün-   *14*
det ein zwischenbehördliches Mandat, bei dem die anderen Behörden die
Aufgaben nicht als eigene Angelegenheit, sondern in fremdem Namen wahrnehmen. Die Zuständigkeit als solche verbleibt also beim BfN als originärem
Kompetenzinhaber, der gegenüber dem Mandatar auch fachliche Weisungen
erteilen kann. Inwieweit die Begründung eines solchen Mandats im Bereich
des Gesetzesvorbehalts überhaupt einer gesetzlichen Grundlage bedarf oder
auch durch Verwaltungsvereinbarung erfolgen kann, ist umstritten.[17] Die Verordnungsermächtigung schafft hier eine rechtssichere Grundlage für die Übertragung tatsächlicher Überwachungs- und Kontrollbefugnisse und folgt insoweit dem Vorbild in § 3 Abs. 2 SeeAufgG. Der Bundespolizei und der
Zollverwaltung sind bereits auf dem Gebiet der Seeschifffahrt Aufgaben übertragen, u.a. die Überwachung der Einhaltung von Vorschriften, die Durchfüh-

---

15 Nicht erfasst sind die spezialgesetzlichen Aufgaben des marinen Artenschutzes.
16 BT-Drs. 16/12274, S. 74.
17 Vgl. BVerwG, Beschl. v. 13.08.1979 – 1 DB 18/79, BVerwGE 63, 258 ff. m.w.N.; *Horn*,
    NVwZ 1986, 808 ff.

rung von unaufschiebbaren Gefahrenabwehrmaßnahmen sowie sonstige Vollzugs- und Ermittlungsmaßnahmen auf Ersuchen der zuständigen Behörde.[18] Eine ähnliche Konzeption wäre auch auf dem Gebiet des Meeresnaturschutzes sinnvoll, wobei eine Übertragung auf Behörden der Bundeszollverwaltung (Kontrolleinheiten See der Hauptzollämter) mangels Ermächtigung nicht in Betracht kommt. Insoweit ist nur Amtshilfe möglich.

IV. Gebühren und Auslagen (Abs. 3)

1. Erhebung von Kosten (Satz 1)

15 Das BfN erhebt für seine „individuell zurechenbaren öffentlichen Leistungen" (zuvor „Amtshandlungen") im Meeresnaturschutz Kosten in Form von Gebühren und Auslagen. Dies gilt nach Abs. 3 Satz 1 nicht nur für die Durchführung der Vorschriften des BNatSchG und des USchadG, sondern auch der auf Grund des BNatSchG erlassenen Rechtsverordnungen. § 1 Abs. 1 BfNKostV zu Leistungen „nach dem Bundesnaturschutzgesetz" ist insoweit nur deklaratorisch. **Individuell zurechenbare öffentliche Leistungen** im Sinne der Vorschrift sind solche nach § 3 Abs. 1 und 2 BGebG, also Akte öffentlich-rechtlicher Verwaltungstätigkeit, insbesondere die Erteilung von Genehmigungen, Ausnahmen und Befreiungen sowie Gefahrenabwehrmaßnahmen. Zur Zahlung der Kosten ist insbesondere verpflichtet, wer die Amtshandlungen – z.B. durch Antrag oder pflichtwidriges Verhalten – veranlasst oder zu wessen Gunsten sie vorgenommen wird (vgl. § 6 Abs. 1 Nr. 1 BGebG[19]). Stellungnahmen des BfN zu Planungen und Maßnahmen anderer Behörden nach § 3 Abs. 5 Satz 2 sowie die Herstellung des Benehmens nach § 58 Abs. 1 sind mangels Außenwirkung keine gebührenpflichtigen Leistungen. Andere Behörden (z.B. das BSH bei der Genehmigung zur Errichtung von Seeanlagen) können jedoch den entsprechenden Verwaltungsaufwand bei ihrer Gebührenerhebung berücksichtigen (vgl. § 9 Abs. 1 Satz 1 BGebG).

16 Für die Kostenerhebung gelten die allgemeinen Vorschriften des BGebG sowie die BfNKostV. Sind für Gebühren **Rahmensätze** vorgesehen, so sind bei der **Festsetzung der Gebühr** insbesondere der mit der Amtshandlung verbundene Verwaltungsaufwand sowie sonstige wirtschaftliche Aspekte zu berücksichtigen. Auslagen sind nach § 12 Abs. 1 BGebG u.a. Reisekostenvergütungen sowie Sachverständigengutachten. Für die Erhebung von Gebühren und Auslagen bei Gewährung eines Zugangs zu Umweltinformationen gilt § 12 UIG i.V.m. der UIGGebV. Die Gebührenerhebung bietet die Möglichkeit, die zur Erledigung der marinen Verwaltungsaufgaben vorgesehenen Personalstellen teilweise zu refinanzieren.

---

18 Seeschiffahrtsaufgaben-Übertragungsverordnung v. 23.06.1982 (BGBl. I S. 733), die zuletzt durch Art. 120 des Gesetzes v. 21.06.2005 (BGBl. I, S. 1818) geändert worden ist.
19 Bundesgebührengesetz v. 07.08.2013 (BGBl. I S. 3154), das durch Art. 3 des Gesetzes v. 08.06.2015 (BGBl. I S. 904) geändert worden ist.

2. Ermächtigung zum Erlass einer Kostenverordnung (Satz 2–4)

Eine Kostenerhebung nach Satz 1 ist nur dann möglich, wenn die gebühren-   *17*
pflichtigen Tatbestände und die Gebührensätze festgelegt sind. Satz 2 ermächtigt daher das BMUB die näheren Einzelheiten der Kostenerhebung in
einer Rechtsverordnung zu regeln. Wird von dieser **Verordnungsermächtigung** Gebrauch gemacht, bedarf es wie in § 56 Abs. 1 der ausdrücklichen
Anordnung, dass die Kostenvorschriften auch im Bereich der deutschen ausschließlichen Wirtschaftszone und des Festlandsockels gelten. Der Verordnungsgeber hat sich zudem im Rahmen der Vorgaben des BGebG zu halten.
Die Gebührensätze haben den Personal- und Sachaufwand zu berücksichtigen, sind aber nicht auf dessen Deckung beschränkt. Sie müssen zur Bedeutung, dem wirtschaftlichen Wert oder dem sonstigen Nutzen der Amtshandlung in angemessenem Verhältnis stehen. In Betracht kommen insbesondere
Rahmensätze. Bei der Ausgestaltung der Kostenverordnung sind auch die
von der Rechtsprechung entwickelten Grundsätze zur Zurechenbarkeit von
Kosten und Leistungen sowie der Reichweite der Verordnungsermächtigung,
zum Ineinandergreifen der Regelungsebenen sowie zur Abgrenzung der Gebühr gegenüber anderen Abgabearten[20] zu berücksichtigen.

Die bisherige „Kostenverordnung zum Bundesnaturschutzgesetz" (BNatSchG-   *18*
KostV) vom 25.03.1998 enthielt bislang nur Vorschriften zum Artenschutz
(vgl. § 53 Abs. 2). Im Hinblick auf den Meeresnaturschutz wurde erst durch
Art. 25 des Gesetzes zur Neuregelung des Rechts des Naturschutzes und der
Landschaftspflege vom 29.07.2009[21] in der nun präziser bezeichneten
Kostenverordnung für Amtshandlungen des Bundesamtes für Naturschutz
(BfNKostV) eine Geltungserstreckung (§ 1 Abs. 2) sowie ein Gebührentatbestand bezüglich der Durchführung des USchadG aufgenommen. Weitere ge-
bührenpflichtige Tatbestände sind insbesondere zu Amtshandlungen im Bereich des Gebiets-, Biotop- und Artenschutzes ergänzt worden, wobei wegen
der Vielgestaltigkeit der Fälle überwiegend Rahmensätze vorgesehen sind.
Die BfNKostV enthält detaillierte Vorschriften zu Erhebung von Gebühren
und Auslagen für individuell zurechenbare öffentliche Leistungen. Die gebührenpflichtigen Tatbestände und die Höhe der Gebühren ergeben sich aus
dem anliegenden Gebührenverzeichnis; dieses sieht z.B. unter der Nr. 8 für
die Anordnung von Maßnahmen nach § 7 Abs. 2 des Umweltschadensgesetzes einen Rahmensatz von 50 bis 10.000 Euro vor. Für bestimmte Arten von
Amtshandlungen sind in §§ 3–5 BfNKostV aus Billigkeitsgründen die Gebühren ermäßigt, z.B. bei Ablehnung eines Antrages oder Zurückweisung eines
Widerspruchs. Auslagen werden erst ab einer Mindesthöhe von 5 Euro erhoben.

---

20 Instruktiv insoweit OVG Berlin-Brandenburg Urt. v. 05.03.2009 – 12 B 13.08, juris, zur
   Nichtigkeit der Emissionshandelskostenverordnung 2007.
21 BGBl. I S. 2542.

KAPITEL 7
Erholung in Natur und Landschaft

§ 59
Betreten der freien Landschaft*)

(1) Das Betreten der freien Landschaft auf Straßen und Wegen sowie auf ungenutzten Grundflächen zum Zweck der Erholung ist allen gestattet (allgemeiner Grundsatz).

(2) Das Betreten des Waldes richtet sich nach dem Bundeswaldgesetz und den Waldgesetzen der Länder sowie im Übrigen nach dem sonstigen Landesrecht. Es kann insbesondere andere Benutzungsarten ganz oder teilweise dem Betreten gleichstellen sowie das Betreten aus wichtigen Gründen, insbesondere aus solchen des Naturschutzes und der Landschaftspflege, des Feldschutzes und der land- und forstwirtschaftlichen Bewirtschaftung, zum Schutz der Erholungsuchenden, zur Vermeidung erheblicher Schäden oder zur Wahrung anderer schutzwürdiger Interessen des Grundstücksbesitzers einschränken.

Inhaltsübersicht

I. Allgemeines

§ 59 Abs. 1 BNatSchG gestattet das Betreten der freien Landschaft auf 1 Straßen und Wegen sowie auf ungenutzten Grundflächen zum Zweck der Erholung. Im Verbund mit dem Recht zum Betreten des Waldes nach Maß-

---

*) Beachte: **Bayern** – Abweichung durch Art. 26 Abs. 1 Satz 2 des Bayerischen Naturschutzgesetzes (BayNatSchG) v. 23. 02. 2011 (GVBl. S. 82), vgl. BGBl. I 2011, 365.

gabe von § 14 BWaldG bzw. der entsprechenden landesrechtlichen Regelungen und dem Recht zur Benutzung von oberirdischen Gewässern nach § 25 WHG sowie von Küstengewässern nach Maßgabe von § 43 WHG garantiert § 59 Abs. 1 BNatSchG die Erholung des Menschen in Natur und Landschaft. Damit dient die in § 59 Abs. 1 BNatSchG normierte Betretungsregelung einem elementaren Grundbedürfnis des Menschen. Die als allgemeiner Grundsatz des Naturschutzes i.S.v. Art. 72 Abs. 3 Satz 1 Nr. 2 grundsätzlich abweichungsfeste Betretensregelung kann nach Maßgabe von § 59 Abs. 2 BNatSchG durch den Landesgesetzgeber ausgestaltet werden.

II. Historie

1. Vorgängerregelung

2 § 59 Abs. 1 BNatSchG greift § 56 Satz 1 in der bis zum 28. 02. 2010 geltenden Fassung auf und wandelt den in der alten Fassung normierten Regelungsauftrag an die Länder in eine für den Einzelnen unmittelbar geltende Regelung um.[1] Nach § 56 Satz 1 BNatSchG a.F. sollten die Länder das Betreten der Flur auf Straßen und Wegen sowie auf ungenutzten Grundflächen zum Zwecke der Erholung auf eigene Gefahr gestatten. Dahingegen enthält die vollzugstaugliche Regelung in § 59 Abs. 1 einen für den Bürger unmittelbar verbindlichen Rechtssatz. Unabhängig von den insoweit vorzunehmenden Anpassungen unterscheidet sich der Wortlaut der Fassungen an drei Stellen.

3 Die Fassungen unterscheiden sich zunächst hinsichtlich der Bezeichnung der Fläche, deren Betreten gestattet wird. § 59 Abs. 1 gestattet das Betreten der „freien Landschaft". Dahingegen war nach der bis zum 28.02.2010 geltenden Fassung das Betreten der **„Flur"** gestattet. Entgegen der im Schrifttum weit verbreiteten Einschätzung ändert die modifizierte Bezeichnung der Fläche den Inhalt der Betretungsregelung nicht. Der Bundesgesetzgeber verstand schon früher den Begriff „Flur" als Synonym für „freie Landschaft".[2] Gleiches gilt für das Begriffsverständnis der Landesgesetzgeber. Mit Regelungen zum Betreten der freien Landschaft haben zahlreiche Länder den in § 56 BNatSchG a.F. enthaltenen Regelungsauftrag zum Betreten der Flur umgesetzt, ohne dass in der unterschiedlichen Wortwahl ein sachlicher Unterschied gesehen wurde.[3] Auch im Schrifttum wurde unter dem Begriff Flur die freie Landschaft[4] außerhalb des Waldes[5] und der Gewässer verstanden.[6] Dem Begriff der freien Landschaft kommt daher i.R.v. § 59 Abs. 1 die gleiche Bedeutung zu, wie sie dem Begriff Flur i.R.v. § 56 Satz 1 BNatSchG a.F. zu-

---

1 Vgl. Gesetzentwurf der Bundesregierung, BR-Drs. 278/09 v. 03. 04. 2009, S. 232; *Gellermann*, in: Landmann/Rohmer, § 59 BNatSchG Rn. 1.

2 Vgl. Begründung des Gesetzentwurfs des Bundesrats zu § 28 BNatSchG a.F., BT-Drs. 7/3879, S. 28.

3 Vgl. *Burgi*, S. 121; kritisch *Gellermann*, in: Landmann/Rohmer, § 59 BNatSchG Rn. 4.

4 Vgl. *Marzik/Wilrich*, § 56 BNatSchG Rn. 6.

5 Vgl. *Gellermann*, in: Landmann/Rohmer, § 59 BNatSchG Rn. 1; *Gassner*, in: Gassner/Bendomir-Kahlo/Schmidt-Räntsch, § 56 Rn. 2a.

6 Vgl. *Fischer-Hüftle*, in: Schumacher/Fischer-Hüftle, BNatSchG, 1. Aufl. 2003, § 56 Rn. 2.

kam.[7] Sofern man mit der gegenteiligen Einschätzung davon ausgeht, der Begriff der „freien Landschaft" erfasse – anders als der Begriff „Flur" – auch Waldflächen, ist zu berücksichtigen, dass sich das Betreten des Waldes gem. § 59 Abs. 2 Satz 1 nach dem Bundeswaldgesetz und den Waldgesetzen der Länder sowie im Übrigen nach dem sonstigen Landesrecht richtet.

Neben der unterschiedlichen Bezeichnung der Fläche, deren Betreten ge- **4** stattet wird, unterscheiden sich die Fassungen auch insoweit, als nunmehr das Betreten ausdrücklich „allen" gestattet ist. Jedoch ändert auch diese Bestimmung der Betretungsberechtigten nicht den Inhalt der Betretungsregelung. Die Neuregelung erweitert den Kreis der Berechtigten nicht. Auch nach § 56 Satz 1 BNatSchG a.F. war das Betretungsrecht nach allgemeinem Verständnis allen natürlichen[8] Personen landesrechtlich einzuräumen.[9]

Im Vergleich zur Fassung der Vorgängerregelung besteht schließlich ein Un- **5** terschied hinsichtlich der Haftungsregelung. Die in § 56 Satz 1 BNatSchG a.F. enthaltene Haftungsregelung, wonach das Betreten „auf eigene Gefahr" gestattet war, wurde in § 59 Abs. 1 nicht übernommen. Im Rahmen der Neuregelung ist die Haftungsregelung aus der Betretungsregelung herausgelöst worden. Sie ist nunmehr in § 60 in einer eigenen Norm geregelt (vgl. dazu § 60 Rn. 3).

Die in § 59 Abs. 2 Satz 1 enthaltene Regelung, wonach sich das Betreten des **6** Waldes nach dem Bundeswaldgesetz und den Waldgesetzen der Länder richtet, hat keine Vorgängerregelung in der bis zum 28.02.2010 geltenden Fassung des BNatSchG. Gleichwohl ändert diese Neuregelung die Rechtslage nicht. Es entsprach nach allgemeiner Auffassung schon der alten Rechtslage, dass sich das Betreten des Waldes nicht nach BNatSchG, sondern nach der Waldgesetzgebung des Bundes und der Länder richtet.[10]

Die in § 59 Abs. 2 Satz 2, 1. Halbs. zugelassene landesrechtliche Gleichstel- **7** lung anderer Benutzungsarten übernimmt § 56 Satz 3, 2. Halbs. BNatSchG a.F. Die in § 59 Abs. 2 Satz 2, 2. Halbs. zugelassene landesrechtliche Einschränkung des Betretens aus wichtigen Gründen greift § 56 Satz 3, 1. Halbs. BNatSchG a.F. auf. Zusätzlich zu den in § 56 Satz 3, 1. Halbs. BNatSchG a.F. beispielhaft angeführten wichtigen Gründen benennt § 59 Abs. 2 Satz 2, 2. Halbs. auch die forstwirtschaftliche Bewirtschaftung als Grund für die Einschränkung des Betretens.

---

7 Vgl. VG Oldenburg, Urt. v. 23.09.2014 – 1 A 1314/14, NuR 2015, 142 (144); *Konrad*, in: Lorz/Konrad/Mühlbauer/Müller-Walter/Stöckel, § 59 BNatSchG Rn. 4 f.; *Otto*, NuR 2010, 329 (330); anders *Agena/Louis*, NuR 2015, 10 (13); *Gellermann*, in: Landmann/Rohmer, § 59 BNatSchG Rn. 4; *Kraft*, in: Lütkes/Ewer, § 59 Rn. 7; *Heym*, in: Schlacke, § 59 Rn. 13; *Fischer-Hüftle*, in: Schumacher/Fischer-Hüftle, BNatSchG, 2. Aufl. 2010, § 59 Rn. 7; *Thomas*, NuR 2013, 855 (860 f.).

8 Vgl. VGH Kassel, Beschl. v. 12.07.2001 – 2 Q 777/01, NuR 2003, 105 (106).

9 Vgl. *Marzik/Wilrich*, § 56 BNatSchG Rn. 10.

10 Vgl. *Fischer-Hüftle*, in: Schumacher/Fischer-Hüftle, BNatSchG, 1. Aufl. 2003, § 56 Rn. 2; *Gassner*, in: Gassner/Bendomir-Kahlo/Schmidt-Räntsch, § 56 Rn. 2a.

2. Entstehungsgeschichte

8 § 59 BNatSchG stimmt mit der Fassung von § 59 des Art. 1 des Gesetzentwurfes der Bundesregierung zur Neuregelung des Rechts des Naturschutzes
und der Landschaftspflege[11] überein. Der Wortlaut des Normentwurfs hat in
dem Gesetzgebungsverfahren keine Änderung erfahren.

III. Betreten der freien Landschaft (Abs. 1)

9 § 59 Abs. 1 gestattet das Betreten der freien Landschaft auf Straßen und Wegen sowie auf ungenutzten Grundflächen zum Zweck der Erholung. Das
Recht zum Betreten der freien Natur ist durch Art. 2 Abs. 1 GG in der weiten
Auslegung des Bundesverfassungsgerichts[12] grundrechtlich garantiert. Es ist
zudem in Bayern ausdrücklich verfassungsrechtlich abgesichert.[13] Mit dem
durch § 59 Abs. 1 geregelten Betretungsrecht der Erholungssuchenden geht
die Duldungspflicht der betroffenen Grundstückseigentümer einher. Die Regelung enthält damit eine Bestimmung des Inhalts des Eigentums i.S.v.
Art. 14 Abs. 1 Satz 2 GG und konkretisiert die Sozialbindung des Eigentums
i.S.v. Art. 14 Abs. 2 GG.[14]

1. Abgrenzung zu anderen Regelungen

10 Das siebte Kapitel des BNatSchG betrifft ausweislich der amtlichen Bezeichnung die Erholung in „Natur und Landschaft". Hierzu gestattet § 59 Abs. 1
das Betreten der freien Landschaft. § 59 Abs. 2 betrifft das Betreten des Waldes und verweist auf das Bundeswaldgesetz und das Landesrecht. Schließlich regelt § 61 die Freihaltung von Gewässern und Uferzonen. Ergänzend
erlaubt § 25 WHG im Rahmen des Gemeingebrauchs die Benutzung oberirdischer Gewässer. Schließlich betrifft § 43 WHG die erlaubnisfreie Benutzung von Küstengewässern. Die verschiedenen Regelungen greifen die freie
Landschaft, den Wald und die Gewässer als Bestandteile des Oberbegriffs
„Natur und Landschaft"[15] auf. Da das BNatSchG, das Waldrecht und das
Wasserhaushaltsrecht für die freie Landschaft, den Wald und die Gewässer
jeweils spezielle Erholungsregelungen vorsehen, fallen jedenfalls die Teile
der Erdoberfläche nicht unter die Betretungsregelung des § 59 Abs. 1, die
Wald bzw. oberirdisches Gewässer oder Küstengewässer sind.

11 Der Begriff des Waldes bestimmt sich nach der Legaldefinition des BWaldG
sowie den Landeswaldgesetzen. Nach § 2 Abs. 1 Satz 1 BWaldG ist jede mit
Forstpflanzen bestockte Grundfläche Wald. Dabei kommt es für die Qualifizierung einer Fläche als Wald allein auf die tatsächlichen Verhältnisse an.[16]

---

11 Vgl. Gesetzentwurf der Bundesregierung, BR-Drs. 278/09 v. 03.04.2009.
12 Vgl. BVerfG, Beschl. v. 06.06.1989 – 1 BvR 921/85, BVerfGE 80, 137, 152ff.; *Stadler*,
S. 70ff.
13 Vgl. Art. 141 Abs. 3 Satz 1 der Bayerischen Verfassung, dazu *Stadler*, S. 73ff., S. 92ff.;
Burgi, S. 336ff.; vgl. auch Art. 10 Abs. 3 der Verfassung des Freistaates Sachsen.
14 Vgl. *Gellermann*, in: Landmann/Rohmer, § 59 BNatSchG Rn. 2.
15 Vgl. *Burgi*, S. 36.
16 Vgl. OVG Münster, Urt. v. 21.11.1991 – 20 A 2063/90.

Unerheblich ist, wie die Bestockung der Fläche entstanden ist.[17] Auch ist unerheblich, ob die Grundfläche, auf der die Forstpflanzen aufstocken, die natürlich gewachsene Oberfläche des Erdreichs darstellt oder vom Menschen künstlich verändert ist.[18] Als Wald gelten nach § 2 Abs. 1 Satz 2 BWaldG auch kahl geschlagene oder verlichtete Grundflächen, Waldwege, Waldeinteilungs- und Sicherungsstreifen, Waldblößen und Lichtungen, Waldwiesen, Wildäsungsplätze, Holzlagerplätze sowie weitere mit dem Wald verbundene und ihm dienende Flächen. Kein Wald sind nach § 2 Abs. 2 BWaldG in der Flur oder im bebauten Gebiet gelegene kleinere Flächen, die mit einzelnen Baumgruppen, Baumreihen oder mit Hecken bestockt sind oder als Baumschulen verwendet werden. An den Begriff „kleinere Flächen" mit einzelnen Baumgruppen i.S.v. § 2 Abs. 2 BWaldG sind strenge Anforderungen zu stellen. Diesen Anforderungen ist nur genügt, wenn nach den besonderen Umständen des Einzelfalles, insbesondere nach Art und Umfang des Baumbestandes, dem Charakter der näheren Umgebung, dem möglichen Zusammenhang mit anderen Waldflächen und insgesamt nach dem optischen Eindruck es sich lediglich um einzelne Baumgruppen handelt, die auf Flächen von so geringer Ausdehnung stehen, dass sie jedenfalls unter forstrechtlichen Gesichtspunkten nicht so schutzwürdig sind, um sie als Wald einzustufen.[19] Soweit eine Fläche danach als Wald zu bewerten ist, bestimmt sich das Betreten dieser Fläche nach Maßgabe von § 14 BWaldG. Die inhaltlich weitgehend vergleichbare Betretungsregelung des § 59 Abs. 1 findet dann keine Anwendung.

Neben dem Wald unterfallen auch oberirdische Gewässer sowie Küstenge- **12** wässer nicht der Regelung des § 59 Abs. 1. Oberirdische Gewässer sind nach § 3 Nr. 1 WHG das ständig oder zeitweilig in Betten fließende oder stehende oder aus Quellen wild abfließende Wasser. Küstengewässer ist nach § 3 Nr. 2 WHG das Meer zwischen der Küstenlinie bei mittlerem Hochwasser oder zwischen der seewärtigen Begrenzung der oberirdischen Gewässer und der seewärtigen Begrenzung des Küstenmeeres; die seewärtige Begrenzung von oberirdischen Gewässern, die nicht Binnenwasserstraßen des Bundes sind, richtet sich nach den landesrechtlichen Vorschriften. Da die Begriffe oberirdische Gewässer und Küstengewässer[20] sich nicht auf das Ufer der Gewässer erstrecken, können diese Gewässerufer Teil der freien Landschaft sein.[21] Gewässerufer können damit der Betretungsregelung des § 59 Abs. 1 unterfallen.

---

17 Vgl. OVG Münster, Urt. v. 11.06.1985 – 20 A 460/84; OVG Münster, Urt. v. 22.01.1988 – 10 A 1299/87, NVwZ 1988, 1048 (1049).

18 Vgl. BVerwG, Beschl. v. 14.05.1985 – 4 B 76.85, NVwZ 1986, 206 (206).

19 Vgl. VG Düsseldorf, Urt. v. 07.05.1987 – 9 K 2618/86, AgrarR 1988, 291 (291 f.)

20 Vgl. *Maus*, in: Berendes/Frenz/Müggenborg, § 67 WHG Rn. 39 ff.

21 So im Ergebnis auch OVG Frankfurt (Oder), Beschl. v. 14.10.2004 – 3a B 255/03, NuR 2005, 110, 110; OVG Berlin-Brandenburg, Urt. v. 02.04.2009 – 11 B 7.08, NuR 2009, 417 (419); vgl. auch § 32 LNatSchG Schl.-H.

2. Freie Landschaft

13 Der in § 59 Abs. 1 nunmehr verwandte Begriff der **freien Landschaft** stimmt inhaltlich mit dem Begriff der Flur i.S.v. § 56 Satz 1 BNatSchG a.F. überein (vgl. dazu § 59 Rn. 3). Zur Bestimmung des Begriffs Flur i.S.v. § 56 Satz 1 BNatSchG a.F. wurden teilweise bauplanungsrechtliche Kategorien herangezogen. So wurde teilweise angenommen, die Flur betreffe ausschließlich den Außenbereich i.S.v. § 35 BauGB.[22] Andere nahmen an, die Flur liege außerhalb der im Zusammenhang bebauten Ortsteile, unabhängig vom Vorhandensein eines Bebauungsplans.[23] Teilweise wurde der Heranziehung bauplanungsrechtlicher Kategorien – auch wegen der divergierenden Zielsetzungen beider Normbereiche[24] – grundsätzlich widersprochen. Für die zuletzt genannte Auffassung spricht, dass das BNatSchG auch in seiner seit dem 01.03. 2010 geltenden Fassung nach seinem § 1 Abs. 1 grundsätzlich auch im besiedelten Bereich gilt. Zudem thematisiert § 1 Abs. 4 Nr. 2 die Erholung in der freien Landschaft gerade im besiedelten Bereich (vgl. dazu § 1 Rn. 84 ff.). Im Zusammenhang bebaute Ortsteile dürfen insoweit nicht von vornherein von dem Begriff der freien Landschaft ausgeschlossen werden. Bauplanungsrechtliche Kategorien helfen daher im Rahmen der Bestimmung des Begriffs der freien Landschaft nicht weiter. Flächen, die im Geltungsbereich eines Bebauungsplans liegen, können gleichwohl zur freien Landschaft gehören.[25]

14 Der Begriff der freien Landschaft steht nach seiner Wortbedeutung für ein tendenziell weitläufiges Areal.[26] Unter dem Begriff „Landschaft" ist ein hinsichtlich des äußeren Erscheinungsbildes in bestimmter Weise geprägter Bereich der Erdoberfläche zu verstehen[27]. Der Begriff ist anhand des „natürlichen Erscheinungsbildes" für jeden Einzelfall getrennt abzugrenzen.[28] Ausgehend von dem Sinn und Zweck der naturschutzrechtlichen Betretungsregelung ist entscheidend, ob im Einzelfall das aus dem Betreten der Fläche resultierende Wohlbefinden noch mit der Naturhaftigkeit in Beziehung steht oder durch andere Faktoren, vor allem der Qualität einer in der Nähe befindlichen Anlage, bedingt ist.[29] Nur von einer Naturhaftigkeit geprägte Grundflächen sind damit freie Landschaft i.S.v. § 59 Abs. 1. Dabei darf die Naturhaftigkeit allerdings nicht mit dem natürlichen „Urzustand"[30]

---

22 Vgl. *Winkelmann/Wilken*, Sportaktivitäten in Natur und Landschaft, S. 40.

23 Vgl. OVG Münster, Urt. v. 20.12.1990 – 20 A 2218/89, AgrarR 1991, 289 (289 f.); OVG Münster, Urt. v. 20.12.1990 – 20 A 2218/89, NuR 1993, 240 (240 f.); *Fischer-Hüftle*, in: Schumacher/Fischer-Hüftle, BNatSchG, 1. Aufl. 2003, § 56 Rn. 2; *Gassner*, in: Gassner/Bendomir-Kahlo/Schmidt-Räntsch, § 56 Rn. 14.

24 Vgl. dazu *Burgi*, S. 121 f.

25 Vgl. OVG Münster, Urt. v. 20.12.1990 – 20 A 2218/89, NuR 1993, 240, 240; OVG Frankfurt (Oder), Beschl. v. 14.10.2004 – 3a B 255/03, NuR 2005, 110, 110 f.; OVG Berlin-Brandenburg, Urt. v. 02.04.2009 – 11 B 7.08, NuR 2009, 417 (419).

26 Vgl. OVG Berlin-Brandenburg, Urt. v. 02.04.2009 – 11 B 7.08, NuR 2009, 417 (418).

27 Vgl. OVG Berlin-Brandenburg, Urt. v. 02.04.2009 – 11 B 7.08, NuR 2009, 417 (418).

28 Vgl. BayObLG, Beschl. v. 04.02.1983 – 3 Ob OWi 7/83, NVwZ 1983, 503 (504); *Burgi*, S. 121 f.

29 Vgl. *Burgi*, S. 121 f.

30 Vgl. *Kloepfer*, § 1 Rn. 19.

gleichgesetzt werden, weil jedenfalls in Deutschland nahezu alle Bereiche in mehr oder weniger großem Umfang durch den Menschen gestaltet wurden. Damit können auch innerstädtische Parks der freien Landschaft zugerechnet werden, soweit nicht darin befindliche Sportanlagen oder Gebäude die Fläche prägen.[31] Hausgärten[32] und Campingplätze sind aufgrund ihres Anlagenbezugs regelmäßig kein Teil der freien Landschaft.[33]

Der Begriff der freien Landschaft bestimmt sich unabhängig von den Eigentumsverhältnissen[34] und kann sich auch auf Schutzgebiete erstrecken.[35] Die Einfriedung von Flächen bewirkt grundsätzlich nicht, dass die davon betroffene Grundfläche nicht mehr dem Begriff der freien Landschaft zugerechnet werden könnte.[36] Schließlich verändern Einfriedungen nicht den Charakter der betroffenen Grundfläche[37], sondern erschweren allein das Betreten.[38] Der Grundstückseigentümer ist jedoch grundsätzlich nicht gehindert, die dem Betretungsrecht unterliegenden Flächen umzugestalten und sie in seinen privaten Wohnbereich einzubeziehen oder etwa auf Brachflächen und anderen landwirtschaftlich nicht genutzten Flächen erstmals oder erneut eine landwirtschaftliche Nutzung aufzunehmen.[39] Um im Einzelfall abgrenzen zu können, ob ein Grundstückseigentümer Teile seines Grundstücks zulässigerweise zu seinem privaten Wohnbereich erklärt und dies entsprechend nach außen hin deutlich macht, oder ob er sein Grundstück oder Teile davon in genehmigungsbedürftiger Weise für die Öffentlichkeit sperrt, ist wiederum zu berücksichtigen, dass das – unmittelbar aus dem Gesetz folgende – Betretungsrecht der Öffentlichkeit Ausdruck der Sozialbindung des Eigentums ist. Daher sind zwar Maßnahmen, die nur dazu dienen, das Betretungsrecht der Allgemeinheit durch faktischen Ausschluss des Zugangs zu unterlaufen, von der nach Art. 14 GG geschützten Verfügungsbefugnis des Eigentümers nicht gedeckt.[40]

15

---

31 Vgl. *Burgi*, S. 122.
32 Vgl. OVG Frankfurt (Oder), Beschl. v. 14.10.2004 – 3a B 255/03, NuR 2005, 110, 110 f.; *Kraft*, in: Lütkes/Ewer, § 59 Rn. 9.
33 Vgl. *Agena/Louis*, NuR 2015, 10 (13 f.); *Burgi*, S. 122.
34 Vgl. *Kraft*, in: Lütkes/Ewer, § 59 Rn. 11.
35 Vgl. VGH München, Urt. v. 22.07.1982 – 9 B 1710/79, NuR 1984, 193; *Gassner/Heugel*, Rn. 232.
36 Vgl. *Burgi*, S. 122.
37 Vgl. OVG Frankfurt (Oder), Beschl. v. 14.10.2004 – 3a B 255/03, LKV 2005, 414, 416; VGH München, Urt. v. 03.08.1988 – 9 B 87.01107, NuR 1989, 136, 136 f.; OVG Münster, Urt. v. 20.12.1990 – 20 A 2218/89, AgrarR 1991, 289, 289 f.; OVG Münster, Urt. v. 20.12.1990 – 20 A 2218/89, NuR 1993, 240, 240.
38 Vgl. *Soell*, DVBl 1983, 241 (246).
39 Vgl. OVG Münster, Urt. v. 20.12.1990 – 20 A 2218/89, NuR 1993, 240, 240; VGH Kassel, Urt. v. 18.03.1975 – II OE 1/75, DVBl 1975, 911, 912 f.
40 Vgl. OVG Berlin-Brandenburg, Urt. v. 02.04.2009 – 11 B 7.08, NuR 2009, 417 (420).

3. Betreten zum Zweck der Erholung

16   Das Betreten der freien Landschaft zum Zwecke der Erholung gestattet § 59 Abs. 1. Die Regelung gestattet damit nur solche Handlungen, die zum einen ein Betreten darstellen, zum anderen zum Zwecke der Erholung erfolgen.

a) Betreten

17   Der Begriff des **Betretens** bezeichnet in seiner unmittelbaren Wortbedeutung das zu Fuß erfolgende Begehen einer Fläche[41]. Der Begriff umfasst auch ein Begehen, bei dem etwa ein Kinderwagen mitgeführt wird.[42] Weiterhin können auch sportliche Betätigungen[43], etwa Klettern, Joggen oder Skifahren[44], ein Betreten i.S.v. § 59 Abs. 1 sein.

18   Der Begriff des Betretens erfasst über das Begehen hinaus auch den vorübergehenden Aufenthalt[45], also das Ruhen, Rasten, Lagern oder sonstige Verweilen. § 59 Abs. 1 erfasst damit auch das Spielen in der freien Landschaft. Dahingegen soll das Zelten nach vorherrschendem Verständnis nicht mehr von dem Begriff des Betretens erfasst werden.[46]

19   Auch das **Befahren** von Flächen, etwa mit Fahrrädern oder Kraftfahrzeugen, stellt nach dem allgemeinen Sprachgebrauch kein Betreten dar.[47] Danach ist auch das Reiten kein Betreten. Benutzungen, die kein Betreten sind, können ggfs. durch den Landesgesetzgeber als sonstige Benutzungsarten nach Maßgabe von § 59 Abs. 2 Satz 2 BNatSchG dem Betreten gleichgestellt werden (vgl. dazu § 59 Rn. 30 f.). Dem Betreten gleichgestellte Benutzungsarten werden in der Literatur mitunter als Betreten im weiteren Sinn bezeichnet, wohingegen ein Betreten i.S.v. § 59 Abs. 1 BNatSchG als Betreten im engeren Sinne bezeichnet wird.[48]

b) Erholung

20   § 59 Abs. 1 BNatSchG erfasst nur das zum Zwecke der **Erholung** erfolgende Betreten der freien Landschaft. Erholung ist nach der in § 7 Abs. 1 Nr. 3 BNatSchG geregelten Begriffsbestimmung das natur- und landschaftsverträglich ausgestaltete Natur- und Freizeiterleben einschließlich natur- und landschaftsverträglicher sportlicher Betätigung in der freien Landschaft, soweit dadurch die sonstigen Ziele des Naturschutzes und der Landschaftspflege nicht beeinträchtigt werden (vgl. dazu § 7 Rn. 4). Da der Begriff der Erholung damit unter dem Vorbehalt der Naturverträglichkeit steht, erfasst

---

41 Vgl. *Gassner*, in: Gassner/Bendomir-Kahlo/Schmidt-Räntsch, § 56 Rn. 10.

42 Vgl. *Agena/Louis*, NuR 2015, 10, 12; *Carlsen*, NuR 1979, 60 (62).

43 Vgl. auch Gesetzentwurf der Bundesregierung, BR-Drs. 278/09 v. 03.04.2009, S. 131.

44 Vgl. VG Arnsberg, Urt. v. 14.09.1994 – 1 K 7738/93, NVwZ 1995, 1243 (1243 f.).

45 Vgl. BayObLG, Beschl. v. 07.12.1976 – 306 OWi 92/76, BayVBl. 1977, 120; *Kraft*, in: Lütkes/Ewer, § 59 Rn. 18.

46 Vgl. *Agena/Louis*, NuR 2015, 10 (13); ; *Heym*, in: Schlacke, § 59 Rn. 10; *Gassner/Heugel*, Rn. 225.

47 Vgl. *Gellermann*, in: Landmann/Rohmer, § 59 BNatSchG Rn. 10.

48 Vgl. *Gassner*, in: Gassner/Bendomir-Kahlo/Schmidt-Räntsch, § 56 Rn. 10 ff.

§ 59 Abs. 1 BNatSchG nur vergleichsweise naturschonende Formen des Begehens und des Aufenthalts in der freien Landschaft.[49] Daher wird etwa das Anlegen einer Langlaufloipe mit einem Loipenspurgerät[50], das Steigenlassen von Motorflugmodellen[51] oder das Einpflocken von Sonnenschirmen[52] nicht vom Betretungsrecht nach § 59 Abs. 1 BNatSchG erfasst. Ob die Regelung auch das Mitführen eines Hundes gestattet, ist zweifelhaft.[53]

Insbesondere bei organisierten Veranstaltungen in der freien Landschaft 21 kann fraglich sein, ob die Teilnahme „zum Zwecke der Erholung", also zum Zwecke des Natur- und Freizeiterlebens, erfolgt. Daran kann es beispielsweise bei rein wirtschaftlich motivierten Handlungen sowie bei organisierten Ausritten im Rahmen des Betriebs eines Reiterhofes[54], einer Schleppjagd[55] oder Motocross-Rennen[56] fehlen.

4. Auf Straßen und Wegen sowie auf ungenutzten Grundflächen

Das Betretungsrecht der freien Landschaft nach § 59 Abs. 1 BNatSchG er- 22 streckt sich auf Straßen und Wege sowie auf ungenutzte Grundflächen. Der Regelung liegt das Verständnis zu Grunde, dass sich der Begriff der freien Landschaft nicht nur auf ungenutzte Grundflächen, sondern auch auf Straßen und Wege erstrecken kann. Da die freie Landschaft nicht nur aus Straßen und Wegen sowie ungenutzten Grundflächen besteht, erstreckt sich das Betretungsrecht nicht auf die gesamte freie Landschaft. Damit ist es enger als die in § 14 Abs. 1 BWaldG normierte Regelung zum Betreten des Waldes. Danach ist das Betreten des gesamten Waldes gestattet.

a) Straßen und Wege

Öffentliche **Straßen und Wege** dürfen von jedermann entsprechend ihrer je- 23 weiligen Widmung betreten werden.[57] Ergänzend zu dem straßenrechtlichen Gemeingebrauch gestattet § 59 Abs. 1 BNatSchG das Betreten privater Straßen und Wege. Die Regelung erfasst solche Straßen und Wege, die nach ihrem „natürlichen Erscheinungsbild" Bestandteil der freien Landschaft sind. Das Betretungsrecht des § 59 Abs. 1 BNatSchG erstreckt sich damit nicht auf Straßen und Wege in Bereichen, die nicht der freien Landschaft zurechenbar sind.

---

49 Vgl. VGH Mannheim, Urt. v. 27.02.1995 – 5 S 1281/94, NuR 1995, 462 (462 ff.).
50 Vgl. VG München, Urt. v. 27.11.1991 – M 7 K 91.3102, BayVBl. 1992, 506; *Heym*, in: Schlacke, § 59 Rn. 8.
51 Vgl. VGH München, Beschl. v. 07.06.1977 – 14 IX 77, BayVBl. 1977, 603, 603 f.; *Heym*, in: Schlacke, § 59 Rn. 11.
52 Vgl. *Agena/Louis*, NuR 2015, 10, 13; *Gassner/Heugel*, Rn. 225.
53 Ablehnend BayVerfGH, Entsch. v. 29.11.1990 – Vf. 9-V/89, NuR 1992, 182; vgl. auch VGH Mannheim, Urt. v. 27.02.1995 – 5 S 1281/94, NuR 1995, 462 (462 ff.); zustimmend Carlsen, Sp. 279.
54 Vgl. VGH Mannheim v. 07.09.1994 – 5 S 2107/94, UPR 1995, 76 (77 f.).
55 Vgl. VGH Mannheim, Urt. v. 27.02.1995 – 5 S 1281/94, NuR 1995, 462 (462 ff.).
56 Vgl. *Schmidt*, NVwZ 1991, 31 (35).
57 Vgl. *Burgi*, S. 50 ff.

24 Da § 59 Abs. 1 BNatSchG das „Betreten" der Straßen und Wege betrifft, ist es hinreichend, wenn diese derart verfestigt sind, dass sie begehbar sind. Auch nicht planmäßig angelegte Trampelpfade können dem Betretungsrecht unterliegen.[58] Zu den Straßen und Wegen i.S.d. § 59 Abs. 1 BNatSchG zählen daher auch Pfade und Steige.[59] Als Indiz für das Vorliegen eines Weges wird dessen Aufnahme in eine Wanderkarte gesehen.[60]

b) Ungenutzte Grundflächen

25 Nach § 59 Abs. 1 BNatSchG dürfen neben den Straßen und Wegen auch **ungenutzte Grundflächen**, die Teil der freien Landschaft sind, betreten werden. Ungenutzte Grundflächen sind zunächst all die Flächen, die dauerhaft nicht genutzt werden. Dauernd ungenutzte Grundflächen können etwa Brachland, Feldraine, Böschungen, Felsen, Geröllhalden, Steilhänge, Dünen oder Gewässerufer sein.[61] Nach vorzugswürdiger Auffassung erstreckt sich der Begriff der ungenutzten Grundfläche zudem auf landwirtschaftliche Grundflächen in der Vegetationspause.[62]

5. Allgemeiner Grundsatz

26 Der Bundesgesetzgeber hat das Betretungsrecht als **allgemeinen Grundsatz** des Naturschutzes i.S.v. Art. 72 Abs. 3 Satz 1 Nr. 2 GG ausgestaltet. Daher kann der Grundsatz nicht landesrechtlich abgeändert werden.[63] Die Ausgestaltung als allgemeiner Grundsatz wird in der amtlichen Begründung des Gesetzesentwurfs damit begründet, das Recht, die freie Landschaft auf Straßen und Wegen sowie auf ungenutzten Grundflächen zu betreten, sei notwendige Voraussetzung für die Erholung der Bevölkerung in Natur und Landschaft.[64] Unberührt von der Bestimmung des Betretungsrechts zum abweichungsfesten Grundsatz bleiben die Möglichkeiten der Landesgesetzgeber zur näheren inhaltlichen Ausgestaltung des Betretungsrechts nach Maßgabe von § 59 Abs. 2 Satz 2 BNatSchG. Das als allgemeiner Grundsatz ausgewiesene Betretungsrecht ist daher im Ergebnis nur dem Grunde nach abweichungsfest.[65]

---

58 Vgl. OVG Frankfurt/Oder, Beschl. v. 14.10.2004 – 3a B 255/03, LKV 2005, 414 (415f.); *Agena/Louis*, NuR 2015, 10 (14).

59 Vgl. *Gassner/Heugel*, Rn. 221; *Kraft*, in: Lütkes/Ewer, § 59 Rn. 14.

60 Vgl. *Heym*, in: Schlacke, § 59 Rn. 16; *Gassner/Heugel*, Rn. 221.

61 Vgl. *Gassner/Heugel*, Rn. 233; *Agena/Louis*, NuR 2015, 10 (14 f).

62 Vgl. VG Berlin, Urt. v. 26.11.1980 – 1 A 268/79, NuR 1981, 179; *Gassner/Heugel*, Rn. 234; *Otto*, RdL 2010, 58 (59); *Fischer-Hüftle*, in: Schumacher/Fischer-Hüftle, BNatSchG, 2. Aufl. 2010, § 59 Rn. 11; unklar *Tesmer*, AgrarR 1981, 180 (181); a.A. *Carlsen*, NuR 1981, 179; *Lorz/Müller/Stöckel*, § 56 Rn. 8.

63 Vgl. *Berghoff/Steg*, NuR 2010, 17 (25); Louis, NuR 2010, 77 (88); *Müggenborg/Hentschel*, NJW 2010, 961 (967).

64 Vgl. Gesetzentwurf der Bundesregierung, BR-Drs. 278/09 v. 03.04.2009, S. 232.

65 Vgl. *Gassner/Heugel*, Rn. 216; *Kraft*, in: Lütkes/Ewer, § 59 Rn. 3.

IV. Betreten des Waldes (Abs. 2 Satz 1)

Nach § 59 Abs. 2 BNatSchG richtet sich das **Betreten des Waldes** nach dem   27
Bundeswaldgesetz und den Waldgesetzen der Länder. Die Regelung gewährleistet, dass bestehende oder zukünftige Vorschriften des Bundeswald-
gesetzes sowie Vorschriften der Länder weiter gelten bzw. neu erlassen werden können.[66] Nach § 14 Abs. 1 Satz 1 BWaldG ist das Betreten des Waldes
zum Zwecke der Erholung gestattet. Das Radfahren, das Fahren mit Kran-
kenfahrstühlen und das Reiten im Walde ist nach § 14 Abs. 1 Satz 2 BWaldG
nur auf Straßen und Wegen gestattet.

V. Landesrechtliche Regelungen (Abs. 2 Satz 2)

Nach § 59 Abs. 2 Satz 2 BNatSchG kann das Landesrecht andere Benut-   28
zungsarten ganz oder teilweise dem Betreten gleichstellen sowie das Betreten aus wichtigen Gründen, insbesondere aus solchen des Naturschutzes
und der Landschaftspflege, des Feldschutzes und der land- und forstwirtschaftlichen Bewirtschaftung, zum Schutz der Erholungsuchenden, zur Vermeidung erheblicher Schäden oder zur Wahrung anderer schutzwürdiger Interessen des Grundstücksbesitzers einschränken.

Die systematische Stellung des § 59 Abs. 2 Satz 2 BNatSchG erweckt den   29
Anschein, die dort geregelte Gleichstellung anderer Benutzungsarten mit
dem Betreten sowie die Einschränkung des Betretens aus wichtigen Gründen bezieht sich allein auf das in § 59 Abs. 2 Satz 1 BNatSchG geregelte Betreten des Waldes. Dieser Einschätzung steht indes entgegen, dass mit dem
in § 59 Abs. 2 Satz 2 BNatSchG thematisierten Feldschutz und der landwirtschaftlichen Bewirtschaftung auch die freie Landschaft in den Blick genommen wird.[67] Es entspricht zudem dem Willen des Gesetzgebers, dass sich
§ 59 Abs. 2 Satz 2 BNatSchG auch auf das Betreten der freien Landschaft erstreckt.[68]

1. Gleichstellung anderer Benutzungsarten mit dem Betreten

Dem Betreten kann das Landesrecht nach § 59 Abs. 2 Satz 2 BNatSchG **an-**   30
dere Benutzungsarten ganz oder teilweise gleichstellen. Die landesrechtlich
dem Betreten gleichgestellten Benutzungsarten sind gestattet, soweit sie
zum Zwecke der Erholung erfolgen. Die gleichgestellten Benutzungsarten
sind damit nicht allein wegen der Gleichstellung gestattet, sondern stehen
wie das Betreten insbesondere unter dem Vorbehalt der Naturverträglichkeit. Als gleichgestellte Benutzungsarten kommen nur solche Benutzungen
in Betracht, die nicht schon unter den Betretungsbegriff fallen. Sonstige Benutzungsarten können damit insbesondere Begehungen sein, die nicht fuß-

---

66 Vgl. Gesetzentwurf der Bundesregierung, BR-Drs. 278/09 v. 03.04.2009, S. 232.
67 So auch *Louis*, NuR 2010, 77 (88).
68 Vgl. Gesetzentwurf der Bundesregierung, BR-Drs. 278/09 v. 03. 04. 2009, S. 232; dazu
   Berghoff/Steg, NuR 2010, 17 (25).

läufig erfolgen. Landesrechtliche Gleichstellungen betreffen insbesondere das Fahrradfahren und das Reiten.[69]

31 Die in § 59 Abs. 2 Satz 2 BNatSchG angesprochene teilweise Gleichstellung von Benutzungsarten kann insbesondere derart erfolgen, dass bei gegenüber dem schlichten Betreten intensiveren Benutzungsarten die Gleichstellung räumlich oder zeitlich beschränkt wird.[70]

2. Einschränkung des Betretens aus wichtigen Gründen

32 Das Landesrecht kann das Betreten nach § 59 Abs. 2 Satz 2 BNatSchG aus wichtigen Gründen, insbesondere aus solchen des Naturschutzes und der Landschaftspflege, des Feldschutzes und der land- und forstwirtschaftlichen Bewirtschaftung, zum Schutz der Erholungsuchenden, zur Vermeidung erheblicher Schäden oder zur Wahrung anderer schutzwürdiger Interessen des Grundstücksbesitzers einschränken. § 59 Abs. 2 Satz 2, 2. Halbs. BNatSchG benennt zusätzlich zu den in § 56 Satz 3, 1. Halbs. BNatSchG a.F. beispielhaft angeführten wichtigen Gründen auch die forstwirtschaftliche Bewirtschaftung als Grund für die Einschränkung des Betretens (vgl. dazu § 59 Rn. 7). Die beispielhaft genannten Gründe sind nicht abschließend. Auch Gründe des Gewässerschutzes oder etwa des Bodenschutzes können die landesrechtliche Einschränkung des Betretens rechtfertigen.[71] Die im Gesetz angeführten Gründe der land- und forstwirtschaftlichen Bewirtschaftung sowie der schutzwürdigen Interessen der Grundstücksbesitzer zeigen, dass der wichtige Grund nicht zwingend auf öffentlichen Interessen beruhen muss.

33 Die Einschränkung des Betretens aus wichtigen Gründen des Naturschutzes und der Landschaftspflege ermöglicht insbesondere landesrechtliche Beschränkungen des Betretens von ökologisch sensiblen Zonen.[72] Insbesondere dem Schutz von Biotopen und Lebensstätten seltener Tier- und Pflanzenarten kann Vorrang vor dem Erholungsinteresse eingeräumt werden.[73] Die Landesgesetzgeber können das Betreten darüber hinaus aus wichtigen Gründen des Feldschutzes und der land- und forstwirtschaftlichen Bewirtschaftung beschränken. Der Einschränkungsgrund der forstwirtschaftlichen Bewirtschaftung ist vornehmlich für das Betreten des Waldes von Bedeutung. Für die Betretungsregelung der freien Landschaft ist er in den Bereichen, die an Wald angrenzen, von Bedeutung. Der Begriff des Feldschutzes bezieht sich auf die Gefahrenabwehr in der freien Landschaft und schließt die Abwehr von Schädigungen der Landwirtschaft ein. Unter dem Begriff Feld sind alle außerhalb der geschlossenen Bebauung gelegenen unbebauten Flächen zu verstehen, soweit sie nicht öffentliche Straßen, Wald oder Ge-

---

69 Vgl. *Heym*, in: Schlacke, § 59 Rn. 28 ff.; *Agena/Louis*, NuR 2015, 90 (91 ff.); Art. 28 Abs. 1 Satz. 1 BayNatSchG; § 41 NatSchG Bln; § 22 Abs. 1 BbgNatSchAG; § 27 Abs. 2 Sächs-NatSchG; § 34 Abs. 1 ThürNatG; § 25 Abs. 1 NatSchAG M-V; § 30 Abs. 2 LNatSchG Schl.-H.; §§ 17 f. HmbBNatSchAG.

70 Vgl. *Meßerschmidt*, § 56 BNatSchG a.F. Rn. 58.

71 Vgl. *Meßerschmidt*, § 56 BNatSchG a.F. Rn. 46.

72 Vgl. *Meßerschmidt*, § 56 BNatSchG a.F. Rn. 42.

73 Vgl. VG Schleswig, Beschl. v. 06. 12. 1988 – 1 D 41/88, NVwZ-RR 1989, 405 (406 f.).

wässer sind.[74] Die für die Beschränkung des Betretens sprechenden Gründe dürfen nicht nur unwesentlich sein. Daher kommt etwa eine Sperrung von Wegen entlang von Viehweiden nur in Betracht, wenn außergewöhnliche Umstände oder atypische Verhältnisse vorliegen.[75]

Landesrechtliche Regelungen zur Beschränkung des Betretens zum Schutz *34* der Erholungsuchenden sind insbesondere dann von Bedeutung, wenn die freie Landschaft besondere Gefahren für die Erholungsuchenden bergen. Zu denken ist an Regelungen, die etwa das Betreten von Sumpflandschaften beschränken. Darüber hinaus können wechselseitig unverträgliche Benutzungsarten zum Schutz der Erholungsuchenden entflochten werden. Insofern ist die Beschränkung der Gruppe von Benutzenden denkbar, die die freie Landschaft durch Verwendung von Geräten oder Mitführen von Tieren in gesteigertem Maße nutzen.[76]

Weiterhin können landesrechtliche Regelungen das Betretungsrecht zur Ver- *35* meidung erheblicher Schäden oder zur Wahrung anderer schutzwürdiger Interessen des Grundstücksbesitzers einschränken. Da sich das Betretungsrecht auch auf Flächen erstreckt, die im Privateigentum stehen (vgl. dazu § 59 Rn. 15), können so unzumutbare Beeinträchtigungen landesrechtlich vermieden werden. Zu denken ist etwa an landesrechtliche Ausnahmen von dem Betretungsrecht für Privatwege in Gärten, Hofräumen oder sonstigen zum privaten Wohnbereich gehörenden oder gewerblichen Betrieben dienenden Flächen.[77]

§ 60
Haftung

Das Betreten der freien Landschaft erfolgt auf eigene Gefahr. Durch die Betretungsbefugnis werden keine zusätzlichen Sorgfalts- oder Verkehrssicherungspflichten begründet. Es besteht insbesondere keine Haftung für typische, sich aus der Natur ergebende Gefahren.

Inhaltsübersicht

---

74 Vgl. *Meßerschmidt*, § 56 BNatSchG a.F. Rn. 43.
75 Vgl. VG Arnsberg, Urt. v. 27. 09. 1983 – 4 K 3201/82, NuR 1984, 69.
76 Vgl. VGH München, Urt. v. 19. 07. 1988 – 8 B 87.00028 u. 00111, NuR 1989, 394.
77 Vgl. *Meßerschmidt*, § 56 BNatSchG a.F. Rn. 45.

I. Überblick

1 Die Norm ergänzt die vorangestellte Vorschrift des § 59 Abs. 1 (Betreten der freien Landschaft). Der Gesetzgeber stellt klar, dass durch das in § 59 normierte Betretungsrecht der freien Natur für die Grundstücksbesitzer keine zusätzlichen **Verkehrssicherungspflichten** entstehen. Das Gesetz greift den von der Rechtsprechung entwickelten Grundsatz auf, dass jeder selbst das Risiko für typische, sich aus der Natur ergebenden Gefahren trägt.

2 Die Haftungsregelung ist nur auf das Betreten der freien Landschaft anzuwenden. Für das **Betreten des Waldes** enthält § 14 BWaldG eine gesonderte, inhaltlich aber weitgehend deckungsgleiche Haftungsvorschrift.[1] Der Begriff der „freien Landschaft" knüpft an § 59 Abs. 1 BNatSchG an und ist deshalb wie dort auszulegen[2].

3 Die Vorgängerregelung zu den §§ 59, 60 (§ 56 Satz 1 BNatSchG a.F.) enthielt hinsichtlich der **Haftung** lediglich den Hinweis, dass das Betreten der Flur auf Straßen und Wegen sowie auf ungenutzten Grundflächen „auf eigene Gefahr" gestattet ist. Ob dieser Begriff als Haftungsausschluss oder Haftungsbegrenzung im Sinne einer Teilung des Haftungsrisikos zu verstehen ist, war in der juristischen Literatur umstritten[3]. Der Bundesgesetzgeber hat sich nunmehr in § 60 – jedenfalls hinsichtlich naturtypischer Gefahren – für einen Haftungsausschluss entschieden („keine Haftung").

II. Verkehrssicherungspflichten in der freien Landschaft

1. Zivilrechtliche Grundlagen

4 Nach § 823 Abs. 1 Bürgerliches Gesetzbuch (BGB) ist derjenige, der das Rechtsgut eines anderen durch ein schuldhaftes Handeln oder Unterlassen verletzt, dem anderen zum Ersatz des daraus entstehenden Schadens verpflichtet. Ein Unterfall dieser Haftungsnorm ist die Verletzung der sog. Verkehrssicherungspflicht.

5 Die **Verkehrssicherungspflicht** beruht auf dem Grundgedanken, dass jeder, der in seinem Einfluss- und Herrschaftsbereich, z.B. auf seinem Grundstück, eine Gefahrenlage schafft oder andauern lässt, eine Schädigung anderer tunlichst abzuwenden hat[4]. Unterlässt ein Grundstückseigentümer in vorwerfbarer Weise Schutzmaßnahmen, die den Schaden abwenden können, haftet er demnach auf **Schadensersatz**.

6 Verkehrssicherungspflichtig ist – ggf. neben dem Eigentümer – auch der **Pächter** eines Grundstücks.

---

1 A.A. *Fischer-Hüftle*, in: Schumacher/Fischer-Hüftle, BNatSchG, 2. Aufl. 2010, § 60 Rn. 1: freie Landschaft umfasst auch den Wald.
2 Sh. die Kommentierung zu § 59 Rn. 13 ff.
3 *Agena*, NuR 2003, 658; zur früheren Rechtslage siehe auch: *Meßerschmidt*, BNatSchG (Mai 2007), § 56 Rn. 35 ff.
4 *Sprau*, in: Palandt, BGB, 74. Aufl. 2015, § 823 Rn. 46 m.w.N.

2. Verkehrssicherungspflichten an Straßen

Grenzt ein Grundstück an eine **öffentliche Straße** – d.h. eine Straße, die im   7
Straßenverzeichnis der Straßenverwaltung oder im Bestandsverzeichnis der
Gemeinde enthalten ist (Bundesstraße, Staatsstraße, Kreisstraße, Gemein-
destraße, für den öffentlichen Verkehr ausgebauter Feldweg) – treffen den
Eigentümer nach der ständigen Rechtsprechung die gleichen Verkehrssicherungspflichten wie den Straßenbaulastträger. Die Verkehrssicherungspflicht
entlang von Straßen im Sinne des Straßenrechts erstreckt sich insbesondere
auf die Standsicherheit von Bäumen, die im Fallbereich der Straße stehen
(ca. 30 m beidseits der Straße). Dem Eigentümer wird abverlangt, dass er die
äußere Gesundheit und **Standsicherheit** der Bäume zweimal jährlich von
einer Person mit entsprechenden Fachkenntnissen überprüfen lassen muss.
Ergeben sich danach Anhaltspunkte für eine erhöhte Gefahr, müssen die betreffenden Bäume im Zweifel entfernt werden[5].

3. Verkehrssicherungspflicht an Flurwegen und außerhalb der Wege

Flurwege, die öffentlich zugänglich, aber nicht als öffentliche Wege gewid-   8
met sind **(tatsächlich öffentliche Wege)**, unterliegen einer verminderten Verkehrssicherungspflicht. Dies hängt damit zusammen, dass der Grundeigentümer nach § 59 BNatSchG das Betreten der freien Landschaft grundsätzlich
dulden muss[6].

Nach Sätzen 2 und 3 des § 60 muss der Grundstückseigentümer keine be-   9
sonderen Vorkehrungen gegen typische, sich aus natürlichen, d.h. vom Menschen im Wesentlichen unbeeinflussten Prozessen, ergebende Gefahren treffen[7]. Gemeint sind damit nicht nur die allgemeinen Naturgefahren wie
Windbruch oder Blitzeinschlag, sondern auch die naturraumtypischen Gefahren des jeweiligen Gebietes (z.B. Moorgebiet, Hochgebirge). Sofern das
Grundstück aufgrund einer Rechtsvorschrift (z.B. Schutzverordnung für
Nationalpark oder Naturmonument) der ungestörten Naturentwicklung
(Prozess-Schutz) vorbehalten ist, hat sich der Nutzer darauf einzustellen.

Für am Weg stehende **Bäume** besteht, ebenso wie für Bäume abseits von   10
Wegen, gemäß § 60 grundsätzlich keine Pflicht, die Benutzer vor „baum-
typischen" Gefahren zu schützen; z.B. Instabilität durch Wildverbiss (Biber!),
Totholz, Windbruch.[8]

Gleichwohl wird der Grundeigentümer nicht völlig von der Verkehrssiche-   11
rungspflicht freigestellt[9]. Hinsichtlich **atypischer Gefahrenquellen** trifft ihn

---

5 *Sprau*, in: Palandt, BGB, 74. Aufl. 2015, § 823 Rn. 190 m.w.N.; OLG München, Urt. v.
   07. 08. 2008 – 1 U 5171/07.
6 *Fischer-Hüftle* in: Schumacher/Fischer-Hüftle, BNatSchG, 2. Aufl. § 60 Rn. 4; *Kraft* in:
   Lütkes/Ewer, BNatSchG, 1. Aufl., § 60 Rn. 3.
7 OLG Düsseldorf, B. v. 25. 05. 2014 – IV-2 RBs 2/14.
8 BGH, Urt. v. 02. 10. 2012 – VI ZR 311/11; LG Braunschweig, Urt. v. 04. 09. 2002 – 2 O
   2817/01; a.A.: *Klose/Orf*, Forstrecht, S. 597, *Breloer*, AFZ 2000, 711.
9 So aber wohl: *Otto*, NZV 2011, 175

eine Verkehrssicherungspflicht (Umkehrschluss aus § 60 Satz 3). Gemeint sind Gefahren, die über das übliche Maß hinausgehen und zu einer besonderen Gefährdung führen und weder ohne Weiteres erkennbar noch vermeidbar sind.[10]

12 Verläuft auf dem Grundstück ein **Weg**, muss der Grundeigentümer auf Gefahren hinweisen, mit denen ein Benutzer trotz gebotener Vorsicht nicht rechnen kann (z.b. geschlossene Wegeschranke nach Kurve auf einem Weg, der regelmäßig von Radfahrern benutzt wird[11]). Mit typischen Gefahren wie Verschmutzung, Unebenheiten, Schlaglöchern, Fahrrinnen etc. muss der Benutzer rechnen.[12]

13 Bei **Kunstbauten**, die Bestandteil des Weges sind (Brücken, Stützmauern etc.) trifft den Grundstücksbesitzer gem. § 836 BGB die Beweislast dafür, dass er seiner Verkehrssicherungspflicht nachgekommen ist, wenn ein Schaden durch den Einsturz oder die Ablösung eines Teiles der baulichen Anlage entsteht. Bei anderen Schadensursachen haftet der Grundstücksbesitzer nur für atypische Gefahren gem. § 823 Abs. 1 BGB.

14 **Sonstige Gefahrenherde** in der freien Landschaft (z.B. aufgelassene Gruben, Höhlen etc.) sind dann zu sichern oder zu kennzeichnen, wenn sich eine Gefährdung Dritter jedem Beobachter aufdrängt. Je weniger mit einem regelmäßigen Besucherverkehr zu rechnen ist, desto geringer sind die Anforderungen an die Verkehrssicherungspflicht. Die Grenzen zwischen naturtypischen Gefahrenherden und künstlichen Gefahrenquellen können fließend sein: Eine aufgelassene und rekultivierte Sand- oder Kiesgrube wird irgendwann natürlicher Bestandteil der Umgebung, sodass Steilwände, Gewässer u.Ä. zu naturtypischen Gefahrenquellen werden, für die der Grundstückbesitzer gem. § 60 keine Haftung übernehmen muss.

15 Hat der **Grundbesitzer selbst** den Verkehr für ein Gebäude oder Bauteil auf seinem Grundstück eröffnet (z.B. Beobachtungskanzel, Badeplatz, Schutzhütte, Skipiste), trifft ihn hingegen die volle Verkehrssicherungspflicht (regelmäßige Kontrolle der Einrichtung).[13] Wer allerdings nur eine Wegemarkierung anbringt, haftet in der Regel nicht für die Beschaffenheit des Weges, es sei denn, der Weg würde den Wanderer in nicht vorhersehbarer Weise in gefährliches Gelände führen.[14]

---

10 *Meßerschmidt*, BNatSchG (Mai 2007), § 56 Rn. 35 m.w.N.
11 OLG Köln, Urt. v. 26.03.1987 – 7 U 227/86, NuR 1988, 103.
12 BGH, Urt. v. 05.07.1990 – III ZR 217/89, BGHZ 112, 74.
13 *Agena*, NuR 2003, 662 m.w.N.
14 Ähnlich: *Fischer-Hüftle*, in: Schumacher/Fischer-Hüftle, BNatSchG, 2. Aufl. 2010, § 60 Rn. 5.

§ 61
Freihaltung von Gewässern und Uferzonen*)

(1) Im Außenbereich dürfen an Bundeswasserstraßen und Gewässern erster Ordnung sowie an stehenden Gewässern mit einer Größe von mehr als 1 Hektar im Abstand bis 50 Meter von der Uferlinie keine baulichen Anlagen errichtet oder wesentlich geändert werden. An den Küstengewässern ist abweichend von Satz 1 ein Abstand von mindestens 150 Metern von der mittleren Hochwasserlinie an der Nordsee und von der Mittelwasserlinie an der Ostsee einzuhalten. Weiter gehende Vorschriften der Länder bleiben unberührt.

(2) Absatz 1 gilt nicht für

1. bauliche Anlagen, die bei Inkrafttreten dieses Gesetzes rechtmäßig errichtet oder zugelassen waren,
2. bauliche Anlagen, die in Ausübung wasserrechtlicher Erlaubnisse oder Bewilligungen oder zum Zwecke der Überwachung, der Bewirtschaftung, der Unterhaltung oder des Ausbaus eines oberirdischen Gewässers errichtet oder geändert werden,
3. Anlagen des öffentlichen Verkehrs einschließlich Nebenanlagen und Zubehör, des Rettungswesens, des Küsten- und Hochwasserschutzes sowie der Verteidigung.

Weiter gehende Vorschriften der Länder über Ausnahmen bleiben unberührt.

(3) Von dem Verbot des Absatzes 1 kann auf Antrag eine Ausnahme zugelassen werden, wenn

1. die durch die bauliche Anlage entstehenden Beeinträchtigungen des Naturhaushalts oder des Landschaftsbildes, insbesondere im Hinblick auf die Funktion der Gewässer und ihrer Uferzonen, geringfügig sind oder dies durch entsprechende Maßnahmen sichergestellt werden kann oder
2. dies aus Gründen des überwiegenden öffentlichen Interesses, einschließlich solcher sozialer oder wirtschaftlicher Art, notwendig ist; in diesem Fall gilt § 15 entsprechend.

Inhaltsübersicht

---

* Beachte bei
§ 61: **Schleswig-Holstein** – Abweichung durch § 35 Abs. 1 LNatSchG SH v. 24.02.2010 (GVOBl. Schl.-H., S. 301) m.W.v. 01.03.2010 (vgl. BGBl. I 2010, S. 450)
§ 61: **Mecklenburg-Vorpommern** – Abweichung durch § 29 NatSchAG MV v. 23.02.2010 (GVOBl. M.-V., S. 66) m.W.v. 01.03.2010 (vgl. BGBl. I 2010, S. 1621)
§ 61: **Hamburg** – Abweichung durch § 15 HmbBNatSchAG v. 11.05.2010 (HmbGVBl., S. 350, 402) m.W.v. 01.06.2010 (vgl. BGBl. I 2011, S. 93).

I. Allgemeines

1 Die Regelung des § 61 zur „Freihaltung von Gewässern und Uferzonen" findet sich im siebten Kapitel, in dem es nach seiner Überschrift um die „Erholung in Natur und Landschaft" geht. Ausweislich der Einleitung zu diesem Kapitel in der Gesetzesbegründung dient § 61 dem „Schutz der für Zwecke der Erholung besonders bedeutsamen Uferzonen".[1] Die Gesetzesbegründung zur Norm selbst stellt § 61 dar als die Umsetzung der in § 1 Abs. 6 und in § 1 Abs. 3 Nr. 3 niedergelegten Ziele, „insbesondere um die Zugänglichkeit und die Eignung der Gewässerufer für die Erholungsnutzung zu gewährleisten".[2] Nach § 1 Abs. 6 sind Fluss- und Bachläufe mit ihren Uferzonen und Auenbereichen sowie stehende Gewässer als wichtige Freiräume zu schützen. Die Gewässer sind insbesondere nach § 1 Abs. 3 Nr. 3 zur dauerhaften Sicherung der Leistungs- und Funktionsfähigkeit des Naturhaushaltes sowie zur Sicherung ihres Erholungswertes vor Beeinträchtigungen zu bewahren. Zu Umsetzung dieser Ziele, insbesondere um die Zugänglichkeit und die Eignung der Gewässerufer für die Erholungsnutzung zu gewährleisten, überführt die Vorschrift den bisher in § 31 BNatSchG a.F. enthaltenen und an die Länder gerichteten Auftrag zum Schutz der oberirdischen Gewässer einschließlich ihrer **Gewässerrandstreifen** und **Uferzonen** in eine unmittelbar geltende Regelung des Bundes.[3] Ergänzt wird die Vorschrift hinsichtlich der großräumigen Vernetzungsfunktion der Gewässer durch § 21 Abs. 5.[4] Im Vergleich zu der Vorgängernorm des § 31 a.F. ist festzustellen, dass § 61 weit über den bisherigen Regelungsgehalt hinausgeht. § 31 a.F. gab den Ländern rahmenrechtlich auf, die oberirdischen Gewässer einschließlich ihrer Gewässerrandstreifen und Uferzonen in ihren Funktionen als Lebensräume für Flora und Fauna zu erhalten und zu entwickeln. Im Vergleich zu den bis zum 28.02.2010 geltenden landesrechtlichen Bestimmun-

---

1 BT-Drs. 16/12274, „Zu Kapitel 7", S. 74.
2 BT-Drs. 16/12274, „Zu § 61", S. 74.
3 BT-Drs. 16/12274, „Zu § 61", S. 75.
4 BT-Drs. 16/12274, „Zu § 61", S. 75.

gen bewegt sich der Norminhalt des jetzigen § 61 jedoch in deren Band-breite.[5]

Die Vorschrift sieht in Abs. 1 ein Bauverbot (Errichtungs- und Änderungsver-bot) vor, Abs. 2 benennt gesetzliche Ausnahmetatbestände, bei denen zwin-gend das Bauverbot nicht zur Anwendung gelangt, und Abs. 3 ermöglicht Ausnahmen vom Verbot im Einzelfall und gibt Kriterien zur Ermessensaus-übung vor. Der Verbotstatbestand des Abs. 1 sowie der Ausnahmetatbestand des Abs. 2 enthalten jeweils „Unberührtklauseln" zu Gunsten „weitergehen-der" Ländergesetze.

Die praktische Bedeutung der Regelung, die im Kapitel 7 „Erholung in Natur und Landschaft" etwas überraschend auftaucht, erscheint auf den ersten Blick nicht besonders hoch, da es allein um bauliche Anlagen im planungs-rechtlichen **Außenbereich** geht. Allerdings befinden sich gerade an den Bundeswasserstraßen und Gewässern erster Ordnung regelmäßig große Werksstandorte von bedeutenden deutschen Unternehmen, die im Falle einer Außenbereichslage erheblich betroffen sein können. Die geregelten Ausnahmetatbestände sehen Ausnahmen aufgrund von privaten, wirtschaft-lichen oder betrieblichen Erwägungen nicht vor. Die gesetzlich geregelten Abstände von 50 m bzw. 150 m halten sich zwar im Rahmen der bisherigen Landesgesetze; die Notwendigkeit und fachliche Begründetheit derart weit reichender und durchgängiger Verbotszonen wird in der Gesetzesbegrün-dung jedoch nicht erläutert.

II. Bauverbotstatbestand (Abs. 1)

1. Bauliche Anlage im Außenbereich

Der Begriff der **„baulichen Anlage"** i.S.v. § 61 dürfte über den bundesrecht-lichen Vorhabenbegriff des Bauplanungsrechts erschlossen werden können. Eine „bauliche Anlage" i.S..v. § 29 Abs. 1 BauGB wird durch das deskriptive Element des „Bauens" und das normative Merkmal der „bodenrechtlichen Relevanz" gekennzeichnet. Das Merkmal des „Bauens" wird dabei denkbar weit verstanden; der Vorhabenbegriff wird begrenzt durch das normative Merkmal[6]. Das Merkmal des „Bauens" erfüllen im Bauplanungsrecht Anla-gen, „die in einer auf Dauer gedachten Weise künstlich mit dem Erdboden verbunden sind".[7] **2**

Mit **„Außenbereich"** ist der planungsrechtliche Außenbereich nach § 35 BauGB angesprochen. Außenbereich bezeichnet diejenigen Gebiete, die we-der innerhalb des räumlichen Geltungsbereichs eines Bebauungsplanes, § 30 Abs. 1 oder Abs. 2 BauGB, noch innerhalb der im Zusammenhang bebauten Ortsteile, § 34 BauGB, liegen. **3**

---

5 Vgl. z.B. LNatSchG M-V: 100 Meter und 200 Meter; § 48 Abs. 1 LNatSchG BB: 50 Meter; § 55 LNatSchG BW: 50 Meter.
6 Vgl. *Löhr*, in: Battis/Krautzberger/ders., BauGB, § 29 Rn. 9.
7 BVerwG, Urt. v. 31.08.1973 – IV C 33.71, E 44, 59 (62).

2. Errichtung und wesentliche Änderung

4 Verboten sind zunächst die **Errichtung baulicher Anlagen**, also Neubau, erstmalige Herstellung oder Aufstellung einer baulichen Anlage. Verboten sind ferner aber auch wesentliche **Änderungen baulicher Anlagen**. Änderungen sind z.B. Umbau, Ausbau und Erweiterung. Änderungen der baulichen Anlagen unterfallen jedoch nur dann dem Verbotstatbestand, wenn sie „wesentlich" sind. Die „Wesentlichkeit" der Änderungen dürfte bezogen auf die Beeinträchtigungswirkung auf die Schutzgüter des § 61 zu bestimmen sein. Nach der Gesetzbegründung dient die Einführung der neuen Bundesnorm der Umsetzung der in § 1 Abs. 6 und § 1 Abs. 3 Nr. 3 aufgestellten Ziele des Naturschutzes. Ein fester und allgemein gültiger Wert für die Wesentlichkeitsschwelle wird hiernach nicht angenommen werden können. Eine Bestimmung wird sich entsprechend dem Schutzzweck primär an dem naturschutzfachlichen Wert der Uferzone sowie dem Grad der durch die Änderung drohenden Beeinträchtigungswirkung zu orientieren haben. Baulich geringfügige Substanzänderungen werden in der Regel auch nur geringfügige Beeinträchtigungen hervorrufen. Insbesondere haben lediglich das Innere von Gebäuden betreffende Änderungen im Regelfall keine wesentlichen Auswirkungen auf Naturhaushalt und Landschaftsbild. Auch wird einer bloßen Erhöhung der Altsubstanz durch Aufstockung ohne Vergrößerung der versiegelten Bodenfläche regelmäßig keine oder nur geringfügige Beeinträchtigungswirkung zukommen.

5 Nicht vom naturschutzrechtlichen Verbot des § 61 umfasst sind reine **Nutzungsänderungen**. Soweit die beabsichtigte Nutzungsänderung auch Substanzänderungen erforderlich macht, sind diese jedoch am Änderungsverbot zu prüfen. Im Übrigen bedeutet die Beschränkung des Gesetzgebers auf das Errichtungs- und Änderungsverbot in § 61 nicht, dass die durch das BNatSchG geschützten Belange bei – etwa der Bauaufsicht unterfallenden – Nutzungsänderungen an Altsubstanz im räumlichen Anwendungsbereich der Norm nicht zu berücksichtigen wären.

3. Binnengewässer

a) Bundeswasserstraßen, Gewässer erster Ordnung, Stehende Gewässer

6 **„Bundeswasserstraßen"** sind gemäß § 1 Abs. 1 Nr. 1 Teils. 1 des Bundeswasserstraßengesetzes (WaStrG) alle dem Bund gehörenden Binnenwasserstraßen, die dem allgemeinen Verkehr dienen sowie gemäß § 1 Abs. 1 Nr. 2 i.V.m. Abs. 2 WaStrG die Seewasserstraßen. Als Binnenwasserstraßen ohne Weiteres festzustellen sind die kraft Fiktion des § 1 Abs. 1 Nr. 1 Teils. 2 als solche geltenden, in der Anlage 1 zum WaStrG aufgeführten Wasserstraßen. Allerdings kann sich nach § 1 Abs. 1 Nr. 1 Teils. 3 WaStrG die Eigenschaft der Binnenwasserstraße auf „Gewässerteile" erstrecken, die mit der eigentlichen Wasserstraße nach Maßgabe der kumulativ zu erfüllenden lit. a)–d) in Verbindung stehen. Im Rahmen dieser begrifflichen Vermischung von Verkehrs- und Naturschutzrecht ist die kompetenzrechtliche „Notbremse" des § 1 Abs. 1 Nr. 1 Teils. 3 lit. d) WaStrG hilfreich: das Bauverbot gilt – bezogen auf den Anwendungsbereich „Bundeswasserstraße" – jedenfalls nur an auch im Eigentum des Bundes stehenden Gewässerteilen.

Der aus dem Bereich der Wasserwirtschaft und des Hochwasserschutzes 7
stammende Begriff der **„Gewässer erster Ordnung"** ist bundesrechtlich nicht
definiert. Es handelt sich um eine dynamische Verweisung auf die jeweilige
wasserrechtliche Ländergesetzgebung. Da der Bund insoweit seinen in
Art. 74 Abs. 1 Nr. 32 GG bestehenden Kompetenztitel nicht ausgeschöpft
hat, gelten auch nach Inkrafttreten des neuen WHG am 01. 03. 2010 die Länderregelungen. Neuregelungen sind gemäß Art. 72 Abs. 1 GG zulässig; sowie bei einer etwaigen zukünftigen Bundesregelung auch nach Art. 72
Abs. 3 Satz 1 Nr. 5 GG. Welche Gewässer „Gewässer erster Ordnung" sind,
ist den jeweiligen Anlagen zu den Ländergesetzen zu entnehmen.

„Stehende Gewässer" bezeichnet gemäß § 3 Nr. 1 WHG ein stehendes – also 8
nicht in Betten oder aus Quellen wild abfließendes – oberirdisches Gewässer.
Das Verbot greift ab einer Größe von mehr als 1 Hektar. Da „Gewässergröße" kein wasserrechtlicher Begriff ist, sollte aus systematischen und
teleologischen Gründen die Gewässergröße anhand der „Uferlinie" bestimmt werden.

b) Abstand von 50 m von der Uferlinie

Das Bauverbot an den genannten Binnengewässern gilt im Abstand von 50 m 9
von der „Uferlinie", sodass sich ein parallel zur „Uferlinie" verlaufender
Schutzstreifen mit einer Breite von 50 m ergibt. Der Begriff der **„Uferlinie"** ist
bundesrechtlich nicht definiert; er wird in verschiedenen schifffahrtsrecht-
lichen Verordnungen verwendet. Es findet sich in § 38 WHG (Gewässerrandstreifen) jedoch eine dem Schutzzweck des § 61 ähnliche Regelung. Gemäß
§ 38 Abs. 2 Satz 2 WHG bemisst sich der Schutzabstand „ab der Linie des
Mittelwasserstandes, bei Gewässern mit ausgeprägter Böschungsoberkante
ab der Böschungsoberkante". Der **„Mittelwasserstand"** gilt z.B. gemäß § 27
Abs. 3 des Sächsischen Wassergesetzes (SächsWG) als das arithmetische Mittel der letzten 20 Jahre. Der sich vom Mittelwasserstand errechnende Ver-
botsbereich dürfte daher als das bundesrechtliche Minimum für die Freihaltung von Gewässern und Uferzonen angesehen werden können; im Einzelfall
ist sogar erst ab Böschungsoberkante zu messen. Für dieses Verständnis
spricht, dass gemäß Satz 2 bei Küstenbebauung der Abstand von der mittleren Hochwasser- bzw. Mittelwasserlinie zu messen ist. Wegen der in § 61
Abs. 1 Satz 3 den Ländern eröffneten Möglichkeit zur Regelung weitergehender, das heißt im Schutzniveau hinter Bundesrecht nicht zurückbleibender
Freihaltezonen könnten aber auch andere „Linien" für die Abstandsbemes-
sung maßgeblich werden. So lautet z.B. § 27 Abs. 1 SächsWG (allerdings zur
Grenzbestimmung bei Eigentum an Gewässern): „Die Uferlinie bildet die
Grenze zwischen dem Bett eines Gewässer und den Ufergrundstücken und
wird durch die Linie des Mittelwasserstands, bei gestauten Gewässern durch
die Linie des Stauziels, unter besonderer Berücksichtigung der Ufergestal-
tung bestimmt."

4. Küstengewässer (Abs. 1 Satz 2)

Das Bauverbot an Küstengewässern schreibt einen frei zu haltenden Abstand 10
von „mindestens 150 Meter" vor. Der räumliche Anwendungsbereich des

Bauverbots an Küstengewässern ist unter Heranziehung der bundesrechtlichen Legaldefinition für „Küstengewässer" in § 3 Nr. 2, 1. Halbs. WHG zu
bestimmen. Wasserwirtschaftlich gesprochen „enden" **Küstengewässer** land-
seitig an der Küstenlinie bei mittlerem Hochwasser oder – in Mündungsgebieten – an der seewärtigen Begrenzung oberirdischer Gewässer. Von daher
ist im Rahmen von § 61 zur Bestimmung der Linie, von der ab das Bauverbot
einzuhalten ist, folgende Unterscheidung geboten: Soweit das WHG auf die
mittlere **Hochwasserlinie** abstellt, geht für das naturschutzrechtliche Bauverbot die Sonderregelung des § 61 Abs. 1 Satz 2 vor, nach der an der Nordsee
die mittlere Hochwasserlinie, an der Ostsee die Mittelwasserlinie maßgeblich ist. Soweit das WHG in Mündungsgebieten auf die seewärtige Begrenzung oberirdischer Gewässer abstellt, fehlt eine Sonderregelung des
§ 61, jedenfalls dem Wortlaut nach. Eine praktische Relevanz kann hier darin
bestehen, dass in Mündungsgebieten ein „Sprung" verläuft zwischen der
Abstandsfläche von 50 Metern an Binnengewässern und 150 m zum Meer.
Wenn man das Schutzziel des BNatSchG betont, wäre ein eigenständiger
Begriff des „Küstengewässers" zu bilden mit der Folge, dass der Freihalte-
streifen parallel zur jeweils an Nord- und Ostsee maßgeblichen Wasserlinie
über das Mündungsgebiet „hinweg" zu ziehen wäre. Eine mehr am Wortlaut
orientierte Auslegung berücksichtigt § 3 Nr. 2, 2. Halbs. WHG und verortet
den „Sprung" im Abstandsrecht gemäß der wasserwirtschaftlichen Abgrenzung von Oberflächengewässern und Meer. Insoweit gilt: Münden Bundeswasserstraßen in das Meer, sind ihre „Endpunkte" nach Anlage 1 des
WaStrG maßgeblich; im Fall der Elbe z.B. „Nordsee, Verbindungslinie zwischen der Kugelbake bei Döse und der westlichen Kante des Deichs des
Friederichskoogs (Dieksand)". Münden andere oberirdischen Gewässer in
das Meer, sind die jeweiligen landesrechtlichen Vorschriften maßgeblich.

11 Für Bauvorhaben auf **Meeresinseln** gilt, dass meerseitig eine 150 m breite
Verbotszone einzuhalten ist, da Bauvorhaben auf Inseln wasserwirtschaftlich
gesprochen – aber zwingend auch im Hinblick auf den Schutzzweck des § 61
– „an Küstengewässern" liegen.

5. Unberührtklausel (Abs. 1 Satz 3)

12 Die **„Unberührtklausel"** des Abs. 1 Satz 3 erfasst „weiter gehende Vorschriften der Länder". Sie ist dem Kompetenztitel des Art. 74 Abs. 1 Nr. 29 GG geschuldet. Im Bereich der Konkurrierenden Gesetzgebung haben die Länder
gemäß Art. 72 Abs. 1 GG nur Regelungskompetenz, soweit der Bund von
seiner Zuständigkeit nicht durch Gesetz Gebrauch macht. Die „Unberührtklausel" soll demnach zum Ausdruck bringen, dass der Verbotstatbestand
des § 61 Abs. 1 keine abschließende Regelung darstellt. Aus der Formulierung „weitergehend" folgt, dass die Länderregelungen aber hinter dem
durch § 61 bundesrechtlich gezogenen Schutzniveau nicht zurückbleiben
dürfen.

III. Gesetzliche Ausnahmetatbestände (Abs. 2)

Mit den in Abs. 2 Satz 1 geregelten Ausnahmetatbeständen hat der Gesetz-   *13*
geber bereits auf der Tatbestandsseite gewisse bauliche Anlagen von dem
Verbot des Abs. 1 ausgenommen. Die unterschiedlichen Gesichtspunkten
Rechnung tragenden Ausnahmetatbestände sind selbstständige Regelungen
und stehen nebeneinander. Beachtlich ist, wegen des Rechtscharakters der
Verbotsnorm als Inhalts- und Schrankenbestimmung des Eigentums, dass
nur in Nr. 1 (vorrangig) privaten Bestandsschutzinteressen, in Nr. 2 und Nr. 3
hingegen (vorrangig) öffentlichen Interessen Rechnung getragen wird. Der
Katalog des Abs. 2 ist wegen des systematischen Zusammenhangs mit dem
sämtliche baulichen Anlagen erfassenden Verbot des Abs. 1 für das Bundesrecht als abschließende Regelung anzusehen. Das bundesgesetzliche Bauverbot weicht jedoch gemäß der Öffnungsklausel des Abs. 2 Satz 2 etwaigen
noch „großzügigeren" Ausnahmeregelungen der Länder.

1. Bestandsgeschützte Anlagen (Abs. 2 Satz 1 Nr. 1)

Gemäß Abs. 2 Satz 1 Nr. 1 gilt „Abs. 1 nicht für bauliche Anlagen, die bei   *14*
Inkrafttreten dieses Gesetzes rechtmäßig errichtet oder zugelassen waren".
Die erste Alternative erfasst zunächst bauliche Altsubstanz, die vor dem
01. 03. 2010 zulässigerweise „errichtet" wurde. Ein **Bestandsschutz** kann formell z.B. aufgrund einer Baugenehmigung zu bejahen sein oder auch ohne
formelle Genehmigung in Gestalt eines materiellen Bestandsschutzes, wenn
die bauliche Anlage irgendwann während der Dauer ihres Bestehens – vor
dem 01. 03. 2010 – genehmigungsfähig war. Dass das Bauverbot des Abs. 1
bei diesen rechtmäßigen baulichen Anlagen nicht gelten soll, ist eine hand-
werklich unsaubere Lösung des Gesetzgebers. In der Konsequenz wären
auch wesentliche Änderungen dieser Anlagen nicht verboten. Um Wertungswidersprüche zu vermeiden, muss der Ausnahmetatbestand teleologisch reduziert werden.

Mit der Alt. 2 („bauliche Anlagen, die […] zugelassen waren") werden die
Fälle erfasst, in denen die baulichen Anlagen zum 01.03.2010 zwar noch
nicht errichtet gewesen sind, wohl aber z.B. durch eine Baugenehmigung
zugelassen waren.

2. Wasserwirtschaftliche Anlagen (Abs. 2 Satz 1 Nr. 2)

Mit dem Tatbestand des Abs. 2 Satz 1 Nr. 1 soll den Bedürfnissen der Wass-   *15*
erwirtschaft Rechnung getragen werden. Die Ausnahme erstreckt sich nach
der Rechtsfolgenseite sowohl auf die Errichtung als auch auf wesentliche
Änderungen, die unwesentliche Änderung unterliegt bereits keinem Verbot.
Auf der Tatbestandsseite wird nach einer formellen Anknüpfung („bauliche
Anlagen, die in Ausübung wasserrechtlicher Erlaubnisse oder Bewilligungen") und einer nur materiellrechtlichen Anknüpfung („oder zum Zwecke
der Überwachung, der Bewirtschaftung, der Unterhaltung oder des Ausbaus
eines oberirdischen Gewässers") unterschieden. Für die formelle Anknüpfung ist der jeweilige Genehmigungs- bzw. Bewilligungsumfang nach WHG
im Einzelfall maßgeblich. Für die materielle Anknüpfung ist entscheidend,

ob die bauliche Anlage einem der aufgezählten wasserwirtschaftlichen Zwecke unterfällt. Hingewiesen sei auf die selbstständigen Erfordernisse des § 36 WHG für Anlagen an oberirdischen Gewässern.

3. Öffentliche Zwecke (Abs. 2 Satz 1 Nr. 3)

16 Der Ausnahmetatbestand des Abs. 2 Satz. 1 Nr. 3 betrifft schließlich Anlagen des öffentlichen Verkehrs einschließlich Nebenanlagen und Zubehör, des Rettungswesens, des Küsten- und Hochwasserschutzes sowie der Verteidigung. Derartige Vorhaben werden in der Regel durch Planfeststellungsverfahren zugelassen, sodass in diesen Verfahren der Verbotstatbestand des Abs. 1 keine Anwendung findet.

4. Unberührtklausel (Abs. 2 Satz 2)

17 Die auch im Abs. 2 vorgesehene Unberührtklausel betrifft weiter gehende Länderregelungen „über Ausnahmen". Im Vergleich zur Öffnungsklausel in Abs. 1 Satz 3 ist die Zielrichtung hier umgekehrt. Die Unberührtheit von Länderregelungen „über Ausnahmen" bedeutet, dass die Aufzählung der Ausnahmetatbestände in Abs. 2 keinen abschließenden negativen Charakter hat. Den Ländern bleibt es mithin unbenommen, in Uferstreifen weitere Vorhaben zu privilegieren und das Bauverbot des Abs. 1 weiter zu „durchlöchern". Indes hat die Aufzählung einen abschließend positiven Charakter („weitergehend"), d.h. die bundesrechtliche Privilegierung der aufgezählten Anlagenarten darf durch Ländergesetz nicht wieder entzogen werden.

IV. Ausnahmen im Einzelfall (Abs. 3)

18 Nach der Gesetzesbegründung soll dieser Absatz „in Orientierung an bestehendem Landesrecht Ausnahmen im Einzelfall" regeln. Ob diese Ausnahmetatbestände den verfassungsrechtlichen Anforderungen, insbesondere des Art. 14 GG genügen, könnte fraglich sein. § 61 regelt die bauliche Nutzung ufernaher Grundstücke im Außenbereich. Wegen der darin liegenden einfachrechtlichen Ausgestaltung des Eigentumsrechtes stellt die Vorschrift eine **Inhalts- und Schrankenbestimmung** i.S.v. Art. 14 Abs. 1 Satz 2 GG dar. Da private Interessen jedoch ohne Bedeutung sind, könnte die Gesamtvorschrift wegen Verstoßes gegen das Verhältnismäßigkeitsgebot unwirksam sein.[8] Dass die allgemeine Entschädigungsregelung in § 68 verfassungsrechtlich ausreichend ist, erscheint nicht unkritisch.

1. Geringfügige Beeinträchtigungen (Abs. 3 Nr. 1)

19 Auf Antrag kann eine Ausnahme zunächst dann zugelassen werden, wenn die durch die bauliche Anlage entstehenden Beeinträchtigungen des Naturhaushalts oder des Landschaftsbildes, insbesondere im Hinblick auf die Funktion der Gewässer und ihrer Uferzonen, geringfügig sind oder dies durch entsprechende Maßnahmen sichergestellt werden kann. „Bauliche

---

8 Vgl. BVerfG, Beschl. v. 02.03.1999 – 1 BvL 7/91, DVBl 1999, 1498.

Anlage" kann hier nur so verstanden werden, dass es um die Errichtung oder wesentliche Änderung der baulichen Anlage und die hierdurch entstehenden Beeinträchtigungen geht. Überschreitet das Vorhaben die Schwelle der Geringfügigkeit, kann dies durch entsprechende begleitende Maßnahmen wieder unter die Geringfügigkeitsschwelle abgesenkt werden. Gerade in Bereichen, die bereits durch bauliche Anlagen vorbelastet sind, kann es sein, dass durch eine neue weitere Anlage oder eine (wesentliche) Änderung nur noch geringfügige Beeinträchtigungen begründet werden.

2. überwiegende öffentliche Interessen (Abs. 3 Nr. 2)

Eine zweite Ausnahme kann im Rahmen einer pflichtgemäßen Ermessenaus- 20
übung auf Antrag zugelassen werden, wenn dies aus Gründen des überwiegenden öffentlichen Interesses, einschließlich solcher sozialer oder wirtschaftlicher Art, notwendig ist. Die Ausnahme gilt sowohl für Errichtungs- als auch das Änderungsverbot. Zu beachten ist, dass § 15 gemäß Abs. 3 Nr. 2, 2. Halbs. entsprechend gilt. Den Begünstigten treffen daher die für den Eingriffsverursacher geltenden Pflichten, insbesondere das Vermeidungsgebot sowie die Ausgleichs- und Ersatzpflicht.

§ 62
Bereitstellen von Grundstücken

Der Bund, die Länder und sonstige juristische Personen des öffentlichen Rechts stellen in ihrem Eigentum oder Besitz stehende Grundstücke, die sich nach ihrer natürlichen Beschaffenheit für die Erholung der Bevölkerung eignen oder den Zugang der Allgemeinheit zu solchen Grundstücken ermöglichen oder erleichtern, in angemessenem Umfang für die Erholung bereit, soweit dies mit einer nachhaltigen Nutzung und den sonstigen Zielen von Naturschutz und Landschaftspflege vereinbar ist und eine öffentliche Zweckbindung dem nicht entgegensteht.

Inhaltsübersicht

I. Überblick

Die Regelung ersetzt § 57 a.F., der in einen unmittelbar geltenden Abs. 1 und 1
eine Rahmenregelung für die Bundesländer in Abs. 2 unterteilt war. Wegen des Wegfalls der Rahmengesetzgebung gilt § 62 nunmehr unmittelbar für den Bund, die Länder und sonstige juristische Personen des öffentlichen Rechts.

2 Inhaltlich ist § 62 identisch mit der Vorgängerregelung, auch wenn der Gesetzgeber auf die Nennung der Regelbeispiele des § 57 Abs. 1 a.F. verzichtet hat.[1]

3 Der Begriff des Bereitstellens erfasst die gesamte Tätigkeit der öffentlichen Hand, bei der eigene Grundstücke berührt werden. **Bereitstellen** kann demnach darin bestehen, selbst genutzte Grundstücke tatsächlich zugänglich zu halten, auf eine Verpachtung an Dritte zu verzichten oder im Rahmen einer Verpachtung die Zugänglichkeit vertraglich sicherzustellen. Bereitstellen von Grundstücken meint aber auch die Erhaltung von ausreichenden Erholungsflächen im Rahmen von öffentlichen Planungen.[2]

II. Bedeutung

4 Die Vorschrift des § 62 enthält einen objektiv-rechtlichen Auftrag an die öffentliche Verwaltung, dem kein subjektiv-öffentliches Recht des Einzelnen korrespondiert.[3] Das Bereitstellen eines bestimmten Grundstücks für Erholungszwecke kann demnach nicht mit einer verwaltungsgerichtlichen Leistungsklage erzwungen werden.[4]

5 Eine Planungsvorgabe oder einen Vorrang für **Erholungszwecke** enthält § 62 ebenfalls nicht. Allerdings ist das Bereitstellen von **Grundstücken der öffentlichen Hand** für Erholungszwecke ein in der Abwägung zu berücksichtigender Belang, dem insbesondere bei der Umwidmung bisheriger Erholungsgrundstücke Bedeutung zukommt. Will beispielsweise eine Gemeinde ein ihr gehörendes Ufergrundstück, das bisher als öffentlicher Badeplatz genutzt wurde, mithilfe eines Bebauungsplanes in eine privat genutzte Hotelanlage umwidmen, kann dies wegen der Verpflichtung aus § 62 im Einzelfall abwägungsfehlerhaft sein.[5]

III. Adressaten

6 Die Vorschrift richtet sich an den Bund, die Länder und sonstige Personen des öffentlichen Rechts. Zu Letzteren zählen die Gemeinden, die Gemeindeverbände, sonstige Anstalten, Stiftungen und Körperschaften des öffentlichen Rechts, z.B. die in Nordrhein-Westfalen bedeutsamen Wasser- und Bodenverbände.[6]

---

1 BT-Drs. 12/12274, S. 113.

2 *Gassner*, in: Gassner/Bendomir-Kahlo/Schmidt-Räntsch, BNatSchG, § 57 Rn. 4 f.

3 *Fischer-Hüftle*, in: Schumacher/Fischer-Hüftle, BNatSchG, 2. Aufl. 2010, § 60 Rn. 2; so auch: VG Oldenburg, Urt. v. 23. 09. 2014 – 1 A 1314/14.

4 *Lorz/Müller/Stöckel*, Naturschutzrecht, § 57 Rn. 5.

5 *Gassner*, in: Gassner/Bendomir-Kahlo/Schmidt-Räntsch, BNatSchG, § 57 Rn. 6, der ein ähnliches Beispiel mit Verweis auf eine Entscheidung des VG München, Urt. v. 22. 01. 1975 – M 203 III 74/M 232 III 74, BayVBl. 1975, 421, anführt.

6 *Gassner*, in: Gassner/Bendomir-Kahlo/Schmidt-Räntsch, BNatSchG, § 57 Rn. 8.

III. Reichweite

§ 62 erstreckt sich auf Grundstücke im Eigentum oder Besitz der öffentlichen 7
Hand, die sich nach ihrer natürlichen Beschaffenheit für die Erholung der Bevölkerung eignen oder den Zugang der Allgemeinheit zu solchen Grundstücken ermöglichen oder erleichtern. Dazu gehören insbesondere die in der Vorgängerregelung explizit genannten Flächen wie **Ufergrundstücke**, Grundstücke mit schönen Landschaftsbestandteilen oder Zuwegungen zu solchen Flächen. Bedeutsam sind auch Aussichtspunkte oder kulturhistorisch bedeutsame Bereiche. Da die Vorschrift dazu dienen soll, Erholungsgebiete für die Bevölkerung zu schaffen, nimmt die Vorschrift insbesondere siedlungsnahe Grundstücke in den Blick.[7]

Die Verpflichtung, **Erholungsgrundstücke** zur Verfügung zu stellen, steht 8
unter dem Vorbehalt, dass sie mit einer nachhaltigen Nutzung und den sonstigen Zielen des Naturschutzes und der Landschaftspflege vereinbar ist. Bereiche, in denen störungsempfindliche Tier- und Pflanzenarten vorkommen, sollen demnach nicht Erholungszwecken gewidmet werden. Gegebenenfalls sind Vorkehrungen zu treffen, damit beide Ziele in Einklang gebracht werden können.

Zudem darf die öffentliche **Zweckbindung** eines Grundstücks nicht entge- 9
genstehen. Anderweitige Zweckbindungen können beispielsweise bei Standortübungsplätzen der Bundeswehr oder bei Wasserschutzgebieten bestehen.

Das Tatbestandsmerkmal „in angemessenem Umfang" weist einerseits auf 10
den Ermessensspielraum hin, der den Adressaten der Regelung eingeräumt wird, stellt andererseits aber auch eine Art „Untermaßverbot" in Form eines Mindestgebotes dar.[8] Den zuständigen Behörden ist bei der Bereitstellung von Grundstücken nach dieser Vorschrift jedoch generell ein weiter Ermessensspielraum einzuräumen.[9]

---

7 *Meßerschmidt*, BNatSchG (Mai 2007), § 57 Rn. 7.
8 Zum Untermaßverbot im Verfassungsrecht: BVerfG, Urt. v. 28.05.1993 – 2 BvF 2/90 und 4,5/92, BVerfGE 88, 254 f.; *Schultze-Fielitsch*, in: Dreier, GG, Art. 20 (Rechtsstaat) Rn. 184.
9 *Meßerschmidt*, BNatSchG (Mai 2007), § 57 Rn. 15.

KAPITEL 8
Mitwirkung von
anerkannten Naturschutzvereinigungen

§ 63
Mitwirkungsrecht*)

(1) Einer nach § 3 des Umwelt-Rechtsbehelfsgesetzes vom Bund anerkannten Vereinigung, die nach ihrem satzungsgemäßen Aufgabenbereich im Schwerpunkt die Ziele des Naturschutzes und der Landschaftspflege fördert (anerkannte Naturschutzvereinigung), ist Gelegenheit zur Stellungnahme und zur Einsicht in die einschlägigen Sachverständigengutachten zu geben

1. bei der Vorbereitung von Verordnungen und anderen im Rang unter dem Gesetz stehenden Rechtsvorschriften auf dem Gebiet des Naturschutzes und der Landschaftspflege durch die Bundesregierung oder das Bundesministerium für Umwelt, Naturschutz, Bau und Reaktorsicherheit,

2. vor der Erteilung von Befreiungen von Geboten und Verboten zum Schutz von geschützten Meeresgebieten im Sinne des § 57 Absatz 2, auch wenn diese durch eine andere Entscheidung eingeschlossen oder ersetzt werden,

3. in Planfeststellungsverfahren, die von Behörden des Bundes oder im Bereich der deutschen ausschließlichen Wirtschaftszone und des Festlandsockels von Behörden der Länder durchgeführt werden, wenn es sich um Vorhaben handelt, die mit Eingriffen in Natur und Landschaft verbunden sind,

4. bei Plangenehmigungen, die von Behörden des Bundes erlassen werden und an die Stelle einer Planfeststellung im Sinne der Nummer 3 treten, wenn eine Öffentlichkeitsbeteiligung vorgesehen ist, soweit sie durch das Vorhaben in ihrem satzungsgemäßen Aufgabenbereich berührt wird.

(2) Einer nach § 3 des Umwelt-Rechtsbehelfsgesetzes von einem Land anerkannten Naturschutzvereinigung, die nach ihrer Satzung landesweit tätig ist, ist Gelegenheit zur Stellungnahme und zur Einsicht in die einschlägigen Sachverständigengutachten zu geben

---

*) Beachte bei
   § 63 Abs. 2: **Niedersachsen** – Abweichung durch § 38 Abs. 1 Satz 2 u. Abs. 5 Satz 3 NAGBNatSchG v. 19.02.2010 (Nds. GVBl., S. 104) m.W.v. 01.03.2010 (vgl. BGBl. I, 2010, S. 970)
   § 63 Abs. 2: **Hamburg** – Abweichung durch § 21 Abs. 1 u. 2 HmbBNatSchAG v. 11.05.2010 (HmbGVBl., S. 350, 402) m.W.v. 01.06.2010 (vgl. BGBl. I 2011, S. 93)
   § 63 Abs. 3 Satz 1: **Schleswig-Holstein** – Abweichung durch § 40 Abs. 3 LNatSchG SH v. 24.02.2010 (GVOBl. Schl.-H., S. 301) m.W.v. 01.03.2010 (vgl. BGBl. I 2010, S. 450).

1. bei der Vorbereitung von Verordnungen und anderen im Rang unter dem Gesetz stehenden Rechtsvorschriften der für Naturschutz und Landschaftspflege zuständigen Behörden der Länder,

2. bei der Vorbereitung von Programmen und Plänen im Sinne der §§ 10 und 11,

3. bei der Vorbereitung von Plänen im Sinne des § 36 Satz 1 Nummer 2,

4. bei der Vorbereitung von Programmen staatlicher und sonstiger öffentlicher Stellen zur Wiederansiedlung von Tieren und Pflanzen verdrängter wild lebender Arten in der freien Natur,

5. vor der Erteilung von Befreiungen von Geboten und Verboten zum Schutz von Gebieten im Sinne des § 32 Absatz 2, Natura 2000-Gebieten, Naturschutzgebieten, Nationalparken, Nationalen Naturmonumenten und Biosphärenreservaten, auch wenn diese durch eine andere Entscheidung eingeschlossen oder ersetzt werden,

6. in Planfeststellungsverfahren, wenn es sich um Vorhaben im Gebiet des anerkennenden Landes handelt, die mit Eingriffen in Natur und Landschaft verbunden sind,

7. bei Plangenehmigungen, die an die Stelle einer Planfeststellung im Sinne der Nummer 6 treten, wenn eine Öffentlichkeitsbeteiligung vorgesehen ist,

8. in weiteren Verfahren zur Ausführung von landesrechtlichen Vorschriften, wenn das Landesrecht dies vorsieht, soweit sie durch das Vorhaben in ihrem satzungsgemäßen Aufgabenbereich berührt wird.

(3) § 28 Absatz 2 Nummer 1 und 2, Absatz 3 und § 29 Absatz 2 des Verwaltungsverfahrensgesetzes gelten entsprechend. Eine in anderen Rechtsvorschriften des Bundes oder der Länder vorgeschriebene inhaltsgleiche oder weiter gehende Form der Mitwirkung bleibt unberührt.

(4) Die Länder können bestimmen, dass in Fällen, in denen Auswirkungen auf Natur und Landschaft nicht oder nur im geringfügigen Umfang zu erwarten sind, von einer Mitwirkung abgesehen werden kann.

Inhaltsübersicht

Heselhaus

I. Überblick und Normgeschichte

§ 63 bildet zusammen mit § 64 das **Kernstück** der besonderen Rechte der   *1*
Naturschutzvereinigungen im Naturschutzrecht: die **Mitwirkung** im Verfahren zu den in § 63 aufgelisteten Maßnahmen und das Recht auf Klage zur
Sicherung der Mehrzahl dieser Mitwirkungsrechte nach § 64, die sog. naturschutzrechtliche **Vereinigungsklage** (früher: Verbandsklage).[1]

Die §§ 63 und 64 **ersetzen** die früheren §§ 58–61 BNatSchG 2002. Vereinfacht   *2*
sind die früher in separaten Vorschriften (§§ 58 und 60 BNatSchG 2002) behandelten Mitwirkungsrechte der auf Bundesebene und der auf Landesebene
anerkannten Vereinigungen nunmehr in § 63 Abs. 1 und 2 **zusammengeführt**
worden (siehe Rn. 17 ff.). Die frühere Regelung der Anerkennung als Naturschutzvereinigung auf Bundesebene wird durch einen **Verweis** in § 63 Abs. 1
– und in § 63 Abs. 2 für die Anerkennung durch die Länder – **auf § 3 Umwelt-
rechtsbehelfsgesetz** (UmwRG) ersetzt (siehe Rn. 58 ff.). Die Vorschriften über
die Rechtsbehelfe in § 64 haben die früheren Regelungen in § 61 BNatSchG
2002 abgelöst (§ 64 Rn. 8 ff.).

Im Einzelnen entspricht § 63 **Abs. 1** über die **Mitwirkungsrechte** der vom   *3*
Bund anerkannten Naturschutzvereinigungen im Wesentlichen § 58 Abs. 1
BNatSchG 2002. Die aus sprachlichen Gründen gewählte[2] Kurzbezeichnung
„Naturschutzvereinigung" ist gleichbedeutend mit der Langformel der „Ver-
einigungen, die nach ihrem satzungsmäßigen Aufgabenbereich im Schwer-
punkt die Ziele des Naturschutzes und der Landschaftspflege fördern".[3] Die

---

1 So die Bezeichnung im Wortlaut von § 63 Abs. 1 BNatSchG, vgl. Rn. 51.
2 BT-Drs. 16/12274, S. 75, gleich lautend mit dem Gesetzentwurf der Bundesregierung,
   BT-Drs. 16/12785.
3 So die Legaldefinition in § 63 Abs. 1; siehe auch BT-Drs. 16/12274, S. 75, gleichlautend
   mit dem Gesetzentwurf der Bundesregierung, BT-Drs. 16/12785.

Vorschrift übernimmt die frühere Liste der Mitwirkungsfälle und **ergänzt** diese um Mitwirkungsrechte in Bezug auf die Bereiche der **Ausschließlichen Wirtschaftszone**[4] und des **Festlandsockels**[5]. Dazu zählen zum einen Planfeststellungsverfahren und Plangenehmigungen in diesen Bereichen (Abs. 1 Nr. 3 und 4) sowie neu die Mitwirkung an der Erteilung von **Befreiungen von Geboten und Verboten** bei der Ausweisung von Meeresschutzgebieten nach § 57 Abs. 2. Damit wird das bisher terrestrisch radizierte Konzept der Beteiligung an entsprechenden Maßnahmen im Hinblick auf Schutzgebiete an Land auf die maritimen Bereiche jenseits des Küstenmeeres übertragen.[6]

4   **Abs. 2** deckt sich im Wesentlichen mit § 60 Abs. 2 BNatSchG 2002. Bei den aufgeführten Mitwirkungsfällen entsprechen die **Nr. 1 bis 4** jeweils wortgleich den Vorgängervorschriften. Auch die **Nr. 5** über die Befreiungen von Geboten und Verboten in Schutzgebieten unterscheidet sich in ihrem Inhalt nicht von ihrem Vorläufer. Ausweislich der Begründung soll die Neufassung klarstellen, dass sich das Mitwirkungsrecht auch auf in die sog. **Unionsliste** (früher: Gemeinschaftsliste) aufgenommene **FFH-Gebiete** und von der Europäischen Kommission benannte **Vogelschutzgebiete** bezieht, selbst wenn eine Unterschutzstellung noch nicht erfolgt ist.[7] Die **Nr. 6 und 7** über Planfeststellungsverfahren und Plangenehmigungen entsprechen im Wesentlichen den Vorgängerregelungen für die Länder. Bei ihnen ist die Beschränkung auf von Behörden der Länder durchgeführte Verfahren entfallen. Dadurch soll der Regelungsgehalt des früheren § 58 Abs. 3 BNatSchG 2002, der die Mitwirkung für von den Ländern anerkannte Naturschutzvereinigungen bei den entsprechenden Planfeststellungsverfahren und Plangenehmigungen des Bundes vorgesehen hat,[8] bewahrt werden. Aus Gründen der besseren Übersichtlichkeit[9] ist ferner die früher in § 60 Abs. 2 Satz 3 Nr. 1 BNatSchG 2002 aufgeführte Möglichkeit der **Mitwirkung in weiteren Verfahren** zur Ausführung von landesrechtlichen Vorschriften nach Maßgabe des Landesrechts in die Liste unter **Nr. 8** aufgenommen worden.

5   **Abs. 3** übernimmt zum einen **Einschränkungen** der Mitwirkungsrechte durch den Verweis auf die §§ 28 und 29 VwVfG aus § 58 Abs. 2 BNatSchG 2002. Zum anderen greift er die in § 60 Abs. 2 Satz 2 BNatSchG 2002 vorgesehene Klausel auf, nach der **weitergehende Mitwirkungsmöglichkeiten** nach anderen Vorschriften „unberührt" bleiben. Schließlich enthält Abs. 4 die früher in § 60 Abs. 2 Satz 3 BNatSchG 2002 vorgesehene Öffnungsklausel „nach unten", die den Ländern gestattet, bei geringfügigen Auswirkungen auf Natur und Landschaft von einer Mitwirkung abzusehen **(Bagatellklausel)**.

---

4   Zum Begriff siehe § 56, Rn. 11 f.
5   Zum Begriff näher § 56, Rn. 14 f.
6   Vgl. BT-Drs. 16/12274, S. 75, gleichlautend mit dem Gesetzentwurf der Bundesregierung, BT-Drs. 16/12785.
7   BT-Drs. 16/12274, S. 75, gleichlautend mit dem Gesetzentwurf der Bundesregierung, BT-Drs. 16/12785.
8   BT-Drs. 16/12274, S. 75, gleichlautend mit dem Gesetzentwurf der Bundesregierung, BT-Drs. 16/12785.
9   BT-Drs. 16/12274, S. 75, gleichlautend mit dem Gesetzentwurf der Bundesregierung, BT-Drs. 16/12785.

Legislativer **Ursprung** der naturschutzrechtlichen Mitwirkungsrechte auf 6
Bundesebene ist § 29 BNatSchG 1976. Damals wurde die politische Diskussion von der Auseinandersetzung über die sog. **Verbandsklage** bestimmt.
Daher war in den Gesetzesentwürfen einem bloßen Mitwirkungsrecht noch
keine Beachtung geschenkt worden. Dieses hat erst als politischer Kompromiss, sozusagen als **Minus** zum Verbandsklagerecht, Eingang in das Gesetzgebungsverfahren gefunden.[10] Auf **Landesebene** bestanden vereinzelt schon
früher Anhörungsrechte für „Naturschutzverbände".[11] Im Hinblick auf die
Anwendung der Novellierungen auf Verfahren in der Übergangszeit ist zu
beachten, dass die Rechtsprechung erweiterten Mitwirkungsrechten bislang
keine Rückwirkung zuerkannt hat.[12]

II. Hintergrund und völker- und unionsrechtlicher Rahmen

1. Naturschutz als *res publica* – der Bürger als *citoyen*

Dem naturschutzrechtlichen Mitwirkungsrecht kommt in Deutschland über 7
den Bereich des Naturschutzes hinausgehende Bedeutung für die grundsätzliche Konzeption der Rolle des Einzelnen im Gemeinwesen bzw. im Rechtsstaat zu. Vereinfacht standen sich in Deutschland **zwei Konzeptionen des
Rechtsschutzes** gegenüber, die sich insbesondere in der Bestimmung der
Klagebefugnis unterschieden: Eine eher süddeutsche Linie setzte allein auf
das **subjektiv-öffentliche Recht**. Der Einzelne kann nur klagen, um gerade
ihm als Einzelnem zustehende Rechtspositionen geltend zu machen. Damit
wird die Gefahr einer sog. **Popularklage** wirksam gebannt. Gleichzeitig wird
der Einzelne auf die Wahrnehmung seiner persönlichen Interessen begrenzt.
Dies wird auch als eine Reduzierung auf die Rolle als bourgeois bezeichnet.[13] Diese Konzeption ist Ausdruck Hegel'schen Gedankenguts, das nur im
Staat den Garanten des Allgemeinwohls sieht und tiefe Skepsis gegenüber
der Fähigkeit des Einzelnen hat, Interessen der Allgemeinheit zu vertreten.[14]
Demgegenüber erlaubte eine eher norddeutsche Tradition in Anlehnung an
Einflüsse des französischen Rechts in begrenztem Umfang auch die Geltendmachung **objektiv-rechtlicher Belange**, d.h. Interessen der Allgemeinheit,
durch den Einzelnen. Hier wird dem Einzelnen auch die Rolle als citoyen zugestanden, als Person, die sich nicht nur um ihre Eigeninteressen, sondern
auch um die res publica bemüht. Zugleich steht hinter dieser rechtsdog-
matischen Auseinandersetzung ein **Konflikt zwischen den Gewalten**. In der
preußischen Konzeption der Mitwirkungsrechte ist erkennbar, dass mittels
der **Präklusionswirkung** eine Konfliktlösung durch die Verwaltung angestrebt werden sollte und der Einfluss der (damals noch zuständigen ordentlichen) Gerichtsbarkeit in der Praxis zurückgedrängt werden sollte. Die Gerichte sind in dieser Auseinandersetzung also nicht immer neutraler Dritter

---

10 BT-Drs. 7/5251, S. 13.
11 Siehe § 50 Landschaftspflegegesetz Schleswig-Holstein von 1973 und § 51 i.V.m. § 63
   Abs. 2 Naturschutzgesetz Baden-Württemberg von 1975.
12 VGH München, Urt. v. 30.04.2008 – S 20 SF 8/06 AY, 8 BV 07.1374 – NuR 2009, 365.
13 *Masing*, Die Mobilisierung des Bürgers für die Durchsetzung des Rechts, 1997, S. 73.
14 *Heselhaus*, Ein Recht auf Konsultation (im Erscheinen), § 3 I 5.

gewesen, sondern haben auch Eigeninteressen der Dritten Gewalt verfolgt. Durchgesetzt hat sich schließlich die Konzeption subjektiv-öffentlichen Rechts in der sog. süddeutschen Variante.[15] Sie bestimmt bis heute die tradierte Auffassung, obwohl sie seit Längerem in einem Spannungsverhältnis zur Konzeption des Bürgers im postmodernen Staat steht.

8 In der Folge sind **Mitwirkungsrechte des Einzelnen** primär aus der Sicht der Verfolgung eines subjektiv-öffentlichen Rechts betrachtet worden. Doch steht bereits das Konzept der **Öffentlichkeitsbeteiligung** in einem **Spannungsverhältnis** zu dieser Konzeption.[16] Die Mitwirkung von **Naturschutzvereinigungen** bricht mit ihm völlig: Denn in ihrem Fall wird Privaten gerade zugetraut, sich als citoyen effektiv für Belange der Allgemeinheit, nämlich den Natur- und Landschaftsschutz, einzusetzen.

9 Politisch wurde dieser Bruch mit der tradierten Konzeption des subjektiv-öffentlichen Rechts nur wegen der unbestritten bestehenden, erheblichen Mängel im Naturschutz möglich. In der Literatur herrscht weitgehend Einigkeit darüber, dass die allgemeinen **partizipativen Bestrebungen** in den 1970er Jahren nur den Hintergrund der Entwicklung bildeten.[17] Drängender ist das **Vollzugsdefizit** im Umwelt- und Naturschutz gewesen[18], das durch die Einbeziehung Privater reduziert werden sollte. Hinzu treten die Öffentlichkeit bzw. die Naturschutzvereinigungen als „Gegenmacht".[19] Zu oft hat die Praxis gelehrt, dass zwischen Vorhabenträger und öffentlicher Hand eine Kongruenz im Hinblick auf die ökonomische (und fiskalische) Bedeutung von Vorhaben besteht und ökologische Aspekte tendenziell nicht ausreichend im Verfahren beachtet werden. Damit hat die Realität des Naturschutzes den Hegel'schen Glauben, dass das Allgemeinwohl allein durch den Staat vertreten werden könne, erschüttert.

10 Aus sozialwissenschaftlicher Sicht zeigt sich, dass die **Funktion der Mitwirkung** Einzelner im Bereich des Naturschutzrechts nicht mehr auf die Unterstützung der Verwaltung bei der Informationsbeschaffung reduziert werden kann. Für die Erzeugung von „Gegenmacht" rückt die **Einflussnahme** auf die Verwaltung in den Mittelpunkt.[20] Während man die Informationsfunktion rechtlich mit einer Mitwirkung nach Ermessen der Verwaltung ausreichend effektuieren kann, muss die Mitwirkung im Hinblick auf die Erzeugung von **Gegenmacht** von der Verwaltung **unabhängig** sein: Die Konzeption als Recht des Einzelnen erscheint unumgänglich. Bis heute tut sich die tradierte Sicht schwer damit, solche Mitwirkungsrechte dogmatisch einzuordnen. Kaum überzeugen konnte der frühere Ansatz des BVerwG, der die Mitwirkung mit

---

15 *Heselhaus*, Ein Recht auf Konsultation (im Erscheinen), § 9 II 5.

16 Die „Brüche" werden zu glätten versucht, in dem der Rechtsschutz beschnitten wird.

17 *Gassner*, in: Gassner/Bendomir-Kahlo/Schmidt-Räntsch/Schmidt-Räntsch, BNatSchG, 2. Aufl. 2003, § 58 Rn. 2.

18 *Gassner*, in: Gassner/Bendomir-Kahlo/Schmidt-Räntsch/Schmidt-Räntsch, BNatSchG, 2. Aufl. 2003, § 58 Rn. 3.

19 *Gassner*, in: Gassner/Bendomir-Kahlo/Schmidt-Räntsch/Schmidt-Räntsch, BNatSchG, 2. Aufl. 2003, § 58 Rn. 3.

20 *Heselhaus*, Ein Recht auf Konsultation (im Erscheinen), § 5 II.

dem Topos des „**Verwaltungshelfers**"[21] einzufangen versuchte. Denn der Verwaltungshelfer wird allein aus der Sicht der Verwaltung angefordert, während die Mitwirkungsrechte im Naturschutz aus Gründen des Naturschutzes gewährt werden, gerade auch wenn die betreffenden Verwaltungsbehörden die Belange des Naturschutzes als untergeordnet einstufen. Eine weitere Konzeption ist die Figur des **Sachwalters**.[22] In ihr kommt zum Ausdruck, dass die Mitwirkung gerade nicht mit der Wahrnehmung eigener Interessen begründet ist. Allerdings ist der Konzeption des Sachwalters ein Pflichtenverständnis eigen, dass sich auf die freiwillige Mitwirkung ohne weitere Bindungen nur schwer übertragen lässt.[23] In der Rechtsprechung ist heute die Figur des „**Anwalts der Natur**" gebräuchlich.[24] Sie bildet einen Großteil der Motivation der Mitwirkenden ab und hebt hervor, dass diese in der Sache nicht ihre eigenen materiellen Rechte verfolgen. In diesem Modell wird aber nicht ausreichend abgebildet, dass der Mitwirkende gerade Interessen der Allgemeinheit vertritt und dass er dabei **prozedural aus eigenem Recht** handelt (siehe Rn. 16). Entgegen der tradierten Ansicht lässt sich der Ansatz der Mitwirkungsrechte für das öffentliche Interesse am Naturschutz auch aus dem **Grundgesetz** ableiten. Zwar wird man in der Regel aus den Verfassungsnormen **keine Pflicht** zur umfassenden Einführung der naturschutzrechtlichen Mitwirkungsrechte ableiten können, doch entspricht deren Einführung in vielfältiger Hinsicht **verfassungsrechtlichen Prinzipien und Zielbestimmungen**, die in der Abwägung mit widerstreitenden Belangen auch im Gesetzgebungsverfahren zu berücksichtigen sind. Die Mitwirkungsrechte dienen in besonderer Weise dem Auftrag der Umweltschutzzielbestimmung nach **Art. 20a GG**. Ferner können nach Ansicht des BVerfG auch einfach-gesetzlich gewährte Rechtspositionen den Schutz nach **Art. 2 Abs. 1 GG** genießen.[25] In vergleichbarer Weise lassen sich Mitwirkungsrechte der Naturschutzvereinigungen mit **dem Rechtsstaats-, dem Demokratie- und dem Republikprinzip** begründen.[26] Diese verfassungsrechtliche Unterfütterung ist in der Abwägung zu berücksichtigen, wenn Gesetzgeber oder Gerichte die Bedeutung der gewährten Mitwirkungsrechte im Verhältnis mit widerstreitenden, oft wirtschaftlichen Belangen, gewichten. Dagegen ist die tradierte Auffassung zur dogmatischen Einordnung der Mitwirkungsrechte in Deutschland relativ weit vom völkerrechtlichen und vom unionsrechtlichen Ansatz entfernt, welche zur Begründung mehrere Ansätze kombinieren und dabei dem Aspekt des **subjektiven Rechts** des Einzelnen **auf Mitwirkung** große Beachtung schenken. Trotz dieser „hinkenden" Konzeption zeigt aber der Vergleich mit dem völker- und unionsrechtlichen Rahmen, dass den deutschen naturschutzrechtlichen Mitwirkungsrechten eine Vorreiterrolle

---

21 BVerwG, Urt. v. 12.12.1996, DVBl 1997, 715.

22 Insbesondere *Gassner*, in: Gassner/Bendomir-Kahlo/Schmidt-Räntsch/Schmidt-Räntsch, BNatSchG, 2. Aufl. 2003, § 58 Rn. 6.

23 Anklänge zeigen sich aber, wenn die Zuerkennung der Mitwirkungsrechte auf die satzungsmäßigen Aufgaben abstellt.

24 BVerwG, Urt. v. 31.10.1990 – 4 C 7/88, BVerwGE 87, 62 (73).

25 BVerfG, Beschl. v. 18.01.2000 – 1 BvR 321/96, BVerfGE 101, 397, (405).

26 Ausführlich dazu *Heselhaus*, Ein Recht auf Konsultation (im Erscheinen), §§ 11–14.

zugekommen war und sie noch heute über den international gesetzten Mindeststandard hinausgehen. Vor diesem Hintergrund ist die Errungenschaft der Mitwirkungsrechte der Naturschutzvereinigungen im deutschen Naturschutzrecht angemessen zu würdigen.

2. Die Trias der subjektiv-öffentlichen Rechte im Umweltvölkerrecht

11 Mitwirkungsrechte im Umweltbereich finden sich im regionalen Völkerrecht in Europa. Vorläufer ist die Entwicklung in der EU gewesen (siehe Rn. 14), die frühzeitig auf das Instrument der Umweltverträglichkeitsprüfung (UVP) gesetzt hat und in diesem Rahmen eine **frühe Beteiligung der Öffentlichkeit** eingefordert hat. Diese Konzeption ist von der **Espoo-Konvention**[27] für grenzüberschreitende Umweltauswirkungen von Projekten übernommen worden. Später ist dieser Ansatz – wiederum unter dem Einfluss des EU-Rechts[28] – um die Öffentlichkeitsbeteiligung im Vorfeld solcher Projekte bei Auswirkungen entsprechender **Pläne und Programme** im **SEA-Protokoll**[29] weiterverfolgt worden. Besondere Bedeutung kommt aber der **Aarhus-Konvention** (AK) zu, die das erste Mal die drei Pfeiler der Beteiligung Privater im Umweltrecht in einer Urkunde zusammenführt: das Informationsrecht, die Öffentlichkeitsbeteiligung sowie das Recht auf Zugang zu Gericht.[30] Dabei gehen manche Vorschriften sogar über die Ansätze in der EU hinaus.[31] Die Aarhus-Konvention basiert auf einem Konzept von einklagbaren Rechten des Einzelnen (citizen's rights) und stellt diese in den Zusammenhang mit einem **Grundrecht auf Umwelt**.[32]

12 Das **Recht auf Beteiligung** gewährt die Aarhus-Konvention der **Öffentlichkeit**. Zu dieser zählen auch Umweltvereinigungen, doch haben jene in diesem Bereich keine privilegierte Stellung.[33] Ferner ist in der Konvention die Entwicklung der Konzeption der Beteiligungsrechte aus der UVP-Pflicht erkennbar. Nur bei **projektbezogenen Genehmigungen** sind die Vertragsstaaten zur Einräumung von Beteiligungsrechten für die Öffentlichkeit verpflichtet. Diese anlagenbezogenen Beteiligungsrechte (insb. mögliche Emissionen) bestehen **neben** den auf Naturschutzgebiete bezogenen Beteiligungsrechte (insb. mögliche Immissionen) nach § 63 BNatSchG. Letztere sind als Auswirkungen auf die Umwelt bei den projektbezogenen Genehmigungen zu beachten.[34]

---

27 Übereinkommen über die Umweltverträglichkeitsprüfung im grenzüberschreitenden Rahmen vom 25. 02. 1991 (BGBl. II 2002, S. 1407).

28 Siehe Richtlinie 2001/42/EG (ABl. 2001, L 197/30).

29 Protokoll über die Strategische Umweltprüfung, Gesetz v. 03. 06. 2006 (BGBl. II 2006, S. 497).

30 Aarhus-Konvention (Convention on Access to Information, Public Participation in Decision-Making and Access to Justice in Environmental Matters) v. 25. 06. 1998, in Kraft für Deutschland seit 15. 01. 2007 (BGBl. II 2007, S. 1252 und BGBl. II 2006, S. 1251).

31 Art. 9 Abs. 3 Aarhus-Konvention (Fn. 29).

32 7. Begründungserwägung, Aarhus-Konvention (Fn. 29).

33 Anders hingegen beim Recht auf Zugang zu Gericht nach Art. 9 Abs. 2 Aarhus-Konvention (Fn. 29).

34 S. zur Konkurrenz der beiden Arten von Beteiligungsrechten § 64 Rn. 45.

Im Hinblick auf die Beteiligung an **Plänen und Programmen** hat das Aarhus   12a
Convention Compliance Committee (ACCC) 2014 im Fall eines tschechischen
Investitionsplans im Rahmen des Emissionshandelssystems Art. 7 Aarhus-
Konvention konkretisiert. Es sei ausreichend, wenn der Plan die grundsätzliche Investitionsausrichtung festsetzte und dazu einzelne Projekte vor-
schlage.[35] In Fall des vom EU-Recht vorgeschriebenen National Renewable
Energy Action Plan (NREAP) in Irland erkannte das ACCC eine Verpflichtung
der EU, ihren Mitgliedstaaten einen verbindlichen Rechtsrahmen für die
Durchführung dieser Pläne in Übereinstimmung mit Art. 7 Aarhus-Konvention vorzugeben und damit u.a. eine Beteiligung der Öffentlichkeit vorzusehen.[36] Ferner enthält das SEA-Protokoll in Bezug auf die Beteiligung der
Öffentlichkeit an der Ausarbeitung von Plänen und Programmen weitere Verpflichtungen seiner Vertragsstaaten, doch betreffen diese Pläne und Programme das Vorfeld der anlagenbezogenen Entscheidungen. Diese Beteiligungsrechte **ergänzen** die naturschutzrechtliche Beteiligung nach § 63
BNatSchG, in deren abschließendem Katalog Pläne und Programme in Abs. 2
Nr. 2 für die Fälle der §§ 10 und 11 aufgeführt werden.

Hinsichtlich des Erlasses von exekutiven **Rechtsvorschriften** begnügt sich   12b
Art. 8 Aarhus-Konvention damit, dass sich die Vertragsstaaten um eine entsprechende Ausgestaltung „bemühen". Demgegenüber sieht § 63 Abs. 1
Nr. 1 BNatSchG auch eine Beteiligung bei der „Vorbereitung von Verordnungen und anderen im Rang unter dem Gesetz stehenden Rechtsvorschriften der für Naturschutz und Landschaftspflege zuständigen Behörden der
Länder" **zwingend** vor. In diesem Bereich geht also die privilegierte Beteiligung von Naturschutzvereinigungen nach dem BNatSchG über das im regionalen Völkervertragsrecht geforderte Minimum hinaus.

Die Vorschriften der **Aarhus-Konvention** über die **Mitwirkungsrechte** sind   13
nach der deutschen Rechtsprechung **nicht self executing**,[37] können also
nicht unmittelbar vor deutschen Gerichten angewendet werden.[38] Allerdings
muss das nationale Prozessrecht so ausgelegt werden, dass es insbesondere
mit den Zielen des Art. 9 Abs. 3 der Aarhus Konvention in Einklang steht.[39]

---

35 Findings and recommendations with regard to communication ACCC/C/2010/50 concerning compliance by the Czech Republic, United Nations ECE/MP.PP/C.1/2012/11,
Economic and Social Council, 02.10.2012.
36 Findings and recommendations with regard to communication ACCC/C/2010/54 concerning compliance by the European Union, United Nations ECE/MP.PP/C.1/2012/12,
Economic and Social Council, 02.10.2012.
37 VG Berlin, Urt. v. 06.05.2004 – 14 A 17.04, NuR 2005, 126.
38 Vgl. zu den Klagerechten nach Art. 9 Abs. 3 der Aarhus Konvention: EuGH, C-240/09,
Slg. 2011, I-01255, Rn. 45 ff.; unklar VG Augsburg, Beschl. v. 13.02.2013 – Au 2 S 13.143,
das eine Antragsbefugnis in Rn. 20 „unmittelbar aus der Aarhus Konvention ableiten
will, in Rn. 22 f. sich aber für eine extensive Interpretation von § 42 VwGO entscheidet.
Die Klagerechte aus Art. 9 Abs. 2 Aarhus Konvention sind hingegen wohl unmittelbar
anwendbar, s. EuGH, Urt. v. 12.05.2011, Rs. C-115/09, Trianel, Rn. 51 ff., der die unmittelbare Wirkung des inhaltlich gleich lautenden Art. 10a UVP-Richtlinie bejaht.
39 EuGH, C-240/09, Slg. 2011, I-01255, Rn. 45 ff.; VG Frankfurt (Oder), Beschl. v. 07.01.
2015 – VG 5 L 289/14; VG Osnabrück, Urt. v. 27.02.2015 – 3 A 5/15, VG Augsburg,
Beschl. v. 13.02.2013 – Au 2 S 13.143, Rn. 22 f.

Zudem ist ferner zu beachten, dass die völkerrechtlichen Vorgaben, insbesondere der Aarhus-Konvention weitgehend in das EU-Recht übernommen worden sind. Daher könnten sie inhaltlich über eine mögliche **unmittelbare Wirkung** des **EU-Rechts** relevant werden. Allerdings besteht im EU-Recht in Bezug auf die Beteiligung an Plänen und Programmen ein **Umsetzungsdefizit** gegenüber der Aarhus Konvention (s. Rn. 12).

3. Konzeption und Umsetzung in der Europäischen Union

14 Die Entwicklung der Beteiligungsrechte im Umweltschutz in der EU hat für das regionale Umweltvölkerrecht Pate gestanden. Im Mittelpunkt steht in der EU der **anlagenbezogene Ansatz** der UVP-Richtlinie.[40] Dieser ist um die Strategische Umweltprüfung, die ebenfalls eine Öffentlichkeitsbeteiligung umfasst, ergänzt worden.[41] Allerdings werden nur **Pläne und Programme** im Vorfeld von anlagenbezogenen Entscheidungen erfasst. Speziell im Naturschutzecht ist auf die FFH-Richtlinie und die Vogelschutz-Richtlinie hinzuweisen. Jedoch wird dort bei der **Ausweisung** von Schutzgebieten keine Öffentlichkeitsbeteiligung verlangt, sondern erst bei **Projekten und Plänen**, die **Auswirkungen** auf ein FFH-Gebiet haben können.[42] Inhaltlich gehen also die deutschen Vorschriften über die Beteiligung von Naturschutzvereinigungen bei der Ausarbeitung exekutiver Rechtsvorschriften, die typischerweise auch bei der Ausweisung von Schutzgebieten zum Einsatz kommen (siehe Rn. 18 ff.), weiter als das unionsrechtliche Minimum. Zu beachten sind aber auch die **Vorgaben der Aarhus Konvention**, die in der EU im Hinblick auf die Definition von Plänen und Programmen zum Teil nicht ausreichend berücksichtigt worden sind (Rn. 12a).

15 Konzeptionell steht das EU-Recht einem **subjektiv-rechtlichen Ansatz**, der auch die Geltendmachung von Umweltbelangen umfasst, sehr aufgeschlossen gegenüber. Schon früh hat der EuGH Klagen Einzelner bereits dann zugelassen, wenn Umweltvorschriften auch dem Schutz der menschlichen Gesundheit dienten.[43] Ferner wird der Umweltschutz auch in der **Grundrechtecharta** erwähnt.[44] Die dort niedergelegte Integrationsklausel kann sowohl als Rechtfertigung für mögliche Grundrechtseingriffe, wie auch als konkretisierungsfähiger Grundsatz für eine Subjektivierung von Belangen des Umweltschutzes angesehen werden.[45] Umgekehrt hat der EuGH zu seinem Urteil vom 15.10.2015 das Erfordernis der möglichen Verletzung eines subjektiv-öffentlichen Rechts bei Individualklagen für zulässig gehalten.[46]

---

40 UVP-Richtlinie 85/337/EWG (ABl. 1985, L 175/40), zuletzt geändert durch Richtlinie 2011/92/EU (ABl. 2012, L 26, 1).

41 Richtlinie 2001/42/EG (ABl. 2001, L 197/30).

42 Art. 6 Abs. 3 S. 2 FFH-Richtlinie 92/43/EWG (ABl. 1992, L 206/7), zuletzt geändert durch Richtlinie 2006/105/EG (ABl. 2006, L 363/368).

43 Näher zur Rechtsprechung m.w.N. *Scherer/Heselhaus*, Umweltrecht, in: Dauses, Handbuch des Europäischen Wirtschaftsrechts, Stand Juni 2010, Kap. O, Rn. 309.

44 Art. 37 Grundrechte-Charta der EU.

45 *Heselhaus*, Ein Recht auf Konsultation (im Erscheinen), § 24 IV.

46 EuGH, Urt. v. 15.10.2015, Rs. C-137/14, NuR 2015, 765 ff., Rn. 33.

III. Mitwirkungsrecht

1. Recht auf Mitwirkung

Die früher umstrittene Frage[47], ob die **Mitwirkungsmöglichkeiten** für Natur-   16
schutzvereinigungen nach § 63 **subjektiv-öffentliche Rechte** derselben darstellen, ist heute eindeutig zu bejahen.[48] Im Gegensatz zur Vorgängervorschrift
des § 58 BNatSchG 2002 und in Übereinstimmung mit § 29 BNatSchG 1976
lautet die Überschrift von § 63 „Mitwirkungsrecht". Damit wird im Wortlaut
klargestellt, was ebenfalls aus Sinn und Zweck der Vorschrift zu folgern ist.
Denn den Naturschutzvereinigungen wird ein **„qualifiziertes Anhörungsrecht"**[49] eingeräumt, damit sie zur Bewältigung von Vollzugsdefiziten als eine
Gegenmacht die Belange des Naturschutzes in die entsprechenden Verfahren
– über die ohnehin bestehende Verpflichtung zur ihrer Berücksichtigung seitens der Behörden hinaus – einbringen können, gegebenenfalls auch gegen
die Interessen der Verwaltung.[50] Die Erreichung dieses Zwecks kann effektiv
nur durch Einräumung eines selbstständig durchsetzbaren subjektiven-öffent-
lichen Rechts auf Mitwirkung gesichert werden.[51]

2. Die einzelnen Fälle der Mitwirkung in Bund und Ländern

Die **Mitwirkungsmöglichkeiten** an naturschutzrelevanten Maßnahmen auf   17
Bundesebene werden in § 63 Abs. 1 **abschließend** aufgezählt.[52] Für die Landesebene stellt hingegen § 63 Abs. 2 für entsprechende Maßnahmen eine
Liste auf, die insofern nicht abschließend ist, als sie in Nr. 8 ausdrücklich
weitere Mitwirkungsrechte erfasst, soweit dies das Landesrecht vorsieht. Im
Folgenden werden die Maßnahmen in einer Zusammenschau beider Listen
kommentiert.

a) Untergesetzliche Rechtsvorschriften

Nach **Nr. 1** der Abs. 1 und 2 des § 63 sind – im Wesentlichen gleichlautend   18
auf Bundes- und Landesebene – die anerkannten Naturschutzvereinigungen
an der **Vorbereitung von Verordnungen** und anderen im Rang unter dem

---

47 Ablehnend noch VGH Kassel, Beschl. v. 27. 08. 1982 – II TH 34/82 – NVwZ 1982, 689;
   Bernatzky-Böhm, Bundesnaturschutzrecht, Bd. 1, 12. Lfg. 1991, § 29 Rn. 4.

48 Zustimmend *Gellermann*, in: Landmann/Rohmer, Umweltrecht, 59. Lfg. 2010, § 63
   BNatSchG Rn. 3; *Wilrich*, DVBl 2002, 873; BVerwG, Urt. v. 31. 10. 1990 – 4 C 7/88,
   BVerwGE 87, 62 (NVwZ 1991, 162 (164)); VGH Kassel, Urt. v. 01. 09. 1998 – 7 UE 2170-
   95, NVwZ-RR 1999, 304.

49 BVerwG, Urt. v. 12. 11. 1997 – 11 A 49.96, DVBl 1998, 334 (336); *Waskow*, Mitwirkung
   von Naturschutzverbänden, S. 80.

50 *Rudolph*, JuS 2000, 479 m.w.N.

51 Vgl. *Gellermann*, in: Landmann/Rohmer, Umweltrecht, 59. Lfg. 2010, § 63 BNatSchG
   Rn. 3; *Herbert*, NuR 1994, 220 f.; *Dolde*, NVwZ 1991, 960, *Ziekow*, VerwArch 91 (2000),
   493; BVerwG, Urt. v. 31. 10. 1990 – 4 C 7/88, BVerwGE 87, 62 (NVwZ 1991, 162 (164)).

52 *Gellermann*, in: Landmann/Rohmer, Umweltrecht, 59. Lfg. 2010, § 63 BNatSchG Rn. 9;
   s. auch VGH Mannheim, Urt. v. 16. 03. 2011 – 5 S 644/09, verneint ein Mitwirkungsrecht
   an der Entscheidung über die artenschutzrechtliche Ausnahme nach § 45 Abs. 7, da
   diese nicht als Befreiung im Sinne des § 63 BNatSchG zu qualifizieren sei.

Gesetz stehenden Rechtsvorschriften zu beteiligen. Auf Bundesebene sind die **Bundesregierung** und das **BMUB** die Adressaten für die Eröffnung von Beteiligungsmöglichkeiten an entsprechenden Rechtsvorschriften auf dem Gebiet des Naturschutzes und der Landschaftspflege (Abs. 1 Nr. 1). Auf **Landesebene** richtet sich Abs. 2 Nr. 1 an die „für Naturschutz und Landschaftspflege zuständigen Behörden".

19 Aus Sinn und Zweck der Beteiligungsrechte ist zu folgern, dass sie nicht nur beim **erstmaligen Erlass** entsprechender Rechtsvorschriften eingreifen, sondern auch bei deren **Aufhebung** oder **Änderung**.[53] Insofern müssen die Maßnahmen, die die betreffenden Rechtsvorschriften enthalten, nicht notwendig dem Schutz von Natur und Landschaft dienen.[54] Die Vorschrift entspricht inhaltlich den Vorgängernormen in §§ 58 Abs. 1 und 60 Abs. 1 BNatSchG 2002 und § 29 BNatSchG 1976.[55]

20 Die Novellierung hat **nicht** die Anregung der Umweltverbände aufgegriffen, auch Beteiligungsrechte an der Vorbereitung von **Verwaltungsvorschriften**, deren Erlass die Belange von Natur und Landschaft wesentlich berührt, vorzusehen.[56] Allerdings folgt aus der funktionalen Interpretation, dass Verwaltungsvorschriften dann erfasst sind, wenn sie Rechtswirkungen nach außen haben,[57] wie etwa bei **normkonkretisierenden Verwaltungsvorschriften**.[58] Bezüglich der Frage, ob auch Vereinbarungen oder Parlamentsgesetze erfasst werden sollen, insbesondere wenn sie die Festsetzung von Schutzgebieten betreffen und derart das traditionelle Instrument der Rechtsverordnung ersetzen[59], ist zu differenzieren. Die teleologische Auslegung spricht für die Einbeziehung der **Vereinbarungen**, da sie die gleichen Zwecke erfüllen und von der Exekutive geschlossen werden. Dagegen erscheint der Schritt zur Ausweitung auf Akte der Legislative zu weit. Im Vergleich differenziert auch die UVP-Richtlinie der EU zwischen Akten der Exekutive und des Parlaments.[60]

---

53 Siehe BVerwG, Beschl. v. 21.07.1997 – 4 BN 10/97, NVwZ-RR 1998, 98.

54 Im Ergebnis wie hier *Fischer-Hüftle*, in: Schumacher/Fischer-Hüftle, BNatSchG, 2. Aufl. 2011, § 63 Rn. 19.

55 Vgl. BT-Drs. 14/6378, S. 59.

56 Gemeinsame Stellungnahme des Deutschen Naturschutzrings, des Bundesverbandes Beruflicher Naturschutz, des Bundes für Umwelt und Naturschutz Deutschland, der Naturschutzbund Deutschland zum Naturschutzrecht im Umweltgesetzbuch, Gesetzentwurf der Bundesregierung vom 20.05.2008, S. 113 und 114.

57 *Fischer-Hüftle*, in: Schumacher/Fischer-Hüftle, BNatSchG, 2. Aufl. 2011, § 63 Rn. 19.

58 Dazu BVerwG, Urt. v. 19.12.1985 – 7 C 65/82, BVerwGE 72, 300 (Whyl).

59 Offen gelassen bei Gemeinsame Stellungnahme des Deutschen Naturschutzrings (DNR), des Bundesverbandes Beruflicher Naturschutz (BBN), des Bundes für Umwelt und Naturschutz Deutschland (BUND), des Naturschutzbund Deutschland (NABU) e.V. zum Naturschutzrecht im Umweltgesetzbuch, 2008, S. 114, abrufbar unter http://www.dnr.de/downloads/stellungnahme-zum-naturschutzrecht-im-ugb-v.-2.pdf., die de lege ferenda für eine Einbeziehung plädiert.

60 Art. 1 Abs. 5 UVP-Richtlinie 85/337/EWG (ABl. 1985, L 175/40), zuletzt geändert durch Richtlinie 2011/92/EU (ABl. 2012, L 26, 1).

Praktische Relevanz hat die Vorschrift auf Bundesebene vor allem bei 21
Rechtsvorschriften zum Artenschutz auf Grundlage von §§ 54 und 39 (siehe
§ 54 Rn. 2, 6 und § 39 Rn. 17);[61] einschlägig ist insbesondere die **Bundesartenschutzverordnung**. Bedeutsam sind auch Rechtsverordnungen zur
Unterschutzstellung von Gebieten in den Bereichen der **AWZ** und des **Festlandsockels** nach § 57 Abs. 2 (siehe § 57 Rn. 12). Auf deutschem Territorium
sind für Schutzgebiete hingegen Rechtsverordnungen der Länder einschlägig.[62] Erfasst werden auf Landesebene auch **Satzungen**, die von kommunalen Gebietskörperschaften erlassen werden, sofern sie auf dem Gebiet des
Naturschutzes und der Landschaftspflege ergehen.[63] **Nicht** einbezogen wird
hingegen die **kommunale Bauleitplanung**.[64] Denn im Hinblick auf Flächennutzungspläne ist festzustellen, dass sie hoheitliche Maßnahmen eigener Art
darstellen.[65] Bezüglich der Aufstellung von Bebauungsplänen agieren die
Gemeinden nicht als für Naturschutz und Landschaftspflege zuständige Behörden.[66]

b) Befreiungen von Geboten und Verboten

Abs. 1 Nr. 2 und **Abs. 2 Nr. 5** sehen die Mitwirkung auch vor der Erteilung 22
von **Befreiungen** von Geboten und Verboten bei bestimmten Schutzgebieten
vor. Damit wird inhaltlich sichergestellt, dass die Interessen des Naturschutzes und der Landschaftspflege bei diesen materiellen Änderungen des
Schutzumfangs durch die Naturschutzvereinigungen eingebracht werden
können. Auch eine **Umgehung** der Befreiungsvorschriften führt zur Verletzung des Mitwirkungsrechts.[67]

Auf **Bundesebene** ist dies mit der Möglichkeit der Ausweisung von Schutz- 23
gebieten nach § 57 Abs. 2 in den Bereichen der AWZ und des Festlandsockels, die in die Bundeszuständigkeit fallen (siehe § 57 Rn. 5 ff.), bedeutsam geworden. Die entsprechende Erstreckung der Mitwirkungsrechte ist
aber erst 2010 nachgeholt worden.[68]

Auf **Landesebene** werden hingegen Gebiete im Sinne des § 32 Abs. 2, Na- 24
tura 2000-Gebiete (§ 32), Naturschutzgebiete (§ 23), Nationalparke und nationale Naturmonumente (§ 24) sowie Biosphärenreservate (§ 25) erfasst. Der
Zusatz „im Sinne des § 32 Abs. 2" bezieht sich nur auf eben jene Gebiete

---

61 Vgl. *Wilrich*, DVBl 2002, 874.
62 Vgl. *Wilrich*, Verbandsbeteiligung, S. 126 ff.; VGH Kassel, Beschl. v. 06.06.1988 – 3 N
   3703, 3735/87, NVwZ 1988, 1150; OVG Schleswig, Urt. v. 12.03.2009 – 1 KN 12/08, NuR
   2009, 498.
63 VGH München, NuR 1986, 77 (78).
64 *Wilrich*, DVBl 2002, 876 f.; OVG Lüneburg, Beschl. v. 22.05.2006 – 9 ME 155/06, NVwZ-
   RR 2006, 782. Zum Folgenden *Gellermann*, in: Landmann/Rohmer, Umweltrecht, 59. Lfg.
   2010, § 63 BNatSchG Rn. 22.
65 BVerwG, Beschl. v. 20.07.1990 – 4 N 3.88, DVBl 1990, 1352; *Koch/Hendler*, Baurecht-,
   Raumordnungs- und Landesplanungsrecht, 5. Aufl. 2009, § 14 Rn. 5.
66 OVG Koblenz, NuR 1986, 344 (345); BezG Dresden, Urt. v. 19.02.1992 – 2 BDK 41/91,
   UPR 1992, 395 (396).
67 VG Leipzig, Beschl. v. 24.04.2007 – 6 K 410/07, NuR 2007, 702.
68 BT-Drs. 16/12274, S. 75.

nach der FFH- und der Vogelschutz-Richtlinie in Abgrenzung von den anderen aufgezählten Gebieten. Die Erwähnung der Natura 2000-Gebiete stellt nicht nur klar, dass es bei den nach § 32 Abs. 2 ausgewiesenen Gebieten **nicht auf die Art** der Unterschutzstellung nach § 22 ankommt. Vielmehr zeigt der systematische Zusammenhang, dass damit auch die **Gebiete nach § 32 Abs. 4** erfasst werden.[69] Es handelt sich um Gebiete, die sich eigentlich als FFH- und Vogelschutzgebiete qualifizieren, die aber bereits durch andere Vorschriften ausreichend gesichert werden.[70] Im Hinblick auf das Netz „Natura 2000" ist davon auszugehen, dass auch sie dazu zählen. Das wird unterstrichen, wenn im Anschluss mit § 32 Abs. 5 eine Regelung für alle Natura 2000-Gebiete folgt. Zudem sprechen dafür Sinn und Zweck der Regelung. Denn die Ausnahme in § 32 Abs. 4 betrifft nicht den Schutzgrad, sondern nur die formale Unterschutzstellung nach Maßgabe des § 20 Abs. 2. Wenn aber der Grund für die Mitwirkung in der Öffentlichkeitsbeteiligung nach Art. 6 Abs. 2 Satz 3 FFH-Richtlinie liegt,[71] dann ist das Bedürfnis dazu bei allen entsprechend schutzbedürftigen Gebieten gegeben.[72]

25   Nach Sinn und Zweck liegt der Vorschrift ein materielles Verständnis des Begriffs **Befreiungen** zu Grunde. Dementsprechend klärt die Neufassung der Vorschrift mit der ausdrücklichen Einbeziehung von Befreiungen, die „durch eine andere Entscheidung eingeschlossen oder ersetzt werden", den Streit, ob bei einer Ersetzung der naturschutzrechtlichen Genehmigung **(Konzentrationswirkung)** die Mitwirkungsrechte dann in den anderen Verfahren zur Anwendung kommen müssen.[73] Nunmehr ist eindeutig, dass eine Konzentrationswirkung nur **unbeschadet der Mitwirkungsrechte** erfolgen kann. Gemäß der materiellen Ausrichtung besteht ein Mitwirkungsrecht auch, falls eine Befreiung durch **öffentlich-rechtlichen Vertrag** vereinbart wird.[74] Einer von den Ländern anerkannten Naturschutzvereinigung steht ein Beteili-

---

69 Die Legaldefinition der Natura 2000-Gebiete in § 7 Nr. 8 stellt auf „Gebiete von gemeinschaftlicher Bedeutung und Europäische Vogelschutzgebiete" ab. Gebiete von gemeinschaftlicher Bedeutung sind nach § 7 Nr. 6 auch solche nach § 32 Abs. 4.

70 Bei einer Unterschutzstellung durch Vereinbarungen zweifeln *Fischer-Hüftle*, ZUR 1999, 68 und *Müller-Terpitz*, NVwZ 1999, 28 an einem ausreichend effektiven Schutz.

71 So BT-Drs. 14/6378, S. 60. Das geht allerdings weiter als Art. 6 Abs. 2 S. 3 FFH-Richtlinie, der nur für Pläne und Projekte, die Auswirkungen auf FFH-Gebiete haben, eine Öffentlichkeitsbeteiligung vorsieht.

72 A.A. *Gassner*, in: Gassner/Bendomir-Kahlo/Schmidt-Räntsch/Schmidt-Räntsch, BNatSchG, 2. Aufl. 2003, § 60 Rn. 8. Enger wohl auch *Fischer-Hüftle*, in: Schumacher/Fischer-Hüftle, BNatSchG, 2. Aufl. 2010, § 63 Rn. 23. Vgl. auch die Verneinung der Klagebefugnis durch VG Leipzig, Beschl. v. 24.04.2007 – 6 K 410/07, NuR 2007, 702, bei einem FFH-Gebiet, das noch nicht unter Schutz gestellt worden ist; ebenso OVG Bautzen, Beschl. v. 25.07. 2007 – 1 BS 309/07, NuR 2008, 504.

73 So schon VG Ansbach, NuR 1995, 98; VG Würzburg, Beschl. v. 25.07.2007 – W 4 S 07.759, NuR 2008, 127; *Gassner*, in: Gassner/Bendomir-Kahlo/Schmidt-Räntsch/Schmidt-Räntsch, BNatSchG, 2. Aufl. 2003, § 60 Rn. 8; a.A. dagegen zum früheren Wortlaut BVerwG, Beschl. v. 17.12.2002 – 7 B 119/02, NuR 2003, 291; ablehnend auch OVG Berlin-Brandenburg, Beschl. v. 23.06.2008 – OVG 11 S 35.07, NVwZ-RR 2008, 770; VGH München, Urt. v. 03.04.2009 – 22 BV 07.1709, NuR 2009, 434.

74 OVG Hamburg, NuR 1991, 186 f.

gungsrecht bei Befreiungen auch zu, wenn die Maßnahmen von Bundesbehörden getroffen werden.[75]

Keine Befreiungen i.S.d. § 63 Abs. 1 Nr. 2 stellen **artenschutzrechtliche Ausnahmen** nach § 45 Abs. 7 dar. Der dem Enumerationsprinzip folgende § 63 Abs. 1 listet die Mitwirkungsmöglichkeiten der Naturschutzvereinigungen ohne Erwähnung der artenschutzrechtlichen Ausnahme abschließend auf.[76] Zudem werden diese Ausnahmen auch nicht in dem abschließenden Katalog des Klagerechts des Naturschutzvereinigungen in § 64 Abs. 1 aufgeführt.[77] 25a

Umstritten ist, ob **Abweichungsentscheidungen** nach § 34 Abs. 3 bis 5 BNat-SchG vom Begriff der Befreiung umfasst werden. Dies wird in der Rechtsprechung bejaht.[78] Anderer Auffassung sind Teile des Schrifttums, die auf eine formale Sicht des Begriffs der Befreiung, d.h. im technischen Sinne, abstellen.[79] Für eine Einbeziehung der Abweichungsentscheidungen spricht, dass es gerade bei dem Schutz von den in § 63 Abs. 2 Nr. 5 erfassten Natura 2000-Gebieten nach Art. 6 Abs. 4 FFH-RL keine Befreiungen im technischen Sinne gibt, sondern lediglich die Möglichkeit einer Abweichungsentscheidung. Würde diese ausgeklammert, würde der für FFH-Gebiete angestrebte Schutz durch § 63 Abs. 2 Nr. 5 leerlaufen.[80] Für diese Ansicht spricht ferner, dass die Gesetzesbegründung den Schutz der FFH-Gebiete in den Mittelpunkt stellt.[81] Der Einwand, die Naturschutzvereinigungen seien bereits bei der Aufnahme von Ausnahmen in die betreffenden Schutzgebietsvorschriften gehört worden,[82] vermag dann nicht zu überzeugen, wenn die Ausnahmeregelungen der zuständigen Behörde ein **Ermessen** einräumen.[83] Dann besteht ein Schutzbedürfnis vergleichbar der Erteilung von Befreiungen, deren Rechtsgrundlage ebenfalls in den betreffenden Rechtsvorschriften unter Beteiligung der Naturschutzvereinigungen eingefügt worden ist. Dabei ist zu beachten, dass sich die Mitwirkungsrechte der Vereinigungen nicht auf die Verträglichkeitsprüfung nach § 34 Abs. 2 an sich, sondern nur auf die behördliche Überwindung der sich daraus ergebenden Rechtsfolge erstrecken.[84] 26

---

75 OVG Magdeburg, Beschl. v. 28. 10. 2008 – 2 M 195/08, NVwZ-RR 2009, 416.

76 *Gellermann*, in: Landmann/Rohmer, Umweltrecht, 59. Lfg. 2010, § 63 BNatSchG Rn. 9.

77 VGH Mannheim, Urt. v. 16. 03. 2011 – 5 S 644/09; VGH München, Urt. v. 17. 03. 2008 – 14 BV 05.3079.

78 BVerwG, Urt. v. 01. 04. 2015 – 4 C 6.14; BVerwG, NVwZ 2015, 596 (599); BVerwG, NVwZ 2014, 1097 (1100), BVerwG, ZUR 2013, 541 (545); VG Köln, Beschl. v. 13. 12. 2013 – 14 L 1659/13; VG Hannover, Urt. v. 31. 01. 2013 – 4 A 5418/12.

79 *Gassner*, in: Gassner/Bendomir-Kahlo/Schmidt-Räntsch/Schmidt-Räntsch, BNatSchG, 2. Aufl. 2003, § 60 Rn. 8; *Fischer-Hüftle*, in: Schumacher/Fischer-Hüftle, BNatSchG, 2. Aufl. 2010, § 63 Rn. 16 und 23.

80 *Gellermann*, in: Landmann/Rohmer, Umweltrecht, 59. Lfg. 2010, § 63 BNatSchG Rn. 27 f.

81 BT-Drs. 14/6378, S. 60.

82 *Gassner*, in: Gassner/Bendomir-Kahlo/Schmidt-Räntsch/Schmidt-Räntsch, BNatSchG, 2. Aufl. 2003, § 60 Rn. 8.

83 *Gellermann*, in: Landmann/Rohmer, Umweltrecht, 56. Lfg. 2009, § 60 BNatSchG Rn. 11.

84 BVerwG, Urt. v. 01. 04. 2015 – 4 C 6.14.

c) Planfeststellungsverfahren und Plangenehmigungen

27 Auch die Mitwirkungsrechte von Naturschutzvereinigungen bei **Planfeststellungsverfahren** und **Plangenehmigungen** nach Abs. 1 Nr. 3 und 4 greifen sowohl auf Bundes- als auch auf Landesebene (§ 63 Abs. 2 Nr. 6 und 7). Auf **Bundesebene** werden zunächst alle Planfeststellungsverfahren erfasst, die von Bundesbehörden durchgeführt werden. Das sind vor allem solche im Zusammenhang mit Infrastrukturmaßnahmen des Eisenbahn-Bundesamtes[85] oder der Wasser- und Schifffahrtsdirektionen[86]. Mitwirkungsberechtigt sind nicht nur auf Bundesebene, sondern auch **auf Landesebene anerkannte Naturschutzvereinigungen**, soweit es um Vorhaben im Gebiet des betreffenden Landes – einschließlich des Küstenmeeres (siehe § 56 Rn. 9 f.) – geht (§ 63 Abs. 2 Nr. 6). Denn ist der Sinn des Wegfalls der früheren Begrenzung im Rahmen der Liste für Naturschutzvereinigungen auf Landesebene in Abs. 2 Nr. 6 auf Verfahren, „die von Behörden der Länder durchgeführt werden".[87] Hinzu treten nunmehr auf Bundesebene auch Planfeststellungsverfahren in den Bereichen der **AWZ** und des **Festlandsockels**. Zuständig können dafür auch Behörden der Länder sein.[88] Sowohl auf Landes- wie auch auf Bundesebene sind aber nur solche Entscheidungen erfasst, die selbst ein **Planfeststellungsverfahren** erfordern und mit einem Planfeststellungsbeschluss abgeschlossen werden.[89] Eine Rüge ist i.S.d. sog. Umgehungsrechtsprechung des BVerwG auch bei dem Unterlassen eines an sich gebotenen Planfeststellungsverfahren möglich.[90]

28 Die Vorschrift verfolgt nach der Rechtsprechung eine **dreifache Zielsetzung**, die zu einem relativ weiten Umfang der Mitwirkungsrechte führt.[91] Das entscheidungsrelevante **Abwägungsmaterial** soll möglichst umfassend sein. Dazu können die Naturschutzvereinigungen zusätzliche Informationen einbringen. Um **Defizite** im Hinblick auf den Naturschutz zu **beseitigen**, steht ihnen das Recht zu, auf entsprechende Defizite hinzuweisen bzw. weitere Ermittlungen anzuregen. Vorbereitend müssen sie dazu vorhandene Sachverständigengutachten einsehen können. Schließlich haben sie das Recht auf eine Erörterung, da sie nur so **effektiv Planungsvarianten** einbringen bzw. deren Ermittlung anregen können.[92]

29 **Materielle Voraussetzung** für die Mitwirkungsrechte in Bund und Ländern ist, dass die betreffenden Vorhaben „mit **Eingriffen** in Natur und Landschaft verbunden sind" (§ 63 Abs. 1 Nr. 3 und Abs. 2 Nr. 6). Das verweist auf die

---

85 § 18 AEG.
86 § 14 Abs. 1 WaStrG.
87 BT-Drs. 16/12274, S. 75.
88 BT-Drs. 16/12274, S. 75. Zum Fehlen eines Mitwirkungsrechts bei Genehmigungen in der AWZ vor der Geltung des BNatSchG 2002 VG Hamburg, Urt. v. 01. 12. 2003 – 19 K 2474/03, NordÖR 2004, 161; bestätigt durch OVG Hamburg, Beschl. v. 03. 12. 2004 – 1 Bf 113/04, ZUR 2005, 206.
89 VG Kassel, Beschl. v. 11. 07. 2013 – 4 L 1545/12.KS.
90 BVerwG, NVwZ 1998, 279 (280 f.), BVerwG, NVwZ 2007, 576 (578); VG Berlin, Urt. v. 28. 02. 2014 – VG 19 L 334.13.
91 BVerwG, Urt. v. 24. 05. 1996 – 4 A 16.95, NuR 1996, 143.
92 Vgl. *Fischer-Hüftle*, in: Schumacher/Fischer-Hüftle, BNatSchG, 2. Aufl. 2011, § 63 Rn. 29.

Eingriffsregelung nach § 14. Für die erforderliche Prognose ist es ausreichend, dass die **Möglichkeit einer Beeinträchtigung** der Leistungs- und Funktionsfähigkeit des Naturhaushalts nicht auszuschließen ist.[93]

Der materielle Schutzzweck der Norm spricht dafür, dass die Mitwirkungs-   *30* rechte nicht nur bei der Planfeststellung bestehen, sondern auch bei der **Planänderung** nach Erlass eines Planfeststellungsbeschlusses, soweit weitere Eingriffe in Natur und Landschaft in Rede stehen.[94] Selbst nach erfolgter Beteiligung ist eine weitere Mitwirkung im Laufe des Verfahrens nicht ausgeschlossen.[95] Eine erneute Beteiligung ist immer dann erforderlich, wenn sich in einem neuen Verfahrensabschnitt neue naturschutzrechtliche Fragen stellen, für deren Beantwortung eine sachverständige Stellungnahme der Naturschutzvereinigungen geboten erscheint.[96] Das gilt nicht nur, wenn neue Eingriffe in Natur und Landschaft abzusehen sind, sondern auch wenn das „naturschutzrechtlich relevante Material [...] nachträglich erweitert wird".[97] Deshalb kann eine erneute Beteiligung insbesondere bei Planänderungen[98] oder bei **Planergänzungen** und **ergänzenden Verfahren**[99] notwendig sein. Ferner sind die Mitwirkungsrechte nicht nur im Fall verletzt, dass eine Beteiligung gänzlich unterblieben oder im Umfang nicht hinreichend ist, sondern auch, wenn sie durch das Ausweichen auf ein „falsches" Verfahren **umgangen** werden.[100]

In engem Zusammenhang mit dieser weiten materiellen Sichtweise der Nr. 1   *31* in Abs. 1 bzw. Nr. 6 in Abs. 2 steht die Gewährung von Mitwirkungsrechten auf Bundes- und Landesebene nach **Abs. 1 Nr. 4** und **Abs. 2 Nr. 7** bei **Plangenehmigungen**. Denn die Plangenehmigung kann an die Stelle eines Planfeststellungsverfahrens treten.[101] Damit sollte nach den Gesetzesmaterialien ursprünglich die Reduktion der Beteiligungsrechte durch die sog. Beschleunigungsgesetze durch die Bereitstellung einer Vereinigungsbeteiligung teilweise entschärft werden.[102] Doch wurde dies später im damaligen Gesetzgebungsverfahren durch die Aufnahme der weiteren Voraussetzung einer bestehenden Öffentlichkeitsbeteiligung konterkariert. Denn damals bestan-

93 BVerwG, Urt. v. 28.06.2002 – 4 A 59.01, NuR 2003, 93, stellt auf eine naturschutz-fachlich erhebliche Beeinträchtigung ab; vgl. *Balleis*, Mitwirkungs- und Klagerechte anerkannter Naturschutzverbände, 1996, S. 141; *Gellermann*, in: Landmann/Rohmer, Umweltrecht, 59. Lfg. 2010, § 63 BNatSchG Rn. 14.

94 BVerwG, Urt. v. 12.12.1996 – 4 C 19/95, BVerwGE 102, 358 (NVwZ 1997, 905); *Jarass*, NuR 1997, 428 f.

95 *Diefenbach*, NuR 1997, 575.

96 BVerwG, Urt. v. 12.12.1996 – 4 C 19/95, BVerwGE 102, 358 (NVwZ 1997, 905 (906)); BVerwG, Urt. v. 12.11.1997 – 11 A 49.96, DVBl 1998, 334 (335); BVerwG, Urt. v. 31.01. 2002 – 4 A 15/01, DVBl 2002, 990 (991).

97 BVerwG, Urt. v. 12.12.1996 – 4 C 19/95, BVerwGE 102, 358 (NVwZ 1997, 905 (907)).

98 BVerwG, Urt. v. 12.11.1997 – 11 A 49.96, DVBl 1998, 334 (335).

99 *Gellermann*, in: Landmann/Rohmer, Umweltrecht, 59. Lfg. 2010, § 63 BNatSchG Rn. 14.

100 BVerwG, Urt. v. 14.05.1997 – 11 A 43/96, BVerwGE 104, 367; OVG Greifswald, Beschl. v. 13.06.2002 – 5 M 16/02, NuR 2002, 688.

101 § 74 Abs. 6 VwVfG.

102 BT-Drs. 14/6378, S. 59; *Rehbinder*, NuR 2001, 366.

den auf Bundesebene bei den entsprechenden Planfeststellungsverfahren keine Beteiligungsrechte der Öffentlichkeit.[103] Auch heute ist **die praktische Bedeutung** der Vorschrift **gering** (siehe § 64 Rn. 22).

d) Programme und Pläne nach §§ 10 und 11

32 Spezifisch die Landesbehörden sind mit Abs. 2 Nr. 2 angesprochen, der Mitwirkungsrechte bei der Vorbereitung von **Programmen und Plänen** nach §§ 10 und 11 vorsieht, die die **Landschaftsplanung** betreffen. Schon mit der Novelle von 2002 ist die frühere Einschränkung auf entsprechende Pläne und Programme, die Einzelnen gegenüber verbindlich sind, entfallen. Auf die Rechtsform der Landschaftsprogramme, -rahmenpläne und -pläne kommt es nicht an. Soweit sie als Norm erlassen werden, ist zusätzlich Abs. 2 Nr. 1 einschlägig.[104]

e) Pläne nach § 36 Satz 1 Nr. 2

33 Gemäß **Abs. 2 Nr. 3** sind ferner Mitwirkungsrechte bei der Vorbereitung von **Plänen nach § 36 Abs. 1 Nr. 2** vorzusehen, „die bei behördlichen Entscheidungen zu beachten oder zu berücksichtigen sind" (§ 36 Abs. 1 Nr. 2). Typischer Anwendungsfall sind die **Raumordnungspläne**. Grundsätzlich gilt aber, dass entsprechende Pläne nur erfasst sind, sofern sie „einzeln oder im Zusammenwirken mit anderen Projekten oder Plänen geeignet sind, das [FFH- oder EU-Vogelschutz-] Gebiet erheblich zu beeinträchtigen". Diese in § 34 Abs. 1 enthaltene Einschränkung ist über den ausdrücklichen Verweis in § 36 Satz 1 anzuwenden.[105] Diese Bezugnahme drückt aus, dass die Vorschrift des Abs. 2 Nr. 3 ebenfalls dem Schutz der Natura 2000-Gebiete dient und insofern der Umsetzung von Art. 6 Abs. 3 Satz 2 FFH-Richtlinie, der eine Öffentlichkeitsbeteiligung vorsieht, bevor die zuständige Behörde einem Plan mit Relevanz für eine FFH-Gebiet zustimmt.[106]

f) Programme zur Wiederansiedlung

34 Eine Mitwirkung der auf Landesebene anerkannten Naturschutzvereinigungen ist in § 63 Abs. 2 Nr. 4 für die Vorbereitung von **Programmen** staatlicher und sonstiger öffentlicher Stellen **zur Wiederansiedlung von Tieren und Pflanzen** verdrängter wild lebender Arten in der freien Natur vorgesehen. Die Einbindung des entsprechenden Sachverstandes wird als Beitrag zu einer effektiven Wiederansiedlung verstanden.[107] Sie erscheint aber auch erforderlich im Hinblick auf Art. 22 FFH-Richtlinie und den Umstand, dass eine Wiederansiedlung jedenfalls von in Anhang IV FFH-Richtlinie aufge-

---

103 *Wilrich*, DVBl 2002, 875.

104 *Gassner*, in: Gassner/Bendomir-Kahlo/Schmidt-Räntsch/Schmidt-Räntsch, BNatSchG, 2. Aufl. 2003, § 60 Rn. 5.

105 Vgl. zur Vorgängervorschrift des § 10 Abs. 1 Nr. 12 BNatSchG 2002 *Gellermann*, in: Landmann/Rohmer, Umweltrecht, 61. Lfg. 2011, § 36 BNatSchG Rn. 3; a.A. *Wilrich*, DVBl 2002, 876.

106 Zur Effektuierung des FFH-Regimes *Rehbinder*, NuR 2001, 366

107 BT-Drs. 14/6378, S. 60.

führten Arten erst nach einer Konsultation der betroffenen Bevölkerung erfolgen darf.[108]

g) Weitere Verfahren nach Landesrecht

Nach **Abs. 2 Nr. 8** werden die Länder ermächtigt, die **Mitwirkung in weiteren Verfahren** vorzusehen. Es wird ausdrücklich klargestellt, dass diese der **Ausführung von landesrechtlichen Vorschriften** dienen müssen. Verschärfungen sind hingegen – mit Ausnahme der Bagatellklausel in Abs. 4 – nicht zulässig. Die mögliche Erweiterung bezieht sich nur noch auf den Katalog der möglichen Mitwirkungsfälle, wovon viele Bundesländer bereits Gebrauch gemacht haben.[109] Die Aufnahme in den Katalog nach Abs. 2 soll einer erhöhten Übersichtlichkeit dienen.[110] Die früher in § 60 Abs. 2 Satz 2 BNatSchG 2002 enthaltene Öffnung für die Länder, auch **weitergehende Mitwirkungsformen** vorzusehen, ist nicht entfallen, sondern findet sich inhaltlich in Abs. 3 der Neuregelung wieder, der die früher nur auf die Bundesrechtsetzung bezogene Klausel über weitergehende Formen der Mitwirkung nach anderen Rechtsvorschriften in der Neufassung systematisch auch auf die Landesebene bezieht.

3. Umfang des Mitwirkungsrechts

Nach § 63 Abs. 1 und Abs. 2 ist auf Bundes- und Landesebene anerkannten Naturschutzvereinigungen „**Gelegenheit zur Stellungnahme und Einsicht** in die einschlägigen Sachverständigengutachten zu geben". Ungeachtet dieses dürren Wortlauts ist angesichts des weit reichenden Zwecks der Vorschrift, Einfluss auf die Entscheidung zu nehmen (siehe Rn. 10), anerkannt, dass damit ein „**qualifiziertes Anhörungsrecht**" gewährt wird.[111] Dessen Umfang wird regelmäßig weniger in einer Parallele zu § 28 VwVfG zu bestimmen sein, als zur **Beteiligung bei der Planfeststellung**. Denn um zu gewährleisten, dass das gesamte Abwägungsmaterial der Behörde zur Kenntnis gebracht wird, sind regelmäßig auch Alternativen zu erörtern. Das kann aber sinnvoll nur geschehen, wenn ein gewisser kommunikativer Austausch erfolgt, auch wenn dieser nicht grundsätzlich den Umfang eines ständigen Dialogs, eines „ständigen Abstimmungsprozesses"[112] einnimmt.

35

36

---

108 Zu diesen Bezügen *Gellermann*, in: Landmann/Rohmer, Umweltrecht, 59. Lfg. 2010, § 63 BNatSchG Rn. 25; *Fischer-Hüftle*, in: Schumacher/Fischer-Hüftle, BNatSchG, 2003, § 60 Rn. 6.

109 Siehe den Überblick über die Regelungen in den Bundesländern bei *Bunge*, in: Schlacke/Schrader/ders., Informationsrechte, Öffentlichkeitsbeteiligung und Rechtsschutz im Umweltrecht, 2010, § 2 Rn. 584 ff. Vgl. den Überblick bei *Wilrich*, DVBl 2002, 875 ff.

110 BT-Drs. 16/12274, S. 75.

111 BVerwG, Urt. v. 12. 11. 1997 – 11 A 49.96, DVBl 1998, 334 (336); *Waskow*, Mitwirkung von Naturschutzverbänden, 1990, S. 80; nach BT-Drs. 7/5251, S. 13 wollte der Gesetzgeber ein Anhörungsrecht gewähren.

112 BVerwG, Urt. v. 12. 11. 1997 – 11 A 49.96, BVerwGE 105, 348 (349).

a) Gelegenheit zur Stellungnahme

37 Die effektive Wahrnehmung des Rechts zur Stellungnahme setzt zunächst voraus, dass die Naturschutzvereinigung **ausreichend** über das mitwirkungspflichtige Vorhaben **informiert** wird.[113] Dazu ist jede Naturschutzvereinigung individuell und gesondert zu unterrichten.[114] Insbesondere reichen weder eine allgemeine Veröffentlichung noch eine Bekanntmachung i.S.d. § 73 Abs. 3 VwVfG aus. Ferner verlangt eine effektive Beteiligung, dass über sämtliche Aspekte des Vorhabens unterrichtet wird, deren Kenntnis erforderlich ist, um in sachgerechter Weise zu den naturschutzrechtlichen Belangen Stellung nehmen zu können. In der Praxis werden üblicherweise etwa die Antragsunterlagen übersandt.[115] Wenn die Rechtsprechung einen entsprechenden Rechtsanspruch ablehnt[116], dann ist dies vor dem Hintergrund zu sehen, dass die notwendige Information auch durch Einsichtnahme (siehe Rn. 40) erlangt werden kann. Nimmt die Vereinigung ihr Recht zur Stellungnahme nicht wahr, tritt in einem anschließenden Rechtsstreit nach § 64 Abs. 1 Nr. 3 **Präklusionswirkung** ein. Die Präklusionswirkung scheidet aus, wenn ihr keine Gelegenheit zur Äußerung gegeben worden ist.[117] Die Europäische Kommission hegte Zweifel, ob die Präklusion der Umweltvereinigungen vor dem Unionsrecht und der Aarhus-Konvention Bestand haben kann und leitete mit Klage vom 21.03.2014 ein entsprechendes **Vertragsverletzungsverfahren** vor dem EuGH ein, welches in Kürze seinen Abschluss finden wird.[118] Das Verfahren befasst sich konkret mit dem § 2 Abs. 3 UmwRG, d.h. nicht unmittelbar mit der Ausweisung von Schutzgebieten. Doch ist diese Vorschrift dem Wortlaut nach fast mit § 64 Abs. 1 Nr. 3 identisch und statuiert eine vergleichbare Präklusionsregelung, sodass im Falle einer Verurteilung Deutschlands auch die unionsrechtliche Kompatibilität dieser Regelung zu überprüfen wäre. In seinen Schlussanträgen in der Sache kam Generalanwalt *Wathelet* zu dem Schluss, dass die Präklusionsvorschrift des § 2 Abs. 3 UmwRG eine unzulässige Beschränkung der Klagegründe darstelle und die Bundesrepublik Deutschland deshalb gegen ihre Verpflichtungen aus Art. 11 Richtlinie 2011/92/EU und Art. 25 Richtlinie 2010/75/EU verstoßen habe.[119] Der EuGH schloss sich in seinem Urteil vom 15.10.2015 den Schlussanträgen des Generalanwalts an.[120]

38 Auch wenn nach der Rechtsprechung **kein Anspruch auf dauerhaften Dialog** eingeräumt wird[121], ist das Anhörungsrecht doch relativ weit zu ver-

---

113 *Jarass*, NuR 1997, 428.
114 VGH Mannheim, Urt. v. 23.03.2001 – 5 S 134/00, NuR 2001, 461; *Wilrich*, DVBl 2002, 878.
115 *Gellermann*, in: Landmann/Rohmer, Umweltrecht, 59. Lfg. 2010, § 63 BNatSchG Rn. 34.
116 BVerwG, Beschl. v. 05.10.1993 – 4 A 9.93, DVBl 1994, 341; VGH Kassel, v. 07.09.1982 – II TG 40/82, NuR 1984, 30; a.A. *Jarass*, NuR 1997, 426 (428).
117 BVerwG, Urt. v. 27.02.2003 – 4 A 59.01, BVerwGE 118,.
118 Rs. C-137/14, anhängig beim EuGH.
119 Schlussanträge des Generalanwalts Melchios Wathelet v. 21.05.2015, Rs. C-137/14, Rn. 114 ff.
120 EuGH, Urt. v. 15.10.2015, Rs. C-137/14, NuR 2015, 765 ff.
121 BVerwG, Urt. v. 12.11.1997 – 11 A 49.96, DVBl 1998, 334; VGH Kassel, Urt. v. 11.02. 1992 – 2 UE 969/88, NuR 1992, 382.

stehen, um das Ziel einer **substanziellen Anhörung** zu gewährleisten. So muss die Behörde die Äußerungen der Vereinigung **zur Kenntnis nehmen** und ernsthaft **in Erwägung ziehen**.[122] Auch wenn die Behörde nicht zwingend auf den Inhalt eingehen muss,[123] ist zu beachten, dass in einigen Fällen des § 63 nach § 64 Klagerechte gewährt werden.[124] Auch wenn grundsätzlich kein **Anhörungsgespräch** vorgeschrieben ist, kann sich ein solches aber aus den Umständen des Falles ergeben, etwa bei der Gefahr von Missverständnissen[125] oder um die Möglichkeit von Alternativen effektiv abzuklären. Um eine „substanzielle Behandlung der berührten Interessen und Belange" zu gewährleisten[126], wird in der Regel Gelegenheit zu einer **schriftlichen Stellungnahme**[127] gegeben. Ferner kann eine **erneute Anhörung** erforderlich werden, wenn das Vorhaben wesentlich geändert wird[128] oder neue einschlägige Unterlagen vorgelegt werden.[129]

In **zeitlicher Hinsicht** muss der Zeitpunkt der Stellungnahme so gewählt   *39*
werden, dass sie die **Entscheidung noch beeinflussen** kann. Sie sollte im besten Fall dann erfolgen, wenn das Vorhaben ausreichend klar ist und noch **Optionen offen** stehen. Durch eine **nachträgliche Anhörung** würde der Zweck der Vorschrift verfehlt.[130] Die Behörde kann zur Vermeidung von Verfahrensverzögerungen den Vereinigungen eine angemessene Frist zur Stellungnahme setzen.[131] Diese darf aber nicht zu kurz sein, weil zu berücksichtigen ist, dass die Vereinigungen in der Regel über ehrenamtliche Mitglieder tätig werden.

Zu beachten ist aber, dass eine **unterbliebene Weiterleitung** von gutachter-   *39a*
lichen Äußerungen zur Stellungnahme an naturschutzrechtliche Vereinigungen **im Einzelfall** einen bloß unerheblichen Beteiligungsmangel darstellen kann, wenn die Vereinigungen von dieser Äußerung Kenntnis hatten, sich nachweislich damit auseinandergesetzt haben und die Behörde unter Hinweis auf die fachliche Einschätzung des Gutachters klar an der Beurteilung festhält.[132]

---

122 *Gassner*, in: Gassner/Bendomir-Kahlo/Schmidt-Räntsch/Schmidt-Räntsch, BNatSchG, 2. Aufl. 2003, § 58 Rn. 13.

123 OVG Münster, Beschl. v. 24. 04. 1992 – 7 B 538/92, NuR 1992, 495.

124 Vgl. *Fischer-Hüftle*, in: Schumacher/Fischer-Hüftle, BNatSchG, 2. Aufl. 2011, § 64 Rn. 10.

125 *Gassner*, in: Gassner/Bendomir-Kahlo/Schmidt-Räntsch/Schmidt-Räntsch, BNatSchG, 2. Aufl. 2003, § 58 Rn. 13.

126 BVerwG, Urt. v. 05. 12. 1986 – 4 C 13/85, BVerwGE 75, 214.

127 BVerwG, Urt. v. 25. 08. 1982 – 8 C 35/80, NJW 1983, 1689.

128 BVerwG, Urt. v. 12. 11. 1997 – 11 A 49.96, BVerwGE 105, 348.

129 Zu neuen Untersuchungen der Behörde siehe *Fischer-Hüftle*, in: Schumacher/Fischer-Hüftle, BNatSchG, 1. Aufl. 2003, § 58 Rn. 16.

130 *Gassner*, in: Gassner/Bendomir-Kahlo/Schmidt-Räntsch/Schmidt-Räntsch, BNatSchG, 2. Aufl. 2003, § 58 Rn. 16.

131 *Gellermann*, in: Landmann/Rohmer, Umweltrecht, 59. Lfg. 2010, § 63 BNatSchG Rn. 35.

132 Damit fehlt es an der konkreten Möglichkeit, dass die Entscheidung mit einer Beteiligung der Vereinigungen anders ausgefallen wäre; siehe dazu VG Regensburg, Urt. v. 19. 04. 2012 – RN K 11.127.

b) Einsichtnahme in Sachverständigengutachten

40 Der **Anspruch auf Einsichtnahme** nach § 63 geht über die Unterrichtungspflicht nach § 73 VwVfG hinaus. Zugleich ist das Recht aber auf die „einschlägigen" Gutachten beschränkt. Es wird folglich kein allgemeines Akteneinsichtsrecht gewährt, sondern nur in Bezug auf Gutachten, die sich unmittelbar auf die **Belange von Naturschutz und Landschaftspflege** beziehen und einen entsprechenden Inhalt haben.[133] Als Begründung wird genannt, dass von den Naturschutzvereinigungen nur insoweit eine sachkundige Äußerung zu erwarten sei.[134] Als einschlägig sind bspw. hydrologische Gutachten[135] oder meteorologische Gutachten[136] angesehen worden.

41 Demgegenüber wird der Begriff des **Sachverständigengutachtens** funktional weit ausgelegt. Erfasst werden nicht nur Gutachten von Sachverständigen i.S.d. § 26 Abs. 1 Nr. 2 VwVfG, sondern auch die **Stellungnahmen Dritter oder beteiligter Behörden**, soweit sie sich auf naturschutzfachliche oder naturschutzrechtliche Fragen beziehen.[137] Auch in eine im Planfeststellungsverfahren eingeholte Stellungnahme der Kommission zur Meldewürdigkeit eines FFH-relevanten Gebietes ist Einsicht zu gewähren.[138] Ferner sind auch Gutachten einzubeziehen, deren Ergebnis lediglich wiedergegeben wird, die aber von der Behörde „angeregt" worden sind.[139] Schließlich ist zu beachten, dass auch Einsicht in **andere Aktenteile** zu gewähren ist, wenn deren Kenntnis, wie etwa der Antragsunterlagen, für die Erarbeitung einer effektiven Stellungnahme notwendig ist.[140]

4. Grenzen, Erweiterungen und Einschränkungen

42 Über § 63 **Abs. 3 Satz 1** werden wie früher in § 58 Abs. 2 BNatSchG 2002 durch die analoge Anwendung der §§ 28 Abs. 2 Nr. 1 und 2, Abs. 3 und 29 Abs. 2 VwVfG dem Anhörungsrecht **Grenzen** gezogen, denen in der Praxis aber kaum Bedeutung zukommt. Denn die in § 28 VwVfG erwähnten Fälle, dass eine sofortige Entscheidung wegen Gefahr im Verzug oder im öffentlichen Interesse notwendig ist oder dass durch die Anhörung die Einhaltung einer Frist unmöglich würde oder der Anhörung überhaupt ein öffentliches Interesse entgegensteht, sind in den Fällen der Mitwirkung nach § 63 Abs. 1 und 2 praktisch kaum zu erwarten.[141] Im Hinblick auf § 29 VwVfG dürfte nur der **Schutz von Betriebs- und Geschäftsgeheimnissen** in der Praxis größere Relevanz besitzen.

---

133 Vgl. BVerwG, Urt. v. 12.11.1997 – 11 A 49.96, BVerwGE 105, 348.

134 VGH Mannheim, Urt. v. 23.03.2001 – 5 S 134/00, NuR 2001, 461.

135 VG Darmstadt, NuR 1991, 390 (392).

136 VGH Kassel, Beschl. v. 11.07.1988 – 2 TH 740/88, NuR 1989, 263 (265).

137 BVerwG, Urt. v. 12.11.1997 – 11 A 49.96, DVBl 1998, 334 (335); BVerwG, Urt. v. 31.01.2002 – 4 A 15/01, DVBl 2002, 990.

138 BVerwG, Urt. v. 31.01.2002 – 4 A 15/01, DVBl 2002, 990 (991).

139 BVerwG, Beschl. v. 03.12.2001 – 4 B 81.01, NuR 2002, 676.

140 *Fischer-Hüftle*, in: Schumacher/Fischer-Hüftle, BNatSchG, 2. Aufl. 2011, § 63 Rn. 49.

141 *Fischer-Hüftle*, in: Schumacher/Fischer-Hüftle, BNatSchG, 2. Aufl. 2011, § 63 Rn. 49.

Gemäß § 63 **Abs. 3 Satz 2** bleiben inhaltsgleiche oder **weiter gehende For-** 43
men der Mitwirkung in anderen Rechtsvorschriften des Bundes oder der
Länder unberührt.[142] Auf Bundesebene ist dabei insbesondere an § 73 Abs. 4
VwVfG zu denken, der die Einwender zu Beteiligten des Verfahrens macht,
die am Erörterungstermin teilnehmen können.[143]

Eingeschränkt werden können die Mitwirkungsrechte gemäß § 63 **Abs. 4** in 44
Bagatellfällen durch die Länder. Sie können in Fällen, in denen Auswirkungen auf Natur und Landschaft nicht oder nur in geringfügigem Umfang zu
erwarten sind, von einer Mitwirkung absehen.[144] Der Wortlaut deutet auf
eine Einzelfallentscheidung hin, die keine typisierende Betrachtung zulässt.[145]

5. Durchsetzung

Die Entwicklung der **Durchsetzungsrechte** in Bezug auf die Mitwirkung der 45
Naturschutzvereinigungen ist bemerkenswert. Zunächst hatten die Gerichte
die Mitwirkungsrechte bewehrt, indem sie die sog. **Partizipationserzwingungsklage** zugelassen haben.[146] Das war insofern ohne Bruch mit der ansonsten restriktiven tradierten Sicht möglich, weil den Vereinigungen damals noch kein Rechtbehelf gegen die Entscheidung in der Sache zustand
und damit § 44a VwGO nicht zur Anwendung kam. Sie konnten gegen die
Sachentscheidung nur mit der Begründung vorgehen, dass ihr Mitwirkungsrecht verletzt worden sei. Diese Klagemöglichkeit ist aber dadurch aufgewertet worden, dass die Gerichte nicht § 46 VwVfG zur Relativierung von
Verfahrensfehlerfolgen angewendet haben. Diese Situation hat sich aber
2002 mit der Zulassung weiter gehender Klagen der Vereinigungen gegen
die Sachentscheidung auch in der Sache in § 61 BNatSchG 2002 geändert
(vgl. § 64). Zwar sollte die Partizipationserzwingungsklage nach dem Willen
des Gesetzgebers Bestand haben,[147] doch sah das BVerwG dann keinen
Anlass mehr, die strengen Fehlerfolgen zu akzeptieren, sondern entschied
sich zur **Relativierung der Fehlerfolgen** durch die Anwendung des § 46
VwVfG.[148] So kann ein auf die Verletzung des Mitwirkungsrechts gestützter
Rechtsbehelf gegen die Sachentscheidung keinen Erfolg haben, wenn
„offensichtlich ist, dass die Verletzung die Entscheidung in der Sache nicht
beeinflusst hat".

---

142 Siehe den Überblick über die Regelungen in den Bundesländern bei *Bunge*, in: Schla-
cke/Schrader/ders., Informationsrechte, Öffentlichkeitsbeteiligung und Rechtsschutz im
Umweltrecht, 1. Aufl. 2010, § 2 Rn. 584 ff.

143 *Fischer-Hüftle*, in: Schumacher/Fischer-Hüftle, BNatSchG, 1. Aufl. 2003, § 58 Rn. 29.

144 Siehe den Überblick über die Regelungen in den Bundesländern bei *Bunge*, in: Schla-
cke/Schrader/ders., Informationsrechte, Öffentlichkeitsbeteiligung und Rechtsschutz im
Umweltrecht, 2010, § 2 Rn. 584 ff.

145 *Fischer-Hüftle*, in: Schumacher/Fischer-Hüftle, BNatSchG, 2. Aufl. 2011, § 63 Rn. 56.

146 BVerwG, Urt. v. 31. 10. 1990 – 4 C 7.88, BVerwGE 87, 62 (70).

147 BT-Drs. 14/6378, S. 61. Vgl. BVerwG, Urt. v. 31. 01. 2002 – 4 A 15/01, NuR 2002, 539.

148 BVerwG, Urt. v. 31. 01. 2002 – 4 A 15.01, DVBl 2002, 990 (991 f.).

46 Während eines **laufenden Verfahrens** ist das Mitwirkungsrecht im Rahmen der sog. **Partizipationserzwingungsklage** mit der **Leistungsklage** auf Beteiligung durchsetzbar.[149] Regelmäßig wird **einstweiliger Rechtsschutz** über einen Antrag auf einstweilige Verfügung mit dem Inhalt, eine Sachentscheidung ohne vorherige Anhörung zu untersagen, sinnvoll sein.[150] Dem soll § 44a VwGO nicht entgegenstehen.[151] Im Fall des Normerlasses nach § 63 Abs. 1 Nr. 1 bzw. Abs. 2 Nr. 1 greift ebenfalls die Leistungsklage, wenn eine Vereinigung von der Vorbereitung erfährt und auf Nachfrage nicht beteiligt wird.[152]

47 **Nach Abschluss des Verwaltungsverfahrens** ist nach der betreffenden Maßnahme zu unterscheiden. Beim Erlass untergesetzlicher Rechtsvorschriften ist weiter nach der handelnden Ebene zu differenzieren, weil § 47 Abs. 1 VwGO Normenkontrollen nur gegen betreffendes Landesrecht zulässt, soweit dies das Landesrecht bestimmt. Daher kommt im Fall des § 63 **Abs. 2 Nr. 1** ein **Normenkontrollantrag** nach § 47 VwGO infrage. Das naturschutzrechtliche Mitwirkungsrecht ist das für die Antragsbefugnis erforderliche „Recht" i.S.d. § 47 Abs. 2 Satz 1 VwGO.[153] Doch beschränkt sich diese Antragsbefugnis auf die Durchsetzung des Mitwirkungsrechts. Der Normenkontrollantrag umfasst nicht die inhaltliche Überprüfung.[154] Eine fehlende Mitwirkung hat die **Nichtigkeit** der Rechtsvorschrift zur Folge; eine Nachholung ist nicht möglich.[155] Mittels einer einstweiligen Anordnung kann beantragt werden, die angegriffene Rechtsnorm vorläufig außer Vollzug zu setzen.[156]

48 Gegen **untergesetzliche Rechtsvorschriften** des Bundes steht die Normenkontrolle nicht zur Verfügung. Daher ist Rechtsschutz im Wege der Feststellungsklage nach § 43 Abs. 1 VwGO zu gewähren. Denn das Mitwirkungsrecht begründet ein Rechtsverhältnis.[157]

49 Bei allen anderen Maßnahmen, insbesondere Planfeststellungen und Plangenehmigungen, die ohne Beachtung des Mitwirkungsrechts ergangen sind, ist zunächst zu beachten, ob § 64 **einen Rechtsbehelf** zur Verfügung stellt. Rügefähig ist auch die Wahl einer unzutreffenden Verfahrensart, um eine mögliche Umgehung der Mitwirkungsrechte zu verhindern. So können die Naturschutzvereinigungen die Aufhebung einer Plangenehmigung verlangen, wenn für das Vorhaben ein Planfeststellungsverfahren erforderlich gewesen wäre.[158] Die Klage richtet sich dann gegebenenfalls als Anfechtungsklage gegen die betreffende Maßnahme. Es besteht aber kein Anspruch auf

---

149 Vgl. BVerwG, Urt. v. 31.10.1990 – 4 C 7.88, BVerwGE 87, 62 (70).
150 *Fischer-Hüftle*, in: Schumacher/Fischer-Hüftle, BNatSchG, 2. Aufl. 2011, § 63 Rn. 58.
151 *Rudolph*, JuS 2000, 478 (479).
152 *Fischer-Hüftle*, in: Schumacher/Fischer-Hüftle, BNatSchG, 2. Aufl. 2011, § 63 Rn. 58.
153 VGH Kassel, Beschl. v. 14.04.1997 – 6 N 2349/96, NuR 1998, 208.
154 BVerwG, Beschl. v. 21.07.1997 – 4 BN 10/97, NuR 1998, 331.
155 VGH Kassel, Beschl. v. 18.12.1998 – 11 NG 3290/98, NuR 1999, 398.
156 *Fischer-Hüftle*, in: Schumacher/Fischer-Hüftle, BNatSchG, 2. Aufl. 2011, § 63 Rn. 59.
157 *Fischer-Hüftle*, in: Schumacher/Fischer-Hüftle, BNatSchG, 2. Aufl. 2011, § 63 Rn. 60.
158 BVerwG, Urt. v. 14.05.1997 – 11 A 43/96, BVerwGE 104, 367.

Einleitung des „richtigen" Verfahrens. In manchen Bundesländern wird ausdrücklich bestimmt, dass die Wahl einer falschen Rechtsform durch die Behörde die Rechte der Vereinigung nicht entfallen lässt.[159]

IV. Verpflichtete und Berechtigte

1. Grundlagen

Für die **Berechtigung** zur Mitwirkung stellen § 63 **Abs. 1 und 2** inhaltlich übereinstimmend für die Ebene des Bundes und der Länder **vier Voraussetzungen** auf: Es muss sich um eine **Vereinigung** handeln (unten 2.), die nach ihrer Satzung im Schwerpunkt **Ziele des Naturschutzes und der Landschaftspflege** fördert (unten 2.), die durch die betreffenden Vorhaben in ihrem **satzungsmäßigen Aufgabenbereich berührt** wird (unten 3.) und die **nach § 3 UmwRG anerkannt** ist (unten 4.). Für die Anerkennung und ihre Voraussetzungen verweisen § 63 Abs. 1 und 2 auf § 3 UmwRG. Die dort aufgeführten Voraussetzungen entsprechen im Wesentlichen den früher in § 59 BNatSchG 2002 enthaltenen.[160] Während jene Vorschrift nur die Anerkennung durch den Bund regelte, ist heute auch für die Anerkennung in den Ländern das Umweltrechtsbehelfsgesetz einschlägig. Die dazu erforderliche Gesetzgebungskompetenz ist mit der Novellierung der früheren Rahmenkompetenz in Art. 75 GG bereitgestellt worden. — 50

2. Naturschutzvereinigungen als Berechtigte

§ 63 **Abs. 1** enthält die **Legaldefinition** der **anerkannten Naturschutzvereinigung**. Klammert man die Anerkennung aus, so ist danach eine Naturschutzvereinigung eine „Vereinigung, die nach ihrer satzungsmäßigen Aufgabenbereich im Schwerpunkt die Ziele des Naturschutzes und der Landschaftspflege fördert". Der **Begriff der Vereinigung** ersetzt die früheren Termini „Verein" bzw. „Verband". Nach einer Definition des Begriffs Vereinigung sucht man im Umweltrechtsbehelfsgesetz und im BNatSchG vergebens.[161] Der Begriff stammt aus dem Unionsrecht und der **Aarhus-Konvention**. Dort wird er als **Teil der Öffentlichkeit** verwendet, die sich aus natürlichen und juristischen Personen und deren Vereinigungen (associations) und Gruppen zusammensetzt. Der systematische Vergleich spricht dafür, dass der Begriff „Vereinigung" in Abgrenzung zu den bereits erwähnten juristischen Personen auch nicht rechtsfähige Vereinigungen umfasst, also **weit angelegt** ist.[162] Allerdings werden Vereinigungen sowohl im Unionsrecht als auch in der Aarhus-Konvention nur nach Maßgabe der innerstaatlichen Rechtsvorschriften erfasst. Im BNatSchG ersetzt der Begriff hingegen die früheren Bezeichnungen „Verein" bzw. „Verband", die lediglich **juristische Personen** erfassten. Aus den Gesetzesmaterialien ist nicht ersichtlich, dass mit dem neuen Begriff — 51

---

159 *Gassner*, in: Gassner/Bendomir-Kahlo/Schmidt-Räntsch/Schmidt-Räntsch, BNatSchG, 2. Aufl. 2003, § 58 Rn. 25.

160 BT-Drs. 16/12274, S. 75.

161 Siehe § 7 BNatSchG.

162 Vgl. auch die Klagebefugnis nach Art. 9 Aarhus-Konvention (Fn. 29): dort werden auch rechtsfähige Vereinigungen erfasst.

ein weitergehendes Verständnis verbunden sein sollte. Wie bei der Bezeichnung „Verband" löst sich der Wortlaut vom rechtsfähigen Verein und öffnet sich für weitere Formen von juristischen Personen. Voraussetzung ist lediglich, dass die Vereinigungen nach § 63 und gemäß § 3 UmwRG über **Satzungen** verfügen müssen. So ergibt die Auslegung des deutschen Rechts, dass nur **juristische Personen**, insbesondere rechtsfähige Vereine, berechtigt werden sollen. Die Verwendung des im Unionsrecht und in der Aarhus-Konvention weitergehenden Begriffs der Vereinigung darf nicht darüber hinwegtäuschen, dass von der im Unionsrecht und der Aarhus-Konvention angelegten Möglichkeit, auch nicht rechtsfähige Vereinigungen im Sinne einer assoziativen Demokratie zuzulassen, gerade nicht Gebrauch gemacht wird.

52 Das Erfordernis, im Schwerpunkt die **Ziele des Naturschutzes und der Landschaftspflege** zu fördern, deckt sich inhaltlich weitgehend mit der früheren Vorgabe nach § 59 Abs. 1 Nr. 1 BNatSchG 2002, nach der Satzung „vorwiegend" jene Ziele zu fördern. Eine **Legaldefinition** dieser Ziele findet sich in § 1. Es ist nicht notwendig, dass die Vereinigung alle dort aufgeführten Aspekte des Naturschutzes und der Landschaftspflege verfolgt. Vielmehr reicht es aus, wenn sie sich **einzelner Teilaspekte**, etwa dem Schutz von Tieren, widmet.[163] Allerdings muss diese Ausrichtung im Gesamtspektrum der Ziele der Vereinigung überwiegen. Die Rechtsprechung verlangt, dass es das eigentliche Ziel sein muss, dem sich andere Ziele in einem möglichen Konfliktfall unterordnen müssen.[164] Verneint wurde das Merkmal „überwiegend" bei einem Landesjagdverband[165], bei einem Gartenbauverein und einem Verband der Sportfischer[166]. Dieses enge Verständnis erklärt sich aus der Zielsetzung der Mitwirkungsrechte. Sie stehen den Vereinigungen nicht um ihrer selbst willen zu, sondern nur altruistisch für den Schutz von Natur und die Pflege der Landschaft. Damit soll sichergestellt werden, dass diese Vereinigungen auch tatsächlich die Belange des Naturschutzes und der Landschaftspflege als Gegenmacht in die betreffenden Verfahren einbringen.

53 „Fördern" ist im Sinne der §§ 1 und 2 als ein vorausschauendes Handeln zu verstehen.[167] Im Hinblick auf das Merkmal der schwerpunktmäßigen Förderung der Ziele des Naturschutzes und der Landschaftspflege ist darauf hinzuweisen, dass die in § 63 angesprochene Anerkennung nach § 3 UmwRG auf die Anerkennung als **Umweltschutz**vereinigung abzielt. In Abgrenzung dazu sind der Naturschutz und die Landschaftspflege als **Unterfälle** anzusehen, die z.B. von der Luftreinhaltung zu unterscheiden sind. Die Verbindung zu § 63 wird aber in § 3 Abs. 1 UAbs. 2 UmwRG gezogen, wonach in der Anerkennung der satzungsmäßige Aufgabenbereich **zu bezeichnen** ist, für den die Anerkennung gilt. Insbesondere ist anzugeben, „ob die Vereinigung

---

163 *Gellermann*, in: Landmann/Rohmer, Umweltrecht, 56. Lfg. 2009, BNatSchG, § 59 Rn. 7.
164 VG Köln, Urt. v. 28. 11. 1983 – 14 K 2664/81, NuR 1984, 115 (116).
165 OVG Münster, Urt. v. 20. 06. 1984 – 7 a. 327/84, NuR 1985, 76 (77).
166 VGH Kassel, NuR 1986, 254, näher dazu *Louis*, NuR 1994, 383.
167 Vgl. *Gassner*, in: Gassner/Bendomir-Kahlo/Schmidt-Räntsch/Schmidt-Räntsch, BNatSchG, 2. Aufl. 2003, § 59 Rn. 6.

im Schwerpunkt die Ziele des Naturschutzes und der Landschaftspflege" fördert.

Die Anerkennung können sowohl **inländische** als auch **ausländische Vereinigungen** beantragen (§ 3 Abs. 1 UmwRG). Damit wird Anforderungen des Unionsrechts Genüge getan.[168] 54

3. Berührung im satzungsmäßigen Aufgabenbereich

Das Erfordernis nach § 63 Abs. 1 und 2, dass die Vereinigungen durch die betreffenden Vorhaben in ihrem **satzungsmäßigen Aufgabenbereich berührt** werden, stellt noch einmal heraus, dass diese Aufgabe und der entsprechende **Sachverstand** die Verleihung der Mitwirkungsrechte an die Vereinigungen besonders legitimieren. Allerdings wird damit der Kreis der Berechtigten noch enger gezogen. Denn es werden auch solche Naturschutzvereinigungen ausgeschlossen, die sich im Schwerpunkt einem Aspekt widmen, der von einem bestimmten Vorhaben gerade nicht tangiert wird.[169] Festzuhalten ist aber, dass damit nur das Mitwirkungs**recht** ausgeschlossen wird, nicht aber die Möglichkeit der Verwaltung **nach ihrem Ermessen** den Sachverstand solcher Vereinigungen hinzuziehen.[170] 55

4. Anerkennung

a) Recht auf Anerkennung

Die **Anerkennung** ist nach § 3 Abs. 1 UmwRG zu erteilen, wenn die Voraussetzungen dafür erfüllt sind. Damit wird der Wortlaut des früheren § 59 Abs. 1 BNatSchG 2002 übernommen, der klarstellt, dass es sich bei der Anerkennung um eine **gebundene Entscheidung** der zuständigen Behörde handelt. Mithin hat die antragstellende Vereinigung einen **Rechtsanspruch** auf die Anerkennung.[171] Das steht in Übereinstimmung mit dem Zweck des § 63, eine argumentative Gegenmacht im Verfahren erforderlichenfalls auch gegen den Willen der Behörden zu ermöglichen (siehe Rn. 10). Insbesondere soll gewährleistet werden, dass nicht Vereinigungen, die die strengen Voraussetzungen des § 3 UmwRG erfüllen, die Anerkennung versagt wird, weil sie aufgrund eines besonders engagierten Auftretens von den Behörden als störend wahrgenommen werden könnten.[172] Die Anerkennung stellt einen **begünstigenden Verwaltungsakt** dar, der nach den §§ 48, 49 VwVfG zurückgenommen bzw. widerrufen werden kann.[173] Eine bereits nach § 59 BNatSchG oder nach Landesrecht in Übereinstimmung mit § 60 BNatSchG 2002 erfolgte Anerkennung einer Vereinigung gilt nach § 5 Abs. 2 UmwRG fort. 56

---

168 BT-Drs. 16/2495, S. 13.
169 Bsp. bei *Gellermann*, in: Landmann/Rohmer, Umweltrecht, 59. Lfg. 2010, § 63 BNatSchG Rn. 17.
170 *Louis*, BNatSchG, § 29 Rn. 16.
171 *Louis*, NuR 1994, 382.
172 *Gellermann*, in: Landmann/Rohmer, Umweltrecht, 56. Lfg. 2009, § 59 BNatSchG Rn. 3.
173 BT-Drs. 16/2495, S. 13.

b) Voraussetzungen der Anerkennung

57 Die **Voraussetzungen** der Anerkennungen sind mit dem Ziel, eine zu großzügige Anerkennung zu vermeiden in der Novelle von 2002 **verschärft** worden.[174] Das ist durch den Verweis auf § 3 UmwRG, der sich deutlich an § 59 BNatSchG 2002 anlehnt[175], in der Novellierung von 2010 nicht geändert worden. Teilweise ergänzen und überlappen sich die Vorgaben gegenseitig in ihrem Ziel, Sachverstand zu sichern und egoistische Motive auszuschließen, derart, dass fast eine Überregulierung vorliegt (siehe Rn. 60 ff.).

aa) Satzungsmäßige ideelle Förderung des Umweltschutzes

58 § 3 Abs. 1 Nr. 1 UmwRG enthält **vier Voraussetzungen**, die sich an § 59 Abs. 1 Satz 2 Nr. 1 BNatSchG 2002 anlehnen: das **Ziel des Umweltschutzes**, dessen **ideelle** und **nicht nur vorübergehende** Förderung, alles niedergelegt in einer **Satzung**. Im Unterschied zu jener Vorschrift sind mit dem Begriff „Umweltschutz" die möglichen Ziele der Vereinigung inhaltlich weiter gefasst. Die normative Engführung auf schwerpunktmäßige Förderung der Ziele des Naturschutzes und der Landschaftspflege, die für die Mitwirkungsrechte im BNatSchG vorausgesetzt wird, erfolgt nicht mit der Anerkennung, sondern durch § 63 Abs. 1 und 2 (siehe Rn. 55). Zu diesem Zweck ist aber bereits bei der Anerkennung nach § 3 Abs. 1 UAbs. 2 UmwRG anzugeben, ob diese Voraussetzungen erfüllt sind.

59 Grundlage der Bestimmung dieser Voraussetzung ist die **Satzung** der Vereinigung. Wird damit die Satzung indirekt zum Tatbestandsmerkmal der Vereinigung, so wird klar, dass weiterhin nur **juristische Personen**, insbesondere rechtsfähige Vereine, als Umwelt- bzw. Naturschutzvereinigungen anerkannt werden können.

60 Das Merkmal **Umweltschutz** wird weder im Umweltrechtsbehelfgesetz noch im BNatSchG definiert. Aufgrund des Zusammenhangs mit der Vorschriften über die Umweltverträglichkeitsprüfung[176] ist der **weite Begriff der Umwelt** nach der EU-Richtlinie über die **Umweltverträglichkeitsprüfung**[177] zu Grunde zu legen.[178]

61 **Ideell** ist die Förderung, wenn sie **ohne eigene materielle Interessen** erfolgt. Insofern wird von einer altruistischen Motivation gesprochen. Diese Bezeichnung ist nicht ganz genau, weil die Vereinigung nicht für die Rechte anderer eintreten, sondern für die **Interessen der Allgemeinheit** und damit in diesem Rahmen durchaus auch für ihre eigenen Interessen als Teil des Allgemeinwohls. Die Bezeichnung altruistisch ist von der tradierten Auffassung beeinflusst, die das Allgemeinwohl nicht als Bündel von Vektoren begreifen will,

---

174 Vgl. *Seelig/Gündling*, NVwZ 2002, 1037.
175 Siehe die Begründung in BT-Drs. 16/2495, S. 13.
176 Siehe § 1 Abs. 1 Nr. 1 UmwRG.
177 UVP-Richtlinie 85/337/EWG (ABl. 1985, L 175/40), zuletzt geändert durch Richtlinie 2009/31/EG (ABl. 2009, L 140, 114).
178 Zur Weite *Scherer/Heselhaus*, Umweltrecht, in: Dauses, Handbuch des Europäischen Wirtschaftsrechts, Stand Juni 2010, Kap.O, Rn. 19 ff.

die auch Individualinteressen umfassen. Ferner darf die Förderung nicht vorübergehend sein, sondern muss für eine gewisse Zeit erfolgen. Das Merkmal wird im Grunde durch die zeitlichen Vorgaben einer entsprechenden Tätigkeit nach § 3 Abs. 1 Nr. 2 UmwRG **konkretisiert** und hat daneben keine eigenständige Bedeutung.

bb) Dauer des Bestands und der Tätigkeit

Wie schon § 59 Abs. 1 Nr. 3 BNatSchG 2002 verlangt § 3 Abs. 1 Nr. 2 UmwRG, **62** dass die Vereinigung im Zeitpunkt der Anerkennung **mindestens drei Jahre** besteht und in diesem Zeitraum für die oben erwähnten Ziele (siehe Rn. 58) **tätig** geworden ist. Diese Vorgabe stellte 2002 eine nicht un bedeutende Verschärfung des Anforderungsprofils dar.[179] In der Literatur wird aufgrund der Vorgabe „mindestens" und der Gesetzesmaterialien davon ausgegangen, dass im Einzelfall auch eine längere Zeitspanne verlangt werden könne.[180] Diese Auffassung kann nicht in vollem Umfang überzeugen. Ein Ermessen in Bezug auf die Zeitspanne stünde im Widerspruch dazu, dass die Anerkennung eine **gebundene Entscheidung** ist. Vielmehr kann nur in wohl begründeten Ausnahmefällen eine längere Zeitspanne gefordert werden. Diese **Ausnahmefälle** sind im Zusammenhang mit der Forderung nach einer sachgerechten Aufgabenerfüllung nach Nr. 3 zu sehen. Die Vorgabe von drei Jahren ist ausreichend, wenn in dieser Zeit die Aufgaben nach Nr. 3 sachgerecht erfüllt worden sind. Nur wenn es daran fehlt – und nicht nur bei bloßen Zweifeln – kann eine längere Zeitspanne gefordert werden, um insgesamt die Chance zu bieten, dass man in der Gesamtsicht von einer ausreichend sachgerechten Aufgabenerfüllung sprechen kann. Dem Erfordernis der Zeitspanne kommt eine **dienende Funktion** zu. Es kann zum einen eine Gewähr für einen in der Praxis erprobten Sachverstand der Vereinigung bieten und zum anderen gewährleisten, dass nicht ad hoc, aus egoistischen Motiven gegründete Vereinigungen, die etwa ein konkretes Projekt in der Nachbarschaft verhindern wollen, sich aber formal allgemein den Zielen des Umweltschutzes verschreiben, anerkannt werden. Das Erfordernis muss aber im Zusammenhang mit den engeren Vorgaben in § 63 Abs. 1 und 2 gesehen werden, wonach lediglich eine bloß vorübergehende Tätigkeit nicht ausreichen soll.

Rechtsvergleichend ist zu beachten, dass die Zeitspanne von drei Jahren z.B. **63** kürzer als in der Schweiz ist, die eine 10-jährige Tätigkeit verlangt. Die Schweiz hat 2014 die Aarhus-Konvention ratifiziert, die einen weiten Zugang zu Beteiligungsmöglichkeiten verfolgt. Im EU-Recht lässt **Verordnung 1367/2006** für die Beteiligung an Vorhaben der EU-Organe und -Einrichtungen eine Zeitspanne von 2 Jahren für entsprechende Nichtregierungsorganisationen ausreichen, obgleich EU-weit potenziell mit einer größeren Zahl von Berechtigten zu rechnen ist. Die **Rechtsprechung des EuGH** tendiert

---

179 *Gellermann*, in: Landmann/Rohmer, Umweltrecht, 56. Lfg. 2009, § 59 BNatSchG Rn. 9.
180 *Gassner*, in: Gassner/Bendomir-Kahlo/Schmidt-Räntsch/Schmidt-Räntsch, BNatSchG, 2. Aufl. 2003, § 59 Rn. 9, unter Hinweis auf BR-Drs. 411/01, S. 110, inhaltlich gleich lautend mit BT-Drs. 14/6878. *Gellermann*, in: Landmann/Rohmer, Umweltrecht, 56. Lfg. 2009, § 5 BNatSchG, Rn. 9 will eine längere Zeitspanne „in Zweifelsfällen" erlauben.

dazu, keine zu hohen Anforderungen an Anerkennungsvoraussetzungen zuzulassen.[181]

cc) Sachgerechte Aufgabenerfüllung

64 Ebenfalls der Gewährleistung ausreichenden Sachverstandes dient das Erfordernis nach **Nr. 3,** dass die Vereinigung **Gewähr für eine sachgerechte Aufgabenerfüllung** bieten muss. Diese Voraussetzung soll zum einen die Bewertung der **bisherigen Tätigkeit** der Vereinigung ermöglichen und sicherstellen, dass die satzungsmäßigen Aufgaben auch tatsächlich erfüllt werden.[182] Zum anderen geht es um eine **Zukunftsprognose** darüber, ob die Vereinigung ihre Mitwirkungsrechte auch im Sinne des Naturschutzes und der Landschaftspflege effektiv ausüben kann.[183] In der Literatur herrscht eine enge, strenge Interpretation vor,[184] die zum Teil geradezu als Konsequenz einer weiten Interpretation des § 63 betrachtet wird[185]. Nur so könnten die anspruchsvollen Mitwirkungsrechte effektiv zur Geltung gebracht werden. Zur Beantwortung dieser Frage ist insbesondere auf die in § 3 Abs. 1 Nr. 3 UmwRG angegebenen Kriterien abzustellen. Wortlaut („dabei") und Zweck sprechen für eine nicht abschließende Aufzählung der Kriterien.[186]

65 Die **Kriterien**, Art und Umfang der bisherigen Tätigkeit, der Mitgliederkreis und die Leistungsfähigkeit der Vereinigung, dürfen jedenfalls nicht einseitig quantitativ ausgelegt werden.[187] Auch eine **kleinere spezialisierte Vereinigung** kann Gewähr dafür bieten, wichtigen Sachverstand einzubringen und so unabhängig zu sein,[188] dass eine effektive Wahrnehmung der Interessen des Naturschutzes und der Landschaftspflege gewährleistet sind. Die **Leistungsfähigkeit** ist insbesondere im Hinblick auf die Bewältigung der im Rahmen der Mitwirkungsrechte anfallenden Arbeit zu sehen. Sie ist aber nicht rein finanziell zu beurteilen.[189]

---

181 EuGH, Urt. v. 15. 10. 2009 – Rs. C-263/08 – Djurgarden-Lilla, ZUR 2010, 28; EuGH, Beschl. v. 15. 10. 2009 – Rs. C-255/08 – Kommission/Niederlande.

182 *Gassner*, in: Gassner/Bendomir-Kahlo/Schmidt-Räntsch/Schmidt-Räntsch, BNatSchG, 2. Aufl. 2003, § 59 Rn.

183 Vgl. *Louis*, NuR 1994, 383 f.

184 *Gellermann*, in: Landmann/Rohmer, Umweltrecht, 56. Lfg. 2009, § 59 BNatSchG Rn. 10.

185 *Gassner*, in: Gassner/Bendomir-Kahlo/Schmidt-Räntsch/Schmidt-Räntsch, BNatSchG, 2. Aufl. 2003, § 59 Rn. 10.

186 *Gassner*, in: Gassner/Bendomir-Kahlo/Schmidt-Räntsch/Schmidt-Räntsch, BNatSchG, 2. Aufl. 2003, § 59 Rn. 11.

187 In diese Richtung gehen aber Stellungnahmen in Literatur und Rechtsprechung, vgl. *Gellermann*, § 59 Rn. 10, der eine „hinreichende Personal- und Finanzdecke" verlangt, und *Gassner*, in: Gassner/Bendomir-Kahlo/Schmidt-Räntsch/Schmidt-Räntsch, BNatSchG, 2. Aufl. 2003, § 59 Rn. 11, beurteilt den Mitgliederkreis in Anlehnung an BVerwGE 72, 280, maßgeblich aus einer quantitativen Perspektive.

188 Vgl. zum Kriterium der Unabhängigkeit *Gassner*, in: Gassner/Bendomir-Kahlo/Schmidt-Räntsch/Schmidt-Räntsch, BNatSchG, 2. Aufl. 2003, § 59 Rn. 11.

189 Vgl. aber die Prüfung der „finanziellen Leistungsfähigkeit" bei *Gassner*, in: Gassner/Bendomir-Kahlo/Schmidt-Räntsch/Schmidt-Räntsch, BNatSchG, 2. Aufl. 2003, § 59 Rn. 12.

dd) Gemeinnützigkeit

Im Hinblick auf die **Gemeinnützigkeit** verweist § 3 Abs. 1 Nr. 4 UmwRG wie   *66*
zuvor § 59 Abs. 1 Nr. 5 BNatSchG 2002 auf das **Abgabenrecht**. Während
aber letztere Vorschrift die Befreiung von der Körperschaftssteuer aus Gründen der Gemeinnützigkeit nach § 5 Abs. 1 Nr. 9 KStG zur Voraussetzung erhoben hatte, begnügt sich § 3 Abs. 1 Nr. 3 UmwRG damit, dass gemeinnützige Zwecke im Sinne des § 52 AbgO verfolgt werden müssen. Das ist
sachgerecht, da es nach dem Zweck nur darauf ankommt auszuschließen,
dass vorrangig Eigeninteressen verfolgt werden.[190] Ferner ist diese Begrenzung erforderlich, um die Einbeziehung **ausländischer Vereinigungen** zu ermöglichen.[191]

ee) Vollmitgliedschaft für Jedermann

Die Vorgabe nach **Nr. 5**, dass die Vereinigung jeder Person den Beitritt er-   *67*
möglicht, die die Ziele der Vereinigung unterstützt, und ihr **volles Stimmrecht**
bietet (sog. **Jedermann-Prinzip**), ist eine höchst interessante Voraussetzung,
die zu einem Bruch mit der tradierten skeptischen Sicht der Beteiligungsrechte in Deutschland führt. Denn Ziel dieser Voraussetzung ist, über die Vereinigungen **Öffentlichkeit zu repräsentieren**, wodurch der von der tradierten
Auffassung oft bestrittene, jedenfalls beargwöhnte **demokratische Aspekt** der
Öffentlichkeitsbeteiligung legal festgeschrieben wird. Zudem scheint der Gesetzgeber in dieser demokratischen Öffnung keinen Widerspruch zur sachgerechten Aufgabenerfüllung zu sehen. Und doch bestehen gerade im letztgenannten Bereich Brüche in der Konzeption. Denn es ist keineswegs so, dass
Sinn der Vorschrift wäre, Vereinigungen auszuschließen, die „einseitig an beruflichen, parteipolitischen oder vergleichbaren nicht auf den Naturschutz
bezogenen Kriterien orientiert sind".[192] Diese Voraussetzungen würde eine
Vereinigung wie etwa Greenpeace erfüllen, die trotz anerkannten Sachver-
stands sich aber breiteren Kreisen nur in Form einer finanziellen Mitglied-
schaft ohne Stimmrecht öffnet. Doch kann eine Vereinigung nicht anerkannt
werden, die in der Satzung zwischen ordentlichen und lediglich fördernden
Mitgliedern unterscheidet und Letzteren kein Stimmrecht bei den durch die
Mitgliederversammlung zu treffenden wichtigen Entscheidungen einräumt.[193] Es ist bemerkenswert, dass die Behörden jenseits der Mitwirkungsrechte anerkannter Vereinigungen in der Praxis im Rahmen ihres Ermessens
durchaus mit solchen Vereinigungen zusammenarbeiten, um sich so den dort
vorhandenen Sachverstand erschließen zu können.

Das **Jedermann-Prinzip** hat das Problem der **Dachverbände** aufgeworfen.   *68*
Diese stehen gerade nicht jedermann offen, sondern überwiegend nur ihren
Untergliederungen, die ihrerseits juristische Personen sind. Wie bereits § 59
Abs. 1 Nr. 6 Satz 2 BNatSchG 2002 führt § 3 Abs. Nr. 5 UmwRG dieses Pro-

---

190 Zum Zweck siehe *Gassner*, in: Gassner/Bendomir-Kahlo/Schmidt-Räntsch/Schmidt-
    Räntsch, BNatSchG, 2. Aufl. 2003, § 59 Rn. 14.
191 *Kment*, in: Hoppe, UVPG, 3. Aufl. 2007, Vorbem. Rn. 50.
192 So aber OVG Lüneburg, Urt. v. 08. 03. 1990 – 3 A 308.87, NuR 1990, 416.
193 OVG Lüneburg, Urt. v. 08. 03. 1990 – 3 A 308.87, NuR 1990, 416 f.

blem einer – im Vergleich leicht modifizierten – Lösung zu. Danach kann vom Jedermann-Prinzip abgesehen werden, wenn der Mitgliederkreis einer Vereinigung mindestens zu 75% aus juristischen Personen besteht, die ihrerseits das Jedermann-Kriterium erfüllen. Die Anerkennung der Dachverbände hält der Gesetzgeber für wünschenswert, weil sie **Sachverstand bündeln** und ihnen bei der Einflussnahme größeres Gewicht zukommt.[194]

ff) Räumlicher Tätigkeitsbereich

69 § 3 Abs. 1 UmwRG stellt im Gegensatz zu § 59 Abs. 1 BNatschG 2002 im Hinblick auf die Anerkennung keine Anforderungen an den **räumlichen Tätigkeitsbereich** der Vereinigung.[195] So werden auch lediglich **lokal aktive Vereinigungen** erfasst.[196] Relevant ist der Tätigkeitsbereich aber für die **Bestimmung der zuständigen Behörde**. Bei inländischen Vereinigungen, deren Tätigkeitsbereich über das Gebiet eines Landes hinausgeht, und bei ausländischen Vereinigungen ist nach § 3 Abs. 2 UmwRG der **Bund zuständig** (siehe Rn. 54, 71). Geht der Tätigkeitsbereich einer inländischen Vereinigung nicht über das Gebiet eines Landes hinaus, sind gemäß § 3 Abs. 3 UmwRG die **Landesbehörden** zuständig (siehe Rn. 72). Nach § 3 Abs. 1 UAbs. 2 Satz 4 UmwRG ist im letzteren Fall in der Anerkennung anzugeben, ob die Vereinigung nach ihrer Satzung landesweit tätig ist.

c) Vorwirkung?

70 § 2 Abs. 2 UmwRG kennt eine **Vorwirkung**, die die Einlegung von Rechtsbehelfen schon ermöglicht, wenn die Vereinigung ihre Anerkennung beantragt hat, aber über diese aber aus Gründen, die sie nicht zu vertreten hat, noch nicht entschieden worden ist. Dagegen wird im Wortlaut des § 63 keine solche Vorwirkung im Hinblick auf die Mitwirkungsrechte angesprochen. Auch verweist § 63 lediglich auf die Anerkennung nach § 3 UmwRG, nicht aber auf § 2 UmwRG. Nach den Gesetzesmaterialien ist die Vorwirkung eingeführt worden, um unionsrechtlichen Vorgaben zu genügen.[197] Für eine Analogie unter § 63 besteht aber insoweit kein Anlass, als die Mitwirkungsrechte dort über das unionsrechtlich gebotene Maß hinausgehen. Aus Sicht des deutschen Rechts wäre eine solche **Analogie** jedoch sinnvoll, denn das Mitwirkungsrecht soll den Vereinigungen nicht aus Gründen versagt sein, die sie nicht zu vertreten haben, wenn sie einen Antrag gestellt haben und die Voraussetzungen für die Anerkennung erfüllen.

5. Zuständigkeiten

71 Zuständig für die Anerkennung auf Bundesebene (siehe Rn. 69) von inländischen und ausländischem Vereinigungen ist das **Umweltbundesamt**. Sofern es um die Anerkennung einer Vereinigung, die im Schwerpunkt die Ziele

---

194 BT-Drs. 14/6378, S. 59.
195 *Schieferdecker*, in: Hoppe, UVPG, 4. Aufl. 2012, § 3 UmwRG Rn. 65.
196 *Schlacke*, NuR 2007, 8 (9).
197 BT-Drs. 16/2495, S. 12.

des Naturschutzes und der Landschaftspflege fördert (Naturschutzvereinigung nach § 63) ergeht die Entscheidung im Einvernehmen mit dem **Bundesamt für Naturschutz** (BfN) gemäß § 3 Abs. 2 UmwRG. Eine negative Stellungnahme des BfN schließt folglich nach den allgemeinen Regeln die Anerkennung aus.[198]

Für die Anerkennung von Vereinigungen, deren Tätigkeitsbereich nicht über das Gebiet eines Landes hinausgeht, sind die **Behörden der Länder** für die Anerkennung zuständig (§ 3 Abs. 3 UmwRG). 72

6. Verfahren und Rechtsschutz

Notwendig zur Einleitung des Verfahrens auf Anerkennung ist nach § 3 Abs. 1 UmwRG ein **Antrag**. Obwohl die Anerkennung für die Wahrnehmung der Mitwirkungsrechte konstitutiv ist, ist die Anerkennung selbst ein **feststellender Verwaltungsakt**. Denn sie ändert nicht die materielle Rechtslage, wie ein gestaltender Verwaltungsakt.[199] Gegen die Versagung ist die **Verpflichtungsklage** zu erheben. Ferner handelt es sich um einen **begünstigenden Verwaltungsakt**, der nach Maßgabe der §§ 48, 49 VwVfG zurückgenommen bzw. widerrufen werden kann. 73

§ 64
Rechtsbehelfe

(1) Eine anerkannte Naturschutzvereinigung kann, soweit § 1 Absatz 3 des Umwelt-Rechtsbehelfsgesetzes nicht entgegensteht, ohne in eigenen Rechten verletzt zu sein, Rechtsbehelfe nach Maßgabe der Verwaltungsgerichtsordnung einlegen gegen Entscheidungen nach § 63 Absatz 1 Nummer 2 bis 4 und Absatz 2 Nummer 5 bis 7, wenn die Vereinigung

1. **geltend macht, dass die Entscheidung Vorschriften dieses Gesetzes, Rechtsvorschriften, die auf Grund dieses Gesetzes erlassen worden sind oder fortgelten, Naturschutzrecht der Länder oder anderen Rechtsvorschriften, die bei der Entscheidung zu beachten und zumindest auch den Belangen des Naturschutzes und der Landschaftspflege zu dienen bestimmt sind, widerspricht,**

2. **in ihrem satzungsgemäßen Aufgaben- und Tätigkeitsbereich, soweit sich die Anerkennung darauf bezieht, berührt wird und**

3. **zur Mitwirkung nach § 63 Absatz 1 Nummer 2 bis 4 oder Absatz 2 Nummer 5 bis 7 berechtigt war und sie sich hierbei in der Sache geäußert hat oder ihr keine Gelegenheit zur Äußerung gegeben worden ist.**

---

198 *Peine*, Allgemeines Verwaltungsrecht, 10. Aufl. 2011, Rn. 448. Der Begriff „Einvernehmen" wird statt der „Zustimmung" verwendet, wenn es sich wie bei UBA und BfN um gleichgestellte Behörden handelt.

199 *Gassner*, in: Gassner/Bendomir-Kahlo/Schmidt-Räntsch/Schmidt-Räntsch, BNatSchG, 2. Aufl. 2003, § 59 Rn. 20.

(2) § 1 Absatz 1 Satz 4, § 2 Absatz 3 und 4 Satz 1 des Umwelt-Rechtsbehelfs- gesetzes gelten entsprechend.

(3) Die Länder können Rechtsbehelfe von anerkannten Naturschutzver- einigungen auch in anderen Fällen zulassen, in denen nach § 63 Absatz 2 Nummer 8 eine Mitwirkung vorgesehen ist.

Inhaltsübersicht

I. Überblick und Normgeschichte

1. Normgeschichte und Aufbau

1   Die sog. **naturschutzrechtliche Vereinigungsklage** (früher: Verbandsklage) nach § 64 ist das prozessuale Pendant zum prozedural ausgerichteten § 63. Zusammen bilden sie das **Kernstück** der besonderen Rechte der Naturschutz- vereinigungen im Naturschutzrecht. Die Vereinigungsklage ist nach 26 Jah- ren Geburtswehen erst 2002 in das BNatSchG aufgenommen worden. Eigent- lich sollte sie bereits 1976 das Licht der Rechtswelt erblicken, doch entschied man sich damals als Kompromiss für das „Minus" der Mitwirkungsrechte in § 29 BNatSchG 1976.[1] 2002 existierten bereits in 13 Bundesländern Klage- rechte für Naturschutzverbände.[2] Das schließlich festgelegte Klagerecht ist

---

1   Siehe § 63 Rn. 6.
2   *Fischer-Hüftle*, in: Schumacher/ders., BNatSchG, 1. Aufl. 2003, § 61 Rn. 1.

hinter Vorschlägen im Gesetzgebungsverfahren zurückgeblieben[3] und sieht das Klagerecht nicht umfassend in allen naturschutzrechtlichen Angelegenheiten vor, sondern eher **fragmentarisch**. Inhaltlich brachte die Novellierung von 2010 in § 64 und seinem Verweis auf §§ 1 und 2 UmwRG keine Neuerungen gegenüber § 61 BNatSchG 2002.[4] 2013 ist in der Neufassung der Verweis auf § 2 UmwRG entfallen und es wird die naturschutzrechtliche Klage im Bereich der Planfeststellung durch das UmwRG verdrängt.[5]

Mit der Gesetzesnovelle[6] von 2013 zur Umsetzung des Trianel-Urteils des 2
EuGH[7] ist das **Verhältnis** zwischen der naturschutzrechtlichen Vereinigungsklage nach dem BNatSchG und der umweltrechtlichen Vereinigungsklage nach dem UmwRG abschließend geklärt. Im Grundsatz bleibt es bei einem Nebeneinander von naturschutzrechtlicher und umweltrechtlicher Vereinigungsklage, doch wird mit dem geänderten § 64 Abs. 1 im Bereich der Planfeststellung ein **Vorrang** des UmwRG für bestimmte Fälle statuiert. (siehe Rn. 45 f.).

Die **Systematik** des § 64 entspricht der des § 61 BNatSchG 2002.[8] In **Abs. 1** 3
werden die Berechtigten und die möglichen **Klagegegenstände** aufgeführt. **Abs. 2** verweist auf § 1 Abs. 1 Satz 4 UmwRG, der die früher in § 61 Abs. 1 Satz 2 BNatSchG 2002 enthaltene Versagung einer Klage, wenn über den betreffenden Verwaltungsakt bereits in einem verwaltungsgerichtlichen Streitverfahren entschieden worden ist (sog. **Verbot der Mehrfachklage**[9]), enthält. Der weitere Verweis auf § 2 Abs. 3 und 4 Satz 1 UmwRG entspricht inhaltlich der **Präklusionsvorschrift** nach § 61 Abs. 3 BNatSchG 2002 bzw. der **Verlängerung der Klagefrist** bei fehlender Bekanntgabe gemäß § 61 Abs. 4 BNatSchG 2002. Schließlich findet sich die **Öffnung für weiter gehende Klagerechte** der Naturschutzvereinigungen nach den Vorschriften der Länder nach § 61 Abs. 4 BNatSchG nunmehr in § 64 **Abs. 3**.

2. Dogmatische Einordnung sowie unions- und völkerrechtlicher Hintergrund

Die **Gründe** für die Einführung der Vereinigungsklage im Naturschutzrecht 4
entsprechen denen für die Einführung der Mitwirkungsrechte. Sie soll zum einen gewährleisten, dass die **Belange des Naturschutzes** und der Land-

---

3 Siehe die Nachw. bei *Gellermann*, in: Landmann/Rohmer, Umweltrecht, 56. Lfg. 2009, BNatSchG, § 61 Rn. 1.
4 Siehe BT-Drs. 16/12274, S. 75, gleichlautend mit dem Gesetzentwurf der Bundesregierung, BT-Drs. 16/12785.
5 Gesetz zur Änderung des Umwelt-Rechtsbehelfsgesetzes und anderer umweltrechtlicher Vorschriften, BGBl. I 2013, S. 95 ff
6 Gesetz zur Änderung des Umwelt-Rechtsbehelfsgesetzes und anderer umweltrechtlicher Vorschriften, BGBl. I 2013, S. 95 ff.
7 EuGH, Urt. v. 12. 05. 2011, Rs. C-115/09, *Trianel*.
8 Siehe BT-Drs. 16/12274, S. 75, gleichlautend mit dem Gesetzentwurf der Bundesregierung, BT-Drs. 16/12785
9 Vgl. *Gassner*, in: Gassner/Bendomir-Kahlo/Schmidt-Räntsch/Schmidt-Räntsch, BNatSchG, 2. Aufl. 2003, § 61 Rn. 15.

schaftspflege bei der Entscheidung **vollumfänglich berücksichtigt** werden. Insbesondere können dazu inhaltliche Mängel auf dem Klageweg angegriffen werden. Zum anderen sollen diese Belange **auch** gerade **gegen** den Willen der **Behörden** vor Gericht durchsetzbar sein. Beide Aspekte finden sich in der Zweckbestimmung, das **Vollzugsdefizit** im Naturschutzrecht zu beseitigen (siehe § 63 Rn. 9 f.).

5 Wie bei den Mitwirkungsrechten wird mit der naturschutzrechtlichen Vereinigungsklage Einzelnen zugetraut, die betreffenden objektiven Belange der Allgemeinheit wahrzunehmen, eventuell sogar besser als die primär dazu berufenen zuständigen Behörden (siehe § 63 Rn. 9, 10). Eine solche **Klage auf** Überprüfung der **Einhaltung des objektiven Rechts** ist rechtsvergleichend nicht ungewöhnlich. In der deutschen Tradition der auf dem subjektiv-öffentlichen Recht fußenden Klagebefugnis muss sie allerdings als Fremdkörper erscheinen.[10] Die Versuche, sie dogmatisch einzufangen, entsprechen den Ansätzen zu den Mitwirkungsrechten der Naturschutzvereinigungen. Sie reichen von der Figur des **Verwaltungshelfers** über einen **Treuhänderstatus** bis zum sog. **Anwalt** der **Natur**. Sie sind aber für sich nicht in der Lage, umfassend die Ermächtigung der Naturschutzvereinigungen zu erklären (siehe § 63 Rn. 10 mit Nachw.).

6 Die **Aarhus-Konvention** führt die Klagerechte des Einzelnen zu Gunsten des Umweltschutzes zur Trias der Rechte des Einzelnen im Umweltschutz zusammen: Informationsrechte, Beteiligungsrechte und Klagerechte. In der Präambel wird dabei ausdrücklich zu Herleitung auch auf ein **Grundrecht auf Umwelt** Bezug genommen.[11] Bei den Klagerechten kommt den **Nichtregierungsorganisationen** eine besondere Aufgabe zu. Sie erhalten eine privilegierte Klageposition, um so eine Kontrolle durch die Öffentlichkeit auch vor Gericht zu gewährleisten, ohne dabei den Gefahren der sog. Popularklage zu erliegen.[12] In dem die EU diese Vorgaben wortgetreu übernommen hat,[13] ist davon auszugehen, dass dort diese Rechte des Einzelnen ebenfalls zumindest auch **grundrechtlich** unterfüttert sind. Dieser Ansatz ist notwendig, um die Freiheit der Einzelnen, sich für das öffentliche Interesse des Naturschutzes und der Landschaftspflege zu engagieren, dogmatisch angemessen abzubilden.[14]

7 Entgegen der tradierten Ansicht lässt sich der Ansatz der Klagebefugnis für das öffentliche Interesse am Naturschutz auch aus dem **Grundgesetz** ableiten. Auch wenn man aus den Verfassungsnormen **keine Pflicht** zur umfassenden Einführung der naturschutzrechtlichen Vereinigungsklage ableiten

---

10 *Gassner*, in: Gassner/Bendomir-Kahlo/Schmidt-Räntsch/Schmidt-Räntsch, BNatSchG, 2. Aufl. 2003, § 61 Rn. 5 spricht sogar von „einem gravierenden Sündenfall".

11 7. Begründungserwägung Aarhus-Übereinkommen (BGBl. II 2006, S. 1251); UNECE, The Aarhus Convention, An Implementation Guide, 2000, S. 16 f.

12 Art. 9 Abs. 2 Aarhus-Übereinkommen (BGBl. II 2006, S. 1251, II 2007, S. 1252); UNECE, The Aarhus Convention, An Implementation Guide, 2000, S. 128 f.

13 Art. 10a UVP-Richtlinie 85/337/EWG (ABl. 1985, L 175/40), zuletzt geändert durch Richtlinie 2009/31/EG (ABl. 2009, L 140, 114).

14 Näher dazu *Heselhaus*, Ein Recht auf Konsultation (im Erscheinen), § 20 III.

kann, entspricht deren Einführung doch in vielfältiger Hinsicht **verfassungs-rechtlichen Prinzipien und Zielbestimmungen**, die in der Abwägung mit widerstreitenden Belangen auch im Gesetzgebungsverfahren zu berücksichtigen sind. So dient die Vereinigungsklage in besonderer Weise dem Auftrag der Umweltschutzzielbestimmung nach **Art. 20a GG**, auch wenn sie von dieser Norm nicht zwingend vorgeschrieben wird. Auch eine grundrechtliche Unterfütterung einfach-gesetzlicher gewährter Rechtspositionen ist gemäß **Art. 2 Abs. 1 GG** möglich.[15] Insofern ist **Art. 19 Abs. 4 GG** in einer engen Interpretation zwar keine Pflicht zur Bewährung der Mitwirkungsrechte mit Klagerechten zu entnehmen. Aber in einer weiten Interpretation deckt der Anspruch auf effektiven Rechtsschutz ein solches Vorgehen des Gesetzgebers. In vergleichbarer Weise lässt sich die Klagebefugnis der Naturschutzvereinigungen mit **dem Rechtsstaats-, dem Demokratie- und dem Republikprinzip** begründen.[16] Diese verfassungsrechtliche Unterfütterung steht Tendenzen entgegen, die Bedeutung der gewährten Rechte zu vermindern (siehe Rn. 42 ff.).

II. Die Rechtsbehelfe

Zwischen den **Rechtsbehelfen** nach § 64 und denen **nach § 2** UmwRG bestehen Überschneidungen in Bezug auf ihren sachlichen Anwendungsbereich.[17] Beide sind grundsätzlich **nebeneinander anwendbar**; es liegt – bis auf den Bereich der Planfeststellung (s. Rn. 45 f.) – keine Spezialität vor.[18] Dagegen bestehen Unterschiede bezüglich der rügefähigen Normen und des mit ihnen korrespondierenden gerichtlichen Kontrollumfangs.[19]   8

1. Klagearten und Rechtsmittel

Abs. 1 enthält keine ausdrückliche Begrenzung der Rechtsbehelfe auf bestimmte Klagearten. Da aber die Rechtsbehelfe nur „gegen" die dort aufgeführten Entscheidungen zugelassen sind, ist die **Anfechtungsklage** nach § 42 Abs. 1 VwGO praktisch von besonderer Bedeutung.[20] Doch ist nicht ausgeschlossen, dass u.U. auch andere Klagearten einschlägig sein können, wie die **Verpflichtungsklage** (§ 42 Abs. 1 VwGO), etwa auf Rücknahme oder Widerruf eines Verwaltungsakts oder auf Nebenbestimmungen, sowie die **Feststellungsklage** gemäß § 43 VwGO, gerichtet auf Feststellung der Nichtigkeit.[21] Unter der früheren Rechtslage war ein **Antrag auf Normenkontrolle** nach § 47 VwGO nicht möglich, da damals von einer Begrenzung der   9

---

15 BVerfGE 101, 397 (405).

16 Ausführlich dazu *Heselhaus*, Ein Recht auf Konsultation (im Erscheinen), §§ 11–14.

17 Beide haben aber im Vergleich miteinander auch jeweils eigenständige Anwendungsbereiche, *Meitz*, ZUR 2010, 563 (564).

18 *Meitz*, ZUR 2010, 563 (564). Siehe jetzt ausdrücklich § 64 Abs. 1.

19 *Meitz*, ZUR 2010, 563 (564).

20 *Gellermann*, in: Landmann/Rohmer, Umweltrecht, 59. Lfg. 2010, BNatSchG, § 64 Rn. 6.

21 Zu dieser Sicht *Gassner*, in: Gassner/Bendomir-Kahlo/Schmidt-Räntsch/Schmidt-Räntsch, BNatSchG, 2. Aufl. 2003, § 61 Rn. 12.

Rechtsbehelfe auf solche gegen Verwaltungsakte ausgegangen wurde.[22] Heute spricht der einschlägige § 1 Abs. 1 Satz 4 UmwRG inhaltlich offener von „Entscheidungen" als mögliche Klagegegenstände. Doch beziehen sich diese weiterhin auf eine Auswahl von den in der Liste in § 63 über die Mitwirkungsrechte aufgeführten Rechtsakten, insbesondere unter Ausschluss der Rechtsverordnungen nach § 63 Abs. 1 Nr. 1.[23] Als mögliche **Rechtsmittel** kommen der Antrag auf Zulassung der Berufung (§ 124 a VwGO), die Revision (§ 132 VwGO), die Nichtzulassungsbeschwerde (§ 133 VwGO), und die Beschwerde (§ 146 VwGO) oder der Antrag auf Zulassung der Beschwerde (§ 146 Abs. 4 VwGO) in Betracht.[24]

2. Weitere Rechtsbehelfe

10 Gemäß den allgemeinen prozessualen Vorschriften ist nach § 68 Abs. 1 Satz 1 VwGO gegebenenfalls zunächst **Widerspruch** gegen die Entscheidungen einzulegen. Im **einstweiligen Rechtsschutz** ist der Antrag auf einstweilige Anordnung nach § 123 VwGO praktisch besonders relevant.[25] Ebenfalls denkbar sind Anträge nach § 80 Abs. 5 VwGO zur Wiederherstellung der aufschiebenden Wirkung.[26]

III. Angreifbare Entscheidungen

11 § 64 **Abs. 1** bezieht die Rechtsbehelfe nicht umfassend auf alle Mitwirkungsrechte nach § 63, sondern begrenzt sie auf solche gegen Entscheidungen nach § 63 Abs. 1 Nr. 2–4 und Abs. 2 Nr. 5–7.[27] Nicht klagebewehrt sind damit die Anliegen des Naturschutzes und der Landschaftspflege gegenüber Verordnungen auf Bundes- und Landesebene sowie gegenüber Programmen und Plänen nach §§ 10 und 11, Plänen gemäß § 36 Abs. 1 Nr. 2 und Programmen zur Wiederansiedlung von Tieren und Pflanzen. Bei den anderen, grundsätzlich angreifbaren Entscheidungen ist zu beachten, ob bereits eine verwaltungsgerichtliche Streitentscheidung vorliegt (Rn. 36 f.). Des Weiteren sind die **Klagemöglichkeiten** von Naturschutz- und Umweltvereinigungen durch ein bemerkenswertes Urteil des BVerwG in Ergänzung der Vorschrif-

---

22 Nach § 61 Abs. 1 Satz 2 BNatSchG 2002 galt Satz 1 nicht, wenn „ein dort genannter Verwaltungsakt" bereits Gegenstand eines verwaltungsgerichtlichen Streitverfahrens gewesen ist, vgl. *Gassner*, in: Gassner/Bendomir-Kahle/Schmidt-Räntsch/Schmidt-Räntsch, BNatSchG, 2. Aufl. 2003, § 61 Rn. 14a.

23 Vgl. OVG Berlin-Brandenburg, Urt. v. 02.06.2006 – 11 A 11/05, ZUR 2007, 152.

24 Vgl. die Auflistung bei *Gassner*, in: Gassner/Bendomir-Kahlo/Schmidt-Räntsch/Schmidt-Räntsch, BNatSchG, 2. Aufl. 2003, § 61 Rn. 12a.

25 Zu dieser Einschätzung *Gassner*, in: Gassner/Bendomir-Kahlo/Schmidt-Räntsch/Schmidt-Räntsch, BNatSchG, 2. Aufl. 2003, § 61 Rn. 14; vgl. OVG Schleswig, Beschl. v. 05.07.1999 – 4 748/99, NuR 2000, 390.

26 Siehe OVG Bremen zu § 44 BremNatSchG, DVBl 1984, 1181; OVG Berlin zu § 39 Abs. 2 Nr. 1 NatSchG Bln, NVwZ 1993, 565.

27 Daraus wird diese Vorschrift in der Rechtsprechung mitunter als eine eng auszulegende Ausnahmeregelung angesehen, vgl. dazu VG Minden, Beschl. v. 29.04.2010 – 11 L 123/10 und VG Mainz, Beschl. v. 21.10.2010 – 1 L 905/10.MZ.

ten im BNatSchG und UmwRG deutlich **erweitert** worden.[28] Demnach können die Vereinigungen die Einhaltung aller innerstaatlichen Vorschriften,
welche **EU-Umweltrecht** umsetzen, gerichtlich überprüfen und sind dafür, in
einer weiten unionsrechtlichen Auslegung des § 42 Abs. 2 VwGO entsprechend beschwerdebefugt.[29] Mit dieser Entscheidung folgt das BVerwG der
vom EuGH in der Rs. C-240/09 („slowakischer Braunbär")[30] vorgegebenen
Linie.

1. Befreiungen von Schutzgebietsregelungen

Angreifbar sind **Befreiungen** von Geboten und Verboten vom Schutz von   12
Gebieten nach § 63 **Abs. 1 Nr. 2** und **Abs. 2 Nr. 5**. Hier wird die **Inkongruenz**
zwischen Klage- und Mitwirkungsrechten deutlich. Denn die Mitwirkungsrechte der anerkannten Naturschutzvereinigungen umfassen nicht nur diese
Befreiungen, sondern auch die Ausweisung entsprechender Schutzgebiete.
Nach der ratio der Klagerechte (siehe Rn. 4 und § 63 Rn. 9 f.), Vollzugsdefiziten entgegenzuwirken, hätte jedenfalls die **Aufhebung** einer Schutzge-
bietsnorm auch klagebewehrt sein müssen.[31]

Auf Bundesebene sind die Klagen von auf Bundesebene anerkannten Natur-   13
schutzvereinigungen gegen Befreiungen auf **geschützte Meeresgebiete** nach
§ 57 Abs. 2 begrenzt, also auf entsprechende Maßnahmen im Bereich der
Ausschließlichen Wirtschaftszone und des Festlandsockels (siehe § 57
Rn. 21 ff.). Weiterhin nicht erfasst werden Befreiungen von den artenschutzrechtlichen Geboten und Verboten.[32]

Für auf **Landesebene** anerkannte Naturschutzvereinigungen kommen Kla-   14
gen im Falle von Befreiungen von Geboten und Verboten bei allen in § 63
Abs. 2 Nr. 5 aufgeführten Schutzgebieten infrage. Der Anwendungsbereich
dieser Klagerechte hat sich parallel zur Ausweitung des Anwendungsbereichs der Mitwirkungsrechte vergrößert. Nunmehr werden neben den
Schutzgebieten nach § 32 Abs. 2, Naturschutzgebieten und Nationalparken
auch nationale Naturmonumente, Biosphärenreservate sowie Natura-2000-
Gebiete erfasst. Nach der amtlichen Begründung soll mit dieser Aufzählung
klargestellt werden, dass auch in die sog. **Unionsliste** aufgenommene **FFH-
Gebiete** und von der Europäischen Kommission benannte **Vogelschutzgebiete** erfasst werden, auch wenn eine **Unterschutzstellung** noch nicht erfolgt
ist.[33] Das entspricht der bisherigen Rechtsprechung einiger Oberverwal-

---

28 BVerwG, NVwZ, 2014, 64.
29 BVerwG, NVwZ 2014, 64 (67 f.); m.w.N. *Bunge,* ZUR 2014, 3 (11 ff.).
30 EuGH, C-240/09, Slg. 2011, I-1285, NVwZ 2011, 673.
31 *Gassner,* in: Gassner/Bendomir-Kahlo/Schmidt-Räntsch/Schmidt-Räntsch, BNatSchG,
   2. Aufl. 2003, § 61 Rn. 17, hält die Entscheidung des Gesetzgebers im Ergebnis für
   „schwer nachvollziehbar".
32 *Schlacke,* in: dies./Schrader/Bunge, Informationsrechte, Öffentlichkeitsbeteiligung und
   Rechtsschutz im Umweltrecht, 2010, § 3 Rn. 56.
33 Siehe BT-Drs. 16/12274, S. 75, gleich lautend mit dem Gesetzentwurf der Bundesregierung, BT-Drs. 16/12785.

tungsgerichte.[34] Die Klarstellung durch den Gesetzgeber ist zu begrüßen, da sie der Auslegung nach den Sinn und Zweck der Vorschrift, den beschlossenen Schutzgrad von Schutzgebieten durch die Mitwirkungs- und Klagerechte der anerkannten Naturschutzvereinigungen abzusichern, entspricht. Einen Anhaltspunkt für die vom Gesetzgeber gewünschte Klarstellung im Wortlaut bietet allein der Begriff **„Natura 2000-Gebiet"**, der offenbar neben den Schutzgebieten nach § 32 Abs. 2 auch die anderen dort erwähnten Schutzgebiete einbeziehen will.

15 In der Konsequenz der Klarstellung durch den Gesetzgeber liegt es, auch die **Natura-2000-Gebiete** einzubeziehen, bei denen auf eine **förmliche Unterschutzstellung verzichtet** worden ist, weil der ausreichende Schutzgrad anderweitig gewährleistet wird.[35] Da sich damit der Gesetzgeber von der engen „technischen" Auslegung des Begriffs der Befreiung jedenfalls im Rahmen des Abschnitts über Natura-2000-Gebiete verabschiedet hat, sind auch Ausnahmen nach § 34 Abs. 3 in die Klagerechte einzubeziehen.[36]

16 Ausdrücklich stellt die Neufassung klar, dass die Klagerechte nicht im Falle einer **Konzentrationswirkung** entfallen, sondern auch bestehen, wenn die Befreiungen „durch eine andere Entscheidung eingeschlossen oder ersetzt werden".[37] Damit hat sich der Gesetzgeber gegen die Sicht des Bundesverwaltungsgerichts gestellt und folgt der in der Literatur geäußerten Kritik.[38] Dies ist zu begrüßen, da der Sinn der Konzentrationswirkung in der Entlastung der Verwaltung durch das Vermeiden von Doppelarbeit liegt, nicht aber darin, ihr mögliche wertvolle Informationen seitens der Naturschutzvereinigungen vorzuenthalten (siehe § 63 Rn. 9 f.).[39]

---

34 OVG Sachsen-Anhalt, Urt. v. 08. 01. 2007 – 2 M 358/06, ZUR 2007, 246 f.; OVG Sachsen-Anhalt, Urt. v. 06. 11. 2006 – 2 M 311/06, ZUR 2007, 247 f.; mit Anm. von *Kremer*, ZUR 2007, 248 f.; OVG Magdeburg, Urt. v. 08. 01. 2007 – 2 M 359/06, NuR 2007, 495 ff.; VGH Kassel, Urt. v. 02. 11. 2004 – 4 TG 2925/04, NuR 2005, 545; *Werner*, NuR 2007, 459 ff.; a.A. VG Hamburg, Urt. v. 01. 12. 2003 – 19 K 2474/03, NuR 2004, 543, *Gassner*, in: Gassner/Bendomir-Kahlo/Schmidt-Räntsch/Schmidt-Räntsch, BNatSchG, 2. Aufl. 2003, § 60 Rn. 8.

35 Vgl. zu den entsprechenden Mitwirkungsrechten *Bunge*, in: Schlacke/Schrader/Bunge, Informationsrechte, Öffentlichkeitsbeteiligung und Rechtsschutz im Umweltrecht, 2010, § 2 Rn. 595.

36 Im Ergebnis für die Mitwirkungsrechte wie hier *Bunge*, in: Schlacke/Schrader/Bunge, Informationsrechte, Öffentlichkeitsbeteiligung und Rechtsschutz im Umweltrecht, 2010, § 2 Rn. 595, unter vergleichendem Hinweis auf OVG Magdeburg, Urt. v. 08. 01. 2007 – 2 M 358/06, NuR 2007, 495 (496). *Bunge*, in: Schlacke/Schrader/Bunge, Informationsrechte, Öffentlichkeitsbeteiligung und Rechtsschutz im Umweltrecht, 2010, § 2, Rn. 595, Fn. 414 (auf S. 335) geht wohl davon aus, dass die Begründung des OVG Magdeburg über die Gesetzesmaterialien zu den Landesvorschriften auch auf die Begründung zum Bundesrecht übertragen werden kann

37 Siehe BT-Drs. 16/12274, S. 75, gleich lautend mit dem Gesetzentwurf der Bundesregierung, BT-Drs. 16/12785.

38 *Wilrich*, Verbandsbeteiligung im Umweltrecht, 2002, S. 225 ff.; *Stüer*, NVwZ 2002, 708 (709).

39 *Bunge*, in: Schlacke/Schrader/Bunge, Informationsrechte, Öffentlichkeitsbeteiligung und Rechtsschutz im Umweltrecht, 2010, § 2 Rn. 594.

2. Planfeststellungsverfahren

Die Klage kann sich zwar grundsätzlich gegen **Planfeststellungsbeschlüsse** 17
nach § 63 **Abs. 1 Nr. 3** und **Abs. 2 Nr. 6** richten. Erforderlich ist dabei, dass
es sich um Vorhaben handelt, die mit **Eingriffen in die Natur und Landschaft**
verbunden sind. Der Eingriffsbegriff wird in § 14 legal definiert (siehe § 14
Rn. 9 ff.). Für die Annahme der Klagebefugnis ist es ausreichend, dass eine
naturschutz-fachlich **erhebliche Beeinträchtigung** gegeben ist.[40] Jedoch hat
der Gesetzgeber 2013 in der Umsetzung des Trianel-Urteils des EuGH in
§ 64 Abs. 1 i.V.m. § 1 Abs. 3 UmwRG einen **ausdrücklichen Vorrang des
UmwRG** in wichtigen Fällen **im Bereich der Planfeststellung** statuiert.[41] Gemäß § 1 Abs. 3 UmwRG wird in Planfeststellungsverfahren, die § 1 Abs. 1
S. 1 Nr. 1 oder 2 UmwRG unterfallen und für die Rechtsbehelfe nach dem
UmwRG eröffnet sind, § 64 Abs. 1 nicht angewendet. Es ist nur die Klage
nach § 2 UmwRG zulässig.

Soweit die naturschutzrechtliche Klage nicht verdrängt wird (Rn. 17) können 18
sich anerkannte Naturschutzvereinigungen auf **Bundesebene** gegen Planfeststellungen wenden, die **von Bundesbehörden** durchgeführt werden oder
von Landesbehörden im Bereich der **Ausschließlichen Wirtschaftszone** oder
des Festlandsockels. Zu ersteren zählen insbesondere der Bau und die Änderung von Schienenwegen[42] sowie der Neu- und Ausbau von Bundeswasserstraßen[43].

Sofern nicht verdrängt (Rn. 17) können sich auf **Landesebene** anerkannte Na- 19
turschutzvereinigungen gerichtlich gegen Planfeststellungen nicht nur wenden, wenn Landesbehörden tätig werden, sondern **auch bei Bundesbehörden**. Denn die frühere Beschränkung auf Landesbehörden ist in § 63 Abs. 2
Nr. 6 mit dem Ziel entfallen, inhaltlich deren früher in § 58 Abs. 3 BNatSchG
2002 geregelte Mitwirkungsbefugnis an Planfeststellungen von Bundesbehörden aufzunehmen.[44] Nicht erfasst werden Klagen gegen Bebauungspläne,
die Planfeststellung, etwa nach § 17 Abs. 3 Satz 1 FStrG ersetzen.[45]

Probleme ergeben sich daraus, dass es sich nach § 63 Abs. 2 Nr. 6 um Vor- 20
haben **im Gebiet** „des anerkennenden Landes" handeln muss. Damit wird
es ausgeschlossen, dass in einem Land anerkannte Naturschutzvereinigungen gegen Vorhaben in einem anderen Bundesland klagen können.[46] Diese

---

40 BVerwG, Urt. v. 28.06.2002 – 4 A 59.01, NuR 2003, 93.
41 *Schlacke*, ZUR 2013, 195 (197); *Seibert*, NVwZ 2013, 1040 (1041); OVG Koblenz, Urt. v.
   01.07.2015 – 8 C 10494/14.OVG; VG Ansbach, Urt. v. 14.07.2014 – AN 10 K 13.01450;
   VG Berlin, Beschl. v. 28.02.2014 – VG 19 L 334.13.
42 § 18 AEG.
43 § 14 WaStrG.
44 Siehe BT-Drs. 16/12274, S. 75, gleich lautend mit dem Gesetzentwurf der Bundesregierung, BT-Drs. 16/12785.
45 *Fischer-Hüftle*, in: Schumacher/Fischer-Hüftle, BNatSchG, 1. Aufl. 2003, § 61 Rn. 13
   unter Hinweis darauf, dass ein entsprechender Vorschlag des Umweltausschusses im
   Gesetzgebungsverfahren keine Mehrheit fand, BT-Drs. 14/7469, S. 28.
46 *Meitz*, ZUR 2010, 563 (565); OVG Bremen, Urt. v. 04.06.2009 –1 A 7/09, Entscheidungs-
   gründe A.I.

Entscheidung des Gesetzgebers ist wenig überzeugend, da es nach der ratio der Klagerechte vorrangig auf die **räumlichen Auswirkungen** eines Vorhabens ankommen sollte. Die parallele Begrenzung der Mitwirkungsmöglichkeiten bei Ländergrenzen überschreitenden Auswirkungen bleibt so hinter den Beteiligungsrechten im Völkerrecht bei Staatsgrenzen überschreitenden Auswirkungen nach der **Espoo-Konvention** zurück.[47] Abhilfe könnte eine den Wortlaut mit der Zielsetzung harmonisierende Auslegung bieten, die auf die Auswirkungen der „Vorhaben im Gebiet des anerkennenden Landes" abstellt.

21 Verwandt mit dieser Problematik ist eine mögliche **regionale** Begrenzung der **Tätigkeit** einer Naturschutzvereinigung. Sie kann nach § 3 Abs. 1 UmwRG als Umweltvereinigung anerkannt werden. Das folgt daraus, dass nach § 3 Abs. 1 Satz 6 anzugeben ist, ob eine (Landes-)Vereinigung nach ihrer Satzung landesweit tätig ist. Damit wird aber nur der Kreis der nach dem UmwRG Klageberechtigten erweitert. Demgegenüber begrenzt im Naturschutzrecht § 63 Abs. 1 Satz 1 nach wie vor ausdrücklich die Mitwirkungsbefugnis der von den Ländern anerkannten Naturschutzvereinigungen auf solche, die „landesweit tätig" sind. Aufgrund der Bezugnahme der Klagerechte auf die Mitwirkungsrechte in § 64 sind regionale Naturschutzvereinigungen **nicht klagebefugt**.[48]

3. Plangenehmigungen

22 Die praktischen Auswirkungen der Einbeziehung der **Plangenehmigung** in die Liste der zulässigen Klagegegenstände sind sehr begrenzt, denn sie stehen unter dem zweifachen Vorbehalt, dass die Plangenehmigungen eine **Planfeststellung ersetzen** und dass eine **Öffentlichkeitsbeteiligung** vorgesehen ist. Nach den allgemeinen Regeln zur Plangenehmigung nach § 74 Abs. 6 VwVfG entfällt aber gerade dort regelmäßig die bei der Planfeststellung gemäß § 73 VwVfG vorgesehene Öffentlichkeitsbeteiligung. Ferner ist die Ersetzung einer Planfeststellung durch eine Plangenehmigung dann unzulässig, wenn das Vorhaben UVP-pflichtig ist. Bei den zulässigen Plangenehmigungen kommt also auch keine Öffentlichkeitsbeteiligung aufgrund von § 9 UVPG zum Tragen.[49]

23 Unter dem BNatSchG von 2002 ergab sich ferner das Problem, dass zusätzlich in § 61 Abs. 2 Nr. 3 BNatSchG 2002 die Klagebefugnis auf Fälle begrenzt worden war, in denen sich bei Vorhaben in den Ländern das Mitwirkungsrecht aus landesrechtlichen Vorschriften ergeben musste.[50] Dieser Zusatz ist aber in der Neufassung entfallen.

---

47 Übereinkommen über die Umweltverträglichkeitsprüfung im grenzüberschreitenden Rahmen vom 25.02.1991 (BGBl. II 2002, S. 1407).

48 *Meitz*, ZUR 2010, 563 (565).

49 Siehe *Gassner*, in: Gassner/Bendomir-Kahlo/Schmidt-Räntsch/Schmidt-Räntsch, BNatSchG, 2. Aufl. 2003, § 61 Rn. 19, der als einzigen Anwendungsfall § 17 Abs. 1 b FStrG identifiziert.

50 Zur Problematik *Gellermann*, in: Landmann/Rohmer, Umweltrecht, 56. Lfg. 2009, BNatSchG, § 61 Rn. 6, der von einem „redaktionellen Missgeschick" ausgeht.

IV. Besondere Sachurteilsvoraussetzungen

In § 64 **Abs. 1 Nr. 1 bis 3** und **Abs. 2** finden sich weitere Voraussetzungen für   *24*
die Geltendmachung einer Klage.[51] Es handelt sich dabei zum Teil um **reine
Sachurteilsvoraussetzungen**, wie die Berührung des satzungsmäßigen Aufgabenbereichs, die Mitwirkung im Verfahren, die Fristenregelung sowie das
Verbot der Mehrfachklage (res iudicata). Dagegen kommt der Bestimmung
über die rügefähigen Vorschriften sowohl Bedeutung für die Zulässigkeit
einer Klage als auch für deren **Begründetheit** zu,[52] da sie das mögliche Vorbringen einschränkt. Allein zur Begründetheit ist die Vorschrift über die
Präklusion zu rechnen.

1. Rügefähige Normen (Abs. 1 Nr. 1)

Grundsätzlich kann die Rechtswidrigkeit der in § 64 erfassten Entscheidun-   *25*
gen sowohl in **verfahrensrechtlicher** Hinsicht als auch in **materieller** Hinsicht zur Überprüfung gestellt werden.[53] Generell muss es sich um **natur-
schutzrelevante Vorschriften** handeln, d.h. sie müssen „zumindest auch den
Belangen des Naturschutzes und der Landschaftspflege zu dienen bestimmt"
sein (Abs. 1, 1. Halbs.).[54] Das ist z.B. bei einer Verletzung der Mitwirkungsrechte einer Naturschutzvereinigung der Fall.[55] Nach der Rechtsprechung ist
diese Voraussetzung bei den **Vorschriften über die Zuständigkeit** von Behörden regelmäßig nicht erfüllt[56], doch ist die **sachliche Zuständigkeit** der
Planfeststellungsbehörde rügefähig[57].

Eine **Beschränkung der rügefähigen Vorschriften** auf solche, die dem Na-   *25a*
turschutz dienen (Abs. 1, 1. Halbsatz) steht jedoch nach Ansicht des Aarhus
Convention Compliance Committee im **Widerspruch** zu Art. 9 Abs. 2 Aarhus-Konvention.[58] Dieser statuiere die Möglichkeit einer gerichtlichen Überprüfung jeder Entscheidung oder gesetzgeberischer Tätigkeit, für die Art. 6

---

51 Ähnliche Vorschriften fanden sich schon in den Vorschriften einiger Länder vor Einfüh-
    rung der Klage der Naturschutzvereinigungen auf Bundesebene, *Gellermann*, in: Land-
    mann/Rohmer, Umweltrecht, 56. Lfg. 2009, BNatSchG, § 61 Rn. 8.
52 Siehe OVG Koblenz, Urt. v. 09.01.2003 – 1 C 10187/01, NuR 2003, 441.
53 *Gassner*, in: Gassner/Bendomir-Kahlo/Schmidt-Räntsch/Schmidt-Räntsch, BNatSchG, 2. Aufl.
    2003, § 61, Rnh. 20.
54 BVerwG, Urt. v. 24.10.2013 – 7 C 36.11; OVG Koblenz, Urt. v. 07.04.2011 – 1 A 11088/10;
    VG München, Urt. v. 01.02.2011 – M 2 K 10.1262, welches eine entsprechende Klage-
    befugnis bei Fragen des Gesundheitsschutzes ablehnt.
55 *Schlacke*, in: dies./Schrader/Bunge, Informationsrechte, Öffentlichkeitsbeteiligung und
    Rechtsschutz im Umweltrecht, 2010, § 3 Rn. 61; vgl. VGH Kassel, Beschl. v. 11.07.1988
    – 2 TH 740/88, NuR 1989, 263.
56 BVerwG, Urt. v. 31.01.2002 – 4 A 15.01, DVBl 2002, 990 (991 f.); VGH Kassel, Beschl. v.
    23.10.2002 – 2 Q 1668.02, NuR 2003, 292 (293); BVerwG, Urt. v. 19.03.2003 – 9 A 33.02,
    NuR 2003, 745 (746).
57 VG Koblenz, Urt. v. 23.08.2010 – 4 K 225/10.KO, NuR 2010, 812.
58 Aarhus Convention Compliance Committee, ACCC/C/2008/31, Findings and recommen-
    dations concerning compliance by Germany. Rn. 80.

Aarhus-Konvention einschlägig ist.[59] Die Konventionsstaaten seien zwar nicht verpflichtet, den Text der Konvention wortwörtlich in das nationale Recht zu übernehmen, jedoch dürften sie bei der Umsetzung den Naturschutzvereinigungen auch keine zusätzlichen Anforderungen wie den Naturschutzbezug auferlegen.[60] Auch eine **weite Auslegung** dieses Tatbestandsmerkmals durch die Rechtsprechung könne keine Abhilfe schaffen.[61]

26 Zu den rügefähigen Vorschriften zählen zunächst **spezifisch naturschutzrechtliche Vorschriften**, d.h. das BNatSchG und aufgrund desselben erlassene **Rechtsverordnungen** oder **fortgeltende Vorschriften** sowie das „Naturschutzrecht der Länder". Die neue Begrifflichkeit ist dem Wegfall der Bundesrahmenkompetenz und der Eröffnung der konkurrierenden Gesetzgebungskompetenz des Bundes in Art. 74 Nr. 29 GG für den Naturschutz und die Landschaftspflege geschuldet.

27 Außerhalb des eigentlichen Naturschutzrechts werden Rechtsvorschriften erfasst, soweit sie den geforderten **Bezug zum Naturschutz** und der Landschaftspflege aufweisen.[62] Dazu zählen Teile der einschlägigen **Fachgesetze**, insbesondere des UVP-Gesetzes, des Bundesimmissionsschutzgesetzes, des WHG und des WaStrG sowie Vorschriften des Bundes und Landeswaldrechts.[63] Erfasst werden ferner auch Vorschriften des **Unionsrechts**, wie die UVP-Richtlinie und die SUP-Richtlinie.[64] Nach ständiger Rechtsprechung sind insbesondere Normen der **FFH-Richtlinie** und der **Vogelschutz-Richtlinie** rügefähig.[65] Nicht zuletzt kann eine Verletzung von **Art. 20a GG** gerügt werden, der bei der Auslegung und Anwendung des einfachen Rechts zu beachten ist.[66] Allerdings ist es dieser Norm als Staatszielbestimmung eigen, dass sie in der Regel nicht ein bestimmtes Abwägungsergebnis zwingend vorgibt.[67]

28 Grundsätzlich ist auch eine Verletzung des **planerischen Abwägungsgebots** rügefähig. Ob eine Naturschutzvereinigung eine fehlende Planrechtfertigung trotz ihres beschränkten Rügerechts gem. § 64 Abs. 2 Nr. 1 rügen kann,

---

59 Aarhus Convention Compliance Committee, ACCC/C/2008/31, Findings and recommendations concerning compliance by Germany, Rn. 78.

60 Aarhus Convention Compliance Committee, ACCC/C/2008/31, Findings and recommendations concerning compliance by Germany, Rn. 77.

61 Aarhus Convention Compliance Committee, ACCC/C/2008/31, Findings and recommendations concerning compliance by Germany, Rn. 79.

62 Siehe BVerwG, Urt. v. 19.03.2003 – 9 A 33/02, NVwZ 2003, 1120.

63 Siehe den Überblick bei *Fischer-Hüftle*, in: Schumacher/Fischer-Hüftle, BNatSchG, 1. Aufl. 2003, § 61 Rn. 19.

64 Weitere Bsp. bei *Schlacke*, in: dies./Schrader/Bunge, Informationsrechte, Öffentlichkeitsbeteiligung und Rechtsschutz im Umweltrecht, 2010, § 3 Rn. 62.

65 BVerwG, Urt. v. 17.05.2002 – 4 A 28/01, NuR 2002, 739; BVerwG, Urt.v. 19.05.1998 – 4 A 9.97, BVerwGE 107, 1; OVG Koblenz, Beschl. v. 27.09.2001 – 1 B 10290/01, NVwZ-RR 2002, 420 (422).

66 Bei Ermessensspielräumen VGH Mannheim, Beschl. v. 03.09.2002 – 10 S 957/02, NuR 2003, 29.

67 BVerwG, Beschl. v. 15.10.2002 – 4 BN 51.02, BauR 2004, 641.

Heselhaus

hat das BVerwG in seiner neueren Rechtsprechung offen gelassen.[68] Nach der bisheriger Rechtsprechung reichte die Rüge einer **fehlenden Planrechtfertigung** allein nicht aus.[69] Ansonsten hält das Bundesverwaltungsgericht vier Punkte für rügefähig: Erstens muss überhaupt eine **Abwägung** hinsichtlich naturschutzrechtlicher Belange **stattgefunden** haben. Zweitens muss dabei alles in die Abwägung **eingestellt** worden sein, „was nach Lage der Dinge einzustellen war". Drittens muss die **Bedeutung** der betreffenden naturschutzrechtlichen Belange erkannt worden sein. Und viertens muss „der **Ausgleich** zwischen den von der Planung berührten öffentlichen und privaten Belangen in einer Weise vorgenommen worden sein, der zur objektiven Gewichtigkeit der naturschutzrechtlichen Belange nicht außer Verhältnis steht".[70] Damit sind nach Ansicht des Bundesverwaltungsgerichts solche Mängel nicht überprüfbar, die sich auf die anderen, mit den naturschutzrechtlichen Interessen abzuwägenden Belange – auch öffentlicher Belange – beziehen (siehe Rn. 30).[71]

Ausnahmsweise ist der Prüfungsumfang weiter, nämlich im Falle vorgeschobener Gründe oder **missbräuchlicher Abwägung**.[72] Ferner ist zu beachten, dass das Bundesverwaltungsgericht bei der Prüfung der Verträglichkeit von Vorhaben mit europäischen Schutzgebieten nach § 34 von einem **strikten Vermeidungsgebot** ohne Gestaltungscharakter ausgeht, des jenseits einer planerischen Abwägung gesondert und vollumfänglich zu prüfen ist.[73] Nur auf diese Weise können die Gerichte den Anforderungen des Unionsrechts effektiv gerecht werden. 29

Der zum planerischen Abwägungsgebot entwickelte Rüge- und Kontrollkatalog des Bundesverwaltungsgerichts ist in der Literatur auf deutliche **Kritik** gestoßen. Daran ist zutreffend, dass eine Abwägung nur dann angemessen ist, wenn alle widerstreitenden Belange berücksichtigt werden.[74] Vor allem ist dabei die Bedeutung möglicher **Alternativlösungen** im Hinblick auf die dem Naturschutz **gegenüberstehenden Interessen** von Bedeutung, weil sie sich unmittelbar auf die Anforderungen an das erforderliche Gewicht der in Rede stehenden Naturschutzbelange auswirken. 30

---

68 BVerwG, Urt. v, 28.03.2013 – 9 A 22.11; BVerwG, NVwZ 2013, 1209 (1210); BVerwG, NVwZ 2014, 714 (715); so auch VG Ansbach, Urt. v. 14.07.2014 – AN 10 K 13.01450.

69 BVerwG, Beschl. v. 01.04.2005 – 9 VR 7.05, NuR 2005, 709 (710); BVerwG, Urt. v. 09.11. 2006, NVwZ 2007, 445.

70 BVerwG, Urt. v. 19.05.1998 – 4 A 9.97, BVerwGE 107, 1 (6f.). Vgl. VGH Kassel Beschl. v. 23.10.2002 – 2 Q 1668/02, NVwZ-RR 2003, 420, siehe auch VGH Mannheim, Urt. v. 06.04.2006 – 5 S 596/05, UPR 2006, 453.

71 BVerwG, Beschl. v. 01.04.2005 – 9 VR 7.05, NuR 2005, 709 (710); BVerwG, Urt. v. 19.05. 1998 – 4 A 9.97, BVerwGE 107, 1 (6f.).

72 BVerwG, Urt. v. 19.05.1998 – 4 A 9.97, BVerwGE 107, 1 (6f.).

73 BVerwG, Urt. v. 17.01.2007 – 9 A 20.05, ZUR 2007, 307ff.

74 *Gassner*, in: Gassner/Bendomir-Kahlo/Schmidt-Räntsch/Schmidt-Räntsch, BNatSchG, 2. Aufl. 2003, § 61 Rn. 24, *Fischer-Hüftle*, in: Schumacher/Fischer-Hüftle, BNatSchG, 1. Aufl. 2003, § 61 Rn. 22; *Schlacke*, in: dies./Schrader/Bunge, Informationsrechte, Öffentlichkeitsbeteiligung und Rechtsschutz im Umweltrecht, 2010, § 3 Rn. 84.

2. Berührung des satzungsmäßigen Aufgabenbereichs (Abs. 1 Nr. 2)

31 Gemäß **Abs. 1 Nr. 2** muss die Vereinigung durch die Entscheidung in ihrem **satzungsmäßigen Aufgaben- und Tätigkeitsbereich berührt** sein, soweit sich die Anerkennung darauf bezieht. Diesbezüglich ist zu beachten, dass in der Anerkennung nach § 3 UmwRG der satzungsmäßige Aufgabenbereich anzugeben ist und insbesondere, ob die Vereinigung im Schwerpunkt Ziele des Naturschutzes und der Landschaftspflege fördert.[75] Mit dieser Vorgabe wird der Kreis klageberechtigter Naturschutzvereinigungen unter § 64 weiter eingeengt.[76] Nach den Materialien soll diese Vorgabe der Verklammerung von Klagerecht und Mitwirkungsrechten dienen.[77] Näher liegt aber, darin Spurenelemente der Schutznormtheorie zu sehen: Eine Vereinigung soll nur die naturschutzrechtlichen Belange rügen können, denen sie sich laut Satzung auch widmet. Des Weiteren ist zu beachten, dass der satzungsgemäße Aufgabenbereich einer auf Landesebene anerkannten Naturschutzvereinigung **an der Landesgrenze endet** und diese keine Rechtsbehelfe gegen Entscheidungen eines anderen Bundeslandes einlegen kann.[78]

3. Mitwirkung im Verwaltungsverfahren (Abs. 1 Nr. 3)

32 Die Naturschutzvereinigung muss nach **Abs. 1 Nr. 3** im **konkreten Fall zur Mitwirkung** an der Entscheidung nach § 63 Abs. 1 Nr. 2–4 oder Abs. 2 Nr. 5–7 **berechtigt** gewesen sein und muss diese Rechte derart **genutzt** haben, dass sie sich im **Verfahren in der Sache geäußert** hat. Die Vorschrift verfolgt einen doppelten **Zweck**. Zum einen will sie sicherstellen, dass die Behörde frühzeitig von dem Sachverstand der Naturschutzvereinigungen profitieren kann. Zum anderen soll der Vorhabenträger in einem nachfolgenden Gerichtsverfahren vor einem überraschenden Prozessvortrag geschützt werden.[79]

33 Die Voraussetzung ist erfüllt, wenn die Naturschutzvereinigung **substanziell Tatschen oder Argumente** eingebracht hat.[80] Dies ist sozusagen die Kehrseite der substanziellen **Anhörung** der Vereinigung durch die Behörde.[81] Deutlich wird zugleich, dass die Klage der Naturschutzvereinigung als ultima ratio vom Gesetzgeber gedacht ist.[82]

---

75 Siehe dazu VG Kassel, Urt. v. 02.08.2012 – 4 L 81/12.KS, das in einem fehlenden entsprechenden Zusatz in dem Anerkennungsbescheid gem. § 3 Abs. 1 S. 3 UmwRG einen formalen Fehler sieht und deshalb den Tatbestand des satzungsgemäßen Aufgabenbereich verneint. Es erscheint zweifelhaft, ob eine solch formale Auslegung mit dem Anliegen der Aarhus-Konvention eines weiten Zugangs für Umweltschutzvereinigungen vereinbar ist.

76 So auch *Schlacke*, in: dies./Schrader/Bunge, Informationsrechte, Öffentlichkeitsbeteiligung und Rechtsschutz im Umweltrecht, 2010, § 3 Rn. 64.

77 BT-Drs. 14/6378, S. 62.

78 VG Kassel, Beschl. v. 02.08.2015 – 4 L81/12.KS; *Gellermann*, in: Landmann/Rohmer, Umweltrecht, 59. Lfg. 2010, BNatSchG, § 63 Rn. 7; OVG Bremen, ZUR 2010, 42.

79 BT-Drs. 14/6378, S. 62.

80 *Gassner*, in: Gassner/Bendomir-Kahlo/Schmidt-Räntsch/Schmidt-Räntsch, BNatSchG, 2. Aufl. 2003, § 61 Rn. 27.

81 VG Schleswig, Urt. v. 24.03.1999 – NuR 1999, 714.

82 *Gassner*, in: Gassner/Bendomir-Kahlo/Schmidt-Räntsch/Schmidt-Räntsch, BNatSchG, 2. Aufl. 2003, § 61 Rn. 27.

Auch ohne Äußerung in der Sache ist die Klage einer Naturschutzvereini- 34
gung zulässig, wenn „ihr keine Gelegenheit zur Äußerung gegeben worden
ist" **(Abs. 1 Nr. 3)**. Im Zweifel trifft die Behörde die Pflicht nachzuweisen,
dass sie der Vereinigung eine **Möglichkeit zur Stellungnahme und Einsicht**
eingeräumt hat, wie dies in § 63 verlangt wird (§ 63 Rn. 37 ff.).[83] Zu beachten
ist, dass eine solche Klage nach der Rechtsprechung nur Erfolg hat, wenn
sich dieser Verfahrensfehler nach § 46 VwGO in der Sachentscheidung niedergeschlagen hat (Rn. 42 ff.).

4. Fristen

Für die Rechtsbehelfe gelten grundsätzlich die normalen **Fristen** des all- 35
gemeinen Verwaltungsprozessrechts, insbesondere für Widerspruch und Anfechtungsklage (§§ 70, 74 VwGO). Hat die Naturschutzvereinigung aber
keine Kenntnis von der Entscheidung erlangt – sei es durch öffentliche
Bekanntmachung oder durch Bekanntgabe an die Naturschutzvereinigung –
so muss sie nach § 64 **Abs. 2**, der auf **§ 2 Abs. 4 Satz 1 UmwRG** verweist,
Widerspruch oder Klage **binnen eines Jahres** erheben. Diese Regelung entspricht der Lösung in § 59 Abs. 2 VwGO für das allgemeine Verwaltungs-
prozessrecht.[84]

5. Verbot der Mehrfachklagen und Beiladung

Das schon früher geltende **Verbot der Mehrfachklage** findet sich in § 64 36
Abs. 2 i.V.m. **§ 1 Abs. 1 Satz 4 UmwRG**, der die Klage versagt, wenn eine
Entscheidung „auf Grund einer Entscheidung in einem verwaltungsgerichtlichen Streitverfahren erlassen worden ist". Angesprochen ist damit der
Grundsatz der *res iudicata*, der an den Streitgegenstand anknüpft. **Zweck**
der Vorschrift ist es, eine doppelte gerichtliche Befassung mit der Entscheidung auszuschließen.[85]

Allerdings ist zugleich auch der **Zweck** der naturschutzrechtlichen Klage- 37
rechte zu beachten, eine ausreichende **Beachtung der Belange des Naturschutzes** und der Landschaftspflege erforderlichenfalls auch gerichtlich
durchzusetzen. Daraus folgt, dass die für von der res iudicata angesprochen
Bindungswirkung einer gerichtlichen Entscheidung **strikt** anzuwenden sind.
Da der Streitgegenstand sich auch nach den behaupteten Rechtsverletzungen richtet, kann das Klagerecht einer Naturschutzvereinigung nur entfallen, wenn in dem verwaltungsgerichtlichen Streitverfahren auch die **Verletzungen des Naturschutzrechts** ausreichend gerügt und geprüft worden
sind.[86]

---

83 *Fischer-Hüftle*, in: Schumacher/Fischer-Hüftle, BNatSchG, 2. Aufl. 2011, § 64 Rn. 38.
84 *Gassner*, in: Gassner/Bendomir-Kahlo/Schmidt-Räntsch/Schmidt-Räntsch, BNatSchG, 2. Aufl.
    2003, § 61 Rn. 30.
85 BR-Drs. 411/01, S. 114.
86 Näher dazu *Schlacke*, in: dies./Schrader/Bunge, Informationsrechte, Öffentlichkeitsbetei-
    ligung und Rechtsschutz im Umweltrecht, 2010, § 3 Rn. 69.

38 Mögliche Probleme des Verbots der Mehrfachklage ließen sich auch über das Instrument der **Beiladung** lösen. Dann würden die Naturschutzvereinigungen zu einem Prozess gegen eine Entscheidung, gegen die sie einen naturschutzrechtlichen Rechtsbehelf einlegen können, hinzugezogen, mit der Folge, dass sich die Rechtskraft des Urteils nach § 121 VwGO auch ihnen gegenüber erstreckte. Ob die Voraussetzungen für eine Beiladung vorliegen, wird unterschiedlich beurteilt.[87] In der Literatur wird zutreffend darauf hingewiesen, dass die von der Beiladung verfolgten **Ziele** der **Verfahrensökonomie** und der **Rechtssicherheit** für die Zulässigkeit der Beiladung sprechen.[88] Auch aus **naturschutzrechtlicher Sicht** entspricht es der *ratio* der Klagerechte, dass die Belange des Naturschutzes gebündelt in einen Prozess eingebracht werden. Es besteht keine Gefahr einer ausufernden Beiladungspraxis, denn es können nur die Naturschutzvereinigungen beigeladen werden, die auch am Verfahren zum Erlass der angegriffenen Entscheidung teilgenommen haben.[89]

V. Materieller Prüfungsumfang

1. Inhaltliche Rügebegrenzungen

39 Inhaltliche Begrenzungen möglicher Rügen der Naturschutzvereinigungen und damit des Umfangs der gerichtlichen Prüfung ergeben sich zunächst aus der Begrenzung auf **naturschutzrechtlich relevante Vorschriften** in Abs. 1 Nr. 1 (siehe Rn. 25 ff.).[90]

2. Präklusion

40 In engem Zusammenhang mit der Sachurteilsvoraussetzung der Mitwirkung in der Sache im Verfahren zur gerügten Entscheidung nach Abs. 1 Nr. 3 steht die Präklusionsvorschrift des **§ 64 Abs. 2** i.V.m. **§ 2 Abs. 3 UmwRG**. Die Naturschutzvereinigung ist im gerichtlichen Verfahren mit allen Einwendungen ausgeschlossen, die sie bereits im Verwaltungsverfahren hätte vorbringen können, aber nicht vorgebracht hat. Der Zweck dieser **materiellen**[91] **Präklusionsregelung** entspricht dem der korrespondierenden Sachurteilsvoraussetzung. Sie soll die Prozessgegner vor **Überraschungsangriffen** schützen und zugleich eine **umfassende Berücksichtigung** der naturschutzrechtlichen Belange bereits im Verwaltungsverfahren gewährleisten. Denn die Natur-

---

87 Bejahend OVG Hamburg, Beschl. v. 09.02.2009 – 5 E 4/08.P, ZUR 2009, 265 (266), siehe auch *Gassner*, in: Gassner/Bendomir-Kahlo/Schmidt-Räntsch/Schmidt-Räntsch, BNatSchG, 2. Aufl. 2003, § 61 Rn. 15; *Schlacke*, in: Schlacke/Schrader/ders., Informationsrechte, Öffentlichkeitsbeteiligung und Rechtsschutz im Umweltrecht, 2010 § 3 Rn. 72; ablehnend OVG Lüneburg v. 19.02.2009 – 40B 215/08, ZUR 2009, 267 f.

88 *Schlacke*, in: dies./Schrader/Bunge, Informationsrechte, Öffentlichkeitsbeteiligung und Rechtsschutz im Umweltrecht, 2010, § 3 Rn. 72.

89 Vgl. *Schlacke*, in: dies./Schrader/Bunge, Informationsrechte, Öffentlichkeitsbeteiligung und Rechtsschutz im Umweltrecht, 2010, § 3 Rn. 72.

90 Zum erforderlichen substanziellen Vortrag der Naturschutzvereinigung BVerwG, Urt. v. 09.07.2009 – 4 C 12/07, NVwZ 2010, 123.

91 Siehe BVerwG, Urt. v. 22.01.2004 – 4 A 4/03, NVwZ 2004, 324.

schutzvereinigungen stehen so unter dem Druck, alle möglichen Aspekte bereits in das Verwaltungsverfahren einzubringen.

Zur Vermeidung der Präklusion ist es ausreichend, dass sich anhand der Ein-   41
wendungen im Verwaltungsverfahren die **„Grundlinien"** des späteren Kla-
gevorbringens nachzeichnen lassen.[92] Nach der Rechtsprechung muss angegeben werden, welches Schutzgut durch ein Vorhaben betroffen wird und
welche Beeinträchtigungen ihm drohen.[93] Die **Darlegungslast** dafür, dass die
Vereinigung zur Zeit der Einsichtnahme in die Unterlagen keine weiteren
Einwendungen hätte vorbringen können, trägt die Naturschutzvereinigung.[94] Bestand im Verfahren aber keine Gelegenheit zur Mitwirkung, so
trifft die Behörde die Last darzulegen, dass sie ihren Verpflichtungen nach
§ 63 nachgekommen ist.[95] Die Präklusionswirkung ist gegenüber anderen
Präklusionsregelungen, insbesondere in den Fachgesetzen[96], **lex specialis**.[97]
Denn sie knüpft an das Verhalten im Verwaltungsverfahren an. Dafür enthält
§ 63 ein spezifisches Verfahrensrecht für Naturschutzvereinigungen.[98]

Nach der ständigen Rechtsprechung des BVerwG verstoßen die **Präklusions-**   41a
vorschriften nicht gegen EU-Recht.[99] Anderer Ansicht ist die Europäische
Kommission, welche deshalb ein Vertragsverletzungsverfahren gegen
Deutschland einleitete. In seinen Schlussanträgen vom 21. 05. 2015 kam Generalanwalt *Wathelet* zu dem Ergebnis, dass § 2 Abs. 3 UmwRG gegen geltendes EU-Recht verstoße (s. § 63 Rn. 37). Der EuGH schloss sich in seinem
Urteil vom 15. 10. 2015 den Schlussanträgen des Generalanwalts an.[100]

3. Bedeutung von Verfahrensfehlern

Form- und Verfahrensfehler sind nach der Rechtsprechung grundsätzlich nur   42
rügefähig und damit der gerichtlichen Überprüfung zuführbar, wenn sie gemäß § 64 Abs. 1 Nr. 1 zumindest auch den Belangen des Naturschutzes und
der Landschaftspflege zu dienen bestimmt sind (siehe Rn. 25 ff.). In der Begründetheit der Klage haben Fachgerichte ihre **Prüfungskompetenz** noch
weiter **zurückgenommen**. Vor Einführung der sog. Verbandsklage 2002 hat

---

92 BVerwG v. 17. 05. 2002 – 4 A 28.01, BVerwGE 116, 254 (257 ff.).
93 OVG Lüneburg, Beschl. v. 05. 03. 2008 – 7 MS 114/07, NVwZ-RR 2008, 530.
94 *Fischer-Hüftle*, in: Schumacher/Fischer-Hüftle, BNatSchG, 2. Aufl. 2011, § 64 Rn. 37.
95 *Fischer-Hüftle*, in: Schumacher/Fischer-Hüftle, BNatSchG, 2. Aufl. 2011, § 64 Rn. 38. Die
   Präklusion tritt nicht ein, wenn die Planungsbehörde ihre Entscheidungsgrundlage
   nachträglich durch eine gutachterliche Ausarbeitung ergänzt hat, ohne sie der Vereinigung mitzuteilen, BVerwG, Urt. v. 13. 05. 2009 – 9 A 73.07, NVwZ 2009, 1296.
96 Z.B. § 17 Abs. 4 Satz 1 FStrG.
97 BVerwG, Urt. v. 17. 05. 2002 – 4 A 28.1, BVerwGE 116, 254 (257 ff.); BVerwG v. 27. 02.
   2003 – 4 A 59.01, DVBl 2003, 1061 (10062).
98 So *Gassner*, in: Gassner/Bendomir-Kahlo/Schmidt-Räntsch/Schmidt-Räntsch, BNatSchG,
   2. Aufl. 2003, § 61 Rn. 29.
99 BVerwG, Urt. v. 14. 04. 2010 – 9 A 5/08, NVwZ 2010,1225; BVerwG, Urt. v. 14. 07. 2011
   – 9 A 14/10, NVwZ 2012, 180 (183); BVerwG, Urt. v. 29. 09. 2011 – 7 C 21/09, NVwZ
   2012, 176 (177 f.).
100 EuGH, Urt. v. 15. 10. 2015, Rs. C-137/14, NuR 2015, 765 ff., Rn. 76 ff.; dazu näher *Frenz*,
   NuR 2015, 832 (833 f.).

das BVerwG nicht die Vorschrift des **§ 46 VwVfG** herangezogen, weil es sich bei den Mitwirkungsrechten um ein absolutes Verfahrensrecht handle.[101] Jeder Verstoß gegen die Mitwirkungsrechte ist mithin so behandelt worden, als habe er Einfluss auf die Sachentscheidung gehabt. Mit Einführung der sog. Verbandsklage hat es für einen solchen Schutz hingegen kein Bedürfnis mehr gesehen. Damit sind Verstöße gegen die Mitwirkungsrechte von Naturschutzvereinigungen nach der Rechtsprechung in einer Klage gegen die Entscheidung gemäß § 46 VwVfG unbeachtlich, wenn offensichtlich ist, dass die Verletzung des Verfahrensrechts die Sachentscheidung nicht beeinflusst hat.

43 Legt der **Wortlaut** von § 46 VwVfG („offensichtlich") einen engen Anwendungsbereich nahe, ist dies aber vom BVerwG mit der sog. **Kausalitätsrechtsprechung** konterkariert worden. Nach ständiger Rechtsprechung liegt der von § 46 VwVfG geforderte Kausalzusammenhang vor, „wenn nach den Umständen des jeweiligen Falles die konkrete Möglichkeit besteht, dass ohne den angenommenen Verfahrensmangel die Entscheidung anders ausgefallen wäre". Das wird aber nur dann angenommen, wenn sich aufgrund naheliegender und erkennbarer Umstände die Möglichkeit abzeichnet, dass die Entscheidung anders ausgefallen wäre.[102] In dieser Interpretation verflüchtigt sich die Bedeutung des Wortes „offensichtlich". In der Literatur wird darauf hingewiesen, dass die Naturschutzvereinigungen **in der Praxis** die vom BVerwG geforderte Darlegungslast bislang nicht erfolgreich haben tragen können.[103] Nicht nur vor diesem Hintergrund spricht die ratio des § 64, die auf der tendenziellen zu geringen Beachtung der Belange von Naturschutz und Landschaftspflege beruht, dafür, jedenfalls im Rahmen der naturschutzrechtlichen Vereinigungsklage dem Wortlaut „offensichtlich" wieder seine volle Bedeutung zukommen zu lassen. Bei Verstößen gegen die Mitwirkungsrechte sollte dies zu der **(widerlegbaren) Vermutung** führen, dass der Verfahrensmangel Einfluss auf die Sachentscheidung gehabt hat.[104]

43a In seiner sog. **Altrip-Entscheidung** hat der EuGH festgestellt, dass es zwar zulässig sein kann, eine rügefähige Rechtsverletzung zu verneinen, wenn im konkreten Fall die nachweisliche Möglichkeit besteht, dass die Entscheidung auch ohne den geltend gemachten Verfahrensfehler nicht anders ausgefallen wäre.[105] Jedoch ist es nach Ansicht des Gerichtshofs unzulässig, dem Rechtsbehelfsführer die **Beweislast** für das Vorliegen des Kausalitätskriteriums aufzubürden.[106] Vielmehr müsste das Gericht, z.B. durch Beweise des Bauherren oder der zuständigen Behörde, zu der Feststellung des Vor-

---

101 BVerwG, Urt. v. 31. 10. 1990 – 4 C 7.88, BVerwGE 87, 62 (70).
102 BVerwG, v. 30. 05. 1984 – 4 C 58.81, BVerwGE 69, 256 (269 f.); BVerwG v. 25. 01. 1996 – 4 C 5.95, BVerwGE 100, 238 (250).
103 *Schlacke*, in: dies./Schrader/Bunge, Informationsrechte, Öffentlichkeitsbeteiligung und Rechtsschutz im Umweltrecht, 2010, § 3 Rn. 89.
104 Vgl. im Ergebnis *Schlacke*, in: dies./Schrader/Bunge, Informationsrechte, Öffentlichkeitsbeteiligung und Rechtsschutz im Umweltrecht, 2010, § 3 Rn. 89.
105 EuGH, Urt. v. 07. 11. 2013, Rs. C-72/12, ZUR, 36 (39 f.).
106 EuGH, Urt. v. 07. 11. 2013, Rs. C-72/12, ZUR, 36 (39 f.).

liegens des Kausalitätskriteriums gelangen.[107] Der EuGH führte diesen Ansatz in seinem Urteil fort.[108]

Schließlich ist zu beachten, dass die Rechtsprechung auf die naturschutz-   44
rechtlichen Mitwirkungsrechte auch die allgemeinen Lehren der **Fehlerhei-lung** anwendet.[109] Insofern kommt insbesondere das Instrument der **Plan-ergänzung** infrage.[110]

VI. Andere Rechtsbehelfsmöglichkeiten
von Naturschutzvereinigungen

1. Rechtsbehelfe nach dem Umweltrechtsbehelfsgesetz

Die anerkannten Naturschutzvereinigungen stellen eine Teilmenge der **aner-   45
kannten Umweltvereinigungen** nach § 3 UmwRG dar (siehe § 63 Rn. 53). Deshalb stehen ihnen grundsätzlich auch die **Rechtsbehelfe nach dem UmwRG** zur Verfügung. Die Frage, ob eine Naturschutzvereinigung in einem Rechtsstreit neben der naturschutzrechtlichen Klage auch die Umweltrechtsbehelfe nach dem UmwRG erheben könne, ist anfangs umstritten gewesen.[111] Nachdem sich in Rechtsprechung und Literatur die Ansicht durchgesetzt hat, dass die naturschutzrechtliche grundsätzlich neben der umweltrechtlichen Verbandsklage geltend gemacht werden kann,[112] hat der Gesetzgeber in der Umsetzung des Trianel-Urteils nun **in § 64 Abs. 1 i.V. m. § 1 Abs. 3 UmwRG einen ausdrücklichen Vorrang des UmwRG für bestimmte Fälle statuiert.**[113] Nach § 1 Abs. 3 UmwRG, auf den § 64 Abs. 1 verweist, wird § 64 Abs. 1 in Planfeststellungsverfahren, die § 1 Abs. 1 S. 1 Nr. 1 oder 2 UmwRG unterfallen und für die Rechtsbehelfe nach dem UmwRG eröffnet sind, nicht angewendet. In diesen Fällen ist nur die Klage nach § 2 UmwRG zulässig.

Die Rechtsbehelfe nach § 2 UmwRG sind auf die Überprüfung von Geneh-   46
migungen nach § 1 UmwRG ausgerichtet und dienen auch der Absicherung der **Öffentlichkeitsbeteiligung** und der **UVP-Pflicht**. Im Zuge der Neufassung des UmwRG wurde 2013[114] die in Literatur und Rechtsprechung in Hinblick auf die Vereinbarkeit mit dem Unionsrecht und der Aarhus-Konvention

---

107 M.w.N. Erbguth, ZUR 2014, 515 (525); EuGH, Urt. v. 07. 11. 2013, Rs. C-72/12, ZUR, 36 (39 f.).

108 EuGH, Urt. v. 15. 10. 2015, Rs. C-137/14, NuR 2015, 765 ff., Rn. 55 ff.; dazu näher *Frenz*, NuR 2015, 832 (834).

109 BVerwG, Urt. v. 12. 12. 1996 – 4 C 19.95, BVerwGE 102, 358 (364 f.).

110 Näher dazu *Schlacke*, in: dies./Schrader/Bunge, Informationsrechte, Öffentlichkeitsbeteiligung und Rechtsschutz im Umweltrecht, 2010, § 3 Rn. 88 m.w.N.; siehe BVerwG, Urt. v. 01. 04. 2004 – 4 C 2/03, BVerwGE 120, 276 ff.

111 Verneinend VG Bremen, Urt. v. 29. 11. 2007 – 5 K 565/07, ZUR 2008, 368 (370), vgl. zur Spezialität der naturschutzrechtlichen Klage *Kerkmann*, BauR 2007, 1527 (1529).

112 VG München, Beschl. v. 03. 06. 2014 – M 2 S 14.2116; *Gellermann*, in: Landmann/Rohmer, Umweltrecht, 68. Lfg. 2013, BNatSchG, § 64 Rn. 2.

113 *Schlacke*, ZUR 2013, 195 (197); *Seibert*, NVwZ 2013, 1040 (1041); OVG Koblenz, Urt. v. 01. 07. 2015 – 8 C 10494/14.OVG; VG Ansbach, Urt. v. 14. 07. 2014 – AN 10 K 13.01450; VG Berlin, Beschl. v. 28. 02. 2014 – VG 19 L 334.13.

114 Neubekanntmachung des UmwRG v. 08. 04. 2013 (BGBl. I S.753).

umstrittene Beschränkung der rügefähigen Rechtsvorschriften auf solche, die Rechte Einzelner begründen, ersatzlos entfernt.[115] Die Neufassung der Regelung wurde insbesondere aufgrund des sog. **Trianel-Urteils** des EuGH notwendig, worin dieser feststellte, dass eine derartige Beschränkung dem für Umweltverbände von der UVP-Richtlinie gewährleisteten weiten Zugang zu Gerichten widerspräche.[116] Die einschlägigen Vorschriften des Unionsrechts und der Aarhus-Konvention erlauben zwar formal ein Festhalten am Ansatz des subjektiv-öffentlichen Rechts, doch kann eine solche Beschränkung nicht auf Umweltvereinigungen angewendet werden, da sonst das Ziel eines „weiten Zugangs zu Gerichten" für die Vereinigungen missachtet würde.[117] Durch die Neufassung des UmwRG hat sich der **Charakter** der Klage beträchtlich gewandelt. Es ist nunmehr zulässig, auch allein die Überprüfung des objektiven Rechts aus Gründen des Umweltschutzes zu verlangen, ohne zusätzlich eine Betroffenheit des Klägers in seinen subjektiven Rechten darlegen zu müssen. Damit werden die Naturschutzvereinigungen insbesondere des Bedürfnisses enthoben, für die Erlangung eines subjektiv-öffentlichen Rechts für die Klagebefugnis ein sog. Sperrgrundstück (siehe Rn. 48) zu erwerben.

2. Die Partizipationserzwingungsklage

47 Die in der Rechtsprechung entwickelte **Partizipationserzwingungsklage** erlaubt, während des Verwaltungsverfahrens die Mitwirkungsrechte vor Gericht effektiv einzufordern (siehe § 63 Rn. 45). Die Klage basiert auf § 63 und ist zu Recht von der Rechtsprechung auch nach Einführung der Verbandsklage (§ 64) beibehalten worden.

3. Klagebefugnis aus sog. Sperrgrundstück

48 Vor Anerkennung der naturschutzrechtlichen Vereinigungsklage und der Umsetzung der Trianel-Entscheidung im Rahmen des UmwRG mussten sich die Naturschutzvereinigungen nach den allgemeinen Regeln den Umstand zu Nutze machen, dass ein Grundstückseigentümer bei Auswirkungen eines Vorhabens auf sein Eigentum über sein subjektiv-öffentliches Recht klagebefugt ist und in diesem Rahmen auch Belange des öffentlichen Interesses in ein Gerichtsverfahren einbringen konnte. Um in diese Rechtsposition zu gelangen, war aber der Erwerb eines betreffenden **„Sperrgrundstücks"** erforderlich.[118] Die Rechtsprechung hatte dieses Vorgehen akzeptiert, sofern

---

115 *Fellenberg/Schiller*, in: Landmann/Rohmer, Umweltrecht, 65. Lfg. 2012, UmwRG, § 2 Rn. 18; *Balensiefen*, Umwelt-Rechtsbehelfsgesetz, 1. Aufl. 2013, § 2, Rn. 2; zur Kritik siehe auch *Niederstadt/Weber*, NuR 2009, 297 ff. m.w.N.

116 EuGH, Urt. v. 12. 05. 2011 Rs, C-115/09, *Trianel*, Rn. 46; *Fellenberg/Schiller*, in: Landmann/Rohmer, Umweltrecht, 65. Lfg. 2012, UmwRG, § 2 Rn. 19.

117 EuGH, Urt. v. 12. 05. 2011, Rs. C-115/09, *Trianel*, Rn. 45 f.; Art. 9 Abs. 2 Aarhus-Übereinkommen (BGBl. II 2006, S. 1251); UNECE, The Aarhus Convention, An Implementation Guide, 2000, S. 128 f.; vgl. den Vorlagebeschluss des OVG Münster, Beschl. v. 05. 03. 2009 – 8 D 58/08.AK, 8 D 58/08, ZUR 2009, 380.

118 *Kment*, NVwZ 2014, 1566 (1567 f.).

eine dingliche Rechtsposition erworben wurde.[119] Eine Grenze wurde lediglich bei **Missbrauch** gezogen, wenn die Rechtsstellung allein zum Zweck der Prozessführung erworben wurde.[120] Das sollte vorliegen, wenn dem Kläger nur „eine formale Hülle ohne substanziellen Inhalt" übertragen worden ist, wenn sich durch die „Eigentumsübertragung" die tatsächliche Nutzung des Grundstücks nicht geändert hat und auch kein wirtschaftlicher Gegenwert für die Eigentumsübertragung geflossen ist.[121] Die dahingehend gefestigte Rechtsprechung des BVerwG wurde 2014 durch die sog. **Garzweiler II-Entscheidung**[122] des BVerfG aber weitgehend in Frage gestellt.[123] Nach Ansicht der Karlsruher Richter kommt es für den Schutz durch das Eigentumsgrundrecht in der Regel weder auf Motiv noch Zeitpunkt oder Begleitumstände des Grunderwerbs an.[124] Für die Beschwerdebefugnis genüge vielmehr die **formale Stellung des Eigentümers**, welche allenfalls durch den Ausnahmefall des Art. 18 GG, also den Missbrauch von Grundrechten gegen die freiheitlich demokratischen Grundordnung, verwirkt werden könne.[125]

4. Weitergehende Regelungen nach Landesrecht

§ 64 Abs. 3 enthält eine *opting up*-Klausel[126], eine **Öffnung für weiterreichende Klageregelungen in den Ländern** in Fällen, in denen dort in Übereinstimmung mit § 63 Abs. 2 Nr. 8 korrespondierend weitergehende Mitwirkungsrechte festgelegt worden sind. Nicht alle Länder hatten zuvor Klagerechte für Naturschutzvereinigungen eingeführt. Dort gelten Kraft unmittelbarer Wirkung die bundesrechtlichen Regelungen.[127] Insofern legt § 64 bundesweit einen **Mindeststandard** an Klagerechten für Naturschutzvereinigungen fest.   49

In der Praxis ist in etwa der Hälfte der Länder, die bereits naturschutzrechtliche Vereinigungsklagen vorgesehen hatten, kein *opting up* vorgenommen worden, sondern eine Anpassung an den bundesweiten Mindeststandard.[128] Weitergehende Regelungen finden sich vor allem im Bereich des § 63 Abs. 2 Nr. 5 (siehe Rn. 12 ff.), insbesondere wenn **Ausnahmen** und **Befreiungen** in bestimmten Umfang als Klagegegenstände zugelassen werden.[129] Ferner ist in manchen Ländern die Klage auf alle sog. **Umgehungsfälle** erstreckt worden.[130]   50

---

119 BVerwG, Urt. v. 27. 10. 2000 – 4 A 10/99, NVwZ 2001, 427.

120 Ständige Rechtsprechung des BVerwG, zuletzt BVerG NvwZ 2012, 567 (568).

121 BVerwG, Urt. v. 27. 10. 2000 – 4 A 10/99, NVwZ 2001, 427.

122 BVerfG, NVwZ 2014, 211.

123 Kment, NvwZ 2014, 1566 (1567).

124 BVerfG, NVwZ 2014, 211 (213).

125 BVerfG, NVwZ 2014, 211 (213).

126 Zum Begriff *Schlacke*, in: dies./Schrader/Bunge, Informationsrechte, Öffentlichkeitsbeteiligung und Rechtsschutz im Umweltrecht, 2010, § 3 Rn. 90.

127 *Schlacke*, in: dies./Schrader/Bunge, Informationsrechte, Öffentlichkeitsbeteiligung und Rechtsschutz im Umweltrecht, 2010, § 3 Rn. 90.

128 *Schlacke*, in: dies./Schrader/Bunge, Informationsrechte, Öffentlichkeitsbeteiligung und Rechtsschutz im Umweltrecht, 2010, § 3 Rn. 90.

129 Vgl. § 65a Abs. 1 Satz 1 Nr. 4 und 5 LNatG M-V; § 60a Nr. 4 lit. c) und d) NNatG.

130 Vgl. § 39b Abs. 2 Satz 2 BerlNatSchG, § 58 Abs. 2 SächsNatSchG, § 46 Abs. 3 ThürNatG.

KAPITEL 9
Eigentumsbindung, Befreiungen

§ 65
Duldungspflicht*)

(1) Eigentümer und sonstige Nutzungsberechtigte von Grundstücken haben Maßnahmen des Naturschutzes und der Landschaftspflege auf Grund von Vorschriften dieses Gesetzes, Rechtsvorschriften, die auf Grund dieses Gesetzes erlassen worden sind oder fortgelten, oder Naturschutzrecht der Länder zu dulden, soweit dadurch die Nutzung des Grundstücks nicht unzumutbar beeinträchtigt wird. Weiter gehende Regelungen der Länder bleiben unberührt.

(2) Vor der Durchführung der Maßnahmen sind die Berechtigten in geeigneter Weise zu benachrichtigen.

(3) Die Befugnis der Bediensteten und Beauftragten der Naturschutzbehörden, zur Erfüllung ihrer Aufgaben Grundstücke zu betreten, richtet sich nach Landesrecht.

Inhaltsübersicht

I. Überblick

Maßnahmen des Naturschutzes und der Landschaftspflege führen nicht selten zu Konflikten mit den Interessen betroffener Grundstückseigentümer oder sonstiger Nutzungsberechtigter. § 65 regelt den Interessenausgleich für einen Teilbereich der insoweit denkbaren Konflikte und bestimmt, unter welchen Voraussetzungen die Betroffenen Maßnahmen des Naturschutzes und der Landschaftspflege abwehren können bzw. zu dulden haben. Die 1

---

*) Beachte bei § 65 Abs. 1: **Schleswig-Holstein** – Abweichung durch § 48 Abs. 2 LNatSchG SH v. 24.02.2010 (GVOBl. Schl.-H., S. 301) m.W.v. 01.03.2010 (vgl. BGBl. I 2010, S. 450).

Vorschrift bestimmt damit **Inhalt und Schranken des Eigentums** i.S.d. Art. 14 Abs. 1 Satz 2 GG.

2 Anders als die Vorgängerregelung des § 9 BNatSchG a.F., die lediglich eine unverbindliche Leitlinie für die Länder darstellte[1], gestaltet § 65 Abs. 1 Satz 1 die Duldungspflicht als **bundesrechtlich verbindliche Vollregelung** aus.[2] Die Duldungspflicht besteht gegenüber Maßnahmen, die auf Grundlage des BNatSchG, der Naturschutzgesetze der Länder oder hierauf basierender Rechtsvorschriften durchgeführt werden. Die Grenze der Duldungspflicht bildet die Zumutbarkeit der Beeinträchtigung der Nutzung des in Rede stehenden Grundstücks. Soweit Landesrecht weiter gehende Regelungen enthält, bleibt es gemäß Abs. 1 Satz 2 neben dem Bundesrecht anwendbar.

3 Mit Abs. 2 wird – entsprechend dem Vorbild einiger Landesnaturschutzgesetze – eine Pflicht zur vorherigen **Benachrichtigung** der Eigentümer oder Nutzungsberechtigten über die Durchführung der zu duldenden Maßnahmen geregelt. Abs. 3 stellt klar, dass die Befugnis der Bediensteten und Beauftragten der Naturschutzbehörden, zur Erfüllung ihrer Aufgaben Grundstücke zu **betreten**, von § 65 nicht erfasst wird und sich ausschließlich nach Landesrecht richtet.

II. Naturschutz und Eigentumsschutz

4 Durch die Regelungen des Kap. 9 und insbesondere der §§ 65, 68 wird das **Spannungsverhältnis** zwischen einerseits Natur- und Landschaftsschutz und andererseits Eigentumsschutz näher ausgestaltet. Dies ist erforderlich, da die Durchführung von Naturschutzmaßnahmen oftmals nur unter gleichzeitiger Beschränkung von Eigentumsbefugnissen möglich ist.[3] Der Naturschutz ist eine Gemeinwohlaufgabe von hohem Rang und daher grundsätzlich geeignet, gesetzliche Regelungen und Maßnahmen zu rechtfertigen, mit denen eine Beschränkung von Eigentümerinteressen einhergeht.[4] Selbstverständlich besteht jedoch kein genereller und undifferenzierter Vorrang der naturschützerischen Belange, sondern sind die Gesichtspunkte des jeweiligen Einzelfalls sowie die spezifischen, aus **Art. 14 GG** abzuleitenden eigentumsgrundrechtlichen Vorgaben zu berücksichtigen.[5] Für die Einordnung und

---

1 *Gellermann*, in: Landmann/Rohmer, Umweltrecht, § 65 BNatSchG Rn. 2; *Gassner*, in: Gassner/Bendomir-Kahlo/Schmidt-Räntsch, BNatSchG, § 9 Rn. 2; *Marzik/Wilrich*, BNatSchG, § 9 Rn. 1; *Kolodziejcok/Endres/Krohn/Markus*, NLJ, Kz. 1126, § 9 BNatSchG Rn. 4.

2 *Egner*, in: Egner/Fuchs, Naturschutz- und Wasserrecht 2009, § 65 BNatSchG Rn. 1; *Kraft*, in: Lütkes/Ewer, BNatSchG, § 65 Rn. 1.

3 Siehe näher zum Spannungsfeld Naturschutz und Eigentumsfreiheit *Jeromin*, in: Kerkmann (Hrsg.), Naturschutzrecht, § 15 Rn. 4 ff.; *Blasberg*, Inhalts- und Schrankenbestimmungen des Grundeigentums zum Schutz der natürlichen Lebensgrundlagen, S. 1 ff.

4 *Papier*, in: Maunz/Dürig, GG, Art. 14 Rn. 422 ff. m.w.N.

5 Siehe etwa BVerfG, Beschl. v. 19.12.2002 – 1 BvR 1402/01, NVwZ 2003, 727 (728), wo das Gericht in der bauplanungsrechtlichen Ausweisung von Privatgrundstücken als öffentlicher Grüngürtel einen Verstoß gegen die Eigentumsgarantie des Art. 14 GG gesehen hat.

Auslegung der Regelungen des Kap. 9 ist daher das Eigentumsmodell des BVerfG von maßgeblicher Bedeutung.

1. Schutzbereich des Eigentumsgrundrechts

Zum Schutzbereich des Eigentumsgrundrechts bestimmt **Art. 14 Abs. 1** **5**
Satz 1 GG nur kurz und knapp, das Eigentum werde „gewährleistet". Das BVerfG versteht diese Gewährleistung in einer doppelten Hinsicht, nämlich im Sinne einer **Instituts- und Bestandsgarantie**.[6] Durch die Institutsgarantie ist der Gesetzgeber verfassungsunmittelbar verpflichtet, einen Grundbestand von Normen zu schaffen und bereitzuhalten, durch die die Existenz einer privaten Eigentumsordnung gewährleistet ist. Bereits zugewiesene Eigentumsrechte unterfallen hingegen dem – über die Institutsgarantie hinausgehenden – Schutz der Bestandsgarantie.

Ob eine Position zur eigentumsgrundrechtlichen Bestandsgarantie zu zählen **6**
ist, prüft das BVerfG anhand einer **zweistufigen Prüfungsfolge**.[7] Anknüpfungspunkt für den ersten Prüfungsschritt ist **Art. 14 Abs. 1 Satz 2 GG**. Aus der Ermächtigung des Gesetzgebers, Inhalt und Schranken des Eigentums zu bestimmen, schließt das BVerfG, dass unter den Schutz der Bestandsgarantie nur einfachgesetzlich geschaffene Rechtspositionen fallen können.[8] Erforderlich ist die **gesetzliche Zuweisung eines subjektiven Rechts**, d.h. (mindestens) einer Befugnis, von einem anderen normkonformes Verhalten verlangen zu können.[9] Diese Abhängigkeit des individuellen Grundrechtsschutzes von einem Tätigwerden des Gesetzgebers mag auf dem ersten Blick Fragen aufwerfen[10], ist jedoch nach der Kompetenzordnung des GG zwingend. Denn Art. 14 GG weist gegenüber anderen Grundrechten die Besonderheit auf, dass mit der Gewährung von Eigentumsrechten regelmäßig zugleich die Beschneidung von Befugnissen anderer einhergeht.[11] Die Lösung derart komplexer Fragestellungen kann in einem Rechtsstaat nur in den Händen des demokratisch legitimierten Gesetzgebers liegen.[12]

Der zweite Prüfungsschritt dient der Klärung der Frage, ob eine derart zu- **7**
gewiesene Rechtsposition auch **tatsächlich** als **verfassungsrechtliches Eigentum** eingestuft werden kann. Er lässt sich in zwei Unterschritte gliedern:

Der erste findet seine Verankerung allein in **Art. 14 Abs. 1 Satz 1 GG**. Aus der **8**
dort normierten Eigentumsgewährleistung und der Aufgabe des Eigentums-

---

6 Grundlegend BVerfG, Urt. v. 18.12.1968 – BvR 638/64, BVerfGE 24, 367 (389); siehe ferner *Böhmer*, NJW 1988, 2561 (2563).

7 Näher *Appel*, Entstehungsschwäche und Bestandsstärke des verfassungsrechtlichen Eigentums, S. 25 ff.; *ders.*, NuR 2005, 427 (427 f.); *Bultmann*, Öffentliches Recht, S. 205 f.

8 Sog. Gesetzesabhängigkeit der Bestandsgarantie, siehe statt vieler BVerfG, Urt. v. 08.04. 1997 – 1 BvR 48/94, BVerfGE 95, 267 (300).

9 Vgl. BVerfG, Beschl. v. 09.01.1991 – 1 BvR 929/89, BVerfGE 83, 201 (209 f.).

10 Siehe etwa den in diesem Zusammenhang berühmt gewordenen Zirkelschluss-Vorwurf von *Baur*, NJW 1982, 1734 (1735).

11 *Jaschinski*, Der Fortbestand des Anspruchs aus enteignendem Eingriff, S. 144 f.

12 *Böhmer*, NJW 1988, 2561 (2573).

grundrechts, die Freiheit im vermögensrechtlichen Bereich abzusichern,[13] zieht das BVerfG im Rahmen einer teleologischen Auslegung verfassungsunmittelbare Strukturmerkmale, die Verfassungseigentum begrifflich ausmachen (**„verfassungsrechtlicher Eigentumsbegriff"**). Diese Merkmale sind, soweit es um privatrechtlich verwurzelte Positionen geht, Privatnützigkeit und grundsätzliche Verfügungsbefugnis[14], und, soweit öffentlich-rechtliche Leistungen zur Debatte stehen, das Kriterium der Eigenleistung.[15] Ferner muss jede unter den Schutz der Bestandsgarantie fallende Rechtsposition einen Vermögenswert aufweisen.[16]

9   Auf Grundlage der vorgenannten Merkmale prüft das BVerfG dann in einem zweiten Unterschritt, ob die einfachgesetzlich zugewiesene Rechtsposition die vorgenannten Strukturvorgaben erfüllt und daher als Eigentum i.S.d. Bestandsgarantie einzustufen ist (**Qualifikationsprüfung**).[17]

2. Schutzfunktionen der Bestandsgarantie

10   Liegt eine derart qualifizierte Rechtsposition vor, so gewährt ihr die Bestandsgarantie in zweifacher Hinsicht Schutz: Die Bestandsgarantie ist zum einen ein **subjektives Abwehrrecht**, mit dessen Hilfe der Eigentümer alle unzulässigen Eingriffe in die Bestandsgarantie prozessual abwehren kann.[18] Ob ein Eingriff auch in der Sache unzulässig und damit abwehrbar ist, entscheidet sich an der zweiten Schutzwirkung der Bestandsgarantie, nämlich ihrer Wirkung als **objektiver Rechtmäßigkeitsmaßstab**.[19] Hierbei ergeben sich aus der Bestandsgarantie spezifische Anforderungen an die Eingriffsrechtfertigung, abhängig davon, auf welche Art und Weise ein Eingriff in Eigentumsbestandsrechte erfolgt. Eingriffe sind in erster Linie auf zwei Wegen denkbar:

11   Zum einen können Eingriffe durch **Enteignungen** i.S.d. Art. 14 Abs. 3 GG erfolgen. Solche Eingriffe sind gerechtfertigt, wenn die von Art. 14 Abs. 3 GG für Enteignungen aufgestellten Rechtmäßigkeitsanforderungen (Gesetz, Allgemeinwohlbindung, Verhältnismäßigkeit, Entschädigung) erfüllt sind.[20]

12   Zum anderen können Eingriffe durch Eigentumspositionen umgestaltende Regelungen i.S.d. Art. 14 Abs. 1 Satz 2 GG erfolgen, indem der Gesetzgeber bereits bestehende eigentumsrechtliche Zuordnungsverhältnisse im Nach-

---

13 Vgl. BVerfG, Beschl. v. 23.02.2010 – 1 BvR 2736/06, NVwZ 2010, 512 (514).

14 BVerfG, Beschl. v. 27.04.1999 – 1 BvR 1613/94, BVerfGE 100, 289 (301).

15 BVerfG, Beschl. v. 24.02.2010 – 1 BvR 27/09, SächsVBl. 2010, 140 (142). Bei sozialversicherungsrechtlichen Leistungen muss die Position darüber hinaus noch existenzsichernden Charakter haben, vgl. BVerfG, Beschl. v. 18.02.1998 – 1 BvR 1318/86, BVerfGE 97, 271 (284).

16 BVerfG, Urt. v. 08.04.1997 – 1 BvR 48/94, BVerfGE 95, 267 (300).

17 Siehe exemplarisch die Vorgehensweise in BVerfG, Urt. v. 16.07.1985, BVerfGE 69, 272 (299 f.).

18 BVerfG, Beschl. v. 09.01.1991 – 1 BvR 929/89, BVerfGE 83, 201 (208); *Böhmer*, NJW 1988, 2561 (2564).

19 *Böhmer*, NJW 1988, 2561 (2563).

20 Hierzu statt vieler *Jarass*, in: Jarass/Pieroth, GG, Art. 14 Rn. 74 ff.

hinein vollständig aufhebt[21] oder aus derartigen Zuordnungsverhältnissen zumindest einzelne Befugnisse herauslöst.[22] In der Vergangenheit forderte das BVerfG zur Rechtfertigung solcher **Umgestaltungsregelungen** i.S.d. Art. 14 Abs. 1 Satz 2 GG, dass besondere, den konkreten Eingriff in die Bestandsgarantie legitimierende öffentliche Interessen gegeben sind.[23] Hiervon ist das BVerfG inzwischen jedoch in mehreren Entscheidungen abgekehrt und wendet im Binnenbereich des Art. 14 GG die allgemeinen Grundsätze des rechtstaatlichen Rückwirkungsverbots an.[24] Dieser Rechtsprechungswandel, der eine erhebliche Abschwächung des von Art. 14 GG gewährleisteten Bestandsschutzes zur Folge hat und das bundesverfassungsgerichtliche Eigentumsmodell grundlegend infrage stellt, ist bislang auf erstaunlich wenig Kritik gestoßen.[25]

3. Abgrenzung Inhalts-/Schrankenbestimmung und Enteignung

Von besonderer praktischer Bedeutung für das Verhältnis Naturschutz und Eigentumsschutz ist die Abgrenzung zwischen **Inhalts-/Schrankenbestimmung** (Art. 14 Abs. 1 Satz 2 GG) und **Enteignung** (Art. 14 Abs. 3 GG). Während mit Inhalts-/Schrankenbestimmungen eigentumsbezogene Rechte und Pflichten generell-abstrakt für die Zukunft festgelegt werden, ist die Enteignung der staatliche Zugriff auf das Eigentum des Einzelnen. Die Enteignung ist darauf gerichtet, konkrete Positionen, die durch die Bestandsgarantie des Art. 14 Abs. 1 Satz 1 GG geschützt sind, zur Erfüllung bestimmter öffentlicher Aufgaben vollständig oder teilweise zu entziehen.[26] 13

Die vorgenannte Enteignungsdefinition kollidiert allerdings mit den gleichfalls weit reichenden Befugnissen, die das BVerfG dem Gesetzgeber im Zusammenhang mit dem Erlass von umgestaltenden Regelungen i.S.d. Art. 14 Abs. 1 Satz 2 GG einräumt. Auch hierbei ist es dem Gesetzgeber nämlich nicht verwehrt, einzelne, unter die Bestandsgarantie fallende Befugnisse bzw. das Zuordnungsverhältnis insgesamt aufzuheben.[27] Lassen sich somit auch durch Umgestaltungsregelungen i.S.d. Art. 14 Abs. 1 Satz 2 GG Schutzobjekte der Bestandsgarantie (teilweise oder sogar vollständig) entziehen, so 14

---

21 BVerfG, Beschl. v. 09.01.1991 – 1 BvR 929/89, BVerfGE 83, 201 (212); BVerfG, Urt. v. 23.11.1999 – 1 BvF 1/94, BVerfGE 101, 239 (259).

22 BVerfG, Beschl. v. 08.07.1971 – 1 BvR 766/66, BVerfGE 31, 275 (285); BVerfG, Beschl. v. 22.05.2001 – 1 BvR 1512/97, BVerfGE 104, 1 (8 ff.).

23 BVerfG, Beschl. v. 08.07.1971 – 1 BvR 766/66, BVerfGE 31, 275 (290); ähnlich jüngst etwa BVerfG, Beschl. v. 24.02.2010 – 1 BvR 27/09, SächsVBl. 2010, 140 (143).

24 BVerfG, Beschl. v. 15.10.1996 – 1 BvL 44/92, BVerfGE 95, 64 (86 ff.); ferner z.B. BVerfG, Urt. v. 23.11.1999 – 1 BvF 1/94, BVerfGE 101, 239 (262 ff.); BVerfG, Beschl. v. 18.02.2009 – 1 BvR 3076/08, NVwZ 2009, 1025 (1029).

25 Kritisch *Appel*, Entstehungsschwäche und Bestandsstärke des verfassungsrechtlichen Eigentums, S. 256 ff.; *ders.*, DVBl 2005, 340 (344 ff.); *Grochtmann*, Art. 14 GG – Rechtsfragen der Eigentumsdogmatik, S. 44 ff.; *Grzeszick*, ZUM 2007, 344 (349 f.); siehe auch *Axer*, in: Epping/Hillgruber, GG, Art. 14 Rn. 99.

26 BVerfG, Beschl. v. 02.03.1999 – 1 BvL 7/91, BVerfGE 100, 226 (240).

27 Siehe die Nachw. oben zu Fn. 21 und 22.

verliert das Merkmal des Entzugs seine Maßgeblichkeit in der bundesverfassungsgerichtlichen Enteignungsdefinition; es läuft praktisch ins Leere.[28]

15 Vor diesem Hintergrund hat das Schrifttum weitere Kriterien zur Abgrenzung zwischen Inhalts-/Schrankenbestimmung und Enteignung entwickelt. Die insoweit vertretenen Ansätze sind außerordentlich vielfältig und eine herrschende Meinung hat sich bislang nicht herausbilden können.[29] Das **BVerfG** hat in jüngerer Zeit zu einigen der im Schrifttum diskutierten Abgrenzungskriterien Stellung genommen und lässt eine Präferenz für die Fälle der **klassischen Güterbeschaffung** erkennen.[30] Vor allem hat es aber den materiellen Schwellentheorien, nach denen ein Eigentumsentzug bei Überschreitung einer bestimmten Zumutbarkeitsschwelle automatisch in eine Enteignung „umschlägt", eine klare Absage erteilt. Selbst wenn sich eine staatliche Maßnahme derart intensiv auswirkt, dass dem Betroffenen außer der formalen Rechtsstellung als Eigentümer keine sinnvolle Nutzungsmöglichkeit mehr verbleibt, d.h. seine Privatnützigkeit nahezu vollständig beseitigt wird und er sich in einer Lage befindet, die den Namen „Eigentum" nicht mehr verdient, wird eine Regelung i.S.d. Art. 14 Abs. 1 Satz 2 GG nicht zur Enteignung.[31]

16 In solchen oder anderen Fällen einer unzumutbaren Eigentumsbeeinträchtigung muss der Gesetzgeber zur Vermeidung einer Verfassungswidrigkeit der betreffenden Inhalts-/Schrankenbestimmung besondere Vorkehrungen treffen. Hierbei darf er sich nicht darauf beschränken, für unzumutbare Eigentumsbeeinträchtigungen durch sog. **salvatorische Klauseln** pauschal Entschädigungspflichten vorzusehen. Damit würde der Bestandsgarantie des Art. 14 Abs. 1 Satz 1 GG nicht hinreichend Rechnung getragen, da diese verlangt, dass in erster Linie Vorkehrungen getroffen werden, die eine unverhältnismäßige Belastung des Eigentümers **real vermeiden** und die Privatnützigkeit des Eigentums so weit wie möglich erhalten.[32] Als vorrangige Instrumente muss der Gesetzgeber die Möglichkeit des Einsatzes von Übergangsregelungen, Ausnahme- und Befreiungsvorschriften sowie sonstiger administrativer und technischer Vorkehrungen erwägen.[33] Nur wenn solche Instrumente im Einzelfall nicht oder nur mit unverhältnismäßigem Aufwand eingesetzt werden können, kommt ein finanzieller Ausgleich in Betracht oder kann es geboten sein, dem Eigentümer einen Anspruch auf Übernahme

---

28 *König*, JA 2001, 345 (346); *Weyreuther*, Die Situationsgebundenheit des Grundeigentums, S. 96.
29 Hierzu eingehend und mit umfangreichen Nw. *Rozek*, Eigentumsbindung und Enteignung, S. 161 ff.
30 Vgl. BVerfG, Beschl. v. 22. 05. 2001 – 1 BvR 1512/97, BVerfGE 104, 1 (10); BVerfG, Beschl. v. 18. 01. 2006 – 2 BvR 2194/99, BVerfGE 115, 97 (112); näher *Appel*, Entstehungsschwäche und Bestandsstärke des verfassungsrechtlichen Eigentums, S. 168 ff.
31 BVerfG, Beschl. v. 02. 03. 1999 – 1 BvL 7/91, BVerfGE 100, 226 (240, 243).
32 BVerfG, Beschl. v. 02. 03. 1999 – 1 BvL 7/91, BVerfGE 100, 226 (245); BVerfG, Beschl. v. 23. 02. 2010 – 1 BvR 2736/06, NVwZ 2010, 512/514.
33 BVerfG, Beschl. v. 02. 03. 1999 – 1 BvL 7/91, BVerfGE 100, 226 (245); BVerfG, Beschl. v. 23. 02. 2010 – 1 BvR 2736/06, NVwZ 2010, 512 (514).

des betreffenden Grundstücks durch die öffentliche Hand zum Verkehrswert einzuräumen.[34]

Die vorgenannten Grundsätze des bundesverfassungsgerichtlichen Eigen- **17** tumsmodells sind bei der Auslegung und Anwendung der §§ 65 ff., der betreffenden landesrechtlichen Regelungen und hierauf gestützter Einzelakte zu berücksichtigen.

III. Duldungspflicht (Abs. 1 Satz 1)

1. Kreis der Duldungspflichtigen

§ 65 legt die Duldungspflicht den Eigentümern und sonstigen Nutzungsbe- **18** rechtigten von Grundstücken auf. **Eigentümer** ist, wer im Grundbuch als zivilrechtlicher Eigentümer des in Rede stehenden Grundstücks eingetragen ist. Der Begriff des **Nutzungsberechtigten** ist weit zu verstehen und erfasst alle Personen oder Personenvereinigungen, die auf Grund einer dinglichen oder schuldrechtlichen Vereinbarung zur Bewirtschaftung oder sonstigen Nutzung eines Grundstücks berechtigt sind.[35] Erfasst werden damit nicht nur Mieter, Pächter oder Nießbraucher, sondern z.B. auch Inhaber von Befugnissen zur Jagd- und Fischereiausübung, Gewinnung von Bodenbestandteilen oder Benutzung von Gewässern.[36]

Fraglich ist, ob **Hoheitsträger** in ihrer Eigenschaft als Grundstückseigen- **19** tümer oder sonstige nutzungsberechtigte Adressaten der Duldungspflicht des Abs. 1 Satz 1 sein können. Dies wird unter Hinweis auf ein Urteil des VG Schleswig[37] teilweise in Abrede gestellt.[38] Allerdings hat sich das VG Schleswig in seiner Entscheidung lediglich mit der Frage auseinandergesetzt, ob einem Hoheitsträger aufgrund einer unzumutbaren Beeinträchtigung seiner Eigentümerbefugnisse eine Entschädigung auf Grundlage der einschlägigen landesrechtlichen Entschädigungsvorschriften zustehen kann und diese Frage unter Hinweis auf die fehlende Grundrechtsfähigkeit von Hoheitsträgern verneint.[39] Hieraus ergibt sich, dass Hoheitsträgern kein Entschädigungsanspruch nach § 68 zustehen kann. Jedoch dürfte sich daraus nicht ableiten lassen, dass auch die Duldungspflicht des § 65 gegenüber Ho-

---

34 BVerfG, Beschl. v. 02.03.1999 – 1 BvL 7/91, BVerfGE 100, 226 (245); BVerfG, Beschl. v. 23.02.2010 – 1 BvR 2736/06, NVwZ 2010, 512 (514).

35 Vgl. *Gellermann*, in: Landmann/Rohmer, Umweltrecht, § 65 BNatSchG Rn. 5; *Lorz/Konrad/Mühlbauer/Müller-Walter/Stöckel*, Naturschutzrecht, § 65 BNatSchG Rn. 2; *Louis/Engelke*, BNatSchG, § 10 Rn. 2; *Sauthoff*, in: Schlacke (Hrsg.), GK-BNatSchG, § 65 Rn. 3.

36 *Schumacher*, in: Schumacher/Fischer-Hüftle, BNatSchG, § 65 Rn. 5; *Gassner*, in: Gassner/Bendomir-Kahlo/Schmidt-Räntsch, BNatSchG, § 9 Rn. 9; *Gellermann*, in: Landmann/Rohmer, Umweltrecht, § 65 BNatSchG Rn. 5; *Lorz/Konrad/Mühlbauer/Müller-Walter/Stöckel*, Naturschutzrecht, § 65 BNatSchG Rn. 2; *Kolodziejcok/Endres/Krohn/Markus*, NLJ, Kz. 1126, § 9 BNatSchG Rn. 6; *Gassner/Heugel*, Das neue Naturschutzrecht, Rn. 645; *Marzik/Wilrich*, BNatSchG, § 9 Rn. 3.

37 VG Schleswig, Urt. v. 25.02.2002 – 1 A 175/00, NuR 2002, 568 ff.

38 *Marzik/Wilrich*, BNatSchG, § 9 Rn. 4; *Koch/Tolkmitt*, BbgNatSchG, § 68 Ziff. 2.1.

39 VG Schleswig, Urt. v. 25.02.2002 – 1 A 175/00, NuR 2002, 568 (569).

heitsträgern keine Geltung beansprucht. Andernfalls wäre das Eigentum von Hoheitsträgern aufgrund des Umstands, dass sie sich nicht auf Art. 14 GG berufen können, stärker geschützt als das Eigentum Privater. Um diesen Wertungswiderspruch zu vermeiden, sollte die Duldungspflicht des § 65 auch auf Hoheitsträger Anwendung finden. Für den Sonderfall der Funktionssicherung bei Flächen für öffentliche Zwecke gilt zudem § 4.

20 Anders als § 9 BNatSchG a.F., der die Duldungspflicht hinsichtlich „Grundflächen" aufstellte, gilt die in § 65 normierte Duldungspflicht gegenüber Eigentümern und sonstigen Nutzungsberechtigten von **„Grundstücken"**. Unter Grundstücken versteht man nach dem BGB und der Grundbuchordnung jeden gegen andere Teile räumlich abgegrenzten Teil der Erdoberfläche, der auf einem besonderen Grundbuchblatt unter einer besonderen Nummer im Verzeichnis der Grundstücke eingetragen ist.[40] Anders als bei § 9 BNatSchG a.F. erstreckt sich die Duldungspflicht somit beispielsweise nicht mehr auf grundstücksrechtlich nicht erfasste Strände oder Küstengewässer.[41] Ferner werden nur unbewegliche Sachen erfasst, sodass sich aus der Vorschrift auch keine Duldungspflichten bezüglich naturschützerischer Einwirkungen auf bewegliche Sachen ergeben.

2. Zu duldende Maßnahmen

21 Die Duldungspflicht erstreckt sich auf **Maßnahmen des Naturschutzes und der Landschaftspflege**, die auf Grundlage des BNatSchG, der Naturschutzgesetze der Länder oder hierauf basierender Rechtsvorschriften durchgeführt werden. Dagegen werden auf andere Rechtsgrundlagen gestützte Maßnahmen, auch wenn mit diesen naturschützerische Motive einhergehen mögen, nicht von § 65 erfasst.[42]

22 Der Maßnahmebegriff ist weit zu verstehen und umfasst sämtliche grundstücksbezogene Einwirkungen, die der Verwirklichung der Ziele des Naturschutzes und der Landschaftspflege i.S.d. §§ 1, 2 dienen.[43] Dabei ist nicht die Art der Maßnahme, sondern ihre **Zielrichtung** entscheidend.[44] Der Sache nach geht es um eine Ergänzung der in anderen naturschutzrechtlichen Bestimmungen (etwa des Flächen-, Objekt-, Arten- und Biotopschutzes) enthal-

---

40 BVerwG, Urt. v. 02.07.1982 – 8 C 28/81, BVerwGE 66, 69 (70); *Bassenge*, in: Palandt, BGB, Überbl. v. § 873 Rn. 1.

41 Vgl. zur alten Rechtslage *Gassner*, in: Gassner/Bendomir-Kahlo/Schmidt-Räntsch, BNatSchG, § 9 Rn. 9; *Kolodziejcok/Endres/Krohn/Markus*, NLJ, Kz. 1126, § 9 BNatSchG Rn. 5.

42 Vgl. OLG Schleswig, Urt. v. 02.09.1999 – 11 U 154/97, NuR 2000, 414 (415) zu Maßnahmen des Küstenschutzes; OVG Münster, Urt. v. 21.09.1999 – 23 A 875/97, NuR 2001, 708 (709) und OLG Düsseldorf, Urt. v. 18.09.2000 – 9 U 67/00, NuR 2001, 718 (718f.) zu Pflanzungen nach Straßen- und Wegerecht; *Marzik/Wilrich*, BNatSchG, § 9 Rn. 5.

43 *Schumacher*, in: Schumacher/Fischer-Hüftle, BNatSchG, § 65 Rn. 7; *Louis/Engelke*, BNatSchG, § 10 Rn. 2; *Gassner*, in: Gassner/Bendomir-Kahlo/Schmidt-Räntsch, BNatSchG, § 9 Rn. 10f.; *Gellermann*, in: Landmann/Rohmer, Umweltrecht, § 65 BNatSchG Rn. 8; *Koch/Tolkmitt*, BbgNatSchG, § 68 Ziff. 2.1.

44 *Gellermann*, in: Landmann/Rohmer, Umweltrecht, § 65 BNatSchG Rn. 8; *Kolodziejcok/Endres/Krohn/Markus*, NLJ, Kz. 1126, § 9 BNatSchG Rn. 9.

tenen speziellen Duldungspflichten durch eine **umfassende, allgemeine Duldungspflicht**.[45] Sie bezieht sich auf eine breite Vielfalt von denkbaren naturschützerischen Maßnahmen, etwa Schutz-, Pflege- und Entwicklungsmaßnahmen, die Mahd von Streuwiesen, die Anpflanzung von Hecken und Gehölzen, Wegesperrungen während der Brutzeit oder die Anbringung von Nisthilfen, Futterständen oder Hinweiszeichen.[46] Daneben können aber auch allgemeine Maßnahmen, wie etwa das Aufstellen von Hinweiszeichen, das Errichten von Zugangssperren oder Wegunterhaltungsarbeiten unter die Duldungspflicht fallen.[47] Nicht vom Maßnahmenbegriff erfasst sind allerdings Verbote, die das Gesetz oder eine Schutzgebietsverordnung aussprechen oder sich direkt aus dem Gesetz ergebende Duldungspflichten.[48]

Die zu duldende Maßnahme muss hinsichtlich Art, Umfang, Zeit und Ort sowie des Handlungsberechtigten hinreichend bestimmt sein.[49] Die Frage der **hinreichenden Bestimmtheit** richtet sich jedoch nicht nach § 65, sondern nach der für die zu duldende Maßnahme jeweils einschlägigen Rechtsgrundlage und dem hierauf gestützten Einzelakt. Bei fehlender Bestimmtheit ist die betreffende Maßnahme im Wege der Anfechtungs- bzw. allgemeinen Leistungsunterlassungsklage abwehrbar. Aus diesem Grund bestehen gegen eine hinreichende Bestimmtheit des § 65, der lediglich die Frage der Duldungspflicht für solchermaßen hinreichend bestimmte Maßnahmen regelt, keine Bedenken.[50]   23

Unter die Duldungspflicht des § 65 fallen nur **öffentlich-rechtliche Maßnahmen**. Eine etwaige Pflicht zur Duldung von Maßnahmen Privater (z.B. Nachbarn) bestimmt sich nach dem Zivilrecht, den landesrechtlichen Nachbarschaftsgesetzen sowie anderer Spezialregelungen wie etwa dem nach § 59 bestehenden Jedermann-Recht auf Betreten der freien Landschaft.[51]   24

3. Inhalt der Duldungspflicht

Von seiner Rechtsfolge her normiert § 65 eine Pflicht zur Duldung der betreffenden naturschutzrechtlichen Maßnahme. Der Duldungspflichtige darf die Maßnahme daher – außer in den Fällen der Unzumutbarkeit (vgl. Rn. 28ff.) –   25

---

45 *Kolodziejcok/Endres/Krohn/Markus*, NLJ, Kz. 1126, § 9 BNatSchG Rn. 2.

46 Vgl. VGH Kassel, Beschl. v. 19.04.1984 – 4 TH 824/84, NVwZ 1985, 64 (64); *Kolodziejcok/ Endres/Krohn/Markus*, NLJ, Kz. 1126, § 9 BNatSchG Rn. 9; *Gellermann*, in: Landmann/ Rohmer, Umweltrecht, § 65 BNatSchG Rn. 8; *Schumacher*, in: Schumacher/Fischer-Hüftle, BNatSchG, § 65 Rn. 7f.; *Gassner*, in: Gassner/Bendomir-Kahlo/Schmidt-Räntsch, BNatSchG, § 9 Rn. 11; *Sauthoff*, in: Schlacke (Hrsg.), GK-BNatSchG, § 65 Rn. 5.

47 *Sauthoff*, in: Schlacke (Hrsg.), GK-BNatSchG, § 65 Rn. 5.

48 *Sauthoff*, in: Schlacke (Hrsg.), GK-BNatSchG, § 65 Rn. 6f.

49 *Schumacher*, in: Schumacher/Fischer-Hüftle, BNatSchG, § 65 Rn. 9; *Kolodziejcok/Endres/ Krohn/Markus*, NLJ, Kz. 1126, § 9 BNatSchG Rn. 7; *Koch/Tolkmitt*, BbgNatSchG, § 68 Ziff. 2.1.

50 A.A. *Egner*, in: Egner/Fuchs, Naturschutz- und Wasserrecht 2009, § 65 BNatSchG Rn. 3.

51 *Marzik/Wilrich*, BNatSchG, § 9 Rn. 6f.

nicht abwehren oder auf irgendeine andere Weise behindern.[52] Auch steht ihm unterhalb der Grenze der Unzumutbarkeit **keine Entschädigung** zu, da die betreffende Maßnahme in solchen Fällen aufgrund des hohen Gemeinwohlbezugs des Naturschutzes lediglich Ausdruck der Sozialpflichtigkeit des Eigentums (Art. 14 Abs. 2 GG) ist, sodass sie als ausgleichslose Inhalts-/Schrankenbestimmung i.S.d. Art. 14 Abs. 1 Satz 2 hingenommen werden muss.[53]

26 Allerdings kann von dem Duldungspflichtigen auf der Grundlage von § 65 mehr als eine bloße Hinnahme der in Rede stehenden Maßnahme nicht verlangt werden. Insbesondere kann er auf Grundlage der Vorschrift nicht verpflichtet werden, die betreffende Maßnahme selbst durchführen oder anderweitige, aktive Unterstützungshandlungen vorzunehmen.[54] Für die Auferlegung solcher **aktiver Handlungspflichten** bedarf es weitergehender Vorschriften (wie z.B. die Auskunftpflicht nach § 52 Abs. 1 oder gemäß der Öffnungsklausel des Abs. 1 Satz 2 nach Maßgabe landesrechtlicher Vorschriften). Dieser begrenzte Pflichteninhalt führt dazu, dass der Duldungspflichtige auch nicht zur Tragung der Kosten der in Rede stehenden Maßnahme herangezogen werden kann.[55]

27 Teilweise wird die Auffassung vertreten, eine Kostenbeteiligung des Duldungspflichtigen käme ausnahmsweise bei **wirtschaftlichen Vorteilen** bzw. **Ersparnungen von Aufwendungen** in Betracht.[56] Dies könnte zweifelhaft erscheinen, da § 65 eine solche Befugnis zur Vorteilsabschöpfung nicht vorsieht. Der Vorteilsausgleich ist im Schadensersatz- und Entschädigungsrecht als allgemeiner Rechtsgrundsatz anerkannt.[57] Zwar regelt § 65 keine Fragen des Schadensersatzes oder der Entschädigung, sodass es vor dem Hintergrund des Äquivalenzprinzips auf den ersten Blick sachgerecht sein könnte, dem Eigentümer eventuelle Vorteile als Gegenleistung für die im Übrigen grundsätzlich entschädigungslos bestehende Duldungspflicht zu belassen. Allerdings führte das zu dem Ergebnis, dass einem unzumutbar betroffenen Eigentümer etwaige Vorteile bei der Festsetzung der Entschädigung i.S.d.

---

52 *Schumacher*, in: Schumacher/Fischer-Hüftle, BNatSchG, § 65 Rn. 4; *Gellermann*, in: Landmann/Rohmer, Umweltrecht, § 65 BNatSchG Rn. 6; *Gassner*, in: Gassner/Bendomir-Kahlo/Schmidt-Räntsch, BNatSchG, § 9 Rn. 4; *Marzik/Wilrich*, BNatSchG, § 9 Rn. 8; *Louis/Engelke*, BNatSchG, § 10 Rn. 2; *Kolodziejcok/Endres/Krohn/Markus*, NLJ, Kz. 1126, § 9 BNatSchG Rn. 7.

53 *Jeromin*, NuR 2010, 301 (301).

54 *Schumacher*, in: Schumacher/Fischer-Hüftle, BNatSchG, § 65 Rn. 4; *Louis/Engelke*, BNatSchG, § 10 Rn. 2; *Lorz/Konrad/Mühlbauer/Müller-Walter/Stöckel*, Naturschutzrecht, § 65 BNatSchG Rn. 3.

55 *Gellermann*, in: Landmann/Rohmer, Umweltrecht, § 65 BNatSchG Rn. 6; *Schumacher*, in: Schumacher/Fischer-Hüftle, BNatSchG, § 65 Rn. 4; *Gassner*, in: Gassner/Bendomir-Kahlo/Schmidt-Räntsch, BNatSchG, § 9 Rn. 7; *Kolodziejcok/Endres/Krohn/Markus*, NLJ, Kz. 1126, § 9 BNatSchG Rn. 8.

56 *Gellermann*, in: Landmann/Rohmer, Umweltrecht, § 65 BNatSchG Rn. 6; *Kolodziejcok/Endres/Krohn/Markus*, NLJ, Kz. 1126, § 9 BNatSchG Rn. 8.

57 Vgl. BayObLG, Urt. v. 05.07.1965 – 1 a Z 19/64, BayObLGZ 1965, 231 (237); *Groß*, in: Ernst/Zinkhahn/Bielenberg/Krautzberger, BauGB, § 93 Rn. 38 ff.

§ 68 anzurechnen wären, wohingegen bei einer die Schwelle der Zumutbarkeit nicht übersteigenden Betroffenheit etwaige Vorteile beim Eigentümer verbleiben könnten. Um einen solchen Wertungswiderspruch zu vermeiden, dürfte auch in den Fällen des § 65 ein Vorteilsausgleich anzuerkennen sein.

4. Unzumutbarkeit als Grenze der Duldungspflicht

Die in § 65 normierte Duldungspflicht gilt nicht uneingeschränkt, sondern $\quad$ 28
nur insoweit, wie eine Inanspruchnahme des Duldungspflichtigen zumutbar ist. Maßstab für die Zumutbarkeit ist der Grad der **Beeinträchtigung der Nutzung** des konkret in Rede stehenden Grundstücks. Dabei kommt es maßgeblich darauf an, ob im jeweiligen Einzelfall die Privatnützigkeit des Grundeigentums bei Auferlegung der Duldungspflicht noch hinreichend gewahrt wäre, was vor allem vom Umfang bislang verwirklichter bzw. sich zumindest objektiv anbietender Nutzungen sowie der Einbettung des Grundstücks in die Natur und Landschaft („Situationsgebundenheit") abhängt (siehe hierzu näher die Kommentierung zu § 68). Zumutbar ist eine Maßnahme im Regelfall dann, wenn der auf die Maßnahme zurückzuführende finanzielle Aufwand nicht über das bei ordnungsgemäßer Bewirtschaftung erforderliche Maß hinausgeht und keine wesentliche Wertminderung des Grundstücks eintritt.[58]

Erweist sich eine Inanspruchnahme im Einzelfall als **unzumutbar**, so führt $\quad$ 29
dies nicht dazu, dass die in Rede stehende Maßnahme in eine Enteignung i.S.d. Art. 14 Abs. 3 GG „umschlägt". Vielmehr stellt sich allein die Frage, ob die auch weiterhin als Inhalts-/Schrankenbestimmung i.S.d. Art. 14 Abs. 1 Satz 2 GG zu qualifizierende Maßnahme abgewehrt werden kann oder zumindest entschädigungspflichtig ist. Da § 65 eine Duldungspflicht nur insoweit normiert, als die betreffende Maßnahme zumutbar ist, ließe sich auf den ersten Blick argumentieren, dass im Fall der Unzumutbarkeit per se keine Duldungspflicht besteht und dem Betroffenen damit ein uneingeschränktes Abwehrrecht zusteht. So war auch bei § 9 Abs. 1 BNatSchG a.F. ein uneingeschränktes Abwehrrecht im Fall der Unzumutbarkeit der Eigentumsbeeinträchtigung anerkannt.[59]

Einer solchen Betrachtung dürfte jedoch nunmehr der neu eingeführte **§ 68** $\quad$ 30
entgegenstehen. Nach dieser Vorschrift besteht in Fällen, in denen sich durch Eigentumsbeschränkungen unzumutbare Belastungen ergeben, denen nicht durch andere Maßnahmen wie Ausnahmen oder Befreiungen abgeholfen werden kann, ein **Entschädigungsanspruch**. § 68 findet nach seinem Sinn und Zweck und seiner systematischen Stellung auch auf Eigentumsbeschränkungen i.S.d. § 65 Anwendung (vgl. näher die Kommentierung zu § 68). Damit ist bei § 65 für ein uneingeschränktes Abwehrrecht kein Raum,

---

58 *Sauthoff*, in: Schlacke (Hrsg.), GK-BNatSchG, § 65 Rn. 10.
59 *Jeromin*, in: Kerkmann (Hrsg.), Naturschutzrecht, 1. Aufl. 2007, § 13 Rn. 29; *Gellermann*, in: Landmann/Rohmer, Umweltrecht, 56. EL. 2009, § 9 BNatSchG Rn. 7; *Lorz/Müller/Stöckel*, Naturschutzrecht, 2. Aufl. 2003, § 9 BNatSchG Rn. 3; *Marzik/Wilrich*, BNatSchG, § 9 Rn. 1, 10.

sondern besteht unter den in § 68 genannten Voraussetzungen lediglich ein Entschädigungsanspruch.[60]

31   Das vorgenannte Umschlagen vom Abwehrrecht in einen Entschädigungs-anspruch folgt jedoch keinem Automatismus in dem Sinne, dass bei jeder unzumutbaren Maßnahme eine Duldungs- und Entschädigungspflicht be-stünde. Wie oben dargelegt, verlangt Art. 14 Abs. 1 GG, dass in erster Linie Vorkehrungen getroffen werden, die eine unverhältnismäßige Belastung des Eigentümers real vermeiden und die Privatnützigkeit des Eigentums so weit wie möglich erhalten. Als vorrangige Instrumente muss der Gesetzgeber da-her die Möglichkeit des Einsatzes von Übergangsregelungen, Ausnahme- und Befreiungsvorschriften sowie sonstigen administrativen und technischen Vorkehrungen erwägen. Diesen Anforderungen ist der Gesetzgeber mit § 68 Abs. 1 nachgekommen, indem er bestimmt hat, dass vorrangig vor einer Entschädigung andere Maßnahmen wie Ausnahmen oder Befreiungen (z.B. nach § 67) zu prüfen sind.[61] Nur wenn solche anderen Maßnahmen im Ein-zelfall nicht oder nur mit unverhältnismäßigem Aufwand eingesetzt werden können und somit ein **atypischer Sonderfall** vorliegt, kann ein finanzieller Ausgleich in Betracht kommen. Dies ist im jeweiligen Einzelfall konkret zu prüfen und seitens der Behörde darzulegen.

IV. Weiter gehende Regelungen der Länder (Abs. 1 Satz 2)

32   Über die Vorschrift des Abs. 1 Satz 1 hinausgehende Regelungen der Länder bleiben gemäß Abs. 1 Satz 2 unberührt. Damit hat der Bund – wie bislang nach § 9 Abs. 2 BNatSchG a.F. – eine **Öffnungsklausel** vorgesehen und den Ländern die Möglichkeit gegeben, zukünftig weiter gehende Duldungs-pflichten zu normieren bzw. entsprechende, bereits bestehende landesrecht-liche Regelungen aufrecht zu erhalten. Von Abs. 1 Satz 2 erfasst werden ins-besondere Vorschriften des Landesrechts, mit denen Betroffenen **aktive Handlungspflichten** auferlegt werden.[62] Hierbei ist unerheblich, ob die wei-tergehenden Landesregelungen bei Inkrafttreten des BNatSchG 2010 bereits bestanden oder ob sie erst später erlassen wurden.[63] In Betracht kommen etwa gesetzliche Auskunfts- und Meldepflichten, Pflege-, Entwicklungs- und Unterhaltungspflichten sowie spezielle Ge- und Verbote in Schutzgebieten.[64]

33   Unter Geltung des § 9 Abs. 2 BNatSchG a.F. wurden als über § 9 Abs. 1 BNatSchG a.F. hinausgehendes Landesrecht auch solche Regelungen ange-sehen, die in Fällen der unzumutbaren Eigentumsbeeinträchtigung eine Dul-

---

60 Vgl. *Egner*, in: Egner/Fuchs, Naturschutz- und Wasserrecht 2009, § 65 BNatSchG Rn. 3; a.A. wohl *Jeromin*, in: Kerkmann (Hrsg.), Naturschutzrecht, 2. Aufl. 2010, § 15 Rn. 29, wonach unverhältnismäßige Duldungspflichten stets im Wege des Primärrechtsschutzes abwehrbar seien.

61 *Jeromin*, NuR 2010, 301 (304); *ders.*, in: Kerkmann (Hrsg.), Naturschutzrecht, 2. Aufl. 2010, § 15 Rn. 23.

62 *Jeromin*, NuR 2010, 301 (304).

63 *Kraft*, in: Lütkes/Ewer, BNatSchG, § 65 Rn. 14.

64 *Jeromin*, NuR 2010, 301 (304); *Marzik/Wilrich*, BNatSchG, § 9 Rn. 9, 17.

dungs- und Entschädigungspflicht vorsahen.[65] Für eine solche Betrachtung ist jetzt allerdings kein Raum mehr, da mit § 68 bereits bundesrechtlich eine Entschädigungspflicht für den Fall der Unzumutbarkeit geregelt ist, sodass solche Landesgesetze nicht mehr über das Bundesrecht hinaus gehen. Dies gilt auch, soweit einige Landesgesetze – anders als § 68 Abs. 1 – die eigentumsgrundrechtlichen Vorgaben verkennen und entgegen der bundesverfassungsgerichtlichen Rechtsprechung eine Entschädigungspflicht an eine unzumutbare Betroffenheit knüpfen, ohne vorrangig Ausnahme- oder Befreiungsmöglichkeiten vorzusehen.[66] Soweit solche Landesgesetze mit Blick auf Art. 14 GG im Einzelfall verfassungskonform ausgelegt werden können, entsprächen sie im Ergebnis wieder den bundesrechtlichen Vorgaben und wären dann nicht mehr weiter gehend i.S.d. Abs. 1 Satz 2. Sollte eine verfassungskonforme Auslegung nicht möglich sein, können Betroffene die erforderlichen gerichtlichen Schritte für die Feststellung eines Verstoßes gegen Art. 14 GG und die Erklärung der Unwirksamkeit der Vorschrift gehen.

Im Zusammenhang mit Entschädigungsfragen kommen als weiter gehende Regelungen i.S.d. Abs. 1 Satz 2 ferner Bestimmungen in Betracht, mit denen Betroffenen unterhalb der Schwelle der unzumutbaren Beeinträchtigung Ausgleichsansprüche zugesprochen werden („**Billigkeitsentschädigungen**").[67] In praktischer Hinsicht von Bedeutung sind dabei vor allem Ausgleichsregelungen für an sich zumutbare Beschränkungen der wirtschaftlichen Bodennutzung im Bereich der Land-, Forst- und Fischereiwirtschaft.[68]   34

V. Benachrichtigungspflicht (Abs. 2)

Abs. 2 normiert die Pflicht, vor Durchführung der Maßnahmen die Berechtigten (gemeint sind die Eigentümer und sonstigen Nutzungsberechtigten i.S.d. Abs. 1 Satz 1) in geeigneter Weise zu benachrichtigen. Vom Wortlaut her wird damit verfahrensrechtlich lediglich verlangt, dass der Betroffene über die in Rede stehende Maßnahme vor ihrer Durchführung in Kenntnis zu setzen ist. Eine bestimmte Form der Benachrichtigung wird dagegen nicht bestimmt.[69] Gefordert wird, dass Art und Umfang der Maßnahme, Ort und Zeit ihrer Vornahme sowie der jeweilige Handlungsberechtigte hinreichend klar hervorgehen.[70] Mit einer lediglich formlosen Benachrichtigung wäre das aus dem Rechtsstaatsprinzip hergeleitete Recht auf ein faires Verfahren nicht hinreichend gewahrt. Dieses verlangt, dass Betroffenen grundsätzlich die Möglichkeit gegeben werden muss, vor einer ihre Rechte betreffenden Entscheidung angehört zu werden, um Einfluss auf das Verfahren und dessen   35

---

65 *Marzik/Wilrich*, BNatSchG, § 9 Rn. 17; *Louis/Engelke*, BNatSchG, § 10 Rn. 3; *Schumacher*, in: Schumacher/Fischer-Hüftle, BNatSchG, 1. Aufl. 2003, § 9 Rn. 16; *Gellermann*, in: Landmann/Rohmer, Umweltrecht, 56. EL. 2009, § 9 BNatSchG Rn. 8; *Kolodziejcok/Endres/Krohn/Markus*, NLJ, Kz. 1126, § 9 BNatSchG Rn. 17.

66 Z.B. § 57 Abs. 2 Satz 1 NatSchG BW.

67 *Marzik/Wilrich*, BNatSchG, § 9 Rn. 17.

68 *Marzik/Wilrich*, BNatSchG, § 9 Rn. 12; siehe z.B. die Regelung des § 58 NatSchG BW.

69 *Sauthoff*, in: Schlacke (Hrsg.), GK-BNatSchG, § 65 Rn. 15.

70 *Kraft*, in: Lütkes/Ewer, § 65 Rn. 13.

Ergebnis nehmen zu können.[71] Daher ist Abs. 2 hinsichtlich der verfahrensrechtlichen Beteiligung Betroffener kein abschließender Charakter zuzusprechen, sondern gilt parallel zumindest die **allgemeine Anhörungspflicht des
§ 28 VwVfG** (bzw. entsprechender landesrechtlicher Vorschriften), da sich
hieraus ein gesetzlicher Mindeststandard für das Anhörungsrecht ergibt.[72]
Teilweise sehen landesrechtliche Vorschriften **spezielle Beteiligungserfordernisse** vor, so z.B. § 25 Abs. 3 Satz 2 BbgNatSchAG eine qualifizierte An-
kündigungspflicht.[73]

VI. Betretungsrecht (Abs. 3)

36 Zur Ermittlung des Sachverhalts und Vorbereitung der Maßnahmen i.S.d.
Abs. 1 Satz 1 kann es erforderlich sein, dass Grundstücke betreten werden
müssen. Das Betretungsrecht wird jedoch bundesrechtlich nicht geregelt.
Die Befugnis der Bediensteten und Beauftragten der Naturschutzbehörden,
zur Erfüllung ihrer Aufgaben Grundstücke zu betreten, richtet sich gemäß
Abs. 3 nach **Landesrecht**.[74] Der Bundesgesetzgeber enthält sich insoweit
einer Regelung, da der zur Durchführung der Maßnahmen i.S.d. Abs. 1
Satz 1 berechtigte Personenkreis landesrechtlich unterschiedlich geregelt ist,
z.B. in Abhängigkeit von den Personen, die nach Landesrecht als Natur-
schutzhelfer, Naturschutzbeauftragter etc. tätig sein können.[75] Das rechtmäßige Betreten von Grundstücken durch Vertreter der Naturschutzbehörden
bestimmt sich damit ausschließlich nach Landesrecht.[76] Auch ist insoweit
nicht § 59 einschlägig, da das dort geregelte Jedermann-Betretungsrecht nur
für Erholungszwecke gilt und nicht das Betreten zur Erfüllung beruflicher
Aufgaben erfasst.[77]

---

71 BVerfG, Beschl. v. 18.01.2000 – 1 BvR 321/96, BVerfGE 101, 397 (405); *Ziekow*, VwVfG,
§ 28 Rn. 1.

72 Vgl. *Kallerhoff*, in: Stelkens/Bonk/Sachs, VwVfG, § 28 Rn. 12; *Ziekow*, VwVfG, § 28
Rn. 1. § 28 VwVfG gilt jedoch nicht, wenn speziellere Regelungen vergleichbare oder
sogar weitergehende Anhörungsrechte begründen, z.B. im Planfeststellungsrecht (§ 73
VwVfG) oder im immissionsschutzrechtlichen Genehmigungsverfahren (§ 10 BImSchG),
siehe *Kopp/Ramsauer*, VwVfG, § 28 Rn. 4, 8 ff.; *Kallerhoff*, in: Stelkens/Bonk/Sachs,
VwVfG, § 28 Rn. 15; a.A. wohl *Kraft*, in: Lütkes/Ewer, BNatSchG, § 65 Rn. 13, wonach
die Benachrichtigung als bloßer Realakt aufzufassen sei.

73 Hierzu *Koch/Tolkmitt*, BbgNatSchG, § 68 Ziff. 2.1.

74 Näher *Sauthoff*, in: Schlacke (Hrsg.), GK-BNatSchG, § 65 Rn. 19 ff.

75 BT-Drs. 16/12274, S. 76; *BR-Drs.* 278/09, S. 237.

76 Siehe etwa § 68 Abs. 3 BbgNatSchG a.F., nunmehr § 25 BbgNatSchAG; zur alten Rechtslage siehe *Koch/Tolkmitt*, BbgNatSchG, § 68 Ziff. 2.2. Zum fehlenden Betretungsrecht
der Gemeinden für vorbereitende Maßnahmen zum Erlass eines Landschaftsplans siehe
OVG Schleswig, Urt. v. 20.02.1997 – 1 L 294/95, NuR 1999, 168 (169).

77 *Egner*, in: Egner/Fuchs, Naturschutz- und Wasserrecht 2009, § 65 BNatSchG Rn. 7; *Marzik/
Wilrich*, BNatSchG, § 9 Rn. 6.

§ 66
Vorkaufsrecht*)

(1) Den Ländern steht ein Vorkaufsrecht zu an Grundstücken,

1. **die in Nationalparken, Nationalen Naturmonumenten, Naturschutzgebieten oder als solchen einstweilig sichergestellten Gebieten liegen,**

2. **auf denen sich Naturdenkmäler oder als solche einstweilig sichergestellte Gegenstände befinden,**

3. **auf denen sich oberirdische Gewässer befinden.**

Liegen die Merkmale des Satzes 1 Nummer 1 bis 3 nur bei einem Teil des
Grundstücks vor, so erstreckt sich das Vorkaufsrecht nur auf diesen Teil.
Der Eigentümer kann verlangen, dass sich der Vorkauf auf das gesamte
Grundstück erstreckt, wenn ihm der weitere Verbleib in seinem Eigentum
wirtschaftlich nicht zuzumuten ist.

**(2) Das Vorkaufsrecht darf nur ausgeübt werden, wenn dies aus Gründen
des Naturschutzes und der Landschaftspflege einschließlich der Erholungsvorsorge erforderlich ist.**

**(3) Das Vorkaufsrecht bedarf nicht der Eintragung in das Grundbuch. Es
geht rechtsgeschäftlich und landesrechtlich begründeten Vorkaufsrechten
mit Ausnahme solcher auf den Gebieten des Grundstücksverkehrs und des
Siedlungswesens im Rang vor. Bei einem Eigentumserwerb auf Grund der
Ausübung des Vorkaufsrechts erlöschen durch Rechtsgeschäft begründete
Vorkaufsrechte. Die §§ 463 bis 469, 471, 1098 Absatz 2 und die §§ 1099 bis
1102 des Bürgerlichen Gesetzbuches finden Anwendung. Das Vorkaufsrecht erstreckt sich nicht auf einen Verkauf, der an einen Ehegatten, eingetragenen Lebenspartner oder einen Verwandten ersten Grades erfolgt.**

**(4) Das Vorkaufsrecht kann von den Ländern auf Antrag auch zugunsten
von Körperschaften und Stiftungen des öffentlichen Rechts und anerkannten Naturschutzvereinigungen ausgeübt werden.**

(5) Abweichende Vorschriften der Länder bleiben unberührt.

Inhaltsübersicht

---

*) Beachte bei
§ 66: **Schleswig-Holstein** – Abweichung durch § 50 LNatSchG SH v. 24.02.2010 (GVOBl.
Schl.-H., S. 301) m.W.v. 01.03.2010 (vgl. BGBl. I 2010, S. 450)
§ 66 Abs. 1, 3 u. 4: **Mecklenburg-Vorpommern** – Abweichung durch § 34 Abs. 1, 2 u. 5
NatSchAG MV v. 23.02.2010 GVOBl. M.-V., S. 66 m.W.v. 01.03.2010 (vgl. BGBl. I 2010,
S. 1621).

I. Allgemeines

1 § 66 räumt den Ländern an bestimmten Grundstücken ein Vorkaufsrecht ein. Sinn und Zweck dieses Vorkaufsrechts ist es, Flächen für den Naturschutz und die Landschaftspflege dauerhaft zu sichern.[1] Voraussetzung seiner Ausübung ist erstens der Vorkaufsfall, also eine vorkaufsrechtsauslösende Vertragsgestaltung zwischen Eigentümer und einem Dritten, zweitens ein für die genannten Belange wertvolles Grundstück, also eine Grundstückssituation nach Abs. 1 Satz 1, sowie drittens die Erforderlichkeit des Vorkaufs nach Abs. 2. Außerdem darf kein Ausschluss des Vorkaufsrechts nach Abs. 3 Satz 5 oder Abs. 3 Satz 4 i.V.m. § 471 BGB gegeben sein.

---

1 BT-Drs. 16/12274, S. 76.

Hinsichtlich der Verfassungsmäßigkeit gibt es keine Bedenken. Das Vorkaufsrecht ist keine Enteignung, sondern nur eine **zulässige Inhalts- und Schrankenbestimmung** des Eigentums nach Art. 14 Abs. 1 Satz 2 GG.[2] Es verletzt weder die vom GG gewährleistete Verfügungsbefugnis des Eigentümers, noch wirkt es sich auf eine von Art. 14 Abs. 1 Satz 1 GG geschützte Rechtsposition des Käufers aus.[3] Die – konkurrierende – Gesetzgebungskompetenz des Bundes folgt aus Art. 74 Abs. 1 Nr. 29 GG; die Länder haben aber eine Abweichungskompetenz nach Maßgabe des Art. 72 Abs. 3 GG.

2

1. Entstehungsgeschichte, Hintergrund und Bedeutung

Dem Bund stand vor der Föderalismusreform vom September 2006 auf dem Gebiet des Naturschutzes nur eine **Rahmengesetzgebungskompetenz** nach Art. 75 Abs. 1 Nr. 2 GG a.F. zu.[4] Auf dieser Grundlage wurde das BNatSchG vom 25.03.2002 erlassen. Als Rahmengesetz enthielt es keine Regelung über ein Vorkaufsrecht von Gebietskörperschaften an naturschutzfachlich wertvollen Grundstücken. Insoweit gab es nur **landesrechtliche Regelungen**. In den Naturschutzgesetzen sehr vieler Länder fanden sich entsprechende Vorschriften. So ordneten die Landesgesetze von **Baden-Württemberg**[5], **Brandenburg**[6], **Hamburg**[7], **Mecklenburg-Vorpommern**[8], **Niedersachsen**[9], **Nordrhein-Westfalen**[10], **Sachsen**[11] und **Sachsen-Anhalt**[12] ein Vorkaufsrecht des Landes an; in **Bremen**[13] und dem **Saarland**[14] wurde ein Vorkaufsrecht der Gemeinden statuiert; in **Thüringen**[15] ein Vorkaufsrecht des Landes und der

3

2 BVerwG, Beschl. v. 07.03.1996 – 4 B 18/96, NVwZ-RR 1996, 500; BVerwG, Beschl. v. 07.11.2000 – 6 B 19/00, Buchholz 406.48 Art. 34 BayNatSchG Nr. 1; VGH München, Urt. v. 11.05.1994 – 9 B 93.1514, NuR 1995, 270 (271); *Fischer-Hüftle*, in: Schumacher/Fischer-Hüftle, § 66 Rn. 7; *Sauthoff*, in: GK-BNatSchG, § 66 Rn. 3; *Kraft*, in: Lütkes/Ewer, § 66 Rn. 3; *Konrad*, in: Lorz/Konrad/Mühlbauer/Müller-Walter/Stöckel, § 66 Rn. 3; *Gellermann*, in: Landmann/Rohmer, Umweltrecht, § 66 Rn. 3.

3 Näher hierzu *Postel*, NuR 2006, 555.

4 Näher hierzu BT-Drs. 16/12274, S. 39.

5 § 56 des Gesetzes zum Schutz der Natur, zur Pflege der Landschaft und über die Erholungsvorsorge in der freien Landschaft (NatSchG) v. 13.12.2005.

6 § 69 des Gesetzes über den Naturschutz und die Landschaftspflege im Land Brandenburg (Bbg NatSchG) i.d.F. v. 26.05.2004.

7 § 37 des Hamburgischen Gesetzes über Naturschutz und Landschaftspflege (HmbNatSchG) i.d.F. v. 09.10.2007.

8 § 48 des Gesetzes zum Schutz der Natur und der Landschaft im Lande Mecklenburg-Vorpommern (LNatSchG M-V) i.d.F. v. 22.10.2002.

9 § 48 des Niedersächsischen Naturschutzgesetzes (NNatSchG) i.d.F. v. 11.04.1994.

10 § 36a des Gesetzes zur Sicherung des Naturhaushalts und zur Entwicklung der Landschaft (LG) v. 21.07.2000.

11 § 36 des Sächsischen Gesetzes über Naturschutz und Landschaftspflege (SächsNatSchG) i.d.F. v. 03.07.2007.

12 § 59 des Naturschutzgesetzes des Landes Sachsen-Anhalt (NatSchG LSA) i.d.F. v. 23.07.2004.

13 § 36 des Bremischen Naturschutzgesetzes (BremNatSchG) i.d.F. v. 19.04.2006.

14 § 13 des Gesetzes zum Schutz der Natur und Heimat im Saarland (SNG) v. 05.04.2006.

15 § 52 des Thüringer Gesetzes für Natur und Landschaft (ThürNatG) v. 30.08.2006.

Gemeinden und in **Bayern**[16] schließlich ein Vorkaufsrecht von Land, Bezirken, Landkreisen, Gemeinden und kommunalen Zweckverbänden. Nur die Landesgesetze der vier Länder[17] **Berlin**[18], **Hessen**[19], **Rheinland-Pfalz**[20] und **Schleswig-Holstein**[21] enthielten keine derartige Regelung.

4 Vor dem Hintergrund dieser Rechtslage in den Ländern erließ der Bundesgesetzgeber das neue, auf die **konkurrierende Gesetzgebungskompetenz** aus Art. 74 Abs. 1 Nr. 29 GG gestützte BNatSchG vom 29.07.2009, das am 01.03.2010 in Kraft trat. Es enthält mit § 66 erstmalig auf Bundesebene ein naturschutzrechtlich begründetes, gesetzliches Vorkaufsrecht der Länder. Dieses bietet grundsätzlich allen Ländern die Möglichkeit, Flächen mit hoher naturschutzfachlicher Schutzbedürftigkeit zu erwerben, ohne (dauerhaften) Ausgleich zahlen zu müssen.[22] Um einen effektiven Naturschutz zu erreichen, ist es nämlich in manchen Fällen erforderlich, dass solche Flächen im Eigentum der öffentlichen Hand liegen.[23] Die Länder haben von diesem Instrument in sehr unterschiedlicher Weise Gebrauch gemacht. Das Ergebnis ist ein „föderaler Fleckenteppich", wie er bunter nicht sein kann. Die an dieser Stelle kurz nach Inkrafttreten des neuen Gesetzes gewagte Prognose, § 66 werde keine große Bedeutung erlangen, weil die Vorschrift nur in wenigen Ländern unverändert gelten werde (Vorauflage Rn. 4), ist weitgehend eingetreten. Grund hierfür ist zum einen die Abweichungskompetenz der Länder nach Maßgabe des Art. 72 Abs. 3 GG, zum anderen die **„diffuse Öffnungsklausel"**[24] des § 66 Abs. 5, die besagt, dass abweichende Vorschriften der Länder unberührt bleiben.

2. Systematik und Inhalt der Regelung im Überblick

5 Im Folgenden soll die Vorschrift zunächst im **Überblick** vorgestellt werden. Nach der Gesetzesbegründung ist § 66 weitgehend den alten landesrechtlichen Regelungen (siehe hierzu Rn. 3) nachgebildet.[25] In Abs. 1 Satz 1 ist bestimmt, welche Eigenschaften ein Grundstück besitzen muss, damit über-

---

16 Art. 34 des Gesetzes über den Schutz der Natur, die Pflege der Landschaft und die Erholung in der freien Natur (BayNatSchG) i.d.F. v. 23.12.2005.

17 Immerhin kann man aber bei vier Ländern ohne Regelung (25 %) nicht sagen, das Vorkaufsrecht existiere „in nahezu allen Bundesländern"; so aber BT-Drs. 16/12274, S. 76.

18 Gesetz über Naturschutz und Landschaftspflege von Berlin (NatSchG Bln) i.d.F. v. 03.11. 2008.

19 Hessisches Gesetz über Naturschutz und Landschaftspflege (HENatSchG) v. 04.12.2006.

20 Landesgesetz zur nachhaltigen Entwicklung von Natur und Landschaft (LNatSchG) v. 28.09.2005. In Rheinland-Pfalz existiert allerdings eine Regelung in § 32 Denkmalschutz- und Pflegegesetz (DSchPflG), wonach einer Gemeinde oder je nach Fallgestaltung („überörtliche Bedeutung") dem Land ein Vorkaufsrecht an einem Grundstück zusteht, auf dem sich ein unbewegliches geschütztes Kulturdenkmal befindet.

21 Gesetz zum Schutz der Natur (LNatSchG) i.d.F. v. 06.03.2007.

22 BT-Drs. 16/12274, S. 76.

23 *Gellermann*, in: Landmann/Rohmer, Umweltrecht, § 66 Rn. 1; *Egner*, in: Egner/Fuchs, § 66 Rn. 1.

24 So die Einschätzung von *Hecht*, DNotZ 2010, 323 (330 f.).

25 BT-Drs. 16/12274, S. 76.

haupt ein Vorkaufsrecht daran bestehen kann. Erfasst sind Grundstücke, die in Nationalparken, Nationalen Naturmonumenten,[26] Naturschutzgebieten oder als solchen einstweilig sichergestellten Gebieten liegen (Nr. 1), solche mit darauf befindlichen Naturdenkmälern oder als solchen einstweilig sichergestellten Gegenständen (Nr. 2) und schließlich solche mit darauf befindlichen oberirdischen Gewässern (Nr. 3). Abs. 1 Satz 2 regelt, dass dann, wenn nur ein Teil des Grundstücks diese Kriterien erfüllt, nur dieser Teil dem Vorkaufsrecht unterliegt. Nach Abs. 1 Satz 3 kann der Eigentümer des Grundstücks jedoch in diesem Fall verlangen, dass das Vorkaufsrecht auf das komplette Grundstück erstreckt wird, wenn ihm der weitere Verbleib des Grundstückteils in seinem Eigentum nicht zuzumuten ist.

Abs. 2 bestimmt die Rechtfertigungsgründe für die Ausübung des Vorkaufsrechts. Die Ausübung ist nur zulässig, wenn sie aus Gründen des Naturschutzes oder der Landschaftspflege einschließlich der Erholungsvorsorge erforderlich ist.

Nach Abs. 3 Satz 1 bedarf das Vorkaufsrecht keiner Eintragung in das Grundbuch. Existieren mehrere Vorkaufsrechte nebeneinander, so besagt Abs. 3 Satz 2, dass das bundesrechtliche Vorkaufsrecht nach § 66 sowohl rechtsgeschäftlich als auch landesrechtlich begründeten Vorkaufsrechten im Rang vorgeht. Abs. 3 Satz 3 ordnet im Falle der Ausübung des Vorkaufsrechts durch das Land das Erlöschen sämtlicher rechtsgeschäftlich begründeter Vorkaufsrechte an. Abs. 3 Satz 4 erklärt die meisten vorkaufsrechtlichen Regelungen des BGB für anwendbar. Abs. 3 Satz 5 schließt das Vorkaufsrecht aus, wenn ein Ehegatte, ein eingetragener Lebenspartner oder ein Verwandter ersten Grades als Dritter an dem das Vorkaufsrecht auslösenden Ereignis beteiligt ist.

Nach Abs. 4 können die Länder das Vorkaufsrecht auch zu Gunsten von Körperschaften und Stiftungen des öffentlichen Rechts sowie zu Gunsten anerkannter Naturschutzvereinigungen ausüben.

Abs. 5 schließlich besagt, dass abweichende Regelungen der Länder von § 66 unberührt bleiben.

II. Räumlicher Anwendungsbereich

1. Die Problematik im Überblick

Im Folgenden soll geklärt werden, in welchen Bundesländern § 66 dem Land 6
ein Vorkaufsrecht einräumt. Die Frage nach dem **räumlichen Anwendungsbereich** einer bundesrechtlichen Vorschrift ist auf den ersten Blick überraschend. Sie stellt sich aber für § 66 gleichwohl. Zwar machte der Bundesgesetzgeber mit dem BNatSchG vom 29. 07. 2009 erstmals von seiner erst seit September 2006 bestehenden konkurrierenden Gesetzgebungskompetenz aus Art. 74 Abs. 1 Nr. 29 GG Gebrauch, sodass die Regelungen dieses Gesetzes grundsätzlich in ganz Deutschland anwendbar sind. Etwas anderes

---

26 Diese waren in BT-Drs. 16/12274 nicht enthalten und wurden erst auf Vorschlag des BT-Ausschusses eingefügt, vgl. BT-Drs. 16/13430, S. 7.

gilt aber möglicherweise in Bezug auf § 66. In dessen Abs. 5 ist nämlich bestimmt, dass abweichende Regelungen der Länder „unberührt bleiben". Die alten landesrechtlichen Vorschriften, die ein naturschutzrechtliches Vorkaufsrecht der Länder und/oder Gemeinden beinhalteten,[27] könnten also noch in Kraft sein und die Anwendung des § 66 ausschließen. Diese Vorschrift würde demnach allenfalls[28] in den vier Ländern gelten, in denen vor Verkündung des neuen BNatSchG kein Vorkaufsrecht existierte, also in **Berlin, Hessen, Rheinland-Pfalz** und **Schleswig-Holstein**.[29]

Dieser Befund bei Inkrafttreten des § 66 war aber nach allen Seiten hin vorläufig. Nach Art. 72 Abs. 3 GG haben die Länder nämlich für den Naturschutz die sog. **Abweichungskompetenz**. Sie können also von § 66 abweichende Regelungen treffen, auch wenn sie vor der Verkündung des neuen BNatSchG keine Vorschriften über ein naturschutzrechtliches Vorkaufsrecht hatten. Werden solche Vorschriften erlassen, dann gelten diese und nicht § 66. Die neuen Vorschriften können sich hierbei auch darauf beschränken, § 66 auszuweiten, einzuschränken oder auszuschließen (Letzteres ist streitig, vgl. Rn. 15). Solche Länder hingegen, die Vorschriften über ein naturschutzrechtliches Vorkaufsrecht hatten, können diese außer Kraft setzen, sodass sie der Anwendung des § 66 nicht mehr im Wege stehen. Sie können aber auch im Anschluss daran neue Landesgesetze erlassen und darin von der Regelung des § 66 abweichen. Im Folgenden ist daher eingehend darzustellen, zu untersuchen und zu bewerten, in welchen Ländern § 66 derzeit (Stand: 01.06.2015) ein Vorkaufsrecht gewährt und in welchen nicht.

2. Die konkurrierende Gesetzgebung nach Art. 72 Abs. 1 GG

7   Der Bund hat seit der Föderalismusreform vom September 2006 auf dem Gebiet des Naturschutzes nach Art. 74 Abs. 1 Nr. 29 GG die konkurrierende Gesetzgebungskompetenz. Ausgangspunkt einer Antwort auf die Frage nach dem räumlichen Anwendungsbereich des § 66 ist daher die Regelung des Art. 72 Abs. 1 GG. Danach haben die Länder im Bereich der konkurrierenden Gesetzgebung die Befugnis zur Gesetzgebung, solange und soweit der Bund von seiner Kompetenz keinen Gebrauch gemacht hat. Dies bedeutet: Nimmt der Bund seine Befugnis wahr, so geht mit der Verkündung des Bundesgesetzes für die Länder eine **Sperrwirkung** einher.[30] Mit deren Eintritt haben die Länder keine Gesetzgebungskompetenz mehr.[31] Landesge-

---

27 Vgl. hierzu die Bestimmungen der zwölf Länder, im Einzelnen aufgeführt unter Rn. 3 in Fn. 5–16.

28 Problematisch ist, ob nicht auch die bisherige Nichtregelung eine „abweichende Regelung" i.S.d. Abs. 5 ist, sodass § 66 auch in den genannten vier Ländern nicht anwendbar wäre. Näheres hierzu unter Rn. 12.

29 Siehe hierzu im Einzelnen Rn. 3 in Fn. 18–21.

30 Zur Sperrwirkung BVerfG, Beschl. v. 29.03.2000 – 2 BvL 3/96, BVerfGE 102, 99 (114); BVerfG, Urt. v. 10.02.2004 – 2 BvR 834/02, 2 BvR 1588/02, BVerfGE 109, 190 (229 f.); *Berghoff/Steg*, NuR 2010, 17 (18).

31 Abgesehen von der Abweichungskompetenz nach Art. 72 Abs. 3 GG; siehe hierzu unten Rn. 14.

setze, die vorher erlassen wurden, sind unzulässig und nichtig.[32] Dies gilt freilich nur, „soweit" der Bundesgesetzgeber von seiner Befugnis Gebrauch gemacht hat. Entscheidend ist, ob ein Sachbereich nach dem objektivierten Willen des Bundesgesetzgebers **abschließend geregelt** werden sollte.[33] Die Regelung von Bereichen, für die dies nicht festgestellt werden kann, ist den Ländern weiterhin möglich.

Der Bund hat mit dem am 06.08.2009 verkündeten und am 01.03.2010 in 8 Kraft getretenen BNatSchG seine Kompetenz nach Art. 74 Abs. 1 Nr. 29 GG ausgeübt. Ausweislich der Begründung soll das neue Gesetz das bisherige Rahmenrecht durch Vollregelungen ersetzen. Vormals im Landesrecht normierte Bereiche des Naturschutzrechtes würden in Bundesrecht überführt, allerdings nur, „soweit ein Bedürfnis nach bundeseinheitlicher Regelung besteht".[34] Schon diese Einschränkung deutet darauf hin, dass nicht alle Vorschriften in den alten Landesnaturschutzgesetzen durch Verkündung des neuen BNatSchG unwirksam geworden sind, sondern dass es landesrechtliche Besonderheiten gibt, die der Bundesgesetzgeber nicht abschaffen wollte. In der Literatur werden insoweit der Wallheckenschutz[35] und der Bereich des ehrenamtlichen Naturschutzes[36] genannt.

3. Die Öffnungsklausel des § 66 Abs. 5

Die Frage, ob die alten landesrechtlichen Vorkaufsrechte durch das neue 9 bundesrechtliche Vorkaufsrecht des § 66 abgeschafft wurden oder weiterhin gelten, ist durch Auslegung der Öffnungsklausel des § 66 Abs. 5 zu beantworten. Darin ist bestimmt, dass abweichende Regelungen der Länder „unberührt bleiben".

a) Fortgeltung der alten landesrechtlichen Regelungen

Der Inhalt dieser Bestimmung ist nicht ganz einfach zu ermitteln. Die Geset- 10 zesbegründung, die nur den Wortlaut wiederholt,[37] hilft hier nicht weiter. Andererseits schafft der Wortlaut jedoch insoweit Klarheit, als § 66 die alten landesrechtlichen Vorschriften „unberührt" lässt. Die Gesetzesformel, dass bestimmte landesrechtliche Vorschriften „unberührt bleiben", ist in Deutschland seit jeher geläufig. Sie wird seit mehr als 130 Jahren[38] stets so verstanden, dass die bestehenden landesrechtlichen Vorschriften unter Aufrechter-

---

32 *Pieroth*, in: Jarass/Pieroth, GG, Art. 72 Rn. 11 und 13; *Stettner*, in: Dreier Supplementum 2007, Art. 72 Rn. 44 f.; *Berghoff/Steg*, NuR 2010, 17 (18).

33 Hierzu BVerfG, Beschl. v. 29.03.2000 – 2 BvL 3/96, BVerfGE 102, 99 (115); BVerfG, Urt. v. 10.02.2004 – 2 BvR 834/02, 2 BvR 1588/02, BVerfGE 109, 190 (230); *Berghoff/Steg*, NuR 2010, 17 (18); *Petschulat*, NuR 2015, 241 (244).

34 BT-Drs. 16/12274, S. 39.

35 *Louis*, NuR 2010, 77 (78).

36 *Berghoff/Steg*, NuR 2010, 17 (18).

37 BT-Drs. 16/12274, S. 76.

38 Siehe RG, Urt. v. 30.06.1882 – III 245/82, RGZ 7, 346 (347 f.).

haltung der Befugnis der Länder zu ihrer Änderung weiter gelten.[39] Dies lässt sich beispielhaft mit der Regelung des Art. 1 Abs. 2 EGBGB belegen. Darin ist unter anderem bestimmt, dass eine Vorschrift, nach der landesgesetzliche Vorschriften **„unberührt bleiben"**, bedeutet, dass bestehende Vorschriften in Kraft bleiben und neue Vorschriften erlassen werden dürfen.[40] Festzuhalten ist also, dass die Verkündung des neuen BNatSchG nicht zur Unwirksamkeit der landesrechtlichen Vorkaufsrechte geführt hat. Die entsprechenden Regelungen blieben in Kraft.[41] Sie können von den Ländern geändert werden.

b) Teilweiser Nichtgebrauch der Kompetenz aus Art. 74 Abs. 1 Nr. 29 GG

11 Mit der Feststellung der Fortgeltung der landesrechtlichen Vorschriften über die Vorkaufsrechte ist noch nichts über die Geltung des § 66 in diesen Ländern gesagt. Würde die Vorschrift dort ebenfalls gelten, so hieße dies: Entweder könnte das jeweilige Land je nach Gusto auf die landesrechtliche Vorschrift oder auf die des § 66 zurückgreifen, ein offensichtlich sinnwidriges Ergebnis, oder man müsste sonstige Regelungen finden, die den Vorrang eines der beiden Vorkaufsrechte begründen und damit das Nebeneinander von Landes- und Bundesrecht ausschließen.[42] Beides ist indes nicht anzunehmen. Die Frage nach dem Verhältnis beider Regelungen stellt sich nicht, weil sie von Art. 72 Abs. 1 GG klar beantwortet wird. Es kann dem Bundesgesetzgeber nämlich nicht unterstellt werden, er habe den Ländern, die schon bislang ein Vorkaufsrecht hatten und wegen Abs. 5 auch in Zukunft haben werden, mit § 66 ein zusätzliches, inhaltlich weitgehend kongruentes Vorkaufsrecht „aufdrängen" wollen.[43] Richtiger Ansicht nach hat der Bundesgesetzgeber mit § 66 Abs. 5 vielmehr klargestellt, dass er in Bezug auf das naturschutzrechtliche Vorkaufsrecht von seiner konkurrierenden Gesetzgebungszuständigkeit insoweit keinen Gebrauch gemacht hat, als landesrechtliche Regelungen bestehen. Damit sind nach dem Grundsatz des Art. 72 Abs. 1 GG noch die Länder zuständig.[44] § 66 galt also – vorbehaltlich späterer Änderungen durch den Landesgesetzgeber (vgl. hierzu Rn. 16) – jedenfalls in den zwölf Ländern nicht, die bei Verkündung des neuen BNatSchG

---

39 Eingehend und grundlegend BVerfG, Beschl. v. 03.10.1957 – 2 BvL 7/56, BVerfGE 7, 120 (124 f.).

40 Hierzu BVerfG, Beschl. v. 26.04.1988 – 2 BvL 13/86, 2 BvL 14/86, BVerfGE 78, 132 (144 f.) zu Art. 137 EGBGB. Zur Vorgängernorm des Art. 1 Abs. 2 EGBGB, dem Art. 3 EGBGB a.F. siehe BVerfG, Beschl. v. 03.10.1957 – 2 BvL 7/56, BVerfGE 7, 120 (124 f.); BVerfG, Beschl. v. 08.06.1960 – 1 BvR 580/53, BVerfGE 11, 192 (200).

41 *Berghoff/Steg*, NuR 2010, 17 (19); *Louis*, NuR 2010, 77 (78); *Egner*, in: Egner/Fuchs, § 66 Rn. 13; *Hecht*, DNotZ 2010, 323 (326); *Sauthoff*, in: GK-BNatSchG, § 66 Rn. 54; *Gellermann*, in: Landmann/Rohmer, Umweltrecht, § 66 Rn. 25.

42 Diesen Weg beschreitet *Hecht*, DNotZ 2010, 323 (326 f.), der einen „Gesamtvorrang des landesrechtlichen Naturschutzvorkaufsrechts" befürwortet.

43 Ebenso *Heinze*, RNotZ 2010, 388 (390).

44 *Egner*, in: Egner/Fuchs, § 66 Rn. 13; *Heinze*, RNotZ 2010, 388 (390). I.d.S. allgemein auch BVerfG, Beschl. v. 10.05.1977 – 1 BvR 514/68, 1 BvR 323/69, BVerfGE 45, 297 (341); *Pieroth*, in: Jarass/Pieroth, GG, Art. 72 Rn. 10.

landesrechtliche Vorkaufsrechtsregelungen hatten[45].[46] Vielmehr hatten – unter dem genannten Vorbehalt späterer Änderungen durch den Landesgesetzgeber – in diesen Ländern die alten landesrechtlichen Vorschriften auch nach Verkündung des neuen § 66 ihre Gültigkeit behalten.

c) Nichtregelung des Vorkaufsrechts keine „abweichende Vorschrift"

Fraglich war zunächst, was in den vier Ländern gilt, in denen vor Verkündung des neuen BNatSchG kein Vorkaufsrecht existierte, also in Berlin, Hessen, Rheinland-Pfalz und Schleswig-Holstein.[47] Vereinzelt meint man, das bloße Nichtbestehen eines Vorkaufsrechts sei bereits eine „abweichende Vorschrift" im Sinn des § 66 Abs. 5, mit der Folge, dass § 66 auch in diesen Ländern nicht gelten würde.[48] Dem ist nicht zu folgen.[49] Eine nicht existierende Norm ist keine abweichende Vorschrift. Anderenfalls hätte § 66 zunächst – vorbehaltlich späterer Änderungen durch den Landesgesetzgeber – überhaupt keinen Anwendungsbereich gehabt. Man kann indes dem Bundesgesetzgeber kaum unterstellen, er habe eine funktionslose Vorschrift erlassen. In diesen vier Ländern galt also vorbehaltlich einer neuen abweichenden Landesgesetzgebung § 66 unmittelbar.[50] Wollen diese Länder daher auch in Zukunft kein Vorkaufsrecht haben, müssen sie von ihrer Abweichungszuständigkeit aus Art. 72 Abs. 3 Satz 1 Nr. 2 GG Gebrauch machen. Diesen Weg hat das Land Schleswig-Holstein zeitgleich mit Inkrafttreten des § 66 zum 01.03.2010 beschritten (vgl. Rn. 15 und 24). Hessen hatte hingegen lediglich bis zum 31.12.2014 auf die Ausübung des Vorkaufsrechts aus § 66 verzichtet,[51] wendet es aber nunmehr an (vgl. Rn. 17).   12

d) Zwischenergebnis

Als Zwischenergebnis ist festzuhalten: Vorbehaltlich späterer Änderungen durch den Landesgesetzgeber (vgl. hierzu sogleich Rn. 14 ff.) galt § 66 nur in **Berlin, Hessen** und **Rheinland-Pfalz**.   13

4. Die Abweichungskompetenz der Länder nach Art. 72 Abs. 3 Satz 1 GG

a) Regelungsinhalt

Der Vorbehalt späterer Änderungen in den Ländern ist einmal der Abweichungskompetenz der Länder aus Art. 72 Abs. 3 Satz 1 Nr. 2 GG geschuldet. Danach können die Länder, nachdem der Bund von seiner konkurrierenden   14

---

45 Dies waren alle Länder außer **Berlin, Hessen, Rheinland-Pfalz** und **Schleswig-Holstein**; siehe oben Rn. 3.
46 Ebenso *Heinze*, RNotZ 2010, 388 (390) mit Nachweisen in seinen Fn. 15 und 20 auf die sich damit deckende Rechtsansicht der Länder Nordrhein-Westfalen und Bayern.
47 Siehe hierzu oben Fn. 18–21.
48 *Hecht*, DNotZ 2010, 323 (327 ff.).
49 Wie hier *Egner*, in: Egner/Fuchs, § 66 Rn. 14; *Heinze*, RNotZ 2010, 388 (390); v. *Stackelberg*, Die Abweichungsgesetzgebung der Länder im Naturschutzrecht, 2012, S. 234 (239).
50 *Reiff*, NuR 2011, 90 (92); *Gellermann*, in: Landmann/Rohmer, Umweltrecht, § 66 Rn. 24.
51 Staatsanzeiger für das Land Hessen Nr. 9 v. 01.03.2010, S. 450 und Nr. 12 v. 17.03.2014, S. 268.

Gesetzgebungskompetenz aus Art. 74 Abs. 1 Nr. 29 GG Gebrauch gemacht hat, durch Landesgesetz vom Bundesgesetz abweichende Regelungen über den Naturschutz treffen. Von dieser Kompetenz durften die Länder wegen des **Moratoriums** nach Art. 125b Abs. 1 Satz 3 GG erst nach Verkündung des neuen BNatSchG am 06.08.2009 Gebrauch machen.[52] Zwar gilt die Abweichungskompetenz aus Art. 72 Abs. 3 Satz 1 Nr. 2 GG nicht für die **allgemeinen Grundsätze**[53] des Naturschutzes.[54] Zu diesem **„abweichungsfesten Kern"** gehört das bundesrechtliche Vorkaufsrecht aus § 66 indes nicht.[55] Das Institut des abweichungsfesten Kerns soll es dem Bund nämlich ermöglichen, „in allgemeiner Form bundesweite verbindliche Grundsätze für den Schutz der Natur, insbesondere die Erhaltung der biologischen Vielfalt und zur Sicherung der Funktionsfähigkeit des Naturhaushalts festzulegen".[56] Danach ist die Detailregelung des § 66 kein abweichungsfester allgemeiner Grundsatz. Hierfür lässt sich als weiteres Indiz auch die Einschätzung des Bundesgesetzgebers anführen. Er hat das Vorkaufsrecht nämlich wie gesehen aufgrund der Öffnungsklausel des § 66 Abs. 5 nur den Ländern zur Verfügung gestellt, die bislang über kein ähnliches landesrechtliches Vorkaufsrecht verfügten. Außerdem hat der Bundesgesetzgeber mit dem BNatSchG auch das Ziel verfolgt, die allgemeinen Grundsätze des Naturschutzes ausdrücklich zu benennen[57], und hat dies etwa in den §§ 8, 13 und 20 auch getan. Für das Vorkaufsrecht ist keine Benennung erfolgt. Beides belegt, dass der Bundesgesetzgeber hierin keinen allgemeinen Grundsatz sah. Es ist also nach allem unbestreitbar, dass ein Landesgesetzgeber gestützt auf Art. 72 Abs. 3 Satz 1 Nr. 2 GG von § 66 abweichen kann. Das Bundesrecht bleibt dann in Kraft. Es besteht aber **Anwendungsvorrang** für die landesrechtliche Regelung.[58] In dem betreffenden Land darf § 66 insoweit nicht angewendet werden, als er abweichenden Landesregelungen widerspricht.

b) Zulässigkeit der reinen „Negativgesetzgebung"

15 Diese Abweichungsbefugnis gestattet es dem Landesgesetzgeber unproblematisch, die bundesrechtliche Regelung zum Vorkaufsrecht einzuschränken oder zu erweitern. Umstritten ist hingegen, ob neben einer solchen „Änderungsabweichung" auch eine reine „Negativgesetzgebung" möglich ist, ob also ein Land schlicht bestimmen kann, abweichend von § 66 gebe es kein naturschutzrechtliches Vorkaufsrecht. Diese Möglichkeit wird verbreitet mit der Begründung abgelehnt, die Abweichungsmöglichkeit verkomme so zur

---

52 Nach Art. 125b Abs. 1 Satz 3 GG hätte die Kompetenz bei Untätigbleiben des Bundesgesetzgebers spätestens ab dem 01.01.2010 bestanden.
53 Zu diesen Grundsätzen *Fischer-Hüftle*, NuR 2007, 78 (81 ff.); *Appel*, NuR 2010, 171 (172 ff.); *Berghoff/Steg*, NuR 2010, 17 (19).
54 Das ebenfalls ausgeschlossene Recht des Artenschutzes und das des Meeresnaturschutzes kommen vorliegend per se nicht in Betracht.
55 Ebenso jetzt *Fischer-Hüftle*, in: Schumacher/Fischer-Hüftle, § 66 Rn. 53.
56 So die Gesetzesbegründung BT-Drs. 16/813, S. 11.
57 BT-Drs. 16/12274, S. 39. Kritisch hierzu *Appel*, NuR 2010, 171 (173 f.).
58 In diesem Sinn allgemein *Pieroth*, in: Jarass/Pieroth, GG, Art. 72 Rn. 32; *Stettner*, in: Dreier Supplementum 2007, Art. 72 Rn. 49.

„Abschaffungsgesetzgebung".[59] Dem ist nicht zu folgen.[60] Die Länder sollten durch die Abweichungsbefugnis die Möglichkeit erhalten, in den betroffenen Bereichen abweichend von der Regelung des Bundes eigene Konzeptionen zu verwirklichen und auf ihre unterschiedlichen strukturellen Voraussetzungen und Bedingungen zu reagieren.[61] Dies kann es unter Umständen erfordern, eine bundesrechtliche Regelung komplett auszuschalten, etwa wenn aus Gründen des Bürokratieabbaus und der Verwaltungsvereinfachung insgesamt auf das naturschutzrechtliche Vorkaufsrecht verzichtet werden soll. In Übereinstimmung mit dieser Ansicht bestimmt das Land Schleswig-Holstein, das bis zum Erlass des neuen BNatSchG kein naturschutzrechtliches Vorkaufsrecht kannte, in seinem neuen Landesnaturschutzgesetz vom 24. 02. 2010 mit Wirkung zum 01.03.2010 in § 50 schlicht: „§ 66 BNatSchG gilt nicht." Ausweislich der Begründung soll dadurch gewährleistet werden, dass auch in Zukunft in diesem Land kein Vorkaufsrecht besteht.[62]

5. Die Abweichungskompetenz der Länder nach Art. 72 Abs. 1 GG

Mittlerweile (Stand: 01. 06. 2015) haben mehrere Länder von ihrer Abwei- 16 chungskompetenz aus Art. 72 Abs. 3 Satz 1 Nr. 2 GG Gebrauch gemacht und ihre Naturschutzgesetze novelliert oder neue erlassen (vgl. hierzu Rn. 17 ff.).[63] Was allerdings speziell die Regelung des Vorkaufsrechts in § 66 betrifft, folgt die Abweichungsbefugnis nur in den vier Ländern ohne „Altregelung", also in **Berlin, Hessen, Rheinland-Pfalz** und **Schleswig-Holstein**, aus Art. 72 Abs. 3 Satz 1 Nr. 2 GG. In den anderen zwölf Ländern beruht diese Kompetenz hingegen zunächst unmittelbar auf Art. 72 Abs. 1 GG, weil der Bund in diesen Ländern wie bereits erwähnt (vgl. Rn. 11) in Bezug auf das Vorkaufsrecht von seiner konkurrierenden Gesetzgebungskompetenz keinen Gebrauch gemacht hat.[64] Diese Länder können ihre – weiter geltenden – alten Regelungen daher gestützt auf Art. 72 Abs. 1 GG unproblematisch erweitern, einschränken oder ganz abschaffen.[65] Die Länder **Bayern** und **Brandenburg** sind diesen Weg gegangen (vgl. Rn. 23a). Schafft ein Land die Rege-

---

59 So *Fischer-Hüftle*, NuR 2007, 78 (80 f.); *Degenhart*, NVwZ 2006, 1209 (1213); *Kraft*, in: Lütkes/Ewer, § 66 Rn. 28 a.E.; zweifelnd auch *Gellermann*, in: Landmann/Rohmer, Umweltrecht, § 66 Rn. 25.

60 Wie hier *Pieroth*, in: Jarass/Pieroth, Art. 72 Rn. 30; *Stettner*, in: Dreier Supplementum 2007, Art. 72 Rn. 52; *Franzius*, ZUR 2010, 346 (350 f.); *Egner*, in: Egner/Fuchs, § 66 Rn. 15; *v. Stackelberg*, Die Abweichungsgesetzgebung der Länder im Naturschutzrecht, 2012, S. 234 (246); *Sauthoff*, in: GK-BNatSchG, § 66 Rn. 55; *Petschulat*, NuR 2015, 386 (391).

61 BT-Drs. 16/813, S. 11.

62 LT-Drs. 17/108, S. 128.

63 Einen ausführlichen Überblick über die gesamte Neuordnung des Naturschutzrechtes in den Ländern mit Stand 01. 06. 2010 geben *Schütte/Kattau*, ZUR 2010, 353 ff.

64 Wie hier die Begründung des Entwurfs eines Gesetzes des Landes Sachsen-Anhalt zum Bundesnaturschutzgesetz, LT-Drs. 5/2558, S. 29; a.A. *Heinze*, RNotZ 2010, 388 (390) in seiner Fn. 20.

65 *v. Stackelberg*, Die Abweichungsgesetzgebung der Länder im Naturschutzrecht, 2012, S. 234 (241); *Sauthoff*, in: GK-BNatSchG, § 66 Rn. 54 und 56.

lung über das Vorkaufsrecht freilich ganz ab, so gilt nunmehr in diesem Land § 66. Aus Art. 72 Abs. 1 GG und § 66 Abs. 5 folgt nämlich nichts anderes mehr, weil die unberührt gebliebene abweichende Vorschrift nicht mehr existiert. Will das betreffende Land kein naturschutzrechtliches Vorkaufsrecht, so muss es daher gestützt auf Art. 72 Abs. 3 Satz 1 Nr. 2 GG im Wege der Abweichungsgesetzgebung tätig werden.[66] So wollte der Freistaat **Sachsen** aus Gründen des Bürokratieabbaus und der Verwaltungsvereinfachung sein naturschutzrechtliches Vorkaufsrecht abschaffen. Hierfür hätte die Streichung des § 36 SächsNatSchG a.F. nicht genügt, weil dann § 66 in Sachsen gelten würde. Sachsen hat daher zu Recht § 36 SächsNatSchG wie folgt gefasst: „§ 66 BNatSchG findet keine Anwendung."[67]

6. Ergebnisse

Bundesland	Altregelung	Geltung § 66 BNatSchG	Neuregelung	Besonderheit	vgl. Rn.
Baden-Württemberg	§ 56 NatSchG	Nein	Gleich-bleibend	–	23
Bayern	Art. 34 Bay-NatSchG a.F.	Nein	Art. 39 Bay-NatSchG	Altregelung kaum verändert	23a
Berlin	–	Ja, aber	§ 53 NatSchG Bln	§ 66 Abs. 1 teils erweitert, teils beschränkt, Abs. 4 erweitert	19, 22a
Brandenburg	§ 69 Bbg. NatSchG a.F.	Nein	§ 26 Bbg-NatSchAG	Altregelung kaum verändert	23a
Bremen	§ 36 Brem-NatSchG a.F.	Ja, aber	§ 32 Brem-NatG	§ 66 Abs. 1 erweitert	19
Hamburg	§ 37 Hmb-NatSchG a.F.	Ja, aber	§ 18a HmbB-NatSchAG	Altregelung zum 01.06.2010 aufgehoben; seit 07.01.2012 abweichende Regelung zu § 66 Abs. 3	18
Hessen	–	Ja	–	Verzichtserklärung seit 01.01.2015 abgelaufen	17
Mecklenburg-Vorpommern	§ 48 LNatSchG M-V a.F.	Ja, aber	§ 34 NatSchAG M-V	§ 66 Abs. 1 und 3 Satz 5 beschränkt, Abs. 4 erweitert	19/20

---

66 v. *Stackelberg*, Die Abweichungsgesetzgebung der Länder im Naturschutzrecht, 2012, S. 234 (245 f.).

67 Gesetz v. 23.09.2010, in Kraft seit 19.10.2010 und bis 21.07.2013 (vgl. Rn. 24); hierzu LT-Drs. 5/1356, S. 2 und 4, wo die Kompetenz zu Recht in Art. 72 Abs. 3 GG gesehen wird.

Bundesland	Altregelung	Geltung § 66 BNatSchG	Neuregelung	Besonderheit	vgl. Rn.
Niedersachsen	§ 48 NNatSchG a.F.	Ja, aber	§ 40 NAGB-NatSchG	§ 66 Abs. 1 erweitert	19/21
Nordrhein-Westfalen	§ 36a LG	Nein	Gleich-bleibend	–	23
Rheinland-Pfalz	–	Ja	–	–	17
Saarland	§ 13 SNG	Nein	Gleich-bleibend	–	23
Sachsen	§ 36 Sächs-NatSchG a.F.	Nein	§ 38 Sächs-NatSchG	Geltung von § 66 durch Negativ-gesetzgebung aus-geschlossen	24
Sachsen-Anhalt	§ 59 NatSchG LSA a.F.	Ja, aber	§ 31 NatSchG LSA	§ 66 Abs. 1 teils erweitert, teils beschränkt, Abs. 3 Satz 5 beschränkt	19/22
Schleswig-Holstein	–	Nein	§ 50 LNatSchG	Geltung von § 66 durch Negativ-gesetzgebung aus-geschlossen	24
Thüringen	§ 52 Thür-NatG	Nein	Gleich-bleibend	–	23

a) Unmittelbare Anwendbarkeit des § 66 bei fehlender „Altregelung"

Aus all dem folgt für den Anwendungsbereich des § 66: Unmittelbar und un-eingeschränkt anwendbar ist § 66 in **Hessen** und **Rheinland-Pfalz**, weil der Bund in Bezug auf das Vorkaufsrecht aus § 66 für diese Länder ohne „Altre-gelung" von seiner konkurrierenden Gesetzgebungskompetenz aus Art. 74 Abs. 1 Nr. 29 GG Gebrauch gemacht hat und diese Länder hierauf nicht mit einem abweichenden Gesetz reagiert haben, das dann Anwendungsvorrang vor § 66 hätte.[68] Hessen hat zwar sein Naturschutzgesetz vom 04.12.2006 durch § 33 des Ausführungsgesetzes zum Bundesnaturschutzgesetz (HAGB-NatSchG) vom 20.12.2010 mit Wirkung zum 29. 12. 2010 komplett aufgeho-ben. Es hat in diesem Ausführungsgesetz aber keine von § 66 abweichende Regelung getroffen, sodass § 66 uneingeschränkt anwendbar ist. Hessen hatte zwar befristet bis zum 31. 12. 2014 den Verzicht auf die Ausübung des

17

---

68 Diesen Weg haben die beiden anderen Länder ohne „Altregelung", **Schleswig-Holstein** und **Berlin**, beschritten. § 66 ist in **Schleswig-Holstein** nicht anwendbar. Siehe dazu unten Rn. 24. In **Berlin** ist § 66 anwendbar, aber durch Landesrecht erweitert. Siehe dazu unten Rn. 22a.

Vorkaufsrechts erklärt.[69] Nach Ablauf dieser Frist wird in Hessen § 66 Abs. 1 aber angewendet.[70] Zuständig für die Ausübung des Vorkaufsrechts nach § 66 Abs. 1 sind in Hessen die Regierungspräsidien.[71]

b) Unmittelbare Anwendbarkeit des § 66 bei abgeschaffter „Altregelung"

18 Außer in **Rheinland-Pfalz** und **Hessen** ist § 66 in keinem Land unmittelbar und ohne jede Abweichung anwendbar. Zwar wäre dies grundsätzlich auch bei Ländern denkbar, die anders als Rheinland-Pfalz und Hessen im Zeitpunkt des Inkrafttretens des neuen Bundesnaturschutzgesetzes eine „Altregelung" hatten, nämlich dann, wenn sie diese Altregelung komplett aufheben und an ihre Stelle keine Neuregelung bezüglich des Vorkaufsrechts treten lassen. Einziges Beispiel hierfür war **Hamburg**. Hamburg kannte mit § 37 HmbNatSchG a.F. bei Erlass des neuen BNatSchG ein Vorkaufsrecht, sodass § 66 gemäß seinem Abs. 5 zunächst nicht in Hamburg galt. Das Hamburgische Naturschutzgesetz vom 09.10.2007 wurde aber mit Wirkung zum 01.06.2010 komplett aufgehoben. Hierdurch hatte Hamburg kein landesrechtliches Vorkaufsrecht mehr, sodass § 66 Abs. 5 der Anwendung des Vorkaufsrechts aus § 66 Abs. 1 in Hamburg nicht mehr entgegensteht. Das neue Hamburgische Gesetz zur Ausführung des BNatSchG vom 11.05.2010 beschränkt sich schon dem Namen nach auf Ergänzungen und Abweichungen vom Bundesgesetz. Da es zunächst keine abweichende Regelung zu § 66 enthielt, war diese Vorschrift in Hamburg seit 01.06.2010 unmittelbar und ohne Abweichung anwendbar. Mit Wirkung zum 07.01.2012 trat aber der durch Gesetz vom 23.12.2011 eingefügte § 18a HmbBNatSchAG in Kraft, der Abweichungen zu § 66 enthält. Hamburg fällt daher nunmehr unter die Länder, die § 66 durch Abweichungsgesetze erweitern oder beschränken (vgl. Rn. 19). Die **Abweichungen** von § 66 sind in Hamburg freilich marginal. Sie betreffen ausschließlich den Abs. 3 Satz 4 des § 66. In Hamburg kann in Abweichung von der bundesgesetzlichen Regelung die für die Ausübung des Vorkaufsrechts zuständige Behörde den zu zahlenden Betrag nach dem **Verkehrswert** des Grundstücks bestimmen, wenn der vereinbarte Kaufpreis den Verkehrswert erkennbar und deutlich überschreitet.

c) Erweiterung oder Beschränkung des § 66 durch Abweichungsgesetze

19 Neben Hamburg gibt es noch fünf weitere Länder, in denen § 66 nur eingeschränkt anwendbar ist, nämlich nur mit Erweiterungen oder Beschränkungen durch Abweichungsgesetze der Landesgesetzgeber. Es sind dies die

---

69 Staatsanzeiger für das Land Hessen Nr. 9 v. 01.03.2010, S. 450 und Nr. 12 v. 17.03.2014, S. 268.

70 So die E-Mail des hessischen Ministeriums für Umwelt, Klimaschutz, Landwirtschaft und Verbraucherschutz v. 07.05.2015 (Az.: VIII 4A 103a 06.0106) in Beantwortung einer Anfrage des Verf.

71 § 4 Nr. 3 Verordnung zur Neufassung der Delegations- und Zuständigkeitsverordnung Landwirtschaft, Forsten und Naturschutz und zur Änderung der Verordnung über Zuständigkeiten nach dem Hessischen Glücksspielgesetz v. 29.10.2014, GVBl. Hessen Nr. 19 v. 04.11.2014, S. 255 (258).

Länder **Bremen, Mecklenburg-Vorpommern, Niedersachsen** und **Sachsen-Anhalt** sowie **Berlin**. Außer Berlin hatten sie alle bei Erlass des neuen BNat-SchG ein landesrechtliches Vorkaufsrecht (siehe hierzu oben Rn. 3), sodass das Vorkaufsrecht des § 66 gemäß § 66 Abs. 5 zunächst in diesen vier Ländern nicht galt, während in Berlin § 66 zunächst uneingeschränkt anwendbar war.[72] Alle fünf Länder haben aber ebenso wie Hamburg ihre alten Naturschutzgesetze einschließlich des Vorkaufsrechts komplett aufgehoben[73], sodass Art. 72 Abs. 1 GG und § 66 Abs. 5 der Anwendung des Vorkaufsrechts aus § 66 in diesen Ländern nicht mehr entgegenstanden.[74] Anders als zunächst in Hamburg wurde in den Ausführungsgesetzen dieser fünf Länder aber Abweichendes zu § 66 bestimmt. Dem Grunde nach hat diese Abweichungsgesetzgebung nach Art. 72 Abs. 3 Satz 1 GG zur Konsequenz, dass die bundesrechtliche Vorschrift des § 66 infolge des bestehenden Anwendungsvorrangs nicht angewendet werden darf, soweit das Landesrecht abweicht (vgl. Rn. 14). Die divergierenden landesrechtlichen Regelungen haben allerdings gemein, dass sie § 66 explizit in Bezug nehmen und die abweichende Materie konkret auf die bundesrechtliche Vorschrift beziehen. § 66 kommt daher trotz des Vorrangs der landesrechtlichen Regelungen in den einzelnen Ländern insoweit zur Anwendung. So wurde in **Bremen** das Vorkaufsrecht über § 66 Abs. 1 Satz 1 hinaus auf Grundstücke **erweitert**, die in **Landschaftsschutzgebieten** liegen oder auf denen sich ein nach § 30 geschütztes **Biotop** befindet.[75] Über den anwendbaren § 66 hinaus besteht also in Bremen das darin normierte Vorkaufsrecht zusätzlich unter den im Landesgesetz genannten Voraussetzungen.

In **Mecklenburg-Vorpommern** wurde § 66 Abs. 1 Satz 1 **beschränkt**. Das **20** Vorkaufsrecht besteht abweichend von § 66 Abs. 1 Satz 1 Nr. 2 nicht an Grundstücken, auf denen sich **Naturdenkmäler** befinden. Außerdem ist es ausgeschlossen, wenn das betreffende Grundstück zusammen mit einem **landwirtschaftlichen Betrieb** veräußert wird, mit dem es eine Einheit bildet.[76] § 66 ist also in Mecklenburg-Vorpommern ebenfalls anwendbar, das darin normierte Vorkaufsrecht besteht aber unter den im Landesgesetz genannten Voraussetzungen nicht.

In **Niedersachsen** wurde § 66 **erweitert**. Das Vorkaufsrecht besteht abwei-**21** chend von § 66 Abs. 1 Satz 1 Nr. 1 auch an Grundstücken, die in Gebieten liegen, die nur die **Voraussetzungen eines Naturschutzgebietes** erfüllen,

---

72 Zu Berlin siehe Vorauflage Rn. 17.

73 BremNatSchG, außer Kraft seit dem 08.05.2010; NNatSchG, außer Kraft seit dem 01.03.2010; LNatSchG M-V, außer Kraft seit dem 01.03.2010; HmbNatSchG, außer Kraft seit dem 01.06.2010.

74 In Berlin, wo kein Vorkaufsrecht existierte, war § 66 hingegen zunächst anwendbar; siehe hierzu Vorauflage Rn. 17.

75 § 32 des Bremischen Gesetzes über Naturschutz und Landschaftspflege (BremNatG) v. 27.04.2010.

76 § 34 des Gesetzes des Landes Mecklenburg-Vorpommern zur Ausführung des BNatSchG (NatSchAG M-V) v. 23.02.2010. Abweichend von § 66 Abs. 5 kann das Vorkaufsrecht auch zu Gunsten von Anstalten des öffentlichen Rechts ausgeübt werden; stets muss aber der Begünstigte zustimmen.

ohne schon durch Rechtsverordnung oder Satzung rechtsverbindlich festgesetzt zu sein.[77] § 66 ist also anwendbar. Das in dieser Vorschrift normierte Vorkaufsrecht besteht aber in Niedersachsen zusätzlich an den genannten Grundstücken.

22 In **Sachsen-Anhalt** wurde § 66 teils erweitert und teils beschränkt. Der Gesetzgeber wollte hiermit erreichen, dass die „bewährten Regelungen" des alten landesrechtlichen Vorkaufsrechtes erhalten bleiben.[78] Das Vorkaufsrecht besteht abweichend von § 66 Abs. 1 Satz 1 Nr. 1 auch an Grundstücken, die Bestandteil eines **Großschutzgebietes** sind. Abweichend von § 66 Abs. 1 Satz 1 Nr. 2 besteht das Vorkaufsrecht hingegen nicht an Grundstücken, auf denen sich als Naturdenkmäler einstweilig sichergestellte Gegenstände befinden.[79] § 66 ist also in Sachsen-Anhalt anwendbar. Das darin genannte Vorkaufsrecht besteht aber zusätzlich unter den im Landesgesetz genannten Voraussetzungen, es besteht andererseits unter den ebenfalls im Landesgesetz genannten Voraussetzungen nicht.

22a In **Berlin** gab es wie in Hessen, Rheinland-Pfalz und Schleswig-Holstein keine „Altregelungen", so dass § 66 mit seinem Inkrafttreten in Berlin zunächst uneingeschränkt anwendbar war (vgl. Vorauflage Rn. 17). Mit Wirkung zum 09.06.2013 wurde das Berliner Naturschutzgesetz in der Fassung vom 03.11.2008 aber aufgehoben und durch das Berliner Naturschutzgesetz vom 29.05.2013 ersetzt. Darin sind von § 66 abweichende Regelungen getroffen.[80] Das Vorkaufsrecht des § 66 Abs. 1 wurde teils erweitert und teils beschränkt. So gilt das Vorkaufsrecht in Berlin abweichend von § 66 Abs. 1 Satz 1 Nr. 1 auch bei Grundstücken in **Landschaftsschutzgebieten** (Erweiterung), aber abweichend von § 66 Abs. 1 Satz 1 Nr. 2 nicht bei Grundstücken, auf denen Naturdenkmäler liegen (Beschränkung). § 66 Abs. 4 wird insofern erweitert, als das Vorkaufsrecht auch zugunsten von Anstalten des öffentlichen Rechts ausgeübt werden kann.

d) Keine Geltung des § 66 wegen „Altregelungen"

23 Wie oben (vgl. Rn. 10 f.) bereits dargestellt, folgt aus § 66 Abs. 5, dass § 66 in denjenigen Ländern nicht gilt, in denen bis heute (Stand: 01.06.2015) die alten landesrechtlichen Regelungen über ein naturschutzrechtliches Vorkaufsrecht in Kraft sind. Es handelt sich um die vier Länder Baden-Württem-

---

77 § 40 des Niedersächsischen Ausführungsgesetzes zum Bundesnaturschutzgesetz (NAGBNatSchG) v. 19.02.2010.
78 LT-Drs. 5/2558, S. 28 f. zu § 32 des Entwurfs.
79 § 31 NatSchG LSA des neuen Gesetzes vom 10.12.2010, in Kraft seit 17.12.2010. Die Vorschrift enthält in Abs. 3 zudem eine Abweichung von § 66 Abs. 3 Satz 5. Danach ist das Vorkaufsrecht nicht nur bei Verkäufen an Verwandte ersten Grades ausgeschlossen, sondern auch bei Verkäufen an verschwägerte Personen, an Personen, die in der Seitenlinie bis zum dritten Grad verwandt sind, sowie an Gebietskörperschaften. Ebenfalls kein Vorkaufsrecht besteht danach, wenn das Grundstück im Geltungsbereich eines Bebauungsplanes liegt oder wenn es zusammen mit einem landwirtschaftlichen Betrieb verkauft wird, mit dem es eine Einheit bildet.
80 § 53 NatSchG Bln.

berg[81], Nordrhein-Westfalen[82], Saarland[83] und Thüringen[84]. In diesen Ländern bestehen ausschließlich die alten landesrechtlichen Vorkaufsrechte. § 66 ist hier nicht, auch nicht subsidiär anwendbar.

Diese alten landesrechtlichen Regelungen ähneln der des § 66 zum Teil stark, zum Teil weichen sie aber auch deutlich ab. Am Ähnlichsten ist die Regelung in **Baden-Württemberg**, wo das Vorkaufsrecht wie nach § 66 dem Land zusteht und die davon betroffenen Grundstücke ähnlich umschrieben werden wie in § 66. Aus dem Rahmen fällt das Vorkaufsrecht in **Nordrhein-Westfalen**. Hier steht es dem Träger der Landschaftsplanung zu. Das Vorkaufsrecht geht sehr weit, weil es grundsätzlich nur voraussetzt, dass das betroffene Grundstück im Geltungsbereich eines Landschaftsplans liegt. Im **Saarland** gibt es ein Vorkaufsrecht der Gemeinden an bestimmten Grundstücken, die ähnlich wie in § 66 Abs. 1 definiert werden. In **Thüringen** schließlich gibt es ein Vorkaufsrecht der Gemeinden und des Landes, wobei bei der Aufzählung der betroffenen Grundstücke entgegen § 66 oberirdische Gewässer nicht aufgeführt sind.

Zwei Länder haben ihre vorkaufsrechtlichen „Altregelungen" durch weitgehen deckungsgleiche Neuregelungen ersetzt. Dies ist zum einen **Bayern**. Das landesrechtliche Vorkaufsrecht findet sich nunmehr in Art. 39 BayNatSchG;[85] die Regelung ist aber weitgehend mit Art. 34 BayNatSchG a.F. identisch. Bayern vertritt hierzu die – zutreffende – Rechtsansicht, dass der Freistaat aufgrund der Unberührtheitsklausel des § 66 Abs. 5 berechtigt ist, das – unberührt gebliebene – Landesrecht zu ändern.[86] Die Regelung des Art. 39 BayNatSchG beruht folglich auf Art. 71 Abs. 1 GG in Verbindung mit § 66 Abs. 5, nicht hingegen auf der Abweichungsbefugnis nach Art. 72 Abs. 3 Satz 1 Nr. 2 GG. Zutreffend wurde Art. 39 BayNatSchG daher nicht im Bundesgesetzblatt als Abweichung aufgeführt. § 66 gilt in Bayern nicht und ist auch nicht subsidiär anwendbar. Es gilt ausschließlich Art. 39 BayNatSchG.[87] Danach haben der Freistaat sowie Bezirke, Landkreise, Gemeinden und kommunale Zweckverbände ein Vorkaufsrecht an Grundstücken, die ganz ähnlich wie in § 66 umschrieben werden. | 23a

In **Brandenburg** liegen die Dinge ganz ähnlich wie in Bayern. Hier wurde die Regelung des § 69 BbgNatSchG durch den mit der „Altregelung" weitgehend identischen § 26 BbgNatSchAG ersetzt. Auch wenn das Brandenburgische Naturschutzausführungsgesetz vom 21.01.2013 nach seinem Namen und der Regelung seines § 1 nur die Ausführung des Bundesnaturschutzge-

---

81 § 56 NatSchG.
82 § 36a LG. Die Fortgeltung der alten Vorschrift und die Nichtgeltung des § 66 in NRW ist auch die – zutreffende – Rechtsansicht des Landes selbst; Nachweise bei *Hecht*, DNotZ 2010, 323 (325) in Fn. 15.
83 § 13 SNG.
84 § 52 ThürNatG.
85 Bayerisches Naturschutzgesetz v. 23.02.2011, GVBl. S. 82.
86 Hierzu und zum Folgenden v. *Stackelberg*, Die Abweichungsgesetzgebung der Länder im Naturschutzrecht, 2012, S. 234 (242 f.).
87 Ebenso VG Würzburg, Urt. v. 19.02.2013 – W 4 K 12.449 zitiert nach juris (Rn. 28).

setzes regelt, so gilt dies für § 26 nicht. § 26 BbgNatSchAG ersetzt die – unberührt gebliebene – „Altregelung" des § 69 BbgNatSchG. Diese Kompetenz zur Änderung folgt aus Art. 72 Abs. 1 GG in Verbindung mit § 66 Abs. 5 und ist gerade keine Abweichungsgesetzgebung im verfassungsrechtlichen Sinn. Deshalb ist die Regelung des § 26 BbgNatSchAG über das Vorkaufsrecht zu Recht nicht in § 1 BbgNatSchAG als abweichende Regelung aufgeführt worden. Brandenburg geht wie Bayern ersichtlich von der zutreffenden Rechtsansicht aus, dass § 66 in Brandenburg nicht, auch nicht hilfsweise, gilt. Das naturschutzrechtliche Vorkaufsrecht ergibt sich in Brandenburg allein aus der Regelung des § 26 BbgNatSchAG. Diese Regelung ist freilich der des § 66 sehr ähnlich.

e) Keine Anwendung des § 66 wegen „Negativgesetzgebung"

24 In zwei Ländern ist § 66 deshalb nicht anwendbar, weil diese Länder von ihrer Abweichungskompetenz aus Art. 72 Abs. 3 Satz 1 GG im Wege der „Negativgesetzgebung" Gebrauch gemacht haben.[88] Das Land **Schleswig-Holstein**, das bis zum Erlass des neuen BNatSchG kein naturschutzrechtliches Vorkaufsrecht kannte, hat sein altes Landesnaturschutzgesetz aufgehoben und in seinem neuen Landesnaturschutzgesetz vom 24.02.2010 mit Wirkung zum 01.03.2010 in § 50 schlicht bestimmt: „§ 66 BNatSchG gilt nicht". Ausweislich der Begründung soll dadurch gewährleistet werden, dass auch in Zukunft in diesem Land kein Vorkaufsrecht besteht.[89] In Schleswig-Holstein ist daher § 66 wegen des Anwendungsvorrangs des § 50 LNatSchG nicht anwendbar.

Der Freistaat **Sachsen** hatte zwar anders als Schleswig-Holstein bis zum Erlass des neuen Bundesnaturschutzgesetzes ein naturschutzrechtliches Vorkaufsrecht (vgl. Rn. 3). Der Freistaat wollte dieses aber für die Zukunft abschaffen, um die Bürokratie abzubauen und die Verwaltung zu vereinfachen.[90] Der Freistaat hat daher durch Gesetz vom 23.09.2010 die betreffende Vorschrift, den § 36 SächsNatSchG a.F., mit Wirkung zum 19.10.2010 wie folgt gefasst: „§ 66 BNatSchG findet keine Anwendung." Eine identische Regelung findet sich nunmehr seit 22.07.2013 in § 38 SächsNatSchG.[91]

III. Entstehungsarten und Formen des Vorkaufsrechts im BGB

25 Wenn und soweit § 66 in einem Bundesland anwendbar ist, begründet er ein Vorkaufsrecht des jeweiligen Landes an naturschutzfachlich wertvollen Grundstücken. Beim Vorkaufsrecht lassen sich zwei grundlegende Unterscheidungen treffen. Zum einen nach der Art der Entstehung, zum anderen nach der Wirkung.

---

88 Zur Zulässigkeit der „Negativgesetzgebung" siehe Rn. 15.
89 LT-Drs. 17/108, S. 128.
90 LT-Drs. 5/1356, S. 4. Vgl. auch OVG Sachsen, Beschl. v. 03.06.2013 – 1 A 785/12 zitiert nach juris (Rn. 5).
91 Gesetz v. 06.06.2013, SächsGVBl. S. 451.

1. Schuldrechtliches und dingliches Vorkaufsrecht

Das BGB kennt zwei Formen von Vorkaufsrechten: das schuldrechtliche und 26 das dingliche. Das schuldrechtliche Vorkaufsrecht, das grundsätzlich an allen Gegenständen und damit auch an Grundstücken bestehen kann, ist in den §§ 463–473 BGB geregelt, das dingliche, das nur an Grundstücken möglich ist, in den §§ 1094–1104 BGB. Hierbei gelten die §§ 463–473 BGB mit Ausnahme von § 471 BGB (vgl. § 1098 Abs. 1 Satz 2 BGB) über § 1098 Abs. 1 Satz 1 BGB auch für das dingliche Vorkaufsrecht. Demgegenüber gelten die §§ 1094 ff. BGB nicht für das schuldrechtliche Vorkaufsrecht. Der Unterschied zwischen beiden Formen liegt in ihrer Wirkung. Während das schuldrechtliche Vorkaufsrecht grundsätzlich nur zwischen den Vertragsparteien Wirkung entfaltet,[92] ist beim dinglichen Vorkaufsrecht der Eigentümer des belasteten Grundstücks als solcher Verpflichteter.[93] Damit ist das dingliche Vorkaufsrecht dem geschlossenen Kreis der Sachenrechte zuzuordnen.[94]

2. Gesetzliche und vertragliche Vorkaufsrechte

Ein Vorkaufsrecht kann kraft Gesetzes oder durch Rechtsgeschäft, insbeson- 27 dere durch Vertrag, entstehen. Insofern spricht man von gesetzlichen und vertraglichen Vorkaufsrechten. Im BGB ist das schuldrechtliche Vorkaufsrecht gemäß §§ 463–473 als vertragliches ausgestaltet, aber in § 577 für den Mieter und in § 2034 für den Miterben auch als gesetzliches. Demgegenüber ist das dingliche Vorkaufsrecht im BGB in den §§ 1094–1104 nur als vertragliches geregelt.[95]

IV. Dogmatische Einordnung des Vorkaufsrechts aus § 66

Im Gegensatz hierzu steht das Vorkaufsrecht aus § 66. Es ist ein gesetzliches 28 Vorkaufsrecht und zugleich auch ein dingliches Vorkaufsrecht. Es erfordert aber nach Abs. 3 Satz 1 **keine Eintragung in das Grundbuch**.[96] Dies verstößt nicht gegen § 873 Abs. 1 BGB mit § 1094 Abs. 1 BGB, weil die darin bestimmte Eintragungspflicht nur bei rechtsgeschäftlichen Verfügungen gilt.[97] Das Vorkaufsrecht des Landes aus § 66 besteht aber kraft Gesetzes und wird auch nicht vom öffentlichen Glauben des Grundbuchs erfasst.

Außerdem verweist Abs. 3 Satz 4 auf § 1098 Abs. 2 BGB und damit auf die **Sicherungswirkung gleich einer Vormerkung**. Somit findet über diese Verweisungskette § 883 Abs. 2 BGB Anwendung, sodass eine Verfügung über das Grundstück, also hier die Eigentumsübertragung, relativ unwirksam ist.

---

92 *Weidenkaff*, in: Palandt, BGB, Vorb. vor § 463 Rn. 5.
93 *H.P. Westermann*, in: MünchKomm BGB, § 1094 Rn. 4.
94 *Bassenge*, in: Palandt, BGB, Vorb. vor § 1094 Rn. 2; OLG Düsseldorf, Urt. v. 29.03.1999 – 9 U 213/98, DNotZ 1999, 1015 (1016).
95 *H.P. Westermann*, in: MünchKomm BGB, § 1094 Rn. 4.
96 Das Vorkaufsrecht ist nicht einmal eintragungsfähig; BayObLG, Beschl. v. 01.08.2000 – 2Z BR 57/00, NJW-RR 2000, 1687.
97 *Bassenge*, in: Palandt, BGB, § 873 Rn. 4; dies wird verkannt von *Postel*, NuR 2006, 555 (556).

Im Übrigen modifiziert Abs. 3 Satz 4 dieses dingliche Vorkaufsrecht jedoch dahingehend, dass nicht alle Vorschriften anzuwenden sind. So gelten nur § 1098 Abs. 2 BGB sowie die §§ 1099–1102 BGB. Von den schuldrechtlichen Vorschriften gelten die §§ 463–469 BGB sowie § 471 BGB.

V. Ausübungsvoraussetzungen des Vorkaufsrechts aus § 66

29   Damit das Vorkaufsrecht nach § 66 ausgeübt werden kann, muss ein Vorkaufsrecht überhaupt bestehen. Das Grundstück muss also ein Kriterium nach Abs. 1 Satz 1 erfüllen, der Vorkaufsfall muss eingetreten sein und die Ausübung des Vorkaufsrechts muss nach Abs. 2 erforderlich sein. Schließlich darf das Vorkaufsrecht nicht ausgeschlossen sein.

1. Grundstückseigenschaften nach Abs. 1 Satz 1 Nr. 1–3

30   Das Vorkaufsrecht aus § 66 besteht nur an naturschutzfachlich wertvollen Grundstücken. Erforderlich ist, dass das Grundstück unter Abs. 1 Satz 1 Nr. 1–3 fällt. Nach **Nr. 1** kommt es auf die Lage des Grundstücks an. Liegt dieses in einem **Nationalpark** (§ 24 Abs. 1 Nr. 1–3), einem **Nationalen Naturmonument** (§ 24 Abs. 4), einem **Naturschutzgebiet** (§ 23) oder in einem als solchen einstweilig sichergestellten Gebiet, so wird es von dem Vorkaufsrecht erfasst. **Nr. 2** erfasst Grundstücke, auf denen sich **Naturdenkmäler** (§ 28) oder als solche einstweilig sichergestellte Gegenstände befinden. **Nr. 3** stellt darauf ab, ob ein **oberirdisches Gewässer**[98] auf dem Grundstück liegt.

Die im ersten Abschnitt des vierten Kapitels des BNatSchG als „geschützte Teile von Natur und Landschaft" bezeichneten Gebiete werden demnach nicht alle von Abs. 1 Satz 1 erfasst. Biosphärenreservate (§ 25), Landschaftsschutzgebiete (§ 26), Naturparke (§ 27), geschützte Landschaftsbestandteile (§ 29) und gesetzlich geschützte Biotope (§ 30) fallen nicht darunter. Dennoch kann an einem Grundstück in diesen Gebieten ein Vorkaufsrecht bestehen, wenn es nämlich in der Schnittstelle eines erfassten und eines nicht erfassten Gebiets liegt oder ein vom Vorkaufsrecht erfasstes Gebiet komplett in einem nicht erfassten Gebiet gelegen ist.

31   Die insoweit von § 66 vorgenommene Abgrenzung ist weitgehend überzeugend. Im Falle der nicht erfassten Biosphärenreservate, Biotope und Naturparke würde ein Vorkaufsrecht auf Grund der Weitläufigkeit dieser Gebiete die Privatautonomie zu sehr einschränken. Auch der Nichterfassung von Landschaftsschutzgebieten ist aus demselben Grund und zudem wegen deren geringerer Schutzbedürftigkeit[99] zuzustimmen. **Geschützte Landschaftsbestandteile** weisen hingegen eine sehr große Ähnlichkeit zu Naturdenkmälern auf. Sie werden denn auch von einigen landesrechtlichen Regelungen erfasst.[100] Die Nichterfassung durch die anderen landesrechtlichen Regelun-

---

98 § 3 Nr. 1 WHG.

99 Vgl. hierzu auch *Gellermann*, in: Landmann/Rohmer, Umweltrecht, § 26 BNatSchG Rn. 2.

100 Vgl. Art. 39 Abs. 1 Satz 1 Nr. 3 BayNatSchG; § 13 Abs. 1 Nr. 2 SNG; § 52 Abs. 1 Satz 1 Nr. 2 ThürNatG; § 36a Satz 1 mit § 23 LG.

gen ließ sich mit der bisherigen Fassung von § 29 Abs. 2 BNatSchG a.F. rechtfertigen. Danach waren aus zwingenden Gründen der Verkehrssicherheit Ausnahmen zulässig. Diese Möglichkeit ist nach dem neuen § 29 Abs. 2 nicht mehr gegeben, sodass für geschützte Landschaftsbestandteile dasselbe Schutzniveau wie für Naturdenkmäler besteht, die vom Vorkaufsrecht erfasst sind. Geschützte Landschaftsbestandteile wären daher wohl besser einbezogen worden.[101]

Abs. 1 Satz 1 Nr. 3 erfasst anders als einige Landesgesetze[102] nicht die Konstellation, dass das Grundstück an **oberirdische Gewässer** angrenzt, sich diese jedoch nicht auf der betroffenen Fläche befinden. Ebenso wurden Be- und Entwässerungsgräben nicht vom Anwendungsbereich des Vorkaufsrechts ausgenommen. Beides ist zu kritisieren.[103] Die Herausnahme von Be- und Entwässerungsgräben wäre insbesondere wegen der landwirtschaftlichen Nutzung von Grundstücken sinnvoll gewesen. Hingegen wäre die Erfassung von Grundstücken mit angrenzenden oberirdischen Gewässern ebenfalls wünschenswert, da auch hier durchaus Aspekte des Naturschutzes ein Vorkaufsrecht begründen können. So wäre es möglich gewesen, das Vorkaufsrecht je nach Einzelfall auszuüben oder, bei fehlender Erforderlichkeit, eben nicht.

2. Verhältnis zu anderen Vorkaufsrechten

Nach § 66 **Abs. 3 Satz 2** geht das Vorkaufsrecht aus Abs. 1 **rechtsgeschäftlich**   32
begründeten Vorkaufsrechten im Rang vor. Dieses Rangprivileg bewirkt, dass das Vorkaufsrecht aus § 66 von rechtsgeschäftlichen Vorkaufsrechten nicht beeinträchtigt werden kann. Übt das Land sein gesetzliches Vorkaufsrecht aus und erwirbt es infolgedessen Eigentum am Grundstück, so bestimmt Abs. 3 **Satz 3**, dass die rechtsgeschäftlichen Vorkaufsrechte **erlöschen**.

Ferner bestimmt § 66 Abs. 3 **Satz 2**, dass das bundesrechtliche Vorkaufsrecht   33
aus Abs. 1 auch **landesrechtlichen Vorkaufsrechten** im Rang vorgeht. Dieser Vorrang gilt indes einmal nicht für Vorkaufsrechte auf den Gebieten des **Grundstücksverkehrs und des Siedlungswesens**, die dem bundesrechtlichen Vorkaufsrecht aus Abs. 1 im Rang gleichstehen. Sie wurden in Abs. 3 Satz 2 ausdrücklich ausgenommen, weil seit der Änderung des Art. 74 Abs. 1 Nr. 18 GG a.F. durch die Föderalismusreform im Herbst 2006 die Länder die vorher bundeseinheitlich normierten Gebiete selbst regeln können.[104] Vor allem gilt die Vorrangregelung des Abs. 3 Satz 2 nicht für **landesrechtliche Vorkaufsrechte auf dem Gebiet des Naturschutzrechtes**. Sie haben entweder nach

---

101 So auch *Meyer*, Das naturschutzrechtliche Vorkaufsrecht im Umweltgesetzbuch – Eine kritische Stellungnahme zu § 68 UGB III, www.iutr.de.

102 Vgl. Art. 39 Abs. 1 Satz 1 Nr. 1 BayNatSchG; § 13 Abs. 1 Nr. 1 SNG. Zur Anwendbarkeit dieser Normen siehe VG Saarlouis, Urt. v. 16. 01. 2008 – 5 K 774/07, NuR 2008, 526 (zu § 13 SNG) und VG Regensburg, Urt. v. 23. 07. 2013 – RO 4 K 13.539, NuR 2014, 141 (zu Art. 39 BayNatSchG).

103 Ebenso *Meyer*, Das naturschutzrechtliche Vorkaufsrecht im Umweltgesetzbuch – Eine kritische Stellungnahme zu § 68 UGB III, www.iutr.de.

104 Siehe hierzu BT-Drs. 16/12274, S. 76 und BT-Drs. 16/813, S. 13.

Art. 72 Abs. 1 GG und § 66 Abs. 5 oder nach Art. 72 Abs. 3 Satz 1 Nr. 2 GG ihrerseits „Vorrang" vor dem bundesrechtlichen Vorkaufsrecht aus § 66 Abs. 1 (vgl. ausführlich Rn. 9 ff.).

34 Das Verhältnis des Vorkaufsrechts aus Abs. 1 zu **anderen bundesrechtlichen Vorkaufsrechten**[105] wird in § 66 Abs. 3 nicht angesprochen. Gegenüber ihnen besteht folglich kein Vorrang. Vielmehr sind sie gleichrangig, es sei denn, das anderweitige Bundesrecht räumt seinem Vorkaufsrecht den Vorrang ein.[106]

3. Eintritt des Vorkaufsfalls

35 Das Vorkaufsrecht des Landes aus § 66 kann nur ausgeübt werden, wenn der Vorkaufsfall eintritt. § 463 BGB, der aufgrund der Verweisung in **Abs. 3 Satz 4** anwendbar ist, bestimmt, dass **Vorkaufsfall** der Abschluss eines Kaufvertrages des Grundstückseigentümers mit einem Dritten ist. Auch die Ausnahmevorschrift des § 66 Abs. 3 Satz 5 spricht insoweit von einem „Verkauf". Es muss ein **rechtswirksamer Kaufvertrag** vorliegen[107], woran es etwa im Fall der Formnichtigkeit gemäß § 125 Satz 1 BGB fehlt.[108] Ebenso muss eine eventuell erforderliche behördliche Genehmigung vorliegen.[109] Der Vorkaufsberechtigte hat auch keinen Anspruch auf Entstehung des Vorkaufsfalles.[110] Käufer (Dritter) und Verkäufer (Vorkaufsverpflichteter) können in der Schwebezeit den Kaufvertrag grundsätzlich unbeschränkt aufheben und damit das Vorkaufsrecht gegenstandslos machen.

36 Besonderheiten gelten für das **Scheingeschäft** nach § 117 BGB. Bei einem solchen **„Schwarzkauf"** wird ein Kaufpreis beurkundet, der niedriger oder höher ist als der Preis, den die Parteien wirklich vereinbart haben. Im ersten Fall des zu niedrigen Kaufpreises soll regelmäßig das Finanzamt getäuscht werden, im zweiten Fall des zu hohen Kaufpreises der zum Vorkauf Berechtigte, hier also das Land. Im ersten Fall ist der beurkundete Kauf mit dem zu niedrigen Preis nach § 117 Abs. 1 BGB als Scheingeschäft nichtig, der gewollte Kaufvertrag ist nach § 125 Satz 1 BGB wegen Formmangels nichtig. Der Vorkaufsfall ist nicht eingetreten. Der Berechtigte, hier das Land, könnte sein Vorkaufsrecht erst ausüben, wenn ihm der wirklich gewollte Vertrag mitgeteilt wurde und der Formmangel nach § 311b Abs. 1 Satz 2 BGB durch Auflassung und Eintragung in das Grundbuch geheilt ist.

Im zweiten Fall des zu hoch beurkundeten Kaufpreises würde grundsätzlich dasselbe gelten. Auch hier ist der beurkundete Vertrag als Scheingeschäft

---

105 Vgl. etwa § 24 BauGB.
106 BT-Drs. 16/12274, S. 76.
107 BGH, Urt. v. 09.02.1990 – V ZR 274/88, BGHZ 110, 230 (232); BGH, Urt. v. 11.02.1977 – V ZR 40/75, BGHZ 67, 395 (397).
108 BGH, Urt. v. 09.01.1960 – V ZR 103/58, WM 1960, 551 (552).
109 BGH, Urt. v. 04.06.1954 – V ZR 18/53, BGHZ 14, 1 (2); OVG Lüneburg, Beschl. v. 14.01. 2013 – 4 LA 173/12, NuR 2014, 209 (210).
110 BGH, Urt. v. 09.02.1990 – V ZR 274/88, BGHZ 110, 230 (233); BGH, Urt. v. 04.06.1954 – V ZR 18/53, BGHZ 14, 1 (3).

nichtig, der gewollte Vertrag hingegen ist formnichtig. Dieses Ergebnis hält man mit Blick auf den getäuschten Vorkaufsberechtigten aber verbreitet für unbillig.[111] Das OVG des Saarlandes hat daher in einer Entscheidung ausgesprochen, die Nichtigkeit des Kaufvertrages nach den Regeln über den sog. „Schwarzkauf" sei für die Frage der Rechtmäßigkeit des Ausübungsverwaltungsaktes der Gemeinde in Bezug auf das naturschutzrechtliche Vorkaufsrecht ohne Bedeutung. Die Parteien des Erstvertrages übernähmen mit der Mitteilung des Kaufvertrags gegenüber der Gemeinde öffentlich-rechtlich die Gewähr dafür, dass der in der notariellen Urkunde niedergelegte Vertragsinhalt richtig wiedergegeben sei und ihrem Willen entspreche.[112] Diesem vereinzelt gebliebenen Urteil ist nicht zu folgen. Grundsätzlich erfordert auch ein gesetzliches Vorkaufsrecht wie das naturschutzrechtliche Vorkaufsrecht der Länder, dass ein rechtswirksamer Kaufvertrag vorliegt. Hieran fehlt es im Fall des Scheingeschäfts, solange der gewollte Vertrag nicht nach § 311b Abs. 1 Satz 2 BGB geheilt ist. Gleichwohl ist in einem solchen Fall der Vorkaufsberechtigte nicht schutzlos. Der vorkaufsverpflichtete Verkäufer kann sich nämlich nach Treu und Glauben nicht auf den Formmangel berufen. Insoweit ist ihm der **Einwand der Arglist** entgegenzuhalten.[113]

Eine **Anfechtung** durch den Dritten nach Ausübung des Vorkaufsrechts   37
macht die Ausübung des Vorkaufsrechts unwirksam.[114] Anderes kann gelten, wenn der Vorkaufsverpflichtete sein Anfechtungsrecht erst in einem Zeitpunkt ausübt, nachdem der Vorkaufsberechtigte sein Vorkaufsrecht bereits ausgeübt hat. Hier sind Fälle denkbar, in denen die Anfechtung und damit der Wegfall des Kaufvertrages das Vorkaufsverhältnis nicht berühren; etwa wenn sich die Anfechtung auf Gründe in der Person des Dritten stützt, die für das Vertragsverhältnis mit dem Vorkaufsberechtigten bedeutungslos sind.[115] Der – vorbehaltene – Rücktritt des Dritten nach Entstehung, aber vor Ausübung des Vorkaufsrechts beseitigt das Recht des Vorkaufsberechtigten zur Ausübung des Vorkaufsrechts nicht.[116]

Kein Vorkaufsfall tritt mangels Vorliegens eines Kaufvertrages ein bei der   38
Einbringung des Grundstücks in eine Gesellschaft[117], bei einer **Schenkung**[118]
oder bei einem **Tausch**.[119] Im Einzelfall kann es schwierig zu beurteilen sein,

---

111 Art. 39 Abs. 8 Satz 1 BayNatSchG und § 18a HmbBNatSchAG enthalten ein sog. „limitiertes Vorkaufsrecht". Danach kann der Vorkaufsberechtigte den vereinbarten Kaufpreis durch den Verkehrswert ersetzen, wenn der vereinbarte Kaufpreis den Verkehrswert (§ 194 BauGB) „deutlich" übersteigt; der Verpflichtete kann aber dann vom Kauf zurücktreten.

112 OVG des Saarlandes, Urt. v. 08. 07. 2003 – 1 R 9/03 zitiert nach juris (Rn. 50 ff.).

113 *H. P. Westermann*, in: MünchKomm BGB, § 463 Rn. 14; *Postel*, NuR 2006, 555 (559).

114 *H. P. Westermann*, in: MünchKomm BGB, § 463 Rn. 15.

115 BGH, Urt. v. 25. 09. 1986 – II ZR 272/85, NJW 1987, 890 (893).

116 BGH, Urt. v. 11. 02. 1977 – V ZR 40/75, BGHZ 67, 395 (397 f.).

117 *Weidenkaff*, in: Palandt, BGB, § 463 Rn. 5.

118 BGH, Urt. v. 15. 06. 1957 – V ZR 198/55, WM 1957, 1162 (1165). Zur Abgrenzung bei der gemischten Schenkung auch *Postel*, NuR 2006, 555 (558).

119 BGH, Urt. v. 11. 12. 1963 – V ZR 41/62, NJW 1964, 540 (541).

ob ein Kaufvertrag oder ein Tausch vorliegt, wenn sich die Leistung einer Seite aus Geld- und Sachleistungen zusammensetzt, während die andere Seite nur eine Sachleistung erbringen muss. Unerheblich ist, wie die Vertragsparteien in der notariellen Urkunde das Geschäft bezeichnet haben. Vielmehr ist entscheidend, welche Leistung sich nach den Interessen und Zwecken der Parteien als die **Hauptleistung** darstellt. Ist danach als Hauptleistung eine Geldleistung vereinbart, so ist ein Kaufvertrag anzunehmen und sind die Vorschriften über das Vorkaufsrecht anwendbar, weil diese Geldleistung auch der Vorkaufsberechtigte erbringen kann und für die Nebenleistungen § 466 Satz 1 BGB eingreift.[120] Danach kann das vorkaufsberechtigte Land, wenn es die vom Dritten versprochene Nebenleistung nicht erfüllen kann, den Wert dieser Leistung in Geld entrichten. Nur wenn sich die Nebenleistung nicht in Geld schätzen lässt, ist nach § 466 Satz 2 BGB die Ausübung des Vorkaufsrechts ausgeschlossen; dies gilt nicht, wenn der Vertrag mit dem Dritten auch ohne die Nebenleistung geschlossen worden wäre.

39 § 66 enthält keine Bestimmung, nach der auch anderweitige Vertragsgestaltungen als Kaufvertrag angesehen und vom Vorkaufsrecht erfasst werden.[121] Es besteht daher die Gefahr, dass ein Vorkaufsverpflichteter eine abweichende Vertragsgestaltung wählt, um das Vorkaufsrecht auszuschalten. Die Rechtsprechung hat versucht, dieser Gefahr entgegenzutreten. Die Kasuistik ist vielfältig. Ansatzpunkt war zunächst, dass bei einer Vertragsgestaltung, deren Ziel die **Vereitelung des Vorkaufsrechts** ist, dieser Vertrag ausnahmsweise sittenwidrig im Sinne des § 138 Abs. 1 BGB und damit nichtig sein kann.[122] Die Absicht einer Vorkaufsrechtsvereitelung allein ist jedoch nicht ausreichend, um **Sittenwidrigkeit** zu bejahen. Vielmehr müssen weitere, erschwerende Umstände hinzukommen. Schließlich ist es den Teilnehmern am Rechtsverkehr nicht verwehrt, von den Möglichkeiten, die die Rechtsordnung bietet, Gebrauch zu machen. Folglich wurden nur solche Verträge als sittenwidrig angesehen, die durch ihren **Gesamtcharakter** oder die Art und Weise ihres Zustandekommens das „Gepräge der Sittenwidrigkeit" erhalten, sei es, dass sie auf verwerflichen Beweggründen oder der Anwendung unlauterer Mittel beruhen oder ausschließlich zu dem Zweck abgeschlossen werden, dem Vorkaufsberechtigten Schaden zuzufügen.

40 Nach weiteren, zum Teil vereinzelt gebliebenen Lösungsversuchen[123] verfolgt der BGH nunmehr den Ansatz, dass der Begriff des Kaufvertrags in § 463 BGB „vorsichtig auf **kaufähnliche Verträge** auszudehnen" ist, wenn sie

---

120 So für das naturschutzrechtliche Vorkaufsrecht VGH München, Urt. v. 26.09.1995 – 9 B 93.2828, NJW 1996, 2321; *H.P. Westermann*, in: MünchKomm BGB, § 463 Rn. 19.

121 So aber Art. 39 Abs. 1 Satz 2 BayNatSchG, wonach Satz 1 auch bei Vertragsgestaltungen gilt, die in ihrer Gesamtheit einem Kaufvertrag nahezu gleichkommen. Ähnlich auch § 52 Abs. 1 Satz 2 ThürNatG, wonach Satz 1 auch Anwendung findet, wenn er durch anderweitige Gestaltungen umgangen wird.

122 Hierzu und zum Folgenden BGH, Urt. v. 11.12.1963 – V ZR 41/62, NJW 1964, 540 (541) m.w.N. auf die st. Rspr. schon des RG.

123 Gute Darstellung der Rechtsprechungsentwicklung bei BGH, Urt. v. 11.10.1991 – V ZR 127/90, NJW 1992, 236, insoweit in BGHZ 115, 335 (339) nur teilweise abgedruckt.

einem Kaufvertrag nahezu gleichkommen und der Vorkaufsberechtigte zur Wahrung seiner Erwerbs- und Abwehrinteressen in sie „eintreten" kann, ohne die vom Verpflichteten ausgehandelten Konditionen zu beeinträchtigen.[124] Bei der Frage, ob ein Vorkaufsfall gegeben ist, muss das formale Kriterium des Kaufvertrags zurücktreten und einer materiellen Betrachtungsweise sowie einem interessengerechten Verständnis weichen.[125] Der BGH hat zu Recht angenommen, der Vorkaufsfall werde ausgelöst von einem unbefristeten, unwiderruflichen Kaufangebot mit Auflassungsvormerkung, unbefristeter und unwiderruflicher Veräußerungs- und Belastungsvollmacht und gleichzeitiger Bestellung eines Nießbrauchs und einer Grundschuld sowie sofortigem Besitzübergang und Zurechnung aller Lasten und Nutzungen des Kaufobjekts an den „Erstkäufer" gegen Leistung des vorgesehenen Entgelts. Eine Berufung allein auf die formalen Kriterien würde in einem solchen Fall in der Tat gegen Treu und Glauben (§ 242 BGB) verstoßen. Demgegenüber wurde die Bestellung einer beschränkten persönlichen Dienstbarkeit, die dazu berechtigte, ein Grundstück auf die Dauer von 99 Jahren für ein in zehn Jahresraten zu zahlendes Entgelt als Steinbruch auszubeuten, nicht als kaufähnlicher Vertrag angesehen, der die Ausübung eines Vorkaufsrechts eröffnet.[126]

Nach allem ist festzuhalten: Die Rechtsprechung hat Instrumente entwickelt, mit denen sich die Fälle einer Umgehung des Vorkaufsrechts auch ohne entsprechende gesetzliche Ausweitung in den Griff bekommen lassen.

4. Erforderlichkeit der Ausübung des Vorkaufsrechts

Nach Abs. 2 darf das Vorkaufsrecht nur dann ausgeübt werden, wenn dies   41
aus Gründen des Naturschutzes und der Landschaftspflege einschließlich der Erholungsvorsorge **„erforderlich"** ist. Ob das Land die Erforderlichkeit zu Recht bejaht hat, ist als unbestimmter Rechtsbegriff gerichtlich voll nachprüfbar.[127] Damit ist das bundesrechtliche Vorkaufsrecht auf den ersten Blick strenger als die alten landesrechtlichen Regelungen, an deren Vorbild der Gesetzgeber sich bei Schaffung des § 66 erklärtermaßen[128] orientierte. Denn in den meisten dieser Landesregelungen wurde nur verlangt, dass die genannten Belange die Ausübung des Vorkaufsrechts „rechtfertigen", das Grundstück für die genannten Zwecke benötigt wird oder es schlicht für die Belange verwendet werden soll.[129] Nach der Gesetzesbegründung werden mit „erforderlich" aber keine strengeren Voraussetzungen als nach bisherigem Landesrecht verlangt. Danach genügt nämlich als Grund für die Aus-

---

124 BGH, Urt. v. 11.10.1991 – V ZR 127/90, BGHZ 115, 335 (339 f.).
125 BGH, Urt. v. 11.10.1991 – V ZR 127/90, BGHZ 115, 335 (340).
126 BGH, Urt. v. 26.09.2003 – V ZR 70/03, NJW 2003, 3769 (3769 ff.).
127 BVerwG, Beschl. v. 15.02.1990 – 4 B 245/89, NJW 1990, 2703 f. zu „vom Wohl der Allgemeinheit gerechtfertigt" (beim gemeindlichen Vorkaufsrecht).
128 Siehe hierzu BT-Drs. 16/12274, S. 76.
129 Näheres hierzu mit Regelungsnachweisen bei *Postel*, NuR 2006, 555 (559). Anders die Regelung in Baden-Württemberg, wo § 56 Abs. 2 Satz 1 NatSchG vorschreibt, dass die Belange die Vorkaufsrechtsausübung „erfordern" müssen.

übung des Vorkaufsrechts etwa die Durchführung von Maßnahmen zu Naturschutz und Landschaftspflege.[130] Die Erforderlichkeit wird demnach jedenfalls dann zu bejahen sein, wenn die im Sinne des Naturschutzes gebotene Nutzung nicht gesichert ist, solange das Grundstück in privater Hand verbleibt.[131]

42 Verlässliche, allgemein verbindliche Kriterien dafür, wann Erforderlichkeit vorliegt, lassen sich nicht aufstellen.[132] Anhaltspunkte gibt die **Kasuistik**, die zum Teil allerdings zu den landesrechtlichen Vorkaufsrechten ergangen ist. Danach lässt sich sagen: Es bestehen jedenfalls geringere Anforderungen als an das Gemeinwohlerfordernis bei der Enteignung.[133] Es genügt bereits die bloße Rechtfertigung durch öffentliche Belange.[134] Insbesondere existierende Planungen der Naturschutzbehörde, die in fachlichen Konzepten wie den Arten- und Biotopschutzprogrammen konkretisiert sind, können die Ausübung des Vorkaufsrechts erforderlich machen.[135] Der Vorkauf ist danach schon gerechtfertigt, wenn das Land die Belange des Naturschutzes als Eigentümer deutlich besser und effektiver realisieren kann als mit dem Instrumentarium der Unterschutzstellung.[136] Teilweise wird es auch für ausreichend gehalten, dass in der Begründung des Ausübungsbescheides beispielhaft genannte Möglichkeiten einer Biotopverbesserung als geeignete Maßnahmen einer ökologischen Optimierung in Betracht kommen.[137] Das OVG des Saarlandes lässt es genügen, dass seitens der Gemeinde überwiegende Vorteile für die Allgemeinheit angestrebt werden.[138] Andererseits kann ein Grundstück mit einer Größe von weniger als 8.000 m² und einer Insellage zwischen Autobahn, Autobahnzubringer und Sandgrubenzufahrt bzw. Mitfahrerparkplatz nicht in der Lage sein, eine besondere ökologische Bedeutung im Rahmen des Gesamt-Naturhaushaltes zu erlangen, sodass ein Vorkaufsrecht hier nicht in Betracht kommt.[139]

5. Kein Ausschluss des Vorkaufsrechts

43 Das Vorkaufsrecht darf nicht nach § 66 Abs. 3 Satz 5 ausgeschlossen sein. Dies ist der Fall bei einem Verkauf an einen **Ehegatten**, einen eingetragenen

---

130 BT-Drs. 16/12274, S. 76.
131 Ebenso OVG Greifswald, Beschl. v. 27.08.2013 – 1 L 241/12, NuR 2014, 791 (793).
132 Ähnlich *Postel*, NuR 2006, 555 (559) zu den landesrechtlichen Regelungen.
133 VG Lüneburg, Urt. v. 10.05.2012 – 2 A 340/11, NuR 2012, 586 (587); VG Saarlouis, Urt. v. 16.01.2008 – 5 K 774/07, NuR 2008, 526 (527); OVG des Saarlandes, Urt. v. 08.07.2003 – 1 R 9/03, zitiert nach juris (Rn. 46); VG Regensburg, Urt. v. 29.09.1992 – RO 11 K 91.0599, NuR 1993, 346 (347).
134 VG Würzburg, Urt. v. 19.02.2013 – W 4 K 12.449, zitiert nach juris (Rn. 32) (zu Art. 39 BayNatSchG).
135 VG Regensburg, Urt. v. 29.09.1992 – RO 11 K 91.0599, NuR 1993, 346 (347).
136 VGH München, Urt. v. 26.09.1995 – 9 B 93.2828, NJW 1996, 2321 (2322); vgl. auch OVG Lüneburg, Beschl. v. 14.01.2013 – 4 LA 173/12, NuR 2014, 209 (210 f.).
137 VGH München, Urt. v. 22.05.1995 – 9 B 92.1183/1184, NuR 1995, 554 (555).
138 OVG des Saarlandes, Urt. v. 08.07.2003 – 1 R 9/03, zitiert nach juris (Rn. 48).
139 VG Saarlouis, Urt. v. 16.01.2008 – 5 K 774/07, NuR 2008, 526 (527 f.).

Lebenspartner[140] oder einen **Verwandten ersten Grades**. Diese Vorgänge sollen auf Grund der engen familiären Verbundenheit nicht erfasst werden. Es scheint aber fraglich, ob die aufgezählten Konstellationen ausreichend sind. Wer im ersten Grad verwandt ist, richtet sich nach § 1589 BGB. So sind z.B. Elternteile mit ihrem Kind im ersten Grad verwandt. Schon das Verhältnis von Großeltern zu ihren Enkeln wird nicht mehr erfasst, da diese nur im zweiten Grad verwandt sind.[141] Die Nichteinbeziehung solcher Verhältnisse ist sehr kritisch zu sehen.[142] Mit guten Gründen hat das Land **Sachsen-Anhalt** in seinem neuen Naturschutzgesetz in § 31 Abs. 3 Nr. 3 das Vorkaufsrecht abweichend von § 66 Abs. 3 Satz 5 auch für den Fall ausgeschlossen, dass der Eigentümer das Grundstück an eine Person verkauft, „die mit ihm in gerader Linie verwandt oder verschwägert oder in der Seitenlinie bis zum dritten Grad verwandt ist".[143]

Nach § 66 Abs. 3 Satz 4 mit § 471 BGB ist das Vorkaufsrecht außerdem ausgeschlossen, wenn der Verkauf im Wege der **Zwangsvollstreckung** oder aus einer **Insolvenzmasse** heraus erfolgt. § 1098 Abs. 1 Satz 2 BGB, der Verkäufe vom Insolvenzverwalter aus freier Hand zulässt, wird von § 66 Abs. 3 Satz 4 nicht für anwendbar erklärt.

VI. Ausübung des Vorkaufsrechts

1. Ausübungserklärung

Das Vorkaufsrecht wird durch Erklärung gegenüber dem Vorkaufsverpflichteten ausgeübt, § 66 Abs. 3 Satz 4 mit § 464 Abs. 1 Satz 1 BGB. Die Existenz anderweitiger Vorkaufsrechte steht dem nicht entgegen (vgl. oben Rn. 32 ff.). Die Ausübungserklärung bedarf nicht der für den Kaufvertrag vorgeschriebenen Form, § 66 Abs. 3 Satz 4 mit § 464 Abs. 1 Satz 2 BGB. Die mithin formfreie, also auch telefonisch mögliche[144] Ausübungserklärung ist ein **privatrechtsgestaltender Verwaltungsakt**.[145]   44

2. Mitteilungspflicht

Um dem vorkaufsberechtigten Land die Ausübung des Vorkaufsrechts zu ermöglichen, trifft den Vorkaufsverpflichteten eine Mitteilungspflicht. Nach   45

---

140 Eine analoge Anwendung auf nichteheliche Lebensgemeinschaften kommt hingegen nicht in Betracht; so VG Würzburg, Urt. v. 19.02.2013 – W 4 K 12.449, zitiert nach juris (Rn. 37 ff.) (zu Art. 39 Abs. 9 BayNatSchG).

141 Dies wird übersehen von *Fischer-Hüftle*, in: Schumacher/Fischer-Hüftle, § 66 Rn. 26, der hier ersichtlich nicht von § 66 Abs. 3, sondern von Art. 39 Abs. 9 BayNatSchG ausgeht, wonach das Vorkaufsrecht bei Veräußerungen an alle Personen ausgeschlossen ist, die mit dem Eigentümer in gerader Linie verwandt sind.

142 So auch *Meyer*, Das naturschutzrechtliche Vorkaufsrecht im Umweltgesetzbuch – Eine kritische Stellungnahme zum UGB, www.iutr.de.

143 Hierzu LT-Drs. 5/2558, S. 17 (Text) und 28 f. (Begründung).

144 VGH Mannheim, Urt. v. 28.02.1991 – 5 S 1222/90, NVwZ 1992, 898 (899).

145 VGH München, Urt. v. 11.05.1994 – 9 B 93.1514, NuR 1995, 270; VGH München, Urt. v. 22.05.1995 – 9 B 92.1183/84, NuR 1995, 554; VGH Mannheim, Urt. v. 28.02.1991 – 5 S 1222/90, NVwZ 1992, 898 f.; *Postel*, NuR 2006, 555 (562).

§ 469 Abs. 1 Satz 1 BGB, der gemäß § 66 Abs. 3 Satz 4 anwendbar ist, muss der Verpflichtete, also der Verkäufer und Eigentümer des betroffenen Grundstücks, dem Vorkaufsberechtigten, also dem Land, „den Inhalt des mit dem Dritten geschlossenen Vertrags" **unverzüglich mitteilen**. Welcher Behörde des Landes der Verkäufer den Inhalt des Kaufvertrages mitteilen soll, sagt das Bundesrecht nicht. Es ist daher sinnvoll, dass insoweit das Landesrecht ergänzend eingreift.[146] Diese Mitteilung des Verkäufers wird durch die Mitteilung „des Dritten", also des Käufers, ersetzt, § 66 Abs. 3 Satz 4 mit § 469 Abs. 1 Satz 2 BGB. Gelangt das Grundstück in das Eigentum „eines Dritten"[147], so kann dieser ebenso wie der Verpflichtete die Mitteilung machen, vgl. § 66 Abs. 3 Satz 4 mit § 1099 Abs. 1 BGB.

Die Mitteilung muss dem vorkaufsberechtigten Land eine Entscheidung über die Ausübung des Vorkaufsrechts ermöglichen. Sie muss daher erkennen lassen, dass sie zumindest auch wegen des Vorkaufsrechts erfolgte. Denn anderenfalls besteht für die jeweilige Behörde kein Anlass, den Vertrag an die für die Ausübung des Vorkaufsrechts zuständige Behörde weiterzuleiten. Die Übersendung des Kaufvertrages zum Zwecke der Erteilung einer Grundstücksverkehrsgenehmigung kann demnach nur dann als Erfüllung der Mitteilungspflicht angesehen werden, wenn der Verkäufer darauf hinweist, dass der Vertrag auch wegen des naturschutzrechtlichen Vorkaufsrechts vorgelegt wird.[148]

3. Ausschlussfrist

46 Die Erklärung des Vorkaufsberechtigten, das Vorkaufsrecht auszuüben, ist innerhalb von **zwei Monaten** abzugeben. Diese Ausschlussfrist beginnt erst zu laufen, nachdem dem Berechtigten der Inhalt des Kaufvertrages vollständig und richtig mitgeteilt worden ist, § 66 Abs. 3 Satz 4 mit § 469 Abs. 2 BGB.[149] Außerdem muss der Kaufvertrag zu diesem Zeitpunkt rechtswirksam sein.[150] Liegt also etwa die erforderliche Grundstücksverkehrsgenehmigung zu diesem Zeitpunkt (noch) nicht vor, so beginnt die Frist nicht zu laufen.[151] In diesem Fall wird die Ausübungsfrist erst mit der Erteilung der behördlichen Genehmigung, genauer mit der Bekanntgabe dieses Bescheides, in Lauf gesetzt.[152] Da der Vorkaufsberechtigte den richtigen und voll-

---

146 So bestimmt etwa in Mecklenburg-Vorpommern § 34 Abs. 3 Satz 1 NatSchAG M-V, dass Veräußerer und Erwerber den Inhalt des geschlossenen Vertrages unverzüglich der obersten Naturschutzbehörde mitzuteilen haben. In Sachsen-Anhalt bestimmt § 31 Abs. 2 Satz 1 NatSchG LSA demgegenüber die untere Naturschutzbehörde als Empfängerin der Mitteilung.

147 Mit „eines Dritten" ist nicht nur der Käufer gemeint, sondern jeder, der mittlerweile Eigentümer geworden ist, *H. P. Westermann*, in: MünchKomm BGB, § 1099 Rn. 1f.

148 VG Lüneburg, Urt. v. 10. 05. 2012 – 2 A 340/11, NuR 2012, 586; OVG Lüneburg, Beschl. v. 31. 10. 2002 – 8 LA 136/02, NVwZ-RR 2003, 193f.

149 BGH, Urt. v. 23. 06. 2006 – V ZR 17/06, BGHZ 168, 152 (156).

150 *Weidenkaff*, in: Palandt, BGB, § 469 Rn. 3.

151 OVG Greifswald, Beschl. v. 27. 08. 2013 – 1 L 241/12, NuR 2014, 791 (792).

152 OVG Lüneburg, Beschl. v. 14. 01. 2013 – 4 LA 173/12, NuR 2014, 209 (210); *Gellermann*, in: Landmann/Rohmer, Umweltrecht, § 66 Rn. 17.

ständigen Inhalt des Vertrages für seine Entscheidung kennen muss, sind ihm auch spätere Änderungen des schuldrechtlichen Vertrages mitzuteilen.[153] Mit dieser Änderungsmitteilung beginnt eine neue Ausschlussfrist zu laufen.[154]

4. Ausübungsberechtigter

Ausübungsberechtigt sind die Länder. Diese handeln durch die jeweils zuständigen Behörden. Ob die Behörde das Vorkaufsrecht letztlich ausübt, liegt in ihrem pflichtgemäßen **Ermessen**.[155] So kann von einem Vorkauf abgesehen werden, weil der zu zahlende Kaufpreis trotz angemessen vereinbarter Höhe die finanziellen Möglichkeiten des Landes zu sehr beansprucht.[156]

47

Das Vorkaufsrecht kann nach § 66 Abs. 4 auf deren Antrag auch zu Gunsten von **Körperschaften und Stiftungen** des öffentlichen Rechts sowie anerkannten Naturschutzvereinigungen ausgeübt werden.

VII. Rechtsfolgen der Ausübung

1. Kaufvertrag zwischen Land und Eigentümer

Macht das Land von seinem Vorkaufsrecht Gebrauch, so kommt der Kauf nach § 66 Abs. 3 Satz 4 mit § 464 Abs. 2 BGB grundsätzlich zwischen dem Vorkaufsverpflichteten, also dem Verkäufer, und dem Vorkaufsberechtigten, also dem Land, zu Stande. In den Fällen von Abs. 4 rückt die danach begünstigte Organisation statt des Landes in den Kaufvertrag ein. Die Ausübung begründet einen **neuen, selbstständigen Kaufvertrag**; der Vorkaufsberechtigte tritt also nicht in den Drittkauf ein.[157] Eine vertragliche Beziehung zwischen Vorkaufsberechtigtem und Drittkäufer entsteht nicht.[158] Der **Inhalt des Vertrages** ist mit dem identisch, den der Vorkaufsverpflichtete mit dem Dritten vereinbart hat.[159] Daraus folgt, dass der Vorkaufsverpflichtete zur Eigentumsübertragung und zur Herausgabe des Grundstücks verpflichtet ist. Dagegen ist das Land zur Zahlung des mit dem Dritten vereinbarten Kaufpreises verpflichtet. Der Kaufpreis wird erst nach Ausübung des Vorkaufsrechts fällig, auch wenn in dem Kaufvertrag mit dem Drittkäufer eine frühere Fälligkeit vereinbart wurde. War der Kaufpreis vor der Ausübung fällig, so ist daher die Fälligkeit sinnentsprechend anzupassen. Eine für nach diesem Zeitpunkt vereinbarte Fälligkeit ist bindend.[160]

48

---

153 BGH, Urt. v. 29.10.1993 – V ZR 136/92, NJW 1994, 315.
154 *Wertenbruch*, in: Soergel, § 469 Rn. 10.
155 *Sauthoff*, in: GK-BNatSchG, § 66 Rn. 29; *Gellermann*, in: Landmann/Rohmer, Umweltrecht, § 66 Rn. 22.
156 *Postel*, NuR 2006, 555 (556).
157 BGH, Urt. v. 10.07.1986 – III ZR 44/85, BGHZ 98, 188 (191); *Weidenkaff*, in: Palandt, § 464 Rn. 5.
158 *Weidenkaff*, in: Palandt, § 464 Rn. 5.
159 *Büdenbender*, in: NomosKommentar-BGB, Schuldrecht, Bd. 2/1, 2. Aufl. 2012, §§ 463 – 473 Rn. 25.
160 BGH, Urt. v. 08.10.1982 – V ZR 147/81, NJW 1983, 682 (682).

49 Die Ausübung des Vorkaufsrechts hat zur Folge, dass der Vorkaufsverpflichtete grundsätzlich das **Risiko der Zahlungsunfähigkeit** des neuen, von ihm nicht gewählten Vertragspartners tragen muss. Im Falle des Vorkaufsrechts aus § 66 besteht insoweit freilich regelmäßig kein Risiko. Soweit das Land für sich selbst handelt, ist nämlich stets ein solventer Schuldner vorhanden. Dies kann jedoch dann, wenn das Land das Vorkaufsrecht nach Abs. 4 für eine Körperschaft oder Stiftung des öffentlichen Rechts oder gar für eine anerkannte Naturschutzvereinigung ausübt, anders zu beurteilen sein. In diesen Fällen ist, abweichend von diversen landesrechtlichen Naturschutzgesetzen[161], keine gesamtschuldnerische (Mit-)Haftung des Landes vorgesehen. Dies kann zu erheblichen Nachteilen für den Vorkaufsverpflichteten führen. Zu Recht haben daher Niedersachsen und Mecklenburg-Vorpommern in ihren Ausführungsgesetzen zu § 66 bestimmt, dass in einem solchen Fall das Land neben der begünstigten Körperschaft für die Verpflichtungen aus dem Kaufvertrag haftet.[162] Vieles spricht dafür, dass die Mithaftung des Landes auch dann anzunehmen ist, wenn eine entsprechende Regelung fehlt, weil sonst der dem Vorkaufsverpflichteten vom Land aufgezwungene Austausch der Person des Vertragspartners für diesen unzumutbar wäre.[163]

2. Eigentumserwerb des Landes

50 Der Eigentumserwerb des Landes setzt **Auflassung und Eintragung** in das Grundbuch voraus. Die Ausübungserklärung durch das Land, welche einen privatrechtsgestaltenden Verwaltungsakt darstellt (vgl. oben Rn. 44), bewirkt nämlich zunächst nur, dass zwischen dem Land und dem vorkaufsverpflichteten Eigentümer ein Kaufvertrag zu Stande kommt. Sieht man von der zugleich zu erörternden Vormerkungswirkung nach § 66 Abs. 3 Satz 4 mit § 1098 Abs. 2 BGB ab, wird durch die Ausübung keine dingliche Wirkung erreicht.[164] Gerade die Bezugnahme auf § 1098 Abs. 2 BGB macht deutlich, dass das Land erst dann Eigentümer des Grundstücks wird, wenn die Auflassung zwischen dem vorkaufsverpflichteten Eigentümer und dem Land erfolgt ist und das Land als Eigentümer in das Grundbuch eingetragen wird. Nach § 66 Abs. 3 Satz 3 führt der Eigentumserwerb des Landes zum **Erlöschen aller rechtsgeschäftlichen Vorkaufsrechte** an diesem Grundstück.

51 Wurde das Eigentum zwischenzeitlich durch einen Dritten erworben, so steht dies der Möglichkeit, dem Land Eigentum an dem Grundstück zu verschaffen, nicht entgegen. Insoweit hat das gesetzliche Vorkaufsrecht, obwohl

---

161 So z.B. § 56 Abs. 6 NatSchG (Baden-Württemberg); § 48 Abs. 4 Satz 3 NNatSchG (aufgehoben zum 01.03.2010); § 13 Abs. 3 Satz 6 SNG; Art. 39 Abs. 6 Satz 2 BayNatSchG. Anderer Lösungsansatz in § 26 Abs. 5 Satz 2 BbGNatSchAG, wonach die Zahlung durch die Körperschaft oder Stiftung sichergestellt sein muss und das Land insoweit Sicherheit verlangen kann.

162 So § 34 Abs. 5 Satz 3 NatSchAG M-V und § 40 Abs. 4 NAGBNatSchG.

163 So *Postel*, NuR 2006, 555 (562); wie hier jetzt auch *Kraft*, in: Lütkes/Ewer, § 66 Rn. 20; a.A. *Konrad*, in: Lorz/Konrad/Mühlbauer/Müller-Walter/Stöckel, § 66 Rn. 32.

164 Hierzu und zum Folgenden BayObLG, Beschl. v. 26.08.1999 – 2Z BR 72/99, NuR 2000, 237 (238).

es nicht in das Grundbuch eingetragen wird (vgl. oben Rn. 28), nach § 66 Abs. 3 Satz 4 mit § 1098 Abs. 2 BGB die **Wirkung einer Vormerkung** zur Sicherung des durch die Ausübung des Rechts entstehenden Anspruchs auf Übertragung des Eigentums. Der **Eigentumserwerb des Dritten** ist nach § 883 Abs. 2 BGB **relativ unwirksam**. Im Verhältnis zum vorkaufsberechtigten Land ist die Eigentumsübertragung auf den Dritten daher nach § 883 Abs. 2 BGB insoweit unwirksam, als sie den Anspruch des Landes vereiteln oder beeinträchtigen würde. Das Land kann also vom Vorkaufsverpflichteten, der ihm gegenüber wegen § 883 Abs. 2 BGB noch Eigentümer ist, die Auflassung verlangen. Die Eintragung des Landes als Eigentümer erfordert freilich nach § 19 GBO auch die Zustimmung des eingetragenen Dritten. Nach § 888 Abs. 1 BGB kann das Land daher vom Dritten verlangen, dass er der Eintragung des Landes zustimmt.

Für die Frage der Kaufpreiszahlung ist § 1100 Satz 1 BGB zu beachten, der   *52* über die Verweisung des § 66 Abs. 3 Satz 4 Anwendung findet. Der bereits eingetragene neue Eigentümer kann die erforderliche Zustimmung sowie die Herausgabe des Grundstücks verweigern, bis ihm vom Land der **Kaufpreis erstattet** wird, soweit er von ihm schon gezahlt worden war. Nach der Eintragung des Landes als Eigentümer kann er die Grundstücksherausgabe nach § 1100 Satz 2 BGB so lange verweigern, bis das Land ihm den Kaufpreis erstattet. Soweit das Land dem Dritten den Kaufpreis erstattet, ist es nach § 66 Abs. 3 Satz 4 mit § 1101 BGB gegenüber dem Vorkaufsverpflichteten von der Pflicht zur Kaufpreiszahlung frei. Der Drittkäufer schließlich ist seinerseits nach § 66 Abs. 3 Satz 4 mit § 1102 BGB nicht mehr zur Zahlung des Kaufpreises an den Vorkaufsverpflichteten verpflichtet, wenn er durch die Ausübung des Vorkaufsrechts das Eigentum verliert.

VIII. Vorkaufsrecht an Grundstücksteil

Erfüllt nur ein Teil des Grundstücks die Voraussetzungen nach § 66 Abs. 1   *53* Satz 1 Nr. 1–3, liegt also etwa nur ein Teil eines Grundstücks in einem Naturschutzgebiet, so bestimmt § 66 Abs. 1 Satz 2, dass sich das Vorkaufsrecht des Landes auch nur auf diesen Teil erstreckt. Über den Wortlaut hinaus werden hiervon auch solche Fallgestaltungen erfasst, bei denen die „Erforderlichkeit" der Vorkaufsrechtsausübung nach § 66 Abs. 2 nur für einen Teilbereich bejaht werden kann.[165] Diese Regelung des § 66 Abs. 1 Satz 2 könnte zu erheblichen Nachteilen für den Eigentümer des Grundstücks führen. Daher gewährt § 66 Abs. 1 Satz 3 diesem das Recht, eine **Erstreckung des Vorkaufs auf das gesamte Grundstück** zu verlangen, wenn es ihm wirtschaftlich nicht zuzumuten ist, dass der Grundstücksteil weiter in seinem Eigentum verbleibt.

Wann eine solche **wirtschaftliche Unzumutbarkeit** gegeben ist, lässt sich   *54* dem Gesetz nicht entnehmen. Nach der Gesetzesbegründung ist es von Bedeutung, ob der im Eigentum des Vorkaufsverpflichteten verbleibende Rest-

---

165 Ebenso *Sauthoff*, in: GK-BNatSchG, § 66 Rn. 11.

teil wirtschaftlich zumutbar verwertet werden kann.[166] Demnach ist der Verkehrsfähigkeit des Grundstücksteils große Bedeutung beizumessen. Kann der Teil zum Verkehrswert veräußert werden, so ist der Verbleib im Eigentum unproblematisch zumutbar. Ist dies nicht der Fall, so kann das Verlangen des Eigentümers, den Vorkauf auf die gesamte Grundstücksfläche zu erstrecken, berechtigt sein. Ist es berechtigt, so hat das vorkaufsberechtigte Land die Möglichkeit, von seinem Erwerbsvorhaben Abstand zu nehmen.[167]

55 Der **Kaufpreis für den Teilbereich**, auf den sich das Vorkaufsrecht erstreckt, kann nicht einseitig durch Verwaltungsakt festgesetzt werden. Er muss vielmehr zwischen den Vertragspartnern ausgehandelt werden. Erforderlichenfalls ist er in einem Zivilprozess nach Maßgabe des § 467 BGB, der über die Verweisung des § 66 Abs. 3 Satz 4 Anwendung findet, festzustellen.[168]

IX. Rechtsschutz

56 Die Ausübung des Vorkaufsrechts ist ein Verwaltungsakt (siehe oben Rn. 44). Daher ist für die Frage, ob diese Ausübungserklärung rechtmäßig ist, der Verwaltungsrechtsweg eröffnet. Der Vorkaufsverpflichtete kann nach §§ 68 ff. VwGO **Widerspruch** einlegen und nach Durchführung des Vorverfahrens **Anfechtungsklage** gemäß § 42 Abs. 1 VwGO erheben. Rechtsstreitigkeiten aus dem durch den Verwaltungsakt begründeten Kaufvertrag zwischen dem Land und dem Vorkaufsverpflichteten sind dagegen vor den Zivilgerichten auszutragen.

§ 67
Befreiungen*)

(1) Von den Geboten und Verboten dieses Gesetzes, in einer Rechtsverordnung aufgrund des § 57 sowie nach dem Naturschutzrecht der Länder kann auf Antrag Befreiung gewährt werden, wenn

1. dies aus Gründen des überwiegenden öffentlichen Interesses, einschließlich solcher sozialer und wirtschaftlicher Art, notwendig ist oder

---

166 BT-Drs. 16/12274, S. 76.
167 *Fischer-Hüftle*, in: Schumacher/Fischer-Hüftle, § 66 Rn. 52; vgl. auch *H. P. Westermann*, in: MünchKomm BGB, § 467 Rn. 5.
168 *Fischer-Hüftle*, in: Schumacher/Fischer-Hüftle, § 66 Rn. 49.
*) Beachte bei
 § 67: **Schleswig-Holstein** – Abweichung durch § 52 LNatSchG SH v. 24. 02. 2010 (GVOBl. Schl.-H., S. 301) m.W.v. 01. 03. 2010 (vgl. BGBl. I 2010, S. 450)
 § 67 Abs. 1: **Bayern** – Abweichung durch Art. 23 Abs. 3 u. 4 BayNatSchG v. 23. 02. 2011 (BayGVBl, S. 82) mWv 01.03.2011 (vgl. BGBl. I 2011, S. 365)
 § 67 Abs. 1 u. 2 Satz 1: **Sachsen-Anhalt** – Abweichung durch § 9 Satz 1 NatSchG LSA v. 10. 12. 2010 (GVBl. LSA, S. 569) m.W.v. 17. 12. 2010 (vgl. BGBl. I 2011, S. 30)
 § 67 Abs. 3 Satz 2: **Niedersachsen** – Abweichung durch § 41 Abs. 2 NAGBNatSchG v. 19. 02. 2010 (Nds. GVBl., S. 104) m.W.v. 01. 03. 2010 (vgl. BGBl. I 2010, S. 970)

2. die Durchführung der Vorschriften im Einzelfall zu einer unzumutbaren Belastung führen würde und die Abweichung mit den Belangen von Naturschutz und Landschaftspflege vereinbar ist.

Im Rahmen des Kapitels 5 gilt Satz 1 nur für die §§ 39 und 40, 42 und 43.

(2) Von den Verboten des § 33 Absatz 1 Satz 1 und des § 44 sowie von Geboten und Verboten im Sinne des § 32 Absatz 3 kann auf Antrag Befreiung gewährt werden, wenn die Durchführung der Vorschriften im Einzelfall zu einer unzumutbaren Belastung führen würde. Im Fall des Verbringens von Tieren oder Pflanzen aus dem Ausland wird die Befreiung vom Bundesamt für Naturschutz gewährt.

(3) Die Befreiung kann mit Nebenbestimmungen versehen werden. § 15 Absatz 1 bis 4 und Absatz 6 sowie § 17 Absatz 5 und 7 finden auch dann Anwendung, wenn kein Eingriff in Natur und Landschaft im Sinne des § 14 vorliegt.

Inhaltsübersicht

I. Allgemeines

Die in § 67 geregelte Befreiungsvorschrift hat in der Vergangenheit sowohl hinsichtlich ihres Anwendungsbereichs als auch hinsichtlich ihrer Tatbestände zahlreiche Änderungen erfahren.[1] § 67 trägt nunmehr dem Umstand Rechnung, dass mit dem aktuellen BNatSchG dem Bundesgesetzgeber erstmals eine durchgängige Vollregelung im Bereich des Naturschutzes möglich gewesen ist. Es sollen die bislang im Landesrecht zu findenden vielgestaltigen Befreiungsvorschriften abgelöst und durch eine bundeseinheitliche moderne Bestimmung ersetzt werden.[2] Demnach tritt nunmehr auch § 67 an die Stelle der in diversen Schutzgebietsverordnungen vorgesehenen Befreiungsvorschriften,[3] außer sie sind jüngeren Datums als das aktuell geltende BNatSchG.   1

Die Vorschrift dient – wie jede Befreiungsvorschrift – der Einzelfallgerechtigkeit. Da abstrakt-generelle legislative Vorgaben nicht in jedem Einzelfall zu einem angemessenen Ergebnis führen können, bedarf es eines administrativen „Ventils" für diese überschießenden legislatorischen Tendenzen.[4] Von daher ist eine Befreiungsvorschrift gerade in einem so grundrechtssensiblen   2

---

1 Hierzu *Gassner/Heugel*, Das neue Naturschutzrecht, 2010, Rn. 649.
2 BT-Drs. 16/12274, S. 77.
3 *Sauthoff*, in: Schlacke (Hrsg.), GK-BNatSchG, § 67 Rn. 9.
4 *Heugel*, in: Lütkes/Ewer, BNatSchG, § 67 Rn. 2.

Bereich wie dem Naturschutzrecht unabhängig von der Frage, ob sie auch zu den allgemeinen Grundsätzen des Naturschutzes i.S.d. Art. 72 Abs. 3 Satz 1 Nr. 2 GG gehört, schon aus Verhältnismäßigkeitsgründen verfassungsrechtlich geboten, wenn auch nicht in der – insoweit in jedem Fall – der Abweichungsbefugnis der Länder unterliegenden konkreten Ausgestaltung des § 67.[5] Dies umreißt zugleich die Grenzen der **Befreiung**: Die Gewährung einer Befreiung kommt nur in atypischen und daher vom Gesetzgeber erkennbar nicht vorhergesehenen Einzelfällen aufgrund einer Einzelfallprüfung in Betracht.[6] Auch impliziert dies, dass kein Raum für eine Befreiung ist, soweit Ausnahmen von Geboten oder Verboten gesetzlich oder in einer Rechtsverordnung vorgesehen sind.[7] Das bedeutet indes nicht, dass Ausnahmeregelungen eine generelle Sperrwirkung für eine Befreiung entfalten; vielmehr haben **Ausnahmen** einen bestimmten vom Gesetzgeber vorhergesehenen Sachverhalt zum Gegenstand, während die Befreiung gerade unvorhergesehene Situationen betrifft.[8] Beide Instrumente stehen damit selbstständig nebeneinander.[9] Fernerhin erlaubt eine Befreiung keine grundlegenden Korrekturen der Bestimmung, von der befreit werden soll. Bei Schutzgebieten ist daher eine „Herausnahme" großflächiger Bereiche von – in Anlehnung an § 28 Abs. 1 – mehr als 5 ha über eine Befreiung nicht möglich.[10]

II. Voraussetzungen der Befreiung

3   Gemäß Abs. 1 Satz 1 kann auf Antrag von den Geboten und Verboten dieses Gesetzes, in einer Rechtsverordnung aufgrund des § 57 sowie nach dem Naturschutzrecht der Länder Befreiung gewährt werden, wenn dies aus Gründen des überwiegenden öffentlichen Interesses, einschließlich solcher sozialer und wirtschaftlicher Art, notwendig ist (Nr. 1) oder die Durchführung der Vorschriften im Einzelfall zu einer unzumutbaren Belastung führen würde und die Abweichung mit den Belangen von Naturschutz und Landschaftspflege vereinbar ist (Nr. 2). Unter dem Naturschutzrecht der Länder ist sowohl bestehendes, einschließlich von den Ländern übergeleitetes, wie künftiges, gesetzliches und untergesetzliches Regelwerk auf dem Gebiet des Naturschutzes und der Landschaftspflege zu verstehen.[11] Die Vorschriften der Bundesartenschutzverordnung fallen hingegen nicht unter den Anwendungsbereich des § 67, da es sich hierbei nicht um eine Rechtsverordnung nach § 57, sondern nach § 54 handelt.[12] Befreit werden kann überdies nur von Geboten und Verboten, also Vorschriften, die dem Normadressaten rechtsverbindlich ein konkretes Tun oder Unterlassen aufgeben. Nicht dazu

---

5   So auch *Fischer-Hüftle*, in: Schumacher/Fischer-Hüftle, BNatSchG, § 67 Rn. 46.
6   Vgl. BVerwG, Beschl. v. 14.09.1992 – 7 B 130/92, NVwZ 1993, 583 (584).
7   *Marzik/Wilrich*, BNatSchG, § 62 Rn. 5.
8   *Marzik/Wilrich*, BNatSchG, § 62 Rn. 6.
9   *Müller-Walter*, in: Lorz et al., Naturschutzrecht, § 67 BNatSchG Rn. 2.
10 Vgl. VGH Mannheim, Beschl. v. 24.03.2014 – 10 S 216/13, NuR 2014, 434 (437).
11 BT-Drs. 16/12274, S. 77.
12 *Heugel*, in: Lütkes/Ewer, BNatSchG, § 67 Rn. 5.

gehört etwas der Katalog von Grundsätzen der guten fachlichen Praxis gemäß § 5 Abs. 2.[13]

Wie bereits erwähnt (siehe Rn. 2), ist Eingangsvoraussetzung der Befreiung   4
das Vorliegen einer atypischen Ausnahmesituation.[14] Es müssen Besonderheiten vorliegen, die den betreffenden Fall deutlich von dem vom jeweiligen Normgeber zugrunde gelegten Regelfall unterscheiden.[15] Dabei gilt, dass umso eher ein **atypischer Fall** angenommen werden kann, je allgemeiner die betreffende naturschutzrechtliche Regelung gefasst ist.[16] Regelmäßig fernliegend ist ein atypischer Fall, wenn die Auswirkung, hinsichtlich derer die Befreiung begehrt wird, zu den typischen Lebensäußerungen der Tiere bzw. zu den typischen Auswirkungen der Pflanzen und natürlichen Strukturen, insbesondere Bäumen, gehört, die Schutzgegenstand der Norm sind, von der befreit werden soll.[17] Ebenso handelt es sich bei der **Errichtung baulicher Anlagen** innerhalb von Schutzgebieten grundsätzlich nicht um einen atypischen Fall, da die Untersagung der Errichtung baulicher Anlagen im Schutzgebiet vom Normgeber regelmäßig gerade gewollt ist.[18] Dies gilt grundsätzlich selbst dann, wenn es um den Wiederaufbau eines wegen Altersschwachheit eingestürzten Hauses – etwa in einem Landschaftsschutzgebiet – geht.[19] Demgegenüber begründen Maßnahmen, die aufgrund eines unvorhergesehenen Ereignisses z.B. Hochwassers notwendig geworden sind, in der Regel einen atypischen Fall.[20] Die Atypik kann sich auch aus einer bestimmten Bewirtschaftungsform ergeben, die den Betroffenen ungewöhnlich hart trifft, sodass bspw. die Verstetigung des Wasserstandes im Wege der Befreiung möglich ist, wenn andernfalls die ortsansässigen Obstbauern ihre Obstbäume im Frühjahr zum Schutz der Blüte vor nächtlichem Frost nicht beregnen könnten und damit Gefahr liefen, einen nicht kompensierbaren Verdienstausfall zu erleiden.[21] Gleiches gilt hinsichtlich Schutzmaßnahmen an bestehenden baulichen Anlagen, sodass etwa dann ein atypischer Fall vorliegt, wenn aufgrund der fehlenden Dichtung einer Gebäudewand gegen Feuchtigkeit diese durch den Bewuchs mit Efeu – in dem geschützte Arten

---

13 OVG Lüneburg, Urt. v. 30.06.2015 – 4 LC 285/13, juris, Rn. 33 ff.
14 OVG Berlin-Brandenburg, Beschl. v. 28.09.2012 – OVG 11 S 61.12, NuR 2012, 852 (853); VG Minden, Urt. v. 22.10.2014 – 11 K 3865/13, juris, Rn. 71.
15 *Sauthoff*, in: Schlacke (Hrsg.), GK-BNatSchG, § 67 Rn. 21.
16 VG München, Beschl. v. 03.06.2014 – M 2 S 14.2116, juris, Rn. 62, bestätigt durch VGH München, Beschl. v. 19.08.2014 – 8 CS 14.1300, NuR 2015, 278; *Sauthoff*, in: Schlacke (Hrsg.), GK-BNatSchG, § 67 Rn. 13.
17 VGH München, Beschl. v. 09.11.2012 – 14 ZB 11.1597, BayVBl. 2013, 502 (502 f.); VG Stade, Urt. v. 15.04.2014 – 1 A 1490/10, NuR 2014, 520 (523); VG München, Urt. v. 02.12.2013 – M 8 K 12.4170, BayVBl. 2014, 478 (480); VG Ansbach, Urt. v. 24.07.2013 – AN 11 K 12.01015, juris, Rn. 29; VG Hannover, Urt. v. 27.04.2010 – 4 A 6036/08, ZUR 2010, 490 (Rn. 17).
18 VG Schleswig, Urt. v. 08.02.2013 – 1 A 287/11, NuR 2013, 293 (297); VG Ansbach, Urt. v. 11.12.2013 – AN 9 K 13.01281, juris, Rn. 46; VG Aachen, Urt. v. 07.03.2012 – 6 K 1140/10, juris, Rn. 65.
19 Vgl. OVG Münster, Beschl. v. 06.03.2009 – 8 A 2064/08, juris, Rn. 8.
20 Vgl. OVG Bautzen, Urt. v. 10.10.2012 – 1 A 389/12, NuR 2013, 724 (726).
21 Vgl. VG Hamburg, Urt. v. 15.11.2012 – 15 K 3417/09, juris, Rn. 83–87.

leben – erheblich Schaden nimmt, obgleich im Normalfall die Anwesenheit von Efeu an Wänden nicht zu einer Beschädigung der Wand durch Feuchtigkeit führt.[22] Ebenso würde es wegen der besonderen Grundstückssituation einen atypischen Fall darstellen, wenn sich im Falle einer **Baumschutzsatzung** der geschützte Baum mittig auf dem Grundstück befindet und dadurch die Nutzung des Grundstücks ohne die beabsichtigte Baumfällung nahezu unmöglich wäre.[23] Das Einwandern einer Art erst nach Erlass einer entsprechenden Schutznorm kann ebenfalls einen atypischen Fall begründen.[24] Schließlich kann die Atypik an der Art der Anlage festgemacht werden, hinsichtlich derer befreit werden soll. So stellt etwa nach der Rechtsprechung des BVerwG der Neubau einer (Umgehungs-)Straße durch ein Landschaftsschutzgebiet regelmäßig ein atypisches und zugleich singuläres Ereignis dar.[25] Gleiches wird man für ähnliche bedeutsame Infrastrukturanlagen wie Eisenbahnanlagen oder Energiefreileitungen annehmen können. Atypisch ist auch der Kollisionsfall zwischen naturschutzrechtlichen Vorgaben und der denkmalrechtlichen Erhaltungspflicht.[26] Die Atypik des Falles ist im Übrigen grundsätzlich boden- und nicht personenbezogen, sodass z.B. die Fällung einer geschützten Eiche im Wege der Befreiung nicht darauf gestützt werden kann, dass der Baum mit dem Eichenprozessionsspinner befallen sei und der betroffene Grundstückseigentümer auf die Brennhärchen dieses Schädlings besonders sensibel reagiere.[27]

5   Mit dem Befreiungstatbestand der **Gründe des überwiegenden öffentlichen Interesses** rekurriert § 67 Abs. 1 Satz 1 Nr. 1 auf § 34 Abs. 3 Nr. 1.[28] Der Befreiungstatbestand ist demzufolge auch entsprechend auszulegen. Insofern kommt es maßgeblich darauf an, dass sich das für die Befreiung sprechende öffentliche Interesse im Wege bipolarer **Abwägung** gegenüber dem betroffenen Naturschutzinteresse durchzusetzen vermag.[29] Dies ist etwa regelmäßig bei der Kollision zwischen Naturschutzrecht und Denkmalrecht der Fall, weil Denkmäler und ihre Teile nach ihrer Zerstörung unwiederbringlich verloren sind, während Einbußen an der Natur meist regenerier- oder kompensierbar sind.[30] Soweit hier das Kriterium „zwingend" fehlt, trägt dies dem Umstand Rechnung, dass eine Befreiung ohnehin nur in atypischen Sondersituationen in Betracht kommt und sich bereits von daher als vernünftigerweise geboten erweisen muss.[31] Nicht erforderlich ist hingegen, dass den für die Befreiung sprechenden öffentlichen Belangen auf keine andere Weise als durch die

---

22 LG Berlin, Urt. v. 09. 07. 2013 – 55 S 372/11, juris, Rn. 19.

23 Vgl. VGH München, Beschl. v. 08. 12. 2014 – 14 ZB 12.1943, NVwZ-RR 2015, 374 (376).

24 *Sauthoff*, in: Schlacke (Hrsg.), GK-BNatSchG, § 67 Rn. 13.

25 BVerwG, Beschl. v. 12. 04. 2005 – 9 VR 41.04, NVwZ 20050, 943 (946f.) m.w.N.

26 Vgl. VG Frankfurt (Oder), Urt. v. 07. 11. 2014 – 5 K 1190/12, NuR 2015, 209 (211).

27 VGH München, Urt. v. 25. 04. 2012 – 14 B 10.1750, NuR 2012, 862 (866); vgl. auch VG München, Urt. v. 07. 05. 2012 – M 8 K 11.957, juris, Rn. 40 m.w.N.; *Heugel*, in: Lütkes/ Ewer, BNatSchG, § 67 Rn. 15.

28 Vgl. BT-Drs. 16/12274, S. 77.

29 *Fischer-Hüftle*, in: Schumacher/Fischer-Hüftle, BNatSchG, § 67 Rn. 9.

30 VG Frankfurt (Oder), Urt. v. 07. 11. 2014 – 5 K 1190/12, NuR 2015, 209 (212).

31 VG Freiburg, Urt. v. 11. 12. 2012 – 3 K 1867/10, NuR 2013, 373 (376).

Befreiung entsprochen werden kann.[32] Auch der Umstand, dass die Befreiung gemäß Abs. 1 Satz 1 Nr. 1 „notwendig" sein muss, gebietet dies nicht. Vielmehr setzt dieses „notwendig" ebenfalls nur ein vernünftigerweise Gebotensein voraus,[33] impliziert zugleich aber auch das Erfordernis einer Alternativenprüfung unter dem Gesichtspunkt der Erforderlichkeit.[34] Insofern lässt sich die Notwendigkeit einer Befreiung aufgrund überwiegenden öffentlichen Interesses bspw. nicht allein unter Hinweis auf die nach Art. 87f Abs. 1 GG i.V.m. § 78 TKG zu gewährleistende Grundversorgung mit Mobilfunk begründen; vielmehr bedarf es darüber hinaus auch noch der – gemessen am verfolgten Ziel – Alternativlosigkeit des gewählten Standorts.[35]

Gemäß Abs. 1 Satz 1 Nr. 2 kann darüber hinaus eine Befreiung auch aus   6
Gründen einer **unzumutbaren Belastung** erteilt werden. Damit will der Gesetzgeber den verfassungsgerichtlichen Vorgaben insbesondere zu Art. 14 Abs. 1 Satz 1 GG gerecht werden, wonach bei Eigentumseingriffen in erster Linie Vorkehrungen zu treffen sind, die eine unverhältnismäßige Belastung des Eigentümers real vermeiden und die Privatnützigkeit des Eigentums so weit wie möglich erhalten, was eine Befreiungsregelung im privaten Interesse neben bzw. vorrangig zu den bestehenden Ausgleichs- und Entschädigungsregelungen geboten erscheinen lässt.[36] § 67 Abs. 1 Satz 1 Nr. 2 übernimmt damit die bisherige – dort jedoch lediglich auf die Verbote des besonderen Artenschutzrechts beschränkte – Befreiungsvorschrift des § 62 Satz 1 BNatSchG a.F. Eine unzumutbare Belastung liegt vor diesem Hintergrund dann vor, wenn der betreffende Eingriff im Rahmen einer **Abwägung** der betroffenen (Grund-)Rechtspositionen mit den öffentlichen Interessen, die mit dem jeweiligen naturschutzrechtlichen Gebot oder Verbot verfolgt werden, wegen der Besonderheit der Situation und der Schwere des Eingriffs unangemessen bzw. unbillig erscheint.[37] Dem Betroffenen muss durch das Gebot oder Verbot, von dem eine Befreiung gewährt werden soll, gleichsam ein Sonderopfer abverlangt werden.[38] Das ist bei Eigentumseingriffen insbesondere dann der Fall, wenn die Privatnützigkeit des Eigentums nahezu vollständig beseitigt wird, sodass aus dem Recht eine Last wird, die der Eigentümer allein im öffentlichen Interesse zu tragen hat, ohne dafür die

---

32 OVG Münster, Urt. v. 11.09.2012 – 8 A 104/10, UPR 2013, 32 (33).

33 VG Frankfurt (Oder), Urt. v. 07.11.2014 – 5 K 1190/12, NuR 2015, 209 (212); *Heugel*, in: Lütkes/Ewer, BNatSchG, § 67 Rn. 10; *Fischer-Hüftle*, in: Schumacher/Fischer-Hüftle, BNatSchG, § 67 Rn. 10.

34 *Heugel*, in: Lütkes/Ewer, BNatSchG, § 67 Rn. 8; *Müller-Walter*, in: Lorz et al., Naturschutzrecht, § 67 BNatSchG Rn. 5; vgl. auch VG Köln, Urt. v. 15.06.2010 – 14 K 6940/08, juris, Rn. 26.

35 OVG Münster, Urt. v. 11.09.2012 – 8 A 104/10, UPR 2013, 32 (33).

36 BT-Drs. 16/12274, S. 76f. mit Verweis auf BVerfG, Beschl. v. 02.03.1999 – 1 BvL 7/91, NJW 1999, 2877 (2879).

37 VG Halle (Saale), Urt. v. 19.08.2010 – 4 A 9/10, juris, Rn. 56; *Gassner/Heugel*, Das neue Naturschutzrecht, 2010, Rn. 656.

38 VG Minden, Urt. v. 22.10.2014 – 11 K 3865/13, juris, Rn. 65.

Vorteile einer privaten Nutzung genießen zu können.[39] Ebenfalls ist das der Fall, wenn das betroffene Eigentum die persönliche Freiheit des Einzelnen im vermögensrechtlichen Bereich sichert, insbesondere wenn ein Grundstück den wesentlichen Teil des Vermögens des Pflichtigen bildet und die Grundlage seiner privaten Lebensführung einschließlich seiner Familie darstellt und durch die Aktivitäten des Bibers nachhaltig Schaden zu nehmen droht.[40] Des Weiteren ist eine unzumutbare Belastung gegeben, wenn Wohnräume durch Bäume so verschattet werden, dass sie auch tagsüber nur mit künstlichem Licht benutzt werden können.[41] Der Verweis auf abstrakte Gefahren reicht für die Begründung einer unzumutbaren Belastung hingegen nicht aus; die geltend gemachte Gefahr muss vielmehr konkret sein.[42] Fernerhin liegt keine unzumutbare Belastung vor, wenn der Betroffene sich freiwillig der ihn belastenden Situation ausgesetzt hat, etwa einen Pachtvertrag über Fischteiche trotz erheblicher Ertragsminderungen durch Komoranfraß verlängert hat.[43] Schließlich kann eine unzumutbare Belastung nur bejaht werden, wenn den in Rede stehenden Beeinträchtigungen nicht mit zumutbaren erfolgversprechenden Schutzmaßnahmen begegnet werden kann.[44] Auch sonstige betroffene Belange spielen insoweit eine Rolle; denn je weniger Spielraum dem Betroffenen zur Problemlösung aufgrund berechtigter Interessen Dritter oder öffentlicher Interessen bleibt, umso eher ist die ihn treffende Belastung unzumutbar. Weshalb die nach § 67 Abs. 1 Satz 1 Nr. 2 vorzunehmende Interessenabwägung im Übrigen nicht gerichtlich voll überprüfbar sein soll, wie bisweilen vertreten wird,[45] erschließt sich nicht; ist doch die Rücknahme gerichtlicher Kontrolle der begründungsbedürftige Ausnahmefall, für den hier nichts ersichtlich ist.[46]

7 Die Befreiung darf darüber hinaus nur gewährt werden, wenn die Abweichung von den sie betreffenden Vorschriften mit den Belangen von Naturschutz und Landschaftspflege vereinbar ist. Darin liegt keine weitere, der vorgenannten Abwägung nachgelagerte Schranke.[47] Dieser Passus stellt vielmehr nur sicher, dass die Befreiung nicht zur Konterkarierung des mit der Norm verfolgten Zwecks führt, von der befreit werden soll.[48] Wird die Erreichung des Normzwecks infolge der Gewährung der Befreiung verhin-

---

39 Vgl. BVerfG, Beschl. v. 02.03.1999 – 1 BvL 7/91, NJW 1999, 2877 (2878).
40 VG Frankfurt (Oder), Beschl. v. 07.12.2010 – 5 L 208/10, juris, Rn. 56.
41 *Sauthoff*, in: Schlacke (Hrsg.), GK-BNatSchG, § 67 Rn. 25.
42 Vgl. OVG Bautzen, Urt. v. 10.10.2012 – 1 A 389/12, NuR 2013, 724 (726).
43 VG Hannover, Urt. v. 27.04.2010 – 4 A 6036/08, ZUR 2010, 490 (Rn. 17).
44 VGH München, Beschl. v. 09.11.2012 – 14 ZB 11.1597, BayVBl. 2013, 502 (502 f.); VG Frankfurt (Oder), Urt. v. 16.07.2014 – 5 K 1181/12, NuR 2015, 69 (71 f.); VG Ansbach, Urt. v. 24.07.2013 – AN 11 K 12.01015, juris, Rn. 26.
45 So etwa OVG Berlin-Brandenburg, Beschl. v. 28.09.2012 – OVG 11 S 61.12, NuR 2012, 852 (853).
46 Hierzu *Jacob/Lau*, NVwZ 2015, 241 ff.
47 So schon *Marzik/Wilrich*, BNatSchG, 2004, § 62 Rn. 11; ebenso *Heugel*, in: Lütkes/Ewer, BNatSchG, § 67 Rn. 13.
48 *Gassner/Heugel*, Das neue Naturschutzrecht, 2010, Rn. 656; *Müller-Walter*, in: Lorz et al., Naturschutzrecht, § 67 BNatSchG Rn. 6.

dert oder jedenfalls erheblich erschwert, so kommt eine Befreiung nach § 67 Abs. 1 Satz 1 Nr. 2 mithin nicht in Betracht. Auch aus diesem Grund kann z.B. nicht großflächig von einer Schutzgebietsverordnung befreit werden.

Zwingende Voraussetzung für eine Befreiung nach § 67 ist schließlich ein **8** entsprechender **Antrag**. Der Antrag muss zwar nicht explizit auf die Befreiung als solche gerichtet sein, doch muss der Wille hinreichend erkennbar werden, alle für den jeweiligen Eingriff erforderlichen Zulassungen zu erhalten.[49] Das betreffende Begehren muss an die jeweils zuständige Behörde gerichtet werden. Zuständig für die Gewährung einer Befreiung sind nach § 3 Abs. 1 Nr. 1 grundsätzlich die nach Landesrecht für Naturschutz und Landschaftspflege zuständigen Behörden. Für den Fall des Verbringens von Tieren oder Pflanzen aus dem Ausland bestimmt § 67 Abs. 2 Satz 2, dass das Bundesamt für Naturschutz (BfN) zuständig ist. Bei planfeststellungsbedürftigen oder sonst einer fachrechtlichen Zulassung mit **Konzentrationswirkung** unterliegenden Vorhaben ist die jeweilige Zulassungsbehörde für die Befreiungsgewährung zuständig.[50] Soweit Hoheitsträgern ein eigener, formell polizeifreier Zuständigkeitsbereich überantwortet ist, wie etwa den Trägern der Baulast der Bundesfernstraßen gemäß § 4 Satz 2 FStrG der Straßenraum von Bundesfernstraßen, der Wasser- und Schifffahrtsverwaltung des Bundes gemäß § 48 Satz 2 WaStrG die Bundeswasserstraßen oder der Bundeswehr der militärische Bereich, können diese in die materielle Befreiungslage hinein handeln, ohne einer formalen Entscheidung einer anderen Behörde, insbesondere der Naturschutzbehörden, zu bedürfen.[51] Soweit allerdings **Beteiligungsrechte anerkannter Naturschutzvereinigungen** bestehen, z.B. nach § 63 Abs. 1 Nr. 2 bzw. Abs. 2 Nr. 5, muss auch in diesen Fällen entsprechend beteiligt werden; denn die Beteiligungsrechte setzen kein Trägerverfahren in Gestalt eines Verwaltungsverfahrens i.S.d. § 9 VwVfG voraus, sondern knüpfen an eine zu treffende „Befreiung" an, die auch durch eine „andere Entscheidung" eingeschlossen oder ersetzt werden kann.[52]

III. Eingeschränkter Anwendungsbereich

Kann nach Abs. 1 Satz 1 grundsätzlich von sämtlichen Geboten und Verboten des BNatSchG sowie einer Rechtsverordnung aufgrund des § 57 und **9** nach dem Naturschutzrecht der Länder unter den vorgenannten Voraussetzungen eine Befreiung gewährt werden, so schränkt Satz 2 diesen weiten Anwendungsbereich dahingehend ein, dass im Rahmen des Kapitels 5 der Satz 1 nur für die §§ 39 und 40, 42 und 43 gilt. Für die Verbote des § 33 Abs. 1 Satz 1 und des § 44 sowie für die Gebote und Verbote nach § 32 Abs. 3 kann des Weiteren gemäß Abs. 2 Satz 1 auf Antrag nur dann eine Be-

---

49 *Heugel*, in: Lütkes/Ewer, BNatSchG, § 67 Rn. 18; *Fischer-Hüftle*, in: Schumacher/Fischer-Hüftle, BNatSchG, § 67 Rn. 42; a.A. wohl OVG Lüneburg, Urt. v. 22.05.1995 – 3 L 5685/93, NuR 1996, 95 (96).

50 *Heugel*, in: Lütkes/Ewer, BNatSchG, § 67 Rn. 17.

51 *Sauthoff*, in: Schlacke (Hrsg.), GK-BNatSchG, § 67 Rn. 36.

52 BVerwG, Urt. v. 10.04.2013 – 4 C 3.12, BVerwGE 146, 176 (Rn. 23).

freiung gewährt werden, wenn die Durchführung der genannten Vorschriften im Einzelfall zu einer unzumutbaren Belastung führen würde.

10 Mit Blick auf mögliche Befreiungen von den Verboten des § 44 entspricht dies der Regelung des § 62 Satz 1 BNatSchG a.F. Gegen diese Regelung sind bereits zur alten Rechtslage unionsrechtliche Bedenken erhoben worden, da die artenschutzrechtlichen Verbote der FFH-Richtlinie (FFH-RL)[53] und der Vogelschutzrichtlinie (VRL)[54], deren Umsetzung § 44 dient, nach der Rechtsprechung des EuGH über die Ausnahmebestimmungen des Art. 16 Abs. 1 FFH-RL und Art. 9 Abs. 1 VRL hinaus keiner weiteren Relativierung zugänglich sind.[55] Auch der Gesetzgeber wusste um diese Problematik, sah die Regelung aus Verhältnismäßigkeitsgründen aber gleichwohl als gerechtfertigt an, schließlich sei der Grundsatz der Verhältnismäßigkeit nicht nur im deutschen Verfassungsrecht verankert, sondern auch im gegenüber den Richtlinienbestimmungen vorrangigen europäischen Primärrecht.[56] Inwieweit diese Erwägung trägt, kann letztlich nur der EuGH beantworten.[57] Bis dato wird man die Vorschrift ohne Weiteres anwenden können, ohne dass dem der **Anwendungsvorrang des Unionsrechts** entgegensteht, da sie jedenfalls nicht offensichtlich unionsrechtswidrig ist.[58] Gerade im rein privaten Bereich kann es sonst schnell passieren, dass dem Betroffenen ein unzumutbares Sonderopfer abverlangt wird, dass sich durch eine rein monetäre Entschädigung nur bedingt auffangen lässt. Da selbst die Ausnahmemöglichkeit nach § 45 Abs. 7 Satz 1 Nr. 1 ein zumindest auch öffentliches Interesse voraussetzt (vgl. § 45 Rn. 14), bestünde ohne § 67 Abs. 2 Satz 1 keine Möglichkeit, in solchen Fällen zu praktisch konkordanten Ergebnissen zu gelangen.[59]

11 Darüber hinaus soll nach Auffassung des Gesetzgebers mit Abs. 2 Satz 1 nunmehr auch von den auf **Natura 2000-Gebiete** bezogenen Geboten und Verboten eine Befreiung gewährt werden können.[60] Explizit genannt werden dort aber nur die Gebote und Verbote nach § 33 Abs. 1 Satz 1 und § 32 Abs. 3. Fraglich ist daher, ob eine Befreiung auch von den Geboten und Verboten des § 34 Abs. 1 und 2 in Betracht kommt. Dafür spricht, dass § 33 Abs. 1 Satz 1 gegenüber § 34 Abs. 1 und 2 einen praktisch nur eingeschränkten Anwendungsbereich hat; denn sobald erhebliche Beeinträchti-

---

53 Richtlinie 92/43/EWG des Rates v. 21.05.1992 zur Erhaltung der natürlichen Lebensräume sowie der wild lebenden Tiere und Pflanzen, ABl. EU L 206, S. 7; zuletzt geändert durch die Richtlinie 2006/105/EG des Rates v. 20.11.2006, ABl. EU L 363, S. 368.

54 Richtlinie 79/409/EWG des Rates v. 02.04.1979 über die Erhaltung der wild lebenden Vogelarten, ABl. EU L 103, S. 1; neu gefasst durch die Richtlinie 2009/147/EG des Europäischen Parlaments und des Rates v. 30.11.2009, ABl. EU L 20, S. 7.

55 Hierzu *Lau/Steeck*, NuR 2008, 386 (394) m.w.N. aus der Rspr. des EuGH.

56 BT-Drs. 16/12274, S. 76; ähnlich bereits BT-Drs. 16/5100, S. 19; zustimmend auch *Heugel*, in: Lütkes/Ewer, BNatSchG, § 67 Rn. 6.

57 Zweifelnd etwa OVG Bautzen, Urt. v. 10.10.2012 – 1 A 389/12, NuR 2013, 724 (726).

58 Hierzu *Demleitner*, NVwZ 2009, 1525 ff.

59 Vgl. BT-Drs. 16/5100, S. 13; a.A. noch *Lau*, in: Frenz/Müggenborg (Hrsg.), BNatSchG, Vorauflage (2011), § 67 Rn. 8.

60 BT-Drs. 16/12274, S. 77.

gungen eines Natura 2000-Gebiets auf einen Plan oder ein Projekt i.S.d. Art. 6 Abs. 3 Satz 1 FFH-RL zurückzuführen sind, ist – im Einklang mit dem Unionsrecht – nicht § 33 Abs. 1 Satz 1 anzuwenden, sondern zunächst nur § 34. Der EuGH legt dabei den **Projektbegriff** denkbar weit aus, versteht hierunter letztlich nämlich jede zumindest planmäßige anthropogene Einwirkung auf Natur und Landschaft, die sich nachteilig auf die Erhaltungsziele des betreffenden Natura 2000-Gebiets auswirken könnte.[61] Das in diesem Punkt sprachlose deutsche Recht übernimmt diesen Projektbegriff.[62] § 33 Abs. 1 Satz 1 kommt damit nur bei Vorhaben und Handlungen zur Anwendung, die bereits vor Ablauf der Umsetzungsfrist der FFH-RL bestandskräftigt genehmigt wurden,[63] bei denen sich nachträglich die durchgeführte FFH-Verträglichkeitsprüfung als fehlerhaft erweist,[64] die nicht planmäßig, sondern situativ ad hoc durchgeführt werden[65] oder aber hinsichtlich solcher Beeinträchtigungen, die auf natürliche Prozesse zurückzuführen sind, aber dennoch unterbunden werden müssen.[66] Auch die landwirtschaftliche Bodennutzung soll sich im Regelfall nicht an § 34, sondern allenfalls an § 33 messen lassen.[67] Der bereits erwähnte Wille des historischen Gesetzgebers, die Befreiungsmöglichkeit auf die Ge- und Verbote bei Natura 2000-Gebieten auszudehnen, spricht ebenfalls für eine Erstreckung des § 67 Abs. 2 auf § 34 Abs. 1 und 2, ebenso wie die Tatsache, dass der dem § 33 Abs. 1 Satz 1 entsprechende Art. 6 Abs. 2 FFH-RL nach der Rechtsprechung des EuGH auf das gleiche Schutzniveau abzielt wie der den Vorschriften des § 34 Abs. 1 und 2 entsprechende Art. 6 Abs. 3 FFH-RL.[68] Dagegen sprechen indes der Wortlaut der Vorschrift sowie der Umstand, dass sich im Falle einer Einbeziehung der Gebote und Verbote des § 34 Abs. 1 und 2 gewichtige Probleme beim Zusammentreffen insbesondere mit Naturschutzgebietsverordnungen ergeben würden, soweit hiermit Natura 2000-Gebiete innerstaatlich unter Schutz gestellt werden. Damit kommt das betreffende Gebiet nämlich in den Genuss des repressiven Veränderungsverbots nach § 23 Abs. 2, von dem nur noch im Wege der Befreiung abgewichen werden kann. Parallel sind aber nach wie vor die Vorgaben des § 34 zu beachten, die ein demgegenüber flexibleres Veränderungsverbot vorsehen (verboten sind gemäß § 34 Abs. 2 nur erhebliche Beeinträchtigungen der erhaltungszielrelevanten Gebietsbestandteile) und mit § 34 Abs. 3–5 andere Abweichungsmöglichkeiten bieten.

---

61 EuGH, Urt. v. 07.09.2004 – Rs. C-127/02, Muschelfischer, Slg. 2004, I-7448 (Rn. 23 f.); EuGH, Urt. v. 14.01.2010 – Rs. C-226/08, Papenburg, Slg. 2010, I-131 (Rn. 39); plakativ auch EuGH, Urt. v. 04.03.2010 – Rs. C-241/08, Kommission/Frankreich, Slg. 2010, I-1723 (Rn. 55).

62 Hierzu *Czybulka*, EurUP 2008, 20 (21 f.); *Gellermann*, NuR 2007, 783 (783 f.).

63 Vgl. EuGH, Urt. v. 14.01.2010 – Rs. C-226/08, Papenburg, Slg. 2010, I-131 (Rn. 48 f.).

64 Vgl. EuGH, Urt. v. 07.09.2004 – Rs. C-127/02, Muschelfischer, Slg. 2004, I-7405 (Rn. 37).

65 Vgl. BVerwG, BVerwG, Urt. v. 08.01.2014 – 9 A 4.13, BVerwGE 149, 31 (Rn. 55); BVerwG, Urt. v. 10.04.2013 – 4 C 3.12, BVerwGE 146, 176 (Rn. 30).

66 Vgl. EuGH, Urt. v. 20.10.2005 – Rs. C-6/04, Gibraltar, Slg. 2005, I-9017 (Rn. 34).

67 BVerwG, Urt. v. 06.11.2012 – 9 A 17.11, BVerwGE 145, 40 (Rn. 89).

68 EuGH, Urt. v. 04.03.2010 – Rs. C-241/08, Kommission/Frankreich, Slg. 2010, I-1723 (Rn. 30).

Mithin stehen zwei unterschiedliche Schutzsysteme in Bezug auf ein und dasselbe Gebiet nebeneinander. Würde § 34 ebenfalls von § 67 Abs. 2 erfasst, so würde dies in einem in der Praxis zentralen Punkt zu einer in sich widersprüchlichen Verknüpfung beider Schutzsysteme führen. Denn dann wäre mit § 67 Abs. 2 die Möglichkeit der Befreiung aus Gründen des überwiegenden öffentlichen Interesses für den Bereich der Natura 2000-Gebiete ausgeschlossen. Damit wäre jede Veränderung im Gebiet gemäß § 23 Abs. 2 verboten und Abweichungen wären trotz der weitergehenden Abweichungsmöglichkeiten des § 34 Abs. 3–5 letztlich nur nach Maßgabe des § 67 Abs. 2, also wegen unzumutbarer Belastung möglich.[69] Das aber ist ersichtlich nicht beabsichtigt gewesen. Die besseren Gründe sprechen demnach gegen die Einbeziehung der Gebote und Verbote des § 34 Abs. 1 und 2. Folglich kann im vorgenannten Beispielsfall, dass ein Natura 2000-Gebiet zugleich ein Naturschutzgebiet ist, in Bezug auf die gebietsschutzrechtlichen Vorgaben eine Abweichung nach § 34 Abs. 3–5 gewährt und von den Ge- und Verbote der Schutzgebietsverordnung nicht nur nach § 67 Abs. 1 Satz 1 Nr. 2, sondern auch nach Nr. 1 aus Gründen des überwiegenden öffentlichen Interesses befreit werden.[70]

12 Die Einbeziehung der gebietsschutzrechtlichen Bestimmungen in Abs. 2 begegnet zudem unionsrechtlichen Bedenken.[71] Insoweit sind die Erwägungen des historischen Gesetzgebers, dass von diesen Geboten und Verboten ohne die Befreiungsmöglichkeit nach § 67 Abs. 2 nur aus Gründen des öffentlichen Interesses abgewichen werden könne,[72] zwar zutreffend. Auch mag der vom Gesetzgeber herangezogene Begründungsansatz der Verhältnismäßigkeit[73] vor dem Hintergrund der Entscheidung des BVerfG zum nordrhein-westfälischen Denkmalschutzgesetz[74] überzeugen. Doch spricht gerade der Umstand, dass Art. 6 Abs. 4 FFH-RL im Gegensatz zu Art. 16 Abs. 1 Buchst. b) FFH-RL, Art. 9 Abs. 1 3. Spiegelstrich VRL keine Abweichungsmöglichkeit von den gebietsschutzrechtlichen Geboten und Verboten aus anderen als zwingenden Gründen des überwiegenden öffentlichen Interesses vorsieht, gerade für ein – auch unter Verhältnismäßigkeitsgesichtspunkten – bereits auf europäischer Ebene grundsätzlich endabgewogenes Schutzsystem,[75] das anders als der ubiquitär geltende besondere Artenschutz trotz der konsequenten Ausklammerung rein privater Belange unter Verhältnismäßigkeitsgesichtspunkten primärrechtlich noch rechtfertigungsfähig erscheint. Soweit dies im Einzelfall zu **unzumutbaren Belastungen** führt, kann dem nationalrechtlich nur noch über

---

69 Zum Ganzen *Fischer-Hüftle*, NuR 2010, 34 ff., der stillschweigend von einer Einbeziehung des § 34 ausgeht.
70 Ebenso *Sauthoff*, in: Schlacke (Hrsg.), GK-BNatSchG, § 67 Rn. 35.
71 *Gellermann*, NVwZ 2010, 73 (77).
72 BT-Drs. 16/12274, S. 77.
73 BT-Drs. 16/12274, S. 77.
74 BVerfG, Beschl. v. 02.03.1999 – 1 BvL 7/91, NJW 1999, 2877 (2878).
75 So im Ergebnis auch EuGH, Urt. v. 28.06.2007 – Rs. C-235/04, Kommission/Spanien, Slg. 2007, I-5415 (Rn. 73); EuGH, Urt. v. 07.09.2004 – Rs. C-127/02, Muschelfischer, Slg. 2004, I-7405 (Rn. 60); siehe auch GA *Sharpston*, Schlussanträge v. 09.07.2009 – Rs. C-226/08, Papenburg, NuR 2009, 586 (Rn. 39).

eine entsprechende Entschädigungslösung Rechnung getragen werden.[76] Ein Durchbrechen der unionsrechtlichen Vorgaben aus Gründen eines demgegenüber weitergehenden innerstaatlichen Grundrechtsschutzes wäre nur nach einer entsprechenden Öffnung des **Anwendungsvorrangs des Unionsrechts** durch das BVerfG gegeben. Eine Öffnung des Anwendungsvorrangs des Unionsrechts kommt nach der Rechtsprechung des BVerfG indes nur zwecks Wahrung eines unabdingbaren Grundrechtsstandards und im Zuge der sog. ultra-vires-Kontrolle in Betracht. Was den Grundrechtsschutz angeht, so sieht sich das BVerfG zwar grundsätzlich nach wie vor als dessen Garant, doch hat es die Ausübung seiner Befugnisse aufgrund des Kooperationsverhältnisses zum EuGH suspendiert, solange der europäische Grundrechtsschutz abstrakt einem unabdingbaren Grundrechtsstandard genügt.[77] Einzelne Grundrechtsverstöße durch Unionsrecht bzw. Unionsorgane aktivieren diese Reservefunktion des BVerfG hingegen noch nicht. Was die ultra-vires-Kontrolle angeht, so ist diese nach – nicht unbestrittener[78] – Auffassung des BVerfG ebenfalls europarechtsfreundlich auszuüben und kommt daher überhaupt nur in Betracht, wenn ersichtlich ist, dass Handlungen der europäischen Organe und Einrichtungen außerhalb der übertragenen Kompetenzen ergangen sind, also wenn die europäischen Organe und Einrichtungen die Grenzen ihrer Kompetenzen in einer das Prinzip der begrenzten Einzelermächtigung spezifisch verletzenden Art überschritten haben, sodass das kompetenzwidrige Handeln der Unionsgewalt offensichtlich ist und der angegriffene Akt im Kompetenzgefüge zwischen Mitgliedstaaten und EU im Hinblick auf das Prinzip der begrenzten Einzelermächtigung und die rechtsstaatliche Gesetzesbindung erheblich ins Gewicht fällt.[79] Das ist hier schon deshalb nicht gegeben, weil sich die FFH-RL und die VRL unproblematisch auf die Ermächtigungsgrundlage der Art. 191, 192 AEUV (ex-Art. 174, 175 EG) stützen lassen.

IV. Behördliche Entscheidung

Die Entscheidung über die Gewährung einer Befreiung steht grundsätzlich im pflichtgemäßen **Ermessen** der zuständigen Behörde, wie sich aus dem Wortlaut („kann") ergibt. Für den Befreiungstatbestand der unzumutbaren Belastung nach Abs. 1 Nr. 2 ist dieses Ermessen jedoch aus naheliegenden Gründen dahingehend **intendiert**, dass bei Vorliegen der Tatbestandsvoraussetzungen – die eine dezidierte Abwägung und Alternativlosigkeit der Befreiung erfordern (siehe oben Rn. 6) – in aller Regel die Befreiung zu gewähren

13

---

76 In diese Richtung auch *Fischer-Hüftle,* in: Schumacher/Fischer-Hüftle, BNatSchG, § 67 Rn. 28.

77 BVerfG, Beschl. v. 29. 05. 1974 – 2 BvL 52/71, BVerfGE 37, 271 (285); BVerfG, Beschl. v. 22. 10. 1986 – 2 BvR 197/83, BVerfGE 73, 339 (387); BVerfG, Urt. v. 12. 10. 1993 – 2 BvR 2134/92 u. a., BVerfGE 89, 155 (175); BVerfG, Beschl. v. 07. 06. 2000 – 2 BvL 1/97, BVerfGE 102, 147 (164) sowie ausführlich BVerfG, Urt. v. 18. 07. 2005 – 2 BvR 2236/04, BVerfGE 113, 273 ff.

78 Siehe nur das Sondervotum von Richter *Landau,* NJW 2010, 3422 (3428 ff.).

79 BVerfG, Beschl. v. 06. 07. 2010 – 2 BvR 2661/06, NJW 2010, 3422 (Rn. 58 und 61).

ist.[80] Aspekte, die ausnahmsweise trotz Vorliegens der Tatbestandsvoraussetzungen der Gewährung der Befreiung entgegenstehen können, sind etwa
hierdurch beeinträchtigte Rechte Dritter; denn die Behörde muss über die
Prüfung der Tatbestandsmerkmale des § 67 hinaus auch feststellen, ob die
Befreiung auch im Übrigen mit der Rechtsordnung, einschließlich den Rechten Dritter, in Einklang steht.[81] Die zuständige Behörde kann jedoch nicht
etwa durch eine zivilgerichtliche Entscheidung in einem Nachbarstreit gezwungen werden, eine Befreiung etwa für die Beseitigung eines geschützten
Baumes auszusprechen.[82] Erteilt die zuständige Behörde rechtswidrig die beantragte Befreiung nicht, löst dies jedenfalls in der Alternative des § 67 Abs. 1
Satz 1 Nr. 2 gegebenenfalls **Amtshaftungsansprüche** aus.[83]

14 Die Befreiung kann schließlich gemäß Abs. 3 Satz 1 mit Nebenbestimmungen versehen werden. Darüber hinaus finden gemäß Abs. 3 Satz 2 die Vorschriften des § 15 Abs. 1–4 und 6 sowie des § 17 Abs. 5 und 7 auch dann
Anwendung, wenn es sich bei der befreiungsgegenständlichen Handlung
nicht um einen Eingriff i.S.d. § 14 handelt. Dadurch wird gewährleistet und
ist behördlich sicherzustellen, dass die betreffende negative Einwirkung auf
Natur und Landschaft so schonend wie möglich ausfällt, insbesondere nachteilige Auswirkungen weitestgehend vermieden und unvermeidbare negative Auswirkungen in natura oder jedenfalls in Geld kompensiert werden.[84]
Eine Kompensation in Geld entsprechend § 15 Abs. 6 kommt dabei nur dann
in Betracht, wenn eine Realkompensation objektiv unmöglich oder unzumutbar ist. Eine Kompensation kann gänzlich entfallen, wenn die Befreiung gemessen am Schutzzweck der in Rede stehenden Vorschrift letztlich nicht zu
einer Beeinträchtigung führt, obgleich formal gegen die Vorschrift verstoßen
wird, z.B. wenn das betreffende Gebiet auch nach Beseitigung geschützter
Gehölze noch so dicht mit Bäumen und Büschen bestanden ist, dass für eine
sinnvolle Ersatzpflanzung kein Raum vorhanden ist.[85]

V. Planung in die Befreiungslage

15 Besonderheiten ergeben sich für die **Bauleitplanung**. Zahlreiche naturschutzrechtliche Gebote und Verbote betreffen nur bestimmte Handlungen und
Vorhaben, die im Wege der Bauleitplanung lediglich vorbereitet bzw. ermöglicht, nicht aber durchgeführt werden, sodass die Bauleitplanung an sich
einen entsprechenden Verstoß noch nicht begründet.[86] Eine Integration in die

---

80 So auch VG Ansbach, Urt. v. 20.03.2013 – AN 11 K 12.02077, NuR 2013, 595 (596); *Gassner/
Heugel*, Das neue Naturschutzrecht, 2010, Rn. 658; a.A. OVG Bautzen, Urt. v. 10.10.2012
– 1 A 389/12, NuR 2013, 724 (725); *Sauthoff*, in: Schlacke (Hrsg.), GK-BNatSchG, § 67
Rn. 28; *Fischer-Hüftle*, in: Schumacher/Fischer-Hüftle, BNatSchG, § 67 Rn. 39.
81 VG Minden, Urt. v. 10.07.2014 – 9 K 73/11, juris, Rn. 61.
82 VGH München, Beschl. v. 09.11.2012 – 14 ZB 11.1597, BayVBl. 2013, 502 (502 f.); a.A.
wohl LG Berlin, Urt. v. 09.07.2013 – 55 S 372/11, juris, Rn. 17.
83 OLG Düsseldorf, Beschl. v. 25.04.2014 – IV-2 RBs 2/14, NuR 2014, 813 (815).
84 Vgl. OVG Bautzen, Urt. v. 10.10.2012 – 1 A 389/12, NuR 2013, 724 (727).
85 VG Ansbach, Urt. v. 20.03.2013 – AN 11 K 12.02077, NuR 2013, 595 (596).
86 Hierzu VGH Mannheim, Urt. v. 12.10.2010 – 3 S 1873/09, juris, Rn. 51.

Bauleitplanung hat insoweit bislang nur hinsichtlich der Eingriffsregelung stattgefunden (vgl. § 1a Abs. 3 BauGB). Darüber hinaus sind die Vorgaben des § 34 (vgl. § 1a Abs. 4 BauGB) bereits auf der Ebene der Bauleitplanung abzuarbeiten. Für die übrigen Ge- und Verbote, insbesondere den gesetzlichen Biotopschutz nach § 30, die Zugriffsverbote des § 44 Abs. 1 und die Schutzausweisungen gemäß den §§ 23 ff., ist dies jedoch nicht der Fall. Gleichwohl sind die betreffenden Vorschriften für eine gelingende Bauleitplanung nicht ohne Relevanz; denn Bebauungspläne, deren Festsetzungen im Widerspruch zu diesen Vorschriften stehen, sind gegebenenfalls vollzugsunfähig und damit gemäß § 1 Abs. 3 Satz 1 BauGB unwirksam.[87] Gleiches gilt für Flächennutzungspläne, deren Darstellungen naturschutzrechtlichen Vorschriften widersprechen; denn aus ihnen kann kein wirksamer Bebauungsplan i.S.d. § 8 Abs. 2 Satz 1 BauGB entwickelt werden, sodass sie ihre Funktion ebenfalls nicht wahrnehmen können.[88] Dies ist hingegen dann nicht der Fall, wenn objektiv eine Ausnahme- oder Befreiungslage gegeben ist und einer Überwindung der betreffenden Verbotsregelung auch sonst nichts entgegensteht.[89]

Mit Blick auf Befreiungen bereitet dies insofern Schwierigkeiten, als die Gewährung der späteren **Befreiung** grundsätzlich im Ermessen der zuständigen Behörde liegt. Im Interesse der Rechtssicherheit könnte sich daher die Gewährung einer Befreiung bereits im Zuge des Bebauungsplans anbieten, wie das nunmehr § 30 Abs. 4 beim gesetzlichen Biotopschutz ausdrücklich ermöglicht. Inwieweit dies im Übrigen, also ohne explizite gesetzliche Regelung möglich ist, ist umstritten.[90] Das gegen ein solches Vorgehen angeführte Hauptargument ist, dass eine derartige Befreiung ins Leere gehe, weil die Vorschriften, von denen befreit werden soll, nicht für den Erlass von Rechtsvorschriften gelten, sondern nur für tatsächliche Handlungen.[91] Dem lässt sich jedoch entgegenhalten, dass die Gewährung einer solchen Befreiung grundstücksbezogen, also als dinglicher Verwaltungsakt verstanden werden kann, auf den sich dann auch der spätere Bauherr zu berufen vermag.[92] Dies wird durch § 30 Abs. 4 nun auch gesetzgeberisch bestätigt. Daraus den Umkehrschluss zu ziehen, dass die Gewährung einer Befreiung im Zuge der Bauleitplanung in anderen als den dort geregelten Fällen gerade nicht in Betracht komme,[93] überzeugt nicht, da hierfür kein sachlicher Grund ersichtlich ist. Mithin kann eine Planung in die objektive Befreiungslage hinein dadurch abgesichert werden, dass eine Befreiung bereits im Zuge der Aufstellung eines Bebauungsplans gewährt wird. Aufgrund der Dynamik der Natur wird eine solche Befreiung indes in aller Regel gemäß § 67 Abs. 3 Satz 1 zu befristen bzw. auflösend zu bedingen sein, wie das auch § 30 Abs. 4 Satz 2 für den ge-

16

---

87 Ausführlich hierzu *Lau*, Der Naturschutz in der Bauleitplanung, 2012, Rn. 112 ff.

88 Vgl. BVerwG, Urt. v. 21.10.1999 – 4 C 1.99, BVerwGE 109, 371 (375 ff.).

89 BVerwG, Urt. v. 30.01.2003 – 4 CN 14.01, BVerwGE 117, 351 (353 f.).

90 Zum Meinungsstand VGH Kassel, Urt. v. 21.02.2008 – 4 N 869/07, NuR 2008, 352 (353 f.).

91 So etwa *Fischer*, NuR 2007, 307 (314).

92 VG Arnsberg, Urt. v. 02.06.2004 – 1 K 552/02, NuR 2005, 335 (339); im Ergebnis ebenso BVerwG, Beschl. v. 09.02.2004 – 4 BN 28.03, NVwZ 2004, 1242 (1243).

93 So z.B. *Sauthoff*, in: Schlacke (Hrsg.), GK-BNatSchG, § 67 Rn. 32.

setzlichen Biotopschutz ausdrücklich vorsieht (Geltungsdauer der Befreiung von maximal sieben Jahren ab Inkrafttreten des Bebauungsplans).

VI. Abweichende Regelungen

17 **Bayern** regelt in Art. 23 Abs. 3 seines Landesnaturschutzgesetzes, dass in Bezug auf den gesetzlichen Biotopschutz für eine Maßnahme auf Antrag eine Ausnahme zugelassen werden kann, wenn die Beeinträchtigungen ausgeglichen werden können oder wenn die Maßnahme aus Gründen des überwiegenden öffentlichen Interesses notwendig ist. Die Entscheidung über die Ausnahme wird dabei durch eine nach anderen Vorschriften erforderliche behördliche Gestattung ersetzt; die Entscheidung wird im Benehmen mit der zuständigen Naturschutzbehörde getroffen. Diese Abweichung betrifft § 30 Abs. 3.[94] Weshalb sie im Bundesgesetzblatt trotzdem als Abweichung von § 67 aufgeführt wird, ist nicht ersichtlich. Darüber hinaus regelt Art. 23 Abs. 4 BayNatSchG, dass abweichend von § 30 Abs. 3 und § 67 Abs. 1 Maßnahmen aufgrund der öffentlich-rechtlichen Verpflichtung zur Unterhaltung der Gewässer keiner behördlichen Ausnahme- oder Befreiungsentscheidung vom Verbot des § 30 Abs. 2 Satz 1 bedürfen. Sie dürfen indes nur unter den Voraussetzungen des § 30 Abs. 3 oder des § 67 Abs. 1 durchgeführt werden. Damit sollen die nach öffentlich-rechtlichen Vorschriften zur Gewässerunterhaltung Verpflichteten in Bezug auf den gesetzlichen Biotopschutz nicht den formellen Ausnahme- oder Befreiungsvoraussetzungen unterliegen, sondern diese nur materiell-rechtlich beachten müssen.[95]

18 **Niedersachsen** regelt in seinem Ausführungsgesetz zum BNatSchG in § 41 Abs. 2, dass § 67 Abs. 3 Satz 2 keine Anwendung findet. Folglich sind in Niedersachen § 15 Abs. 1–4 und Abs. 6 sowie § 17 Abs. 5 und 7 nicht anwendbar, wenn kein Eingriff in Natur und Landschaft i.S.d. § 14 vorliegt. Es bleibt den zuständigen Behörden jedoch unbenommen, soweit erforderlich, im Rahmen der nach § 67 Abs. 3 Satz 1 möglichen Nebenbestimmungen nach pflichtgemäßem Ermessen einen solchen Ausgleich oder Ersatz oder eine Ersatzzahlung festzusetzen.[96]

19 Abweichungen finden sich zudem im Landesrecht von **Sachsen-Anhalt**. Insoweit ist jedoch die auch hier eingangs wiedergegebene Angabe im Bundesgesetzblatt falsch. Anders als dort angegeben, findet sich eine Abweichung von § 67 zunächst nur in § 21 Abs. 2 NatSchG LSA und nicht in § 9 Satz 1 NatSchG LSA. Danach liegen bei Befreiungen vom Verbot der Beeinträchtigung von Alleen oder einseitiger Baumreihen aus Gründen der Verkehrssicherheit Gründe des überwiegenden öffentlichen Interesses in der Regel erst dann vor, wenn die Maßnahme aus Gründen der Verkehrssicherheit zwingend erforderlich ist und die Verkehrssicherheit nicht auf andere Weise verbessert werden kann. Hiermit betont der Landesgesetzgeber eine restriktive Handhabung von Befreiungen nach § 67 Abs. 1 Satz 1 Nr. 1 vom

---

94 Vgl. LT-Drs. 16/5872, S. 27.
95 LT-Drs. 16/5872. S. 27.
96 LT-Drs. 16/1902, S. 56.

Alleenschutz gerade auch mit Blick auf die ansonsten doch in der Praxis der Verwaltung und der Gerichte recht schnell angenommenen Befreiungsvoraussetzungen aus Gründen der Verkehrssicherheit. Darüber hinaus sieht § 9 des Gesetzes über den Nationalpark „Harz (Sachsen-Anhalt)"[97] vor, dass für notwendige Kapazitätserweiterungen von Ver- und Entsorgungsanlagen für Siedlungen, die von dem Nationalpark umschlossen sind, abweichend von § 67 Abs. 1 und Abs. 2 Satz 1 eine Befreiung von den Vorschriften dieses Gesetzes erteilt werden soll, wenn die Voraussetzungen des § 34 erfüllt sind; im Übrigen gelten die Vorschriften des § 67.

Schleswig-Holstein regelt schließlich in § 52 seines Landesnaturschutzgesetzes, dass abweichend von den §§ 17, 30 und 67 eine Eingriffsgenehmigung oder eine Ausnahme oder Befreiung vom gesetzlichen Biotopschutz nach den Vorschriften des BNatSchG, des Landesnaturschutzgesetzes und den aufgrund dieses Gesetzes erlassenen Rechtsvorschriften nicht erforderlich ist für Maßnahmen des Naturschutzes, soweit sie nach den Vorschriften des Kapitels 4 des Landesnaturschutzgesetzes festgelegt oder vorgesehen sind. In der Begründung des Gesetzesentwurfs heißt es hierzu, dass diese Regelung weitgehend gewährleiste, dass für Maßnahmen zur Pflege und Erhaltung geschützter Naturschutzflächen keine gesonderten behördlichen Gestattungen erforderlich sind; in Bezug auf artenschutzrechtliche Zulassungen und Verträglichkeitsprüfungen für Natura 2000-Gebiete sei keine Regelung erforderlich, weil die von § 52 LNatSchG SH erfassten Maßnahmen nicht mit artenschutzrechtlichen Bestimmungen kollidierten und regelmäßig auch keine Projekte i.S.d. § 34 Abs. 1 Satz 1 seien.[98]

20

§ 68
Beschränkungen des Eigentums; Entschädigung und Ausgleich*)

(1) Führen Beschränkungen des Eigentums, die sich auf Grund von Vorschriften dieses Gesetzes, Rechtsvorschriften die auf Grund dieses Gesetzes erlassen worden sind oder fortgelten, oder Naturschutzrecht der Länder ergeben, im Einzelfall zu einer unzumutbaren Belastung, der nicht durch andere Maßnahmen, insbesondere durch die Gewährung einer Ausnahme oder Befreiung, abgeholfen werden kann, ist eine angemessene Entschädigung zu leisten.

---

97 GVBl. LSA 2005 S. 816; zuletzt geändert durch Gesetz v. 10.12.2010, GVBl. LSA 2010 S. 580.

98 LT-Drs. 17/108, S. 128f.

*) Beachte bei
§ 68 Abs. 1: **Schleswig-Holstein** – Abweichung durch § 54 Abs. 1 LNatSchG SH v. 24.02.2010 (GVOBl. Schl.-H., S. 301) m.W.v. 01.03.2010 (vgl. BGBl. I 2010, S. 450)
§ 68 Abs. 1: **Hamburg** – Abweichung durch § 20 HmbBNatSchAG v. 11.05.2010 (Hmb-GVBl., S. 350, 402) m.W.v. 01.06.2010 (vgl. BGBl. I 2011, S. 93)
§ 68 Abs. 1 u. 2: **Mecklenburg-Vorpommern** – Abweichung durch § 36 Abs. 1 NatSchAG MV v. 23.02.2010 GVOBl. M.-V., S. 66 m.W.v. 01.03.2010 (vgl. BGBl. I 2010, S. 1621).

(2) Die Entschädigung ist in Geld zu leisten. Sie kann in wiederkehrenden Leistungen bestehen. Der Eigentümer kann die Übernahme eines Grundstücks verlangen, wenn ihm der weitere Verbleib nicht zuzumuten ist. Das Nähere richtet sich nach Landesrecht.

(3) Die Enteignung von Grundstücken zum Wohl der Allgemeinheit aus Gründen des Naturschutzes und der Landschaftspflege richtet sich nach Landesrecht.

(4) Die Länder können vorsehen, dass Eigentümern und Nutzungsberechtigten, denen auf Grund von Vorschriften dieses Gesetzes, Rechtsvorschriften, die auf Grund dieses Gesetzes erlassen worden sind oder fortgelten, oder Naturschutzrecht der Länder insbesondere die land-, forst- und fischereiwirtschaftliche Nutzung von Grundstücken wesentlich erschwert wird, ohne dass eine Entschädigung nach den Absätzen 1 bis 3 zu leisten ist, auf Antrag ein angemessener Ausgleich nach Maßgabe des jeweiligen Haushaltsgesetzes gezahlt werden kann.

Inhaltsübersicht

Esser

I. Allgemeines

Diese Vorschrift wurde durch das Gesetz über Naturschutz und Landschaftspflege (Bundesnaturschutzgesetz – BNatSchG)[1] vom 29.07.2009 neu eingeführt.

1. Regelungsinhalt

§ 68 enthält auf der Grundlage der Eigentumsgewährleistung des Grundgesetzes Regelungen zur Entschädigung unzumutbarer Belastungen durch naturschutzrechtlich begründete Inhalts- und Schrankenbestimmungen des Eigentums. Bezüglich der Enteignung von Grundstücken und des Ausgleichs nicht entschädigungspflichtiger Erschwernisse bei der Nutzung von Grundstücken verweist § 68 auf Landesrecht.

2. Entstehungsgeschichte

Die Vorschrift des § 68 baut erkennbar auf den Vorarbeiten des zum Ende Januar 2009 endgültig für gescheitert erklärten[2] Umweltgesetzbuches (UGB) auf. So fand sich bereits im Regierungsentwurf vom 20.11.2007 eine dem heutigen § 68 ähnliche Regelung (§ 70 Regierungsentwurf), die in späteren Entwürfen (Gesetzentwurf der Bundesregierung vom 20.05.2008) geringfügig modifiziert wurde und im Referentenentwurf vom 04.12.2008 (dort § 68) ihre endgültige Fassung fand. Nach dem Scheitern des UGB wurde § 68 des Referentenentwurfs vom 04.12.2008 in den Entwurf eines Gesetzes zur Neuregelung des Rechts das Naturschutzes und der Landschaftspflege vollinhaltlich übernommen.[3] Ebenfalls unverändert übernommen wurde die Begründung des Referentenentwurfs vom 04.12.2008.[4] Der Text des § 68 in der Fassung des Gesetzentwurfs vom 17.03.2009 blieb im Gesetzgebungsverfahren unverändert.[5]

3. Verhältnis zu Landesrecht

Bei dem Bundesnaturschutzgesetz, das auf der neuen **konkurrierenden Gesetzgebungskompetenz** des Bundes nach Art. 74 Abs. 1 Nr. 29 GG (Naturschutz und Landschaftspflege) beruht, handelt es sich um eine Vollregelung. Damit ist auch § 68 unmittelbar anwendbar und hat im Verhältnis zu landesrechtlichen Vorschriften Anwendungsvorrang (Art. 72 Abs. 3 Satz 3 GG). Dies hat zur Folge, dass ab dem 01.03.2010 grundsätzlich die Vorschriften des BNatSchG anwendbar sind. Bestimmungen der Landesgesetze wurden damit ab dem 01.03.2010 grundsätzlich unwirksam (vgl. Art. 31 GG). Das Bundesrecht verdrängt landesrechtliche Regelungen allerdings nur, soweit

1 Dieses Gesetz wurde am 06.08.2001 verkündet als Art. 1 des Gesetzes zur Neuregelung des Rechts des Naturschutzes und der Landschaftspflege v. 29.07.2009 (BGBl. I, S. 2542) und trat am 01.03.2010 in Kraft.
2 Zum Scheitern des UGB weiterführend: *Guckelberger*, NVwZ 2008, 1161, *Müggenborg/ Hentschel*, NJW 2010, 961.
3 BT-Drs. 16/12274 v. 17.03.2009, S. 30.
4 BT-Drs. 16/12274 v. 17.03.2009, S. 77.
5 BT-Drs. 16/12785 v. 27.04.2009, S. 5; BT-Drs. 16/13298 v. 04.06.2009 und BT-Drs. 16/ 13430 v. 17.06.2009.

es im Bundesnaturschutzgesetz tatsächlich eine Regelung trifft. So gelten Regelungen in den Landesgesetzen, die von den **Öffnungsklauseln** (Unberührtheitsklauseln/Verweisen auf das Landesrecht) im Bundesnaturschutzgesetz erfasst werden, grundsätzlich weiter.

4. Reaktionen der Länder

5   Gemäß Art. 72 Abs. 3 Satz 2, 3 GG hatten die Länder die Möglichkeit, rechtzeitig bis zum Inkrafttreten des BNatSchG am 01. 03. 2010 in den der Abweichungsgesetzgebung unterliegenden Bereichen, zu denen auch § 68 gehört, abweichende **Landesregelungen** in Kraft zu setzen. Hiervon haben **Schleswig-Holstein**[6], **Niedersachsen**[7] und **Mecklenburg-Vorpommern**[8] Gebrauch gemacht. Ein in **Nordrhein-Westfalen** eingebrachter Entwurf[9] ist nicht mehr rechtzeitig[10] Gesetz geworden.

In den meisten der übrigen Bundesländer war beabsichtigt, das Naturschutzrecht spätestens im Jahr 2011 an die veränderten bundesgesetzlichen Rahmenbedingungen anzupassen. Für die Übergangszeit wurden von den obersten Naturschutzbehörden der Länder als Auslegungshilfe ministerielle Anwendungserlasse[11], Vollzugshinweise[12] und Anwendungshilfen[13] erarbeitet. Neben dem bereits erwähnten Bundesland Nordrhein-Westfalen hatten zunächst die Bundesländer **Bremen**[14] und **Hamburg**[15] Ausführungsgesetze

---

6   Gesetz zum Schutz der Natur (Landesnaturschutzgesetz- LNatSchG Schl-H.) v. 24. 02. 2010, verkündet als Art. 1 des Gesetzes zum Schutz der Natur v. 24. 02. 2010 (Schl.-H. GVBl., S. 301), dort § 54 „Entschädigung und Ausgleich".

7   Niedersächsischen Ausführungsgesetz zum Bundesnaturschutzgesetz (NAGBNatSchG) v. 19. 02. 2010, verkündet als Art. 1 des Gesetzes zur Neuordnung des Naturschutzrechts v. 19. 02. 2010 (Nds. GVBl., S. 104), dort § 42 „Beschränkungen des Eigentums; Entschädigung und Ausgleich".

8   Gesetz des Landes Mecklenburg-Vorpommern zur Ausführung des Bundesnaturschutzgesetzes (Naturschutzausführungsgesetz – NatSchAG M-V) v. 23. 02. 2010, verkündet als Art. 1 des Gesetzes zur Bereinigung des Landesnaturschutzrechts v. 23. 02. 2010 (GVBl. M-V 2010, S. 66, dort § 36 „Enteignung und Ausgleich, öffentliche Förderung").

9   Gesetz zur Änderung des Landschaftsgesetzes und des Landesforstgesetzes, des Landeswassergesetzes und des Gesetzes über die Umweltverträglichkeitsprüfung in Nordrhein-Westfalen, Gesetzentwurf LT-Drs. 14/10149, v. 24. 11. 2009.

10 Erst durch Gesetz zur Änderung des Landschaftsgesetzes und des Landesforstgesetzes, des Landeswassergesetzes und des Gesetzes über die Umweltverträglichkeitsprüfung in Nordrhein-Westfalen v. 16. 03. 2010 (LG), Gesetz- und Verordnungblatt für das Land Nordrhein-Westfalen v. 30. 03. 2010, S. 185 ff.

11 Hessen (Ministerium für Umwelt, Energie, Landwirtschaft und Verbraucherschutz), v. 10. 02. 2010.

12 Nordrhein-Westfalen (Ministerium für Umwelt und Naturschutz, Landwirtschaft- und Verbraucherschutz) v. 04. 02. 2010.

13 Freistaat Thüringen (Ministerium für Landwirtschaft, Forsten, Umwelt und Naturschutz) v. 26. 02. 2010.

14 Bremisches Gesetz über Naturschutz und Landschaftspflege (BremNatG) v. 27. 04. 2010, Gesetzblatt der Freien Hansestadt Bremen, ausgegeben am 07. 05. 2010, S. 315 ff.

15 Hamburgisches Gesetz zur Ausführung des Bundesnaturschutzgesetzes v. 11. 05. 2010 (HmbBNatSchAG), HmbGVBl. 2010, S. 350 ff.

erlassen. Es folgten **Brandenburg**[16], **Hessen**[17], **Mecklenburg-Vorpommern**[18], **Niedersachsen**[19] sodann die Landesnaturschutzgesetze von **Bayern**[20], **Berlin**[21], **Sachsen**[22] und **Sachsen-Anhalt**[23]. Lediglich das **Saarland**[24], **Thüringen**[25], **Baden-Württemberg**[26] und **Rheinland-Pfalz**[27] haben ihre Landesnaturschutzgesetze im Zustand vor Inkrafttreten des Bundesnaturschutzgesetzes vom 29. 07. 2009 belassen.

II. Entschädigung (Abs. 1, 2)

Abs. 1 regelt die Fälle einer ausnahmsweise unverhältnismäßigen **Inhalts-**   6
und Schrankenbestimmung. Er sieht vor, dass eine angemessene **Entschädigung** zu leisten ist, wenn einer unzumutbaren Belastung nicht durch andere Maßnahmen, insbesondere durch die Gewährung einer **Ausnahme** oder **Befreiung**, abgeholfen werden kann. Abs. 2 Satz 1 regelt die Modalitäten der Entschädigung in Fällen des Abs. 1. Satz 2 verweist für nähere Regelungen auf das Landesrecht. Dies betrifft insbesondere die in diesen Fällen häufig im Landesnaturschutz für entsprechend anwendbar erklärten Enteignungsgesetze der Länder.[28] Um die Entschädigung und deren Höhe bestimmen zu können, bedarf es der Klärung, was dem Betroffenen durch den Eingriff genommen wurde und was das dem Betroffenen Genommene wert ist.

---

16 Brandenburgisches Naturschutzausführungsgesetz (BbgNatSchAG) v. 21. 01. 2013, GVBl. Teil I 2013 Nr. 3, S. 1.

17 Hessisches Ausführungsgesetz zum Bundesnaturschutzgesetz (HAGBNatSchG) v. 20. 12. 2010, GVBl. I 2010, S. 629.

18 Naturschutzausführungsgesetz (NatSchAG M-V), verkündet als Art. 1. des zur Bereinigung des Landesnaturschutzrechts v. 23. 02. 2010, GVOBl. M-V 2010, S. 66.

19 Niedersächsisches Ausführungsgesetz zum Bundesnaturschutzgesetz (NAGBNatSchG), verkündet als Art. 1 des Gesetzes zur Neuordnung des Naturschutzrechts v. 19. 02. 2010, Nds. GVBl. 2010, S. 104.

20 Bayerisches Naturschutzgesetz (BayNatSchG) v. 23. 02. 2011, GVBl. 2011, S. 82.

21 Berliner Naturschutzgesetz (NatSchG Bln) v. 29. 05. 2013, GVBl. 2013, S. 140.

22 Sächsisches Naturschutzgesetz (SächsNatSchG) v. 06. 06. 2013, SächsGVBl. 2013, S. 451.

23 Naturschutzgesetz des Landes Sachsen-Anhalt (NatSchG LSA) v. 10. 12. 2010, GVBl. LSA 2010, S. 469.

24 Gesetz zum Schutz der Natur und Heimat im Saarland – Saarländisches Naturschutzgesetz – (SnG) v. 05. 04. 2006, Amtsblatt 2006, S. 726 mit Blick auf das Geltungsende des Saarländischen Naturschutzgesetzes (31. 12. 2015) besteht Handlungsbedarf.

25 Thüringer Gesetz für Natur und Landschaft (ThürNatG) v. 30. 08. 2006, GVBl. 2006, 421.

26 Gesetz zum Schutz der Natur, zur Pflege der Landschaft und über die Erholungsvorsorge in der freien Landschaft (Naturschutzgesetz – LNatSchG - BW) v. 13. 12. 2005, GBl. 2005, 745, ber. 2006, S. 319.

27 Landesgesetz zur nachhaltigen Entwicklung von Natur und Landschaft (Landesnaturschutzgesetz – LNatSchG – RP) v. 28. 09. 2005, GVBl. 2005, 387.

28 BT-Drs. 16/12274 v. 17. 03. 2009, S. 77.

1. Voraussetzungen der Entschädigung (Abs. 1)

a) Grundlage des Eingriffs

7 Entschädigungsfähig sind nur solche Beschränkungen des Eigentums, die sich auf Grund von Vorschriften des BNatSchG, Rechtsvorschriften, die auf Grund dieses Gesetzes erlassen worden sind oder fortgelten, oder Naturschutzrecht der Länder ergeben.

aa) Bundesnaturschutzgesetz und Naturschutzgesetze der Länder

8 Das Bundesnaturschutzgesetz und die Naturschutzgesetze der Länder enthalten zahlreiche Beschränkungen des Grundeigentümers. Dazu gehören etwa:

(1) Auskunftspflicht/Zutrittsrecht

9 Jeder soll dazu beitragen, dass ein möglichst effektiver Schutz für Natur- und Landschaftspflege erreicht werden kann (§ 2 Abs. 1). In diesem Zusammenhang haben natürliche und juristische Personen sowie nicht rechtsfähige Personenvereinigungen auf Verlangen **Auskunft** zu erteilen und müssen sie den Auskunftsberechtigten erforderlichenfalls Zutritt[29] gewähren (§ 52 Abs. 1, 2).[30]

Das den Vertretern der Naturschutzbehörden eingeräumte **Zutrittsrecht** steht selbstständig neben der allgemeinen **Duldungspflicht**.[31]

(2) Duldungspflichten

10 Die früher über die Rahmenvorschrift des § 9 BNatSchG a.F.[32] in ihrer Ausgestaltung der **Duldungspflicht** den Ländern überlassene Regelung findet sich nun in § 65. Dessen Abs. 1 Satz 2, Abs. 3 lassen weitergehende Duldungspflichten der Länder unberührt und überlassen den Ländern auch die Bestimmung des Personenkreises der zur Durchführung der in Abs. 1 geregelten Maßnahmen Berechtigten.[33] Zur Duldung verpflichtet ist zunächst der Eigentümer, neben ihm all diejenigen, die Nutzungsrechte an der betroffenen Grundfläche haben.[34]

---

29 Früher geregelt in § 50 des Gesetzes über Naturschutz- und Landschaftspflege (Bundesnaturschutzgesetz – BNatSchG) v. 25.03.2002 (BGBl. I S. 1193), zuletzt geändert durch Art. 3 des Gesetzes v. 22.12.2008 (BGBl. I, S. 2986).

30 Vgl. Art. 54 BayNatSchG; § 51 NatSchGBln., § 47 Abs. 1 NatSchG BW, § 27 HmbNatSchG; § 37 SächsNatSchG, § 30 NatSchG LSA, § 39 NAGBNatSchG, § 25 Abs. 1 BbgNatSchGAG.

31 *Meßerschmidt*, Bundesnaturschutzrecht, Rn. 7 zu § 9.

32 Gesetz über Naturschutz- und Landschaftspflege (Bundesnaturschutzgesetz – BNatSchG) v. 25.03.2002, zuletzt geändert durch Art. 3 des Gesetzes v. 22.12.2008 (BGBl. I S. 2986).

33 Vgl. §§ 48, 49 LNatSchG, § 39 NAGBNatSchG, § 31 BremNatG, § 46 Landschaftsgesetz – LG, § 25 BbgNatSchAG, § 30 NatSchG LSA, § 37 SächsNatSchG, § 50 NatSchG Bln.

34 *Gassner*, in: Gassner/Bendomir-Kahlo/Schmidt-Räntsch, Bundesnaturschutzgesetz, 2. Aufl. 2003, Rn. 9 zu § 9.

(3) Bauverbote

In einigen Bundesländern finden sich **Bauverbote** für Werbeanlagen außer- *11* halb der bebauten Ortsteile[35] sowie Bauverbote an Gewässern.[36]

Das Bundesnaturschutzgesetz enthält eine Regelung zur Freihaltung von Gewässern und Uferzonen (im Sinne eines Bauverbots) in § 61[37].

(4) Vorkaufsrechte

Das **Vorkaufsrecht** ist in nahezu allen Bundesländern ein Instrument des *12* Naturschutzes und der Landschaftspflege.[38]

Mit seiner Hilfe besteht die Möglichkeit des Erwerbs von Flächen von hohem naturschutzfachlichem oder auch Erholungswert. Der Gesetzgeber hat sich dazu entschieden, die Grundzüge des Vorkaufsrechts erstmals bundesgesetzlich[39] zu regeln. Die entsprechende Vorschrift ist die des § 66, wobei dessen Abs. 5 abweichende Regelungen der Länder zulässt. Die drei Bundesländer, die sich dazu entschieden hatten, vor dem 01.03.2010 Ausführungsvorschriften zum Bundesnaturschutzgesetz zu erlassen, haben entweder geregelt, dass § 66 nicht gilt[40] oder sie haben Ergänzungen[41] bzw. Abweichungen[42] vorgesehen. Andere Bundesländer sind dem in späteren Gesetzen gefolgt.[43]

(5) Ausweisungen von Schutzgebieten

Besonders spürbar für den Eigentümer sind die vom Bundesnaturschutzge- *13* setz im Zusammenhang mit der Ausweisung eines Schutzgebietes möglichen Ge- und Verbote (§§ 22 ff.). Die Beeinträchtigungen des Eigentums sind hier vielfältig. Sind die Grenzen zwischen Ge- und Verboten fließend, ist es oft nur eine Formulierungsfrage, die Absicht, bestimmte Handlungen zu verhindern, als Gebot oder als Verbot zu fassen.[44]

---

35 Vgl. § 25 NatSchG BW.

36 Zur Rechtsprechung etwa OVG Lüneburg, Urt. v. 31.03.1995 – 1 L 4063/93, NuR 1995, 559 = NVwZ-RR 1996, 132; VGH Mannheim, Urt. v. 28.10.1981 – 3 S 1539/80, NuR 1983, 67; vgl. § 57 LG NRW.

37 Vgl. § 29 NatSchAG M-V als abweichende Vorschrift zu § 61.

38 Vgl. Art. 39 BayNatSchG; § 32 BremNatSchG, § 26 BbgNatSchG; § 56 NatSchG BW; § 18a HmbNatSchG; § 34 NatSchAG M-V; § 40 NAGBNatSchG; § 13 SNG; § 38 Sächs-NatSchG; § 31 NatSchG LSA; § 50 LNatSchG Schl.-H.; § 52 ThürNatG.

39 BT-Drs. 16/12274 v. 17.03.2009, S. 41.

40 § 50 LNatSchG Schl.-H.

41 § 40 NAGBNatSchG.

42 § 34 NatSchAG M-V.

43 § 34 LNatSchG Schl.-H. (§ 66 BNatSchG gilt nicht), § 68 SächsNatSchG (§ 66 BNatSchG gilt nicht), § 31 NatSchG (Einschränkung § 66 Abs. 1 S. 1 BNatSchG und Ausschluss § 66 Abs. 3 S. 5 BNatSchG), § 40 NAGBNatSchG (Ergänzung), § 34 NatSchAG M-V (Ausschluss § 66 Abs. 1 S. 1 Nr. 2 BNatSchG, Erweiterung des Personenkreises zu § 66 Abs. 4 BNatSchG), § 32 BremNatG (Erweiterung der dem Vorkaufsrecht unterliegenden Grundstücke), § 26 BbgNatSchAG (Erweiterung/Abweichung), § 18a HmbBNatSchAG (Abweichung).

44 Beispiele zu Ver- und Geboten u.a. bei *Carlsen/Fischer-Hüftle*, NuR 1983, 311 (317).

bb) Rechtsvorschriften

14 **Entschädigungsfähige Beschränkungen** des **Eigentums** können sich nicht nur aus Vorschriften des BNatSchG bzw. des Naturschutzrechtes der Länder, sondern auch aus Rechtsvorschriften, die aufgrund des BNatSchG erlassen wurden, ergeben. Die Möglichkeit für den Erlass von Rechtsverordnungen sehen etwa § 9 (Landschaftsplanung), § 15 Abs. 7 (Eingriffe in Natur und Landschaft, Kompensationsregeln), § 17 Abs. 11 (Verfahrensregelungen), § 39 Abs. 5 Satz 3 (erweiterte Verbotszeiträume), § 45 Abs. 7 Satz 3 (zu Ausnahmen von den Besitzverboten), § 49 Abs. 2 (Verfahrensregeln für die Mitwirkung der Zollbehörden), § 53 Abs. 2 (Gebühren und Auslagen bei Amtshandlungen nach den Vorschriften des 5. Kapitels, §§ 37–52) vor. Schließlich finden sich zahlreiche Ermächtigungen zum Erlass von Rechtsverordnungen im 6. Abschnitt (§§ 54–58).

b) *Unzumutbarkeit der Belastung ohne anderweitige Abhilfemöglichkeit*

15 Beschränkungen des Eigentums sind grundsätzlich[45] entschädigungslos hinzunehmen. Sie stellen nur dann eine ausnahmsweise unverhältnismäßige und damit entschädigungspflichtige Inhalts- und Schrankenbestimmung[46] dar, wenn sie im Einzelfall zu einer unzumutbaren Belastung führen und keine Abhilfe durch andere Maßnahmen, wie insbesondere eine Ausnahme oder Befreiung,[47] möglich ist.[48]

aa) Ausgleichspflichtige Inhalts- und Schrankenbestimmung und
     Abgrenzungsfragen

16 Als allgemeine **Inhalts- und Schrankenbestimmung** anzusehende Beschränkungen des Eigentums können zu einer nicht zumutbaren und unverhältnismäßigen Belastung führen, für die der Gesetzgeber eine Ausgleichsregelung zu treffen hat, um die Verfassungswidrigkeit des Eigentumseingriffs zu vermeiden.[49] Der Gesetzgeber muss bei der Bestimmung von Inhalt und Schranken des Eigentums i.S..v. Art. 14 Abs. 1 Satz 2 GG die schutzwürdigen Interessen des Eigentümers und die Belange des Gemeinwohls in einen gerechten Ausgleich und ein ausgewogenes Verhältnis bringen.[50] Grundsätzlich gehen sowohl das BVerfG[51] als auch das Bundesverwaltungsgericht[52] davon aus, dass Maßnahmen des Natur- und Landschaftsschutzes regelmäßig

---

45 *Kahl/Gärditz*, ZuR 2006, 1 (8).

46 BT-Drs. 16/12274 v. 17.03.2009, S. 77.

47 Zur Abgrenzung von Befreiung und Ausnahme vgl. *Gassner/Heugel*, 1. Aufl. 2010, Rn. 404; *Lorz/Müller/Stöckel*, Naturschutzrecht, 2. Aufl. 2003, Rn. 3 f. zu § 62 BNatSchG.

48 Vgl. Beispiele bei *Lorz/Müller/Stöckel*, Naturschutzrecht, 2. Aufl. 2003, Rn. 9 zu § 5 BNatSchG.

49 BVerfG, Beschl. v. 14.07.1981 – 1 BvL 24/78, BVerfGE 58, 137 ff. (Pflichtexemplar) = DVBl 1982, 295–298.

50 BVerfG, Beschl. v. 02.03.1999 – 1 BvL 7/91, zitiert nach juris, Rn. 76 = BVerfGE 100, 226 ff.

51 BVerfG, Beschl. v. 10.10.1997 – 1 BvR 310/84, NJW 1998, 367 ff.

52 BVerfG, Urt. v. 24.06.1993 – 7 C 26/92, DVBl 1993, 1141 (1142) = BVerfGE 94, 1 ff.; BVerwG, Beschl. v. 10.05.1995 – 4 B 90/95, NJW 1996, 409 = NuR 1995, 455 (456); BVerwG, Beschl. v. 30.09.1996 – 4 NB 31/96, 4 NB 32/96, NuR 1997, 240 ff.

verfassungsrechtlich unbedenkliche Inhaltsbestimmungen des Eigentums sind.

Bei der **Abgrenzung** zwischen ausgleichspflichtigen und ohne Ausgleich 17
hinzunehmenden Inhalts- und Schrankenbestimmungen stellt die Rechtsprechung des Bundesverwaltungsgerichts[53] in Übereinstimmung mit der Rechtsprechung des Bundesgerichtshofes[54] auf die Situationsgebundenheit[55] des Grundstückseigentums ab. Das situationsbedingte Grundeigentum drückt nach dem Bundesgerichtshof[56] aus, dass jedes Grundstück durch seine Lage und Beschaffenheit sowie seine Einbettung in die Landschaft und Natur, also seine „Situation" geprägt ist. Darauf müsse der Eigentümer bei der Ausübung seiner Befugnisse im Hinblick auf die Sozialbindung des Eigentums Rücksicht nehmen.[57] Damit stimmt die Rechtsprechung des Bundesverwaltungsgerichts[58] im Wesentlichen überein.

Fasst man die einschlägige Rechtsprechung zusammen, so ist eine Entwick- 18
lung dahingehend zu betrachten, dass neben dem angenommenen objektiven Kulturzustand des betreffenden Grundeigentums auch der spezifische Anteil der vom Eigentümer ausgeübten und ihm möglichen Privatnützigkeit ins Blickfeld gerückt wird. In zwei wesentlichen Fallgestaltungen kann der Grundstückseigentümer nicht dem Regelfall entsprechend auf die Sozialbindung des Eigentums verwiesen werden. Hierbei handelt es sich zum einen um Eingriffe in bereits verwirklichte Nutzungen (Bestandsschutz) und zum anderen um den Ausschluss von – bisher nicht praktizierten – Nutzungsmöglichkeiten, die sich nach Lage der Dinge objektiv anbieten oder sogar aufdrängen.[59] Beiden Fallgruppen ist gemein, dass maßgeblich und allein an die tatsächliche Beschaffenheit des Grundstücks angeknüpft wird.[60] **Nutzungsverbote** oder **-beschränkungen** aus Gründen des Naturschutzes erweisen sich nur dann als unzumutbare Beschränkung der Eigentümerbefugnisse

---

53 BVerwG, Urt. v. 14.11.1975 – 4 C 2.74, BVerwGE 49, 365, 368 = NJW 1976, 765 ff.; BVerwG, Urt. v. 13.04.1983 – 4 C 21.79, BVerwGE 67, 84, 87 = NuR 1983, 274 ff.

54 Urt. v. 03.03.1983 – III ZR 93/81, BGHZ 87, 66, 71 f. = NJW 1983, 1657 ff.; BGH, Urt. v. 26.01.1984 – III ZR 179/82, BGHZ 90, 4, 14 f.; weiterführend *Stüer/Thorand*, NJW 2000, 3737 (3738 f.).

55 *Gassner/Heugel*, 1. Aufl. 2010, S. 200, Rn. 643.

56 BGH, Urt. v. 03.03.1983 – III ZR 93/81, BGHZ 87, 66, 71 f. = NJW 1983, 1657 ff., vgl. auch vorhergehende Entscheidung zur Situationsgebundenheit BGH, Urt. v. 20.12.1956, III ZR 82/55, BGHZ 23, 30–35 (Grünflächen) = WM 1957, 290–292.

57 BGH, Urt. v. 03.03.1983 – III ZR 93/81, BGHZ 87, 66, 71 f. = NJW 1983, 1657 ff.; BGH, Urt. v. 26.01.1984 – III ZR 179/82, BGHZ 90, 4, 14 f. = NuR 1984, 198 ff.

58 BVerwG, Urt. v. 24.06.1993 – 7 C 26/92, BVerwGE 94, 1, 7 = NuR 1993, 487 ff.; BVerwG, Beschl. v. 10.05.1995 – 4 B 90/95, NJW 1996, 409 = NuR 1995, 455 f.

59 BVerwG, Beschl. v. 10.05.1995 – 4 B 90/95, NJW 1996, 409 = NuR 1995, 455 f.; BVerwG, Beschl. v. 19.06.1985 – 1 BvL 57/79, BVerfGE 70, 191, 200; Beschl. v. 30.11.1988 – 1 BvR 1301/84, BVerfGE 79, 174, 198 = NJW 1989, 1271 ff.; BVerwG, Urt. v. 24.06.1993 – 7 C 26/92, BVerwGE 94, 1, 7 = NuR 1993, 487 ff.; weiterführend *Stüer/Thorand*, NJW 2000, 3737 (3740 f.).

60 *Bartlsperger*, DVBl 2003, 1473 (1482) und mit weiterführenden Hinweisen auf die einschlägige Literatur zur einfachrechtlichen Ausgestaltung des Eigentums und der Systematik der Eigentumsbegriffe dort in Fn. 9.

(und nicht mehr als entschädigungslos hinzunehmende Inhaltsbestimmungen im Sinne des Art. 14 Abs. 1 Satz 2 GG), wenn nicht mehr genügend Raum für einen privatnützigen Gebrauch des Eigentums oder für eine Verfügung über den Eigentumsgegenstand verbleibt oder wenn eine Nutzung, die bisher ausgeübt worden ist oder die sich nach Lage der Dinge objektiv anbietet, ohne jeglichen Ausgleich unterbunden wird.[61]

bb) Fallgruppen

19 Unter Berücksichtigung vorbeschriebener Kriterien, die an die öffentlich-rechtliche Eigentumsbeschränkung im situationsbedingten Gemeinschaftsinteresse zu stellen sind, haben sich in den Landesgesetzen im Wesentlichen vier Fallgruppen herausgebildet, bei denen von einer **entschädigungspflichtigen unzumutbaren Beeinträchtigung** ausgegangen werden kann:

So ist eine **angemessene Entschädigung** zu leisten, wenn

20 1. eine bisher rechtmäßig ausgeübte Grundstücksnutzung nicht mehr fortgesetzt werden kann.[62]

21 2. eine beabsichtigte Nutzung, die sich nach Lage und Beschaffenheit des Grundstücks objektiv anbietet und auf die die Eigentümerin oder der Eigentümer sonst einen Rechtsanspruch hat, unterbunden wird.[63]

22 3. Aufwendungen an Wert verlieren, die für die beabsichtigten, bisher rechtmäßigen Grundstücksnutzungen in schutzwürdigem Vertrauen darauf gemacht worden, dass diese rechtmäßig bleiben.[64]

23 4. oder die Lasten und Bewirtschaftungskosten bei einer Nutzung von Grundstücken auch in absehbarer Zeit nicht durch Erträge und andere Vorteile ausgeglichen werden können.[65]

---

61 Vgl. BVerwG, Beschl. v. 18.07.1997 – 4 BN 5/97, zitiert nach juris, Rn. 16 m.w.N.

62 BGH, Urt. v. 23.06.1988 – III ZR 8/87, BGHZ 105, 15 ff. (Sandabbauverbot) = VersR 1988, 1125; BGH, Urt. v. 26.01.1984 – III ZR 216/82, BGHZ 90, 17, 27 f. (Naturschutzgebiet) = NuR 1984, 200 ff.; vgl. § 40 Abs. 1 Nr. 1 SächsNatSchG, § 20 Abs. 2 Nr. 1 HmbBNatSchAG, § 7 Abs. 3 Nr. 1 Landschaftsgesetz – LG, § 49 Abs. 1 S. 1 LNatSchG – RP, § 14 Abs. 2 S. 1 Gesetz zum Schutz der Natur und Heimat im Saarland – Saarländisches Naturschutzgesetz – (SNG) – v. 05.04.2006, zuletzt geändert durch das Gesetz v. 28.10.2008 (Amtsblatt 2009, S. 3), Amtsblatt 2006, S. 726, § 49 Abs. 2 Nr. 1 ThürNatG, § 54 Abs. 1 Nr. 1 LNatSchG.

63 BGH, Urt. v. 26.01.1984 – III ZR 179/82, BGHZ 90, 4, 15 f. (Kiesabbau) = NuR 1984, 198 ff.; BGH, Urt. v. 15.02.1996 – III ZR 49/95, NVwZ 1996, 930 (Bimsabbau); BVerwG, Urt. v. 14.11.1975 – 4 C 2.74, BVerwGE 49, 365 ff. (Schaumlavaausbeutung) = NJW 1976, 765; BVerwG, Urt. v. 13.04.1983 – 4 C 21.79, BVerwGE 67, 84 ff. (Auskiesung) = NuR 1983, 274 ff.; vgl. § 20 Abs. 2 Nr. 2 HmbBNatSchAG, § 49 Abs. 2 Nr. 1 ThürNatG, § 54 Abs. 1 Nr. 2 LNatSchG.

64 Vgl. § 40 Abs. 1 Nr. 2 SächsNatSchG, § 7 Abs. 3 Nr. 2 Landschaftsgesetz – LG, § 49 Abs. 2 Nr. 2 ThürNatG, § 54 Abs. 1 Nr. 3 LNatSchG.

65 Vgl. § 40 Abs. 1 Nr. 3 SächsNatSchG, § 7 Abs. 3 Nr. 3 Landschaftsgesetz – LG, § 49 Abs. 2 Nr. 3 ThürNatG, § 14 Abs. 3 S. 1 SNG.

Einige Bundesländer[66] sind bei ihren dem Inkrafttreten des Bundesnatur-schutzgesetzes am 01.03.2010 nachgehenden Gesetzen davon abgerückt, in ihren Entschädigungsregelungen Fallgruppen zu nennen, die aber – von der Rechtsprechung[67] anerkannt – inhaltlich weiter Bestand haben.

cc) Subsidiarität des Ausgleichs

Wo ausnahmsweise die Anwendung des Gesetzes zu einer unzumutbaren   24
Belastung des Eigentums führt, sind **Ausgleichsregelungen** gegenüber Aus-nahme- und Befreiungsregelungen subsidiär. So verlangt die Bestandsgaran-tie des Art. 14 Abs. 1 Satz 1 GG, dass in erster Linie Vorkehrungen getroffen werden, die eine unverhältnismäßige Belastung des Eigentümers real ver-meiden und die Privatnützigkeit des Eigentums so weit wie möglich erhal-ten. Als Instrumente stehen dem Gesetzgeber hierfür Übergangsregelungen, Ausnahme- und Befreiungsvorschriften sowie der Einsatz sonstiger adminis-trativer und technischer Vorkehrungen zur Verfügung.[68] Nur dann, wenn ein solcher Ausgleich im Einzelfall nicht oder nur mit unverhältnismäßigem Auf-wand möglich ist, kann ein finanzieller Ausgleich in Betracht kommen.[69] Kann die Verhältnismäßigkeit der naturschutzrechtlichen Inhalts- und Schrankenbestimmung über die vorbeschriebenen Instrumente (Übergangs-regelungen, Ausnahme- und Befreiungsvorschriften) nicht erreicht werden, greift die Entschädigungspflicht.[70]

Einen Sonderweg geht Schleswig-Holstein. In § 54 LNatSchG SH[71] wird in   25
Abweichung von § 68 („§ 68 Abs. 1 BNatSchG gilt nicht") ein finanzieller Ausgleich nicht davon abhängig gemacht, dass eine festgestellte wesent-liche Beeinträchtigung des Eigentums nur dann zu einer Entschädigung füh-ren kann, wenn ihr nicht durch andere Maßnahmen, insbesondere durch die Gewährung einer Ausnahme oder Befreiung, abgeholfen werden kann.[72]

---

66 §§ 32 f. NatSchG LSA, § 42 NAGBNatSchG, § 36 NatSchAG M-V (abweichend von § 68 Abs. 1, 2 des BNatSchG kann von dem Eigentümer auch die Eintragung einer be-schränkten persönlichen Dienstbarkeit oder Grunddienstbarkeit mit dem Inhalt verlangt werden, dass die Nutzung, für die Entschädigung gezahlt werden soll, auf dem Grund-stück nicht mehr ausgeübt werden kann, vgl. § 36 Abs. 1 S. 2 NatSchAG M-V), § 21 HAGBNatSchG, § 34 BremNatG, § 27 f. BbgNatSchG, Art. 41 BayNatSchG, § 57 LNatSchG – BW, § 54 Abs. 1 Nr. 4 LNatSchG.

67 Vgl. OVG Berlin-Brandenburg, Urt. v. 29.01.2015 – OVG 11 B 20.14, zitiert nach juris, dort Rn. 23ff.

68 BVerfG, Beschl. v. 02.03.1999 – 1 BvL 7/91, zitiert nach juris Rn. 4 (zum rheinland-pfälzischen Denkmalschutzgesetz) = BVerfGE 100, 226 ff.

69 BVerfG, Beschl. v. 02.03.1999 – 1 BvL 7/91, zitiert nach juris, Rn. 94 (zum rheinland-pfälzischen Denkmalschutzgesetz) = BVerfGE 100, 226 ff.

70 BVerwG, Urt. v. 31.01.2001 – 6 CN 2/00, zitiert nach juris, Rn. 17 (zu einer Befreiung im Zusammenhang mit der Festsetzung eines Naturschutzgebietes) = BVerwGE 112, 373 ff.

71 Gesetz zum Schutz der Natur (Landesnaturschutzgesetz – LNatSchG) v. 24.02.2010, ver-kündet als Art. 1 des Gesetzes zum Schutz der Natur (Landes- und Naturschutzgesetz – LNatSchG) v. 24.02.2010 (GVOBl. S. 301).

72 Vgl. Gesetzentwurf, Schleswig-Holsteinischer Landtag, Drs. 17/108 v. 03.12.2009, S. 129.

2. Umfang der Entschädigung (Abs. 2)

a) Grundsätze

26 Die Entschädigung ist nach Abs. 2 in Geld zu leisten. Sie kann in wiederkehrenden Leistungen bestehen. Der Eigentümer kann die Übernahme des Grundstücks verlangen, wenn ihm der weitere Verbleib in seinem Eigentum wirtschaftlich nicht zumutbar ist. Regelt Abs. 2 Satz 1 die Modalitäten der Entschädigung in Fällen des Abs. 1, verweist Satz 2 für nähere Regelungen auf das Landesrecht. Dies betrifft insbesondere die in diesen Fällen häufig im Landesnaturschutzrecht für entsprechend anwendbar erklärten Enteignungsgesetze der Länder.[73] Die **Entschädigung** hat die Aufgabe, das dem Berechtigten Genommene wertmäßig aufzuwiegen[74] und den Eigentumseingriff soweit zu kompensieren, dass er sich gerade wieder als verhältnismäßige Inhaltsbestimmung des Eigentums darstellt[75] Entschädigung ist dabei nicht mit Schadenersatz zu verwechseln, der dem Geschädigten die Vermögensstellung verschaffen will, die er hätte, wenn das schädigende Ereignis nicht eingetreten wäre.[76]

b) Einzelheiten

aa) Entschädigung in Geld

27 § 68 Abs. 2 Satz 1 bestimmt, dass die Entschädigung in Geld zu leisten ist. Damit scheidet aus, die Entschädigung auf Antrag des Eigentümers in geeignetem **Ersatzland** festzusetzen.[77]

bb) Wiederkehrende Leistungen

28 Die Entschädigung kann in wiederkehrenden Leistungen bestehen, Abs. 2 Satz 2. Dies ist nicht neu. Die Möglichkeit, die Entschädigung in wiederkehrenden Leistungen festzusetzen, findet sich in vielen landesrechtlichen Enteignungsgesetzen.[78]

---

73 BT-Drs. 16/12274 v. 17.03.2009, S. 77.

74 BGH, Urt. v. 28.09.1972 – III ZR 44/70, BGHZ 59, 250, 258f.

75 OVG Berlin-Brandenburg, Urt. v. 29.01.2015 – OVG 11 B 20.14, zitiert nach juris, Rn. 26, a.E.

76 BVerwG, Urt. v. 10.07.2012 – 7 A 11/11, zitiert nach juris, Rn. 73 = BVerwGE 143, 249–277 = UPR 2013, 24-31 zu der entsprechenden Regelungssystematik des § 74 Abs. 2 VwVfG, BGH, Urt. v. 28.09.1972 – III ZR 44/70, BGHZ 59, 250, 258.

77 Zur Entschädigung in Land vgl. beispielhaft § 14 Landesenteignungsgesetz Baden-Württemberg (LEntG-BW) 06.04.1982, GBl. 1982, 97, Art. 14 Bayerisches Gesetz über die entschädigungspflichtige Enteignung (BayEG), BayRS III S. 601, § 18 Niedersächsisches Enteignungsgesetz (NEG) in der Fassung v. 06.04.1981, nds. GVBl. 1981, 83, § 14 Thüringer Enteignungsgesetz (ThürEG) v. 23.03.1994, GVBl. 1994, 329, zur Entschädigung durch die Bereitstellung von Ersatzflächen vgl. auch § 40 Abs. 4 S. 1 SächsNatSchG.

78 Beispielhaft: § 13 Abs. 1 S. 2 LEntG-BW, Art. 13 Abs. 4 BayEG, § 17 Abs. 1 S. 2 NEG, § 13 Abs. 4 ThürEG, § 15 Abs. 1 S. 2 des Gesetzes über Enteignung und Entschädigung für das Land Nordrhein-Westfalen (Landesenteignungs- und Entschädigungsgesetz – EEGNW) v. 20.06.1989, GV. NW. S. 366, ber. S. 570

cc) Angemessenheit

In welcher Höhe Entschädigungsansprüche entstehen, hängt von dem Aus- 29
maß der Einschränkung und der Frage ab, wie diese sich auf das Grundstück
wertmindernd auswirken. Angemessen ist jedenfalls eine solche Entschädigung, die unter gerechter Abwägung der Interessen der Allgemeinheit und
der Beteiligten bestimmt wird.[79] Gründe, warum man sich bei der Auslegung
von § 68 Abs. 1 (angemessene Entschädigung) nicht an den allgemeinen
Entschädigungsgrundsätzen orientieren sollte, sind nicht ersichtlich.[80]

§ 68 bestimmt nicht, ob für die ausnahmsweise ausgleichspflichtige Be- 30
schränkung des Eigentums stets voller Ersatz geleistet werden muss; dennoch muss man dies nach den für die Eigentumsentschädigung geltenden
Grundsätzen annehmen und muss die Entschädigung die Beeinträchtigung
wertmäßig aufwiegen.[81]

Wird die tatsächlich ausgeübte Grundstücksnutzung beeinträchtigt, ist bei 31
der Bemessung der Entschädigung von dem Maß auszugehen, in dem die
Nutzungen beeinträchtigt werden, was sich grundsätzlich nach der Minderung des Ertragswertes richtet. Abzustellen ist dabei auf die Grundstücks-
qualität im Zeitpunkt des Eingriffs.

Bei der Beeinträchtigung einer bestehenden wie auch künftig anstehenden 32
Grundstücksnutzung ist ein Eingriff bzw. ein Nutzungsverbot nur dann auszugleichen, wenn die Nutzung oder die Nutzungsmöglichkeit rechtlich zulässig ist. Auf die tatsächliche Nutzung kommt es daher nur an, wenn sich
diese im Rahmen der (behördlich) zugelassenen Nutzung bewegt.[82]

Häufig werden sich die Eingriffsfolgen nicht in einer Beeinträchtigung von 33
Nutzungen erschöpfen, sondern darüber hinaus eine Minderung des gemeinen Werts des Grundstücks verursachen. Für die Bemessung der durch eine
entschädigungspflichtige Handlung entstandenen **Wertminderung** an einem
Grundstück ist darauf abzustellen, welchen Wert der gewöhnliche Grund-
stücksverkehr dem so belasteten Gelände im Vergleich zu demselben
Grundstück ohne Beschränkung beimisst. Allerdings sind derartige Beeinträchtigungen einer exakten Ermittlung häufig nicht zugänglich, sodass der
Entscheidungsträger insoweit auf Schätzungen angewiesen ist, wobei er sich
der Hilfe von Sachverständigen bedienen kann.[83] Den hier auftretenden Abwägungen hat der Gesetzgeber durch § 287 ZPO Rechnung getragen. Diese
Bestimmung, die auch für Entschädigungsverfahren gilt, ermächtigt den Tat-
richter zu einer besonders freien Würdigung und gewährt ihm bei der Ent-
schädigungsbemessung einen großen Spielraum.

---

79 BGH, Urt. v. 28. 09. 1972 – III ZR 44/70, BGHZ 59, 250, 256 = WM 1972, 1385 ff.
80 So für Entschädigung und Ausgleich nach §§ 19, 20 WHG a.F. ausdrücklich *Czychowski/*
   Reinhardt, Wasserhaushaltsgesetz, Rn. 138 zu § 19 WHG a.F. und Rn. 8 zu § 20 WHG a.F.
81 BGH, Urt. v. 28. 09. 1972 – III ZR 44/70, BGHZ 59, 258 f. = WM 1972, 1385 ff.; BGH, Urt.
   v. 17. 10. 1974 – III ZR 53/72, NJW 1975, 157 = WM 1975, 12 ff.
82 BGH, Urt. v. 25. 01. 1973 – III ZR 113/70, BGHZ 60, 126, 131 = WM 1973, 416 ff.
83 *Kreft*, WM 1985, Sonderbeilage Heft 6, S. 3, 19.

Schleswig-Holstein hat den Ausgleich vorsorglich höhenmäßig beschränkt. So bestimmt § 54 Abs. 2 Satz 2 NatSchG Schl.-H., dass der Entschädigungsanspruch – abweichend von § 68 Abs. 1 – entsprechend der bisherigen Rechtslage in Schleswig-Holstein auf den Verkehrswert des Grundstücks sowie auf Fälle ohne anderweitige Kompensationsmöglichkeit beschränkt ist.[84]

34 Über den Substanzverlust hinaus werden auch **sonstige Vermögensnachteile** auszugleichen sein. Der Betroffene erhält nicht nur für den Rechtsverlust eine Entschädigung. Vielmehr wird ihm im Rahmen des Angemessenen auch ein Ausgleich für sonstige auf der Enteignung beruhende Vermögensnachteile, sog. Folgeschäden, gewährt, wenn und soweit diese Nachteile nicht bereits bei der Bemessung der Entschädigung für den Rechtsverlust berücksichtigt sind.[85] Zu den Folgeschäden zählen nur solche Nachteile, zu denen der Betroffene durch die ausgleichspflichtige Maßnahme tatsächlich genötigt wurde, und Beeinträchtigungen von rechtlich geschützten Werten.[86] Voraussetzung ist aber, dass diese Nachteile notwendige Folge der Eigentumsbeeinträchtigung sind, wozu auch Rechtsverfolgungskosten,[87] eine auf den Entschädigungsbetrag entfallende Umsatzsteuer,[88] nicht aber die Vereitelung von tatsächlichen Chancen und bloßen Erwartungen[89] gehören können. Zum Umfang einer angemessenen Entschädigung gehört es auch, die Entschädigungsbeträge zu verzinsen.[90]

dd) Vorteilsanrechnung und Mitverschulden

35 Der in seinem Eigentum Beeinträchtigte muss sich die Vorteile[91] und – dies ergibt sich aus allgemeinen Schadengrundsätzen – ein mitwirkendes Verschulden anrechnen lassen.[92] Das Gebot der Vorteilsausgleichung beruht auf dem Grundsatz von **Treu und Glauben** im Rechtsverkehr (§ 242 BGB). Dieser lässt es nicht zu, dass ein von einem schädigenden Ereignis Betroffener bei Nichtanrechnung der ihm aus diesem Ereignis auch erwachsenden Vorteile zu Lasten des Ersatz Verpflichteten besser gestellt wird, als er ohne das schädigende Ereignis stehen würde.[93]

36 Die Bestimmung des § 254 BGB, wonach bei Schadensersatz eine schuldhafte **Mitverursachung** des Schadens durch den Geschädigten ersatzmindernd zu berücksichtigen ist, wird seit Langem in der Rechtsprechung des

---

84 Schleswig-Holsteinischer Landtag, Drs. 17/108 v. 03.12.2009, S. 129.
85 *Boujong*, ZfW 1983, 1, 9.
86 *Boujong*, ZfW 1983, 1, 9.
87 BGH, Urt. v. 27.09.1973 – III ZR 131/71, BGHZ 61, 240, 248 = WM 1973, 1299 ff.; Landgericht Aachen, Urt. v. 14.03.1990 – 4 O 559/89, NuR 1991, 138 (139).
88 BGH, Urt. v. 13.11.1975 – III ZR 162/72, BGHZ 65, 253, 259 f. = WM 1976, 26 ff.
89 BGH, Urt. v. 07.01.1982 – III ZR 114/80, BGHZ 83, 1, 3 = NJW 1982, 2182 ff.
90 BGH, Urt. v. 02.12.1971 – III ZR 161/69, NJW 1972, 447.
91 BayObLG, Urt. v. 05.12.1989 – Rreg 2 Z 189/89, BayOblGZ 1989, 452 ff. = NuR 1990, 238 ff.
92 BGH, Urt. v. 26.01.1984 – III ZR 216/82, zitiert nach juris, Rn. 40/41 = BGHZ 90, 17 ff. = NuR 1984, 200 ff.
93 BGH, Urt. v. 22.05.1984 – III ZR 18/83, BGHZ 91, 243, 260 = NJW 1984, 740 ff.

Bundesgerichtshofs auch im Bereich des Entschädigungsrechts zur Anwendung gebracht. So hat der von einem Eingriff Betroffene nicht die freie Wahl, ob er den Eingriff mit den dafür vorgesehenen Rechtsmitteln abwehren oder ihn hinnehmen und stattdessen eine Entschädigung verlangen will. Ein mitwirkendes Verschulden im Sinne des § 254 BGB ist nicht nur ihm Rahmen der Eingriffsfolgen,[94] sondern auch bei der Verwirklichung des Schädigungstatbestandes selbst zu berücksichtigen.[95] Ergibt sich aus dem Rechtsgedanken des § 254 BGB mithin die Verpflichtung des Geschädigten, zur Schadensabwendung rechtliche Maßnahmen zu ergreifen, ist ihm generell die aus dem Gedanken des § 254 BGB abzuleitende Pflicht aufzuerlegen, nach Bekanntgabe des ihn belastenden Verwaltungsaktes zu prüfen, ob der darin enthaltene Eingriff in sein Eigentum rechtmäßig ist oder nicht.[96] Ergeben sich bei dieser Prüfung für ihnen begründete Zweifel an der Rechtmäßigkeit des Eingriffs oder hätte die Prüfung zu diesem Ergebnis geführt, so ist er im Regelfall gehalten, die zulässigen verwaltungsrechtlichen Rechtsbehelfe zu ergreifen, um den drohenden Schaden abzuwenden. Unterlässt er eine zumutbare Anfechtung und kann ihm dies im Sinne eines **„Verschuldens in eigener Angelegenheit"**[97] vorgeworfen werden, so steht ihm im Regelfall ein Entschädigungsanspruch für solche Nachteile nicht zu, die er durch die Anfechtung hätte vermeiden können. Denn im Hinblick auf die umfassende Ausgestaltung des verwaltungsgerichtlichen Rechtsschutzes, der in erster Linie dazu bestimmt ist, den Bürger gegen rechtswidrige Eingriffe des Staates zu schützen, wiegt in diesem Falle der in den Verantwortungsbereich des Betroffenen fallende Beitrag zur Entstehung der Nachteile regelmäßig so schwer, dass es gerechtfertigt ist, ihn bei entsprechender Anwendung des § 254 BGB diesen Teil des Schadens selbst tragen zu lassen.

ee) Übernahme des Grundstücks

Wenn dem Eigentümer der weitere Verbleib des Grundstücks in seinem Eigentum wirtschaftlich nicht zuzumuten ist, kann er anstelle einer Geldentschädigung die Übernahme des Grundstücks verlangen, Abs. 2 Satz 3. Mit § 68 Abs. 2 S. 3 wurde ein solcher Anspruch erstmals bundeseinheitlich geregelt. Es handelt sich um einen gebundenen Anspruch.[98] Schleswig-Holstein hat in seinem Landesnaturschutzgesetz vom 24.02.2010[99] eine Ergänzung normiert. § 54 Abs. 4 Satz 1 LNatSchG SH gibt dem Eigentümer das Recht, die Entziehung des Eigentums zu verlangen, wenn im Falle der Übernahme eines Grundstücks nach § 68 Abs. 2 Satz 3 eine Einigung nicht zu

37

---

94 BGH, Urt. v. 29.03.1971 – III ZR 98/69, BGHZ 56, 57, 64 ff. = NJW 1971, 1695; WM 1971, 1003 ff.

95 *Kreft*, in: BGB-RGRK, 12. Aufl. 1980, vor § 389, Rn. 36 m.w.N.; *Ossenbühl*, Staatshaftungsrecht, 5. Aufl. 1998, S. 162.

96 BGH, Urt. v. 26.01.1984 – III ZR 216/82, zitiert nach juris, Rn. 41 = BGHZ 90, 17 ff. = NuR 1984, 200 ff.

97 BGH, Urt. v. 03.07.1951 – I ZR 44/50, zitiert nach juris, Rn. 3 = BGHZ 3, 46 ff.

98 *Falter/Rietzler*, DÖV 2012, 308 (310).

99 Verkündet als Art. 1 des Gesetzes zum Schutz der Natur (Landesnaturschutzgesetz – LNatSchG SH) v. 24.02.2010 (GVOBl. S. 301).

Stande kommt. Diesen Antrag hat der Eigentümer bei der Enteignungsbehörde des Landes zu stellen (§ 54 Abs. 4 Satz 2 LNatSchG Schl.-H.). § 54 Abs. 5 LNatSchG Schl.-H. erweitert die Entschädigungspflicht für die Durchführung von Maßnahmen des Naturschutzes aufgrund von Regelungen in Rechtsakten der Europäischen Gemeinschaft auf der Grundlage der Öffnungsklausel in § 68 Abs. 2 um den Ausgleich von Nutzungserschwernissen.[100] Das Berliner Naturschutzgesetz regelt in seinem § 54 Abs. 4 eine § 54 Abs. 4 S. 1 NatSchG Schleswig-Holstein vergleichbare Regelung. Der Anspruch setzt Beeinträchtigungen des Eigentums voraus, die in ihrer Intensität über das im Wege der Sozialbindung Hinnehmbare hinausgehen.[101]

ff) Entschädigungspflichtiger

38 **Entschädigungspflichtig** ist regelmäßig derjenige, in dessen Interesse der Eingriff vorgenommen worden ist, also der Begünstigte. Eine bestimmte Stelle der öffentlichen Hand ist begünstigt, wenn ihre Aufgaben durch den Eingriff gefördert werden sollen.[102] Da Natur- und Landschaftsschutz staatliche Aufgaben sind, kommen Maßnahmen, die ihnen dienen, der ganzen staatlichen Gemeinschaft und nicht nur einzelnen Gemeinden oder Landkreisen zu Gute. Daher richtet sich ein Anspruch auf Entschädigung, der durch eine Maßnahme des Natur- oder Landschaftsschutzes begründet wird, grundsätzlich das Land.[103]

Zum Teil wird offener formuliert und zur Leistung der Entschädigung der Träger der öffentlichen Verwaltung verpflichtet, dessen Behörde die Rechtsvorschrift erlassen oder eine das Eigentum beeinträchtigende, unverhältnismäßige (und daher ausgleichspflichtige) Maßnahmen getroffen hat.[104]

In den Naturschutzgesetzen finden sich auch Regelungen, wonach die Gemeinden und Landkreise zum Entschädigungsaufwand des Landes beitragen sollen. Dies aber nur, wenn und soweit die entschädigungspflichtige Maßnahme überwiegend einem örtlichen Interesse der Gebietskörperschaft an Naturschutz und Landschaftspflege bzw. an der Erholung in Natur und Landschaft Rechnung trägt.[105]

---

100 Schleswig-Holsteinischer Landtag, Drs. 17/108 v. 03.12.2009, S. 122.

101 Vgl. Falter/Rietzler, DÖV 2012, 308 (310/311) nennen als Beispiele die Fälle, bei denen nicht mehr genügend Raum für einen privatnützigen Gebrauch des Eigentums oder seine Verfügung verbleibt, bei Eingriffen in verwirklichte Nutzung ebenso wie beim Ausschluss von sich anbietenden/aufdrängenden Nutzungsmöglichkeiten.

102 BGH, Urt. v. 26.01.1984 – III ZR 216/82, zitiert nach juris, Rn. 11 = BGHZ 90, 17 ff. = NuR 184, 200 ff.

103 BGH, Urt. v. 17.02.1977 – III ZR 115/74, WM 1977, 561 (562); § 50 Abs. 1 S. 1 ThürNatG, § 32 Abs. 1 S. 1 NatSchG LSA, § 40 Abs. 2 S. 1 SächsNatSchG, § 42, Abs. 1 S. 1 NAGBNatSchG, § 20 Abs. 1 S. 1 HmbBNatSchAG.

104 § 54 Abs. 3 S. 1 LNatSchG, § 36 Abs. 1 S. 1 NatSchAG M-V, siehe auch § 28 Abs. 1 BbgNatSchAG.

105 § 32 Abs. 1 S. 2 NatSchG LSA, § 42 Abs. 1 S. 2 NAGBNatSchG, § 40 Abs. 2 S. 2 SächsNatSchG.

3. Entschädigungsverfahren

Das Bundesnaturschutzgesetz enthält keine Bestimmungen über den Ablauf   *39*
des **Verfahrens**, sondern verweist hier auf die Verfahrensregelungen der jeweiligen Länder, die sich häufig in den dortigen Enteignungsgesetzen[106] (auf
die viele Länder in ihren Naturschutzgesetzen verweisen) wiederfinden.[107]

Einen anderen Weg gehen § 54 Abs. 3 NatSchGBln und § 14 Abs. 3 Satz 3
SNG, die auf §§ 93 ff. BauGB verweisen.

4. Rechtsweg

Soweit die Voraussetzungen einer ausgleichspflichtigen Inhalts- und Schran-   *40*
kenbestimmung vom Gesetzgeber gegeben sind, besteht ein gesetzlich geregelter Anspruch auf Ausgleich der unzumutbaren Belastung, für den gemäß
§ 40 Abs. 2 Satz 1, 2. Halbs. VwGO[108] nicht der ordentliche **Rechtsweg** gegeben ist. Dadurch, dass § 40 Abs. 2 Satz 1, 2. Halbs. VwGO die Streitigkeiten
nunmehr der Verwaltungsgerichtsbarkeit zuweist, hat der Gesetzgeber die
zwischen dem Bundesgerichtshof und dem Bundesverwaltungsgericht lange
Zeit umstrittene Frage, welcher Rechtsweg für Ausgleichsansprüche bei
(sonst unverhältnismäßigen) Inhalts- und Schrankenbestimmungen des Eigentums nach Art. 14 Abs. 1 Satz 2 GG eröffnet ist, entschieden.[109]

III. Enteignung von Grundstücken (Abs. 3)

Die **Enteignung** von Grundstücken als ultima ratio ist zum Wohl der Allge-   *41*
meinheit aus Gründen des Naturschutzes und der Landschaftspflege möglich
und richtet sich nach Landesrecht.[110] Abgesehen von Baden-Württemberg,
Berlin, Sachsen-Anhalt, Schleswig-Holstein und dem Saarland findet sich die
Ermächtigungsgrundlage für die Enteignung von Grundstücken unmittelbar
in den Naturschutzgesetzen der Länder.[111]

---

106 Beispielhaft: Landesenteignungs- und -entschädigungsgesetz – EEGNW, zuletzt geän-
    dert durch Art. 13 des Gesetzes v. 08. 12. 2009 (GV NRW S. 765, 793); Bayerisches Gesetz
    über die entschädigungspflichtige Enteignung (BayEG) zuletzt geändert durch § 11 des
    Gesetzes v. 24. 12. 2002 (BayRS III, 962); Landesenteignungsgesetz Baden-Württemberg
    (LEntG), zuletzt geändert durch Art. 3 des Gesetzes v. 14. 12. 2004 (GBl. S. 884).
107 Vgl. § 7 Abs. 1 S. 2 Landschaftsgesetz – LG, § 49 Abs. 3 S. 2 LNatSchG – RP, § 50 Abs. 4
    ThürNatG, § 57 Abs. 2 S. 2 LNatSchG – BW, § 54 Abs. 4 LNatSchG, § 32 Abs. 2
    NatSchG LSA, § 41 Abs. 2 S. 2 SächsNatSchG, § 42 Abs. 3 S. 3 NAGBNatSchG, § 36
    Abs. 3 S. 2 NatSchAG M-V, § 21 S. 3 HAGBNatSchG, § 20 Abs. 1 S. 3 HmbBNatSchAG,
    § 34 Abs. 2 BremNatG, Art. 41 Abs. 1 S. 3 BayNatSchG.
108 Eingeführt durch RMBerG v. 20. 12. 2001, BGBl. I S. 3987 ff.
109 Zur Übersicht vgl. *Ehlers*, in: Schoch/Schmidt-Aßmann/Pietzner, VwGO (Stand: Juli
    2009), Rn. 524–526 zu § 40, dort m.w.N. in Fn. 1660–1664; vgl. auch *Stüer/Thorand*,
    NJW 2000, 3737 (3741).
110 BT-Drs. 12274 v. 17. 03. 2009, S. 77.
111 § 7 Abs. 1 S. 1 Landschaftsgesetz – LG, § 49 Abs. 3 S. 1 LNatSchG – RP, § 48 Abs. 1
    ThürNatG, § 41 Abs. 1 SächsNatSchG, § 42 Abs. 3 NAGBNatSchG, § 36 Abs. 2
    NatSchAG M-V, § 21 HAGBNatSchG, § 19 Abs. 1 HmbBNatSchAG, § 34 Abs. 1 Brem-
    NatG, § 27 Abs. 1 BbgNatSchAG, Art. 40 BayNatSchG.

Danach ist – zusammengefasst – die Enteignung von Grundstücken zulässig, wenn die Grundstücke nicht in nur einstweilig sichergestellten Naturschutzgebieten, Nationalparken oder Biosphärenreservaten liegen oder auf denen sich Naturdenkmale befinden, die Grundstücke zur Durchführung von Maßnahmen des Naturschutzes und der Landschaftspflege benötigt werden bzw. die Grundstücke an oberirdische Gewässer angrenzen und im Schutzstreifen liegen.[112] Hinzukommen muss, dass die Enteignung aus Gründen des Naturschutzes und der Landschaftspflege gerechtfertigt ist. Die vorstehend wiedergegebenen Vorschriften enthalten auch Regelungen darüber, dass die Ziele des Gesetzes nicht auf andere Weise, etwa durch einen freihändigen Erwerb zu angemessenen Bedingungen[113] erreicht werden können. Die Enteignung kann nicht nur zu Gunsten des jeweiligen Bundeslandes,[114] sondern auch zu Gunsten einer anderen der Aufsicht des Landes unterstehenden Körperschaft, Anstalt oder Stiftung des öffentlichen Rechts, der Landkreise und kreisfreien Städte erfolgen.[115]

IV. Angemessener Ausgleich (Abs. 4)

42 Die Regelung greift den rahmenrechtlichen Auftrag des § 5 Abs. 2 BNatSchG[116] auf.

1. Grundsätze

43 Ausgehend davon, dass Beschränkungen der Grundstücksnutzung aus Gründen des Natur- und Landschaftsschutzes grundsätzlich entschädigungslos zu duldende Inhalts- und Schrankenbestimmungen des Eigentums sind, kommt es dennoch vor, das Beschränkungen für den Grundstückseigentümer wirtschaftlich zu einer **wesentlichen Erschwernis**, insbesondere der land-, forst- und fischereiwirtschaftlichen Grundstücksnutzung führen. Für den Fall einer solchen wesentlichen Erschwerung sieht § 68 Abs. 4 für die Länder die Möglichkeit vor, einen angemessenen Ausgleich nach Maßgabe des Haushaltsrechts zu zahlen. Eine dem jetzigen § 68 Abs. 4 vergleichbare Regelung enthielt der durch das 3. Gesetz zur Änderung des BNatSchG[117] eingeführte § 3b BNatSchG a.F. Diese Vorschrift, die ihr Vorbildung in § 19 Abs. 4 WHG hatte,[118] betraf Beschränkungen der bis dahin ausgeübten land-, forst- und fischereiwirtschaftlichen Bodennutzung und der dadurch verursachten wirtschaftlichen Nachteile, die die Schwelle des eigentumsrechtlich noch Zumutbaren noch nicht überschreiten.[119] § 3b BNatSchG gab allerdings – im

---

112 Vgl. § 41 Abs. 1 SächsNatSchG.

113 § 41 Abs. 1 SächsNatSchG.

114 § 19 HmbBNatSchAG sieht eine Enteignung nur zu Gunsten des Bundeslandes vor.

115 Vgl. beispielhaft § 41 Abs. 2 S. 1 SächsNatSchG, § 7 Abs. 2 Landschaftsgesetz – LG, § 48 Abs. 2 ThürNatG, § 42 Abs. 3 S. 2 NAGBNatSchG, § 28 Abs. 2 BbgNatSchAG, Art. 40 BayNatSchG

116 BT-Drs. 16/12274 v. 17.03.2009, S. 77.

117 V. 26.08.1998, BGBl. I, S. 2481.

118 BT-Drs. 13/10186 v. 24.03.1998, S. 7.

119 BT-Drs. 13/10186 v. 24.03.1998, S. 7.

Unterschied zu den in einigen Ländern bereits bestehenden Regelungen über einen Härte- oder Erschwernisausgleich[120] – einen Rechtsanspruch auf angemessenen Ausgleich. Soweit ist § 68 Abs. 4 nicht gegangen; Ähnlichkeiten zu § 19 Abs. 4 WHG a.F.[121] bleiben aber sichtbar, sodass bei der Anwendung des § 68 Abs. 4 Rechtsprechung und Literatur zu § 19 Abs. 4 WHG a.F. in den Blick genommen werden kann.

2. Einzelheiten

a) Geschützte Nutzung

Das Bundesnaturschutzgesetz bestimmt in § 68 Abs. 4 nicht ausdrücklich,   *44* was es unter der durch diese Vorschrift **geschützten Grundstücksnutzung** versteht. Man wird aber sagen können, dass es nur eine solche sein kann, die sich im Rahmen des nach dem Bundesnaturschutzgesetz Zulässigen hält und mit den in § 5 Abs. 2 normierten Grundsätzen der guten fachlichen Praxis in Einklang gebracht werden kann. Zu den Gründen, die den Gesetzgeber bewogen haben, die Nutzungen nicht näher zu definieren und sie auch nicht – wie etwa § 54 Abs. 5 WHG[122] – auf die ordnungsgemäße Nutzung zu beschränken, ist den Gesetzesmotiven[123] nicht zu entnehmen. Angesichts der unterschiedlichen Auslegungen, die der Begriff „ordnungsgemäß" im Wasserhaushaltsgesetz gefunden hat,[124] war es möglicherweise gesetzgeberische Weitsicht, dass § 68 Abs. 4 nicht ausdrücklich von einer ordnungsgemäßen Nutzung spricht. In Anlehnung an § 14 Abs. 2 dürfte in jedem Fall die land-, forst- und fischereiwirtschaftliche Nutzung, die den in § 5 Abs. 2– 4, § 17 Abs. 2 Bundes-Bodenschutzgesetz[125] und dem Recht der Land-, Forst- und Fischereiwirtschaft ergebenden Anforderungen an die gute fachliche Praxis entspricht, geschützt im Sinne des § 68 Abs. 4 sein.

b) Wesentliche Erschwernis

Beschränkungen der land-, forst- und fischereiwirtschaftlichen Nutzung sind   *45* inhaltlich, zeitlich und räumlich möglich. Über § 68 Abs. 4 unterfallen aber nur solche Beeinträchtigungen dem **Härteausgleich**, die zu einer wesentlichen Nutzungserschwernis führen. Dies passt zu dem Gedanken, dass es sich bei § 68 Abs. 4 um eine Härte- bzw. Billigkeitsregelung handelt und darauf gegründeter Ausgleich nicht nur eine gewisse Härte voraussetzt, die bei einer nur unwesentlichen Beschränkung/Erschwernis fehlt. Die Beschrän-

---

120 BT-Drs. 13/10186 v. 24. 03. 1998, S. 7.
121 Jetzt § 54 Abs. 5 WHG.
122 Gesetz zur Ordnung des Wasserhaushalts (Wasserhaushaltsgesetz – WHG) v. 31. 07. 2009, verkündet als Art. 1 des Gesetzes zur Neuregelung des Wasserrechts v. 31. 07. 2009 (BGBl. I, S. 2585), wie schon die Vorgängerregelung § 19 Abs. 4 WHG i.d.F. v. 19. 08. 2002, zuletzt geändert durch Art. 8 des Gesetzes v. 22. 12. 2008 (BGBl. I, S. 2986).
123 BT-Drs. 16/12274 v. 17. 03. 2009, S. 77.
124 *Czychowski/Reinhardt*, Wasserhaushaltsgesetz, Rn. 128 zu § 19 (dort weiterführend auch Rn. 129, 130 jeweils m.w.N.).
125 Gesetz- zum Schutz vor schädlichen Bodenveränderungen und zur Sanierung von Altlasten (Bundes-Bodenschutzgesetz BBodSchG) v. 17. 03. 1998 (BGBl. I, S. 502).

kung auf nur wesentliche Beeinträchtigungen findet sich auch in § 3b BNat-
SchG a.F., der einen Ausgleich für Nutzungsbeschränkungen nur dann vorsah, wenn die ausgeübte Bodennutzung über die Anforderungen der guten
fachlichen Praxis hinaus beschränkt wurde.[126] Eine andere Betrachtung
würde auch außer Acht lassen, dass auf das Bundesnaturschutzgesetz zurückgehende Beschränkungen grundsätzlich zu dulden sind und ein Ausgleich nur die Ausnahme darstellt.

46   Eine wesentliche Erschwernis der Nutzung reicht für einen **Ausgleichsanspruch** nicht. So stellt § 68 Abs. 4 klar („… ohne dass eine Entschädigung
nach den Abs. 1–3 zu leisten ist …"), dass ein angemessener Ausgleich dann
nicht in Betracht kommt, wenn eine entschädigungspflichtige Inhalts- und
Schrankenbestimmung gegeben ist. Eine bestehende **Entschädigungspflicht**
gemäß § 68 Abs. 1–3 schließt demzufolge einen nach Abs. 4 zu gewähren-
den Ausgleich aus. Aber auch dann, wenn eine wesentliche Nutzungsbeschränkung vorliegt und hierin keine ausgleichspflichtige Inhalts- und
Schrankenbestimmung gesehen werden kann, setzt der Ausgleichsanspruch
die Beeinträchtigung eines Eigentümers bzw. Nutzungsberechtigten voraus.
Für die Bestimmung des Eigentums ist der zivilrechtliche Eigentumsbegriff
maßgeblich. **Nutzungsberechtigung** wird weit ausgelegt und umfasst neben
den Niesbrauchberechtigten als dinglich Nutzungsberechtigten auch die
schuldrechtlich Berechtigten wie Mieter, Pächter und auch Jagdausübungs-
berechtigte.[127] Ein Ausgleichsanspruch des Eigentümers bzw. des Nutzungsberechtigten setzt weiter voraus, dass die Länder eine solche Ausgleichsregelung vorgesehen haben und gewährt den Ausgleich auch dann nicht
unbegrenzt, sondern nur „nach Maßgabe des jeweiligen Haushaltsgesetzes".

c) Regelungen der Länder

47   Von den drei Bundesländern, die vor dem 01.03.2010 ihre Naturschutzgesetze geändert und Abweichungen zu § 68 beschlossen haben,[128] hatte sich
Niedersachsen dazu entschieden, den Anwendungsbereich des § 68 Abs. 4
an die landesrechtliche Erschwernisausgleichsverordnung[129] anzupassen
und so zu verhindern, dass sie ab dem 01.03.2010 dem Bundesrecht widerspricht.[130] Neben Niedersachsen hatte nur Schleswig-Holstein von der Möglichkeit Gebrauch gemacht, zu § 68 Abs. 4 abweichende Regelungen zu treffen. In Entsprechung der bisherigen Regelung des § 49 LNatSchG SH a.F.

---

126 BT-Drs. 13/10186 v. 24.03.1998, S. 7.

127 *Meßerschmidt*, Bundesnaturschutzrecht (Stand: Dezember 2008), Rn. 2 zu § 9 WHG;
Lorz/Müller/Stöckel, Naturschutzrecht, 2. Aufl. 2003, Rn. 2 zu § 9 WHG.

128 Schleswig-Holstein (Landesnaturschutzgesetz – LNatSchG SH v. 24.02.2010, Schl.-H.
GVBl., S. 301), Niedersachsen (Niedersächsisches Ausführungsgesetz zum Bundesnaturschutzgesetz – NAGBNatSchG v. 19.02.2010, Nds. GVBl., S. 104) und Mecklenburg-Vorpommern (Gesetz zur Ausführung des Bundesnaturschutzgesetzes Naturschutzausführungsgesetz – NatSchAG M-V v. 23.02.2010, GVBl. M-V 2010, S. 66).

129 Nds. GVBl., S. 344, zuletzt geändert durch Art. 1 der VO v. 09.11.2005 (Nds. GVBl.,
S. 339).

130 Niedersächsischer Landtag, Gesetzentwurf zum Niedersächsischen Ausführungsgesetz
zum Bundesnaturschutzgesetz v. 23.11.2009, Landtags-Drs. 16/1902 v. 23.11.2009, S. 57.

regelt § 55 LNatSchG Schl.-H. die Möglichkeit eines Härteausgleichs für den Fall, dass Maßnahmen des Naturschutzes oder der Landschaftspflege Berechtigten einen wirtschaftlichen Nachteil zufügen, der für sie in ihren persönlichen Lebensumständen, insbesondere im wirtschaftlichen und sozialen Bereich, eine besondere Härte bedeutet, ohne ausgleichspflichtige Inhaltsbestimmung zu sein.[131]

Die von den übrigen Landesgesetzen verwendeten Begrifflichkeiten (soweit die Landessätze überhaupt § 68 Abs. 4 betreffende Regelungen getroffen haben[132]) sind nicht einheitlich.   *48*

Einige Länder[133] verwenden den Begriff Härteausgleich, andere[134] sprechen von Erschwernisausgleich.   *49*

Thüringen[135] gewährt sowohl einen Härteausgleich als auch einen Erschwernisausgleich, wobei der Härteausgleich inhaltlich zu dem von § 68 Abs. 4 gemeinten angemessenen Ausgleich passt und der Erschwernisausgleich nur eng abgegrenzte Ausnahmefälle betrifft.   *50*

Nach Inkrafttreten des Bundesnaturschutzgesetzes ergangene landesrechtliche Regelungen[136] sprechen von angemessenem (Geld)Ausgleich[137], beschränkt durch zur Verfügung stehende Haushaltsmittel[138]. Das Nähere, insbesondere die Grundsätze des Ausgleichs, die zuständige Behörde und das Verfahren soll in entsprechender Rechtsverordnungen geregelt werden[139].   *51*

Abweichend von § 68 Abs. 4 regelt **Sachsen**[140], dass der Ausgleich auch in wiederkehrenden Leistungen oder in der Bereitstellung von Ersatzflächen bestehen kann.   *52*

d) Angemessener Ausgleich

Während § 5 Abs. 2 BNatSchG a.F. einen Billigkeitsanspruch[141] (i.V. m. landesrechtlichen Regelungen) vorsah, sagte er nichts zum Umfang des Ausgleichs. § 5 Abs. 2 BNatSchG a.F. sprach lediglich von „Ausgleich", sodass – wenn sich ein Landesgesetzgeber für einen Ausgleich entschieden hatte – auch weniger als ein angemessener Ausgleich vorgesehen werden konnte.[142]   *53*

---

131 Schleswig-Holsteinischer Landtag Drs. 17/108 v. 03. 12. 2009, S. 129.

132 Keine besonderen Regelungen in **Bayern, Bremen, Hamburg, Hessen** und **Nordrhein-Westfalen**.

133 § 36 Abs. 4 NatSchAG M-V, § 55 LNatSchG, § 55 NatSchG Bln.

134 § 42 Abs. 4 NAGBNatSchG.

135 § 51 Abs. 2 ThürNatG.

136 Zur Rechtslage davor nur § 58 Abs. 1 S. 1 LNatSchG – BW.

137 § 33 Abs. 1 NatSchG LSA, § 28 Abs. 2 BbgNatSchAG, § 40 Abs. 5 SächsNatSchG, Art. 42 Abs. 2 BayNatSchG.

138 § 40 Abs. 5 SächsNatSchG, § 33 Abs. 1 NatSchG LSA, § 28 Abs. 2 BbgNatSchAG.

139 § 28 Abs. 2 BbgNatSchAG, § 40 Abs. 5 S. 4 SächsNatSchG, § 33 Abs. 2 NatSchG, LSA, § 58 Abs. 4 LNatSchG – BW, Art. 42 Abs. 2 S. 3 BayNatSchG.

140 § 40 Abs. 5 S. 3 SächsNatSchG.

141 Zum Begriff: *Marzik/Wilrich*, Bundesnaturschutzgesetz, Rn. 17 zu § 5 a.F.

142 *Marzik/Wilrich*, Bundesnaturschutzgesetz, Rn. 21 zu § 5 a.F.

§ 68 Abs. 4 regelt nun, dass ein angemessener Ausgleich zu leisten ist.[143] Angemessen ist ein Ausgleich, der die Interessen der Betroffenen und der Allgemeinheit gerecht gegeneinander abgewogen hat.[144] Die Auslegung hat sich nach den Grundsätzen zu bestimmen, die für die Bemessung der Enteignungsentschädigung gelten.[145] Insoweit kann auf die vorstehenden Ausführungen zum Umfang der Entschädigung verwiesen werden (vgl. oben Rn. 27–41).

e) Ausgleich in Geld

54 Der Ausgleich ist in Geld zu leisten.[146] Er bezieht sich auf die Vermögenseinbußen, die dem Betroffenen durch die erhöhten Anforderungen insbesondere bei der land-, forst- und fischereiwirtschaftlichen Nutzung der Grundstücke entstehen. Der Eigentümer oder Nutzungsberechtigte, der Ausgleichsansprüche nach § 68 Abs. 4 i.V.m. der konkreten Regelung seines Bundeslandes geltend macht, trägt nach allgemeinen Grundsätzen die Darlegungs- und Beweislast dafür, dass die Anspruchsvoraussetzungen gegeben sind.

f) Rechtsnatur des Anspruchs

55 In Anlehnung an § 19 Abs. 4 WHG a.F. lässt sich der in § 68 Abs. 4 i.V.m. landesrechtlichen Vorschriften geregelte Antrag auf angemessenen Ausgleich als einfachgesetzlicher Anspruch auf einen Billigkeitsausgleich verstehen.[147]

g) Rechtsweg

56 Steht fest, dass in einem bestimmten Fall bzw. in bestimmten Fallkonstellationen ein – unterhalb der Schwelle einer ausgleichspflichtigen Inhaltsbestimmung liegender – angemessener Ausgleich in Betracht kommen kann, so stellt sich die weitere Frage nach der Bestimmung des für die Geltendmachung zu beschreitenden Rechtswegs. Für Ansprüche auf Enteignungsentschädigung ist diese Frage in Art. 14 Abs. 3 Satz 4 GG zu Gunsten der ordentlichen Gerichtsbarkeit normiert. Gleiches gilt für vermögensrechtliche Ansprüche aus Aufopferung (§ 40 Abs. 2 Satz 1 1. Variante VwGO). Eindeutig geregelt wurde mit Inkrafttreten des Gesetzes zur Bereinigung des

---

143 So auch § 19 Abs. 4, § 20 Abs. 1 Satz 1 WHG a.F.

144 BGH, Urt. v. 28.09.1972 – III ZR 44/70, BGHZ 59, 250, 256 = WM 1972, 1385 ff., vgl. auch BGH, Urt. v. 19.01.1989 – III ZR 6/87, zitiert nach juris.

145 *Czychowski/Reinhardt*, Wasserhaushaltsgesetz, Rn. 137 zu § 19 a.F. und Rn. 8 zu § 20 a.F.

146 Ausdrücklich abweichend § 40 Abs. 5 S. 3 SächsNatSchG (Ausgleich auch neben wiederkehrenden Leistungen), durch die Bereitstellung von Ersatzflächen; zur besonderen Regelung bei durch Wolf, Bär oder Lux hervorgerufenen Sachschäden vgl. § 40 Abs. 6 SächsNatSchG.

147 BGH, Urt. v. 14.05.1998 – III ZR 286/97, zitiert nach juris Rn. 12 = BGH NuR 1998, 619 ff. (zu § 19 Abs. 4 WHG a.F.), *Czychowski/Reinhardt*, Wasserhaushaltsgesetz, Rn. 119, 137 zu § 19 a.F., m.w.N. zu abweichender rechtssystematischer und eigentumsdogmatischer Einordnung des Anspruchs.

Rechtsmittelsrechts im Verwaltungsprozess[148] die Zuständigkeit der Verwaltungsgerichtsbarkeit für Ausgleichsansprüche bei (sonst unverhältnismäßigen) Inhalts- und Schrankenbestimmungen des Eigentums nach Art. 14 Abs. 1 Satz 2 GG. Von den vorgenannten Ansprüchen zu unterscheiden sind die sog. Billigkeitsansprüche,[149] die der Gesetzgeber den jeweiligen Betroffenen zuspricht, ohne dass ein Sonderopfer oder sonstige Voraussetzungen für eine Entschädigung wegen Rechtsverlegung vorliegen müssten. Streitigkeiten über solche Ausgleichsansprüche, die unterhalb der Schwelle einer verfassungsrechtlich gebotenen Entschädigungspflicht liegen, sind nicht den ordentlichen, sondern den Verwaltungsgerichten zugewiesen.[150] Anderenfalls hätte der Gesetzgeber in § 19 Abs. 4 Satz 3 WHG a.F. nicht gesondert regeln müssen, dass die dortigen – mit § 68 Abs. 4 vergleichbaren – Ausgleichsansprüche[151] vor den ordentlichen Gerichten geltend zu machen sind. Eine dem § 19 Abs. 4 Satz 3 WHG a.F. vergleichbare Regelung[152] fehlt im Bundesnaturschutzgesetz. In Ermangelung spezialgesetzlicher Rechtswegsbestimmung bleibt es bei den in § 68 Abs. 4 genannten Ausgleichsansprüchen bei der Generalklausel des § 40 Abs. 1 Satz 1 VwGO.[153]

V. Verjährung

Eine Regelung darüber, wann in ihm bestimmte Ansprüche auf Entschädigung und Ausgleich verjähren, enthält § 68 nicht. Dennoch ist anerkannt, dass das Rechtsinstitut der **Verjährung** auch im öffentlichen Recht jedenfalls auf vermögensrechtliche Ansprüche Anwendung findet.[154] **57**

Nach welchen Regeln sich die Verjährung richtet, ist, wenn wie hier spezielle Vorschriften des einschlägigen Fachrechts fehlen, im Wege der Analogie zu entscheiden und – unter Berücksichtigung des Gesamtzusammenhangs der für den jeweiligen Anspruch maßgebenden Rechtsvorschriften und der Interessenlage – zu beurteilen, welche Verjährungsregelung als die „sachnächste" analog heranzuziehen ist.[155] Es gibt damit keinen Anwendungsvor- **58**

---

148 RmBereinVpG v. 20. 12. 2001, BGBl. I S. 3987 ff.

149 Vgl. zum Begriff *Marzik/Wilrich*, Bundesnaturschutzgesetz, Rn. 17 zu § 5, *Ehlers*, in: Schoch/Schmidt-Aßmann/Pietzner, VwGO, Rn. 571 zu § 40.

150 *Wolff/Bachof/Stober*, Verwaltungsrecht Band 2, Rn. 7 zu § 71 Abs. 2; *Unruh*, in: Fehling/Kastner, 2. Aufl. 2010, Rn. 199 zu § 40 VwGO.

151 *Ehlers*, in: Schoch/Schmidt-Aßmann/Pietzner, VwGO, Rn. 571 zu § 40.

152 Das Gesetz zur Ordnung des Wasserhaushalts (Wasserhaushaltsgesetz – WHG) v. 31. 07. 2009 (BGBl. I, S. 2585) hat die Rechtswegzuweisung an die Zivilgerichte ausdrücklich nicht übernommen.

153 Den Ausnahmecharakter des § 40 Abs. 2 Satz 1 VwGO hebt auch BT-Drs. 14/7474 v. 14. 11. 2001 (zum Gesetz zur Bereinigung des Rechtsmittelrechts im Verwaltungsprozess), S. 14 hervor.

154 BVerwG, Urt. v. 11. 12. 2008 – 3 C 37/07, zit. nach juris, dort Rn. 7 = DVBl 2009, 445–447 = BVerwGE 132, S. 324–330.

155 BVerwG, Urt. v. 24. 01. 2007 – 3 A 2.05, zitiert nach juris, Rn. 45 = DÖV 2007, 517–522 = BVerwGE 128, S. 99–118.

rang der bürgerlich-rechtlichen Normen.[156] Das Verwaltungsgericht Kassel hat sich in seinem Urteil vom 10. 12. 2012[157] – soweit ersichtlich, erstmals – auf die Suche nach analogiefähigen Vorschriften des öffentlichen Rechts begeben und ist dabei auf § 54 BPolG[158] gestoßen. Anders als die bisherigen, vom BVerwG zu beurteilenden Ansprüche[159] ist § 54 BPolG eine für die Analogie erforderliche Sachnähe[160] nicht abzusprechen.[161]

59 Die Entscheidung, die Verjährung sich nach § 68 zu beurteilende Ansprüche in analoger Anwendung der Vorschriften der § 195 BGB oder, ebenfalls analog, des § 54 BPolG zu beurteilen, hat praktische Konsequenzen, was einen Blick auf den Beginn der Verjährung zeigt. Dieser richtet sich nämlich bei analoger Anwendung des § 4 BPolG nicht nach dem Schluss des Jahres, in dem der Anspruch entstanden ist (§ 199 Abs. 1 Nr. 1 BGB), sondern unterjährig nach dem Zeitpunkt der Kenntniserlangung.

---

156 *Grothe*, in: MünchKomm BGB, § 195, Rn. 18; BVerwG, Urt. v. 11. 12. 2008 – 3 C 37.07, zitiert nach juris, dort Rn. 8 m.w.N.

157 Geschäftszeichen: 2 K 911/11.KS – zitiert nach juris, dort Rn. 15ff.

158 Gesetz über die Bundespolizei v. 19. 10. 1994, BGBl. I, S. 2978 („§ 54 BPolG: Der Anspruch auf den Ausgleich verjährt in 3 Jahren von dem Zeitpunkt an, in welchem der Geschädigte, im Falle des § 53 der Anspruchsberechtigte, von dem Schaden und dem zum Ausgleich verpflichteten Kenntnis erlangt, ohne Rücksicht auf diese Kenntnis in 30 Jahren von dem Eintritt des schädigenden Ereignisses an.

159 Vgl. etwa Herausgabeanspruch aus § 8 Abs. 4 S. 2 Vermögenszuordnungsgesetz – VZOG in Analogie zum bereicherungsrechtlichen Anspruch des § 816 Abs. 1 S. 1 BGB, BVerwG, Urt. v. 11. 12. 2008 – 3 C 730.07, zitiert nach juris, Rn. 9/10; BVerwG, Urt. v. 25. 11. 1982 – 2 C 14.81 – BverwGE 66, 251, 252f. Allgemein zu öffentlich-rechtlichen Erstattungsansprüchen.

160 Vgl. BVerwG, Urt. v. 11. 12. 2008 – 3 C 37.07, zitiert nach juris, Rn. 8 m.w.N.

161 Vgl. auch *Grothe*, MünchKomm BGB, § 195, Rn. 17.

KAPITEL 10
Bußgeld- und Strafvorschriften

§ 69
Bußgeldvorschriften*)

(1) Ordnungswidrig handelt, wer wissentlich entgegen § 39 Absatz 1 Nummer 1 ein wild lebendes Tier beunruhigt.

(2) Ordnungswidrig handelt, wer

1. entgegen § 44 Absatz 1 Nummer 1 einem wild lebenden Tier nachstellt, es fängt, verletzt oder tötet oder seine Entwicklungsformen aus der Natur entnimmt, beschädigt oder zerstört,

2. entgegen § 44 Absatz 1 Nummer 2 ein wild lebendes Tier erheblich stört,

3. entgegen § 44 Absatz 1 Nummer 3 eine Fortpflanzungs- oder Ruhestätte aus der Natur entnimmt, beschädigt oder zerstört oder

4. entgegen § 44 Absatz 1 Nummer 4 eine wild lebende Pflanze oder ihre Entwicklungsformen aus der Natur entnimmt oder sie oder ihren Standort beschädigt oder zerstört.

(3) Ordnungswidrig handelt, wer vorsätzlich oder fahrlässig

1. ohne Genehmigung nach § 17 Absatz 3 Satz 1 einen Eingriff in Natur und Landschaft vornimmt,

2. einer vollziehbaren Anordnung nach § 17 Absatz 8 Satz 1 oder Satz 2, § 34 Absatz 6 Satz 4 oder Satz 5, § 42 Absatz 7 oder Absatz 8 Satz 1 oder Satz 2, auch in Verbindung mit § 43 Absatz 3 Satz 4, oder § 43 Absatz 3 Satz 2 oder Satz 3 zuwiderhandelt,

3. entgegen § 22 Absatz 3 Satz 3 eine dort genannte Handlung oder Maßnahme vornimmt,

4. entgegen § 23 Absatz 2 Satz 1 in Verbindung mit einer Rechtsverordnung nach § 57 Absatz 2 eine dort genannte Handlung oder Maßnahme in einem Meeresgebiet vornimmt, das als Naturschutzgebiet geschützt wird,

5. entgegen § 30 Absatz 2 Satz 1 ein dort genanntes Biotop zerstört oder sonst erheblich beeinträchtigt,

---

*) Beachte bei
  § 69 Abs. 3 Nr. 1: **Niedersachsen** – Abweichung durch § 43 Abs. 1 NAGBNatSchG v. 19. 02. 2010 (Nds. GVBl., S. 104) m.W.v. 01. 03. 2010 (vgl. BGBl. I 2010, S. 970)
  § 69 Abs. 3 Nr. 5: **Niedersachsen** – Abweichung durch § 43 Abs. 2 NAGBNatSchG v. 19. 02. 2010 (Nds. GVBl., S. 104) m.W.v. 01. 03. 2010 (vgl. BGBl. I 2010, S. 970)
  § 69 Abs. 3 Nr. 19 u. 26: **Schleswig-Holstein** – Abweichung durch § 57 Abs. 1 LNatSchG SH v. 24. 02. 2010 (GVOBl. Schl.-H., S. 301) m.W.v. 01. 03. 2010 (vgl. BGBl. I 2010, S. 450).

6. entgegen § 33 Absatz 1 Satz 1, auch in Verbindung mit Absatz 2 Satz 1, eine Veränderung oder Störung vornimmt,

7. entgegen § 39 Absatz 1 Nummer 1 ein wild lebendes Tier ohne vernünftigen Grund fängt, verletzt oder tötet,

8. entgegen § 39 Absatz 1 Nummer 2 eine wild lebende Pflanze ohne vernünftigen Grund entnimmt, nutzt oder ihre Bestände niederschlägt oder auf sonstige Weise verwüstet,

9. entgegen § 39 Absatz 1 Nummer 3 eine Lebensstätte wild lebender Tiere oder Pflanzen ohne vernünftigen Grund erheblich beeinträchtigt oder zerstört,

10. entgegen § 39 Absatz 2 Satz 1 ein wild lebendes Tier oder eine wild lebende Pflanze aus der Natur entnimmt,

11. ohne Genehmigung nach § 39 Absatz 4 Satz 1 eine wild lebende Pflanze gewerbsmäßig entnimmt oder be- oder verarbeitet,

12. entgegen § 39 Absatz 5 Satz 1 Nummer 1 die Bodendecke abbrennt oder eine dort genannte Fläche behandelt,

13. entgegen § 39 Absatz 5 Satz 1 Nummer 2 einen Baum eine Hecke, einen lebenden Zaun, ein Gebüsch oder ein anderes Gehölz abschneidet oder auf den Stock setzt,

14. entgegen § 39 Absatz 5 Satz 1 Nummer 3 ein Röhricht zurückschneidet,

15. entgegen § 39 Absatz 5 Satz 1 Nummer 4 einen dort genannten Graben räumt,

16. entgegen § 39 Absatz 6 eine Höhle, einen Stollen, einen Erdkeller oder einen ähnlichen Raum aufsucht,

17. ohne Genehmigung nach § 40 Absatz 4 Satz 1 eine Pflanze einer gebietsfremden Art oder ein Tier ausbringt,

18. ohne Genehmigung nach § 42 Absatz 2 Satz 1 einen Zoo errichtet, erweitert, wesentlich ändert oder betreibt,

19. entgegen § 43 Absatz 3 Satz 1 eine Anzeige nicht, nicht richtig, nicht vollständig oder nicht rechtzeitig erstattet,

20. entgegen § 44 Absatz 2 Satz 1 Nummer 1, auch in Verbindung mit § 44 Absatz 3 Nummer 1 oder Nummer 2, diese in Verbindung mit einer Rechtsverordnung nach § 54 Absatz 4, ein Tier, eine Pflanze oder eine Ware in Besitz oder Gewahrsam nimmt, in Besitz oder Gewahrsam hat oder be- oder verarbeitet,

21. entgegen § 44 Absatz 2 Satz 1 Nummer 2, auch in Verbindung mit § 44 Absatz 3 Nummer 1 oder Nummer 2, diese in Verbindung mit einer Rechtsverordnung nach § 54 Absatz 4, ein Tier, eine Pflanze oder eine Ware verkauft, kauft, zum Verkauf oder Kauf anbietet, zum Verkauf vorrätig hält oder befördert, tauscht oder entgeltlich zum Gebrauch oder zur Nutzung überlässt, zu kommerziellen Zwecken erwirbt, zur Schau stellt oder auf andere Weise verwendet,

22. entgegen § 50 Absatz 1 Satz 1 ein Tier oder eine Pflanze nicht, nicht richtig oder nicht rechtzeitig zur Ein- oder Ausfuhr anmeldet oder nicht oder nicht rechtzeitig vorführt,

23. entgegen § 50 Absatz 2 eine Mitteilung nicht, nicht richtig, nicht vollständig oder nicht rechtzeitig macht,

24. entgegen § 52 Absatz 1 eine Auskunft nicht, nicht richtig, nicht vollständig oder nicht rechtzeitig erteilt,

25. entgegen § 52 Absatz 2 Satz 2 eine beauftragte Person nicht unterstützt oder eine geschäftliche Unterlage nicht, nicht richtig, nicht vollständig oder nicht rechtzeitig vorlegt,

26. entgegen § 61 Absatz 1 Satz 1 oder Satz 2 an einem Gewässer eine bauliche Anlage errichtet oder wesentlich ändert oder

27. einer Rechtsverordnung nach

   a) § 49 Absatz 2,

   b) § 54 Absatz 5,

   c) § 54 Absatz 6 Satz 1, Absatz 7 oder Absatz 8

oder einer vollziehbaren Anordnung auf Grund einer solchen Rechtsverordnung zuwiderhandelt, soweit die Rechtsverordnung für einen bestimmten Tatbestand auf diese Bußgeldvorschrift verweist.

(4) Ordnungswidrig handelt, wer gegen die Verordnung (EG) Nr. 338/97 des Rates vom 9. Dezember 1996 über den Schutz von Exemplaren wildlebender Tier- und Pflanzenarten durch Überwachung des Handels (ABl. L 61 vom 3.3.1997, S. 1, L 100 vom 17. 4. 1997, S. 72, L 298 vom 1. 11. 1997, S. 70, L 113 vom 27. 4. 2006, S. 26), die zuletzt durch die Verordnung (EG) Nr. 318/ 2008 (ABl. L 95 vom 8. 4. 2008, S. 3) geändert worden ist, verstößt, indem er vorsätzlich oder fahrlässig

1. entgegen Artikel 4 Absatz 1 Satz 1 oder Absatz 2 Satz 1 oder Artikel 5 Absatz 1 oder Absatz 4 Satz 1 eine Einfuhrgenehmigung, eine Ausfuhrgenehmigung oder eine Wiederausfuhrbescheinigung nicht, nicht richtig, nicht vollständig oder nicht rechtzeitig vorlegt,

2. entgegen Artikel 4 Absatz 3 Halbsatz 1 oder Absatz 4 eine Einfuhrmeldung nicht, nicht richtig, nicht vollständig oder nicht rechtzeitig vorlegt,

3. entgegen Artikel 8 Absatz 1, auch in Verbindung mit Absatz 5, ein Exemplar einer dort genannten Art kauft, zum Kauf anbietet, zu kommerziellen Zwecken erwirbt, zur Schau stellt oder verwendet oder ein Exemplar verkauft oder zu Verkaufszwecken vorrätig hält, anbietet oder befördert oder

4. einer vollziehbaren Auflage nach Artikel 11 Absatz 3 Satz 1 zuwiderhandelt.

(5) Ordnungswidrig handelt, wer gegen die Verordnung (EWG) Nr. 3254/ 91 des Rates vom 4. November 1991 zum Verbot von Tellereisen in der Gemeinschaft und der Einfuhr von Pelzen und Waren von bestimmten Wildtierarten aus Ländern, die Tellereisen oder den internationalen humanen Fangnormen nicht entsprechende Fangmethoden anwenden (ABl. L 308 vom 9. 11. 1991, S. 1), verstößt, indem er vorsätzlich oder fahrlässig

1. entgegen Artikel 2 ein Tellereisen verwendet oder

2. entgegen Artikel 3 Absatz 1 Satz 1 einen Pelz einer dort genannten Tierart oder eine dort genannte Ware in die Gemeinschaft verbringt.

(6) Die Ordnungswidrigkeit kann in den Fällen der Absätze 1 und 2, des Absatzes 3 Nummer 1 bis 6, 18, 20, 21, 26 und 27 Buchstabe b, des Absatzes 4 Nummer 1 und 3 und des Absatzes 5 mit einer Geldbuße bis zu fünfzigtausend Euro, in den übrigen Fällen mit einer Geldbuße bis zu zehntausend Euro geahndet werden.

(7) Die Länder können gesetzlich bestimmen, dass weitere rechtswidrige und vorwerfbare Handlungen, die gegen Vorschriften dieses Gesetzes oder Rechtsvorschriften verstoßen, die auf Grund dieses Gesetzes erlassen worden sind oder fortgelten, als Ordnungswidrigkeiten geahndet werden können.

Inhaltsübersicht
Rn.

I. Gesetzgebungskompetenz

1 § 69 bildet gemeinsam mit § 71 das Sanktionensystem des BNatSchG (vgl. die Einführung zu Kap. 10). Dieses beruht auf der Kompetenz des Art. 74 Abs. 1 Nr. 1 GG.[1] Die Sanktionen knüpfen an die Ge- und Verbote des BNatSchG und einschlägiger natur- und artenschutzrechtlicher Vorschriften des europäischen Sekundärrechts an und bedrohen Verstöße dagegen als Verwaltungsungehorsam mit Bußgeld in § 69 und als Straftatbestände in § 71. Sie sind erforderlich, weil der Verlust der Artenvielfalt weiterhin ungebremst voranschreitet.[2]

---

1 BR-Drs. 278/09, S. 242.
2 Rat von Sachverständigen für Umweltfragen, Umweltschutz im Zeichen des Klimawandels, Umweltgutachten 2008, Rn. 331 ff.

II. Geschichte der Norm

1. Inkrafttreten, Vorgängernorm

§ 69 ist am 01. 03. 2010 in Kraft getreten und hat an diesem Tag die Vorgän- 2
gernorm des § 65 BNatSchG 2002[3] abgelöst, der seinerseits zuletzt durch die
„Kleine Naturschutznovelle"[4] im Jahr 2007 geändert wurde. § 65 BNatSchG
2002 entsprach seinerseits dem zuvor geltenden § 30 BNatSchG 1998[5] und
war dabei den damals neu gefassten Ge- und Verboten des Gesetzes angepasst worden[6]; sein Abs. 3 war der damals neuen Artenschutzverordnung
(EG) Nr. 338/97 angepasst worden. § 69 hat eine Reihe Ordnungswidrigkeitentatbestände neu eingeführt. Einige davon werden in §§ 71, 71a zu Straftaten qualifiziert.

2. Europarechtlicher Kontext der Norm

Die Vorschrift steht am Ende einer Maßnahmenkette internationaler An- 3
strengungen um den Artenschutz.[7] Als Ausgangspunkt und wohl als das
grundlegendste internationale Abkommen kann die am 03.03.1973 von 21
Staaten unterzeichnete CITES gelten (Convention on international Trade in
Endangered Species of wild Fauna an Flora, deutsche Bezeichnung: Übereinkommen über den internationalen Handel mit gefährdeten Arten frei lebender Tiere und Pflanzen, kurz: **Washingtoner Artenschutzübereinkommen**), dem nach und nach weitere Staaten beigetreten sind.[8] Deutschland
hat das Abkommen als erster EG-Mitgliedsstaat ratifiziert.[9] Das Washingtoner Artenschutzübereinkommen ist ein völkerrechtlicher Vertrag, an den
alle Unterzeichnerstaaten gebunden sind. Damit ist das Regelwerk aber
noch kein national verbindliches Recht. Dazu bedurfte es der Umsetzung in
europäisches und schlussendlich in deutsches Recht.

In Europa trat darum am 01. 01. 1984 die „alte Artenschutzverordnung" – die 4
Verordnung (EWG) Nr. 3626/82[10] – in Kraft. Ergänzt wurde sie von der

---

3 Gesetz über den Naturschutz und die Landschaftspflege (Bundesnaturschutzgesetz –
 BNatSchG) v. 25. 03. 2002, BGBl. I, S. 1193, zuletzt geändert durch Art. 2 des Gesetzes v.
 08. 04. 2008, BGBl. I, S. 686.

4 Dazu: *Gellermann*, NuR 2007, 783 ff; *Dolde*, NVwZ 2008, 121 ff.

5 Gesetz über den Naturschutz und die Landschaftspflege (Bundesnaturschutzgesetz –
 BNatSchG) v. 21. 09. 1998, BGBl. I, S. 2994, zuletzt geändert durch Gesetz v. 09. 09. 2001,
 BGBl. I S. 2331.

6 BT-Drs. 14/6378, S. 63.

7 Ausführlicher zur Entwicklung *Gellermann*, in: Landmann/Rohmer (Hrsg.), Umweltrecht
 Bd. IV, Stand: 15. 11. 2014, Vor § 39–55 BNatSchG, Rn. 2 ff.

8 Bis heute sind Cites 175 Staaten beigetreten, zuletzt am 21. 04. 2009 Bosnien und Herze-
 govina, vgl. näher http://www.cites.org.

9 BGBl. II 1975, S. 773.

10 Verordnung (EWG) Nr. 3626/82 des Rates v. 03. 12. 1982 zur Anwendung des Übereinkommens über den internationalen Handel mit gefährdeten Arten frei lebender Tiere und
 Pflanzen in der Gemeinschaft, ABl. L 384 v. 31. 12. 1982, S. 1 ff.

Durchführungsverordnung Nr. 3418/84[11] („Formularverordnung"). Mit diesen Verordnungen sollte eine einheitliche Durchsetzung des Washingtoner Artenschutzübereinkommens sichergestellt werden.

5   Zum 01. 06. 1997 wurden die Verordnungen (EWG) Nr. 3626/82 und Nr. 4318/ 84 durch die **Verordnung (EG) Nr. 338/97**[12] und die Verordnung (EG) Nr. 939/97[13] abgelöst. Die Verordnung (EG) Nr. 338/97 setzte die Regelungen des Washingtoner Artenschutzübereinkommens vollständig um. Zudem verschärfte und erweiterte sie dessen Vorgaben durch weitergehende Vermarktungsverbote (nach Art. 8) und durch erhöhte Beförderungsbeschränkungen (nach Art. 9). Die **Verordnung (EG) Nr. 939/97** führte Kennzeichnungsregelungen für bestandsgefährdete Tierarten auf europäischer Ebene ein, die die Identität der in den CITES-Dokumenten genannten Tiere mit den zugeordneten Exemplaren sicherstellten. Beide Verordnungen wurden am 08. 07. 2006 durch die Verordnung (EG) Nr. 1808/2001[14] abgelöst, wobei die Verordnung (EG) 939/97 nach Art. 42 außer Kraft trat. Die Verordnung (EG) Nr. 338/97 wurde zuletzt durch die Verordnung (EG) Nr. 318/2008[15] geändert.

6   In Deutschland war das Artenschutzrecht zunächst nur in der Artenschutzverordnung vom 18. 03. 1936[16] geregelt. Auf der Grundlage des BNatSchG von 1976 und des Washingtoner Artenschutzübereinkommens wurde am 25. 08. 1989 die **Bundesartenschutzverordnung**[17] erlassen. Die Länder-Arbeitsgemeinschaft für Naturschutz- und Landschaftspflege (LANa) erarbeitete einen Gesetzentwurf zur Umsetzung der europäischen Artenschutzverordnung (EWG) Nr. 3626/82, der eine Gesamtnovellierung des Artenschutzes zum Gegenstand hatte; der Entwurf führte aber nicht zu einer Bundesratsinitiative. Deshalb war der Bundestag gezwungen, zunächst ein Durchfüh-

---

11 Verordnung (EWG) Nr. 3418/83 der Kommission v. 28. 11. 1983 mit Bestimmungen für eine einheitliche Erteilung und Verwendung der bei der Anwendung des Übereinkommens über den internationalen Handel mit gefährdeten Arten frei lebender Tiere und Pflanzen in der Gemeinschaft erforderlichen Dokumente, ABl. EG Nr. L 344 v. 07. 12. 1983, S. 1

12 Verordnung (EG) Nr. 338/97 des Rates v. 09. 12. 1996 über den Schutz von Exemplaren wild lebender Tier- und Pflanzenarten durch Überwachung des Handels, ABl. Nr. L 61 vom 03. 03. 1997, S. 1.

13 Verordnung der Kommission v. 26. 05. 1997 mit Durchführungsbestimmungen zur Verordnung (EG) Nr. 338/97 des Rates über den Schutz von Exemplaren wild lebender Tier- und Pflanzenarten durch Überwachung des Handels, ABl. EG Nr. L 140 v. 30. 05. 1997, S. 1 ff.

14 Verordnung (EG) Nr. 1808/2001 der Kommission v. 30. 08. 2001 mit Durchführungsbestimmungen zur Verordnung (EG) Nr. 338/97 des Rates über den Schutz von Exemplaren wild lebender Tier- und Pflanzenarten durch Überwachung des Handels, ABl. EG Nr. L 250 v. 19. 09. 2001, S. 1 ff.

15 Verordnung (EG) Nr. 318/2008 der Kommission v. 31. 03. 2008 zur Änderung der Verordnung (EG) Nr. 338/97 des Rates über den Schutz von Exemplaren wild lebender Tier- und Pflanzenarten durch Überwachung des Handels, ABl. EG Nr. L 95 v. 08. 04. 2008, S. 3 ff.

16 Verordnung zum Schutze wild wachsender Pflanzen und der nicht jagdbaren wild lebenden Tiere v. 18. 03. 1936, RGBl. I, S. 181.

17 Verordnung über besonders geschützte Arten wild lebender Tiere und wild wachsender Pflanzen (Bundesartenschutzverordnung) v. 25. 08. 1980, BGBl. I S. 1565.

rungsgesetz zur Verordnung (EWG) Nr. 3626/82[18] zu verabschieden, das am 01.01.1984 in Kraft trat. Einzug in das BNatSchG fand das Artenschutzrecht dann im Jahre 1987 durch das erste Gesetz zur Änderung des BNatSchG.[19] Die damaligen §§ 20–26 BNatSchG stellten aber kein unmittelbar geltendes Recht dar, sondern ihr Vollzug hing als damalige rahmenrechtliche Regelung von den jeweiligen landesrechtlichen Umsetzungsakten ab. Ergänzt wurde das BNatSchG durch die Bundesartenschutzverordnung[20]; diese wurde 1989[21], 1999[22] und zuletzt 2005[23] neu bekannt gemacht.

3. Übersicht über den Norminhalt

Abs. 1 sanktioniert Verstöße gegen § 39 Abs. 1 Nr. 1, der Norm über den allgemeinen Schutz wild lebender Tiere und Pflanzen. 7

Abs. 2 erfasst Verstöße gegen § 44 Abs. 1, der Vorschrift über besonders geschützte und bestimmte andere Tier- und Pflanzenarten, also gegen das sog. besondere Artenschutzrecht. 8

Abs. 3 regelt Verstöße gegen bestimmte weitere Vorschriften des BNatSchG wie die ungenehmigte Durchführung von Eingriffen, die Zerstörung oder sonstige erhebliche Beeinträchtigung eines gesetzlich geschützten Biotops sowie Verstöße gegen die allgemeinen Schutzvorschriften für Natura 2000-Gebiete in § 33. Die Nrn. 7–17 und 19–25 betreffen Verstöße gegen bestimmte artenschutzrechtliche Bestimmungen. Nr. 18 regelt Verstöße gegen die Genehmigungspflichten von Zoos und Nr. 19 betrifft Verstöße gegen die Anzeigepflichten bei Tiergehegen. Nr. 26 sanktioniert Verstöße gegen das in § 61 Abs. 1 geregelte Bauverbot an Gewässern. Nr. 27 betrifft Verstöße gegen die dort genannten Rechtsverordnungen. 9

Abs. 4 erfasst Verstöße gegen die Verordnung (EG) Nr. 338/97 vom 09.12. 1996 über den Schutz von Exemplaren wild lebender Tier- und Pflanzenarten durch Überwachung des Handels (ABl. Nr. L 61, S. 1, berichtigt ABl. 1997 Nr. L 100, S. 72, zuletzt geändert durch die Verordnung (EG) Nr. 318/ 2008, ABl. Nr. L 95 vom 08.04.2008, S. 3). 10

Abs. 5 betrifft Verstöße gegen die Verordnung (EWG) Nr. 3254/91 zum Verbot von Tellereisen und der Einfuhr von Pelzen und Waren von bestimmten Wildtierarten aus Ländern, die Tellereisen oder den internationalen Fangnormen nicht entsprechende Fangmethoden anwenden. 11

---

18 BGBl. I S. 1565.

19 Erstes Gesetz zur Änderung des Bundesnaturschutzgesetzes v. 10.12.1986, BGBl. I, S. 2349 (sog. Artenschutznovelle); dazu: *Schmidt*, NVwZ 1987, 1037 ff.

20 Verordnung zum Schutz wild lebender Tier- und Pflanzenarten (Bundesartenschutzverordnung) v. 19.12.1986, BGBl. I, S. 2705.

21 Verordnung zum Schutz wild lebender Tier- und Pflanzenarten (Bundesartenschutzverordnung) i.d.F. der Bek. v. 18.09.1989, BGBl. I, S. 1677, ber. 2011.

22 Verordnung zum Schutz wild lebender Tier- und Pflanzenarten (Bundesartenschutzverordnung) v. 16.02.1999, BGBl. I, S. 1955.

23 Verordnung zum Schutz wild lebender Tier- und Pflanzenarten (Bundesartenschutzverordnung) v. 16.02.2005, BGBl. I, S. 258, ber. S. 896, zuletzt geändert durch Art. 10 des Gesetzes vom 21.01.2013, BGBl. I, S. 95.

12 Abs. 6 regelt das jeweils maximal angedrohte Bußgeld, das je nach Verstoß fünfzigtausend oder zehntausend Euro beträgt.

13 Abs. 7 schließlich stellt eine Rechtsverordnungsermächtigung zu Gunsten der Bundesländer dar. Die Bundesländer können hiernach bestimmen, dass weitere rechtswidrige und vorwerfbare Handlungen, die gegen das BNat-SchG oder die nach dem BNatSchG erlassenen Rechtsverordnungen verstoßen, als Ordnungswidrigkeiten nach § 69 geahndet werden. Hier kommen vor allem Verstöße gegen Schutzgebietsvorschriften in Betracht, da das BNatSchG insoweit keine Ordnungswidrigkeitenbestimmungen enthält.[24]

III. Die Bußgeldtatbestände

1. Rechtsverweisungen

14 Soweit in den Bußgeldtatbeständen des § 69 auf Rechtsakte der EG oder auf Rechtsverordnungen nach dem BNatSchG verwiesen wird, stellt dies keinen Verstoß gegen das Demokratieprinzip oder das Bestimmtheitsgebot des Art. 103 Abs. 2 GG dar, denn Tragweite und Anwendungsbereich der Norm lassen sich daraus – ggf. im Wege der Auslegung – erkennen.[25] Durch die **Verweisung** wird der Normtext des BNatSchG entlastet, es liegt letztlich nur eine Form abgekürzter (verweisender) Gesetzgebung vor, bei der sich der Gesetzgeber die Wiederholung des in Bezug genommenen Textes erspart. Dies gilt auch für die **dynamische Verweisung**[26] in § 7 Abs. 3 und andernorts (z.B. § 69 Abs. 5), hierdurch erspart sich der Gesetzgeber fortlaufende Anpassungen des Gesetzes.[27] Gleichwohl ist die Verweisungstechnik des Gesetzgebers in manchen Fällen wenig anwenderfreundlich, da sich der konkrete Inhalt der Verbote erst durch Lektüre der Normen, auf die verwiesen wird, erschließt.[28] Auf der anderen Seite wäre in manchen Fällen die Wiederholung des anderen Textes in diesem Gesetz ein viel zu umständliches Unterfangen, wodurch das Gesetz schwerer lesbar werden würde. Als sog. Blankettnorm, die auf andere Normen verweist, würde § 69 nur dann dem Bestimmtheitsgebot des Art. 103 Abs. 2 GG nicht entsprechen, wenn sich

---

24 *Egner*, in: Egner/Fuchs, Naturschutz- und Wasserrecht 2009, § 69 BNatSchG, Rn. 4.

25 BVerfG, Urt. v. 11. 02. 1976 – 2 BvL 2/73, E 41, 314 (319); BVerfG, Beschl. v. 17. 01. 1987 – 1 BvL 13/76, E 47, 109 (102) = NJW 1987, 933; BVerfG, Beschl. v. 22. 10. 1980 – 2 BvR 1172, 1238/79, E 55, 144 (152) = NJW 1981, 1087; BVerfG, Beschl. v. 06. 05. 1987 – 2 BvL 11/85, E 75, 329 (340 ff.) = NJW 1987, 3175 ff. = NuR 1988, 32 = NStZ 1987, 450; BVerfG, Beschl. v. 21. 07. 1992 – 2 BvR 858/92, NJW 1993, 1909 (1910); BVerfG, Beschl. v. 07. 10. 2008 – 2 BvR 1101/08, NVwZ 2009, 239 = BeckRS 2008, 40232; *Stöckel*, in: Lorz/Konrad/Mühlbauer/Müller-Walter/Stöckel (Hrsg), § 69 BNatSchG, Rn. 1

26 Zur Zulässigkeit dynamischer Verweisungen vgl. BVerfG, Beschl. v. 23. 04. 1986 – 2 BvR 487/80, E 73, 261 = JZ 1987, 876 = NJW 1987, 827 mit abl. Sondervotum *Niebler*. Die Sanktionskette muss freilich lückenlos sein, vgl. OLG Koblenz, Urt. v. 26. 01. 1989 – 1 Ss 567/88, NStZ 1989, 188. Allgemein zur Zulässigkeit dynamischer Verweisungen: *Klindt*, DVBl 1998, 373; a.A. *Hammer*, DVBl 1997, 401 (403 ff.).

27 *Bendomir-Kahlo*, in: Gassner/Bendomir-Kahlo/Schmidt-Räntsch, BNatSchG, 2. Aufl. 2003, § 65, Rn. 2; *Sanden*, in: Landmann/Rohmer (Hrsg.), Umweltrecht Bd. II, Stand: 01. 05. 2015, § 69 BNatSchG, Rn. 5.

28 Kritisch daher (zur Fassung des BNatSchG 1998) *Hammer*, DVBl 1997, 401 (406).

auch unter Berücksichtigung der Norm, auf die verwiesen wird, nicht hinreichend deutlich ergeben würde, welches Verhalten mit Bußgeld bedroht wird[29]; dies ist bei § 69 Abs. 2 Nr. 2 wegen Unklarheit des Erheblichkeitsbegriffes wohl der Fall (s. Rn. 18). Aufgrund eines nicht angepassten Verweises auf die damals neu in Kraft getretene Verordnung 338/97/EG ergaben sich Bedenken in dieser Hinsicht für artenschutzrechtliche Verstöße zwischen dem 01. 06. 1997 und dem 08. 05. 1998[30].

2. Absatz 1

Die Ordnungswidrigkeit des § 69 Abs. 1 ist mit Bußgeld bis zu 50.000 € bedroht. Hiernach ist es verboten, ein **wild lebendes Tier** entgegen § 39 Abs. 1 Nr. 1 wissentlich zu beunruhigen. Für den Begriff des Tieres gilt die Legaldefinition des § 7 Abs. 2 Nr. 1 (vgl. § 7 Rn. 13 f.). Die weiteren Verbote nach § 39 Abs. 1 Nr. 1, namentlich die Verbote wild lebende Tiere ohne vernünftigen Grund zu fangen, zu verletzen oder zu töten, werden anderweitig erfasst, nämlich von § 69 Abs. 3 Nr. 7; sie sind damit gem. Abs. 6 mit einem geringeren Bußgeld bedroht.   **15**

Auf das Merkmal der **Wissentlichkeit** hätte verzichtet werden können, denn das Wissen ist ein notwendiger, wenn auch alleine noch nicht hinreichender Teilaspekt des Vorsatzes (vgl. Rn. 78). Vorsatz wäre auch ohne dieses Merkmal erforderlich, denn der Verstoß kann gem. § 10 OWiG nur in der vorsätzlichen Begehungsform geahndet werden, weil das Gesetz die fahrlässige Begehung nicht erwähnt. Außerdem ist die Wissentlichkeit auch ein Bestandteil des Merkmals der **Mutwilligkeit** in § 39 Abs. 1 Nr. 1. Mutwillig handelt nach allgemeinem Sprachgebrauch, wer in böser Absicht agiert.[31] Die Mutwilligkeit beinhaltet über den Vorsatz der Tat hinaus damit den Vorwurf einer Bösartigkeit, also eines zusätzlichen Gesinnungsunwerts. Das wilde Tier muss also in der Absicht, es bösartig zu provozieren, beunruhigt worden sein. Die Beunruhigung des Tieres muss der Täter absichtlich, also zielgerichtet und nicht nur bei Gelegenheit anderer Tätigkeiten und damit ggf. unabsichtlich hervorgerufen haben. Die fahrlässige Beunruhigung eines wilden Tieres stellt keine Ordnungswidrigkeit dar.   **16**

3. Absatz 2

§ 69 Abs. 2 enthält vier Ordnungswidrigkeiten, die vorsätzlich oder fahrlässig begangen werden können. Sie sind mit Bußgeld bis zu 50.000 € bedroht. Sie knüpfen allesamt an § 44 an, der Vorschrift des besonderen Artenschutzes für besonders geschützte und bestimmte andere Tier- und Pflanzenarten.   **17**

---

29 BVerfG, Beschl. v. 19. 12. 1991 – 2 BvR 836/85, NVwZ-RR 1992, 521; BVerfG, Beschl. v. 17. 11. 2009 – 1 BvR 2717/08, NJW 2010, 754 = BeckRS 2009, 42132. Zweifel an einzelnen Ordnungsweidrigkeitentatbeständen des § 69 in dieser Hinsicht äußert: *Kraft*, in: Lütges/ Ewer (Hrsg.), § 69 BNatSchG, Rn. 5.

30 *Engelstätter*, in: Schlacke (Hrsg.), GK-BNatschG, § 69, Rn. 2.

31 Der Duden umschreibt „mutwillig" mit absichtlich, absichtsvoll, beabsichtigt, bewusst, gewollt, in böser Absicht, mit (voller) Absicht, vorsätzlich, wissentlich. Eine Definition des Gesetzgebers im Gesetz oder in der Gesetzesbegründung sucht man vergeblich.

Deshalb werden hier nicht alle Tatbestandselemente im Einzelnen erläutert; insoweit wird auf die dortige Kommentierung verwiesen. Nachstehend erfolgen aber ggf. ergänzende Anmerkungen, soweit sie für ein Ordnungswidrigkeitenverfahren besondere Bedeutung haben.

18 Gemäß § 69 Abs. 2 Nr. 2 ist es verboten, ein wild lebendes Tier erheblich zu stören. Da ein Verstoß gegen § 44 Abs. 1 Nr. 2 vorausgesetzt wird, bedeutet das, dass nur die erhebliche Störung wild lebender Tiere der streng geschützten Arten und der europäischen Vogelarten während der Fortpflanzungs-, Aufzucht-, Mauser-, Überwinterungs- und Wanderungszeiten taugliches Objekt der Ordnungswidrigkeit sein kann. Die **Erheblichkeit** der Störung bemisst sich nach § 44 Abs. 1 Nr. 2, 2. Halbs., setzt also voraus, dass sich durch die Störung der Erhaltungszustand der lokalen Population einer Art verschlechtert. Problematisch ist die Vereinbarkeit des Merkmals der Erheblichkeit mit dem sekundären Gemeinschaftsrecht. Das Merkmal entstammt Art. 5 lit. d der Vogelschutzrichtlinie 79/409/EWG[32] und es findet sich im „Guidance Document" der Europäischen Kommission zum FFH-Artenschutzrecht von 2007. Zweck des Erheblichkeitsmerkmales ist es, unbedeutende Störungen ohne nennenswerten Einfluss auf das Überleben des Tieres auszuscheiden.[33] Soweit es aber auch auf FFH-Arten angewendet werden soll, widerspricht es europäischem Recht, denn die FFH-Richtlinie 92/43/EWG[34] kennt diese Einschränkung nicht, sondern verbietet definitiv *jede* Störung der dort genannten Tierarten. Da bei der Vogelschutz-Richtlinie alle, also auch die nicht gefährdeten Vogelarten geschützt werden, macht die Einschränkung dort Sinn. Keinen Sinn macht sie aber bei der FFH-Richtlinie, da diese von vorneherein nur gefährdete Arten unter Schutz stellt. Dies erschwert es dem Gesetzesunterworfenen, den Umfang des Verbotes zu erkennen.

19 Hinzu kommt, dass auch das Merkmal der **lokalen Population** äußerlich schwer auszumachen ist. Unter einer „Population" versteht das Gesetz gem. § 7 Abs. 2 Nr. 6 eine biologisch oder geografisch abgegrenzte Zahl von Individuen einer Art (vgl. § 7 Rn. 19). Unklar ist, welche Bedeutung der Einschränkung auf „lokale" Populationen zukommt.[35] Für einen Laien ist es im Allgemeinen schon nicht erkennbar, ob nur einzelne Tiere oder eine Population gefährdet werden.[36] Erst recht wird sich einem Täter ggf. auch der Un-

---

32 Richtlinie 79/409/EWG des Rates v. 02.04.1979 über die Erhaltung der wild lebenden Vogelarten, ABl. EG Nr. L 103 v. 25.04.1979, S. 1 ff., zuletzt geändert durch Richtlinie 2009/147/EG des Europäischen Parlaments und des Rates v. 30.11.2009, ABl. EG Nr. L 20 v. 26.01.2010, S. 7 – **Vogelschutzrichtlinie**.

33 *Niederstedt/Krüsemann*, ZUR 2007, 347 (349); kritisch schon zu Art. 5d Vogelschutzrichtlinie: *Gellermann*, in: Landmann/Rohmer (Hrsg.), Umweltrecht, Bd. IV, Stand: 01.07. 2009, Vor § 39 BNatSchG, Rn. 18.

34 Richtlinie 92/43/EWG des Rates v. 21.05.1992 zur Erhaltung der natürlichen Lebensräume sowie der wild lebenden Tiere und Pflanzen, ABl. EG Nr. L 206 v. 22.07.1992, S. 7 ff., zuletzt geändert durch Richtlinie 2006/105/EG des Rates v. 20.11.2006, ABl. EG Nr. L 363 v. 20.12.2006, S. 368 – **FFH-Richtlinie**.

35 *Sobotta*, NuR 2007, 642 (644).

36 *Gellermann*, NuR 2007, 783 (785).

terschied zwischen einer gefährdeten Population und einer „lokalen Population" verschließen. Das europäische Recht kennt den Begriff der lokalen Population nicht; die FFH-Richtlinie stellt auf Populationen in ihrem natürlichen Verbreitungsgebiet ab. Ohnehin kommt es bei den Verbotstatbeständen der Vogelschutz- und der FFH-Richtlinie nur auf einzelne Tiere, nicht auf Populationen an; ein Bezug zu Populationen wird erst bei den Ausnahmetatbeständen (Art. 13 Vogelschutzrichtlinie, Art. 16 FFH-Richtlinie) hergestellt.[37] Deshalb begegnet dieser Ordnungswidrigkeitentatbestand erheblichen Bedenken im Hinblick auf seine hinreichende Bestimmtheit i.S.v. Art. 103 Abs. 2 GG.

4. Absatz 3

Abs. 3 enthält eine Vielzahl weiterer Ordnungswidrigkeiten, die vorsätzlich **20** oder fahrlässig begangen werden können. Gemäß § 69 Abs. 6 sind sie mit unterschiedlichen Bußgeldern bedroht, die bei Vorsatztaten 50.000 € oder 10.000 € betragen. Bei fahrlässiger Tatbegehung liegen die Bußgelder gemäß § 17 Abs. 2 OWiG bei der Hälfte.

Nr. 1 betrifft vorsätzliche oder fahrlässige Eingriffe in Natur und Landschaft, **21** die ohne die nach § 17 Abs. 3 Satz 1 erforderliche Genehmigung vorgenommen werden. Es kann ein Bußgeld bis zu 50.000 € verhängt werden. § 17 Abs. 3 normiert eine subsidiäre Eingriffsgenehmigung, die nur zum Tragen kommt, wenn nach sonstigem Fachrecht ein Zulassungs- oder Anzeigeverfahren für den Eingriff nicht vorgesehen ist.[38] Entsprechend subsidiär kommt auch die Ordnungswidrigkeit nach der Nummer 1 zum Tragen. Ordnungswidrig ist nur die Vornahme des Eingriffs **ohne die erforderliche Genehmigung**, nicht aber die Abweichung von Auflagen, die der Genehmigung beigefügt sind (Nr. 2 erfasst zusätzlich den Verstoß gegen eine vollziehbare Anordnung nach § 17 Abs. 8). Da das OWiG keine Vorschrift wie § 330d Nr. 5 StGB enthält, wonach ein Handeln ohne Genehmigung auch ein Handeln auf Grund einer durch Drohung, Bestechung oder Kollusion erwirkten oder durch unrichtige oder unvollständige Angaben erschlichenen Genehmigung darstellt, kann dieser Rechtsgedanke hier nicht angewendet werden. Eine vorhandene Genehmigung über den Eingriff in Natur oder Landschaft schützt den Genehmigungsinhaber also ohne jede Einschränkung. Erst dann, wenn die Behörde die Genehmigung zurückgenommen hat, liegt ex nunc ggf. ein Handeln ohne Genehmigung vor, das den Bußgeldtatbestand der Nummer 1 erfüllt.

Nr. 2 betrifft vorsätzliche oder fahrlässige Verstöße gegen bestimmte voll- **22** ziehbare Anordnungen, so gegen Anordnungen nach § 17 Abs. 8 Satz 1 oder

---

37 Der 4. Senat des BVerwG, Urt. v. 16.03.2006 – 4 A 1073.04, BeckRS 2006 23922, erkennt in Rn. 570 einen Populationsbezug bei Art. 12 FFH-Richtlinie daher nicht an. Dem folgend: *Gellermann*, NuR 2007, 165 (168); *ders.*, NuR 2007, 783 (785). Demgegenüber hat der 9. Senat des BVerwG, Urt. v. 21.06.2006 – 9 A 28.05, E 126, 166 = DVBl 2006, 1309 = NuR 2006, 779 = NVwZ 2006, 1407 = UPR 2006, 446 = ZUR 2006, 543 in Rn. 44 den Populationsbezug schon bei Art. 5 Abs. 1d Vogelschutz-Richtlinie hergestellt.
38 BR-Drs. 278/09, S. 186.

Satz 2, also Anordnungen, mit denen ein Eingriff in Natur oder Landschaft untersagt wird oder mit denen Maßnahmen nach § 15, insbesondere Ausgleichs- oder Ersatzmaßnahmen angeordnet werden. Ferner erfasst Nr. 2 Anordnungen nach § 34 Abs. 6 Satz 4 oder Satz 5, also Anordnungen, mit denen Projekte untersagt werden, die mit den Erhaltungszielen eines Natura 2000-Gebietes nicht zu vereinbaren sind. Ferner wird die Abweichung von Anordnungen nach § 42 Abs. 7 oder Abs. 8 Satz 1 oder Satz 2 mit Bußgeld bedroht; dies betrifft Anordnungen, die im Zusammenhang mit der artgerechten Tierhaltung in **Zoos** ergehen können bzw. im Fall des Abs. 8 ergehen müssen. Der in Klammern nachgeschaltete Zusatz *„auch in Verbindung mit § 43 Abs. 3 Satz 4"* dehnt die letztgenannte Bußgeldvorschrift für Zoos auf **Tiergehege** aus. Schließlich sind Verstöße gegen vollziehbare Anordnungen nach § 43 Abs. 3 Satz 2 oder Satz 3 mit Bußgeld bedroht; dies betrifft die Anordnung zur Beseitigung eines Tiergeheges. **Vollziehbar** ist eine Anordnung nur dann, wenn sie entweder bestandskräftig geworden ist oder wenn die Behörde nach § 80 Abs. 1 Nr. 4 VwGO die sofortige Vollziehung angeordnet hat, wogegen der Adressat allerdings die Möglichkeit hat, nach § 80 Abs. 4 oder Abs. 5 VwGO die aufschiebende Wirkung seines Widerspruchs oder seiner Klage gegen die Anordnung wiederherstellen zu lassen. Es kann ein Bußgeld bis zu 50.000 € verhängt werden.

23   Nr. 3 betrifft Verstöße gegen § 22 Abs. 3 Satz 3, also vorsätzliche oder fahrlässige Verstöße gegen Allgemeinverfügungen, mit denen Teile von Natur und Landschaft, deren Schutz beabsichtigt ist, für einen Zeitraum von bis zu zwei Jahren einstweilig sichergestellt werden können, wenn zu befürchten ist, dass durch Veränderungen oder Störungen der beabsichtigte Schutzzweck gefährdet wird. Eine **Allgemeinverfügung** ist gem. § 35 Satz 2 VwVfG ein Verwaltungsakt, der sich an einen nach allgemeinen Merkmalen bestimmbaren Personenkreis richtet oder die öffentlich-rechtliche Eigenschaft einer Sache oder ihre Benutzung durch die Allgemeinheit betrifft. Es ist allgemein zulässig, eine Bußgelddrohung an einen Verstoß gegen einen Verwaltungsakt zu koppeln.[39] Es kann ein Bußgeld bis zu 50.000 € verhängt werden.

24   Nr. 4 ist eine Blankettnorm (zur Zulässigkeit vgl. Rn. 14), die vorsätzliche oder fahrlässige Handlungen mit Bußgeld bis zu 50.000 € bedroht, die zu einer Zerstörung, Beschädigung oder Veränderung eines geschützten Meeresgebietes oder seiner Bestandteile oder zu einer nachhaltigen Störung führen, sofern das Meeresgebiet in einer Rechtsverordnung nach § 57 Abs. 2 zu einem geschützten Teil von Natur und Landschaft nach § 20 Abs. 2 erklärt worden ist. Welche Handlungen genau betroffen sind, ergibt sich erst aus der **Rechtsverordnung**, die das Bundesministerium für Umwelt, Naturschutz und Reaktorsicherheit unter Beteiligung der fachlich betroffenen Bundesministerien erlässt. Voraussetzung ist, dass in der Rechtsverordnung auf § 69 Abs. 3 Nr. 4 verwiesen wird, denn nur dann genügt die (dann lückenlose) Verweisungskette dem Bestimmtheitsgebot des Art. 103 Abs. 2 GG.

---

39 *Bendomir-Kahlo*, in: Gassner/Bendomir-Kahlo/Schmidt-Räntsch, BNatSchG, 2. Aufl. 2003, § 65 BNatSchG, Rn. 13 m.w.N.

Nr. 5 bedroht die in § 30 Abs. 2 Satz 1 näher umschriebenen vorsätzlichen   25
oder fahrlässigen Handlungen, die zu einer Zerstörung oder zu einer erheblichen Beeinträchtigung eines gesetzlich geschützten **Biotops** (vgl. hierzu § 7
Rn. 16) führen können, mit Bußgeld bis zu 50.000 €.

Nr. 6 betrifft zum einen Verstöße gegen § 33 Abs. 1 Satz 1, nach dem alle   26
vorsätzlichen oder fahrlässigen Veränderungen und Störungen, die zu einer
erheblichen Beeinträchtigung eines **Natura 2000-Gebietes** (vgl. hierzu § 7
Rn. 10) in seinen für die Erhaltungsziele oder den Schutzzweck maßgeblichen Bestandteilen führen können, und zum anderen Verletzungen sog.
Konzertierungsgebiete nach Art. 5 Abs. 1 FFH-Richtlinie. Dadurch wird das
– neu in das BNatSchG in Umsetzung der FFH-Richtlinie eingefügte[40] – Verschlechterungsverbot des § 33 Abs. 1 Satz 1 abgesichert. Es kann ein Bußgeld bis zu 50.000 € verhängt werden.

Nr. 7 schließt wie § 69 Abs. 1 an die Vorschrift zum Schutz wild lebender   27
Tiere nach § 39 Abs. 1 Nr. 1 an und erfasst die von § 69 Abs. 1 nicht erfassten
Handlungsalternativen, also die Verbote, wild lebende Tiere vorsätzlich oder
fahrlässig ohne vernünftigen Grund zu fangen, zu verletzen oder zu töten.
Anders als bei § 69 Abs. 1 verzichtet der Gesetzgeber hier auf das Merkmal
der Wissentlichkeit. Sachlich bewirkt dies aber keinen Unterschied, da das
Merkmal der Wissentlichkeit bei der fahrlässigen Tatbegehung ohnehin
keine Rolle spielt und bei der vorsätzlichen Tatbegehung Bestandteil des
dem Täter nachzuweisenden Vorsatzes ist (vgl. Rn. 78). Es kann ein Bußgeld
bis zu 10.000 € verhängt werden.

Nr. 8 betrifft das Verbot des § 39 Abs. 1 Nr. 2, wild lebende Pflanzen vorsätz-   28
lich oder fahrlässig ohne vernünftigen Grund von ihrem Standort zu entnehmen oder zu nutzen oder ihre Bestandteile niederzuschlagen oder auf sonstige Weise zu verwüsten. Es droht Bußgeld bis zu 10.000 €. Für Pflanzen gilt
die Legaldefinition des § 7 Abs. 2 Nr. 2 (vgl. näher § 7 Rn. 15). **Wild lebend**
sind sie, wenn sie sich ohne Zutun des Menschen an einer Stelle angesiedelt
haben (dies auch innerhalb einer kultivierten Fläche, wie einem Acker oder
Garten) oder durch den Menschen mit dem Ziel der Begründung einer wild
lebenden Population – etwa im Rahmen naturschutzrechtlicher Ausgleichs-
oder Ersatzmaßnahmen – ausgebracht wurden.[41] Soweit die sog. Handstraußregelung des § 39 Abs. 3 von diesem Verbot Ausnahmen zulässt, führt
das zugleich auch zum Wegfall des Ordnungswidrigkeitentatbestandes. Irrt
der Täter über das Vorliegen eines „vernünftigen Grundes", entfällt gem.
§ 11 Abs. 1 OWiG der Vorsatz; es bleibt dann ggf. aber eine fahrlässige Ordnungswidrigkeit zu ahnden. Von einem **vernünftigen Grund** getragen sind
die Handlungen dann, wenn sie nicht mutwillig erscheinen, sondern sich inhaltlich begründen lassen, z.B. mit den Anforderungen an eine wissenschaftliche Forschung oder Dokumentation.

Nr. 9 betrifft den Verstoß gegen das Verbot des § 39 Abs. 1 Nr. 3, **Lebenstät-**   29
ten (vgl. zum Begriff § 7 Rn. 18) wild lebender Tiere und Pflanzen vorsätzlich

---

40   *Egner*, in: Egner/Fuchs, Naturschutz- und Wasserrecht 2009, § 33 BNatSchG, Rn. 1.
41   *Schumacher*, in: Schumacher/Fischer-Hüftle (Hrsg.), 1. Aufl. 2003, § 65 BNatSchG, Rn. 8.

oder fahrlässig ohne vernünftigen Grund (vgl. dazu auch Rn. 28 ff.) zu beeinträchtigen oder zu zerstören. Es kann ein Bußgeld bis zu 10.000 € verhängt werden.

30   Nr. 10 betrifft das Verbot des § 39 Abs. 2 Satz 1, Arten des Anhangs V der FFH-Richtlinie vorsätzlich oder fahrlässig aus der Natur zu entnehmen, wenn nicht jagd- oder fischereirechtliche Bestimmungen dieses ausnahmsweise gestatten. Damit soll sichergestellt werden, dass solche Arten aus der Natur nur entnommen werden, wenn sie sich in einem günstigen Erhaltungszustand befinden (Art. 14 FFH-Richtlinie). Soweit eine Ausnahme der Länder nach § 39 Abs. 2 Satz 2 greift, entfällt damit auch der Ordnungswidrigkeitentatbestand. Es kann ein Bußgeld bis zu 10.000 € verhängt werden.

31   Nr. 11 betrifft die gewerbsmäßige Entnahme, Be- oder Verarbeitung einer wild lebenden Pflanze aus der Natur ohne die nach § 39 Abs. 4 Satz 1 erforderliche Genehmigung. **Gewerbsmäßig** handelt der Täter dann, wenn es sein Bestreben ist, sich aus einer wiederholten Begehung eine fortlaufende Einnahmequelle von einiger Dauer und einigem Umfang zu verschaffen.[42] Eine einzige Tat kann dazu schon genügen.[43] Es kann ein Bußgeld bis zu 10.000 € verhängt werden.

32   Nr. 12 sanktioniert Verstöße gegen § 39 Abs. 5 Satz 1 Nr. 1, wonach es verboten ist, vorsätzlich oder fahrlässig die Bodendecke abzubrennen oder Wiesen, Feldraine, Hochraine, ungenutzte Grundflächen sowie Hecken und Hänge abzubrennen. Es werden hier nur die vorgenannten Flächen geschützt. Diese werden im Gesetz nicht näher definiert, d.h. es ist im Einzelfall mit naturkundlichem Sachverstand festzustellen, ob ein Abbrennvorgang einer der genannten Flächen betroffen hat. Unter **Bodendecke** ist die oberste, von Tieren, Pflanzen oder Mikroorganismen belebte Schicht der Oberfläche gemeint.[44] Hecken und Feldraine sind im Rahmen der Biotopvernetzung gemäß § 21 Abs. 6 auf regionaler Ebene zu erhalten und dort, wo sie nicht in ausreichendem Maß vorhanden sind, zu schaffen. Andere Flächen wie namentlich Wälder, Heiden und Moore können anderweitig geschützt sein, etwa über den Straftatbestand der Brandstiftung nach § 306 Abs. 1 Nr. 5 StGB. Es kann ein Bußgeld bis zu 10.000 € verhängt werden.

33   Nr. 13 sanktioniert Verstöße gegen § 39 Abs. 5 Satz 1 Nr. 2 mit Bußgeld bis zu 10.000 €, wonach es verboten ist, Bäume, die außerhalb des Waldes, von Kurzumtriebsplantagen oder gärtnerisch genutzten Grundflächen stehen, Hecken, lebende Zäune, Gebüsche und andere Gehölze in der Zeit vom 01. 03. bis zum 30. 09. vorsätzlich oder fahrlässig abzuschneiden oder auf den Stock zu setzen. **Abschneiden** bedeutet das Entfernen der Pflanze bis zum Ansatzpunkt; bei Bäumen spricht man hier eher vom Fällen. **Auf den Stock setzen** bedeutet das Beschneiden der Pflanze in einer Weise, die dazu dient, einen verstärkten Neuaustrieb der Pflanze anzuregen (Verjüngung).[45] In der

---

42 BGH, Urt. v. 08. 11. 1951 – 4 StR 563/51, BGHSt. 1, 383 = NJW 1952, 113.
43 BGH, JR 1982, 260 mit Anm. *Franzheim*; BGH, NStZ 1995, 85.
44 *Egner*, in: Egner/Fuchs, Naturschutz- und Wasserrecht 2009, § 39 BNatSchG, Rn. 14.
45 *Egner*, in: Egner/Fuchs, Naturschutz- und Wasserrecht 2009, § 39 BNatSchG, Rn. 16.

Zeit zwischen 01.10. und 28.02. ist das Abschneiden und das Auf den Stock setzen erlaubt. Vom Bußgeldtatbestand nicht umfasst ist das vollständige Entfernen eines Baumes samt Wurzeln[46].

Nr. 14 sanktioniert das vorsätzliche oder fahrlässige Zurückschneiden von **34** Röhricht entgegen der Regelung in § 39 Abs. 5 Satz 1 Nr. 3, wonach das Zurückschneiden nur in der Zeit zwischen 01.10. und 28.02. zulässig ist und wonach in der Zeit zwischen 01.03. und 30.09. Röhrichte nur in Abschnitten zurückgeschnitten werden dürfen. Es kann ein Bußgeld bis zu 10.000 € verhängt werden.

Nr. 15 betrifft das Verbot des § 39 Abs. 5 Satz 1 Nr. 4, ständig Wasser füh- **35** rende Gräben unter Einsatz von Grabenfräsen zu räumen, wenn dadurch der Naturhaushalt, insbesondere die Tierwelt erheblich beeinträchtigt wird. Die Tat kann vorsätzlich oder fahrlässig begangen werden. Durch das Merkmal der **Erheblichkeit** werden kleine und für den Naturhaushalt unbedeutende Beeinträchtigungen von dem Verbot ausgenommen; sie sind damit nicht bußgeldbewehrt. Ansonsten droht Bußgeld bis zu 10.000 €.

Nr. 16 betrifft das Verbot des § 39 Abs. 6, Höhlen, Stollen, Erdkeller oder **36** ähnliche Räume, die als Winterquartier von Fledermäusen dienen, in der Zeit vom 01.10. bis 31.03. vorsätzlich oder fahrlässig aufzusuchen. Hierfür kann ein Bußgeld bis zu 10.000 € verhängt werden. § 39 Abs. 6, 2. Halbs. nimmt bestimmte Tatbestände von dem Verbot aus, die dann auch nicht mit Bußgeld belegt werden können. Ausnahmen vom Verbot gelten für unaufschiebbare und nur geringfügig störende Handlungen, wobei die Unaufschiebbarkeit und die Geringfügigkeit kumulativ gegeben sein müssen, sowie für touristisch erschlossene und stark genutzte Bereiche (z.B. Sole- oder sonstige Felsgrotten in Heilbädern, die gerne auch von Fledermäusen genutzt werden).

Nr. 17 unterstützt das Verbot des § 40 Abs. 4 Satz 1, Pflanzen gebietsfremder **37** Arten in der freien Natur sowie Tiere ohne **Genehmigung** der zuständigen Behörde vorsätzlich oder fahrlässig auszubringen und bedroht dieses Verhalten mit Bußgeld bis zu 10.000 €. **Pflanzen gebietsfremder Arten** sind gemäß § 40 Abs. 4 Satz 2 auch künstlich vermehrte Pflanzen, wenn sie ihren genetischen Ursprung in dem betreffenden Gebiet haben. Die Genehmigung ist eine gebundene Entscheidung, die nur aus den in § 40 Abs. 3 benannten Gründen zu versagen ist. Liegt eine Genehmigung vor, schützt sie auch dann vor einem Bußgeld, wenn sie rechtswidrig erteilt oder rechtswidrig geworden sein sollte. Im Fall der Aufhebung einer Genehmigung kann der Bußgeldtatbestand erst ab Bestands- oder Rechtskraft des Rücknahmebescheides verwirklicht werden. Soweit § 40 Abs. 4 Satz 4 Ausnahmen von der Genehmigungspflicht für bestimmte land- und forstwirtschaftliche und sonstige Maßnahmen vorsieht, kann der Bußgeldtatbestand nicht verwirklicht werden, da diese Maßnahmen nicht „ohne Genehmigung" durchgeführt werden.

---

46 OLG Stuttgart, Beschl. v. 11.12.2014 -4 Ss 569/14, NStZ-RR 2015, 89 = NuR 2015, 214 = BeckRS 2015, 01003.

38 Nr. 18 betrifft die Errichtung, Erweiterung, wesentlich Änderung und den Betrieb eines Zoos ohne die nach § 42 Abs. 2 Satz 1 erforderliche Genehmigung. Der Zoo wird in § 42 Abs. 1 Satz 1 legaldefiniert. Es kann ein Bußgeld bis zu 50.000 € verhängt werden.

39 Nr. 19 betrifft Tiergehege. Mit Bußgeld bis zu 10.000 € wird bedroht, wer die nach § 43 Abs. 3 Satz 1 erforderliche Anzeige über Errichtung, Erweiterung, wesentliche Änderung und Betrieb eines Tiergeheges der zuständigen Behörde vorsätzlich oder fahrlässig nicht **einen Monat im Voraus anzeigt**. Maßgeblich für die Fristberechnung ist der Beginn der jeweiligen Maßnahme, also der Beginn der Errichtung, Erweiterung oder wesentlichen Änderung oder des Betriebes des Tiergeheges. Die Anzeige muss der Behörde einen Monat vorher zugegangen sein, um den Bußgeldtatbestand ausschließen zu können. Eine bestimmte Form der Anzeige ist nicht vorgeschrieben, sodass auch eine mündliche Anzeige ausreichend ist. Lediglich aus Beweisgründen ist zu empfehlen, die Anzeige schriftlich bei der Behörde einzureichen.

40 Nr. 20 bedroht das Verbot des § 44 Abs. 2 Satz 1 Nr. 1 mit Bußgeld bis zu 50.000 €, Tiere und Pflanzen der besonders geschützten Arten vorsätzlich oder fahrlässig in Besitz oder Gewahrsam zu nehmen, sie in Besitz oder Gewahrsam zu haben oder sie zu be- oder verarbeiten. Dasselbe gilt für § 44 Abs. 3 Nr. 1 oder Nr. 2 genannten Waren im Sinne des Anhangs der Jungrobbenrichtlinie 83/129/EWG, die entgegen der Art. 1 und 3 dieser Richtlinie nach dem 30.09.1983 in die Gemeinschaft gelangt sind, sowie für Tiere und Pflanzen der durch Rechtsverordnung nach § 54 Abs. 4 bestimmten Arten. Das sind die **invasiven Tier- und Pflanzenarten** (vgl. § 7 Abs. 2 Nr. 9), die zwar nicht zu den besonders geschützten Tierarten gehören, für die aber trotzdem ein Besitz- und Gewahrsamsverbot angeordnet wird, um einer Gefährdung von Ökosystemen, Biotopen und Arten entgegenzuwirken.[47] Solche Arten wurden bisher in der – auf die im Wesentlichen inhaltsgleiche Vorgängernorm des § 52 Abs. 2 BNatSchG a.F. gestützten – Bundesartenschutzverordnung festgelegt, konkret gilt dies gem. § 3 Abs. 1 BArtSchV für amerikanische Biber, Schnappschildkröten, Geierschildkröten und Grauhörnchen. Wird die Handlung gewerbs- oder gewohnheitsmäßig begangen, ist das Verhalten gemäß § 71a Abs. 1 Nr. 2 strafbar.

41 Nr. 21 unterstützt die **Zugriffsverbote** des § 44 Abs. 2 Satz 1 Nr. 1. Danach ist es verboten, Tiere und Pflanzen der besonders geschützten Arten zu verkaufen, zu kaufen, zum Verkauf oder Kauf anzubieten, zum Verkauf vorrätig zu halten oder zu befördern, zu tauschen oder entgeltlich zum Gebrauch oder zur Nutzung zu überlassen oder sie zu kommerziellen Zwecken zu erwerben, zur Schau zu stellen oder auf andere Weise zu verwenden. Die Verhaltensweisen sind mit Bußgeld bis zu 50.000 € bedroht. Die Bußgeldandrohung gilt ebenso, wenn eine der genannten Tätigkeiten in Bezug auf eine der in § 44 Abs. 3 genannten Waren ausübt wird, also in Bezug auf Waren

---

47 Sie werden auch als **Floren- und Faunenverfälscher** bezeichnet, vgl. *Gellermann*, in: Landmann/Rohmer (Hrsg.), § 52 BNatSchG, Umweltrecht, Bd. IV, Stand: 01.07.2009, Rn. 13.

im Sinne des Anhangs der **Jungrobbenrichtlinie 83/129/EWG**, die entgegen der Art. 1 und 3 dieser Richtlinie nach dem 30. 09. 1983 in die Gemeinschaft gelangt sind. Schließlich gelten die Zugriffsverbote auch für Tiere und Pflanzen der durch Rechtsverordnung nach § 54 Abs. 4 bestimmten **invasiven Tier- und Pflanzenarten**; insoweit gelten das Zugriffsverbot und damit auch die Bußgeldandrohung erst dann, wenn und soweit die Bundesregierung von ihrer dortigen Verordnungsermächtigung Gebrauch gemacht haben wird. Die umschriebenen Tathandlungen erfassen alle vorbereitenden Aktivitäten, die zum Kauf oder Verkauf notwendig sind, einschließlich des Kaufs oder Verkaufs selber. Das **Anbieten** zum Verkauf bedeutet die Erklärung gegenüber Dritten, ein Exemplar der betroffenen Arten zur freien Verfügung zu überlassen.[48] Das Anbieten setzt nicht voraus, dass der Anbietende das Exemplar besitzt; es reicht aus, wenn das Exemplar erst aus dem Ausland eingeführt werden muss.[49] Ein kommerzielles **Zurschaustellen** liegt vor, wenn das geschützte Exemplar in einem gewerblichen Background vorgeführt wird, sei es in einer öffentlichen Veranstaltung wie etwa in einem Zirkus oder sei es bei einer sonstigen öffentlichen Veranstaltung. Wird die Handlung gewerbs- oder gewohnheitsmäßig begangen, ist das Verhalten gemäß § 71 Abs. 1 strafbar.

Nr. 22 bedroht denjenigen mit Bußgeld bis zu 10.000 €, der es bei einer Ein-, Aus- oder Durchfuhr von Tieren oder Pflanzen entgegen § 50 Abs. 1 Satz 1 vorsätzlich oder fahrlässig unterlässt, das Tier oder die Pflanze **anzumelden** oder wer diese nicht richtig oder nicht rechtzeitig zur Ein- oder Ausfuhr bei der nach § 49 Abs. 3 genannten Zollstelle anmeldet oder sie dort nicht oder nicht rechtzeitig vorführt.

> **42**

Nr. 23 bedroht den mit Bußgeld bis zu 10.000 €, der vorsätzlich oder fahrlässig eine **Mitteilung** nach § 50 Abs. 2 nicht, nicht richtig, nicht vollständig oder nicht rechtzeitig macht. Nach der in Bezug genommenen Vorschrift des § 50 Abs. 2 ist die Person, die Tiere oder Pflanzen ein-, durch- oder ausführt, die einer von der Europäischen Gemeinschaft erlassenen Ein- oder Ausfuhrregelung unterliegen, verpflichtet, der abfertigenden Zollstelle die voraussichtliche Ankunftszeit lebender Tiere unter Angabe der Art und Zahl der Tiere mindestens 18 Stunden vor der Ankunft mitzuteilen.

> **43**

Nr. 24 bedroht den mit Bußgeld bis zu 10.000 €, der entgegen § 52 Abs. 1 vorsätzlich oder fahrlässig eine **Auskunft** nicht, nicht richtig, nicht vollständig oder nicht rechtzeitig erteilt. Gemäß § 52 Abs. 1 haben natürliche oder juristische Personen sowie nicht rechtsfähige Personenvereinigungen den für Naturschutz und Landschaftspflege zuständigen Behörden oder den nach § 49 mitwirkenden Behörden (Bundesministerium der Finanzen und Zollbehörden) auf Verlangen die Auskünfte zu erteilen, die zur Durchführung der Rechtsakte der Europäischen Gemeinschaft, des fünften Kapitels des BNatSchG über den Schutz wild lebender Tier- und Pflanzenarten und ihrer

> **44**

---

48 Zur inhaltsgleichen Vorgängernorm des § 65 Abs. 1 Nr. 3 BNatSchG a.F.: *Schumacher*, in: Schumacher/Fischer-Hüftle (Hrsg.), 1. Aufl. 2003, § 65 BNatSchG, Rn. 11.

49 BayObLG, Beschl. v. 02. 06. 1987 – 3 Ob OWi 76/87, NuR 1987, 376.

Lebensstätten und Biotope oder der zu ihrer Durchführung erlassenen Rechtsvorschriften erforderlich sind. In jedem Fall ist ein ausdrückliches Verlangen der Auskünfte durch die zuständige Behörde erforderlich, um die Auskunftspflicht wirksam werden zu lassen.

45 Nr. 25 sanktioniert Verstöße gegen die in § 52 Abs. 2 Satz 2 geregelte **Unterstützungspflicht** und bedroht diese mit Bußgeld bis zu 10.000 €. Ordnungswidrig handelt, wer vorsätzlich oder fahrlässig eine beauftragte Person nicht unterstützt oder eine geschäftliche Unterlage nicht, nicht richtig, nicht vollständig oder nicht rechtzeitig vorlegt. Nach § 52 Abs. 2 Satz 1 dürfen Personen, die von den in § 52 Abs. 1 genannten Behörden beauftragt sind, soweit dies erforderlich ist, im Rahmen des Abs. 1 betrieblich oder geschäftlich genutzte Grundstücke, Gebäude, Räume, Seeanlagen, Schiffe und Transportmittel der zur Auskunft verpflichteten Person während der Geschäfts- und Betriebszeiten betreten und die Behältnisse sowie die geschäftlichen Unterlagen einsehen. Der Auskunftspflichtige hat nach Satz 2 der Vorschrift, soweit erforderlich, die beauftragten Personen dabei zu unterstützen sowie die geschäftlichen Unterlagen auf Verlangen vorzulegen. Unterlässt er dies, verwirkt er den Bußgeldtatbestand, es sei denn, ihm steht im Einzelfall ein Auskunftsverweigerungsrecht nach § 55 StPO zu (vgl. § 52 Abs. 3). Die **Seeanlagen** und **Schiffe** wurden im Vergleich zur ansonsten inhaltsgleichen Vorgängernorm des § 50 Abs. 2 Satz 1 BNatSchG a.F. neu in das Gesetz aufgenommen, um auch in der deutschen ausschließlichen Wirtschaftszone die Einhaltung der artenschutzrechtlichen Vorschriften wirksam kontrollieren zu können.[50]

46 Nr. 26 betrifft Verstöße gegen § 61 Abs. 1 Satz 1, einer neu und nach dem Vorbild früherer landesrechtlicher Vorschriften (§§ 55 NatSchG Baden-Württemberg, 48 BbgNatSchG, 34 SächsNatSchG) in das BNatSchG eingefügten Vorschrift und bedroht diese mit Bußgeld bis zu 50.000 €. Ordnungswidrig handelt hiernach, wer vorsätzlich oder fahrlässig im Außenbereich an Bundeswasserstraßen oder Gewässern erster Ordnung sowie an stehenden Gewässern mit einer Größe von mehr als 1 Hektar im Abstand von 50 m von der Uferlinie eine **baulichen Anlage** errichtet oder wesentlich ändert. Das Merkmal der baulichen Anlage bestimmt sich nach § 29 BauGB und der dazu ergangenen Rechtsprechung.[51] Dasselbe gilt für Verstöße gegen § 61 Abs. 1 Nr. 2, wonach bei baulichen Anlagen ein Abstand von 150 Metern von der mittleren Hochwasserlinie an der Nordsee und von der Mittelwasserlinie an der Ostsee einzuhalten ist.

47 Nr. 27 betrifft Verstöße gegen Rechtsverordnungen nach fünf verschiedenen Ermächtigungen aus dem BNatSchG sowie gegen vollziehbare Anordnungen auf Grund dieser Rechtsverordnungen. Voraussetzung ist, dass in der Rechtsverordnung auf § 69 Abs. 3 Nr. 27 rückverwiesen wird. Es droht hier bei Vorsatz Bußgeld bis zu 50.000 €. Konkret betrifft das vorsätzliche oder fahrlässige Verstöße gegen

---

50 BR-Drs. 278/09, S. 224.
51 Dazu näher *Löhr*, in: Battis/Krautzberger/Löhr, 12. Aufl. 2014, § 29 BauGB, Rn. 9 ff.

– Rechtsverordnungen nach **§ 49 Abs. 2** (Regelungen über das Verfahren der Zollbehörden über die Mitwirkung bei der Überwachung des Verbringens von Tieren oder Pflanzen, die einer Ein- oder Ausfuhrregelung der EU unterliegen, sowie von Besitz- und Vermarktungsverboten nach dem fünften Kapitel des BNatSchG),

– Rechtsverordnungen nach **§ 54 Abs. 5** (Verbote oder Beschränkungen der Haltung oder Zucht von Tieren sowie des Inverkehrbringens von Tieren und Pflanzen bestimmter besonders geschützter Arten sowie der nach § 54 Abs. 4 bestimmten invasiven Arten),

– Rechtsverordnungen nach **§ 54 Abs. 6 Satz 1** (Besitzverbote für bestimmte Geräte, Mittel und Vorrichtungen, mit denen in Mengen oder wahllos wild lebende Tiere getötet, bekämpft oder gefangen oder Pflanzen bekämpft oder vernichtet werden können, oder durch die das örtliche Verschwinden oder sonstige erhebliche Beeinträchtigungen von Populationen oder betreffenden Tier- oder Pflanzenarten hervorgerufen werden können),

– Rechtsverordnungen nach **§ 54 Abs. 7** (Vorschriften zum Schutz von Horststandorten von Vogelarten, die in ihrem Bestand gefährdet und in besonderem Maße störungsempfindlich sind und insbesondere während bestimmter Zeiträume und innerhalb bestimmter Abstände Handlungen verboten werden, die die Fortpflanzung oder Aufzucht beeinträchtigen können) sowie

– Rechtsverordnungen nach **§ 54 Abs. 8** (Vorschriften zur Erleichterung der Überwachung der Besitz- und Vermarktungsverbote, wie bestimmte Aufzeichnungs- und Kennzeichnungspflichten, Bescheinigungen und Anzeigepflichten).

Aufgrund dieser Ermächtigungen wurde die **Bundesartenschutzverordnung** erlassen, die in § 16 die Ordnungswidrigkeiten regelt. (Zur Vollziehbarkeit der Anordnung siehe Rn. 22.)

5. Absatz 4

Die Ordnungswidrigkeiten nach Abs. 4 betreffen Verstöße gegen Vorschriften der **Verordnung (EG) Nr. 338/97** vom 09.12.1996 über den Schutz von Exemplaren wild lebender Tier- und Pflanzenarten durch Überwachung des Handels. Sie waren zuvor im Wesentlichen inhaltsgleich in § 65 Abs. 3 BNatSchG a.F. geregelt. Zur Zulässigkeit der Blankettverweisung auf EU-Vorschriften siehe Rn. 14. Der Bundesgerichtshof hat die Vor-Vorgängervorschrift des § 30a Abs. 2 BNatSchG a.F., die bis 2002 galt, ausdrücklich für verfassungsrechtlich unbedenklich erklärt.[52]   48

Nr. 1 betrifft Verstöße gegen die EG-rechtlichen Einfuhrvorschriften für Exemplare der in den Anhängen A und B der Verordnung (EG) Nr. 338/97 geregelten Arten sowie Verstöße gegen die Ausfuhr- und Wiedereinfuhrvorschriften für Exemplare der in den Anhängen A, B und C der Verordnung   49

---

52 BGH, Beschl. v. 16.08.1996 – 1 StR 745/95, NJW 1996, 3220 (3220/21) = wistra 1997, 25 (26); a.A. *Hammer*, DVBl 1997, 401 (403).

(EG) Nr. 338/97 genannten Arten.[53] Ordnungswidrig handelt, wer im Bereich der genannten Tiere und Pflanzen vorsätzlich oder fahrlässig eine **Ein- oder Ausfuhrgenehmigung** oder eine **Wiederausfuhrbescheinigung** nicht, nicht richtig, nicht vollständig oder nicht rechtzeitig vorlegt. Die Tat ist mit Bußgeld bis zu 50.000 € bedroht. Bezieht sich die Handlung in der vorsätzlichen Begehungsform auf ein Tier oder eine Pflanze einer streng geschützten Art, ist die Tat nach § 71 Abs. 2 strafbar.

50   Nr. 2 betrifft vorsätzliche oder fahrlässige Verstöße gegen die EG-rechtlichen Einfuhrvorschriften für Exemplare der in den Anhängen C und D der Verordnung (EG) Nr. 338/97 genannten Arten. Ordnungswidrig handelt, wer im Bereich der genannten Tiere und Pflanzen vorsätzlich oder fahrlässig eine **Einfuhrmeldung** nicht, nicht richtig, nicht vollständig oder nicht rechtzeitig vorlegt. Die Tat ist mit Bußgeld bis zu 10.000 € bedroht.

51   Nr. 3 betrifft Verstöße gegen die EG-rechtlichen **Vermarktungsverbote** für Exemplare der in den Anhängen A und B der Verordnung (EG) Nr. 338/97 geregelten Arten. Ordnungswidrig handelt, wer vorsätzlich oder fahrlässig Exemplare der genannten Arten kauft, zum Kauf anbietet, zu kommerziellen Zwecken erwirbt, zur Schau stellt oder verwendet oder ein Exemplar verkauft oder zu Verkaufszwecken vorrätig hält, anbietet oder befördert. § 69 Abs. 4 Nr. 3 entspricht damit inhaltlich Art. 8 Abs. 1 der Verordnung (EG) Nr. 338/97. Ein Handeln zu kommerziellen Zwecken wird beim Kauf und beim Anbieten nicht vorausgesetzt. Die Tat ist mit Bußgeld bis zu 50.000 € bedroht.

52   Nr. 4 betrifft die Zuwiderhandlung gegen eine vollziehbare Anordnung nach Art. 11 Abs. 3 Satz 1 der Verordnung (EG) Nr. 338/97 und bedroht diese mit Bußgeld bis zu 10.000 €. Nach dieser Vorschrift kann die Behörde in jeder Genehmigung oder Bescheinigung, die nach der Verordnung (EG) Nr. 338/97 ausgestellt wird, **Bedingungen** festlegen und **Auflagen** erteilen, um die Einhaltung der Vorschriften der Verordnung sicherzustellen. Ordnungswidrig handelt, wer gegen eine vollziehbare Auflage nach Art. 11 Abs. 3 Satz 1 der Verordnung verstößt. Von einem Teil der Literatur werden Bedenken gegen die ausreichende Bestimmtheit der Bußgeldvorschrift geäußert.[54] Denn damit habe es alleine die Behörde in der Hand, den genauen Inhalt der Pflicht festzulegen. Da es an der ausreichend konkreten Beschreibung des Inhalts einer möglichen Auflage und damit des zu ahndenden Verstoßes fehle, sei die Norm verfassungswidrig.[55] Allerdings ist der Handlungsspielraum der Verwaltung stark eingeschränkt, denn die Auflage darf alleine zu dem Zweck erlassen werden, die Einhaltung der Vorschriften der Verordnung (EG) Nr. 338/97 sicherzustellen. Art. 11 Abs. 3 Satz 1 der Verordnung

---

53 *Henzler*, NuR 2005, 646.

54 Zu den Anforderungen an die Bestimmtheit bei den verwaltungsakzessorischen Umweltstrafnormen: BVerfG, Beschl. v. 06. 05. 1987 – 2 BvL 11/85, BVerfGE 75, 329, 343 (Rn. 50: Beim Erlass einer Strafvorschrift hat der Gesetzgeber mit hinreichender Deutlichkeit selbst zu bestimmen, was strafbar sein soll).

55 Für die (identische) Vorgängernorm des § 65 Abs. 3 Nr. 4 BNatSchG a.F.: *Bendomir-Kahlo*, in: Gassner/Bendomir-Kahlo/Schmidt-Räntsch, BNatSchG, 2. Aufl. 2003, § 65 BNatSchG, Rn. 17 m.w.N.

(EG) Nr. 338/97 dürfte den Anforderungen an hinreichende Bestimmtheit daher noch genügen. Damit ist auch der nationale Verweis auf diese Norm nicht zu beanstanden. Die verfassungsrechtlichen Bedenken greifen daher im Ergebnis nicht durch, denn ohne den Verweis könnten Verstöße gegen eine entsprechende Auflage nicht geahndet werden.[56]

6. Absatz 5

Abs. 5 betrifft Verstöße gegen die sog. **Tellereisenverordnung (EWG)** 53 **Nr. 3254/91.**[57] Es gilt die Tellereisenverordnung in ihrer jeweiligen Fassung; gegen diese dynamische Verweisung bestehen keine verfassungsrechtlichen Bedenken (vgl. dazu Rn. 14). Ordnungswidrig handelt, wer vorsätzlich oder fahrlässig Tellereisen entgegen Art. 2 dieser Verordnung verwendet (Nr. 1) oder wer entgegen Art. 3 Abs. 1 Satz 1 der Verordnung einen Pelz einer dort genannten Tierart oder eine dort genannte Ware vorsätzlich oder fahrlässig in die Gemeinschaft verbringt (Nr. 2). Es droht hier Bußgeld bis zu 10.000 €. Wird die Tat vorsätzlich begangen und bezieht sie sich auf eine streng geschützte Art, dann ist die Tat gemäß § 71 Abs. 2 als Straftat zu verfolgen.

Die Tellereisenverordnung verbietet die Anwendung von Tellereisen in der 54 EU und auch die Einfuhr von Pelzen und Waren bestimmter Wildtierarten aus Ländern, in denen Tellereisen verwendet werden dürfen oder Fangmethoden angewendet werden, die den internationalen humanen Fangmethoden nicht entsprechen. Zu den so geschützten Tierarten zählen z.B. Biber, Bisamratte, Dachs, Steppenwolf, Wolf, Rotluchs, Zobel und Waschbär. Einige dieser Tierarten sind zugleich solche des Washingtoner Artenschutzübereinkommens (vgl. Rn. 3). Das generelle **Einfuhrverbot für Pelze und Pelzwaren** der genannten Tierarten gilt in drei Ausnahmenfällen nicht, nämlich (a) wenn sie in einem Land gefangen wurden, das in Tabelle 1 genannt ist und es sich um eine der neben dem Land angegebenen Tierarten handelt, (b) wenn sie in einem Mitgliedsstaat der EU gefangen wurden und (c) wenn sie in Gefangenschaft geboren und aufgezogen wurden. Zum Nachweis der Ausnahme(n) muss der Sendung eine „Bescheinigung über Pelze und Pelzwaren" beigelegt werden; diese ist bei der Einfuhr der ersten Zollstelle vorzulegen.[58]

7. Absatz 6

Die maximale Höhe der Geldbuße wird bestimmt in § 69 Abs. 6. Das Bußgeld 55 beträgt mindestens fünf Euro (§ 17 Abs. 1 OWiG). Im Fall einer fahrlässigen

---

56 *Sanden*, in: Landmann/Rohmer (Hrsg.), Umweltrecht Bd. II, Stand: 01.05.2015, § 69 BNatSchG, Rn. 18.

57 Verordnung (EWG) Nr. 3254/91 des Rates v. 04.11.1991 zum Verbot von Tellereisen in der Gemeinschaft und der Einfuhr von Pelzen und Waren von bestimmten Wildtierarten aus Ländern, die Tellereisen oder den nationalen humanen Fangnormen nicht entsprechende Fangmethoden anwenden, ABl. Nr. L 308 v. 09.11.1991 S. 1, geändert durch Verordnung (EG) Nr. 35/97, ABl. Nr. L 8, S. 2.

58 *Sanden*, in: Landmann/Rohmer (Hrsg.), Umweltrecht Bd. II, Stand: 01.05.2015, § 69 BNatSchG, Rn. 18.

Ordnungswidrigkeit beträgt das Bußgeld maximal die Hälfte der in § 69 Abs. 6 angedrohten maximalen Bußgelder, denn das BNatSchG unterscheidet bei den Bußgeldhöhen nicht zwischen der vorsätzlichen und der fahrlässigen Begehungsform (§ 17 Abs. 2 OWiG). Unter den Voraussetzungen des § 30 OWiG kann eine Geldbuße gegen eine juristische Person verhängt werden.

56   Gemäß § 17 Abs. 3 OWiG ist Grundlage für die Zumessung der Geldbuße die Bedeutung der Tat und der Vorwurf, der den Täter trifft; zudem kommen auch die wirtschaftlichen Verhältnisse des Täters in Betracht. Das Bußgeld soll gemäß § 17 Abs. 4 OWiG den wirtschaftlichen Vorteil, der aus der Ordnungswidrigkeit gezogen wurde, übersteigen; reichen dazu die in § 69 Abs. 6 genannten Bußgeldhöhen nicht aus, dürfen sie überschritten werden. Für die Überschreitung, also für den wirtschaftlichen Vorteil, der aus dem ordnungswidrigen Verhalten gezogen wurde, ist die Behörde darlegungs- und beweispflichtig.

57   Ist dem Betroffenen nach seinen wirtschaftlichen Verhältnissen nicht zuzumuten, die Geldbuße sofort zu zahlen, so wird ihm gem. § 18 Satz 1 OWiG eine Zahlungsfrist bewilligt oder gestattet, die Geldbuße in bestimmten Teilbeträgen zu zahlen; darauf hat der Betroffene einen Rechtsanspruch, allerdings kann eine Verfallsklausel angeordnet werden, wonach das Recht zur Teilzahlung entfällt, wenn der Betroffene einen Teilbetrag nicht rechtzeitig zahlt (§ 18 Satz 2 OWiG).

58   Hat der Täter durch die Ordnungswidrigkeit etwas erlangt, so kann gegen ihn zudem der Verfall eines Geldbetrages angeordnet werden, der dem Wert des Erlangten entspricht (§ 29a Abs. 1 OWiG). Ggf. kann der Betrag des Erlangten geschätzt werden (§ 29a Abs. 3 OWiG). Der Verfall kann auch selbstständig angeordnet werden, wenn gegen den Täter – z.B. aus Opportunitätsgründen – kein Bußgeldverfahren eingeleitet wird (§ 29a Abs. 4 OWiG).

8. Absatz 7

59   Abs. 7 stellt eine Rechtsverordnungsermächtigung an die Länder dar und eröffnet ihnen die Möglichkeit, weitere Ordnungswidrigkeiten zu bestimmen. Die Länder dürfen hiernach eigene Ordnungswidrigkeitenvorschriften erlassen bei rechtswidrigen und vorwerfbaren Handlungen, die entweder unmittelbar gegen das BNatSchG verstoßen, in § 69 aber nicht mit Bußgeld bedroht sind, oder bei Verstößen gegen Rechtsverordnungen, die auf der Grundlage des BNatSchG von den Ländern erlassen worden sind. In Betracht kommen hier vor allem Verstöße gegen Schutzgebietsvorschriften, die nach dem BNatSchG durchgehend nicht bußgeldbewährt sind. So kann etwa das Fahren auf Freiflächen in der Natur mit motorbetriebenen Fahrzeugen landesrechtlich unter Bußgeldandrohung gestellt werden[59].

---

59 BayVerfGH, Entsch. V. 30.09.2014 – Vf. 1-VII-14, BayVBl. 2015, 263 = NuR 2015, 116 = BeckRS 2014, 56912.

IV. Das Bußgeldverfahren

Das Bußgeldverfahren richtet sich nach dem Ordnungswidrigkeitengesetz des Bundes (OWiG).[60] 60

Gemäß § 69 BNatSchG kann die Behörde ein Bußgeld verhängen, sie muss es aber nicht. Darin spiegelt sich der **Opportunitätsgrundsatz** des § 47 OWiG wieder. Während bei Straftaten nach dem Legalitätsgrundsatz, der die strafrechtliche Verfolgung fordert (§ 152 StPO) und zur Eröffnung eines Ermittlungsverfahren zwingt, wenn der Verdacht einer Straftat besteht (§ 160 Abs. 1 StPO), liegt es im Bereich des Ordnungswidrigkeitenrechts im pflichtgemäßen Ermessen der zuständigen Verwaltungsbehörde zu entscheiden, ob ein Bußgeldverfahren geführt werden soll oder nicht (§ 47 Abs. 1 OWiG). Die Ordnungswidrigkeit wird dann durch einen Bußgeldbescheid geahndet (§ 65 OWiG). 61

1. Sachliche und örtliche Zuständigkeit

Die **sachliche Zuständigkeit** ist in § 70 geregelt. Für die in Nr. 1 genannten Ordnungswidrigkeiten ist das Bundesamt für Naturschutz zuständig und für die in Nr. 2 genannten Fälle das (örtlich) zuständige Hauptzollamt. In allen anderen Fällen, die in den Nrn. 1 und 2 des § 70 nicht genannt sind, ist gemäß § 70 Nr. 3 die nach Landesrecht zuständige Behörde aufgefordert, das Bußgeldverfahren zu führen. Nr. 3 entspricht damit der Regelung des § 36 Abs. 2 OWiG, wonach Landesrecht die jeweils zuständige Behörde festzulegen hat. Die **örtliche Zuständigkeit** folgt dann aus § 37 OWiG. 62

Strafnormen gehen gemäß § 21 OWiG den Ordnungswidrigkeitentatbeständen vor und verdrängen diese. Bestehen Anhaltspunkte dafür, dass eine Straftat begangen wurde, gibt die Verwaltungsbehörde die Sache an die Staatsanwaltschaft ab (§ 41 OWiG). Wurde bereits ein Strafverfahren eingeleitet, verfolgt die Staatsanwaltschaft die Tat auch unter dem Gesichtspunkt einer Ordnungswidrigkeit (§ 40 OWiG). Der notwendige Inhalt des Bußgeldbescheides richtet sich nach § 66 OWiG. 63

2. Anhörung

Für das Verfahren gelten gemäß § 46 Abs. 1 OWiG die Vorschriften über das Strafverfahren, insbesondere der Strafprozessordnung (StPO), soweit das OWiG nichts anderes bestimmt. Vor Erlass eines Bußgeldbescheides muss die Verwaltungsbehörde dem Betroffenen **Gelegenheit zur Äußerung** geben (§ 55 OWiG i.V.m. § 163a StPO). Davon sollte ein Betroffener tunlichst Gebrauch machen, weil in dieser Phase des Verfahrens die Behörde häufig kooperationsbereiter ist, als wenn sie erst einen Bußgeldbescheid in die Welt gesetzt hat und es ihr dann nur noch um dessen „Verteidigung" geht. 64

---

60 Gesetz über Ordnungswidrigkeiten in der Fassung der Bekanntmachung v. 19.02.1987 (BGBl. I, S. 602), zuletzt geändert durch Art. 4 des Gesetzes v. 13.05.2015 (BGBl. I, S. 706).

3. Einspruch

65   Gegen den Bußgeldbescheid kann der Betroffene innerhalb von zwei Wochen nach Zustellung schriftlich oder zur Niederschrift bei der Verwaltungsbehörde **Einspruch** einlegen (§ 67 Abs. 1 OWiG). Macht der Betroffene davon keinen Gebrauch, erwächst der Bußgeldbescheid in Rechtskraft (§ 84 Abs. 1 OWiG) und kann nur dann noch weiter angegriffen werden, wenn ein Grund für einen erfolgreichen Antrag auf Wiederaufnahme des Verfahrens nach § 85 OWiG geltend gemacht werden kann.

4. Antrag auf gerichtliche Entscheidung

66   Verwirft die Verwaltungsbehörde den Einspruch als unzulässig, kann innerhalb von zwei Wochen **Antrag auf gerichtliche Entscheidung** gestellt werden (§ 69 Abs. 1 Satz 2 OWiG). Ist der Einspruch zulässig, prüft die Verwaltungsbehörde die Begründetheit und hilft dem Einspruch ggf. ab, indem sie den Bußgeldbescheid zurücknimmt (§ 69 Abs. 2 OWiG). Hilft sie dem Einspruch nicht ab, gibt sie die Sache mit einer Begründung an die Staatsanwaltschaft ab (§ 69 Abs. 3 OWiG). Die Staatsanwaltschaft kann ihrerseits das Verfahren einstellen, weitere Ermittlungen durchführen oder die Akte dem Richter zur Entscheidung vorlegen (§ 69 Abs. 4 OWiG). Es entscheidet dann das zuständige Amtsgericht, in dessen Bezirk die Verwaltungsbehörde ihren Sitz hat (§ 68 OWiG).

5. Beschwerdemöglichkeiten

67   Verwirft das Amtsgericht den Einspruch außerhalb der Hauptverhandlung als unzulässig, geschieht das durch Beschluss (§ 70 OWiG). Gegen diesen Beschluss ist gemäß § 70 Abs. 2 OWiG die **sofortige Beschwerde** gegeben (§ 46 Abs. 1 OWiG, § 311 StPO), über die das übergeordnete Landgericht entscheidet. Für die Einlegung der sofortigen Beschwerde läuft eine Frist von einer Woche ab Bekanntgabe der Entscheidung (§ 311 Abs. 2 StPO).

68   Verwirft das Amtsgericht den Einspruch erst nach Beginn der Hauptverhandlung als unzulässig oder weist ihn als unbegründet zurück, dann geschieht das regelmäßig durch Urteil. Hält das Gericht eine Hauptverhandlung für nicht erforderlich, dann kann es mit Zustimmung des Betroffenen und der Staatsanwaltschaft auch durch Beschluss entscheiden (§ 72 Abs. 1 Satz 1 OWiG).

69   Gegen das Urteil bzw. gegen den Beschluss ist das Rechtsmittel der **Rechtsbeschwerde** nach § 79 Abs. 1 Satz 1 OWiG gegeben, und zwar auch dann, wenn das Gericht in der Hauptverhandlung versehentlich durch Beschluss anstatt durch Urteil entschieden hat.[61] Die Rechtsbeschwerde ist beim Amtsgericht einzulegen; dieses prüft die Einhaltung von Form und Frist. Die Einlegung beim Oberlandesgericht, das alsdann über die Rechtsbeschwerde entscheidet, genügt zur Fristwahrung nicht.[62]

---

61 OLG München, Beschl. v. 27. 10. 1977 – 2 Ob OWi 399/77, NJW 1978, 903.
62 BGH, Beschl. v. 21. 12. 1976 – 1 StR 236/76, NJW 1977, 964.

6. Kostenentscheidung

Stellt die Behörde das Bußgeldverfahren ein, ergeht keine **Kostenentschei-** 70
dung, weil § 467 Abs. 1 StPO im Verfahren der Verwaltungsbehörde in § 105
OWiG nicht für anwendbar erklärt ist. Der Beschuldigte bekommt dann
seine Auslagen und Kosten, insbesondere etwaig ihm entstandene Anwalts-
kosten für einen Verteidiger, nicht erstattet.

In den meisten anderen Fällen, namentlich bei jeder Entscheidung durch 71
Urteil, muss eine Kostenentscheidung getroffen werden. Wegen der z.T.
komplizierten Einzelheiten wird hier auf die Spezialliteratur zum OWiG und
zu den §§ 464 ff. StPO verwiesen.

7. Vollstreckung

Die Vollstreckung des Bußgeldbescheides geschieht gemäß § 90 Abs. 1 72
OWiG nach den Regeln des Verwaltungsvollstreckungsrechts.

8. Verfolgungsverjährung

Die Tat kann gemäß § 31 OWiG nicht mehr als Ordnungswidrigkeit verfolgt 73
werden, wenn seit Beendigung der Tathandlung (Tun oder Unterlassen) **drei
Jahre** (in den Fällen des § 69 Abs. 1, Abs. 2, Abs. 3 Nrn. 1–6, 18, 20, 21, 26
und 27 lit. b, Abs. 4 Nrn. 1 und 3 sowie des Abs. 5) bzw. **zwei Jahre** (in allen
übrigen Fällen des § 69) vergangen sind. Allerdings unterbricht jede der in
§ 33 Abs. 1 OWiG genannten Maßnahmen die Verjährung, so die erste Vernehmung des Betroffenen, jede richterliche Vernehmung und zahlreiche
weitere Beweismaßnahmen oder Verfahrensschritte im Rahmen des Ord-
nungswidrigkeitenverfahrens. Nach jeder **Unterbrechung** beginnt die Verjährungsfrist von Neuem (§ 33 Abs. 3 Satz 1 OWiG). Die äußerste Grenze für
derartige Verlängerungen der Verjährungsfrist liegt gemäß § 33 Abs. 3
Satz 2 OWiG beim Doppelten der gesetzlichen Verjährungsfrist, in den Fällen des § 69 Abs. 1, Abs. 2, Abs. 3 Nrn. 1–6, 18, 20, 21, 26 und 27 lit. b,
Abs. 4 Nrn. 1 und 3 sowie des Abs. 5 also bei sechs Jahren und in allen
übrigen Fällen des § 69 bei vier Jahren. Dann tritt absolute Verfolgungsverjährung ein, es sei denn, es wären noch Zeiten zu berücksichtigen, während
derer die Verfolgungsverjährung nach § 32 OWiG geruht hat.

V. Rechtliche Voraussetzungen
für die Ahndung einer Ordnungswidrigkeit

Zur Verhängung einer Geldbuße müssen – wie bei einer Straftat – drei 74
Punkte geprüft werden: Tatbestandsmäßigkeit, Rechtswidrigkeit und Schuld.

1. Tatbestandsmäßigkeit

a) Objektiver Tatbestand

Im objektiven Tatbestand ist zu prüfen, ob der Täter objektiv gegen eine der 75
in § 69 BNatSchG genannten Ge- oder Verbote verstoßen hat. Als Täter
kommen all die Personen in Betracht, denen die dortigen Pflichten obliegen.

Nach dem im Ordnungswidrigkeitenrecht geltenden Einheitstäterbegriff (§ 14 OWiG) sind Gehilfen und Anstifter wie Täter zu behandeln.

76 Eine juristische Person kann selber nicht Täter sein. Für sie handeln die verfassungsmäßig berufenen Organe, bei einer AG also die Vorstandsmitglieder, bei einer GmbH der oder die Geschäftsführer. Die Organmitglieder kommen auf Grund ihrer **Allzuständigkeit und Generalverantwortung**[63] immer als Täter in Betracht und können sich auch durch Pflichtendelegation nicht vollständig von ihren Pflichten befreien. Bestimmte Restpflichten wie die Pflichten zur Auswahl geeigneter Delegatare, zu ihrer ordnungsgemäßen Anweisung sowie zu ihrer gelegentlichen Überwachung sowie die Pflicht zum Einschreiten bei bekanntgewordenen Verfehlungen sind grundsätzlich nicht delegierbar. Daneben kommen auch all die Personen als Täter infrage, denen von der Geschäftsleitung bestimmte Aufgaben zur eigenverantwortlichen Wahrnehmung übertragen worden sind (z.B. Prokuristen, Werksleiter, Schichtleiter usw.). Während im Bereich des Strafrechts eine Bestrafung juristischer Personen nicht möglich ist, eröffnet im Ordnungswidrigkeitenrecht § 30 OWiG, der durch Art. 2 des 31. StrafRÄndG vom 27.06.1994[64] erheblich verschärft wurde, die Möglichkeit, eine **Geldbuße gegen die juristische Person** zu verhängen, sofern jemand als vertretungsberechtigtes Organ oder als Organmitglied, als Vorstand oder Vorstandsmitglied eines rechtsfähigen Vereins oder als vertretungsberechtigter Gesellschafter einer Personenhandelsgesellschaft (KG und oHG), als Generalbevollmächtigter oder in leitender Stellung als Prokurist oder Handlungsbevollmächtigter oder als sonstige Person, die für die Leitung eines Betriebs oder Unternehmens einer juristischen Person oder für die Überwachung der Geschäftsführung verantwortlich ist, eine Straftat oder Ordnungswidrigkeit begangen hat.

77 Der **Versuch** einer Ordnungswidrigkeit kann gemäß § 13 Abs. 2 OWiG nur geahndet werden, wenn es das Gesetz ausdrücklich bestimmt. Das ist bei § 69 BNatSchG nicht der Fall, sodass der Versuch einer der hier genannten Ordnungswidrigkeiten nicht mit Bußgeld geahndet werden kann.

b) Subjektiver Tatbestand

78 Im **subjektiven Tatbestand** ist zu prüfen, ob der Täter vorsätzlich oder fahrlässig gehandelt hat. Eine Definition des Vorsatzes sucht man im OWiG vergebens. § 11 Abs. 1 OWiG befasst sich nur mit der Kehrseite des Vorsatzes, dem Irrtum über Tatumstände, die zum gesetzlichen Tatbestand gehören und der den Vorsatz entfallen lässt. Nach h.M. ist **Vorsatz** der Wille zur Verwirklichung eines Ordnungswidrigkeitentatbestandes in Kenntnis all seiner objektiven Tatumstände (kurz: **Wissen und Wollen der Tatbestandsverwirklichung**). Der Vorsatz enthält also ein Wissens- und ein Willenselement. Maßgeblicher Zeitpunkt für das Vorliegen des Vorsatzes ist die Begehung der Tat. Später erlangtes Wissen schadet dem im Augenblick der Tat unwis-

---

63 BGH, Urt. v. 06.07.1990 – StR 549/89, NJW 1990, 2560 ff. („Lederspray").
64 BGBl. I, S 1440.

senden Täter nicht. Für den Vorsatz ist Absicht nicht erforderlich, es genügt der sog. **dolus eventualis**, wenn der Täter es ernstlich für möglich hält und sich damit abfindet, dass sein Verhalten zur Verwirklichung des gesetzlichen Tatbestandes führt.

Fahrlässig handelt, wer den Tatbestandserfolg ungewollt dadurch verur-   *79* sacht, dass er pflichtwidrig die im Verkehr erforderliche Sorgfalt vernachlässigt, obschon er auf Grund seiner individuellen Kenntnisse und Fähigkeiten die Sorgfaltsanforderungen hätte erkennen und beachten können. Zu fragen ist nach der Vorhersehbarkeit, also danach, ob der Täter den Verstoß gegen die im objektiven Tatbestand festzustellende Sorgfaltspflichtverletzung voraussehen konnte. Sorgfaltspflichten können sich aus den verschiedensten Bereichen ergeben, z.B. aus EU-Verordnungen, Gesetzen, Rechtsverordnungen, aus einer Genehmigung und seinen Auflagen, aus einer Verwaltungsvorschrift, die z.B. den Stand der Technik markiert, oder aus sonstigen technischen Normen (DIN-Normen, VDI-Normen usw.).

Schwierig kann die **Abgrenzung von dolus eventualis (Eventualvorsatz) zur**   *80* **bewussten Fahrlässigkeit** sein. In beiden Fällen rechnet der Täter mit der Möglichkeit, dass die im Gesetz genannten Umstände gegeben sind und dass sein Verhalten den Eintritt des Tatbestandserfolges bewirken kann. Der Unterschied besteht alleine darin, dass er diese Folge beim dolus eventualis hinnimmt und sich mit dem Risiko der Tatbestandsverwirklichung abfindet, während er bei bewusster Fahrlässigkeit auf das Nichtvorliegen der betreffenden Tatumstände oder auf das Ausbleiben des Erfolges vertraut.

2. Rechtswidrigkeit

Die Erfüllung des Tatbestandes indiziert die Rechtswidrigkeit. Diese wird   *81* also negativ geprüft, denn sie entfällt ausnahmsweise dann, wenn dem Täter ein sog. **Rechtfertigungsgrund** zur Seite steht. Als solche nennt das Gesetz Notwehr (§ 15 OWiG) und den rechtfertigenden Notstand (§ 16 OWiG). Im Bereich der in § 69 BNatSchG genannten Pflichten dürften solche Rechtfertigungsgründe regelmäßig ausscheiden.

3. Schuld

Eine Ordnungswidrigkeit setzt schuldhaftes Verhalten voraus (§ 1 OWiG).   *82* Generell **schuldunfähig** sind Personen bis zum Alter von 14 Jahren (§ 12 Abs. 1 Satz 1 OWiG) oder wer bei Begehung der Handlung wegen einer krankhaften seelischen Störung, wegen einer tief greifenden Bewusstseinsstörung oder wegen Schwachsinns oder einer schweren seelischen anderen Abartigkeit unfähig ist, das Unerlaubte der Handlung einzusehen oder nach dieser Einsicht zu handeln (§ 12 Abs. 2 OWiG). Alle übrigen Personen, wobei lediglich noch die Jugendlichen eine Sonderbehandlung nach dem Jugendgerichtsgesetz erfahren (§ 12 Abs. 1 Satz 2 OWiG), sind dagegen grundsätzlich schuldfähig. Bei ihnen kann im Einzelfall lediglich ein sog. **Verbotsirrtum** gemäß § 11 Abs. 2 OWiG zum Schuldausschluss führen, vorausgesetzt er war für den Täter nicht vermeidbar. Ein Verbotsirrtum ist insbesondere dann gegeben, wenn der Betroffene das Ge- oder Verbot nicht kennt. An die

Unvermeidbarkeit sind strenge Anforderungen zu stellen; die Unkenntnis gesetzlicher Anforderungen wie solche aus dem Bereich des Umweltrechts führen im gewerblich/industriellen Bereich grundsätzlich nicht zum Schuldausschluss. Die dort Tätigen trifft eine Informationspflicht, sie müssen ggf. externen wie etwa anwaltlichen Rat einholen.

4. Zusammentreffen mehrerer Ordnungswidrigkeiten

83 Erfüllt dieselbe Handlung mehrere Bußgeldtatbestände, sowohl ein und desselben Gesetzes als auch nach verschiedenen Gesetzen, dann wird gem. § 19 Abs. 1 OWiG nur eine einzige Geldbuße festgesetzt **(Tateinheit)**. Diese richtet sich nach dem Gesetz, das die höchste Geldbuße androht (§ 19 Abs. 2 OWiG). Außerdem kann auch auf die in dem anderen Gesetz angedrohten Nebenfolgen erkannt werden.

84 Werden mehrere Ordnungswidrigkeitentatbestände verwirklicht **(Tatmehrheit)**, denn wird für jede Ordnungswidrigkeit ein gesondertes Bußgeld festgesetzt (§ 20 OWiG).

85 Ist eine Handlung gleichzeitig Straftat und Ordnungswidrigkeit, so wird gem. § 21 Abs. 1 OWiG nur das Strafgesetz angewendet, wobei auf die in dem anderen Gesetz angedrohten Nebenfolgen erkannt werden kann. Wird im Strafverfahren keine Strafe verhängt, dann kann die Handlung jedoch gem. § 21 Abs. 2 OWiG als Ordnungswidrigkeit geahndet werden.

§ 70
Verwaltungsbehörde

Verwaltungsbehörde im Sinne des § 36 Absatz 1 Nummer 1 des Gesetzes über Ordnungswidrigkeiten ist

1. **das Bundesamt für Naturschutz in den Fällen,**
   a) **des § 69 Absatz 3 Nummer 20 und 21 und Absatz 4 Nummer 3 bei Handlungen im Zusammenhang mit der Einfuhr in die oder der Ausfuhr aus der Gemeinschaft oder dem Verbringen in die oder aus der Bundesrepublik Deutschland,**
   b) **des § 69 Absatz 3 Nummer 24 bei der Verletzung der Auskunftspflicht gegenüber dem Bundesamt,**
   c) **des § 69 Absatz 3 Nummer 25 und Absatz 4 Nummer 4 bei Maßnahmen des Bundesamtes,**
   d) **des § 69 Absatz 4 Nummer 1 und Absatz 5 Nummer 2,**
   e) **von sonstigen Ordnungswidrigkeiten nach § 69 Absatz 1 bis 5, die im Bereich der deutschen ausschließlichen Wirtschaftszone oder des Festlandsockels begangen worden sind,**
2. **das zuständige Hauptzollamt in den Fällen des § 69 Absatz 3 Nummer 22, 23 und 27 Buchstabe a und Absatz 4 Nummer 2,**
3. **in allen übrigen Fällen die nach Landesrecht zuständige Behörde.**

Inhaltsübersicht

I. Einführung in den Gesamtkontext

Die Vorschrift ist am 01. 03. 2010 in Kraft getreten. Sie ist die Nachfolgerege-   1
lung von § 65 Abs. 6 BNatSchG vom 25. 03. 2002 (BGBl. I, S. 1193), die ihrerseits nahezu wortgleich der Vorgängerregelung des § 30 Abs. 4 BNatSchG
vom 12. 03. 1987 (BGBl. I, S. 205) entsprach.

Die Vorschrift regelt die **sachliche Zuständigkeit** zur Durchführung von Ord-   2
nungswidrigkeitenverfahren i.S.v. § 36 Abs. 1 Nr. 1 OWiG.

II. Übersicht über den Norminhalt

Nur die in dieser Vorschrift genannten Behörden sind befugt, Bußgeldbe-   3
scheide wegen der in § 69 geregelten Ordnungswidrigkeiten zu erlassen.
Der Grundsatz folgt aus der Nr. 3, wonach die Zuständigkeitsregelungen der
Bundesländer bestimmen, wer zuständige Behörde ist. Nur für die in den
Nrn. 1 und 2 enumerativ und abschließend aufgezählten Ordnungswidrig-
keitentatbestände sind die dort genannten Behörden, also das Bundesamt für
Naturschutz oder das örtlich zuständige Hauptzollamt, zuständige Behörde
i.S.v. § 36 OWiG.

III. Einzelkommentierung

Die Regelung ist aufgrund ihrer vielfachen Verweisungen und Weiterverwei-   4
sungen im Ergebnis schwer zu erfassen.

1. Zuständigkeiten des Bundesamtes für Naturschutz

In den in Abs. 1 Nr. 1 genannten Fällen ist das Bundesamt für Naturschutz   5
mit Sitz in Bonn zuständig. Das Bundesamt für Naturschutz wurde am
15.08.1993 errichtet[1] und hat mehrere Kompetenzen des früheren Bundesamtes für Ernährung und Forstwirtschaft übernommen; u.a. legt es die sog.
Roten Listen der gefährdeten Arten in Deutschland als Informationsmittel für
Bürger und Staat vor.[2]

---

1   Gesetz über die Errichtung eines Bundesamtes für Naturschutz und zur Änderung von
    Vorschriften auf dem Gebiet des Artenschutzes v. 06. 08. 1983, BGBl. I, S. 1458.
2   *Kloepfer*, Umweltrecht, 3. Aufl. 2004, § 11, Rn. 231.

6 Die Zuständigkeit des Bundesamtes für Naturschutz besteht bei der Verfolgung folgender Ordnungswidrigkeiten:

– das Inbesitz- und Ingewahrsamhaben eines Tieres, einer Pflanze oder einer Ware sowie deren Be- oder Verarbeitung entgegen den Vorschriften des Besonderen Artenschutzes nach § 44 BNatSchG,

– **§ 69 Abs. 3 Nr. 21:** Verkaufen, Kaufen, zum Kauf oder Verkauf Anbieten oder Vorrätig-Halten, Befördern, Tauschen oder entgeltlich zum Gebrauch oder zur Nutzung Überlassen, das zu kommerziellen Zwecken Erwerben, zur Schau Stellen oder auf andere Weise Verwenden von Tieren, Pflanzen oder Waren der besonders geschützten Arten im Sinne der §§ 44 Abs. 2 Satz 1 Nr. 2, auch in Verbindung mit § 44 Abs. 3 Nr. 1 oder 2 i.V.m. einer Rechtsverordnung nach § 54 Abs. 4,

– **§ 69 Abs. 4 Nr. 3:** Kaufen, zum Kauf anbieten, zu kommerziellen Zwecken Erwerben, zur Schau Stellen oder Verwenden, Verkaufen, zu Verkaufszwecken Vorrätighalten, Anbieten oder Befördern von Exemplaren, die näher beschrieben werden in Art. 8 Abs. 1 der Verordnung (EG) Nr. 338/97 des Rates vom 09.12.1996 über den Schutz von Exemplaren wild lebender Tier- und Pflanzenarten durch Überwachung des Handels (ABl. L 61 v. 02.02.1996, S. 1, L 100 v. 17.04.1997, S. 72, L 298 v. 01.11.1997, S. 70, L 113 vom 27.04.1006, S. 26, zuletzt geändert durch Verordnung (EG) Nr. 318/2008, ABl. L 95 v. 08.04.2008, S. 3 auch in Verbindung mit der Tellereisen-Verordnung,

– **§ 69 Abs. 3 Nr. 24:** die nicht, nicht richtige, nicht vollständige oder nicht rechtzeitige Erteilung einer Auskunft gegenüber den für Naturschutz und Landschaftspflege zuständigen Behörden nach § 52 Abs. 1,

– **§ 69 Abs. 3 Nr. 25:** die ausgebliebene Unterstützung oder die nicht, nicht richtig, nicht vollständig oder nicht rechtzeitig erfolgte Vorlage geschäftlicher Unterlagen an die Personen, die von den für Naturschutz und Landschaftspflege zuständigen Behörden beauftragt, entgegen dem Gebot des § 52 Abs. 2 Satz 2,

– **§ 69 Abs. 4 Nr. 4:** Zuwiderhandlung gegen eine vollziehbare Auflage nach Art. 3 Abs. 1 der Verordnung (EG) Nr. 338/97 des Rates vom 09.12.1996 über den Schutz von Exemplaren wild lebender Tier- und Pflanzenarten durch Überwachung des Handels (ABl. L 61 v. 02.02.1996, S. 1, L 100 v. 17.04.1997, S. 72, L 298 v. 01.11.1997, S. 70, L 113 vom 27.04.1006, S. 26, zuletzt geändert durch Verordnung (EG) Nr. 318/2008, ABl. L 95 v. 08.04. 2008, S. 3 auch in Verbindung mit der Tellereisen-Verordnung,

– **§ 69 Abs. 4 Nr. 1:** die ausgebliebene, nicht richtige, nicht vollständige oder nicht rechtzeitige Vorlage einer Einfuhrgenehmigung, einer Ausfuhrgenehmigung oder einer Wiedereinfuhrbescheinigung entgegen Art. 4 Abs. 1 Satz 1 oder Abs. 2 Satz 1 oder Art. 5 Abs. 1 oder Abs. 4 Satz 1 der zuvor genannten EG-Artenschutzverordnung

– **§ 69 Abs. 5 Nr. 2:** das Verbringen eines Pelzes oder einer in Art. 3 der EG-Artenschutzverordnung genannten Tierart oder Ware in die Gemeinschaft,

Müggenborg

– **alle sonstigen in § 69 genannten Ordnungswidrigkeiten** – mit Ausnahme der in § 70 Abs. 2 und 3 genannten Fälle –, sofern diese im Bereich der deutschen ausschließlichen Wirtschaftszone oder des Festlandsockels begangen worden sind.

a) Deutsche ausschließliche Wirtschaftszone

Die **deutsche ausschließliche Wirtschaftszone** wird bestimmt in Art. 55 SRÜ   7
(Seerechtsübereinkommens der Vereinten Nationen vom 10. 12. 1982[3]), das am 16. 11. 1994 in Kraft getreten ist und in 138 Staaten gilt.[4] Es ist das Gebiet jenseits des Küstenmeers bis zu einer Erstreckung von 200 Seemeilen ab der Basislinie, in dem der angrenzende Küstenstaat in begrenztem Umfang souveräne Rechte und Hoheitsbefugnisse wahrnehmen kann (auch **200-Meilen-Zone** genannt).[5] Nach Art. 56 SRÜ hat der Küstenstaat souveräne Rechte zum Zwecke der Erforschung, Ausbeutung, Erhaltung und Bewirtschaftung sämtlicher Ressourcen des Meeres, des Meeresbodens und des Meeresuntergrundes.

b) Deutscher Festlandsockel

Der **deutsche Festlandsockel** ist in Art. 76 Abs. 1 SRÜ definiert.[6] Er umfasst   8
den jenseits des Küstenmeers eines Küstenstaats gelegenen Meeresboden und Meeresuntergrund der Unterwassergebiete, die sich über die gesamte natürliche Verlängerung seines Landgebiets bis zur äußeren Kante des Festlandrands erstrecken oder bis zu einer Entfernung von 200 Seemeilen von den Basislinien, von denen aus die Breite des Küstenmeers gemessen wird, wo die äußere Kante des Festlandrands in einer geringeren Entfernung verläuft. Gemäß Art. 77 Abs. 1 SRÜ übt der Küstenstaat über den Festlandsockel souveräne Rechte zum Zweck seiner Erforschung und der Ausbeutung seiner natürlichen Ressourcen aus; nach Art. 77 Abs. 2 SRÜ handelt es sich dabei um ein ausschließliches Recht, da niemand ohne ausdrückliche Zustimmung des Küstenstaats den Festlandsockel erforschen oder seine natürlichen Ressourcen ausbeuten darf, selbst wenn der Küstenstaat diese Tätigkeit unterlässt. Der Festlandsockel wird auch als Schelf, Kontinentalschelf, Kontinentalsockel bezeichnet. Gemeint ist der flache, küstennahe Meeresboden, der bis zu 200 Meter unter dem Meeresspiegel liegt. Er kann auch als Küstenflachmeer bezeichnet werden. Die meisten Länder beanspruchen hier eine Drei-Meilen-Zone, wobei das, da es im Seerechtsübereinkommen nicht genau definiert wird, zum Teil umstritten ist.[7]

---

3   Seerechtsübereinkommen der Vereinten Nationen (SRÜ) v. 10. 12. 1982, BGBl. II 1994, S. 1799.
4   Zur Geschichte de Seerechtsübereinkommens vgl. *Herber*, Seehandelsrecht, S. 58.
5   *Herber*, Seehandelsrecht, S. 63 ff.
6   *Hobe*, Einführung in das Völkerrecht, S. 483; *Dahm/Delbrück/Wolfrum*, Völkerrecht Band I/2, S. 387 ff.
7   Norwegen beansprucht eine Vier-Meilen-Zone, ebenso Irland für seine Nordküste. Die Sowjetunion bestand in der Ostsee stets auf einer 12-Meilen-Zone.

2. Zuständigkeit des Hauptzollamtes

9 Im Bereich des Zollwesens hat der Bund die ausschließliche Gesetzgebungskompetenz (Art. 73 Abs. 1 Nr. 5 GG). Der Zoll nimmt die in Art. 108 GG beschriebenen Aufgaben wahr. Der Aufbau der Zollverwaltung ist gemäß Art. 108 Abs. 1 Satz 2 GG bundesgesetzlich geregelt. Die **Zollverwaltung** ist hiernach dreigliedrig strukturiert. Auf der obersten Stufe steht das Bundesministerium der Finanzen, auf der zweiten Stufe (Mittelbehörden) die Oberfinanzdirektionen mit jeweils eigenen Zollabteilungen und auf der untersten dritten Stufe der örtlichen Behörden die Hauptzollämter. Die Hauptzollämter sind zuständig zur Verfolgung der folgenden Ordnungswidrigkeiten:

– **§ 69 Abs. 3 Nr. 22:** die ausgebliebene, nicht richtige oder nicht rechtzeitige Anmeldung oder die ausgebliebene oder nicht rechtzeitige Vorführung eines Tieres oder einer Pflanze zur Ein- oder Ausfuhr, sofern das Tier oder die Pflanze einer von der Europäischen Gemeinschaft erlassenen Ein- oder Ausfuhrregelung i.S.v. § 50 Abs. 1 Satz 1 unterliegt,

– **§ 69 Abs. 3 Nr. 23:** die ausgebliebene, nicht richtige, nicht vollständige oder nicht rechtzeitige Mitteilung der voraussichtlichen Ankunftszeit lebender Tiere unter Angabe der Art und Zahl der Tiere, welche der abfertigenden Zollstelle nach § 50 Abs. 2 mindestens 18 Stunden vor der Ankunft gegeben werden muss,

– **§ 69 Abs. 3 Nr. 27 lit. a:** Zuwiderhandlung gegen eine Zollverordnung nach § 49 Abs. 2, die das Bundesministerium der Finanzen im Einvernehmen mit dem Bundesministerium für Umwelt, Naturschutz und Reaktorsicherheit zur Überwachung des Verbringens von Tieren und Pflanzen und ihrer Ein- und Ausfuhr erlassen darf, sowie Zuwiderhandlung gegen eine vollziehbare Anordnung aufgrund dieser Zollverordnung,

– **§ 69 Abs. 4 Nr. 2:** ausgebliebene, nicht richtige, nicht vollständige oder nicht rechtzeitige Vorlage einer Einfuhranmeldung, die nach der EG-Artenschutzverordnung (siehe oben) erforderlich ist.

3. Zuständigkeit von Landesbehörden

10 In allen vorstehend nicht behandelten Fällen sind nicht Bundesbehörden, sondern die nach dem jeweiligen Landesrecht bestimmten Behörden zuständig. Die Bundesländer sind insoweit gehalten, in ihrem Landesrecht die zuständigen Behörden zu bestimmen. Das kann im Rahmen von Landesorganisationsgesetzen oder im Rahmen der Landesnaturschutzgesetze erfolgen.

4. Gleichzeitige Verfolgung einer Ordnungswidrigkeit als Straftat

11 Erfüllt die Ordnungswidrigkeit zugleich den Tatbestand einer Strafnorm, ist gemäß § 40 OWiG neben der Verwaltungsbehörde auch die Staatsanwaltschaft für die Verfolgung der Tat zuständig. Bis zum Erlass des Bußgeldbescheides kann die Staatsanwaltschaft gemäß § 42 Abs. 1 OWiG auch die Verfolgung der Ordnungswidrigkeit übernehmen, wenn sie eine Straftat verfolgt, die mit der Ordnungswidrigkeit zusammenhängt. Dies ist gemäß § 42 Abs. 2 Satz 2 OWiG der Fall, wenn jemand sowohl einer Straftat als auch eine Ordnungswidrigkeit oder wenn hinsichtlich derselben Tat eine Person einer Straftat und eine andere einer Ordnungswidrigkeit beschuldigt

wird. Wenn die Staatsanwaltschaft in den Fällen des § 42 OWiG öffentliche Klage erhebt, dann erstreckt sich diese gemäß § 64 OWiG auch auf die Ordnungswidrigkeit, sofern die Ermittlungen hierfür genügend Anlass bieten. Will die Staatsanwaltschaft das Verfahren in Bezug auf die Ordnungswidrigkeit gemäß § 47 OWiG einstellen, muss sie gemäß § 63 Abs. 3 OWiG zuvor die Verwaltungsbehörde hören. Die Anhörung soll der Verwaltungsbehörde die Möglichkeit eröffnen, auf Umstände hinzuweisen, die der Einstellung entgegenstehen können[8].

Ergeben sich umgekehrt im Bußgeldverfahren Anhaltspunkte dafür, dass auch der Tatbestand einer Strafnorm gemäß § 71 BNatSchG erfüllt sein könnte, ist die Verwaltungsbehörde gemäß § 41 OWiG zur Abgabe des Verfahrens an die Staatsanwaltschaft verpflichtet. Anhaltspunkte sind gegeben, wenn konkrete Tatsachen dafür vorliegen, dass eine Straftat verwirklicht ist. Ob diese Tatsachen zureichend sind zur Einleitung eines Ermittlungsverfahrens, hat allein die Staatsanwaltschaft zu entscheiden[9].   12

§ 71
Strafvorschriften

(1) Mit Freiheitsstrafe bis zu fünf Jahren oder mit Geldstrafe wird bestraft, wer eine in

1. § 69 Absatz 2 oder

2. § 69 Absatz 3 Nummer 21, Absatz 4 Nummer 1 oder Absatz 5

bezeichnete vorsätzliche Handlung begeht, die sich auf ein Tier oder eine Pflanze einer streng geschützten Art bezieht.

(2) Ebenso wird bestraft, wer entgegen Art. 8 Absatz 1 der Verordnung (EG) Nr. 338/97 des Rates vom 9. Dezember 1996 über den Schutz von Exemplaren wildlebender Tier- und Pflanzenarten durch Überwachung des Handels (ABl. L 61 vom 3.3.1997, S. 1), die zuletzt durch die Verordnung (EG) Nr. 398/2009 (ABl. L 126 vom 21.5.2009, S. 5) geändert worden ist, ein Exemplar einer in Anhang A genannten Art

1. verkauft, kauft, zum Verkauf oder Kauf anbietet oder zu Verkaufszwecken vorrätig hält oder befördert oder

2. zu kommerziellen Zwecken erwirbt, zur Schau stellt oder verwendet.

(3) Wer in den Fällen des Absätze 1 oder 2 die Tat gewerbs- oder gewohnheitsmäßig begeht, wird mit Freiheitsstrafe von drei Monaten bis zu fünf Jahren bestraft.

---

8 *Seitz*, in: Göhler, OWiG, § 63, Rn. 10 unter Hinweis auf Nr. 275 der Richtlinien für das Straf- und Bußgeldverfahren (RiStBV). Siehe dazu auch die LANA-Vollzugshinweise zum Artenschutz vom 19.11.2010 unter Nr. 17.3.1 (download möglich unter www.bfn.de).
9 *Seitz*, in: Göhler, OWiG, § 41, Rn. 4; OLD Düsseldorf, Urteil vom 08.07.1985 – 5 Ss OWi 207/85 – 178/85 I, r+s 1986, 140.

(4) Erkennt der Täter in den Fällen des Absätze 1 oder 2 fahrlässig nicht, dass sich die Handlung auf ein Tier oder eine Pflanze einer dort genannten Art bezieht, so ist die Strafe Freiheitsstrafe bis zu einem Jahr oder Geldstrafe.

Inhaltsübersicht

I. Einführung in den Gesamtkontext

1 § 71 der am 01. 03. 2010 in Kraft getretenen alten Fassung wurde zum 13. 06. 2012 durch Art. 2 des 45. Strafrechtsänderungsgesetzes vom 06. 12. 2011[1] in die neuen §§ 71 und 71a aufgespalten. Soweit es um die Tötung, die Zerstörung, den Besitz und die Entnahme von geschützten wildlebenden Tier- und Pflanzenarten geht, wurden die Straftatbestände in dem neu geschaffenen § 71a gebündelt (alles Weitere dazu siehe dort). § 71 dient der durch das 45. Strafrechtsänderungsgesetz erfolgten Umsetzung von Art. 3 lit. f der Richtlinie 2008/99/EG über den strafrechtlichen Schutz der Umwelt[2]. Dieser Richtlinienartikel betrifft die in Art. 2 lit. b Nr. i erster Spiegelstrich der vorgenannten Richtlinie genannten geschützten wild lebenden Tier- und Pflanzenarten, die in Anhang IV der Richtlinie 92/43/EWG (FFH-Richtlinie) aufgeführt sind. § 71 nimmt inhaltlich Bezug auf die Bußgeldbestimmung des § 69 und qualifiziert bestimmte dort mit Bußgeld bedrohte Verhaltensweisen zu Straftaten. Dem liegt die Wertentscheidung des Gesetzgebers zu Grunde, nur bestimmte gravierende Verstöße gegen Pflichten nach dem BNatSchG mit Strafe zu bedrohen und andere, weniger gravierende Verstöße, nach § 69 als Verwaltungsungehorsam in einem Bußgeldverfahren zu behandeln. So waren die Mitgliedstaaten gemäß Art. 16 der EG-Artenschutzverordnung 338/97 verpflichtet, bei bestimmten Verstößen Sanktionen zu verhängen, die in einem angemessenen Verhältnis zu Art und Schwere des Verstoßes stehen müssen. § 71 gehört wie auch § 71a zum sog. Umwelt-Nebenstrafrecht[3], weil die Vorschriften aus Gründen der Rechtsklarheit und der Rechtssystematik nicht im 29. Abschnitt des StGB, dem Abschnitt über die Straftaten gegen die Umwelt, enthalten sind.[4]

---

1 Fünfundvierzigstes Strafrechtsänderungsgesetz zur Umsetzung der Richtlinie des Europäischen Parlaments und des Rates über den strafrechtlichen Schutz der Umwelt v. 06. 12. 2011, BGBl. I, S. 2557.

2 Richtlinie 2008/99/EG des Europäischen Parlaments und des Rates vom 19. 11. 2008 über den strafrechtlichen Schutz der Umwelt, ABl. Nr. L 328 v. 06. 12. 2008, S. 28 ff.

3 *Meßerschmidt*, Bunesnaturdschutzrecht, § 66 BNatSchG, Rn. 5.

4 *Bendomir-Kahlo*, in: Gassner/Bendomir-Kahlo/Schmidt-Räntsch, BNatSchG, 2. Aufl. 2003, § 66 BNatSchG, Rn. 1.

II. Geschichte der Norm

Die Vorgängervorschrift trat am 01.03.2010 in Kraft. Sie stellte ihrerseits 2
eine behutsame Fortentwicklung der davor geltenden Vorschrift des § 66
BNatSchG 2002 dar, der bereits ähnliche Straftatbestände enthielt. Neu eingeführt wurde mit § 71 a.F. 2010 die Strafbarkeit von Verstößen gegen das
artenschutzrechtliche Störungsverbot des § 44 Abs. 1 Nr. 2. Die Strafvorschrift erhielt mit Wirkung ab dem 13.06.2012 durch das 45. Strafrechtsänderungsgesetz ihre heutige Fassung. Neu eingefügt wurde in diesem Zusammenhang § 71 Abs. 2, der den Handel mit geschützten wildlebenden Tier-
und Pflanzenarten betrifft.

§ 66 BNatSchG 2002 entsprach seinerseits der Vorgängerregelung des § 30a 3
BNatSchG vom 12.03.1987 (BGBl. I, S. 205), mit der durch die Arten-
schutznovelle 1987 erstmals eine Strafvorschrift in das BNatSchG Einzug
hielt. Dies war damals erforderlich geworden, weil Art. 16 der Verordnung
(EG) Nr. 338/97 (EG-Artenschutzverordnung) die Mitgliedsstaaten der EU
verpflichtete, bei bestimmten Verstößen Sanktionen zu verhängen, die in angemessenem Verhältnis zu Art und Schwere des Verstoßes stehen müssen.[5]
Nach Auffassung des Gesetzgebers[6] erforderte das in bestimmten Fällen die
Ahnung als Straftat, weil eine Ahndung als bloße Ordnungswidrigkeit bei
bestimmten Verstößen als nicht angemessen angesehen wurde.

III. Übersicht über den Norminhalt

§§ 71 und 71a decken gemeinsam nur das Artenschutzstrafrecht ab, denn 4
das übrige Naturschutzstrafrecht ist dem StGB zu entnehmen (z.B. §§ 329
Abs. 3, 292 ff., 304 u.a.m. StGB).[7] Während § 71 den Schutz streng geschützter Arten (§ 7 Abs. 2 Nr. 14) bezweckt, befasst sich § 71a auch mit dem
Schutz besonders geschützter Arten (§ 7 Abs. 2 Nr. 13).

§ 71 Abs. 1 macht aus den dort in Bezug genommenen Ordnungswidrigkei- 5
ten des §§ 69 Abs. 2, Abs. 3 Nr. 21, Abs. 4 Nr. 1 und Nr. 3 und Abs. 5 im Fall
der vorsätzlichen Tatbegehung eine Straftat, sofern sich die Tat auf ein Tier
oder eine Pflanze einer streng geschützten Art bezieht. § 71 Abs. 2 wurde
neu in die Strafvorschrift eingefügt und betrifft den Handel mit geschützten
wildlebenden Tier- oder Pflanzenarten.

§ 71 Abs. 3 qualifiziert die Ordnungswidrigkeit durch das Hinzutreten des 6
Erschwerungsmerkmals der Gewerbs- oder Gewohnheitsmäßigkeit zu einer
Straftat. § 71 Abs. 4 stellt eine Auffangvorschrift der in Abs. 1 und Abs. 2 beschriebenen Straftatbestände dar für den Fall, dass der Täter fahrlässig nicht
erkannt hat, dass sich seine Tat auf ein Tier oder eine Pflanze der dort ge-

---

5 *Sanden*, in. Landmann/Rohmer (Hrsg.), Umweltrecht, Bd. II, Stand: 01.05.2015, § 71
   BNatSchG, Rn. 1.
6 BT-Drs. 10/5064, S. 36 und 50 f.; BT-Drs. 10/6341, S. 47.
7 *Meßerschmidt*, Bundesnaturschutzrecht, § 66 BNatSchG, Rn. 3; dazu näher: *Stöckel*, in:
   Lorz/Konrad/Mühlbauer/Müller-Walter/Stöckel, § 71 BNatSchG, Rn. 3 ff. Zum Verhältnis
   beider: *Stegmann*, Artenschutz-Strafrecht, 2000, S. 149 ff.

nannten Art bezog; die Vorschrift kommt damit vor allem dann zur Anwendung, wenn der Nachweis eines diesbezüglichen Tätervorsatzes (§ 15 StGB) nicht gelingt.

7 Soweit Ordnungswidrigkeitentatbestände des § 69 durch § 71 zu Straftaten werden, folgt das Verfahren nicht mehr den Regelungen des OWiG, sondern denen der Strafprozessordnung (StPO). Die Vorschrift sattelt vielfach auf den Ordnungswidrigkeitentatbeständen des § 69 auf und ist als deren Qualifikation konzipiert. Der Normtext nimmt direkten Bezug darauf. Damit setzen sich die zu § 69 geäußerten Bedenken hinsichtlich der hinreichenden Bestimmtheit der Norm bei § 71 fort[8].

8 Wie die Ordnungswidrigkeiten nach § 69 sind auch die Straftatbestände des § 71 **Blankettnormen**, die den Bestimmtheitsanforderungen des Art. 103 Abs. 2 GG nur genügen, wenn lückenlose Verweisungsketten bestehen.[9] Dies ist nach h.M. hier gegeben.[10] Trotz lückenloser Verweisungsketten ist der materielle Inhalt der Strafnorm für den Bürger nur schwer zu erfassen, weil sich etwa die Frage, was eine besonders geschützte Art ist, nach dem sich ständig wandelnden europäischen Sekundärrecht richtet. Gleichwohl hat der BGH[11] in dem komplizierten Strafrecht mit seinen dynamischen Verweisungen auf das EU-Recht weder einen Verstoß gegen das Bestimmtheitsgebot noch gegen das Demokratieprinzip gesehen. Auch das OLG Stuttgart[12] sieht keine Bedenken dagegen, zur Umsetzung von EG-Recht blankettausfüllende Normen zu verwenden, sofern eine lückenlose Verweisungskette bis dahin besteht. Soweit die Verweisung auf die Anhänge der EG-Artenschutzverordnung 338/97, der FFH-Richtlinie 92/43/EWG, der Vogelschutzrichtlinie 2009/147/EG und der Tellereisen-Verordnung 3254/91 durch § 7 Abs. 3 dynamischen Charakter enthält, werden erneut verfassungsrechtliche Bedenken im Hinblick auf den Bestimmtheitsgrundsatz und das Demokratieprinzip (Art. 103, 104 GG) geltend gemacht, über die gerichtlich noch nicht ausdrücklich entschieden wurde[13] (siehe auch Rn. 12).

IV. Einzelkommentierung

9 Abs. 1 und 2 enthalten zwei Gruppen von Straftatbeständen mit gleichem Gewicht; beide sind mit Freiheitsstrafe bis zu fünf Jahren oder mit Geldstrafe bedroht. Abs. 3 stellt eine Qualifikation der Straftaten nach Abs. 1 und Abs. 2 dar und hebt das Maß der Mindestfreiheitsstrafe auf drei Monate an (ansonsten beträgt das Mindestmaß der Freiheitsstrafe gemäß § 38 Abs. 2

---

8 *Sanden*, in: Landmann/Rohmer (Hrsg.), Umweltrecht, Bd. II, Stand: 01.05.2015, § 71 BNatSchG, Rn. 5.

9 *Sanden*, in. Landmann/Rohmer (Hrsg.), Umweltrecht, Bd. II, § 71 BNatSchG, Rn. 5.

10 *Meßerschmidt*, Bundesnaturschutzrecht, § 66 BNatSchG, Rn. 9; a.A. Hammer, DVBl 1997, 401 (403).

11 BGH, Beschl. v. 16.08.1996 – 1 StR 745/95, BGHSt 42, 219 ff. = NJW 1996, 3220 = MDR 1996, 1171 = NuR 1997, 48 = wistra 1997, 25.

12 OLG Stuttgart, Urt. v. 06.11.1998 – 1 Ss437/98, NuR 1999, 416 = NStZ-RR 1999, 379 = Die Justiz 1999, 112 (113).

13 *Engelstätter*, in: Schlacke (Hrsg.), § 69 BNatSchG, Rn. 13.

StGB einen Monat). Das Höchstmaß der Strafe liegt auch bei Abs. 3 bei bis zu fünf Jahren, allerdings ohne die Möglichkeit, stattdessen auf eine Geldstrafe zu erkennen. Abs. 4 schließlich bezieht sich ebenfalls auf die in Abs. 1 und Abs. 2 in Bezug genommen Verbotstatbestände und betrifft den Fall, dass der Täter fahrlässig nicht erkennt, dass sich seine Handlung auf ein Tier oder eine Pflanze einer besonders geschützten (§ 7 Abs. 2 Nr. 13) oder einer streng geschützten Art (§ 7 Abs. 2 Nr. 14) bezieht. Ohne die Existenz von Abs. 4 könnte der Täter ansonsten nicht bestraft werden, da sich gemäß § 15 StGB sein Vorsatz, also auch sein Wissen, auch auf den besonderen Schutz der Tiere oder Pflanzen beziehen müsste. Soweit dies dem Täter nicht nachgewiesen werden kann, sichert Abs. 4 seine Bestrafung in einer Kombination aus Vorsatz- und Fahrlässigkeitsdelikt, wobei das Strafmaß allerdings deutlich abgesenkt wird auf bis zu einem Jahr oder Geldstrafe.

1. Geschützte Rechtsgüter

Geschützte Rechtsgüter der Straftaten nach § 71 sind wild lebende Tiere und   10
Pflanzen der **besonders geschützten Arten** (Definition in § 7 Abs. 2 Nr. 13) und der **streng geschützten Arten** (Definition in § 7 Abs. 2 Nr. 14) einschließlich der Vogelarten und Pelztiere. Diese werden geschützt, um damit die Natur in ihrer gegenwärtig anzutreffenden Vielfalt zu erhalten. Den rechtsphilosophischen Streit zwischen ökozentrischem und anthropozentrischem Umweltschutz[14] hat der Gesetzgeber damit nicht entschieden, sondern der Sache nach eine vermittelnde Lösung gewählt, nach der er zwar einzelne Umweltgüter unter Schutz stellt, dies aber immer mit Blick auf den Menschen und seinem Interesse am Erhalt der Natur.[15]

Wild lebend sind nicht nur Pflanzen und Tiere, die in der Natur ohne Zutun   11
des Menschen, also „wild" vorkommen, sondern auch solche Exemplare, die wie die Kulturpflanzen vom Menschen gezüchtet und in die freie Natur entlassen werden und die sich dort mit der Natur verbinden, indem sie selbst sich genetisch verändern oder zu Veränderungen der dort schon vorhandenen Tier- und Pflanzenwelt führen (vgl. dazu auch § 7 Rn. 15 f.). Es ist also nicht entscheidend, ob die konkret geschädigten Tiere oder Pflanzen speziell angepflanzte, ausgesäte oder gezüchtete Exemplare sind, sondern es genügt zur Begründung der Strafbarkeit, dass die Pflanze oder das Tier einer Art angehören, die auch wild lebend vorkommt.[16] Nur Exemplare, die ausschließlich vom Menschen gezüchtet oder angebaut werden, sind keine wild lebenden Exemplare und damit keine tauglichen Objekte einer Straftat nach § 71.

In Bezug auf die Anhänge der Richtlinien und in Bezug auf die Bundesar-   12
tenschutzverordnung, aus denen sich die besonders und die streng geschützten Arten ergeben (aufgeführt in § 7 Abs. 2 Nr. 13 und 14), gilt naturschutz-

---

14 Vgl. dazu *Kloepfer/Vierhaus*, Umweltstrafrecht, 2. Aufl. 2002, Rn. 14 ff.
15 *Meßerschmidt*, Bundesnaturschutzrecht, § 66 BNatSchG, Rn. 2 betont dagegen stärker die ökologische Ausrichtung der Strafvorschrift.
16 *Bendomir-Kahlo*, in: Gassner/Bendomir-Kahlo/Schmidt-Räntsch, BNatSchG, 2. Aufl. 2003, § 10 BNatSchG, Rn. 21; *Hellenbroich*, Europäisches und deutsches Artenschutzrecht, S. 32 ff.

rechtlich, dass die Anhänge in ihrer jeweiligen Fassung gelten (§ 7 Abs. 3). Wegen des aus Art. 103 Abs. 2 GG folgenden strengen Rückwirkungsverbotes im Strafrecht kommt die Bestrafung eines Täters aber nur in Betracht, wenn das konkrete Tier oder die konkrete Pflanze, die der Täter geschädigt hat, in einem der Anhänge zum Zeitpunkt der Tatausführung bereits benannt war. Eine nachträgliche Änderung der Listen lässt weder eine einmal eingetretene Strafbarkeit entfallen noch ist sie in der Lage, nachträglich erstmals die Strafbarkeit einer vor ihrem Inkrafttreten begangenen Tat zu begründen.

2. Absatz 1

13 § 71 Abs. 1 dient der Umsetzung von Art. 3 lit. f der Richtlinie 2008/99/EG über den strafrechtlichen Schutz der Umwelt. Diese Richtlinienvorschrift bezweckt den strafrechtlichen Schutz in Fällen der Tötung, der Zerstörung, des Besitzes oder der Entnahme von Exemplaren geschützter wildlebender Tieroder Pflanzenarten, mit Ausnahme der Fälle, in denen die Handlung eine unerhebliche Menge dieser Exemplare betrifft und unerhebliche Auswirkungen auf den Erhaltungszustand der Art hat. § 71 Abs. 1 entspricht im Wesentlichen dem vormaligen § 71 Abs. 2 a.F. 2010. Bestraft wird gemäß Nr. 1, wer gegen die in § 44 Abs. 1 Nr. 1 bis 4 normierten Verbote verstößt. Diese Verbote beziehen sich auf wild lebende Individuen einer (streng geschützten) wild lebenden Art.[17]

14 Tatobjekte der Straftaten nach § 71 Abs. 1 sind wild lebende, also nicht auch gezüchtete oder gefangene[18] **Tiere und Pflanzen einer streng geschützten Art.** Gemäß § 7 Abs. 2 Nr. 14 sind streng geschützte Arten besonders geschützte Arten, die

a) in Anhang A der Verordnung (EG) Nr. 338/97 (EG-Artenschutzverordnung),

b) in Anhang IV der Richtlinie 92/42/EWG (FFH-Richtlinie) und

c) in einer Rechtsverordnung nach § 54 Abs. 2 (Bundesartenschutzverordnung)

aufgeführt sind. Die besondere Schutzwürdigkeit des Tatobjekts rechtfertigt hier die Einstufung als Straftat.[19] Eine in der Literatur vertretene Ansicht[20] hält es indes für bedenklich, bei der Strafbarkeit nach dem Gefährdungsgrad der Arten zu differenzieren und schlägt eine Orientierung an Schutzgebieten vor.

15 In § 71 Abs. 1 werden insgesamt acht der in § 69 beschriebenen vorsätzlichen Verhaltensweisen unter Strafandrohung gestellt, sofern sie sich auf ein Tier oder eine Pflanze einer streng geschützten Art bezieht. Das betrifft die vier

---

17 Siehe dazu näher die Kommentierungen zu § 44.

18 *Müller-Walter,* in: Lorz/Konrad/Mühlbauer/Müller-Walter/Stöckel, § 44 BNatSchG, Rn. 8.

19 *Bendomir-Kahlo,* in: Gassner/Bendomir-Kahlo/Schmidt-Räntsch, BNatSchG, 2. Aufl. 2003, § 66 BNatSchG, Rn. 8.

20 *Gütschow,* Der Artenschutz im Umweltstrafrecht (1998).

in § 69 Abs. 2 bezeichneten Handlungen sowie Handlungen nach § 69 Abs. 3 Nr. 21, nach § 69 Abs. 4 Nr. 1 und Verstöße gegen die Tellereisen-Verordnung nach § 69 Abs. 5. Der bloße Besitz einer streng geschützten Art wird in § 71a Abs. 1 Nr. 2 mit Strafe bedroht.

Der Täter muss objektiv die in Bezug genommene Tat nach § 69 begangen   16
haben. Die Tat kann durch positives **Tun** oder durch **Unterlassen** begangen werden, wobei das Unterlassen gemäß § 13 Abs. 1 StGB nur strafbar ist, wenn der Täter als sog. Garant für den Nichteintritt des tatbestandlichen Erfolges verantwortlich gemacht werden kann. In subjektiver Hinsicht muss der Täter vorsätzlich gehandelt haben (§ 15 StGB). Nach h.A. ist **Vorsatz** der Wille zur Verwirklichung eines Straftatbestandes in Kenntnis aller seiner objektiven Tatumstände (kurz: Wissen und Wollen der Tatbestandsverwirklichung). Der Vorsatz enthält also ein Wissens- und ein Willenselement. Maßgeblicher Zeitpunkt für das Vorliegen des Vorsatzes ist die Begehung der Tat. Später erlangtes Wissen schadet dem im Augenblick der Tat unwissenden Täter nicht. Der Täter muss also – zumindest in der Laiensphäre – um das Vorhandensein der geschützten Tiere oder Pflanzen gewusst haben und deren Störung gewollt haben, wobei dolus eventualis (Eventualvorsatz) ausreicht. Hierbei hält der Täter die in § 69 näher beschriebene und verbotene Störung des geschützten Tiers oder der Pflanze für möglich und findet sich damit ab; er sagt sich: „Sei's drum". Dagegen liegt **bewusste Fahrlässigkeit**, die bei Abs. 1 nicht unter Strafe gestellt ist, vor, denn der Täter, der die Störung des geschützten Tiers oder der Pflanze für möglich hält, aber darauf vertraut, dass die Störung nicht eintreten werde; er sagt sich: „Es wird schon gut gehen."

3. Absatz 2

§ 71 Abs. 2 dient der Umsetzung von Art. 3 lit. g der Richtlinie 2008/99/EG   17
über den strafrechtlichen Schutz der Umwelt. Diese Richtlinienvorschrift bezweckt die Strafbarkeit des Handels mit geschützten wildlebenden Tier- oder Pflanzenarten, Teilen oder Erzeugnissen davon, mit Ausnahme der Fälle, in denen die Handlung eine unerhebliche Menge dieser Exemplare betrifft und unerhebliche Auswirkungen auf den Erhaltungszustand der Art hat.

Bestraft wird, wer vorsätzlich ein Exemplar einer in Anhang A der Verord-   18
nung (EG) Nr. 338/97 (EG-Artenschutzverordnung) genannten Art verkauft, kauft, zum Verkauf oder Kauf anbietet oder zu Verkaufszwecken vorrätig hält oder befördert (Nr. 1) und wer ein solches Exemplar zu kommerziellen Zwecken erwirbt, zur Schau stellt oder verwendet (Nr. 2). Diese Verhaltensweisen sind in § 69 Abs. 4 Nr. 3 – dort auch in der fahrlässigen Begehungsweise – mit Bußgeld bedroht. Über § 7 Abs. 3 Nr. 1 wird dynamisch auf den Anhang A der EG-Artenschutzverordnung in der jeweils zum Zeitpunkt der Tatbegehung gültigen Fassung verwiesen.

Das **Anbieten** zum Kauf oder Verkauf bedeutet die Erklärung gegenüber   19
einem Dritten, ein Exemplar der betroffenen Art zur freien Verfügung zu überlassen; es setzt nicht voraus, dass der Anbietende das Exemplar bereits

besitzt, sondern es reicht aus, wenn er das Exemplar erst aus dem Ausland einführen muss[21]. Unter **Verkauf** ist nicht nur die geplante Eigentumsübertragung, sondern auch das Vermieten oder Verleihen zu verstehen (vgl. Art. 2 lit. p der EG-Artenschutzverordnung 338/97). Ein kommerzielles **Zurschaustellen** liegt vor, wenn das geschützte Exemplar in einem gewerblichen Background vorgeführt wird, z.B. auf einer öffentlichen Veranstaltung wie einer Messe oder einem Zirkus oder bei einer sonstigen öffentlichen Veranstaltung.

20 Besteht eine Genehmigung nach der Verordnung 338/97/EG (Einfuhrgenehmigung nach Art. 4, Ausfuhr- oder Wiederausfuhrgenehmigung nach Art. 5, Beförderungsgenehmigung nach Art. 9), dann ist die Tat bereits nicht tatbestandsmäßig, sofern man das Merkmal *„entgegen"* in § 71 Abs. 2 als Tatbestandsmerkmal verstehen will, jedenfalls aber ist der Täter gerechtfertigt, soweit man dies, wie häufiger im Bereich des Umweltstrafrechts (so z.B. das Merkmal *„unbefugt"* in § 324 Abs. 1 StGB[22]), als einen allgemeinen gesetzgeberischen Hinweis auf die Möglichkeit der Rechtfertigung der Tat durch eine Genehmigung verstehen will, dieses Merkmal also der Rechtswidrigkeitsebene zuordnet. Der Wortlaut der Vorschrift dürfte vorliegend für die erstgenannte Deutung („entgegen" als Tatbestandsmerkmal) sprechen.

4. Absatz 3

21 Liegt eine Tat nach Abs. 1 oder Abs. 2 vor, wurde diese aber gewerbs- oder gewohnheitsmäßig begangen, dann wird der Strafrahmen auf Freiheitsstrafe von mindestens drei Monaten verschärft. Die Höchststrafe bleibt bei fünf Jahren Freiheitsstrafe. Geldstrafe kann hier nicht verhängt werden. Wohl aber kann die Tatverfolgung bei geringer Schuld nach §§ 153, 153a StPO ohne oder gegen Zahlung eines Geldbetrages eingestellt werden.

22 Die **Gewerbsmäßigkeit** ist ein besonderes subjektives Tatbestandsmerkmal. Gewerbsmäßig handelt, wer sich aus wiederholter Tatbegehung eine nicht nur vorübergehende Einnahmequelle von einigem Umfang verschaffen möchte, ohne dass er daraus ein „kriminelles Gewerbe" zu machen braucht.[23] Es genügt bereits eine Sammelleidenschaft als Motivation[24]. Unter diesen Voraussetzungen kann schon eine einmalige Tat ausreichen.[25] Die Wiederholungsabsicht muss sich auf die in Bezug genommene Verhaltensweise nach § 69 beziehen, deren gewerbsmäßige Begehung hier unter Strafe gestellt wird.[26]

---

21 BayOBLG, Beschl. v. 02.06.1987 – 3 Ob OWi 76/87, NuR 1987, 367.

22 *Fischer*, § 324 StGB, Rn. 7 m.w.N.

23 St. Rspr. seit BGH, Urt. v. 08.11.1951 – 4 StR 563/51, BGHSt 1, 383 = NJW 1952, 113. Zum Begriff der Gewerbsmäßigkeit vgl. *Fischer*, StGB, vor § 52 Rn. 62 ff.

24 BGH, Beschl. v. 16.08.1996 – 1 StR 745/95, BGHSt 42, 219 = NJW 1996, 3220 = MDR 1996, 1171 = NuR 1997, 48 = wistra, 1997, 25 (27).

25 BGH, Urt. v. 11.10.1994 – 1 StR 522/94, NStZ 1995, 85 = wistra 1995, 60; BGH, Urt. v. 11.09.2003 – 4 StR 193/03, NStZ 2004, 265 (266) = wistra 2003, 460 = BeckRS 2003, 08469; BGH, Urt. v. 17.06.2004 – 3 StR 344/03, BGHSt 49, 177 = NJW 2004, 2840 = NStZ-RR 2006, 106 = wistra 2004, 418 = BeckRS 2004, 06967.

26 Vgl. BGH, NJW 1996, 1069 (zur Gewerbsmäßigkeit nach § 30 BtMG).

Es ist dagegen nicht erforderlich, dass der Täter aus den Taten einen wesentlichen Teil seiner Einkünfte beschaffen möchte.[27]

Gewohnheitsmäßig handelt, wer Taten wiederholt begeht, wobei er einem 23 verstärkten und anhaltenden Hang zu derartigen Taten unterliegt.[28] Der Täter muss mindestens zwei Taten begangen haben und einen durch Übung erworbenen, ihm selber aber vielleicht unbewussten Hang zu wiederholter Tatbegehung besitzen, sodass dessen Befriedigung ihm bewusst oder unbewusst gleichsam von der Hand geht.[29] Neben dem unbewussten Hang zur Tatbegehung zählt auch die planmäßige Ausrottung einer Art hierzu.[30]

Sowohl die Gewerbsmäßigkeit als auch die Gewohnheitsmäßigkeit sind **be-** 24 **sondere persönliche Merkmale** i.S.v. § 28 Abs. 2 StGB. Sind an einer Tat mehrere Personen beteiligt, dann können nur die Personen als Täter oder Teilnehmer bestraft werden, bei denen eines dieser Merkmale gegeben ist. Fehlt eines der Merkmale bei einem Beteiligten, entfällt für ihn nach § 14 Abs. 4 OWiG die Straftat, es kann aber gegen ihn ein Bußgeld nach § 69 verhängt werden.

5. Absatz 4

Wird eine Tat nach Abs. 1 oder 2 vorsätzlich begangen, erkennt der Täter 25 aber fahrlässig nicht, dass sich seine Handlung auf ein Tier oder eine Pflanze einer streng geschützten Art bezieht, dann kann die Tat nach Abs. 4 bestraft werden, wobei der Strafrahmen auf Freiheitsstrafe bis zu einem Jahr oder Geldstrafe reduziert wird. Bei Abs. 4 handelt es sich also um eine Vorsatz-Fahrlässigkeitskombination.[31] Die Handlung i.S.d. § 69 Abs. 2, Abs. 3 Nr. 21, Abs. 4 Nr. 1 Abs. 5 oder der Verstoß gegen die in § 71 Abs. 2 bezeichneten Verhaltensweisen muss vorsätzlich begangen worden sein. Lediglich auf das Merkmal „Tiere und Pflanzen einer streng geschützten Art" braucht sich der Vorsatz, also das Wissen und Wollen des Täters nicht zu beziehen; insoweit ist Fahrlässigkeit gefordert im Hinblick auf das Nichterkennen des Tatobjektes als streng geschützte Art. **Fahrlässig** handelt, wer den Tatbestandserfolg ungewollt dadurch verursacht, dass er pflichtwidrig die im Verkehr erforderliche Sorgfalt vernachlässigt, obschon er aufgrund seiner individuellen Kenntnisse und Fähigkeiten die Sorgfaltsanforderungen hätte erkennen und beachten können. Damit hat Abs. 4 vor allem eine Auffangfunktion in den Fällen, in denen der Täter in nicht widerlegbarer Weise behauptet, sich über den Schutzstatus des Tieres oder der Pflanze im Irrtum befunden zu haben.[32]

---

27 *Sanden*, in. Landmann/Rohmer (Hrsg.), Umweltrecht, Bd. II, § 71 BNatSchG, Rn. 12.

28 OLG Düsseldorf, Beschl. v. 19. 03. 1997 – 5 Ss 59/97, NuR 1997, 620 (621).

29 BGHSt 15, 377 (379); *Fischer*, vor § 52 StGB, Rn. 63; *Stree*, in: Schönke/Schröder, vor § 52 StGB, Rn. 95.

30 *Sanden*, in: Landmann/Rohmer (Hrsg.), Umweltrecht, Bd. II, § 71 BNatSchG, Rn. 12.

31 BGH, Beschl. v. 30. 07. 1996 – 5 StR 37/96, BGHSt 42, 200 = NJW 1996, 3219 = MDR 1996, 1170 = wistra 1997, 24; *Schumacher*, in: Schumacher/Fischer-Hüftle (Hrsg.), 1. Aufl. 2003, § 66 BNatSchG, Rn. 13.

32 *Schumacher*, in: Schumacher/Fischer-Hüftle (Hrsg.), 1. Aufl. 2003, § 66 BNatSchG, Rn. 13.

26 Liegt dagegen insgesamt nur eine fahrlässige Tatbegehung vor, d.h. bezieht sich die Fahrlässigkeit nicht nur auf das Merkmal der „Tiere und Pflanzen einer streng geschützten Art", dann ist der Straftatbestand nicht erfüllt und es kommt nur eine Ordnungswidrigkeit nach § 69 in Betracht.[33]

6. Täterschaft, Teilnahme, Irrtum, Rechtfertigungsgründe

27 Die im BNatSchG nicht geregelten Fragen der Strafbarkeit richten sich nach den allgemeinen Vorschriften des StGB. Dies gilt etwa für das Feld von Täterschaft und Teilnahme, wo Täter, Mittäter, mittelbare Täter, Anstifter und Gehilfen (§§ 25–27 StGB) mit Strafe bedroht werden, bezüglich der Irrtumsproblematik (§§ 16 und 17 StGB) und bezüglich der Rechtfertigungsgründe.[34] So kann die Tötung eines Exemplares einer geschützten Art, wenn dieses Tollwut besitzt, aus dem Gesichtspunkt des rechtfertigenden Notstandes (§ 34 StGB, § 228 BGB) gerechtfertigt sein. Ferner ist die Tat nicht rechtswidrig, wenn eine wirksame behördliche Genehmigung, z.B. nach § 67, besteht.

7. Versuch, Verjährung

28 Der Versuch einer Straftat nach § 71 ist gemäß § 23 Abs. 1 StGB nicht strafbar, weil es sich bei dieser Straftat nicht um ein Verbrechen (das sind gemäß § 12 Abs. 1 StGB Straftaten, die im Mindestmaß mit Freistrafe von einem Jahr oder darüber bedroht sind), sondern um ein Vergehen handelt (§ 12 Abs. 2 StGB). Der Versuch eines Vergehens aber ist nur dann strafbar, wenn es das Gesetz ausdrücklich bestimmt, was in § 71 nicht der Fall ist.

29 Gemäß § 78 Abs. 3 Nr. 4 StGB verjähren Straftaten nach § 71 Abs. 1 bis 3 innerhalb von fünf Jahren nach Beendigung der Tat bzw. nach Eintritt des Taterfolges (vgl. § 78a StGB). Im Falle des §§ 71 Abs. 4 beträgt die Verjährungsfrist gemäß § 78 Abs. 3 Nr. 5 StGB lediglich drei Jahre.

8. Konkurrenzen

30 Straftaten nach § 71 können in Tateinheit oder Tatmehrheit zu weiteren Straftatbeständen treten.[35] Zu denken ist hier etwa an Tateinheit mit den Tatbeständen der Tierquälerei (§ 17 TierSchG)[36], der Gefährdung schutzbedürftiger Gebiete (§ 329 StGB) oder an Delikte gegen besonders geschützte Tiere nach § 329 Abs. 3 Nr. 6 StGB, ggf. als besonders schwerer Fall einer Straftat nach § 330 StGB, an die schwere Gefährdung durch Freisetzen von

---

33 BGH, Beschl. v. 30. 07. 1996 – 5 StR 37/96, BGHSt 42, 200 = NJW 1996, 3219 = MDR 1996, 1170 = wistra 1997, 24 (25); *Sanden*, in: Landmann/Rohmer, Umweltrecht, Bd. II, Stand: 01. 05. 2015, § 71 BNatSchG, Rn. 15.

34 *Meßerschmidt*, Bundesnaturschutzrecht, § 66 BNatSchG, Rn. 5.

35 Zum Verhältnis der Strafnormen zueinander vgl. *Stegmann*, Artenschutz-Strafrecht (2000); *Bendomir-Kahlo*, in: Gassner/Bendomir-Kahlo/Schmidt-Räntsch, BNatSchG, 2. Aufl. 2003, § 66 BNatSchG, Rn. 5.

36 OLG Frankfurt/M. – 1 Ss 32/99 (nicht veröffentlicht), zitiert nach *Gellermann*, § 66 BNatSchG, Rn. 16.

Giften nach § 330a StGB, aber auch an alle sonstigen Straftaten. Bei der Fälschung von CITES-Papieren kommen ggf. auch die Urkundsdelikte der §§ 276 ff. StGB in Betracht. Für die Strafzumessung gelten dann die §§ 52– 55 StGB, wonach ggf. eine Gesamtstrafe zu bilden ist.

Der Bannbruch nach § 372 Abs. 1 AO tritt gemäß § 372 Abs. 2 AO hinter den   31
Delikten des § 71 zurück.[37]

§ 71a
Strafvorschriften

(1) Mit Freiheitsstrafe bis zu drei Jahren oder mit Geldstrafe wird bestraft, wer

1. **entgegen § 44 Absatz 1 Nummer 1 ein wildlebendes Tier einer besonders geschützten Art, die in Artikel 4 Absatz 2 oder Anhang I der Richtlinie 2009/147/EG des Europäischen Parlaments und des Rates vom 30. November 2009 über die Erhaltung der wildlebenden Vogelarten (ABl. L 20 vom 26. 1. 2010, S. 7) aufgeführt ist, tötet oder seine Entwicklungsformen aus der Natur entnimmt oder zerstört,**

2. **entgegen § 44 Absatz 2 Satz 1 Nummer 1 ein Tier oder eine Pflanze in Besitz oder Gewahrsam nimmt, in Besitz oder Gewahrsam hat oder be- oder verarbeitet, das oder die**

   a) **einer streng geschützten Art angehört, die in Anhang IV der Richtlinie 92/43/EWG des Rates vom 21. Mai 1992 zur Erhaltung der natürlichen Lebensräume sowie der wildlebenden Tiere und Pflanzen (ABl. L 206 vom 22. 7. 1992, S. 7), die zuletzt durch die Richtlinie 2006/ 105/EG (ABl. L 363 vom 20. 12. 2006, S. 368) geändert worden ist, aufgeführt ist oder**

   b) **einer besonders geschützten Art angehört, die in Artikel 4 Absatz 2 oder Anhang I der Richtlinie 2009/147/EG aufgeführt ist, oder**

3. **eine in § 69 Absatz 2, 3 Nummer 21, Absatz 4 Nummer 1 oder Absatz 5 bezeichnete vorsätzliche Handlung gewerbs- oder gewohnheitsmäßig begeht.**

(2) Ebenso wird bestraft, wer entgegen Artikel 8 Absatz 5 in Verbindung mit Absatz 1 der Verordnung (EG) Nr. 338/97 ein Exemplar einer in Anhang B genannten Art

1. **verkauft, kauft, zum Verkauf oder Kauf anbietet oder zu Verkaufszwecken vorrätig hält oder befördert oder**

2. **zu kommerziellen Zwecken erwirbt, zur Schau stellt oder verwendet.**

(3) Erkennt der Täter in den Fällen des Absatzes 1 Nummer 1 oder Nummer 2 oder des Absatzes 2 leichtfertig nicht, dass sich die Handlung auf ein Tier oder eine Pflanze einer dort genannten Art bezieht, so ist die Strafe Freiheitsstrafe bis zu einem Jahr oder Geldstrafe.

---

37 *Pfohl*, wistra 1999, 161 ff.

(4) Die Tat ist nicht nach Absatz 1 Nummer 1 oder Nummer 2, Absatz 2 oder Absatz 3 strafbar, wenn die Handlung eine unerhebliche Menge der Exemplare betrifft und unerhebliche Auswirkungen auf den Erhaltungszustand der Art hat.

Inhaltsübersicht

I. Einführung in den Gesamtkontext

1 Die Strafvorschrift wurde mit Wirkung ab dem 13. 06. 2012 durch Art. 2 des 45. Strafrechtsänderungsgesetzes vom 06. 12. 2011[1] neu in das BNatSchG eingefügt. Sie betrifft die Tötung, die Zerstörung, den Besitz und die Entnahme von geschützten wildlebenden Tier- und Pflanzenarten und dient der Umsetzung von Art. 3 lit. f der Richtlinie 2008/99/EG über den strafrechtlichen Schutz der Umwelt.[2] § 71a nimmt in Abs. 1 Nr. 1 und 2 direkt auf die Verbote des §§ 44 Abs. 1 und 2 Bezug sowie in Nr. 3 auf verschiedene Ordnungswidrigkeitentatbestände des § 69. § 71a Abs. 2 bezieht sich (wie auch § 71 Abs. 2) auf Verstöße gegen die EG-Artenschutzverordnung 338/97. Abs. 3 enthält eine Vorsatz-Fahrlässigkeitskombination entsprechend § 71 Abs. 3, bei der allerdings nicht auf Fahrlässigkeit, sondern auf Leichtfertigkeit abgestellt wird. Abs. 4 entspricht der entsprechenden Eingrenzung der Strafbarkeit in Art. 3 lit. f und g der Richtlinie 2008/99/EG des Europäischen Parlaments und des Rates vom 19.11.2008 über den strafrechtlichen Schutz der Umwelt.[3]

II. Geschichte der Norm

2 Die Vorschrift trat am 13. 06. 2012 in Kraft. Verschiedene der in ihr geregelten Tatbestände standen schon in der Vorgängernormen des § 71 aus 2010 unter Strafandrohung. So entspricht § 71a Abs. 1 Nr. 3 der früheren Strafvorschrift des § 71 Abs. 1 BNatSchG 2010.

3 Die Notwendigkeit zur Einführung neuer Strafnormen in das BNatSchG ergab sich im Zuge der Umsetzung der Richtlinie 2008/99/EG über den straf-

---

1 BGBl. I, S. 2557.
2 Richtlinie 2008/99/EG des Europäischen Parlaments und des Rates vom 19. 11. 2008 über den strafrechtlichen Schutz der Umwelt, ABl. Nr. L 328 v. 06. 12. 2008, S. 28 ff.
3 ABl. Nr. L 328 v. 06. 12. 2008, S. 28.

rechtlichen Schutz der Umwelt in deutsches Recht, die durch das 45. Strafrechtsänderungsgesetz erfolgt ist.

III. Übersicht über den Norminhalt

§ 71a deckt gemeinsam mit § 71 nur das Artenschutzstrafrecht ab, während 4
das übrige Naturschutzstrafrecht dem StGB zu entnehmen ist (z.B. §§ 329
Abs. 3, 292 ff., 304 u.a.m. StGB).[4] Während § 71 den Schutz streng geschützter Arten (§ 7 Abs. 2 Nr. 14) bezweckt, befasst sich § 71a auch mit dem
Schutz besonders geschützter Arten (§ 7 Abs. 2 Nr. 13). Auch künftig privilegiert § 44 Absatz 4 BNatSchG die Land-, Forst- und Fischereiwirtschaft
dadurch, dass Handlungen, die den Anforderungen des § 44 Absatz 4 BNatSchG entsprechen, keinen Verstoß gegen die Zugriffs- oder Besitzverbote
darstellen (§ 44 Absatz 4 Satz 1 BNatSchG).[5]

§ 71a Abs. 1 macht aus den dort in Bezug genommenen Ordnungswidrig- 5
keiten des §§ 44 Abs. 1 Nr. 1 und Abs. 2 S. 1 Nr. 1 im Fall der vorsätzlichen
Tatbegehung eine Straftat, sofern sich die Tat auf ein wildlebendes Tier oder
eine Pflanze einer besonders oder einer streng geschützten Art bezieht.
§ 71a Abs. 2 wurde neu in die Strafvorschrift eingefügt und betrifft den Handel mit geschützten wildlebenden Tier- oder Pflanzenarten.

In § 71a Abs. 3 stellt eine Qualifikation der in Abs. 1 Nr. 1 oder Nr. 2 beschrie- 6
benen Straftatbestände dar für den Fall, dass der Täter leichtfertig nicht erkannt hat, dass sich seine Tat auf ein Tier oder eine Pflanze der dort genannten Art bezog; die Vorschrift kommt vor allem dann zur Anwendung, wenn
der Nachweis eines diesbezüglichen Tätervorsatzes (§ 15 StGB) nicht gelingt.

Die Verbote des § 44 Abs. 1 Nr. 1, Abs. 2 Nr. 1 sind in § 69 Abs. 2 Nr. 1 und 7
Abs. 3 Nr. 20 bereits mit Bußgeld bedroht. § 71a Abs. 1 erweitert diese sowie
in Abs. 1 Nr. 3 auch die Ordnungswidrigkeiten nach § 69 Abs. 2, Abs. 3
Nr. 21, Abs. 4 Nr. 1 oder Abs. 5 zu Straftaten, sofern die weiteren Merkmale
der Strafnorm erfüllt sind (bei § 71a Abs. 1 muss es um ein wildlebendes Tier
einer besonders geschützten Art gehen, bei § 71a Abs. 3 muss die Tat gewerbs- oder gewohnheitsmäßig begangen werden), weil die zugrundliegende Richtlinie 2008/99/EG über den strafrechtlichen Schutz der Umwelt
genau diese Begehungsformen unter Strafandrohung gestellt haben will. Soweit die Ordnungswidrigkeit durch § 71a zu einer Straftat qualifiziert wird,
folgt das Verfahren nicht mehr den Regelungen des OWiG, sondern denen
der Strafprozessordnung (StPO).

Wie die Ordnungswidrigkeiten nach § 69 sind auch die Straftatbestände des 8
§ 71 **Blankettnormen**, die den Bestimmtheitsanforderungen des Art. 103
Abs. 2 GG nur genügen, wenn lückenlose Verweisungsketten bestehen.[6]

---

4 *Meßerschmidt*, Bundesnaturschutzrecht, § 66 BNatSchG, Rn. 3; dazu näher: *Stöckel*, in:
Lorz/Konrad/Mühlbauer/Müller-Walter/Stöckel, § 71 BNatSchG, Rn. 3 ff.
5 BT-Drs. 17/5391, S. 14.
6 *Sanden*, in. Landmann/Rohmer (Hrsg.), Umweltrecht, Bd. II, Stand: 01.05.2015, § 71
BNatSchG, Rn. 5.

Dies ist nach h.M. hier gegeben.[7] Trotz lückenloser Verweisungsketten ist der materielle Inhalt der Strafnorm für den Bürger nur schwer zu erfassen, weil sich etwa die Frage, was eine besonders geschützte Art ist, nach dem sich ständig wandelnden europäischen Sekundärrecht richtet. Gleichwohl hat der BGH[8] in dem komplizierten Strafrecht mit seinen dynamischen Verweisungen auf das EU-Recht weder einen Verstoß gegen das Bestimmtheitsgebot noch gegen das Demokratieprinzip gesehen. Auch das OLG Stuttgart[9] sieht keine Bedenken dagegen, zur Umsetzung von EG-Recht blankettausfüllende Normen zu verwenden, sofern eine lückenlose Verweisungskette bis dahin besteht. Soweit die Verweisung auf die Anhänge der EG-Artenschutzverordnung 338/97, der FFH-Richtlinie 92/43/EWG, der Vogelschutzrichtlinie 2009/147/EG und der Tellereisen-Verordnung 3254/91 durch § 7 Abs. 3 dynamischen Charakter enthält, werden erneut verfassungsrechtliche Bedenken im Hinblick auf den Bestimmtheitsgrundsatz und das Demokratieprinzip (Art. 103, 104 GG) geltend gemacht, über die gerichtlich noch nicht ausdrücklich entschieden wurde (siehe auch Rn. 12).[10]

IV. Einzelkommentierung

9 Abs. 1 und 2 enthalten mehrere Gruppen von Straftatbeständen mit gleichem Gewicht, denn alle sind mit Freiheitsstrafe bis zu drei Jahren oder mit Geldstrafe bedroht. Abs. 3 bezieht sich auf die in Abs. 1 Nr. 1 und Nr. 2 (also nicht auch Nr. 3) sowie die in Abs. 2 in Bezug genommen Verbotstatbestände und betrifft den Fall, dass der Täter leichtfertig nicht erkennt, dass sich seine Handlung auf ein Tier oder eine Pflanze der dort genannten Arten bezieht. Ohne die Existenz von Abs. 3 könnte der Täter ansonsten nicht bestraft werden, da sich gemäß § 15 StGB der Vorsatz auf auch den besonderen Schutz der Tiere oder Pflanzen beziehen müsste; soweit dies dem Täter nicht nachweisbar ist, sichert Abs. 3 seine Bestrafung in einer Kombination aus Vorsatz- und Fahrlässigkeitsdelikt, wobei aber gleichzeitig das Strafmaß deutlich abgesenkt wird auf bis zu einem Jahr oder Geldstrafe.

1. Geschützte Rechtsgüter

10 Bezüglich der geschützte Rechtsgüter wird auf die Kommentierung zu § 71 (dort Rn. 10–14) verwiesen.

2. Absatz 1

11 § 71a Abs. 1 dient der Umsetzung von Art. 3 lit. f der Richtlinie 2008/99/EG über den strafrechtlichen Schutz der Umwelt, soweit es um die in Art. 2 lit. b

---

7 *Meßerschmidt*, Bundesnaturschutzrecht, § 66 BNatSchG, Rn. 9; a.A. Hammer, DVBl 1997, 401 (403).

8 BGH, Beschl. v. 16.08.1996 – 1 StR 745/95, BGHSt 42, 219 ff. = NJW 1996, 3220 = MDR 1996, 1171 = NuR 1997, 48 = wistra 1997, 25.

9 OLG Stuttgart, Urt. v. 06.11.1998 – 1 Ss437/98, NuR 1999, 416 = NStZ-RR 1999, 379 = Die Justiz 1999, 112 (113).

10 *Engelstätter*, in: Schlacke (Hrsg.), § 69 BNatSchG, Rn. 13.

Nr. i dieser Richtlinie genannten geschützten wildlebenden Tier- und Pflanzenarten geht. Die Richtlinienvorschrift bezweckt den strafrechtlichen Schutz in Fällen der Tötung, der Zerstörung, des Besitzes oder der Entnahme von Exemplaren geschützter wildlebender Tier- oder Pflanzenarten, mit Ausnahme der Fälle, in denen die Handlung eine unerhebliche Menge dieser Exemplare betrifft und unerhebliche Auswirkungen auf den Erhaltungszustand der Art hat. Konkret sind die in Anhang IV der FFH-Richtlinie 92/43/EWG und in Anhang I der Vogelschutzrichtlinie genannten Arten gemeint. Art. 2 lit. b Nr. i zweiter Spiegelstrich der Richtlinie 2008/99/EG über den strafrechtlichen Schutz der Umwelt nimmt noch die alte Vogelschutzrichtlinie 79/409/EWG in Bezug. Diese wurde am 15. 02. 2010 von der fast inhaltgleichen Richtlinie 2009/147/EG[11] abgelöst, so dass sich der deutsche Gesetzgeber entschlossen hat, im BNatSchG die neue Vogelschutzrichtlinie 2009/147/EG in Bezug zu nehmen.[12] § 71 Abs. 1 entspricht im Wesentlichen im vormaligen § 71 Abs. 2 a.F. 2010. Bestraft wird gemäß Nr. 1, wer gegen die in § 44 Abs. 1 Nr. 1 bis 4 normierten Verbote verstößt. Diese Verbote beziehen sich auf wild lebende Individuen einer (besonders geschützten) wild lebenden Art.[13]

Tatobjekte der Straftaten nach § 71a Abs. 1 Nr. 1 sind wildlebende, also nicht auch gezüchtete oder gefangene[14] **Tiere und Pflanzen einer streng geschützten Art.** Gemäß § 7 Abs. 2 Nr. 14 sind streng geschützte Arten besonders geschützte Arten, die   12

a) in Anhang A der Verordnung (EG) Nr. 338/97 (EG-Artenschutzverordnung),

b) in Anhang IV der Richtlinie 92/42/EWG (FFH-Richtlinie) und

c) in einer Rechtsverordnung nach § 54 Abs. 2 (Bundesartenschutzverordnung)

aufgeführt sind. Die besondere Schutzwürdigkeit des Tatobjekts rechtfertigt hier die Einstufung als Straftat.[15] Eine in der Literatur vertretene Ansicht[16] hält es indes für bedenklich, bei der Strafbarkeit nach dem Gefährdungsgrad der Arten zu differenzieren und schlägt eine Orientierung an Schutzgebieten vor.

Tatobjekte der neu eingefügten Straftaten nach § 71a Abs. 1 Nr. 2 lit. a sind die streng geschützten Arten nach Anhang IV der FFH-Richtlinie 92/43/EWG, zuletzt geändert durch die Richtlinie 2006/105/EG. Darin werden eine Vielzahl an Pflanzen- und Tierarten benannt, die selten und damit schützenswert sind, weil die Gefahr besteht, dass ihr Vorkommen für immer verloren   13

---

11 Richtlinie 2009/147/EG des Europäischen Parlaments und des Rates v. 30. 11. 2009 über die Erhaltung der wildlebenden Vogelarten, ABl. Nr. L 20 v. 26. 01. 2010, S. 7 ff.

12 BT-Drs. 17/5391, S. 21.

13 Siehe dazu näher die Kommentierungen zu § 44.

14 *Müller-Walter,* in: Lorz/Konrad/Mühlbauer/Müller-Walter/Stöckel, § 44 BNatSchG, Rn. 8.

15 *Bendomir-Kahlo,* in: Gassner/Bendomir-Kahlo/Schmidt-Räntsch, BNatSchG, 2. Aufl. 2003, § 66 BNatSchG, Rn. 8.

16 *Gütschow,* Der Artenschutz im Umweltstrafrecht (1998).

gehen könnte. Dies betrifft bestimmte Farn- und Blütenpflanzen, Säugetiere wie den Wolf, den Biber den Feldhamster und viele mehr, Amphibien und Reptilien, Fische und Rundmäuler, Käfer, Libellen, Schmetterlinge und Weichtiere wie die zierliche Tellerschnecke und die Gemeinde Flussmuschel. Tathandlung ist das Töten oder das Zerstören oder das Entnehmen von Entwicklungsformen dieser streng geschützten Arten aus der Natur. Die Besitztatbestände dieser Strafnorm fallen zum Teil auch unter dem Bußgeldtatbestand des §§ 69 Abs. 2 Nr. 20; soweit Handlungen künftig unter den Straftatbestand fallen, verdrängt die Straftat gemäß § 20 Abs. 1 OWiG die subsidiäre Ordnungswidrigkeit.[17]

14 Tatobjekte der neu eingefügten Straftaten nach § 71a Abs. 1 Nr. 2 lit. b sind die besonders geschützten Arten nach Art. 4 Abs. 2 oder Anhang I der Vogelschutzrichtlinie 2009/147/EG. Bei den Arten nach Art. 4 Abs. 2 der Vogelschutzrichtlinie handelt es sich um Zugvogelarten, bei denen die Mitgliedstaaten zu Maßnahmen verpflichtet werden, deren Vermehrung-, Mauser- und Überwinterungsgebiete sowie deren Rastplätze in ihren Wanderungsgebieten zu schützen. In Anhang I der Vogelschutzrichtlinie werden ca. 240 Vogelarten in ihrer lateinischen Bezeichnung aufgelistet, für die die Mitgliedstaaten gemäß Art. 4 Vogelschutzrichtlinie besondere Schutzmaßnahmen hinsichtlich ihrer Lebensräume anzuwenden haben, um ihr Überleben und ihre Vermehrung in ihrem Verbreitungsgebiet sicherzustellen. Die Tat ist bereits dann erfüllt, wenn eine solche streng geschützte Tier- oder Pflanzenart in Besitz oder Gewahrsam genommen oder gehalten wird oder wenn sie be- oder verarbeitet wird.

15 § 71a Abs. 1 Nr. 3 entspricht der früheren Strafvorschrift des § 71 Abs. 1 BNatSchG 2010. Tatobjekte der Straftaten nach § 71a Abs. 1 Nr. 3 sind die in §§ 69 Abs. 2 und Abs. 3 Nr. 21 in Bezug genommenen wildlebenden Tier- und Pflanzenarten sowie in die in §§ 69 Abs. 4 Nr. 1 in Bezug genommenen wildlebenden Tier- und Pflanzenarten nach der EG-Artenschutzverordnung 338/97 sowie die in § 69 Abs. 5 in Bezug genommenen Pelze und Waren von bestimmten Wildtierarten aus Ländern, die unter Verstoß gegen die Tellereisenverordnung 3254/91 gefangen wurden. Welche Verhaltensweisen verboten sind, ergibt sich aus der jeweils in Bezug genommenen Ordnungswidrigkeitenvorschrift des § 69. Strafbar wird diese Verhaltensweise gemäß § 71a Abs. 1 Nr. 3 aber nur dann, wenn die Handlung gewerbs- oder gewohnheitsmäßig begangen wird. Bezüglich des Merkmals der Gewerbs- oder Gewohnheitsmäßigkeit wird auf die Kommentierung zu § 71 verwiesen (dort Rn. 22–24).

16 Der Täter muss objektiv die in Bezug genommene Tat nach § 44 oder § 69 begangen haben. Die Tat kann durch positives **Tun** oder durch **Unterlassen** begangen werden, wobei das Unterlassen gemäß § 13 Abs. 1 StGB nur strafbar ist, wenn der Täter als sog. Garant für den Nichteintritt des tatbestandlichen Erfolges verantwortlich gemacht werden kann. In subjektiver Hinsicht muss der Täter vorsätzlich gehandelt haben (§ 15 StGB). Nach h.A. ist **Vorsatz** der Wille zur Verwirklichung eines Straftatbestandes in Kenntnis aller

---

17 BT-Drs. 17/5391, S. 22.

seiner objektiven Tatumstände (kurz: Wissen und Wollen der Tatbestands-verwirklichung). Der Vorsatz enthält also ein Wissens- und ein Willensele-ment. Maßgeblicher Zeitpunkt für das Vorliegen des Vorsatzes ist die Bege-hung der Tat. Später erlangtes Wissen schadet dem im Augenblick der Tat unwissenden Täter nicht. Der Täter muss also – zumindest in der Laiensphäre – um das Vorhandensein der geschützten Tiere oder Pflanzen gewusst haben und deren Störung gewollt haben, wobei dolus eventualis (Eventualvorsatz) ausreicht. Hierbei hält der Täter die in § 69 näher beschriebene und verbo-tene Störung des geschützten Tiers oder der Pflanze für möglich und findet sich damit ab; er sagt sich: „Sei's drum". Dagegen liegt **bewusste Fahrlässig-keit**, die bei Abs. 1 nicht unter Strafe gestellt ist, vor, denn der Täter, der die Störung des geschützten Tiers oder der Pflanze für möglich hält, aber darauf vertraut, dass die Störung nicht eintreten werde; er sagt sich: „Es wird schon gut gehen."

3. Absatz 2

Der neue § 71a Abs. 2 betrifft den Handel mit geschützten wildlebenden Tier- oder Pflanzenarten § 71a Abs. 2 dient der Umsetzung von Art. 3 lit. g der Richtlinie 2008/99/EG über den strafrechtlichen Schutz der Umwelt. Diese Richtlinienvorschrift bezweckt die Strafbarkeit des Handels mit ge-schützten wildlebenden Tier- oder Pflanzenarten, Teilen oder Erzeugnissen davon, mit Ausnahme der Fälle, in denen die Handlung eine unerhebliche Menge dieser Exemplare betrifft und unerhebliche Auswirkungen auf den Erhaltungszustand der Art hat.   17

Bestraft wird, wer vorsätzlich ein Exemplar einer in Anhang B der Verord-nung (EG) Nr. 338/97 (EG-Artenschutzverordnung) genannten Art verkauft, kauft, zum Verkauf oder Kauf anbietet oder zu Verkaufszwecken vorrätig hält oder befördert (Nr. 1) und wer ein solches Exemplar zu kommerziellen Zwecken erwirbt, zur Schau stellt oder verwendet (Nr. 2). Diese Verhaltens-weisen sind in § 69 Abs. 4 Nr. 3 – dort auch in der fahrlässigen Begehungs-weise – mit Bußgeld bedroht. Über § 7 Abs. 3 Nr. 1 wird dynamisch auf den Anhang B der EG-Artenschutzverordnung in der jeweils zum Zeitpunkt der Tatbegehung gültigen Fassung verwiesen.   18

Das **Anbieten** zum Kauf oder Verkauf bedeutet die Erklärung gegenüber einem Dritten, ein Exemplar der betroffenen Art zur freien Verfügung zu überlassen; es setzt nicht voraus, dass der Anbietende das Exemplar bereits besitzt, sondern es reicht aus, wenn er das Exemplar erst aus dem Ausland einführen muss[18]. Unter Verkauf ist nicht nur die geplante Eigentumsüber-tragung, sondern auch das Vermieten oder Verleihen zu verstehen (vgl. Art. 2 lit. p der EG-Artenschutzverordnung 338/97). Ein kommerzielles **Zur-schaustellen** liegt vor, wenn das geschützte Exemplar in einem gewerblichen Background vorgeführt wird, z.B. auf einer öffentlichen Veranstaltung wie einer Messe oder einem Zirkus oder bei einer sonstigen öffentlichen Veran-staltung.   19

---

18 BayOBLG, Beschl. v. 02. 06. 1987 – 3 Ob OWi 76/87, NuR 1987, 367.

20 Besteht eine Genehmigung nach der Verordnung 338/97/EG (Einfuhrgenehmigung nach Art. 4, Ausfuhr- oder Wiederausfuhrgenehmigung nach Art. 5,
Beförderungsgenehmigung nach Art. 9), dann ist die Tat bereits nicht tatbestandsmäßig, sofern man das Merkmal *„entgegen"* in § 71 Abs. 2 als Tatbestandsmerkmal verstehen will, jedenfalls aber ist der Täter gerechtfertigt,
soweit man dies, wie häufiger im Bereich des Umweltstrafrechts (so z.B. das
Merkmal *„unbefugt"* in § 324 Abs. 1 StGB[19]), als einen gesetzgeberischen
Hinweis auf die Möglichkeit einer Genehmigung verstehen will.

4. Absatz 3

21 Wird eine Tat nach Abs. 1 Nr. 1 oder Nr. 2 oder nach Abs. 2 vorsätzlich begangen, erkennt der Täter aber leichtfertig nicht, dass sich seine Handlung
auf ein Tier oder eine Pflanze einer streng geschützten Art bezieht, dann
kann die Tat nach Abs. 3 bestraft werden, wobei der Strafrahmen auf Freiheitsstrafe bis zu einem Jahr oder Geldstrafe reduziert wird. Bei Abs. 3 handelt es sich also um eine Vorsatz-Fahrlässigkeitskombination.[20] Die Handlung i.S.d. § 44 Abs. 1 Nr. 1 oder des § 44 Abs. 2 Nr. 1 muss vorsätzlich
begangen worden sein. Lediglich auf das Merkmal der streng geschützten
Art braucht sich der Vorsatz, also das Wissen und Wollen des Täters nicht zu
beziehen; insoweit genügt Leichtfertigkeit. **Leichtfertigkeit** meint einen erhöhten Grad von Fahrlässigkeit; im Zivilrecht spricht man von grober Fahrlässigkeit.[21] Leichtfertig handelt der Täter, wenn sich ihm der besondere
Schutz des Tieres oder der Pflanze nahezu hätte aufdrängen müssen, er aber
gleichwohl handelt, ohne genauerer Erkundigungen einzuholen.[22] So muss
aus der Handlung des Täters der Rückschluss erlaubt sein, dass er sich der
Wahrscheinlichkeit der Schädigung einer geschützten Art in krasser Weise
verschlossen hat, sich ihm diese Erkenntnisse also bei einigem Nachdenken
hätte aufdrängen müssen.

22 Liegt dagegen insgesamt nur eine fahrlässige Tatbegehung vor, d.h. bezieht
sich die Fahrlässigkeit nicht nur auf das Merkmal der „Tiere und Pflanzen
einer streng geschützten Art", dann ist der Straftatbestand nicht erfüllt und

---

19 *Fischer*, § 324 StGB, Rn. 7 m.w.N.
20 *Schumacher*, in: Schumacher/Fischer-Hüftle (Hrsg.), 1. Aufl. 2003, § 66 BNatSchG,
Rn. 13.
21 BT-Drs. 17/5391, S. 17.
22 Vgl. zum Leichtfertigkeitsbegriff in anderem Zusammenhang: BGH, Urt. v. 13. 04. 1960 –
2 StR 593/59, BGHSt 14, 240 = NJW 1960, 1678 (1679) (zur leichtfertigen Verdächtigung
eines anderen); BGH, Urt. v. 09.11. 1984 – 2 StR 257/84, BGHSt 33, 66 (67) = NJW 1985,
690 = MDR 1985, 246 = NStZ 1985, 319 (zu § 30 Abs. 1 Nr. 3 BTMG); BGH, Urt. v.
17. 12. 2014 – 1 StR 324/14, wistra 2015, 191 = BeckRS 2015, 02618 (zu § 378 AO); OLG
Schleswig, Urt. v. 06. 07. 2007 – 14 U 145/06, BeckRS 2008, 02818 (zu § 261 Abs. 5 StGB);
OLG München, Urt. v. 22. 01. 2015 – 23 U 1589/14, RdTW 2015, 140 = BeckRS 2015, 02429
(zu Art. 29 CMR); KG, Beschl. V. 11. 07. 2014 – 3 Ws (B) 355/14, VRS 2014 Bd. 127, 74 =
BeckRS 2014, 19164 (zu § 25 StVG).

es kommt nur eine Ordnungswidrigkeit nach § 69 S. 1 Nr. 1 oder § 69 Abs. 3 Nr. 20 in Betracht.[23]

5. Absatz 4

Die Richtlinie 2008/99/EG über den strafrechtlichen Schutz der Umwelt 23 nimmt in Art. 3 lit. g die Forderung nach der Bestrafung von Tätern für den Handel mit geschützten wild lebenden Tier- oder Pflanzenarten, Teilen oder Erzeugnissen davon in solchen Fällen aus, in denen die Handlung eine unerhebliche Menge der Exemplare betrifft und unerhebliche Auswirkungen auf den Erhaltungszustand der Arzt hat. Diese Ausnahme wird wortgleich in Abs. 4 in deutsches Recht übernommen. Den Nachweis darüber, dass die konkrete Tat nicht nur eine unerhebliche Menge von Exemplaren betroffen und nicht nur unerhebliche Auswirkungen auf den Erhaltungszustand der Art hat, liegt auf Seiten der Strafverfolgungsorgane: Bleibt diese Frage offen, ist der Täter nach dem Grundsatz „in dubio pro reo" freizusprechen.

6. Täterschaft, Teilnahme, Irrtum, Rechtfertigungsgründe, Konkurrenzen

An dieser Stelle wird auf die Ausführungen zu § 71 verwiesen (dort Rn. 27). 24

7. Versuch, Verjährung

Der Versuch einer Straftat nach § 71a ist gemäß § 23 Abs. 1 StGB nicht straf- 25 bar, weil es sich bei dieser Straftat nicht um ein Verbrechen (das sind gemäß § 12 Abs. 1 StGB Straftaten, die im Mindestmaß mit Freistrafe von einem Jahr oder darüber bedroht sind), sondern um ein Vergehen handelt (§ 12 Abs. 2 StGB). Der Versuch eines Vergehens aber ist nur dann strafbar, wenn es das Gesetz ausdrücklich bestimmt, was im § 71 nicht der Fall ist. Straftaten nach § 71a können in Tateinheit oder Tatmehrheit zu weiteren Straftatbeständen treten.[24]

Gemäß § 78 Abs. 3 Nr. 5 StGB verjähren Straftaten nach § 71a innerhalb von 26 drei Jahren nach Beendigung der Tat bzw. nach Eintritt des Taterfolges (vgl. § 78a StGB).

8. Konkurrenzen

Bezüglich der Konkurrenzen wird auf die Ausführungen zu § 71 verwiesen 27 (dort Rn. 30 f.)

---

23 BGH, wistra 1997, 24 (25); *Sanden,* in: Landmann/Rohmer, Umweltrecht, Bd. IV, Stand: 01. 11. 2014, § 71 BNatSchG, Rn. 15.
24 Zum Verhältnis der Strafnormen zueinander vgl. *Stegmann,* Artenschutz-Strafrecht (2000); *Bendomir-Kahlo,* in: Gassner/Bendomir-Kahlo/Schmidt-Räntsch, BNatSchG, 2. Aufl. 2003, § 66 BNatSchG, Rn. 5.

§ 72
Einziehung

Ist eine Ordnungswidrigkeit nach § 69 Absatz 1 bis 5 oder eine Straftat nach § 71 oder § 71a begangen worden, so können

1. Gegenstände, auf die sich die Straftat oder die Ordnungswidrigkeit bezieht, und

2. Gegenstände, die zu ihrer Begehung oder Vorbereitung gebraucht worden oder bestimmt gewesen sind,

eingezogen werden. § 23 des Gesetzes über Ordnungswidrigkeiten und § 74a des Strafgesetzbuches sind anzuwenden.

Inhaltsübersicht

I. Einführung in den Gesamtkontext

§ 72 ist am 01.03.2010 in Kraft getreten. Er hat die wortgleiche Vorschrift des § 67 BNatSchG 2002 ersetzt, die ihrerseits – mit redaktionellen Anpassungen – aus § 30b BNatSchG vom 12.03.1987 (BGBl. I, S. 205) hervorgegangen war.

1 § 72 dient der Umsetzung von Art. 16 Abs. 2 der seit dem 01.06.1997 anzuwendenden Verordnung (EG) Nr. 338/97[1], wonach die Mitgliedsstaaten verpflichtet sind, Bestimmungen über die Beschlagnahme und Einziehung bei Verstößen gegen die Verordnung zu erlassen.

2 Die Norm steht selbstständig neben der Einziehungsmöglichkeit des § 47 und der Möglichkeit zur Inverwahrungnahme, Beschlagnahme und Einziehung durch die Zollbehörden nach § 51 (vgl. dazu § 51 Rn. 6 ff.). § 47 geht aber in seinem Anwendungsbereich des besonderen Artenschutzes als Spezialregelung vor.

---

1 Verordnung (EG) Nr. 338/97 des Rates v. 09.12.1996 über den Schutz von Exemplaren wild lebender Tier- und Pflanzenarten durch Überwachung des Handels, ABl. Nr. L 61 v. 03.03.1997, S. 1.

II. Übersicht über den Norminhalt

Die Norm ergänzt die Grundtatbestände der Einziehung, die im Strafverfahren in den §§ 74 ff. StGB und im Ordnungswidrigkeitenverfahren in den §§ 22 ff. OWiG geregelt sind. Die Einziehung kann entweder im Bußgeldbescheid durch die Verwaltungsbehörde (§ 70) oder im Urteil oder Beschluss des zuständigen Gerichts angeordnet werden. Auf diesem Weg können Gegenstände, die durch eine Straftat oder Ordnungswidrigkeit hervorgebracht oder zu ihrer Begehung oder Vorbereitung verwendet worden sind oder bestimmt gewesen sind, in das Eigentum des Staates überführt werden (vgl. §§ 74 Abs. 1, 74e Abs. 1 StGB und §§ 22, 26 OWiG).

Satz 2 erweitert den Kreis der von der Einziehung betroffenen Personen und erklärt hier die §§ 23 OWiG, 74a StGB für anwendbar, wonach sich die Einziehung auch auf Gegenstände erstrecken kann, die nicht dem Täter gehören.

Soweit sich die Einziehung gegen den Täter richtet, stellt sie eine Strafe dar.[2] Richtet sie sich nach § 72 i.V.m. § 74a StGB und § 23 OWiG gegen einen Dritten, dann hat die Einziehung gleichermaßen Sicherungs- wie Strafcharakter.[3]

Die Verwertung eingezogener Tiere und Pflanzen durch die Bundesbehörden ist in den Erlassen des BMF vom 29. 12. 1983 und 28. 04. 1989 geregelt.[4]

III. Voraussetzungen der Einziehung

Die Einziehung setzt eine Ordnungswidrigkeit nach § 69 Abs. 1–5 oder eine Straftat nach § 71 oder § 71a voraus. Erforderlich ist insoweit eine tatbestandsmäßige, rechtswidrige und vorwerfbare (= schuldhafte, d.h. vorsätzliche oder fahrlässige) Tathandlung, die als Straftat oder Ordnungswidrigkeit geahndet werden kann.[5] Ist der Täter gerechtfertigt oder schuldunfähig oder besteht ein Schuldausschließungsgrund, dann scheidet die Einziehung aus.[6]

Durch den Verweis des § 72 Satz 2 auf die §§ 23 OWiG und 74a StGB nimmt der Gesetzgeber implizit auch auf die §§ 22 ff. OWiG und 74 ff. StGB Bezug, denn die dort genannten Möglichkeiten der Einziehung werden durch die in Bezug genommenen Vorschriften erweitert.[7] Gemäß §§ 22 Abs. 2 OWiG, 74 StGB ist die Einziehung zulässig, wenn

1. die Gegenstände zur Zeit der Entscheidung dem Täter gehören oder zustehen oder

---

2 BGH, Urt. v. 31. 03. 1954 – 6 StR 5/54, BGHSt 6, 62 (63); BGH, Urt. v. 28. 10. 1955 – 2 StR 315/55, BGHSt 8, 214; BGH, Urt. v. 11. 06. 1957 – 4 StR 157/57, BGHSt 10, 337 (338); BGH, Urt. v. 08. 02. 1961 – 2 StR 622/60, BGHSt 16, 47 (48); BGH, Urt. v. 18. 10. 1951 – 4 StR 530/51, NJW 1952, 191.

3 *Fischer*, StGB, § 74 Rn. 2 m.w.N.

4 Abgedruckt bei *Schmidt-Räntsch*, Leitfaden zum Artenschutzrecht, Textanhang Nr. 4.02.

5 *Meßerschmidt*, Bundesnaturschutzrecht, § 67 BNatSchG, Rn. 5.

6 *Fischer*, StGB, § 74 Rn. 11.

7 *Meßerschmidt*, Bundesnaturschutzrecht, § 67 BNatSchG, Rn. 6.

2. die Gegenstände nach ihrer Art und den Umständen die Allgemeinheit gefährden oder die Gefahr besteht, dass sie der Begehung rechtswidriger Taten, die mit Strafe oder Geldbuße bedroht sind, dienen werden.

9 Gemäß §§ 23 Abs. 2 Nr. 1 OWiG, 74 Abs. 2 Nr. 1 StGB ist die Einziehung grundsätzlich nur zulässig, wenn der Gegenstand zur Zeit der Entscheidung dem Täter oder Teilnehmer gehört oder er ihm zusteht. **„Gehören"** meint das Eigentum am Gegenstand im zivilrechtlichen Sinn, während **„zustehen"** die quasi-dingliche Inhaberschaft von Rechten meint.[8]

10 Unter den Voraussetzungen der §§ 74 Abs. 3 StGB, 22 Abs. 3 OWiG kommt die Einziehung aus Sicherheitsgründen ausnahmsweise auch bei einer nicht vorwerfbaren (= nicht schuldhaften) Handlung in Betracht, nämlich wenn der Gegenstand die Allgemeinheit gefährdet oder die Gefahr besteht, dass er der Begehung von Handlungen dienen wird, die mit Strafe oder Geldbuße bedroht sind. Es muss dann aber trotzdem eine tatbestandsmäßige und rechtswidrige Haupttat vorliegen.

11 Ist die Tat nur in das Versuchsstadium gelangt, ist der Versuch aber nicht strafbar (so bei den Straftatbeständen der § 71 und 71a), dann kommt eine Einziehung nicht in Betracht.[9]

12 Zudem muss ein **Einziehungsgrund** vorliegen. Eingezogen werden können die Einziehungsgegenstände, auf die sich die Tat bezieht oder die zu ihrer Begehung oder Vorbereitung verwendet worden sind oder die dafür bestimmt waren. Zu den Einziehungsgegenständen näher unter IV.

13 Bei der Frage, ob eine Einziehung erfolgt, ist gemäß §§ 76a StGB, 27 OWiG der **Verhältnismäßigkeitsgrundsatz** zu beachten. Die Einziehung liegt damit im **pflichtgemäßen Ermessen** der Verwaltungsbehörde[10] bzw. des Gerichts. Das behördliche Ermessen ist gerichtlich voll überprüfbar.[11]

1. Einziehungsgegenstände

14 Die Einziehung kann sich auf Gegenstände, also auf Sachen und Rechte beziehen. Tiere gelten als Sachen (§ 90a BGB). Sie kann die Gegenstände der Tat selbst (§ 72 Satz 1 Nr. 1) oder Hilfsgegenstände (§ 72 Satz 1 Nr. 2) oder auch Gegenstände betreffen, die einem anderen als dem Täter gehören (§ 72 Satz 2 i.V.m. §§ 23 OWiG, 74a StGB).

15 Steht die Sache im **Miteigentum** eines oder mehrerer anderer, die nicht Täter oder Teilnehmer der Tat sind, dann scheidet die Einziehung, da sie die anderen zu Unrecht belasten würde, aus.[12] Eingezogen werden kann dann

---

8 *Schönke/Schröder*, StGB, § 74 Rn. 22; BGH, Urt. v. 29.04.1969 – 5 StR 50/69, bei Dallinger, MDR 1969, 722.

9 *Meßerschmidt*, Bundesnaturschutzrecht, § 67 BNatSchG, Rn. 5.

10 OLG Hamm, Urt. v. 19.11.1992 – 3 Ss Owi 899/92, NuR 1993, 182 f.; LG Erfurt, NStZ 1996, 561; *Meßerschmidt*, Bundesnaturschutzrecht, § 67 BNatSchG, Rn. 7.

11 BayObLG, Beschl. v. 22.08.1997 – 3 ObOWi 87/97, NuR 1998, 55.

12 BGH, Urt. v. 18.10.1951 – 4 StR 530/51, NJW 1952, 191.

allerdings der Miteigentumsanteil des Täters, wodurch der Staat Mitglied der Miteigentümergemeinschaft wird.[13]

Eingezogen werden kann auch ein **Anwartschaftsrecht**.[14] Dasselbe gilt für **Sicherungseigentum**, denn es stellt zivilrechtliches Volleigentum dar.[15]   **16**

Durch den in § 72 Satz 2 erfolgten Verweis auf §§ 23 OWiG, 74a StGB wird   **17** die Einziehungsmöglichkeit erweitert auf Gegenstände nicht tatbeteiligter Personen (dazu näher unter Rn. 21 ff.).

2. „Beziehungsgegenstände" nach Satz 1 Nr. 1

Gemäß § 72 Satz 1 Nr. 1 können Gegenstände eingezogen werden, auf die   **18** sich die Straftat oder die Ordnungswidrigkeit bezieht. Im vorliegenden naturschutzrechtlichen Zusammenhang kommen vor allem lebende und tote Tiere und Pflanzen in Betracht.[16] Auch weiterverarbeitete Tiere, etwa Lederhandtaschen oder Schuhe aus dem Leder geschützter Tiere oder bearbeitete Elefantenstoßzähne[17] unterliegen wie alle unter das Washingtoner Artenschutzübereinkommen (dazu näher in § 69 Rn. 3) fallenden Tiere und Pflanzen der Beschlagnahme.

3. „Hilfsgegenstände" nach Satz 1 Nr. 2

Gemäß § 72 Satz 1 Nr. 2 können auch solche Gegenstände eingezogen wer-   **19** den, die zur Begehung der Tat oder zur Vorbereitung gebraucht worden oder bestimmt gewesen sind. Hier kommen Käfige, Aquarien und Terrarien[18] ebenso in Betracht wie Transportmittel und Fangvorrichtungen wie Fallen und Köcher. Den Nachweis dieser Voraussetzungen hat die Stelle zu führen, die die Einziehung anordnet. Gegenstände sind zur Begehung der Tat bestimmt gewesen, wenn sie etwa schon bereitgestellt waren.[19]

Nicht geklärt ist, ob auch Gegenstände eingezogen werden können, die die   **20** Tat nur mittelbar gefördert haben.[20] Dazu würden etwa Mobiltelefone zählen, mit denen sich mehrere Täter zur Begehung einer Tat verabredet haben.

4. Gegenstände, die einem anderen als dem Täter gehören (Satz 2)

Gemäß § 72 Satz 2 sind auch die §§ 23 OWiG, 74a StGB anzuwenden. Da-   **21** durch werden die Einziehungsmöglichkeiten erweitert auf Gegenstände, die im Zeitpunkt der Entscheidung nicht dem Täter, sondern einem **Dritten** ge-

---

13 *Fischer*, StGB, § 74 Rn. 3 m.w.N.
14 BGH, Urt. v. 24.08.1972 – 4 StR 308/72, BGHSt 25, 10 (11).
15 BGH, Urt. v. 25.04.1952 – 2 StR 4/52, BGHSt 2, 311 (312).
16 *Bendomir-Kahlo*, in: Gassner/Bendomir-Kahlo/Schmidt-Räntsch, BNatSchG, 2. Aufl. 2003, § 67 Rn. 5.
17 BVerfG, Beschl. v. 27.07.1992 – 2 BvR 595/92, NJW 1993, 321 = NuR 1993, 154.
18 *Thum*, NuR 2001, 558 (570).
19 *Schönke/Schröder*, StGB, § 74 Rn. 9 ff.
20 *Louis*, § 30b BNatSchG, Rn. 4; *Schönke/Schröder*, § 74 StGB, Rn. 12; *Meßerschmidt*, Bundesnaturschutzrecht, § 67 BNatSchG, Rn. 10.

hören oder zustehen. Die Einziehung geschieht hier durch selbstständigen Einziehungsbescheid (vgl. dazu Rn. 28).

22 Voraussetzung dafür ist, dass der Eigentümer, dem der Gegenstand zur Zeit der Entscheidung gehört oder zusteht, wenigstens **leichtfertig** dazu beigetragen hat, dass die Sache oder das Recht Mittel oder Gegenstand der Tat oder ihrer Vorbereitung gewesen ist, oder wenn er den Gegenstand in Kenntnis der Umstände, welche seine Einziehung zugelassen hätten, in verwerflicher Weise erworben hat. Der erste Fall betrifft die unechte, i.d.R. fahrlässige Beihilfe zur Straftat oder Ordnungswidrigkeit. Wenigstens leichtfertig handelt der Dritte, wenn er eine Tat dieser Art in allgemeinen Umrissen hätte voraussehen können.[21] In subjektiver Hinsicht ist grobe Fahrlässigkeit d.h. ein besonders großer Grad von Sorglosigkeit erforderlich.[22] Insoweit kommt sowohl eine nachlässige Eigentumsüberwachung als auch ein pflichtwidriges Nichterkennen des rechtswidrigen Täterverhaltens in Betracht.

23 Im zweiten Fall (Erwerbsfall der §§ 74a Nr. 2, 23 Nr. 2 OWiG) ist in objektiver Hinsicht die Erlangung einer Rechtsstellung erforderlich, welche die Einziehung des Gegenstandes beim Täter verhindert, also entweder ein Eigentumserwerb bei Sachen oder ein Forderungserwerb durch Abtretung bei Rechten.[23] In subjektiver Hinsicht muss der Erwerber die einziehungsbegründenden Tatsachen gekannt haben; im Unterschied zum Fall des § 74a Nr. 1 StGB reicht leichtfertiges Nichterkennen hier nicht aus.[24] Der Erwerber muss also positive Kenntnis davon haben, dass der Gegenstand in eine strafbare Handlung oder in eine Ordnungswidrigkeit verstrickt war, die seine Entziehung rechtfertigen würde. Insoweit reicht dolus eventualis. Zudem muss der Erwerber den Gegenstand **in verwerflicher Weise** erworben haben. Dem Erwerber muss es also gerade auf die Verhinderung der Einziehung ankommen.[25] Hat der Erwerber den Gegenstand ohne diese Kenntnis, also insoweit gutgläubig, erworben, scheidet die Einziehung des Gegenstandes aus.

IV. Verfahren

24 Das Gesetz kennt zwei Formen der Einziehung, zum einen die Einziehung als Nebenfolge eines Bußgeldbescheides, gerichtlichen Urteils oder Beschlusses (nachfolgend unter 1.) und zum anderen die selbstständige Einziehung, die unabhängig von einem Bußgeldbescheid oder einem Urteil oder Beschluss des Gerichts ergeht (nachfolgend unter 2.). Vorbereitend kommt die Beschlagnahme des Gegenstandes in Betracht (nachfolgend unter 3.).

---

21 *Fischer*, StGB, § 74 Rn. 4.
22 *Schönke/Schröder*, StGB, § 74a Rn. 6.
23 *Schönke/Schröder*, StGB, § 74a Rn. 7.
24 *Schönke/Schröder*, StGB, § 74a Rn. 9.
25 *Fischer*, StGB, § 74 Rn. 8.

1. Einziehung als Nebenfolge

Die Einziehung kann – sozusagen als Nebenstrafe – gegenüber dem Täter 25
oder Teilnehmer im Bußgeldbescheid oder im Urteil oder Beschluss des zuständigen Gerichts angeordnet werden. Gegen nicht tatbeteiligte Personen
wird die Einziehung im Verfahren gegen denjenigen ausgesprochen, auf
dessen Tat sie gestützt ist. Für den Dritten gelten die §§ 431 ff. StPO.[26]

Die Einziehung ist im Tenor der Entscheidung selbst auszusprechen. Der 26
eingezogene Gegenstand ist so konkret zu bezeichnen, dass Klarheit über
den Umfang der Einziehung besteht.[27]

Wird die Einziehung im Bußgeldbescheid angeordnet, so ist dafür gemäß 27
§ 87 Abs. 1 OWiG die Bußgeldbehörde nach § 70 zuständig.

2. Selbstständige Einziehung

Kann aus tatsächlichen Gründen keine bestimmte Person verfolgt oder ver- 28
urteilt werden, etwa weil der Täter nicht ermittelt werden kann oder er sich
ins Ausland abgesetzt hat oder sonst flüchtig ist, dann kann eine **selbstständige Einziehung** durch einen eigenständigen Einziehungsbescheid erfolgen
(§ 76a StGB, § 27 OWiG).

3. Beschlagnahme

Vor der Einziehung können die Gegenstände nach § 111b StPO sicherge- 29
stellt werden. Die Sicherstellung erfolgt durch **Beschlagnahme** nach § 111c
StPO, also bei beweglichen Sachen durch Ingewahrsamnahme oder durch
Anbringung eines Siegels oder einer anderen Kenntlichmachung. Deren
Entfernung durch einen Unbefugten stellt nach § 136 StGB eine Straftat dar.

Soweit die Behörde für die Beförderung, Verwahrung und Fütterung be- 30
schlagnahmter Tiere **Kosten** an Dritte bezahlt, werden die Kosten gemäß
§ 107 Abs. 3 Nr. 10a OWiG als Auslagen im Bußgeldbescheid erhoben. Zur
Verwahrung gehören auch die Kosten einer notwendigen tierärztlichen Behandlung.[28]

Zur Anordnung der Beschlagnahme ist gemäß § 111d Abs. 1 StPO, ggf. i.V.m. 31
§ 46 OWiG grundsätzlich nur der Richter befugt. Bei Gefahr im Verzug kann
die Beschlagnahme auch von der Staatsanwaltschaft und bei beweglichen
Sachen auch von den Ermittlungspersonen der Staatsanwaltschaft (§ 152
GVG) durchgeführt werden. Der Betroffene kann dagegen gemäß § 111e
Abs. 2 Satz 3 StPO jederzeit die Entscheidung des Gerichts beantragen.

Auch im Bußgeldverfahren kann eine Beschlagnahme zur Sicherstellung der 32
Einziehung erfolgen.[29] Die §§ 111a ff. StPO sind gemäß § 46 Abs. 1 OWiG im
Bußgeldverfahren anzuwenden. Anstelle der Staatsanwaltschaft ist dann ge-

---

26 *Fischer*, StGB, § 74 Rn. 21.
27 *Fischer*, StGB, § 74 Rn. 4.
28 *Thum*, NuR 2001, 558 (570).
29 *Thum*, NuR 2001, 558 (570).

mäß § 46 Abs. 2 OWiG die Verfolgungsbehörde für die Anordnung der Beschlagnahme zuständig.

33 Soweit für die Beschlagnahme Wohnungen betreten oder durchsucht werden müssen und der Wohnungsinhaber das nicht gestattet, ist eine richterliche Durchsuchungsanordnung nach §§ 46 Abs. 2 OWiG, 111b Abs. 4, 105 StPO erforderlich.[30] Nur bei **Gefahr im Verzug** kann die Verwaltungsbehörde die Wohnung auch ohne Durchsuchungsanordnung betreten. Der Begriff „Gefahr im Verzug" ist eng auszulegen; er muss auf Tatsachen begründet sein, die den konkreten Einzelfall betreffen.[31] Fallunabhängige Vermutungen reichen selbst dann nicht, wenn sie auf kriminalistischen Erfahrungen beruhen.[32]

V. Wirkungen der Einziehung

34 Unter **Einziehung** ist der Entzug einer Sache oder eines Rechts zu verstehen. Mit der Rechtskraft der Entscheidung geht das Eigentum am eingezogenen Gegenstand gemäß §§ 74e StGB, 26 OWiG auf den Staat (Bund, Land) über.[33] Der hierdurch bewirkte Eigentumsverlust stellt eine zulässige Inhalts- und Schrankenbestimmung des Eigentums nach Art. 14 Abs. 1 Satz 2 GG dar.[34]

35 **Rechte Dritter** an dem Gegenstand bleiben bestehen. Gemäß §§ 74e Abs. 2 Satz 2 StGB, 26 Abs. 2 Satz 2 OWiG wird aber das Erlöschen dieser Rechte angeordnet, wenn die Voraussetzungen der §§ 74 Abs. 2 Nr. 2 StGB, 22 Abs. 2 Nr. 2 OWiG vorliegen, wenn also der Gegenstand nach seiner Art oder den Umständen die Allgemeinheit gefährdet oder die Gefahr besteht, dass er der Begehung rechtswidriger Handlungen dienen wird, die mit Strafe oder Geldbuße bedroht sind. Ein Ermessen steht der einziehenden Stelle hierbei nicht zu (*„wird … angeordnet"*).

36 Das weitere Schicksal der eingezogenen und beschlagnahmten Gegenstände ist im BNatSchG nicht geregelt. Die Gegenstände können an einem geeigneten Ort verwahrt werden (Tiere z.B. in einem Zoo, exotische Pflanzen in einem botanischen Garten) oder in ihr Heimatland zurückgeführt werden, sofern das nicht an fehlenden finanziellen Mitteln scheitert. Beschlagnahmte Tiere dürfen auch schon vor der Rechtskraft des Bußgeldbescheides oder Urteils notveräußert werden, wenn ihre Aufbewahrung und Pflege ansonsten unverhältnismäßige Kosten verursachen würde (§ 46 Abs. 2 OWiG i.V.m. § 111l Abs. 1 StPO).[35]

30 *Meßerschmidt*, Bundesnaturschutzrecht, § 67 BNatSchG, Rn. 4.

31 BVerfG, Urt. v. 20.02.2001 – 2 BvR 1444/00, NJW 2001, 1121 ff.; *Einmahl*, NJW 2001, 1393 ff.; *Schäfer*, NJW 2001, 1396 f.; *Möllers*, NJW 2001, 1397 f.

32 *Thum*, NuR 2001, 558 (570).

33 *Schumacher*, in: Schumacher/Fischer-Hüftle (Hrsg.), 1. Aufl. 2003, § 67 BNatSchG, Rn. 10.

34 BVerfG, Beschl. v. 19.01.1989 – 2 BvR 554/88, NJW 1990, 1229 = NVwZ 1990, 551 (LS); BVerfG, Beschl. v. 17.01.1996 – 2 BvR 589/92, NVwZ 1997, 159 = NJW 1996, 1434 = NuR 1996, 400 (401).

35 *Meßerschmidt*, Bundesnaturschutzrecht, § 67 BNatSchG, Rn. 16.

VI. Entschädigung, Verfall

Die in § 74f StGB und in § 28 OWiG vorgesehene **Entschädigung** kann in 37
den Fällen der naturschutzrechtlichen Einziehung von Beziehungs- und
Hilfsgegenständen naturgemäß nicht gewährt werden, denn die Entschädigung würde dem Sanktionscharakter (vgl. Rn. 5) der Regeln gegen den illegalen Artenhandel widersprechen.[36]

Neben der Einziehung können eventuelle Gewinne, die der Täter aus der 38
Straftat erzielt hat, abgeschöpft werden. Dass § 72 nur die Einziehung, nicht
aber den **Verfall** regelt, steht der Anwendung der §§ 73 ff. StGB nicht entgegen.[37] Bei einer Straftat nach den §§ 71 und 71a kann also auch der Verfall
des Gewinns nach den §§ 73–73e StGB gerichtlich angeordnet werden. Im
Fall von Ordnungswidrigkeiten kommt die Anordnung des Verfalls gemäß
§ 29a OWiG nur gegenüber juristischen Personen und Personenvereinigungen, nicht aber gegenüber natürlichen Personen in Betracht.

VII. Rechtsschutz

Der selbständige Einziehungsbescheid steht gemäß § 87 Abs. 3 Satz 2 OWiG 39
dem Bußgeldbescheid gleich. Deshalb sind gegen ihn dieselben Rechtsbehelfe gegeben wie gegen Bußgeldbescheide. Der Adressat kann gegen die
Einziehungsverfügung innerhalb von zwei Wochen nach Zustellung schriftlich oder zur Niederschrift bei der Verwaltungsbehörde **Einspruch** einlegen
(§ 67 Abs. 1 OWiG). Über den Einspruch entscheidet das Amtsgericht, in dessen Bezirk die Verwaltungsbehörde ihren Sitz hat (§ 68 Abs. 1 Satz 1 OWiG).

Hält das Gericht eine Hauptverhandlung nicht für erforderlich, kann es 40
durch Beschluss entscheiden (§ 72 Abs. 1 Satz 1 OWiG), wenn der Betroffene
und die Staatsanwaltschaft nicht widersprechen. Andernfalls entscheidet es
gemäß §§ 71 Abs. 1 OWiG i.V.m. 260–268, 275 StPO durch Urteil.

Gegen das Urteil und den Beschluss des Amtsgerichts ist das Rechtsmittel 41
der **Rechtsbeschwerde** nach § 79 OWiG gegeben. Die Rechtsbeschwerde ist
gemäß § 79 Abs. 1 Nr. 2 OWiG allerdings nur zulässig, wenn der Wert des
eingezogenen Gegenstandes mehr als 250 Euro beträgt oder wenn sie nach
§§ 79 Abs. 1 Satz 2, 80 OWiG zugelassen ist.

§ 73
Befugnisse der Zollbehörden

**Die zuständige Verwaltungsbehörde und die Staatsanwaltschaft können im
Rahmen ihrer Zuständigkeit zur Aufklärung von Straftaten oder Ordnungswidrigkeiten nach diesem Gesetz Ermittlungen auch durch die Hauptzollämter oder die Behörden des Zollfahndungsdienstes und deren Beamte
vornehmen lassen. § 37 Absatz 2 bis 4 des Außenwirtschaftsgesetzes gilt
entsprechend.**

---

36 *Meßerschmidt*, Bundesnaturschutzrecht, § 67 BNatSchG, Rn. 17.
37 *Meßerschmidt*, Bundesnaturschutzrecht, § 67 BNatSchG, Rn. 18.

I. Einführung in den Gesamtkontext

1 Die Vorschrift ist am 01.03.2010 in Kraft getreten. Sie hat mit verändertem Inhalt die Vorschrift des § 68 BNatSchG vom 25.03.2002[1], die ihrerseits nahezu wortgleich der Vorgängerregelung des § 30c BNatSchG vom 12.03. 1987[2] entsprach, abgelöst.

II. Übersicht über den Norminhalt

2 Die Vorschrift ermächtigt die Verwaltungsbehörde und die Staatsanwaltschaft, Ermittlungen durch die Hauptzollämter und die Behörden des Zollfahndungsdienstes vornehmen zu lassen. Die Vorschrift ist eine Ausprägung der Pflicht zur Rechts- und Amtshilfe i.S.v. Art. 35 Abs. 1 GG, dessen konkreter Umfang sich nach der Rechtsprechung des Bundesverwaltungsgerichts nach der näheren gesetzlichen Ausgestaltung richtet.[3] Sie regelt nicht etwa eine von § 70 abweichende sachliche Zuständigkeit, sondern erlaubt es der nach § 70 zuständigen Landesbehörde, unter Überwindung bestehender Kompetenz- und Zuständigkeitsgrenzen zur Aufklärung von Straftaten nach §§ 71 und 71a oder von Ordnungswidrigkeiten nach § 69 die hier benannten Bundesbehörden (Hauptzollämter und Behörden des Zollfahndungsdienstes) mit Ermittlungen, also mit der Aufklärung des Sachverhalts, zu beauftragen, weil diese Behörden auf diesem Gebiet besondere Kompetenzen und Erfahrungen besitzen. Die Vorschrift des § 4 VwVfG ist nicht anwendbar; hier ist § 73 die speziellere Norm.[4]

3 Zum **Aufbau der Zollverwaltung** siehe § 70 Rn. 2. Neben den dort beschriebenen fünf Oberfinanzdirektionen stehen als selbstständiger Zweig die Zollkriminalämter (2. Stufe) und auf der dritten Stufe die Zollfahndungsämter. Oberste Behörde ist auch hier das Bundesministerium der Finanzen. Aufgabe des Zollfahndungsdienstes ist die Bekämpfung der Zollkriminalität (1. Stufe). Hierzu gehören der illegale Technologietransfer, Subventionsbetrug im Agrarbereich, der Rauschgift- und Zigarettenschmuggel und die Geldwäsche. Die Zollverwaltung arbeitet hier eng mit ausländischen Zoll- und Polizeibehörden, Einrichtungen der EU und internationalen Organisationen zusammen.

---

1 BGBl. I, S. 1193.
2 BGBl. I, S. 205.
3 BVerwG, Urt. v. 12.10.1971 – 6 C 99.67, BVerwGE 38, 336 (340); BVerwG, Urt. v. 08.04. 1976 – 2 C 15.74, BVerwGE 50, 301 (310) = Buchholz 232 § 90 BBG Nr. 20.
4 *Ziekow*, VwVfG, § 4, Rn. 2.

Müggenborg

Die grundsätzlichen **Aufgaben der Zollfahndungsämter** ergeben sich aus § 1 4
Abs. 3c ZollVG.[5] Hiernach haben sie die Aufgaben, die international orga-
nisierte Geldwäsche sowie damit in Zusammenhang stehende Straftaten, soweit diese in Verbindung mit dem Wirtschaftsverkehr mit Wirtschaftsgebie-
ten außerhalb des Geltungsbereichs dieses Gesetzes stehen, zu erforschen
und zu verfolgen.

Präzisiert werden die Aufgaben des Zollfahndungsdienstes im ZFdG[6], wobei 5
hier zwischen den allgemeinen Aufgaben (§ 24 ZFdG) und den besonderen
Aufgaben (§ 25 ZFdG) unterschieden wird. Die **Befugnisse der Zollfahndungsämter** ergeben sich aus den §§ 26–32a ZfdG; gemäß § 26 Abs. 1 ZFdG
haben sie, soweit sie Ermittlungen durchführen, dieselben Rechte und
Pflichten wie die Behörden und Beamten des Polizeidienstes nach der StPO.
Gemäß § 32b Abs. 1 ZFdG können sie eine Sache sicherstellen, um eine gegenwärtige Gefahr abzuwehren.

III. Einzelkommentierung

1. Satz 1

Die Vorschrift ermächtigt sowohl die nach § 70 zuständigen Behörden als 6
auch die Staatsanwaltschaft dazu, ihrerseits die Hauptzollämter und die Zollfahndungsämter zu ersuchen, strafrechtliche Ermittlungen i.S.v. § 161 StPO
vorzunehmen. Die Staatsanwaltschaft darf gemäß § 161 StPO ohnehin von
allen öffentlichen Behörden Auskunft verlangen. Die hier geregelte Befugnis
geht aber insoweit darüber hinaus, als die Staatsanwaltschaft die genannten
Zollämter dazu verpflichten kann, neue Kenntnisse erstmals zu ermitteln,
also mehr zu tun, als ihr bereits bekannte Auskünfte über bereits ermittelte
Umstände weiter zu geben.[7]

Eine solches Ersuchen ändert aber nichts an der Zuständigkeit der Verwal- 7
tungsbehörde oder Staatsanwaltschaft[8], denn die Pflicht zur Aufklärung von
Straftaten und Ordnungswidrigkeiten geht nicht auf die Hauptzollämter
bzw. auf die Zollfahndungsämter über, sondern die Zollbehörden werden
hier nur im Wege der **Amtshilfe** tätig. Die im BNatSchG 2002 noch enthaltene Beschränkung auf Straftaten und Ordnungswidrigkeiten „im Zusammenhang mit der Ein- und Ausfuhr von Tieren und Pflanzen" ist entfallen.
Die Vorschrift erkennt damit das der Polizei überlegene Fachwissen der
Hauptzollämter und der Behörden des Zollfahndungsdienstes im Bereich des

---

5 Zollverwaltungsgesetz v. 21.12.1992, BGBl. I, S. 2125, zuletzt geändert durch Art. 6 des
   Gesetzes v. 12.06.2015, BGBl. I, S. 926.

6 Gesetz über das Zollkriminalamt und die Zollfahndungsämter (ZFdG) v. 16.08.2002,
   BGBl. I, S. 3202, zuletzt geändert durch Art. 2 des Gesetzes v. 31.08.2015, BGBl. I,
   S. 1474.

7 Im Rahmen der Auskunftserteilung nach § 161 StPO kann die zur Auskunft verpflichtete
   Behörde auch gehalten sein, Material zu sammeln oder dienstliche Vorgänge erst noch zu
   beobachten, denn sie muss der Staatsanwaltschaft möglichst gute Beweise zur Verfügung
   stellen: BGH, Urt. v. 10.10.1979 – 3 StR 281/79 [S], BGHSt 29, 109 (112); BVerfG, Urt. v.
   26.05.1981 – 2 BvR 215/81, BVerfGE 57, 250 (283) = NJW 1981, 1719 (1722 ff.).

8 *Kratsch*, in: Schumacher/Fischer-Hüftle, BNatSchG, 1. Aufl. 2003, § 68 Rn. 2.

Artenschutzes an, das diese aufgrund ihrer Überwachungs- und Vollzugsaufgaben angesammelt haben[9].

8 Bei der Frage, welche der genannten Behörden (Hauptzollämter und Behörden des Zollfahndungsdienstes) die zuständige Verwaltungsbehörde oder die Staatsanwaltschaft beauftragen kann, haben diese die gesetzlichen Zuständigkeiten beider Behörden zu beachten. Wendet sich die Verwaltungsbehörde oder Staatsanwaltschaft hier an die unzuständige Behörde, so sind sie auf einen entsprechenden Hinweis des Hauptzollamtes und der Behörde des Zollfahndungsdienstes verpflichtet, die andere, nach den gesetzlichen Zuständigkeitsvorschriften zuständige Behörde mit den Ermittlungen zu beauftragen. Dies folgt aus der Pflicht zu bundesfreundlichem Verhalten (Bundestreue).[10]

2. Satz 2

9 Durch die entsprechende Anwendung des § 37 Abs. 2–3 AWG (richtig wäre: § 21 Abs. 2–3 AWG, s. Rn. 10) wird klargestellt, dass die Hauptzollämter und Zollfahndungsämter und deren Mitarbeiter auch ohne ein Ersuchen der Verwaltungsbehörde oder Staatsanwaltschaft nach Satz 1 Straftaten und Ordnungswidrigkeiten nach dem BNatSchG zu ermitteln und zu verfolgen haben, wenn sie das Verbringen von Sachen beobachten oder Gefahr im Verzug ist. Diese haben dabei gemäß § 12b ZollVG die Rechte wie die Ermittlungspersonen der Staatsanwaltschaft nach § 152 GVG, d.h. ihnen stehen alle diesbezüglichen Kompetenzen zu. Sie können daher auch im Ordnungswidrigkeitenverfahren Beschlagnahmen, Durchsuchungen, Untersuchungen und sonstige Maßnahmen durchführen, die nach der StPO von den Ermittlungspersonen der Staatsanwaltschaft vorgenommen werden dürfen.[11]

10 In der Norm findet sich ein fehlerhafter, nicht angepasster Bezug. Der in Bezug genommene § 37 des AWG (vom 27. 05. 2009, BGBl. I, S. 1150, zuletzt geändert durch Art. 1 der Verordnung vom 12. 12. 2012, BAnz. AT 28. 12. 2012 V1) wurde unterdessen durch das Gesetz zur Modernisierung des Außenwirtschaftsrechts vom 06. 06. 2013 (BGBl. I, S. 14982) abgelöst. Die frühere, hier noch in Bezug genommene Vorschrift findet sich jetzt in § 21 AWG. Sie lautet:

> „§ 21 Befugnisse der Zollbehörden (entspricht weitgehend § 37 AWG a.F.)
>
> (1) Die Staatsanwaltschaft kann bei Straftaten und Ordnungswidrigkeiten nach den §§ 17 bis 19 dieses Gesetzes oder nach § 19 Absatz 1 bis 3, § 20 Absatz 1 und 2, § 20a Absatz 1 bis 3, jeweils auch in Verbindung mit § 21, oder nach § 22a Absatz 1 Nummer 4, 5 und 7 des Gesetzes über die Kontrolle von Kriegswaffen Ermittlungen nach § 161 Satz 1 der Strafprozessordnung auch durch die Hauptzollämter oder die Zollfahndungsämter vornehmen lassen.

---

9 *Kraft*, in: Lütkes/Ewer, § 73 BNatSchG, Rn. 2.
10 *Pieroth*, in: Jarass/Pieroth, GG, Art. 20 Rn. 20 m.w.N.
11 *Meßerschmidt*, Bundesnaturschutzrecht, § 69 BNatSchG, Rn. 4.

Die Verwaltungsbehörde im Sinne des § 22 Absatz 3 Satz 1 kann in den Fällen des Satzes 1 Ermittlungen auch durch ein anderes Hauptzollamt oder die Zollfahndungsämter vornehmen lassen.

(2) Die Hauptzollämter und die Zollfahndungsämter sowie deren Beamte haben auch ohne Ersuchen der Staatsanwaltschaft oder der Verwaltungsbehörde Straftaten und Ordnungswidrigkeiten der in Absatz 1 bezeichneten Art zu erforschen und zu verfolgen, wenn diese die Ausfuhr, Einfuhr oder Durchfuhr von Waren betreffen. Dasselbe gilt, soweit Gefahr im Verzug ist. § 163 der Strafprozessordnung und § 53 des Gesetzes über Ordnungswidrigkeiten bleiben unberührt.

(3) In den Fällen der Absätze 1 und 2 haben die Beamten der Hauptzollämter und der Zollfahndungsämter die Rechte und Pflichten der Polizeibeamten nach den Bestimmungen der Strafprozessordnung und des Gesetzes über Ordnungswidrigkeiten. Sie sind insoweit Ermittlungspersonen der Staatsanwaltschaft.

(4) In den Fällen der Absätze 1 und 2 können die Hauptzollämter und Zollfahndungsämter sowie deren Beamte im Bußgeldverfahren Beschlagnahmen, Durchsuchungen und Untersuchungen vornehmen sowie sonstige Maßnahmen nach den für Ermittlungspersonen der Staatsanwaltschaft geltenden Vorschriften der Strafprozessordnung ergreifen. Unter den Voraussetzungen des § 111l Absatz 2 Satz 2 der Strafprozessordnung können auch die Hauptzollämter die Notveräußerung anordnen."

3. Befugnisse der Zollfahndung gemäß Abgabenordnung (AO)

Gemäß § 404 Satz 1 AO[12] ist die Zollfahndung ohnehin für die Ermittlung von Steuerstraftaten zuständig. Steuerstraftaten gehen regelmäßig mit der Ein-, Aus- und Durchfuhr von Exemplaren der geschützten Arten einher, sodass die Zollfahndung die Taten in solchen Fällen auch aus eigener Zuständigkeit aufklären muss, ohne insoweit auf ein Ersuchen durch die zuständige Naturschutzbehörde oder die Staatsanwaltschaft angewiesen zu sein.[13] Gemäß § 404 Satz 2 AO hat die Zollfahndung dabei auch die in § 399 Abs. 2 Satz 2 AO genannten Befugnisse, darf also Beschlagnahmen, Notveräußerungen, Durchsuchungen, Untersuchungen und sonstige Maßnahmen nach den für die Ermittlungspersonen der Staatsanwaltschaft geltenden Vorschriften der StPO (z.B. Vernehmungen des Beschuldigten oder von Zeugen, Einholung von Sachverständigengutachten, Anhörung von Sachverständigen usw.) anordnen.

11

---

12 Abgabenordnung (AO) i.d.F. der Bek. v. 01.10.2002, BGBl. I, S. 3866, berichtigt BGBl. I, 2003, S. 61, zuletzt geändert durch Art. 3 des Gesetzes v. 28.07.2015, BGBl. I S. 1400.

13 *Meßerschmidt*, Bundesnaturschutzrecht, § 68 BNatSchG, Rn. 5; *Klinkhammer/König*, ZfZ 1995, 194 (198).

KAPITEL 11
Übergangs- und Überleitungsvorschriften

§ 74
Übergangs- und Überleitungsregelung*)

(1) Vor dem 1. März 2010 begonnene Verfahren zur Anerkennung von Vereinen sind zu Ende zu führen

1. durch das Bundesministerium für Umwelt, Naturschutz, Bau und Reaktorsicherheit nach § 59 des Bundesnaturschutzgesetzes in der bis zum 28. Februar 2010 geltenden Fassung,

2. durch die zuständigen Behörden der Länder nach den im Rahmen von § 60 Absatz 1 und 3 des Bundesnaturschutzgesetzes in der bis zum 28. Februar 2010 geltenden Fassung erlassenen Vorschriften des Landesrechts.

(2) Vor dem 3. April 2002 begonnene Verwaltungsverfahren sind nach § 29 des Bundesnaturschutzgesetzes in der bis zu diesem Tag geltenden Fassung zu Ende zu führen. Vor dem 1. März 2010 begonnene Verwaltungsverfahren sind nach § 58 des Bundesnaturschutzgesetzes in der bis zu diesem Tag geltenden Fassung zu Ende zu führen.

(3) Die §§ 63 und 64 gelten auch für Vereine, die nach § 29 des Bundesnaturschutzgesetzes in der bis zum 3. April 2002 geltenden Fassung oder nach § 59 oder im Rahmen von § 60 Absatz 1 und 3 des Bundesnaturschutzgesetzes in der bis zum 1. März 2010 geltenden Fassung vom Bund oder den Ländern anerkannt worden sind.

Inhaltsübersicht

---

*) Beachte bei § 74 Abs. 3: **Hamburg** – Abweichung durch § 21 Abs. 1 HmbBNatSchAG v. 11.05.2010 (HmbGVBl., S. 350, 402) m.W.v. 01.06.2010 (vgl. BGBl. I, 2011. S. 93); geänderte Abweichung durch § 21 Abs. 1 Nr. 4d Hamburgisches Gesetz zur Ausführung des Bundesnaturschutzgesetzes (HmbBNatSchAG) v. 11.05.2010 (HmbGVBl. S. 350), dieser geändert durch Art. 2 des Gesetzes v. 02.12.2013 (HmbGVBl. S. 484, m.W.v. 07.12.2013 (vgl. BGBl. I 2015, 123).

I. Allgemeines

1 § 74 BNatSchG enthält in den Abs. 1 und 2 eine Übergangs- und in Abs. 3 eine Überleitungsregelung im Zusammenhang mit der Anerkennung und Mitwirkung von Vereinen.

II. Historie

1. Vorgängerregelung

2 § 74 BNatSchG übernimmt Regelungen aus § 69 BNatSchG in der bis zum 28. 02. 2010 geltenden Fassung. Zunächst greift die in § 74 Abs. 1 Nr. 1 BNatSchG normierte Regelung für vor dem 01. 03. 2010 begonnene Verfahren zur Anerkennung von Vereinen mit dem Verweis auf § 59 BNatSchG in der bis zum 28. 02. 2010 geltenden Fassung in der Sache § 69 Abs. 4 BNatSchG a.F. auf. Nach dessen Satz 1 galt § 59 BNatSchG a.F. für Verfahren auf Anerkennung von Vereinen durch das Bundesministerium für Umwelt, Naturschutz und Reaktorsicherheit, die nach dem 03.04.2002 begonnen worden sind. Zudem waren gemäß § 69 Abs. 4 Satz 2 BNatSchG a.F. vor dem 03. 04. 2002 begonnene Verwaltungsverfahren nach § 59 BNatSchG a.F. zu Ende zu führen.

3 Sodann übernimmt die in § 74 Abs. 2 Satz 1 BNatSchG geregelte Mitwirkung von Vereinen in Verfahren, die vor dem 03. 04. 2002 begonnen worden sind, § 69 Abs. 3 Satz 2 BNatSchG a.F. Danach waren vor dem 03.04.2002 begonnene Verwaltungsverfahren nach § 29 BNatSchG in der bis zum 03. 04. 2002 geltenden Fassung zu Ende zu führen. Die in § 74 Abs. 2 Satz 2 BNatSchG geregelte Mitwirkung von Vereinen in Verfahren, die nach dem 03. 04. 2002 begonnen worden sind, übernimmt § 69 Abs. 3 Satz 1 BNatSchG a.F. Danach galt § 58 BNatSchG in der bis zum 28.02.2010 geltenden Fassung für die Mitwirkung von Vereinen in Verwaltungsverfahren, die nach dem 03. 04. 2002 begonnen worden sind.

4 Schließlich greift das in § 74 Abs. 3 BNatSchG normierte Fortwirken von Anerkennungen § 69 Abs. 6 und 7 a.F. auf.

2. Entstehungsgeschichte

5 § 74 BNatSchG stimmt mit der Fassung von § 74 des Art. 1 des Gesetzentwurfes der Bundesregierung zur Neuregelung des Rechts des Naturschutzes und der Landschaftspflege[1] überein. Der Wortlaut des Normentwurfs hat in dem Gesetzgebungsverfahren keine Änderung erfahren und stand nicht zur Diskussion.

III. Anerkennung von Vereinen (Abs. 1)

6 § 74 Abs. 1 BNatSchG enthält eine **Übergangsregelung** für die **Anerkennung von Vereinen** im Hinblick auf das Inkrafttreten des Gesetzes zur Neuregelung des Rechts des Naturschutzes und der Landschaftspflege vom

---

1 Vgl. Gesetzentwurf der Bundesregierung, BR-Drs. 278/09 v. 03. 04. 2009, S. 104 f.

29.07.2009.[2] Die Übergangsregelung gilt daher für vor dem 01.03.2010 begonnene Verfahren zur Anerkennung von Vereinen. Dabei betrifft § 74 Abs. 1
Nr. 1 BNatSchG beim Bundesministerium für Umwelt, Naturschutz, Bau und
Reaktorsicherheit, § 74 Abs. 1 Nr. 2 BNatSchG bei den zuständigen Behörden
der Länder anhängige Verfahren. Nach § 74 Abs. 1 Nr. 1 BNatSchG sind
Anerkennungsverfahren durch das Bundesministerium für Umwelt, Naturschutz, Bau und Reaktorsicherheit nach § 59 BNatSchG in der bis zum
28.02.2010 geltenden Fassung bzw. nach § 74 Abs. 1 Nr. 2 BNatSchG durch
die zuständigen Behörden der Länder nach den Vorschriften des Landesrechts zu Ende zu führen, die im Rahmen von § 60 Abs. 1 und 3 BNatSchG
in der bis zum 28.02.2010 geltenden Fassung erlassen wurden. Damit sind
vor dem 01.03.2010 begonnene Verfahren nach dem bis zum 28.02.2010 geltenden Landes- bzw. Bundesrecht zu Ende zu führen.

IV. Mitwirkungsverfahren (Abs. 2)

§ 74 Abs. 2 BNatSchG enthält eine **Übergangsregelung** für die **Mitwirkung**   7
von Vereinen sowohl im Hinblick auf das Inkrafttreten des Gesetzes zur
Neuregelung des Rechts des Naturschutzes und der Landschaftspflege und
zur Anpassung anderer Rechtsvorschriften vom 25.03.2002[3] als auch des
Gesetzes zur Neuregelung des Rechts des Naturschutzes und der Landschaftspflege vom 29.07.2009.[4] Die Regelung ordnet für die Mitwirkung der
Vereine in Verwaltungsverfahren, die vor Inkrafttreten der jeweiligen Neuregelung begonnen wurden, die Anwendung des bis dahin geltenden Rechts
an.[5] Daher unterscheidet § 74 Abs. 2 BNatSchG in Satz 1 in vor dem 03.04.
2002 und in Satz 2 in vor dem 01.03.2010 begonnene Verwaltungsverfahren.
Dabei bestimmt sich der Beginn ausweislich des eindeutigen Wortlauts nach
der Einleitung des mitwirkungspflichtigen Verwaltungsverfahrens und nicht
des Mitwirkungsverfahrens.

1. Mitwirkung nach § 29 BNatSchG a.F. (Satz 1)

§ 74 Abs. 2 Satz 1 BNatSchG betrifft die **Überleitung von Verfahren**, die vor   8
Inkrafttreten der Änderung der Mitwirkungsregelungen durch das Gesetz
zur Neuregelung des Rechts des Naturschutzes und der Landschaftspflege
und zur Anpassung anderer Rechtsvorschriften (BNatSchGNeuregG) vom
25.03.2002[6] begonnen wurden. Nach § 74 Abs. 2 Satz 1 BNatSchG sind **vor**
dem 03.04.2002 begonnene Verwaltungsverfahren nach § 29 BNatSchG in
der bis zu diesem Tag geltenden Fassung **zu Ende zu führen**. Der Stichtag,
der 03.04.2002, entspricht dem Tag der Verkündung des BNatSchGNeuregG
und damit nach Art. 5 Satz 1, 1. Halbs. BNatSchGNeuregG dem Datum des
Tages, der vor dem Tag des Inkrafttretens des BNatSchGNeuregG liegt.

---

2 BT-Drs. 16/12274 v. 17.03.2009, S. 78.
3 BGBl. I, S. 1193 ff.
4 BGBl. I, S. 2542 ff.
5 BT-Drs. 16/12274 v. 17.03.2009, S. 78.
6 BGBl. I, S. 1193 ff.

2. Mitwirkung nach § 58 BNatSchG a.F. (Satz 2)

9 Nach § 74 Abs. 2 Satz 2 BNatSchG sind **vor dem 01. 03. 2010 begonnene Verwaltungsverfahren** nach § 58 BNatSchG in der bis zu diesem Tag geltenden Fassung **zu Ende zu führen**. Angesichts der spezielleren Regelung in § 74 Abs. 2 Satz 1 BNatSchG für vor dem 03. 04. 2002 begonnene Verwaltungsverfahren betrifft § 74 Abs. 2 Satz 2 BNatSchG vor dem 01. 03. 2010, aber nicht vor dem 03. 04. 2002 begonnene Verwaltungsverfahren.

10 § 74 Abs. 2 Satz 2 BNatSchG ordnet für vor dem 01. 03. 2010 begonnene Verwaltungsverfahren die **Anwendung von § 58 BNatSchG** „in der bis zu diesem Tag", also bis zu dem 01. 03. 2010, geltenden Fassung an. Nach Art. 27 des Gesetzes zur Neuregelung des Rechts des Naturschutzes und der Landschaftspflege vom 29. 07. 2009[7] ist der 01. 03. 2010 der Tag des Inkrafttretens der Neuregelung. Nach dem Wortlaut wären demnach vor dem Inkrafttreten des Gesetzes zur Neuregelung des Rechts des Naturschutzes und der Landschaftspflege vom 29. 07. 2009[8] begonnene Verwaltungsverfahren nach § 58 BNatSchG in der neu geregelten Fassung zu Ende zu führen. Diese streng am Wortlaut orientierte Auslegung widerspricht jedoch dem klar zum Ausdruck gekommenen Zweck der Regelung. § 74 Abs. 2 Satz 2 BNatSchG bezweckt nach der Gesetzesbegründung die Überleitung von Verfahren, die vor Inkrafttreten des Gesetzes zur Neuregelung des Rechts des Naturschutzes und der Landschaftspflege vom 29. 07. 2009[9] begonnen wurden und soll für diese Verfahren die Fortgeltung des bis dahin, also des bis zum 28. 02. 2010 geltenden Rechts anordnen.[10] § 74 Abs. 2 Satz 2 BNatSchG ist damit dahingehend auszulegen, dass danach vor dem 01. 03. 2010 begonnene Verwaltungsverfahren nach § 58 BNatSchG in der bis zum 28. 02. 2010 geltenden Fassung zu Ende zu führen sind. Damit ist die Fassung maßgeblich, auf die auch in § 74 Abs. 1 BNatSchG verwiesen wird. Diese am Regelungszweck orientierte Auslegung berücksichtigt, dass § 58 BNatSchG in der bis zum 28. 02. 2010 geltenden Fassung die von § 74 Abs. 2 Satz 2 BNatSchG thematisierte Mitwirkung der Vereine regelt, in der am 01. 03. 2010 geltenden Fassung hingegen den Meeresnaturschutz betrifft und damit in einem anderen Zusammenhang steht.

11 Die in § 74 Abs. 2 BNatSchG normierte Übergangsregelung betrifft nur die bundesrechtlich geregelte Mitwirkung. § 74 Abs. 2 BNatSchG enthält keine Überleitungsregelung für die Mitwirkung der Vereine nach Maßgabe der Landesvorschriften, die im Rahmen von § 60 Abs. 1 und 2 BNatSchG in der bis zum 28.02.2010 geltenden Fassung erlassen wurden.[11] Insoweit ist jedoch zu berücksichtigen, dass nach § 63 Abs. 3 Satz 2 BNatSchG eine im Landesrecht vorgeschriebene inhaltsgleiche oder weiter gehende Form der Mitwirkung unberührt bleibt. Derartiges Landesrecht gilt demnach fort. Einer Übergangsregelung bedurfte es insoweit nicht.

---

7 BGBl. I, S. 2542 ff.

8 BGBl. I, S. 2542 ff.

9 BGBl. I, S. 2542 ff.

10 BT-Drs. 16/12274 v. 17. 03. 2009, S. 78.

11 *Egner/Fuchs*, § 74 BNatSchG Rn. 3.

V. Fortwirkende Anerkennungen (Abs. 3)

§ 74 Abs. 3 BNatSchG enthält eine **Überleitungsregelung** im Hinblick auf 12 die in den §§ 63 und 64 vorgesehenen **Mitwirkungs- und Klagerechte für Vereine**, die auf der Grundlage der alten Anerkennungsvorschriften anerkannt wurden.[12] Bereits erfolgte Anerkennungen gelten demnach fort, bereits anerkannte Vereine bedürfen keiner erneuten Anerkennung. Nach § 74 Abs. 3 BNatSchG gelten die §§ 63 und 64 zum einen auch für Vereine, die nach § 29 BNatSchG in der bis zum 03. 04. 2002 geltenden Fassung anerkannt worden sind. Zum anderen gelten die §§ 63 und 64 auch für Vereine, die nach § 59 oder im Rahmen von § 60 Abs. 1 und 3 des BNatSchG „in der bis zum 01. 03. 2010 geltenden Fassung" anerkannt worden sind. Wie § 74 Abs. 2 Satz 2 BNatSchG nimmt damit auch § 74 Abs. 3 BNatSchG bei der Bestimmung der maßgeblichen Fassung Bezug auf den Tag des Inkrafttretens des Gesetzes zur Neuregelung des Rechts des Naturschutzes und der Landschaftspflege vom 29. 07. 2009.[13] § 74 Abs. 3 bezweckt indes die Anwendung der neu geregelten Mitwirkungs- und Klagerechte für die nach altem, also bis zum 28. 02. 2010 geltendem Recht anerkannten Vereinen. § 74 Abs. 3 BNatSchG ist damit dahingehend auszulegen, dass die §§ 63 und 64 auch für Vereine gelten, die nach § 59 oder im Rahmen von § 60 Abs. 1 und 3 des BNatSchG in der bis zum 28. 02. 2010 geltenden Fassung anerkannt worden sind. Die Auslegung berücksichtigt, dass die in Bezug genommenen Normen nur in der Fassung vom 28. 02. 2010 die von § 74 Abs. 3 BNatSchG zugemessene Bedeutung haben.

Neben § 74 Abs. 3 BNatSchG findet sich eine weitere Überleitungsregelung 13 in § 5 Abs. 2 Umwelt-Rechtsbehelfsgesetz (UmwRG).[14] Danach gelten Anerkennungen nach § 59 BNatSchG in der Fassung vom 28. 02. 2010 oder auf Grund landesrechtlicher Vorschriften im Rahmen des § 60 BNatSchG in der Fassung vom 28. 02. 2010, die vor dem 28. 02. 2010 erteilt worden sind, sowie Anerkennungen des Bundes und der Länder nach § 29 BNatSchG in der bis zum 03. 04. 2002 geltenden Fassung als Anerkennungen im Sinne des UmwRG fort. Gleichwohl ist § 74 Abs. 3 BNatSchG neben § 5 Abs. 2 UmwRG nicht überflüssig.[15] Schließlich gilt § 74 Abs. 3 BNatSchG anders als § 5 Abs. 2 UmwRG auch für nach dem 28.02.2010 erfolgte Anerkennungen, die nach Maßgabe von § 74 Abs. 1 BNatSchG auf der Grundlage des alten Rechts erfolgt sind.

---

12 BT-Drs. 16/12274 v. 17. 03. 2009, S. 78.

13 BGBl. I, S. 2542 ff.

14 Gesetz über ergänzende Vorschriften zu Rechtsbehelfen in Umweltangelegenheiten nach der EG-Richtlinie 2003/35/EG (Umwelt-Rechtsbehelfsgesetz – UmwRG) v. 07. 12. 2006 (BGBl. I, S. 2816), zuletzt geändert durch Gesetz v. 31. 07. 2009 (BGBl. I, S. 2585).

15 So auch *Schlacke*, in: Schlacke (Hrsg.), GK-BNatSchG, § 74 Rn. 6; anders *Egner/Fuchs*, § 74 BNatSchG Rn. 5; *Schumacher,* in: Schumacher/Fischer-Hüftle, BNatSchG, 2. Aufl. 2010, § 74 Rn. 6.

Stichwortverzeichnis

Die **fettgedruckten** Zahlen vor dem Schrägstrich benennen den Paragrafen, die Zahlen nach dem Schrägstrich die Randnummer(n).